# Traitement Automatique des Langues Naturelles et Rencontres des Étudiants Chercheurs en Informatique pour le Traitement Automatique des Langues

# (TALN-RÉCITAL 2013)



## Les Sables d'Olonne, France
## 17-21 June 2013

## Volume 1: TALN 2013

### Editors:

**Emmanuel Morin**
**Yannick Estève**

ISBN: 978-1-63266-079-4

1/2

**Printed from e-media with permission by:**

Curran Associates, Inc.
57 Morehouse Lane
Red Hook, NY 12571



Printed by Curran Associates, Inc. (2014)



Association for Computational Linguistics
209 N. Eighth Street
Stroudsburg, Pennsylvania 18360

Phone: 1-570-476-8006
Fax: 1-570-476-0860

acl@aclweb.org

**Additional copies of this publication are available from:**

Curran Associates, Inc.
57 Morehouse Lane
Red Hook, NY 12571 USA
Phone: 845-758-0400
Fax: 845-758-2634
Email: curran@proceedings.com
Web: www.proceedings.com

# Avant-propos

Il est maintenant une tradition dans la communauté de l'ATALA de venir fouler tous les dix ans les côtes à l'ouest de la France. Ainsi après la Côte d'Amour en 2003, nous sommes heureux d'accueillir sur la Côte de Lumière la 20$^{e}$ conférence TALN et la 15$^{e}$ édition de RÉCITAL.

L'organisation de TALN et RÉCITAL 2013 a été assurée par les équipes TALN du LINA (Laboratoire d'Informatique de Nantes Atlantique) et LST du LIUM (Laboratoire d'Informatique de l'Université du Maine). Cette organisation conjointe est une bonne illustration de la synergie de ces deux équipes mais aussi de la dynamique du TALN dans la région des Pays de la Loire.

Cette année, avec 127 soumissions à TALN (dont 70 articles longs et 57 articles courts), la conférence a confirmé une fois encore son attractivité. Le processus d'évaluation, qui a demandé un travail important, a été réalisé consciencieusement pour arriver à une sélection de 36 articles longs et 35 articles courts. Nous remercions chaleureusement les membres des comités de lecture et de programme de TALN pour le travail réalisé. Outre ces communications, 13 démonstrations et 4 ateliers viennent accompagner la conférence. La conférence sera aussi ponctuée par l'intervention de deux conférenciers invités : Josiane Mothe et Alexander Fraser que nous tenons aussi à remercier de leur présence.

Poursuivant sur la démarche initiée lors de l'édition précédente, la conférence RÉCITAL a ciblé un large spectre de publications (états de l'art, travaux préliminaires, etc.). L'accent a une nouvelle fois été mis sur la pédagogie et l'échange direct en fournissant des relectures explicatives et non anonymes aux auteurs. Cette formule fonctionne bien puisque l'on recense un total de 25 soumissions parmi lesquelles 18 ont été sélectionnées (6 présentations orales et 12 posters). Nous remercions les membres du comité de programme de RÉCITAL pour les précieux retours qui, nous en sommes convaincus, sont très appréciés des jeunes chercheurs en TALN.

Cette conférence sur un site distant, mais presque à mi-chemin entre Le Mans et Nantes, a nécessité un travail d'organisation important. Que les membres du comité d'organisation trouvent ici la reconnaissance du travail réalisé.

Nous n'oublions pas non plus les partenaires institutionnels et privés qui se sont joints à nous pour faire de cette 20$^{e}$ conférence TALN et de cette 15$^{e}$ édition de RÉCITAL une véritable réussite.

Comme il est de tradition aux Sables d'Olonne, nous souhaitons à l'ensemble des conférenciers « bon vent ».

Emmanuel Morin
Yannick Estève
*Organisateurs de TALN 2013*

Florian Boudin
Loïc Barrault
*Organisateurs de RÉCITAL 2013*

# Comité d'organisation de TALN-RÉCITAL

**Président de TALN**

| | | |
|---|---|---|
| Emmanuel Morin | LINA | Université de Nantes, France |

**Vice-Président de TALN**

| | | |
|---|---|---|
| Yannick Estève | LIUM | Université du Maine, France |

**Présidents de RÉCITAL**

| | | |
|---|---|---|
| Florian Boudin | LINA | Université de Nantes |
| Loïc Barrault | LIUM | Université du Maine |

**Membres**

| | | |
|---|---|---|
| Denis Béchet | LINA | Université de Nantes |
| Fethi Bougares | LIUM | Université du Maine |
| Adrien Bougouin | LINA | Université de Nantes |
| Nathalie Camelin | LIUM | Université du Maine |
| Béatrice Daille | LINA | Université de Nantes |
| Colin De La Higuera | LINA | Université de Nantes |
| Paul Deléglise | LIUM | Université du Maine |
| Estelle Delpech | LINA | Université de Nantes |
| Alexandre Dikovsky | LINA | Université de Nantes |
| Chantal Enguehard | LINA | Université de Nantes |
| Rima Harastani | LINA | Université de Nantes |
| Mohamed Hatmi | LINA | Université de Nantes |
| Amir Hazem | LINA | Université de Nantes |
| Nicolas Hernandez | LINA | Université de Nantes |
| Firas Hmida | LINA | Université de Nantes |
| Christine Jacquin | LINA | Université de Nantes |
| Ophelie Lacroix | LINA | Université de Nantes |
| Antoine Laurent | LIUM | Université du Maine |
| Elizaveta Loginova | LINA | Université de Nantes |
| Daniel Luzzati | LIUM | Université du Maine |
| Sylvain Meignier | LIUM | Université du Maine |
| Laura Monceaux | LINA | Université de Nantes |
| Simon Petitrenaud | LIUM | Université du Maine |
| Emmanuel Planas | LINA | Université Catholique de l'Ouest |
| Solen Quiniou | LINA | Université de Nantes |
| Anne-Françoise Quin | LINA | Université de Nantes |
| Holger Schwenk | LIUM | Université du Maine |
| James Scicluna | LINA | Université de Nantes |
| Christophe Servan | LIUM | Université du Maine |
| Prajol Shrestha | LINA | Université de Nantes |
| Déborah Sourdillat | LINA | Université de Nantes |
| Annie Tartier | LINA | Université de Nantes |

# Comité de programme TALN

| | |
|---|---|
| Nicholas Asher | IRIT, CNRS & Université Toulouse 3 |
| Frédéric Béchet | LIF, Aix Marseille Université |
| Lamia Hadrich Belguith | MIRACL, Sfax, Tunisie |
| Laurent Besacier | LIG, Université Grenoble 1 |
| Yves Bestgen | Univ. Catholique de Louvain, Louvain-la-Neuve, Belgique |
| Philippe Blache | LPL, CNRS & Université de Provence |
| Hervé Blanchon | LIG, Université Grenoble 2 |
| Vincent Claveau | IRISA, INRIA Rennes-Bretagne Atlantique |
| Béatrice Daille | LINA, Université Nantes |
| Laurence Danlos | ALPAGE, INRIA Paris–Rocquencourt & Univ. Paris 7 |
| Marc Dymetman | XRCE, Grenoble |
| Yannick Estève | LIUM, Université du Maine |
| Dominique Estival | University of Western Sydney, Sydney, Australie |
| Cédrick Fairon | Univ. Catholique de Louvain, Louvain-la-Neuve, Belgique |
| Olivier Ferret | CEA LIST, Palaiseau |
| Michel Gagnon | École Polytechnique de Montréal, Montréal, Canada |
| Claire Gardent | LORIA, Villers lès Nancy |
| Nabil Hathout | CLLE-ERSS, CNRS & Université Toulouse II |
| Kyo Kageura | Tokyo University, Japon |
| Sylvain Kahane | MoDyCO-ALPAGE, Université Paris 10 |
| Mathieu Lafourcade | LIRMM, Université Montpellier 2 |
| Philippe Langlais | RALI, Université Montréal, Canada |
| Yves Lepage | IPS, Université Waseda, Japon |
| Emmanuel Morin | LINA, Université Nantes |
| Adeline Nazarenko | LIPN, Université Paris 13 |
| Luka Nerima | LATL, Université Genève, Suisse |
| Alain Polguère | ATILF CNRS & Université de Lorraine |
| Violaine Prince | LIRMM, Université Montpellier 2 |
| Christian Retoré | LaBRI & INRIA, Université Bordeaux 1 |
| Benoît Sagot | ALPAGE, INRIA Paris–Rocquencourt & Univ. Paris 7 |
| Holger Schwenk | LIUM, Université du Maine |
| Pascale Sébillot | IRISA, INSA de Rennes |
| Gilles Sérasset | LIG, Université Grenoble 1 |
| Michel Simard | NRC-CNRC, Canada |
| Anne Vilnat | LIMSI, CNRS & Université Paris Sud |
| François Yvon | LIMSI, CNRS & Université Paris Sud |
| Pierre Zweigenbaum | LIMSI, CNRS & INALCO |

# Comité de lecture de TALN

| | |
|---|---|
| Adel Jebali | Université Concordia, Montréal, Canada |
| Alexis Nasr | LIF, Université Aix-Marseille |
| Andrei Popescu-Belis | Institut de recherche Idiap, Martigny, Suisse |
| Anne-Laure Ligozat | LIMSI, Université Paris-Sud |
| Aurélie Névéol | LIMSI CNRS |
| Aurélien Max | LIMSI, Université Paris-Sud |
| Benoît Crabbé | ALPAGE, Université Paris 4 |
| Brigitte Bigi | LPL, Aix en Provence |
| Caroline Brun | XRCE, Grenoble |
| Cécile Fabre | CLLE-ERSS, Université Toulouse 2 |
| Christine Jacquin | LINA, Université de Nantes |
| Delphine Bernhard | LiLPa, Université de Strasbourg |
| Delphine Battistelli | STIH, Université Paris 4 |
| Denis Béchet | LINA, Université de Nantes |
| Denis Maurel | LI, Université de Tours |
| Didier Schwab | LIG, Université Grenoble 2 |
| Djamé Seddah | ALPAGE, Université Paris 4 |
| Dominic Forest | Université de Montréal, Canada |
| Eric Villemonte de la Clergerie | ALPAGE, INRIA Paris–Rocquencourt & Univ. Paris 7 |
| Éric Gaussier | LIG, Université Grenoble 1 |
| Éric Laporte | LIGM, Université Paris-Est Marne-la-Vallée |
| Eric Wehrli | LATL, Université de Genève, Suisse |
| Fabienne Moreau | IRISA, Universtié Rennes 2 |
| Fabienne Venant | LORIA, Université Nancy 2 |
| Fiammetta Namer | ATILF CNRS & Université de Nancy 2 |
| Florian Boudin | LINA, Université de Nantes |
| Francis Brunet-Manquat | LIG, Université Grenoble 2 |
| François Trouilleux | LRL, Université Clermont-Ferrand 2 |
| Guillaume Wisniewski | LIMSI, Université Paris-Sud |
| Guy Perrier | LORIA, Université de Lorraine |
| Iris Eshkol-Taravella | LLL, Université d'Orléans |
| Isabelle Tellier | LaTTiCe, Université Paris 3 |
| Jean-Luc Minel | MoDyCO, CNRS, Univ. Paris-Ouest Nanterre La Défense |
| Jean-Philippe Prost | LIRMM, Université Montpellier 2 |
| Jean-Yves Antoine | LI, Université de Tours et Lab-STICC, CNRS |
| Jérôme Goulian | LIG, Université Grenoble 2 |
| Juan-Manuel Torres-Moreno | LIA, Univ. d'Avignon et des Pays de Vaucluse |
| Julien Bourdaillet | Xerox, États-Unis |
| Kamel Smaïli | LORIA, Université de Lorraine |
| Karen Fort | INIST & LIPN, Paris 13 |
| Kim Gerdes | LPP, Université Paris 3 |

| | |
|---|---|
| Laura Monceaux | LINA, Université de Nantes |
| Marc El Beze | LIA, Université d'Avignon et des Pays de Vaucluse |
| Mathieu Roche | LIRMM, Université Montpellier 2 |
| Maxime Amblard | LORIA, Université de Lorraine |
| Michael Zock | LIF |
| Erwan Moreau | Trinity College Dublin, Irlande |
| Mathieu Valette | INaLCO |
| Nadine Lucas | GREYC, Université de Caen |
| Natalia Grabar | STL, CNRS, Université de Lille 3 |
| Nathalie Friburger | LI, Université de Tours |
| Nicolas Hernandez | LINA, Université de Nantes |
| Jian-Yun Nie | RALI, Université de Montréal, Canada |
| Nuria Gala | LIF, Université Aix-Marseille |
| Olivier Kraif | LIDILEM, Université Grenoble 3 |
| Patrice Bellot | LSIS, Université Aix-Marseille |
| Patrice Enjalbert | GREYC, Université de Caen |
| Philippe Muller | IRIT, Université de Toulouse |
| Richard Moot | LaBRI & SIGNES, Bordeaux |
| Romaric Besançon | CEA-LIST, Saclay Nano-Innov |
| Salah Ait-Mokhtar | XRCE, Grenoble |
| Solen Quiniou | LINA, Université de Nantes |
| Stéphane Huet | LIA, Université d'Avignon et des Pays de Vaucluse |
| Stergos Afantenos | IRIT, Université de Toulouse |
| Sylvain Meignier | LIUM, Université du Maine |
| Sylvain Pogodalla | LORIA, Vandoeuvre-lès-Nancy |
| Thierry Hamon | Lim&Bio, Université Paris 13 |
| Thierry Poibeau | LaTTiCe, Université Paris 3 |
| Véronique Moriceau | LIMSI, Université Paris-Sud |
| Xavier Tannier | LIMSI, Université Paris-Sud |
| Yannick Parmentier | LIFO, Université d'Orléans |
| Christian Raymond | IRISA, INSA de Rennes |
| Nathalie Camelin | LIUM, Université du Maine |
| Géraldine Damnati | Orange Labs Lannion |

## Partenaires

### Or

dictanova

### Argent

SyJLabs

### Bronze

SINEQUA

LINGUA ET MACHINA
L'ÉCRIT MULTILINGUE DANS L'ENTREPRISE

xerox

### Institutionnels

Région PAYS DE LA LOIRE

UNIVERSITÉ DE NANTES

Université du Maine

lina

lium

ATALA

# Table des matières


## Conférenciers invités .......... 1

*Améliorer la traduction des langages morphologiquement riches*
Alexander Fraser .......... 1

*Recherche d'Information et Traitement Automatique des Langues Naturelles*
Josiane Mothe .......... 2

## Charte Ethique et Big Data .......... 3

*La Charte Éthique et Big Data : pour des ressources pour le TAL (enfin !) traçables et pérennes*
Karën Fort et Alain Couillault .......... 3

## Articles longs .......... 5

*Analyse Automatique de la Morphologie Nominale Amazighe*
Fatima Zahra Nejme, Siham Boulaknadel et Driss Aboutajdine .......... 5

*Apprentissage symbolique et statistique pour le chunking :comparaison et combinaisons*
Isabelle Tellier et Yoann Dupont .......... 19

*L'utilisation des POMDP pour les résumés multi-documents orientés par une thématique*
Yllias Chali, Sadid A.Hasan et Mustapha Mojahid .......... 33

*Sélection non supervisée de relations sémantiques pour améliorer un thésaurus distributionnel*
Olivier Ferret .......... 48

*Groupement de termes basé sur des régularités linguistiques et sémantiques dans un contexte cross-langue*
Marie Dupuch, Thierry Hamon et Natalia Grabar .......... 62

*WoNeF : amélioration, extension et évaluation d'une traduction française automatique de WordNet*
Quentin Pradet, Jeanne Baguenier-Desormeaux, Gaël de Chalendar et Laurence Danlos .......... 76

*Approches statistiques discriminantes pour l'interprétation sémantique multilingue de la parole*
Bassam Jabaian, Fabrice Lefèvre et Laurent Besacier .......... 90

*Identification automatique des relations discursives « implicites » à partir de données annotées et de corpus bruts*
Chloé Braud et Pascal Denis .......... 104

*Apprentissage d'une hiérarchie de modèles à paires spécialisés pour la résolution de la coréférence*
Emmanuel Lassalle et Pascal Denis .......... 118

*Apprentissage supervisé pour l'identification de relations sémantiques au sein de structures énumératives parallèles*
Jean-Philippe Fauconnier, Mouna Kamel, Bernard Rothenburger et Nathalie Aussenac-Gilles .......... 132

*Techniques de TAL et corpus pour faciliter les formulations en anglais scientifique écrit*
Marie-Paule Jacques, Laura Hartwell et Achille Falaise .......... 146

*Construction d'un large corpus écrit libre annoté morpho-syntaxiquement en français*
Nicolas Hernandez et Florian Boudin .......... 160

*Vers un treebank du français parlé*
Anne Abeillé et Benoit Crabbé .......... 174

*L'apport du faisceau dans l'analyse syntaxique en dépendances par transitions : études de cas avec l'analyseur Talismane*
Assaf Urieli et Ludovic Tanguy .......... 188

*Un modèle segmental probabiliste combinant cohésion lexicale et rupture lexicale pour la segmentation thématique*
Anca Simon, Guillaume Gravier et Pascale Sébillot .......... 202

*Traitements d'ellipses : deux approches par les grammaires catégorielles abstraites*
Pierre Bourreau .......... 215

*Chunks et activation : un modèle de facilitation du traitement linguistique*
Philippe Blache .......... 229

*Extraction de lexiques bilingues à partir de corpus comparables par combinaison de représentations contextuelles*
Amir Hazem et Emmanuel Morin .......... 243

*Découverte de connaissances dans les séquences par CRF non-supervisés*
Vincent Claveau et Abir Ncibi .......... 257

*Annotation automatique d'un corpus d'apprenants d'anglais avec un jeu d'étiquettes modifié du Penn Treebank*
Thomas Gaillat .......... 271

*GLÀFF, un Gros Lexique À tout Faire du Français*
Franck Sajous, Nabil Hathout et Basilio Calderone ........ 285

*Constitution d'une ressource sémantique arabe à partir de corpus multilingue aligné*
Authoul Abdul Hay et Olivier Kraif ........ 299

*Identification, alignement, et traductions des adjectifs relationnels en corpus comparables*
Rima Harastani, Béatrice Daille et Emmanuel Morin ........ 313

*Utilisation de la similarité sémantique pour l'extraction de lexiques bilingues à partir de corpus comparables*
Dhouha Bouamor, Nasredine Semmar et Pierre Zweigenbaum ........ 327

*Inférences déductives et réconciliation dans un réseau lexico-sémantique*
Manel Zarrouk, Mathieu Lafourcade et Alain Joubert ........ 339

*Regroupement sémantique de relations pour l'extraction d'information non supervisée*
Wei Wang, Romaric Besançon, Olivier Ferret et Brigitte Grau ........ 353

*Sémantique des déterminants dans un cadre richement typé*
Christian Retoré ........ 367

*Détection de zones parallèles à l'intérieur de multi-documents pour l'alignement multilingue*
Charlotte Lecluze, Romain Brixtel, Loïs Rigouste, Emmanuel Giguet, Régis Clouard, Gaël Lejeune et Patrick Constant ........ 381

*Un système de traduction de verbes entre arabe standard et arabe dialectal par analyse morphologique profonde*
Ahmed Hamdi, Rahma Boujelbane, Nizar Habash et Alexis Nasr ........ 395

*Extension dynamique de lexiques morphologiques pour le français à partir d'un flux textuel*
Benoît Sagot, Damien Nouvel, Virginie Mouilleron et Marion Baranes ........ 407

*Fouille de règles d'annotation partielles pour la reconnaissance des entités nommées*
Damien Nouvel, Jean-Yves Antoine, Nathalie Friburger et Arnaud Soulet ........ 421

*Segmentation de textes arabes en unités discursives minimales*
Iskandar Keskes, Farah Beanamara et Lamia Hadrich Belguith ........ 435

*Un cadre d'apprentissage intégralement discriminant pour la traduction statistique*
Thomas Lavergne, Alexandre Allauzen et François Yvon ........ 450

*Annotation sémantique pour des domaines spécialisés et des ontologies riches*
Yue Ma, François Lévy et Adeline Nazarenko ........ 464

*Pré-segmentation de pages web et sélection de documents pertinents en Questions-Réponses*
Nicolas Foucault, Sophie Rosset et Gilles Adda ........ 479

*Approches à base de fréquences pour la simplification lexicale*
Anne-Laure Ligozat, Cyril Grouin, Anne Garcia-Fernandez et Delphine Bernhard ... 493

## Articles courts ... 507

*TALN Archives : une archive numérique francophone des articles de recherche en Traitement Automatique de la Langue*
Florian Boudin ... 507

*Similarités induites par mesure de comparabilité : signification et utilité pour le clustering et l'alignement de textes comparables*
Pierre-Francois Marteau et Gildas Ménier ... 515

*ProLMF version 1.2. Une ressource libre de noms propres avec des expansions contextuelles*
Denis Maurel et Béatrice Bouchou Markhoff ... 523

*Vers un décodage guidé pour la traduction automatique*
Benjamin Lecouteux et Laurent Besacier ... 531

*La La préédition avec des règles peu coûteuses, utile pour la TA statistique des forums ?*
Johanna Gerlach, Victoria Porro, Pierrette Bouillon et Sabine Lehmann ... 539

*Édition interactive d'énoncés en langue des signes française dédiée aux avatars signeurs*
Ludovic Hamon, Sylvie Gibet et Sabah Boustila ... 547

*ANCOR, premier corpus de français parlé d'envergure annoté en coréférence et distribué librement*
Judith Muzerelle, Anaïs Lefeuvre, Jean-Yves Antoine, Emmanuel Schang, Denis Maurel, Jeanne Villaneau et Iris Eshkol ... 555

*Segmentation Multilingue des Mots Composés*
Elizaveta Loginova-Clouet et Béatrice Daille ... 564

*Gestion des terminologies riches : l'exemple des acronymes*
Ying Zhang et Mathieu Mangeot ... 572

*Ngrammes et Traits Morphosyntaxiques pour la Identification de Variétés de l'Espagnol*
Marcos Zampieri, Binyam Gebrekidan Gebre et Sascha Diwersy ... 580

*L'apport des Entités Nommées pour la classification des opinions minoritaires*
Amel Fraisse, Patrick Paroubek et Gil Francopoulo ... 588

*Trouver les mots dans un simple réseau de co-occurrences*
Gemma Bel-Enguix et Michael Zock ... 596

*Analyse statique des interactions entre structures élémentaires d'une grammaire*
Guy Perrier ... 604

*Influence des annotations sémantiques sur un système de détection de coréférence à base de perceptron multi-couches*
Eric Charton, Michel Gagnon et Ludovic Jean-Louis .......... 612

*Traduction automatique statistique pour l'arabe-français améliorée par le prétraitement et l'analyse de la langue*
Fatiha Sadat et Emad Mohamed .......... 620

*Expériences de formalisation d'un guide d'annotation : vers l'annotation agile assistée*
Bruno Guillaume et Karën Fort .......... 628

*Repérer des toponymes dans des titres de cartes topographiques*
Catherine Dominguès et Iris Eshkol-Taravella .......... 636

*Extraction des relations temporelles entre événements médicaux dans des comptes rendus hospitaliers*
Pierre Zweigenbaum et Xavier TANNIER .......... 643

*Similarité de second ordre pour l'exploration de bases textuelles multilingues*
Nikola Tulechki et Ludovic Tanguy .......... 651

*Apprentissage d'une classification thématique générique et cross-langue à partir des catégories de la Wikipédia*
François-Régis Chaumartin .......... 659

*Apprentissage supervisé sur ressources encyclopédiques pour l'enrichissement d'un lexique de noms propres destiné à la reconnaissance des entités nommées*
Nadia Okinina, Damien Nouvel, Nathalie Friburger et Jean-Yves Antoine .......... 667

*Convertir des analyses syntaxiques en dépendances vers les relations fonctionnelles PASSAGE*
Patrick Paroubek, Munshi Asadullah et Anne Vilnat .......... 675

*Résolution d'anaphores et traitement des pronoms en traduction automatique à base de règles*
Sharid Loáiciga .......... 683

*Lexiques de corpus comparables et recherche d'information multilingue*
Frederik Cailliau, Ariane Cavet, Clément de Groc et Claude de Loupy .......... 691

*Utilisation de contextes pour la correction automatique ou semi-automatique de réclamations clients*
Philippe Suignard et Sofiane Kerroua .......... 699

*SegCV : traitement efficace de CV avec analyse et correction d'erreurs*
Luis Adrián Cabrera-Diego, Juan-Manuel Torres-Moreno et Marc El-Bèze .......... 707

*Recherche et utilisation d'entités nommées conceptuelles dans une tâche de catégorisation*
Jean-Valère Cossu, Juan-Manuel Torres-Moreno et Marc El-Bèze ........ 715

*Un corpus d'erreurs de traduction*
Guillaume Wisniewski, Anil Kumar Singh, Natalia Segal et François Yvon ........ 723

*Une méthode d'évaluation des résumés basée sur la combinaison de métriques automatiques et de complexité textuelle*
Samira Walha Ellouze, Maher Jaoua et Lamia Hadrich Belguith ........ 731

*Segmentation thématique : processus itératif de pondération intra-contenu*
Abdessalam Bouchekif, Géraldine Damnati et Delphine Charlet ........ 739

*Recherche et visualisation de mots sémantiquement liés*
Alexander Panchenko, Hubert Naets, Laetitia Brouwers, Pavel Romanov et Cédrick Fairon ........ 747

*Un analyseur morphologique étendu de l'allemand traitant les formes verbales à particule séparée*
Jean-Philippe Guilbaud, Christian Boitet et Vincent Berment ........ 755

*Construction et exploitation d'un corpus français pour l'analyse de sentiment*
Marc Vincent et Grégoire Winterstein ........ 764

*Résolution d'anaphores appliquée aux collocations : une évaluation préliminaire*
Luka Nerima et Eric Wehrli ........ 772

*Aide à l'enrichissement d'un référentiel terminologique : propositions et expérimentations*
Thibault Mondary, Adeline Nazarenko, Haïfa Zargayouna et Sabine Barreaux ........ 779

**Démonstrations** ........ 787

*DAnIEL : Veille épidémiologique multilingue parcimonieuse*
Gaël Lejeune, Romain Brixtel, Charlotte Lecluze, Antoine Doucet et Nadine Lucas .. 787

*Lexique multilingue dans le cadre du modèle Compreno développé ABBYY*
Elena Kozlova, Maria Gontcharova et Tatiana Popova ........ 789

*Inbenta Semantic Search Engine : un moteur de recherche sémantique inspiré de la Théorie Sens-Texte*
Manon Quintana ........ 791

*FMO : un outil d'analyse automatique de l'opinion*
Jean-Leon Bouraoui et Marc Canitrot ........ 793

*Corriger, analyser et représenter le texte Synapse Développement*
Patrick Séguéla et Dominique Laurent ........ 795

*Une interface pour la validation et l'évaluation de chronologies thématiques*
Xavier Tannier, Véronique Moriceau et Erwan Le Flem ........................................797

*CasSys Un système libre de cascades de transducteurs*
Denis Maurel et Nathalie Friburger ........................................799

*iMAG : post-édition, évaluation de qualité de TA et production d'un corpus parallèle*
Lingxiao Wang et Ying Zhang ........................................801

*Technologies du Web Sémantique pour l'exploitation de données lexicales en réseau (Lexical Linked Data)*
David Rouquet ........................................803

*Adaptation de la plateforme corporale ScienQuest pour l'aide à la rédaction en langue seconde*
Achille Falaise ........................................805

*Démonstrateur Apopsis pour l'analyse des tweets*
Sébastian Peña Saldarriaga, Damien Vintache et Béatrice Daille ........................................807

*L'analyse des sentiments au service des centres d'appels*
Frederik Cailliau et Ariane Cavet ........................................809

*TTC TermSuite alignement terminologique à partir de corpus comparables*
Béatrice Daille et Rima Harastani ........................................812

**Liste des auteurs** ........................................814

**Liste des mots clés** ........................................817

# Improving Translation to Morphologically Rich Languages

Alexander Fraser
Center for Information and Language Processing, LMU, Munich
fraser@cis.uni-muenchen.de

RÉSUMÉ

Si les techniques statistiques pour la traduction automatique ont fait des progrès significatifs au cours des 20 dernières années, les résultats pour la traduction de langues morphologiquement riches sont toujours mitigés par rapport aux précédentes générations de systèmes à base de règles. Les recherches actuelles en traduction statistique de langues morphologiquement riches varient grandement en fonction de la quantité de connaissances linguistiques utilisées et de la nature de ces connaissances. Cette variation est plus importante en langue cible (par exemple, les ressources utilisées en traduction automatique statistique respectueuse de linguistique en arabe, en français et en allemand sont très différentes). La conférence portera sur les techniques état de l'art dédiées à la tâche de traduction statistique pour une langue cible qui est morphologiquement plus riche que la langue source.

ABSTRACT

**Améliorer la traduction des langages morphologiquement riches**

While statistical techniques for machine translation have made significant progress in the last 20 years, results for translating to morphologically rich languages are still mixed versus previous generation rule-based systems. Current research in statistical techniques for translating to morphologically rich languages varies greatly in the amount of linguistic knowledge used and the form of this linguistic knowledge. This varies most strongly by target language (e.g., the resources used for linguistically-aware statistical machine translation to Arabic, French, German are very different). The talk will discuss state-of-the-art techniques for statistical translation tasks involving translating to a target language which is morphologically richer than the source language.

MOTS-CLÉS : traduction statistique, langages morphologiquement riches, connaissances linguistiques.

KEYWORDS: statistical translation, morphologically rich languages, linguistic knowledge.

# Recherche d'Information et Traitement Automatique des Langues Naturelles

Josiane Mothe[1,2]
(1) IRIT, UMR 5505, Université de Toulouse, 118 Route de Narbonne, 31062 Toulouse Cedex
(2) IUFM, Ecole interne, Université de Toulouse, 56 av. de l'URSS, 31079 Toulouse
Josiane.mothe@irit.fr

RÉSUMÉ

La recherche d'information s'intéresse à l'accès aux documents et une majorité de travaux dans le domaine s'appuie sur les éléments textuels de ces documents écrits en langage naturel. Les requêtes soumisses par les utilisateurs de moteurs de recherche sont également textuelles, même si elles sont très pauvres d'un point de vue linguistique. Il parait donc naturel que les travaux en recherche d'information cherchent à s'alimenter par les avancées et les résultats en traitement automatique des langues naturelles. Malgré les espoirs déçus des années 80, l'engouement pour l'utilisation du traitement du langage naturel en recherche d'information reste intact, poussé par les nouvelles perspectives offertes.

Dans cette conférence, nous balayerons les aspects de la recherche d'information qui se sont le plus appuyés sur des éléments du traitement automatique des langues naturelles. Nous présenterons en particulier quelques résultats relatifs à la reformulation automatique de requêtes, à la prédiction de la difficulté des requêtes, au résumé automatique et à la contextualisation de textes courts ainsi que les perspectives actuelles offertes en particulier par les travaux en linguistique computationnelle.

ABSTRACT

**Information Retrieval and Natural Language Processing**

Information retrieval aims at providing means to access documents. Most of current work in the domain relies on the textual elements of these documents which are written in natural language. Users' queries are also generally textual, even if the queries are very poor from a linguistic point of view. As a results information retrieval field aimed at feeding on advances and results from natural language processing field. In spite of the disappointed hopes of the 80s, the enthusiasm for using natural language processing in information retrieval remains high, pushed by the new perspectives.

In this talk, we will mention the various aspects of information retrieval which rely, at various levels, on natural language processing components. We will present in particular some results regardless automatic query reformulation, query difficulty prediction, automatic summarization and short text contextualization as well as some perspectives offered in particular considering computational linguistics.

MOTS-CLÉS : Recherche d'information, traitement automatique des langues, reformulation de requêtes, difficulté des requêtes, résumé automatique
KEYWORDS: Information retrieval, natural language processing, query reformulation, query difficulty, automatic summarization

# La Charte Éthique et Big Data : pour des ressources pour le TAL (enfin !) traçables et pérennes

Karën Fort[1,2,3] Alain Couillault[4,5]
(1) Université de Lorraine
(2) LORIA 54500 Vandœuvre-lès-Nancy
(3) ATALA
(4) Université de La Rochelle
(5) APROGED
karen.fort@loria.fr,alain.couillault@univ-lr.fr

RÉSUMÉ

La charte Ethique & Big Data a été conçue à l'initiative de l'ATALA [1], de l'AFCP [2], de l'APROGED [3] et de CAP DIGITAL [4], au sein d'un groupe de travail mixte réunissant d'autres partenaires académiques et industriels (tels que le CERSA-CNRS, Digital Ethics, Eptica-Lingway, le cabinet Itéanu ou ELRA/ELDA). Elle se donne comme objectif de fournir des garanties concernant la traçabilité des données (notamment des ressources langagières), leur qualité et leur impact sur l'emploi. Cette charte a été adoptée par Cap Digital (co-rédacteur). Nous avons également proposé à la DGLFLF et à l'ANR de l'utiliser. Elle est aujourd'hui disponible sous forme de wiki [5], de fichier pdf et il en existe une version en anglais. La charte est décrite en détails dans (Couillault et Fort, 2013).

ABSTRACT

**The Ethics & Big Data Charter : for tractable and lasting NLP resources**

The Ethics & Big Data Charter was designed by ATALA, AFCP, APROGED and CAP DIGITAL, in a working group including other academic and industrial partners (such as CERSA-CNRS, Digital Ethics, Eptica-Lingway, Itéanu office or ELRA/ELDA). Its aims at ensuring the traceability and quality of the data (including language resources), how they are produced and their impact on working conditions. This charter has been adopted by Cap Digital (co-writer). We also proposed it to DGLFLF and ANR. As of today, it is available as a wiki, a pdf file and an English version [6]. The charter is detailled in (Couillault et Fort, 2013).

MOTS-CLÉS : éthique, big data, ressources langagières.

KEYWORDS: ethics, big data, language resources.

1. http://www.atala.org/
2. http://www.afcp-parole.org/
3. http://www.aproged.org/
4. http://www.capdigital.com/
5. http://wiki.ethique-big-data.org
6. http://wiki.ethique-big-data.org/index.php?title=Accueil#English_Version

## Références

COUILLAULT, A. et FORT, K. (2013). Charte éthique et big data : parce que mon corpus le vaut bien ! *In Actes de colloque international Corpus et Outils en Linguistique, Langues et Parole : Statuts, Usages et Mésusages*, Strasbourg, France.

# Analyse Automatique de la Morphologie Nominale Amazighe

NEJME Fatima Zahra[1] BOULAKNADEL Siham[1,2] ABOUTAJDINE Driss[1]
(1) LRIT, Unité Associée au CNRST (URAC 29), Faculté des Sciences, Mohammed V-Agdal, Rabat, Maroc.
(2) IRCAM, Avenue Allal El Fassi, Madinat Al Irfane, Rabat-Instituts, Maroc.
fatimazahra.nejme@gmail.com, Boulaknadel@ircam.ma, aboutaj@fsr.ac.ma

RÉSUMÉ

Dans le but de préserver le patrimoine amazighe et éviter qu'il soit menacé de disparition, il semble opportun de doter cette langue de moyens nécessaires pour faire face aux enjeux de l'accès au domaine de l'Information et de la Communication (TIC). Dans ce contexte, et dans la perspective de construire des outils et des ressources linguistiques pour le traitement automatique de cette langue, nous avons entrepris de construire un système d'analyse morphologique pour l'amazighe standard du Maroc. Ce système profite des apports des modèles à états finis au sein de l'environnement linguistique de développement NooJ en faisant appel à des règles grammaticales à large couverture.

ABSTRACT

Morphological analysis of the standard Amazigh language using NooJ platform

In the aim of safeguarding the Amazigh heritage from being threathned of disappearance, it seems opportune to equip this language of necessary means to confront the stakes of access to the domain of New Information and Communication Technologies (ICT). In this context, and in the perspective to build tools and linguistic resources for the automatic processing of Amazigh language, we have undertaken to develop a system of a morphological description for standard Amazigh of Morocco. This system uses finite state technology, within the linguistic developmental environment NooJ by using a large-coverage of morphological grammars covering all grammatical rules.

MOTS-CLÉS : La langue amazighe, TALN, NooJ, analyse morphologique, morphologie flexionnelle, morphologie dérivationnelle.

KEYWORDS : Amazigh language, NLP, NooJ, morphological analysis, inflectional morphology, derivational morphology.

## 1 Introduction

La langue amazighe du Maroc est considérée comme un constituant éminent de la culture marocaine et ce par sa richesse et son originalité. Cependant, il a été longtemps écarté sinon négligé en tant que source d'enrichissement culturel malgré son usage important (environ 50% de la population). Toutefois, au cours des dernières années, la société marocaine a connu beaucoup de débat sur la langue et la culture amazighe. Ainsi, la création d'une nouvelle institution gouvernementale, à savoir l'Institut Royal de la Culture Amazighe (IRCAM), a permis à cette langue ainsi qu'à sa culture de retrouver leur place légitime dans de nombreux domaines. Par conséquent, cette langue a pu être aménagée et son introduction assurée dans le domaine public notamment dans l'enseignement, l'administration et les médias. Cette création lui a permis d'avoir une graphie officielle, un codage propre dans le standard Unicode, des normes appropriées pour la disposition d'un clavier amazighe et des structures linguistiques qui sont en phase d'élaboration. La démarche d'élaboration a été initiée par la construction des lexiques (Kamel, 2006; Ameur et al., 2009), l'homogénéisation de l'orthographe et la mise en place des règles de segmentation de la chaîne parlée (Ameur et al., 2006), et par l'élaboration des règles de grammaire (Boukhris et. al., 2008).

Toutefois, en traitement automatique du langage naturel (NLP), l'amazighe, comme la plupart des langues non européennes[1], souffre encore de la rareté des outils de traitement automatique du langage, ce qu'elle ne permet pas à cette langue de rejoindre ses consœurs dans le domaine des nouvelles technologies de l'information et de la communication (NTIC). En ce sens, étant donné que toute analyse linguistique doit passer par une première étape d'analyse morpho-lexicale, qui consiste à tester l'appartenance de chaque mot du texte au lexique de la langue, nous avons entrepris de construire un système d'analyse morphologique pour l'amazighe standard du Maroc. Ce système profite des apports des modèles à états finis au sein de l'environnement linguistique de développement NooJ en faisant appel à des règles grammaticales à large couverture.

Le présent article se structure autour de trois volets: le premier présente un descriptif de la langue amazighe, le deuxième expose le module d'analyse de la langue amazighe standard en utilisant la plateforme linguistique NooJ, le troisième expose l'expérimentation et l'évaluation de la réalisation alors que le dernier volet est consacré à la conclusion et aux perspectives.

# 2 La langue amazighe

## 2.1 Historique

La langue amazighe connue aussi sous le nom du berbère ou Tamazight (ⵜⴰⵎⴰⵣⵉⵖⵜ), est une branche de la famille de langue afro-asiatique (chamito-sémitique) (Greenberg, 1966; Ouakrim, 1995) séparée en deux : langues berbères du Nord et du Sud. Elle présente la langue d'une population appelée «Imazighen» qui se présente à l'heure actuelle dans une dizaine de pays allant depuis le Maroc, avec 50% de la population globale (Boukous, 1995), jusqu'à l'Égypte, en passant par l'Algérie avec 25%, la Tunisie, la Mauritanie, la Libye le Niger et le Mali (Chaker, 2003). Au Maroc, l'amazighe se répartit selon trois grandes zones régionales : le Tarifit au Nord, le Tamazight au Maroc central et au Sud-Est et le Tashelhit au Sud-Ouest et dans le Haut-Atlas. Chacun de ces dialectes comprend des sous-dialectes ou dialectes locaux constituant le deuxième type.

En adoptant l'amazighe comme langue officielle du Maroc, l'IRCAM s'est engagée à réaliser un processus de standardisation[2] de la langue amazighe (Ameur et al., 2004a), qui a pour vocation d'uniformiser les structures et d'atténuer les divergences, en éliminant les occurrences non distinctives qui entrainent souvent des problèmes d'intercompréhension. Ce processus de standardisation consiste en plusieurs étapes à savoir : adapter une graphie

---

[1] Langues peu dotées informatiquement (les langues-π (Berment, 2004)).

[2] La standardisation de l'amazighe s'impose d'autant plus avec son introduction dans le système éducatif, et avec le rôle que cette langue est appelée à jouer « dans l'espace social, culturel et médiatique, national, régional et local » (cf. article 2 du Dahir portant création de l'IRCAM).

standard normalisée sur une base phonologique; adapter un lexique de base commun; appliquer les mêmes règles orthographiques, les mêmes consignes pédagogiques, et les mêmes formes néologiques; et enfin exploiter la variation dialectale afin de sauvegarder la richesse de la langue. La suite de cet article est focalisée sur l'amazighe standard du Maroc.

## 2.2 Alphabet amazighe

En se basant sur le système original, l'IRCAM a développée un système d'alphabet sous le nom de Tifinaghe-IRCAM. Il s'écrit de gauche à droite. Cet alphabet standardisé est basé sur un système graphique à tendance phonologique. Cependant, il ne retient pas toutes les réalisations phonétiques produites, mais uniquement celles qui sont fonctionnelles (Ameur et al., 2004b). Il est composé de 27 consonnes, 2 semi-consonnes, 3 voyelles pleines et une voyelle neutre.

## 2.3 Encodage Unicode

Depuis l'adaptation de Tifinaghe comme graphie officielle au Maroc pour la langue amazighe, l'encodage Tifinaghe est devenu nécessaire. Pour cette raison, des efforts considérables ont été investis par le centre des études et systèmes d'information et de communication de l'IRCAM. Ces efforts ont abouti à un codage Unicode constitué de quatre sous-ensembles de caractères Tifinaghe à savoir : l'ensemble de base de l'IRCAM, l'ensemble étendu de l'IRCAM, et d'autres lettres néo-Tifinaghe ainsi que des lettres Touareg moderne. Les deux premiers sous-ensembles constituent les ensembles de caractères choisis par l'IRCAM.

# 3 Morphologie Nominale de l'amazighe standard du Maroc

La langue amazighe présente une morphologie riche et complexe. Les mots peuvent être classés en trois catégories morphosyntaxiques: Nom, Verbe et Particules (Boukhris et al., 2008). Dans cet article, nous nous intéressons à la catégorie nom.

1. Nom

En amazighe, le nom est une unité lexicale formée d'une base et d'un ou plusieurs affixes. Cette base résulte de la combinaison d'une racine et d'un schème (Boukhris et al., 2008). Le nom possède deux caractéristiques. La première est qu'il peut prendre différentes formes à savoir: une forme simple (ⴰⵔⴳⴰⵣ [argaz] "homme"), une forme composée (ⴱⵓⵀⵢⵢⵓⴼ [buhyyuf] "la famine") ou bien une forme dérivée (ⴰⵎⵙⴰⵡⴰⴹ [amsawaḍ] "la communication"). Dans cet article, nous nous intéressons aux noms simples et aux noms dérivés.

- Les noms simples

L'amazighe distingue deux grandes sous-classes de noms simples : les noms propres et les noms communs.

- Les noms propres

Les noms propres désignent soit des personnes (ⵀⵏⵓ [hnu]) ou des lieux (noms de villes ou villages), aussi dits « toponymes », comme ⴰⵣⵔⵓ [azru]. Dans ce travail, nous nous intéresserons à la formalisation des noms de personnes. Ce type de nom n'est pas sujet à la flexion.

- Les noms communs

Les noms communs peuvent être soit abstraits soit concrets. Ces derniers peuvent, à leur tour, être soit animés (ⵜⴰⵎⵜⵓⴷⵜ [tamtudt] "femme") ou inanimés (ⵜⵉⴳⵎⵎⵉ [tigmmi] "maison").

– Les noms dérivés

A partir d'une racine verbale, les noms dérivés sont formés par une préfixation ou suffixation d'un morphème de dérivation plus des variations intra-radicales. Le nombre et la nature de ces formes varient selon le statut du verbe auquel ils se rattachent. Ainsi, le nom d'action, le nom d'agent, le nom d'instrument et le nom de qualité sont constitués.

- Le nom d'action

Le nom d'action se forme avec des préfixes associés à des modifications intra-radicales. Les principaux procédés de dérivation sont : préfixation de ⴰ [a], préfixation de ⵓ [u], préfixation de ⵉ [i], préfixation et affixation du morphème du féminin ⵜ…ⵜ [t---t], préfixation de ⵍ aux noms empruntés et intégrés : ⵃⵎⵓ [ḥmu] "ê. chaud"-> ⵍⵃⵎⵓ [lḥmu] "chaleur".

- Le nom d'agent

Le nom d'agent dérive d'un verbe d'action par la préfixation de l'un des éléments suivants : ⴰ [a], ⴰⵎ [am]/ⴰⵏ [an], ⵉⵎ [im] et ⵉ [i] (ⴰⴽⵔ [akr] "diffamer"-> ⴰⵎⴰⴽⵔ [amakr] "diffamateur").

- Le nom d'instrument

Ce type de nom est formé sur la base des schèmes ⴰ [a]/ⴰⵙ [as] associé à des modifications vocaliques ou consonantiques : ⵔⴳⵍ [rgl] "fermer"-> ⴰⵙⵔⴳⵍ [asrgl] "couvercle".

- Le nom de qualité

Le nom de qualité est généralement dérivé des verbes dits de qualité ou d'état. Les procédés de formation de ce type de nom sont: (1) préfixation de ⴰ [a] et alternance vocalique, (2) préfixation de ⴰⵎ [am]/ⴰⵏ [an] suivie parfois d'une variation intra ou post-radicale, (3) préfixation de ⵉ [i] et variation intra-radicale et (4) préfixation de ⵓ [u] accompagné parfois de l'infixation de ⵉ [i] : ⵇⵎⵔ [qmr] "ê. étroit"-> ⵓⵇⵎⵉⵔ [uqmir] "étroit".

La deuxième caractéristique d'un nom amazighe correspond à la flexion : il varie en genre (féminin, masculin), en nombre (singulier, pluriel) et en état (libre, annexion).

- Le genre

Le nom amazighe connaît deux genres, le masculin et le féminin.

✓ Le nom masculin: il commence généralement par une des voyelles initiales: ⴰ [a], ⵉ [i] ou bien ⵓ [u]: ⵓⴷⵎ [udm] "visage". Cependant, il existe certains noms qui font exception : ⵉⵎⵎⴰ [imma] "(ma) mère".

✓ Le nom féminin: celui-ci est généralement de la forme ⵜ….ⵜ [t....t], à l'exception de certains noms qui ne portent que le ⵜ [t] initial ou le ⵜ [t] final du morphème du féminin : ⵜⴰⴷⵍⴰ [tadla] "gerbe".

Dans le cas général, le féminin est formé à partir du radical d'un nom masculin par l'ajout du morphème discontinu ⵜ…ⵜ [t....t]: ⵉⵙⵍⵉ [isli] "marié" -> ⵜⵉⵙⵍⵉⵜ [tislit] "mariée".

- Le nombre

Le nom amazighe, qu'il soit masculin ou féminin, possède un singulier et un pluriel. Ce dernier est obtenu selon quatre types: le pluriel externe, interne, mixte et le pluriel en ⵉⴷ [id].

✓ Le pluriel externe est obtenu par une alternance vocalique accompagnée par une suffixation de ⵏ [n] ou l'une de ses variantes (ⵉⵏ [in], ⴰⵏ [an], ⴰⵢⵏ [ayn], ⵡⵏ [wn], ⴰⵡⵏ [awn], ⵡⴰⵏ [wan], ⵡⵉⵏ [win], ⵜⵏ [tn], ⵢⵉⵏ [yin]). ⴰⵅⵅⴰⵎ [axxam]-> ⵉⵅⵅⴰⵎⵏ [ixxamn] "maisons", ⵜⴰⵔⴱⴰⵜ [tarbat] "fille" -> ⵜⵉⵔⴱⴰⵜⵉⵏ [tirbatin] "filles".

✓ Le pluriel interne (ou brisé) est obtenu par une alternance vocalique plus un changement de voyelles internes. ⴰⴷⵔⴰⵔ [adrar] -> ⵉⴷⵓⵔⴰⵔ [idurar] "montagnes".

✓ Le pluriel mixte est formé par une alternance d'une voyelle interne et/ou d'une consonne plus une suffixation par ⵏ [n]. ⵉⵍⵉ [ili] "part"-> ⵉⵍⴰⵏ [ilan] "parts", ou bien par une alternance vocalique initiale accompagnée d'un changement vocalique final ⴰ [a] plus une alternance interne ⴰⵎⴳⴳⴰⵔⵓ [amggaru] "dernier"-> ⵉⵎⴳⴳⵓⵔⴰ [imggura] "derniers".

✓ Le pluriel en ⵉⴷ [id]: ce type de pluriel est obtenu par une préfixation ⵉⴷ [id] du nom au singulier. Il est appliqué à un ensemble de cas de noms à savoir les noms à initiale consonantique, des noms propres, des noms de parenté, des noms composés, des numéraux, ainsi que pour les noms empruntés et intégrés ⵅⴰⵍⵉ [xali] " (mon) oncle"-> ⵉⴷ ⵅⴰⵍⵉ [id xali].

- L'état

En amazighe, le nom est concerné par la variation d'état. Ainsi, nous distinguons deux: l'état libre et l'état d'annexion.

✓ L'état libre: la voyelle initiale du nom ne subit aucune modification. Le nom est en état libre lorsqu'il s'agit: d'un mot isolé de tout contexte syntaxique, d'un complément d'objet direct, ou bien d'un complément de la particule prédictive ⴷ [d] "c'est".

✓ L'état d'annexion est fondé sur une variation formelle qui affecte la première syllabe des noms en cause dans des contextes syntaxiques déterminés. Il prend l'une des formes suivantes: alternance vocalique ⴰ [a]/ⵓ [u] ou bien maintien de la voyelle initiale et ajout d'un ⵡ [w] au cas des noms masculins à initiale ⴰ [a] (ⴰⵔⴳⴰⵣ [argaz] "homme" -> ⵓⵔⴳⴰⵣ [urgaz]), addition d'un ⵡ [w] pour ceux à initial ⵓ [u] et d'un ⵢ [y] aux noms à voyelle ⵉ [i] (ⵉⵍⵙ [ils] "langue" -> ⵢⵉⵍⵙ [yils]). Pour les noms féminin, cet état est défini soit par la chute ou le maintien de la voyelle initiale (ⵜⴰⵎⵖⴰⵔⵜ [tamɣart] "femme"-> ⵜⵎⵖⴰⵔⵜ [tmɣart]).

# 4 Analyse automatique du nom amazighe

Durant ces dernières années, le traitement du langage naturel a montré plus d'intérêt pour la langue amazighe. La construction des ressources appropriées pour cette langue devient une nécessité vitale pour effectuer des analyses efficaces. Dans cette contribution, nous nous intéresserons à la formalisation de la catégorie nom en utilisant la plateforme linguistique NooJ.

## 4.1 La plateforme NooJ

NooJ, publié en 2002 par Max Silberztein (Silberztein, 2007), est un environnement de développement linguistique qui permet de construire et de gérer des dictionnaires électroniques et de grammaires formelles à large couverture afin de formaliser les différents phénomènes linguistiques qui sont : l'orthographe, la morphologie (flexionnelle et dérivationnelle), le lexique (de mots simples, mots composés et expressions figées), la syntaxe (locale, structurelle et transformationnelle), la désambigüisation, la sémantique et les ontologies. Ces descriptions, formalisées à l'aide des machines à états finis tels que les automates à états finis, les transducteurs à états finis et les réseaux de transition récursifs ; peuvent ensuite être appliquées pour traiter des textes et corpus de taille importante afin de localiser les modèles morphologiques, lexicologiques et syntaxiques, lever les ambiguïtés et étiqueter les mots simples et composés.

Le module morphologique de NooJ, utilisé tout au long de cet article, permet d'effectuer des recherches et des traitements dans les textes à partir d'expressions régulières et associent leurs reconnaissances à la liste d'annotations correspondante (étiquette grammaticale, des informations sémantiques, la traduction, etc.). Pour ce faire, il se base sur l'utilisation d'un ensemble d'opérateurs de transformations (eg. <L> : déplacement vers la gauche, <RW> : aller à la fin du mot, etc), prédéfinis dans NooJ, à l'intérieur des graphes décrivant les règles grammaticales à large couverture. Ces transformations fonctionnent sur une pile et nécessitent un temps de transformation en O(n). Ainsi, elles garantissent une correspondance en un temps linéaire entre le lemme et sa forme flexionnelle ou dérivationnelle.

## 4.2 Formalisation des noms communs et dérivés

Toute analyse linguistique doit passer par une première étape d'analyse lexicale, qui consiste à tester l'appartenance de chaque mot du texte au lexique de la langue. Pour mener à bien cette étude, nous avons commencé notre travail par l'étape de formalisation du vocabulaire de la langue amazighe et nous nous intéresserons, dans cet article, à la formalisation (flexionnelle et dérivationnelle) de la catégorie nom.

Cette formalisation est basée sur l'utilisation de certaines commandes génériques prédéfinies telles que:

- <L> : déplacement vers la gauche,
- <R> : déplacement vers la droite,
- <B> : suppression du dernier caractère,

- <S> : suppression de caractère courant,
- <RW> : aller à la fin du mot.
- Etc.

4.2.1 Morphologie flexionnelle

En amazighe, le nom peut présenter trois flexions différentes, en fonction de la variation du genre (masculin, féminin), du nombre (singulier, pluriel) et d'état (état libre, état d'annexion). Afin de formaliser ces flexions, nous avons dû créer par le biais de graphes incorporé au logiciel NooJ, un ensemble de graphes décrivant les modèles de flexions en amazighe standard du Maroc. Cette étude présente l'implémentation des règles de flexion associée à chaque entrée lexicale nom et permettant de générer toutes les formes fléchies : genre, nombre et état.

1. Le genre

Étant donné que le nom féminin est généré à partir du nom masculin en appliquant une préfixation et une suffixation par le morphème discontinu ⵜ [t], nous avons construit la règle suivante :

| La règle dans NooJ | Explication | Exemple |
|---|---|---|
| <LW>ⵜ<RW>ⵜ | La règle ajoute un ⵜ [t] au début et à la fin du nom | ⵉⵙⵍⵉ [isli] "marié" -> ⵜⵉⵙⵍⵉⵜ [tislit] "mariée". |

TABLE 1 – Règle permettant de passer d'un nom masculin à un nom féminin

2. Le nombre

En amazighe, quatre type de pluriel sont distingués. Le processus de construction et de reconnaissance de ces pluriels ne sont pas homogènes et n'obéissent pas à des règles précises (i.e., ajout d'une ou plusieurs lettres à la forme de singulier, suppression d'une ou plusieurs lettres) et ils sont généralement imprévisibles. A cet effet, nous avons fixé comme premier objectif, le recensement du maximum des règles afin de reconnaître et gérérer toutes les formes fléchies possibles de chaque pluriel. Ainsi, pour chaque type, nous avons crée, en se basant sur la nouvelle grammaire de l'amazighe (Boukhris et al., 2008) et sur le dictionnaire de Taifi (Taifi, 1988), un ensemble de règles. Ces règles sont basée sur les shèmes, par exemple pour le pluriel externe on a définit les règles suivant le début et la fin du nom: si le nom féminin est de la forme 'ⵜⵉ…Vⵜ' [ta...Vt] la règle de construction du pluriel sera une suffixation de ⵉⵏ [in] par contre si le nom féminin est de la forme 'ⵜⴰ…Cⵜ' [ta...Ct] la règle sera une alternance vocalique de la première voyelle accompagnée par une suffixation de ⵉⵏ [in] et suppression du dernier ⵜ [t]. Afin d'illuster l'implémentation de ces règles, nous allons montrer par la suite un exemple pour chaque type de pluriel.

- Le pluriel externe

Pour le pluriel externe, nous avons crée, en se basant sur les schèmes, 26 règles (14 règles pour les noms masculins et 12 pour les noms féminins).

| La règle dans NooJ | Explication | Exemple |
|---|---|---|
| <LW>ⵉ<S><RW>ⵜⵏ | La règle concerne les noms de la forme 'ⴰ…ⴰ' [a...a] et consiste à une alternance vocalique initiale accompagnée par une suffixation de ⵜⵏ [tn]. | ⴰⵎⵏⵖⵉ [amnɣi] "dispute" -> ⵉⵎⵏⵖⵉⵜⵏ [imnɣitn] "disputes". |
| <LW><R>ⵉ<S><RW><B>ⵉⵏ | Cette règle concerne les noms de la forme 'ⵜⴰ…Cⵜ' [ta...Ct] et consiste à une alternance vocalique de la première voyelle accompagnée par une suffixation de ⵉⵏ [in] et suppression du dernier ⵜ [t]. | ⵜⴰⵃⵓⴷⵉⵔⵜ [taḥudirt] "courbette"-> ⵜⵉⵃⵓⴷⵉⵔⵉⵏ [tiḥudirin] "courbettes". |

TABLE 2 – Exemple de règles pour le pluriel externe

- Le pluriel interne

Pour ce type de pluriel, nous avons pu recenser, jusqu'à présent, 29 règles (10 pour les noms masculins et 19 pour les noms féminins).

| La règle dans NooJ | Explication | Exemple |
|---|---|---|
| <LW><R>ⵉ<S><RW><B2>ⴰ | Cette règle concerne les noms de la forme 'TVCnVT' et consiste à une alternance vocalique première voyelle accompagnée par un changement de la dernière voyelle plus suppression du dernier t. | ⵜⴰⵣⵉⵣⵡⵉⵜ [tazizwit] "abeille" -> ⵜⵉⵣⵉⵣⵡⴰ [tizizwa] "abeilles" |
| <LW>ⵉ<S><RW><L3><B>ⵓ <R2><B>ⴰ | Cette règle concerne les noms de la forme 'VCnVCVC' et consiste à une alternance vocalique initiale accompagnée par un changement des | ⴰⴱⴰⵖⵓⵙ [abaɣus] "singe" -> ⵉⴱⵓⵖⴰⵙ [ibuɣas] "singes" |

| | | |
|---|---|---|
| | voyelles internes. | |

TABLE 3 – Exemple de règles pour le pluriel interne

- Le pluriel mixte

Le pluriel mixte regroupe une suffixation et une alternance interne. Pour cela, nous avons créé 39 règles (30 pour les masculins et 9 pour les féminins).

| La règle dans NooJ | Explication | Exemple |
|---|---|---|
| <LW>ⵉ<S><R4><B>ⵓ<RW><B>ⴰ | La règle concerne les noms de la forme 'aCCCaC$_{(n)}$u' et consiste à une alternance vocalique initiale accompagnée par un changement vocalique interne et finale. | ⴰⵎⴳⴳⴰⵔⵓ [amggaru] "dernier"-> ⵉⵎⴳⴳⵓⵔⴰ [imggura] "derniers" |
| <RW><B>ⵉⵡⵉⵏ | Cette règle concerne les noms de la forme 'ⵜⴰ…ⴰ' [ta…a] et consiste à un changement de voyelle finale accompagné par une suffixation par ⵡⵉⵏ [win]. | ⵜⴰⵡⵊⴰ [tawja] "famille"-> ⵜⴰⵡⵊⵉⵡⵉⵏ [tawjiwin] "familles" |

TABLE 4 – Exemple de règles pour le pluriel mixte

- Le pluriel en ⵉⴷ [id]

Etant donné que ce type de pluriel est obtenu par une préfixation ⵉⴷ [id] du nom au singulier, nous avons construit une règle qui permet d'ajouter le ⵉⴷ au début de chaque nom à initiale consonantique, noms propres, noms de parenté, noms composés, les numéraux, ainsi que pour les noms empruntés et intégrés.

| La règle dans NooJ | Explication | Exemple |
|---|---|---|
| <LW>ⵉⴷ" " | La règle concerne les noms à initiale consonantique et consiste à une préfixation de ⵉⴷ [id]. | ⵅⴰⵍⵉ [xali] "(mon) oncle" -> ⵉⴷ ⵅⴰⵍⵉ [id xali] |

TABLE 5 – Exemple de règles pour le pluriel en ⵉⴷ [id]

3. L'état

En amazighe, nous distinguons deux état (cf. 3-1): état libre et d'annexion. Pour ce dernier, nous avons construit 9 règles (4 pour les masculins et 5 pour les féminins).

| La règle dans NooJ | Explication | Exemple |
|---|---|---|
| <LW><S>ⵓ | La règle concerne les noms masculins à initiale ⴰ [a] non constant et consiste à une alternance vocalique ⴰ [a]/ⵓ[u]. | ⴰⵔⴳⴰⵣ [argaz] "homme" -> ⵓⵔⴳⴰⵣ [urgaz] |
| <LW><R2><B> | La règle concerne les noms féminins formés à partir des noms masculins à voyelle non constant et consiste à la chute de la voyelle initiale du nom féminin. | ⵜⴰⵎⵖⴰⵔⵜ [tamɣart] "femme" -> ⵜⵎⵖⴰⵔⵜ [tmɣart]. |

TABLE 6 – Exemple de règles pour l'état d'annexion

### 4.2.2 Morphologie dérivationnelle

Outre la morphologie flexionnelle, Il existe des procédés morphologiques et lexicaux par lesquels les noms prennent un ensemble de formes autre que simple. L'une de ces principales formes est la forme dérivée.

La morphologie dérivationnelle s'occupe de la création des mots appartenants à des catégories souvent différentes de celle de base. En amazighe, nous pouvons distinguer deux types de dérivation: la dérivation grammaticale et la dérivation expressive, auxquelles s'ajoutent la dérivation affixale moderne, flexionnelle et la dérivation par analogie (Berkai, 2007). Dans notre cas, nous nous intéresserons au premier type qui est la dérivation grammaticale et plus précisément à la dérivation nominale sur une base verbale. Dans ce cas, le processus de dérivation est basé sur des procédés de préfixation ou de suffixation d'un morphème rattaché à la base lexicale en maintenant le noyeau sémantique de l'action ou de l'état exprimé par le verbe d'origine. Ainsi ils sont constitués le nom d'action, le nom d'agent, le nom d'instrument et le nom de qualité.

Afin de formaliser ces dérivations, nous avons dû créer 63 règles : 28 règles pour les noms d'action, 8 pour les noms d'agents, 8 pour les noms d'instruments et 19 règles pour les noms de qualité. Ces règles décrivent un ensemble de modèles de dérivations en amazighe standard du Maroc. Cependant, elles ne sont pas exhaustives et ne couvrent pas l'ensemble des phénomènes dérivationnelles de l'amazighe.

| La règle dans NooJ | Explication | Exemple |
|---|---|---|
| <LW>ⴰ<RW><L>ⵓ | La règle concerne la dérivation d'un nom d'action à partir d'une entrée verbale et qui consiste à une préfixation par ⴰ [a] accompagnée par une insertion pré-finale de la voyelle ⵓ [u]. | ⵣⵣⵏⵣ [zznz] "vendre" -> ⴰⵣⵣⵏⵓⵣ [azznuz] "vente" (nom d'action). |
| <LW>ⴰⵙ<RW><B>ⵉ | La règle concerne la dérivation d'un nom d'instrument à partir d'une entrée verbale et consiste à une préfixation par ⴰⵙ [as] accompagnée par un changement de la voyelle finale ⵓ[u]/ ⵉ[i]. | ⴳⵏⵓ [gnu] "coudre" -> ⴰⵙⴳⵏⵉ [asgni] "grosse aiguille" (nom d'instrument) |

TABLE 7 – Exemple de règles de dérivations

## 4.3 Formalisation des noms propres

Afin de formaliser la classe de noms propres nous avons commencé par l'élaboration d'un dictionnaire électronique « EDicAMPN » (Electronic Dictionary for Amazigh Proper Noun) de prénoms, reconnaissable par le biais de l'étiquette <N+Prénom>, qui contient, à l'heure actuelle, 424 entrées de prénoms simples et proprement amazighes (ⵀⵏⵏⵓ [hnnu]) et environ 500 entrées de prénoms étrangers, sous format simple et composé, transcrits (ⴰⵃⵎⴰⴷ [aḥmad]). Cependant, ce dictionnaire ne contient ni les compositions de prénoms telles que ⴰⵍⵉ ⵔⵉⴹⴰ [Ali Riḍa] ou bien ⵎⴰⵔⵉ ⵍⵓⵔ [Marie-Laure], ni les prénoms islamiques tels que ⵉⴱⵏ ⵜⵓⴼⴰⵢⵍ [Ibn Tofayl], etc. Afin de reconnaître ce genre de prénoms, nous avons construit une grammaire locale présentée ci-dessous :

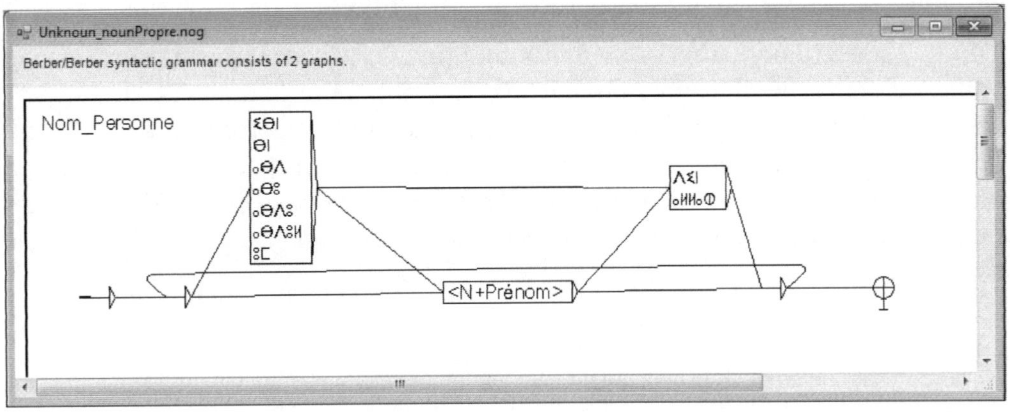


FIGURE 1 – Grammaire morphologique pour la reconnaissance des prénoms composés.

A l'aide de cette grammaire, le système peut reconnaître les prénoms composés à partir de ceux appartenant à notre dictionnaire ainsi que les noms islamiques composés des éléments lexicaux tel que ⵓⵎ [um] "la mère de" etc.

# 5 Test et évaluation

Afin d'évaluer nos ressources basées sur les grammaires flexionnelles ainsi que dérivationnelles, nous avons construit un corpus contenant :

- Une liste, basée sur le dictionnaire de Taifi (Taifi, 1988) et sur le vocabulaire de la langue amazighe (Ameur et al., 2009), contenant 4524 entrées de noms communs (sous formes simple et fléchies).
- Une liste, basée sur la nouvelle grammaire de la langue amazighe (Boukhris et al., 2008), contenant à l'heure actuelle, 113 entrées de noms dérivés.
- Une liste de 200 entrées de prénoms étrangers, sous format simple et composé, transcrits.

| | | Nombre de formes reconnues | | Nombre de formes non reconnues | |
|---|---|---|---|---|---|
| | | Nombre | % | Nombre | % |
| Résultats | Noms communs | 4205 | 93% | 319 | 7,05% |
| | Noms propres | 594 | 95,19% | 28 | 4,5% |
| | Noms dérivés | 103 | 91,15% | 10 | 8,84% |

TABLE 8 – Evaluation de nos ressources linguistiques

D'après les résultats obtenus, l'analyse lexicale de ce corpus, montre une bonne couverture à l'aide de nos ressources morphologiques.

Les formes non reconnues sont classées en 3 sous-ensembles:

- Un total de 319 occurrences de noms communs non reconnues dues principalement aux problèmes au niveau de flexion. Par exemple pour le nom ⴰⴹⴹⵔⴰ [aḍḍra], il est associé à la règle flexionnelle qui concerne les noms sous formes 'ⴰ…ⴰ' [a...a] et qui consiste généralement à une alternance vocalique initiale accompagnée par une suffixation de ⵜⵏ [tn]. Cependant, sa forme fléchie de base est ⴰⴹⴹⵔⴰⵜⵏ [aḍḍratn]. Ce qui présente des cas particuliers pour la langue amazighe.
- Un total de 28 occurrences de prénoms. Ceci est dû aux problèmes de transcriptions. Chaque nom peut être transcrit de différentes manières par exemple pour le nom عبد الله, il peut être transcrit ⴰⴱⴷ ⴰⵍⵍⴰ, ⴰⴱⴷⵓⵍⵍⴰⵀ ou bien ⴰⴱⴷⵓⵍⵍⴰⵀ. Pour notre grammaire nous n'avons définit que la forme la plus utilisée.
- Un total de 10 occurrences de formes dérivées générées à partir des verbes et qui

n'existent pas.

## Conclusion et perspectives

L'objectif principal visé par ce travail était de formaliser la morphologie flexionnelle ainsi que dérivationnelle pour la catégorie morpho-syntaxique nom (nom simple et dérivé). Pour ce faire, nous avons construit un système qui regroupe un ensemble de grammaire flexionnelle et dérivationnelle ainsi qu'une grammaire pour la reconnaissance des prénoms. La construction de ce système morphologique, en utilisant la technologie à états finis incorporé dans la plateforme de développement linguistique NooJ, nous a permis d'annoter les noms présentés soit sous une forme fléchie ou bien dérivée ainsi que les prénoms.

D'après les résultats obtenus, le système affiche un taux de reconnaissance très encourageant. Par ailleurs, nous envisageons de :

- Ajouter d'autre règles de flexion afin d'inclure tous les cas exceptionnels pour la langue amazighe.
- Formaliser les autres catégories morphosyntaxiques : verbes et particules.
- Développer un corpus de textes amazighs pour l'évaluation.

## Références

AMEUR M., BOUMALK A. (DIR) (2004a). « Standardisation de l'amazighe », *Actes du séminaire organisé par le Centre de l'Aménagement Linguistique à Rabat, 8-9 décembre 2003*, Publication de l'Institut Royal de la Culture Amazighe, Série : Colloques et séminaires.

AMEUR M., BOUHJAR A., BOUKHRIS F., BOUKOUSS A., BOUMALK A., ELMEDLAOUI M., IAZZI E., SOUIFI H. (2004b). « Initiation à la langue amazighe ». Rabat, Maroc: IRCAM.

AMEUR M., BOUHJAR A., BOUKHRIS F., BOUKOUSS A., BOUMALK A., ELMEDLAOUI M., IAZZI E. (2006a). « Graphie et orthographe de l'amazighe ». Rabat, Maroc : IRCAM.

AMEUR M., BOUHJAR A., BOUKHRIS F., ELMEDLAOUI M., IAZZI E. (2006b). « Vocabulaire de la langue amazighe (Français-Amazighe) ». Série : Lexiques N°1, IRCAM, Rabat, Maroc.

AMEUR M., BOUHJAR A., BOUMALK A., EL AZRAK N., LAABDELAOUI R. (2009). « Vocabulaire des médias (Français-Amazighe-Anglais-Arabe) ». Série : Lexiques N°3, IRCAM, Rabat, Maroc.

BERKAI A. (2007). « Lexique de la linguistique Français-Anglais-Berbère : précédé d'un essai de typologie des procédés néologiques ».

BERMENT V. (2004). « Méthodes pour informatiser des langues et des groupes de langues peu dotées », *Thèse de doctorat de l'Université J. Fourier* - Grenoble I, France.

BOUKHRIS F., BOUMALK A., ELMOUJAHID E., SOUIFI H. (2008). « La nouvelle grammaire de l'amazighe ». Rabat, Maroc: IRCAM.

BOUKOUS A. (1995), « Société, langues et cultures au Maroc: Enjeux symboliques », Casablanca, Najah El Jadida.

CHAKER S. (2003). « Le berbère, Actes des langues de France », 215-227.

GREENBERG J. (1966). « The Languages of Africa ». The Hague.

KAMEL S. (2006). « Lexique Amazighe de géologie ». Rabat, Maroc: IRCAM.

OUAKRIM O. (1995). « Fonética y fonología del Bereber », *Survey at the University of Autònoma de Barcelona.*

REVUZ.D. (1991). « Dictionnaires et lexiques : méthodes et algorithmes ». *Thèse de doctorat Institut Blaise Pascal*, Paris, France.

SILBERZTEIN M. et TUTIN A. (2004). « NooJ : Un outil TAL de corpus pour l'enseigement des langues et de la linguistique ». *Journée ATALA TAL et apprentissage des langues.*

SILBERZTEIN M. (2007). « An Alternative Approach to Tagging ». NLDB 2007: 1-1.

TAIFI M. (1988). « Le lexique berbère (parlers du Maroc central) ».

# Apprentissage symbolique et statistique pour le chunking: comparaison et combinaisons

Isabelle Tellier, Yoann Dupont
Laboratoire Lattice, 1 rue Maurice Arnoux, 92320 Montrouge
isabelle.tellier@univ-paris3.fr, yoa.dupont@gmail.com

RÉSUMÉ

Nous décrivons dans cet article l'utilisation d'algorithmes d'inférence grammaticale pour la tâche de chunking, pour ensuite les comparer et les combiner avec des CRF (Conditional Random Fields), à l'efficacité éprouvée pour cette tâche. Notre corpus est extrait du French TreeBank. Nous proposons et évaluons deux manières différentes de combiner modèle symbolique et modèle statistique appris par un CRF et montrons qu'ils bénéficient dans les deux cas l'un de l'autre.

ABSTRACT

**Symbolic and statistical learning for chunking : comparison and combinations**

We describe in this paper how to use grammatical inference algorithms for chunking, then compare and combine them to CRFs (Conditional Random Fields) which are known efficient for this task. Our corpus is extracted from the FrenchTreebank. We propose and evaluate two ways of combining a symbolic model and a statistical model learnt by a CRF, and show that in both cases they benefit from one another.

MOTS-CLÉS : apprentissage automatique, chunking, CRF, inférence grammaticale, k-RI, French TreeBank.

KEYWORDS: machine learning, chunking, CRF, grammatical inference, k-RI, French TreeBank.

## 1 Introduction

L'apprentissage automatique supervisé, surtout lorsqu'une grande quantité de données annotées est disponible, a largement prouvé son efficacité pour les tâches de fouille de textes classiques comme la classification ou l'annotation. Les bases théoriques des techniques d'apprentissage les plus performantes relèvent en général des statistiques (Naive Bayes), de l'optimisation (SVM) ou des deux (HMM, CRF). L'inconvénient principal des modèles produits par ces méthodes est qu'ils sont difficilement lisibles par un humain.

Il existe pourtant aussi d'autres branches de l'apprentissage automatique, qualifiées de *symbolique*, qui ont la particularité d'offrir une sortie généralement plus lisible par un être humain. Les plus illustres membres de cette famille sont les arbres de décision, la Programmation Logique Inductive (PLI) ou l'Inférence Grammaticale (IG par la suite) (de la Higuera, 2010). C'est cette dernière qui nous intéresse ici. On peut la définir comme l'étude des techniques permettant d'apprendre une grammaire formelle ou tout autre modèle capable de représenter *un langage* (comme un automate, une expression régulière, etc...) à partir d'exemples de séquences (éventuellement enrichies) appartenant (ou non) à ce langage. Ce domaine, qui a son origine dans l'informatique théorique et la théorie des langages formels, est souvent méconnu. Les algorithmes d'IG sont en effet réputés ne pas très bien se comporter sur des données réelles : ils sont souvent algorithmiquement complexes, sensibles aux erreurs et peu adaptés aux langages fondés sur de grands alphabets (ce qui est le cas quand l'alphabet est l'ensemble des mots d'une langue naturelle).

Dans cet article, nous voulons donner leur chance à des algorithmes classiques d'IG pour les comparer aux méthodes d'apprentissage automatique statistique état de l'art, en l'occurrence les CRF (Lafferty et al., 2001). La tâche considérée est le *chunking* (Abney, 1991) du français, qui peut en effet très bien être réalisée à l'aide d'automates construits manuellement (Antoine et al., 2008; Blanc et al., 2010). À notre connaissance, essayer *d'apprendre automatiquement ces automates* au lieu de les écrire à la main n'a encore pas jamais été testé, pour quelque langue que ce soit. Par ailleurs, le chunking peut également être vu comme une tâche d'annotation (objet de la Shared Task CoNLL'2000) et de ce fait abordé via des méthodes d'apprentissage statistique. Ce contexte nous semblait par conséquent idéal pour comparer les deux approches.

Cette comparaison n'est cependant pas notre seul but. Notre intuition est que les deux techniques sont complémentaires car elles se concentrent sur des propriétés distinctes des données d'apprentissage. Nous proposons donc également dans cet article deux manières différentes de les combiner, en fonction du but visé. La première manière est orientée vers l'efficacité : elle vise à enrichir un modèle CRF à l'aide d'informations extraites des automates. La seconde privilégie la lisibilité : elle propose d'analyser les automates appris par IG à l'aide de poids calculés par un CRF, poids qui seront tous interprétables relativement à cet automate.

L'article suit le plan suivant. Dans la première section, nous introduisons la tâche de chunking et décrivons les données utilisées pour nos expériences. La deuxième section est dédiée à l'inférence grammaticale. Après un bref état de l'art, nous détaillons la famille des algorithmes k-RI (Angluin, 1982) et donnons les meilleurs résultats expérimentaux qu'ils permettent d'atteindre pour le chunking. Dans la section qui suit, nous appliquons les CRF à la même tâche. Comme on pouvait s'y attendre, les CRF donnent de bien meilleurs résultats que ceux obtenus par IG. Dans la dernière section, nous décrivons et évaluons deux manières de combiner automates et CRF. Les résultats obtenus pour chacune de ces combinaisons sont prometteurs et suggèrent des pistes originales pour associer modèles symboliques et apprentissage statistique.

## 2 Chunking: la tâche et les données

Nous décrivons ici la tâche de chunking par annotation et nous présentons les données d'apprentissage que nous avons utilisées pour nos expériences. Ces dernières reprennent et prolongent celles présentées dans (Tellier et al., 2012). Notre but étant de construire un chunker pour le français, nous sommes partis du French Tree Bank (Abeillé et al., 2003).

### 2.1 La tâche

La tâche de chunking, également appelée *analyse syntaxique de surface*, a pour but d'identifier les groupes syntaxiques élémentaires des phrases. Les chunks sont en effet des *séquences contigües et non-récursives d'unités lexicales liées à une unique tête forte* (Abney, 1991). Chacun est caractérisé par le type (ou étiquette Part-Of-Speech (POS)) de sa tête. Il y a ainsi autant de types de chunks que de types de têtes fortes possibles.

La tâche de chunking a fait l'objet de de la compétition CoNLL'2000[1], dont le corpus d'apprentissage était constitué d'environ 9 000 phrases issues du Penn Treebank, associées à deux niveaux d'annotion : un niveau POS donné par l'étiqueteur Brill et un de chunking. Les vainqueurs avaient utilisé des SVM et des "Weighted Probability Distribution Voting". Ce même corpus a aussi servi plus tard à montrer l'efficacité des CRF (Sha and Pereira, 2003).

## 2.2 Les données

Le French TreeBank (FTB) est un recueil de phrases extraites d'articles du journal "Le Monde" publiés entre 1989 et 1993 (Abeillé et al., 2003). Les phrases ont été tokenisées (en conservant certaines unités multi-mots), lemmatisées, étiquetées et analysées syntaxiquement. Il existe plusieurs variantes du FTB, celle que nous avons utilisée contenait environ 8 600 arbres XML enrichis de fonctions syntaxiques (parfois nécessaires pour identifier certains chunks). Pour le POS, nous avons repris les 30 étiquettes morpho-syntaxiques définies dans (Crabbé and Candito, 2008), assurant ainsi la continuité avec nos précédents travaux (Constant et al., 2011).

Nous considérons 7 types de chunks distincts : AP (Adjectival Phrase), AdP (Adverbial Phrase), CONJ (Conjonctions), NP (Noun Phrase), PP (Prepositional Phrase), VP (verbal Phrase) et UNKONWN (coquilles ou certains mots étrangers, eux-mêmes étiquetés UNKNOWN). Les marques de ponctuations, sauf exceptions (certains guillemets par exemple) sont hors chunks (étiquette O comme Out). Nous avons décidé de modifier certains choix que nous avions faits dans (Tellier et al., 2012). Par exemple, le chunk CONJ contient seulement la conjonction. Le PP, en revanche, intègre toujours le chunk introduit par la préposition. Et, à l'inverse de (Paroubek et al., 2006), les adjectifs épithètes appartiennent toujours au chunk NP contenant le nom qu'ils qualifient, qu'ils soient situés avant ou après lui. Les chunks AP sont donc assez rares car ils ne correspondent qu'aux adjectifs séparés d'un groupe nominal, comme les attributs du sujet ou de l'objet (les fonctions syntaxiques disponibles dans les arbres XML sont nécessaires pour identifier ces derniers). La phrase suivante illustre notre notion de parenthésage en chunks[2] :
(la/DET dépréciation/NC)$_{NP}$ (par_rapport_au/P dollar/NC)$_{PP}$ (a/V été/VPP limitée/VPP)$_{VP}$ (à/P 2,5/DET %/NC)$_{PP}$

Nous avons extrait du FTB deux corpus distincts, chacun représentant un chunking différent :

- un corpus où tous les chunks sont extraits et étiquetés selon le modèle BIO (Begin/In/Out). Les proportions de chaque type de chunk trouvées dans le corpus sont les suivantes : PP : 33,86%, AdP : 7,23%, VP : 17,11%, AP : 2,21%, NP : 32,95%, CONJ : 6,61%, UNKNOWN : 0,03%.

- un corpus où seuls les NP sont étiquetés, tout autre groupe étant alors considéré O. Ce corpus n'est pas un sous-ensemble du précédent : par exemple, de nombreux PP incluent un NP qui ne devient visible que dans ce deuxième corpus. L'exemple précédent devient ainsi :
(la/DET dépréciation/NC)$_{NP}$ par_rapport_au/P (dollar/NC)$_{NP}$ a/V été/VPP limitée/VPP à/P (2,5/DET %/NC)$_{NP}$

[1] http://www.cnts.ua.be/conll2000/chunking

[2] guide complet disponible sur : `http://www.lattice.cnrs.fr/sites/itellier/guide.html`

# 3 L'inférence grammaticale

L'inférence grammaticale (IG) est un domaine de recherche très riche apparu dans les années 60 dont il n'est, par conséquent, pas aisé de faire un résumé. Nous nous plaçons ici dans le cadre de *l'IG d'automates par exemples positifs seuls*. Après un bref état de l'art, nous décrivons les algorithmes k-RI (Angluin, 1982) utilisés dans nos expériences et les résultats obtenus avec eux.

## 3.1 Bref état de l'art

L'IG étudie les différentes manières d'apprendre automatiquement un dispositif symbolique capable de représenter un *langage* (comme une grammaire formelle, un automate, etc...) à partir d'un ensemble de séquences (parfois enrichies) regroupées selon leur (non-)appartenance à ce langage (de la Higuera, 2010). Lorsque seules des séquences appartenant au langage cible sont disponibles, le problème est appelé *IG par présentation positive*. Nous nous situons dans ce cadre car les séquences à notre disposition ne comportent aucun contre-exemple. L'IG est, dans ce cas, notoirement plus difficile car, sans contre-exemple, on risque la *surgénéralisation*. Par exemple, si un programme d'IG fait l'hypothèse, lors de sa phase d'apprentissage, que le langage à apprendre est le langage universel ($\Sigma^*$, où $\Sigma$ est l'alphabet du langage), aucun exemple positif n'est en mesure de le contredire, alors même qu'il a peut-être surgénéralisé.

La première chose que l'IG se doit de fournir est une définition précise de ce qu' "apprendre une langue par exemples positifs" signifie pour un programme. Le critère d'apprenabilité est théorique et formel et non pas empirique. Faisons le parallèle avec l'acquisition du langage chez les enfants. Un enfant n'est pas "programmé" pour une langue précise, il est capable d'acquérir n'importe laquelle parlée dans son environnement. De même, un programme d'IG par présentation positive doit être en mesure d'apprendre *une classe de langages formels*, c'est-à-dire d'identifier n'importe lequel de ses membres à l'aide d'exemples de séquences (phrases) lui appartenant. Les principaux critères possibles qui caractérisent la notion d'"apprenabilité d'une classe de langages" en IG (aussi appelés modèles d'apprentissage) sont "l'identification à la limite" (Gold, 1967) et "l'apprentissage PAC" (Valiant, 1984), que nous ne pouvons détailler ici.

Malheureusement, même pour la classe des langages réguliers, la plus simple dans la hiérarchie de Chomsky, ces critères sont impossibles à satisfaire : il n'existe aucun algorithme capable d'apprendre par présentation positive la classe complète des langages réguliers dans ces modèles (Gold, 1967; Kearns and Vazirani, 1994). Les recherches se sont donc orientées vers des classes plus petites, ou transverses à la hiérarchie de Chomsky, et apprenables, caractérisées notamment dans (Angluin, 1980). Les classes de langages $k$-réversibles (Angluin, 1982) entrent dans ce cadre, elles constituent le point de départ de nos expériences. Depuis, bien d'autres classes apprenables par présentation positive ont été décrites et étudiées (Garcia and Vidal, 1990; Denis et al., 2002; Kanazawa, 1998; Koshiba et al., 2000; Yokomori, 2003). Des avancées récentes dans le domaine concernent aussi l'apprenabilité de dispositifs intégrant des probabilités, comme les automates probabilistes et leurs liens avec les HHM (Thollard et al., 2000; Dupont et al., 2005). Parallèlement, des compétitions [3] ont permis de tester l'efficacité des algorithmes proposés lorsqu'ils sont confrontés à des données réelles.

[3] les plus récents étant Stamina (`http://stamina.chefbe.net`) et Zulu (`http://labh-curien.univ-st-etienne.fr/zulu`)

## 3.2 L'algorithme k-RI

Dans cette section, nous décrivons les algorithmes d'IG par présentation positive utilisés dans nos expériences. Ils sont destinés à apprendre un automate pour un type spécifique de chunk, à partir uniquement des différentes séquences de POS aparaissant dans ce type de chunks dans les données d'apprentissage. Les algorithmes d'IG par exemples positifs semblent adaptés à ce problème en raison du vocabulaire restreint mis en jeu (au maximum les 30 étiquettes POS) et de la relativement faible variabilité des séquences de POS pouvant décrire un même chunk.

L'algorithme $k$-Reversible Inference ($k$-RI) (Angluin, 1982) a la propriété d'identifier à la limite tout langage $k$-réversible, pour tout $k \in \mathbb{N}$ fixé. Les langages $k$-réversibles sont réguliers, ils sont donc représentables par des automates finis. Un automate fini définit un langage $k$-réversible s'il est déterministe et si son miroir [4] est déterministe avec anticipation $k$. Pour $k = 0$, les langages 0-réversibles peuvent être représentés par un automate déterministe dont le miroir l'est également, l'algorithme correspondant étant appelé Zéro Réversible (ZR). Si $k_1 < k_2$, la classe des langages $k_1$-réversibles est strictement incluse dans celle des langages $k_2$-réversibles.

Soit un ensemble de séquences positives S, la première étape de $k$-RI est de construire PTA(S), le Prefix Tree Acceptor de S. PTA(S) est le plus petit (en nombre d'états) AFD (Automate Fini Déterministe) en forme d'arbre reconnaissant exactement le langage S. La racine de PTA(S) est son état initial. L'espace de recherche de tout algorithme d'IG partant de S est un trelli dont la borne inférieure est PTA(S) et la borne supérieure l'automate universel construit sur l'alphabet observé dans S (Dupont et al., 1994). La plupart des algorithmes d'IG suivent le même schéma : ils partent de PTA(S) pour ensuite généraliser le langage défini par fusions d'états, la connaissance de $k$ permettant d'éviter la surgénéralisation. $k$-RI, détaillé ci-dessous, fonctionne selon ce principe. La fusion qu'il emploie est appelée déterministe car elle se propage récursivement à travers l'automate pour préserver son déterminisme.

**Algorithme** $k$**-RI**
**Entrée** : S : un ensemble de séquences (positives), $k$ : un entier naturel ;
**Sortie** : A : un automate $k$-réversible ;
**début**
  A := PTA(S);
  **tant que** non(A $k$-réversible) **faire**
    *// soient N1 et N2 deux nœuds empêchant la k-réversibilité de A.*
    Fusion_Déterministe(A, N1, N2);
  **fin tant que;**
  **renvoyer** A;
**fin** $k$-RI;

Dans la figure 1, nous illustrons le comportement de ZR ($k$-RI pour $k = 0$) sur les séquences de POS suivantes : $S = \{DET\ NC,\ DET\ ADJ\ NC\}$. Sur cet exemple très simple, nous voyons que ZR généralise PTA(S) pour obtenir un automate reconnaissant le langage défini par l'expression régulière : $DET\ ADJ^*\ NC$. Cette généralisation est sensée d'un point de vue linguistique. Mais si on ajoute aux exemples précédents la simple séquence $NC$, alors ZR mène à un automate reconnaissant le langage $\{DET|ADJ\}^*NC$, ce qui est une généralisation plus discutable.

[4] l'automate miroir est obtenu en transformant les états initiaux de l'automate de départ en états finaux, ses états finaux en initiaux, et en retournant le sens de ses transitions

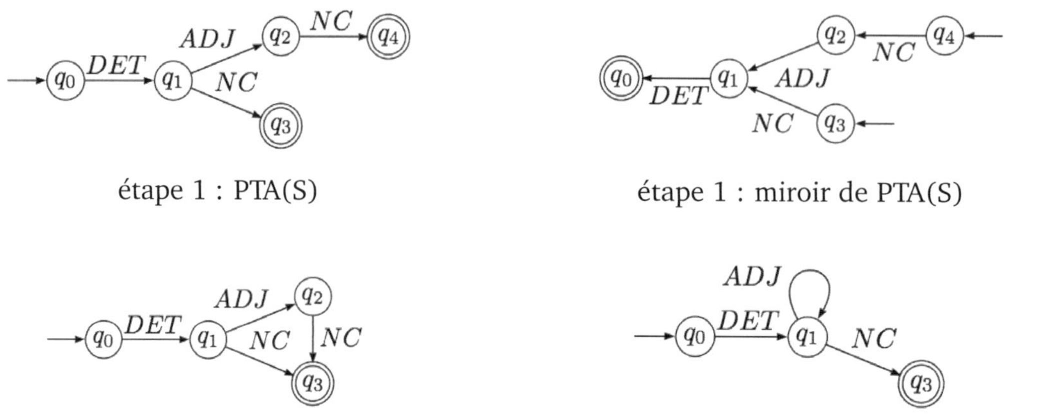


étape 1 : PTA(S)

étape 1 : miroir de PTA(S)

étape 2 : les états finaux de PTA(S) sont fusionnés (sinon le miroir n'est pas déterministe)

étape 3 : $q_1$ et $q_2$ sont fusionnés (sinon le miroir n'est pas déterministe)

Figure 1: Démonstration pas-à-pas de ZR

## 3.3 Résultats des expériences d'IG sur le chunking NP

Nous avons appliqué $k$-RI pour différentes valeurs de $k$ ($k = 0, k = 1, k = 2$) sur les séquences d'étiquettes POS correspondant à un même chunk. Les annotations BIO sont obtenues en utilisant les automates appris comme des expressions régulières selon un parcours séquentiel de la phrase. Nous avons cherché à reconaître soit les séquences les plus longues ("Longest Match", LM) soit les séquences les plus courtes ("Shortest Match", SM). L'étiquetage en NP seuls est la tâche pour laquelle l'IG est la plus appropriée. Il est aussi évidemment possible d'apprendre un automate distinct pour chaque type de chunk. Mais l'application de plusieurs automates distincts sur une nouvelle donnée pose des problèmes de recouvrements de frontières. Nous n'utiliserons donc ces automates que dans le cadre d'une combinaison avec un modèle statistique, en section 5.

$k$-RI est connu pour être très sensible aux données d'entrée : une seule séquence incorrecte peut mener à de multiples fusions d'états, et donc à une surgénéralisation. C'est le cas pour notre jeu de données issues du FTB, d'où les cas aberrants et les erreurs d'étiquetage ne sont pas absents. Quelques mauvais exemples étaient cependant faciles à détecter : par exemple, des séquences d'étiquettes POS ne contenant aucune tête nominale possible peuvent être retirées sans risque. Nous avons envisagé diverses autres façons de nettoyer les données. Un nettoyage retirant toutes les séquences apparaissant moins d'une certaine proportion fixée s'est révélé le plus efficace. Cette stratégie entraîne néanmoins la suppression de séquences utiles, en raison de la faible proportion de certaines têtes (clitiques notamment).

Nos expériences ont été réalisées selon un protocole de validation croisée partitionant les données en cinq (4/5 pour l'apprentissage d'un automate, 1/5 pour le test). L'égalité requise sur les chunks est stricte, c'est-à-dire que pour être égaux, ils doivent partager exactement les même frontières. Les précision, rappel et F-mesure des chunks NP sont calculés sans prendre en compte les étiquettes O. Le tableau 1 contient diverses F1-mesures obtenues par inférence grammaticale sur les chunks NP seuls, en appliquant sur les données de test une stratégie de correspondance LM. Les versions dîtes nettoyées ont été obtenues en supprimant toute séquence de POS apparaissant strictement moins de 0.01%. Les valeurs entre parenthèses sont les nombres moyens d'états des

| xp | PTA pur | PTA net. | 0-RI net. (1) | 1-RI net. (19) | 2-RI net. (68.6) |
|---|---|---|---|---|---|
| F-mes. | 51.92 | 88.05 | 26.95 | 72.74 | 88.25 |

Table 1: Résultats de l'IG pour le chunking NP

5 automates calculés pendant la phase d'apprentissage. Les versions PTA, dont les performances ne sont pas négligeables, peuvent être vues comme un apprentissage "par cœur", puisqu'ils n'ont donné lieu à aucune généralisation. Les automates de taille 1 correspondent à ceux reconnaissant le langage universel des étiquettes POS présentes au moins une fois dans un chunk NP. Il faut atteindre $k = 2$ pour obtenir un automate meilleur que le PTA sur des données nettoyées.

# 4 Apprentissage statistique pour l'annotation

Dans cette section, nous nous concentrons sur la meilleure approche statistique actuelle pour une tâche d'annotation : les Conditional Random Fields (CRF), qui se comportent très bien sur notre problème (Tellier et al., 2012). Nous rappelons aussi comment un HMM peut être "transformé" en un CRF, parce que cette transformation sera une source d'inspiration pour une des combinaisons présentées par la suite.

## 4.1 Conditional Random Fields et HMMs

Les CRF, introduits par (Lafferty et al., 2001) sont de la famille des modèles graphiques. Lorsque que le graphe exprimant les dépendances entre étiquettes est linéaire (ce qui est généralement le cas pour étiqueter des séquences), la distribution de probabilité d'une séquence d'annotations $y$ connaissant une séquence observable $x$ est définie par :

$$p(y|x) = \frac{1}{Z(x)} \prod_t \exp\Big(\sum_{k=1}^{K} \lambda_k f_k(t, y_t, y_{t-1}, x)\Big)$$

Où $Z(x)$ est un facteur de normalisation dépendant de $x$ et les $K$ features (ou fonctions caractéristiques) $f_k$ des fonctions fournies par l'utilisateur. Une feature $f_k$ est vérifiée (i.e. $f_k(t, y_t, y_{t-1}, x) = 1$) si, à la position courante $t$, une configuration entre $x$, $y_t$ et $y_{t-1}$ est observée (elle vaut 0 sinon). À chaque feature $f_k$ est associé un poids $\lambda_k$. Ces poids constituent les paramètres du modèle devant être estimés au cours de l'apprentissage. Pour définir un grand nombre de features, les programmes implémentant les CRF permettent d'avoir recours à des *patrons* (ou templates) qui seront instanciés en autant de features qu'il y a de positions sur les données d'entraînement où ils peuvent s'appliquer. L'implémentation la plus efficace à l'heure actuelle des CRF linéaires est fournie par Wapiti[5], qui utilise des pénalisations pour sélectionner les features les plus pertinentes (Lavergne et al., 2010). C'est le logiciel que nous avons utilisé.

Les CRF se sont montrés efficaces sur de nombreuses tâches d'annotation, notamment l'étiquetage POS (Lafferty et al., 2001), la reconnaissance d'entités nommées (McCallum and Li, 2003), le chunking (Sha and Pereira, 2003) et même le parsing complet (Finkel et al., 2008; Tsuruoka

[5]`http://wapiti.limsi.fr/`

| Feature | Type | Fenêtre |
|---|---|---|
| Mot | Unigram | [-2..1] |
| POS | Bigram | [-2..1] |

| chunking | Complet | NP seuls |
|---|---|---|
| micro | 97.53 | N/A |
| macro | 90.49 | N/A |
| F1-mesure | N/A | 96.43 |

Table 2: Le patron de template et les résultats obtenus avec les CRF seuls pour chaque tâche

et al., 2009). Leur principal inconvénient est qu'ils apparaissent comme des "boîtes noires". Un modèle issu d'un apprentissage par CRF est simplement une liste de features pondérées pouvant avoir plusieurs millions d'éléments, ce qui le rend difficile à interpréter.

Les HMM, qui étaient parmi les meilleures méthodes d'annotation statistique avant que les CRF n'apparaissent, présentent quant à eux l'avantage d'être plus interprétables. Cependant, tout HMM peut être "transformé" en un CRF définissant la même distribution de probabilité (Sutton and McCallum, 2006; Tellier and Tommasi, 2011). Pour ce faire, pour un HMM donné, nous devons définir deux familles de features :

- les features de la forme $f(y_t, x_t)$ associant une seule étiquette $y_t$ avec une seule entrée de même position $x_t$ : elles valent 1 quand l'états $y_t$ du HMM émet $x_t$ ;
- les features de la forme $f(y_{t-1}, y_t)$ qui associent deux états $y_{t-1}$ et $y_t$ du HMM ; elles valent 1 quand la transition entre ces deux états est utilisée.

Si $\theta$ est une probabilité d'émission ou de transition du HMM, alors on choisit $\lambda = log(\theta)$ comme poids pour la feature correspondant dans le CRF. Le calcul de $p(y|x)$ s'écrira alors exactement de la même façon dans les deux cas. Un HMM peut ainsi être vu comme un cas particulier de CRF. Mais les CRF sont plus généraux car ils permettent d'avoir recours à d'autres features que celles utilisées dans la transformation. Cette correspondance nous a inspirés pour exploiter les CRF afin de *diagnostiquer* les automates appris par IG. Cette idée sera étudiée dans la section 5. Mais auparavant, nous présentons les résultats obtenus avec les CRF seuls sur nos données.

## 4.2 Résultats des expériences

Les tableaux 2 montrent les patrons de features utilisés ainsi que les résultats obtenus avec les CRF seuls sur les deux tâches de chunking. Pour ces expériences, comme en section 3.3, nous avons suivi un protocole de validation croisée à 5 plis et un critère d'égalité stricte des chunks. Pour la tâche de chunking complet, nous avons calculé les micro et macro-average, qui correspondent aux moyennes des F1-mesures des différents types de chunks, pondérées (micro) ou pas (macro) par leur proportion. Comme attendu, les CRF seuls sont très performants. Remarquons toutefois qu'ils exploitent dans leurs features à la fois des mots et des étiquettes POS présents dans les données, alors que les algorithmes d'IG n'ont accès qu'aux seuls POS.

On peut comparer ces résultats avec ceux obtenus lors de la campagne PASSAGE (Paroubek et al., 2006), même si les notions de chunks adoptées de part et d'autre diffèrent (dans PASSAGE, les adjectifs épithètes situés après un nom ne font pas partie du chunk nominal, par exemple) et si les corpus ne sont pas les mêmes. Les meilleurs participants de la campagne PASSAGE atteignaient une micro-average de 92,7, ce qui situe tout de même la performance de nos CRF.

| mot | POS | auto. NP | auto. VP | auto. PP | ... | label correct | auto. NP | NP-label correct |
|---|---|---|---|---|---|---|---|---|
| la | DET | B | O | O | ... | B-NP | B | B |
| dépréciation | NC | I | O | O | ... | I-NP | I | I |
| par_rapport_au | P | O | O | B | ... | B-PP | O | O |
| dollar | NC | B | O | I | ... | I-PP | B | B |
| a | V | O | B | O | ... | B-VP | O | O |
| été | VPP | O | I | O | ... | I-VP | O | O |
| limitée | VPP | O | I | O | ... | I-VP | O | O |
| à | P | O | O | B | ... | B-PP | O | O |
| 2,5 | DET | B | O | I | ... | I-PP | B | B |
| % | NC | I | O | I | ... | I-PP | I | I |

Table 3: Données enrichies par des sorties d'automates spécifiques pour chaque chunk

# 5 Combinaisons

Dans les sections précédentes, nous avons appliqué à la tâche de chunking une approche soit purement symbolique soit purement statistique. Dans cette section, nous allons combiner les deux approches, cette combinaison pouvant s'envisager selon deux axes distincts :

- Soit le but est la seule performance, auquel cas il faut privilégier l'apprentissage statistique. Cependant, les automates obtenus par IG offrent une vision globale (et non locale, comme c'est le cas dans les features) des relations entre les étiquettes POS d'un même chunk qui pourrait s'avérer utile dans un CRF. Nous pouvons donc chercher à intégrer les résultats de l'apprentissage symbolique en tant que ressource externe de l'apprentissage statistique.

- Soit nos fins sont plus en rapport avec la lisibilité, auquel cas nous favoriserons les automates produits par IG. Or, comme évoqué en 4.1, il est tout à fait possible de simuler la structure d'un HMM (et, similairement, d'un automate) avec les features d'un CRF. On pourrait donc évaluer la qualité des états et des transitions d'un automate en fonction des poids associés aux features qui les représentent dans un CRF, offrant ainsi par la même occasion un moyen de l'améliorer.

## 5.1 Les automates en tant que ressource externe

Nous nous attaquons ici aux deux types de chunking. Le premier mode de combinaison envisagé consiste à enrichir les données du CRF avec des attributs provenant de la ressource externe, à la façon de (Constant and Tellier, 2012). Dans le cas du chunking complet, nous appliquons l'IG à chaque type de chunk distinct, produisant ainsi autant d'automates qu'il y a de types de chunks selon un protocole de validation croisée à 5 plis (les PTA dans ces expériences sont donc uniquement extraits des corpus d'apprentissage). Chacun des automates de chunk fournit un étiquetage BIO indépendant, comme dans le tableau 3 (les automates sont ici supposés fournir un étiquetage parfait). Il y a donc dans nos données autant d'attributs nouveaux que de chunks.

Les tableaux de gauche dans les tables 4 donnent les patrons aboutissant aux meilleurs résultats (micro resp. macro-average resp. F-mesure) pour le chunking complet ou le chunking NP. La ligne "Automate" prend en compte la sortie de chaque automate indépendamment alors que "POS+Automates" représente la concaténation des colonnes POS et des sorties de tous les automates. Les résultats correspondants sont donnés dans les tableaux de droite. Ils montrent que les attributs provenant des automates permettent d'améliorer significativement les résultats des CRF. C'est particulièrement vrai pour la macro-average, qui donne un poids équivalent à la

F1-mesure de chaque type de chunk. Les informations issues des automates améliorent donc surtout les performances de reconnaissance des chunks rares. Dans l'expérience permettant d'obtenir la meilleure macro, les trois améliorations les plus significatives en terme de F-mesure sont : UNKNOWN (de 41.67 à 61.22), AP (de 96.78 à 97.44) et AdP (de 98.72 à 98.92).

| Feature | Type | Fenêtre |
|---|---|---|
| Mot | Unigram | [-2..1] |
| Automate | Bigram | [-2..1] |
| POS | Bigram | [-2..1] |

| F-mesure | pur 1-RI LM |
|---|---|
| micro | 97.66 |
| macro | 92.22 |

| Feature | Type | Fenêtre |
|---|---|---|
| Mot | Unigram | [-2..1] |
| Automate | Unigram | [-1..1] |
| POS | Bigram | [-2..1] |
| POS+Automates | Bigram | [-1..1] |

| F-mesure | pur 1-RI SM |
|---|---|
| micro | 97.62 |
| macro | 93.52 |

| Feature | Type | Fenêtre |
|---|---|---|
| Mot | Unigram | [-2..1] |
| POS | Bigram | [-2..1] |
| Automate | Bigram | [-1..1] |
| POS+Automate | Bigram | [-1..1] |

| | pur 2-RI LM |
|---|---|
| F-measure | 96.75 |

Table 4: Patrons et meilleure micro-average (resp. macro-average) pour le chunking complet, idem pour la F-mesure du chunking NP seul

## 5.2 Diagnostiquer un automate à l'aide d'un CRF

Nous voulons ici obtenir des informations sur l'automate produit par IG à l'aide des CRF, en faisant un apprentissage n'utilisant que des features interprétables relativement à lui. Les poids associés par le CRF à ces features fourniront un diagnostic fin de l'automate. Cette idée se rapproche de (Roark and Saraclar, 2004), où un CRF était appris selon la structure d'un automate pondéré pour le "corriger" grâce à l'estimation des poids. Elle en diffère toutefois car nous ne cherchons pas à obtenir un automate pondéré mais à trouver d'éventuelles modifications à effectuer sur l'automate selon le diagnostic fourni par le CRF, tout en préservant sa nature purement symbolique. Pour illustrer cette approche, nous nous concentrons sur la tâche de chunking NP seul car elle ne nécessite la prise en compte que d'un seul automate. Il peut être plus facile pour comprendre la suite de se représenter les automates finis déterministes (AFD) "à la Unitex" (http://www-igm.univ-mlv.fr/ unitex/). Ainsi, le résultat de l'algorithme ZR sur la figure 1 (l'automate final, en bas à droite) est identique à celui de la figure 2. Cette représentation a l'avantage de montrer les étiquettes POS et les transitions entre deux étiquettes POS comme deux objets différents. Pour construire un CRF à partir d'un tel automate, nous considérons surtout les sorties en termes d'étiquetage BIO que cet automate produit (partie droite de la Table 3).

Nous inspirant de la relation entre les HMM et les CRF évoquée en section 4.1, nous définissons des patrons de features qui peuvent s'interpréter relativement à l'automate :

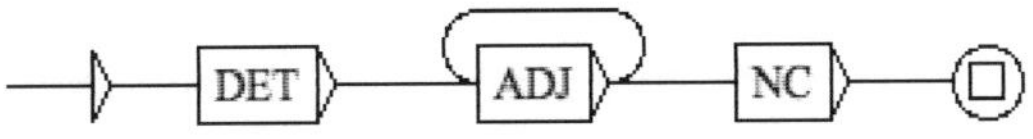


Figure 2: Automate représenté "à la Unitex"

• Un patron unigramme qui observe une étiquette POS et l'étiquette BIO prédite par l'automate à la même position, conjointement avec le label BIO correct. L'étiquette POS correspond à un (ou plusieurs) état(s) de l'automate. Si les étiquettes BIO coïncident pour un POS donné, cela signifie que l'automate a en quelque sorte raison d'être dans cet état en analysant la donnée.

• Un patron bigramme qui observe un couple d'étiquettes POS successives et le couple d'étiquettes BIO prédites par l'automate correspondant, associé au couple de labels BIO correct. Le couple de POS représente une (ou plusieurs) transition(s) de l'automate. Si les deux couples d'étiquettes BIO coïncident, cela signifie que la transition est correctement utilisée.

Il est à noter que les mots eux-mêmes ne sont pas pris en compte dans ces patrons, afin de préserver l'interprétation des features relativement à l'automate, d'où les mots sont absents.

La Table 5 est une matrice de confusion qui met en relation les étiquettes BIO prédites par un automate (EP) et les étiquettes BIO correctes (EC), pour une étiquette POS donnée (ici, l'étiquette DET d'un automate appris). On peut construire autant de tables que d'étiquettes POS présentes dans un chunk NP, chaque case de chaque table correspondant à une feature unigramme. Les cases de la Table 5 sont remplies par les poids appris par le CRF pour les features en question, les couleurs montrent comment elles s'interprètent relativement à l'automate de départ. Comme espéré, les poids sur la diagonale, qui signalent un étiquetage correct, sont plus grands que ceux en dehors, qui désignent une erreur d'étiquetage. Les features bigrammes sont un peu plus compliquées mais il est également possible d'en tirer des matrices de confusion interprétables.

| EP \EC | B | I | O |
|---|---|---|---|
| B | 1.66 | -4.05 | -0.84 |
| I | -0.44 | 0.46 | -2.51 |
| O | N/A | N/A | N/A |

vert : les deux sorties sont identiques.
rouge : début prématuré de chunk.
jaune : début de chunk manqué.
bleu : continuation intempestive de chunk.
cyan : arrêt prématuré de chunk.

Table 5: Une matrice de confusion colorée pour l'étiquette DET (2-RI, tableau 1)

De manière générale, le poids associé à une feature d'un CRF représente *son pouvoir discriminant*. Ces poids sont donc bien plus pertinents que de simples comptes d'occurences sur le nombre de fois qu'une feature a été satisfaite ou pas dans les données d'apprentissage. Les poids sur les diagonales peuvent ainsi être vus comme évaluant la qualité des états / transitions de l'automate, alors que les poids dans les autres cases correspondent aux gains obtenus en prenant une décision d'étiquetage non préconisée par l'automate. L'ensemble des matrices de confusion offre donc une mesure extrêmement fine et précise de la qualité de l'automate.

Le tableau 6 rappelle le meilleur résultat obtenu par IG "pure" sur le chunking NP de la section 3.3 et donne les résultats des CRF construits comme précédemment sur le meilleur automate

| Expérience | baseline (IG seule) | 0-RI | 1-RI | 2-RI |
|---|---|---|---|---|
| chunk | 88.25 | 93.00 | 93.07 | 93.08 |

Table 6: Résultats du chunking NP avec les CRF construits sur les automates

produit par $k$-RI pour chaque valeur de $k$. Comme on pouvait s'y attendre, les CRF construits sur les automates NP sont meilleurs que les automates NP seuls, mais moins bons qu'un CRF exploitant plus d'attributs et de features. Les résultats des matrices de confusion doivent encore être examinés en détail. Nous espérons en tirer un diagnostic précis pour analyser où et pourquoi les automates prennent de bonnes ou de mauvaises décisions, et les modifier en conséquence. Les améliorations observées dans la Table 6 laissent en effet supposer qu'à de nombreuses occasions le CRF a eu raison de prendre une décision différente de celle préconisée par l'automate.

# Conclusion et perspectives

Dans cet article, nous avons appliqué deux méthodes d'apprentissage automatique sur le même jeu de données et avons proposé deux façons différentes de les combiner.

Pour ce qui est de l'apprentissage symbolique seul, il est possible que d'autres algorithmes d'IG par présentation positive pourraient donner de meilleurs résultats que les nôtres, comme ceux de (Garcia and Vidal, 1990; Denis et al., 2002). Le choix d'une grande valeur de $k$ dans certains cas peut être important, mais il s'accompagne d'une plus grande complexité de calculs[6].

Mais la partie la plus originale de notre travail concerne les combinaisons automates/CRF. Notons que ces combinaisons peuvent tout autant s'appliquer à des automates écrits à la main, généralement plus pertinents d'un point de vue linguistique que ceux obtenus par IG. Nous nous sommes concentrés ici sur des automates appris automatiquement pour montrer que, même sans ressource ni expertise linguistique, il est possible de combiner modèles symboliques et statistiques. L'intuition derrière ce travail est que ces deux types de modèles sont complémentaires, et qu'ils peuvent chacun bénéficier de l'autre. Les CRF sont basés sur un grand nombre de configurations locales pondérées. Il est théoriquement possible d'utiliser dans un CRF des features portant sur l'intégralité de la séquence $x$ mais dans la pratique, cela est rarement fait. L'IG au contraire s'applique à un ensemble de séquences globales qu'elle est capable de généraliser. Il a déjà été observé que les CRF gagnent à recourir à des features exprimant des propriétés plus générales que de simples configurations locales (Pu et al., 2010). Notre pari était que l'IG pouvait fournir ce type de généralisation, via le premier mode de combinaison. Les résultats obtenus vont dans ce sens. Il est aussi intéressant de constater que les modèles symboliques permettent d'améliorer le traitement des cas rares, mal pris en compte par les modèles statistiques.

Les CRF construits sur des automates restent encore à étudier, notamment pour interpréter et exploiter au mieux les matrices de confusion qu'ils produisent. Certaines cases de ces matrices sont vides car Wapiti élimine les features non pertinentes de l'ensemble de départ selon un critère de pénalité. Il devrait être possible, à l'aide de ces informations, de modifier l'automate sur lequel se base le CRF en supprimant ou ajoutant des états ou des transitions pour se conformer au diagnostic fourni par une table. Une IG dirigée par des CRF reste encore à définir ! Un autre

[6] la complexité algorithmique de $k$-RI est $|\Sigma|^k|Q|^{k+3}$ où $|Q|$ est le nombre d'états du PTA

défi serait l'étude du lien entre les automates associés aux poids calculés par CRF que nous définissons et les plus classiques HMM ou automates probabilistes pour lesquels des algorithmes d'apprentissage existent déjà (Thollard et al., 2000).

# 6 Références

Abeillé, A., Clément, L., and Toussenel, F. (2003). Building a treebank for french. In Abeillé, A., editor, *Treebanks*. Kluwer, Dordrecht.

Abney, S. (1991). Parsing by chunks. In Berwick, R., Abney, R., and Tenny, C., editors, *Principle-based Parsing*. Kluwer Academic Publisher.

Angluin, D. (1980). Inductive inference of formal languages from positive data. *Information and Control*, 45(2):117–135.

Angluin, D. (1982). Inference of reversible languages. *Journal of the ACM*, 29(3):741–765.

Antoine, J.-Y., Mokrane, A., and Friburger, N. (2008). Automatic rich annotation of large corpus of conversational transcribed speech: the chunking task of the epac project. In *Proceedings of LREC'2008*.

Blanc, O., Constant, M., Dister, A., and Watrin, P. (2010). Partial parsing of spontaneous spoken french. In *Proceedings of LREC'2010*.

Constant, M. and Tellier, I. (2012). Evaluating the impact of external lexical resources unto a crf-based multiword segmenter and part-of-speech tagger. In *Proceedings of LREC 2012*.

Constant, M., Tellier, I., Duchier, D., Dupont, Y., Sigogne, A., and Billot, S. (2011). Intégrer des connaissances linguistiques dans un CRF : application à l'apprentissage d'un segmenteur-étiqueteur du français. In *Actes de TALN'11*.

Crabbé, B. and Candito, M. H. (2008). Expériences d'analyse syntaxique statistique du français. In *Actes de TALN'08*.

de la Higuera, C. (2010). *Grammatical Inference: Learning Automata and Grammars*. CU Press.

Denis, F., Lemay, A., and Terlutte, A. (2002). Some language classes identifiable in the limit from positive data. In *ICGI 2002*, number 2484 in LNAI, pages 63–76. Springer Verlag.

Dupont, P., Denis, F., and Esposito, Y. (2005). Links between probabilistic automata and hidden markov models: probability distributions, learning models and induction algorithms. *Pattern Recognition*, 38(9):1349–1371.

Dupont, P., Miclet, L., and Vidal, E. (1994). What is the search space of the regular inference. In *ICGI'94 - LNCS*, volume 862 - Grammatical Inference and Applications, pages 25–37, Heidelberg.

Finkel, J. R., Kleeman, A., and Manning, C. D. (2008). Efficient, feature-based, conditional random field parsing. In *Proceedings of ACL'2008*, pages 959–967.

Garcia, P. and Vidal, E. (1990). Inference of k-testable languages in the strict sense and application to syntactic pattern recognition. *IEEE TPAMI*, 12(9):920–925.

Gold, E. (1967). Language identification in the limit. *Information and Control*, 10:447–474.

Kanazawa, M. (1998). *Learnable Classes of Categorial Grammars*. FoLLI. CLSI Publications.

Kearns, M. J. and Vazirani, U. V. (1994). *An Introduction to Computational Learning Theory*. MIT Press.

Koshiba, T., Mäkinen, E., and Takada, Y. (2000). Inferring pure context-free languages from positive data. *Acta Cybernetica*, 14(3):469–477.

Lafferty, J., McCallum, A., and Pereira, F. (2001). Conditional random fields: Probabilistic models for segmenting and labeling sequence data. In *Proceedings of ICML 2001*, pages 282–289.

Lavergne, T., Cappé, O., and Yvon, F. (2010). Practical very large scale CRFs. In *Proceedings of ACL'2010*, pages 504–513. Association for Computational Linguistics.

McCallum, A. and Li, W. (2003). Early results for named entity recognition with conditional random fields. In *Proceedings of CoNLL'2003*.

Paroubek, P., Robba, I., Vilnat, A., and C., A. (2006). Data annotations and measures in easy, the evaluation campain for parsers of french. In *Proceedings of LREC'2006*, pages 315–320.

Pu, X., Mao, Q., Wu, G., and Yuan, C. (2010). Chinese named entity recognition with the improved smoothed conditional random fields. *Research in Computing Science*, 46:90–103.

Roark, B. and Saraclar, M. (2004). Discriminative language modeling with conditional random fields and the perceptron algorithm. In *Proceedings of ACL'2004*, pages 47–54.

Sha, F. and Pereira, F. (2003). Shallow parsing with conditional random fields. In *Proceedings of HLT-NAACL 2003*, pages 213 – 220.

Sutton, C. and McCallum, A. (2006). *Introduction to Statistical Relational Learning*, chapter An Introduction to Conditional Random Fields for Relational Learning. MIT Press.

Tellier, I., Duchier, D., Eshkol, I., Courmet, A., and Martinet, M. (2012). Apprentissage automatique d'un chunker pour le français. In *Actes de TALN'12, papier court (poster)*.

Tellier, I. and Tommasi, M. (2011). Champs Markoviens Conditionnels pour l'extraction d'information. In *Modèles probabilistes pour l'accès à l'information textuelle*. Hermès.

Thollard, F., Dupont, P., and de la Higuera, C. (2000). Probabilistic DFA inference using Kullback-Leibler divergence and minimality. In *Proc. of ICML'2000*, pages 975–982.

Tsuruoka, Y., Tsujii, J., and Ananiadou, S. (2009). Fast full parsing by linear-chain conditional random fields. In *Proceedings of EACL 2009*, pages 790–798.

Valiant, L. G. (1984). A theory of the learnable. *Communications of the ACM*, 27(11):1134–1142.

Yokomori, T. (2003). Polynomial-time identification of very simple grammars from positive data. *Theoretical Computer Science*, 1.

# L'utilisation des POMDP pour les résumés multi-documents orientés par une thématique

Yllias Chali[1], Sadid A. Hasan[1], Mustapha Mojahid[2]
(1) University of Lethbridge, AB, Canada
(2) Université Paul Sabatier - IRIT, 118 Rte de Narbonne 31062 Toulouse Cedex
(1) yllias.chali@uleth.ca (2) mustapha.mojahid@irit.fr

RÉSUMÉ

L'objectif principal du résumé multi-documents orienté par une thématique est de générer un résumé à partir de documents sources en réponse à une requête formulée par l'utilisateur. Cette tâche est difficile car il n'existe pas de méthode efficace pour mesurer la satisfaction de l'utilisateur. Cela introduit ainsi une incertitude dans le processus de génération de résumé. Dans cet article, nous proposons une modélisation de l'incertitude en formulant notre système de résumé comme un processus de décision markovien partiellement observables (POMDP) car dans de nombreux domaines on a montré que les POMDP permettent de gérer efficacement les incertitudes. Des expériences approfondies sur les jeux de données du banc d'essai DUC ont démontré l'efficacité de notre approche.

ABSTRACT

**Using POMDPs for Topic-Focused Multi-Document Summarization**
The main goal of topic-focused multidocument summarization is to generate a summary from the source documents in response to a given query or particular information requested by the user. This task is difficult in large part because there is no significant way of measuring whether the user is satisfied with the information provided. This introduces uncertainty in the current state of the summary generation procedure. In this paper, we model the uncertainty explicitly by formulating our summarization system as a Partially Observable Markov Decision Process (POMDP) since researchers in many areas have shown that POMDPs can deal with uncertainty successfully. Extensive experiments on the DUC benchmark datasets demonstrate the effectiveness of our approach.

MOTS-CLÉS : Résumé multi-document, résumé orienté requête, POMDP.
KEYWORDS: Topic-focused multi-document summarization, POMDP.

## 1 Introduction

Un résumé multi-documents orienté par la thématique (i.e. par une requête) est utile dans la gestion des documents et les systèmes de recherche. Il peut fournir par exemple des services d'information personnalisés selon les besoins des utilisateurs. Dans cet article, nous considérons que le problème de produire des résumés multi-documents orientés par la thématique reviendrait à extraire un sous-ensemble de phrases choisies à partir des documents originaux (Mani et Maybury, 1999). Juger de l'importance d'une phrase est l'aspect le plus essentiel de la génération de résumé. Cette tâche est difficile, en grande partie parce qu'il n'est pas certain que la phrase choisie soit suffisamment importante pour être considérée comme une phrase du résumé. Il est également difficile de garantir que les phrases choisies vont satisfaire totalement l'utilisateur. Ce problème peut être résolu en reformulant la tâche dans une problématique de prise de décisions séquentielles.

Les modèles de processus de décision markovien (MDP) se sont avérés utiles dans une variété de problèmes de décision (Puterman, 1994). La spécification d'un problème de décisions séquentielles en environnement totalement observable avec un modèle de transition markovien est appelé MDP (Russel et Norvig, 2003). Les MDP sont utiles pour modéliser la prise de décision dans des situations où les résultats sont en partie aléatoires et en partie dépendent du choix d'un décideur. À tout instant, un MDP est dans un certain état $s$, et une action disponible $a$ est ensuite choisie déplaçant le MDP aléatoirement dans un nouvel état $s'$ ; et une récompense correspondante $R_a(s, s')$ est attribuée. Ainsi, le nouvel état $s'$ dépend de l'état actuel $s$ et l'action $a$ en étant conditionnellement indépendant de tous les états et actions antérieurs. La tâche principale des MDP est de trouver une fonction de décision $\pi$ qui spécifie une action particulière qui sera choisie dans un état $s$ ; le but étant de choisir une politique qui maximise la récompense. Cependant, les MDP ne peuvent traiter l'incertitude où se trouvent les états de l'utilisateur, l'historique des transitions, et les actions. Le modèle MDP partiellement observables (POMDP) généralise le modèle MDP en permettant de prendre en compte également des formes d'incertitude. Ainsi, dans différents domaines, plusieurs applications ont fait appel au POMDP (Young, 2006 ; Lison, 2010 ; Bui *et al.*, 2007). Dans cet article, nous proposons d'utiliser le POMDP pour modéliser l'incertitude inhérente à la tâche de résumé multi-documents.

Dans notre tâche de résumé, l'environnement est partiellement observable, car il est incertain de savoir si une phrase choisie conduit le système à un état de résumé ou non. Ainsi, nous définissons un modèle d'observation $O(s, o)$ qui définit la probabilité de percevoir l'observation $o$ dans l'état $s$. Ceci construit un ensemble d'états de croyance qui est une représentation de probabilités des états réels possibles. Puisque nous ne pouvons déterminer de manière sûre si nous avons atteint l'état résumé ou non, nous supposons le fait que l'agent a connaissance de tous les états de croyance et ainsi, la politique optimale peut être apprise par la transformation des états de croyance par les actions.

Pour formuler notre tâche en termes de POMDP, nous supposons qu'un ensemble de documents sources et leurs résumés de référence (RR) créés par un expert humain sont donnés garantissant la satisfaction des utilisateurs. Lorsqu'une phrase est sélectionnée comme candidate pour un résumé, sa probabilité d'observation est calculée en mesurant sa parenté avec le RR. Une valeur de récompense est attribuée lorsque le système atteint l'état de résumé. Nous représentons chaque phrase d'un document comme un vecteur de traits-valeurs (Voir section 4). Notre approche tente de produire des résumés automatiques qui soient le plus proche des RR. Dans la phase d'apprentissage, le système apprend les poids appropriés des traits en modélisant la relation entre le RR et le résumé candidat extrait. Une fois que le modèle d'observation est appris, l'agent atteint l'état final de résumé et la phase d'apprentissage se termine. Les poids finaux appris pour chaque attribut sont utilisés pour produire des résumés à partir de nouvelles données dans la phase de test. Nous avons utilisé une version de l'algorithme $Q(\lambda)$ de la descente du gradient de Watkins (Sutton et Barto, 1998) pour résoudre notre modèle POMDP proposé. Des tests ont été menés sur les jeux de données de référence DUC[1] et les résultats des évaluations ont montré l'efficacité de notre approche. Dans la suite de l'article nous décrirons successivement la terminologie des POMDP, les bases formelles de notre travail définissant la tâche de résumé multi-documents orienté par une thématique comme un problème d'un POMDP, l'espace de traits pour

[1] http://duc.nist.gov/

représenter les phrases, les paramètres expérimentaux et les résultats de l'évaluation.

# 2 Terminologie des POMDP

Contrairement aux MDP qui offrent un bon cadre statistique pour permettre la planification dans un environnement totalement observable, un POMDP fournit un modèle mathématique pour les problèmes de décisions séquentielles dans les environnements partiellement observables. Le principal avantage d'un POMDP est d'avoir une architecture complète pour modéliser l'incertitude inhérente au problème étudié (Young, 2006).

## 2.1 Définition formelle

Un POMDP est un tuple $<S, A, Z, T, O, R>$ (Lison, 2010) où :

1. $S$ est *l'espace d'états* défini comme un ensemble d'états mutuellement exclusifs.
2. $A$ représente *l'espace d'actions* possibles qu'un agent peut effectuer dans un état.
3. $Z$ est l'espace des observations que l'agent peut percevoir.
4. $T(s, a, s') = Pr(s'|s, a)$ est *le modèle de transition* qui dénote la probabilité d'atteindre l'état s' si l'action $a$ est effectuée dans l'état $s$.
5. $O(s, o)$ est le *modèle d'observation* qui spécifie la probabilité de percevoir l'observation $o$ dans l'état $s$.
6. $R(s, a)$ est la *fonction de récompense* qui définit l'utilité de l'agent à effectuer une action $a$ étant dans l'état $s$.

## 2.2 L'état de croyance

Un POMDP suppose que l'état du monde n'est pas directement observable. Par conséquent, un POMDP peut seulement déduire des informations utiles à partir d'observations disponibles. Cette incertitude peut être codée par l'état de croyance $b$, qui est une distribution de probabilité sur tous les états possibles (Lison, 2010). On note $b(s)$ la probabilité attribuée à l'état réel par l'état de croyance $b$. Nous pouvons calculer un état de croyance courant comme une distribution de probabilité conditionnelle sur les états réels étant données la séquence des observations et des actions effectuées jusqu'ici. Dans l'état de croyance courant $b(s)$, si l'action est effectuée et une observation $o$ est perçue, le nouvel état de croyance sera donné par (Russel et Norvig, 2003) :

$$b'(s') = \alpha O(s',o)\sum_{s} T(s,a,s')b(s) \quad (1)$$

où $\alpha$ est une constante de normalisation qui met la somme des états de croyance à 1. Dans un POMDP, l'action optimale d'un agent s'appuie uniquement sur l'état de croyance courant de l'agent puisque l'agent n'est pas conscient de son état actuel. Par conséquent, le cycle de décisions d'un agent POMDP consiste à exécuter l'action $a$ en tenant compte de l'état actuel de croyance $b$, de l'observation $o$, et de la transition au nouvel état de croyance (équation 1). La tâche suivante consiste à effectuer une recherche de la politique optimale dans l'espace continu des états de croyances (Russel et Norvig, 2003). Un état de croyance initial $b0$ (ayant une distribution uniforme) est spécifiée à l'exécution lors de l'initialisation de notre système proposé.

## 2.3 Les politiques

La solution au problème d'un POMDP doit préciser l'action possible de l'agent dans un état qu'il pourrait atteindre dans un certain intervalle de temps. Ce type de solution est appelé une politique et noté $\pi$ (Russel et Norvig, 2003). L'idée générale d'un POMDP est que l'action optimale ne dépend que de l'état de croyance courant de l'agent, car il n'a accès qu'à l'état réel actuel. Par conséquent, la politique optimale (qui donne la plus grande utilité espérée), notée $\pi^*(b)$, est une application des états de croyance à l'action. Nous définissons la valeur de l'action $a$ dans l'état de croyance $b$ selon la politique $\pi$ notée $Q^{\pi}(b, a)$ :

$$\begin{aligned} Q^{\pi}(b,a) &= E_{\pi}\left\{R_t \mid b_t = b, a_t = a\right\} \\ &= \left\{\sum_{k=0}^{\infty} \gamma k^{r}{}_{t+k+1} \mid b_t = b, a_t = a\right\} \end{aligned} \tag{2}$$

Ici, $E_{\pi}$ représente la valeur espérée étant donné que l'agent suit la politique $\pi$, $R_t$ est le *rendement espéré* qui est définie en fonction de la séquence de récompenses, $r_{t+1}$, $r_{t+2}$, ... où $r_t$ est la récompense numérique que l'agent reçoit à l'instant t. Nous appelons $Q^{\pi}$ la fonction action-valeur pour la politique $\pi$. $\gamma$ représente le facteur d'actualisation qui détermine l'importance des futures récompenses. Le système essaie de trouver la politique optimale par l'itération de la politique. Une fois la politique optimale $\pi^*$ est obtenue, l'agent choisit les actions en utilisant le principe d'utilité maximale espérée (Russel et Norvig, 2003).

# 3 Modèle POMDP pour le résumé

## 3.1 Environnement, état et action

La tâche de résumé multi-documents orientée par une thématique considère une requête $q$ (une thématique) et une collection de documents voisins $D = \{d_1, d_2, ..., d_n\}$ pour générer un résumé. L'espace d'états qui décrit l'environnement, inclue les états de résumé et non résumé. L'action optimale de l'agent, ne sachant pas dans quel état il est, dépend de son état de croyance courant. L'espace d'états des croyances est continu, représenté par une distribution de probabilités, comprend l'ensemble des états que l'agent pourrait prendre. Dans le problème d'extraction de résumé, l'objectif est de sélectionner un ensemble de phrases importantes de la collection de documents donnée pour constituer le résumé candidat. Dans chaque état de croyance, on dispose d'un ensemble d'actions possibles qui pourraient être opérées sur l'environnement où chaque action indique la sélection d'une phrase particulière (en utilisant la fonction politique de l'équation 2) à partir des phrases des documents restantes non encore incluses dans le résumé candidat.

## 3.2 Observation et récompense

Lorsque nous choisissons une phrase considérée importante, nous calculons sa probabilité d'observation en mesurant sa parenté avec les résumés de références fournis. Nous mesurons cette similarité en utilisant l'outil automatique ROUGE (Recall Oriented Understudy pour Gisting Evaluation) (Lin, 2004). Les mesures concernent le nombre d'unités qui se chevauchent tels que les n-grammes, les mot-séquences, et les paires de mots entre les deux résumés (de référence et extrait). Les mesures de ROUGE considérées sont ROUGE-N (N = 1, 2, 3, 4), ROUGE-L, ROUGE-W et ROUGES. Dès que la probabilité[2] la plus élevée de la croyance est atteinte, on arrive à l'état de résumé, et une récompense de 1 est attribuée, sinon 0 est retourné. Le POMDP pour un résumé fonctionne de la manière suivante : à chaque instant, l'environnement est dans un certain état non observé *s*. Cela signifie qu'une phrase est sélectionnée et déplacée dans le résumé candidat sans savoir si le système a atteint l'état de résumé ou non. Puisque *s* n'est pas connu « exactement », une distribution de probabilité (espace des états de croyance) sur tous les états possibles (résumé ou non résumé) est maintenue où *b(s)* indique la probabilité d'être dans un état *s* particulier. Sur la base de l'état actuel de croyance, une action optimale *a* est choisi et reçoit une récompense *r* basée sur la probabilité d'observation, et l'environnement se déplace à un nouvel état non observée *s'*. L'environnement génère alors une observation *o'* pour actualiser l'état de croyance. L'ensemble du processus tente de produire un résumé similaire au résumé de référence en assurant également que le résumé candidat ne contient pas d'informations redondantes.

## 3.3 Résolution du POMDP

Dans notre formulation, le nombre d'états réels est égal à deux (état résumé, état non résumé). Puisque l'environnement est partiellement accessible, nous avons modélisé le problème comme un POMDP en introduisant un nombre infini d'états de croyance, qui sont observables par l'agent. Pour résoudre ce problème, nous considérons une approche d'approximation fonctionnelle au problème. Nous représentons la fonction approximée action-valeur comme une fonction linéaire paramétrée avec le vecteur de paramètres $\vec{\theta}_t$. A chaque paire état de croyance-action *(b, a)*, il existe un vecteur colonne de traits, $\vec{\varphi}_b = (\varphi_b(1), \varphi_b(2), \ldots, \varphi_b(n))^T$ avec le même nombre de composants que $\vec{\theta}_t$. La fonction approximée action-valeur est donnée par :

$$Q_t(b,a) = \vec{\theta}_t^T \vec{\varphi}_b = \sum_{i=1}^{n} \theta_t(i)\varphi_b(i) \qquad (3)$$

Nous considérons notre problème comme un problème de prise décision séquentielle à horizon infini qui trouve un vecteur de paramètres $\vec{\theta}$ pour maximiser *Q(b, a)* à partir de l'équation (3). Nous utilisons un algorithme du gradient de la politique pour résoudre notre problème de POMDP. Les Algorithmes du gradient de la politique ont tendance à estimer les paramètres $\theta$ en effectuant une montée du gradient stochastique. Le gradient approximé par l'interaction avec l'environnement, et la récompense qui en résulte est utilisé pour mettre à jour l'estimation de $\theta$. Les algorithmes du gradient de la politique optimise un objectif non convexe et ne sont garantis que pour trouver un optimum local (Branavan *et al.*, 2009). Nous utilisons une version de l'algorithme modifiée *Q (λ)* de Watkins avec descente de gradient linéaire (Sutton et Barto, 1998) en appliquant la politique ε-gloutonne afin de déterminer la meilleure action possible pour sélectionner les phrases les plus importantes. Nous nous servons de la politique ε-gloutonne (ce qui signifie que la plupart du temps cette politique choisit une action avec la valeur maximale estimée, mais une action est sélectionnée au hasard avec une probabilité (ε) pour trouver l'équilibre entre l'exploration et l'exploitation pendant la phase d'apprentissage. Nous avons posé ε = 0.1.

[2] Dans chaque état, la probabilité d'observation est mise à jour lorsque le système essaie de générer un résumé qui est un pas de plus vers le résumé de référence. La probabilité la plus élevée de la croyance est observée lorsque le résumé du système a la correspondance la plus proche avec le résumé de référence.

Ainsi, notre algorithme choisit une action avec la meilleure action-valeur à 90 % et il choisit une action au hasard à 10 %.

Les étapes de notre solution POMDP sont présentées dans l'algorithme 1 où $\varphi$ est un vecteur de traits-valeurs (Voir section 4) utilisé pour représenter chaque phrase de document ; $\vec{\theta}_t$ est le vecteur de poids pour le vecteur de traits que le système va apprendre et $\gamma$ est le coefficient d'actualisation utilisé pour calculer la récompense d'une paire état-action. Le facteur d'actualisation détermine l'importance des futures récompenses. Nous avons gardé la valeur initiale de $\gamma$ à 0.1 qu'on fait diminuer d'un facteur correspondant au nombre d'itération. Tant que la politique initiale sélectionne les actions gloutonnes, l'algorithme continue l'apprentissage de la fonction action-valeur avec une la politique gloutonne. Cependant, quand une action exploratoire est sélectionnée par la politique de comportement, les traces d'éligibilité[3], $\vec{e}$, sont initialisées pour tous les couples état-action et elles sont mises à jour en deux étapes. Dans la première étape, si une action exploratoire est prise, elles sont mises à 0 pour toutes les paires état-action. Dans le cas contraire, les traces d'éligibilité pour toutes les paires état-action sont décomposées par $\gamma^{\lambda}$. Dans la deuxième étape, la valeur de la trace d'éligibilité de la paire actuelle état-action est incrémentée de 1 tout en accumulant les traces. La version originale de l'algorithme $Q(\lambda)$ de Watkins utilise une approximation linéaire de la fonction de la descente de gradient avec des traits binaires. Toutefois, étant donné que nous traitons un mélange de traits à valeur réelle et booléenne (voir section 4), nous avons modifié l'algorithme pour déclencher une mise à jour différente pour les traces d'éligibilité. Dans la deuxième étape de la mise à jour des traces d'éligibilité, on incrémente la valeur avec le score du trait correspondant. L'ajout d'une étape de saut aléatoire évite les maximums locaux dans notre algorithme. Le paramètre $\lambda$ définit quel crédit nous pouvons accorder aux états antérieurs. $\alpha$ est le paramètre de la taille de pas pour le procédé de la descente de gradient qui est réduit par un facteur de 0,99 de sorte que l'apprentissage converge vers le but. $\delta$ est le taux d'erreur de prédiction état-valeur. Un « épisode » est lancé à la phase d'apprentissage pour chaque thème et se termine quand l'état de résumé final est atteint. La condition « *b* n'est pas terminale » est satisfaite lorsque *b* se réfère à l'état final de résumé. L'état de croyance initial a une distribution de probabilité uniforme sur les états réels. L'action initiale est choisie en fonction de la probabilité d'observation des phrases. A notre connaissance, la formulation proposée par la version modifiée de l'algorithme $Q(\lambda)$ de Watkins est originale dans la façon dont il représente la tâche de résumé orientée sur une thématique.

# 4 Espace des traits

Nous représentons chaque phrase d'un document comme un vecteur de trait-valeur ($\varphi$ dans l'algorithme 1). Notre ensemble de traits comprend deux types, le premier caractérise l'importance d'une phrase dans un document et le second mesure la similarité entre chaque phrase et la requête de l'utilisateur. Ces traits ont été adoptés par plusieurs travaux connexes à cette problématique (Edmundson, 1969 ; Litvak *et al.*, 2010 ; Schilder et Kondadadi, 2008).

[3] Une trace d'éligibilité est un enregistrement temporaire de l'occurrence d'un événement, comme la visite d'un état ou le choix d'une action (Sutton et Barto, 1998).

## 4.1 Mesure de l'importance d'une phrase

***Position des phrases :*** Les phrases qui se trouvent au début et à la fin d'un document ont souvent tendance à inclure les informations les plus précieuses. Nous avons analysé manuellement la collection de documents donnés et nous avons constaté que la première et les 3 dernières phrases d'un document répondent bien à ce trait. Nous leurs attribuons ainsi le score de 1 et 0 aux autres phrases.

***Longueur des phrases :*** Les plus longues phrases contiennent plus de mots et ont une plus grande probabilité de contenir des informations importantes. Par conséquent, une longue phrase a de meilleure chance de figurer dans un résumé. Nous donnons le score de 1 à une longue phrase et 0 aux autres. L'analyse manuelle de la collection de documents nous a amené à fixer le seuil de 11 mots pour considérer qu'une phrase est longue.

***Correspondance avec le titre :*** Si nous trouvons des chevauchements de mots exacts, de synonymes, ou d'hyponymes entre le titre et une phrase, nous lui attribuons le score de 1, sinon 0. Nous utilisons la base de données WordNet[4] (Fellbaum, 1998) pour l'accès aux synonymes et aux hyponymes.

**Algorithme** 1 Q(λ) de Watkins modifié :

***Entrés :*** $\alpha, \vec{\theta}, \lambda, \gamma, \varphi, \varepsilon$, nombre d'itérations $T$
***Sorties :*** vecteur $\vec{\theta}$ des poids appris
Initialisation : $\vec{\theta}$ à $\vec{0}$, $\vec{e}$ à $\vec{0}$, $\alpha$ à 0.01, $\lambda$ à 0.9, $\gamma$ à 0.1
*b, a* ← état de croyance et action de l'épisode initiaux
$\varphi$ ← ensemble des traits présents dans *s, a*
**Pour** *i = 1 .. T* **Faire**
    **Si** b est non terminal **Alors**
        **Pour** $i \in \varphi$ **Faire**
            $e(i) \leftarrow e(i) + \varphi(i)$
        faire l'action a, observer la récompense et l'état suivant b
        $\delta \leftarrow r - \sum_i \varphi(i)\theta(i)$
        **Pour** a $\in A(b)$ **Faire**
            $\varphi$ ← ensemble de traits présents dans *b, a*
            $Q_a \leftarrow \sum_i \varphi(i)\theta(i)$
        $\delta \leftarrow \delta + \gamma\, max_a Q_a$
        $\theta \leftarrow \theta + \alpha\delta\vec{e}$
        $\delta \leftarrow 0.99 \times \alpha$
        **Si** probabilité ≤ 1- ε **Alors**
            **Pour** $a \in A(b)$ **Faire**
                $Q_a \leftarrow \sum_i \varphi(i)\theta(i)$
            $a \leftarrow arg\, max_a\, Q_a$
            $\vec{e} \leftarrow \gamma^{\lambda}\vec{e}$
        **sinon** $a \leftarrow$ *action aléatoire* $\in A(b)$
            $\vec{e} \leftarrow \vec{0}$
retourner $\vec{\theta}$

[4] Nous utilisons dans cette recherche la version 3.0 de WordNet.

***Entités nommées (EN) :*** Le score de 1 est attribué à une phrase appartenant à une classe d'EN parmi : Personne, Localisation, Organisation, Entité géopolitique, Installation, Date, Monnaie, Nombre, Horaire. Nous pensons qu'une EN accroît l'importance d'une phrase et nous utilisons le système OAK (Sekine, 2002) pour la reconnaissance d'entités nommées.

***Lexique spécifique :*** La pertinence probable d'une phrase est affectée par la présence de marqueurs lexicaux (« important », « impossible », « en conclusion », « enfin », etc.). Nous utilisons une liste[5] de 228 expressions et nous donnons le score de 1 à une phrase contenant une expression dans cette liste et 0 sinon.

## 4.2 Mesure de similarité avec la requête de l'utilisateur

***Chevauchement de n-gramme :*** Il s'agit du rappel entre la requête et la phrase candidate dans laquelle n représente la longueur du n-gramme (n = 1, 2, 3, 4). Cette valeur est obtenue en divisant le total des co-occurrences de n-grammes dans la requête et dans la phrase candidate, par le nombre de n-grammes dans la phrase (Lin, 2004).

***LSC :*** Etant donné deux séquences S1 et S2, la plus longue séquence commune (LSC) de S1 et S2 est une sous-séquence commune avec la longueur maximale.

***LSCP :*** La plus Longue Séquence Commune Pondérée (LSCP) améliore la méthode de base LSC en prenant en compte la longueur des correspondances consécutifs rencontrés (Lin, 2004). La LSCP permet de conserver la durée des correspondances consécutives dans une table à deux dimensions de programmation dynamique. Le calcul de LCSP est basé sur la F-mesure entre une requête et une phrase.

***Saut-bigramme :*** Ce trait mesure le chevauchement de bigrammes entre une phrase candidate et une phrase requête. Le Saut-bigramme compte scrupuleusement toutes les paires de mots en correspondance, alors que LSC s'intéresse seulement à la plus longue séquence commune.

***Chevauchement de mots exacts :*** Il s'agit de calculer le nombre de mots équivalents dans la phrase candidate et la phrase de la requête.

***Chevauchement de Synonymes :*** C'est le chevauchement entre la liste des synonymes des mots lexicaux[6] extraite de la phrase candidate et les mots de la requête associée. Les mots liés à la requête sont obtenus en les remplaçant par leur sens premier synonyme utilisant WordNet (Fellbaum, 1998). Nous considérons que les *synsets* de chaque mot.

***Chevauchement des hyperonymes et des hyponymes :*** C'est le chevauchement entre la liste des hyperonymes et hyponymes (jusqu'au niveau 2 dans WordNet) des noms extraits de la phrase et les mots de la requête associée.

***Chevauchement du glossaire :*** Notre système extrait les glossaires pour les noms propres de WordNet. Le chevauchement des glossaires est le chevauchement entre la liste des mots lexicaux qui sont extraits de la définition du glossaire des noms dans la phrase candidate, et les mots de la requête associée.

[5] Nous avons construit notre lexique en se référant aux expressions de transition disponibles dans http://www.smart-words.org/transitionwords.html

[6] Les mots lexicaux sont les noms, les verbes, les adverbes et les adjectifs.

***Trait syntaxique :*** La première étape pour calculer la similarité syntaxique entre la requête et la phrase consiste à analyser leurs arbres syntaxiques en utilisant un analyseur syntaxique ; nous utilisons celui de (Charniak, 1999)[7]. La similarité entre deux arbres syntaxiques est calculée en utilisant la *fonction noyau sur les arbres* (Collins et Duffy, 2001).

***Chevauchement des Éléments de Base (EB) :*** Nous extrayons les EB des phrases dans la collection de documents en utilisant le package des EB d'ISI[8]. Nous filtrons ensuite les EB en vérifiant s'ils contiennent *un mot de la requête ou un mot connexe*. Nous obtenons ainsi le meilleur score de chevauchement des EB (Hovy *et al.*, 2005).

# 5 Expérimentation et évaluation

## 5.1 Définition de la tâche et corpus

Cet article s'intéresse à la tâche de résumé multi-documents orientée par une thématique (i.e. orientée par une requête) comme cela est définit dans la Document Understanding Conference, DUC-2007 : *« Etant donnée une question complexe (description du sujet) et une collection de documents pertinents, la tâche consiste à produire un résumé bien construit n'excédant pas 250 mots ».* L'ensemble des documents[9] DUC-2006 et 2007 provenaient du corpus AQUAINT, qui est composé d'articles provenant de fils de presse de l'Associated Press et New York Times (1998 - 2000) et de la Xinhua News Agency (1996-2000). Nous utilisons les groupes de documents (contenant chacune 25 articles de presse) de DUC-2006 pour apprendre les poids respectifs de chaque trait considéré qui seront exploités pour produire des résumés pour les groupes de documents de DUC-2007.

## 5.2 Paramètres du système

Le jeu de données produit un nombre de phrases volumineux. Pour simplifier notre tâche nous filtrons les 100 premières phrases d'un groupe de documents donnés en employant une approche supervisée basée sur l'entropie maximale (MaxEnt). Nous choisissons MaxEnt car il a montré de bonnes performances en résumé automatique de texte (Ferrier, 2001). Les systèmes supervisés nécessitent une grande quantité de données pendant l'apprentissage. Nous appliquons les noyaux de sous-séquences de chaîne étendue (Extended String Subsequence Kernel - ESSK) pour étiqueter automatiquement toutes les phrases de DUC-2006 et produire suffisamment de données pour l'apprentissage. L'ESSK a été appliqué avec succès pour l'annotation automatique (Hirao *et al.*, 2004) ; nous l'exploitons dans le calcul de similarité entre chaque phrase candidate et le résumé de référence. Les N premières phrases sont ensuite choisies en fonction du score donné par ESSK et étiquetées « +1 » (phrase résumé), et les autres « -1 » (phrase non résumé). Nous construisons le système MaxEnt utilisant le package[10] MaxEnt de Lin. Pour définir l'exponentiel avant les valeurs $\lambda$ dans les modèles MaxEnt, un paramètre supplémentaire est utilisé dans le package lors de l'apprentissage. Nous conservons la valeur $\alpha$ comme valeur par défaut. Le modèle MaxEnt appris est utilisé pour prédire les étiquettes des

[7] Disponible sur ftp://ftp.cs.brown.edu/pub/nlparser/
[8] http://www.isi.edu/~cyl/BE
[9] DUC-2006 et DUC-2007 ont fourni respectivement 50 et 45 groupes de documents.
[10] http://www.cs.ualberta.ca/~lindek/downloads.htm

phrases non observées des données DUC-2007. Les valeurs de probabilité correspondant aux étiquettes prédites sont utilisées pour classer les phrases.

Pour résoudre notre modèle POMDP, nous appliquons l'algorithme *Q(λ)* modifié de Watkins sur les données de DUC-2006 et nous utilisons les résultats des poids finaux pour obtenir les 250 mots du résumé à partir des 100 premières phrases (déjà sélectionnées par le système MaxEnt de base) des goupes de documents de DUC-2007. Nous avons également généré des résumés de 250 mots en utilisant le système MaxEnt seul. Pour comparer les performances du système POMDP, nous avons construit trois autres systèmes supervisés en utilisant les techniques bien connues : Machines à vecteurs de support, Modèles de Markov cachés et Champs conditionnels aléatoires (respectivement SVM, HMM, CRF).

Nous utilisons les mêmes (ESSK étiquetés) données dans la phase d'apprentissage de ces systèmes. Nous utilisons également un modèle de résumé non supervisé pour évaluer le modèle POMDP ; les approches supervisées sont souvent plus difficiles à appliquer à des ensembles de données arbitraires où des modèles de résumés générés par l'humain ne sont pas disponibles. L'algorithme de regroupement K-means est utilisé pour construire le système non supervisé. Dans tous ces systèmes, le même ensemble de traits (Section 4) est utilisé pour représenter les phrases du document comme vecteurs de traits.

## 5.3 Evaluation automatique : ROUGE

En DUC-2007, chaque thème et son groupe de documents ont été remis aux 4 différents évaluateurs du NIST. L'évaluateur a créé ensuite un résumé de 250 mots qui répond au besoin d'informations exprimées dans le sujet. Ces multiples « résumés de référence » sont utilisés dans l'évaluation de notre contenu de résumé. Nous avons considéré les mesures d'évaluation largement pratiquées, la précision (P), le rappel (R) et la F-mesure pour notre tâche d'évaluation des résumés générés par le système en utilisant la boîte à outils d'évaluation automatique ROUGE (Lin, 2004), qui a été adoptée par DUC.

### 5.3.1 Comparaison avec différents systèmes

Les tables 1 et 2 donnent les scores ROUGE-2 et ROUGE-SU de tous les systèmes, et la table 3 indique les intervalles de confiance à 95 % de tous les systèmes afin de pouvoir faire des comparaisons significatives. Ces résultats montrent que le système POMDP est le plus performant, la plupart du temps, prouvant ainsi l'efficacité de notre modèle POMDP, à l'exception d'un petit nombre cas[11]. La raison de cette performance est due au fait que dans le cas des approches supervisées et non supervisées, le comportement appris est basé sur un corpus d'apprentissage fixe alors que le modèle POMDP met à jour en permanence son état de croyance en se basant sur la probabilité d'observation et utilise la récompense obtenue pour réajuster les poids des traits dans chaque itération afin de fournir un environnement d'apprentissage plus efficace. En particulier, l'avantage de l'approche POMDP est obtenu en prenant des décisions séquentielles, là où les autres systèmes vont traiter indépendamment chaque phrase (SVM), ou considérer seulement les dépendances entre les phrases directement adjacentes (CRF, HMM).

[11] Les chevauchements des intervalles de confiance ROUGE-SU pour SVM, MaxEnt et POMDP indiquent qu'ils ne sont pas significativement différents les uns des autres.

| Systèmes | Rappel | Précision | F-mesure |
|---|---|---|---|
| SVM | 0.0801 | 0.0878 | 0.0838 |
| HMM | 0.0865 | 0.0951 | 0.0906 |
| CRF | 0.0767 | 0.0844 | 0.0804 |
| MaxEnt | 0.0815 | 0.0897 | 0.0854 |
| K-mens | 0.0779 | 0.1072 | 0.0902 |
| POMDP | 0.1286 | 0.1065 | 0.1164 |

Table 1 : Les mesures ROUGE-2

| Systèmes | Rappel | Précision | F-mesure |
|---|---|---|---|
| SVM | 0.1324 | 0.1592 | 0.1445 |
| HMM | 0.1349 | 0.1636 | 0.1478 |
| CRF | 0.1238 | 0.1487 | 0.1461 |
| MaxEnt | 0.1339 | 0.1611 | 0.1461 |
| K-mens | 0.1348 | 0.1742 | 0.1520 |
| POMDP | 0.2089 | 0.1432 | 0.1694 |

Table 2 : Les mesures ROUGE-SU

| Systèmes | ROUGE-2 | ROUGE-SU |
|---|---|---|
| SVM | 0.0678 – 0.1027 | 0.1243 – 0.1703 |
| HMM | 0.0838 – 0.0967 | 0.1306 – 0.1593 |
| CRF | 0.0629 – 0.0964 | 0.1161 – 0.1546 |
| MaxEnt | 0.0681 – 0.1036 | 0.1267 – 0.1636 |
| K-mens | 0.0662 – 0.0953 | 0.1241 – 0.1594 |
| POMDP | 0.1078 – 0.1263 | 0.1635 – 0.1762 |

Table 3 : Les intervalles de confiance à 95 % pour les différents systèmes

### 5.3.2 Comparaison avec des systèmes de base

Dans la table 4, notre modèle POMDP proposé est comparé aux systèmes de base (SB) officiels de DUC-2007. SB-1 retourne toutes les meilleures phrases (à hauteur de 250 mots) dans le champ <TEXT> du plus récent document. L'idée principale de SB-2 est d'ignorer le thème narratif tout en générant automatiquement des résumés basés sur une formulation HMM[12]. Selon ces résultats, le modèle POMDP proposé dépasse très largement tous les systèmes de base. La table 5 indique les intervalles de confiance à 95% des F-mesures ROUGE permettant de vérifier la significativité des résultats.

| Systèmes | ROUGE-2 | ROUGE-SU |
|---|---|---|
| SB-1 | 0.060039 | 0.10507 |
| SB-2 | 0.09382 | 0.14641 |
| POMDP | 0.1164 | 0.1694 |

Table 4 : Comparaison avec
les systèmes de base (F-scores)

[12] http://duc.nist.gov/pubs/2004papers/ida.conroy.ps

| Systèmes | ROUGE-2 | ROUGE-SU |
|---|---|---|
| SB-1 | 0.0563 – 0.0643 | 0.1007 – 0.1091 |
| SB-2 | 0.0892 – 0.0980 | 0.1422 – 0.1506 |
| POMDP | 0.1078 – 0.1263 | 0.1635 – 0.1762 |

Table 5 : Intervalles de confiance à 95 %

### 5.3.3 Comparison avec l'état de l'art

Dans la table 6, notre système POMDP est comparé aux systèmes qui ont participé au DUC 2007. La moyenne-DUC représente la moyenne des scores ROUGE de tous les systèmes participant à DUC-2007. Les scores du meilleur système au DUC-2007 (Pingali *et al.*, 2007) sont également indiqués dans la table. Nous constatons que notre système a atteint des scores plus élevés que les scores moyens ROUGE de tous les systèmes participants à DUC 2007 tout en rivalisant de très près avec le meilleur système. La table 7 donne les intervalles de confiance à 95% des F-mesures ROUGE.

| Systèmes | ROUGE-1 | ROUGE-2 |
|---|---|---|
| Moyenne-DUC | 0.4006 | 0.0955 |
| Meilleur système | 0.4388 | 0.1228 |
| POMDP | 0.4370 | 0.1164 |

Table 6 : Comparaison avec
les systèmes de l'état de l'art (F-scores)

| Systèmes | ROUGE-1 | ROUGE-2 |
|---|---|---|
| Meilleur système | 0.4316 – 0.4459 | 0.1180 – 0.1276 |
| POMDP | 0.4273 – 0.4486 | 0.1078 – 0.1263 |

Table 7 : Intervalles de confiance à 95%

| Systèmes | Qualité ling. | Qualité Réponses |
|---|---|---|
| SB-1 | 4.24 | 1.86 |
| SB-2 | 4.48 | 2.71 |
| Meilleur | 4.11 | 3.40 |
| SVM | 3.30 | 3.50 |
| HMM | 3.20 | 3.10 |
| CRF | 3.00 | 2.70 |
| MaxEnt | 3.20 | 2.90 |
| K-mens | 3.60 | 3.40 |
| POMDP | 4.00 | 3.80 |

Table 8 : Scores moyens de la qualité linguistique et des réponses

## 5.4 Evaluation Manuelle

Nous avons mené une évaluation manuelle intensive afin d'analyser l'efficacité de notre approche, en demandant à deux universitaires diplômés de langue maternelle anglaise de juger[13] la qualité linguistique des résumés et des réponses globales conformément aux directives d'évaluation[14] DUC-2007. La table 8 présente la qualité moyenne linguistique et les scores des réponses globales de tous les systèmes. Nous pouvons constater que le système POMDP dépasse de manière significative[15] tous les systèmes dans la plupart des cas, tout en se rapprochant de très près des systèmes de base et du meilleur système en termes de qualité linguistique. Ce résultat s'explique par le fait que notre modèle POMDP ne considère aucun algorithme de post-traitement ou d'ordonnancement de phrases pour améliorer les résumés générés par le système. Cependant, en termes de réponse générale du contenu, notre système POMDP a emporté le meilleur score en apportant une meilleure précision pour répondre au besoin d'information demandé par l'utilisateur.

# 6 Conclusion

La contribution principale de cet article est une formulation en termes POMDP du problème du résumé multi-documents orienté par une thématique. Comme il n'est pas certain de savoir si un résumé centré sur un thème répond au besoin d'information de l'utilisateur ou non, nous avons proposé que cette incertitude soit modélisée en considérant la tâche de résumé comme étant un problème POMDP. Nous avons comparé le système POMDP proposé avec quatre méthodes d'apprentissage supervisées bien connues : MaxEnt, CRF, SVM et HMM. Nous avons également évalué notre approche sur un modèle de clustering K-Means non supervisé. Notre système POMDP a dépassé les deux systèmes de bases officiels et les scores moyens de DUC tout en s'approchant des performances du meilleur système de DUC-2007. Les intervalles de confiance à 95% ont montré qu'il n'existe pas de différence significative entre notre système et ce lauréat. Nous avons aussi procédé à une évaluation approfondie manuelle des résumés générés par le système. Les résultats montrent l'efficacité de notre système POMDP proposée dans la modélisation de l'incertitude de la tâche de résumé multi-documents orientée par une thématique.

Parmi les perspectives à ce travail, nous envisageons étudier l'apport des indices fournis par la mise en forme matérielle et plus particulièrement dans les citations et les structures énumératives.

# Remerciements

Les recherches présentées dans cet article ont été prises en charge par le Natural Sciences and Engineering Research Council (NSERC) du Canada - Discovery Grant and l'Université de Lethbridge.

---

[13] L'accord inter-annotateur de Cohen est calculé pour les deux juges ($\kappa = 0.61$), ce qui traduit un degré important d'accord entre eux (Landis et Koch, 1977).

[14] http://www-nlpir.nist.gov/projects/duc/duc2007/qualityquestions.txt

[15] Les différences sont statistiquement significatives à $p < .05$ en utilisant le test du t de Student.

## Références

S.R.K. Branavan, H. Chen, L. S. Zettlemoyer, and R. Barzilay. 2009. Reinforcement Learning for Mapping Instructions to Actions. In *Proceedings of the Joint conference of the 47th Annual Meeting of the Association for Computational Linguistics (ACLIJCNLP 2009)*, pages 329–332, Suntec, Singapore.

T. H. Bui, B. van Schooten, and D. Hofs. 2007. Practical Dialogue Manager Development using POMDPs. In *Proceedings of the 8th SIGdial Workshop on Discourse and Dialogue, Antwerp, Belgium*, pages 215– 218.

Y. Chali, S. A. Hasan, K. Imam: A reinforcement learning framework for answering complex questions. *IUI 2011*, pages 307-310

Y. Chali, S. A. Hasan, K. Imam: Improving the performance of the reinforcement learning model for answering complex questions. *CIKM 2012,* pages 2499-2502

E. Charniak. 1999. A Maximum-Entropy-Inspired Parser. In *Technical Report CS-99-12*, Brown University, Computer Science Department.

M. Collins and N. Duffy. 2001. Convolution Kernels for Natural Language. In *Proceedings of Neural Information Processing Systems*, pages 625–632, Vancouver, Canada.

H. P. Edmundson. 1969. New Methods in Automatic Extracting. *Journal of the Association for Computing Machinery (ACM)*, 16(2):264–285. C. Fellbaum. 1998. WordNet - An Electronic Lexical Database. Cambridge, MA. MIT Press.

L. Ferrier, 2001. *A Maximum Entropy Approach to Text Summarization*. M.Sc. thesis, School of Artificial Intelligence, Division of Informatics, University of Edinburgh.

T. Hirao, J. Suzuki, H. Isozaki, and E. Maeda. 2004. Dependency-based Sentence Alignment for Multiple Document Summarization. In *Proceedings of the 20th International Conference on Computational Linguistics*, pages 446–452, Geneva, Switzerland.

E. Hovy, C. Y. Lin, and L. Zhou. 2005. A BE-based Multi-document Summarizer with Query Interpretation. In *Proceedings of the Document Understanding Conference*, Canada.

T. Joachims. 1999. Making large-Scale SVM Learning Practical. In *Advances in Kernel Methods - Support Vector Learning.*

J. R. Landis and G. G. Koch. 1977. The Measurement of Observer Agreement for Categorical Data. *Biometrics*, 33(1):159–174.

C. Lin. 2004. ROUGE: A Package for Automatic Evaluation of Summaries. In *Proceedings of Workshop on Text Summarization Branches Out, Post-Conference Workshop of Association for Computational Linguistics*, pages 74-81, Barcelona, Spain.

P. Lison. 2010. Towards relational POMDPs for adaptive dialogue management. In *Proceedings of the ACL 2010 Student Research Workshop*, pages 7–12.

M. Litvak, M. Last, and M. Friedman. 2010. A New Approach to Improving Multilingual Summarization using a Genetic Algorithm. In *Proceedings of the 48th Annual Meeting of the Association for Computational Linguistics,* pages 927–936. ACL.

I. Mani and M. T. Maybury, 1999. *Advances in Automatic Text Summarization*. MIT Press. A. K. McCallum. 2002. MALLET: A Machine Learning for Language Toolkit.

D. Pelleg and A. Moore. 1999. Accelerating exact k-means algorithms with geometric reasoning. In *Proceedings of the fifth ACM SIGKDD international conference on Knowledge discovery and data mining*, pages 277–281. ACM.

P. Pingali, R. K, and V. Varma. 2007. IIIT Hyderabad at DUC 2007. In *Proceedings of the Document Understanding Conference*, Rochester, USA. NIST.

M. L. Puterman. 1994. *Markov Decision Processes– Discrete Stochastic Dynamic Programming.* John Wiley & Sons, Inc, New York.

S. Russel and P. Norvig, 2003. *Artificial Intelligence A Modern Approach, 2nd Edition.* Prentice Hall.

S. Ryang and T. Abekawa: Framework of Automatic Text Summarization Using Reinforcement Learning. Empirical Methods. *EMNLP-CoNLL 2012,* pages 256-265, Jeju Island, Korea.

F. Schilder and R. Kondadadi. 2008. FastSum: Fast and Accurate Query-based Multi-document Summarization. In *Proceedings of the 46th Annual Meeting of the Association for Computational Linguistics on Human Language Technologies*, pages 205–208. ACL.

S. Sekine. 2002. *Proteus Project OAK System*, http://nlp.nyu.edu/oak.

R. S. Sutton and A. G. Barto. 1998. *Reinforcement Learning: An Introduction.* The MIT Press, Cambridge, Massachusetts, London, England.

S. Young. 2006. Using POMDPs for dialog management. In *Proceedings of the 1st IEEE/ACL Workshop on Spoken Language Technologies (SLT06).*

# Sélection non supervisée de relations sémantiques pour améliorer un thésaurus distributionnel

Olivier Ferret
CEA, LIST, Laboratoire Vision et Ingénierie des Contenus,
Gif-sur-Yvette, F-91191 France.
olivier.ferret@cea.fr

RÉSUMÉ

Les travaux se focalisant sur la construction de thésaurus distributionnels ont montré que les relations sémantiques qu'ils recèlent sont principalement fiables pour les mots de forte fréquence. Dans cet article, nous proposons une méthode pour rééquilibrer de tels thésaurus en faveur des mots de fréquence faible sur la base d'un mécanisme d'amorçage : un ensemble d'exemples et de contre-exemples de mots sémantiquement similaires sont sélectionnés de façon non supervisée et utilisés pour entraîner un classifieur supervisé. Celui-ci est ensuite appliqué pour réordonner les voisins sémantiques du thésaurus utilisé pour sélectionner les exemples et contre-exemples. Nous montrons comment les relations entre les constituants de noms composés similaires peuvent être utilisées pour réaliser une telle sélection et comment conjuguer ce critère à un critère déjà expérimenté sur la symétrie des relations sémantiques. Nous évaluons l'intérêt de cette procédure sur un large ensemble de noms en anglais couvrant un vaste spectre de fréquence.

ABSTRACT

**Unsupervised selection of semantic relations for improving a distributional thesaurus**

Work about distributional thesauri has shown that the relations in these thesauri are mainly reliable for high frequency words. In this article, we propose a method for improving such a thesaurus through its re-balancing in favor of low frequency words. This method is based on a bootstrapping mechanism : a set of positive and negative examples of semantically similar words are selected in an unsupervised way and used for training a supervised classifier. This classifier is then applied for reranking the semantic neighbors of the thesaurus used for example selection. We show how the relations between the mono-terms of similar nominal compounds can be used for performing this selection and how to associate this criterion with an already tested criterion based on the symmetry of semantic relations. We evaluate the interest of the global procedure for a large set of English nouns with various frequencies.

MOTS-CLÉS : Sémantique lexicale, similarité sémantique, thésaurus distributionnels.

KEYWORDS: Lexical semantics, semantic similarity, distributional thesauri.

## 1 Introduction

Le travail présenté dans cet article s'inscrit dans le contexte de la construction automatique de thésaurus à partir de corpus. Dans le prolongement de (Grefenstette, 1994) ou (Curran et Moens, 2002), une manière largement répandue d'aborder ce problème est d'utiliser une mesure de similarité sémantique pour extraire les voisins sémantiques de chacune des entrées pressenties du thésaurus. Trois principales approches peuvent être distinguées pour construire une telle mesure. La première repose sur des ressources construites manuellement abritant des relations sémantiques clairement identifiées, généralement de nature paradigmatique. Les travaux exploitant des réseaux lexicaux de type WordNet pour élaborer des mesures de similarité sémantique, tels que (Budanitsky et Hirst, 2006) ou (Pedersen *et al.*, 2004), entrent pleinement dans cette catégorie. Ces mesures s'appuient typiquement sur la structure hiérarchique de ces réseaux, fondée sur des relations d'hyperonymie. La deuxième approche pour construire une telle mesure fait appel à une source de connaissances concernant les mots moins structurée que la précédente : les descriptions textuelles de leur sens. Les *gloses* de WordNet ont ainsi été utilisées pour mettre en œuvre des mesures de type Lesk dans (Banerjee et Pedersen, 2003) et plus récemment, des mesures ont été définies à partir de Wikipédia ou des définitions des Wiktionaries (Gabrilovich, 2007). La dernière option pour la construction d'une mesure de similarité sémantique prend appui sur un corpus en généralisant l'hypothèse distributionnelle : chaque mot est caractérisé par l'ensemble des contextes dans lesquels il apparaît pour un corpus donné et la similarité sémantique de deux mots est évaluée sur la base de la proportion de contextes que ces deux mots partagent. Cette perspective, initialement adoptée par (Grefenstette, 1994) et (Lin, 1998), a fait l'objet d'études approfondies, notamment dans (Curran et Moens, 2002), (Weeds, 2003) ou (Heylen *et al.*, 2008).

Le problème de l'amélioration des résultats d'une implémentation « classique » de l'approche distributionnelle telle qu'elle est réalisée dans (Curran et Moens, 2002) a déjà fait l'objet d'un certain nombre de travaux. Une partie d'entre eux se sont focalisés sur la pondération des éléments constituant les contextes distributionnels, à l'instar de (Broda *et al.*, 2009), qui transforme les poids au sein de des contextes en rangs, ou de (Zhitomirsky-Geffet et Dagan, 2009), repris et étendu par (Yamamoto et Asakura, 2010), qui propose une méthode fondée sur l'amorçage pour modifier les poids des éléments des contextes en s'appuyant sur les voisins sémantiques trouvés au moyen d'une mesure de similarité distributionnelle initiale. Des approches plus radicalement différentes ont également vu le jour. L'utilisation de méthodes de réduction de dimensions, comme l'Analyse Sémantique Latente dans (Padó et Lapata, 2007), les modèles de type multi-prototype (Reisinger et Mooney, 2010) ou la redéfinition de l'approche distributionnelle dans un cadre bayésien dans (Kazama *et al.*, 2010) se rangent dans cette seconde catégorie.

Le travail que nous présentons dans cet article s'appuie comme (Zhitomirsky-Geffet et Dagan, 2009) sur un mécanisme d'amorçage mais adopte une perspective différente, initiée dans (Ferret, 2012) : au lieu d'utiliser les « meilleurs » voisins sémantiques pour adapter directement les poids des éléments constituant les contextes distributionnels des mots, l'idée est de sélectionner de façon non supervisée un ensemble restreint de mots jugés sémantiquement similaires pour entraîner, à l'instar de (Hagiwara, 2008), un classifieur statistique supervisé capable de modéliser la notion de similarité sémantique. La sélection de cet ensemble d'apprentissage est réalisée plus précisément en associant deux critères faibles fondés sur la similarité distributionnelle des mots : le premier, déjà expérimenté dans (Ferret, 2012), exploite la symétrie de la relation de similarité sémantique ; le second, nouvellement introduit ici, fait l'hypothèse que les constituants de mots composés sémantiquement similaires sont eux-mêmes susceptibles d'entretenir des liens de similarité sémantique. Nous montrons que le classifieur ainsi construit est utilisable pour réordonner les voisins sémantiques trouvés par la mesure de similarité initiale et corriger certaines de ses insuffisances du point de vue de la construction d'un thésaurus distributionnel.

# 2 Construction d'un thésaurus distributionnel initial

L'utilisation de l'amorçage implique dans notre cas de construire un thésaurus initial dont la qualité, au moins pour un sous-ensemble de celui-ci, soit suffisamment élevée pour servir de marchepied à une amélioration plus globale. Compte tenu du mode de construction de ce type de thésaurus, cet objectif prend la forme de la définition d'une mesure de similarité distributionnelle obtenant des performances, telles qu'elles peuvent être évaluées au travers de tests de type TOEFL (Landauer et Dumais, 1997) par exemple, compatibles avec cette exigence. (Ferret, 2010) s'est attaché à la sélection d'une telle mesure. Nous reprenons ici les conclusions de ce travail.

## 2.1 Définition d'une mesure de similarité distributionnelle

Bien que notre langue cible soit l'anglais, nous avons choisi de limiter le niveau des traitements linguistiques appliqués au corpus source de nos données distributionnelles à l'étiquetage morpho-syntaxique et à la lemmatisation, de manière à faciliter la transposition du travail à des langues moins dotées. Cette approche apparaît à cet égard comme un compromis raisonnable entre l'approche de (Freitag *et al.*, 2005), dans laquelle aucune normalisation n'est faite, et l'approche plus largement répandue consistant à utiliser un analyseur syntaxique, à l'instar de (Curran et Moens, 2002). Plus précisément, nous nous sommes appuyés sur l'outil *TreeTagger* (Schmid, 1994) pour assurer le prétraitement du corpus AQUAINT-2 qui est à la base de ce travail. Ce corpus comprenant environ 380 millions de mots est composé d'articles de journaux.

Les paramètres d'extraction des données distributionnelles et les caractéristiques de la mesure de similarité sont quant à eux issus de la sélection opérée dans (Ferret, 2010) :

- contextes distributionnels constitués de cooccurrents graphiques : noms, verbes et adjectifs collectés grâce à une fenêtre de taille fixe centrée sur chaque occurrence du mot cible ;
- taille de la fenêtre = 3 (un mot à droite et un mot à gauche du mot cible), c'est-à-dire des cooccurrents de très courte portée ;
- filtrage minimal des contextes : suppression des seuls cooccurrents de fréquence égale à 1 ;
- fonction de pondération des cooccurrents dans les contextes = *Information mutuelle* entre le mot cible et son cooccurrent ;
- mesure de similarité entre contextes, pour évaluer la similarité sémantique de deux mots = mesure *Cosinus*.

Un filtre fréquentiel est en outre appliqué à la fois aux mots cibles et à leurs cooccurrents puisque seuls les mots de fréquence supérieure à 10 sont considérés.

## 2.2 Construction et évaluation du thésaurus initial

La construction de notre thésaurus distributionnel initial à partir de la mesure de similarité définie ci-dessus a été réalisée comme dans (Lin, 1998) ou (Curran et Moens, 2002) en extrayant les plus proches voisins sémantiques de chacune de ses entrées. Plus précisément, cette mesure a été calculée entre chaque entrée et l'ensemble de ses voisins possibles. Ces voisins ont ensuite été ordonnés selon l'ordre décroissant des valeurs de cette mesure et les $N$ premiers voisins ($N = 100$) ont été conservés en tant que voisins sémantiques de l'entrée. Les entrées du thésaurus de même que leurs voisins possibles étaient constitués des noms du corpus AQUAINT-2 de fréquence supérieure à 10. À titre illustratif, nous donnons les premiers voisins de deux entrées de ce thésaurus, *aid* et *procurator*, avec leur poids :

| | |
|---|---|
| aid | assistance [0,41] relief [0,34] funding [0,29] grant [0,27] fund [0,26] donation [0,26] ... |
| procurator | justiceship [0,31] amadou [0,27] commmission [0,26] pamphleteer [0,22] ... |

Le tableau 1 montre quant lui les résultats de l'évaluation du thésaurus distributionnel obtenu, réalisée en comparant les voisins sémantiques extraits à deux ressources de référence complémentaires : les synonymes de WordNet [W], dans sa version 3.0, qui permettent de caractériser une similarité fondée sur des relations paradigmatiques et le thésaurus Moby [M], qui regroupe des mots liés par des relations plus diverses. Comme l'illustre la 4$^{ème}$ colonne du tableau, ces deux ressources sont aussi très différentes en termes de richesse. Le but étant d'évaluer la capacité à extraire des voisins sémantiques, elles sont filtrées pour en exclure les entrées et les voisins non présents dans le vocabulaire du corpus AQUAINT-2 (cf. la différence entre le nombre de mots de la 1$^{ère}$ colonne et le nombre de mots effectivement évalués de la 3$^{ème}$ colonne). Une fusion de ces deux ressources a également été faite [WM]. La fréquence des mots étant une donnée importante des approches distributionnelles, les résultats globaux sont différenciés suivant deux tranches fréquentielles de même effectif (7 335 mots chacune) : *hautes* pour les mots de fréquence > à la fréquence médiane (249) et *basses* pour les autres. Ces résultats se déclinent sous la forme de différentes mesures, à commencer à la 5$^{ème}$ colonne par le taux de rappel par rapport aux ressources considérées pour les 100 premiers voisins de chaque mot. Ces voisins

| **fréq.** | **réf.** | **#mots éval.** | **#syn. /mot** | **rappel** | **R-préc.** | **MAP** | **P@1** | **P@5** | **P@10** | **P@100** |
|---|---|---|---|---|---|---|---|---|---|---|
| | W | 10 473 | 2,9 | 24,6 | 8,2 | 9,8 | 11,7 | 5,1 | 3,4 | 0,7 |
| toutes | M | 9 216 | 50,0 | 9,5 | 6,7 | 3,2 | 24,1 | 16,4 | 13,0 | 4,8 |
| 14 670 | WM | 12 243 | 38,7 | 9,8 | 7,7 | 5,6 | 22,5 | 14,1 | 10,8 | 3,8 |
| | W | 5889 | 3,3 | 29,4 | 11,8 | 13,5 | 17,4 | 7,5 | 4,9 | 1,0 |
| hautes | M | 5751 | 60,5 | 11,2 | 9,4 | 4,6 | 35,9 | 24,2 | 18,9 | 6,8 |
| 7 335 | VM | 6754 | 52,6 | 11,4 | 11,1 | 7,4 | 36,4 | 22,8 | 17,5 | 6,0 |
| | W | 4584 | 2,3 | 16,0 | 3,7 | 5,1 | 4,2 | 2,0 | 1,4 | 0,4 |
| basses | M | 3465 | 32,5 | 4,4 | 2,3 | 0,9 | 4,4 | 3,4 | 3,1 | 1,4 |
| 7 335 | WM | 5489 | 21,6 | 5,1 | 3,6 | 3,4 | 5,5 | 3,3 | 2,7 | 1,1 |

TABLE 1 – Évaluation de l'extraction des voisins sémantiques (mesures données en pourcentage)

étant ordonnés, il est en outre possible de réutiliser les métriques d'évaluation classiquement adoptées en recherche d'information en faisant jouer aux mots cibles le rôle de requêtes et aux voisins celui des documents. Les dernières colonnes du tableau 1 rendent compte de ces mesures : la R-précision (R-préc.) est la précision obtenue en se limitant aux R premiers voisins, *R* étant le nombre de synonymes dans la ressource de référence pour l'entrée considérée ; la MAP (Mean Average Precision) est la moyenne des précisions pour chacun des rangs auxquels un synonyme de référence a été identifié ; enfin, sont données les précisions pour différents seuils de nombre de voisins sémantiques examinés (précision après examen des 1, 5, 10 et 100 premiers voisins). Les résultats du tableau 1 suscitent trois principales observations. En premier lieu, il faut constater que les résultats sont globalement faibles. Cette faiblesse touche à la fois la proportion des synonymes et mots liés trouvés et leur rang parmi les voisins sémantiques. Bien que les comparaisons avec d'autres travaux soient rendues difficiles par la diversité des conditions de construction et d'évaluation des thésaurus, il est néanmoins possible d'affirmer que cette faiblesse ne nous est pas spécifique. (Muller et Langlais, 2011) ont ainsi évalué le thésaurus construit dans (Lin, 1998) avec les mêmes mesures et les mêmes références que les nôtres et trouvent des résultats assez comparables en tenant compte du fait que le corpus de (Lin, 1998) était beaucoup plus gros que le nôtre, 3 milliards de mots, et que les données distributionnelles étaient extraites sur la base de cooccurrences syntaxiques. À titre indicatif, l'utilisation de WordNet comme référence pour des fréquences > 5 000 donnent ainsi les valeurs suivantes pour les données de Lin : P@1 = 16,5 ; P@5 = 5,0 ; P@10 = 3,5 ; MAP = 9,2 ; R-préc. = 16,7. Par rapport aux fréquences hautes du tableau 1, configuration la plus directement comparable, on constate qu'en dehors de la R-précision, plus élevée dans le cas des données de Lin, les autres mesures donnent des valeurs proches de celles rapportées dans (Muller et Langlais, 2011).

Le deuxième point que laisse apparaître ce tableau est la forte dépendance des résultats vis-à-vis de la fréquence des entrées du thésaurus. Les meilleurs résultats sont ainsi obtenus par les mots de la tranche de fréquences supérieure tandis que les mesures d'évaluation diminuent de façon très significative pour la tranche fréquentielle la plus basse. Le dernier constat a trait à l'impact de la référence utilisée pour l'évaluation du thésaurus. WordNet est ainsi caractérisé par un nombre restreint de synonymes pour chaque nom tandis que le thésaurus Moby contient pour chaque entrée un large ensemble de synonymes et de mots liés. La conséquence de cette différence s'observe clairement au niveau des précisions à différents rangs dans le tableau 1 : les valeurs sont nettement supérieures pour Moby par rapport à WordNet alors que la mesure de similarité sous-jacente est la même. Seule la richesse de la référence varie. Ce phénomène est également illustré dans (Ferret, 2010) au travers de la comparaison avec (Curran et Moens, 2002).

# 3 Amélioration d'un thésaurus distributionnel

## 3.1 Principes

L'évaluation de notre thésaurus distributionnel initial montre que les voisins sémantiques obtenus sont significativement meilleurs pour certaines entrées que pour d'autres. Une telle configuration est *a priori* favorable à un mécanisme de type amorçage dans la mesure où il est envisageable de s'appuyer sur les résultats des « bonnes » entrées pour obtenir une amélioration plus globale. (Zhitomirsky-Geffet et Dagan, 2009) a déjà fait appel à l'amorçage dans un contexte proche du nôtre, l'acquisition de relations d'implication textuelle entre mots. Cependant, des expérimentations rapportées dans (Ferret, 2010) ont montré que la transposition de cette approche à notre problème n'était pas concluante. Ainsi, au lieu d'utiliser les résultats d'une mesure de similarité initiale pour modifier directement les poids des éléments constitutifs des contextes distributionnels, nous avons adopté une approche plus indirecte, fondé sur (Hagiwara, 2008).

(Hagiwara, 2008) a en effet montré qu'il est possible d'entraîner et d'appliquer avec un bon niveau de performance un classifieur statistique, en l'occurrence de type Machine à Vecteurs de Support (SVM), pour décider si deux mots sont ou ne sont pas synonymes, au sens large du terme. Par ailleurs, ce travail montre également que la valeur de la fonction de décision caractérisant les SVM, dont on n'utilise que le signe dans le cas d'une classification binaire, peut jouer, pour l'ordonnancement des voisins sémantiques, le même rôle que la valeur d'une mesure de similarité telle que celle définie à la section 2.

À la différence de (Hagiwara, 2008), nous ne disposons pas d'un ensemble d'exemples et de contre-exemples étiquetés manuellement pour réaliser l'entraînement d'un tel classifieur. En revanche, les voisins sémantiques obtenus en appliquant la mesure de similarité de la section 2 peuvent être exploités pour construire un tel ensemble. Cette mesure n'offre pas de critère évident pour discriminer les mots sémantiquement liés[1]. Cependant, elle peut être utilisée plus indirectement pour sélectionner un ensemble d'exemples et de contre-exemples de façon non supervisée en minimisant le nombre d'erreurs. Ces erreurs correspondent à des exemples considérés comme positifs mais en réalité négatifs et d'exemples considérés comme négatifs mais en fait positifs. Dans cette optique, nous proposons d'entraîner un classifieur SVM grâce à ces ensembles et de l'appliquer ensuite pour réordonner les voisins sémantiques obtenus précédemment. L'ensemble de la démarche peut être résumée par la procédure suivante :

- définition d'une mesure de similarité distributionnelle ;
- application de cette mesure pour la construction d'un thésaurus distributionnel par le biais de l'extraction de voisins sémantiques ;
- sélection non supervisée d'un ensemble d'exemples et de contre-exemples de mots sémantiquement similaires grâce aux résultats de l'application de la mesure de similarité ;
- entraînement d'un classifieur statistique à partir de l'ensemble d'exemples constitué ;
- application du classifieur entraîné au réordonnancement des voisins du thésaurus initial.

Le point clé de l'amélioration des résultats par ce moyen est de sélectionner de façon non supervisée un nombre suffisant d'exemples et de contre-exemples en minimisant les erreurs propres à une telle sélection. Dans la section 4, nous proposons d'associer deux méthodes faibles, à la fois au sens de la productivité et de la validité des résultats, pour accomplir cette tâche.

### 3.2 Représentation des exemples

Avant de présenter plus en détail ce processus de sélection, il convient de préciser la nature des exemples et des contre-exemples. Nous reprenons de ce point de vue la conception développée dans (Hagiwara, 2008) : un exemple est constitué d'un couple de mots considérés comme synonymes ou plus généralement sémantiquement liés ; un contre-exemple est formé d'un couple de mots entre lesquels un tel lien sémantique n'existe pas. La représentation de ces couples pour un classifieur de type SVM s'effectue en associant leurs représentations distributionnelles. Cette association s'effectue pour chaque couple ($M_1$, $M_2$) en sommant le poids des cooccurrents communs aux mots $M_1$ et $M_2$. Les cooccurrents de $M_x$ non présents dans $M_y$ se voient attribuer un poids nul. Chaque exemple ou contre-exemple a donc la même forme que la représentation distributionnelle d'un mot, c'est-à-dire un vecteur de mots pondérés.

## 4 Sélection des exemples et des contre-exemples

Du point de vue de la sélection des exemples et des contre-exemples de mots sémantiquement liés, le tableau 1 offre une image claire : trouver des exemples est beaucoup plus problématique que trouver des contre-exemples dans la mesure où le nombre de mots sémantiquement liés à

[1] Fixer pour ce faire un seuil sur les valeurs de similarité produit de mauvais résultats du fait de la variabilité de ces valeurs d'une entrée à l'autre. Ce constat a motivé notre choix d'utiliser un SVM en classification plutôt qu'en régression.

une entrée du thésaurus diminue très fortement dès que l'on considère ses voisins de rang un peu élevé. Dans les expérimentations de la section 5, nous avons ainsi construits nos contre-exemples à partir de nos exemples en créant pour chaque exemple (A,B) deux contre-exemples de la forme : (A, *voisin de rang 10 de A*) et (B, *voisin de rang 10 de B*). Le choix d'un rang supérieur garantirait un nombre plus faible de faux contre-exemples (*i.e.* couples de synonymes) et donc *a priori*, de meilleurs résultats. En pratique, l'utilisation de voisins du mot cible de rang assez faible conduit à une performance supérieure, sans doute parce que ceux-ci sont plus utiles en termes de discrimination, étant plus proches de la zone de transition entre exemples et contre-exemples. Nous avons par ailleurs constaté expérimentalement que le rapport entre contre-exemples et exemples dans (Hagiwara, 2008), égal 6,5 et donc fortement déséquilibré en faveur des contre-exemples, n'était pas nécessaire dans notre situation et pouvait se ramener à 2.

Pour la sélection des exemples, le tableau 1 impose un double constat : trouver un voisin sémantiquement proche est d'autant plus probable que la fréquence de l'entrée du thésaurus considérée est élevée et que le rang du voisin est faible. La forme extrême de cette logique conduirait à retenir comme exemples tous les couples de mots (*entrée de haute fréquence*, *voisin de rang 1*), ce qui donne un large nombre d'exemples – 7 335 – mais un taux d'erreur (*i.e.* nombre de couples de mots non liés sémantiquement) également élevé – 63,6% dans le cas le plus favorable (référence WM). Nous avons donc proposé une approche plus sélective pour choisir nos exemples parmi les entrées fréquentes du thésaurus afin d'aboutir à une solution plus équilibrée entre le nombre d'exemples et leur taux d'erreur. Cette approche associe deux méthodes de sélection non supervisées produisant chacune un nombre limité d'exemples mais avec un meilleur taux d'erreur. Nous présentons ces méthodes dans les deux sections suivantes en détaillant plus spécifiquement celle fondée sur les mots composés, nouvelle proposition de cet article.

## 4.1 Sélection fondée sur les relations de symétrie dans le thésaurus

Notre première méthode de sélection d'exemples de mots sémantiquement similaires a été introduite dans (Ferret, 2012). Elle est fondée sur l'hypothèse que les relations de similarité sémantique sont symétriques, ce qui est strictement vrai dans le cas des synonymes de WordNet mais l'est moins pour les mots liés de Moby. En accord avec cette hypothèse, nous avons considéré que si une entrée A du thésaurus initial a pour voisin un mot B, ce voisin a d'autant plus de chances d'être sémantiquement similaire à A que A est lui-même un voisin de B en tant qu'entrée du thésaurus. Plus précisément, les résultats du tableau 1 nous ont conduit à limiter l'application de ce principe aux voisins de rang 1 et aux entrées de haute fréquence, dont les voisins sont eux-mêmes généralement des noms de haute fréquence. Nous avons donc appliqué ce principe aux 7 335 entrées dites de haute fréquence du thésaurus, obtenant des cas de symétrie entre entrée et voisin de rang 1 pour 1 592 entrées. 796 exemples de mots sémantiquement similaires ont finalement été produits puisque les couples (A,B) et (B,A) représentent un même exemple.

## 4.2 Sélection fondée sur les mots composés

### 4.2.1 Construction d'un thésaurus distributionnel de noms composés

La seconde méthode que nous proposons pour la sélection de couples de mots sémantiquement similaires repose sur l'hypothèse que les mono-termes de deux mots composés sémantiquement similaires occupant dans ces deux termes le même rôle syntaxique sont eux-mêmes susceptibles d'être sémantiquement similaires. Par exemple, les noms composés *movie_director* et *film_director* étant trouvés similaires et les têtes syntaxiques de ces deux composés étant identiques, il est vraisemblable que la similarité sémantique observée entre *film* et *movie* dans le thésaurus initial soit véritable. Le point de départ de cette hypothèse étant la similarité sémantique des mots composés, nous avons commencé par construire un thésaurus distributionnel de noms composés pour l'anglais, à l'image du thésaurus de la section 2 pour les noms simples. Cette construction a été réalisée à partir du même corpus et avec les mêmes paramètres que pour les mono-termes, à l'exception bien entendu de l'ajout d'une étape dans le prétraitement linguistique des documents du corpus pour l'identification des noms composés. Cette identification a été réalisée en deux étapes : un ensemble de noms composés ont d'abord été extraits du corpus AQUAINT-2 sur la base d'un nombre limité de patrons morpho-syntaxiques ; les plus fréquents de ces composés ont ensuite été utilisés comme référence dans un processus d'indexation contrôlée.

La première étape a été mise en œuvre grâce à l'outil *mwetoolkit* (Ramisch *et al.*, 2010), qui permet d'extraire efficacement des mots composés d'un corpus à partir du résultat d'un étiqueteur morpho-syntaxique, le *TreeTagger* dans notre cas, en s'appuyant sur un ensemble de patrons morpho-syntaxiques. Nous nous sommes limités aux trois patrons de noms composés suivants : *<nom> <nom>*, *<adjectif> <nom>*, *<nom> <préposition> <nom>*. Un ensemble de 3 246 401 noms composés ont ainsi été extraits du corpus AQUAINT-2 parmi lesquels seuls les 30 121 termes de fréquence supérieure à 100 ont été retenus, pour des raisons à la fois de fiabilité et de limitation du vocabulaire pour la construction du thésaurus. L'identification de ces termes de référence dans les textes a ensuite été réalisée en appliquant la stratégie de l'appariement maximal à la sortie lemmatisée du *TreeTagger*. Finalement, des contextes distributionnels constitués à la fois de mots simples et de termes complexes ont été construits suivant les principes de la section 2 et des voisins ont été trouvés pour 29 174 noms composés.

| réf. | #mots éval. | #syn. /mot | rappel | R-préc. | MAP | P@1 | P@5 | P@10 | P@100 |
|---|---|---|---|---|---|---|---|---|---|
| W | 608 | 1,2 | 82,0 | 41,5 | 50,0 | 43,4 | 14,3 | 8,0 | 1,0 |
| M | 241 | 2,3 | 38,0 | 9,0 | 12,2 | 11,2 | 6,5 | 4,2 | 0,9 |
| WM | 813 | 1,6 | 63,5 | 32,7 | 39,5 | 34,9 | 12,3 | 7,1 | 1,0 |

TABLE 2 – Évaluation du thésaurus distributionnel pour les noms composés

Le tableau 2 donne les résultats de l'évaluation des voisins sémantiques trouvés en prenant comme précédemment en tant que référence WordNet, le thésaurus Moby et la fusion des deux. Le premier constat pouvant être fait est la proportion très faible, par rapport aux mono-termes, d'entrées ayant pu être évaluées : seulement 2,8% des entrées, à comparer à 83,5% des entrées pour les mono-termes. De ce fait, les résultats de cette évaluation doivent être considérés avec prudence, même si le nombre d'entrées évaluées est globalement plus élevé que le nombre d'entrées considérées dans les évaluations standards : 70 pour (Curran et Moens, 2002) ou 353 pour (Gabrilovich, 2007). Cette prudence est particulièrement de mise pour les mots liés de Moby : les résultats, à l'exception du rappel, sont très significativement inférieurs à ceux obtenus avec les mono-termes mais le nombre d'entrées évaluées – 241 – est aussi faible. À l'inverse, les performances obtenues pour les synonymes de WordNet sont très nettement supérieures sur tous les plans à celles caractérisant les mono-termes, ces résultats étant obtenus pour un nombre d'entrées – 608 – nettement supérieur. Cette différence ne s'expliquant pas par un biais concernant la fréquence des entrées évaluées vis-à-vis respectivement de WordNet et de Moby, il semble donc que le comportement des noms composés soit, du point de vue des similarités distributionnelles, l'inverse de celui des noms simples, favorisant les relations sémantiques paradigmatiques par rapport aux relations syntagmatiques. La plus faible ambiguïté sémantique des noms composés serait une explication possible de ce phénomène qui demanderait néanmoins une étude plus approfondie avec une base d'évaluation plus large.

#### 4.2.2 Sélection d'exemples à partir de noms composés

La sélection d'exemples de mots simples sémantiquement similaires à partir de noms composés s'appuie sur la structure syntaxique de ces noms composés. Compte tenu des patrons utilisés pour l'extraction des termes, cette structure prend la forme de l'un des trois grands schémas suivants : <nom>$_{expansion}$ <nom>$_{tête}$, <adjectif>$_{expansion}$ <nom>$_{tête}$, <nom>$_{tête}$ <préposition> <nom>$_{expansion}$.

Chaque nom composé $C_i$ a ainsi été représenté sous la forme d'un couple de noms $(T_i, E_i)$, dans lequel $T_i$ représente la tête syntaxique de $C_i$ et $D_i$, son expansion, au sens des grammaires de dépendance. Conformément au principe sous-tendant notre méthode sélection, si un nom composé $(T_2, E_2)$ est un voisin sémantique d'un nom composé $(T_1, E_1)$ (au plus, son $c^{ième}$ voisin), il est probable que $T_1$ et $T_2$ ou $E_1$ et $E_2$ soient sémantiquement similaires[2]. Comme le montre le tableau 2, notre thésaurus distributionnel de noms composés est cependant loin d'être parfait. Pour limiter les erreurs, nous avons ajouté des contraintes sur l'appariement des constituants des noms composés similaires en nous appuyant sur la similarité distributionnelle de ces constituants. Au final, nous sélectionnons des exemples de noms simples sémantiquement similaires (couples de noms suivant →) en appliquant les trois règles suivantes, dans lesquelles $E_1 = E_2$ signifie que $E_1$ et $E_2$ sont identiques et $T_1 \equiv T_2$ signifie que $T_2$ est au plus le $n^{ième}$ voisin de $T_1$ dans notre thésaurus de noms simples :

(1) $T_1 \equiv T_2$ et $E_1 = E_2 \rightarrow (T_1, T_2)$
   (*crash, accident*) issu de *car_crash* et *car_accident* ; (*boat, vessel*) de *fishing_vessel* et *fishing_boat*
(2) $E_1 \equiv E_2$ et $T_1 = T_2 \rightarrow (E_1, E_2)$
   (*ocean, sea*) de *ocean_floor* et *sea_floor* ; (*jail, prison*) de *prison_cell* et *jail_cell*
(3) $E_1 \equiv E_2$ et $T_1 \equiv T_2 \rightarrow (T_1, T_2), (E_1, E_2)$
   (*increase, rise*) et (*salary, pay*) de *salary_increase* et *pay_rise*

# 5 Expérimentations et évaluation

## 5.1 Sélection des exemples de mots sémantiquement similaires

Le tableau 3 fait une synthèse des résultats de nos deux méthodes de sélection de mots sémantiquement similaires en donnant le pourcentage des couples sélectionnés trouvés dans chacune de nos ressources (W, M et WM) ainsi que la taille de chaque ensemble d'exemples. Dans le cas de la seconde méthode, ces mesures sont également déclinées au niveau de chacune des trois

[2]Notons que nous ne nous intéressons pas ici à la similarité entre $E1$ et $E2$ lorsque ce sont des adjectifs.

règles de sélection. Les chiffres donnés entre crochets représentent quant à eux les pourcentages d'erreurs parmi les exemples de mots non similaires. Ces résultats ont été obtenus en fixant expérimentalement la taille du voisinage considéré pour les entrées à 3 pour les noms composés ($c$) et à 1 pour les noms simples ($n$). En outre, ces trois règles de sélection ont été appliquées avec l'ensemble des entrées du thésaurus des noms composés et les entrées du thésaurus des noms simples dites de haute fréquence. Les valeurs des paramètres $c$ et $n$ ne résultent pas d'une optimisation sophistiquée mais répondent plutôt une logique induite des évaluations réalisées : pour les mono-termes, seul le premier voisin est retenu du fait de la faiblesse des résultats alors que pour les multi-termes, le voisinage peut être légèrement élargi du fait d'une meilleure fiabilité des voisins. Il est à noter par ailleurs que l'association de deux ensembles d'exemples sélectionnés par des méthodes différentes rend les résultats plus stables vis-à-vis des valeurs de $c$ et $n$.

| **méthode** | **W** | | **M** | | **WM** | | **# exemples** |
|---|---|---|---|---|---|---|---|
| symétrie | 36,6 | [2,0] | 55,5 | [14,4] | 59,7 | [12,4] | 796 |
| règle (1) | 19,3 | | 56,1 | | 56,9 | | 921 |
| règle (2) | 16,2 | | 42,4 | | 44,7 | | 308 |
| règle (3) | 13,5 | | 45,9 | | 46,2 | | 40 |
| *règles (1,2)* | *17,8* | [2,5] | *52,2* | [16,8] | *53,0* | [16,1] | *1 115* |
| règles (1,2,3) | 17,6 | | 51,7 | | 52,4 | | 1 131 |
| symétrie + *règles (1,2)* | *23,5* | [2,3] | *52,5* | [16,3] | *54,3* | [15,0] | *1 710* |
| symétrie + règles (1,2,3) | 23,3 | | 52,1 | | 53,9 | | 1 725 |

TABLE 3 – Résultats de la sélection des exemples

L'évaluation de la seconde méthode de sélection montre d'abord que la règle (3), qui est *a priori* la moins fiable des trois, ne produit effectivement qu'un petit nombre d'exemples tendant à dégrader les résultats. De ce fait, seule la combinaison des règles (1) et (2) a été utilisée dans ce qui suit. Cette évaluation montre en outre que les têtes de deux noms composés sémantiquement liés ont davantage tendance à être elles-mêmes similaires si leurs expansions sont similaires que n'ont tendance à être similaires des expansions de deux noms composés dont les têtes sont similaires. Ce résultat n'était pas évident *a priori* dans la mesure où l'on s'attend à ce que la tête d'un composé soit davantage représentatif de son sens que son expansion. Plus globalement, le tableau 3 laisse apparaître que la première méthode de sélection est supérieure à la seconde mais que leur association produit un compromis intéressant entre le nombre d'exemples, 1 710, et son taux d'erreur, 45,7% avec WM comme référence. Cette complémentarité est également illustrée par le faible nombre d'exemples – 201 – qu'elles partagent.

## 5.2 Mise en œuvre du réordonnancement des voisins

La mise en œuvre effective de notre approche de réordonnancement des voisins sémantiques nécessite de fixer un certain nombre de paramètres liés aux SVM. De même que (Hagiwara, 2008), nous avons adopté un noyau RBF et une stratégie de type *grid search* pour l'optimisation du paramètre $\gamma$ fixant la largeur de la fonction gaussienne du noyau RBF et du paramètre $C$ d'ajustement entre la taille de la marge et le taux d'erreur. Cette optimisation a été réalisée pour chaque ensemble d'apprentissage considéré en se fondant sur la mesure de précision calculée dans le cadre d'une validation croisée divisant ces ensembles en 5 parties. Chaque modèle SVM correspondant a été construit en utilisant l'outil LIBSVM puis appliqué à la totalité des 14 670 noms cibles de notre évaluation initiale. Plus précisément, pour chaque nom cible $NC$, une représentation d'exemple a été construite pour chaque couple ($NC$, voisin de $NC$) et a été soumise au modèle SVM considéré en mode classification. L'ensemble de ces voisins ont ensuite été réordonnés suivant la valeur de la fonction de décision ainsi calculée pour chaque voisin.

## 5.3 Évaluation

Le tableau 4 donne les résultats globaux du réordonnancement réalisé sur la base des exemples sélectionnés par chacune des deux méthodes présentées tandis que les résultats détaillés du tableau 5 correspondent au réordonnancement fondé sur l'association des deux méthodes de sélection. Chacun des ces trois thésaurus a été évalué selon les mêmes principes qu'à la section 2.2. La valeur de chaque mesure se voit associer sa différence avec la valeur correspondante pour le thésaurus initial dans le tableau 1. Enfin, comme l'évaluation s'applique au résultat d'un réordonnancement, les mesures de rappel et de précision au rang le plus lointain ne changent pas et ne sont pas rappelées.

| méthode | réf. | R-préc. | | MAP | | P@1 | | P@5 | | P@10 | |
|---|---|---|---|---|---|---|---|---|---|---|---|
| symétrie | W | 7,8 | (-0,4) | 9,4 | (-0,4) | 11,2 | (-0,5) ‡ | 5,0 | (-0,1) ‡ | 3,3 | (-0,1) ‡ |
| | M | 7,1 | (0,4) | 3,4 | (0,2) | 27,3 | (3,2) | 17,6 | (1,2) | 13,7 | (0,7) |
| | WM | 8,0 | (0,3) | 5,7 | (0,1) | 24,6 | (2,1) | 14,9 | (0,8) | 11,4 | (0,6) |
| composés | W | 7,2 | (-1,0) | 8,8 | (-1,0) | 10,4 | (-1,3) | 4,6 | (-0,5) | 3,1 | (-0,3) |
| | M | 7,1 | (0,4) | 3,3 | (0,1) | 26,8 | (2,7) | 17,4 | (1,0) | 13,5 | (0,5) |
| | WM | 7,8 | (0,1) | 5,5 | (-0,1) | 24,0 | (1,5) | 14,6 | (0,5) | 11,2 | (0,4) |

TABLE 4 – Réordonnancement des voisins sémantiques de toutes les entrées du thésaurus initial pour chaque méthode de sélection d'exemples

La tendance générale est claire : le processus de réordonnancement conduit à une amélioration significative des résultats à l'échelle globale (tableau 4 et lignes *tous* du tableau 5) pour les références M et WM[3]. Parallèlement, une diminution des résultats est observée pour la référence W, diminution statistiquement non significative pour le tableau 5. En d'autres termes, par rapport au thésaurus initial, la procédure de réordonnancement tend à favoriser les mots similaires au détriment des synonymes. Cette tendance n'est pas surprenante compte tenu du principe de ce réordonnancement : les premiers sont en effet mieux représentés que les seconds dans les exemples sélectionnés du fait même de leur meilleure représentation au niveau global. Les modèles SVM appris ne font en l'occurrence qu'amplifier un état de fait déjà présent initialement. Ce biais est particulièrement fort pour la méthode de sélection fondée sur les noms composés, comme l'illustre le tableau 4. Cependant, les résultats du tableau 5 montrent clairement l'intérêt de l'association des deux méthodes de sélection, la méthode de sélection fondée sur la symétrie des relations venant rééquilibrer ce biais au bénéfice des résultats globaux. Par ailleurs, en associant la partie du thésaurus initial correspondant aux fréquences hautes et la partie du thésaurus après réordonnancement correspondant aux fréquences basses (cf. ligne *hybride* du tableau 5), on obtient un thésaurus hybride dont les résultats sont supérieurs à ceux du thésaurus initial pour toutes les conditions.

[3]La significativité statistique des différences a été évaluée grâce à un test de Wilcoxon avec un seuil de 0,05, les échantillons étant appariés. Seules les différences suivies du signe ‡ sont considérées comme non significatives.

| fréq. | réf. | R-préc. | MAP | P@1 | P@5 | P@10 |
|---|---|---|---|---|---|---|
| toutes | W | 7,9 (-0,3) ‡ | 9,5 (-0,3) ‡ | 11,5 (-0,2) ‡ | 5,1 (0,0) ‡ | 3,4 (0,0) ‡ |
| | M | 7,2 (0,5) | 3,5 (0,3) | 27,9 (3,8) | 18,1 (1,7) | 14,1 (1,1) |
| | WM | 8,0 (0,3) | 5,8 (0,2) | 25,3 (2,8) | 15,3 (1,2) | 11,7 (0,9) |
| hautes | W | 9,9 (-1,9) | 11,7 (-1,8) | 15,1 (-2,3) | 6,8 (-0,7) | 4,5 (-0,4) |
| | M | 9,4 (0,0) | 4,5 (-0,1) ‡ | 37,5 (1,6) | 24,3 (0,1) ‡ | 19,0 (0,1) ‡ |
| | WM | 10,5 (-0,6) ‡ | 6,8 (-0,6) | 36,7 (0,3) ‡ | 22,5 (-0,3) ‡ | 17,4 (-0,1) ‡ |
| basses | W | 5,4 (1,7) | 6,8 (1,7) | 6,9 (2,7) | 3,0 (1,0) | 2,0 (0,6) |
| | M | 3,5 (1,2) | 1,7 (0,8) | 12,0 (7,6) | 7,8 (4,4) | 5,9 (2,8) |
| | WM | 5,0 (1,4) | 4,6 (1,2) | 11,3 (5,8) | 6,5 (3,2) | 4,7 (2,0) |
| toutes (hybride) | W | 9,0 (0,8) | 10,6 (0,8) ‡ | 12,8 (1,1) | 5,6 (0,5) | 3,6 (0,2) |
| | M | 7,2 (0,5) | 3,5 (0,3) ‡ | 26,9 (2,8) | 18,1 (1,7) | 14,1 (1,1) |
| | WM | 8,3 (0,6) | 6,1 (0,5) ‡ | 25,1 (2,6) | 15,5 (1,4) | 11,8 (1,0) |

TABLE 5 – Réordonnancement du thésaurus initial avec les deux méthodes de sélection d'exemples

L'analyse des résultats du tableau 5 en termes de fréquence des mots met en évidence une seconde grande tendance : l'amélioration produite par le réordonnancement est d'autant plus sensible que la fréquence de l'entrée du thésaurus est faible. Ainsi, pour les noms de faible fréquence, cette amélioration s'observe quelle que soit la référence tandis que pour les noms de forte fréquence, la variation est négative pour certaines références et mesures et positive pour d'autres. Ce constat montre que le réordonnancement tend ainsi à rééquilibrer le thésaurus initial, très fortement biaisé vers les fortes fréquences. Enfin, l'évaluation de ces trois thésaurus confirment les résultats du tableau 3 à propos de chaque ensemble d'exemples sélectionnés : le thésaurus construit à partir des exemples de la première méthode de sélection est meilleur que celui construit à partir des exemples de la seconde méthode de sélection et les deux sont nettement dépassés par le thésaurus construit à partir de la fusion des deux ensembles d'exemples.

| **WordNet** | respect, admiration, regard |
|---|---|
| Moby | admiration, appreciation, acceptance, dignity, regard, respect, account, adherence, consideration, estimate, estimation, fame, greatness, homage, honor, prestige, prominence, reverence, veneration + 74 mots liés supplémentaires |
| initial | cordiality, gratitude, **admiration**, comradeship, back-scratching, perplexity, **respect**, ruination, appreciation, neighbourliness, trust, empathy, suffragette, goodwill ... |
| après réordonnancement | **respect**, **admiration**, trust, recognition, gratitude, confidence, affection, understanding, solidarity, dignity, appreciation, **regard**, sympathy, acceptance ... |

TABLE 6 – Impact du réordonnancement pour l'entrée *esteem*

Enfin, le tableau 6 illustre pour une entrée spécifique du thésaurus initial, en l'occurrence le mot *esteem*, l'impact du réordonnancement fondé sur les deux méthodes de sélection d'exemples. Ce tableau donne d'abord pour cette entrée ses synonymes dans **WordNet** et les premiers mots qui lui sont liés dans Moby. Il fait ensuite apparaître que dans notre thésaurus *initial*, les deux premiers voisins de cette entrée apparaissant dans une de nos deux ressources de référence sont les mots *admiration*, au rang 3, et le mot *respect*, au rang 7. Le *réordonnancement* améliore significativement la situation puisque ces deux mots deviennent les deux premiers voisins tandis que le $3^{ème}$ synonyme donné par WordNet passe du rang 22 au rang 12. Par ailleurs, le nombre de voisins présents parmi les 14 premiers mots liés de Moby passe de 3 à 6.

# 6 Conclusion et perspectives

Dans cet article, nous avons présenté une méthode fondée sur l'amorçage pour améliorer un thésaurus distributionnel. Plus précisément, cette méthode se fonde sur le réordonnancement des voisins sémantiques de ce thésaurus par le biais d'un classifieur SVM. Ce classifieur est entraîné à partir d'un ensemble d'exemples et de contre-exemples sélectionnés de façon non supervisée en combinant deux critères faibles fondés sur la similarité distributionnelle. L'un exploite la symétrie des relations sémantiques tandis que l'autre s'appuie sur l'appariement des constituants de noms composés similaires. Les améliorations apportées par cette méthode sont plus particulièrement notables pour les noms de fréquence faible ou intermédiaire et pour des mots similaires plutôt que pour de stricts synonymes.

Nous envisageons plusieurs pistes d'extension de ce travail. Tout d'abord, nous souhaitons appliquer, tout en conservant une sélection d'exemples non supervisée, des techniques de sélection de caractéristiques afin de mettre en évidence les traits les plus intéressants du point de vue de la similarité sémantique, en particulier pour améliorer les thésaurus distributionnels produits en construisant des modèles plus généraux de cette similarité. L'élargissement des critères de sélection non supervisée d'exemples est une deuxième extension assez directe du travail présenté. Alors que les techniques de sélection expérimentées reposent toutes deux sur des thésaurus distributionnels, des critères s'attachant aux occurrences des mots et à leur environnement plutôt qu'à une représentation distributionnelle sont également envisageables, comme l'utilisation de patrons linguistiques classiques d'extraction de synonymes par exemple. Sur un autre plan, l'évaluation menée, fondée sur la comparaison avec des ressources de référence, pourrait être complétée avec profit par une évaluation *in vivo* permettant de juger de l'impact des améliorations du thésaurus distributionnel sur une tâche auquel il contribue. Parmi les nombreuses tâches possibles, nous serions particulièrement intéressés par celle de segmentation thématique, dans le prolongement de (Adam et Morlane-Hondère, 2009). Enfin, nous planifions d'appliquer la méthode décrite au français en nous appuyant sur des thésaurus distributionnels comme *freDist* (Anguiano et Denis, 2011).

# Références


ADAM, C. et MORLANE-HONDÈRE, F. (2009). Détection de la cohésion lexicale par voisinage distributionnel : application à la segmentation thématique. *In RECITAL'09*, Senlis, France.

ANGUIANO, E. H. et DENIS, P. (2011). FreDist : Automatic construction of distributional thesauri for French. *In TALN 2011, session articles courts*, Montpellier, France.

BANERJEE, S. B. et PEDERSEN, T. (2003). Extended gloss overlaps as a measure of semantic relatedness. *In Eighteenth International Conference on Artificial Intelligence (IJCAI-03)*, Mexico.

BRODA, B., PIASECKI, M. et SZPAKOWICZ, S. (2009). Rank-Based Transformation in Measuring Semantic Relatedness. *In $22^{nd}$ Canadian Conference on Artificial Intelligence*, pages 187–190.

BUDANITSKY, A. et HIRST, G. (2006). Evaluating wordnet-based measures of lexical semantic relatedness. *Computational Linguistics*, 32(1):13–47.

CURRAN, J. et MOENS, M. (2002). Improvements in automatic thesaurus extraction. *In Workshop of the ACL Special Interest Group on the Lexicon (SIGLEX)*, pages 59–66, Philadelphia, USA.

FERRET, O. (2010). Similarité sémantique et extraction de synonymes à partir de corpus. *In TALN 2010*.

FERRET, O. (2012). Combining bootstrapping and feature selection for improving a distributional thesaurus. *In 20$^{th}$ European Conference on Artificial Intelligence (ECAI 2012)*, pages 336–341.

FREITAG, D., BLUME, M., BYRNES, J., CHOW, E., KAPADIA, S., ROHWER, R. et WANG, Z. (2005). New experiments in distributional representations of synonymy. *In CoNLL 2005*, pages 25–32.

GABRILOVICH, Evgeniyand Markovitch, S. (2007). Computing semantic relatedness using wikipedia-based explicit semantic analysis. *In IJCAI 2007*, pages 6–12.

GREFENSTETTE, G. (1994). *Explorations in automatic thesaurus discovery*. Kluwer Academic Publishers.

HAGIWARA, M. (2008). A supervised learning approach to automatic synonym identification based on distributional features. *In ACL-08, student session*, Columbus, Ohio.

HEYLEN, K., PEIRSMANY, Y., GEERAERTS, D. et SPEELMAN, D. (2008). Modelling Word Similarity : An Evaluation of Automatic Synonymy Extraction Algorithms. *In LREC 2008*, Marrakech, Morocco.

KAZAMA, J., DE SAEGER, S., KURODA, K., MURATA, M. et TORISAWA, K. (2010). A bayesian method for robust estimation of distributional similarities. *In ACL 2010*, pages 247–256.

LANDAUER, T. K. et DUMAIS, S. T. (1997). A solution to Plato's problem : the latent semantic analysis theory of acquisition, induction, and representation of knowledge. *Psychological review*, 104(2):211–240.

LIN, D. (1998). Automatic retrieval and clustering of similar words. *In ACL-COLING'98*, pages 768–774.

MULLER, P. et LANGLAIS, P. (2011). Comparaison d'une approche miroir et d'une approche distributionnelle pour l'extraction de mots sémantiquement reliés. *In TALN 2011*.

PADÓ, S. et LAPATA, M. (2007). Dependency-based construction of semantic space models. *Computational Linguistics*, 33(2):161–199.

PEDERSEN, T., PATWARDHAN, S. et MICHELIZZI, J. (2004). Wordnet : :similarity - measuring the relatedness of concepts. *In HLT-NAACL 2004, demonstration papers*, pages 38–41.

RAMISCH, C., VILLAVICENCIO, A. et BOITET, C. (2010). mwetoolkit : a Framework for Multiword Expression Identification. *In LREC'10*, Valetta, Malta.

REISINGER, J. et MOONEY, R. J. (2010). Multi-prototype vector-space models of word meaning. *In HLT-NAACL 2010*, pages 109–117.

SCHMID, H. (1994). Probabilistic part-of-speech tagging using decision trees. *In International Conference on New Methods in Language Processing*.

WEEDS, J. (2003). *Measures and Applications of Lexical Distributional Similarity*. Thèse de doctorat, Department of Informatics, University of Sussex.

YAMAMOTO, K. et ASAKURA, T. (2010). Even unassociated features can improve lexical distributional similarity. *In Second Workshop on NLP Challenges in the Information Explosion Era (NLPIX 2010)*, pages 32–39, Beijing, China.

ZHITOMIRSKY-GEFFET, M. et DAGAN, I. (2009). Bootstrapping Distributional Feature Vector Quality. *Computational Linguistics*, 35(3):435–461.

# Groupement de termes basé sur des régularités linguistiques et sémantiques dans un contexte cross-langue

Marie Dupuch[1,2] Thierry Hamon[3] Natalia Grabar[1]
(1) CNRS UMR 8163 STL, Université Lille 3, 59653 Villeneuve d'Ascq, France
mdupuch@objetdirect.com, natalia.grabar@univ-lille3.fr
(2) Viseo-Objet Direct, 4, avenue Doyen Louis Weil, 38000 Grenoble
(3) LIM&BIO (EA3969), Université Paris 13, Sorbonne Paris Cité,
74, rue Marcel Cachin, 93017 Bobigny Cedex France
thierry.hamon@univ-paris13.fr

## Résumé

Nous proposons d'exploiter des méthodes du Traitement Automatique de Langues dédiées à la structuration de terminologie indépendamment dans deux langues (anglais et français) et de fusionner ensuite les résultats obtenus dans chaque langue. Les termes sont groupés en clusters grâce aux relations générées. L'évaluation de ces relations est effectuée au travers de la comparaison des clusters avec des données de référence et la baseline, tandis que la complémentarité des relations est analysée au travers de leur implication dans la création de clusters de termes. Les résultats obtenus indiquent que : chaque langue contribue de manière équilibrée aux résultats, le nombre de relations hiérarchiques communes est plus grand que le nombre de relations synonymiques communes. Globalement, les résultats montrent que, dans un contexte cross-langue, chaque langue permet de détecter des régularités linguistiques et sémantiques complémentaires. L'union des résultats obtenus dans les deux langues améliore la qualité globale des clusters.

## Abstract

**Grouping of terms based on linguistic and semantic regularities in a cross-lingual context**

We propose to exploit the Natural Language Processing methods dedicated to terminology structuring independently in two languages (English and French) and then to merge the results obtained in each language. The terms are grouped into clusters thanks to the generated relations. The evaluation of the relations is done via the comparison of the clusters with the reference data and the baseline, while the complementarity of the relations is analyzed through their involvement in the clusters of terms. Our results indicate that : each language contributes almost equally to the generated results ; the number of common hierarchical relations is greater than the number of common synonym relations. On the whole, the obtained results point out that in a cross-language context, each language brings additional linguistic and semantic regularities. The union of the results obtained in each language improves the overall quality of the clusters.

Mots-clés : Relations sémantiques, termes, domaine de spécialité, médecine, contexte cross-langue.

Keywords: Semantic relations, terms, specialized areas, medicine, cross-lingual context.

# 1 Introduction

Plusieurs travaux de recherche ont démontré qu'au travers des langues, il est possible de trouver des régularités linguistiques et sémantiques. De plus, ces régularités peuvent être renforcées dans un contexte cross-langue. Ce point peut être intéressant pour différentes applications du Traitement Automatique de Langues (TAL). L'analyse de travaux existants en TAL et en linguistique montre que le contexte cross-langue peut en effet être exploité de différentes manières :

- études comparatives, qui permettent de trouver des régularités et universaux interlangues. Ce type d'approche a été par exemple exploitée pour l'étude de la grammaticalisation (Willett, 1988), de la modalité (Diewald et Smirnova, 2010), des structures argumentatives (Li, 2011) ou stylistiques (Vinay et Darbelnet, 1958) ;
- études cross-langues contrastives, qui visent à faire des analyses comparatives entre les langues afin de relever des constantes aux langues comparées et des différences propres à chaque langue (Cartoni et Namer, 2012; Lefer et Grabar, 2013) ;
- transposition et adaptation de méthodes et ressources d'une langue vers une autre, qui visent à faire profiter une langue grâce aux travaux, méthodes et ressources déjà réalisés et éprouvés dans une autre langue (Farreres *et al.*, 1998; Huang *et al.*, 2002; Rodrigues *et al.*, 2006) ;
- collaboration entre les langues, qui vise à appliquer des méthodes ou ressources dans des langues différentes pour ensuite combiner les résultats. Ce type d'approches a été par exemple exploitée pour la désambiguïsation sémantique (Ceusters *et al.*, 2003; Banea *et al.*, 2011), l'indexation et recherche d'information (Schulz et Hahn, 2000; Malaisé *et al.*, 2007; Steinberger, 2011), et l'extraction d'information (Collier, 2011). Par ailleurs, la combinaison des résultats obtenus dans les langues différentes peut prendre différentes formes : un enrichissement mutuel afin d'obtenir des résultats plus exhaustifs, un système de vote ou de validation mutuelle afin d'obtenir des résultats plus précis, etc.

Nous proposons de travailler en mode collaboratif entre les langues et visons essentiellement l'amélioration de la complétude des résultats. L'hypothèse de notre travail est la suivante : le traitement du même matériel avec les mêmes méthodes dans deux langues (anglais et français), peut fournir des résultats différents et complémentaires, tandis que la combinaison de ces résultats peut améliorer les performances globales du système automatique.

Nous détectons les termes qui sont liés sémantiquement et les clusterisons. Nous travaillons avec les termes médicaux qui décrivent les effets indésirables dus à la prise de médicaments. La tâche visée dans notre travail est difficile, car il s'agit souvent de termes qui n'ont pas de similarité lexicale entre eux, comme *leucémie* (pathologie) et *ponction de moelle osseuse anormale* (résultats d'examen qui permet de la détecter) (Fleischman, 2001). Cependant, l'établissement de relations est très utile pour plusieurs applications, comme (1) la recherche et l'extraction d'information (Baeza-Yates et Ribeiro-Neto, 1999; Hahn *et al.*, 2001; Alfonseca *et al.*, 2002; Anizi et Dichy, 2009), où il est très utile de pouvoir détecter des contenus similaires afin d'augmenter le rappel des systèmes automatiques, (2) l'alignement de terminologies (Fridman Noy et Musen, 2000; Marko *et al.*, 2006), nombreuses dans le domaine médical et dont l'interopérabilité sémantique constitue un objectif très prisé dans le contexte clinique, (3) la fouille de bases de données de pharmacovigilance (Fescharek *et al.*, 2004; Hauben et Bate, 2009) pour la surveillance des médicaments et la génération des alertes lorsqu'un médicament présente un danger statistiquement significatif pour la population. Notre travail concerne la surveillance des médicaments.

Pour la détection de relations sémantiques, nous proposons d'exploiter des méthodes de structuration de termes indépendamment sur deux langues (français et anglais), puis de regrouper les résultats afin de consolider l'ensemble et en augmenter la qualité. Nous visons la détection de trois types de relations : variantes morpho-syntaxiques {*sténose de l'aorte, sténose aortique*}, synonymie {*tumeur gastrique, cancer gastrique*} et relations de subsomption hiérarchique {*défaillance rénale, défaillance rénale post-opératoire*}. Nous présentons d'abord le matériel (section 2) et décrivons la méthodologie (section 3). Nous présentons et discutons les résultats obtenus (section 4) et concluons avec des perspectives (section 5).

# 2 Matériel

| **Type de matériel** | **anglais** | **français** |
|---|---|---|
| *1. Termes médicaux* | 18 209 | 18 786 |
| *2. Données de référence* | 84 | 84 |
| *3. Ressources linguistiques* | | |
| **UMLS** : Synonymes d'UMLS | 227 887 | 126 892 |
| **3t** : Synonymes biomédicaux acquis | 28 691 | 1 314 |
| **Gen** : Synonymes de la langue générale | 50 970 | 115 720 |

TABLE 1 – Matériel traité et exploité dans les deux langues (anglais et français).

Nous exploitons trois types de matériel (table 1). Chaque matériel existe en anglais et en français : il s'agit de ressources qui ont des contenus comparables dans les deux langues.

## 2.1 Termes de pharmacovigilance

Les termes exploités proviennent de la terminologie MedDRA (*Medical Dictionary for Regulatory Activities*) (Brown *et al.*, 1999), créée pour l'indexation, l'analyse et la surveillance des effets indésirables de médicaments. C'est une terminologie internationale créée et maintenue en anglais, et traduite en français et espagnol. Nous exploitons les termes préférés $PT$ de cette terminologie en anglais et en français, 18 209 et 18 786 respectivement. Il s'agit donc globalement du même ensemble de termes, mais dont les libellés sont en langues différentes (anglais et français) : *leukaemia* et *leucémie*, *B-cell type acute leukaemia* et *Leucémie B aiguë*, *atypical depressive disorder* et *trouble dépressif atypique*, etc. Chaque terme reçoit un identifiant unique, qui reste le même quelle que soit la langue de la terminologie. Les termes de MedDRA sont structurés en cinq niveaux hiérarchiques. Au-dessus des termes $PT$, que nous exploitons, les termes de niveau $HLT$ (*High Level Terms*) subsument hiérarchiquement les termes $PT$.

## 2.2 Données de référence

Les données de référence se présentent sous forme de clusters de termes liés à une condition médicale donnée. Ces données sont indépendantes de notre travail et elles ont été constituées manuellement par des groupes d'experts. Il existe actuellement 84 clusters (CIOMS, 2004). Les conditions médicales sont par exemple : *Affections hépatiques, Rhabdomyolyse/Myopathie, Infarctus myocardique, Convulsions*. Il s'agit des conditions médicales graves qui peuvent causer des atteintes de santé et des hospitalisations, voire un décès. Les données de référence contiennent des relations sémantiques implicites entre les termes : on sait que tous les termes au sein des clusters de référence sont liés à une condition médicale mais la logique ou bien la nature de relations entre les termes ne sont pas connues.

## 2.3 Ressources linguistiques

Les ressources linguistiques externes que nous utilisons apportent des connaissances linguistiques et sémantiques sur les mots des termes. Ces ressources sont aussi en deux langues, français et anglais. Typiquement, ces ressources contiennent des relations de synonymie entre les mots ou les termes, comme par exemple {*accord, concordance*}, {*aceperone, acetabutone*} ou {*bleeding, hemorrhage*}. Trois types de synonymes sont utilisés :

**UMLS :** synonymes de la langue médicale extraits directement de la ressource terminologique UMLS (*Unified Medical Language System*) (NLM, 2011). Ces synonymes correspondent aux termes qui appartiennent à un même concept d'UMLS ;

**3t :** ressources de synonymie construites lors des travaux précédents pour le français (Grabar *et al.*, 2009) et l'anglais (Grabar et Hamon, 2010). Elles sont également adaptées à la langue médicale car elles ont été acquises à partir de trois terminologies biomédicales grâce à l'exploitation du principe de compositionnalité ;

**Gen :** synonymes de la langue générale fournis par le WordNet (Fellbaum, 1998) en anglais et par le Petit Robert (Robert, 1990) en français.

# 3 Méthodologie pour la détection de relations sémantiques

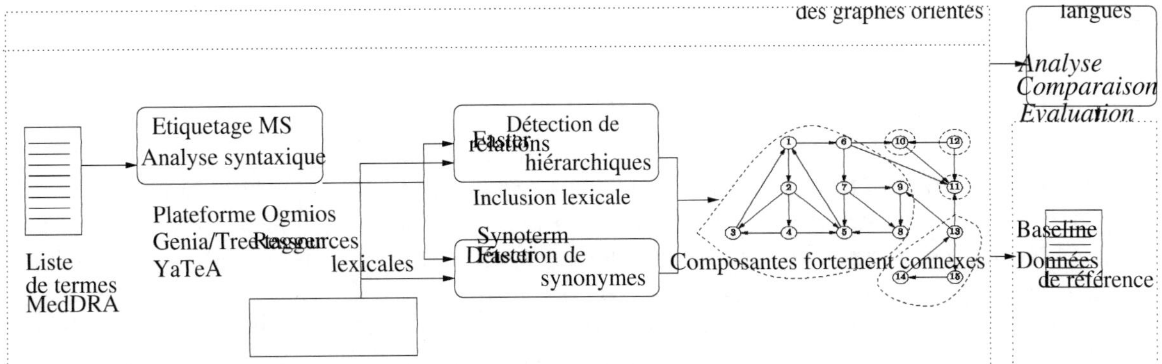


FIGURE 1 – Schéma général de la méthode.

À la figure 1, nous présentons le schéma général de notre approche. Si la détection de relations sémantiques est l'étape principale, notre approche comporte quatre autres étapes : le prétraitement des termes, la clusterisation des relations générées, l'union des clusters générés dans chaque langue, et l'évaluation des clusters (dans chaque langue et après leur union). La clusterisation est nécessaire pour effectuer l'évaluation. Comme nous l'avons indiqué (section 2.2), les données de référence sont des clusters de termes relatifs à une condition médicale donnée. Au sein de ces clusters, les termes ont des relations sémantiques (et médicales) entre eux, mais ces relations ne sont pas explicites. L'évaluation, que nous pouvons effectuer avec ces données de référence, porte donc sur l'appartenance des termes à un cluster de termes indépendamment des types de relations qui ont permis de relier ces termes.

La méthodologie que nous proposons est guidée par les données langagières et leurs propriétés telles que détectées dans le corpus de termes exploités dans les deux langues. Notre méthodologie ne requiert donc pas une étape d'apprentissage, elle ne requiert pas non plus de ressources sémantiques spécifiques. Dans la suite de cette section, nous présentons les cinq étapes de l'approche : (1) opérations effectuées pour le pré-traitement des termes (section 3.1), (2) étape de détection de relations sémantiques entre les termes (section 3.2), (3) clusterisation des termes grâce aux relations générées (section 3.3), (4) union de clusters générés dans chacune des deux langues (section 3.4), et (5) évaluation (section 3.5). Il est important de souligner que, de la même manière que le matériel, nous effectuons les mêmes traitements dans les deux langues : les méthodes et ressources exploitées sont en effet adaptées aux deux langues traitées.

## 3.1 Pré-traitement des termes

Le pré-traitement est effectué avec la plate-forme Ogmios (Hamon et Nazarenko, 2008). Après la segmentation en mots, les termes sont étiquetés morpho-syntaxiquement avec l'étiqueteur Genia (Tsuruoka *et al.*, 2005) en anglais et TreeTagger (Schmid, 1994) en français. Comme les termes sont des structures syntaxiques particulières (souvent des groupes nominaux et non pas des phrases bien formées) et pour garantir une meilleure qualité de l'étiquetage, nous transformons les termes en pseudo-phrases bien formées. Par exemple, le terme *fibrome du sein* est transformé en *C'est un fibrome du sein*. Par la suite, seuls les mots originaux des termes (*fibrome du sein*) sont considérés. Les termes sont aussi traités par l'analyseur syntaxique YaTeA (Aubin et Hamon, 2006), qui permet de détecter les dépendances syntaxiques au sein des termes.

## 3.2 Méthodes de structuration de termes

Nous appliquons trois méthodes de l'état de l'art pour l'acquisition de relations sémantiques entre termes. Les relations visées sont la synonymie, la variation morpho-syntaxique et les relations hiérarchiques. Nous nous attendons à ce que ces relations relient des termes qui sont des équivalents sémantiques dans le contexte de notre travail. L'originalité et l'apport de notre travail concerne : (1) l'application de ces méthodes dans le contexte biomédical et aux données en deux langues, et (2) l'exploitation du contexte cross-langue pour exploiter les régularités sémantiques des termes dans deux langues et pour obtenir ainsi des résultats plus performants.

**Variantes morpho-syntaxiques.** L'identification de variantes morpho-syntaxique est effectuée avec Faster (Jacquemin, 1996). Trois règles de transformation sont appliquées : insertion (*cardiac disease/cardiac <u>valve</u> disease*), dérivation morphologique (*artery restenosis/arter<u>ial</u> restenosis*) et permutation (*aorta coarctation/coarctation of the aorta*). Nous établissons une correspondance entre ces règles et les types de relations sémantiques :

- l'insertion introduit les relations hiérarchiques : *cardiac valve disease* est plus spécifique que *cardiac disease*,
- la permutation introduit les relations de synonymie : *aorta coarctation* et *coarctation of the aorta* sont en effet très proches sémantiquement,
- la dérivation morphologique introduit aussi des relations de synonymie : *artery restenosis*/*arterial restenosis*,
- par contre, lorsque plusieurs règles sont impliquées et lorsqu'il s'agit de règles correspondant aux relations hiérarchiques et de synonymie, ce sont les relations hiérarchiques qui prévalent (parce qu'elles sont plus spécifiques). Ainsi, pour la paire *gland abscess* et *abscess of salivary gland*, qui montre une insertion et une permutation, nous retenons la relation hiérarchique.

**Compositionnalité et synonymie.** Les relations de synonymie sont acquises de deux manières :
- la relation de synonymie est établie entre deux termes simples si cette relation existe dans les ressources linguistiques ;
- la relation de synonymie est établie entre deux termes complexes si la compositionnalité sémantique (Partee, 1984) est vérifiée pour ces termes. Ainsi, deux termes complexes sont considérés comme synonymes si au moins un de leurs composants à une position syntaxique donnée est synonyme et l'autre composant est identique (Hamon et Nazarenko, 2001). Par exemple, étant donné la relation de synonymie entre deux mots, *tumeur* et *cancer*, les termes *tumeur gastrique* et *cancer gastrique* sont identifiés comme synonymes.

**Inclusion lexicale et hiérarchie.** Selon l'hypothèse de l'inclusion lexicale (Kleiber et Tamba, 1990), il existe une relation de subsomption hiérarchique entre deux termes lorsqu'un terme est lexicalement inclus, à une position syntaxique donnée, dans un autre terme. Par exemple, le terme court *cancer* est le père hiérarchique, tandis que le terme long *cancer gastrique* est le fils hiérarchique parce que *cancer* est la tête syntaxique de *cancer gastrique*.

## 3.3 Clusterisation de termes

Les termes et les relations hiérarchiques sont représentés sous forme de graphes orientés : les termes sont les noeuds et les liens hiérarchiques les arcs orientés. Ces graphes sont partitionnés en composantes fortement connexes : dans un graphe orienté $G$, nous identifions des sous-graphes maximaux $H$ de $G$, où pour chaque paire $\{x, y\}$ de noeuds de $H$, il existe un chemin composé d'arcs orientés de $x$ à $y$. Avec ce type de composantes, un terme peut appartenir à plus d'un cluster, ce qui est aussi le cas des données de référence. Les clusters peuvent correspondre aux ensembles ou aux sous-ensembles des données de référence. Pour améliorer la couverture, nous ajoutons les synonymes : si un terme a une relation de synonymie avec un terme du cluster, ce terme est ajouté au cluster. Le terme central d'un cluster lui donne son libellé.

## 3.4 Union de clusters générés dans les deux langues

L'union de clusters, générés dans chaque langue, repose sur le libellé de ces clusters. Comme nous l'avons indiqué dans la section 2, chaque terme MedDRA reçoit un identifiant unique, qui reste le même quelle que soit la langue de ses termes. Ces deux informations (les libellés des clusters et les identifiant de ces libellés) permettent d'établir le lien entre les clusters correspondants dans chacune des langues. Ainsi, lorsqu'il existe des clusters avec les mêmes libellés dans les deux langues, ils sont fusionnés, sinon l'union ne peut pas avoir lieu.

### 3.5 Évaluation et analyse de la complémentarité

Pour pouvoir exploiter ces données de référence, nous considérons l'ensemble des termes au sein des clusters et non pas chaque relation prise individuellement.

Le lien entre les clusters générés et les clusters de référence est effectué grâce au nombre de termes qu'ils partagent : pour un cluster de référence donné, nous sélectionnons celui des clusters générés qui partage le plus de termes communs avec lui. Une fois que les clusters de référence sont associés avec les clusters générés, les relations sémantiques générées sont évaluées contre les données de référence avec trois mesures :
- précision $P$ (nombre de termes pertinents au sein d'un cluster divisé par le nombre total de termes au sein de ce cluster),
- rappel $R$ (nombre de termes pertinents au sein d'un cluster divisé par le nombre total de termes dans le cluster de référence correspondant),
- F-mesure $F_1$ (la moyenne harmonique de $P$ et de $R$).

Pour l'analyse de la complémentarité, nous analysons par exemple les points suivants :
- existence de relations uniques et communes entre les deux langues,
- amélioration de la couverture et/ou de la précision des résultats à l'aide des informations issues de deux langues.

Pour la baseline, nous exploitons l'approche la plus communément utilisée pour ce type de tâche : les relations sémantiques qui correspondent aux relations hiérarchiques de MedDRA (Mozzicato, 2007; Pearson *et al.*, 2009; Yuen *et al.*, 2008). Plus particulièrement, il s'agit de l'exploitation de la subsomption hiérarchique des termes $PT$ au travers de leurs termes $HLT$ de MedDRA. Parmis les 1 688 $HLT$ et 84 groupements de référence, 46 ont une correspondance directe (*Thrombocytopenias* et *Thrombocytopenia (HLT)*) ou une correspondance non ambiguë (*Renal failure and impairment* et *Acute renal failure (HLT)*). Nous utilisons ces 46 clusters de référence pour l'évaluation des résultats obtenus avec la baseline. Ces 46 clusters sont un sous-ensemble de toutes les données de référence (84 clusters).

## 4 Résultats et Discussion

### 4.1 Détection de relations sémantiques

Dans la table 2, nous indiquons le nombre de relations acquises dans les deux langues. Nous pouvons faire les observations suivantes :
- il existe plus de relations générées en anglais qu'en français,
- chaque ressource linguistique exploitée en anglais contribue à l'acquisition de relations entre les termes, tandis qu'en français les synonymes d'UMLS ne fournissent pas de résultats,
- l'ensemble de relations hiérarchiques induites avec la subsomption lexicale en français (3 980) est plus grand qu'en anglais (3 366).

| Relations et méthodes | # relations | |
|---|---|---|
| | anglais | français |
| Hiérarchique (inclusion lexicale) | 3 366 | 3 980 |
| Hiérarchique (variantes morpho-synt.) | 316 | 178 |
| Synonymie (UMLS) | 54 | - |
| Synonymie (relations acquises) | 1 110 | 31 |
| Synonymie (termes simples) | 214 | - |
| Synonymie (langue générale) | 28 | 142 |
| Nombre total de synonymes | 1 459 | 164 |

TABLE 2 – Relations générées dans chaque langue.

Une remarque intéressante peut aussi être faite sur l'apport de ressources linguistiques. Nous voyons par exemple que les synonymes d'UMLS, qui sont directement accessibles dans cette ressource, fournissent un apport faible en anglais et un apport nul en français. Nos résultats indiquent ainsi clairement l'intérêt de construire et d'utiliser d'autres ressources linguistiques.

## 4.2 Génération de clusters

| | anglais | français | union |
|---|---|---|---|
| Nombre de clusters | 965 | 1 133 | 1 571 |
| Taille des clusters (intervalle) | [2 ; 257] | [2 ; 205] | [2 ; 301] |
| Taille des clusters (moyenne) | 6,39 | 4,97 | 6 |

TABLE 3 – Clusters générés dans chaque langue (anglais, français) et avec leur union.

La table 3 contient les données sur les clusters générés. Nous pouvons observer que le nombre de clusters, aussi bien que leurs tailles, sont plus grands lorsque les données des deux langues sont considérées. Ainsi, les deux langues sont complémentaires de différents points de vue : au niveau des relations et au niveau des clusters.

| Relations et méthodes | % dans les clusters | | |
|---|---|---|---|
| | anglais | français | union |
| Hiérarchique (inclusion lexicale) | 79,57 | 96,66 | 89,2 |
| Hiérarchique (variantes morpho-synt.) | 8,62 | 2,56 | 4,36 |
| Synonymes | 11,81 | 0,78 | 6,44 |

TABLE 4 – Participation des relations dans la création de clusters.

Dans la table 4, nous indiquons à quelle hauteur les relations acquises participent dans la population des clusters. Ces valeurs sont indiquées en pourcentage par type de relations (hiérarchique, synonymie). Nous pouvons voir que les relations acquises par la subsomption hiérarchique apportent la majorité de termes dans les clusters (79,57 % en anglais et jusqu'à 96,66 % en français), tandis que les relations de synonymie montrent seulement un impact très faible sur les clusters (moins de 1 % en français, mais jusqu'à 11,81 % en anglais).

## 4.3 Complémentarité des deux langues

| **Relations** | **anglais** | **français** | **intersection** |
|---|---|---|---|
| Hiérarchique | 1 919 | 2 395 | 1 763 |
| Synonymie | 1 332 | 137 | 27 |
| Total | 3 251 | 2 532 | 1 790 |

TABLE 5 – Nombre de relations spécifiques et communes (intersection) aux langues.

La table 5 indique la complémentarité entre les deux langues pour chaque type de relations : seulement 27 relations de synonymie, mais jusqu'à 1 763 relations hiérarchiques sont communes aux deux langues. Nous pouvons ainsi observer que la génération de relations hiérarchiques permet de détecter plus de régularités communes dans les deux langues. Mais plusieurs relations sont uniques à une langue (*i.e.*, {*abdominal rebound tenderness, abdominal tenderness*} en anglais, {*fibrome du sein, tumeur du sein*} en français). De manière générale, l'union indique que les langues contribuent de manière quasiment égale : 39,69 % de termes uniques en anglais, 34,03 % uniques en français, et 26,27 % de termes communs aux deux langues.

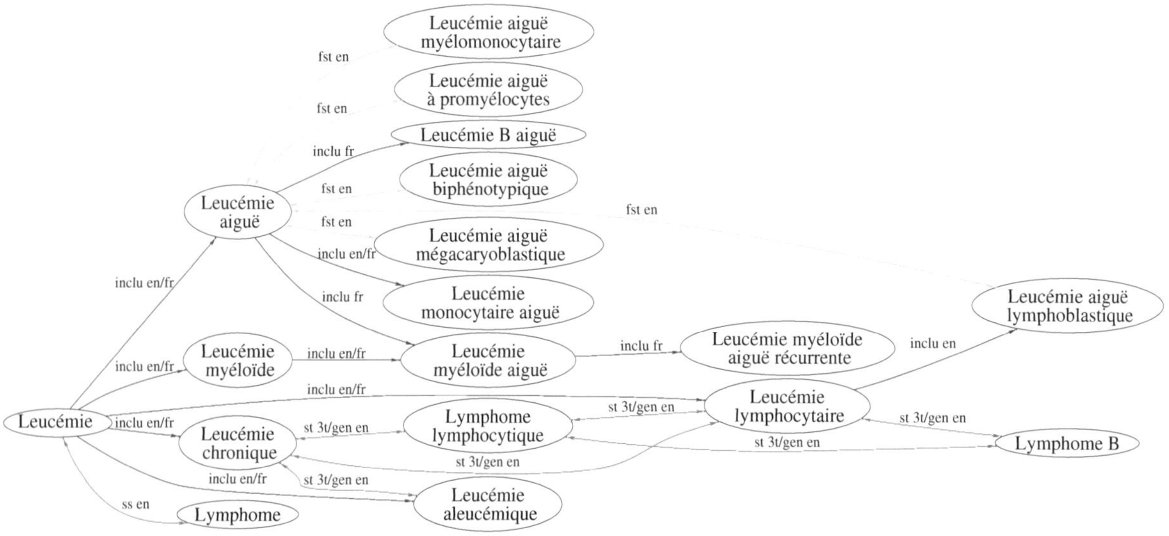


FIGURE 2 – Exemple de graphe (extrait du cluster *leucémie*).

À la figure 2, nous présentons un extrait de graphe sur l'exemple du cluster *leucémie*. Différentes couleurs de flèches correspondent aux différentes méthodes qui relient les termes (inclusion lexicale en bleu, Faster en vert, synonymie en rouge). Les flèches unidirectionnelles sont des relations hiérarchiques, les flèches bidirectionnelles sont des relations de synonymie. Nous indiquons également la et les langues où une relation donnée a été détectée. Souvent les inclusions lexicales sont détectées dans les deux langues. Mais il arrive aussi que le libellé d'un terme ne permet de détecter une relation que dans une seule langue : les termes *acute leukaemia* et *b-cell type acute leukaemia* n'ont pas pu être reliés en anglais car les libellés sont trop éloignés lexicalement, par contre cette relation a été établie en français entre les termes correspondants *leucémie aiguë* et *leucémie B aiguë*. Nous pouvons aussi voir que la synonymie est surtout détectée en anglais (ressources de synonymie plus complètes). La synonymie directe entre les termes simples relie une seule paire de termes (*leukaemia* et *lymphoma*) dans cet exemple. Rappelons que les termes traités proviennent du même niveau hiérarchique dans MedDRA, alors que nous voyons que plusieurs niveaux de relations hiérarchiques peuvent être détectés : la structure actuelle de la terminologie MedDRA pourrait être affinée.

## 4.4 Évaluation

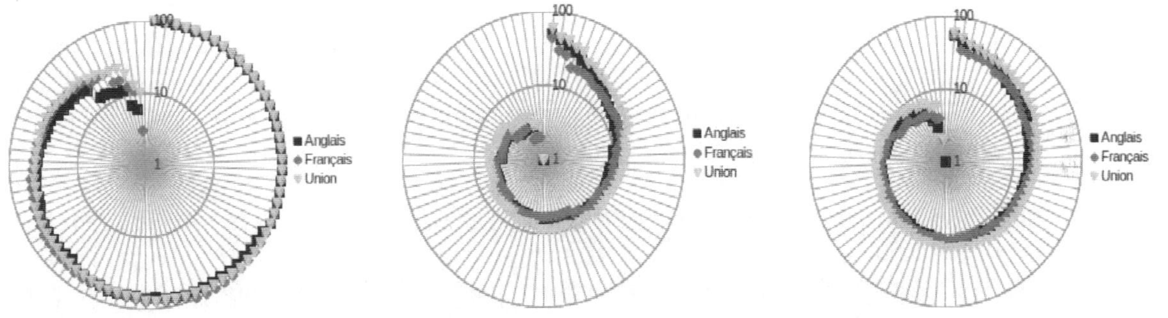


(a) Précision (moyenne) : anglais 64,7%, français 70%, union 69,5%

(b) Rappel (moyenne) : anglais 9,5%, français 8,5%, union 12%

(c) F-mesure (moyenne) : anglais 16,5, français 15, union 20,4

FIGURE 3 – Évaluation des clusters générés par rapport aux données de référence (84 clusters).

Les résultats de l'évaluation par rapport aux données de référence sont indiqués à la figure 3. Pour leur présentation, nous ne les projetons pas sur les axes $x$ et $y$, mais sur un plan circulaire. Chaque rayon correspond à un cluster de référence (un total de 84 clusters de référence). L'échelle du rayon, réglée en mode logarithmique, va de 0 à 100 et permet de positionner les valeurs d'évaluation (précision, rappel et F-mesure). Dans cette présentation, plus une ligne (et une méthode) est proche du bord extérieur, meilleurs sont les résultats correspondants. Nous pouvons faire plusieurs observations sur les résultats obtenus :

- Très souvent, la précision est élevée tandis que le rappel est faible. La raison générale est que les clusters générés sont plus petits que les clusters de référence et peuvent de ce fait montrer leurs différents aspects. Du point de vue de la méthodologie, cela veut dire que les approches exploitées ne permettent pas de détecter toutes les relations qui seraient nécessaires pour grouper les termes des clusters de référence de manière automatique. Par exemple, nous ne détectons pas de relations entre les termes *ponction de moelle osseuse anormale* (*aspiration bone marrow abnormal*), *anémie réfractaire* (*anemia refractory*) et *leucémie* (*leukaemia*) qui sont pourtant tous liés aux anomalies du sang : *ponction de moelle osseuse anormale* est le résultat d'examen médical qui permet de dépister de telles anomalies, *anémie réfractaire* est une des conséquences possibles des leucémies.
- L'union des deux langues montre un effet positif sur le rappel et la F-mesure surtout. Notons que, contrairement à notre attente, la précision ne souffre pas beaucoup de l'union : elle est

améliorée par rapport à la valeur obtenue sur l'anglais (+4,8 %), mais elle perd 0,5 % par rapport à la valeur obtenue sur le français.

- Il existe une variabilité importante entre les performances de différents clusters générés. Cela est observable sur la forme des tracés : par exemple, pour la précision, presque la moitié des clusters générés montre des valeurs maximales (100 %) ou proches, mais pour les clusters restants, ces valeurs diminuent jusqu'à 10 %.

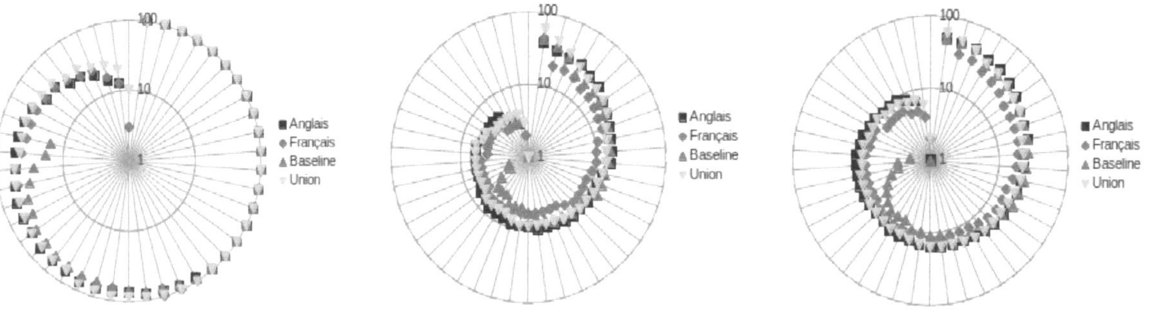


(a) Précision (moyenne) : anglais 71,1 %, français 70,5 %, union 74 %, baseline 69,3 %

(b) Rappel (moyenne) : anglais 11,8 %, français 8,4 %, union 12,1 %, baseline 9,2 %

(c) F-mesure (moyenne) : anglais 18,9, français 14, union 18,3, baseline 14,6

FIGURE 4 – Évaluation des clusters générés par rapport à la baseline et aux données de référence.

L'évaluation par rapport à la baseline (figure 4) indique que les résultats obtenus sur l'anglais sont meilleurs que la baseline, les résultats obtenus sur le français sont comparables et parfois moins bons que la baseline. Nous pouvons voir aussi que la qualité des clusters de la baseline décroît plus rapidement que dans les autres expériences, et ceci pour les trois mesures d'évaluation. En ce qui concerne les résultats de l'union, ils sont à la fois meilleurs que la baseline et meilleurs que chaque langue prise séparément (sauf une perte de 0,6 % pour la F-mesure).

Les performances d'autres méthodes automatiques exploitées pour cette tâche (similarité sémantique (Iavindrasana *et al.*, 2006; Dupuch *et al.*, 2012), requêtes OWL (Declerck *et al.*, 2012) ou subsomption hiérarchique (Jaulent et Alecu, 2009)) conduisent aux mêmes observations, lorsque une évaluation est effectuée : une des mesures d'évaluation est privilégiée. Notons que ces méthodes exploitent souvent des ressources dédiées à leur fonctionnement et qu'il est alors nécessaire d'y encoder les connaissances nécessaires à leur fonctionnement. Les avantages de notre approche sont : (1) elle ne requiert pas la création d'une ressource sémantique (terminologie ou ontologie) dédiée ; (2) elle n'est pas consommatrice en temps et effort pour constituer cette ressource, car elle fonctionne dans un contexte sémantique relativement pauvre ; (3) elle peut être exploitée avec une simple liste de termes et des ressources linguistiques disponibles ; (4) elle n'est pas spécifique aux données et à la tâche traitée ici et peut être exploitée dans d'autres contextes (acquisition de relations terminologiques, terminologies à facettes...).

# 5 Conclusion et perspectives

Nous avons proposé et réalisé des expériences consistant à exploiter des données linguistiques provenant de deux langues, anglais et français, pour obtenir des résultats plus complets et performants en détection de relations sémantiques entre les termes médicaux. L'objectif principal a consisté en vérification de la complémentarité entre les langues. En effet, lorsque les mêmes méthodes sont appliquées aux mêmes ensembles de termes dans des langues différentes, la différence dans les résultats provient essentiellement du fait que les libellés de ces termes sont différents et qu'ils permettent de détecter des régularités linguistiques et sémantiques différentes et complémentaires. De manière générale, cette approche a permis d'améliorer les résultats obtenus en termes de précision, de rappel et de la F-mesure. Nous avons par exemple observé que chaque langue contribue de manière quasiment équivalente, même si l'apport par types de relations n'est pas comparable (les relations hiérarchiques sont beaucoup plus nombreuses que les relations de synonymie). La tâche visée dans notre travail (détection de relations sémantiques et médicales entre termes) est difficile, car il s'agit souvent de termes qui n'ont pas de similarité lexicale entre eux. La difficulté de la tâche est due aussi au fait que la surveillance des effets indésirables est effectuée dans un contexte réglementaire très strict. Cependant, avec la méthode proposée nous obtenons de meilleurs résultats que ceux fournis par la baseline. De plus, notre méthode fonctionne avec des méthodes et ressources assez "pauvres", qui ne requièrent pas de ressources terminologiques ou ontologiques dédiées.

Nous avons plusieurs perspectives à ce travail : (1) enrichissement des ressources linguistiques avec des ressources de type associatif qui pourraient être acquises avec des méthodes distributionnelles à partir de corpus et/ou de terminologies ; (2) exploitation de la méthode compositionnelle non seulement pour construire des ressources linguistiques de synonymie mais aussi pour acquérir des relations hiérarchiques ou associatives ; (3) exploration de corpus et application d'autres méthodes pour la détection automatique de relations sémantiques entre les termes ; (4) combinaison des résultats présentées dans ce travail avec ceux obtenus avec d'autres méthodes automatiques (Dupuch *et al.*, 2012) ; (5) clusterisation des termes avec d'autres approches, mais aussi au sein d'un graphe commun de toutes les relations générées, tandis qu'actuellement les clusters sont générés dans chaque langue séparément et fusionnés par la suite ; (6) affinement de la structure hiérarchique actuelle de la terminologie MedDRA grâce à la détection de niveaux hiérarchiques intermédiaires ; (7) adaptation des méthodes et ressources exploitées à la langue espagnole pour améliorer encore les performances des résultats.

**Remerciements.** Ce travail a été en partie soutenu par l'Agence Nationale de la Recherche (ANR) et la DGA, sous le numéro Tecsan ANR-11-TECS-012.

# Références

ALFONSECA, E., de BONI, M., JARA-VALENCIA, H.-L. et MANANDHAR, S. (2002). A prototype question answering system using syntactic and semantic information for answer retrieval. *In TREC 10*.

ANIZI, M. et DICHY, J. (2009). Assessing word-form based search for information retrieval in Arabic : towards a new type of lexical resource. *In MEDAR*, pages 12–19.

AUBIN, S. et HAMON, T. (2006). Improving term extraction with terminological resources. *In FinTAL 2006*, numéro 4139 de LNAI, pages 380–387. Springer.

BAEZA-YATES, R. et RIBEIRO-NETO, B. (1999). *Modern Information Retrieval*. Addison-Wesley, New York.

BANEA, C., MIHALCEA, R. et WIEBE, J. (2011). Multilingual sentiment and subjectivity. *In Multilingual Natural Language Processing*, Prentice Hall.

BROWN, E., WOOD, L. et WOOD, S. (1999). The medical dictionary for regulatory activities (MedDRA). *Drug Saf.*, 20(2):109–117.

CARTONI, B. et NAMER, F. (2012). Linguistique contrastive et morphologie : les noms en -iste dans une approche onomasiologique. *In CMLF*, pages 1245–1259.

CEUSTERS, W., DESIMPEL, I., SMITH, B. et SCHULZ, S. (2003). Using cross-lingual information to cope with underspecification in formal ontologies. *In MIE*, pages 391–396.

CIOMS (2004). Development and rational use of standardised MedDRA queries (SMQs) : Retrieving adverse drug reactions with MedDRA. Rapport technique, CIOMS.

COLLIER, N. (2011). Towards cross-lingual alerting for bursty epidemic events. *J Biomed Semantics*, 2(5):S10.

DECLERCK, G., BOUSQUET, C. et JAULENT, M. (2012). Automatic generation of MedDRA terms groupings using an ontology. *In MIE*, pages 73–77.

DIEWALD, G. et SMIRNOVA, E. (2010). *Evidentiality in European languages : the lexical-grammatical distinction*, chapitre Introduction, pages 1–14. Walter de Gruyter Mouton.

DUPUCH, M., BOUSQUET, C. et GRABAR, N. (2012). Automatic creation and refinement of the clusters of pharmacovigilance terms. *In ACM IHI*, pages 181–190.

FARRERES, X., RIGAU, G. et RODRIGUEZ, H. (1998). Using WordNet for building WordNets. *In COLING/ACL Workshop on Usage of WordNet in Natural Language Processing Systems*.

FELLBAUM, C. (1998). A semantic network of english : the mother of all WordNets. *Computers and Humanities. EuroWordNet : a multilingual database with lexical semantic network*, 32(2-3):209–220.

FESCHAREK, R., KÜBLER, J., ELSASSER, U., FRANK, M. et GÜTHLEIN, P. (2004). Medical dictionary for regulatory activities (MedDRA) : Data retrieval and presentation. *Int J Pharm Med*, 18(5):259–269.

FLEISCHMAN, S. (2001). *Language and Medicine*, pages 470–502. Blackwell.

FRIDMAN NOY, N. et MUSEN, M. (2000). Prompt : Algorithm and tool for automated ontology merging and alignment. *In AAAI*, pages 450–455.

GRABAR, N. et HAMON, T. (2010). Exploitation of linguistic indicators for automatic weighting of synonyms induced within three biomedical terminologies. *In MEDINFO 2010*, pages 1015–9.

GRABAR, N., VAROUTAS, P., RIZAND, P., LIVARTOWSKI, A. et HAMON, T. (2009). Automatic acquisition of synonym ressources and assessment of their impact on the enhanced search in EHRs. *Methods of Information in Medicine*, 48(2):149–154. PMID 19283312.

HAHN, U., HONECK, M., PIOTROWSKY, M. et SCHULZ, S. (2001). Subword segmentation - leveling out morphological variations for medical document retrieval. *In AMIA*.

HAMON, T. et NAZARENKO, A. (2001). Detection of synonymy links between terms : experiment and results. *In Recent Advances in Computational Terminology*, pages 185–208. John Benjamins.

HAMON, T. et NAZARENKO, A. (2008). Le développement d'une plate-forme pour l'annotation spécialisée de documents web : retour d'expérience. *TAL*, 49(2):127–154.

HAUBEN, M. et BATE, A. (2009). Decision support methods for the detection of adverse events in post-marketing data. *Drug Discov Today*, 14(7-8):343–357.

HUANG, C.-R., TSENG, I. J. E. et TSAI, D. (2002). Translating lexical semantic relations : The first step towards multilingual WordNets. *In COLING Workshop SemaNet'02*.

IAVINDRASANA, J., BOUSQUET, C., DEGOULET, P. et JAULENT, M. (2006). Clustering WHO-ART terms using semantic distance and machine algorithms. *In AMIA*, pages 369–373.

JACQUEMIN, C. (1996). A symbolic and surgical acquisition of terms through variation. *In* WERMTER, S., RILOFF, E. et SCHELER, G., éditeurs : *Connectionist, Statistical and Symbolic Approaches to Learning for Natural Language Processing*, pages 425–438, Springer.

JAULENT, M. et ALECU, I. (2009). Evaluation of an ontological resource for pharmacovigilance. *In MIE*, pages 522–526.

KLEIBER, G. et TAMBA, I. (1990). L'hyperonymie revisitée : inclusion et hiérarchie. *Langages*, 98:7–32.

LEFER, M. et GRABAR, N. (2013). French evaluative prefixes in translation : from automatic alignment to semantic categorization. *In CIL TACMO workshop*. To appear.

LI, A. (2011). A comparative study of argument structure and lexicon. *In International Conference on Bilingualism and Comparative Linguistics*.

MALAISÉ, V., ISAAC, A., GAZENDAM, L. et BRUGMAN, H. (2007). Anchoring Dutch cultural heritage thesauri to WordNet : two case studies. *In Workshop on Language Technology for Cultural Heritage Data (LaTeCH*, pages 57–64.

MARKO, K., BAUD, R., ZWEIGENBAUM, P., BORIN, L., MERKEL, M. et SCHULZ, S. (2006). Towards a multilingual medical lexicon. *In AMIA*, pages 534–538.

MOZZICATO, P. (2007). Standardised MedDRA queries : their role in signal detection. *Drug Saf*, 30(7):617–619.

NLM (2011). *UMLS Knowledge Sources Manual*. National Library of Medicine, Bethesda, Maryland. www.nlm.nih.gov/research/umls/.

PARTEE, B. (1984). *Compositionality*. F Landman and F Veltman.

PEARSON, R., HAUBEN, M., GOLDSMITH, D., GOULD, A., MADIGAN, D., O'HARA, D., REISINGER, S. et HOCHBERG, A. (2009). Influence of the MedDRA hierarchy on pharmacovigilance data mining results. *Int J Med Inform*, 78(12):97–103.

ROBERT, L. (1990). *Le petit Robert*. Le Robert, Paris.

RODRIGUES, J., RECTOR, A., ZANSTRA, P., BAUD, R., INNES, K., ROGERS, J., RASSINOUX, A., SCHULZ, S., PAVIOT, B. T., TEN NAPEL, H., CLAVEL, L., VAN DER HARING, E. et MATEUS, C. (2006). An ontology driven collaborative development for biomedical terminologies : from the french CCAM to the australian ICHI coding system. *In MIE*, pages 863–868.

SCHMID, H. (1994). Probabilistic part-of-speech tagging using decision trees. *In ICNMLP*, pages 44–49, Manchester, UK.

SCHULZ, S. et HAHN, U. (2000). Morpheme-based, cross-lingual indexing for medical document retrieval. *Int J Med Inform*, 58-59:87–99.

STEINBERGER, R. (2011). Cross-lingual keyword assignment. *Procesamiento del Lenguaje Natural*, 27:273–280.

TSURUOKA, Y., TATEISHI, Y., KIM, J., OHTA, T., MCNAUGHT, J., ANANIADOU, S. et TSUJII, J. (2005). Developing a robust part-of-speech tagger for biomedical text. *LNCS*, 3746:382–392.

VINAY, J. et DARBELNET, J. (1958). *Stylistique Comparée du Français et de l'Anglais*. Didier-Harrap.

WILLETT, T. (1988). A cross-linguistic survey of the grammaticalization of evidentiality. *Studies in Language*, 12:51–97.

YUEN, N., FRAM, D., VANDERWALL, D. et ALMENOFF, J. (2008). Do standardized MedDRA queries add value to safety data mining ? *In ICPE 2008*, pages 1–2.

# WoNeF : amélioration, extension et évaluation d'une traduction française automatique de WordNet

Quentin Pradet[1] Jeanne Baguenier-Desormeaux[1]
Gaël de Chalendar[1] Laurence Danlos[2]
(1) CEA, LIST, Laboratoire Vision et Ingénierie des Contenus,
Gif-sur-Yvette, F-91191, France;
(2) Univ Paris Diderot, Sorbonne Paris Cité, ALPAGE, UMR-I 001 INRIA
{quentin.pradet,gael.de-chalendar}@cea.fr
laurence.danlos@linguist.univ-paris-diderot.fr

RÉSUMÉ

Identifier les sens possibles des mots du vocabulaire est un problème difficile demandant un travail manuel très conséquent. Ce travail a été entrepris pour l'anglais : le résultat est la base de données lexicale WordNet, pour laquelle il n'existe encore que peu d'équivalents dans d'autres langues. Néanmoins, des traductions automatiques de WordNet vers de nombreuses langues cibles existent, notamment pour le français. JAWS est une telle traduction automatique utilisant des dictionnaires et un modèle de langage syntaxique. Nous améliorons cette traduction, la complétons avec les verbes et adjectifs de WordNet, et démontrons la validité de notre approche via une nouvelle évaluation manuelle. En plus de la version principale nommée WoNeF, nous produisons deux versions supplémentaires : une version à haute précision (93% de précision, jusqu'à 97% pour les noms), et une version à haute couverture contenant 109 447 paires (littéral, synset).

ABSTRACT

**WoNeF, an improved, extended and evaluated automatic French translation of WordNet**

Identifying the various possible meanings of each word of the vocabulary is a difficult problem that requires a lot of manual work. It has been tackled by the WordNet lexical semantics database in English, but there are still few resources available for other languages. Automatic translations of WordNet have been tried to many target languages such as French. JAWS is such an automatic translation of WordNet nouns to French using bilingual dictionaries and a syntactic langage model. We improve the existing translation precision and coverage, complete it with translations of verbs and adjectives and enhance its evaluation method, demonstrating the validity of the approach. In addition to the main result called WoNeF, we produce two additional versions : a high-precision version with 93% precision (up to 97% on nouns) and a high-coverage version with 109,447 (literal, synset) pairs.

MOTS-CLÉS : WordNet, désambiguïsation lexicale, traduction, ressource.

KEYWORDS: WordNet, Word Sense Disambiguation, translation, resource.

# 1 Introduction

WordNet est une base de données lexicale en développement depuis les années 80 (Fellbaum, 1998). Cette base est organisée autour du concept de **synset** (ensemble de synonymes), chaque synset représentant un sens très précis à l'aide d'une définition et d'un certain nombre de mots que nous nommons littéraux. Ces synsets sont liés par différentes relations sémantiques telles que la méronymie et l'hyponymie. Malgré des défauts reconnus (Boyd-Graber *et al.*, 2006) principalement liés à la granularité trop fine des sens, WordNet reste une ressource extrêmement utile et reproduire ce travail pour d'autres langues serait coûteux et difficile à maintenir. Et malgré quelques problèmes théoriques, (Fellbaum et Vossen, 2007; de Melo et Weikum, 2008) montrent que traduire WordNet en gardant sa structure et ses synsets mène à des ressources linguistiques utiles.

Les traductions automatiques de WordNet emploient une approche dite d'extension (*extend approach*) : la structure de WordNet est préservée et seuls les littéraux sont traduits. Trois techniques principales représentent cette approche dans la littérature. La plus simple utilise des dictionnaires bilingues pour faciliter le travail des lexicographes qui filtrent ensuite manuellement les entrées proposées (Vossen, 1998; Pianta *et al.*, 2002; Tufis *et al.*, 2004). Une deuxième méthode de traduction utilise des corpus parallèles, ce qui évite l'utilisation de dictionnaires qui peuvent entraîner un biais lexicographique. (Dyvik, 2004) représente cette méthode en s'appuyant sur des *back-translations* entre le norvégien et l'anglais, alors que (Sagot et Fišer, 2008) combinent un lexique multilingue et les différents WordNets de BalkaNet comme autant de sources aidant à la désambiguïsation. Enfin, plus récemment, des ressources telles que Wikipédia ou le Wiktionnaire ont été explorées. Grâce aux nombreux liens entre les différentes langues de ces ressources, il est possible de créer de nouveaux wordnets (de Melo et Weikum, 2009; Navigli et Ponzetto, 2010) ou d'améliorer des wordnets existants (Hanoka et Sagot, 2012).

Concernant le français, l'EuroWordNet (Vossen, 1998) est la première traduction française de WordNet. C'est une ressource d'une couverture limitée qui demande des améliorations significatives avant de pouvoir être utilisée (Jacquin *et al.*, 2007), et qui n'est ni libre ni librement accessible. WOLF est une seconde traduction initialement construite à l'aide de corpus parallèles (Sagot et Fišer, 2008) et étendue depuis avec différentes techniques (Apidianaki et Sagot, 2012). WOLF est distribué sous une licence libre compatible avec la LGPL et c'est aujourd'hui le WordNet français standard. Enfin, JAWS (Mouton et de Chalendar, 2010) est une traduction des noms de WordNet développée à l'aide de dictionnaires bilingues et d'un modèle de langue syntaxique.

Nos travaux étendent et améliorent les techniques utilisées dans JAWS et l'évaluent à l'aide d'une adjudication de deux annotateurs. Le résultat de ce travail est WoNeF[1]. Il se décline en trois versions pour répondre à différents besoins. Le WoNeF principal a un F-score de 70.9%, une autre version a une précision de 93.3%, et une dernière contient 109 447 paires (littéral, synset).

L'approche de JAWS consiste à combiner des sélecteurs variés permettant de choisir les traductions adaptées à chaque synset (section 2). Les contributions principales de cet article sont l'amélioration de JAWS et sa complétion en ajoutant les verbes et les adjectifs (section 3) et son évaluation (sections 4 et 5). Cette évaluation se fait à travers une adjudication elle-même validée par la mesure de l'accord inter-annotateur, ce qui montre la validité de l'approche par extension pour traduire WordNet.

1. Ce travail a été en partie financé par le projet ANR ASFALDA ANR-12-CORD-0023.

# 2 JAWS

## 2.1 Processus de traduction

(Mouton et de Chalendar, 2010) ont conçu JAWS comme un algorithme faiblement supervisé qui ne demande aucune donnée annotée manuellement. Pour traduire un wordnet source, JAWS s'appuie sur un dictionnaire bilingue et un modèle de langue syntaxique pour le langage cible.

Le dictionnaire bilingue est une concaténation du dictionnaire bilingue SCI-FRAN-EurADic[2] et des liens entre les Wiktionnaires français et anglais[3]. Le modèle de langue syntaxique a été entraîné sur un grand corpus extrait du web (Grefenstette, 2007). Le corpus a été analysé par LIMA (Besançon *et al.*, 2010), une chaîne d'analyse linguistique ici utilisée comme un analyseur syntaxique à base de règles produisant des dépendances syntaxiques fines. Pour une relation donnée $r$ et un mot $x$, le modèle de langue indique quels sont les 100 premiers mots co-occurrant le plus fréquemment avec $x$ dans la relation $r$. Avec le mot *avion* et la relation de complément du nom, le mot *billet* modifie le plus *avion* : *billet d'avion* est fréquent dans le corpus. Le modèle de langue ici présenté peut-être visualisé sur `http://www.kalisteo.fr/demo/semanticmap/index.php`.

Grâce aux dictionnaires, JAWS n'a pas besoin de sélectionner les littéraux de chaque synset parmi l'ensemble du vocabulaire mais seulement parmi un petit nombre de candidats (9 en moyenne). Le processus de traduction se fait en trois étapes :

1. Créer un wordnet vide : la structure de WordNet est préservée, mais les synsets eux-mêmes n'ont pas de littéraux associés.
2. Choisir les traductions les plus faciles parmi les candidats des dictionnaires pour commencer à remplir JAWS.
3. Étendre JAWS de manière incrémentale en utilisant le modèle de langue, les relations entre synsets et le JAWS déjà existant.

**Sélecteurs initiaux** Quatre algorithmes que nous nommons sélecteurs initiaux choisissent des traductions correctes parmi celles qui sont proposées par les dictionnaires. Premièrement, les mots qui apparaissent dans un seul synset ne sont pas ambigüs et il suffit d'ajouter toutes leurs traductions au WordNet français : c'est le sélecteur par monosémie. C'est le cas de *grumpy* : toutes ses traductions sont validées dans le synset où il apparaît. Deuxièmement, le sélecteur par unicité identifie les mots n'ayant qu'une seule traduction et la valident dans tous les synsets où elle est présente. Les cinq synsets contenant *pill* en anglais sont ainsi complétés avec *pilule*. Un troisième sélecteur vise à traduire les mots qui ne sont pas dans le dictionnaire en utilisant directement la traduction anglaise : c'est le sélecteur des transfuges. Un quatrième sélecteur utilise la distance d'édition de Levenshtein : si la distance entre un mot anglais et sa traduction est petite, on peut considérer que c'est le même sens (c'est le cas par exemple pour *portion* ou encore *university*), malgré l'existence de certains faux amis. Ces quatre sélecteurs produisent une première version du WordNet français qui contient assez de traductions pour pouvoir ensuite utiliser le modèle de langue et continuer de compléter les synsets.

2. `http://catalog.elra.info/product_info.php?products_id=666`
3. `http://www.wiktionary.org/`

**Expansion de JAWS** JAWS étant partiellement rempli, une nouvelle étape d'expansion tire parti des relations entre les synsets de WordNet pour valider de nouvelles traductions. Par exemple, si :

- un synset S1 est méronyme d'un synset S2 dans WordNet,
- il existe un contexte où un littéral dans S1 est méronyme d'un littéral candidat C dans S2,

alors ce littéral est considéré comme correct. La tâche de traduction est ainsi réduite à une tâche de comparaison entre d'une part les relations lexicales entre les synsets de WordNet et d'autre part les relations lexicales entre les lexèmes du français.

Prenoms l'exemple de *quill* qui peut se traduire par *piquant* ou *plume* (Figure 1). Dans WordNet, *quill* est méronyme de *porcupine* qui a déjà été traduit par *porc-épic* par un sélecteur initial. Dans le modèle de langue, *piquant* fait partie des compléments du noms de *porc-épic* mais ce n'est pas le cas de *plume*. Ici, la relation de complément du nom implique la méronymie et c'est donc *piquant* qu'il faut choisir comme la traduction correcte de *quill*. Le modèle de langue a permis la désambiguïsation parmi les deux traductions possibles.

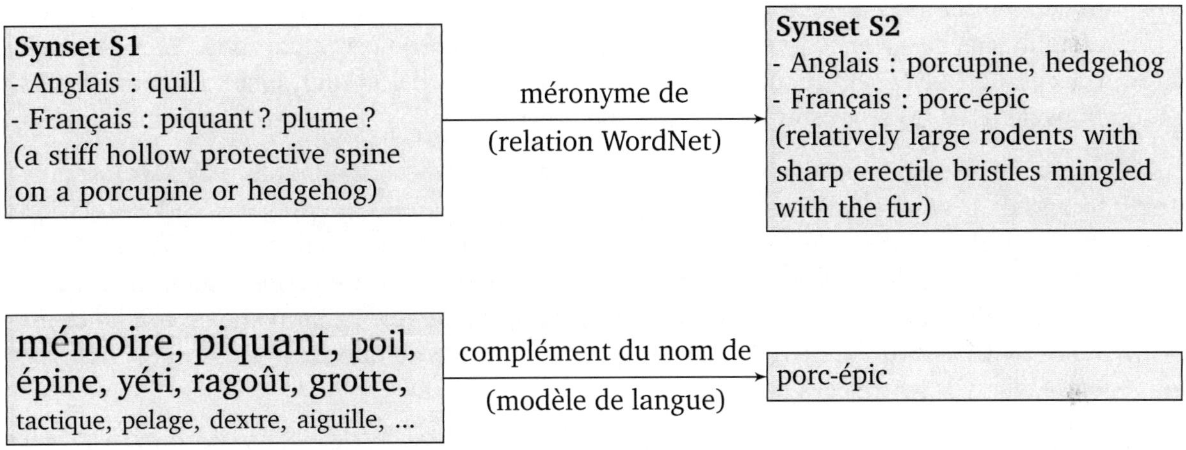


FIGURE 1 – Traduction via la relation de méronymie de partie.

Un problème potentiel avec cette approche est que la relation de complément du nom n'est pas limitée à la méronymie. Par exemple, le mot *mémoire* qui apparaît dans le modèle de langue (Figure 1) vient d'un livre intitulé *Mémoires d'un porc-épic*. Heureusement, *mémoire* n'est pas dans les candidats de *quill* et ne peut pas être choisi comme une traduction. Paradoxalement, le modèle de langue ne peut pas choisir entre deux mots très différents, mais est capable de choisir la traduction correcte d'un mot polysémique. Alors que traduire WordNet automatiquement avec un dictionnaire ou un modèle de langue syntaxique est impossible, combiner les deux ressources permet de résoudre le problème.

Chaque sélecteur suit le même principe que le sélecteur par méronymie de partie et traduit de nouveaux synsets en identifiant les relations entre lexèmes via le modèle de langue syntaxique. La correspondance entre la relation de complément du nom et la relation de méronymie est directe, mais ce n'est pas le cas pour les autres relations : il n'y a par exemple pas de relation syntaxique qui exprime directement la synonymie entre deux lexèmes. Pour ces relations, il est nécessaire d'employer soit des motifs lexicaux (Hearst, 1992) soit des relations syntaxiques de deuxième ordre (Lenci et Benotto, 2012). Ce sont ces dernières, aussi nommées relations paradigmatiques, que JAWS utilise. Pour la synonymie, si deux mots partagent les mêmes co-occurents dans une relation syntaxique donnée, alors ils peuvent être synonymes dans ce contexte. Pour les noms, les relations syntaxiques qui donnent les meilleurs résultats sont les relations de complément du nom, d'objet du verbe et d'apposition. Concrètement, si deux noms qui modifient les mêmes noms sont les objets des mêmes verbes ou sont apposés aux mêmes noms, alors il est probable qu'ils soient synonymes et si l'un des deux est déjà dans un synset, alors on peut y ajouter le second. Par exemple, *avant-propos* et *préface* partagent les mêmes compléments du noms : *livre, édition, ouvrage*. Le sélecteur par synonymie peut ajouter *avant-propos* une fois que le littéral *préface* est dans JAWS. (Mouton et de Chalendar, 2010; Mouton, 2011) décrivent d'autres sélecteurs exploitant notamment les relations d'hyperonymie et d'hyponymie.

## 2.2 Limites de JAWS

JAWS souffre d'un certain nombre de limites. Avant tout, il ne contient que des noms, ce qui empêche de l'utiliser dans de nombreuses applications. Ensuite, la façon dont il a été évalué rend difficile tout jugement sur sa qualité. En effet, JAWS a été évalué en le comparant à l'EuroWordNet du français et à WOLF 0.1.4 (qui date de 2008). Ces deux WordNets du français ne sont pas des annotations de références : ils souffrent soit d'une précision limitée soit d'une couverture limitée.

M&C ont décidé de compléter cette évaluation limitée par une évaluation manuelle des littéraux n'existant pas dans WOLF, mais elle n'a été faite que sur 120 paires (littéral, synset). La précision de JAWS est évaluée à 67,1% (Mouton, 2011), ce qui est plus bas que celle de WOLF 0.1.4 et considérablement plus bas que la précision de WOLF 1.0b[4]. Ce score, même bas, est à prendre avec précaution étant donné la taille de l'échantillon de test : l'intervalle de confiance est d'environ 25%. Une autre limite de JAWS est qu'il ne contient qu'une seule et unique ressource qui ne correspond pas à tous les besoins.

À notre connaissance, les traductions automatiques de WordNet actuelles n'existent qu'en une seule version où les auteurs décident eux-mêmes quelle métrique optimiser. Nous fournissons aussi une telle version, mais ajoutons aussi deux ressources qui peuvent servir des besoins différents. Même si notre WoNeF à haute précision est petit, il peut être utilisé comme une annotation de référence et servir pour entraîner un système d'apprentissage. Une ressource à haute couverture peut servir de base à une correction manuelle ou servir pour une intersection à d'autres ressources, ce qui est la raison pour laquelle nous en fournissons une aussi.

# 3 WoNeF : un JAWS nominal amélioré

Cette section présente les trois améliorations essentielles qui ont étés apportées à JAWS. Un changement non détaillé est celui qui a mené à une meilleure rapidité d'exécution : JAWS se construit en plusieurs heures contre moins d'une minute pour WoNeF, ce qui a facilité les expérimentations.

4. Nous remercions Benoît Sagot pour nous avoir fourni cette version préliminaire de WOLF 1.0.

## 3.1 Sélecteurs initiaux

Les sélecteurs initiaux de JAWS ne sont pas optimaux. Alors que les sélecteurs par monosémie et par unicité sont conservés, nous avons changé les autres sélecteurs. Premièrement, le sélecteur des transfuges est supprimé : sa précision était très basse, même pour les noms.

Deuxièmement, un nouveau sélecteur considère les traductions candidates provenant de plusieurs mots anglais différents dans un synset donné : c'est le sélecteur par sources multiples. Par exemple, dans le synset *line, railway line, rail line (the road consisting of railroad track and roadbed)*, les littéraux français *ligne de chemin de fer* et *voie* sont des traductions à la fois de *line* et *railway line*, et sont donc choisis comme traductions.

Troisièmement, le sélecteur de la distance de Levenshtein a été amélioré. 28% du vocabulaire anglais est d'origine française (Finkenstaedt *et al.*, 1973), et l'anglicisation a produit des transformations prévisibles. Il est possible d'appliquer ces mêmes transformations aux littéraux candidats français, et seulement alors d'appliquer la distance de Levenshtein. Nous commençons par supprimer les accents, puis appliquons différentes opérations. Par exemple, l'inversion des lettres "r" et "e" prend en compte (*order/ordre*) et (*tiger/tigre*) [5]. Toutes les transformations ne s'appliquent qu'à la fin des mots : *-que* est transformé en *-k* ou *-c* (*marque* devient *mark*), *-té* vers *-ty* (*extremité* devient *extremity*), etc. Les faux-amis ne sont toujours pas explicitement pris en compte.

## 3.2 Apprentissage de seuils

Dans JAWS, chaque littéral anglais ne peut avoir qu'une traduction française correspondante. La traduction choisie est celle qui a le meilleur score, indépendamment des scores des traductions moins bien notées. Cela a pour effet de rejeter des candidats valides et d'accepter des candidats erronés. Par exemple, JAWS n'inclut pas *particulier* au synset *(a human being) "there was too much for one person to do"* parce que *personne* est déjà inclus avec un score supérieur.

Dans WoNeF, nous avons donc appris un seuil pour chaque partie du discours et sélecteur. Nous avons d'abord généré les scores pour toutes les paires (littéral, synset) candidates, puis trié ces paires par score. Les 12 399 paires présentes dans l'évaluation manuelle associée à WOLF 1.0b (notre ensemble d'apprentissage) ont été jugées correctes tandis que les paires n'y étant pas ont été jugées erronées. Nous avons ensuite calculé les seuils maximisant la précision et le F-score. Le seuil qui maximise le F-score est utilisé dans les ressources à haut F-score et à haute couverture, tandis que le seuil maximisant la précision est utilisé dans la ressource à haute précision.

Une fois que ces seuils sont définis, les sélecteurs choisissent tous les candidats au-dessus du nouveau seuil, ce qui a deux effets positifs :

- des candidats valides ne sont plus rejetés simplement parce qu'un meilleur candidat est aussi sélectionné, ce qui améliore à la fois le rappel et la couverture.
- les candidats invalides qui étaient jusque-là acceptés sont maintenant rejetés grâce au seuil plus strict : la précision s'en retrouve augmentée.

5. La distance de Damerau-Levenshtein qui prend en compte les inversions n'importe-où dans un mot (Damerau, 1964) a donné de moins bons résultats.

## 3.3 Vote

Après l'application des différents sélecteurs, notre WordNet est large mais contient des synsets bruités. Comme toutes les traductions automatiques de WordNet, WoNeF doit alors être nettoyé (Sagot et Fišer, 2012). Dans WoNeF, le bruit provient de différents facteurs :

– les sélecteurs essaient d'inférer des informations sémantiques à partir d'une analyse syntaxique sans prendre en compte toute la complexité de l'interface syntaxe-sémantique,
– l'analyseur syntaxique produit lui-même des résultats bruités,
– le modèle de langue syntaxique est produit à partir d'un corpus extrait du web lui-même bruité (texte mal écrit, contenu non textuel, phrases non françaises) et n'est pas une « distribution idéale » (Copestake et Herbelot, 2012),
– les traductions déjà choisies sont considérées comme valides dans les étapes suivantes alors que ce n'est pas toujours le cas.

Pour la ressource haute-précision, il fallait donc un moyen de ne garder que les littéraux pour lesquels les sélecteurs étaient les plus confiants. Étant donné que, contrairement à JAWS, plusieurs sélecteurs peuvent choisir une même traduction (sous-section 3.2), notre solution est simple et efficace : les traductions validées par un bon sélecteur ou par plusieurs sélecteurs moyens sont conservées tandis que les autres sont supprimées. Ce principe de vote est aussi appelé méthode d'ensemble en apprentissage automatique. Les sélecteurs performants varient d'une partie du discours à une autre : le choix est fait sur un ensemble de développement contenant 10% de notre référence.

Cette opération de nettoyage ne conserve que 18% des traductions (de 87 757 paires (littéral, synset) à 15 625) mais la précision grimpe de 68,4% à 93,3%. Cette ressource à haute précision peut être utilisée comme donnée d'entraînement. Un défaut classique des méthodes de vote est de ne choisir que des exemples faciles et peu intéressants, mais la ressource obtenue ici est équilibrée entre les synsets ne contenant que des mots monosémiques et d'autres synsets contenant des mots polysémiques et plus difficiles à désambiguïser (section 5.2).

## 3.4 Extension aux verbes, adjectifs et adverbes

Les travaux sur JAWS ont commencé par les noms parce qu'ils représentent 70% des synsets dans WordNet. Nous avons continué ce travail sur les autres parties du discours qui sont aussi importantes pour examiner le sens d'un texte donné : verbes, adjectifs et adverbes. Les sélecteurs génériques ont ici été modifiés, mais il s'agira dans le futur d'implémenter des sélecteurs prenant en compte les spécificités des différentes parties du discours dans WordNet.

**Verbes** Les sélecteurs choisis pour les verbes sont le sélecteur par unicité et par monosémie. En effet, la distance de Levenshtein a donné des résultats médiocres pour les verbes : seuls 25% des verbes choisis par ce sélecteur étaient des traductions correctes. Concernant les sélecteurs syntaxiques, seul le sélecteur par synonymie a donné de bons résultats, alors que le sélecteur par hyponymie avait les performances d'un classifieur aléatoire.

**Adjectifs** Les adjectifs sont traduits de la même manière que les noms : tout d'abord un nombre limité de sélecteurs initiaux remplit un WordNet vide, puis les sélecteurs syntaxiques complètent cette traduction avec le modèle de langue syntaxique. Tous les sélecteurs initiaux sont ici choisis, et le sélecteur syntaxique choisi est le sélecteur par synonymie. Ils ont donné de bons résultats qui sont présentés dans la section 5.3.

**Adverbes** Nous n'avons pas d'annotation de référence pour les adverbes, ce qui explique qu'ils ne sont pas inclus dans WoNeF : nous ne pouvons évaluer leur précision. Cependant, la comparaison avec WOLF (section 5.4) montre que les adverbes ont de meilleurs résultats que les autres parties du discours, ce qui laisse penser que c'est une ressource de qualité. C'est une ressource aussi très complémentaire : 87% des adverbes proposés ne sont pas dans WOLF. Une fusion entre WoNeF et WOLF aurait trois fois plus d'adverbes que WOLF seul.

# 4 WoNeF : un JAWS évalué

## 4.1 Développement d'une annotation de référence

L'évaluation de JAWS souffre d'un certain nombre de limites (section 2.2). Pour évaluer rigoureusement notre propre traduction de WordNet, nous avons produit une annotation de référence. Pour chaque partie du discours, 300 synsets ont été annotés par deux annotateurs locuteurs natifs du français. Pour chaque traduction candidate fournie par nos dictionnaires, il fallait décider si oui ou non elle appartenait au synset. Puisque les dictionnaires ne proposent pas de candidats pour tous les synsets et que certains synsets n'ont pas de candidat valable, le nombre réel de synsets non vides est inférieur à 300 (section 4.2).

Durant l'annotation manuelle, nous avons rencontré une difficulté importante découlant de la tentative de traduire WordNet dans une autre langue. Dans le cas de l'anglais vers le français, la plupart des difficultés proviennent des verbes et adjectifs figurant dans une collocation. Dans WordNet, ils peuvent être regroupés d'une manière qui fait sens en anglais, mais qui ne se retrouve pas directement dans une autre langue. Par exemple, l'adjectif *pointed* est le seul élément d'un synset défini comme *direct and obvious in meaning or reference ; often unpleasant ; "a pointed critique" ; "a pointed allusion to what was going on" ; "another pointed look in their direction"*. Ces exemples se traduiraient par trois adjectifs différents en français : *une critique dure*, *une allusion claire* et *un regard appuyé*. Il n'existe pas de solution satisfaisante lors de la traduction d'un tel synset : le synset résultant contiendra soit trop soit trop peu de traductions. Nous avons décidé de ne pas traduire ces synsets dans notre annotation manuelle. Ces problèmes de granularité concernent 3% des synsets nominaux, 8% des synsets verbaux et 6% des synsets adjectivaux. Actuellement, WoNeF ne détecte pas de tels synsets.

L'autre difficulté principale découle de traductions manquantes, ce qui peut être considéré comme un défaut de nos ressources. Les sens rares d'un mot sont parfois absents. Par exemple, le sens *to catch* du jeu du chat (ou du loup) et le sens *coat with beaten egg* du verbe *to egg* ne sont pas présents. Aucun de ces sens ne sont dans les synsets les polysémiques (définis à la section 5.2), ce qui confirme que cela ne se produit que pour les sens rares. Pourtant, WoNeF pourrait être amélioré en utilisant des dictionnaires spécifiques pour, par exemple, les espèces (comme dans (Sagot et Fišer, 2008)), les termes médicaux, les entités nommées (en utilisant Wikipedia) et ainsi de suite. Un autre exemple est celui des adjectifs de jugement : il n'y a pas de bonne traduction de *weird* en français. Même si la plupart des dictionnaires fournissent *bizarre* comme traduction, on ne retrouve pas dans *bizarre* l'aspect *stupide* du mot *weird* : les deux adjectifs ne sont pas substituables dans tous les contextes, ce qui est un problème si l'on considère que le sens d'un synset doit être conservé par la traduction.

## 4.2 Accord inter-annotateurs

Malgré les difficultés mentionnées ci-dessus, l'annotation résultante a été validée par la mesure de l'accord inter-annotateurs, qui montre que l'approche par extension pour la création de nouveaux wordnets est valide et peut produire des ressources utiles. Deux annotateurs humains, auteurs de cet article, respectivement linguiste informaticien et informaticien linguiste, ont annoté de façon indépendante les mêmes synsets choisis au hasard pour chaque partie du discours. Ils ont utilisé WordNet pour examiner les synsets voisins, le dictionnaire Merriam-Webster, le TLFi (Pierrel, 2003) et des moteurs de recherche pour attester l'utilisation des divers sens des mots considérés. Après adjudication faite par ces deux annotateurs en confrontant leurs opinions en cas de désaccord, l'annotation de référence a été formée.

| | Noms | Verbes | Adjectifs |
|---|---|---|---|
| Kappa de Fleiss | 0.715 | 0.711 | 0.663 |
| Synsets non-vides | 270 | 222 | 267 |
| Candidats par synset | 6.22 | 14.50 | 7.27 |

TABLE 1 – Accord inter-annotateurs sur l'annotation de référence

La table 1 montre l'accord inter-annotateur évalué par le kappa de Fleiss pour les trois parties du discours annotées. Même s'il s'agit d'une métrique discutée (Powers, 2012), toutes les tables d'évaluation existantes considèrent ces scores comme étant suffisamment élevés pour décrire cet accord inter-annotateurs comme « bon » (Gwet, 2001), ce qui nous permet de dire que notre annotation de référence est de bonne qualité. L'approche par extension pour la traduction de WordNet est elle aussi validée.

# 5 Résultats

Nous présentons dans cette section les résultats de WoNeF. Nous commençons par décrire les résultats après l'application de l'étape des sélecteurs initiaux seulement puis ceux de la ressource complète. Notre annotation de référence est découpée en deux parties : 10% des littéraux forment l'ensemble de développement utilisé pour choisir les sélecteurs s'appliquant aux différentes versions de WoNeF, tandis que les 90% restant forment l'ensemble de test servant à l'évaluation. Précision et rappel sont calculés sur l'intersection des synsets présents dans WoNeF et l'annotation de référence considérée, que ce soit l'ensemble de test de notre propre adjudication (sections 5.1 à 5.3) ou WOLF (section 5.4). Par exemple, la précision est la fraction des paires (littéral, synset) correctes au sein de l'intersection en question.

## 5.1 Sélecteurs initiaux

Pour les noms, les verbes et les adjectifs, nous avons calculé l'efficacité de chaque sélecteur initial sur notre ensemble de développement, et utilisé ces données pour déterminer ceux qui doivent être inclus dans la version ayant une haute précision, celle ayant un F-score élevé et celle présentant une grande couverture. Les scores ci-dessous sont calculés sur l'ensemble de test, plus grand et plus représentatif.

| | P | R | F1 | C |
|---|---|---|---|---|
| monosémie | 71.5 | 76.6 | 74.0 | 54 499 |
| unicité | 91.7 | 63.0 | 75.3 | 9 533 |
| sources multiples | 64.5 | 45.0 | 53.0 | 27 316 |
| Levenshtein | 61.9 | 29.0 | 39.3 | 20 034 |
| haute précision | **93.8** | 50.1 | 65.3 | 13 867 |
| haut F-score | 71.1 | **72.7** | **71.9** | 82 730 |
| haute couverture | 69.0 | 69.8 | 69.4 | **90 248** |

TABLE 2 – Sélecteurs initiaux sur l'ensemble des traductions (noms, verbes et adjectifs). La couverture C est le nombre total de paires (littéral, synset).

La table 2 montre les résultats de cette opération. La couverture donne une idée de la taille des ressources. En fonction des objectifs de chaque ressource, les sélecteurs initiaux choisis seront différents. Différents sélecteurs peuvent choisir plusieurs fois une même traduction, ce qui explique que la somme des couvertures soit supérieure à la couverture de la ressource à haute couverture. Fait intéressant non visible dans la table, le sélecteur le moins efficace pour les verbes est la distance de Levenshtein avec une précision de l'ordre de 25% : les faux amis semblent être plus nombreux pour les verbes.

## 5.2 Résultats globaux

Nous nous intéressons maintenant aux résultats globaux (Table 3). Ils comprennent l'application des sélecteurs initiaux et des sélecteurs syntaxiques. Le mode de haute précision applique également un vote (section 3.3). Comme pour la table précédente, la couverture C indique le nombre de paires (littéral, synset).

| | Tous synsets | | | | Synsets BCS | | | |
|---|---|---|---|---|---|---|---|---|
| | P | R | F1 | C | P | R | F1 | C |
| haute précision | **93.3** | 51.5 | 66.4 | 15 625 | **90.4** | 36.5 | 52.0 | 1 877 |
| haut F-score | 68.9 | 73.0 | **70.9** | 88 736 | 56.5 | 62.8 | **59.1** | 14 405 |
| haute couverture | 60.5 | **74.3** | 66.7 | **109 447** | 44.5 | **66.9** | 53.5 | **23 166** |

TABLE 3 – Résultats globaux : tous les synsets et synsets BCS.

Dans WordNet, les mots sont majoritairement monosémiques, mais c'est une petite minorité de mots polysémiques qui est la plus représentée dans les textes. C'est justement sur cette minorité que nous souhaitons produire une ressource de qualité. Pour l'évaluer, nous utilisons la liste des synsets **BCS** (Basic Concept Set) fournie par le projet BalkaNet (Tufis *et al.*, 2004). Cette liste contient les 8 516 synsets lexicalisés dans six traductions différentes de WordNet, et représente les synsets les plus fréquents et ceux qui comportent le plus de mots polysémiques. Les résultats montrent le nombre de synsets BCS pour les ressources à haut F-score et haute couverture. Alors que les ressources à haut F-score et à haute couverture perdent en précision pour les synsets BCS, ce n'est pas le cas pour la ressource à haute précision. En effet, le mécanisme de vote rend la ressource haute-précision très robuste, et ce même pour les synsets BCS.

## 5.3 Résultats par partie du discours

| | | P | R | F1 | C |
|---|---|---|---|---|---|
| haute précision | noms | **96.8** | 56.6 | 71.4 | 11 294 |
| | verbes | **68.4** | 41.9 | 52.0 | 1 110 |
| | adjectifs | **90.0** | 36.7 | 52.2 | 3 221 |
| haut F-score | noms | 71.7 | 73.2 | **72.4** | 59 213 |
| | **JAWS** | 70.7 | 68.5 | 69.6 | 55 416 |
| | verbes | 48.9 | **76.6** | **59.6** | 9 138 |
| | adjectifs | 69.8 | 71.0 | 70.4 | 20 385 |
| haute couverture | noms | 61.8 | **78.4** | 69.1 | **70 218** |
| | verbes | 45.4 | 61.5 | 52.2 | **18 844** |
| | adjectifs | 69.8 | **71.9** | **70.8** | **20 385** |

TABLE 4 – Résultats par partie du discours. JAWS ne contient que des noms : il est comparé à la ressource nominale à haut F-score.

La table 4 montre les résultats détaillés pour chaque partie du discours. Concernant les noms, le mode de haute précision utilise deux sélecteurs, tous deux fondés sur la relation syntaxique de complément du nom : le sélecteur par méronymie décrit à la section 2.1, et le sélecteur par hyponymie. La ressource de haute précision pour les noms est notre meilleure ressource. La version avec le F-score optimisé a un F-score de 72,4%, ce qui garantit que peu de paires (littéral, synset) sont absentes tout en ayant une précision légèrement supérieure à celle de JAWS.

Les résultats des verbes sont moins élevés. L'explication principale est que les verbes sont en moyenne plus polysémiques dans WordNet et nos dictionnaires que les autres parties du discours : les synsets verbaux ont deux fois plus de candidats que les noms et les adjectifs (Table 1). Cela montre l'importance du dictionnaire pour limiter le nombre initial de littéraux parmi lesquels les algorithmes doivent choisir.

Le sélecteur par synonymie est le seul sélecteur syntaxique appliqué aux verbes. Il utilise les relations syntaxiques de second ordre pour trois types de dépendances syntaxiques verbales : si deux verbes partagent les mêmes objets, ils sont susceptibles d'être synonymes ou quasi-synonymes. C'est le cas des verbes *dévorer* et *manger* qui acceptent tous deux l'objet *pain*. Les autres sélecteurs syntaxiques n'ont pas été retenus pour les verbes en raison de leurs faibles résultats. En effet, alors que la détection de l'hyponymie en utilisant seulement l'inclusion de contextes a été efficace sur les noms, elle a les performances d'un classifieur aléatoire pour les verbes. Cela met en évidence la complexité de la polysémie des verbes.

Pour les adjectifs, comme pour les verbes, seul le sélecteur de synonymie a été appliqué. Pour les ressources à haut F-score et haute couverture, ce sont les mêmes sélecteurs (initiaux et syntaxiques) qui sont appliqués, ce qui explique que les résultats sont les mêmes. Alors que l'accord inter-annotateurs était plus bas sur les adjectifs que sur les verbes, les résultats eux sont bien meilleurs pour les adjectifs. Cela s'explique principalement par le nombre de candidats parmi lesquels sélectionner : il y en a deux fois moins pour les adjectifs. Cela met en avant l'importance des dictionnaires.

## 5.4 Évaluation par rapport à WOLF

| | WOLF 0.1.4 | | | WOLF 1.0b | | |
|---|---|---|---|---|---|---|
| | pP | pR | Ajouts | pP | pR | Ajouts |
| Noms | 50.7 | 40.0 | 9 646 | 73.6 | 46.4 | 6 842 |
| Verbes | 33.0 | 23.9 | 1 064 | 41.7 | 17.5 | 1 084 |
| Adjectifs | 41.7 | 46.1 | 3 009 | 64.4 | 53.8 | 3 172 |
| Adverbes | 56.2 | 44.4 | 3 061 | 76.5 | 41.9 | 2 835 |

TABLE 5 – Évaluation de la ressource à haute précision en considérant WOLF 0.1.4 et 1.0b comme des références.

Il n'est pas possible de comparer WOLF et WoNeF en utilisant notre annotation de référence : tout mot correct de WOLF non présent dans les dictionnaires pénalisera WOLF injustement. Nous avons décidé d'évaluer WoNeF en considérant WOLF 0.1.4 et WOLF 1.0b comme des références (Table 5). Les mesures ne sont pas de véritables précision et rappel puisque WOLF lui-même n'est pas entièrement validé. Le dernier article pF donnant des chiffres globaux (Sagot et Fišer, 2012) : iindique un nombre de paires autour de 77 000 pour une précision de 86% [6]. Nous appelons donc pseudo-précision (pP) le pourcentage des éléments présents dans WoNeF qui sont également présents dans WOLF, et pseudo-rappel le pourcentage d'éléments de WOLF qui sont présents dans WoNeF. Ces chiffres montrent que même si WoNeF est encore plus petit que WOLF, il s'agit d'une ressource complémentaire, surtout quand on se souvient que le WoNeF utilisé pour cette comparaison est celui présentant une précision élevée, avec une précision globale de 93,3%. Il convient également de noter que la comparaison de la différence entre WOLF 0.1.4 et WOLF 1.0b est instructive puisque elle montre l'étendue des améliorations apportées à WOLF.

La colonne « Ajouts » donne le nombre de traductions qui sont présentes dans WoNeF mais pas dans WOLF. Pour les noms, les verbes et les adjectifs, cela signifie que nous pouvons contribuer 11 098 nouvelles paires (littéral, synset) de haute précision en cas de fusion de WOLF et WoNeF, soit 94% des paires du WoNeF haute précision ce qui montre la complémentarité des approches : ce sont des littéraux différents qui sont ici choisis. Cela produira un wordnet français 13% plus grand que WOLF avec une précision améliorée. Une fusion avec la ressource de F-score élevée aurait une précision légèrement inférieure, mais fournirait 57 032 nouvelles paires (littéral, synset) par rapport à WOLF 1.0b, résultant en une fusion contenant 73 712 synsets non vides et 159 705 paires (littéral, synset), augmentant la couverture de WOLF de 56% et celle de WoNeF de 83%.

6. Les résultats détaillés pour WOLF 1.0b ne sont pas actuellement disponibles.

# Conclusion

Dans ce travail, nous avons montré que l'utilisation d'un modèle de langue syntaxique pour identifier des relations lexicales entre des lexèmes est possible dans un environnement contraint et conduit à des résultats ayant une précision au niveau de l'état de l'art pour la tâche de traduction de WordNet. Nous offrons trois ressources différentes, chacune d'elles ayant un objectif différent. Enfin, nous fournissons une annotation de référence validée de haute qualité qui nous a permis de montrer à la fois la validité de l'approche de traduction de WordNet par extension et la validité de notre approche spécifique. Cette annotation de référence peut également être utilisée pour évaluer et développer d'autres traductions françaises de WordNet. WoNeF est disponible librement au format XML DEBVisDic[7] sur `http://wonef.fr/` sous la licence CC-BY-SA.

Les travaux futurs sur WoNeF mettront l'accent sur les verbes, les adjectifs et les adverbes, pour lesquels de nouveaux sélecteurs efficaces peuvent être envisagés pour améliorer la couverture. Par exemple, le sélecteur de similarité peut être étendu à la relation de quasi-synonymité que partagent certains adjectifs dans WordNet. En effet, la synonymie entre les adjectifs est limitée par rapport à la quasi-synonymie : alors que *fast* est le seul mot dans son synset, c'est le quasi-synonyme de 20 synsets. Puisque les techniques de sémantique distributionnelle ont plutôt tendance à identifier des quasi-synonymes plutôt que des synonymes, utiliser cette relation de WordNet pour identifier de nouveaux adjectifs fait partie de nos objectifs.

Une autre source importante d'amélioration sera l'enrichissement de notre modèle de langue syntaxique qui pourra prendre en compte les verbes pronominaux et les expressions multi-mots. Nous aimerions aussi nous orienter vers un modèle de langue continu (Le *et al.*, 2012) plus performant. Cela sera couplé avec la collecte d'un corpus issu du Web plus récent et plus grand analysé avec une version récente de notre analyseur linguistique LIMA. Cela nous permettra de mesurer l'impact de la qualité du modèle de langue sur la traduction de WordNet.

Le wordnet français WOLF a été construit en utilisant plusieurs techniques. La fusion de WOLF et de WoNeF permettra de bientôt améliorer à nouveau le statut de la traduction française de WordNet : nous travaillons avec les auteurs de WOLF afin de fusionner WOLF et WoNeF.

# Références

APIDIANAKI, M. et SAGOT, B. (2012). Applying cross-lingual WSD to wordnet development. *In LREC 2012*.

BESANÇON, R., de CHALENDAR, G., FERRET, O., GARA, F., LAIB, M., MESNARD, O. et SEMMAR, N. (2010). LIMA : A multilingual framework for linguistic analysis and linguistic resources development and evaluation. *In LREC 2010*.

BOYD-GRABER, J., FELLBAUM, C., OSHERSON, D. et SCHAPIRE, R. (2006). Adding dense, weighted connections to wordnet. *In GWC 2006*.

COPESTAKE, A. et HERBELOT, A. (2012). Lexicalised compositionality. Unpublished draft.

DAMERAU, F. J. (1964). A technique for computer detection and correction of spelling errors. *Commun. ACM*, 7(3):171–176.

7. `http://nlp.fi.muni.cz/trac/deb2/wiki/WordNetFormat`

de MELO, G. et WEIKUM, G. (2008). On the Utility of Automatically Generated Wordnets. *In GWC 2008*.

DE MELO, G. et WEIKUM, G. (2009). Towards a universal wordnet by learning from combined evidence. *In CIKM 2009*, pages 513–522. ACM.

DYVIK, H. (2004). Translations as semantic mirrors : from parallel corpus to wordnet. *Language and computers*, 49(1):311–326.

FELLBAUM, C., éditeur (1998). *WordNet : an Electronic Lexical Database*. The MIT Press.

FELLBAUM, C. et VOSSEN, P. (2007). Connecting the universal to the specific : Towards the global grid. *Intercultural Collaboration*, pages 1–16.

FINKENSTAEDT, T., WOLFF, D., NEUHAUS, H. et HERGET, W. (1973). *Ordered profusion : Studies in dictionaries and the English lexicon*, volume 13. C. Winter.

GREFENSTETTE, G. (2007). Conquering language : Using NLP on a massive scale to build high dimensional language models from the web. *In CICLing 2007*, pages 35–49.

GWET, K. (2001). *Handbook of inter-rater reliability*. Advanced Analytics, LLC.

HANOKA, V. et SAGOT, B. (2012). Wordnet extension made simple : A multilingual lexicon-based approach using wiki resources. *In LREC 2012*.

HEARST, M. (1992). Automatic acquisition of hyponyms from large text corpora. *In Proceedings of the 14th conference on Computational linguistics - Volume 2*, pages 539–545. ACL.

JACQUIN, C., DESMONTILS, E. et MONCEAUX, L. (2007). French EuroWordNet Lexical Database Improvements. *In CICLing 2007*, volume 4394 de *LNCS*, pages 12–22.

LE, H.-S., ALLAUZEN, A. et YVON, F. (2012). Continuous Space Translation Models with Neural Networks. *In NAACL-HLT 2012*, pages 39–48. ACL.

LENCI, A. et BENOTTO, G. (2012). Identifying hypernyms in distributional semantic spaces. *In *SEM 2012*, pages 75–79. ACL.

MOUTON, C. (2011). *Ressources et méthodes semi-supervisées pour l'analyse sémantique de texte en français*. Thèse de doctorat.

MOUTON, C. et de CHALENDAR, G. (2010). JAWS : Just Another WordNet Subset. *In TALN 2010*.

NAVIGLI, R. et PONZETTO, S. (2010). BabelNet : Building a very large multilingual semantic network. *In ACL 2010*, pages 216–225.

PIANTA, E., BENTIVOGLI, L. et GIRARDI, C. (2002). MultiWordNet : developing an aligned multilingual database.

PIERREL, J. (2003). Un ensemble de ressources de référence pour l'étude du français : TLFi, Frantext et le logiciel Stella. *Revue québécoise de linguistique*, 32(1):155–176.

POWERS, D. (2012). The Problem with Kappa. *In EACL 2012*, page 345.

SAGOT, B. et FIŠER, D. (2012). Cleaning noisy wordnets. *In LREC 2012*.

SAGOT, B. et FIŠER, D. (2012). Automatic Extension of WOLF. *In GWC 2012*.

SAGOT, B. et FIŠER, D. (2008). Building a free French wordnet from multilingual resources. *In Ontolex 2008*.

TUFIS, D., CRISTEA, D. et STAMOU, S. (2004). BalkaNet : Aims, methods, results and perspectives. a general overview. *Romanian Journal of Information Science and Technology*, 7(1-2):9–43.

VOSSEN, P. (1998). *EuroWordNet : a multilingual database with lexical semantic networks*. Kluwer Academic.

# Approches statistiques discriminantes pour l'interprétation sémantique multilingue de la parole

Bassam Jabaian[1], Fabrice Lefèvre[1], Laurent Besacier[2]
(1) LIA, Université d'Avignon et des Pays de Vaucluse, Avignon, France
{bassam.jabaian,fabrice.lefevre}@univ-avignon.fr
(2) LIG, Université Joseph Fourrier, Grenoble, France laurent.besacier@imag.fr

RÉSUMÉ

Les approches statistiques sont maintenant très répandues dans les différentes applications du traitement automatique de la langue et le choix d'une approche particulière dépend généralement de la tâche visée. Dans le cadre de l'interprétation sémantique multilingue, cet article présente une comparaison entre les méthodes utilisées pour la traduction automatique et celles utilisées pour la compréhension de la parole. Cette comparaison permet de proposer une approche unifiée afin de réaliser un décodage conjoint qui à la fois traduit une phrase et lui attribue ses étiquettes sémantiques. Ce décodage est obtenu par une approche à base de transducteurs à états finis qui permet de composer un graphe de traduction avec un graphe de compréhension. Cette représentation peut être généralisée pour permettre des transmissions d'informations riches entre les composants d'un système d'interaction vocale homme-machine.

ABSTRACT

**Discriminative statistical approaches for multilingual speech understanding**

Statistical approaches are now widespread in the various applications of natural language processing and the elicitation of an approach usually depends on the targeted task. This paper presents a comparison between the methods used for machine translation and speech understanding. This comparison allows to propose a unified approach to perform a joint decoding which translates a sentence and assign semantic tags to the translation at the same time. This decoding is achieved through a finite-state transducer approach which allows to compose a translation graph with an understanding graph. This representation can be generalized to allow the rich transmission of information between the components of a human-machine vocal interface.

MOTS-CLÉS : compréhension multilingue, système de dialogue, CRF, graphes d'hypothèses.

KEYWORDS: multilingual understanding, dialogue system, CRF, hypothesis graphs.

## 1 Introduction

Aujourd'hui, les approches statistiques sont très utilisées pour toutes les applications du traitement automatique de la langue (reconnaissance de la parole, traduction automatique, analyse syntaxique, étiquetage sémantique...). La performance d'une approche particulière dépend énormément de la tâche à laquelle elle est appliquée. Et, selon les tâches, les approches permettant les meilleures performances ne sont pas toujours les mêmes.

Par exemple, pour une tâche de compréhension de la parole (*Spoken Language Understanding*, SLU), assimilable à un étiquetage séquentiel en concepts, les champs aléatoires conditionnels (*Conditional Random Fields*, CRF) (Lafferty *et al.*, 2001) utilisés dans leur version chaîne linéaire sont les plus performants (Hahn *et al.*, 2010). Alors que pour la traduction automatique, ce sont les modèles de traduction log-linéaires à base de segments sous-phrastiques (*Log-linear Phrase-Based Statistical Machine Translation*, LLPB-SMT) (Koehn *et al.*, 2003), qui sont le plus souvent utilisés.

Cependant, malgré les différences entre les approches statistiques, celles-ci présentent des points communs et les frontières entre les unes et les autres ont tendance à s'estomper. On voit, par exemple, des travaux autour de l'utilisation d'approches discriminantes de type CRF pour la traduction automatique (Och et Ney, 2002; Liang *et al.*, 2006; Lavergne *et al.*, 2011), tandis que les approches de traduction à base de segments, sont aussi utilisées dans d'autres tâches du traitement automatique de la langue, comme la conversion graphème-phonèmes (Rama *et al.*, 2009) ou le décodage de Part-Of-Speech (Gascó i Mora et Sánchez Peiró, 2007).

Dans cet article nous comparons les approches CRF-SLU et LLPB-SMT pour les tâches de compréhension et de traduction. Pour cela nous proposons d'utiliser et d'optimiser une approche LLPB-SMT pour la compréhension de la parole, et par ailleurs d'intégrer des modèles à base de CRF à un module de traduction automatique. Cette étude nous permet de mettre en avant les spécificités de chaque tâche et d'évaluer les performances des approches respectives sur ces tâches.

D'autre part, nous avons montré dans un travail précédent (Jabaian *et al.*, 2010, 2011) que l'utilisation de la traduction automatique constitue une solution efficace pour la portabilité multilingue d'un module de compréhension d'une langue vers une autre. Cette portabilité peut être obtenue en cascadant un module de traduction avec un module de compréhension (pour traduire les entrées d'un utilisateur vers une langue pour laquelle nous disposons d'un système de compréhension).

Dans certains cas, la meilleure hypothèse de traduction n'est pas l'hypothèse pour laquelle le système de compréhension génère la meilleure hypothèse (souvent pour des raisons liées à l'ordre des mots). Et donc la sélection préalable de la meilleure traduction n'optimise pas forcément le système lorsqu'on se place selon un scénario de compréhension multilingue.

Nous nous basons sur la comparaison réalisée entre les deux tâches afin de pouvoir proposer un modèle qui pourra gérer la traduction et la compréhension d'une manière similaire permettant un décodage conjoint entre les modules. Ce décodage conjoint permettra de sélectionner des traductions en tenant compte des hypothèses d'étiquetage sémantique. Dans cet esprit, nous ne cherchons plus la meilleure traduction possible mais la traduction qui sera étiquetée sémantiquement de la meilleure manière possible.

Nos expériences sont basées sur le corpus de dialogue français MEDIA sur lequel nous apprenons un système de compréhension du français. Dans le but de pouvoir utiliser ce système pour étiqueter des entrées en italien, nous apprenons un système de traduction de l'italien vers français, qui sera utilisé ensuite lors des tests pour traduire les entrées italiennes vers le français afin de les fournir en entrée du système de compréhension.

Cet article est organisé de la manière suivante : la section 2 présente l'utilisation d'une approche de traduction automatique pour la compréhension de la parole. La section 3 décrit l'utilisation des CRF pour la traduction automatique. Notre proposition pour un décodage conjoint entre la compréhension et la traduction est présentée dans la section 4. Enfin la section 5 présente l'étude expérimentale et les résultats.

# 2 Méthode de traduction pour la compréhension

Le problème de la compréhension d'un énoncé utilisateur peut être vu comme un problème de traduction de la séquence de mots qui forme cet énoncé (langue source) vers une séquence de concepts (langue cible). (Macherey *et al.*, 2001, 2009) ont montré que les approches de la traduction automatique statistique peuvent être utilisées avec un certain succès pour une tâche de compréhension de la parole. Cette approche part du principe que les séquences de concepts sont les traductions des séquences de mots initiales.

Malgré l'apparente similitude entre les tâches de compréhension et de traduction, la compréhension a ses spécificités qui doivent être prises en considération afin de pouvoir améliorer les performances obtenues par une approche de traduction comme LLPB-SMT.

Les différences entre une tâche de traduction classique (d'une langue naturelle vers une autre) et l'utilisation de la traduction pour la compréhension (traduction d'une langue vers des étiquettes sémantiques) peuvent être résumées comme suit :
- la sémantique d'une phrase respecte l'ordre dans lequel les mots sont émis contrairement à une tâche de traduction où les mots traduits peuvent avoir un ordre différent de l'ordre des mots de la phrase source selon le couple de langues considérées ;
- dans une tâche de traduction, un mot source peut n'être aligné à aucun mot cible (fertilité $= 0$), alors que pour la compréhension chaque mot doit être aligné à un concept, sachant que les mots qui ne contribuent pas au sens de la phrase sont étiquetés par un concept spécifique `NULL` ;
- enfin, les mesures d'évaluation sont différentes entre les deux tâches (BLEU (Papineni *et al.*, 2002) pour la traduction vs. CER pour la compréhension) et donc les outils utilisés pour l'optimisation des systèmes de traduction doivent être adaptés pour optimiser le score CER.

En suivant l'hypothèse que la sémantique d'une phrase respecte l'ordre dans lequel les mots sont émis, nous proposons d'imposer une contrainte de monotonie pendant la traduction (décodage monotone), qui oblige le décodeur à respecter, en fonction de l'ordre des mots initiaux, l'ordre des concepts générés.

Une difficulté majeure du processus de traduction automatique est l'alignement d'un mot de la langue source avec le mot correspondant dans le langue cible. Vu que les corpus utilisés pour apprendre des systèmes de traduction sont des corpus alignés au niveau des phrases, une étape d'alignement automatique est nécessaire pour obtenir l'alignement en mots. Cependant, la plupart des corpus de compréhension sont étiquetés (alignés) au niveau des segments conceptuels et donc l'utilisation de ces informations d'alignement peut être avantageuse pour aider le processus d'alignement.

Pour cela nous proposons d'utiliser les corpus en format BIO (Begin Inside Outside) (Ramshaw et Marcus, 1995). Ce format garanti que chaque mot de la phrase source est aligné à son concept correspondant et donc aucun alignement automatique supplémentaire n'est requis. De cette façon, l'extraction de la table de segments est obtenue à partir d'un corpus avec un alignement parfait (non bruité).

Vu que nous cherchons à évaluer les hypothèses générées par cette approche du point de vue de la compréhension (la mesure d'évaluation du système de compréhension étant le CER et non pas le score BLEU) nous proposons de modifier l'algorithme MERT (Och, 2003) afin d'optimiser le CER directement.

# 3 Méthode de compréhension pour la traduction

Dans cette approche, le problème de la traduction d'une phrase est considéré comme un problème d'étiquetage de la séquence de mots source, avec comme étiquettes possibles les mots de la langue cible. L'apprentissage d'un étiqueteur fondé sur une approche CRF pour une tâche de traduction nécessite un corpus annoté (traduit) au niveau des mots. L'application des modèles IBM (Brown *et al.*, 1993) permet d'obtenir automatiquement des alignements en mots à partir d'un corpus bilingue aligné au niveau des phrases.

Comme pour la compréhension, où plusieurs mots peuvent être associés à un seul concept, plusieurs mots source peuvent être alignés avec un seul mot cible. Pour gérer cela, la proposition la plus simple est d'appliquer la même méthode utilisée pour la compréhension : le passage au format BIO. Ainsi la séquence française “je voudrais” qui est alignée au mot italien “vorrei” sera représentée comme : <je, B_vorrei> <voudrais, I_vorrei>.

La difficulté principale pour apprendre des modèles CRF pour la traduction est liée au nombre élevé d'étiquettes (correspondant à la taille du vocabulaire de la langue cible). (Riedmiller et Braun, 1993) ont proposé d'utiliser l'algorithme RPROP pour l'optimisation des paramètres de modèles lorsqu'il s'agit d'un modèle avec un nombre important de paramètres. Cet algorithme réduit le besoin en mémoire par rapport à d'autres algorithmes d'optimisation (Turian *et al.*, 2006).

Un autre défaut important de l'utilisation des CRF pour la traduction est qu'ils ne prennent pas en compte le réordonnancement des mots et que le modèle de langage cible limité par la complexité algorithmique lors du décodage. Afin d'obtenir un système de traduction efficace à base de CRF, (Lavergne *et al.*, 2011) ont proposé un modèle fondé sur des transducteurs à états finis qui composent les différents étapes du processus de traduction. Nous l'appellerons CRFPB-SMT car il intégre aussi un mécanisme pour la modélisation d'une table de traduction par segments sous-phrastiques (appelés tuples dans ce contexte).

Le décodeur proposé pour ce modèle est une composition de transducteurs à états finis pondérés (*Weighted Finite State Transducer*, WFST) qui met en ouvre les fonctionnalités standards des WFST, disponibles dans des bibliothèques logicielles comme OpenFST (Allauzen *et al.*, 2007). Essentiellement, le décodeur de traduction est une composition de transducteurs qui représentent les étapes suivantes : le réordonnancement et la segmentation de la phrase source selon les tuples de mots, l'application du modèle de traduction (mise en correspondance des parties source et cible des tuples) avec une valuation des hypothèses à base de CRF et, enfin, la composition avec un modèle de langage dans la langue cible. (Kumar et Byrne, 2003) a proposé une architecture assez similaire qui utilise un modèle ATTM (*Alignment Template Translation Models*) au lieu des CRF comme modèle de traduction.

Cette architecture permet de voir la traduction d'une phrase comme une composition ($\circ$) de transducteurs dans l'ordre suivant :

$$\lambda_{traduction} = \lambda_S \circ \lambda_R \circ \lambda_T \circ \lambda_F \circ \lambda_L$$

sachant que $\lambda_S$ est l'accepteur de la phrase source, $\lambda_R$ représente un modèle de réordonnancement, $\lambda_T$ est un dictionnaire de tuples, qui associe des séquences de la langue source avec leurs traductions possibles en se basant sur l'inventaire des tuples lors de l'apprentissage, $\lambda_F$ est une fonction d'extraction de motifs (*feature matcher*), qui permet d'attribuer des scores de probabilité aux tuples en les comparant aux motifs des fonctions caractéristiques du modèle CRF et $\lambda_L$ est un modèle de langage de la langue cible.

# 4 Décodage conjoint pour la traduction et la compréhension, application à la compréhension multilingue

Notre étude des relations entre les différentes approches est réalisée avec l'objectif de pouvoir les combiner du mieux possible pour la portabilité multilingue d'un système de compréhension.

Dans des travaux précédents (Jabaian *et al.*, 2010), nous avons montré que la meilleure méthode pour porter un système de compréhension existant vers une nouvelle langue est aussi la plus simple : traduire les énoncés utilisateurs de la nouvelle langue vers la langue du système existant et ensuite faire étiqueter les énoncés (traduits) par ce système.

Notre proposition est basée sur une cascade d'un système de traduction (LLPB-SMT) et d'un système de compréhension (CRF-SLU). La meilleure hypothèse générée par le système de traduction constitue l'entrée du système de compréhension. Cependant, d'autres hypothèses de traductions peuvent différer (même sensiblement, par exemple dans l'ordre des mots) et ces variantes peuvent être mieux interprétées par l'étiqueteur sémantique. Donc la sélection a priori de la meilleure traduction n'optimise pas forcément le comportement du système global.

Pour faire face à ce problème nous proposons d'effectuer un décodage conjoint entre la traduction et la compréhension. Ce décodage conjoint aura l'avantage de pouvoir optimiser la sélection de la traduction en prenant compte des étiquettes qui peuvent être attribuées aux différentes traductions possibles.

La proposition d'utiliser l'approche CRFPB-SMT utilisant des transducteurs pour la traduction de graphes d'hypothèses peut être appliquée la compréhension. Donc un système de compréhension $\lambda_{comprehension}$ peut être obtenu de la même manière que proposé dans la section 3. Cette représentation nous permet alors d'obtenir un graphe de compréhension similaire à celui obtenu pour la traduction. Vu que le vocabulaire des sorties du graphe de traduction est le même que celui de l'entrée du graphe de compréhension, ces deux graphes peuvent être composés facilement en utilisant la fonction de composition pour donner un graphe permettant le décodage conjoint :

$$\lambda_{conjoint} = \lambda_{traduction} \circ \lambda_{comprehension}$$

Cette composition prend une phrase de la langue cible en entrée et attribue une séquence de concept à cette phrase en passant par un étiqueteur disponible dans la langue source. Elle nous permet d'obtenir un décodage conjoint entre la traduction et la compréhension dans la mesure où les probabilités des deux modèles sont prises en compte. Un tel décodage ne cherche pas à optimiser la traduction en soi, mais à optimiser le choix d'une traduction qui donnera une meilleure compréhension automatique.

Le transducteur $\lambda_{conjoint}$ peut être généralisé pour permettre de composer un graphe de reconnaissance de la parole avec un graphe de compréhension dans le cadre d'un système de dialogue. Dans un tel cas des procédures d'élagage devront être prises en compte afin d'assurer que les opérations de composition puissent être réalisées selon les contraintes classiques (temps de calcul et espace mémoire machine disponible).

### 4.1 Travaux connexes

Ce problème rejoint, dans son esprit, le problème classique de la cascade des composants d'un système d'interaction vocal homme-machine. Dans une architecture standard, le système de reconnaissance de la parole transmet sa meilleure hypothèse de transcription au système de compréhension. Vu que cette hypothèse est bruitée, elle n'est pas forcément l'hypothèse que le système de compréhension pourra étiqueter le mieux.

Plusieurs travaux ont proposé un décodage conjoint entre la reconnaissance et la compréhension de la parole pour prendre en compte les n-meilleures hypothèses de reconnaissance lors de l'étiquetage sémantique. Ces premiers travaux (Tür *et al.*, 2002; Servan *et al.*, 2006; Hakkani-Tür *et al.*, 2006) ont proposé d'utiliser un réseau de confusion entre les différentes sorties de reconnaissance pour obtenir un graphe d'hypothèses. Le système de compréhension dans ces propositions a été représenté par un WFST, dont les poids sont obtenus pas maximum de vraisemblance sur les données d'apprentissage. Et le décodage conjoint est obtenu par la composition du graphe de reconnaissance avec le graphe de compréhension.

Les résultats positifs obtenus par ces propositions ont encouragé d'autres travaux dans la même ligne. Vu que les modèles les plus performants dans la littérature sont les CRF, (Anoop Deoras et Hakkani-Tur, 2012) a proposé d'utiliser des modèles CRF au lieu des WFST pour l'étape de compréhension.

Dans la lignée de ces travaux, notre proposition cherche à obtenir un décodage conjoint pour la traduction et la compréhension. Les deux systèmes étant de natures différentes, leur combinaison et leur optimisation conjointe sont rendues délicates, d'où l'intérêt d'uniformiser les systèmes pour les deux tâches.

## 5 Expériences et résultats

Toutes nos expériences utilisent le corpus de dialogue français MEDIA. Le corpus MEDIA décrit dans (Bonneau-Maynard *et al.*, 2005) couvre un domaine lié aux réservations d'hôtel et aux informations touristiques. Ce corpus est annoté avec 99 étiquettes qui représentent la sémantique du domaine.

Le corpus est constitué de 1257 dialogues regroupés en 3 parties : un ensemble d'apprentissage (environ 13k phrases), un ensemble de développement (environ 1,3k phrases) et un ensemble d'évaluation (environ 3,5k phrases). Un sous-ensemble de données d'apprentissage (environ 5,6k phrases), de même que les ensembles de tests et de développement sont manuellement traduits en italien.

Un système de type LLPB-SMT est utilisé pour apprendre un système de compréhension du français sur le corpus MEDIA, et le sous-ensemble traduit de ce corpus est utilisé comme corpus parallèle pour apprendre un modèle de traduction à base de CRF. Ensuite l'approche CRFPB-SMT à base de transducteurs est évaluée séparément pour la traduction et la compréhension avant d'être utilisée dans le cadre d'un décodage conjoint traduction/compréhension.

Le taux d'erreur en concepts (*Concept Error Rate*, CER) est le critère d'évaluation retenu pour évaluer la tâche de compréhension. Le CER est l'équivalent du taux d'erreur en mots (WER), et peut être défini comme le rapport de la somme des concepts omis, insérés et substitués sur le nombre de concepts dans la référence. D'autre part le score BLEU (Papineni *et al.*, 2002) qui se base sur des comptes de n-grammes communs entre hypothèse et référence est retenu pour évaluer la tâche de traduction.

## 5.1 Evaluation des systèmes de traduction à base de segments pour une tâche de compréhension

La boîte à outils MOSES (Koehn *et al.*, 2007) a été utilisée pour apprendre un modèle LLPB-SMT pour la compréhension du français. Nos premières tentatives ont clairement montré des performances inférieures à celles d'un modèle CRF-SLU de référence (CER 23,2% après réglage des paramètres avec MERT pour le LLPB-SMT à comparer aux 12,9% pour CRF-SLU [1].).

Les améliorations progressives du modèle proposées dans la section 2 sont évaluées dans le tableau 1. L'utilisation de la contrainte de monotonie durant le décodage permet une réduction de 0,5% absolu. Convertir les données selon le formalisme BIO avant la phase d'apprentissage réduit le CER de façon significative de 2,4%. Enfin, optimiser le score CER à la place du score BLEU réduit le CER de 0,4% supplémentaire. Enfin, l'ajout d'une liste de villes à l'ensemble d'apprentissage avant réapprentissage du modèle LLPB-SMT répond au problème du traitement des mots hors-vocabulaire et permet une réduction finale de 0,8%.

Les résultats montrent qu'en dépit de réglages fins de l'approche LLPB-SMT, les approches à base de CRF obtiennent toujours les meilleures performances pour une tâche de compréhension (CER de 12,9% pour CRF-SLU vs. 18,3% pour LLPB-SMT).

Une analyse rapide du type d'erreur montre que les méthodes utilisant des CRF ont un haut niveau de suppressions comparativement aux autres types d'erreurs, tandis que la méthode LLPB-SMT présente un meilleur compromis entre les erreurs de suppression et d'insertion, et ce bien qu'elle aboutisse à un CER plus élevé. Un nombre important d'erreurs causées par le modèle LLPB-SMT pour la compréhension est dû à une mauvaise segmentation (le plus souvent une sur-segmentation) des phrases. Cette caractéristique des modèles LLPB-SMT mène à une distribution équilibrée d'erreurs entre les omissions, les insertions et les substitutions, alors que pour CRF-SLU un grand nombre d'erreurs venait des omissions.

1. Se référer à (Jabaian *et al.*, 2011) pour plus de détails sur le modèle CRF-SLU

| Modèle | Sub | Om | Ins | CER |
|---|---|---|---|---|
| **Initial** | 5,4 | 4,1 | 14,6 | 24,1 |
| **+MERT (BLEU)** | 5,6 | 8,4 | 9,2 | 23,2 |
| **+Décodage monotone** | 6,2 | 7,8 | 8,7 | 22,7 |
| **+Format BIO** | 5,7 | 9,3 | 5,3 | 20,3 |
| **MERT (CER)** | 5,3 | 9,2 | 4,6 | 19,1 |
| **Traitement de mots HV** | 5,8 | 7,4 | 5,1 | **18,3** |

TABLE 1: Les améliorations itératives du modèle LLPB-SMT pour la compréhension du français (CER%).

## 5.2 Evaluation des étiqueteurs sémantiques pour une tâche de traduction automatique

Afin de pouvoir évaluer notre proposition d'utiliser une approche CRF-SLU pour la traduction nous utilisons la partie traduite manuellement (du français vers l'italien) du corpus MEDIA comme corpus parallèle pour apprendre le modèle de traduction. L'outil GIZA++ (disponible avec MOSES) a été utilisé pour apprendre automatiquement un alignement mot à mot entre les corpus des deux langues et l'outil Wapiti (Lavergne *et al.*, 2010) a été utilisé pour apprendre les paramètres des modèles CRF.

Dans un premier temps, nous cherchons à apprendre un modèle CRF-SLU pour la traduction, en utilisant l'algorithme RPROP comme proposé dans la section 3. Des fonctions caractéristiques de type 4-grammes symétriques sur les observations et bi-grammes sur les étiquettes sont utilisées pour apprendre ce modèle. Les performances obtenues sont présentées dans le tableau 2. Les résultats montrent que la performance du modèle CRF-SLU (BLEU de 42,5) est significativement moins bonne que la performance obtenue par la méthode LLPB-SMT classique utilisant MOSES avec des paramètres de base (47,2) [2].

Afin d'avoir une comparaison juste entre les deux méthodes, nous cherchons à évaluer l'approche LLPB-SMT dans les mêmes conditions que l'approche CRF-SLU. La méthode LLPB-SMT utilise un modèle de réordonnancement alors que CRF-SLU, dédié à l'étiquetage séquentiel, ne comprend pas un tel modèle. Pour cela nous rajoutons une contrainte de monotonie dans le décodage pour l'approche LLPB-SMT empêchant tout réordonnancement. Il est aussi important de mentionner que l'approche LLPB-SMT utilise un modèle de langage pour sélectionner la meilleure traduction. Les performances du modèle LLPB-SMT de référence sont obtenues en utilisant un modèle de langage tri-grammes (utilisé généralement dans les systèmes de traduction). Cependant la complexité algorithmique de l'approche CRF-SLU ne permet pas d'utiliser un tel modèle de langage sur les étiquettes.

Afin d'évaluer les approches CRF-SLU et LLPB-SMT dans les mêmes conditions, et vu qu'on ne peut pas augmenter la taille des fonctions caractéristiques du modèle CRF, nous proposons de dégrader l'approche LLPB-SMT et de réévaluer sa performance en utilisant un modèle de langage de type bi-grammes.

Par ailleurs, en observant les sorties du modèle CRF-SLU, nous remarquons que les mots

2. Se référer à (Jabaian *et al.*, 2011) pour plus de détails sur le modèle LLPB-SMT.

| | CRF-SLU | LLPB-SMT |
|---|---|---|
| **référence** | 42,5 | 47,2 |
| **décodage monotone** | 42,5 | 46,3 |
| **bi-grammes** | 42,5 | 46,0 |
| **traitement de mots HV** | **43,5** | **46,0** |

TABLE 2: Comparaison entre les modèles LLPB-SMT et CRF-SLU pour la traduction de l'italien vers le français (BLEU %).

inconnus (hors-vocabulaire) dans le test ont été traduits par d'autres mots du corpus cible selon le contexte général de la phrase, contrairement à l'approche LLPB-SMT qui a tendance à projeter les mots hors-vocabulaire tels qu'ils sont dans la phrase traduite. Ces mots, étant dans la plupart des cas des noms de ville ou de lieux, leur traduction ne change pas d'une langue à l'autre, et donc leur projection dans la sortie traduite est avantageuse pour les modèles LLPB-SMT. Pour cela nous proposons un pré-traitement des mots inconnus dans la phrase source permettant de les récupérer en sortie dans l'approche CRF-SLU.

Les résultats présentés dans le tableau 2 montrent que le décodage monotone dégrade la performance du modèle LLPB-SMT de 0,91% absolu. L'utilisation d'un modèle de langage bi-grammes augmente la perte de 0,3% supplémentaire. Le traitement des mots hors-vocabulaire permet au modèle CRF-SLU de récupérer 1,0% de score BLEU par rapport au modèle CRF-SLU de référence. On remarque que malgré la dégradation du modèle LLPB-SMT et les améliorations du modèle CRF-SLU, la performance de ce dernier reste inférieure à celle du modèle LLPB-SMT (43,5% pour les CRF vs. 46,0% pour LLPB-SMT).

## 5.3 Evaluation des systèmes à base de transducteurs CRFPB-SMT pour la traduction et la compréhension

Un modèle de traduction CRFPB-SMT à base de transducteurs valués par des CRF pour la traduction a été construit comme décrit dans la section 3. Ce modèle a été construit à partir de l'outil n-code (Crego *et al.*, 2011), implémenté pour apprendre des modèles de traduction à base de n-grammes (Mariño *et al.*, 2006).

Cet outil utilise la bibliothèque OpenFst (Allauzen *et al.*, 2007) pour construire un graphe de traduction qui est la composition de plusieurs transducteurs. La différence entre le modèle implémenté par cet outil et le modèle qu'on cherche à développer réside dans les poids du modèle de traduction. Nous adaptons donc cet outil pour interroger les paramètres d'un modèle CRF afin d'estimer les probabilités de traduction et ensuite nous appliquons une normalisation des scores de probabilité obtenus par ce modèle sur les différents chemins du graphe (comme cela a été proposé dans (Lavergne *et al.*, 2011)).

Dans n-code le modèle de réordonnancement, proposé par (Crego et Mariño, 2006), est fondé sur une approche à base de règles apprises automatiquement sur les données d'entrainement. Cette approche nécessite un étiquetage grammatical des phrases source et un alignement au niveau des mots entre les phrases source et les phrases cible pour apprendre le modèle $\lambda_R$. Nous avons utiliser les outils TreeTagger (Schmid, 1994) pour obtenir l'étiquetage grammatical

| Modèle | Langue | BLEU |
|---|---|---|
| LLPB-SMT | | 47,2 |
| CRF-SLU | IT -> FR | 43,5 |
| CRFPB-SMT | | 44,1 |

TABLE 3: Comparaison entre les différentes approches (LLPB-SMT, CRF-SLU, CRFPB-SMT) pour la traduction de l'italien vers le français.

et GIZA++ pour l'alignement en mots. Le modèle de langage utilisé dans nos expériences est un modèle tri-grammes appris sur la partie cible de notre corpus d'apprentissage à l'aide de l'outil SRILM (Stolcke, 2002).

Le tableau 3 présente une comparaison entre trois modèles : le modèle CRFPB-SMT, le modèle LLPB-SMT (de référence) et le modèle CRF-SLU de base (présenté dans la section précédente). Les résultats présentés dans ce tableau montrent que l'approche CRFPB-SMT à base de transducteurs donne des performances inférieures mais comparables à celles obtenues par l'approche LLPB-SMT.

Malgré une dégradation de 3,1 points absolu, ces performances restent assez élevées en valeur pour une tâche de traduction (malgré un ensemble d'apprentissage de taille réduite), ce qui s'explique dans notre contexte par le vocabulaire limité du domaine. Cette différence de performance est comparable à celle observée par le LIMSI (Lavergne *et al.*, 2010) (en ne considérant que l'utilisation des paramètres de base).

D'autre part les résultats montrent que l'utilisation de graphes d'hypothèses dans CRFPB-SMT est doublement avantageuse par rapport à l'utilisation d'une approche CRF simple ; en plus du fait qu'elle permette de traiter des graphes en entrées, cette approche permet d'emblée d'augmenter la performance du système d'environ 1 point absolu.

Le mécanisme utilisé pour obtenir des graphe de traduction peut être utilisé d'une manière similaire pour la compréhension. Dans un premier temps, le graphe d'hypothèse de concepts est obtenu en composant tous les modèles $\lambda_S \circ \lambda_R \circ \lambda_T \circ \lambda_F \circ \lambda_L$ comme cela a été proposé pour la traduction. Cette approche donne un CER de 15,3%, bien moins bon que l'approche CRF-SLU de base (12,9%).

Afin de prendre les spécificités de la compréhension (qui ne comprend pas de modèle de réordonnancement, ni de modèle de langage cible final), nous proposons d'obtenir le graphe de sorties en combinant uniquement les modèles $\lambda_S \circ \lambda_F$. Cela nous a permis d'augmenter la performance de cette approche de 2,2% absolu (15,3% vs 13,1%) permettant de retrouver quasiment les mêmes performances qu'avec CRF-SLU (13,1% vs 12.9%). Une comparaison entre les performances des différentes versions est donnée dans le tableau 4. Par la suite, CRFPB-SMT simplifié est utilisé pour toutes les expériences de compréhension.

## 5.4 Décodage conjoint dans un scénario de compréhension multilingue

Un décodage conjoint pour la traduction et la compréhension a été appliqué comme nous l'avons proposé dans la section 4. Ce décodage consiste à transmettre le graphe de traduction

| Modèle | Sub | Del | Ins | CER |
|---|---|---|---|---|
| **CRF-SLU** | 3,1 | 8,1 | 1,8 | 12,9 |
| **CRFPB-SMT (complet)** ($\lambda_S \circ \lambda_R \circ \lambda_T \circ \lambda_F \circ \lambda_L$ ) | 4,2 | 8,8 | 2,3 | 15,3 |
| **CRFPB-SMT (simplifié)** ($\lambda_S \circ \lambda_T \circ \lambda_F$) | 3,5 | 7,6 | 2,0 | 13,1 |

TABLE 4: Evaluation des approches basées sur les CRF pour la compréhension du français.

en entrée du module de compréhension (incluant les scores pondérés relatifs à la traduction) et ensuite récupérer en sortie un graphe de compréhension qui intègre les scores de traduction et de compréhension. Ce décodage permettra d'étiqueter des phrases en italien en combinant un système de traduction italien vers français et un système de compréhension du français

Pour cela nous avons adapté l'accepteur du modèle de compréhension du français (donné dans la dernière ligne du tableau 4 décrit dans 5.3) pour prendre des graphes en entrée (au lieu d'une hypothèse unique). Ce transducteur génère un graphe valué de compréhension qui prend en compte les scores de traduction.

Au moment du décodage les deux scores (traduction et compréhension) sont pris en considération. Dans un premier temps nous proposons que le score final pour chaque chemin du graphe soit l'addition simple du score de traduction et du score de compréhension sur ce chemin [3]. Le meilleur chemin est ensuite sélectionné parmi l'ensemble des chemins possibles dans le graphe. Ce chemin représente donc un décodage conjoint entre la traduction et la compréhension (marginalisation de la variabilité aléatoire liée à la traduction intermédiaire).

Afin de pouvoir se positionner par rapport à l'état de l'art, nous proposons de réaliser le décodage conjoint selon deux modes : le système de traduction utilisé est un modèle LLPB-SMT (en utilisant la boîte à outils MOSES) dans le premier et un CRFPB-SMT (comme décrit dans 5.3) dans le second. Dans les deux cas les performances du décodage conjoint sont comparées avec ou sans prise en compte du graphe d'hypothèses complet. Dans un premier cas, le meilleur chemin (1-best) du graphe de traduction est fourni en entrée du système de compréhension. Dans un second cas, l'oracle du graphe de traduction est donné en entrée au module de compréhension. Les scores oracle représentent une évaluation fondée sur le chemin du graphe qui se rapproche le plus de la référence de la traduction. Il est alors possible de mesurer l'impact de la qualité de la traduction sur les performances de compréhension.

Le résultat de cette comparaison est donné dans la tableau 5. Nous avons aussi calculé les scores oracle (pour la traduction et la compréhension) sur les sorties des différents couplages de modules, et nous avons calculé le score BLEU sur la traduction sélectionnée par le décodage conjoint (dernière colonne du tableau 5).

La première ligne de ce tableau constitue la combinaison de référence (sans l'utilisation de graphe) dans laquelle la sortie de MOSES est donnée en entrée d'un modèle CRF. Les résultats montrent que le graphe de traduction permet d'améliorer la performance du système par rapport au système de 1-meilleure traduction (CER 19,7% vs. 19,9% pour LLPB-SMT et 21,3 vs. 21,7 pour CRF). L'utilisation d'un graphe de traduction donne aussi des meilleurs performances par rapport à la combinaison avec son oracle (CER 19,7% vs. 19,8% pour

3. Une expérience préliminaire pour mesurer l'impact de la pondération des scores est présentée dans (Jabaian, 2012).

| Traduction | | | Compréhension (CRF) | | |
|---|---|---|---|---|---|
| **Modèle** | **Sortie** | **BLEU/Oracle** | **Entrée** | **CER/Oracle** | **BLEU** |
| LLPB-SMT | 1-best | 47,2/47,2 | 1-best | 19,9/19,9 | 47,2 |
| | graphe | 46,9/47,9 | 1-best(graphe) | 19,9/19,4 | 46,9 |
| | graphe | 46,9/47,9 | oracle(graphe) | 19,8/19,3 | 47,9 |
| | graphe | 46,9/47,9 | graphe | **19,7/19,1** | 46,3 |
| CRFPB-SMT | graphe | 44,1/44,9 | 1-best(graphe) | 21,7/21,1 | 44,1 |
| | graphe | 44,1/44,9 | oracle(graphe) | 21,6/21,1 | 44,9 |
| | graphe | 44,1/44,9 | graphe | **21,3/20,6** | 43,9 |

TABLE 5: Evaluation des différents configurations de compréhension multilingue françcais-italien, variant selon le type d'information transmise entre les 2 étapes (1-best, oracle ou graphe).

LLPB-SMT et 21,3 vs. 21,6 pour CRF). La différence entre la performance obtenue par le décodage conjoint en utilisant un modèle LLPB-SMT pour la traduction et celle obtenue en utilisant un modèle CRF (CER 19,7,8% vs. 21,3%) peut être expliquée par la différence entre la performance de ces deux modèles (BLEU 46,9% vs 44,1%).

Il est important de mentionner que seuls les couplages prenant des graphes en entrée de la compréhension permettent de sélectionner la traduction en fonction de l'étiquetage qui lui sera appliqué. Dans les autres cas la sélection de la traduction se fait indépendamment. On remarque que le score BLEU de la traduction sélectionnée par le décodage conjoint est moins bon que celui par la meilleure traduction (46,3 vs. 47,2 pour LLPB-SMT et 43,9 vs. 44,1 pour CRF) malgré le fait que le premier est plus performant en CER. Cela montre l'intérêt de la méthode conjointe à base de graphes qui permet de sélectionner la traduction qui pourra être étiquetée de la meilleure façon possible.

Les scores oracle montrent que la meilleure hypothèse sélectionnée lors du décodage n'est pas forcément la plus proche de la référence parmi les hypothèses du graphe. Cependant, ce résultat est encourageant du fait que la performance du système peut être encore améliorée en ajustant les poids des modèles vu que des meilleures hypothèses se trouvent dans le graphe. Un décodage optimal permettra d'améliorer le CER de 0,6% absolu pour un décodage en composant avec un graphe LLPB-SMT pour la traduction (19,7% vs 19,1%) et de 0,7% absolu pour un décodage en composant avec un graphe CRF pour la traduction (21,3% vs 20,6%).

# 6 Conclusion

Dans cet article nous avons évalué et comparé des approches statistique à la fois pour la compréhension de la parole et pour la traduction automatique. Nous avons observé que l'approche discriminante CRF reste la meilleure approche pour la compréhension de la parole, malgré toutes les adaptations de l'approche LLPB-SMT pour la tâche. Une approche de type CRF pour la traduction a plusieurs limites et les performances de cette approche peuvent être améliorées par un modèle à base de transducteurs permettant l'intégration de traitements adaptés (réordonnancement, segmentation, modèle de langage cible).

Nous avons alors pu proposer et évaluer une approche de décodage conjoint entre la traduction et la compréhension dans le contexte d'un système de compréhension de la parole multilingue. Nous avons montré qu'avec un tel décodage nous pouvons obtenir de bonnes performances tout en proposant un système homogène sur les deux tâches sous-jacentes.

Dans le contexte d'un système de dialogue homme-machine complet un décodage conjoint entre la reconnaissance de la parole et la traduction pourra être ajouté. Dans ce cas un graphe de reconnaissance devra être composé avec un graphe de traduction. Cette composition permettra au système de reconnaissance de transmettre des informations plus riches au système de compréhension et le système de compréhension transmettra à son tour des informations riches au gestionnaire de dialogue ce qui influencera positivement la performance globale du système.

# Références

ALLAUZEN, C., RILEY, M., SCHALKWYK, J., SKUT, W. et MOHRI, M. (2007). OpenFst : A general and efficient weighted finite-state transducer library. *In CIAA*.

ANOOP DEORAS, G. T. et HAKKANI-TUR, D. (2012). Joint decoding for speech recognition and semantic tagging. *In INTERSPEECH*.

BONNEAU-MAYNARD, H., ROSSET, S., AYACHE, C., KUHN, A. et MOSTEFA, D. (2005). Semantic annotation of the french media dialog corpus. *In EUROSPEECH*.

BROWN, P. F., PIETRA, S. D., PIETRA, V. J. D. et MERCER, R. L. (1993). The mathematics of statistical machine translation : Parameter estimation. *Computational Linguistics*, 19(2):263–311.

CREGO, J. M. et MARIÑO, J. B. (2006). Improving statistical mt by coupling reordering and decoding. *Machine Translation*, 20(3):199–215.

CREGO, J. M., YVON, F. et MARIÑO, J. B. (2011). Ncode : an open source bilingual n-gram smt toolkit. *The Prague Bulletin of Mathematical Linguistics*, 96:49–58.

GASCÓ I MORA, G. et SÁNCHEZ PEIRÓ, J. (2007). Part-of-speech tagging based on machine translation techniques. *Pattern Recognition and Image Analysis*, pages 257–264.

HAHN, S., DINARELLI, M., RAYMOND, C., LEFÈVRE, F., LEHNEN, P., DE MORI, R., MOSCHITTI, A., NEY, H. et RICCARDI, G. (2010). Comparing stochastic approaches to spoken language understanding in multiple languages. *IEEE Transactions in Audio, Speech and Language Processing*, 19(6):1569–1583.

HAKKANI-TÜR, D. Z., B., F., RICCARDI, G. et TÜR, G. (2006). Beyond asr 1-best : Using word confusion networks in spoken language understanding. *Computer Speech and Language*, pages 495–514.

JABAIAN, B. (2012). *Systèmes de compréhension et de traduction de la parole : vers une approche unifiée dans le cadre de la portabilité multilingue des systèmes de dialogue*. Thèse de doctorat, CERI - Université d'Avignon, Avignon.

JABAIAN, B., BESACIER, L. et LEFÈVRE, F. (2010). Investigating multiple approaches for slu portability to a new language. *In INTERSPEECH*.

JABAIAN, B., BESACIER, L. et LEFÈVRE, F. (2011). Comparaison et combinaison d'approches pour la portabilité vers une nouvelle langue d'un système de compréhension de l'oral. *In TALN*.

KOEHN, P., HOANG, H., BIRCH, A., CALLISON-BURCH, C., FEDERICO, M., BERTOLDI, N., COWAN, B., SHEN, W., MORAN, C., ZENS, R. *et al.* (2007). Moses : Open source toolkit for statistical machine translation. *In ACL*.

KOEHN, P., OCH, F. et MARCU, D. (2003). Statistical phrase-based translation. *In HLT-NAACL*.

KUMAR, S. et BYRNE, W. (2003). A weighted finite state transducer implementation of the alignment template model for statistical machine translation. *In HLT-NAACL*.

LAFFERTY, J., MCCALLUM, A. et PEREIRA, F. (2001). Conditional random fields : Probabilistic models for segmenting and labeling sequence data. *In ICML*.

LAVERGNE, T., CAPPÉ, O. et YVON, F. (2010). Practical very large scale CRFs. *In ACL*.

LAVERGNE, T., CREGO, J. M., ALLAUZEN, A. et YVON, F. (2011). From n-gram-based to crf-based translation models. *In WSMT*.

LIANG, P., TASKAR, B. et KLEIN, D. (2006). Alignment by agreement. *In HLT-NAACL*.

MACHEREY, K., BENDER, O. et NEY, H. (2009). Application of statistical machine translation approaches to spoken language understanding. *In IEEE ICASSP*.

MACHEREY, K., OCH, F. J. et NEY, H. (2001). Natural language understanding using statistical machine translation. *In INTERSPEECH*.

MARIÑO, J. B., BANCHS, R. E., CREGO, J. M., de GISPERT, A., LAMBERT, P., FONOLLOSA, J. A. R. et COSTA-JUSSÀ, M. R. (2006). N-gram-based machine translation. *Computational Linguistic*, 32(4):527–549.

OCH, F. (2003). Minimum error rate training in statistical machine translation. *In ACL*.

OCH, F. J. et NEY, H. (2002). Discriminative training and maximum entropy models for statistical machine translation. *In ACL*.

PAPINENI, K., ROUKOS, S., WARD, T. et ZHU, W. (2002). Bleu : a method for automatic evaluation of machine translation. *In ACL*.

RAMA, T., SINGH, A. et KOLACHINA, S. (2009). Modeling letter-to-phoneme conversion as a phrase based statistical machine translation problem with minimum error rate training. *In HLT-NAACL*.

RAMSHAW, L. et MARCUS, M. (1995). Text chunking using transformation-based learning. *In The Workshop on Very Large Corpora*.

RIEDMILLER, M. et BRAUN, H. (1993). A direct adaptive method for faster backpropagation learning : The RPROP algorithm. *In ICNN*.

SCHMID, H. (1994). Probabilistic part-of-speech tagging using decision trees. *In NMLP*.

SERVAN, C., RAYMOND, C., B., F. et NOCERA, P. (2006). Conceptual decoding from word lattices : application to the spoken dialogue corpus MEDIA. *In INTERSPEECH*.

STOLCKE, A. (2002). Srilm-an extensible language modeling toolkit. *In ICASSP*.

TÜR, G., WRIGHT, J. H., GORIN, A. L., RICCARDI, G. et HAKKANI-TÜR, D. Z. (2002). Improving spoken language understanding using word confusion networks. *In INTERSPEECH*.

TURIAN, J. P., WELLINGTON, B. et MELAMED, I. D. (2006). Scalable discriminative learning for natural language parsing and translation. *In NIPS*.

# Identification automatique des relations discursives « implicites » à partir de données annotées et de corpus bruts

Chloé Braud[1] Pascal Denis[2]
(1) ALPAGE, INRIA Paris-Rocquencourt & Université Paris Diderot
(2) MAGNET, INRIA Lille Nord-Europe
chloe.braud@inria.fr, pascal.denis@inria.fr

## Résumé

Cet article présente un système d'identification des relations discursives dites « implicites » (à savoir, non explicitement marquées par un connecteur) pour le français. Etant donné le faible volume de données annotées disponibles, notre système s'appuie sur des données étiquetées automatiquement en supprimant les connecteurs non ambigus pris comme annotation d'une relation, une méthode introduite par (Marcu et Echihabi, 2002). Comme l'ont montré (Sporleder et Lascarides, 2008) pour l'anglais, cette approche ne généralise pas très bien aux exemples de relations implicites tels qu'annotés par des humains. Nous arrivons au même constat pour le français et, partant du principe que le problème vient d'une différence de distribution entre les deux types de données, nous proposons une série de méthodes assez simples, inspirées par l'adaptation de domaine, qui visent à combiner efficacement données annotées et données artificielles. Nous évaluons empiriquement les différentes approches sur le corpus ANNODIS : nos meilleurs résultats sont de l'ordre de 45.6% d'exactitude, avec un gain significatif de 5.9% par rapport à un système n'utilisant que les données annotées manuellement.

## Abstract

**Automatically identifying implicit discourse relations using annotated data and raw corpora**

This paper presents a system for identifying « implicit » discourse relations (that is, relations that are not marked by a discourse connective). Given the little amount of available annotated data for this task, our system also resorts to additional automatically labeled data wherein unambiguous connectives have been suppressed and used as relation labels, a method introduced by (Marcu et Echihabi, 2002). As shown by (Sporleder et Lascarides, 2008) for English, this approach doesn't generalize well to implicit relations as annotated by humans. We show that the same conclusion applies to French due to important distribution differences between the two types of data. In consequence, we propose various simple methods, all inspired from work on domain adaptation, with the aim of better combining annotated data and artificial data. We evaluate these methods through various experiments carried out on the ANNODIS corpus : our best system reaches a labeling accuracy of 45.6%, corresponding to a 5.9% significant gain over a system solely trained on manually labeled data.

Mots-clés : analyse du discours, relations implicites, apprentissage automatique.

Keywords: discourse analysis, implicit relations, machine learning.

# 1 Introduction

L'analyse discursive rend compte de la cohérence d'un texte en liant, par des relations discursives, les propositions qui le constituent. En dépit de différences, les principales théories du discours, telles que la Rhetorical Structure Theory (RST) (Mann et Thompson, 1988) et la Segmented Discourse Representation Theory (SDRT) (Asher et Lascarides, 2003), s'accordent sur les étapes d'analyse : segmentation en unités élémentaires de discours (EDU), attachement des EDU, identification des relations entre EDU, puis récursivement les paires attachées sont liées à des segments simples ou complexes pour aboutir à une structure couvrant le document. Ainsi on peut associer au discours 1.1 [1] segmenté en trois EDU la structure entre accolades. Les deux premiers segments sont liés par un *contrast* et le segment complexe ainsi constitué est argument d'une relation de *continuation*. Un système dérivant automatiquement cette structure permettrait d'améliorer d'autres systèmes de TAL ou de RI car la structure du discours contraint les référents des anaphores, révèle la structure thématique d'un texte et l'ordonnancement temporel des événements : dans 1.2, les phrases $a$ et $b$ sont liées par une relation de type *explanation*, $b$ explique $a$, qui implique (loi de cause à effet) l'ordre des événements, $b$ avant $a$.

**Exemple 1.1** {{[*La hulotte est un rapace nocturne*] [*mais elle peut vivre le jour.*]}$_{contrast}$ [*La hulotte mesure une quarantaine de centimètres.*]}$_{continuation}$

**Exemple 1.2** {[*Juliette est tombée.*]$_a$ [*Marion l'a poussée.*]$_b$}$_{explanation}$

Grâce aux corpus annotés comme le PDTB [2] ou le RST DT [3] des systèmes automatiques ont été développés pour l'anglais sur la tâche complète ou seulement les sous-tâches (notamment la phase d'identification des relations). A partir du corpus RST DT, (Sagae, 2009) et (Hernault *et al.*, 2010) ont développé des systèmes complets avec des scores de f-mesure respectifs de 44.5 et 47.3 donc des performances encore modestes. Sur le PDTB, (Lin *et al.*, 2010) construit un système complet obtenant 46.8 de f-mesure.

Le PDTB permet de séparer l'étude des exemples avec ou sans connecteur discursif déclenchant la relation. Lorsqu'un tel marqueur est présent, la relation est dite explicite (ou marquée ou lexicalisée) : ainsi, *mais* lexicalise la relation de *contrast* dans 1.1. Sinon, elle est implicite, comme la relation causale dans 1.2. Les différentes études menées sur le PDTB montrent que l'identification des relations implicites est considérablement plus difficile que celle des relations explicites. Ainsi, (Lin *et al.*, 2010) obtiennent une f-mesure qui dépasse les 80 pour les explicites, mais de seulement 39.63 pour les implicites. Sur un jeu de relations plus petit, (Pitler et Nenkova, 2009) rapportent une exactitude de 94% sur les explicites alors que (Pitler *et al.*, 2009) de 60 sur les implicites. Sur des données tirées du RST DT, avec 5 relations, (Sporleder et Lascarides, 2008) obtiennent des scores de l'ordre de 40% d'exactitude. Pour le français, il n'existe pas de corpus annoté en connecteur, donc aucune étude séparant le cas des implicites du cas général : (Muller *et al.*, 2012) ont développé un système complet qui obtient une exactitude de 44.8 pour 17 relations et de 65.5 pour ces relations regroupées en 4 classes (ANNODIS, 3143 exemples). On peut supposer que, comme pour l'anglais, ce sont les relations implicites qui dégradent les performances du système.

1. Tiré du corpus français ANNODIS, (Péry-Woodley *et al.*, 2009) document WK_-_hulotte.
2. Penn Discourse Treebank, (Prasad *et al.*, 2008)
3. RST Discourse Treebank, (Carlson *et al.*, 2001)

Malheureusement, les corpus discursifs disponibles sont encore très petits (surtout pour le français). En vue de pallier le manque d'annotations humaines, (Marcu et Echihabi, 2002) proposent d'utiliser des exemples annotés automatiquement grâce aux connecteurs comme données implicites supplémentaires. Cette étude et celles qui l'ont suivie, notamment (Sporleder et Lascarides, 2008), utilisaient ces nouvelles données artificielles comme *seules* données d'entraînement et obtenaient de basses performances. Le problème repose sur une différence de distribution entre les deux types de données, qu'il est possible de prendre en compte afin d'améliorer l'identification des relations implicites. A cette fin, nous proposons et évaluons différentes méthodes visant à créer un nouveau modèle enrichi par les nouvelles données mais guidé vers la distribution des données manuelles. Nous nous inspirons des méthodes utilisées en adaptation de domaine décrites dans (Daumé III, 2007). Notre contribution se situe au niveau du développement d'un système d'identification des relations discursives implicites pour le français et de l'étude de stratégies d'utilisation de données de distributions différentes en TAL.

Nous présentons dans la partie suivante un rapide état de l'art sur les expériences déjà menées sur l'identification des relations de discours avec données artificielles, afin d'en montrer les limites et de proposer une nouvelle stratégie. La section 3 est consacrée aux données et la section 4 au modèle utilisé. La section 5 regroupe les expériences menées et l'analyse des résultats. Enfin, nous finirons par les perspectives ouvertes par ces expériences dans la section 6.

# 2 Utilisation des données générées automatiquement

Les obstacles associés à l'identification des relations implicites résident, d'une part, dans l'absence d'indicateur fiable (comme le connecteur pour les relations explicites) et, d'autre part, dans le manque de données pour entraîner des classifieurs performants. Néanmoins, on dispose de données quasiment annotées en grande quantité : celles contenant un connecteur discursif non ambigu, c'est-à-dire ne déclenchant qu'une seule relation (p.ex., *parce que* déclenche nécessairement une relation de type *explanation*). Ce constat a amené (Marcu et Echihabi, 2002) à proposer d'utiliser ces exemples pour l'identification des implicites. Plus précisément, on génère de nouvelles données annotées à partir d'un corpus brut : des exemples sont extraits sur la présence d'une forme de connecteur discursif non ambigu, filtrés pour éliminer les cas d'emploi non discursif de la forme, puis le connecteur est supprimé pour empêcher le modèle de se baser sur cet indice non ambigu. On crée ainsi des données implicites annotées en relation de discours mais des données qui n'ont jamais été produites, non naturelles d'où le terme de données artificielles. A titre d'illustration, considérons la paire de phrases suivante tirée du corpus Est Républicain (2.1) : dans ce cas, le connecteur *cela dit* est supprimé et on génère un exemple de relation de *contrast* entre les deux syntagmes arguments $a$ et $b$.

**Exemple 2.1** [*Elle était très comique, très drôle.*]$_a$ Cela_dit [,*le drame n' était jamais loin.*]$_b$

L'idée est finalement de s'appuyer sur ces données artificielles pour construire un modèle d'identification des relations pour des données naturelles implicites, on a donc des données de type différent : implicites *versus* explicites et naturelles *versus* artificielles.

Dans les études précédentes basées sur ce principe les données artificielles sont utilisées comme seules données d'entraînement ce qui conduit à des performances basses, juste au-dessus de la chance pour (Sporleder et Lascarides, 2008) avec 25.8% d'exactitude contre 40.3 en utilisant les seules données manuelles (1051 exemples manuels, 72000 artificiels, 5 relations). (Blair-Goldensohn *et al.*, 2007) cherchent à tester l'impact de la qualité du corpus artificiel en améliorant l'extraction des données grâce à une segmentation en topics ou des informations syntaxiques. Ils semblent améliorer légèrement les performances mais une comparaison est difficile puisqu'ils ne testent que des classifieurs binaires et 2 relations. L'idée de base de (Marcu et Echihabi, 2002) résidait dans l'extraction de paires de mots de type antonymes ou hypéronymes pouvant révéler une relation mais dont le lien n'est pas forcément recensé dans des ressources comme WordNet. (Pitler *et al.*, 2009) montrent que l'utilisation des paires de mots extraites d'un corpus artificiel comme trait supplémentaire n'améliore pas les performances d'un système d'identification des relations implicites. Mais l'étude de (Sporleder et Lascarides, 2008) utilisant d'autres types de traits indique que le problème ne réside pas ou pas uniquement dans le choix des traits.

Ces résultats montrent qu'un modèle entraîné sur les données artificielles ne généralise pas bien aux données manuelles. Pourtant en regardant des exemples de type artificiel, il semble que dans certains cas on aurait pu produire les arguments sans le connecteur. De plus, les résultats de (Sporleder et Lascarides, 2008) demeurent supérieurs à la chance (en considérant la chance à 20%), donc ces données ne sont pas complètement différentes des données de test. Nous cherchons ici à prendre en compte cette différence de distribution qui rapproche le problème de ceux traités en adaptation de domaine.

## 2.1 Problème : différence de distribution entre les données

Pour que cette stratégie fonctionne, il faut nécessairement faire l'hypothèse d'une certaine redondance du connecteur par rapport à son contexte : il doit rester suffisamment d'information après sa suppression pour que la relation reste identifiable. Une étude psycho-linguistique menée sur l'italien (Soria et Ferrari, 1998) et les conclusions de (Sporleder et Lascarides, 2008) semblent montrer que c'est le cas dans une partie des données. Cette étude reste à faire pour le français, et l'approfondir pourrait permettre d'améliorer la qualité du corpus artificiel en déterminant par exemple si cette redondance est différente selon les relations et les connecteurs.

Plus généralement, en apprentissage on fait l'hypothèse que données d'entraînement et de test sont identiquement et indépendamment distribuées (*données i.i.d.*). Or il nous semble que justement la stratégie proposée par (Marcu et Echihabi, 2002) pose le problème d'un apprentissage avec des données non identiquement distribuées. On a deux ensembles de données qui se ressemblent (même ensemble d'étiquettes, les exemples sont des segments de texte) mais qui sont néanmoins distribués différemment, et ce, pour deux raisons au moins. D'une part, les données artificielles sont par définition obtenues à partir d'exemples de relations explicites : il n'y a aucune garantie que ces données soient distribuées comme les "vrais" exemples implicites. La différence porte tant sur la distribution des labels (des relations) que sur l'assocation entre labels (relations) et inputs (paires des segments) à classer. En outre, la suppression du connecteur ajoute probablement une forme de bruit en cas d'erreur d'étiquetage contrairement aux données manuelles correctement étiquetées.

D'autre part, les données artificielles se distinguent aussi des données manuelles en termes des segments. Ainsi, la segmentation des premières est basée sur des heuristiques (p.ex., les arguments ne peuvent être que deux phrases adjacentes ou deux propositions couvrant une phrase). Dans les données manuelles, en revanche, on a des arguments contigus ou non, propositionnels, phrastiques ou multi-phrastiques dont les frontières ont été déterminées par des annotateurs humains. Ceci induit une différence de distribution au niveau des objets à classer et une forme de bruit en cas d'erreur de segmentation due à ces hypothèses simplificatrices ou à une erreur d'heuristique.

On peut se rendre compte de cette différence de distribution sur l'association entre labels et inputs en considérant certaines caractéristiques des données. La répartition entre exemples inter-phrastiques et intra-phrastiques (la relation s'établit entre deux phrases ou deux segments à l'intérieur d'une phrase) est ainsi similaire pour *contrast* (57.1% d'inter-phrastiques dans les deux types de données), proche pour *result* (45.7% d'inter-phrastiques dans les données manuelles, 39.8% dans les artificielles) mais très différente pour *continuation* (70.0% d'inter-phrastiques dans les manuelles, 96.5% dans les artificielles), et pour *explanation* (21.4% dans les manuelles, 53.0% dans les artificielles).

Ne pas prendre en compte ces différences de distribution conduit à de basses performances, nous avons donc cherché à les gérer en testant différentes stratégies avec un point commun : chercher à guider le modèle vers la distribution des données manuelles.

## 2.2 Modèles testés

Dans des études précédentes, l'entraînement sur les seules données artificielles aboutit à des résultats inférieurs à un entraînement sur des données manuelles (pourtant bien moins nombreuses). Ceci s'explique par les différences de distribution entre les deux ensembles de données. Dans cette section, nous décrivons différentes méthodes visant à exploiter les nouvelles données artificielles, non plus seules, mais en combinaison avec les données manuelles existantes.

De nombreux travaux s'attachant au problème de données non identiquement distribuées concernent l'adaptation de domaine. Nous nous sommes donc inspirés des méthodes utilisées dans ce cadre, même si notre problème diffère au sens où nous n'avons qu'un seul domaine et des données bruitées. Ainsi, nous avons testé une série de systèmes utilisés pour l'adapation de domaine par (Daumé III, 2007), qui sont très simples à mettre en oeuvre et obtiennent néanmoins de bonnes performances sur différentes tâches, ainsi que quelques solutions dérivées. Dans un second temps, nous avons ajouté une étape de sélection d'exemples, afin de choisir parmi les exemples artificiels ceux qui seraient susceptibles d'améliorer les performances.

Les différentes méthodes de combinaison que nous proposons diffèrent selon que la combinaison s'opère directement au niveau des jeux de données ou au niveau des modèles entraînés sur ceux-ci. La première stratégie de combinaison de données que nous étudions (UNION) relève du premier type : elle consiste à créer un corpus d'entraînement qui contient la réunion des deux ensembles de données. Une stratégie dérivée (AUTOSUB) consiste à prendre, non pas l'intégralité des données artificielles, mais des sous-ensembles aléatoires de ces données, en addition des données manuelles. Cette méthode est un peu plus subtile dans la mesure où on peut faire varier la proportion des exemples artificiels par rapport aux exemples manuels. Enfin, la troisième méthode du premier type (MANW) garde cette fois la totalité des données artificielles mais pondère (ou duplique) les exemples manuels de manière à éviter un déséquilibre trop grand au profit des données artificielles.

Dans le second type de méthodes, on trouve tout d'abord une méthode (ADDPRED) qui consiste à utiliser les prédictions d'un modèle entraîné sur les données artificielles (à savoir les données "source") comme descripteur dans le modèle entraîné sur les données manuelles (à savoir les données "cibles"). Le paramètre associé à ce descripteur mesure donc l'importance à accorder aux prédictions du modèle entraîné sur les données artificielles. Cette méthode est la meilleure *baseline* et le troisième meilleur modèle dans (Daumé III et Marcu, 2006). Une variation de cette méthode (ADDPROB) utilise en plus le score de confiance (p.ex., la probabilité) du modèle artificiel comme descripteur supplémentaire dans le modèle manuel. Une troisième méthode (AUTOINIT) vise à initialiser les paramètres du modèle entraîné sur les données manuelles avec ceux du modèle utilisant les données artificielles. Enfin, la dernière méthode (LININT) se base sur une interpolation linéaire de deux modèles préalablement entraînés sur chacun des ensembles de données.

Nous avons aussi testé toutes ces stratégies en ajoutant une étape de sélection automatique d'exemples artificiels. La méthode utilisée est naïve puisqu'elle se base simplement sur la probabilité du label prédit : on teste différents seuils sur ces probabilités en ajoutant à chaque fois les seuls exemples prédits avec une probabilité supérieure au seuil. Cette sélection vise à écarter des données bruitées, en explorant finalement l'une des voies proposées par (Marcu et Echihabi, 2002) et développée d'une autre manière par (Blair-Goldensohn *et al.*, 2007), à savoir améliorer la qualité du corpus artificiel.

Les performances de tous ces systèmes seront comparées à celles des systèmes entraînés séparément sur les deux ensembles de données dans la section 5.

# 3 Données

Nous avons choisi de nous restreindre à 4 relations : *contrast*, *result*, *continuation* et *explanation*. Ces relations sont annotées dans le corpus français utilisé et correspondent à des exemples implicites et explicites. De plus ce sont 4 des 5 relations (*summary* n'est pas annotée dans ANNODIS) utilisées dans (Sporleder et Lascarides, 2008), ce qui nous permet une comparaison mais non directe puisque la langue et le corpus sont différents. Dans nos données manuelles, nous avons fusionné les méta-relations avec les relations correspondantes avec l'hypothèse qu'elles mettaient en jeu le même genre d'indices et de constructions. Les données manuelles permettent d'obtenir des exemples de relations implicites manuellement annotés. Les données générées automatiquement sont des exemples explicites extraits par heuristique de données brutes dans lesquels on supprime le connecteur : des données implicites artificielles.

## 3.1 Le corpus ANNODIS

Le projet ANNODIS (Péry-Woodley *et al.*, 2009) vise la construction d'un corpus annoté en discours pour le français suivant le cadre SDRT. La version du corpus utilisée (en date du 15/11/2012) comporte 86 documents provenant de l'Est Républicain et de Wikipedia. 3339 exemples sont annotés avec 17 relations rhétoriques. Les documents sont segmentés en EDU : propositions, syntagmes prépositionnels, adverbiaux détachés à gauche et incises, si le segment contient la description d'une éventualité. Les relations sont annotées entre EDU ou segments complexes, contiguës ou non. Les connecteurs discursifs ne sont pas annotés.

Le corpus a subi une série de pré-traitements. Le MElt tagger (Denis et Sagot, 2009) fournit un étiquetage en catégorie morpho-syntaxique, une lemmatisation, des indications morphologiques (temps, personne, genre, nombre). Le MSTParser (Candito *et al.*, 2010) fournit une analyse en dépendances. Afin de restreindre notre étude aux relations implicites, nous utilisons le *LexConn*, lexique des connecteurs discursifs du français développé par (Roze, 2009) et étendu en 2012 aux connecteurs introduisant des syntagmes nominaux. Nous utilisons une méthode simple : nous projetons le lexique (sauf la forme *à* jugée trop ambigue) sur les données, ce qui nous permet d'identifier tout token correspondant à un connecteur. Nous ne contraignons pas cette identification sur des critères de position. Cette méthode nous assure d'identifier tout connecteur donc de ne récupérer que des exemples implicites mais comporte le risque d'en perdre certains. Sur les 1108 exemples disponibles pour les 4 relations nous disposons de 494 exemples implicites ; la distribution des exemples par relation est résumée dans le tableau 1.

| Relation | Exemples explicites | Exemples implicites | Total |
|---|---|---|---|
| contrast | 100 | 42 | 142 |
| result | 52 | 110 | 162 |
| continuation | 404 | 272 | 676 |
| explanation | 58 | 70 | 128 |
| all | 614 | 494 | 1108 |

TABLE 1 – Corpus ANNODIS : nombre d'exemples explicites et implicites par relation

## 3.2 Le corpus généré automatiquement

Nous avons utilisé 100 connecteurs du *LexConn* de (Roze, 2009) pour identifier des formes de connecteur ne pouvant déclencher qu'une relation parmi les 4 choisies dans le corpus composé d'articles de l'Est Républicain (9M de phrases), avec les mêmes traitements que pour ANNODIS. Les exemples sont ensuite filtrés pour éliminer les emplois non discursifs en tenant compte de la position du connecteur et de la ponctuation et en s'aidant des indications de *LexConn*. L'identification des arguments d'un connecteur est une simplification du problème de segmentation. Nous faisons les mêmes hypothèses simplificatrices que dans les études précédentes : les arguments sont adjacents et couvrent au plus une phrase, au plus 2 EDU par phrase.

Cette méthode simple permet de générer rapidement de gros volumes de données : au total, nous avons pu extraire 392260 exemples (voir tableau 2). Lorsque deux connecteurs sont présents dans un segment, il peut arriver que l'un modifie l'autre (par exemple « *mais* **parce qu'**il est... »). Dans ce cas, nous risquons de récupérer les mêmes arguments pour deux formes déclenchant des relations différentes ce qui est problématique pour un système de classification. Nous ne générons donc deux exemples quand deux connecteurs sont présents qu'à condition que les arguments soient différents, l'un inter-phrastique, l'autre intra-phrastique. Nous avons équilibré le corpus en relation en conservant le maximum d'exemples disponibles en un corpus d'entraînement (80% des données), un de développement (10%) et un de test (10%).

Notons quelques différences importantes de distribution entre les données manuelles et artificielles : *continuation* la plus représentée dans les manuelles devient la moins représentée dans les artificielles. Ceci est dû à la forte ambiguïté des connecteurs de cette relation qui nous ont forcé à définir des motifs stricts pour l'extraction des exemples. Notons finalement que cette méthode génère du bruit : sur 250 exemples choisis aléatoirement, on trouve 37 erreurs de frontière d'arguments et 18 d'emplois non discursifs.

| Relation | Disponible | Entraînement | Développement | Test | Total |
|---|---|---|---|---|---|
| contrast | 252 793 | 23 409 | 2 926 | 2 926 | 29 261 |
| result | 50 297 | 23 409 | 2 926 | 2 926 | 29 261 |
| continuation | 29 261 | 23 409 | 2 926 | 2 926 | 29 261 |
| explanation | 59 909 | 23 409 | 2 926 | 2 926 | 29 261 |
| all | 392 260 | 93 636 | 11 704 | 11 704 | 117 044 |

TABLE 2 – Corpus artificiel : nombre d'exemples par relation

# 4 Modèle et jeu de traits

Pour cette étude, nous avons employé un modèle de classification discriminant par régression logistique (ou maximum d'entropie). Ce choix est basé sur le fait que ce type de modèles donne de bonnes performances pour différents problèmes de TAL et a été implanté dans différentes librairies librement disponibles. Le principe de cet algorithme est d'apprendre un jeu de paramètres qui maximise la log-vraisemblance des données fournies à l'apprentissage (voir (Berger *et al.*, 1996)). Un attrait important de ces modèles, par rapport à des modèles génératifs, est de permettre l'ajout de nombreux descripteurs potentiellement redondants sans faire d'hypothèses d'indépendance.

Notre jeu de traits se base sur les travaux existants avec quelques adaptations notables pour le français. Ces traits exploitent des informations de surface, ainsi que d'autres issues d'un traitement linguistique plus profond. Par comparaison, (Marcu et Echihabi, 2002) ne se base que sur la co-occurrence de lemmes dans les segments. (Sporleder et Lascarides, 2007) montrent que la prise en compte de différents types de traits linguistiquement motivés améliore les performances. (Sporleder et Lascarides, 2008) utilisent des traits variés dont des bi-grammes de lemmes mais sans traits syntaxiques. Nous avons testé des traits lexico-syntaxiques utilisés dans les précédentes études sur cette tâche. Nous n'avons pas pu reprendre les traits sémantiques comme les classes sémantiques des têtes des arguments car les ressources nécessaires n'existent pas pour le français. On utilise une version binaire des traits à valeur nominale.

Certains traits sont calculés pour chaque argument :

1. Indice de complexité syntaxique : nombre de syntagmes nominaux, verbaux, prépositionnels, adjectivaux, adverbiaux (valeur continue)
2. Information sur la tête d'un argument :
   - Lemme d'éléments négatifs sur la tête comme "pas" (nominale)
   - Information temporelle/aspectuelle : nombre de fois où un lemme de fonction auxiliaire dépendant de la tête apparaît (continue), temps, personne, nombre de l'auxiliaire (nominale)
   - Informations sur les dépendants de la tête : présence d'un objet, par-objet (syntagme prépositionnel introduit par "par"), modifieur ou dépendant prépositionnel de la tête, du sujet ou de l'objet (booléen) ; catégorie morpho-syntaxique des modifieurs et des dépendants prépositionnels de la tête, du sujet ou de l'objet (nominale)
   - Informations morphologiques : temps et personne de la tête verbale, genre de la tête non verbale, nombre de la tête, catégorie morpho-syntaxique précise (par exemple "VPP") et simplifiée (respectivement "V") (nominale)

D'autres traits portent sur la paire d'arguments :

1. Trait de position : si l'exemple est inter ou intra-phrastique (booléen)
2. Indice de continuité thématique : chevauchement en lemmes et en lemmes de catégorie ouverte, comme nom, verbe etc... (continue)
3. Information sur les têtes des arguments :
   - Paire des temps des têtes verbales (booléen)
   - Paire des nombres des têtes (booléen)

On notera finalement que notre but portant avant tout sur la combinaison de données, nous n'avons pas cherché à optimiser ce jeu de traits, ce qui aurait introduit un paramètre supplémentaire dans notre modèle.

# 5 Expériences

Pour rappel, l'objectif central de ces expériences est de déterminer dans quelle mesure l'ajout de données artificielles, via les différentes méthodes présentées en Section 2, peut nous permettre de dépasser les performances obtenues en s'entraînant sur des données manuelles présentes seulement en faible quantité.

Les expériences sont réalisées avec l'implémentation de l'algorithme par maximum d'entropie fourni dans la librairie MegaM[4] en version multi-classe avec au maximum 100 itérations. On effectue une validation croisée en 10 sous-ensembles sur un corpus des données manuelles équilibré à 70 exemples maximum par relation. Il faudra envisager des expériences conservant la distribution naturelle des données, très déséquilibrée, mais pour l'instant nous nous focalisons sur l'aspect combinaison des données. Comme dans les études précédentes, les performances sont données en termes d'exactitude globale sur l'ensemble des relations, des scores ventilés de F1 par relation sont également fournis. La significativité statistique des écarts de performance est évaluée avec un Wilcoxon signed-rank test (avec une $p$-valeur $< 0.05$).

## 5.1 Modèles de base

Dans un premier temps, nous construisons deux modèles distincts, l'un à partir des seules données manuelles (ManOnly, 252 exemples), l'autre des seules données artificielles (AutoOnly, 93636 exemples d'entraînement). Notre modèle ManOnly obtient une exactitude de 39.7, avec des scores de f-mesure par relation compris entre 13.3 pour *contrast* et 49.0 pour *result* (voir table 3). La relation *contrast* est donc très mal identifiée peut-être parce que sous-représentée, seulement 42 exemples contre 70 pour les autres relations, le manque de données joue probablement ici un rôle important.

Le modèle AutoOnly obtient une exactitude de 47.8 lorsqu'évalué sur le même type de données (11704 exemples de test), mais de 23.0 lorsqu'évalué sur les données manuelles (voir table 3). Cette baisse importante est comparable à celle observée dans les études précédentes sur l'anglais. Elle s'explique par les différences de distribution étudiées en Section 2. De manière générale, on observe des dégradations par rapport à ManOnly pour l'identification de *result*, *explanation* et *continuation* (voir table 3). Par contre l'identification de *contrast* présente une amélioration, obtenant 23.2 de f-mesure avec 11 exemples correctement identifiés contre 5 précédemment.

4. `http://www.umiacs.umd.edu/~hal/megam/version0_3/`

| | ManOnly | AutoOnly | |
|---|---|---|---|
| Données de test | Manuelles | Manuelles | Artificielles |
| Exactitude | 39.7 | 23.0 | 47.8 |
| *contrast* | 13.3 | 23.2 | 38.3 |
| *result* | 49.0 | 15.7 | 57.4 |
| *continuation* | 39.7 | 32.1 | 54.3 |
| *explanation* | 43.8 | 22.4 | 37.5 |

TABLE 3 – Modèles de base, exactitude du système et f-mesure par relation

## 5.2 Modèles avec combinaisons de données

Dans cette section, nous présentons les résultats des systèmes qui exploitent à la fois les données manuelles et les données artificielles. Ces ensembles de données sont ou bien combinés directement ou bien donnent lieu à des modèles séparés qui sont combinés plus tard.

Certains de ces modèles utilisent des hyper-paramètres. Ainsi, pour la pondération des exemples manuels nous testons différents coefficients de pondération $c$ avec $c \in [0.5; 2000]$ avec un incrément de 10 jusqu'à 100, de 50 jusqu'à 1000 et de 500 jusqu'à 2000. Pour l'ajout de sous-ensembles des données artificielles, on ajoute à chaque fois $k$ exemples parmi ces données avec $k \in [0.1; 600]$ avec un incrément de 10 jusqu'à 100 et de 50 jusqu'à 600. Enfin, pour l'interpolation linéaire des modèles, on construit un nouveau modèle en pondérant le modèle artificiel avec $\alpha \in [0.1; 0.9]$ avec des incréments de 0.1.

De manière générale, l'ensemble de ces systèmes avec les bons hyper-paramètres conduit à des résultats au moins équivalents et parfois supérieurs en exactitude par rapport à ManOnly. Si la tendance générale est donc plutôt d'une hausse des performances, aucune des différences observées à ce stade ne semble cependant être statistiquement significative. Les scores des systèmes présentant les résultats les plus pertinents sont repris dans la table 4.

| | ManOnly | AutoOnly | Union | ManW | | AutoSub | AddPred | AddProb | AutoInit | LinInt | | |
|---|---|---|---|---|---|---|---|---|---|---|---|---|
| Paramètre | - | - | - | 100 | 400 | 0.2 | - | - | - | 0.2 | 0.5 | 0.8 |
| Exactitude | 39.7 | 23.0 | 24.2 | 34.9 | 41.7 | 39.7 | **42.9** | 39.3 | 39.3 | 39.7 | 38.5 | 35.3 |
| *contrast* | 13.3 | 23.2 | 21.1 | **32.4** | 19.7 | 16.7 | 22.9 | 24.0 | 11.9 | 13.2 | 16.2 | 29.6 |
| *result* | 49.0 | 15.7 | 16.4 | 28.0 | 39.2 | 44.9 | 47.4 | 45.8 | 46.3 | 47.0 | 39.5 | 24.8 |
| *continuation* | 39.7 | 32.1 | 38.5 | 45.8 | **48.7** | 39.4 | 37.3 | 35.4 | 38.9 | 40.6 | 39.2 | 44.2 |
| *explanation* | 43.8 | 22.4 | 21.7 | 31.7 | 47.7 | 46.1 | **52.8** | 43.8 | 45.4 | 45.4 | 48.6 | 40.3 |

TABLE 4 – Modèles sans sélection d'exemples, exactitude du système et f-mesure par relation

La seule configuration qui mène à des résultats négatifs est l'union simple des corpus d'entraînement (Union). Ce système obtient 24.2 d'exactitude donc de l'ordre d'un entraînement sur les seules données artificielles. Ces résultats ne sont pas surprenants, les données manuelles environ 372 fois moins nombreuses que les artificielles se retrouvent noyées dans les données artificielles.

Les expériences de combinaison des données, ajout de sous-ensembles aléatoires des données artificielles (AutoSub) et pondération des exemples manuels (ManW), ont des tendances inverses. Avec AutoSub, l'exactitude diminue lorsque le coefficient augmente et atteint ou dépasse le modèle manuel avec les coefficients 0.1 et 0.2, donc une influence très faible du modèle artificiel.

Avec ManW, l'exactitude augmente avec la croissance du coefficient et dépasse 39.7 à partir du coefficient 400 équivalent à un corpus manuel d'environ 24000 exemples par relation soit du même ordre que le nombre d'exemples artificiels.

Les expériences où la prise en compte des données artificielles passe par l'ajout de traits donnent les meilleurs résultats avec une exactitude de 42.9 pour le modèle qui intègre les prédictions du modèle artificiel comme descripteur (AddPred). Le second modèle, qui exploite en plus les probabilités (AddProb) mène quant à lui à une légère diminution ce qui suggère que les traits de probabilité dégradent les performances.

Quant aux expériences de combinaison des modèles, l'initialisation du modèle manuel par l'artificiel (AutoInit) conduit à un système d'exactitude 39.3, et l'interpolation linéaire (LinInt) correspond à une décroissance de l'exactitude suivant l'augmentation du coefficient $\alpha$ sur le modèle artificiel (voir table 4), avec cependant un saut important entre $\alpha = 0.8$ et $\alpha = 0.9$ (exactitude de 28.2) en lien avec une forte dégradation de l'identification de *explanation*.

Au niveau des scores par relation, ces systèmes ont des effets différents. Une influence forte du modèle artificiel permet une amélioration importante pour *contrast* et une dégradation forte pour *result* et *explanation* par rapport à ManOnly. Ces phénomènes sont visibles avec AutoOnly mais aussi avec LinInt : la f-mesure de *contrast* augmente avec $\alpha$ tandis que celle de *result* et de *explanation* diminue (voir table 4). Avec une influence similaire des deux types de données (LinInt $\alpha = 0.5$ ou ManW coefficient 400), la chute pour *result* est moins importante et on améliore l'identification de *explanation* (voir table 4). Pour *continuation*, il faut une influence des données manuelles inférieure à celle des données artificielles pour observer une amélioration (voir table 4, LinInt $\alpha = 0.8$). Le système AddPred permet notamment une amélioration forte de la f-mesure de *explanation*. On n'obtient pas d'amélioration pour *result*.

Les méthodes de combinaison aboutissent à des systèmes d'exactitude similaire voire supérieure à ManOnly et à des améliorations pour l'identification des relations sauf *result*. La relation *contrast* profite peut-être de données artificielles moins bruitées : la majorité des exemples (plus de 75%) sont extraits à partir de *mais*, forme toujours en emploi discursif dont les arguments sont dans l'ordre canonique, argument1+connecteur+argument2. Pour *explanation*, la majorité des données (77.5%) est extraite à partir de formes déclenchant la méta-relation *explanation** qui ne correspond à aucun exemple dans annodis expliquant peut-être le manque de généralisation entre les deux types de données. Les prédictions du modèle artificiel construit surtout sur cette méta-relation pourraient être cohérentes expliquant l'amélioration observée. Les différences de performance au niveau des labels peuvent venir de distribution plus ou moins proche entre les deux types de donnée. Si on regarde la distribution en terme de traits (850 traits en tout), on constate un écart de plus de 30% pour 2 et 5 traits pour *result* et *explanation* mais aucun pour *contrast* et *continuation* pour lesquelles l'apport direct des données artificielles est positif.

## 5.3 Modèles avec sélection automatique d'exemples

Les expériences précédentes ont montré que l'ajout de données artificielles donnaient le plus souvent lieu à des gains de performance, mais ces gains restent relativement modestes, voire non significatifs. Notre hypothèse est que de nombreux exemples artificiels amènent du bruit dans le modèle. Idéalement, nous souhaiterions être capables de sélectionner les exemples artificiels les plus informatifs et qui complémentent le mieux les données manuelles.

La méthode de sélection d'exemples que nous proposons a pour objectif d'éliminer les exemples potentiellement plus bruités. Pour cela, le modèle artificiel est utilisé sur les données d'entraînement et on conserve les exemples prédits avec une probabilité supérieure à un seuil $s \in [30, 40, 50, 55, 60, 65, 70, 75]$. Si ce modèle est assez sûr de sa prédiction, on peut espérer que l'exemple ne correspond pas à du bruit, à une forme en emploi non discursif et/ou une erreur de segmentation. On vérifie en quelque sorte aussi l'hypothèse de redondance du connecteur. Pour chaque seuil, on rééquilibre les données en se basant sur la relation la moins représentée (système+SELEC). A partir du seuil 80, ces expériences ne sont plus pertinentes, on conserve moins de 10 exemples par relation. Les seuils les plus intéressants sont les seuils 60, 65, 70 et 75 qui représentent respectivement un ajout de 553, 205, 72 et 16 exemples par relation. Les scores des systèmes présentant les résultats les plus pertinents sont repris dans la table 5.

| +SELEC | MANONLY | AUTOONLY | | UNION | | MANW | | | ADDPRED | | ADDPROB | AUTOINIT | LININT | |
|---|---|---|---|---|---|---|---|---|---|---|---|---|---|---|
| Seuil | - | 60 | 70 | 60 | 75 | 30 | 65 | | 40 | 65 | 65 | 65 | 60 | 75 |
| Paramètre | - | - | - | - | - | 250 | 0.5 | 900 | - | - | - | - | 0.7 | 0.7 |
| Exactitude | 39.7 | 27.0 | 23.8 | 26.2 | 41.7 | 35.3 | 30.6 | **45.6** | 42.5 | 44.4 | **44.0** | 43.3 | 36.5 | 34.9 |
| *contrast* | 13.3 | 32.0 | 29.5 | 26.7 | 11.6 | 16.4 | **37.2** | 32.0 | 14.5 | 31.6 | 24.7 | 24.0 | 34.1 | 24.6 |
| *result* | 49.0 | 20.0 | 8.2 | 25.4 | 50.0 | 29.5 | 27.8 | **53.2** | 47.4 | 52.6 | **53.2** | 47.8 | 33.6 | 29.7 |
| *continuation* | 39.7 | 8.6 | 16.5 | 19.4 | 43.3 | **49.1** | 20.6 | 38.5 | 36.8 | 40.6 | 43.4 | 43.4 | 28.8 | 27.0 |
| *explanation* | 43.8 | 31.8 | 32.1 | 30.9 | 45.6 | 35.3 | 34.3 | 51.1 | **55.9** | 45.9 | 44.4 | 48.9 | 46.1 | 52.9 |

TABLE 5 – Modèles avec sélection d'exemples, exactitude du système et f-mesure par relation

La sélection automatique d'exemples permet d'améliorer les résultats précédents, qu'il s'agisse du modèle AUTOONLY ou des modèles avec combinaison des données. De 23.0 d'exactitude avec AUTOONLY, on passe à 27.0 avec AUTOONLY +SELEC au seuil 60. De même on passe de 24.2 avec UNION à 41.7 avec UNION +SELEC au seuil 75, l'exactitude augmentant avec la croissance du seuil.

Il semble que les meilleurs systèmes soient obtenus entre les seuils 60 et 70. Au seuil 65, les systèmes AUTOINIT +SELEC, ADDPRED +SELEC et ADDPROB +SELEC atteignent leur meilleur score (voir table 5), ce dernier améliorant significativement MANONLY ($p$-valeur= 0.046). L'exactitude de ces systèmes ne suit pas une évolution claire suivant le seuil. De même, si on retrouve avec LININT +SELEC une baisse de l'exactitude suivant $\alpha$ à chaque seuil, on n'a pas d'influence des seuils sur l'exactitude aux valeurs extrêmes de $\alpha$.

Avec AUTOSUB +SELEC et MANW +SELEC on a la même tendance qu'avant, l'exactitude respectivement décroît et croît avec la croissance du coefficient pour chaque seuil, mais pour AUTOSUB +SELEC on n'a rapidement plus assez d'exemples artificiels pour extraire des sous-ensembles. Pour MANW +SELEC, l'exactitude avec le coefficient le plus bas augmente avec le seuil, de 22.6 (seuil 30) à 37.7 (seuil 75). C'est avec ce système et une influence très faible des données artificielles qu'on obtient le meilleur score d'exactitude, 45.6 améliorant significativement les performances de MANONLY ($p$-valeur= 0.021).

Au niveau des scores par relation, de nouveau une influence forte des données artificielles améliore l'identification de *contrast* avec en plus une influence positive d'un seuil haut mais inférieur à 70, au-delà le nombre d'exemples artificiels étant probablement trop bas pour influer sur l'identification (voir table 5). Parallèlement, à part avec AUTOONLY +SELEC, l'identification des autres relations s'améliore avec la croissance du seuil donc une baisse de l'influence du modèle artificiel. Pour *continuation* on observe toujours une amélioration pour une influence similaire des deux types de données et pour *explanation*, c'est toujours l'ajout de traits de prédictions qui permet les meilleures performances. Il semble qu'en plus on améliore ici l'identification de *result* (ManW +selec et AddProb +selec, table 5).

La sélection des exemples améliore l'identification des relations et conduit à deux systèmes améliorant significativement l'exactitude de ManOnly montrant que les données artificielles lorsqu'intégrées de façon adéquate peuvent améliorer l'identification des relations implicites, notamment lorsque leur influence est faible, le modèle étant guidé vers la bonne distribution.

A la constitution des corpus avec sélection on observe qu'avec la croissance du seuil on conserve toujours plus d'exemples pour *result*, dès le seuil 40 environ 3900 de plus, alors que *contrast* devient sous-représenté. Cette observation montre que le bruit n'est probablement pas la seule façon d'expliquer les résultats puisque la relation améliorée par les données artificielles est celle pour laquelle le modèle artificiel est le moins confiant alors que celle dont les résultats sont les plus dégradés est celle pour laquelle il est le plus confiant.

# 6 Conclusion

Nous avons développé la première série de systèmes d'identification des relations discursives implicites pour le français. Ces relations sont difficiles à identifier en raison du manque d'indices forts. Dans les études sur l'anglais, les performances sont basses malgré les indices complexes utilisés, probablement par manque de données. Pour pallier ce problème, plus crucial encore en français, nous avons utilisé des données annotées automatiquement en relation à partir d'exemples explicites. Mais ces nouvelles données ne généralisent pas bien aux données implicites car elles sont de distribution différente. Nous avons donc testé des méthodes inspirées de l'adaptation de domaine pour combiner ces données en ajoutant une étape de sélection automatique des exemples artificiels pour gérer le bruit induit par leur création. Elles nous permettent des améliorations significatives par rapport au modèle n'utilisant que les données manuelles. Les meilleurs systèmes utilisent la sélection d'exemples et la pondération des données manuelles ou l'ajout de traits de prédictions du modèle artificiel.

Si les méthodes de combinaison et de sélection simples utilisées ici parviennent à des résultats encourageants, on peut espérer que des méthodes plus sophistiquées pourraient conduire à des améliorations plus importantes. De plus, une étude des données explicites pourrait permettre d'augmenter la taille du corpus artificiel et d'améliorer sa qualité en sélectionnant des connecteurs et en identifiant des relations pour lesquelles cette méthode est plus ou moins efficace et des traits plus informatifs dans une optique de combinaison des données. Il faudra enfin porter ces méthodes sur les données anglaises pour une comparaison avec d'autres études.

# Références

Asher, N. et Lascarides, A. (2003). *Logics of conversation*. Cambridge University Press.

Berger, A. L., Pietra, V. J. D. et Pietra, S. A. D. (1996). A maximum entropy approach to natural language processing. *Computational linguistics*, 22(1):39–71.

BLAIR-GOLDENSOHN, S., MCKEOWN, K. R. et RAMBOW, O. C. (2007). Building and refining rhetorical-semantic relation models. *In Proceedings of NAACL HLT*, page 428–435.

CANDITO, M., NIVRE, J., DENIS, P. et ANGUIANO, E. H. (2010). Benchmarking of statistical dependency parsers for french. *In Proceedings of the 23rd ICCL posters*, page 108–116.

CARLSON, L., MARCU, D. et OKUROWSKI, M. E. (2001). Building a discourse-tagged corpus in the framework of rhetorical structure theory. *In Proceedings of the Second SIGdial Workshop on Discourse and Dialogue-Volume 16*, page 1–10.

DAUMÉ III, H. (2007). Frustratingly easy domain adaptation. *In Proceedings of ACL*, page 256.

DAUMÉ III, H. et MARCU, D. (2006). Domain adaptation for statistical classifiers. *Journal of Artificial Intelligence Research*, 26(1):101–126.

DENIS, P. et SAGOT, B. (2009). Coupling an annotated corpus and a morphosyntactic lexicon for state-of-the-art POS tagging with less human effort. *In Proceedings of PACLIC*.

HERNAULT, H., PRENDINGER, H. et ISHIZUKA, M. (2010). HILDA : a discourse parser using support vector machine classification. *Dialogue & Discourse*, 1(3).

LIN, Z., NG, H. T. et KAN, M. Y. (2010). A PDTB-styled end-to-end discourse parser. Rapport technique, National University of Singapore.

MANN, W. C. et THOMPSON, S. A. (1988). Rhetorical structure theory : Toward a functional theory of text organization. *Text*, 8(3):243–281.

MARCU, D. et ECHIHABI, A. (2002). An unsupervised approach to recognizing discourse relations. *In Proceedings of ACL*, page 368–375.

MULLER, P., AFANTENOS, S., DENIS, P. et ASHER, N. (2012). Constrained decoding for text-level discourse parsing. *In Proceedings of COLING*, pages 1883–1900.

PITLER, E., LOUIS, A. et NENKOVA, A. (2009). Automatic sense prediction for implicit discourse relations in text. *In Proceedings of ACL-IJCNLP*, page 683–691.

PITLER, E. et NENKOVA, A. (2009). Using syntax to disambiguate explicit discourse connectives in text. *In Proceedings of ACL-IJCNLP short papers*, page 13–16.

PRASAD, R., DINESH, N., LEE, A., MILTSAKAKI, E., ROBALDO, L., JOSHI, A. et WEBBER, B. (2008). The penn discourse treebank 2.0. *In Proceedings of LREC*, page 2961.

PÉRY-WOODLEY, M. P., ASHER, N., ENJALBERT, P., BENAMARA, F., BRAS, M., FABRE, C., FERRARI, S., HO-DAC, L. M., LE DRAOULEC, A. et MATHET, Y. (2009). ANNODIS : une approche outillée de l'annotation de structures discursives. *Actes de TALN 2009*.

ROZE, C. (2009). Base lexicale des connecteurs discursifs du français. Mémoire de D.E.A., Université Paris Diderot.

SAGAE, K. (2009). Analysis of discourse structure with syntactic dependencies and data-driven shift-reduce parsing. *In Proceedings of IWPT*, page 81–84.

SORIA, C. et FERRARI, G. (1998). Lexical marking of discourse relations-some experimental findings. *In Proceedings of the ACL-98 Workshop on Discourse Relations and Discourse Markers*.

SPORLEDER, C. et LASCARIDES, A. (2007). Exploiting linguistic cues to classify rhetorical relations. *Amsterdam Studies In The Theory And History Of Linguistic Science Series 4*, 292:157.

SPORLEDER, C. et LASCARIDES, A. (2008). Using automatically labelled examples to classify rhetorical relations : An assessment. *Natural Language Engineering*, 14(3):369–416.

# Apprentissage d'une hiérarchie de modèles à paires spécialisés pour la résolution de la coréférence

Emmanuel Lassalle[1] Pascal Denis[2]
(1) Alpage : INRIA - Université Paris Diderot, Sorbonne Paris Cité
(2) Magnet : INRIA Nord Lille Europe - Université de Lille LIFL
emmanuel.lassalle@ens-lyon.org, pascal.denis@inria.fr

RÉSUMÉ

Nous proposons une nouvelle méthode pour améliorer significativement la performance des modèles à paires de mentions pour la résolution de la coréférence. Étant donné un ensemble d'indicateurs, notre méthode apprend à séparer au mieux des types de paires de mentions en classes d'équivalence, chacune de celles-ci donnant lieu à un modèle de classification spécifique. La procédure algorithmique proposée trouve le meilleur espace de traits (créé à partir de combinaisons de traits élémentaires et d'indicateurs) pour discriminer les paires de mentions coréférentielles. Bien que notre approche explore un très vaste ensemble d'espaces de trait, elle reste efficace en exploitant la structure des hiérarchies construites à partir des indicateurs. Nos expériences sur les données anglaises de la *CoNLL-2012 Shared Task* indiquent que notre méthode donne des gains de performance par rapport au modèle initial utilisant seulement les traits élémentaires, et ce, quelque soit la méthode de formation des chaînes ou la métrique d'évaluation choisie. Notre meilleur système obtient une moyenne de 67.2 en F1-mesure MUC, $B^3$ et CEAF ce qui, malgré sa simplicité, le situe parmi les meilleurs systèmes testés sur ces données.

ABSTRACT

**Learning a hierarchy of specialized pairwise models for coreference resolution**

This paper proposes a new method for significantly improving the performance of pairwise coreference models. Given a set of indicators, our method learns how to best separate types of mention pairs into equivalence classes for which we construct distinct classification models. In effect, our approach finds the best feature space (derived from a base feature set and indicator set) for discriminating coreferential mention pairs. Although our approach explores a very large space of possible features spaces, it remains tractable by exploiting the structure of the hierarchies built from the indicators. Our experiments on the CoNLL-2012 shared task English datasets indicate that our method is robust to different clustering strategies and evaluation metrics, showing large and consistent improvements over a single pairwise model using the same base features. Our best system obtains 67.2 of average F1 over MUC, $B^3$, and CEAF which, despite its simplicity, places it among the best performing systems on these datasets.

MOTS-CLÉS : résolution de la coréférence, apprentissage automatique.

KEYWORDS: coreference resolution, machine learning.

# 1 Introduction

La résolution de la coréférence consiste à partitionner une séquence de syntagmes nominaux (ou *mentions*) apparaissant dans un texte en un ensemble d'*entités* qui partagent chacune le même référent. Une approche désormais classique pour résoudre cette tâche consiste à la diviser en deux étapes : d'abord, on définit un modèle pour traiter les relations de coréférence indépendamment les unes des autres, en général via un classifieur binaire détectant les mentions coréférentielles. Ensuite, les liens détectés sont regroupés en *clusters* par un *décodeur* pour former une sortie cohérente. Typiquement, cette étape est réalisée par des méthodes heuristiques gloutonnes (McCarthy et Lehnert, 1995; Soon *et al.*, 2001; Ng et Cardie, 2002; Bengston et Roth, 2008), bien qu'il existe des approches plus sophistiquées telles que les méthodes de *graph cutting* (Nicolae et Nicolae, 2006; Cai et Strube, 2010) ou l'ILP (*Integer Linear Programming*) (Klenner, 2007; Denis et Baldridge, 2009). Malgré sa simplicité apparente, cette approche en deux étapes demeure compétitive même lorsqu'on la compare à des modèles plus complexes utilisant des mesures de perte globale (Bengston et Roth, 2008).

Avec ce type d'architecture, la performance du système complet dépend fortement de la qualité du classifieur local de paires. [1] Par conséquent, beaucoup de travaux de recherche ont consisté à essayer d'améliorer la performance de ce classifieur. Nombre d'entre eux se concentrent sur l'extraction de traits, typiquement en essayant d'enrichir le classifieur avec davantage de connaissances linguistiques et/ou de connaissances du monde (Ng et Cardie, 2002; Kehler *et al.*, 2004; Ponzetto et Strube, 2006; Bengston et Roth, 2008; Versley *et al.*, 2008; Uryupina *et al.*, 2011). D'autres travaux cherchent à utiliser des modèles locaux distincts pour différents types de mentions, en particulier pour différents types de mentions anaphoriques en se basant sur leur catégories grammaticales (telles que pronoms, noms propres, descriptions définies). On entraîne par exemple un modèle pour les pronoms, un autre pour les SN définis, etc (Morton, 2000; Ng, 2005; Denis et Baldridge, 2008) [2]. L'utilisation de modèles spécialisés trouve une justification importante en psycho-linguistique, dans des travaux théoriques sur la saillance ou l'accessibilité (Ariel, 1988). Du point de vue de l'apprentissage statistique, ces seconds travaux se rapprochent de ceux sur l'extraction de traits dans la mesure où les deux approches reviennent à poser le problème de la classification de paires dans un espace de plus grande dimension.

Dans ce travail, nous soutenons que les paires de mentions ne devraient pas être traitées par un seul classifieur, mais au contraire par des modèles spécifiques. En somme, nous nous intéressons à *apprendre* comment construire et sélectionner de tel modèles. Notre argumentation se fonde sur des considérations statistiques plutôt que purement linguistiques (l'approche est donc complémentaire aux études théoriques). La question que nous posons est, étant donné un ensemble d'indicateurs (tels que les types grammaticaux, la distance entre deux mentions ou le type d'entité nommée), comment séparer les paires de mentions afin de discriminer au mieux les paires coréférentielles par rapport à celles qui ne le sont pas. Ainsi, nous cherchons à apprendre les "meilleurs" espaces de représentation pour nos différents modèles : c'est-à-dire des espaces ni trop grossiers (c.-à-d. peu aptes à bien séparer les données), ni trop spécifiques (c.-à-d. pouvant souffrir du manque de données ou de bruit). Nous verrons que cette démarche est aussi équivalente à construire un seul très grand espace de traits pour représenter toutes les données.

1. Il n'y a toutefois aucune garantie théorique pour que l'amélioration de la classification locale ait toujours un impact positif sur la performance globale lorsque les deux modules sont optimisés séparément.

2. Parfois, des échantillonnages différents sont choisis lors de la phase d'apprentissage des modèles locaux distincts (Ng et Cardie, 2002; Uryupina, 2004).

Notre approche généralise les approches précédentes de plusieurs manières. D'une part, la définition des différents modèles n'est plus restreinte au simple typage grammatical (notre modèle permet d'utiliser n'importe quel type d'indicateurs) ni au seul typage de la mention anaphorique (nos modèles peuvent aussi être associés au typage de l'antécédent ou bien au types des deux éléments de la paire). D'autre part, nous proposons une méthode originale pour apprendre les meilleurs ensembles de modèles que l'on peut construire à partir d'un ensemble d'indicateurs donnés et des données d'apprentissage. Ces modèles sont organisés dans une hiérarchie où chaque feuille correspond à un ensemble de paires de mentions disjoint des autres et sur lequel un classifieur est entraîné. Nos différents modèles sont entraînés en utilisant l'algorithme *Online Passive-Aggressive*, ou *PA* (Crammer *et al.*, 2006), qui est une version à large marge du perceptron. Notre méthode peut être qualifiée d'exacte dans le sens où elle explore complètement l'espace des hiérarchies définissables à partir d'un ensemble d'indicateurs donné (on en dénombre au moins $2^{2^n}$ pour $n$ indicateurs), tout en maîtrisant la complexité algorithmique par une technique de programmation dynamique qui exploite la structure particulière des hiérarchies. Cette approche obtient de très bonnes performances, et dépasse largement le modèle de départ qui utilise seulement les traits élémentaires. Comme le montreront diverses expériences sur les données anglaises de la *CoNLL-2012 Shared Task*, des améliorations importantes sont observables sur différentes métriques d'évaluation ; par ailleurs, celles-ci ne dépendent pas de la méthode de clustering choisie pour le décodeur.

La suite de cet article est organisée comme suit : dans la section 2, nous discutons les hypothèses statistiques sur lesquelles repose le modèle standard à paires de mentions, et nous définissons un modèle alternatif qui utilise une simple séparation des paires de mentions en fonction de leur type grammatical. Ensuite, dans la section 3, nous généralisons ce modèle en introduisant les hiérarchies d'indicateurs en expliquant comment apprendre le meilleur modèle possible à partir de celles-ci. La section 4 donne une brève description du système complet et la section 5 donne les résultats d'évaluation des différents modèles sur les données anglaises de CoNLL-2012.

# 2 Modélisation des paires

En principe, les modèles à paires emploient un seul classifieur local pour décider si deux mentions sont coréférentes ou non. Lorsque l'on utilise des techniques d'apprentissage automatique, cela entraîne quelques hypothèses sur le comportement statistique des paires de mentions.

## 2.1 Hypothèses statistiques

Pour commencer, adoptons un point de vue probabiliste pour décrire le prototype du modèle à paires. Étant donné un document, le nombre de mentions est fixé et chaque paire de mentions suit une certaine distribution (que l'on observe en partie en projetant les paires dans un espace de traits). L'idée fondamentale du modèle à paires est de considérer que les paires de mentions sont indépendantes les unes des autres (du coup, la propriété de transitivité n'est pas nécessairement vérifiée en sortie, c'est pourquoi il faut un décodeur la transformer en partition cohérente).

Utiliser un seul classifieur pour traiter toutes les paires de mentions revient à supposer qu'elles sont identiquement distribuées. Nous pensons que les paires ne sont pas identiquement distribuées, mais qu'il faut au contraire séparer différents "types" de paires et créer des modèles spécifiques pour ces types.

Séparer différents types de paires et les traiter avec des modèles spécifiques peut amener à des modèles globaux plus précis. Certains systèmes de résolution traitent déjà différents types d'anaphores séparément, ce qui revient à supposer que par exemple, les paires qui contiennent un pronom se comportent différemment des autres (Morton, 2000; Ng, 2005; Denis et Baldridge, 2008). Nous pourrions essayer de capturer ces différents comportements avec un ensemble très riche de traits, mais en réalité nous ne disposons que d'un nombre assez restreint de traits élémentaires (voir la section 4) et créer de nouveaux traits en les combinant doit être fait avec prudence pour éviter d'introduire du bruit dans le modèle. Au lieu de cela, nous montrerons qu'une séparation habile des instances apporte de bonnes améliorations au modèle à paires.

## 2.2 Espaces de traits

### 2.2.1 Définitions

Commençons par donner une vision plus formelle de la modélisation. Chaque paire de mentions $m_i$ et $m_j$ est représentée par une variable aléatoire :

$$\begin{aligned} P_{ij} : \Omega &\rightarrow \mathscr{X} \times \mathscr{Y} \\ \omega &\mapsto (x_{ij}(\omega), y_{ij}(\omega)) \end{aligned}$$

où $\Omega$ dénote classiquement l'aléatoire, $\mathscr{X}$ est l'espace des objets "paires de mentions" qui n'est pas directement observable et $y_{ij}(\omega) \in \mathscr{Y} = \{+1, -1\}$ sont les étiquettes indiquant si $m_i$ et $m_j$ sont coréférentes ou non. Pour alléger un peu ces notations, nous n'écrirons pas toujours l'indice $ij$. Maintenant nous définissons une fonction :

$$\begin{aligned} \phi_{\mathscr{F}} : \mathscr{X} &\rightarrow \mathscr{F} \\ x &\mapsto \phi_{\mathscr{F}}(x) \end{aligned}$$

qui projette les paires dans un espace de traits $\mathscr{F}$ à travers lequel elles sont observées. Pour nous, $\mathscr{F}$ est simplement un espace vectoriel sur $\mathbb{R}$ (dans notre cas, la plupart des traits sont booléens ; ils sont projetés sur $\mathbb{R}$ avec les valeurs 0 et 1). Pour des raisons de cohérence technique, nous supposons que $\phi_{\mathscr{F}_1}(x(\omega))$ et $\phi_{\mathscr{F}_2}(x(\omega))$ conservent les mêmes valeurs lorsqu'on les projette sur l'espace de traits $\mathscr{F}_1 \cap \mathscr{F}_2$ : cela signifie simplement que les traits communs à deux espaces ont toujours les mêmes valeurs.

De ce point de vue formel, la tâche de résolution de la coréférence consiste à fixer un espace de traits $\mathscr{F}$, observer des échantillons étiquetés $\{(\phi_{\mathscr{F}}(x), y)_t\}_{t \in TrainSet}$ et, étant donné de nouvelles variables partiellement observées $\{(\phi_{\mathscr{F}}(x))_t\}_{t \in TestSet}$, tenter de retrouver la valeur correspondante de $y$.

### 2.2.2 Un autre point de vue sur les hypothèses statistiques

Nous avons écrit plus haut que les paires de mentions n'apparaissent pas identiquement distribuées puisque, par exemple, les pronoms ne se comportent pas de la même façon que les noms.

Nous pouvons maintenant formuler cela de façon plus rigoureuse : puisque nous ne pouvons pas observer directement l'espace des objets $\mathscr{X}$, nous en ignorons la complexité. En particulier, lorsque nous utilisons une projection vers un espace de traits trop petit, le classifieur ne parvient pas à capturer la distribution correctement : les données semblent trop bruitées.

Maintenant en remarquant que les anaphores pronominales ne se comportent pas de la même manière que les autres anaphores, nous distinguons deux types de paires, c'est-à-dire que nous voyons la distribution des paires dans $\mathscr{X}$ comme un mélange de deux distributions. De ce fait, nous pourrons peut-être séparer les paires positives et négatives plus facilement si nous projetons chaque type de paires dans un espace de traits spécifique. Appelons ces espaces de traits $\mathscr{F}_1$ et $\mathscr{F}_2$. Nous pouvons ou bien définir deux classifieurs indépendants sur $\mathscr{F}_1$ et $\mathscr{F}_2$ pour traiter chaque type de paires ou définir un seul modèle sur un espace plus grand $\mathscr{F} = \mathscr{F}_1 \oplus \mathscr{F}_2$. Si le modèle est linéaire, et ça sera notre cas, il se trouve que cela est équivalent.

En conséquence, nous pouvons de fait supposer que les variables $P_{ij}$ sont identiquement distribuées. Et le nouveau problème à résoudre est de trouver une projection $\phi_{\mathscr{F}}$ qui représente au mieux la distribution des données (qui les rend facilement séparables).

D'un point de vue théorique, plus la dimension de l'espace des traits est grande (par exemple la somme directe de tous les espaces de traits dont nous disposons), plus nous avons de détails sur la distribution des paires de mentions et plus nous pouvons espérer séparer les positifs des négatifs avec précision. En pratique, nous sommes confrontés au problème de rareté des données : il n'y a pas assez de données pour entraîner correctement un modèle linéaire sur un tel espace. Au final, nous cherchons un espace de traits qui se situe entre les deux extrêmes que constituent un espace trop grand (données rares) ou trop petit (données bruitées). L'objectif principal de ce travail est de définir une méthode générale pour choisir l'espace $\mathscr{F}$ le plus adéquat parmi un très grand nombre de possibilités et lorsque nous ne savons pas *a priori* lequel peut être le meilleur.

### 2.2.3 Modèles linéaires et espaces indépendants

Dans ce travail, nous essayons de séparer linéairement les instances positives des négatives dans $\mathscr{F}$ : le modèle apprend un vecteur paramètre $\mathbf{w}$ qui définit un hyperplan coupant l'espace en deux parties. La classe prédite pour la paire $x$ avec vecteur de traits $\phi_{\mathscr{F}}(x)$ est donnée par :

$$C_{\mathscr{F}}(x) := sign(\mathbf{w}^T \cdot \phi_{\mathscr{F}}(x))$$

La propriété de linéarité rend équivalentes les séparations des instances de deux types $t_1$ et $t_2$, dans deux modèles indépendants avec pour espace de traits respectif $\mathscr{F}_1$ et $\mathscr{F}_2$ et pour paramètres $\mathbf{w}^1$ et $\mathbf{w}^2$, et un modèle simple sur $\mathscr{F}_1 \oplus \mathscr{F}_2$. Pour voir pourquoi, définissons la projection :

$$\phi_{\mathscr{F}_1 \oplus \mathscr{F}_2}(x) := \begin{cases} \begin{pmatrix} \phi_{\mathscr{F}_1}(x)^T & 0 \end{pmatrix}^T & \text{si } x \text{ est de type } t_1 \\ \begin{pmatrix} 0 & \phi_{\mathscr{F}_2}(x)^T \end{pmatrix}^T & \text{si } x \text{ est de type } t_2 \end{cases}$$

et le vecteur paramètre $\mathbf{w} = \begin{pmatrix} \mathbf{w}^1 \\ \mathbf{w}^2 \end{pmatrix} \in \mathscr{F}_1 \oplus \mathscr{F}_2$. Nous avons alors :

$$C_{\mathscr{F}_1 \oplus \mathscr{F}_2}(x) = \begin{cases} C_{\mathscr{F}_1}(x) & \text{si } x \text{ est de type } t_1 \\ C_{\mathscr{F}_2}(x) & \text{si } x \text{ est de type } t_2 \end{cases}$$

Il faut maintenant s'assurer que cette propriété est vérifiée lors de l'apprentissage du paramètre **w**. Dans ce travail nous avons utilisé l'algorithme en ligne *Passive-Aggressive* pour la classification binaire (Crammer *et al.*, 2006). Ce modèle est une extension du perceptron, dont l'objectif à chaque itération est, d'une part de minimiser les changements apportés au modèle existant (d'où la caractéristique "*passive*") et, d'autre part, de faire en sorte que l'exemple courant soit correctement classifié avec une large marge (d'où la caractéristique "*aggressive*"). Plus précisément, la mise à jour du vecteur de poids à chaque itération prend la forme suivante :

$$\mathbf{w}_{t+1} = \arg\min_{\mathbf{w}\in\mathscr{F}} \frac{1}{2} \left\|\mathbf{w} - \mathbf{w}_t\right\|^2 \quad tq \quad l(\mathbf{w};(x_t, y_t)) = 0$$

où $l(\mathbf{w};(x_t, y_t)) = \min(0, 1 - y_t(\mathbf{w} \cdot \phi_{\mathscr{F}}(x_t)))$, de sorte que lorsque $\mathscr{F} = \mathscr{F}_1 \oplus \mathscr{F}_2$, le minimum si $x$ est de type $t_1$ est $\mathbf{w}_{t+1} = \begin{pmatrix} \mathbf{w}^1_{t+1} \\ \mathbf{w}^2_t \end{pmatrix}$ et si $x$ est de type $t_2$ is $\mathbf{w}_{t+1} = \begin{pmatrix} \mathbf{w}^1_t \\ \mathbf{w}^2_{t+1} \end{pmatrix}$ où $\mathbf{w}^i_{t+1}$ correspond aux mises à jour dans l'espace $\mathscr{F}_i$ indépendamment du reste. Ce résultat peut être facilement étendu au cas de $n$ espaces de traits. Par conséquent, avec une séparation déterministe des données, un modèle sur un grand espace peut être appris en le décomposant en modèles indépendants sur des espaces plus petits.

### 2.3 Un exemple : la séparation par *gramtype*

Pour motiver notre approche, nous commençons par introduire une séparation relativement simple des paires de mentions qui s'appuie sur les 9 modèles obtenus en considérant toutes les combinaisons possibles des types grammaticaux {*nominal, name, pronoun*} pour *les deux* mentions de la paire (une séparation fine similaire peut être trouvée dans (Chen *et al.*, 2011)).

Cela revient à utiliser 9 espaces de traits différents $\mathscr{F}_1, \ldots, \mathscr{F}_9$ pour capturer la distribution globale des paires. Avec des classifieur linéaires, nous obtenons un seul modèle sur l'espace de traits $\mathscr{F} = \mathscr{F}_1 \oplus \cdots \oplus \mathscr{F}_9$. Nous appellerons cela le modèle *gramtype*.

Comme nous le verrons dans la section 5, ces modèles séparés obtiennent des performances qui dépassent significativement celles d'un unique modèle qui utilise les mêmes traits élémentaires. Mais nous voudrions définir une méthode qui adapte l'espace de traits aux données en choisissant elle-même la séparation des paires la plus appropriée.

## 3 Hiérarchisation des espaces de traits

Dans cette section, nous présentons notre méthode pour trouver automatiquement une séparation optimale des paires de mentions. On gardera à l'esprit que séparer les paires dans différents modèles est la même chose que construire un grand espace de traits dans lequel le paramètre **w** peut être appris par parties dans des sous-espaces indépendants.

### 3.1 Indicateurs sur les paires

Pour définir des espaces de traits supplémentaires, nous utilisons des *indicateurs*, qui sont des fonctions déterministes sur les paires de mentions avec un nombre restreint de valeurs possibles.

Les indicateurs sont utilisés pour classer les paires dans des catégories prédéfinies et en bijection avec un ensemble d'espaces de traits élémentaires indépendants. Nous pouvons réutiliser les traits du système comme indicateurs, par exemple, le type grammatical ou celui des entités nommées. Nous pouvons également utiliser des fonctions qui ne sont pas des traits, par exemple la position approximative d'une des deux mentions dans le texte.

Le petit nombre de valeurs possibles pour un indicateur est requis pour des raisons pratiques : si une catégories de paires est trop fine, l'espace de traits associé souffrira de la rareté des données. Les indicateurs utilisant des distances doivent donc les approximer par des histogrammes assez grossiers. Dans nos expériences, le nombre de valeurs possibles ne dépassera jamais une douzaine (ce qui sera amplement suffisant pour générer assez de combinatoire). Une façon de réduire la taille de l'ensemble des valeurs d'un indicateur est de le binariser, de la même façon que l'on binarise un arbre (il y a plusieurs binarisations possibles). Cette opération produit une hiérarchie d'indicateurs imbriqués, qui est exactement la structure que nous exploitons dans la suite.

## 3.2 Des hiérarchies pour séparer les paires

Nous définissons les hiérarchies comme des combinaisons d'indicateurs créant des catégories de plus en plus fines de paires de mentions : étant donnée une suite d'indicateurs, une paire de mentions est classée en appliquant les indicateurs successivement, chaque fois en raffinant une catégorie en sous-catégories, de la même manière que dans un arbre de décision (chaque nœud ayant le même nombre d'enfants que le nombre de valeurs prises par son indicateur). Nous autorisons la classification à s'arrêter avant d'appliquer le dernier indicateur, mais le comportement doit être le même pour toutes les instances. Ainsi une hiérarchie est en principe un sous-arbre de l'arbre de décision complet qui contient des copies d'un même indicateur à chaque niveau.

Si toutes les feuilles de l'arbre de décision ont la même profondeur, cela correspond à prendre le produit cartésien des valeurs de tous les indicateurs pour indexer les catégories. Dans ce cas, nous parlerons de *hiérarchies-produit*. Le modèle *gramtype* peut être vu comme une hiérarchie-produit à deux niveaux (figure 1).

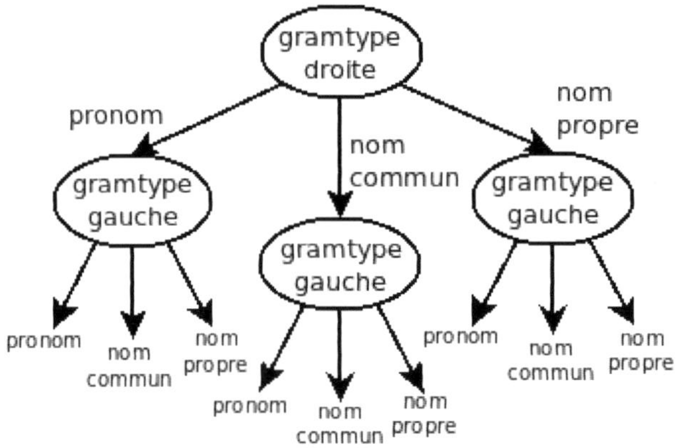


FIGURE 1 – Le modèle *gramtype* vu comme une hiérarchie-produit.

Les hiérarchies-produit seront le point de départ de notre méthode pour trouver un espace de traits qui représente bien les données. Maintenant, pour choisir une suite d'indicateurs appropriés, il faut faire appel aux intuitions linguistiques et aux travaux théoriques sur le sujet. Le système trouvera lui-même la meilleure façon d'utiliser ces indicateurs lorsqu'il optimisera la hiérarchie. La suite d'indicateurs est donc un paramètre du modèle.

## 3.3 Lien entre les hiérarchies et les espaces de traits

Comme nous l'avons fait pour le modèle *gramtype*, nous associons un espace de traits $\mathscr{F}_i$ à chacune des feuilles de la hiérarchie. De la même manière, la somme $\mathscr{F} = \bigoplus_i \mathscr{F}_i$ définit un grand espace de traits, et le paramètre correspondant $\mathbf{w}$ d'un modèle linéaire peut être appris en apprenant les $\mathbf{w}^i$ dans les $\mathscr{F}_i$.

Étant donnée une séquence d'indicateurs, le nombre de hiérarchies différentes que nous pouvons définir est égal au nombre de sous-arbres entiers (chaque nœud a tous ses enfants possibles ou aucun) de l'arbre complet de décision (chaque nœud interne ayant tous ses enfants). Le cas minimal est celui d'indicateurs booléens. Le nombre d'arbre binaires entiers de taille au plus $n$ peut être calculé par la récurrence suivante : $T(1) = 1$ et $T(n+1) = 1 + T(n)^2$. Donc $T(n) \geq 2^{2^n}$ : même avec des petites valeurs de $n$, le nombre de hiérarchies différentes (ou de grand espaces de traits) définissables par une séquence d'indicateurs est gigantesque (p.ex. $T(10) \approx 3.8.10^{90}$).

Parmi toutes les possibilités pour un grand espace de traits, beaucoup ne sont pas appropriés parce qu'avec eux les données sont trop rares ou trop bruitées dans certains sous-espaces. Nous avons besoin d'une méthode générale pour trouver le meilleur espace sans avoir à énumérer et tester chacun d'eux.

## 3.4 Optimisation des hiérarchies

Considérons que la séquence d'indicateurs est fixée, soit $n$ sa longueur. Pour trouver le meilleur espace de traits parmi un très grand nombre de possibilités, nous avons besoin d'un critère de sélection applicable sans trop de calculs supplémentaires. Pour cela, nous n'évaluons l'espace de traits que localement sur les paires, c'est-à-dire sans appliquer un décodeur à la sortie. Nous employons trois mesures sur les résultats de la classification des paires : la précision, le rappel et le F1-score. Sélectionner le meilleur espace pour une de ces mesures peut être réalisé en utilisant des techniques de programmation dynamique. Dans nos expériences, nous cherchons à optimiser le F1-score.

**Entraînement de la hiérarchie :** Partant de la hiérarchie-produit, nous associons un classifieur et son propre espace de traits à chacun des nœuds de l'arbre [3]. Les classifieurs sont alors entraînés comme suit : pour chaque instance, il existe un unique chemin de la racine vers une feuille de l'arbre complet. Chaque classifieur situé sur ce chemin est mis à jour avec cette instance. Le nombre d'itérations pour le *Passive-Aggressive* est fixé (nous n'avons pas cherché à optimiser ce paramètre).

**Calcul des scores :** Après la phase d'apprentissage, nous testons tous les classifieurs sur un autre

3. Dans les expériences, les classifieurs utilisent une copie d'un même espace de traits, mais pas les mêmes données, ce qui correspond à croiser les traits avec les catégories de l'arbre de décision.

ensemble de paires de développement [4]. Une fois encore, un classifieur est testé sur une instance seulement s'il est situé sur le chemin de la racine vers une feuille associé à l'instance. Nous obtenons des nombres TP/FP/FN [5] sur les classifications des paires, qui suffisent pour calculer le F1-score. Comme pour l'apprentissage, les données sur lesquelles un classifieur à un nœud donné est évalué sont les mêmes que la réunion de toutes les données utilisées pour évaluer les classifieurs correspondant aux enfant de ce nœud. C'est ainsi que nous sommes en mesure de comparer les scores obtenus au niveau d'un nœud à la "réunion des scores" obtenus au niveau de ses enfants.

**Découpage de la hiérarchie :** Pour le moment, nous avons un arbre complet avec un classifieur à chaque nœud. Nous utilisons une technique de programmation dynamique pour calculer la meilleure hiérarchie en coupant cet arbre et en ne gardant que les classifieurs situés au niveau des feuilles. L'algorithme assemble les meilleurs modèles locaux (ou espaces de traits) pour créer des modèles plus grands. Il part des feuilles pour remonter jusqu'à la racine et coupe le sous-arbre qui commence à un nœud à chaque fois qu'il ne fournit pas de meilleur score que le score du nœud seul, ou au contraire il propage le score du sous-arbre lorsqu'il y a une amélioration. Les détails sont donnés dans l'algorithme 1.

```
1 list ← list of nodes given by breadth-first search for node in reversed list do
2     if node.children ≠ ∅ then
3         if sum-score(node.children) > node.score then
4             node.TP/FP/FN ← sum-num(node.children)
5         else
6             node.children ← ∅
7         end
8     end
9 end
```

ALGORITHME 1 – Découpage de la hiérarchie

Discutons brièvement la validité et la complexité de l'algorithme. Chaque nœud n'est vu que deux fois donc la complexité est linéaire en le nombre de nœuds qui est au moins $\mathcal{O}(2^n)$. Toutefois, seulement les nœuds qui ont rencontré au moins une instance d'apprentissage sont utiles et il y en a $\mathcal{O}(n \times k)$ (où $k$ est la taille de l'ensemble d'apprentissage). Donc nous pouvons optimiser l'algorithme pour tourner en temps $\mathcal{O}(n \times k)$ (qui est également le temps d'entraînement de la hiérarchie). En parcourant à l'envers la liste obtenue par le parcours en largeur de la hiérarchie, nous sommes assurés que chaque nœud sera traité après ses enfants donc que le modèle optimal sera construit de proche en proche jusqu'à la racine. (*node.children*) est l'ensemble des enfants de *node*, et (*node.score*) est son score. *sum-num* fournit les TP/FP/FN en sommant simplement les nombres correspondants des enfants et *sum-score* calcule le score basé sur ces nouveaux nombres TP/FP/FN. La (ligne 6) coupe les enfants d'un nœud quand ils ne sont pas utilisés pour définir le meilleur score. L'algorithme propage alors les meilleurs scores depuis les feuilles vers la racine, ce qui donne au final un seul score qui correspond à celui de la meilleure hiérarchie. Seulement les feuilles utilisées pour calculer le meilleur score sont gardées et elles définissent la meilleure hiérarchie.

**Relation entre le découpage et l'espace de traits global :** Nous pouvons voir l'opération de

4. Les données d'apprentissages sont coupées en deux parties, pour l'apprentissage et pour tester la hiérarchie.
5. "True positives", "false positives" et "false negatives".

découpage comme le remplacement d'un groupe de sous-espaces par un seul sous-espace dans la somme (voir figure 2). Découper la hiérarchie-produit revient donc à réduire l'espace de traits global (l'espace somme) de manière optimale. Nous voyons ici le lien entre la meilleure hiérarchie et l'espace de traits qui permet de séparer au mieux les paires.

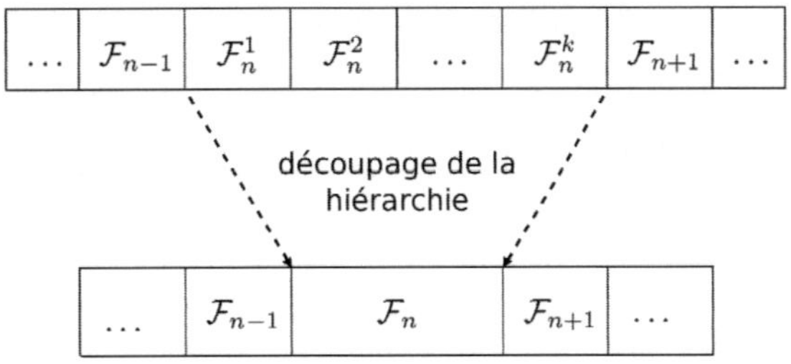


FIGURE 2 – Découper la hiérarchie réduit l'espace de traits

# 4 Description du système

Notre système se compose du modèle à paires séparées obtenu en découpant la hiérarchie (c'est donc un *PA* sur l'espace de traits somme) et un décodeur glouton pour créer des clusters à partir de sa sortie. Il est paramétré par le choix de la séquence initiale d'indicateurs.

**Les traits élémentaires** Nous avons utilisé un ensemble de traits classiques qui sont détaillés dans (Bengston et Roth, 2008) et (Rahman et Ng, 2011). Nous ne listons ici que les groupes de traits : types et sous-types grammaticaux des mentions, même chaîne/sous-chaîne de caractères, apposition, copule, distance (en nombre de mentions/phrases/mots), égalité en genre/nombre, synonymie/hyperonymie et caractère animé (en utilisant WordNet), nom de famille (à partir de liste), types d'entité nommée, traits syntaxiques (*gold parse tree*) et détection d'anaphoricité.

**Indicateurs** Comme indicateurs nous avons utilisé : types et sous-types grammaticaux pour les mentions gauche (antécédent) et droite (anaphore) selon l'ordre du texte, types d'entités nommées, un booléen indiquant si les mentions se trouvent dans la même phrase et un histogramme très grossier de la distance en nombre de phrase. Nous avons systématiquement commencé les séquences (de différentes longueurs) par les types grammaticaux droit et gauche, en ajoutant ensuite d'autres indicateurs. Le paramètre a été optimisé par catégorie de document en utilisant les données de développement, *après* avoir décodé la sortie du modèle à paires.

**Décodeurs** Nous avons testé trois stratégies gloutonnes classiques pour sélectionner les liens et former les clusters à partir des décisions du classifieur : *Closest-First* (fusionne les mentions avec la mention coréférente à gauche la plus proche, si elle existe) (Soon *et al.*, 2001), *Best-first* (fusionne les mentions avec la mention à gauche qui obtient le meilleur score positif) (Ng et Cardie, 2002; Bengston et Roth, 2008), et *Aggressive-Merge* (fermeture transitive sur les paires positives) (McCarthy et Lehnert, 1995). Chacun de ces décodeurs va typiquement de paire avec un échantillonnage particulier lors de l'apprentissage (même si ce n'est pas obligatoire).

Par exemple, *Closest-First* est combiné avec un échantillonnage où sont utilisées seulement les instances dans lesquelles la mention de gauche apparaît entre le l'anaphore et l'antécédent le plus proche (Soon *et al.*, 2001).

# 5 Expériences

## 5.1 Données

Nous avons évalué le système sur la partie anglaise du corpus fourni dans la *CoNLL-2012 Shared Task* (Pradhan *et al.*, 2012). Le corpus contient 7 catégories de documents (plus de 2k documents, 1.3M de mots). Nous avons utilisé les données d'entraînement/développement/test officielles.

## 5.2 Paramètres

Les hiérarchies ont été entraînées par validation croisée (*10-fold*) sur les données d'entraînement (découper les hiérarchies se fait après avoir cumulé les scores obtenus par la validation croisée) et les paramètres ont été optimisés par catégorie de documents sur les données de développement : la séquence d'indicateurs obtenant le meilleur score moyen (entre MUC, B3 et CEAF) après décodage a été sélectionné comme paramètre optimal pour la catégorie. Dans les résultats, nous appellerons *best hierarchy* la hiérarchie obtenue. Nous avons fixé le nombre d'itérations du Passive-Aggressive pour tous les modèles.

Nos baselines sont le modèle initial avec les traits élémentaires (*single model*) et le modèle *gramtype* (section 2) associés à chacun des décodeurs gloutons, et également les versions où l'on utilise ces décodeurs avec un échantillonnage particulier.

Dans nos expériences, nous ne prenons en compte que les mentions *gold* (pas de singletons ni de non-référentiels). Cela n'est pas tout à fait réaliste, mais notre but est de comparer les divers modèles à paires locaux plutôt que de mettre en place un système complet de résolution. De plus, nous voulons éviter d'avoir à considérer trop de paramètres dans nos expériences.

## 5.3 Métriques d'évaluation

Nous utilisons les trois métriques les plus communes, à savoir :

- **MUC** (Vilain *et al.*, 1995) calcule pour chaque vrai cluster-entité le nombre de clusters système nécessaires pour le recouvrir. La précision est cette quantité divisée par la taille du vrai cluster moins un. Le rappel est obtenu en inversant les clusters vrai et prédits. Le F1 est la moyenne harmonique du rappel et de la précision.
- **B**$^3$ (Bagga et Baldwin, 1998) calcule les scores de rappel et de précision pour chaque mention, à partir de l'intersection entre le cluster système et le vrai cluster pour cette mention. La précision est le rapport des tailles de l'intersection et du cluster système, alors que le rappel est le rapport des tailles de l'intersection et du vrai cluster. Les rappel et précision globaux et le F1 sont obtenus en prenant la moyenne sur les scores des mentions.

- **CEAF** (Luo, 2005) : scores obtenus en calculant la meilleure bijection entre la vraie partition et la partition système, ce qui est équivalent à trouver l'alignement optimal dans le graphe bipartite formé par ces partitions. Nous utilisons la fonction de similarité $\phi_4$ de (Luo, 2005).

Ces métriques ont été récemment utilisées dans les *Shared Task CoNLL-2011* et *2012*. Par ailleurs, ces campagnes utilisent une moyenne non pondérée sur les F1 scores donnés par ces trois métriques. Comme cela est fait normalement, nous utilisons le mode *micro-averaging* (moyennes sur le nombre de mention) lorsque nous donnons nos scores sur l'ensemble des données.

## 5.4 Résultats

Les résultats obtenus par le système sont repris dans les tableaux 1, 2 et 3. Les échantillonnages originaux associés aux décodeurs Closest-First et Best-First sont désignés par *Soon* et *NgCardie*. *single model* correspond à un modèle simple entraîné sans échantillonnage spécifique. Malgré l'utilisation de décodeurs gloutons, nous pouvons observer sur la sortie un effet positif très significatif sur la séparation des paires dans les modèles locaux. L'utilisation de modèles distincts plutôt qu'un seul modèle a un effet positif sur le score moyen, avec un incrément de 6.4 à 15.5 en fonction du décodeur. Il est intéressant de constater qu'indépendamment du décodeur utilisé, le modèle *gramtype* surpasse toujours le *single model*, et est lui-même dépassé par le modèle *best hierarchy*. Nous avons observé des variations dans le paramètre optimal des hiérarchies, toutefois un paramètre fréquemment bien classé était : gramtype droite → gramtype gauche → même phrase → type d'entité nommée droite.

| | MUC | | | $B^3$ | | | CEAF | | | |
|---|---|---|---|---|---|---|---|---|---|---|
| | P | R | F1 | P | R | F1 | P | R | F1 | Mean |
| Soon | 79.49 | **93.72** | **86.02** | 26.23 | **89.43** | 40.56 | **49.74** | 19.92 | 28.44 | 51.67 |
| single model | 78.95 | 75.15 | 77.0 | 51.88 | 68.42 | 59.01 | 37.79 | 43.89 | 40.61 | 58.87 |
| *gramtype* | 80.5 | 71.12 | 75.52 | 66.39 | 61.04 | 63.6 | 43.11 | 59.93 | 50.15 | 63.09 |
| *best hierarchy* | **83.23** | 73.72 | 78.19 | **73.5** | 67.09 | **70.15** | 47.3 | **60.89** | **53.24** | **67.19** |

TABLE 1 – Scores sur CoNLL-2012 avec mentions gold, décodeur *Closest-First*.

En regardant les trois différentes métriques, nous constatons que globalement, la séparation des paires améliore $B^3$ et CEAF (mais pas toujours MUC, à cause du très gros rappel du *single model*) après le décodage de la sortie : *gramtype* donne un meilleur score que le modèle simple, et *best hierarchy* donne les plus hauts $B^3$, CEAF et scores moyens.

La meilleure combinaison de classifieur-décodeur réalise un score de 67.19, ce qui la placerait au niveau des meilleurs systèmes qui ont pris part à la *CoNLL-2012 Shared Task* sur la configuration *gold mentions* (moyenne à 66.41, le premier isolé à 77, les meilleurs suivants à 68-69).

| | MUC | | | $B^3$ | | | CEAF | | | |
|---|---|---|---|---|---|---|---|---|---|---|
| | P | R | F1 | P | R | F1 | P | R | F1 | Mean |
| NgCardie | **81.02** | **93.82** | **86.95** | 23.33 | **93.92** | 37.37 | **40.31** | 18.97 | 25.8 | 50.04 |
| single model | 79.22 | 73.75 | 76.39 | 40.93 | 75.48 | 53.08 | 30.52 | 37.59 | 33.69 | 54.39 |
| *gramtype* | 77.21 | 65.89 | 71.1 | 49.77 | 67.19 | 57.18 | 32.08 | 47.83 | 38.41 | 55.56 |
| *best hierarchy* | 78.11 | 69.82 | 73.73 | **53.62** | 70.86 | **61.05** | 35.04 | **46.67** | **40.03** | **58.27** |

TABLE 2 – Score sur CoNLL-2012 avec mentions gold, décodeur *Best-First*.

| | MUC | | | $B^3$ | | | CEAF | | | |
|---|---|---|---|---|---|---|---|---|---|---|
| | P | R | F1 | P | R | F1 | P | R | F1 | Mean |
| single model | 83.15 | **88.65** | **85.81** | 35.67 | **88.18** | 50.79 | 36.3 | 28.27 | 31.78 | 56.13 |
| *gramtype* | 83.12 | 84.27 | 83.69 | 44.73 | 81.58 | 57.78 | 45.02 | 42.94 | 43.95 | 61.81 |
| *best hierarchy* | **83.26** | 85.2 | 84.22 | **45.65** | 82.48 | **58.77** | **46.28** | **43.13** | **44.65** | **62.55** |

TABLE 3 – Scores sur CoNLL-2012 avec mentions gold, décodeur *Aggressive-Merge*.

# 6 Conclusion et perspectives

Dans cet article, nous avons décrit une méthode pour construire un espace de traits séparant les paires, en exploitant la linéarité et en combinant des indicateurs pour séparer les instances. Nous avons mis en œuvre une technique de programmation dynamique pour calculer efficacement l'espace de traits fournissant la meilleure classification des paires parmi un très grand nombre de possibilités. Nous avons appliqué cette méthode pour optimiser le modèle à paires dans un système de résolution de la coréférence. En testant différents décodeurs gloutons, nous avons montré que cela apporte un gain significatif au système.

Pour ce travail, nous n'avons considéré que des stratégies heuristiques standards pour créer les clusters telles que *Closest-First* et *Best-First*. Donc une extension naturelle de ce travail serait de combiner notre méthode pour apprendre des modèles à paires avec des stratégies de décodage plus sophistiquées (comme *Mincut* ou *Integer Linear Programming*). Nous pourrons alors évaluer l'impact des hiérarchies dans des conditions plus réalistes.

Notre approche est adaptable dans le sens où elle peut s'appliquer avec des indicateurs très variés. Dans le futur, nous appliquerons les hiérarchies sur des espaces de traits plus fins pour pouvoir obtenir des optimisations plus précises. Par ailleurs, étant donné que la méthode générale de découpage des hiérarchies n'est pas spécifique à la modélisation des paires, mais peut être appliquer à d'autres problème ayant des aspects booléens, nous projetons d'employer les hiérarchies pour traiter d'autres tâches TAL (p.ex. détection d'anaphoricité, classification de relations de discours ou de relations temporelles).

La sélection d'espaces avec les hiérarchies, *si* les indicateurs sont *tous* des traits du modèle, s'apparente aux méthodes de noyaux polynomiaux. Il serait intéressant de les comparer. Par ailleurs, nous pourrons développer cette méthode en utilisant des critères statistiques pour choisir les indicateurs et construire des hiérarchies de départ plus complexes que les hiérarchies-produits, à la manière des arbres de décision. Le paramétrage du système sera alors facilité.

# Références

ARIEL, M. (1988). Referring and accessibility. *Journal of Linguistics*, pages 65–87.

BAGGA, A. et BALDWIN, B. (1998). Algorithms for scoring coreference chains. *In Proceedings of LREC 1998*, pages 563–566.

BENGSTON, E. et ROTH, D. (2008). Understanding the value of features for coreference resolution. *In Proceedings of EMNLP 2008*, pages 294–303, Honolulu, Hawaii.

CAI, J. et STRUBE, M. (2010). End-to-end coreference resolution via hypergraph partitioning. *In COLING*, pages 143–151.

CHEN, B., SU, J., PAN, S. J. et TAN, C. L. (2011). A unified event coreference resolution by integrating multiple resolvers. *In Proceedings of 5th IJCNLP*, pages 102–110. Asian Federation of Natural Language Processing.

CRAMMER, K., DEKEL, O., KESHET, J., SHALEV-SHWARTZ, S. et SINGER, Y. (2006). Online passive-aggressive algorithms. *Journal of Machine Learning Research*, 7:551–585.

DENIS, P. et BALDRIDGE, J. (2008). Specialized models and ranking for coreference resolution. *In Proceedings of EMNLP 2008*, pages 660–669, Honolulu, Hawaii.

DENIS, P. et BALDRIDGE, J. (2009). Global joint models for coreference resolution and named entity classification. *Procesamiento del Lenguaje Natural*, 43.

KEHLER, A., APPELT, D., TAYLOR, L. et SIMMA, A. (2004). The (non)utility of predicate-argument frequencies for pronoun interpretation. *In Proceedings of HLT-NAACL 2004*.

KLENNER, M. (2007). Enforcing coherence on coreference sets. *In Proceedings of RANLP 2007*.

LUO, X. (2005). On coreference resolution performance metrics. *In Proceedings of HLT-NAACL 2005*, pages 25–32.

MCCARTHY, J. F. et LEHNERT, W. G. (1995). Using decision trees for coreference resolution. *In IJCAI*, pages 1050–1055.

MORTON, T. (2000). Coreference for NLP applications. *In Proceedings of ACL 2000*, Hong Kong.

NG, V. (2005). Supervised ranking for pronoun resolution : Some recent improvements. *In Proceedings of AAAI 2005*.

NG, V. et CARDIE, C. (2002). Improving machine learning approaches to coreference resolution. *In Proceedings of ACL 2002*, pages 104–111.

NICOLAE, C. et NICOLAE, G. (2006). Bestcut : A graph algorithm for coreference resolution. *In EMNLP*, pages 275–283.

PONZETTO, S. et STRUBE, M. (2006). Exploiting semantic role labeling, WordNet and Wikipedia for coreference resolution. *In Proceedings of the HLT 2006*, pages 192–199, New York City, N.Y.

PRADHAN, S., MOSCHITTI, A., XUE, N., URYUPINA, O. et ZHANG, Y. (2012). Conll-2012 shared task : Modeling multilingual unrestricted coreference in ontonotes. *In Joint Conference on EMNLP and CoNLL - Shared Task*, pages 1–40, Jeju Island, Korea. Association for Computational Linguistics.

RAHMAN, A. et NG, V. (2011). Narrowing the modeling gap : a cluster-ranking approach to coreference resolution. *J. Artif. Int. Res.*, 40(1):469–521.

SOON, W. M., NG, H. T. et LIM, D. (2001). A machine learning approach to coreference resolution of noun phrases. *Computational Linguistics*, 27(4):521–544.

URYUPINA, O. (2004). Linguistically motivated sample selection for coreference resolution. *In Proceedings of DAARC 2004*, Furnas.

URYUPINA, O., POESIO, M., GIULIANO, C. et TYMOSHENKO, K. (2011). Disambiguation and filtering methods in using web knowledge for coreference resolution. *In FLAIRS Conference*.

VERSLEY, Y., MOSCHITTI, A., POESIO, M. et YANG, X. (2008). Coreference systems based on kernels methods. *In COLING*, pages 961–968.

VILAIN, M., BURGER, J., ABERDEEN, J., CONNOLLY, D. et HIRSCHMAN, L. (1995). A model-theoretic coreference scoring scheme. *In Proceedings fo the 6th Message Understanding Conference (MUC-6)*, pages 45–52, San Mateo, CA. Morgan Kaufmann.

# Apprentissage supervisé pour l'identification de relations sémantiques au sein de structures énumératives parallèles

Jean-Philippe Fauconnier[1] Mouna Kamel[1] Bernard Rothenburger[1]
Nathalie Aussenac-Gilles[1]
(1) IRIT, 118 route de Narbonne 31060 Toulouse Cedex 5
{prénom}.{nom}@irit.fr

RÉSUMÉ

Ce travail s'inscrit dans le cadre de la construction et l'enrichissement d'ontologies à partir de textes de type encyclopédique ou scientifique. L'originalité de notre travail réside dans l'extraction de relations sémantiques exprimées au-delà de la linéarité du texte. Pour cela, nous nous appuyons sur la sémantique véhiculée par les caractères typo-dispositionels qui ont pour fonction de suppléer des formulations strictement linguistiques qui seraient plus difficilement exploitables. L'étude que nous proposons concerne les relations sémantiques portées par les structures énumératives parallèles qui, bien qu'affichant des discontinuités entre ses différents composants, présentent un tout sur le plan sémantique. Ce sont des structures textuelles qui sont propices aux relations hiérarchiques. Après avoir défini une typologie des relations portées par ce type de structure, nous proposons une approche par apprentissage visant à leur identification. Sur la base de traits incorporant informations lexico-syntaxiques et typo-dispositionnelles, les premiers résultats aboutissent à une exactitude de 61,1%.

ABSTRACT

**A Supervised learning for the identification of semantic relations in parallel enumerative structures**

This work falls within the framework of ontology engineering and learning from encyclopedic or scientific texts. Our original contribution lies within the extraction of semantic relations expressed beyond the text linearity. To this end, we relied on the semantics behind the typo-dispositional characters whose function is to supplement the strictly linguistic formulations that could be more difficult to exploit. The work reported here is dealing with the semantic relations carried by the parallel enumerative structures. Although they display discontinuities between their various components, these enumerative structures form a whole at the semantic level. They are textual structures that are prone to hierarchic relations. After defining a typology of the relationships carried by this type of structure, we are proposing a learning approach aimed at their identification. Based on features including lexico-syntactic and typo-dispositional informations, the first results led an accuracy of 61.1%.

MOTS-CLÉS : extraction de relations, structures énumératives parallèles, mise en forme matérielle, apprentissage supervisé, construction d'ontologies.

KEYWORDS: relationship extraction, parallel enumerative structures, material shaping, supervised learning, ontology learning.

# 1 Introduction

La construction d'ontologies est un processus fastidieux qui nécessite la contribution d'experts d'un domaine. Une manière de rendre ce processus moins coûteux consiste à exploiter automatiquement certains types de textes, comme les textes de nature encyclopédique ou scientifique, afin d'en extraire les connaissances. Généralement, cette exploitation de textes s'appuie sur des analyses statistiques et/ou des analyses linguistiques essentiellement focalisées sur les niveaux lexicaux et syntaxiques. Citons notamment l'approche par apprentissage automatique (Nédellec *et al.*, 2009), l'utilisation de patrons (Giuliano *et al.*, 2006) ou encore une approche hybride combinant les deux (Giovannetti *et al.*, 2008).

Cependant, ces approches souffrent de deux limites : (1) l'analyse se situe en général à un niveau intraphrastique ou, du moins, textuellement linéaire et (2) l'extraction de connaissances se base sur des indices syntaxiques sans prendre en compte les caractéristiques de mise en forme du texte. Or, il existe des relations qui se matérialisent au travers de marqueurs paralinguistiques (marqueurs typographiques et/ou dispositionnels). Ces derniers, dépassant leur rôle de mise en forme, sont des éléments structurants porteurs de sémantique. (Virbel *et al.*, 2005) théorise ces marqueurs et leur utilisation au sein de la notion de *mise en forme matérielle* (MFM). Des analyses linguistiques fines ont mis en évidence le rôle fondamental de celle-ci dans l'interprétation d'un texte et dans la caractérisation de certains objets textuels tels que les titres (Rebeyrolle *et al.*, 2009), les définitions (Pascual et Péry-Woodley, 1995) et les structures énumératives (Luc, 2001).

Pour améliorer la construction d'ontologies, nous nous intéressons aux structures énumératives (SE) parallèles avec MFM. En tant que SE, elles sont porteuses de connaissances hiérarchiques. Leur caractère parallèle implique une composition homogène d'un point de vue grammatical, typo-dispositionnel et fonctionnel. Elles disposent souvent des propriétés textuelles qui les rendent visuellement perceptibles et ces propriétés sont suffisamment stables pour que leur repérage automatique puisse être envisagé (Ho-Dac *et al.*, 2012). Enfin, leur fréquence au sein des textes scientifiques, procéduraux ou encyclopédiques reste élevée.

Les approches précédentes (Kamel et Rothenburger, 2011; Kamel *et al.*, 2012) ont montré les limites d'une approche symbolique pour l'extraction des relations sémantiques au sein des SE. Dans cet article, nous proposons deux méthodes par apprentissage supervisé. La première combine des traits linguistiques et paralinguistiques et la seconde repose sur des trigrammes. Ce travail est une première étape vers l'exploitation de SE pour la construction d'ontologies.
La section 2 introduit les SE. La section 3 présente les classes de relations, le corpus ainsi que le mode d'évaluation. La section 4 décrit le classifieur d'entropie maximale (MaxEnt) ainsi que les deux approches. La section 5 présente les résultats obtenus par validation croisée. Enfin, la conclusion revient sur l'intérêt de ce travail et esquisse quelques perspectives.

# 2 Les structures énumératives

L'acte d'énumération consiste à regrouper des éléments indépendants sous un même critère d'homogénéité (Pery-Woodley, 2001). La forme générale d'une structure énumérative (SE) est caractérisée par une *amorce*, une *énumération* composée d'au moins deux *items* et éventuellement une *clôture* (ou conclusion). Cette structure logique générique peut se décliner concrètement par des dispositifs linguistiques ou textuels différents. Elle peut être énoncée au fil du texte en dehors de toute *mise en forme matérielle* (MFM) et dans ce cas les items sont introduits par des marqueurs lexicaux qui sont souvent des groupes adverbiaux (par exemple « premièrement », « deuxièmement », « troisièmement » dans (1)), ou au contraire être mise en évidence par l'usage de marqueurs typographiques et dispositionnels spécifiques (comme les caractères de ponctuation, les retraits, les tirets dans (2)).

(1) *Comment faire pour économiser 68% d'électricité par rapport à une dépense habituelle ? Premièrement, en éteignant la lumière dès votre sortie d'une pièce. Cela peut paraître banal, mais ça ne l'est absolument pas. Deuxièmement, évitez les lampes halogènes, car une lampe halogène de 500 watts consomme l'équivalent de 23 lampes. Troisièmement, essayez de remplacer les lampes traditionnelles par des lampes basse consommation.*

(2) *Les formes de communication non parlées sont :*
- *le langage écrit,*
- *le langage des signes,*
- *le langage sifflé.*

Il existe plusieurs définitions de l'énumération. La définition qui nous semble le mieux prendre en compte à la fois les phénomènes architecturaux du texte et l'intention de l'auteur est celle proposée par (Virbel, 1999) : « énumérer mobilise deux actes : un acte mental d'identification des éléments d'une réalité du monde dont on vise un recensement, et où on établit une relation d'égalité d'importance par rapport au motif de recensement ; et un acte textuel qui consiste à transposer textuellement la coénumérabilité des entités recensées, par la coénumérabilité des segments linguistiques qui les décrivent. ».

(Luc, 2001) a établi une typologie des SE permettant de distinguer les structures *homogènes* vs. *hétérogènes*, les structures *syntagmatiques* vs. *paradigmatiques*, et les structures *isolées* vs. *non isolées*. Les structures *hétérogènes* présentent des items ayant des propriétés visuelles non équivalentes et sont plus difficilement repérables automatiquement en corpus. Les structures *syntagmatiques* entretiennent des liens de dépendance entre les items, et les structures *non isolées* entretiennent des relations avec des unités textuelles localisées en dehors de la structure énumérative. Les SE *paradigmatiques*, *homogènes* et *isolées* sont dites parallèles.

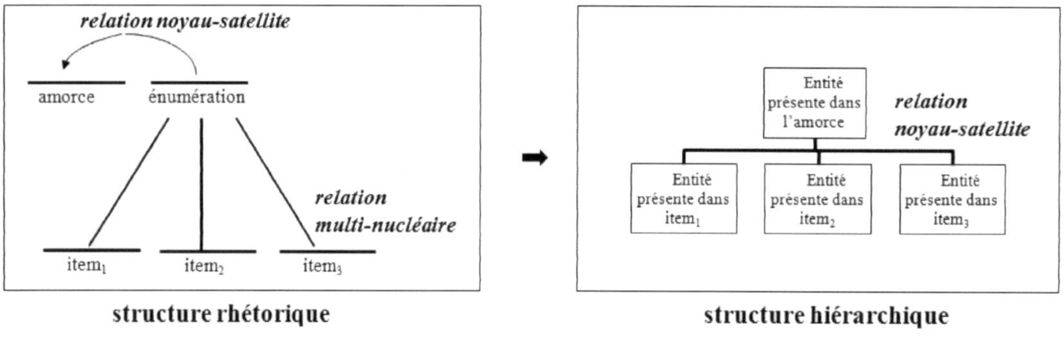


FIGURE 1 – Représentations sémantiques de la structure énumérative

Notre étude se focalise ici sur la SE parallèle car son analyse rhétorique (basée, par exemple, sur les principes de la RST (Carlson *et al.*, 2001)) permet d'établir une relation noyau-satellite qui relie l'amorce (unité d'information la plus saillante) à l'énumération (unité d'information qui supporte l'information d'arrière-plan), et une relation multi-nucléaire qui relie les items (arguments de même importance). La relation noyau-satellite sera généralement de type *elaboration* et la relation multi-nucléaire de type *list*. Une relation hiérarchique entre l'amorce et chacun des items est ainsi mise en évidence. Dans ce cadre, nous envisageons de traduire cette structure rhétorique en une structure hiérarchique où les entités conceptuelles dénotées par des termes présents dans les segments textuels seraient extraites et reliées par la relation de type noyau-satellite identifiée en discours (Figure 1).

Identifier les relations portées par les SE parallèles avec MFM est l'objet de ce travail, car elles ont les propriétés (1) d'être *homogènes* et de bénéficier de traits de formatage assez réguliers pour que d'une part leur identification automatique en corpus puisse être envisagée, et que d'autre part les aspects typo-dispositionnels permettent de spatialiser le discours, et donc d'aider à la désambiguïsation, et (2) d'être *paradigmatiques* et *isolées*, ce qui assure l'unicité de la relation portée par la structure. Les processus d'identification des SE en texte ainsi que des concepts et instances au sein de ces dernières font l'objet de travaux complémentaires non discutés dans cet article. L'approche que nous développons ici est endogène dans le sens où les indices qui permettent d'identifier la relation sont recherchés au sein de la SE.

# 3 Classes, corpus et mode d'évaluation

## 3.1 Classes

L'arbre issu de l'analyse rhétorique (Figure 1) révèle souvent l'existence de connaissances ontologiques ou lexicales portées par la SE parallèle. Le but de ce travail est de détecter automatiquement la nature de la relation unique entre l'amorce et les items, lorsque cela est possible.

| Classes | Description |
|---|---|
| *isA* | Relation hiérarchique d'hyperonymie. |
| *partOf* | Relation hiérarchique de méronymie. |
| *instanceOf* | Relation entre un concept et les instances de ce concept. |
| *autreOntologique* | Relations non-taxonomiques (e.g : *isCauseOf*, *requires*, etc.). |
| *lexical* | Relation lexicale entre termes (homonymie, synonymie, etc.). |
| *autres* | Cas ambigus et relations que l'on ne peut résoudre. |

TABLE 1 – Annotation du corpus en 6 classes par 4 annotateurs

Pour transformer notre problème d'identification de relations en un problème de classification multi-classes, nous avons défini des classes correspondant aux relations recherchées. Nous distinguons 6 classes (Table 1) : *isA*, *partOf*, *instanceOf*, *autreOntologique*, *lexical* et *autres*.
À proprement parler, toutes les relations que nous désirons identifier sont lexicales, en ce sens qu'elles lient des termes au sein du texte. Cependant, dans leur dénomination, nous différencions les relations par le rôle qu'elles peuvent jouer, a posteriori, au sein d'une ressource sémantique. Par exemple, bien que les classes *isA* (exemple (2)) et *partOf* désignent les relations d'hyperonymie et de méronymie dans le domaine terminologique, nous nous référons à ces dernières sous l'appellation usitée dans le domaine des ontologies.

La classe *autreOntologique* comprend les relations non-taxonomiques entre concepts (exemple (3)). La classe *lexical* reprend les relations lexicales (synonymie, homonymie, etc.) et, éventuellement, les cas d'inclusion lexicale.

(3) *Tous les barrages classés (A, B, C et D) doivent disposer :*
- *d'une consigne de crue ;*
- *d'un dispositif d'auscultation adapté.*

La classe *autres* regroupe les cas ambigus, tels que ceux présentés par les SE navigationnelles et de titraille, et les relations que l'on ne peut résoudre. L'exemple (4) donne une SE de titraille qui structure un propos, un document. L'exemple (5) reprend une SE à visée navigationnelle, cas courant dans les ressources informatisées qui utilisent des liens hypertextes (indiqués ici par la mise en gras). Les liens hypertextes nous indiquent qu'il y a une plus grande probabilité que la relation portée par la SE lie des documents et non pas des termes. Enfin, l'exemple (6) présente un cas où il s'agit d'une élaboration argumentative et non ontologique.

(4) *Présentation*
1 *Fonctionnement*
2 *Terminologie*

(5) *Transports en commun*
- ***Portail des transports en commun***
- ***Portail du chemin de fer***

(6) *Le transformateur d'isolement comporte deux enroulements presque identiques au primaire et au secondaire :*
- *le nombre de spires du secondaire est souvent très légèrement supérieur au nombre de spires du primaire afin de compenser la faible chute de tension en fonctionnement ;*
- *en théorie, les sections de fil au primaire et au secondaire sont identiques, car l'intensité des courants est la même.*

## 3.2 Corpus

Les données utilisées dans notre travail sont issues des travaux de (Kamel et Rothenburger, 2011) visant l'enrichissement de l'ontologie OntoTopo, construite dans le cadre de l'ANR GEONTO [1]. Cette ontologie modélise les domaines de l'aménagement urbain, l'environnement et l'organisation territoriale. (Kamel et Rothenburger, 2011) ont construit leur corpus en projetant les concepts de l'ontologie OntoTopo sur les pages de Wikipédia et en extrayant, dans les pages ainsi retenues, les SE parallèles rencontrées. Par leur caractère encyclopédique, les pages Wikipédia ordonnent de nombreuses définitions et propriétés au moyen de marqueurs typo-dispositionnels. Le nombre relativement élevé de SE parallèles par page s'explique notamment par la recommandation du « Manuel of Style » de Wikipédia [2] qui préconise une forme grammaticale identique pour tous les items d'une SE. Au final, 2317 SE furent extraites de 276 pages.

À partir de ce travail, nous avons construit deux corpus respectivement nommés CORPUS_SE et CORPUS_DISTRIB. Ces derniers reprennent 1000 SE annotées par quatre annotateurs : deux ingénieurs de la connaissance, un ergonome et une étudiante. La tâche d'annotation a consisté à classer parmi les six classes définies en section 3.1 la relation sémantique portée par la SE parallèle. Un $\kappa$ de Fleiss (Fleiss *et al.*, 1979), sous l'hypothèse nulle de jugements indépendants,

1. Collaboration entre le COGIT, le LRI, le LIUPPA et l'IRIT - `http://geonto.lri.fr/`
2. `http://en.wikipedia.org/wiki/Wikipedia:Manual_of_Style`

présente un accord inter-annotateurs, relativement correct pour six classes[3], de 0,559 (Table 2). Notons que la corrélation entre les deux ingénieurs de la connaissance est nettement plus grande (0,686). Seule la classe *autreOntologique* présente un accord relativement bas (0,299) qui s'explique par ses caractéristiques formelles peu stables. En cas de désaccord dans l'annotation, la classe finale d'une SE est décidée par consensus entre les différents annotateurs.

| Classe | Kappa | Var | $Z$-score | p-score | IC 95% |
|---|---|---|---|---|---|
| *isA* | 0,509 | 0,001033 | 15,859 | < 1E-09 | [0,446 ;0,572] |
| *partOf* | 0,493 | 0,001275 | 13,808 | < 1E-09 | [0,423 ;0,563] |
| *autreOntologique* | **0,299** | 0,000945 | 09,735 | < 1E-09 | [0,238 ;0,359] |
| *instanceOf* | 0,652 | 0,000975 | 20,895 | < 1E-09 | [0,591 ;0,713] |
| *lexical* | 0,636 | 0,000974 | 20,392 | < 1E-09 | [0,575 ;0,697] |
| *autres* | 0,641 | 0,001369 | 17,323 | < 1E-09 | [0,568 ;0,713] |
| Corpus | **0,559** | 3,112E-05 | 100,269 | <1E-09 | [0,548 ;0,570] |

TABLE 2 – Annotation du corpus en 6 classes par 4 annotateurs

Les deux corpus ont été étiquetés grammaticalement et morpho-syntaxiquement par l'outil Talismane (Urieli et Fauconnier, 2012) entraîné sur le French TreeBank (Abeillé *et al.*, 2003) dans sa version en dépendances (Candito *et al.*, 2009). CORPUS_SE totalise 1000 SE et comprend 80 774 tokens. Ces 1000 SE présentent en moyenne 4,31 items par individu. Afin d'évaluer notre méthode sur sa capacité à identifier la relation entre une amorce et un item, nous avons construit le corpus CORPUS_DISTRIB en distribuant, pour chaque SE de CORPUS_SE, son amorce sur les $n$ items qu'elle contient afin de construire $n$ paires amorce-item. CORPUS_DISTRIB totalise 4317 paires amorce-item et comprend 119 272 tokens.

Dans CORPUS_SE, la répartition des SE dénote un déséquilibre entre la classe *autres* et le reste des classes (Figure 2). Un autre déséquilibre apparaît au niveau du nombre d'items de chaque SE (Table 3). La classe *instanceOf* contient des SE avec un nombre d'items supérieur à 20, dont l'une énumère plus de soixante types de sports collectifs. Avec une moyenne de 6,95 items par SE, la classe *instanceOf* est celle qui présente les valeurs les plus extrêmes, suivie par la classe *isA* avec une moyenne de 4,25 items par SE. Ce déséquilibre entre les items influence la répartition des paires amorce-item au sein de CORPUS_DISTRIB (Figure 2).

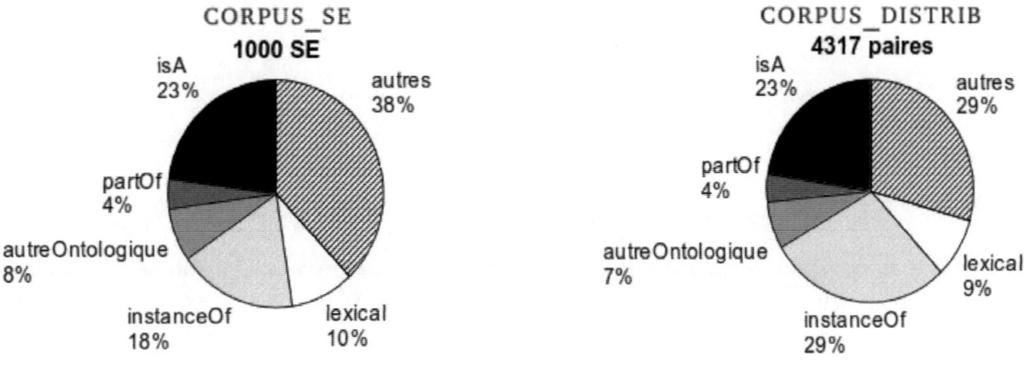


FIGURE 2 – Répartition des SE dans CORPUS_SE et des paires amorce-item dans CORPUS_DISTRIB

3. Le $\kappa$ de Fleiss est sensible aux nombres de catégories.

| Classe | SE | Nb. items | min-max | Moyenne | $\sigma$ | IC 95% |
|---|---|---|---|---|---|---|
| *isA* | 229 | 973 | 2 - 20 | **4,25** | **2,71** | [3,90 ;4,60] |
| *partOf* | 42 | 173 | 2 - 11 | 4,12 | 1,89 | [3,53 ;4,71] |
| *autreOntologique* | 76 | 299 | 2- 10 | 3,93 | 1,84 | [3,51 ;4,36] |
| *instanceOf* | 177 | 1231 | 2 - 63 | **6,95** | **6,99** | [5,92 ;7,99] |
| *lexical* | 96 | 377 | 2 - 14 | 3,93 | 2,03 | [3,52 ;4,34] |
| *autres* | 380 | 1264 | 2 - 13 | 3,33 | 1,76 | [3,15 ;3,50] |
| Total | 1000 | 4317 | 2 - 63 | 4,31 | 3,72 | [4,07 ;4,54] |

TABLE 3 – Nombre d'items par classes

## 3.3 Mode d'évaluation

Rappelons que les SE parallèles présentent la particularité que chaque item est relié à l'amorce par une même relation (Section 2). Par conséquent, il est possible d'identifier la relation entière portée par une SE si la relation entre son amorce et l'un de ses items est identifiée.
Dans cet objectif, nous proposons deux méthodes de classification par apprentissage supervisé. La première méthode utilise des traits linguistiques et paralinguistiques. La seconde repose sur des trigrammes de tokens. En outre, nous posons une *baseline* naïve qui classe tous les individus dans la classe majoritaire *autres*.

Les deux méthodes ainsi que la *baseline* ont été évaluées dans trois tâches :
- La **tâche 1** vise à la classification des SE issues de CORPUS_SE (1000 SE à classer). Dans la figure 1, il s'agit de classer la SE en identifiant la relation entre l'amorce et l'item$_1$.
- La **tâche 2** vise la classification des paires amorce-item de CORPUS_DISTRIB (4317 paires à classer). Dans la figure 1, il s'agit de classer les relations unissant amorce-item$_1$, amorce-item$_2$ et amorce-item$_3$.
- La **tâche 3** vise la classification des SE de CORPUS_SE à partir de la moyenne des prédictions de leurs paires amorce-item issues de CORPUS_DISTRIB (1000 SE à classer à partir des prédictions de 4317 paires). Dans la figure 1, il s'agit de classer la SE en calculant la moyenne des prédictions de amorce-item$_1$, amorce-item$_2$ et amorce-item$_3$.

Pour les trois tâches (et les 9 évaluations correspondantes), nous procédons à une validation croisée à 10 échantillons et mesurons l'exactitude (*micro-average*) pour la classification toutes classes confondues ainsi que rappel, précision et F-mesure pour chacune des classes :

$$\text{exactitude} = \frac{\sum_i^C (VP_i + VN_i)}{\sum_i^C (VP_i + VN_i + FP_i + FN_i)}$$

$$\text{précision}_i = \frac{VP_i}{VP_i + FP_i} \qquad \text{rappel}_i = \frac{VP_i}{VP_i + FN_i} \qquad \text{F1}_i = 2\frac{\text{précision}_i \ \text{rappel}_i}{\text{précision}_i + \text{rappel}_i}$$

où $VP_i$, $VN_i$, $FP_i$ et $FN_i$ sont respectivement le nombre de Vrais Positifs, Vrais Négatifs, Faux Positifs et Faux Négatifs de classes $i$ à $C$ où $C$ est le nombre de classes. L'exactitude permet d'évaluer la capacité prédictive d'un modèle en donnant un poids proportionnel à chaque classe. Nous donnons aussi un écart type qui, selon (Kohavi *et al.*, 1995), peut être estimé (où $N$ est le nombre d'individus) :

$$\sigma = \sqrt{\frac{\text{exactitude}\ (1 - \text{exactitude})}{N}}$$

# 4 Le modèle d'apprentissage

## 4.1 Maximum d'entropie

Pour notre tâche de classification, nous avons adopté un modèle conditionnel d'entropie maximale, dit aussi MaxEnt (Berger *et al.*, 1996). Ce modèle, qui a déjà fait ses preuves en TAL, permet de gérer de manière flexible un grand nombre de traits et repose sur le principe de maximisation d'entropie. Ce dernier vise à définir une contrainte pour chaque information observée et choisir la distribution qui maximise l'entropie tout en restant consistante vis-à-vis de l'ensemble de ces contraintes (Jaynes, 1957). Dans ce cadre d'optimisation sous contraintes, il est mathématiquement prouvé qu'une solution unique existe et un algorithme itératif garantit la convergence vers cette dernière (Ratnaparkhi, 1996). La forme classique du MaxEnt est la suivante :

$$P(y|x) = \frac{1}{Z(x)} \exp\left(\sum_{i=1}^{n} w_i f_i(x,y)\right)$$

où $P(y|x)$ désigne la probabilité que l'individu $x$, ici une SE ou une paire amorce-item, appartienne à la classe $y$ (e.g : *isA*, *partOf*, etc.). La fonction $f_i$ est une fonction binaire appelée trait qui permet de définir les contraintes du modèle. Z(x) est une constante de normalisation qui assure que la somme des probabilités retournées pour un individu soit équivalente à 1. Chaque individu $x$ est encodé comme un vecteur avec $n$ traits $f_i$. Le paramètre $w_i$, dit aussi poids, de chaque trait associe à chaque individu une probabilité d'appartenance à une classe.
En pratique, le calcul de cette maximisation s'effectue au travers de différents algorithmes tels que le *Generalized Iterative Scaling* (GIS) (Darroch et Ratcliff, 1972) ou l'*Improved Iterative Scaling* (IIS) (Berger *et al.*, 1996). Dans notre travail, nous utilisons l'implémentation Apache OpenNLP MaxEnt[4] qui applique un GIS sans *correction feature* tel que recommandé par (Curran et Clark, 2003).

## 4.2 Approche par traits

Comme présenté dans la section 2, les SE parallèles sont des objets textuels qui conjuguent marqueurs de MFM et propriétés lexico-syntaxiques partiellement stables. La première approche proposée tente de capturer leurs régularités au moyen de deux familles de traits : (1) la première emploie les informations lexico-syntaxiques extraites de l'analyse des tokens et de leur rôle au sein de l'arbre de dépendances et (2) la deuxième famille reprend des informations paralinguistiques, dans ce cas-ci typographiques. La table 4 présente, de manière synthétique, les différents traits. La distinction entre les deux familles de traits est graduelle et certains traits reprennent des informations combinant les deux sources. Par exemple, avec un seuil de sélection de traits paramétré à 5 apparitions dans le corpus[5], le trait *LastTokenPos* renvoie dans la majorité des cas l'étiquette PONCT, car amorces et items ont tendance à être clôturés par une ponctuation.

Les traits *HasClassifier*, *HasMeronym* et *HasCircumstant* sont calculés en projetant des patrons sur les SE. Ces derniers, comme l'ensemble des traits, sont issus d'intuitions linguistiques. Une étude approfondie de leurs poids respectifs fera l'objet de travaux ultérieurs.

4. `http://opennlp.apache.org/`
5. Ce seuil de sélection des traits est appelé *cut-off* dans la littérature relative au MaxEnt.

| Éléments | Traits | Phénomènes captés |
|---|---|---|
| Amorce | (First\|Last)Token (Pos\|Lem) | Retourne respectivement la catégorie grammaticale et le lemme du dernier/premier token de l'amorce. |
| | HasClassifier | Présence d'un classifieur (« sortes de », « types de », etc.) |
| | HasMeronym | Présence d'un marqueur de méronymie (« parties de », etc.) |
| | HasVerb | Présence d'un verbe conjugué ou un verbe au participe passé à la racine de l'arbre de dépendances. |
| | HasProperNoun | Présence d'un nom propre. |
| | HasPlurarlNoun | Présence d'un nom commun au pluriel. |
| | MultiplSentence | Présence de plusieurs phrases dans l'amorce. |
| Item | (First\|Last)Token (Pos\|Lem) | Retourne respectivement la cat. gram. et lemme du dernier/premier token de l'item. |
| | HasVerb | Présence d'un verbe conjugué ou un verbe au participe passé à la racine de l'arbre de dépendances. |
| | HasProperNoun | Présence d'un nom propre. |
| | HasDate | Présence d'une date en années et considérée comme NC (« 1996 », etc.) |
| | HasCircumstant | Présence d'un circonstant (« En Belgique », etc.) |
| | StartsWithINF | Présence d'un infinitif en début de phrase. |
| | StartsWithNUM | Présence d'un numéro en début d'item. |
| | StartsWithMaj | Présence d'une majuscule en début d'item. |
| | ContainsPonct | Présence d'une ponctuation inhabituelle au sein de l'item. |
| | MultiplSentence | Présence de plusieurs phrases dans l'item. |

TABLE 4 – Tableau synthétique des traits utilisés

La SE en (7) de classe *isA* exemplifie l'application de traits. Les tokens entre crochets sont ceux auxquels s'appliquent les traits *(First|Last)Token(Pos|Lem)*. Les éléments en gras sont le classifieur et le verbe souligné répond au trait *HasVerb*. L'absence d'autres phénomènes (nom propre dans l'amorce, etc.) est tout autant informative pour la classification de la SE.

(7) *[Pour] un transformateur triphasé, il existe* ***3 types de*** *couplage d'enroulement [:]*
- *[le] couplage étoile, défini par la lettre Y [;]*
- *[le] couplage triangle, défini par la lettre D ou Δ[;]*
- *[le] couplage zig-zag, défini par la lettre Z[.]*

L'exemple (8) présente un cas issu de la classe *autres* où l'on voit que la présence d'un infinitif en début d'item (indiqués ici par la mise en gras) est un indice des SE procédurales.

(8) *Le déroulement*
1 *[**Mélanger**] la farine, le sucre, le sucre vanillé, les œufs, l'huile et le lait [.]*
2 *[**Verser**] la pâte dans la poêle et retourner la crêpe avec une spatule [.]*

## 4.3 Approche par trigrammes

La deuxième approche proposée vise à identifier les relations sémantiques au sein des SE parallèles au moyen de trigrammes. Chaque token est étiqueté soit par sa catégorie grammaticale seule, soit par sa forme lemmatisée associée à sa catégorie grammaticale. L'ajout de la catégorie grammaticale au lemme permet de diminuer les cas d'ambiguïté. Par ce choix, nous pouvons distinguer, par exemple, plat-ADJ vs. plat-NC. Pour chaque séquence de trois tokens, nous avons $2^3$ trigrammes différents. Par exemple, pour la séquence « Le chat noir », les trigrammes suivants sont calculés : « le-DET chat-NC noir-ADJ », « DET chat-NC noir-ADJ », ..., « DET NC ADJ ». Ces trigrammes sont appliqués de manière identique sur l'amorce et les items.

# 5 Résultats

Pour les trois tâches, nous avons procédé à une validation croisée (k=10) et présentons les résultats en termes d'exactitude (Table 5).

| | Approches | Exactitude | $\sigma$ | IC 95% |
|---|---|---|---|---|
| Tâche 1 | Traits ling. | **61,10%** | 0,0154 | [58,08 ;64,11] |
| | Trigrammes | 59,80% | 0,0155 | [56,76 ;62,83] |
| | Baseline autres | 38,00% | 0,0153 | [35,00 ;40,99] |
| Tâche 2 | Traits ling. | 58,70% | 0,0074 | [57,25 ;60,15] |
| | Trigrammes | **59,50%** | 0,0074 | [58,04 ;60,95] |
| | Baseline autres | 29,30% | 0,0069 | [27,94 ;30,65] |
| Tâche 3 | Traits ling. | 58,50% | 0,0155 | [55,46 ;61,53] |
| | Trigrammes | **59,00%** | 0,0155 | [55,96 ;62,03] |
| | Baseline autres | 38,00% | 0,0153 | [35,00 ;40,99] |

TABLE 5 – Évaluation pour les trois tâches

Au regard de cette dernière, nous constatons que, pour les trois tâches, l'approche par traits et l'approche par trigrammes aboutissent significativement à de meilleurs résultats face à la *baseline autres*. Par contre, la comparaison des deux approches est à nuancer. Contrairement aux tâches 2 et 3, l'approche par traits dépasse de peu les trigrammes dans la tâche 1, mais les intervalles de confiance nous montrent qu'il y a un possible recouvrement entre ces résultats. Cependant, l'exactitude, qui donne un poids proportionnel à chaque classe (section 3.3), ne révèle pas les difficultés éprouvées par les trigrammes pour classer les individus des classes minoritaires *partOf* et *autreOntologique* dans les trois tâches. Ces derniers sont souvent classés à tort dans les classes *autres*, *instanceOf* ou *isA* qui, dans les deux corpus, sont les classes majoritaires. La comparaison des matrices de confusion issues des deux approches pour la tâche 1 l'exemplifie (Tables 6 et 7).

| | autrOnto | autres | instOf | isA | lexical | partOf | Précision | Rappel | F1 |
|---|---|---|---|---|---|---|---|---|---|
| *autrOnto* | **13** | 16 | 5 | 41 | 1 | 0 | **0,54** | **0,17** | **0,26** |
| *autres* | 6 | **298** | 29 | 46 | 0 | 1 | 0,63 | 0,78 | 0,70 |
| *instOf* | 0 | 42 | **120** | 9 | 6 | 0 | 0,66 | 0,68 | 0,67 |
| *isA* | 5 | 88 | 8 | **120** | 5 | 3 | 0,46 | 0,52 | 0,49 |
| *lexical* | 0 | 12 | 13 | 23 | **47** | 1 | 0,80 | 0,49 | 0,61 |
| *partOf* | 0 | 14 | 8 | 20 | 0 | **0** | **0,00** | **0,00** | **0,00** |

TABLE 6 – Matrice de confusion pour la Tâche 1 : Trigrammes

| | autrOnto | autres | instOf | isA | lexical | partOf | Précision | Rappel | F1 |
|---|---|---|---|---|---|---|---|---|---|
| *autrOnto* | **25** | 11 | 3 | 29 | 6 | 2 | **0,40** | **0,33** | **0,36** |
| *autres* | 10 | **300** | 18 | 37 | 15 | 0 | 0,70 | 0,79 | 0,74 |
| *instOf* | 6 | 20 | **113** | 29 | 5 | 4 | 0,70 | 0,64 | 0,67 |
| *isA* | 11 | 66 | 13 | **127** | 12 | 0 | 0,50 | 0,55 | 0,53 |
| *lexical* | 6 | 23 | 12 | 15 | **40** | 0 | 0,50 | 0,42 | 0,45 |
| *partOf* | 4 | 10 | 3 | 17 | 2 | **6** | **0,50** | **0,14** | **0,22** |

TABLE 7 – Matrice de confusion pour la Tâche 1 : Traits linguistiques

Ainsi, de manière transversale, l'approche par traits linguistiques reste toujours préférable à l'approche par trigrammes car elle discrimine mieux les classes minoritaires *partOf* et *autreOntologique*, utiles à la construction de ressources sémantiques.

Les résultats obtenus avec l'approche par traits linguistiques dans les tâches 2 et 3 aboutissent à une identification correcte des classes utiles à la construction d'ontologies, c'est-à-dire toutes les classes sauf *autres* (Tables 8 et 9). Seules les F-mesures des classes *instanceOf* et *isA* diminuent entre la deuxième et la troisième tâche. Une difficulté à classer correctement les nombreux items de ces deux classes (Section 3.2) expliquerait cette diminution des scores.

| | autrOnto | autres | instOf | isA | lexical | partOf | Précision | Rappel | F1 |
|---|---|---|---|---|---|---|---|---|---|
| *autrOnto* | **94** | 37 | 12 | 111 | 37 | 8 | 0,36 | 0,31 | **0,34** |
| *autres* | 35 | **859** | 100 | 195 | 61 | 14 | 0,61 | 0,68 | 0,65 |
| *instOf* | 49 | 140 | **819** | 96 | 104 | 23 | 0,76 | 0,67 | **0,71** |
| *isA* | 59 | 244 | 77 | **543** | 31 | 19 | 0,52 | 0,56 | **0,54** |
| *lexical* | 15 | 81 | 50 | 41 | **173** | 17 | 0,41 | 0,46 | **0,43** |
| *partOf* | 8 | 37 | 13 | 54 | 14 | **47** | 0,37 | 0,27 | **0,31** |

TABLE 8 – Matrice de confusion pour la Tâche 2 : Traits linguistiques

| | autrOnto | autres | instOf | isA | lexical | partOf | Précision | Rappel | F1 |
|---|---|---|---|---|---|---|---|---|---|
| *autrOnto* | **22** | 10 | 4 | 31 | 8 | 1 | 0,36 | 0,29 | **0,32** |
| *autres* | 11 | **289** | 16 | 50 | 12 | 2 | 0,68 | 0,76 | 0,72 |
| *instOf* | 6 | 29 | **100** | 25 | 15 | 2 | 0,70 | 0,56 | **0,63** |
| *isA* | 16 | 65 | 9 | **118** | 13 | 8 | 0,47 | 0,52 | **0,49** |
| *lexical* | 5 | 23 | 11 | 9 | **44** | 4 | 0,46 | 0,46 | **0,46** |
| *partOf* | 1 | 8 | 2 | 16 | 3 | **12** | 0,41 | 0,29 | **0,34** |

TABLE 9 – Matrice de confusion pour la Tâche 3 : Traits linguistiques

En comparant la tâche 1 et la tâche 3 dans l'approche par traits linguistiques, les résultats suggèrent que l'identification de la relation entre l'amorce et le premier item est à ce jour la meilleure approche, surtout lorsque les SE présentent un grand nombre d'items (cf. *instanceOf* et *isA*). Seule la F-mesure de la classe *partOf* est significativement plus haute dans la tâche 3. Ce phénomène pourrait s'expliquer par le fait que certaines SE de cette classe présentent un premier item avec du texte rédigé et non un simple syntagme nominal (exemple (9)). Ce type de variation réduit les performances lorsque l'approche se limite au premier item (Tâche 1).

(9) *Les installations de la centrale électrique comprennent :*
- *un ou plusieurs postes électriques permettant la connexion au réseau électrique par l'intermédiaire d'une ou plusieurs lignes à haute tension ainsi qu'une interconnexion limitée entre tranches,*
- *les bâtiments administratifs,*
- *les bâtiments techniques,*
- *le magasin général.*

D'un point de vue qualitatif, les résultats ont aussi montré que, malgré une approche qui se veut fine et linguistique, il reste difficile de classer les individus où il y a ellipse de constituants au sein de leur amorce. Ces amorces incomplètes, tant syntaxiquement que lexicalement, sont un phénomène courant dans les documents numériques où la mise en page et les traits de formatage suppléent l'aspect lexico-syntaxique (Bush, 2003). Par exemple, la SE en (10) de classe *partOf* est, dans toutes les tâches, classée à tort dans la classe *autres*. L'absence de marqueurs de méronymie et de ponctuations ainsi que la présence de numéros en début d'item rendent difficile à distinguer cet individu d'une SE de titraille.

(10) *Système de la cordillère américaine*
1 *Montagnes rocheuses*
2 *Chaînes côtières du Pacifique*
3 *Cordillère des Andes*

Plusieurs stratégies sont envisageables pour contourner ce type de difficulté : (1) entreprendre une approche exogène du problème afin de capter des indices qui se trouvent en-dehors des SE, (2) étudier davantage l'utilisation de traits paralinguistiques (e.g : changement de police, présence de liens hypertextes dans les items, etc.) ou (3) identifier les concepts et instances déjà représentés dans l'ontologie en cours de construction et les utiliser comme de nouveaux indices pour mieux discriminer les classes de relations.

# 6 Conclusion

Dans cet article, nous avons défini un premier ensemble de classes des relations sémantiques portées par les SE et avons souligné leur intérêt dans la construction de ressources sémantiques. Dans ce cadre, nous avons proposé deux approches par apprentissage supervisé afin d'identifier ces relations. La première utilise des traits lexico-syntaxiques et paralinguistiques et la seconde aborde la classification au moyen de trigrammes. Les résultats montrent l'insuffisance de cette dernière pour capter des régularités pertinentes au sein des SE, notamment pour les classes minoritaires *partOf* et *autreOntologique*. La comparaison entre la tâche 1 et la tâche 3 suggère une meilleure classification des SE en se limitant à l'identification de la relation entre l'amorce et le premier item. Notons que, lors de nos expérimentations, l'augmentation du seuil de sélection des traits dans les tâches 2 et 3 a abouti à des scores plus élevés. Les causes de cette amélioration feront l'objet de travaux ultérieurs.
À terme, l'identification des relations au sein des SE s'inscrit dans un projet plus large visant, en amont, leur repérage automatique, comme cela a déjà été entrepris par (Morin, 1999), et, en aval, la construction d'une ontologie. Adjointe à un système d'extraction de relations au niveau intraphrastique, notre approche permettrait d'augmenter le rappel pour la tâche d'identification des relations en texte.

Par ailleurs, nos travaux ont aussi soulevé des pistes de réflexion au niveau du problème de classification en lui-même. Premièrement, il serait intéressant d'utiliser d'autres modèles d'apprentissage, tels que les CRF ou SVM, afin de mesurer l'influence, à traits égaux, du classifieur utilisé. Deuxièmement, il nous est apparu que la classe *autres* représentait avant tout une classe « par défaut » plutôt qu'un réel regroupement de relations et que peu de traits parvenaient à la discriminer correctement. Certaines méthodes de classification multi-classes préconisent l'utilisation de multiples modèles binaires et/ou la mise en place d'un seuil statique ou dynamique sur les probabilités d'appartenance. Une perspective à ce travail consisterait à établir un certain seuil en deçà duquel les individus seraient classés dans une catégorie *sansRelation*. Enfin, il serait utile de procéder à un sur-échantillonnage des classes minoritaires afin de comparer l'influence de la distribution des individus au sein de notre corpus.

# Références


ABEILLÉ, A., CLÉMENT, L. et TOUSSENEL, F. (2003). Building a treebank for french. *Treebanks*, pages 165–187.

BERGER, A., PIETRA, V. et PIETRA, S. (1996). A maximum entropy approach to natural language processing. *Computational linguistics*, 22(1):39–71.

BUSH, C. (2003). Des déclencheurs des énumérations d'entités nommées sur le web. *Revue québécoise de linguistique*, 32(2):47–81.

CANDITO, M., CRABBÉ, B., DENIS, P. et GUÉRIN, F. (2009). Analyse syntaxique du français : des constituants aux dépendances. *In Actes de la 16e Conférence sur le Traitement Automatique des Langues Naturelles (TALN 2009)*, Senlis, France.

CARLSON, L., MARCU, D. et OKUROWSKI, M. (2001). Building a discourse-tagged corpus in the framework of rhetorical structure theory. *In Proceedings of the Second SIGdial Workshop on Discourse and Dialogue-Volume 16*, pages 1–10. Association for Computational Linguistics.

CURRAN, J. et CLARK, S. (2003). Investigating gis and smoothing for maximum entropy taggers. *In Proceedings of the tenth conference on European chapter of the Association for Computational Linguistics-Volume 1*, pages 91–98. Association for Computational Linguistics.

DARROCH, J. et RATCLIFF, D. (1972). Generalized iterative scaling for log-linear models. *The annals of mathematical statistics*, 43(5):1470–1480.

FLEISS, J., NEE, J. et LANDIS, J. (1979). Large sample variance of kappa in the case of different sets of raters. *Psychological Bulletin*, 86(5):974–977.

GIOVANNETTI, E., MARCHI, S. et MONTEMAGNI, S. (2008). Combining statistical techniques and lexico-syntactic patterns for semantic relations extraction from text. *In Proc. of the 5th Workshop on Semantic Web Applications and Perspectives*. Citeseer.

GIULIANO, C., LAVELLI, A. et ROMANO, L. (2006). Exploiting shallow linguistic information for relation extraction from biomedical literature. *In Proceedings of the eleventh conference of the European chapter of the association for computational linguistics (EACL-2006)*, pages 5–7.

HO-DAC, L., FABRE, C., PÉRY-WOODLEY, M., REBEYROLLE, J. et TANGUY, L. (2012). An empirical approach to the signalling of enumerative structures. *Discours. Revue de linguistique, psycholinguistique et informatique*, (10).

JAYNES, E. (1957). Information theory and statistical mechanics. *Physical review*, 106(4):620.

KAMEL, M., MOJAHID, M. et ROTHENBURGER, B. (2012). "quand rédiger c'est décrire" mise en forme matérielle des textes et construction d'ontologies à partir de textes. *Journées Francophones d'Ingénierie des Connaissances (IC 2012)*.

KAMEL, M. et ROTHENBURGER, B. (2011). Elicitation de structures hiérarchiques à partir de structures enumératives pour la construction d'ontologie. *In Journées Francophones d'Ingénierie des Connaissances (IC 2011), Annecy*.

KOHAVI, R. *et al.* (1995). A study of cross-validation and bootstrap for accuracy estimation and model selection. *In International joint Conference on artificial intelligence*, volume 14, pages 1137–1145. Lawrence Erlbaum Associates Ltd.

LUC, C. (2001). Une typologie des énumérations basée sur les structures rhétoriques et architecturales du texte. *In Actes de la 8e Conférence sur le Traitement Automatique des Langues Naturelles (TALN 2001)*, pages 263–272.

MORIN, E. (1999). *Extraction de liens sémantiques entre termes à partir de corpus de textes techniques*. Thèse de doctorat, Université de Nantes.

NÉDELLEC, C., NAZARENKO, A. et BOSSY, R. (2009). Information extraction. *Handbook on Ontologies*, pages 663–685.

PASCUAL, E. et PÉRY-WOODLEY, M. (1995). La définition dans le texte. *Textes de type consigne–Perception, action, cognition*, pages 65–88.

PERY-WOODLEY, M. (2001). Modes d'organisation et de signalisation dans des textes procéduraux. *Langages*, 35(141):28–46.

RATNAPARKHI, A. (1996). A maximum entropy model for part-of-speech tagging. *In Proceedings of the conference on empirical methods in natural language processing*, volume 1, pages 133–142. Philadelphia, PA.

REBEYROLLE, J., JACQUES, M., PÉRY-WOODLEY, M. *et al.* (2009). Titres et intertitres dans l'organisation du discours 1. *Journal of French Language Studies*, 19(2):269.

URIELI, A. et FAUCONNIER, J. (2012). Talismane user manual. *CLLE-ERSS, Toulouse*.

VIRBEL, J. (1999). Structures textuelles, planches fascicule 1 : Enumérations, version 1,. Rapport technique, IRIT.

VIRBEL, J., LUC, C., SCHMID, S., CARRIO, L., DOMINGUEZ, C., PERY-WOODLEY, M., JACQUEMIN, C., MOJAHID, M., BACCINO, T. et GARCIADEBANC, C. (2005). Approche cognitive de la spatialisation du langage. de la modélisation de structures spatio-linguistiques des textes à l'expérimentation psycholinguistique : le cas d'un objet textuel, l'énumération. *Agir dans l'espace. Paris : Éditions de la Maison des sciences de l'homme*.

# Techniques de TAL et corpus pour faciliter les formulations en anglais scientifique écrit

Marie-Paule Jacques[1] Laura Hartwell[1] Achille Falaise[2]
(1) Univ. Grenoble Alpes, UJF & LIDILEM, F-38040 Grenoble
(3) Univ. Grenoble Alpes, UPMF & LIG-GETALP, F-38040 Grenoble
(marie-paule.jacques,laura.hartwell)@ujf-grenoble.fr,
achille.falaise@imag.fr

RÉSUMÉ

Nous présentons l'adaptation de la base d'écrits scientifiques en ligne Scientext pour un « nouveau » public : chercheurs et autres auteurs français d'écrits scientifiques, ayant besoin de rédiger en anglais. Cette adaptation a consisté à ajouter dans la base des requêtes précodées qui permettent d'afficher les contextes dans lesquels les auteurs d'articles scientifiques en anglais expriment leur objectif de recherche et à enrichir l'interface ScienQuest de nouvelles fonctionnalités pour mémoriser et réafficher les contextes pertinents, pour faciliter la consultation par un public plus large. Les nombreuses descriptions linguistiques de la rhétorique des articles scientifiques insistent sur l'importance de la création et de l'occupation d'une « niche » de recherche. Chercheurs et doctorants ont ici un moyen d'en visualiser des exemples sans connaître sa formulation *a priori*, via nos requêtes. Notre évaluation sur le corpus de test en donne une précision globale de 86,5 %.

ABSTRACT

**NLP and corpus techniques for finding formulations that facilitate scientific writing in English**

This paper presents adaptations of the query options integrated into the online corpus Scientext so as to better serve a new audience: French scientists writing in English. We added pre-coded queries that display the contexts in which authors of scientific articles in English state their research objective. Furthermore, new functional options enrich the ScienQuest interface allowing results to be filtered for noise and then saved for consultation by a larger public.

Previous studies on the scientific discourse and rhetoric of scientific articles have highlighted the importance of establishing and occupying a research niche. Here, francophone researchers and doctoral students without prior discursive knowledge, can access authentic and multiple ways of formulating a research objective. Our evaluation of a test corpus showed an overall accuracy of 86.5 %.

MOTS-CLÉS : anglais, patrons lexico-syntaxiques, ScienQuest, Scientext.

KEYWORDS : ESP, lexico-syntactic patterns, ScienQuest, Scientext.

# 1 Introduction

Les chercheurs et jeunes chercheurs, quelle que soit leur discipline, sont amenés à produire des écrits scientifiques en anglais, ne serait-ce que pour le résumé de leurs articles. Si dans certaines disciplines, notamment les sciences dites « dures », la qualité de la langue n'est pas le premier attendu, il reste nécessaire de maîtriser les formulations par lesquelles se manifeste l'apport singulier de l'article, car elles en constituent souvent la « vitrine » qui aide les lecteurs potentiels à décider si l'article vaut le temps d'une lecture.

Cependant, les compétences des auteurs scientifiques sont sur ce point très variables et les chercheurs qui ne sont pas par ailleurs spécialistes de langue et de littérature n'ont pas nécessairement la disponibilité de se consacrer à un apprentissage formel, tout en ayant besoin de déterminer la formulation appropriée. Par exemple, les questions qui peuvent se poser lors de la rédaction concernent les expressions habituelles de l'objectif de la recherche, des hypothèses des chercheurs, des références aux travaux antérieurs, de l'apport spécifique de la recherche dans le champ disciplinaire, etc.

Nous décrivons ici l'adaptation à ce type de besoin d'une ressource en ligne, la base d'écrits scientifiques Scientext (Tutin *et al*, 2009 ; Falaise *et al.*, 2011a, Tutin *et al.*, à paraître*)*. Nous avons utilisé les outils et techniques du TAL et de la linguistique de corpus pour enrichir la base de requêtes avancées, pré-codées et mises à disposition pour la sélection de contextes sur des bases *rhétorico-sémantiques*. La double particularité de ces requêtes est que d'une part elles sont fondées sur les différents travaux relatifs à l'organisation rhétorique du texte scientifique pour proposer une entrée « par la fonction » et non « par la forme », d'autre part elles tirent parti de la puissance d'expression autorisée par l'annotation des textes en relations syntaxiques, ce qui permet de s'affranchir de variations liées à la linéarité et d'exprimer des dépendances entre les différents éléments constituant la cible visée.

L'intérêt d'une recherche *via* la fonction rhétorico-sémantique est de permettre au chercheur d'ignorer *a priori* le vocabulaire à employer et de découvrir les constructions possibles à travers les exemples authentiques auxquels une requête lui permet d'accéder. Par exemple, l'objectif de recherche s'énonce aussi bien sous la forme *"Here, we investigate the evolution of one of the most striking examples of sexual conflict in hermaphrodites..."* que *"The aim of this study was to examine the effect of ocean climate on foraging success in this deep-diving marine mammal ..."*. Nous nous focalisons ici plus particulièrement sur la formulation de l'objectif de recherche, à soigner à la fois parce qu'elle est généralement doublement présente, dans les résumés et dans l'introduction de l'article, et parce qu'elle signale la spécificité de la recherche qui fait l'objet de l'article dans le champ disciplinaire.

Notre article se structure ainsi : dans un premier temps, nous exposons les travaux sur la rhétorique de l'article scientifique et la façon dont ils ont déjà été exploités dans le cadre du TAL. Puis nous explicitons les besoins auxquels notre ressource en ligne veut répondre. Enfin nous décrivons et évaluons notre travail d'enrichissement de Scientext.

## 2 L'article scientifique et ses fonctions rhétoriques

Depuis l'étude empirique de Sinclair, Jones et Daley dans les années 1970 (2004), puis les travaux de Swales (1990/2004), les caractéristiques du genre *article scientifique* ont été explorées selon des axes divers : variations lexicales entre articles de recherche et autres types d'écrits scientifiques (Poudat et Follette, 2012), spécificités lexicales de certaines sections – par exemple l'emploi de certains verbes dans les résumés (Hartwell, 2013, Hartwell et Jacques 2012) ou la saillance d'items lexicaux (Gledhill, 2000) –, évolution des « patterns » lexico-grammaticaux selon les sections dans des articles de biomédecine (Saber, 2012), ou encore positionnement et auto-représentation (Hyland, 2004 ; Hyland, 2012), « voix » de l'auteur selon la discipline (Fløttum, Kinn et Dahl, 2006)... Loin d'avoir inventorié la totalité des travaux consacrés à l'écrit scientifique, particulièrement en « anglais de spécialité », les références qui précèdent ne donnent qu'un aperçu de leur foisonnement. Celui-ci tient sans doute au fait que, pour un scientifique, la maitrise du *discours* et des *genres* associés (Rastier, 2001) participe de la compétence de chercheur. En outre, si l'on en croit Pontille (2007), dans les sciences expérimentales, la normalisation de la structure de l'article de recherche a accompagné la fixation de la démarche scientifique à la fois comme production de connaissances et comme pratique sociale.

L'article scientifique réalise donc les conventions à la fois discursives et pratiques liées au fait même de faire de la science, ce qui est à la fois une contrainte et un cadre structurant. En effet, cet aspect conventionnel se traduit par des fonctions rhétoriques régulières dont on suppose qu'elles se formulent par des expressions linguistiques récurrentes. Cette hypothèse sous-tend notamment les travaux de Teufel sur ce qu'elle appelle *Argumentative Zoning*, à partir desquels ont notamment été élaborés des systèmes de résumé automatique (Teufel, 1998 ; Teufel *et al.*, 1999) et d'attribution automatique de citations (Siddharthan *et al.*, 2007 ; Teufel *et al.*, 2006). Ces recherches s'appuient sur la systématicité, et même plus, sur la nécessité des mouvements argumentatifs étudiés. Il serait en effet inenvisageable de faire de la recherche sans citer d'autres auteurs et/ou se positionner par rapport aux travaux antérieurs.

Une autre opération nécessaire de l'article de recherche est la création d'un espace de recherche (*creating a research space*), qui implique trois étapes (*moves*) : 1. établir un territoire de recherche ; 2. établir une *niche* dans ce territoire ; 3. occuper cette niche (Swales et Feak, 2004). Pour cette dernière, la mention de l'objectif ou des aspects majeurs de l'étude est obligatoire : *« outlining purposes or stating the nature of the present research »* (p. 244). C'est par cette mention que l'auteur occupe cet espace de recherche. Sa formulation représente de ce fait une compétence nécessaire pour les chercheurs.

# 3 Besoins des chercheurs et ressources en ligne

La création de l'espace de recherche s'opère majoritairement dans l'introduction de l'article et même dès le résumé de l'article. Or, même les revues francophones demandent, pour la plupart, un résumé en anglais, ce qui implique que, potentiellement, tout chercheur français est confronté à la formulation en anglais de points aussi cruciaux que la singularité et l'apport de sa recherche.

Carter-Thomas *et al.* (à paraitre) ont mis en évidence que les nuances, subtilités et spécificités d'expression en anglais sont malaisées à maitriser pour les chercheurs français, même chevronnés, même habitués à rédiger en anglais. Les approximations langagières peuvent être pénalisantes, y compris dans les disciplines pour lesquelles la correction linguistique n'est pas un enjeu majeur (les sciences dites « dures », notamment). Mais l'emploi du temps des chercheurs et encore plus des apprentis-chercheurs (doctorants) ne leur laisse pas le loisir de se consacrer à un apprentissage poussé de la langue. Il existe divers ouvrages de conseils pour la rédaction (par exemple Matthews et Matthews, 2008 ; Swales et Feak, 2004), cependant, aussi bien faits qu'ils soient, ils sont rarement opératoires et ne permettent généralement pas de répondre rapidement et « en direct » à la question « cette formulation est-elle appropriée ? » ou « comment exprime-t-on... ? ».

Les exemples authentiques d'articles de recherche publiés seraient à même de fournir une aide opératoire en ce qu'ils permettent de voir concrètement « ce qui se dit » dans telle ou telle discipline. Dans le champ de l'anglais de spécialité, les mérites de l'accès aux corpus d'écrits authentiques sont de plus en plus reconnus (Boulton *et al.*, 2006). La maison d'édition Springer, à travers son site Springer Exemplar[1] offre un tel accès en permettant des concordances sur des milliers d'articles publiés. Mais on ne peut sélectionner les contextes que par une requête sur un mot ou une expression, ce qui est très utile si l'on veut vérifier l'emploi de tel verbe, tel nom ou tel adjectif, mais ne permet pas au scripteur hésitant de déterminer avec quelle forme ou expression traduire le mouvement rhétorique requis.

C'est pourquoi nous proposons de réutiliser la base en ligne d'écrits scientifiques Scientext[2], originellement conçue pour la recherche linguistique, en l'adaptant et l'enrichissant pour offrir, à côté des concordances classiques sur la forme, le lemme, la catégorie, un accès par la signification. Il s'agit bien de permettre un accès direct à des contextes dont nous avons vérifié qu'ils remplissent telle ou telle fonction rhétorique (ici l'expression de l'objectif de recherche). De telles requêtes existent déjà pour le français, mais elles concernent l'étude du positionnement de l'auteur et n'ont pas été complètement reproduites pour l'anglais. L'offre de requêtes précodées en anglais est jusqu'ici limitée aux citations.

[1]http://www.springerexemplar.com/ Consulté le 12/04/2013.
[2]Disponible à l'adresse : http://scientext.msh-alpes.fr Consulté le 12/04/2013.

# 4 Adaptation de Scientext

La base Scientext a été créée à destination des linguistes, pour permettre l'étude des traits du discours scientifique. L'écrit scientifique est représenté à travers deux corpus :

- en français, des thèses, articles de conférences et articles de revues essentiellement dans des disciplines de SHS (4,8 millions de mots) ;

- en anglais, des articles scientifiques de biologie et médecine (14,8 millions de mots).

Les textes mis à disposition dans la base ont ceci de remarquable par rapport à d'autres bases textuelles qu'ils ont été analysés syntaxiquement. La sélection d'un corpus et son interrogation se font à travers l'interface ScienQuest, mise au point par A. Falaise (Falaise *et al.*, 2011b ; 2012). Celle-ci ajoute aux fonctionnalités classiques de concordances sur formes, lemmes et catégories la possibilité de spécifier des contraintes de relations syntaxiques entre les éléments de la requête.

Nos requêtes ont été construites sur un corpus d'étude plus restreint et testées sur le reste de la base, selon la démarche exposée dans cette section.

## 4.1 Recueil des données : corpus et méthode

Suivant une démarche courante en linguistique de corpus et TAL, nous avons dans un premier temps constitué une liste des phrases indiquant l'objectif de la recherche, afin d'en observer les différentes formulations et d'avoir une liste de référence pour l'évaluation initiale. Cette liste a été dressée à partir d'un sous-ensemble de 600 articles choisis selon deux critères, la variété des revues de publication et l'origine anglophone de l'article, appréhendée par l'adresse de l'auteur : nous avons retenu des articles provenant d'universités d'Angleterre, du Canada et des États-Unis d'Amérique. Cette restriction n'est pas une garantie absolue que l'auteur soit un anglophone natif, mais elle limite tout de même la quantité de non-natifs. Cette sélection de 600 articles a été opérée de façon automatique, par un script extérieur à ScienQuest.

Pour la constitution de la liste de phrases, nous nous sommes limités aux résumés. Le recueil a été effectué en partie manuellement, donc se concentrer sur les résumés a accéléré la tâche. De plus, dans la structuration d'un article, cette étape de définition et occupation d'une niche est préalable et intervient dans le résumé et/ou dans l'introduction.

Une centaine des 600 résumés n'indiquait pas de façon claire et délimitée l'objectif de recherche, celui-ci était en quelque sorte dilué dans l'exposé de ce que la recherche couvrait. Il était accessible par inférence, mais laissé implicite. Cent autres résumés n'ont pas contribué à la modélisation parce que les formulations employées soit évoquaient un travail sur l'hypothèse de recherche (*To test the hypothesis...*), soit employaient une langue si peu « standard » que le doute était possible sur la langue native de l'auteur, soit ne présentaient pas la régularité suffisante pour une modélisation, c'est-à-dire qu'il eut fallu presque une requête différente par phrase. La modélisation et l'élaboration de requêtes se sont donc appuyées sur 400 énoncés.

## 4.2 Modéliser l'expression des objectifs de recherche

La modélisation des expressions et structures employées par ces énoncés pour stipuler l'objectif de la recherche s'apparente à la construction de patrons lexico-syntaxiques (Condamines *et al.*, 2006 ; Jacques *et al.*, 2006). Il s'agit de repérer à la fois les régularités sous-jacentes et les caractéristiques discriminantes des énoncés-cibles. Il faut en établir une grammaire qui cerne les traits par lesquels obtenir la sélection des énoncés-cibles et seulement ceux-là. La modélisation et la construction des requêtes pour ScienQuest procèdent donc par 1. typification des occurrences, 2. repérage et élimination des traits non discriminants. Ce dernier temps réside dans l'adaptation successive des patrons, telle que montrée dans (Rebeyrolle *et al.*, 2001).

C'est à cette étape que l'annotation syntaxique et le supplément potentiel de contraintes qu'elle comporte montre toute sa puissance. Par exemple, une requête (figure 2, plus loin) qui modélise le patron détaillé dans la figure 1 peut « capter » aussi bien l'exemple 12 de la section 5.1 que :

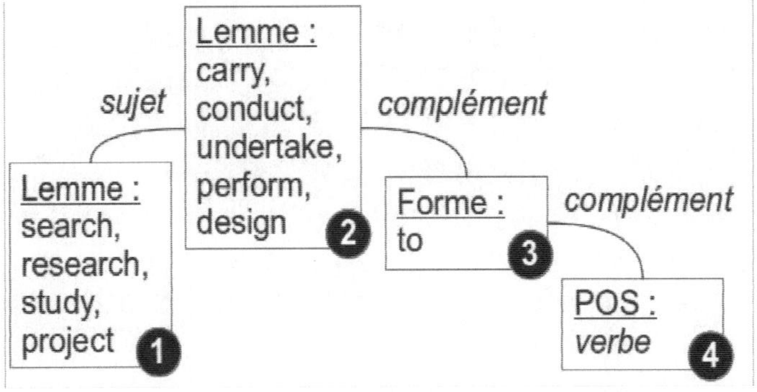


*(1) A descriptive* ***study❶*** *of adult cystic fibrosis patients [...] was* ***conducted❷ to❸ evaluate❹*** *the prevalence of osteoporosis*

*(2)* ***To❸ determine❹*** *the frequency, risk factor and mortality of nosocomial pneumonia a prospective* ***study❶*** *was* ***conducted❷***

Figure 1 – Un exemple de patron.

Comme on le voit avec (1), le recours aux relations syntaxiques permet de ne pas se soucier spécifiquement des cas d'insertion de constituants (adjectifs, compléments de noms, adverbes...), alors que dans le cas de patrons bâtis uniquement sur de l'étiquetage morphosyntaxique, il est nécessaire de prévoir à l'avance une distance possible entre les éléments.

De même, (2) montre que l'on n'a pas à spécifier l'ordre des constituants : si dans le patron est inscrite une relation entre un verbe et un complément ou entre un verbe et un sujet, ceux-ci peuvent aussi bien se trouver avant ou après, en début ou en fin de phrase, à proximité ou à distance.

Tirant parti de cette puissance, une douzaine de patrons différents a été élaborée pour prendre en compte la variété des expressions.

# 5 Expression de l'objectif de recherche en anglais

## 5.1 Analyse linguistique

Plusieurs indices sont discriminants pour une identification automatique de l'expression de l'objectif de recherche. En premier lieu, on peut remarquer que c'est l'occasion de voir apparaître le chercheur lui-même, sous la forme d'un pronom personnel tel que *I* ou *we*. Toutefois, cet indice ne constitue pas à lui seul un marqueur probant, nous l'avons donc associé à d'autres éléments linguistiques : certains verbes précis, ainsi que le déictique *here*, qui, positionné en début de phrase, restreint la portée de la proposition au contexte immédiat, c'est-à-dire l'article.

En second lieu, les termes mêmes signifiant *objectif*, à savoir *purpose, goal, aim, objective*, combinés au verbe *be* et un complément introduit par *to*, pour signifier un but, sont de bons marqueurs des contextes recherchés.

Un tel complément introduit par *to* ou *in order to* apparaît régulièrement dans les contextes recueillis, mais aussi dans d'autres contextes, comme la citation d'autres travaux. Pour limiter son ambiguïté, nous avons contraint sa position à la tête de phrase ou nous l'avons associé à d'autres contraintes lexico-syntaxiques.

La déixis, quand elle permet de désigner l'article lui-même ou l'étude qui y est exposée, fournit un bon indice à travers des constructions comme *(in) this study*, *(in) the present study*.

Enfin, certains verbes tels que *present, determine, assess, describe,* en ce qu'ils sont relativement spécialisés dans l'expression de la recherche, sont des marqueurs satisfaisants, à condition de limiter leur occurrence aux contextes dans lesquels leur sujet est le pronom *we* ou *I*, désignant le ou les auteurs eux-mêmes.

Mais cette restriction peut s'avérer insuffisante. De manière générale, une difficulté récurrente tient à l'ambiguïté entre l'expression de l'objectif et l'expression de la méthode. Un verbe tel que *compare* est à cet égard exemplaire. Dans « *We compare Monte Carlo Markov chain analysis of two very different measures of hypertension in the simulated Genetic Analysis Workshop 13 data to examine how choice of measure affects the results.* », les chercheurs indiquent ce à quoi ils veulent aboutir mais *compare* permet d'expliquer ce que les chercheurs font et non *stricto sensu* la « niche » occupée. La moitié de ses occurrences ne correspond pas aux contextes recherchés, nous l'avons donc finalement éliminé des diverses listes de verbes entrant dans les requêtes.

Ce repérage d'indices a abouti à l'élaboration de douze patrons, pour lesquels voici des exemples de contextes visés (en caractère gras les éléments retenus pour la construction des requêtes) :

1. ***Here*, *we report*** *the results of a survey to assess the prevalence of drg in*

*a globally representative panel of disease-associated meningococci.*

2. ***Here**, a statistical **test** to detect gene conversion [...] **is presented**.*
3. ***In order to determine** which foods might be related to disease activity in UC a new method of dietary analysis was developed and applied.*
4. ***To understand** the physiological processes responsible for elevated Cd accumulation in shoots [...], Cd uptake and translocation were studied [...]*
5. ***In this** retrospective **review**, we examine whether progression to ESRF can be predicted and whether treatment [...]*
6. ***In the current study** we report the isolation and preliminary characterization of homologous proteins from goat seminal plasma.*
7. ***This article outlines** the evolution of a community pharmacy-based supervised consumption of methadone program in Grater Glasgow.*
8. ***The present study addresses** the relationship of protein folding propensities to the evolutionary relationship between residues.*
9. ***Our aim was to determine** the effects of taking a red clover-derived isoflavone supplement daily for 1 year on mammographic breast density.*
10. ***We present** Homology Induction (HI), a new approach to inferring homology.*
11. ***We aimed to assess** warfarin treatment in primary health care*
12. ***This study** was **undertaken to characterize** the expression of chemokine receptors*

Pour aperçu des requêtes dans ScienQuest[3], voici celle qui correspond à (12) :

*// Un verbe d'« étude » ayant pour sujet un nom désignant la recherche et pour complément un SP formé de to et un verbe quelconque*

$research=search,research,study,project *// **liste noms de recherche***

$verb4=carry,conduct,undertake,perform,design *// **liste verbes d'étude***

Main = <form=$research,#2> && <lemma=$verb4,#1> && <lemma=to,#4> && <cat=/V/,#5> :: ((SUJ,#1,#2) OR (SUJCOMP,#2,#1)) AND (PREP,#1,#4) AND (NOMPREP,#4,#5) ; *// **règle principale** (SUJ, SUJCOMP, PREP, NOMPREP désignent les relations syntaxiques entre les unités lexicales ou grammaticales)*

FIGURE 2 – Un exemple de requête dans ScienQuest.

## 5.2 Evaluation

Comme souvent lorsqu'il s'agit de définir les « marqueurs » linguistiques d'un certain contenu sémantique, la projection sur les corpus des requêtes élaborées « ramène » aussi bien les contextes visés que d'autres contextes qui n'ont pas la signification souhaitée – notamment en raison de la forte

[3]L'ensemble des requêtes est rendu disponible sur le site de Scientext.

ambiguïté entre objectif de recherche et méthode, soulignée plus haut.

Nous avons donc évalué chacune de nos requêtes : dans un premier temps sur le corpus d'étude de 600 articles, dans un deuxième temps sur le reste du corpus anglais dans Scientext, soit environ 8000 articles. Nous avons limité la mesure sur ce dernier à 500 contextes mais certaines requêtes n'en fournissent pas autant.

Le tableau 1 récapitule les différentes requêtes, le nombre de contextes renvoyé par chacun et la précision pour chaque corpus.

| Patrons | Corpus d'étude | | Corpus de test | |
|---|---|---|---|---|
| | Nombre d'occ. | Précision | Nombre d'occ. | Précision |
| 1 (Here, we...) | 26 | 88,5 % | 342 | 87,1 % |
| 2 (Here, a N is...) | 3 | 100 % | 22 | 59,1 % |
| 3 (In order to...) | 12 | 66,7 % | 104 | 86,5 % |
| 4 (To V...) | 49 | 34,7 % | 393 | 77,1 % |
| 5 (In this study) | 34 | 88,2 % | 421 | 88,6 % |
| 6 (In the present study) | 4 | 80 % | 128 | 89,1 % |
| 7 (This paper V) | 94 | 81,9 % | 498 | 80,5 % |
| 8 (The present paper V) | 12 | 75 % | 156 | 87,8 % |
| 9 (Our aim is to) | 63 | 90,5 % | 496 | 98,8 % |
| 10 (We present) | 154 | 77,9 % | 500 | 87 % |
| 11 (we V to) | 213 | 63,8 % | 259 | 82,6 % |
| 12 (this study V to) | 13 | 84,6 % | 192 | 87,5 % |

TABLE 1 – Mesures de précision des requêtes pour l'expression de l'objectif de recherche en article scientifique en anglais

Nous n'avons pris en compte que la précision car la tâche définie ici n'implique pas de traquer tous les résultats possibles pour une requête. Ce qui est important, c'est que les requêtes soient formulées de telle sorte qu'elles fournissent au chercheur-scripteur une idée satisfaisante de la façon dont « ça peut s'écrire », c'est-à-dire qu'elles couvrent les diverses variantes d'un même type de formulation. Par exemple, les 40 premiers résultats des requêtes 7 et 8 ci-dessus montrent 34 combinaisons de verbes et sujets différentes, ce qui semble suffisamment informatif pour un temps de consultation restreint.

Par ailleurs, les résultats surprenants de la ligne 4 réclament explication. Dans notre corpus d'étude, les résultats ont en fait été « pollués » par des verbes indiquant la méthode plus que l'objectif (par ex. *To overcome this limitation*...), toutefois ces verbes étaient proportionnellement moins présents dans le corpus de test : "*to overcome*" par ex. apparaît 2 fois sur 49 dans le corpus d'étude et 4 fois sur 393 dans le corpus de test.

L'ensemble des requêtes sur le corpus de test donne une précision globale moyenne de 86,5 % : 3512 contextes vérifiés (par une locutrice native d'anglais), 475 non validés. Certaines occurrences correspondent à plusieurs requêtes, sur le corpus d'étude, le recouvrement était d'environ 9 %.

Avoir des patrons qui donnent des résultats les moins bruités possible ne suffit pas si on ne s'adresse ni à des linguistes ni à des étudiants de langue mais à un public qui n'a pas forcément la compétence pour faire lui-même la distinction entre énoncés pertinents et bruit. La dernière adaptation pour atteindre notre objectif concerne l'interface de ScienQuest elle-même.

# 6 Mémoriser les contextes pertinents

A l'origine, Scientext et son interface ScienQuest ont été prévus pour offrir à l'utilisateur 3 niveaux de requêtes : un niveau de concordancier dans lequel l'utilisateur est guidé pour fabriquer des requêtes pouvant combiner formes, lemmes, catégories morpho-syntaxiques et relations syntaxiques ; un niveau de requêtes sémantiques dans lequel l'utilisateur sélectionne une requête sémantique pré-codée et enfin un niveau avancé dans lequel l'utilisateur code lui-même sa requête avec le langage d'interrogation sous-jacent (Falaise *et al.*, 2011b). Mais, quel que soit le mode d'interrogation choisi, on obtient des résultats bruts et par conséquent bruités.

La modification actuelle consiste donc à pouvoir mémoriser (à terme, sur le serveur) et recharger autant que de besoin une série de contextes validés. La définition ici exposée de requêtes sémantiques pour atteindre dans les textes la formulation des objectifs de recherche ne se limitera donc pas à la mise à disposition des requêtes élaborées mais aussi des contextes débarrassés de leurs réponses non pertinentes.

La figure 3 montre une partie de cette nouvelle fonctionnalité : à la fin d'une liste de contextes – dont certains invalidés (dé-sélection) –, une commande pour sauvegarder soit les résultats seuls à exploiter dans un autre logiciel, soit la sélection à recharger ultérieurement dans ScienQuest.

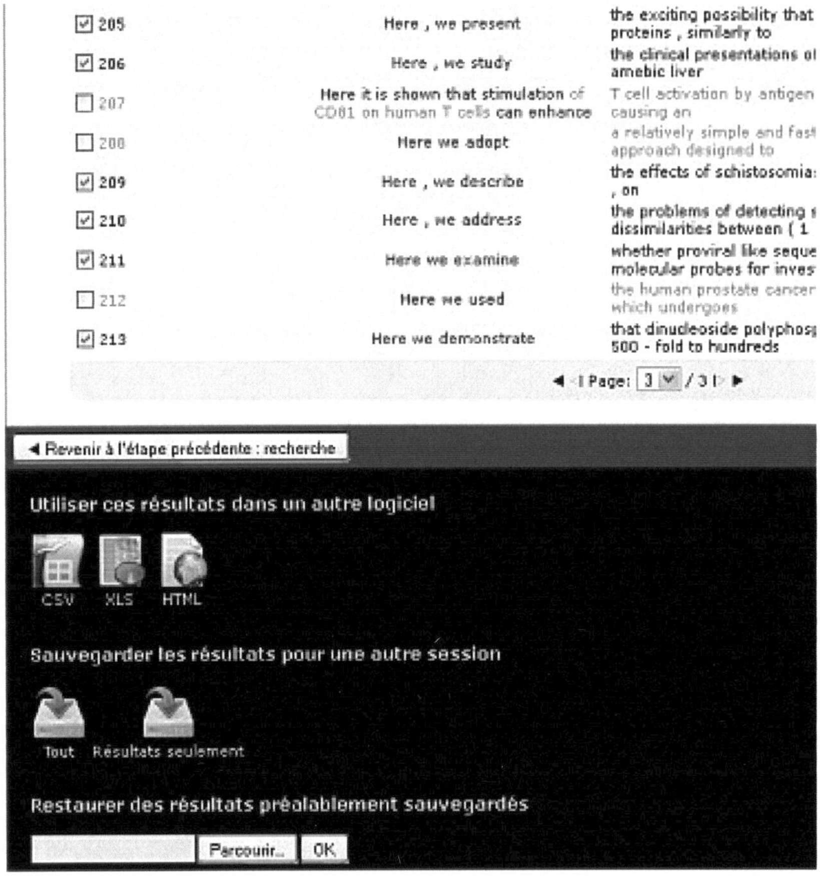


FIGURE 3 – Validation des résultats et sauvegarde dans ScienQuest.

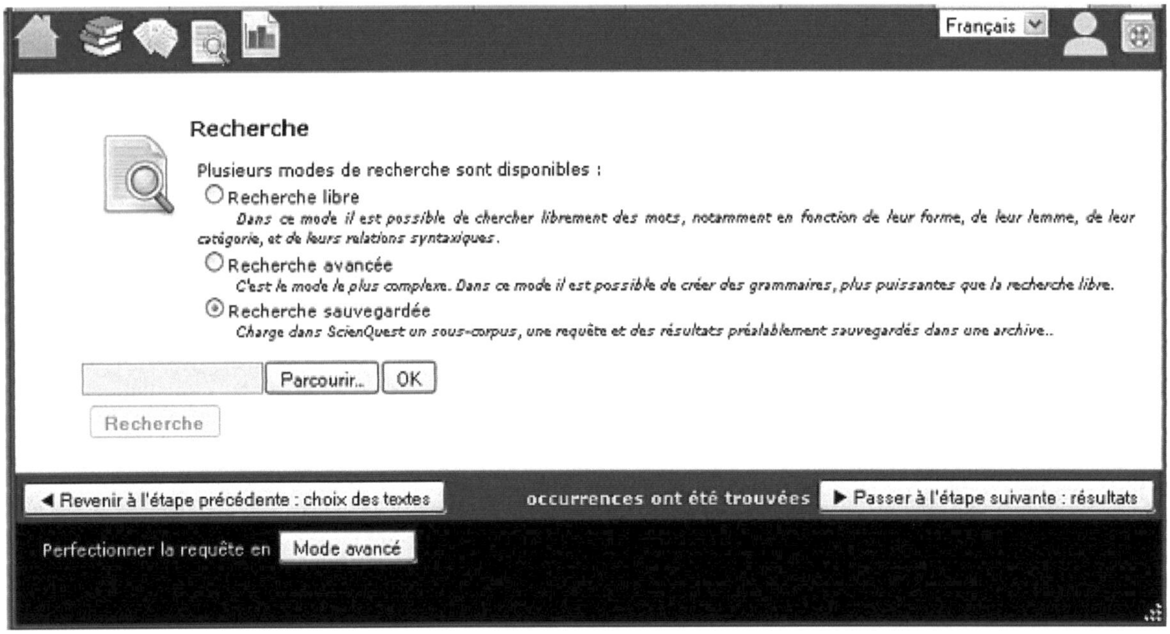


FIGURE 4 – Chargement d'une requête et ses résultats dans ScienQuest.

Lors d'une autre session, au lieu de faire une nouvelle recherche, il sera possible de recharger la requête et les résultats vérifiés (Figure 4).

A terme, l'utilisateur disposera directement sur le site de Scientext non seulement des requêtes, à utiliser en bloc ou une par une, mais aussi d'un certain nombre de contextes validés, ce qui constitue une fonctionnalité utile aussi pour l'enseignement-apprentissage des langues.

# 7 Conclusion

L'adaptation de la base Scientext en vue d'offrir un accès immédiat à des contextes pertinents pour l'expression de l'objectif de recherche en anglais a impliqué trois étapes :

1. le recueil en corpus d'un échantillon d'occurrences des énoncés visés ;

2. la modélisation de ces énoncés sous la forme de patrons lexico-syntaxiques traduits en requêtes dans ScienQuest ;

3. dans l'interface ScienQuest, la validation et la mémorisation des énoncés pertinents pour limiter les affichages ultérieurs à ces seuls énoncés.

Ce travail vise à combler un manque lié au fait que la plupart des outils d'interrogation de gros corpus offre des possibilités de concordances ou d'extractions à partir des lemmes, formes ou catégories morphosyntaxiques (pour certains) mais pas à partir des significations elles-mêmes. Or, une difficulté fréquente pour un locuteur non-natif qui doit rédiger dans une langue seconde réside dans sa méconnaissance des formes mobilisées pour un certain sens. Les corpus qui forment la base Scientext peuvent ainsi être utilisés pour visualiser la diversité des formulations pour une même intention communicative. Nos requêtes s'ajoutent à celles qui existent déjà en anglais et en français pour la formulation des citations d'autres travaux, des hypothèses de recherche, du positionnement de l'auteur, élaborées selon une démarche similaire à celle que nous présentons.

L'adaptation de l'interface concerne l'ensemble de la base :corpus anglais et français. Pour mesurer l'utilité des nouvelles fonctionnalités, il est prévu de tester cette approche sur le corpus français dans le cadre de l'enseignement assisté par ordinateur, avec un public de non-francophones[4].

Un autre intérêt non négligeable du travail présenté ici est la réutilisation d'une ressource publique et ouverte à tous. Ce type de ressource étant relativement coûteux à constituer, pour rentabiliser les efforts et l'argent investis et pérenniser la ressource, il nous semble nécessaire de diversifier ses utilisations et de la rendre disponible pour de nouveaux publics et de nouveaux besoins. Cela passe, comme nous l'avons montré, par une évolution des fonctionnalités et par une augmentation continue des ressources connexes telles que les requêtes précodées. La collaboration du TAL et de la linguistique de corpus est ainsi optimale.

[4] Dans un projet impliquant A. Falaise, H. Tran et A. Tutin, du laboratoire LIDILEM.

# 8 Références

BOULTON, A. et WILHELM, S. (2006). Habeant Corpus-they should have the body. Tools learners have the right to use. *ASp,* 49-50, pages 155-170.

CARTER-THOMAS, S. & ROWLEY-JOLIVET, E. (à paraitre.) Rapporter la voix de l'autre dans les articles de recherche en anglais : problèmes et enjeux pour le chercheur francophone. *Le discours rapporté et ses marques : perspectives théoriques et didactiques*. Editions Aracne.

CONDAMINES, A. et JACQUES, M.-P. (2006). Le repérage de l'hyperonymie par un faisceau d'indices : mise en question de la notion de « marqueur ». *Journée "Textes et connaissances", Semaine de la Connaissance*, pages 185-194.

FALAISE, A., TUTIN, A., KRAIF, O., ROUQUET, D. (2012). ScienQuest: a treebank exploitation tool for non NLP-specialists. *Actes de COLING 2012*, Mumbai, Inde.

FALAISE, A., TUTIN, A. et KRAIF, O. (2011a). Exploitation d'un corpus arboré pour non spécialistes par des requêtes guidées et des requêtes sémantiques. in *Actes de TALN 2011 (Traitement automatique des langues naturelles)* Montpellier, pages 187-215.

FALAISE, A., TUTIN, A. et KRAIF, O. (2011b). Définition et conception d'une interface pour l'exploitation de corpus arborés pour non-informaticiens : la plateforme ScienQuest du projet Scientext. *TAL* 52(3), pages 103-128.

FLØTTUM, K., KINN, T. et DAHL, T. (2006). "We now report on ..." versus "Let us now see how ...": Author roles and interaction with readers in research articles. *In Academic Discourse across Disciplines* (Hyland et Bondi, 2006), pages 203-224.

HARTWELL, L. (2013). Corpus-informed descriptions: English verbs and their collocates in science abstracts. *In Etudes en didactique des langues* (Décuré, 2013), pages 79-95.

HARTWELL, L. & JACQUES, M.-P. (2012). A corpus-informed text-reconstruction resources for learning about the language of scientific abstracts. *in Actes de EuroCALL 2012*, Suède: pages 117-123.

HYLAND, K. (2004). Patterns of engagement: dialogic features and L2 undergraduate writing. *In Analysing Academic Writing: Contextualised Frameworks* (Ravelli et Ellis, 2004), pages 5-23.

HYLAND, K. (2012). Disciplinary Identities: Individuality and community in academic discourse. Cambridge: Cambridge University Press.

JACQUES, M.-P. et AUSSENAC-GILLES, N. (2006). Variabilité des performances des outils de TAL et genre textuel. Le cas des patrons lexico-syntaxiques. *TAL* 47(1), pages 11-32.

MANIEZ, F. (2012). A corpus-based study of adjectival *vs.* nominal modification in medical English . *In Corpus-informed research and learning in ESP: Issues and applications* (Boulton *et al*, 2012), pages 83-102.

MATTHEWS, J. R. et MATTHEWS, R. W. (2012). *Successful scientific writing: A step-by-step guide for the biological and medical sciences* (3rd edition). Cambridge: Cambridge University Press.

PONTILLE, D. (2007). Matérialité des écrits scientifiques et travail de frontières : le cas du format IMRAD. *in Sciences et frontières* (Hert et Paul-Cavallier, 2007), Fernelmont, pages 229-253.

POUDAT, C, et FOLLETTE, P. (2012). Corpora and academic writing: A contrastive analysis of research articles in biology and linguistics. *In Corpus-informed research and learning in ESP: Issues and applications* (Boulton *et al*, 2012), pages 167-192.

RASTIER, F. (2001). Eléments de théorie des genres. *Texto !* juin 2001 [en ligne]. <http://www.revue-texto.net/Inedits/Rastier/Rastier_Elements.html> (Consulté le 12/04/2013).

REBEYROLLE, J. et TANGUY, L. (2001). Repérage automatique de structures linguistiques en corpus : le cas des énoncés définitoires. *Cahiers de Grammaire* 25, pages 153-174.

SABER, A. (2012). Phraseological patterns in a large corpus of biomedical articles. *In Corpus-informed research and learning in ESP: Issues and applications* (Boulton *et al*, 2012), pages 45-82.

SIDDHARTHAN, A. et TEUFEL, S. (2007). Whose Idea Was This, and Why Does it Matter? Attributing Scientific Work to Citations. *HLT-NAACL,* pages 316-323.

SINCLAIR, J., JONES, S. DALEY, R. (2004). English collocation studies: The OSTI report. Krishnamurthy (Ed.), London : Continuum.

SWALES, J. M. (1990/2004). Genre Analysis: English in Academic and Research Settings. Cambridge : Cambridge University Press.

SWALES, J. M. AND FEAK, C. B. (2004). Academic writing for graduate students: Essential tasks and skills, Second edition. Ann Arbor (MI): U. of Michigan Press.

TEUFEL, S. (1998). Meta-discourse markers and problem-structuring in scientific articles. *Workshop on Discourse Structure and Discourse Markers*, ACL 1998, Montreal.

TEUFEL, S., CARLETTA, J. et MOENS, M. (1999). An annotation scheme for discourse-level argumentation in research articles. *EACL*. pages 110-117.

TEUFEL, S., SIDDHARTHAN, A. et TIDHAR, D. (2006). Automatic classification of citation function. *EMNLP,* pages 103-110.

TUTIN A., GROSSMANN F., FALAISE A., KRAIF O. (2009). Autour du projet Scientext : étude des marques linguistiques du positionnement de l'auteur dans les écrits scientifiques. *Journées Linguistique de Corpus*. Lorient.

TUTIN, A. et GROSSMANN, F., éditeurs (à paraitre). Autour du corpus Scientext : de la constitution d'un corpus d'écrits scientifiques à l'étude des marques du positionnement et du raisonnement. Presses Universitaires de Rennes.

# Construction d'un large corpus écrit libre annoté morpho-syntaxiquement en français

Nicolas Hernandez Florian Boudin
Université de Nantes
nicolas.hernandez@univ-nantes.fr, florian.boudin@univ-nantes.fr

RÉSUMÉ
Cet article étudie la possibilité de créer un nouveau corpus écrit en français annoté morpho-syntaxiquement à partir d'un corpus annoté existant. Nos objectifs sont de se libérer de la licence d'exploitation contraignante du corpus d'origine et d'obtenir une modernisation perpétuelle des textes. Nous montrons qu'un corpus pré-annoté automatiquement peut permettre d'entraîner un étiqueteur produisant des performances état-de-l'art, si ce corpus est suffisamment grand.

ABSTRACT
**Construction of a Free Large Part-of-Speech Annotated Corpus in French**

This paper studies the possibility of creating a new part-of-speech annotated corpus in French from an existing one. The objectives are to propose an exit from the restrictive licence of the source corpus and to obtain a perpetual modernisation of texts. Results show that it is possible to train a state-of-the-art POS-tagger from an automatically tagged corpus if this one is large enough.

MOTS-CLÉS : corpus arboré, construction de corpus, étiquetage morpho-syntaxique.

KEYWORDS: French treebank, Building a corpus, Part-of-Speech Tagging.

## 1 Introduction

L'entraînement et le test de systèmes statistiques de Traitement Automatique des Langues (TAL) requièrent la disponibilité de larges corpus annotés (Hajičová et al., 2010). Force est de constater que la communauté scientifique est pauvre en corpus écrits en français librement accessibles, annotés en quantité et en qualité suffisantes avec des analyses linguistiques structurelles (segmentation des textes en titres, paragraphes, phrases et mots), morpho-syntaxiques (parties du discours, lemme, genre, nombre, temps...) et syntaxiques (en constituants et en dépendances) qui constituent les pré-traitements de la plupart des applications du TAL. Nous reprenons ainsi à notre compte des propos énoncés près de dix ans plus tôt dans (Salmon-Alt et al., 2004). Dans cet article nous nous intéressons à l'entraînement d'étiqueteurs morpho-syntaxiques pour traiter des écrits en français ainsi qu'à la construction des corpus annotés associés.

Parmi les corpus écrits annotés et en français que nous recensons, nous comptons *PAROLE*[1] et *MULTEXT JOC*[2] (Véronis et Khouri, 1995), le *French Treebank* (P7T) (Abeillé et al., 2003), la base

1. http://catalog.elra.info/product_info.php?products_id=565
2. http://catalog.elra.info/product_info.php?products_id=534

*FREEBANK* (Salmon-Alt et al., 2004) et le récent corpus *Sequoia* [3] (Candito et Seddah, 2012). Excepté la *FREEBANK*, ces corpus sont toujours accessibles aujourd'hui via un guichet sur le Web. La *FREEBANK*, dont la motivation était le recueil collaboratif, la construction et le partage de corpus libres annotés en français a malheureusement disparu dans les limbes du Web [4] du fait de la difficulté d'acquisition de textes libres et du coût de réalisation d'une telle entreprise.

Le P7T [5] est probablement le corpus annoté le plus utilisé et le plus référencé, et ce essentiellement pour trois raisons : il est libre d'usage pour des activités de recherche, il bénéficie d'une analyse multi-niveaux (de la structure textuelle à la structure syntaxique en passant par des annotations en morphologie) et il compte près du double de mots annotés que tous les autres corpus disponibles réunis. En pratique ce corpus se compose d'articles journalistiques issus du journal Le Monde écrits dans les années 90, soit plus de 500 000 mots annotés. Ainsi (Candito et al., 2010a) utilisent la structure en constituants du P7T pour construire une structure en dépendances et permettre l'entraînement d'analyseurs syntaxiques statistiques en dépendance du français (Candito et al., 2010b). (Sagot et al., 2012) l'enrichissent avec des annotations référentielles en entités nommées. Tandis que (Danlos et al., 2012) projettent de l'utiliser comme base d'annotations discursives.

Il y a néanmoins quelques problèmes associés à l'utilisation du corpus P7T dans une optique de développement de systèmes statistiques de TAL.

1. Le premier problème concerne la faible adéquation du modèle théorique linguistique avec la tâche d'entraînement à laquelle on le destine. (Schluter et van Genabith, 2007; Crabbé et Candito, 2008) montrent qu'en remaniant certaines annotations syntaxiques et le jeu d'étiquettes, il est possible d'améliorer les performances des systèmes entraînés avec ce corpus. Un autre aspect du problème porte sur la notion de mots composés définie par les auteurs. Celle-ci est très large et a pour conséquence de rendre difficilement reproductible la segmentation du P7T par un système automatique non entraîné sur cette ressource. Cette conséquence conduit à s'interroger sur la pertinence d'utiliser des modélisations construites sur ce corpus pour traiter d'autres corpus. (Candito et Seddah, 2012), par exemple, décident de restreindre cette définition et d'aborder le traitement des formes les plus ouvertes (composés nominaux et verbaux) qu'au niveau syntaxique. En comparaison, le *Penn Treebank* [6], qui constitue la référence pour l'anglais-américain (Marcus et al., 1993; Gabbard et al., 2006), favorise un découpage en mots simples [7] en privilégiant la rupture pour les mots joints. Il est néanmoins important de rappeler que le P7T a initialement été créé avec une motivation différente de la nôtre aujourd'hui à savoir la construction de ressources lexicales de type dictionnaire [8].
2. Le second problème est plus technique et concerne la relative inadéquation du schéma XML de représentation des annotations pour des tâches automatiques ainsi que le manque de consistance de la structure d'annotation. La représentation des amalgames en deux éléments XML distincts qui se retrouvent distribués dans différentes configurations selon qu'ils se produisent en partie dans un mot composé est une situation difficile à traiter automatiquement car elle oblige à énumérer tous les cas possibles. Certains éléments n'ont pas systématiquement tous leurs attributs, d'autres ont des noms d'attribut erronés... Ces

3. https://www.rocq.inria.fr/alpage-wiki/tiki-index.php?page=CorpusSequoia
4. http://web.archive.org/web/20081215041844/http://freebank.loria.fr/
5. http://www.llf.cnrs.fr/Gens/Abeille/French-Treebank-fr.php
6. http://www.ldc.upenn.edu/Catalog/catalogEntry.jsp?catalogId=LDC99T42
7. http://www.cis.upenn.edu/~treebank/tokenization.html
8. http://www.llf.cnrs.fr/Gens/Abeille/guide-morpho-synt.02.pdf

inconsistances sont relevées dans de nombreux travaux (Arun et Keller, 2005; Schluter et van Genabith, 2007; Green et al., 2011; Candito et Seddah, 2012; Boudin et Hernandez, 2012) qui militent en faveur d'une amélioration voire d'une réorganisation de la structure du P7T avant de pouvoir l'utiliser dans toute étude sérieuse.

3. Généralement les mêmes auteurs ont aussi observés des inconsistances au niveau d'annotations. Certains, comme (Schluter et van Genabith, 2007; Boudin et Hernandez, 2012), mettent en oeuvre des techniques automatiques pour détecter et corriger des erreurs d'étiquetage morpho-syntaxique. Le nombre d'erreurs de ce type est souvent minime ramené au nombre de mots annotés. Sur les 628 767 tokens mots considérés dans (Boudin et Hernandez, 2012) par exemple, seulement 169 ont été considérés comme ayant une erreur d'étiquette. Le corpus étant construit semi-automatiquement (d'abord analysé automatiquement puis validé manuellement), ce type de problème illustre le fait que la validation humaine ne garantie pas l'absence d'erreurs sur un large corpus.

4. Le quatrième problème que nous relevons résulte d'un parti pris que nous prenons [9]. Nous estimons en effet que sa licence d'exploitation n'est pas adaptée pour favoriser son utilisation dans le monde de la recherche. Bien que la licence permette des utilisations avec des outils propriétaires et à des fins commerciales moyennant finance, elle n'autorise pas la modification et la diffusion libre des modifications du corpus. Cela a pour principale conséquence de ralentir voire de décourager les contributions extérieures et l'amélioration de la ressource (par exemple pour corriger les problèmes précédemment cités).

5. Les données annotées sont des textes mono-genres vieux de près de vingt ans encodés en ISO-8859-1. On peut se poser la question de la robustesse et de la précision des systèmes entraînés sur ceux-ci pour traiter des textes plus récents (qui présentent de nouveaux phénomènes linguistiques et des caractères encodés en UTF-8, qui est le standard de facto aujourd'hui pour encoder des textes en français) et/ou de genre différent.

6. Même s'il constitue le plus gros corpus annoté disponible pour le français, on peut s'interroger sur la représentativité d'un corpus d'un demi-million de mots pour la construction de systèmes automatiques. A titre de comparaison, le *Penn Treebank* compte en corpus écrits près de 2,4 millions de mots annotés morphologiquement et syntaxiquement et couvrent le domaine journalistique (*Wall Street Journal*) et l'anglais général (*Brown*).

Comparativement, *PAROLE* et *MULTEXT JOC* ont aussi des licences restrictives, le *Sequoia* offre quant à lui le plus de libertés [10] aux utilisateurs. Aucun des corpus n'est de taille comparable à celle du P7T. Ils comptent respectivement 250 000, 200 000 et 72 311 mots annotés morpho-syntaxiquement. Excepté en partie pour le *Sequoia*, les textes datent des années 80 et 90.

Dans cet article, nous ré-ouvrons la question de la construction de corpus annotés libres en français. Une conjoncture à la fois sociétale, politique, technique et scientifique nous y conduit. En effet nous bénéficions aujourd'hui d'au moins deux sources de contenu libres et multilingues, en croissance perpétuelle et comptant déjà plusieurs millions de mots, à savoir les projets de

9. Nous nous situons dans une démarche de recherche scientifique «ouverte» (Nielsen, 2011).
10. LGPL-LR (Lesser General Public License For Linguistic Resources). Les auteurs ne précisent pas l'objet désigné par la licence. Celle-ci doit se restreindre aux annotations produites et ne peut comprendre les textes. Le corpus est composé de textes de quatre origines. On note que le journal Est Républicain diffusé par le CNRTL est sous licence CC-BY-NC-SA 2.0 FR qui par sa clause de non-diffusion commerciale s'oppose à la LGPL-LR. La licence de wikipedia (CC-BY-SA 3.0) ne semble pas contredire cette licence. La licence de Europarl et de EMEA manque de précision sur les droits d'usage mais autorise la reproduction.

la Wikimedia Foundation [11] (*Wikipedia*, *Wikinews*...) et les actes du Parlement Européen [12] (*Europarl*) tels que remaniés par (Koehn, 2005). Nous nous intéresserons ici aux écrits en français de *Wikinews* et de *Europarl*. La version en français de Janvier 2013 de *Wikinews* compte plus de 28 000 articles d'actualité (soit plus de 2,5 millions de mots sur près de 90 000 phrases) et couvre une période s'étalant de Janvier 2005 à nos jours. La section en français de la version 7 (mai 2012) du corpus *Europarl* compte, quant à elle, plus de 61,5 millions de mots (plus de 2 millions de phrases) et couvre une période s'étalant de 1996 à 2011. Les textes du premier sont disponibles sous licence [13] *Creative Commons Attribution 2.5 (CC-BY 2.5)* (les versions antérieures à Septembre 2005 sont dans le domaine public) qui permet à l'utilisateur d'utiliser, de modifier et de diffuser la ressource et ses modifications comme il le souhaite moyennant l'obligation d'en citer l'auteur. Les textes du second sont libres de reproduction [14].

Dans les sections suivantes, nous nous interrogeons sur la possibilité d'exploiter des données pré-annotées automatiquement pour construire un système ayant des performances similaires à des systèmes entraînés sur des données validées manuellement. Nous proposons notamment d'observer comment la taille des données pré-annotées automatiquement peut jouer un rôle dans la performance d'un étiqueteur morpho-syntaxique entraîné sur celles-ci.

# 2 Cadre expérimental

Dans cette section, nous présentons les données, le jeu d'étiquettes et l'étiqueteur que nous utilisons (section 2.1). Nous présentons aussi les pré-traitements opérés sur les données pour les exploiter (sections 2.2 et 2.3) ainsi que le protocole d'évaluation de nos expériences (section 2.4).

## 2.1 Données, jeu d'étiquettes et étiqueteur

Pour nos expérimentations nous utilisons tour à tour le corpus P7T comme données d'entraînement et de test. Le corpus *Sequoia* est aussi utilisé selon les expériences.

Nous utilisons les parties en français du *Wikinews* et d'*Europarl* comme données non étiquetées. Nous filtrons les phrases courtes (i.e. inférieures à 5 tokens) de chaque document et nettoyons la syntaxe wiki de *Wikinews*. L'ensemble de données ainsi généré possède plusieurs avantages. Tout d'abord, *Wikinews* est du même genre que le P7T (journalistique). La différence de genre avec *Europarl* permet de discuter de la portabilité de l'approche à des genres différents. Ensuite ces corpus possèdent une taille bien supérieure au P7T ; environ quatre fois supérieure pour *Wikinews* et soixante fois pour *Europarl*. Enfin la licence associée à ces ressources permettent de les distribuer librement accompagnées des annotations que nous générons.

Le jeu de catégories morpho-syntaxiques que nous utilisons est celui mis ou point par (Crabbé et Candito, 2008), contenant 28 catégories qui combinent différentes valeurs de traits morpho-syntaxiques du P7T. Outre le fait que ce jeu soit plus complet que les catégories du P7T, qui

11. `http://wikimediafoundation.org`
12. `http://www.statmt.org/europarl/`
13. `http://dumps.wikimedia.org/legal.html`
14. «Except where otherwise indicated, reproduction is authorised, provided that the source is acknowledged.» `http://www.europarl.europa.eu/guide/publisher/default_en.htm`

elles sont au nombre de 13, les auteurs montrent que les performances d'un étiqueteur entraîné sur de telles annotations sont meilleures. Par ailleurs, son utilisation facilite l'accès à d'autres ressources tels que les analyseurs syntaxiques statistiques en dépendance du français qui ont déjà été développés à partir de ce jeu d'étiquettes [15] (MaltParser, MSTParser, Berkeley Parser) (Candito et al., 2010b). Par la suite nous ferons référence à ce jeu d'étiquette par le nom P7T+. Par abus ce nom désignera aussi le corpus P7T avec des étiquettes converties en P7T+.

En ce qui concerne l'étiqueteur morpho-syntaxique que nous avons utilisé pour nos expériences, il s'agit de la version 3.1.3 du *Stanford POS Tagger* (Toutanova et al., 2003). Ce système utilise un modèle par maximum d'entropie, et peut atteindre des performances au niveau de l'état-de-l'art en français (Boudin et Hernandez, 2012). Nous utilisons un ensemble standard [16] de traits bidirectionnels sur les mots et les étiquettes.

## 2.2 Segmentation en mots

Le P7T fournit des analyses linguistiques qui reposent sur une segmentation en mots simples et en mots composés. Les mots composant les composés (nous appelons «mots composants» les mots qui composent les mots composés) sont signalés mais seulement un sous-ensemble bénéficie d'une catégorie grammaticale et aucun d'eux ne bénéficie des autres traits (sous-catégorie, flexions morphologiques et lemme). Excepté le lemme, ces traits sont requis pour la conversion en P7T+.

La notion de composé dans le P7T est très large (cf. note 8). La composition se justifie par des critères aussi bien graphiques que morphologiques, syntaxiques et sémantiques. La segmentation en unités lexicales n'est pas un problème trivial. De nombreuses marques de ponctuation (apostrophe, virgule, tiret, point et espace) sont ambiguës, et suivant la situation, jouent le rôle de joint ou de séparateur. Cela conduit la majorité des systèmes de segmentation (Benoît et Boullier, 2008; Nasr et al., 2010; Constant et al., 2011) à exploiter, en complément de règles générales, des listes de formes finies ou régulières à considérer comme unités lexicales. La segmentation en composés du P7T résulte d'un processus d'annotation à la fois manuel et à base de lexiques non précisément référencés. Outre la difficulté à reproduire automatiquement cette segmentation, il n'y a pas d'enjeu à chercher à le faire car celle-ci est avant tout ad hoc à une période et un genre de textes. Motivés par la volonté d'entraîner des analyseurs robustes afin de pouvoir traiter des textes pour lesquels des dictionnaires de mots composés ne seraient pas disponibles, nous avons souhaité nous abstraire au maximum de la notion de composé du P7T. Nous n'avons ainsi considéré comme unités lexicales que les composés consistant en des unités graphiques exemptes d'espace ou ceux consistant en des formes numérales régulières (e.g. «20 000», «50,12», «deux cent vingt-et-un»), lesquelles peuvent admettre des espaces. Certains mots composants sont donc amenés à être considérés comme unités lexicales. Il en découle le besoin de déterminer les traits morpho-syntaxiques manquants de ceux-ci afin de pouvoir leur affecter une étiquette P7T+ (cf. section 2.3). Le P7T compte 6 791 lemmes distincts de mots composés qui ne sont pas des unités graphiques (i.e. ne contenant pas d'espace) soient 26 648 occurrences. 1 892 de ces lemmes de mots composés ont au moins un de leur composant sans étiquette grammaticale. Cela représente 7 795 occurrences. 1 106 n'ont aucune étiquette à leurs composants.

Pour les données autres que le P7T, nous utilisons dans nos expériences le segmenteur KEA [17].

15. `http://alpage.inria.fr/statgram/frdep/fr_stat_dep_parsing.html`
16. Nous avons utilisé la macro `generic,naacl2003unknowns` décrite dans (Toutanova et al., 2003).
17. `https://github.com/boudinfl/kea`

## 2.3 Révision et extension du P7T

Afin de faciliter le traitement automatique ultérieur du P7T, nous réalisons des opérations de révision et d'extension de la forme et du contenu. Nous envisageons à terme la construction de modélisations de toutes les informations disponibles dans le P7T pour des systèmes prédictifs statistiques. Nous avons jugé compliquées les situations où l'extraction de certaines informations nécessite des travaux d'analyse dédiées (que cela soit des analyses de valeurs d'attributs ou des manipulations de la modélisation objet des documents (DOM) pour obtenir différents fragments d'une même information).

Concernant les opérations visant la validation [18], l'homogénéisation et la simplification de la structure XML des documents (second type de problèmes recensé à la section 1), nous avons par exemple fusionné les éléments XML composant les amalgames [19] en un seul élément de manière similaire à (Candito et Seddah, 2012) (19 489 fusions). Nous avons explicité les caractéristiques morphologiques de chaque mot par des attributs propres (genre, nombre, temps, personne...). Nous avons fait diverses corrections pour valider les documents comme l'ajout d'attributs manquant (e.g. 3166 attribut `compound` ajoutés) et le renommage d'attribut (e.g. 3 726 attributs `cat` corrigés en `catint`).

Concernant les opérations de modification de contenu, la segmentation en tokens mots originale et le contenu textuel du P7T ont été épargnés. De même, les corrections d'erreurs triviales d'étiquetage ont été considérées à la marge pour cette étude. Les opérations se sont concentrées d'une part sur la détermination des traits morpho-syntaxiques (catégorie grammaticale, sous-catégorie, flexion morphologique et lemme) des mots composant les mots composés, et d'autre part sur l'attribution à chaque mot de l'étiquette grammaticale du jeux d'étiquettes du P7T+ correspondant à ses attributs. Ces deux types d'opérations, dont le détail est présenté respectivement dans les deux paragraphes suivants, visent à traiter le premier type de problèmes recensé à la section 1 ; en particulier la détermination des traits morpho-syntaxiques est une étape nécessaire à l'affectation d'une étiquette P7T+ aux mots composants (cf. section 2.2).

Le processus de détermination des traits manquants pour les mots composants repose sur l'observation des séquences de traits associées aux occurrences des composés, aux séquences de mots simples correspondant aux composants des composés, ainsi que sur l'observation des traits associés individuellement à chaque mot du corpus. Notre approche tente d'abord une résolution avec des statistiques globales et s'appuie ensuite sur des traits locaux au composé en cas d'ambiguïté au niveau global. Sur les 1 892 lemmes de composés incomplets que nous observons, nous proposons une solution à 1 736 (3 009 occurrences).

Le processus d'attribution à chaque mot d'une étiquette du P7T+ exploite les traits catégorie, sous-catégorie et flexion morphologique des mots. Pour ce faire, nous nous sommes appuyés sur la table de conversion énoncée par (Crabbé et Candito, 2008) ainsi que sur la documentation de l'étiqueteur morpho-syntaxique MELT (Denis et Sagot, 2010) pour compléter quelques règles manquantes [20]. 31 règles réalisent la conversion. Sur les 679 584 mots (simples, composés et composants) que compte le P7T, la procédure attribue une étiquette P7T+ à 664 240 mots ;

18. Seulement 27 des 44 fichiers composant la section *tagged* (étiqueté grammaticalement) de la version de Janvier 2012 sont valides (c'est-à-dire vérifient la spécification définie par le schéma NG fourni par les auteurs.)

19. Les amalgames sont des unités lexicales décrite par une unité graphique mais composés deux catégories grammaticales (e.g. "du" pour "de+le", "auxquel" pour "à+lequel").

20. Un mot de catégorie "Nom" et de sous-catégorie "cardinal" (million, huit, 2001...) est converti en nom commun. L'étiquette "préfix" ne change pas, comme celle des amalgames après fusion de ses sous-éléments.

15 344 sont donc indéfinis. Nos règles de conversion, testées sur les annotations P7T du corpus *Sequoia*, produisent les mêmes [21] annotations P7T+ que le corpus met aussi à disposition.

En pratique les différentes opérations ont été mises en oeuvre via des règles [22] plus ou moins générales exprimées sur le DOM des documents. Les opérations de comptage requises par certaines stratégies ont été réalisés sur tout le corpus et non seulement sur chaque document.

## 2.4 Protocole d'évaluation

Notre objectif est d'évaluer les performances d'un étiqueteur morpho-syntaxique construit sur des données pré-annotées automatiquement par rapport à un étiqueteur construit sur des données validées manuellement. Notre méthodologie est présentée à la figure 1. La première étape consiste à produire l'ensemble de données d'entraînement. Pour cela, nous utilisons le *Stanford POS tagger* avec un modèle entraîné sur le P7T+ pour annoter un large corpus de données non-étiquetées. Cet ensemble de données est noté CORPUS^POS après qu'il ait été étiqueté morpho-syntaxiquement. Nous l'utilisons alors dans une deuxième étape pour entraîner un nouveau modèle. La performance du modèle créé à partir de CORPUS^POS est ensuite évaluée sur le P7T+.

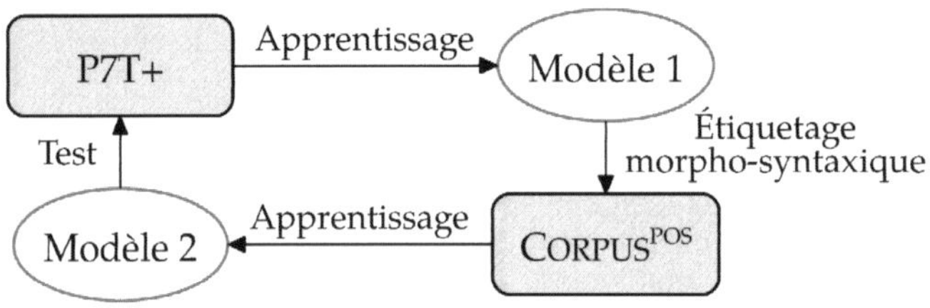


FIGURE 1 – Apprentissage d'un modèle à partir de données automatiquement annotées.

Afin d'étudier l'impact de la taille du corpus d'entraînement sur la performance de l'étiquetage morpho-syntaxique, nous avons entraîné différents modèles en utilisant des portions de CORPUS^POS représentant un facteur $x$ du nombre de phrases de P7T+. Ici, nous utilisons *Wikinews* et *Europarl* en français comme CORPUS. Pour *Wikinews*, nous avons testé les facteurs allant de 1 à 4 fois le nombre de phrases de P7T+ (4 étant la limite que nous pouvions atteindre avec le nombre de phrases contenu dans *Wikinews*). Pour *Europarl*, nous avons exploré jusqu'au facteur 16.

Trois mesures d'évaluation sont considérées comme pertinentes pour nos expériences : la précision sur les tokens, la précision sur les phrases (nombre de phrases dans lesquelles tous les tokens ont été correctement étiquetés par rapport au nombre de phrases total) et la précision sur les mots inconnus (calculée à partir des tokens n'apparaissant pas dans l'ensemble d'entraînement).

21. 108 mots obtiennent une étiquette différente de celle attribuée par les auteurs du *Sequoia*, à savoir une étiquette désignant une valeur indéfinie. En y regardant d'un peu plus près nous avons constaté que cela concernait en fait 22 formes distinctes et que ces formes étaient ambiguës et pouvaient correspondre à des noms communs ou bien à des adverbes négatifs (e.g. 34 «personnes ?», 37 «points ?»). En creusant davantage, nous avons constaté un problème d'annotation. Ces mots étaient annotés en tant que nom (catégorie «N») mais possédaient une sous-catégorie «NEG» propre aux adverbes. La description incomplète de certains traits semblent être aussi la raison de l'attribution d'une étiquette indéfinie. C'est le cas de verbes («aboutisse, «agrandisse», «remplisse») dont le mode n'est pas précisé. Indirectement notre système a permis ainsi de détecter des erreurs d'inconsistances dans le *Sequoia*.

22. L'outil de révision et d'extension est librement disponible sur `https://sites.google.com/site/nicolashernandez/resources`

# 3 Expériences

Cette section présente les expériences que nous avons menées. Nous rapportons d'abord la performance d'un étiqueteur état-de-l'art construit sur des données manuellement validées (section 3.1). Puis nous rapportons les performances observées pour différentes tailles de données d'entraînement annotées automatiquement et ce pour des corpus d'entraînement de deux genres différents (sections 3.2 et 3.2). Enfin nous rapportons les performances de ces étiqueteurs construits sur des données non validées sur un corpus sans aucun lien de filiation connu (section 3.3). Le modèle et les traits d'entraînement de ces étiqueteurs sont présentés à la section 2.1.

## 3.1 Performance d'un étiqueteur état-de-l'art

La première expérience que nous avons menée porte sur l'évaluation du *Stanford POS Tagger* sur l'ensemble de données P7T+. Il s'agit de connaître la performance maximale que peut obtenir le système lorsqu'il est entraîné sur des données qui ont été manuellement validées. Les résultats que nous présentons ici ont été obtenus en validation croisée en 10 strates. L'écart type ($\sigma$) des scores calculés sur les différentes strates est également reporté. Les résultats sont présentés dans la table 1. Le *Stanford POS Tagger* obtient une précision moyenne de 96,93% sur les tokens et de 50,03% sur les phrases. Ces résultats sont conformes à l'état-de-l'art des méthodes n'utilisant pas de ressources externes (Crabbé et Candito, 2008). Il faut cependant noter que les scores présentés ne sont pas directement comparables aux approches précédentes qui n'utilisaient pas une méthodologie d'évaluation en validation croisée.

| | **Précision** | **Min. - Max.** | **Écart type** |
|---|---|---|---|
| Tokens | 96,93 | 96,55 - 97,28 | 0,219 |
| Phrases | 50,03 | 47,08 - 52,41 | 1,888 |
| Mots inconnus | 85,44 | 82,04 - 87,67 | 1,661 |

TABLE 1 – Scores de précision sur les tokens, phrases et mots inconnus du *Stanford POS tagger* calculés à partir du P7T+ en validation croisée en 10 strates. Le minimum, le maximum et l'écart type des scores calculés sur les 10 strates sont également reportés.

## 3.2 Entraînement à partir de données automatiquement annotées

Dans une seconde série d'expériences, nous évaluons la performance d'une méthode d'étiquetage morpho-syntaxique entraînée à partir de données automatiquement annotées. Les résultats sont présentés dans la table 2. Le modèle entraîné sur la totalité de *Wikinews*$^{pos}$ obtient les meilleurs scores avec une précision moyenne de 96,97% sur les tokens et de 49,74% sur les phrases. Il s'agit d'un niveau de performance statistiquement comparable [23] à celui obtenu avec le modèle entraîné sur le P7T+ (décrit à la section 3.1). Ce résultat montre qu'il est possible, compte tenu de la taille des données manuellement annotées disponibles en français à ce jour, de créer un modèle d'étiquetage morpho-syntaxique tout aussi performant à partir de données automatiquement annotées.

23. $\rho > 0,1$ avec un t-test de Student.

| Entraînement | Préc. tokens | Préc. phrases | Préc. inconnus |
|---|---|---|---|
| *Wikinews*pos (1:1 P7T+) | 96,46 | 44,42 | **80,81** |
| *Wikinews*pos (2:1 P7T+) | 96,77 | 47,35 | 80,08 |
| *Wikinews*pos (3:1 P7T+) | 96,88 | 48,52 | 79,20 |
| *Wikinews*pos (4:1 P7T+) | **96,97**† | **49,57**† | 78,20 |

TABLE 2 – Scores de précision sur les tokens, phrases et mots inconnus du *Stanford POS tagger* entraîné à partir de *Wikinews* (annoté automatiquement) et évalué sur le P7T+. Le ratio entre la taille de l'ensemble d'entraînement et la taille du P7T+ est indiqué entre parenthèses. Les scores indiqués par le caractère † n'ont pas de différence statistiquement significative par rapport aux scores obtenus par le modèle entraîné sur le P7T+ ($\rho > 0{,}1$ avec un t-test de Student).

Il est intéressant de voir que la précision sur les tokens et les phrases est en constante augmentation par rapport à la taille du corpus d'entraînement et ce, malgré un nombre d'erreurs d'étiquetage automatique obligatoirement à la hausse. La précision moyenne sur les mots inconnus est quant à elle en diminution. Néanmoins, le nombre total d'erreurs commises sur les mots inconnus est en nette diminution (7128 mots inconnus mal étiquetés avec le modèle entraîné à partir d'un facteur 1 du P7T+ contre 5168 avec le modèle entraîné sur 100% *Wikinews*pos). On peut également constater qu'il faut une quantité bien plus importante de données automatiquement annotées que de données manuellement annotées, ici quatre fois plus, pour obtenir le même niveau de performance.

| Entraînement | Préc. tokens | Préc. phrases | Préc. inconnus |
|---|---|---|---|
| Europarlpos (1:1 P7T+) | 95,85 | 40,22 | 79,45 |
| Europarlpos (4:1 P7T+) | 96,53 | 45,51 | 77,46 |
| Europarlpos (8:1 P7T+) | 96,74 | 47,38 | 76,68 |
| Europarlpos (16:1 P7T+) | **96,93**† | **49,22**‡ | 75,81 |
| Sequoia | 93,99 | 28,42 | 83,49 |

TABLE 3 – Scores de précision sur les tokens, phrases et mots inconnus du *Stanford POS tagger* entraîné à partir de *Europarl* (annoté automatiquement) et Sequoia (validé manuellement) et évalué sur le P7T+. Le ratio entre la taille de l'ensemble d'entraînement et la taille du FTB+ est indiqué entre parenthèses. Les scores indiqués par le caractère † ($\rho > 0{,}1$ avec un t-test de Student) et ‡ ($\rho > 0{,}05$ avec un t-test de Student) n'ont pas de différence statistiquement significative par rapport aux scores obtenus par le modèle entraîné sur le P7T+.

La table 3 rapporte les résultats que nous obtenons avec le corpus *Europarl*pos. De par la différence de genre, il était attendu que les scores obtenus avec ce corpus soient moins élevés que ceux obtenus avec *Wikinews*pos. On note que, en comparaison avec *Wikinews*pos, il faut davantage de données de *Europarl*pos pour obtenir un niveau de performance acceptable. Plus exactement, il semble falloir quatre fois plus de données pour obtenir les mêmes performances. Ainsi avec 16 fois plus de données que le P7T+, on arrive à une performance significative similaire à un système état-de-l'art entraîné sur celui-ci. Malgré des scores de précisions moins élevés, on observe les mêmes tendances de progression quels que soient les scores. Bien que la précision sur les mots inconnus diminue, le nombre de mots inconnus mal étiquetés est également à la baisse.

Dans la même table, nous présentons à titre de comparaison les résultats obtenus par un modèle entraîné sur Sequoia, seul corpus librement disponible à ce jour. Les scores de précision de ce modèle évalué sur le P7T+ sont bien en dessous de ceux obtenus par les modèles entraînés sur Wikinews$^{pos}$ et *Europarl*$^{pos}$, avec une précision de 93,99% sur les tokens et de seulement 28,42% sur les phrases. Ces résultats confirment qu'un ensemble de données automatiquement annotées représente une alternative pertinente pour l'entraînement de modèles d'étiquetage morpho-syntaxique.

### 3.3 Performance sur un corpus sans lien de filiation

La troisième et dernière expérience que nous avons menée consiste à évaluer la performance des modèles entraînés à partir de *Wikinews*$^{pos}$ et du P7T+ sur un corpus autre que le *French TreeBank*. Pour cela nous avons choisi le corpus Sequoia. Ce dernier est composé de phrases provenant de quatre origines : Europarl français, le journal l'Est Républicain, Wikipedia Fr et des documents de l'Agence Européenne du Médicament (EMEA). Les résultats sont présentés dans la table 4.

D'une manière générale, les scores de précisions sont plus faibles que ceux observés sur le P7T+. La taille très restreinte de Sequoia (3204 phrases) ne permet cependant pas d'établir des conclusions. Les meilleurs scores sont obtenus sur les phrases provenant de l'Est Républicain et les moins bons sur celles provenant de documents de l'EMEA (domaine médical). Il s'agit d'un comportement normal puisque les modèles ont été construits à partir de phrases issues de documents journalistiques. Encore une fois, les résultats du modèle entraîné sur *Wikinews*$^{pos}$ sont très proches de ceux obtenus par le modèle entraîné sur le P7T+.

| Entraînement | Europarl | Est Rép. | Wikipedia | EMEA | Tout |
|---|---|---|---|---|---|
| FTB+ | 94,00 | **95,10** | 94,86 | 92,06 | 93,85 |
| Wikinews$^{pos}$ | 93,55 | **94,56** | 94,61 | 91,09 | 93,30 |

TABLE 4 – Scores de précision sur les tokens du *Stanford POS tagger* entraîné à partir de *Wikinews*$^{pos}$ et du FTB+ et évalué sur le Sequoia. Les scores de précision en fonction de l'origine des phrases sont également reportés.

# 4 Travaux connexes relatifs à la construction de corpus

La procédure d'annotation morpho-syntaxique de corpus repose en général sur une procédure en deux étapes[24] : d'abord une assignation automatique des étiquettes par un étiqueteur existant (étape aussi appelée «pré-annotation») et ensuite une révision de celles-ci par des annotateurs humains (Hajičová et al., 2010). On retrouve cette manière de précéder dans la construction des corpus *Penn Treebank* (Marcus et al., 1993), *PAROLE, MULTEXT JOC* (Véronis et Khouri, 1995), *French Treebank* (Abeillé et al., 2003), *FREEBANK* (Salmon-Alt et al., 2004), *TCOF-POS* (un corpus libre de français parlé) (Benzitoun et al., 2012) et *Sequoia* (Candito et Seddah, 2012).

24. Le processus de construction d'un corpus annoté est plus complexe et comprend notamment les étapes suivantes : sélection et constitution de la base de textes à annoter, définition du schéma d'annotation, mise en place du protocole de validation par les experts, entraînement et mesure du taux d'accord entre ceux-ci.

Cette phase de post-édition, connue comme étant toujours nécessaire, constitue une entreprise coûteuse en temps et pécuniairement. (Fort et Sagot, 2010) montrent néanmoins qu'il suffit d'un petit corpus d'entraînement pour construire un système produisant une pré-annotation de qualité suffisante pour permettre une annotation par correction plus rapide qu'une annotation manuelle. Dans ce travail, nous ne nous situons pas dans une perspective d'un post-traitement correctif manuel.

Différentes techniques ont été proposées pour rendre plus fiable l'assignation automatique d'étiquettes ainsi que pour faciliter le travail des annotateurs en détectant (voire en corrigeant) les erreurs d'annotation. En ce qui concerne l'assignation automatique, (Clark et al., 2003) utilisent deux étiqueteurs morpho-syntaxiques pour annoter de nouvelles données et étendre leur corpus d'entraînement avec une sélection de celles-ci. Leur idée consiste à sélectionner les phrases qui maximisent l'accord d'annotation entre les étiqueteurs et d'ajouter celles-ci aux données d'entraînement, puis de recommencer la procédure. Les auteurs constatent que le co-entraînement permet d'améliorer la performance des systèmes entraînés à partir d'une quantité de données manuellement annotée très faible. Cette approche trouve son utilité lorsque l'on dispose de peu de quantité de données annotés pour entraîner un système.

L'idée de combiner plusieurs étiqueteurs se retrouve dans d'autres travaux. (Loftsson et al., 2010), par exemple, entraînent cinq étiqueteurs sur un même corpus (le corpus *Icelandic Frequency Dictionary* (IFD)), et utilisent leur combinaison pour annoter un second corpus. La combinaison[25] se fait par vote à la majorité et par degré de confiance dans les étiqueteurs en cas d'égalité. Le résultat de cette combinaison est ensuite sujet à la détection d'erreurs en utilisant la détection d'incohérences entre un étiquetage en constituants fourni par un outil tiers et l'étiquetage morpho-syntaxique des mots contenus dans les constituants (Loftsson, 2009). La correction effective des erreurs est ensuite réalisée manuellement. Les auteurs montrent que la combinaison des étiqueteurs permet d'augmenter la précision de l'étiquetage comparativement aux performances individuelles de chacun des étiqueteurs. La raison invoquée pour expliquer le phénomène est que les différents étiqueteurs produisent différentes erreurs et que cette différence peut souvent être exploitée pour conduire à de meilleurs résultats.

Sur le français, le travail qui se rapproche le plus de ces efforts est celui de (Dejean et al., 2010) pour qui le développement d'un corpus annoté morpho-syntaxiquement reste avant tout un moyen d'atteindre leur objectif : construire un étiqueteur morpho-syntaxique libre du français. Les auteurs observent (après alignement des jeux d'étiquettes) les divergences d'annotations des étiqueteurs de (Brill, 1994) (BRILL) et de (Schmid, 1994) (TREETAGGER). Ces observations les conduisent à émettre des règles correctives sur le résultat de la combinaison de ces étiqueteurs, qu'ils utilisent pour entraîner un étiqueteur état-de-l'art. Leurs expérimentations sont réalisées sur un corpus de près de 500 000 mots construit à partir d'extraits de Wikipédia, Wikiversity et Wikinews. L'étiqueteur est entraîné sur une partie du corpus et ses résultats sont comparés sur une autre partie par rapport aux sorties produites par l'étiqueteur BRILL. Le fait que la mise au point des étiqueteurs BRILL et TREETAGGER n'aient pas été réalisée sur un même corpus ainsi que l'absence de corpus de référence pour évaluer les étiquetages produits, rendent difficile l'interprétation de ces résultats.

Afin d'assister la tâche de correction de corpus annotés, (Dickinson et Meurers, 2003) proposent, dans le cadre du projet DECCA[26], de s'appuyer sur l'observation des variations d'annotations

25. http://combitagger.sourceforge.net
26. http://decca.osu.edu

associées à un même $n$-gramme de mots pour trouver des erreurs d'étiquetage. L'hypothèse qu'ils font est qu'un mot ambigu peut avoir différentes étiquettes dans différents contextes mais plus ses contextes d'occurrences sont similaires, plus rare devrait être la variation d'étiquetage ; et par conséquent plus grande devrait être la probabilité qu'il s'agisse d'une erreur. Appliqué sur le corpus du Wall Street Journal (WSJ), il observe que 97,6% des variations ramenées pour des $n$-grammes de taille supérieure à 6 constituent des erreurs effectives.

Poursuivant le même objectif, (Loftsson, 2009) s'appuie sur cette technique ainsi que sur deux autres : le vote de plusieurs étiqueteurs automatiques et la cohérence de l'étiquetage morpho-syntaxique des mots en regard d'une analyse en constituants des phrases. Il observe que ces techniques permettent individuellement de détecter des erreurs et qu'elles agissent en complémentarité ; ce qui lui permet de corriger manuellement 0,23% (1 334 tokens mots) du corpus IFD. Nous notons que les deux premières techniques ne sont pas dépendantes de la langue mais que la dernière repose sur l'écriture de règles ad'hoc issues de l'observation des données.

(Boudin et Hernandez, 2012) appliquent sur le P7T des techniques de détection d'erreurs fondées sur les travaux de (Dickinson et Meurers, 2003) ainsi que des heuristiques pour assigner automatiquement des étiquettes morpho-syntaxiques aux mots composants. Ils montrent que ces corrections améliorent les performances de systèmes d'étiquetage état-de-l'art.

# 5 Conclusion et perspectives

Dans cet article nous montrons qu'à partir d'une certaine quantité de données pré-annotées automatiquement il est possible d'entraîner des étiqueteurs morpho-syntaxiques qui produisent des résultats équivalents à des systèmes entraînés sur des données validées manuellement. La conséquence directe de ce résultat découle de la nature des données utilisées pour ces expériences (à savoir *Wikinews* et *Europarl*) : il est possible de construire un corpus libre annoté morpho-syntaxiquement offrant une modernisation perpétuelle des textes et qui puisse servir de base pour entraîner des étiqueteurs morpho-syntaxiques statistiques produisant des analyses état-de-l'art.

Les perspectives à ce travail sont triples : d'abord confirmer la qualité de l'étiquetage automatique des annotations morpho-syntaxiques du corpus ainsi construit, ensuite étendre les annotations du corpus à d'autres niveaux d'analyse, et enfin diffuser librement la ressource par un moyen qui permette un enrichissement collaboratif. Concernant l'amélioration de la qualité d'étiquetage, (Schluter et van Genabith, 2007; Loftsson et al., 2010; Boudin et Hernandez, 2012) ont montré des pistes pour la détection et la correction d'erreurs par des procédures automatiques en utilisant la détection de variations d'étiquetage ou la combinaison de multiples étiqueteurs. Concernant l'extension du corpus à d'autres niveaux d'analyses, (Candito et Seddah, 2012) utilisent pour le projet Sequoia différentes techniques pour pré-annoter automatiquement le niveau syntaxique avec des analyses en constituants et en dépendances. Les solutions mises en oeuvre dans le projet DECCA (cf. note 26) permettent d'envisager la détection d'erreurs à ces niveaux. L'une des difficultés sera de voir s'il est possible d'automatiser certaines corrections comme dans (Boudin et Hernandez, 2012) ainsi que de voir si la taille des données annotées a une incidence sur la qualité des systèmes entraînés. L'enjeu de la mise au point de telles techniques est énorme puisqu'il s'agit de pouvoir offrir à la communauté un large corpus annoté croissant continuellement sous une licence d'exploitation offrant à l'utilisateur le droit de copier, modifier et utiliser la ressource pour la finalité qu'il souhaite.

# Références


ABEILLÉ, A., CLÉMENT, L. et TOUSSENEL, F. (2003). Building and using Parsed Corpora, chapitre Building a treebank for French. Language and Speech series, Kluwer, Dordrecht.

ARUN, A. et KELLER, F. (2005). Lexicalization in crosslinguistic probabilistic parsing : The case of French. In Proceedings of the 43rd Annual Meeting of the Association for Computational Linguistics (ACL'05), pages 306–313, Ann Arbor, Michigan.

BENOÎT, S. et BOULLIER, P. (2008). Sxpipe 2 : architecture pour le traitement pré-syntaxique de corpus bruts. Traitement Automatique des Langues, 49(2):155–188.

BENZITOUN, C., FORT, K. et SAGOT, B. (2012). TCOF-POS : un corpus libre de français parlé annoté en morphosyntaxe. In Actes de la conférence conjointe JEP-TALN-RECITAL, pages 99–112, Grenoble, France. Quaero.

BOUDIN, F. et HERNANDEZ, N. (2012). Détection et correction automatique d'erreurs d'annotation morpho-syntaxique du french treebank. In Proceedings of the Joint Conference JEP-TALN-RECITAL 2012, volume 2 : TALN, pages 281–291, Grenoble, France. ATALA/AFCP.

BRILL, E. (1994). Some advances in rule-based part of speech tagging. In Proceedings of the Twelfth National Conference on Artificial Intelligence (AAAI), pages 722–727.

CANDITO, M. et SEDDAH, D. (2012). Le corpus Sequoia : annotation syntaxique et exploitation pour l'adaptation d'analyseur par pont lexical. In 19e conférence sur le Traitement Automatique des Langues Naturelles, Grenoble, France.

CANDITO, M.-H., CRABBÉ, B. et DENIS, P. (2010a). Statistical french dependency parsing : Treebank conversion and first results. In Proceedings of LREC, Valletta, Malta.

CANDITO, M.-H., NIVRE, J., DENIS, P. et ANGUIANO, E. H. (2010b). Benchmarking of statistical dependency parsers for french. In COLING'2010 (poster session), Beijing, China.

CLARK, S., CURRAN, J. et OSBORNE, M. (2003). Bootstrapping pos-taggers using unlabelled data. In DAELEMANS, W. et OSBORNE, M., éditeurs : Proceedings of the Seventh Conference on Natural Language Learning at HLT-NAACL 2003, pages 49–55.

CONSTANT, M., TELLIER, I., DUCHIER, D., DUPONT, Y., SIGOGNE, A. et BILLOT, S. (2011). Intégrer des connaissances linguistiques dans un CRF : application à l'apprentissage d'un segmenteur-étiqueteur du français. In Actes de la 18e conférence sur le Traitement Automatique des Langues Naturelles (TALN'2011), Montpellier, France.

CRABBÉ, B. et CANDITO, M. (2008). Expériences d'analyse syntaxique statistique du français. In Actes de la 15ème conférence sur le Traitement Automatique des Langues Naturelles (TALN), Avignon, France.

DANLOS, L., ANTOLINOS-BASSO, D., BRAUD, C. et ROZE, C. (2012). Vers le FDTB : French Discourse Tree Bank. In Actes de la 19e conférence sur le Traitement Automatique des Langues Naturelles (TALN), pages 471–478, Grenoble, France.

DEJEAN, C., FORTUN, M., MASSOT, C., POTTIER, V., POULARD, F. et VERNIER, M. (2010). Un étiqueteur de rôles grammaticaux libre pour le français intégré à Apache UIMA. In Actes de la 17e Conférence sur le Traitement Automatique des Langues Naturelles, Montréal, Canada.

DENIS, P. et SAGOT, B. (2010). Exploitation d'une ressource lexicale pour la construction d'un étiqueteur morpho-syntaxique état-de-l'art du français. In Actes de la 17e conférence sur le Traitement Automatique des Langues Naturelles (TALN'2010), Montréal, Canada.

DICKINSON, M. et MEURERS, W. D. (2003). Detecting errors in part-of-speech annotation. In Proceedings of the 10th Conference of the European Chapter of the Association for Computational Linguistics (EACL-03), pages 107–114, Budapest, Hungary.

FORT, K. et SAGOT, B. (2010). Influence of pre-annotation on pos-tagged corpus development. In Proceedings of the Fourth Linguistic Annotation Workshop, pages 56–63, Uppsala, Sweden. Association for Computational Linguistics.

GABBARD, R., MARCUS, M. et KULICK, S. (2006). Fully parsing the penn treebank. In Proceedings of the main conference on Human Language Technology Conference of the North American Chapter of the Association of Computational Linguistics, HLT-NAACL '06, pages 184–191, Stroudsburg, PA, USA. Association for Computational Linguistics.

GREEN, S., de MARNEFFE, M.-C., BAUER, J. et MANNING, C. D. (2011). Multiword expression identification with tree substitution grammars : A parsing tour de force with french. In EMNLP.

HAJIČOVÁ, E., ABEILLÉ, A., HAJIČ, J., MIROVSKÝ, J. et UREŠOVÁ, Z. (2010). Handbook of Natural Language Processing, chapitre Treebank Annotation. Chapman & Hall/CRC.

KOEHN, P. (2005). Europarl : A parallel corpus for statistical machine translation. In MT Summit.

LOFTSSON, H. (2009). Correcting a POS-tagged corpus using three complementary methods. In Proceedings of the 12th Conference of the European Chapter of the ACL (EACL 2009), pages 523–531, Athens, Greece. Association for Computational Linguistics.

LOFTSSON, H., YNGVASON, J. H., HELGADÓTTIR, S. et RÖGNVALDSSON, E. (2010). Developing a pos-tagged corpus using existing tools. In Proceedings of LREC.

MARCUS, M. P., MARCINKIEWICZ, M. A. et SANTORINI, B. (1993). Building a large annotated corpus of english : the penn treebank. Computational Linguistics, 19(2):313–330.

NASR, A., BÉCHET, F. et REY, J.-F. (2010). Macaon : Une chaîne linguistique pour le traitement de graphes de mots. In Traitement Automatique des Langues Naturelles - session de démonstrations, Montréal.

NIELSEN, M. (2011). Reinventing Discovery : The New Era of Networked Science. Princeton, N.J. Princeton University Press.

SAGOT, B., RICHARD, M. et STERN, R. (2012). Annotation référentielle du Corpus Arboré de Paris 7 en entités nommées. In Actes de la 19e conférence sur le Traitement Automatique des Langues Naturelles (TALN), pages 535–542, Grenoble, France.

SALMON-ALT, S., BICK, E., ROMARY, L. et PIERREL, J.-M. (2004). La FReeBank : vers une base libre de corpus annotés. In Traitement Automatique des Langues Naturelles - TALN'04, Fès, Maroc.

SCHLUTER, N. et van GENABITH, J. (2007). Preparing, restructuring, and augmenting a french treebank : lexicalised parsers or coherent treebanks ? In Proceedings of the 10th Conference of the Pacific Association for Computational Linguistics (PACLING), Melbourne, Australia.

SCHMID, H. (1994). Probabilistic part-of-speech tagging using decision trees. In Proceedings of the Conference on New Methods in Language Processing, Manchester, UK.

TOUTANOVA, K., KLEIN, D., MANNING, C. et SINGER, Y. (2003). Feature-rich part-of-speech tagging with a cyclic dependency network. In Proceedings of the 3rd Conference of the North American Chapter of the ACL (NAACL 2003), pages 173–180. Association for Computational Linguistics.

VÉRONIS, J. et KHOURI, L. (1995). Etiquetage grammatical multilingue : le projet multext. Traitement Automatique des Langues, 36(1/2):233–248.

# Vers un treebank du français parlé

Anne Abeillé[1, 2] Benoit Crabbé[1, 3]
(1) LLF, CNRS-Université Paris Diderot, 75013 Paris, PRES Sorbonne Paris Cité, IUF
(2) Alpage, INRIA, Université Paris Diderot, 75013 Paris, PRES Sorbonne Paris Cité
abeille@univ-paris-diderot.fr, bcrabbe@univ-paris-diderot.fr

RÉSUMÉ

Nous présentons les premiers résultats d'un corpus arboré pour le français parlé. Il a été réalisé dans le cadre du projet ANR Etape (resp. G. Gravier) en 2011 et 2012. Contrairement à d'autres langues comme l'anglais (voir le Switchboard treebank de (Meteer, 1995)), il n'existe pas de grand corpus oral du francais annoté et validé pour les constituants et les fonctions syntaxiques. Nous souhaitons construire une ressource comparable, qui serait une extension naturelle du Corpus arboré de Paris 7 (FTB : (Abeillé *et al.*, 2003))) basé sur des textes du journal Le Monde. Nous serons ainsi en mesure de comparer, avec des annotations comparables, l'écrit et l'oral. Les premiers résultats, qui consistent à réutiliser l'analyseur de (Petrov *et al.*, 2006) entraîné sur l'écrit, avec une phase de correction manuelle, sont encourageants.

ABSTRACT

**Towards a treebank of spoken French**

We present the first results of an attempt to build a spoken treebank for French. It has been conducted as part of the ANR project Etape (resp. G. Gravier). Contrary to other languages such as English (see the Switchboard treebank (Meteer, 1995)), there is no sizable spoken corpus for French annotated for syntactic constituents and grammatical functions. Our project is to build such a resource which will be a natural extension of the Paris 7 treebank (FTB : (Abeillé *et al.*, 2003))) for written French, in order to be able to compare with similar annotations written and spoken French. We have reused and adapted the parser (Petrov *et al.*, 2006) which has been trained on the written treebank, with manual correction and validation. The first results are promising.

MOTS-CLÉS : Corpus arboré, français parlé, corpus oral, analyse syntaxique automatique.

KEYWORDS: Treebank, spoken French, spoken corpus, parsing.

## 1 Introduction

Nous présentons les premiers résultats d'un corpus arboré pour le français parlé. Il a été réalisé dans le cadre du projet ANR Etape (resp. G. Gravier) entre 2010 et 2012. Les corpus arborés (Treebank) pour les autres langues ont une partie écrite et une partie orale : Penn Treebank (Switchboard (Meteer, 1995)), Verbmobil pour l'allemand, Prague Dependency Treebank pour le tchèque (Mikulova, 2008). A notre connaissance, il n'existe pas de grand corpus oral du français annoté et validé pour les constituants et les fonctions syntaxiques. Les corpus oraux annotés existants pour le français suivent des schémas spécifiques : annotation en micro et macro syntaxe pour le corpus Rhapsodie (cite Deulofeu 2011), annotation en dépendances de (Cerisara *et al.*, 2010), annotation en chunks du corpus Otim (Blache *et al.*, 2010) Nous souhaitons construire une ressource qui soit une extension naturelle du Corpus arboré de Paris 7 (FTB (Abeillé *et al.*, 2003)) basé sur des textes du journal *Le Monde*. Nous serons ainsi en mesure de comparer, avec des annotations comparables, l'écrit et l'oral. Nous procédons en trois temps : une phase de prétraitement avec ponctuation et balisage des dysfluences, une phase d'analyse automatique, une phase de correction manuelle. Pour la seconde phase, nous avons adapté le parseur de (Petrov *et al.*, 2006) entraîné sur le FTB ; pour la troisième phase, nous avons adapté et enrichi les consignes du Corpus arboré de Paris 7 (Abeille *et al.*, 2013).

## 2 De l'écrit à l'oral

Contrairement à d'autres langues comme l'anglais (Switchboard (Meteer, 1995)) il n'existe pas de grand corpus oral du français annoté et validé pour les constituants et les fonctions syntaxiques. Nous souhaitons construire une ressource comparable, qui serait une extension naturelle du Corpus arboré de Paris 7 (FTB (Abeillé *et al.*, 2003)) basé sur des textes du journal *Le Monde*. Une extension à l'oral devrait permettre à terme de mener des études comparatives sur des données comparables de la syntaxe du français écrit et du français oral.

Le corpus écrit est annoté lexicalement (lemme, catégories et sous-catégories lexicales, morphologie flexionnelle, mots composés), en constituants et en fonctions et a été validé manuellement. Il est distribué depuis 2001 et est accompagné d'un guide d'annotation (135pp). Le jeu d'étiquettes morphologiques est relativement riche (218 catégories) alors qu'on compte 12 étiquettes de syntagmes et 8 étiquettes de fonctions. Les choix généraux d'annotation reposent sur un schéma surfaciste d'annotation de constituants majeurs qui se veut compatible avec plusieurs théories syntaxiques. Contrairement au Penn Treebank (Marcus *et al.*, 1993) le corpus français ne comporte pas de catégories vides ni de constituants discontinus.

Contrairement à d'autres initiatives d'annotation pour le français (Deulofeu *et al.*, 2010), et suivant en cela les initiatives pour d'autres langues (Meteer, 1995; Mikulova, 2008) la représentation de données orales proposée ici repose sur l'hypothèse que la syntaxe de la phrase orale ne nécessite pas un réaménagement en profondeur du schéma d'annotation de l'écrit, même si des aménagements légers sont nécessaires. Ce choix a pour conséquence de rendre disponible l'outillage déjà existant (analyseurs, outils d'édition de treebank) pour faciliter et accélérer le travail d'annotation.

Plusieurs versions du French Treebank sont actuellement utilisées (Schluter et van Genabith, 2007; Blache et Rauzy, 2012). Nous nous appuyons sur la représentation simplifiée décrite notamment par (Crabbé et Candito, 2008) qui permet l'analyse automatique avec les algorithmes d'analyse en constituants à l'état de l'art. En particulier nous nous appuyons sur un jeu de catégories lexicales réduit (28 catégories) et une liste de mots composés réduite aux mots composés grammaticaux. Cette version réduite a l'avantage de se convertir de manière déterministe vers une représentation en dépendances syntaxiques projectives (Candito *et al.*, 2009) qui est de plus en plus utilisée. Annoter en constituants permet donc de bénéficier des deux types de représentations.

# 3 Les données orales

Les données orales que nous utilisons sont des données du corpus ESTER 3 issues du projet ETAPE (Gravier *et al.*, 2012) dédié à l'évaluation de systèmes de reconnaissance automatique de la parole. Les données sont constituées d'extraits de débats de télévision et de radio françaises.

Les données annotées ici constituent un sous-ensemble de ce corpus constitué des émissions radiophoniques de *France Inter* de l'année 2010 : cinq émissions de *un temps de pauchon* et une émission du *Masque et la plume*, ce qui représente près d'une heure trente de temps de parole. Dans le premier cas il s'agit d'interviews non préparées donnant la parole à des inconnus. Dans le second, il s'agit d'un débat public très animé avec au moins dix journalistes sur le plateau, plus des commentaires de spectateurs. Nous avons également un extrait du corpus français de CORAL-ROM (Cresti *et al.*, 2004). L'extrait annoté est *L'allumage* (Poitiers 2001). CORAL-ROM présente un type de conversation informel et spontané entre deux amies : qui représente 14 minutes de parole. Les données de référence ESTER 3 sont transcrites orthographiquement, ponctuées et enrichies avec un balisage des diffluences, selon le format *transcriber* (Barras *et al.*, 1998). De manière à uniformiser nos données de travail, nous avons également reformaté les données CORAL-ROM dans ce même format. Au vu de l' extrait donné en Figure 1, on constate que les données de départ sont déjà structurées, en particulier on observe que l'on a un balisage pour la musique `<Event desc="musique" type="noise" extent="begin"/>` et les bruits parasites, un balisage pour les disfluences comme pour les marqueurs de discours `<Event desc="dm" type="lexical" ... />` mais aussi les répétitions, les révisions `<Event desc="rev" type="lexical" ... >` et les hésitations ainsi qu'une segmentation en tours de parole. On distingue trois types de caractéristiques des données orales qui touchent à la segmentation, la présence de chevauchements et à la présence de disfluences.

**Segmentation** Nous partons ici d'une transcription enrichie, c'est-à-dire avec des ponctuations fortes, mais avec peu de ponctuations faibles, et pas de mots composés. On voit sur l'exemple qu'un tour de parole ESTER peut comporter plusieurs phrases ou aucune. On a également observé que certaines phrases recouvrent plusieurs tours de parole. On note finalement que la ponctuation renseignée dans les transcriptions de départ n'a pas un statut clair : les annotateurs la renseignent plutôt pour indiquer des pauses dans le flux de parole que comme marque syntaxique. C'est pourquoi nous avons revu la segmentation manuellement avant l'analyse automatique.

**Les chevauchements** On trouve en particulier dans les transcriptions du *Masque et la plume* un nombre non négligeable de chevauchements. Ceux-ci sont annotés dans le format ESTER en suivant un schéma comme illustré en Figure 1 : où la balise XML `<Overlap>` encode la portée d'un chevauchement. L'attribut `type` indique le locuteur qui domine l'échange par la valeur `primary` et celui que l'on entend moins est renseigné par la valeur `backchannel`.

**Les disfluences** Outre les questions de segmentation et de chevauchements, les disfluences sont typiques de l'oral. La transcription ESTER les renseigne sous forme de balises XML, on recense ainsi quatre types de disfluences :

- Hésitations : *euh*
- Répétitions qui concernent la répétition à l'identique : *qui a retardé un peu <nos> nos commentaires, qui avait été sérieusement amoché <au> au masque et la Plume, a été bluffé par le jeu <de> de Morgan Freeman. . . )*
- Révisions qui concernent des révisions de forme : *<le>la grandiloquence, beaucoup <de> d'auditeurs, autre chose <qu'un> qu'une guerre*

```
<Turn speaker="spk2" startTime="428.447" endTime="430.539">
   <Sync time="428.447"/>
   <Event desc="rev" type="lexical" extent="begin"/>
       si
   <Event desc="rev" type="lexical" extent="end"/>
       il y avait pas une route
   <Sync time="429.187"/>
   <Overlap type="primary" extent="begin"/>
     qui desservait ce terrain
   <Event desc="dm" type="lexical" extent="begin"/>
     quoi
   <Event desc="dm" type="lexical" extent="end"/>
     ?
   <Overlap type="primary" extent="end"/>
   <Overlap type="backchannel" extent="begin" speaker="spk3" subtype="out-field"/>
     non il y avait pas une route .
   <Overlap type="backchannel" extent="end"/>
</Turn>
```

FIGURE 1 – Extrait d'un fichier Le Masque et la plume au format Transcriber

- Marqueurs de discours qui sont des mots ou des locutions qui ont une valeur illocutoire sans avoir de fonction syntaxique dans l'énoncé comme par exemple *ah,bref, mais bon voilà, non non non, na na na...*

L'annotation des marqueurs de discours n'étant pas toujours cohérente, nous l'avons reprise, avec une liste de 115 marqueurs (simples ou composés). En particulier les connecteurs, les conjonctions de coordination en début de phrase, ou les pronoms disloqués, ne sont pas traités comme des marqueurs de discours. De façon générale, nous traitons les balises de diffluences comme des étiquettes de syntagmes, qui peuvent avoir une structure interne.

# 4 Le schéma d'annotation

Nous indiquons dans cette section les lignes directrices et les conventions adoptées pour l'annotation en syntaxe des données de l'oral. Le schéma d'annotation est dérivé du schéma d'annotation pour le treebank écrit (Abeillé *et al.*, 2003).

On supprime les informations ayant trait au bruit et à la musique considérées comme extra-linguistiques. Par contre on préserve les balises de synchronisation avec la piste sonore, notées `<Sync>` dans ESTER 3 (Figure 1) encodées par des sous-arbres de racine `Sync` attachés avec les mêmes conventions que les disfluences. Nous présentons plus en détails dans la suite de cette section les choix quant à la segmentation et à la gestion des dysfluences.

## 4.1 Linéarisation et segmentation des données orales

Comme pour l'écrit, une des premières décisions à prendre lorsqu'on annote un corpus en syntaxe porte sur la segmentation en mots. Contrairement au corpus écrit, la segmentation pour le corpus oral minimise le nombre de mots composés. Nous nous sommes pour cela appuyés sur les travaux antérieurs de (Crabbé et Candito, 2008) en ne retenant qu'un nombre minimal de mots composés, en particulier des mots composés grammaticaux comme des conjonctions de subordination, de coordinations, des déterminants, prépositions ...et quelques mots composés propres à l'oral *n'est-ce pas, s'il vous plaît, tant pis...* qui ont un impact sur la syntaxe et l'analyse de la phrase. La liste exacte des mots composés est définie et documentée dans (Abeille *et al.*, 2013).

Nous nous appuyons également sur une segmentation en phrases, même si le choix de tel ou tel découpage ne va pas de soi. Plusieurs notions sont possibles : une notion phonétique ou la phrase est délimitée par la durée des pauses, ce qui est le cas de la transcription ESTER 3, une notion dialogique où la phrase correspond à un tour de parole, une notion discursive où la phrase correspond à un acte de langage, et une notion syntaxique où la phrase correspond à une plus grande unité syntaxique complète (avec enchâssement possible). Ici nous avons considéré qu'un tour de parole non constitué uniquement de bruit ou de musique correspond au moins à une phrase, même fragmentaire. Un tour de parole peut lui-même être découpé en plusieurs phrases racines. Nous nous appuyons pour cela sur des critères syntaxiques, discursifs et prosodiques. Une séquence autonome associée à un acte de langage forme une phrase racine. En revanche, nous ne considérons pas qu'une phrase recouvre des tours de paroles différents, c'est-à-dire qu'une même phrase commencée par un locuteur soit terminée par un autre locuteur [1]. En cas d'interruption et pour repérer les syntagmes inachevés nous utilisons plutôt une annotation d'inachèvement (-INA) comme étiquette supplémentaire sur les noeuds racine des syntagmes jugés inachevés.

Ces critères étant donnés, voyons comment sont traités les cas de chevauchements. Les structures à chevauchements ESTER 3 suivent un schéma tel qu'illustré en figure 2 à gauche (où le balisage XML est simplifié). Pour gérer les cas de chevauchement dans l'annotation syntaxique, le principe a été de fusionner les parties en `backchannel` associées à un locuteur $X$ au tour de parole suivant (resp. précédent selon les cas) de ce locuteur $X$ dans les données transcrites, ce qui permet d'éviter de découper artificiellement une phrase complète énoncée par ce locuteur $X$. Par contre, pour préserver l'information, nous avons également introduit des marques dans les arbres sous forme de noeuds feuilles pour indiquer la portée du chevauchement suivant le schéma donné en figure 2. Chacun des quatre noeuds feuilles ainsi introduit dans les arbres est

```
<Turn speaker="Y">
  w[y,1] ... w[y,b-1]
<Overlap>
   w[y,b+1] ... w[y,e-1]
</Overlap>
   w[y,e+1] ... w[y,n]
<Backchannel speaker="X">
   w[x,1] ... w[x,e-1]
</Backchannel>
</Turn>
<Turn speaker = "X">
   w[x,e+1] ... w[x,n]
</Turn>
```

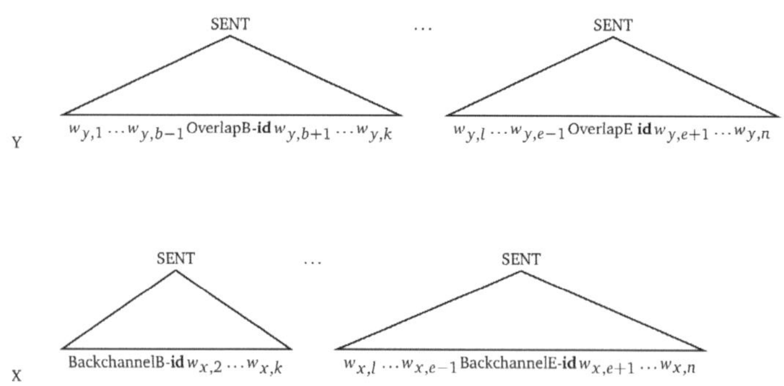


FIGURE 2 – Encodage des chevauchements dans les arbres

1. Les annotations ESTER 3 comportent parfois plusieurs tours de paroles consécutifs pour un même locuteur. Nous avons refusionné ces séquences de manière à éviter qu'une phrase prononcée par un même locuteur ne soit artificiellement découpée.

de plus annoté par un identifiant unique (noté **id** dans le schéma) permettant d'identifier à quel chevauchement ce noeud fait référence. Ce qui permet de gérer des chevauchements multiples dans un même document et dans un même tour de parole. Notons que coder le chevauchement sous forme d'un noeud non terminal dans les arbres ne serait pas suffisamment général, car cela empêche de coder des chevauchements qui portent sur plusieurs phrases ou des chevauchements qui présentent des structures à croisement [2]

## 4.2 La gestion des disfluences

Les disfluences sont annotées dans les données ETAPE par des balises XML qui groupent une séquence de mots comme étant disfluente. Schématiquement pour une phrase $w_1 \ldots w_n$, une disfluence à la forme suivante : $w_1 \ldots w_{b-1} \langle D \rangle w_b \ldots w_{e-1} \langle /D \rangle w_e \ldots w_n$. Où $D$ représente un code XML pour hésitation, révision, répétition ou marqueur de discours. Les disfluences sont intra-phrastiques, peuvent avoir une structure interne (dans le cas de répétions ou de révisions par exemple) mais ne présentent pas de schémas de croisement non projectifs. Nous les représentons comme des noeuds syntagmatiques dans les arbres, comme illustré en Figure 3.

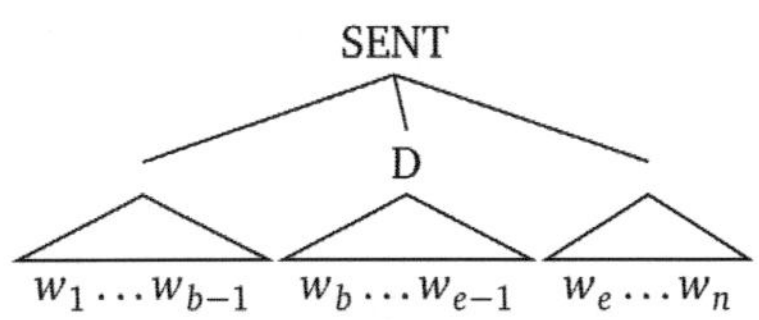


FIGURE 3 – Disfluences

L'attachement des disfluences dans les arbres de constituants n'étant pas naturellement déterministe, nous choisissons d'attacher les répétitions au premier syntagme qui contient le matériel répété, et les révisions au premier syntagme qui contient le matériel révisé. En cas d'hésitation sur le noeud auquel attacher la disfluence, on tranche pour l'attachement au noeud le plus haut dans l'arbre.

## 4.3 Les catégories utilisées

| | |
|---|---|
| **Catégories syntagmatiques** | AdP, AP, COORD, NP, PP, VN, VPinf, VPpart |
| | Sint (parenthétique ou incise), Srel (relative), Ssub (subordonnée), SENT (racine) |
| **Catégories lexicales** | ADJ, ADJINT (adjectif interrogatif), ADV, ADVINT (adverbe interrogatif), |
| | ADVEX (adverbe exclamatif), (V (indicatif qui inclut conditionnel), VINF (infinitif) |
| | VIMP (impératif), VPP (part passé), VPR (part présent), VS (subjonctif) |
| | NC (nom commun), NPP (nom propre), CC (conj coord), CS (conj sub) |
| | CLS (clitique sujet), CLO (clitique objet ou complément), CLR (clitique réfléchi) |
| | P (préposition), P+D (au, du, des), P+PRO (auquel, duquel, desquels) PRO |
| | PROINT (pronom interrogatif), PROREL (pronom relatif) |
| | DET, DETINT (déterminant interrogatif), DETEX (déterminant exclamatif), |
| | ET (mot étranger), I (interjection), UK (mots inachevés/non reconnus) |
| | HES, REP, REV,DM |
| **Symboles Fonctionnels** | SUJ,OBJ,A-OBJ,DE-OBJ,P-OBJ,MOD,ATS,ATO,DIS,VOC |
| **Marque d'inachèvement** | INA |

TABLE 1 – Jeu d'étiquettes utilisé dans le treebank oral

Le schéma d'annotation est un format en constituants et en fonctions dont les arbres sont annotées par un jeu d'étiquette utilisé par (Crabbé et Candito, 2008) et qui simplifie le jeu d'étiquette

2. Formellement, les balises de chevauchement n'encodent pas nécessairement des structures d'arbres projectifs.

du treebank écrit quant aux jeux de symboles préterminaux (étiquettes morphosyntaxiques). On ajoute à ce jeu d'étiquettes les symboles non terminaux HES, REV, REP, DM qui encodent respectivement les disfluences (hésitation, révision, répétition, marqueur de discours), et des symboles supplémentaires SYNC, OVERLAPB, OVERLAPE,BACKCHANNELB,BACKCHANNELE qui encodent dans les arbres les annotations de synchronisation son et de chevauchement extraites du format des annotations ETAPE.

De plus, certains noeuds comportent des annotations structurées par plus d'un attribut. Ainsi en plus de la catégorie syntaxique, on renseigne pour les noeuds arguments du verbe, c'est-à-dire les noeuds frères du noeud VN et les clitiques arguments leur fonction syntaxique prise parmi le jeu décrit par (Abeillé et Barrier, 2004) auquel on ajoute deux nouvelles fonctions de vocatif et de disloquées (notées VOC, DIS). Un troisième attribut booléen (noté INA) peut être renseigné sur un noeud non terminal pour indiquer qu'il encode un syntagme inachevé.

## 4.4 Quelques observations

**Statistiques descriptives** Suivant ce schéma d'annotation nous avons annoté 2118 phrases des corpus ESTER 3 et CORAL-ROM. En détaillant les différents sous-corpus, le treebank annoté se résume par la table suivante :

| | Le masque et la plume | Un temps de Pauchon | CORAL-ROM(L'allumage) | Total |
|---|---|---|---|---|
| Occurrences | 15260 | 11932 | 5050 | 32242 |
| Phrases | 795 | 882 | 441 | 2118 |
| Lg. moy. phrases | 19.1 | 13.5 | 11.5 | 15.2 |

TABLE 2 – Statistiques descriptives

**Observations qualitatives** On observe un certain nombre de particularités déjà mentionnées pour l'oral (Blanche-Benveniste, 1997). On observe une abondance de discours rapporté et d'incises (incise notée Sint :MOD en 1), un nombre important de syntagmes inachevés et d'énoncés fragmentaires. Un nombre important de phrases commencent par un marqueur discursif (2) ou une conjonction de coordination ( phrase annotée comme COORD en 4) :

(1) (VN ils faisaient) (NP :OBJ (REV des :Det) (Sint :MOD je sais pas moi) des :Det trucs) (c-oral-rom)

(2) (DM bon-A alors-ADV) (VN raconte-moi) ( NP :OBJ ton week-end) ) (c-oral-rom)

On observe aussi de nombreuses juxtapositions (comme en (3) ou on duplique la fonction ATS) et on peut parfois hésiter entre une annotation comme disfluence (révision ou répétition) ou comme juxtaposition. A partir du moment où les disfluences ont la même structure interne que les autres syntagmes, comme la répétition en (4) qui inclut deux syntagmes, un utilisateur qui serait en désaccord peut choisir d'ignorer certaines balises de disfluences. Les répétitions intensives (5) ne sont pas notées comme des disfluences. De même les mots annotés comme marqueurs de discours ont leur étiquette habituelle (par exemple A, V ou ADV) dominée par la balise DM, comme en (2), qui peut aussi être ignorée en cas de besoin :

(3) C'est (NP :ATS un grand couteau), (NP :ATS une sorte de hachoir) (un temps de pauchon)

(4) (COORD mais (REP (VN il y a) (NP :OBJ mêlée)), (VN il y a ) ( NP :OBJ mêlée) (masque et la plume)

(5) Ils sont (AP :ATS très-ADV très-ADV laids-A) (masque et la plume)

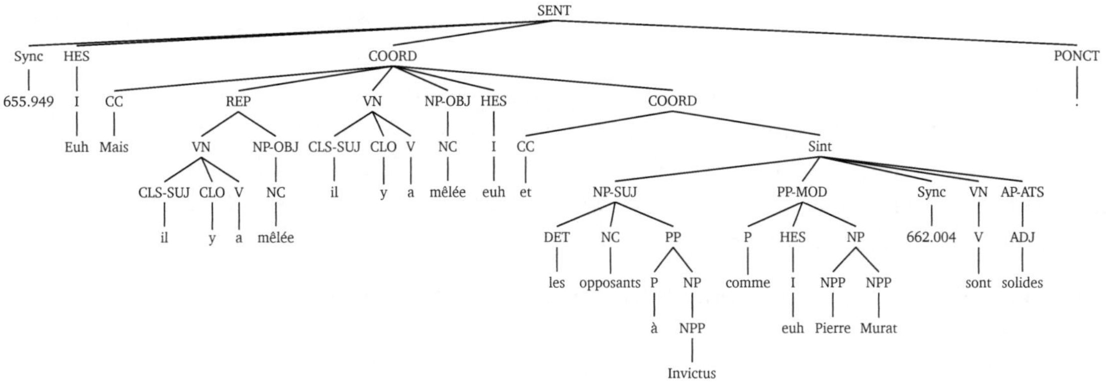


FIGURE 4 – Exemple d'arbre du Masque et la plume (après correction)

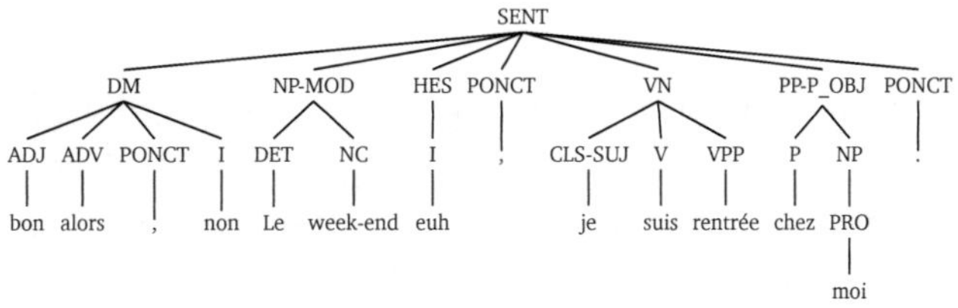


FIGURE 5 – Exemple d'arbre de CORAL-ROM (après correction)

# 5 Procédé d'annotation

Dans cette section nous décrivons plus précisément la méthode d'annotation qui a été déployée. Celle-ci se divise en trois étapes séquentielles.

**Segmentation et linéarisation des données** Lors de cette première étape, nous avons segmenté semi-automatiquement les données en phrases en nous appuyant sur la ponctuation donnée par les données au format ESTER 3. La segmentation en phrases a été systématiquement validée manuellement. Lors de cette étape le travail d'annotation a consisté tout d'abord à corriger la ponctuation ESTER 3. Celle-ci ayant été réalisée principalement sur critères phonétiques, elle a été corrigée pour refléter davantage une ponctuation grammaticale.

Lors de cette étape nous avons parfois rélinéarisé les données. En effet l'annotation ESTER 3 n'impose pas de contrainte stricte quant à l'ordre de la transcription lorsque plusieurs locuteurs parlent simultanément. Nous avons identifié quelques cas de structures syntaxiques bien formées qui étaient interrompues par le tour de parole d'un autre locuteur. Pour ces quelques cas, nous nous sommes permis de réordonner l'annotation pour restituer une cohérence quant à la structuration du texte en phrases.

Finalement, nous avons normalisé la segmentation en mots. La segmentation en mots a été réalisée de manière à minimiser la quantité de mots composés en nous basant sur la liste établie par (Crabbé et Candito, 2008). Sont retenus en priorité comme mots composés les mots composés grammaticaux (notoirement les déterminants, conjonctions de subordination et de coordination). La liste de (Crabbé et Candito, 2008) a été mise à jour et est documentée dans (Abeille *et al.*, 2013).

**L'annotation syntaxique automatique** la méthode d'analyse syntaxique repose sur l'hypothèse que la structure des phrases à l'oral n'est pas fondamentalement différente de celles de l'écrit. C'est plutôt la distribution de probabilité de la grammaire qui varie. Les données étant segmentées, l'étape d'analyse syntaxique couvre les tâches traditionnelles d'étiquetage morphosyntaxique, de parsing et d'étiquetage fonctionnel. Nous n'avons pas utilisé explicitement d'étiqueteur morphosyntaxique dans la mesure où l'analyseur syntaxique utilisé (Petrov *et al.*, 2006) est un modèle conjoint qui réalise déjà le tagging.

Plus spécifiquement, la méthode d'analyse utilisée tire parti des annotations en disfluences données par Ester 3. L'analyse en constituants proprement dite est précédée d'un prétraitement qui supprime de l'entrée les disfluences, les marques de chevauchement et les balises de synchronisation avec la bande son. Celles-ci sont réintégrées dans les analyses en post-traitement. Les arbres de dysfluences sont créés de manière heuristique : la racine est la catégorie donnée par Ester 3, celle-ci domine systématiquement les noeud préterminaux (tags) étiquetés par un 2-Crf linéaire (modèle appris sur le treebank écrit).

Les arbres sont finalement annotés en fonctions par un 2-Crf linéaire appris sur les données écrites suivant la description donnée dans (Candito *et al.*, 2009) : seuls les noeuds arguments du verbe reçoivent une étiquette fonctionnelle : il s'agit des noeuds en position frère des noeuds VN et des noeuds clitiques (en position frères du noeud V).

**La correction manuelle** L'étape de correction manuelle a consisté à corriger les annotations en constituant et en fonctions. Notons que nous avons travaillé avec des représentations type Penn Treebank ce qui a permis de réutiliser les interfaces graphique WordFreak destinée à l'édition d'arbres en constituants et Tregex (Levy et Andrew, 2006) pour la visualisation et la recherche de motifs, ce qui facilite considérablement le travail d'annotation. Cette partie du processus a consisté en une première étape d'annotation suivie d'une étape de discussion/adjudication entre annotateurs.

Concernant les disfluences, la correction concerne leur structure interne pour les révisions ou les répétitions comme en (6) ou leur rattachement. En (7) on a une phrase en discours rapporté (complément du verbe faire) réduite à un marqueur discursif. :

(6) moi, (REP (NP :SUJ ça-PRO) (VN-INA me-CLO) ) ça me dit rien, moi (c-oral-rom)

(7) Il me fait : (Sint :OBJ (DM ben si )).

Pour les catégories lexicales, on observe le même type de corrections que pour l'écrit, concernant le mauvaise étiquetage de mots grammaticaux fréquents et ambigus comme pour *de* (préposition au lieu de déterminant) ou *que* (conjonction de subordination au lieu de pronom relatif). Les autres erreurs concernent les mots non appris sur l'écrit comme les interjections, ou plus rares comme les interrogatifs et les impératifs. Les formes verbales syncrétiques, fréquentes avec les verbes du premier groupe au présent, sont ainsi systématiquement étiquetées indicatif alors qu'il faut les corriger en impératif voire subjonctif. Pour les constituants aussi, on observe le même type de corrections que pour l'écrit concernant les mauvais rattachements de syntagmes prépositionnels ou de relative. Les autres corrections concernent l'ajout de l' étiquette INA quand le syntagme inachevé est mal formé et le rattachement des disfluences (REP, REV). Pour les fonctions, les corrections spécifiques concernent l'ajout des fonctions vocatif (8) et disloqué (9), et la réduplication des fonctions pour les juxtapositions (10). Une partie des corrections est la même que pour l'écrit concernant les sujets inversés ou la distinction entre complément et ajout pour les syntagmes prépositionnels.

(8) (DM Allez-V) (NP-VOC Catherine) (NP encore un tour) ! (le masque et la plume)

(9) (NP :DIS moi-PRO), (NP :DIS ce qui me frappe), (VN c'-CLS-SUJ est ) (NP-ATS la fin). (le masque et la plume)

(10) (NP-SUJ des chanteurs) ,(NP-SUJ des musiciens) (VN sont passés) dans ce théâtre (un temps de pauchon)

On compte 8 à 10 heures pour 100 phrases environ (en double correction). Au total, pour la correction des transcriptions et la segmentation (avant parsing) et la correction des analyses (après parsing), nous avons employé 4 annotateurs pour un total de 12 hommes-mois : 3 étudiants de Paris 7 en linguistique (M2) ou en linguistique informatique (M1), et une ancienne étudiante, spécialiste du FTB (Vanessa Combet).

# 6 Évaluation

Cette section propose une évaluation et une mise en perspective de la méthode de préannotation syntaxique (étape 2 du processus d'annotation), qui est l'étape clé du processus. La question que l'on se pose lorsqu'on veut annoter un corpus hors domaine consiste à déterminer la meilleure manière d'amorcer la préannotation des données de manière à faciliter la tâche des annotateurs sachant qu'on dipose d'un modèle d'analyse pour le domaine source.

En termes d'analyse syntaxique, l'annotation d'un corpus oral tombe dans la classe des problèmes d'adaptation de domaine. Celui-ci comporte deux aspects. Premièrement il s'agit d'adapter la structure : en effet nous avons vu que le schéma d'annotation de l'oral introduit de nouvelles structures et de nouvelles catégories liées aux disfluences. En second lieu il faut adapter la distribution de probabilité de la grammaire. Il s'agit du problème classique d'adapter la distribution de probabilité d'un modèle probabiliste entrainé sur un échantillon de données biaisé (un corpus écrit) à un échantillon possédant des propriétés différentes (corpus oral).

De manière à apporter une première idée de la correction de méthodes d'adaptation simples, nous comparons ici quatre méthodes qui tirent parti des données à la fois écrites et orales pour faciliter le processus de préannotation :

- **Utilisation des données écrites uniquement (E) :** Cette méthode de base consiste à analyser les données orales en utilisant uniquement un modèle d'analyse appris sur l'intégralité des données écrites (21268 phrases). Utiliser cette méthode de base ne permet pas d'envisager analyser correctement les structures propres à l'oral (dysfluences). Il s'agira essentiellement de notre *baseline*.
- **Approche par transformation/détransformation des données (T/D) :** Cette méthode consiste à prétraiter les données orales en supprimant les disfluences (balisées dans les données Ester 3) de l'entrée donnée à l'analyseur syntaxique. Ce dernier, entraîné sur l'ensemble des données écrites (21268 phrases), doit alors prédire pour l'oral des structures qui ressemblent à celles de l'écrit. Une étape de post traitement réinsère finalement dans les arbres d'analyse les dysfluences supprimées en prétraitement.
  Chaque disfluence de $k$ mots ainsi réinsérée est un arbre dont la racine est la catégorie de la dysfluence (donnée par Ester 3). La racine domine immédiatement une séquence de $k$-tags étiquetées par un 2Crf linéaire appris sur le treebank écrit, chacun de ces $k-$tags domine le mot correpondant.

- **Approche par utilisation exclusive des données orales (O)** Dans ce troisième scénario, on suppose qu'on dispose d'un fragment de données déjà annotées pour le domaine cible. Le modèle d'analyse est entrainé uniquement sur ce fragment de données orales et n'utilise pas les données écrites.
- **Approche par utilisation combinée des données écrites et des données orales (O/E) :** Dans ce dernier scénario, le modèle est appris sur l'intégralité des données écrites et sur un fragment des données orales.

**Comparaison des différentes méthodes** Dans ce qui suit nous évaluons chacune de ces méthodes en fonction de la quantité de données orales utilisées pour entrainer le modèle. Dans le cas des méthodes (E) et (T/D), le fragment de données orales de référence disponible n'est pas utilisé pour l'entrainement. Les méthodes (E) (T/D) et (E/O) utilisent systématiquement l'intégralité des données écrites pour l'entrainement. Les fragments de données orales utilisés à l'entrainement du modèle par les méthodes (O) et (E/O) sont issus de données de référence déjà validées par les annotateurs.

L'analyseur utilisé est l'analyseur de Berkeley (Petrov *et al.*, 2006) tel que distribué à ce jour. Cet algorithme faiblement lexicalisé est connu pour être relativement robuste au changement de domaine. L'ensemble des tests réalisés repose sur la comparaison des prédictions de cet analyseur sur un corpus de test comportant 528 phrases. Le calcul du F-Score est réalisé avec le logiciel `evalb` (paramétrage standard, phrase de moins de 40 mots).

Nous avons évalué la correction de chacune des quatre méthodes en fonction de la taille du fragment de données orales utilisées à l'entrainement. Les résultats sont résumés dans la table 3 (**P**récision,**R**appel, **F**-score, **Tag**ging accurracy) [3]. Les lignes représentent chacune des quatre méthodes d'analyse. Les colonnes représentent la taille des données orales (en nombre de phrases) utilisées par l'analyseur lors de l'entrainement. Les chiffres indiquent le F-score de l'analyseur sur le jeu de test de 528 phrases.

| Méthode | 530 | | | | 1060 | | | | 1590 | | | |
|---|---|---|---|---|---|---|---|---|---|---|---|---|
| | P | R | F | Tag | P | R | F | Tag | P | R | F | Tag |
| Ecrit (E) | 62.2 | 66.4 | 64.3 | 61.7 | 62.2 | 66.4 | 64.3 | 61.7 | 62.2 | 66.4 | 64.3 | 61.7 |
| Ecrit (T/D) | 72.8 | 79.6 | 76.0 | 62.4 | 72.8 | 79.6 | 76.0 | 62.4 | 72.8 | 79.6 | 76.0 | 62.4 |
| Oral (O) | 64.8 | 64.8 | 64.8 | 66.4 | 68.9 | 69.2 | 69.0 | 70.7 | 70.6 | 71.3 | 71.0 | 72.3 |
| Oral+Ecrit (O/E) | 63.6 | 66.1 | 64.9 | 62.0 | 63.6 | 67.0 | 65.3 | 64.8 | 67.4 | 70.9 | 69.11 | 67.0 |

TABLE 3 – Evaluation des méthodes d'adaptation

Vu que les deux premières lignes représentent des protocoles qui ignorent totalement les données orales à l'entrainement, le score d'évaluation est constant. En première observation, on constate que la méthode de transformation/détransformation des données est celle qui donne les meilleurs résultats. L'explication la plus vraisemblable pour expliquer ce meilleur résultat tient probablement à (1) les données à prédire correspondent structurellement aux données apprises et (2) une partie de la solution est simplement déjà donnée : les dysfluences sont en effet copiées de l'entrée vers la sortie sans possibilité de se tromper dans leurs prédictions.

On constate également que le modèle mixte (O/E) fonctionne comparativement moins bien qu'un modèle entraîné uniquement sur les données orales (O). La raison est certainement à chercher dans le fait que les proportions de données orales et écrites de ce modèle sont inégales : 21268

3. Notons toutefois que les performances de l'analyseur varient d'un type de corpus à l'autre : ainsi on obtient un F-score de 69.5 sur les données CORAL-ROM et de 61.8 sur les données France Inter avec le modèle (E).

phrases pour l'écrit contre $k*530$ phrases pour l'oral ($1 \leq k \leq 3$). Autrement dit, ce modèle reste fondamentalement semblable à un modèle de l'écrit.

**Exploration du comportement des modèles mixtes (O/E)** De manière à vérifier plus en détail si un modèle de type (O/E) permet d'obtenir un modèle satisfaisant en assurant une pondération plus appropriée des deux groupes de données (oral,écrit) nous avons procédé à une seconde expérience par rééchantillonage contrôlé des données. Dans cette seconde expérience nous avons testé dans quelle mesure un la méthode de type (O/E) se comporte en fonction de deux paramètres : (1) la proportion de données écrites dans le corpus d'entrainement et (2) la taille des données d'entrainement.

Le protocole de quantification des résultats est identique au cas précédent, nous utilisons systématiquement le même corpus de test. Ce qui change c'est la création du corpus d'entraînement. Ainsi pour chaque mesure réalisée, on a créé un corpus d'entrainement par échantillonage avec remise dans les données (angl. *bootstrapping with replacement*). Les groupes de données source (dans lesquelles on tire) sont un échantillon écrit $E$ constitué des 21268 phrases du French treebank écrit, et d'un échantillon $O$ constitué de 1530 phrases annotées pour l'oral. Notons $k$ la proportion de texte écrit souhaitée dans le corpus généré. Chaque phrase $c_i$ du corpus bootstrappé $C = c_1 \dots c_n$ est tirée avec une probabilité $k$ dans le groupe $E$ et $(1-k)$ dans le groupe $O$. Le tirage dans un groupe ($E$ ou $O$) est fait de manière uniforme et avec remplacement (on peut tirer plusieurs fois le même exemple). C'est ce corpus généré aléatoirement $C$ qui sert comme données d'apprentissage du modèle d'analyse syntaxique. Il est donc possible que certaines phrases de $E$ ou de $O$ ne soient pas représentées dans $C$ échantillonné et que certaines phrase de $E$ ou de $O$ y soient représentées plusieurs fois.

Notons que le processus de bootstrapping nous permet de créer des corpus de tailles queclonques. Ainsi nous avons croisé chaque valeur retenue pour $k$ (0,0.25,0.5,0.75) avec une taille de corpus $n$ variant de 1000 à 7000 phrases. Les résultats d'anlyse sur les 528 phrases de test sont reportées dans le tableau 4. Les résultats montrent globalement qu'une pondération plus appropriée des

| Données d'entrainement | 1000 | 2000 | 3000 | 4000 | 5000 | 6000 | 7000 |
|---|---|---|---|---|---|---|---|
| Mix(Oral,Ecrit,$k=0$) | 65.57 | 68.09 | 69.15 | 68.2 | 69.1 | 67.4 | 68.0 |
| Mix(Oral,Ecrit,$k=0.25$) | 68.2 | 69.6 | 71.0 | 72.1 | 70.9 | 71.9 | 72.1 |
| Mix(Oral,Ecrit,$k=0.5$) | 67.8 | 69.6 | 71.0 | 72.0 | 69.1 | 67.4 | 67.9 |
| Mix(Oral,Ecrit,$k=0.75$) | 65.7 | 69.9 | 70.7 | 71.2 | 71.7 | 72.0 | 72.4 |

TABLE 4 – Evaluation par bootstrapping

deux groupes de données permet d'améliorer subtantiellement les performances de l'analyseur. Ainsi on atteint un F-Score de 72.4 pour un corpus d'entrainement de 7000 phrases comportant 75% de données écrites à comparer avec 69.1 obtenu par le mélange naïf de la première expérience. Toutefois, l'observation la plus étonnante reste la comparaison avec la méthode artisanale ($T/D$) F-score= 76% qui reste très nettement meilleure que la méthodes de mélange (O/E) même en contrôlant les proportions pour cette dernière. Pour confirmer la pertinence de notre méthode artisanale, il faudrait également la comparer à des méthodes d'adaptation de domaine plus élaborées que le bootstrapping, comme par exemple des méthodes d'active learning qui visent à pondérer d'avantage les exemples clés pour l'apprentissage ou encore à des méthodes d'apprentissage semi-supervisées. Il serait intéressant également de reformuler notre méthode artisanale sous forme d'analyse syntaxique de graphes acycliques orientés (DAG) où les dysfluences sont données en entrée à l'analyseur comme segments préparenthésés. Il faut toutefois noter que cette approche n'est pas parfaitement équivalente à la méthode (T/D) dans la mesure où les segments préparenthésés seraient étiquetés par des symboles de dysfluences qui sont absents de la grammaire de l'écrit. Il faut toutefois rappeler que la méthode (T/D) s'applique à un scénario d'annotation dans lequel les disfluences sont déjà annotées. Les bonnes performances de cette méthode semblent en effet provenir du fait qu'une partie du parenthésage à prédire est donné. Dans un scénario d'analyse syntaxique de l'oral – à partir d'une source brute – déployer cette méthode demanderait en particulier de réaliser un tagger en disfluences pour l'oral dont les résultats sont supposés parfaits. Or l'étiquetage automatique de disfluences comme les répétitions ou les révisions ne représente apparemment pas un problème trivial.

# 7 Conclusion

Nous avons validé sur deux heures de transcription de débats radiophoniques et de dialoque informel, une méthode d'analyse syntaxique du français parlé, en constituants et en fonctions, inspiré de ce qui se fait pour d'autres langues, et qui est une extension naturelle du FTB pour le français journalistique. Nous avons enrichi le guide d'annotation du FTB, adapté et réentraîné l'analyseur de (Crabbé et Candito, 2008) et adapté une plate-forme d'annotation pour la validation manuelle. Les premiers résultats sont encourageants, à la fois en ce qui concerne les performances du parseur et les temps de correction. Les corpus radiophoniques annotés (une heure trente de temps de parole, environ 27 000 mots) seront distribués dans le cadre du consortium du projet Etape. Les annotations du dialogue c-oral-rom (Cresti *et al.*, 2004) sont disponibles et le corpus distribué par Elra. La suite du travail consistera à annoter des corpus oraux librement accessibles comme le corpus CID (Bertrand *et al.*, 2008) ou CFPP (Branca-Rosoff *et al.*, 2012).

# Remerciements

Les auteurs tiennent à remercier les annotateurs qui ont contribué à corriger les annotations : Vanessa Combet, Floriane Guida, Antoine Lacambre et Mathilde Marié. Ceux-ci ont été financés par le projet ANR Etape (resp. G. gravier). Ce projet a aussi bénéficié du financement du Peps Syfrap (reps. C. Gardent) (CNRS INSHS INSII). Nous remercions Elisabeth Delais-Roussarie qui a corrigé certaines transcriptions, Mathilde Dargnat avec qui nous avons établi la liste des marqueurs de discours, Djamé Seddah pour l'aide au déploiement des outils de correction ainsi que Claire Gardent et Christophe Cerisara pour les discussions permettant de comparer annotations en constituants et annotations en dépendances.

# Références

Abeille, A., Combet, V. et Crabbé, B. (2013). Conventions pour annotation syntaxique du français parlé. Rapport technique, Université Paris 7.

Abeillé, A. et Barrier, N. (2004). Enriching a french treebank. *In Proceedings of LREC*.

Abeillé, A., Clément, L. et Toussenel, F. (2003). Building a treebank for french. *In* Abeillé, A., éditeur : *Treebanks*. Kluwer, Dordrecht.

BARRAS, C., GEOFFROIS, E., WU, Z. et LIBERMAN, M. (1998). Transcriber : a free tool for segmenting, labeling and transcribing speech. *In First International Conference on Language Resources and Evaluation (LREC)*.

BERTRAND, R., BLACHE, P., ESPESSER, R., FERRÉ, G., MEUNIER, C., PRIEGO-VALVERDE, B. et RAUZY, S. (2008). Le cid - corpus of interactional data - annotation et exploitation multimodale de parole conversationnelle. *TAL*, 49(3).

BLACHE, P., BERTRAND, R., GUARDIOLA, M., GUÉNOT, M.-L., C.MEUNIER, NESTERENKO, I., PALLAUD, B., PRÉVÔT, L., PRIEGO-VALVERDE, B. et RAUZY, S. (2010). The OTIM formal annotation model : a preliminary step before annotation scheme. *In Proceedings LREC*.

BLACHE, P. et RAUZY, S. (2012). Enrichissement du ftb : un treebank hybride constituants/propriétés. *In Actes TALN*, Grenoble.

BLANCHE-BENVENISTE, C. (1997). *Approches de la langues parlée en français*. Ophrys, Paris.

BRANCA-ROSOFF, S., FLEURY, S., LEFEUVRE, F. et PIRES, M. (2012). Discours sur la ville. corpus de français parlé parisien des années 2000. Rapport technique, Université Paris 3.

CANDITO, M., CRABBÉ, B., DENIS, P. et GUÉRIN, F. (2009). Analyse syntaxique du français : des constituants aux dépendances. *In TALN*.

CERISARA, C., GARDENT, C. et ANDERSON, C. (2010). Building and exploiting a dependency treebank for french radio broadcast. *In Proc. TLT9*, Tartu, Estonia.

CRABBÉ, B. et CANDITO, M. (2008). Expériences d'analyse syntaxique du français. *In TALN*.

CRESTI, E., do NASCIMENTO, F. B., MORENO-SANDOVAL, A., VÉRONIS, J., MARTIN, P. et CHOUKRI, K. (2004). The c-oral-rom corpus. a multilingual resource of spontaneous speech for romance languages. *In LREC*.

DEULOFEU, J., DUFORT, L., GERDES, K., KAHANE, S. et PIETRANDREA, P. (2010). Depends on what the french say : Spoken corpus annotation with and beyond syntactic function. *In Linguistic Annotation Workshop (LAW IV)*.

GRAVIER, G., ADDA, G., PAULSSON, N., CARRÉ, M., GIRAUDEL, A. et GALIBERT, O. (2012). The etape corpus for the evaluation of speech-based tv content processing in the french language. *In Proc LREC*.

HOEKSTRA, A., MOORTGAT, M., SCHUURMAN, I. et van der WOUDEN, A. (2000). Syntactic annotation for the spoken dutch corpus project (cgn). *In Computational Linguistics in the Netherlands (CLIN)*.

LEVY, R. et ANDREW, G. (2006). Tregex and tsurgeon : tools for querying and manipulating tree data structures. *In Proc. LREC*.

MARCUS, M. P., SANTORINI, B. et MARCINKIEWICZ, M. A. (1993). Building a large annotated corpus of english : The penn treebank. *Computational Linguistics*, 19(2):313–330.

METEER, M. (1995). Dysfluency annotation stylebook for the switchboard corpus. Rapport technique, Upenn.

MIKULOVA, M. (2008). Rekonstrukce standardizovaného textu z mluvené řeči v pražsksém závislostním korpusu mluvené češtiny. manuál pro anotátory. Rapport technique 38, UFAL.

PETROV, S., BARRETT, L., THIBAUX, R. et KLEIN, D. (2006). Learning accurate, compact, and interpretable tree annotation. *In Proceedings of the 21st International Conference on Computational Linguistics and 44th Annual Meeting of the Association for Computational Linguistics*, pages 433–440, Sydney, Australia. Association for Computational Linguistics.

SCHLUTER, N. et van GENABITH, J. (2007). Preparing, restructuring and augmenting a french treebank : lexicalized parsers or coherent treebanks ? *In Proceedings Pacling 2007*, Melbourne.

# L'apport du faisceau dans l'analyse syntaxique en dépendances par transitions : études de cas avec l'analyseur Talismane

Assaf Urieli et Ludovic Tanguy
(1) CLLE-ERSS : CNRS & Université de Toulouse 2
assaf.urieli@univ-tlse2.fr, ludovic.tanguy@univ-tlse2.fr

RÉSUMÉ

L'analyse syntaxique (ou parsing) en dépendances par transitions se fait souvent de façon déterministe, où chaque étape du parsing propose une seule solution comme entrée de l'étape suivante. Il en va de même pour la chaîne complète d'analyse qui transforme un texte brut en graphe de dépendances, généralement décomposé en quatre modules (segmentation en phrases, en mots, étiquetage et parsing) : chaque module ne fournit qu'une seule solution au module suivant. On sait cependant que certaines ambiguïtés ne peuvent pas être levées sans prendre en considération le niveau supérieur. Dans cet article, nous présentons l'analyseur Talismane, outil libre et complet d'analyse syntaxique probabiliste du français, et nous étudions plus précisément l'apport d'une recherche par faisceau (*beam search*) à l'analyse syntaxique. Les résultats nous permettent à la fois de dégager la taille de faisceau la plus adaptée (qui permet d'atteindre un score de 88,5 % d'exactitude, légèrement supérieur aux outils comparables), ainsi que les meilleures stratégies concernant sa propagation.

ABSTRACT

APPLYING A BEAM SEARCH TO TRANSITION-BASED DEPENDENCY PARSING: A CASE STUDY FOR FRENCH WITH THE TALISMANE SUITE

Transition-based dependency parsing often uses deterministic techniques, where each parse step provides a single solution as the input to the next step. The same is true for the entire analysis chain which transforms raw text into a dependency graph, generally composed of four modules (sentence detection, tokenising, pos-tagging and parsing): each module provides only a single solution to the following module. However, some ambiguities cannot be resolved without taking the next level into consideration. In this article, we present Talismane, an open-source suite of tools providing a complete statistical parser of French. More specifically, we study the contribution of a beam search to syntax parsing. Our analysis allows us to conclude on the most appropriate beam width (enabling us to attain an accuracy of 88.5%, slightly higher than comparable tools), and on the best strategies concerning beam propagation from one level of analysis to the next.

MOTS-CLÉS : Analyse syntaxique en dépendances, ambiguïtés, évaluation, beam search
KEYWORDS: Dependency parsing, ambiguities, evaluation, beam search

## 1 Introduction

L'analyse syntaxique par dépendances s'inspire de l'œuvre de Tesnières (1959), et connaît un très grand engouement pour le développement d'analyseurs syntaxiques automatiques. Les avantages les plus connus sont, sur le plan linguistique, la possibilité de créer des dépendances croisées (arbres non projectifs) et l'expression efficace des structures argumentales des verbes. Sur le plan informatique, ce mode de représentation se prête très facilement aux méthodes d'apprentissage automatique supervisé, puisque la détection d'un lien de dépendance entre deux mots et l'étiquetage de ce lien par une relation syntaxique peuvent se ramener à des opérations de classification.

Il existe deux principales techniques pour l'analyse syntaxique statistique en dépendances : l'analyse par transitions (Nivre, 2008) et l'analyse par graphes (McDonald, 2006). L'analyse par transitions présente l'intérêt d'une complexité de calcul linéaire, en transformant le problème d'analyse de syntaxe en un algorithme de type *Shift-Reduce*. Au cours de tests effectués par Candito et al (2010) et McDonald et Nivre (2007), il a été démontré que, comparée à l'analyse par graphes, l'analyse par transitions a des performances dégradées pour une distance de rattachement supérieure à deux mots. Une façon de corriger cette dégradation est d'y introduire une recherche par faisceau (*beam search*, cf. section 3.1). Cette méthode a déjà été appliquée par Sagae et Lavie (2006), Johanssen et Nugues (2006) et Johanssen et Nugues (2007), avec des résultats prometteurs pour une dizaine de langues, mais parmi lesquelles le français ne figure malheureusement pas.

Dans cet article, nous présentons tout d'abord un nouvel analyseur syntaxique en dépendances, Talismane (section 2), qui implémente de nouvelles fonctionnalités au niveau du faisceau et une syntaxe très expressive pour décrire les informations utilisées pour l'analyse. Cet outil est disponible librement et est directement opérationnel pour le français.

Dans la section 3, nous nous intéressons au mécanisme de la recherche par faisceau, à la fois au niveau quantitatif et qualitatif. Nous apportons des précisions sur la façon d'appliquer le faisceau à des problèmes où la comparaison des solutions intermédiaires n'est pas triviale.

Dans la section 4, nous testons l'hypothèse selon laquelle, si on propage le faisceau à travers les différents modules de l'analyse, un module de niveau plus élevé peut corriger les erreurs d'un module de niveau plus bas. Plus précisément, nous nous intéressons aux questions suivantes : le parseur est-il capable de corriger des erreurs de segmentation en mots (notamment en ce qui concerne l'identification des locutions) et des erreurs d'étiquetage morphosyntaxique ?

Dans la section 5, nous présentons une comparaison avec d'autres études similaires, et notamment une mesure des performances globales de Talismane.

## 2 L'analyseur Talismane

L'outil Talismane[1] est un analyseur syntaxique développé par Assaf Urieli dans le cadre de sa thèse au sein du laboratoire CLLE-ERSS, sous la direction de Ludovic Tanguy. Il est écrit intégralement en Java : il fonctionne donc sur tous les systèmes d'exploitation et est facilement intégrable à d'autres applications.

Pour passer d'un texte brut à un réseau de dépendances syntaxiques, Talismane utilise une analyse en cascade avec quatre étapes classiques pour ce type de tâche : le découpage en phrases (non traité ici), la segmentation en mots, l'étiquetage (attribution d'une catégorie morphosyntaxique), et le parsing (repérage et étiquetage des dépendances syntaxiques entre les mots).

[1] Disponible sous licence GPL à cette adresse : `http://redac.univ-tlse2.fr/talismane`

La tâche de chacun des modules est définie comme un problème de classification, et résolue de façon statistique, en entraînant un modèle probabiliste sur un corpus annoté.

Chacun des modules est configurable à la fois au niveau des *traits* et des *règles*. Les traits sont les informations sur les configurations rencontrées dont dispose l'algorithme pour prendre chacune des décisions, alors que les règles sont des contraintes qui forcent (ou interdisent) des décisions locales.

Le modèle par défaut proposé par Talismane utilise des traits classiques pour chacune des opérations. Pour l'étiquetage, par exemple, sont calculés pour chaque mot des traits liés à sa forme, aux étiquettes indiquées dans un lexique de référence, aux catégories des mots qui l'entourent, etc. La syntaxe de définition des traits est suffisamment expressive pour définir des traits plus complexes, par exemple le fait que le mot précédent soit situé entre parenthèses.

Les règles, qui ne sont appliquées qu'au moment de l'analyse (et pas lors de l'apprentissage), permettent de remplacer ou de contraindre les réponses fournies par le classifieur probabiliste, quand un critère est rempli. Des règles définissables suivant une syntaxe souple permettent d'éviter des résultats aberrants (comme l'attribution d'une classe fermée à un mot inconnu du lexique, l'attribution de deux sujets à un verbe, etc.) soit de respecter des contraintes propres à un corpus spécifique (en attribuant une catégorie fixe à un mot donné, par exemple).

Pour le parsing, Talismane se base sur l'algorithme décrit par (Nivre 2008) avec certaines modifications pour rendre possible la recherche par faisceau. Nous avons testé deux algorithmes présentés par Nivre : l'algorithme « classique » et l'algorithme dit « *arc eager* ». Le deuxième algorithme a fourni de meilleurs résultats globaux, et est le seul utilisé pour les expérimentations présentées dans cet article.

## 2.1 Classifieurs

Les algorithmes de classification utilisables par chaque module sont interchangeables, et trois classifieurs différents sont disponibles dans Talismane : un classifieur par entropie maximale[2], basé sur (Ratnaparkhi, 1998), un SVM linéaire[3] (Ho et Lin, 2012), et un classifieur par perceptrons multicouches (Attardi et al, 2009). Nous avons comparé les résultats de ces trois classifieurs avec le même jeu de traits et en testant différentes configurations pour leurs paramètres spécifiques. Le classifieur par entropie maximale donne des résultats supérieurs où égaux à ceux du SVM linéaire, avec l'avantage d'un algorithme d'entraînement plus rapide et une interprétation plus aisée des coefficients de chaque paramètre. Nous avons donc opté pour cette option dans les expériences présentées ici ainsi que pour le comportement par défaut de Talismane, et ce pour chacun des quatre modules de la chaîne de traitement.

## 2.2 Corpus d'entraînement et ressources externes

Le corpus d'entraînement pour les modules de segmentation et d'étiquetage est le French

[2] http://opennlp.apache.org/
[3] http://liblinear.bwaldvogel.de/

Treebank (Abeillé et al, 2003). Pour la segmentation, nous avons retenu les mots composés des catégories fermées (déterminants, pronoms, prépositions et conjonctions) ainsi que les adverbes qui ne sont pas par ailleurs des syntagmes prépositionnels bien formés. Pour l'étiquetage, le jeu de tags utilisé est celui de Crabbé et Candito (2008). Pour le parsing, nous avons utilisé le French Treebank converti automatiquement en dépendances par Candito et al (2010). Nous avons retenu leur division en corpus d'apprentissage, de développement (*dev*, 10 % du total) et de test (10 % du total) pour pouvoir comparer nos résultats directement.

A la différence des autres études, et grâce à l'expressivité syntaxique de Talismane, nous avons utilisé un jeu de traits complexe et parfois spécifique au français. Du coup, notre système n'est pas directement applicable à d'autres langues sans la création d'un nouveau jeu de traits, qui serait construit sur la base de la connaissance des mécanismes de la langue, de la disponibilité de ressources lexicales ou sémantiques, et des spécificités des corpus d'entraînement et d'évaluation.

Nous faisons un usage massif, dans les traits, du lexique LEFFF (Sagot et al, 2006) à la fois au niveau du segmenteur, de l'étiqueteur et du parseur. Comme dans Denis et Sagot (2009), nous utilisons les catégories grammaticales du lexique LEFFF comme traits de l'étiqueteur, en y ajoutant quelques contraintes (surtout au niveau des classes fermées). La liste complète des traits utilisés pour construire le modèle proposé par défaut est consultable en ligne[4].

# 3 Le principe du faisceau dans Talismane

Nous présentons ici les détails techniques de la recherche par faisceau dans Talismane.

## 3.1 Fonctionnement général

Que ce soit pour la segmentation ou le parsing, un analyseur probabiliste doit envisager un très grand nombre de configurations possibles pour une même phrase, en considérant toutes les combinaisons de catégories que l'on peut affecter à chaque élément (caractère pour la segmentation, mot pour l'étiquetage, paire de mots ou relation de dépendance pour le parsing). Afin de trouver la séquence (de frontières de mots, d'étiquettes, ou de liens syntaxiques) la plus probable, le système doit comparer théoriquement un très grand nombre de cas possibles ; pour limiter cette explosion combinatoire seules les $k$ configurations les plus probables sont considérées à chaque étape du calcul. Le faisceau (de largeur $k$) est donc la liste de ces configurations partielles. Un faisceau de grande largeur a donc plus de chances de trouver la meilleure configuration, mais consommera également plus de ressource, en nombre de traits à calculer et de comparaisons à effectuer.

Pour l'étiquetage par exemple, les mots sont traités dans l'ordre de la phrase, et à chaque étape du calcul le faisceau contient les $k$ séquences d'étiquettes les plus probables. Un faisceau de largeur 1 devra alors attribuer définitivement la catégorie d'un mot au moment où celui-ci est traité (ce qui ne veut pas dire qu'il le fait indépendamment des mots qui le suivent, puisque ceux-ci sont pris en compte via des traits). Dans tous les cas, le faisceau contient, à la fin de l'analyse d'une phrase, les $k$ sorties les plus probables pour cette phrase. Des exemples plus détaillés de ce mécanisme sont présentés en section 4.1.

[4] `http://redac.univ-tlse2.fr/talismane/features`

## 3.2 Spécificités du faisceau dans le parseur

Dans le parsing par transitions, la situation est nettement plus complexe. Une « configuration » (Nivre, 2008) est une structure qui contient une pile de mots partiellement traités, un *buffer* contenant les mots non encore traités, et un jeu de dépendances déjà générées. A cela on peut ajouter une liste de transitions qui ont permis d'arriver à cette configuration à partir de la configuration initiale. La liste des transitions possibles est un petit ensemble fermé. Par exemple, la transition « Shift » enlève le mot en tête du buffer et le met en tête de pile, sans créer de dépendance entre les deux. L'entraînement consiste donc à apprendre quelle transition il faut appliquer étant donné une configuration. La configuration est considérée comme terminale quand le *buffer* est vide.

Appliquer un faisceau au parseur n'est pas trivial, dans la mesure où il est difficile de comparer des configurations qui ont créé un nombre différent de dépendances dans un ordre différent. Sagae et Lavie (2006) ont utilisé une stratégie particulière qui implique un certain nombre de biais, et Johanssen et Nugues (2007) ne donnent pas de précisions sur la façon d'appliquer le faisceau. Nous avons fait le choix d'utiliser une moyenne harmonique des probabilités individuelles, afin d'éviter de privilégier le chemin le plus court à une solution, et de comparer entre elles les configurations ayant traité un même nombre de mots.

## 3.3 Impact de la largeur du faisceau sur les performances globales

Nous avons tout d'abord évalué différentes largeurs de faisceau à l'intérieur de chaque module, sans considérer leur enchaînement. Les mesures ont été faites sur le corpus de test du French Treebank (10% du corpus, soit 32000 mots) en fournissant en entrée à chaque module les données annotées qui s'y trouvent.

Pour le segmenteur en mots, vu qu'il n'y a pas de dépendances contextuelles entre les décisions locales à différents endroits de la phrase, la solution la plus probable localement reste toujours en tête de liste, si bien que la largeur de faisceau n'a aucun effet sur les performances. A ce stade, le faisceau sert uniquement à fournir plusieurs segmentations possibles aux modules suivants (voir section 4.1).

Pour l'étiqueteur morphosyntaxique, le faisceau apporte un gain non significatif. Sur le sous corpus « test », on passe d'une exactitude de 97,81 % pour un faisceau de largeur 1 à une exactitude de 97,83 % pour un faisceau de 20. On voit donc que, même sans recherche par faisceau, le module d'étiquetage de Talismane se situe au niveau actuellement atteint par d'autres outils pour le français (Denis et Sagot, 2009).

Pour le parseur, nous avons mesuré la f-mesure pour chaque étiquette de dépendance (« sujet », « objet », ...) à différentes largeurs de faisceau. Pour cette f-mesure, on considère une réponse comme correcte uniquement si l'arc est correct (bon gouverneur) et bien étiqueté (bonne relation). La TABLE 1 donne, pour le sous corpus « test », les f-mesures de certaines étiquettes. Les f-mesures pour l'ensemble des relations syntaxiques augmentent avec la largeur du faisceau, avec une relative stabilité à partir du faisceau 5. Notons au passage que cette dernière information est très utile : le parseur consomme un temps linéairement proportionnel à la largeur du faisceau, et ces données permettent donc de voir qu'un faisceau large (plus de 5) n'est pas rentable. On observe généralement un gain de précision minime, voir une perte légère, mais un gain de rappel important (pour la relation

« racine », par exemple, on observe un gain de rappel de 5,59 % entre les faisceaux 1 et 20).

| Etiquette | Nombre de cas | Largeur de faisceau : | | | | | Gain (f20-f1) | | |
|---|---|---|---|---|---|---|---|---|---|
| | | 1 | 2 | 5 | 10 | 20 | Préc. | Rap | F-mes |
| total[5] | 31 703 | 87,7 | 88,5 | 88,8 | 89,0 | 89,1 | +1,38 | | |
| sujet | 2 132 | 92,8 | 93,7 | 94,3 | 94,5 | 94,6 | -0,25 | +3,51 | +1,82 |
| racine[6] | 1 235 | 91,9 | 93,5 | 94,5 | 94,8 | 95,1 | -0,06 | +5,59 | +3,12 |
| coordonné[7] | 939 | 89,4 | 90,5 | 91,2 | 91,4 | 91,4 | -0,25 | +3,41 | +1,94 |
| coordonnant[8] | 819 | 68,3 | 69,5 | 70,4 | 70,5 | 70,4 | +0,32 | +2,45 | +2,12 |
| relative[9] | 379 | 78,4 | 79,9 | 80,5 | 80,9 | 81,1 | +1,96 | +2,91 | +2,69 |

TABLE 1 : F-score par largeur de faisceau : valeur globale et détails pour certaines étiquettes choisies

Pour le score total, les différences entre les différentes largeurs de faisceau sont toutes significatives (test de McNemar, $p<0,05$). Pour les relations individuelles, on observe globalement un gain non-significatif lorsque le faisceau dépasse une largeur de 5.

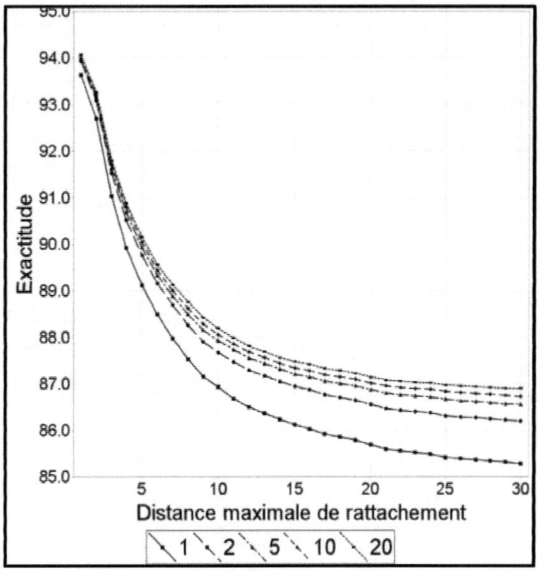


FIGURE 1 : Exactitude par faisceau et par distance maximale de rattachement

[5] A l'instar d'autres études similaires, nous donnons l'exactitude totale hors ponctuation

[6] Relation dont le dépendant est le verbe principal de la phrase, et le gouverneur et une « racine » artificielle

[7] Relation dont le dépendant est un mot coordonné et le gouverneur est le coordonnant qui le précède

[8] Relation dont le dépendant est une conjonction ou une virgule et el gouverneur est le coordonné qui la précède

[9] Relation dont le dépendant est le verbe d'une subordonnée relative , et le gouverneur est l'antécédent du pronom relatif qui introduit cette subordonnée (le pronom relatif lui-même sera rattaché au verbe par les relations « suj », « obj », ...)

La FIGURE 1 donne l'exactitude en fonction des distances maximales de rattachement (en nombre de mots séparant les mots reliés syntaxiquement). Chaque point de la courbe représente donc l'exactitude pour tous les liens de dépendances dont la distance entre le gouverneur et le dépendant est inférieure ou égale à une distance donnée. Alors que l'exactitude baisse avec la distance maximale pour tous les faisceaux, l'écart entre les faisceaux s'accroît : plus le faisceau est large, plus le parseur parvient à traiter correctement les relations à longue distance.

# 4 Le faisceau entre les modules

Dans ce paragraphe, nous nous intéressons à la propagation du faisceau *entre* les modules. Sans propagation, chaque module du début de la chaîne (segmentation ou étiquetage) choisit la meilleure configuration possible et la transmet au module suivant (étiquetage ou parsing). Si l'on active la propagation avec un faisceau de largeur *k*, le module fournit alors *k* propositions qui vont être prises en considération (avec une probabilité associée). Au fur et à mesure de l'analyse, certains choix du module précédent seront abandonnés (largeur de faisceau oblige), alors que d'autres seront retenus, voire ramenés en haut de la pile.

Nous avons utilisé deux corpus d'évaluation : le premier est le corpus de test issu du French Treebank, et permet d'avoir un aperçu quantitatif en comparant les résultats avec l'annotation manuelle. Nous y avons ajouté un extrait du corpus Leximedia 2007[10] qui contient des articles de presse de plusieurs quotidiens français relatifs à la précédente campagne présidentielle. Dans ce corpus, nous avons analysé manuellement les 100 premières différences de traitement obtenues avec et sans propagation du faisceau, et ce pour plusieurs largeurs, afin d'avoir une vision qualitative des phénomènes mis en jeu.

## 4.1 Impact de l'étiquetage et du parsing sur la segmentation : le traitement des unités polylexicales ambiguës

Notre hypothèse est que le repérage des unités polylexicales peut être amélioré en prenant en considération les informations morphosyntaxiques et syntaxiques. A notre connaissance, tous les systèmes d'étiquetage effectuent un traitement systématique des locutions et expressions figées (lorsqu'ils traitent ces cas) en projetant un lexique sans condition. Si certaines locutions sont totalement non ambiguës (« *parce_que* », « *d'ores_et_déjà* » etc.) certaines occurrences peuvent correspondre à des configurations syntaxiques particulières comme dans « Jean-Claude Brialy, qui nous <u>*quitte à*</u> 74 ans, avait été un jeune premier éblouissant. ». Dans cet exemple extrait de notre corpus d'évaluation (et correctement traité grâce à cette méthode), il est clair que « *quitte_à* » n'est pas une préposition (mais un verbe suivi d'une préposition) quand on considère la configuration globale de la phrase. Dans le cas d'une propagation, les deux solutions de segmentation envisageables vont donc être soumises à l'étiqueteur qui pourra soit décider, soit transmettre l'ambiguïté à son tour au parseur (en fonction des priorités et des autres ambiguïtés qu'il ordonnancera dans son faisceau). La décision finale de segmenter ou non sera prise à la toute fin du processus.

Pour comprendre le mécanisme interne, prenons la phrase « Elle pourrait <u>*même s'*</u>ennuyer. » Au niveau de la segmentation, il y a une ambiguïté entre « *même_si* » (conjonction de

[10] http://redac.univ-tlse2.fr/Leximedia2007/

subordination) et les deux mots « *même* » (adverbe) et « *se* » (pronom clitique réfléchi). On a appliqué ici une analyse avec un faisceau de largeur 2. La TABLE 2 ci-dessous montre le faisceau terminal du segmenteur pour cette phrase, où la proposition erronée d'un seul mot composé « *même si* » est privilégiée (la probabilité globale étant supérieure).

| | | | | | | |
|---|---|---|---|---|---|---|
| *Elle* | *pourrait* | *même s'* | | *ennuyer* | . | Score : 66% |
| *Elle* | *pourrait* | *même* | *s'* | *ennuyer* | . | Score : 34% |

TABLE 2 : Faisceau final du segmenteur pour la phrase « *Elle pourrait même s'ennuyer.* »

Sans la propagation, la proposition erronée est donc la seule transmise à l'étiqueteur. Avec la propagation, les deux propositions sont transmises et analysées, tel qu'on le voit dans la TABLE 3. L'étiqueteur arrive donc à trancher pour la bonne solution, car la séquence [*verbe indicatif, conjonction de subordination, verbe infinitif*] est très peu probable dans le corpus d'entraînement. Le parseur (détails non fournis) ne fera ici que confirmer ce choix.

| | | | | | | | | |
|---|---|---|---|---|---|---|---|---|
| *Elle* CLS[11] | *pourrait* V | *même* ADV | *s'* CLR | *ennuyer* VINF | . PONCT | Score d'étiquetage[12] | Score de segmentation | Score total |
| 96 % | 99 % | 99 % | 88 % | 94 % | 94 % | 95 % | 34 % | 32 % |
| *Elle* CLS | *pourrait* V | *même s'* CS | | *ennuyer* VINF | . PONCT | Score d'étiquetage | Score de segmentation | Score total |
| 96 % | 99 % | 8 % | | 24 % | 83 % | 43 % | 66 % | 29 % |

TABLE 3 : Faisceau final de l'étiqueteur pour la phrase « *Elle pourrait même s'ennuyer.* »

Notons que le score associé à chaque étiquette représente sa probabilité dans une distribution couvrant toutes les étiquettes morphosyntaxiques possibles. L'étiquette choisie est celle dont la probabilité est la plus élevée dans cette distribution, et dont le choix n'est pas interdit par les règles que l'utilisateur aura configurés.

Prenons un autre exemple : « ***Il y a*** plus grave. » L'expression « il y a » est de segmentation ambiguë, car considérée comme une préposition (ex. « Je suis venu *il y a* trois ans. ») ou comme une séquence de trois mots. La TABLE 4 ci-dessous montre le faisceau terminal du segmenteur pour cette phrase, qui privilégie donc la locution prépositionnelle.

| | | | | | | |
|---|---|---|---|---|---|---|
| *Il y a* | | | *plus* | *grave* | . | Score : 55% |
| *Il* | *y* | *a* | *plus* | *grave* | . | Score : 45% |

TABLE 4 : Faisceau final du segmenteur dans la phrase « Il y a plus grave. »

Le faisceau terminal de l'étiqueteur, montré dans la TABLE 5 ci-dessous, rapproche les probabilités des deux solutions, sans pour autant en changer l'ordre.

[11] Etiquettes morphosyntaxiques de Crabbé et Candito (2008) : ADV = adverbe. CLO = clitique objet. CLR = clitique réfléchi. CLS = clitique sujet. P = préposition. V = verbe indicatif. VINF = verbe infinitif.

[12] Moyenne harmonique des probabilités individuelles.

| | | | | | | | | |
|---|---|---|---|---|---|---|---|---|
| *Il y a*<br>P | | | *plus*<br>ADV | *grave*<br>ADJ | .<br>PONCT | Score d'étiquetage | Score de segmentation | Score total |
| 67 % | | | 99 % | 94 % | 98 % | 88 % | 55 % | 49 % |
| *Il*<br>CLS | *y*<br>CLO | *a*<br>V | *plus*<br>ADV | *grave*<br>ADJ | .<br>PONCT | Score d'étiquetage | Score de segmentation | Score total |
| 97 % | 95 % | 99 % | 98 % | 94 % | 98 % | 97 % | 45 % | 44 % |

TABLE 5 : Faisceau final de l'étiqueteur dans la phrase « *Il y a plus grave.* »

Ce sera ici le parseur qui permettra de corriger l'erreur. La FIGURE 2 montre le faisceau terminal du parseur. Pour simplifier, nous avons attribué des probabilités aux arcs de dépendance. En réalité, il y a une probabilité pour chaque transition, même celles qui n'ont pas généré des arcs (ex. Shift). Nous avons intégré ces probabilités dans celles des arcs.

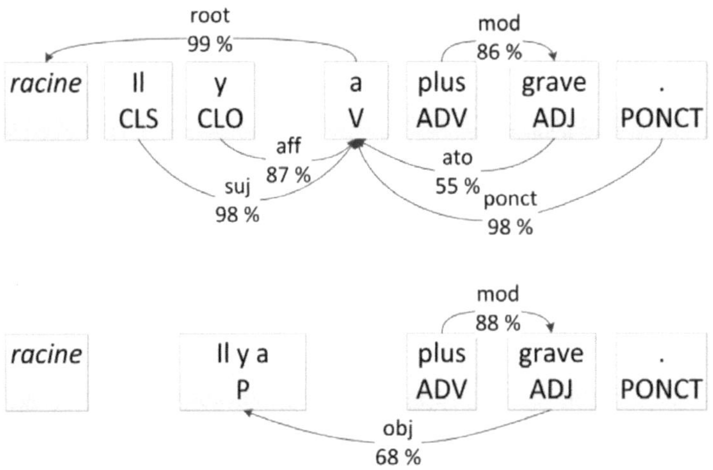


FIGURE 2 : Faisceau final du parseur pour la phrase « *Il y a plus grave.* »

Notons que dans le cas de « *il y a* » comme préposition composée, le parseur n'a pas trouvé de racine (la phrase n'ayant pas de verbe), et du coup n'a pas rattaché la ponctuation non plus (classiquement rattachée au verbe central). La TABLE 6 ci-dessous montre ce même faisceau final du parseur avec les scores. Pour chaque mot, on a indiqué la probabilité de l'arc qui gouverne ce mot. Le score total est la moyenne harmonique des probabilités de chaque arc (ou plutôt, de chaque transition), multipliée par le score d'étiquetage. Le parseur arrive donc à trancher pour la bonne réponse, quoiqu'avec une faible marge.

Nous passons maintenant aux évaluations globales. Pour la segmentation, la question ne se pose que pour un ensemble de locutions prédéfinies. Sans propagation, le segmenteur atteint déjà une exactitude de 94,9 % pour les séquences de mots correspondantes sur le sous corpus de test (à peu près 2 000 bonnes réponses sur 2 100). Une étude des erreurs montre que, sur les 50 premières erreurs, 60 % se révèlent en fait être des erreurs d'annotation. Dans ce contexte, la propagation a très peu d'effet sur le score total. Entre les faisceaux 1 et 2 il n'y a que 13 cas de différence (sur 2 100), dont 5 corrections et 8 erreurs introduites. Les faisceaux plus larges ont le même comportement.

| *Il*<br>CLS<br>suj[13] | *y*<br>CLO<br>aff | *a*<br>V<br>root | *plus*<br>ADV<br>mod | *grave*<br>ADJ<br>ato | .<br>PONCT<br>ponct | Score<br>de<br>parsing | Score<br>d'étiquetage | Score<br>total |
|---|---|---|---|---|---|---|---|---|
| 98 % | 87 % | 99 % | 86 % | 55 % | 98 % | 85 % | 44 % | 38 % |
| *Il y a*<br>P<br>NA | | | *plus*<br>ADV<br>mod | *grave*<br>ADJ<br>obj | .<br>PONCT<br>NA | Score<br>de<br>parsing | Score<br>d'étiquetage | Score<br>total |
| NA | | | 89 % | 68 % | NA | 75 % | 49 % | 37 % |

TABLE 6 : Faisceau final du parseur dans la phrase « Il y a plus grave. »

De cette évaluation peu convaincante, nous passons au corpus non annoté Leximedia2007. Ici, nous avons appliqué la segmentation, l'étiquetage et le parsing à un texte brut à différentes largeurs de faisceau avec et sans propagation. Nous avons par la suite comparé les segmentations de différents runs, et annoté manuellement les 109 premiers cas de différence (on a observé 300 différences pour 1 million de mots). Comme attendu, dans les essais sans propagation, la segmentation est restée identique (voir paragraphe 3.1 ci-dessus). La TABLE 7 ci-dessous donne le nombre de bonnes réponses au niveau de la segmentation par faisceau, quand la propagation est appliquée.

| Faisceau | 1 | 2 | 5 | 10 | 20 |
|---|---|---|---|---|---|
| Bonnes réponses | 69 | 46 | 50 | 45 | 49 |

TABLE 7 : Bonnes réponses de la segmentation avec propagation sur le corpus Leximedia, pour les 109 premiers cas de différence entre les faisceaux

En règle générale, les faisceaux à partir de 2 dégradent les résultats, en séparant à tort des locutions (45 cas pour le faisceau 2). On observe toutefois plusieurs cas (22 pour le faisceau 2) où la segmentation est effectivement corrigée, comme par exemple :

- « Villepin précise *encore que*, bien évidemment, il a fait procéder...»
- « Elle pourrait *même s'*être retournée contre les amis de M. Strauss-Kahn, soupçonnés de l'avoir diffusée. »
- « Jean-Claude Brialy, qui nous *quitte à* 74 ans, avait été un jeune premier éblouissant. »

Au vu de ce bilan global, il apparaît que notre hypothèse sur l'utilité de la propagation du faisceau pour la segmentation est à rejeter en l'état.

## 4.2 Impact du parsing sur l'étiquetage

Pour cette seconde articulation entre deux modules, notre hypothèse est que certaines

13 Les étiquettes des arcs suivent le guide d'annotation de Candito, Crabbé et Falco : aff = clitique figé, ato = attribut de l'objet, mod = modifieur, obj = objet de préposition ou objet direct du verbe, suj = sujet, ponct = ponctuation, root = relation réliant le verbe central à une « racine » artificiel

ambiguïtés catégorielles ne peuvent être efficacement traitées qu'en considérant le niveau syntaxique. Nous avons donc comparé, pour une même segmentation des deux corpus d'évaluation, une analyse avec et sans propagation pour la même largeur de faisceau, de façon à pouvoir isoler le gain apporté par la parseur à l'étiquetage morphosyntaxique.

Pour le corpus de test du French Treebank, comme vu précédemment, la largeur de faisceau a très peu d'effet sur l'exactitude totale *sans* propagation. Le gain est bien plus perceptible avec propagation, comme on le voit dans la TABLE 8 ci-dessous.

| Faisceau | 1 | 2 | 5 | 10 | 20 |
|---|---|---|---|---|---|
| Sans propagation | 97,81 | 97,82 | 97,83 | 97,83 | 97,83 |
| Avec propagation | 97,81 | 97,87 | 97,92 | 97,94 | 97,95 |

TABLE 8 : Exactitude total de l'étiqueteur morphosyntaxique, avec et sans propagation vers le parseur, pour 5 largeurs de faisceau

En terme de significativité statistique (test de McNemar, $p<0,05$), les gains apportés par l'élargissement du faisceau sans activer la propagation ne sont pas significatifs (première ligne du tableau). Ils le sont par contre pour chaque largeur de faisceau lorsque l'on active la propagation (pour chaque colonne du tableau) et également lorsque l'on compare les différentes largeurs avec propagation (seconde ligne du tableau).

Dans les détails, les gains sont concentrés sur certaines catégories grammaticales (adjectif, conjonction de subordination, déterminant, pronom, pronom relatif).

Pour le corpus non annoté de Leximedia2007, nous avons examiné 132 cas de différences entre les configurations envisagées (on a observé globalement une différence tous les 100 mots), en identifiant manuellement la bonne réponse à chaque fois. La TABLE 9 donne le nombre de bonnes réponses pour chaque largeur de faisceau, avec et sans propagation. Nous observons ici un gain très net avec l'application de la propagation. Les erreurs ont par contre tendance à croître légèrement à partir d'un faisceau de largeur 10.

| Faisceau | 1 | 2 | 5 | 10 | 20 |
|---|---|---|---|---|---|
| Sans propagation | 52 | 58 | 58 | 53 | 52 |
| Avec propagation | 52 | 71 | 72 | 71 | 69 |

TABLE 9 : Nombre de bonnes réponses de l'étiqueteur morphosyntaxique pour le corpus Leximedia2007 avec et sans propagation (132 premières différences)

Nous n'avons pas pu isoler de régularités dans les types d'erreurs ainsi corrigées, qui semblent couvrir les cas classiques d'ambiguïté catégorielle. Les cas suivants sont corrigés avec un faisceau de 5 (et au-delà) avec propagation :

- « ... a estimé "vraisemblable" qu'après l'élection de M. Sarkozy, un nouveau traité ***soit*** achevé "au plus tard en décembre". » (conjonction de coordination → verbe subjonctif)
- « ... en soulignant "l'émotion" ***qu'***il ressentait au cours de cette première visite d'Etat ... » (conjonction de subordination → pronom relatif)

- « Evoquant sous les applaudissements cette "place de France *que* je voudrais aussi place de la paix", ... » (conjonction de subordination → pronom relatif)

Pour le faisceau 2, on a observé 43 cas de correction, contre 24 cas de dégradation, comme celui-ci-dessous :

- « *Qui* mieux que le peuple corse peut choisir librement son développement ? » (pronom interrogatif → pronom relatif)

Au vu de ces résultats, il semble donc que les modifications apportées à l'étiquetage par propagation du faisceau vers le parseur soient des améliorations.

## 5 Comparaison avec d'autres études

La TABLE 10 montre les exactitudes atteintes par Talismane par comparaison avec Candito et al (2010). Pour pouvoir comparer nos résultats, nous donnons ici l'exactitude pour un texte pré-segmenté en mots (les sous-corpus d'évaluation « *dev* » et « *test* » du French Treebank), auquel on a appliqué l'étiqueteur morphosyntaxique et le parseur (avec propagation du faisceau). Les trois premières lignes sont celles fournies par Candito et al, (2010), pour leur meilleur jeu de traits. Pour le temps de calcul, Talismane a été évalué avec une architecture semblable[14].

| Parseur | LAS[15] Dev | UAS[16] Dev | LAS Test | UAS Test | Temps de calcul |
|---|---|---|---|---|---|
| Berkeley | 86,5 | 90,8 | 86,8 | 91,0 | 12m46s |
| MSTParser | 87,5 | 90,3 | 88,2 | 90,9 | 14m39s |
| MaltParser | 86,9 | 89,4 | 87,3 | 89,7 | 1m25s |
| Talismane (faisc 1) | 86,8 | 90,2 | 87,2 | 90,6 | 7m56s |
| Talismane (faisc. 2) | 87,3 | 90,4 | 88,0 | 91,0 | 14m51s |
| Talismane (faisc. 5) | 87,8 | 90,7 | 88,3 | 91,1 | 38m26s |
| Talismane (faisc. 10) | 88,0 | 90,8 | 88,4 | 91,1 | 80m36s |
| Talismane (faisc. 20) | 88,1 | 90,8 | 88,5 | 91,1 | 157m53s |

TABLE 10 : Exactitude et temps de calcul par parseur

Du point de vue de son architecture, Talismane se rapproche surtout du MaltParser, qui est lui aussi un parseur en dépendances par transitions. Avec un faisceau de 1, les scores sont effectivement proches pour le score avec étiquettes (LAS), et Talismane est légèrement meilleur pour les seuls gouverneurs (UAS). Par contre, le MaltParser est bien plus rapide. Avec un faisceau de 2, Talismane est très proche des scores du MSTParser (parseur par

[14] Intel i5 CPU 2.40 GHz

[15] LAS : *Labeled Attachment Score* = l'exactitude en considérant à la fois l'identification du gouverneur et l'étiquetage des arcs. La ponctuation n'est pas prise en compte.

[16] UAS : *Unlabeled Attachment Score* = l'exactitude si on prend on compte uniquement les gouverneurs, et non les étiquettes des arcs. La ponctuation n'est pas prise en compte.

graphes) pour le LAS et l'UAS. Les scores pour les faisceaux plus larges sont légèrement meilleurs, mais au prix d'un temps de calcul bien plus élevé (comme dit précédemment, l'impact de la largeur sur le temps est linéaire). Il reste bien entendu à comparer Talismane avec des analyseurs basés sur une grammaire, notamment FRMG (Villemonte de la Clergerie et al. 2009).

Pour l'étiqueteur morphosyntaxique, (Denis et Sagot, 2009) signalent un score de 97,7 % sur une partie du French Treebank. Notre score de 97,8 % sans faisceau ni propagation est donc tout à fait comparable. Après les corrections du parseur par propagation du faisceau, le score de 97,9 % est légèrement supérieur.

## 6 Conclusions

Nous avons présenté l'outil Talismane et la chaîne complète d'analyse syntaxique que cet outil propose, permettant de produire un arbre de dépendances à partir d'un texte brut. D'après notre évaluation, cet un outil atteint (voire dépasse) les autres analyseurs statistiques actuellement disponibles pour le français.

Nous avons étudié de plus près les effets de la recherche par faisceau entre les différents modules d'analyse. Selon nos évaluations, si la propagation des ambiguïtés entre les modules a peu d'intérêt pour la segmentation en mots, elle semble au contraire très intéressante pour l'étiquetage morphosyntaxique, avec un gain significatif. Nous avons modifié la dernière version disponible de Talismane en conséquence.

Nous avons étudié le comportement de chaque module avec différentes largeurs de faisceau. Pour le parseur en particulier, un faisceau de largeur 2 ou 5 semble être un bon compromis entre exactitude des résultats et vitesse d'analyse, une largeur plus grande apportant très peu d'améliorations. Par contre, un faisceau large semble critique pour traiter efficacement les relations syntaxiques à grande distance.

L'analyse qualitative des phénomènes syntaxiques mieux ou moins bien traités par chaque configuration est encore à affiner. Cet aspect est important à plusieurs titres. Tout d'abord, on sait que les évaluations globales d'un analyseur syntaxique ne sont au final pertinentes qu'au vu d'une tâche particulière, qui peut accorder plus ou moins d'importance au traitement efficace de tel ou tel phénomène syntaxique. Ensuite, une caractéristique importante de Talismane est la souplesse de définitions de traits et de règles qui permet précisément de cibler des phénomènes particuliers une fois ceux-ci identifiés, en gardant une porte d'entrée linguistique dans un système statistique opaque par essence (Tanguy, 2012).

## Remerciements

Nous tenons à remercier Marjorie Raufast pour son aide précieuse dans l'évaluation détaillée.

## Références

ABEILLÉ, A., L. CLÉMENT, ET F. TOUSSENEL (2003). Building a treebank for French, in A. Abeillé (ed) *Treebanks*, Kluwer, Dordrecht.

ATTARDI, G., DELLORLETTA, F., SIMI, ET M., TURIAN J. (2009) Accurate Dependency Parsing with a Stacked Multilayer Perceptron. In *Proceedings of Evalita'09 at AI*IA*, Reggio Emilia, Italy.

CANDITO M.-H., CRABBÉ B., ET DENIS P., (2010) Statistical French dependency parsing: treebank conversion and first results, *Proceedings of LREC'2010*, La Valletta, Malta.

CANDITO M.-H., NIVRE J., DENIS P. ET HENESTROZA ANGUIANO E., (2010) Benchmarking of Statistical Dependency Parsers for French, in *Proceedings of COLING'2010*, Beijing, China

CRABBÉ B. ET CANDITO M.-H. (2008), Expériences d'analyse syntaxique statistique du français, in *Actes de TALN 2008*, Avignon, France.

DENIS P. ET SAGOT B., (2009) Coupling an annotated corpus and a morphosyntactic lexicon for state-of-the-art POS tagging with less human effort, *in Proceedings of the 23rd Pacific Asia Conference on Language, Information and Computation (PACLIC), Hong-Kong.*

HO C.-H. ET LIN C.-J. (2012), Large-scale Linear Support Vector Regression, *Journal of Machine Learning Research*, 13, pp. 3323-3348.

JOHANSSON R. ET NUGUES P. (2006). Investigating multilingual dependency parsing. *In proceeding of CoNLL-X*, New York.

JOHANSSON R. ET NUGUES P. (2007). Incremental Dependency Parsing Using Online Learning. *In Proceedings of the CoNLL Shared Task Session of EMNLP-CoNLL 2007*, Prague

MCDONALD, R. (2006). *Discriminative Learning and Spanning Tree Algorithms for Dependency Parsing.* Ph.D. thesis, University of Pennsylvania.

MCDONALD, R. ET J. NIVRE. (2007). Characterizing the errors of data-driven dependency parsing models. *In proceedings of EMNLP-CoNLL 2007*, Prague.

NIVRE J. (2008), *Algorithms for Deterministic Incremental Dependency Parsing*, Computational Linguistics, 34(4), 513-553.

RATNAPARKHI, A. (1998) *Maximum entropy models for natural language ambiguity resolution*, PhD Thesis, University of Pennsylvania, 1998.

SAGAE K. ET LAVIE A. (2006), A best-first probabilistic shift-reduce parser, *in Proceedings of the COLING/ACL joint conference*, Sydney.

SAGOT B., CLÉMENT L., DE LA CLERGERIE E. ET BOULLIER P. (2006) The Lefff 2 syntactic lexicon for French: architecture, acquisition, use, *in Proceedings of LREC*, Gênes.

TANGUY, L. (2012). *Complexification des données et des techniques en linguistique : contributions du TAL aux solutions et aux problèmes.* Mémoire d'HDR, Université de Toulouse.

TESNIÈRE, LUCIEN. (1959). *Eléments de syntaxe structurale*, Klincksieck, Paris.

VILLEMONTE DE LA CLERGERIE, E, SAGOT, B., NICOLAS L. ET GUÉNOT, ML. (2009). FRMG : évolutions d'un analyseur syntaxique TAG du français *Journée de l'ATALA sur « Quels analyseurs syntaxiques pour le français ? ».*

# Un modèle segmental probabiliste combinant cohésion lexicale et rupture lexicale pour la segmentation thématique

Anca Simon[1] Guillaume Gravier[2] Pascale Sébillot[3]
(1) Université de Rennes 1
(2) CNRS
(3) INSA de Rennes
IRISA & INRIA Rennes
anca-roxana.simon@irisa.fr,guillaume.gravier@irisa.fr,pascale.sebillot@irisa.fr

RÉSUMÉ

L'identification d'une structure thématique dans des données textuelles quelconques est une tâche difficile. La plupart des techniques existantes reposent soit sur la maximisation d'une mesure de cohésion lexicale au sein d'un segment, soit sur la détection de ruptures lexicales. Nous proposons une nouvelle technique combinant ces deux critères de manière à obtenir le meilleur compromis entre cohésion et rupture. Nous définissons un nouveau modèle probabiliste, fondé sur l'approche proposée par Utiyama et Isahara (2001), en préservant les propriétés d'indépendance au domaine et de faible *a priori* de cette dernière. Des évaluations sont menées sur des textes écrits et sur des transcriptions automatiques de la parole à la télévision, transcriptions qui ne respectent pas les normes des textes écrits, ce qui accroît la difficulté. Les résultats expérimentaux obtenus démontrent la pertinence de la combinaison des critères de cohésion et de rupture.

ABSTRACT

**A probabilistic segment model combining lexical cohesion and disruption for topic segmentation**

Identifying topical structure in any text-like data is a challenging task. Most existing techniques rely either on maximizing a measure of the lexical cohesion or on detecting lexical disruptions. A novel method combining the two criteria so as to obtain the best trade-off between cohesion and disruption is proposed in this paper. A new statistical model is defined, based on the work of Isahara and Utiyama (2001), maintaining the properties of domain independence and limited a priori of the latter. Evaluations are performed both on written texts and on automatic transcripts of TV shows, the latter not respecting the norms of written texts, thus increasing the difficulty of the task. Experimental results demonstrate the relevance of combining lexical cohesion and disrupture.

MOTS-CLÉS : segmentation thématique, cohésion lexicale, rupture de cohésion, journaux télévisés.

KEYWORDS: topic segmentation, lexical cohesion, lexical disrupture, TV broadcast news.

# 1 Introduction

La segmentation thématique consiste à mettre en évidence la structure sémantique d'un document et les algorithmes développés pour cette tâche visent à détecter automatiquement les frontières qui définissent des segments thématiquement cohérents. Cible de nombreux travaux, la segmentation thématique a également des retombées en recherche d'information, résumé automatique, systèmes de question-réponse...

Diverses méthodes de segmentation de données textuelles ont été proposées dans la littérature (Yamron et al., 1998; Georgescul et al., 2006; Galley et al., 2003; Hearst, 1997; Reynar, 1994; Moens and Busser, 2001; Choi, 2000; Ferret et al., 1998; Utiyama and Isahara, 2001). Comme indiqué dans (Purver, 2011), elles peuvent être supervisées ou non, reposer sur des changements de vocabulaire, des techniques de *clustering*, sur la détection de frontières discriminantes ou sur des modèles probabilistes. Déterminer les segments thématiques à l'aide de modèles probabiliste consiste la plupart du temps à inférer la séquence de thèmes la plus probable à partir des mots observés et à dériver les positions des frontières (Yamron et al., 1998; Blei and Moreno, 2001). Ces modèles utilisent un corpus d'apprentissage pour estimer les distributions documents-thèmes et thèmes-mots. Des travaux récents ont montré l'intérêt de l'intégration de ces modèles probabilistes dans les algorithmes de segmentation de textes reposant sur la similarité de vocabulaire (Misra and Yvon, 2010; Riedl and Biemann, 2012). Nos travaux portent sur les méthodes non supervisées. La plupart d'entre elles repose sur la cohésion du vocabulaire pour identifier des segments cohérents dans les textes, exploitant les mots qu'ils contiennent et les relations sémantiques que ces mots entretiennent. Pour mesurer la cohérence dans les (segments de) textes, la cohésion lexicale, fondée sur la répétition de mots ou sur l'exploitation de chaînes lexicales, est fréquemment retenue en privilégiant l'une ou l'autre des deux stratégies suivantes : soit on cherche à maximiser la mesure de cohésion lexicale des segments, en regroupant les portions de texte lexicalement cohérentes, soit on cherche à identifier des ruptures entre les segments en plaçant des frontières quand survient un changement significatif dans le vocabulaire utilisé (Hearst, 1997). Dans cet article, notre objectif est de proposer une nouvelle solution pour la segmentation thématique de documents qui consiste à mêler ces deux approches, c'est-à-dire à combiner les mesures de *cohésion lexicale* et de *rupture lexicale* afin d'obtenir une segmentation en fragments à la fois thématiquement cohérents et différents les uns des autres.

La technique que nous proposons peut s'appliquer à tout type de données textuelles et est indépendante d'un domaine particulier. Notre objectif est cependant de l'appliquer à la segmentation de journaux télévisés afin de permettre à des utilisateurs de naviguer dans ce type de données. De manière à rester générique et non supervisée, la segmentation thématique peut dans ce cas s'appuyer sur la transcription automatique de la parole prononcée dans les émissions. L'analyse des mots de la transcription vise alors à trouver un changement significatif de vocabulaire et donc un changement de thème (Hearst, 1997). Cependant, les particularités des transcriptions automatiques accroissent la difficulté de la tâche de segmentation. En effet, ces transcriptions ne contiennent ni casse, ni ponctuation, et ne sont donc pas structurées en phrases comme des textes standards mais en groupes de soufle correspondant aux mots prononcés par une personne entre deux inspirations. De plus, elles peuvent contenir de nombreux mots mal transcrits. Difficulté supplémentaire, les journaux TV peuvent avoir des segments thématiques très courts, contenant peu de mots et donc peu de répétitions, en particulier quand le présentateur fait volontairement usage de synonymes. Cela rend l'utilisation du critère de cohésion lexicale particulièrement ardue. Notre algorithme de segmentation thématique ayant un fort potentiel pour traiter ces cas, nous avons souhaité le tester sur ces données difficiles.

La technique présentée ici repose sur l'algorithme de segmentation de textes proposé par Utiyama et Isahara (2001), algorithme dont les capactiés ont été attestées pour le texte écrit. C'est un modèle probabiliste qui fournit une segmentation non supervisée. Dans cette approche, il n'y a donc pas de tentative d'apprentissage de l'ensemble des modèles thématiques le plus probable à partir des données d'apprentissage, mais au contraire l'ensemble est généré par l'algorithme étant donnés les textes à segmenter. Ce modèle est indépendant du domaine et permet l'obtention de segments de longueurs très variées. Il consiste en une représentation du document à segmenter sous forme d'un graphe, où les nœuds représentent les frontières thématiques potentielles et les arcs les segments. La segmentation thématique est obtenue en trouvant le meilleur chemin dans le graphe valué, dans lequel les poids reflètent la valeur de cohésion lexicale. Notre contribution consiste à définir un modèle statistique amélioré qui permet d'intégrer la rupture lexicale. Par conséquent, notre algorithme se résume en un décodage d'un treillis afin d'identifier la meilleure segmentation. Cette représentation permet de considérer la valeur de rupture lexicale en chaque nœud. La solution proposée est testée pour la segmentation de journaux TV transcrits mais également de textes écrits, et les évaluations montrent une amélioration en précision et rappel par rapport à la seule utilisation de la valeur de la cohésion lexicale.

L'article est organisé de la façon suivante : des travaux en segmentation thématique existants sont présentés dans la section 2. Dans la section 3, nous détaillons notre approche, en décrivant d'abord le modèle général d'Utiyama et Isahara puis le nouveau modèle statistique proposé. Dans la section 4, les expériences sont présentées, avec des détails sur les corpus utilisés et une analyse des résultats.

# 2 Techniques de segmentation thématique

Dans cette section, nous présentons rapidement les notions-clés concernant le concept de segmentation thématique, ainsi que les techniques existantes et les traits qu'elles exploitent pour réaliser cette tâche.

## 2.1 Le concept de thème

Le concept de thème est difficile à définir précisément et les linguistes qui ont tenté de le caractériser en offrent de nombreuses définitions. Dans (Brown and Yule, 1983), la difficulté de définir un thème est longuement discutée et les auteurs soulignent que : "*The notion of 'topic' is clearly an intuitively satisfactory way of describing the unifying principle which makes one stretch of discourse 'about' something and the next stretch 'about' something else, for it is appealed to very frequently in the discourse analysis literature. Yet the basis for the identification of 'topic' is rarely made explicit.*".

Souhaitant appliquer la segmentation thématique à des journaux TV, nous avons cherché à voir si la notion de thème avait été définie dans le contexte d'émissions télévisées. Le projet *Topic Detection and Tracking* (Allan, 2002) s'est par exemple focalisé sur le repérage de segments de journaux TV thématiquement liés. Dans ce cadre, les notions d'événement et de thème ont été définies : un événement est quelque chose qui se produit à un instant et un endroit spécifique et qui est associé à des actions particulières ; un thème est, quant à lui, l'ensemble formé d'un événement et de tous les événements qui lui sont directement liés. Un événement est donc relativement court et évolue dans le temps, tandis qu'un thème est plus stable et plus long.

Dans notre cadre de segmentation de journaux TV, un thème correspond à un reportage qui forme une unité sémantique cohérente dans la structure d'un journal. Notre algorithme est également évalué sur des textes écrits, formés par concaténation de parties extraites d'articles sélectionnés aléatoirement dans le corpus Brown (Choi, 2000) ; un thème est alors associé à chaque partie formant le texte final.

## 2.2 Méthodes pour la segmentation thématique

Pour réaliser la segmentation thématique de textes, diverses caractéristiques peuvent être exploitées afin d'identifier les changements thématiques. Elles peuvent reposer sur la cohésion lexicale (*i.e.*, prendre en compte les informations de distribution du vocabulaire) ou sur des marqueurs linguistiques tels que des indices prosodiques (Guinaudeau and Hirschberg, 2011) ou des marqueurs du discours (Grosz and Sidner, 1986; Litman and Passonneau, 1995). Les techniques génériques, qui sont celles qui nous intéressent ici, exploitent traditionnellement la seule cohésion lexicale, indépendante du type de documents considérés et ne nécessitant pas de phase d'apprentissage. L'idée-clé des méthodes fondées sur la cohésion lexicale est de considérer qu'un changement significatif dans le vocabulaire utilisé est un signe de changement thématique. Ces approches peuvent être divisées en deux familles :

- les méthodes locales (Hearst, 1997; Hernandez and Grau, 2002; Ferret et al., 1998; Claveau and Lefèvre, 2011) qui cherchent à repérer localement les *ruptures lexicales* ;
- les méthodes globales (Reynar, 1994; Choi, 2000; Utiyama and Isahara, 2001; Malioutov and Barzilay, 2006; Misra and Yvon, 2010) exploitant une *mesure de la cohésion lexicale*.

Une méthode locale repose sur la comparaison locale de régions du document et associe un changement thématique aux endroits où il y a une similarité faible entre deux régions consécutives (*i.e.*, elles identifient les zones de fortes ruptures lexicales). Par exemple, TextTiling (Hearst, 1997), qui est considéré comme un algorithme de segmentation thématique fondamental, analyse le texte à l'aide d'une fenêtre glissante qui couvre des blocs adjacents de texte et est centrée en un point du texte correspondant à une frontière thématique potentielle. Les contenus avant et après chaque frontière possible sont représentés par des vecteurs de mots pondérés, un poids fort indiquant qu'un mot est particulièrement pertinent pour décrire un contenu. Une mesure de similarité, par exemple cosinus, est calculée entre les deux vecteurs. Plus l'angle entre les deux vecteurs diminue, plus le cosinus approche de 1, indiquant par là-même la plus grande similarité entre les contenus avant et après la frontière potentielle. Les valeurs de similarité sont calculées à chaque frontière possible et la séquence résultante de valeurs de similarité est analysée. Les points de scores de similarité les plus bas (*i.e.*, forte rupture) représentent alors les frontières thématiques. Ce type de méthode locale présente certains désavantages dont une sensibilité aux variations de tailles des segments dans les textes puisqu'un voisinage de taille fixe est considéré, ainsi qu'une difficulté de choix de la valeur de seuil pour décider qu'une rupture est suffisamment forte pour placer une frontière.

Une méthode globale réalise quant à elle une comparaison globale entre toutes les régions du document, en cherchant à maximiser globalement la valeur de la cohésion lexicale. Dans Utiyama et Isahara (2001), la valeur de la cohésion lexicale d'un segment $S_i$ est vue comme la mesure de la capacité d'un modèle de langue $\Delta_i$, appris sur le segment $S_i$, à prédire les mots du segment. Le modèle de langue $\Delta_i$ doit donc d'abord être estimé, puis la probabilité généralisée des mots du segment $S_i$, étant donné $\Delta_i$, doit être déterminée. Après le calcul de la valeur de cohésion lexicale pour chaque segment, la segmentation maximisant globalement cette valeur est choisie. Cet algorithme s'est avéré performant au regard d'autres algorithmes de segmentation thématique de textes tels que ceux de Choi (2000) ou Reynar (1994). Cependant, la limite principale de ce type de méthode globale est un risque de sur-segmentation.

L'originalité de la solution que nous proposons consiste dans la combinaison des deux types de méthodes. Une méthode fondée sur le même principe, visant à capturer dans une vue globale des dissimilarités locales, a été présentée dans (Malioutov and Barzilay, 2006), mais, d'une part, le nombre de segments à trouver est fixé *a priori* et, d'autre part, la couverture est limitée car la dissimilarité entre segments est calculée en utilisant une fenêtre.

Le point de départ de notre méthode est le modèle statistique proposé dans (Utiyama and Isahara, 2001), qui est flexible et offre des possibilités d'extension par intégration de nouvelles informations. Plusieurs travaux l'ont déjà utilisé avec succès dans le contexte de la segmentation de journaux TV (Huet et al., 2008; Guinaudeau et al., 2012), le modifiant pour intégrer des connaissances spécifiques aux émissions TV. Contrairement à ces travaux, nous avons redéfini le modèle de (Utiyama and Isahara, 2001) afin qu'il puisse prendre en compte non seulement la cohésion mais aussi la rupture lexicale et, par conséquent, améliorer la segmentation de tout type de données textuelles. Considérer la rupture est en particulier intéressant pour traiter les cas de textes contenant des changements brutaux de vocabulaire. La façon dont nous combinons les deux critères est détaillée dans la section 3.

# 3 Combinaison de la cohésion et de la rupture lexicales

Nous rappelons tout d'abord l'algorithme de Utiyama et Isahara, puis expliquons le nouveau modèle statistique que nous proposons.

## 3.1 Le modèle statistique

L'algorithme proposé par Utiyama et Isahara définit un modèle probabiliste et consiste à déterminer la segmentation qui produit les segments les plus cohérents d'un point de vue lexical tout en respectant une distribution *a priori* de la longueur des segments. L'idée principale est de trouver la segmentation la plus probable pour une séquence de $t$ unités élémentaires (*i.e.*, phrases ou énoncés composés de mots) $W = u_1^t$ parmi toutes les segmentations possibles, *i.e.*,

$$\hat{S} = \arg\max_S P[W|S]P[S] \ . \tag{1}$$

En admettant que chaque segment est une unité indépendante du reste du texte et que les mots contenus dans un segment sont eux aussi indépendants, la probabilité du texte W pour une segmentation $S = S_1^m$ est donnée par

$$P[W|S_1^m] = \prod_{i=1}^{m}\prod_{j=1}^{n_i} P[w_j^i|S_i] \ , \tag{2}$$

où $n_i$ est le nombre de mots du segment $S_i$, $w_j^i$ est le $j^e$ mot de $S_i$ et $m$ le nombre de segments. La probabilité $P[w_j^i|S_i]$ est donnée par une loi de Laplace dont les paramètres sont estimés sur $S_i$, *i.e.*,

$$P[w_j^i|S_i] = \frac{f_i(w_j^i) + 1}{n_i + k} \ , \tag{3}$$

où $f_i(w_j^i)$ est le nombre d'occurrences de $w_j^i$ dans $S_i$ et $k$ est le nombre total de mots différents dans le texte $W$ (*i.e.*, la taille du vocabulaire). Cette probabilité va favoriser les segments homogènes car elle croît quand les mots sont répétés et décroît quand ils sont différents. La distribution *a priori* des longueurs des segments est donnée par $P[S_1^m] = n^{-m}$, où $n$ est le nombre total de mots. Elle a une valeur élevée quand le nombre de segments est faible, tandis que $P[W|S]$ a des valeurs élevées quand le nombre de segments est grand.

Cette approche peut être vue comme la recherche du meilleur chemin dans un graphe valué, graphe représentant toutes les segmentations possibles. Chaque nœud correspond à une frontière possible et un arc entre les nœuds $i$ et $j$ représente un segment contenant les unités comprises entre $u_{i+1}$ et $u_j$. Le poids attribué à chaque arc de ce type est

$$v(i,j) = \sum_{k=i+1}^{j} ln(P[u_k|S_{i\rightarrow j}]) - \alpha ln(n) \ , \tag{4}$$

où $S_{i\rightarrow j}$ est le segment correspondant à l'arc allant du nœud $i$ au nœud $j$. Pour les petits segments, la probabilité d'estimer les mots contenus dans le segment est plus faible ; le facteur $\alpha$ fournit un compromis entre la longueur moyenne des segments retournés et la valeur de la cohésion lexicale.

## 3.2 Introduction de la rupture lexicale

Le modèle défini ci-dessus suppose que chaque segment $S_i$ du texte est indépendant des autres, ce qui ne permet pas de combiner la valeur de la cohésion lexicale et celle de la rupture lexicale. En effet, lors du calcul du poids associé au segment $S_i$, nous devrions ajouter une pénalité marquant à quel point le contenu de $S_i$ diffère de celui du segment précédent $S_{i-1}$. Pour cette raison, nous proposons une hypothèse markovienne entre les segments nous permettant, pour chaque segment, de considérer celui qui le précède. La probabilité d'un texte $W$ pour une segmentation $S = S_1^m$ devient alors

$$P[W|S_1^m] = P[W|S_1] \prod_{i=2}^{m} P[W|S_i, S_{i-1}] \ . \tag{5}$$

Pour déterminer la segmentation de probabilité maximum $\hat{S}$, le coût associé au segment $S_i$, étant donné $S_{i-1}$, est

$$ln(P[W|S_i, S_{i-1}]) = ln(P[W_i|S_i]) - \lambda(\frac{1}{\Delta(W_i, W_{i-1})}) \ , \tag{6}$$

où $\Delta(W_i, W_{i-1})$ est la valeur de rupture entre le contenu de $S_i$ et celui de $S_{i-1}$, et $\lambda$ est un paramètre qui permet de contrôler l'influence de la rupture dans le coût. $W_i$ représente les unités élémentaires du segment $S_i$. Choisir $1/\Delta(W_i, W_{i-1})$ conduit à une pénalité faible quand il y a une forte rupture. Dans l'équation 6, $P[W|S_i, S_{i-1}]$ ne représente plus une probabilité ; cependant, puisque l'algorithme de segmentation consiste à déterminer le meilleur chemin dans un graphe pondéré, cela n'a pas d'impact car aucune présupposition de graphe probabiliste n'est faite pour segmenter. Par conséquent, la nouvelle définition de la segmentation la plus probable est

$$\hat{S} = \arg\max_S \sum_{i=1}^{m} ln(P[W_i|S_i]) - \lambda \sum_{i=2}^{m} (\frac{1}{\Delta(W_i, W_{i-1})}) - \alpha m ln(n) \ . \quad (7)$$

De l'équation 6, on peut déduire que, pour un nœud donné représentant une frontière thématique, tous les segments de longueurs différentes arrivant à ce nœud sont conservés. Au niveau implémentation, nous définission un treillis dans lequel un arc $e_{ip,jl}$ représente une prolongation d'un chemin de longueur $l$ du nœud $n_{ip}$ au nœud $n_{jl}$. Un nœud $n_{ip}$ rassemble donc tous les segments de longueur $p$ unités se terminant après $u_i$. Ceci signifie qu'en chaque point du texte où une frontière potentielle est considérée, nous analysons toutes les combinaisons possibles d'unités consécutives précédant cette frontière. Un arc $e_{ip,jl}$ représente un segment contenant toutes les unités entre $u_{i+1}$ et $u_j$, avec $j - i = l$. Un coût est associé à chaque arc en se fondant sur l'équation 6. D'une part, ce coût consiste en la valeur de la cohésion lexicale du segment couvert par l'arc calculé grâce à l'équation 3 ; d'autre part, une pénalité est associée à chacune des valeurs de ce type, en fonction de la rupture lexicale entre le segment couvert par l'arc et le segment précédent dans le texte. Selon le nœud dont il provient, le segment précédent peut lui aussi avoir différentes longueurs. Par conséquent, la rupture est calculée entre toutes les paires possibles de segments. Pour obtenir la rupture, une mesure de similarité cosinus est utilisée entre les vecteurs représentant

- le segment qui contient les unités couvertes par l'arc (de score le plus élevé) arrivant au nœud $n_{i,j}$ et
- le segment qui contient les unités couvertes par l'arc sortant de ce nœud vers $n_{i+k,k}$.

Les vecteurs contiennent les poids associés aux mots dans les unités. Ces poids sont calculés en utilisant les mesures de TF-IDF et Okapi (Claveau, 2012), transformées en dissimilarités.

Pour déterminer la meilleure segmentation, nous utilisons un algorithme de programmation dynamique. Lors du décodage, on associe à chaque nœud le coût du meilleur chemin en fonction des arcs entrants. Par exemple dans la figure 1, les calculs au nœud $n_{3,1}$ consistent à choisir la valeur la plus élevée entre le poids associé à l'arc $e_{21,31}$ et à l'arc $e_{22,31}$.

- Pour le premier arc, le score est donné par la valeur associée au nœud $n_{2,1}$, la valeur de la cohésion lexicale de l'arc $e_{21,31}$ et la rupture entre le segment contenant $u_2$ et le segment contenant $u_3$.
- Pour le second, le score est donné par la valeur associée au nœud $n_{2,2}$, la cohésion lexicale de l'arc $e_{22,31}$ et la rupture lexicale entre le segment contenant à la fois $u_1$ et $u_2$ et le segment contenant seulement $u_3$.

Si dans l'exemple donné (*cf.* FIGURE 1) le score le plus élevé est obtenu pour le chemin formé de $e_{01,11}e_{11,32}e_{32,41}$, la segmentation de probabilité maximum est $[u_1][u_2u_3][u_4]$. Utiliser cette représentation nous permet donc de considérer tous les chemins possibles de longueurs variables, traitant ainsi toutes les combinaisons possibles de segments consécutifs pour le calcul de la cohésion lexicale et également de la rupture lexicale.

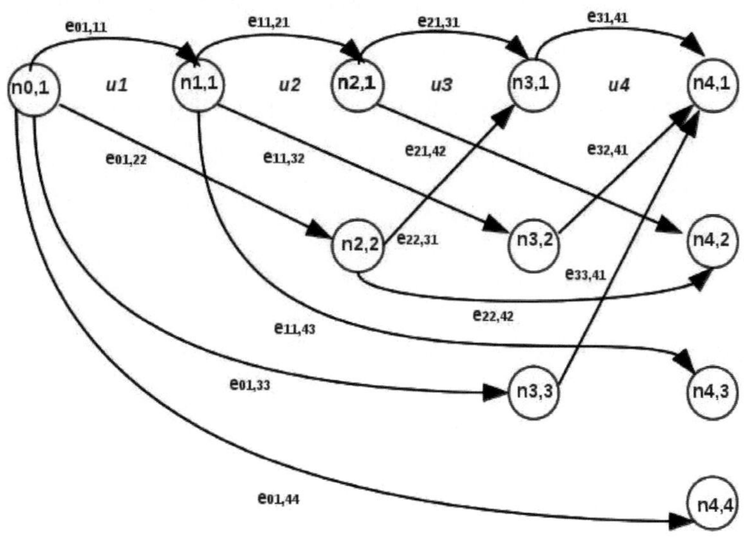


FIGURE 1 – Un exemple de treillis de segmentation

# 4 Expériences

Nous présentons ici les expériences réalisées en fournissant tout d'abord des détails sur les transcriptions de journaux TV et les données textuelles utilisées, puis en analysant les résultats obtenus.

## 4.1 Corpus

Deux corpora sont considérés dans notre tâche de segmentation thématique. Le premier est un corpus de journaux TV contenant 56 journaux (~1/2 heure chacun), enregistrés de février à mars 2007 sur la chaîne de TV française France 2. Les journaux consistent en une succession de reportages de courte durée (2-3 mn), contenant très peu de répétitions de mots par rapport à d'autres types d'émissions, des synonymes étant fréquemment préférés. Les transcriptions utilisées dans les expériences proviennent de deux systèmes de transcription : IRENE, le système de l'IRISA, et LIMSI, le système du Laboratoire d'Informatique pour la Mécanique et les Sciences de l'Ingénieur. IRENE a un taux d'erreurs mots plus élevé d'environ 7%. La segmentation de référence a été créée en associant un thème à chaque reportage. Les frontières thématiques sont donc placées au début de l'introduction du reportage et à la fin de ses remarques conclusives.

Le second corpus est un jeu de données artificiel proposé par Choi (2000) et utilisé par différents auteurs pour comparer leurs méthodes à des approches existantes. Il consiste en 700 documents créés par concaténation de 10 parties de textes correspondant chacune aux $z$ premières phrases d'articles choisis aléatoirement dans le corpus Brown, $z$ étant lui-même choisi aléatoirement dans un intervalle fixé. Une limite de ce jeu de données est qu'il comporte donc des changements thématiques très brutaux, ce qui est rarement le cas dans des documents classiques. Cependant, il est intéressant car il contient des segments de longueurs variables.

| Transcriptions | Manuelles | IRENE automatiques | LIMSI automatiques |
|---|---|---|---|
| Gain de F1-mesure | 0.77 | 0.2 | 0.5 |

TABLE 1 – Gain en F1-mesure pour les transcriptions manuelles et automatiques de journaux TV

## 4.2 Résultats

Nous présentons dans cette sous-section l'impact de notre modèle statistique sur la tâche de segmentation thématique de journaux TV et de données textuelles. Les résultats sont comparés à ceux d'un système basique et bien que les améliorations obtenues soient limitées, elles montrent nettement l'intérêt de combiner rupture et cohésion lexicales. Pour les journaux TV, le traitement de ces données difficiles diminue les capacités de notre méthode et, pour cette raison, des transcriptions manuelles ont également été considérées lors des expériences.

Pour l'évaluation, des mesures de rappel, précision et F1-mesure ont été utilisées après alignement de la référence et des frontières proposées. Une tolérance de 10 secondes dans le positionnement est autorisée dans le cas des transcriptions de journaux TV, et de 2 phrases pour les données textuelles. Le rappel correspond à la part de frontières de référence détectées par la méthode et la précision au ratio des frontières produites appartenant à la segmentation de référence. La F1-mesure combine rappel et précision en une valeur unique. D'autres mesures ont été précédemment proposées pour évaluer la segmentation thématique de textes. Cependant, contrairement à la mesure *Pk* (Beeferman et al., 1997), le rappel et la précision ne sont pas sensibles aux variations de tailles des segments et ces mesures ne favorisent pas les segmentations avec peu de frontières comme la mesure *WindowDiff* (Pevzner and Hearst, 2002), ce qui justifie notre choix.

Les tests effectués ont consisté à faire varier les paramètres $\alpha$ et $\lambda$ de l'équation 7, $\alpha$ permettant différents compromis entre les valeurs de précision et de rappel, tandis que $\lambda$ donne plus ou moins d'importance à la rupture.

Parmi les diverses configurations testées dans les expériences, seules quelques-unes sont présentées ici. La figure 2 illustre tout d'abord les résultats obtenus pour la segmentation des journaux TV transcrits par les deux systèmes de RAP, en les comparant au système de référence correspondant à l'algorithme d'Utiyama et Isahara (2001) standard. Les valeurs présentées correspondent à des pondérations TF-IDF lors de l'évaluation de la rupture lexicale, les résultats obtenus avec Okapi étant similaires. Nous constatons que les précision et rappel pour le corpus LIMSI sont supérieurs à ceux du corpus IRENE, ce qui se justifie par le taux d'erreur de transcription plus élevé de ce dernier. Notre méthode reposant sur la cohérence du vocabulaire, l'amélioration assez faible obtenue par rapport au système étalon s'explique par le fait que les transcriptions sont des données difficiles, contenant des segments très courts et peu de répétitions. Le gain en F1-mesure lors de la segmentation des transcriptions manuelles et automatiques est donné dans le tableau 1. Ces résultats ne concernent toutefois que 6 journaux TV, la F1-mesure retenue correspondant aux segmentations fournissant le nombre de frontières le plus proche de celui de la référence. Le gain est inférieur là encore pour les transcriptions IRENE dont le taux d'erreur est plus élevé. Avoir à sa disposition moins de mots potentiellement répétés accroît la difficulté de discriminer entre des segments appartenant à des thèmes différents. Cependant notre modèle parvient à améliorer la segmentation même pour ces données bruitées.

Notre méthode offrant une amélioration limitée sur la segmentation des transcriptions de

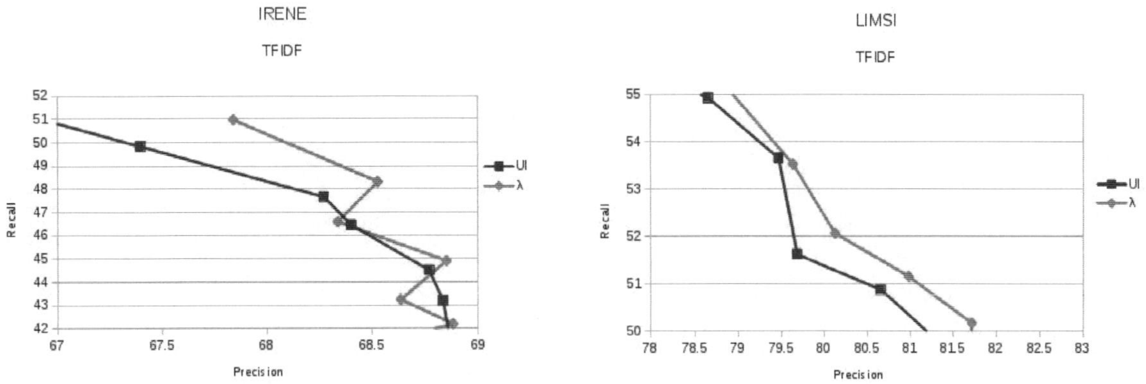


FIGURE 2 – Courbe rappel/précision pour les transcriptions obtenues grâce aux systèmes de reconnaissance de la parole LIMSI et IRENE. UI représente les résultats obtenus grâce à la seule cohésion lexicale ; $\lambda - value$ indique l'importance donnée à la rupture lexicale dans notre approche

journaux TV, nous avons également utilisé le corpus de Choi afin de vérifier que notre modèle fonctionnait bien sur des données plus classiques. Par ailleurs, le jeu de données artificiel de Choi nous permet d'observer le comportement de notre approche lorsque les longueurs des segments varient. Les résultats de notre méthode sur le corpus de Choi sont présentés sur la figure 3.

Les nombres mentionnés sur chaque figure (par exemple 3-5, 3-11) correspondent à l'intervalle de valeurs pour $z$. Les résultats de différents échantillons du jeu de données sont fournis. On observe que lorsque notre algorithme traite des textes écrits, il obtient de meilleures performances, augmentant les valeurs de rappel et de précision. Plus les segments sont longs en moyenne, plus importante est l'amélioration apportée par la prise en compte de la rupture. Cependant les paramètres utilisés doivent encore être ajustés pour que l'importance donnée à la rupture, pour tout type de données, soit fixée et soit capable d'assigner la pénalité nécessaire aux poids calculés. Nous avons observé qu'il ne semble pas y avoir de valeur précise à donner à l'importance de la rupture ; cependant les valeurs plus élevées conduisent à un rappel plus bas et une précision plus élevée, conduisant à une sous-segmentation.

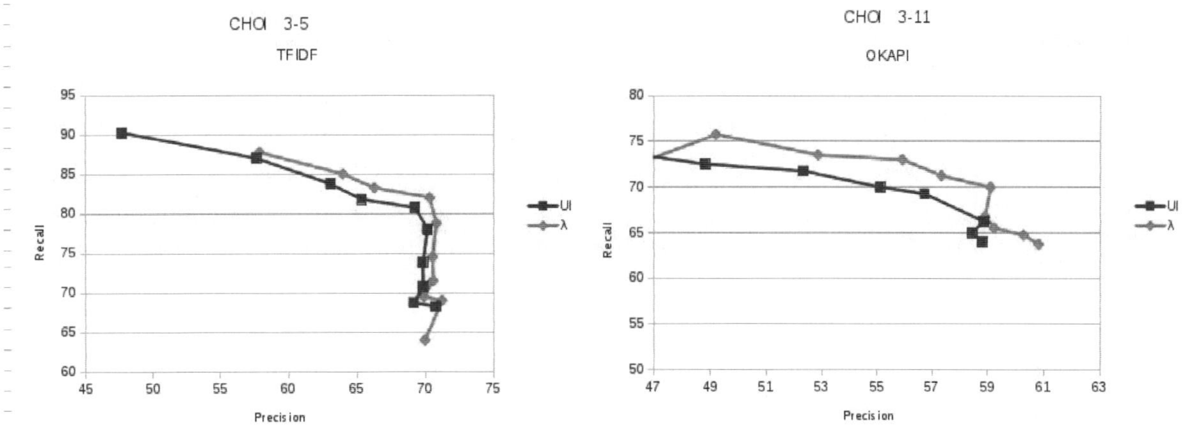

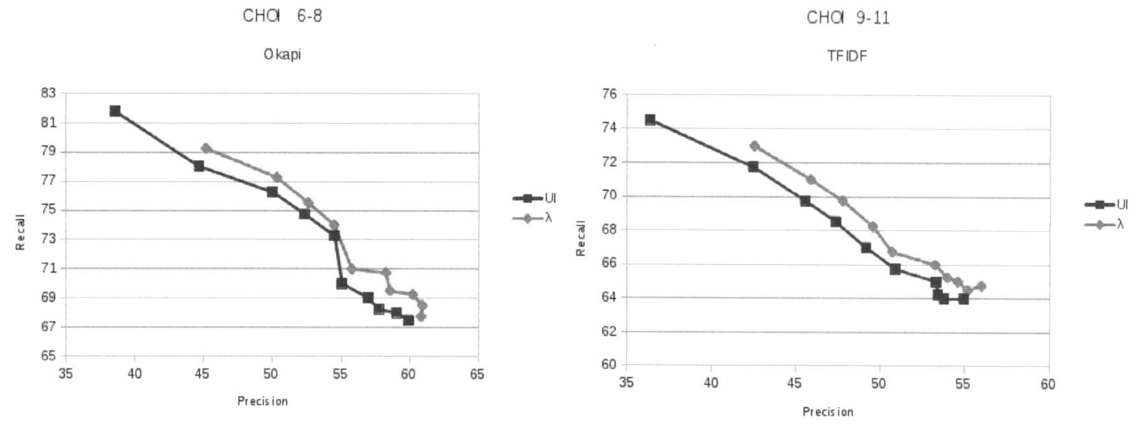


FIGURE 3 – Courbes rappel/précision obtenues sur le corpus de Choi

# 5 Conclusions

Nous avons proposé une méthode originale de segmentation thématique qui combine la cohésion lexicale et la rupture lexicale, identifiant des zones de continuités et de ruptures dans l'organisation globale des données. Les résultats obtenus montrent que la combinaison des deux mesures produit des segmentations de meilleure qualité que lors de l'emploi de la seule cohésion lexicale. Il reste toutefois encore des possibilités d'améliorer notre approche.

Nous proposons comme perspectives d'employer d'autres techniques de calcul de la rupture lexicale. Parmi elles, la vectorisation (Claveau and Lefèvre, 2011) implique une comparaison indirecte entre des segments consécutifs, en proposant un changement dans l'espace de représentation des segments et l'utilisation de documents pivots pour le calcul de la rupture. Les segments ne partageant pas beaucoup de vocabulaire quoiqu'abordant le même thème pourraient alors être considérés comme similaires. Cette méthode pourrait donc permettre de pallier le manque de répétitions de mots qui apparaît particulièrement dans le cas de transcriptions de journaux TV. Par ailleurs, une façon de régler finement les paramètres $\alpha$ and $\lambda$ utilisés dans notre modèle statistiques doit être déterminée.

# Références

Allan, J., editor (2002). *Topic Detection and Tracking : event-based information organization*. Kluwer Academic Publishers.

Beeferman, D., Berger, A., and Lafferty, J. (1997). Text segmentation using exponential models. *In Proceedings of the 2nd Conference on Empirical Methods in Natural Language Processing*, pages 35–46.

Blei, D. and Moreno, P. (2001). Topic segmentation with an aspect hidden Markov model. *In Proceedings of the 24th Annual International ACM SIGIR Conference on Research and Development in Information Retrieval*, pages 343–348.

Brown, G. and Yule, G. (1983). Discourse analysis. *Cambridge University Press*.

Choi, F. Y. Y. (2000). Advances in domain independent linear text segmentation. *In Proceedings of the 1st International Conference of the North American Chapter of the Association for Computational Linguistics*, pages 26–33.

Claveau, V. (2012). Vectorisation, Okapi et calcul de similarité pour le TAL : pour oublier enfin le TF-IDF. *Actes de la conférence conjointe JEP-TALN-RECITAL 2012*, pages 85–98.

Claveau, V. and Lefèvre, S. (2011). Topic segmentation of TV-streams by mathematical morphology and vectorization. *In Proceedings of the 12th International Conference of the International Speech Communication Association, Interspeech'11*, pages 1105–1108.

Ferret, O., Grau, B., and Masson, N. (1998). Thematic segmentation of texts : Two methods for two kinds of texts. *In Proceedings of the 36th Annual Meeting of the Association for Computational Linguistics and 17th International Conference on Computational Linguistics*, pages 392–396.

Galley, M., McKeown, K., Fosler-Lussier, E., and Jing, H. (2003). Discourse segmentation of multi-party conversation. *In Proceedings of the 41st Annual Meeting of the Association for Computational Linguistics, ACL*, pages 562–569.

Georgescul, M., Clark, A., and Armstrong, S. (2006). Word distributions for thematic segmentation in a support vector machine approach. *In Proceedings of the 10th Conference on Computational Natural Language Learning, CoNLL-X*, pages 101–108.

Grosz, B. J. and Sidner, C. L. (1986). Attention, intentions, and the structure of discourse. *Computational Linguistics*, 12(3) :175–204.

Guinaudeau, C., Gravier, G., and Sébillot, P. (2012). Enhancing lexical cohesion measure with confidence measures, semantic relations and language model interpolation for multimedia spoken content topic segmentation. *Computer Speech and Language*, 26(2) :90–104.

Guinaudeau, C. and Hirschberg, J. (2011). Accounting for prosodic information to improve ASR-based topic tracking for TV broadcast news. *In 12th Annual Conference of the International Speech Communication Association, Interspeech'11*, pages 1401–1404.

Hearst, M. A. (1997). TextTiling : Segmenting text into multi-paragraph subtopic passages. *Computational Linguistics*, 23(1) :33–64.

Hernandez, N. and Grau, B. (2002). Analyse thématique du discours : segmentation, structuration, description et représentation. *In Actes du 5e colloque international sur le document électronique*, pages 277–285.

Huet, S., Gravier, G., and Sébillot, P. (2008). Un modèle multi-sources pour la segmentation en sujets de journaux radiophoniques. In *Actes de 15e conférence sur le traitement automatique des langues naturelles, TALN'08*, pages 49–58.

Litman, D. J. and Passonneau, R. J. (1995). Combining multiple knowledge sources for discourse segmentation. *In Proceedings of the 33rd Annual Meeting of the Association for Computational Linguistics*, pages 108–115.

Malioutov, I. and Barzilay, R. (2006). Minimum cut model for spoken lecture segmentation. *In Proceedings of the 21st International Conference on Computational Linguistics and the 44th Annual Meeting of the Association for Computational Linguistics*, pages 25–32.

Misra, H. and Yvon, F. (2010). Modèles thématiques pour la segmentation de documents. *In Actes des 10e journées internationales d'analyse statistique des données textuelles*, pages 203–213.

Moens, M.-F. and Busser, R. D. (2001). Generic topic segmentation of document texts. *In Proceedings of the 24th International Conference on Research and Developement in Information Retrieval*, pages 418–419.

Pevzner, L. and Hearst, M. A. (2002). A critique and improvement of an evaluation metric for text segmentation. *Computational Linguistics*, 28 :19–36.

Purver, M. (2011). Topic segmentation. In Tur, G. and de Mori, R., editors, *Spoken Language Understanding : Systems for Extracting Semantic Information from Speech*, chapter 11, pages 291–317. Wiley.

Reynar, J. C. (1994). An automatic method of finding topic boundaries. *In Proceedings of the 32nd Annual Meeting on Association for Computational Linguistics*, pages 331–333.

Riedl, M. and Biemann, C. (2012). How text segmentation algorithms gain from topic models. *In Proceedings of the Conference of the North American Chapter of the Association for Computational Linguistics : Human Language Technologies*, pages 553–557.

Utiyama, M. and Isahara, H. (2001). A statistical model for domain-independent text segmentation. *In Proceedings of the 39th Annual Meeting on the Association for Computational Linguistics*, pages 499–506.

Yamron, J., Carp, I., Gillick, L., Lowe, S., and van Mulbregt P. (1998). A hidden Markov model approach to text segmentation and event tracking. *In Proceedings of the IEEE International Conference on Acoustics, Speech, and Signal Processing, ICASSP*, pages 333–336.

# Traitements d'ellipses : deux approches par les grammaires catégorielles abstraites

Pierre Bourreau[1] *
(1) SFB 991
Institut für Sprache und Information
Université Heinrich-Heine, 40225 Düsseldorf
bourreau@hhu.de

RÉSUMÉ

L'étude de phénomènes d'ellipses dans les modèles de l'interface syntaxe-sémantique pose certains problèmes du fait que le matériel linguistique effacé au niveau phonologique est néanmoins présent au niveau sémantique. Tel est le cas d'une ellipse verbale ou d'une élision du sujet, par exemple, phénomènes qui interviennent lorsque deux phrases reliées par une conjonction partagent le même verbe, ou le même sujet. Nous proposons un traitement de ces phénomènes dans le formalisme des grammaires catégorielles abstraites selon un patron que nous intitulons extraction/instanciation et que nous implémentons de deux manières différentes dans les ACGs.

ABSTRACT

**Treating ellipsis : two abstract categorial grammar perspectives**

The treatment of ellipsis in models of the syntax-semantics interface is troublesome as the linguistic material removed in the phonologic interpretation is still necessary in the semantics. Examples are particular cases of coordination, especially the ones involving verbal phrase ellipsis or subject elision. We show a way to use abstract categorial grammars so as to implement a pattern we call extraction/instantiation in order to deal with some of these phenomena ; we exhibit two different constructions of this principle into ACGs.

MOTS-CLÉS : ellipse, coordination, interface syntaxe-sémantique, grammaires catégorielles abstraites, grammaires d'arbres adjoints, grammaires IO d'arbres.

KEYWORDS: ellipsis, coordination, syntax-semantics interface, abstract categorial grammars, tree-adjoining grammars, IO tree-grammars.

*. Ce travail a été financé par la DFG, dans le cadre du projet SFB 991 "Die Struktur von Repräsentationen in Sprache, Kognition und Wissenschaft".

# 1 Introduction

La description de la syntaxe du langage naturel par le biais de formalismes symboliques a donné lieu à la création de nombreux modèles tels que les grammaires non-contextuelles, comme première approximation, et plus récemment les grammaires catégorielles combinatoires (CCGs pour *combinatory categorial grammars*) (Steedman, 1987) ou les grammaires d'arbres adjoints (Joshi *et al.*, 1975; Joshi, 1985) (TAGs pour *tree-adjoining grammars*). Tous ces formalismes partagent la propriété de ne pas effacer, et de ne pas copier de matériel syntaxique ou phonologique : nous parlerons de propriété de linéarité. Cependant, certains phénomènes syntaxiques usuels semblent nécessiter des mécanismes de copie et/ou d'effacement :

(1) Marie mange une pizza, et Pierre $\epsilon$ des pâtes.
(2) Jean fait un footing et $\epsilon$ rattrape Marie.
(3) Jean prépare $\epsilon$ et Marie vend des crêpes.

Sur les exemples ci-dessus, des éléments phonologiques sont absents par économie de langage : le verbe "mange" en (1), et les syntagmes "Jean" en (2) et "des crêpes" en (3). Tous ces éléments sont néanmoins présents au niveau de l'arbre syntaxique (pour la correction grammaticale) ou de la sémantique. Par ailleurs, ces trois exemples partagent la présence de la conjonction de coordination "et" reliant deux phrases. Nous nous intéressons au traitement de ces phénomènes d'ellipse sous la présence de marqueurs de coordination.

Plusieurs solutions à ce problème ont été proposées afin d'étendre les formalismes grammaticaux cités ci-dessus. Ainsi, (Steedman, 1990) montre comment traiter de telles coordinations dans les CCGs ; ces idées ont ensuite été implémentées par (Sarkar et Joshi, 1996) dans les TAGs, en étendant le formalisme initial afin d'enrichir les arbres de dérivation par une notion de partage de noeuds, idée ensuite reprise dans (Seddah, 2008; Seddah *et al.*, 2010). Enfin, (Kobele, 2007) propose l'utilisation de grammaires non-contextuelles d'arbres avec copie IO (notées IO-CFTGs pour *IO context-free tree grammars*).

Nous proposons d'utiliser un formalisme plus expressif que les précédents, à savoir les grammaires catégorielles abstraites (ACGs pour *abstract categorial grammars*) (de Groote, 2001; Muskens, 2001). Il est en effet possible d'encoder des grammaires de chaînes ou des grammaires d'arbres dans les ACGs. Qui plus est, la notion de dérivation y est également relativement flexible puisqu'il est possible de considérer non seulement des arbres mais aussi des $\lambda$-termes comme structures de dérivation. En utilisant ces avantages, nous implémentons le principe suivant : une phrase où une ellipse intervient est d'abord partiellement construite, en omettant le constituant commun, qui est rajouté lors de l'étape suivante. Ce principe peut être naturellement réalisé dans le $\lambda$-calcul par le biais de la substitution de termes. En suivant ce principe, nous présentons deux méthodes, la première faisant intervenir la substitution au niveau des structures de dérivation (ou tectogrammaire), la seconde au niveau de la syntaxe (ou phénogrammaire). Nous discutons des avantages de chacune des deux méthodes, et en particulier de l'existence d'algorithmes d'analyse s'exécutant en temps polynomial pour chacune d'elles.

Le reste de cet article est structuré comme suit : en section 2, nous présentons les ACGs. En section 3, les deux approches que nous proposons seront détaillées et discutées. Enfin, en section 4, nous comparerons notre solution à celles existantes dans la littérature.

## 2 Grammaires Catégorielles Abstraites

Les grammaires catégorielles abstraites peuvent être vues comme des grammaires de $\lambda$-termes simplement typés. Étant donné un ensemble de types atomiques $\mathscr{A}$, nous définissons l'ensemble $\mathscr{T}(\mathscr{A})$ des types simples sur $\mathscr{A}$ par

$$\mathscr{T}(\mathscr{A}) ::= \mathscr{A} | (\mathscr{T}(\mathscr{A}) \rightarrow \mathscr{T}(\mathscr{A}))$$

Nous adopterons la notation usuelle permettant d'omettre certaines parenthèses : un type $(\alpha_1 \rightarrow (\alpha_2 \rightarrow \alpha_3))$ sera noté $\alpha_1 \rightarrow \alpha_2 \rightarrow \alpha_3$.

Une *signature d'ordre supérieur* est un tuple $\Sigma = (\mathscr{A}, C, \tau)$ où :
- $\mathscr{A}$ est un ensemble fini de types atomiques.
- $C$ est un ensemble fini de constantes.
- $\tau$ est une fonction d'assignation de types de $C$ dans $\mathscr{T}(\mathscr{A})$.

Afin de construire des termes sur une telle signature, nous nous donnons un ensemble de variables typées : la notation $x^\alpha$ désignera une variable $x$ de type $\alpha$. Étant donnés une signature $\Sigma = (\mathscr{A}, C, \tau)$ et un type $\alpha \in \mathscr{T}(\mathscr{A})$, l'ensemble $\Lambda_\alpha(\Sigma)$ des $\lambda$-termes de type $\alpha$ dans $\Sigma$ se définit par induction :

1. une variable $x^\alpha$ appartient à $\Lambda_\alpha(\Sigma)$.
2. une constante $\mathbf{c}$ de $C$ appartient à $\Lambda_\alpha(\Sigma)$ si $\tau(\mathbf{c}) = \alpha$.
3. si $M$ est un terme de $\Lambda_{\alpha_2}(\Sigma)$ et si $\alpha = \alpha_1 \rightarrow \alpha_2$, alors $\lambda x^{\alpha_1}.M$ est un terme de $\Lambda_\alpha(\Sigma)$.
4. si $M_1$ appartient à $\Lambda_\beta(\Sigma)$ et $M_2$ à $\Lambda_{\beta\rightarrow\alpha}(\Sigma)$, alors $(M_1 M_2)$ appartient à $\Lambda_\alpha(\Sigma)$.

L'ensemble des termes simplement typés de $\Sigma$ est donné par $\Lambda(\Sigma) = (\Lambda_\alpha(\Sigma))_{\alpha\in\mathscr{T}(\mathscr{A})}$. Nous adopterons la convention usuelle suivante : un terme $(\ldots((M_1 M_2)M_3)\ldots M_n)$ sera écrit $M_1 M_2 M_3 \ldots M_n$. De plus, nous omettrons d'écrire les types des variables lorsqu'ils ne sont pas indispensables à la compréhension. Nous supposerons que les notions de variables libres et de $\beta$-réduction sont connues ; nous noterons $FV(M)$ l'ensemble des variables libres d'un terme $M$ ; $M_1 \rightarrow^*_\beta M_2$ la $\beta$-réduction d'un terme $M_1$ en $M_2$ en un nombre arbitraire de $\beta$-contractions, et $|M|_\beta$ la forme $\beta$-normale d'un terme simplement typé. Pour plus de détails sur le $\lambda$-calcul simplement typé, le lecteur peut se référer à (Hindley, 1997).

L'ensemble $\mathscr{Lin}_\alpha(\Sigma)$ des termes linéaires de type $\alpha$ dans $\Sigma$ est défini par induction sur les règles 1. et 2. ci-dessus (en remplaçant $\Lambda_\alpha(\Sigma)$ par $\mathscr{Lin}_\alpha(\Sigma)$) et :

3'. si $M$ est un terme de $\mathscr{Lin}_{\alpha_2}(\Sigma)$, si $\alpha = \alpha_1 \rightarrow \alpha_2$ et si $x^{\alpha_1} \in FV(M)$, alors $\lambda x^{\alpha_1}.M$ est un terme de $\mathscr{Lin}_\alpha(\Sigma)$.

4'. si $M_1$ appartient à $\mathscr{Lin}_\beta(\Sigma)$, $M_2$ à $\mathscr{Lin}_{\beta\rightarrow\alpha}(\Sigma)$ et que $FV(M_1) \cap FV(M_2) = \emptyset$, alors $(M_1 M_2)$ appartient à $\mathscr{Lin}_\alpha(\Sigma)$.

L'ensemble $\mathscr{QAff}_\alpha(\Sigma)$ des termes quasi-affines de type $\alpha$ dans $\Sigma$ est construit par induction sur les règles 1., 2., 3. et la règle suivante :

4". si $M_1$ appartient à $\mathscr{QAff}_\beta(\Sigma)$, $M_2$ à $\mathscr{QAff}_{\beta\rightarrow\alpha}(\Sigma)$ et que pour toute variable $x^\beta \in FV(M_1) \cap FV(M_2)$, $\beta \in \mathscr{A}$, alors $(M_1 M_2)$ appartient à $\mathscr{QAff}_\alpha(\Sigma)$.

L'ordre $\mathtt{ord}(\alpha)$ d'un type $\alpha$ se définit par induction sur $\alpha$ : si $\alpha \in \mathscr{A}$ alors $\mathtt{ord}(\alpha) = 1$ ; sinon, $\alpha = \alpha_1 \rightarrow \alpha_2$ et $\mathtt{ord}(\alpha) = max(\mathtt{ord}(\alpha_1) + 1, \mathtt{ord}(\alpha_2))$. Par extension, l'ordre d'une signature $\Sigma = (\mathscr{A}, C, \tau)$ se définit comme : $\mathtt{ord}(\Sigma) = max_{\mathbf{c}\in C}(\mathtt{ord}(\tau(\mathbf{c})))$.

Remarquons qu'il est possible de voir une signature d'arbre comme une signature d'ordre 2 : dans une telle signature, tout terme $M$ de type atomique et tel que $FV(M) = \emptyset$ peut effectivement être interprété comme un arbre. Par exemple, l'arbre $f(a, b, g(c))$ peut être représenté par le terme $f^{o\to o\to o\to o}a^o b^o(g^{o\to o}c^o)$, où $o$ est un type atomique. De plus, si toutes les constantes d'une signature d'ordre 2 sont de type $o \to o$ (où $o$ est un type atomique), les termes de la signature peuvent être interprétés comme des chaînes : la chaîne "Jean mange une pomme" est ainsi représentée par le terme $\lambda x^o.\mathbf{Jean}(\mathbf{mange}(\mathbf{une}(\mathbf{pomme}\ x)))$.

Étant données deux signatures $\Sigma_1 = (\mathscr{A}_1, C_1, \tau_1)$ et $\Sigma_2 = (\mathscr{A}_2, C_2, \tau_2)$, un *morphisme* $\mathscr{H}$ de $\Sigma_1$ vers $\Sigma_2$ est défini à partir d'un couple de fonctions $[\mathscr{H}_1; \mathscr{H}_2]$ vérifiant :
- étant donné un type $\alpha \in \mathscr{T}(\mathscr{A}_1)$ :
  - $\mathscr{H}(\alpha) = \mathscr{H}_2(\alpha) \in \mathscr{T}(\mathscr{A}_2)$ si $\alpha$ appartient à $\mathscr{A}_1$.
  - $\mathscr{H}(\alpha) = \mathscr{H}(\alpha_1) \to \mathscr{H}(\alpha_2)$ si $\alpha = \alpha_1 \to \alpha_2$.
- étant donné un terme $M$ de $\Lambda(\Sigma_1)$ :
  - si $M = x^\alpha$, $\mathscr{H}(M) = x^{\mathscr{H}(\alpha)}$ ;
  - si $M = \mathbf{c} \in C_1$ et $\tau_1(\mathbf{c}) = \alpha$, $\mathscr{H}(M) \in \Lambda_{\mathscr{H}(\alpha)}(\Sigma_2)$ ;
  - si $M = \lambda x^\alpha.N$, $\mathscr{H}(M) = \lambda\mathscr{H}(x^\alpha).\mathscr{H}(N)$.
  - si $M = M_1 M_2$, alors $\mathscr{H}(M) = \mathscr{H}(M_1)\mathscr{H}(M_2)$.

Finalement, une ACG $G$ est définie comme un tuple $(\Sigma_1, \Sigma_2, \mathscr{H}, s)$ où $\Sigma_1$ et $\Sigma_2$ sont deux signatures d'ordre supérieur (appelées respectivement signature abstraite et objet de $G$), $\mathscr{H}$ est un morphisme de $\Sigma_1$ vers $\Sigma_2$, et $s$ est un type atomique de $\Sigma_1$. Une telle grammaire définit deux langages : un langage abstrait $A(G) = \{M \in \mathcal{L}in_s(\Sigma_1) \mid FV(M) = \emptyset\}$ ; un langage objet $O(G) = \{M \in \Lambda(\Sigma_2) \mid \exists N \in A(G), |\mathscr{H}(N)|_\beta = M\}$. De manière informelle, le langage abstrait correspond à l'ensemble des dérivations du langage $O(G)$ généré par la grammaire.

Une ACG $G$ est d'ordre $n \in \mathbb{N}$ si la signature abstraite de $G$ est d'ordre $n$ (nous écrirons que $G$ est une $n$-ACG) ; de plus, une $n$-ACG est dite linéaire (*resp.* quasi-affine) si pour toute constante $\mathbf{c}$ de la signature abstraite de $G$, $\mathscr{H}(\mathbf{c})$ est un terme linéaire (*resp.* quasi-affine).

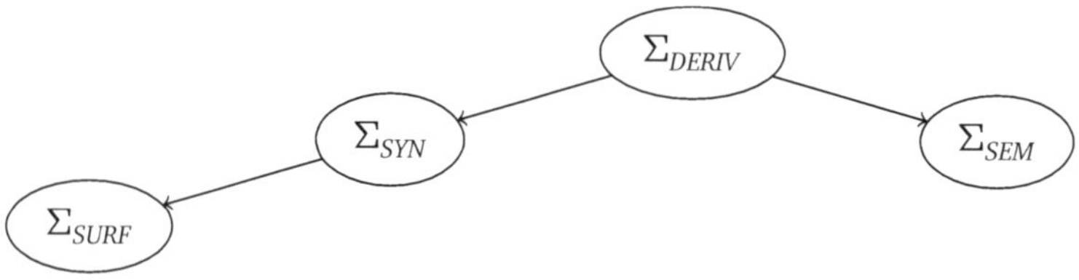


FIGURE 1 – Exemple de modélisation de l'interface syntaxe-sémantique par des ACGs

Grâce au pouvoir expressif du $\lambda$-calcul, (de Groote, 2002) et (de Groote et Pogodalla, 2004) ont montré qu'il est possible d'encoder de nombreux formalismes grammaticaux, dont les TAGs, comme des 2-ACG linéaires. Par ailleurs, lorsqu'on adopte l'hypothèse de compositionnalité, il est possible de représenter l'interface syntaxe-sémantique par l'intermédiaire de deux ACGs $G_1 = (\Sigma_{DERIV}, \Sigma_{SYN}, \mathscr{H}_{SYN}, s)$ et $G_2 = (\Sigma_{DERIV}, \Sigma_{SEM}, \mathscr{H}_{SEM}, s)$ (voire (de Groote, 2001; Pogodalla, 2004, 2007) pour plus de détails). Un des avantages de ce modèle est donc de représenter syntaxique et sémantique en parallèle, tout en traitant certains problèmes à des niveaux différents (par exemple, l'ordonnancement des mots peut être traité au niveau de la syntaxe, voire de la réalisation de surface, et non pas au niveau des dérivations). De plus, il est facile d'isoler les différentes représentations d'une phrase, tel que montré sur la figure 1.

# 3 Extraction et instanciation

Comme énoncé en introduction, nous souhaitons séparer la construction de phrases avec ellipses en deux étapes : la première consiste à construire une représentation incomplète ; la seconde à instancier cette représentation à l'aide de l'élément partagé. Au niveau de la représentation de surface seule une de ces occurrences sera réalisée. Ainsi, pour la phrase "*Jean mange une pizza et Pierre, des pâtes*", nous pouvons considérer que nous avons deux constituants incomplets, "*Jean* $\epsilon$ *une pizza*" et "*Pierre* $\epsilon$ *des pâtes*" qui sont reliés par la conjonction "et". Le verbe "mange" est ensuite rajouté à chacun de ces deux constituants, bien que non-réalisé phonétiquement pour le second. Le fait de garder une copie du constituant commun est nécessaire dans les ACGs puisque les dérivations des représentations syntaxiques et sémantiques sont symétriques, et qu'une copie de la forme sémantique du constituant commun est nécessaire, comme illustré dans la formule logique $(\exists x.\mathbf{Pizza}(x) \wedge \mathbf{Mange}(x, \mathbf{Jean}) \wedge (\exists y.\mathbf{PlatPates}(y) \wedge \mathbf{Mange}(y, \mathbf{Pierre}))$ représentant la sémantique de la phrase ci-dessus. La modélisation du principe extraction/instanciation est réalisée de manière relativement naturel dans le $\lambda$-calcul simplement typé. En effet, un objet incomplet peut être représenté par un terme de la forme $\lambda x.M$, où $x$ est une variable dont les occurrences libres dans $M$ représentent des emplacements vides de l'objet $M$. L'instanciation de ces emplacements par un objet $N$ est ensuite simplement réalisée par application dans le $\lambda$-calcul et le terme $(\lambda x.M)N$ est donc l'objet $M$ où les occurrences (libres) de $x$ (dans $M$) sont substitués par $N$.

## 3.1 Enrichir les structures dérivationelles

Dans ce premier modèle, nous montrons comment la construction de constituants incomplets peut se réaliser au niveau de la signature des dérivations. Cette approche nous amène à écrire des ACGs dont l'ordre est supérieur à 2 ; en effet, à une phrase à laquelle il manque un verbe transitif sera associée une dérivation de la forme $\lambda x.M$, de type $(np \to np \to s) \to s$ ; la conjonction de deux phrases incomplètes implique de prendre deux termes de ce type en argument, et donc de manipuler des constantes d'ordre 4.

En guise d'exemple, nous considérons la grammaire suivante $G_{SURF} = (\Sigma_{DERIV}, \Sigma_{SURF}, \mathscr{H}_{SURF}, s)$, afin d'illustrer la modélisation d'ellipses verbales :

– $\Sigma_{DERIV} = \begin{cases} \mathscr{A}_{DERIV} = \{np, s\} \\ c_{Jean}, c_{Luc}, c_{Pierre}, c_{Mohamed} : np \quad c_{aime} : np \to np \to s \\ c_{et-TVel} : \alpha \to \alpha \to \alpha \quad (\text{où } \alpha = (np \to np \to s) \to s) \end{cases}$

– $\Sigma_{SURF} = \left\{ \mathscr{A}_{SURF} = \{\sigma\} \quad \mathbf{Jean}, \mathbf{Luc}, \mathbf{Pierre}, \mathbf{Mohamed}, \mathbf{aime}, \mathbf{et} : \sigma \to \sigma \right.$

– $\mathscr{H}_{SURF} = \begin{cases} np, s := \sigma \to \sigma \ (\text{noté } \sigma^2) \\ c_{Jean} := \lambda x^\sigma.\mathbf{Jean}x \quad c_{Luc} := \lambda x^\sigma.\mathbf{Luc}x \\ c_{Mohamed} := \lambda x^\sigma.\mathbf{Mohamed}x \quad c_{Pierre} := \lambda x^\sigma.\mathbf{Pierre}x \\ c_{aime} := \lambda P^{\sigma^2} Q^{\sigma^2} x^\sigma.Q(\mathbf{aime}(Px)) \\ c_{et-TVel} := \lambda P^{\beta \to \sigma^2} Q^{\beta \to \sigma^2} R^\beta x^\sigma.PR(\mathbf{et}(Q(\lambda S_1^{\sigma^2} S_2^{\sigma^2} y^\sigma.S_2(S_1 y))x)) \end{cases}$

(où $\beta$ désigne le type $\sigma^2 \to \sigma^2 \to \sigma^2$)

Le terme $M_{DERIV} = c_{et-TVel}(\lambda P^{np\to np\to s}.Pc_{Luc}c_{Jean})(\lambda P^{np\to np\to s}.Pc_{Mohamed}c_{Pierre})c_{aime}$ appartient à $\Lambda^s(\Sigma_{DERIV})$. De plus, il est possible de vérifier que $\mathscr{H}_{SURF}(M_{DERIV})$ se $\beta$-réduit en $\lambda x.\mathbf{Jean}(\mathbf{aime}(\mathbf{Luc}(\mathbf{et}(\mathbf{Pierre}(\mathbf{Mohamed}x)))))$. L'ACG ainsi obtenue est une 4-ACG linéaire.

Cette construction peut s'étendre à d'autres types d'ellipses, tels que les ellipses du sujet ou de l'objet : il suffit alors de rajouter des constantes $c_{et-Sel}$ et $c_{et-Oel}$ de type $(np \to s) \to (np \to s) \to np \to s$ dans $\Sigma_{DERIV}$. Comme alternative, nous pouvons envisager la généralisation de cette constante à un type $X \to X \to X$ tel que proposer dans (Steedman, 1990).

Afin de construire la représentation sémantique de cet exemple, il nous suffit de créer une seconde ACG $G_{SEM} = (\Sigma_{DERIV}, \Sigma_{SEM}, \mathscr{H}_{SEM}, s)$ comme suit :

– $\Sigma_{SEM} = \begin{cases} \mathscr{A}_{SEM} = \{e, t\} \\ \mathbf{J}, \mathbf{L}, \mathbf{P}, \mathbf{M} : e \qquad \mathbf{A} : e \to e \to t \\ \wedge : t \to t \to t \end{cases}$

– $\mathscr{H}_{SEM} = \begin{cases} np := (e \to t) \to t \text{ (noté } \gamma) & s := t \\ c_{Jean} := \lambda P^{e\to t}.P\mathbf{J} & c_{Luc} := \lambda P^{e\to t}.P\mathbf{L} \\ c_{Mohamed} := \lambda P^{e\to t}.P\mathbf{M} & c_{Pierre} := \lambda P^{e\to t}.P\mathbf{P} \\ c_{aime} := \lambda P^{(e\to t)\to t}Q^{(e\to t)\to t}.P(\lambda x^e.Q(\lambda y^e.\mathbf{A}xy) \\ c_{et-TVel} := \lambda P_1^{(\gamma\to\gamma\to t)\to t}P_2^{(\gamma\to\gamma\to t)\to t}R^{\gamma\to\gamma\to t}. \wedge (P_1R)(P_2R) \end{cases}$

Cette construction nous permet d'obtenir une 4-ACG $(\Sigma_{DERIV}, \Sigma_{SEM}, \mathscr{H}_{SEM}, s)$. Nous remarquerons, néanmoins, que cette dernière n'est ni linéaire, ni quasi-affine : en effet, la variable $R$ a deux occurrences libres dans un sous-terme de $\mathscr{H}_{SEM}(c_{et-TVel})$.

**Commentaires :**

Les deux ACGs ainsi construites sont donc des $n$-ACGs où $n > 2$ ; ceci soulève un des inconvénients de cette méthode, puisque nous savons que, dans ce cas, le problème de l'appartenance est un problème NP-complet (Kanazawa et Yoshinaka, 2005a), lorsque l'ACG est linéaire.

Du point de vue de la modélisation linguistique, notons qu'il est possible de traiter des cas d'ellipses multiples d'un même constituant sans modifier notre modèle. Ainsi, afin de pouvoir dériver la phrase : "Jean aime Luc, Pierre, Mohamed et Paul, Valérie.", nous rajoutons la constante $c_{,TV-el}$ de type $\alpha \to \alpha \to \alpha$ (où $\alpha = (np \to np \to s) \to s$) à $\Sigma_{DERIV}$ et telle que $\mathscr{H}_{SURF}(c_{,Tv-el}) = \lambda P^{\beta\to\sigma^2}Q^{\beta\to\sigma^2}R^{\beta}x^{\sigma}.PR(,(Q(\lambda S_1^{\sigma^2}S_2^{\sigma^2}y^{\sigma}.S_2(S_1y))x))$ (en considérant les notations de types ci-dessus). Il est intéressant de remarquer que nous obtenons alors deux termes $M_1$ et $M_2$ dans $\Lambda_s(\Sigma_{DERIV})$ tels que $|\mathscr{H}_{SURF}(M_1)|_\beta$ et $|\mathscr{H}_{SURF}(M_2)|_\beta$ sont égaux à $\lambda x.\mathbf{Jean}(\mathbf{aime}(\mathbf{Luc}(,(\mathbf{Pierre}(\mathbf{Mohamed}(\mathbf{et}(\mathbf{Paul}(\mathbf{Val\acute{e}rie}x))))))))$. Ces deux termes sont :

1. $M_1 = c_{,TV-el}(\lambda P.Pc_{Luc}c_{Jean})(\lambda Q.c_{et-TVel}(\lambda R.Rc_{Mohamed}c_{Pierre})(\lambda R.Rc_{Valerie}c_{Paul})Q)c_{aime}$ correspondant à la dérivation de la phrase pour le parenthésage "[Jean aime Luc, [Pierre, Mohamed et Paul, Valérie]]" ;

2. $M_2 = c_{et-TVel}(\lambda Q.c_{,TV-el}(\lambda P.Pc_{Luc}c_{Jean})(\lambda P.Pc_{Mohamed}c_{Pierre})Q)(\lambda R.Rc_{Valerie}c_{Paul})c_{aime}$ correspondant à la dérivation de notre exemple pour le parenthésage "[[Jean aime Luc, Pierre, Mohamed] et Paul, Valérie]" ;

Par ailleurs, remarquons que le verbe n'est réalisé au niveau de la surface que dans le premier constituant gauche dominé par la coordination ; dans le second cas, il est remonté jusqu'au constituant correct de manière transitive. La grammaire reste alors une 4-ACG linéaire.

Cette construction peut s'étendre à l'analyse de phénomènes d'ellipses enchâssées comme dans la phrase suivante en Anglais :

(4) After seeing John running a marathon, Paul planned to $\epsilon_1$, but Mary didn't $\epsilon_2$.
*Après avoir vu John courir un marathon, Paul a prévu de le faire, mais pas Marie.*

En simplifiant quelque peu la dérivation syntaxique, cette phrase est traitée dans notre modèle par l'intermédiaire d'un terme $c_{after}M_1(\lambda P.c_{but}M_1'M_2'(c_{planned-to}P))c_{run}$ ; le morphisme est ensuite construit en suivant l'exemple précédent.

Il est important de remarquer la similitude entre cette construction et certains travaux antérieurs sur les ACGs. En effet, cette méthode repose sur le fait de retarder la concaténation de chaînes, de la même manière que (Pogodalla, 2007) utilise des ACGs d'ordre supérieur au niveau des dérivations afin de retarder l'ajout de matériel linguistique, permettant ainsi de modéliser les différentes portées des quantificateurs dans la représentation sémantique.

Remarquons enfin, que nous avons modélisé la réalisation de surface sans décrire la réalisation de l'arbre syntaxique ; cette construction ne nous apporte effectivement aucune information supplémentaire sur l'analyse de cette première modélisation.

Par ces divers exemples, nous montrons qu'il est possible de modéliser divers phénomènes d'ellipses de manière simple et élégante dans les ACGs, sans modifier le formalisme. Notre construction repose uniquement sur le fait de considérer des termes d'ordre supérieur au niveau des dérivations. Néanmoins, l'inconvénient d'une telle construction est que le traitement de ces phénomènes ne peut plus être réalisé en temps polynomial. Nous montrons à présent qu'une solution possible à ce problème consiste à considérer des ACGs d'ordre 2, et à enrichir le typage de la signature des dérivations, plutôt que la structure des termes.

## 3.2 Enrichir les types des dérivations

Dans cette seconde approche, nous construisons des modèles de représentation de la structure de surface à partir des structures de dérivation de manière indirecte, par l'intermédiaire des structures syntaxiques arborescentes. Ceci nous permettra, en particulier, de mettre en avant la complexité des morphismes utilisés, cette propriété ayant un impact sur la complexité de l'analyse dans les ACGs [1].

Pour ce faire, nous introduisons un opérateur **DEL** d'effacement au niveau des arbres syntaxiques, à la manière de (Kobele, 2007) ou de l'opérateur de "*deanchoring*" sur les structures de dérivation dans (Lichte et Kallmeyer, 2010). Dans notre cas, un sous-arbre dominé par cet opérateur sera interprété comme la chaîne vide $\epsilon$ au niveau de la représentation de surface. Cet opérateur n'est donc pas indispensable à notre modèle, mais nous permet néanmoins de faire apparaître l'élément effacé dans l'arbre syntaxique.

Nous donnons un exemple d'un tel arbre en Figure 2, dérivé par la grammaire $G_{SURF} = (\Sigma_{SYN}, \Sigma_{SURF}, \mathscr{H}_{SURF}, o)$ définie par :

1. Nous aurions pu procéder de la même manière à l'étape précédente, mais les ACGs étant alors d'ordre 3, l'analyse n'est, a priori, déjà plus réalisable en temps polynomial

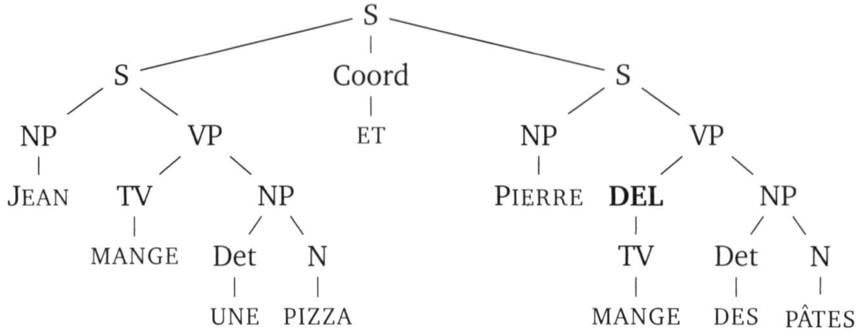


FIGURE 2 – Arbre dérivé pour la phrase *"Jean mange une pizza et Pierre, des pâtes."*

– $\Sigma_{SYN} = \begin{cases} \mathscr{A}_{SYN} = \{o\} \\ S_{Conj} : o \to o \to o \to o \qquad NP_1, N, Det, Coord, TV, \mathbf{DEL} : o \to o \\ S, NP_2, VP : o \to o \to o \qquad \text{JEAN, MANGE, PIERRE, UNE, DES, PIZZA, PÂTES, ET} : o \end{cases}$

– $\Sigma_{SURF} = \{ \mathscr{A}_{SURF} = \{\sigma\} \quad \mathbf{Jean}, \mathbf{mange}, \mathbf{une}, \mathbf{des}, \mathbf{pizza}, \mathbf{pâtes}, \mathbf{et} : \sigma \to \sigma$

– $\mathscr{H}_{SURF} = \begin{cases} o := \sigma \to \sigma \\ S_{Conj} := \lambda P_1^{\sigma\to\sigma} P_2^{\sigma\to\sigma} P_3^{\sigma\to\sigma} x^\sigma . P_1(P_2(P_3 x)) \\ S, NP_2, VP := \lambda P_1^{\sigma\to\sigma} P_2^{\sigma\to\sigma} x^\sigma . P_1(P_2 x) \\ N, NP_1, Det, Coord, TV := \lambda P^{\sigma\to\sigma} x^\sigma . P x \qquad \mathbf{DEL} : \lambda P^{\sigma\to\sigma} x^\sigma . x \\ \text{JEAN} := \lambda x^\sigma . \mathbf{Jean} x, \text{PIERRE} := \lambda x^\sigma . \mathbf{Pierre} x \qquad \text{MANGE} := \lambda x^\sigma . \mathbf{mange} x \\ \text{UNE} := \lambda x^\sigma . \mathbf{une} x, \text{DES} := \lambda x^\sigma . \mathbf{des} x \qquad \text{PIZZA} := \lambda x^\sigma . \mathbf{pizza} x \\ \text{PÂTES} := \lambda x^\sigma . \mathbf{pâtes} x \qquad \text{ET} := \lambda x^\sigma . \mathbf{et} x \end{cases}$

Nous remarquerons que l'opérateur **DEL** réalise l'effacement au niveau de la chaîne de caractères ; en effet, l'image de ce terme par le morphisme $\mathscr{H}_{SURF}$ est un terme quasi-affine, effaçant sur son premier argument. Ainsi, pour tout terme $M$, nous avons $\mathscr{H}_{SURF}(\mathbf{DEL}M) \to_\beta^* \lambda x.x$. Nous pouvons alors vérifier que le terme $M_{SYN}$ correspondant à l'arbre de la figure 2 vérifie $\mathscr{H}_{SURF}(M_{SYN}) \to_\beta^* \lambda x.\mathbf{Jean}(\mathbf{mange}(\mathbf{une}(\mathbf{pizza}(\mathbf{et}(\mathbf{Pierre}(\mathbf{des}(\mathbf{pâtes}x)))))))$ [2]. Par ailleurs, l'ACG ainsi présentée n'est pas lexicalisée : l'image de certaines constantes de $\Sigma_{SYN}$ par $\mathscr{H}_{SURF}$ ne contient pas de constantes. Néanmoins, nous savons qu'il est possible de construire une 2-ACG lexicalisée générant le même langage (Kanazawa et Yoshinaka, 2005b).

Nous décrivons à présent, une seconde implémentation du principe d'extraction/instanciation, en créant de nouveaux types dans la signature des dérivations : le fait qu'un constituant d'une certaine catégorie syntaxique soit incomplet pour une autre catégorie syntaxique sera effectivement dénoté par un type distinct.

En reprenant l'exemple de la figure 2, nous souhaitons donc pouvoir dériver un terme de la forme $\lambda x^o.M_1$ et un terme $\lambda x^o.M_2$ représentant chacun les contextes d'arbre pour "Jean $x$ une pizza" et pour "Pierre $x$ des pâtes", sachant que pour ce dernier, l'occurrence de $x$ est dominée par une occurrence de l'opérateur **DEL**. Nous créons donc un type (noté $s_{TVel}$) pour désigner les contextes d'arbre sur un verbe transitif, au niveau des dérivations. De plus,

2. Il est possible de lexicaliser $\mathscr{H}_{SURF}(\mathbf{DEL})$, en $\lambda Px.,x$ par exemple, de manière à faire apparaître le signe de ponctuation ",".

$\mathscr{H}_{SYN}(s_{TVel}) = o \to o$, afin de rendre compte du fait que la dérivation d'un terme de type $s_{TVel}$ est un contexte d'arbre, tel que nous le codons dans le $\lambda$-calcul.

Une constante $c_{et}$ est ensuite nécessaire à $\Sigma_{DERIV}$ afin de réaliser l'étape d'instanciation, mais cette fois au niveau des termes des arbres syntaxiques ; il suffit donc de typer cette constante par $s_{TVel} \to s_{TVel} \to tv \to s$, un type d'ordre 2. On notera que pour ce faire, nous modifions le type associé aux verbes transitifs de $np \to np \to s$ en $tv$. Intuitivement, ceci revient à associer à un verbe le plus grand sous-arbre dont l'unique racine est la réalisation phonologique associée au verbe.

Afin d'illustrer notre proposition, nous donnons la grammaire $G_{SYN} = (\Sigma_{DERIV}, \Sigma_{SYN}, \mathscr{H}_{SYN}, s)$ définie ci-dessous. Afin de mieux dissocier les deux étapes de notre méthode, nous isolons l'étape d'instanciation par l'intermédiaire d'une constante distincte, $c_{SUB}$, le type de la variable $c_{et}$ s'en trouvant alors modifié :

$$
- \ \Sigma_{DERIV} = \begin{cases}
\mathscr{A}_{DERIV} = \{s, s_{TVel}, vp_{TVel}, n, np, v\} & \\
c_{et} : s_{TVel} \to s_{TVel} \to s_{TVel} & c_{SUB} : s_{TVel} \to tv \to s \\
c_1 : np \to vp_{TVel} \to s_{TVel} & c_2 : np \to vp_{TVel} \\
c_3 : n \to det \to np & \\
c_{Jean}, c_{Pierre} : np & c_{mange} : tv \\
c_{une}, c_{des} : det & c_{pizza}, c_{pates} : n
\end{cases}
$$

$$
- \ \mathscr{H}_{SYN} = \begin{cases}
s, tv, n, np, det := o & s_{TVel}, vp_{TVel} := o \to o \\
c_{SUB} := \lambda P^{o\to o} x^o . Px & \\
c_{et} := \lambda P_1^{o\to o} P_2^{o\to o} x^o . S(P_1 x)(Coord\ \text{ET})(P_2(\mathbf{DEL} x)) & \\
c_1 := \lambda t^o P^{o\to o} x^o . St(Px) & c_2 := \lambda t^o x^o . VPxt \\
c_3 := \lambda t_1^o t_2^o . NP_2 t_2 t_1 & \\
c_{Jean} := NP_1 \text{JEAN}, c_{Pierre} := NP_1 \text{PIERRE} & c_{mange} : V\text{MANGE} \\
c_{une} := Det\text{UNE}, c_{des} := Det\text{DES} & \\
c_{pizza} : N\text{PIZZA}, c_{pates} : N\text{PÂTES} &
\end{cases}
$$

En considérant la signature abstraite $\Sigma_{DERIV}$, nous obtenons un terme $M_{deriv}$ appartenant au langage abstrait et tel que $M_{deriv} = c_{SUB} M_1 M_2$ où

1. $M_1 = c_{et}(c_1 c_{Jean}(c_2(c_3 c_{une} c_{pizza})))(c_1 c_{Pierre}(c_2(c_3 c_{des} c_{pates})))$ et
2. $M_2 = c_{mange}$.

Nous remarquerons que $\mathscr{H}_{SYN}(M_1)$ s'interprète alors comme un contexte d'arbre, de la forme $\lambda x^o.T$, $T$ étant l'arbre de la figure 2 où les occurrences du sous-arbre $V$MANGE sont remplacées par $x$.

**Commentaires**

Tout d'abord, remarquons que l'ACG $G = (\Sigma_{DERIV}, \Sigma_{SYN}, \mathscr{H}_{SYN}, s)$ est une 2-ACG quasi-affine. D'après (Bourreau et Salvati, 2011; Bourreau, 2011) ou (Kanazawa, 2007; Yoshinaka, 2006), nous savons que le problème de l'analyse, dans ce cas, peut être résolu en temps polynomial. Ce point différencie donc les deux approches présentées. Ensuite, nous remarquerons qu'il est à nouveau possible de généraliser le type associé à la conjonction $c_{et}$ au niveau des dérivations en $\alpha \to \alpha \to \alpha$, avec, $\alpha \in \mathscr{A}_{DERIV}$.

Néanmoins, comme nous l'avons remarqué, l'ACG $(\Sigma_{SYN}, \Sigma_{SURF}, \mathscr{H}_{SURF}, o)$ n'est pas lexicalisée. Le fait de considérer l'ACG lexicalisée équivalente $(\Sigma'_{SYN}, \Sigma_{SURF}, \mathscr{H}'_{SURF}, o)$ de (Kanazawa et Yoshinaka, 2005b) peut a priori avoir un certain impact sur la construction de l'ACG $(\Sigma_{DERIV}, \Sigma'_{SYN}, \mathscr{H}'_{SYN}, s)$, cette question demandant à être étudiée plus en détails.

Par ailleurs, le choix d'introduire l'opérateur **DEL** n'est destiné qu'à faire apparaître l'occurrence de constituant effacée dans l'arbre syntaxique. En effet, il est possible de modifier notre modèle de sorte que $\mathscr{H}_{SYN}(c_{et}) = \lambda P_1^{o\rightarrow o} P_2^{o\rightarrow o} x^o.S(P_1 x)(Conj \text{ ET})(P_2 \epsilon)$, où $\epsilon$ est alors une constante de $\Sigma_{SYN}$, de type $o$ et telle que $\mathscr{H}_{SURF}(\epsilon) = \lambda x^\sigma.x^\sigma$. Dans cette proposition alternative, l'ACG obtenue reste une 2-ACG linéaire.

La gestion de l'effacement par enrichissement des types peut également s'étendre à l'analyse de phénomènes d'ellipses enchâssées comme dans la phrase (4) de la section précédente. Un tel cas peut-être traité dans notre proposition en rajoutant une étape supplémentaire d'extraction/instanciation, par l'intermédiaire d'une constante $c'_{SUB}$ de type $s_V \rightarrow vp_{VPinf} \rightarrow s_V$, et telle que $\mathscr{H}_{SYN}(c'_{SUB}) = \lambda P_1^{o\rightarrow o} P_2^{o\rightarrow o} t^o.P_1(P_2 t)$. L'utilisation d'une telle constante réalise alors l'instanciation d'emplacements vides dans un arbre de type $s_V$ par un contexte d'arbre de type $vp_{VPinf}$. La dérivation de cet exemple est donc réalisée en construisant d'abord deux contextes d'arbre : Le terme $\mathscr{H}_{SYN}(c'_{SUB})$ permet alors de substituer les occurrences de $x$ dans

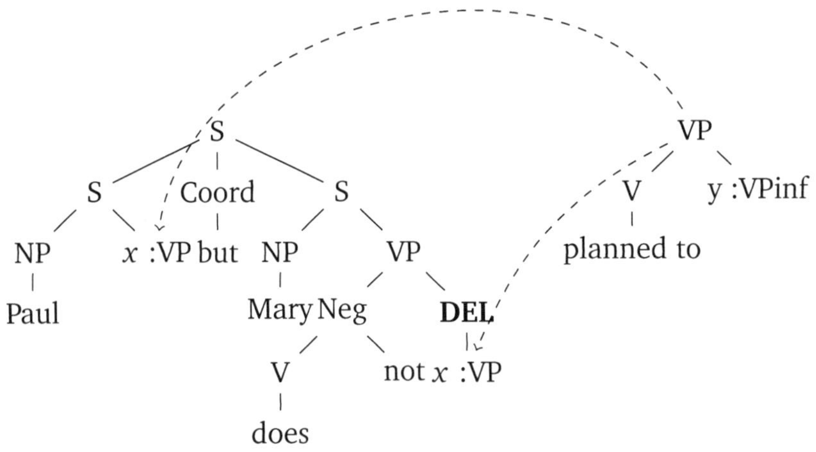


FIGURE 3 – Représentation de la dérivation pour "John planned to but Mary does not"

le premier arbre par le second ; il suffit ensuite de suivre la procédure sur notre exemple initiale pour obtenir l'arbre souhaité. Nous pouvons alors voir que l'inconvénient principal de cette méthode est de devoir créer de nombreux types afin de prendre en compte les différents cas d'ellipses possibles, selon le constituant effacé. Notons également qu'il est possible de construire la sémantique associée à une phrase où une ellipse a été réalisée, de manière similaire à la construction précédente. Finalement, il apparaît que les deux constructions présentées sont liées : notre deuxième proposition repose sur le fait de décomposer les arbres syntaxiques en unité plus petite, ce qui aboutit à considérer une ACG non-lexicalisée, et à considérer un nombre de types plus grand. Cependant, il nous faudra étudier ce lien, et la possibilité d'abaisser l'ordre d'une ACG tout en préservant le langage généré.

# 4 Méthodes existantes

Une première possibilité de traitement de certains phénomènes d'ellipse consiste à reprendre les idées de (Steedman, 1990) pour les grammaires catégorielles combinatoires, et à implémenter ces idées dans les ACGs. Steedman suggère, en particulier, l'utilisation d'un combinateur **T** de "type raising" afin de traiter des phénomènes d'élision du sujet ou de l'objet ; de plus, les ellipses verbales nécessitent l'introduction d'un combinateur supplémentaire **Bx** qui permet de rompre avec la directionnalité du calcul logique sous-jacent, et un opérateur de décomposition de type, permettant d'extraire le verbe d'une phrase.

Dans le cadre des ACGs, l'opérateur **Bx** n'est pas nécessaires, puisque les types ne sont pas dirigés. l'utilisation du combinateur **T** revient à modifier les types assignés aux constantes de la signature des structures de dérivation. Sur un exemple, nous pouvons décrire une signature des dérivations faite des constantes $c_{Jean}, c_{Marie} : (np \to s) \to s$, $c_{court} : np \to s$, $c_{rattrape} : np \to np \to s$ et $c_{et} : (np \to s) \to (np \to s) \to (np \to s)$. Cette signature permet de dériver un terme $c_{Marie}(\lambda y^{np}.c_{Jean}(c_{et} c_{court}(c_{rattrape} y)))$. Grâce au morphisme $\mathscr{H}_{sem}$ ci-dessous, il est ensuite possible d'associer la forme sémantique souhaitée pour la phrase "Jean court et rattrape Marie" :

$$- \mathscr{H}_{sem} = \begin{cases} np := e & s := t \\ c_{Jean} := \lambda P^{e \to t}.P\mathbf{J} & c_{Marie} := \lambda P^{e \to t}.P\mathbf{M} \\ c_{rattrape} := \lambda x^e y^e.\mathbf{R}xy & c_{court} := \lambda x^e.\mathbf{C}x \\ c_{et} := \lambda P_1^{e \to t} P_2^{e \to t} x^e. \wedge (P_1 x)(P_2 x) & \end{cases}$$

Nous remarquerons néanmoins que, la signature des dérivations que nous décrivons ci-dessus est d'ordre supérieur à 2. Par ailleurs, il ne semble pas souhaitable, dans le cas des ACGs, de typer tous les syntagmes nominaux par un type $(np \to s) \to s$, ce qui revient à considérer des ACGs d'ordre supérieur à 2 pour des cas très simples, sans phénomènes d'ellipses. Enfin, l'opérateur de décomposition est nécessaire dans le cas d'ellipses verbales pour les langues de type SVO, car il permet d'extraire le verbe de la phrase en partie gauche de la conjonction. Cet opérateur permet en fait d'effectuer le même traitement que nous réalisons, c.a.d. de construire des constituants incomplets puis de les composer avec le constituant commun. Qui plus est, cet opérateur de décomposition semble poser un problème du point de vue calculatoire car il introduit deux nouvelles formules, ce qui va à l'encontre de la propriété de la sous-formule. Enfin, notons que les ACGs permettent l'implémentation du même principe de manière plus élégante puisque, de par l'indépendance entre dérivations et ordre des mots, nous n'avons pas eu besoin d'enrichir le formalisme initial de nouveaux opérateurs.

Des extensions des TAGs ont également été proposées, tout d'abord dans (Sarkar et Joshi, 1996) qui proposent une implémentation des idées de (Steedman, 1990) dans les grammaires d'arbres adjoints, en y rajoutant une opération de conjonction. Par ailleurs, l'objectif des auteurs est de construire des structures dérivées qui sont des arbres avec partage de noeud. Qui plus est, ils rendent compte de ce partage de matériel syntaxique au niveau des dérivations, les structures de dérivation étant également des arbres avec partage de noeuds. Ceci est dû au fait que les structures de dérivation dans les TAGş sont censés être plus proches de la structure prédicat/argument de représentation sémantique d'une phrase. D'autres propositions sont celles de (Seddah, 2008) ou (Seddah *et al.*, 2010), qui considèrent des grammaires de tuples d'arbres et requièrent des opérations plus complexes ; par exemple, le traitement d'ellipses multiples se fait en ajoutant un nombre arbitraire d'arbres non-lexicalisés (appelés "ghost trees" par les auteurs). L'originalité de notre méthode, par rapport à celles-ci, est de pouvoir traiter les phénomènes d'ellipses que nous avons étudiés sans modifier le formalisme des grammaires catégorielles abstraites. Par ailleurs, le modèle de l'interface syntaxe sémantique dans les ACGs permet de séparer explicitement les structures de dérivation, de la représentation sémantique. Le partage d'information nécessaire au niveau des dérivations dans les TAGs, est donné au niveau de la signature $\Sigma_{sem}$ dans notre cas.

Enfin, (Kobele, 2007) décrit plusieurs méthodes possibles dont les deux suivantes : la première consiste à construire des contextes d'arbres, car du matériel syntaxique est absent aux emplacements où une ellipse a été réalisée ; l'information manquante doit alors être retrouvée dans l'arbre (dans le cas d'une ellipse verbale, dans le premier constituant dominé par une conjonction de coordination). La deuxième approche de (Kobele, 2007) consiste à utiliser des grammaires non-contextuelles d'arbres avec copie IO.

Les deux approches que nous proposons semblent assez proches des propositions de Kobele, à la différence que, plutôt que de rechercher le matériel effacé dans l'arbre, nous mettons en place un mécanisme permettant de le copier. Par ailleurs, les ACGs de notre seconde approche peuvent être réduites à des grammaires IO-CFTGs. Bien que le patron de dérivation ne soit pas le même que celui utilisé par Kobele, il semblerait que nous ne puissions pas traiter plus de phénomènes que dans son approche. En particulier, Kobele montre qu'une des limites de l'approche par des IO-CFTGs est de ne pas pouvoir traiter des phénomènes tels que :

(5). "John wants to climb Mt. Kilimanjaro and Mary to sail around the world, and while I know that John will $\epsilon_1$ and Mary won't $\epsilon_2$, Bill doesn't $\epsilon_3$"

*John veut grimper le Kilimanjaro et Marie naviguer autour du monde, et alors que je sais que John le fera et pas Marie, Bill ne le sait pas*

D'après cette construction, il serait nécessaire de garder l'ensemble des verbes utilisés dans le constituant à gauche d'une conjonction afin de pouvoir le réutiliser dans les constituants en partie droite ; qui plus est, ce nombre de verbes est potentiellement infini, ce qui, dans notre première approche nous amène à considérer un nombre de constantes infinies $c_{et}^{n}$, $n \in \mathbb{N}$ ; dans notre seconde approche, il nous faudrait considérer un nombre de types infini dans la signature des dérivations. Ces cas d'ellipses mettent en avant la limite des traitements proposées. Par ailleurs, ce type d'ellipses paraît maladroit en Français, où les pronoms sont utilisés afin de se référer à un syntagme précédemment utilisé. Une solution à envisager est donc d'adapter des techniques de résolution d'anaphores, à partir de continuations dans le $\lambda$-calcul, par exemple (de Groote, 2006), afin de résoudre les phénomènes d'ellipse.

# 5 Conclusion

Les phénomènes d'ellipses sont fréquents dans le langage naturel et sont des exemples de phénomènes non-linéaires au niveau de l'interface syntaxe-sémantique. Nous avons proposé deux approches pour le traitement d'ellipses sous coordination dans les ACGs, en utilisant le principe d'extraction pour la construction d'une phrase incomplète, suivi d'un mécanisme d'instanciation, modélisé par la substitution dans le $\lambda$-calcul. Dans la première approche, ce principe est directement codé au niveau des termes des structures de dérivation ; de manière élégante, nous pouvons alors traiter de nombreux cas d'ellipses, mais la signature des dérivations étant d'ordre supérieur à 2, le problème de l'analyse est, au meilleur des cas, NP-complet. Dans la deuxième approche, nous conservons une ACG d'ordre 2, mais les mécanismes d'extraction sont encodés au niveau des types utilisés dans la signature. Ceci nous amène alors à considérer un ensemble de types très grand, mais nous permet de réutiliser des algorithmes d'analyse connus pour s'exécuter en temps polynomial.

Les deux approches ainsi proposées ne nécessitent pas d'étendre le formalisme des ACGs, contrairement aux solutions proposées dans la littérature, pour les TAGs ou les CCGs. Néanmoins, les modélisations que nous proposons ne prétendent pas résoudre des phénomènes d'ellipses complexes, tels que les ellipses de verbes prenant différentes catégories en argument (dans "Jean est un républicain, et fier de l'être"), ou encore celles faisant intervenir un zeugma (dans "Napoléon a pris du poids et beaucoup de pays", discuté dans (Seddah, 2008)). Dans ce dernier cas, une piste est de tenter de distinguer deux signatures des dérivations $\Sigma_{DERIV-EXPR}$ et $\Sigma_{DERIV-STR}$ contrôlant les dérivations de l'arbre syntaxique, la première s'assurant de la construction d'expressions figées.

Par ailleurs, les modèles que nous proposons reposent essentiellement sur la présence d'une coordination dominant l'occurrence du syntagme effacé, et ne saurait résoudre des cas d'ellipses ou ce principe n'est pas vérifié. Enfin, et comme discuté dans (Kobele, 2007), les deux approches semblent trop limités afin de résoudre certains cas d'ellipses faisant intervenir de multiples verbes, et des méthodes de résolution d'anaphores pourrait se montrer plus efficaces.

Finalement, cette étude demande à être approfondie afin d'étudier plus en détails le lien entre les deux propositions présentées. En particulier, il serait intéressant de savoir quand, et à quel coût, il est possible de diminuer l'ordre d'une ACG tout en préservant le langage généré.

**Remerciements :** Je remercie les rapporteurs anonymes qui ont grandement aidé à l'amélioration de ce travail. Je tiens également à remercier Laura Kallmeyer et Timm Lichte pour les discussions qui m'ont amenées à m'intéresser à ce problème.

# Références

BOURREAU, P. (2011). *Jeux de typage et analyse de λ-grammaires non-contextuelles*. Thèse de doctorat, Laboratoire Bordelais d'Informatique.

BOURREAU, P. et SALVATI, S. (2011). A Datalog recognizer for almost affine λ-CFGs. *In* (Kanazawa *et al.*, 2011), pages 21–38.

de GROOTE, P. (2001). Towards abstract categorial grammars. *In Association for Computational Linguistics, 39th Annual Meeting and 10th Conference of the European Chapter, Proceedings of the Conference*, pages 148–155.

de GROOTE, P. (2002). Tree-adjoining grammar as abstract categorial grammar. *In TAG+6, Proceedings of the sixth International Workshop on Tree Adjoining Grammars and Related Frameworks*, pages 145–150. Università di Venezia.

de GROOTE, P. (2006). Towards a montagovian account of dynamics. *In Proceedings of Semantics and Linguistic Theory XVI*.

de GROOTE, P. et POGODALLA, S. (2004). On the expressive power of abstract categorial grammars : Representing context-free formalisms. *Journal of Logic, Language and Information*, 13(4):421–438.

HINDLEY, R. J. (1997). *Basic Simple Type Theory*. Cambridge Press University.

JOSHI, A. K. (1985). Tree-adjoining grammars : How much context-sensitivity is required to provide reasonable strucutral descriptions ? *Natural Language Parsing : Psychological, Computational and Theoretical Perspectives*, pages 206–250.

JOSHI, A. K., LEVY, L. S. et TAKAHASHI, M. (1975). Tree adjunct grammars. *Journal of Comput. Syst. Sci.*, 10(1):136–163.

KANAZAWA, M. (2007). Parsing and generation as Datalog queries. *In Proceedings of the 45th Annual Meeting of the Association for Computational Linguistics*, pages 176–183, Prague. Association for Computational Linguistics.

KANAZAWA, M., KORNAI, A., KRACHT, M. et SEKI, H., éditeurs (2011). *The Mathematics of Language - 12th Biennal Conference, MOL 12, Nara, Japan, September 2011. Proceedings*, volume 6878 de *Lecture Notes in Artificial Intelligence*. Springer.

KANAZAWA, M. et YOSHINAKA, R. (2005a). The complexity and generative capacity of lexicalised abstract categorial grammars. *In* (Kanazawa *et al.*, 2011), pages 330–346.

KANAZAWA, M. et YOSHINAKA, R. (2005b). Lexicalization of second-order ACGs. Rapport technique NII-2005-012E, NII, National Institute of Informatics, Tokyo.

KOBELE, G. M. (2007). Parsing ellipsis. Unpublished Manuscript.

LICHTE, T. et KALLMEYER, L. (2010). Gapping through TAG derivations. *In Procedings of the 10th International Workshop on Tree-Adjoining Grammar and Related Formalisms*.

MUSKENS, R. (2001). Lambda Grammars and the Syntax-Semantics Interface. *In* van ROOY, R. et STOKHOF, M., éditeurs : *Proceedings of the Thirteenth Amsterdam Colloquium*, pages 150–155, Amsterdam.

POGODALLA, S. (2004). Computing semantic representation : Towards ACG abstract terms as derivation trees. *In Proceedings of the Seventh International Workshop on Tree Adjoining Grammar and Related Formalisms (TAG+7)*, pages 64–71.

POGODALLA, S. (2007). Generalizing a proof-theoretic account of scope ambiguity. *In proceedings of IWCS-7*.

SARKAR, A. et JOSHI, A. (1996). Coordination in tree adjoining grammars : formalization and implementation. *In Proceedings of the 16th conference on Computational linguistics - Volume 2*, COLING '96, pages 610–615, Stroudsburg, PA, USA. Association for Computational Linguistics.

SEDDAH, D. (2008). The use of MCTAG to process elliptic coordination. *In Proceedings of the Ninth International Workshop on Tree Adjoining Grammars and Related Formalisms*, TAG+9.

SEDDAH, D., SAGOT, B. et DANLOS, L. (2010). Control verb, argument cluster coordination and multi component TAG. *In Proceedings of the 10th International Conference on Tree Adjoining Grammars and Related Formalisms*, TAG+10.

STEEDMAN, M. (1987). Combinatory grammars and parasitic gaps. *Natural Language & Linguistic Theory*, 5:403–439.

STEEDMAN, M. (1990). Gapping as constituent coordination. *Linguistics and Philosophy*, 13:207–264.

YOSHINAKA, R. (2006). Linearization of affine abstract categorial grammars. *In Proceedings of the 11th Conference on Formal Grammar*, pages 185–199, Malaga, Spain.

# Chunks et activation : un modèle de facilitation du traitement linguistique

Philippe Blache
Aix-Marseille Université, CNRS, LPL
5 Avenue Pasteur, 13100 Aix-en-Provence
blache@lpl-aix.fr

RÉSUMÉ

Nous proposons dans cet article d'intégrer la notion de chunk au sein d'une architecture globale de traitement de la phrase. Les chunks jouent un rôle important dans les théories cognitives comme ACT-R (Anderson *et al.*, 2004) : il s'agit d'unités de traitement globales auxquelles il est possible d'accéder directement via des buffers en mémoire à court ou long terme. Ces chunks sont construits par une fonction d'activation (processus cognitif pouvant être quantifié) s'appuyant sur l'évaluation de leur relation au contexte. Nous proposons une interprétation de cette théorie appliquée à l'analyse syntaxique. Un mécanisme de construction des chunks est proposé. Nous développons pour cela une fonction d'activation tirant parti de la représentation de l'information linguistique sous forme de contraintes. Cette fonction permet de montrer en quoi les chunks sont faciles à construire et comment leur existence facilite le traitement de la phrase. Plusieurs exemples sont proposés, illustrant cette hypothèse de facilitation.

ABSTRACT

**Chunks and the notion of activation : a facilitation model for sentence processing**

We propose in this paper to integrate the notion of chunk within a global architecture for sentence processing. Chunks play an important role in cognitive theories such as ACT-R cite Anderson04 : they constitute global processing units which can be accessed directly via short or long term memory buffers. Chunks are built on the basis of an activation function evaluating their relationship to the context. We propose an interpretation of this theory applied to parsing. A construction mechanism is proposed, based on an adapted version of the activation function which takes advantage of the representation of linguistic information in terms of constraints. This feature allows to show how chunks are easy to build and how they can facilitate treatment. Several examples are given, illustrating this hypothesis of facilitation.

MOTS-CLÉS : Chunks, ACT-R, activation, mémoire, parsing, traitement de la phrase, expérimentation.

KEYWORDS: Chunks, ACT-R, activation, memory, parsing, sentence processing, experimentation.

# 1 Introduction

L'interprétation d'un énoncé, à commencer par son traitement syntaxique, peut être plus ou moins facile pour un sujet humain. Plusieurs travaux proposent des éléments d'explication de cette variabilité. Au niveau syntaxique, des travaux proposent par exemple des explications en termes de distance pour une relation à établir entre deux éléments, une grande distance étant plus complexe à traiter qu'une plus faible (Gibson, 1998) ; (Grodner et Gibson, 2005). D'autres travaux portent sur l'identification d'un niveau d'activation des items en s'appuyant notamment sur des relations avec le reste de la structure en cours de construction (Lewis et Vasishth, 2005). Dans tous les cas, ces modèles de difficulté abordent la question d'un point de vue global, en tentant d'identifier les paramètres pouvant complexifier le traitement. Nous proposons dans cet article d'aborder un point de vue complémentaire en tentant d'identifier des facteurs qui au contraire peuvent permettre de *faciliter* le traitement.

En se situant dans l'hypothèse d'un traitement incrémental du langage, dans laquelle les mots sont intégrés au fur et à mesure de leur décodage dans une structure en cours de construction, des travaux antérieurs ont montré la possibilité de mesurer la quantité d'information linguistique [1] disponible au moment de l'intégration d'un mot. Dans les cas où le niveau d'information est élevé, le traitement (la compréhension) s'en trouve facilité. En revanche, un déficit d'information entraîne une complexification du traitement. En termes computationnels, la quantité d'information disponible permet de contrôler *l'espace de recherche* requis pour l'interprétation d'un énoncé. Une construction associée à une faible quantité d'information est très ambiguë et donc difficile à traiter car le nombre d'interprétations possibles (donc l'espace de recherche) est très grand. En revanche, une construction pour laquelle une grande quantité d'information (éventuellement redondante) est disponible sera peu ou pas ambiguë, son espace de recherche plus restreint et son traitement (son interprétation) devient plus facile. Dans certains cas, il n'y a aucune ambiguïté, le traitement est alors purement déterministe. La quantité d'information est dans ce cas un facteur de *simplification* du traitement et non pas de complexification.

D'une façon générale, la quantité (ou densité) d'information disponible est variable selon les parties de l'énoncé ou de la phrase. L'hypothèse que nous formulons est que les zones comportant une densité d'information importante sont traitées plus facilement que les autres. Dans certains cas, ces zones de haute densité peuvent être traitées d'un bloc. Nous nous intéressons dans cet article à cette idée que le processus d'intégration syntaxique pourrait se faire au niveau de ces zones plutôt qu'au niveau des mots. Une présence plus importante de zones de haute densité d'information dans un énoncé ou une phrase faciliterait ainsi son traitement. Cette idée s'appuie sur le principe *Maximize On-Line Processing* (noté *MoP*) proposé dans (Hawkins, 2003) :

*The human parser prefers to maximize the set of properties that are assignable to each item X as X is parsed. [...] The maximization difference between competing orders and structures will be a function of the number of properties that are misassigned or unassigned to X in a structure S, compared with the number in an alternative.*

Ce principe comporte plusieurs éléments. Il intègre tout d'abord l'idée selon laquelle, dans un processus incrémental, l'intégration d'un mot repose sur la vérification d'un ensemble de propriétés. Il indique également que deux constructions peuvent se distinguer par le nombre de propriétés qu'elles vérifient. La notion de densité d'information recoupe donc ce principe de

1. On entend ici par information linguistique toute propriété morpho-syntaxique ou syntaxique caractérisant la structure en cours de construction.

maximisation : un mot sera plus ou moins facilement intégré à la structure selon que le nombre de propriétés qui lui sont associées est important ou pas.

Notre hypothèse est que ces unités, définies par maximisation, correspondent en termes de traitement à des *chunks* tels que décrits dans les théories cognitives de type ACT-R (*Adaptive Character of Thought–Rational* (Anderson *et al.*, 2004)) et peuvent à ce titre être stockés en mémoire à court terme et bénéficier d'un accès direct.

# 2 Chunks et activation

La notion de chunk est bien connue en TAL, et généralement définie comme une suite de catégories non récursive, formée d'une tête, à laquelle peuvent être adjoints mots fonctionnels et modifieurs adjacents (Abney, 1991) ; (Bird *et al.*, 2009). Nous nous intéressons dans cet article à la façon dont ces chunks peuvent être construits, dans le cadre d'un processus incrémental, par un parseur humain.

## 2.1 Les chunks dans les théories cognitives

Le traitement du langage, comme celui des activités cognitives de haut niveau, repose sur la capacité d'identifier des unités de traitement pouvant être de taille et de nature variable. Cette idée est plus particulièrement développée par la théorie ACT-R et son adaptation au langage (Lewis et Vasishth, 2005), (Reitter *et al.*, 2011) dans laquelle les mécanismes de traitement s'organisent autour de buffers (jouant comme en informatique le rôle de mémoire tampon) pouvant mémoriser des chunks. Un chunk est dans cette approche décrit comme un ensemble de propriétés caractérisant une catégorie (ou une unité de plus haut niveau), pouvant par exemple contenir une structure syntaxique partielle (Lewis et Vasishth, 2005). Les chunks sont représentés en ACT-R par des structures de traits et peuvent représenter des objets atomiques ou complexes, offrant la possibilité pour un chunk de faire référence à un autre chunk et exprimer ainsi des relations. La définition d'un chunk est donc très générale et permet de référencer des structures incomplètes ou sous-spécifiées.

La théorie ACT-R s'intéresse d'une part aux processus de base et d'autre part aux structures de mémoire sur lesquelles ils s'appuient. Elle distingue notamment entre mémoire *procédurale* et *déclarative*, cette dernière permettant de stocker à la fois des informations lexicales (à long terme) mais également les structures nouvelles (à court terme). La mémoire déclarative repose sur un petit nombre de buffers, chacun contenant un chunk. L'élément important de cette organisation réside dans le fait que ces chunks forment une unité et sont utilisables (ou accessibles) directement en mémoire. Cette accessibilité est soumise à un niveau d'activation dépendant de plusieurs paramètres : degré de latence depuis le dernier accès, poids des éléments associés au chunk et qui peuvent l'activer (les sources), mais également force des relations associant les sources au chunk considéré. Il est ainsi possible de proposer une formule permettant de quantifier l'activation d'un chunk $i$ :

$$A_i = B_i + \sum_j W_j S_{ji} \qquad (1)$$

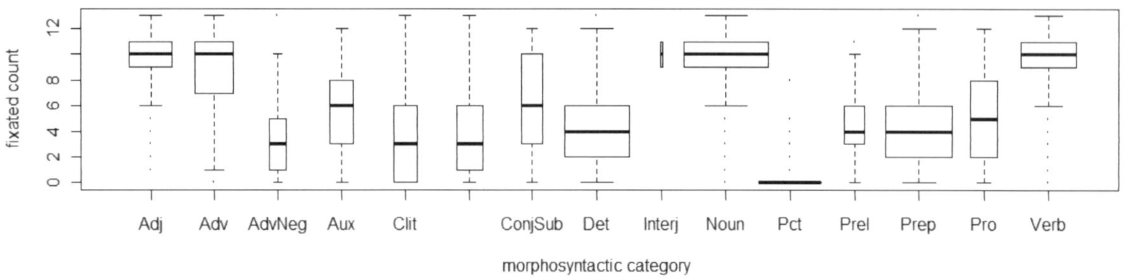


FIGURE 1 – Nombre de fixations par catégorie

Dans cette formule, *B* représente l'activation de base (fréquence et historique de l'accès au chunk), *W* correspond aux poids des termes en relation avec le chunk et *S* la force des relations reliant ces termes au chunk. Il est donc possible de caractériser un chunk en fonction de son niveau d'activation. Le point important qui nous intéresse ici réside dans le fait que cette activation est en partie dépendante des relations avec le contexte. En d'autres termes, la force des relations permettra d'activer de façon plus ou moins importante un chunk (et donc la catégorie correspondante). Or, l'activation d'un chunk contrôle à la fois sa probabilité et la vitesse de son accès : un chunk fortement activé sera ainsi accessible très rapidement.

On remarquera que cette approche est compatible avec le principe *MoP* de Hawkins (cf. section précédente) : les relations activant un chunk peuvent être vues comme des propriétés dont on recherche la maximisation.

Dans le cadre du traitement du langage et plus particulièrement de l'analyse syntaxique, notre hypothèse est que les chunks facilitent l'analyse d'un énoncé. Plus précisément, les énoncés comportant des chunks hautement activés sont traités plus facilement que les autres.

## 2.2 Une observation expérimentale des chunks dans le traitement de la phrase

Dans le cadre d'une expérience récente, consistant à acquérir des données de mouvement oculaire de sujets lisant le French Treebank (Rauzy et Blache, 2012), nous avons observé un phénomène intéressant en relation avec les chunks. Le nombre de fixations du regard par mot diffère en effet fortement en fonction de la taille du mot, mais également de sa catégorie. La figure 1 représente le nombre moyen de fixations par catégorie. On observe ainsi que les catégories à contenu lexical (*N, V, Adj, Adv*) ont un nombre de fixations du regard nettement plus élevé que les mots grammaticaux (*Det, Prep, Clit*, etc.).

Ce phénomène peut être mis en relation avec l'étude de l'évolution de *l'indice de surprise* (Hale, 2001) dans une phrase. Cet indice reflète une probabilité d'intégration de chaque mot dans la structures syntaxique en cours de construction (calculé comme une fonction de la différence de probabilité entre les structures précédant et celle intégrant le mot courant). Plusieurs expériences ont montré qu'il était un bon prédicteur du temps de lecture, pouvant donc être utilisé comme

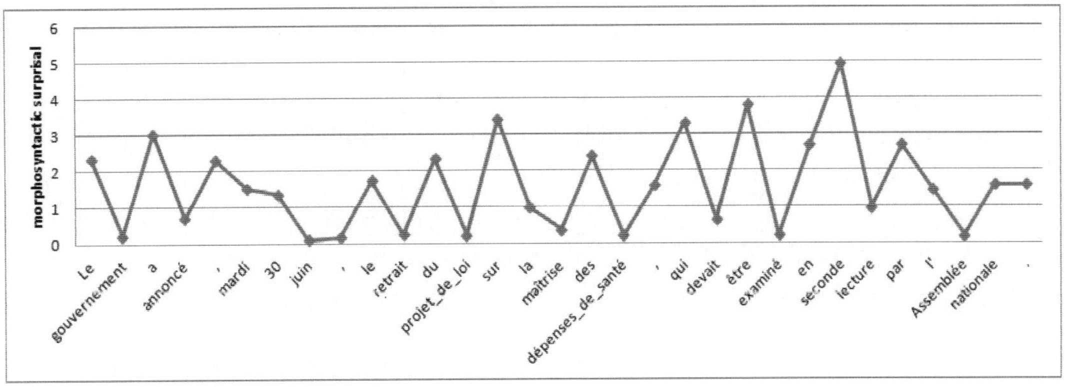


FIGURE 2 – Evolution de l'indice de surprise dans une phrase

mesure de *difficulté* (voir (Demberg et Keller, 2008) pour l'anglais et (Rauzy et Blache, 2012) pour le français). Un indice de surprise peut donc être associé à chaque mot de la phrase. La figure 2 illustre l'évolution de la valeur de cet indice (calculé selon la méthode décrite dans (Blache et Rauzy, 2011)) sur une phrase. On remarque là aussi un phénomène intéressant, soulignant la succession d'indices élevés et faibles en fonction de la catégorie : les mots grammaticaux correspondent systématiquement à un indice de surprise plus élevé que les mots lexicaux auxquels ils sont associés.

Ces deux observations sont convergentes : la fixation du regard en lecture englobe en un seul mouvement le token lexicalisé et les mots grammaticaux qui lui sont associés, ce qui peut être prédit au niveau de l'évolution de l'indice de surprise. Elles confortent donc l'hypothèse d'un traitement non pas au niveau du mot, mais directement par chunk, chaque fois que c'est possible.

## 2.3 Hypothèse

La théorie ACT-R appliquée au langage fait l'hypothèse que le traitement linguistique d'intégration repose sur des chunks. Ceux-ci sont des structures partielles, pouvant être à la fois stockées dans la mémoire à long terme, mais également construites en temps réel, en mémoire à court terme. Ces chunks reposent sur une notion d'activation, elle-même correspondant au principe *Maximize Online Processing* : l'intégration d'un mot à une structure (par exemple l'association de deux catégories pour construire un chunk) repose sur la vérification d'un maximum de propriétés. La force des relations unissant un objet avec des éléments qui le précèdent permet d'activer fortement cet objet.

Nous émettons l'hypothèse que les chunks facilitent le traitement linguistique. Nous nous appuyons pour cela sur trois aspects :

1. Les chunks sont construits en mémoire sur la base du processus d'activation, qui ne correspond pas à une véritable analyse syntaxique. Leur construction peut reposer sur des mécanismes de bas niveau (comme la fréquence de cooccurrence) ou sur l'accumulation de propriétés ou relations entre deux catégories. Lorsqu'une catégorie est fortement activée par une ou plusieurs catégories précédentes, elle formera un chunk avec elles. Dans la plupart des cas, ces chunks sont formés d'une suite [*mot grammatical* + *mot lexical*].

2. Les chunks sont stockés en mémoire déclarative et accessibles directement. Certains chunks peuvent être très fréquents voire correspondre à des suites plus ou moins figées (par exemple dans des collocations). Dans ce cas, ils sont stockés en mémoire à long terme. Les chunks construits dynamiquement sur la base d'une activation sont quant à eux disponibles dans des buffers de traitement à court terme.
3. La présence de chunks dans une phrase facilite son traitement : ils sont accessible d'un bloc et ne nécessitent pas d'analyse. Une phrase contenant des chunks sera plus facile à traiter qu'une autre n'en contenant pas.

La question qui se pose est celle de la notion *d'activation*, son évaluation et sa mise en œuvre dans le processus de construction des chunks. Nous proposons pour cela d'utiliser la description des propriétés syntaxiques sous la forme de contraintes. Maximiser les propriétés (et donc activer une catégorie) correspond ainsi à la maximisation de l'ensemble des contraintes à satisfaire. Nous utilisons pour cela la représentation proposée dans le cadre des *Grammaires de Propriétés* (Blache, 2001).

# 3 Propriétés et activation

Nous présentons dans cette section les principales caractéristiques de l'approche des Grammaires de Propriétés (Blache, 2001) utilisées pour définir la notion d'activation. Elle repose sur la représentation des informations syntaxiques sous la forme d'un ensemble de propriétés pouvant être décrites, suivant la proposition de (Duchier *et al.*, 2009), comme des relations caractérisant un syntagme (ici noté $A$) et mettant en relation des constituants (notés $B, C$ ou $S$) :

| | | |
|---|---|---|
| Obligation | $A : \Delta B$ | au moins un $B$ |
| Unicité | $A : B!$ | au plus un $B$ |
| Linéarité | $A : B \prec C$ | $B$ précède $C$ |
| Implication | $A : B \Rightarrow C$ | si $\exists B$, alors $\exists C$ |
| Exclusion | $A : B \not\Leftrightarrow C$ | pas de $B$ et $C$ simultanément |
| Constituance | $A : S?$ | les descendants $\in S$ |
| Dépendance | $A : B \rightsquigarrow C$ | $B$ dépend de $C$ |

Une Grammaire de Propriétés associe à chaque syntagme un ensemble de contraintes. Le tableau suivant illustre la grammaire du syntagme adjectival (noté *SA*) (extraite du French Treebank, cf. (Abeillé *et al.*, 2003)). Soulignons au passage la compacité de la représentation : 22 contraintes sont utilisées pour décrire les constructions possibles du *SA* [2].

| | |
|---|---|
| *Constituance* | AP : {AdP, A, VPinf, PP, Ssub, AP, NP} ? |
| *Lin* | AP : A $\prec$ {VPinf, Ssub, PP, NP, AP} |
| | AP : AdP $\prec$ {A, Ssub, PP} |
| | AP : AP $\prec$ {A, AdP} |
| | AP : PP $\prec$ {Ssub} |
| *Dépendance* | AP : {AdP, VPinf, PP, Ssub, NP} $\rightsquigarrow$ A |
| *Unicité* | AP : {A, VPinf, Ssub} ! |
| *Obligation* | AP : $\Delta$ A |
| *Exclusion* | AP : VPinf $\not\Leftrightarrow$ {PP, Ssub} |

2. Le jeu d'étiquettes utilisé est celui du FTB, notant *AP* pour syntagme adjectival, *AdP* pour syntagme adverbial, etc.

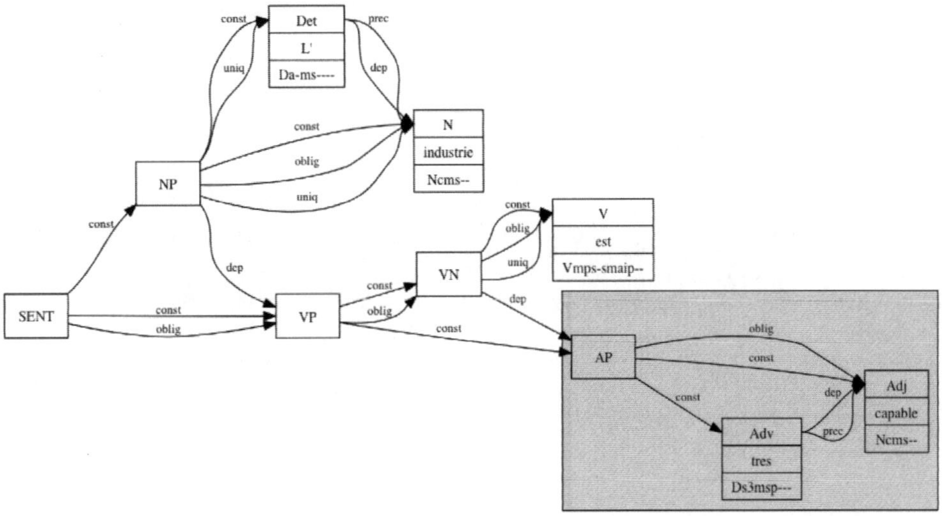


FIGURE 3 – Graphe des propriétés satisfaites pour "*L'industrie est très capable.*"

Une analyse dans le cadre de GP consiste, pour une suite de catégories donnée, à évaluer l'ensemble des propriétés correspondantes. Une propriété correspondant à une relation entre une ou plusieurs catégories, le résultat de l'analyse est donc un graphe comme représenté dans la figure suivante illustrant l'analyse de la phrase "*L'industrie est très capable.*", extraite du FTB. Ce graphe indique les propriétés satisfaites entre les différentes catégories composant la structure syntaxique. Par exemple, la contrainte de linéarité entre le déterminant et le nom est représentée par un arc reliant les deux nœuds correspondants) :

Construire une analyse syntaxique dans ce type d'approche consiste donc à chaque étape à parcourir le systèmes de contraintes en évaluant celles qui correspondent aux catégories concernées. Dans une perspective incrémentale, il est donc possible à chaque étape de connaître les relations qui concernent le mot ou la catégorie à analyser. Cette caractéristique constituera la base de la définition de la notion d'activation utilisée ici.

Par ailleurs, il est possible de distinguer deux constructions en fonction du nombre de relations permettant de les caractériser. Dans l'exemple précédent, le *SA* est formé d'un adjectif accompagné d'un modifieur adverbial. L'exemple suivant illustre une construction légèrement différente d'un *SA*, correspondant à la phrase "*L'industrie est capable d'investir.*" dans laquelle une infinitive est complément de l'adjectif. Dans ce cas, conformément à la grammaire du *SA* décrite plus haut, un plus grand nombre de contraintes sera vérifiée, la densité du graphe est donc plus importante. Le nombre de propriétés vérifiées joue un rôle important en offrant la possibilité de quantifier l'information syntaxique. Dans la perspective du principe *MoP*, la maximisation reposera précisément sur cette capacité.

Un des avantages de cette approche réside dans sa souplesse : il est toujours possible d'évaluer les relations existant entre deux catégories, sans qu'il ne soit nécessaire de construire de structure syntaxique. Cette caractéristique répond au besoin d'évaluation de la notion d'activation d'une catégorie : celle-ci sera dépendante du nombre et de la force des relations existant entre un mot et les catégories qui la précèdent. Nous disposons ainsi d'un cadre théorique d'implantation des notions proposées par ACT-R appliquée au langage.

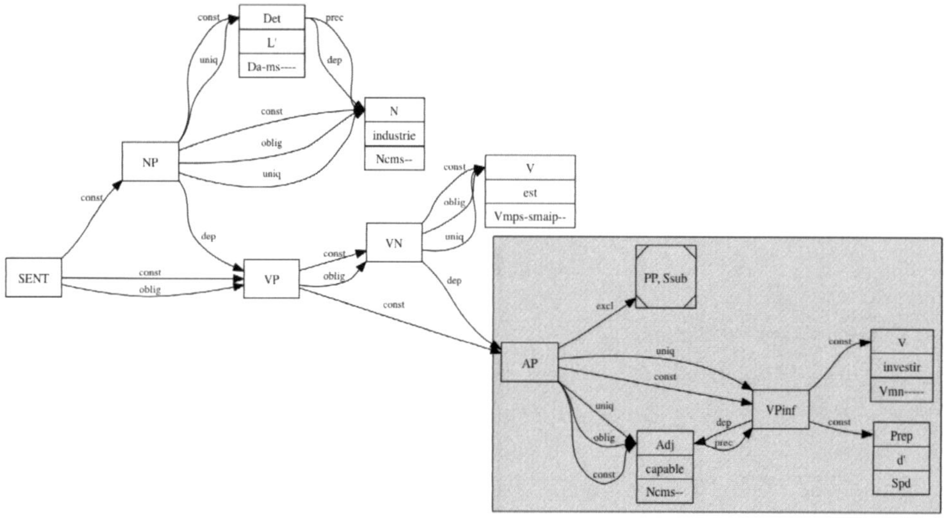


FIGURE 4 – Graphe des propriétés satisfaites pour "*L'industrie est capable d'investir.*"

# 4 Activation et création de chunks

Nous proposons de définir la notion d'activation sur la base des caractérisations syntaxiques construites à l'aide des contraintes présentées dans la section précédente. Nous avons vu qu'il était possible en *Grammaire de Propriétés* d'évaluer, pour tout sous-ensemble de catégories, les contraintes qui leur sont attachées. Il s'agit pour cela d'identifier les *contraintes pertinentes*, à savoir celles qui permettent de mettre en relation les catégories concernées. Le principe est simple et consiste à parcourir la grammaire (l'ensemble des contraintes) et sélectionner celles qui concernent les catégories. En reprenant l'exemple de la grammaire du syntagme adjectival décrite plus haut, le sous-ensemble de catégories *{AdP, A}* permettra d'identifier comme pertinentes les contraintes suivantes :

| |
|---|
| AP : {AdP, A} ? |
| AP : AdP ≺ A |
| AP : AdP ⇝ A |
| AP : A ! |
| AP : Δ A |

En généralisant ce mécanisme, il également possible d'identifier les contraintes qui sont *potentiellement pertinentes* : soit une contrainte $A\mathcal{R}B$ reliant deux catégories $A$ et $B$, la connaissance de $A$ permet de dire que $A\mathcal{R}B$ pourra devenir pertinente, à la condition que $B$ soit réalisé. Dans le cas de la grammaire du *SA*, la réalisation de la catégorie *AdP* permet d'identifier comme contrainte potentiellement pertinente l'ensemble suivant :

| |
|---|
| AP : {AdP} ? |
| AP : AdP ≺ A |
| AP : AP ≺ AdP |
| AP : AdP ⇝ A |

Nous proposons d'utiliser cette caractéristique pour décrire et évaluer la notion d'activation. Dans la perspective d'un traitement incrémental de la langue, le principe consiste à associer à chaque catégorie les contraintes potentiellement pertinentes qui peuvent lui être associées. Remarquons que du point de vue du traitement automatique, cette information n'a pas besoin d'être calculée *online*, mais peut être compilée. L'ensemble des contraintes ainsi identifiées permet de définir les catégories activées : il s'agit de toutes les catégories appartenant à cet ensemble et pouvant être réalisées après la catégorie en question. Cette dernière information est obtenue en vérifiant les contraintes de linéarité. Dans l'exemple précédent, seule la catégorie *A* se retrouve activée par *AdP* (la catégorie *AP* ne pouvant suivre *AdP* comme stipulé par la contrainte $AP : AP \prec AdP$).

## 4.1 Calcul du degré d'activation

Le niveau d'activation d'une catégorie dans un contexte donné dépend de sa densité ou, en d'autres termes, du nombre de contraintes dont elle est la cible (et dont la source la précède) et de leur poids. Il s'agit donc exactement de la notion d'activation telle que décrite dans la théorie ACT-R. Nous proposons d'évaluer cette activation en tirant parti de la représentation par contraintes. Pour chaque catégorie $c$ de la grammaire, nous établissons une *liste de transition* formée par toutes les catégories présentes dans au moins une contrainte contenant $c$ et respectant les contrainte de linéarité (i.e. pouvant suivre $c$). L'activation est alors évaluée comme suit :

- Soit la catégorie courante $c_i$. Notons $Trans(c_i)$ l'ensemble des catégories faisant partie de la liste de transition de $c_i$. Notons $PP(c_i)$ l'ensemble des propriétés potentiellement pertinentes déclenchées par la catégorie $c_i$. Notons $N$ le nombre de ces propriétés ($N = | PP(c_i) |$).
- Notons $PP_{c_j}(c_i)$ le sous ensemble de $PP(c_i)$ formé des propriétés contenant une catégorie $c_j$, avec $n$ son cardinal. Chacune des propriétés de $PP$ est associée dans la grammaire à un poids. Notons $\sum W_{c_i}^{c_j}$ la somme des poids de ces propriétés.
- Pour toute catégorie de transition de $c_i$ tq $c_j \in Trans(c_i)$, son degré d'activation est donné par la formule suivante :

$$A(c_j) = \frac{n}{N} * \sum W_{c_i}^{c_j} \qquad (2)$$

Le premier terme de l'activation correspond à une évaluation de la densité du réseau de contraintes en rapportant le nombre de contraintes $n$ qui permet d'activer la catégorie étudiée par rapport au nombre total de contraintes potentiellement pertinentes pour la catégorie source. Le second terme correspond quant à lui à la force des relations qui unissent la catégorie courante (ou catégorie activante) à la catégorie activée.

Concrètement, en cours d'analyse, cette mesure permettra d'identifier le type de catégorie activée par la catégorie courante ainsi que le niveau de son activation. Lorsque qu'une catégorie est activée et réalisée, elle formera un chunk avec la catégorie qui l'active. Ce chunk pourra avoir un niveau d'activation plus ou moins élevé, identifié par cette fonction d'activation. Notons que cette définition de l'activation permet également de rendre compte des relations lexicales du type collocationnelles. La sélection lexicale entre les termes sera dans ce cas représentée par une contrainte d'implication avec un poids élevée. Il sera ainsi possible de former un chunk doté d'un niveau d'activation fort.

L'exemple qui suit illustre l'utilisation de la fonction d'activation pour la construction d'un chunk à l'intérieur du *SN* entre les catégories *Det* et *N* en nous appuyant sur la grammaire extraite du *French Treebank*. Les contraintes dont la catégorie *Det* est source sont répertoriées dans le tableau suivant, comportant également l'indication de leurs poids (calculé en suivant la méthode proposée dans (Blache, 2012)).

| *Dépendance* | |
|---|---|
| Det ⇝ N | 7,080586081 |
| *Exclusion* | |
| Pro ⇎ Det | 4,358766626 |
| Clit ⇎ Det | 0,003417994 |
| *Unicité* | |
| Det | 3,253068199 |
| *Exigence* | |
| Det ⇒ N | 2,461019161 |

| *Linéarité* | |
|---|---|
| Det ≺ N | 12,18569885 |
| Det ≺ Np | 0,718659942 |
| Det ≺ AdP | 0,178675795 |
| Det ≺ AP | 0,135447163 |
| Det ≺ VPpart | 0,077399536 |
| Det ≺ VPinf | 0,03891139 |
| Det ≺ Ssub | 0,025216138 |
| Det ≺ Srel | 0,021433718 |
| Det ≺ PP | 0,016570605 |
| Det ≺ NP | 0,016030259 |

L'ensemble de transition de *Det* extrait de ces contraintes est le suivant :

$$Trans(Det) = \{N, Np, AdP, AP, VPpart, VPinf, Ssub, Srel, PP, NP\} \quad (3)$$

L'évaluation du *degré d'activation* des catégories de l'ensemble de transition est récapitulée dans le tableau suivant :

| Catégorie activée | Contraintes | Densité | Poids | Activation |
|---|---|---|---|---|
| N | 3 | 0,2 | 21,72730409 | 4,345460818 |
| Np | 1 | 0,066666667 | 0,718659942 | 0,047910663 |
| AdP | 1 | 0,066666667 | 0,178675795 | 0,01191172 |
| AP | 1 | 0,066666667 | 0,135447163 | 0,009029811 |
| VPpart | 1 | 0,066666667 | 0,077399536 | 0,005159969 |
| VPinf | 1 | 0,066666667 | 0,03891139 | 0,002594093 |
| Ssub | 1 | 0,066666667 | 0,025216138 | 0,001681076 |
| Srel | 1 | 0,066666667 | 0,021433718 | 0,001428915 |
| PP | 1 | 0,066666667 | 0,016570605 | 0,001104707 |
| NP | 1 | 0,066666667 | 0,016030259 | 0,001068684 |

Cet ensemble de résultats indique, comme attendu, une forte activation de la catégorie *N* provenant d'une part du nombre de propriétés potentielles qui l'activent et d'autre part de leur importance (i.e. un poids élevé). Cette forte activation conduit à la constitution d'un chunk `[Det, N]` qui sera stocké dans un buffer de la mémoire déclarative. Ce processus d'identification de chunk repose donc sur des mécanismes de bas niveau, effectués en temps réel ce qui se manifeste concrètement par un traitement global notamment au niveau du mouvement oculaire dans le cas de la lecture. L'exemple de la figure 5 illustre ce mécanisme. La réalisation de la catégorie *Det* permet d'identifier trois propriétés activant le *N* conduisant à la création du chunk.

L'exemple de la figure 6 décrit le même mécanisme, appliqué ici à la constitution d'un chunk formé, dans le cas d'une relative sujet, par le pronom relatif et le verbe qui suit. Les catégories activées les plus importantes (celles correspondant à des contraintes de plus fort poids) sont *V* et *N*, représentées dans le cadre associé au pronom relatif. La catégorie *V* dispose cependant d'un niveau d'activation très supérieur au *N*. Le *V* étant réalisé immédiatement après l'activation, ceci conduit à la construction du chunk `[ProR, V]`.

(a) Activation du *N* (b) Construction du chunk [Det, N]

FIGURE 5 – Activation et construction de chunk

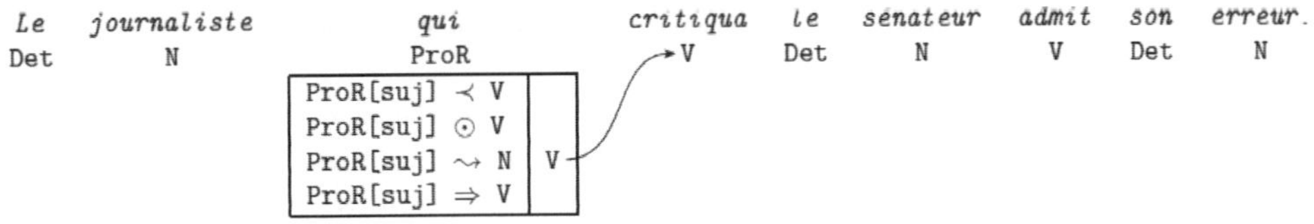


FIGURE 6 – Activation et construction de chunk, suite

Ce processus appliqué à la suite des catégories de la phrase permet de construire la suite de chunks illustrée par la figure 7.

## 4.2 Les chunks, mécanisme de facilitation

L'hypothèse que nous défendons repose tout d'abord sur l'idée que les chunks sont construits directement, sur la base de mécanismes tirant parti à la fois de critères de fréquence et de densité de relation. Les mécanismes conduisant à la construction de chunks ne sont donc pas les mécanismes classiques de l'analyse syntaxique : le problème posé consiste à mesurer les relations unissant deux catégories adjacentes alors que l'analyse syntaxique consiste à intégrer une catégorie à une structure syntaxique globale. Il s'agit donc de mécanismes de bas niveau, effectués très rapidement.

Une fois construits, ces chunks sont stockés en mémoire et accessibles directement, comme indiqué dans la théorie ACT-R. Notre hypothèse consiste donc à dire que les chunks facilitent le traitement. Leur accès se faisant en bloc, il revient du point de vue cognitif à un accès lexical. De plus, leur intégration se fait également de façon globale. Par conséquent, la présence de chunks dans un énoncé ou une phrase en facilitera le traitement par rapport à d'autres situation où l'intégration devra se faire mot par mot. Autrement dit, une phrase contenant un grand nombre de chunks sera plus facile à traiter qu'une phrase qui en contiendra moins.

Illustrons cette hypothèse en revenant sur le cas des phrases relatives. Les travaux en psycholinguistique (Gibson, 2000), confirmés par plusieurs études expérimentales (Fedorenko *et al.*, 2006), (Demberg et Keller, 2009) ont montré que les relatives objet sont plus difficiles à traiter que les

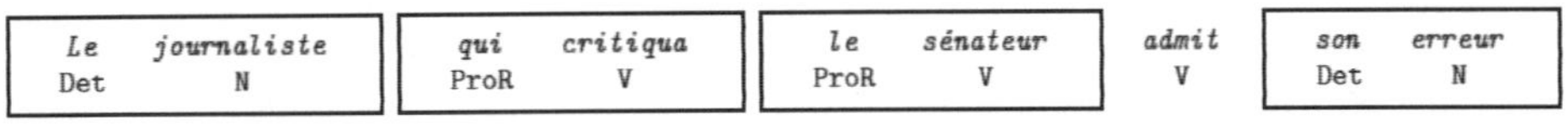


FIGURE 7 – Construction des chunks pour la phrase complète

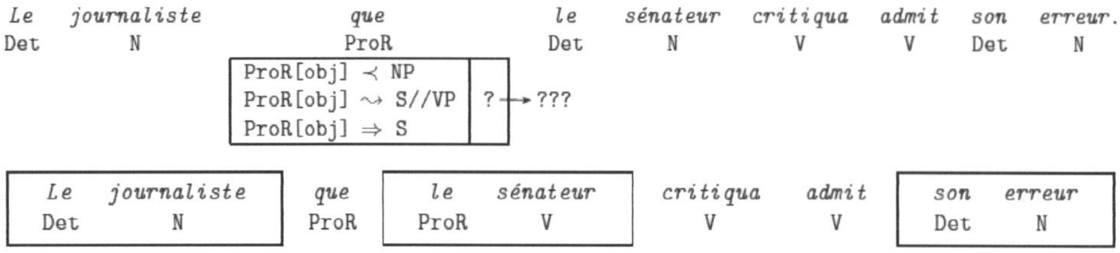


FIGURE 8 – Cas de la relative objet

relatives sujet. Ce phénomène se retrouve au niveau de la construction des chunks. Nous avons vu en effet dans l'exemple de la figure 7 que la relative sujet conduisait à la construction d'un chunk entre le pronom relatif et le verbe. La phrase correspondante contient ainsi 4 chunks au total. La figure 6 illustre ce phénomène par l'impossibilité de construire un chunk contenant le relatif. Celui-ci active bien un certain nombre de catégories, mais aucune d'entre elle ne correspond directement à la catégorie adjacente. Au total, la phrase contenant la relative objet ne contient que 3 chunks. Cet exemple ne prétend bien entendu pas ériger le rôle des chunks en théorie de la difficulté syntaxique comme proposé par (Gibson, 2000). Elle illustre cependant des différences de fonctionnement pouvant accompagner ou compléter ces modèles.

# 5 Conclusion

Nous avons présenté dans cet article une approche proposant de donner une place centrale à la notion de chunk dans le processus de traitement de la phrase par des sujets humains. Nous utilisons pour cela l'architecture de traitement des processus cognitifs élaborée dans le cadre de la théorie ACT-R. Cette approche précise le rôle joué par les chunks en mémoire. Elle introduit de plus une notion *d'activation* permettant d'expliquer la rapidité de traitement de ces objets. Appliquée à la question de l'analyse syntaxique (ou du traitement de la phrase si l'on se situe dans une perspective psycholinguistique), cette théorie offre un cadre permettant de décrire la construction et le rôle joué par ces chunks.

En tirant parti d'une description des informations syntaxiques basée sur les contraintes (dans le cadre des *Grammaires de Propriétés*), nous avons proposé une évaluation de la notion d'activation servant de base à la construction des chunks. Il s'agit d'un mécanisme de bas niveau, n'ayant pas recours à l'analyse syntaxique à proprement parler et qui permet la construction d'unités de niveau supra-lexical facilitant le processus car accessibles directement en mémoire. L'utilisation de telles unités correspond à des observations expérimentales, notamment de mouvement oculaire, montrant que les chunks correspondent à des unités de traitement pertinentes.

Il reste à évaluer la validité de l'hypothèse de facilitation des chunks de façon expérimentale. Il s'agira notamment de vérifier que la construction des chunks est un processus de bas niveau et que leur accès correspond à un accès lexical en complétant les observations de mouvement oculaire par des expériences à l'aide de potentiels évoqués et de localisation de source. L'étape suivante consistera à vérifier la facilitation induite par les chunks en termes de temps de traitement.

**Remerciements**

Ce travail réalisé dans le cadre du Labex BLRI (http ://www.blri.fr) portant la référence ANR-11-LABX-0036 a bénéficié d'une aide de l'Etat gérée par l'ANR au titre du projet Investissements d'Avenir A*MIDEX portant la référence ANR-11-IDEX-0001-02.

# Références

ABEILLÉ, A., CLÉMENT, L. et TOUSSENEL, F. (2003). Building a treebank for french. *In* ABEILLÉ, A., éditeur : *Treebanks*, Kluwer, Dordrecht.

ABNEY, S. (1991). Parsing by chunks. *In Principle-Based Parsing. Kluwer Academic Publishers*, pages 257–278.

ANDERSON, J. R., BOTHELL, D., BYRNE, M. D., DOUGLASS, S., LEBIERE, C. et QIN, Y. (2004). An integrated theory of the mind. *Psychological Review*, 111(4):1036–1060.

BIRD, S., KLEIN, E. et LOPER, E. (2009). *Natural Language Processing with Python*. O'Reilly Media.

BLACHE, P. (2001). *Les Grammaires de Propriétés : Des contraintes pour le traitement automatique des langues naturelles*. Hermès.

BLACHE, P. (2012). Estimating constraint weights from treebanks. *In Proceedings of CSLP*.

BLACHE, P. et RAUZY, S. (2011). Predicting linguistic difficulty by means of a morpho-syntactic probabilistic model. *In Proceedings of PACLIC 2011, december 2011*, Singapour.

DEMBERG, V. et KELLER, F. (2008). Data from eye-tracking corpora as evidence for theories of syntactic processing complexity. *In Cognition*, volume 109, Issue 2, pages 193–210.

DEMBERG, V. et KELLER, F. (2009). A computational model of prediction in human parsing : Unifying locality and surprisal effects. *In Proceedings of the 31st Annual Conference of the Cognitive Science Society*, pages 1888– 1893.

DUCHIER, D., PROST, J.-P. et DAO, T.-B.-H. (2009). A model-theoretic framework for grammaticality judgements. *In Conference on Formal Grammar (FG'09)*.

FEDORENKO, E., GIBSON, E. et ROHDE, D. (2006). The nature of working memory capacity in sentence comprehension : Evidence against domain-specific working memory resources. *Journal of Memory and Language*, 54(4):541–553.

GIBSON, E. (1998). Linguistic complexity : locality of syntactic dependencies. *Cognition*, 68:1–76.

GIBSON, E. (2000). The dependency locality theory : A distance-based theory of linguistic complexity. *In Image*. A. Marantz, Y. Miyashita, W. O'Neil (Edts).

GRODNER, D. J. et GIBSON, E. A. F. (2005). Consequences of the serial nature of linguistic input for sentenial complexity. *Cognitive Science*, 29:261–291.

HALE, J. (2001). A probabilistic earley parser as a psycholinguistic model. *In Proceeding of 2nd Conference of the North American Chapter of the Association for Computational Linguistics*, Pittsburgh, PA.

HAWKINS, J. (2003). Efficiency and complexity in grammars : Three general principles. *In* MOORE, J. et POLINSKY, M., éditeurs : *The Nature of Explanation in Linguistic Theory*, pages 95–126. CSLI Publications.

LEWIS, R. L. et VASISHTH, S. (2005). An activation-based model of sentence processing as skilled memory retrieval. *Cognitive Science*, 29:375–419.

RAUZY, S. et BLACHE, P. (2012). Robustness and processing difficulty models. a pilot study for eye-tracking data on the french treebank. *In Proceedings of the 1st Eye-Tracking and NLP workshop*.

REITTER, D., KELLER, F. et MOORE, J. D. (2011). A computational cognitive model of syntactic priming. *Cognitive Science*, 35(4):587–637.

# Extraction de lexiques bilingues à partir de corpus comparables par combinaison de représentations contextuelles

Amir HAZEM Emmanuel MORIN
LINA - UMR CNRS 6241, 2 rue de la houssinière, BP 92208, 44322 Nantes Cedex 03
amir.hazem@univ-nantes.fr, emmanuel.morin@univ-nantes.fr

RÉSUMÉ

La caractérisation du contexte des mots constitue le cœur de la plupart des méthodes d'extraction de lexiques bilingues à partir de corpus comparables. Dans cet article, nous revisitons dans un premier temps les deux principales stratégies de représentation contextuelle, à savoir celle par fenêtre ou sac de mots et celle par relations de dépendances syntaxiques. Dans un second temps, nous proposons deux nouvelles approches qui exploitent ces deux représentations de manière conjointe. Nos expériences montrent une amélioration significative des résultats sur deux corpus de langue de spécialité.

ABSTRACT

**Bilingual Lexicon Extraction from Comparable Corpora by Combining Contextual Representations**

Word's context characterisation constitute the heart of most methods of bilingual lexicon extraction from comparable corpora. In this article, we first revisit the two main strategies of context representation, that is : the window-based and the syntactic based context representation. Secondly, we propose two new methods that exploit jointly these different representations . Our experiments show a significant improvement of the results obtained on two different domain specific comparable corpora.

MOTS-CLÉS : Multilingualisme, corpus comparables, lexique bilingue, vecteurs de contexte, dépendances syntaxiques.

KEYWORDS: Multilingualism, comparable corpora, bilingual lexicon, context vectors, syntactic dependencies.

## 1 Introduction

Les lexiques bilingues sont une ressource importante pour différentes applications relevant du traitement automatique des langues comme en traduction assistée par ordinateur ou en recherche d'information inter-langue. Bien que les travaux s'appuyant sur des corpus parallèles[1] aient montré de très bons résultats, ce type de corpus reste difficile à collecter (Fung et Yee, 1998) et

1. Un corpus parallèle est un ensemble de textes accompagnés de leurs traductions dans une ou plusieurs langues (Bowker et Pearson, 2002).

plus particulièrement quand il s'agit de traiter des corpus spécialisés ou des couples de langues rares ou moins usitées (Morin *et al.*, 2004). L'exploitation des corpus comparables [2] a marqué un tournant dans la tâche d'extraction de lexiques bilingues, et suscite un intérêt constant depuis le milieu des années 1990 grâce à l'abondance et la disponibilité de tels corpus (Rapp, 1995; Fung, 1995; Rapp, 1999; Déjean *et al.*, 2002; Gaussier *et al.*, 2004; Morin *et al.*, 2004; Laroche et Langlais, 2010). L'essor du Web ayant sensiblement facilité la collecte de grandes quantités de données multilingues, les corpus comparables se sont naturellement imposés comme une alternative aux corpus parallèles. Ils ont donné lieu à plusieurs travaux dont le dénominateur commun est l'hypothèse selon laquelle les mots qui sont en correspondance de traduction, ont de grandes chances d'apparaître dans les mêmes contextes (Rapp, 1999). Cette hypothèse découle directement de la proposition souvent citée de Firth (1957) : *« On reconnaît un mot à ses fréquentations »* [3].

Rapp (1995) et Fung (1995) ont été les premiers à introduire les corpus comparables. Ils se sont appuyés sur l'idée de caractérisation du contexte des mots, contrairement aux travaux s'appuyant sur les corpus parallèles, qui eux se basaient sur des informations positionnelles. En 1998, Fung (1998) a introduit la méthode directe, reprise dans de nombreux travaux, notamment ceux de (Rapp, 1999). Dans cette méthode, la traduction d'un mot comporte plusieurs étapes. Le mot est tout d'abord caractérisé par un vecteur représentatif de son contexte. Puis, ce vecteur est traduit dans la langue cible à l'aide d'un dictionnaire aussi appelé lexique de transfert ou lexique pivot. Enfin, il reste à comparer ce vecteur avec tous les vecteurs de contexte des mots de la langue cible, et en extraire les $n$ plus proches comme traductions candidates. Par la suite, une partie des travaux a porté sur l'adaptation et l'amélioration de cette méthode à différents types de corpus (corpus de langue générale ou de spécialité), et à différentes langues et différents types de termes (termes simples, termes complexes, collocations, etc.) (Déjean et Gaussier, 2002), (Morin et Daille, 2004). De nouvelles méthodes ont également été proposées telles que l'approche par similarité interlangue (Déjean et Gaussier, 2002), l'utilisation de l'Analyse en Composantes Canoniques (CCA) (Haghighi *et al.*, 2008). Récemment, Li et Gaussier (2010) et Li *et al.* (2011) se sont intéressés à l'aspect inverse qui consiste à améliorer la comparabilité des corpus comparables afin d'augmenter l'efficacité des méthodes d'extraction de lexiques bilingues.

La plupart des travaux utilisant les corpus comparables ont comme dénominateur commun le contexte, qui représente le cœur de l'extraction lexicale bilingue. La question principale à se poser est alors la suivante : étant donné un mot quelconque, comment choisir les mots qui caractérisent au mieux son contexte ? Selon l'état de l'art, le contexte d'un mot donné est habituellement représenté par les mots faisant partie de son environnement, c'est-à-dire, les mots qui l'entourent. Ces mots sont extraits, soit à l'aide d'une fenêtre contextuelle (Rapp, 1999; Déjean et Gaussier, 2002), soit à l'aide des relations de dépendances syntaxiques (Gamallo, 2007). L'un des problèmes sous-jacent au contexte extrait à l'aide des fenêtres contextuelles est le choix de la taille des fenêtres. Celle-ci est habituellement fixée empiriquement, et bien que différentes études aient montré une tendance à choisir des fenêtres de petite taille quand il s'agit de caractériser des mots fréquents, et des fenêtres de grande taille quand il s'agit de caractériser des mots peu fréquents (Prochasson et Morin, 2009), cela reste imprécis car il n'y a toujours pas de méthode dite optimale pour le choix de la taille de la fenêtre contextuelle. Quant aux relations de dépendances syntaxiques, leur efficacité est très sensible à la taille des corpus, et bien que cette

2. Un corpus comparable est une collection de documents multilingues produits généralement à la même période et traitant des mêmes sujets.

3. *« You shall know a word by the company it keeps »*

représentation soit plus intéressante d'un point de vue sémantique, elle atteint ses limites lorsqu'il s'agit de traiter des corpus de petite taille. Une proposition, qui vient naturellement à l'esprit consiste à utiliser conjointement ces deux représentations afin de tirer profit de leurs avantages respectifs. Une première approche exploitant les deux représentations proposée par Andrade *et al.* (2011) combine quatre modèles statistiques et compare les dépendances lexicales pour identifier les traductions candidates. Dans cet article, nous proposons une autre manière de combiner les deux précédentes représentations contextuelles, partant de l'intuition que cette combinaison permettrait un lissage du contexte en prenant en compte deux informations complémentaires qui sont : (i) l'information globale véhiculée par la représentation par fenêtre contextuelle et (ii) une information sémantique plus fine apportée par les relations de dépendances syntaxiques. L'objectif étant d'améliorer la représentation contextuelle et les performances de l'extraction de lexiques bilingues à partir de corpus comparables.

Dans la suite de cet article, nous présentons en section 2 les deux principales stratégies de représentations contextuelles. La section 3 décrit ensuite nos deux approches de combinaison de contextes. La section 4 se concentre sur l'évaluation des méthodes mises en œuvre. Nous terminons enfin par une discussion en section 5 et une conclusion en section 6.

# 2 Construction de contextes

## 2.1 Cooccurrences graphiques

Le contexte par sac de mots consiste simplement à collecter des mots entourant un mot donné, sans règles précises hormis le choix du nombre de mots à sa gauche et à sa droite, appelé aussi fenêtre contextuelle. Soit la phrase suivante : *«(...) Pour les cas traités pour danger ostéoporotique les densitométries osseuses comparatives ont montré une amélioration sous THS (...)»*.

Pour le terme *ostéoporotique*, si nous choisissons une fenêtre contextuelle de taille 5, c'est-à-dire deux mots à gauche et deux mots à droite de celui-ci. Le contexte de *ostéoporotique* sera : *traités*, *danger*, *densitométries* et *osseuses*. Ce processus est répété autant de fois que le terme *ostéoporotique* apparaît dans un corpus donné. Cette technique de représentation du contexte a montré son efficacité surtout lorsqu'il s'agit de mots très fréquents. Intuitivement, nous pouvons nous dire que tous les mots entourant un mot donné n'ont pas la même importance et qu'il serait parfois utile de ne pas tous les considérer de la même manière. Cependant, toute la difficulté réside dans la prise de décision concernant tel ou tel mot. Brosseau-Villeneuve *et al.* (2010) proposent une méthode de pondération des mots du contexte selon leur position pour la tâche de désambiguïsation du sens des mots. Une autre méthode pour pallier cette difficulté consiste en l'utilisation des relations de dépendances syntaxiques entre les mots que nous présentons dans la section suivante.

## 2.2 Cooccurrences syntaxiques

Afin de mieux représenter le contexte d'un mot, plusieurs travaux se sont intéressés aux relations de dépendances syntaxiques (Gamallo, 2008a; Garera *et al.*, 2009). L'idée n'est plus de représenter le contexte seulement par les mots avoisinants mais de rajouter une information supplémentaire

qui spécifie le type de relation syntaxique entre les mots. Une relation de dépendance est une relation binaire asymétrique entre un mot appelé tête ou parent (Head or parent) et un modificateur ou dépendant (modifier or dependant). Les relations de dépendances forment un arbre qui inter-connecte tous les mots d'une phrase. Un mot dans une phrase peut avoir plusieurs modificateurs mais chaque mot ne peut modifier qu'au plus un seul mot (Lin, 1998). La racine de l'arbre de dépendance aussi appelée Head, ne modifie aucun mot de la phrase. Une liste de tuples est utilisée pour représenter un arbre de dépendances : ([word], [category], [head], [relationship]) avec :
- word : est le mot représenté dans le nœud de l'arbre ;
- category : constitue la catégorie lexicale du mot (word) ;
- head : spécifie quel mot est modifié par word ;
- relationship : est une étiquette attribuée à la relation de dépendance (subj pour subject, spec pour specifier, etc.).

En outre, le signe « < » signifie précédent et « > » signifie successeur.
Pour la phrase suivante : « *I have a brown dog* », l'arbre de dépendance serait celui donné en table 1 :

| **Modificateur** | **Catégorie** | **Head** | **Type** |
|---|---|---|---|
| I | Noun | < have | subj |
| have | Verb | - | - |
| a | Det | < dog | spec |
| brown | Adj | < dog | adjn |
| dog | Noun | > have | comp |

TABLE 1 – Exemple de relations de dépendances syntaxiques

Pour plus de détails concernant les dépendances syntaxiques et plus particulièrement pour les tâches de désambiguisation de mots et de résolution des dépendances, se rapporter à Gamallo (2008b). Dans Gamallo (2007), trois notions élémentaires de dénotation sont abordées :
- Les mots lexicaux ;
- Les dépendances syntaxiques (sujet, relation d'objet direct, relation prépositionnelle entre deux noms, relation prépositionnelle entre un verbe et un nom, etc.) ;
- Les modèles lexico-syntaxiques qui consiste à combiner les mots et leurs catégories syntaxiques en terme de dépendance ( Noun+ subj + Verb).

Les mots lexicaux représentent des ensembles de propriétés {Noun, Verb, Adj, Adv ... } alors que les dépendances et les modèles lexico-syntaxiques sont définis comme des opérations sur ces ensembles. Une dépendance est une relation binaire qui prend en entrée deux ensembles de propriétés et donne en sortie un ensemble plus restreint qui est l'intersection des ensembles données en entrée. Nous retrouvons sept types de relations de dépendances (Gamallo, 2007) résumés dans la table 2.

Par exemple, pour le mot *recurrence*, il existe une relation Lmod avec l'adjectif *local*. Ainsi dans le processus de construction du contexte de *recurrence*, nous comptabiliserons le nombre de fois où l'adjectif *local* apparaît à gauche de *recurrence* dans le corpus. Nous ferons de même pour les autres relations de dépendances syntaxiques.

| Relation | type | Exemple |
|---|---|---|
| Lmod | modificateur gauche si relation Adj - Noun | local - recurrence |
| Rmod | modificateur droite si relation Noun - Adj | number - insufficient |
| modN | modificateur de Nom si relation Noun - Noun | breast - cancer |
| Lobj | objet à gauche si relation Noun - Verb | study - demonstrate |
| Robj | objet à droite si relation Verb - Noun | have - effect |
| PRP | si relation prépositionnelle Noun-PRP-Noun | malignancy - in - woman |
| iobj | si relation objet indirecte Verb-PRP-Noun | occur - in - portion |

TABLE 2 – Liste des relations de dépendances syntaxiques

## 2.3 Synthèse

Nous venons de voir deux manières de représenter le contexte, à savoir une représentation graphique (par sac de mots) et une représentation syntaxique (par relations de dépendances syntaxiques). L'intérêt de passer d'une coloration graphique à une coloration syntaxique des mots peut être vu selon deux aspects. Le premier consiste à se dire que l'information véhiculée par une coloration graphique n'est principalement qu'une information quantitative très variable et fortement dépendante des corpus utilisés. D'où l'idée d'abandonner ce type de coloration pour passer à une coloration syntaxique porteuse d'informations qualitatives et idéalement indépendante de la taille des corpus. Le deuxième aspect serait de dire que malgré tout, la coloration graphique a un intérêt et qu'au lieu de s'en écarter il vaudrait peut être mieux la combiner avec la coloration syntaxique afin de tirer le meilleur des deux. C'est notre hypothèse de complémentarité entre les informations qualitatives et quantitatives des mots.

# 3 Combinaison de contextes

Nous nous positionnons ici dans le cadre de l'amélioration de la méthode directe décrite dans plusieurs travaux dont Fung (1998) et Rapp (1999). Notre démarche vise à montrer que l'exploitation des deux principales représentations contextuelles a un intérêt particulier pour la tâche de constitution de lexiques bilingues. Nous proposons donc deux manières de combiner les contextes (graphique et syntaxique) que nous appellerons : la combinaison *a posteriori* des contextes et la combinaison *a priori* des contextes.

Une première manière de combiner les deux représentations contextuelles est une combinaison *a posteriori*, c'est-à-dire la combinaison des scores renvoyés par la méthode directe selon les deux représentations. La seconde manière consiste en une combinaison *a priori* qui utilise les deux informations contextuelles *a priori* dans un même vecteur pour ensuite appliquer la méthode directe une seule fois sur l'ensemble du corpus.

## 3.1 Combinaison *a posteriori* des contextes

Dans le domaine de la recherche d'information, la combinaison de plusieurs listes renvoyées par différents moteurs de recherche est souvent utilisée pour améliorer les performances d'un système de questions/réponses (Aslam et Montague, 2001). Nous partons du principe que chaque représentation du contexte correspond à une méthode bien définie. Nous nous retrouvons donc dans le cas d'une combinaison de deux méthodes bien distinctes. La première est la méthode directe basée sur une représentation graphique et la seconde est la méthode directe basée sur une représentation syntaxique. Une manière classique de fusionner les deux méthodes est de prendre, comme entrée, la sortie de chacune des méthodes citées. Dans notre cas, pour chaque mot à traduire, nous prenons comme entrée une liste de scores retournée par chacune des deux méthodes, puis nous fusionnons les deux listes par une simple combinaison arithmétique des scores. Ceci nous donne une nouvelle liste de mots ordonnés (sachant que les scores fusionnés sont compatibles à partir du moment où nous utilisons la même mesure de similarité pour les deux méthodes). En utilisant les scores comme critère de fusion, nous calculons le score de similarité d'un candidat à la traduction, en sommant les scores qui sont renvoyés par chacune des deux méthodes comme suit :

$$S_{comb}(w) = S_{fen}(w) + S_{rel}(w) \tag{1}$$

où $S_{comb}(w)$ est le score final du mot $w$, $S_{fen}(w)$ est le score retourné par la méthode directe basée sur une représentation graphique et $S_{rel}(w)$ est le score retourné par la méthode directe basée sur une représentation syntaxique.

Cette équation peut aussi s'écrire comme suit :

$$S_{comb}(w) = (\lambda) \times S_{fen}(w) + (1 - \lambda) \times S_{rel}(w) \tag{2}$$

avec $\lambda$ comme indice de confiance donné à chaque méthode ($\lambda \in [0, 1]$). Dans notre cas, $\lambda = 0,5$, notre but n'étant pas de trouver la valeur optimale de $\lambda$ pour obtenir les meilleurs résultats. Différentes expériences ont été menées qui indiquent que les meilleurs résultats sont globalement ceux montrés dans la section 4 avec un $lambda \in [0,5, 0,6]$. Par ailleurs, d'autres méthodes de combinaisons de scores ont été testées comme la combinaison harmonique des rangs et des scores (Morin, 2009), mais la méthode que nous avons choisi (combinaison arithmétique des scores) est celle qui donne les meilleures performances.

## 3.2 Combinaison *a priori* des contextes

Le vecteur de contexte a pour but d'enregistrer un ensemble d'information sur le contexte d'un mot $w$ donné. Dans le cas de la représentation graphique, ces informations sont les mots qui cooccurrent avec le mot $w$. Dans le cas d'une représentation syntaxique, ce sont les mots en relation avec $w$ qui sont sélectionnés pour faire partie de son vecteur de contexte. Dans un cadre plus générique, nous pourrions imaginer plusieurs autres sources d'informations à exploiter. Cependant si chaque nouvelle information engendre un nouveau vecteur de contexte, nous pourrions vite être dépassés par le nombre de sources à fusionner. Pour remédier à cela, une autre manière serait de représenter dans un seul vecteur de contexte toutes les informations concernant le mot $w$. C'est la position adoptée avec la combinaison *a priori* des contextes.

Dans cette technique de combinaison, nous considérons le vecteur de contexte d'un mot comme un descripteur qui contient plusieurs informations pour chaque entrée du vecteur. Dans notre cas, nous avons deux types d'information : (i) une information de cooccurrence globale fournie par la

| Représentation graphique | Représentation syntaxique | Combinaison |
|---|---|---|
| $regional_{13}$ | $regional_{Lmod_2}$ | $regional_{13}$, $regional_{Lmod_2}$ |
| $local_5$ | $local_{Lmod_1}$ | $local_5$, $local_{Lmod_1}$ |
| $oestrogen_1$ | - | $oestrogen_1$ |
| $rate_{32}$ | $rate_{modN_{29}}$,$rate_{PRPV_3}$ | $rate_{32}$, $rate_{modN_{29}}$,$rate_{PRPV_3}$ |

TABLE 3 – Exemple de la représentation du contexte du mot *recurrence* et du nombre de ses cooccurrences, en fonction des représentations graphique et syntaxique ainsi que de leur combinaison

représentation graphique et (ii) une information plus spécifique fournie par la représentation syntaxique. Si nous prenons par exemple le mot *regional* (représenté dans la table 3), nous pouvons voir qu'il apparaît 13 fois avec le mot *recurrence* selon la représentation graphique et 2 fois comme modificateur gauche (Lmod) selon la représentation syntaxique. La combinaison prend en compte les deux informations, en considérant que le mot *regional* apparaît 13 fois avec *recurrence*, dont 2 fois en tant que modificateur gauche. Une information importante à souligner est que la méthode directe se basant sur les relations de dépendances syntaxiques considère $rate_{modN_{29}}$ et $rate_{PRPV_3}$ par exemple, comme étant deux mots distincts. L'un des avantages de la combinaison *a priori* est que si l'une des méthodes manque une information (un mot), comme nous pouvons le constater avec le mot *oestrogen* par exemple, la fusion permet de pallier ce manque (grâce ici à la représentation graphique). Nous considérons les deux représentations contextuelles comme étant complémentaires. Le but de la combinaison *a priori* est de préserver le classement et renforcer les scores des entrées des vecteurs de contexte afin de lisser les contextes et corriger certaines erreurs qui peuvent apparaître.

Nous illustrons dans les tables 4, 5 et 6 les 10 premières entrées du vecteur de contexte du mot *recurrence* extrait du corpus du cancer du sein, en fonction de trois mesures d'association, à savoir : le taux de vraisemblance (Log), le Odds-Ratio (Odds) et l'information mutuelle (Im). La notation (+/-) indique l'apport positif ou négatif de la combinaison *a priori*. L'indice '+' indique qu'un mot classé dans les 10 premières entrées du vecteur de contexte de la méthode par fenêtre ou par relation de dépendance, conserve son classement dans les 10 premières entrées après combinaison. Le signe '-' en revanche, indique l'apparition d'un mot non classé dans les 10 premières entrées du vecteur de contexte.

| w=5 | | RelDep | | Combinaison | | +/- |
|---|---|---|---|---|---|---|
| local | 818,98 | $local_{Lmod}$ | 618,17 | $local_{Lmod}$ | 936,05 | + |
| rate | 119,71 | $risk_{PRPN}$ | 96,02 | local | 791,15 | + |
| distant | 72,62 | $rate_{modN}$ | 68,34 | $risk_{PRPN}$ | 153,14 | + |
| risk | 61,00 | $tumor_{modN}$ | 62,82 | rate | 113,96 | + |
| salvage | 39,15 | $rate_{PRPN}$ | 40,18 | $rate_{modN}$ | 110,28 | + |
| year | 39,08 | $time_{PRPN}$ | 32,85 | $tumor_{modN}$ | 104,71 | + |
| time | 31,84 | $disease_{modN}$ | 28,76 | distant | 70,23 | + |
| tumor | 31,04 | $isolated_{Lmod}$ | 24,29 | $rate_{PRPN}$ | 64,69 | + |
| isolate | 30,15 | $distant_{Lmod}$ | 24,28 | risk | 54,89 | + |
| inoperable | 28,16 | $patient_{PRPN}$ | 23,64 | $time_{PRPN}$ | 53,13 | + |

TABLE 4 – Illustration des 10 premières entrées du vecteur de contexte du mot *recurrence* en fonction du taux de vraisemblance (Log) pour les représentations graphique ($w = 5$) et syntaxique ($RelDep$) ainsi que par la combinaison *a priori*

La table 4 montre que la combinaison *a priori* a un apport positif car, elle engendre un vecteur de contexte qui respecte le classement des méthodes $w = 5$ et $RelDep$ et ceci, grâce à la mesure d'association du taux de vraisemblance.

| w=5 | | RelDep | | Combinaison | | +/- |
|---|---|---|---|---|---|---|
| isolated | 5,10 | $freedom_{PRPN}$ | 7,83 | $freedom_{PRPN}$ | 8,12 | + |
| geographic | 4,62 | $heat_{Robj}$ | 6,72 | $fat_{PRPN}$ | 7,02 | + |
| adjudication | 4,44 | $operable_{Rmod}$ | 6,72 | $disappointing_{Rmod}$ | 7,02 | + |
| conspicuous | 4,44 | $fat_{PRPN}$ | 6,72 | $operable_{Rmod}$ | 7,02 | + |
| reconcile | 4,44 | $disappointing_{Rmod}$ | 6,72 | $threat_{PRPN}$ | 7,02 | + |
| liberate | 4,44 | $threat_{PRPN}$ | 6,72 | $heat_{Robj}$ | 7,02 | + |
| evade | 4,44 | $local_{Lmod}$ | 5,89 | $local_{Lmod}$ | 6,02 | + |
| inoperable | 4,38 | $fear_{PRPN}$ | 5,63 | $fear_{PRPN}$ | 5,93 | + |
| quarter | 4,29 | $suspicion_{PRPN}$ | 5,63 | $suspicion_{PRPN}$ | 5,93 | + |
| local | 4,28 | $inoperable_{Lmod}$ | 5,63 | $inoperable_{Lmod}$ | 5,93 | + |

TABLE 5 – Illustration des 10 premières entrées du vecteur de contexte du mot *recurrence* en fonction du Odds-Ratio (Odds) pour les représentations graphique ($w = 5$) et syntaxique ($RelDep$) ainsi que par la combinaison *a priori*

La table 5 montre aussi que la combinaison *a priori* a un apport positif en utilisant la mesure d'association du Odds-Ratio. Nous remarquons néanmoins que la combinaison a avantagé la méthode $relDep$, car il n'y a que ses entrées qui sont présentes dans les 10 premières entrées du vecteur de contexte de la méthode de combinaison *a priori*.

| w=5 | | RelDep | | Combinaison | | +/- |
|---|---|---|---|---|---|---|
| $isolated$ | 8,73 | $local_{Lmod}$ | 14,77 | $local$ | 16,17 | + |
| $geographic$ | 8,15 | $tumor_{modN}$ | 13,84 | $local_{Lmod}$ | 15,83 | + |
| $inoperable$ | 8,00 | $risk_{PRPN}$ | 12,84 | $breast$ | 14,64 | - |
| $local$ | 7,82 | $time_{PRPN}$ | 12,44 | $rate$ | 14,39 | - |
| $adjudication$ | 7,73 | $distant_{Lmod}$ | 12,09 | $tumor$ | 14,15 | - |
| $conspicuous$ | 7,73 | $rate_{modN}$ | 11,91 | $cancer$ | 14,04 | - |
| $reconcile$ | 7,73 | $year_{modN}$ | 11,80 | $risk_{PRPN}$ | 13,90 | + |
| $liberate$ | 7,73 | $rate_{PRPN}$ | 11,63 | $patient$ | 13,75 | - |
| $quarter$ | 7,73 | $tumour_{modN}$ | 11,63 | $cancer_{modN}$ | 13,15 | +- |
| | ⋮ | | ⋮ | | ⋮ | ⋮ |
| $rate$ | 5,59 | $cancer_{modN}$ | 10,51 | | | |
| $survival$ | 4,12 | | ⋮ | | | |
| $tumor$ | 3,69 | | | | | |
| $patient$ | 3,21 | | | | | |
| $breast$ | 2,92 | | | | | |
| $cancer$ | 2,28 | | | | | |

TABLE 6 – Illustration des 10 premières entrées du vecteur de contexte du mot *recurrence* en fonction de l'information mutuelle (IM) pour les représentations graphique ($w = 5$) et syntaxique ($RelDep$) ainsi que par la combinaison *a priori*

La table 6 montre que la combinaison *a priori* a un apport négatif pour au moins 5 mots. Ces mots n'étaient pas classés dans les 10 premières entrées des méthodes $w = 5$ et $RelDep$, et le sont devenus grâce à la combinaison *a priori*. Ce constat indique que la mesure d'association de l'information mutuelle n'est pas appropriée car elle ne préserve pas le classement des entrées de $w = 5$ et $RelDep$. Elle affecte des scores élevés à des mots qui avaient des scores faibles comme pour $rate$ ou $cancer$ par exemple, qui passent respectivement de $5,59$ à $14,39$ et de $2,28$ à $14,04$.

Les tables 4, 5 et 6 ont montré que l'utilisation du taux de vraisemblance et du Odds-Ratio dans la méthode de combinaison *a priori* avait un apport positif contrairement à l'utilisation de l'information mutuelle. Ce constat se confirme par les résultats des expériences que nous présentons dans la section suivante.

# 4 Évaluation

## 4.1 Ressources linguistiques

Nous avons utilisé deux corpus spécialisés français-anglais, à savoir un corpus du « cancer du sein » d'un million de mots et un corpus « énergies renouvelables » de 600 000 mots. Le corpus du cancer du sein a été extrait à partir du portail Elsevier[4] tel que décrit dans l'article Morin (2009). Concernant le corpus des énergies renouvelables, il a été construit avec le crawler nommé Babook (Groc, 2011). Les deux corpus ont été pré-traités (tokenisés, étiquetés, et lemmatisés). Pour évaluer les différentes approches utilisées dans cet article, nous avons sélectionné 122 couples de mots simples pour le corpus du cancer du sein (à partir du meta-thesaurus UMLS[5] et du *Grand dictionnaire terminologique*[6]) et 100 couples de mots simples pour le corpus des énergies renouvelables (à partir du dictionnaire en ligne *WordReference*[7]). Comme dictionnaire bilingue nous avons utilisé le dictionnaire ELRA-M0033. Concernant l'extraction des relations de dépendances syntaxiques, nous avons utilisé l'outil fournit par Gamallo (2008a)[8].

## 4.2 Résultats

Nous présentons les résultats des expériences menées sur les deux corpus de langue de spécialité. Nous évaluons la méthode directe basée sur une représentation graphique notée $w = k$, où $k$ correspond à la taille de la fenêtre ($k$ prend les valeurs : 5, 9 et 15). La méthode directe basée sur une représentation syntaxique notée $RelDep$, et nos deux nouvelles approches, c'est-à-dire la combinaison *a posteriori* des contextes notée $Comb_{post}$ (qui combine les scores de $w = k$ et de $RelDep$) et la combinaison *a priori* des contextes notée $Comb_{apri}$ (qui exploite les contextes fournis par une fenêtre contextuelle $w = k$ et les relations de dépendances $RelDep$ conjointement dans un même vecteur, pour ensuite appliquer la méthode directe). La comparaison des quatre méthodes se fait en fonction de la précision pour les tops 1 et 10. Ainsi une précision au top 10 notée $P10$, veut dire que la bonne traduction est présente parmi les 10 candidats renvoyés par la méthode. Nous utilisons aussi la mesure MAP qui renvoie une vision plus globale sur le comportement de chaque méthode (Laroche et Langlais, 2010). Comme la méthode directe est très sensible aux mesures d'association et de similarité utilisées, nous avons choisi les 3 couples de mesures les plus connus dans l'état de l'art, à savoir : le taux de vraisemblance et le Jaccard noté (Log-Jac) (Morin, 2009), le Odds-Ratio et le cosinus noté (Odds-Cos) (Laroche et Langlais, 2010) ainsi que l'information mutuelle et le cosinus noté (Im-Cos) (Gamallo, 2008a). Ainsi, chaque case de la table 7 correspond à une mesure d'association et à une mesure de similarité pour les 4 méthodes testées sur le corpus du cancer du sein. La table 8 concerne le corpus des énergies renouvelables et respecte la même configuration que la première table.

Dans la table 7, nous constatons que pour la configuration Log-Jac et $w = 5$, les deux méthodes de combinaisons proposées obtiennent de meilleurs résultats que $w = 5$ et $RelDep$, avec une MAP de 0,485 pour $Comb_{post}$ et de 0,488 pour $Comb_{apri}$ alors que $RelDep$ et $w = 5$ n'obtiennent

4. www.elsevier.com
5. www.nlm.nih.gov/research/umls
6. www.granddictionnaire.com
7. www.wordreference.com
8. http://gramatica.usc.es/pln/tools/deppattern.html

| | **Log-Jac** | | | **Odds-Cos** | | | **Im-Cos** | | |
|---|---|---|---|---|---|---|---|---|---|
| | P1 | P10 | MAP | P1 | P10 | MAP | P1 | P10 | MAP |
| $RelDep$ | 19,67 | 49,18 | 0,297 | 12,29 | 46,72 | 0,237 | 27,05 | 48,36 | 0,332 |
| $w = 5$ | 31,15 | 63,93 | 0,416 | 26,23 | 59,84 | 0,380 | 34,43 | 57,38 | 0,431 |
| $Comb_{post}$ | 36,88 | **68,85** | 0,485 | 38,52 | 63,93 | 0,473 | **41,80** | **61,48** | **0,482** |
| $Comb_{apri}$ | **38,52** | **68,85** | **0,488** | **40,16** | **71,31** | **0,497** | 28,69 | 52,46 | 0,373 |
| $RelDep$ | 19,67 | 49,18 | 0,297 | 12,29 | 46,72 | 0,237 | 27,05 | 48,36 | 0,332 |
| $w = 9$ | 31,97 | 66,39 | 0,435 | 21,31 | 60,66 | 0,343 | 20,49 | 51,64 | 0,305 |
| $Comb_{post}$ | 36,07 | 75,41 | 0,494 | 35,25 | 68,03 | 0,460 | **40,98** | **59,84** | **0,464** |
| $Comb_{apri}$ | **41,80** | **77,05** | **0,536** | **38,52** | **75,41** | **0,492** | 16,39 | 40,16 | 0,252 |
| $RelDep$ | 19,67 | 49,18 | 0,297 | 12,29 | 46,72 | 0,237 | 27,05 | 48,36 | 0,332 |
| $w = 15$ | 27,87 | 62,30 | 0,387 | 17,21 | 53,28 | 0,302 | 13,12 | 40,16 | 0,226 |
| $Comb_{post}$ | **34,43** | 70,49 | **0,475** | **37,70** | 64,75 | 0,472 | **31,97** | **59,02** | **0,412** |
| $Comb_{apri}$ | **34,43** | **72,95** | 0,473 | **37,70** | **70,49** | **0,482** | 13,12 | 33,61 | 0,202 |

TABLE 7 – Précision (%) pour les tops 1 et 10 ainsi que la MAP pour le corpus « Cancer du sein ». Comparaison de l'approche directe par représentation graphique et de celle par représentation syntaxique ainsi que des deux méthodes de combinaisons (les améliorations indiquent une significativité avec un indice de confiance de 0,05 utilisant le test de Student).

que 0,297 et 0,416. Ce même constat peut être fait pour les autres valeurs de $w$ (9 et 15). Ainsi concernant la configuration Log-Jac, les deux méthodes de combinaison proposées obtiennent de meilleurs résultats que les deux représentations contextuelles prises séparément, avec un avantage pour la méthode $Comb_{apri}$ qui obtient une MAP de 0,536 en combinant $RelDep$ avec $w = 9$. Nous pouvons constater que, pour la configuration Odds-Cos, c'est la méthode $Comb_{apri}$ qui obtient les meilleurs résultats avec une MAP de 0,497 pour un $w = 5$. Concernant la configuration Im-Cos, c'est $Comb_{post}$ qui obtient les meilleurs résultats, et $Comb_{apri}$ n'apporte aucune amélioration et dégrade même les résultats dans certains cas. Pour résumer, nous pouvons dire que les deux méthodes proposées améliorent les performances de la méthode directe, avec une efficacité variable étroitement liée aux mesures d'association et de similarité utilisées.

Pour la table 8 concernant le corpus des énergies renouvelables, nous pouvons aussi constater que pour la configuration Log-Jac et $w = 5$, les deux méthodes de combinaisons proposées obtiennent de meilleurs résultats que $w = 5$ et $RelDep$, avec une MAP de 0,365 pour $Comb_{post}$ et de 0,354 pour $Comb_{apri}$ alors que $RelDep$ et $w = 5$ n'obtiennent que 0,257 et 0,272. Globalement, c'est la méthode $Comb_{post}$ qui obtient les meilleurs résultats. Ce que l'on peut retenir des deux tables c'est que $Comb_{post}$ et $Comb_{apri}$ améliorent les résultats pour toutes les combinaisons de mesures sauf pour $Comb_{apri}$ qui ne fonctionne pas avec le couple (Im-Cos).

# 5 Discussion

Le but de ce travail était dans un premier temps, de comparer les deux principales représentations contextuelles utilisées dans la méthode directe, et dans un second temps de proposer deux

| | Log-Jac | | | Odds-Cos | | | Im-Cos | | |
|---|---|---|---|---|---|---|---|---|---|
| | P1 | P10 | MAP | P1 | P10 | MAP | P1 | P10 | MAP |
| $RelDep$ | 18,00 | 40,00 | 0,257 | 09,00 | 32,00 | 0,163 | 11,00 | 41,00 | 0,191 |
| $w = 5$ | 18,00 | 47,00 | 0,272 | 13,00 | 41,00 | 0,217 | 14,00 | 44,00 | 0,221 |
| $Comb_{post}$ | **28,00** | 55,00 | **0,365** | **22,00** | **59,00** | **0,335** | **21,00** | **55,00** | **0,321** |
| $Comb_{apri}$ | **28,00** | **56,00** | 0,354 | 20,00 | 55,00 | 0,317 | 09,00 | 38,00 | 0,177 |
| $RelDep$ | 18,00 | 40,00 | 0,257 | 09,00 | 32,00 | 0,163 | 11,00 | 41,00 | 0,191 |
| $w = 9$ | 21,00 | 42,00 | 0,270 | 11,00 | 36,00 | 0,194 | 08,00 | 31,00 | 0,152 |
| $Comb_{post}$ | **28,00** | **54,00** | **0,358** | **23,00** | **55,00** | **0,334** | **20,00** | **49,00** | **0,289** |
| $Comb_{apri}$ | 26,00 | 52,00 | 0,350 | 19,00 | **55,00** | 0,318 | 07,00 | 29,00 | 0,137 |
| $RelDep$ | 18,00 | 40,00 | 0,257 | 09,00 | 32,00 | 0,163 | 11,00 | 41,00 | 0,191 |
| $w = 15$ | 12,00 | 34,00 | 0,207 | 06,00 | 35,00 | 0,143 | 03,00 | 22,00 | 0,093 |
| $Comb_{post}$ | **22,00** | 50,00 | **0,316** | **20,00** | **52,00** | **0,316** | **13,00** | **42,00** | **0,234** |
| $Comb_{apri}$ | **22,00** | **52,00** | 0,311 | **20,00** | 49,00 | 0,314 | 06,00 | 24,00 | 0,118 |

TABLE 8 – Précision (%) pour les tops 1 et 10 ainsi que la MAP pour le corpus « énergies renouvelables ». Comparaison de l'approche directe par représentation graphique et de celle par représentation syntaxique ainsi que des deux méthodes de combinaisons (les améliorations indiquent une significativité avec un indice de confiance de 0,05 utilisant le test de Student).

nouvelles manières de les combiner pour augmenter les performances. La première remarque concerne l'utilisation de la représentation graphique $w = k$. Il est évident que le choix de la taille de la fenêtre joue un rôle important, comme nous avons pu le constater dans les différentes expériences montrées dans les tables 7 et 8. Dans la plupart des cas, ce sont des fenêtres de taille 5 et 9 qui donnent les meilleurs résultats. Ceci montre que la caractérisation du contexte des mots par ceux qui leurs sont très proches semble être la manière la plus adéquate, si l'on se base sur une caractérisation par fenêtre contextuelle. Le fait de choisir des fenêtres de taille plus grande n'améliore pas significativement les résultats dans nos expériences.

La deuxième remarque concerne la méthode par représentation syntaxique $RelDep$. Cette méthode utilisée par Gamallo (2008a) donne dans ses expériences de meilleurs résultats que la méthode par représentation graphique. Cependant dans nos expériences, la méthode $RelDep$ reste globalement en deçà de $w = k$. Ceci s'explique par deux facteurs. Le premier concerne la taille des corpus. Gamallo (2008a) avait utilisé des corpus de très grande taille (10 millions de mots environs) contrairement à nos corpus spécialisés qui sont de petite taille (600 000 et 1 million de mots). Le deuxième facteur, qui est directement lié au premier, concerne la manière de considérer les entrées des vecteurs de contexte de la méthode $RelDep$. Si dans le vecteur de contexte d'un mot $X$, il existe un mot $Y$ avec une relation $Lmod$ de $X$ avec un score $S_{Y_{Lmod}}$ et une autre relation $Robj$ avec un score $S_{Y_{Robj}}$, alors dans ce vecteur de contexte $Y_{Lmod}$ et $Y_{Robj}$ sont considérés comme étant deux mots différents, bien que ce soit le même mot avec deux relations de dépendances distinctes, ce qui rend la méthode $RelDep$ plus sensible aux petits corpus que $w = k$. Ceci explique les performances de la méthode de combinaison *a priori* des contextes. En effet, la méthode $Comb_{apri}$ comble le manque de la méthode $RelDep$, car elle considère les deux informations véhiculées par les deux représentations contextuelles. Ainsi, le fait d'exploiter une fenêtre de taille $k$ va permettre d'avoir une information sur le nombre de fois qu'un mot apparaît dans le contexte d'un autre et, comme deuxième information plus fine la nature des relations qui existent entre deux mots.

Par ailleurs, nous avons pu constater que la méthode $Comb_{apri}$ était plus sensible aux modifications des mesures d'association et de similarité par rapport à la méthode $Comb_{post}$. Ceci s'explique par le fait que $Comb_{post}$ agit sur les scores *a posteriori* alors que $Comb_{apri}$ agit directement sur le contenu des vecteurs de contexte. Les moins bons résultats sur le corpus des énergies renouvelables s'expliquent par la moins bonne qualité de ce corpus en comparaison avec celui du cancer du sein, ainsi que sa plus petite taille. Son utilisation a néanmoins permis de montrer que, même avec un corpus de très petite taille, les deux méthodes proposées restent plus performantes que les deux représentations contextuelles prises séparément.

# 6 Conclusion

Nous nous sommes intéressés dans cet article aux deux principales manières de représenter le contexte des mots, à savoir : une représentation graphique ainsi qu'une représentation syntaxique. Nous avons ensuite introduit deux nouvelles techniques de combinaison de ces représentations. Les deux approches de combinaisons contextuelles proposées ont montré des résultats supérieurs à l'utilisation de chaque représentation séparément, pour la plupart des paramètres de configurations. Nous espérons que ce travail ouvrira la voie à une recherche plus approfondie concernant l'enrichissement du contenu des vecteurs de contexte par des informations multiples sur les mots les composant. Si les travaux de cet article se sont limités à deux types d'informations contextuelles, d'autres informations sont envisageables comme l'utilisation de thesaurus ou d'autres informations comme les cognats, les translittérations, les collocations, etc.

# Remerciements

Ce travail qui s'inscrit dans le cadre du projet CRISTAL `www.projet-cristal.org` a bénéficié d'une aide de l'Agence National de la Recherche portant la référence ANR-12-CORD-0020.

# Références

ANDRADE, D., MATSUZAKI, T. et TSUJII, J. (2011). Effective use of dependency structure for bilingual lexicon creation. *In Proceedings of the 12th International Conference on Computational Linguistics and Intelligent Text Processing (CICLing'11)*, pages 80–92, Tokyo, Japan.

ASLAM, J. A. et MONTAGUE, M. (2001). Models for Metasearch. *In Proceedings of the 24th Annual SIGIR Conference (SIGIR'01,)*, pages 275–284, New Orleans, Louisiana.

BOWKER, L. et PEARSON, J. (2002). *Working with Specialized Language : A Practical Guide to Using Corpora*. Routeledge, New York, USA.

BROSSEAU-VILLENEUVE, B., NIE, J.-Y. et KANDO, N. (2010). Towards an optimal weighting of context words based on distance. *In Proceedings of the 23rd International Conference on Computational Linguistics (COLING'10)*, pages 107–115, Beijing, China.

DÉJEAN, H., GAUSSIER, É. et SADAT, F. (2002). An approach based on multilingual thesauri and model combination for bilingual lexicon extraction. *In Proceedings of the 19th International Conference on Computational Linguistics (COLING'02)*, pages 1–7, Taipei, Taiwan.

DÉJEAN, H. et GAUSSIER, E. (2002). Une nouvelle approche à l'extraction de lexiques bilingues à partir de corpus comparables. *Lexicometrica, Alignement Lexical dans les Corpus Multilingues*, pages 1–22.

FIRTH, J. R. (1957). A synopsis of linguistic theory 1930–1955. *In Studies in Linguistic Analysis (special volume of the Philological Society)*, pages 1–32. Blackwell, Oxford.

FUNG, P. (1995). Compiling Bilingual Lexicon Entries From a non-Parallel English-Chinese Corpus. *In* FARWELL, D., GERBER, L. et HOVY, E., éditeurs : *Proceedings of the 3rd Conference of the Association for Machine Translation in the Americas (AMTA'95)*, pages 1–16, Langhorne, PA, USA.

FUNG, P. (1998). A statistical view on bilingual lexicon extraction : From parallel corpora to non-parallel corpora. *In Proceedings of Machine Translation and the Information Soup, Third Conference of the Association for Machine Translation in the Americas (AMTA'98)*, pages 1–17, Langhorne, PA, USA.

FUNG, P. et YEE, L. Y. (1998). An ir approach for translating new words from non parallel, comparable texts. *In Proceedings of the 17th international conference on Computational linguistics (COLING'98)*, pages 414–420, Quebec, Canada.

GAMALLO, O. (2007). Learning bilingual lexicons from comparable english and spanish corpora. *In Proceedings of Machine Translation Summit XI*, pages 191–198, Copenhagen, Denmark.

GAMALLO, O. (2008a). Evaluating two different methods for the task of extracting bilingual lexicons from comparable corpora. *In Proceedings of LREC 2008 Workshop on Comparable Corpora (LREC'08)*, pages 19–26, Marrakech, Marroco.

GAMALLO, O. (2008b). The meaning of syntactic dependencies. *Linguistik Online*.

GARERA, N., CALLISON-BURCH, C. et YAROWSKY, D. (2009). Improving translation lexicon induction from monolingual corpora via dependency contexts and part-of-speech equivalences. *In Proceedings of Thirteenth Conference on Computational Natural Language Learning (CoNLL'09)*, pages 129–137, Boulder, Colorado, USA.

GAUSSIER, E., RENDERS, J.-M., MATVEEVA, I., GOUTTE, C. et DÉJEAN, H. (2004). A geometric view on bilingual lexicon extraction from comparable corpora. *In Proceedings of the 42nd Annual Meeting of the Association for Computational Linguistics (ACL'04)*, pages 526–533, Barcelona, Spain.

GROC, C. D. (2011). Babouk : Focused Web Crawling for Corpus Compilation and Automatic Terminology Extraction. *In Proceedings of The IEEE WICACM International Conferences on Web Intelligence*, pages 497–498, Lyon, France.

HAGHIGHI, A., LIANG, P., BERG-KIRKPATRICK, T. et KLEIN, D. (2008). Learning bilingual lexicons from monolingual corpora. *In Proceedings of the 46nd Annual Meeting of the Association for Computational Linguistics (ACL'08)*, pages 771–779, Columbus, Ohio.

LAROCHE, A. et LANGLAIS, P. (2010). Revisiting context-based projection methods for term-translation spotting in comparable corpora. *In Proceedings of the 23rd International Conference on Computational Linguistics (COLING'10)*, pages 617–625, Beijing, China.

LI, B. et GAUSSIER, É. (2010). Improving corpus comparability for bilingual lexicon extraction from comparable corpora. *In Proceedings of the 23rd International Conference on Computational Linguistics (COLING'10)*, pages 644–652, Beijing, China.

LI, B., GAUSSIER, E., MORIN, E. et HAZEM, A. (2011). Degré de comparabilité, extraction lexicale bilingue et recherche d'information interlingue. *In Actes de la 18ème Conférence Traitement Automatique des Langues Naturelles (TALN'11)*, pages 283–293, Montpellier, France.

LIN, D. (1998). Dependency-based evaluation of minipar. *In Proceedings of the Workshop on the Evaluation of Parsing Systems, First International Conference on Language Resources and Evaluation (LREC'98)*, Granada, Spain.

MORIN, E. (2009). Apport d'un corpus comparable déséquilibré à l'extraction de lexiques bilingues. *In Actes de la 16ème Conférence Traitement Automatique des Langues Naturelles (TALN'09)*, Senlis, France.

MORIN, E. et DAILLE, B. (2004). Extraction terminologique bilingue à partir de corpus comparables d'un domaine spécialisé. *Traitement Automatique des Langues. TAL*, 45(3):103–122.

MORIN, E., DUFOUR-KOWALSKI, S. et DAILLE, B. (2004). Extraction de terminologies bilingues à partir de corpus comparables. *In Actes de la 11ème Conférence Traitement Automatique des Langues Naturelles (TALN'04)*, pages 309–318, Fès, Maroc.

PROCHASSON, E. et MORIN, E. (2009). Influence des points d'ancrage pour l'extraction lexicale bilingue à partir de corpus comparables spécialisés. *In Actes de la 16ème Conférence Traitement Automatique des Langues Naturelles (TALN'09)*, Senlis, France.

RAPP, R. (1995). Identify Word Translations in Non-Parallel Texts. *In Proceedings of the 35th Annual Meeting of the Association for Computational Linguistics (ACL'95)*, pages 320–322, Boston, MA, USA.

RAPP, R. (1999). Automatic Identification of Word Translations from Unrelated English and German Corpora. *In Proceedings of the 37th Annual Meeting of the Association for Computational Linguistics (ACL'99)*, pages 519–526, College Park, MD, USA.

# Découverte de connaissances dans les séquences par CRF non-supervisés

Vincent Claveau[1] Abir Ncibi[2]
(1) IRISA-CNRS (2) INRIA-IRISA
Campus de Beaulieu, 35042 Rennes, France
vincent.claveau@irisa.fr abir.ncibi@inria.fr

## RÉSUMÉ

Les tâches de découverte de connaissances ont pour but de faire émerger des groupes d'entités cohérents. Ils reposent le plus souvent sur du clustering, tout l'enjeu étant de définir une notion de similarité pertinentes entre ces entités. Dans cet article, nous proposons de détourner les champs aléatoires conditionnels (CRF), qui ont montré leur intérêt pour des tâches d'étiquetage supervisées, pour calculer indirectement ces similarités sur des séquences de textes. Pour cela, nous générons des problèmes d'étiquetage factices sur les données à traiter pour faire apparaître des régularités dans les étiquetages des entités. Nous décrivons comment ce cadre peut être mis en œuvre et l'expérimentons sur deux tâches d'extraction d'informations. Les résultats obtenus démontrent l'intérêt de cette approche non-supervisée, qui ouvre de nombreuses pistes pour le calcul de similarités dans des espaces de représentations complexes de séquences.

## ABSTRACT

**Unsupervised CRF for knowledge discovery**

Knowledge discovery aims at bringing out coherent groups of entities. They are usually based on clustering; the challenge is then to define a notion of similarity between the relevant entities. In this paper, we propose to divert Conditional Random Fields (CRF), which have shown their interest in supervised labeling tasks, in order tocalculate indirectly the similarities among text sequences. Our approach consists in generate artificial labeling problems on the data to be processed to reveal regularities in the labeling of the entities. We describe how this framework can be implemented and experiment it on two information retrieval tasks. The results demonstrate the usefulness of this unsupervised approach, which opens many avenues for defining similarities for complex representations of sequential data.

MOTS-CLÉS : Découverte de connaissances, CRF, clustering, apprentissage non-supervisé, extraction d'informations.

KEYWORDS: Knowledge discovery, CRF, clustering, unsupervised machine learning, information extraction.

# 1 Introduction

Les tâches d'étiquetage de séquences sont depuis longtemps d'un intérêt particulier pour le TAL (étiquetage en parties-du-discours, annotation sémantique, extraction d'information, etc.). Beaucoup d'outils ont été proposés pour ce faire, mais depuis quelques années, les Champs aléatoires conditionnels (*Conditional Random Fields*, CRF (Lafferty *et al.*, 2001)) se sont imposés comme l'un des plus efficaces pour de nombreuses tâches. Ces modèles sont supervisés : des exemples de séquences avec leurs labels sont donc nécessaires.

Le travail présenté dans cet article se place dans un cadre différent dans lequel on souhaite faire émerger des informations à partir de ces séquences. Nous nous inscrivons donc dans une tâche de découverte de connaissances dans laquelle il n'est plus question de supervision, le but étant au contraire de découvrir comment les données peuvent être regroupées dans des catégories qui fassent sens. Ces tâches de découvertes reposent donc le plus souvent sur du clustering (Wang *et al.*, 2011, 2012; Ebadat *et al.*, 2012), la question cruciale étant de savoir comment calculer la similarité entre deux entités jugées intéressantes. Dans cet article, nous proposons de détourner les CRF en produisant des problèmes d'étiquetage factices pour faire apparaître des entités régulièrement étiquetées de la même façon. De ces régularités est alors tirée une notion de similarité entre les entités, qui est donc définie par extension et non par intention.

D'un point de vue applicatif, outre l'usage pour la découverte de connaissances, les similarités obtenues par CRF et le clustering qu'il permet peut servir en amont de tâches supervisées :
- il peut être utilisé pour réduire le coût de l'annotation de données. Il est en effet plus simple d'étiqueter un cluster que d'annoter un texte instance par instance.
- il peut permettre de repérer des classes difficiles à discerner, ou au contraire d'exhiber des classes dont les instances sont très diverses. Cela permet alors d'adapter la tâche de classification supervisée en modifiant le jeu d'étiquettes.

Dans la suite de cet article, nous positionnons notre travail par rapport aux travaux existants et présentons brièvement les CRF en introduisant quelques notions utiles pour la suite de l'article. Notre décrivons ensuite en section 3 le principe de notre approche de découverte utilisant les CRF en mode non-supervisé pour faire de la découverte dans des séquences. Nous proposons deux expérimentations de cette approche dans les sections 4 et 5, puis nous présentons nos conclusions et quelques pistes ouvertes par ce travail.

# 2 Travaux connexes

Comme nous l'avons mentionné en introduction, les tâches d'étiquetage de séquences sont très courantes en traitement automatique des langues. Celles-ci se présentent souvent dans un cadre supervisé, c'est-à-dire que l'on dispose de séquences annotées par des experts, et incidemment du jeu de label à utiliser. C'est dans ce cadre que les CRF se sont imposés comme des techniques d'apprentissage très performantes, obtenant d'excellents résultats pour de nombreuses tâches (Wang *et al.*, 2006; Pranjal *et al.*, 2006; Constant *et al.*, 2011; Raymond et Fayolle, 2010, entre autres).

Plusieurs études ont proposé de passer à un cadre non-supervisé. Certaines ne relèvent pas à proprement parler de non-supervision mais plutôt de semi-supervision, où le but est de limiter le nombre de séquences à annoter. C'est notamment le cas pour la reconnaissance d'entités nommées où beaucoup de travaux s'appuient sur des bases de connaissances extérieures (Wikipedia par exemple), ou sur des règles d'extraction d'amorçage données par un expert (Kozareva, 2006; Kazama et Torisawa, 2007; Wenhui Liao, 2009; Elsner *et al.*, 2009). On peut également citer les travaux sur l'étiquetage en parties du discours sans données annotées (Merialdo, 1994; Ravi et Knight, 2009; Richard et Benoit, 2010). Dans tous les cas, l'angle de vue de ces travaux est la limitation, voire la suppression, des données d'apprentissage. Ils ne se posent pas dans un cadre de découverte de connaissances : ils reposent donc sur un *tagset* déjà établi, même si la correspondance mot-tag peut n'être qu'incomplètement disponible (Smith et Eisner, 2005; Goldwater et Griffiths, 2007).

Le cadre que nous adoptons dans cet article est différent puisque nous proposons de faire émerger les catégories de données non annotées. À l'inverse des travaux précédents, nous ne faisons donc pas d'a priori sur les étiquettes possibles. Notre tâche relève donc d'un clustering dans lequel les éléments similaires des séquences doivent être groupés, comme cela a été fait par exemple par Ebadat *et al.* (2012) pour certaines entités nommées. Le clustering de mots n'est pas une tâche nouvelle en soi, mais elle repose sur la définition d'une représentation pour les mots (typiquement un vecteur de contexte) et une mesure de distance (ou de similarité, typiquement un cosinus). Notre approche a pour but d'utiliser la puissance discriminative des CRF, qui a montré son intérêt dans le cas supervisé, pour offrir une mesure de similarité plus performante. Il s'agit donc de transformer cette technique supervisée en méthode non-supervisée permettant de déterminer la similarité entre deux objets.

Ce détournement de techniques d'apprentissage supervisé pour faire émerger des similarités dans des données complexes non étiquetées a déjà été utilisé. Il a montré son intérêt sur des données de type attributs-valeurs pour lesquelles la définition d'une similarité était difficile (attributs non numériques, biais d'une définition ex nihilo), notamment avec le *random forest clustering* (Liu *et al.*, 2000; Hastie *et al.*, 2001). L'approche consiste à générer un grand nombre de problèmes d'apprentissage factices, avec des données synthétiques mélangées aux données réelles, et de voir quelles données sont classées régulièrement ensemble (Shi et Horvath, 2005). Notre approche s'inscrit dans ce cadre, mais exploite les particularités des CRF pour pouvoir prendre en compte la nature séquentielle de nos données.

## 2.1 Champs aléatoires conditionnels

Les CRF (Lafferty *et al.*, 2001) sont des modèles graphiques non dirigés qui cherchent à représenter la distribution de probabilités d'annotations (ou étiquettes ou labels) $y$ conditionnellement aux observations $x$ à partir d'exemples labellisés (exemples avec les labels attendus). Ce sont donc des modèles obtenus par apprentissage supervisé, très utilisés notamment dans les problèmes d'étiquetage de séquences. Un bonne présentation des CRF peut être trouvée dans ? ? ?. Nous ne présentons ci-dessous que les éléments et notations utiles pour la suite de cet article.

Dans le cas séquentiel, c'est-à-dire l'étiquetage d'observations $x_i$ par des labels $y_i$, la fonction potentielle au cœur des CRF s'écrit :

$$P(y|x) = \frac{1}{Z(x)} exp\left(\sum_{k=1}^{k_1}\sum_{i=1}^{n}\lambda_k f_k(y_i,x) + \sum_{k=1}^{k_2}\sum_{i=1}^{n}\mu_k g_k(y_{i-1},y_i,x)\right) \quad (1)$$

avec :

- $Z(x)$ un facteur de normalisation ;
- les fonctions caractéristiques locales et globales (fonctions *features*) $f$ et $g$ : les fonctions $f$ caractérisent les relations locales entre le label courant en position $i$ et les observations ; les fonctions $g$ caractérisent les transitions entre les nœuds du graphe, c'est-à-dire entre chaque paires de labels $i$ et $i-1$, et la séquence d'observations.
- les valeurs $k_1$, $k_2$ et $n$ sont respectivement le nombre de fonctions *features* $f$, le nombre de fonctions *features* $g$, et la taille de la séquence de labels à prédire.

Les fonctions $f$ et $g$ sont généralement des fonctions binaires vérifiant une certaine combinaison de labels et d'attributs décrivant les observations et appliquées à chaque position de la séquence. Ces fonctions sont définies par l'utilisateur ; elles reflètent sa connaissance de l'application. Elles sont pondérées par les $\lambda_k$ et $\mu_k$ qui estiment l'importance de l'information qu'elles apportent pour déterminer la classe.

L'apprentissage des CRF consiste à estimer le vecteur de paramètres $\theta = \lambda_1, \lambda_2, ...., \lambda_{k_1}, \mu_1, \mu_2, ..., \mu_{k_2}$ (poids des fonctions $f$ et $g$) à partir de données d'entraînement, c'est-à-dire $N$ séquences étiquetées $(x^{(i)}, y^{(i)})_{i=1}^{i=N}$. en pratique, ce problème est ramené à un problème d'optimisation, généralement résolu en utilisant des méthodes de type quasi-Newton, comme l'algorithme L-BFGS (Schraudolph *et al.*, 2007). Après cette étape d'apprentissage, l'application des CRF à de nouvelles données consiste à trouver la séquence de labels la plus probable étant donnée une séquence d'observations non-vue. Comme pour les autres méthodes stochastiques, celle-ci est généralement obtenu avec un algorithme de Viterbi.

# 3 Principes du modèle non supervisé

Nous décrivons dans cette section le principe de notre approche. Une vue générale est tout d'abord donnée au travers d'un algorithme schématisant l'ensemble du processus. Nous en détaillons ensuite quelques points cruciaux, ainsi que des aspects plus pragmatiques de l'utilisation de cette méthode.

## 3.1 Principe général

Comme nous l'avons expliqué précédemment, l'idée principale de notre approche est de déduire une distance (ou une similarité) à partir de classifications répétées de deux objets pour des tâches d'apprentissage aléatoire. Plus les objets sont détectés souvent comme appartenant à la même classe, plus ils sont supposés proches. L'algorithme 1 donne un aperçu global de la démarche. Dans notre cadre séquentiel, la classification est faite grâce aux CRF (les étapes 6 et 7 correspondent simplement à l'apprentissage et l'application d'un modèle CRF). Celle-ci est répétée un grand nombre de fois en faisant varier les données, les labels (les $\omega_i$ sont des classes factices) et les paramètres des apprentissages. Il est tenu à jour un compte des paire de mots $(x_i, x_j)$ recevant les mêmes labels ; ces co-étiquetages sont contenus dans la matrice $\mathcal{M}_{\text{co-et}}$. Ils sont mis à jour à chaque itération en tenant compte éventuellement de différents critères, selon une fonction weight (cf. infra pour une discussion sur ce point). Ces co-étiquetages sont ensuite transformés en mesures de similarité (cela peut être une simple normalisation) collectées dans $\mathcal{M}_{\text{sim}}$.

**Algorithme 1** Clustering par CRF

**input :** $\mathscr{E}_{\text{total}}$ : séquences non étiquetées
**for** grand nombre d'itérations **do**
  $\mathscr{E}_{\text{train}}, \mathscr{E}_{\text{app}} \leftarrow \text{Diviser}(\mathscr{E}_{\text{total}})$
  Tirer aléatoirement les labels $y_i$ parmi $\omega_1 ... \omega_L$ pour les séquences de $\mathscr{E}_{\text{train}}$
  Générer aléatoirement un ensemble de fonctions $f$ et $g$
  Inférence : $\theta \leftarrow \text{L-BFGS}(\mathscr{E}_{\text{train}}, y, f, g)$
  Application : $y^* = \arg\max_y p_{(\theta,f,g)}(y|x)$ pour tous les $x \in \mathscr{E}_{\text{app}}$
  **for all** classe $\omega_l$ parmi $\omega_1 ... \omega_L$ **do**
    **for all** paire $x_i, x_j$ de $\mathscr{E}_{\text{app}}$ telle que $y_i^* = y_j^* = \omega_l$ **do**
      $\mathscr{M}_{\text{co-et}}(x_i, x_j) += \text{weight}(x_i, x_j, \omega_l)$
    **end for**
  **end for**
**end for**
$\mathscr{M}_{\text{sim}} \leftarrow \text{Transformation}(\mathscr{M}_{\text{co-et}})$
$\mathscr{C}_{CRF} \leftarrow \text{Clustering}(\mathscr{M}_{\text{sim}})$
**return** $\mathscr{C}_{CRF}$

## 3.2 Apprentissage aléatoire

L'approche repose sur le fait que les CRF vont permettre d'exhiber une similarité entre des mots en leur attribuant régulièrement les mêmes étiquettes dans des conditions d'apprentissage très variées. Pour cela, à chaque itération, plusieurs choix aléatoires sont mis-en-œuvre ; ils concernent :

- les séquences servant à l'apprentissage et leur nombre ;
- les labels (distribution et nombre) ;
- les fonctions *features* décrivant les mots ;

Ces apprentissages sur des tâches supervisées factices doivent ainsi conférer, par leur variété, des propriétés importantes à la similarité obtenue. Celle-ci mélange ainsi naturellement des descriptions complexes (attributs nominaux divers sur le mot courant, sur les mots voisins), opère par construction une sélection de variables et prend ainsi en compte les redondances des descripteurs ou ignore ceux de mauvaise qualité, et elle est robuste aux données aberrantes.

Bien sûr, comme nous l'avons déjà souligné, ce rôle important de l'aléatoire n'empêche pas l'utilisateur de contrôler la tâche via des biais. Cela se traduit par exemple par la mise à disposition des descriptions riches des mots : étiqueter des séquences en parties-du-discours, apport d'informations sémantiques sur certains mots... Cela se traduit également par la définition de l'ensemble des fonctions *features* parmi lesquelles l'algorithme peut piocher les fonctions $f$ et $g$ à chaque itération. Dans les expériences rapportées ci-dessous, cet ensemble de fonctions est celui classiquement utilisés en reconnaissance d'entités nommées : forme et parties du discours du mot courant, des 3 précédents et 3 suivants, des bigrammes de ces attributs, casse des mots-formes courants et environnants... Concernant les ensembles $\mathscr{E}_{\text{train}}$ et $\mathscr{E}_{\text{app}}$, à chaque itération 5 % des phrases sont tirées aléatoirement pour constituer l'ensemble d'entraînement ; le reste sert d'ensemble d'application.

## 3.3 Labels aléatoires

Le choix du nombre de labels factices et leur distribution est également important (mais il faut noter que le nombre de labels choisi à ce stade n'implique pas directement le nombre de clusters qui seront produits lors de l'étape finale de clustering). Un trop grand nombre de labels lors de l'apprentissage risque d'empêcher de produire ensuite un étiquetage dans lequel peu d'entités partagent le même label. En soit ce problème ne pose pas nécessairement un problème de qualité finale, mais risque d'augmenter le nombre d'itérations suffisant pour l'obtention de ce résultat final. À l'inverse, si l'on choisit un nombre trop restreint de labels, l'application du modèle risque de de ne pas suffisamment différencier les entités, produisant des co-étiquetages fortuits. Ce problème est plus gênant car il va impacter le résultat du *clustering*. Il faut de plus noter que tout cela est à interpréter selon les autres paramètres de l'apprentissage. Ainsi, les fonctions *features* vont permettre ou pas un sur-apprentissage, et donc éventuellement empêcher ou favoriser les co-étiquetages. La taille de $\mathscr{E}_{\text{train}}$, et notamment le nombre d'entités y recevant un même label intervient aussi : si systématiquement dès l'entraînement un grand nombre d'entités, probablement de classes différentes, reçoivent le même label, les modèles ne vont pas être correctement discriminants.

Pour correctement prendre en compte ce phénomène, il serait nécessaire de caractériser la propension du modèle appris, avant l'étiquetage, à trop ou pas assez discriminer les entités. Dans l'état actuel de nos travaux, nous n'avons pas formalisé un tel critère. Nous utilisons simplement un critère a posteriori déterminé sur le texte après étiquetage : un co-étiquetage de deux entités “rapporte plus” si peu d'entités ont été étiquetées avec ce même label. Cela est mis en œuvre dans la fonction *weight* utilisée pour mettre à jour la matrice $\mathscr{M}_{\text{co-et}}$. En pratique, dans les expériences rapportées dans cet article, on a défini cette fonction par : $\text{weight}(x_i, x_j, \omega_l) = \frac{1}{|\{x_k|y_k=\omega_l\}|}$ et le nombre de labels est lui aussi tiré aléatoirement entre 10 et 50 à chaque itération.

Il est aussi possible, selon le problème traité et les connaissances particulières qui s'y appliquent, de biaiser la distribution des étiquettes aléatoires. Ainsi, pour un problème donné, si l'on sait que toutes les occurrences d'un mot-forme ont forcément la même classe, il est important que cette contrainte soit mise en œuvre lors de la production des données d'entraînement. L'expérience rapportée en section 4 se place dans ce cadre.

## 3.4 Clustering

L'étape finale de clustering peut être mise en œuvre de différentes façons grâce aux techniques et outils existants. L'algorithme célèbre du *k-means* qui nécessite des calculs de barycentres durant le processus n'est bien sûr pas adapté à notre espace non métrique. Sa variante *k-medoids*, qui utilise un objet comme représentant d'un cluster et ne nécessite donc pas d'autres mesures que celles fournie par $\mathscr{M}_{\text{sim}}$, peut l'être.

Il faut cependant noter que dans nos tâches de découverte, le nombre de clusters attendus est inconnu. Pour notre part, dans les expérimentations présentées dans les sections 4 et 5, nous utilisons donc une autre technique de clustering, le Markov Clustering (MCL). Cette technique a été développée initialement pour le partitionnement de grands graphes (van Dongen, 2000). Son avantage par rapport au *k-medoids* est de ne pas nécessiter de fixer a priori le nombre de clusters attendus, et aussi d'éviter le problème de l'initialisation de ces clusters. Nous considérons donc simplement nos objets (mots ou autres entités) comme des nœuds d'un graphe dont les arcs sont valués en fonction de la similarité contenue dans $\mathcal{M}_{\text{sim}}$.

## 3.5 Aspects opérationnels

Appliqué tel quel, le processus exposé en section 3 va considérer tous les éléments composant les séquences et tenter de les organiser en clusters. Dans beaucoup d'applications, la tâche de clustering n'est intéressante que pour une sous-partie de ces éléments. C'est par exemple le cas en reconnaissance d'entités nommées ou plus largement en extraction d'information, où seuls certains mots ou groupe de mots doivent être considérés. Dans ce cadre, il est très courant d'utiliser des labels dits BIO (Begin-In-Out) qui permettent de modéliser le fait qu'une entité soit multi-mot (le B pour Begin identifie le début de l'entité, le I pour In la continuité et le O indique le mot ne fait pas partie de l'entité). Voici un exemple de séquences factices tiré des données utilisées en section 5 :

| | | | | | | | | |
|---|---|---|---|---|---|---|---|---|
| $x$ | l' | audience | entre | nicolas | sarkozy | et | maître | wade |
| | DET | NC | PREP | NP | NP | COO | NC | NP |
| $y$ | O | O | O | B-fake140 | I-fake140 | O | B-fake25 | B-fake3 |

Cette connaissance externe fait partie des biais indispensables pour cadrer le processus d'apprentissage non-supervisé et faire en sorte qu'il s'applique aux besoins spécifiques de l'utilisateur. Mais il est important de noter que cette connaissance sur les entités à considérer n'est pas de même ordre que celle l'on se propose de découvrir via le clustering. Dans le premier cas, il s'agit de délimiter les entités intéressantes, dans le second cas, il s'agit d'en faire émerger des classes, sans a priori leur nature.

Il est possible dans ce cas de supposer que l'on sait délimiter les entités intéressantes dans les séquences ; c'est l'hypothèse adoptée dans plusieurs travaux sur la classification d'entités nommées (Collins et Singer, 1999; Elsner *et al.*, 2009; Ebadat *et al.*, 2012). Il est aussi, bien sûr, possible de considérer ce problème comme un problème d'apprentissage pour lequel l'utilisateur doit fournir quelques exemples. Dans les deux cas, cela nécessite de l'expertise, fournie soit en intention (critères objectifs pour délimiter les entités), soit en extension (exemples ; cf. sous-section 5.2). Chacune des expériences rapportées ci-dessous adopte l'un de ces cas de figure.

Le processus itératif proposé dans cet article est évidemment coûteux (mais aisément parallélisable). Dans les expériences rapportées ci-après, le nombre d'itérations a été fixé à 1000. Les principales sources de coût en terme de temps de calcul sont l'apprentissage du modèle CRF et son application. Leur complexité est elle-même dépendante de nombreux paramètres, notamment la taille de l'échantillon d'apprentissage, la variété des observations ($x$), le nombre de classes aléatoires ($\omega$), les attributs considérés (les fonctions *features* $f$ et $g$)... Pour minimiser l'impact de ce coût, nous utilisons l'implémentation de CRF WAPITI qui optimise les algorithmes standard d'inférence (Lavergne *et al.*, 2010).

# 4 Validation expérimentale en classification de noms propres

Pour cette première expérience, nous reprenons la problématique et les données de Ebadat *et al.* (2012). Il s'agit de faire émerger les différentes classes de noms propres au sein de résumés de matchs de football. Plus précisément, dans leurs expériences, les auteurs ont cherché à classer les noms propres à l'échelle du corpus, c'est-à-dire en considérant que toutes les occurrences relevaient de la même entité et donc de la même catégorie. Dans ce jeu de donnée, les entités ne sont donc pas considérées comme possiblement polysémiques ; même si ce point est discutable, il n'est pas remis en cause dans notre expérience pour lequel nous utilisons le jeu de données tel qu'utilisé par Ebadat *et al.* (2012).

## 4.1 Tâche et données

Le corpus est composé de rapports de matchs minute par minute en français, extraits de différents sites Web. Les événements importants de chaque minute ou presque d'un match y sont décrits (cf. tableau 1) : remplacement de joueurs, fautes, buts...

| Minute | Rapport |
|---|---|
| 80 | `Zigic donne quelques frayeurs à Gallas et consorts en contrôlant un ballon chaud à gauche des 16 mètres au devant du Gunner. Le Valencian se trompe dans son contrôle et la France peut souffler.` |
| 82 | `Changement opéré par Raymond Domenech avec l'entrée d'Alou Diarra à la place de Sidney Govou, pour les dernières minutes. Une manière de colmater les brêches actuelles ?` |

TABLE 1: Extrait d'un rapport minute-by-minute d'un match de football

Ces données ont été annotées manuellement par des experts selon des classes définies pour répondre à des besoins applicatifs spécifiques (voir Fort et Claveau, 2012). On possède donc une vérité terrain associant à chaque occurrence de chaque nom propre une classe (voir la figure 1a). On remarque sans surprise que ces classes sont très déséquilibrées, avec notamment une classe *joueur* très peuplée.

## 4.2 Mesures de performance

Notre tâche de découverte se ramenant à une étape finale de clustering, nous l'évaluons comme telle. Une telle évaluation est toujours délicate : l'évaluation sur critères externes nécessite de disposer d'un clustering de référence (vérité terrain) dont la pertinence peut toujours être discutée, mais les critères internes (par exemple, une mesure de cohésion des clusters) sont connus pour n'être pas fiables (Manning *et al.*, 2008). Nous nous plaçons donc dans le premier cadre et comparons le clustering obtenu par notre processus à celui de la vérité terrain.

Pour ce faire, différentes métriques ont été proposées, comme la pureté ou *Rand Index* (Rand, 1971). Ces mesures sont cependant peu discriminantes et ont tendance à être trop optimistes quand la vérité terrain contient des classes de tailles très différentes (Nguyen Xuan Vinh, 2010). Nous préférons donc l'*Adjusted Rand Index* (ARI), qui est une version du Rand Index tenant compte des agréments de hasard, et qui est connue pour être robuste. Son étude et sa définition peuvent être trouvées dans (Hubert et Arabie, 1985).

## 4.3 Implémentation et résultats

Pour tester notre méthode de clustering par CRF, nous avons étiqueté le corpus en partie du discours, utilisé le schéma d'annotation BIO et considéré la phrase comme séquence. Dans cette application particulière, nous reprenons l'hypothèse de (Collins et Singer, 1999; Elsner *et al.*, 2009) : les entités à catégoriser sont connues et délimitées. En pratique, ce sont donc sur elles que les annotations aléatoires vont porter, les autres mots du corpus recevant toujours le même label 'O'. Les fonctions $f$ et $g$ sont celles classiquement utilisées en extraction d'information : les fonctions $f$ lient le label courant $y_i$ aux observations (forme ou parties du discours du mot courant en $x_i$, du mot en $x_{i-1}$, $x_{i-2}$, $x_{i+1}$, ou $x_{i+2}$, ou des combinaisons de ces attributs) ; les fonctions $g$ lient deux labels successifs $(y_{i-1}, y_i)$. La tâche étant de classifier les noms propres au niveau du corpus et non de l'occurrence, nous forçons deux occurrence d'un même nom à avoir le même label lors de la génération des labels aléatoires (étape 4 de l'algorithme). En revanche, l'application du CRF produit une annotation au niveau de l'occurrence, la matrice $\mathcal{M}_{\text{co-et}}$ recense donc les classifications à l'occurrence près. L'étape de transformation (étape 14) permet de transformer cette matrice en une matrice de similarité $\mathcal{M}_{\text{sim}}$ des noms propres au niveau du corpus en sommant les lignes et colonnes des différentes occurrences des mêmes noms.

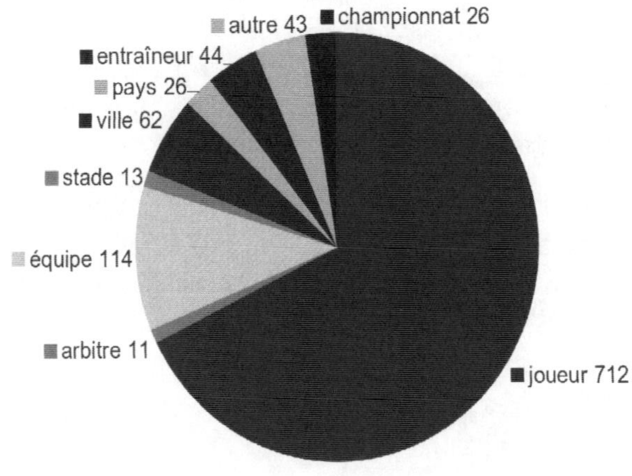


(a)

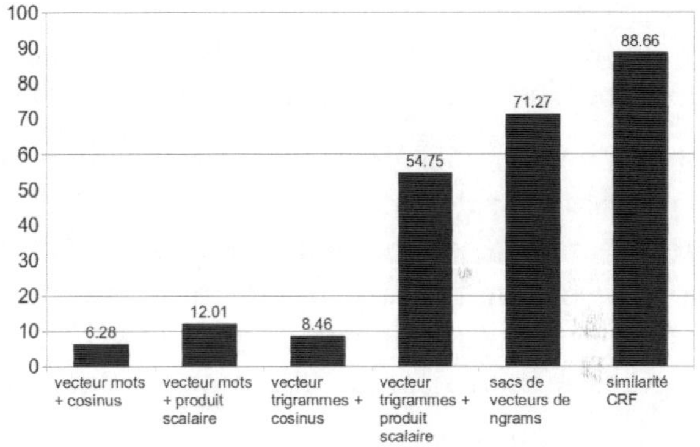


(b)

FIGURE 1: (a) Répartition des données football dans la vérité terrain (nombre de noms propres uniques). (b) Évaluation des clusterings par rapport à la vérité terrain (ARI %).

Les résultats de notre approche sont donnés dans le tableau 1b en terme d'ARI (en pourcentage ; 0 signifie un clustering aléatoire et 100 un clustering identique à la vérité terrain). À des fins de comparaison, nous reportons les résultats de Ebadat *et al.* (2012) ; ceux-ci ont été obtenus en utilisant des descriptions vectorielles des contextes des entités soit sous forme d'un vecteur unique, soit sous forme de sacs de vecteurs, et des fonctions de similarités adaptées à ces représentations. Le contexte donnant le meilleur résultat est de 4 mots à gauche et à droite de l'entité. L'étape de clustering est faite avec le même algorithme MCL que pour notre système. Ce dernier dispose d'un paramètre d'inflation qui influence indirectement le nombre de cluster produit. Pour une comparaison équitable, les résultats rapportés pour chaque méthode sont ceux pour lesquels ce paramètre est optimal pour la mesure d'évaluation ARI. À titre d'information, cela produit 12 clusters pour la similarité CRF, 11 pour la similarité sac-de-vecteurs n-grams.

Ces résultats soulignent l'intérêt de notre approche par rapport aux représentations et similarités plus standard. Les quelques différences constatées entre les clusters formés par notre approche et les classes de la vérité terrain portent principalement sur la classe *autre*. Celle-ci contient des noms de personnalités apparaissant dans des contextes divers (personnalité donnant le coup d'envoi, apparaissant dans les tribunes...), avec trop peu de régularités pour que les CRF, pas plus que les autres méthodes, arrivent à faire émerger une similarité. Il apparaît également que certaines erreurs rapportées par Ebadat *et al.* (2012) comme récurrentes ne sont pas commises par le clustering par CRF. Par exemple, les méthodes vectorielles ont tendance à confondre les noms de villes et les noms de joueurs, ceux-ci apparaissant souvent proches les uns des autres et partageant donc les mêmes contextes. Ces erreurs ne sont pas commises par l'approche par CRF, où la prise en compte de la séquentialité pour l'étiquetage permet de bien distinguer ces deux classes.

# 5 Validation expérimentale sur les entités nommées

## 5.1 Tâche et données

Pour cette tâche, nous utilisons les données de la campagne d'évaluation ESTER2 (Gravier *et al.*, 2005). Elles sont composées de 150h d'émissions de radio datant d'entre 1999 et 2003, provenant de diverses sources (France Inter, Radio Classique, Africa 1...). Ces émissions, transcrites, ont été annotées en entités nommées selon 8 catégories : personnes, fonctions, lieux, organisations, temps, produits humains, quantité, et une catégorie autres.

Contrairement au jeu de données précédent, les entités sont annotées au niveau de l'occurrence et peuvent être des noms propres, communs ou des expressions ; ainsi, l'entité `Paris` peut être annotée comme un lieu ou une organisation selon le contexte. Nous n'utilisons pour nos expériences que la partie *dev* de ce jeu de données ESTER2, transcrite manuellement, mais respectant les particularités d'un système de reconnaissance de la parole : le texte n'a donc ni ponctuation, ni majuscule. Ses caractéristiques sont données dans la figure 2a

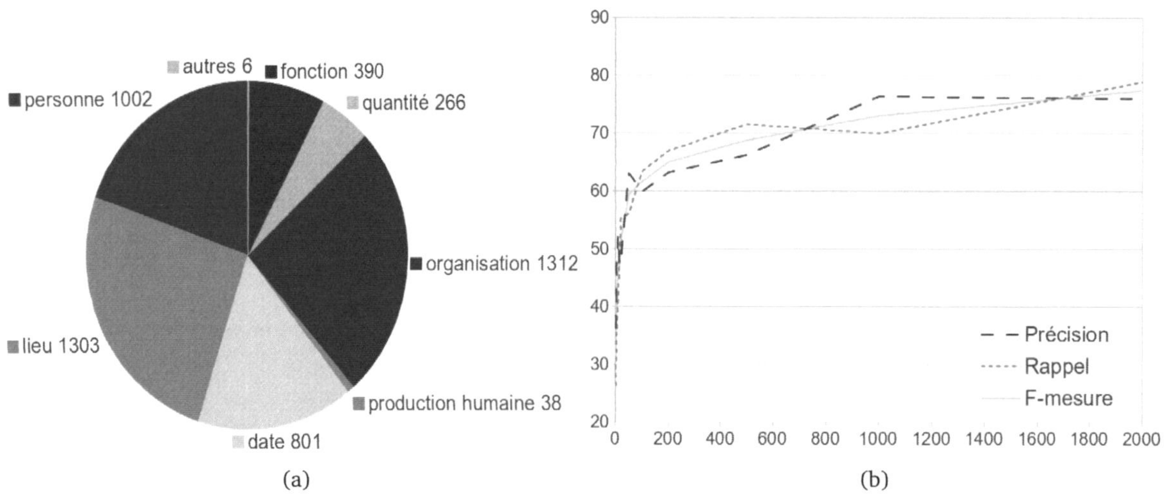


FIGURE 2: (a) Répartition des données ESTER2 dans la vérité terrain (nombre d'occurrences). (b) Performances de la détection des entités selon le nombre de séquences annotées.

## 5.2 Repérage des entités

Bien qu'il soit possible de se placer dans le même cadre que précédemment et supposer que les entités à classifier sont connues et délimitées, nous utilisons un cadre intermédiaire plus réaliste : nous supposons qu'une petite partie des données est annotée par un expert qui délimite les entités intéressantes (mais sans leur assigner de classe). Ces données vont nous servir dans une première étape à apprendre à délimiter les entités avant de les grouper. On se place donc dans un cadre supervisé classique avec deux classes (entité intéressante ou non), pour lequel nous utilisons les CRF de manière traditionnelle.

La figure 2b présente les résultats obtenus, en fonction du nombre de séquences (phrases) utilisées pour l'apprentissage. Les performances sont évaluées en terme de précision, rappel et F-mesure. Il apparaît qu'il est possible d'obtenir des résultats de bonne qualité en analysant (c'est-à-dire en délimitant les entités nommées) relativement peu de phrases.

## 5.3 Évaluation du clustering

Nous reprenons le même cadre expérimental que celui expliqué en section 4.3, à la différence que la classification se fait ici au niveau de l'occurrence. La transformation de $\mathcal{M}_{\text{co-et}}$ en $\mathcal{M}_{\text{sim}}$ consiste donc juste en une normalisation. Les entités considérées sont celles repérées par l'étape précédente (avec 2 000 séquences annotées pour l'apprentissage) sur l'ensemble du corpus. Les résultats, mesurés en terme d'ARI (%), sont présentés dans la figure 3. Comme pour l'expérience précédente, nous présentons les résultats obtenus par des techniques de clustering sur ces mêmes données utilisant des similarités plus classiques sur le contexte et les entités (à l'exception de l'approche par sacs de vecteurs qui ne peut pas s'appliquer à la classification au niveau de l'occurrence).

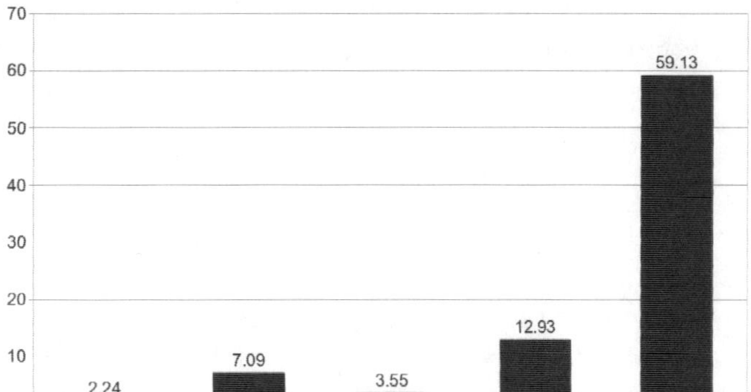


FIGURE 3: Évaluation des clusterings par rapport à la vérité terrain (ARI %)

L'intérêt de notre approche apparaît clairement. La prise en compte de la séquentialité est un élément important ; les résultats avec les n-grammes sont en effet meilleurs que des mots isolés, et ceux des CRF, qui prennent plus naturellement en compte cet aspect séquentiel, sont encore meilleurs. Les clusters obtenus par notre approche ne sont cependant pas exactement identiques à ceux de la vérité terrain.

Une analyse détaillée montre en effet qu'un cluster en particulier fait chuter les résultats en groupant des entités appartenant à deux classes distinctes de la vérité terrain. Ces classes qui semblent difficiles à distinguer sont celles du temps et des quantités. En effet, en l'absence d'informations autres que la forme des mots et les parties-du-discours, il semble impossible de distinguer des entités telles que '`sur les quatre derniers jours`' et '`sur les quinze derniers kilomètres`'.

# 6 Discussion, conclusion et perspectives

La résolution de problèmes d'apprentissage factices par les CRF permet de faire émerger des similarités au sein des séquences. Cette similarité tire ainsi parti de la richesse de description que permet les CRF (typiquement les parties-du-discours), ainsi que de la prise en compte naturelle de la séquentialité. On définit ainsi une similarité dans un espace non-métrique se voulant robuste grâce aux choix aléatoires répétés dans le processus. Bien sûr, ce principe est transposable à d'autres méthodes d'apprentissage, notamment les méthodes séquentielles stochastiques (HMM, MaxEnt...) ; l'utilisation des CRF, plus performants en général, est cependant plus naturelle.

Les évaluations menées sur deux tâches d'extraction d'informations mettent en valeur l'intérêt de l'approche, même si nous sommes bien conscients de la limite de l'évaluation d'une tâche de découverte qui oblige à la constitution d'une vérité terrain que l'on souhaite justement éviter. Enfin, il convient de préciser qu'il n'y a pas d'apprentissage sans biais, même pour l'apprentissage non supervisé (Mitchell, 1990). Ces biais représentent la connaissance de l'utilisateur et permettent de définir son problème. L'apport de connaissances sur les entités intéressantes, la description des séquences et des fonctions *features* sont autant d'informations permettant à l'utilisateur de canaliser la tâche de découverte sur son objet d'étude.

Plusieurs améliorations et perspectives sont envisageables à la suite de ce travail. D'un point de vue technique, l'étape de transformation des co-étiquetages en similarités, qui se contente dans nos expériences d'une simple normalisation, pourrait être approfondie. Il doit ainsi être possible d'utiliser d'autres fonctions (par exemple celles utilisées pour repérer des associations, expressions multi-mots, ou termes complexes complexes : information mutuelle, Jaccard, log-vraisemblance, $\chi^2$...) pour obtenir des similarités encore plus fiables. Cela permettrait de pallier la faible robustesse de notre algorithme de clustering qui peut fusionner deux clusters sur le simple fait de quelques entités fortement connectées avec beaucoup d'autres nœuds. Des variantes sur l'étape de clustering peuvent aussi être envisagées. Il est par exemple possible d'utiliser des algorithmes de clustering hiérarchique. Il est aussi possible d'utiliser directement les similarités pour d'autres tâches, comme la recherche d'informations, le lissage pour des modèles de langues... D'un point de vue pratique, il serait intéressant d'obtenir une définition explicite de la similarité en récupérant les $\lambda_i$ et $\mu_i$ avec les fonctions $f$ et $g$ associées. Cela permettrait d'appliquer la fonction de similarité à de nouveaux textes sans refaire les coûteuses étapes d'apprentissage, mais cela nécessite d'être capable de combiner les différentes fonctions de décodage utilisées pour l'application des différents modèles.

# Références


COLLINS, M. et SINGER, Y. (1999). Unsupervised models for named entity classification. *In Proceedings of Empirical Methods for Natural Language Processing (EMNLP) conference*.

CONSTANT, M., TELLIER, I., DUCHIER, D., DUPONT, Y., SIGOGNE, A. et BILLOT, S. (2011). Intégrer des connaissances liguistiques dans un CRF : Application à l'apprentissage d'un segmenteur-étiqueteur du français. *In Actes de Traitement Automatique du Langage Naturel, TALN'11*, Montpellier, France.

EBADAT, A. R., CLAVEAU, V. et SÉBILLOT, P. (2012). Semantic clustering using bag-of-bag-of-features. *In Actes de le 9e conférence en recherche d'information et applications, CORIA 2012*, Bordeaux, France.

ELSNER, M., CHARNIAK, E. et JOHNSON, M. (2009). Structured generative models for unsupervised named-entity clustering. *In Proceedings of the Conference on Human Language Technology and North American chapter of the Association for Computational Linguistics (HLT-NAACL 2009)*, Boulder, Colorado.

FORT, K. et CLAVEAU, V. (2012). Annotating football matches : influence of the source medium on manual annotation. *In Proceedings of the 8th International Conference on Language Resources and Evaluation (LREC'12)*, Istanbul, Turquie.

GOLDWATER, S. et GRIFFITHS, T. L. (2007). A fully bayesian approach to unsupervised part-of-speech tagging. *In Proceedings of the ACL*.

GRAVIER, G., BONASTRE, J.-F., GEOFFROIS, E., GALLIANO, S., TAIT, K. M. et CHOUKRI, K. (2005). ESTER, une campagne d'évaluation des systèmes d'indexation automatique. *In Actes des Journées d'Étude sur la Parole, JEP, Atelier ESTER2*.

HASTIE, T., TIBSHIRANI, R. et FRIEDMAN, J. H. (2001). *The Elements of Statistical Learning : Data Mining, Inference, and Prediction*. New York : Springer.

HUBERT, L. et ARABIE, P. (1985). Comparing partitions. *Journal of Classification*, 2(1):193–218.

KAZAMA, J. et TORISAWA, K. (2007). Exploiting wikipedia as external knowledge for named entity recognition. *In Proceedings of the 2007 Joint Conference on Empirical Methods in Natural Language Processing and Computational Natural Language Learning*, pages 698–707, Prague. Association for Computational Linguistics.

KOZAREVA, Z. (2006). Bootstrapping named entity recognition with automatically generated gazetteer lists. *In Proceedings of the Eleventh Conference of the European Chapter of the Association for Computational Linguistics : Student Research Workshop*, pages 15–21, Trento, Italy.

LAFFERTY, J., MCCALLUM, A. et PEREIRA, F. (2001). Conditional random fields : Probabilistic models for segmenting and labeling sequence data. *In International Conference on Machine Learning (ICML)*.

LAVERGNE, T., CAPPÉ, O. et YVON, F. (2010). Practical very large scale CRFs. *In Proceedings the 48th Annual Meeting of the Association for Computational Linguistics (ACL)*, pages 504–513. Association for Computational Linguistics.

LIU, B., XIA, Y. et YU, P. S. (2000). Clustering through decision tree construction. *In Proceedings of the ninth international conference on Information and knowledge management*, CIKM '00, pages 20–29, New York, NY, USA. ACM.

MANNING, C., RAGHAVAN, P. et SCHÜTZE, H. (2008). *Introduction to information retrieval*. Cambridge University Press.

MERIALDO, B. (1994). Tagging english text with a probabilistic model. *Computational Linguistics*, 20:155–171.

MITCHELL, T. M. (1990). The need for biases in learning generalizations. *Rutgers Computer Science Department Technical Report CBM-TR-117, May, 1980. Reprinted in Readings in Machine Learning*.

NGUYEN XUAN VINH, Julien Epps, J. B. (2010). Information theoretic measures for clusterings comparison. *Journal of Machine Learning Research*.

PRANJAL, A., DELIP, R. et BALARAMAN, R. (2006). Part of speech tagging and chunking with HMM and CRF. *In Proceedings of NLP Association of India (NLPAI) Machine Learning Contest*.

RAND, W. M. (1971). Objective criteria for the evaluation of clustering methods. *Journal of the American Statistical Association*, 66(336):pp. 846–850.

RAVI, S. et KNIGHT, K. (2009). Minimized models for unsupervised part-of-speech tagging. *In Proceedings of ACL-IJCNLP 2009*, pages 504–512.

RAYMOND, C. et FAYOLLE, J. (2010). Reconnaissance robuste d'entités nommées sur de la parole transcrite automatiquement. *In Actes de Traitement Automatique des Langues Naturelles, TALN'10*, Montréal, Canada.

RICHARD, D. et BENOIT, F. (2010). Semi-supervised part-of-speech tagging in speech applications. *In Interspeech 2010*, Makuhari (Japan).

SCHRAUDOLPH, N. N., YU, J. et GÜNTER, S. (2007). A stochastic quasi-Newton method for online convex optimization. *In Proceedings of 11th International Conference on Artificial Intelligence and Statistics*, volume 2 de *Workshop and Conference Proceedings*, pages 436–443, San Juan, Puerto Rico.

SHI, T. et HORVATH, S. (2005). Unsupervised learning with random forest predictors. *Journal of Computational and Graphical Statistics*, 15(1):118–138.

SMITH, N. et EISNER, J. (2005). Contrastive estimation : Training log-linear models on unlabeled data. *In Proceedings of ACL*.

van DONGEN, S. (2000). *Graph Clustering by Flow Simulation*. Thèse de doctorat, Université d'Utrecht.

WANG, T., LI, J., DIAO, Q., WEI HU, Y. Z. et DULONG, C. (2006). Semantic event detection using conditional random fields. *In IEEE Conference on Computer Vision and Pattern Recognition Workshop (CVPRW '06)*.

WANG, W., BESANÇON, R., FERRET, O. et GRAU, B. (2011). Filtering and clustering relations for unsupervised information extraction in open domain. *In Proceedings of the 20th ACM international Conference on Information and Knowledge Management (CIKM)*, pages 1405–1414, Glasgow, Scotland, UK.

WANG, W., BESANÇON, R., FERRET, O. et GRAU, B. (2012). Evaluation of unsupervised information extraction. *In Proceedings of the 8th International Conference on Language Resources and Evaluation (LREC'12)*, Istanbul, Turquie.

WENHUI LIAO, S. V. (2009). A simple semi-supervised algorithm for named entity recognition. *In Proceedings of the NAACL HLT Workshop on Semi-supervised Learning for Natural Language Processing*, pages 58–65, Boulder, Colorado, USA. Association for Computational Linguistics.

# Annotation automatique d'un corpus d'apprenants d'anglais avec un jeu d'étiquettes modifié du Penn Treebank

Thomas Gaillat[1]
(1) Université Paris-Diderot – CLILLAC-ARP (3967) & Université de Rennes 1
thomas.gaillat@univ-rennes1.fr

RÉSUMÉ

Cet article aborde la problématique de l'annotation automatique d'un corpus d'apprenants d'anglais. L'objectif est de montrer qu'il est possible d'utiliser un étiqueteur PoS pour annoter un corpus d'apprenants afin d'analyser les erreurs faites par les apprenants. Cependant, pour permettre une analyse suffisamment fine, des étiquettes fonctionnelles spécifiques aux phénomènes linguistiques à étudier sont insérées parmi celles de l'étiqueteur. Celui-ci est entraîné avec ce jeu d'étiquettes étendu sur un corpus de natifs avant d'être appliqué sur le corpus d'apprenants. Dans cette expérience, on s'intéresse aux usages erronés de *this* et *that* par les apprenants. On montre comment l'ajout d'une couche fonctionnelle sous forme de nouvelles étiquettes pour ces deux formes, permet de discriminer des usages variables chez les natifs et non-natifs et, partant, d'identifier des schémas incorrects d'utilisation. Les étiquettes fonctionnelles éclairent sur le fonctionnement discursif.

ABSTRACT

**Automatic tagging of a learner corpus of English with a modified version of the Penn Treebank tagset**

This article covers the issue of automatic annotation of a learner corpus of English. The objective is to show that it is possible to PoS-tag the corpus with a tagger to prepare the ground for learner error analysis. However, in order to have a fine-grain analysis, some functional tags for the study of specific linguistic points are inserted within the tagger's tagset. This tagger is trained on a native-English corpus with an extended tagset and the tagging is done on the learner corpus. This experiment focuses on the incorrect use of *this* and *that* by learners. We show how the insertion of a functional layer by way of new tags for the forms allows us to discriminate varying uses among natives and non-natives. This opens the path to the identification of incorrect patterns of use. The functional tags cast a light on the way the discourse functions.

MOTS-CLÉS : Apprentissage L2, corpus d'apprenants, analyse linguistique d'erreurs, étiquetage automatique, *this, that*

KEYWORDS : Second Language Acquisition, learner corpus, linguistic error analysis, automated tagging, *this, that*

# 1 Introduction

Le travail présenté ici se rapporte au domaine de l'acquisition d'une seconde langue, en l'occurrence de l'anglais. Il se fonde sur l'étude de corpus d'apprenants qui sont devenus des outils indispensables pour l'analyse des productions dans le domaine de l'acquisition d'une seconde langue (Dagneaux, Denness & Granger, 1998). Leur utilisation permet, par exemple, d'analyser les erreurs commises afin de proposer des stratégies de remédiations mises en œuvres dans des didacticiels. La constitution de corpus d'apprenants rencontre un défi de plus par rapport aux corpus de natifs du fait qu'elle s'accompagne de la mise en place d'un système d'annotation dans lequel les erreurs commises par les apprenants sont caractérisées. Dans le domaine de la morphosyntaxe, une première voie empruntée a consisté à annoter les erreurs manuellement (Granger, 1993)(Diaz-Negrillo & Fernandez-Domingez, 2006). Si ce travail offre une richesse pour la description des erreurs, il n'en reste pas moins fastidieux et coûteux. Par ailleurs, ces méthodes mélangent la caractérisation des erreurs et la description des catégories grammaticales dans une même annotation de type partie du discours (PoS), car les erreurs d'apprenants portent sur un mot dont le mauvais usage est décrit en fonction de leur position grammaticale. La deuxième voie consiste à automatiser le processus d'annotation, en distinguant les types d'annotation. L'annotation PoS sur corpus d'apprenants a fait l'objet d'expérimentations multiples (Van Rooy & Schafer, 2003)(De Haan, 2000) dont l'une des solutions a consisté à post-éditer certaines étiquettes afin d'améliorer la précision globale des étiquetages, ou afin d'y intégrer des informations relatives aux erreurs d'apprenants. Une autre approche proposée par (Diaz-Negrillo, Meurers, Valera & Wunsch, 2010) consiste à prendre en compte l'erreur dans un second temps seulement. Les auteurs développent le concept d'annotation PoS tripartite selon l'idée que la distribution, la morphologie et le lexique constituent le socle à partir duquel les erreurs peuvent être systématiquement déduites. Selon eux, il faut élaborer une annotation triple reprenant chaque catégorie sans y adjoindre d'interprétation. Nous nous inscrivons dans cette perspective en considérant que l'étiquetage automatique PoS effectué à partir d'un jeu d'étiquettes d'anglais natif permet d'apporter un premier niveau d'information concernant la distribution effective des mots reflétant un usage erroné ou non. Grâce à ces informations distributionnelles, le travail d'analyse d'erreurs peut être abordé puisque les questions de compatibilité syntaxique entre les constituants de la phrase sont au centre d'une grande part des erreurs d'apprenants. Il s'agit donc d'annoter les textes, y compris les erreurs, du point de vue de leur distribution pour permettre ensuite une caractérisation fine de ces erreurs.

L'objectif de cet article est de montrer qu'il est possible d'utiliser un étiqueteur (PoS) pour annoter automatiquement un corpus d'apprenants. Cependant, pour que l'analyse des erreurs faites par les apprenants soit suffisamment fines, des étiquettes spécifiques aux phénomènes linguistiques à étudier doivent être insérées parmi les étiquettes de l'étiqueteur (ce qui distingue cette expérience de celle de Van Rooy *et al)* et celui-ci doit être entraîné avec ce jeu d'étiquettes étendu sur un corpus natif avant d'être appliqué sur le corpus d'apprenants. Cette approche est développée dans cet article en abordant la problématique des usages de *this* et *that*. En effet, une étude antérieure (Gaillat, 2013) a montré que les apprenants éprouvent des difficultés concernant l'usage des démonstratifs. Les marqueurs avec lesquels *this* et *that* sont en concurrence dans les erreurs ne sont pas les mêmes selon leur réalisation fonctionnelle : *the* pour les emplois en déictiques, *it* pour les emplois pronominaux. Afin de pouvoir effectuer un relevé précis et exhaustif de toutes ces formes, il est nécessaire de s'appuyer sur l'annotation PoS du corpus pour extraire les *this* et *that* selon les différentes catégories grammaticales auxquelles ils appartiennent. Ainsi, les *this* et *that* en usage pro-forme, par exemple, peuvent être isolés et mis en regard avec les pronoms *it*. Notre étude montre que l'étiquetage permet de mettre à jour des schémas incorrects d'utilisation de *this* et *that* par les apprenants. À partir de là, un travail d'analyse des erreurs peut être effectué.

L'article est organisé de la façon suivante. La section 2 aborde la méthodologie suivie pour mener notre expérience à partir de deux corpus. Après les avoir décrits, nous abordons la problématique du jeu d'étiquettes et sa modification en utilisant TreeTagger (Schmid, 1994). La section 3 présente l'annotation automatique faite avec TreeTagger. Les résultats obtenus permettent une analyse de la qualité de l'étiquetage mais aussi une analyse d'erreurs d'apprenants.

## 2 Méthodologie

Dans cette section, la nature des deux corpus utilisés dans cette étude est décrite. Ensuite, le problème des étiquettes utilisées par TreeTagger pour *this* et *that* est abordé et leur modification est décrite.

### 2.1 Les corpus

Le corpus utilisé pour la phase d'apprentissage de TreeTagger est le Penn Treebank (Marcus *et al*, 1993). Il s'agit d'un corpus d'anglais natif composé de 4,5 millions de mots en anglais américain et correspondant aux articles parus dans le *Wall Street Journal*. Ce corpus a fait l'objet d'une annotation syntaxique, c'est-à-dire un système d'arbre décrivant les dépendances syntaxiques, et d'une annotation PoS. Le jeu d'étiquettes PoS, qui comporte 36 étiquettes PoS et 12 pour la ponctuation et les symboles monétaires, a été appliqué automatiquement sur le corpus avant qu'une procédure de correction manuelle ne soit mise en œuvre pour permettre à des annotateurs humains de modifier les étiquettes erronées. Dans le cadre de notre étude, deux échantillons sont formés à partir du corpus. Le premier constitue un échantillon servant à la phase d'apprentissage qui est décrite ultérieurement dans cet article. Il comprend 1 824 168 mots et étiquettes. Le second échantillon en contient 63 092 et est utilisé pour tester la qualité de l'étiquetage. Le type de production (écrite) diffère du corpus d'apprenants (oral), mais le Penn Treebank est utilisé en raison de sa grande fiabilité (*Gold standard*).

L'échantillon utilisé pour la phase d'annotation du corpus d'apprenants provient du corpus Diderot-LONGDALE[1] et plus spécifiquement de la partie orale constituée à l'université de Paris-Diderot sous le nom de Charliphonia. Le Diderot-LONGDALE est un corpus oral d'apprenants d'anglais. Des étudiants des niveaux L1 à L3 ont été suivis sur trois années, et ont participé à des entretiens libres avec des lecteurs natifs. Les enregistrements audio recueillis ont été retranscrits par des étudiants d'anglais de niveau M2 pour ensuite être

1 *Cf.* http://www.uclouvain.be/en-cecl-longdale.html

vérifiés par des enseignants-chercheurs. Chaque enregistrement correspond à des questions portant sur des expériences personnelles et l'étudiant est invité à y répondre librement. Cet échantillon est composé de 3 243 mots ou ponctuations et d'autant d'étiquettes vérifiées manuellement.

## 2.2 Les problèmes des étiquettes de TreeTagger pour *this* et *that*

Les erreurs d'apprenants concernant l'usage de *this* et *that* se caractérisent par le fait qu'elles se situent sur l'axe paradigmatique plutôt que sur l'axe syntagmatique. Les difficultés ne sont en effet pas dues à des problèmes de position syntaxique mais plutôt à des mécanismes de substitution entre des formes de fonction syntaxique identique. Il existe deux branches principales de substitutions. La première touche au système déictique et au type de référence endophorique ou exophorique[2]. Deux groupes d'erreurs se distinguent. Un certain nombre d'erreurs dénote des confusions entre l'un et l'autre des types de référence. Les apprenants utilisent une forme exophorique dans un contexte endophorique. Cela se traduit par des substitutions de l'une des formes par l'autre. L'autre groupe d'erreurs se situe au sein même des processus de référence endophorique. Dans ce cas, c'est la valeur référentielle de la forme qui est mal maîtrisée et l'apprenant opère aussi une substitution entre les deux formes.

La deuxième branche de substitutions concerne des interactions du système déictique avec les deux micro-systèmes pronominal et déterminatif. *This* et *that* peuvent endosser deux fonctions syntaxiques dans la phrase en anglais. On peut les retrouver devant un syntagme nominal ou en position de syntagme nominal. Quirk *et al* (1985) les distinguent en usage déterminant ou nominal. Pour notre part, nous reprenons les termes de déterminant et de pro-forme (Lapaire et Rotgé, 1998 : 50-51) qui traduit une référence sémantique plus étendue qu'un groupe nominal isolé. Pour les apprenants, les interactions se traduisent par des difficultés de choix entre un *this / that* et un *it* ou *the*, selon la fonction syntaxique. Les erreurs liées à la fonction déterminative renvoient au statut morphosyntaxique des éléments et leur position dans la chaîne syntagmatique. Les erreurs liées à la fonction pro-forme se caractérisent du point de vue sémantique des référents qui sont mal identifiés par les apprenants. Cette distinction entre les deux types d'erreurs repose donc sur une distinction fonctionnelle qui doit apparaître dans l'étiquetage. Afin de comprendre la manière dont les étiquettes propres à *this* et *that* sont traitées par l'étiqueteur automatique TreeTagger, il est utile de s'appuyer sur les exemples suivants :

> (1) <A> would you consider pizza an Italian food </A><B> (em) yes but it's not it's not really f= it's typic but it's not (em) we can eat *that* everyday everywhere now and . but (em) my grandma does *this* by herself.
>
> (2) I don't know between New Zealand and (er) Latin America I can't choose so I think I will do both <laughs> (em) because it's so different from (er) from France (er) . I would like to discover the= all these new cultures and (er) if I had *this*

2 La référence est endophorique quand le référent se trouve dans le discours du locuteur. Elle est exophorique quand il se trouve dans la situation dans laquelle se trouve le locuteur physiquement.

opportunity to visit these countries I would live in a very typical family of the country.

En (1), le locuteur natif (marqué <A>) pose une question sur l'entité *pizza* à l'apprenant (marqué <B>). Celle-ci produit une réponse dans laquelle elle fait référence plusieurs fois à cette entité, y compris avec les pro-formes *this* et *that*. Dans les deux cas, il s'agit respectivement d'usages inattendus et erronés, non pas du point de vue de leur distribution, mais du point de vue de leur valeur référentielle. En (2) le locuteur commet une autre erreur de substitution mais elle diffère de (1) par l'élément avec lequel le *this* se substitue, c'est-à-dire *the*. Des vérifications auprès de natifs anglophones montrent que l'usage du pronom *it* aurait été privilégié en (1) et le déterminant *the* en (2). Ce qui différencie ces erreurs provient de la catégorie grammaticale des formes : soit elles jouent le rôle de déterminant en tête de syntagme nominal, soit elles jouent le rôle de pro-forme en remplaçant un syntagme nominal. Pour identifier ces types d'erreur, il faut pouvoir isoler les usages pro-formes des usages déterminants. Or, le jeu d'étiquettes de TreeTagger attribue une seule étiquette dans les deux cas. Concrètement, dans les deux exemples, l'étiquette DT (qui renvoie à déterminant) est attribuée à chaque occurrence, ce qui rend impossible une requête ultérieure pour extraire les cas de *this* en pro-forme uniquement. L'analyse de l'erreur de substitution avec *it* n'est donc pas possible. Il en va de même pour les substitutions avec *the*.

## 2.3 Modification des étiquettes PoS de *this* et *that* dans le Penn Treebank

Pour étiqueter, le logiciel TreeTagger nécessite un fichier formaté spécifiquement, produit lors de la phase d'apprentissage, qui se nourrit d'un corpus correctement étiqueté. L'apprentissage implique donc l'usage d'un corpus de natifs – le Penn Treebank - incluant les étiquettes modifiées. Il convient par conséquent de procéder à l'identification de toutes les occurrences de *this* et *that* dans le corpus de natifs et de les modifier. On pourra ensuite procéder au formatage des données décrit en 2.4. La première tâche consiste à repérer l'ensemble des formes selon la position syntaxique qu'elles occupent. Pour ce faire, l'outil Tregex (Levy & Andrew, 2006) est utilisé. Grâce à des expressions régulières, celui-ci permet de visualiser les arbres syntaxiques composant le corpus et d'effectuer des requêtes sur les arbres syntaxiques. Cela permet de combiner des contraintes constituées de mots et d'élément syntaxiques tels que les syntagmes verbaux ou les propositions subordonnées. De cette manière il est possible d'explorer les arbres syntaxiques.

Un inventaire des formes *this* et *that* est donc effectué. Pour ce qui concerne la distinction pro-forme / déterminant des formes, il s'agit d'abord d'identifier toutes les formes de *that* et *this* étiquetées DT. La requête suivante, exprimée en expression régulière :

/^DT$/ < that > /^NP.*/

permet d'identifier les formes *that* étiquetées DT en partie du discours et faisant partie d'un syntagme nominal. Cependant, en procédant par recoupements entre les calculs à partir des étiquettes et à partir des arbres syntaxiques, des erreurs sont trouvées. Par exemple la requête : / ^ IN.*/ < that > / ^ NP.*/[3]

correspond aux *that* étiquetés IN et dominés directement par un syntagme nominal. Une illustration en contexte donne l'exemple suivant :

> wsj_0277.mrg-26 The Mitsubishi family company acquired that property from the government some 100 years ago [...]

Dans ce type de cas, le *that* ne peut être à la fois subordonnant et jouer le rôle de déterminant pour le nom *property*. Cela révèle donc une erreur d'étiquetage. Cependant, du fait de la position de *that* juste après un verbe, on comprend que cette configuration ait mené à l'erreur car, dans bien des cas, le verbe suivi d'un *that* introduit une subordonnée complétive. En procédant de la sorte et en diversifiant les requêtes pour identifier toutes les fonctions possibles de *that*, 871 erreurs d'étiquetage de *that* sont trouvées.

Du fait de ces erreurs, deux tâches de modification d'étiquettes sont nécessaires. Tout d'abord, il convient de corriger les erreurs d'étiquetage PoS dans le Penn Treebank. Ensuite, il s'agit de modifier les étiquettes DT en permettant la distinction déterminant et pro-forme. Dans les deux cas, l'utilisation du module TSurgeon du logiciel Tregex permet d'effectuer les changements nécessaires.

## 3 Annotation automatique avec TreeTagger et résultats

Cette section se focalise sur l'annotation automatique du logiciel TreeTagger (Schmid, 1994). La méthode d'annotation et le fonctionnement de TreeTagger sont présentés. Ensuite, la phase d'apprentissage, sur un corpus de natifs et avec un jeu d'étiquettes modifié, est passée en revue. Le processus d'annotation est détaillé et les résultats obtenus sont analysés du point de vue des performances dans un premier temps. Dans un second temps, l'analyse considère, d'un point de vue qualitatif, l'apport de l'annotation et des étiquettes modifiées, dans le cadre d'une analyse linguistique d'erreurs portant sur *this* et *that*.

### 3.1 Méthode d'annotation, fonctionnement et apprentissage

TreeTagger est un outil d'annotation basé sur une méthode probabiliste. À partir de la représentation d'un arbre décisionnel binaire, le programme estime la probabilité de trigrammes PoS. Par exemple, la probabilité d'une pro-forme, précédée d'un verbe et d'un pronom, est calculée et stockée en mémoire, et constitue une branche de l'arbre (PP, VB, TPRON). L'arbre de décision permet la classification de toutes les instances de PoS dans différentes branches lorsqu'elles sont présentées au programme dans sa phase d'apprentissage. Lors de la phase d'annotation, TreeTagger s'appuie sur l'arbre construit et

3 IN correspond à une préposition ou une conjonction de subordination et NP correspond à un syntagme nominal. Le symbole > signifie que l'argument de gauche est dominé dans l'arborescence par l'argument de droite. Le symbole < signifie l'inverse.

la probabilité d'un trigramme donné pour attribuer une étiquette à chaque mot. L'évaluation des performances de l'annotateur se fait par calcul de la précision globale (« accuracy ») pour l'ensemble des étiquettes, et du rappel et de la précision pour des étiquettes spécifiques.

Le fonctionnement de TreeTagger se fait en deux temps : un apprentissage sur un corpus étiqueté puis le processus d'attribution des étiquettes sur un corpus vierge. Il est important de noter que TreeTagger est en fait constitué de deux programmes : *train-tree-tagger* et *tree-tagger*. Le travail décrit en section2a pour objectif de préparer les données d'apprentissage traitées par le module *train-tree-tagger*. Après la modification des étiquettes, la préparation du fichier d'apprentissage nécessaire à ce module peut être opérée afin d'extraire les paires de mots ou ponctuation et d'étiquettes PoS. L'extraction des paires étiquettes / mots s'effectue depuis les fichiers bruts contenant les structures syntaxiques sous forme de jeu de parenthèses, les PoS et les mots / ponctuation et les paires sont placées sur des lignes uniques d'un fichier texte. L'illustration 1 schématise ce processus en montrant un extrait du Penn Treebank et le résultat obtenu, c'est-à-dire le fichier utilisé par le module *train-tree-tagger*.

```
( (S
   (NP-SBJ
     (NP (DT All))
     (PP (IN of)
       (NP (TPRON this))))
   (VP (MD must)
     (VP (VB have)
       (VP (VBN been)
         (ADJP-PRD (RB enormously) (VBG
frustrating)
           (PP (TO to)
             (NP
               (NP (NNP Mr.) (NNP Katzenstein))
               (, ,)
```

⇩

```
All          DT
of           IN
this         TPRON
must         MD
have         VB
been         VBN
enormously   RB
frustrating  VBG
to           TO
Mr           NNP
Katzenstein  NNP
,            ,
```

FIGURE 1 - Extraction des paires de mot / PoS depuis les arbres syntaxiques du Penn Treebank

Lors de son exécution[4], le module construit un fichier de paramétrages (*output file*) qui sera ensuite utilisé par le module d'annotation. Sa construction se fait sur la base de plusieurs fichiers dont l'un correspond au lexique extrait du corpus d'apprentissage. Celui-ci inclut notamment, les entrées correspondant à *this* et *that* et présentées ci-dessous au format attendu par TreeTagger :

| | | | | | | |
|---|---|---|---|---|---|---|
| that | DT that | TPRON that | TCOM that | RB that | TREL | that |
| this | DT this | TPRON this | RB this | | | |

4 En respectant la syntaxe suivante : train-tree-tagger {options} <lexicon> <open class file> <input file> <output file>

Bien que l'article se focalise sur les pro-formes et déterminants, on voit que d'autres usages sont aussi distingués par l'étiquetage. Le jeu d'étiquettes d'origine du Penn Treebank distingue plusieurs catégories. DT et RB peuvent correspondre à des occurrences de *this* et *that,* l'étiquette DT pouvant être assignée à des pro-formes ou déterminants sans distinction. A ces étiquettes s'ajoutent WDT pour les déterminants en WH et IN pour les conjonctions de subordination et les prépositions. Le nouveau jeu d'étiquettes adopté vise à clarifier les réalisation fonctionnelles possibles de *this* et *that.* On peut retrouver les deux formes dans la composition d'un syntagme nominal comme exprimé en 2.2. Pour ce qui concerne la forme *that,* Biber *et al* (1999 : 85 ; 195) pointent les deux autres fonctions possibles dans la construction de l'hypotaxe en tant que pronom relatif et en tant que complétif. Les entrées *this* et *that* du lexique reflètent donc la modification du jeu d'étiquettes apportée ce qui donne DT pour les déterminants, TPRON pour les pro-formes, TCOM pour les complétifs, RB pour les adverbiaux et TREL pour les pronoms relatifs.

Au final, le fichier de paramétrage inclut une série d'informations telles que l'arbre décisionnel, les étiquettes possibles pour chaque mot du corpus et l'échantillon d'apprentissage corrigé et étiqueté tel que décrit en 2.3.

## 3.2 Processus d'annotation

Le processus d'annotation se fait avec le module *tree-tagger*. L'exécution du programme nécessite les arguments à indiquer dans l'ordre suivant : le fichier de paramétrage créé lors de l'exécution du programme *train-tree-tagger*, le fichier correspondant au corpus non étiqueté, et le nom de fichier de ce même corpus une fois étiqueté. Dans le cadre de cette étude, deux annotations sont lancées. Une première consiste à reproduire l'expérience de Schmid en annotant l'échantillon test du Penn Treebank mais avec les nouvelles étiquettes propres à *this* et *that.* La seconde est appliquée à un échantillon test du corpus Diderot-LONGDALE décrit en 2.1. Dans les deux cas d'annotation le même fichier d'apprentissage, créé à partir du Penn Treebank, est utilisé.

L'objectif de la première annotation est de pouvoir comparer la qualité de l'étiquetage et de la mettre en regard avec les résultats obtenus et décrits par Helmut Schmid. L'échantillon test du Penn Treebank, comprenant des étiquettes modifiées, permet en outre de vérifier la qualité de la prise en charge des nouvelles étiquettes introduites pour la distinction des *this* et *that.* L'objectif de la seconde annotation est de pouvoir évaluer sa qualité pour ce qui concerne l'ensemble des étiquettes, mais aussi de vérifier si les nouvelles étiquettes introduites sont correctement gérées par TreeTagger sur de l'anglais non-natif.

## 3.3 Résultats

Les résultats sont exprimés à partir des calculs de précision globale (« *accuracy* » en anglais) et de rappel pour ce qui concerne les *this* et *that.* Pour ce qui concerne l'annotation de l'échantillon test du Penn Treebank, la précision globale est de 95,79 %. Sur 31 546 étiquettes, 30 220 ont été correctement attribuées. Ce résultat est tout à fait similaire aux 96 % rapportés dans l'expérience de Schmid. Les modifications d'étiquettes ne semblent donc pas avoir eu d'impact global sur la qualité de l'étiquetage. Si on prend les *this* dans leur globalité, c'est-à-dire toutes étiquettes confondues attribuées à la forme, la précision globale est de 92,10 %. Les *that* sont correctement étiquetés dans 84 % des cas. La baisse de performance concernant les *that* provient certainement de la variété plus grande des étiquettes qu'il peut recevoir, ce qui introduit plus d'incertitude dans le processus décisionnel de TreeTagger.

Si les observations globales informent sur la qualité de l'étiquetage des mots, il convient d'étudier plus en détail la situation étiquette par étiquette, pour chacune des formes, afin d'explorer la qualité de traitement des catégories grammaticales. Le comportement de TreeTagger pour les étiquettes DT et TPRON est d'autant plus intéressant qu'elles permettent une distinction nouvelle dans le Penn Treebank (*cf.* Tableau 1).

| | Rappel % | Précision % | F-Score % | Nombre d'occurrences vraies attendues |
|---|---|---|---|---|
| *This* DT | 100 | 91,04 | 95,31 | 61 |
| *This* TPRON | 60 | 100 | 75 | 15 |
| *That* DT | 75 | 78,94 | 76,94 | 20 |
| *That* TPRON | 55 | 88,23 | 68,18 | 27 |

TABLEAU 1 - Résultats de l'étiquetage des *this* et *that* avec les étiquettes déterminant et pro-forme pour le Penn Treebank.

En mettant en regard les différentes étiquettes, on s'aperçoit que les rappels DT sont systématiquement plus élevés que les rappels TPRON au sein d'une forme donnée. Lors du processus d'annotation, TreeTagger manque donc moins d'étiquettes DT que de TPRON. Ceci est peut-être dû au fait que DT est une étiquette fonctionnelle qui se laisse caractériser en trigramme car elle est positionnelle (pré-nominale). À l'inverse, les résultats en précision révèlent des valeurs TPRON systématiquement supérieures à DT pour une forme donnée. Cela traduit le fait que TreeTagger commet moins d'erreurs d'étiquetage lorsqu'une étiquette TPRON est attribuée. L'étiquette TPRON n'est pas uniquement tributaire de la position du mot, elle se caractérise aussi de manière plus sémantique ce qui rend sa détection plus aléatoire. Mais une fois détectée, ceci est fait avec plus d'assurance. Le détails des erreurs d'étiquetage par étiquette apparaît dans les deux matrices de confusion (*cf.* Tableaux 2 et 3).

| *this* | DT | TPRON | RB |
|---|---|---|---|
| Tagged DT | 61 | 6 | 0 |
| Tagged TPRON | 0 | 9 | 0 |
| Tagged RB | 0 | 0 | 0 |

TABLEAU 2 - Matrice de confusion pour *this* dans le Penn Treebank.

| *that* | DT | TPRON | TCOM | TREL | RB |
|---|---|---|---|---|---|
| Tagged DT | 15 | 0 | 3 | 1 | 0 |
| Tagged TPRON | 0 | 15 | 1 | 1 | 0 |
| Tagged TCOM | 5 | 11 | 142 | 8 | 0 |
| Tagged TREL | 0 | 1 | 13 | 59 | 0 |
| Tagged RB | 0 | 0 | 0 | 0 | 0 |

TABLEAU 3 - Matrice de confusion pour *that* dans le Penn Treebank.

Pour ce qui concerne l'annotation de l'échantillon du corpus d'apprenants, on obtient une précision globale de 91 %. Ce chiffre est à comparer avec les 96 % obtenus lors de l'annotation du corpus de natifs Penn Treebank. La différence semble donc traduire une difficulté de TreeTagger à gérer certaines étiquettes. Cette difficulté peut trouver deux origines. D'une part, ce corpus contient des erreurs commises par les apprenants. Ces erreurs constituent des configurations syntaxiques qui ne sont pas répertoriées dans l'arbre décisionnel créé lors de la phase d'apprentissage sur le corpus de natifs. D'autre part, il s'agit d'un corpus oral caractérisé par un grand nombre d'hésitations, de répétitions, et de phrases non terminées. Là encore, cela se traduit par des configurations syntaxiques non traitées lors de l'apprentissage. Lorsque TreeTagger parcourt le corpus à annoter, il rencontre donc des suites syntaxiques non apprises. Il a alors recours à des stratégies par défaut qui ne suffisent pas à permettre la sélection de l'étiquette correcte dans tous les cas.

Comme pour le Penn Treebank, il est intéressant d'observer l'étiquetage des *this* et *that* toutes étiquettes confondues. Pour ce qui concerne les *this,* les 22 occurrences de vrais positifs sont toutes étiquetées d'une des étiquettes possibles, et seulement 17 le sont correctement. Cela donne un rappel et une précision de 77,27 % puisque tous les *this* sont étiquetés avec une des étiquettes possibles. Pour ce qui concerne les *that,* le rappel est de 51,02 % et la précision de 50 %. Ces résultats montrent donc une différence de qualité d'annotation entre les deux corpus. Là encore, les caractéristiques oral et non-natif du corpus d'apprenants peuvent expliquer cette différence.

Afin d'affiner l'observation de ces résultats, les calculs peuvent être effectués en prenant chaque étiquette DT ou TPRON pour chaque forme (*cf.* Tableau 4). Les résultats sont mitigés. Pour ce qui concerne les *this,* les valeurs obtenues pour l'étiquette DT sont du même ordre que celles du Penn Treebank même si elles sont plus faibles (93,75% en rappel et 78,94% en précision). Les matrices de confusion renseignent sur les confusions de Treetagger (*cf.* Tableaux 4 et 5) et la distinction du *this* TPRON est problématique. Le traitement de *that* avec les étiquettes DT et TPRON est complètement erroné. Cependant, il faut noter que l'échantillon utilisé et préparé manuellement ne contient que peu d'occurrences des formes avec les étiquettes recherchées. Ce faible nombre peut donc donner une représentation extrême qui ne reflète pas nécessairement la réalité. Pour pouvoir tirer des conclusions sur l'attribution de ces étiquettes, il conviendrait d'accroître la taille de l'échantillon afin d'obtenir un plus grand nombre d'occurrences de chaque étiquette.

| *this* | DT | TPRON | RB |
|---|---|---|---|
| Tagged DT | 15 | 4 | 0 |
| Tagged TPRON | 1 | 2 | 0 |
| Tagged RB | 0 | 0 | 0 |

TABLEAU 4 - Matrice de confusion pour *this* dans le corpus Diderot-Longdale.

| *that* | DT | TPRON | TCOM | TREL | RB |
|---|---|---|---|---|---|
| Tagged DT | 0 | 1 | 0 | 0 | 0 |
| Tagged TPRON | 0 | 0 | 0 | 0 | 0 |
| Tagged TCOM | 2 | 9 | 21 | 1 | 3 |
| Tagged TREL | 0 | 1 | 7 | 4 | 0 |
| Tagged RB | 0 | 0 | 0 | 0 | 0 |

TABLEAU 5 - Matrice de confusion pour *that* dans le corpus Diderot-Longdale

## 3.4 Analyse d'erreurs d'apprenants avec les étiquettes modifiées

Si du point de vue des performances de traitement des étiquettes modifiées, la qualité de l'étiquetage est faible pour le Longdale, les matrices de confusion révèlent néanmoins les catégories grammaticales qui génèrent des erreurs d'étiquetage. Si ces erreurs ne permettent pas de diagnostiquer les erreurs d'apprenants, leur présence peut servir d'indice pour la signalisation de certains types d'erreur. L'apprentissage s'étant fait sur de l'anglais natif, on peut émettre l'hypothèse que les différences syntaxiques propres aux apprenants sont mal traitées par TreeTagger. C'est en ceci que les erreurs d'étiquetage peuvent être le révélateur de fonctions syntaxiques utilisées par les apprenants, qui diffèrent de l'anglais natif. En effet, si par exemple TreeTagger confond des étiquettes *that* TPRON en les étiquetant TCOM, cela pourrait signifier que des configurations syntaxiques d'apprenants dans lesquelles se trouve le *that* TPRON s'approchent de celles du *that* TCOM. L'apprentissage de TreeTagger ayant eu lieu sur de l'anglais natif, certains usages de *that* en pro-forme par les apprenants pourraient donc ressembler à des usages en complétif (verbe suivi de *that*) tel que l'exemple suivant extrait du corpus COCA[5] l'illustre : « It happens *that* the Constitution didn't create the dollar. » Un retour sur les données permet d'extraire une occurrence de *that* pro-forme étiquetée TCOM après le verbe *happen* (*cf.* exemple ci-dessous). Ce type d'enchaînement correspond souvent à un usage complétif en anglais natif.

> DID0199-S002 - I read it so many times that even if I don't start from the beginning I know where I am and I say <begin laughter> oh yes er er er <end laughter> I remember these times I remember yeah it will happen *that* [TCOM] and *that* [TCOM] so yes I will read it again and again

Dans cet exemple, l'apprenant ne souhaite pas utiliser *that* pour introduire une

5 *Corpus of Contemporary American English* de l'université de Brigham Young (USA).

complétive. Il s'agit en fait d'un transfert de la L1 avec une transposition de l'expression en français : « il arrivera ça et ça ». L'erreur de l'apprenant se situe au niveau du sémantisme de *happen* qui ne peut être utilisé comme le verbe *arriver* en français. Là où l'anglais place l'agent en position de sujet, le verbe *arriver* peut prendre l'agent en position de complément. Cette méconnaissance de la part de l'apprenant le pousse à recourir à l'usage d'une pro-forme pour faire référence à l'agent. Ce schéma ne se retrouve pas en anglais et par conséquent TreeTagger n'a pas rencontré cette possibilité lors de son apprentissage, d'où l'erreur d'étiquetage. Ainsi, l'erreur d'étiquetage ne permet pas de diagnostiquer l'erreur, elle permet de la signaler.

Du point de vue qualitatif, TreeTagger et son jeu d'étiquettes modifié, doivent permettre le traitement d'un certain nombre de segments tels que les exemples (1) et (2) de la section2.2avec l'attribution de deux étiquettes distinctes. En (1), le *that* et le *this* reçoivent l'étiquette TPRON. Il est alors possible d'extraire toutes les occurrences de ce type à des fins d'analyse. En (1), le *that* étiqueté TPRON reprend l'entité *pizza* en ajoutant une valeur de distanciation et de monstration peu probables dans ce contexte. D'autre part, le *this*, s'il permet une reprise de l'entité, introduit l'idée d'une information nouvelle le concernant, ce qui n'est pas le cas ici. Cet étiquetage permet donc d'explorer le corpus afin d'identifier les erreurs signalant que le processus de référence par substitution au syntagme nominal est mal assuré par les apprenants.

L'exemple (2) bénéficie aussi de l'introduction de la distinction puisque seuls les cas avérés d'utilisation en déterminant du *this* sont étiquetés DT. L'extraction des occurrences du type *this* déterminant permet une analyse ciblée des erreurs s'y rapportant. En (2), avec la détermination nominale *this opportunity,* le locuteur fait référence à l'entité discursive *visite de la Nouvelle Zélande ou Amérique Latine.* Dans ce cas, l'article défini *the* suffit, alors que *this,* en usage déterminant, ajoute une notion de monstration qui ne pourrait fonctionner qu'en cas de reprise de l'entité. Or, celle-ci est en cours de construction, ce qui rend le *this* caduque. En (1) et (2), les erreurs sont du même type et se caractérisent par une substitution sur l'axe paradigmatique. L'introduction de la distinction fonctionnelle d'étiquetage DT ou TPRON permet donc l'extraction ciblée des formes potentiellement erronées et permet un travail d'analyse d'erreurs ciblé. Cela montre l'intérêt heuristique d'une annotation fonctionnelle dans le cas où des micro-systèmes d'erreurs sont explicables sur des bases fonctionnelles.

## 4 Conclusion

Dans cette recherche abordant la problématique de l'annotation PoS sur un corpus d'apprenants d'anglais, nous avons posé la question de savoir s'il était possible d'étiqueter un corpus sur la base d'un corpus de natifs avec des étiquettes modifiées pour satisfaire à des besoins d'analyse d'erreurs. La méthodologie employée montre qu'il est possible d'utiliser le corpus d'anglais natif Penn Treebank pour modifier les étiquettes propres à *this* et *that* afin de servir de base à l'apprentissage de TreeTagger. Au passage, un certain nombre d'erreurs d'étiquetage des deux formes dans le Penn Treebank sont détectées et corrigées. L'apprentissage fonctionne puisque lors de la phase d'annotation, les données montrent que les deux étiquettes distinguant les usages pro-forme et déterminant des deux formes sont bien prises en compte. Sur le corpus Penn Treebank, TreeTagger attribue les étiquettes modifiées avec une relative efficacité, notamment pour l'étiquette déterminant de *this*. L'étiquetage des *that* pose plus de problèmes du fait de la variété de ses usages syntaxiques tant au niveau de l'hypotaxe que de la détermination. Sur le corpus d'apprenants d'anglais, les résultats globaux montrent une certaine robustesse. Cependant une approche détaillée révèle que les étiquettes propres à *this* et *that* sont médiocrement prises en charge à l'exception du *this* déterminant. Afin de corroborer ou d'infirmer ces résultats, il conviendrait d'accroître la taille de l'échantillon du corpus d'apprenants. Du point de vue qualitatif, on peut dire que l'étiquetage rend possible l'analyse d'erreurs d'apprenants de deux manières. D'une part, la distinction d'étiquettes conduit vers un ciblage des occurrences pour l'analyse des erreurs pouvant s'y rapporter. D'autre part, les erreurs d'étiquetage permettent de mettre à jour des schémas incorrects d'utilisation de *this* et *that* par les apprenants, par rapport à des usages de natifs. L'étiquetage modifié permet donc de discriminer des usages variables chez les natifs et non-natifs.

L'étude montre donc que s'il est possible d'étiqueter le corpus d'apprenants d'anglais, il reste néanmoins à affiner la méthode d'apprentissage de manière à favoriser la prise en charge effective des étiquettes créées pour permettre l'analyse d'erreur. Lors de la phase d'apprentissage, il serait peut-être nécessaire de mixer le corpus en y intégrant des occurrences du corpus d'apprenants. Cela permettrait l'apprentissage de configurations syntaxiques propres aux apprenants et à la nature orale de ce corpus. Grâce à une amélioration de la distinction déterminant / pro-forme, il sera alors possible d'analyser plus en détails les difficultés éprouvées par les apprenants sur les questions de référence sous-jacentes à *this* et *that*. Le jeu d'étiquettes DT / TPRON balise les deux micro-systèmes d'erreurs possibles dans le champs des emplois référentiels de *this* et *that*. Dans le cadre d'une analyse automatique des erreurs d'apprenants, on voit l'intérêt d'un ré-étiquetage PoS plus fin qui distingue les réalisations fonctionnelles distinctes annotées de manière ambigüe du point de vue de l'analyse d'erreurs.

L'usage d'outils TAL dans le processus permet l'application du jeu d'étiquettes « à la volée » sur tout autre corpus. Il devient possible de développer des outils de requêtes s'appuyant sur une annotation identique entre corpus, les rendant ainsi interopérables. Cette interopérabilité rend envisageable un travail d'analyse d'erreurs contrastive entre plusieurs corpus d'anglais de locuteurs de langues maternelle différentes, ce qui permettrait de mieux répertorier les erreurs et de comparer les micro-systèmes d'erreurs selon les L1 des apprenants.

## Remerciements

Nous remercions Detmar Meurers de l'Université de Tübingen pour ses recommendations méthodologiques précieuses. Nos remerciements s'adressent aussi à Nicolas Ballier de l'université de Paris-Diderot et Pascale Sébillot de l'IRISA pour leur relecture et suggestions. Que Camille Guinaudeau de INRIA soit remerciée pour son aide au débogage de scripts. Enfin, nous adressons nos remerciements à Helmut Schmid pour le partage de certains scripts.

## 5 Références


BIBER, D., JOHANSON, S., LEECH, G., CONRAD, S., & FINEGAN, E. (1999). *Longman Grammar of Spoken and Written English*. Harlow: Longman.

DAGNEAUX, E., DENNESS, S., & GRANGER, S. (1998). Computer-aided Error Analysis. *System,* (26), pages 163–174.

DE HAAN, P. (2000). Tagging Non-native English with the TOSCA-ICLE Tagger. *In Corpus Linguistics And Linguistic Theory*, pages 69–80.

DIAZ-NEGRILLO, A., & FERNANDEZ-DOMINGEZ, J. (2006). Error Tagging Systems for Learner Corpora *In Spanish Journal of Applied Linguistics (RESLA) RESLA,* (19), pages 83–102.

DIAZ NEGRILLO, A., MEURERS, D., VALERA, S., & WUNSCH, H. (2010). Towards Interlanguage POS Annotation for Effective Learner Corpora in SLA and FLT. *In Language Forum*, 36(1-2), pages 139–154.

GAILLAT, T. (2013). *This* and *That* in Native and Learner English: From Typology of Use to Tagset Characterisation. *In Corpora and Language in Use*. Louvain : Louvain University Press. À paraître.

GRANGER, S. (1993). International Corpus of Learner English. In J. Aarts, P. de Haan, & N. Ostdijk (Eds.), *Papers from the Thirteenth International Conference on Language Research on Computerized Corpora*, pages 57–72.

LAPAIRE, J.-R., & ROTGÉ, W. (1998). *Linguistique et grammaire de l'anglais* (3e édition.). Toulouse: Presses Universitaires du Mirail.

LEVY, R., & ANDREW, G. (2006). Tregex and Tsurgeon: Tools for Querying and Manipulating Tree Data Structures. In Proceeedings of the *5th International Conference on Language Resources and Evaluation (LREC 2006), Genoa, Italy*.

MARCUS, M. P., MARCINKIEWICZ, M. A., & SANTORINI, B. (1993). Building a Large Annotated Corpus of English: The Penn Treebank. *In Computational Linguistics*, 19(2), pages 313–330.

QUIRK, R., LEECH, G., & SVARTVIK, J. (1985). *A Grammar of Contemporary English*. London, Beccles and Colchester: Longman.

SCHMID, H. (1994). Probabilistic Part-of-Speech Tagging Using Decision Trees. In *Proceedings of the International Conference on New Methods in Language Processing*, pages 14–16.

VAN ROOY, B., & SCHAFER, L. (2003). An Evaluation of Three POS Taggers for the Tagging of the Tswana Learner English Corpus. In D. Archer, P. Rayson, A. Wilson, & T. McEnery (Eds.), *Proceedings of the Corpus Linguistics 2003 Conference* (Vol. 16), pages 835–844.

# GLÀFF, un Gros Lexique À tout Faire du Français

Franck Sajous, Nabil Hathout et Basilio Calderone
CLLE-ERSS – CNRS et Université de Toulouse 2 Le Mirail
{franck.sajous,nabil.hathout,basilio.calderone}@univ-tlse2.fr

RÉSUMÉ

Cet article présente GLÀFF, un lexique du français à large couverture extrait du Wiktionnaire, le dictionnaire collaboratif en ligne. GLÀFF contient pour chaque entrée une description morphosyntaxique et une transcription phonémique. Il se distingue des autres lexiques existants principalement par sa taille, sa licence libre et la possibilité de le faire évoluer de façon constante. Nous décrivons ici comment nous l'avons construit, puis caractérisé en le comparant à différentes ressources connues. Cette comparaison montre que sa taille et sa qualité font de GLÀFF un candidat sérieux comme nouvelle ressource standard pour le TAL, la linguistique et la psycholinguistique.

ABSTRACT

**GLÀFF, a Large Versatile French Lexicon**

This paper introduces GLÀFF, a large-scale versatile French lexicon extracted from Wiktionary, the collaborative online dictionary. GLÀFF contains, for each entry, a morphosyntactic description and a phonetic transcription. It distinguishes itself from the other available lexicons mainly by its size, its potential for constant updating and its copylefted license that makes it available for use, modification and redistribution. We explain how we have built GLÀFF and compare it to other known resources. We show that its size and quality are strong assets that could allow GLÀFF to become a reference lexicon for NLP, linguistics and psycholinguistics.

MOTS-CLÉS : Lexique morpho-phonologique, ressources lexicales libres, Wiktionnaire.

KEYWORDS: Morpho-phonological lexicon, free lexical resources, French Wiktionary.

## 1 Introduction

Pour être complet, il aurait fallu indiquer dans le nom de notre lexique qu'il est issu du Wiktionnaire, un très gros dictionnaire en ligne qui comporte plus de 2 millions d'entrées. À titre de comparaison, la nomenclature du *Trésor de la Langue Française* (TLF) contient environ 65 000 vedettes et 100 000 entrées (principales ou secondaires). À la taille du Wiktionnaire s'ajoute la grande variété de ses descriptions avec, outre les définitions, des informations relatives à la prononciation, aux formes fléchies, aux dérivés et aux membres de la famille morphologique, aux traductions, aux synonymes, antonymes, hyponymes, hyperonymes, etc. Ces informations paraissent répondre à une grande variété de besoins et être d'une qualité notable pour l'édition française. Notre projet est de permettre au TAL et plus généralement aux linguistes expérimentaux d'exploiter facilement cette ressource multi-usages, d'une richesse remarquable.

Une première exploitation du Wiktionnaire avait conduit à WiktionaryX[1] (Sajous *et al.*, 2010, 2011), un lexique structuré donnant accès, pour chaque entrée, à des informations de nature sémantique : définitions, synonymes, hyponymes, traductions dans d'autres langues, etc.
Avec GLÀFF[2], nous proposons une étape supplémentaire dont le but est de permettre l'exploitation des informations phonologiques et morphosyntaxiques. Outre sa taille et sa polyvalence, GLÀFF se caractérise par sa licence libre (Creative Commons By-SA). L'un des objectifs de ce travail est d'estimer la qualité de la ressource, sa couverture et son adéquation aux besoins des linguistes qui réalisent des expérimentations et/ou des modélisations, mais aussi des chercheurs et des développeurs de systèmes de TAL.

La suite de l'article s'organise comme suit : nous présentons dans la section 2 quelques-unes des ressources auxquelles GLÀFF peut être comparé. La section 3 présente le Wiktionnaire et différents travaux visant à construire à partir de ce dictionnaire des ressources pour le TAL. La construction de GLÀFF proprement dite fait l'objet de la section 4. Nous présentons en section 5 une série de comparaisons de GLÀFF avec des ressources de référence afin de quantifier les points forts et les apports de ce lexique. Plus précisément, nous nous intéressons à la couverture de GLÀFF en le comparant d'une part à quatre autres lexiques morphosyntaxiques disponibles du français, et en le projetant d'autre part sur différents corpus afin, notamment, de déterminer la proportion d'entrées attestées et non attestées. Nous comparons ensuite les descriptions phonémiques de GLÀFF avec celles de deux ressources qui en fournissent. Enfin, la section 6 conclut l'article et présente les étapes à venir dans le développement et l'exploitation de GLÀFF.

## 2 Ressources et travaux connexes

Des ressources lexicales pour le français commencent à être disponibles, même s'il reste beaucoup à faire pour nous rapprocher de la situation de l'anglais, tant en volume qu'en qualité. Le constat est similaire pour les outils généralistes comme les analyseurs morphosyntaxiques, syntaxiques, morphologiques et les outils de phonétisation, qui dépendent directement de ces ressources. Depuis la fin des années 1990, quelques ressources destinées au traitement automatique du français sont distribuées gratuitement : le lexique de l'ABU[3] date de 1999, la première version de Lefff (Clément *et al.*, 2004) de 2003 et Morphalou (Romary *et al.*, 2004) de 2004. Auparavant, seules des ressources payantes, principalement distribuées par ELRA, étaient disponibles.

La constitution de lexiques pour le TAL et pour l'étude outillée du français trouve son origine dans les travaux menés au LADL autour de Maurice Gross (Courtois, 1990; Silberztein, 1990). Les premiers étaient destinés à l'exploration de corpus et l'annotation lexicale. Les lexiques morphosyntaxiques du français fournissent tous un ensemble d'informations communes : la forme orthographique du mot, son lemme, la partie du discours et les propriétés morphosyntaxiques (traits flexionnels). Notons que si ces ressources ont été d'abord utilisées pour le TAL, elles le sont aussi pour la description linguistique, notamment en morphologie (Hathout *et al.*, 2009).

ABU, le plus ancien des lexiques morphosyntaxiques distribué librement sur le Web, comporte environ 60 000 lemmes et 300 000 formes. Les tailles de Lefff et de Morphalou sont plus importantes : respectivement 500 000 et 525 000 entrées. Notons que Lefff fournit également une description des cadres de sous-catégorisation des lexèmes.

1. Wiktionary XMLisé, disponible à l'adresse : `http://redac.univ-tlse2.fr/lexiques/wiktionaryx.html`
2. GLÀFF est disponible à l'adresse : `http://redac.univ-tlse2.fr/lexiques/glaff.html`
3. ABU : la Bibliothèque Universelle. `http://abu.cnam.fr`

À côté des ressources développées par des linguistes informaticiens (Lefff sert notamment à la mise au point d'analyseurs syntaxiques basés sur la théorie LFG) et des lexicographes (Morphalou est la version XML du lexique TLFnome, issu de la nomenclature du TLF), on trouve Lexique (New, 2006), qui s'inscrit dans la lignée de Brulex, une ressource développée à la fin des années 1980 (Content *et al.*, 1990). Comme Brulex, Lexique a été créé par et pour les psycholinguistes. Ces ressources se distinguent des lexiques morphosyntaxiques généralistes par la plus grande richesse des informations fournies : outre la morphosyntaxe, leur description lexicale comporte une transcription phonémique, une segmentation en syllabes, des informations sur les homophones, les homographes, les voisins phonologiques et orthographiques, la fréquence des formes dans des corpus écrits, etc. En contrepartie, l'absence d'un grand nombre des formes fléchies de Lexique, tout comme Brulex (seules les formes les plus usuelles y sont décrites) et les fréquences fournies, calculées à partir des graphies (qui ne tiennent donc pas compte des attributs morphosyntaxiques) constituent une limite à leur utilisation dans des outils de TAL. Lexique et Brulex sont actuellement les seules ressources gratuites qui fournissent des transcriptions phonémiques et un découpage syllabique. Il existe d'autres ressources plus complètes qui contiennent ces informations, créées dans des laboratoires de recherche publique... mais elles sont payantes[4]. L'une des plus anciennes et la plus connue est BDLex (Pérennou et de Calmès, 1987), dont la taille est similaire à celle de Lefff. Citons également ILPho (Boula De Mareuil *et al.*, 2000), plus récente, créée en complétant les entrées du lexique morphosyntaxique Multext (Ide et Véronis, 1994) par des transcriptions phonémiques. Dans tous ces lexiques, les transcriptions phonémiques sont codées au moyen de caractères ASCII, en SAMPA ou dans un format similaire.

# 3 Wiktionnaire

Wiktionary, le « *compagnon lexical de Wikipédia* », est un dictionnaire multilingue libre et accessible en ligne. Lancé en 2003, ce projet lexicographique fait état, 10 ans plus tard, de plus de deux millions d'articles pour son édition française, le *Wiktionnaire*. Si son remplissage a bénéficié de l'import d'articles du *Dictionnaire de l'Académie Française* et, dans une moindre mesure, du *Littré*, le Wiktionnaire connaît aujourd'hui une croissance constante grâce à l'édition manuelle des contributeurs. Chaque article peut contenir des informations étymologiques, définitions, exemples, relations sémantiques, traductions, transcriptions phonémiques, etc. Si l'on considère la couverture moindre des ressources lexicales existantes et les licences contraignantes sous lesquelles sont placées certaines d'entre elles, la variété des informations contenues dans le Wiktionnaire, la taille de sa nomenclature et sa mise à disposition sous licence libre en font un candidat extrêmement prometteur pour la construction d'un lexique électronique du français. Néanmoins, depuis l'émergence du *crowdsourcing*, se pose la question de la qualité des informations contenues dans les wikis. L'absence de comité éditorial et le fait que les modifications de tout contributeur, quelle que soit sa compétence, soient publiées immédiatement génèrent une certaine méfiance. À l'opposé, l'effet de mode lié à la naissance de nouveaux paradigmes peut générer un enthousiasme par trop optimiste (cf. la polémique portant sur la qualité de Wikipédia, opposant (Giles, 2005) à l'encyclopédie Britannica (Encyclopaedia Britannica, 2006)).

Si Wikipédia a fait l'objet d'analyses dans plusieurs disciplines et a servi en TAL de source de données pour constituer notamment des corpus et des listes d'entités nommées, ainsi que de base de calcul de similarité sémantique entre documents (Gabrilovich et Markovitch, 2007), Wiktionary n'a commencé à retenir l'attention des chercheurs, à notre connaissance, qu'en 2008. Il a d'abord

4. Outre le prix élevé de ces ressources, le fait de ne pouvoir en redistribuer des « œuvres dérivées » constitue une limite à la portée des travaux de recherche qui les utilisent, notamment en empêchant la reproductibilité des expériences.

été utilisé par (Zesch *et al.*, 2008), comme Wikipédia, comme point de départ pour effectuer des calculs de similarité sémantique. La qualité des ressources construites collaborativement « par les foules » et celles construites par les experts a été comparée par (Zesch et Gurevych, 2010), toujours à travers une tâche de mesure de similarité sémantique fondée sur Wikipédia et Wiktionary. Cette étude, plus modérée que celle de Giles, a montré que les ressources fondées sur « la sagesse des foules » ne sont pas meilleures que celles fondées sur « la sagesse des linguistes », mais sont sérieusement compétitives. Elles dépassent même les ressources construites par les experts dans certains cas, notamment en terme de couverture. Cependant, l'étude portait sur l'utilisation de données dérivées de Wiktionary et non sur son contenu primaire.

Le potentiel du Wiktionnaire en tant que lexique électronique n'a été étudié qu'à partir de 2009 par (Navarro *et al.*, 2009) pour le français et l'anglais.L'intégration de l'édition portugaise de Wiktionary dans l'ontologie Onto.PT (Gonçalo Oliveira et Gomes, 2010) est décrite dans (Anton Pérez *et al.*, 2011). Citons également Dbnary (Sérasset, 2012), une ressource et un extracteur *open source* visant à extraire de Wiktionary un réseau multilingue. L'auteur précise que ce travail ne vise pas l'exhaustivité mais la conception d'un modèle simple permettant de représenter autant de données qu'il est possible d'extraire correctement, laissant de côté certaines structures pour faciliter cette extraction. Le graphe extrait possède 260 467 entrées pour le français. Le laboratoire UKP distribue deux ressources issues de Wiktionary : OntoWiktionary (Meyer et Gurevych, 2012), une ontologie construite semi-automatiquement et UBY (Gurevych *et al.*, 2012), un alignement de 7 ressources lexicales incluant notamment WordNet, disponible pour l'allemand et l'anglais. Si la version allemande de Wiktionary semble être celle qui bénéficie de l'encodage le plus rigoureux et le plus systématique (par exemple, l'alignement avec d'autres ressources est permis par l'ancrage des relations sémantiques au niveau des sens, ce qui n'est pas le cas dans les éditions française et anglaise), la version française, moins aisément exploitable, se distingue par une plus grande nomenclature, ainsi que la présence quasi-systématique d'informations flexionnelles et phonémiques. Nous avons mis à disposition pour le français et l'anglais une version structurée au format XML de ce lexique. Nous présentons dans la section suivante l'extraction des informations phonémiques et morphosyntaxiques absentes de cette première version.

# 4 Construction

Pour chaque édition de langue, une mise à disposition régulière de l'ensemble des articles de Wiktionary est effectuée dans des fichiers appelés *XML dumps*[5]. Il ne faut pas interpréter la mention « XML » comme la structuration du contenu des articles par des balises qui délimiteraient les sections relatives aux catégories syntaxiques, relations sémantiques, traductions, etc. Les balises XML ne servent qu'à délimiter les articles et leur titre. Le reste du contenu est encodé dans un format appelé *wikicode*, inhérent au système de gestion de contenu *MediaWiki*. La syntaxe de ce format n'a jamais été définie formellement et, de plus, évolue dans le temps, avec coexistence de plusieurs conventions d'encodage pour un même type d'information. Il faut également mentionner que ni les conventions d'organisation des articles, ni leur encodage en *wikicode* n'est stable d'une édition de langue à l'autre. Nous montrons dans (Navarro *et al.*, 2009; Sajous *et al.*, 2010, 2011) comment ce format lâche rend ardue et constamment inachevée l'écriture d'un parseur pour extraire de manière automatique et exhaustive les informations de Wiktionary : entre la mise à disposition de deux *dumps*, le wikicode évolue sans que le changement ne soit nécessairement documenté et seule l'observation (semi-)manuelle du format d'encodage permet d'adapter le parseur en conséquence. Nous avons concentré notre effort dans

5. Voir : `http://dumps.wikimedia.org/`. Le dump utilisé pour ce travail est celui du 27/08/2012.

le travail présenté ici sur l'extraction des informations absentes de WiktionaryX : les informations flexionnelles et les transcriptions phonémiques.

La figure 1 montre un extrait de l'article « *affluent* », tel qu'on peut le consulter dans le Wiktionnaire, deux de ses formes fléchies et le wikicode correspondant[6]. Le tableau qui recense les formes fléchies de l'adjectif, par exemple (en haut à droite de la figure 1a), n'est pas explicitement présent dans le wikicode, mais il est généré par le patron `{{fr-accord-cons|a.fly.ɑ̃|t}}`. Il existe ainsi des dizaines de patrons similaires dans le wikicode. L'extraction des formes fléchies et des prononciations correspondantes se fait soit par recensement et « émulation » de ces patrons (ici, génération des formes fléchies à partir d'un schéma spécifié), soit par l'analyse des articles des formes fléchies lorsqu'ils existent (cf. fig. 1c et 1d). Là encore, aucun formatage n'est systématique : le patron `{{f}}` (fig. 1c) indique que la forme est de genre féminin ; le nombre doit être extrait du texte de la ligne suivante « *Féminin singulier* ». Si la prononciation de *affluente* est donnée dans la « *ligne de forme* », celle de *affluentes* est donnée dans une section *Prononciation* dédiée. Des erreurs induites par l'hétérogénéité du wikicode peuvent de ce fait s'ajouter aux erreurs contenues dans les articles du Wiktionnaire et ainsi impacter la ressource finale.

Notre parseur extrait du *dump* du Wiktionnaire les formes graphiques et leurs lemmes, convertit leurs catégories morphosyntaxiques au format GRACE (Rajman *et al.*, 1997) et extrait leurs transcriptions phonémiques, déjà en API. Notons qu'une même entrée peut avoir plusieurs transcriptions, comme *abricots*, dont on trouve une prononciation avec un « o » ouvert et une autre avec un « o » fermé : /a.bʁi.kɔ/ et /a.bʁi.ko/. Dans ce cas, toutes sont conservées.
Les informations flexionnelles présentes dans le Wiktionnaire sont parfois partielles. Il est en effet courant que seul le genre ou le nombre soit indiqué pour les noms et les adjectifs. De même, le temps ou le mode d'une forme verbale fléchie peut être omis. Nous appliquons des règles pour tenter de compléter ces informations : une forme nominale ou adjectivale ne portant pas de terminaison *-s* ou *-x*, par exemple, sera considérée comme étant au singulier ; le genre et le nombre d'un participe passé peuvent être inférés par sa terminaison ; une forme fléchie nominale ou adjectivale masculine, dont on a déjà rencontré le lemme masculin singulier, est plurielle ; etc. Les 9,5% d'entrées dont l'information flexionnelle reste partielle sont écartées de la ressource.
Dans cette première version de GLÀFF, dont un extrait est donné figure 2, ne sont inclus que les noms communs, verbes, adjectifs et adverbes (lemmes et formes fléchies). Les mots grammaticaux et locutions y seront intégrés dans les versions ultérieures. En complément du *dump* dont elles sont absentes, nous avons « aspiré » du site du Wiktionnaire, puis analysé, les tables de conjugaison de 18 076 verbes. Ces tables générées à partir d'un simple modèle (e.g. `{{fr-conj-1|march|pron=maʁ|pc=ʃ}}` pour le verbe *marcher*[7]) permettent d'obtenir les 48 flexions d'un verbe (nous n'intégrons pas les temps composés dans GLÀFF).

# 5 Caractérisation quantitative

La suite de l'article est consacrée à la caractérisation essentiellement quantitative de GLÀFF. Elle vise à apporter des éléments de réponse aux questions suivantes : que contient GLÀFF ? Quel est l'apport de GLÀFF relativement aux ressources similaires existantes ? GLÀFF est-il une ressource susceptible de remplacer les lexiques morphosyntaxiques et phonologiques courants ?
Cette caractérisation porte sur différents attributs : nombre de lemmes et de formes, couverture relativement à différents corpus et transcriptions phonémiques. Nous comparons GLÀFF à quatre

6. Un « guide pratique de parsing du wikicode » accompagnera prochainement la ressource GLÀFF.
7. Voir `http://fr.wiktionary.org/wiki/Annexe:Conjugaison_en_français/marcher`

(a) Mise en page de l'article « *affluent* »

```
{{-adj-|fr}}
{{fr-accord-cons|a.fly.ɑ̃|t}}
'''affluent'''
# {{géographie|fr}} Qui se [[jeter|jette]] [[dans]] un [[autre]] en [[parlant]] d'un [[cours]] d'eau.

{{-nom-|fr}}
{{fr-rég|a.fly.ɑ̃}}

{{-flex-verb-|fr}}
{{fr-verbe-flexion|affluer|ind.p.3p=oui|sub.p.3p=oui|}}
'''affluent''' {{pron|a.fly|fr}}
# ''Troisième personne du pluriel de l'indicatif présent de'' [[affluer]].
# ''Troisième personne du pluriel du subjonctif présent de'' [[affluer]].

{{-pron-}}
{| class="wikitable"
| Adjectif et nom commun
* {{pron-rég|France|ɛ̃ .n‿ a.fly.ɑ̃|titre=un affluent}}
|-
| Forme du verber affluer
* {{pron-rég|France (Île-de-France)|a.fly}}
* {{pron-rég|France (Île-de-France)|il.z‿ a.fly vɛ̃ʁ lɔ̃.tʁe dy ma.ga.zɛ̃|titre=ils
affluent vers l'entrée du magasin}} |}
```

(b) Wikicode de l'article « *affluent* »

```
{{-flex-adj-|fr}}
'''affluente''' {{f}} {{pron|a.fly.ɑ̃t|lang=fr}}
#''Féminin singulier de'' [[affluent#fr-adj|affluent]].
```

(c) Article « *affluente* » et wikicode correspondant

```
{{-flex-adj-|fr}}
'''affluentes'''
# Féminin pluriel d''''[[affluent]]'''.

{{-pron-}}
* {{pron|a.fly.ɑ̃t}}
```

(d) Article « *affluentes* » et wikicode correspondant

FIGURE 1 – Article « *affluent* » et formes fléchies dans le Wiktionnaire.

```
affluent|Ncms|affluent|a.fly.ɑ̃
affluents|Afpmp|affluent|a.fly.ɑ̃
affluents|Ncmp|affluent|a.fly.ɑ̃
affluent|Vmip3p-|affluer|a.fly
affluent|Vmsp3p-|affluer|a.fly
afflueraient|Vmcp3p-|affluer|a.fly.ʁɛ
glénons|Vmmp1p-|gléner|gle.nɔ̃
glanure|Ncfs|glanure|gla.nyʁ
glanures|Ncfp|glanure|gla.nyʁ
glaoui|Ncms|glaoui|gla.wi
glapîmes|Vmis1p-|glapir|gla.pim
glapîtes|Vmis2p-|glapir|gla.pit
talentueuse|Afpfs|talentueux|ta.lɑ̃.tɥøz
talentueusement|Rgp|talentueusement|ta.lɑ̃.tɥøz.mɑ̃
talentueuses|Afpfp|talentueux|ta.lɑ̃.ty.øz
talent|Vmip3p-|taler|tal
talent|Vmsp3p-|taler|tal
taleraient|Vmcp3p-|taler|ta.lə.ʁɛ
```

FIGURE 2 – Extraits de GLÀFF

lexiques utilisés dans de nombreuses recherches : Lexique, BDLex, Morphalou et Lefff. Tous fournissent des descriptions morphosyntaxiques complètes pour leurs entrées, les deux premiers fournissant en plus des transcriptions phonémiques et une segmentation en syllabes.

**Couverture.** GLÀFF se distingue des lexiques actuellement utilisés en TAL et en psycholinguistique par sa taille exceptionnelle. La table 1 présente le nombre de lemmes et de formes fléchies, simples (séquence de lettres exclusivement) et non simples (*i.e.* comprenant espace, tiret et/ou chiffre). On peut y observer que GLÀFF contient 3 à 4 fois plus de lexèmes (2 fois plus pour les lemmes qui comportent une transcription phonémique) et 3 à 9 fois plus de formes (2 à 8 fois pour les formes transcrites). Cette taille est un atout important dans le cas d'une utilisation, par exemple, pour des recherches en morphologie flexionnelle ou dérivationnelle. Elle est également intéressante pour le développement d'outils de TAL comme des étiqueteurs morphosyntaxiques ou des analyseurs syntaxiques. On observe également que GLÀFF comporte un nombre élevé de formes composées. Ces dernières servent essentiellement à la segmentation des textes en « tokens » dont la qualité impacte l'ensemble des annotations catégorielles et syntaxiques ultérieures.

| | | Formes fléchies catégorisées | | | Lemmes catégorisés | | |
|---|---|---|---|---|---|---|---|
| | | Simples | Non simples | Total | Simples | Non simples | Total |
| **Lexique** | | 147 912 | 4 696 | 152 608 | 46 649 | 3 770 | 50 419 |
| **BDLex** | | 431 992 | 4 360 | 436 352 | 47 314 | 1 792 | 49 106 |
| **Lefff** | | 466 668 | 3 829 | 470 497 | 54 214 | 2 303 | 56 517 |
| **Morphalou** | | 524 179 | 49 | 524 228 | 65 170 | 7 | 65 177 |
| **GLÀFF** | Avec transcription | 1 258 217 | 11 209 | 1 269 426 | 105 646 | 6 091 | 111 737 |
| | Sans transcription | 143 361 | 13 061 | 156 422 | 66 970 | 7 375 | 74 345 |
| | Total | 1 401 578 | 24 270 | 1 425 848 | 172 616 | 13 466 | 186 082 |

TABLE 1 – Taille des lexiques (restreints aux catégories : nom commun, verbe, adjectif, adverbe).

Les comparaisons ci-après concernent uniquement les catégories majeures nom commun, verbe, adjectif et adverbe. Elles ont été réalisées sur les formes graphiques ou lemmes « simples » afin de nous affranchir des différents choix de graphie des unités polylexicales dans les lexiques et de segmentation des corpus. Nous étudions tout d'abord l'intersection de GLÀFF avec les autres lexiques. La table 2 présente pour chacun des cinq lexiques testés la proportion d'entrées (*i.e.* de triplets <*forme ; lemme ; description morphosyntaxique*>) que l'on retrouve à l'identique dans les autres. On observe que la taille des intersections est directement liée à celle des lexiques : plus un lexique est gros, plus son intersection avec les autres l'est. On observe ensuite une répartition des cinq lexiques en trois groupes : Lexique a une couverture moindre, avec 9% de GLÀFF et 22 à 26% des lexiques BDLex, Lefff et Morphalou. Ces trois derniers couvrent 76% à 80% de Lexique et 30% de GLÀFF en moyenne, tout en ayant un couverture commune de 70% à 86%. GLÀFF est nettement au-dessus avec un couverture de 85% à 93%. Sa couverture est supérieure de 5% à 13% à celle des autres lexiques. De plus, le fait qu'il n'inclue que partiellement les autres lexiques est normal au vu des intersections de ces derniers.

| | Lexique | BDLex | Lefff | Morphalou | GLÀFF |
|---|---|---|---|---|---|
| **Lexique** | | 26,03 | 25,20 | 22,46 | 8,95 |
| **BDLex** | 76.02 | | 79,87 | 70,40 | 28,75 |
| **Lefff** | 79,50 | 86,28 | | 72,32 | 30,04 |
| **Morphalou** | 79,58 | 85,43 | 81,24 | | 32,03 |
| **GLÀFF** | **84,83** | **93,26** | **90,23** | **85,66** | |

TABLE 2 – Couverture inter-lexiques (en % de formes fléchies catégorisées).

GLÀFF a donc une taille nettement supérieure à celle des autres lexiques, ce qui constitue un atout potentiel. Afin de s'assurer que cet avantage est effectif (*i.e.* que le plus grand nombre de lexèmes et de formes peut réellement s'avérer utile), nous avons comparé les cinq lexiques au vocabulaire de quatre corpus de nature différente (genre, taille, époque, etc.). Le premier, composé de 515 romans du XX[e] siècle issus de la base Frantext [8], contient 30 millions de mots. LM10, corpus journalistique qui rassemble les archives de 1991 à 2000 du quotidien *Le Monde*, contient 200 millions de mots. Le troisième corpus composé des 664 982 articles de la Wikipédia française [9], contient 260 millions de mots. Enfin, FrWaC (Baroni *et al.*, 2009) est un corpus de pages Web en français contenant 1,6 milliard de mots. Ces quatre corpus ont été étiquetés par la version standard de TreeTagger [10], qui nous sert ici à segmenter les corpus et filtrer leur vocabulaire sur la base des catégories syntaxiques (qui sont ensuite ignorées). Les mots inconnus de TreeTagger (dont la catégorie est pertinente) sont conservés. La table 3 présente la couverture des cinq lexiques par rapport à ces quatre corpus, en distinguant au sein de leur vocabulaire les formes de fréquence supérieure ou égale à 1 (*i.e.* tout le vocabulaire), 2, 5, 10, 100 et 1000.

| **Seuil : fréquence ≥** | | **1** | **2** | **5** | **10** | **100** | **1000** |
|---|---|---|---|---|---|---|---|
| **Frantext** | Nb formes | 145437 | 95189 | 61813 | 43919 | 10767 | 1376 |
| | Lexique | 66,76 | 84,35 | 94,00 | **96,91** | **99,15** | **99,27** |
| | BDLex | 70,86 | 84,69 | 92,47 | 95,74 | 99,12 | 99,20 |
| | Lefff | 71,89 | 85,63 | 93,21 | 96,21 | 99,08 | 98,90 |
| | Morphalou | 73,93 | 86,66 | 93,29 | 96,00 | 98,48 | 97,09 |
| | GLÀFF | **76,92** | **88,57** | **94,54** | 96,72 | 98,77 | 98,76 |
| **LM10** | Nb formes | 300606 | 172036 | 106470 | 77936 | 29388 | 7838 |
| | Lexique | 29,59 | 47,28 | 65,23 | 76,31 | 93,81 | 98,58 |
| | BDLex | 37,77 | 55,79 | 71,76 | 80,93 | 95,53 | 98,69 |
| | Lefff | 39,64 | 58,22 | 74,33 | 83,20 | 95,99 | **98,90** |
| | Morphalou | 39,06 | 56,82 | 71,92 | 80,32 | 93,27 | 97,48 |
| | GLÀFF | **45,24** | **63,83** | **78,63** | **86,23** | **96,46** | 98,68 |
| **Wikipédia** | Nb formes | 953920 | 435031 | 216210 | 136531 | 35621 | 7956 |
| | Lexique | 9,13 | 18,27 | 31,52 | 43,03 | 78,58 | 95,72 |
| | BDLex | 12,29 | 22,89 | 36,80 | 48,04 | 79,39 | 95,33 |
| | Lefff | 12,88 | 23,94 | 38,26 | 49,65 | 80,57 | 95,71 |
| | Morphalou | 13,05 | 23,96 | 37,87 | 48,87 | 78,74 | 94,16 |
| | GLÀFF | **16,42** | **29,00** | **44,13** | **55,45** | **83,21** | **96,10** |
| **FrWaC** | Nb formes | 1624620 | 846019 | 410382 | 255718 | 74745 | 22100 |
| | Lexique | 5,83 | 10,85 | 20,84 | 30,81 | 66,00 | 89,47 |
| | BDLex | 9,36 | 15,85 | 27,28 | 37,48 | 69,61 | 90,03 |
| | Lefff | 9,85 | 16,67 | 28,57 | 39,16 | 71,61 | 91,16 |
| | Morphalou | 10,09 | 16,89 | 28,53 | 38,68 | 69,36 | 88,51 |
| | GLÀFF | **13,13** | **21,13** | **34,29** | **45,35** | **76,39** | **92,76** |

TABLE 3 – Couverture lexiques/corpus (en % de formes fléchies non catégorisées).

Le classement des corpus par couverture décroissante est le même pour les cinq lexiques. Bien que la taille des corpus influe sur cet ordre (plus un corpus est étendu, plus le nombre potentiel de formes différentes est grand), leur nature est également déterminante : FrWaC, par exemple, est une collection de pages web et (donc) contient nombre de formes « bruitées » (mots étrangers, espaces manquants ou excédentaires, orthographe aléatoire, absence de diacritiques, etc.). On retrouve la répartition des lexiques en trois groupes : BDLex, Lefff et Morphalou présentent une couverture assez proche. Hormis pour Frantext, Lexique affiche une couverture moindre jusqu'au

8. `http://www.frantext.fr/`
9. Version du 18 juin 2008 disponible à l'adresse : `http://redac.univ-tlse2.fr/corpus/wikipedia.html`
10. `http://www.ims.uni-stuttgart.de/projekte/corplex/TreeTagger/`

seuil 100, où il rejoint Morphalou. GLÀFF a une couverture supérieure pour les trois plus gros corpus, sauf pour LM10 au seuil 1000 où il est dépassé par Lefff de 0,2%. La meilleure couverture de Lexique pour Frantext, alors qu'elle est inférieure de 10 à 15% à celle de GLÀFF pour les trois autre corpus, s'explique probablement par le fait que son vocabulaire a été constitué à partir d'œuvres de cette même base. Pour les autres corpus et jusqu'au seuil 100, la taille de GLÀFF lui permet d'avoir une couverture du vocabulaire bien supérieure à celle des autres lexiques (au seuil 1, de 14% à 53% de plus pour LM10 et de 30% à 125% pour FrWaC ; au seuil 10, de 4% à 16% pour LM10 et de 15% à 47% pour FrWaC). Des outils de TAL qui intégreraient GLÀFF devraient donc améliorer leurs performances dans le traitement de ces corpus.

La figure 3 compare la couverture des cinq lexiques sous un autre éclairage : elle représente pour chaque lexique le nombre de formes dont la fréquence en corpus appartient à un intervalle donné. On y voit clairement que les différences sont plus marquées pour le corpus FrWaC qu'elle ne le sont pour Frantext, probablement du fait des différences liées à la nature des corpus, comme expliqué plus haut. La répartition des lexiques en trois groupes apparaît clairement dans le diagramme de droite (FrWaC). On voit également sur ce dernier que même pour les mots très fréquents et donc très bien attestés, qui ont par exemple une fréquence comprise entre 101 et 1000, la couverture de GLÀFF reste meilleure. La table 3 et la figure 3 montrent que la supériorité de GLÀFF est plus marquée lorsque l'on travaille sur des corpus hétérogènes et pour des mots de faibles et moyennes fréquences.

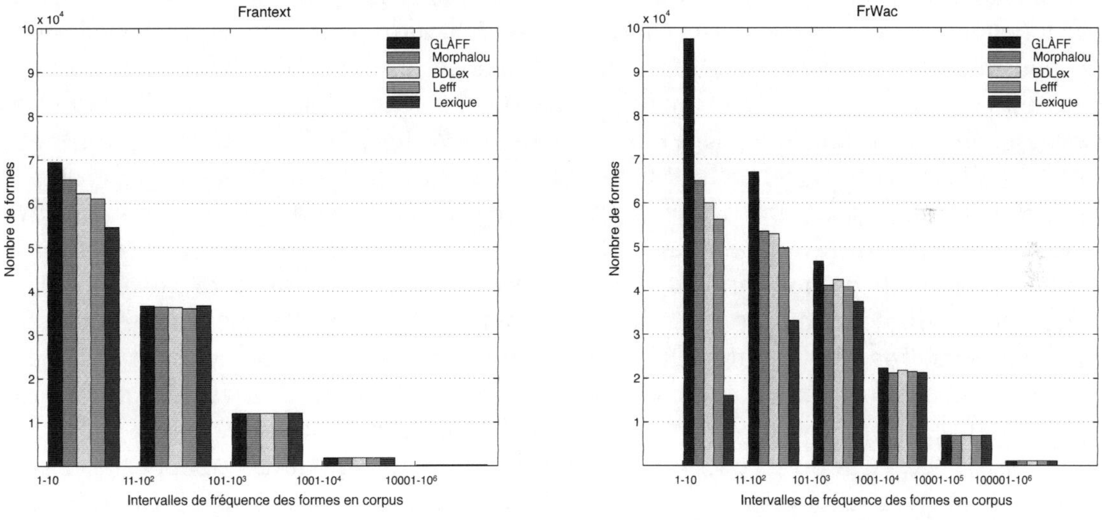


FIGURE 3 – Répartition des formes des lexiques relativement à leur fréquence en corpus.

Pour conclure notre caractérisation de la couverture de GLÀFF, nous nous sommes intéressés à la partie du vocabulaire spécifique à ce dernier, *i.e.* aux formes appartenant à GLÀFF et absentes des quatre autres lexiques. Ce sous-ensemble de 665 290 formes représente 47% de la ressource. Nous avons également considéré le vocabulaire spécifique de chaque autre lexique. La table 4 montre pour chaque sous-vocabulaire le nombre de formes attestées en corpus. Conformément à l'intuition, le nombre de formes attestées est d'autant plus grand que les corpus sont gros. La taille des corpus n'explique cependant pas tout : si une large part du vocabulaire spécifique à GLÀFF n'est attestée dans aucun corpus (il s'agit majoritairement de verbes pour lesquelles toutes les flexions possibles sont générées), sa taille permet une meilleure couverture de corpus hétérogènes tel que FrWaC incluant un français potentiellement moins normé et plus récent.

Même pour un corpus journalistique dont l'année la plus récente est 2000, la jeunesse, mais également la mise à jour constante du Wiktionnaire permettent à GLÀFF de couvrir des mots tout à fait usuels comme : *transversalité, attractivité, brevetabilité, diabolisation, employabilité, anticorruption, homophobie, institutionnellement, hébergeur, fatwa, indétrônable*, etc., toujours absents des autres lexiques après 13 années.

| | Taille du vocabulaire spécifique | Nombre de formes attestées | | | |
|---|---|---|---|---|---|
| | | Frantext | LM10 | Wikipédia | FrWaC |
| **Lexique** | 1 509 | 866 | 863 | 1 073 | 1 320 |
| **BDLex** | 3 981 | 86 | 521 | 1 004 | 1 496 |
| **Lefff** | 11 050 | 232 | 1 479 | 2 214 | 3 288 |
| **Morphalou** | 26 881 | 1 171 | 1 912 | 3 995 | 6 425 |
| **GLÀFF** | 665 290 | 2 811 | 13 525 | 29 230 | 47 549 |

TABLE 4 – Attestation en corpus du vocabulaire spécifique de chaque lexique

**Transcriptions phonémiques.** GLÀFF contient, pour 90% de ses entrées, une transcription phonémique. Ces transcriptions contiennent parfois (8% des cas) plusieurs variantes. Afin d'évaluer leur qualité, nous les avons comparées à celles de BDLex et Lexique, que nous avons converties en API. Nous avons comparé d'une part les transcriptions sans tenir compte de la syllabation, puis nous avons comparé la syllabation pour les transcriptions dont les suites de phonèmes sont strictement identiques. Nous avons relevé, pour les transcriptions qui ne diffèrent que par un phonème, les oppositions en cause. La table 5 montre pour chaque couple de lexiques les 10 oppositions les plus fréquentes et la table 6 donne des exemples illustrant ces oppositions. Cette table est complétée, dans la dernière colonne, par les transcriptions du *Dictionnaire de la Prononciation Française dans son Usage Réel* (Martinet et Walter, 1973), noté DPF ci-après. Les auteurs de ce dictionnaire papier élaboré entre 1968 et 1973, partant du principe que *« l'unité de la prononciation française est une vue de l'esprit et ne correspond à rien de réel »* ont mené, avec leurs collaborateurs, un travail de recensement auprès de 17 informateurs pour collecter les différentes variantes de prononciation d'un même mot (20% des prononciations divergent).
Les différences de transcription entre GLÀFF et chacun des deux autres lexiques sont comparables aux différences que l'on trouve entre BDlex et Lexique. Elles sont principalement dues à l'opposition entre les voyelles moyennes, comme les antérieures : [e] (mi-fermée) vs. [ɛ] (mi-ouverte), et les postérieures : [o] (mi-fermée) vs. [ɔ] (mi-ouverte). Entre BDLex et Lexique, elles sont responsables de 91% des divergences. Ces différences étaient attendues : l'opposition entre voyelles mi-fermeés et mi-ouvertes en français est soumise à des restrictions distributionnelles définies par la *loi de position* selon laquelle les voyelles mi-ouvertes apparaissent de préférence en syllabe fermée, alors que les voyelles mi-fermées apparaissent de préférence en syllabe ouverte. Bien qu'une investigation détaillée sur les structures syllabiques reste à faire, la variabilité d'application de cette loi n'est pas uniforme en France : elle est plus systématique pour le Midi, moins pour le Nord (Detey *et al.*, 2010). Les autres oppositions relevées dans la table 5, comme l'opposition [s]/[z], venant principalement du suffixe *-isme*, sont décrites dans le DPF. Le codage problématique du schwa y est également longuement commenté. La table 7 montre la proportion de transcriptions strictement identiques (hors syllabation), et « comparables » après annulation des différences entre voyelles moyennes. Notre définition de *comparable* est arbitraire mais montre que la majorité des différences (97 à 98%) sont dues à ces seules oppositions et ne viennent pas de codages aberrants. GLÀFF et Lexique proposent des prononciations strictement identiques pour 79,5% des entrées. Cet accord strict est de 61,7% entre GLÀFF est BDLex. On peut donc estimer que les transcriptions phonémiques de GLÀFF sont de bonne qualité (l'accord entre

BDLex et Lexique est de 58,3%). Notons également que les emprunts sont souvent générateurs de divergences (e.g. *shaker* : /ʃɛi.kəʁ/, /ʃɛj.kœʁ/, /ʃɛ.kœʁ/ ; *chili* : /ʃi.li/, /tʃi.li/ ; *ginseng* : /ʒin.sɑ̃g/, /ʒin.sɑ̃ŋ/, /ʒin.sɛŋ/). Par ailleurs, ni Lexique ni BDLex ne saurait constituer un étalon absolu. Si l'opposition [o]/[ɔ] peut s'expliquer, certaines entrées transcrites avec un [o] (o fermé) dans BDLex sont surprenantes : /po,m/ pour *pomme*, /poʁt/ pour *porte*, /oʁ/ pour *or* et *hors*, etc. Concernant Lexique, que penser de *châtié*, transcrit /ʃa.sje/, ou de *cambriolé/cambriolés* transcrits respectivement /kɑ̃.bʁi.jo.le/ et /kɑ̃.bʁi.o.le/ ? On s'étonne également de lire dans sa documentation[11] que le caractère 9 code le « e-ouvert [comme dans] *œuf, peur* » et de trouver dans le lexique *peur* transcrit /p2R/, 2 étant selon la documentation le code pour le « e-fermé [comme dans] *deux* ». Une autre curiosité concerne le « schwa non élidable [comme dans] *parvenu* », codée selon la documentation par le symbole 3. Or ce symbole est totalement absent de Lexique. *Parvenu*, utilisé comme exemple, est transcrit /paRv°ny/, où ° code le schwa élidable.

| Op. | Phonèmes | % | % cumulé |
|---|---|---|---|
| r | ɛ/e | 48,18 | 48,18 |
| r | ɔ/o | 32,17 | 80,36 |
| r | o/ɔ | 11,02 | 91,37 |
| r | y/ɥ | 1,83 | 93,21 |
| r | ə/ø | 1,44 | 94,64 |
| r | ə/œ | 1,39 | 96,03 |
| r | u/w | 0,84 | 96,87 |
| r | b/p | 0,73 | 97,61 |
| r | s/z | 0,51 | 98,12 |
| d | j | 0,25 | 98,37 |

(a) BDLex/Lexique

| Op. | Phonèmes | % | % cumulé |
|---|---|---|---|
| r | ɔ/o | 60,03 | 60,03 |
| i | ə | 14,18 | 74,21 |
| r | e/ɛ | 6,90 | 81,11 |
| r | ɛ/e | 4,98 | 86,09 |
| r | ɑ/a | 4,92 | 91,01 |
| r | s/z | 1,25 | 92,26 |
| r | ə/ø | 0,91 | 93,17 |
| r | œ/ø | 0,47 | 93,64 |
| i | i | 0,42 | 94,06 |
| r | o/ɔ | 0,38 | 94,44 |

(b) GLÀFF/Lexique

| Op. | Phonèmes | % | % cumulé |
|---|---|---|---|
| r | e/ɛ | 66,46 | 66,46 |
| r | ɔ/o | 10,58 | 77,05 |
| i | ə | 5,90 | 82,96 |
| r | o/ɔ | 4,36 | 87,32 |
| r | ɑ/a | 3,84 | 91,17 |
| r | ɥ/y | 1,61 | 92,78 |
| r | œ/ə | 1,09 | 93,88 |
| r | ø/ə | 0,86 | 94,74 |
| i | i | 0,84 | 95,58 |
| r | w/u | 0,79 | 96,38 |

(c) GLÀFF/BDLex

TABLE 5 – Les 10 différences de transcription les plus fréquentes.
Opérations (Op.) : r = substitution ; i = insertion ; d = suppression.

| | | **Transcriptions** | | | |
|---|---|---|---|---|---|
| **Opération** | **Forme** | **BDLex** | **Lexique** | **GLÀFF** | **DPF** |
| r : ɛ/e | été | /ɛ.te/ | /e.te/ | /e.te/ | /ete/ |
| r : s/z | stalinisme | /sta.li.nis,m/ | /sta.li.nizm/ | /sta.li.nism/ | /stalinism/, /stalinizm/ |
| r : b/p | obturer | /ɔb.ty.ʁe/ | /ɔp.ty.ʁe/ | /ɔp.ty.ʁe/ | /ɔptyre/, /ɔbtyre/ |
| r : o/ɔ | pomme | /po,m/ | /pɔm/ | /pɔm/ | /pɔm/ |
| r : ə/ø/œ | heureux | /ə.ʁø/ | /ø.ʁø/ | /œ.ʁø/ | /ørø, œrø/ |
| r : y/ɥ | gradué | /gʁa.dy.e/ | /gʁa.dɥe/ | /gʁa.dɥe/ | /gradɥe/, /grɑdɥe/, /gradye/ |
| r : u/w | jouer<br>inouï | /ʒu.e/<br>/i.nu.i/ | /ʒwe/<br>/i.nwi/ | /ʒwe/<br>/i.nwi/ | /ʒwe/, /ʒue/<br>/inwi/, /inui/ |
| r : a/ɑ | pâte | /pa,t/ | /pat/ | /pɑt/ | /pat/ , /pɑt/ |
| i,d : i,j | riiez | /ʁi.i.je/ | /ʁi.je/ | /ʁij.je/ | - |
| i,d : ə | contenu | /kɔ̃,tə.ny/ | /kɔ̃.tə.ny/ | /kɔ̃t.ny/ | /kɔ̃t(ə)ny/ |

TABLE 6 – Exemples de différence de transcription entre lexiques.

La comparaison de la syllabation opérée sur les transcriptions identiques (cf. table 7) montre que les trois lexiques sont très proches (98%). Notons à ce propos que si la construction « collaborative par les foules » du Wiktionnaire peut dans certains cas, admettons-le, être source d'amateurisme, elle peut également être intéressante car elle reflète une perception non canonique de la langue, selon un point de vue qui est *de facto* celui du locuteur (en l'occurrence, le contributeur) et non

11. `http://www.lexique.org/outils/Manuel_Lexique.htm`

*de jure* celui du linguiste. À titre d'exemple, on peut citer le cas de la syllabation du groupe consonantique /s/ + C en position interne de mot. Dans GLÀFF ce groupe apparaît alternativement comme hétérosyllabique, *i.e.* le /s/ et la consonne qui suit appartiennent à deux syllabes différentes (c'est la version canonique en français) comme dans *ministère* /mi.nis.tɛʁ/ et comme tautosyllabique (les deux phonèmes appartiennent à la même syllabe) comme dans *monistique* /mɔ.ni.stik/. Cette alternance, avec d'autres phénomènes non stables dans le Wiktionnaire, peuvent être perçus comme les signaux du comportement parfois non déterministe de la langue, et, partant, comme des objets potentiels d'investigation linguistique et psycholinguistique.

| | | | Transcriptions phonémiques | | Syllabation |
|---|---|---|---|---|---|
| Lexiques | | Intersection | Identiques | Comparables | Identiques |
| BDLex | Lexique | 112 439 | 58,31 | 96,88 | 98,92 |
| GLÀFF | Lexique | 123 630 | 79,50 | 97,81 | 98,48 |
| GLÀFF | BDLex | 396 114 | 61,72 | 96,88 | 98,30 |

TABLE 7 – Accord inter-lexiques : transcriptions phonémiques et syllabation
(Transcriptions comparables : non prise en compte des oppositions [o]/[ɔ], [e]/[ɛ] et [œ]/[ə]/[ø].
Syllabation : comparaison sur les transcriptions phonémiques identiques)

# 6 Conclusion et perspectives

Nous avons présenté dans cet article la première version d'un nouveau lexique, GLÀFF, construit de façon automatique à partir du Wiktionnaire. Ce lexique fournit des descriptions morphosyntaxiques détaillées pour 1,4 millions d'entrées et des transcriptions phonémiques pour 1,3 millions d'entre elles. Nous avons apporté dans cet article un certain nombre d'éléments qui indiquent que GLÀFF est un lexique de bonne qualité comparé aux ressources existantes comme Lexique, BDLex, Lefff ou Morphalou. Le fait qu'il dispose d'une taille 3 à 9 fois supérieure à celle des autres lexiques ne s'accompagne pas d'une dégradation des descriptions morphosyntaxiques et des transcriptions phonémiques. GLÀFF devrait s'avérer utile tant pour des recherches en TAL, en psycholinguistique, que pour la description linguistique.

La création de GLÀFF, motivée notamment par les besoins des recherches que nous menons sur l'organisation morphologique du lexique (Hathout, 2011) et sur la modélisation de la phonotactique et de son acquisition (Calderone et Celata, 2012), se poursuivra par un travail sur la découverte automatique des espaces thématiques utilisés pour la flexion (Boyé, 2011). Les autres perspectives sont nombreuses. À très court terme, nous enrichirons GLÀFF des catégories syntaxiques initialement écartées (mots grammaticaux et locutions). Puis nous intégrerons dans une même ressource les informations contenues dans GLÀFF et WiktionaryX. Cette ressource unifiée pourra dans un second temps recevoir des bases de données de descriptions lexicales provenant par exemple du *Dictionnaire des Mots Construits* de Michel Roché [12].

Nous prévoyons également la création d'une version révisée de GLÀFF qui constituera un sous-lexique totalement fiable. Plusieurs stratégies sont envisagées. La première sera de détecter automatiquement les entrées susceptibles de comporter des erreurs dans leur description morphosyntaxique ou leur transcription phonémique et de les éliminer. La seconde sera une révision semi-automatique dans laquelle nous proposerons à des opérateurs humains des corrections possibles qu'ils devront valider. Nous pourrons enfin augmenter ces sous-lexiques par une collection étendue d'informations sur la fréquence des formes et des lexèmes dans différents corpus

12. `http://w3.erss.univ-tlse2.fr/textes/pagespersos/mroche/`

de référence (Frantext, FrWaC, Wikipédia, LM10, etc.), le nombre de caractères, de phonèmes, de syllabes, la taille de la famille dérivationnelle, le voisinage graphémique, phonologique, etc. Cette version devrait répondre aux besoins des psycholinguistes, et être également utile pour la description linguistique, notamment en morphologie, les études quantitatives en linguistique et la modélisation du lexique et de son acquisition.

# Références

ANTON PÉREZ, L., GONÇALO OLIVEIRA, H. et GOMES, P. (2011). Extracting Lexical-Semantic Knowledge from the Portuguese Wiktionary. *In Proceedings of the 15th Portuguese Conference on Artificial Intelligence*, EPIA 2011, pages 703–717. APPIA.

BARONI, M., BERNARDINI, S., FERRARESI, A. et ZANCHETTA, E. (2009). The WaCky wide web : a collection of very large linguistically processed web-crawled corpora. *Language Resources and Evaluation*, 43(3):209–226.

BOULA DE MAREUIL, P., YVON, F., D'ALESSANDRO, C., AUBERGÉ, V., VAISSIÈRE, J. et AMELOT, A. (2000). A French Phonetic Lexicon with variants for Speech and Language Processing. *In Proc. of the 2nd Intl Conference on Language Resources and Evaluation (LREC)*, pages 273–276.

BOYÉ, G. (2011). Régularité et classes flexionnelles dans la conjugaison du français. *In* (Roché *et al.*, 2011), pages 41–68.

CALDERONE, B. et CELATA, C. (2012). PHACTS about activation-based word similarity effects. *In Proceedings of the EACL 2012 Workshop on Computational Models of Language Acquisition and Loss*, pages 33–37, Avignon. ACL.

CLÉMENT, L., LANG, B. et SAGOT, B. (2004). Morphology based automatic acquisition of large-coverage lexica. *In Proceedings of the Fourth International Conference on Language Resources and Evaluation (LREC 2004)*, pages 1841–1844, Lisboa, Portugal.

CONTENT, A., MOUSTY, P. et RADEAU, M. (1990). BRULEX : Une base de données lexicales informatisée pour le français écrit et parlé. *L'Année Psychologique*, 90:551–566.

COURTOIS, B. (1990). Un système de dictionnaires électroniques pour les mots simples du français. *Langue française*, 87(1):11–22.

DETEY, S., DURAND, J., LAKS, B. et LYCHE, C. (2010). *Les variétés du français parlé dans l'espace francophone*. L'essentiel francais. Ophrys.

ENCYCLOPAEDIA BRITANNICA (2006). Fatally Flawed : Refuting the Recent Study on Encyclopedic Accuracy by the Journal Nature.

GABRILOVICH, E. et MARKOVITCH, S. (2007). Computing semantic relatedness using Wikipedia-based explicit semantic analysis. *In Proceedings of the 20th International Joint Conference on Artificial Intelligence*, pages 1606–1611.

GILES, J. (2005). Internet Encyclopaedias go Head to Head. *Nature*, 438:900–901.

GONÇALO OLIVEIRA, H. et GOMES, P. (2010). Onto.PT : Automatic Construction of a Lexical Ontology for Portuguese. *In Proceedings of 5th European Starting AI Researcher Symposium*, pages 199–211. IOS Press.

GUREVYCH, I., ECKLE-KOHLER, J., HARTMANN, S., MATUSCHEK, M., MEYER, C. M. et WIRTH, C. (2012). UBY - A Large-Scale Unified Lexical-Semantic Resource Based on LMF. *In Proceedings of the 13th Conference of the European Chapter of the Association for Computational Linguistics (EACL 2012)*, pages 580–590.

HATHOUT, N. (2011). Une approche topologique de la construction des mots : propositions théoriques et application à la préfixation en *anti-*. *In* (Roché *et al.*, 2011), pages 251–318.

HATHOUT, N., NAMER, F., PLÉNAT, M. et TANGUY, L. (2009). La collecte et l'utilisation des données en morphologie. *In* FRADIN, B., KERLEROUX, F. et PLÉNAT, M., éditeurs : *Aperçus de morphologie du français*, pages 267–287. Presses universitaires de Vincennes, Saint-Denis.

IDE, N. et VÉRONIS, J. (1994). MULTEXT : Multilingual text tools and corpora. *In Proceedings of the 15th conference on Computational linguistics (COLING94)*, pages 588–592, Kyoto, Japan.

MARTINET, A. et WALTER, H. (1973). *Dictionnaire de la Prononciation Française dans son Usage Réel*. France Expansion.

MEYER, C. M. et GUREVYCH, I. (2012). OntoWiktionary – Constructing an Ontology from the Collaborative Online Dictionary Wiktionary. *In* PAZIENZA, M. T. et STELLATO, A., éditeurs : *Semi-Automatic Ontology Development : Processes and Resources*, chapitre 6, pages 131–161. IGI Global, Hershey, PA, USA.

NAVARRO, E., SAJOUS, F., GAUME, B., PRÉVOT, L., HSIEH, S., KUO, I., MAGISTRY, P. et HUANG, C.-R. (2009). Wiktionary and NLP : Improving synonymy networks. *In Proceedings of the 2009 ACL-IJCNLP Workshop on The People's Web Meets NLP : Collaboratively Constructed Semantic Resources*, pages 19–27, Suntec, Singapore. Association for Computational Linguistics.

NEW, B. (2006). Lexique 3 : Une nouvelle base de données lexicales. *In Verbum ex machina. Actes de la 13e conférence sur le Traitement automatique des langues naturelles*, Louvain-la-Neuve.

PÉRENNOU, G. et de CALMÈS, M. (1987). BDLEX lexical data and knowledge base of spoken and written French. *In Proceedings of the European Conference on Speech Technology, ECST 1987*, pages 1393–1396, Edinburgh, Scotland, UK.

RAJMAN, M., LECOMTE, J. et PAROUBEK, P. (1997). Format de description lexicale pour le français. Partie 2 : Description morpho-syntaxique. Rapport technique, EPFL & INaLF. GRACE GTR-3-2.1.

ROCHÉ, M., BOYÉ, G., HATHOUT, N., LIGNON, S. et PLÉNAT, M. (2011). *Des unités morphologiques au lexique*. Hermès Science-Lavoisier, Paris.

ROMARY, L., SALMON-ALT, S. et FRANCOPOULO, G. (2004). Standards going concrete : from LMF to Morphalou. *In* ZOCK, M. et SAINT-DIZIER, P., éditeurs : *COLING 2004 Enhancing and using electronic dictionaries*, pages 22–28, Geneva. COLING.

SAJOUS, F., NAVARRO, E. et GAUME, B. (2011). Enrichissement de lexiques sémantiques approvisionnés par les foules : le système WISIGOTH appliqué à Wiktionary. *TAL*, 52(1):11–35.

SAJOUS, F., NAVARRO, E., GAUME, B., PRÉVOT, L. et CHUDY, Y. (2010). Semi-automatic Endogenous Enrichment of Collaboratively Constructed Lexical Resources : Piggybacking onto Wiktionary. *In* LOFTSSON, H., RÖGNVALDSSON, E. et HELGADÓTTIR, S., éditeurs : *Advances in Natural Language Processing*, volume 6233 de *LNCS*, pages 332–344. Springer Berlin / Heidelberg.

SILBERZTEIN, M. (1990). Le dictionnaire électronique des mots composés. *Langue française*, 87(1):71–83.

SÉRASSET, G. (2012). Dbnary : Wiktionary as a LMF based Multilingual RDF network. *In Proc. of the 8th International Conference on Language Resources and Evaluation (LREC)*, Istanbul.

ZESCH, T. et GUREVYCH, I. (2010). Wisdom of Crowds versus Wisdom of Linguists - Measuring the Semantic Relatedness of Words. *Journal of Natural Language Engineering.*, 16(01):25–59.

ZESCH, T., MÜLLER, C. et GUREVYCH, I. (2008). Extracting Lexical Semantic Knowledge from Wikipedia and Wiktionary. *In Proceedings of the Sixth International Conference on Language Resources and Evaluation (LREC 2008)*, Marrakech.

# Constitution d'une ressource sémantique arabe à partir de corpus multilingue aligné

Authoul Abdul Hay[1] Olivier Kraif[2]
(1) Alzaytoonah University of Jordan - 11733 Jordan
(2) Univ. Grenoble Alpes, LIDILEM, F-38040 Grenoble
authoul@voila.fr, olivier.Kraif@u-grenoble3.fr

RÉSUMÉ

Cet article porte sur la mise en œuvre etsur l'étudede techniques d'extraction de relations sémantiques à partir d'un corpus multilingue aligné, en vue de construire une ressource lexicale pour l'arabe. Ces relations sontextraites par transitivité de l'équivalence traductionnelle, deux lexèmes qui possèdent les mêmes équivalents dans une langue cible étant susceptibles de partager un même sens. A partir d'équivalences extraites d'un corpus multilingue aligné, nous tâchons d'extraire des "cliques", ou sous-graphes maximaux complets connexes, dont toutes les unités sont en interrelation, du fait d'une probable intersection sémantique. Ces cliques présentent l'intérêt de renseigner à la fois sur la synonymie et la polysémie des unités, et d'apporter une forme de désambiguïsation sémantique. Ensuite nous tâchons de relier ces cliques avec un lexique sémantique (de type Wordnet) afin d'évaluer la possibilité de récupérer pour les unités arabes des relations sémantiques définies pour des unités en d'autres langues (français, anglais ou espagnol). Les résultats sont encourageants, et montrent qu'avec des corpus adaptés ces relations pourraient permettrede construire automatiquement un réseau utile pour certaines applications de traitement de la langue arabe.

ABSTRACT

The constitution of an Arabic semantic resource from a multilingual aligned corpus

This paper aims at the implementation and evaluation of techniques for extracting semantic relations from a multilingual alignedcorpus, in order to build a lexical resource for Arabic language. We first extract translational equivalents froma multilingual aligned corpus. From these equivalences, we try to extract "*cliques*", which are maximum complete related sub-graphs, where all units are interrelated because of a probable semantic intersection. These cliques have the advantage of giving information on both the synonymy and polysemy of units, providing a kindof semantic disambiguation. Secondly, we attempt to link these cliques with a semantic lexicon (like WordNet) in order to assess the possibility of recovering, for the Arabicunits, a semantic relationships already defined for English, French or Spanish units. These relations would automatically build a semantic resource which would be useful for different applications of NLP, such as Question Answering systems, Machine Translation, alignment systems, Information Retrieval...etc.

MOTS-CLÉS : Corpus multilingues alignés, désambigüisation sémantique, cliques, lexiques multilingues, réseaux sémantiques, traitement de l'arabe.
KEYWORDS :Multilingual aligned corpus, semantic disambiguation, cliques, multilingual lexicons, word net, Arabic Language Processing

# 1 Introduction

Ce travail vise à étudier une méthode pour la constitution d'une ressource sémantique arabe qui pourrait refléter la richesse de la langue arabe, et son importance en termes de diffusion et de nombre de locuteurs (≈300 millions).

Pour un large éventail d'applications s'appuyant sur l'élaboration d'une ressource sémantique, le réseau sémantique WordNet(Fellbaum, 1998) de l'université de Princetonest devenu un standard *de facto*, malgré certaines limites et imperfections qu'on peut lui reprocher, tels que ses incohérences, la confusion entre sens et concept oul'inadéquation de son organisation des sens à d'autres langues que l'anglais (Mallak, 2011).

Bien avant WordNet, les réseaux sémantiques ont été très utilisés dans le domaine de l'intelligence artificielle, et notamment pour le TAL, depuis les années 1960. Ils montrent une bonne adaptation à la représentation du langage naturel, et la capacité de modéliser toute forme de connaissances que l'on peut représenter dans un système symbolique (Hendrix, 1979). Mais la création d'un réseau sémantique en fonction d'objectifs spécifiques est une opération complexe et coûteuse à mettre en œuvre. C'est pour cela qu'il devient primordial, pour une langue donnée, de bénéficier de réseaux sémantiques génériques déjà développés, afin de rattraper l'écart technologique en termes de contenus, de services et d'usages entre les langues et les cultures du monde sur les réseaux d'information.

Dans la perspective de développer un tel réseau sémantique pour la langue arabe, nous présentons dans cet article une méthode visant à tirer parti de réseaux déjà existants pour d'autres langues, en s'appuyant sur l'extraction préalable de relations d'équivalences lexicales à partir d'un corpus multilingue aligné.

Après une brève description des travaux antérieurs dans le domaine, ci-dessous, la partie 3 de notre articledétaille la méthodologie suivie dans notre travail d'expérimentation. Dans lapartie 4, nous faisons état des résultats obtenus et en donnons une évaluationqualitative et quantitative (sur un petit échantillon). La dernière section enfin présente les conclusions et les perspectives envisagées.

# 2 Travaux antérieurs

Peu de travaux, à notre connaissance, ont contribué à l'élaboration d'un wordnet pour l'arabe. Parmi ces travaux, nous citerons la contribution la plus importante, qui est celle de (Alkateb et al., 2006).Il faut noter qu'AWN (pour ArabWord Net), la ressource proposée par ces auteurs, est une des rares ressources pour la langue générale arabe consultable en ligne. Les auteurs ont élaboré un wordnet basé sur l'architecture etle contenu du Princeton WordNet (PWN 2.0) et qui peut être relié directement avec son extension multilingue EuroWordNet (EWN, Vossen, 1998). Dans cette architecture, les wordnets des différentes langues sont indexés par des « ILI » (des relations d'équivalence pointant vers des entrées de PWN) et l'ontologie SUMO (*Suggested Upper Merged Ontology,* Niles et Pease, 2001),une ontologie supérieure formelle quicontient 1 000 termes et 4 000 formules définitionnelles exprimées dans la logique du 1er ordre.Dans la construction d'AWN, les auteurs ont suivi la méthode élaborée pour EWN, avec une approche descendante : ils sont partis des concepts communs de base (partagés par les langues d'EWN et de Balkanet), qu'ils ont étendus vers des concepts plus spécifiques, en suivant les relations d'hyponymie. Les correspondances avec les synsets[1]anglais sont obtenus grâce à un lexique bilingue, et en suivant différentes heuristiques, de l'arabe vers l'anglais ou réciproquement. Des candidats sont proposés automatiquement, mais la validation des correspondances reste une étape manuelle.La possibilité d'automatiser ce processus de validation permettrait de diminuer de façon notable le cout d'une telle ressource, afin d'en augmenter la couverture.

Dans la perspective d'une plus grande automatisation, Sagot et Fišer (2008)proposent une méthode intéressante faisant intervenir des ressources multilingues (des corpus alignés) afin de construire un réseau sémantique de type wordnet pour le français(le WOLF). Les auteurs appliquent une approche par extension (Vossen, 2008), en partant de PWN pour en traduire les synsets. Pour les mots monosémiques, la traduction est triviale, via des lexiques bilingues (tirés de Wikipedia etdu thésaurusEUROVOC20). Pour les entrées polysémiques (les mots qui appartiennent à plusieurs synsets), ils utilisent le corpus parallèle CCR-Acquis19comportant 5 langues alignées. Ils se basent sur l'idée suivante :*"Les différents sens des mots ambigus dans une langue donnée donnent souvent lieu à des traductions différentes dans une autre langue. À l'inverse, nous supposons que si deux mots ou plus sont traduits par le même mot dans une autre langue, ils partagent souvent un élément de sens. En outre, ces phénomènes sont renforcés par l'utilisation de plus de deux langues, d'où l'intérêt d'une approche par alignement multilingue. "* (Sagot et Fišer 2008 :3).Ainsi chaque mot simple français se retrouve aligné avec des équivalents en anglais, roumain, tchèque et bulgare. Chacun de ces équivalents est alors rattaché à un ou plusieurs ILI dans EWN et BalkaNet. Les auteurs font alors l'hypothèse que l'intersection de ces ILI indique probablement un ou plusieurs sens rattachables au mot français. Avec cette technique, les auteurs obtiennent respectivement pour les noms et les verbes des précisionsde 77,2% et 65,8%, et desrappels de 68,7% et 54,7% (en prenant le wordnet français d'EWN comme référence). L'approche par extension est cependant assez contestable, car elle présuppose que le wordnet cible soit isomorphe à WPN, comme si l'organisation des sens de la langue cible pouvait correspondre exactement à celle de l'anglais. C'est d'autant plus problématique que les sens dans PWN sont organisés en fonction de 4 parties du discours (nom, verbe, adverbe, adjectif), catégories qui ne correspondent pas au système catégoriel de langues génétiquement éloignées, telles que l'arabe (qui connait 3 catégories principales : nom, verbe et particule).

Citons enfin le modèle géométrique des atlas sémantique de Ploux (2007) qui s'appuie sur l'extraction de cliques de mots synonymes (construites à partir de dictionnaires de synonymes), analogue à des synsets, pour réaliser un découpage plus findes sous-sens des mots. En utilisant un dictionnaire bilingue, et une méthode de projection dans un espace sémantique commun (Ploux et Ji, 2003), l'auteure montre comment les cliques obtenues dans chaque langue peuvent être appariées, ce qui permet d'enrichir à la fois le dictionnaire bilingue, et d'identifier de nouveaux candidats synonymes dans chaque langue. Notre approche, très voisine de ces travaux par sa représentation géométrique du sens, en est complémentaire, dans la mesure où c'est à partir de corpus multilingues parallèles, et non de dictionnaires, que nous allons chercher à extraire ce type de cliques.

[1]Les *synsets* correspondent aux nœuds sémantiques du réseau.

# 3 Hypothèses et méthodologie

## 3.1 Présentation générale

Pour l'organisation des sens en arabe, nous nous somme inspirés de l'architecture de réseaux sémantiques de type wordnet préexistants, notamment les réseaux d'EuroWordNet.Notons que les synsets, dans l'architecture de PWN, représentent l'intersection sémantique d'un ensemble d'unités, et constituent l'identification implicite d'une acception (sens), en organisant les unités selon deux propriétés : synonymie et polysémie. La synonymie dans un wordnet monolingue est basée sur l'équivalence (souvent partielle) entre les unités regroupées dans synset.

La FIGURE 1 – Exemple de synsets de WordNet pour le nom anglais*situation* donne les différents synsets de WordNet pour le nom anglais*situation*: *(situation, state of affairs) (situation, position) (situation) (site, situation) (position, post, berth, office, spot, billet, place, situation).* Chacun de ces synsets correspond à une certaine acception (*sense*), explicitée par une glose, mais surtout caractérisée par un ensemble d'unités synonymes susceptibles de partager cette acception.

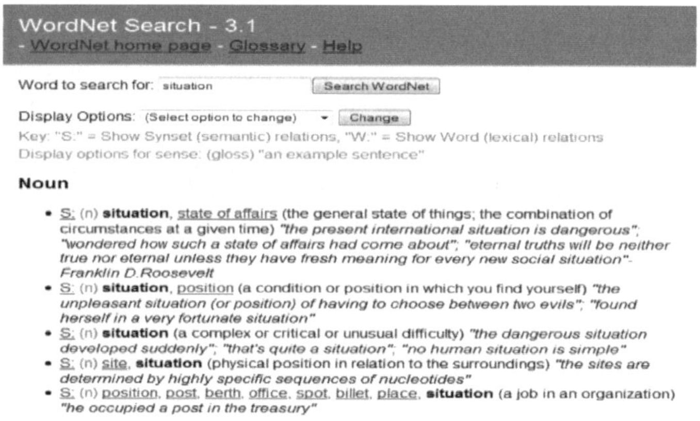


FIGURE 1 – Exemple de synsets de WordNet pour le nom anglais*situation*

Ainsi la mise en évidence de l'équivalence de certaines unités, autour d'un sens donné, conduit également à une prise en compte du fait polysémique, par le fait qu'une même unité est susceptible d'intervenir dans différents synsets. Or, comme Sagot et Fišer (2008),nous faisons l'hypothèse que ce type de structuration du sens peut être déduit des relations d'équivalence traductionnelle observées sur des corpus de textes traduits (que nous nommerons désormais corpus parallèles). En effet, nous pensons qu'une approche multilingue basée sur des corpus parallèles permet de donner des renseignements utiles tant sur le plan de la polysémie (un lexème possédant des équivalents différents étant susceptible d'avoir différentes acceptions) que sur celui de la synonymie (deux lexèmes possédant les mêmes équivalents dans une langue cible étant susceptibles de partager un même sens).

La traduction, par le réseau de relations qu'elle constitue, peut peut-être jouer le rôle de révélateur par rapport à la structuration interne des sens d'une langue, vue sous l'angle de cette dialectique entre synonymie et polysémie. En outre, nous pensons que l'utilisation de plus de deux langues permet de renforcer des hypothèses concordantes issues de sources d'information différentes : une unité très polysémique aura sans doute de nombreux équivalents dans différentes langues cibles. Et si deux unités partagent un même sens, elles partageront sans doute des équivalents dans leurs traductions vers plusieurs langues.

Ainsi une seule langue cible n'est pas forcément suffisante pour porter un éclairage sur la variabilité sémantique d'une unité : il peut arriver qu'une unité polysémique puisse être traduite dans une langue cible par une unité équivalente présentant le même type de polysémie. Mais il est peu vraisemblable que cette même structuration se retrouve à l'identique dans plusieurs langues cibles. Par exemple, le nom *terme* en français présente la même ambiguïté que l'anglais *term* : il peut (entre autres) prendre les sens de /mot/ ou de /fin, échéance/. On trouve la même ambiguïté dans d'autres langues romanes, comme l'espagnol ou l'italien. Mais les équivalents allemands *Begriff* ou*Abschluss*, qui correspondent à ces sens, ne présentent pas cette ambiguïté.C'est pour tirer parti de ces « discordances révélatrices » que nous avons constitué corpus parallèle en 4 langues : français, anglais, espagnol et arabe.

Par ailleurs, dans la perspective d'extraire des unités de sens qui puissent être rapprochées des synsets de WordNet, nous pensons que le lexème n'est pas une entrée consistante pour l'organisation des sens, notamment pour l'enregistrement des relations d'*équivalence traductionnelle* en détachant les unités de leurs contextes d'occurrence. Comme Ploux(2008) nous proposons plutôt de nous appuyer sur *des cliques* de lexèmes, c'est-à-dire des ensembles de lexèmes qui partagent tous, pris deux à deux, un certain contenu sémantique. En effet, nous croyons que ces cliques permettent d'organiser le lexique en fonction des sens, à un niveau de granularité plus fin que celui des lexèmes, qui demeurent très ambigus hors contexte. A la différence de Sagot et Fišer (2008), qui utilisent des relations d'équivalence entre une langue (le français) et les autres, nous pensons que les cliques, en impliquant simultanément tous les couples de langues, imposent un degré de cohésion supérieur.

En extrayant de telles cliques à partir de notre corpus parallèle, nous espérons trouver une organisation des unités suffisamment cohérente pour apporter des informations fiables sur les deux propriétés qui nous intéressent, à savoir la synonymie et polysémie. Nous tenterons notamment de vérifier que les cliques extraites à partir des ensembles d'unités liées par des relations d'équivalences automatiquement extraites, grâce à des techniques d'alignement de corpus, sont apparentées aux synsets des réseaux sémantiques multilingues tels qu'EuroWordNet. De plus, ces cliques, par leur structuration fondamentalement multilingue, sont peut-être moins ancrées dans les particularités du découpage sémantique d'une langue donnée, et pourraient former de meilleurs candidats, pour un ajustement mutuel de différents wordnets, que les synsets de WordNet.Une telle ressource peut donc avoir des applications directes pour la désambigüisation en traduction automatique, dans le contexte spécifique d'une traduction en langue tierce connaissant déjà d'autres traductions outre le texte original (nous pensons aux traductions des textes de l'Union européenne, qui mettent en jeu jusqu'à 23 langues différentes).

Une fois ces cliques multilingues obtenues, nous tenterons de les associer aux synsets existants d'EuroWordNet. Les retombées seraient multiples :

- d'une part, cela permettrait d'établir un lien entre des lexèmes arabes et ces synsets. A partir de cette association, on pourrait envisager de projeter certaines informations du réseau(non seulement synonymie et polysémie, mais aussi hyper/hyponymie, antonymie, méronymie, etc.) vers l'arabe. Sans présumer qu'un wordnetarabe doit être congruent à PWN, cette possibilité permettrait d'amorcer la construction d'un nouveau réseau, et de récupérer automatiquement un grand nombre d'informations de nature sémantique.

- d'autre part, cela permettrait de mettre au point une méthode pour l'enrichissement automatique d'un réseau de type EuroWordNet, et consolidant des liens interlingues existants (qui seront nommés plus loin ILI, pour Inter Lingual Index), voire en y ajoutant des nouveaux.

Ainsi, nous espérons que l'analogie entre nos cliques et les synsets de wordnets déjà créés, nous permettra de dégager une méthode pour amorcer automatiquement la construction d'une ressource sémantique arabe. A terme, une telle ressource serait utile pour de nombreuses applications du traitement de la langue arabe, comme la recherche d'information, la traduction automatique, les moteurs de question-réponse, la veille informationnelle, l'analyse d'opinion, etc.

## 3.2 Étapes suivies

### 3.2.1 Constitution de corpus multilingue parallèle

Notre corpus, qui provient des archives des Nations Unies (NU)[3], est constitué de 185 textes traitant de sujets différents (ex. commerce international, droit de la femme, santé...etc.)dans chacune des quatre langues suivantes : français, anglais, espagnol et arabe classique.

Notre corpus a subi des étapes de reformatage, d'étiquetage et de lemmatisation (sauf pour l'arabe, qui est segmenté mais pas lemmatisé). Nous avons utilisé l'étiqueteur treetagger(Schmid, 1995) pour les trois langues indo-européenneset Amira1.0pour l'arabe (Diab et al., 2007).

Ensuite une étape d'alignement phrastique avec Alinea(Kraif, 2001)a été appliquée sur notre corpus. Certains textes comportant des tableaux, des index, etc.brisant le parallélisme, le taux d'alignements erronés était d'environ 28% : nous avons procédé à une étape de filtrage des alignements problématiques avant de lancer l'alignement lexical avec Giza++ (Ochet Ney, 2003). Le nombre de paires de mots (ou groupes de mots) alignés pour chaque couple de languesvarie entre 73 823 (couple fr-ar) et 98 303 (couple en-es).

### 3.2.2 Extraction de cliques multilingues

Notre méthode d'extraction de cliques, ou des sous-graphes maximaux complets connexes, s'appuie sur l'extraction automatique des équivalents traductionnels. Les correspondances extraites à partir de tous les alignements deux à deux des textes du corpus forment un immense graphe reliant des unités des quatre langues considérées. Pour ne retenir que les arcs les plus pertinents de ce graphe, nous avons d'abord procédé à un filtrage des correspondances lexicales (en fonction de leur fréquence). Dans un deuxième temps, nous avons procédé à l'extraction de toutes les cliques autour d'une unité donnée. Enfin, pour éviter l'éparpillement des cliques voisines mais disjointes du fait de l'absence d'une ou deux relations dans notre corpus, une phase de clusterisationascendante hiérarchique a été mise

[3] Téléchargé depuis le site http://unbisnet.un.org

en œuvre (la proximité de deux cliques étant calculées sur avec une formule de Dice).

Pour interpréter les cliques obtenues, nous émettons l'hypothèse de *centralité des cliques*, l'interrelation entreles éléments de la clique pris *2 à 2*étant probablement une conséquence de l'existence d'une intersection sémantique *commune*non vide.

Par exemple dans la clique : (*fr-N-économie, en-N-saving, it-N-risparmio, de-N-Einsparung*[4]), il est probable que les sens partagés par (*fr-N-économie, en-N-saving*) et (*fr-N-économie, it-N-risparmio*) aient une intersection commune. En effet si tel n'était pas le cas, cela signifierait que les équivalences (*fr-N-économie, en-N-saving*) et (*fr-N-économie, it-N-risparmio*) correspondent à deux acceptions distinctes de *fr-N-économie*. Et du coup il serait peu probable que *en-N-saving* et *it-N-risparmio*soient eux-même des équivalents potentiels. L'ajout d'un équivalent commun à ces trois unités, avec l'allemand *de-N-Einsparung*, renforce encore cette hypothèse de convergence des intersections. L'appartenance à une clique, qui implique une relation avec tous les éléments de la clique, révèle, lorsqu'un grand nombre de langues est mis en jeu, une propriété centripète de la clique, le "centre" qui en assure la cohésion pouvant être interprété comme l'intersection commune à tous ses membres.

Mais que peut-on dire pour deux éléments de la même langue au sein d'une clique ? Par définition, ils ne sont pas en relation d'équivalence traductionnelle. Doivent-ils nécessairement être synonymes, c'est-à-dire avoir une intersection sémantique (un sens dénotationnel commun) correspondant au centre de la clique ? On peut imaginer certains cas où une langue opère une distinction non marquée dans les autres, utilisant par exemple deux lexèmes concurrents là où les autres n'en n'utilisent qu'un seul. Dans ce cas, les deux lexèmes peuvent être considérés comme cohyponymes, et ce n'est pas leur intersection mais plutôt leur union qui doit correspondre au centre de la clique.

#### 3.2.3 Rattachement de sens et de relations à des unités arabes

Ces cliques maximales où toutes les unités sont en interrelation, du fait d'une probable intersection sémantique (des sens voisins ou connexes), ressemblent auxsynsets d'un réseau sémantique tel que PWN. En effet, dans PWN, les sens sont caractérisés de manière similaire, par l'intersection sémantique d'un ensemble de nœuds fortement liés et activés simultanément : chaque synset dénote un "concept" différent situé au croisement d'un ensemble d'unités lexicales susceptible de porter ce sens, décrit par une courte définition appelée *gloss*. De la même manière qu'avec nos cliques, l'appartenance d'une unité lexicale à plusieurs synsets constitue une manifestation explicite de sa polysémie.

C'est pourquoi nous allons tenter de relier nos cliques avec le lexique sémantique d'EuroWordNet, afin d'évaluer la possibilité de récupérer pour les unités arabes des relations sémantiques déjà déclarées pour des unités en anglais, français et espagnol, dans leurs réseaux respectifs. Voici lesprincipes suivis pour le rattachement des sous-sens et des relations d'EWN aux unités arabes:

1 Principe de clôture transitive intra-clique : rattachement des unités arabes à un ILI.

   Si toutes les unités d'une même clique partagent un et un seul sens d'EuroWordNet(via les ILI) alors la clique est désambigüisée et on rattache l(es)

[4]Pour éviter les ambiguïtés, nous préfixons chaque lexème par sa langue et sa catégorie.

unité(s) arabe(s) à ce sens commun.

Par exemple, dans la clique (*en-N-science fr-N-science es-N-cienciaar-N-علم*)leslexèmes anglais, français et espagnol sont tous les trois rattachés à un seul ILI glosé par */a particularbranch of scientificknowledge/*. On peut donc également lui rattacher l'unité arabe, car il n'y a pas d'ambiguïté.

2 Principe de clôture transitive inter-clique : ajout d'une relation entre deux unités arabes.

Si deux cliques ontchacune été rattachéesà un seulILI, respectivement,et si pour une langue donnée il existe une relation sémantique entre deux unités appartenant à ces deux cliques, pour uneacception liée auILI retenu, alors la relation peut être étendue pour les unités arabes contenues dans ces cliques, sauf si une relation contradictoire peut être inférée à partir d'une autre paire de lexèmes.

Par exemple si on considère les deux cliques suivantes :: (*ar-N-قسم fr-N-fragment en-N-snippet es-N-recorte*) et(*ar-N-حصة fr-N-morceau es-N-pedazo en-N-piece*), sachant qu'on a une relation *'has_hyperonym'*entre en*-N-snippet et en-N-piece*, et qu'il n'existe pas de relation différente pour les unités des autres langues (il se trouve qu'on a la même relation pour le français et l'espagnol, même si ce n'est pas une condition nécessaire ici), on peut étendre la relation aux unités arabes*ar-N-قسم*et*ar-N-حصة*.

# 4 Evaluation des résultats

Nous n'avons évalué à ce jour que les résultats de l'application du principe de clotûre transitive intra-clique : la projection des relations sémantiques fera l'objet de recherches ultérieures.

## 4.1 Evaluation quantitative

Dans ce travail, nous avons testé seulement les cliques contenant des unités de deux catégories (noms et verbes) puisque leFREWN (French EuroWordNet) ne comporte ni adjectifs ni adverbes. Nous n'avons pas traité non plus les unités pour lesquelles les catégories Nom et Verbe n'étaient pas complètement désambiguïsées ex. (N/Adj), (V/N/Adj)...etc.

Nous avons appliqué notre approche sur les 100 noms et les 100 verbes français les plus fréquents dans notre corpus. Parmi les clusters obtenus, nous en avons prélevé, par tirage au sort, 100 pour les verbes et 100 pour les noms(voir tableau 1).

| | Nom | Verbe |
|---|---|---|
| Nb clusters traités | 100 | 100 |
| Nb clusters valides (désambigüisés et non-désambigüisés) | 56 | 29 |
| Nb lemmes arabes dans les clusters désambigüisés | 74 | 37 |
| Nb lemmes validés complètement (VC) | 59 | 21 |
| Nb lemmes validés partiellement (VP) | 8 | 6 |
| Nb lemmes non validés | 7 | 10 |
| Nb Total d'unités arabes validés (VC+VP) | 94 / 111 ≈ 84,7% | |

TABLE1 – Tableau récapitulatif des résultats pour l'arabe

Les clusters valides désambiguïsés ou non désambiguïsés sont respectivement les clusters qui sont reliés à unou plusieurs ILI (certains clusters n'étant reliés à aucun, du fait de la couverture d'EWN). Nous en avons obtenu 56 pour les noms et 29 pour les verbes. Le nombre de lemmes arabes (et non de formes fléchies) dans les clusters précédents est de 74 pour les noms et 37pour les verbes. Parmi ces lemmes, nous avons vérifié manuellement que le sens de l'ILI correspondait bien à une acception du lexème (nous nous sommes référés au dictionnaire Alwaseet). Nous avons ainsi trouvé 59 lemmes arabes validés complètement pour les noms, et 21 pour les verbes.Quand le sens de l'ILIest voisin, mais correspond à une catégorie plus générale ou plus spécifique, nous avons considéré les lemmes comme partiellement validés. Nous en avons trouvé 8 pour les noms et 6 pour les verbes. Le nombre de lemmes arabes non valides, c.-à.-d. pour lesquels l'ILI est trop éloignédes différents sens attestés par le dictionnaire, est de 7 pour les noms et 6 pour les verbes.

Au final nous avons calculé le pourcentage d'unités arabes (noms et verbes) validées (ou partiellement validées) au sein des cliques(Nb.de lemmes validés complètement+partiellement/Nb de lemmes arabes dans les clusters valides)et nous avons obtenu un pourcentage d'environ 84,7% de rattachements sémantiques valides.

## 4.2 Evaluation qualitative

### 4.2.1 Validitésémantique des clusters

Dans cette partie de l'évaluation, nous cherchons à examiner la validité au plan sémantique des clusters obtenus.

Plusieurs cas de figure ont été rencontrés, que nous listons ci-dessous.

*Cas n°1 : identification correcte de plusieurs acceptions*

Nous avonsobtenu des clusters qui peuvent permettre d'identifier différents sens pour une même unité arabe. Prenons l'exemple suivant qui illustre ce point :

Nous avons obtenu deux clusters pour le lemme arabe علم:

Cluster 1: (ar-N-العلومar-N-العلم en-N-science fr-N-science es-N-ciencia).

Il se trouve que les noms arabes العلم ،العلوم sont des formes fléchies pour le lemme علم.

Par ailleurs, les trois unités *en-N-science, es-N-ciencia*et*fr-N-science*, en se référant aux wordnetsde chaque langue pris indépendamment, sont polysémiques. Mais toutes les unités (fr-en-es) de ce cluster partagent le seul lien ILI suivant: */a particularbranch of scientificknowledge/*. Un des sens de l'unité arabe *ar-N-*علم mentionné dans le dictionnaire Alwaseetest : */un groupe de connaissances scientifiques dans un domaine particulier/* (nous traduisons) ce quicorrespond bien au ILImentionné et valide donc le rattachement.

> Cluster 2 pour le même lemme arabeعلم: (ar-N-علمar-N-تعلمfr-N-apprentissage en-N-learning es-N-aprendizaje).

Toutes les unités arabes du cluster précédent sont des formes fléchies du même lemme علم : (ar-N-علمar-N-تعلم).L'ILIcommun des troisunités (en-es-fr) estglosé par*/the cognitive process of acquiring skill or knowledge; "the child's acquisition of language"& 03 09 2ndOrderEntity Agentive Cause Dynamic Experience Mental Property SituationType Static/*.Cet ILI est donc assez proche de l'un des sens de l'unité arabe علمdans le dictionnaire Alwaseet, également lié à la notion d'apprentissage: */l'acquisition et la connaissance de la vérité des choses/*.Le sens identifié par ce cluster semble donc pertinent pour rattacher le lemmearabeà un deuxième ILI.

Mais dans certains cas les sens représentés par les clusters sont incomplets, puisque certaines acceptions très communes ne sont pas représentées, du fait des limitations de nos ressources, wordnets et corpus. Nous avons relevé les cas suivants :

*Cas n°2 : Insuffisance de couverture des WNs*

1. Absence d'un lexème dans les WNs

Certains verbes français, pourtant assez communs, qui se trouvent dans nos cliques, n'apparaissent pas dans FREWN : *adjoindre, s'approprier, figurer, spécialiser...*

2. Absence d'un sens dans les WNs

Le cluster obtenu pour le mot arabe فلسفة est : (ar-N-فلسفة es-N-filosofíafr-N-philosophie en-N-philosophy). Notonsque les deux unités en-N-philosophyet es-N-filosofía, se référant auWN de chaque langue, sont polysémiques alors quel'unité fr-N-philosophie serait monosémique (d'après FREWN).Mais cela est simplement dû à une lacune de FREWN puisque l'on trouve dans la langue française d'autres sens pour le mot *philosophie* (p.ex. */sagesse/*).

3. Spécificité du découpage des sens dans les WNs

Dans certains cas, assez marginaux, il se peut que l'hypothèse de centralité des cliques ne soit pas vérifiée. Par exemple chaque couple d'unités dans la cliquesuivante (en-N-fundfr-N-fonds es-N-fondo) partage un lien ILI, mais aucun ILI n'est partagé par les trois unités considérées ensemble :

- en-N-fundETfr-N-fonds: */a reserve of money set aside for some purpose& 03 1stOrderEntity 21 Artifact Function MoneyRepresentation Origin Possession/.*
- en-N-fundET es-N-fondo: */a supply of something available for future use& 03 1stOrderEntity 21 Function Possession/.*
- fr-N-fondsETes-N-fondo: */assets in the form of money& 03 1stOrderEntity 21 Function Possession/*

On constate que les sens 1 et 3 sont cependant assez voisins, et qu'avec un découpage un peu moins spécifique des sens on pourrait cependant les identifier (tout découpage comportant une certaine part d'arbitraire).

4. Rattachement à un sens trop générique (*top-ontology*)

Dans certains cas, l'ILI commun est beaucoup trop générique pour donner une indication utile sur l'acception commune des unités. Par exemple, la clique : (es-N-disposición en-N-provision fr-N-disposition) est liée au ILI-RECORD suivant de la *top-ontology :/& 03 10 2ndOrderEntity 3rdOrderEntity AgentiveBoundedEvent Cause Communication Dynamic Mental Purpose Relation Situation Type Social Static/.*

*Cas n°3 : Insuffisance de couverture du corpus*

Prenons les deux clusters obtenus pour le mot arabeمادة:

Cluster1: (ar-N-مادةfr-N-article en-N-article es-N-artículo).

Les trois unités fr-N-article en-N-article es-N-artículo partagent l'ILIsuivant: */one of a class of artifacts; "an article of clothing"/.*

Cluster2: (ar-N-مادةfr-N-matériaux en-N-material es-N-material).

Les trois unités *fr-N-matériaux en-N-material es-N-material*partagent l'ILI suivant: */Information (data or ideas or observations) thatcanbereworkedinto a finishedform;"the archives providedrichmaterial for a definitivebiography"/.*

Mais il manque d'autres sens pour l'unité *ar-N-*مادة, qui ne sont pas représentés du fait des limitations du corpus, par exemple : /*chose physique, corporelle, par opposition à l'esprit*/. La taille trop réduite du corpus n'a pas permis à notre méthode d'extraire un second cluster contenant d'autres équivalents susceptibles de se référer à cette autre acception.

*Cas n°4 : Ambiguïtés dues à des polysémies parallèles.*Voici un exemple des cas des cliques ambiguës:

Dans la clique (en-N-topicfr-N-sujet ar-N-موضوعen-N-subject es-N-tema), l'unité *en-N-subject* est polysémique et elle partage avec *fr-N-sujet* et *es-N-tema* plusieurs ILI, */some situation or event that is thought about; "he kept drifting off the topic"; "itis a matter for the police"/ et /something (a person or object or scene) selected by an artist or photographer for graphicrepresentation/.* Onconstate que l'ambigüité est partagée par les trois langues. Ce cas, assez courant, n'est pas lié aux ressources mais aux langues impliquées. On peut supposer que plus le nombre de langues est grand, plus ces cas devraient être rares, car la probabilité d'obtenir des polysémies parallèles diminue avec la variété des langues mises en jeu.

*Cas n°5 : Bruit lié à la non reconnaissance d'unités polylexicales dans les équivalents traductionnels*

Considérons le cluster suivant : (ar-N-لغة fr-N-langue en-N-language es-N-idioma fr-N-linguistique). L'unité française *fr-N-linguistique* qui est monosémique (dans FREWN) et qui appartient à un synset totalement différent de celui de *fr-Noun-langue* a comme ILI : */the scientificstudy of language/.*

On peut penser que cette erreur est à des alignements n-n non reconnus (*languagestudy→ linguistique*) ou à l'ambigüité morphologique (p.ex. *languageresearch→ recherche linguistique*), l'adjectif *linguistique* étant par erreur étiqueté comme un nom).

*Cas n°6 : Ambigüités liées à une sur-clusterisation*

On observe parfoisle regroupement de deux cliques qui devraient rester séparées, comme dans le cluster suivant pour le nom français *droit*: {(fr-N-droit en-N-right es-N-derechoar-N-حق)(fr-N-droit en-N-Law es-N-derechoar-N-قانون)}

Deux sous-sens existent dans ce cluster :

1. (fr-N-droit en-N-right es-N-derechoar-N-حق)→ */an abstract idea of thatwhichis due to a person or governmental body by law or tradition or nature /.*
2. (fr-N-droit en-N-law es-N-derechoar-N-قانون)→ */the collection of rulesimposed by authority; "civilizationpresupposes respect for the law/.*

Voicien % la répartition observée des causesde non-rattachement pour les noms (pour un total de 44%) :

| | |
|---|---|
| - Cas 2.Insuffisance de couverture des WNs | 18% |
| - Cas 3, cas 5, cas 6. Pas d'ILI commun à toutes les unités | 9% |
| - Cas 4. Ambiguïtés dues à des polysémies parallèles | 17% |

Quant aux verbes, nous avons eu des résultats très faibles. La répartition est la suivante (pour un total de 71%) :

| | |
|---|---|
| - Cas 2.Insuffisance de couverture des WNs | 24% |
| - Cas 3, cas 5, cas 6. Pas d'ILI commun à toutes les unités | 30% |
| - Cas 4. Ambiguïtés dues à des polysémies parallèles | 17% |

Ainsi, pour les verbes nous avons obtenu des clusters correctement désambiguïsées et rattachées à EWN dans seulement 29% des cas.

### 4.2.2 Rattachement invalide

L'examen minutieux des cas invalides nous révèlent plusieurs types de cas :

1. Le sens arabe est complètement différent de celui des autres unités, car l'unité a été regroupée par erreur lors de la phase de clusterisation.
2. Le mot arabe est un lexème composé, mais un seul lexème se trouve appartenir à la clique, du faitd'une mauvaise tokenisation.
3. Le dictionnaire arabe qui nous sert de référence est également lacunaire.

D'un point de vue général, dans nos résultats expérimentaux, on voit que 94 / 111 unités arabes (verbes et noms) (voir tableau 1) sont validées partiellement ou complètement par le dictionnaire *Alwaseet*, ce que nous semble être un résultat tout à fait encourageant pour la méthode. Si celle-ci semble mieux fonctionner pour les noms que pour les verbes, c'est peut-être dû au fait que beaucoup de verbes présentent un sens très général, et sont plus polysémiques que les noms. En outre, de nombreux verbes font partie de locutions verbales ou jouent le rôle de collocatifs dans des collocations verbe-nom, et ne prennent leur sens précis qu'au sein d'une expression plus large.

## 5 Conclusion et perspectives

Nous avons présenté dans cetarticleune méthode visant à la construction d'une ressource sémantique pour la langue arabe.A travers nos expérimentations, nous avons constaté que les cliques créées automatiquement à partir de notre corpus multilingue constituent un guide intéressant pour l'organisation des sens. En effet, ces cliques présentent l'intérêt de renseigner à la fois sur la synonymie et la polysémie des unités, et d'apporter une forme de désambiguïsation sémantique - les équivalents traductionnels apportant souvent des indices intéressants pour la désambiguïsation, puisqu'une même polysémie a peu de chances de se retrouver dans de nombreuses langues différentes.

Un premier avantage lié à la constitution des cliques multilingues est qu'elles contiennent des unités connexes dans plusieurs langues : cette cohésion interne liée a leur propriété de complétude et de connexité permet de filtrer les résultats de l'alignement lexical et d'éliminer la plupart des erreurs d'alignement(de nombreuses correspondances obtenues avec Giza++ étant soit erronées, soit incomplètes, soit difficilement isolables de leur contexte traductionnel particulier). Il est en effet peu probable qu'une telle erreur d'alignement induise une intersection non vide entre plusieurs langues à la fois.

En retour, l'ensemble des cliques multilingues obtenu s'est révélé utile pour mettre à jour et enrichir les relations sémantiques qui sont manquantes dans les réseaux d'EWN. En effet, les cliques offrent la possibilité de maximiserla compatibilité entre les wordnets de différentes langues, en consolidant les relations d'équivalence existantes et en les complétant par de nouvelles relations pour certaines langues.

Au vu de l'évaluation que nous avons effectuée, concernant la possibilité d'étendre les connaissances sémantiques dans d'autres langues vers la ressource arabe que nous voudrions construire *in fine*, les résultats obtenus apparaissent plutôt encourageants.Il nous reste à évaluer laméthode de projection des relations sémantiques, qui offrirait la possibilité destructurer automatiquement les sens des unités arabes par l'intermédiaire de PWN : c'est une perspective de recherche selon nous très prometteuse, même si nous pensons qu'un wordnet arabe doit comporter une structure originale qui ne peut calquer celle de WordNet.

Cetteméthode automatique, et donc peu coûteuse, s'avère suffisamment générale pour être appliquée à d'autre langue que l'arabe, qui est sans doute un cas de figure parmi les plus difficiles étant donné les difficultés posées par cette langue en terme d'ambigüité graphique et de segmentation des mots. Cette technique présente un intérêt pour les langues dites "peu dotées", qui ont besoin de rattraper l'écart technologique concernant les traitements informatiques et les usages sur les réseaux de l'information. La constitution d'une ressource sémantique complète peut en effet être très utile, dans un second temps, pour alimenter et améliorer diverses applications de TAL, comme les moteurs de question-réponse, la traduction automatique, les systèmes d'alignement, la recherche d'information, etc.

Nos expérimentations ont aussi permis de dégager certaines limites inhérentes aux données investies dans notre méthode. A cause de certaines insuffisances au niveau de la couverture de notre corpus, une phase de clusterisationa été rendue nécessaire pour regrouper des cliques artificiellement éparses. Cette phase a engendré des erreurs dans nos résultats, certaines cliques étant indûment regroupées. Afin d'éviter ce type de bruit, probablement, le recours à un corpus plus vaste et plus varié permettrait d'obtenir une couverture suffisante de la langue générale, de façon à capter de manière plus complète toutes les virtualités sémantiques des unités et toute l'étendue de leurs possibilités de traduction. Par ailleurs, pour diminuer l'effet de ce que nous avons dénommé des polysémies parallèles, le recours à un plus grand nombre de langues différentes ne pourrait qu'améliorer la finesse des résultats.

# 6 Références

DIAB, M., HACIOGLU K. ETJURAFSKY D. (2007). *Arabic Computational Morphology: Knowledge based and Empirical Methods*, chapter 9, A.Soudi, A. van den Bosch et G. Neumann (Eds.), Springer, pp. 159–179.

ELKATEB S., W. BLACK, H. RODRIGUEZ, M. ALKHALIFA, P. VOSSEN, A. PEASE, ET C. FELLBAUM (2006).Building a WordNet for Arabic.*Proceedings ofThe fifth international conference on Language Resourcesand Evaluation* (LREC 2006).

FELLBAUM C. (1998, ed.) *WordNet: An Electronic Lexical Database*. Cambridge, MIT Press.

HENDRIX, GARY G. (1979). *Encoding knowledge in partitioned networks*.Findler, pp. 51-92.

KRAIF O. (2001). *Exploitation des cognats dans les systèmes d'alignement bi-textuel: architecture et évaluation*.TAL 42: 3, ATALA, Paris, pp.833-867.

OCH F. J. ET NEY H. (2003) A Systematic Comparison of Various Statistical Alignment Models, *Computational Linguistics*, volume 29, number 1, pp. 19-51.

MALLAK I.(2011). *De nouveaux facteurs pour l'exploitation de la sémantique d'un texte en Recherche d'Information*.Thèse de doctorat àl'Université Toulouse III - Paul Sabatier.

NILES I. ET PEASE A. (2001). *Linking Lexicons and Ontologies: Mapping WordNet to the Suggested Upper Merged Ontology*. 1800 Embarcadero Rd. Palo Alto CA 94303.

PLOUX S. (2007) Enrichir automatiquement des dictionnaires électroniques de synonymes et de traduction : une application du modèle d'appariement multilingue des Atlas sémantiques*Actes des 2èmes journées d'animation scientifique régionales « Élaborer des dictionnaires en contexte multilingue »*, Tunis.

PLOUX, S. ET JI. H.(2003). «A model for matching semantic maps between languages(French/English, English/French) ».*Computational Linguistics*, vol. 29, no. 2, p. 155–178.

SAGOT B. AND FIŠER D. (2008).Building a Free FrenchWordNetfromMultilingual Resources.*Proceeding of Ontolex*, Marrakech, Maroc.

VOSSEN P. (1998). EuroWordNet: A Multilingual Database with Lexical SemanticNetworks.*Computational Linguistics*, Volume 25, Number 4.

# Identification, alignement, et traductions des adjectifs relationnels en corpus comparables

Rima Harastani[1] Beatrice Daille[1] Emmanuel Morin[1]
(1) LINA UMR CNRS 6241, 2 Chemin de la Houssinière 44300 Nantes
{rima.harastani,beatrice.daille,emmanuel.morin}@univ-nantes.fr

RÉSUMÉ

Dans cet article, nous extrayons des adjectifs relationnels français et nous les alignons automatiquement avec les noms dont ils sont dérivés en utilisant un corpus monolingue. Les alignements adjectif-nom seront ensuite utilisés dans la traduction compositionelle des termes complexes de la forme [N AdjR] à partir d'un corpus comparable français-anglais. Un nouveau terme [N N′] (ex. cancer du poumon) sera obtenu en remplaçant l'adjectif relationnel *AdjR* (ex. pulmonaire) dans [N AdjR] (ex. cancer pulmonaire) par le nom *N′* (ex. poumon) avec lequel il est aligné. Si aucune traduction n'est proposée pour [N AdjR], nous considérons que ses traduction(s) sont équivalentes à celle(s) de sa paraphrase [N N′]. Nous expérimentons avec un corpus comparable dans le domaine de cancer du sein, et nous obtenons des alignements adjectif-nom qui aident à traduire des termes complexes de la forme [N AdjR] vers l'anglais avec une précision de 86 %.

ABSTRACT

**Identification, Alignment, and Tranlsation of Relational Adjectives from Comparable Corpora**

In this paper, we extract French relational adjectives and automatically align them with the nouns they are derived from by using a monolingual corpus. The obtained adjective-noun alignments are then used in the compositional translation of compound nouns of the form [N ADJR] with a French-English comparable corpora. A new term [N N′] (eg, cancer du poumon) is obtained by replacing the relational adjective *AdjR* (eg, pulmonaire) in [N AdjR] (eg, cancer pulmonaire) by its corresponding *N′* (eg, poumon). If no translation(s) are obtained for [N AdjR], we consider the one(s) obtained for its paraphrase [N N′]. We experiment with a comparable corpora in the field of breast cancer, and we get adjective-noun alignments that help in translating French compound nouns of the form [N AdjR] to English with a precision of 86%.

MOTS-CLÉS : Adjectifs relationnels, Corpus comparables, Méthode compositionnelle, Termes complexes.

KEYWORDS: Relational adjectives, Comparable corpora, Compositional method, Complex terms.

## 1 Introduction

Les termes complexes sont des termes qui se composent de plus d'un mot. La plupart de ces termes possèdent une propriété compositionnelle, c'est-à-dire que la signification de l'ensemble peut être appréhendée par la signification des parties. Ainsi, certaines approches ont été proposées pour traduire des termes complexes en fonction de cette propriété (voir Baldwin et Tanaka (2004)). Elles consistent à traduire un terme complexe mot à mot à l'aide d'un dictionnaire bilingue. Ensuite, elles combinent ces traductions individuelles selon des formes appropriées pour produire des traductions candidates du terme complexe. Les traductions candidates sont ensuite cherchées dans un corpus comparable [1] avant d'être considérées comme correctes. Les corpus comparables ont été utilisés avec succès dans la tâche de l'alignement de termes par de nombreuses approches (Rapp, 1995; Baldwin et Tanaka, 2004) en raison de leur plus grande disponibilité par rapport aux corpus parallèles [2] (Bowker et Pearson, 2002). Ainsi, pour traduire compositionnellement le terme français "gestion clinique" en anglais, on peut traduire "gestion"

1. des textes multilingues qui appartiennent au même domaine
2. textes multilingues qui sont des traductions mutuelles

par "management" et "clinique" par "clinical", puis rassembler ces traduction sous la forme [A N] (*A* et *N* signifient respectivement adjectif et nom) afin d'obtenir une traduction candidate "clinical management".

Nous nous intéressons aux termes complexes de la forme [N AdjR] (*AdjR* désigne un adjectif relationnel), ex. cancer pulmonaire. En effet, ces termes peuvent être traduits compositionnellement dans une autre langue par des termes de la forme [N N] (ex. "cancer pulmonaire" est traduit en anglais par "lung cancer"), voir figure 1. Si le substantif "lung" n'est pas une traduction de l'adjectif "pulmonaire" dans le dictionnaire, le lien entre "pulmonaire" et "lung" peut être établi via le substantif "poumon" dont "pulmonaire" est le dérivé et "lung" est la traduction. Ainsi, nous pouvons traduire "cancer pulmonaire" par "lung cancer" en passant par la paraphrase "cancer du poumon". Cette piste a été déjà explorée par Morin et Daille (2010) à l'aide des règles définies qui relient un adjectif relationnel avec son nom. Nous avons pour objectif dans ce travail (a) d'extraire des adjectifs relationnels automatiquement du corpus ; (b) d'établir un lien entre un adjectif relationnel extrait et le nom dont il est dérivé automatiquement ; (c) d'étudier l'influence des propriétés des adjectifs extraits et les alignements adjectif-nom sur la traduction compositionnelle des termes [N AdjR].

Après une présentation de la classe d'adjectifs relationnels et les problèmes liés à son identification en section 2, nous développons dans la section 3 une approche qui nous permet d'extraire automatiquement des adjectifs relationnels d'un corpus français. Ensuite, nous proposons une approche en section 4 afin de relier un adjectif relationnel (extrait précédemment du corpus) à un nom existant dans un dictionnaire bilingue et dans le corpus. Si la plupart des adjectifs relationnels sont dérivés par suffixation à partir de noms populaires (ex. cancéreux / cancer), il y en a d'autres qui sont construits à partir de racines supplétives des noms (ex. médullaire / moelle). Nous traitons ces deux cas séparément : (a) **adjectif relationnel commun** : nous supposons qu'un adjectif relationnel partage un certain nombre de lettres avec son nom de base, et que l'ordre des lettres est conservé. Ainsi, un score entre un adjectif relationnel et chaque nom dans un dictionnaire (et qui existe dans le corpus) sera obtenu en fonction de la similarité de lettres par l'approche décrite en section 4.1, nous exploitons ensuite le contexte afin que ce score soit plus représentatif en section 4.1.1 ; (b) **adjectif relationnel savant** : nous vérifions si un adjectif relationnel peut être relié avec un nom à l'aide d'une racine supplétive en appliquant l'approche expliquée en section 4.1.3. En section 5, nous utilisons les alignements obtenus par l'approche d'alignement adjectif-nom dans la traduction compositionnelle par paraphrase des termes [N AdjR]. Enfin, nous évaluons en section 6 les approches que nous proposons et nous concluons dans la section 7.

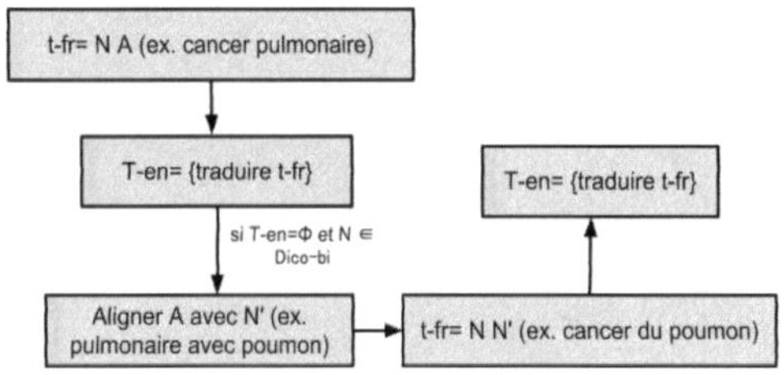


FIGURE 1 – Traduction par paraphrase (où t-fr est le terme français, T-en est l'ensemble des traductions anglaises et Dico-bi est le dictionnaire bilingue français-anglais).

## 2 Adjectifs relationnels

Dans cette section, nous présentons la classe des adjectifs relationnels et ses propriétés, ainsi que des travaux qui se sont intéressés à l'identification de cette classe et les problèmes liés à cette identification.

### 2.1 Définition et propriétés

D'après Dubois et Dubois-Charlier (1999, p. 128), "*un adjectif relationnel est issu d'une relative, où <de N> est caractérisé par l'absence de déterminant ; cette relative se branche directement sur l'antécédent* *auquel elle se rapporte, et l'ensemble formé du nom et de l'adjectif nominal suffixé forme un nom composé*". Exemple : ce corps chimique est l'acide qui est <de nitre> ; ce corps chimique est l'acide nitrique.

Les adjectifs relationnels sont des adjectifs dénominaux (adjectifs construits sur des bases nominales), à ne pas confondre avec les adjectifs déverbaux qui sont dérivés d'un verbe par des suffixes tels que *-able, -ible, -ile, -ant, etc*, (ex. dégradable/ de dégrader). Alors qu'un adjectif dit "qualificatif" (*AdjQ*) peut aussi être construit sur une base nominale, la relation [N AdjQ] est différente de la relation [N AdjR]. Par exemple, dans la phrase "François a des jambes éléphantesques", l'adjectif "éléphantesques" n'établit pas une relation entre les jambes de François et la catégorie "éléphant", il leur attribue une qualité des individus de cette catégorie : être très gros, exemple extrait de Roché (2006).

Dubois et Dubois-Charlier (1999, p. 129) et Goes (1999, p. 251) citent certaines propriétés de ces adjectifs que nous résumons sous le titre de propriétés linguistiques et présentons dans la table 1 (P1 à P6). D'autres propriété que nous appelons "opérationnelles" et qui se sont basées sur les propriétés linguistiques sont présentées également dans la table 1. Les propriétés opérationnelles ne sont pas toujours exclusives aux adjectifs relationnels mais elles nous permettent de repérer des adjectifs automatiquement dans un corpus.

Les adjectifs relationnels sont dérivés par suffixation d'un nom. Les suffixes des adjectifs relationnels peuvent être : *-ien, -ois, -ique, etc.* (P7 dans la table 1). Toutefois, la détection automatique des noms de base dont les adjectifs relationnels sont dérivés ne se fait pas par une simple comparaison entre la base nominale et l'adjectif relationnel dé-suffixé à cause de l'allomorphie des bases ; "*l'addition d'un suffixe peut entraîner des modifications morphologiques de la base nominale, elles sont plus ou moins importantes selon la nature de N ou selon la nature du suffixe*" (Dubois et Dubois-Charlier, 1999, p. 135). Par exemple, ces modifications peuvent être : la modification phonique ou graphique de *N* (tropique/tropical), l'addition de voyelles ou de syllabes (nom/nominal), modification du radical à partir du latin (bête/bestial), etc. Par ailleurs, les adjectifs relationnels et les adjectifs déverbaux ont quelques suffixes en commun, qui sont : *-if, -aire, -eux, -oire, et -é*. La catégorie d'un adjectif ne peut donc pas être déterminée en ne s'appuyant que sur son suffixe.

## 2.2 Identification

La tâche d'identification des adjectifs relationnels dans un corpus n'est pas simple : d'une part la classe des adjectifs relationnels est floue, et d'une autre, il n'y a pas de règles véritablement sûres pour les identifier automatiquement (Goes, 1999; Maniez, 2005). De plus, les adjectifs relationnels dérivent, avec le temps, de façon régulière vers la qualification (Noailly, 1999, p. 24). Par exemple, certains adjectifs peuvent jouer un rôle relationnel ou qualificatif selon le contexte (ex. le système nerveux (*AdjR*) vs. François est nerveux (*AdjQ*)). Un adjectif peut donc avoir dans un terme deux interprétations, l'une relationnelle et l'autre qualificative, par exemple, "une chaise royale" : est-elle la chaise du roi ou une chaise luxueuse ? Si on identifie l'adjectif "royale" comme relationnel, et qu'on l'aligne avec le nom "roi" quand il s'agit d'une utilisation qualificative de cet adjectif : "chaise royale" sera paraphrasé par "chaise du roi" qui peut être traduit en anglais par "chair of the king". L'alignement d'un adjectif qualificatif avec un nom peut donc introduire de mauvaises traductions pour la méthode compositionnelle. Cependant, quand un adjectif peut avoir un emploi relationnel, l'alignement de cet adjectif avec son nom de base peut aider à la traduction des termes [N A] avec une haute précision (Morin et Daille, 2010).

Plusieurs travaux se sont intéressés à l'identification des adjectifs relationnels, nous présentons brièvement ci-dessous les travaux de Daille (1999) et Maniez (2005) qui se penchent sur l'extraction automatique ou semi-automatique des adjectifs relationnels à partir des corpus monolingues, ainsi que le travail de Cartoni (2008) sur les mots préfixés.

Daille (1999) exploite des règles de désuffixation-recodage (définies manuellement pour le français et l'anglais) pour relier un adjectif relationnel avec son nom de base (ex. la règle (-estière, -êt) peut relier "forestière" à "forêt"). Un adjectif *A* extrait à l'aide de ces règles, et qui doit apparaître avec un nom recteur *X* sous la forme [X A], sera considéré comme relationnel s'il peut être paraphrasé par un groupe [préposition substantif] sous la forme [X PREP DET ? N'] ; où $N'$ est le nom dont *A* est dérivé (voir P8 dans la table 1). La recherche des paraphrases est faite à partir du corpus. Cette méthode donne une précision de 99 %, mais un faible rappel dû au nombre limité de paraphrases dans le corpus.

Maniez (2005) examine deux approches pour identifier les adjectifs relationnels dans un corpus de spécialité en anglais : (a) il se penche sur l'hypothèse que dans un corpus spécialisé, la plupart des adjectifs sont relationnels. Ainsi, il exploite P1 et P4 (voir la table 1) afin de filtrer les adjectifs non-relationnels dans le corpus (b) tous les adjectifs en deuxième position extraits à partir du motif [ADJ1-ADJ2-N] sont sélectionnés en tant qu'adjectifs relationnels. Ce motif peut être adapté en français par [N-ADJ1-ADJ2], et nous ajoutons le critère suivant : si *ADJ*2 est relationnel, ADJ1 est également relationnel. La raison pour laquelle nous considérons que l'adjectif en première position est relationnel, c'est parce que l'adjectif relationnel suit immédiatement le nom (Pedreira, 2002), et qu'on détermine avant de qualifier (ex. un discours présidentiel intéressant), nous conclurons donc qu'un adjectif qualificatif ne peut pas précéder un adjectif relationnel, cette propriété est décrite sous P9 dans la table 1.

Cartoni (2008) travaille sur les mots préfixés qui ont la forme : [préfixe M] (ex. antitumoral). Il constate qu'avec certains préfixes (comme *post-*), si *M* est un adjectif, il s'agit d'un adjectif relationnel. Avec un autre groupe de préfixes (comme *anti-*), *M* est soit un adjectif relationnel, soit un adjectif déverbal (Cartoni, 2008, p. 255 )(voir P11 et P12 dans la table 1).

Nous allons en premier développer dans la section suivante une méthode pour extraire une liste des adjectifs relationnels du corpus à l'aide des propriétés présentées.

| | |
|---|---|
| **Propriétés linguistiques** | |
| P1 | "*ils n'acceptent pas d'adverbe de degré*" (acide très nitrique, sauf cas particulier) (Dubois et Dubois-Charlier, 1999). Les adjectifs relationnels "*refusent la gradation en général, et "très" en particulier*" (Goes, 1999) |
| P2 | "*ils ne peuvent pas être antéposés*" (le nitrique acide). |
| P3 | "*ils ne sont pas susceptibles d'adverbialisation*" (nitriquement) "*ni de nominalisation*" (nitricité). |
| P4 | "*ils ne s'emploient pas en fonction d'attribut*" (cet acide est nitrique, sauf cas particulier). |
| P5 | "*la coordination d'un adjectif relationnel avec un adjectif qualificatif est impossible*". |
| P6 | "*ils ne forment généralement pas de séries antonymes*". |
| **Propriétés opérationnelles** | |
| P7 | les suffixes des adjectifs relationnels : *-ique, -aire, -eux, -ier, -ien, -ois, -ain, -al, -el, -estre, -il, -in, -esque, -é, -if.* |
| P8 | il existe des paraphrases dans un corpus monolingue de la forme [X PREP DET ? N′] : : [X AdjR] (ex. cancer du poumon : : cancer pulmonaire) ; où *X* est un nom, N′ est le nom de base de *AdjR*. (*PREP* signifie préposition et *DET* signifie déterminant, ? signifie que *DET* peut apparaître une ou zéro fois) |
| P9 | dans les syntagmes de la forme [N Adj1 Adj2] (ex. rupture capsulaire ganglionnaire), si *Adj*2 est un adjectif relationnel, *Adj*1 est relationnel également. |
| P10 | dans les syntagmes de la forme [N Adj1 et/ou Adj2] (ex. facteurs environnementaux ou génétiques), si *Adj*2 est un adjectif relationnel, *Adj*1 est relationnel également. |
| P11 | ils peuvent être préfixés par les préfixes : *post-, trans-, uni-, tri-, anti-, tri-, pré-.* |
| P12 | ils peuvent être préfixés par des racines gréco-latines : *micro-, séro-, radio-, etc.* |

TABLE 1 – Propriétés linguistiques et opérationnelles des adjectifs relationnels

## 3 Extraction des adjectifs relationnels du corpus

La reconnaissance automatique des *AdjR* en corpus pose un certain nombre de problèmes comme nous l'avons vu en section 2 : (a) ambiguïté des suffixes ; (b) ambiguïté de la classe relationnel/qualificatif ; (c) indice de relation exprimé par les propriétés non-présentes en corpus. Dans cette section, nous développons une approche pour extraire des adjectifs relationnels automatiquement du corpus.

## 3.1 Approche

Afin d'extraire des adjectifs relationnels du corpus, nous exploitons quelques propriétés linguistiques et opérationnelles présentées dans la table 1. Nous partons de l'hypothèse que les racines gréco-latines et certains préfixes français préfixent des adjectifs non-qualificatifs pour extraire une liste d'adjectifs initiale (en utilisant les propriétés P11 et P12). Nous nous basons sur cette liste afin de l'étendre en utilisant d'autres propriétés (P9 et P10). La méthode d'identification automatique des adjectifs relationnels du corpus que nous proposons est présentée dans l'algorithme 1 (nous faisons référence dans cet algorithme aux propriétés listées dans la table 1). L'ensemble des listes que nous extrayons sera utilisé par l'approche d'alignement adjectif-nom présentée en section 4.

### 3.1.1 Remarques

1. Il y a des racines (ex. "bio-") qui peuvent préfixer des adjectifs déverbaux (ex. biodégradable). Cependant, dans le cas des adjectifs préfixés par ces racines et qui se terminent par un suffixe qui ne peut pas être déverbal (ex. -ique dans "biochimique"), nous considérons que ces adjectifs sont relationnels.
2. Afin de trouver les adverbes construits à partir d'un adjectif dans le corpus : (a) nous ajoutons le suffixe adverbial "ment" (et d'autres adaptations du suffixe) à l'adjectif (b) nous cherchons ces adverbes construits dans le corpus.
3. L'extraction des adjectifs relationnels par le biais de la propriété P9 est plus fiable que l'extraction de ces adjectifs par P10. En effet, P10 peut introduire du bruit quand il s'agit d'une utilisation qualificative d'un adjectif. Pour cette raison, nous choisissons de ne l'appliquer que sur les adjectifs relationnels qui sont trouvés à l'aide de P11 et P12 (qui ont en effet peu de chances d'avoir un emploi qualificatif).
4. Bien qu'on puisse aussi extraire des adjectifs déverbaux par cette méthode, on peut les relier la plupart du temps à des substantifs (ex. végétatif ; Verbe : végéter ; Nom : végétation).

## 3.2 Identification des racines gréco-latines

Nous visons à extraire une liste de racines $L_{racines}$ automatiquement du corpus, ces racines sont utilisées par l'algorithme d'identification automatique des adjectifs relationnels présenté dans l'algorithme 1. Nous supposons que les racines gréco-latines préfixent les bases adjectivales non-qualificatives. Certaines racines ne peuvent préfixer que des adjectifs relationnels, alors que d'autres peuvent préfixer des adjectifs relationnels ou déverbaux. Nous présentons la méthode que nous développons pour extraire des racines dans l'algorithme 2.

# 4 Alignement d'un adjectif relationnel avec un nom

Nous supposons qu'un adjectif relationnel partage des caractères dans le même ordre avec son nom de base. Afin de trouver le nom $N$ dont un adjectif $A$ est dérivé, on peut comparer cet adjectif avec tous les noms dans un dictionnaire (et qui existent dans un corpus source) en donnant des scores entre un nom et un adjectif par des mesures de similarité. Le nom $N$ qui a la similarité la plus élevée avec $A$ sera retenu. De nombreux algorithmes existants peuvent mesurer la similarité ou la distance entre deux chaînes. En effet, une mesure intéressante pour notre tâche préservera l'ordre linéaire des lettres lors de la comparaison de deux chaînes. Nous présentons ci-dessous deux mesures qui préservent l'ordre, ces mesures seront utilisées dans la suite :

1. Lcs : cette mesure consiste à trouver la sous-séquence la plus longue "longest common subsequence[3]" entre deux chaînes, l'ordre des lettres est donc préservé. Par exemple, Lcs(forestier,

3. subsequence : les lettres de la sous-séquence sont dans le même ordre que dans la chaine complète, substring : les lettres de la sous-chaîne sont consécutives et dans le même ordre que dans la chaine complète.

**Données :** $L_{prefixes}$ (préfixes français qui n'acceptent qu'une base adjectivale relationnelle ou déverbale), $L_{suffRel}$ (suffixes relationnels), $L_{racines}$ (racines gréco-latines extraites automatiquement, voir 3.2), $C_{cds_{fr}}$ (corpus français), $L_{[NA]_{fr}}$ (termes [N A] extraits du corpus français);
**Résultat :** $Liste_{AdjR}$-1 (contient les adjectifs qui commencent par une racine dans $L_{racines}$ ou un préfixe dans $L_{prefixes}$), $Liste_{AdjR}$-2 (contient les adjectifs qui peuvent être préfixés par des racines dans $L_{racines}$ ou des préfixes dans $L_{prefixes}$), $Liste_{AdjR}$-3 (contient les adjectifs extraits à l'aide de P9), $Liste_{AdjR}$-4 (contient les adjectifs relationnels extraits à l'aide de P10);
**début**
  **pour** *chaque A qui apparait dans au moins un terme [N A] ∈* $L_{[NA]_{fr}}$*, et qui se termine par un suffixe ∈*$L_{suffRel}$ *(ex. tumoral)* **faire**
    **si** *il existe un autre A″ (ex. hématotumoral) dans* $C_{cds_{fr}}$ *qui a la forme [racine A ] ou [préfixe A] (ex. racine=hémato, A=tumoral) (où préfixe ∈*$L_{prefixes}$*, racine ∈*$L_{racines}$*)* **alors**
      **si** *le "préfixe" ou la "racine" n'accepte que des bases relationnelles* **alors**
        Ajouter *A″* à $Liste_{AdjR}$-1 et *A* à $Liste_{AdjR}$-2;
      **sinon**
        **si** *le suffixe de A est un suffixe non-commun entre les adjectifs relationnels et les adjectifs déverbaux (ex. le suffixe "ique", voir 1 dans 3.1.1)* **alors**
          Ajouter *A″* à $Liste_{AdjR}$-1 à et *A* à $Liste_{AdjR}$-2;
  $temp_{AdjR}$ ⟵ { $Liste_{AdjR}$-1 ∪ $Liste_{AdjR}$-2 };
  **répéter**
    **pour** *chaque adjectif AdjR dans* $temp_{AdjR}$ *qui vérifie P1 (avec "très")* **faire**
      $tempList_{A''}$ ⟵ Trouver tous les adjectifs qui précèdent *AdjR* immédiatement dans les motifs de la forme : [N *A″* AdjR] (ex. profil protéique tumoral, voir P9);
      **pour** *chaque A″ ∈*$tempList_{A''}$ **faire**
        **si** *A″ respecte les propriétés P1 (avec très) et P3 (voir 2 dans 3.1.1)* **alors**
          Ajouter *A″* à $Liste_{AdjR}$-3;
          $temp_{AdjR}$ ⟵ $temp_{AdjR}$ ∪ $Liste_{AdjR}$-3;
  **jusqu'à** *Pas de nouveaux adjectifs ajoutés à* $Liste_{AdjR}$-3;
  **pour** *chaque adjectif AdjR dans* $Liste_{AdjR}$-1 **faire**
    $tempList_{A''}$ ⟵ Trouver tous les adjectifs qui sont en coordination avec *AdjR* (ex. mammaire et tumoral, voir P10);
    **pour** *chaque A″ ∈*$tempList_{A''}$ **faire**
      **si** *A″ respecte les propriétés P1 (avec très) et P3* **alors**
        Ajouter *A″* à $Liste_{AdjR}$-4;

**Algorithme 1:** Identification des adjectifs relationnels dans le corpus

forêt)=fort. On peut normaliser cette mesure comme suit (Ketkar et Youngblood, 2010) : $Lcs_{normalise}(A,B) = |Lcs(A,B)|^2/(a \times b) \in [0,1]$, où $a$ est la longueur de $A$ et $b$ la longueur de $B$. Plus ce score est élevé, plus les chaînes sont similaires.
Exemple : $Lcs_{normalise}$(forestier, forêt)=16/45=0,35.

2. Levenshtein : cette distance est définie comme le nombre minimum de modifications nécessaires pour transformer une chaîne en une autre. Les opérations autorisées sont l'insertion, la suppression et la substitution d'un seul caractère. Le coût de chaque opération est égal à 1. Par exemple, Levenshtein(forestier, forêt)=5. On peut normaliser cette distance ($\in [0,1]$) si on la divise par la chaîne la plus longue. Moins ce score est élevé, plus les chaines sont similaires.
Exemple : $Lev_{normalise}$(forestier, forêt)=5/9=0,55.

**Données** : $C_{cds_{fr}}$ (corpus
français), $L_{[NA]_{fr}}$ (termes français de la forme [N A]), $L_{suffRel}$ (suffixes relationnels) ;
**Résultat** : $L_{racines}$ ;
**début**
  **pour** *chaque*
  *adjectif A dans* $C_{cds_{fr}}$ *qui compose un terme [N A] dans* $L_{[NA]_{fr}}$ *(ex. barrière tumoral)* **faire**
    **si** *il se trouve un autre adjectif A′ dans le corpus (ex. hématotumoral), où A′ peut s'écrire de la forme suivante : [élément A′] (ex. hématotumoral), et si cet élément se termine par "o", et s'il n'est pas l'un des préfixes français qui se terminent par "o" : hypo-, rétro- ou pro-* **alors**
      Ajouter "élément" (ex. hémato) à $L_{racines}$;
      **si** *"élément" préfixe*
      *au moins un adjectif Adj dans* $C_{cds_{fr}}$ *où Adj se termine par un suffixe* $\notin L_{suffRel}$ **alors**
        "élément" est une racine qui peut préfixer les adjectifs déverbaux (ex. bio-);
      **sinon**
        "élément" est une racine qui ne préfixe que les adjectifs relationnels (ex. micro-);

**Algorithme 2:** Identification des racines gréco-latines

On peut prendre (1-$Lev_{normalise}$) pour mesurer la similarité entre deux chaînes.

Les mesures de similarité sont souvent utilisées dans la tâche d'identification des cognats entre deux langues (mots similaires orthographiquement et qui ont un sens similaire, ex. FR activiste / EN activist). Par exemple, Hauer et Kondrak (2011) et Frunza et Inkpen (2010) utilisent ou combinent plusieurs mesures de similarité telles que Levenshtein, Lcs, Soundex, Longest prefix, etc. Les scores obtenus entre chaque couple de mots seront ensuite utilisés comme traits par un algorithme d'apprentissage qui les classifient comme cognats ou non. Afin d'identifier les mots qui sont des faux cognats, Frunza et Inkpen (2010) utilisent un corpus parallèle qui sert à désambiguïser les sens des mots. Les mesures de similarité ont été également utilisées par Cartoni (2009) pour relier un adjectif relationnel avec son nom de base. Cependant, Cartoni (2009) ne traite pas les adjectifs relationnels construits à partir des formes supplétives des noms. En outre, il exige qu'un adjectif et un nom aient une similarité de lettres très importante afin de les relier automatiquement.

Dans la suite de cette section, nous développons des approches pour aligner un adjectif avec un nom. Nous nous appuyons d'abord sur la similarité de lettres entre un adjectif et un nom. Nous utilisons ensuite la propriété P8 (voir la table 1) en nous inspirant du travail de Daille (2000) afin que les scores obtenus par les mesures de similarité soient plus répresentatifs. Enfin, nous utilisons des racines gréco-latines pour relier les adjectifs relationnels supplétifs avec des noms.

## 4.1 Alignement adjectif-nom par mesures de similarité de lettres

D'abord, nous essayons de relier un adjectif avec un nom en n'utilisant que des mesures de similarité. Nous combinons les deux similarités : $similarity_{Lcs}(A,B)$ et $similarity_{Lev}(A,B)$ (voir ci-dessous), en prenant leur moyenne géométrique afin d'avoir un seul score $\in [0,1]$ entre un adjectif et un nom :

$$similarity_{lettres}(A,B) = (similarity_{Lcs}(A,B) + similarity_{Lev}(A,B))/2 \quad (1)$$

$$similarity_{Lcs}(A,B) = |Lcs(A,B)|^2/(a \times b) \quad (2)$$

$$similarity_{Lev}(A,B) = \begin{cases} 1-(Levenshtein(A,B)/a) & \text{si } a >= b \\ 1-(Levenshtein(A,B)/b) & \text{autrement} \end{cases} \quad (3)$$

Où $similarity_{Lcs}(A,B)$ et $similarity_{Lev}(A,B) \in [0,1]$, $a$ et $b$ sont les longueurs des chaînes $A$ et $B$ respectivement. Dans le calcul du score de Levenshtein, chaque opération a un coût égal à 1.

Cependant, nous donnons une pénalité moins élevée à la substitution de deux lettres qui sont proches phonétiquement. Par exemple, on fixe la pénalité de la substitution de "f" par "v" et "é" par "è" à 0,5. Nous nous inspirons de Dubois et Dubois-Charlier (1999) pour définir ces substitutions, puisque des adaptations générales de la langue française y sont définies.

Si un adjectif peut avoir un emploi nominal (considéré comme un substantif dans le dictionnaire), nous l'alignons avec lui-même (ex. clinique, esthétique, etc). De plus, nous supposons qu'un adjectif relationnel commence par la même lettre que son nom de base. En effet, nous avons trouvé en examinant une liste de 200 adjectifs que cette hypothèse est vraie dans 97 % des cas.

Nous considérons qu'un adjectif est relié à un nom si le score entre les deux est supérieur ou égal à un certain seuil (on supprime le suffixe relationnel de l'adjectif lors de la comparaison). Plus on augmente le seuil de similarité plus le rappel est faible. La mesure Lcs favorise les noms les plus longs quand on compare un adjectif avec les noms du dictionnaire. Par exemple, selon Lcs, le nom "notion" est plus proche de "nominal" que de "nom" : |Lcs(nomin, notion)|=4, |Lcs(nomin, nom)|=3. Alors que les deux chaînes ont le même score avec "nominal" selon Levenshtein : Levenshtein(nomin, notion)=2, Levenshtein(nomin, nom)=2). De plus, si on exige une similarité très importante entre un adjectif et un nom, on pourra perdre de nombreux alignements corrects (ex. axillaire/aisselle, germe/germinal, etc). Pour cela, il faut choisir un seuil de similarité qui ne soit pas très important afin de permettre à d'autres méthodes de filtrage de mieux classifier les alignements obtenus par les mesures de similarité.

### 4.1.1 Alignement adjectif-nom par mesure de similarité contextuelle

Dans de nombreux cas, la similarité de lettres seule ne suffit pas pour trouver le nom avec lequel un adjectif est relié. Par exemple, comment peut-on dire que l'adjectif "sérique" est dérivé de "sérum" et non pas de "série" ? Nous essayons donc de modifier le score entre un adjectif relationnel et un nom dans un dictionnaire si la similarité entre le nom et l'adjectif est supérieure à un certain seuil, en cherchant des paraphrases monolingues dans lesquelles les deux mots apparaissent. Pour un adjectif $A$ et un nom $N$, nous cherchons une paraphrase dans le corpus de la forme [X A : : X PREP DET ? N] [4], où X est un nom tête. Comme par exemple, cancer pulmonaire : : cancer du poumon. Afin de calculer un score entre $A$ et $N$, nous représentons chacun par un vecteur où les attributs sont les noms têtes qui apparaissent avec $A$ ou $N$ (voir figures 2). Le score d'un attribut dans le vecteur d'un nom $N$ est calculé à l'aide de la mesure d'association $IM$ entre $N$ et le nom tête $X$ :

$$IM(N,X) = \log_2 \frac{a}{(a+b)(a+c)} \tag{4}$$

- $a$ est le nombre d'occurrences de $N$ et $X$ ensemble
- $b$ est le nombre d'occurrences de $N$ avec tous les autres nom têtes $\neq X$
- $c$ est le nombre d'occurrences de $X$ avec tous les autres noms $\neq N$

Le score de chaque attribut dans un vecteur d'adjectif $A$ est calculé de la même manière :

$$IM'(A,X) = \log_2 \frac{a'}{(a'+b')(a'+c')} \tag{5}$$

- $a'$ est le nombre d'occurrences de $A$ et $X$ ensemble
- $b'$ est le nombre d'occurrences de $A$ avec tous les autres nom têtes $\neq X$
- $c'$ est le nombre d'occurrences de $X$ avec tous les autres adjectifs $\neq A$

Ensuite, nous calculons un score entre les deux vecteurs (nom et adjectif) en utilisant le cosinus.

$$similarity_{paraphrases}(A,N) = \cos(A,N) = \frac{\sum_{i=1}^{n} IM.IM'}{\sum_{i=1}^{n} IM^2.\sum_{i=1}^{n} IM'^2} \tag{6}$$

4. On peut aussi inclure d'autres variantes, comme par exemple les formes [X $A_1$ A] (ex. région ganglionnaire axillaire) et [X $A_1$ PREP DET N] (ex. balayage lent de l'aisselle).

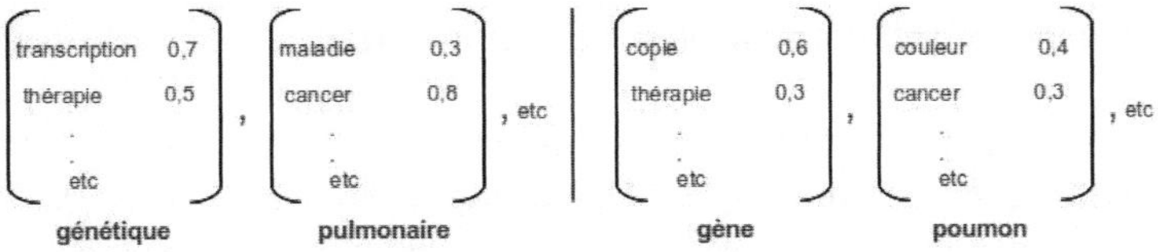


FIGURE 2 – Vecteurs des adjectifs relationnels et des noms

Où $n$ est le nombre de noms têtes communs entre $A$ et $N$.

#### 4.1.2 Combinaisons des mesures de similarité de lettres et de paraphrases

Pour un adjectif $A$ et un nom $N$, nous calculons leur score final en combinant leur similarité de lettres selon la formule 1 et la similarité contextuelle selon la formule 6, comme suit :

$$score(A, N) = \alpha * similarity_{lettres}(A, N) + \beta * similarity_{paraphrases}(A, N) \tag{7}$$

En effet, le choix des valeurs de $\alpha$ et $\beta$ dépend des seuils minimaux choisis pour la similarité de lettres. Par exemple, si on permet une différence de lettres importante, il faut donc choisir $\alpha > \beta$.

Un adjectif $A$ sera relié au nom avec lequel il a le score le plus élevé.

#### 4.1.3 Alignement adjectif-nom en utilisant des racines supplétives

Certains adjectifs contiennent des racines supplétives, et dans certains cas il n'est pas possible de les relier à leurs noms en s'appuyant sur la similarité de lettres quand la modification du nom de base par la racine supplétive est importante (ex. médullaire/moelle).

Nous considérons qu'un adjectif $A$ qui commence par une séquence de lettres identique à une racine supplétive est relationnel s'il remplit une des conditions suivantes :

- sa forme peut être identifiée comme étant : [racine suffixe] (où *racine* est une des racines supplétives dans une liste des racines alignées avec des noms ($L_{racines-noms}$) (ex. pulmon/poumon, médull/moelle, etc), et *suffixe* est un des suffixes relationnels dans une liste de suffixes relationnels). Par exemple, l'adjectif "pulmonaire" peut être décomposé en "pulmon" (une racine) et "aire" (un suffixe).
- il construit avec le nom $N$ associé à la racine supplétive (selon $L_{racines-noms}$) au moins une paraphrase de la forme [X A : : X PREP DET ? N], où $X$ est un nom tête. Par exemple, biopsie de moelle : : biopsie médullaire.

#### 4.1.4 Combinaison des méthodes d'alignement

Nous combinons l'approche décrite en section 4.1.3 et celle présentée dans la section 4.1.2 comme suit : pour un adjectif $A$, nous vérifions s'il peut être relié avec un nom à l'aide des racines supplétives, sinon, on applique la formule 7 entre $A$ et chaque nom dans le dictionnaire qui existe dans le corpus.

De plus, si $A$ (ex. oncogénique) commence par un préfixe ou une ou plusieurs racines supplétives, et s'il peut s'écrire de la forme : [(racine | préfixe)+ A'] [5](ex. oncogénique), où $A'$ (ex. génique) est un adjectif dans le corpus : on relie $A'$ à un nom $N'$ (ex. gène), ensuite, on cherche le nom $n =$ [(racine | préfixe)+ N'] (ex. oncogène) dans le corpus, si ceci est trouvé, le nom de base avec lequel $A$ est aligné sera $n$.

Nous supposons aussi que deux adjectifs qui partagent la même base (ex. sérique/séreux (sér), soigneux/soigné (soign), cellulaire/celluleux (cellul), etc.), doivent être alignés avec le même nom de base, sinon on considère que les alignements sont mauvais et on les supprime de la liste.

5. | signifie "ou", + signifie "1 à plusieurs"

## 5 Traduction des termes [N AdjR] en utilisant des alignements adjectif-nom

Nous utilisons les alignements adjectif-nom que nous obtenons par l'approche d'alignement adjectif-nom dans la tâche de traduction compositionnelle de termes complexes de la forme [X AdjR].

### 5.1 Approche

Pour chaque $t_c$=[N AdjR], nous remplacons $AdjR$ par le nom $N'$ avec lequel il a été aligné. Ce remplacement donne un nouveau terme complexe $t_c{}'$=[N PREP DET ? N'], nous supposons que sa traduction est équivalente à celle de $t_c$. Nous suivons l'algorithme présenté sous algorithme 3.

**Données** : $L_{[NA]_{fr}}$ (termes français de la forme [N A]), $L_{[AN]_{en}}$ (termes anglais de la forme [A N]), $L_{[NN]_{en}}$ (termes anglais de la forme [N N]), $L_{alignements}$ (alignements adjectif-nom), $Dico_{fr-en}$ (dictionnaire bilingue français-anglais) ;
**Résultat** : Liste de traductions;
**début**
  **pour** *chaque expression de forme [N A]* $\in L_{[NA]_{fr}}$ *(ex. FR concentration plasmatique)* **faire**
    $N_{en} \longleftarrow$ traduire $N$ par $Dico_{fr-en}$ (ex. $N_{en} \longleftarrow$ EN concentration);
    $A_{en} \longleftarrow$ traduire $A$ par $Dico_{fr-en}$ (ex. $A_{en} \longleftarrow$ EN plasmatic);
    **si** *[$A_{en}$ $N_{en}$] (ex. plasmatic concentration)) existe dans* $L_{[AN]_{en}}$ **alors**
      [$A_{en}$ $N_{en}$] est la traduction de [N A];
    **sinon**
      Prendre le nom $N'$
      (ex. FR plasma) avec lequel l'adjectif $A$ (ex. FR plasmatique) est aligné de $L_{alignements}$ ;
      $N'_{en} \longleftarrow$ traduire $N'$ par $Dico_{fr-en}$ (ex. $N_{en} \longleftarrow$ EN plasma);
      **si** *[$N'_{en}$ $N_{en}$] (ex. EN plasma concentration) existe dans* $L_{[NN]_{en}}$ **alors**
        [$N'_{en}$ $N_{en}$] est la traduction de [N A];

**Algorithme 3:** Traduction des termes en utilisant les alignements adjectif-nom

## 6 Evaluation

Dans cette section, nous évaluons les approches que nous proposons pour (a) extraire des adjectifs relationnels (voir section 3), (b) aligner un adjectif extrait avec son nom de base (voir section 4), (c) traduire un adjectif relationnel dans les termes [N AdjR] en le remplaçant par le nom avec lequel il est aligné (voir section 5).

### 6.1 Ressources

Nous disposons des ressources suivantes :
- corpus comparable français-anglais dans le domaine du cancer du sein ($C_{cds_{fr}}$ et $C_{cds_{en}}$). Nous utilisons l'outil d'extraction et d'alignement des termes à partir des corpus Term Suite[6] (Rocheteau et Daille, 2011), afin d'étiqueter le corpus et d'extraire des termes. $C_{cds_{fr}}$ contient 14 680 mots distincts, alors que $C_{cds_{en}}$ contient 8 492 mots distincts. Nous extrayons des phrases selon des motifs, comme suit :
  - 12 991 phrases françaises ($L_{[NA]_{fr}}$) extraites par [N A], et 11 941 phrases anglaises ($L_{[AN]_{en}}$) extraites par [A N].
  - 12 954 phrases françaises ($L_{[NN]_{fr}}$) extraites par [N DET ? PREP N], et 10 069 phrases anglaises ($L_{[NN]_{en}}$) extraites par [N N].

6. http ://code.google.com/p/ttc-project/

- liste de préfixes $L_{prefixes}$ en français qui n'acceptent qu'une base adjectivale relationnelle ou déverbale, cette liste a été établie par (Cartoni, 2008).
- liste de 15 suffixes relationnels en français $L_{suffRel}$ (voir P7 dans la table 1).
- deux listes d'adjectifs français extraites automatiquement du corpus :
  - $LAdjR_{Classes}$ : cette liste comprend 361 adjectifs extraits automatiquement du corpus. Elle correspond à l'ensemble des listes extraites du $C_{cds_{fr}}$ en suivant l'algorithme 1.
  - $LAdjR_{Base}$ : contient tous les adjectifs extraits à partir de la propriété P7 (c'est-à-dire à partir des suffixes relationnels) et qui composent au moins un terme [N A]$\in L_{[NA]_{fr}}$. Cette liste contient 1 346 adjectifs, elle est considérée comme la liste de base et les résultats de l'alignement adjectif-nom sur cette liste seront comparés avec ceux obtenus sur la liste $LAdjR_{Classes}$.
- dictionnaire bilingue français-anglais ($Dico_{fr-an}$) de 145 542 entrées de mots simples.
- liste de 66 racines supplétives françaises ($L_{racines-noms}$) alignées avec des noms communs (ex. hépat / fois, pulmon / poumon, ... etc) (Cottez, 1982).
- liste de 100 racines $L_{racines}$ extraite automatiquement du $C_{cds_{fr}}$ en appliquant l'algorithme 2 présenté en section 3.2.

## 6.2 Résultats de l'extraction automatique des adjectifs relationnels

En appliquant l'algorithme d'extraction des adjectifs présenté en section 3 sur $C_{cds_{fr}}$, nous obtenons quatre listes d'adjectifs. Un adjectif extrait appartient à une ou plusieurs classes d'adjectifs : qualificative, relationnelle, composée. Par exemple, l'adjectif "sérologique" est composé et relationnel, car il peut être relié à "sérologie" et il se compose de deux éléments : "séro" et "logique". Les adjectifs de la classe "composée" ont des emplois non-qualificatifs, mais dans certains cas, on ne peut pas les relier avec un seul substantif, mais avec un syntagme, par exemple, "unilatéral" (un seul côté) ou "infraclinique" ("un trouble ou d'une maladie qui ne provoque pas de manifestation décelable à l'examen") n'ont pas été formés par dérivation d'un nom mais par préfixation.

Les listes extraites sont présentées dans la table 2. Nous appelons l'ensemble de ces listes $LAdjR_{Classes}$ qui comprend donc 361 adjectifs. Les adjectifs ont été classés manuellement et à l'aide du système Dérif (Namer, 2003). Nous remarquons que 198 adjectifs dans $LAdjR_{Classes}$ peuvent être classifiés comme relationnels, et qu'il y a beaucoup d'adjectifs composés qui ne sont ni relationnels ni qualificatifs.

La liste $LAdjR_{Classes}$ contient plus de 54 % d'adjectifs relationnels et la liste $Liste_{AdjR}$-2 se compose de 93 % d'adjectifs relationnels. Pour avoir une idée du rappel, nous utilisons Dérif pour aligner les adjectifs de la liste $LAdjR_{Base}$ avec des noms. Dérif est capable d'aligner 554 adjectifs avec des noms par la relation "en rapport avec". Nous appelons cette liste par $Liste_{Derif}$. Nous trouvons que la liste $LAdjR_{Classes}$ couvre 141 adjectifs de $Liste_{Derif}$. Cependant, 57 des adjectifs que nous avons classifiés comme relationnels dans $LAdjR_{Classes}$ n'ont pas pu être alignés par Dérif. De plus, il existe des adjectifs dénominaux mais non relationnels dans $Liste_{Derif}$ (ex. original/origine, critique/crise, etc.).

| liste | nbr. d'adjectifs | nbr. de classe qualificative | nbr. de classe relationelle | nbr. classe composée |
|---|---|---|---|---|
| $Liste_{AdjR}$-1 | 154 | 0 | 28 | 153 |
| $Liste_{AdjR}$-2 | 103 | 8 | 96 | 19 |
| $Liste_{AdjR}$-3 | 47 | 3 | 34 | 18 |
| $Liste_{AdjR}$-4 | 57 | 6 | 40 | 27 |
| Total | 361 | 17 | 198 | 217 |

TABLE 2 – Les classes des adjectifs dans les listes extraites

Les listes d'adjectifs extraites seront utilisées par la méthode de l'alignement d'un adjectif relationnel avec un nom.

### 6.3 Résultats de l'alignement adjectif-nom sur les listes d'adjectifs

Nous appliquons la méthode d'alignement que nous avons proposée en section 4.1.4 sur les listes des adjectifs extraits automatiquement ($LAdjR_{Classes}$ et $LAdjR_{Base}$). Nous fixons empiriquement les poids des deux similarités dans l'équation 7 : $\alpha$=0,70 et $\beta$=0,30. Un adjectif et un nom doivent avoir une similarité minimale de $similarity_{Lev}$ à 0,6 et une similarité minimale de $similarity_{Lcs}$ à 0,7 (les deux similarités qui composent $similarity_{lettres}$ dans l'équation 7).

Ainsi, 157 adjectifs de la liste $LAdjR_{Classes}$ (parmi 361) ont été alignés avec une précision de 89,8 %. De la liste $LAdjR_{Base}$, 582 adjectifs (parmi 1 346) ont été alignés avec une précision de 84,53 %. Nous avons évalué les alignements manuellement et à l'aide de l'outil Dérif Namer (2003). Nous considérons qu'un alignement est correct si l'adjectif a été aligné avec lui-même ou avec son nom de base. En effet, $LAdjR_{Base}$ contient plus des adjectifs non-relationnels et du bruit (des mots non-français) que $LAdjR_{Classes}$, ce qui explique le taux plus élevé des mauvais alignements. De plus, nous exigeons que le nom de base d'un adjectif soit présent dans le corpus, alors que ce n'est pas toujours le cas. Le rappel est le nombre d'adjectifs alignés divisé par le nombre d'adjectifs dans la liste. Cependant, il faut noter qu'il y a de nombreux adjectifs dans $LAdjR_{Base}$ et $LAdjR_{Classes}$ qui ne peuvent pas être reliés à des noms. Par exemple, les adjectifs composés sont parfois reliés à des phrases comme on l'avait déjà mentionné dans la section 6.2. Nous résumons les résultats de l'alignement dans la table 3.

| liste | nbr. d'alignements adj-nom | précision | rappel |
|---|---|---|---|
| LAdjR$_{Classes}$ | 157 | 89,8 % | 43,49 % |
| LAdjR$_{Bases}$ | 582 | 84,53% | 43,23 % |

TABLE 3 – Résultats des méthodes d'alignement adjectif-nom sur LAdjR$_{Classes}$ et LAdjR$_{Base}$

Nous présentons les résultats de la traduction des termes [N AdjR], en utilisant les alignements adjectif-nom obtenus, dans la section suivante.

### 6.4 Résultats de la traduction des termes [N AdjR]

La méthode compositionnelle qui consiste à traduire des termes français de la forme [N A] en termes anglais de la forme [A N] nous a permis de traduire 2 039 termes dont les adjectifs sont issus de la liste $LAdjR_{Base}$, et 574 termes dont les adjectifs sont issus de la liste $LAdjR_{Classes}$. Cette méthode a donné une précision de 79,5 % sur une liste de 200 termes traduits qui a été examinée manuellement. Nous essayons maintenant de traduire les termes français [N A] non-traduits par la méthode précédente en passant par les noms de base des adjectifs relationnels.

Nous suivons l'algorithme 3 afin d'évaluer l'impact des alignements adjectif-nom sur la traduction des termes [N A], voir la table 4. Nous utilisons les 157 alignements adjectif-nom obtenus de la liste $LAdjR_{Classes}$ et nous trouvons que 42 alignements adjectif-nom de cette liste ont aidé à traduire 172 termes [N A] distincts avec une précision de 91,86 %. En appliquant l'algorithme 3 sur les 582 alignements adjectif-nom obtenus de $LAdjR_{Base}$, nous trouvons que 92 de ces alignements ont participé à traduire 250 termes distincts avec une précision de 86 %. Les traductions ont été vérifiées à l'aide du dictionnaire rédactionnel Linguee [7] et la banque de données Termium [8]. La précision des traductions est égale au nombre de termes distincts qui ont au moins une traduction correcte parmi les 5 premières traductions proposées divisé par le nombre de termes distincts qui ont été traduits. Les traductions proposées ont été classées par leurs fréquences dans le corpus cible.

Les alignements des adjectifs dénominaux qui ont des emplois qualificatifs (ex. originale/origine,

7. http ://www.linguee.fr/
8. http ://www.termiumplus.gc.ca/tpv2alpha/alpha-fra.html ?lang=fra

formel/forme) avec des noms ont donné des mauvaises traductions. Des adjectifs déverbaux qui peuvent être reliés à un nom, ont donné des bonnes et/ou des mauvaises traductions. Par exemple, l'adjectif "étudié" est dérivé du verbe "étudier", il a été relié avec le nom "étude" par la méthode d'alignement adjectif-nom. Cet alignement a donné de bonnes traductions (ex. "population étudiée" a été traduit par "study population"), ainsi que de mauvaises traductions (ex. "cellule étudiée" a été traduit par "study unit").

Parfois on trouve des mauvaises traductions malgré l'utilisation d'un alignement correct d'un adjectif relationnel avec un nom. Ces mauvaises traductions sont plutôt obtenues à cause des problèmes liés à la méthode compositionnelle et au corpus comparable. Par exemple, l'adjectif relationnel "génétique" a été relié avec "gène", cet alignement a participé à la traduction de "mutation génétique" par "gene transfer" ("gène" traduit par "gene") tandis que la bonne traduction est "gene mutation". Ainsi, la mauvaise traduction n'a pas été obtenue à cause de l'alignement de "génétique" avec "gène", mais parce que soit "mutation" n'a pas été traduit par "mutation" dans le dictionnaire bilingue, soit "gene mutation" n'existe pas dans le corpus anglais.

| liste | nbr. d'alignements adj-nom | nbr. de termes [N A] traduits | précision |
|---|---|---|---|
| $\text{LAdjR}_{Classes}$ | 157 | 172 | 91,86 % |
| $\text{LAdjR}_{Bases}$ | 582 | 250 | 86,00 % |

TABLE 4 – Résultats de la traduction en utilisant les alignements adjectif-nom

## 7 Discussion et conclusion

Dans cet article, nous nous sommes intéressés à l'identification des adjectif relationnels et à l'alignement de ces adjectifs avec leurs noms de base. Nous avons également essayé de traduire des termes qui se composent d'un nom et d'un adjectif relationnel [N AdjR] en remplaçant $AdjR$ par son nom de base.

Nous avons développé une méthode qui exploite plusieurs propriétés des adjectifs relationnels pour les identifier en se basant sur un corpus monolingue. Nous avons extrait par cette méthode une liste d'adjectifs $LAdjR_{Classes}$. Une autre liste d'adjectifs $LAdjR_{Base}$ a été extraite en utilisant une liste de suffixes relationnels. Nous avons trouvé que la liste $LAdjR_{Classes}$ contient très peu d'adjectifs qualificatifs et moins de bruit que la liste $LAdjR_{Base}$.

Ensuite, nous avons développé une méthode afin d'aligner les adjectifs relationnels extraits avec leurs noms de base à partir d'un corpus monolingue. Nous nous sommes appuyés sur la similarité de lettres, la similarité contextuelle et des racines gréco-latines afin de relier un adjectif à un nom. Nous avons appliqué la méthode d'alignement sur les deux listes $LAdjR_{Base}$ et $LAdjR_{Classes}$, et nous avons acquis des couples d'adjectif-nom avec une précision supérieure à 84 %.

Enfin, nous avons exploité les alignements adjectif-nom obtenus pour traduire compositionnellement des termes de la forme [N AdjR]. La précision des alignements adjectif-nom obtenus à partir de $LAdjR_{Classes}$, ainsi que la traduction des termes [N AdjR] obtenus en utilisant ces alignements ont été plus élevées que celles des alignements et des traductions obtenues avec $LAdjR_{Base}$. Par contre, nous obtenons plus d'alignements avec $LAdjR_{Base}$ et donc plus de traductions par rapport à l'utilisation de $LAdjR_{Classes}$. Il semble donc que la méthode d'alignement adjectif-nom sur une liste d'adjectifs purement relationnels peut donner des alignements avec une haute précision et ainsi une haute précision pour la traduction compositionnelle des termes [N AdjR]. Les mauvais alignements adjectif-nom n'ont pas beaucoup influencé la précision des traductions de ces termes qui est de 86 % en utilisant $LAdjR_{Base}$. La traduction compositionnelle permet donc de filtrer les mauvais alignements adjectif-nom.

Dans ce travail, nous nous sommes concentrés sur la traduction des termes [N AdjR] pour le couple de langues français-anglais. Le principe de traduction par paraphrase de ces termes pour d'autres couples de langues devra être étudié pour en démontrer la généricité.

**Remerciements**

Ce travail a bénéficié de l'aide du septième programme cadre de la Commission européenne (FP7/2007-2013) (Grant Agreement no 248005).

**Références**

BALDWIN, T. et TANAKA, T. (2004). Translation by machine of complex nominals : Getting it right. *In ACL Workshop on Multiword Expressions : Integrating Processing*, pages 24–31.

BOWKER, L. et PEARSON, J. (2002). *Working with specialized language : a practical guide to using corpora*. London, Routledge.

CARTONI, B. (2008). *De l'incomplétude lexicale en traduction automatique : vers une approche morphosémantique multilingue*. Université de Genève.

CARTONI, B. (2009). Lexical morphology in machine translation : A feasibility study. *In 12th Conference of the European Chapter of the Association for Computational Linguistics (EACL), Athens*, pages 130–138.

COTTEZ, H. (1982). *Dictionnaire des structures du vocabulaire savant*. Les usuels du Robert, Paris.

DAILLE, B. (1999). Identification des adjectifs relationnels en corpus. *In Actes de la Conférence de Traitement Automatique du Langage Naturel (TALN '99)*.

DAILLE, B. (2000). Morphological rule induction for terminology acquisition. *In 18th International Conference on Computational Linguistics (COLING)*, pages 215–221.

DUBOIS, J. et DUBOIS-CHARLIER, F. (1999). *La dérivation suffixale en français*. Nathan Université.

FRUNZA, O. et INKPEN, D. (2010). Word variant identification in old french. *International Journal of Linguistics*, 130:481–510.

GOES, J. (1999). *L'adjectif entre nom et verbe*. De Boeck and Larcier Département Duculot.

HAUER, B. et KONDRAK, G. (2011). Clustering semantically equivalent words into cognate sets in multilingual lists. *In The 5th International Joint Conference on Natural Language Processing (IJCNLP),Chiang Mai*, pages 865–873.

KETKAR, N. S. et YOUNGBLOOD, G. M. (2010). A largest common subsequence-based distance measure for classifying player motion traces in virtual worlds. *In FLAIRS Conference*.

MANIEZ, F. (2005). Identification automatique des adjectifs relationnels : une étude sur corpus. *In De la mesure dans les terme : Presses Universitaires de Lyon*.

MORIN, E. et DAILLE, B. (2010). Compositionality and lexical alignment of multi-word terms. *Language Resources and Evaluation*, 44(1-2):79–95.

NAMER, F. (2003). Automatiser l'analyse morphosémantique non affixale : le système DériF. *Cahiers de Grammaire*, 28:31–48.

NOAILLY, M. (1999). *L'adjectif en français*. Editions Ophrys.

PEDREIRA, N. R. (2002). De la grammaire traditionnelle à la morphologie dérivationnelle : retour sur l'adjectif de relation. *In VERBA*, pages 421–434.

RAPP, R. (1995). Identifying word translations in non-parallel texts. *In Proceedings of the 33rd annual meeting on Association for Computational Linguistics (ACL '95), Cambridge, Massachusetts*, pages 320–322.

ROCHETEAU, J. et DAILLE, B. (2011). TTC TermSuite : A UIMA Application for Multilingual Terminology extraction from Comparable Corpora. *In the 5th International Joint Conference on Natural Language Processing (IJCNLP),Chiang Mai*, pages 9–12.

ROCHÉ, M. (2006). Comment les adjectifs sont sémantiquement construits. *Cahier de Grammaire 30*.

# Utilisation de la similarité sémantique pour l'extraction de lexiques bilingues à partir de corpus comparables

Dhouha Bouamor [1,2,3] Nasredine Semmar[1] Pierre Zweigenbaum[2]
(1) CEA-LIST, LVIC, F91191 Gif sur Yvette Cedex, France
(2) LIMSI-CNRS, F-91403 Orsay, France
(3) Univ. Paris Sud, Orsay, France
dhouha.bouamor@cea.fr, nasredine.semmar@cea.fr, pz@limsi.fr

RÉSUMÉ

Cet article présente une nouvelle méthode visant à améliorer les résultats de l'approche standard utilisée pour l'extraction de lexiques bilingues à partir de corpus comparables spécialisés. Nous tentons de résoudre le problème de la polysémie des mots dans les vecteurs de contexte par l'introduction d'un processus de désambiguïsation sémantique basé sur WordNet. Pour traduire les vecteurs de contexte, au lieu de considérer toutes les traductions proposées par le dictionnaire bilingue, nous n'utilisons que les mots caractérisant au mieux les contextes en langue cible. Les expériences menées sur deux corpus comparables spécialisés français-anglais (financier et médical) montrent que notre méthode améliore les résultats de l'approche standard plus particulièrement lorsque plusieurs mots du contexte sont ambigus.

ABSTRACT

This paper presents a new method that aims to improve the results of the standard approach used for bilingual lexicon extraction from specialized comparable corpora. We attempt to solve the problem of context vector word polysemy. Instead of using all the entries of the dictionary to translate a context vector, we only use the words of the lexicon that are more likely to give the best characterization of context vectors in the target language. On two specialised French-English comparable corpora, empirical experimental results show that our method improves the results obtained by the standard approach especially when many words are ambiguous.

MOTS-CLÉS : lexique bilingue, corpus comparable spécialisé, désambiguïsation sémantique, WordNet.

KEYWORDS: bilingual lexicon, specialized comparable corpora, semantic disambiguation, WordNet.

## 1 Introduction

Les lexiques bilingues sont des ressources particulièrement utiles pour la Traduction Automatique et la Recherche d'Information Interlingue. Les recherches en extraction lexicale à partir de corpus multilingues se sont largement concentrées sur les corpus parallèles. En effet, la rareté de ces corpus, en particulier pour les domaines spécialisés et pour les couples de langues ne faisant pas intervenir l'anglais, conduit en outre à orienter les recherches en extraction de lexiques bilingues vers l'utilisation de corpus comparables (Fung, 1995; Rapp, 1995; Chiao et Zweigenbaum, 2003; Gamallo Otero, 2007; Prochasson *et al.*, 2009; Kun et Tsujii, 2009). La plupart de ces travaux héritent de la sémantique distributionnelle (Harris, 1954) et reposent sur la simple observation que si dans une langue source deux mots cooccurrent plus souvent que par hasard, alors dans un texte de langue cible, leurs traductions doivent également cooccurrer plus souvent. Cette approche dite ***standard*** se base sur la caractérisation et la comparaison d'environnements lexicaux des termes sources et cibles, représentés par des *vecteurs de contexte*. Ces vecteurs stockent un ensemble d'unités lexicales représentatif de leur voisinage. Dans la pratique, afin de pouvoir comparer les vecteurs de contexte de langues différentes, le passage d'une langue à une autre est nécessaire et s'effectue généralement par l'intermédiaire d'un dictionnaire bilingue amorce.

Le dictionnaire bilingue est au coeur de l'approche standard. Son utilisation pose des problèmes lorsqu'un mot possède plusieurs traductions, qu'il s'agisse de traductions synonymes ou d'un terme source polysémique. Par exemple, le terme Français *"action"* se traduit en Anglais par les termes *"share, stock, lawsuit"* et *"deed"*. Dans ce cas, il est difficile d'évaluer dans des ressources plates comme les dictionnaires bilingues quelles traductions sont les plus pertinentes, vu qu'elle sont le plus souvent non ordonnées. L'approche standard prend en compte toutes les traductions disponibles et les conserve avec la même priorité dans le vecteur traduit indépendamment du domaine sur lequel porte l'étude. Ainsi, en domaine de la Finance, la prise en compte des termes *"lawsuit"* et *"deed"* ne feront probablement qu'ajouter du bruit dans les vecteurs de contexte.

Dans ce présent travail, nous présentons une nouvelle approche qui tente de résoudre le problème de polysémie des mots non traité par l'approche standard. Un mot polysémique est une unité lexicale ayant plusieurs sens dans une langue ou une fois traduite dans une autre langue. Nous introduisons un processus de désambiguïsation sémantique des vecteurs de contexte construits par l'approche standard. L'intuition qui sous-tend cette méthode est que, pour chaque mot polysémique du vecteur de contexte, au lieu de considérer toutes les traductions proposées par le dictionnaire bilingue, nous n'utilisons que les traductions susceptibles de donner la meilleure représentation du vecteur de contexte en langue cible. Le processus de désambiguïsation repose sur une mesure de similarité sémantique calculée en se basant sur le thésaurus WordNet (Fellbaum, 1998). Nous testons cette méthode sur deux corpus comparables spécialisés pour le couple des langues français-anglais. Une amélioration des résultats de l'approche standard est reportée plus particulièrement lorsque plusieurs mot du corpus sont ambigus.

La suite de l'article est organisée comme suit : dans la section 2, nous présentons l'approche standard et passons en revue les principaux travaux connexes à la tâche d'extraction de lexiques bilingues à partir de corpus comparables. Puis, nous décrivons, dans la section 3, le processus de désambiguïsation sémantique proposé. La section 4 sera consacrée aux expériences menées ainsi qu'à la présentation des résultats obtenus. Notre article se conclura par une présentation des principales perspectives (section 5).

# 2 Extraction de lexiques bilingues

## 2.1 Approche standard

La plupart des travaux traitant la tâche d'extraction de lexiques bilingues à partir de corpus comparables se basent sur l'approche standard (Fung, 1998; Chiao et Zweigenbaum, 2002; Laroche et Langlais, 2010). Cette approche se décompose en trois étapes :

- **Constitution des vecteurs de contexte** : Ces vecteurs sont d'abord extraits en repérant les mots qui apparaissent autour d'un terme à traduire $S$ dans une fenêtre contextuelle de $n$ mots. Habituellement, des mesures d'associations comme l'information mutuelle (Morin et Daille, 2006), le taux de vraisemblance (Morin et Prochasson, 2011) ou encore le rapport des chances (odds-Ratio) (Laroche et Langlais, 2010) sont utilisées pour définir les entrées du vecteur de contexte.
- **Transfert des vecteurs de contexte** : Afin de rendre possible la comparaison des vecteurs sources et cibles, les vecteurs des termes sources sont traduits par le biais d'un dictionnaire bilingue amorce. Si le dictionnaire propose plusieurs traductions pour un élément, nous ajoutons l'ensemble des traductions proposées. Les mots ne figurant pas dans le dictionnaire sont tout simplement ignorés.
- **Comparaison des vecteurs sources et cibles** : Les vecteurs traduits sont ensuite comparés à l'ensemble des vecteurs de contexte en langue cible à l'aide d'une mesure de similarité vectorielle. La plus populaire étant le cosinus, mais de nombreux auteurs ont étudiés des métriques alternatives comme la distance du Jaccard pondérée ou encore le city-block. En fonction des valeurs de similarité, nous obtenons une liste ordonnée de traductions candidates pour le terme $S$.

## 2.2 Travaux reliés

La couverture du dictionnaire bilingue assurant le transfert des vecteurs de contexte en langue cible demeure le noyau de l'approche standard. Si trop peu de mots sont traduits, la comparaison de vecteurs traduits et de vecteurs cibles ne sera pas significative puisque réalisée sur un échantillon trop faible de vocabulaire. Pour limiter cet effet, des techniques visant à améliorer les résultats de l'approche standard ont vu le jour et ce par l'adjonction de ressources dictionnariques spécialisées supplémentaires préétablies (Déjean *et al.*, 2002; Chiao et Zweigenbaum, 2003), extraites de corpus parallèles (Morin et Prochasson, 2011) ou encore du même corpus d'étude (Vulić et Moens, 2012).

Récemment, des recherches fondées sur l'hypothèse que plus les vecteurs de contexte sont représentatifs, meilleure est la mise en correspondance bilingue ont été menées. (Prochasson *et al.*, 2009) utilisent les translittérations et mots savants comme 'points d'ancrage'. L'objectif est que la comparaison des vecteurs se fonde en priorité sur les points d'ancrage, puis sur le reste d'éléments. Outre les translittérations, (Rubino et Linarès, 2011) combinent la représentation contextuelle avec une représentation thématique de termes médicaux, en émettant l'hypothèse qu'un terme et sa traduction partagent des similarités d'un point de vue thématique. (Hazem et Morin, 2012a) proposent deux critères de filtrage du dictionnaire bilingue dans le but de ne garder que les mots qui donnent la meilleure représentation du vecteur de contexte dans la langue cible. Le premier critère se base sur les catégories grammaticales des mots du contexte mais aucune amélioration n'a été démontrée. Le deuxième critère étant basé sur une mesure de pertinence d'un mot pour un domaine donné. Contrairement au premier critère, celui ci apporte une petite amélioration (4% en précision) par rapport à la méthode standard.

(Gaussier *et al.*, 2004) tentent de résoudre le problème d'ambiguïté de mots des vecteurs de contexte en langues source et cible. Ils utilisent une vue géométrique et décomposent le vecteur d'un mot en fonction de ses sens par l'utilisation de plusieurs méthodes comme l'analyse canonique de corrélation et l'analyse sémantique latente. Les meilleurs résultats sont obtenus par l'utilisation d'une approche mixte avec une amélioration de la F-Mesure au $Top20$ de +2% par rapport à l'approche standard. Dans cet article, nous présentons une approche traitant le problème d'ambiguïté des mots des vecteurs de contexte mais qui diffère de celle proposée par (Gaussier *et al.*, 2004). Alors qu'ils mettent l'accent sur l'ambiguïté des mots en langues source et cible, nous jugeons qu'il serait suffisant de lever l'ambiguïté des éléments des vecteurs de contexte en langue source vu que l'ambiguïté parvient lors du transfert des vecteurs de contexte sources

# 3 Désambiguïsation lexicale des vecteurs de contexte

Nous proposons dans cet article une approche qui tente d'améliorer les résultats de l'approche standard. Nous abordons le problème associé aux mots polysémiques révélés par le dictionnaire bilingue amorce lors du transfert des vecteurs de contexte sources. Comme il a été mentionné dans la section 1, lorsque l'extraction lexicale porte sur un domaine spécialisé, les traductions proposées par le dictionnaire bilingue ne sont pas toutes pertinentes pour la représentation des vecteurs de contexte en langue cibles. Par exemple, dans le domaine juridique, la traduction du mot *action* (Fr) par *share* ou *stock* (An) ne fera qu'introduire du bruit dans les vecteurs traduits. L'intuition derrière notre approche est qu'il conviendrait d'introduire un *processus de désambiguïsation sémantique lexicale* visant à améliorer l'adéquation des vecteurs de contexte traduits et par conséquent améliorer les résultats de l'approche standard. Dans cette section, nous commençons par décrire la ressource sémantique sur laquelle se base notre approche. Ensuite, nous présentons en détail notre méthode de désambiguïsation des vecteurs de contexte.

## 3.1 Ressource sémantique

Un grand nombre de techniques de désambiguïsation lexicale ont été présentées dans la littérature. Les plus populaires sont celles mesurant une similarité sémantique en se basant sur le thésaurus *WordNet*. Cette ressource est structurée autour de la notion de *synsets*, c'est-à-dire en quelque sorte un ensemble de synonymes qui forment un concept. Chaque synset représente un sens de mot. Les synsets sont reliés entre eux par des relations, soit lexicales (antonymie par exemple) ou taxonomiques (hyperonymie, méronymie, etc). Ce thésaurus est largement utilisé dans des applications reposant sur le calcul de similarité des mots telles que la recherche de documents (Hwang *et al.*, 2011) ou d'images (Cho *et al.*, 2007; Choi *et al.*, 2012). Dans ce travail, nous l'utilisons pour dériver une similarité sémantique entre les éléments de chaque vecteur de contexte permettant de sélectionner les sens des mots les plus saillants à la représentation des termes à traduire. À notre connaissance, c'est une première application de WordNet en extraction de lexiques bilingues à partir de corpus comparables.

| | |
|---|---|
| *Vecteur de contexte* | {action}, {dividende}, {liquidité}, ... |
| *Dictionnaire bilingue* | {act, stock, action, deed, lawsuit, fact, operation, plot, share} , {dividend} , {liquidity} |
| $Sem_{Sim}$ | {dividend, act} ; {dividend,stock} ; ... ; {liquidity, act} ; {liquidity,stock} ; ... |
| *Ave_Wup(action)* | share :0.5236, stock :0.5236, action :0.4256, act :0.2139, operation :0.2045, plot :0.2011, fact :0.1934, deed :0.1594, lawsuit :0.1212 |

TABLE 1 – Désambiguïsation sémantique du vecteur de contexte du terme *bénéfice*

Parmi les mesures de similarité sémantique utilisant WordNet, nous retrouvons les mesures basées sur la distance taxonomique. Le principe général de ces mesures est de compter le nombre d'arcs qui séparent deux sens dans WordNet. Dans ce cadre, nous choisissons la mesure définie par (Wu et Palmer, 1994). La similarité est définie selon la distance qui sépare deux concepts par rapport à leur sens commun le plus spécifique ($LCS$) que la racine de la taxonomie. La similarité entre deux sens $s_1$ et $s_2$ est :

$$Sim_{wup}(s_1,s_2) = \frac{2 \times depth(LCS)}{depth(s_1) + depth(s_2)} \tag{1}$$

Où depth($LCS$) est le nombre d'arcs qui séparent $LCS$ de la racine et depth($s_i$) avec $i$ le nombre d'arcs qui séparent $s_i$ de la racine en passant par $LCS$. Cette mesure a l'avantage d'avoir de meilleures performances par rapport aux autres mesures de similarité (Lin, 1998).

## 3.2 Processus de désambiguïsation

Une fois transféré en langue cible, le processus de désambiguïsation des vecteurs de contexte intervient. Ce processus tente de trouver pour chacune des entrées polysémiques dans les vecteurs traduits le sens le plus adéquat. Pour ce faire, nous utilisons les unités non polysémiques pour déduire les sens de celles polysémiques. Nous émettons l'hypothèse qu'un mot est non polysémique s'il ne possède qu'une seule traduction dans le dictionnaire bilingue. Cette hypothèse est vérifiée dans 95% des cas dans WordNet (i.e mots associés à un seul synset).

Précisément, pour chaque entrée polysémique de chaque vecteur, nous mesurons la similarité sémantique entre toutes les traductions qui lui sont associées et toutes les unités non polysémiques du même vecteur. En fonction des valeurs de similarité, nous obtenons une liste ordonnée de sens ou traductions pour chaque mot polysémique.

Plus formellement, puisqu'un mot peut appartenir à plus d'un sens ou synset dans WordNet, nous déterminons la similarité sémantique entre deux mots $m_1$ et $m_2$ comme le maximum de $Sim_{wup}$ entre le ou les synsets qui incluent les $synsets(m_1)$ et les $synsets(m_2)$ selon la formule suivante :

$$Sem_{Sim}(m_1,m_2) = \max\{Sim_{wup}(s_1,s_2); (s_1,s_2) \in synsets(m_1) \times synsets(m_2)\} \tag{2}$$

Ensuite, pour identifier le sens le plus approprié pour chaque mot polysémique $k$ dans les vecteurs de contexte, nous mesurons une ***moyenne de similarité*** (Formule 3) pour chacune des traductions proposées $kj$.

$$Ave\_Wup(k_j) = \frac{\sum_{i=1}^{N} Sem_{Sim}(m_i, k_j)}{N} \quad (3)$$

où $N$ est le nombre total des mots non polysémique du vecteur traduit et $Sem_{Sim}$ est la valeur de similarité entre $k_j$ et le mot non polysémique $m_i$. Dans le cas où tous les mots du vecteur de contexte sont polysémiques, il est possible de calculer la similarité sémantique entre toutes les combinaisons de mots. Dans de tels cas, nous choisissons de ne pas toucher au vecteurs de contexte puisque avec le calcul de ce type de similarité une augmentation de la complexité algorithmique et détérioration des résultats d'extraction ont été constatés dans des expérimentations préliminaires.

Un exemple de désambiguïsation de vecteur de contexte du terme "bénéfice" est décrit dans la table 1. Ce vecteur est construit à partir de corpus comparable spécialisé et contient les mots *action*, *dividende*, *liquidité* et d'autres unités. Lors du transfert de ce vecteur de la langue source (Français) à celle cible (Anglais), le dictionnaire bilingues propose les traductions suivantes *« act, stock, action, deed, lawsuit, fact, operation, plot, share »*, *« dividend »* et *« liquidity »* pour traduire respectivement les mots *« action »*, *« dividende »* et *« liquidité »*. Nous utilisons les unités lexicales non polysémiques *« dividende »* et *« liquidité »* pour désambiguiser le mot *« action »*. En observant la valeur de $Ave\_Wup$, nous remarquons que dans ce contexte, les mots *share* et *stock* sont les traductions les plus appropriées au mot *action*. Nous remarquons aussi que les mots issus du domaine général se placent après pour retrouver à la fin les unités les moins proches (*deed et lawsuit*).

# 4 Expérimentations et résultats

## 4.1 Ressources linguistiques

Dans le cadre de cette étude, nous avons construit deux corpus comparables spécialisés français-anglais à partir de l'encyclopédie libre Wikipédia[1]. Nous exploitons l'aspect multilingue cette ressource pour en extraire de la terminologie spécialisée qui pourra créer ou enrichir des ressources linguistiques existantes. Nous nous intéressons particulièrement au domaine de la *« finance des entreprises »* et à la thématique du *« cancer du sein »* relevant du domaine médical. Notre approche repose en premier lieu sur l'extraction de pages de Wikipédia en langue source. Ensuite, les liens interlingues sont utilisés afin de chercher l'information translinguistique et donc construire la partie du corpus en langue cible (Sadat et Terrasa, 2010).

Nous considérons que le domaine d'étude constitue une catégorie dans Wikipédia. Les catégories sont un système de classement thématique des articles de Wikipédia. Une requête composée du domaine d'étude en langue source (par exemple *finance des entreprises*) est donc construite pour extraire une arborescence de catégories ou de thèmes ayant pour catégorie mère le domaine de spécialité. Un exemple d'arborescence est présenté dans la figure 1.

Ensuite, Nous collectons tous les articles associés à chacune des catégories de l'arborescence pour construire un corpus spécialisé monolingue (en langue source). Afin de collecter les articles

[1] `http://dumps.wikimedia.org/`

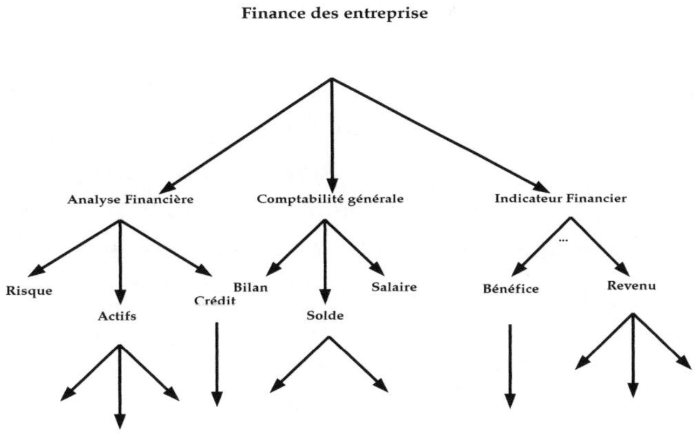


FIGURE 1 – Arborescence de catégories de la thématique Finance des entreprises

en langue cible, les liens interlingues au sein de chaque article du corpus monolingue sont utilisés. Un étiquetage morpho-syntaxtique et une lemmatisation ont été appliqués sur les articles collectés. Nous avons aussi retiré les mots fonctionnels et ceux apparaissant moins de deux fois dans les deux parties du corpus comparable. Nous avons ainsi construit deux corpus comparables de taille réduite. La taille en nombre de mots des corpus résultants est dans la table 2

| Corpus | Français | Anglais |
|---|---|---|
| Finance des entreprises | 402.486 | 756.840 |
| Cancer du sein | 396.524 | 524.805 |

TABLE 2 – Taille des corpus comparables. La taille est exprimée en nombre de *mots*

Le dictionnaire bilingue Français-Anglais assurant le transfert des vecteurs de contexte comporte environ 120000 entrées avec en moyenne 7 traductions par entrée. Il s'agit d'un dictionnaire du domaine général comportant quelques mots en rapport avec le domaine financier et médical.

Pour évaluer la qualité de l'approche standard et celle introduisant la désambiguïsation lexicale des vecteurs de contexte, nous avons construit une liste de traductions de référence pour chaque domaine. Habituellement, la taille de ces listes est autour de 100 mots (Hazem et Morin, 2012a; Chiao et Zweigenbaum, 2002). Précisons que nous nous intéressons dans cet article uniquement à l'extraction bilingue de termes simples. D'autres recherches se sont portées sur l'extraction de termes complexes (Morin et Daille, 2004; Laroche et Langlais, 2010). Pour le domaine de la finance des entreprises, une liste composée de 125 mots simples est extraite du *glossaire bilingue de la micro-finance* [2]. En ce qui concerne le domaine du cancer du sein, 79 termes issus du méta-thésaurus *UMLS*[3] et du *MESH*[4] sont extraits. Ces deux listes sont composées de paires de termes français-anglais apparaissant au moins cinq fois dans chaque partie des corpus comparables.

[2]http://www.microfinance.lu/la-microfinance-cest-quoi/glossaire.html
[3]http://www.nlm.nih.gov/research/umls/
[4]http://mesh.inserm.fr/mesh/

## 4.2 Expérimentations

Afin de mener à bien nos expériences, nous avons besoin de régler trois principaux paramètres : (1) la taille de la fenêtre contextuelle, (2) la mesure d'association et (3) la mesure de similarité. Comme dans la plupart des travaux antérieurs (Hazem et Morin, 2012b; Chiao et Zweigenbaum, 2002), nous fixons la taille de la fenêtre contextuelle à 7, partant de l'idée qu'elle approxime les dépendances syntaxiques. Une étude de différentes combinaisons entre les mesures d'association et les métriques de similarité a été présentée dans (Laroche et Langlais, 2010). Pour le domaine médical, la configuration la plus efficace étant de combiner le rapport des chances [Odds-Ratio] avec le cosinus. Nous avons suivi ces travaux pour la définition de ces paramètres. La formule du rapport des chances est définie dans l'équation ci-dessous :

$$OddsRatio_{disc} = \log \frac{(O_{11} + \frac{1}{2})(O_{22} + \frac{1}{2})}{(O_{12} + \frac{1}{2})(O_{21} + \frac{1}{2})} \tag{4}$$

Où $O_{ij}$ sont les cellules d'une table de contingence $2 \times 2$ regroupant les fréquences d'observation de deux termes dans une fenêtre donnée. Le cosinus de l'angle formé par deux vecteurs source $v_s$ et cible $v_c$ est défini dans l'équation 5.

$$Cos(v_s, v_c) = \frac{\sum_j OddsRatio_j^s \times OddsRatio_j^c}{\sqrt{\sum_j OddsRatio_j^{s\,2}} \times \sqrt{\sum_j OddsRatio_j^{c\,2}}} \tag{5}$$

## 4.3 Résultats et discussion

Il est difficile de comparer les résultats de différents travaux en extraction de lexiques bilingues à partir de corpus comparables, en raison de différences entre les corpus, les domaines d'études ou encore les ressources linguistiques utilisées (Prochasson et Morin, 2009). À ce jour, aucun jeu de données pouvant servir de référence n'a été mis en place. C'est pour cette raison que nous utilisons les résultats de l'approche standard (AS) comme référence. Nous évaluons les performances de cette approche et de celle présentée en section 3 en utilisant les métriques de précision ($P_N$), rappel ($R_N$) au *TopN* et de MAP (Mean Average Precision) (Manning *et al.*, 2008). La précision est le nombre de traductions correctes divisé par le nombre de termes pour lesquels le système propose au moins une traduction. Le rappel est égal au rapport entre les traductions correctes et le nombre total des termes. La MAP représente la qualité d'un système en fonction de différents niveaux de rappel :

$$MAP(Q) = \frac{1}{Q} \sum_{|Q|}^{j=1} \frac{1}{m_j} \sum_{m_j}^{k=1} Précision(R_{jk}) \tag{6}$$

Où $Q$ constitue le nombre de termes à traduire, $m_j$ est le nombre de traductions de référence pour le $j^{ème}$ terme et $Précision(R_{jk})$ est égale à 0 si la traduction de référence n'est pas trouvée pour le $j^{ème}$ terme ou $\frac{1}{r}$ s'il y figure ($r$ est le rang de la traduction de référence dans les traductions candidates).

| Méthode | P1 | P10 | P20 | R1 | R10 | R20 | MAP |
|---|---|---|---|---|---|---|---|
| AS | 4.6 | 14 | 18.6 | 4 | 12 | 16 | 6.4 |
| WN-$S_1$ | 6.5 | 19.6 | 26.1 | 5.6 | 16.8 | 22.4 | 8.9 |
| WN-$S_2$ | 10.2 | **25.2** | 30.8 | 8 | **21.6** | 26.4 | 12.2 |
| WN-$S_3$ | 10.2 | 24.2 | **32.7** | 8.8 | 20.8 | **28** | 12.2 |
| WN-$S_4$ | **11.2** | 22.4 | 29.9 | **9** | 19 | 25 | **12.4** |
| WN-$S_5$ | 9.3 | 20.5 | 28 | 8 | 17.6 | 24 | 11 |
| WN-$S_6$ | 8.4 | 20.5 | 23.3 | 7.2 | 17.6 | 20 | 9.41 |
| WN-$S_7$ | 7.4 | 17.7 | 24.2 | 6.4 | 15.2 | 20.8 | 9 |

TABLE 3 – Corpus de « finance des entreprises » : Précision et Rappel au *TopN* ($N = 1, 10, 20$) et MAP (%)

Rappelons que l'AS utilise toutes les traductions proposées par le dictionnaire bilingue pour le transfert des vecteurs de contexte. Notre méthode de désambiguïsation des contextes fournit pour chaque unité polysémique, un vecteur de sens ordonné en fonction des valeurs de similarité. A cet égard, il convient de s'interroger sur le nombre de sens à considérer pour chaque mot polysémique. Devrions nous considérer que l'élément maximisant la similarité sémantique dans le vecteur de contexte ou envisager un plus grand nombre de sens notamment quand un vecteur de sens contient des synonymes (*share* (An) et *stock* (An) dans la table 1). C'est précisément pour cette raison que nous prenons en considération pour chaque unité polysémique différents nombre de sens dans nos expérimentations allant du sens le plus similaire jusqu'au septième sens. L'arrêt au septième sens ou traduction s'explique par le fait qu'en moyenne, un mot du corpus comparable possède 7 traductions dans le lexique bilingue. Ces méthodes sont notées WN-$S_i$ où $i$ est le nombre de sens associé à chaque unité polysémique. La table 3 présente les résultats obtenus pour le corpus de la finance des entreprises.

Nous constatons que notre méthode qui consiste en une désambiguïsation des vecteurs de contexte dépasse les performances de la méthode de référence AS pour toutes les configurations. La meilleure MAP est atteinte par (WN-$S_4$), lorsque pour chaque mot polysémique, nous gardons les quatre traductions les plus similaires aux éléments non polysémiques des vecteurs de contexte. La précision au Top20 la plus élevée est obtenue par WN-$S_3$. L'utilisation des trois premiers sens de mots dans le vecteur fait passer la précision au Top20 de 18.6% à 32.7%. Une dégradation de la MAP, précision et rappel est constatée à partir de WN-$S_5$. L'ajout progressif des traductions rapproche les résultats obtenus de ceux de l'AS. Nous estimons par conséquent que à partir de WN-$S_5$, les traductions ajoutées ne font qu'introduire du bruit dans les vecteurs de contextes.

En ce qui concerne le corpus traitant la thématique du cancer du sein, des résultats différents ont été obtenus. Comme le montre la table 4, lorsque les vecteurs de contexte sont totalement non ambigus (i.e. chaque unité source est traduite par au plus un mot), une diminution de la précision, rappel et MAP est notée par rapport à l'AS. Néanmoins, dans la plupart des autres cas, des améliorations plus au moins petites sont obtenues. Dans la méthode WN-$S_5$, nous reportons le meilleur score avec un gain de +3.4% en MAP par rapport à AS. Par contre les meilleurs rappel et précision au Top 10 et 20 sont atteints par WN-$S_2$ et WN-$S_3$.

En observant les résultats (table 3 et 4) des domaines de la finance des entreprises et celui du cancer du sein, nous remarquons que dans la plupart des cas l'approche de désambiguïsation des

| Méthode | P1 | P10 | P20 | R1 | R10 | R20 | MAP |
|---|---|---|---|---|---|---|---|
| AS | 34.2 | 54.2 | 58.5 | 25 | 39.5 | 42.7 | 31.4 |
| WN-$S_1$ | 25.7 | 50 | 57.1 | 18.7 | 36.4 | 41.6 | 25.7 |
| WN-$S_2$ | 31.4 | 61.4 | **67.1** | 22.9 | 44.7 | **48.9** | 31.3 |
| WN-$S_3$ | 34.2 | **62.8** | **67.1** | 25 | **45.8** | **48.9** | 34.2 |
| WN-$S_4$ | 34.2 | 57.1 | 64.2 | 25 | 41.6 | 46.8 | 33.2 |
| WN-$S_5$ | **35.7** | 57.1 | 65.7 | **26** | 41.6 | 47.9 | **34.8** |
| WN-$S_6$ | 35.7 | 57.1 | 65.2 | 26 | 41.6 | 46.8 | 34.7 |
| WN-$S_7$ | 35.7 | 58.5 | 65.7 | 26 | 42.7 | 47.9 | 33.9 |

TABLE 4 – Corpus du « cancer du sein » : Précision et Rappel au $TopN$ ($N = 1, 10, 20$) et MAP (%)

vecteurs de contexte par l'utilisation de la similarité sémantique de WordNet donne de meilleurs résultats que l'approche de référence AS mais à des degrés différents. Les améliorations reportées en domaine de la finance des entreprises dépassent de loin celles du cancer du sein. Ceci peut-être dû au fait que le vocabulaire utilisé dans le domaine du cancer du sein est plus spécifique et donc moins ambigu que celui utilisé dans les textes de la finance des entreprises. Dans ce cas, les améliorations restent trouvé dans de larges valeurs de $N$ au Top$N$ (la désambiguïsation des contextes aide à apporter des traductions plus éloignées au Top20).

# 5 Conclusion

Nous avons présenté dans cet article une nouvelle méthode qui tente d'améliorer les résultats de l'approche standard utilisée en extraction lexicale bilingue. Cette méthode a pour but de lever l'ambiguïté des mots polysémiques dans les vecteurs de contexte en sélectionnant uniquement les traductions susceptibles de représenter au mieux les termes à traduire. La technique proposée repose sur le calcul d'une similarité sémantique faisant appel au réseau sémantique WordNet. Les expériences menées sur deux corpus comparables spécialisés montrent que les performances de cette technique sont dans la plupart des cas supérieures à celles obtenues par l'approche standard.

Nous considérons que nos expériences initiales sont positives et peuvent être améliorées de diverses façons. Nous avons d'abord l'intention d'agrandir la taille des corpus comparables utilisés. De plus, dans ce travail, nous considérons que les corpus construit sont de bonne qualité, nous tenterons donc d'agir sur leur qualité en utilisant par exemple la mesure proposée par (Li et Gaussier, 2010). Outre la métrique définie par (Wu et Palmer, 1994), nous comptons utiliser d'autres mesures de similarité sémantique et comparer leurs performances. Nous prévoyons également d'appliquer notre méthode à l'extraction de lexiques bilingues à partir d'autre corpus très spécialisés pour valider nos hypothèses.

# Références

CHIAO, Y.-C. et ZWEIGENBAUM, P. (2002). Looking for candidate translational equivalents in specialized, comparable corpora. *In Proceedings of the 19th international conference on Computational linguistics - Volume 2*, COLING '02, pages 1–5. Association for Computational Linguistics.

CHIAO, Y.-C. et ZWEIGENBAUM, P. (2003). The effect of a general lexicon in corpus-based identification of French-English medical word translations. *In Proceedings Medical Informatics Europe, volume 95 of Studies in Health Technology and Informatics*, pages 397–402, Amsterdam.

CHO, M., CHOI, C., KIM, H., SHIN, J. et KIM, P. (2007). Efficient image retrieval using conceptualization of annotated images. Lecture Notes in Computer Science, pages 426–433. Springer.

CHOI, D., KIM, J., KIM, H., HWANG, M. et KIM, P. (2012). A method for enhancing image retrieval based on annotation using modified wup similarity in wordnet. *In Proceedings of the 11th WSEAS international conference on Artificial Intelligence, Knowledge Engineering and Data Bases*, AIKED'12, pages 83–87, Stevens Point, Wisconsin, USA. World Scientific and Engineering Academy and Society (WSEAS).

DÉJEAN, H., GAUSSIER, E. et SADAT, F. (2002). An approach based on multilingual thesauri and model combination for bilingual lexicon extraction. *In Proceedings of the 19th international conference on Computational linguistics - Volume 1*, COLING '02, pages 1–7. Association for Computational Linguistics.

FELLBAUM, C. (1998). *WordNet : An Electronic Lexical Database*. Bradford Books.

FUNG, P. (1995). A pattern matching method for finding noun and proper noun translations from noisy parallel corpora. *In Proceedings of the 33rd annual meeting on Association for Computational Linguistics*, pages 236–243. Association for Computational Linguistics.

FUNG, P. (1998). A statistical view on bilingual lexicon extraction : From parallel corpora to non-parallel corpora. *In Parallel Text Processing*, pages 1–17. Springer.

GAMALLO OTERO, P. (2007). Learning bilingual lexicons from comparable English and Spanish corpora. *In Proceedings of MT SUMMIT*, pages 191–198.

GAUSSIER, É., RENDERS, J.-M., MATVEEVA, I., GOUTTE, C. et DÉJEAN, H. (2004). A geometric view on bilingual lexicon extraction from comparable corpora. *In ACL*, pages 526–533.

HARRIS, Z. (1954). Distributional structure. *Word*, pages 146–162.

HAZEM, A. et MORIN, E. (2012a). Adaptive dictionary for bilingual lexicon extraction from comparable corpora. *In Proceedings, 8th international conference on Language Resources and Evaluation (LREC)*, Istanbul, Turkey.

HAZEM, A. et MORIN, E. (2012b). Qalign :a new method for bilingual lexicon extraction from comparable corpora. *In Proceedings of CICLING*, India.

HWANG, M., CHOI, C. et KIM, P. (2011). Automatic enrichment of semantic relation network and its application to word sense disambiguation. *IEEE Transactions on Knowledge and Data Engineering*, 23:845–858.

KUN, Y. et TSUJII, J. (2009). Bilingual dictionary extraction from Wikipedia. *In Proceedings of MT SUMMIT*.

LAROCHE, A. et LANGLAIS, P. (2010). Revisiting context-based projection methods for term-translation spotting in comparable corpora. *In 23rd International Conference on Computational Linguistics (Coling 2010)*, pages 617–625, Beijing, China.

LI, B. et GAUSSIER, Ë. (2010). Improving corpus comparability for bilingual lexicon extraction from comparable corpora. *In 23rd International Conference on Computational Linguistics (Coling 2010)*, Beijing, China.

LIN, D. (1998). An information-theoretic definition of similarity. *In Proceedings of the Fifteenth International Conference on Machine Learning*, ICML '98, pages 296–304, San Francisco, CA, USA. Morgan Kaufmann Publishers Inc.

MANNING, C. D., RAGHAVAN, P. et SCHTZE, H. (2008). *Introduction to Information Retrieval*. Cambridge University Press, New York, NY, USA.

MORIN, E. et DAILLE, B. (2004). Extraction terminologique bilingue à partir de corpus comparables d'un domaine spécialisé. *In Traitement Automatique des Langues (TAL)*.

MORIN, E. et DAILLE, B. (2006). Comparabilité de corpus et fouille terminologique multilingue. *In Traitement Automatique des Langues (TAL)*.

MORIN, E. et PROCHASSON, E. (2011). Bilingual lexicon extraction from comparable corpora enhanced with parallel corpora. *In Proceedings, 4th Workshop on Building and Using Comparable Corpora (BUCC)*, page 27–34, Portland, Oregon, USA.

PROCHASSON, E. et MORIN, E. (2009). Points d'ancrage pour l'extraction lexicale bilingue à partir de petits corpus comparables spécialisés. *Traitement Automatique des Langues*, page 22.

PROCHASSON, E., MORIN, E. et KAGEURA, K. (2009). Anchor points for bilingual lexicon extraction from small comparable corpora. *In Proceedings, 12th Conference on Machine Translation Summit (MT Summit XII)*, page 284–291, Ottawa, Ontario, Canada.

RAPP, R. (1995). Identifying word translations in non-parallel texts. *In Proceedings of the 33rd annual meeting on Association for Computational Linguistics*, ACL '95, pages 320–322. Association for Computational Linguistics.

RUBINO, R. et LINARÈS, G. (2011). Une approche multi-vue pour l'extraction terminologique bilingue. *In CORIA*, pages 97–111.

SADAT, F. et TERRASA, A. (2010). Exploitation de wikipédia pour l'enrichissement et la construction des ressources linguistiques. *In Proceedings of TALN*, Montréal, Canada.

VULIĆ, I. et MOENS, M.-F. (2012). Detecting highly confident word translations from comparable corpora without any prior knowledge. *In Proceedings of the 13th Conference of the European Chapter of the Association for Computational Linguistics*, pages 449–459, Avignon, France. Association for Computational Linguistics.

WU, Z. et PALMER, M. (1994). Verbs semantics and lexical selection. *In Proceedings of the 32nd annual meeting on Association for Computational Linguistics*, ACL '94, pages 133–138. Association for Computational Linguistics.

*TALN-RÉCITAL 2013, 17-21 Juin, Les Sables d'Olonne*

# Inférences déductives et réconciliation dans un réseau lexico-sémantique

Manel Zarrouk  Mathieu Lafourcade  Alain Joubert
LIRMM, 161, rue ADA 34095 Montpellier Cedex 5
manel.zarrouk@lirmm.fr,mathieu.lafourcade@lirmm.fr,Alain.Joubert@lirmm.fr

RÉSUMÉ

La construction et la validation des réseaux lexico-sémantiques est un enjeu majeur en TAL. Indépendamment des stratégies de construction utilisées, inférer automatiquement de nouvelles relations à partir de celles déjà existantes est une approche possible pour améliorer la couverture et la qualité globale de la ressource. Dans ce contexte, le moteur d'inférences a pour but de formuler de nouvelles conclusions (c'est-à-dire des relations entre les termes) à partir de prémisses (des relations préexistantes). L'approche que nous proposons est basée sur une méthode de triangulation impliquant la transitivité sémantique avec un mécanisme de blocage pour éviter de proposer des relations douteuses. Les relations inférées sont proposées aux contributeurs pour être validées. Dans le cas d'invalidation, une stratégie de réconciliation est engagée pour identifier la cause de l'inférence erronée : une exception, une erreur dans les prémisses, ou une confusion d'usage causée par la polysémie.

ABSTRACT

**Inductive and deductive inferences in a Crowdsourced Lexical-Semantic Network**

In Computational Linguistics, validated lexical-semantic networks are crucial resources. Regardless the construction strategies used, automatically inferring new relations from already existing ones may improve coverage and global quality of the resource. In this context, an inference engine aims at producing new conclusions (i.e. potential relations) from premises (pre-existing relations). The approach we propose is based on a triangulation method involving the semantic transitivity with a blocking mechanism to avoid proposing dubious relations. Inferred relations are then proposed to contributors to be validated or rejected. In cas of invalidation, a reconciliation strategy is implemented to identify the cause of the erroneous inference : an exception, an error in the premises, or a confusion caused by polysemy.

MOTS-CLÉS : inférence de relations, réconciliation, enrichissement, réseau lexical, peuplonomie.

KEYWORDS: relation inferences, reconcialiation, enrichment, lexical network, crowdsourcing.

## 1 Introduction

Développer un réseau lexico-sémantique pour le TAL est l'un des enjeux majeurs du domaine. La plupart des ressources existantes ont été construites à la main, comme dans le cas de WordNet (Miller *et al.*, 1990). Bien entendu, quelques outils sont généralement utilisés pour la vérification de la cohérence, mais cependant la tâche reste coûteuse en temps et en prix. Des approches entièrement automatisées sont généralement limitées à la co-occurrence des termes car l'extraction des relations sémantiques précises entre termes à partir d'un texte reste difficile. De nouvelles approches impliquant l'externalisation ouverte (*crowdsourcing*) émergent dans le TAL spécialement avec l'avènement de Amazon Mechanical Turk ou plus largement avec Wikipédia et le Wiktionnaire pour ne citer que les plus connus. Wordnet ((Miller *et al.*, 1990) et (Fellbaum et Miller, 1998)) est un réseau lexical basé sur des synsets qui peuvent être globalement considérés comme des concepts. (Vossen, 1998) avec EuroWordnet, une version multi-langues de Wordnet et (Sagot et Fier, 2008) avec WOLF, une version française de Wordnet, ont utilisé des croisements automatiques de Wordnet avec d'autres ressources lexicales suivi d'une vérification manuelle partielle. (Navigli et Ponzetto, 2012) a construit BabelNet, un grand réseau lexical multilingue à partir de l'encyclopédie Wikipédia mais en se basant sur les co-occurences entre termes. Dans le domaine de l'intelligence artificielle, Cyc (Lenat, 1995) est un exemple de base de connaissances très redondante ayant demandé un effort manuel particulièrement important. Hownet (Dong et Dong, 2006) est un autre exemple d'une grande base de connaissances bilingue (anglais et chinois) contenant des relations sémantiques entre les formes de mots, les concepts et les attributs. Dans Hownet, il existe d'avantage de types de relations différents que dans Wordnet bien que les deux projets aient démarré pendant les années 80 et aient été manuellement construits par des linguistes et des psychologues.

Un réseau lexico-sémantique très lexicalisé peut contenir des concepts, mais aussi des termes, des formes de mots ainsi que des expressions composées comme points d'entrée vers des sens ou des usages. L'idée elle-même de *sens du mot* issue de la tradition lexicographique, peut être discutable dans le cas de ressources pour le TAL et l'analyse sémantique, et on préfèrera généralement considérer les mots dans leurs usages. Par *usage des mots*, on entend que le raffinement d'un mot donné est clairement identifiable par les locuteurs mais qu'il peut ne pas être séparé totalement des autres usages de la même entrée. Un usage de mot met l'accent sur le contexte d'utilisation utilisé par les locuteurs. Un terme polysémique peut avoir beaucoup d'usages substantiellement différents des définitions classiquement trouvées dans un dictionnaire. Un usage donné peut aussi avoir plusieurs raffinements. Par exemple, *frégate* peut être un oiseau ou un bateau. Une frégate>bateau peut être distinguée comme un bateau moderne ou un navire à voiles ancien. Dans le contexte d'une approche collaborative, une telle ressource lexicale peut être considérée comme étant constamment en cours de construction. Pour un terme polysémique, certains raffinements peuvent manquer et une règle générale est de n'avoir aucune certitude autour de l'état d'une entrée. Il est presque impossible (sauf par inspection manuelle) de savoir si l'ensemble des raffinements d'une entrée est exhaustif, voire même si cette question a vraiment du sens dans le contexte d'une ressource dynamique.

La construction d'un réseau lexical collaboratif (ou de n'importe quelle ressource similaire) peut être catégorisée selon deux stratégies. Premièrement, comme un système contributif du type Wikipédia où des volontaires complètent les entrées (cas du Wiktionnaire). Dans un second cas, les contributions sont faites indirectement par l'entremise de jeux, connus sous le nom de GWAP (Game With A Purpose) (von Ahn et Dabbish, 2008). Dans ce cas, les joueurs n'ont pas spécialement besoin d'être conscients qu'ils sont en train de participer à la construction d'une ressource lexicale. En aucun cas il ne faudrait croire que le réseau construit serait dépourvu d'erreurs, erreurs qui sont corrigées au fur et à mesure de leur découverte. L'expérience montre que les joueurs/contributeurs complètent le réseau sur ce qui leur parait intéressant. Ce faisant, un grand nombre de relations *triviales* ne sont pas présentes bien qu'elles demeurent pourtant nécessaires à un réseau de qualité devant être utilisé dans diverses applications du TAL dont notamment l'analyse sémantique. Par exemple, les joueurs n'indiquent que rarement pour un type d'oiseau particulier que celui-ci peut voler tant cela parait une généralité évidente. Seuls les faits notables et peu facilement déductibles sont renseignés par les contributeurs. Les exceptions sont également renseignées par les contributeurs, et prennent la forme d'une relation ayant un poids négatif (*voler* $\xrightarrow{agent:-100}$ *autruche*).

Afin de consolider le réseau lexical issu du projet JeuxDeMots, nous utilisons une approche par inférence qui permet de déduire de nouvelles relations à partir de celles existantes. L'approche est uniquement endogène en ce qu'elle ne s'appuie sur aucune ressource externe. Les relations inférées sont soumises aux contributeurs pour vote et par la suite soumises à une validation ou invalidation par un expert. Une grande majorité des inférences se révèle correcte. Toutefois, une part non négligeable se révèle fausse et il convient de déterminer pourquoi. Ce processus d'explication constitue la réconciliation entre le moteur d'inférences et le validateur, mené à l'aide d'un dialogue lui permettant d'expliciter en quoi la relation considérée est incorrecte. Les causes possibles sont de trois ordres : erreur dans une des prémisses, exception, ou confusion liée à la polysémie.

Dans cet article, nous présentons tout d'abord les principes de construction du réseau lexical par externalisation ouverte et GWAP (*games with a purpose* ou *human-based computation game*) et nous les illustrons grâce au projet JeuxDeMots. Ensuite, nous détaillons un moteur d'élicitation composé d'un moteur d'inférences et d'un moteur de réconciliation. Une expérimentation sur les performances du système est ensuite rapportée.

# 2 Réseau lexical et externalisation ouverte

Il existe beaucoup de méthodes pour construire un réseau lexical en tenant compte des facteurs principaux tels que la qualité des données, le coût et le temps de développement. En marge des stratégies manuelles et automatiques, les approches contributives connaissent une popularité croissante en ce qu'elles se révèlent à la fois peu coûteuses et efficaces en qualité. Plus précisément, l'intérêt donné aux GWAP (Thaler *et al.*, 2011) comme méthode d'acquisition de tels réseaux augmente considérablement. Le réseau de JeuxDeMots (JDM) est un réseau lexical construit à partir d'un ensemble de jeux en ligne. Dans ces jeux, les joueurs sont invités à faire des associations entre termes qui se traduisent en relations lexicales et sémantiques entre les nœuds d'un graphe. Les informations dans le réseau JDM sont récoltées via un accord non négocié entre les joueurs qui sont les acteurs d'une externalisation ouverte [1].

## 2.1 JeuxDeMots : un GWAP pour la construction d'un réseau lexical

Lancé en septembre 2007, JeuxDeMots [2] (Lafourcade, 2007) est un GWAP [3] associant les joueurs par paires, et visant à construire un grand réseau lexico-sémantique. Le réseau lexical contruit est composé de termes (noeuds) et de relations typées (arcs). Il contient des termes potentiellement raffinés de manière analogue aux synsets de WordNet. Il y a plus de 50 types de relations et chaque occurrence de relation est pondérée indiquant une force d'association. Une occurrence de relation peut éventuellement avoir un poids négatif indiquant dans ce cas que la relation est fausse bien que pertinente (ex : une autruche ne vole pas).

1. http ://fr.wikipedia.org/wiki/Crowdsourcing
2. http ://www.jeuxdemots.org/
3. http ://en.wikipedia.org/wiki/Human-based_computation_game

Quand un joueur A commence une partie, une consigne concernant le type de la relation lexicale (synonymie, antonymie, domaine, etc.) est affichée, ainsi qu'un terme cible T choisi dans le réseau lexical. Ce joueur A a un temps limité pour saisir des termes qui, selon lui, correspondent au terme T et à la relation lexicale qu'indique la consigne. Le nombre maximum des termes que le joueur peut saisir lors d'une partie est limité, ce qui l'incite à réfléchir soigneusement à ses choix. Le même terme T, avec les mêmes instructions, est donné ultérieurement à un autre joueur B, pour qui le processus est identique. Pour rendre le jeu plus amusant, les deux joueurs obtiennent des points pour les mots qu'ils ont donné en commun. Le calcul du score est expliqué dans (Joubert et Lafourcade, 2008) et est conçu pour augmenter à la fois la précision et le rappel lors de la construction du réseau. Les réponses présentées par les deux joueurs sont affichées, celles en commun sont mises en évidence ainsi que leur score.

Pour un terme cible T, les réponses communes entre les deux joueurs sont insérées dans la base de données. Celles données seulement par un seul des deux joueurs ne le sont pas ce qui réduit considérablement le bruit et les chances de dégradation du réseau. Le réseau sémantique est donc construit par des termes connectés par des relations typées et pondérées validées par paires de joueurs. Ces relations sont étiquetées selon les instructions données aux joueurs et sont pondérées selon le nombre de paires de joueurs ayant choisi ces relations. Initialement et avant la mise du jeu en ligne, la base de données a été remplie avec des termes, cependant si une paire de joueurs suggère un terme non-existant, le nœud correspondant à ce dernier est ajouté à la base de données.

Afin de préserver la qualité et la consistance du réseau lexical, il a été décidé que le processus de la validation implique des joueurs anonymes jouant ensemble. Une relation est considérée valide si et seulement si elle est proposée par au moins une paire de joueurs. Ce processus de validation est similaire à celui utilisé par (von Ahn et Dabbish, 2008) pour l'indexation des images et par (Lieberman *et al.*, 2007) pour la collecte de la connaissance du "sens commun" et (Siorpaes et Hepp, 2008) pour l'extraction de connaissance. A notre connaissance, cette technique n'a jamais été utilisée lors de la construction des réseaux sémantiques. Dans le TAL, d'autres jeux accessibles via le web existent, comme Open Mind Word Expert (Mihalcea et Chklovski, 2003) qui vise a créer un grand corpus étiqueté sémantiquement avec l'aide des utilisateurs du Web ou comme SemKey (Marchetti *et al.*, 2007) qui utilise WordNet et Wikipédia pour désambiguïser les formes lexicales se référant à des concepts, ainsi identifiant les mots-clés sémantiques. Plus de 1300000 parties ont été jouées depuis le lancement pour environ 25000 heures de temps cumulé de jeu.

## 2.2 Diko : un outil contributif pour le réseau JDM

Diko est un outil basé sur le web permettant d'afficher les informations contenues dans le réseau lexical JDM ainsi qu'un outil contributif. La nécessité de ne pas dépendre seulement de jeux pour construire le réseau lexical vient du fait qu'une part non négligeable des types de relations de JDM soit sont difficiles à saisir pour un joueur non expert ou soit sont peu contributifs (il n'existe pas beaucoup de termes qui peuvent lui être associés). En outre, le besoin d'un outil contributif vient historiquement des joueurs eux-mêmes qui ont voulu devenir des contributeurs du réseau JDM.

Le principe du processus de la contribution est qu'une proposition faite par un joueur sera soumise aux votes des autres joueurs. Une fois un certain nombre de votes donnés, un expert validateur est averti et finit par inclure (ou éventuellement exclure) la relation proposée dans le réseau. L'expert peut rejeter totalement une proposition de relation ou l'inclure dans le réseau avec un poids négatif s'il trouve cela pertinent. Un système de points et de classement encourage les contributeurs non seulement à proposer de nouvelles relations mais également à voter pour (ou contre) celles des autres. Les contributeurs les plus prolifiques dépassent les 150000 relations proposées ou votées (depuis septembre 2010). Les contributions peuvent aussi être proposées par un processus automatique pour être vérifiées et votées ultérieurement par des utilisateurs. Ce que nous proposons dans cet article se range sous cette catégorie de scénario.

### 2.3 Quelques caractéristiques du réseau JDM

En janvier 2013, le réseau de JDM contient environ 250000 termes et plus de 1500000 relations (dont environ 15000 qui sont négatives). Plus de 4500 termes ont quelques raffinements (usages variés) pour un total d'environ 15000 usages. Bien que JDM ait des relations ontologiques, il ne constitue pas une ontologie proprement dite avec des concepts ou des termes soigneusement hiérarchiques. Un terme donné peut avoir une collection substantielle d'hyperonymes qui couvre une large partie de la chaîne ontologique jusqu'aux concepts supérieurs. Par exemple : hyperonyme(chat) = {félin, mammifère, être vivant, animal de compagnie, vertébré, ...}. Dans la liste d'hyperonymes précédente, nous avons omis les poids pour simplifier, mais en toute généralité, les termes les plus *lourds* sont ceux considérés par les utilisateurs comme les plus pertinents.

## 3 Inférence et réconciliation dans un moteur d'élicitation

Les travaux sur l'inférence dans les réseaux lexicaux sont curieusement assez peu répandus, en particulier si on les compare aux approches concernant diverses formes de déduction logique dans les textes (pour la détermination du référent dans les groupes circonstanciels, ou la résolution d'anaphores, par exemple). Dans (Blanco et Moldovan, 2011), des relations sémantiques entre concepts présents dans des textes sont inférées. Les termes du texte sont considérés de facto comme des concepts en ignorant de façon quelque peu artificielle tout problème lié à la polysémie lexicale. Dans (Harabagiu et Moldovan, 1998) du raisonnement par inférence est effectué sur le WordNet étendu où non seulement les synsets mais également les termes des définitions associés sont des concepts délexicalisés.

Pour augmenter le nombre de relations dans le réseau lexical JDM, nous avons conçu un système d'élicitation [4] ayant deux principales composantes : (1) un moteur d'inférences et (2) un réconciliateur. Le moteur d'inférences propose des relations, tout comme un contributeur, qui vont être évaluées par la suite par un autre contributeur humain. Dans le cas d'invalidation d'une relation inférée, le réconciliateur est appelé pour essayer d'évaluer pourquoi la relation a été trouvée fausse. L'élicitation est ici le processus de formalisation de connaissances implicites de l'utilisateur en relations explicites dans le réseau lexical.

### 3.1 Moteur d'inférences

Les idées principales sous-tendant le moteur d'inférences sont les suivantes. Inférer pour le moteur c'est dériver des conclusions logiques sous la forme de relations entre les termes à partir de prémisses (les relations existantes dans le réseau). Les inférences candidates peuvent

4. L'élicitation en Gestion des Connaissances est l'action d'aider un expert à formaliser ses connaissances pour permettre de les sauvegarder et/ou les partager. Celui ou celle qui élicite va donc inviter l'expert à rendre ses connaissances tacites en connaissances aussi explicites que possible.

être logiquement bloquées en se basant sur la présence ou l'absence de quelques autres relations. Les inférences candidates peuvent également être filtrées et rejetées de prime abord en se basant sur le niveau de force de l'évaluation. Les conclusions faites par le moteur sont supposées être correctes, mais une fois proposées à un validateur humain peuvent s'avérer tout aussi bien incorrectes, correctes avec un degré de précision (polysémie), correctes dans certains cas (exception) ou correctes mais pas pertinentes. Dans cet article, le type d'inférence qui nous intéresse est basé sur la transitivité de la relation ontologique *is-a* (hyperonyme). Si un terme A est un type de B et B a une relation R avec le terme C, alors on peut espérer que A entretienne la même relation avec C. Le schéma de l'inférence est le suivant :

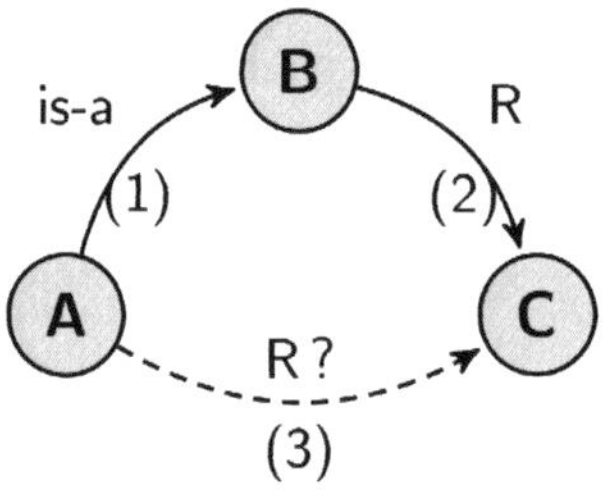


FIGURE 1 – Schéma d'inférence triangulaire simple appliqué à la transitivité de l'hyperonymie (la relation *is-a*). Les relations (1) et (2) sont les prémisses et la relation (3) est la conclusion logique proposée dans le réseau lexical en attendant d'être validée.

Plus formellement on peut écrire : $\exists A \xrightarrow{is-a} B \quad \wedge \quad \exists B \xrightarrow{R} C \quad \Rightarrow \quad A \xrightarrow{R} C$

Par exemple, $chat \xrightarrow{is-a} félin \quad \wedge \quad félin \xrightarrow{has-part} griffe \quad \Rightarrow \quad chat \xrightarrow{has-part} griffe$

### 3.1.1 Traitement global

Le moteur d'inférences est appliqué sur les termes ayant au minimum un hyperonyme (sinon le schéma ne peut pas être appliqué). Considérons un terme T avec un assortiment d'hyperonymes pondérés. A partir de chaque hyperonyme, le moteur d'inférences déduit un ensemble d'inférences. Généralement ces inférences ne sont pas disjointes et le poids d'une inférence proposée dans plusieurs ensembles est la moyenne géométrique incrémentale de chaque occurrence (c'est-à-dire que la présence d'un poids négatif suffit à rendre la moyenne invalide).

Par exemple, nous avons l'ensemble pondéré d'hyperonymes suivants pour *chat* : *félin - animal - être vivant - mammifère - animal de compagnie - félidé - animal domestique - vertébré*. L'inférence $chat \xrightarrow{has-part} squelette$ peut provenir de plusieurs hyperonymes mais fort probablement de *vertébré*. L'inférence $chat \xrightarrow{location} maison$ ne peut provenir que de l'hyperonyme *animal de compagnie*.

### 3.1.2 Filtrage logique

Bien sûr, le schéma ci-dessus est très naïf, spécialement si nous tenons compte de la ressource que nous traitons. En effet, B est possiblement un terme polysémique et des méthodes pour bloquer les inférences certainement fausses peuvent et doivent être conçues. Si le terme B relié à la première et la deuxième relation a deux sens distincts, alors probablement l'inférence est fausse. La condition pour proposer l'inférence peut être formalisée comme suit (la relation *raff-of* correspondant à celle de raffinement/usage pour un terme) :

$$\exists A \xrightarrow{is-a} B \ \wedge \ \exists B \xrightarrow{R} C$$
$$\bigwedge \ \exists B_i \xrightarrow{raff-of} B \ \wedge \ \exists B_j \xrightarrow{raff-of} B$$
$$\bigwedge \ ( \ \nexists A \xrightarrow{is-a} B_i \ \vee \ \nexists B_j \xrightarrow{R} C \ )$$
$$\Rightarrow \ A \xrightarrow{R} C$$

En d'autres termes, l'inférence est bloquée si le terme central $B$ posséde deux raffinements distincts $B_i$ et $B_j$ tels que $A \xrightarrow{is-a} B_i$ et $B_j \xrightarrow{R} C$ (schéma présenté à la figure 2).

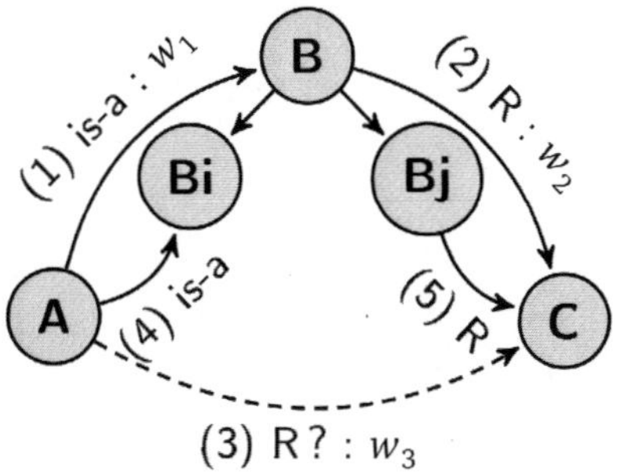


FIGURE 2 – Schéma d'inférence déductive triangulaire avec un bloquage logique se basant sur la polysémie du terme $B$ du milieu. Les termes $B_i$ et $B_j$ sont des raffinements/usages de $B$.

Par ailleurs, si l'une des prémisses est annotée comme "correcte mais pas pertinente", l'inférence est bloquée, évitant ainsi de propager des inférences certes vraies mais ne présentant *a priori* que peu d'intérêt en pratique.

### 3.1.3 Filtrage statistique

Il est possible d'évaluer un niveau de confiance (ou d'intensité) pour les inférences produites, de façon à ce que les inférences douteuses puissent être filtrées et rejetées. Le poids $P$ d'une relation inférée est la moyenne géométrique des poids des prémisses (relations (1) et (2) dans figure 1). Si ce poids est trop faible, l'inférence est rejetée. Si la deuxième relation a une valeur négative, le poids n'est pas calculable et la proposition est rejetée. Puisque la moyenne géométrique est moins tolérante aux petites valeurs que la moyenne arithmétique, les inférences qui ne sont pas basées sur deux relations de poids raisonnables ne vont probablement pas passer ce type de filtrage.

$$\mathrm{P}(A \xrightarrow{R} C) = (\mathrm{P}(A \xrightarrow{is-a} B) * \mathrm{P}(B \xrightarrow{R} C))^{1/2}$$
$$\Rightarrow \quad w3 = (w1 * w2)^{1/2}$$

## 3.2 Moteur de réconciliation

Le raisonneur propose des inférences déduites et ces relations inférées sont présentées au validateur pour décider si elles sont "plutôt vraies" , "plutôt fausses", "possibles" ou " vraies mais pas pertinentes". Dans le cas d'invalidation, le réconciliateur essaie de diagnostiquer les raisons : erreur (une des relations déjà existantes sur lesquelles le moteur s'est basé pour inférer est fausse), exception (un cas rare), polysémie (l'inférence est faite en se basant sur un terme de milieu polysémique) ou un "cas général" qui va être rencontré principalement lors des premières validations. Cela est réalisé par un dialogue avec l'utilisateur dont le but ici est de découvrir les raisons de l'invalidation et essayer de réconcilier le réseau avec des informations issues de l'utilisateur en rapport avec une relation inférée invalidée. Ce

dialogue doit être aussi minimal que possible (le moins possible de questions/le plus possible d'informations tirées). Pour savoir dans quel ordre procéder, le réconciliateur détermine si les poids des relations (1) et (2) sont relativement forts ou faibles et ce en comparant chaque poids au seuil de confiance correspondant à son terme (Figure 3). Par exemple, le terme A écolier ; B humain ; C visage ; relation 1 : $\textit{écolier} \xrightarrow{is-a} \textit{humain}$
La figure 3 est la courbe de poids/distributions pour toutes les relations sortantes ayant comme terme source A (qui est dans notre cas *écolier*) avec un pic séparant en deux parts égales la surface sous la courbe. Le seuil de confiance est l'intersection entre la courbe de distribution et ce pic (valant ici $\simeq 70$).

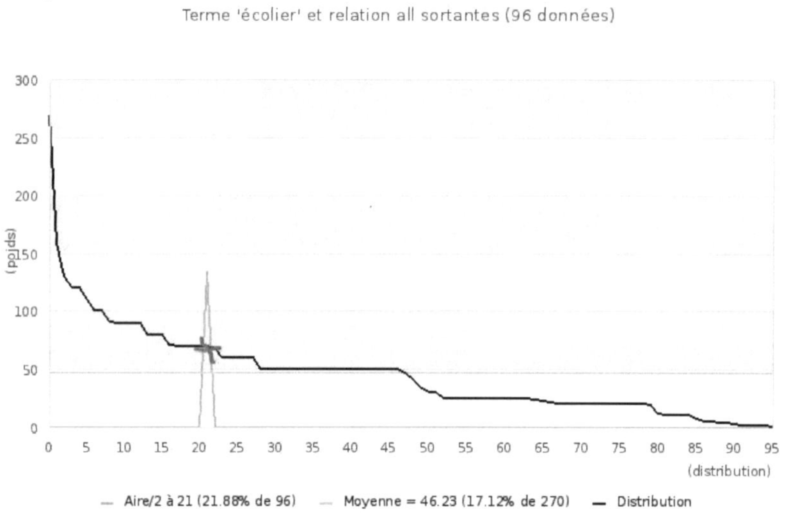


FIGURE 3 – Courbe poids/distribution des relations sortantes du terme A

- Si P($A \xrightarrow{is-a} B$ ) >= seuil-confiance(A) $\Rightarrow$ $A \xrightarrow{is-a} B$ est une relation vraisemblable.
- Si P($A \xrightarrow{is-a} B$ ) < seuil-confiance(A) $\Rightarrow$ $A \xrightarrow{is-a} B$ est une relation douteuse.

### 3.2.1 Exception → Polysémie → Erreur

Dans le cas où les deux relations de base (1) et (2) sont des relations vraisemblables, le réconciliateur essaie en premier lieu, en entamant un dialogue avec les validateurs/utilisateurs, de vérifier si la relation R inferée est une exception. Si ce n'est pas le cas, il vérifie si le terme B (terme central) est polysémique. Finalement si aucun des deux cas précédents ne s'avère vrai, il demande si c'est un cas d'erreur. Ce cas d'erreur est vérifié en dernier lors de cette démarche car les niveaux de confiance des deux relations les rendent plutôt vraisemblables. Soit l'exemple suivant : A :autruche ; B :oiseau ; C :voler ; R :carac

(1) : $\textit{autruche} \xrightarrow{is-a} \textit{oiseau}$ (2) : $\textit{oiseau} \xrightarrow{carac} \textit{voler}$ $\Rightarrow$ (3) : $\textit{autruche} \xrightarrow{carac} \textit{voler}$

Dans cet exemple, il est plutôt vrai que (1) "l'autruche est un oiseau" et que (2) "un oiseau peut voler" d'où les deux relations ont probablement des niveaux de confiance dépassant le seuil. Or la relation inferée (3)" l'autruche peut voler " est fausse et constitue une exception.

### 3.2.2 Erreur → Exception → Polysémie

Dans le cas où l'une des relations (1) et (2) est douteuse, le réconciliateur suspecte que c'est un cas d'erreur et que cette relation avec le faible niveau de confiance est l'origine de l'invalidation de la relation inférée. Alors il demande à l'utilisateur de la confirmer ou de l'invalider. Dans le cas de l'invalidation de l'une des relations, un cas d'erreur se présente. Sinon, on procède à la vérification des deux autres cas : cas d'exception ou de polysémie. Soit l'exemple suivant : A :enfant ; B :humain ; C :aile ; R :has-part

(1) : $enfant \xrightarrow{is-a} humain$ (2) : $humain \xrightarrow{has-part} aile$ $\Rightarrow$ (3) : $enfant \xrightarrow{has-part} aile$

Evidemment, la relation $enfant \xrightarrow{has-part} aile$ est fausse et la relation $humain \xrightarrow{has-part} aile$ en est la cause.

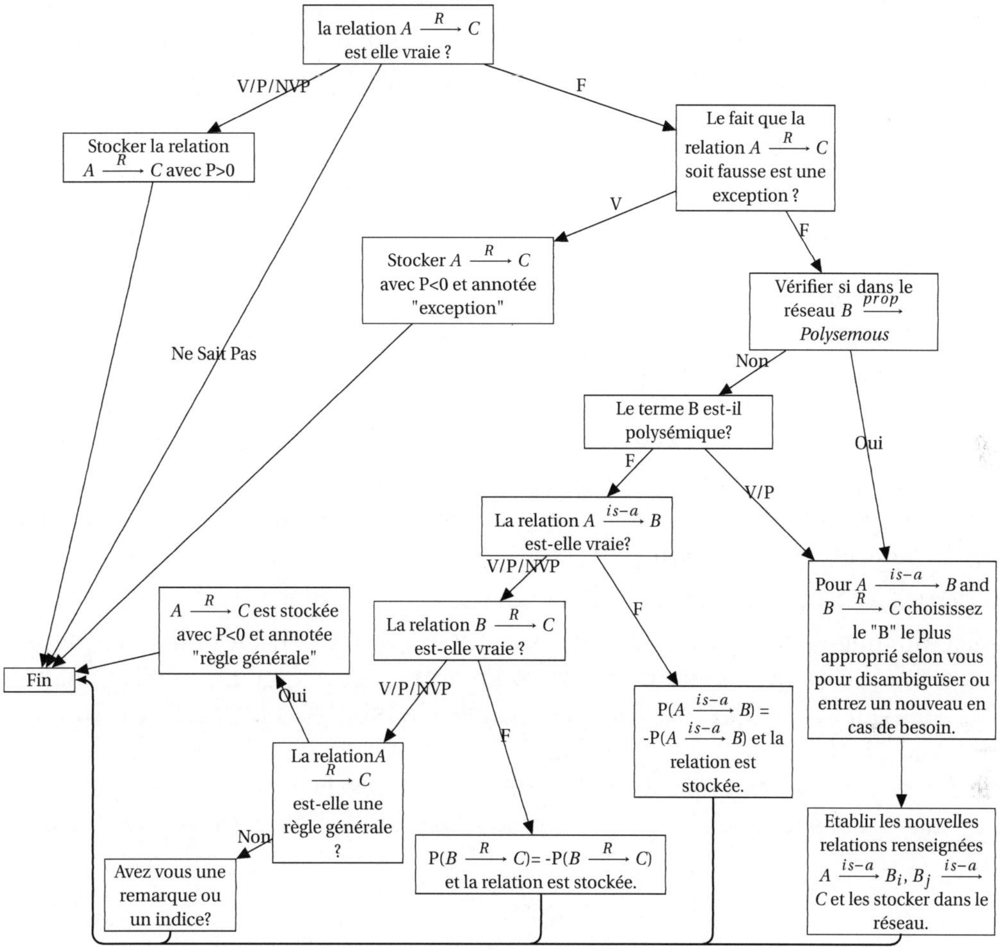


FIGURE 4 – Schéma de la procédure de validation/réconciliation. Légende : plutôt **V**rai, **P**ossible, **V**rai **N**on **P**ertinent, plutôt **F**aux.

## Cas d'erreur dans les prémisses

Supposons que la relation (1) (figure 1) a un faible poids. Alors le réconciliateur demande au validateur si la relation (1) est vraie. Si la réponse est négative, l'opposé du poids actuel de la relation (1) lui est attribué (soit P = -1*(P)) et la réconciliation se termine. Si la réponse est positive, le réconciliateur demande si la relation (2) est vraie et il procède comme précédemment en cas de réponse négative. Sinon enfin, il vérifie les autres cas (exception, polysémie). (Figure 4)

## Cas d'exception

Dans le cas de deux relations vraisemblables, le réconciliateur demande au validateur si la relation inférée $A \xrightarrow{R} C$ constituerait une exception. Si c'est le cas, la relation est stockée dans le réseau avec un poids négatif mais annotée avec une méta-information qui indique que c'est une exception. (Figure 4)

**Cas de polysémie**

Dans ce cas, le terme B est soit marqué dans le réseau comme polysémique ou indiqué comme tel par le validateur. Il s'agit alors de lister dans le dialogue les raffinements $B_1$, $B_2$, ...,$B_n$ en les ordonnant selon une fonction de similarité et ainsi de permettre au validateur de choisir le plus approprié selon lui pour les deux relations $A \xrightarrow{is-a} B_i$ et $B_j \xrightarrow{R} C$. Il est possible à l'utilisateur de préciser un nouveau raffinement en cas d'insatisfaction vis-à-vis de ceux présentés. Après cette procédure, le réseau sera réconcilié par deux nouvelles relations $A \xrightarrow{is-a} B_i$ et $B_j \xrightarrow{R} C$ qui pourront être utilisées ultérieurement par le moteur d'inférences. (Figure 4)

# 4 Expérimentation

Nous avons mené une expérience consistant à produire en masse et en une seule fois le nombre maximum d'inférences possible par application du moteur sur le réseau lexical JDM. L'objectif est d'évaluer les productions du moteur ainsi que les mécanismes de blocage logique et de filtrage. A partir de cet ensemble d'inférences proposées, nous en avons sélectionné aléatoirement 400 pour chacun des types de relations et nous les avons soumises au processus de validition/réconciliation. Cette expérience a été menée dans un but d'évaluation car en pratique le moteur d'élicitation fonctionne conjointement avec les jeux et l'approche contributive de façon incrémentale. Dans cette expérience, une proposition a été validée soit manuellement par un contributeur de confiance (un validateur), soit par des joueurs/contributeurs si au moins 4 votes ont été effectués avec au minimum 75% de concordance. Les mêmes seuils ont été appliqués pour la réconciliation.

## 4.1 Productions du moteur d'inférences

Nous avons appliqué le moteur d'inférences sur environ 23000 termes aléatoirement choisis parmi ceux ayant au minimum un hyperonyme. Environ 1500000 inférences ont été produites et 77000 autres ont été bloquées. Le seuil de filtrage a été fixé à un poids de 25 (seules les inférences avec un poids égal ou supérieur à 25 ont été prises en considération). Dans la figure 5 la distribution a tendance à suivre une loi de puissance, ce qui n'est pas surprenant car la distribution dans le réseau lexical des relations est elle-même gouvernée par une loi de puissance.

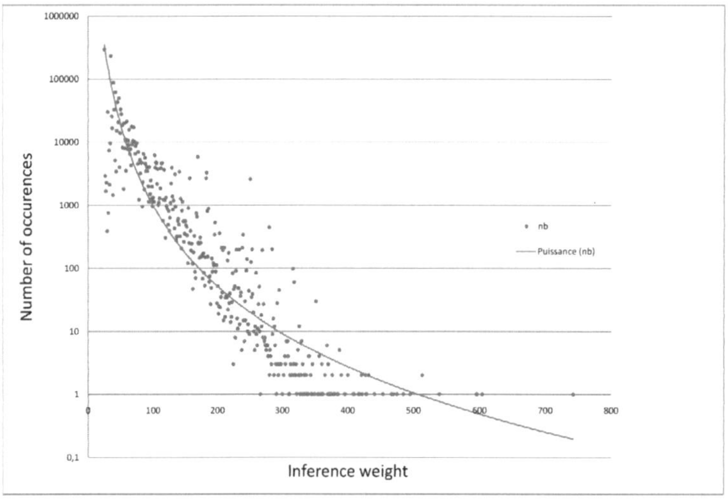


FIGURE 5 – Distribution des inférences proposées selon leur poids. La distribution semble une loi de puissance contravariante au poids. En pratique, les relations candidates de très fort poids sont validées les premières.

Les tables 1 et 2 présentent le nombre de relations proposées par le moteur d'inférences.
Les différents types de relations pour la seconde prémisse (la relation générique R dans le schéma d'inférence triangulaire) sont productifs à des degrés divers. Bien entendu, cette variation est en partie due au nombre de relations déjà existantes pour chaque type dans le réseau.
La productivité d'un type de relation est le ratio entre le nombre d'inférences proposées et le nombre d'occurences de ce type de relations dans le réseau.

| Type de relation | nb proposés | nb existants | productivité |
|---|---|---|---|
| est-un | 91 037 | 91 799 | 99,16% |
| parties | 372 688 | 21 886 | 1702,86% |
| holonyme | 108 191 | 13 124 | 824,37% |
| lieu | 271 717 | 26 346 | 1031,34% |
| carac | 203 095 | 24 180 | 839,92% |
| agent-1 | 198 359 | 6 820 | 2908,48% |
| instr-1 | 24 957 | 4 797 | 520,26% |
| patient-1 | 14 658 | 3 930 | 372,97% |
| lieu-1 | 145 159 | 8 835 | 1642,99% |
| lieu-action | 50 035 | 4 559 | 1097,49% |
| matière | 4 313 | 3 097 | 139,26% |

TABLE 1 – Productivité des types de relations selon le moteur d'inférences.

L'inférence transitive pour *is-a* est la moins productive ce qui peut sembler surprenant en première analyse. En fait, la relation *is-a* est d'ors et déjà fortement renseignée dans le réseau lexical JDM, et ce faisant, relativement peu de nouvelles inférences peuvent être proposées. Les données sont quelques peu inversées pour les autres types de relation qui ne sont pas suffisamment représentés mais qui sont pourtant potentiellement valides.

Le rôle sémantique d'agent (la relation *agent-1*) est de loin le type le plus productif, avec 30 fois plus de propositions que ce qui existe actuellement dans le réseau JDM.

La productivité d'une relation est covariante avec deux facteurs : (1) la taille de la population pour ce type de relation dans le réseau et, (2) le nombre d'hyponymes dont disposent les termes renseignés pour cette relation.

En termes de filtrages, nous constatons une grande disparité entre les types de relations, qui provient essentiellement de la force de transitivité du type de relation, et pour les termes concernés du taux de polysémie et du poids des relations.

Par exemple, *is-a* est fortement transitive et se retrouve peu bloquée par rapport à *parties* ou *holo*. Les rôles sémantiques (*agent-1*, *instr-1*, etc.), peu productifs par ailleurs car toutes proportions gardées peu renseignées, semblent peu sensibles aux deux filtrages.

| Type de relation | nb proposées | % | nb bloquées | % | nb filtrées | % |
|---|---|---|---|---|---|---|
| est-un (is-a/hperonyme de $x$) | 91 037 | 6,13 | 4 034 | 5,23 | 53 586 | 26,32 |
| parties (constitutives de $x$) | 372 688 | 25,11 | 31 421 | 40,76 | 100 297 | 49,26 |
| holo (tout de $x$) | 108 191 | 7,28 | 17 944 | 23,27 | 26 818 | 13,17 |
| lieu (typique pour $x$) | 271 717 | 18,30 | 11 502 | 14,92 | 14 174 | 6,96 |
| carac(téristiques de $x$) | 203 095 | 13,68 | 2 647 | 3,43 | 6 576 | 3,23 |
| agent-1 (que peut faire $x$ ?) | 198 359 | 13,36 | 9052 | 11,74 | 1122 | 0,55 |
| instr-1 (que peut-on faire avec $x$ ?) | 24 957 | 1,68 | 127 | 0,16 | 391 | 0,19 |
| patient-1 (que peut-on faire à $x$ ?) | 14 658 | 0,98 | 7 | 0,01 | 13 | 0,00 |
| lieu-1 (que peut-on trouver sur/dans $x$ ?) | 145 159 | 9,78 | 129 | 0,17 | 206 | 0,10 |
| lieu-action (que peut-on faire sur/dans $x$ ?) | 50 035 | 3,379 | 91 | 0,12 | 132 | 0,06 |
| matière (de quelle matière/substance est fait $x$ ?) | 4 313 | 0,29 | 135 | 0,17 | 262 | 0,12 |
| **Total** | **1 484 209** | 100 | **77 089** | 100 | **203 577** | 100 |

TABLE 2 – Statut des inférences proposées par type de relation. *Bloqué* fait référence au filtrage logique et *filtré* au filtrage statistique.

## 4.2 Quelques données sur la réconciliation

Le dialogue avec les joueurs permet de déterminer le type d'erreur (dans les prémisses, exceptions ou à cause de la polysémie). La table 3 présente une évaluation du statut des inférences proposées par le moteur d'inférences. Les inférences sont valides pour environ 80-90% d'entres elles avec aux alentours de 10% d'inférences valides mais non pertinentes (comme par exemple, $chien \xrightarrow{has-parts} proton$). Nous observons que les erreurs dans les prémisses sont relativement peu nombreuses, et quoiqu'il en soit ces erreurs peuvent être aisément corrigées. Bien sûr, tous les types d'erreur ne sont pas détectables par ce processus. De façon plus intéressante, la réconciliation permet dans 5% des cas d'identifier les termes polysémiques et de sélectionner ou proposer des raffinements. Globalement, les inférences fausses négatives (celles votées fausses mais valides) et les inférences fausses positives (celles votées vraies mais invalides) sont évaluées à moins de $0,5\%$ du total. Mener le dialogue à son terme n'étant pas une obligation, les utilisateurs ne sont pas encluns à donner des réponses au hasard en cas de difficulté. Nous avons également mené une expérience *in vivo* et donc moins artificielle où les inférences sont produites à la volée sur les termes joués ou contribués par les joueurs, afin de leur présenter des relations pour lesquelles ils peuvent se prononcer. L'expérience a démarré en décembre 2012 et se poursuit encore au moment de l'écriture de cet article (soit une durée de 2 mois). Environ 10000 propositions ont été validées et 250 invalidées et réconcilées par les contributeurs. Les propositions ayant fait l'objet de votes contradictoires de la part des contributeurs ne portent que sur 8 termes (la décision finale à leur rejet a été donnée par l'expert). Le nombre de votes total correspondant aux relations inférées a été supérieur à 32000. Ces données semblent confirmer la viabilité de la démarche consistant à solliciter les contributeurs pour valider ou réconciler les propositions faites automatiquemment.

| | % valides | | % d'erreur | | |
|---|---|---|---|---|---|
| **Types de relation** | **pertinent** | **non pertinent** | **prémisses** | **exception** | **polysémie** |
| est-un | 76% | 13% | 2% | 0% | 9% |
| parties | 65% | 8% | 4% | 13% | 10% |
| holonyme | 57% | 16% | 2% | 20% | 5% |
| lieu | 78% | 12% | 1% | 4% | 5% |
| carac | 82% | 4% | 2% | 8% | 4% |
| agent-1 | 81% | 11% | 1% | 4% | 3% |
| instr-1 | 62% | 21% | 1% | 10% | 6% |
| patient-1 | 47% | 32% | 3% | 7% | 11% |
| lieu-1 | 72% | 12% | 2% | 10% | 6% |
| lieu-action | 67% | 25% | 1% | 4% | 3% |
| matière | 60% | 3% | 7% | 18% | 12% |

TABLE 3 – Résultats de la validation/réconciliation selon le type de relation inférée.

# 5 Conclusion

Dans cet article, nous avons présenté quelques enjeux concernant la construction des réseaux lexico-sémantiques à l'aide de jeux et de contributions. Un tel réseau est fortement lexicalisé et les usages des termes sont découverts incrémentalement au fur et à mesure de sa construction. Des erreurs sont évidemment présentes dans ce type de ressources puisqu'elles peuvent provenir des parties jouées sur des relations difficiles, mais elles sont généralement découvertes par les contributeurs, seulement cependant pour les termes qui les intéressent. Pour être capable d'augmenter la qualité et la couverture du réseau lexical, nous avons proposé un système d'élicitation basé sur des inférences de relations et des réconciliations en cas d'invalidation. Les inférences ici sont construites sur la base d'une triangulation simple basée sur la transitivité de l'hyperonymie associée à des mécanismes de blocage logique et de filtrage statistique. La réconciliation est appliquée dans le cas où la relation inférée est prouvée fausse et ce dans le but d'en identifier la cause. Globalement, nous pouvons conclure que les relations inférées sont correctes et pertinentes dans 78% des cas et correctes mais non pertinentes dans 10% des cas. En général, les inférences fausses suite à une faute dans les prémisses représentent 2% des cas, les exceptions autour de 5% des cas et les confusions à cause d'une polysémie environ 5%. La philosophie de notre approche est de ne jamais valider automatiquement des propositions même si bon nombre d'entre-elles semblent certaines, car les exceptions ne sont pas prédictibles. Toutefois, la validation en corpus pour une inclusion dans le réseau lexical semble une approche possible à l'automatisation. De même, la validation temporaire d'inférences à niveau de confiance élevé serait tout à fait pertinente lors d'une analyse automatique de textes afin d'aider à la mener à terme. En plus d'être un outil d'augmentation du nombre de relations dans un réseau lexical, le système d'élicitation est un détecteur efficace d'erreurs et de polysémie. Les mesures prises durant la phase de réconciliation empêchent une inférence fausse d'être réinférée en boucle. Une telle approche doit être développée plus avant avec d'autres types de schémas d'inférences et possiblement avec une évaluation de la distribution des classes sémantiques des termes sur lesquels les inférences sont élaborées. En effet, certaines classes comme les objets concrets ou les êtres animés peuvent être considérablement plus productives sur certains types de relations que, par exemple, les noms d'objets abstraits ou les termes d'événements/processus. Quoi qu'il en soit de telles variations dans la productivité d'inférences méritent certainement d'être explorées.

# Références

BLANCO, E. et MOLDOVAN, D. (2011). A model for composing semantic relations. *Ninth International Conference on Computational Semantics (IWCS'11), Oxford, United Kingdom*, pages 45–54.

CHAMBERLAIN, J., POESIO, M. et KRUSCHWITZ, U. (2008). Phrase detectives : A web-based collaborative annotation game. *In Proceedings of the International Conference on Semantic Systems (I-Semantics'08)*.

DONG, Z. et DONG, Q. (2006). *HowNet and the Computation of Meaning.* WorldScientific, London.

FELLBAUM, C. et MILLER, G. (1998). *(eds) WordNet.* The MIT Press.

FENG, D., BESANA, S. et ZAJAC, R. (2009). Acquiring high quality non-expert knowledge from on-demand workforce. *In Proceedings of the 2009 Workshop on The People's Web Meets NLP : Collaboratively Constructed Semantic Resources, People's Web '09, Morristown, NJ, USA. Association for Computational Linguistics.*, pages 51–56.

HARABAGIU, S. et MOLDOVAN, D. (1998). Knowledge processing on an extended wordnet. *WordNet : An Electronic Lexical Database, MIT Press.*, pages 381–405.

JOUBERT, A. et LAFOURCADE, M. (2008). Jeuxdemots : un prototype ludique pour l'émergence de relations entre termes. *In proc of JADT'2008, Ecole normale supérieure Lettres et sciences humaines , Lyon, France, 12-14 mars 2008*, page 8 p.

LAFOURCADE, M. (2007). Making people play for lexical acquisition. *In Proc. SNLP 2007, 7th Symposium on Natural Language Processing. Pattaya, Thailande, 13-15 December 2007*, page 8 p.

LAFOURCADE, M. et JOUBERT, A. (2012). Increasing long tail in weighted lexical networks. *In proc of Cognitive Aspects of the Lexicon (CogAlex-III), COLING, Mumbai, India, December 2012*, page 16 p.

LAFOURCADE, M., JOUBERT, A., SCHWAB, D. et ZOCK, M. (2011). Evaluation et consolidation d'un réseau lexical grâce à un assistant ludique pour le mot sur le bout de la langue. *In proc of TALN'11, Montpellier, France, 27 juin-1er juillet 2011*, pages 295–306.

LENAT, D. (1995). Cyc : A large-scale investment in knowledge infrastructure. *Communications of the ACM*, 38(11):33–38.

LIEBERMAN, H., SMITH, D. A. et TEETERS, A. (2007). Common consensus : a web-based game for collecting commonsense goals. *In Proc. of IUI, Hawaii.*, page 12 p.

MARCHETTI, A., TESCONI, M., RONZANO, F., MOSELLA, M. et MINUTOLI, S. (2007). Semkey : A semantic collaborative tagging system. *in Procs of WWW2007, Banff, Canada*, page 9 p.

MIHALCEA, R. et CHKLOVSKI, T. (2003). Open mindword expert : Creating large annotated data collections with web users help. *In Proceedings of the EACL 2003, Workshop on Linguistically Annotated Corpora (LINC 2003)*, page 10 p.

MILLER, G., BECKWITH, R., FELLBAUM, C., GROSS, D. et MILLER, K. (1990). Introduction to wordnet : an on-line lexical database. *International Journal of Lexicography*, 3(4):235–244.

NAVIGLI, R. et PONZETTO, S. (2012). Babelnet : Building a very large multilingual semantic network. *In Proceedings of the 48th Annual Meeting of the Association for Computational Linguistics, Uppsala, Sweden, 11-16 July 2010*, pages 216–225.

SAGOT, B. et FIER, D. (2008). Construction d'un wordnet libre du français à partir de ressources multilingues. *TALN 2008, Avignon, France, 2008.*, page 12.

SIORPAES, K. et HEPP, M. (2008). Games with a purpose for the semantic web. *In IEEE Intelligent Systems*, 23(3):50–60.

THALER, S., SIORPAES, K., SIMPERL, E. et HOFER, C. (2011). A survey on games for knowledge acquisition. *STI Technical Report.*, page 19.

von AHN, L. et DABBISH, L. (2008). Designing games with a purpose. *Communications of the ACM*, 51(8):58–67.

VOSSEN, P. (1998). Eurowordnet : a multilingual database with lexical semantic networks. *Kluwer Academic Publishers, Norwell, MA, USA*, page 200.

ZESCH, T. et GUREVYCH, I. (2009). Wisdom of crowds versus wisdom of linguists measuring the semantic relatedness of words. *Natural Language Engineering, Cambridge University Press.*, pages 25–59.

# Regroupement sémantique de relations pour l'extraction d'information non supervisée

Wei Wang[1] Romaric Besançon[1] Olivier Ferret[1] Brigitte Grau[2]
(1) CEA, LIST, Laboratoire Vision et Ingénierie des Contenus, Gif-sur-Yvette, F-91191 France.
(2) LIMSI, UPR-3251 CNRS-DR4, Bât. 508, BP 133, 91403 Orsay Cedex.
{wei.wang,romaric.besancon,olivier.ferret}@cea.fr brigitte.grau@limsi.fr

RÉSUMÉ

Beaucoup des recherches menées en extraction d'information non supervisée se concentrent sur l'extraction des relations et peu de travaux proposent des méthodes pour organiser les relations extraites. Nous présentons dans cet article une méthode de clustering en deux étapes pour regrouper des relations sémantiquement équivalentes : la première étape regroupe des relations proches par leur expression tandis que la seconde fusionne les premiers clusters obtenus sur la base d'une mesure de similarité sémantique. Nos expériences montrent en particulier que les mesures distributionnelles permettent d'obtenir pour cette tâche de meilleurs résultats que les mesures utilisant WordNet. Nous montrons également qu'un clustering à deux niveaux permet non seulement de limiter le nombre de similarités sémantiques à calculer mais aussi d'améliorer la qualité des résultats du clustering.

ABSTRACT

**Semantic relation clustering for unsupervised information extraction**

Most studies in unsupervised information extraction concentrate on the relation extraction and few work has been proposed on the organization of the extracted relations. We present in this paper a two-step clustering procedure to group semantically equivalent relations : a first step clusters relations with similar expressions while a second step groups these first clusters into larger semantic clusters, using different semantic similarities. Our experiments show the stability of distributional similarities over WordNet-based similarities for semantic clustering. We also demonstrate that the use of a multi-level clustering not only reduces the calculations from all relation pairs to basic clusters pairs, but it also improves the clustering results.

MOTS-CLÉS : Extraction d'Information Non Supervisée, Similarité Sémantique, Clustering.

KEYWORDS: Unsupervised Information Extraction, Semantic Similarity, Relation Clustering.

## 1 Introduction

Dans le domaine de l'Extraction d'Information (EI), les problématiques ont évolué sous l'impulsion d'une série de campagnes d'évaluation allant de MUC (*Message Understanding Conference*) à TAC (*Text Analysis Conference*) en passant par ACE (*Automatic Content Extraction*). Les tâches définies dans les campagnes MUC et ACE concernent l'extraction d'information supervisée, pour laquelle le type d'information à extraire est prédéfini et des instances sont annotées dans des corpus représentatifs. À partir de ces données, des systèmes développés manuellement ou par apprentissage automatique peuvent être développés. Les approches semi-supervisées peuvent s'affranchir partiellement des contraintes de disponibilité de telles données. Par exemple, pour la tâche KBP (*Knowledge Base Population*) de la campagne TAC, l'extraction de relations s'appuie sur une base de connaissances existante (construite à partir des infoboxes de Wikipédia), mais sans données annotées. Dans ce cas, des techniques de supervision distante (Mintz *et al.*, 2009) peuvent être appliquées. Les méthodes semi-supervisées incluent également des techniques d'amorçage (*bootstrapping*) (Grishman et Min, 2010) permettant de partir d'un nombre limité d'exemples pour en extraire d'autres.

L'extraction d'information non supervisée diffère de ces tâches en ouvrant la problématique de l'extraction de relations à des relations de type inconnu *a priori*, ce qui permet de faire face à l'hétérogénéité des relations rencontrées en domaine ouvert, notamment sur le Web. Le type de ces relations doit alors être découvert de façon automatique à partir des textes. Dans ce cadre, les structures d'information considérées sont en général des relations binaires, à l'instar de (Hasegawa *et al.*, 2004). Ce travail, parmi les premiers sur cette problématique, a avancé l'hypothèse que les relations les plus intéressantes entre entités nommées sont aussi les plus fréquentes dans une collection de textes, de sorte que les instances de relations susceptibles de former des clusters de grande taille peuvent être distinguées des autres. Pour opérer cette distinction, un seuil de similarité minimale appliqué à une représentation des relations de type sac de mots était établi pour défavoriser les clusters de petite taille. Des améliorations ont par la suite été apportées à cette approche initiale par l'adoption de patrons pour représenter les relations au sein des clusters (Shinyama et Sekine, 2006) ou l'usage d'un algorithme d'ordonnancement de ces patrons pour la sélection de relations candidates (Chen *et al.*, 2005).

Des systèmes tels que TextRunner (Banko *et al.*, 2007) ou ReVerb (Fader *et al.*, 2011) se focalisent quant à eux sur l'extraction de relations à partir de phrases en s'appuyant sur un modèle d'apprentissage statistique pour garantir la validité des relations extraites. Des approches à base de règles (Akbik et Broß, 2009; Gamallo *et al.*, 2012) ou des modèles génératifs (Rink et Harabagiu, 2011; Yao *et al.*, 2011) ont également été proposés pour ce faire. Tout en restant pour l'essentiel non supervisées, d'autres approches font appel à un utilisateur pour délimiter un domaine d'extraction de façon peu contrainte. Ainsi, le système *On-Demand Information Extraction* (Sekine, 2006) initie le processus d'extraction par des requêtes de moteur de recherche.

Une part notable des travaux menés en EI non supervisée se focalisent sur l'extraction des relations. Le problème de leur regroupement a été en revanche moins abordé, en particulier pour rassembler des relations équivalentes mais exprimées de façon différente. Nous présentons dans cet article une méthode pour réaliser de tels regroupements efficacement en se fondant sur deux étapes de clustering : un premier niveau de regroupement des relations sur la forme, utilisant une mesure de similarité simple, et un second niveau permettant de rapprocher les premiers clusters obtenus en utilisant une mesure de similarité sémantique plus sophistiquée. Nos expériences montrent que ce clustering à deux niveaux permet d'améliorer le regroupement des relations.

# 2 Extraction de relations non supervisée

La première étape de notre processus d'EI non supervisée est l'extraction de relations entre entités. Nous avons défini pour ce faire un module d'extraction et de filtrage de relations entraîné pour la découverte de relations entre entités nommées. Plus formellement, une relation entre entités nommées se caractérise par un couple d'entités (E1 et E2) et la caractérisation linguistique de la relation, elle-même formée des trois éléments du contexte phrastique autour de ces entités (*cf.* figure 1) : la caractérisation linguistique principale de la relation est en général portée par la partie de texte entre les entités (*Cmid*), alors que les éléments de chaque côté des entités (*Cpre* et *Cpost*) apportent en général des précisions de contexte.

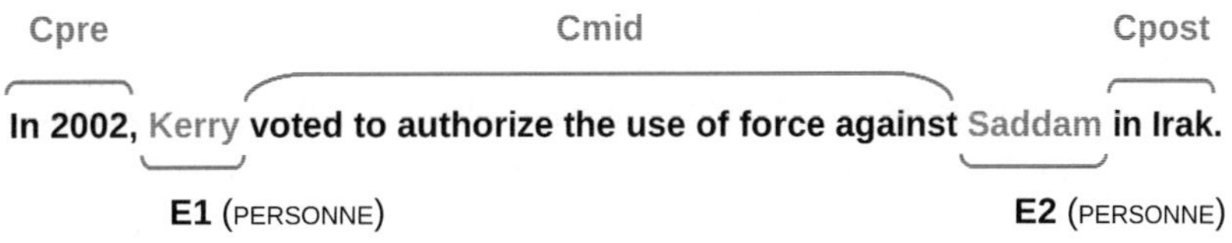


FIGURE 1 – Exemple de relation extraite

Dans les systèmes d'EI non supervisée, les entités en relation peuvent être des entités nommées (Hasegawa *et al.*, 2004) ou, de façon plus ouverte, des syntagmes nominaux (Rozenfeld et Feldman, 2006). Les entités nommées permettent en général d'avoir une meilleure séparation des différents types de relations alors que l'utilisation de syntagmes nominaux permet d'avoir un plus grand nombre de candidats. Nous nous intéressons dans notre système aux relations entre entités nommées, à la fois pour faciliter l'organisation des relations trouvées et pour répondre au besoin le plus généralement répandu en contexte applicatif de veille. L'extraction des relations se fait alors selon les étapes suivantes :

- **Analyse linguistique** : un traitement linguistique est tout d'abord appliqué aux textes du corpus considéré pour extraire les éléments pouvant caractériser les relations candidates. Ce traitement inclut une reconnaissance des entités nommées pour les types impliqués dans les relations recherchées, mais aussi une désambiguïsation morpho-syntaxique et une lemmatisation pour normaliser les contextes linguistiques des relations. Ce traitement a été réalisé avec les outils OpenNLP ;
- **Extraction de relations candidates** : une première extraction simple est réalisée avec peu de contraintes pour permettre la collecte d'une grande variété de relations. Toutes les phrases contenant deux entités nommées sont donc extraites, avec la seule condition qu'au moins un verbe existe entre ces entités ;
- **Filtrage de relations** : à l'issue de l'extraction initiale, beaucoup de relations candidates ne sont pas des instances réelles de relations. Une étape de filtrage est alors appliquée, comprenant une première passe de filtrage heuristique, pour supprimer efficacement les relations les plus probablement fausses (discours rapporté, phrases complexes), et une seconde passe de filtrage par apprentissage statistique, entraîné sur un corpus annoté de 1 000 exemples positifs et négatifs de relations, et s'appuyant sur un modèle de Champs Conditionnels Aléatoires (CRF). Ce filtrage statistique permet d'obtenir une précision de 76,2% et un rappel de 78,2% sur les relations extraites (Wang *et al.*, 2011).

Pour nos expériences, nous avons utilisé une sous-partie du corpus AQUAINT-2 contenant 18 mois d'articles de presse du journal *New York Times*. Les relations candidates ont été extraites et filtrées selon la méthode présentée pour six types de relations fondées sur trois types d'entités nommées faisant consensus : les organisation (ORG), les lieux (LOC) et les personnes (PER). Le nombre des relations restant après filtrage, présenté dans le tableau 1, montre la nécessité de mettre en œuvre un regroupement de ces relations pour aider un utilisateur à appréhender les informations extraites.

| Total | ORG-LOC | ORG-ORG | ORG-PER | PER-LOC | PER-ORG | PER-PER |
|---|---|---|---|---|---|---|
| 165 708 | 15 226 | 13 704 | 10 054 | 47 700 | 40 238 | 38 786 |

TABLE 1 – Nombre de relations extraites

# 3 Regroupement de relations

Dans cette section, nous présentons plus spécifiquement notre méthode de clustering multi-niveau définie afin de regrouper les relations extraites en fonction de leur similarité sémantique. Cette méthode s'organise en deux étapes, à l'instar de (Cheu *et al.*, 2004) : un premier clustering de base est réalisé en s'appuyant sur la similarité des formes de surface des relations, ce qui permet de former de manière efficace de petits clusters homogènes ; une seconde étape de clustering est ensuite appliquée pour rassembler ces clusters initiaux sur la base d'une similarité sémantique entre relations plus complexe.

## 3.1 Regroupement de base

### 3.1.1 Principe

En EI non supervisée, le nombre de relations extraites est rapidement important comme le montre le tableau 1. De ce fait, il est quasiment impossible d'appliquer des mesures de similarité sémantique élaborées entre toutes les relations extraites. Le tableau 2 illustre cependant le fait que certaines variabilités d'expression sont très limitées et peuvent être détectées facilement.

| Type de relation | Clusters de base |
|---|---|
| ORG – ORG | create the, who create ... |
| | establish the, who establish the ... |
| ORG – LOC | base in, a company base in ... |
| | locate in, which be locate in ... |
| ORG – PER | found by, a group found by, which be found by ... |
| PER – ORG | who be the head of, become head of ... |
| PER – LOC | work in, who work in ... |
| PER – PER | who call, who call his manager ... |

TABLE 2 – Illustration de la variabilité linguistique des relations

Cette observation nous a conduit à mettre en œuvre un premier niveau de clustering afin de former des regroupements de relations proches les unes des autres sur le plan de leur expression linguistique, comme le fait de regrouper *create the* et *who create*. Pour ce faire, nous nous sommes appuyés sur une similarité *Cosinus* appliquée à une représentation de type sac de mots de la partie *Cmid* des relations. Outre son compromis intéressant entre simplicité et efficacité, ce choix a été motivé par la possibilité d'appliquer cette similarité aux larges ensembles de relations extraites dans notre contexte par une utilisation de l'algorithme *All Pairs Similarity Search* (APSS) (Bayardo *et al.*, 2007). Moyennant la fixation *a priori* d'un seuil de similarité minimale, celui-ci permet en effet de construire de façon optimisée la matrice de similarité d'un ensemble de vecteurs suivant la mesure *Cosinus*. Cette matrice étant calculée et transformée en graphe de similarité, nous appliquons ensuite l'algorithme *Markov Clustering* (Dongen, 2000) pour former les regroupements de relations. Cet algorithme identifie les zones d'un graphe de similarité les plus densément connectées en réalisant des marches aléatoires dans ce graphe. Outre son efficacité, il présente l'avantage, du point de vue de l'IE non supervisée, de ne pas nécessiter la fixation préalable d'un nombre de clusters.

### 3.1.2 Pondération des termes

Si l'on considère que tous les mots d'une phrase n'apportent pas la même contribution au sens général de la phrase, il est nécessaire d'établir une bonne stratégie de pondération pour établir une bonne mesure de similarité entre phrases. Trois types de pondération sont considérés ici :
- pondération binaire : tous les mots de $Cmid$ ont le même poids (1,0) ;
- pondération *tf-idf* : un poids *tf-idf* est attribué à chaque mot en prenant en compte la fréquence du mot dans la relation et la fréquence inverse du mot dans l'ensemble des relations ;
- pondération grammaticale : des poids spécifiques sont donnés aux mots en fonction de leur catégorie morpho-syntaxique.

La pondération binaire est la plus simple et forme une *baseline*, qui a été utilisée dans nos premières expériences, en particulier en raison de l'efficacité de l'implémentation de l'APSS avec un poids binaire. La pondération *tf-idf* prend en compte, par le biais du facteur *idf*, une mesure de l'importance du terme dans le corpus. Néanmoins, la fréquence des mots dans un corpus n'est pas nécessairement corrélée à leur rôle dans la caractérisation d'une relation. Par exemple, le verbe *buy* peut être fréquent dans un corpus de documents financiers, et donc avoir un poids faible, mais n'en sera pas moins représentatif de la relation BUY(ORG-ORG). C'est pourquoi nous avons décidé d'introduire une pondération grammaticale.

| **Classe** | **Catégories morpho-syntaxiques** |
|---|---|
| **A** (w=1,0) | VB VBD VBG VBN VBP VBZ NN NNS JJ JJR JJS IN TO RP |
| **B** (w=0,75) | RB RBR RBS WDT WP WP$ WRB PDT POS PRP PRP$ |
| **C** (w=0,5) | NNP NNPS UH |
| **D** (w=0,0) | SYM CC CD DT MD |

TABLE 3 – Pondération grammaticale : distribution des poids selon la catégorie morpho-syntaxique

Une analyse des catégories morpho-syntaxiques nous a amené à les séparer en plusieurs classes selon leur importance dans la contribution à l'expression d'une relation. Plus précisément, nous considérons quatre classes :
- **(A) contribution directe**, de poids élevé : les mots de cette classe contribuent directement au sens de la relation et incluent les verbes, noms, adjectifs et prépositions ;
- **(B) contribution indirecte**, de poids moyen : les mots de la classe B ne sont pas directement liés au sens de la relation mais sont pertinents dans l'expression de la phrase, comme les adverbes et les pronoms ;
- **(C) information complémentaire**, de poids faible : cette classe contient des mots fournissant une information complémentaire sur la relation. C'est le cas des noms propres, qui sont souvent discriminants d'un point de vue thématique mais ont plutôt à introduire des associations inadéquates sur le plan sémantique ;
- **(D) pas d'information**, de poids nul : cette classe contient les mots vides que l'on veut ignorer (symboles, nombres, déterminants etc.).

Nous présentons dans le tableau 3 une configuration de pondération grammaticale. La liste des catégories morpho-syntaxiques est fondée sur les catégories du *Penn Treebank*. Les poids 1,0, 0,75, 0,5 et 0 sont respectivement attribués aux classes A, B, C, D. Pour les catégories non présentes dans cette liste, un poids par défaut de 0,5 est utilisé. Compte tenu des problèmes posés par l'évaluation de la tâche considérée (cf. section 4), ces poids n'ont pas fait l'objet d'une optimisation telle qu'elle pourrait être menée avec une procédure de type validation croisée.

#### 3.1.3 Regroupement par mots-clés représentatifs

Pour renforcer ce premier niveau de clustering, la stratégie généraliste présentée ci-dessus a été complétée par une heuristique tenant compte de la spécificité des relations. Au sein d'un cluster de base, la forme linguistique de ces dernières est souvent dominée par un verbe (*founded* pour *a group founded by* ou *which is founded by*) ou par un nom (*head* pour *who is the head of*, *becomes head of*), ce terme dominant possédant une fréquence élevée dans le cluster. De ce fait, à l'instar de (Hasegawa *et al.*, 2004), nous considérons le nom ou le verbe le plus fréquent au sein d'un cluster de base comme son représentant et nous fusionnons les clusters ayant le même terme dominant, appelé *mot-clé* dans ce qui suit, pour former des clusters de base plus larges.

### 3.2 Regroupement sémantique

Le premier niveau de clustering ne peut clairement pas regrouper des relations exprimées avec des termes complètement différents. Dans l'exemple *a company based in* et *which is located in* présenté dans le tableau 2, les deux formes linguistiques ont peu en commun. Nous avons donc considéré l'ajout d'un second niveau de clustering ayant pour objectif de regrouper les clusters formés précédemment sur des bases plus sémantiques, plus précisément en intégrant les similarités sémantiques au niveau lexical. Contrairement au premier, ce second niveau bénéficie en outre du fait de travailler à partir de clusters et non de relations individuelles, ce qui permet d'exploiter une information plus riche. Il nécessite de ce fait de définir trois niveaux de similarité sémantique : similarité entre les mots, entre les relations et entre les clusters de base de relations.

#### 3.2.1 Évaluation de la similarité sémantique entre les mots

Les mesures de similarité sémantique au niveau lexical se répartissent en deux grandes catégories aux caractéristiques souvent complémentaires : la première rassemble les mesures fondées sur des connaissances élaborées manuellement prenant typiquement la forme de réseaux lexicaux de type WordNet ; la seconde recouvre les mesures de nature distributionnelle, construites à partir de corpus. Pour évaluer la similarité sémantique entre relations, nous avons choisi de tester des mesures relevant de ces deux catégories afin de juger de leur intérêt respectif.

Concernant le premier type de mesures, le fait de travailler avec des textes en anglais ouvre le champ des différentes mesures définies à partir de WordNet. Nous en avons retenu deux caractéristiques : la mesure de Wu et Palmer (Wu et Palmer, 1994), qui évalue la proximité de deux synsets en fonction de leur profondeur dans la hiérarchie de WordNet et de la profondeur de leur plus petit ancêtre commun ; la mesure de Lin (Lin, 1998), qui associe le même type de critère que la mesure de Wu et Palmer et des informations de fréquence d'usage des synsets dans un corpus de référence. Ces mesures étant définies entre synsets, pour se ramener à une mesure entre mots, nous avons adopté la stratégie utilisée notamment dans (Mihalcea *et al.*, 2006) consistant à prendre comme valeur de similarité entre deux mots la plus forte valeur de similarité entre les synsets dont ils font partie.

Les mesures de similarité distributionnelles sont quant à elles fondées sur l'hypothèse que les mots apparaissant dans les mêmes contextes tendent à avoir le même sens. La notion de contexte renvoie ici à l'ensemble des mots cooccurrant avec le mot cible dans un corpus. Cette cooccurrence peut être graphique, au sein d'une fenêtre de taille fixe, ou bien reposer sur des relations syntaxiques. Nous avons testé ici les deux types de cooccurrents, les termes au sein des contextes ainsi formés étant pondérés grâce à la mesure d'*Information Mutuelle* et les contextes eux-mêmes étant comparés grâce à la mesure *Cosinus* pour évaluer la similarité de deux mots. Ces choix résultent d'un processus d'optimisation décrit dans (Ferret, 2010) dont nous avons utilisé les thésaurus distributionnels pour disposer de ces similarités sous une forme précalculée.

Dans le cadre de la comparaison de relations, nous nous sommes intéressés essentiellement à la similarité sémantique entre des mots appartenant à la même catégorie morpho-syntaxique en nous fondant sur le fait que les relations extraites se définissent généralement autour d'un verbe (*e.g. ORG found by PER, ORG establish by PER*) ou d'un nom (e.g. *ORG be partner of ORG, ORG have cooperation with ORG* ), mais pas sous les deux formes pour un même type de relations, sans doute à cause de la focalisation sur la partie *Cmid* des relations.

### 3.2.2 Similarité sémantique des relations

La similarité s'applique ici à l'échelle de la définition linguistique des relations, *i.e.* leur partie *Cmid*, ce qui s'apparente à la problématique de la détection de paraphrases. De ce fait, nous avons repris le principe expérimenté dans (Mihalcea *et al.*, 2006) pour cette tâche : chaque phrase (ici relation) à comparer est représentée sous la forme d'un sac de mots et lors de l'évaluation de la similarité $sim(P_a, P_b)$ d'une phrase $P_b$ par rapport à une phrase $P_a$, chaque mot de $P_a$ est apparié au mot de $P_b$ avec lequel sa similarité sémantique, au sens de la section 3.2.1, est la plus forte. Ainsi, dans l'exemple ci-dessous, *acquire* est apparié à la seule possibilité, *buy*, tandis que *part* est apparié à *stake*, avec lequel il partage la plus grande similarité selon la mesure de Wu-Palmer.

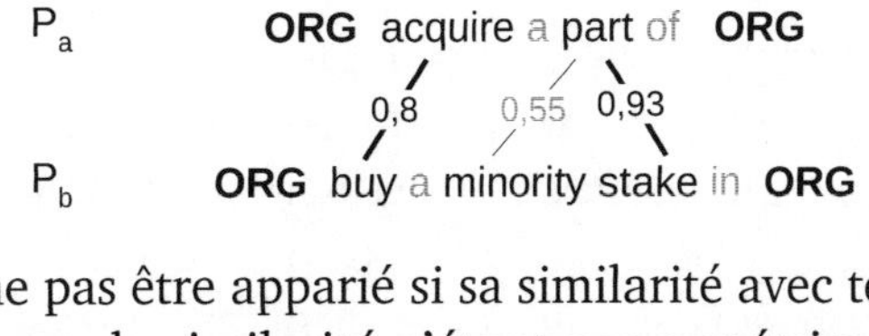


Un mot d'une phrase peut ne pas être apparié si sa similarité avec tous les autres mots de l'autre phrase est nulle. Cette mesure de similarité n'étant pas symétrique, la similarité complète est égale à la moyenne de $sim(P_a, P_b)$ et $sim(P_b, P_a)$. Plus formellement, avec :

$$P_a = W_1 : f_1,\ W_2 : f_2,\ \dots, W_i : f_i, \dots,\ W_M : f_M$$
$$P_b = W_1 : f_1,\ W_2 : f_2,\ \dots, W_j : f_j, \dots,\ W_N : f_N$$

où $W_k$ est un mot d'une phrase et $f_k$, sa fréquence dans la phrase, cette similarité s'écrit :

$$S_{P_{a,b}} = \frac{1}{2}\left(\frac{1}{\sum_{i\in[1,M]} w_i} \sum_{i\in[1,M]} \max_{j\in[1,N]} \{S_{W_{i,j}}\} \cdot w_i + \frac{1}{\sum_{j\in[1,N]} w_j} \sum_{j\in[1,N]} \max_{i\in[1,M]} \{S_{W_{i,j}}\} \cdot w_j\right) \quad (1)$$

où $S_{W_{i,j}}$ est la similarité sémantique entre les mots $W_i$ et $W_j$, qu'elle soit fondée sur WordNet ou sur un thésaurus distributionnel et $w_i$ et $w_j$ sont les poids de ces mots respectivement dans $P_a$ et $P_b$, définis par leur fréquence ($w_i = f_i, w_j = f_j$).

### 3.2.3 Similarité sémantique des clusters

Le principe adopté pour la similarité de deux relations est trop coûteux à transposer à l'échelle des clusters car il nécessiterait, pour un cluster $C_a$ de cardinalité $A$ et un cluster $C_b$ de cardinalité $B$, de calculer $A \cdot B$ similarités, lesquelles ne peuvent pas être précalculées comme pour les mots. La similarité à l'échelle des relations étant fondée sur une représentation de type sac de mots, nous avons choisi de construire pour les clusters une représentation de même type, obtenue en fusionnant les représentations de leurs relations. Au sein de la représentation d'un cluster, chaque mot se voit associer sa fréquence parmi les relations du cluster, les mots de plus fortes fréquences étant supposés les plus représentatifs du type de relation sous-jacent au cluster.

Concernant l'évaluation de la similarité entre les clusters, nous avons donc repris la définition de la similarité entre les relations mais avec une légère adaptation destinée à pallier le biais pouvant être induit par une trop grande différence d'effectifs entre les deux clusters. Ainsi, dans l'exemple ci-dessous, les clusters $C_a$ et $C_b$ ne sont pas sémantiquement similaires mais leur similarité serait élevée avec une mesure telle que $S_{P_{a,b}}$ du fait du poids élevé du mot *actor* dans $C_a$. Même si dans un tel cas, $sim(P_b, P_a)$ serait plus faible que $sim(P_a, P_b)$, $sim(P_b, P_a)$ influencerait fortement la moyenne des deux et conduirait à une similarité globale assez forte.

$C_a$ = found :3, actor :3 ... {*i.e.* PER *an actor who found* ORG}
$C_b$ = study :9, actor :1 ... {*i.e.* PER *study at* ORG, PER *an actor study at* ORG}

Pour contrecarrer cet effet, nous introduisons la fréquence des mots dans les deux clusters et non dans celui servant de référence seulement, en remplaçant, dans l'équation (1), les poids $w_i$ et $w_j$ par $w_{ij}$, défini par $w_{ij} = f_i \cdot f_j$.

### 3.2.4 Algorithme de clustering

Pour la construction de nos clusters de base, nous avons fait appel à l'association d'un seuillage sur les valeurs de similarité entre relations au travers de l'utilisation de l'APSS et de l'algorithme Markov Clustering. Le seuillage réalisé conduit à éclaircir le graphe de similarité et rend possible l'application du Markov Clustering qui, en dépit de son efficacité, ne pourrait gérer la matrice complète de similarité des relations. Le cas du regroupement sémantique des clusters de base est quelque peu différent. Dans le cas des relations, la taille des clusters à former peut être assez variable selon le contenu du corpus considéré mais la valeur de similarité de deux relations est assez facile à étalonner à partir de résultats de référence (cf. section 4.1 pour une illustration).

Le cas du clustering sémantique est assez différent. Le fait d'utiliser des ressources de natures assez diverses rend difficile la fixation *a priori* d'un seuil de similarité car les intervalles de valeurs ne sont pas les mêmes selon les cas. En revanche, la richesse des ressources sémantiques utilisées permet d'avoir une idée approximative du nombre de voisins d'un cluster de base. Un tel cluster se définissant souvent autour d'un terme clé, ce nombre de voisins est assez directement en rapport avec le nombre de synonymes ou de mots sémantiquement liés à ce terme. De ce fait, pour le clustering sémantique, nous avons adopté l'algorithme *Shared Nearest Neighbor* (SNN) proposé dans (Ertöz *et al.*, 2002) plutôt que le Markov Clustering utilisé initialement. Cet algorithme définit en effet implicitement la taille des clusters qu'il forme en seuillant le nombre de voisins possibles pour chaque élément à regrouper[1].

# 4 Évaluation

Nous avons mené l'évaluation de ce clustering de relations multi-niveau selon une approche externe en utilisant les mesures standard de *précision* et *rappel* (combinés par la *F-mesure*). Ces mesures sont appliquées à des paires de relations en considérant que les relations peuvent être regroupées dans le même cluster ou séparées dans des clusters différents et ce, de façon correcte ou incorrecte par rapport à la référence. Nous utilisons également les mesures standard pour le clustering de *pureté*, *pureté inverse* and *Information Mutuelle Normalisée* (NMI) (Amigó *et al.*, 2009) Le clustering de référence utilisé a été construit manuellement à partir d'un sous-ensemble de relations provenant de l'extraction initiale. Il est formé de 80 clusters couvrant 4 420 relations : une douzaine de clusters sont construits pour chaque paire de types d'entités en relation, avec des tailles variant entre 4 et 280 relations. De plus amples détails sur la construction de cette référence et les mesures d'évaluation utilisées sont donnés dans (Wang *et al.*, 2012).

## 4.1 Évaluation du clustering de base

Le seuil de similarité utilisé pour le clustering de base (utilisé pour élaguer la matrice de similarité grâce à l'algorithme APSS) a été fixé à 0,45. Ce seuil a été choisi empiriquement en étudiant le comportement de l'algorithme de clustering sur les phrases du corpus *Microsoft Research Paraphrase* (Dolan *et al.*, 2004) et couvre les trois quarts des valeurs de similarité de ses phrases en état de paraphrase. Pour la pondération grammaticale, qui est moins stricte, un seuil de 0,60 est utilisé. Les résultats obtenus pour le clustering de base sont présentés dans le tableau 4.

| | Préc. | Rappel | F-score | Pur. | Pur. inv. | NMI | Nb | Taille |
|---|---|---|---|---|---|---|---|---|
| **binaire** | 0,756 | 0,312 | 0,442 | 0,902 | 0,407 | 0,750 | 15 833 | 7,50 |
| **tf-idf** | 0,203 | **0,445** | 0,279 | 0,646 | **0,573** | 0,722 | 11 911 | 11,44 |
| **gramm.** | **0,810** | 0,402 | **0,537** | **0,963** | 0,513 | **0,812** | 13 648 | 7,56 |
| **mots-clés** | **0,812** | **0,443** | **0,573** | 0,953 | 0,552 | **0,825** | 11 726 | 8,80 |

TABLE 4 – Résultats du clustering de base pour plusieurs pondérations en utilisant le Markov Clustering (MCL) et un premier regroupement par mots-clés

Le regroupement sur la base de la similarité utilisant une pondération grammaticale donne les meilleurs résultats, avec une meilleure précision et un rappel satisfaisant. Cette pondération utilise en effet plus de connaissances pour mettre en évidence le rôle des verbes, noms ou adjectifs et diminuer l'influence des mots vides qui ne contribuent qu'à des variations linguistiques légères (*who* + verbe, *the one that* + verbe). La pondération *tf-idf* donne quant à elle de moins bons résultats. Cette pondération favorise en effet les mots rares. Or, les noms communs et les verbes,

[1] Les hypothèses faites sur l'adéquation entre le type d'éléments à regrouper et les algorithmes de regroupement ont été confirmées expérimentalement : l'algorithme SNN donne de moins bons résultats que le Markov Clustering pour le premier niveau de clustering mais l'ordre s'inverse pour le clustering sémantique.

qui supportent le plus souvent les relations, sont plus fréquents que des noms propres ou des occurrences de nombres, par exemple, qui se verront attribuer un score important avec cette pondération alors qu'ils n'apportent pas d'information sur la relation.

Les résultats utilisés par la suite pour le clustering sémantique sont ceux obtenus avec la pondération grammaticale[2], sur laquelle l'étape de regroupement par mots-clés amène une amélioration légère de la F-mesure, due à un accroissement du rappel ; mais cette étape permet surtout de réduire le nombre de clusters et d'augmenter leur taille moyenne, comme illustré par les deux dernières colonnes du tableau 4.

## 4.2 Évaluation du clustering sémantique

Pour évaluer l'amélioration apportée par le clustering sémantique, nous comparons les approches proposées à un clustering idéal (*idéal*) donnant le meilleur regroupement possible des clusters de base obtenus par la première étape : chaque cluster de base est associé au cluster de référence avec lequel il partage le plus de relations ; puis les clusters associés aux mêmes clusters de référence sont regroupés.

En pratique, pour les mesures fondées sur WordNet, la mesure de Wu-Palmer donne de bons résultats pour les similarités entre noms alors que la mesure de Lin donne de meilleurs résultats pour les verbes. La première est calculée grâce à NLTK (`nltk.org`) tandis que pour la seconde, nous utilisons les similarités précalculées entre les verbes de WordNet de (Pedersen, 2010). Les similarités distributionnelles sont quant à elles évaluées à partir du corpus AQUAINT-2, sur la base d'une mesure *Cosinus* entre des vecteurs de contexte obtenus soit avec une fenêtre glissante de taille 3 ($\text{Dist}_{cooc}$), soit en suivant les liens syntaxiques entre les mots ($\text{Dist}_{syn}$). Pour l'algorithme SNN, le voisinage de chaque instance de relation est limité aux 100 plus proches relations. Les résultats obtenus sont présentés dans le tableau 5.

| | Préc. | Rappel | F-score | Pur. | Pur. inv. | NMI | Nb | Taille |
|---|---|---|---|---|---|---|---|---|
| WordNet | 0,821 | 0,507 | 0,627 | 0,942 | 0,622 | 0,839 | 9 403 | 10,98 |
| $\text{Dist}_{cooc}$ | 0,814 | 0,540 | 0,649 | 0,932 | 0,634 | 0,841 | 10 161 | 10,16 |
| $\text{Dist}_{syn}$ | **0,831** | **0,549** | **0,661** | **0,950** | **0,645** | **0,847** | 10 116 | 10,20 |
| idéal | 0,847 | 0,788 | 0,816 | 0,957 | 0,831 | 0,899 | 13 468 | 7,66 |

TABLE 5 – Résultats du clustering sémantique

La similarité distributionnelle syntaxique donne les meilleurs résultats, bien que comparables à deux de la similarité distributionnelle graphique. Les deux approches distributionnelles sont meilleures pour cette tâche que celle fondée sur WordNet, ce qui signifie que la méthode pourra plus facilement être adaptée à d'autres langues. Comparés au clustering de base, toutes les méthodes de clustering sémantique montrent une augmentation notable sur toutes les mesures (le F-score passe de 57,3% à 77,3%).

Pour les similarités WordNet, d'autres tests ont été effectués pour vérifier l'importance relative des différentes catégories grammaticales dans ce regroupement. Par exemple, si l'on ne considère que les verbes, les résultats sont un peu inférieurs, en particulier en termes de rappel. Nous avons

[2]Plusieurs seuils et configurations de pondérations grammaticales ont été testés. La version présentée (seuil de 0,60 et poids donnés dans le tableau 3) est celle donnant les meilleurs résultats.

également expérimenté l'intégration des adjectifs dans la mesure de similarité, mais les résultats ont montré que ces mots n'ont pas d'influence notable sur le regroupement des relations. D'autres tests intégrant des mesures de similarités entre mots de catégories grammaticales différentes ont été effectués, sans apporter d'amélioration.

**Exemples de clusters sémantiques** Pour donner une idée qualitative des résultats du clustering sémantique, nous présentons quelques exemples de clusters sémantiques, créés en utilisant la mesure $\text{Dist}_{cooc}$. Un exemple de cluster sémantique obtenu pour chaque type de relation est présenté dans le tableau 6, où chaque mot représente un cluster. Il est clair avec ces exemples que des mots différents mais sémantiquement similaires sont regroupés. Néanmoins, des erreurs subsistent : le fait de ne pas différencier les voies active et passive conduit ainsi à certaines erreurs de regroupement pour les relations entre des entités de même type (par exemple, *purchase* et *be purchased by* pour des relations ORG – ORG).

| Type de relation | Clustering sémantique |
|---|---|
| ORG – ORG | purchase, buy, acquire, trade, own, be purchased by |
| ORG – LOC | start in, inaugurate service to, open in, initiate flights to |
| ORG – PER | sign, hire, employ, interview, rehire, receive, affiliate |
| PER – ORG | take over, take control of |
| PER – LOC | grab gold in, win the race at, reign |
| PER – PER | win over, defeat, beat, oust, topple, defend |

TABLE 6 – Exemples de mots regroupés dans les clusters sémantiques

## 4.3 Étude des avantages du clustering multi-niveau

Comme indiqué au début de la section 3.1, le calcul des similarités sémantiques est beaucoup plus coûteux que le calcul d'une simple mesure *Cosinus*. Le nombre total de relations atteint 165 708 (cf. tableau 1), alors que le nombre de clusters de base n'est que de 11 726 (cf. tableau 4). Un premier avantage du clustering multi-niveau est donc d'éviter de calculer un trop grand nombre de similarités coûteuses. Mais, parallèlement, il permet également d'améliorer la qualité de l'organisation sémantique des relations, en exploitant la redondance d'information présente dans les clusters de base. Pour vérifier cette hypothèse, nous avons comparé, en nous appuyant sur notre référence, la distribution des similarités entre les relations initiales et entre les clusters de base. Dans un premier temps, nous avons examiné toutes les similarités entre deux instances de relations appartenant au même cluster de référence (distribution intra-cluster $D_{intra}$) et les similarités entre deux instances appartenant à des clusters différents (distribution intra-cluster $D_{inter}$), avec l'hypothèse que ces distributions sont bien séparées (avec une moyenne élevée pour $D_{intra}$ et basse pour $D_{inter}$). Dans un second temps, nous établissons les mêmes distributions de similarités pour les clusters de base, en associant à chaque cluster de référence l'ensemble des clusters de base qu'il recouvre. Les distributions de similarité obtenues sont présentées à la figure 2 pour la similarité $\text{Dist}_{cooc}$, la même tendance étant observée pour les autres similarités.

On voit clairement sur ces figures que le clustering sémantique effectué à partir des clusters de base peut obtenir de meilleurs résultats parce que les distributions de similarité à l'intérieur des clusters de référence ou entre clusters sont mieux séparées et que la moyenne des similarités pour des relations entre des clusters différents est relativement basse. Ceci confirme notre hypothèse

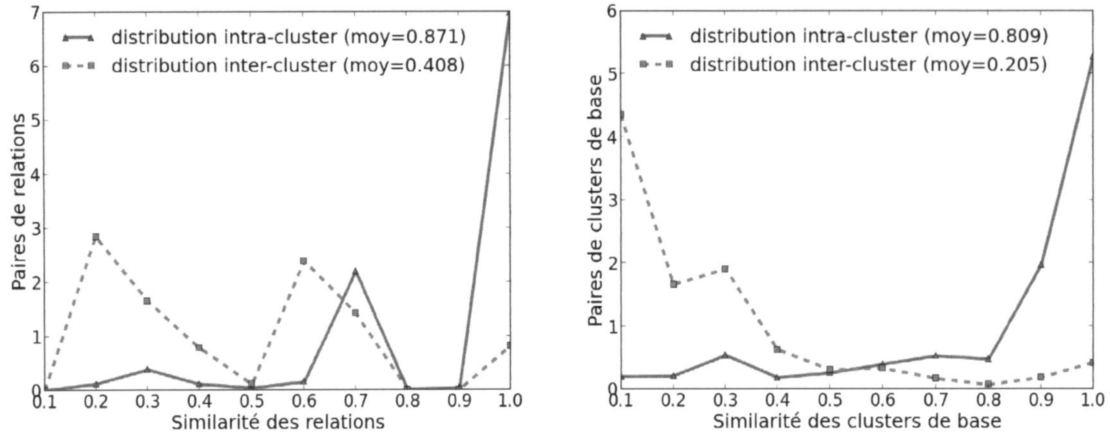


FIGURE 2 – Distribution des similarités entre les relations et entre les clusters de base

que l'information redondante dans les clusters de base peut être utilisée pour diminuer le bruit causé par les mots non représentatifs de la relation.

# 5 Travaux liés au clustering sémantique de relations

Le clustering de relations occupe des positions diverses dans le domaine de l'EI non supervisée. En premier lieu, il est absent des travaux se concentrant essentiellement sur la découverte et l'extraction de relations, à l'instar du système TEXTRUNNER dans lequel les relations extraites sont directement indexées pour être interrogées. Dans la plupart des autres travaux, la finalité du clustering de relations peut être qualifiée de sémantique dans la mesure où son objectif est de regrouper des relations équivalentes, cette équivalence étant située plus ou moins explicitement sur le plan sémantique. Enfin, quelques travaux plus marginaux, à l'image de (Sekine, 2006), intègrent également une dimension plus thématique dans les regroupements réalisés.

Même lorsque le clustering de relations possède une vocation sémantique, les moyens pour le mettre en œuvre ne sont pas nécessairement eux-mêmes sémantiques. À l'image de notre premier niveau de clustering, (Hasegawa *et al.*, 2004) retrouve ainsi des variations sémantiques comme (*offer to buy – acquisition of*) au sein des clusters de relations entre entités nommées qu'il forme en appliquant une simple mesure *Cosinus* au contexte immédiat de ces relations. (Sekine, 2006) va quant à lui un peu plus loin en exploitant un ensemble de paraphrases constitué *a priori* sur la base de cooccurrences d'entités nommées pour faciliter l'appariement de phrases issues de plusieurs articles journalistiques relatant un même événement. Concernant toujours l'évaluation de la similarité entre les relations, (Eichler *et al.*, 2008) s'appuie pour sa part sur WordNet pour détecter les relations de synonymie entre verbes. La démarche se rapproche d'une partie de ce que nous avons expérimenté, même si nous avons également inclus les noms dans notre champ d'étude, car ceux-ci sont dominants pour exprimer certaines relations, que nous avons appliqué cette recherche au niveau des clusters de base, et non des relations individuelles, et qu'avec les similarités distributionnelles, nous ne sommes pas restreints aux seules relations de synonymie.

La notion de clustering multiple apparaît quant à elle dans quelques travaux. (Kok et Domingos, 2008) propose ainsi de construire un réseau de relations sémantiques de haut niveau à partir des résultats du système TEXTRUNNER grâce à une méthode de co-clustering engendrant simultanément des classes d'arguments et des classes de relations. (Min *et al.*, 2012) fait quant à lui apparaître deux niveaux de clustering mais avec une optique plus proche de (Kok et Domingos, 2008) que de la nôtre. Son premier niveau de clustering porte en effet sur les arguments des relations tandis que le second se focalise sur les relations proprement dites. L'objectif du premier niveau de clustering est ainsi de regrouper des relations ayant la même expression et de trouver des arguments équivalents tandis que le second niveau de clustering vise à regrouper des relations ayant des expressions similaires en s'appuyant notamment sur les classes d'arguments dégagées par le premier clustering. Ce dernier exploite un vaste graphe de relations de similarité et d'hyperonymie entre entités construit automatiquement à la fois sur la base de similarités distributionnelles et de patrons lexico-syntaxiques. S'y ajoute pour le second niveau de clustering une large base de paraphrases elle aussi construite automatiquement à partir de corpus.

# Conclusion et perspectives

Nous avons présenté dans cet article une méthode de clustering à plusieurs niveaux pour regrouper des relations extraites dans un contexte d'EI non supervisée. Une première étape est appliquée pour regrouper des relations ayant des expressions linguistiques proches de façon efficace et avec une bonne précision. Une seconde étape permet d'améliorer ce premier regroupement en utilisant des mesures de similarité sémantique plus riches afin de rassembler les clusters déjà formés et augmenter le rappel. Nos expériences montrent que dans ce contexte, des mesures de similarité distributionnelle donnent des résultats plus stables que des mesures fondées sur WordNet. Une analyse des distributions des similarités entre les relations initiales et entre les clusters de premier niveau met également en évidence l'intérêt d'un clustering à deux niveaux. Parmi les perspectives envisagées, nous envisageons d'exploiter le contexte des relations, que ce soit de façon locale au niveau de la phrase au travers des parties *Cpre* et *Cpost* ou plus globalement en prenant en compte les contextes thématiques des relations pour améliorer le regroupement des relations et pouvoir les présenter de façon plus pertinente à un utilisateur.

# Références

AKBIK, A. et BROSS, J. (2009). Extracting semantic relations from natural language text using dependency grammar patterns. *In SemSearch 2009 workshop of WWW 2009*.

AMIGÓ, E., GONZALO, J., ARTILES, J. et VERDEJO, F. (2009). A comparison of extrinsic clustering evaluation metrics based on formal constraints. *Information Retrieval*, 12(4):461–486.

BANKO, M., CAFARELLA, M. J., SODERLAND, S., BROADHEAD, M. et ETZIONI, O. (2007). Open information extraction from the web. *In IJCAI'07*, pages 2670–2676.

BAYARDO, R. J., MA, Y. et SRIKANT, R. (2007). Scaling up all pairs similarity search. *In WWW'07*, pages 131–140.

CHEN, J., JI, D., TAN, C. et NIU, Z. (2005). Unsupervised feature selection for relation extraction. *In IJCNLP-2005*, pages 262–267.

CHEU, E., KEONGG, C. et ZHOU, Z. (2004). On the two-level hybrid clustering algorithm. *In International conference on artificial intelligence in science and technology*, pages 138–142.

DOLAN, B., QUIRK, C. et BROCKETT, C. (2004). Unsupervised construction of large paraphrase corpora : exploiting massively parallel news sources. *In COLING'04*.

DONGEN, S. V. (2000). *Graph Clustering by Flow Simulation*. Thèse de doctorat, University of Utrecht.

EICHLER, K., HEMSEN, H. et NEUMANN, G. (2008). Unsupervised relation extraction from web documents. *In LREC'08*.

ERTÖZ, L., STEINBACH, M. et KUMAR, V. (2002). A new shared nearest neighbor clustering algorithm and its applications. *In Workshop on Clustering High Dimensional Data and its Applications of SIAM ICDM 2002*.

FADER, A., SODERLAND, S. et ETZIONI, O. (2011). Identifying relations for open information extraction. *In EMNLP'11*, pages 1535–1545.

FERRET, O. (2010). Testing semantic similarity measures for extracting synonyms from a corpus. *In LREC'10*.

GAMALLO, P., GARCIA, M. et FERNÁNDEZ-LANZA, S. (2012). Dependency-based open information extraction. *In Joint Workshop on Unsupervised and Semi-Supervised Learning in NLP*.

GRISHMAN, R. et MIN, B. (2010). New York University KBP 2010 Slot-Filling System. *In Text Analysis Conference (TAC)*. NIST.

HASEGAWA, T., SEKINE, S. et GRISHMAN, R. (2004). Discovering relations among named entities from large corpora. *In ACL'04*.

KOK, S. et DOMINGOS, P. (2008). Extracting Semantic Networks from Text Via Relational Clustering. *In ECML PKDD'08*, pages 624–639.

LIN, D. (1998). An information-theoretic definition of similarity. *In ICML'98*, pages 296–304.

MIHALCEA, R., CORLEY, C. et STRAPPARAVA, C. (2006). Corpus-based and knowledge-based measures of text semantic similarity. *In AAAI'06*, pages 775–780.

MIN, B., SHI, S., GRISHMAN, R. et LIN, C.-Y. (2012). Ensemble semantics for large-scale unsupervised relation extraction. *In EMNLP'12*, pages 1027–1037.

MINTZ, M., BILLS, S., SNOW, R. et JURAFSKY, D. (2009). Distant supervision for relation extraction without labeled data. *In ACL-IJCNLP 2009*, pages 1003–1011.

PEDERSEN, T. (2010). Information content measures of semantic similarity perform better without sense-tagged text. *In HLT-NAACL'10*, pages 329–332.

RINK, B. et HARABAGIU, S. (2011). A generative model for unsupervised discovery of relations and argument classes from clinical texts. *In EMNLP'11*, pages 519–528.

ROZENFELD, B. et FELDMAN, R. (2006). High-performance unsupervised relation extraction from large corpora. *In ICDM'06*, pages 1032–1037.

SEKINE, S. (2006). On-demand information extraction. *In COLING-ACL'06*, pages 731–738.

SHINYAMA, Y. et SEKINE, S. (2006). Preemptive information extraction using unrestricted relation discovery. *In HLT-NAACL'06*, pages 304–311.

WANG, W., BESANÇON, R., FERRET, O. et GRAU, B. (2011). Filtering and clustering relations for unsupervised information extraction in open domain. *In CIKM 2011*, pages 1405–1414.

WANG, W., BESANÇON, R., FERRET, O. et GRAU, B. (2012). Evaluation of unsupervised information extraction. *In LREC'12*.

WU, Z. et PALMER, M. (1994). Verbs semantics and lexical selection. *In ACL'94*, pages 133–138.

YAO, L., HAGHIGHI, A., RIEDEL, S. et MCCALLUM, A. (2011). Structured relation discovery using generative models. *In EMNLP'11*, pages 1456–1466.

# Sémantique des déterminants dans un cadre richement typé

Christian Retoré
IRIT (CNRS, Toulouse) & Université de Bordeaux (LaBRI)
`Christian.Retore@irit.fr`

RÉSUMÉ

La variation du sens des mots en contexte nous a conduit à enrichir le système de types utilisés dans notre analyse syntaxico-sémantique du français basé sur les grammaires catégorielles et la sémantique de Montague (ou la lambda-DRT). L'avantage majeur d'une telle sémantique profonde est de représenter le sens par des formules logiques aisément exploitables, par exemple par un moteur d'inférence. Déterminants et quantificateurs jouent un rôle fondamental dans la construction de ces formules, et il nous a fallu leur trouver des termes sémantiques adaptés à ce nouveau cadre. Nous proposons une solution inspirée des opérateurs epsilon et tau de Hilbert, éléments génériques qui s'apparentent à des fonctions de choix. Cette modélisation unifie le traitement des différents types de déterminants et de quantificateurs et autorise le liage dynamique des pronoms. Surtout, cette description calculable des déterminants s'intègre parfaitement à l'analyseur à large échelle du français Grail, tant en théorie qu'en pratique.

ABSTRACT

**On the semantics of determiners in a rich type-theoretical framework**

The variation of word meaning according to the context led us to enrich the type system of our syntactical and semantic analyser of French based on categorial grammars and Montague semantics (or lambda-DRT). The main advantage of a deep semantic analyse is too represent meaning by logical formulae that can be easily used e.g. for inferences. Determiners and quantifiers play a fundamental role in the construction of those formulae and we needed to provide them with semantic terms adapted to this new framework. We propose a solution inspired by the tau and epsilon operators of Hilbert, generic elements that resemble choice functions. This approach unifies the treatment of the different determiners and quantifiers and allows a dynamic binding of pronouns. Above all, this fully computational view of determiners fits in well within the wide coverage parser Grail, both from a theoretical and a practical viewpoint.

MOTS-CLÉS : Analyse sémantique automatique, Sémantique formelle, Compositionnalité.

KEYWORDS: Automated semantic analysis, Formal Semantics, Compositional Semantics.

# 1 Présentation

Dans le cadre du traitement automatique des langues, on entend plus souvent parler de sémantique distributionnelle, de vecteurs de mots et de fréquences que de sémantique formelle ou compositionnelle. Certes, les approches quantitatives sont plus aisées à mettre en oeuvre et fournissent des outils efficaces mais elles ne répondent pas aux mêmes questions. Les approches quantitatives sont fort utiles en recherche d'information et en classification car elles permettent de dire *de quoi parle* une phrase, une page web, un texte. En revanche elles ne disent pas ce qu'affirme le texte analysé, *qui fait quoi*. Une phrase peut très bien nier quelque chose, et ainsi causer une erreur à un système de recherche d'information (cf. exemple 1). Il faut aussi savoir reconnaître les pronoms, pour répondre à des questions comme *Geach était-il l'élève de Wittgenstein ?* à partir du web où on ne trouve que l'exemple (2). [1]

(1) Mais vérification faite, ce n'était PAS un OURAGAN qui était passé par là.

(2) Bien qu'IL N'ait JAMAIS suivi l'enseignement académique de CE DERNIER, cependant IL EN éprouva fortement l'influence.

Ainsi, l'analyse sémantique complète et profonde d'une ou plusieurs phrases reste une tâche pertinente dans le traitement automatique des langues. Ce processus est utilement complété par des techniques statistiques, par exemple pour trouver les paragraphes pertinents ou pour définir des préférences contextuelles lorsque plusieurs sens sont possibles. Une fois les formules logiques construites à partir du texte, un moteur d'inférence est capable de dire si une formule ou un énoncé découle de ce qui a été analysé — plus facilement qu'avec des graphes sémantiques.

Les déterminants (voir par exemple (Corblin *et al.*, 2004)) sont un ingrédient important de l'analyse logique d'une phrase. Les déterminants indéfinis correspondent généralement à une quantification existentielle ou, ce qui s'en approche, à l'introduction d'un référent de discours — il peuvent aussi exprimer une propriété notamment en position d'attribut, mais nous ne parlerons pas de ce dernier sens. Les déterminants définis correspondent plutôt à la désignation d'un élément saillant du contexte, mais il arrive qu'ils introduisent un élément de discours. Assez souvent, ils expriment la quantification vague comme "*beaucoup, la plupart*". La quantification universelle est assez rare, et elle peut s'exprimer par un usage générique de "*un, le, la, les*".

D'un point de vue pratique, ce travail se situe dans le cadre des grammaires catégorielles qui sont une approche de la syntaxe très orientée vers la sémantique compositionnelle. En effet, il est assez aisé de déduire de la structure syntaxique proposée par une grammaire catégorielle une représentation du sens sous forme logique. D'ailleurs, à notre connaissance, les deux seuls systèmes produisant une analyse sémantique complète comme une formule logique (une DRS, en fait) sont basés sur les grammaires catégorielles : *Boxer* de Bos (2008) analyse de l'anglais par des *Categorial Combinatory Grammars* tandis que nous utilisons *Grail* de Moot (2010a,b) basé sur les *Multimodal Categorial Grammars*. Dans un cas comme dans l'autre, la grammaire est acquise automatiquement sur corpus annoté. L'acquisition automatique de la grammaire produit un grand nombre de catégories par mot, et un minimum de traitement probabiliste est nécessaire pour ne considérer que les assignations les plus probables lors de l'analyse. Du point de vue sémantique, ces systèmes utilisent la correspondance entre syntaxe et sémantique telle qu'initiée

1. Sauf mention contraire, nos exemples proviennent d'Internet.

| **Mot** | ***type sémantique*** $u^*$<br>***terme semantique : λ-terme de type*** $u^*$<br>$x^v$ *la variable ou la constante* $x$ *est de type* $v$ |
|---|---|
| *un* | $(e \to t) \to ((e \to t) \to t)$<br>$\lambda P^{e\to t}\ \lambda Q^{e\to t}\ (\exists^{(e\to t)\to t}\ (\lambda x^e (\wedge^{t\to(t\to t)}(P\ x)(Q\ x))))$ |
| *club* | $e \to t$<br>$\lambda x^e(\texttt{club}^{e\to t}\ x)$ |
| *a_battu* | $e \to (e \to t)$<br>$\lambda y^e\ \lambda x^e\ ((\texttt{a\_battu}^{e\to(e\to t)}\ x) y)$ |
| *Leeds* | $e$<br>Leeds |

FIGURE 1 – Un lexique sémantique élémentaire

par Montague c.f. (Moot et Retoré, 2012, chapitre 3). Rappelons la brièvement sur un exemple, car c'est le point de départ de nos travaux.

Supposons que l'analyse syntaxique de "*un club a_battu Leeds.*" produise "*(un (club)) (a_battu Leeds)*" expression dans laquelle la fonction est systématiquement écrite à gauche. Si les termes sémantiques sont ceux du lexique de la figure 1, alors en remplaçant les mots par les termes sémantiques associés on obtient un grand λ-terme, que l'on peut réduire :

$$\Big(\big(\lambda P^{e\to t}\ \lambda Q^{e\to t}\ (\exists^{(e\to t)\to t}\ (\lambda x^e(\wedge(P\ x)(Q\ x))))\big)\big(\lambda x^e(\texttt{club}^{e\to t}\ x)\big)\Big)$$
$$\Big(\big(\lambda y^e\ \lambda x^e\ ((\texttt{a\_battu}^{e\to(e\to t)}\ x)y)\big)\ Leeds^e\Big)$$
$$\downarrow \beta$$
$$\big(\lambda Q^{e\to t}\ (\exists^{(e\to t)\to t}\ (\lambda x^e(\wedge^{t\to(t\to t)}(\texttt{club}^{e\to t}\ x)(Q\ x))))\big)$$
$$\big(\lambda x^e\ ((\texttt{a\_battu}^{e\to(e\to t)}\ x)Leeds^e)\big)$$
$$\downarrow \beta$$
$$\big(\exists^{(e\to t)\to t}\ (\lambda x^e(\wedge(\texttt{club}^{e\to t}\ x)((\texttt{a\_battu}^{e\to(e\to t)}\ x)Leeds^e)))\big)$$

Ce λ-terme de type **t** peut être appelé la *forme logique de la phrase* ; il est plus agréable sous un format standard : $\exists x : e\ (\texttt{club}(x) \wedge \texttt{a\_battu}(x, Leeds))$. Nous verrons ci-après que ce traitement standard de la quantification pose problème, notamment avec la sémantique lexicale.

On observera qu'il y a deux logiques à l'oeuvre. La première est le calcul propositionnel intuitionniste dont on n'utilise que les preuves ou λ-termes : elle assemble des formules partielles. La seconde est une logique dont on n'utilise que les formules. Le λ-terme de type **t** obtenu *in fine* est effectivement une formulation logique du sens en λ-calcul.

## 2 Déterminants et quantificateurs

Sans surprise, les déterminants considérés sont de deux sortes, définis et indéfinis — nous essaierons d'éviter les pluriels : ils posent d'autres problèmes abordés dans ce cadre par Moot et Retoré (2011). Logiquement, les déterminants indéfinis s'apparentent à une quantification existentielle dite généralisée lorsqu'il agissent sur une classe ou lorsqu'ils introduisent un nouveau référent de discours — nous n'aborderons pas le cas où ils introduisent une propriété, par exemple dans un groupe nominal attribut. Précisons de suite qu'un travail de formalisation et d'automatisation comme le nôtre ne peut prétendre atteindre la finesse de travaux plus descriptifs comme ceux de Corblin *et al.* (2004), et que nous sommes donc contraints de schématiser, voire d'ignorer, certaines constructions. Considérons quelques exemples :

(3) a. J'ai senti **un** animal ME TOUCHER LE PIED.

b. **Un** parent d'élève de maternelle VIENT CHERCHER SON ENFANT en état d'ébriété,[2] l'enseignant commet-il une faute en remettant l'enfant à ce parent ?

(4) a. Aujourd'hui, je me suis réveillé en sursaut parce que j'ai senti **quelque chose** ME TOUCHER LE PIED. Il s'est avéré que c'était mon autre pied.

b. Précisez si **quelqu'un** VIENT CHERCHER L'ENFANT.

(5) a. Il y avait **une panthère sortie de la cage**. **Elle** était attachée. **L'animal** a sauté sur moi.

b. **Un homme** avait menacé la principale du collège de Monts où son fils était scolarisé. **Le parent d'élève** a été condamné hier.

(6) A la SPA si ont désire adopter **un animal** il faut donner 500F, et on a 24 Heures pour réfléchir si l'on désire **l'animal** ou non.

Les deux premiers exemples (3) sont à mettre en parallèle avec les deux suivants (4) qui correspondent eux-aussi à une quantification existentielle. Dans cette deuxième version, il n'y a que le prédicat principal, que nous avons choisi pour être le même, et il n'y a plus de restriction à une classe d'objets par un nom commun, avec ou sans compléments ($\overline{N}$ syntaxiquement ou $\mathbf{e} \rightarrow \mathbf{t}$ sémantiquement). Observons que le traitement usuel de la quantification dans une logique non typée à la Frege ne fait aucun distinction entre le nom quantifié et le prédicat principal.

Les déterminants définis ont un rapport avec les déterminants indéfinis, qui souvent les introduisent, comme le montre les exemples (5) Les expressions se correspondent, et idéalement on aimerait que "*le X*" soit précédé de "*un X*", comme dans l'exemple (6). En fait, c'est plutôt rare, et les exemples en corpus sont plutôt comme (5) : l'antécédent de l'anaphore associative n'est pas celui qu'on espèrerait pour un traitement automatique, quelques inférences sont nécessaires.

## 2.1 Traitement usuel et critique

L'analyse traditionnelle attribue à l'article indéfini un terme sémantique exprimant une quantification existentielle.

(7) un : $\lambda P^{\mathrm{e}\rightarrow\mathrm{t}}\lambda Q^{\mathrm{e}\rightarrow\mathrm{t}}(\exists \lambda x^{\mathrm{t}}.\&(P\ x)(Q\ x)) : (\mathbf{e} \rightarrow \mathbf{t}) \rightarrow (\mathbf{e} \rightarrow \mathbf{t}) \rightarrow \mathbf{t}$

(8) quelque chose : $\exists : (\mathbf{e} \rightarrow \mathbf{t}) \rightarrow \mathbf{t}$

2. Il s'agit sans doute du parent :-)

Les articles définis sont traités différemment : les groupes nominaux qu'ils introduisent sont plutôt vus comme des anaphores, dites associatives, dont on cherche les référents.[3] Cette modélisation classique en sémantique formelle ou dans les grammaires catégorielles pose divers problèmes.

**Syntaxe et sémantique** Les déterminants traités comme des quantificateurs généralisés mettent à mal la correspondance entre syntaxe et sémantique. La structure sémantique (9c) et la structure syntaxique (9b) ne coïncident pas. Les grammaires catégorielles obtiennent une structure syntaxique (9c), laquelle n'a rien de naturel, au prix d'une catégorie syntaxique différente pour chaque position syntaxique du groupe nominal quantifié : cela n'est guère satisfaisant.

(9) a. elle écoutait une chanson de lassana hawa
b. SYNT. USUELLE : (elle (écoutait (**une** (chanson (de lassana hawa)))))
c. SEM. & CG : ((**une** (chanson (de lassana hawa))) ($\lambda x$ elle écoutait $x$))

**Référence du groupe nominal quantifié** Comme le fait remarquer (Geach, 1962), on peut se forger une interprétation du groupe nominal défini ou indéfini, avant même que le prédicat principal soit énoncé... et dans l'exemple (10c) il n'arrive jamais.

(10) a. Ensuite, LES ÉLÈVES sont allés en salle info, pour réaliser un caryotype classé.
b. Ensuite, DES ÉLÈVES sont venus voir ce que l'on faisait.
c. Un luth, une mandore, une viole, que Michel-Ange [...]. [phrase nominale].[4]

**Asymétrie entre thème et rhème** L'approche standard impose une symétrie entre le prédicat principal et la restriction à une classe d'objets, symétrie que la langue ne fait pas.

(11) a. Certains politiciens sont des menteurs car ce qui les intéresse (...)
b. * Certains menteurs sont des politiciens car ce qui les intéresse (...)[5]

**Définis et indéfinis** Comme remarqué dans (Egli et von Heusinger, 1995; von Heusinger, 1997, 2004), l'unicité est loin d'être requise lorsque l'on utilise un déterminant défini. Un locuteur peut dire "*l'île*" du lac de Constance, alors qu'il y en a trois, comme ici sur Internet :

(12) Recueilli (...) par les moines de l'abbaye de Reichenau, sur **l'ile du lac de Constance**,

De plus, "un" et "le" se rapprochent aussi car le contexte extra linguistique permet parfaitement d'utiliser l'article défini sans que le référent n'ait jamais été introduit.

(13) J'avais pris l'assurance 'automatiquement' avec le prêt immobilier lors de l'achat de *la maison*.[6]

Les déterminants "*un*" et "*le*" se ressemblent, alors que la sémantique formelle usuelle les opposent. Selon von Heusinger il s'agit d'une différence d'interprétation et non de forme logique : "*un*" choisit un nouvel élément, tandis que "*le*" choisit le plus saillant des référents possibles.

3. Une autre approche utilise une fonction de choix, mais nous allons justement présenter une solution de cet ordre.
4. Mathias Enard, *Parle-leur de batailles, de rois et d'éléphants* Actes-Sud, 2010.
5. Cet exemple est de nous, pour faire contraste avec le précédent.
6. Dans ce récit trouvé sur une FAQ il n'a jamais été question de "maison" auparavant

**Les pronoms de type E** ne sont pas des pronoms particuliers, mais une interprétation possible et très naturelle des pronoms due à Evans (1977). Cette interprétation consiste à associer au pronom le terme sémantique de son antécédent. On peut aussi traiter de la sorte les groupes nominaux introduits par l'article défini (Egli et von Heusinger, 1995; von Heusinger, 1997, 2004). Cela permet d'étendre la portée du quantificateur existentiel souvent introduit par "*un*" comme le font la DRT et la *dynamic predicate logic*. Ce type d'interprétation n'est pas possible avec le terme sémantique standard associé à "*un*" en (7).

(14) a. Soudain, **un homme** est entré.

b. IL / CET HOMME / L'HOMME a hurlé « Donne-moi la caisse ! ».

# 3 Opérateurs de Hilbert, quantificateurs et déterminants

Les opérateurs de Hilbert, surtout $\iota$ et $\epsilon$, ont été utilisés pour modéliser les déterminants et la quantification existentielle, en particulier par von Heusinger (Egli et von Heusinger, 1995; von Heusinger, 1997, 2004). Ces opérateurs, bien décrits par Hilbert et Bernays (1939), s'apparentent aux fonctions de choix (2nd ordre) qui elles mêmes se rapprochent des fonctions de Skolem (1er ordre, la quantification sur ces fonctions étant reportée au moment de leur interprétation) — voir par exemple Steedman (2012). Mais les opérateurs de Hilbert ne sont pas comparables avec ces autres formes de quantification : ils incluent les quantificateurs usuels, mais permettent en outre une forme de liage dynamique (comme dans *dynamic predicate logic*) ainsi que des dépendances complexes à la manière des quantificateurs branchants de Henkin. Pour davantage de précision sur les opérateurs de Hilbert, on pourra consulter Slater (2005) ou Avigad et Zach (2008).

Russell (1905) eut le premier l'idée d'introduire un *terme* — un individu — noté $\iota_x P(x)$ comme interprétation logique d'une description définie "*le P*" où "*P*" est une propriété, une formule à une variable libre. Que dénote ce terme ? Rien s'il n'existe pas un unique individu tel que $P(x)$, et sinon cet unique individu. Mais chacun sait que le quantificateur "*il existe un unique x tel que* $P(x)$" ($\exists! x P(x)$) n'a pas de bonnes propriétés, notamment parce que sa négation, *aucun ou au moins deux* n'a rien de naturel : $\neg\exists! x.\ P(x) \equiv (\forall x \neg P(x)) \vee (\exists y \exists z (y \neq z) \& P(y) \wedge P(z))$.

Hilbert a donc reformulé ces termes génériques en laissant de côté la condition d'unicité. Il associe un terme $\epsilon_x F(x)$ à toute formule $F(x)$, qui permet d'exprimer la quantification existentielle puisque $F(\epsilon_x F(x)) \equiv \exists x\ F(x)$. Il introduit aussi son dual $\tau_x F(x)$ qui permet d'exprimer la quantification universelle par $F(\tau_x F(x)) \equiv \forall x\ F(x)$. Les opérateurs $\epsilon_x$ et $\tau_x$ lient la variable $x$ dans $F(x)$. Bien sûr, au vu de cette dualité, un seul des deux opérateurs $\tau$ et $\epsilon$ suffit, si on dispose de la négation. Il est très compliqué d'interpréter ces termes en toute généralité puisqu'on sort de la logique du premier ordre. Les modèles correspondant sont très complexes, voire mal définis (Asser, 1957). En revanche, pour les formules du calcul de Hilbert qui correspondent à des formules habituelles, les modèles usuels fonctionnent et le théorème de complétude est vérifié. En l'absence de modèles simples, définissons la "vérité" de ces formules en termes de déduction, d'autant que les règles de déduction définissant ces opérateurs sont les règles usuelles de la quantification :

- De $F(t)$ où $t$ est n'importe quel terme, on peut déduire $F(\epsilon_x F(x))$ c'est-à-dire $\exists x\ F(x)$.
- Si l'on a établi $F(x)$ sans rien supposer sur $x$, on peut en déduire $F(\tau_x F(x))$ c'est-à-dire $\forall x\ F(x)$

Pour les applications linguistiques, seul $\epsilon$ a été utilisé : la quantification existentielle joue un rôle central dans la langue, par exemple la DRT organise le discours autour des quantifications existentielles. L'idée véhiculée par cet $\epsilon$ est simplement de construire un terme générique associé au groupe nominal quantifié. Par exemple, pour "*un enfant sage*" on forme le terme $\epsilon_x.(enfant(x)\&sage(x))$. Selon von Heusinger, pour "*l'enfant sage*" le terme est quasi identique : $\epsilon^1_x.(enfant(x)\&sage(x))$.[7] La différence entre $\epsilon^1$ et $\epsilon$ n'est qu'une différence d'interprétation : $\epsilon^1$ choisit le plus saillant en contexte tandis que $\epsilon$ en choisit un nouveau. Le typage à la Montague de ces opérateurs n'est pas donné. Cependant, $\epsilon$ et $\epsilon^1$ sont de type $(\mathbf{e} \rightarrow \mathbf{t}) \rightarrow \mathbf{e}$ : $\epsilon$ et $\epsilon^1$ produisent un individu (un terme) à partir d'une propriété (ici : $enfant(x)\&sage(x)$), comme le ferait une fonction de choix.

# 4 Rappels sur le lexique génératif montagovien

Dans (Bassac *et al.*, 2010), nous avons proposé un lexique syntaxique et sémantique qui étend considérablement la sémantique de Montague pour rendre compte de l'adaptation du sens d'un mot au contexte. Ce modèle s'est avéré pertinent pour des questions de sémantique lexicale ou compositionnelle : coprédications possibles ou non, ambiguité des déverbaux (Real-Coelho et Retoré, 2013), le voyageur fictif (Moot *et al.*, 2011), pluriels (Moot et Retoré, 2011), termes génériques (Retoré, 2012)). Notre modèle est assez proche de (Asher, 2011; Luo, 2011, 2012), mais nous sommes les premiers à aborder la quantification et des déterminants dans un cadre adapté à la sémantique lexicale.

La question initiale qui nous a conduit à utiliser une théorie des types plus sophistiquée que celle de Montague est fort simple : comment rendre compte des restrictions de sélection ? Plus concrètement, comment rejeter les deux premiers exemples et accepter les suivants ?

(15) * leur **dix** est BON [cf. ex. (19)]

(16) a. * Une **chaise** ABOIE souvent. [ex. inventé]

b. Mon **chiot** ABOIE souvent pour m'inciter à jouer avec.

(17) a. **Barcelone** A BATTU Benfica 2-0. [club]

b. **Barcelone** (/*et) A CHOISI DE STRUCTURER LE RÉSEAU ROUTIER de manière à préserver un centre ville piétonnier. [institution]

(18) a. Mon premier **livre** de cuisine ... Mon livre FÉTICHE à cette époque !

b. Je l'ai RETROUVÉ, il y a peu, chez ma maman [mon premier livre de cuisine]

En utilisant différents types d'entités et en spécifiant le type d'objet attendu par les prédicats, les compositions sémantiquement impossibles produisent des conflits de types. Le sujet du verbe "*aboyer*" doit être un chien, ou tout au moins un animal, (16a) un nombre ne saurait être "*leur*" ni être "*bon*" (15) etc. L'impossibilité sémantique est matérialisée par l'application d'un prédicat $P^{\xi \rightarrow \mathbf{t}}$ présupposant un argument de type $\xi$ (par exemple "*animal*") à un argument $a^{\alpha}$ d'un autre type $\alpha$ (par exemple, "*meuble*") avec $\alpha \neq \xi$ : $P^{\xi \rightarrow \mathbf{t}} a^{\alpha}$

7. Les notations de von Heusinger sont source de confusion. Il note $\eta$ notre $\epsilon$ qui correspond au "*un*" existentiel et qui s'interprète toujours par un nouvel individu, tandis qu'il note $\epsilon$ notre $\epsilon^1$ qui correspond à l'article défini "*le,la*" sans contrainte d'unicité et qui est interprété par l'élément le plus saillant.

On notera qu'il faut parfois relaxer ces contraintes. Dans une discussion sur Internet au sujet d'un prochain match de rugby, l'exemple (15) ci-dessus se trouve :

(19) si leur **dix** est BON ils nous torchent ça c'est sûr

Il faut aussi prévoir que certaines coprédications sont heureuses — (18a et 18b) — et d'autres moins — (17a) et (17b) avec "*et*" à la place de Barcelone.

Pour traiter tous ces phénomènes, nous avons proposé un lexique sémantique catégoriel où chaque mot se voit associer un $\lambda$-terme principal, qui ressemble beaucoup à celui de la sémantique de Montague rappelée ci-dessus, ainsi que des $\lambda$-termes optionnels qui permettent de transformer un mot dans l'aspect souhaité, par exemple un numéro en joueur de rugby. En raison du grand nombre de types, il convient de factoriser les opérations sur des termes de types différents et d'avoir des opérations sur des familles de types, et nous nous sommes donc placés dans le $\lambda$-calcul du second ordre appelé système $\mathsf{F}$ — mais d'autres théories des types comme celle de (Luo, 2012) seraient également possibles. En revanche, notre système se distingue surtout par le caractère lexical et non ontologique des transformations lexicales : celles-ci sont déclenchées par les mots et non par le type des mots. Cela nous semble pleinement justifié par des exemples comme "*promotion*" et "*classe*" : les deux désignent des groupes d'élèves, mais seul "*classe*", peut désigner un lieu (la salle de classe), tandis que "*promotion*" ne le peut pas. Les coprédications possibles ou impossibles, dans ce système où les mots portent les transformations, sont modélisées en distinguant deux sortes de transformations : les transformations *rigides*, qui imposent de ne référer qu'à cet aspect de l'objet, et les transformations *flexibles* qui permettent de renvoyer à un aspect de l'objet sans exclure les autres aspects dudit objet.

Notre cadre formel, le système $\mathsf{F}$ se distingue du lambda calcul simplement typé par l'ajout d'une opération de quantification sur les types dans les termes et les types — cette quantification sur les types joue un rôle déterminant (!) dans notre traitement des déterminants.

Les types sont définis inductivement à partir de types de base :
- Types de base :
  - **t** *les valeurs de vérité*, **v** les *événements*,
  - des types constants $\mathbf{e}_i$ en grand nombre correspondant aux *différentes sortes d'individus*,
  - des *variables de type*, notées par des lettres grecques (issues d'un ensemble dénombrable $P$)
- Lorsque $T$ est un type et $\alpha$ une variable de type, qui peut ou non apparaître dans $T$, $\Pi\alpha.\ T$ est un type (dit polymorphe).
- Lorsque $T_1$ et $T_2$ sont des types, $T_1 \to T_2$ est aussi un type.

Pour définir les termes, on se donne une infinité dénombrable de variables de chaque type, ainsi que, pour chaque type, des constantes en nombre fini (possiblement aucune) :
- Une variable de type $T$ c'est-à-dire $x : T$ (ce qu'on écrit aussi $x^T$) est un *terme* de type $T$.
- Une constante de type $T$ c'est-à-dire $c : T$ (ce qu'on écrit aussi $c^T$) est un *terme* de type $T$.
- $(f\ \tau)$ est un terme de type $U$ quant $\tau$ est de type $T$ et $f$ de type $T \to U$.
- $\lambda x^T.\ \tau$ est un terme de type $T \to U$ si $x$ est une variable de type $T$, et $\tau$ un terme de type $U$.
- $\tau\{U\}$ est un terme de type $T[U/\alpha]$ quand $\tau : \Pi\alpha.\ T$, et $U$ est un type.
- $\Lambda\alpha.\tau$ est un terme de type $\Pi\alpha.T$ quand $\alpha$ est une variable de type $\tau : T$ sans occurrence de $\alpha$ dans le type d'une variable libre.

Lorsque les constantes sont celles d'une logique multisorte (connecteurs usuels $\mathbf{t} \to \mathbf{t} \to \mathbf{t}$, quantificateurs $\exists, \forall : (e_i \to \mathbf{t}) \to \mathbf{t}, \ldots$, constantes $Fido : ani$, $regarde : ani \to \mathbf{e} \to \mathbf{t}$) ce système est appelé $\Lambda\mathsf{Ty}_n$.

| mot | $\lambda$-terme principal | $\lambda$-termes optionnels | rigide/flexible |
|---|---|---|---|
| $Liverpool$ | $liverpool^T$ | $Id_T : T \rightarrow T$<br>$t_1 : T \rightarrow F$<br>$t_2 : T \rightarrow P$<br>$t_3 : T \rightarrow Pl$ | (F)<br>(R)<br>(F)<br>(F) |
| $vaste$ | $vaste : Pl \rightarrow \mathbf{t}$ | | |
| $a\_voté$ | $a\_voté : P \rightarrow \mathbf{t}$ | | |
| $a\_gagné$ | $a\_gagné : F \rightarrow \mathbf{t}$ | | |

où les types de base sont définis comme suit $T$ (ville), $Pl$ (lieu), $P$ (gens), $F$ (club).

FIGURE 2 – Un exemple de lexique

Les réductions pour $\lambda$ et $\Lambda$ sont définies de manière similaire.
- $(\Lambda\alpha.\tau)\{U\}$ se réduit en $\tau[U/\alpha]$ (rappelons que $\alpha$ et $U$ sont des types).
- $((\lambda x^U.\tau^T)^{U\rightarrow T}u^U) : T$ se réduit en $\tau[u/x]$ (réduction habituelle, $u$ est une terme de même type $U$ que la variable $x$).

La normalisation du système F a une conséquence heureuse pour notre modèle sémantique : si les constantes (du $\lambda$-calcul) correspondent au langage $L$ multisorte d'une logique d'ordre $n$ (opérations logiques, prédicats, fonctions et constantes), tout terme normal de type $\mathbf{t}$ correspond à une formule de $L$.

Donnons l'organisation générale de notre modèle de la sémantique compositionnelle :

**le $\lambda$-calcul du second ordre,** le système F sert à assembler les formules logiques partielles contenues dans le lexique (il remplace le $\lambda$-calcul simplement typé utilisé par Montague)

**la logique d'ordre supérieur multisorte** dans laquelle s'expriment les représentations sémantiques (elle remplace la logique d'ordre supérieur utilisée par Montague, ainsi que ses variantes réifiées du premier ordre : les nombreuses sortes $\mathbf{e}_i$ sont les types de base qui gèrent les restrictions de sélection).

Afin d'illustrer l'utilité de la quantification sur les types, donnons un exemple avec une coprédication qui fait intervenir une conjonction polymorphe, donnée en (20c). Cette unique conjonction permet, chaque fois que l'on a deux prédicats $P^{\alpha\rightarrow\mathbf{t}}$, $Q^{\beta\rightarrow\mathbf{t}}$ portant sur des entités de sortes respectives $\alpha$ et $\beta$, ainsi que des transformations $f^{\xi\rightarrow\alpha}$ et $g^{\xi\rightarrow\beta}$ du type $\xi$ dans $\alpha$ et dans $\beta$ de dire que les images d'un objet $x^\xi$ de type $\xi$ ont les propriétés $P^{\alpha\rightarrow\mathbf{t}}$ et $Q^{\beta\rightarrow\mathbf{t}}$.

(20) a. **Liverpool** est VASTE et A_VOTÉ.

b. $\&^\Pi\{Pl\}\{P\}(est\_vaste)^{Pl\rightarrow\mathbf{t}}(a\_voté))^{P\rightarrow\mathbf{t}}\{T\}Liverpool^T(t_3^{T\rightarrow Pl})(t_2^{T\rightarrow P})$

c. $\&^\Pi = \Lambda\alpha\Lambda\beta\lambda P^{\alpha\rightarrow\mathbf{t}}\lambda Q^{\beta\rightarrow\mathbf{t}}\Lambda\xi\lambda x^\xi\lambda f^{\xi\rightarrow\alpha}\lambda g^{\xi\rightarrow\beta}.(\text{and}^{\mathbf{t}\rightarrow\mathbf{t}\rightarrow\mathbf{t}}\ (P\ (f\ x))(Q\ (g\ x)))$

d. $(\text{and}\ (est\_vastePl \rightarrow \mathbf{t}\ (t_3^{T\rightarrow Pl}\ Liverpool^T))(a\_voté^{Pl\rightarrow\mathbf{t}}\ (t_2^{T\rightarrow P}\ Liverpool^T)))$

Cet exemple s'analyse au moyen des deux transformations $(t_3^{T\rightarrow Pl})$ et $(t_2^{T\rightarrow P})$ celle d'une ville $T$ en un lieu $Pl$ et celle d'une ville en habitants $P$. Aucune des deux n'étant rigide, on peut les utiliser toutes les deux, et le $\lambda$-terme sémantique de la phrase est donné en (20b). On remarquera les spécialisations de types : $\alpha := Pl$, $\beta := P$ et $\xi := T$. Après réduction on obtient comme espéré

(20d). La même situation avec *a_voté* et *a_gagné* serait impossible car la transformation d'une ville en club est *rigide*, elle exclut celle de la ville en tant qu'habitants.

# 5 Des termes typés pour prédicats et déterminants

## 5.1 Prédicats et types

Un déterminant "classique" s'applique à un prédicat, voire à deux lorsqu'il s'agit d'un quantificateur généralisé, pour donner une proposition. Un opérateur de Hilbert se combine avec un prédicat pour donner un terme. La modélisation du déterminant, avec ou sans opérateurs de Hilbert, est donc intimement liée à celle du prédicat. Dans un système multisorte et typé comme $\Lambda\mathsf{Ty}_n$, il nous faut décider quels sont les types des prédicats : usuellement, un prédicat a pour type $\mathbf{e} \to \mathbf{t}$, mais en présence des innombrables types $\mathbf{e}_i$ qui se partagent le rôle traditionnellement dévolu à $\mathbf{e}$ , que faire ? Faut-il autoriser des prédicats à avoir un domaine autre que $\mathbf{e}$ ? Un prédicat comme le nom commun "*chat*" est il une propriété du type des "*animaux*" s'il y en a un, ou est-il une propriété de toutes les entités, propriété qui serait fausse en dehors des "*animaux*" ?

Cette question est moins embarrassante qu'il n'y paraît car on peut passer d'un choix à un autre. En effet, un prédicat défini sur un type $\mathbf{e}_i$ différent de $\mathbf{e}$ (le type de toutes les entités), comme $P^{\mathbf{e}_i \to \mathbf{t}}$ s'étend en un $\overline{P}^{\mathbf{e} \to \mathbf{t}}$ sans difficulté, en disant qu'il est faux en dehors de $\alpha$. Réciproquement, un prédicat comme *chat* défini sur un type d'entités $\mathbf{e}_i$ (par exemple au type *ani* des "*animaux*") peut être restreint à tout sous type de $\mathbf{e}_i$. Evidemment, un prédicat comme *chat* restreint à un sous ensemble strict de l'ensemble où il est vrai (par exemple au type *siamois*) et ensuite étendu à $\mathbf{e}$ puis restreint aux animaux (*ani*) ne redonnera pas le prédicat initial, car l'extension est définie uniformément sur tous les types et les prédicats comme étant fausse à l'extérieur du domaine considéré. Ainsi, lorsque $\beta$ ne contient pas tous les $x : \alpha$ satisfaisant $P$ on a $\overline{(P^{\alpha \to \mathbf{t}}|_\beta)}|_\alpha \neq P$. Les comportements de la restriction et de l'extension du domaine d'un prédicat se définissent aisément dans un modèle ensembliste.

On peut aussi se demander si un type définit un prédicat. Si *ani* est le type des animaux, y a-t-il un prédicat "*être un animal*" ? Et si oui, quel est son domaine ? Etant donné un type $\alpha$ il est difficile de dire quel type $\beta$ contenant $\alpha$ est un bon candidat pour le domaine du prédicat *être de type* $\alpha$ : aussi prendrons nous pour prédicat associé au type $\alpha$ le prédicat $\widehat{\alpha}$ de type $\mathbf{e} \to \mathbf{t}$

On voit que le type des prédicats, est très lié aux types de base disponibles, qu'aucun chercheur du domaine ne prétend avoir définitivement identifiés. Voici quelques réponse possibles :

- Un seul type $\mathbf{e}$ pour toutes les entités, ce qui exclut toute considération lexicale.
- À l'opposé de la solution minimale que nous venons d'évoquer, il y a une solution maximale selon laquelle toute formule à une variable libre définit un type. Il n'est pas sûr qu'un tel système soit bien fondé puisque les formules sont définies au moyen des types.
- Asher (2011) propose d'utiliser un petit nombre de type de base qui correspondraient à des classes ontologiques simples "*événement, objet physique, contenu informationnel, humain,...*" correspondant aux restrictions de sélection que l'on rencontre dans la langue.
- Luo (2012) propose d'utiliser tous les noms communs.
- Nous n'avons pas d'avis tranché sur la question, mais nous faisons remarquer à la solution précédente, qu'il faut sans doute ajouter aux noms communs des types pour les propositions et

pour les verbes d'action, puisqu'on quantifie aussi sur ce type d'objet :

(21) a. Elle voudrait qu'il croit en TOUT CE QU'ELLE LUI DIT.

b. Il a fait TOUT CE QU'IL A PU et il n'a même pas voulu être payé.

## 5.2 Des termes typés pour les déterminants

Nous proposons que les déterminants indéfinis soit modélisés par une constante $\epsilon$ de type $\Pi\alpha.\ (\alpha \to \mathbf{t}) \to \alpha$ — le $\epsilon$ de Hilbert adapté au cadre typé et multisorte. Nous voyons donc l'article indéfini comme un $\epsilon$ polymorphe, qui se spécialise au type $\{\mathbf{e}_i\}$ pour s'appliquer à un prédicat $P$ de type $\mathbf{e}_i \to \mathbf{t}$ : il produit un objet du type $\mathbf{e}_i$. Considérons l'exemple suivant, très simple et inventé, afin d'illustrer notre traitement des déterminants (*ani* désigne le types des animaux) :

(22) a. Un chat dort (sous ta voiture).

b. terme pour "*un*" : $\epsilon : \Pi\alpha.\ ((\alpha \to \mathbf{t}) \to \alpha)$

c. syntaxe : $((un \to chat) \leftarrow dort)$

d. sémantique : $dort(un\ chat)$

e. $(\lambda x.\ dort^{ani\to\mathbf{t}}(x))(\epsilon^{\Pi\alpha.\ ((\alpha\to\mathbf{t})\to\alpha)} chat^{ani\to\mathbf{t}})$

f. $(\lambda x.\ dort(x))(\epsilon^{\Pi\alpha.\ ((\alpha\to\mathbf{t})\to\alpha)}\{ani\} chat^{ani\to\mathbf{t}})$

g. $dort^{ani\to\mathbf{t}}(\epsilon^{\Pi\alpha.\ ((\alpha\to\mathbf{t})\to\alpha)}\{ani\} chat^{ani\to\mathbf{t}}) : \mathbf{t}$

h. $chat(\epsilon^{\Pi\alpha.\ ((\alpha\to\mathbf{t})\to\alpha)}\{ani\} chat^{ani\to\mathbf{t}}) : \mathbf{t}$

La syntaxe fournit un arbre binaire qui indique quel constituant s'applique à l'autre (22c). Comme la sémantique de "*chat*" est un prédicat qui s'applique aux entités de type "*animal*", on obtient le $\lambda$-terme sémantique (22e). Comme le type du $\lambda$-terme sémantique associé à "*un*" commence par $\Pi\alpha$ (22b), la variable de type $\alpha$ doit s'instancier en $ani$, pour que le terme soit bien typé. On le voit en (22f) avec l'application du terme de "*un*" au *type ani* : $\epsilon^{\Pi\alpha.\ ((\alpha\to\mathbf{t})\to\alpha)}\{ani\}$. Ce terme de type $(ani \to \mathbf{t}) \to ani$, est appliqué à $chat$ de type $ani \to \mathbf{t}$, donnant la sémantique de "*un chat*" qui est de type $ani$. Ce groupe nominal est le sujet du groupe verbal "*dort (sous ta voiture)*", prédicat qui s'applique à une entité de type "*animal*". Le terme complet (22f) est bien typé de type $\mathbf{t}$ et il se réduit en (22g) — ce qui, sous des conditions de non vacuité très naturelles, peut se comprendre comme $\exists x : ani \quad dort(x)$.

C'est plutôt satisfaisant, mais rien ne dit que "*un chat*" ait la propriété d'être un chat ! Le calcul de la sémantique de "*un chat*" ne produit pas cela. Cependant nous savons $P(\epsilon_x.P(x)) \equiv \exists x\ P(x)$. Aussi l'énonciation de "*un*" chat dans le sens d'un chat particulier (et non d'un chat générique) nous conduit-elle à ajouter la présupposition $chat(un\ chat)$ (c'est-à-dire $chat(\epsilon_x.chat(x))$) — le $\lambda$-terme correspondant est donné en 22h. On notera que $un\ chat$ étant de type "*animal*" le prédicat "*chat*" peut effectivement s'y appliquer. Si la présupposition $F(\epsilon_x.F(x))$ est introduite a priori sans avoir rencontré "*un F*" cela revient à affirmer que la propriété $F$ est satisfaite par au moins un individu. On peut discuter des $F$ pour lesquelles cette présupposition est fondée.

Si "*chat*" est un type et non une propriété, comme dans Luo (2012), comment faire ? On change le type "*chat*" en la propriété correspondante $\widehat{chat}$ comme expliqué au paragraphe (5.1), puis on procède comme ci-dessus. [8]

On peut traiter de la même manière les articles définis, comme le fait von Heusinger : seul le calcul de la référence sera différent. Tandis que l'article indéfini requiert un nouvel élément, l'article défini choisit au contraire un élément déjà présent en contexte. L'approche permet aussi de traiter l'interprétation des pronoms de type E de Evans. Le fait que les termes génériques soient typés n'y change rien. Pour interpréter les anaphores comme le "*il*" de l'exemple (14) il suffit de recopier le terme sémantique associé à l'antécédent de "*il*".

La quantification universelle, peu étudiée dans un cadre typé, est extraordinairement simple : elle correspond au terme générique $\tau_x.P(x)$ (c.f. section 3) bien plus facile à interpréter que $\epsilon_x.P(x)$. L'élément $\tau_x.P(x)$ est celui des démonstrations mathématiques : un objet qui, par rapport à $F$ n'a pas de propriété particulière. Ainsi, lorsque $\tau_x.\ P(x)$ a la propriété $P$ tous les objets l'ont.

# 6 Implémentation

Le traitement que nous proposons des déterminants et des quantificateurs ne nécessite pas de modifier l'organisation de l'analyseur syntaxique et sémantique du français Grail. L'extension au système F requise par la sémantique lexicale a déjà été testée, du moins sur les parties du lexique dotées d'un typage avec plusieurs sortes, afin de vérifier que $\epsilon$ s'instancie convenablement et que la réduction produit les formules quantifiées attendues. La grammaire a été acquise sur corpus, mais à l'heure actuelle nul ne sait comment acquérir automatiquement les lexiques sémantiques convenablement typés que nous utilisons. (Moot, 2010b,a)

Du point de vue syntaxique, les déterminants et quantificateurs ont ici une catégorie plus simple que d'habitude, et surtout ils n'en n'ont qu'une : $gn/n$ suffit alors qu'habituellement il en faut une par position syntaxique. C'est à rapprocher de nos travaux sur l'interprétation sémantique de la grammaire générative (Amblard *et al.*, 2010)

L'implémentation de Moot (2010b) utilise la $\lambda$-DRT plutôt que le $\lambda$-calcul pour calculer les représentations sémantiques, afin de de mieux suivre la structure discursive et aussi de mettre en oeuvre le lien entre opérateurs de Hilbert et liage dynamique des variables existentielles en DRT (von Heusinger, 2004). Techniquement la $\lambda$-DRT change peu de choses à notre propos mais aurait nécessité beaucoup de rappels.

# 7 Conclusion

Ce travail pose à la fois des questions d'analyse sémantique automatique et de logique.

La portée des quantificateurs à la Hilbert doit être discutée ainsi que le lien avec le calcul des prédicats dynamiques. Les opérateurs de Hilbert autorisent des formules sous spécifiées et incluent un liage dynamique : correspondent-ils à ceux couramment utilisé en sémantique ?

8. Une variante : si "*chat*" est un type et non une propriété, on peut aussi utiliser pour "*un*" le terme $\epsilon'$ : $\Pi\alpha.\ \alpha$ (une constante de type $\perp$ ne peut nuire à la cohérence du système). Si on applique cette constante au type "*chat*" obtient alors "*un chat*" de type "*chat*" sans ajouter de présupposition. Comme le fait pertinemment remarquer (Asher, 2011) une déclaration de type $x : T$ est une forme de présupposition, car il est quasi impossible de la nier. On peut appliquer le prédicat "*dort*" à ce chat, puisque l'inclusion $chat \subset ani$ est une transformation lexicale.

Les pluriels ont aussi un lien avec la quantification, et nous n'en avons pas parlé, en dépit d'un premier travail de Moot et Retoré (2011) dans ce même cadre. Cette question de sémantique est assurément intéressante, elle rejoint des idées anciennes sur les pluriels avec des opérateurs qui gèrent les lectures distributives ou collectives.

Déterminer les types de base est une question importante, surtout en pratique. Peut-être n'y a-t-il pas de réponse en général : leur choix dépend des restrictions de sélection dont on souhaite rendre compte, c'est-à-dire du type d'informations attendues. Par exemple, pour extraire les itinéraires d'un corpus de récits de voyages du XIXe, des types d'entités spatiales et temporelles se dégagent naturellement. (Lefeuvre *et al.*, 2012)

Notre travail pose également des questions d'acquisition, d'une part des types de base, mais aussi des $\lambda$-termes sémantiques, non pour les déterminants qui sont connus ainsi que leur types et termes sémantiques mais pour les autres mots, noms, verbes, adjectifs. Quels sont leurs termes sémantiques ? Avec quels types de base sont-ils écrits ? L'analyseur a besoin de ces informations pour calculer les représentations sémantiques assez fines utilisées ici.

L'interprétation des formules avec $\epsilon$ qui ne sont pas équivalentes à des formules usuelles reste mystérieuse. (Slater, 2005; Avigad et Zach, 2008) À ce jour, seule une interprétation très complexe et possiblement erronée a été proposé par Asser (1957) tandis que von Heusinger (2004) a défini une interprétation assez intuitive qui dépend du contexte discursif, mais qui perd l'équivalence avec la quantification usuelle. Peut-on proposer mieux ?

Tant pour la compréhension de la logique sous-jacente que pour l'organisation du modèle d'analyse sémantique automatique, nous souhaiterions mieux comprendre l'interaction entre les types utilisés pour la composition des sens et les prédicats de la logique multi-sorte où s'exprime le sens.

# Références

AMBLARD, M., LECOMTE, A. et RETORÉ, C. (2010). Categorial minimalist grammars : From generative grammar to logical form. *Linguistic Analysis*, 36(1–4):273–306.

ASHER, N. (2011). *Lexical Meaning in context – a web of words*. Cambridge University press.

ASSER, G. (1957). Theorie der logischen auswahlfunktionen. *Zeitschrift für Mathematische Logik und Grundlagen der Mathematik*.

AVIGAD, J. et ZACH, R. (2008). The epsilon calculus. *In* ZALTA, E. N., éditeur : *The Stanford Encyclopedia of Philosophy*. Center for the Study of Language and Information. `http://plato.stanford.edu/`.

BASSAC, C., MERY, B. et RETORÉ, C. (2010). Towards a Type-Theoretical Account of Lexical Semantics. *Journal of Logic Language and Information*, 19(2):229–245. `http://hal.inria.fr/inria-00408308/`.

BOS, J. (2008). Wide-coverage semantic analysis with boxer. *In* BOS, J. et DELMONTE, R., éditeurs : *Semantics in Text Processing. STEP 2008 Conference Proceedings*, Research in Computational Semantics, pages 277–286. College Publications.

CORBLIN, F., COMOROVSKI, I., LACA, B. et BEYSSADE, C. (2004). Generalized quantifiers, dynamic semantics, and french determiners. *In* CORBLIN, F. et de SWART, H., éditeurs : *Handbook of French Semantic*, chapitre 1, pages 3–22. CSLI Publications.

EGLI, U. et von HEUSINGER, K. (1995). The epsilon operator and E-type pronouns. *In* EGLI, U., PAUSE, P. E., SCHWARZE, C., von STECHOW, A. et WIENOLD, G., éditeurs : *Lexical Knowledge in the Organization of Language*, pages 121–141. Benjamins.

EVANS, G. (1977). Pronouns, quantifiers, and relative clauses (i). *Canadian Journal of Philosophy*, 7(3):467–536.

GEACH, P. T. (1962). *Reference and generality : an examination of some medieval and modern theories*. Contemporary philosophy. Cornell University Press.

HILBERT, D. et BERNAYS, P. (1939). *Grundlagen der Mathematik. Bd. 2.* Springer. Traduction française de F. Gaillard, E. Guillaume et M. Guillaume, L'Harmattan, 2001.

LEFEUVRE, A., MOOT, R., RETORÉ, C. et SANDILLON-REZER, N.-F. (2012). Traitement automatique sur corpus de récits de voyages pyrénéens : Une analyse syntaxique, sémantique et temporelle. *In Traitement Automatique du Langage Naturel, TALN'2012*, volume 2, pages 43–56.

LUO, Z. (2011). Contextual analysis of word meanings in type-theoretical semantics. *In* POGODALLA, S. et PROST, J.-P., éditeurs : *LACL*, volume 6736 de *LNCS*, pages 159–174. Springer.

LUO, Z. (2012). Common nouns as types. *In* BÉCHET, D. et DIKOVSKY, A. J., éditeurs : *LACL*, volume 7351 de *Lecture Notes in Computer Science*, pages 173–185. Springer.

MOOT, R. (2010a). Semi-automated extraction of a wide-coverage type-logical grammar for French. *In Proceedings of Traitement Automatique des Langues Naturelles (TALN)*, Montreal.

MOOT, R. (2010b). Wide-coverage French syntax and semantics using Grail. *In Proceedings of Traitement Automatique des Langues Naturelles (TALN)*, Montreal.

MOOT, R., PRÉVOT, L. et RETORÉ, C. (2011). Un calcul de termes typés pour la pragmatique lexicale — chemins et voyageurs fictifs dans un corpus de récits de voyages. *In Traitement Automatique du Langage Naturel, TALN 2011*, pages 161–166, Montpellier, France.

MOOT, R. et RETORÉ, C. (2011). Second order lambda calculus for meaning assembly : on the logical syntax of plurals. *In* MUSKENS, R., éditeur : *Coconat : Conference on Computing Natural Reasoning*. University of Tilburg. `http://hal.inria.fr/hal-00650644`.

MOOT, R. et RETORÉ, C. (2012). *The logic of categorial grammars : a deductive account of natural language syntax and semantics*, volume 6850 de *LNCS*. Springer. `http://www.springer.com/computer/theoretical+computer+science/book/978-3-642-31554-1`.

REAL-COELHO, L.-M. et RETORÉ, C. (2013). A generative montagovian lexicon for polysemous deverbal nouns. *In 4th World Congress and School on Universal Logic – Workshop on Logic and linguistics.*, Rio de Janeiro.

RETORÉ, C. (2012). Variable types for meaning assembly : a logical syntax for generic noun phrases introduced by "most". *Recherches Linguistiques de Vincennes*, 41:83–102. `http://hal.archives-ouvertes.fr/hal-00677312`.

RUSSELL, B. (1905). On denoting. *Mind*, 56(14):479–493.

SLATER, B. H. (2005). Epsilon calculi. *The Internet Encyclopedia of Philosophy*. `http://www.iep.utm.edu`.

STEEDMAN, M. (2012). *Taking Scope : The Natural Semantics of Quantifiers*. MIT Press.

von HEUSINGER, K. (1997). Definite descriptions and choice functions. *In* AKAMA, S., éditeur : *Logic, Language and Computation*, pages 61–91. Kluwer.

von HEUSINGER, K. (2004). Choice functions and the anaphoric semantics of definite nps. *Research on Language and Computation*, 2:309–329.

# Détection de zones parallèles à l'intérieur de multi-documents pour l'alignement multilingue

Charlotte Lecluze[1], Romain Brixtel[1], Loïs Rigouste, Emmanuel Giguet[1], Régis Clouard[1,3], Gaël Lejeune[1] et Patrick Constant[2]
(1) GREYC - CNRS UMR 6072 - Université de Caen Basse-Normandie, Caen, France
(2) Pertimm, Asnières-sur-Seine, France
(3) EnsiCaen, Ecole Nationale Supérieure d'Ingénieurs de Caen, France
prenom.nom@unicaen.fr, prenom.nom@pertimm.com, prenom.nom@ensicaen.fr

RÉSUMÉ

Cet article aborde une question centrale de l'alignement automatique, celle du diagnostic de parallélisme des documents à aligner. Les recherches en la matière se sont jusqu'alors concentrées sur l'analyse de documents parallèles par nature : corpus de textes réglementaires, documents techniques ou phrases isolées. Les phénomènes d'inversions et de suppressions/ajouts pouvant exister entre les différentes versions d'un document sont ainsi souvent ignorées. Nous proposons donc une méthode pour diagnostiquer en contexte des zones parallèles à l'intérieur des documents. Cette méthode permet la détection d'inversions ou de suppressions entre les documents à aligner. Elle repose sur l'affranchissement de la notion de mot et de phrase, ainsi que sur la prise en compte de la Mise en Forme Matérielle du texte (MFM). Sa mise en œuvre est basée sur des similitudes de répartition de chaînes de caractères répétées dans les différents documents. Ces répartitions sont représentées sous forme de matrices et l'identification des zones parallèles est effectuée à l'aide de méthodes de traitement d'image.

ABSTRACT

**Parallel areas detection in multi-documents for multilingual alignment**

This article broaches a central issue of the automatic alignment : diagnosing the parallelism of documents. Previous research was concentrated on the analysis of documents which are parallel by nature such as corpus of regulations, technical documents or simple sentences. Inversions and deletions/additions phenomena that may exist between different versions of a document has often been overlooked. To the contrary, we propose a method to diagnose in context the parallel areas allowing the detection of deletions or inversions between documents to align. This original method is based on the freeing from word and sentence as well as the consideration of the text formatting. The implementation is based on the detection of repeated character strings and the identification of parallel segments by image processing.

MOTS-CLÉS : détection et alignement de zones, appariement de N-grammes de caractères, corpus de multidocuments.

KEYWORDS: area detection and alignment, character N-grams matching, multidocuments corpora.

# 1 Introduction

Notre travail se situe dans le domaine de l'alignement, c'est-à-dire de la mise en correspondance d'éléments textuels sémantiquement équivalents entre des documents en relation de traduction. Nous appelons cet ensemble de documents un *multidocument* et chacun des documents qui le composent des *volets* [1]. L'opération traduisante réalisée par le traducteur humain vise à interpréter le sens d'un document donné dans la langue source et à produire un document sémantiquement équivalent dans une ou plusieurs langues cibles. Cette opération peut donner lieu à des modifications dans l'organisation interne des différents volets d'un multidocument. Dans l'état de l'art, cette question a été principalement traitée au niveau microscopique : ordre des mots dans la phrase, permutation ou suppression de phrases. Dans cet article, nous nous intéressons au contraire aux différences au niveau macroscopique. Nous étudions plus particulièrement les phénomènes d'inversion et de suppression/ajout qui rendent *asynchrones* certains documents traduits. Ces documents ne sont pas alignables par des techniques classiques. La figure 1 présente deux cas de traductions dans le même multidocument [2].

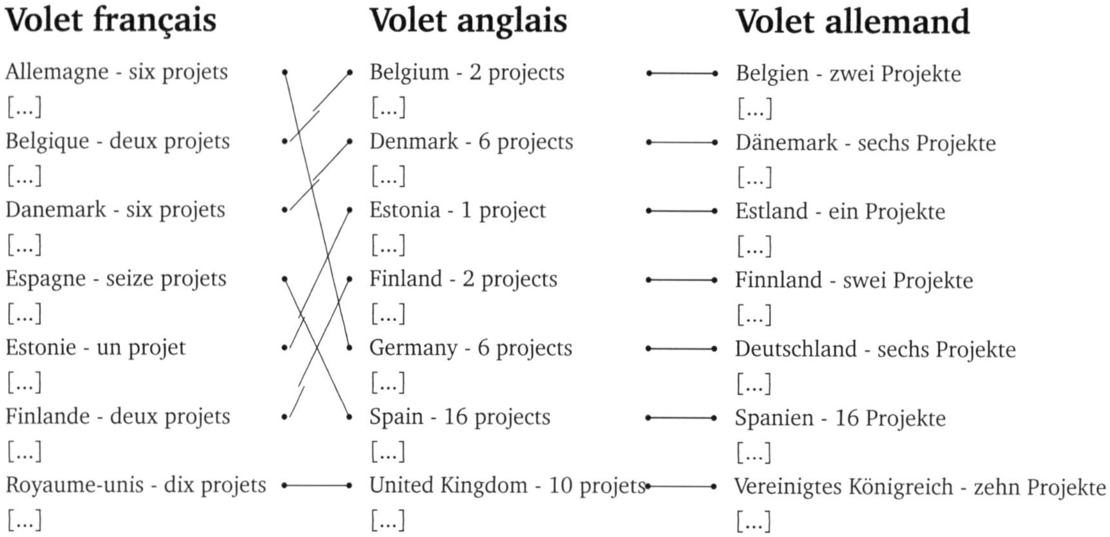


FIGURE 1 – Inversion et maintien de l'ordre entre les différents volets d'un multidocument

À gauche, la figure 1 présente un bi-document **asynchrone avec inversion massive** de plusieurs zones de textes entre les volets français et anglais (et par conséquent allemand) du même multidocument. À droite, l'alignement entre les volets allemand et anglais témoigne d'une traduction **synchrone**, tout est là et dans le même ordre. Dans le premier cas, nous considérons qu'il existe deux zones parallèles, correspondant dans chaque langue au volet dans son ensemble. Dans le second cas, le contenu sémantique est le même, mais l'ordre des différentes zones de texte n'est pas conservé, la traduction est **asynchrone** Nous considérons alors qu'il existe plusieurs zones entre lesquelles on recherche le parallélisme. Dans la figure 1, les paragraphes sont triés par ordre alphabétique ce qui provoque des différences d'ordre selon les langues. Des cas de suppression de zones de textes entre deux volets peuvent également être observés. Ces

1. Un bi-document est ainsi un cas particulier de multidocument contenant deux volets.
2. Communiqué de presse IP/05/1157 de l'Union Européenne. Les paragraphes sont triés par ordre alphabétique. Nous utilisons les [...] pour symboliser le contenu d'un paragraphe dont nous conservons ici seulement le début.

phénomènes d'inversion et de suppression constituent les principaux obstacles aux méthodes d'alignement qui reposent sur une hypothèse de parallélisme. Notre méthode s'attaque au problème de la détection en contexte du parallélisme, suivant la hiérarchie de grain : **document → zone → segment → N-grammes de caractères**[3]. Notre objectif est de rechercher et d'aligner les zones qui maximisent le parallélisme à l'intérieur de chaque bi-document : les *multizones*. Pour ce faire, nous proposons des outils de diagnostic de parallélisme afin de déterminer si un bi-document est synchrone, asynchrone avec suppression ou inversion. Notre méthode comprend quatre étapes :

**Appariement :** recherche des correspondances multilingues de N-grammes de caractères à partir d'une collection de multidocuments.

**Calcul de similarité :** comparaison des segments de textes de niveaux supérieurs et représentation sous forme de matrices de points (*dotplots*).

**Analyse :** détection des zones similaires entre deux volets, les *bizones*.

**Diagnostic :** qualification de la nature du parallélisme entre deux documents.

Plusieurs courants existent dans le domaine de l'alignement. Ils se distinguent notamment par le grain qu'ils proposent d'aligner : mots, phrases, paragraphes ou sections. Nous consacrons donc la section 2 à un rappel des principales méthodes d'alignement proposées à ce jour, avant de présenter le positionnement de nos travaux dans la section 3. Dans la section 4, nous décrivons les quatre étapes de notre méthode. Enfin, dans la section 5, nous présentons nos résultats en matière de diagnostic de parallélisme et d'alignement automatique de zones à partir de ces matrices.

# 2 Contexte

Les méthodes d'alignement sous-phrastique appliquées à des phrases alignées, si diverses soient-elles, trouvent toutes leur limite dans le fait qu'elles présupposent la disponibilité de corpus préalablement alignés en phrases (HANSARD, BTEC...). De tels corpus sont cependant peu nombreux et couvrent peu de langues. Des corpus où le grain aligné est plus gros (souvent le document) sont en revanche disponibles pour un très grand nombre de langues. Ils laissent réellement envisager la pratique d'opérations de rétro-ingénierie massives et peu supervisées sur ces documents issus du travail du traducteur humain. Ces pratiques permettent d'extraire des informations linguistiques et des ressources lexicales pouvant être utiles tant aux traducteurs, qu'aux lexicographes, aux linguistes ou aux terminologues.

Plusieurs méthodes d'alignement sous-phrastique à partir de documents non préalablement alignés en phrases ont été proposées (Simard *et al.*, 1993; Church, 1993; Dagan *et al.*, 1993). Les auteurs établissent un lien entre la similitude de graphie et la similitude de sens (cognats). Ces cognats servent de point d'ancrage pour un alignement de texte. Néanmoins, si ces similitudes sont fréquentes au sein d'une même famille de langues, elles s'avèrent plus rares entre les langues de familles différentes. Le problème existe également pour des langues ne partageant pas le même système d'écriture. En outre, ces méthodes reposent sur l'hypothèse centrale de parallélisme (Melamed, 1997; Simard & Plamondon, 1996). Or, cette hypothèse réduit considérablement le champ d'application des méthodes d'alignement sous-phrastique.

3. Nous utilisons N de façon générique, sa valeur n'étant pas prédéfinie.

À travers le système K-vec, Fung & Church (1994) ont proposé une méthode d'alignement de documents basée sur une similarité de répartition de mots. L'idée de K-vec est de découper chacun des deux volets en portions égales (*K-segments*) et d'affecter à chaque mot de chaque texte, un vecteur avec K dimensions (K-vec). K-vec fait l'hypothèse que si deux mots sont traductions l'un de l'autre, ils apparaissent dans les mêmes segments que deux mots qui ne le sont pas. K-vec semble être le premier système sans présupposé sur la présence de cognats ou les limites de phrases. Cependant, les systèmes reposant sur la similitude de répartition de mots se heurtent à la nature flexionnelle de certaines langues, un même mot pouvant alors recouvrir plusieurs formes selon sa fonction dans la phrase. En outre, K-vec suppose la linéarité de la traduction entre les volets, ce qui n'est pas toujours le cas, notamment sur les paires de textes en langues asiatiques ou en langues de la famille indo-européenne traitées par les auteurs. Enfin, des phénomènes d'ajouts/suppressions peuvent également interférer. Pour de meilleurs résultats, Fung & Mckeown (1994) ont implémenté **D**ynamique de K-vec (DK-vec) qui produit un petit dictionnaire dont les entrées sont utilisées comme des ancres pour l'alignement.

(Bourdaillet & Ganascia, 2007) abordent la question de l'alignement monolingue de textes comprenant des *déplacements*. Plus précisément l'étude porte sur les différentes versions laissées par un écrivain d'une de ses œuvres, c'est-à-dire les brouillons successifs. Aligner en monolingue ces réécritures revient à calculer une *distance d'édition avec déplacements*. En effet, les trois opérateurs de la distance de Levenshtein (insertions, suppressions et remplacements) ne suffisent alors pas à décrire les phénomènes potentiellement observables. Ces travaux constituent une amorce de recherche sur la question d'une méthode d'alignement prenant en charge les déplacements de portions de texte entre deux volets d'un bi-document. Cependant, la tâche se trouve grandement simplifiée par son contexte monolingue. L'hypothèse qu'une même graphie recouvre le même sens dans les deux versions est directement exploitable et la multiplication des hapax simplifie la tâche.

Enfin, plusieurs de ces auteurs ont proposé de reporter sur des matrices de points (*dotplots*) les appariements ainsi révélés (Church & Helfman, 1993). Le problème de l'alignement est ainsi transformé en un problème de traitement d'image (Chang & Chen, 1997). Notons que des hypothèses similaires ont été exploitées pour la détection de plagiat (Brixtel *et al.*, 2010).

# 3 Positionnement

Les travaux que nous présentons se situent dans la lignée des travaux d'alignement de documents précédemment cités. Nous utilisons également des *dotplots* pour diagnostiquer si la traduction est globalement littérale entre deux volets. Nos travaux se distinguent néanmoins par la granularité choisie pour amorcer le traitement des documents. Comme Cromières (2006) et Mcnamee & Mayfield (2004), nous nous intéressons aux N-grammes de caractères répétés, mieux à même de révéler des similitudes à la fois monolingues et multilingues (Lecluze, 2011). Nous étendons cependant la portée de la méthode **en l'appliquant aussi bien au contenu textuel qu'à la Mise en Forme Matérielle (MFM)** (Brixtel, 2011).

Le corpus que nous utilisons est constitué de communiqués de presse de l'Union Européenne [4] au format HTML. Nous présentons des résultats sur 6 couples de langues : français-espagnol (fr,es), français-grec (fr,el), français-finnois (fr,fi), français-anglais (fr,en), français-allemand (fr,de) et

4. Ces communiqués sont disponibles sur le site Europa, le portail de l'Union Européenne : `http://europa.eu/`.

français-danois (fr,da). Ces couples représentent un échantillon de familles de langues proches et éloignées. Nous supposons en effet que plus les langues sont génétiquement éloignées, plus il sera difficile de les rapprocher d'un point de vue strictement lexical. Nous introduisons également le grec pour attester que notre méthode est robuste à l'absence de similitudes de graphie.

# 4 Méthodes d'appariement et de détection de parallélisme

## 4.1 Appariement multilingue de N-grammes de caractères

Notre travail se situe dans la lignée de ceux de Cromières (2006), nous procédons à une recherche de N-grammes de caractères répétés en contexte, des *populations*. Les populations sont déduites d'un tableau de suffixes. Elles sont obtenues en calculant des motifs sans trou tels que décrits par (Ukkonen, 2009) [5]. Ces chaînes possèdent les caractéristiques suivantes :

**répétées :** les chaînes ont un effectif de 2 ou plus ;

**maximales :** les chaînes ne peuvent être étendues à gauche ou à droite sans perdre une occurrence.

L'intérêt de ces chaînes est double : révéler des facteurs communs monolingues au delà des mots graphiques et mettre en évidence des correspondances multilingues.

| LANGUE | MOTS GRAPHIQUES SIGNIFIANT « TRANSPORT » ET LEUR EFFECTIF |
|---|---|
| fr | transports (3), transport (3) |
| es | transporte (5), transportes (1) |
| el | μεταφορών (3), μεταφορέας (1), μεταφορές (1), μεταφορέα (1) |

TABLE 1 – Liste des mots graphiques signifiant « transport » dans un échantillon de textes en français, espagnol et grec ainsi que leurs effectifs entre parenthèses.

Ici, comme en témoigne le tableau 1, les écarts d'effectifs entre des mots alignés dans un échantillon sont déjà considérables. Or si l'on s'intéresse désormais aux répétitions de chaînes de caractères, il existe dans chaque langue une sous-chaîne commune à l'ensemble des équivalents sémantiques de « transport ».

| LANGUE | CHAÎNES DE CARACTÈRES RÉPÉTÉES SIGNIFIANT « TRANSPORT » | EFFECTIF |
|---|---|---|
| fr | transport- (3+3) | 6 |
| es | transporte- (5+1) | 6 |
| el | μεταφορ- (3+1+1+1) | 6 |

TABLE 2 – Chaînes de caractères répétées maximales communes aux mots signifiant « transport » dans le même échantillon de textes (fr, es et el) et leur effectif respectif.

Notre méthode consiste à obtenir de façon endogène et indépendante des langues une série de points d'ancrage entre deux volets : des **appariements**. Un appariement est une correspondance sémantique fortement généralisée telle qu'on en trouve par exemple dans un dictionnaire. Par

5. Les outils permettant le calcul de ces chaînes sont disponibles ici : `https://code.google.com/p/py-rstr-max/`

extension, l'appariement en tant que méthode est la mise en correspondance de chaînes de caractères répétées entre des multidocuments : des **populations**. Nous utilisons la similitude de répartition de ces chaînes (effectifs et positions dans la collection).

Ainsi, nous calculons les appariements entre chaînes de caractères de langues différentes, en prenant en compte des similitudes de répartitions sur l'ensemble des bi-documents de la collection. Les collections que nous constituons sont composées de 40 multidocuments chacune. Un exemple de répartition pour deux N-grammes de caractères est donné sur le tableau 3.

| langue | N-gramme | effectif corpus | effectif par multidocument | | | |
|---|---|---|---|---|---|---|
| | | | $doc_0$ | $doc_1$ | [...] | $doc_{199}$ |
| el | '_αερολιμέν' | (23) | 4 | 2 | [...] | 3 |
| fr | 'aéroports' | (21) | 4 | 2 | [...] | 2 |

TABLE 3 – Exemple de répartitions de deux N-grammes de caractères grec et français. Les espaces blancs sont représentés par le caractère « _ ».

Afin de limiter l'explosion combinatoire induite par une comparaison exhaustive de toutes les chaînes répétées maximales, nous comparons simplement les chaînes d'effectifs proches. Nous utilisons une distance L1 normalisée. Cela consiste à faire pour deux N-grammes de caractères ($s_1$ et $s_2$) de deux langues différentes, le rapport entre la somme des différences d'effectifs par document et la somme des effectifs des deux N-grammes dans la collection de bi-documents dans ces langues soit :

$$distance(s_1,s_2) = \frac{\sum_{doc} |effectif(s_1,doc) - effectif(s_2,doc)|}{effectif\_corpus(s_1) + effectif\_corpus(s_2)}$$

Ce calcul de distance permet de produire des appariements de populations de N-grammes de caractères avec une distance située dans $[0,1]$. Une distance de 0 signifie que deux N-grammes ont des répartitions identiques dans le corpus. C'est à partir des distances entre N-grammes que nous calculons des similarités entre les segments les contenant. Cette distance permet de calculer des correspondances fortement généralisées dans une collection de multidocuments ou *multizones*. Elle rend le traitement insensible aux différences d'ordres entre les volets et aux suppressions locales de zones de textes. Nous donnons quelques exemples d'appariements ainsi calculés dans la figure 2.

Les appariements obtenus lors de la première étape du processus servent à calculer la similarité entre des paires de segments d'une taille arbitraire fixée à 1% de la taille des volets d'origine. Dans notre hiérarchie de grain, ces segments correspondent au grain inférieur aux zones que nous cherchons à construire.

## 4.2 Calcul de la similarité entre les segments d'un bi-document

Tout d'abord, nous introduisons quelques définitions sur les segments que nous traitons. Soit $\Sigma$ un alphabet. Un *document* est un élément de $\Sigma^*$. Un *segment* est une sous-partie d'un document que nous exprimons relativement à la taille du document. Ainsi, le segment (d,(3,4),(0,1)) est l'ensemble des caractères débutant à la position $3,4$ et de longueur $0,1$. Ces positions sont exprimées en pourcentage par rapport à la taille $|d|$ du document. La segmentation obtenue pour un document $d_1$ est notée $S_1 = (s_1^1, \ldots, s_n^1)$. Nous segmentons nos documents en 200 segments correspondant à 1% de texte. Ces segments se chevauchent donc, et pour la même segmentation

distance : 0.000
fr ' l'enseignement' (4) : 4, 4, 31, 31
en ' teaching' (4) : 4, 4, 31, 31

distance : 0.000
fr 'ette année, la ' (4) : 4, 7, 21, 34
en ' year, th' (4) : 4, 7, 21, 34

distance : 0.000
fr 'es chiffres ' (4) : 3, 15, 24, 26
en ' figures ' (4) : 3, 15, 24, 26

distance : 0.000
de ' the obligation ' (2) : 53, 53
es ' Member States to ' (2) : 53, 53

distance : 0.000
de '> <p> </p> <p> C' (2) : 53, 53
es ' **de las compañías** ' (2) : 53, 53

distance : 0.053
el ' "></a><b>H E ' (9) : 48, 45, 50, 68, 71, 72, 73,77, 79
fr ' "></a><b>L ' (10) : 48, 45, 50, 68, 71, 72, 73, 77, 78, 79

distance : 0.053
el ' παχυσαρκίας' (9) : 56, 56, 56, 56, 56, 56, 56, 56, 56
fr "obésité ' (10) :56, 56, 56, 56, 56, 56, 56, 56, 56, 56

distance : 0.064
fr ' Parlement ' (25) : 1, 2, 2, 2, 2, 5, 6, 7, 7, 7, 7, 7, 7, 12, 16, 16, 17, 17, 17, 19, 19, 19, 21, 27, 34
en ' European Parliament' (22) : 1, 2, 2, 5, 6, 7, 7, 7, 7, 7, 7, 12, 16, 16, 17, 17, 17, 19, 19, 19, 21, 27

distance : 0.080
fr 's aér' (26) : 2, 7, 7, 10, 10, 10, 10, 10, 10, 10, 10, 10, 10, 10, 10, 10, 10, 10, 10, 10, 10, 10, 10, 10, 10, 17
en ' airp' (24) : 7, 10, 10, 10, 10, 10, 10, 10, 10, 10, 10, 10, 10, 10, 10, 10, 10, 10, 10, 10, 10, 10, 10, 10

FIGURE 2 – Appariements de populations de chaînes de caractères répétées dans la collection. Chaque groupe de 3 lignes présente : ligne 1, la distance qui a été calculée entre deux chaînes de caractères sur la collection, lignes 2 et 3, respectivement pour la chaîne 1 et la chaîne 2 : la langue, la **'chaîne'**, son (effectif dans la collection) et la liste des identifiants de multidocument dans lesquels elle apparaît.

appliquée sur deux documents $d_1$ et $d_2$ d'un bi-document, $S_1 = (s_1^1, \ldots, s_n^1)$ et $S_2 = (s_1^2, \ldots, s_n^2)$ nous obtenons une matrice de similarité $\mathcal{M}^{(d_1,d_2)}$ de taille $n \times n$.
C'est en fonction de la répartition des segments similaires sur toute la matrice $\mathcal{M}^{(d_1,d_2)}$ que nous jugeons du parallélisme entre deux documents $d_1$ et $d_2$. Pour ce faire, nous définissons la similarité entre deux segments $i \in S_1$ et $j \in S_2$ via la fonction suivante : $\mathcal{M}_{(i,j)}^{(d_1,d_2)} = \frac{nb\_liens(i,j)}{max\_liens(i)}$ $nb\_liens(i,j)$ représente le nombre d'appariements ayant une distance inférieure à 0,1 mettant en jeu des N-grammes de caractères inclus dans les segments $i$ et $j$. $max\_liens(i)$ représente le nombre de liens maximum entre le segment $i$ et tous les segments de $S_2$ (Tableau 4).

| *Segments($S_2$)* | [0] | [0.05] | [0.1] | [0.15] | [0.2] | [...] | [0.75] | [0.8] | [0.85] | [0.90] | [0.95] |
|---|---|---|---|---|---|---|---|---|---|---|---|
| *Nombre de liens* | 14 | 3 | 0 | 0 | 0 | ... | 0 | 0 | 2 | 0 | 0 |

TABLE 4 – Illustration de $max\_liens(i)$, $max\_liens$ vaut ici 14, le maximum sur la ligne

Dans la mesure où nous ne supposons pas de parallélisme initial, nous considérons l'ensemble des liens possibles entre les occurrences des N-grammes appariés sans nous focaliser sur un espace de recherche précis.

## 4.3 Représentation en deux dimensions de la similarité de deux volets

Les figures 3, 4 et 5 donnent des exemples de matrices $\mathcal{M}_{(i,j)}^{(d_1,d_2)}$ représentées en image en niveau de gris. Une similarité maximale est représentée par un pixel noir. Plus un pixel est clair, plus les segments associés sont différents selon notre fonction de similarité. Ainsi, quand deux documents sont traduits de façon globalement littérale, une diagonale se dessine de l'angle supérieur gauche à l'angle inférieur droit de la matrice (figure 3). Une diagonale cassée signifie l'existence d'inversions dans l'ordre de la traduction (figure 4).

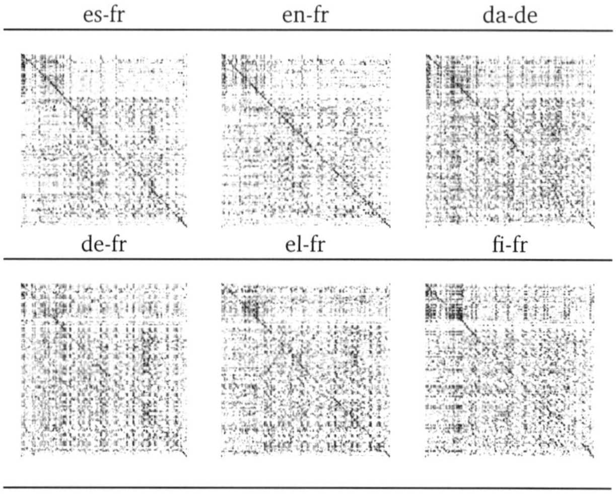


FIGURE 3 – Cas de volets synchrones (communiqué de presse IP/05/1156). L'ordre de traduction est globalement conservé, on observe une diagonale au centre de la matrice.

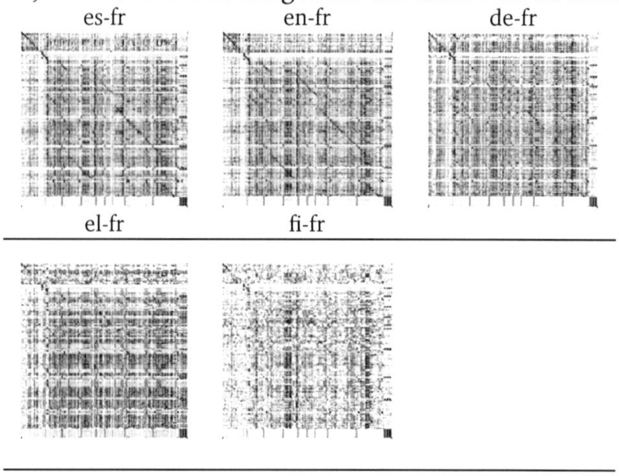


FIGURE 4 – Cas de volets avec inversion (communiqué IP/05/1157). L'ordre de la traduction est massivement inversé. La diagonale est « éclatée » en plusieurs segments de droites. (Pas de matrice da-fr, puisque le bi-document da-fr est synchrone).

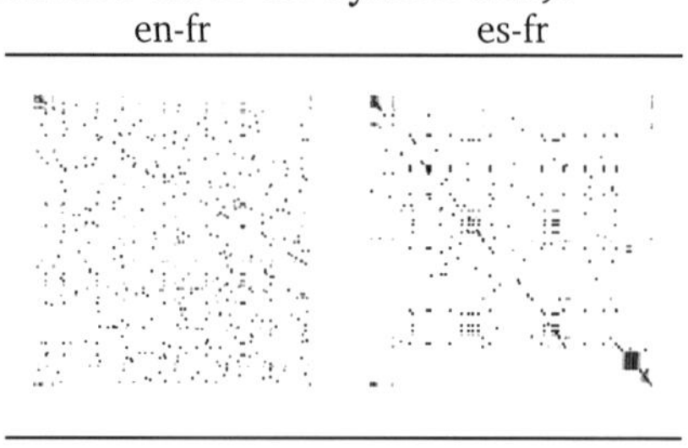


FIGURE 5 – Volets avec suppression (communiqués de presse IP/05/473 et IP/05/1558). On observe plusieurs segments de droites à l'intérieur de la matrice ayant des angles différents de celui de la première diagonale.

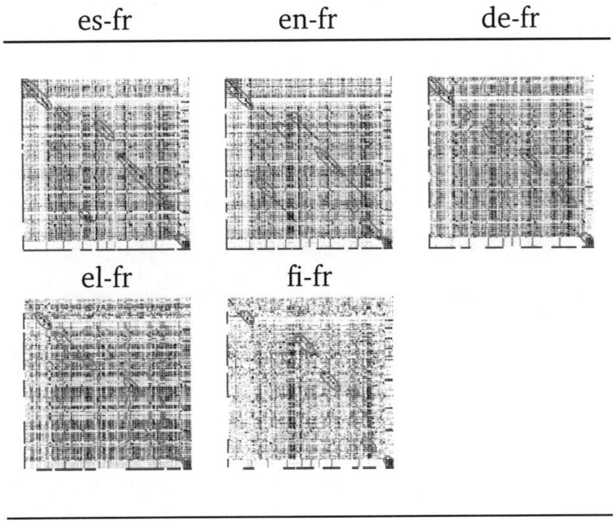


FIGURE 6 – Détection de segments de droites sur des cas de volets avec inversion. Il n'y a pas de matrice da-fr puisque le bi-document da-fr est synchrone.

Nous pouvons constater que pour un même jeu de paramètres pour tous les couples de langues, les résultats se dégradent à mesure de l'éloignement génétique des langues. La visibilité des droites et des segments de droite dans les figures 3 et 4 se dégrade entre la ligne 1 et la ligne 2. Le couple français-grec montre que la méthode s'accommode de différences morphologiques (pas de nécessité d'avoir des cognats). Les résultats sur ce couple sont proches de ceux du couple français-espagnol. En revanche, les résultats sur le couple français-finnois sont moins nets. L'analyse au niveau des caractères n'a pas permis de pallier totalement les différences sur le concept de mot entre ces deux langues. La différence de richesse lexicale entre ces langues joue pour beaucoup dans nos résultats. Le finnois fait un faible usage de la synonymie, comparativement au français par exemple, ce qui donne lieu à des différences de distributions conséquentes entre des unités pourtant sémantiquement équivalents. Celles-ci sont difficiles à appréhender au grain document et à calculer à partir d'une collection. Cette hypothèse devra être vérifiée en comparant des langues plus proches ou de façon plus générale en comparant davantage de couples. Ainsi, les différents phénomènes linguistiques interférant dans les résultats pourront être apprécier plus finement. La recherche des bons paramètres pour chaque couple de langue pourra mettre en évidence des similarités/dissimilarités entre famille de langue. À partir de ces résultats, nous nous focalisons sur l'analyse de l'image complète représentant ces matrices afin de détecter si deux documents sont parallèles ou s'ils contiennent d'éventuelles inversions ou suppressions de zones de textes.

## 4.4 Détection automatique des segments de droites

L'objectif de cette étape est double : mettre graphiquement en évidence les segments de droites et récupérer les informations propres à ces segments (positions, longueurs...). Nous calculons ces segments au moyen de la transformée de Hough. Ces informations seront utilisées pour l'étape de diagnostic suivante. Nous présentons dans les figures 6 et 7 des exemples de détection sur les cas de bi-documents asynchrones précédemment exposés.

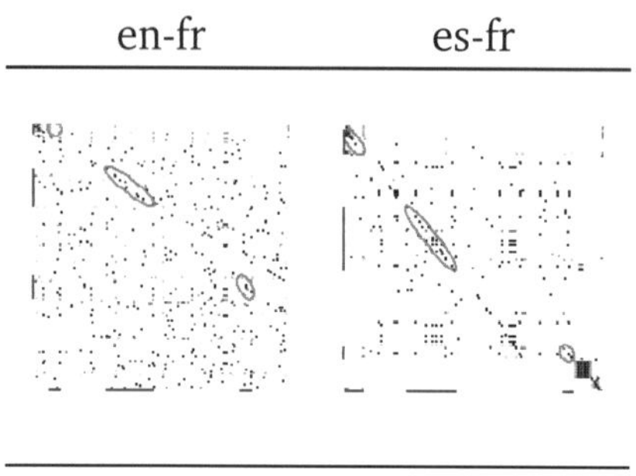


FIGURE 7 – Détection de segments de droites sur des cas de volets avec suppression.

## 4.5 Diagnostic de parallélisme entre des documents traduits

Les informations recueillies grâce au traitement d'image sont utilisées pour établir automatiquement un diagnostic de parallélisme. Nous définissons **quatre diagnostics** :

**volets synchrones** : pas d'inversion, ni de suppression de détectée (figure 3).

**matrices indéfinies** : $\frac{lt}{ld}$ <0,2 où $lt$ est la longueur totale des segments de droite et $ld$ la longueur de la diagonale.

**volets asynchrones avec inversion** : les coordonnées des segments (en rouge) dans une des deux dimensions ne se suivent pas (figures 4 et 6).

**volets asynchrones avec suppression** : la différence de longueur des projections sur les axes (en bleu) est supérieure à 2,5% (figures 5 et 7).

## 4.6 Alignement de zones : retour aux textes

Les informations recueillies grâce au traitement d'image sont également utilisées pour permettre le retour aux textes. Nous présentons ici deux exemples : le premier correspond à la matrice en-fr de la figure 7, le second à la matrice en-fr de la figure 6, ainsi qu'à la figure 1.

**Alignement de zones sur un bi-document asynchrone avec suppression.** Le tableau 5 illustre un cas de suppression dans un des deux volets, le volet en français, correspondant à environ un tiers de la taille du volet en anglais (2120 caractères). Si la suppression a bien été diagnostiquée, l'alignement de zones n'est lui que partiellement correct. La multizone 2 correspond exactement à l'attendu. Le cœur des multizones 1 et 3 sont corrects mais les contours restent mal définis.

**Alignement de zones sur un bi-document asynchrone avec inversion.** Le tableau 6 illustre un cas de différences d'ordre entre les zones de textes de deux volets. L'ordre des présentations des projets listés par pays respecte l'ordre alphabétique des noms des pays concernés. Tous les segments de droites de la matrice ont été mis en évidence, l'alignement de zones découlant des segments est globalement correct.

| | *IP/05/473* | |
|---|---|---|
| | *fr* | *en* |
| *Multizone 1* | rtations de textiles chinois </b> </h1> <p> <b> <i> M. Peter Mandelson, commissaire responsable du commerce, a annoncé ce jour qu'il avait décidé de demander à la Commi | <document celex="IP-05-473" lang="en"> <palign="right"><b> IP/05/473 </b> </p> <p align="right"> Brussels, 24 April 2005 </p> <h1> <a name="Heading4"></a> <b> European Commission launch |
| *Multizone 2* | les de sauvegarde. Elle entamera parallèlement des consultations immédiates avec la Chine pour tenter de dégager une solution satisfaisante. </i> </b> </p> <p> Peter Mandelson a déclaré : «Nous venons de recevoir les statistiques d'importation des États membres pour le premier trimestre 2005. Elles sont très préoccupantes pour plusieurs catégories de produits textiles et d'habillement. Face à cette situation, l'Europe ne peut rester les bras croisés et assister à la disparition de son industrie. Notre enquête me permettra de décider s'il convient que l'UE adopte des mesures de sauvegarde. Il faudrait certes laisser les exportations chinoises croître à un rythme normal à la suite | the EU should impose special safeguard measures. In parallel, it will launch immediate consultations with China in an attempt to find a satisfactory solution. </i> </b> </p> <p> Peter Mandelson said : "Member States have finally made available the import statistics for the first quarter of 2005. In several categories of textile and clothing imports they do give cause for serious concern. Based on these facts, Europe cannot stand by and watch its industry disappear. Our investigation will enable me to decide whether the EU should introduce safeguard measures. Chinese exports should, of course, be allowed to grow at a normal speed following the removal of quotas. But we must also extend protection to European industry if it is faced with a rui |
| *Multizone 3* | ssi une action. Les données d'importation concernant un certain nombre d'autres catégories semblent préoccupantes, mais exigent une analyse plus approfondie, actuellem | he global trade in textiles on 1 January 2005. This clause allows for short-term protective measures until the end of 2008. </p> <p> <b> Next Steps </b> </p> <p> These investigations will last for a maximum of 60 days, of which the first 21 will be used to take submissions from parties. The Commission will make a thorough assessment of market impact in the affected product categories. During this period, the Commission will also hold informal consultat |

TABLE 5 – Alignement de zones entre les volets fr et en du communiqué IP/05/473 avec suppression détectée à l'aide de notre méthode.

# 5 Évaluation

## 5.1 Évaluation 1

Le corpus que nous utilisons est constitué de 213 multidocuments. Pour chacun de ces multidocuments nous étudions 6 couples de langues (fr,es), (fr,el), (fr,fi), (fr,en), (fr,de) et (da,de). Évaluer le diagnostic des bi-documents (indéfini, synchrone, asynchrone avec inversion ou asynchrone avec suppression) n'est pas une tâche triviale, en effet il n'existe pas de références pour évaluer la détection de multizones. Nous présentons les résultats obtenus à partir d'une référence établie pour trois collections « tout venant » d'une part et trois collections thématiques d'autre part constituées à partir de notre corpus (Tableau 7). Les expériences réalisées sur ce premier corpus ont confirmé que :

- l'utilisation de la MFM améliore le taux de décision de +15% (+10% sur les couples de langues proches et +20% sur les couples de langues éloignées) ;
- les similitudes de répartition de chaînes de caractères répétées permettent d'aligner des documents, y compris dans des langues éloignées avec un taux de décision toutefois plus faible sur les langues éloignées : -11% ;
- exploiter une collection de multidocuments thématiquement proches contribue faiblement à l'amélioration : +3% de précision sur les documents synchrones.

À titre comparatif, on peut préciser que nos résultats sont de 2 à 7% meilleurs qu'une *baseline* prenant comme hypothèse que tous les documents parallèles sont synchrones. Ainsi, le système s'avère très précis et assez pertinent pour les documents synchrones. Nos résultats sur les documents asynchrones (10% du corpus) sont moins satisfaisants.

| | *IP/05/1157* | |
|---|---|---|
| | *fr* | *en* |
| *Multizone 1* | Bruxelles, le 19 septembre 2005 </p> <h1> <a name="Heading4" id= "Heading4"></a><b> Environnement : la Commission subventionne 89 projets d'innovation dans 17 pays pour un montant de 71 millions d'euros </b> </h1> <p> <b><i>La Commission européenne a approuvé le financement de 89 projets innovants dans le domaine de l'environnement dans 17 pays, au titre du programme LIFE-Environnement 2005. [...] Pour plus de détails concernant chaque projet, consulter le site suivant :<br /> <a href="http://europa.eu.int /comm/environment/life/project/index.htm">http://europa .eu.int/comm/environment/life/project/index.htm</a> </p> <p align="right"> <b>ANNEXE</b> </p> <p> <b> Résumé des projets | /a><b> Environment : Commission supports 89 innovation projects in 17 countries with €71 million </b> </h1> <p> <b><i> The European Commission has approved funding for 89 environmental innovation projects in 17 countries under the LIFE-Environment programme 2005. [...] More information</b><br /> See the annex for a summary of the 88 projects funded under LIFE-Environment. More detailed information on each project is available at : </p> <p> <a href="http://europa.e |
| *Multizone 2* | r appliquera une stratégie intégrée pour réduire la pollution agricole diffuse, dans le sens de la directive cadre sur l'eau <a href= "i05_1157.frr.html #_Ref111348773">1</a>. </p> <p> Le second [...] Le second projet concerne le prétraitement de la laine dans la production de fil. L'objectif principal est de supprimer les émissions de composés organohalogénés absorbables (AOX) et de réduire sensiblement l'utilisation de produits chimiques dans le processus de nettoyage, grâce un procédé durable de prétraitement par plasma. </p> <p> Un projet porte sur la <b>gestion des déchets</b> e | ht."> <b>ANNEX</b> </p> <p> <b> Overview of LIFE-Environment projects 2005 by country </b> </p> <p> <b> Belgium – 2 projects [...] Denmark – 6 projects [...] Estonia – 1 project [...] the fermentation of manure, processing of bio-gas into |
| *Multizone 3* | er les tôles laminées à froid. Un nouveau procédé basé sur la technologie sous vide à haute pression et n'utilisant pas de produits chimiques sera employé. </p> <p> <b> Belgique – deux projets [...] Danemark – six projets [...] Espagne – seize projets </b> </p> <p> Trois projets portent sur la <b> gestion des eaux </b>. Le premier permettra de définir un modèle d | [illegible] |
| *Multizone 4* | s variétés d'amandiers capables de résister à de telles conditions. </p> <p> Le troisième projet vise à définir un système de gestion durable de la viticulture de montagne, en vue de réduire les incidences de cette activité sur le paysage, les sols et les ressources en eau. </p> <p> Quatre projets traitent des <b>technologies propres.</b> [...] Le sixième projet démontrera qu'il est techniquement et économiquement possible d'appliquer un nouveau procédé à haute capacité pour séparer les alliages métalliques à pureté élevée (plus de 90%). Utilisé pour extraire le fer, l'aluminium et les métaux lourds contenus dans les véhicules hors d | to reduce diffuse pollution from agriculture, in support of the Water Framework Directive<a href= "i05_1157.enr.html #_Ref111348773">1</a>. </p> <p> The second [...] The second concerns the pre-treatment of wool in yarn production. The main goal is the elimination of emissions of absorbable organic halides (AOX) and a significant decrease in the use of chemicals in the cleaning process, through a sustainable plasma pre-treatment process. </p> <p> One project addresses <b>waste management</ |
| *Multizone 5* | [illegible] | ng of cold rolled plates. A new chemical-free process will be used, based on high-pressure vacuum technology. </p> <p> <b> Greece – 4 projects [...] Hungary – 1 project </b> </p> <p> The project, covering <b>water management</b>, assesses the scale of arsenic contamination in groundwater in the southern part of Hungary. It will develop a pilot management plan, incorporating a new arsenic removal technology. </p> <p> <b>Ireland – 2 projects [...] Italy – 15 projects [...] Netherlands – 7 projects [...] Portugal – 2 projects [...] Romania – 1 project [...] Spain – 16 projects [...] The third aims at defining |
| *Multizone 6* | ernier projet français concerne la <b>gestion de la qualité de l'air</b>. Il vise à mettre au point un échantillonneur d'air basé sur une nouvelle méthode de surveillance des pollens dans l'air. Au lieu de quantifier les grains de pollens selon leur morphologie, cette méthode reposera sur la mesure en ligne de l'antigénéité/l'allergénéité. </p> <p> <b>Grèce – quatre projets [...] Hongrie – un projet [...] Irlande – deux projets [...] Italie – quinze projets [...] Luxembourg – un projet [...] Pays-Bas – sept projets [...] Portugal – deux projets [...] Roumanie – un projet [...] Royaume-Uni – dix projets [...] Le quatrième projet vise à réduire l'élimination des déchets hospitaliers non stériles dans les | g a mountain viticulture sustainable management system in order to reduce the environmental impacts of this activity on landscape, soil and water resources. </p> <p> Four projects deal with <b>clean technologies</b>. [...] The last project will demonstrate the technical and economic feasibility of a new high-capacity process to separate high purity metal alloys (>90%). Used for the separation of iron, aluminium and heavy metals from |
| *Multizone 7* | s incidences environnementales des activités économiques</b>. Le premier vise à démontrer l'efficacité du recyclage de l'eau au moyen d'un nouveau réacteur de digestion aérobie des eaux usées. </p> <p> Le second projet concerne l'exploitation des friches industrielles pour la culture de biomasse à des fins énergétiques, la réhabilitation des terres endommagées et la production de chaleur et d'énergie à partir de sources d'énergie renouvelables. [...] Suède - deux projets [...] Directive 2002/95/CE du Parlement européen et du Conseil du 27 janvier 2003 relative à la limitation de l'utilisation de certaines substances dangereuses dans | re-use. </p> <p> A fourth project aims to reduce the disposal of non-sterile clinical waste in landfill sites and promote its use as a raw material for recycled products. </p> <p> Two projects seek to mitigate the <b>environmental impact of economic activities</b>. One will demonstrate the effectiveness of water recycling using a new reactor for aerobic digestion of wastewater. </p> <p> A second aims to re-use brownfield sites to grow biomass energy crops, restore damaged land, and generate heat and power from renewable energy sources.[...] Council Directive 1999/13/EC of 11 March 1999 on the limitation of em |

TABLE 6 – Alignement de zones entre les volets fr et en du communiqué IP/05/1157 présentant une différence d'ordre des zones détectées à l'aide de notre méthode.

| #(Moyenne) | da | de | el | en | es | fi | fr |
|---|---|---|---|---|---|---|---|
| #caractères ($10^3$) | 8,8±15,6 | 9,1±14,2 | 9,7±15,7 | 8,5±15,4 | 9,4±1,5 | 8,9±15,5 | 9,6±15,6 |
| #mots | 979±1213 | 960±1124 | 1105±1245 | 997±1213 | 1148±1257 | 791±1167 | 1138±1262 |
| #paragraphes | 16,4±14,5 | 16,7±14,7 | 16,4±14,9 | 16,5±14,9 | 16,5±14,8 | 16,1±14,7 | 17,1±15,2 |

TABLE 7 – Description des 1491 documents du corpus (nombre de caractères, de mots et de paragraphes moyen ± écart-type)

## 5.2 Évaluation 2

Afin de proposer une autre évaluation, nous avons fabriqué deux jeux de test, chacun contenant 240 bi-documents dans les 6 couples de notre corpus. Après modifications, le premier jeu contient 60 bi-documents asynchrones avec inversion et le second 60 bi-documents asynchrones avec suppression.

Sur le premier jeu, nous avons obtenu un rappel de 25,4% et une précision de 41,6% ($F_1 - mesure = 31,6$). Sur le second, les résultats étaient meilleurs puisque nous avons obtenu un rappel de 57,1% avec une précision de 43,4% ($F_1 - mesure = 49,3$).

# 6 Conclusion

Les travaux que nous avons présentés dans cet article témoignent de la possibilité d'établir un alignement brut de documents traduits, grâce à un appariement de N-grammes de caractères répétés dans une collection de multidocuments. Ces unités sont révélées sans utilisation de ressources externes et de façon indépendante des langues en présence. Cela permet d'amorcer sans présupposé de parallélisme un alignement lexical de mots. L'étape de détection automatique des zones parallèles qui revient à un problème de traitement d'image s'avère au même titre que l'alignement plus difficile à mesure que les langues mises en confrontation s'éloignent. Ces travaux témoignent d'une part que l'alignement de corpus parallèles n'est pas un sujet clos et d'autre part que la combinaison d'indices utilisée permet bien de les exploiter sans présupposé de parallélisme. Ces travaux recèlent des perspectives tant opératoires que de recherche. Des perspectives opératoires en ce qui concerne l'établissement automatique des paramètres de création des matrices et de diagnostic des bi-documents, ainsi qu'au niveau de la détection des segments de droites des images qu'il faut affiner. En terme de recherche, ces travaux offrent des perspectives pour le contrôle a posteriori de traduction mais également pour le traitement de corpus comparables.

# Remerciements

Merci aux relecteurs, particulièrement pour la suggestion de fabriquer un nouveau jeu de données.

# Références

BOURDAILLET J. & GANASCIA J. (2007). Alignment of noisy unstructured data. In *IJCAI-2007 Workshop on Analytics for Noisy Unstructured Text Data, January 6-12*, Hyderabad, India.

BRIXTEL R. (2011). *Alignement endogène de documents, une approche multilingue et multi-échelle*. PhD thesis, Université de Caen/Basse-Normandie.

BRIXTEL R., FONTAINE M., LESNER B., BAZIN C. & ROBBES R. (2010). Language-Independent Clone Detection Applied to Plagiarism Detection. In *SCAM 2010* : IEEE Computer Society.

CHANG J. S. & CHEN M. H. (1997). An alignment method for noisy parallel corpora based on image processing techniques. In *Proceedings of the eighth conference on European chapter of the ACL*, p. 297–304, Spain.

CHURCH K. W. (1993). Char_align : a program for aligning parallel texts at the character level. In *Proceedings of the ACL 93*, p. 1–8, Ohio.

CHURCH K. W. & HELFMAN J. I. (1993). Dotplot : A program for exploring Self-Similarity in millions of lines of text and code. *Journal of Computational and Graphical Statistics*, **2**(2), 153–174.

CROMIÈRES F. (2006). Sub-sentential alignment using substring co-occurrence counts. In *Proceedings of the 21st International Conference on Computational Linguistics and 44th Annual Meeting of the ACL*, p. 13–18, Australia.

DAGAN I., CHURCH K. W. & GALE W. A. (1993). Robust bilingual word alignment for machine aided translation. *In proceedings of the workshop on very large corpora*, **1**, 1—-8.

FUNG P. & CHURCH K. W. (1994). K-vec : a new approach for aligning parallel texts. In *Proceedings of the 15th conference on Computational linguistics - Volume 2*, p. 1096–1102, Japan.

FUNG P. & MCKEOWN K. (1994). Aligning noisy parallel corpora across language groups : Word pair feature matching by dynamic time warping. *In Proceedings of the first conference of the AMTA*, p. 81–88.

LECLUZE C. (2011). Recherche d'une granularité optimale pour l'alignement multilingue : N-grammes de caractères ou n-grammes de mots ? In *JeTou, Journées d'études Toulousaines*, France.

MCNAMEE P. & MAYFIELD J. (2004). Character N-Gram tokenization for european language text retrieval. *Information Retrieval*, **7**, 73–97. ACM ID : 961313.

MELAMED I. D. (1997). A portable algorithm for mapping bitext correspondence. In *Proceedings of the 35th Annual Meeting of the ACL and 8th Conference of the European Chapter of the ACL*, p. 305–312, Spain : Association for Computational Linguistics.

SIMARD M., FOSTER G. F. & ISABELLE P. (1993). Using cognates to align sentences in bilingual corpora. In *Proceedings of the 1993 conference of the Centre for Advanced Studies on Collaborative research : distributed computing - Volume 2*, p. 1071–1082, Canada.

SIMARD M. & PLAMONDON P. (1996). Bilingual sentence alignment : Balancing robustness and accuracy. *In proceedings of the 2nd conference of the AMTA*, **13**, 59–80.

UKKONEN E. (2009). Maximal and minimal representations of gapped and non-gapped motifs of a string. *Theorie in Computer Science*, **410**(43), 4341–4349.

# Un système de traduction de verbes entre arabe standard et arabe dialectal par analyse morphologique profonde

Ahmed Hamdi[1] Rahma Boujelbane[1,2] Nizar Habash[3] Alexis Nasr[1]
(1) Laboratoire d'Informatique Fondamentale de Marseille- CNRS - UMR 7279 Université Aix-Marseille
(2) Multimedia, InfoRmation Systems and Advanced Computing Laboratory, Sfax 3021, TUNISIE.
(3) Center for Computational Learning Systems Columbia University New York, NY 10115, USA
{ahmed.hamdi,rahma.boujelbane,alexis.nasr}@lif.univ-mrs.fr
habash@ccls.columbia.edu

RÉSUMÉ

Le développement d'outils de TAL pour les dialectes de l'arabe se heurte à l'absence de ressources pour ces derniers. Comme conséquence d'une situation de diglossie, il existe une variante de l'arabe, l'arabe moderne standard, pour laquelle de nombreuses ressources ont été développées et ont permis de construire des outils de traitement automatique de la langue. Etant donné la proximité des dialectes de l'arabe, le tunisien dans notre cas, avec l'arabe moderne standard, une voie consiste à réaliser une traduction surfacique du dialecte vers l'arabe moderne standard afin de pouvoir utiliser les outils existants pour l'arabe standard. Nous décrivons dans cet article une architecture pour une telle traduction et nous l'évaluons sur les verbes.

ABSTRACT

**Translating verbs between MSA and arabic dialects through deep morphological analysis**

The developpment of NLP tools for dialects faces the severe problem of lack of resources for such dialects. In the case of diglossia, as in arabic, a variant of arabic, Modern Standard Arabic, exists, for which many resources have been developped which can be used to build NLP tools. Taking advantage of the closeness of MSA and dialects, one way to solve the problem consist in performing a surfacic translation of the dialect into MSA in order to use the tools developped for MSA. We describe in this paper an achitecture for such a translation and we evaluate it on arabic verbs.

MOTS-CLÉS : dialectes, langues peu dotées, analyse morphologique, traitement automatique de l'arabe.

KEYWORDS: dialects, Arabic NLP, morphological analysis.

## 1 Introduction

Le monde arabophone connaît une situation de diglossie (Ferguson, 1959). Une forme d'arabe, l'arabe moderne standard (MSA) est partagée par tout le monde arabe, mais ne constitue la langue maternelle d'aucun arabophone. Le MSA est, en particulier, la langue de la presse écrite et parlée. D'autre part, il existe une grande variété de dialectes qui constituent les langues maternelles des arabophones. Les dialectes ne sont généralement pas écrits et ne possèdent par conséquent pas de conventions orthographiques standard.

Cette situation particulière est problématique pour le traitement automatique des dialectes de l'arabe dans la mesure où les ressources pour ces langues sont quasiment inexistantes. En revanche, il existe des ressources importantes pour le MSA. L'idée que nous explorons dans cet article consiste à « traduire » un dialecte de l'arabe vers le MSA afin de pouvoir y appliquer des outils conçus pour le MSA. Le verbe traduire a été ici mis entre guillemets car l'objectif n'est pas d'obtenir une traduction parfaite mais une traduction de qualité suffisante pour appliquer des outils conçus pour le MSA. De façon plus précise, la traduction que nous proposons repose largement sur la morphologie et le lexique. C'est en effet à ces deux niveaux que se manifestent la majorité des différences entre les variétés de l'arabe. Le système proposé relève d'une architecture à transfert. Un mot en langue source est analysé sous la forme d'une racine, d'un schème [1] et de traits morphologiques. Un lexique bilingue permet alors de traduire la racine et le schème source vers une racine et un schème cible. Dans le cas, fréquent, où la racine est identique dans la langue source et la langue cible, la traduction se limite aux schèmes. La racine et le schème cible, ainsi que les traits morphologiques vont alors permettre de générer un ou plusieurs mots cibles. Nous nous limiterons, dans cet article, au traitement des verbes.

Une particularité de notre approche est de procéder à une analyse morphologique profonde, de manière à identifier la racine du mot cible alors que l'on aurait pu se contenter d'une analyse plus surfacique, sous la forme d'un lemme. La raison de ce choix est double. D'une part, la morphologie dérivationnelle de l'arabe est très régulière, l'identification de la racine peut être réalisée, de manière fiable et économique, à l'aide de règles. D'autre part, le fait de réaliser le transfert au niveau des racines permet de minimiser la taille du dictionnaire bilingue. On estime en effet à 7502 le nombre total de racines de l'arabe et 2903 racines fréquement utilisées (Altabbaa *et al.*, 2010), ce qui permet de définir une borne supérieure de notre dictionnaire. D'autre part, le système que nous proposons est bi-directionnel : tous les modules qui le composent sont réversibles, ce qui permet de réaliser la traduction depuis un dialecte vers le MSA et vice-versa [2].

Ce travail s'inscrit dans le contexte du traitement automatique des langues peu dotées, tel que les travaux de (Seng, 2010) sur le khmer et le laotien, ou les travaux de (Abdillahi *et al.*, 2006) sur le somali. Cependant, comme nous l'avons mentionné ci-dessus, la situation de l'arabe est particulière dans la mesure où les différentes variétés de l'arabe entretiennent une relation privilégiée avec le MSA pour lequel nous disposons de ressources importantes. En ce sens, notre travail se rapproche des travaux de (Scherrer *et al.*, 2009) sur les dialectes suisses allemands. L'auteur propose un système de traduction depuis l'allemand vers différents dialectes. Ce système repose sur une analyse syntaxique de l'allemand et c'est à l'issue de l'analyse syntaxique qu'un mécanisme de transfert permet de générer une traduction en dialecte. Notre approche se distingue de ces travaux par deux aspects importants. D'une part, le transfert dans notre cas est réalisé au niveau morphologique. Ce choix repose, comme nous l'avons vu, sur une hypothèse théorique (le niveau morphologique est un niveau de transfert acceptable dans notre cas) mais aussi sur une considération pratique qui est que l'on ne dispose pas d'un système d'analyse syntaxique pour le tunisien. Le second aspect qui distingue notre travail de (Scherrer *et al.*, 2009) est que notre système est bi-directionnel, il permet aussi bien de traduire du tunisien vers le MSA que l'inverse. Plus proche de nous linguistiquement, (Shaalan *et al.*, 2007) décrit un système de transfert de

1. Rappelons que l'arabe est une langue gabaritique. Les mots pleins de l'arabe peuvent être analysés sous la forme d'un gabarit ou schème et d'une racine.

2. La traduction du MSA vers un dialecte peut être intéressante dans une application de transcription automatique de la parole : on traduit en dialecte un corpus MSA afin de construire un modèle de langage pour le dialecte.

l'égyptien vers le MSA. Dans ce cas, le transfert est effectué au niveau des lemmes alors que nous l'effectuons au niveau des racines pour des raisons déjà évoquées ci-dessus.

La structure de l'article est la suivante : nous commencerons, section 2, par une très brève description de la morphologie verbale de l'arabe. La section 3 se penche sur la morphologie verbale du tunisien, en mettant en avant les aspects qui la distinguent de la morphologie verbale du MSA. La section 4 décrit l'outil MAGEAD dont nous nous sommes servis pour l'analyse et la génération morphologique. Nous décrivons ensuite, dans la section 5 notre lexique. Une évaluation du système est décrite en section 6 et la section 7 clôt l'article.

# 2 Morphologie verbale de l'arabe

Le système morphologique verbal de l'arabe est complexe : il met en jeu des phénomènes d'agglutination, de flexion et de dérivation. En revanche, il est très régulier, ce qui permet de le décrire de manière fiable et économique à l'aide de règles. L'objectif de cette section est de décrire brièvement les différents aspects de la morphologie verbale de l'arabe, en particulier les notions de clitiques, d'affixes, de lemmes, de racines et de schèmes. Ces notions nous permettront, en 3, de décrire de manière précise les différences entre la morphologie verbale du MSA et du tunisien et, en 4, d'introduire le système d'analyse et de génération morphologique que nous utilisons.

Dans la suite de cet article, nous présenterons nos exemples en alphabet arabe et sous une forme translitérée mise entre crochets. Pour cela, nous utilisons la translitération proposée par (Buckwalter, 2004).

## 2.1 Agglutination

La langue arabe est fortement agglutinante : des articles, des conjonctions, des prépositions, matérialisés par des **clitiques**, se rattachent aux formes fléchies. On distingue généralement les **proclitiques** qui se situent avant la forme fléchie et les **enclitiques** qui se situent après. Les clitiques sont optionnels et invariables (leur forme ne varie pas selon le verbe auquel ils se rattachent).

Le verbe arabe admet un seul enclitique, le pronom complément d'objet direct (PRN_D), qui varie en genre et en nombre et les proclitiques suivants présentés selon leurs positions, du plus éloigné au plus proche du verbe :

- QST : la particule d'interrogation أَ [>a] "*est-ce que*"
- CNJ : les conjonctions وَ [wa] "*et*" et فَ [fa] "*alors*"
- PRP : la préposition لِ [li] "*pour*" et la particule d'accentuation لَ [la].
- PRT : la particule de futur سَ [sa] et les particules de négations لا [lA] et ما [mA]

La structure d'un verbe arabe peut être décrite par l'expression régulière suivante :

QST ? CNJ ? PRP ? PRT ? forme fléchie PRN_D ?

Illustrons cela sur le verbe أَسَتَكْتُبُونَهَا [>asataktubuwnahA], qui se traduit en français par "*est-ce que vous l'écrirez*". Ce verbe est composé de deux proclitiques, l'article d'interrogation أَ [>a] et la particule de futur سَـ [sa], une forme fléchie تَكتُبُونَ [taktubuwna] et un enclitique pronom d'objet direct ها [hA].

L'opération qui consiste à séparer les clitiques du verbe est généralement appelée segmentation. Celle-ci pose des problèmes d'ambiguïté dans une perspective de traitement automatique. En effet, dans certains cas, plusieurs segmentations sont possibles, comme dans le cas du verbe وعده [wEdh] qui peut être décomposé en wEd+h "*il l'a promis*" ou bien comme w+Ed+h "*et il l'a compté*". L'ambiguïté est plus importante lorsque les diacritiques ne sont pas représentés, comme c'est généralement le cas dans les corpus arabes.

## 2.2 Flexion

La flexion verbale de l'arabe est très régulière. Elle est fondée sur la concaténation d'affixes aux lemmes verbaux. La détermination des affixes repose sur les valeurs des traits morphologiques suivants :

- Aspect : l'arabe distingue trois aspects : **le perfectif** utilisé quand l'action est accomplie. C'est l'aspect le plus simple d'un point de vue morphologique. Utilisé avec la troisième personne du singulier, il représente la forme canonique d'un verbe, à l'instar de l'infinitif en français. **L'imperfectif** indique que l'action est en train de se réaliser, sans être achevée. Il exprime le présent, et permet d'exprimer le passé et le futur à l'aide des particules. **L'impératif** indique l'injonction. Il ne peut être conjugué qu'à la deuxième personne.
- Mode : **l'indicatif** employé dans une proposition principale. **Le subjonctif** employé dans une proposition subordonnée. **Le jussif** ou l'apocopé exprime la négation, l'interdiction ou le conditionnel. Le mode s'applique uniquement à l'aspect imperfectif.
- Personne, genre et nombre du sujet : comme en français, on distingue trois personnes, deux genres, **le masculin** et **le féminin**. En revanche, l'arabe distingue trois valeurs pour le nombre **le singulier**, **le duel** et **le pluriel**.

Le tableau 1, décrit les affixes de la première personne selon le nombre, l'aspect et le mode du verbe. Le duel, l'impératif et le genre n'interviennent pas quand il s'agit de la première personne.

| personne | nombre | Aspect | Mode | préfixe | suffixe | Exemple [katab] |
|---|---|---|---|---|---|---|
| 1 | singulier | perfectif | - | - | tu | katab**tu** |
| | | imperfectif | indicatif | > | u | **>**aktub**u** |
| | | | subjonctif | > | a | **>**aktub**a** |
| | | | jussif | > | o | **>**aktub**o** |
| | pluriel | perfectif | - | - | nA | katab**nA** |
| | | imperfectif | indicatif | n | u | **n**aktub**u** |
| | | | subjonctif | n | a | **n**aktub**a** |
| | | | jussif | n | o | **n**aktub**o** |

TABLE 1: Affixes de flexion des verbes arabes pour la première personne

## 2.3 Racines et schèmes

Les lemmes verbaux arabes sont dérivés à patir d'une racine et d'un schème. La racine est une séquence de trois ou quatre lettres qui définit une notion abstraite. La racine كتب [ktb], par exemple, est associée à la notion d'écriture alors que la racine درس [drs] est liée à la notion d'étude. Un schème, appelé aussi gabarit ou patron, est une séquence composée de chiffres et de lettres qui définit le format du lemme. Le processus de génération d'un lemme consiste à remplacer chaque chiffre du schème par la lettre correspondante dans la racine. Reprenons l'exemple du lemme verbal كَتَبَ [katab], il est obtenu à partir de la racine ك ت ب ktb et le schème 1a2a3 en remplaçant, les chiffres 1, 2 et 3, par les lettres correspondantes de la racine.

Un schème est porteur d'un sens général, tel que le factitif, le nom prototypique de la personne qui effectue l'action, le résultat de l'action. . .le schème marque aussi la voix (on distinge l'actif et le passif sans agent) et l'aspect.

Le tableau 2 représente quelques schèmes des verbes arabes pour l'aspect perfectif ou imperfectif ainsi que leurs significations. Nous avons indiqué entre parenthèse le schème de la voix passive.

| perfectif | imperfectif | signification |
|---|---|---|
| 1a2a3 (1u2i3) | a12a3 (u12a3) | sens de base |
| 1a22a3 (1u22i3) | u1a22i3 (u1a22a3) | causalité |
| 1A2a3 (1uw2i3) | u1A2i3 (u1A2a3) | réciprocité implicite |
| ta1A2a3 (tu1uw2i3) | ata1A2a3 (uta1A2a3) | réciprocité explicite |
| 1a23a4 (1u23i4) | u1a23i4 (u1a23a4) | sens de base |
| ta1a23a4 (tu1u23i4) | ata1a23i4 (uta1a23a4) | forme réfléchie de 1a23a4 |

TABLE 2: Exemples de schèmes verbaux arabes

# 3 Morphologie verbale du tunisien

Plusieurs travaux récents s'intéressent au dialecte tunisien : (Mejri *et al.*, 2009) a présenté la situation linguistique en Tunisie en décrivant les systèmes phonologiques, morphologiques et syntaxiques du tunisien. (Ouerhani, 2009) a étudié les phénomènes d'interférence entre la morphologie verbale du tunisien et celle de l'arabe standard d'une part, et la relation entre les verbes tunisiens et français (le cas de l'emprunt) d'autre part. Dans ce travail, nous nous intéressons tout comme (Ouerhani, 2009) à la morphologie verbale du dialecte tunisien mais contrairement à lui, qui ne s'interresse qu'à un échantillon de verbes, nous étudions tout le paradigme verbal tunsien. Ce dernier s'inspire fortement du MSA, on retrouve en effet les phénomènes d'agglutination de flexion et de dérivation décrits dans la section 2 mais avec quelques différences que nous décrivons ci-dessous.

## 3.1 Agglutination

Au niveau de l'agglutination, deux phénomènes distinguent le tunisien du MSA. D'une part, certains clitiques MSA sont réalisés sous la forme de particules indépendantes en tunisien et vice-versa. D'autre part, la forme de certains clitiques change. Ces phénomènes sont décrits plus en détails ci-dessous :

- le proclitique d'interrogation MSA أ [>a] "*est-ce que*" devient en tunisien l'enclitique ش [$] La forme verbale MSA أكتبت [>akatabta] "*est-ce que tu as écrit*", par exemple, se traduit en tunisien par كتبتش [ktibti$].
- la préposition لـ [li] "*pour*" et le proclitique du futur ne sont plus rattachés aux verbes. Tous les deux se traduisent par la particule indépendante باش [bA$] qui se situe avant le verbe : les formes لتكتب [litaktub] "*pour que tu écrives*" et ستكتب [sataktub] "*tu écriras*" sont exprimés en tunisien par باش تكتب [bA$ tiktib].
- le pronom complément d'objet indirect (PRN_I) qui est détaché du verbe en MSA se réalise sous la forme d'un enclitique en tunisien, par exemple les deux formes كتبت لك [katabtu laka] en MSA sont rattachées en tunisien كتبتلك [ktibtlik] "*je t'ai écrit*".

La structure d'un verbe tunisien peut être décrite par l'expression régulière suivante :

CNJ ? PRT ? forme fléchie PRN_D ? PRN_I ? (NEG|QST) ?

## 3.2 Flexion

De manière générale, la flexion des verbes tunisiens est plus pauvre que celle des verbes MSA. En particulier, le mode n'est plus marqué, les valeurs du nombre qui étaient au nombre de trois en MSA (singulier, duel et pluriel) sont réduits à deux (singulier et pluriel). Quant au genre, il n'est spécifié que lorsqu'il s'agit de la troisième personne du singulier. La liste des affixes sujet de la première personne sont représentés dans le tableau 3. Ce dernier peut être mis en regard du tableau 1.

| personne | nombre | Aspect | préfixe | suffixe | Exemple : ktib "*écrire*" |
|---|---|---|---|---|---|
| 1 | singulier | perfectif | - | t | ktib**t** |
| | | imperfectif | n | o | **n**iktib**o** |
| | pluriel | perfectif | - | nA | ktib**nA** |
| | | imperfectif | n | uwA | **n**iktb**uwA** |

TABLE 3: Affixes de flexions des verbes tunisiens pour la première personne

D'autre part, contrairement au MSA qui marque la voix dans le schème verbal, le tunisien marque la voix passive sous la forme du préfixe ت [t] [3]. La forme MSA passive كتب [kutiba] "*il est écrit*" devient en tunisien تكتب [tiktib].

## 3.3 Racines et schèmes

Hormis les emprunts, les lemmes verbaux tunisiens dérivent d'une racine et un schème, comme pour le MSA. Il y a en général correspondance bi-univoque entre un schème MSA et un schème tunisien sauf dans certains cas où un schème MSA peut correspondre à deux schèmes tunisiens

3. Nous aurions aussi pu définir le passif avec les schèmes, en ajoutant un /t/ au début de chaque schème de la voix active.

ou bien à aucun schème tunisien. La correspondance entre les schèmes MSA présentés dans la section 2 et les schèmes tunisiens est donnée dans le tableau 4.

| perfectif | | imperfectif | |
|---|---|---|---|
| schème_MSA | schème_TUN | schème_MSA | schème_TUN |
| 1a2a3 | 12a3 | a12a3 | a12a3 |
| 1a22a3 | 1a22a3 | u1a22i3 | 1a22a3 |
| 1A2a3 | 1A2a3 | u1A2i3 | 1A2a3 |
| ta1A2a3 | t1A2a3 | ata1A2a3 | it1A2a3 |
| 1a23a4 | 1a23i4 | u1a23i4 | 1a23i4 |
| ta1a23a4 | ta1a23i4 | ata1a23i4 | ta1a23i4 |

TABLE 4: Correspondance des schèmes MSA et tunisiens

# 4 Analyse et génération morphologiques

L'analyse et la génération morphologiques de notre système sont réalisées par l'outil MAGEAD (Habash et Rambow, 2006; Habash *et al.*, 2005). Ce dernier est un système à base de règles qui permet de décrire les systèmes morphologiques des différentes variétés de l'arabe (dialectes et MSA) et de les compiler sous la forme d'un transducteur fini.

Une des idées maîtresses qui sous-tendent le système MAGEAD est le partage des connaissances linguistiques communes à plusieurs variétés de l'arabe. En effet, comme nous l'avons vu ci-dessus, les variétés de l'arabe se distinguent par certains aspects lexicaux et morphologiques mais en partagent d'autres. L'architecture de MAGEAD permet de ne représenter qu'une fois ce qui est commun à plusieurs variétés de l'arabe.

MAGEAD effectue une analyse morphologique profonde. Partant d'une forme verbale ou nominale de l'arabe, il en fait l'analyse sous la forme d'une racine, d'une classe et de traits morphologiques. Ces derniers sont au nombre de 9 : `PER`, `GEN`, `NUM`, `ASP`, `VOICE`, `QST`, `CNJ`, `PRT`, `PRN`. Les cinq premiers traits définissent respectivement la personne, le genre, le nombre, l'aspect et la voix. Alors que les quatre derniers traits indiquent les clitiques (question, conjonction, particule et pronom d'objet direct). La combinaison de ces traits va permettre de sélectionner un schème, des affixes, des clitiques et de les combiner afin de produire une forme verbale.

MAGEAD distingue quatre niveaux de représentation. Nous les décrirons ci-dessous en nous appuyant sur un exemple, qui est la forme ازدهرت [Aizdaharat], "*elle a prospéré*".

- la représentation profonde.
  A ce niveau de représentation, une forme est représentée, comme nous l'avons mentionné ci-dessus, sous la forme d'une racine, d'une classe, appelée MBC (pour *Morphologic Behavioural Class*) et de traits morphologiques. Ce niveau est commun à toutes les variantes de l'arabe.
  A ce niveau, notre exemple est représenté sous la forme suivante :
  `[ROOT:zhr] [MBC:verb-VIII] [POS:V] [PER:3] [GEN:f] [NUM:s] [ASP:p]`
- la représentation en morphèmes abstraits.
  Les morphèmes abstraits sont des morphèmes qui pourront se réaliser différemment dans des variétés différentes de l'arabe.

Notre exemple est représenté à ce niveau de la façon suivante :
`[ROOT:zhr][PAT_PV:VIII][VOC_PV:VIII-act]+[SUBJSUF_PV:3FS]`
Les trois premiers morphèmes décrivent la racine, le schème (patron) et le vocalisme [4]. L'ensemble de ces trois morphèmes définissent un lemme. Le dernier morphème décrit un suffixe indiquant le genre, le nombre et la personne du verbe. Un tel suffixe pourra se réaliser différemment selon la variété d'arabe considérée.
Le passage du niveau profond au niveau morphologique abstrait est réalisé à l'aide des MBC. Ces derniers permettent d'associer des traits morphologiques à des morphèmes abstraits. Cette association est réalisée à l'aide de règles dont la partie gauche est constituée d'un ou plusieurs traits et la partie droite est constituée d'un morphème profond. C'est en particulier la règle suivante qui donnera naissance au morphème `[SUBJSUF_PV:3FS]` :
`[ASP:p][PER:3][GEN:f][NUM:s] -> [SUBJSUF_PV:3FS]`
Les MBC sont représentés sous la forme d'une hiérarchie, les MBC héritent de leurs MBC ancêtres un certain nombre de propriétés. C'est cette représentation hiérarchique qui permet de factoriser des règles communes à plusieurs MBC.

– la représentation en morphèmes concrets.
  A ce niveau de représentation, les morphèmes abstraits sont réalisés sous la forme de morphèmes concrets. Notre exemple se représente maintenant de la façon suivante :
  `<zhr, AV1tV2V3, iaa> + at`
  le suffixe `+at` indique la personne, le genre et le nombre du sujet. Le triplet `<zhr, AV1tV2V3, iaa>` regroupe les trois composantes du lemme : la racine, le schème et le vocalisme. Ces trois composantes vont permettre de générer le lemme proprement dit. Le principe de génération relève de la morphologie non concaténative, elle consiste à remplacer les symboles 1,2 et 3 du schème par le permier, second et troisième symbole de la racine. Les symboles V sont quant à eux remplacés par les symboles qui consituent le vocalisme. Le résultat de cette opération est la chaîne `Aiztahra`. Cette opération est réalisée à l'aide d'un automate multibande, à l'image de (Kiraz, 2000).
– la représentation de surface.
  Il s'agit de la représentation orthographique. Notre exemple se représente maintenant sous la forme `Aizdaharat`, qui est une translitération de la forme arabe ازدَهَرَت. Le passage de la représentation en morphèmes concrets à la représentation de surface met en jeu deux types d'opérations. D'une part la concaténation des affixes et d'autre part des règles morphophonémiques qui vont, par exemple, provoquer le voisement du son /t/ pour donner le son /d/.

L'adaptation de MAGEAD à une nouvelle variété de l'arabe se décompose en trois étapes.

La première consiste à créer la nouvelle hiérarchie des MBC spécifiques au dialecte décrit. Dans notre cas, nous avons défini, pour chaque schème tunisien, un nouvel MBC dans la hiérarchie.

La deuxième étape consiste à définir de nouveaux morphèmes abstraits tels que, dans notre cas, l'enclitique de négation, ainsi que les morphèmes concrets leur correspondant. Dans le cas du tunisien la majorité des morphèmes concrets sont différents de ceux du MSA.

La troisième étape concerne les règles phonologiques et orthographiques propres au dialecte décrit. Il existe en particulier une règle spécifique au tunisien qui remplace la troisième lettre

4. MAGEAD ne manipule pas directement des schèmes, il les décompose en deux parties, d'une part une forme non diacritée du schème et d'autre part les diacritiques qui vont permettre de vocaliser cette forme afin d'obtenir un schème

de la racine, si cette dernière est défectueuse [5], ainsi que la voyelle qui la précède par la voyelle longue ا [A] lorsque le suffixe sujet commence par la voyelle fermée [u] ou [i] (ce qui est le cas pour la troisième personne du singulier féminin et la troisième personne du pluriel). Le verbe مشى [m$aY] conjugué à la troisième personne du singulier féminin donne مشات [m$At] alors qu'à la troisième personne du pluriel il donne مشاوا [m$AwA].

## 5 Lexique

Comme nous l'avons décrit dans l'introduction, notre lexique apparie des couples (racine, MBC) en MSA avec des couples (racine, MBC) en tunisien. Le lexique est composé de 1638 entrées. Il a été réalisé à partir du corpus de l'Arabic Tree Bank (ATB) (Maamouri *et al.*, 2004) qui est composé de 120 transcriptions d'émissions d'actualité en MSA diffusées par différentes chaînes arabes.

Ce corpus comporte 29911 occurences verbales. Afin d'extraire les lemmes et les racines de ces verbes, nous avons eu recours à l'analyseur morphologique ELIXIRFM (Smrž, 2007) qui permet, étant donné une forme fléchie en MSA, d'en extraire le lemme et la racine.

Chaque occurrence de lemme MSA a été ensuite traduite, en contexte, par un locuteur natif, en tunisien. A ce stade, les entrées du lexique sont composées, côté MSA d'un lemme et d'une racine et, côté tunisien, d'un lemme.

Nous avons alors associé à chaque entrée, du côté MSA, un MBC et pour chaque lemme, côté tunisien, un MBC et une racine. Comme nous l'avons décrit dans la section 4, lorsque le comportenement d'un verbe tunisien n'était pas décrit par un MBC MSA, un nouvel MBC a été créé.

En ce qui concerne les racines, dans 81,49 % des cas, nous avons identifié une racine arabe existante. Lorsqu'il n'existait pas de racine pour un lemme donné, nous avons eu recours à une méthode déductive pour en créer une nouvelle.

En effet, étant donné l'équation racine + schème = lemme, lorsque nous disposons d'un lemme et d'un schème, il est possible d'en déduire une racine. A l'aide de ce processus, nous avons défini une centaine de nouvelles racines spécifiques au tunisien.

Dans sa forme actuelle, le lexique est composé de 1638 entrées. Du côté tunisien l'ensemble des racines s'élève à 646 et du côté MSA à 1050.

L'ambiguïté est donc plus importante dans le sens tunisien → MSA que dans le sens MSA → tunisien. De manière plus précise, dans 587 cas, à un couple (racine, MBC) tunisien correspond un couple (racine, MBC) MSA et dans 333 cas, il lui en correspond plusieurs.

Nous reviendrons plus en détails sur l'ambiguïté dans la partie 6.

5. Les lettres défectueuses dans l'arabe sont و [w] et ي [y]

# 6 Evaluation

Le processus de traduction d'une forme verbale en tunisien en une forme verbale MSA se décompose en trois étapes : l'analyse morphologique à l'aide de l'outil MAGEAD adapté au tunisien, le transfert lexical réalisé au niveau des racines grâce à un lexique MSA-tunisien et la génération de la forme verbale MSA grace à l'outil MAGEAD pour le MSA. Rappelons que chacune de ces étapes est réversible et que l'on peut symétriquement traduire une forme verbale MSA en une forme verbale en tunisien.

De manière plus précise, à partir d'un verbe source, MAGEAD produit toutes ses analyses possibles, chacune d'elles est composée d'une racine-source, d'un MBC-source et de différents traits morphologiques. Le couple (racine-source, MBC-source) permet de faire un accès au dictionnaire pour extraire un ou plusieurs couples (racine-cible, MBC-cible). Les traits morphologiques sont quant à eux conservés tels quels. Le processus est décrit dans la figure 1.

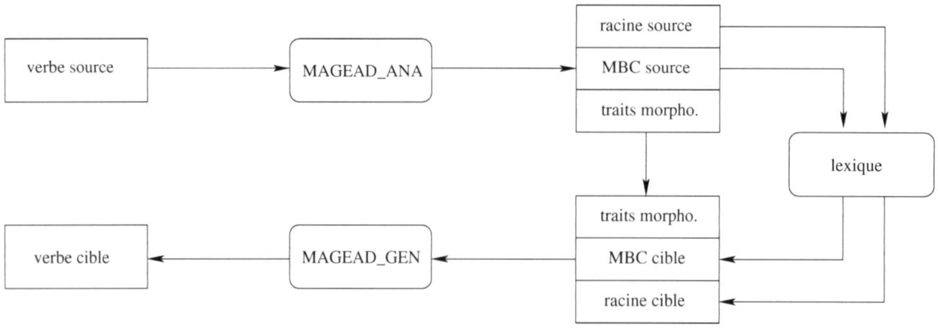


FIGURE 1: Traduction d'une forme verbale d'une langue source vers une langue cible

Cette architecture recèle deux sources d'ambiguïté. D'une part, l'analyse peut créer plusieurs couples (racine-source, MBC-source) et, d'autre part, le lexique peut proposer pour un couple (racine-source, MBC-source) plus d'un couple (racine-cible, MBC-cible).

Comme nous l'avons mentionné dans l'introduction, l'objectif général de ce travail n'est pas de produire un système de traduction du tunisien vers le MSA mais de générer à partir d'un texte tunisien une version de ce dernier sous une forme se rapprochant du MSA, de sorte que des outils de traitement automatique du MSA, tel que des étiqueteurs morpho-syntaxiques ou des analyseurs syntaxiques puissent être utilisés sur cette nouvelle forme du texte avec des résultats satisfaisants. La réelle évaluation sera donc réalisée sur la sortie de ces outils.

Les expériences décrites ici ne fournissent qu'une évaluation partielle, elles permettent de mesurer dans quelle mesure, pour une forme verbale tunisienne en entrée, la forme verbale MSA correcte est générée en sortie.

L'évaluation de ce processus est confronté au problème de l'absence de ressources écrites pour les dialectes. Afin de pallier ce problème, nous avons eu recours au livre (Dhouib, 2007) qui est une pièce de théatre écrite en tunisien. Les 1500 occurrences de formes verbales ont été identifiées et traduites en contexte, en tunisen, par deux locuteurs natifs. A l'issue de ce processus, 1500 couples (forme tunisienne, forme MSA) ont été produits et cet ensemble a été divisé en deux parties égales. La première constituant un ensemble de développement et la seconde un ensemble de test. Deux métriques standard ont été utilisées pour évaluer le processus : la précision, qui indique la proportion de cas pour lesquels la forme cible correcte a été produite et l'ambiguïté, qui indique le nombre de formes cible produites en moyenne, pour une forme source.

Les expériences ont été réalisées dans le sens tunisien vers MSA et dans le sens MSA vers tunisien. Nous avons distingué les résultats sur les types et sur les occurrences. L'ensemble de développement a permis de combler quelques lacunes de l'analyseur et du générateur morphologique et d'enrichir notre lexique. Les résultats des expériences sur le corpus de développement sont donnés dans le tableau 5.

| | précision | | ambiguïté | |
|---|---|---|---|---|
| | occurences | types | occurences | types |
| TUN ⇒ MSA | 87.65 | 86.68 | 25.42 | 23.33 |
| MSA ⇒ TUN | 89.56 | 88.74 | 1.25 | 2.87 |

TABLE 5: Précision et ambiguïté de la traduction des verbes de l'ensemble de développement

Ces expériences ont été, ensuite, lancées sur l'ensemble de test (cf. tableau 6). La grande différence entre l'ensemble de développement et celui du test est le lexique. En effet, dans les expériences sur les données de développement, toutes les paires (racine, MBC) qui ne se trouvent pas dans le lexique ont été rajoutées.

| | précision | | ambiguïté | |
|---|---|---|---|---|
| | occurences | types | occurences | types |
| TUN ⇒ MSA | 76.43 | 74.52 | 26.82 | 25.57 |
| MSA ⇒ TUN | 79.24 | 75.1 | 1.47 | 3.1 |

TABLE 6: Précision et ambiguïté de la traduction des verbes de l'ensemble de test

Une analyse d'erreurs dans le sens tunisien vers MSA a montré que 34.6% des erreurs proviennent du lexique, alors que 14.5% d'erreurs proviennent de MAGEAD MSA et 51.9% de MAGEAD tunisien. La plupart des erreurs commises par MAGEAD sont dûes aux phénomènes morphologiques qui n'ont pas encore été implémentés, en particulier les verbes quadrilitères et l'impératif des verbes défectueux. D'autres erreurs spécifiques à MAGEAD tunisien proviennent des verbes pour lesquels la première ou la troisième lettre de la racine est "hamza" ء ['] qui nécéssitent un traitement spécifique. D'autre part, cette analyse d'erreurs a révélé deux types d'ambiguïtés : l'ambiguïté lexicale, dans 30% des cas et l'ambiguïté morphologique dans 70% des cas.

# 7 Conclusion

Nous avons proposé dans cet article un système de traduction de formes verbales depuis le tunisien vers le MSA et vice-versa. Ce travail s'inscrit dans un projet plus général de traduction des dialectes de l'arabe vers des approximations du MSA. Les résultats donnés par ce système sont environ 76% pour le passage du dialecte tunisien à l'arabe standard et 79% de performances dans l'autre sens.

L'architecture développée va être utilisée pour traduire les noms. Nous n'avons pas traité ici le problème de l'ambiguïté : comment choisir une traduction lorsque plusieurs sont proposées par le système ? Il sera traité dans une étape ultérieure par l'utilisation d'un modèle de langage, appris sur des corpus MSA. Un tel modèle de langage permettra de sélectionner la séquence de meilleure probabilité.

# Références

ABDILLAHI, N., NOCERA, P. et TORRES-MORENO, J. (2006). Boîtes à outils tal pour les langues peu informatisées : le cas du somali. *Actes de JADT*, 6:697–705.

ALTABBAA, M., AL-ZARAEE, A. et SHUKAIRY, M. (2010). An arabic morphological analyser and part-of-speech tagger. *Actes de JADT*, page 50.

BUCKWALTER, T. (2004). Buckwalter arabic morphological analyser version 2.0. *In Linguistic Data Consortium, University of Pennsylvania. LDC Cat alog No. :LDC2004L02, ISBN 1-58563-324-0.*

DHOUIB, E. (2007). El makki w zakiyya. Maison d'édition manshuwrat manara, Tunis.

FERGUSON, C. (1959). Diglossia. *Word*, 15(2).

HABASH, N. et RAMBOW, O. (2006). Magead : a morphological analyzer and generator for the arabic dialects. *In Proceedings of the 21st International Conference on Computational Linguistics and the 44th annual meeting of the Association for Computational Linguistics*, pages 681–688. Association for Computational Linguistics.

HABASH, N., RAMBOW, O. et KIRAZ, G. (2005). Morphological analysis and generation for arabic dialects. *In Proceedings of the ACL Workshop on Computational Approaches to Semitic Languages*, pages 17–24. Association for Computational Linguistics.

KIRAZ, G. (2000). Multitiered nonlinear morphology using multitape finite automata : a case study on syriac and arabic. *Computational Linguistics*, 26(1):77–105.

MAAMOURI, M., BIES, A., BUCKWALTER, T. et MEKKI, W. (2004). The penn arabic treebank : Building a large-scale annotated arabic corpus. *In NEMLAR Conference on Arabic Language Resources and Tools*, pages 102–109.

MEJRI, S., MOSBAH, S. et SFAR, I. (2009). Pluringuisme et diglossie en tunisie. *Synergies Tunisie n 1*, pages 53–74.

OUERHANI, B. (2009). Interférence entre le dialectal et le littéral en tunisie : Le cas de la morphologie verbale. *Synergies Tunisie n 1*, pages 75–84.

SCHERRER, Y. *et al.* (2009). Un système de traduction automatique paramétré par des atlas dialectologiques. *Actes de TALN*.

SENG, S. (2010). *Vers une modélisation statistique multi-niveau du langage, application aux langues peu dotées*. Thèse de doctorat, Université de Grenoble.

SHAALAN, K., BAKR, H. et ZIEDAN, I. (2007). Transferring egyptian colloquial dialect into modern standard arabic. *In International Conference on Recent Advances in Natural Language Processing (RANLP-2007), Borovets, Bulgaria*, pages 525–529.

SMRŽ, O. (2007). Elixirfm : implementation of functional arabic morphology. *In Proceedings of the 2007 Workshop on Computational Approaches to Semitic Languages : Common Issues and Resources*, pages 1–8. Association for Computational Linguistics.

# Extension dynamique de lexiques morphologiques pour le français à partir d'un flux textuel

Benoît Sagot[1] Damien Nouvel[1] Virginie Mouilleron[1] Marion Baranes[2,1]
(1) Alpage, INRIA & Université Paris-Diderot, 75013 Paris
(2) viavoo, 92100 Boulogne Billancourt
{prenom.nom}@inria.fr

RÉSUMÉ

L'incomplétude lexicale est un problème récurrent lorsque l'on cherche à traiter le langage naturel dans sa variabilité. Effectivement, il semble aujourd'hui nécessaire de vérifier et compléter régulièrement les lexiques utilisés par les applications qui analysent d'importants volumes de textes. Ceci est plus particulièrement vrai pour les flux textuels en temps réel. Dans ce contexte, notre article présente des solutions dédiées au traitement des mots inconnus d'un lexique. Nous faisons une étude des néologismes (linguistique et sur corpus) et détaillons la mise en œuvre de modules d'analyse dédiés à leur détection et à l'inférence d'informations (forme de citation, catégorie et classe flexionnelle) à leur sujet. Nous y montrons que nous sommes en mesure, grâce notamment à des modules d'analyse des dérivés et des composés, de proposer en temps réel des entrées pour ajout aux lexiques avec une bonne précision.

ABSTRACT

**Dynamic extension of a French morphological lexicon based a text stream**

Lexical incompleteness is a recurring problem when dealing with natural language and its variability. It seems indeed necessary today to regularly validate and extend lexica used by tools processing large amounts of textual data. This is even more true when processing real-time text flows. In this context, our paper introduces techniques aimed at addressing words unknown to a lexicon. We first study neology (from a theoretic and corpus-based point of view) and describe the modules we have developed for detecting them and inferring information about them (lemma, category, inflectional class). We show that we are able, using among others modules for analyzing derived and compound neologisms, to generate lexical entries candidates in real-time and with a good precision.

MOTS-CLÉS : Néologismes, analyse morphologique, lexiques dynamiques.

KEYWORDS: Neologisms, Morphological Analysis, Dynamic Lexica.

## 1 L'incomplétude lexicale et les néologismes

Tout comme les dictionnaires de langues, par définition lacunaires, les lexiques utilisés pour des applications en Traitement Automatique du langage (TAL) doivent être régulièrement complétés afin de refléter au plus près les réalités linguistiques et limiter ainsi l'incomplétude lexicale. Cependant ce processus continu de mise à jour ne peut suffire à lui seul, ne serait-ce que par le coût humain d'une telle tâche. Il est donc utile de disposer de modules d'analyse permettant d'extraire automatiquement de nouvelles entrées lexicales et les ajouter, après validation manuelle ou automatique, dans des ressources lexicales. La mise au point de tels outils est plus particulièrement intéressante pour le traitement des données textuelles récentes, voire des corpus dynamiques comme un flux de dépêches d'agence, produites en temps quasi-réel.

Étant donné un outil de TAL et un texte à traiter, certains tokens [1] sont *inconnus* : à partir du lexique, l'outil ne parvient pas à les analyser comme mots-formes simples ou combinaisons régulières de tels mots-formes (par exemple, *donne-moi* est inconnu en tant que tel des lexiques de référence mais analysable comme combinaison typographique des mots-formes *donne* et *-moi*). Dans cet article, nous utilisons comme référence le L*efff* (Sagot, 2010) et l'ensemble des mentions d'entités nommées répertoriées dans la base Aleda (Sagot et Stern, 2012) [2].

Même en se restreignant au niveau morphologique (où une entrée, ou *lemme*, peut être réduite à une forme de citation, une catégorie et une classe flexionnelle), construire automatiquement de nouvelles entrées lexicales candidates n'est pas une tâche simple. Outre la non-correspondance systématique entre tokens et formes, traiter des tokens inconnus est rendu complexe par leur grande variabilité, comme décrit par de nombreux auteurs. Adaptant ainsi la typologie des inconnus proposée par Blancafort San José *et al.* (2010), nous pouvons distinguer :

– les **tokens invalides**, induits notamment par des erreurs de tokenisation ;
– les **inconnus orthographiques**, produits de façon consciente (économie scripturale), par erreur (mauvaise connaissance de l'orthographe), ou en raison d'instabilités orthographiques (notamment pour les emprunts, les constructions préfixales ou les associations : *co-fondateur*, *coproducteur*, *microalgues*, *micro-ondes*, *électro-mécanique*, *électroencéphalogramme*) ;
– les **inconnus typographiques** (absence de tirets ou de blancs typographiques obligatoires) ;
– les **nombres, sigles** et autres unités de ce type (*A380*, *L-334-1*) ;
– les **emprunts non-adaptés**, qui ne sont pas encore rentrés dans le système morphologique de la langue et ne disposent pas encore de paradigmes morphologiques complets
– les **inconnus lexicaux**, formes correctes absentes des ressources de référence (emprunts adaptés, créations lexicales, entités nommées nouvelles ou rares, mentions inconnues d'entités connues, etc.) ; parmi eux, il convient de distinguer les mentions d'entités nommées d'une part et le reste d'autre part, que nous qualifierons de **néologismes** dans la suite de cet article [3].

En fonction de leur nature, les néologismes peuvent être considérés comme analysables (au moins une partie de l'inconnu est reconnaissable à travers sa morphologie) ou non analysables (leur forme n'est pas reconnaissable à travers leur morphologie ou leur orthographe). Dans les faits, presque tous les néologismes devraient pouvoir être analysables hors contexte, en s'appuyant sur des dictionnaires, ou en contexte, en s'appuyant sur les dépendances syntaxiques auxquelles il prend part (Han et Baldwin, 2011).

En TAL, les néologismes analysables hors-contexte à travers leur morphologie peuvent être traités à partir d'algorithmes de racinisation (Lovins, 1968). Ceci permet de rattacher un néologisme à d'autres unités lexicales connues des ressources de référence (par exemple, *zippable* à *zipper*). Il

1. Un token est défini comme une unité typographique constituée d'un caractère de ponctuation ou d'une séquence d'au moins un caractère ne comportant pas d'espace et délimitée par des espaces et/ou des caractères de ponctuation.

2. Dans ce travail, nous laissons de côté les inconnus contextuels, c'est-à-dire les tokens qui ne sont connus de la référence que comme composants de composés mais qui apparaissent dans d'autres contextes que ces composés (par exemple, *instar* si on le trouvait ailleurs que dans le composé *à l'instar de/du*.

3. Nous considérons donc comme étant un néologisme toute unité lexicale valide qui est nouvelle par rapport aux lexiques de référence, et non, comme c'est souvent le cas, par rapport à un usage supposé connu et vérifiable. Puisqu'il ne s'agit pas d'inconnus, nous ne traitons pas non plus des cas où une forme graphique connue est employée avec une catégorie inconnue du lexique (conversion) ou avec un sens nouveau (néologie sémantique).

est également possible de déduire les catégories morphosyntaxiques des néologismes à partir de propriétés de ses affixes morphologiques, si l'on parvient à les identifier. Dans le cas de *zippable*, par exemple, le suffixe *–able* est un bon indicateur de la catégorie adjectif et de la classe flexionnelle marquant le pluriel par un suffixe *–s*. Enfin, le lemme d'un néologisme peut être obtenu par analogie avec les entrées de la référence, par consultation de ressources complémentaires, ou à l'aide de lemmatiseurs (Schmid, 1994; Chrupała *et al.*, 2008).

Ces méthodes d'identification et d'analyse peuvent être combinées à d'autres systèmes de filtrage ou de traitement qui prennent en compte ou non le contexte. En linguistique de corpus, il s'agit généralement de descriptions formalisées sous forme de dictionnaires, et de transducteurs à états finis (Maurel et Piton, 1998; Dister et Fairon, 2004). Ces formalismes sont plus ou moins puissants en fonction de l'organisation des transducteurs, des types de dictionnaires associés et de la variété des traits qu'il est possible d'utiliser à travers eux.

Mais de telles approches supposent que l'on ait su identifier les néologismes parmi l'ensemble des inconnus. Si dans certains cas il s'agit d'une tâche aisée (sigles, nombres), distinguer un néologisme d'un inconnu orthographique ou d'un emprunt non-adapté est moins immédiat. Dans cet article, notre objectif est triple : (1) mettre en évidence les phénomènes constructionnels dont procèdent les néologismes, (2) montrer qu'il est possible d'identifier et d'analyser automatiquement ces néologismes, et (3) étendre ainsi automatiquement le lexique morphologique de référence, ici le Le*fff*.

Nous présentons en partie 2 l'architecture que nous adoptons pour étudier les tokens inconnus. Parmi ces derniers, la partie 3 étudie les mécanismes morphologiques de construction des néologismes que nous relevons. Nous décrivons en partie 4, après un état de l'art, les modules TAL qui nous permettent de traiter ces éléments. Enfin, nous conduisons une évaluation dont les résultats sont présentés en partie 5.

# 2 Traitement des inconnus dans le corpus

## 2.1 Architecture d'identification et d'analyse des inconnus

Traiter automatiquement les tokens inconnus afin d'enrichir le lexique nécessite au préalable la mise en place d'une architecture logicielle robuste. La figure 1 présente l'organisation générale des traitements utilisés et, pour certains, développés spécifiquement au sein de la chaîne de traitement SxPipe (Sagot et Boullier, 2008). Nous réalisons en préliminaire une étape de filtrage (`Filtres`), que nous évoquerons à la section suivante lors de la description du corpus.

Nous appliquons ensuite certains modules de prétraitement de SxPipe [4] (Sagot et Boullier, 2008). Nous nous restreignons ici à la tokenisation du texte, à la détection de motifs par automates (nombres, dates, sigles) et à la reconnaissance d'entités nommées à l'aide de la base Aleda (Sagot et Stern, 2012) et de quelques motifs contextuels. Nous obtenons finalement des treillis de formes à partir desquels les modules implémentés pour le traitement des inconnus peuvent opérer. On peut noter que les ambiguïtés d'analyse ainsi créées ne concernent jamais les tokens inconnus qui font l'objet des traitements ultérieurs.

4. Parmi les options disponibles, nous désactivons celles qui cherchent à corriger les fautes d'orthographe ou qui décomposent la reconnaissance des tokens (par dérivation ou par composition).

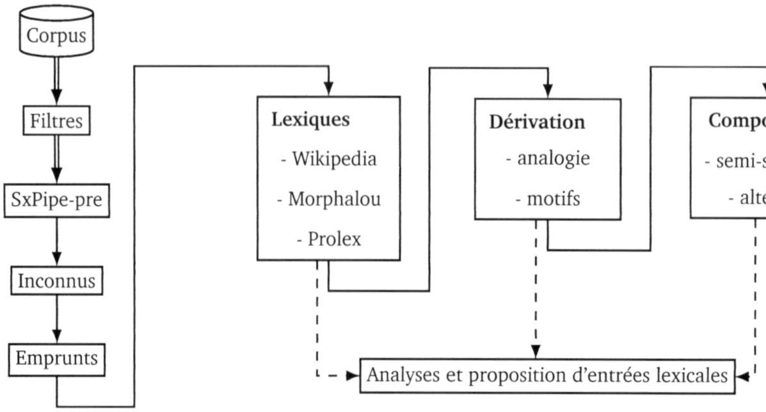


FIGURE 1 – Chaîne de traitement des inconnus

Le module `Inconnus` identifie les tokens inconnus et les étiquette comme tels. Comme nous l'avons évoqué, ces derniers peuvent relever de nombreuses catégories. Le module `Emprunts` (Baranes, 2012) permet d'écarter les tokens empruntés à l'anglais non-adaptés [5]. Parmi les inconnus restants, nous cherchons à repérer les formes qui auraient intérêt à être ajoutées au lexique, soit parce que ce dernier n'est pas suffisamment complet (`Lexiques`), soit parce que ce sont des créations lexicales (en particulier ceux créés par `Dérivation`, ou par `Composition`).

## 2.2 Données : le flux de dépêches AFP

Nous conduisons nos études, expériences et évaluations sur un volumineux corpus de dépêches AFP (francophones), collectées entre 2007 et 2013. Nous en sélectionnons trois sous-parties afin de mener nos expériences : des dépêches entre le 24 juin et le 3 juillet 2009 (`AFP-annot`), l'intégralité des dépêches de l'année 2009 (`AFP-2009`) et 200 dépêches tirées au hasard entre le 1er et le 14 janvier 2013 (`AFP-eval`). L'opération de filtrage consiste à écarter les énoncés ne comportant pas assez de caractères en minuscules ou pas assez de mots. Cela permet d'éliminer les tableaux de résultats sportifs, sommaires, agendas, signatures et autres éléments qui ne sont pas à proprement parler du contenu linguistique.

Le tableau 1 donne les caractéristiques générales de ces corpus. On peut constater que les occurrences d'inconnus sont d'autant plus redondantes que le sous-corpus est grand. Les corpus `AFP-annot` et `AFP-2009` sont utilisés à fins d'études. En particulier, `AFP-annot` est annoté manuellement en inconnus selon la classification de Blancafort San José *et al.* (2010) [6]. Nous écartons certaines classes d'inconnus de cette étude (mots commençant par des chiffres ou des majuscules) afin de se focaliser sur les créations lexicales. Le tableau 2 indique la répartition des inconnus selon ces classes. Nous y vérifions l'importance du phénomène de créations lexicales, que nous assimilons aux néologismes et sur laquelle nous concentrons nos efforts.

La figure 2 nous renseigne sur l'évolution des inconnus distincts (repérés par la chaîne de

5. Des néologismes empruntés à des formes anglophones peuvent alors ne pas être repérés (*cardio-training*, *box-office*, etc.), mais ces erreurs représentent moins de 1% des tokens inconnus.

6. Le travail d'annotation manuelle a été réalisé sous la responsabilité et avec les outils de l'entreprise Syllabs, dans le cadre du projet ANR EDyLex.

| Corpus | Dépêches | Tokens | Inconnus | Distincts |
|---|---|---|---|---|
| AFP-annot | 2 535 | 1 060 378 | 6 208 | 2 782 |
| AFP-2009 | 311 981 | 94 967 771 | 907 570 | 107 496 |
| AFP-eval | 200 | 73 353 | 729 | 489 |

TABLE 1 – Volumes

| Type | Inconnus | Distincts |
|---|---|---|
| Créations lexicales | 3556 | 1301 |
| Erreurs typographiques | 902 | 622 |
| Formes lexicalisées | 531 | 272 |
| Emprunts adaptés | 480 | 174 |
| Forme avec clitique | 302 | 222 |
| Entités nommées | 227 | 114 |
| Mots étrangers | 177 | 108 |
| Formes non-autonomes | 141 | 43 |
| Variantes graphiques | 55 | 27 |
| Tokens alphanumériques | 42 | 18 |
| Inclassables | 10 | 7 |

TABLE 2 – Inconnus de AFP-annot

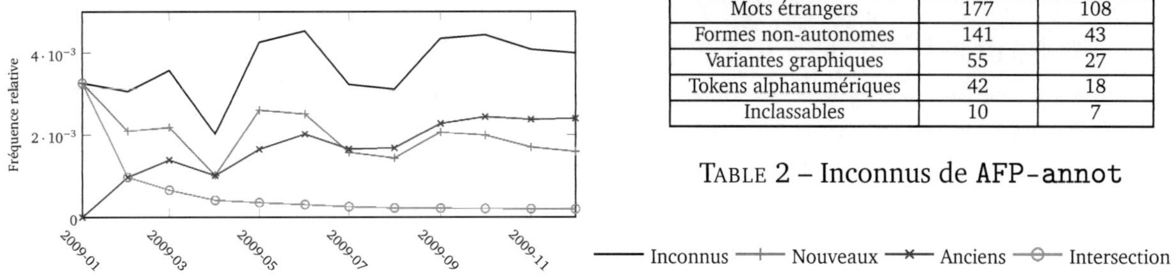


FIGURE 2 – Temporalités des inconnus distincts

traitement) par mois au sein du corpus AFP-2009 en fréquence relative[7]. Au fil de l'année, les accumuler permet d'indiquer pour chaque mois le nombre de nouveaux inconnus à traiter (*Nouveaux*), et leur intersection depuis le début de l'année (*Intersection*). Malgré les volumes de données que nous manipulons, il semble que le nombre de nouveaux inconnus apparaissant tous les mois diminue relativement peu. Cette apparition continuelle de nouvelles entrées, dans un corpus aussi contrôlé que des dépêches AFP, nous confirme la nécessité de mettre en place des mécanismes dynamiques pour traiter ces éléments.

# 3 Analyse linguistique des néologismes

Il existe de nombreuses formes de néologismes qui ne sont pas toutes aussi faciles à identifier comme telles. Sablayrolles (1997) recense une centaine de typologies plus ou moins profondes des néologismes. Sablayrolles *et al.* (2011) proposent un classement général des néologismes en trois classes qui correspondent aux phénomènes de glissement de sens, aux phénomènes d'affixation et de composition ainsi qu'aux phénomènes d'économie du langage. Il propose également un classement plus fins en 24 classes.

De nombreux travaux ont permis d'élaborer des outils afin d'étudier et de décrire la néologie. Le logiciel *SEXTAN* (Cabré *et al.*, 2003) permet d'identifier automatiquement les inconnus et de les présenter à un lexicographe. Le laboratoire LDI dispose d'une plateforme de traitement des néologismes, *NEOLOGIA* (Cartier, 2011), qui permet de collecter et rechercher des néologismes dans la base de données, d'en observer l'évolution (depuis l'état néologique jusqu'à celui de mot intégré dans les dictionnaires) et, dans certains cas, la disparition.

Les néologismes issus d'emprunts sont étudiés depuis une quarantaine d'années, notamment à travers les travaux de L. Guilbert dans les années 70 puis J. Rey-Debove et M. Yaguello dans les années 80. Aujourd'hui, de nombreuses recherches s'intéressent plus particulièrement à l'adaptation des formes empruntées (Anastassiadis-Syméonidis et Nikolaou, 2011). Walther et

7. La fréquence est rapportée aux nombre de tokens par mois.

Sagot (2011) abordent ainsi la question de l'adaptation de verbes néologiques issus de l'anglais.

Dans le cadre de la définition des néologismes donnée plus haut, nous nous intéressons dans cette partie aux inconnus morphologiquement analysables, et notamment aux créations lexicales formées par dérivation ou par composition (et éventuellement altération) de mots connus.

## 3.1 Mécanismes de création lexicale

### 3.1.1 Formes créées par dérivation

Par dérivation nous faisons référence aux phénomènes d'affixation. L'affixation correspond à l'ajout de morphèmes à gauche (préfixation) ou à droite (suffixation) d'un mot connu. Ces mécanismes permettent la construction de néologismes dont la signification est, généralement, immédiatement compréhensible. En cas de suffixation, la catégorie peut être modifiée (énorme → énormitude) [8]. Nous classons parmi les préfixes, les formes « e », « i », « web » et « cyber ». Notons que ces dernières sont parfois décrites, selon les auteurs comme « *combining forms* » (Ahronian et Béjoint, 2008) ou formes hybrides (Sablayrolles *et al.*, 2011).

| | | Nb. d'occ. (+tiret) | Nb. de formes distinctes | Exemples | |
|---|---|---|---|---|---|
| *Préfixes* | anti(-) | 3371(+5986) | 171 (+435) | anticrise | anti-fraude |
| | co(-) | 892 (+2809) | 54 (+183) | corapporteur | co-skippeurs |
| | re(-) | 2424 (+36) | 128 (+14) | rescolarisés | remariage |
| *Suffixes* | isation(s) | 1992 | 110 | talibanisation | masterisation |
| | iste(s) | 3265 | 223 | jihadiste | lefebvristes |
| | eur(s) | 10192 | 353 | skippeurs | performeur |
| | naute(s) | 35 | 7 | nutrinaute | mobinautes |
| | itude(s) | 19 | 4 | bravitude | merditude |

TABLE 3 – Affixes les plus fréquents dans les dépêches AFP

La table 3 donne, pour quelques exemples, les occurrences que nous relevons dans le corpus AFP-2009. L'étude systématique de préfixes et de suffixes nous permet d'en constituer une liste utilisée comme motifs pour l'analyses des néologismes.

### 3.1.2 Formes créées par composition

Comme nous le verrons en section 4, les mécanismes de composition représentent une part importante de néologismes que nous repérons. Tout d'abord, un composé peut être simplement créé par association de constituants. Dans ce cas, les mots sont concaténés (généralement par trait d'union) afin de n'en former plus qu'un. Nous relevons en particulier : (i) les compositions ADJ+N, N+ADJ et ADJ+ADJ = ADJ ou N, (ii) les compositions N+N = N, (iii) les compositions V+N = N. Certains adjectifs sont très productifs pour composer les formes comme en (i). C'est le cas par exemple des adjectifs *super* (ex. *super-héros*) ou *mini* (ex. *mini-chaîne*). Les compositions à partir de noms communs (ii) permettent de générer d'autres noms composés. Les compositions issues de verbes et de noms communs (iii) permettent de créer des noms communs qui font

8. Certains mots suffixés peuvent également être classés dans les constructions par apocopes qui eux-mêmes peuvent être associés à des mots-valises.

référence, par exemple (Villoing, 2003) à des instruments (*ouvre-lettre*), des lieux (*coupe-gorge*), des agents (*gratte-papier*), des procès (*lèche-vitrine*), etc.

Dans les composés créés à partir de deux adjectifs ou plus (chiraco-villepinistes), les premiers composants manifestent la perte de leur autonomie au profit du dernier adjectif par un mécanisme d'altération en *–o*. Ce mécanisme permet notamment la construction de termes dans des domaines de spécialités (*socialo-communiste*), ou d'adjectifs formés avec des gentilés (*franco-allemand*).

On peut enfin relever le cas particulier des compositions dans lesquelles le premier adjectif est en réalité une base latine ou grecque munie de ce morphe *–o* [9]. Ces composés sont souvent des termes savants du domaine médical (*cardio-vasculaire*).

| Créations lexicales | | Nb d'occ. | Formes distinctes | Exemples |
|---|---|---|---|---|
| par association avec altération | composé d'un gentilé | 7797 | 616 | américano-taiwanais |
| | autres | 2956 | 239 | politico-judiciaire |
| | total | 10753 | 855 | chiraco-villepinistes |
| par association sans altération | – | 284 | 109 | satiristes-polémistes |

TABLE 4 – Formes inconnues créées par association dans les dépêches AFP

Le tableau 4, qui résume les études sur corpus sur la composition, montre la forte productivité des composés, notamment des formes en *–o* , qui demandent un traitement spécifique.

# 4 Analyse morphologique automatique des néologismes

## 4.1 État de l'art

Plusieurs approches peuvent permettre d'analyser les néologismes par dérivation ou par composition. Nous nous appuyons sur les travaux en morphologie qui s'intéressent au regroupement de mots en familles morphologiques [10]. C'est le cas de Bernhard (2010) qui a mis en place deux systèmes d'apprentissage non supervisés (*MorphoClust* et *MorphoNet*) ou de Hathout (2010) dont le système (*Morphonette*) mêle analogie et informations sémantiques. Dans certains cas, les travaux portent sur la prédiction de formes potentielles de la langue (Neuvel et Fulop, 2002) ou afin de compléter un quadruplet d'analogie (Lepage, 1998).

La plupart des systèmes décrits dans la littérature mettent l'accent sur l'analyse de la construction d'un mot. Le système à base de règles (créées manuellement) *Dérif* (Hathout et Namer, 2011) détermine les éléments à partir desquels sont construits des unités lexicales, par dérivation ou par composition. D'autres systèmes réalisent cette tâche de manière non supervisée, par exemple par analogie formelle (Lavallée et Langlais, 2011) ou par segmentation (Goldsmith, 2001; Creutz et Lagus, 2005). En ce qui concerne les mécanismes compositionnels, si Mathieu-Colas (2010) se penche sur la création lexicale par trait d'union, nous n'avons pas connaissance de systèmes implémentés spécifiquement à leur sujet.

Certains travaux montrent qu'il est possible d'ajouter à l'analyse de la construction d'un mot la prédiction de son lemme et de ses traits morphologiques en s'appuyant sur un système

9. Ces « compositions néoclassiques » existent en français mais ne correspondent plus aux formes d'origines.
10. Une famille morphologique est composée de mots partageant une base lexicale commune (*écrit, écrire, écrivain,...*).

d'apprentissage supervisé couplé à de l'analogie (Stroppa et Yvon, 2006). Disposer de ces informations supplémentaires ont, par exemple, permis à Dal et Namer (2000) (avec *GéDéRif*), ainsi qu'à (Tanguy et Hathout, 2002) (avec *Webaffix*), de proposer un système qui, pour chaque forme nouvelle, calcule ses dérivés et vérifie leur validité sur internet.

Cependant, mis à part Mikheev (1997), peu de travaux étudient spécifiquement l'élaboration et l'évaluation de systèmes de complétion d'un lexique. Dans notre travail, nous mettons en place des outils destinés à traiter des documents susceptibles de contenir de nombreux néologismes, tels que définis en introduction. Il nous faut donc distinguer ces derniers parmi les tokens inconnus, déterminer et évaluer les mécanismes qui permettent de les analyser automatiquement.

## 4.2 Recherche dans des lexiques externes

Les notions d'inconnu et de néologisme étant définies ici par rapport à un lexique de référence, le *Lefff*, la façon la plus simple de les traiter consiste à les rechercher dans d'autres ressources lexicales librement disponibles. Nous avons fait appel au Wiktionnaire (`fr.wiktionary.com/`), dictionnaire collaboratif, à Morphalou (Romary *et al.*, 2004), lexique morphologique extrait du TLFi, et à ProLexBase (Maurel, 2008), base de noms propres incluant de nombreux gentilés.

Toutefois, l'enrichissement du *Lefff* avec des entrées lexicales manquantes extraites de ces ressources nécessite de rendre ces dernières compatibles avec le *Lefff*, en les transformant en un inventaire d'entrées lexicales associant une forme de citation à une des classes flexionnelles du *Lefff*. Pour chacune de ces trois ressources, nous avons donc construit des outils de conversion automatique vers le formalisme Alexina, puis avons projeté les classes flexionnelles obtenues vers celles utilisées par le *Lefff*. Ce processus, bien que nécessairement imparfait, a permis de détecter des erreurs dans les trois ressources d'origine [11]. Le Wiktionnaire, Morphalou et ProLexBase ont été ainsi transformés en des lexiques Alexina de même grammaire morphologique que le *Lefff* et comprenant respectivement environ 1 million, 400 000 et 125 000 entrées produisant au total 1 100 000 formes fléchies distinctes, parmi lesquelles 700 000 ne sont pas couvertes par le *Lefff*.

Ainsi, un module dédié recherche les néologismes dans ces ressources, et propose autant d'analyses qu'il y trouve d'entrées. Au sein du corpus `AFP-2009`, 18,6% des inconnus analysés distincts le sont grâce à ce module, parmi lesquels 71,5% sont trouvés dans le Wiktionnaire, 32,0% dans Morphalou et 14,9% dans ProLexBase (une entrée pouvant se trouver dans plusieurs lexiques en même temps). Notons que, même s'ils ne sont pas utilisés par les modules présentés ci-après, ces lexiques sont disponibles pour l'ensemble de la chaîne de traitement SxPipe.

## 4.3 Néologismes construits par dérivation

### 4.3.1 Analyse par analogie

Comme indiqué en partie 3.1, nous analysons les néologismes construits par dérivation comme l'application de règles d'affixation sur une entrée existante du *Lefff* (ex : *divulgable–divulgation*) [12].

11. Par exemple parce qu'une entrée lexicale se retrouve à associer une forme de citation avec une classe flexionnelle que la grammaire morphologique du *Lefff* considère comme incompatible

12. Le *Lefff* ne comportant pas de noms propres, notre chaîne ne permet pas l'analyse de dérivés dont la base est un nom propre, tels que *zlataner* ou *sarkozysme*.

Le module décrit ici s'inspire de travaux sur l'analogie appliquée à la morphologie. Cette notion, décrite dans les travaux cités en section 4.1, permet d'établir un rapport entre deux paires d'éléments : $x$ est à $y$ ce que $z$ est à $t$, noté $x : y :: z : t$. Pour la néologie, nous recherchons des règles d'affixation communes à des paires d'entrées du *Lefff*, qui nous permettent de déduire des informations pour des néologismes donnés. Dans le cas de *divulgable*, nous pouvons déduire qu'il s'agit d'un dérivé si nous trouvons conjointement (i) *divulgation* dans le *Lefff* et (ii) une règle de substitution du suffixe *–able* en *–ation* (extraite d'entrées du *Lefff* comme *acceptable-acceptation*). Ce type d'analyse nécessite donc un apprentissage des règles morphologiques. Le nôtre, faiblement supervisé, se fait en trois étapes :

1. Nous apprenons les règles de construction à partir des formes fléchies du *Lefff* en étudiant tous les couples (forme de citation, forme fléchie — reliée ou non à la forme de citation —) qui ont une partie commune d'au moins 5 caractères et qui ne diffèrent que par un suffixe ou par un préfixe (en sélectionnant les règles de fréquence $\geq 40$).
2. Les règles sont utilisées pour grouper les entrées du *Lefff* (supposées partager une même base lexicale) afin de constituer des paires de formes accompagnées de règles de transformation pour passer de l'une à l'autre.
3. Cette seconde étape permet d'établir des paires de formes $x$, $y$ (forme de citation, forme fléchie reliée par flexion ou dérivation), qui vont nous servir à construire des relations analogiques impliquant un inconnu $t$, relations de la forme $x : y :: t : z$. Pour ce faire, nous remplaçons chaque paire de formes par une règle de réécriture reliant un couple préfixe/suffixe d'input à un couple préfixe/suffixe d'output, ce qui permet de traiter les préfixations, les suffixations, et les dérivés parasynthétiques (cf. table 5). Chacune de ces règles indique la catégorie et les traits morphologiques (genre, nombre) obtenus. De surcroît, en étudiant les couples de mots leur donnant naissance, nous catégorisons chaque règle comme flexionnelle ou dérivationnelle. Nous ne conservons que les règles morphologiques qui ont plus de 80 occurrences (32 508 règles distinctes) dont quelques exemples sont montrés en table 5.

| Cat. | Préfixe | Suffixe | Occ | Type | Exemple |
|---|---|---|---|---|---|
| adj_Kfp → v_W | _ | ées → er | 6483 | Dérivation | données → donner |
| v_I12s → nc_fs | _→ dé | is → tion | 116 | Dérivation | valorisais → dévalorisation |
| v_P2p → v_W | _ | z → r | 7074 | Flexion | dansez → danser |

TABLE 5 – Exemples de règles affixales apprises

Nous sommes ainsi en mesure de déterminer si un inconnu, analysable par ces règles, est une création lexicale. En effet, si nous parvenons à le relier ainsi à une entrée du *Lefff* grâce à une règle dérivationnelle [13]. Le lemme (forme de citation + classe flexionnelle) est obtenu en appliquant l'outil intégré au *Lefff* permettant de calculer pour un triplet (forme, catégorie, étiquette morphologique) l'ensemble des lemmes morphologiquement compatibles avec la grammaire morphologique du *Lefff* d'une part et avec le triplet d'autre part. L'application, en parallèle, de l'étiqueteur morphosyntaxique MElt (Denis et Sagot, 2012) permet alors de ne conserver que les lemmes dont la catégorie est la même que celle proposée par MElt pour l'inconnu (s'il y en a plusieurs, on choisit le mieux pondéré, s'il n'y en a aucun, on déclare l'inconnu inanalysable par ce module). La sortie de notre module, présentée en table 6 nous permet de proposer de

13. Si la règle est flexionnelle, nous considérons qu'il s'agit d'une faute d'orthographe et non d'un néologisme : le *Lefff* étant supposé comporter toutes les flexions possibles, le mot est fléchi selon une classe flexionnelle erronée (*travails* comme pluriel de *travail*).

| Composé | Règles appliquée | Famille morphologique | Cat., flexion | F. de citation |
|---|---|---|---|---|
| blablatons | -ons→-age | blablatage | V_P1p, v-er ; V_Y1p, v-er | blablater |
| décrocheurs | -eurs→-er, -eurs→-age | décrocher, décrochage... | NC_mp, nc-2m | décrocheur |

TABLE 6 – Analyse des dérivés

nouvelles entrées lexicales et permet d'analyser 11,9% des inconnus distincts présents dans le corpus AFP-2009.

### 4.3.2 Mise au point de motifs dédiés

L'étude menée en section 3.1 nous a permis d'isoler et de décrire certains phénomènes de création lexicale pour lesquels nous mettons au point des mécanismes d'analyse dédiés. En particulier, parmi les préfixes considérés, une proportion importante correspond à un mécanisme de dérivation qui ne modifie pas la catégorie morphosyntaxique et la classe flexionnelle du lemme de base. Ainsi, nous mettons en place un module qui, pour un inconnu donné, recherche un des préfixes standard [14] et vérifie si le composant à droite (concaténé, éventuellement par trait d'union) de ce préfixe est un mot connu du *Lefff*. Si tel est le cas, une analyse est proposée qui construit le lemme complet à partir de l'entrée trouvée. Dans le corpus AFP-2009, 16,6% des inconnus analysés distincts le sont grâce à ce module. Un mécanisme similaire est implémenté pour les suffixes *iste*, *isme* et *isation* mais ne traite qu'un très faible nombre d'inconnus (0,2%).

## 4.4 Analyse des néologismes construits par composition

Afin de traiter les expressions construites par composition, nous nous focalisons en première approche sur la composition marquée par un ou plusieurs tiret(s) '-' dont nous cherchons à décrire la morphologie. Nous sommes alors en mesure d'en identifier simplement les composants et d'interroger le *Lefff* pour y rechercher, par ordre de préférence :

(i) l'expression dans laquelle les tirets sont remplacés par un blanc (expression multi-mots),

(ii) chaque composant séparément (composition),

(iii) s'il n'y a que deux composants, le dernier composant et les formes de citation ayant un préfixe commun [15] avec le premier composant (composition avec altération).

Comme l'étude linguistique en partie 3.1 l'a suggéré, dans une grande majorité de cas, le dernier composant impose sa catégorie et sa classe flexionnelle au néologisme construit. S'il y a ambiguïté, nous utilisons la catégorie proposée par l'étiqueteur morphosyntaxique MElt appliqué en parallèle, pour ne conserver que les analyses qui sont compatibles avec cette catégorie (contrairement à la section précédente, nous conservons ici toutes les analyses produites si MElt n'en a proposé aucune compatible avec les entrées suggérées). Nous conservons ainsi ces informations pour proposer la catégorie et la classe flexionnelle de la nouvelle entrée lexicale. Enfin, la forme de citation est construite à partir de tous les composants d'origine, sauf le dernier qui est remplacé par la forme de citation de l'entrée lexicale du *Lefff* trouvé.

14. *agri, anti, après, archi, contre, cyber, dé, demi, dés, e, ex, extra, grand, hyper, im, in, inter, intra, mal, maxi, méga, méta, mi, mini, multi, non, outre, para, péri, pluri, poly, post, pré, quart, quasi, re, ré, sans, semi, sous, sub, super, supra, sur, télé, tiers, trans, ultra, uni, vice, co.*

15. Ce préfixe doit contenir au moins la moitié du composant.

| Composé | Analyse(s) en composants | Cat., flexion | Forme de citation |
|---|---|---|---|
| centre-ville | (a) centre ville (NC_mp, nc-2m) | NC_mp, nc-2m | centre ville |
| député-maire | (b) député (NC_ms, nc-4) + maire (NC_ms,nc-4sse) | NC_ms,nc-4sse | député-maire |
| lumino-technique | (c) lumino(lumineux) (ADJ_s,adj-ique2) + technique (NC_fs,nc-2f) | NC_fs,nc-2f | lumino-technique |

TABLE 7 – Analyse de composés

Nous remarquons qu'en (iii), l'analyse peut fournir de nombreuses hypothèses distinctes (forme de citation, catégorie, classe flexionnelle), notamment lors de la recherche par préfixe commun. Pour pallier cela, nous ajoutons des contraintes dans ce cas : nous nous restreignons aux expressions formée selon le motif *–o* qui décrit correctement, notamment, la composition adjectivale. La table 7 donne quelques exemples de décompositions réalisées selon ces principes.

Dans le cas général, nous remarquons la difficulté de traiter de telles expressions lorsqu'ils sont amalgamés sans marqueurs de séparation (ni espace), puisque l'on tombe dans le cas difficile des mots composés standards (Sag *et al.*, 2002), mais notre étude sur corpus a montré que ce phénomène était marginal.

Parmi les inconnus distincts traités par nos modules, celui-ci en analyse 57,7% dans le corpus `AFP-2009`. Ce chiffre important est lié à la productivité des mécanismes de création lexicale. Ceci nous confirme que l'incomplétude lexicale relève de mécanismes au-delà de la morphologie dérivationnelle et que des moyens peuvent être mis en œuvre pour permettre leur analyse.

# 5 Construction et évaluation d'entrées lexicales néologiques

Tous les modules que nous avons décrits, lorsqu'ils parviennent à analyser un inconnu, fournissent pour chaque élément son lemme, c'est-à-dire sa forme de citation, sa catégorie et sa classe flexionnelle. En conséquence, nous sommes en mesure de récupérer les analyses produites afin de proposer de nouvelles entrées à ajouter au lexique. L'ordre de ces modules importe : le premier qui parvient à analyser un inconnu interrompra le processus d'analyse. Comme nous le verrons ci-dessous, la précision des modules d'analyse nous permet d'examiner les analyses dès la première occurrence.

Comme indiqué plus haut, l'objectif de ce travail est double : construire des entrées lexicales flexionnelles à ajouter au Le*fff* afin d'en augmenter la couverture sur les dépêches AFP de façon dynamique, mais également extraire des informations constructionnelles concernant ces nouvelles entrées, afin de permettre des traitements ultérieurs (sémantique lexicale y compris pour des applications en TAL, étude quantitative des mécanismes de création lexicale, etc.). Nous avons donc procédé à une évaluation en trois étapes, qui vise à répondre aux questions suivantes pour chaque occurrence d'inconnu : a-t-elle été correctement identifiée comme étant ou n'étant pas un néologisme ? si oui, l'entrée lexicale proposée est-elle correcte, y compris sa classe flexionnelle afin de pouvoir produire correctement ses formes fléchies ? si oui, les informations constructionnelles associées sont-elles correctes ?

Pour cela, nous traitons les inconnus contenus dans le corpus `AFP-eval` tel que décrit en partie 2. Parmi les 489 inconnus distincts, 449 (soit 92%) ont été correctement classés, dont 357 qui ne sont pas des néologismes et 92 néologismes. Les 40 inconnus restant (8% du total) ont été mal classés, dont 34 néologismes : seulement 6 inconnus ont été analysés à tort comme des néologismes (et ont donc donné lieu à des entrées lexicales candidates erronées). Nous obtenons donc pour la tâche de détection des néologismes une précision de 94% (92/(92+6)) et un rappel de 73% (92/(92+34)), et pour la tâche complémentaire de détection des inconnus non-néologiques une précision de 91% (357/(357+34)) et un rappel de 98% (357/(357+6)).

Les 98 inconnus détectés comme néologismes, y compris les 6 classés par erreur, ont conduit à la création de 93 entrées lexicales candidates, c'est-à-dire d'entrées (forme de citation, catégorie, classe flexionnelle) qui permettent de construire automatiquement toutes les formes fléchies correspondantes. Nous avons évalué cette liste manuellement avec les résultats suivants : 73 sur 93, soit environ 80%, sont totalement correctes, 5 ont la bonne catégorie mais pas la bonne classe flexionnelle (ainsi *point-presse*, considéré comme féminin et prenant un *s* au pluriel), 13 n'ont pas la bonne catégorie (mais souvent les bonnes formes fléchies, car il s'agit fréquemment de confusions nom/adjectif, par exemple *multi-facette*), 1 est douteuse et 1 est totalement erronée (le verbe *multi-voir* pour l'adjectif *multi-vues*).

Parmi les 73 entrées lexicales correctes, 52 ont été construites par l'un de nos modules d'analyse, et non au moyen de lexiques externes. Pour ces 52 entrées nous disposons donc d'informations constructionnelles, de nature à permettre le calcul d'informations supplémentaires telles que la valence ou la sémantique lexicale [16]. Ainsi, ayant correctement analysé *co-attribuer* comme issu d'une dérivation préfixale à partir du verbe *attribuer*, nous pouvons d'une part associer à *co-attribuer* les mêmes informations de valence que celles dont on peut disposer dans un lexique comme le L*efff*, et d'autre part savoir que le sens de *co-attribuer* peut se construire compositionnellement à partir de celui du préfixe *co-* et de celui d'*attribuer* [17]. Nous avons étudié manuellement les informations constructionnelles obtenues au cours du processus d'analyse. Pour cette évaluation, celles-ci se sont toujours avérées correctes. Par exemple, le module d'analyse des dérivés par analogie a correctement relié le verbe néologique *galvaniser* au nom *galvanisation*. Le module d'analyse des composés a su analyser *politico-judiciaire* comme formé par la composition des adjectifs *politique* (avec altération) et *judiciaire*.

# 6 Conclusion

Le traitement de flux continu de dépêches d'actualité nécessite de maintenir un lexique à jour aussi dynamiquement que possible. Face à cette problématique, nous avons mis au point une chaîne de traitement qui isole les éléments relevant de l'incomplétude lexicale, nous étudions les mécanismes néologiques liés à leur création et implémentons des modules dédiés pour leur analyse morphologique. Ce processus nous permet de récolter des informations (morpho-syntaxiques et flexionnelles), selon la morphologie des néologismes analysés. Nous sommes ainsi en mesure de proposer des entrées lexicales à ajouter au lexique, dès leur première occurrence et avec une très bonne précision.

En perspectives, ce travail pourra donner lieu à des études, à plus grande échelle et en temporalité, des néologismes, ainsi qu'à l'inférence d'autres informations (cadres de sous-catégorisation, classes sémantiques) concernant des entrées inconnues des lexiques. De tels travaux devront

16. Ces informations pourraient également être construites pour les néologismes trouvés dans les lexiques externes.
17. Même si ce dernier point est plus délicat, une des caractéristiques de la morphologie constructionnelle étant précisément le caractère non complètement prédictible de la sémantique résultante.

par ailleurs être évalués dans une configuration orientée-tâche, pour montrer par exemple leur utilité en analyse morphosyntaxique, syntaxique ou sémantique, ainsi par exemple que pour l'indexation de documents.

**Remerciements** Ce travail a été financé par le projet ANR EDyLex (ANR-09-CORD-008) et par l'entreprise viavoo.

# Références

AHRONIAN, C. et BÉJOINT, H. (2008). Les noms composés anglais et français du domaine d'internet : une radiographie bilingue. *Meta : journal des traducteurs*, 53(3):648–666.

ANASTASSIADIS-SYMÉONIDIS, A. et NIKOLAOU, G. (2011). L'adaptation morphologique des emprunts néologiques : en quoi est-elle précieuse ? *Langages 3*.

BARANES, M. (2012). Vers la correction automatique de textes bruités : Architecture générale et détermination de la langue d'un mot inconnu. *In Actes de Recital 2012*, Grenoble, France.

BERNHARD, D. (2010). Apprentissage non supervisé de familles morphologisques : Comparaison de méthodes et aspects multilingues. *TAL*, 51(2):11–39.

BLANCAFORT SAN JOSÉ, H., RECOURCÉ, G., COUTO, J., SAGOT, B., STERN, R. et TEYSSOU, D. (2010). Traitement des inconnus : une approche systématique de l'incomplétude lexicale. *In Actes de TALN 2010*, Montréal, Canada.

CABRÉ, M., DOMÈNECH, M., ESTOPÀ, R., FREIXA, J. et SOLÉ, E. (2003). L'observatoire de néologie : conception, méthodologie, résultats et nouveaux travaux. *L'innovation lexicale*, pages 125–147.

CARTIER, E. (2011). Néologie et description linguistique pour le tal. *Langages*, 183:105–117.

CHRUPAŁA, G., DINU, G. et van GENABITH, J. (2008). Learning morphology with morfette. *In Proceedings of LREC 2008*, Marrakech, Morocco. ELDA/ELRA.

CREUTZ, M. et LAGUS, K. (2005). Inducing the morphological lexicon of a natural language from unannotated text. *In Proceedings of the International and Interdisciplinary Conference on Adaptive Knowledge Representation and Reasoning (AKRR'05)*, pages 106–113.

DAL, G. et NAMER, F. (2000). Génération et analyse automatiques de ressources lexicales construites utilisables en recherche d'informations. *TAL*, 41(2):423–446.

DENIS, P. et SAGOT, B. (2012). Coupling an annotated corpus and a lexicon for state-of-the-art pos tagging. *Language Resources and Evaluation*, 46(4):721–736.

DISTER, A. et FAIRON, C. (2004). Extension des ressources lexicales grâce à un corpus dynamique. *Lexicometrica*, Thema 7.

GOLDSMITH, J. (2001). Unsupervised learning of the morphology of a natural language. *Computational Linguistics*, 27(2):153–198.

HAN, B. et BALDWIN, T. (2011). Lexical normalisation of short text messages : Makn sens a# twitter. *In Proceedings of the 49th Annual Meeting of the Association for Computational Linguistics : Human Language Technologies*, volume 1, pages 368–378.

HATHOUT, N. (2010). Morphonette : a morphological network of french. *CoRR*, abs/1005.3902.

HATHOUT, N. et NAMER, F. (2011). Règles et paradigmes en morphologie informatique lexématique. *In Actes de TALN 2011*, Montpellier, France.

LAVALLÉE, J.-F. et LANGLAIS, P. (2011). Moranapho : un système multilingue d'analyse morphologique fondé sur l'analogie formelle. *TAL*, 52(2):17–44.

LEPAGE, Y. (1998). Solving analogies on words : An algorithm. *In Proceedings of COLING-ACL 1998*, pages 728–735.

LOVINS, J. (1968). *Development of a stemming algorithm*. MIT Information Processing Group, Electronic Systems Laboratory.

MATHIEU-COLAS, M. (2010). *Flexion des noms et des adjectifs composés : principes de codage*. Lexiques, Dictionnaires, Informatique (LDI).

MAUREL, D. (2008). Prolexbase : a multilingual relational lexical database of proper names. *In Proceedings of LREC'08*, pages 334–338, Marrakech, Morocco.

MAUREL, D. et PITON, O. (1998). Un dictionnaire de noms propres pour intex : les noms propres géographiques. *Lingvisticae Investigationes*, 22:279–289.

MIKHEEV, A. (1997). Automatic rule induction for unknown-word guessing. *Computational Linguistics*, 23:405–423.

NEUVEL, S. et FULOP, S. A. (2002). Unsupervised learning of morphology without morphemes. *CoRR*, cs.CL/0205072.

ROMARY, L., SALMON-ALT, S. et FRANCOPOULO, G. (2004). Standards going concrete : from lmf to morphalou. *In Proceedings of the Workshop on Enhancing and Using Electronic Dictionaries*, pages 22–28.

SABLAYROLLES, J. (1997). Néologismes : Une typologie des typologies. *Cahier du CIEL*, 1996-1997:11–48.

SABLAYROLLES, J., JACQUET-PFAU, C. et HUMBLEY, J. (2011). Emprunts, créations 'sous influence' et équivalents. *In Actes des Huitièmes Journées scientifiques du Réseau de chercheurs Lexicologie, terminologie, traduction*.

SAG, I., BALDWIN, T., BOND, F., COPESTAKE, A. et FLICKINGER, D. (2002). Multi-word expressions : A pain in the neck for NLP. *In proceedings of Conferences on Computational Linguistics and Natural Language Processing*.

SAGOT, B. (2010). The Le*fff*, a freely available and large-coverage morphological and syntactic lexicon for French. *In Proceedings of LREC 2010*, La Valette, Malte.

SAGOT, B. et BOULLIER, P. (2008). SxPipe 2 : architecture pour le traitement pré-syntaxique de corpus bruts. *TAL*, 49(2):155–188.

SAGOT, B. et STERN, R. (2012). Aleda, a free large-scale entity database for French. *In Proceedings of LREC 2012*, pages 1273–1276, Istanbul, Turquie.

SCHMID, H. (1994). Treetagger. *TC project at the Institute for Computational Linguistics of the University of Stuttgart*.

STROPPA, N. et YVON, F. (2006). Du quatrième de proportion comme principe inductif : une proposition et son application à l'apprentissage de la morphologie. *TAL*, 47(1):33–59.

TANGUY, L. et HATHOUT, N. (2002). Webaffix : un outil d'acquisition morphologique dérivationnelle à partir du Web. *In Actes de TALN 2002*, pages 245–254, Nancy, France.

VILLOING, F. (2003). Les mots composés VN du français : arguments en faveur d'une construction morphologique. *Cahiers de Grammaire*, 28:183–196.

WALTHER, G. et SAGOT, B. (2011). Problèmes d'intégration morphologique d'emprunts d'origine anglaise en français. *In 30th International Conference on Lexis and Grammar*.

# Fouille de règles d'annotation partielles pour la reconnaissance des entités nommées

Damien Nouvel [1, 2] Jean-Yves Antoine [1] Nathalie.Friburger [1]
Arnaud.Soulet [1]
(1) LI, 3 place Jean Jaurès, 41000 Blois
(2) Alpage, INRIA & Université Paris-Diderot, 75013 Paris
{prenom.nom}@univ-tours.fr

RÉSUMÉ

Ces dernières décennies, l'accroissement des volumes de données a rendu disponible une diversité toujours plus importante de types de contenus échangés (texte, image, audio, vidéo, SMS, tweet, données statistiques, spatiales, etc.). En conséquence, de nouvelles problématiques ont vu le jour, dont la recherche d'information au sein de données potentiellement bruitées. Dans cet article, nous nous penchons sur la reconnaissance d'entités nommées au sein de transcriptions (manuelles ou automatiques) d'émissions radiodiffusées et télévisuelles. À cet effet, nous mettons en œuvre une approche originale par fouille de données afin d'extraire des motifs, que nous nommons règles d'annotation. Au sein d'un modèle, ces règles réalisent l'annotation automatique de transcriptions. Dans le cadre de la campagne d'évaluation Etape, nous mettons à l'épreuve le système implémenté, mXS, étudions les règles extraites et rapportons les performances du système. Il obtient de bonnes performances, en particulier lorsque les transcriptions sont bruitées.

ABSTRACT

**Mining Partial Annotation Rules for Named Entity Recognition**

During the last decades, the unremitting increase of numeric data available has led to a more and more urgent need for efficient solution of information retrieval (IR). This paper concerns a problematic of first importance for the IR on linguistic data : the recognition of named entities (NE) on speech transcripts issued from radio or TV broadcasts. We present an original approach for named entity recognition which is based on data mining techniques. More precisely, we propose to adapt hierarchical sequence mining techniques to extract automatically from annotated corpora intelligible rules of NE detection. This research was carried out in the framework of the Etape NER evaluation campaign, where mXS, our text-mining based system has shown good performances challenging the best symbolic or data-driven systems

MOTS-CLÉS : Entités nommées, Fouille de données, Règles d'annotation.

KEYWORDS: Named Entities, Data Mining, Annotation Rules.

# 1 Introduction

Ces dernières décennies, le développement considérable des technologies de l'information et de la communication a modifié la manière dont nous accédons et manipulons les connaissances. Nous constatons une diversité toujours plus importante des types de contenus échangés (texte, image, audio, vidéo, SMS, tweet, données statistiques, spatiales, etc.), ce qui nécessite de résoudre de nombreuses problématiques, parmi lesquelles la recherche d'information, qui a intéressé la communauté du TALN dès les années 90 avec les campagnes d'évaluation MUC (Grishman et Sundheim, 1996). Les travaux sur le sujet ont porté une attention particulière aux noms propres de personnes, de lieux et d'organisations, appelés entités nommées (EN). Au gré des besoins, celles-ci ont été étendues aux dates, aux expressions numériques, aux marques ou aux fonctions, avant de recouvrir un large spectre d'expressions linguistiques.

De nombreux systèmes ont été élaborés pour réaliser la reconnaissance d'entités nommées (REN), selon des approches orientées connaissances ou orientées données. Les premières ont généralement une grande précision mais nécessitent un coup humain de développement important, ce qui se traduit généralement par une couverture (et donc un rappel) perfectible. Les approches orientées données, par ajustement automatique de paramètres d'un modèle numérique, permettent d'obtenir de bonnes performances, avec un coup d'entrée limité, du moment où l'on dispose d'une base d'apprentissage de taille suffisante. Ils sont également réputés présenter une dégradation graduelle de leurs performances sur des données bruitées. Cependant, l'aspect "boîte noire" des algorithmes d'apprentissage rend difficile l'amélioration ciblée de leurs performances.

Ces constats ont été vérifiés par de nombreuses campagnes d'évaluation. À titre d'exemple, lors de la campagne d'évaluation francophone Ester2 (Galliano *et al.*, 2009), portant sur le traitement de transcriptions de parole radio ou télédiffusée, les deux meilleurs systèmes travaillant sur des transcriptions manuelles étaient des systèmes à base de connaissance, tandis que les tests effectués sur des sorties de reconnaissance de la parole ont été dominés par un système orienté données.

Les travaux que nous présentons dans cet article ont été menés dans le cadre de la campagne Etape (qui a fait suite à Ester2) qui visait notamment à évaluer des systèmes de REN sur des flux de parole conversationnelle. Nous y proposons une approche novatrice pour la REN : l'utilisation de méthodes de fouille de données séquentielle hiérarchique. À nos yeux, ces travaux présentent plusieurs originalités du point de vue du TALN :

(i) nous élaborons un moyen-terme entre les approches orientées données et orientées connaissances reposant sur la recherche, à partir de données d'apprentissage, de motifs pour la REN : cette technique centrée données permet l'extraction de connaissances interprétables ;

(ii) la stratégie de détection des entités nommées est originale, par la recherche séparée du début et de la fin des entités, en nous appuyant sur le contexte immédiat pour placer les balises d'annotation : cela présente l'intérêt de conserver une certaine robustesse en cas de disfluence ou d'erreur de reconnaissance au sein de l'entité nommée.

Cet article porte sur l'élaboration, l'implémentation et l'évaluation d'une telle approche. En partie 2, nous faisons un état de l'art des approches pour la REN. La partie 3 présente le formalisme de fouille pour l'extraction de règles d'annotation et leur utilisation pour reconnaître des entités nommées. En partie 4, nous décrivons le jeu de données utilisé et les résultats obtenus lors de l'évaluation dans le cadre de la campagne Etape.

# 2 Approches pour la reconnaissance d'EN structurées

## 2.1 Approches orientées connaissances

Les approches orientées connaissances sont basées sur la description de règles décrivant les entités nommées et leur contexte à l'aide d'indices linguistiques fournis par le texte lui-même et des ressources externes (dictionnaires). Généralement, les textes sont étiquetés syntaxiquement (éventuellement sémantiquement) grâce aux dictionnaires, puis un ensemble de règles, qui prennent en compte les indices morphologiques (présence de majuscule, ponctuation), morpho-syntaxiques et sémantique, permettent de repérer les ENs. Les règles utilisent ces éléments, soit comme preuves internes de la présence d'une entité nommée, soit par description de son contexte d'apparition (McDonald, 1996; Friburger et Maurel, 2004). Une preuve interne sera, par exemple, la présence d'un prénom avant un mot commençant par une majuscule ; ce prénom indiquera un nom de personne (ex : 'François Hollande'). Nous voyons que c'est la “connaissance” qui guide cette approche, celle de l'expert qui créé les règles, selon les informations à sa disposition (dont les ressources externes).

Dès les années 1990, un certain nombre de systèmes (Stephens, 1993; Hobbs J. R. et Tyson, 1996) mettent en œuvre cette approche orientée connaissances. Les automates sont particulièrement adaptés à l'élaboration et l'utilisation des règles. De plus, l'utilisation de transducteurs [1] permet de produire très intuitivement une annotation à l'aide de *balises* ('<pers>', '</pers>', '<org>', '</org>', etc.), ils sont donc largement utilisés pour ce type de tâche (Friburger et Maurel, 2004; Brun et Ehrmann, 2010; Béchet *et al.*, 2011). Enfin, les transducteurs peuvent être organisés sous forme de cascades, chaque transducteur permettant de lever des ambiguïtés et de mettre à disposition des reconnaissances pour les transducteurs suivants (ce qui permet de reconnaître des imbrications). L'ordre dans lequel sont appliqués les transducteurs a alors une grande importance.

Étant donné les traitements qu'elles mettent en œuvre, les approches orientées connaissances insèrent au sein des *séquences de mots* ce que nous appelons des *marqueurs*, comme le montre la figure 1 pour l'expression `'fondation Cartier'`.

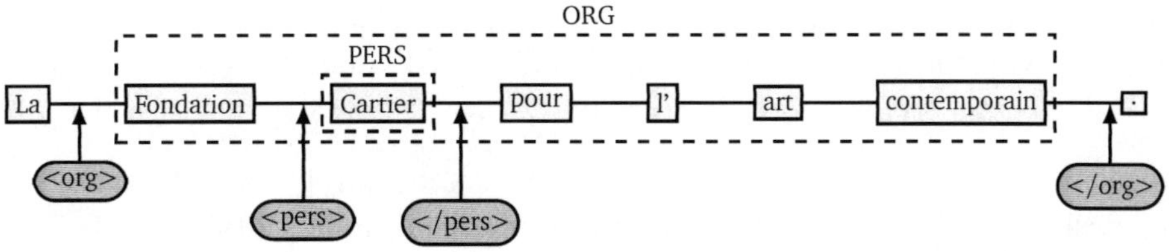


FIGURE 1 – Annotation par balises

Les approches orientées connaissances peuvent être utilisées et adaptées à des textes sans apprentissage préalable. Leur limitation est liée au fait que les ressources utilisées sont rarement exhaustives (par exemple, les noms propres forment une classe “ouverte”) : il semble illusoire de bâtir ce type d'approche sur l'hypothèse d'un lexique complet des entités nommées existantes.

1. Automates qui modifient le texte fourni en entrée par insertion de balises

## 2.2 Approches orientées données

Les approches orientées données paramètrent un modèle automatiquement grâce à un apprentissage sur un corpus d'entraînement. Ce corpus d'entrainement, créé par des experts, fournit de nombreux exemples de données : le système apprend sur ces exemples puis prédit l'étiquette d'une nouvelle donnée, selon son modèle. Le corpus d'entrainement est constitué d'un ensemble de textes annotés en entités nommées par des experts. L'apprentissage automatique sera chargé d'ajuster les paramètres disponibles, cette procédure étant guidée à chaque itération par les erreurs que commet le système sur les jeux de données disponibles. Une fois l'apprentissage réalisé, le système est en mesure d'annoter de nouveaux textes en entités nommées selon les paramètres de son modèle. Traditionnellement, l'apprentissage automatique se rapproche plutôt d'une classification (attribution d'une classe à un mot) que d'une annotation (délimitation d'une expression linguistique).

Pour la REN, le format BIO [2] s'est imposé. La figure 2 présente la classification par mots réalisée pour l'énoncé '`<org> fondation <pers> Cartier </pers> </org>`'. Signalons qu'en partie 3, nous présentons une approche orientée donnée, mais qui est apparentée à un mécanisme de transduction (à l'aide d'indices locaux) plutôt que de classification.

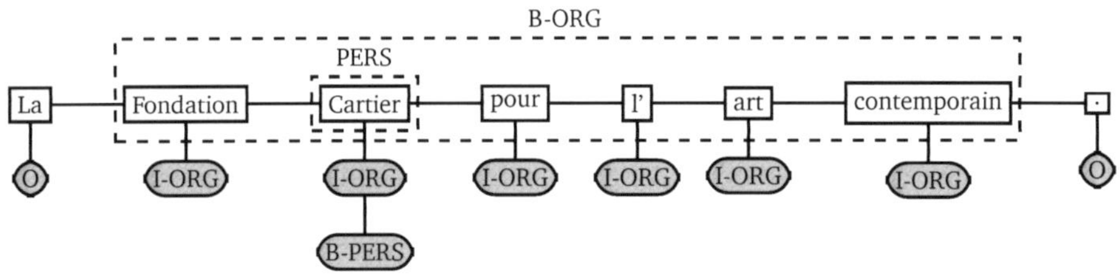


FIGURE 2 – Annotation par classification

Généralement, ces approches estiment la probabilité des classes selon les tokens et les informations qui y sont associées. Parmi les modèles numériques adaptés, figurent les modèles bayésiens, la régression logistique (ou maximum d'entropie), les machines à vecteur de support (SVM) , etc. La régression logistique a démontré son efficacité pour la reconnaissance d'entités nommées (Mikheev *et al.*, 1999; Ekbala *et al.*, 2010), permettant de prendre en compte de multiples traits discriminants (morphologiques, morpho-syntaxiques, lexicaux) interdépendants. D'autres modèles tirent parti de la séquentialité, comme les HMM (Bikel *et al.*, 1999), par modélisation des transitions entre états (types d'entités nommées) et des générations d'observations (mots).

Pour prendre en compte simultanément la multiplicité des indices locaux et les aspects séquentiels au sein d'un modèle unifié, les MEMM [3] (McCallum *et al.*, 2000) puis les CRF [4] (Raymond et Fayolle, 2010; Zidouni *et al.*, 2010) sont les modèles réputés les plus adéquats à ce jour. L'inconvénient est qu'ils restent difficiles à interpréter : les traits découverts sont généralement composites et exhibent des dépendances complexes dont il est difficile d'affirmer qu'elles sont nécessaires ou suffisantes pour déterminer les entités nommées.

A ce jour, les approches orientées données se basent majoritairement sur une représentation "plate" des entités nommées. Comme nous le verrons en partie 4, nous cherchons à réaliser la

2. Begin, Inside, Outside
3. Modèles markoviens à maximum d'entropie
4. Champs aléatoires conditionnels

REN structurée (avec imbrications). Notons que quelques travaux (Finkel et Manning, 2005; Dinarelli et Rosset, 2011) ont adapté avec un certain succès des méthodes orientées données à la reconnaissance de structure.

De manière générale, nous remarquons que les approches automatiques nécessitent un travail préalable conséquent (préparation des jeux de données, implémentation du modèle, des procédures d'apprentissage et d'estimation, sélection des traits et dépendances pertinents, etc.) avant d'être en mesure de paramétrer les modèles, et qu'il reste difficile de les utiliser pour extraire des connaissances ou pour étudier des phénomènes particuliers.

## 2.3 Proposition : les marqueurs d'annotation

Nous le voyons, les approches guidées par les données s'appuient sur des indices locaux variés. La nature "locale" de la structuration en entités nommées est alors un atout. Les systèmes orientés connaissances ont l'avantage de modéliser la structure interne des entités nommées. Ainsi un système à base de connaissances aura plus de facilité à analyser l'encapsulation d'entités nommées comme dans l'exemple suivant (issu d'Etape) : '*le député UMP de Haute-Saône*' où l'entité nommée globale est construite à l'aide de l'entité '*UMP*', de type organisation, et de l'entité '*Haute-Saône*', de type division géographique administrative.

Cependant, ces dernières approches utilisent une connaissance dont la construction est coûteuse et délicate. Aussi avons-nous souhaité développer une approche permettant l'extraction automatique sur corpus de motifs se rapprochant des règles de reconnaissance mises en œuvre par la REN symbolique. La fouille hiérarchique séquentielle de données est adéquate à cet effet.

Par ailleurs, les systèmes orientés connaissances sont aujourd'hui contraints à modéliser intégralement la structure des entités, voire de ses contextes d'introduction. Ce choix est discutable et met à l'épreuve la robustesse des systèmes lorsqu'ils traitent de la parole spontanée. Une erreur de reconnaissance sur un seul mot de l'entité (dûe par exemple à une disfluence) empêche l'application de la règle de détection.

Afin de répondre à cette insuffisance, nous proposons de **séparer la détection du début et de la fin de l'entité**, pour ensuite chercher à associer une marque de début et de fin d'entité. Notre hypothèse est que l'on dispose de suffisamment d'indices locaux pour caractériser précisément le début ou la fin d'une entité.

Considérons pas exemple l'énoncé annoté suivant '*En <date> <num> 1969 </num> </date> <pers> <prenom> Georges </prenom> <famille> Pompidou </famille> </pers> dirige la <org> <loc> France </loc> </org>*'. Notre hypothèse est que chacune des marques d'annotation ('*<pers>*', '*<prenom>*', '*</prenom>*', '*</pers>*', etc.) est détectable séparément. De plus, la détection d'une entité encapsulée telle que '*<prenom>*' peut guider la détection de l'entité englobante. Il s'agira, pour le système, d'extraire des règles d'annotation, d'estimer localement les marqueurs probables, puis de déterminer, par leurs combinaisons, l'annotation la plus vraisemblable. Nous implémentons un système de reconnaissance d'entités nommées, mXS, selon cette approche originale. Grâce à ce procédé, notre système reconnaît par exemple le montant '*deux cent ça compte mille*' (erreur de transcription pour *deux cent cinquante mille*), alors qu'un système symbolique sera mis en difficulté.

# 3 Extraction de règles d'annotation pour la REN

## 3.1 Enrichissement ambigu des données

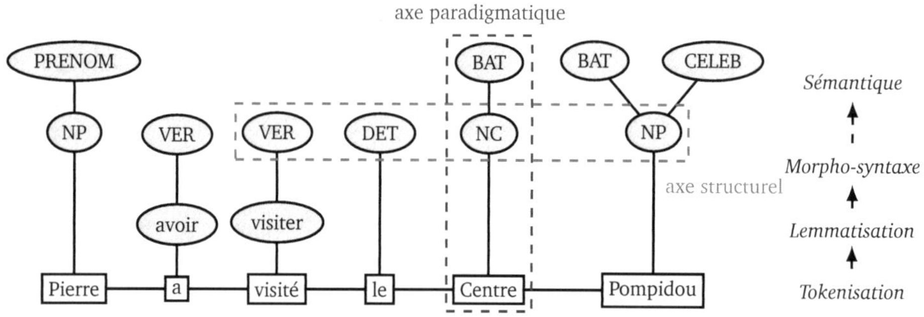


FIGURE 3 – Représentation des structures à fouiller

L'approche que nous mettons en œuvre repose sur des analyses fréquemment conduites pour traiter le langage naturel (morpho-syntaxe, lexiques). Pour la fouille, ces traitements sont interprétés comme autant d'*enrichissements* des données, à utiliser pour rechercher des motifs généralisés dans les données. La figure 3 présente de manière schématique, sur l'exemple *'Pierre a visité le Centre Georges Pompidou'*, la manière dont se superposent ces enrichissements.

La fouille de données devra alors tenir compte de deux axes : *paradigmatique*, pour la superposition d'enrichissements, et *structurel*, pour l'examen des contigüités entre items. Comme nous le verrons par la suite, ce processus est flexible : les enrichissements peuvent être plus ou moins profonds selon les éléments considérés. Nous pouvons moduler à volonté l'axe paradigmatique selon les éléments observés et la tâche d'annotation à réaliser.

### 3.1.1 Morpho-syntaxe

Nous réalisons conjointement la tokenisation, la lemmatisation et l'étiquetage morpho-syntaxique avec `TreeTagger` (Schmid, 1994). De surcroît, nous en adaptons la sortie comme suit :

- **Déterminants** : les déterminants définis (*'le', 'la', 'les', 'l'*) sont sous-catégorisés en `'DET/DEF'`.
- **Prépositions** : la sous-catégorie `'PRP:det'` (*'au', 'du', 'des'*) forme une catégorie `'PRPDET'`.
- **Nombres** : les nombres sont sous-catégorisés selon leur nombre de chiffres [5].
- **Noms propres et abréviations** : ces deux catégories se généralisent en `'NAMABR'`.
- **Nom propres, abréviations, noms, verbes** : ces éléments sont sous-catégorisés par le suffixe des trois derniers caractères (`'NOM/SUFF:ier'`, `'NAMABR/NAM/SUFF:ges'`, `'VER/SUFF:vre'`).
- **Verbes** : les sous-catégories relatives au mode et temps du verbe sont supprimées.

Pour le processus de fouille de données, nous omettons les variations surfaciques (majuscules) et flexionnelles (déclinaisons et conjugaisons) : nous ne conservons pas les items lexicaux eux-mêmes et faisons reposer la recherche de motifs sur les lemmes proposés par `TreeTagger`. Par exemple, le *'En 1970 les socialistes [...]'* donnera la séquence :

`'PRP/en NUM/DIGITS:4/PREF:19/1970 DET/DEF/le NOM/SUFF:ste/socialiste'`.

5. Ce nombre est précisé s'il est inférieur ou égal à quatre le préfixe est utilisé dans ce dernier cas : `'NUM/DIGITS:MANY'`, `'NUM/DIGITS:4/PREF:20'` ..., `'NUM/DIGITS:1'`)

### 3.1.2 Lexiques

Les lexiques nous permettent d'ajouter un niveau sémantique aux hiérarchies. Nous exploitons des ressources diverses, dont certaines sont importées à partir des dictionnaires et motifs du système CasEN[6]. Nous y ajoutons quelques listes, constituées manuellement, en particulier pour les fonctions, lieux, organisations, quantités et dates. Ces ressources contiennent 221 547 expressions distinctes qui produisent 443 112 catégorisations sémantiques[7]. Une large part est dédiée à la reconnaissance des personnes et des lieux. Signalons qu'une partie de ces ressources est générée à partir d'automates (transducteurs CasEN) qui reconnaissent des expressions linguistiques utiles à la REN.

Ces ressources sont utilisées telles quelles pour produire les enrichissements. Ceux-ci peuvent alors être sémantiquement ambigus, ce que nous notons comme une disjonction exclusive $\oplus$. Par exemple, au nom propre *Washington* seront affectées les catégories sémantiques `'CELEB⊕TOPO⊕ORG-LOC-GOV⊕PREN⊕VILLE'`. Notons ici que nous considérons que les noms propres forment une classe ouverte et qu'ils n'ont pas vocation à être utilisés lexicalisés au sein des motifs extraits : lorsqu'ils ont donné lieu à des enrichissements sémantiques, les items lexicaux sont omis afin que la fouille de données ne repose que sur les catégories sémantiques.

## 3.2 Exploration de règles d'annotation de segments

Les données ainsi enrichies forment le langage $\mathscr{L}_r$ et ont vocation a être fouillées afin d'y rechercher des motifs séquentiels d'intérêt (Fischer *et al.*, 2005; Cellier et Charnois, 2010) pour la REN.

Le langage des motifs $\mathscr{L}_{p^+}$ comprend celui des données enrichies et toutes leurs généralisations. Un élément de motif (item) couvre une donnée, notée $\leq_{ci}$, lorsqu'il s'y trouve en tenant compte des disjonctions $\oplus$. Par exemple, l'item `'TOPO/Washington'` couvre la donnée enrichie `'CELEB/Washington⊕TOPO/Washington'`. Dès lors, nous nous inspirons de travaux intégrant des hiérarchies aux séquences (Srikant et Agrawal, 1996), en y ajoutant la notion de segment[8] particulièrement adaptée au traitement de structures au sein desquelles des items se répètent (comme des syntagmes sémantiquement catégorisés).

**Couverture d'un motif de segments sur des données** : soient un motif de segments $P = p_1p_2\dots p_n \in \mathscr{L}_r$ et une séquence de la base de données enrichie $I = i_1i_2\dots i_p \in \mathscr{L}_{p^+}$, alors $P$ *couvre les segments de* $I$, noté $P \leq_{c^+} I$, s'il existe une fonction *discrète croissante* $S()$ définie de $[1,p]$ vers $[1,n]$ telle que, pour tout $j \in [1,p]$, alors $p_j \leq_{ci} i_{S(j)}$

Ce même mécanisme sera pris en compte lorsqu'il s'agit de généraliser selon l'axe paradigmatique : l'objectif est que, par exemple, `'CELEB'` couvre indifféremment *'Pompidou'* et *'Valery Giscard d'Estaing'*. Plus généralement, nous définissons trois relations de généralisation entre motifs :

- **Généralisation hiérarchique entre motifs de segments** : soient deux motifs de segments $P = p_1p_2\dots p_n \in \mathscr{L}_{p^+}$ et $Q = q_1q_2\dots q_p \in \mathscr{L}_{p^+}$, alors $P$ *généralise hiérarchiquement les segments de* $Q$, noté $P \leq_g Q$, s'il existe une une fonction *discrète croissante* $S()$ définie de $[1,p]$ vers $[1,n]$ telle que, pour tout $j \in [1,p]$, alors $p_j \leq_{ci} q_{S(j)}$.

6. *http ://tln.li.univ-tours.fr/Tln_CasEN.html*
7. Il est fréquent que plusieurs catégories sémantiques soient associées aux entrées
8. Pour respecter l'anti-monotonie, deux items contigus ne peuvent être identiques ou parents l'un de l'autre

- **Généralisation par affixation entre motifs** : soient deux motifs $P = p_1 p_2 \dots p_n \in \mathscr{L}_{p^+}$ et $Q = q_1 q_2 \dots q_p \in \mathscr{L}_{p^+}$, alors $P$ *généralise par affixation* $Q$, noté $P \leq_g Q$, si $p \geq n$ et s'il existe au moins un $k \in [0, p-n]$ tel que, pour tout $j \in [1, n]$, alors $q_{j+k} = p_j$.
- **Généralisation sur marqueurs entre motifs** : soient deux motifs $P = p_1 p_2 \dots p_n \in \mathscr{L}_{p^+}$ et $Q = q_1 q_2 \dots q_p \in \mathscr{L}_{p^+}$, alors $P$ *généralise sur marqueurs* $Q$, noté $P \leq_g Q$, si $p \geq n$ et s'il existe une fonction *discrète strictement croissante* $C()$ définie de $[1, n]$ vers $[1, p]$ telle que, pour tout $j \in [1, n]$, alors $p_j = q_{C(j)}$ et, pour tout $k \in [1, p]$ tel que $k \notin \{C(j), j \in [1, n]\}$, alors $q_k \in \Sigma_m$.

Ces généralisations nous permettent de rechercher des motifs dans lesquels apparaissent les marqueurs d'entités nommées. Par exemple, au sein de l'énoncé *'Le <fonc> président </fonc> <pers> Georges Pompidou </pers> débattait souvent.'*, nous relevons, par relations de couverture et de généralisation, une occurrence pour les motifs '`NOM/président <pers> CELEB </pers>`' ou '`NOM/président CELEB </pers> VERB/débattre`', par exemple.

Finalement, La notion de règle d'annotation partielle découle de celle de motif de segments :

**Règle d'annotation partielle** une règle d'annotation partielle est un motif de segments $P \in \mathscr{L}_{p^+}$ contenant au moins un élément de $\Sigma_r$ et un élément de $\Sigma_m$.

Notons qu'à ce stade les règles d'annotation contiennent un nombre indéterminé de marqueurs. Il conviendra de filtrer au besoin lors de l'extraction des motifs et de s'assurer que l'on utilise ces règles de manière adéquate afin de produire une annotation.

## 3.3 Filtrage et extraction de règles d'annotations partielles

La combinatoire du langage $\mathscr{L}_{p^+}$ étant importante, il est nécessaire de filtrer les règles. Pour cela, nous déterminons la fréquence et la confiance des règles, afin d'éliminer celles qui n'ont que peu d'intérêt. À l'aide de la couverture et des généralisations définies ci-dessus, nous déterminons la fréquence $Freq(P, \mathscr{D})$ d'une règle $P$ comme son nombre d'occurrences au sein du corpus $\mathscr{D}$. La confiance d'une règle d'annotation $P$ estime la proportion de phrases où la règle est appliquée avec justesse :

$$Conf(P, \mathscr{D}) = \frac{Freq(P, \mathscr{D})}{Freq(Ret_m(P), \mathscr{D})} \quad \text{(la fonction } Ret_m(P) \text{ retire les marqueurs de } P\text{)}$$

Même en fixant des seuils de support et confiance sélectifs, les règles d'annotation peuvent être trop nombreuses à cause des combinaisons possibles au travers de la hiérarchie. Afin de contenir cette abondance de règles, nous proposons de grouper les règles, puis d'éliminer celles qui ne sont pas informatives, à l'instar de (Pasquier *et al.*, 1999). L'idée forte est que deux motifs qui couvrent les mêmes exemples sont redondants car ils appartiennent à la même classe d'équivalence :

**Équivalence de motifs au regard d'une base de données** : soient $P$ et $Q$ deux motifs et $\mathscr{D}$ une base de données, alors $P$ est *équivalent à $Q$ au regard de $\mathscr{D}$*, notée $P \equiv_{\mathscr{D}} Q$, si $P \leq_g Q$ ou $Q \leq_g P$ et $Freq(P, \mathscr{D}) = Freq(Q, \mathscr{D})$

Dans la suite, plutôt que d'extraire toutes les règles d'une même classe d'équivalence, nous nous contentrerons des motifs les plus spécifiques car ils sont porteurs de plus de corrélations. Par ailleurs, nous étendons cette équivalence par une marge de tolérance lors de la comparaison des fréquences à $\delta$%, ce que nous appellons alors filtrage $\delta$.

### 3.4 Annotation automatique à partir des règles d'annotation

Les règles d'annotation sont utilisées par `mXS` pour réaliser l'annotation en entités nommées. Pour une position $j$ d'un texte, de nombreuses règles peuvent proposer des marqueurs. Nous estimons la probabilité d'insérer des marqueurs en $M_j$ (transductions) par régression logistique, ce qui nous permet de tenir compte de la multiplicité des règles $P \in \mathscr{P}_j$ selon la formule :

$$P(m \in M_j|\mathscr{P}_j) = \frac{1}{Z(\mathscr{P}_j)} \cdot \exp \sum_{P \in \mathscr{P}_j} \lambda_{P,m}$$

Dans une annotation (et plus particulièrement si elle est structurée), plusieurs marqueurs peuvent se trouver à une position donnée. Il nous faut être en mesure de faire le lien entre la probabilité d'insérer un marqueur individuel et celle d'insérer une séquence de marqueurs. Pour cela, nous tenons compte des statistiques issues du corpus sous forme de probabilités conditionnelles [9] :

$$P(M_j = m_1 m_2 \ldots m_p) = \frac{1}{p} \cdot \sum_{k=1}^{p} P(m_k \in M_k|\mathscr{P}_k)P(m_1 \ldots m_p|m_k)$$

Lorsque les probabilités de séquences de marqueurs $P(M_i)$ sont estimées, nous les utilisons afin de déterminer quelle est, pour un énoncé donné, l'annotation la plus vraisemblable parmi les annotations valides. Une hypothèse d'indépendance entre marqueurs au sein d'un énoncé nous permet de résoudre la recherche de l'annotation par programmation dynamique.

# 4 Expériences sur le corpus Etape

### 4.1 Données

| Corpus | Sources(nombre de fichiers) | Tokens | Énoncés | EN |
|---|---|---|---|---|
| `Etape-Train` | BFMTV (5), France Inter (16), LCP (23) | 355 975 | 14 989 | 46 259 |
| `Etape-Dev` | BFMTV (1), France Inter (6), LCP(6), TV8 (2) | 115 530 | 5 724 | 14 112 |
| `Etape-Test` | BFMTV (1), France Inter (6), LCP (5), TV8 (2) | 123 221 | 6 770 | 13 055 |
| **Total** | 74 enregistrements | 594 726 | 27 483 | 73 426 |
| `Etape-Quaero` | France Classique (1), France Culture (1), France Inter (62), France Info (13), RFI (14), RTM (97) | 1 596 427 | 43 828 | 279 797 |

TABLE 1 – Caractéristiques du corpus Etape

Le travail a été réalisé dans le contexte de la campagne d'évaluation Etape [10], en interaction avec le programme Quaero [11]. Cette campagne a porté sur le traitement d'émissions radiodiffusées et télévisuelles, donc orales et en partie spontanées. L'objectif est d'annoter les entités nommées structurées, tant sur les transcriptions manuelles qu'en sortie de systèmes de reconnaissance de la parole. La table 1 indique les parties à disposition. Le corpus `Etape-Test` étant en cours d'adjudication, nous ne l'utilisons pas pour mener nos expériences. `Etape-Quaero` [12] est volumineux et reste difficile à exploiter par la fouille. En conséquence, nous n'utilisons que `Etape-Train` (extraction des règles et paramétrage du modèle) et `Etape-Dev` (évaluation).

9. Ces probabilités sont normalisées a posteriori
10. Évaluations en Traitement Automatique de la Parole (2011-2012)
11. `http://www.quaero.org` (2008-2013)
12. Adaptation du corpus Ester au format Etape

Les types principaux d'entités nommées sont les personnes (`pers`)), fonctions (`fonc`), organisations (`org`), lieux (`loc`), productions humaines (`prod`), points dans le temps (`time`), quantités (`amount`) et évènements (`event`). À granularité fine (sur laquelle est réalisée l'évaluation), ils sont répartis en 34 sous-types. La figure 4 indique leur répartition au sein du corpus Etape. Notons que les entités nommées sont étendues à des expressions construites à partir de noms communs, ce qui amène à considérer une large gamme d'expressions linguistiques.

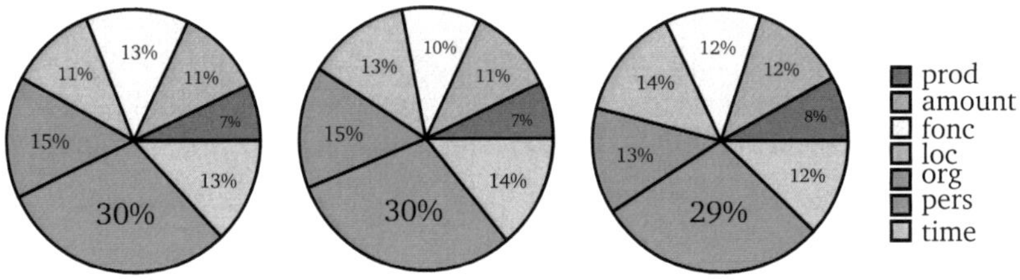


(a) Etape-Train (b) Etape-Dev (c) Etape-Test

FIGURE 4 – Répartition des types principaux d'entités

En plus des entités nommées, leurs *composants* sont annotés, soit spécifiques à certains types (jour, mois, etc. pour une date) ou transverses (valeur, unité, qualificateur, etc.). Ces éléments permettent de mieux décrire les entités lors de leur annotation (Rosset *et al.*, 2011).

Le nombre d'entités nommées rapporté au nombre de tokens du corpus est de 12,3%, dont 4,8% pour les entités et 7,5% pour les composants. Globalement, ce corpus, quoiqu'assez volumineux, est bien équilibré pour les types principaux d'entités et de composants. Notons que nous réalisons l'exploration des données sur un corpus qui contient des disfluences, répétitions, etc.

## 4.2 Extraction de règles d'annotation

Pour implémenter la fouille de données, nous construisons un arbre des préfixes communs *par niveaux*, le processus est optimisé en exploitant la propriété d'*anti-monotonie* (Agrawal et Srikant, 1995) et les hiérarchies (Wang et Han, 2004). De plus, nous poussons deux contraintes supplémentaires pour l'extraction des règles d'annotation :

- **Nombre de marqueurs** : une règle d'annotation partielle ne contient qu'un marqueur.
- **Niveaux** : le nombre d'itérations de l'algorithme par niveaux est limité à 7.

L'approche que nous adoptons nous permet d'explorer exhaustivement les motifs fréquents et confiants. Les seuils minimaux sont fixés à 3 en fréquence et 5% en confiance. Le système extrait alors 143 205 règles d'annotation partielles [13]. La figure 5 montre que la longueur des règles varie autour de trois éléments, et leur profondeur d'items [14] se situe autour de quatre. Ces statistiques confirment que les règles d'annotation sont explorées sur les deux axes que nous avons définis. Nous voyons aussi que la répartition des règles d'annotation par types d'EN est diversement corrélée au corpus. Les types `time` et `amount` sont moins représentés : il y a moins de descripteurs pour ces types, il pourrait alors être assez homogène dans les données. Inversement, le type `prod`, est sur-représenté et nous faisons l'hypothèse qu'il est assez hétérogène.

13. En 15 minutes, sur un seul cœur, en consommant 1,5Go de RAM
14. Somme sur les items des spécialisations au delà de la racine

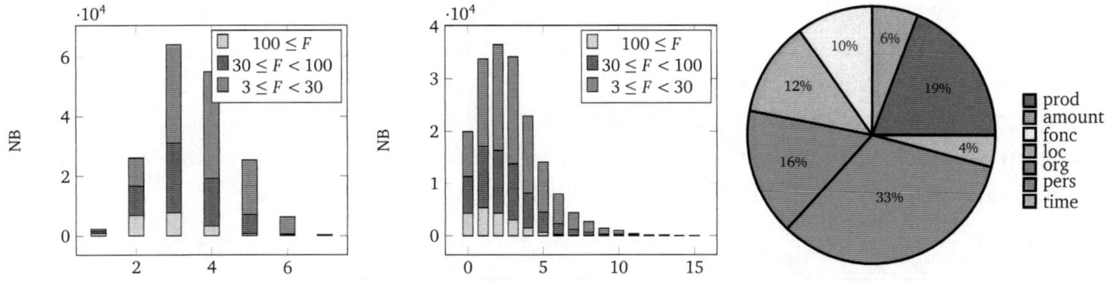


(a) Longueur des règles (b) Profondeur des règles (c) Types d'entités des règles

FIGURE 5 – Caractéristiques des règles d'annotation extraites

## 4.3 Reconnaissance d'entités nommées

Nous utilisons l'outil *scikit-learn* [15] (Pedregosa *et al.*, 2011) pour réaliser la régression logistique. La figure 6 présente les résultats obtenus en SER [16] et les taux par types d'erreurs (Galibert *et al.*, 2011). Ces graphiques confirment que le système réduit graduellement ses erreurs à mesure que les seuils de fréquence et de confiance sont abaissés.

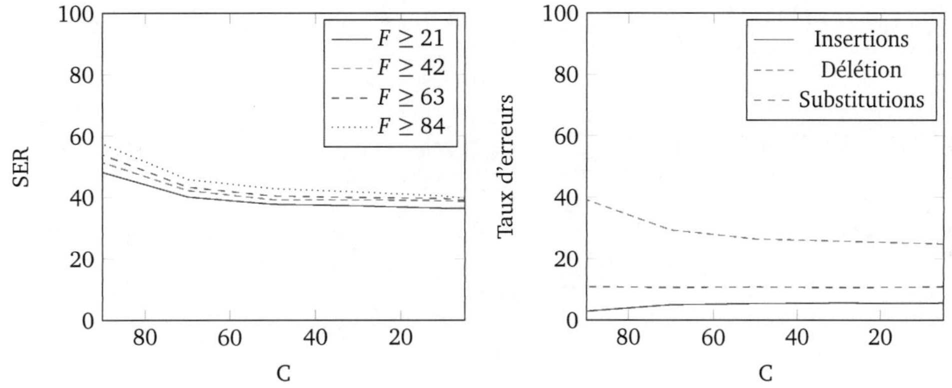


(a) Performances (b) Erreurs, $F \geq 21$

FIGURE 6 – Performances (SER) et erreurs selon la Fréquence (F) et la Confiance (C)

Nous menons des expériences supplémentaires , dont les résultats sont reportés dans le tableau 2 pour les configurations suivantes :

- `Logit` : système par défaut
- `Logit-Dicos` : désactivation des ressources lexicales
- `Logit+Test` : apprentissage en fusionnant les corpus `Etape-Train` et `Etape-Dev`
- `Logit-D25` : filtrage $\delta$ à 25%,
- `Logit-D50` : filtrage $\delta$ à 50%,
- `Logit-D75` : filtrage $\delta$ à 75%,

15. `http://scikit-learn.org`
16. Slot Error Rate, taux d'erreur pondéré

Le système donne des résultats satisfaisants, étant donné la difficulté de la tâche. Sans surprise, la désactivation des dictionnaires dégrade considérablement les performances. Lorsque les données comportent les données d'évaluation (`Logit+Test`), le surapprentissage est modéré, ce qui est lié au fait que les règles d'annotation ne sont pas lexicalisées. Les expériences `Logit-DXX` nous montrent clairement que le système obtient encore des performances très acceptables lorsque l'on réduit significativement le nombre de règles extraites à l'aide du filtrage $\delta$.

| Approche | Règles | SER | I | D | S | P | R | Fm |
|---|---|---|---|---|---|---|---|---|
| `Logit` | 143 205 | **35,9** | 5,6 | 24,2 | 10,8 | 79,8 | 64,9 | 71,6 |
| `Logit-Dicos` | 80 231 | **45,2** | 5,9 | 30,2 | 16,3 | 70,7 | 53,5 | 60,9 |
| `Logit+Test` | 141 550 | **26,3** | 3,2 | 18,6 | 8,1 | 86,6 | 73,3 | 79,4 |
| `Logit-D25` | 100 027 | **36,2** | 5,6 | 24,6 | 10,9 | 79,7 | 64,6 | 71,3 |
| `Logit-D50` | 73 332 | **36,7** | 5,4 | 25,2 | 11,0 | 79,5 | 63,8 | 70,8 |
| `Logit-D75` | 50 408 | **39,0** | 5,4 | 27,0 | 11,7 | 78,2 | 61,3 | 68,7 |

TABLE 2 – Performances (SER), erreurs d'Insertion (I), de Délétion (D), de Substitution (S), Précision (P), Rappel (R), F-mesure (Fm) des approches

Nous menons des évaluations séparées des types primaires (sans sous-types) d'entités nommées et de composants. La figure 7 en donne les résultats. Les entités nommées sont moins bien reconnues que les composants et plusieurs types (en particulier les expressions de temps) posent encore problème. Ceci dit, le système équilibre relativement bien sa précision et son rappel et la reconnaissance d'entités nommées selon l'approche présentée donne des résultats.

| Types | SER | P | R | Fm |
|---|---|---|---|---|
| **Entités** | **38,9** | 76,4 | 62,3 | 68,6 |
| **Composants** | **33,0** | 86,4 | 68,5 | 76,4 |
| **Tous** | **35,9** | 79,8 | 64,9 | 71,6 |

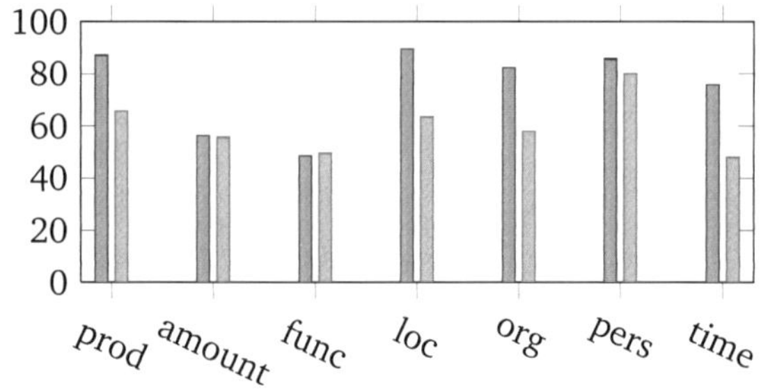


FIGURE 7 – SER, précision (gauche) et rappel (droite) par types primaires et composants

La phase d'adjudication de la campagne d'évaluation ETAPE n'est pas achevée à l'heure de la rédaction de cet article. Nous avons cependant été autorisés à reporter en table 3 les performances anonymes des systèmes avant adjudication. Les SER présentés sont donnés sur les transcriptions manuelles et sur les sorties de différents systèmes de reconnaissance, pour lesquels sont mentionnés les WER[17].

Parmi les autres systèmes participants, le système 3 utilise des CRF (binarisés, un par type), le système 6/7/8 utilise un CRF pour les composants et un PCFG pour reconstituer les entités, CasEN utilise des transducteurs. De manière générale, `mXS` affiche de bonnes performances (entre la 1 ère et la 3 ème position). Les taux d'erreurs élevés sont liés à la difficulté de la tâche (parole spontanée, imbrications, typologie fine). Sans surprise, les performances sont dégradées sur les données bruitées par la reconnaissance de parole. Nous voyons que `mXS` et résiste bien aux erreurs de reconnaissance de la parole.

17. Word Error Rate

| Part. | Type | Man | Rover | WER23 | WER24 | WER25 | WER30 | WER35 |
|---|---|---|---|---|---|---|---|---|
| **1** | OC | 84.8 | 98,1 | 100,7 | 94,2 | 98,9 | 98,4 | 100,9 |
| **2** | OC | 172.0 | 147,4 | 178,8 | 160,4 | 168,0 | 163,9 | 168,2 |
| **3** | CRF | **33.8** | **57,2** | **59,3** | 64,7 | **62,0** | **61,7** | **71,8** |
| **4** | OC | 55.6 | 88,0 | 98,8 | 76,8 | 92,8 | 94,9 | 99,6 |
| **5** | CRF | 43.6 | 69,7 | 73,8 | 72,1 | 73,7 | 74,8 | 86,0 |
| **6** | CRF+PCFG | na | 79,2 | 79,5 | 66,8 | 80,8 | 80,0 | 87,0 |
| **7** | CRF+PCFG | na | 67,8 | 68,4 | 67,6 | 70,9 | 69,9 | 85,2 |
| **8** | CRF+PCFG | 36.4 | na | na | na | na | na | na |
| **9** | CRF | 62.8 | 75,8 | 79,2 | 76,9 | 79,8 | 80,5 | 90,5 |
| **10** | OC | 42.9 | 65,0 | 69,9 | 66,3 | 70,5 | 69,9 | 87,0 |
| **CasEN** | OC | 49.3 | na | na | 68,4 | na | na | na |
| **mXS** | Règles | 41.0 | 63,7 | 67,5 | **64,1** | 69,1 | 68,6 | 80,4 |

TABLE 3 – SER de la campagne Etape par système (OC=Orienté Connaissances) sur les transcriptions avant adjudication (manuel : Man, transcription automatiques : Rover et WERXX, dont WER24 avec majuscules)

# 5 Conclusion

La reconnaissance d'entités nommées structurées sur de la parole spontanée nécessite de mettre au point des systèmes robustes. Dans cet article, nous présentons une approche originale à base de fouille de données, qui extrait des règles d'annotation partielles et paramètre un modèle numérique les utilisant.

Les résultats obtenus dans le cadre de la campagne Etape indiquent que notre approche novatrice fait jeu égal avec les systèmes état de l'art. Pour éviter tout biais méthodologique, nous restons toutefois en attente d'une référence débarrassée de toute erreur d'annotation : c'est l'objectif de la phase d'adjudication en cours. Notre objectif à court terme est de mieux caractériser les points forts et limitations du modèle (détection séparée du début et de la fin des annotations). Nous comptons également mettre à l'épreuve le système sur d'autres tâches qui pourraient bénéficier de l'extraction de motifs de segments.

# Remerciements

Ces travaux ont été réalisés dans le cadre du projet ANR Etape. Merci en particulier à Olivier Galibert (LNE), Matthieu Carré (ELDA) et Guillaume Gravier (IRISA).

# Références

AGRAWAL, R. et SRIKANT, R. (1995). Mining sequential patterns. *In International Conference on Data Engineering (ICDE'95)*, pages 3–14.

BIKEL, D., SCHWARTZ, R. et WEISCHEDEL, R. M. (1999). An algorithm that learns what's in a name. *Machine Learning*, 34:211–231.

BRUN, C. et EHRMANN, M. (2010). Un système de détection d'entités nommées adapté pour la campagne d'évaluation ester 2. *In Traitement Automatique du Langage Naturel (TALN'10)*.

BÉCHET, F., SAGOT, B. et STERN, R. (2011). Coopération de méthodes statistiques et symboliques pour l'adaptation non-supervisée d'un système d'étiquetage en entités nommées. *In Traitement Automatique des Langues Naturelles (TALN'11)*.

CELLIER, P. et CHARNOIS, T. (2010). Fouille de données séquentielles d'itemsets pour l'apprentissage de patrons linguistiques. *In Traitement Automatique des Langues Naturelles (TALN'10)*.

DINARELLI, M. et ROSSET, S. (2011). Models cascade for tree-structured named entity detection. *In International Joint Conference on Natural Language Processing (IJCNLP'11)*.

EKBALA, A., SOURJIKOVA, E., FRANK, A. et PONZETTO, S. P. (2010). Assessing the challenge of fine-grained named entity recognition and classification. *In Annual Meeting of the Association for Computational Linguistics (ACL'10) - Named Entities Workshop*, pages 93–101, Uppsala, Sweden.

FINKEL, J. R. et MANNING, C. D. (2005). Nested named entity recognition. *In Conference on Empirical Methods in Natural Language Processing (EMNLP'09)*.

FISCHER, J., HEUN, V. et KRAMER, S. (2005). Fast frequent string mining using suffix arrays. *In 5th IEEE International Conference on Data Mining (ICDM'05)*, pages 609–612.

FRIBURGER, N. et MAUREL, D. (2004). Finite-state transducer cascades to extract named entities in texts. *Theoretical Computer Sciences (TCS)*, 313:93–104.

GALIBERT, O., ROSSET, S., GROUIN, C., ZWEIGENBAUM, P. et QUINTARD, L. (2011). Structured and extended named entity evaluation in automatic speech transcriptions. *In International Joint Conference on Natural Language Processing (IJCNLP'11)*.

GALLIANO, S., GRAVIER, G. et CHAUBARD, L. (2009). The ester 2 evaluation campaign for the rich transcription of french radio broadcasts. *In International Speech Communication Association (INTERSPEECH'09)*.

GRISHMAN, R. et SUNDHEIM, B. (1996). Message undersrtanding conference - 6 : A brief history. *In International Conference on Computational Linguistics (COLING'96)*, pages 466–471, Copenhagen, Denmark.

HOBBS J. R., Appelt D., B. J. I. D. K. M. S. M. et TYSON, M. (1996). *FASTUS : A Cascaded Finite-State Transducer for Extracting Information from Natural-Language Text*, pages 383–406.

MCCALLUM, A., FREITAG, D. et PEREIRA, F. (2000). Maximum entropy markov models for information extraction and segmentation. *In International Conference on Machine Learning (ICML'00)*, pages 591–598.

MCDONALD, D. D. (1996). *Internal and External Evidence in the Identification and Semantic Categorisation of Proper Names*, pages 32–43.

MIKHEEV, A., MOENS, M. et GROVER, C. (1999). Named entity recognition without gazetteers. *In Proc. of the Ninth Conference of the European Chapter of the Association for Computational Linguistics*, pages 1–8.

PASQUIER, N., BASTIDE, Y., TAOUIL, R. et LAKHAL, L. (1999). Efficient mining of association rules using closed itemset lattices. *INF. SYST.*, 24(1):25–46.

PEDREGOSA, F., VAROQUAUX, G., GRAMFORT, A., MICHEL, V., THIRION, B., GRISEL, O., BLONDEL, M., PRETTENHOFER, P., WEISS, R., DUBOURG, V., VANDERPLAS, J., PASSOS, A., COURNAPEAU, D., BRUCHER, M., PERROT, M. et Édouard DUCHESNAY (2011). Scikit-learn : Machine learning in python. *Journal of Machine Learning Research*, 12:2825–2830.

RAYMOND, C. et FAYOLLE, J. (2010). Reconnaissance robuste d'entités nommées sur de la parole transcrite automatiquement. *In Traitement Automatique des Langues Naturelles (TALN'10)*.

ROSSET, S., GROUIN, C. et ZWEIGENBAUM, P. (2011). Entité nommées structurées : guide d'annotation quaero. Rapport technique, LIMSI (2011-04).

SCHMID, H. (1994). Probabilistic pos tagging using decision trees. *In New Meth. in Lang. Proc. (NEMLP'94)*.

SRIKANT, R. et AGRAWAL, R. (1996). Mining sequential patterns : Generalizations and performance improvements. *In International Conference on Extending Database Technology (EDBT'96)*, pages 3–17.

STEPHENS, C. S. (1993). The analysis and acquisition of proper names for the understanding of free text. *Computers and the Humanities*, 26:441–456.

WANG, J. et HAN, J. (2004). Bide : Efficient mining of frequent closed sequences. *In International Conference on Data Engineering (ICDE'04)*.

ZIDOUNI, A., ROSSET, S. et GLOTIN, H. (2010). Efficient combined approach for named entity recognition in spoken language. *In Conference of the International Speech Communication Association (INTERSPEECH'10)*.

# Segmentation de textes arabes en unités discursives minimales

Iskandar Keskes[1,2] Farah Beanamara[2] Lamia Hadrich Belguith[1]
(1) ANLP Research Group, MIRACL, Route de Tunis km 10, 3021, Sfax, Tunisie
(2) IRIT, 118, route de Narbonne F-31062 Toulouse Cedex 9
keskes@irit.fr, benamara@irit.fr, l.belguith@fsegs.rnu.tn

RÉSUMÉ

La segmentation d'un texte en Unités Discursives Minimales (UDM) a pour but de découper le texte en segments qui ne se chevauchent pas. Ces segments sont ensuite reliés entre eux afin de construire la structure discursive d'un texte. La plupart des approches existantes utilisent une analyse syntaxique extensive. Malheureusement, certaines langues ne disposent pas d'analyseur syntaxique robuste. Dans cet article, nous étudions la faisabilité de la segmentation discursive de textes arabes en nous basant sur une approche d'apprentissage supervisée qui prédit les UDM et les UDM imbriqués. La performance de notre segmentation a été évaluée sur deux genres de corpus : des textes de livres de l'enseignement secondaire et des textes du corpus Arabic Treebank. Nous montrons que la combinaison de traits typographiques, morphologiques et lexicaux permet une bonne reconnaissance des bornes de segments. De plus, nous montrons que l'ajout de traits syntaxiques n'améliore pas les performances de notre segmentation.

ABSTRACT

Segmenting Arabic Texts into Elementary Discourse Units

Discourse segmentation aims at splitting texts into Elementary Discourse Units (EDUs) which are non-overlapping units that serve to build a discourse structure of a document. Current state of the art approaches in discourse segmentation make an extensive use of syntactic information. Unfortunately, some languages do not have any robust parser. In this paper, we investigate the feasibility of Arabic discourse segmentation using a supervised learning approach that predicts nested EDUs. The performance of our segmenter was assessed on two genres of corpora: elementary school textbooks that we build ourselves and documents extracted from the Arabic Treebank. We show that a combination of typographical, morphological and lexical features is sufficient to achieve good results in segment boundaries detection. In addition, we show that adding low-level syntactic features that are manually encoded in ATB does not enhance the performance of our segmenter.

MOTS-CLÉS : Segmentation discursive, unité discursive minimale, langue arabe.
KEYWORDS : Discourse segmentation, Elementary discourse units, Arabic language.

## 1 Introduction

La segmentation discursive d'un texte vise à segmenter le texte en unités discursives minimales (UDM) qui ne se chevauchent pas. Ces unités sont ensuite reliées entre elles par des relations rhétoriques afin de construire la structure discursive du texte. La segmentation est donc une étape primordiale dans l'analyse du discours car des erreurs de segmentation peuvent dégrader les performances de l'analyseur. (Soricut et Marcu, 2003) ont montré qu'une bonne segmentation permet de réduire de 29% les erreurs de leur analyseur discursif.

Une UDM peut être une phrase ou une proposition. Dans une phrase complexe, elle correspond généralement à des clauses verbales, comme *[Un film d'horreur] [qui m'a fait peur]* où la proposition relative introduite par le pronom relatif indique un point de coupure. Ces deux segments sont ainsi reliés par la relation d'élaboration. Une UDM peut aussi correspondre à d'autres unités syntaxiques décrivant des éventualités, comme des syntagmes nominaux ou des syntagmes prépositionnels, comme dans *[Après quelques minutes,] [nous avons trouvé les clés sur la table]* où nous avons une relation d'encadrement temporelle entre ces deux UDM. Une UDM peut être aussi structurellement emboitée dans une autre pour rendre compte des cas d'appositions, de constructions clivées ou encore des cadres adverbiaux, comme dans *[M. Dupont, [un homme d'affaire riche,] a été sauvagement tué]* où « un homme d'affaire riche, » est une apposition.

Plusieurs travaux ont été menés sur la segmentation automatique de discours dans différentes langues. Chaque segmenteur a sa propre définition d'UDM car le repérage des limites des segments dépend principalement de la théorie utilisée. En effet, chaque théorie du discours définit ses propres guides de segmentation. Globalement, la segmentation automatique de discours peut être effectuée selon des techniques à base de règles ou en utilisant des techniques d'apprentissage. Dans la première approche, des règles empiriques identifient les bornes *début* et *fin* de segments en s'appuyant sur une combinaison d'indices de surface (les ponctuations et les marqueurs lexicaux), des informations morphologiques et des informations syntaxiques. Pour l'anglais, citons les travaux de (Le Thanh et al., 2004) qui ont obtenu une F-mesure de 86,9% sur le corpus RST Discouse Treebank (Carlson et al., 2003). (Tofiloski et al., 2009) ont proposé le système de segmentation SLSeg basé sur une analyse syntaxique. Ce système a obtenu une F-mesure de 80-85%. Les approches symboliques ont également été utilisées pour réaliser la segmentation en UDM pour d'autres langues comme l'allemand (Lüngen et al., 2006), l'espagnol (Da Cunha et al. 2010) et le japonais (Sumita et al., 1992). La plupart de ces travaux définissent les UDM dans le cadre de la RST (Mann et Thompson, 1988).

Les méthodes d'apprentissage exploitent le plus souvent des traits lexicaux et syntaxiques pour classer chaque mot de la phrase comme étant une frontière d'une UDM ou non. Toujours dans le cadre de la RST, (Soricut et Marcu, 2003) ont décrit comment segmenter les phrases en UDM sur la base de l'analyseur SPADE, tout en exploitant une analyse syntaxique extensive. (Sporleder et Lapata, 2005) ont montré que l'emploi d'une analyse lexicale couplée à une analyse syntaxique surfacique (catégorie grammaticale et chunk) sont suffisantes pour obtenir de bons résultats. (Fisher et Roark, 2007) ont proposé diverses améliorations de SPADE en utilisant une analyse à états finis. (Subba et Di Eugenio, 2007) ont utilisé un réseau de neurone. Pour les autres langues, citons (Jirawan et al., 2005) pour le thaï qui utilise un système d'apprentissage par arbre décisionnel associé à des règles.

Toutes les approches d'apprentissage mentionnées plus haut réduisent la tâche de segmentation à une classification binaire en ignorant les UDM emboitées[1]. Afin de prédire ce type d'UDM, (Afantenos et al., 2010) ont utilisé un classifieur (Maximum Entropy Model) à quatre classes où chaque mot peut être classé au début de l'UDM, à la fin de l'UDM, au milieu ou bien au début et à la fin de l'UDM. Ce classifieur utilise une combinaison de traits lexicaux

[1] La RST traite le cas des segments emboités lors de la détermination des relations (Mann et Thompson, 1988).

(principalement des n-grams et un lexique de marqueurs discrusifs) et syntaxiques (chunk, catégorie grammaticale et chemin de dépendance) et a été évalué sur le corpus ANNODIS (Afantenos et al., 2012), un corpus pour la langue française annoté discursivement selon les principes de la théorie de la représentation discursive segmentée (SDRT) (Asher et Lascarides, 2003). Dans ANNODIS, la proportion d'UDM emboîtées dépasse les 10%. Le classifieur obtient une F-mesure de 58%. Une étape de correction qui consiste en l'ajout des limites manquantes d'UDM améliore sensiblement les résultats de 15%.

Qu'elles soient à bases de règles ou à base de techniques d'apprentissage, la plupart des approches actuelles utilisent une analyse syntaxique extensive. Cependant, plusieurs langues ne disposent pas encore d'un analyseur syntaxique robuste. La question qui se pose alors est comment concevoir un découpage automatique en UDM robuste pour ces langues sans utiliser d'informations syntaxiques ? Dans cet article, nous allons montrer la faisabilité de la segmentation discursive en UDM pour la langue arabe dans le cadre de la théorie SDRT (Asher et Lascarides, 2003), en proposant une méthode d'apprentissage supervisée multi-classes qui prédit les UDM imbriquées. À notre connaissance, ceci est le premier travail qui traite la segmentation discursive pour la langue arabe. Pour ce faire, nous utilisons deux genres de corpus qui ont un style d'écriture différent : des textes de livres de l'enseignement secondaire tunisien (TES) et des textes de journaux annotés syntaxiquement, issus du corpus Arabic TreeBank (ATB part3 v3.2) (Maamouri et al., 2010b). Nous montrons que l'utilisation de traits typographiques, lexicaux et morphologiques est suffisante pour obtenir de bons résultats. De plus, nous montrons que l'utilisation de traits syntaxiques de surface (chunks) n'améliore pas les résultats. Nos résultats montrent que la segmentation du discours en langue arabe est réalisable sans faire recours à la syntaxe

Cet article est organisé comme suit. Nous commençons par exposer les principales difficultés de la segmentation discursive en langue arabe. Nous présentons ensuite les principaux travaux existants dans ce domaine. La section 4 présente notre corpus, le manuel de segmentation ainsi que les résultats de l'annotation manuelle. La section 5 détaille notre méthode de segmentation ainsi que les traits utilisés. Les résultats obtenus sont discutés dans la section 6.

## 2 Segmentation discursive de textes arabes

Vue la richesse des propriétés morphologiques et syntaxiques de la langue arabe standard moderne (ASM)[2], la segmentation en UDM est une tâche difficile. En effet, contrairement aux langues indo-européennes, la langue arabe n'admet pas de lettres majuscules ce qui rend la tâche de segmentation plus difficile que pour les autres langues, comme le français. De plus, la ponctuation n'est pas utilisée d'une façon systématique ce qui complique la détermination des frontières des segments. Ainsi, le discours arabe tend à utiliser des phrases longues et complexes au point qu'on peut souvent trouver une page sans aucun signe de ponctuation.

Comme les autres langues sémitiques, la langue arabe a une morphologie riche et complexe. Les mots sont formés par un processus de concaténation séquentiel de trois composants (préfixe + racine + suffixe). Ces composants ont des caractéristiques morphologiques et syntaxiques qui varient selon le contexte du mot. Les suffixes et les

[2] Pour plus de détail sur l'ASM et le traitement automatique de la langue arabes voir (Habash, 2010).

affixes peuvent être des prépositions, des conjonctions ou des pronoms. Par exemple, la préposition (comme ف/"fa"/puis), la conjonction (comme و/"wa"/et), l'article (comme ال/"Al"/le) et le pronom (comme ه/"ho"/il) peuvent être affixés à un nom, un adjectif, une particule ou un verbe ce qui induit une très grande ambigüité à la fois lexicale et morphologique. Par exemple, le mot فهم / "fahm", peut être un verbe (comprendre), un nom (compréhension) ou une conjonction (ف/"fa"/puis) suivie d'un pronom (هم/"hom"/ils). Enfin, un mot peut avoir plusieurs affixes et suffixes, comme par exemple, "استتذكرونها" ([أ/"A"/Est-ce-que], [س/"Sa"/allez], [تتذكر/"tata*k~ar"/rappeler], [ن/"na"/vous] et [ها/"hA"/elle]) qui représente en français « Est-ce que vous allez vous rappeler d'elle ? ». Cette richesse morphologique rend la tâche de segmentation beaucoup plus difficile, surtout lors du repérage de marqueurs lexicaux qui sont, en général, de bons indicateurs pour la détermination automatique des frontières de segment.

Une autre spécificité qui s'ajoute, est que le système d'écriture de l'arabe est diacritique. En effet, l'alphabet arabe est composé uniquement de consonnes et chaque consonne peut avoir différentes prononciations. Pour surmonter ce problème, les symboles orthographiques, appelés signes diacritiques sont utilisés. Les signes diacritiques représentent, entre autres, les voyelles courtes. Actuellement, la plupart des documents arabes ne sont pas accompagnés par des signes diacritiques. Il faut noter que les textes non diacritiques sont très ambigus et la proportion des mots ambigus dépasse 90% (Debili et al., 2002). Par exemple, le mot كتب/"ktb" peut être écrit sous 21 formes morphologiques différentes (كَتَبَ/"kataba"/il-écrit et كُتُبٌ/"kutubN"/livres) (Debili et al., 2002). L'exemple suivant montre un cas d'ambigüité.

(1) وصف الطبيب للمريض مجموعة من الأدوية لمعالجة ألمه وجرحه.

*Le médecin a prescrit au patient une ordonnance pour traiter sa douleur et sa blessure.*

Dans cet exemple, si une analyse automatique reconnait le mot جرحه/"jerHihi" comme un verbe (blesser), nous aurons une erreur de segmentation puisque ce mot est un nom (blessure). Le point de coupure ici, devrait être le mot لمعالجة/"limeEalajati"/pour-traiter car le marqueur de discours ل/"li"/pour est un bon indicateur pour la relation *But.*

Enfin, l'ordre des mots en langue arabe est relativement flexible. En effet, le changement de position de certains mots ne change pas forcément le sens de la phrase. Par exemple, la phrase « l'enfant va à l'école» peut être écrit en langue arabe sous trois formes: « ذهب الولد إلى المدرسة », « الولد ذهب إلى المدرسة » et « إلى المدرسة ذهب الولد ».

## 3 Travaux existants

La plupart des travaux en segmentation discursive de textes arabes traitent la segmentation en paragraphes, phrases ou clauses. (Belguith et al., 2005) ont proposé une approche à base de règles pour segmenter des textes arabes non-voyellés en phrases. L'approche consiste en une analyse contextuelle des signes de ponctuation, des conjonctions de coordination et une liste de particules qui sont considérées comme des critères de segmentation. Les auteurs ont déterminé 183 règles implémentées par le système STAr. (Touir et al., 2008) ont proposé une approche par règles guidée uniquement par des connecteurs lexicaux (la ponctuation n'est pas prise en compte) pour segmenter les textes arabes en clauses. Les auteurs introduisent la notion des connecteurs actifs, qui indiquent le début ou la fin d'un segment et la notion de connecteurs passifs qui n'impliquent pas un point de coupure. Le même connecteur peut être actif ou passif en changeant d'un contexte à un autre. (Khalifa et al., 2011) ont proposé une méthode d'apprentissage pour la segmentation des textes arabes en clauses en exploitant uniquement les fonctions rhétoriques du connecteur "و/et". Les auteurs ont défini six sens pour ce connecteur : (1)والقسم/"wAw Aloqasam", (2)ورب /"wAw rob~a", (3)والاستئناف /"Alo<isti'onAf", (4)والحال /"wAw AloHAl", (5)والمعية /"wAw AlomaEiy~at" et (6)والعطف /"wAw AloEaTof". Parmi ces six sens, deux classes ont été définies : «Fasl » (1, 2 et 3), qui est un bon indicateur de segmentation, et «Wasl» (4, 5 et 6) qui n'a pas d'effet sur la segmentation. Un ensemble de 22 traits syntaxiques et sémantiques, ont ensuite été utilisées afin de classer automatiquement chaque instance du connecteur "و" dans ces deux classes. Enfin, (Keskes et al., 2012) ont utilisé une approche à base de règles pour la segmentation de textes arabes en clauses. Trois principes de segmentation ont été proposés : (p1) en utilisant uniquement des signes de ponctuation (21% de F-mesure), (p2) en s'appuyant uniquement sur des indices lexicaux (53,5% de F-mesure) et (p3) en combinant les signes de ponctuation et les indices lexicaux afin de faire face à l'ambigüité des indices lexicaux (68% de F-mesure).

À notre connaissance, le travail le plus proche du notre est celui de (Al-Saif et Markert, 2011) qui proposent d'identifier automatiquement le rôle discursif des connecteurs de discours puis de repérer les relations explicitement marquées dans le corpus ATB v 2.0 part 1[3]. Les auteurs utilisent les principes d'annotation du Penn Discours Treebank (PDTB) (Prasad et al., 2008). Nous rappelons que les segments du discours dans PDTB sont généralement des unités plus grandes que les UDM. En effet, ces unités peuvent être une clause ou un ensemble de clauses. La segmentation dans PDTB nécessite trois étapes: (a) l'identification du connecteur de discours (explicite et implicite), (b) l'identification des deux arguments de ce connecteur (à savoir Arg1 et Arg2) et (c) le repérage des frontières de ces arguments. Arg1 peut être situé dans la même phrase que le connecteur discursif ou dans la ou les phrases précédentes. Lorsqu'Arg1 et Arg2 sont dans la même phrase, on peut avoir plusieurs cas: Arg1 apparait devant Arg2, Arg1 venant après Arg2 et Arg2 emboitée dans Arg1 comme dans l'exemple (2).

(2) [ ان الأطفال متعبون [و يشعرون بالنعاس]arg2 خلال الدرس .]arg1

*[Les enfants sont fatigués [et ont envie de dormir]$_{arg2}$ pendant le cours.]$_{arg1}$*

En cas d'emboîtement de segment (connecteurs de subordination, connecteurs de coordination et adverbes de discours), l'arbre syntaxique complet de la phrase sera nécessaire afin d'extraire Arg1 et Arg2 (Lee et al., 2008). (Al-Saif et Markert, 2011) n'ont décrit que l'étape (a) relative à l'identification des connecteurs et n'ont pas traité les UDM emboitées. De plus, ils n'ont donné aucune indication sur la façon dont les étapes (b) et (c) peuvent être réalisées automatiquement.

# 4 Segmentation manuelle

## 4.1 Corpus

Nous avons utilisé deux genres de corpus qui ont un style d'écriture différent : des textes de livres de l'enseignement secondaire tunisien (TES) et des textes de journaux annotés

[3] Nous utilisons le corpus ATB v3.2, c'est une version révisée de ATB v2.0 utilisé par (Al-Saif et Markert, 2011)

syntaxiquement du corpus Arabic TreeBank (ATB part3 v3.2) (Maamouri et al., 2010b). Les documents du corpus TES sont généralement bien structurés et non-voyellés. Les phrases sont courtes (environ 5,6 mots par phrase) avec une structure syntaxique simple. Ils sont caractérisés par la présence régulière de signes de ponctuation. Les documents sont également courts. Nous avons collectés 34 documents pour le corpus TES.

Le corpus ATB v3.2 part3 est composé de 599 textes du journal Al Nahar. Chaque document dans ce corpus est associé à deux niveaux d'annotation. D'abord, une annotation morphologique fournie pour chaque mot des informations morphologiques, sa translittération et sa traduction en anglais. Le second niveau comporte l'annotation syntaxique de chaque phrase du texte sous forme d'arbre syntaxique. Contrairement aux TES, les textes ATB sont plus longs et les phrases sont syntaxiquement plus complexes. Nous avons choisi au hasard 16 documents de l'ATB.

## 4.2 Manuel et guide d'annotation

Notre manuel est inspiré du manuel de segmentation élaboré par les partenaires du projet ANNODIS (Afantenos et al., 2012) et qui explique le principe de segmentation de textes pour le français. Nous avons repris ce manuel et l'avons adapté à la spécificité de la langue arabe.

Les UDM sont délimités par des crochets. Par convention, les connecteurs de discours sont toujours au début d'un segment alors que les signes de ponctuation qui délimitent les frontières de segments apparaissent toujours avant la fin d'un segment. Les UDM ne peuvent pas se chevaucher, mais elles peuvent être emboitées les unes aux autres (les doubles crochets ne sont pas autorisés), comme dans l'exemple suivant:

(3) [أصلح الأستاذ الامتحان،[ الذي أجراه التلاميذ الأسبوع الماضي،] خلال حصة الدرس .]

*[L'enseignant a corrigé l'examen, [qui a été donné aux étudiants la semaine dernière,] pendant le cours.]*

Une UDM est essentiellement une clause verbale (comme dans l'exemple (4)) ou une clause nominale (مبتدأ/ « mubotada» et خبر/ « xabar», comme dans l'exemple (5)). Un point de coupure ne peut jamais séparer un verbe de son complément ou un sujet de son verbe. Aussi, un point de coupure ne peut jamais se produire au sein d'un chunk ou d'une entité nommée.

(4) [قصفت طائرات أميركية مجمعات من الكهوف. ]

*[Des avions américains ont bombardé un ensemble de grottes.]*

(5) [كانت الطفلة جميلة.]

*[La fille était belle.]*

Nous présentons, ci-dessous, quelques principes de notre segmentation.

- Cas des conditionnels (شرط/"$aroT"). On segmente toujours dans ces cas, comme dans l'exemple suivant :

(6) [إذا أصبح الطقس جميل،][سأخرج أتنزه.]

*[S'il fait beau,] [je vais faire une promenade.]*

- Cas des corrélations (تلازم/"talAzum"). On segmente toujours dans ces cas, comme dans l'exemple suivant :

(7) [كلما أطالع الكتب،][كلما أتعلم المزيد من المصطلحات]

*[Plus je lis des livres,] [Plus j'apprends de nouveaux termes.]*

- Cas des coordinations (ربط/"rabot"). En langue arabe, la coordination est indiquée par des marqueurs tels و /"wa"/et, بحيث/"bihayv"/donc, ل/"li"/pour ... qui sont très ambigus. Par exemple, la conjonction (و/"wa"/et) peut avoir six sens différents (Khalifa et al., 2011) (voir section 3). En présence de la coordination, nous segmentons dans quatre cas: (i) la coordination entre des clauses indépendantes, (ii) la coordination entre des clauses subordonnantes, (iii) lorsque deux clauses verbales partagent le même objet ou le même sujet, comme dans l'exemple (8), et enfin, (iv) la coordination entre des syntagmes prépositionnels qui introduisent des événements, comme dans l'exemple (9). Nous ne segmentons pas dans tous les autres cas (comme dans l'exemple (10), où nous avons une conjonction entre deux objets du même verbe).

(8) [استعاد الرئيس التونسي عافيته][ وقام باستقبال المواطنين.]

*[Le Président tunisien est rétabli] [et a commencé à recevoir les citoyens.]*

(9) [أعلنت الحكومة عدم موافقتها على التحاور] [لعدم توفر الشروط الأزمة.]

*[Le gouvernement a annoncé qu'il refuse la négociation] [à cause de l'insuffisance des conditions requises.]*

(10) [اتخذ الملك كل الترتيبات ومعدات السلامة.]

*[Le roi a pris toutes les dispositions et les mesures de sécurité.]*

- Cas des subordinations (صلة/"silat"). Nous segmentons toujours dans ces cas. Ils sont introduits par : (a) des conjonctions de subordination comme أن/">un"/pour, أن/">~aun"/que, إن/"<ino"/si, سوى/"Siwa"/ sauf et إلا/"<IoA"/moins (qui sont généralement utilisés après un verbe de communication ou lors d'un discours rapporté (comme dans l'exemple (12))), (b) des pronoms relatifs الذي/"ala* y"/qui, التي/"alaty"/qui ... (comme dans l'exemple (11)), ainsi que (c) par des marqueurs de subordination temporelle et/ou causale comme قبل أن/"qabola> un"/avant-que, لأن/"li>~aun"/parce-que, حين/"Hiyna"/quand et غير أن/"gayora un~a>"/alors-que.

(11) [يحتوى كتاب التكليف [الذي وجه الى الحكومة الجديدة ،] على كل الترتيبات المتخذة.]

*[Le livre de référence [qui a été envoyé au nouveau du gouvernement,] contient toutes les*

*dispositions qui ont été prises.]*

(12) [وقال وزير الدفاع] [ان ستة مسؤولين اميركيين وصلوا الى البلاد.]

*[Le ministre de la Défense a dit que] [six fonctionnaires américains sont arrivés au pays.]*

- Cas des appositions (بدل/"badal"). Nous segmentons dans la plupart des cas. Les appositions peuvent être des phrases adjectivales, des locutions adverbiales ou des groupes nominaux ou verbaux introduits par des pseudo-verbes comme إن/"<~un"/c'est-le, ليت/"layta"/espérer, لعل/"laEal~a"/peut-être. Les locutions adverbiales sont introduites par des adverbes relatifs tels que متى/"Matay"/quand, كيف/"kayfa"/comment, لماذا/"lima*A"/pourquoi, حيث/ "Hayvu"/où ou des adverbes réguliers tels que حينذاك/"AkaHiyna*"/à-cet-instant, وقتذاك/"waqta*Aka"/à-cet-instant et ربما/"rub~Ama"/peut-être). L'exemple (13) montre un cas d'une locution adverbiale. Les syntagmes prépositionnels (introduits par إلى/"<Ilay"/jusqu'à-ce-que, عن/"Ean"/de, فى/"fiy"/dans, من/"min"/de et على/"EalaY"/sur) qui apparaissent à la fin d'une clause ne sont pas segmentés.

(13) [ان الجنود، [حيث سيكونون مسلحين،] يستطيعون الدفاع عن انفسهم.]

*[Les soldats, [quand ils seront armés,] seront en mesure de se défendre.]*

- Cas des adverbiaux (ظرفية/"Zarofiy~at"). Dans certains cas, un adverbial peut être une UDM. Cela concerne les adverbiaux qui introduisent un événement ou un état. L'exemple (14) montre un cas de la relation But, alors que, l'exemple (15) présente un cas d'adverbial qui est en début de la phrase et qui indique une relation de Frame.

(14) [ رجعت مسرعا إلى البيت][بسبب تهاطل الأمطار.]

*[Je suis retourné rapidement à la maison] [à cause de la pluie.]*

(15) [عندما توفي جدي،][ كنت صغيرا جدا.]

*[Quand mon grand-père est décédé,] [j'étais très jeune.]*

- Nous segmentons en cas de discours rapporté entre guillemets et pronoms possessifs (comme dans l'exemple (16)) car ils indiquent respectivement la relation attribution et la relation élaboration d'entité. Nous ne segmentons pas en cas de translittération en caractères latins, d'abréviations et en cas des pronoms démonstratifs (هذا/"h`*A"/ce, هذه/"h`* ihi"/ce ...).

(16) [وقدّمت لنا صحنا صغيرا][فيه مقروضات شهيّة.]

*[et elle nous a donné un petit plat] [contenant des gâteaux délicieux.]*

### 4.3 Calcul de l'accord inter-annotateur

Deux annotateurs natifs arabes ont annoté notre corpus selon les orientations définies dans le manuel d'annotation. Les annotations ont été réalisées en deux étapes. D'abord une phase de formation où les annotateurs ont été invités à annoter 4 documents du corpus TES puis 4 documents du corpus ATB (les deux corpus sont non-voyellés). Cette étape a permis de réviser le manuel d'annotation. Ensuite, chaque annotateur a annoté séparément 5 documents du corpus TES (ayant une moyenne de 20 phrases par document) puis 2 documents du corpus ATB (ayant une moyenne de 35 phrases par document). Les documents utilisés lors de la phase d'entraînement n'ont pas été pris en considération dans les étapes suivantes. La phase d'entraînement pour le corpus ATB a été plus longue que celle pour le corpus TES car ses documents sont plus longs et ses phrases sont plus complexes. Nous obtenons une mesure kappa de l'accord inter-annotateur de 0,83 pour ATB et 0,89 pour TES. Les principaux cas de désaccord proviennent de l'ambiguïté lexicale, en particulier pour les marqueurs discursifs.

Compte tenu des bons résultats d'accord, les annotateurs ont ensuite été invités à construire notre corpus de référence par consensus. Sur un nombre total de 706 UDM pour le corpus ATB nous avons 13,17% UDM imbriquées et sur 924 UDM pour le corpus TES nous trouvons 9,30% UDM imbriquées. Le tableau 1 présente les caractéristiques du corpus de référence.

| | Textes | UDM | UDM emboîtées | Mots+ponctuations |
|---|---|---|---|---|
| TES | 25 | 924 | 86 | 6437 |
| ATB | 10 | 706 | 93 | 7600 |
| Total | 35 | 1630 | 179 | 14037 |

TABLE 1 – Caractéristiques du corpus de référence

## 5 Traits d'apprentissage

Pour identifier les limites des UDM, nous avons conçu quatre groupes de traits d'apprentissage: typographiques, lexicaux, morphologiques et syntaxiques. Un vecteur de caractéristiques est associé à chaque token (mot ou ponctuation).

Traits typographiques : lors de la campagne d'annotation, nous avons identifié deux Catégories de Signes de Ponctuation (CSP): les ponctuations *fortes* qui identifient toujours la fin ou le début d'un segment (comme « : ») et les ponctuations *faibles* qui ne correspondent pas toujours à la limite de segment (comme « , »). Nous avons trois traits typographiques: (1) PUNC : la CSP du mot à classer, (2) PPUNC : la CSP du mot qui précède le mot à classer et (3) FPUNC : la CSP du mot qui suit le mot actuel. La CSP peut prendre trois valeurs : 0 si le mot n'est pas un signe de ponctuation, 1 s'il s'agit d'une ponctuation forte et 2 s'il s'agit d'une ponctuation faible.

Traits lexicaux : Nous considérons deux types d'indices lexicaux : des connecteurs discursifs comme حيث/"Hayovu"/où, بينما/"bayonamA"/alors-que et ل/"li"/pour et un ensemble de mots spécifiques, appelés indicateurs qui sont importants pour le processus de segmentation. Les connecteurs peuvent être des verbes d'attitude propositionnelle (par exemple قال/"Qala"/dire, أعلن/">aEolana"/annonce, إعتقد/"<iEotaqada"/croire, ...), des adverbes (par exemple بعد/"baEoda"/après, قبل/"qabola"/avant, من المفروض/"mina AalomaforuWD"/normalement, فقط/"faqaT"/uniquement), des conjonctions (par exemple

حالما/"HaAlamA"/dès-que et طالما/"Talama"/tant-que) et des particules (par exemple لم/"lam"/non et لن/"lan"/jamais). Comme les signes de ponctuation, nous avons deux Catégories d'Indices Lexicaux (CIL) : forts et faibles. Dans la première classe, les connecteurs sont généralement suivis d'un verbe qui est un indice fort pour la détermination du début de segment (comme لأن/"li>ana"/parce-que). Dans la deuxième classe, les connecteurs ambigus ne marquent pas toujours le début d'un segment (comme حيث/"Hayovu"/où). Nous avons quatre traits lexicaux : (1) LEX : la CIL du mot à classer ; (2) PLEX : la CIL du mot qui précède le mot actuel ; (3) FLEX : la CIL du mot qui suit le mot actuel et (4) Blex : un booléen qui indique si le mot courant commence par un connecteur ou un indicateur. Cette dernière caractéristique traite des cas d'agglutination. La CIL peut prendre cinq valeurs : 0 si le mot n'est pas un indice lexical, 1 si le mot est un indice de discours fort, 2 si le mot est un indice de discours faible, 3 si le mot est un indicateur fort et 4 si le mot est un indicateur faible.

Pour gérer à la fois les caractéristiques typographiques et lexicales, nous avons construit un lexique des indices de segmentation où chaque entrée est caractérisée par son type (signe de ponctuation, indice de discours, et indicateur), sa nature (forte ou faible) et la liste des catégories morphologiques possibles. Nous avons également indiqué si l'entrée lexicale est composée d'autres mots, comme خلاصة القول/"xelASita Aaloqawoli"/en-résumé. Si c'est le cas, nous détaillons chaque mot de cette entrée lexicale. Nous avons associé à chaque entrée sa traduction en anglais et un exemple de son utilisation. Notre lexique contient 174 entrées : 11 signes de ponctuation et 163 indices lexicaux (83 indices discursifs et 80 indicateurs), parmi lesquels 76,4% sont forts et 23,6% sont faibles.

Traits morphologiques : nous avons utilisé SAMA 3.1 qui est une mise à jour de l'analyseur morphologique pour l'arabe (BAMA 2.0) (Maamouri et al., 2010a). SAMA 3.1 considère chaque mot comme préfixe+racine+suffixe et énumère toutes les solutions possibles d'annotation, avec l'affectation de tous les signes diacritiques. Pour chaque mot, nous avons 10 caractéristiques morphologiques : (1) LEM le lemme du mot, (2) POS la catégorie morphologique du mot, (3) COV la vocalisation du mot, (4) PREF, (5) SUFF et (6) ROOT qui indiquent respectivement le préfixe, le suffixe et la racine du mot, (7) PREF_POS, (8) SUFF_POS et (9) ROOT_POS qui indiquent respectivement la catégorie morphologique du préfixe, du suffixe et de la racine, et finalement (10) GLOSS, qui indique la traduction en anglais du mot. Toutes ces caractéristiques sont générées par SAMA sous forme translittérée (codé en ASCII).

Traits syntaxiques : ces traits sont extraits à partir des annotations syntaxiques de l'ATB. Les documents du corpus TES ne sont pas concernés. Nous n'avons qu'un seul trait qui spécifie si le mot à classer est au début, à la fin ou au milieu d'un chunk.

## 6 Évaluation et résultats

Nous avons effectué un apprentissage supervisé en utilisant le classifieur Stanford basé sur le modèle d'entropie maximale (Berger et al., 1996). Chaque mot peut appartenir à l'une des trois classes suivantes: *début*, si la UDM commence par ce mot, *fin* si elle se termine par ce mot ou *milieu*, si le mot est au milieu de l'UDM. Nous n'avons pas trouvé de problèmes liés au déséquilibrage de la fréquence des classes lors de l'apprentissage. Le tableau 2 présente la fréquence de chaque classe dans le corpus TES et le corpus ATB.

| | TES | ATB |
|---|---|---|
| Milieu | 4589 | 6188 |
| Début | 924 | 706 |
| Fin | 924 | 706 |
| Total | 6437 | 7600 |

TABLE 2 – Fréquence des classes dans le corpus de référence

Afin de mesurer l'impact des traits morphologiques et syntaxiques sur les performances de notre segmentation, nous avons conçu deux classifications : (C1) utilise les traits typographiques, lexicaux et morphologiques et (C2) utilise tous les traits, y compris les traits syntaxiques. Nous avons également testé nos résultats par rapport à deux Baseline : une (B1) qui consiste à utiliser que le trait typographique PUNC, et l'autre (B2) qui combine le trait PUNC et le trait lexicale LEX. Les résultats présentés dans le tableau 3, le tableau 4 et le tableau 5 sont les moyennes de 5 validations croisées en testant à chaque fois sur 20% du corpus de référence (2 textes du corpus ATB et 5 textes du corpus EST). Pour mesurer l'effet de chacun de ces types de traits, nous présentons les résultats en commençant par les traits typographiques, puis nous ajoutons un à un les autres traits. Les valeurs du tableau 3 représentent la moyenne des trois classes : début, milieu et fin.

| | | TES | | | ATB | | |
|---|---|---|---|---|---|---|---|
| | | Précision | Rappel | F-score | Précision | Rappel | F-score |
| Traits typographiques | PUNC (B1) | 0.450 | 0.416 | 0.432 | 0.267 | 0.287 | 0.277 |
| | +PPUNC, FPUNC | 0.575 | 0.453 | 0.506 | 0.281 | 0.332 | 0.304 |
| *PUNC+LEX (B2)* | | *0.547* | *0.511* | *0.528* | *0.479* | *0.436* | *0.456* |
| Traits lexicaux | +LEX | 0.875 | 0.745 | 0.804 | 0.770 | 0.647 | 0.703 |
| | +PLEX, FLEX, BLEX | 0.870 | 0.762 | 0.812 | 0.761 | 0.663 | 0.708 |
| Traits morphologiques | +LEM, POS, VOC | 0.897 | 0.818 | 0.856 | 0.868 | 0.805 | 0.835 |
| | +PREF, SUFF, ROOT | 0.903 | 0.833 | 0.866 | 0.869 | 0.806 | 0.836 |
| | +PREF_POS, SUFF_POS, ROOT_POS | 0.919 | 0.853 | 0.885 | 0.877 | 0.816 | 0.845 |
| | +GLOSS | 0.877 | 0.806 | 0.840 | 0.866 | 0.801 | 0.832 |

TABLE 3 – Les résultats détaillés de la classification (C1)

| | | TES | | | ATB | | |
|---|---|---|---|---|---|---|---|
| | | Précision | Rappel | F-score | Précision | Rappel | F-score |
| C1 | Milieu | 0.956 | 0.961 | 0.958 | 0.938 | 0.966 | 0.952 |
| | Début | 0.971 | 0.862 | 0.913 | 0.967 | 0.831 | 0.894 |
| | Fin | 0.829 | 0.738 | 0.781 | 0.727 | 0.650 | 0.686 |
| C2 | Milieu | - | - | - | 0.938 | 0.969 | 0.953 |
| | Début | - | - | - | 0.967 | 0.831 | 0.894 |
| | Fin | - | - | - | 0.744 | 0.650 | 0.694 |

TABLE 4 – Les résultats finaux des classifications (C1) et (C2)

Nous remarquons que l'utilisation de traits typographiques uniquement (Baseline B1), ne donne pas de bons résultats, surtout dans le corpus ATB. En effet, les textes de ce corpus se caractérisent par la présence non régulière de signes de ponctuation, contrairement à ceux de TES. La combinaison des traits lexicaux et des traits typographiques (Baseline B2) améliore beaucoup les résultats dans les deux corpus (tableau 3), ce qui prouve l'importance des informations lexicales. Pour ces deux types de traits, nous remarquons que la prise en considération des contextes gauche et droit du mot améliore les résultats surtout dans les cas des indicateurs faibles. Les résultats on été amélioré (plus de 30% pour le corpus TES et plus de 40% pour le corpus ATB). En effet, si un indicateur faible est accompagné d'un signe de ponctuation, il sera un bon marqueur de segmentation. L'exemple (17) montre que si l'indicateur faible بعد أن/"bada"/après-que est précédé par une virgule, il constitue un point de coupure.

(17) [أكل الولد تفاحة،][ بعد أن قام بغسلها]

*[Le garçon a mangé la pomme][après l'avoir lavé]*

En ajoutant les traits morphologiques générés suite à une analyse extensive par SAMA (10 traits), nous avons pu couvrir la majorité des cas de segmentation : conditionnel, corrélation, coordination, subordination, opposition, etc. Nous notons, aussi, l'effet positif de l'ajout de traits contextuels surtout au niveau morphologique. Donc, l'ajout de ces traits donne les meilleurs résultats. Cependant, le trait sémantique (Gloss) n'a pas d'impact sur la segmentation discursive de textes arabes, il a dégradé la moyenne de F-mesure de 3.5% pour le corpus TES et de 1.3% pour le corpus ATB, car Gloss est la traduction du mot en anglais sans prendre en considération son contexte.

Toutefois, l'ajout de traits syntaxiques n'a pas d'influence sur la détermination des frontières des segments (tableau 4). Les résultats obtenus montrent que l'utilisation d'une analyse lexicale et morphologique extensive (analyse à bas niveau) aboutie à une bonne segmentation discursive sans avoir recours à une analyse syntaxique.

Enfin, Nous avons effectué une correction qui consiste à corriger les frontières des UDM de droite à gauche. Le tableau 5 présente les résultats de la reconnaissance des UDM avant et après la correction.

| | | Exactitude | |
|---|---|---|---|
| | | EST | ATB |
| Sans correction | UDM | 0.408 | 0.372 |
| | UDM emboîtées | 0.307 | 0.285 |
| Avec Correction | UDM | 0.795 | 0.764 |
| | UDM emboîtées | 0.615 | 0.571 |

TABLE 5 – Les résultats des UDM avec et sans correction

La correction a été réalisée sur les UDM obtenus par le classifieur C1, sans le trait Gloss, sur le corpus EST et le corpus ATB. Cette correction corrige juste les fermetures des UDM qui ont les résultats les moins bonnes. Le tableau 5 montre que la correction améliore la reconnaissance des UDM de 38.7% pour le corpus EST et de 39.2% pour le corpus ATB.

Il reste cependant quelques cas qui ne sont pas bien pris en compte par notre approche. Nous citons essentiellement les erreurs dues à l'analyseur morphologique (SAMA) et à l'ambigüité lexicale, comme le montre l'exemple (18), où le nom propre « أكرم » a été analysée par SAMA comme étant un verbe alors que ce mot est un nom propre. Le couplage de SAMA avec un outil d'extraction d'entités nommées pourrait aider à réduire ces erreurs.

(18) [ حصل خالد وأكرم على جائزة.]

*[Khalid et Akram ont obtenu un prix.]*

# 7 Conclusion

Dans cet article, nous avons proposé une méthode d'apprentissage pour la segmentation de textes arabes en unités de discours minimales. Cette méthode prédit également les UDM imbriqués. À notre connaissance il s'agit du premier travail qui s'adresse directement à la segmentation du discours en langue arabe. En effet, le seul travail existant tend à produire un discours Treebank arabe (Al-Saif et Markert, 2010) qui étend le discours Penn Treebank (PDTB) pour l'arabe standard moderne (MSA). Dans ce corpus, les éléments annotés sont les connecteurs de discours et leurs relations signalées et non pas la structure discursive complète du texte. Nous avons proposé une approche multi-classe d'apprentissage supervisé qui prédit les frontières des UDM et non seulement les connecteurs de discours. Notre approche utilise un lexique riche (avec 174 connecteurs) et s'appuie sur une combinaison de caractéristiques typologiques, lexicales et morphologiques. Cette approche a les avantages suivants : 1) détecter les frontières des UDM même en cas d'absence de marqueurs du discours (c'est-à-dire, dans le cas des relations implicites, ce qui représentent 15% des cas dans nos corpus). 2) La prise en compte d'UDM emboitée pendant la phase de segmentation.

La segmentation du discours est la première étape vers l'analyse du discours. Une annotation des documents TES et ATB avec des relations de discours dans le cadre de la SDRT est actuellement en cours.

# Références

AFANTENOS, S. D., DENIS, P., MULLER, P. et DANLOS, L. (2010). Learning recursive segments for discourse parsing. *In Proceedings of the International Conference on Language Resources and Evaluation*, (LREC 2010), Valletta, Malta

AFANTENOS, S., ASHER, N., BENAMARA, F., BRAS, M., FABRE, C., HO-DAC, M., DRAOULEC, A. L., MULLER, P., PERY-WOODLEY, M.-P., PREVOT, L., REBEYROLLES, J., TANGUY, L., VERGEZ-COURET, M. et VIEU, L. (2012). An empirical resource for discovering cognitive principles of discourse organisation: the annodis corpus. *In Proceedings of the Eighth International Conference on Language Resources and Evaluation (LREC 2012)*

AL-SAIF, A. et MARKERT, K. (2010). The Leeds Arabic Discourse Treebank: Annotating Discourse Connectives for Arabic, *In Proceedings of the International Conference on Language Resources and Evaluation,* (LREC 2010), Valletta, Malta

AL-SAIF, A. et MARKERT, K. (2011). Modelling Discourse Relations for Arabic. *The proceedings of Empirical Methods in Natural Language Processing*, (EMNLP 2011), Edinburgh.

ASHER, N. et LASCARIDES, A. 2003. Logics of Conversation. Cambridge University Press.

BELGUITH, H. L., BACCOUR, L. et MOURAD, G. (2005). Segmentation de textes arabes basée sur l'analyse contextuelle des signes de ponctuations et de certaines particules. *12th Conference on Natural Language Processing (TALN'2005)*, Dourdan.

BERGER, S., PIETRA D. et DELLA V. (1996). A maximum entropy approach to natural language processing. Computational Linguistics, 22(1), 39–71.

CARLSON, L., MARCU, D., et OKUROWSKI, M. E. (2003). Building a discourse-tagged corpus in the framework of Rhetorical Structure Theory. *In Jan van Kuppevelt and Ronnie Smith, editors,*

*Current Directions in Discourse and Dialogue*. Kluwer, Dordrecht.

DA CUNHA, I., SANJUAN, E. et TORRES M. (2010). Discourse segmentation for Spanish based on shallow parsing. In *Proc. of the 9th Mexican international conference on Advances in artificial intelligence, (MICAI 2010)*, 13-23. Springer-Verlag.

DEBILI, F., ACHOUR, H. et SOUISSI, E. (2002). La langue arabe et l'ordinateur, de l'étiquetage grammatical à la voyellation automatique. Correspondances n° 71 July 2002.

FISHER, S. et ROARK, B. (2007). The utility of parse-derived features for automatic discourse segmentation. *In Proc. of the 45th Annual Meeting of the Association of Computational Linguistics*, 488–495, Prague, Czech Republic.

HABASH, N. (2010). Introduction to Arabic Natural Language Processing. *Synthesis Lectures on Human Language Technologies, Graeme Hirst*, editor. Morgan & Claypool Publishers.

JIRAWAN, C., THANA, S., et ASANEE K. (2005). Element Discourse Unit Segmentation for Thai Discourse Cues and Syntactic Information. *The 9th National Computer Science and Engineering Conference*, 27-28 October.

KESKES, I., BENAMARA, F. et BELGUITH, H. L. (2012). Clause-based Discourse Segmentation of Arabic Texts, *The eighth international conference on Language Resources and Evaluation (LREC 2012)*, Istanbul, 21-27 may 2012.

KHALIFA, I., FEKI, Z. et FARAWILA, A. (2011). Arabic Discourse Segmentation Based on Rhetorical Methods. International Journal of Electric and Computer Sciences IJECS-IJENS, Vol: 11(1).

LE THANH, H., ABEYSINGHE, G. et HUYCK, C. (2004). Generating discourse structures for written text. *In Proc. of the 20th International Conference on Computational Linguistics (COLING)*, pages 329–335, Geneva/Switzerland.

LEE, A., PRASAD, R., JOSHI, A., et WEBBER, B. (2008). Departures from Tree Structures in Discourse: Shared Arguments in the Penn Discourse Treebank. *Proc. Constraints in Discourse III Workshop.*

LÜNGEN, H., LOBIN, H., BÄRENFÄNGER, M., HILBERT, M. et PUSKAS, C. (2006). Text parsing of a complex genre. In Bob Martens and Milena Dobreva, editors, Proc*. of the Conference on Electronic Publishing (ELPUB 2006)*, Bansko, Bulgaria.

MAAMOURI, M., BIES, A., KULICK, S. KROUMA, S., GADDECHE et ZAGHOUANI, W. (2010b). Arabic Treebank (ATB): Part 3 Version 3.2. Linguistic Data Consortium, Catalog No.: LDC2010T08.

MAAMOURI, M., GRAFF, D., BOUZIRI, B., KROUNA, S., BIES, A. et KULICK, S. (2010a). Standard Arabic Morphological Analyzer (SAMA) Version 3.1. Linguistic Data Consortium, Catalog No.: LDC2010L01.

MANN, W.C. et THOMPSON, S. (1988). Rhetorical Structure Theory: Toward a Functional Theory of Text Organization. Text 8(3). 243-281.

PRASAD, A., MILTSAKAKI, R., DINESH, E., LEE, N., JOSHI, A. et WEBBER, (2008). The Penn discourse treebank 2.0. *In Proceedings of the 6th International Conference on Language Resources and Evaluation (LREC 2008).*

SORICUT, R. et MARCU, D. (2003). Sentence level discourse parsing using syntactic and lexical information. In *HLT/NAACL*, Edmonton, Canada.

SPORLEDER, C. et LAPATA, M. (2005). Discourse chunking and its application to sentence compression. *In Proc. of the HLT/EMNLP Conference*, Vancouver, 257–264.

SUBBA, R. et DI EUGENIO, B. (2007). Automatic discourse segmentation using neural networks. *In Proc. of the 11th Workshop on the Semantics and Pragmatics of Dialogue*, Trento, Italy.

SUMITA, K., ONO, K., CHINO, T., UKITA, T. et AMANO, S. (1992). A discourse structure analyzer for Japanese text. *In Proceedings of the international conference on fifth generation computer systems,* Tokyo, Japan ,1133–1140.

TOFILOSKI, M., BROOKE, J. et TABOADA, M. (2009). A syntactic and lexical-based discourse segmenter. *In Proceedings of the ACL-IJCNLP 2009 Conference*, 77–80, Suntec, Singapore.

TOUIR, A., MATHKOUR, H. et AL-SANEA, W. (2008). Semantic-Based Segmentation of Arabic Texts. Information Technology Journal. Vol: 7(7).

WOLF, F. et GIBSON, E. (2006). Coherence in Natural Language: Data Stuctures and Applications. MIT Press.

# Un cadre d'apprentissage intégralement discriminant pour la traduction statistique

Thomas Lavergne[1, 2] Alexandre Allauzen[1, 2] François Yvon[1, 2]
(1) Université Paris Sud 91 405 Orsay
(2) LIMSI/CNRS rue John von Neuman 91 405 Orsay
{lavergne,allauzen,yvon}@limsi.fr

RÉSUMÉ

Une faiblesse des systèmes de traduction statistiques est le caractère *ad hoc* du processus d'apprentissage, qui repose sur un empilement d'heuristiques et conduit à apprendre des paramètres dont la valeur est sous-optimale. Dans ce travail, nous reformulons la traduction automatique sous la forme familière de l'apprentissage d'un modèle probabiliste structuré utilisant une paramétrisation log-linéaire. Cette entreprise est rendue possible par le développement d'une implantation efficace qui permet en particulier de prendre en compte la présence de variables latentes dans le modèle. Notre approche est comparée, avec succès, avec une approche de l'état de l'art sur la tâche de traduction de données du BTEC pour le couple Français-Anglais.

ABSTRACT

**A fully discriminative training framework for Statistical Machine Translation**

A major pitfall of existing statistical machine translation systems is their lack of a proper training procedure. In fact, the phrase extraction and scoring processes that underlie the construction of the translation model typically rely on a chain of crude heuristics, a situation deemed problematic by many. In this paper, we recast machine translation in the familiar terms of a probabilistic structure learning problem, using a standard log-linear parameterization. The tractability of this enterprise is achieved through an efficient implementation that can take into account all the aspects of the underlying translation process through latent variables. We also address the reference reachability issue by using oracle decoding techniques. This approach is experimentally contrasted with a state-of-the-art system on the French-English BTEC translation task.

MOTS-CLÉS : Traduction Automatique, Apprentissage Discriminant.

KEYWORDS: Machine Translation, Discriminative Learning.

## 1 Introduction

L'objectif d'un système de traduction statistique (STS) consiste à calculer, pour toute phrase en langue source $\mathbf{s}$, la traduction $\mathbf{t}^*$ qui lui est la plus probablement associée. Ce résultat est typiquement obtenu en maximisant une fonction de score $\Phi_\theta(\mathbf{s},\mathbf{t})$, paramétrisée par le vecteur $\boldsymbol{\theta}$, sur l'ensemble de toutes les traductions possibles de $\mathbf{s}$. Un choix raisonnable pour $\Phi$ est la probabilité conditionnelle de $\mathbf{t}$ *sachant* $\mathbf{s}$ $p_\theta(\mathbf{t} \mid \mathbf{s})$.

Étant donnée la taille des espaces d'entrée et de sortie sur lesquels de tels modèles probabilistes doivent être définis, un modèle pour **t** *sachant* **s** doit être décomposé en modélisant la traduction par une séquence d'étapes de dérivation. Dans les systèmes à base de segments (*phrase-based systems*) (Zens *et al.*, 2002; Koehn *et al.*, 2003), qui seront considérés dans cette étude, ces étapes de dérivation correspondent à des décisions qui portent (a) sur la délimitation des unités de traduction en langue source, (b) sur le choix d'un équivalent de traduction pour chaque unité définie en (a) ; enfin sur l'ordre relatif dans lequel sont réarrangées (on dira *réordonnées*) les unités cibles sélectionnées en (b). Dans la mesure où l'apprentissage se fonde uniquement sur l'observation des paires $(\mathbf{s}, \mathbf{t})$, ces dérivations ne sont pas observées pendant l'apprentissage et doivent être incorporées sous la forme de *variables latentes*.

Chacune de ces étapes de dérivation doit être modélisée et associée à un paramètre numérique, qui est réglé de façon à ce que le système résultant engendre les meilleures traductions possibles. Ainsi, dans les systèmes à base de segments, chaque unité de traduction source est nantie d'un ensemble de paramètres qui valuent les différentes alternatives de traduction et de réordonnancement pour ce segment.

Dans la plupart des systèmes de traduction (voir (Koehn, 2010) pour un état de l'art récent, ou, en français (Allauzen et Yvon, 2011)), l'apprentissage de ces paramètres s'effectue en deux temps : (i) en premier lieu, plusieurs modèles probabilistes sont estimés de manière indépendante, en utilisant de très gros corpus monolingues ou bilingues *parallèles*. Une étape supplémentaire (ii) d'apprentissage (souvent désignée sous le nom de *tuning*) est ensuite nécessaire pour équilibrer la contribution de chacun de ces modèles à la fonction de score. Cette seconde étape, réalisée sur des corpus de développement de taille réduite, conduit au calcul de paramètres globaux (un pour chaque modèle estimé en (i)), qui sont réglés de manière discriminante, c'est-à-dire en cherchant à maximiser explicitement une mesure de qualité de la traduction, sous l'hypothèse que les scores se combinent linéairement. Ceci implique, par exemple, que le paramètre $\boldsymbol{\theta}_{(\bar{s},\bar{t})}$ qui évalue la plausibilité que le segment[1] source $\bar{s}$ se traduise $\bar{t}$ est calculé comme le produit d'un poids global, réglé de manière discriminante sur un ensemble de développement, avec un score local, calculé de manière heuristique sur de larges corpus. Comme souligné dans de nombreuses études, ce processus à deux étages conduit à des paramètres sous-optimaux ; pour obtenir des résultats stables, il est également nécessaire de limiter le nombre de modèles combinés en (ii) à quelques dizaines d'unités (voir cependant (Liang *et al.*, 2006; Chiang *et al.*, 2009; Blunsom *et al.*, 2008; Simianer *et al.*, 2012) pour des tentatives de contourner cette limitation).

Dans ce travail, à la suite de (Liang *et al.*, 2006; Blunsom *et al.*, 2008; Dyer et Resnik, 2010), nous explorons une approche alternative, dans laquelle **tous les paramètres du modèle** sont appris *simultanément* (plutôt qu'indépendamment) et de *manière discriminante* (plutôt qu'heuristique) ; cet apprentissage est réalisé en optimisant une fonction objectif bien connue sur **l'intégralité des données d'entraînement** (plutôt qu'un petit ensemble de développement). Notre architecture permet de se dispenser presqu'entièrement du besoin d'estimer des modèles séparés puis de régler les paramètres pour les recombiner : ces deux étapes sont ici réalisées simultanément.

Dans cette approche, l'apprentissage ne demande que (a) un corpus parallèle, (b) un inventaire des unités de traductions et (c) un mécanisme pour produire des hypothèses de réordonnancement. Il est important de noter que (b) peut être obtenu de plusieurs manières, par exemple en fouillant des corpus *comparables*, et/ou en exploitant des dictionnaires et des terminologies bilingues. De même, plusieurs options existent pour (c), comme d'utiliser des modèles de réordonnancement simples tels que IBM-n (Tillmann et Ney, 2003) et WJ-n (Kumar et Byrne, 2005)

1. La situation est un peu plus complexe car les systèmes standard comprennent plusieurs modèles de traduction.

ou encore d'apprendre les règles de réordonnancement, comme nous le ferons ici.

L'implantation d'un cadre discriminant intégré pour la traduction statistique implique toutefois de résoudre plusieurs problèmes pratiques et théoriques liés à la présence de variables latentes dans le modèle et à l'impossibilité de disposer de données de supervision pour certaines paires de phrases lorsque la traduction de référence ne peut être produite par le modèle (on dit alors que la référence est *non atteignable*). Ces problèmes sont résolus respectivement en sommant (marginalisant) sur toutes les dérivations possibles et en recourant à des *traductions oracles*.

Les contributions de ce travail, qui développe et étend la proposition présentée dans (Lavergne *et al.*, 2011) en s'affranchissant du besoin de disposer d'alignements de référence, sont multiples : la conception d'un modèle intégré pour la traduction automatique, qui rend possible l'utilisation d'un grand nombre de traits linguistiques ; une implémentation modulaire qui, en s'appuyant sur le formalisme des transducteurs finis pondérés (WFST), bénéficie d'algorithmes efficaces aussi bien pour l'apprentissage que pour l'inférence ; et l'étude de plusieurs manières de traiter le problème des références non atteignables. Notre contribution est aussi expérimentale, puisque nous montrons que le système ainsi construit s'avère capable de surpasser un système très performant sur une tâche de complexité moyenne.

Le reste de cet article est organisé comme suit. Nous commençons par clarifier, à la section 2, les concepts nécessaires à la formulation de notre cadre discriminant et comparons notre approche avec d'autres implantations de l'apprentissage discriminant en traduction automatique. Nous introduisons ensuite plus précisément (section 3), notre modèle de traduction et discutons plusieurs détails d'implantation. Les sections ultérieures sont consacrées respectivement à deux aspects pratiques : le problème des références non atteignables (Section 4), puis la conception d'un ensemble performant de descripteurs (section 5). Nous décrivons à la section 6 les principaux résultats expérimentaux obtenus sur la tâche de traduction français-anglais utilisant les données du corpus BTEC. Les sections conclusives permettent finalement de positionner notre travail par rapport à l'état de l'art (section 7), puis de présenter brièvement diverses extensions de cette approche.

# 2 Apprentissage discriminant en traduction statistique

## 2.1 Inférence

Comme expliqué supra, les STS modélisent le processus de génération d'une traduction sous la forme d'une successions d'étapes de dérivation. Ainsi, dans l'approche à base de *n*-gramme (Mariño *et al.*, 2006; Crego et Mariño, 2007), sur laquelle nous nous appuyons principalement dans cet article, les traductions sont engendrées de la manière suivante [2] :

1. la phrase source est réordonnée de manière non-déterministe et transformée en un graphe de réordonnancement ;
2. ce graphe est ensuite étendu en considérant toutes les décompositions possibles de la phrase source en *segments* ;

2. Les dérivations des systèmes à base de segment telles que formulées dans (Koehn *et al.*, 2007) ou dans (Kumar *et al.*, 2006) utilisent essentiellement le même ensemble de variables latentes, alors que le modèle hiérarchique de Chiang (2005) utilise les dérivations d'une grammaire hors-contexte synchrone.

3. un modèle de traduction est alors appliqué sur cette entrée étendue, de manière à générer le graphe de recherche de toutes les traductions possibles ;
4. ce graphe est finalement parcouru pour rechercher la traduction de meilleur score.

Chaque hypothèse de traduction **t** d'une phrase source **s** est ainsi associée à une ou plusieurs dérivations latentes **a**, où **a** représente toutes les variables qui sont impliquées dans les étapes de dérivation (1–3). Chaque triplet $(\mathbf{s}, \mathbf{a}, \mathbf{t})$ est représenté comme un vecteur de caractéristiques **G** et son score est calculé par le produit scalaire ($\boldsymbol{\theta}$ est le vecteur de paramètres) :

$$\Phi(\mathbf{s}, \mathbf{a}, \mathbf{t}) = \boldsymbol{\theta}^T \mathbf{G}(\mathbf{s}, \mathbf{a}, \mathbf{t}) \tag{1}$$

Il est aisé de transformer ces scores en probabilités en définissant $p_{\boldsymbol{\theta}}(\mathbf{t}, \mathbf{a} \mid \mathbf{s})$ comme suit :

$$p_{\boldsymbol{\theta}}(\mathbf{t}, \mathbf{a} \mid \mathbf{s}) = \frac{\exp\left(\boldsymbol{\theta}^\top \mathbf{G}(\mathbf{t}, \mathbf{a}, \mathbf{s})\right)}{\sum\limits_{\substack{\mathbf{a}' \in \mathscr{A}(\mathbf{s}) \\ \mathbf{t}' \in \mathscr{T}(\mathbf{a}', \mathbf{s})}} \exp\left(\boldsymbol{\theta}^\top \mathbf{G}(\mathbf{t}', \mathbf{a}', \mathbf{s})\right)}, \tag{2}$$

où $\mathscr{A}(\mathbf{s})$ est l'ensemble de toutes les assignations possibles des variables latentes et où $\mathscr{T}(\mathbf{a}, \mathbf{s})$ représente l'ensemble de toutes les traductions possibles de **s** sachant une assignation particulière de **a**. La probabilité conditionnelle de **t** sachant **s** s'en déduit par sommation selon :

$$p_{\boldsymbol{\theta}}(\mathbf{t} \mid \mathbf{s}) = \sum_{\mathbf{a} \in \mathscr{A}(\mathbf{s})} p_{\boldsymbol{\theta}}(\mathbf{t}, \mathbf{a} \mid \mathbf{s}) \tag{3}$$

La règle d'inférence optimale consiste à choisir la meilleure traduction $\mathbf{t}^*$ pour **s** selon :

$$\mathbf{t}^* = \arg\max_{\mathbf{t}} p_{\boldsymbol{\theta}}(\mathbf{t} \mid \mathbf{s}) = \arg\max_{\mathbf{t}} \sum_{\mathbf{a} \in \mathscr{A}(\mathbf{s})} p_{\boldsymbol{\theta}}(\mathbf{t}, \mathbf{a} \mid \mathbf{s}), \tag{4}$$

La somme (4) devant être réalisée pour chaque traduction possible **t**, il s'avère toutefois que l'inférence ainsi définie donne lieu à un problème combinatoire NP-difficile. C'est pourquoi la plupart des systèmes de traduction se contentent d'utiliser une approximation, dite *de Viterbi*, qui correspond à l'utilisation de la règle d'inférence plus simple suivante :

$$\mathbf{t}^* = h_{\boldsymbol{\theta}}(\mathbf{s}) = \arg\max_{\mathbf{t}, \mathbf{a}} p_{\boldsymbol{\theta}}(\mathbf{t}, \mathbf{a} \mid \mathbf{s}), \tag{5}$$

On notera que cette règle permet également de recouvrer la dérivation latente optimale $\mathbf{a}^*$.

## 2.2 Apprentissage discriminant (version standard)

Le modèle introduit ci-dessus est suffisamment général pour rendre compte de la plupart des systèmes à base de segments et peut être instancié de multiples manières. Comme mentionné plus haut, l'architecture la plus utilisée (Koehn, 2010) s'appuie sur plusieurs couches de modélisation statistique. La première couche correspond à l'estimation, sur des corpus monolingues et/ou parallèles, d'un ensemble de modèles probabilistes, les plus importants étant le modèle de langue, le modèle de traduction et le modèle de réordonnancement, qui sont usuellement estimés au maximum de vraisemblance [3]. Chaque modèle ainsi calculé correspond à une composante du vecteur **G** introduit en (1) : $G_k(\mathbf{t}, \mathbf{a}, \mathbf{s})$ est le score, pour le $k^{\text{ème}}$ modèle, de la dérivation **a** qui produit **t** à partir de **s**.

Le seconde couche d'apprentissage est effectuée de *manière discriminante* : son implantation la plus utilisée, *Minimum Error Rate Training (MERT)* (Och, 2003), consiste à résoudre le problème d'optimisation suivant : étant donné un ensemble de couples entrée/sortie $\{(\mathbf{s}^n, \mathbf{t}^n), n = 1 \ldots N\}$, trouver les paramètres optimaux satisfaisant :

$$\boldsymbol{\theta}^* = \underset{\text{BLEU}}{\arg\max} \Big( \{(\mathbf{s}^n, h_{\boldsymbol{\theta}}(\mathbf{s}^n), \mathbf{t}^n), n = 1 \ldots N\} \Big), \tag{6}$$

où BLEU (Papineni *et al.*, 2002) est une mesure automatique de la qualité de traduction. La résolution de ce problème n'est en pratique faisable que lorsque $\boldsymbol{\theta}$ est de dimension réduite. On retiendra également que sa résolution requiert d'identifier une dérivation optimale, par exemple celle qui conduit au meilleur score BLEU parmi une liste de $n$ meilleurs candidats.

# 3 Apprentissage discriminant (version intégrée)

Dans cette section, nous proposons une autre instanciation du cadre d'apprentissage décrit ci-dessus, dans lequel l'estimation de **tous les paramètres du modèle** est réalisée de manière intégrée et discriminante, ce qui constitue une différence fondamentale avec la plupart des autres approches discriminantes en traduction statistique (voir également la discussion de la section 7). Comme on le verra, notre modèle s'inspire largement du modèle des champs aléatoires conditionnels (CRF, voir (Lafferty *et al.*, 2001)) qu'il étend de plusieurs manières.

## 3.1 Apprentissage du modèle

L'apprentissage est réalisé en maximisant la (log) vraisemblance conditionnelle définie par :

$$\mathscr{L}(\boldsymbol{\theta}) = \sum_n \left[ \log \sum_{\mathbf{a} \in \mathscr{A}(\mathbf{s}^n)} \exp\Big(\boldsymbol{\theta}^\top \mathbf{G}(\mathbf{t}^n, \mathbf{a}, \mathbf{s}^n)\Big) - \log \sum_{\substack{\mathbf{a} \in \mathscr{A}(\mathbf{s}^n) \\ \mathbf{t} \in \mathscr{T}(\mathbf{a}, \mathbf{s}^n)}} \exp\Big(\boldsymbol{\theta}^\top \mathbf{G}(\mathbf{t}, \mathbf{a}, \mathbf{s}^n)\Big) \right] \tag{7}$$

Comme expliqué ci-dessus, nous ne considérons que des dérivations **a** qui sont rationnelles et correspondent à la série d'étapes (1-3) introduites à la section 2.

L'introduction de variables latentes fait que la fonction objectif (7) n'est pas convexe, contrairement au cas des CRF standard (Sutton et McCallum, 2006). En pratique, son optimisation reste possible, et, si elle ne conduit qu'à des optimums locaux, les résultats obtenus ne semblent pas trop dépendants des conditions initiales. Comme détaillé à la section 3.3, l'optimisation repose

3. L'estimation du modèle de traduction est en fait plus complexe et implique un empilement d'étapes heuristiques : calcul d'alignements de mots asymétriques, symétrisation des alignements, extraction et évaluation des couples bilingues de segments, etc.

sur un algorithme de descente de gradient qui demande de calculer le gradient suivant :

$$\frac{\partial \mathscr{L}(\boldsymbol{\theta})}{\partial \boldsymbol{\theta}_k} = \sum_n \left[ \sum_{\mathbf{a} \in \mathscr{A}(\mathbf{s}^n)} G_k(\mathbf{t}^n, \mathbf{a}, \mathbf{s}^n) - \sum_{\substack{\mathbf{a} \in \mathscr{A}(\mathbf{s}^n) \\ \mathbf{t} \in \mathscr{T}(\mathbf{a}, \mathbf{s}^n)}} \boldsymbol{\theta}_k G_k(\mathbf{t}, \mathbf{a}, \mathbf{s}^n) p_{\boldsymbol{\theta}}(\mathbf{t}, \mathbf{a} \mid \mathbf{s}^n), \right] \tag{8}$$

Dans cette équation, les deux termes représentent respectivement l'espérance empirique et l'espérance pour le modèle calculées sur l'ensemble des données d'apprentissage.

En théorie, dans cette approche, les composants de $G$ peuvent tester des propriétés arbitraires du triplet $(\mathbf{t}^n, \mathbf{a}, \mathbf{s}^n)$ ; en pratique, toutefois, le choix des caractéristiques a un impact sur la complexité computationnelle des algorithmes d'inférence et d'apprentissage. Dans cette étude, nous nous limitons à des caractéristiques de *portée locale*, reproduisant les dépendances locales qui sont modélisées dans un CRF linéaire standard (Lafferty *et al.*, 2001) : la portée d'une caractéristique ne peut excéder un bigramme de segments cibles. Cette restriction permet de calculer efficacement les deux termes de l'équation (8) en utilisant une variante de l'algorithme *forward-backward* (voir, par exemple, (Dreyer *et al.*, 2008) pour une présentation détaillée de l'apprentissage de modèles globalement normalisés avec des variables latentes).

La fonction objectif est usuellement augmentée d'un terme de régularisation pour limiter les problèmes de sur-apprentissage. Dans cette étude, nous utilisons une régularisation $\ell_1$ (Tibshirani, 1996), qui permet d'aboutir à des ensembles de paramètres « creux » et donc implicitement de sélectionner les caractéristiques les plus importantes.

## 3.2 Inférence

L'inférence est définie par l'équation (4), qui exige en principe de sommer sur toutes les variables latentes pour calculer l'hypothèse de traduction optimale. Cette tâche correspond à un problème NP-difficile ; en pratique, il est possible de l'approximer de manière efficace en élaguant et déterminisant l'espace de recherche, comme expliqué section 3.3.

Il est important de noter que les dépendances qui sont modélisées se limitent à des bigrammes de segments cibles qui ne fournissent qu'une très mauvaise approximation des contraintes syntaxiques à respecter en langue cible. Pour compenser cette faiblesse, nous utilisons durant l'inférence un modèle de langue $n$-gramme d'un ordre supérieur à deux, ce qui permet d'améliorer sensiblement les performances du seul modèle CRF.

## 3.3 Détails d'implantation

**Transducteurs finis** Toutes les opérations nécessaires pour réaliser l'apprentissage et l'inférence sont implantées comme des opérations standard sur des transducteurs pondérés. Pour l'essentiel, nous nous reposons sur les fonctionnalités génériques de la bibliothèque OpenFst (Allauzen *et al.*, 2007) ; pour des raisons d'efficacité, nous avons toutefois réimplanté une version optimisée de l'algorithme *forward-backward* et des interactions avec le modèle de traduction.

Pour l'essentiel, notre décodeur est donc implanté comme une cascade de transducteurs finis, impliquant les étapes suivantes : (i) réordonnancement et segmentation de la phrase source ;

(ii) application du modèle de traduction et (optionnellement) (iii) composition avec un modèle de langue cible, une architecture très similaire à celle proposée par (Kumar *et al.*, 2006). Plus précisément, étant donnés un modèle de réordonnancement et un inventaire d'unités, nous dérivons les transducteurs suivants :
– $I$, un accepteur pour la phrase source **s** ;
– $R$, qui implémente les règles de réordonnancement ;
– $C$, qui regroupe des séquences de mots sources en segments de taille variable ;
– $T$, qui réalise l'association entre segments sources et toutes leurs traductions possibles.
Si l'on note $\circ$ l'opération de composition entre transducteurs, alors $S = I \circ R \circ C \circ T$ définit l'espace de recherche qui est utilisé pour l'apprentissage et pour l'inférence.

**Apprentissage du modèle** L'optimisation de la log-vraisemblance (équation (7)) est effectuée en utilisant l'algorithme R-Prop (Riedmiller et Braun, 1993) qui implémente une stratégie de descente de gradient adaptée à l'optimisation des modèles log-linéaires à grande échelle. Cet algorithme demande de calculer les espérances définies par l'équation (8). Le premier terme est obtenu en collectant les statistiques pour les caractéristiques actives dans le transducteur défini par $S \circ O$, où $O$ est l'accepteur représentant la traduction de référence. La seconde espérance demande de collecter ces mêmes statistiques sur l'intégralité de l'espace de recherche $S$, de nouveau par application de l'algorithme *forward-backward*.

**Inférence des traductions** Dans notre implantation, l'inférence est réalisée en quatre temps : $S$ est tout d'abord reparcouru pour calculer la probabilité *a posteriori* de chaque arc ; nous déterminisons ensuite le transducteur ainsi repondéré, ce qui a pour effet de réaliser la somme impliquée par l'équation (4) ; le score du modèle de langue est ensuite ajouté simplement par une opération de composition pondérée (le poids du modèle de langue est obtenu par une recherche sur un corpus de développement) ; finalement, le meilleur chemin dans le transducteur est extrait. Dans la mesure où l'opération de déterminisation est la plus exigeante en temps, nous la réalisons de manière approchée en ne considérant à ce stade que les $n$-meilleures hypothèses de l'espace de recherche. La somme (4) est donc seulement calculée sur ces $n$ meilleures hypothèses, ce qui ne semble pas trop limitant en pratique.

# 4 Les références non atteignables

Un problème spécifique qui se pose dans le cadre de l'apprentissage discriminant pour la traduction est celui de la *non atteignabilité des références*, correspondant aux situations où la traduction de référence ne peut pas être dérivée dans le modèle (Liang *et al.*, 2006) . Cela arrive, par exemple, quand on utilise un inventaire d'unités bilingues trop restreint, ou que l'on considère des réordonnancements trop limités. Il est alors possible qu'une traduction de référence contienne une traduction inconnue d'un mot source connu, ou bien des déplacements de groupes qui vont au-delà de ceux qu'explore le décodeur. Un remède radical consiste alors à supprimer ces cas problématiques du corpus d'apprentissage (Blunsom *et al.*, 2008; Dyer et Resnik, 2010) – conduisant ainsi à abandonner de nombreux exemples potentiellement utiles.

Une autre solution simple, utilisée dans plusieurs études, consiste à utiliser des *pseudo-références oracles*, qui sont les meilleures hypothèses (au sens de la métrique d'évaluation) réellement

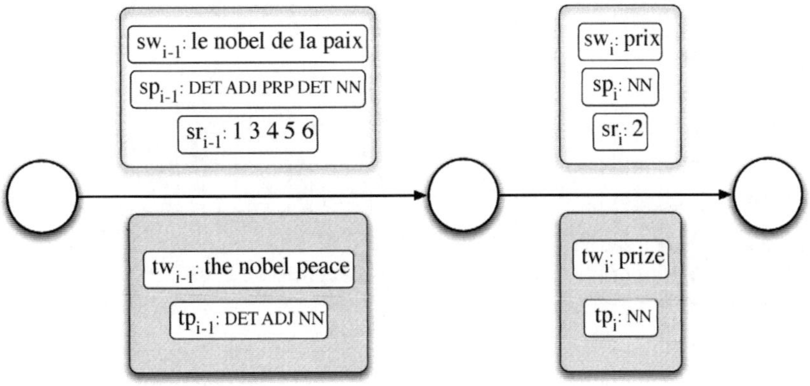


FIGURE 1 – Deux arcs consécutifs dans l'espace de recherche : informations dont sont dérivées les caractéristiques.

présentes dans l'espace de recherche. Comme le soulignent les auteurs de (Liang *et al.*, 2006), une bonne traduction (au sens de la métrique) peut toutefois s'appuyer localement sur des étapes de dérivation qui ont une très faible probabilité, et ne devraient pas être utilisées comme exemple. Cette observation suggère des stratégies plus prudentes, selon lesquelles l'oracle est choisi parmi les $n$ hypothèses les plus probables (au sens du modèle). Des stratégies hybrides sont également envisageables, selon lesquelles les oracles sont choisis parmi les hypothèses qui sont à la fois proches de la référence et bien évaluées par le modèle.

Diverses stratégies ont été implantées et évaluées dans nos expériences. La première consiste à supprimer tous les exemples non atteignables. Une seconde alternative consiste à augmenter le modèle localement de façon à compenser les lacunes du modèle : dans notre architecture, cela revient par exemple à simuler l'existence d'unités de traduction qui seraient manquantes. La troisième alternative, qui s'est avérée la meilleure, consiste à utiliser des pseudo-référence oracles calculées non pas sur des listes de n-meilleures hypothèses, mais sur l'intégralité de l'espace de recherche (voir (Sokolov *et al.*, 2012) pour une description des algorithmes permettant de calculer ces oracles lorsque la métrique mesurant la qualité des traductions est le score BLEU).

# 5 Caractéristiques

Pour présenter les principales caractéristiques utilisées dans notre modèle, reportons nous à la Figure 1 qui donne à voir deux arcs consécutifs dans l'espace de recherche $S$. Chaque arc porte toutes les informations nécessaires au calcul des caractéristiques : les segments source et cible ($sw$ et $tw$), les séquences de parties du discours (POS) associées ($sp$ et $tp$ ), ainsi que les positions originales (avant réordonnancement) des mots sources ($sr$). Les indices $i$ et $i-1$ servent seulement à noter le fait que l'arc $i-1$ précède l'arc $i$ et constitue le contexte gauche de l'arc courant. Étant donnée cette représentation, il est possible de définir des caractéristiques binaires qui chacune teste une propriété particulière du couple d'arcs $(i-1, i)$. La liste de descripteurs de base est dans le tableau 1.

La forme des caractéristiques de base simule les dépendances d'un modèle de langue bigramme en cible : ainsi, les caractéristiques notées **LM :*** correspondent à des modèles unigrammes

| | |
|---|---|
| **LM :uni-tphr** | $\mathbb{I}(tw_i = tw)$ |
| **LM :uni-tpos** | $\mathbb{I}(tp_i = tp)$ |
| **LM :big-tphr** | $\mathbb{I}(tw_i = tw \quad \wedge \quad tw_{i-1} = tw')$ |
| **LM :big-tpos** | $\mathbb{I}(tp_i = tp \quad \wedge \quad tp_{i-1} = tp')$ |
| **TM :ci-phrp** | $\mathbb{I}(tw_i = tw \quad \wedge \quad sw_i = sw)$ |
| **TM :ci-posp** | $\mathbb{I}(tp_i = tp \quad \wedge \quad sp_i = sp)$ |
| **TM :ci-mixp** | $\mathbb{I}(tw_i = tw \quad \wedge \quad sp_i = sp)$ |
| **TM :cd-phrs** | $\mathbb{I}(tw_i = tw \quad \wedge \quad sw_i = sw \quad \wedge \quad sw_{i-1} = sw')$ |
| **TM :cd-poss** | $\mathbb{I}(tp_i = tp \quad \wedge \quad sp_i = sp \quad \wedge \quad sp_{i-1} = sp')$ |
| **TM :cd-phrt** | $\mathbb{I}(tw_i = tw \quad \wedge \quad tw_{i-1} = tw' \quad \wedge \quad sw_i = sw)$ |
| **TM :cd-post** | $\mathbb{I}(tp_i = tp \quad \wedge \quad tp_{i-1} = tp' \quad \wedge \quad sp_i = sp)$ |

TABLE 1 – Caractéristiques de base avec les notations de la Figure 1.

et bigrammes respectivement de segments de mots et de POS. L'autre groupe principal de caractéristiques, noté **TM :*** modélise les relations de traduction. Il comprend des caractéristiques indépendantes du contexte (qui ne regardent que le segment courant) **TM :ci-phrp** et **TM :ci-posp** qui testent respectivement l'association d'un segment source avec un segment cible au niveau lexical et au niveau des étiquettes grammaticales ; les caractéristiques dépendantes du contexte gauche (**TM :cd***) sont plus spécifiques et prennent en compte le segment précédent.

Les réordonnancements sont évalués par un autre ensemble de caractéristiques intégrant des tests qui simulent les modèles de réordonnancement lexicalisés standard (Tillman, 2004; Crego *et al.*, 2011). Dans notre approche, cinq classes de déplacements sont considérées : '*monotone*', '*swap*', '*left discontinuous*', '*right discontinuous*' and '*other*'. Pour chaque catégorie, deux caractéristiques testent respectivement l'association avec le segment cible et la séquence de POS correspondante.

Nous utilisons finalement deux caractéristiques supplémentaires : la première est toujours active et permet d' « encourager » l'insertion de nouveaux segments dans la phrase en construction. La seconde est relative aux recopies, et est active quand les mots source et cibles sont identiques, ce qui permet de « récompenser » la recopie d'un mot source inconnu dans la cible, une stratégie qui s'avère souvent gagnante. (pour les noms propres, les dates, etc)

# 6 Expériences

## 6.1 Corpus et système de base

La tâche de traduction considérée utilise les données parallèles français/anglais du *Basic Traveling Expression Corpus* (BTEC), tel qu'il a été utilisé dans les évaluations internationales de l'atelier IWSLT. Ce corpus contient des phrases semblables à ce que l'on peut trouver dans des guides touristiques, en plusieurs langues (Takezawa *et al.*, 2002). Le corpus de développement est *devel03*, qui contient 506 lignes et 16 références par lignes ; nous utilisons comme jeu de test les corpus *test09* et *test10* qui contiennent respectivement 469 lignes et 464 lignes, avec 7 traductions de référence. Notre mesure principale de la qualité des traductions est le score BLEU calculé en utilisant le maximum de références disponibles. Cette tâche est souvent considérée comme relativement simple, au vu de la longueur moyenne des phrases, et du relativement faible nombre de données d'apprentissage : l'utilisation de notre cadre intégré d'apprentissage discriminant implique toutefois d'entrainer le système sur environ 20K phrases, soit 10 fois plus que ce qui est usuellement utilisé pour entrainer discrimininativement (avec MERT) des systèmes standard sur des « grosses » tâches.

Notre système de base est *n*-code[4] (Crego *et al.*, 2011), une implantation domaine public de l'approche à base de *n*-gram introduite dans (Mariño *et al.*, 2006). Selon cette approche, le modèle de traduction est représenté par un transducteur stochastique correspondant à un modèle *n*-gramme de *couples de segments* ($n = 3$ dans nos expériences). L'entraînement d'un tel modèle demande au préalable de réordonner les phrases sources pour reproduire l'ordre des mots en langue cible. Ce réordonnancement est également effectué par un transducteur fini non-déterministe, qui utilise des informations morpho-syntaxiques (calculées par le TreeTagger[5]) pour généraliser les règles de reordonnancement au niveau des POS.

Le modèle complet utilise quatorze caractéristiques : le modèle de traduction, un modèle (trigramme) de langue cible, quatre modèles d'alignement lexicalisés[6], six modèles de réordonnancement lexicalisés (Tillman, 2004; Crego *et al.*, 2011) ; un modèle de distortion ainsi que deux modèles supplémentaires qui encouragent respectivement la génération de mots et de segments cibles. Les poids des différents modèles sont estimés en utilisant la procédure MERT (Och, 2003).

Pour toutes nos expériences, le modèle de langue cible est estimé en utilisant un lissage de Kneser-Ney modifié (Chen et Goodman, 1996). Notons également que tous les systèmes évalués ci-desous utilisent le même inventaire d'unités de traduction et le même mécanisme de réordonnancement, qui sont ceux construits pour le système de base, ce qui permet une comparaison équitable entre systèmes. Tous nos résultats respectent les contraintes de la tâche spécifiée pour la campagne IWSLT 2010, et peuvent être directement comparés avec les résultats de (Paul *et al.*, 2010).

## 6.2 Résultats

Le tableau 2 récapitule nos principaux résultats en termes de scores BLEU. Première observation : le système de base est légèrement meilleur que le meilleur système ayant participé à la campagne IWSLT 2010 ((Paul *et al.*, 2010, p.20) mentionne un score de 52,69 pour le meilleur système). Trois configurations différentes du système discriminant sont comparées : la première réalise l'inférence en utilisant l'approximation dite de Viterbi (équation (5)) et obtient des performances très inférieures au système *n*-code ; la seconde configuration implante la procédure de marginalisation approximative décrite à la section 3.3, ce qui permet une légère amélioration des performances. La troisième configuration (+LM cible) intègre également, comme c'est le cas pour les systèmes *n*-code, un modèle trigramme en langue cible et permet de surpasser légèrement le système de base sur les deux jeux de test.

À l'initialisation de l'apprentissage, le modèle de traduction contient environ 13 millions de caractéristiques. Au terme de l'apprentissage, seulement 4% sont sélectionnées, les autres étant éliminées du modèle sous l'action de la pénalité $\ell_1$. Au total, apprendre un tel modèle prend une dizaine de minutes sur un gros serveur de calcul et la traduction du jeu de test ne demande que

4. Accessible depuis `ncode.limsi.fr/`.
5. Accessible depuis `www.ims.uni-stuttgart.de/projekte/corplex/TreeTagger/`.
6. Ces modèles sont similaires à ceux qui sont utilisés dans les systèmes standard.

| *Configuration* | *devel03* | *test09* | *test10* |
| --- | --- | --- | --- |
| Système $n$-code | | | |
| Modèle de traduction 2g | 68,7 | 61,1 | – |
| Modèle de traduction 3g | 68,0 | 61,6 | 53,4 |
| Système entraîné discriminativement | | | |
| Inférence Viterbi | 64,0 | 58,8 | 51,5 |
| + marginalisation | 64,7 | 59,3 | 52,0 |
| + LM cible | 67,7 | **61,7** | **53,9** |

TABLE 2 – Performance des systèmes de traduction (scores BLEU).

deux ou trois minutes.

Le tableau 3 compare les différentes manière de gérer les références non atteignables (voir section 4) [7]. Il apparait clairement que supprimer les exemples pour laquelle la référence est non atteignable est la pire, puisque dans notre cas elle conduit à abandonner environ 8% des exemples. Augmenter localement le modèle de traduction permet d'améliorer très nettement les résultats ; la stratégie la plus efficace consiste toutefois à utiliser des pseudo-références oracles.

| *Configuration* | *devel03* | *test09* |
| --- | --- | --- |
| Suppression | 59,2 | 52,6 |
| Augmentation locale | 62,4 | 56,4 |
| Pseudo-références | 64,0 | 58,8 |

TABLE 3 – Différentes manières de gérer les références non atteignables

# 7 Discussion

L'approche standard en traduction statistique, rappelée à la section 2, réalise l'apprentissage des modèles en deux étapes successives et repose grandement sur une procédure d'optimisation *ad hoc*, connue sous le nom de MERT (Och, 2003). De nombreux travaux récents ont tenté de reformuler MERT comme un problème d'apprentissage standard, afin de le rendre plus robuste à des situations où le nombre de caractéristiques est grand. MERT a ainsi été reformulé par exemple comme un problème d'apprentissage structuré (Tillmann et Zhang, 2006; Watanabe *et al.*, 2007; Cherry et Foster, 2012) ou encore comme un problème d'apprentissage de fonction d'ordonnancement (Hopkins et May, 2011). Ces approches visent à améliorer la seconde étape de l'apprentissage, sans remettre toutefois en cause l'architecture globale du système. Par comparaison, les travaux cherchant à définir des cadres d'apprentissage intégrés sont plus rares.

Un pas important dans cette direction est le modèle de Liang *et al.* (2006), qui utilise un perceptron structuré pour apprendre les paramètres du modèle. Cette approche requiert toutefois de fixer la valeur des variables latentes impliquées dans une dérivation aussi bien à l'apprentissage que lors de l'inférence, là où nous utilisons une procédure de marginalisation. Une autre différence avec notre travail est l'utilisation d'un modèle de réordonnancement plus simple. Une autre source

7. Ces résultats sont obtenus pour la stratégie d'inférence dite de Viterbi.

d'inspiration est le travail décrit dans (Blunsom *et al.*, 2008), qui décrit une version discriminante du modèle hiérarchique de Chiang (2005). Comme dans notre approche, l'apprentissage repose sur l'optimisation de la log-vraisemblance conditionnelle, impliquant de sommer sur toutes les dérivations (hors-contexte) d'une traduction. La complexité de l'algorithme de parsage sous-jacent au calcul du gradient $O(|\mathbf{t}|^3|\mathbf{s}|^3)$ semble toutefois limiter l'approche à des phrases courtes [8]. Une différence significative avec notre travail est la gestion des références non-atteignables, qui sont purement et simplement supprimées du corpus d'apprentissage. Le travail plus récent de Dyer et Resnik (2010) mérite enfin mention, puisqu'il utilise la même architecture que la nôtre, à la différence près que le modèle de réordonnancement est un modèle hors-contexte plutôt que rationnel. Ce travail est toutefois focalisé sur l'apprentissage du modèle de réordonnancement et conserve le besoin d'entraîner séparément le modèle de traduction.

En résumé, notre approche se distingue de la plupart des approches discriminantes en traduction statistique en ceci que nous réalisons l'apprentissage simultané de **tous les paramètres du modèle de manière intégrée**, par optimisation d'une fonction objectif bien fondée théoriquement (la log-vraisemblance conditionnelle régularisée).

# Conclusion

Nous avons présenté une architecture intégrée pour réaliser en une seule étape l'apprentissage discriminant de tous les paramètres des systèmes de traduction. Cette architecture, qui emprunte beaucoup à des techniques d'apprentissage bien connues, permet d'introduire dans le modèle un très grand nombre de caractéristiques. En utilisant cette architecture, nous avons développé un système qui surpasse un système de base très performant sur la tâche de traduction du BTEC. Notons en particulier que notre approche conduit à des meilleurs scores BLEU que *n*-code, qui est pourtant spécifiquement entraîné pour optimiser cette métrique. Une propriété importante de notre approche est son caractère modulaire, puisqu'elle s'accomode d'inventaires d'unités et de modèles de réordonnancement variés.

Dans le futur, la priorité principale sera de réaliser des expériences sur des tâches plus complexes, impliquant à la fois de plus gros corpus d'apprentissage et des langues plus éloignées. Diverses améliorations du modèle présenté ici sont également à l'étude : ainsi l'utilisation de modèles de réordonnancement plus puissants, à la manière de Dyer et Resnik (2010) ; l'utilisation d'unités de traduction avec trous, poursuivant les propositions de (Simard *et al.*, 2005; Crego et Yvon, 2009) ; ou l'utilisation d'une fonction objectif intégrant une mesure plus directe de la qualité de traduction, à l'instar par exemple de (Gimpel et Smith, 2010).

# Remerciements

Ce travail a été partiellement financé par OSEO dans le cadre du programme Quaero.

8. Les résultats de (Blunsom *et al.*, 2008) utilisent des phrases de moins de 15 mots.

# Références

ALLAUZEN, A. et YVON, F. (2011). Méthodes statistiques pour la traduction automatique. *In* GAUSSIER, E. et YVON, F., éditeurs : *Modèles statistiques pour l'accès à l'information textuelle*, chapitre 7, pages 271–356. Hermès, Paris.

ALLAUZEN, C., RILEY, M., SCHALKWYK, J., SKUT, W. et MOHRI, M. (2007). OpenFst : A general and efficient weighted finite-state transducer library. *In Proc. of CIAA*, pages 11–23.

BLUNSOM, P., COHN, T. et OSBORNE, M. (2008). A discriminative latent variable model for statistical machine translation. *In Proc. ACL/HLT*, pages 200–208.

CHEN, S. F. et GOODMAN, J. T. (1996). An empirical study of smoothing techniques for language modeling. *In Proc. ACL*, pages 310–318.

CHERRY, C. et FOSTER, G. (2012). Batch tuning strategies for statistical machine translation. *In Proc. of the 2012 Conf. HLT-NAACL*, pages 427–436.

CHIANG, D. (2005). A hierarchical phrase-based model for statistical machine translation. *In Proc. ACL*, pages 263–270.

CHIANG, D., KNIGHT, K. et WANG, W. (2009). 11,001 new features for statistical machine translation. *In Proc. NAACL/HLT*, pages 218–226.

CREGO, J. M. et MARIÑO, J. B. (2007). Improving SMT by coupling reordering and decoding. *Machine Translation*, 20(3):199–215.

CREGO, J. M. et YVON, F. (2009). Gappy translation units under left-to-right SMT decoding. *In Proc. of the conf. EAMT*, pages 66–73.

CREGO, J. M., YVON, F. et MARIÑO, J. B. (2011). N-code : an open-source Bilingual N-gram SMT Toolkit. *Prague Bulletin of Mathematical Linguistics*, 96:49–58.

DREYER, M., SMITH, J. et EISNER, J. (2008). Latent-variable modeling of string transductions with finite-state methods. *In Proc. EMNLP*, pages 1080–1089.

DYER, C. et RESNIK, P. (2010). Context-free reordering, finite-state translation. *In Proc NAACL/HLT*, pages 858–866, Los Angeles.

GIMPEL, K. et SMITH, N. A. (2010). Softmax-margin CRFs : training log-linear models with cost functions. *In Proc. HLT-NAACL*, HLT '10, pages 733–736.

HOPKINS, M. et MAY, J. (2011). Tuning as ranking. *In Proc. EMNLP*, pages 1352–1362.

KOEHN, P. (2010). *Statistical Machine Translation*. Cambridge University Press.

KOEHN, P., HOANG, H., BIRCH, A., CALLISON-BURCH, C., FEDERICO, M., BERTOLDI, N., COWAN, B., SHEN, W., MORAN, C., ZENS, R., DYER, C., BOJAR, O., CONSTANTIN, A. et HERBST, E. (2007). Moses : Open source toolkit for statistical machine translation. *In Proc. ACL*, pages 177–180.

KOEHN, P., OCH, F. J. et MARCU, D. (2003). Statistical phrase-based translation. *In Proc of the conf. HLT-NAACL*, pages 127–133.

KUMAR, S. et BYRNE, W. (2005). Local phrase reordering models for statistical machine translation. *In Proc. HLT-EMNLP*, pages 161–168.

KUMAR, S., DENG, Y. et BYRNE, W. (2006). A weighted finite state transducer translation template model for statistical machine translation. *Natural Language Engineering*, 12(1):35–75.

LAFFERTY, J., MCCALLUM, A. et PEREIRA, F. (2001). Conditional random fields : probabilistic models for segmenting and labeling sequence data. *In Proc. ICML*, pages 282–289.

LAVERGNE, T., ALLAUZEN, A., CREGO, J. M. et YVON, F. (2011). From n-gram-based to CRF-based translation models. *In Proc. WMT*, pages 542–553.

LIANG, P., BOUCHARD-CÔTÉ, A., KLEIN, D. et TASKAR, B. (2006). An end-to-end discriminative approach to machine translation. *In Proc. ACL*, pages 761–768.

MARIÑO, J. B., BANCHS, R. E., CREGO, J. M., de GISPERT, A., LAMBERT, P., FONOLLOSA, J. A. et COSTA-JUSSÀ, M. R. (2006). N-gram-based machine translation. *Comp. Ling.*, 32(4):527–549.

OCH, F. J. (2003). Minimum error rate training in statistical machine translation. *In Proc. ACL*, pages 160–167.

PAPINENI, K., ROUKOS, S., WARD, T. et ZHU, W.-J. (2002). BLEU : a method for automatic evaluation of machine translation. *In Proc. ACL*, pages 311–318.

PAUL, M., FEDERICO, M. et STÜCKER, S. (2010). Overview of the IWSLT 2010 Evaluation Campaign. *In* FEDERICO, M., LANE, I., PAUL, M. et YVON, F., éditeurs : *Proc. IWSLT*, pages 3–27.

RIEDMILLER, M. et BRAUN, H. (1993). A direct adaptive method for faster backpropagation learning : The RPROP algorithm. *In Proc. ICNN*, pages 586–591.

SIMARD, M., CANCEDDA, N., CAVESTRO, B., DYMETMAN, M., GAUSSIER, E., GOUTTE, C., YAMADA, K., LANGLAIS, P. et MAUSER, A. (2005). Translating with non-contiguous phrases. *In Proc. HLT-EMNLP*, pages 755–762.

SIMIANER, P., RIEZLER, S. et DYER, C. (2012). Joint feature selection in distributed stochastic learning for large-scale discriminative training in SMT. *In Proc. ACL*, pages 11–21.

SOKOLOV, A., WISNIEWSKI, G. et YVON, F. (2012). Computing lattice BLEU oracle scores for machine translation. *In Proc. EACL*, pages 120–129.

SUTTON, C. et MCCALLUM, A. (2006). An introduction to conditional random fields for relational learning. *In* GETOOR, L. et TASKAR, B., éditeurs : *Introduction to Statistical Relational Learning*. The MIT Press.

TAKEZAWA, T., SUMITA, E., SUGAYA, F., YAMAMOTO, H. et YAMAMOTO, S. (2002). Toward a broad-coverage bilingual corpus for speech translation of travel conversations in the real world. *In Proc. of LREC*, volume 1, pages 147–152.

TIBSHIRANI, R. (1996). Regression shrinkage and selection via the Lasso. *J.R.Statist.Soc.B*, 58(1):267–288.

TILLMAN, C. (2004). A unigram orientation model for statistical machine translation. *In* DUMAIS, S., MARCU, D. et ROUKOS, S., éditeurs : *HLT-NAACL 2004 : Short Papers*, pages 101–104.

TILLMANN, C. et NEY, H. (2003). Word reordering and a dynamic programming beam search algorithm for statistical machine translation. *Comp. Ling.*, 29(1):97–133.

TILLMANN, C. et ZHANG, T. (2006). A discriminative global training algorithm for statistical mt. *In Proc. of the conf. of the ACL*, pages 721–728.

WATANABE, T., SUZUKI, J., TSUKADA, H. et ISOZAKI, H. (2007). Online large-margin training for statistical machine translation. *In Proc. of EMNLP-CoNLL*, pages 764–773.

ZENS, R., OCH, F. J. et NEY, H. (2002). Phrase-based statistical machine translation. *In* JARKE, M., KOEHLER, J. et LAKEMEYER, G., éditeurs : *KI-2002 : Advances in AI*, volume 2479 de *LNAI*, pages 18–32. Springer.

# Annotation sémantique pour des domaines spécialisés et des ontologies riches

Yue Ma[1] François Lévy[2] Adeline Nazarenko[2]
(1) TU-Dresden, Germany
(2) LIPN, Université Paris 13-CNRS, France
mayue@tcs.inf.tu-dresden.de,
{francois.levy,adeline.nazarenko}@lipn.univ-paris13.fr

## RÉSUMÉ

Explorer et maintenir une documentation technique est une tâche difficile pour laquelle on pourrait bénéficier d'un outillage efficace, à condition que les documents soient annotés sémantiquement. Les annotations doivent être riches, cohérentes, suffisamment spécialisées et s'appuyer sur un modèle sémantique explicite – habituellement une ontologie – qui modélise la sémantique du domaine cible. Il s'avère que les approches d'annotation traditionnelles donnent pour cette tâche des résultats limités. Nous proposons donc une nouvelle approche, l'annotation sémantique statistique basée sur les syntagmes, qui prédit les annotations sémantiques à partir d'un ensemble d'apprentissage réduit. Cette modélisation facilite l'annotation sémantique spécialisée au regard de modèles sémantiques de domaine arbitrairement riches. Nous l'évaluons à l'aide de plusieurs métriques et sur deux textes décrivant des réglementations métier. Notre approche obtient de bons résultats. En particulier, la F-mesure est de l'ordre de 91,9 % et 97,6 % pour la prédiction de l'étiquette et de la position avec différents paramètres. Cela suggère que les annotateurs humains peuvent être fortement aidés pour l'annotation sémantique dans des domaines spécifiques.

## ABSTRACT

**Semantic Annotation in Specific Domains with rich Ontologies**

Technical documentations are generally difficult to explore and maintain. Powerful tools can help, but they require that the documents have been semantically annotated. The annotations must be sufficiently specialized, rich and consistent. They must rely on some explicit semantic model – usually an ontology – that represents the semantics of the target domain. We observed that traditional approaches have limited success on this task and we propose a novel approach, phrase-based statistical semantic annotation, for predicting semantic annotations from a limited training data set. Such a modeling makes the challenging problem, domain specific semantic annotation regarding arbitrarily rich semantic models, easily handled. Our approach achieved a good performance, with several evaluation metrics and on two different business regulatory texts. In particular, it obtained 91.9 % and 97.65 % F-measure in the label and position predictions with different settings. This suggests that human annotators can be highly supported in domain specific semantic annotation tasks.

MOTS-CLÉS : Annotation sémantique, Ontologie de domaine, Annotation automatique, Analyse sémantique des textes, Méthodes statistiques.

KEYWORDS: Semantic Annotation, Domain Ontology, Automatic annotation, Semantic Text Analysis, Statistical methods.

# 1 Introduction

Les documents techniques sont souvent complexes à lire et à maintenir mais ce sont des ressources critiques pour de nombreuses organisations. Les textes réglementaires décrivent les procédures, les règles et les politiques auxquels les organisations doivent se conformer ; ce sont des sources importantes, qui guide souvent la prise de décision dans ces organisations. Les instructions d'utilisation indiquent comment utiliser et maintenir des objets techniques qui sont parfois extrêmement complexes. Les experts ont besoin d'outils pour les aider à maîtriser et à valider ces documents autant que pour les maintenir à jour quand des évolutions techniques se produisent. Les textes sont de longueur variable (de quelques dizaines à plusieurs centaines de pages), mais souvent trop longs pour être faciles à lire, en particulier quand les informations importantes sont dispersées dans différentes parties. Ils contiennent des descriptions génériques plutôt que des exemples et reposent sur des vocabulaires spécialisés, qui sont souvent définis de façon plus ou moins formelle et précise dans des thesaurus ou des ontologies.

Il est possible d'aider les experts qui consultent ces textes en leur fournissant des outils. Le bénéfice est plus important si les documents sources sont enrichis par des informations sémantiques (ontologiques), qui assurent une certaine interopérabilité et qui permettent de faire des recherches sémantiques plutôt que de simples recherches de chaînes de caractères (Welty et Ide, 1999; Uren *et al.*, 2006; Nazarenko *et al.*, 2011). *L'annotation sémantique* aide à visualiser et à rassembler l'information importante, mais aussi à contrôler la documentation technique (vérification de cohérence, aide à la décision et traçabilité, mise à jour, etc.).

Des outils ont été développés, tels que GATE (Cunningham *et al.*, 2011) ou SemEx (Nazarenko *et al.*, 2011), pour explorer des textes dont certaines portions sont liées par des annotations à divers éléments d'un modèle sémantique de domaine. L'annotation sémantique automatique de la documentation technique spécialisée présente cependant deux caractéristiques importantes.

En premier lieu, les annotations sémantiques intéressantes étiquettent souvent des notions génériques ou des concepts plutôt que des mentions d'entités modélisées comme des instances de concepts. Ceci diffère de la Reconnaissance des Entités Nommées (REN) qui vise à repérer les instances de certains types sémantiques[1]. Par exemple, dans le texte de la figure 1, le fragment "Service conducting approval tests" est annoté par le concept $TestConductingService$ et pas par l'une ses instances. Les notions génériques susceptibles d'être annotées sont plus nombreuses que les types canoniques des entités nommées, et les approches d'annotation sémantique traditionnelles sont handicapées dans ce cas par des caractéristiques moins régulières et des ressources plus rares. On observe que les méthodes d'annotation au regard d'une ontologie se concentrent généralement sur les instances de concepts dans une perspective de peuplement d'ontologies (Kiryakov *et al.*, 2004; Amardeilh *et al.*, 2005; Uren *et al.*, 2006).

```
The seats of the vehicle shall be fitted and shall be placed in the position for
driving use chosen by the Technical Service conducting approval tests to give the
most adverse conditions with respect to strength, compatible with installing the
manikin in the vehicle. The positions of the seats shall be stated in the report.
```

FIGURE 1 – Exemple : texte réglementaire avec annotations sémantiques

1. Typiquement : Personne, Organisation, Lieu, Temps.

En second lieu, les ontologies génériques (par ex. DBpedia) utilisées par de nombreux services d'annotation sémantique ouverts sont peu utiles pour les documents techniques. Nous avons testé plusieurs d'entre elles sur un corpus traitant de la réglementation dans l'industrie automobile. Quatre produisent très peu d'annotations : OpenCalais [2], Zemanta [3] et DBpedia Spotlight (Mendes *et al.*, 2011) ont des rappels de 3,3 %, 0,8 % et 0 % ; AlchemyAPI [4] reconnaît la mention de deux organisations [5] et d'une ville [6], mais deux de ces annotations sont manifestement erronées dans le domaine considéré. A l'inverse, la Wiki Machine (LiveMemories, 2010) annote surabondamment le règlement : dans le fragment "In the case of an assembly incorporating a retractor", "case" est annoté par *Law, Justice* et "assembly" est lié à *Parliamentary procedure* et *Meetings*, mais ce n'est pas le sens qu'ont ces termes dans nos données. Ces annotateurs du Web basés sur des ontologies publiques renvoient souvent une interprétation trompeuse des textes spécialisés.

Nous en concluons qu'un système d'annotation sémantique des documents techniques devrait avoir les propriétés suivantes : (1) pouvoir noter un concept et pas seulement des instances de types généraux comme signification d'un terme ; (2) fournir une interprétation précise et fiable, en tenant compte des modèles sémantiques du domaine traité ; (3) avoir une bonne couverture du texte, de sorte que les fragments textuels intéressants puissent être facilement détectés et reliés. Notre approche repose sur le constat qu'un expert métier peut fournir un petit nombre d'exemples annotés manuellement, mais ne peut pas annoter des documents volumineux. Nous avons vu que les approches de l'état de l'art répondent mal à ces spécifications.

Nous proposons donc une nouvelle approche d'annotation, à la fois simple et naturelle, qui s'inspire de la traduction automatique basée sur les syntagmes et qui est adaptée à l'annotation spécialisée requise par les textes techniques.

Nous transposons le modèle de la traduction automatique statistique (TAS) basée sur les syntagmes à notre problème et nous montrons expérimentalement, avec différentes métriques d'évaluation, que l'annotateur ainsi construit obtient des résultats significatifs à partir d'un corpus réduit annoté manuellement. Par effet de bord, il peut intégrer dans un modèle unique les interprétations que différents experts auraient données du même texte. Les expériences rapportées ici portent sur un règlement international sur le contrôle des ceintures de sécurité (par la suite « Règlement des ceintures de sécurité »), auquel les constructeurs d'automobiles doivent se conformer.

Le reste de l'article est structuré ainsi : nous discutons l'état de l'art dans la section qui suit et définissons la tâche dans la section 3. Puis notre méthode est décrite dans la section 4. Les expériences et leur évaluation sont présentées dans les sections 5 et 6.

2. `http://www.opencalais.com`
3. `http://www.zemanta.com`
4. `http://www.alchemyapi.com`
5. "cabinet" dans "... shall be placed in a refrigerated cabinet at -10 C + 1 C for two hours" et"Technical Service" dans "One of these axes shall be in the direction chosen by the Technical Service conducting the approval test".
6. "anchorage" dans la phrase "except in the case of retractors having a pulley or strap guide at the upper belt anchorage".

## 2 Etat de l'art

Les deux facettes de notre problème, prédire les labels sémantiques et les frontières de ces étiquettes, se retrouvent dans la REN (Nadeau et Sekine, 2007) et les annotateurs du Web sémantique (Uren *et al.*, 2006). Dans la REN, les étiquetages sont souvent limités à quelques grandes catégories génériques comme *Personne, Endroit, Organization, Produit, et Date*. Quant aux annotateurs du Web, dont les étiquetages proviennent généralement d'ontologies générales, comme TAP (Dill *et al.*, 2003), DBpedia Lexicalization Dataset[7]), ils ne sont pas efficaces pour les textes spécialisés et des domaines différents. De plus, ils privilégient souvent la précision au détriment du rappel, produisant moins de deux annotations par page en moyenne (Dill *et al.*, 2003; Mihalcea et Csomai, 2007; Cucerzan, 2007).

Un premier type d'approches de l'annotation sémantique consiste à appliquer des règles sur des segments sélectionnés par des *wrappers* (Ciravegna, 2003; Etzioni *et al.*, 2004; Cimiano *et al.*, 2004). S'agissant d'une annotation sémantique précise et spécialisée, il est difficile d'apprendre des règles pour chaque type d'annotation, à cause du grand nombre de catégories sémantiques. De plus, les règles sont souvent plus complexes que pour la REN, où les entités cibles ont généralement une forme particulière (par ex. débutant par une majuscule) ou sont associées à des déclencheurs comme un titre (par ex. « M. », « Le président »). Dans l'annotation spécialisée, les fragments de texte à annoter sont très variés et leurs frontières sont difficiles à identifier. Par exemple, dans le règlement des ceintures de sécurité, "tested according to paragraph 7.6.4.2." a été étiqueté manuellement par $Method$ (voir section 5).

Une seconde famille d'approches d'annotation sémantique repose sur des modèles statistiques ou l'apprentissage automatique (par ex. HMM (Zhou et Su, 2002; Ratinov et Roth, 2009), CRF (Finkel et Manning, 2009), et Perceptron ou Winnow (Collins, 2002)). Ces approches exploitent la richesse des ressources textuelles du Web (Dill *et al.*, 2003; LiveMemories, 2010; Mendes *et al.*, 2011) ou de journaux (Nadeau et Sekine, 2007; Ratinov et Roth, 2009) comme données d'entraînement pour la désambiguïsation. Le traitement de l'ambiguïté est important quand on considère différents niveaux de granularité ontologique : selon le contexte, un terme comme "test" peut faire référence au concept génénral $Test$, à une catégorie précise de tests où à une instance de test particulière. Cependant, dans les domaines spécialisés, on a rarement de gros volumes de données. Notre approche repose sur un modèle statistique différent, qui prend en compte la forme brute des textes (sans traitement linguistique préalable) et montre de meilleures performances que les champs aléatoires conditionnels en chaînes linéaires (CRF) sur un petit volume de données.

Les recherches sur la REN dans des corpus spécialisés (Wang, 2009; Liu *et al.*, 2011) indiquent qu'il faudrait entraîner des systèmes d'annotation spécifiques même dans le cas où le jeu d'étiquettes est le même que pour la REN classique (Wang, 2009; Liu *et al.*, 2011) quand le corpus est spécialisé (ex. Tweet, notes cliniques). Le présent travail s'intéresse aux cas où le corpus et les jeux d'étiquettes sont spécialisés, comme dans (Aronson et Lang, 2010; Müller *et al.*, 2004) qui proposent un entraînement spécialisé pour la biomédicine. A la différence de cette approche qui est difficile à adapter à un autre domaine, notre méthode, fondée sur TAS, peut être facilement appliquée sur un autre domaine spécialisé à condition qu'un petit volume de données d'entrainement annotées soit disponible.

7. `http://dbpedia.org/Lexicalizations`

Les modèles de TAS ont été appliqués à d'autres questions que la traduction, en particulier à la normalisation de textes et de SMS (Aw *et al.*, 2006; Beaufort *et al.*, 2010) et à l'analyse sémantique (Wong et Mooney, 2006). Selon ces auteurs, leurs résultats, mesurés par les métriques de traduction automatique, sont bons. S'agissant de l'annotation sémantique de documents spécialisés, nous adoptons nous aussi un modèle de TAS basée sur les syntagmes, mais nous l'évaluons différemment parce que les métriques de traduction automatique s'avèrent limitées pour notre tâche.

# 3 Définition de la tâche

On dispose d'une ontologie pour un domaine spécialisé dont le volet lexical est utilisé pour annoter un petit corpus d'entraînement. La tâche consiste à identifier à la fois les frontières et la catégorie ontologique des éléments sémantiques majeurs de chaque phrase du corpus à annoter.

En plus des termes spécialisés qu'il est utile de détecter et d'annoter, un autre problème fréquent pour l'annotation sémantique de documents techniques au regard d'une ontologie riche est qu'un grand nombre de mots identiques en surface peuvent être annotés avec plusieurs étiquettes ontologiques qui ne sont pas logiquement disjointes comme c'est le cas dans l'homonymie, mais qui reflètent simplement une granularité de sens variable en contexte. Par exemple, dans les quatre phrases ci-dessous, « test » a été annoté par l'expert comme $BuckleTest$ à trois reprises (S1, S2 et S3) et $Method$ une fois (S4). La résolution de l'ambiguïté est importante pour le succès de cette tâche.

S1. *The force required to open the buckle in the test as prescribed in paragraph 7.8. below shall not exceed 6 daN.*

S2. *In the case of harness belt buckles, this test may be carried out without all the tongues being introduced.*

S3. *In the case of buckles which incorporate a component common to two assemblies, the strength and release tests of paragraphs 7.7. and 7.8. shall also be carried out with the part of the buckle pertaining to one assembly being engaged in the mating part pertaining to the other, if it is possible for the buckle to be so assembled in use.*

S4. *Retractors shall be subjected to tests and shall fulfill the requirements specified below, including the tests for strength prescribed in paragraphs 7.5.1. and 7.5.2.*

# 4 Annotation sémantique statistique basée sur les syntagmes

Nous modélisons l'annotation sémantique des documents spécialisés comme une tâche de traduction automatique ayant les caractéristiques suivantes : (1) les unités textuelles pertinentes pour traduire ou annoter sont des syntagmes plutôt que de simples mots ; (2) de même qu'un mot peut être traduit de différentes façons, on peut annoter un fragment de texte de plusieurs manières, des éléments ontologiques différents pouvant avoir des lexicalisations communes.

## 4.1 L'annotation sémantique en tant que traduction automatique

Dans cette vision d'une annotation sémantique comme traduction, le texte initial non annoté est considéré comme le texte à « traduire » et le texte annoté comme le texte cible « traduit ».

Formellement, on a deux phrases $\langle s_1, s_2 \rangle$ dans deux « langages » $L_1$ and $L_2$ : $L_1$ est ici l'anglais et $L_2 = L_1 \cup Voc(O)$ est l'union de l'anglais et du vocabulaire de l'ontologie, $Voc(O)$, utilisé comme ensemble d'étiquettes [8]. Nous disons que $s_2$ est une version annotée de $s_1$ s'il est obtenu en remplaçant certains groupes de mots anglais de $s_1$ par des éléments de $Voc(O)$ comme illustré dans la figure 2.

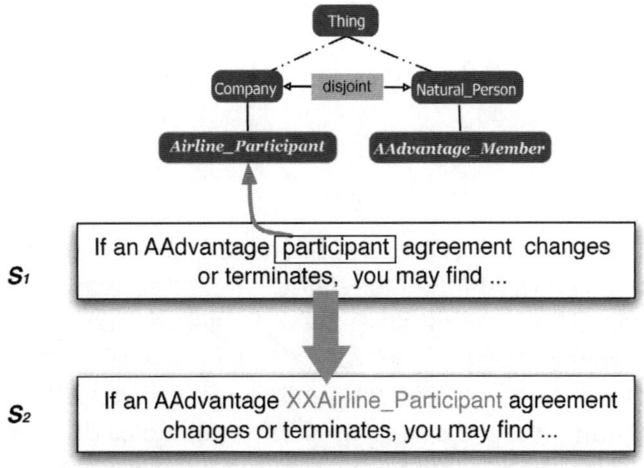


FIGURE 2 – L'annotation sémantique en tant que traduction

D'après (Tomeh, 2012), la TAS a conceptuellement trois étapes [9] : 1) les phrases appariées sont alignées sur les mots – ou les syntagmes – pour constituer la relation de traduction qui spécifie quel élément de $s_2$ est la traduction de quel élément de $s_1$ ; 2) des règles de traduction sont apprises sur ces données, en général en s'appuyant sur une table de traduction ; 3) chaque phrase à traduire est segmentée en syntagmes qui sont traduits séparément puis réordonnés pour adapter le résultat au langage cible. Quand il s'agit d'annotation sémantique, la relation de traduction est monotone (sans réarrangement). C'est même l'identité pour tous les éléments qui restent non-annotés. Les données en entrée de l'algorithme d'apprentissage sont donc moins bruitées que dans le cas d'un alignement bilingue. L'obtention d'annotations correctes quand l'information lexicale est ambigüe repose sur l'algorithme d'apprentissage et la projection de ses résultats sur le texte, dans la mesure où cet algorithme prend en compte le contexte pour apprendre les règles. A noter que le modèle tient compte dans ses calculs des éléments qui ne doivent pas être annotés : il apprend aussi à traduire à l'identique.

8. Pour différentier les éléments de $Voc(O)$ du vocabulaire anglais, les noms de $O$ sont préfixés par 'XX' dans $L_2$.
9. Même si elles peuvent être entrelacées dans le calcul.

## 4.2 Le modèle

Notre approche repose sur le modèle du canal bruité, qui considère que les phrases annotées constituent l'information visée (en entrée du canal) mais qu'elles ont été brouillées, produisant ainsi le texte brut (reçu en sortie). Il s'agit donc de reconstituer l'entrée. On attribue une étiquette sémantique à une phrase vue pour la première fois $s_1 \in L_1$ en recherchant la phrase $s_2 \in L_2$ qui a la plus grande valeur pour $P(s_2|s_1)$. Par la règle de Bayes et puisque $P(s_1)$ est fixée, il s'agit de calculer

$$s^* = \arg\max_{s_2} P(s_2|s_1) = \arg\max_{s_2}\{P(s_2)P(s_1|s_2)\}.$$

Suivant le modèle de traduction basé sur les syntagmes, la phrase d'entrée non annotée $s_1$ est segmentée pendant le décodage en une suite de $m$ syntagmes, notée $\{s_1^i\}_{i=1}^m$. Chaque segment $s_1^i$ est associé à sa version annotée $s_2^i$ de sorte que $P(s_1|s_2) = \Pi_{i=1}^m P(s_1^i|s_2^i)$. On suppose que la distribution de probabilité sur toutes les segmentations possibles est uniforme et on a

$$s^* = \arg\max_{s_2}\{P(s_2) \times \Pi_{i=1}^m P(s_1^i|s_2^i)\}.$$

Il y a deux paramètres à calculer dans le modèle ci-dessus : le modèle de langage $P(s_2)$ et la table de traduction des syntagmes $P(s_1^i|s_2^i)$. Le modèle de langage sélectionne la phrase annotée la plus probable parmi toutes celles qui sont possibles et la table de traduction des syntagmes joue le rôle d'un dictionnaire sophistiqué entre les langages source et cible. Nous ne pouvons entrer ici dans les détails, mais, pour nos expérimentations, nous utilisons SRILM (Stolcke, 2002), la boite à outils du SRI servant à construire et exploiter des modèles de langage, pour apprendre un modèle de trigrammes. Parmi les nombreuses solutions proposées pour l'apprentissage d'une table de traduction (Marcu et Wong, 2002; Koehn *et al.*, 2003; Och et Ney, 2003; Chiang, 2007), nous utilisons la méthode relativement simple mais efficace définie dans (Koehn *et al.*, 2003). A cause de la proximité des langages source et cible, les données fournies à cet algorithme sont peu bruitées. Le décodage est réalisé par une recherche en faisceau telle qu'implémentée par Moses (Koehn *et al.*, 2007).

## 4.3 Repérage des annotations sémantiques

Pour identifier la position précise des annotations sémantiques prédites par l'annotation sémantique statistique basée sur les syntagmes (ASSS), nous utilisons l'alignement des traductions au niveau du mot. Par exemple, dans un tel alignement, la suite "15-14 16-14" indique que les $15^{\text{ème}}$ et $16^{\text{ème}}$ mots de la phrase originale ont été remplacés par le $14^{\text{ème}}$ mot de la traduction. Si le $14^{\text{ème}}$ mot appartient à $Voc(O)$ (par exemple $XXMethod$), c'est que le concept qui la compose (dans notre exemple, le concept $Method$) est l'étiquette sémantique associée au $15^{\text{ème}}$ et au $16^{\text{ème}}$ mots de la phrase originale.

# 5 Expérimentation

Cette section décrit les données d'évaluation et les métriques utilisées.

L'approche ASSS a été testée sur deux textes annotés. L'un est complètement annoté, c'est-à-dire annoté par l'ensemble des étiquettes sémantiques provenant d'une ontologie construite pour le domaine en question. On trouve dans le texte des mentions de chaque concept, mais en nombre limité : ce corpus permet de tester la tolérance de notre approche à la dispersion des données d'annotation sémantique. L'autre texte est plus volumineux mais il n'est annoté que par une partie de l'ontologie, par les 17 concepts identifiés considérés comme ambigus, car étant associés à des termes ambigus. Ce second corpus permet de tester la capacité de notre approche à résoudre les ambiguïtés, qui sont fréquentes en domaine de spécialité, ne serait-ce parce qu'on peut choisir de rattacher un terme à différents niveaux de l'ontologie.

Deux méthodes de référence ont été définies et sont utilisées pour les expériences. La première est une approche à base de dictionnaire de fréquence qui est traditionnelle pour les tâches de désambiguïsation lexicale et qui peut s'étendre à notre scénario d'annotation sémantique. L'autre repose sur un modèle basé sur l'étiquetage de séquences, plus particulièrement sur les champs aléatoires conditionnels en chaînes linéaires (CRF) (Lafferty, 2001; Sutton et Mccallum, 2006)) : l'annotation sémantique est souvent vue comme une tâche d'étiquetage de séquences et les champs aléatoires conditionnels permettent de tenir compte des noeuds voisins dans un graphe. L'évaluation expérimentale montre que notre méthode dépasse significativement des approches standards sur les deux corpus utilisés.

## 5.1 Données d'évaluation

**Matériel** [10] Les corpus choisis sont deux textes extraits d'un règlement international décrivant les tests auxquels les fabricants d'automobiles doivent se plier dans la fabrication des ceintures de sécurité. Après segmentation par Treetagger (Schmid, 1995), le corpus 1 comporte 133 phrases et le corpus 2 en a 1821, dont beaucoup sont longues. L'ontologie [11] qui forme le modèle sémantique contient 154 *entités sémantiques* (73 concepts, 58 individus, 23 propriétés).

**Annotation sémantique** le corpus 1 a été complètement annoté par un expert du domaine (un des auteurs), soit 364 annotations (2,78 annotations par phrase). Pour la validation croisée, 90 % des données sont utilisées comme données d'entraînement (80 % servent à entrainer le modèle, et 10 % au tunning) et les 10 % restant sont utilisées comme données de test. Les données d'entraînement de chaque expérience comportent plus de 50 entrées sémantiques distinctes.

Deux facteurs principaux ont été pris en compte dans la constitution du corpus 2 : le degré d'ambiguïté (une même forme lexicale peut être annotée différemment dans des contextes différents – voir la section 3 pour un exemple) et la taille du corpus, de façon que notre seconde méthode de référence puisse être calculée en un temps raisonnable eu égard à nos ressources de calcul (Mac OS X 10.6.8, g++ 4.2.1, avec 2Go de mémoire et un CPU Intel Core 2 Duo 2.26GHz). Nous avons sélectionné 17 entités sémantiques ambiguës de l'ontologie, nous nous en sommes servis pour annoter le document entier et nous avons sélectionné les 313 phrases étiquetées au moins une fois.

Pour le corpus 2, la table 1 liste les graphies choisies, le nombre de leurs occurrences annotées et les 17 étiquettes sémantiques qui leur sont associées. Il y a aussi 14 occurrences supplémentaires

10. Ce matériel vient du projet européen OntoRule.
11. A noter que, une fois que les exemples annotés sont disponibles, notre méthode n'a plus besoin de l'ontologie.

| Graphie | #Occ | Etiquettes possibles dans la référence |
|---|---|---|
| "type" | 123 | *TypeReactor, TypeRetractor, TypeBelt* |
| "tested" | 29 | *RetractorLockingTest, BreakingStrengthOfStrapTest, DynamicTest, Method, ColdImpactTest*, NULL |
| "Test(s)" | 19 | *DynamicTest, Method* |
| "tests" | 65 | *DynamicTest, RetractorDurabilityTest, Method, BreakingStrengthOfStrapTest, AccelerationTest, DecelerationTest, RetractorLockingTest, BuckleTest* |
| "test" | 190 | *ColdImpactTest, RetractorLockingTest, Method, MicroSlipTest, BuckleOpeningTest, BreakingStrengthOfStrapTest, DynamicTest, BuckleTest, CorrosionTest, RetractorUnlockingTest, FrontalImpactTest* |

TABLE 1 – Description des ambiguïtés du corpus2

de « tested » non annotées (notées NULL en ligne 2, colonne 3), ce qui constitue une forme particulière d'ambiguïté.

## 5.2 Annotations de référence

Nous comparons l'approche proposée avec deux méthodes de référence : l'Annotation Sémantique à base de Dictionnaire et de Fréquence (ASDF) et l'Annotation Sémantique par CRF (ASCRF).

L'approche ASDF est une extension de la désambiguïsation lexicale classique parce qu'elle intègre le fait qu'une annotation peut couvrir plusieurs mots. L'ASDF repose essentiellement sur la construction et la consultation d'un dictionnaire d'annotation. Celui-ci a comme entrées des mots ou groupes de mots associés à des labels sémantiques. Ces groupes sont extraits des textes annotés d'entraînement, et pour chaque mot ou groupe de mots, les labels sémantiques qui annotent ses occurrences sont enregistrés dans le dictionnaire. L'entrée est lemmatisée pour s'affranchir des variations morphologiques. L'algorithme d'annotation cherche d'abord dans le texte lemmatisé les entrées du dictionnaire. Une forme de surface reconnue pouvant être incluse dans une autre, seules les entités sémantiques attachées à la plus longue sont conservées. Pour désambiguïser une entrée donnée, on choisit le label le plus fréquent. ASDF est implémentée en Python.

ASCRF segmente et annote les séquences de mots grâce au modèle discriminant suivant :

$$p_\theta(y \mid x) = \frac{1}{Z_\theta(x)} exp\{\sum_{k=1}^{K} \theta_k F_k(x, y)\},$$

où $x = (x_1, ...x_T)$ et $y = (y_1, ..., y_T)$ sont les séquences d'entrée et de sortie ; $F_k(x, y)$ est défini par $\sum_{t=1}^{T} f_k(x_{t-1}, y_t)$, $\{f_k\}_{1\leq k\leq K}$ étant un ensemble arbitraire de fonctions de traits ; les $\{\theta_k\}_{k\leq k\leq K}$ sont les valeurs paramétriques associées.

Pour être comparables avec le modèle ASSS proposé, les patrons extraits par ASCRF sont des traits orthographiques et lexicaux des unigrammes et des bigrammes figurant dans une fenêtre de 3 mots avant et après chaque position observée. Comme les annotations s'étendent éventuellement sur plusieurs mots, elles sont représentées selon le schème D.I.E. (le Début, l'Intérieur et l'Extérieur du segment de texte. Enfin, ASCRF est mis en œuvre grâce à l'implémentation hautement optimisée de la boite à outils Wapiti (Lavergne *et al.*, 2010).

## 5.3 Métriques d'évaluation

Bien que nous utilisions un modèle de traduction automatique, le système est évalué en calculant la précision, le rappel et la F-mesure, qui sont plus souvent utilisés dans le domaine de l'extraction d'information. Nous considérons en outre deux critères différents : la correction des étiquettes sémantiques (*label*) et celle de leurs frontières (*position*). Bien que seul le critère d'étiquette importe dans certaines applications, comme en REN, la position peut être significative dans d'autres cas, comme par exemple pour l'extraction de relations sémantiques. On peut former d'autres mesures par combinaison des précédentes, comme *label et position considérés indépendamment* (le score cumule l'évaluation des labels et des positions) et *label et position considérés groupés*. Dans ce dernier cas, c'est le couple (label, position) qui est considéré globalement comme correct ou incorrect.

Pour chaque métrique $\mu$ parmi {Précision, Rappel, F-mesure}, nous écrivons $\mu$-*label*, $\mu$-*position*, $\mu$-*indep*, et $\mu$-*couple* pour désigner les quatre critères d'évaluation ci-dessus [12]. Pour $\mu$-*position*, le critère est l'identité des positions de l'annotation dans le candidat et la référence, même si on pourrait aussi tenir compte du recouvrement partiels des positions.

# 6 Evaluation

Dans cette section, nous comparons d'abord la méthode ASSS proposée et le système ASDF. Ensuite, nous comparons ASSS et ASCRF sur les même corpus sous des réglages différents. Pour ces deux comparaisons, les expériences ont été effectuées sur les deux corpus en utilisant une validation croisée par 10ème. Pour ASCRF, nous avons partiellement réutilisé la mise en œuvre de MOSES (Koehn *et al.*, 2007) en inactivant son modèle de distorsion.

## 6.1 Comparaison de ASSS et ASDF sur le corpus 1

Le tableau 2 compare les performances moyennes de ASDF et ASSS sur le corpus 1 et les confronte à ceux de l'approche hybride définie ci-après.

ASSS a été légèrement meilleur pour la prédiction des étiquettes que ASDF (0,26 % d'amélioration de la F-mesure), mais ASDF a fonctionné mieux qu'ASSS dans la prédiction des positions (+5,2 % sur la F-mesure). Les deux systèmes ont réalisé des performances comparables sur le corpus 1.

Cela signifie que si l'on ne considère que les labels d'annotations, la méthode ASSS est un meilleur choix : contrairement à la consultation de dictionnaires, ASSS permet une correspondance approchée. Cependant, ASSS manque plus souvent l'emplacement exact de l'étiquette. Par

12. Dans la section Expérimentation, $\mu$-*indep* et $\mu$-*couple* ne figurent qu'à titre d'explication ; en fait ces mesures sont des combinaisons des deux autres.

| Métrique | ASDF | ASSS | Hybride |
|---|---|---|---|
| F-mesure d'étiquette | 0,9885 | **0,9911** | **0,9911** |
| F-mesure de position | **0,9858** | 0,9369 | 0,9797 |

TABLE 2 – Evaluation de la ASSS et ASDF sur Corpus1

exemple, alors que la phrase "The test has to be performed separately from the tensile test" a été annotée avec *Tensiletest* pour la position | 9 - 10 | par l'expert, ASSS n'a associé l'étiquetage *Tensiletest* qu'à la position | 9 - 9 |[13]. Pour remédier à cela, nous faisons une combinaison de ASSS et ASDF pour avoir un système hybride (la 4ème colonne du tableau 2) défini comme suit :

**Définition.** (Hybride de ASSS et ASDF) *Pour une phrase donnée, soit* $ANNO_{ASSS}$ *et* $ANNO_{ASDF}$ *les annotations sémantiques générées respectivement par ASSS et ASDF. Nous disons que deux annotations provenant de* $ANNO_{ASSS}$ *et* $ANNO_{ASDF}$ *sont* unifiables *si leurs positions se chevauchent.*

Dans le tableau 2, nous pouvons voir que le système hybride a la même F-mesure de label et a amélioré la F-mesure de position d'ASSS de 4,28 %, même si cette dernière est encore inférieure de 0,61 % à celle d'ASDF.

## 6.2 Comparaison d'ASSS et ASDF sur le corpus 2

Le tableau 3 montre l'intérêt de l'approche ASSS en cas d'ambiguïté. $ASSS_{all}$ signifie que l'expérience a été réalisée sur les 313 phrases du Corpus 2 (sélectionnées pour la présence de syntagmes ambigus) mais qu'elles sont annotées avec *toutes* les entrées sémantiques possibles de l'ontologie. Nous pouvons voir qu'ASSS est robuste à l'ambiguïté, comme en témoigne la F-mesure de label à 92,95 %.

Une autre observation est que, sauf pour la perte de 1,04 % de rappel de position, ASSS a de meilleures performances qu'ASDF. En effet, les différences entre ASSS et ASDF sont importantes pour la prédiction des étiquettes (par exemple +21,17 % pour la F-mesure de label), mais assez faibles pour la prédiction des positions (par exemple +2,21 % pour la F-mesure de position). L'explication est que le choix des annotations appropriées est plus difficile que la localisation de ces annotations dans le corpus 2, en raison d'une plus grande proportion d'ambiguïtés dans le corpus 2 que dans le corpus 1.

Enfin, le tableau 3 montre que même si ASSS a obtenu des scores élevés dans la prédiction de label sur le corpus 2, les scores sont encore inférieurs à ceux de la position (par exemple une F-mesure de 92,95 % en prédiction de label *vs.* 97,65 % en prédiction de position), ce qui contredit le résultat du corpus 1. C'est encore parce que dans le corpus 2, la désambiguïsation d'étiquettes est plus difficile à réaliser que détection de la position.

Il convient enfin de noter que l'approche ASSS fonctionnant mieux en prédiction de position qu'ASDF (97,65 % contre 95,44% pour la F-mesure de position) pour le corpus 2, l'approche hybride considérée pour le corpus 1 est inutile pour le corpus 2.

13. On rappelle que, dans nos définitions, seules les positions exactes (mêmes début et fin) sont comptées correctes dans la F-mesure.

| Métriques | ASDF | $ASSS_{all}$ | $ASSS_{all}$-ASDF |
|---|---|---|---|
| Précision-groupe | 0,7288 | 0,9369 | 0,2081 |
| Précision-label | 0,7525 | 0,9369 | **0,1844** |
| Précision-indep | 0,8613 | 0,9598 | 0,0985 |
| Précision-position | 0,9293 | 0,9826 | **0,0533** |
| Rappel-groupe | 0,7699 | 0,9222 | 0,1523 |
| Rappel-label | 0,6861 | 0,9222 | **0,2361** |
| Rappel-indep | 0,9029 | 0,9464 | 0,0435 |
| Rappel-position | 0,9809 | 0,9705 | **-0,0104** |
| F-mesure-label | 0,7178 | **0,9295** | **0,2117** |
| F-mesure-position | 0,9544 | **0,9765** | **0,0221** |

TABLE 3 – Evaluation d'ASSS et ASDF sur le corpus 2

## 6.3 Comparaison d'ASSS et ASCRF

Le tableau 4 compare les performances moyennes d'ASCRF et de'ASSS à la fois sur le corpus 1 et sur le corpus 2. A la différence d'$ASSS_{tous}$ dans le tableau 3, $ASSS_{17}$ et $ASCRF_{17}$ correspondent au cas où les 313 phrases sélectionnées dans le corpus 2 ne sont annotées que par les 17 entrées sémantiques ambigües, ceci pour réduire le temps d'exécution d'ASCRF [14]. Les résultats montrent que :

- Sur le corpus 1, ASSS a supplanté ASCRF pour toutes les mesures. C'est parce que la taille des données d'entraînement dans le corpus 1 n'est pas suffisante pour qu'ASCRF parvienne à une prédiction précise. La comparaison avec la tableau 2 montre qu'ASCRF a fonctionné bien plus mal qu'ASDF sur le corpus 1. Cela signifie qu'ASSS est plus robuste qu'ASCRF lorsque la taille des données d'entraînement est limitée.
- Sur le corpus 2, $ASSS_{17}$ a surpassé $ASCRF_{17}$ de plus de 8 % pour la prédiction des étiquettes, à la fois en précision et en rappel, mais a été surpassé de 1,71 % en précision dans la prédiction de position. Cela montre qu'ASSS a une plus forte capacité de désambiguïsation qu'ASCRF, mais est moins bon qu'ASCRF pour placer les annotations parce que le modèle des positions d'étiquettes est implicite pour ASSS. De plus, il est intéressant de noter que les deux approches ASSS et ASCRF ont obtenu des scores relativement élevés en prédiction de position pour le corpus 2 (> 94 % en précision et en rappel).
- $ASSS_{all}$ a une meilleure performance que $ASCRF_{17}$ et $ASSS_{17}$ sur le corpus 2. Cela montre que le pourcentage plus élevé d'ambiguïtés dans les corpus $ASCRF_{17}$ et $ASSS_{17}$ augmente la difficulté de la tâche.

# 7 Conclusion et perspectives

Cet article propose une approche statistique basée sur les syntagmes, nouvelle et flexible, qui permet d'annoter les entités sémantiques dans des documents spécialisés en utilisant des onto-

14. Pour ASCRF, l'exécution de la validation croisée au $10^{ème}$ a duré 30 heures en se limitant aux 17 entrées sémantiques ambigües. Traiter toutes les entrées comme pour $ASSS_{tous}$ aurait nécessité beaucoup plus de temps parce que l'entraînement d'un modèle de CRF est quadratique en le nombre d'étiquettes (Lavergne *et al.*, 2011).

| | l Corpus 1 | | Corpus 2 | | |
|---|---|---|---|---|---|
| Métrique | ASCRF | ASSS | $ASCRF_{17}$ | $ASSS_{17}$ | $ASSS_{all}$ |
| Précision-label | 0,8239 | **0,9889** | 0,8299 | **0,9142** | *0,9369* |
| Précision-position | 0,8975 | **0,9389** | **0,9577** | 0,9406 | *0,9826* |
| Rappel-label | 0,8239 | **0,9889** | 0,8308 | **0,9235** | *0,9222* |
| Rappel-position | 0,8975 | **0,9349** | **0,9588** | 0,9518 | *0,9705* |

TABLE 4 – Evaluation de ASSS et ASCRF

logies de domaine riches. La méthode a été conçue pour des documents techniques, tels que des textes réglementaires, pour lesquels les approches traditionnelles d'étiquetage sémantique (étiquetage des entités nommées et annotation sémantique générique) présentent des limitations importantes. En utilisant plusieurs métriques d'évaluation, nous avons montré que la méthode proposée donne de meilleurs résultats qu'une approche classique à base de dictionnaire de fréquence ou qu'une approche discriminante, avec un ensemble réduit d'exemples annotés. Elle obtient des scores élevés sur le corpus ambigu : une F-mesure de 92,95 % (resp. 97,65 %) pour la prédiction de label (resp. de position) pour $ASSS_{all}$, et une F-mesure de 91.88% (resp. 94,62 %) pour la prédiction de label (resp. de position) pour $ASSS_{17}$

Nous projetons maintenant d'améliorer notre approche en étendant ASSS pour utiliser des informations linguistiques rendues accessibles en pré-traitant les documents source. Nous envisageons aussi de concevoir des campagnes d'annotation ontologique dans des domaines spécialisés, en exploitant cette méthode qui permet d'entraîner un système d'annotation sur un petit ensemble d'annotations manuelles. En effet, il semble qu'il soit plus facile pour les annotateurs humains de corriger une annotation initiale, pourvu qu'elle soit suffisamment bonne, que d'annoter à partir de rien (Fort et Sagot, 2010).

## Remerciements

Ce travail a été partiellement financé par OSEO dans le cadre du programme Quæro. Il s'inscrit également dans l'axe 5 du labex EFL (ANR/CGI).

## Références

AMARDEILH, F., LAUBLET, P. et MINEL, J.-L. (2005). Document annotation and ontology population from linguistic extractions. *In Proceedings of the 3rd international conference on Knowledge capture (K-CAP '05)*, pages 161–168, New York, NY, USA. ACM.

ARONSON, A. R. et LANG, F.-M. (2010). An overview of metamap : historical perspective and recent advances. *JAMIA*, 17(3):229–236.

AW, A., ZHANG, M., XIAO, J. et SU, J. (2006). A phrase-based statistical model for sms text normalization. *In Proceedings of COLING-ACL '06 poster sessions*, pages 33–40.

BEAUFORT, R., ROEKHAUT, S., COUGNON, L.-A. et FAIRON, C. (2010). A hybrid rule/model-based finite-state framework for normalizing sms messages. *In ACL*, pages 770–779.

CHIANG, D. (2007). Hierarchical phrase-based translation. *Comput. Linguist.*, 33:201–228.

CIMIANO, P., HANDSCHUH, S. et STAAB, S. (2004). Towards the self-annotating web. *In Proceedings of WWW'04*, pages 462–471.

CIRAVEGNA, F. (2003). (lp) : Rule induction for information extraction using linguistic constraints. Rapport technique, Sheffield university.

COLLINS, M. (2002). Discriminative training methods for hidden markov models : theory and experiments with perceptron algorithms. *In Proceedings of EMNLP'02*, pages 1–8.

CUCERZAN, S. (2007). Large-scale named entity disambiguation based on wikipedia data. *In Proceedings of EMNLP-CoNLL'07*, pages 708–716.

CUNNINGHAM, H., MAYNARD, D., BONTCHEVA, K., TABLAN, V., ASWANI, N., ROBERTS, I., GORRELL, G., FUNK, A., ROBERTS, A., DAMLJANOVIC, D., HEITZ, T., GREENWOOD, M. A., SAGGION, H., PETRAK, J., LI, Y. et PETERS, W. (2011). *Text Processing with GATE (Version 6)*.

DILL, S., EIRON, N., GIBSON, D., GRUHL, D., GUHA, R., JHINGRAN, A., KANUNGO, T., RAJAGOPALAN, S., TOMKINS, A., TOMLIN, J. A. et ZIEN, J. Y. (2003). Semtag and seeker : bootstrapping the semantic web via automated semantic annotation. *In Proceedings of WWW '03*, pages 178–186.

ETZIONI, O., CAFARELLA, M., DOWNEY, D., KOK, S., POPESCU, A.-M., SHAKED, T., SODERLAND, S., WELD, D. S. et YATES, A. (2004). Web-scale information extraction in knowitall (preliminary results). *In Proceedings of WWW'04*, pages 100–110.

FINKEL, J. R. et MANNING, C. D. (2009). Nested named entity recognition. *In EMNLP '09*, pages 141–150.

FORT, K. et SAGOT, B. (2010). Influence of Pre-annotation on POS-tagged Corpus Development. *In ACL 4th Linguistic Annotation Workshop (LAW 2010)*, pages 56–63, Uppsala, Suède. Quaero (en partie).

KIRYAKOV, A., POPOV, B., TERZIEV, I., MANOV, D. et OGNYANOFF, D. (2004). Semantic annotation, indexing, and retrieval. *Journal of Web Semantics*, 2:49–79.

KOEHN, P., HOANG, H., BIRCH, A., CALLISON-BURCH, C., FEDERICO, M., BERTOLDI, N., COWAN, B., SHEN, W., MORAN, C., ZENS, R., DYER, C., BOJAR, O., CONSTANTIN, A. et HERBST, E. (2007). Moses : Open source toolkit for statistical machine translation. *In Proceedings of ACL'07*, pages 177–180.

KOEHN, P., OCH, F. J. et MARCU, D. (2003). Statistical phrase-based translation. *In HLT-NAACL*, pages 127–133.

LAFFERTY, J. (2001). Conditional random fields : Probabilistic models for segmenting and labeling sequence data. *In Proceedings of the International Conference on Machine Learning*, pages 282–289. Morgan Kaufmann.

LAVERGNE, T., ALLAUZEN, A., CREGO, J. M. et YVON, F. (2011). From n-gram-based to crf-based translation models. *In Proceedings of the Sixth Workshop on Statistical Machine Translation*, pages 542–553, Edinburgh, Scotland. Association for Computational Linguistics.

LAVERGNE, T., CAPPÉ, O. et YVON, F. (2010). Practical very large scale CRFs. *In Proceedings the 48th Annual Meeting of the Association for Computational Linguistics (ACL)*, pages 504–513. Association for Computational Linguistics.

LIU, X., ZHANG, S., WEI, F. et ZHOU, M. (2011). Recognizing named entities in tweets. *In Proceedings of HLT '11*, pages 359–367.

LIVEMEMORIES (2010). Livememories : Second year scientific report. Rapport technique, LiveMemories.

MARCU, D. et WONG, W. (2002). A phrase-based, joint probability model for statistical machine translation. *In Proceedings of EMNLP'02*, pages 133–139.

MENDES, P. N., JAKOB, M., GARCÍA-SILVA, A. et BIZER, C. (2011). DBpedia Spotlight : Shedding light on the web of documents. *In Proceedings of I-Semantics'11*.

MIHALCEA, R. et CSOMAI, A. (2007). Wikify ! : linking documents to encyclopedic knowledge. *In Proceedings of CIKM'07*, pages 233–242.

MÜLLER, H., KENNY, E. E. et STERNBERG, P. W. (2004). Textpresso : An ontology-based information retrieval and extraction system for biological literature. *PLoS Biol*, 2:309.

NADEAU, D. et SEKINE, S. (2007). A survey of named entity recognition and classification. *Linguisticae Investigationes*, 30(1):3–26. Publisher : John Benjamins Publishing Company.

NAZARENKO, A., GUISSÉ, A., LÉVY, F., OMRANE, N. et SZULMAN, S. (2011). Integrating written policies in business rule management systems. *In Proceedings of RuleML'11*.

OCH, F. J. et NEY, H. (2003). A systematic comparison of various statistical alignment models. *Computational Linguistics*, pages 19–51.

RATINOV, L. et ROTH, D. (2009). Design challenges and misconceptions in named entity recognition. *In Proceedings of CoNLL'09*, pages 147–155.

SCHMID, H. (1995). Improvements in part-of-speech tagging with an application to german. *In Proceedings of the ACL SIGDAT'95-Workshop*.

STOLCKE, A. (2002). Srilm — an extensible language modeling toolkit. *In In Proceedings of ICSLP'02*, pages 901–904.

SUTTON, C. et MCCALLUM, A. (2006). *Introduction to Conditional Random Fields for Relational Learning*, chapitre 4, pages 93–128. MIT Press.

TOMEH, N. (2012). *Discriminative Alignment Models For Statistical Machine Translation*. Thèse de doctorat, University of Paris 11, Orsay.

UREN, V. S., CIMIANO, P., IRIA, J., HANDSCHUH, S., VARGAS-VERA, M., MOTTA, E. et CIRAVEGNA, F. (2006). Semantic annotation for knowledge management : Requirements and a survey of the state of the art. *J. Web Sem.*, 4(1):14–28.

WANG, Y. (2009). Annotating and recognising named entities in clinical notes. *In ACL/AFNLP (Student Workshop)*, pages 18–26.

WELTY, C. et IDE, N. (1999). Using the right tools : Enhancing retrieval from marked-up documents. *In Journal Computers and the Humanities*, pages 33–10.

WONG, Y. W. et MOONEY, R. J. (2006). Learning for semantic parsing with statistical machine translation. *In Proceedings of HLT-NAACL'06*, pages 439–446.

ZHOU, G. et SU, J. (2002). Named entity recognition using an hmm-based chunk tagger. *In Proceedings of ACL'02*, pages 473–480.

# Pré-segmentation de pages web et sélection de documents pertinents en Questions-Réponses

Nicolas Foucault  Sophie Rosset  Gilles Adda

LIMSI-CNRS - 508 rue John von Neumann - Plateau du Moulon
Université de Paris-Sud - B.P. 133 - 91403 Orsay Cedex - France
prenom.nom@limsi.fr

RÉSUMÉ

Dans cet article, nous présentons une méthode de segmentation de pages web en blocs de texte pour la sélection de documents pertinents en questions-réponses. La segmentation des documents se fait préalablement à leur indexation en plus du découpage des segments obtenus en passages au moment de l'extraction des réponses. L'extraction du contenu textuel des pages est faite à l'aide d'un extracteur maison. Nous avons testé deux méthodes de segmentation. L'une segmente les textes extraits des pages web uniformément en blocs de taille fixe, l'autre les segmente par TextTiling (Hearst, 1997) en blocs thématiques de taille variable. Les expériences menées sur un corpus de 500K pages web et un jeu de 309 questions factuelles en français, issus du projet Quaero (Quintard *et al.*, 2010), montrent que la méthode employée tend à améliorer la précision globale (top-10) du système RITEL–QR (Rosset *et al.*, 2008) dans sa tâche.

ABSTRACT

**Web pages segmentation for document selection in Question Answering**

In this paper, we study two different kinds of web pages segmentation for document selection in question answering. The segmentation is applied prior to indexation in addition to the traditionnal passage retrieval step in question answering. In both cases, the segmentation is textual and processed once the web pages textual content has been extracted using our own extraction system. In the first case, a document is tilled homogeneously in text blocs of fixed size while in the second case the segmentation is based on the TextTiling algorithm (Hearst, 1997). Evaluation on 309 factoid questions and a collection of 500K French web pages, coming from the Quaero project (Quintard *et al.*, 2010), showed that such approaches tend to support properly the RITEL–QR system (Rosset *et al.*, 2008) in this task.

MOTS-CLÉS : pages web, TextTiling, sélection de documents, questions-réponses, Quaero, Ritel, segmentation textuelle, segmentation thématique.

KEYWORDS: web pages, TextTiling, document selection, question answering, Quaero, Ritel, textual segmentation, topic segmentation.

# 1 Introduction

C'est un truisme de nos jours de dire qu'Internet est une mine d'information, de ressources et de savoirs qui peuvent sembler infinis. Ces informations sont utiles à toute personne souhaitant s'informer ou se distraire, mais également aux chercheurs de nombreux domaines (biologie, sciences sociales, informatique, ...) pour qui Internet est devenu un objet de recherches. Cependant, malgré les progrès liés, par exemple par le passage au WEB 2.0, on ne peut que constater que les informations sur le Web ne sont pas fiables, ni même accessibles aisément.

Les systèmes de réponses aux questions sont un moyen efficace de rendre cette information à la fois plus accessible et plus fiable. Plus accessible, car ces systèmes répondent de façon précise, rapide et concise aux questions qui leur sont posées en langue naturelle (à l'instar des moteurs de recherche usuels [1]). Plus fiable, car les réponses sont validées par le système (Peñas *et al.*, 2007).

Une étape primordiale (dans toutes les acceptions du terme) pour les systèmes de questions-réponses (QR) est l'opération qui consiste à extraire le contenu textuel des pages. Pour cela, il est nécessaire (Grau, 2004) de nettoyer, restructurer et filtrer leur contenu (par exemple de corriger les balises HTML et les erreurs d'encodage, d'éliminer les codes javascript résiduels et les spams).

La qualité (au sens de leur adéquation à la tâche QR) des textes obtenus dépend fortement de l'extracteur employé (Baroni *et al.*, 2008) et de la qualité intrinsèque de l'information contenue dans les documents à l'origine. Une tâche cruciale, mais souvent mésestimée, pour un système QR est de pouvoir filtrer les documents dont la qualité intrinsèque est faible, afin d'augmenter la précision de la sélection des meilleurs candidats lors de l'extraction de réponses.

Au cours de travaux précédents (Foucault *et al.*, 2011), nous avons mis en place une stratégie de sélection des documents pertinents pour un système QR en français, en complément de la sélection de documents traditionnelle effectuée par le moteur de recherche du système. Cette sélection repose sur une mesure de la qualité intrinsèque des documents en utilisant un modèle de langue, qui nous fournit *a priori* des mesures objectives sur le degré d'informativité d'un texte. Cette stratégie permet d'écarter de la liste des candidats sélectionnés par le moteur de recherche du système, les documents les plus bruités (c'est-à-dire de faible qualité) pour la tâche QR. Ici, un texte est considéré comme pertinent ou non dans sa globalité.

Il est de coutume en QR (Ligozat, 2006) de découper les documents en passage soit au moment de leur indexation, soit au cours des recherches. L'idée est de réduire la variabilité naturelle des documents en taille et en contenu. En effet, avec des segments textuels plus petits, on peut espérer une variabilité plus faible, et un contenu informationnel (corrélé au contenu linguistique, en particulier lexical et sémantique) plus cohérent, ce qui en retour doit permettre l'extraction de réponses plus pertinentes que celles issues de la globalité du texte. Cette stratégie a fait ses preuves par le passé et des travaux récents autour du découpage de textes en passages (Tiedemann, 2007; Khalid et Verberne, 2008) l'ont consolidée.

A notre connaissance, personne n'a tenté de segmenter les documents préalablement à leur indexation, tout en découpant les segments obtenus en passages au moment des recherches dans le but de réduire plus fortement la variabilité des documents. Dans cet article, nous détaillons plusieurs expériences visant à mesurer l'impact d'une telle pré-segmentation sur la tâche QR.

1. e.g. Google `http://www.google.fr`

## 2 Travaux connexes

L'idée de segmenter des documents textuels (article de journaux, livres, ...) en blocs de texte est un axe de recherche activement exploré dans les années 90 en Recherche d'Information (RI) textuelle. Pour réduire la variabilité linguistique d'un texte, une première idée, explorée notamment par Salton (Salton *et al.*, 1996) et Hearst (Hearst, 1997) consiste à opérer une segmentation en blocs thématiques, les frontières de blocs étant les endroits où on détecte un changement de thème. Des calculs de proximité lexicale entre blocs adjacents permettent de réorganiser le texte d'origine en segments plus homogènes (mais toujours de taille variable). Chez Salton, la proximité lexicale est obtenue à l'aide de mesures de distances vectorielles, chaque bloc étant représenté par un vecteur lexical. En fonction de valeurs seuils sur ces distances, des fusions entre paragraphes sont opérées. (Salton *et al.*, 1996) effectue une fusion itérative, chaque itération fusionnant les paragraphes jugés similaires selon cette distance, le document étant exploré du début à la fin, de gauche à droite. L'itération s'arrête lorsque le texte ne contient plus que des blocs thématiquement homogènes. A partir de cette segmentation, Salton dérive un graphe des relations thématiques qu'entretiennent les blocs au sein du document. Dans le même esprit, (Hearst, 1997) fusionne des blocs de textes entre eux, mais de manière plus fine. Elle se fonde sur une analyse plus linguistique du texte que Salton. En effet, l'algorithme de segmentation de Hearst (*TextTiling*) utilise la structure du discours (ici la théorie des chaînes lexicales) et se fonde sur une segmentation en unités lexicales élémentaires (*tokens*). Ces tokens forment les unités de base pour la représentation de chaque bloc textuel. Cet algorithme utilise une mesure de distance fondée sur les statistiques de co-occurence. TextTiling ne fonctionne pas sur les paragraphes d'origine du texte contrairement à l'algorithme de Salton, mais sur des blocs de pseudo-phrases construits sur la base de ces paragraphes.

Plus récemment, des travaux dans le contexte de la RI dans des documents multimédia ont proposé une nouvelle méthode d'indexation de pages web (Faessel, 2008). Celle-ci s'appuie sur l'information des représentations DOM[2] et CSS des pages web pour segmenter ces dernières avant indexation ; (Bruno *et al.*, 2009) démontrent que l'utilisation de ces informations conduit à une augmentation des performances d'un moteur de recherche dans sa tâche. D'autres travaux de segmentation pour la classification automatique de pages web en thème (Qi et Davison, 2009) utilisent la représentation DOM. Dans (Gupta *et al.*, 2003) l'extraction du contenu textuel des pages se fait automatiquement à l'aide de la structure des arbres DOM. Dans (Asirvatham *et al.*, 2001), l'échantillonnage des couleurs des images est utilisé pour catégoriser les pages qui les contiennent. Dans (Kovacevic1 *et al.*, 2004), pour la même tâche, on utilise le rendu visuel. (Guo *et al.*, 2007) utilise des indices visuels (le rendu des pages fourni par le moteur de Mozilla[3]), géométriques (les coordonnées des éléments de l'arbre DOM au sein du rendu des pages) et le style des pages (la répétition d'information) pour définir les blocs d'information pertinents trouvés dans les pages et les annoter sémantiquement. Dans (Feng *et al.*, 2005), les auteurs étudient l'impact d'indices visuels et structurels sur la segmentation en blocs au travers d'une tâche de catégorisation fonctionnelle (blocs de type menu, titre, contenu, etc.). Dans (Vadrevu *et al.*, 2005), les auteurs utilisent des critères de découpage fondés sur l'homogénéité locale du contenu informationnel des pages web (i.e. modèle de segmentation basé sur le concept de *path entropy*) et d'indices visuels dérivés de leur représentation DOM. Certains systèmes comme VIPS (Cai *et al.*, 2003) se fondent essentiellement sur ce type d'indices pour segmenter les pages.

2. Document Object Model (DOM) www.w3.org/DOM
3. www.mozilla.org

A notre connaissance, aucune tentative d'application de ces techniques comme procédure de segmentation de pages web n'a été faite en QR. Nous avons choisi dans un premier temps d'utiliser un algorithme de première génération : le TextTiling de Hearst. Ce dernier a montré son intérêt pour la sélection de document pertinent en RI et se fonde sur une philosophie sous-jacente commune à notre domaine en TAL (Traitement Automatique des langues). De plus, on en trouve des implémentations en libre accès (contrairement à certains des algorithmes évoqués plus haut). Par ailleurs, TextTiling présente l'avantage de fournir une segmentation en blocs thématiques qui pourrait être mise à contribution par la suite pour renforcer l'analyse sémantique des documents par un système QR. Dans la perspective de travaux futurs en segmentation de pages web autour de leur représentation visuelle en QR, le TextTiling nous permettra de bénéficier d'une segmentation TAL de référence à comparer à des approches de RI non textuelles. C'est dans cette optique que le travail présenté dans cet article se positionne.

Dans la section 3, nous présentons notre méthode de segmentation textuelle développée sur la base du TextTiling de Hearst ; dans la section 4 nous évaluons cette méthode sur la tâche Questions-Réponses. Nous concluons et présentons les perspectives de ce travail dans la section 5.

# 3 Segmentation textuelle de pages web

Dans cette section, nous présentons la méthode de segmentation de pages web que nous avons mise en place pour la sélection de documents pertinents en QR.

La figure 1 présente les étapes-clés de la chaîne de traitement qui correspond à cette métode : de l'extraction du contenu textuel des pages à l'obtention de blocs de textes normalisés. Chaque étape clé de cette chaîne est décrite successivement dans les sections 3.2, 3.3 et 3.4.

## 3.1 Présentation générale

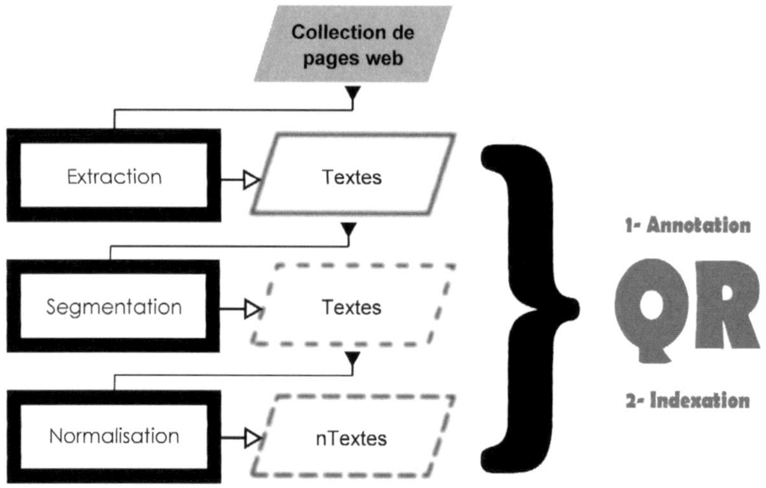


FIGURE 1 – Notre procédure de segmentation de pages web en lien avec les (pré-)traitements QR.

En théorie, nous aurions dû inverser les étapes de normalisation et de segmentation afin que la segmentation bénéficie des traitements de normalisation (voir section 3.4). Cependant, une telle inversion nécessite certaines modifications de notre chaîne de normalisation : en effet, cette dernière supprime l'indentation des textes utile à l'algorithme de TextTiling (voir section 3.3.1). Nous n'avons malheureusement pas eu le temps de mettre en place les modifications adéquates.

## 3.2 Extraction

Notre procédure d'extraction se déroule en deux temps : **pré-traitement** (section 3.2.1) puis **représentation** et **extraction** du contenu textuel des pages web (section 3.2.2). La phase de pré-traitement des pages web est prise en charge par *Kitten* (Falco *et al.*, 2012), un outil de traitement de documents web développé au LIMSI. La représentation et l'extraction du contenu textuel des pages web se fait sur les versions des pages pré-traitées par Kitten à l'aide du navigateur textuel de pages web *Lynx* [4].

### 3.2.1 Pré-traitement des pages web

Le pré-traitement des documents web est réalisé à l'aide de Kitten. Ce choix est motivé par les performances état de l'art que ce dernier a obtenu en qualité d'extracteur textuel (Falco *et al.*, 2012) dans le cadre d'évaluations QR sur le système *Fidji* (Moriceau et Tannier, 2010).

Kitten est un outil développé au LIMSI, dédié aux traitements et à la normalisation de données Html. Les pages web fournies en entrée sont traitées et de nouvelles pages web au format Xhtml valide W3C (encodées en UTF8) sont produites en sortie. Ces pages sont bien formées (correction de leur squelette Html via *jTidy* [5]), sans erreurs d'encodage (correction de leur encodage via *jChardet* [6] et conversion des caractères Html spéciaux dans une base Unicode via *HTMLCleaner* [7]).

Kitten produit des pages web exploitables en Extraction d'Information (EI) (Baroni *et al.*, 2008) sans appliquer d'heuristiques de nettoyage prédéfinies contrairement à des outils classiques de nettoyage de contenu comme *Boilerpipe* (Kohlschütter *et al.*, 2010) ou *Ncleaner* (Evert, 2008) ; par exemple Ncleaner préserve pour l'essentiel le texte des balises `<title>, <h1>, <h2>, <h3>, <div>` et `<p>` contenus dans le corps des pages, toute autre balise étant jugée non pertinente pour l'extraction. Par ailleurs, Kitten dispose de nombreuses fonctions et filtres configurables qui le rendent flexible. Ainsi, il est possible de conserver le contenu des attributs `<title>` associé à un lien tout en supprimant le lien ou au contraire conserver ce lien tout en supprimant les attributs `<title>` qui lui sont associés. Kitten se rapproche donc plutôt d'outils de développement populaires dans le domaine de l'EI web comme la librairie Python *Beautiful Soup* [8] et le framework de crawling web *Scrapy* [9].

Kitten dispose de son propre module d'extraction de pages web et d'un système d'extraction back-off basé sur Lynx. Celui-ci sert d'extracteur principal dans notre système de segmentation.

---

4. `lynx.browser.org`
5. `http://jtidy.sourceforge.net`
6. portage Java de la détection automatique d'encodage d'une page du moteur de Mozilla
7. `http://htmlcleaner.sourceforge.net`
8. `http://www.crummy.com/software/BeautifulSoup`
9. `scrapy.org`

### 3.2.2 Représentation des pages web et extraction textuelle

La représentation des pages utilisée par notre moteur d'extraction se fait grâce à Lynx. Ce dernier est un navigateur d'informations distribuées à portée générale pour Internet. Il permet de naviguer sur le Web depuis une console, en mode textuel uniquement. C'est un outil libre intégré automatiquement dans la plupart des distributions Linux grand public comme Ubuntu, qui intègre de nombreuses fonctionnalités web, dont l'extraction du contenu textuel de pages web.

Nous avons retenu Lynx pour deux raisons. La première raison est qu'il fournit une extraction textuelle de pages web qui reflète leur rendu visuel. La seconde raison est que Lynx peut fournir une décomposition linéaire du contenu des pages web en blocs de texte, adaptée à la plupart des traitements d'analyses de documents en QR.

Si Lynx produit des extractions textuelles fidèles au rendu visuel des pages web, l'agencement des blocs d'extraction diffère de celui observé dans un navigateur web classique du type *Firefox* [10]. En effet, Lynx effectue une traversée gauche-droite descendante des pages web. En conséquence, les blocs d'information textuelle rencontrés le long du parcours sont mis bout à bout dans le fichier d'extraction résultant. Ainsi, on trouve souvent dans les extractions textuelles de Lynx la suite de blocs suivant (donnés ici selon leur contenu visuel) : bandeau, menus, colonne gauche, bloc de contenu principal, colonne droite, puis pied de page. On peut aussi trouver des agencements moins stéréotypiques selon le design des pages et trouver des séries de blocs de contenu principal qui s'enchaînent. L'étape d'extraction textuelle est réalisée par Lynx via le système d'extraction back-off de Kitten.

## 3.3 Stratégie de segmentation

Nous avons utilisé deux stratégies de segmentation en blocs de texte. La première stratégie consiste à segmenter les textes extraits par Lynx en blocs thématiques de taille variable par l'algorithme de TextTiling de Hearst (Hearst, 1997). La seconde stratégie vise à contrôler la précédente et segmente les textes extraits par Lynx de façon uniforme en blocs de taille identique.

### 3.3.1 Segmentation par TextTiling

L'algorithme de TextTiling de Hearst (Hearst, 1997) segmente un texte en unités appelées *multi-paragraphes* en fonction des thématiques abordées dans le texte. Traditionnellement, il est utilisé pour détecter les thématiques dans des textes fortement structurés (e.g. articles de journaux, textes issus de livres ...) et de grande taille (i.e. de plusieurs pages). Une des questions sous-jacente aux expériences que nous avons menées était de savoir si cet algorithme pourrait être utile pour la segmentation de pages web.

L'algorithme, présenté en détail dans (Hearst, 1997) s'articule autour des 3 étapes suivantes :

- **tokenisation** ;
- **calcul de scores lexicaux** ;
- **identification de frontières**.

10. http://www.mozilla.org

La procédure de segmentation démarre par une étape de **tokenization** du texte qui lui est fourni en entrée. Les mots qui sont des *stopwords* ne sont pas tokenisés et sont écartés. Les autres subissent une étape de stemming basée sur une fonction d'*analyse morphologique*. Le texte est tokenizé en pseudo-phrases de longueur prédéfinie censée représenter la longueur moyenne d'un paragraphe (20 pseudo-phrases par défaut). Les paragraphes d'origine du texte servent de point d'ancrage pour la tokenization, qui elle-même dépend de l'indentation dans le texte.

L'algorithme évalue ensuite la **proximité lexicale** qui existe entre toutes les paires de blocs adjacents possibles, et fournit un score fondé sur des co-occurences lexicales de tokens qui mesure l'écart entre deux blocs. Les blocs sont constitués des pseudo-phrases obtenues lors de la phase de tokenization. La détermination des scores lexicaux varie selon la stratégie utilisée. TextTiling dispose de 2 stratégies de comparaison de blocs différentes. La première (*block comparison*), compare deux blocs adjacents de texte et calcule leur écart sur la base du nombre de tokens qu'ils ont en commun. La seconde méthode (*vocabulary introduction*) évalue ce même écart sur la base des tokens issus des pseudo-phrases qui bordent la frontière entre deux blocs.

Enfin, l'algorithme procède au **marquage des frontières** de blocs pertinentes sur la base des écarts mesurés à l'étape précédente. Ceci est fait à l'aide d'une fenêtre glissante sur les blocs. Les frontières de blocs présentant les plus forts écarts sont sélectionnées comme frontières thématiques.

L'implémentation que nous avons utilisée du TextTiling est fournie par le package Python NLTK sans la fonction d'*analyse morphologique*. Le calcul des scores lexicaux se fait par *block comparison*.

### 3.3.2 Segmentation uniforme

Cette segmentation représente la condition contrôle dans nos expériences. Elle se contente de segmenter chaque fichier texte qui lui est présenté en 8 blocs, c'est-à-dire la moyenne du nombre de blocs de segmentation obtenus par TextTiling sur notre corpus d'expérimentation au cours de tests préliminaires ; ceci revient à fixer la taille moyenne des blocs en nombre de lignes (voir la section 4.3).

La segmentation se fait selon un parcours linéaire du texte d'entrée, du début jusqu'à la fin, les points de coupe sont déterminés à l'avance selon le nombre total de lignes dans le texte et le nombre maximum de blocs fixé en sortie (8). Les textes trop petits (ceux de moins de 8 lignes) ne sont pas segmentés et sont considérés comme des blocs uniques.

## 3.4 Normalisation

La normalisation est une étape durant laquelle un texte *brut* est traité afin qu'une unité lexicale soit explicitement définie. Au cours de la normalisation, le texte est transformé dans une forme où les mots et les nombres sont clairement délimités, la ponctuation est séparée des mots, et des phrases ou pseudo-phrases sont clairement formées.

Notre normalisation passe par plusieurs étapes : séparation des mots et nombres de la ponctuation, reconstruction de la casse sur les mots, ajout de la ponctuation le cas échéant et séparation en phrases ou pseudo-phrases du texte d'entrée. Elle s'appuie sur des lexiques, des dictionnaires de règles et des modèles de langue (Déchelotte *et al.*, 2007).

# 4 Evaluation Questions-Réponses

## 4.1 Hypothèses de travail et conditions expérimentales

Les expériences présentées ont pour but d'examiner l'hypothèse selon laquelle une fenêtre d'analyse plus réduite pour traiter les documents web permettrait une sélection du système QR plus précise (c'est-à-dire obtenir des réponses plus pertinentes et en plus grand nombre). À cette fin, nous réalisons une segmentation avant l'indexation des documents en plus du découpage habituel en passages réalisé lors de l'extraction des réponses. La segmentation des documents est effectuée par TextTiling ou uniformément par notre algorithme de segmentation contrôle.

Les évaluations de l'impact de ces algorithmes de segmentation sur le système RITEL–QR (voir section 4.2) sont présentées section 4.5 selon 3 conditions expérimentales :

- **condition 1** : condition sans segmentation ou baseline (**bsln**) ;
- **condition 2** : condition en segmentation par TextTiling (**TT**) ;
- **condition 3** : condition en segmentation contrôle (**ctrl**).

## 4.2 Système d'expérimentation : RITEL–QR

Le système RITEL–QR que nous utilisons dans les expériences est complètement décrit dans (Bernard *et al.*, 2009) et (Galibert, 2009). Il s'agit d'un système qui a été conçu à l'origine comme un système de dialogue (Toney *et al.*, 2008). D'un point de vue général, on peut dire que le système s'appuie sur une analyse multi-niveaux, appliquée sur les questions et sur les documents. Les documents sont totalement analysés et indexés d'après les résultats d'analyse. La recherche est effectuée dans l'index complet des documents. L'analyse permet de repérer et typer des éléments pertinents d'information qui peuvent prendre la forme d'entités nommées, complexes et structurées, de chunks morpho-syntaxiques, d'actes de dialogue et de marqueurs thématiques.

La première étape de RITEL–QR consiste à créer un *descripteur de recherche* (DDR) qui contient toutes les informations utiles pour la recherche de documents, l'extraction de passages pertinents et l'extraction de réponses. Ces informations sont les éléments de la question, leurs transformations possibles (dérivations morphologiques, synonymes etc. et les poids associés), et les types attendus de la réponse (avec les poids associés). Ces types sont le plus souvent des types d'entités nommées (*personne*, *lieu* ...) et reflètent la taxonomie d'entités utilisée au moment de l'analyse.

La sélection des documents consiste à fournir, à partir de l'index, les *n* documents les plus pertinents, c'est-à-dire ceux contenant le plus d'informations présentes dans le DDR. En fonction de ces informations et de leur densité, les documents obtiennent un score. Ensuite, des passages sont extraits de chaque document. Ces passages sont de tailles variables (une fenêtre d'analyse différente est appliquée selon la catégorie de la question) et sont scorés selon le même principe que les documents. L'extraction et l'évaluation des candidats réponses s'appuient sur la redondance de ces derniers dans les documents et les passages. On considère que les éléments de passages qui correspondent à un type possible de réponse du DDR et qui ne sont ni des élements ni des sous-éléments définis dans le DDR, sont des candidats réponses potentiels. A chacun d'eux est finalement attribué à un score de pertinence (Bernard *et al.*, 2009).

## 4.3 Corpus

Le corpus de pages web utilisé dans nos expérimentations (ci-après *Q07fr*) est composé de 499 734 pages web (5Gbytes) tout venant (i.e. journal, Wikipédia, blog, site de vente, forum, etc.) et en français. Il nous est fourni par le projet Quaero [11] et sert de corpus standard dans le cadre des évaluations QR au sein du projet (Quintard *et al.*, 2010). Les questions de test et d'entraînement utilisées (309 et 722 questions) proviennent du même projet. Elles ont été créées à partir de logs utilisateurs (Quintard *et al.*, 2010) du moteur de recherche français Exalead [12] et sont composées de questions *factuelles* (e.g. *Qui est Gandhi ?, Combien pèse la tour Eiffel ?, Où se situe Pondichéry ?* et *Que signifie CSDPTT ?*).

(a)

| **Etape/Cond** | **bsln** | **ctrl** | **TT** |
|---|---|---|---|
| extraction | 497 228 | 497 228 | 497 228 |
| segmentation | - | 3 686 749 | 3 857 585 |
| normalisation | 485 037 | 3 660 264 | 3 686 875 |
| annotation | 485 037 | 3 660 264 | 3 686 875 |
| indexation | 484 060 | 3 658 988 | 3 686 857 |
| *durée totale* | 1,1j (26,5h) | 2,38j (57,3h) | 5,3j (127,5h) |

(b)

| **Stat/Index** | **nbB** | **nbL** | **nbB** | **nbL** | **nbB** | **nbL** |
|---|---|---|---|---|---|---|
| **Min** | 1 | 1 | 1 | 1 | 1 | 1 |
| **Max** | 1 | 461 075 | 8 | 1 262 | 186 | 9 277 |
| **Sd** | 0 | 7 646,5 | 0,01 | 18,7 | 8,4 | 32,61 |
| **Mean** | 1 | 295,4 | 8 | 19,4 | 7,3 | 20,9 |

TABLE 1 – (a) Nombre de blocs par condition expérimentale (**Cond**) selon leur type : segmenté (**ctrl** et **TT**) ou non (**bsln**), selon les étapes nécessaires à les créer (**Etape**) et la durée totale de traitement correspondant. (b) Statistiques (**Stat**) du nombre de blocs (**nbB**) et de lignes (**nbL**) moyens (**Mean**), minimum (**Min**), maximum (**Max**) et déviation standard (**Std**) des index (**Index**) relatifs à chaque condition expérimentale.

Le tableau 1 (a) présente les résultats des traitements (en terme de nombre de fichiers traités) de chacune des étapes de notre chaîne de segmentation, ainsi que des étapes de pré-traitements QR (annotation et indexation), pour chacune des conditions d'expérimentations (**Cond**) à partir de *Q07fr*. Ces résultats suivent le schéma de la figure 1. Chaque sortie d'une étape dépend du résultat qui précède pour une condition donnée. On peut noter que le nombre de fichiers issus de la segmentation dans les conditions contrôle (**ctrl**) et TextTiling (**TT**) sont proches (environ 20K blocs de différence). Les blocs indexés dans ces 2 conditions correspondent aux 484 060 textes indexés en condition baseline (**bsln**). La durée des traitements (parallèles/mêmes serveurs) dans ces conditions est respectivement de 2 à 5 fois plus longue qu'en condition sans segmentation.

Le tableau 1 (b) présente le nombre moyen de blocs (**nbB**) et de lignes par bloc (**nbL**) obtenus en conditions contrôle et TextTiling. Ces informations sont aussi données pour la condition baseline à titre indicatif (un bloc par fichier). On constate que l'algorithme de TextTiling et le contrôle se comportent de façon très similaire : en moyenne, le nombre de blocs produits (**ctrl** : 8 et **TT** : 7,3) ainsi que leur taille (**ctrl** : 19,4 et **TT** : 20,9) sont semblables. Le TextTiling produit une légère sur-segmentation : la déviation standard est 2 fois plus élevée que celle du contrôle (**ctrl**) en nombre de lignes, le maximum de blocs pour un même document étant également plus grand.

11. `http://www.quaero.org`
12. `http://www.exalead.com`

## 4.4 Métriques d'évaluation

Dans ce travail, nous employons les métriques habituellement utilisées en QR :

- la *précision* définie équation (1), est le ratio entre le nombre de réponses correctes et le nombre total de questions. Si le système est capable de fournir plusieurs réponses par question, on ne considère que la première. $CR_i$ est le rang de la première réponse correcte pour la question $i$. $CR_i$ prend pour valeur $+\infty$ si aucune réponse correcte n'a été trouvée.
- Le *top-n* défini équation (2), mesure la *précision* selon les réponses correctes de rang 1 à $n$.
- Le *Mean Reciprocal Rank* (Moyenne des Réciproques des Rangs ou MRR) défini équation (3), permet de mesurer la qualité du classement des réponses (10 par question) effectué par le système. La réponse correcte la mieux classée est pondérée par l'inverse de son rang initial. Une absence de réponse correcte entraîne une contribution nulle. Le score final correspond à la moyenne des contributions.

$$\text{précision} = \frac{\#\text{CR}_i = 1}{\#\text{questions}} \quad (1) \qquad \text{top-}n = \frac{\#\text{CR}_i \leq n}{\#\text{questions}} \quad (2) \qquad \text{MRR} = \frac{\sum \frac{1}{\text{CR}_i}}{\#\text{questions}} \quad (3)$$

## 4.5 Résultats

Les résultats sont présentés dans les parties (a) et (b) du tableau 2. On a utilisé le test de McNemar (McNemar, 1947; Agresti, 1990) de R [13] pour juger de la significativité des résultats présentés tableau 2 (a). Les résultats du test sont donnés tableau 3 [14].

On constate, tableau 2 (a), que les deux conditions de segmentation testées sont proches de la condition baseline suggérant ainsi que la segmentation n'apporte pas de réels bénéfices à notre système QR. Les performances du système sont très proches en terme de **précision** (0,6 point de différence au plus entre **bsln** et **TT**). Mais le **MRR** présente un écart plus important entre les conditions (2 points entre les conditions **bsln** et **ctrl**, et 1 point entre les conditions **bsln** et **TT**). La segmentation **ctrl** semble donc permettre au système de trouver de meilleures réponses (i.e. des réponses plus précises) qu'en condition baseline ou TextTiling. Toutefois, d'après les tests statistiques des performances QR présentés tableau 3, ceci n'est qu'une tendance.

Le test de McNemar (McNemar, 1947), que nous avons utilisé dans nos expériences, établit la significativité des résultats observés entre 2 conditions A et B et une mesure M donnée, selon des variations observées entre A et B, synthétisées dans une table de contingence 2x2. De là, le test (bilatéral) estime une valeur Q (i.e. khi² de McNemar) pour un degré de liberté $df$ donné et dérive une valeur $p$. Si $p$ est inférieure (ou égale) au seuil critique $\alpha$, l'hypothèse nulle $H_0$ est rejetée et la différence observée entre A et B est jugée significative. Dans notre cas, une table de contingence comptabilise le total de questions (#q) pour lesquelles RITEL-QR trouve une réponse de même exactitude en conditions A et B. Il y a 4 types de compte, nombre total de questions avec une réponse : correcte (r) selon A et selon B (#rr), fausse (w, xs ou xl) selon A et selon B (#WW), correcte selon A et fausse selon B (#rW) et inversement (#Wr).

13. `http://www.r-project.org`
14. Ces derniers sont les mêmes sur le top-10 et le MRR, puisque ce test ne distingue pas les réponses selon leur rang.

Ainsi, on peut constater que l'hypothèse $H_0$ selon laquelle la différence observée entre les conditions **bsln** et **ctrl** n'est pas significative pour les performences QR en top-10, est à peine rejetée : la valeur de $p$ obtenue dans ces conditions n'étant pas inférieure mais tout juste alignée sur le seuil critique de significativité $\alpha$ [15].

L'étude du nombre total de bonnes réponses fournies par le système selon leur position au sein du **top-10** tableau 2 (b) (**bsln** : 178, **TT** : 183 et **ctrl** : 190) confirme cette tendance. On voit aussi dans ce tableau que les réponses apportés par le système en condition **ctrl** (jusqu'à 12 réponses suppplémentaires, soit 3,9% de réponses en plus) se trouvent dans le top-3, là où la segmentation par TextTiling a tendance à apporter de nouvelles réponses à des rangs inférieurs.

Nous avons pu constaté que la segmentation des documents accélérait les (pré-)traitements QR.

| **Cond** | **P** | **MRR** | **top-10** | **#q** |
|---|---|---|---|---|
| **bsln** | 31.4 | 39.6 | 57.6 | 309 |
| **ctrl** | 31.7 | 41.6 | 61.5 | 309 |
| **TT** | 32.0 | 40.5 | 59.2 | 309 |
| **Cond** | **#r** | **#xs** | **#xl** | **#w** |
| **bsln** | 97 | 6 | 8 | 198 |
| **ctrl** | 98 | 11 | 5 | 195 |
| **TT** | 99 | 11 | 2 | 197 |

(a)

| | **Cond** | | |
|---|---|---|---|
| **rang** | **bsln** | **ctrl** | **TT** |
| 1 | 97 | 98 | 99 |
| 2 | 26 | 32 | 26 |
| 3 | 17 | 26 | 19 |
| 4 | 9 | 7 | 7 |
| 5 | 8 | 7 | 11 |
| 6 | 6 | 4 | 6 |
| 7 | 7 | 5 | 3 |
| 8 | 6 | 5 | 4 |
| 9 | 2 | 2 | 8 |
| 10 | 0 | 4 | 0 |
| Total | 178 | 190 | 183 |

(b)

TABLE 2 – (a) Résultats QR globaux par condition expérimentale (**Cond**). **P** : précision ; **MRR** : rang moyen réciproque ; **top-10** : précision sur 10 rangs. **#q** : nombre total de questions évaluées. #r, #xs, #xl et #w : nombre total de réponses *justes*, *trop courtes*, *trop longues* et *fausses*, selon le top-1. (b) Focus sur les résultats du top-10 présentés en (a), selon chaque position (**rang**) dans le classement (réponses justes uniquement).

| $df$=1,$\alpha$=.05 | | **ctrl** (A) / **bsln** (B) | | | | | **bsln** (A) / **TT** (B) | | | | | **ctrl** (A) / **TT** (B) | | | | |
|---|---|---|---|---|---|---|---|---|---|---|---|---|---|---|---|---|
| **mesure** | #q | **r** | **W** | $Q$ | $p$ | $H_0$ | **r** | **W** | $Q$ | $p$ | $H_0$ | **r** | **W** | $Q$ | $p$ | $H_0$ |
| P | **r** | 77 | 21 | 0 | 1 | ✗ | 80 | 17 | .02 | .86 | ✗ | 80 | 18 | 0 | 1 | ✗ |
| | **W** | 20 | 191 | | | | 19 | 193 | | | | 19 | 192 | | | |
| top-10 | **r** | 167 | 23 | 3.55 | .05 | ✓ | 164 | 14 | .48 | .48 | ✗ | 174 | 16 | 1.44 | .23 | ✗ |
| (MRR) | **W** | 11 | 108 | | | | 19 | 112 | | | | 9 | 110 | | | |

TABLE 3 – Résultats de significativité du test (bilatéral) de McNeamr pour les résultats QR du tableau 2 (a). $Q$ : khi² de McNemar. $df$ : degré de liberté. $p$ : p-valeur. $\alpha$ : seuil critique. $H_0$ : hypothèse nulle (rejet : ✓). #q : nombre total de questions pour lesquelles on a une réponse de même nature ou non entre 2 conditions A et B. **r** : réponse *juste*. **W** : réponse *fausse*. Les rectangles **rW/rW** représentent des tables de contingence.

15. $p$=0,059 si on augmente la précision du test de McNemar fournie tableau 3

## 5 Conclusion et perspectives

Au cours de travaux précédents (Foucault *et al.*, 2011) nous avons mis en place une stratégie de sélection de documents pertinents pour un système QR sur le français. Elle s'appuie sur un modèle de langue qui fournit *a priori* une mesure objective du degré d'informativité d'un texte. Cette mesure de la qualité intrinsèque des documents sert à filtrer les documents non pertinents pour la tâche QR. L'effet d'un tel filtrage appliqué à l'échelle globale des documents, c'est avéré assez limité. La variabilité naturelle des pages web en taille et en contenu (comme leur caractère multi-thématique) pénalise vraisemblablement le système dans sa tâche. Nous avons donc cherché à développer un système de segmentation qui permette d'appliquer ce filtrage à une échelle non plus globale mais locale, sur des sous-parties de document. Le travail présenté dans cet article avait pour objectif de mettre un tel système de segmentation en place.

La question à laquelle nous avons voulu répondre dans cette article est la suivante : segmenter les documents avant l'indexation, en plus du découpage habituel des documents en passages lors de l'extraction des réponses, améliore-t-il les performances d'un système de questions-réponses ?

Pour répondre à cette question, nous avons testé deux types de pré-segmentation supportée par une extraction de contenu textuel de pages web maison. L'une segmente les textes extraits via un algorithme de texttiling classique (TextTiling) en blocs thématiques de taille variable. L'autre les segmente uniformément en blocs de taille fixe, sans découpage thématique.

Les résultats obtenus ne nous permettent pas de trancher nettement en faveur de l'une ou l'autre de ces approches de segmentation. Cependant, les tendances observées suggèrent qu'une pré-segmentation des pages web comme nous l'avons définie peut servir un système QR ; segmenter les documents avant l'indexation afin de renforcer l'effet du découpage de ces derniers en passages lors de l'extraction des réponses, améliore la précision du système en terme de top-10 sans pour autant diminuer cette dernière en terme de top-1. Cette tendance est plus marquée pour la segmentation uniforme de pages web que pour une segmentation plus « intelligente » à l'aide de l'algorithme de TextTiling (sans *analyse morphologique*, le calcul des scores lexicaux se faisant par *block comparison*). Ce constat est contradictoire avec d'autres travaux, mais confirme certaines conclusions apportées par Hearst dans ses travaux de segmentation thématique de textes en Recherche d'Information (Hearst, 1997). Il serait intéressant de déterminer les raisons amenant à ce constat. Si la nature des documents (page web versus texte), est l'une des raisons qui pourrait l'expliquer, qu'en est-il par exemple de la longueur des documents et de la version du TextTiling que nous avons utilisé dans nos expériences ?

En perspective des travaux présentés dans cet article, nous projetons d'abord d'étudier l'impact d'une pré-segmentation uniforme des pages web sur notre stratégie de sélection de documents pertinents développée dans (Foucault *et al.*, 2011). Concernant nos travaux de segmentation de pages web en QR à partir de la représentation visuelle des pages, nous comptons évaluer la pertinence de la procédure d'extraction mise en place au sein du système de segmentation de pages web présenté dans cet article.

## Remerciements

Ce travail a été financé partiellement par l'OSEO, dans le contexte du programme Quaero.

## Références

AGRESTI, A. (1990). *Categorical data analysis.* New York : Wiley, London.

ASIRVATHAM, A. P., RAVI, K. K., PRAKASH, A., KRANTHI, A. et RAVI, K. (2001). Web page classification based on document structure.

BARONI, M., CHANTREE, F., KILGARRIFF, A. et SHAROFF, S. (2008). Cleaneval : a competition for cleaning web pages. *In LREC.* European Language Resources Association.

BERNARD, G., ROSSET, S., GALIBERT, O., BILINSKI, E. et ADDA, G. (2009). The limsi participation in the qast 2009 track : experimentating on answer scoring. *In CLEF'09*, Corfu, Grece.

BRUNO, E., FAESSEL, N., GLOTIN, H., MAÎTRE, J. L. et MICHEL., S. (2009). Ir web search based on presentation and multimedia content. *In Actes des 25emes Journees Bases de Donnees Avancees (BDA 2009)*, pages 408–407.

CAI, D., YU, S., WEN, J.-R. et MA, W.-Y. (2003). VIPS : a vision-based page segmentation algorithm. Rapport technique, Microsoft (MSR-TR-2003-79).

DÉCHELOTTE, D., SCHWENK, H., ADDA, G. et GAUVAIN, J.-L. (2007). Improved machine translation of speech-to-text outputs. *In Interspeech'07*, Antwerp. Belgium.

EVERT, S. (2008). A lightweight and efficient tool for cleaning web pages. *In LREC.* European Language Resources Association.

FAESSEL, N. (2008). Indexation de blocs extraits de pages web en utilisant le rendu visuel. *In CORIA*, pages 393–400. Université de Renne 1.

FALCO, M.-H., MORICEAU, V. et VILNAT, A. (2012). Kitten : a tool for normalizing html and extracting its textual content. *In* CHAIR), N. C. C., CHOUKRI, K., DECLERCK, T., DOĞAN, M. U., MAEGAARD, B., MARIANI, J., ODIJK, J. et PIPERIDIS, S., éditeurs : *Proceedings of the Eight International Conference on Language Resources and Evaluation (LREC'12)*, Istanbul, Turkey. European Language Resources Association (ELRA).

FENG, J., HAFFNER, P. et GILBERT, M. (2005). A learning approach to discovering web page semantic structures. *In Proceedings of the Eighth International Conference on Document Analysis and Recognition*, ICDAR'05, pages 1055–1059, Washington, DC, USA. IEEE Computer Society.

FOUCAULT, N., ADDA, G. et ROSSET, S. (2011). Language modeling for document selection in question answering. *In RANLP'11*, pages 716–720, Hissar, Bulgaria.

GALIBERT, O. (2009). *Approches et méthodologies pour la réponse automatique à des questions adapatées à un cadre intéractif en domaine ouvert.* Thèse de doctorat, Paris-Sud11, LIMSI/CNRS.

GRAU, B. (2004). Méthodes Avancées pour les Systèmes de Recherche d'Informations. *In Visualisation d'Information et Interaction*, chapitre 10 : Systèmes de question-réponse, pages 189–218. Hermès. Dir. M. Ihadjadene.

GUO, H., MAHMUD, J., BORODIN, Y., STENT, A. et RAMAKRISHNAN, I. (2007). A general approach for partitioning web page content based on geometric and style information. *In Proceedings of the Ninth International Conference on Document Analysis and Recognition - Volume 02*, ICDAR '07, pages 929–933, Washington, DC, USA. IEEE Computer Society.

GUPTA, S., KAISER, G., NEISTADT, D. et GRIMM, P. (2003). Dom-based content extraction of html documents. *In Proceedings of the 12th international conference on World Wide Web*, WWW '03, pages 207–214, New York, NY, USA. ACM.

HEARST, M. A. (1997). Texttiling : Segmenting text into multi-paragraph subtopic passages. *Computational Linguistics*, 23:33–64.

KHALID, M. A. et VERBERNE, S. (2008). Passage retrieval for question answering using sliding windows. *In In Proceedings of COLING 2008, Workshop IR4QA.*

KOHLSCHÜTTER, C., FANKHAUSER, P. et NEJDL, W. (2010). Boilerplate detection using shallow text features. *In Proc. of 3rd ACM International Conference on Web Search and Data Mining New York City, NY USA (WSDM 2010).*

KOVACEVIC1, M., DILIGENTI, M., GORI, M. et MILUTINOVIC1, V. (2004). Visual adjacency multigraphs . a novel approach for a web page classification. *In Proceedings of the Workshop on Statistical Approaches to Web Mining (SAWM)*, pages 38–49.

LIGOZAT, A. L. (2006). *Exploitation et fusion de connaissances locales pour la recherche d'informations precises.* Thèse de doctorat, Paris-Sud11, LIMSI/CNRS.

MCNEMAR, Q. (1947). Note on the sampling error of the difference between correlated proportions or percentages. *Psychometrika*, 12(2):153–157.

MORICEAU, V. et TANNIER, X. (2010). Fidji : using syntax for validating answers in multiple documents. *Information Retrieval*, 13(5):507–533.

PEÑAS, A., RODRIGO, Á. et VERDEJO, F. (2007). Overview of the answer validation exercise 2007. *In CLEF*, pages 237–248.

QI, X. et DAVISON, B. D. (2009). Web page classification : Features and algorithms. *ACM Computing Surveys*, 41(2):12 :1–12 :31.

QUINTARD, L., GALIBERT, O., ADDA, G., GRAU, B., LAURENT, D., MORICEAU, V., ROSSET, S., TANNIER, X. et VILNAT, A. (2010). Question answering on web data : The QA evaluation in Quæro. *In LREC'10*, Valletta, Malta.

ROSSET, S., GALIBERT, O., BERNARD, G., BILINSKI, E. et ADDA, G. (2008). The limsi participation to the qast track. *In Working Notes of CLEF 2008 Workshop*, Aarhus, Denmark.

SALTON, G., SINGHAL, A., BUCKLEY, C. et MITRA, M. (1996). Automatic text decomposition using text segments and text themes. *In Proceedings of the the seventh ACM conference on Hypertext*, HYPERTEXT '96, pages 53–65, New York, NY, USA. ACM.

TIEDEMANN, J. (2007). Comparing document segmentation strategies for passage retrieval in question answering. *In Proceedings of the Conference on Recent Advances in Natural Language Processing (RANLP'07)*, Borovets, Bulgaria.

TONEY, D., ROSSET, S., MAX, A., GALIBERT, O. et BILINSKI, E. (2008). An Evaluation of Spoken and Textual Interaction in the RITEL Interactive Question Answering System. *In* (ELRA), E. L. R. A., éditeur : *Proceedings of the Sixth International Language Resources and Evaluation (LREC'08)*, Marrakech, Morocco.

VADREVU, S., GELGI, F. et DAVULCU, H. (2005). Semantic partitioning of web pages. *In Proceedings of the 6th international conference on Web Information Systems Engineering*, WISE'05, pages 107–118, Berlin, Heidelberg. Springer-Verlag.

# Approches à base de fréquences pour la simplification lexicale

Anne-Laure Ligozat[1,2] Cyril Grouin[1,3]
Anne Garcia-Fernandez[4] Delphine Bernhard[5]
(1) LIMSI–CNRS, Orsay (2) ENSIIE, Évry (3) INSERM U872 Eq 20 & UPMC, Paris
(4) LAS, CNRS/EHESS/Collège de France, Paris (5) LiLPa, Université de Strasbourg, Strasbourg

RÉSUMÉ

La simplification lexicale consiste à remplacer des mots ou des phrases par leur équivalent plus simple. Dans cet article, nous présentons trois modèles de simplification lexicale, fondés sur différents critères qui font qu'un mot est plus simple à lire et à comprendre qu'un autre. Nous avons testé différentes tailles de contextes autour du mot étudié : absence de contexte avec un modèle fondé sur des fréquences de termes dans un corpus d'anglais simplifié ; quelques mots de contexte au moyen de probabilités à base de n-grammes issus de données du web ; et le contexte étendu avec un modèle fondé sur les fréquences de cooccurrences.

ABSTRACT

**Studying frequency-based approaches to process lexical simplification**

Lexical simplification aims at replacing words or phrases by simpler equivalents. In this paper, we present three models for lexical simplification, focusing on the criteria that make one word simpler to read and understand than another. We tested different contexts of the considered word : no context, with a model based on word frequencies in a simplified English corpus ; a few words context, with n-grams probabilites on Web data, and an extended context, with a model based on co-occurrence frequencies.

MOTS-CLÉS : simplification lexicale, fréquence lexicale, modèle de langue.

KEYWORDS: lexical simplification, lexical frequency, language model.

## 1 Introduction

La simplification textuelle consiste à rendre les textes plus faciles à lire, par exemple pour des enfants ou des locuteurs non natifs. Des documents de tout type peuvent ainsi être rendus accessibles à différents publics ; dans notre travail, nous considérerons un public de locuteurs non natifs de l'anglais et des documents de domaine général.

Deux sous-tâches sont généralement distinguées dans la simplification textuelle automatique, bien qu'elles ne soient pas totalement déconnectées : la simplification syntaxique et la simplification lexicale. Nous nous intéressons plus particulièrement à la problématique de la simplification lexicale. Ce type de simplification consiste à remplacer des mots ou des phrases par des équivalents plus simples. Afin de procéder à de telles substitutions, il importe d'abord d'identifier des mots équivalents qui correspondent au contexte, puis de choisir le mot le plus simple. Dans le cadre de nos travaux sur la simplification, nous nous sommes intéressés à la problématique de la simplification lexicale, et plus particulièrement à l'évaluation de mots équivalents en contexte, en fonction de leur degré de simplicité. Dans cet article, nous présentons les expériences supplémentaires que nous avons menées à partir des systèmes que nous avons créés lors de notre participation à cette campagne (Ligozat *et al.*, 2012). Nous avons défini trois types de critères fondés sur les fréquences des mots à simplifier et de leurs substituts : les critères sur le mot lui-même, des critères reposant sur les contextes locaux, et des critères sur les contextes thématiques. Ce dernier type de critère constitue une expérience nouvelle par rapport à notre participation d'origine à SemEval 2012.

La simplification lexicale est proche de plusieurs tâches. Sa première étape consiste à choisir les substituts possibles d'un mot donné et requiert une désambiguïsation sémantique au niveau du mot et une recherche de paraphrases. La seconde étape considère tous les substituts ou paraphrases possibles, et vise à ordonner ces éléments en fonction de leur niveau de simplicité. La simplification peut également être considérée comme une tâche de traduction entre une langue standard et une version simplifiée de cette langue ; nous notons que dans les traductions habituelles, il est difficile de produire des corpus totalement parallèles.

## 2 État de l'art

Alors que la simplification syntaxique a fait l'objet d'un grand nombre de travaux (Siddharthan, 2006; Woodsend et Lapata, 2011; Watanabe *et al.*, 2009), la simplification lexicale a comparativement été moins traitée.

Les premiers travaux sur la simplification lexicale ont consisté à remplacer des mots par des synonymes plus communs issus de WordNet ou d'autres dictionnaires (Devlin, 1999; Carroll *et al.*, 1999; Lal et Rüger, 2002). La complexité lexicale est généralement estimée en termes de ($i$) longueur du mot *(nombre de caractères)* ou nombre de syllabes, ou ($ii$) de fréquence du mot, fondée sur une analyse en corpus ou une base de données, telle que la base de données psycholinguistique MRC (Lal et Rüger, 2002). Drndarević et Saggion (2012) ont montré que la fréquence des mots et leur longueur en nombre de caractères ou de syllabes étaient des indicateurs utiles de complexité lexicale à partir d'un corpus parallèle espagnol.

Des approches plus récentes se sont intéressées à l'acquisition de simplifications lexicales. Les travaux de Yatskar *et al.* (2010) ont porté sur l'obtention de simplifications lexicales (« *collaborate* » → « *work together* ») à partir des révisions des pages Wikipedia rédigées en anglais simplifié[1]. Les auteurs dérivent ainsi des probabilités de simplification au moyen d'un modèle fondé sur les méta-données d'édition de chaque page. Les 100 plus importantes paires extraites par ces modèles constituent des simplifications avec une précision élevée (86 % sur le meilleur modèle), ce qui représente un point de départ intéressant pour l'acquisition de simplification lexicale. Précisons que ce modèle ne tient cependant pas compte du contexte.

Biran *et al.* (2011) s'appuient sur des paires de substitution apprises à partir du corpus de la Wikipedia en anglais et en anglais simplifié, en fonction de la similarité des contextes des mots, de leur fréquence et de leur longueur. Ces paires sont ensuite utilisées pour simplifier certains mots d'une phrase, en tenant compte de la similarité entre la phrase et les contextes des mots considérés.

1. L'encyclopédie collaborative en ligne Wikipedia propose, pour certains articles, une version en anglais simplifié appelé « Simple English » à destination des locuteurs non natifs de l'anglais.

Woodsend et Lapata (2011) ont implémenté une approche de simplification fondée sur une grammaire quasi synchrone, qui apprend des réécritures de simplification à partir de phrases source/cible extraites des pages Wikipedia rédigées en anglais et en anglais simplifié. Ce modèle intègre également des substitutions lexicales, avec pour objectif le remplacement d'un mot en fonction de son contexte syntaxique. L'acquisition de substituts lexicaux reste cependant limitée aux termes présents en corpus, ce qui réduit l'intérêt d'un tel modèle pour une tâche de simplification lexicale.

Dans ce travail, nous envisageons d'étudier la simplification lexicale en elle-même, en nous attachant à identifier les critères qui font qu'un mot est plus simple à lire et à comprendre qu'un autre mot. Notre approche repose principalement sur les modèles à base de n-grammes, tels que les modèles décrits par Jauhar et Specia (2012). Nous avons cependant essayé d'affiner ces modèles en tenant compte des différents contextes d'apparition du mot étudié. Notre travail repose sur le cadre expérimental fourni par la tâche de simplification lexicale proposée par la campagne d'évaluation SemEval 2012 (Specia *et al.*, 2012).

# 3 Critères de simplification d'un élément lexical

Nous nous proposons donc d'étudier la simplification lexicale sous l'angle de la caractérisation du caractère simple d'éléments lexicaux en contexte. L'étude de la littérature et du corpus de la campagne SemEval 2012 nous a permis de dégager plusieurs critères pour choisir un élément lexical dans un contexte donné (voir par exemple François et Fairon (2012); Jauhar et Specia (2012)) :

- des critères concernant l'élément lui-même, principalement issus des mesures de lisibilité de textes : taille de l'élément en nombre de caractères ou de syllabes, fréquence de l'élément en corpus, présence de cet élément dans des listes de mots simples, caractéristiques psycholinguistiques de l'élément (comme par exemple caractère concret, âge d'acquisition ou autres provenant de la MRC Psycholinguistic Database)...
- le contexte local de l'élément, et notamment dans le cas de l'appartenance à une collocation. Dans la phrase « *Put granola bars in bowl* . », le contexte local « *granola* » nous permet d'identifier le substitut « *bar* » comme meilleur choix possible ;
- le contexte plus général de l'élément, notamment son contexte thématique. Ainsi, dans la phrase « *The film shows Afghan mercenaries to be involved with the separatists , suggesting that the present struggle in Kashmir has been hijacked by foreign extremists , who are shown discussing the loss of Bangladesh in the 1971 war , providing it as a justification for their present acts of revenge* . », il est nécessaire de prendre en compte tout le contexte du mot cible « *film* » pour identifier le substitut « *documentary* » comme meilleur choix par rapport aux autres substituts possibles « *film, movie, picture* ».

Nous émettons l'hypothèse que l'utilisation d'un contexte plus important permet de mieux tenir compte des spécificités sémantiques des substituts et de l'environnement linguistique dans lequel ces substituts évoluent.

# 4 Corpus

Dans le cadre de ce travail, nous avons poursuivi les expériences que nous avions menées lors de notre participation à la tâche de simplification lexicale de l'anglais proposée par la campagne SemEval 2012 [2]. À ce titre, nous avons appliqué nos méthodes et effectué de nouvelles expériences en nous appuyant sur les corpus de la campagne.

## 4.1 Présentation

Dans le cadre de cette tâche, deux corpus ont été fournis. Le corpus d'apprentissage contient 300 instances tandis que le corpus de test, utilisé pour l'évaluation, se compose de 1 710 instances. Le corpus d'apprentissage s'accompagne des annotations de référence pour permettre le développement des systèmes.

Le corpus se compose de textes courts issus de documents récupérés sur internet, dans lesquels un mot cible a été choisi, et pour lequel plusieurs substituts possibles doivent être ordonnés. Dans l'exemple suivant, le mot « *outdoor* » est la cible à traiter et tous les autres mots du texte constituent le contexte de ce mot cible.

> <instance id="270">
> <context>With the growing demand for these fine garden furnishings , they found it necessary to dedicate a portion of their business to <head>outdoor</head> living and patio furnishings .</context>
> </instance>

Pour cette cible, les substituts proposés sont les suivants : *{alfresco, outside, open-air, outdoor}*. Les informations disponibles sur la constitution de la référence nous permettent de savoir que ces substituts ont été ordonnés par des locuteurs non natifs de l'anglais (respectivement 4 et 5 annotateurs pour les corpus d'apprentissage et de test) selon leur degré de simplicité décroissant. Nous n'avons cependant pas connaissance d'un guide d'annotation auquel se référer. L'objectif de la tâche consiste donc à ordonner ces différents substituts en fonction de leur degré de simplicité.

La séquence de référence associée à ces substituts est la suivante : *(outdoor, open-air, {outside, alfresco})*, où « *outdoor* » est considéré comme le substitut le plus simple, tandis que « *outside* » et « *alfresco* » sont considérés comme les substituts les plus complexes à égalité.

## 4.2 Statistiques

Nous donnons ci-après quelques éléments statistiques calculés sur les corpus d'apprentissage et de test, afin de représenter la difficulté de la tâche.

**Nombre de tokens dans chaque contexte.** Dans un premier temps, nous avons étudié le nombre de tokens dans chaque contexte, un token étant considéré comme une chaîne de caractères entre deux espaces. Alors que les contextes les plus longs se retrouvent dans le corpus de test, nous avons relevé que les contextes sont, en moyenne, plus courts dans le corpus de test

2. `http://www.cs.york.ac.uk/semeval-2012/task1/`

que dans le corpus d'apprentissage, avec un nombre moyen de 27,6 tokens dans le test contre 28,9 dans l'apprentissage (tableau 1, gauche). Les contextes les plus courts se composent de 5 tokens dans les deux corpus. Ainsi, le contexte « *Well , perhaps not .* » se rapporte au mot cible « *well* » dans le corpus d'apprentissage alors que le contexte « *The spin's are flat .* » se rapporte au mot cible « *flat* » dans le corpus de test. Cela signifie qu'il existe des informations contextuelles pour pratiquement tous les mots cibles, et que ce contexte peut être utilisé pour choisir les substituts qui conviennent le mieux à ce contexte.

| **Corpus** | **Nombre de tokens** | | | **Nombre de substituts** | | |
|---|---|---|---|---|---|---|
| | Min | Max | Moy | Min | Max | Moy |
| **Apprentissage** | 5 | 76 | 28,9 | 2 | 9 | 4,8 |
| **Test** | 5 | 92 | 27,6 | 1 | 10 | 5,0 |

TABLE 1 – Nombre minimum, maximum et moyen de tokens par contexte (gauche) et nombre minimum, maximum et moyen de substituts par instance (droite)

**Nombre de substituts par contexte.** Nous avons également calculé le nombre de substituts proposés pour chaque cible dans chaque instance à traiter. Il y a, en moyenne, cinq substituts proposés par instance dans les deux corpus (tableau 1, droite). Chaque instance se compose ainsi de plusieurs substituts à ordonner.

**Fréquence d'utilisation des substituts en corpus.** Un point intéressant concerne le nombre de fois que chaque substitut est proposé dans chacun des corpus. La majorité des ensembles proposés de substituts se composent de substituts proposés une seule fois. Nous remarquons cependant qu'il y a davantage de substituts proposés une seule fois dans le corpus d'apprentissage que dans le corpus de test. Nous reportons sur le graphique 1 le pourcentage d'utilisation des substituts, classés par nombre d'occurrences décroissant, proposés respectivement dans les corpus d'apprentissage (en rouge) et de test (en bleu).

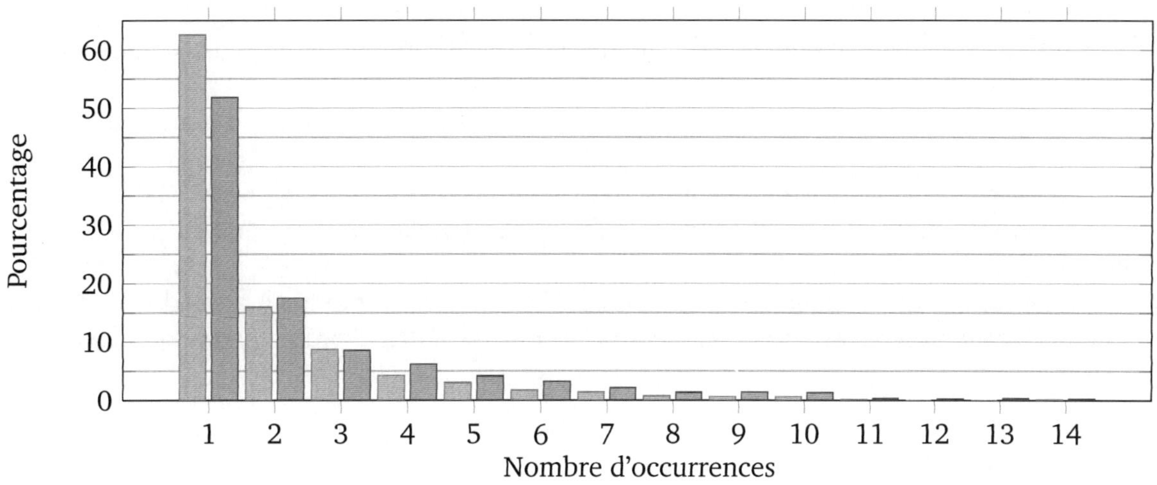


FIGURE 1 – Pourcentage d'utilisation de chaque substitut sur le corpus d'apprentissage (rouge) et de test (bleu), classé par nombre d'occurrences décroissant

Si la majorité des substituts est proposée une seule fois (62,6 % des substituts du corpus d'apprentissage et 51,8 % dans le corpus de test ne sont présentés qu'une seule fois), certains apparaissent néanmoins un nombre élevé de fois (les substituts présentés deux fois constituent 16,0 % et 17,5 % du nombre total de substituts). En matière de présentation maximum, le substitut « *unpleasant* » est proposé jusqu'à 14 fois dans le corpus d'apprentissage (sur un total de 633 substituts) alors que « *consequently* » est proposé 26 fois dans le corpus de test (sur un total de 2 774 substituts).

**Catégories morpho-syntaxiques des substituts.** Chaque mot cible relève d'une catégorie morpho-syntaxique parmi quatre catégories possibles. Nous avons étudié la répartition des mots cibles en fonction de leur catégorie d'appartenance (tableau 2).

| **Catégorie** | **Apprentissage** | **Test** |
|---|---|---|
| Adjectif | 26,5 % | 27,5 % |
| Adverbe | 14,7 % | 17,5 % |
| Nom | 23,5 % | 29,2 % |
| Verbe | 23,5 % | 25,7 % |
| Adjectif ou Nom | 5,9 % | — |
| Nom ou Verbe | 5,9 % | — |

TABLE 2 – Pourcentage de mots cibles appartenant à chaque catégorie morpho-syntaxique

Nous remarquons que la répartition des mots cibles dans chacune des catégories morpho-syntaxique est similaire entre les deux corpus. Cependant, le corpus d'apprentissage se compose de mots cibles ambigus dans la mesure où certains de ces mots peuvent relever de deux catégories potentielles (adjectif ou nom, nom ou verbe). Cette ambiguïté disparait dans le corpus de test.

### 4.3 Expériences de base

Trois expériences de base *(baselines)* ont été fournies par les organisateurs en accompagnement du corpus d'apprentissage :
- La première relève d'un simple ordonnancement au hasard des substituts de chaque ensemble proposé ;
- La seconde conserve la liste de substituts proposés dans l'ordre dans lequel elle est fournie ;
- La troisième (appelée « fréquence simple ») repose sur l'utilisation des fréquences des termes présents dans le corpus Google Web 1T.

Ces expériences de base permettent, d'une part de fixer le seuil minimum à atteindre, et d'autre part de présenter de premières approches simples pour résoudre la problématique soulevée.

## 5 Méthodes

Nous avons implémenté trois modèles distincts qui correspondent à différentes tailles de contextes que nous avons envisagés autour des mots cibles : ($i$) pas de contexte, ($ii$) quelques mots, et

($iii$) le contexte entier. L'idée sous-jacente de ces expériences concerne le fait qu'un substitut peut être préféré à un autre parce qu'il est plus fréquent *(le contexte n'est donc pas nécessaire)*, parce qu'il appartient à une expression *(auquel cas, le contexte composé de quelques mots se révèle utile)*, ou bien, parce qu'il est le plus adapté sur le plan sémantique *(l'ensemble du contexte est alors utilisé)*.

## 5.1 Modèle fondé sur les fréquences des termes

Notre premier modèle ne prend pas en compte le contexte d'utilisation des mots et repose sur les fréquences des substituts trouvées dans un corpus rédigé en anglais simplifié, la *Simple English Wikipedia* (SEW). Notre hypothèse de travail repose sur le fait que les mots les plus fréquemment employés dans ce corpus seront préférés par les locuteurs non natifs de l'anglais. Ce public correspond au profil des annotateurs utilisés pour la tâche de simplification lexicale. La SEW a déjà été utilisée dans des travaux portant sur la simplification automatique de textes (Yatskar *et al.*, 2010). D'autre part, puisque les corpus SemEval sont constitués de données issues d'internet, nous estimons qu'ils sont proches des textes de Wikipedia du point de vue linguistique.

Dans un premier temps, nous avons converti la SEW au format texte à partir de l'archive du 27 février 2012 dont nous avons extrait le contenu textuel grâce à l'outil wikipedia2text[3]. Le fichier texte final contient approximativement 10 millions de mots.

Nous avons ensuite extrait des n-grammes de mots, en variant la taille des n-grammes de 1 à 3 mots, ce qui est suffisant pour la plupart des substituts. Le corpus d'apprentissage contient seulement deux substituts composés de quatre mots, ce qui constitue la taille la plus importante. Nous avons néanmoins constaté que le corpus de test comprend des substituts pouvant aller jusqu'à sept mots, tel que « *cause your outer work to be more* » ou « *stop at the side of the road* », qui seront de toute façon moins fréquents que des mots plus courts. Nous avons ensuite calculé des fréquences de n-grammes depuis ce corpus grâce au module Perl Text-NSP[4] et le script associé count.pl qui produit la liste des n-grammes d'un document avec leurs fréquences. Nous renseignons dans le tableau 3 du nombre de n-grammes produits en fonction de la taille des n-grammes.

| **taille des n-grammes** | 1 | 2 | 3 | 1 à 3 |
|---|---|---|---|---|
| **nombre de n-grammes** | 301 718 | 2 517 394 | 6 680 906 | 9 500 018 |

TABLE 3 – Nombre de n-grammes distincts extraits de Wikipedia, version anglais simplifié

Certains des n-grammes ne sont pas valides et résultent d'erreurs lors de l'extraction du texte des pages Wikipedia : « 27|ufc 1 » correspond ainsi à une syntaxe du wiki. Puisqu'il est impossible de trouver ce type de n-gramme en corpus, nous n'avons pas cherché à nettoyer nos listes.

Sur les corpus de la tâche SemEval et pour une instance donnée, nous avons ordonné les substituts proposés par fréquence d'apparition décroissante dans la SEW. Ainsi, sur l'ensemble de substituts *{intelligent, bright, clever, smart}*, les fréquences calculées sur la SEW sont respectivement de

3. Voir `http://www.polishmywriting.com/download/wikipedia2text_rsm_mods.tgz` et `http://blog.afterthedeadline.com/2009/12/04/generating-a-plain-text-corpus-from-wikipedia`

4. `http://search.cpan.org/~tpederse/Text-NSP-1.25/lib/Text/NSP.pm`

(206, 475, 141, 201) ; notre classement final sera donc *{bright, intelligent, smart, clever}*.

Sur cette base de travail, nous avons réalisé plusieurs expériences. Nous avons utilisé la version texte brut de la SEW, ainsi que la version lemmatisée, puisque les substituts proposés sont des lemmes. Nous avons réalisé cette étape de lemmatisation grâce au TreeTagger [5] (Schmid, 1994) que nous avons appliqué sur l'ensemble du corpus, avant d'effectuer les décomptes de n-grammes.

D'autre part, puisque les bigrammes et trigrammes augmentent le volume des données, nous avons cherché à mesurer leur influence sur les résultats produits. En se fondant sur les uni-grammes uniquement, 158 substituts du corpus d'apprentissage sont absents des annotations de référence ; ce nombre se réduit à 105 en ajoutant les bigrammes et à 91 lorsque l'on ajoute les trigrammes. Deux substituts se composent donc de quatre mots et 89 substituts sont absents de notre corpus SEW. Les n-grammes manquants (en utilisant des uni-, bi- et tri-grammes) semblent cependant très peu fréquents, tels que « *undomesticated* » ou « *telling untruths* ».

## 5.2 Probabilités des termes en contexte

Notre deuxième modèle repose sur les modèles de langue, méthode utilisée par les organisateurs dans leur expérience de base sur les fréquences simples. Alors que les organisateurs ont utilisé les n-grammes de Google [6] pour ordonner les substituts par fréquence d'utilisation décroissante, nous avons utilisé les n-grammes du service Microsoft Web en retenant le même principe de tri par fréquence décroissante. Nous avons également ajouté les contextes à chaque substitut. Notre approche repose sur les n-grammes proposés par le service Microsoft Web [7], via la librairie Python [8], pour obtenir la probabilité de regroupement d'unités textuelles. Parmi les différents modèles de n-grammes disponibles, nous avons utilisé le modèle *bing-body/apr10/*.

Nous avons ainsi étudié une unité textuelle composée de l'élément lexical et d'une fenêtre contextuelle reposant sur les quatre tokens encadrant l'élément lexical de part et d'autre. Ainsi, sur l'exemple ci-dessous, nous avons testé la portion d'origine « *He brings an incredibly rich and diverse background that* » et les versions dans lesquelles le mot cible est remplacé par un substitut, telles que « *He brings an incredibly lush and diverse background that* ».

```
<instance id="118">
<context>He brings an incredibly <head>rich</head> and diverse background
that includes everything from executive coaching , learning &amp; development
and management consulting , to senior operations roles , mixed with a masters in
organizational development.</context>
</instance>
```

L'une des faiblesses de ce modèle est qu'il ne prend en compte qu'un contexte local, alors que des mots plus éloignés du contexte pourraient également être utiles au choix. Pour tester cette hypothèse, nous avons mis en œuvre un troisième modèle, qui utilise le texte entier comme contexte.

5. http://www.ims.uni-stuttgart.de/projekte/corplex/TreeTagger/
6. Le corpus Google Web 1T utilisé dans l'expérience de base des organisateurs n'est pas disponible gratuitement.
7. http://research.microsoft.com/en-us/collaboration/focus/cs/web-ngram.aspx
8. http://web-ngram.research.microsoft.com/info/MicrosoftNgram-1.02.zip

## 5.3 Comparaison des contextes et co-occurrents

Afin de tester la phrase entière comme contexte, nous avons utilisé deux ressources de co-occurrences : Wortschatz (Quasthoff *et al.*, 2006) d'une part, et une liste de co-occurrents que nous avons construite depuis la SEW d'autre part.

Wortschatz se compose de listes de co-occurrents provenant de plusieurs corpus tels que des corpus d'informations ou Wikipedia [9]. Dans un premier temps, nous avons utilisé l'un des corpus disponible pour l'anglais, composé d'articles Wikipedia potentiellement proches du corpus de SemEval, de manière à produire des listes de co-occurrents avec leur fréquence en corpus. Ces co-occurrences ne sont pas dirigées, c'est-à-dire que les contextes droit et gauche ne sont pas distingués.

Nous avons également construit une deuxième ressource à partir de la *Simple English Wikipedia*, en retenant tous les mots qui co-occurrent avec un substitut dans la même phrase. Nous avons néanmoins limité les co-occurrences testées à certaines catégories des parties du discours telles que les noms, les noms propres, les verbes, etc.

Pour chacune de ces deux ressources, nous avons considéré que la fréquence des co-occurrents formait un vecteur pour un substitut particulier, et avons calculé le produit scalaire avec les mots du contexte. Par exemple, le vocabulaire du contexte suivant est composé des termes « *(and, the, morans, have, to, ruin, Beethoven's, 6th, in, process, too)* » qui apparaissent une seule fois dans la phrase, sauf l'article « *the* » qui apparait trois fois. Leur fréquence de co-occurrence avec le substitut « *audacity* » est (0, 102, 0, 29, 0, 0, 0, 0, 3, 0, 0), le produit scalaire final est de 338.

```
<instance id="217">
<context>And the morans have the <head>gall</head> to ruin Beethoven's 6th in
the process , too .</context>
</instance>
```

Sur la base de ces listes de co-occurrents, nous avons ordonné les substituts en nous fondant sur le poids calculé, en classant les substituts par ordre décroissant.

# 6 Évaluation

L'évaluation officielle de la tâche de simplification lexicale repose sur une comparaison par paire des listes de rangs fournis par le système avec les rangs de référence (Specia *et al.*, 2012). Pour chaque paire de substituts, le script d'évaluation compare la position de chaque terme de la paire entre l'hypothèse et la référence en termes de position dans la hiérarchie (position identique, plus haute, plus basse). Le score final d'un jeu de substituts correspond à la moyenne des coefficients $\kappa$ d'accord inter-annotateur (Formule 1) calculés sur chaque paire d'un contexte.

$$\kappa = \frac{Po - Pe}{1 - Pe} \tag{1}$$

Dans cette formule, pour un jeu de substituts donné, « Po » renvoie à la probabilité observée (le nombre d'accords divisé par le nombre total de paires) tandis que « Pe » correspond à la

9. http://corpora.informatik.uni-leipzig.de/download.html

probabilité attendue (calculée en faisant la somme des accords de position identique, plus haute, plus basse, divisée par le nombre total de paires).

Considérons la liste de substituts {A,C,B} fournie par un système et la liste de référence {A,B,C} correspondante. Sur la paire {A,B}, le terme A occupe la même position dans les deux listes de substituts ; le terme B n'occupe pas la même position mais il suit le terme A dans les deux listes. Sur cette paire, l'évaluation rapporte deux points d'accord au système : un point pour la position identique, et un point pour l'ordre identique des termes A et B dans la paire (relation « plus grand que »). Le même calcul est poursuivi sur les paires {A,C} et {B,C}.

## 6.1 Expériences de base

Nous indiquons dans le tableau 4 les scores calculés sur les corpus d'apprentissage et de test pour les expériences de base fournies par les organisateurs.

| | **Apprentissage** | **Test** |
|---|---|---|
| Tri au hasard | 0,016 | — |
| Pas de tri | 0,050 | — |
| Fréquence simple | 0,398 | 0,471 |

TABLE 4 – Résultats des expériences de base

## 6.2 Modèle fondé sur les fréquences des termes

Le tableau 5 résume les résultats obtenus par notre modèle fondé sur les fréquences de la SEW.

| **Type de n-grammes** | **Lemmes** | **Apprentissage** | **Test** |
|---|---|---|---|
| Unigrammes uniquement | non | 0,333 | — |
| Uni- et bigrammes | non | 0,371 | — |
| Uni-, bi- et trigrammes | non | 0,381 | 0,465 |
| Uni-, bi- et trigrammes | oui | 0,380 | 0,462 |
| Uni-, bi- et trigrammes (Wikipedia standard) | non | 0,343 | — |
| Expérience de base (fréquence simple) | | 0,398 | 0,471 |
| WLV-SHEF-SimpLex (meilleur système à SemEval 2012) | | — | 0,496 |

TABLE 5 – Résultats obtenus par notre système fondé sur la Simple English Wikipedia et comparaison avec d'autres expériences (Wikipedia standard, expérience de base, meilleur système à SemEval 2012)

La différence que nous observons dans les résultats entre la version lemmatisée et la version fléchie de Wikipedia s'explique de deux manières. En premier lieu, puisque les substituts proposés sont présentés sous forme lemmatisée, nous en identifions davantage dans la version lemmatisée (par exemple, le substitut « *abnormal growth* » n'est présent que sous la forme au pluriel « *abnormal growths* » dans la version fléchie de Wikipedia). En second lieu, certains substituts font défaut dans la version lemmatisée, la plupart en raison d'erreurs du TreeTagger (par exemple, « *be scared of* » devient « *be scare of* »).

L'hypothèse selon laquelle l'utilisation de Wikipedia en anglais simplifié est plus adaptée à cette tâche que la version standard est validée, dans la mesure où nous obtenons un score plus faible en utilisant la version standard de la Wikipedia [10].

Pour l'évaluation finale, nous avons conservé le système qui a obtenu le meilleur score (0,381) sur les données d'apprentissage, en l'occurrence le système fondé sur des uni-, bi- et trigrammes non lemmatisés. Ce système a obtenu un score de 0,465 sur le corpus de test, nous classant seconds ex-æquo lors de l'évaluation SemEval.

## 6.3 Probabilités des termes en contexte

Nous avons réalisé plusieurs expériences supplémentaires, fondées sur différents modèles de n-grammes et des tailles de contexte distinctes. Les résultats les plus significatifs sont présentés dans le tableau 6.

| | | | | | |
|---|---|---|---|---|---|
| **Taille du contexte gauche** | 0 | 3 | 2 | 3 | 4 |
| **Taille du contexte droit** | 3 | 0 | 2 | 3 | 4 |
| **Score** | 0,362 | 0,358 | 0,365 | 0,358 | 0,370 |

TABLE 6 – Résultats obtenus avec le service Microsoft Web N-gram, sur le corpus d'apprentissage

Nous observons que la fenêtre de contexte composée de quatre tokens encadrant le substitut étudié est celle qui nous a permis d'obtenir les meilleurs résultats sur le corpus d'apprentissage (0,370). Avec cette configuration, nous avons obtenu un score de 0,396 sur les données de test.

## 6.4 Co-occurrents

Enfin, nous renseignons dans le tableau 7 des scores obtenus par notre modèle à base de co-occurrents. Sur le corpus d'apprentissage, cette méthode nous permet d'obtenir un score de 0,373 avec la meilleure configuration, celle reposant sur la ressource constituée depuis la SEW. Nous notons par ailleurs que l'ajout d'informations de parties-du-discours améliore les résultats.

| | | | | | |
|---|---|---|---|---|---|
| **Ressource** | Wortschatz | Wortschatz | SEW | SEW | SEW |
| **Paramètres** | Corpus 3M | Corpus 10M | POS : NN, NP, JJ | POS + VB | Toutes les POS |
| **Score** | 0,280 | 0,271 | 0,255 | 0,264 | 0,373 |

TABLE 7 – Scores obtenus avec le modèle de co-occurrences sur le corpus d'apprentissage

10. La Wikipedia standard étant bien plus volumineuse que la version simplifiée, nous en avons utilisé un extrait aléatoire de 375M, du même ordre de grandeur que la Wikipedia simplifiée (156M).

## 6.5 Évaluation sur les substituts non composés

Nous avons par ailleurs observé que nos modèles ont rencontré des difficultés à tenir compte des substituts composés de plusieurs mots. Afin de pallier cette difficulté, nous avons lancé une évaluation en ne considérant que les substituts composés d'un seul mot (tableau 8). Comme nous nous y attendions, tous les modèles voient leurs performances augmenter en ne considérant que les substituts simples (1 mot), en particulier pour le modèle fondé sur les co-occurrences.

| **Modèle** | SEW | Web N-grams | Co-occurrences | Fréquence simple |
|---|---|---|---|---|
| **Tous types de substituts** | 0,381 | 0,370 | 0,373 | 0,398 |
| **Substituts simples (1 mot)** | 0,390 | 0,385 | 0,414 | 0,408 |

TABLE 8 – Scores obtenus en considérant tous les substituts et les substituts simples sur les données d'apprentissage

# 7 Discussion

Malgré des performances relativement bonnes, l'une des limites du modèle fondé sur les fréquences calculées sur la SEW concerne le fait que ce modèle s'appuie uniquement sur les formes de surface des mots (ou des n-grammes), et que certaines fréquences se trouvent biaisées. Ainsi, le mot « *light* » est aussi bien un nom qu'un adjectif dans Wikipedia ; lorsque nous traitons le jeu de substituts *{light, bright, luminous, clear, well-lit}*, les fréquences des deux catégories morpho-syntaxiques du terme « *light* » sont combinées, accordant plus de poids à ce terme et permettant à ce substitut de mieux se classer. Une solution consisterait à utiliser des n-grammes annotés en parties du discours.

D'autre part, ce modèle ne tient pas compte du contexte du mot, alors que les mêmes substituts sont parfois ordonnés différemment. Dans l'exemple suivant, le mot cible « *film* » a été préféré au substitut possible « *movie* » dans les instances 16 et 19 par les annotateurs, et dans l'ordre inverse pour les instances 15 et 17.

```
<instance id="15">
<context>Film Music Literature Cyberplace - Includes <head>film</head> reviews
, message boards , chat room , and images from various films .</context>
</instance>
<instance id="16">
<context>His feature <head>film</head> debut HEROES / DE STARSTE HELTE (
1996 ) won awards at Rouen and Madrid .</context>
</instance>
<instance id="17">
<context>( Some people keep their TVs on for company. ) In Malta , news is the
main reason we turn to TV , followed by <head>films</head> , talk shows , docu-
mentaries , serials , and music , in that order .</context>
</instance>
<instance id="19">
```

<context>A fine score by George Fenton ( THE CRUCIBLE ) and beautiful photograhy by Roger Pratt add greatly to the effectiveness of the <head>film</head> .</context>
</instance>

Cet exemple montre que, selon le contexte du mot dans la phrase, des substituts différents peuvent être choisis.

Sur le modèle à base de co-occurrences, l'un des principaux problèmes concerne l'absence de co-occurrences dans le corpus SEW. Il ne nous a donc pas été possible d'obtenir des informations de co-occurrences pour 182 substituts du corpus d'apprentissage (sur un total de 1 452) qui n'ont donc pu être traités. L'un des moyens de pallier cette difficulté consisterait à élargir la taille de la fenêtre de recherche des co-occurrents à deux phrases par exemple, ou d'utiliser un corpus plus volumineux. Les corpus d'anglais simplifié sont cependant rares.

Enfin, la principale difficulté à laquelle nous avons été confrontés sur l'ensemble des modèles concerne les substituts composés de plusieurs mots, pour lesquels la comparaison des fréquences avec celles des mots simples ne s'avère guère possible.

# 8 Conclusion

Dans cet article, nous avons présenté trois types de critères à prendre en compte pour la tâche de simplification lexicale et mis en œuvre trois modèles fondés sur les fréquences et sur ces types de critères pour effectuer une simplification lexicale. Le premier modèle repose sur des fréquences d'utilisation de termes dans la version rédigée en anglais simplifié de la Wikipedia (SEW). Le second se fonde sur des probabilités de n-grammes fournies par le service Microsoft Web N-gram. Enfin, le dernier modèle s'appuie sur des informations de co-occurrences.

Les meilleurs scores sont obtenus avec les informations de fréquence dans la Wikipedia en anglais simplifié ; cependant, cette information seule ne suffit pas à déterminer de façon satisfaisante le substitut le plus simple. Puisque les différents modèles fournissent des caractéristiques différentes, nous considérons que la combinaison des trois modèles devrait être bénéfique. Dans cette optique, nous envisageons de tester un tel type de combinaison au moyen d'une approche d'ordonnancement à base de SVM.

Il reste bien évidemment des marges de progression, en particulier sur le traitement des substituts composés de plusieurs mots pour lesquels la mobilisation de traitements supplémentaires se révèle indispensable pour tenir compte de ces particularités.

En ce qui concerne l'application de ces méthodes au français, nous estimons que cette tâche se révèle d'autant plus difficile que sur l'anglais pour deux raisons (en plus de celles identifiées sur l'anglais) : ($i$) des flexions plus importantes en français qu'en anglais et ($ii$) de l'absence de corpus du français simplifié. Nous relevons toutefois que des travaux récents tendent à produire ce type de corpus (Brouwers *et al.*, 2012).

# Références

BIRAN, O., BRODY, S. et ELHADAD, N. (2011). Putting it simply : a context-aware approach to lexical simplification. *In Proc of ACL*, pages 496–501, Portland, OR.

BROUWERS, L., BERNHARD, D., LIGOZAT, A.-L. et FRANÇOIS, T. (2012). Simplification syntaxique de phrases pour le français. *In Actes de JEP-TALN-RECITAL*, pages 211–224, Grenoble, France.

CARROLL, J., MINNEN, G., PEARCE, D., CANNING, Y., DEVLIN, S. et TAIT, J. (1999). Simplifying Text for Language-Impaired Readers. *In Proc of EACL*, pages 269–270.

DEVLIN, S. (1999). *Simplifying natural language text for aphasic readers*. Thèse de doctorat, University of Sunderland, UK.

DRNDAREVIĆ, B. et SAGGION, H. (2012). Towards automatic lexical simplification in spanish : An empirical study. *In Proc of Predicting and Improving Text Readability for target reader populations (PITR) Workshop*, pages 8–16, Montréal, Canada. NAACL-HLT.

FRANÇOIS, T. et FAIRON, C. (2012). An "AI readability" formula for french as a foreign language. *In Proc of the Joint Conference on Empirical Methods in Natural Language Processing and Computational Natural Language Learning*, Jeju-do, South Korea.

JAUHAR, S. K. et SPECIA, L. (2012). UOW-SHEF : SimpLex – Lexical Simplicity Ranking based on Contextual and Psycholinguistic Features. *In *SEM*.

LAL, P. et RÜGER, S. (2002). Extract-based Summarization with Simplification. *In Proc of the Workshop on Text Summarization at DUC 2002*.

LIGOZAT, A.-L., GROUIN, C., GARCIA-FERNANDEZ, A. et BERNHARD, D. (2012). ANNLOR : A Naïve Notation-system for Lexical Outputs Ranking. *In Proc of the 6th International Workshop on Semantic Evaluation (SemEval 2012)*.

QUASTHOFF, U., RICHTER, M. et BIEMANN, C. (2006). Corpus Portal for Search in Monolingual Corpora. *In Proc of LREC*, Genoa, Italy.

SCHMID, H. (1994). Probabilistic Part-of-Speech Tagging Using Decision Trees. *In Proc of the International Conference on New Methods in Language Processing*, Manchester, UK.

SIDDHARTHAN, A. (2006). Syntactic simplification and text cohesion. *Research on Language & Computation*, 4(1):77–109.

SPECIA, L., JAUHAR, S. K. et MIHALCEA, R. (2012). SemEval-2012 Task 1 : English Lexical Simplification. *In Proc of Joint Conference on Lexical and Computational Semantics (*SEM)*, pages 347–355.

WATANABE, W., JUNIOR, A., UZÊDA, V., FORTES, R., PARDO, T. et ALUÍSIO, S. (2009). Facilita : reading assistance for low-literacy readers. *In Proc of ACM international conference on Design of communication*, pages 29–36. ACM.

WOODSEND, K. et LAPATA, M. (2011). Learning to simplify sentences with quasi-synchronous grammar and integer programming. *In Proc of EMNLP*.

YATSKAR, M., PANG, B., DANESCU-NICULESCU-MIZIL, C. et LEE, L. (2010). For the sake of simplicity : unsupervised extraction of lexical simplifications from Wikipedia. *In HLT'10 Human Language Technologies*, pages 365–368. ACL.

# TALN Archives : une archive numérique francophone des articles de recherche en Traitement Automatique de la Langue

Florian Boudin
LINA - UMR CNRS 6241, Université de Nantes, France
florian.boudin@univ-nantes.fr

RÉSUMÉ

La recherche scientifique est un processus incrémental. La première étape à effectuer avant de débuter des travaux consiste à réaliser un état de l'art des méthodes existantes. La communauté francophone du Traitement Automatique de la Langue (TAL) produit de nombreuses publications scientifiques qui sont malheureusement dispersées sur différents sites et pour lesquelles aucune méta-donnée n'est disponible. Cet article présente la construction de *TALN Archives*, une archive numérique francophone des articles de recherche en TAL dont le but est d'offrir un accès simplifié aux différents travaux effectués dans notre domaine. Nous présentons également une analyse du réseau de collaboration construit à partir des méta-données que nous avons extraites et dévoilons l'identité du Kevin Bacon de *TALN Archives*, *i.e.* l'auteur le plus central dans le réseau de collaboration.

ABSTRACT

**TALN Archives : a digital archive of French research articles in Natural Language Processing**

Scientific research is an incremental process. Reviewing the literature is the first step to do before starting a new research project. The French Natural Language Processing (NLP) community produces numerous scientific publications which are scattered across different sources and for which no metadata is available. This paper presents the construction of *TALN Archives*, a digital archive of French research articles whose aim is to provide efficient access to articles in the NLP field. We also present an analysis of the collaboration network constructed from the metadata and disclose the identity of the Kevin Bacon of the *TALN Archives*, *i.e.* the most central author in the collaboration network.

MOTS-CLÉS : TALN Archives, archive numérique, articles scientifiques.

KEYWORDS: TALN Archives, digital archive, scientific articles.

## 1 Introduction

Mener des travaux de recherche scientifique de manière efficace suppose une analyse au préalable des travaux précédents du domaine. Cette étape d'analyse de la littérature existante permet d'évaluer la validité des idées proposées et d'identifier les contributions par rapport au domaine. L'avènement des moteurs de recherche a rendu cette tâche un peu plus simple, sans pour autant la résoudre totalement. Parmi les difficultés qui subsistent et qui compliquent la tâche des moteurs de recherche, nous pouvons citer la dispersion des articles scientifiques sur les différents dépôts et bibliothèques numériques (e.g. HAL [1], Google Scholar [2], CiteSeer [3]), les erreurs de numérisation des versions papier des articles ou encore l'absence de méta-données associées pour l'indexation.

L'Association pour le Traitement Automatique des Langues (ATALA) organise annuellement les conférences TALN et sa session étudiante RÉCITAL. Ces dernières sont des événements majeurs pour la communauté francophone du Traitement Automatique de la Langue (TAL) et donnent lieu à de nombreuses publications scientifiques. L'ensemble des actes de chaque conférence est habituellement remis sur support physique aux participants et disponible sur le site web créé pour l'occasion. Ce mode de fonctionnement pose cependant plusieurs problèmes. Comment pérenniser l'accès aux actes ? Comment rechercher, parmi les différentes éditions de la conférence, les articles qui traitent d'une thématique particulière ? ceux écrits par un auteur particulier ? Le travail présenté dans cet article tente de répondre à ces questions en proposant la création d'une archive numérique francophone des articles scientifiques dans le domaine du TAL : *TALN Archives*.

Nos travaux s'inspirent de l'initiative menée par l'*Association for Computational Linguistics* (ACL) pour la construction de l'archive numérique *ACL Anthology* [4]. Créée en 2002, cette archive contient actuellement près de 22 000 articles scientifiques, pour la plupart rédigés en anglais, provenant de différents journaux, ateliers et conférences dans le domaine du TAL. Cette ressource offre un accès simple et rapide aux différents travaux de recherche menés depuis les quarante dernières années. L'*ACL Anthology* est en perpétuelle évolution et de nouvelles fonctionnalités y sont ajoutées régulièrement, comme récemment la recherche à facettes (Schäfer *et al.*, 2011) qui donne la possibilité aux utilisateurs de filtrer les articles selon différents critères tels que les énoncés (e.g. améliorer la qualité des traductions) ou les sujets abordés. Pour la construction de *TALN Archives*, nous souhaitons aller dans la même direction en portant toutefois une attention particulière aux méta-données qui seront utilisées pour l'indexation des articles.

Bien que l'utilisation première de l'*ACL Anthology* soit la recherche d'articles scientifiques, de nombreuses études l'ont utilisée comme corpus pour des tâches aussi variées que l'analyse de citations (Radev *et al.*, 2009), l'extraction d'information (Councill *et al.*, 2008), l'aide à l'écriture (Dale et Kilgarriff, 2010) ou l'analyse de sentiments (Athar, 2011). Dans cet article, nous présentons une analyse du réseau de collaboration construit à partir des méta-données et dévoilons l'identité du Kevin Bacon de *TALN Archives*, *i.e.* l'auteur le plus central dans le réseau de collaboration [5].

Dans la section 2, nous présentons la méthodologie de construction de l'archive numérique *TALN Archives*. En particulier, nous présentons les choix que nous avons fait concernant la structure de l'archive, le format de représentation des données et les méta-données associées aux articles. Dans la section 3, nous décrivons les expériences menées sur l'analyse du réseau de collaboration construit à partir des méta-données. Nous terminons cet article par une discussion sur les possibilités qu'offre *TALN Archives* et les travaux restants à effectuer.

1. `http://hal.archives-ouvertes.fr`
2. `http://scholar.google.com`
3. `http://citeseerx.ist.psu.edu`
4. `http://aclweb.org/anthology-new/`
5. `http://fr.wikipedia.org/wiki/Six_Degrees_of_Kevin_Bacon`

# 2 Construction de *TALN Archives*

*TALN Archives* est une archive numérique dont le but à terme est de regrouper les articles scientifiques publiés dans le domaine du TAL par la communauté francophone. Notre objectif est d'offrir un portail unique permettant un accès pérenne et performant aux travaux effectués dans le domaine du TAL. Dans cet article, nous décrivons la première étape de ce travail, à savoir la construction des fichiers de méta-données à partir des articles scientifiques.

Chaque article scientifique dans *TALN Archives* possède un identifiant unique et un ensemble de méta-données (e.g. titre, auteurs, mots clés) que nous avons extrait à partir de son contenu. Ces dernières sont indispensables puisqu'elles sont utilisées, entre autres, par les moteurs de recherche pour indexer les articles. La visibilité et la diffusion des travaux de recherche sont donc fortement dépendantes de la qualité des méta-données. Elles sont également utilisées à des fins bibliographiques, avec par exemple la génération automatique de fichiers de références (e.g. BibTeX, EndNote), et pour l'interconnexion entre les différents dépôts et bibliothèques numériques.

Nous avons retenu le format XML pour le stockage des méta-données. La version de *TALN Archives* décrite dans cet article regroupe l'intégralité des actes des conférences TALN et RÉCITAL de 2007 à 2012, et contient 570 articles. L'ajout des actes des éditions plus anciennes (pré-2007), des articles de journaux (e.g. revue TAL[6]) et des actes publiés dans les différents ateliers associés aux conférences fait pour le moment partie des perspectives de ce travail.

## 2.1 Extraction des méta-données

Nous nous intéressons ici aux informations qu'il est possible d'extraire à partir des actes des conférences TALN et RÉCITAL. Deux types d'informations sont présents : celles associées aux éditions des conférences (e.g. dates, ville) et celles associées aux articles publiés (e.g. auteurs, titre, résumé). Pour *TALN Archives*, toutes les informations disponibles ont été extraites, avec le parti pris de ne pas se limiter aux méta-données issues du contenu des articles. Plusieurs autres informations, comme le nombre d'articles soumis ou les noms des présidents des comités de programme, ont été récupérées sur le site web de l'ATALA[7].

Les actes des conférences au format PDF ont été récupérés sur les sites web des conférences, ou à partir de support physique pour celles dont le site web n'est plus accessible[8]. Les articles ont ensuite été convertis au format texte à l'aide de l'outil PDFBox[9], puis nous avons étudié la possibilité de développer une méthode automatique pour l'extraction des méta-données.

Une des premières difficultés à laquelle nous nous sommes retrouvés confrontés concerne l'hétérogénéité des formats des articles. Les styles de soumission ont été largement modifiés au fil des années et un nombre important d'articles ne respectent pas les contraintes de style et de structuration pourtant imposées. L'application d'une méthode naïve, e.g. à base de patrons d'extraction, n'est donc pas envisageable. La conversion des fichiers PDF au format texte est également source de difficultés puisqu'elle supprime la structure du texte et introduit des erreurs

6. `http://www.atala.org/-Revue-TAL-`
7. `http://www.atala.org/`
8. Le site web de l'édition 2008 de TALN et de RÉCITAL n'est malheureusement plus accessible.
9. `http://pdfbox.apache.org/`

de césure et de segmentation. L'extraction automatique des méta-données n'est donc pas possible sans un travail important d'adaptation aux données et une certaine tolérance aux erreurs.

Comme nous souhaitions construire une ressource fiable, nous avons effectué l'extraction des méta-données de manière semi-automatique, avec une première étape automatique de pré-remplissage suivie d'une étape de correction et de complétion manuelle. Les données que nous avons construites ont été validées manuellement et pourront être utilisées dans le futur pour entraîner des outils d'extraction supervisées. La liste complète des méta-données que nous avons extraites est présentée ci-dessous. Les informations marquées d'un symbole * ont été récupérées à partir du site web de la conférence ou de celui de l'ATALA.

1. **Méta-données de la conférence**
   - Titre de la conférence, acronyme, ville, pays
   - Dates de début et de fin de la conférence*
   - Noms des présidents du comité de programme*
   - Formats des articles publiés (e.g. court, long)
   - Nombre d'articles soumis et nombre d'articles acceptés*
   - URL du site web de la conférence*
   - Identifiant(s) du(des) meilleur(s) article(s)*
2. **Méta-données pour chaque article**
   - Identifiant unique (e.g. taln-2008-long-001)
   - Noms des auteurs, emails, affiliations
   - Titre, résumé et mots clés (français et anglais si disponible)
   - Format de l'article
   - Numéros des pages
   - Nom de la session dans le programme

Contrairement à l'*ACL Anthology*, nous disposons, pour chaque article, d'un ensemble de mots-clés assignés par son(ses) auteur(s). La recherche des travaux portant sur une thématique particulière est donc grandement simplifiée. Il est en effet possible d'identifier des ensembles d'articles à partir d'un mot clé et ce même s'il n'apparaît pas dans le corps du document.

Nous notons également que 530 articles, parmi les 570 articles que compte l'archive, possèdent un résumé et des mots clés en français et en anglais. Cet ensemble de textes parallèles constitue une ressource intéressante pour des tâches comme la construction automatique de dictionnaires bilingues spécialisés (Fung, 1998) ou l'extraction de paraphrases (Barzilay et McKeown, 2001).

## 2.2 Statistiques de *TALN Archives*

La version de *TALN Archives* présentée dans cette étude est composée des actes des conférences TALN et RÉCITAL de 2007 à 2012. Au total, elle contient 570 articles scientifiques, 743 auteurs et 1 457 mots clés. Plus de 60 heures de travail ont été nécessaires pour vérifier et compléter les méta-données des articles. Les nombres d'articles publiés, d'auteurs ainsi que de mots clés pour chacune des éditions sont présentés dans la table 1.

Hormis pour les éditions 2008 et 2012, le nombre d'articles publiés est en constante augmentation, ce qui dénote une dynamique positive de la communauté francophone du TAL. Ces deux éditions coïncidaient avec l'organisation conjointe de TALN et des Journées d'Études sur la Parole (JEP).

| | 2007 | 2008 | 2009 | 2010 | 2011 | 2012 | *TALN Archives* |
|---|---|---|---|---|---|---|---|
| # articles | 88 | 66 | 104 | 106 | 117 | 89 | 570 |
| # auteurs | 163 | 128 | 246 | 220 | 231 | 186 | 743 |
| # mots clés | 335 | 242 | 329 | 341 | 335 | 316 | 1457 |

TABLE 1: Nombres d'articles publiés, d'auteurs et de mots clés pour les conférences TALN et RÉCITAL de 2007 à 2012.

Comme les travaux se situant à l'intersection des deux domaines ne peuvent être publiés dans les deux conférences, le nombre d'articles soumis à TALN a naturellement été plus faible (e.g. 104 soumissions pour TALN 2012, comparé aux 188 et 158 soumissions des éditions 2011 et 2010). Ce phénomène est d'ailleurs confirmé par un nombre plus restreint de mots clés, indiquant que les thématiques abordées dans les travaux sont moins nombreuses.

# 3 Analyse du réseau de collaboration

Les méta-données de *TALN Archives*, extraites à partir de chaque article scientifique, ont été utilisées pour construire un réseau de collaboration. Ce dernier est représenté sous la forme d'un graphe non dirigé $G = (V, E)$, où $V$ est l'ensemble des nœuds et $E$ l'ensemble des arêtes. Un nœud est ajouté au graphe pour chaque auteur dans *TALN Archives*. Lorsque deux auteurs ont collaboré sur un article, une arête est ajoutée entre leurs deux nœuds dans le graphe. Les poids des arêtes sont fixés en fonction du nombre d'articles auxquels les auteurs ont collaboré. Par exemple, l'arête entre les nœuds de deux auteurs ayant co-écrits trois articles aura un poids de trois.

La première expérience que nous avons menée porte sur l'identification des auteurs les plus centraux dans *TALN Archives*. Il s'agit d'identifier les auteurs qui ont un rôle majeur dans l'animation de la communauté francophone du TAL depuis les six dernières années. De nombreuses mesures ont été proposées pour calculer le degré de centralité d'un nœud dans un graphe [10]. Ici, nous utilisons la mesure de centralité harmonique (*Harmonic Centrality*) que nous calculons à l'aide de l'équation décrite ci-dessous :

$$C_{Harm}(V_i) = \sum_{V_j \in V,\ V_j \neq V_i} \frac{1}{\text{distance}(V_i, V_j)} \quad (1)$$

La table 2 présente la liste des dix auteurs les plus centraux dans *TALN Archives* selon la mesure de centralité harmonique. Pour chacun d'entre eux, nous reportons le nombre de collaborations (degré du nœud dans le graphe), le nombre d'articles ainsi que les mots clés apparaissant dans au moins deux de leurs articles. Il est intéressant de constater que cinq des dix auteurs les plus centraux travaillent sur la thématique de la traduction automatique statistique. Cet engouement pour la traduction automatique est également observable sur la totalité des actes contenus dans *TALN Archives* puisqu'il s'agit du mot clé le plus fréquent.

10. Une étude comparative des mesures de centralité dans un graphe est présentée dans `http://ecir2012.upf.edu/ecir_paolo_boldi.pdf`

| **Auteur** | $C_{Harm}$ | **Deg.** | **Art.** | **Mots clés** |
|---|---|---|---|---|
| Benoît Sagot | 118.8 | 25 | 16 | lexique-grammaire, résolution d'entités nommées, détection d'entités nommées, étiquetage morpho-syntaxique, lexique syntaxique, persan |
| Frédéric Béchet | 115.8 | 15 | 7 | reconnaissance automatique de la parole |
| Aurélien Max | 111.8 | 12 | 11 | paraphrase, wikipédia, aide à la rédaction, traduction automatique statistique |
| Delphine Bernhard | 111.3 | 18 | 7 | analyse syntaxique |
| François Yvon | 110.9 | 14 | 8 | traduction automatique statistique, alignement sous-phrastique |
| Karën Fort | 107.3 | 11 | 7 | accord inter-annotateurs, annotation manuelle, lexique |
| Philippe Langlais | 106.7 | 9 | 10 | traduction automatique statistique, analogie formelle, alignement de mots |
| Fabrice Lefèvre | 106.0 | 9 | 5 | compréhension de la parole, traduction automatique statistique, frames sémantiques, système de dialogue oral |
| Pierre Zweigenbaum | 105.1 | 11 | 5 | extraction d'information |
| Stéphane Huet | 104.8 | 11 | 7 | traduction automatique statistique, alignement de mots |

TABLE 2: Liste des auteurs les plus centraux dans *TALN Archives*. Le nombre de collaborations (Deg.), le nombre d'articles (Art.) ainsi que les mots clés de fréquence supérieure à un sont également reportés.

La seconde expérience que nous présentons concerne l'identification du Kevin Bacon de *TALN Archives*, *i.e.* l'auteur le plus central dans le réseau de collaboration. Il s'agit d'identifier l'auteur qui possède la distance moyenne la plus faible avec les autres auteurs du réseau. Soit $H$ le plus grand sous-graphe connecté de $G$, $|H|$ le nombre de nœuds dans le graphe $H$ et distance$(V_i, V_j)$ le plus court chemin entre les nœuds $V_i$ et $V_j$, le nœud le plus central dans $H$ est définit par :

$$\text{Centralité}(H) = \arg\min_{V_i \in H} \left[ \frac{\sum_{V_j \in H,\ V_j \neq V_i} \text{distance}(V_i, V_j)}{|H| - 1} \right] \quad (2)$$

Dans *TALN Archives*, cet honneur revient à Frédéric Béchet qui possède une distance moyenne de 5,07 avec le reste des auteurs.

# 4 Discussion

Nous avons présenté la construction de *TALN Archives*, une archive numérique des articles scientifiques publiés dans le domaine du TAL par la communauté francophone. La version décrite dans cette étude est composée des actes des conférences TALN et RÉCITAL de 2007 à 2012. *TALN Archives* est dès à présent téléchargeable [11]. Une interface web permettant l'exploration et la

11. https ://github.com/boudinfl/taln-archives

recherche d'articles scientifiques dans *TALN Archives* est également disponible en ligne [12].

La première perspective à ce travail est bien entendu l'extension de l'archive aux actes des conférences TALN et RÉCITAL publiés avant 2007. Pour cela, les méta-données déjà contenues dans *TALN Archives* pourront être utilisées pour entraîner des méthodes d'extraction supervisées. La mise à jour de l'archive avec les actes des conférences futures est beaucoup plus simple puisque les outils de gestion de conférence couramment utilisés (e.g. *easychair*) permettent d'exporter les méta-données des articles acceptés.

Dans un second temps, nous souhaitons construire et analyser le réseau de citations de *TALN Archives*. Grace à ce dernier, il sera par exemple possible d'identifier les articles les plus influents pour une thématique donnée pour ensuite y extraire automatiquement les contributions principales. Des travaux récents ont également démontré l'utilité du réseau de citations pour améliorer la recherche d'articles scientifiques dans la littérature (Bethard et Jurafsky, 2010).

## Remerciements

Nous tenons à remercier nos relecteurs anonymes pour leurs commentaires ainsi que les membres de l'équipe TALN du LINA pour leurs conseils avisés.

## Références

ATHAR, A. (2011). Sentiment Analysis of Citations using Sentence Structure-Based Features. *In Proceedings of the ACL 2011 Student Session*, pages 81–87, Portland, OR, USA. Association for Computational Linguistics.

BARZILAY, R. et MCKEOWN, K. R. (2001). Extracting Paraphrases from a Parallel Corpus. *In Proceedings of 39th Annual Meeting of the Association for Computational Linguistics*, pages 50–57, Toulouse, France. Association for Computational Linguistics.

BETHARD, S. et JURAFSKY, D. (2010). Who should I cite : learning literature search models from citation behavior. *In Proceedings of the 19th ACM international conference on Information and knowledge management*, CIKM '10, pages 609–618, New York, NY, USA. ACM.

COUNCILL, I., GILES, C. et KAN, M. (2008). ParsCit : An open-source CRF reference string parsing package. *In Proceedings of LREC*, volume 2008, pages 661–667. European Language Resources Association (ELRA).

DALE, R. et KILGARRIFF, A. (2010). Helping our own : text massaging for computational linguistics as a new shared task. *In Proceedings of the 6th International Natural Language Generation Conference*, INLG '10, pages 263–267, Stroudsburg, PA, USA. Association for Computational Linguistics.

FUNG, P. (1998). A statistical view on bilingual lexicon extraction : from parallel corpora to non-parallel corpora. *Machine Translation and the Information Soup*, pages 1–17.

RADEV, D., JOSEPH, M., GIBSON, B. et MUTHUKRISHNAN, P. (2009). A Bibliometric and Network Analysis of the field of Computational Linguistics. *Journal of the American Society for Information Science and Technology*, 1001:48109–1092.

12. `http://www.florianboudin.org/taln_archives/`

SCHÄFER, U., KIEFER, B., SPURK, C., STEFFEN, J. et WANG, R. (2011). The ACL Anthology Searchbench. *In Proceedings of the ACL-HLT 2011 System Demonstrations*, pages 7–13, Portland, Oregon. Association for Computational Linguistics.

# Similarités induites par mesure de comparabilité : signification et utilité pour le *clustering* et l'alignement de textes comparables

Pierre-Francois Marteau[1, 2] Gildas Ménier[1, 2]
(1) IRISA, UMR 6074
(2) Université de Bretagne Sud, 56000 Vannes
pierre-francois.marteau@univ-ubs.fr, gildas.menier@univ-ubs.fr

RÉSUMÉ

En présence de corpus comparables bilingues, nous sommes confrontés à des données qu'il est naturel de plonger dans deux espaces de représentation linguistique distincts, chacun éventuellement muni d'une mesure quantifiable de similarité (ou d'une distance). Dès lors que ces données bilingues sont comparables au sens d'une mesure de comparabilité également calculable (Li et Gaussier, 2010), nous pouvons établir une connexion entre ces deux espaces de représentation linguistique en exploitant une carte d'association pondérée ("mapping") appréhendée sous la forme d'un graphe bi-directionnel dit de comparabilité. Nous abordons dans cet article les conséquences conceptuelles et pratique d'une telle connexion similarité-comparabilité en développant un algorithme (Hit-ComSim) basé sur sur le principe de similarité induite par la topologie du graphe de comparabilité. Nous essayons de qualifier qualitativement l'intérêt de cet algorithme en considérant quelques expériences préliminaires de *clustering* de documents comparables bilingues (Français/Anglais) collectés sur des flux RSS.

ABSTRACT

**Similarities induced by a comparability mapping : meaning and utility in the context of the clustering of comparable texts.**

In the presence of bilingual comparable corpora it is natural to embed the data in two distinct linguistic representation spaces in which a "computational" notion of similarity is potentially defined. As far as these bilingual data are comparable in the sense of a measure of comparability also computable (Li et Gaussier, 2010), we can establish a connection between these two areas of linguistic representation by exploiting a weighted mapping that can be represented in the form of a weighted bidirectional graph of comparability. We study in this paper the conceptual and practical consequences of such a similarity-comparability connection, while developing an algorithm (Hit-ComSim) based on the concept of similarities induced by the topology of the graph of comparability. We try to evaluate the benefit of this algorithm considering some preliminary categorization or clustering tasks of bilingual (English/French) documents collected from RSS feeds.

MOTS-CLÉS : Graphe de comparabilité, Similarités induites, Documents comparables, Clustering.

KEYWORDS: Comparability graph, Induced similarities, Comparable documents, Clustering.

# 1 Introduction

La construction de corpus bilingues comparables (Déjean et Gaussier, 2002), notamment spécialisés ou thématiques, fait l'objet de travaux de recherche relativement intensifs depuis plus d'une dizaine d'années dans le but de pallier en partie la pénurie de corpus parallèles, coûteux à développer et à maintenir. Les applications sont multiples mais concernent principalement l'aide à la traduction, l'extraction de terminologie, la recherche d'information multilingue. Un corpus comparable est constitué de textes "similaires" exprimés dans au moins deux langues distinctes (EAGLES, 1996). Bien qu'il n'existe pas de définition claire et partagée de la notion de comparabilité, une mesure (quantifiable) de comparabilité a été proposée par (Li et Gaussier, 2010). Cette mesure dépendante d'un lexique bilingue de traduction, évalue la comparabilité entre deux documents de langues différentes en fonction du *prorata* de termes du premier document possédant au moins une traduction dans le deuxième document et *vice-versa*. Cette notion quantifiée de comparabilité permet de construire une relation pondérée entre deux corpus de langues distinctes que nous proposons d'étudier ici dans le contexte du *clustering* de textes comparables. L'un des enjeux est de préparer l'alignement des *clusters* comparables afin de faciliter la production de sous-corpus thématiques comparables (Li *et al.*, 2011).

# 2 Motivation

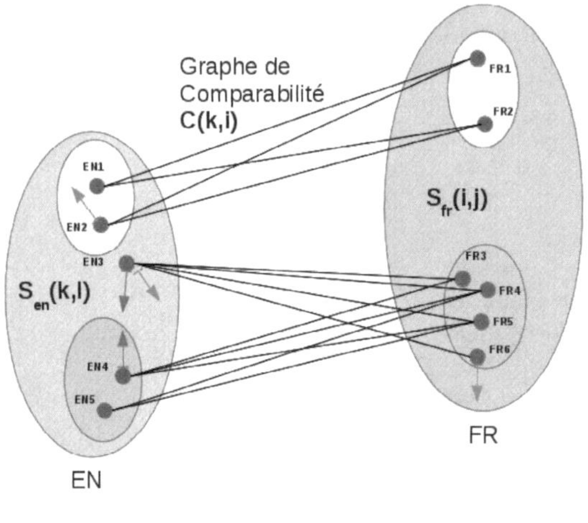


FIGURE 1 – Couplage de deux espaces de similarité par graphe de comparabilité

La figure 1 présente deux ensembles de documents *EN* (anglais) et *FR* (français) munis respectivement des fonctions de similarité $S_{en}(.,.)$ et $S_{fr}(.,.)$ et mis en relation par un graphe de comparabilité défini par la fonction de comparabilité $C(.,.)$. Les arcs de ce graphe sont bidirectionnels et pondérés par une valeur de comparabilité comprise dans l'intervalle $[0,1]$. L'idée principale que nous développons dans cet article est celle du renforcement de la similarité par la comparabilité : autrement dit, si deux documents du corpus *EN* sont comparables à un sous-ensemble de documents du corpus *FR* fortement similaires, alors leur similarité devrait être renforcée (et réciproquement). *A contrario*, si deux documents du corpus *EN* sont comparables à un sous-ensemble de documents du corpus *FR* faiblement similaires, alors leur similarité devrait décroître (et réciproquement). Ainsi, sur la figure 1, du point de vue de la similarité appréhendée sous l'angle de la comparabilité, le document EN3 devrait s'éloigner du document EN2 pour se rapprocher des documents EN4 et EN5. De même, le document FR6 devrait s'éloigner des documents FR5,FR4 et FR3. L'utilité escomptée d'un tel renforcement/affaiblissement est une forme de filtrage du bruit inhérent aux modèles de représentation des documents caractérisés par un manque de connaissance (linguistique ou terminologique entre autres).

# 3 Modélisation : l'algorithme Hit-ComSim

Le modèle *bi-espace* (ici bilingue *EN* et *FR*) *d'induction de la similarité par la comparabilité* proposé repose sur un algorithme itératif décrit par les deux équations suivantes :

$$
\begin{aligned}
S^t_{en}(k,l) &= \sigma(k,l)\cdot\sum_{i=1}^{|FR|}\sum_{j=1}^{|FR|} C(k,i)C(k,j)S^{t-1}_{fr}(i,j)C(l,i)C(l,j)\\
S^t_{fr}(i,j) &= \sigma(i,j)\cdot\sum_{k=1}^{|EN|}\sum_{l=1}^{|EN|} C(k,i)C(l,i)S^{t-1}_{en}(k,l)C(k,j)C(l,j)
\end{aligned}
\tag{1}
$$

- $C(k,i)$ est la comparabilité entre le $k^{\text{ième}}$ objet du corpus *EN* et le $i^{\text{ième}}$ objet du corpus *FR*
- $S^t_{en}(k,l)$ est la similarité entre les $k^{\text{ième}}$ et $l^{\text{ième}}$ objets du corpus *EN* à l'itération $t$
- $S^t_{fr}(i,j)$ est la similarité entre les $i^{\text{ième}}$ et $j^{\text{ième}}$ objets du corpus *FR* à l'itération $t$
- $\sigma(.,.)$ est une fonction de normalisation définie comme suit :

$$
\sigma(k,l) = \Big((\sqrt{v_{en}(k).v_{en}(l)}\Big)^{-1},\ \sigma(i,j) = \Big((\sqrt{v_{fr}(i).v_{fr}(j)}\Big)^{-1}
$$

$$
v_{en}(k) = \textstyle\sum_{i,j}(C(k,i)\cdot C(k,j))^2\cdot S^{t-1}_{fr}(i,j), \qquad v_{fr}(i) = \sum_{k,l}(C(k,i)\cdot C(l,i))^2\cdot S^{t-1}_{en}(k,l)
$$

L'initialisation de l'équation (3) pour $t = 0$ est effectuée par exemple à partir des matrices de similarités initiales $S^0_{en}$ et $S^0_{fr}$ calculées dans les ensembles *EN* et *FR* respectivement.

## 3.1 Convergence

La preuve de convergence (sous conditions en pratique satisfaisables) de l'algorithme présente peu d'intérêt et nous ne la détaillerons pas. Celle-ci est une conséquence du théorème de Perron-Frobenius (Perron, 1907) (Frobenius, 1912). Il en découle l'existence d'un **point fixe unique** pour cet algorithme ainsi qu'une vitesse de **convergence exponentielle**, particulièrement utile compte tenu de la complexité de l'algorithme (cf. paragraphe 3.3). Enfin, la convergence de l'algorithme est **indépendante des conditions initiales** (i.e. des matrices de similarités initiales).

## 3.2 Interprétation

Le graphe de comparabilité est représenté par la matrice de comparabilité $C$ dont l'élément $C(k,i)$ représente la comparabilité entre le $k^{\text{ième}}$ document du corpus *EN* (anglais) et le $i^{\text{ième}}$ document du corpus *FR* (français). Cette matrice définit un graphe dont les nœuds représentent les documents et dont les arcs bidirectionnels sont pondérés par les éléments $C(k,i)$. A $t = 0$ les matrices de similarités $S^t_{en}$ et $S^t_{fr}$ sont initialisées (conformément aux mesures de similarités propres aux espaces de représentation dans lesquels sont plongés les documents, si celles-ci existent, à défaut toute matrice positive symétrique de dimension adéquate convient). La notion de sous-ensemble de documents comparables communs (intersection) est appréhendée de manière "floue" par le biais des produits $C(k,i).C(l,i)$. Ainsi, pour $t>0$, $S^t_{en}$ (resp. $S^t_{fr}$) est mise à jour à partir de $S^{t-1}_{fr}$ (resp. $S^{t-1}_{en}$). La convergence et l'existence d'un point fixe unique indépendant des conditions initiales donne une valeur particulière aux limites $\lim_{t\to+\infty} S^t_{en}$ et $\lim_{t\to+\infty} S^t_{fr}$ qui ne dépendent que du graphe de comparabilité caractérisé par la matrice $C$. On peut ainsi qualifier ces limites de ***similarités induites par une mesure de comparabilité***.

## 3.3 Complexité et simplification algorithmique

L'algorithme exploité directement dans la formulation proposée par l'équation (3) est en complexité $O(|EN|^2 \cdot |FR|^2)$ ce qui limite son exploitabilité aux petits corpus. Une simplification immédiate consiste à diminuer la complexité du graphe de comparabilité en limitant le nombre de connexions issues d'un document dans une langue donnée en ne considérant que le sous ensemble de documents qui lui sont les plus comparables dans le corpus de l'autre langue. La cardinalité des sous-ensembles de documents les plus comparables devient ainsi un paramètre de l'algorithme. Un deuxième paramètre régulant la connectivité du graphe est un seuil de comparabilité permettant d'élaguer les arcs du graphe associés à une comparabilité en dessous de ce seuil.

$$\begin{aligned} S^t_{en}(k,l) &= \sigma(k,l)\cdot \sum_{i,j\in NPC_{fr}(k)\cap NPC_{fr}(l)} C(k,i)C(k,j)S^{t-1}_{fr}(i,j)C(l,i)C(l,j) \\ S^t_{fr}(i,j) &= \sigma(i,j)\cdot \sum_{k,l\in NPC_{en}(i)\cap NPC_{en}(j)} C(k,i)C(l,i)S^{t-1}_{en}(k,l)C(k,j)C(l,j) \end{aligned} \tag{2}$$

où $NPC_{fr}(k)$ (resp. $NPC_{en}(i)$) est l'ensemble des indices des documents du corpus $FR$ (resp. $EN$) les plus comparables au document $k$ (resp. $i$)du corpus $EN$ (resp. $FR$). Les coefficients de normalisation $\nu_{fr}$ et $\nu_{fr}$ sont ajustés en conséquence. En pratique, on peut limiter le nombre maximum de documents les plus comparables à une constante $N_{pc}$. L'algorithme simplifié caractérisé par l'équation (2) est en complexité inférieure à $O(max(|EN|,|FR|)^2 \cdot N^2_{pc})$. Cette simplification n'affecte que la complexité du graphe de comparabilité et n'a donc aucune incidence sur la convergence de l'algorithme, mais peut en avoir sur sa vitesse de convergence.

# 4 Expérimentations

Nos expérimentations (mis à part le cas d'école) portent sur des documents en langues anglaise et française collectés sur le web à partir de flux RSS mis à disposition par des quotidiens ou des chaînes de télévision. Nous avons exploité 12 sources pour le corpus EN pour un total de 1702 documents en langue anglaise et 11 sources pour le corpus FR, pour un total de 2466 documents en langue française.

Les documents collectés sont constitués en principe des champs *titre*, *description* (résumé), *date* et *texte*, ce dernier correspondant à la source citée par l'item RSS collecté. Les champs textuels sont ensuite "*stemmés*", filtrés par l'utilisation d'une *stoplist* pour produire pour chaque document collecté un modèle de type *sac-de-mots* exploitant l'heuristique *tf-idf* (Spärck Jones, 1972) (bien entendu d'autres heuristiques de pondérations des mots réputées plus robustes sont possibles, par exemple l'heuristique BM25 (Robertson et Spärck Jones, 1976)). La similarité *cosinus* est utilisée dans les espaces *EN* et *FR* et le graphe de comparabilité est construit en exploitant la mesure de comparabilité définie par (Li et Gaussier, 2010) ainsi que le dictionnaire ELRA contenant 238742 couples de termes français/anglais. La comparabilité des corpus est faible puisque la mesure ne dépasse pas .35 pour toute paire de documents EN/FR. Nous avons utilisé un seuil d'*élagage* fixé à .2 en dessous duquel les liens de comparabilité sont considérés comme non existants.

La mesure de comparabilité exploitée fait intervenir un comptage du nombre des entrées lexicales *passerelles* permettant de *coupler* deux documents de langues distinctes via un lexique de traduction. Notons $d_{en}$ un document en langue anglaise et $d_{fr}$ un document en langue française. La mesure de similarité définie par (Li et Gaussier, 2010) se présente formellement sous la forme :

$$Cmp_{LG}(d_{en}, d_{fr}) = \frac{\sum_{w_1 \in Wd_{en} \cap WD_{en}} \sigma(w_1) + \sum_{w_2 \in Wd_{fr} \cap WD_{fr}} \sigma(w_2)}{|Wd_{en} \cap WD_{en}| + |Wd_{fr} \cap WD_{fr}|} \tag{3}$$

où : $Wd_i, i \in \{en, fr\}$ est le vocabulaire en langue $\mathscr{L}_i$ associé au document $d_i$ ; $WD_i$ est l'ensemble des entrées en langue $\mathscr{L}_i$ du dictionnaire bilingue utilisé présentes dans $Wd_i$ ; $\sigma(w_i)$ est une fonction indicatrice qui prend la valeur 1 si au moins une traduction de l'entrée lexicale $w_i \in Wd_i$ en langue $\mathscr{L}_i$ existe dans le vocabulaire associé au corpus de l'autre langue, 0 sinon.

## 4.1 Cas d'école construit à la main

Nous reprenons ici l'exemple proposé en Figure 1 avec les données initiales ($C(k,i)$, $S^0_{en}$,$S^0_{fr}$) et finales obtenues à l'issue de 4 itérations de l'algorithme décrit par l'équation (3) ($S^4_{en}$, $S^4_{fr}$) :

$$C = \begin{pmatrix} 1 & 1 & 0 & 0 & 0 & 0 \\ 1 & 1 & 0 & 0 & 0 & 0 \\ 0 & 0 & 1 & 1 & 1 & 1 \\ 0 & 0 & 1 & 1 & 1 & 0 \\ 0 & 0 & 0 & 1 & 1 & 1 \end{pmatrix}, S^0_{en} = \begin{pmatrix} 1. & .8 & .6 & .2 & 0. \\ .8 & 1. & .8 & .4 & .2 \\ .6 & .8 & 1. & .6 & .4 \\ .2 & .4 & .6 & 1. & .8 \\ 0. & .2 & .4 & .8 & 1. \end{pmatrix}, S^4_{en} = \begin{pmatrix} 1. & 1. & 0. & 0. & .0 \\ 1. & 1. & 0. & 0. & .0 \\ 0. & 0. & 1. & .8 & .6 \\ 0. & 0. & .8 & 1. & .8 \\ 0. & 0. & .6 & .8 & 1. \end{pmatrix},$$

$$S^0_{fr} = \begin{pmatrix} 1. & .8 & .3 & .3 & .2 & 0. \\ .8 & 1. & .5 & .5 & .3 & .2 \\ .3 & .5 & 1. & .8 & .8 & .7 \\ .3 & .5 & .8 & 1. & .8 & .8 \\ .2 & .3 & .8 & .8 & 1. & .8 \\ 0. & .2 & .7 & .8 & .8 & 1. \end{pmatrix} S^4_{fr} = \begin{pmatrix} 1. & 1. & 0. & 0. & 0. & 0. \\ 1. & 1. & 0. & 0. & 0. & 0. \\ 0. & 0. & 1. & .8 & .9 & .6 \\ 0. & 0. & .8 & 1. & 1. & .5 \\ 0. & 0. & .9 & 1. & 1. & .5 \\ 0. & 0. & .6 & .5 & .5 & 1. \end{pmatrix}$$

Les attentes initiales synthétisées en Figure 1 sont *a priori* bien satisfaites à l'issue des 4 premières itérations de l'algorithme, puisque le document *FR6* de l'ensemble *FR* s'éloigne en terme de similarité des documents *FR3*, *FR4* et *FR5*. De même, le document *EN3* de l'ensemble *EN* s'éloigne des documents *EN1* et *EN2* pour rejoindre le *cluster* constitué des documents *EN4* et *EN5*.

## 4.2 Expérimentations sur un petit corpus de 4 classes

| Classe | #EN | #FR | code |
|---|---|---|---|
| *Mali* | 10 | 10 | o |
| *Syria/Syrie* | 9 | 9 | ◇ |
| *gay* | 7 | 11 | □ |
| *Beckham* | 4 | 3 | ★ |

TABLE 1 – Petits Corpus *EN* (30 documents) et *FR* (33 documents) catégorisables en quatre classes

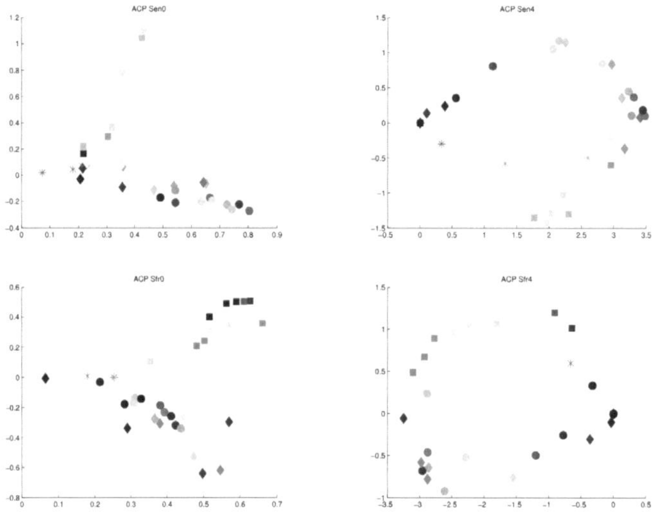

FIGURE 2 – ACP des matrices de similarités $S^0_{en}$, $S^4_{en}$ (haut) et $S^0_{fr}$, $S^4_{fr}$ (bas) sur le petit corpus

Cette expérimentation sur un nombre réduit de données a pour but d'illustrer le comportement de l'algorithme et ses potentialités, notamment sur des tâches de *clustering* et/ou d'alignement de *clusters*. Les corpus *EN* et *FR* sont constitués de documents extraits de flux RSS et sont catégorisés en quatre classes comme indiqué en table 1. Chaque classe est associée à un mot clé unique (Mali, Syrie/Syria, gay, Beckham) et chaque document possédant au moins une occurrence de mot clé correspondant à une classe est rattaché à cette classe. Un post-traitement a permis de vérifier que chaque document retenu du corpus n'appartient qu'à une seule classe. A partir des matrices de similarité initiales $S^0_{en}$ et $S^0_{fr}$, quatre itérations de l'algorithme décrit par l'équation (3) sont appliquées pour obtenir les matrices de similarités consolidées par la comparabilité $S^4_{en}$ et $S^4_{fr}$. Une analyse en composantes principales (ACP) pour chacune des quatre matrices est ensuite proposée pour visualiser les projections des documents sur les deux axes principaux. Un code de couleur est proposé pour quantifier la comparabilité moyenne des documents : rouge/forte, bleu/faible. Les résultats obtenus sont présentés en figure 2. L'effet sur le *clustering* est un éloignement des documents faiblement comparables et un rapprochement des documents comparables, tout en maintenant une proximité thématique. La comparabilité (articles de guerre) des *clusters Mali* et *Syria/Syrie* ressort dans les ACP des matrices produites par Hit-ComSim. Les axes principaux produits sur ces matrices semblent plus 'stables' que ceux produits sur les matrices initiales, caractéristique qui, si cela est reproductible, pourrait s'avérer utile pour aligner des *clusters* ou des documents et isoler les données peu comparables.

## 4.3 Expérimentations sur un corpus plus large

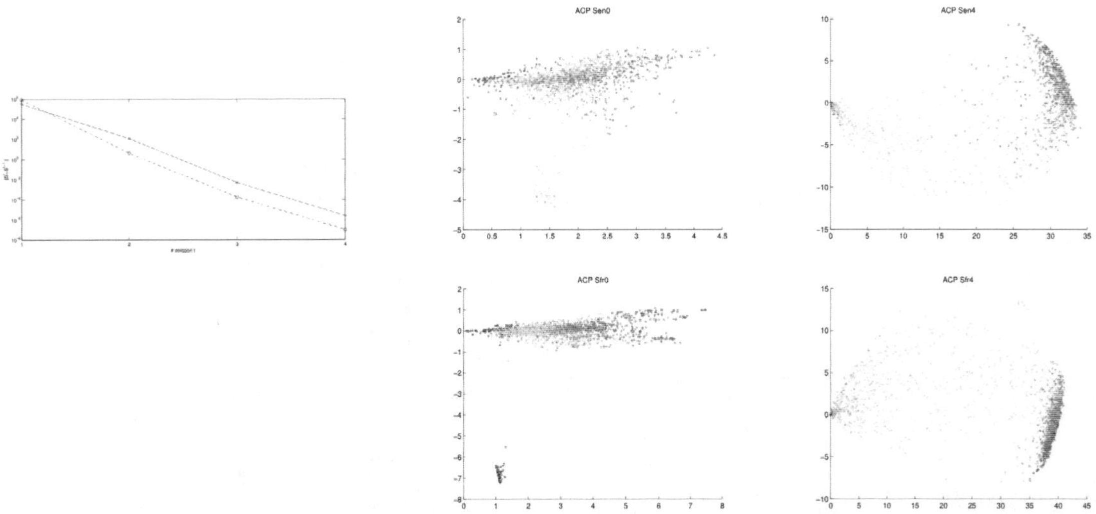

FIGURE 3 – Vitesse de convergence de l'algorithme (en haut à gauche) en échelle semi-log (en abscisse le nombre d'itérations et en ordonnée la norme des différences $||S^t_{en} - S^{t-1}_{en}||$ en bleu continu et $||S^t_{fr} - S^{t-1}_{fr}||$ en noir pointillé), et ACP pour le corpus plus large des matrices de similarités $S^0_{en}$, $S^4_{en}$ (en haut) et $S^0_{fr}$, $S^4_{fr}$ (en bas).

Cette expérience concerne l'ensemble des corpus EN (1702 documents) et FR (2466 documents) collectés. L'algorithme dans sa version simplifiée définie par l'équation (2) a été exploité sur 4 itérations avec une taille de voisinage de 32 (seuls les 32 plus proches voisins définissent la connectivité du graphe de comparabilité). La vitesse de convergence (exponentielle) de l'algorithme simplifié est présentée en figure 3 en haut à gauche sur une échelle semi-logarithmique. Les ACP effectuées sur les 4 matrices de similarité $S^0_{en}$, $S^4_{en}$, $S^0_{fr}$ et $S^4_{fr}$ sont également présentées en figure 3 en utilisant un code de couleur pour représenter la comparabilité moyenne associée à chaque document projeté sur les deux axes principaux (rouge/forte comparabilité, bleu/faible comparabilité). Cette mesure de comparabilité moyenne a du sens lorsque l'on envisage construire des corpus comparables. L'effet d'Hit-ComSim est ici encore une distribution des documents en fonction de leur comparabilité moyenne. Ainsi, les clusters isolés à comparabilité moyenne faible sont regroupés (autour de (0,0)) et séparés des documents à plus forte comparabilité moyenne distribués sur un arc de cercle centré en (0,0). Pour les matrices de similarité initiales, l'axe principal des ACP sont fortement corrélés à la comparabilité moyenne, mais des clusters à faible comparabilité moyenne sont isolés et justifient du 2ème axe principal.

# 5 Conclusion et perspectives

Nous avons proposé un algorithme (Hit-ComSim) pour étudier le couplage similarité/comparabilité, la comparabilité étant considérée sous la forme d'un graphe pondéré liant deux espaces de représentation d'objets distincts. Cet algorithme permet d'aboutir à la notion de *similarités induites par mesure de comparabilité* qui peuvent être aisément fusionnées aux similarités natives des espaces liés par comparabilité si celles-ci existent. La complexité élevée ($O(N^4)$) de l'algorithme peut être significativement simplifié en réduisant la connectivité du graphe de comparabilité. Par ailleurs, il est très possible que les matrices de similarité (les limites) produites par l'algorithme puissent être *approchées* de manière directe et calculatoire en $O(N^2)$. Au delà d'une curiosité algorithmique, les premières expériences relatives au *clustering* de données bilingues comparables montrent des potentialités utiles pour aligner des groupes de documents comparables et thématiquement cohérents. La confirmation de ces résultats préliminaires reste à établir par le biais d'expérimentations plus poussées et quantifiées, notamment pour mieux étudier l'impact des paramètres de l'algorithme, en particulier ceux qui déterminent la connectivité du graphe de comparabilité. L'enrichissement des mesures de comparabilité en tenant compte des fréquences d'occurrence et de traduction ou encore des relations sémantiques (synonymie, hyponymie et hyperonymie) induites (c.f. (Apidianaki et He, 2010) par exemple) est naturellement possible. D'autres tâches comme la *bi-classification* de documents bilingues sont également envisagés. Enfin, une approche complémentaire relative au *renforcement de la comparabilité par les similarités* peut être considérée.

# Références

APIDIANAKI, M. et HE, Y. (2010). An algorithm for cross-lingual sense clustering tested in a mt evaluation setting. *In Proceedings of the 7th International Workshop on Spoken Language Translation (IWSLT 2010)*, pages 219–226.

DÉJEAN, H. et GAUSSIER, E. (2002). Une nouvelle approche a l'extraction de lexiques bilingues à partir de corpus comparables. *Lexicometrica*, Numéro spécial, corpus alignés:1–22.

EAGLES (1996). Expert advisory group on language engineering standards guidelines : http ://www.ilc.pi.cnr.it/eagles96/browse.html. Rapport technique.

FROBENIUS, G. (1912). *Über Matrizen aus nicht negativen Elementen*. Reimer.

LI, B. et GAUSSIER, E. (2010). Improving corpus comparability for bilingual lexicon extraction from comparable corpora. *In COLING*, pages 644–652.

LI, B., GAUSSIER, E. et AIZAWA, A. (2011). Clustering comparable corpora for bilingual lexicon extraction. *In Proceedings of the 49th Annual Meeting of the Association for Computational Linguistics : Human Language Technologies : short papers - Volume 2*, HLT '11, pages 473–478, Stroudsburg, PA, USA. Association for Computational Linguistics.

PERRON, O. (1907). Zur theorie der matrices. *Mathematische Annalen*, 64:248–263.

ROBERTSON, S. E. et SPÄRCK JONES, K. (1976). Relevance weighting of search terms. *Journal of the American Society for Information Science*, 27, n.3:129—-146.

SPÄRCK JONES, K. (1972). A statistical interpretation of term specificity and its application in retrieval. *Journal of Documentation*, 28:11–21.

# ProLMF version 1.2. Une ressource libre de noms propres avec des expansions contextuelles

Denis Maurel, Béatrice Bouchou Markhoff
Université François Rabelais Tours
denis.maurel@univ-tours.fr, beatrice.bouchou@univ-tours.fr

RÉSUMÉ

ProLMF est la version LMF de la base lexicale multilingue de noms propres Prolexbase. Disponible librement sur le site du CNRTL, la version 1.2 a été largement améliorée et augmentée par de nouvelles entrées en français, complétées par des expansions contextuelles, et par de petits lexiques en une huitaine de langues.

ABSTRACT

ProLMF 1.2, Proper Names with their Expansions

ProLMF is the LMF version of Prolexbase, a multilingual lexical database of Proper Names. It can be freely downloaded on the CNRTL Website. Version 1.2 had been widely improved and increased, with new French entries whose description includes contextual expansions, and eight small lexica for other languages.

MOTS-CLÉS : ressource libre, base lexicale multilingue, noms propres, expansions contextuelles, schémas de contextualisation, relations sémantiques, alias, point de vue, Prolexbase.
KEYWORDS: free resource, multilingual lexical database, Proper Names, context, semantic relations, alias, point of view, Prolexbase.

## 1 Les bases de données lexicales

Parmi les ressources utilisées en TAL, les bases de données lexicales occupent une place importante, souvent à l'origine d'applications diverses. Citons entre autres Wordnet (Miller et al., 1990), les dictionnaires Dela (Courtois, Silberztein, 1990), le lexique Morphalou (Romary et al., 2004), le projet Papillon (Mangeot-Lerebours et al., 2003), etc. D'autres ressources libres comme Wikipédia, DBpedia (Auer, Lehmann, 2007), Geonames, Yago 2 (Hoffart et al., 2012), etc., sont structurées autour des entrées lexicales, qu'elles décrivent avec éventuellement des relations paradigmatiques, mais sans informations linguistiques.

Prolexbase (Tran et Maurel, 2006) a la particularité de rassembler des noms propres, en s'intéressant aussi à la morphologie flexionnelle et dérivationnelle de ces noms. Une première version de ProLMF (Bouchou et Maurel, 2008) a été déposée en 2008 sur le site Prolex[1] du CNRTL (Centre national de ressources textuelles et linguistiques), sous une licence libre. Les concepts les plus importants de Prolexbase sont ceux de *point de vue sur un référent* et de *prolexème*. Le premier concept, interlingue, matérialisé par un pivot, signifie que des entrées de Prolexbase peuvent correspondre dans la réalité à un même référent, s'il s'agit de points de vue différents sur celui-ci. Prenons l'exemple récent du pape *François* et

[1] http://www.cnrtl.fr/lexiques/prolex/.

du cardinal *Jorge Bergoglio* : ces deux noms propres correspondraient à deux pivots différents. Le second concept est un ensemble de formes morphosémantiquement (Fellbaum et Miller, 2003) liés à la projection du pivot dans une langue. En français, cet ensemble comprend en général le nom propre lui-même, parfois une forme courte ou un acronyme, souvent un nom et un adjectif relationnels, ces derniers étant les seuls à se fléchir[2]. Dans d'autres langues, où la morphologie flexionnelle et/ou dérivationnelle est plus développée, ce prolexème peut comprendre un grand nombre de lemmes et de formes. Les pivots sont reliés entre eux par trois relations : la synonymie, la méronymie et l'accessibilité (voir section 2.4).

# 2 Présentation générale de ProLMF

## 2.1 La norme LMF

La norme LMF (ISO 24613:2008) pour *Lexical Markup Framework* est un meta modèle de représentation des données lexicales (Francopoulo et al., 2006). LMF permet la représentation de bases très différentes dans leurs conceptions, de la simple liste de mots aux bases morphologiques, sémantiques, multilingues, etc. Elle est composée d'un module central (le *core package*) et d'extensions. Le module central, obligatoire, contient les informations générales (par exemple le codage des caractères), le lemme et, facultativement, une ou des formes, un ou des sens. Les extensions permettent de traiter la syntaxe, la sémantique, la morphologie, le multilinguisme, etc. Les attributs de chaque classe respectent, dans la mesure du possible, le registre des *Data categories* (Francopoulo et al., 2008). La Figure 1 présente les classes utilisées par ProLMF ; les classes grisées correspondent à la partie multilingue.

ProLMF 1.2 comporte :

- un lexique français avec lemme, forme et sens pour chaque entrée lexicale, ainsi que des schémas de contextualisation ;
- quelques petits lexiques (allemand, anglais, italien, néerlandais, polonais, portugais et serbe) avec uniquement lemme et sens ;
- et une description au niveau multilingue avec des informations typologiques et, surtout, des relations entre pivots (synonymie, méronymie et accessibilité).

## 2.2 Les informations globales

Les informations globales indiquent que ProLMF respecte la norme ISO 639 pour le codage des noms de langues sur trois lettres[3] et la norme ISO 15924 pour le codage des noms d'écriture sur quatre lettres[4] ; elles indiquent aussi que le codage des caractères est implanté en UTF-8.

[2] Par exemple le pivot 38558 correspond en français à cinq lemmes et à un ensemble de dix-sept formes {Paris, Parisien, Parisienne, Parisiens, Parisiennes, parisien, parisienne, parisiens, parisiennes, Parigot, Parigote, Parigots, parigotes, parigot, parigote, parigots, parigotes}, qui ne contient pas *parisianisme*, pourtant bien dérivé morphologiquement de Paris, mais dont le sens est lexicalisé.

[3] C'est-à-dire respectivement : *deu, eng, fra, ita, nld, pol, por, spa* et *srp*.

[4] C'est-à-dire *latn* pour *latin* et *cyrl* pour *cyrillique*.

```
<LexicalRessource>
  <GlobalInformation languageCoding="ISO 639" scriptCoding="ISO 15924" characterCoding="UTF-8"
entrySource="Prolexbase" resourceName="ProLMF" version="1.2"/>
```

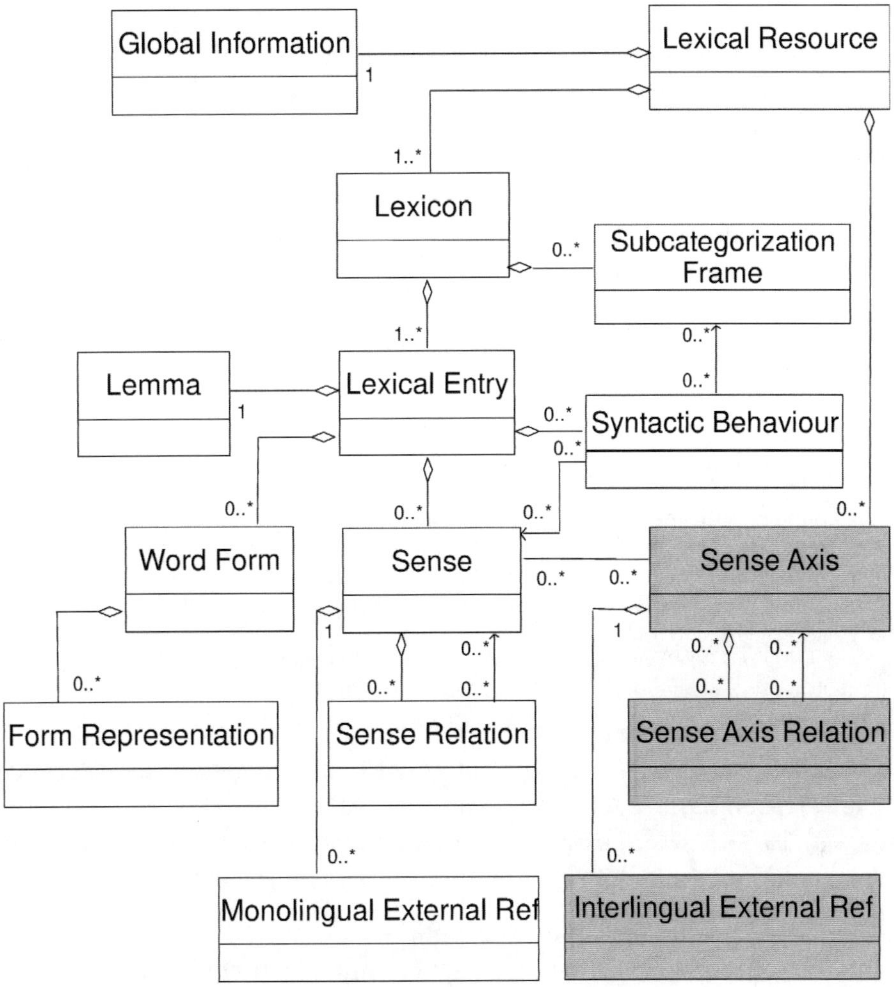


FIGURE 1 – Les classes utilisées par ProLMF.

Chaque lexique comporte comme attribut son code de langue et son code d'écriture. Lorsque deux écritures sont utilisées, comme par exemple en serbe (latin et cyrillique), il faudrait en principe distinguer ces écritures à l'intérieur de chaque forme. La version 1.2 de ProLMF n'implante pas cette solution. À titre transitoire, nous avons créé deux lexiques serbes, un en latin et l'autre en cyrillique.

```
<Lexicon languageIdentifier="deu" script="latn">
...
</Lexicon>
...
<Lexicon languageIdentifier="srp" script="cyrl">
...
</Lexicon>
```

## 2.3 Les entrées lexicales

Une entrée lexicale correspond à une seule partie du discours et comporte un lemme, une ou des formes et un ou des sens. Comme cela a été dit plus haut, pour les langues autres que le français, la partie forme n'est pas renseignée. Sinon, chaque forme comprend son genre et son nombre.

Par exemple, la ville de Paris en serbe a pour lemme *Pariz* :

```
<LexicalEntry partOfSpeech="noun">
  <Lemma>Pariz</Lemma>
  <Sense idSense="P400" refSenseAxis="38558" termProvenance="fullForm" label="properName"/>
</LexicalEntry>
```

Dans la norme LMF, les entrées sont regroupées par catégories du discours, lemmes et formes ; les sens peuvent différer. Pour ProLMF, lorsqu'il y a plusieurs sens, il s'agit d'homographes. Par exemple, l'adjectif relationnel *neuilléen* correspond dans la base à deux villes : *Neuilly-l'Évêque* (*rarelyUsed* !) -pivot : 13346- et, bien sûr, *Neuilly-sur-Seine* -pivot : 18220-.

```
<LexicalEntry partOfSpeech="adjective">
  <Lemma>neuilléen</Lemma>
  <WordForm grammaticalGender="masculine" grammaticalNumber="singular">neuilléen</WordForm>
  <WordForm grammaticalGender="masculine" grammaticalNumber="plural">neuilléens</WordForm>
  <WordForm grammaticalGender="feminine" grammaticalNumber="singular">neuilléenne</WordForm>
  <WordForm grammaticalGender="feminine" grammaticalNumber="plural">neuilléennes</WordForm>
  <Sense idSense="D8233" refSenseAxis="13346" termProvenance="relationalAdjective"
frequency="rarelyUsed" label="derivative" refSense="P13346"/>
  <Sense idSense="D11433" refSenseAxis="18220" termProvenance="relationalAdjective"
frequency="infrequentlyUsed" label="derivative" refSense="P18220"/>
</LexicalEntry>
```

Le sens comprend jusqu'à six attributs : un identifiant (*idSense*), la référence au pivot multilingue (*refSenseAxis*), éventuellement la catégorie d'alias [5] ou de dérivé [6] (*termProvenance*), la notoriété[7] (*frequency*), l'indication s'il s'agit d'un nom propre ou d'un dérivé (*label*) et, dans ce dernier cas, la référence au sens dont il est dérivé (*refSense*)[8].

Dans le cas d'un nom propre, chaque sens peut être associé à un ou des contextes ; ces contextes sont décrits dans le lexique correspondant, au même niveau que les entrées lexicales (voir section 2.5).

## 2.4 La partie multilingue

Comme cela a été rappelé en section 1, la partie multilingue comprend un pivot par « point de vue » sur un nom propre. Par exemple, on distinguera un pivot pour *Paris* -pivot : 38558- et un autre pour *Ville lumière* -pivot : 55120-, même si le référent, la ville de Paris est le même. Ces deux pivots seront en relation de synonymie diaphasique[9]. Deux autres

[5] Par exemple : *fullForm, shortForm, acronym...*

[6] Par exemple : *relationalAdjective, relationalName, quasiRelationalName...*

[7] Suivant les *data categories*, l'attribut de notoriété prend trois valeurs : *rarelyUsed*, *infrequentlyUsed* et *commonlyUsed*.

[8] En français, c'est en général le nom propre ou un alias, comme *Onusien*, dérivé de *Onu* et non d'*Organisation des Nations Unis*. Dans des langues à forte productivité dérivationnelle, comme le serbe, cet attribut est beaucoup plus diversifié.

[9] Nous utilisons les traits définis par (Coseriu, 1998) : *diaphasique* (variation d'emploi), *diachronique* (variation dans le temps), *diatopique* (variation dans l'espace) et *diastratique* (variation socio-culturelle).

relations[10] existent : la méronymie[11] (les Champs-Élysées -pivot : 49215- est une avenue parisienne) et l'accessibilité[12] (Paris est la capitale de la France -pivot : 27-). Ces pivots sont associés à la typologie des noms propres du projet Prolex et à un paradigme d'existence[13] :

```
<SenseAxis id="38558">
  <InterlingualExternalRef externalSystem="typology" externalReference="city"/>
  <InterlingualExternalRef externalSystem="existence" externalReference="historical"/>
  <SenseAxisRelation label="partitiveRelation" refSenseAxis="49215"/>
  <SenseAxisRelation label="quasiSynonym" refSenseAxis="55120" usageNote="diaphasic"/>
  <SenseAxisRelation id="1" label="associativeRelation" refSenseAxis="27" subjectField="capital"/>
</SenseAxis>
```

## 2.5 Les règles d'aliasisation

Dans la version 1.2, un grand nombre d'alias ont été ajoutés par des règles d'aliasisation, pour permettre la création automatique de formes courtes[14]. Par exemple, le prolexème *Wolfgang Amadeus Mozart* est complété par l'alias *Wolfgang Mozart* et les noms de ville construits avec une préposition et un toponyme, comme *Neuilly sur Seine*, sont pour une grande part associés à une forme courte sans complément prépositionnel, comme *Neuilly*.

# 3 Les expansions contextuelles

La nouveauté la plus importante de ProLMF 1.2 est l'introduction de règles d'expansion contextuelle. Celles-ci peuvent se diviser en trois catégories :

- La présence éventuelle d'un déterminant (*la France*) et le choix de la préposition locative pour les noms de pays (*en France*).
- l'expansion classifiante (*la ville de Paris*)
- l'expansion d'accessibilité (*Paris, la capitale de la France*)

Certains sens sont aussi complétés par un lien vers Wikipédia (classe MonolingualExternalRef).

## 3.1 Déterminants et prépositions locatives

Les noms propres en français sont parfois précédés d'un déterminant. Nous avons noté cette information en indiquant de quel déterminant il s'agit. Dans le cas particulier des noms de pays, nous avons indiqué aussi la préposition locative à utiliser. Par exemple *France* est en général précédé de l'article *la* et s'utilise avec la préposition *en* (contrairement à *Portugal*, par exemple). Cette indication se trouve dans le sens associé à l'entrée lexicale France :

---

[10] Toutes les relations ne sont bien sûr notée qu'une fois, sur un seul des deux pivots.

[11] Celle-ci comprend les relations classiques (lieux et évènements), mais nous l'avons aussi étendue aux filiales d'entreprises, à la nationalité des personnes, etc.

[12] Dans un « dictionnaire de noms propres », un nom propre est accessible via un autre nom propre et non via une définition. L'accessibilité comporte volontairement dans Prolexbase douze repérages (*subjectFile*) très larges : *relative, creator, capital*... Ces repérages seront démultipliés dans chaque langue par les contextes d'accessibilité (section 3).

[13] La typologie Prolex est volontairement réduite à trente types et supertypes. Celui-ci comprend trois valeurs.

[14] L'application de ces règles est bien sûr supervisée, comme toute la base. Dans ProLMF, ces alias ne sont pas distingués des alias entrés manuellement, mais cette information est dans Prolexbase, ainsi que la règle appliquée.

```
<LexicalEntry partOfSpeech="noun">
  <Lemma>France</Lemma>
  <WordForm grammaticalGender="feminine" grammaticalNumber="singular">France</WordForm>
  <Sense idSense="P27" refSenseAxis="27" termProvenance="fullForm" frequency="commonlyUsed"
label="properName">
     <SyntacticBehaviour refSubcategorizationFrame="C03"/>
     <SyntacticBehaviour refSubcategorizationFrame="C07"/>
     <MonolingualExternalRef externalSystem="Wikipedia"
externalReference="http://fr.wikipedia.org/wiki/France"/>
  </Sense>
</LexicalEntry>
```

Les balises *SyntacticBehaviour* font référence à des règles de sous-catégorisation, elles aussi décrites dans le lexique, après les entrées lexicales :

```
<SubcategorizationFrame id="C03" introducer="Determiner">la</SubcategorizationFrame>
<SubcategorizationFrame id="C07" introducer="locativePreposition">en</SubcategorizationFrame>
```

Cette relation s'applique à tous les noms propres de la base, prolexèmes et alias.

## 3.2 Les expansions

La relation d'expansion classifiante associe à un prolexème une expansion qui peut apparaître, soit à sa gauche, soit à sa droite. Toutes les expansions qui existent dans une langue ne se retrouvent pas forcément dans une autre langue. Si l'expansion d'un nom propre est omise dans un texte, il est parfois nécessaire de la rétablir lors de la traduction de celui-ci, afin d'apporter un complément d'information au lecteur. Ainsi, le nom propre *la Loire* devient en anglais *the Loire River*. Dans la version 1.2, un grand nombre de prolexèmes sont liés à des expansions, comme des précisions toponymiques (ville, rivière, aéroport...), des professions (acteur, industriel, compositeur...) ou autres (archange, cité légendaire, fête...).

La relation d'expansion d'accessibilité est la projection dans une langue de la relation d'accessibilité sur les pivots interlingues. Comme cela a été rappelé ci-dessus, la relation d'accessibilité comprend une indication très large de repérage (capitale, parent, créateur...) qui correspond à diverses informations (père/frère, auteur/compositeur...). Ces formes sont parfois différentes d'une langue à l'autre et d'un mot à l'autre (par exemple, le repérage *capitale* donnera en français *capitale* ou *chef lieu*, suivant le nom propre considéré).

Par exemple, *Paris* -pivot : 38558- a pour expansion classifiante *la ville de* et pour expansion d'accessibilité *la capitale de*, toutes deux féminin et singulier :

```
<LexicalEntry partOfSpeech="noun">
  <Lemma>Paris</Lemma>
  <WordForm grammaticalGender="masculineFeminine"
grammaticalNumber="singular">Paris</WordForm>
  <Sense idSense="P38558" refSenseAxis="38558" termProvenance="fullForm" frequency="commonlyUsed"
label="properName">
     <SyntacticBehaviour refSubcategorizationFrame="CC222"/>
     <SyntacticBehaviour refSenseAxisRelation="1" refSubcategorizationFrame="AC4"/>
     <SyntacticBehaviour refSubcategorizationFrame="C01"/>
     <MonolingualExternalRef externalSystem="Wikipedia"
externalReference="http://fr.wikipedia.org/wiki/Paris"/>
  </Sense>
</LexicalEntry>
```

Avec les descriptions suivantes :

<SubcategorizationFrame id="C01" introducer="Determiner">zero</SubcategorizationFrame>
<SubcategorizationFrame id="CC222" introducer="classifyingContext" grammaticalGender="feminine" grammaticalNumber="singular">la ville de </SubcategorizationFrame>
<SubcategorizationFrame id="AC4" introducer="accessibilityContext" grammaticalGender="feminine" grammaticalNumber="singular">la capitale de la </SubcategorizationFrame>

## 4 Conclusion

Nous avons présenté dans cet article ProLMF 1.2 en détaillant les différences significatives avec la version 1.1. Cette ressource est disponible sur le site Prolex[15] du CNRTL (Centre national de ressources textuelles et linguistiques) sous une licence LGPL-LR, accompagnée d'un schéma XML. Le tableau 1 indique le nombre d'entrées pour chaque langue.

| ProLMF 1.2 | | |
|---|---|---|
| fra | 73 029 | Entrées lexicales[16] |
| | 10 | Déterminants et prépositions locatives |
| | 228 | Expansions classifiantes |
| | 101 | Expansions d'accessibilité |
| deu | 1 124 | Entrées lexicales (Lemmes) |
| eng | 790 | |
| ita | 751 | |
| nld | 683 | |
| pol | 8 236 | |
| por | 523 | |
| spa | 741 | |
| srp-latn | 1355 | |
| srp-cyrl | 980 | |

TABLE 1 – ProLMF 1.2 en chiffres

[15] http://www.cnrtl.fr/lexiques/prolex/.
[16] Dont 3 267 entrées lexicales obtenues par des règles d'aliasisation.

Nous avons comme perspective pour la poursuite de ce travail :

- le complément des liens vers Wikipédia et l'introduction de liens vers Geonames ;
- la mise en ligne sur le site du CNRTL d'une version 2.1 de ProLMF avec un nombre important d'entrées lexicales en anglais et en polonais ;
- l'ajout de la langue arabe (à plus long terme).

## Remerciements

Nous remercions vivement ceux qui, après téléchargement de ProLMF 1.1, ont pris la peine de nous signaler des erreurs et des suggestions. Tout particulièrement Pascal Malaise, Karen Fort et Benoît Sagot. Nous remercions aussi Małgorzata Spędzia qui a créé le module polonais de la version 1.2.

## Références

AUER S., LEHMANN J. (2007). What have Innsbruck and Leipzig in common? Extracting Semantics from Wiki Content. ESWC 2007. LNCS 4519:503-517.

BOUCHOU B., MAUREL D. (2008), Prolexbase et LMF: vers un standard pour les ressources lexicales sur les noms propres, *Traitement automatique des langues*, 49(1):61-88.

COSERIU E. (1998), Le double problème des unités dia-s, *Les Cahiers δια. Etudes sur la diachronie et la variation linguistique* 1:9-16.

COURTOIS B., SILBERZTEIN M. (1990), Dictionnaires électroniques du français, *Langues française*, 87:11-22.

FELLBAUM C., MILLER G. A. (2003), Morphosemantic Links in WordNet, TAL, 44(2):69–80.

FRANCOPOULO G., MONTE G., CALZOLARI N., MONACHINI M., BEL N., PET M., SORIA C. (2006), Lexical Markup Framework (LMF), LREC 2006.

FRANCOPOULO G., DECLERCK T., SORNLERTLAMVANICH V., DE LA CLERGERIE E., MONACHINI M. (2008), Data Category Registry: morpho-syntactic and syntactic profiles, Workshop *Uses and usage of language resource-related standards* (*LREC'2008*), 31-39.

HOFFART J., SUCHANEK F. M., BERBERICH K., WEIKUM G. (2012). YAGO2: A Spatially and Temporally Enhanced Knowledge Base from Wikipedia. Artificial Intelligence Journal, Special Issue on Artificial Intelligence, Wikipedia and Semi-Structured Resources.

MANGEOT-LEREBOURS M., SÉRASSET G., LAFOURCADE M. (2003), Construction collaborative d'une base lexicale multilingue, le projet Papillon, TAL, 44-2:151-176.

MILLER G., BECKWITH R., FELLBAUM C., GROSS D., MILLER K. (1990), Introduction to WordNet : an on-line lexical database, *International Journal of Lexicography*, 3:235-244.

ROMARY L., SALMON-ALT S. FRANCOPOULO G. (2004), Standards going concrete: from LMF to Morphalou, in Workshop on Electronic Dictionaries, COLING-04.

TRAN M., MAUREL D. (2006), Prolexbase : Un dictionnaire relationnel multilingue de noms propres, *Traitement automatique des langues*, Vol. 47(3):115-139.

# Vers un décodage guidé pour la traduction automatique

Benjamin Lecouteux et Laurent Besacier
Laboratoire d'Informatique de Grenoble (LIG), Université de Grenoble
benjamin.lecouteux@imag.fr, laurent.besacier@imag.fr

RÉSUMÉ
Récemment, le paradigme du décodage guidé a montré un fort potentiel dans le cadre de la reconnaissance automatique de la parole. Le principe est de guider le processus de décodage via l'utilisation de transcriptions auxiliaires. Ce paradigme appliqué à la traduction automatique permet d'envisager de nombreuses applications telles que la combinaison de systèmes, la traduction multi-sources etc. Cet article présente une approche préliminaire de l'application de ce paradigme à la traduction automatique (TA). Nous proposons d'enrichir le modèle log-linéaire d'un système primaire de TA avec des mesures de distance relatives à des systèmes de TA auxiliaires. Les premiers résultats obtenus sur la tâche de traduction Français/Anglais issue de la campagne d'évaluation WMT 2011 montrent le potentiel du décodage guidé.

ABSTRACT
**Driven Decoding for machine translation**

Recently, the concept of driven decoding (DD), has been sucessfully applied to the automatic speech recognition (speech-to-text) task : an auxiliary transcription guide the decoding process. There is a strong interest in applying this concept to statistical machine translation (SMT). This paper presents our approach on this topic. Our first attempt in driven decoding consists in adding several feature functions corresponding to the distance between the current hypothesis decoded and the auxiliary translations available. Experimental results done for a french-to-english machine translation task, in the framework of the WMT 2011 evaluation, show the potential of the DD approach proposed.

MOTS-CLÉS : Décodage guidé, traduction automatique, combinaison de systèmes.

KEYWORDS: Driven Decoding, machine translation, system combination.

# 1 Introduction

Le concept du décodage guidé (Lecouteux *et al.*, 2012, 2013) a montré un fort potentiel dans le cadre de la reconnaissance automatique de la parole. Le principe est de guider le processus de décodage via l'utilisation de transcriptions auxiliaires. Ce paradigme appliqué à la traduction automatique permet d'envisager de nombreuses applications telles que la combinaison de systèmes, la traduction multi-sources (à partir de différentes langues, ou à partir de sorties de différents systèmes de reconnaissance de la parole dans le cas de la traduction de la parole), l'utilisation de systèmes en ligne (comme *Google traduction*), le recalcul en temps réel d'hypothèses de traduction dans une interface de post-édition, etc.

Cet article présente un travail préliminaire concernant l'application du paradigme de décodage guidé à la traduction automatique (TA). Nous proposons d'utiliser les systèmes de TA Français/Anglais de deux laboratoires (le LIA et le LIG) présentés dans (Potet *et al.*, 2011). Ces systèmes sont des systèmes de traduction statistiques à base de séquences (phrase-based (Koehn, 2010)). Dans ces approches, un score de vraisemblance est calculé pour chaque phrase candidate à la traduction, en fonction de la phrase source ; et ce score résulte de la combinaison log-linéaire d'un ensemble de paramètres.

Notre première approche introduisant le décodage guidé consiste en l'addition de paramètres, dans le modèle log-linéaire, modélisant la distance entre l'hypothèse courante (notée H) et la transcription auxiliaire (notée T) : d(T,H). Avec l'introduction de ces nouveaux paramètres, les N meilleures hypothèses sont alors réévaluées et réordonnées.

L'article s'articule ainsi : la section 2 propose un état de l'art relatif au travail présenté. La section 3 présente notre approche, les sections 4 et 5 décrivent respectivement le système de traduction étalon utilisé et nos expérimentations qui sont analysées plus finement dans la section 6. La dernière section est consacrée à nos conclusions et à quelques perspectives.

# 2 État de l'art

Contrairement à la reconnaissance automatique de la parole, la traduction automatique propose une grande variété de systèmes basés sur des concepts différents. Même parmi les systèmes statistiques, on trouve de nombreuses variantes telles que les systèmes à base de segments, les systèmes hiérarchiques ou les approches syntaxiques. Ceci complique la combinaison d'hypothèses en TA car on est confronté à des hypothèses potentiellement très différentes en terme de fluidité, d'ordre de mots, etc.

Dans un premier temps, nous présentons le concept de décodage guidé utilisé dans les systèmes de reconnaissance automatique de la parole (SRAP). Ensuite, nous présentons les approches de combinaison de systèmes existantes dans le cadre de la TA.

## 2.1 Reconnaissance de la parole guidée par des transcriptions approchées

Dans (Lecouteux *et al.*, 2012, 2013), nous proposons l'utilisation de transcriptions auxiliaires pour améliorer les performances d'un SRAP. Nous montrons que même des informations bruitées peuvent apporter une aide précieuse et exploitable. Pour ce faire, deux méthodes complémentaires sont exploitées : la combinaison d'un modèle de langage générique avec un modèle estimé sur la transcription imparfaite (permettant de réduire l'espace linguistique et de le focaliser sur la tâche) et la réestimation dynamique de la fonction de coût du SRAP en fonction de la ressemblance de l'hypothèse courante avec la transcription auxiliaire. Ainsi, la probabilité de l'hypothèse courante est biaisée par la transcription auxiliaire. Différents types de transcriptions auxiliaires peuvent être utilisés, comme par exemple des transcriptions issues d'autres SRAP, aboutissant finalement à une combinaison. Ainsi, en associant une hypothèse auxiliaire et ses scores de confiance, il est possible d'influencer dynamiquement la probabilité linguistique. Cette approche a montré des gains supérieurs aux méthodes de combinaison classiques (i.e. ROVER) pour des tâches de transcription de parole.

## 2.2 Combinaison de systèmes de traduction automatique

### 2.2.1 Décodage de réseaux de confusion

De nombreux problèmes se présentent pour la fusion de réseaux de confusion (RC), dans le cadre de la TA. L'un des plus importants est relatif aux erreurs d'alignement entre hypothèses, qui génèrent des erreurs grammaticales. Le décodage de réseaux de confusion pour la TA a été proposé par (Bangalore, 2001). Les hypothèses sont alignées en utilisant une distance de Levensthein, en vue de les fusionner en RC. L'étape la plus importante consiste à sélectionner une hypothèse "patron" servant de base à l'alignement. Dans (Rosti *et al.*, 2007b), les sorties *1-best* de chaque système sont utilisées à tour de rôle comme patron et la mesure TER (Term Error Rate) entre le patron et les hypothèses concurrentes est estimée dans chaque cas. Au final, le score TER minimal permet de retenir l'hypothèse patron $E_s$ telle que : $E_s = \arg\min_{E \in E_i} \sum_{j=1}^{N_s} TER(E_j, E_i)$ où $N_s$ est le nombre de systèmes.

Finalement, un réseau est construit en agrégeant toutes les hypothèses. Dans cette approche les auteurs montrent que des paramètres supplémentaires peuvent être rajoutés dans le modèle log-linéaire, comme les probabilités a posteriori relatives à chaque arc du RC. Dans cette approche, l'ordre de la combinaison est fortement influencé par la qualité de l'hypothèse patron.

Dans (Rosti *et al.*, 2007a), une combinaison basée sur les scores de confiance a posteriori de différents systèmes est introduite. Dans la partie expérimentale de leurs travaux, les auteurs combinent trois systèmes à base de segments, deux systèmes hiérarchiques et un syntaxique. Tous les systèmes sont entraînés sur les mêmes données. Les poids des décodeurs sont optimisés selon TER ou BLEU en fonction du système. Les résultats de combinaison montrent une amélioration significative par rapport au meilleur système initial.

### 2.2.2 Réordonnancement des meilleures hypothèses.

L'article (Hildebrand et Vogel, 2009) présente une approche où les scores des N meilleures hypothèses sont réestimés. Les N meilleures hypothèses de chaque système sont combinées et des paramètres sont rajoutés au modèle log-linéaire (modèle de langage, informations lexicales, etc.). Les poids du modèle sont alors recalculés en vue de réordonner optimalement les hypothèses. Les expériences décrites dans (Hildebrand et Vogel, 2009) montrent la nécessité de sélectionner un nombre N de meilleures hypothèses optimal, 50 dans ce cas précis. Avec cette méthode, les auteurs combinent incrémentalement 4 systèmes, montrant une amélioration corrélée au nombre de systèmes introduits.

Des approches basées sur le réordonnancement d'hypothèses sont également présentées dans (Li *et al.*, 2009) et (Hildebrand et Vogel, 2008) où les auteurs sélectionnent les hypothèses faisant consensus avec différents systèmes : pour cela ils introduisent dans le modèle log-linéaire des paramètres de consensus. À la différence de notre approche, les systèmes auxiliaires ne sont pas considérés comme des boîtes noires.

La prochaine section présente le paradigme du décodage guidé où seules les meilleures hypothèses (1-best) issues des systèmes auxiliaires sont exploitées en vue d'améliorer un système primaire. Il est donc important de mentionner que notre approche considère les systèmes auxiliaires comme étant des "boites noires".

# 3 Décodage guidé pour la traduction automatique

## 3.1 Principe général

Dans un premier temps, notre implémentation consiste en l'ajout de plusieurs paramètres dans le modèle log-linéaire, afin de réordonner les hypothèses. D'un point de vue pratique, ces scores sont rajoutés aux N-meilleures hypothèses directements issues du décodeur. Les scores additionnels correspondent à la distance entre l'hypothèse courante (notée H) et la traduction auxiliaire (notée T) : d(T,H). Nous utilisons dans notre cas les hypothèses fournies par le système du LIA et utilisons deux transcriptions auxiliaires (LIG et Google). Dans cette situation, deux scores de distance sont rajoutés au modèle log-linéaire. La distance utilisée est décrite dans la section suivante.

## 3.2 Mesure de distance utilisée

Nous proposons d'utiliser le BLEU comme distance entre les systèmes. Le score BLEU correspond à la moyenne géométrique de la précision n-gramme. Un score BLEU élevé suggère donc une traduction de meilleure qualité, d'où son utilisation comme métrique d'évaluation de similarité entre différents systèmes. Pour le décodage guidé, nous utilisons une distance BLEU lissée au niveau de la phrase comme présenté dans (Lin et Och, 2004). Évidemment, nous souhaitons introduire des mesures de distance supplémentaires dans des travaux futurs, mais seul BLEU est utilisé dans cet article qui peut être vu comme une "preuve de concept".

## 3.3 Réordonnancement des hypothèses et combinaison

La combinaison est appliquée sur les 500 meilleures hypothèses extraites du système primaire (LIA) en utilisant l'option *distinct* de Moses (ceci élimine les doublons). Chaque hypothèse comporte un ensemble de 14 scores : 1 pour le modèle de langage, 5 pour le modèle de traduction, 1 score de distorsion, 7 scores de réordonnancement et un score de pénalité. A ces scores, nous ajoutons donc une mesure de similarité pour chaque système auxiliaire.

Les poids de combinaison sont optimisés en maximisant le score BLEU au niveau de la phrase en utilisant l'algorithme MIRA (Margin Infused Relaxed Algorithm) (Hasler *et al.*, 2011). Le choix de MIRA est motivé par une meilleure stabilité observée dans le cas d'optimisation de nombreux paramètres. Nous effectuons une centaine d'itérations et le paramètre $C$ est fixé à 0.001.

En ce qui concerne le décodage, un score est calculé pour chaque phrase (via la combinaison log-linéaire) et les phrases sont réordonnées en fonction des nouveaux scores calculés.

# 4 Système de référence

## 4.1 Données

Les systèmes LIG et LIA ont été entraînés à partir des données fournies lors de la campagne d'évaluation WMT 2011 et sur le corpus Gigaword fourni par le LDC. La Table 4.1 récapitule l'ensemble des données utilisées et introduit les notations pour les corpus qui seront utilisées dans la suite de l'article. Quatre corpus ont été utilisés pour construire le modèle de traduction : *news-c*, *euro*, *UN* et *giga* et trois corpus sont utilisés pour apprendre le modèle de langage. Enfin, deux corpus parallèles ont servi à optimiser les paramètres : *tuning-mt-LIG-LIA* a été utilisé pour

| | CORPUS | DÉSIGNATION | NB PHRASES |
|---|---|---|---|
| Apprentissage | News Commentary v6 | *news-c* | 116 k |
| bilingue | Europarl v6 | *euro* | 1.8 M |
| Anglais/Français | UN corpus | *UN* | 12 M |
| | $10^9$ corpus | *giga* | 23 M |
| Apprentissage | News Commentary v6 | *mono-news-c* | 181 k |
| monolingue | Shuffled News Crawl (2007 à 2011) | *news-s* | 25 M |
| Anglais | Europarl v6 | *mono-euro* | 1.8 M |
| Développement | newstest2008 + newssyscomb2009 | *dev* | 2553 |
| | newstest2009 | *optimisation-LIG-LIA* | 2525 |
| Test | newstest2010 | *test10* | 2489 |
| | newstest2011 | *test11* | 3005 |

TABLE 1 – Corpus utilisés pour construire les systèmes LIG et LIA (dans la campagne d'évaluation WMT 2011).

le développement des deux systèmes LIG et LIA (via MERT (Och, 2003)) tandis que le corpus *dev* a été utilisé pour estimer les poids dédiés au décodage guidé. Les corpus *test10* et *test11* ont quant à eux servi pour l'évaluation du décodage guidé.

## 4.2 Caractéristiques du système primaire utilisé (LIA)

Le système LIA est un système à base de segments (phrase-based). L'ensemble des données utilisées provient de la campagne d'évaluation WMT 2011 et les données sont tokenisées avec les outils fournis lors de la campagne. Le modèle de langage 4-gramme a été appris à l'aide de la boîte à outils SRILM (Stolcke, 2002) avec un modèle de repli Kneyser-Ney modifié. Le corpus parallèle a été aligné au niveau des mots en utilisant Giza++ (Och et Ney, 2003) et MGiza++ (Gao et Vogel, 2008) pour les corpus très volumineux. La table de phrases et les modèles de réordonnancement ont été appris en utilisant les outils d'apprentissage de la suite Moses (Koehn *et al.*, 2007). Au final, un ensemble de 14 paramètres a été utilisé dans le système (cf 3.3). Ces scores ont été optimisés sur le corpus newstest2009 comprenant 2525 phrases en utilisant l'algorithme MERT. Plus de détails se trouvent dans (Potet *et al.*, 2011).

## 4.3 Performances du système primaire et des systèmes auxiliaires

La Table 2 résume les scores BLEU obtenus par le système LIA sans la casse (tous les résultats de l'article sont donnés sans la casse). L'évaluation des performances est effectuée sur 3 corpus : dev qui correspond aux corpus newstest2008 + newssyscomb2009 de WMT (2553 phrases) ; tst10 qui correspond à newstest2010 (2489 phrases) et tst11 qui correspond à newstest2011 (3005 phrases). Nous présentons également les scores obtenus par les systèmes auxiliaires LIG (non décrit ici faute de place mais présenté dans (Potet *et al.*, 2011)) et Google (système en ligne dans sa version de Février 2012). Nous sommes conscients du risque que le système Google utilisé en 2012 puisse contenir des données issues de WMT 2011, mais à la vue des performances, ça ne semble pas être le cas. C'est principalement pour cette raison que nous avons également introduit le système du LIG dont nous contrôlons parfaitement les données d'apprentissage.

| Système | dev | tst10 | tst11 |
|---|---|---|---|
| LIA (1) | 25.45 | 29.30 | 29.30 |
| LIG (2) | 24.38 | 27.64 | 28.54 |
| Google (3) | 24.62 | 28.38 | 29.83 |
| MANY 1,2,3 | 26.3 | 30.46 | 30.6 |
| ORACLE 1,2,3 | *29.5* | *34.0* | *34.63* |

| Système | dev | tst10 | tst11 |
|---|---|---|---|
| DDA Google | 26.37 | 30.16 | 30.52 |
| DDA LIG | 25.71 | 29.57 | 29.51 |
| DDA LIG+G (4) | **26.41** | **30.44** | **30.91** |
| ORACLE 2,3,4 | *29.16* | *33.8* | *34.35* |
| ORACLE 1,2,3,4 | *30.0* | *34.7* | *35.2* |

TABLE 2 – Performances des systèmes LIA, LIG et Google , d'une combinaison état de l'art via MANY et performances du décodage guidé du système LIA par les systèmes LIG et/ou Google

Afin de nous comparer à un système de combinaison de référence, nous proposons aussi une combinaison utilisant MANY (Barrault, 2010). MANY utilise un modèle de langage (dans notre cas, celui du LIA) afin de décoder un réseau de confusion constitué de l'ensemble des meilleures hypothèses des différents systèmes.

Pour finir, l'algorithme MIRA (Hasler *et al.*, 2011) est utilisé pour recalculer tous les poids relatifs au décodage guidé (entraînés sur le corpus *dev*).

# 5 Expériences et résultats

Le décodage guidé (Driven Decoding Algorithm, DDA) a été utilisé avec le LIA comme système primaire dont les 500 meilleures hypothèses ont été extraites. Les transcriptions auxiliaires sont ici les transcriptions issues des systèmes LIG et Google dont les performances sont données dans la Table 2. Cette table présente également les résultats du décodage guidé.

Nous constatons que le système LIA est meilleur que le système LIG. Cependant, la transcription auxiliaire du LIG permet tout de même d'améliorer ses performances par décodage guidé. Nous observons également une amélioration qui se cumule lorsqu'on ajoute le système de Google. Le décodage guidé du système LIA améliore son score BLEU d'environ 1 point en comparaison du meilleur système individuel. De plus, les scores Oracle des combinaisons entre différents systèmes sont donnés à titre d'information. Il est intéressant de noter qu'en substituant le système LIA au système DDA, le score Oracle baisse mécaniquement puisque le décodage guidé dégage un consensus.

Les résultats sont également très légèrement supérieurs à ceux obtenus avec MANY, qui est un système de combinaison état de l'art. Cependant, tandis que MANY nécessite un redécodage à l'aide d'un modèle de langage cible, le décodage guidé permet une combinaison différente et peu coûteuse à mettre en oeuvre.

# 6 Analyse plus fine du décodage guidé

La Table 3 et la Figure associée montrent les distances BLEU entre le décodage guidé par LIG+Google, LIG, Google et l'ensemble des systèmes utilisés seuls. Les similarités présentées ont été calculées sur le corpus test11 (elles sont similaires sur les autres ensembles). Nous observons que le décodage guidé LIG+Google se rapproche à la fois des systèmes Google et LIG. Lorsqu'il utilise uniquement le système auxiliaire Google, au contraire il s'éloigne du LIG. En revanche, en utilisant uniquement le système auxiliaire LIG, l'hypothèse obtenue ne s'éloigne pas de Google. Ceci s'explique sans doute que le LIG et le LIA sont entraînés sur des données similaires, et les systèmes sont du même type, tandis que les hypothèses de Google diffèrent un peu plus.

| Système | LIA | DDA tout | DDA LIG | DDA Google |
|---|---|---|---|---|
| LIG | 63.13 | 66.14 | 72.8 | 61.02 |
| LIA | 100 | 77.2 | 83.6 | 77.19 |
| Google | 51.01 | 66.29 | 51.76 | 65.93 |
| DDA tout | 77.2 | 100 | 79.68 | 90.96 |

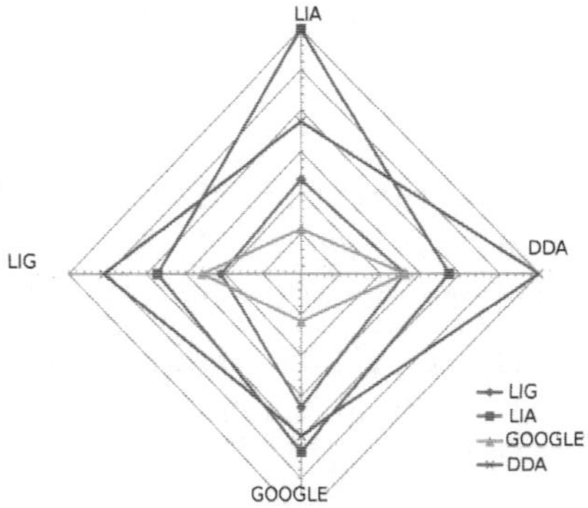


TABLE 3 – Similarité entre les systèmes. La métrique utilisée est le BLEU : Chaque sommet du graphe correspond à un système qui est considéré comme référence par rapport aux autres. DDA tout correspond au système DDA guidé à la fois par les systèmes Google et LIA

La Figure montre le comportement induit par le décodage guidé : les hypothèses se rapprochent ou s'éloignent des systèmes auxiliaires. Il est intéressant de noter que le système LIG, *a priori* moins performant que le système LIA a finalement une similarité très élevée avec ce dernier. L'utilisation d'une similarité BLEU entre les systèmes permet donc de trouver un consensus inter-hypothèses.

# 7 Conclusion et perspectives

Nous avons présenté une adaptation préliminaire du décodage guidé à la traduction automatique. Ce paradigme permet une combinaison efficace de systèmes de traduction automatique, en réévaluant le modèle log-linéaire au niveau des N meilleures hypothèses, en utilisant des systèmes auxiliaires. Le principe est de guider le processus de recherche en utilisant des sorties existantes. Nous avons évalué différentes configurations sur le corpus WMT 2011. Les résultats montrent que l'approche est efficace et obtient des gains significatifs en terme de score BLEU. Par ailleurs, ces résultats préliminaires sont équivalents (voire légèrement meilleurs) à ceux obtenus en utilisant des méthodes de combinaison état de l'art. Enfin, cette méthode a été récemment utilisée avec succès lors de deux campagnes d'évaluation :

- Une campagne d'évaluation arabe/français (TRAD) où nous avons utilisé Google comme système auxiliaire et le système du LIG comme système primaire.
- La campagne d'évaluation IWSLT 2012 (anglais/français) où nous avons utilisé le même système en ligne pour améliorer les performances du système primaire LIG. Les résultats de cette campagne se trouvent dans (Besacier *et al.*, 2012).

Nos futurs travaux vont se concentrer sur l'intégration du décodage guidé au sein du décodeur Moses, au niveau de la fonction objective. Le second axe envisagé est l'utilisation de mesures de confiance associées aux transcriptions auxiliaires, afin de les exploiter plus finement.

# Références

BANGALORE, S. (2001). Computing consensus translation from multiple machine translation systems. *In In Proceedings of IEEE Automatic Speech Recognition and Understanding Workshop (ASRU-2001*, pages 351–354.

BARRAULT, L. (2010). Many : Open source machine translation system combination. *In In Prague Bulletin of Mathematical Linguistics, Special Issue on Open Source Tools for Machine Translation(93), p.145-155.*

BESACIER, L., LECOUTEUX, B., AZOUZI, M. et LUONG NGOC, Q. (2012). The LIG English to French Machine Translation System for IWSLT 2012. *In In proceedings of the 9th International Workshop on Spoken Language Translation (IWSLT)*.

GAO, Q. et VOGEL, S. (2008). Parallel implementations of word alignment tool. *In Proceedings of the ACL Workshop : Software Engineering, Testing, and Quality Assurance for Natural Language Processing*, pages 49–57, Columbus, OH, USA.

HASLER, E., HADDOW, B. et KOEHN, P. (2011). Margin infused relaxed algorithm for moses. *In The Prague Bulletin of Mathematical Linguistics*, pages 96 :69–78.

HILDEBRAND, A. S. et VOGEL, S. (2008). Combination of machine translation systems via hypothesis selection from combined n-best lists. *In AMTA conference*.

HILDEBRAND, A. S. et VOGEL, S. (2009). Combination of machine translation systems via hypothesis selection from combined n-best lists. *In Proceedings of Association for Machine Translation in the Americas (AMTA)*, Hawaï, USA.

KOEHN, P. (2010). *Statistical Machine Translation*. Cambridge University Press, New York.

KOEHN, P., HOANG, H., BIRCH, A., CALLISON-BURCH, C., FEDERICO, M., BERTOLDI, N., COWAN, B., SHEN, W., MORAN, C., ZENS, R., DYER, C., BOJAR, O., CONSTANTIN, A. et HERBST, E. (2007). Moses : Open source toolkit for statistical machine translation. *In Proceedings of the 45th Annual Meeting of the Association for Computational Linguistics (ACL), Companion Volume*, pages 177–180, Prague, Czech Republic.

LECOUTEUX, B., LINARES, G., ESTÈVE, Y. et GRAVIER, G. (2013). Dynamic combination of automatic speech recognition systems by driven decoding. *IEEE Transactions on Audio, Speech and Signal Processing*, 21, issue 6:1251 – 1260.

LECOUTEUX, B., LINARES, G. et OGER, S. (2012). Integrating imperfect transcripts into speech recognition systems for building high-quality corpora. *Computer Speech and Language*, 26(2):67 – 89.

LI, M., DUAN, N., ZHANG, D., LI, C.-H. et ZHOU, M. (2009). Collaborative decoding : Partial hypothesis re-ranking using translation consensus between decoders. *In Proceedings of the 47th Annual Meeting of the ACL and the 4th IJCNLP of the AFNLP*.

LIN, C.-Y. et OCH, F. J. (2004). Orange : a method for evaluating automatic evaluation metrics for machine translation. *In In COLING '04 : Proceedings of the 20th international conference on Computational Linguistics*.

OCH, F. J. (2003). Minimum error rate training in statistical machine translation. *In Proceedings of the 41st Annual Meeting on Association for Computational Linguistics (ACL)*, Sapporo, Japan.

OCH, F. J. et NEY, H. (2003). A systematic comparison of various statistical alignment models. *Computational Linguistics*, 29(1):19–51.

POTET, M., RUBINO, R., LECOUTEUX, B., HUET, S., BESACIER, L., BLANCHON, H. et LEFEVRE, F. (2011). The LIGA machine translation system for WMT 2011. *In Proceedings EMNLP and ACL Workshop on Machine Translation (WMT)*, Edinburgh (Scotland).

ROSTI, A.-V., AYAN, N.-F., XIANG, B., MATSOUKAS, S., SCHWARTZ, R. et DORR, B. (2007a). Combining outputs from multiple machine translation systems. *In In Proceedings of the North American Chapter of the Association for Computational Linguistics Human Language Technologies*, pages 228–235.

ROSTI, A.-V., MATSOUKAS, S. et SCHWARTZ, R. (2007b). Improved word-level system combination for machine translation. *In In Proceedings of ACL*.

STOLCKE, A. (2002). SRILM — an extensible language modeling toolkit. *In Proceedings of the 7th International Conference on Spoken Language Processing (ICSLP)*, Denver, CO, USA.

# La préédition avec des règles peu coûteuses, utile pour la TA statistique des forums ?

Johanna Gerlach[1], Victoria Porro[1], Pierrette Bouillon[1], Sabine Lehmann[2]
(1) Université de Genève FTI/TIM - 40, bvd Du Pont-d'Arve, CH-1211 Genève 4, Suisse
(2) Acrolinx GmbH, Friedrichstr. 100, 10117 Berlin, Allemagne
Johanna.Gerlach@unige.ch, Victoria.Porro@unige.ch,
Pierrette.Bouillon@unige.ch, Sabine.Lehmann@acrolinx.com

RÉSUMÉ

Cet article s'intéresse à la traduction automatique statistique des forums, dans le cadre du projet européen ACCEPT (« Automated Community Content Editing Portal »). Nous montrons qu'il est possible d'écrire des règles de préédition peu coûteuses sur le plan des ressources linguistiques et applicables sans trop d'effort avec un impact très significatif sur la traduction automatique (TA) statistique, sans avoir à modifier le système de TA. Nous décrivons la méthodologie proposée pour écrire les règles de préédition et les évaluer, ainsi que les résultats obtenus par type de règles.

ABSTRACT

Can lightweight pre-editing rules improve statistical MT of forum content?

This paper focuses on the statistical machine translation (SMT) of forums within the context of the European Framework ACCEPT («Automated Community Content Editing Portal») project. We demonstrate that it is possible to write lightweight pre-editing rules that require few linguistic resources, are relatively easy to apply and have significant impact on SMT without any changes to the machine translation system. We describe methodologies for rule development and evaluation, and provide results obtained for different rule types.

MOTS-CLÉS : préédition, langage contrôlé, traduction statistique, forums
KEYWORDS : pre-edition, controlled language, statistical machine translation, forums

## 1 Introduction

Aujourd'hui, les textes communautaires (forums) jouent un rôle de plus en plus important sur le Web. Ils restent cependant difficiles à traduire, en raison de spécificités, qui les rendent plus proches de l'oral que de l'écrit (voir Figure 1).

> La sa ne pose pas de problème (du moins on ne recoit pas l'alerte).La dessus on est sur de rien et c'est valable pour n'importe qu'elle antivirus que j'ai put voir, contrairement aux dires.

FIGURE 1 – Exemples tirés de forums informatiques.

Le projet européen ACCEPT (« Automated Community Content Editing PorTal », www.accept.unige.ch) tente de lever ce paradoxe et s'intéresse à trois méthodes pour améliorer la traduction des forums, dont il cherche à mesurer l'impact respectif : la préédition, la post-édition et des techniques issues de la TA statistique elle-même (par exemple, pour l'adaptation au domaine). Les forums utilisés dans le projet sont ceux des partenaires : Symantec (forums informatiques, fr.community.norton.com) et Traducteurs sans Frontières (textes médicaux). La traduction automatique se fait avec Moses (Koehn et al., 2007) et la préédition/post-édition avec la plateforme linguistique d'Acrolinx (www.acrolinx.com), l'un des logiciels les plus utilisés aujourd'hui pour le contrôle-qualité de la documentation technique (Bredenkamp et al., 2000). Acrolinx est un logiciel de validation semi-automatique. Pour Accept, il est accessible via un *plug-in* aux membres de la communauté, qui se chargent d'appliquer les règles de préédition et de post-édition, en vue d'améliorer la qualité de la source et de la traduction.

Le travail décrit ici s'inscrit directement dans ce projet et se focalise sur la préédition en français pour les forums de Symantec : est-il possible d'écrire avec la plate-forme d'Acrolinx des règles de préédition utiles pour la TA statistique français-anglais et avec quel impact ? Notre but final est double : décrire les règles utiles ; mesurer ensuite s'il est possible d'obtenir le même gain avec d'autres méthodes (Cf. Rayner et al., 2012). Dans cet article, nous décrivons d'abord la méthodologie utilisée pour définir les règles (Section 2). Nous présentons ensuite les règles développées (Section 3). La dernière partie sera consacrée à l'évaluation de l'impact des différentes règles sur la traduction (Sections 4 et 5). Un problème est d'évaluer les règles de manière rapide et fiable, sans référence : nous comparons les résultats obtenus avec des traducteurs et des juges recrutés avec Amazon Mechanical Turk (AMT).

## 2 La préédition

La préédition revêt des réalités très différentes en traduction automatique (TA) : correction orthographique et grammaticale ; normalisation lexicale du texte source (par exemple, Han et Baldwin, 2011, Banerjee et al., 2012) ; langage contrôlé (O'Brien, 2003) ; règles de réordonnancement (par ex., Wang et al., 2007, Genzel, 2010). De manière générale, peu d'outils de préédition s'intéressent à ces différents types de préédition en même temps. Pour des raisons en partie historiques, le langage contrôlé a été d'avantage associé à la TA linguistique, par règles (Pym, 1988, Bernth et Gdaniec, 2002, O'Brien et Roturier, 2007, etc.) (à l'exception de Aikawa et al. 2007) ; en revanche, la correction orthographique, la normalisation lexicale et les règles de réordonnancement ont toujours fait partie intégrante de la TA statistique. Dans ce travail, dans une optique plus éclectique, nous avons développé des règles des quatre types vus plus haut, qui répondent aux critères suivants :

- Elles se focalisent sur quatre phénomènes qui ont un impact clair sur la TA statistique des forums, à savoir les problèmes de confusion entre mots (liés aux homophones), la langue informelle et familière (généralement absente des données d'entraînement), la ponctuation et les différences syntaxiques entre le français et l'anglais.
- Les fautes doivent pouvoir être détectées avec les règles d'Acrolinx. Celles-ci sont décrites avec un langage de patrons, qui repose sur un étiquetage syntaxique des textes (Bredenkamp, 2000). Ceci a évidemment des conséquences sur le type de règles développées : il est difficile de détecter/corriger avec précision les fautes non-locales. Par contre, les règles sont facilement portables dans d'autres outils puisqu'elles nécessitent très peu de ressources linguistiques.
- Les premiers tests à Symantec ont montré que la communauté des utilisateurs des forums Symantec ne semble pas disposée à passer beaucoup de temps sur la préédition. La précision est donc plus importante que le rappel et il est important que l'outil de préédition produise des suggestions de corrections, si possible uniques.

A défaut de données post-éditées qui permettraient d'identifier automatiquement les phénomènes mal traduits, les règles ont toutes été définies manuellement avec Acrolinx, qui offre une plate-forme complète pour développer, déboguer et tester les règles sur des corpus (Bredenkamp et al., 2000). Développer une règle implique de passer par les étapes suivantes (Figure 2) : 1) identifier une règle a priori utile pour la TA statistique, par exemple 'éviter « si… et que… »' ; 2) définir un ou plusieurs patrons (« Trigger ») correspondants sous forme d'expression régulière pour identifier le phénomène dans les textes; 3) proposer une transformation (« Suggestion ») plus traduisible, ici remplacer « que » par « si » pour obtenir « si… et si… »; 4) appliquer la règle sur le corpus de test et traduire les phrases prééditées et non prééditées de manière à produire le fichier-résultat de la Figure 3; 5) vérifier les résultats et ajouter si nécessaire des exceptions pour bloquer la règle dans certains cas (« *Negative evidence* »). La Figure 2 résume la règle « si... et ... que ».

| | |
|---|---|
| **Patron (Trigger)** : @conj []{2-15} 'et' 'que' | Conjonction « si » suivie de 2 à 15 mots puis de la conjonction « et » et de « que » |
| **Suggestion** : 'que' -> @conj | « que » est remplacé par la conjonction « si » |
| **Exception (*Negative evidence*)** : que []+ @conj []* que | Bloquer la règle si la conjonction « si » est précédée par « que » + un ou plusieurs mots. |

FIGURE 2 – Règle Acrolinx « si et ... que ... »

| Source1 | Source2 | Translation1 | Translation2 |
|---|---|---|---|
| Si ton problème est résolu et que tout marche bien, pense à supprimer tes points de restauration. | Si ton problème est résolu et si tout marche bien, pense à supprimer tes points de restauration. | If your problem is solved and that everything is working well, think to remove your restore points. | If your problem is solved and if all goes well, think to remove your restore points. |

FIGURE 3 – Extrait du fichier résultat

Deux ressources se sont révélées particulièrement utiles pour alimenter les règles : les mots inconnus du système statistique (OOV), extraits des données-test avec Moses sur la base des corpus-test, qui sont des bons indicateurs de ce qui n'est pas couvert par les données d'entraînement (voir aussi Banerjee et al., 2012) et des listes des bigrammes/trigrammes fréquents dans le corpus de test, mais absents de celui d'entraînement, avec la traduction des phrases correspondantes, qui sont souvent des segments mal traduits. Dans la suite, nous décrivons l'ensemble de règles développé suivant cette méthodologie.

# 3 Les règles développées

Notre but est donc de développer des règles utiles pour la TA statistique qui suivent les critères définis dans la Section 2. Celles-ci peuvent être classées en fonction de différentes dimensions, dont nous mesurerons l'impact dans la suite : règles pour les humains qui améliorent le texte source ou règles pour la TA uniquement ; règles automatiques ou manuelles ; catégorie de règles ; règles avec une ou plusieurs suggestions ou sans suggestion. Acrolinx permet de définir aisément des ensembles de règles et des ordres d'application différents. Pour Symantec, les règles ont été regroupées en trois ensembles, destinés à être utilisés en séquence dans leur *plug-in* de préédition (www.accept-portal.eu, Roturier et al., 2012) et à réduire le plus possible le rôle des utilisateurs :

- Le premier ensemble (Ensemble 1) comprend les règles automatiques, qui doivent être appliquées en premier lieu, pour limiter le bruit dans les autres ensembles (2 et 3). Il inclut la plupart des règles pour la confusion de mots de différentes catégories syntaxiques, liée aux homophones, et gère également la ponctuation et l'élision, par exemple : *Merci beaucoup je fais sa de suite→ Merci beaucoup, je fais ça de suite.*
- Le deuxième (Ensemble 2) comprend les règles avec plusieurs suggestions ou sans suggestion où l'utilisateur doit nécessairement intervenir pour le contrôle. Cet ensemble inclut les règles de grammaire pour l'accord et la confusion des temps/modes, ainsi que les règles de style, en particulier pour éviter le langage familier et informel (questions directes, phrases clivées, mots familiers, troncations, etc.), par exemple : *Tu as lu le tuto sur le forum? → As-tu lu le tutoriel sur le forum ?*
- Finalement, le troisième (Ensemble 3) regroupe les règles automatiques pour la TA, qui n'améliorent pas nécessairement la qualité du texte source. Celles-ci modifient l'ordre des mots pour les rendre plus proches de l'anglais ou pour éviter des ambiguïtés (*Je te le donne en pièce jointe → je te donne ça en pièce jointe ; j'ai tout pris → j'ai pris tout*) ou encore transforment des mots ou expressions mal traduits dans un équivalent plus traduisible (*« ne » ... « que » → uniquement, « soit » ... « soit » → ou*, etc.). Une des règles automatiques convertit la deuxième personne du singulier informelle dans le correspondant formel, beaucoup plus fréquent dans les données d'entraînement (Rayner et al., 2012) : *As-tu lu le tutoriel sur le forum? → Avez-vous lu le tutoriel sur le forum ?*

La suite se focalise sur l'évaluation de ces différentes règles sur des textes extraits des forums de Symantec. Nous décrivons d'abord la méthodologie de l'évaluation, puis discutons les résultats.

## 4 Méthodologie de l'évaluation

### 4.1 Sélection des données

Afin de constituer un corpus représentatif, nous avons sélectionné 10 000 phrases des données fournies par Symantec, sur la base des mots et des bigrammes fréquents dans l'ensemble des données, en conservant les mêmes proportions de phrases de chaque longueur. Pour simuler l'utilisation des règles décrite en 3, les trois ensembles de règles ont été appliqués en séquence, chacun prenant en entrée le corpus entier avec les corrections de l'étape précédente.

Pour chaque ensemble, les règles ont donc été appliquées une par une et les phrases corrigées, en suivant les suggestions de correction proposées par nos règles. Toujours afin de simuler l'utilisation prévue, cette étape diffère selon les ensembles de règles : pour les premier et troisième ensembles, les corrections ont été appliquées automatiquement, sans vérification de la suggestion ; pour le deuxième, manuellement. Par conséquent, pour les ensembles un et trois, la correction a pu produire des erreurs, vu que la précision des règles n'est pas parfaite.

Finalement, les deux sources, brutes et prééditées, ont été traduites en anglais avec le système de TA statistique développé avec Moses dans le cadre du projet ACCEPT (Accept Deliverable D4.1, 2012). Celui-ci a été entraîné avec les données d'Europarl (http://www.statmt.org/wmt12/), ainsi que des manuels techniques de Symantec. A titre indicatif, le score Bleu est de 42.41 sur un extrait de 500 phrases. Pour l'évaluation, 50 phrases maximum par règle ont été retenues (soit un total de 1 733 phrases), d'où ont étés extraites toutes les phrases où les cibles étaient différentes (soit un total de 1 364 phrases).

## 4.2 Annotation

Pour évaluer l'impact des règles sur la traduction, nous avons opté pour une évaluation humaine comparative de la traduction des phrases brutes et prééditées. Nous présentons donc aux évaluateurs des groupes de phrases du type {*source*, *traduction_1* brute, *traduction_2* de la phrase préédité}, où *traduction_1* et *traduction_2* apparaissent dans un ordre aléatoire, avec les différences marquées en couleur (Figure 4). Pour les premier et deuxième ensembles de règles, la phrase source correspond à la phrase prééditée. Pour le troisième, il s'agit de la source non prééditée, puisque le résultat de la modification pourrait ne pas être du français correct, par exemple suite à un réordonnancement. Les évaluateurs doivent ensuite choisir l'un des cinq jugements comparatifs : *« first clearly better », « first slightly better », « about the same », « second slightly better », « second clearly better ».*

Nous avons eu recours à deux types d'évaluateurs, afin de comparer les résultats : d'une part, des travailleurs recrutés sur Amazon Mechanical Turk (AMT), d'autre part des traducteurs de langue maternelle anglaise en fin de formation à la Faculté de Traduction et d'Interprétation (FTI) de l'Université de Genève. Comme dans une précédente étude (Rayner et al., 2012), nous avons imposé les restrictions suivantes aux travailleurs AMT : 1) qu'ils soient de langue maternelle anglaise et qu'ils résident au Canada, afin d'augmenter la probabilité qu'ils soient bilingues anglais-français, et 2) qu'ils aient un historique de travail fiable sur AMT. Pour les évaluateurs 'traducteurs', qui n'ont pas accès à la plate-forme AMT, actuellement limitée aux résidents des Etats-Unis/Canada, nous avons développé une application Windows afin qu'ils puissent effectuer l'évaluation dans des conditions similaires que sur AMT. Tous les évaluateurs ont été payés pour la tâche.

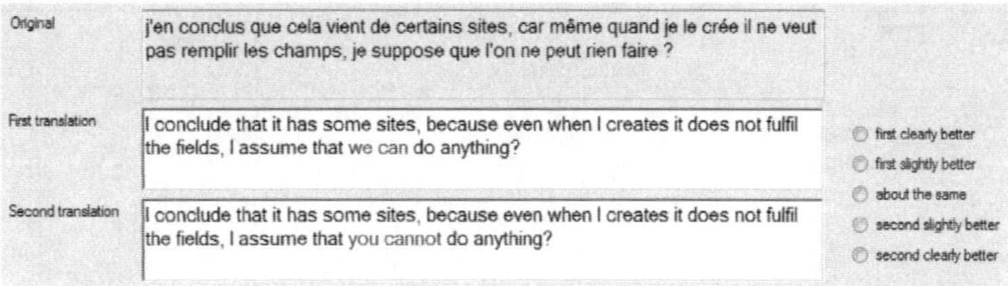


FIGURE 4 – Interface d'évaluation dans notre application

Nous avons ainsi récolté 6 jugements pour chaque groupe de phrases, 3 par des travailleurs AMT, 3 par des traducteurs. Les résultats seront discutés dans la section suivante.

# 5 Résultats

## 5.1. Résultats par ensemble et par type de juges

Le Tableau 1 présente les résultats globaux pour les trois ensembles de règles et les deux types de juges (AMT, traducteurs). Pour chaque ensemble, nous avons calculé le pourcentage d'application des règles sur 10000 phrases et, pour les données d'évaluation (1733 phrases), la précision (nombre de suggestions correctes sur l'ensemble des suggestions) et l'impact des règles sur la traduction. Ce dernier a été mesuré en regroupant les catégories *first/second «slightly better»* et *« clearly better»* pour obtenir les deux catégories *« Raw better/Pre-edited better »* et en gardant le jugement majoritaire pour chacun des groupes de juges. Le caractère significatif des résultats a été calculé avec le test de McNemar, en comparant les résultats des catégories *« Raw better »* et *« Pre-edited better »*.

| | % application | Inclus dans l'évaluation | NoImpact | % | **Raw Better** | % | About hte same | % | **Pre-edited Better** | % | No majority judgement | % | impact | significatif p<0.05 |
|---|---|---|---|---|---|---|---|---|---|---|---|---|---|---|
| **Ensemble 1 (précision = 91%)** | | | | | | | | | | | | | | |
| AMT | 42% | 611 | 183 | 30% | **59** | **10%** | 50 | 8% | **297** | **49%** | 22 | 4% | pos | oui |
| trad. | 42% | 611 | 183 | 30% | **56** | **9%** | 85 | 14% | **258** | **42%** | 29 | 5% | pos | oui |
| **Ensemble 2 (précision = 88%)** | | | | | | | | | | | | | | |
| AMT | 20% | 674 | 103 | 15% | **114** | **17%** | 37 | 6% | **393** | **58%** | 27 | 4% | pos | oui |
| trad. | 20% | 674 | 103 | 15% | **109** | **16%** | 73 | 11% | **360** | **53%** | 29 | 4% | pos | oui |
| **Ensemble 3 (précision = 98%)** | | | | | | | | | | | | | | |
| AMT | 36% | 448 | 83 | 19% | **77** | **17%** | 28 | 6% | **239** | **53%** | 21 | 5% | pos | oui |
| trad. | 36% | 448 | 83 | 19% | **69** | **15%** | 53 | 12% | **224** | **50%** | 19 | 4% | pos | oui |

TABLEAU 1 – Résultats par ensemble et par type de juges

Les résultats montrent qu'il est possible d'arriver à une précision élevée (entre 98% pour l'Ensemble 3 et 88% pour l'Ensemble 2) et que les trois ensembles de règles ont un impact statistiquement significatif sur la traduction (p<0,05), même s'ils ont été appliqués en séquence et partiellement automatiquement. Ces résultats sont très proches pour les trois ensembles de règles et les deux types de juges (AMT/traducteurs). Une comparaison plus approfondie des résultats avec les juges AMT et traducteurs montre cependant que ces derniers ont été plus rapides et arrivent plus souvent à un jugement majoritaire ou unanime (Tableau 2). Les deux groupes convergent vers le même jugement majoritaire dans 75% des cas. Le coefficient de concordance kappa (calculé sur la base des jugements majoritaires pour chacun des deux groupes de juges) est de 0,53.

| Evaluateurs | Temps moyen pour l'évaluation de 20 phrases (minutes) | Accord observé |
|---|---|---|
| AMT | 06 :13 | 82% |
| traducteurs | 04 :09 | 89% |

TABLEAU 2 – Temps et accord entre types de juge

Notre conclusion est donc qu'il est tout à fait possible de recourir à des juges AMT pour ce type de tâche assez simple, mais que les traducteurs restent plus efficaces.

## 5.2. Résultats par catégorie d'erreurs

Nous avons ensuite mesuré l'impact sur la traduction par type de règles, en prenant cette fois-ci le jugement majoritaire pour les 6 juges ensemble. Les catégories retenues sont, pour les Ensembles 1 et 2, 1) ponctuation (y compris les règles pour l'élision), 2) grammaire (accord), 3) grammaire (autres), avec les règles qui régissent l'utilisation des temps/modes, 4) homophones (avec toutes les règles qui traitent les confusions au niveau des catégories syntaxiques), 5) style informel et pour l'Ensemble 3, 1) clitiques (avec toutes les règles de réordonnancement/reformulation spécifiques aux clitiques), 2) reformulation (remplacement d'une expression par une autre), 3) ordre des mots (pour les phénomènes autres que les clitiques) et 4) tu-vous (règle qui remplace la deuxième personne informelle par la deuxième personne formelle) (cf. Section 3).

Le Tableau 3 présente les résultats sur 10 000 phrases, regroupés par catégorie, triés d'après le nombre de cas marqués. Nous voyons que nous obtenons une amélioration significative de la traduction pour toutes les catégories, sauf pour grammaire (autres). Cette dernière a un impact négatif car elle tend à générer des données non couvertes par le système (avec un subjonctif ou conditionnel, par exemple, à la place de l'indicatif). Parmi les catégories à impact positif, les plus significatives concernent la ponctuation, les confusions de mots dues aux homophones et à la langue informelle; la moins significative est la catégorie ordre, comme nous l'avions déjà constaté sur des données antérieures (Accept Deliverable D2.1, 2012) : les règles de réordonnancement s'avèrent en effet assez fragiles, si elles ne sont pas également appliquées aux données d'entraînement.

| Catégorie | Total de cas marqués | Inclus dans l'évaluation | NoImpact | % | **Raw Better** | % | About hte same | % | **Pre-edited Better** | % | No majority judgement | % | p-value | significatif |
|---|---|---|---|---|---|---|---|---|---|---|---|---|---|---|
| ponctuation | 3796 | 416 | 147 | 35% | **33** | **8%** | 32 | 8% | **184** | **44%** | 20 | 5% | 2.4E-24 | oui |
| tu | 1968 | 50 | 20 | 40% | **3** | **6%** | 4 | 8% | **21** | **42%** | 2 | 4% | 5.2E-04 | oui |
| clitiques | 1206 | 150 | 32 | 21% | **27** | **18%** | 14 | 9% | **69** | **46%** | 8 | 5% | 2.9E-05 | oui |
| informel | 971 | 367 | 42 | 11% | **67** | **18%** | 19 | 5% | **216** | **59%** | 23 | 6% | 1.4E-18 | oui |
| homophones | 659 | 323 | 55 | 17% | **38** | **12%** | 33 | 10% | **185** | **57%** | 12 | 4% | 1.4E-22 | oui |
| grammaire (accord) | 591 | 150 | 32 | 21% | **22** | **15%** | 11 | 7% | **82** | **55%** | 3 | 2% | 7.2E-09 | oui |
| reformulation | 177 | 177 | 19 | 11% | **26** | **15%** | 8 | 5% | **115** | **65%** | 9 | 5% | 1.3E-13 | oui |
| ordre | 71 | 71 | 12 | 17% | **17** | **24%** | 3 | 4% | **34** | **48%** | 5 | 7% | 2.5E-02 | oui |
| grammaire (autres) | 36 | 28 | 9 | 32% | **9** | **32%** | 2 | 7% | **7** | **25%** | 1 | 4% | 8.0E-01 | non |

TABLEAU 3 – Résultats par catégorie

# 6 Conclusion

Dans cet article, nous avons montré qu'il est possible d'écrire, pour un domaine, des règles automatiques de prééedition peu coûteuses sur le plan des ressources linguistiques et applicables sans trop d'effort avec un impact très significatif sur la TA statistique, sans avoir à modifier le système statistique. L'évaluation peut se faire avec des juges AMT, qui conviennent bien pour la tâche d'évaluation proposée ici.

L'étape suivante sera de montrer l'impact de ces règles appliquées ensemble et de voir comment les règles sont utilisées par la communauté Symantec. Nous voulons également vérifier si l'effort de post-édition diminue avec les règles de prééedition (Aikawa et al. 2007). Comme mentionné dans l'introduction, l'un des objectifs du projet ACCEPT est de voir s'il est possible d'obtenir le même gain avec d'autres méthodes. Une étude faite en parallèle (Rayner et al., 2012) a montré qu'il est plus efficace d'appliquer la règle « tu-vous » qui transforme la deuxième personne du singulier informelle en deuxième personne du singulier formelle lors de la prééedition que de générer, avec la même règle inversée, des données d'entraînement avec la deuxième personne informelle. Nous comptons tester de la même manière les autres types de règles.

## Références


Accept Deliverable D4.1 (2012), http://www.accept.unige.ch/Products/

Accept Deliverable D2.1 (2012), http://www.accept.unige.ch/Products/

AIKAWA, T., SCHWARTZ, L., KING, R., CORSTON-OLIVER, M., & LOZANO, C. (2007). Impact of controlled language on translation quality and post-editing in a statistical machine translation environment. *In Proceedings of MT Summit XI*, Copenhagen, Denmark.

BANERJEE, P., NASKAR, ROTURIER, J., WAY, A. & VAN GENABITH J. (2012). Domain Adaptation in SMT of User-Generated Forum Content Guided by OOV Word Reduction: Normalization and/or Supplementary Data? *In Proceedings of EAMT,* Trento.

BERNTH, A., & GDANIEC, C. (2002). MTranslatability. *In Machine Translation* 16, pages 175-218.

BREDENKAMP, A., CRYSMANN, B., & PETREA, M. (2000). Looking for Errors : A Declarative Formalism for Resource-Adaptive Language Checking. *In Proceedings of LREC 2000.* Athens, Greece.

GENZEL, D. (2010). Automatically learning source-side reordering rules for large scale machine translation. *In Proceedings of the 23rd International Conference on Computational Linguistics,* Beijing, China.

HAN, B. & BALDWIN, T (2011). Lexical Normalisation of Short Text Messages: Makn *Sens a #twitter. In Proceedings of the 49th Annual Meeting of the Association for Computational Linguistics: Human Language Technologies.*

KOEHN, P. ET AL. (2007). Moses: open source toolkit for statistical machine translation. *In ACL-2007: Proceedings of demo and poster sessions*, Prague, Czech Republic, pp.177–180.

O'BRIEN, SH. (2003). Controlling controlled English: An Analysis of Several Controlled Language Rule Sets. *In EAMT-CLAW-03, Dublin City University,* pages 105-114.

O'BRIEN, SH. & ROTURIER, J. (2007). How Portable are Controlled Languages Rules? A Comparison of Two Empirical MT Studies. *In MT Summit XI,* Copenhagen, pages 105-114.

PYM, P. J. (1988). Pre-editing and the use of simplified writing for MT: an engineer's experience of operating an MT system. *In Translating and the Computer 10.*

RAYNER, M., BOUILLON, P. & HADDOW, B. (2012). Using Source-Language Transformations to Address Register Mismatches in SMT . *In Proceedings of the Conference of the Association for Machine Translation in the Americas (AMTA),* San Diego, USA.

ROTURIER, J., MITCHELL, L., GRABOWSKI, R., SIEGEL, M. (2012). Using Automatic Machine Translation Metrics to Analyze the Impact of Source Reformulations. *In Proceedings of the Conference of the Association for Machine Translation in the Americas (AMTA), October 2012, San Diego, USA.*

WANG, CH., COLLINS, M. & KOEHN, PH., Chinese Syntactic Reordering for Statistical Machine Translation. *In Proceedings of the 2007 Joint Conference on Empirical Methods in* Natural *Language Processing and Computational Natural Language Learning (EMNLP-CoNLL),* pp. 737-745.

# Édition interactive d'énoncés en langue des signes française dédiée aux avatars signeurs

Ludovic Hamon[1] Sylvie Gibet[1] Sabah Boustila[2]
(1) IRISA, Université Bretagne Sud, Campus de Tohannic, Rue Yves Mainguy, 56000 Vannes
(2) ICUBE, Université de Strasbourg, 300 bd Sébastien Brant, BP 10413, 67412 Illkirch Cedex, France
ludovic.hamon@univ-ubs.fr, Sylvie.Gibet@univ-ubs.fr, boustila@unistra.fr

RÉSUMÉ

Les avatars signeurs en Langue des Signes Française (LSF) sont de plus en plus utilisés en tant qu'interface de communication à destination de la communauté sourde. L'un des critères d'acceptation de ces avatars est l'aspect naturel et réaliste des gestes produits. Par conséquent, des méthodes de synthèse de gestes ont été élaborées à l'aide de corpus de mouvements capturés et annotés provenant d'un signeur réel. Néanmoins, l'enrichissement d'un tel corpus, en faisant fi des séances de captures supplémentaires, demeure une problématique certaine. De plus, l'application automatique d'opérations sur ces mouvements (*e.g.* concaténation, mélange, etc.) ne garantit pas la consistance sémantique du geste résultant. Une alternative est d'insérer l'opérateur humain dans la boucle de construction des énoncés en LSF. Dans cette optique, cet article propose un premier système interactif d'édition de gestes en LSF, basé "données capturées" et dédié aux avatars signeurs.

ABSTRACT

**Interactive editing of utterances in French sign language dedicated to signing avatars**

Signing avatars dedicated to French Sign Language (LSF) are more and more used as a communication interface for the deaf community. One of the acceptation criteria of these avatars is the natural and realistic aspect of the constructed gestures. Consequently, gestures synthesis methods have been designed thanks to some corpus of captured and annotated motions, performed by a real signer. However, the enlarging of such a corpus, without requiring of some additional capture sessions, is a major issue. Furthermore, the automatic application of motion transformations (*e.g.* concatenation, blending, etc.) does not guarantee the semantic consistency of the resulting gesture. Another option is to insert the human operator in the utterance building loop. In this context, this paper provides a first interactive editing system of FSL gestures, based on captured motions and dedicated to signing avatars.

MOTS-CLÉS : Langue des Signes Française, édition, geste, base de données sémantiques, signeur virtuel, interaction.

KEYWORDS: French sign language, editing, gesture, semantic data base, virtual signer, interaction.

# 1 Introduction

La Langue des Signes Française (LSF) est une langue à part entière et constitue l'un des piliers de l'identité et de la culture sourdes. La loi 2005-102 du 11 février 2005 « pour l'égalité des droits et des chances, la participation et la citoyenneté des personnes handicapées » a favorisé l'émergence d'applications dédiées à la promotion des moyens de communication et de diffusion de l'information en LSF. Dans le cadre de ces applications, l'utilisation de Signeurs Virtuels (SV) pour produire des messages en LSF semble être une alternative intéressante à la production de vidéos, dans la mesure où elle préserve l'anonymat des personnes sourdes et permet de manipuler, transférer et visualiser de nouveaux énoncés.

Dans ce contexte, les SV dédiés aux langues des signes font l'objet de recherches et d'études avancées, alliant l'analyse linguistique à la synthèse de gestes à partir de langages de construction dédiés. Quelle que soient la précision et l'expressivité du système d'édition, la construction d'un SV soulève des problématiques nombreuses dont l'une est commune à tous les SV : la recherche d'une cohérence linguistique des mouvements produits.

Parmi les techniques de synthèse de gestes en LSF, celles basées sur des mouvements capturés par un signeur réel, offrent l'avantage, d'un point de vue subjectif, d'obtenir des mouvements plus naturels et acceptables pour la communauté sourde (Gibet *et al.*, 2011), (Héloir, 2008), (Parisot *et al.*, 2010). Néanmoins, ce type de synthèse nécessite la définition d'un corpus préalable, obtenu après plusieurs séances de captures de mouvements coûteuses et fastidieuses. Par conséquent, le corpus initial est généralement réduit. Son enrichissement conduit à des solutions discutables telles que des séances de captures supplémentaires ou l'application de transformations complexes sur des mouvements pré-enregistrés, entraînant des modifications sémantiques incertaines.

Cet article présente une méthode alternative sous la forme d'un premier "framework" d'édition de la LSF à partir de corpus de gestes capturés. À l'aide de ce système, l'utilisateur peut créer de nouveaux énoncés en LSF et identifier/évaluer la sémantique résultant des gestes créés durant la simulation virtuelle. La deuxième partie de ce document présente un état de l'art relatif aux langages de description et de spécification des gestes dans le contexte des SV. La troisième section présente une analyse sur les principaux défis et contraintes d'un système d'édition de mouvements de la LSF. Le système d'édition est décrit dans la quatrième section avec des exemples illustrant ses possibilités et limites. Enfin, des perspectives sur les travaux futurs concluent ce document.

# 2 État de l'art

Cette section présente, de manière non exhaustive, les langages de description et de spécification des gestes en LSF relatifs aux SV, ainsi que les systèmes d'animation à partir de données capturées, du point de vue de l'édition de gestes en LSF.

Les systèmes de description ou de notation des gestes en LSF ont généralement pour but de décrire des mouvements plus ou moins structurés et codifiés. Des éléments constituant des signes sont généralement identifiés ainsi que, si possible, des règles syntaxiques et sémantiques régissant leur agencement. On distingue ainsi les unités atomiques appelées gestèmes

(Gibet *et al.*, 2001; Vogler, 2003) (phonèmes dans les langues parlées), les morphèmes (plus petites unités porteuses de sens, encore appelées unités phonologiques), les signes ou gloses (combinaisons de signes), les phrases (séquence de signes), les discours. Plusieurs systèmes de notation existent, l'un des plus utilisés aujourd'hui étant *HamNoSys* (Prillwitz *et al.*, 1989). D'autres systèmes de description suivent différentes approches telles que la description paramétrique (Stokoe, 2005), l'approche structurelle phonétique (Liddell, 1989), la visée iconique (Cuxac, 2000) ou la représentation géométrique (Filhol, 2008).

Les langages de spécification permettent de décrire le comportement d'un SV à l'aide d'un formalisme de description de commandes gestuelles. Les données (*e.g.* signes, phrases, suites de symboles, fonctions, etc.) issues de ces formalismes sont généralement interprétées en une séquence de paramètres de bas niveau, qui sont directement utilisés pour produire l'animation du SV. Un langage de spécification peut être vu comme une première Interface Homme-Machine (IHM) où l'utilisateur peut éditer, avant le lancement de l'animation, les mouvements générés par le SV. Les formalismes de spécification des gestes peuvent aller du script basé sur la structure des éléments phonétiques ou morphémiques (Gibet *et al.*, 2001; Elliott *et al.*, 2008) jusqu'à des langages prenant en compte d'autres aspects linguistiques des langues des signes, tels que les classifieurs traduisant l'iconicité des signes (Huenerfauth, 2006), la description de l'espace de signation (Lenseigne et Dalle, 2006) ou la construction syntaxique de phrases en LSF (Losson, 2000; Kervajan, 2011) par exemple.

Les contributions apportées par ces langages sont multiples et vont de la description non ambiguë des signes en termes de structures séquentielles, uni-modales et évoluant dans le temps, jusqu'à la prise en compte de leurs aspects modulatoires. Cependant, les langues des signes transmettent un message exprimé simultanément *via* différents canaux *i.e.* plusieurs parties du corps (*e.g.* mains, expression faciale, regard, etc.) (Huenerfauth, 2006; Vogler, 2003). Cette organisation parallélisée des gestes associée à la signification linguistique de leurs composants est rarement prise en compte par ces langages. De plus, l'édition des phrases en LSF reste complexe et fastidieuse, peu intuitive, elle nécessite de connaître le langage informatique et son paramétrage ainsi que de maîtriser la structure phonétique et morphologique des signes. Il en résulte que les langages de spécification ne permettent pas, dans la majorité des cas, de définir en un temps de spécification satisfaisant le comportement du SV, ni de générer des animations réalistes.

La synthèse de phrases en LSF requiert la mise en place de méthodes traduisant un scénario spécifié dans l'un des formalismes décrit précédemment, en une séquence de commandes gestuelles interprétable par le moteur d'animation. Les méthodes basées sur des mouvements enregistrés lors d'une séance de captures avec un acteur réel, permettent généralement de rendre l'avatar virtuel plus "expressif" et "naturel" que les méthodes procédurales et descriptives (Gibet *et al.*, 2011). Néanmoins, dans le cadre d'un signeur virtuel, deux difficultés apparaissent : (i) la combinaison et le parallélisme de plusieurs canaux, *i.e.* la production de gestes exécutés simultanément par plusieurs parties du corps incluant le torse, les épaules, les mains et le visage et (ii), la concaténation d'unités de mouvements qui ne garantit pas la consistance sémantique du mouvement résultant. Dans ce contexte, aucune équipe de recherche ne s'est intéressée à cette double problématique.

# 3 Besoins et contraintes d'un système d'édition de gestes

L'un des points centraux d'un système d'édition interactive de gestes en LSF est d'utiliser, pour la synthèse des mouvements de l'avatar, des données capturées sur un signeur réel. Nous proposons le schéma conceptuel suivant, centré autour de la gestion de données de la LSF pour construire de nouveaux énoncés et générer en sortie une animation d'un SV (Figure 1). Nous détaillons ci-après les différents modules de cette architecture, en précisant les défis à relever ainsi que les principales contraintes et limites d'un tel système d'édition. Ils comprennent (i) l'annotation sémantique des données, (ii) la base de données hétérogènes associée au moteur de requêtes, (iii) l'IHM permettant la construction d'énoncés en LSF, (iv) le moteur d'animation et de visualisation 3D.

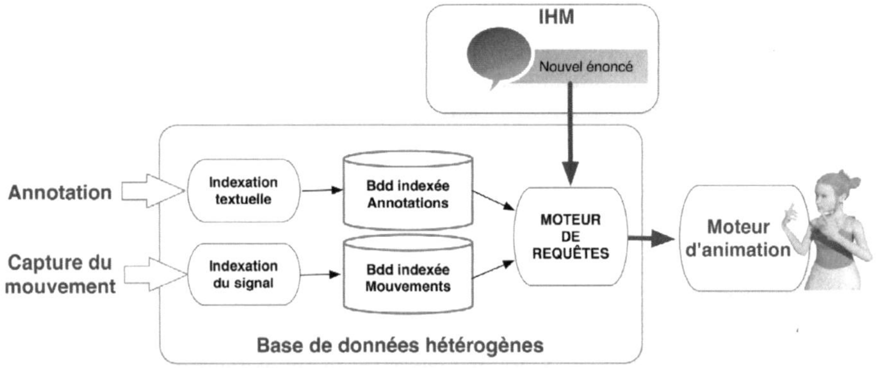


FIGURE 1 – Schéma conceptuel d'un système d'édition de gestes en LSF

**Annotation sémantique des données :** L'annotation des données capturées à partir des vidéos réelles est une étape située au coeur du processus d'édition. En effet, c'est à ce niveau que s'effectue réellement le lien entre la structuration linguistique des données et la caractérisation fine des éléments servant à contrôler l'animation de l'avatar. Afin de réaliser ce couplage, il est nécessaire de considérer plusieurs pistes d'annotation ou canaux tels que la configuration et l'emplacement des mains, l'expression faciale, la direction du regard, etc. La segmentation temporelle permet de définir les fragments temporels sur chacune des pistes correspondant aux gloses, signes, éléments phonologiques et morphémiques. Chaque fragment comporte une étiquette propre aux valeurs/attributs sémantiques définis suivant un schéma de spécification phonétique/phonologique/syntaxique (Duarte, 2012). Cette annotation, à la fois spatiale et temporelle, réalisée à partir des vidéos enregistrées lors de la séance de captures de mouvements avec le logiciel ELAN$^{TM}$, a notamment été exploitée dans le cadre du projet *SignCom* (Gibet *et al.*, 2011).

**Base de données hétérogènes :** Afin de générer des animations à partir des données préalablement enregistrées, il est nécessaire de construire une base de données, par nature hétérogènes, constituée de deux parties : (i) une base de données de mouvements, contenant les mouvements bruts, (ii) une base de données sémantiques, permettant d'indexer chaque fragment de mouvement selon une catégorisation linguistique. Le principal défi technique revient ici à définir les meilleures structures d'indexation à la fois pour le texte (données d'annotation) et pour le signal (données issues de la capture), tout en maintenant la cohérence et la consistance entre ces deux niveaux d'information. Il est important à ce niveau de considérer l'efficacité de l'accès aux données et la capacité du langage d'interrogation de la base de données à extraire des informations précises et pertinentes. Un dictionnaire met en correspondance les annotations et les fragments de mouvements représentés par un ensemble de paramètres formels incluant l'identifiant du mouvement, la partie du corps concernée, les postures de début et de fin, etc. Pour extraire/charger un fragment de mouvement, il est possible d'interroger directement la base de données brutes avec les paramètres formels ou d'interroger la base de données sémantiques avec une glose, qui délivrera les paramètres formels, correspondant à un fragment de mouvement de la base de données brutes.

**Interface et construction d'énoncés en LSF :** La manipulation d'énoncés en LSF nécessite la mise en oeuvre de mécanismes interactifs à la fois intuitifs et efficaces pour caractériser les différents niveaux du langage : choix des signes/gloses, ordonnancement des gloses induisant la syntaxe des énoncés, aspects clausaux (négation, interrogation, etc.) souvent liés aux expressions faciales, informations émotionnelles (liées à la prosodie), etc. Il est nécessaire également de définir la façon de rechercher les mouvements dans le contexte de l'énoncé, ainsi que les paramètres de l'animation caractérisant la fluidité du mouvement. Enfin, on précise à ce niveau les choix d'apparence de l'avatar et les paramètres liés à la visualisation 3D (modélisation 3D, habillage, scène, éclairage, etc.).

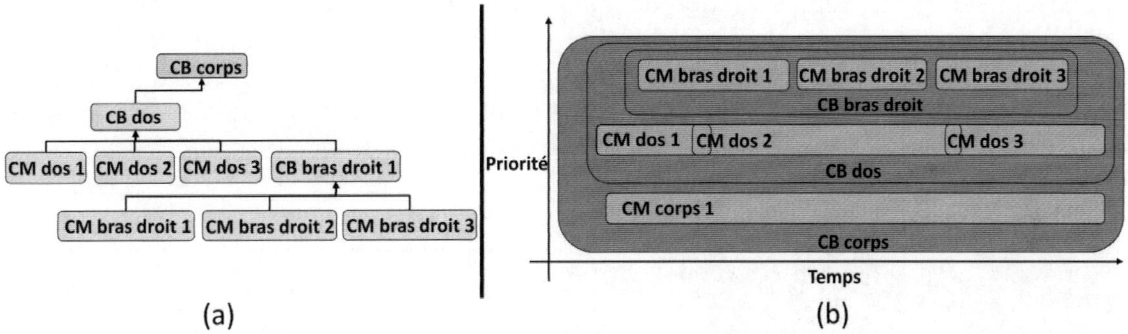


FIGURE 2 – Système de contrôleurs dans le projet *SignCom* (Gibet *et al.*, 2011). (a) arborescence des contrôleurs, (b) structures spatiale et temporelle des contrôleurs. CM : contrôleur de type rejeu *i.e.* "Motion player", CB : contrôleur de type "mélangeur" *i.e.* "Blender".

**Animation du signeur virtuel :** La création de nouveaux mouvements peut être réalisée par un assemblage de deux types de composants d'animation nommés "contrôleurs" (Figure 2). Le contrôleur de type "rejeu" (CM), associé à une partie du corps, récupère un fragment de mouvement de la base de données. Le contrôleur de type "mélangeur" (CB) mélange les CM temporellement, par interpolation ou concaténation et spatialement, en donnant une priorité dans l'ordre d'exécution du mouvement, selon la partie du corps concernée (Figure 2(b)). Dans le cadre du projet *SignCom*, des contrôleurs ont été définis à l'aide d'une arborescence (Figure 2(a)) spécifiée dans un script textuel simple. Du point de vue de l'édition, chaque CM représentant un geste, un énoncé est ici défini comme une organisation séquentielle et parallèle des gestes en LSF par cette arborescence.

# 4 Mise en oeuvre d'un système d'édition de gestes

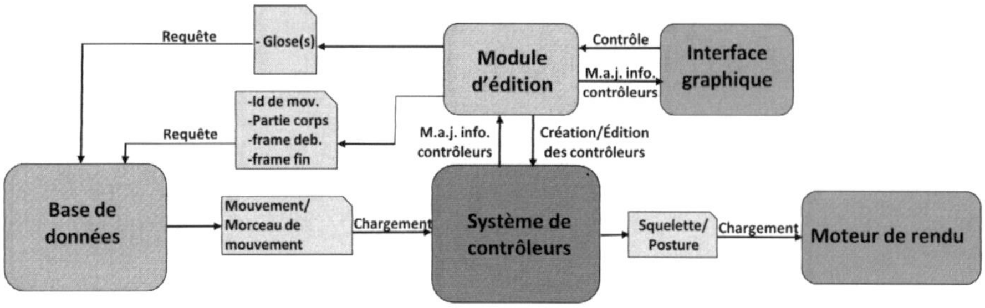


FIGURE 3 – Architecture du système d'édition de gestes

Les capacités du projet SignCom, en termes d'édition de gestes, possèdent certaines limites telles que la non-édition des contrôleurs lors de la simulation, l'utilisation de paramètres formels peu intuitifs et la non-exploitation de la base de données sémantiques (Gibet *et al.*, 2011).

Pour palier ces limites, un nouveau système d'édition a été créé (Figure 3). Ce système repose sur l'évolution de l'architecture du projet SignCom et sur un couple "module d'édition"/"interface graphique". Ce couple offre les moyens de créer et de spécifier les contrôleurs ainsi que d'observer une représentation de leur arborescence (Figure 5). Ce système permet, de plus, d'interroger la base de données avec une glose (*i.e.* interrogation de la base de données sémantiques) ou avec l'ensemble des paramètres formels (*i.e.* interrogation de la base de données brutes) dans le but d'extraire un fragment de mouvement et de le charger dans un CM.

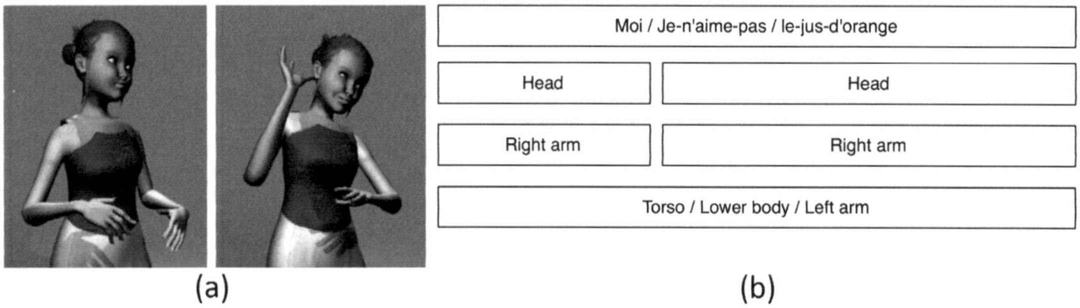


FIGURE 4 – (a) Visualisation de l'avatar signeur (b) Construction d'énoncés à partir de la spécification de la séquence de signes / gloses et des contrôleurs associés sur les différents canaux gestuels

Par conséquent, créer et éditer de nouveaux énoncés revient à spécifier et à éditer, de manière complète, la séquence de signes, à identifier les contrôleurs correspondants sur chaque partie du corps et leur hiérarchie par l'intermédiaire de l'interface graphique ; la qualité de l'animation résultante peut être évaluée en temps réel (Figure 4).

L'interface graphique est illustrée par la partie gauche de la figure 5(a). La partie "Bvh File search" permet de spécifier le type de contrôleurs ainsi que ses paramètres formels pour les CM et son type d'algorithme de mélange pour les CB. La création d'un CM, par une recherche

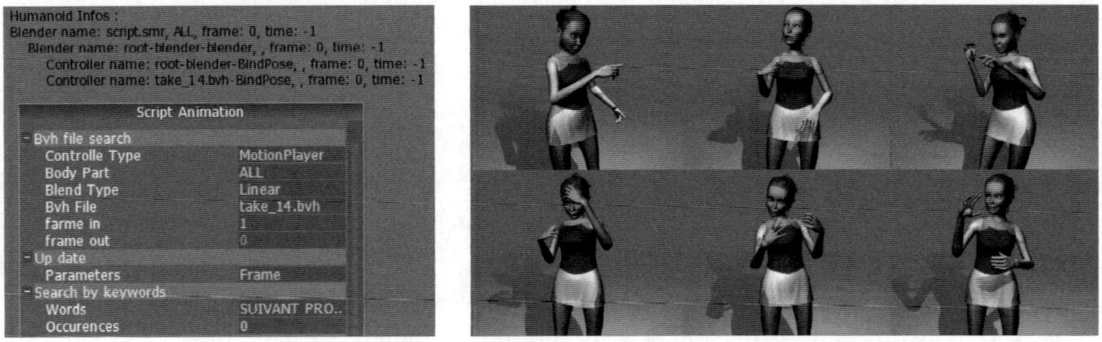


(a) (b)

FIGURE 5 – (a) Aperçu de l'interface graphique (b) Extrait d'un scénario construit où l'avatar décrit la préparation d'un cocktail

selon une ou plusieurs glose(s) dans la base de données, peut être effectuée par la section "Search by keywords". La partie "Up to date" est dédiée à l'édition de chaque type de paramètre d'un contrôleur, avec une sous-section propre à chaque type. La hiérarchie des contrôleurs est affichée "textuellement" (Figure 5(a) haut gauche). Enfin, la figure 5(b) montre un extrait d'un scénario construit sur le thème de la description de l'élaboration d'un cocktail.

# 5 Conclusion et perspectives

Cet article présente un premier système original d'édition interactive de gestes de la Langue des Signes Française (LSF) dédié aux Signeurs Virtuels (SV). Reposant sur une base de données hétérogènes de mouvements capturés et annotés, ce système permet la concaténation et le mélange de gestes temporellement et spatialement à l'aide d'une interface graphique.

L'enrichissement d'un corpus de mouvements capturés de la LSF pour les SV demeure un problème complexe. Les solutions existantes peuvent être coûteuses et laborieuses (*e.g.* séances de captures de mouvements supplémentaires) ou incertaines (*e.g.* application de transformations sur des fragments de mouvements modifiant leur sémantique). Là où le mouvement est étroitement lié à une sémantique, les systèmes d'édition de gestes en LSF dédiés aux SV semblent être de plus en plus nécessaires pour construire, éditer et enrichir de tels corpus.

Les perspectives de ces travaux reposent sur l'enregistrement, dans la base de données hétérogènes, des nouveaux mouvements créés ainsi que de leurs sémantiques associées de manière optimale. Pour cela, la recherche d'une interface d'édition plus complète et plus intuitive (*e.g.* édition graphique de la hiérarchie des contrôleurs) sera poursuivie selon deux directions : (i) l'abstraction de tout paramètre numérique pour les non-experts du domaine de l'animation et (ii) l'édition aux niveaux spatial et temporel de la sémantique des mouvements créés à l'image des systèmes d'annotation vidéo actuels (*e.g.* logiciel ELAN). Des algorithmes d'apprentissage seront, par la suite, étudiés pour construire un système de "suggestions sémantiques" des mouvements créés par l'utilisateur, en fonction des opérations d'édition effectuées.

# Références


CUXAC, C. (2000). La langue des signes française (lsf) : les voies de l'iconocité. *In Faits de langues*, numéro 15–16. Ophrys.

DUARTE, K. (2012). Motion capture and avatars as portals for analyzing the linguistic structure of signed languages. *In PhD thesis, Université de Bretagne Sud.*

ELLIOTT, R., GLAUERT, J. R. W., KENNAWAY, J. R., MARSHALL, I. et SAFAR, E. (2008). Linguistic modelling and language-processing technologies for avatar-based sign language presentation. *In Universal Access in the Information Society*, volume 6, pages 375–391.

FILHOL, M. (2008). Modèle descriptif des signes pour un traitement automatique des langues des signes. *In Thèse de doctorat, Université Paris-Sud.*

GIBET, S., COURTY, N., DUARTE, K. et NAOUR, T. L. (2011). The signcom system for data-driven animation of interactive virtual signers : Methodology and evaluation. `http://www-irisa.univ-ubs.fr/Valoria/signcom/en/`.

GIBET, S., LEBOURQUE, T. et MARTEAU, P. (2001). High level specification and animation of communicative gestures. *In Journal of Visual Languages and Computing*, volume 12, pages 657–687.

HÉLOIR, A. (2008). Système de communication par agent virtuel, aide à la communication des personnes sourdes. *In Thèse de doctorat, Université de Bretagne Sud*, pages 168–171.

HUENERFAUTH, M. (2006). Generating american sign language classifier predicates for english-to-asl machine translation. *In Thèse de doctorat, University of Pennsylvania.*

KERVAJAN, L. (2011). Contribution à la traduction automatique francais / langue des signes française (lsf) au moyen de personnages virtuels. *In PhD thesis, Université d'Aix/Marseille.*

LENSEIGNE, B. et DALLE, P. (2006). Using signing space as a representation for sign language processing. *In* GIBET, S. *et al.*, éditeurs : *Gesture in Human-Computer Interaction and Simulation, GW, Lecture Notes in Computer Science*, volume 3881, pages 256–260. Kluwer Academic.

LIDDELL, S K et Johnson, R. E. (1989). American sign language : The phonological base. *In Studies in the Linguistic Sciences*, volume 64, pages 197–277.

LOSSON, O. (2000). Modélisation du geste communicatif et réalisation d'un signeur virtuel de phrases en langue des signes française. *In PhD thesis, Université de Lille.*

PARISOT, A. M., S, R., S, V. et A, V. (2010). Construire et déconstruire l'espace dans une langue des signes : démonstration d'un protocole d'enregistrement simultané des mouvements des membres supèrieurs et du globe oculaire. *In Atelier TALS 2010 dans le cadre du congrès TALN 2010.*

PRILLWITZ, S., LEVEN, R., ZIENERT, H., HANKE, T. et HENNING, J. (1989). *Hamburg Notation System for Sign Languages - An Introductory Guide.* University of Hamburg Press.

STOKOE, W. C. (2005). Sign language structure : an outline of the communication systems of the american deaf. *In Linguistics, Occasional Papers 8 (1960), Journal of Deaf Studies and Deaf Education*, volume 10, pages 3–37.

VOGLER, C. (2003). American sign language recognition : Reducing the complexity of the task with phoneme-based modeling and parallel hidden markov models. *In PhD Thesis, University of Pennsylvania.*

# ANCOR, premier corpus de français parlé d'envergure annoté en coréférence et distribué librement

Judith Muzerelle[1], Anaïs Lefeuvre[2], Jean-Yves Antoine[2], Emmanuel Schang[1], Denis Maurel[2], Jeanne Villaneau[3], Iris Eshkol[1]

(1) LLL Orléans, Université d'Orléans
(2) Université François Rabelais Tours, LI, 3 place Jean Jaurès, 41000 Blois
(3) IRISA, Université Européenne de Bretagne, 56100 Lorient
Jean-Yves.Antoine@univ-tour.fr, Emmanuel.Schang@univ-orleans.fr, Jeanne.Villaneau@univ-ubs.fr

RÉSUMÉ

Cet article présente la réalisation d'ANCOR, qui constitue par son envergure (453 000 mots) le premier corpus francophone annoté en anaphores et coréférences permettant le développement d'approches centrées sur les données pour la résolution des anaphores et autres traitements de la coréférence. L'annotation a été réalisée sur trois corpus de parole conversationnelle (Accueil_UBS, OTG et ESLO) qui le destinent plus particulièrement au traitement du langage parlé. En l'absence d'équivalent pour le langage écrit, il est toutefois susceptible d'intéresser l'ensemble de la communauté TAL. Par ailleurs, le schéma d'annotation retenu est suffisamment riche pour permettre des études en linguistique de corpus. Le corpus sera diffusé librement à la mi-2013 sous licence Creative Commons BY-NC-SA. Cet article se concentre sur sa mise en œuvre et décrit brièvement quelques résultats obtenus sur la partie déjà annotée de la ressource.

ABSTRACT

**ANCOR, the first large French speaking corpus of conversational speech annotated in coreference to be freely available.**

This paper presents the first French spoken corpus annotated in coreference whose size (453,000 words) is sufficient to investigate the achievement of data oriented systems of coreference resolution. The annotation was conducted on three different corpora of conversational speech (Accueil_UBS, OTG, ESLO) but this resource can also be interesting for NLP researchers working on written language, considering the lack of a large written French corpus annotated in coreference. We followed a rich annotation scheme which enables also research motivated by linguistic considerations. This corpus will be freely available (Creative Commons BY-NC-SA) around mid-2013. The paper details the achievement of the resource as well as preliminary experiments conducted on the part of the corpus already annotated.

MOTS-CLÉS : Corpus, annotation, coréférence, anaphore, parole conversationnelle

KEYWORDS : Corpus, annotation, coreference, anaphora, conversational speech

# 1 Introduction

Au cours des deux dernières décennies, le TAL a connu des avancées qui ont conduit à de nombreuses applications dédiées au grand public comme aux professionnels. Parmi celles-ci, la recherche d'information et l'indexation de documents constituent un champ applicatif promis à un bel avenir. La qualité des outils d'indexation ou d'interrogation développés pour ces tâches dépend de leur capacité à résoudre les relations de coréférences présentes dans un (ou plusieurs) texte(s). Un des sauts technologiques auquel est confronté ce domaine est en effet celui du suivi des entités faisant l' objet d' une recherche ou indexation.

L'importance de cette résolution a conduit à l'organisation de multiples campagnes d'évaluation internationales (MUC, ACE, SemEval) ou nationales (DEFT) qui ont accompagné l'évolution des techniques de résolution. Aux travaux initiaux basés sur des méthodes symboliques (Lappin et Leass, 1994) ont succédé des approches plus heuristiques (Mitkov, 1994). Enfin, la mise à disposition de larges corpus annotés en coréférence a ouvert la porte aux approches par apprentissage sur données (Soon et al., 2001, Ng et Cardie, 2002). La plupart des recherches actuelles font ainsi appel à des classifieurs reposant généralement sur un modèle à base de paires (Poesio et al., 2011). Celui-ci consiste à identifier dans un premier temps des paires de mentions coréférentes, et à regrouper ensuite ces paires en clusters de même référence. Il n'existe toutefois pas à l'heure actuelle de corpus francophone libre et d'envergure de taille suffisante pour apprendre un système de résolution efficace. C'est à ce manque que répond le corpus ANCOR. Portant sur le français parlé, il soutient avec ses 418 000 mots la comparaison avec les autres langues de grande diffusion.

# 2 Etat de l'art

Le corpus que nous présentons a été réalisé par le Laboratoire d'Informatique de l'Université de Tours (LI) et le Laboratoire Ligérien de Linguistique (LLL). Ces deux laboratoires s'intéressent particulièrement à la langue parlée. Il est donc naturel que le corpus porte sur la parole conversationnelle. Le Groupe Aixois de Recherche en Syntaxe a été un des pionniers de l'étude du langage parlé en corpus. Ses travaux fondateurs n'ont malheureusement pas eu pour conséquence le développement ultérieur de ressources informatisées en français. La table 1 présente la liste par idiome des corpus annotés en coréférence de plus 200 kMots (Recasens, 2010). Le français est complètement absent de ce panorama. A notre connaissance, le seul corpus en coréférence disponible en français est le corpus DEDE, centré sur l'étude des descriptions définies. Il ne comporte malheureusement que 48 kMots (Gardent et Manuelian, 2005) et ne peut servir à un apprentissage automatique. De même, le corpus du CRISTAL, de grande envergure, ne peut être considéré par le TAL car il ne code que certaines formes particulières d'anaphore (Tuttin et al. 2000).

Le corpus ANCOR que nous avons constitué vise à répondre à cette situation dans le cas d'un genre linguistique particulier : le français parlé conversationnel. Par sa taille (418 kMots), il ne peut être comparé qu' à deux autres corpus oraux de coréférences d'envergure : Switchboard pour l'anglais américain (200 kMots) et COREA pour le néerlandais. Notons toutefois que seule une partie de cette seconde ressource de 350 kMots concerne la parole (Hendrickx et al., 2008).

| Langue | Corpus | Genre |
|---|---|---|
| allemand | TüBa-D/Z | *News* = journaux d' information radio-diffusés (transcription de l' oral) |
| anglais | ARRAU, Switchboard, ACE, SemEval OntoNotes | *News*, weblog, forum, chat, récit oral, conversation téléphonique |
| arabe | ACE | *News* |
| catalan | AnCora-Ca | *News* |
| chinois (mandarin) | ACE, OntoNotes | *News* |
| espagnol | ACE, Ancora-Es | *News* |
| italien | I-CAB | *News* |
| japonais | NAIST Text | *News* |
| néerlandais | COREA | *News*, oral, texte encyclopédique |
| tchèque | PDT | *News* |

TABLE 1 – Corpus annotés manuellement en coréférence de plus de 200 000 mots.

# 3 Elaboration du corpus ANCOR

## 3.1 Financement et contexte scientifique

La création du corpus ANCOR a été financée en deux étapes. Un premier projet interne au PRES Centre Val-de-Loire a permis de réaliser un premier corpus (C02) de 35 kMots et de valider nos choix d'annotation. Notre souci a été de suivre un schéma d'annotation assez riche pour répondre aux besoins du TAL et des linguistiques. Les premiers résultats obtenus avec CO2 ont ainsi validé l'intérêt de la ressource en linguistique (Schang et al. 2011). Sa taille restait toutefois insuffisante pour constituer une ressource d' apprentissage. Le projet ANCOR, soutenu par la région Centre, nous a précisément permis d' atteindre cet objectif.

## 3.2 Corpus retenus pour l'annotation

Le corpus ANCOR résulte de l' annotation de trois corpus oraux transcrits sous *Transcriber* (Barras et al., 2001) qui étaient disponibles dans nos laboratoires et diffusés librement :

- ESLO, qui correspond à des entretiens sociolinguistiques (Baude et Dugua 2011, Eshkol-Taravella et al. 2012) ;
- OTG, qui correspond à des dialogues interactifs en présentiel entre des individus et le personnel d'accueil de l'Office du Tourisme de Grenoble ;
- Accueil_UBS, qui correspond à des dialogues interactifs par téléphone recueillis auprès du standard téléphonique d'une université (Nicolas et al., 2002).

Notre objectif a été de représenter une certaine diversité de genres en termes de degré d'interactivité du dialogue. Le corpus ESLO, qui correspond à des entretiens, a une interactivité limitée à la différence des deux autres : le plus souvent, l'enquêteur pose en effet une question à laquelle s'ensuit un assez long monologue de réponse. La table 2 présente la distribution des corpus de parole dans la ressource annotée.

| Corpus Parole | Licence de diffusion | Nb de mots | Durée d'enregistrement |
|---|---|---|---|
| ESLO_ANCOR | Extrait ESLO (CC-BY-NC-SA) | 417 kMots | 25 heures |
| OTG | CC-BY-NC-SA | 26 kMots | 2 heures |
| Accueil_UBS | CC-BY-NC-SA | 10 kMots | 1 heure |

TABLE 2 – Répartition des corpus oraux annotés dans ANCOR

## 3.3 Procédure d'annotation

L'annotation a été réalisée sur le logiciel *Glozz* (Mathet et Widlöcher, 2009). Nous n'avons pas retenu *MMAX2* (Müller et Strube, 2006) car son interface a été considérée comme moins conviviale par nos annotateurs. ANCOR sera toutefois diffusé sous les formats *GLOZZ* et *MMAX2*, du fait de la grande diffusion de ce dernier. *Glozz* produit une annotation au format XML reposant sur une DTD que nous avons adaptée à notre schéma d'annotation (cf § 4). Autre intérêt, les annotations sont séparées du corpus source avec lequel elles sont synchronisées. Cette annotation déportée (*stand-off annotation*) permet un enrichissement multi-niveaux du corpus, ce qui est intéressant en termes d'évolutivité. Le principal souci rencontré avec *Glozz* est sa difficulté à gérer de gros fichiers (affichage et gestion mémoire). Si cette limitation n'a pas posé de souci sur OTG et Accueil_UBS (courts dialogues), nous avons dû procéder à un découpage des entretiens ESLO. La forte structuration des entretiens fait toutefois que ce découpage n'a pas détruit de chaînes coréférentielles.

Le corpus ANCOR a fait l'objet d'un codage par deux annotateurs suivi d'une révision, selon une procédure en quatre phases successives :

1) Repérage et caractérisation des entités nommées et autres mentions par un annotateur,

2) Révision croisée du repérage par l'autre annotateur et recherche de consensus,

3) Repérage et caractérisation des relations anaphoriques par un annotateur,

4) Révision finale des relations caractérisées par un superviseur.

Cette démarche séquentielle évite une surcharge cognitive aux codeurs et favorise la cohérence des annotations sur la durée. Annotateurs et superviseurs avaient un bon niveau d' expertise (Master ou doctorat en Sciences du Langage). L' annotation s' est déroulée au rythme de 40 000 mots par homme.mois pour un coût global de construction de 90 000€.

La fiabilité du corpus a été estimée sur une expérience pilote qui a consisté à mesurer l' accord entre 4 experts ayant participé à l' annotation, sur un sondage de 10 fichiers. L' estimation de l' accord inter-annotateur reste une question ouverte dans le cas de la coréférence, du fait des problèmes d'alignement entre annotations (Passoneau, 2004 ; Artstein et Poesio, 2008 ; Matthet et Widlöcher, 2011). Nous proposons de contourner ce problème par le calcul de mesures d' accords successifs sur la délimitation des mentions, l' identification de paires coréférentes et le typage des relations suivant le schéma suivant :

1) Délimitation des mentions : calcul d' accord sur le nombre de mentions retenues,
2) Création d' une annotation en mentions par vote majoritaire pour l' étape suivante,
3) Identification des paires de mentions coréférentes: mesure d'accord sur toutes les paires d'entités suivant une matrice de confusion présence/absence de relation,
4) Création d' une annotation en relations non typées toujours par vote majoritaire
5) Typage des relations de coréférences, et mesure d'accord sur le typage seul.

Cette expérimentation est en cours. Les premiers résultats suggèrent que la fiabilité est acceptable. Nous obtenons pour l' identification des paires une valeur de 0,62 avec les trois métriques $\kappa$ (Cohen, 1960), $\pi$ (Scott, 1955) et $\alpha$ (Krippendorff, 2004), valeur très proche du seuil de fiabilité proposé par Cohen. Cette estimation est par ailleurs pénalisée par des problèmes de prévalence et la prise en compte des entités explétives dans l' annotation. Nous réfléchissons à une adaptation de nos mesures pour compenser ces biais et présenter une estimation plus fiable de l' accord inter-annotateur.

# 4 Schéma d'annotation du corpus ANCOR

Le schéma d'annotation que nous avons proposé cherche de manière classique à identifier pour chaque entité référentielle (ou mention) si elle introduit une nouvelle entité du discours, puis si elle réfère à une entité précédemment mentionnée (coréférence) ou si la référence a une entité précédemment mentionnée dans le texte est nécessaire pour son interprétation (anaphore associative). Il n'existe pas de consensus sur le codage de ces relations. Souvent, l' annotation est adaptée à la tâche étudiée ou à une théorie linguistique sous-jacente. Notre annotation cherche à rester générique et est adaptée aux besoins du TALN en identifiant toutes les entités, isolées ou non. Par contre, nous ne procédons pas à une annotation des propriétés utilisées par les algorithmes de classification. Nous partons du principe que les utilisateurs du corpus pourront procéder à ces prétraitements.

## 4.1 Repérage des entités référentielles

Nous avons annoté l'ensemble du groupe nominal et pas uniquement sa tête. L'annotation a également concerné les pronoms et les groupes prépositionnels (GP). Dans ce dernier cas, la préposition introductive n'est pas intégrée à l'annotation, mais est prise en compte sous forme d'un attribut associé (GP=YES). Nous avons en outre exclu le pronom *ça* et ses dérivés car il reprend souvent l'ensemble d'un groupe verbal, comme dans l'exemple :

(1) L1 : *Pierre a encore cassé sa voiture.*
L2 : *Venant de lui, ça ne m'étonne pas.*

Ces reprises correspondent à des anaphores abstraites. Comme le notent (Dipper et Zinmeister, 2010), un schéma particulier d'annotation est nécessaire pour décrire ce type de coréférence. Ce type d'annotation dépasse largement le cadre du projet ANCOR.

Nous avons par contre annoté les formes explétives de *il* (cf. *il pleut*). Il est en effet important de repérer ces usages non référentiels qui peuvent tromper les systèmes de résolution. Enfin, dans le cas de structures coordonnées (Mazur et Dale, 2007) ou enchâssées, nous avons choisi d'identifier le groupe ainsi que chaque membre le composant. Tous ces éléments peuvent en effet ancrer une reprise coréférentielle.

## 4.2 Délimitation des relations

La délimitation des relations consiste à relier les éléments anaphoriques. Certains travaux privilégient une annotation en chaînes (Gardent et Manuélian, 2005 ; Amsili et al, 2007) c'est-à-dire en « *séquences d'expressions singulières apparaissant dans un contexte telles que si l'une de ces expressions réfère à quelque chose, toutes les autres y réfèrent également* » (Corblin, 2005). Dans le projet ANCOR, il a été décidé de relier toutes les relations à la première mention de l'entité référentielle trouvée dans le texte. Ce choix résulte de tests effectués avec des étudiants de Master Linguistique, qui ont montré un meilleur accord entre annotateurs avec cette approche. Il est en effet apparu que l'annotation en chaîne posait des problèmes délicats pour le dialogue, les annotateurs se trouvant devant des changements de locuteurs pour lesquels la notion de chaîne, pertinente dans la linéarité de l'écrit, devient beaucoup moins évidente à caractériser. Faute de pouvoir inclure (ou exclure) systématiquement d' une chaîne les mentions faites par des locuteurs différents, nos tests ont montré que les annotateurs se trouvaient dans l'impossibilité de trancher de façon nette. Par ailleurs, le codage en première mention rend compte des changements de genre grammatical lors de reprises successives comme dans la séquence "*j' ai une personne qui* (...) *elle téléphone* (...) *c' est un étudiant de L1 ... elle... il...*" où toutes les entités sont coréférentes.

Des arguments d'ordre linguistique ou computationnel peuvent être trouvés en faveur de chaque représentation. C' est pourquoi notre codage sera transformé également en codage en chaîne dans la distribution finale. Notons toutefois que le type de relation (directe, indirecte, pronominale, associative) et l' accord dépendent du choix d'annotation effectué, sans qu'une solution alternative ne nous paraisse envisageable.

## 4.3 Caractérisation des relations anaphoriques et de leurs entités

L'annotation consiste enfin à décrire par différents traits les entités référentielles et leurs éventuelles relations. Pour les entités nous avons retenu les traits linguistiques suivants :

- **G : Genre** et N : **Nombre**
- **POS : partie du discours** – Ce trait peut prendre les valeurs P (pronom), N (Nom) ou NULL (artefact lié à certaines disfluences)
- **GP : inclusion dans un GP** – Valeur YES (si l'entité est un GP) ou NO (si c'est un GN)
- **EN : entité nommée** – Types retenus dans la campagne d'évaluation ESTER2 (Galliano et al., 2009), à savoir FONC, LOC, PERS, ORG, PROD, TIME, AMOUNT et EVENT. On utilise le type NO si l'entité n'est pas une entité nommée.
- **DEF : définitude** – cet attribut sert à distinguer le caractère défini (DEF), indéfini (INDEF), démonstratif (DEM) ou explétif (EXP) de l'entité.
- **NEW : nouvelle entité du discours** : YES (première mention), NO (entité coréférente avec une autre). Une mention isolée recevra donc toujours le type YES.

Les relations sont caractérisées par un type (trait **TYPE**). Nous distinguons le type *direct (DIR)* dans le cas d' une coréférence entre mentions de même tête nominale (*le bus rouge.... ce grand bus*) ; *indirect (IND)* si les entités coréférentes ont des têtes nominales différentes (*le cabriolet... cette décapotable*) ; *pronominal (PR)* dans le cas particulier de l'anaphore indirecte où la reprise est un pronom (*le cabriolet ... il roulait...*) et *associatif (ASSOC)* si les mentions ne sont pas coréférentes mais que l'interprétation de l' une dépend de l' autre (*le village ... son clocher*). De même, on retrouve un type associatif pronominal (*ASSOC_PR*).

## 4.4 Comparaison avec d'autres schémas d'annotation

Notre modèle d'annotation repose est proche de schémas proposés par plusieurs auteurs travaillant sur le langage écrit (van Deemter et Kibble, 2000 ; Vieira et al. 2002). Nous avons en effet le souci que nos travaux puissent être également exploités par des personnes travaillant sur l' écrit. Notre typologie de relations reste relativement simple. Gardent et Manuélian (2005) ont ainsi développé un schéma d'annotation des relations anaphoriques (*bridging*) selon une typologie plus précise. Celle-ci nous semble aller au-delà des besoins actuels du TAL. (Recasens et al., 2011) introduit de son côté la notion de quasi-identité pour des cas décrits comme de la quasi-coréférence et qui sont considérés dans notre schéma comme anaphores associatives. Ces propositions cherchent à réduire les désaccords entre les anaphores associatives et les autres types, mais ne disent rien de ceux entre nouvelle entité du discours et anaphore associative. Cette distinction est pourtant hautement subjective (Vieira et al., 2002). (Ogrodniczuk et al. 2013) ont ainsi rencontré un très faible accord avec un jeu d' annotation intégrant la quasi-identité.

## Conclusion

ANCOR est à notre connaissance le premier corpus de français parlé annoté en coréférences diffusé librement et d' envergure suffisante pour permettre un apprentissage automatique. Le LI travaille ainsi au développement d' un système de résolution qui sera appris sur le corpus. Ce système reposera sur BART, une plateforme modulaire et ouverte utilisant le format MMAX comme format d' échange interne (Versley et al. 2008). La richesse d' annotation du corpus permettra également au LLL de conduire des études linguistiques variées sur la coréférence. ANCOR sera diffusé librement sous licence CC BY-NC-SA à la mi-2013. Il sera récupérable sur http://tln.li.univ-tours.fr/Tln_Corpus_Ancor.html.

## Références

AMSILI, P., LANDRAGIN, F., ACOSTA, A., BITTAR, A. (2007). Résolution anaphorique : Etat d'une réflexion collective, *Actes Journées d' Etudes de l' ATALA 2007*, pages 1–4.

ARTSTEIN, R., POESIO, M. (2008) Inter-Coder agreement for Computational Linguistics, *Computational Linguistics*, 34, pages 555-596

BARRAS, C., GEOFFROIS, E., WU, Z., LIBERMAN, M. (2001). Transcriber: development and use of a tool for assisting speech corpora production. *Speech Communication* 33(1-2), pages 5–22.

BAUDE, O., DUGUA, C. (2011) (Re)faire le corpus d' Orléans quarante ans après : quoi de neuf, linguiste ? *Corpus* ,10, pages 99-118.

ESHKOL-TARAVELLA, I., BAUDE, O., MAUREL, D., HRIBA, L., DUGUA, C., TELLIER, I., (2012) Un grand corpus oral « disponible » : le corpus d' Orléans 1968-2012. *TAL*. 52(3), pages 17-46.

COHEN, J. (1960). A coefficient of agreement for nominal scales. *Educational and Psychological Measurement*, 20, pages 37-46

CORBLIN, F. (2005) Les chaînes de la conversation et les autres. In Gouvard, J.-M. (éd.), *De la langue au style*, Lyon : Presses universitaires de Lyon, pages 233–254.

GARDENT, C. et MANUELIAN, H. (2005). Création d'un corpus annoté de traitement des descriptions définies. *Traitement Automatique des Langues, TAL* , 46(1).

HENDRICKX, I. et al. (2008). A coreference corpus and resolution system for Dutch. *Proc. LREC'2008*.

KRIPPENDORFF., K. (2008). Testing the reliability of content analysis data: what is involved and why. In KRIPPENDORFF, K., ET BLOCH, M.A. (Eds) *The content analysis reader*. Sage Publ..

LAPPIN, S. et LEASS, H.J. (1994). An algorithm for pronominal anaphora resolution. *Computational Linguistics.* , 20(4), pages 535-561.

MATHET, Y., WIDLÖCHER, A. (2009). La plate-forme GLOZZ : environnement d'annotation et d'exploration de corpus. *Actes de TALN-2009*, pages 1–10.

MATHET, Y., WIDLÖCHER, A. (2011). Une approche holiste et unifiée de l'alignement et de la mesure d'accord inter-annotateurs. *Actes TALN 2011*, Montpellier, France.

MITKOV, R. (1994). An integrated model for anaphora resolution. *Proc. COLING'94*, Kyoto.

MÜLLER, C., STRUBE, M. (2006). Multi-level annotation of linguistic data with MMAX2. In: Braun, S., Kohn, K., Mukherjee, J., ed., *Corpus Technology and Language Pedagogy: New Resources, New Tools, New Methods*. Peter Lang, Francfort, Allemagne, pages 197–214.

NG, V. et CARDIE, C. (2002). Improving machine learning approaches to coreference resolution. *Proc. ACL'92.*

NICOLAS, P., LETELLIER-ZARSHENAS, S., SCHADLE, I., ANTOINE, J.-Y., CAELEN, J. (2002). Towards a large corpus of spoken dialogue in French that will be freely available: the "Parole Publique" project and its first realisations. *LREC'2002*. Las Palmas, Espagne. pp. 649-655.

OGRODNICZUK, M., ZAWISŁAWSKA, M., GŁOWINSKA K., SAVARY A. (2013). Interesting Linguistic Features in Coreference Annotation of a Highly Inflectional Language, soumis à *ACL' 2013*.

PASSONEAU, R. (2004) Computing reliability for Co-Reference Annotation. *LREC' 2004*.

PONZETTO, S.P., VERSLEY, Y. (2011) Computational models of anaphora resolution: A survey. Consulté sur : wwwusers.di.uniroma1.it/~ponzetto/pubs/poesio10a.pdf

POESIO, M., PONZETTO, S.P., VERSLEY, Y. (2011) Computational models of anaphora resolution: A survey. Consulté sur : wwwusers.di.uniroma1.it/~ponzetto/pubs/poesio10a.pdf

RECASENS POTAU, M. (2010). Coreference: Theory, Annotation, Resolution and Evaluation. PhD Thesis, Universitat de Barcelona, Catalunya, septembre 2010.

SOON, W.M., NG, H.T. LIM, D.C.Y. (2001). A machine learning approach to coreference resolution in noun phrases. *Computational Linguistics.* , 27(4), pages 521-544.

SCHANG, E., BOYER, A., MUZERELLE, J., ANTOINE, J.-Y., ESHKOL, I., MAUREL, D. (2011). Coreference and anaphoric annotations for spontaneous speech corpus in French, *Proc. Discourse Anaphora and Anaphor Resolution Colloqium, DAARC'2011.*, Faro, Portugal.

SCOTT, W. (1955). Reliability of content analysis: the case of nominal scale coding. *Public Opinions Quaterly.* 19, pages 321-325.

VAN DEEMTER, K., KIBBLE, R. (2000). On Coreferring: Coreference in MUC and related annotation schemes. *Computational Linguistics,* 26(4), pages 629–637.

VERSLEY, Y., PONZETTO, S.P., POESIO, M., EIDELMAN, V., JERN, A., SMITH, J., YANG, X., MOSCHITTI, A. (2008) BART: A Modular Toolkit for Coreference Resolution. *Companion Volume ACL' 08.*

VIEIRA, R., SALMON-ALT, S., SCHANG, E. (2002). Multilingual corpora annotation for processing definite descriptions. *Advances in Natural Language Processing,* pages 721–729.

# Segmentation Multilingue des Mots Composés

Elizaveta Loginova-Clouet[1] Béatrice Daille[1]
(1) LINA, 2, rue de la Houssinière 44322 Nantes Cedex 03
elizaveta.loginova@univ-nantes.fr, beatrice.daille@univ-nantes.fr

## RÉSUMÉ

La composition est un phénomène fréquent dans plusieurs langues, surtout dans des langues ayant une morphologie riche. Le traitement des mots composés est un défi pour les systèmes de TAL car pour la plupart, ils ne sont pas présents dans les lexiques. Dans cet article, nous présentons une méthode de segmentation des composés qui combine des caractéristiques indépendantes de la langue (mesure de similarité, données du corpus) avec des règles de transformation sur les frontières des composants spécifiques à une langue. Nos expériences de segmentation de termes composés allemands et russes montrent une exactitude jusqu'à 95 % pour l'allemand et jusqu'à 91 % pour le russe. Nous constatons que l'utilisation de corpus spécialisés relevant du même domaine que les composés améliore la qualité de segmentation.

## ABSTRACT

**Multilingual Compound Splitting**

Compounding is a common phenomenon for many languages, especially those with a rich morphology. Dealing with compounds is a challenge for natural language processing systems since all compounds can not be included in lexicons. In this paper, we present a compound splitting method combining language independent features (similarity measure, corpus data) and language dependent features (component transformation rules). We report on our experiments in splitting of German and Russian compound terms giving accuracy up to 95% for German and up to 91% for Russian language. We observe that the usage of a corpus of the same domain as compounds improves splitting quality.

MOTS-CLÉS : segmentation des mots composés, outil multilingue, mesure de similarité, règles de transformation des composants, corpus spécialisés.

KEYWORDS: compound splitting, multilingual tool, similarity measure, component transformation rules, specialized corpora.

# 1 Introduction

La composition est un mécanisme de formation des mots qui consiste à combiner deux (ou plusieurs) éléments lexicaux autonomes pour former une unité de sens. Ce phénomène est notamment présent dans les langues allemande, néerlandaise, grecque, suédoise, danoise, finlandaise et russe. Le traitement des mots composés est une difficulté pour les systèmes de traitement automatique des langues parce que la plupart des composés ne sont pas recensés dans les ressources lexicales. Ainsi leur reconnaissance et leur segmentation seraient bénéfiques pour des tâches variées du TAL : traduction automatique (Macherey *et al.* (2011), Weller et Heid (2012)), recherche d'information (Braschler et Ripplinger, 2004), recherche d'information multilingue (Chen et Gey, 2001), etc.

Les mécanismes de composition sont plus ou moins complexes en fonction des langues. Dans les langues très analytiques comme les langues française et anglaise les composants sont simplement concaténés : FR *kilowatt-heure*, EN *parrotfish*[1], « poisson perroquet ».

Dans les langues ayant une morphologie riche, des transformations sont possibles aux frontières des parties composantes. La terminaison du mot peut être omise, et/ou des morphèmes « frontières » rajoutés, par exemple en allemand :

Staatsfeind (« ennemie d'état ») = Staat (« état ») + Feind (« ennemie ») ;

Pour certaines langues, les règles sont peu nombreuses et exhaustives. Pour d'autres, des phénomènes plus complexes interviennent comme la modification du radical en russe :

ветрогенератор (« générateur éolien »)
vetrogenerator[2] = veter (« vent ») + generator (« générateur ») ;

Les « composés néoclassiques », c'est-à-dire des composés ayant un ou plusieurs éléments d'origine latine ou grecque (Namer, 2009), sont un cas particulier de composition où les éléments lexicaux ne sont pas autonomes : FR *multimédia*, DE *Turbomaschine* (« turbomachine »), etc. Ces éléments néoclassiques sont généralement absents des dictionnaires ou des bases de données lexicales.

Certains systèmes de TAL optent pour le stockage de tous les composants connus dans le lexique (à notre connaissance, c'est généralement le cas des systèmes pour le russe). Cette solution nous semble insatisfaisante pour des tâches multilingues car ceci augmente considérablement la couverture du dictionnaire.

Dans cet article, nous faisons le tour d'horizon des méthodes de segmentation automatique des mots composés. Ensuite, nous proposons une méthode combinant des traits dépendants et indépendants de la langue. Enfin, nous présentons nos expériences de segmentation des composés allemands et russes.

# 2 Méthodes de segmentation des mots composés

Parmi les méthodes de segmentation des composés, on peut distinguer les méthodes utilisant des règles formulées manuellement et des méthodes complètement statistiques.

1. EN - langue anglaise, DE - langue allemande, RU - langue russe
2. Les exemples russes sont translittérés.

Le premier type de méthodes définit des règles de segmentation telles que celles de transformations aux frontières des composants en allemand. Généralement celles-ci utilisent des règles de formation des composés décrites par Langer (1998).

Pour choisir parmi plusieurs segmentations, les composants ainsi identifiés sont ensuite recherchés soit dans un dictionnaire (segmenteur Banana Split [3]), soit dans un corpus monolingue (Koehn et Knight (2003), IMS Splitter [4]). Les approches basées sur le corpus affectent également une probabilité à chaque segmentation, estimée sur la base de la fréquence des composants dans le corpus. Un corpus parallèle allemand-anglais peut être exploité afin d'y vérifier les correspondances des parties décomposées (Koehn et Knight, 2003).

Les approches du deuxième groupe ne requièrent pas de règles spécifiques pour chaque langue donnée. Macherey *et al.* (2011) proposent d'extraire automatiquement des opérations morphologiques sur les frontières de composants. L'entraînement du modèle pour une nouvelle langue nécessite un corpus parallèle contenant une partie anglaise. Hewlett et Cohen (2011) détectent automatiquement la place des frontières de composants. L'algorithme est basé sur la probabilité des séquences de caractères dans une langue.

Actuellement, les modèles purement statistiques ne sont pas aussi précis que des modèles utilisant des règles, leur avantage réside toutefois dans la possibilité de réutilisation pour des langues variées.

# 3 Algorithme de segmentation

Notre objectif est de créer un outil de segmentation des mots composés générique et multilingue qui pourrait être appliqué à des différentes langues grâce aux traits indépendants de la langue sans nécessiter de connaissances préalables. Néanmoins si des règles existent, cet outil doit être capable de les intégrer. Les caractéristiques indépendantes de la langue exploitées sont la fréquence des mots dans un corpus monolingue, et la similarité entre une sous-chaîne du mot et les lemmes candidats.

Pour segmenter un composé, nous commençons par générer toutes ses segmentations possibles en deux parties, de taille supérieure ou égale à la longueur minimale acceptée pour un composant. Par exemple DE *Traktionsbatterie* (« batterie de traction ») :

$$\begin{array}{l} \text{traktionsbatterie} \rightarrow \text{tr} + \text{aktionsbatterie} \\ \text{traktionsbatterie} \rightarrow \text{tra} + \text{ktionsbatterie} \\ \qquad\qquad\qquad \ldots \\ \text{traktionsbatterie} \rightarrow \text{traktionsbatter} + \text{ie} \end{array}$$

Si des règles de transformation des composants en lexèmes indépendants sont disponibles pour la langue donnée, elles sont appliquées aux composants candidats. Ce sont des règles de type : *« s »* → *« »*, (cf. DE exemple *Staatsfeind*), *« en »* → *« um »*, etc.

Pour chaque segmentation candidate, les deux parties sont recherchées dans un dictionnaire monolingue, et optionnellement dans un corpus monolingue. Le corpus permet de calculer les fréquences des mots, ce qui aide à choisir les composants candidats les plus plausibles lorsque plusieurs variantes sont possibles.

3. `http://niels.drni.de/s9y/pages/bananasplit.html`
4. `http://www.ims.uni-stuttgart.de/~wellermn/tools.html`

Nous calculons ensuite la similarité entre chacune des deux parties de segmentation et les lemmes du dictionnaire/corpus afin de choisir les lemmes « les plus proches ». Nous utilisons « la distance d'édition normalisée » basée sur la distance de Levenshtein comme mesure de similarité (pour la description détaillée des mesures existantes cf. (Frunza et Inkpen, 2009)) :

$$sim(X,Y) = 1 - \frac{nbEditOper}{max(length(X), length(Y))}$$

où nbEditOper est le nombre minimal d'opérations d'édition (substitution, suppression, insertion) nécessaires pour transformer un composant X en un lemme Y.

Si certains lemmes sont acceptables (i.e. avec une similarité supérieure ou égale à un seuil défini) pour la partie gauche de la segmentation courante, mais non pour la partie droite, nous réitérons la segmentation jusqu'à trouver des composants attestés ou jusqu'à un nombre maximal de composants.

RU килоэлектронвольт (« kiloélectronvolt ») :
kiloelektronvolt → kilo + elektronvolt
elektronvolt → elektron + volt

Dans le cas où des lemmes candidats sont acceptables pour chaque composant, nous calculons le score de cette segmentation à chaque niveau de décomposition :

$$S(segm) = \begin{cases} \frac{S(compA)+S(compB)}{2} & \text{si correspondance exacte} \\ \frac{S(compA)+S(compB)}{nbComp} & \text{sinon} \end{cases}$$

où nbComp est le nombre de composants dans le mot, et « correspondance exacte » signifie que tous les composants ont été trouvés en l'état dans le dictionnaire/corpus. Le score d'un composant est calculé de la manière suivante :

$$S(comp) = sim(comp, lemma)^{nbComp} \times (inDico + inCorpus + freqCorpus)$$

où inDico et inCorpus sont des valeurs attestant la présence ou l'absence du lemme dans le dictionnaire et le corpus, et freqCorpus est égale à la fréquence relative du lemme dans le corpus. La mesure de similarité est élevée à la puissance nbComp pour augmenter son impact lorsque le niveau de décomposition croît : plus il y a de composants dans la segmentation candidate, plus il est accordé d'importance au fait que les composants soient proches des lemmes trouvés (le cas le plus favorable étant celui d'une mesure de similarité égale à 1).

Enfin, l'algorithme retourne le Top N des meilleures segmentations classées par score décroissant. Par exemple, pour DE *Traktionsbatterie* (« batterie de traction ») le résultat affiché est le suivant :

traktion + batterie 1.50
trakt + ion + batterie 1.25

La segmentation correcte est *Traktion + Batterie*, et celle-ci obtient le meilleur score d'après le programme.

# 4 Expériences et données

Dans cette section, nous décrivons nos expériences en utilisant le précédent algorithme. Jusqu'à présent il a été appliqué à deux langues : l'allemande et le russe. La composition en allemand est très productive et bien décrite. La composition en russe l'est moins, même si elle est plus fréquente dans les domaines de spécialité que dans la langue générale.

Pour les deux langues, nous avons analysé des mots composés appartenant au domaine de l'énergie éolienne. Pour la langue allemande, nous avons pris comme jeu de tests 445 composés extraits des expériences de Weller et Heid (2012) [5]. Pour la langue russe, nous avons compilé le jeu de tests à partir d'un corpus de l'énergie éolienne [6]. Parmi les 7 000 lexèmes les plus fréquents du corpus, 348 sont des composés.

Nous avons fait varier les paramètres pour observer l'impact de l'utilisation du corpus et des règles de transformation sur la qualité de segmentation. Comme la segmentation de base, nous avons retenu la segmentation avec le dictionnaire, ce qui correspond à la technique utilisée dans les systèmes n'ayant pas de module élaboré de segmentation. Nous avons enrichi cette segmentation de base premièrement avec la prise en compte de règles de transformation et l'utilisation de la mesure de similarité, et deuxièmement avec le filtrage dans le corpus.

Pour l'allemand, nous avons utilisé la partie allemande du dictionnaire libre allemand-anglais Dict.cc [7]. Pour le russe, nous avons exploité la version électronique du dictionnaire de Ozhegov [8], complétée par une liste d'éléments néoclassiques extraits du travail de Béchade (1992) et traduits en russe. Les éléments néoclassiques sont très fréquents dans les composés russes et leur repérage s'avère nécessaire pour une segmentation correcte. Comme nous travaillons avec des composés spécialisés, nous avons exploité des corpus thématiques du domaine de l'énergie éolienne compilés à partir du web [9] (environ 300 000 mots pour le russe et 1.7 million mots pour l'allemand) et lemmatisés par TreeTagger [10].

Les règles pour l'allemand sont basées sur (Langer, 1998). Pour la langue russe nous avons testé deux jeux de règles. Le premier jeu contient deux règles exprimant une connaissance basique du russe selon laquelle les morphèmes « o » and « e » servent de morphèmes « frontières » pour des composés. Le jeu de règles élargi (13 règles) intègre des connaissances morphologiques approfondies extraites de (Zaliznjak, 1977).

Un paramètre important pour notre algorithme est le seuil de similarité qui désigne la valeur minimale acceptable de similarité entre un composant candidat et un lemme du dictionnaire/corpus. Pour trouver la valeur optimale, nous avons testé l'algorithme avec des seuils différents sur le même corpus de l'énergie éolienne (cf. Figure 1). Sur nos données la valeur de 0.7 s'avère la plus satisfaisante pour les deux langues.

Pour évaluer les résultats, nous avons calculé l'exactitude (EN « accuracy ») de décomposition en position 1 (« Top 1 ») et en position 5 (« Top 5 ») dans la liste de segmentations candidates classées par l'algorithme. L'exactitude est obtenue en divisant le nombre de composés qui ont une segmentation correcte dans Top N produit par l'algorithme par le nombre total de composés. Jusqu'à présent, nous avons effectué l'évaluation seulement sur des mots composés, et nous n'avons pas évalué le bruit introduit par les faux positifs (non-composés qui sont segmentés par l'algorithme par erreur). L'identification des composés potentiels d'une langue relève d'une autre problématique.

5. `http://www.ims.uni-stuttgart.de/~wellermn/tools.html`
6. `http://www.lina.univ-nantes.fr/?Linguistic-Resources-from-the.html`
7. `http://www.dict.cc`
8. `http://speakrus.ru/dict/ozhegovw.zip`
9. `http://www.lina.univ-nantes.fr/?Linguistic-Resources-from-the.html`
10. `http://www.cis.uni-muenchen.de/~schmid/tools/TreeTagger/`

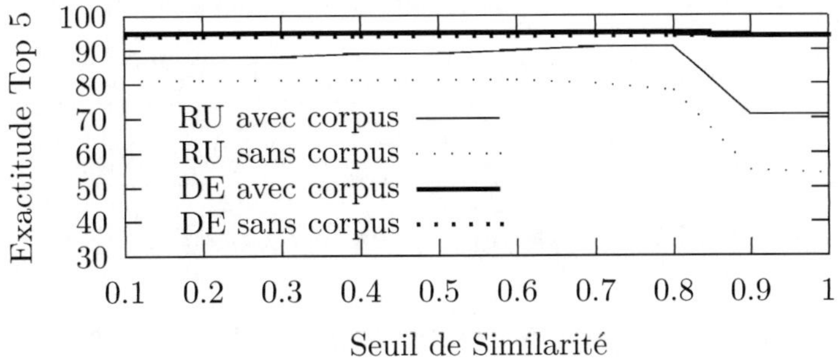


FIGURE 1 – Exactitude de la segmentation des mots composés (Top 5) en fonction du seuil de similarité

| | Dictionnaire | Dictionnaire + Règles + Similarité | Dictionnaire + Règles + Similarité + Corpus | Banana Split | IMS Splitter |
|---|---|---|---|---|---|
| Top 1 | 57 % | 91 % | 91 % | 86 % | 87 % |
| Top 5 | 57 % | 94 % | 95 % | - | 92 % |

TABLE 1 – Exactitude de segmentation pour l'allemand

# 5 Résultats

Les résultats de la segmentation pour les langues allemande et russe sont présentés dans les tableaux 1 et 2.

## 5.1 Composés allemands

Les résultats en ajoutant les règles de transformation et la mesure de similarité sont nettement meilleurs que ceux obtenus dans l'expérience de base (seulement avec le dictionnaire).

L'utilisation du corpus améliore légèrement l'exactitude pour le Top 5. Cela permet la segmentation correcte d'un nombre supérieur de mots dont les composants ne sont pas présents dans le dictionnaire (*Netzanschluß*, « connexion réseau »). Dans certains cas, cela améliore aussi le classement : *Traktionsbatterie* sans corpus retourne deux segmentations classées à égalité *traktion+batterie 1.0* et *trakt+ion+batterie 1.0*. L'utilisation de corpus fait apparaître la segmentation correcte avant celle incorrecte : *traktion+batterie 1.50*, *trakt+ion+batterie 1.25*.

Dans d'autres cas le corpus nuit au classement parce qu'il favorise les segmentations constituées de composants plus courts et plus fréquents : *Aussichtsplattform*, « observation deck », est correctement segmenté sans corpus en *aussicht+plattform*, alors qu'avec le corpus la meilleure segmentation est *aus+sicht+plattform*. Ce problème peut être résolu en remplaçant la fréquence simple du corpus par la spécificité qui rend compte du caractère terminologique des composés. La spécificité est obtenue en divisant la fréquence dans le corpus spécialisé par la fréquence dans un corpus général (Ahmad *et al.*, 1992).

| | Dictionnaire | Dictionnaire + Règles + Similarité | | Dictionnaire + Règles + Similarité + Corpus | |
|---|---|---|---|---|---|
| | | Règles restreintes | Règles élargies | Règles restreintes | Règles élargies |
| Top 1 | 35 % | 62 % | 78 % | 72 % | 82 % |
| Top 5 | 35 % | 68 % | 80 % | 81 % | 91 % |

TABLE 2 – Exactitude de segmentation pour le russe

Nous avons comparé notre outil à deux outils libres disponibles pour l'allemand : Banana Split [11] et IMS Splitter [12]. Sur les mêmes 445 composés, le segmenteur Banana Split donne une exactitude de 86 % pour le Top 1 ; IMS Splitter aboutit à une exactitude de 87 % pour le Top 1 et 92 % pour le Top 5.

## 5.2 Composés russes

Nous avons observé une différence significative entre les résultats de l'expérience de base et ceux avec les règles et la mesure de similarité (cf. tableau. 2). L'utilisation de corpus a été également bénéfique. Notons que les résultats avec l'utilisation des règles élargies sans corpus sont proches de ceux avec les règles restreintes mais avec corpus. En fait pour certains composés le corpus compense l'absence de règles. Ainsi l'adjectif « électromagnétique » электромагнитный (*elektromagnitnyi*) ne pouvait pas être segmenté correctement avec la méthode de base, parce que son composant de droite *magnitnyi* (« magnétique ») n'est pas présent dans le dictionnaire. Il peut être segmenté soit en utilisant le corpus (où « magnétique » est présent), soit grâce à une règle qui permet de retrouver le nom associé *magnit* (« aimant »).

# 6 Conclusion

Nous avons présenté un algorithme de segmentation des mots composés combinant des caractéristiques indépendantes de la langue (mesure de similarité, fréquence des mots) avec des caractéristiques dépendantes de la langue (règles de transformation des composants). Cette méthode est beaucoup plus performante que celle de base consistant à vérifier la présence des composants dans un dictionnaire. Elle donne des résultats comparables aux méthodes de segmentation monolingues : pour le Top 5, exactitude jusqu'à 95 % pour l'allemand et jusqu'à 91 % pour le russe.

L'utilisation d'un corpus est globalement bénéfique. Un corpus spécialisé permet de segmenter correctement plus de mots dont les composants sont inconnus du dictionnaire et de filtrer des mauvaises segmentations. Le corpus permet dans une certaine mesure de compenser des règles morphologiques. Il peut cependant dégrader le classement des candidats dans certains cas.

Le code source avec une description détaillée de l'algorithme sont accessibles en ligne [13]. Le programme peut être appliqué à des langues différentes en changeant les sources lexicales

11. `http://niels.drni.de/s9y/pages/bananasplit.html`
12. `http://www.ims.uni-stuttgart.de/~wellermn/tools.html`
13. `http://www.lina.univ-nantes.fr/?Compound-Splitting-Tool.html`

et en ajoutant éventuellement des règles de transformation. Néanmoins un paramétrage préliminaire est préférable pour obtenir de meilleurs résultats pour une nouvelle langue. Nous prévoyons de tester l'algorithme pour d'autres langues et domaines ainsi que d'évaluer l'impact de la segmentation sur la qualité de la traduction automatique.

## Remerciements

Les travaux ayant mené à ces résultats ont reçu le financement du programme European Community's Seventh Framework (FP7/2007-2013), sous l'agrément de bourse no. 248005.

## Références

AHMAD, K., DAVIES, A., FULFORD, H. et ROGERS, M. (1992). What is a term? the semi-automatic extraction of terms from text. *In Translation Studies : An Interdiscipline*, pages 267–278, Amsterdam/Philadelphia. John Benjamins.

BRASCHLER, M. et RIPPLINGER, B. (2004). How effective is stemming and decompounding for german text retrieval. *In Information Retrieval*, volume 7, pages 291–316.

BÉCHADE, H.-D. (1992). *Phonétique et morphologie du français moderne et contemporain*. Presses Universitaires de France, Paris.

CHEN, A. et GEY, F. (2001). Translation term weighting and combining translation resources in cross-language retrieval. *In Proceedings of TREC Conference*.

FRUNZA, O. et INKPEN, D. (2009). Identification and disambiguation of cognates, false friends, and partial cognates using machine learning techniques. *In International Journal of Linguistics*, volume 1.

HEWLETT, D. et COHEN, P. (2011). Fully unsupervised word segmentation with bve and mdl. *In Proceedings of ACL 2011*, pages 540–545, Portland, Oregon.

KOEHN, P. et KNIGHT, K. (2003). Empirical methods for compound splitting. *In Proceedings of EAC 2003*, Budapest, Hungary.

LANGER, S. (1998). Zur Morphologie und Semantik von Nominalkomposita. *In Proceedings of KONVENS 1998*, pages 83–97, Bonn.

MACHEREY, K., DAI, A., TALBOT, D., POPAT, A. et OCH, F. (2011). Language-independent compound splitting with morphological operations. *In Proceedings of ACL 2011*, pages 1395–1404, Portland, Oregon.

NAMER, F. (2009). *Morphologie, lexique et traitement automatique des langues*. Lavoisier, Paris.

OTT, N. (2005). Measuring semantic relatedness of german compounds using germanet. `http://niels.drni.de/n3files/bananasplit/Compound-GermaNet-Slides.pdf`. [consulté le 20/03/2013].

WELLER, M. et HEID, U. (2012). Analyzing and aligning german compound nouns. *In Proceedings of LREC 2012*, Istanbul.

ZALIZNJAK, A. A. (1977). *Grammaticheskij Slovar' Russkogo Jazyka [Grammatical Dictionary of the Russian Language]*. Russkij jazyk, Moscow.

# Gestion des terminologies riches : l'exemple des acronymes

Ying ZHANG[1] et Mathieu MANGEOT[1]
(1) GETALP-LIG, 41, rue des Mathématiques BP53 38041 Grenoble Cedex 9
ying.zhang@imag.fr, mathieu.mangeot@imag.fr

RÉSUMÉ

La gestion des terminologies pose encore des problèmes, en particulier pour des constructions complexes comme les acronymes. Dans cet article, nous proposons une solution en reliant plusieurs termes différents à un seul référent via les notions de pivot et de prolexème. Ces notions permettent par exemple de faire le lien entre plusieurs termes qui désignent un même et unique référent : Nations Unies, ONU, Organisation des Nations Unies et onusien. Il existe Jibiki, une plate-forme générique de gestion de bases lexicales permettant de gérer n'importe quel type de structure (macro et microstructure). Nous avons implémenté une nouvelle macrostructure de ProAxie dans la plate-forme Jibiki pour réaliser la gestion des acronymes.

ABSTRACT

**Complex terminologies management – the case of acronyms**

Terminology management is still problematic, especially for complex constructions such as acronyms. In this paper, we propose a solution to connect several different terms with a single referent through using the concepts of pivot and prolexeme. These concepts allow for example to link several terms for the same referent: Nations Unies, ONU, Organisation des Nations Unies and onusien. Jibiki is a generic platform for lexical database management, allowing the representation of any type of structure (macro and microstructure). We have implemented a new macrostructure ProAxie in the Jibiki platform to achieve acronym management.

MOTS-CLÉS : base lexicale multilingue, macrostructure, Jibiki, Common Dictionary Markup, Proaxie, Prolèxeme
KEYWORDS : multilingual lexical database, macrostructure, Jibiki, Common Dictionary Markup, Proaxie, Prolexeme

## 1 Introduction

Cet article concerne la gestion de terminologies multilingues. Le problème abordé dans cet article est celui de l'association de plusieurs termes d'une même langue à un même référent : « Jean-Paul II » et « Karol Jozef Wojtyla » en français, ou en anglais « John Paul II » et « Karol Jozef Wojtyla ». De même, certains liens évoluent avec le temps : le pape désignait « Jean-Paul II » en 2004 et « Benoît XVI » en 2012. Des pays parlant la même langue (p. ex : France et Suisse romande) peuvent également utiliser des mots différents pour le même concept. Par exemple, « chien renifleur » et « chien drogue ». Inversement, le même terme peut désigner des concepts différents : dans la province de langue allemande de Bolzano en Italie, le « Landeshauptmann » est le président du conseil provincial, avec des compétences beaucoup plus limitées que le « Landeshauptmann » autrichien, qui est à la tête de l'un des États (Land) de la fédération autrichienne. Pour la gestion des acronymes, un terme et son acronyme peuvent par exemple désigner le même référent. Dans un contexte multilingue, la difficulté est d'établir une correspondance entre ces termes. L'article introduisant la notion de prolexème (Tran, 2006) présente le problème des termes ayant des acronymes dans certaines langues, mais pas dans d'autres. Dans le projet Prolexbase, Tran (Tran, 2006) considère le prolexème comme le regroupement de lemmes associés aux différentes formes d'un nom propre qui apparaissent dans les différents textes d'une langue donnée. Par exemple, en français, Prolexbase regroupe dans le même prolexème « organisation des nations unies »[1], « Nations unies », « ONU » et « onusien »[2]. En anglais, Prolexbase regroupe « United Nations » et son acronyme « UN ».

Quelles solutions mettre en place de façon à choisir, pour un terme donné dans une langue donnée, le meilleur équivalent dans une langue cible ? Cette recherche est motivée par un besoin réel d'une entreprise dans la gestion de sa terminologie multilingue.

Le but principal de notre travail a été de définir un cadre théorique composé d'une nouvelle macrostructure basée sur des concepts existants et sur la définition de nouveaux concepts. Ce cadre a ensuite été validé par une expérimentation pratique à l'aide d'un outil générique de gestion de bases lexicales.

Cet article est organisé de la façon suivante. Dans la section 2, nous présentons les macrostructures préconisées pour les données. La section 3 présente les outils utilisés et l'implémentation de la macrostructure. La section 4 présente les résultats de l'implémentation et de l'utilisation. Enfin, nous concluons et donnons quelques perspectives pour la gestion de terminologies riches.

## 2 Données : choix de la macrostructure

Lors de toute discussion scientifique, il est primordial de bien s'entendre sur les termes utilisés. C'est pourquoi nous commencerons par définir les termes et concepts principaux que nous utiliserons par la suite.

Un *dictionnaire* est composé d'un ou plusieurs *volumes* reliés entre eux par des *liens* qui sont le plus souvent des *liens de traduction*. Un volume est un ensemble d'*articles* comportant des *mots-vedettes* de la même langue. Un article comporte au moins un mot-vedette et le plus souvent d'autres informations (prononciation, classe grammaticale, définition, exemples, etc.). La structure des articles est appelée *microstructure*. L'organisation des volumes qui composent la structure d'un dictionnaire est appelée *macrostructure*. La macrostructure la plus simple est celle d'un dictionnaire monolingue ne comportant qu'un seul volume. Pour les dictionnaires bilingues langue A (LgA) ⟷ langue B (LgB), on trouve souvent des macrostructures avec deux volumes : un volume LgA ⟶ LgB et un volume miroir LgB ⟶ LgA. Ces macrostructures constituent l'essentiel des dictionnaires imprimés. L'avènement de l'outil électronique permet de s'abstraire des contraintes liées à l'impression, notamment la représentation restreinte à deux dimensions. On peut maintenant concevoir des macrostructures plus complexes utilisant par exemple des volumes pivot. Le dictionnaire devient alors une base lexicale à plusieurs dimensions d'où il est possible d'extraire des vues spécifiques permettant de retrouver le format initial des dictionnaires imprimés.

Nous détaillerons dans la suite deux macrostructures de ce type.

[1] Nous avons repris exactement la terminologie française de Prolexbase et les concepts.
[2] Mettre « onusien » dans ce groupe est sans doute une erreur.

## 2.1 Macrostructure pivot

Le projet Papillon, lancé en 2000 (Tomokiyom et al., 2001), a eu pour but de construire une ressource lexicale pour plusieurs langues dont au moins l'anglais, le français et le japonais. Les macrostructures bilingues traditionnelles obligeant à construire un dictionnaire par couple de langues, le nombre de dictionnaires croît de manière triangulaire par rapport au nombre de langues en présence. Cette solution devient rapidement ingérable. Il fallait donc en trouver une nouvelle, un *dictionnaire multilingue à structure pivot* : un volume monolingue pour chaque langue et un volume pivot (ou volume interlingue) au centre regroupant les liens entre les articles (Sérasset et Mangeot, 2001). La microstructure des articles monolingues est basée sur le concept de *lexie* défini dans la lexicographie explicative et combinatoire (Mel'cuk et al., 1995) issue de la théorie sens-texte. Chaque article décrit une lexie. Une lexie est une unité lexicale (sens de mot) qui est représentée soit par un lexème (regroupement de mots-forme), soit par une locution nominale.

Chaque lexie est reliée par un lien interlingue à une *axie* (ou *acception interlingue*). Les axies sont contenues dans le volume pivot. Chaque axie regroupe les équivalents dans plusieurs langues d'une même lexie (ou sens de mot).

Les concepts d'axie et de structure pivot ont été définis pour le projet Papillon et ensuite repris dans la norme Lexical Markup Framework (Francopoulo et al., 2009).

## 2.2 Macrostructure ProAxie

Cette macrostructure a pour but de résoudre le problème de relier plusieurs termes qui désignent un même et unique référent. Pour la gestion des acronymes, les liens riches sont plus répandus et plus complexes. Pour implémenter la gestion des acronymes, nous proposons une nouvelle macrostructure avec deux notions: *proaxie*[3] et *prolexème* (Tran, 2006). Nous avons également besoin des concepts d'axie et de lexie, qui ont été présentés au §2.1. Voir la figure 1.

### 2.2.1 Prolexème

Il y a un seul volume de prolexèmes pour chaque langue. Dans ce volume, les prolexèmes regroupent les lexies qui représentent le même sens sémantique mais dont la réalisation syntaxique est différente (forme de surface, classe grammaticale, etc.). Les liens bidirectionnels entre les lexies et leurs prolexèmes sont marqués avec une étiquette (alias, acronyme, dérivation, définition, etc.). Par exemple, l'entrée de type prolexème « fra.organisation_des_nations_unies.1 » est reliée à l'entrée de type lexie « ONU » par un lien étiqueté « acronyme », à « nations unies » par un lien étiqueté « alias », à « onusien » par un lien étiqueté « dérivation », et à « organisation des nations unies » par un lien étiqueté « définition ». Ce lien n'est pas la définition lexicographique du prolexème, mais caractérise seulement le terme préféré pour le décrire.

### 2.2.2 Proaxie

Il y a un seul volume de proaxies dans un dictionnaire. Les proaxies relient les prolexèmes de langues différentes qui ont le même sens. Prenons l'exemple d'un dictionnaire trilingue : français, anglais et chinois. L'entrée de type proaxie « proaxie.united_nations.1 » relie l'entrée

[3] ProAxie (A en majuscule) est le nom de macrostructure. Proaxie (a en minuscule) est le nom de concept.

« fra.organisation_des_nations_unies.1 » du volume des prolexèmes français, l'entrée « eng.united_nations.1 » du volume des prolexèmes anglais, et l'entrée « zho.联合国.1 » du volume des prolexèmes chinois. Les liens entre l'entrée de proaxie et les entrées de prolexèmes sont bidirectionnels.

### 2.2.3 Conception globale

Dans cette macrostructure, nous avons deux couches : une couche de base et une couche « Pro ». Dans la couche de base, nous avons deux types de volume : volume des lexies et volume des axies. Dans la couche « Pro », nous avons également deux types de volume : volume des prolexèmes et volume des proaxies.

Grâce au volume d'axies, nous pouvons relier les lexies qui se correspondent exactement, comme l'acronyme français « ONU » relié avec l'acronyme anglais « UN ». Grâce à la couche « Pro », nous pouvons proposer en traduction des lexies des langues cibles de même sens, comme indiqué dans la figure 1.

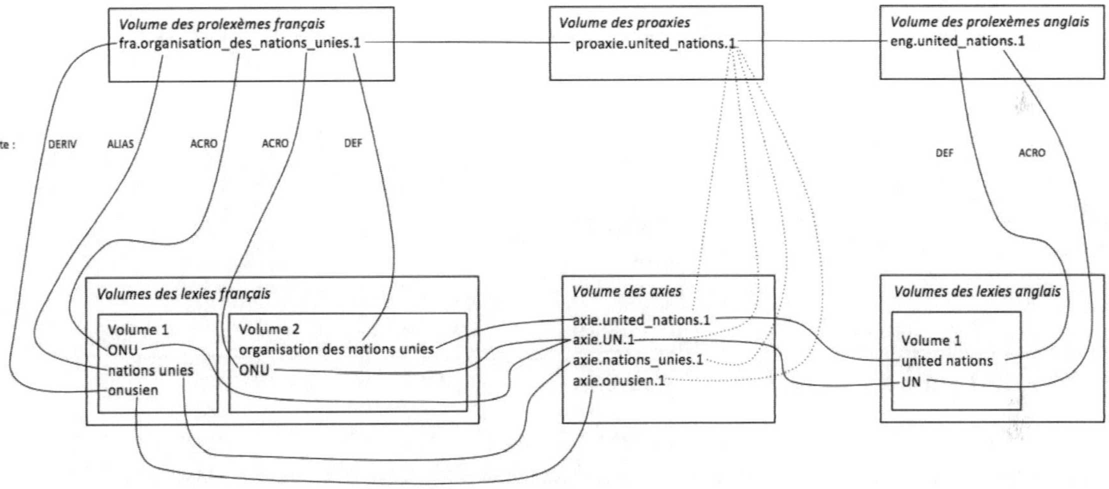


FIGURE 1 - Exemple de ProAxie

Les étiquettes portées par les liens ont pour but de permettre de proposer les meilleures traductions. Par exemple, le japonais « 国際連合 » est la lexie de même sens que « Organisation des Nations Unies », son acronyme est « 国連 ». Cet acronyme utilise le premier et le troisième kanji, ce qui est différent des initiales de la lexie de définition. Il existe peut-être une langue qui a deux acronymes, l'un correspondant à l'acronyme des initiales, l'autre correspondant à une sélection de caractères ou de mots. Donc, nous avons décidé de ne pas lier ces deux types d'acronymes avec une même axie, voir la figure 2.

Considérons les liens de la lexie « ONU » du français vers l'anglais, vers le japonais et vers le chinois. Nous proposons trois niveaux de traduction classés selon la précision obtenue :

- Vers l'anglais : « ONU » ⟶ « UN ». Le système trouve une lexie directe par le volume des axies. C'est le premier niveau de traduction et le plus précis.
- Vers le japonais : « ONU » ⟶ « 国連 ». Le système cherche le lien dans le volume des prolexèmes français avec l'étiquette « Acro ». Puis il trouve le lien dans les proaxies, ensuite il suit le lien de prolexème japonais, et enfin il arrive au volume des lexies japonaises, et trouve une lexie en suivant un lien étiqueté « Acro ». Donc la lexie

proposée au deuxième niveau de la langue cible est cet acronyme. Le deuxième niveau de traduction comprend toujours le premier niveau de traduction. C'est-à-dire que « ONU » et « UN » sont accédés avec la même étiquette « Acro », donc le lien « ONU » ⟶ « UN » correspond également au deuxième niveau de traduction.

- Vers le chinois : « ONU » ⟶ « 联合国 ». Le système trouve les lexies par prolexème et proaxie sans étiquette correspondante. Ces lexies proposées constituent le troisième niveau, le moins précis. Le troisième niveau de traduction comprend les niveaux précédents.

La quantité de lexies de résultat augmente suivant les niveaux de traduction, du premier vers le troisième. Par exemple, on traduit le terme « ONU » vers l'anglais, le chinois et le japonais. Le premier niveau de traduction est la lexie anglaise « UN ». Le deuxième niveau de traduction est la lexie anglaise « UN » et la lexie japonaise « 国連 ». Le troisième niveau de traduction comprend les lexies anglaises « UN » et « United Nations », les lexies japonaises « 国連 » et « 国際連合 », et la lexie chinoise « 联合国 ».

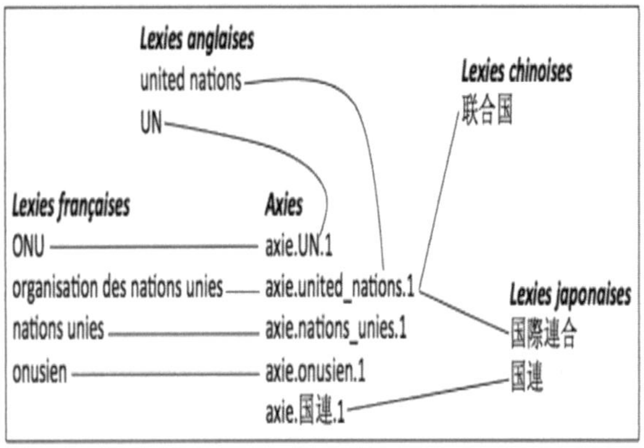


FIGURE 2 - Liens entre les lexies et les axies

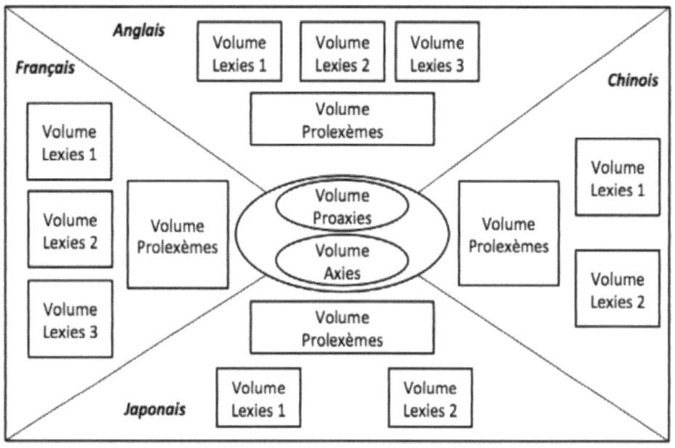


FIGURE 3 - Macrostructure de ProAxie

Dans certaines situations, une base lexicale (un dictionnaire) a plusieurs volumes pour une seule langue. Par exemple, lorsqu'il y a plusieurs versions d'édition ou que la ressource lexicale est créée par un système de traduction automatique, on trouvera un volume provenant de Systran, un volume de Google, un volume d'IATE, etc. Notre macrostructure permet de gérer plusieurs volumes dans une même langue, (voir la figure 3). Étant donnée une langue, il existe un ou plusieurs volumes de lexies, mais un seul volume de prolexèmes. Pour un dictionnaire, il y a un seul volume de proaxies et un seul volume d'axies. Les entrées des lexies sont reliées aux entrées de type prolexème et de type axie. De plus, les prolexèmes sont reliées aux proaxies, et vice-versa.

# 3 Outils nécessaires : plates-formes de manipulation

## 3.1 Plate-forme Jibiki version 1

Pour implémenter la macrostructure de ProAxie, nous avons utilisé la plate-forme Jibiki. Elle permet la construction de sites Web contributifs dédiés à la construction de bases lexicales multilingues. Cette plate-forme a été développée principalement par Mathieu Mangeot (Mangeot et Chalvin, 2006) et Gilles Sérasset (Sérasset et Mangeot, 2001). Elle a été utilisée dans divers projets (projet LexALP, projet Papillon, projet GDEF, etc.). Le code est disponible en source ouvert et téléchargeable gratuitement par SVN sur ligforge.imag.fr. Avec cette plate-forme, on peut faire les manipulations d'import, export, édition, modification et recherche dans des bases lexicales. On peut aussi gérer les contributions.

Jibiki est une plate-forme générique, elle permet de traiter presque toutes les ressources lexicales de type XML en utilisant différentes microstructures et macrostructures. On utilise des pointeurs CDM (Common Dictionary Markup) (Mangeot, 2002) pour gérer n'importe quel type de microstructure sans la modifier. Les pointeurs sont utilisés également pour indexer des parties d'information spécifiques et permettre ensuite une recherche multi-critères. Cette structure est stockée dans un fichier de métadonnées sous forme XML. Pour chaque pointeur CDM, on indique le chemin XPath vers l'élément correspondant dans la microstructure XML. Les liens de traduction sont à ce stade traités comme des pointeurs CDM classiques.

La version 1 de Jibiki présentait plusieurs limitations. Les liens de traduction étaient traités avec des pointeurs CDM, comme des éléments d'information classiques. Ces liens étaient simples. Il n'y avait pas de possibilité de décrire des liens entre plusieurs volumes différents. Il n'était pas non plus possible d'ajouter des attributs (poids, étiquette, volume cible, etc.) sur les liens. Nous avons remedié à ces defauts dans Jibiki-2. Jibiki est utilisé pour plusieurs macrostructures. Pour chaque macrostructure, il a été nécessaire de recoder une partie du programme pour réaliser les différents types de liens.

### 3.2 Gestion des liens riches : Jibiki-2/Pivax

La gestion des liens riches correspond aux liens avec des attributs, comme volume cible, poids, type, langue, étiquette libre, etc. Pour réaliser l'implémentation de liens riches, nous avons séparé le module de traitement des liens de celui des autres pointeurs CDM.

La réalisation informatique est basée sur deux algorithmes. Le premier collecte les liens, le deuxième construit le résultat. Plus précisément, le premier recherche tous les liens possibles dans l'ensemble des liens riches de tous les volumes pour une entrée recherchée. Le deuxième algorithme réalise les étapes suivantes : (1) chercher les liens vers les axies puis vers les lexies cibles ; (2) chercher les liens vers les prolexèmes de la langue source puis vers les proaxies, vers les prolexèmes des langues cible, et à la fin vers les lexies cibles ; (3) traiter l'étiquette ; (4) trier et afficher.

## 4 Résultats préliminaires

Nous avons séparé les trois niveaux de traduction pour afficher les résultats de recherche dans Jibiki : (1) traduction directe par axie, (2) traduction par prolexème et proaxie avec la même étiquette, (3) traduction par prolexème et proaxie sans étiquette.

Pour faciliter la lecture, nous affichons l'étiquette, la langue et le mot-vedette au 1er et au 2e niveau. Nous affichons tous les détails (phrases exemples, définitions, partie du discours, etc.) au 3e niveau, y compris les lexies du même prolexème de la langue source. Enfin, nous n'affichons pas la traduction au 2e niveau si elle a déjà été trouvée et est déjà affichée au 1er niveau.

### 4.1 Scénario 1 : terme « UN » de l'anglais vers toutes les langues

Lexies trouvés en théorie : le premier niveau de traduction est la lexie française « ONU ». Le deuxième niveau de traduction comprend la lexie française « ONU » et la lexie japonaise « 国

連 ». Le troisième niveau de traduction comprend les lexies françaises « ONU », « Nations Unies », « onusien » et « Organisation des Nations Unies », la lexie chinoise « 联合国 » et les lexies japonaise « 国際連合 » et « 国連 ».

Lexies affichées par l'interface : Le premier niveau de traduction est la lexie française « ONU ». Le deuxième niveau de traduction est la lexie japonaise « 国連 ». Le troisième niveau de traduction comprend toutes les lexies : les lexies françaises « ONU », « Nations unies », « onusien » et « Organisation des Nations Unies », la lexie chinoise « 联合国 », les lexies japonaises « 国際連合 » et « 国連 », et les lexies anglaises « UN » et « United nations ».

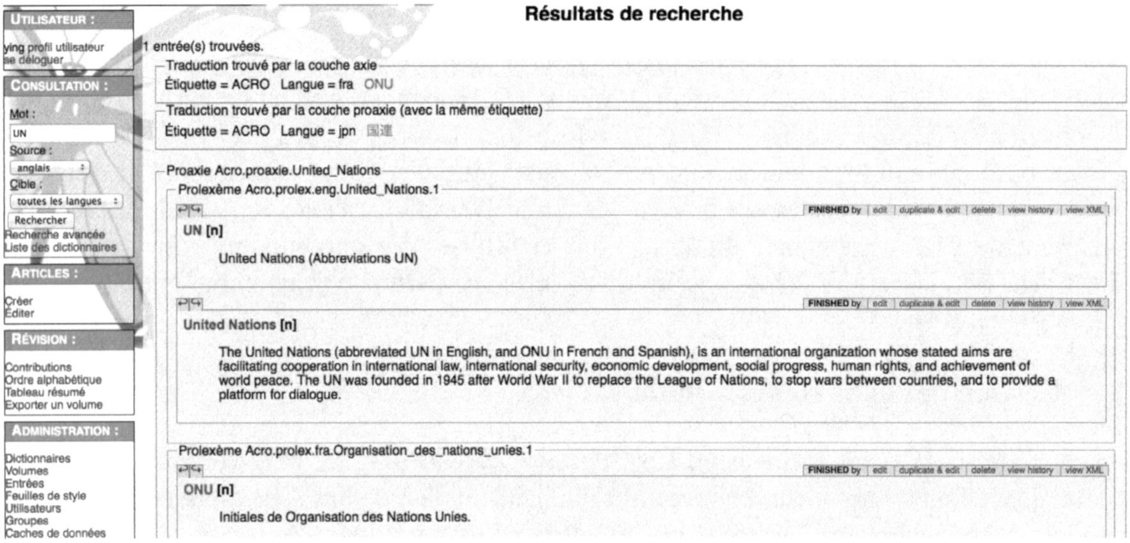


FIGURE 4 - terme « UN » de l'anglais vers toutes les langues

## 4.2 Scénario 2 : terme « onusien » du français vers toutes les langues

Lexies trouvés en théorie : le premier et le deuxième niveau de traduction sont vides. Le troisième niveau comprend les lexies anglaises « UN » et « United nations », la lexie chinoise « 联合国 » et les lexies japonaises « 国際連合 » et « 国連 ».

Lexies affichées par l'interface : le premier et le deuxième niveau de traduction sont vides. Le troisième niveau comprend toutes les lexies.

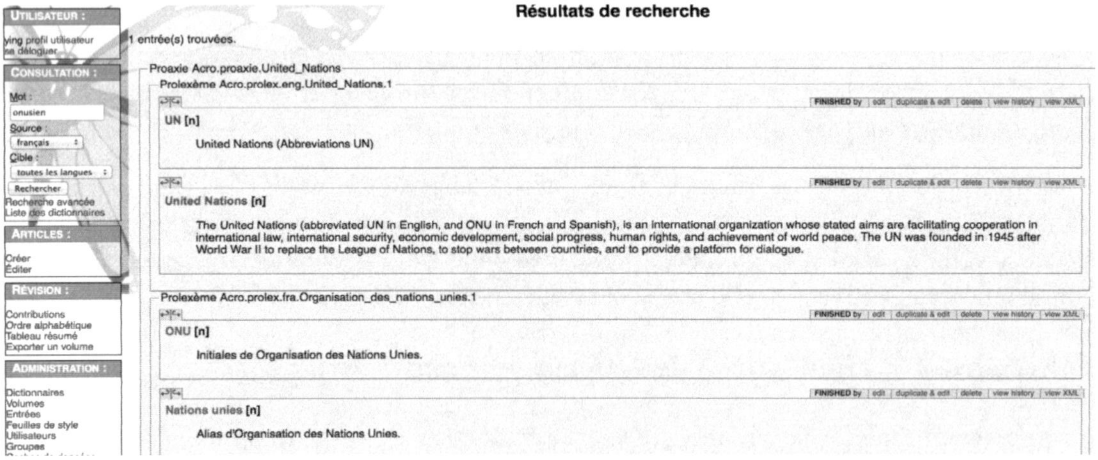


FIGURE 5 - terme « onusien » du français vers toutes les langues

# 5 Conclusion et perspectives

Nous avons présenté la gestion des terminologies avec liens riches en utilisant un exemple d'acronyme (ONU) de nom propre. Nous avons repris les concepts de lexie, d'axie, de prolexème, et introduit le concept de proaxie pour produire la macrostructure de ProAxie. Dans cette macrostructure, une étiquette est utilisée pour relier les lexies et leurs variantes. Nous avons implémenté la solution de la macrostructure ProAxie dans la plateforme Jibiki en utilisant la nouvelle Jibiki-2/Pivax, et créé trois niveaux de traduction en théorie et en affichage.

Concernant les données, la base actuelle est une preuve de concept qui comporte quelques exemples issus de ProlexBase. Nous souhaitons tester cette solution en passant à l'échelle sur de grosses bases telles que la CJK (chinois, japonais, coréen, arabe) avec 24 millions d'entrées ou l'Unified Medical Language System[4] avec 5 millions de termes.

Dans l'avenir, nous souhaitons faire évoluer la macrostructure de ProAxie pour prendre en compte d'autres types de synonymie, et transposer le concept de prolexème pour que cette solution puisse être utilisée dans un autre domaine linguistique. Par exemple, pour une ressource lexicale comprenant des textos, en français « A+ » correspond à « À plus » avec une étiquette « texto », et en anglais « L8R » correspond à « later » avec l'étiquette « texto ».

Nous prévoyons de prendre en compte également les quatre variations du diasystème basé essentiellement sur ce que Eugenio Coseriu propose (Tran, 2006) : diachronique (variété dans le temps), diaphasique (variété concernant les finalités de l'emploi), diatopique (variété dans l'espace) et diastratique (variété relative à la stratification socio-culturelle). Nous voudrions enrichir la notion d'étiquette selon cette théorie.

# Références


TRAN, M. (2006). Prolexbase : Un dictionnaire relationnel multilingue de noms propres : conception, implémentation et gestion en ligne. *Thèse de doctorat*, Tours, pages 54-57.

SÉRASSET, G. et MANGEOT, M. (2001). Papillon Lexical Database Project: Monolingual Dictionaries and Interlingual Links. *In Proc. Of NLPRS 2011*, Tokyo, pages 119-125.

TOMOKIYOM, M., MANGEOT, M. et PLANAS, E., (2001). Papillon: a Project of Lexical Database for English, French and Japanese, using Interlingual Links. *In Actes de JST 2001*, Tokyo, 3 p.

MEL'ČUK, I., CLAS, A. et POLGUÈRE, A. (1995). Introduction à la lexicologie explicative et combinatoire. *Livre,* 256 p.

FRANCOPOULO, G., BEL, N., GEORGE, M., CALZOLARI, N., MONACHINI. M., PET, M. et SORIA, C. (2009). Multilingual resources for NLP in the lexical markup framework (LMF). *In journal de Language Resources and Evaluation, March 2009, Volume 43,* pages 55-57.

MANGEOT, M., et CHALVIN, A. (2006). Dictionary Building with the Jibiki Platform : the GDEF case. *In Actes de LREC 2006*, Genoa, pages 1666-1669.

MANGEOT, M. (2002). An XML Markup Language Framework for Lexical Databases Environments: the Dictionary Markup Language. *In Actes de LREC 2002*, pages 37-44.


[4] http://www.cjk.org; http://www.nlm.nih.gov/research/umls/

# N-gram Language Models and POS Distribution for the Identification of Spanish Varieties

Marcos Zampieri[1], Binyam Gebrekidan Gebre[2], Sascha Diwersy[1]
[1]University of Cologne, Germany
[2]Max Planck Institute for Psycholinguistics, Nijmegen, Holland
mzampier@uni-koeln.de, bingeb@mpi.nl, sascha.diwersy@uni-koeln.de

RÉSUMÉ

**Ngrammes et Traits Morphosyntaxiques pour la Identification de Variétés de l'Espagnol**

Notre article présente expérimentations portant sur la classification supervisée de variétés nationales de l'espagnol. Outre les approches classiques, basées sur l'utilisation de ngrammes de caractères ou de mots, nous avons testé des modèles calculés selon des traits morpho-syntaxiques, l'objectif étant de vérifier dans quelle mesure il est possible de parvenir à une classification automatique des variétés d'une langue en s'appuyant uniquement sur des descripteurs grammaticaux. Les calculs ont été effectués sur la base d'un corpus de textes journalistiques de quatre pays hispanophones (Espagne, Argentine, Mexique et Pérou).

ABSTRACT

This article presents supervised computational methods for the identification of Spanish varieties. The features used for this task were the classical character and word n-gram language models as well as POS and morphological information. The use of these features is to our knowledge new and we aim to explore the extent to which it is possible to identify language varieties solely based on grammatical differences. Four journalistic corpora from different countries were used in these experiments : Spain, Argentina, Mexico and Peru.

MOTS-CLÉS : classification automatique, ngrammes, espagnol, variétés nationales.

KEYWORDS: automatic classification, n-grams, Spanish, language varieties.

## 1 Introduction

Spanish is a world language with official status in 21 countries. It is regarded to be a Pluricentric language with a number of interacting centres and language varieties (Thompson, 1992). Each of these national varieties has their own characteristics in terms of phonetics, lexicon and syntax.

Computational applications can benefit from identifying the correct variety of Spanish texts when undertaking tasks such as Machine Translation or Information Extraction, as they are able to handle lexical, orthographic and syntactic variation more accurately. The task is modelled as a classification problem with very similar methods to those applied to general purpose language identification (Dunning, 1994).

To the best of our knowledge, very few attempts have been made to address the problem of identifying language varieties as evidenced in 2.1. In this work we try to classify texts retrieved from newspapers published in 2008 from four different Spanish speaking countries : Spain, Argentina, Mexico and Peru. Moreover, we propose the use of new features, not limited to the classical word and character n-grams. We experimented features based on POS distribution and morphosyntactic information. The use of knowledge-rich features is not an attempt to outperform word and character n-gram-based methods, but an attempt to examine the extent to which these varieties differ in terms of grammar.

# 2 Related Work

Language identification is the task of automatically identifying the language contained in a given document. State-of-the-art methods apply n-gram language models at the character and sometimes word-level with results usually above 95% accuracy. This level of success is very common when dealing with languages which are typologically not closely related. This is however not the case of language varieties in which the distinction is based on very subtle differences that algorithms can be trained to recognize.

One of the first general purpose language identification approaches was the work of Ingle (1980). Ingle applied Zipf's law distribution to order the frequency of stop words in a text and used this information for language identification. Dunning (1994) introduced the use of character n-grams and statistics for language identification. In this study, the likelihood of n-grams was calculated using Markov models and this was used as the most informative feature for identification. Other studies applying n-gram language models for language identification include Cavnar and Trenkle (1994) implemented as TextCat [1], Grefenstette (1995), and Vojtek and Belikova (2007).

In the recent years, a number of language identification methods were developed for internet data such as Martins and Silva (2005) and Rehurek and Kolkus (2009). The most recent general purpose language identification method to our knowledge is the one published by Lui and Baldwin (2012). Their software, called *langid.py*, has language models for 97 languages, using various data sources. The method achieved results of up to 94.7% accuracy, thus outperforming similar tools. All models described in this section neglect language varieties. Pluricentric languages, such as the case of Spanish, are represented by a unique class.

## 2.1 Models for Similar Languages, Varieties and Dialects

The identification of closely related languages is one of the bottlenecks of most n-gram-based models and there are only a few studies published about it. Ljubešić et al. (2007) propose a computational model for the identification of Croatian texts in comparison to other South Slavic languages reporting 99% recall and precision in three processing stages. One of these processing stages, includes a so-called *black list*, a list of forbidden words that appear only in

1. http ://odur.let.rug.nl/vannoord/TextCat/

Croatian texts, making the algorithm perform better.

Ranaivo-Malancon (2006) presents a semi-supervised character-based model to distinguish between Indonesian and Malay, two closely related languages from the Austronesian family and Huang and Lee (2008) proposes a bag-of-words approach to distinguish Chinese texts from Mainland and Taiwan reporting results of up to 92% accuracy. More recently, Trieschnigg et al. Trieschnigg et al. (2012) described classification experiments for a set of sixteen Dutch dialects using the Dutch Folktale Database.

For romance languages, the DEFT2010 [2] shared task aimed to classify French journalistic texts not only with respect to their geographical location but also incorporating a temporal dimension. For Portuguese, Zampieri and Gebre (2012) proposed a log-likelihood estimation method to distinguish between European and Brazilian Portuguese texts with results above 99.5% for character n-grams. The model was later applied to a multilingual setting with French and Spanish texts (Zampieri et al., 2012).

# 3 Methods

We collected four comparable corpora to use in our experiments, one for each language variety. To collect comparable samples, we retrieved texts published in the same year from local newspapers regarded to have similar register, as follows :

| Country | Newspaper | Year |
|---|---|---|
| Argentina | La Nación | 2008 |
| Mexico | El Universal | 2008 |
| Peru | El Comércio | 2008 |
| Spain | El Mundo | 2008 |

TABLE 1 – Corpora

Each sub-corpus contains a set of 1,000 documents randomly sampled to avoid bias towards a given topic or genre. These sub-corpora were divided in training and test settings of 500 documents each. Following the compilation of the corpora, four groups of features were selected. The list of features used and the aspect of language that these features aim to analyse are presented next :

- **Character n-grams (2 to 5)** : orthography and lexicon
- **Word uni-grams** : lexicon
- **Word bi-grams** : lexicon and syntax
- **POS and morphological features** : morphology and syntax

The first three groups of features (knowledge-poor features) are standard in language identification and they were widely used in previous approaches. The fourth group of features (knowledge-rich features) is to our knowledge new and it consists of the use of POS and morphological feature annotation. The POS tags and morphological information were used as one unit in form of a compound tags (e.g. *N-msc-sg* or *V-inf*).

A snapshot of the tagset with nouns, adjectives and verbs is presented in table 2.

2. http ://www.groupes.polymtl.ca/taln2010/deft.php

| POS | Morph. Inf. | Example |
|---|---|---|
| N | msc sg | coche |
| N | msc pl | coches |
| N | fem sg | silla |
| N | fem pl | sillas |
| A | msc sg | bonito |
| A | msc pl | bonitos |
| A | fem sg | bonita |
| A | fem pl | bonitas |
| V | ind pres sg p1 | hago |
| V | inf | hacer |

TABLE 2 – Tagset

Although research in language identification and text classification shows that character and word n-gram-based methods outperform knowledge-rich features, we believe that these features are still worth experimenting with. Firstly, from an NLP perspective, these new features model a different aspect of language that cannot be addressed by neither character nor word n-grams. Secondly, because the average results obtained and the corresponding most informative features might be an important resource for contrastive linguistics providing an indication of how varieties converge and diverge.

The classification method is based on n-gram language models and document log-likelihood estimation (Dunning, 1993) as described in Zampieri and Gebre (2012). Its performance is comparable to state-of-the-art methods in language identification which focus on similar languages. It was tested on Bosnian, Croatian and Serbian documents[3] achieving 91.0% accuracy. Models described in Ljubešić et al. (2007) achieved 90.3% and 95.7% accuracy using the same dataset.

The method calculates language models using Laplace probability distribution for smoothing and after this calculation computes the probability of each document to belong to a certain class using a log-likelihood function as shown in equation 1.

$$P(L|text) = \arg\max_{L} \sum_{i=1}^{N} \log P(n_i|L) + \log P(L) \tag{1}$$

$N$ is the number of n-grams in the test text, $n_i$ is the ith n-gram and $L$ stands for the language models. Given a test text, we calculate the probability for each of the language models. The language model with higher probability determines the identified language of the text.

# 4 Results

The first experiments used knowledge-poor features to classify the four Spanish varieties evaluated using precision (P), recall (R) and f-measure (F). Results ranged from 0.813 f-measure for character 4-grams to 0.876 f-measure for word bi-grams. The results for each class remained constant for all features and this can be seen in table 3.

3. http ://www.nljubesic.net/resources/tools/bs-hr-sr-language-identifier/

| Feature | P | R | F |
|---|---|---|---|
| C 2-grams | 0.835 | 0.804 | 0.819 |
| C 3-grams | 0.848 | 0.806 | 0.826 |
| C 4-grams | 0.842 | 0.787 | 0.813 |
| C 5-grams | 0.854 | 0.811 | 0.832 |
| W 1-grams | 0.879 | 0.848 | 0.848 |
| W 2-grams | 0.880 | 0.870 | 0.876 |

TABLE 3 – 4-Class Classification

The Peninsular Spanish class seemed to be the most difficult for the algorithm to identify in this setting. As an example, table 4 presents a confusion matrix for the character 4-grams feature in which the algorithm obtained its worst performance.

| Document | Predicted | | | |
|---|---|---|---|---|
| Language | **ARG** | **MEX** | **PER** | **SPA** |
| **ARG** | (496) | | | 4 |
| **MEX** | | (280) | 120 | |
| **PER** | | 20 | (480) | |
| **SPA** | 280 | | 2 | (218) |

TABLE 4 – Confusion Matrix

From the 500 texts from Spain used for testing, only 218 were correctly classified, 280 were tagged as Argentinian and 2 as Peru. We subsequently classified the varieties in binary settings. Results are reported in terms of accuracy and can be seen in table 5.

| Feature | ARGxMEX | ARGxPER | MEXxPER | SPAxARG | SPAxMEX | SPAxPER | Average |
|---|---|---|---|---|---|---|---|
| C 2-grams | 0.999 | 0.996 | 0.860 | 0.852 | 0.957 | 0.940 | 0.934 |
| C 3-grams | 0.999 | 1.000 | 0.911 | 0.847 | 0.987 | 0.991 | 0.956 |
| C 4-grams | 1.000 | 0.999 | 0.922 | 0.827 | 0.992 | 0.996 | 0.965 |
| C 5-grams | 0.999 | 0.999 | 0.927 | 0.802 | 0.991 | 0.993 | 0.952 |
| W 1-grams | 0.999 | 0.999 | 0.945 | 0.851 | 0.994 | 0.992 | 0.963 |
| W 2-grams | 0.999 | 0.997 | 0.951 | 0.881 | 0.998 | 0.989 | 0.969 |
| **Average** | 0.999 | 0.998 | 0.919 | 0.843 | 0.986 | 0.983 | 0.955 |

TABLE 5 – Binary Classification

The best results were obtained for the classification of texts from Argentina and Mexico reaching 0.999 average accuracy. As the confusion matrix in 4 indicated, the worst setting was again Spain x Argentina with an average result of 0.842 accuracy. All the results obtained were substantially higher than the 4-class classification setting. As classification algorithms tend to perform better in binary settings, this was an expected outcome.

## 4.1 POS and Morphology

Next we present the results obtained using POS distribution and morphological features, combined in sets of 2, 3 and 4 compound tags as explained in section 3. The classification between Mexican and Spanish texts obtained the best results reaching 0.831 using combinations of two tags. These two varieties also obtained satisfactory scores for character and word-based features, 0.986 on average. Accuracy results for all binary classification settings are presented in table 6.

| Feature | ARGxMEX | ARGxPER | MEXxPER | SPAxARG | SPAxMEX | SPAxPER | Average |
|---|---|---|---|---|---|---|---|
| PoS 2-grams | 0.766 | 0.650 | 0.742 | 0.637 | 0.831 | 0.702 | 0.721 |
| PoS 3-grams | 0.815 | 0.670 | 0.753 | 0.673 | 0.821 | 0.741 | 0.746 |
| PoS 4-grams | 0.823 | 0.732 | 0.737 | 0.690 | 0.806 | 0.667 | 0.743 |
| **Average** | 0.801 | 0.684 | 0.744 | 0.666 | 0.819 | 0.703 | 0.736 |

TABLE 6 – Classification with POS Tags

The poorest results were obtained once again in the classification of Spanish and Argentinian texts, which also obtained the worst performance using knowledge-poor features. Even though the results are lower than those obtained using knowledge-poor features, the algorithm scored better than the expected 0.50 baseline, indicating that it is able to identify patterns in the datasets using only sets of morphosyntactical information. Named entities which usually help algorithms to identify varieties at the lexical level are not present in the experiments using POS tags and therefore do not influence the performance of the classifier.

## 4.2 Relationship Between Features

To evaluate the relationship between the features explored here, we analysed results using hierarchical clustering. For each cluster, two p-values (between 0 and 1) are calculated via multiscale bootstrap resampling. These values indicate how strong the cluster is supported by data. The two p-values are : the AU (Approximately Unbiased), in red, computed by multiscale bootstrap resampling and BP (Bootstrap Probability) in green, computed by normal bootstrap resampling. The graphic shows the difference between the performance of knowledge-poor and knowledge-rich features, arranging each in a different cluster 1.

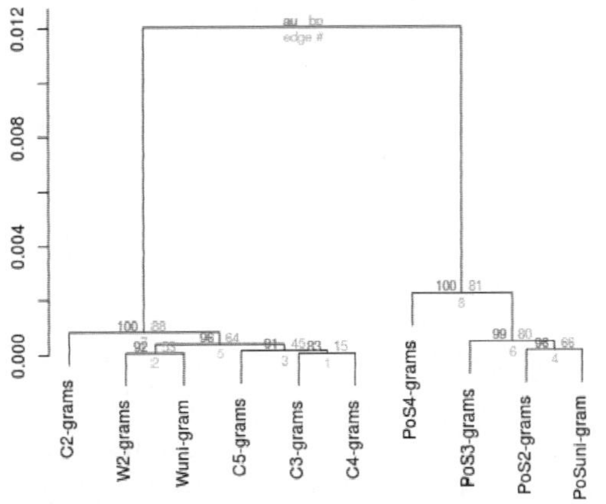


FIGURE 1 – Cluster Dendogram with AU/BP Values

The analysis grouped the two word-based feature groups in the same cluster, as they performed on average better than the character-based methods. Another interesting point of the analysis is that the results of character 4- and 5-grams are grouped in the same cluster due to an increase in performance when a larger amount of characters are taken into account. Character 4- and 5-grams features are closer to the lexical level taking whole words into account, which suggests that the model is more effective when using complete lexical items as features.

As stated before, the morphological features were not expected to outperform the knowledge-poor models, but to be used to investigate differences in grammar. An interesting outcome of these experiments is the direct relationship between the algorithm's performance using knowledge-poor and knowledge-rich features. One clear example is the classification of Argentina and Spain which obtained the worst results with characters and words as well as when using POS and morphology : 0.843 and 0.666 accuracy respectively. Another example is Argentina and Mexico which achieved the best results using characters and words, 0.999 accuracy and the second best results with POS tags, 0.801 accuracy.

For these reasons, the results presented here are an encouraging perspective for further studies. It is possible to use the outcome of the classification as a source of information for contrastive linguistics to provide quantitative overview on how these varieties converge and diverge in terms of grammar and lexicon. Linguistic analysis may be carried out using the most informative features in classification.

# 5 Conclusion and Future Perspectives

We presented a first attempt to identify a set of four Spanish varieties in written texts with f-measure results ranging from 0.813 to 0.876. As expected, the binary classification settings have achieved significantly better results in comparison to the 4-class classification setting. The algorithm was able to distinguish between texts from Argentina and Mexico with an average accuracy of 0.999. As previously discussed, the integration of these language models in real-world NLP applications, should improve results in a number of NLP tasks.

The experiments used not only the classical character and word n-gram models but also morphosyntactic information combined with POS. This is to our knowledge a new contribution of our work to this kind of experiments. The classification with knowledge-rich features achieved up to 0.831 accuracy for Mexican and Peninsular Spanish. We observed a direct relationship between the performance of knowledge-poor and knowledge-rich features, binary settings which obtained good performance using characters and words also present good results using morphosyntactic information. This aspect should be better explored in future work through a careful linguistic analysis.

As future perspectives, first we wish to compare the performance of our method with general purpose language identification methods such as *langid.py* (Lui and Baldwin, 2012). Second, we are replicating our experiments to a set of French varieties. Finally, we would like to experiment the combination of POS and word n-grams to investigate if performance increases.

# Acknowledgements

We would like to thank the anonymous reviewers for their careful feedback.

# Références

Cavnar, W. and Trenkle, J. (1994). N-gram-based text catogorization. *3rd Symposium on Document Analysis and Information Retrieval (SDAIR-94)*.

Dunning, T. (1993). Accurate methods for the statistics of surprise and coincidence. *Computational Linguistics - Special Issue on Using Large Corpora*, 19(1).

Dunning, T. (1994). Statistical identification of language. Technical report, Computing Research Lab - New Mexico State University.

Grefenstette, G. (1995). Comparing two language identification schemes. In *Proceedings of JADT 1995, 3rd International Conference on Statistical Analysis of Textual Data*, Rome.

Huang, C. and Lee, L. (2008). Contrastive approach towards text source classification based on top-bag-of-word similarity. In *Proceedings of PACLIC 2008*, pages 404–410.

Ingle, N. (1980). *A Language Identification Table*. Technical Translation International.

Ljubešić, N., Mikelic, N., and Boras, D. (2007). Language identification : How to distinguish similar languages ? In *Proceedings of the 29th International Conference on Information Technology Interfaces*.

Lui, M. and Baldwin, T. (2012). langid.py : An off-the-shelf language identification tool. In *Proceedings of the 50th Meeting of the ACL*.

Martins, B. and Silva, M. (2005). Language identification in web pages. *Proceedings of the 20th ACM Symposium on Applied Computing (SAC), Document Engineering Track. Santa Fe, EUA.*, pages 763–768.

Ranaivo-Malancon, B. (2006). Automatic identification of close languages - case study : Malay and indonesian. *ECTI Transactions on Computer and Information Technology*, 2 :126–134.

Rehurek, R. and Kolkus, M. (2009). Language identification on the web : Extending the dictionary method. In *Proceedings of CICLing. Lecture Notes in Computer Science*, pages 357–368. Springer.

Thompson, R. (1992). Spanish as a pluricentric language. In Clyne, M., editor, *Pluricentric Languages : Different Norms in Different Nations*, pages 45–70. CRC Press.

Trieschnigg, D., Hiemstra, D., Theune, M., de Jong, F., and Meder, T. (2012). An exploration of language identification techniques for the dutch folktale database. In *Proceedings of LREC2012*.

Vojtek, P. and Belikova, M. (2007). Comparing language identification methods based on markov processess. In *Slovko, International Seminar on Computer Treatment of Slavic and East European Languages*.

Zampieri, M. and Gebre, B. G. (2012). Automatic identification of language varieties : The case of Portuguese. In *Proceedings of KONVENS2012*, pages 233–237, Vienna, Austria.

Zampieri, M., Gebre, B. G., and Diwersy, S. (2012). Classifying pluricentric languages : Extending the monolingual model. In *Proceedings of the Fourth Swedish Language Technlogy Conference (SLTC2012)*, pages 79–80, Lund, Sweden.

# L'apport des Entités Nommées pour la classification des opinions minoritaires

Amel Fraisse[1] Patrick Paroubek[1] Gil Francopoulo[2]
(1) LIMSI-CNRS, Bât. 508 Université Paris-Sud, 91403 Orsay Cedex, France
(2) TAGMATICA, 126 rue de Picpus, 75012 Paris France
fraisse@limsi.fr, pap@limsi.fr, gil.francopoulo@tagmatica.com

RÉSUMÉ

La majeure partie des travaux en fouille d'opinion et en analyse de sentiment concerne le classement des opinions majoritaires. Les méthodes d'apprentissage supervisé à base de n-grammes sont souvent employées. Elles ont l'inconvénient d'avoir un biais en faveur des opinions majoritaires si on les utilise de manière classique. En fait la présence d'un terme particulier, fortement associé à la cible de l'opinion dans un document peut parfois suffire à faire basculer le classement de ce document dans la classe de ceux qui expriment une opinion majoritaire sur la cible. C'est un phénomène positif pour l'exactitude globale du classifieur, mais les documents exprimant des opinions minoritaires sont souvent mal classés. Ce point est un problème dans le cas où l'on s'intéresse à la détection des signaux faibles (détection de rumeur) ou pour l'anticipation de renversement de tendance. Nous proposons dans cet article d'améliorer la classification des opinions minoritaires en prenant en compte les Entités Nommées dans le calcul de pondération destiné à corriger le biais en faveur des opinions majoritaires.

ABSTRACT

**Improving Minor Opinion Polarity Classification with Named Entity Analysis**

The main part of the work on opinion mining and sentiment analysis concerns polarity classification of majority opinions. Supervised machine learning with n-gram features is a common approach to polarity classification, which is often biased towards the majority of opinions about a given opinion target, when using this kind of approach with traditional settings. The presence of a specific term, strongly associated to the opinion target in a document, is often enough to tip the classifier decision toward the majority opinion class. This is actually a good thing for overall accuracy. Howeverm documents about the opinion taget, but expressing a polarity different from the majority one, get misclassified. It is a problem if we want to detect weak signals (rumor detection) or for anticipating opinion reversal trends. We propose in this paper to improve minor reviews polarity classification by taking into account Named Entity information in the computation of specific weighting scheme used for correcting the bias toward majority opinions.

MOTS-CLÉS : Fouille d'opinions, Opinion minoritaires, Entités Nommées, Apprentissage, N-grammes, Pondération.

KEYWORDS: Opinion Mining, Minor Opinion, Named Entities, Machine Learning, N-grams, Weighting Scheme.

# 1 Introduction

Il est devenu de nos jours très facile d'assembler de grandes quantités de textes d'opinion à partir des réseaux sociaux, de forums et de sites de critique en ligne pour construire un classifieur de documents basé sur les opinions, qui fonctionnera avec un niveau de performance suffisant pour une utilisation industrielle. Cependant, un tel système est souvent biaisé en faveur des opinions majoritaires exprimés à propos d'une cible particulière présente dans les données d'entrainement. Si nous utilisons un tel système pour analyser de nouveaux documents concernant la même cible, il est très vraisemblable qu'ils seront affectés par le classifieur au courant d'opinion majoritaire, essentiellement du fait de la présence de termes spécifiques à la cible de l'opinion dans ces documents. Bien sûr cela s'applique à n'importe quel type de document, en particulier les critiques de produits, films etc. Par exemple, si l'on cherche à classer un document qui parle d'un film à succès, la simple mention du titre, d'un acteur de la distribution, du producteur, ou du metteur en scène, sera suffisante pour que le classifieur lui assigne une catégorie positive.

Paradoxallement, ce biais en faveur de l'opinion majoritaire favorise l'exactitude globale des systèmes d'analyse d'opinion lorsque seules deux ou trois classes d'opinion sont considérées, car la distribution des différents types de documents des données d'entraînement est supposée refléter la distribution présente des différents types de document des données de test. En fait, c'est une considération qui a même servi d'hypothèse de travail pour constituer le corpus d'apprentissage. Si une cible d'opinion est majoritairement positive dans les données d'entraînement on s'attend a ce que les données de test contiennent plus de documents à teneur positive que de documents négatifs à propos de cette cible.

Mais dans cetains cas, il est souhaitable d'avoir un système qui soit aussi capable de déterminer correctement la polarité d'un document exprimant une opinion minoritaire, par exemple lorsque l'on cherche à détecter des signaux faibles (pour la détection de rumeur) ou bien si l'on cherche à anticiper des retournements d'opinion majoritaire. Ce dernier point est particulièrement stratégique pour toutes les industries reposant sur la fourniture de service, où l'on cherche à fidéliser ses abonnés. Un système de fouille d'opinion capable d'effectuer un classement correct des opinions minoritaires peut être comparé à un expert qui prend des décisions de classement uniquement en fonction des opinions exprimées dans un document particulier à propos d'une cible, sans tenir compte de l'opinion générale sur cette cible.

# 2 Schémas de pondération

Nous représentons un document donné $d$ comme un ensemble de traits : $d = \{g_1, g_2, ..., g_k\}$, nous définissons son vecteur de poids $w_d = \{w(g_1), w(g_2), ..., w(g_k)\}$, où $w(g_i)$ est le poids du trait $g_i$ dans le document $d$. Dans un premier temps, nous utilisons les deux schémas de pondération les plus utilisés dans le domaine de l'analyse de sentiment : Binaire et DELTA-TFIDF (Martineau et Finin, 2009) (Paltoglou et Thelwall, 2010). Ensuite, nous utilisons les trois schémas de pondérations proposés par (Pak et Parboubek, 2011) pour améliorer la classification des opinions minoritaires. Le principe de base de ces trois métriques consiste à réduire l'importance des traits qui pourraient introduire un biais dans le classement d'une critique minoritaire. Comme décrit dans (Pak, 2012), la première métrique est basée sur la fréquence moyenne d'un trait. La deuxième métrique appelée *proportion d'entité (ep)* est basée sur les occurrences d'un trait à travers l'ensemble des entités $e$[1], comparativement à sa fréquence d'apparition dans l'ensemble de documents. La troisième métrique, combine la fréquence moyenne d'un trait et sa proportion d'entité.

## 2.1 Fréquence moyenne d'un trait

La fréquence moyenne d'un trait (agv.tf) est le nombre moyen de fois qu'un trait apparaît dans un document, $\{d|g_i \in d\}$ est l'ensemble de documents qui contient $g_i$, (Pak, 2012).

$$\text{avg.tf}(g_i) = \frac{\sum_{\{d|g_i \in d\}} \text{tf}(g_i)}{||\{d|g_i \in d\}||} \tag{1}$$

La normalisation à base de fréquence moyenne d'un trait est basée sur l'observation que les auteurs de critiques ont tendance à utiliser un vocabulaire riche quand ils expriment leur attitude par rapport à un film ou un produit. Ainsi, les traits exprimant des sentiments comme remarquable (outstanding) ou adorable (lovingly) ont une fréquence moyenne proche ou égale a 1, tandis que les traits non subjectifs ont une fréquence moyenne plus élevée. Afin de normaliser le vecteur représentatif d'un document qui associe à chaque trait présent dans le document un poids représentatif de son importance, nous divisons chaque poids par la fréquence moyenne du trait correspondant (Pak, 2012) :

$$w(g_i)^* = \frac{w(g_i)}{\text{avg.tf}(g_i)} \tag{2}$$

## 2.2 Proportion d'entité

La proportion d'entité (ep) est la proportion des occurrences d'un trait par rapport aux différentes entités comparativement à la fréquence des documents (Pak, 2012).

$$\text{ep}(g_i) = \log\left(\frac{||\{e|g_i \in e\}||}{||\{d|g_i \in d\}||} \cdot \frac{||D||}{||E||}\right) \tag{3}$$

où $\{e|g_i \in e\}$ est l'ensemble des entités qui contiennent $g_i$, $||D||$ est le nombre total de documents, $||E||$ est le nombre total d'entité. La normalisation de proportion d'entité favorise les traits qui apparaissent dans nombreuses entités mais rarement dans l'ensemble de documents. Nous distinguons trois types de traits : (a) le vocabulaire d'une $e$, tels que le numéro de série d'un film, la puissance d'une machine[2]. Ce type de trait est associé à peu d'entité et donc devraient apparaître dans peu de documents. La valeur de ep devrait être proche de celle de la constante de normalisation $NC = \frac{||D||}{||E||}$, (b) les mots-outils, tels que les déterminants et les prépositions, devraient apparaître dans presque tous les documents, et donc associés à presque toutes les entités. La valeur de ep sera proche de celle de la $NC$ et enfin (c) les termes subjectifs, tels que « remarquable » ou « adorable », qui devraient apparaître associés à beaucoup de produits et dans un nombre relativement restreint de documents, car les auteurs utilisent un vocabulaire varié. La valeur de ep sera plus grande que la constante de normalisation $NC$. Pour normaliser

1. (Pak, 2012) désigne par *entité (e)* l'ensemble de documents ayant la même cible d'opinion.
2. Les termes du vocabulaire d'entité ne sont pas reconnus, en général, comme entités nommées.

le vecteur représentatif d'un document, nous multiplions chaque poids associé à un trait par sa proportion d'entité (Pak, 2012).

$$w(g_i)^* = w(g_i) \cdot \mathrm{ep}(g_i) \tag{4}$$

Le troisième schéma de pondération proposé par (Pak, 2012), consiste à combiner la fréquence moyenne d'un trait et la proportion d'entité selon la formule suivante :

$$w(g_i)^* = w(g_i) \cdot \frac{\mathrm{ep}(g_i)}{\mathrm{avg.tf}(g_i)} \tag{5}$$

## 2.3 Notre contribution : pondération des entités nommées

C'est en effet en faveur du développement de la tâche d'extraction d'information que la tâche de reconnaissance des entités nommées (EN) est apparue. Cette tâche a gagné en maturité et s'est précisée grâce à la série des conférences MUC (Message Understanding Conferences) (Grouin *et al.*, 2011). Ensuite, le concept des entités nommées a été repris dans le cadre des campagnes d'évaluation du projet européen QUAERO (Galibert *et al.*, 2012).

La majorité des modèles d'opinion comprennent 3 éléments : l'expression d'opinion, la source, et la cible de l'opinion (Paroubek *et al.*, 2010). Nous nous intéressons ici à la cible, à laquelle, dans la plupart des cas, on fait référence au moyen d'entités nommées (personne, produit, organisation, lieu etc.) et auxquelles est souvent associé un ensemble d'entités nommées contextuelles, propre à la cible, comme par exemple la distribution d'un film ou le nom de son metteur en scène.

Les systèmes de fouille d'opinion et plus particulièrement de classement en polarité, basés sur les approches traditionnelles, c'est-à-dire les approches à base d'apprentissage automatique supervisé utilisant les simples modèles à sac-de-mots (Pak, 2012), ont tendance à s'appuyer sur les traits spécifiques des entités et, par voie de conséquences, ils sont biaisés en faveur des opinions majoritaires présents dans les données d'apprentissage. En particulier les traits réprésentant des EN utilisés pour référencer la cible de l'opinion sont identifiés par le système comme indicateurs de polarité pour les opinions majoritaires. Prenons l'exemple d'un film qui a eu un grand succès comme *AVATAR*, non seulement la mention du titre du film, dans le commentaire, qui pourrait entraîner une classification positive du commentaire mais aussi la citation du nom du directeur du film *James Cameron*, et cela même dans le cas, où il s'agit d'un commentaire négatif sur le film. En outre, les entités nommées ne font pas parti du vocabulaire général pour l'expression d'opinion et de sentiments. De notre point de vue, un système de fouille d'opinion doit être capable de faire la distinction entre les indicateurs d'opinion exprimés de façon explicite, dans l'expression de l'opinion, et ceux qui sont liés à la présence des traits contextuels [3] comme par exemple les EN. Afin d'améliorer la classification des opinions minoritaires, il faut donc réduire l'importance des traits contextuels qui souvent, introduisent un biais dans le processus de classification de ce type d'opinion. Nous proposons donc de compléter la normalisation des schémas de pondération de (Pak, 2012) en se basant sur un système de reconnaissance des EN. Dans un premier ensemble d'expérimentation, nous avons procédé de la façon suivante : si un trait $g_i$ est reconnu comme une EN alors son poids est écarté du vecteur de poids du document (voir Eq. 6).

3. Ensemble de traits associé à une cible d'opinion et qui définissent le contexte de la cible. Par exemple, les traits *Quentin Tarantino* et *Jamie Foxx* apparaissent souvent dans le contexte d'une critique du film *Django*.

$$w_d^{NE} = w_d \ \setminus \{w(g_i), \quad g_i \in NE\} \tag{6}$$

# 3 Expérimentations

## 3.1 Données

Nous utilisons le jeu de données : Large Movie Review Dataset (A.L. Maas A.L. *et al.*, 2011) qui a été utilisé par le passé pour des recherches en analyse de sentiment. Il contient 50 000 critiques de film répartis selon une proportion égale entre les critiques négatives et les critiques positives. Pour préparer le jeu de données, nous avons suivi la procédure décrite dans (Pak, 2012). Pour chaque film, nous avons pris trois documents pour le test et sept pour l'apprentissage. Ces valeurs ont été choisies de manière heuristique afin de maximiser le nombre total de critiques. La constitution des données est illustrée dans la figure 1. Pour séparer l'ensemble de données en

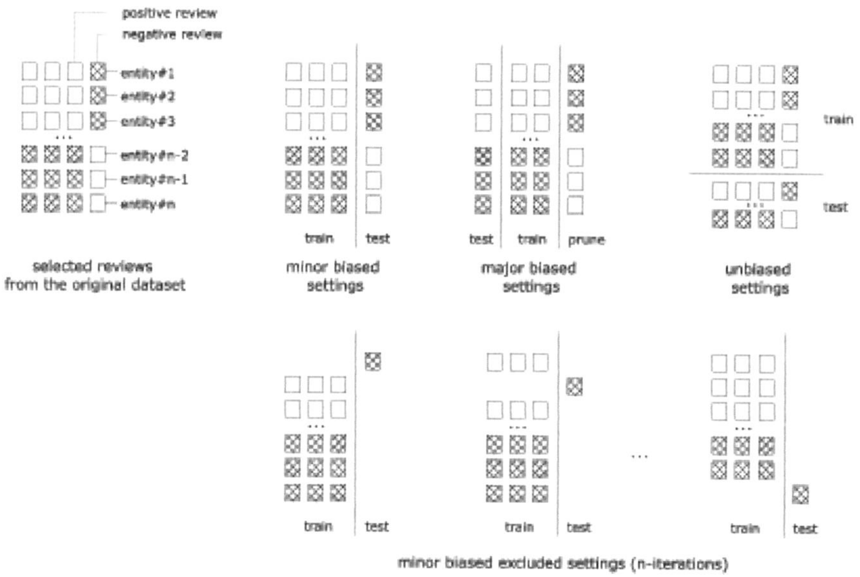


FIGURE 1 – Processus de composition de jeu de données (Pak, 2012).

sous-ensembles d'apprentissage et test, au départ, nous avons groupé toutes les critiques par *e* (c'est-à-dire le film), identifiée par un identifiant unique dans l'ensemble des données. A partir de ces groupes, pour chaque *e* nous avons choisi toutes les critiques d'une polarité dominante dans ce groupe et nous les avons transféré dans le corpus d'apprentissage. Les critiques restantes de chaque groupe sont transférées dans le corpus de test. Nous appelons ce corpus "biaisé de manière minoritaire" car le corpus de test contient des critiques avec une polaritée minoritaire. Afin de prouver que la baisse de performance est due effectivement aux traits biaisés, nous avons construit un corpus de test composé des mêmes critiques mais ré-organisé de telle manière que les critiques aient la même polarité que la polarité dominante dans le corpus d'apprentissage pour chaque *e*. Nous appelons ce corpus "biaisé de manière majoritaire". Enfin, nous avons construit le corpus "non-biaisé" de telle manière que le corpus du test et le corpus d'apprentissage ne contiennent aucun document en commun.

## 3.2 Résultats

Pour nos expérimentations, nous avons utilisé la bibliothèque LIBLINEAR avec un noyau linéaire et un paramétrage par défaut (R.E. Fan *et al.*, 2008). Les entités nommées ont été marquées par G. Francopoulo avec l'outil industriel TagParser de TAGMATICA (Francopoulo et Demay, 2011). En premier lieu, nous prouvons l'effet négatif des traits contextuels et spécifiques aux *e* sur l'exactitude de classification des critiques minoritaires. Nous avons effectué des expérimentations sur trois variantes des corpus : non-biaisé (unb), biaisé de manière minoritaire (minb), biaisé de manière majoritaire (majb). Nous avons utilisé les unigrammes (uni) et les bigrammes (bi) avec des poids : binaire (bin) et Delta-TFIDF. Les résultats sur l'exactitude de la classification selon les corpus et les n-grammes sont présentés dans la table 1.

| | unb. | Δ | minb. | Δ | majb. | Δ |
|---|---|---|---|---|---|---|
| Unigrammes + binaire | | | | | | |
| bin | 80.7 | | 69.4 | | 83.4 | |
| avg.tf | 81.5 | +0.8 | 72.3 | +2.9 | 84.8 | +1.4 |
| ep | 80.1 | -0.6 | 71.3 | +1.9 | 83.5 | +0.1 |
| comb | 80.7 | +0.0 | 73.0 | +3.6 | 84.4 | +1.0 |
| comb.ex.NE | 79.5 | -1.2 | 73.6 | +4.2 | 84.6 | +1.2 |
| Unigrammes + Delta TF-IDF | | | | | | |
| Delta TF-IDF | 83.3 | | 63.5 | | 89.2 | |
| avg.tf | 81.1 | -2.2 | 69.4 | +5.9 | 87.6 | -1.6 |
| ep | 82.3 | -1.0 | 67.2 | +3.7 | 87.8 | -1.4 |
| comb | 81.7 | -1.6 | 69.0 | +5.5 | 87.5 | -1.7 |
| comb.ex.NE | 81.2 | -2.1 | **71.4** | **+7.9** | 87.5 | -2.1 |
| Bigrammes + binaire | | | | | | |
| bin | 79.6 | | 71.9 | | 83.5 | |
| avg.tf | 79.7 | +0.1 | 72.8 | +0.9 | 84.0 | +0.5 |
| ep | 80.3 | +0.7 | 74.0 | +2.1 | 84.2 | +0.7 |
| comb | 80.8 | +1.2 | 74.9 | +3.0 | 84.6 | +1.1 |
| comb.ex.NE | 81.1 | +1.5 | 76.1 | +4.2 | 84.8 | +1.3 |
| Bigrammes + Delta TF-IDF | | | | | | |
| Delta TF-IDF | 83.0 | | 69.9 | | 87.6 | |
| avg.tf | 82.9 | -0.1 | 76.0 | +6.0 | 86.1 | -1.5 |
| ep | 83.2 | +0.2 | 74.4 | +4.5 | 86.2 | -1.4 |
| comb | 83.3 | +0.3 | 75.1 | +5.2 | 85.8 | -1.8 |
| comb.ex.NE | 83.9 | +0.9 | **78.1** | **+8.2** | 85.2 | -2.4 |

TABLE 1 – Exactitude de classification des critiques des films en utilisant les différents schémas de normalisation.

**Impact des traits contextuels et spécifiques aux entités.** En observant la table 1, nous constatons que les traits associés aux entités provoquent une baisse des performances sur le corpus biaisé de manière minoritaire quand on le compare avec le corpus non-biaisé (unb vs. minb). Nous observons aussi une augmentation des performance sur le corpus biaisé de manière majoritaire malgré une taille du corpus d'apprentissage plus petite (unb vs majb). Cela montre que notre classifieur apprend à associer les traits contextuels et spécifiques à une $e$ à sa polarité majoritaire. Les résultats sont similaires d'un corpus à l'autre, d'une variante à l'autre et d'une propriété à l'autre. Le Delta TFIDF bien qu'améliorant l'exactitude globale provoque des mauvaises classifications de critiques minoritaires car il donne de l'importance aux traits spécifiques y compris donc les traits représentants des EN. Nous l'observons en comparant les résultats en utilisant Delta TFIDF (uni $+ \Delta$ et bi $+ \Delta$) sur le corpus biaisé de manière minoritaire avec les corpus non-biaisés et biaisés de manière majoritaire. Enfin, nous avons évalué les effets du schéma de normalisation proposé sur l'exactitude de la classification. Ainsi que nous l'avons observé sur les précédentes expérimentations, le fait d'exclure les poids des traits représentant des EN augmente la performance comme présenté dans les parties mises en exergue dans la table 1.

# 4 Conclusion

Les méthodes que nous avons proposées dans cet article permettent de diminuer l'importance des EN spécifiques à une cible d'opinion particulière, en normalisant leur poids dans le vecteur de poids qui est utilisé par les représentations classiques à base de n-grammes en apprentissage automatique. Les évaluations que nous avons effectuées sur des jeux de donnés spécialement construit à partir de jeux de données standard pour tester nos hypothèses, ont montré que le classement des documents exprimant des opinions minoritaires est grandement amélioré ( +8%), ce qui prouve que notre mode de pondération prenant en compte les EN a un impact positif sur la mesure d'exactitude de classification pour les documents d'opinion minoritaires, une nécessité pour la détection de signaux faibles ou l'anticipation de renversement de tendance. Il faut cependant noter que l'accroissement de performance n'est pas aussi important pour les modèles à base de bigrammes ( +1%) entraînés avec des données naturellement biaisées, mais il reste positif, ce qui prouve que notre mode de pondération fonctionne au moins aussi bien que les approches classiques sur ces données.

# Références

FRANCOPOULO, G. et DEMAY, F. (2011). A deep ontology for named entities. *In Proceedings of the Int. Conf. on Computational Semantics, Interoperable Semantic Annotation workshop*. ACL. http://tagmatica.fr/publications/FrancopouloACLISOWorkshopWithinInternationalConferenceOnComputationalSemantics2011.pdf.

GALIBERT, O., ROSSET, S., GROUIN, C., ZWEIGENBAUM, P. et QUINTARD, L. (2012). Extended named entity annotation on ocred documents : From corpus constitution to evaluation campaign. *In Proceedings of the $8^{th}$ LREC*, pages 3126–3131, Istanbul, Turkey. ELDA.

GROUIN, C., S., S. R., ZWEIGENBAUM, P., FORT, K., GALIBERT, O. et QUINTARD, L. (2011). Proposal for an extension of traditional named entities : From guidelines to evaluation, an overview. *In Proceedings of the Fifth Law Workshop (LAW V)*, pages 92–100, Portland, Oregon. ACL.

MARTINEAU, J. et FININ, T. (2009). Delta tfidf : An improved feature space for sentiment analysis. *In Proceedings of the Third AAAI Int. Conf. on Weblogs and Social Media*, San Jose, CA. AAAI Press.

A.L. MAAS A.L., R.E. DALY, P.T. PHAM, HUANG, D., A.Y. NG et POTTS, C. (2011). Learning word vectors for sentiment analysis. *In Proceedings of the 49th Annual Meeting of the ACL*, pages 142–150, Portland, Oregon, USA. ACL. http ://www.aclweb.org/anthology/P11-1015.

R.E. FAN, K.W. CHANG, C.J. HSIEH, X.R. WANG et C.J. LIN (2008). Liblinear : A library for large linear classification. *J. Mach. Learn. Res.*, 9:1871–1874. URL http ://portal.acm.org/citation.cfm ?id=1390681.1442794.

PAK, A. (2012). *Automatic, Adaptive,and Applicative Sentiment Analysis*. Thèse de doctorat, Thèse de l'École Doctorale d'Informatique de l'Université Paris-Sud, Orsay.

PAK, A. et PARBOUBEK, P. (2011). Normalization of term weighting scheme for sentiment analysis. *In Language and Technology Conference : Human Language Technologies as a Challenge for Computer Science and Linguistics*, pages 415–419, Poznań, Poland.

PALTOGLOU, G. et THELWALL, M. (2010). A study of information retrieval weighting schemes for sentiment analysis. *In Proceedings of the 48th Annual Meeting of the ACL*, pages 1386–1395, Morristown, NJ, USA,. ACL.

PAROUBEK, P., PAK, A. et MOSTEFA, D. (2010). Annotations for opinion mining evaluation in the industrial context of the doxa project. *In Proceedings of the 7th International Conference on Language Resources and Evaluation (LREC)*, Valetta, Malta. ELDA.

# Lexical access via a simple co-occurrence network

# Trouver les mots dans un simple réseau de co-occurrences

Gemma Bel-Enguix[1] Michael Zock
CNRS-LIF, UMR 7279, Aix Marseille Université, Marseille
gemma.belenguix@gmail.com, michael.zock@lif.univ-mrs.fr

RÉSUMÉ

Au cours des deux dernières décennies des psychologues et des linguistes informaticiens ont essayé de modéliser l'accès lexical en construisant des simulations ou des ressources. Cependant, parmi ces chercheurs, pratiquement personne n'a vraiment cherché à améliorer la navigation dans des 'dictionnaires électroniques destinés aux producteurs de langue'. Pourtant, beaucoup de travaux ont été consacrés à l'étude du phénomène du *mot sur le bout de la langue* et à la construction de réseaux lexicaux. Par ailleurs, vu les progrès réalisés en neurosciences et dans le domaine des réseaux complexes, on pourrait être tenté de construire un simulacre du dictionnaire mental, ou, à défaut une ressource destinée aux producteurs de langue (écrivains, conférenciers). Nous sommes restreints en construisant un réseau de co-occurrences à partir des résumés de Wikipedia, le but étant de vérifier jusqu'où l'on pouvait pousser une telle ressource pour trouver un mot, sachant que la ressource ne contient pas de liens sémantiques, car le réseau est construit de manière automatique et à partir de textes non-annotés.

ABSTRACT

During the last two decades psychologists and computational linguists have attempted to tackle the problem of word access via computational resources, yet hardly none of them has seriously tried to support 'interactive' word finding. Yet, a lot of work has been done to understand the causes of the *tip-of-the-tongue problem* (TOT). Given the progress made in neuroscience, corpus linguistics, and graph theory (complex graphs), one may be tempted to emulate the mental lexicon, or to build a resource likely to help authors (speakers, writers) to overcome word-finding problems. Our goal here is much more limited. We try to identify good hints for finding a target word. To this end we have built a co-occurrence network on the basis of Wikipedia abstracts. Since the network is built automatically and from raw data, i.e. non-annotated text, it does not reveal the kind of relationship holding between the nodes. Despite this shortcoming we tried to see whether we can find a given word, or, to identify what is a good clue word.

MOTS-CLÉS: accès lexical, anomie, mot sur le bout de la langue, réseaux lexicaux
KEYWORDS: lexical access, anomia, tip of the tongue (TOT), lexical networks

## 1 Introduction

Lexical choice is an obligatory step in language production. During this stage, the

[1] This work has been supported by the European Commission under a Marie Curie Fellowship.

author (speaker or writer) has to select a word expressing the concept or idea he/she has in mind. Of course, before choosing a word, one must have accessed a set of words from which to choose. While writers may use an external resource (dictionary) in case of word finding problems, speakers always rely on the internal or mental lexicon (human brain) which is known for its remarkable organisation. It is still a matter of debate where and in what form words are stored in the brain, yet, there is a general belief concerning dictionaries, namely: the bigger (the more entries), the better. While making sense from a practical point of view, this statement may nevertheless be misleading. Storage does not imply accessibility. This is well known via the 'tip of the tongue'-problem (TOT, Brown & McNeill, 1996; Brown, 1991)[2], but this holds also for electronic resources. For example,, variations of the input (query) or variations concerning the principle underlying the building of the resource may affect considerably the success of finding a given target word (Zock & Schwab, 2013). While authors need dictionaries, the latter are only truly useful if the words they contain are easily accessible. To allow for this we need good indexes (Zock & Schwab, 2013).

Lexical access has been widely studied and modelled by psychologists (Dell, 1986; Levelt et al. 1999). However, none of this work addresses the problem of word finding via an electronic resource. The work done by computational lexicographers is generally based on the readers' needs: words are listed alphabetically, and little if any provision is made to allow for conceptual input. Indeed, what kind of information (query, conceptual input) should a user give if the target words are 'avatar', 'tiara' or 'eschatology'? While there are many kinds of dictionaries, only very few of them are really helpful for the writer or speaker. Still, great efforts have been made to improve the situation. In fact, there are quite a few *onomasiological* dictionaries, like *Roget's Thesaurus* (Roget, 1852), and various network-based dictionaries, with *WordNet* (Fellbaum, 1998; Miller et al., 1990) being the best known. There are also various collocation dictionaries (BBI, OECD), reverse dictionaries (Edmonds, 1999, or Wordsmyth, www.wordsmyth.net) and *OneLook*, which combines a dictionary (*WordNet*) and an encyclopedia (*Wikipedia*). Finally, there is *MEDAL* (Rundell and Fox, 2002), a thesaurus produced with the help of Kilgariff's *Sketch Engine* (Kilgarriff et al., 2004).

Despite its shortcomings, of all these proposals WordNet (WN) clearly stands out. While being built manually, it embodies a number of features known from the mental lexicon: the lexicon is a multidimensional network whose nodes (words) are linked via various kinds of relations. WNs have been built for many languages (http://www.globalwordnet.org), and the initial resource has been adapted and improved, to yield eXtendedWN, (Mihalcea et Moldovan, 2001) an application able to support a great number of tasks in NLP.

Other networks have been built differently. For example, JeuxDeMot (JdM, Lafourcade, 2007) was built via a huge community (crowdsourcing) playing games. The approach is similar to other web-based resources, like Open Mind Word Expert (Mihalcea et

[2] The TOT-problem consists in the fact that an author knows a word, but is occasionally unable to access it. Typically, he has activated most of the target's features, but fails to retrieve some of the crucial, final, sound related fragments. This is why the speaker has the impression that the word has nearly made it, but not quite. The word is stuck on the tip of the tongue.

Chklovski, 2003) and SemKey (Marchetti *et al.*, 2007). JdM is coupled with AKI (Joubert et Lafourcade, 2012), which is supposed to allow for word access. To what extend this is truly so remains an empirical question, despite the fact that the initial results look quite promising (Joubert et al. 2011).

Zock et al. (2010) propose an association-based index to support interactive lexical access for language producers. To this end they suggest to build a matrix on the basis of co-occurrences. Put differently, they try to capture word associations and the links holding between them. This approach seems attractive as the network is built automatically, corpus-based, computer-supported, and the resource allows for graph-based analysis (relative distance, clustering effects, etc.). However, this work is also confronted with some unsolved problems like disambiguation of the input (query, clue), explicitation of the link type and clustering of the output (the answers given in response to a query). Usability will be hampered as long as all this cannot be done automatically. We try to tackle a similar problem, but we do not address interactive search, but only automatic access. More precisely, we try to address the tip-of-the-tongue problem by using a graph-kind of approach. Overall, the following ideas underlie this work:

a) usage of an non-annotated source, containing a large number of words;
b) structuring of the lexicon in the simplest way possible, i.e. by relying only graph theory and statistics;
c) exclusive usage of co-occurrences for building the graph. Semantic relations are ignored at this stage;
d) exclusive reliance on automatic processing (hence, no manual annotations);
e) conception of very simple graph search algorithms.

The approach is extremely simple. We use co-occurrences because it is a straightforward way to structure words on the basis of weights, i.e. numerical values. We do not claim any cognitive relevance other than statistics, which seem nevertheless to work when modelling language production (Levelt et al. 1999).

## 2 Co-occurrence network

Our goal is to build a co-occurrence graph able to achieve similar results to the ones of annotated systems. To achieve this goal, we decided to start with a large, non-annotated corpus: the entire set of Wikipedia's abstracts, i.e. almost 4 million documents. To build the graph our system runs through a pipeline of five modules:

1. document cleaning (deletion of stop-words);
2. parsing of the abstracts and extraction of 'Nouns' and 'Adjectives';
3. lemmatisation of word forms to avoid duplicates (horse, horses);
4. computation of the (un-directed) graph's nodes. Links are created between direct neighbours;
5. computation of the edges' weights. The weight of an edge is equal to the number of its occurrences. We only use absolute values.

Performing the above described operations yields a graph of 1.595.133 (different) nodes, of which nearly half (48%, i.e. 765.081) are happaxes, that is, terms occurring only once within the source. In order to understand the reason for this, one must take into account the nature of the resource, and the nature of the words used.

Since our source is an encyclopaedia, it contains an unusually high number of terms related to science, history, peoples' names or names of geographical locations, concepts from other languages... Concerning the extracted words, it should be noted that only nouns and adjectives were used. The deletion of verbs and adverbs is motivated by practical considerations: decreasing the size of the network alleviates processing. Put differently, our choice has been made only for this specific experiment. We wanted to focus only on nouns and adjectives, maintaining them even if their weights are very low. Stop words have been also eliminated, but for a different reason. They are hardly ever used as 'clues', and using them nevertheless may bias the results. Finally, we get a weighted list of nodes.

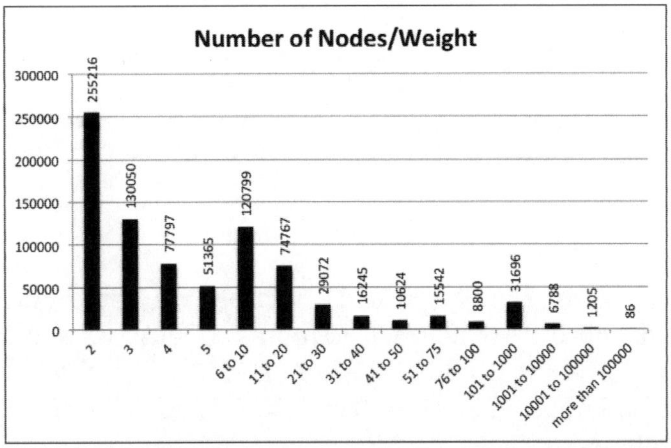


FIGURE 1 – Weights of the nodes of the graph

Figure 1 shows the distribution of frequencies. The weight of most nodes is below 10, speaking in absolute terms. Yet, 86 words are solid hubs with more than 100000 occurrences. Here are the 20 nodes with the greatest weight:

[(State, 502915), (Born, 424243), (New, 349236), (County, 348655), (District, 344620), (First, 339583), (American, 330643), (United, 320260), (School, 280589), (Village, 277337), (City, 276718), (Album, 272357), (Film, 260753), (National, 251727), (Family, 247912), (University, 239137), (Year, 238700), (South, 236760), (Part, 231373), (Football, 224046)]

Note, that the weight of more than 2/3 of edges is 1, the weight of the remaining third is >1, the proportion being 69/31. Moreover, there is only one edge with a value greater than 100000, *state-united*, i.e. 'United States', the most frequently mentioned co-occurrence in the Wikipedia abstracts. The weight of the following edges exceeds 30000:

[(State United, 152347), (High School, 70053), (New York, 66052), (War World, 59523), (Administrative District, 58113), (Census Population, 55299), (District Gmina, 51501), (Administrative Village, 46922), (New Zealand, 44320), (Football League, 42994), (Kingdom United, 39798), (Album Studio, 36887), (Olympics Summer, 34421), (Ii War, 33800), (Railway Station, 33723), (Capital Regional, '3300)]

The distribution of edges' weights is shown in Figure 2. Data whose value is 1 are omitted in the figure.

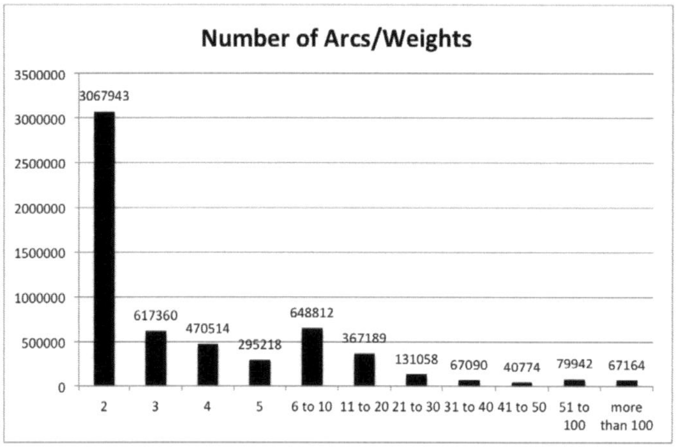


FIGURE 2 – Weights of the edges of the graph

# 3 Search algorithm

The search of the target word $\mathcal{T}$ in a graph $\mathcal{G}$, is done via some clues, say $c_1$, $c_2$, $c_3$, (mouse, Prolog, Java, in figure 3) which act as inputs. $\mathcal{G}=(\mathcal{V}, \mathcal{E})$ stands for the graph, with $\mathcal{V}$ expressing the set of vertices and $\mathcal{E}$ the set of edges. The clues $c_1$, $c_2$, $c_3 \in \mathcal{V}$. N(i) expresses the neighbourhood of a node ($i \in \mathcal{V}$) and is defined as 'every $j \in \mathcal{V} \mid e_{i,j} \in \mathcal{E}$. The search algorithm is as follows:

- Define the neighbourhood of $c_1$, $c_2$, $c_3$, $N(c_1)$, $N(c_2)$, $N(c_3)$;
- Get the set of nodes $V_T = N(c_1) \cap N(c_2) \cap N(c_3)$ and consider $V_c=\{c_1, c_2, c_3\}$ to be the set of nodes representing the clues. We define a subgraph of $\mathcal{G}$, $G_T$, that is a complete bipartite graph, where every element of $V_T$ is connected to every element of $V_c$;
- Rank the nodes of $V_T$ according to their strength (s) in $G_T$. For every v in $V_T$, $s_v = 1/3\ (w(vc_1) + w(vc_2) + w(vc_2))$.

# 4 Performance

Taking random examples, the system's capacity to find words is remarkably good, provided that all the clues are from the same domain. Otherwise performance may degrade: compare (a1, b1) and b2. In the first two cases the target appears on top of the list, whereas in b-2 the target word gets demoted to the 13th position. Being from a different domain, the clue 'India' impedes performance. On the other hand, widening the clues' semantic scope has as a positive effect, see c1, c2.

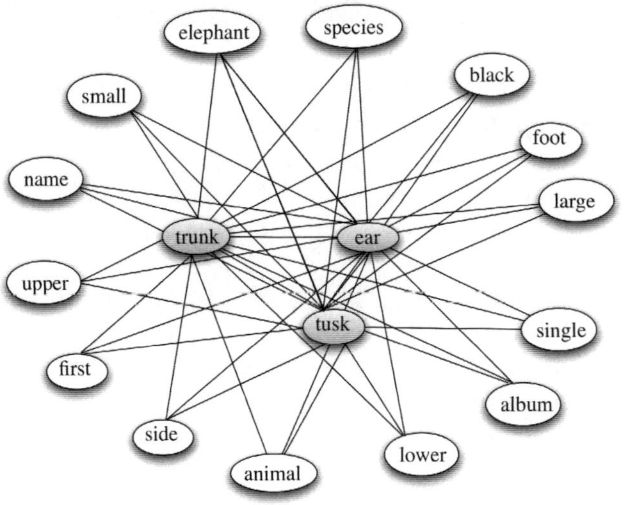


FIGURE 3A – Graph $G_T$ for (tusk, trunk, ear)

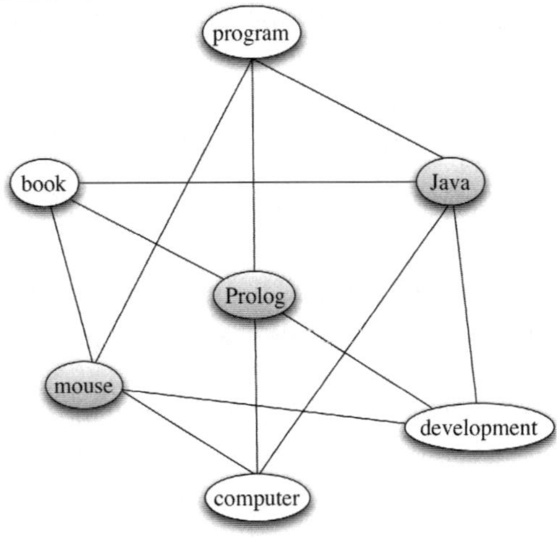


3B – $G_T$ for (mouse, Prolog, Java)

a) Target: '*hand*':

– The clues 'finger', 'wrist', 'glove', yield 9 hits, displaying the target in the first position: 1 (**hand**, 153); 2 (right, 29); 3 (arm, 25); 4 (part, 24); 5 (first, 21); 6 (side, 18); 7 (worn, 17); 8 (person, 12); 9 (game, 8).

b) Target: '*elephant*':

1. By entering the words 'tusk', 'trunk', 'ear' (figure 3a), we get a list of 14 items of which the first 10 are as follows: 1 (**elephant**), 51; 2 (upper), 28; 3 (species, 28); 4 (single, 25); 5 (lower, 24); 6 (small, 23); 7 (album, 22); 8 (large, 19); 9 (name, 18); 10 (side, 17).
2. If we provide 'tusk', 'trunk', 'India', we get the target in the 13th position, right after 'first', 'year', 'country', 'name', 'member', 'species', 'born', 'family', 'small', 'large', 'long', 'upper', '**elephant**'.

c) Target: '*computer*':

1. The clues 'mouse', 'keyboard', 'screen' produce a large number of hits. The program displays only the first fifty. 1 (player, 600); 2 (**computer**, 264); 3 (first, 192); 4 (appearance, 191); 5 (name, 178); 6 (album, 99); 7 (small, 90); 8 (role, 89); 9 (music, 89); 10 (band, 82).
2. The clues 'mouse', 'Prolog' and 'Java' (figure 3-b) produce only four hits: 1 (program, 58); 2 (**computer**, 47); 3 (development, 31); 4 (book, 16)

The given examples could make us believe that the program works quite well. While being true, this is not always the case. For example, when we tried the examples used by (Zock et Schwab, 2011), namely, 'wine', 'harvest', 'grape', the system was unable to find the target word 'vintage'. On the other hand, by changing slightly the input, providing 'vintage', 'harvest', and 'grape', we did get '*wine*' in the first position and with a very strong score (735). This suggests both a conclusion and a question: (a) the algorithm is not yet good enough, since it works in some cases, but not in others; (b) since some terms are definitely better triggers or cues than others, we may wonder what are good cue words, and to this end we could use this resource in order to answer this question empirically. This is a possibility we are currently exploring.

# 5 Conclusions

Experiments done with the resource built on the basis of the co-occurrences extracted from Wikipedia shows that it allows for accessing words. It also shows, if ever necessary, that not all words are equally good as inputs. This being so, we could use this resource as a workbenchto find out empirically which words, or which specific kind of words are good inputs for a given target word.

While there is little doubt that Wikipedia is a quite useful source, it does also have its shortcomings. For example, it does not contain episodic knowledge (information concerning current events, anecdotes,...), hence, it may be good to consider other types of texts containing more common words (authentic exchanges between people).

Concerning the system's performance one may conclude that it is quite good, but we should bear in mind that we dealt with automatic access and not interactive word finding. While the number of hits is (within limits) of little importance in the former case —(computers will find quickly a word even in a huge list, say, a list of 3000 tokens),— it becomes a critical issue in the latter case. This is why typing the links, or clustering the output is an important component for supporting interactive word search. This being said, getting a clearer picture concerning clues may still be of interest for those interested in designing tools to support word access.

# References

BROWN, A. (1991). A review of the *tip of the tongue* experience. *Psychological Bulletin*, 10, pages 204-223

BROWN, R. et MC NEILL, D. (1966). The tip of the tongue phenomenon. *Journal of Verbal Learning and Verbal Behavior*, 5, pages 325-337

DELL, G. (1986). A spreading-activation theory of retrieval in sentence production. *Psychological Review*, 93, 283-321.

EDMONDS, D. (ed.) (1999). The Oxford Reverse Dictionary, *Oxford University Press*, Oxford, 1999.

FELLBAUM, C. (éd.) (1998). WordNet: An Electronic Lexical Database and some of its Applications. Cambridge, MA: MIT Press.

JOUBERT, A., LAFOURCADE, M. (2012). A new dynamic approach for lexical networks evaluation. In Choukri et al. (eds.), Proceedings LREC'12 (*Eight International Conference on Language Resources and Evaluation*), Istanbul, Turkey, European Language Resources Association (ELRA).

JOUBERT, A. LAFOURCADE, M., SCHWAB, D. et ZOCK, M. (2011). Évaluation et consolidation d'un réseau lexical via un outil pour retrouver le mot sur le bout de la langue. Actes de la 18ème conférence sur le Traitement Automatique des Langues Naturelles (TALN), Montpellier, pp. 295-306

KILGARRIFF, A., RYCHLY, R., SMRZ, P. et TUGWELL, D. (2004). *The Sketch Engine.* Proceedings of the 11th Euralex International Congress. Lorient, France, pages 105-116

LAFOURCADE, M. (2007). Making people play for lexical acquisition. In *Proceedings SNLP 2007* (*7th Symposium on Natural Language Processing*), Pattaya, Thailande.

LEVELT, W., ROELOFS, A. et MEYER, A. (1999). A theory of lexical access in speech production. *Behavioral and Brain Sciences,* 22, pages 1-75.

MARCHETTI, A., TESCONI, M., RONZANO, F., ROSELLA, M. et MINUTOLI, S. (2007). SEMKEY. A semantic collaborative tagging system. *In Proceedings of WWW2007,* Banf, Canada.

MIHALCEA, R. et MOLDOVAN, D. (2001). Extended wordnet: progress report. *In NAACL 2001 (Workshop on WordNet and Other Lexical Resources),* Pittsburgh, USA.

MIHALCEA, R. et CHKLOVSKI, T. (2003). Open Mind Word Expert: Creating large annotated data collections with web userp's help. In *LINC 2003* (*Proceedings of the EACL 2003 Workshop on Linguistically Annotated Corpora*), Budapest.

MILLER, G., BECKWITH, R., FELLBAUM, C., GROSS, D., MILLER, K. (1990). Introduction to WordNet: an on-line lexical database. *International Journal of Lexicography* 3, pages 235-244.

PENNACCHIOTTI, M., PANTEL, P. (2006). A bootstrapping algorithm for automatically harvesting semantic relations. In Proceedings of ICoS (*Inference in Computational Semantis*), Boxton, England, pages 87-96

RUNDELL, M. et FOX, G. (eds.) (2002). Macmillan English Dictionary for Advanced Learners (MEDAL). Oxford

ROGET, P. (1852). *Thesaurus of English Words and Phrases.* Longman, London

TURNEY, P.D. (2006). Similarity of semantic relations. *Computational Linguistics* 32, pages 379-416

ZOCK, M., FERRET, O., SCHWAB, D. (2010). Deliberate word access: an intuition, a roadmap and some preliminary empirical results. *Int J Speech Technol* 13, pages 201-218

ZOCK, M. et SCHWAB, D. (2011). Storage does not garantee access: The problem of organizing and accessing words in a speaker's lexicon. *Journal of Cognitive Scien*ce 12, pages 233-259

ZOCK, M. et SCHWAB, D. (2013) L'index, une ressource vitale pour guider les auteurs à trouver le mot bloqué sur le bout de la langue. In Gala, N. et M. Zock (éds). Ressources lexicales : construction et utilisation. Lingvisticae Investigationes, John Benjamins, Amsterdam, The Netherlands

# Analyse statique des interactions entre structures élémentaires d'une grammaire

Guy Perrier
LORIA, Université de Lorraine,
équipe Sémagramme, bât. C,
Campus Scientifique
BP 239
54506 Vandøeuvre-lès-Nancy, cedex,France
guy.perrier@loria.fr

RÉSUMÉ

Nous nous intéressons ici à la construction semi-automatique de grammaires computationnelles et à leur utilisation pour l'analyse syntaxique. Nous considérons des grammaires lexicalisées dont les structures élémentaires sont des arbres, sous-spécifiés ou pas. Nous présentons un algorithme qui vise à prévoir l'ensemble des arbres élémentaires attachés aux mots qui peuvent s'intercaler entre deux mots donnés d'une phrase, dont on sait que les arbres élémentaires associées sont des compagnons, c'est-à-dire qu'ils interagiront nécessairement dans la composition syntaxique de la phrase.

ABSTRACT

**Static Analysis of Interactions between Elementary Structures of a Grammar**

We are interested in the semi-automatic construction of computational grammars and in their use for parsing. We consider lexicalized grammars with elementary structures which are trees, underspecified or not. We present an algorithm that aims at foreseeing all elementary trees attached at words which can come between two given words of a sentence, whose associated elementary trees are companions, that is, they will necessarily interact in the syntactic composition of the sentence.

MOTS-CLÉS : grammaire lexicalisée, grammaire d'interaction, construction de grammaires.

KEYWORDS: Lexicalized Grammar, Interaction Grammar, Grammar Construction.

## 1 Introduction

Nous poursuivons ici un travail commencé depuis plus de dix ans autour de la construction semi-automatique de grammaires computationnelles. Dans le cadre du formalisme des Grammaires d'Interaction (GI)(Guillaume et Perrier, 2009), nous avons développé FRIGRAM [1], une grammaire du français, et LEOPAR [2], un analyseur syntaxique pour les GI, permet d'appliquer cette grammaire à l'analyse de textes en français.

Notre ambition est d'obtenir une grammaire à large couverture pour analyser des corpus tout

1. http://wikilligramme.loria.fr/doku.php?id=frigram:frigram
2. http://leopar.loria.fr

venant. Même si nous sommes ouverts à intégrer des méthodes probabilistes dans notre approche, nous souhaitons conserver une base symbolique pour être en mesure de produire des analyses suffisamment riches pour que l'on puisse calculer à partir d'elles des représentations sémantiques complètes.

Nous devons faire face à un premier défi, celui de maintenir la cohérence d'une grammaire qui est nécessairement de taille importante. Certes, l'organisation d'une telle grammaire sous forme d'une hiérarchie de modules à l'aide d'une relation d'héritage facilite la tâche, mais cela ne résoud pas tout. Par ailleurs dans l'analyse syntaxique, nous sommes confrontés à un second défi, celui de l'explosion du nombre de structures syntaxiques candidates pour l'analyse d'une phrase.

Pour répondre à ces deux défis, nous pensons qu'il est utile d'analyser la grammaire de façon systématique pour prévoir les interactions entre les structures élémentaires qui la définissent. Un travail a commencé à être mené sur FRIGRAM mais il peut s'étendre aux grammaires construites dans d'autres formalismes, pour peu que ces grammaires soient lexicalisées.

Lorsque l'on analyse une phrase avec une grammaire lexicalisée, la première étape consiste à assigner à chaque mot de la phrase une structure syntaxique élémentaire de la grammaire. On obtient ce qu'on appelle une *sélection lexicale*. Le nombre de sélections lexicales possibles est exponentiel par rapport à la longueur de la phrase.

Pour filtrer les sélections lexicales, (Bonfante *et al.*, 2009) ont introduit la notion de *compagnon*. Un compagnon d'une structure syntaxique élémentaire est une structure syntaxique élémentaire qui peut se combiner avec la première dans la composition syntaxique d'une phrase. Le principe de filtrage est ensuite le suivant : si dans une sélection lexicale, il existe une structure syntaxique élémentaire qui ne trouve ni compagnon à gauche ni compagnon à droite, la sélection peut être éliminée. L'application de ce principe permet de réduire drastiquement le nombre de sélections lexicales. Les compagnons de chaque structure syntaxique élémentaire peuvent être pré-calculés sur la grammaire et pour réduire le nombre de calculs, ceux-ci sont effectués sur les structures syntaxiques élémentaires avant ancrage par des mots particuliers.

La faiblesse du principe de filtrage fondé sur les compagnons est qu'il est totalement indifférent aux contraintes de localité. Ainsi, si un mot du début d'une longue phrase trouve le compagnon de la structure syntaxique qu'il ancre auprès d'un mot qui est en fin de phrase, quelle que soit la longueur de la phrase, le principe est respecté.

C'est pour pallier cet inconvénient que nous proposons d'aller plus loin dans l'analyse statique des interactions entre structures syntaxiques élémentaires de la grammaire. Considérant un couple particulier de compagnons, nous proposons un algorithme qui permet de prévoir uniquement d'après la grammaire les structures syntaxiques élémentaires qui peuvent s'intercaler entre ces compagnons dans la composition syntaxique d'une phrase. Ce calcul devrait nous permettre d'aller plus loin dans le filtrage des sélections lexicales par application du principe suivant : si dans une sélection lexicale, nous sommes sûrs que deux mots ont leurs structures syntaxiques qui sont compagnons, nous devons vérifier que tous les structures syntaxiques ancrant les mots intermédiaires sont dans l'ensemble pré-calculé selon notre algorithme.

Dans la section 2, nous préciserons le concept de *compagnon*. Dans la section 3, nous décrirons l'algorithme de calcul des structures syntaxiques élémentaires s'intercalant entre deux compagnons et dans la section 4, nous déroulerons l'algorithme sur un exemple.

## 2 Les compagnons d'une structure syntaxique élémentaire

Nous nous situons dans le cadre de formalismes grammaticaux où les objets manipulés sont des structures syntaxiques notées *SSynt*. Parmi, celles-ci, nous distinguons les structures finales qui sont celles représentant la syntaxe complète des phrases. Une opération de composition binaire que nous noterons COMP permet de combiner les *SSynt*[3]. Les grammaires y sont définies comme des ensembles finis de *SSynt*, que nous appellerons *structures syntaxiques élémentaires* et que nous noterons *SSyntE*. Dans l'utilisation que nous faisons de la notion de compagnon, il est nécessaire que les grammaires soient lexicalisées : les *SSyntE* doivent être ancrées par des mots de la langue. Pour simplifier l'exposé, on considérera même que chaque *SSyntE* a une ancre unique.

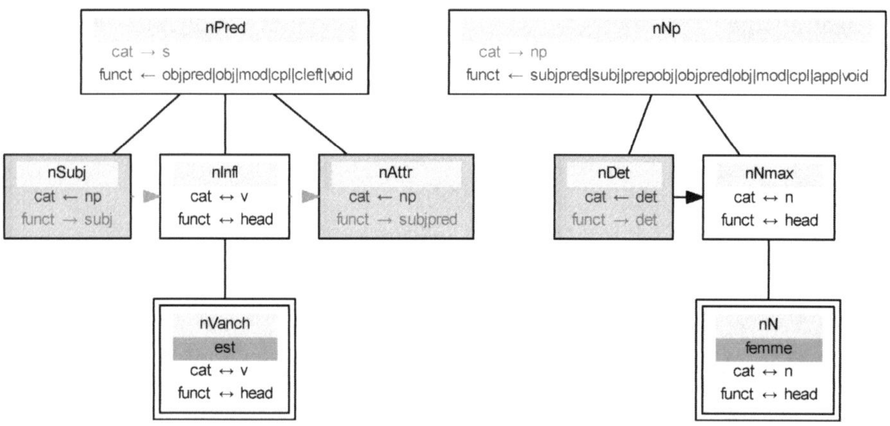


FIGURE 1 – Une *SSyntE* ancrant *femme* compagnon à droite d'une *SSyntE* ancrant *est*

Dans ces conditions, on appelle *compagnon à droite* (*compagnon à gauche*) d'une *SSyntE* $S_1$ toute *SSyntE* $S_2$ telle que COMP($S_1$,$S_2$) soit définie et soit compatible avec le fait que l'ancre de $S_1$ précède (suit) celle de $S_2$ dans l'ordre linéaire de la phrase.

Appliquons cette notion au formalisme des GI où les *SSynt* sont des forêts d'arbres ordonnés sous-spécifiés. Les nœuds représentent des syntagmes et leurs propriétés morpho-syntaxiques sont représentées par des traits qui présentent la particularité d'être polarisés. Le système de polarités permet d'exprimer l'état de saturation des *SSynt* et leur aptitude à interagir entre elles. Les structures finales sont des arbres saturés. L'opération de composition syntaxique COMP entre deux *SSynt* $S_1$ et $S_2$ consiste à fusionner un nœud de $S_1$ avec un nœud de $S_2$ de façon à saturer un trait polarisé de $S_1$ qui ne l'était pas initialement[4]. Pour une description exhaustive du formalisme des GI, le lecteur peut se reporter à (Guillaume et Perrier, 2009). La grammaire à laquelle nous allons appliquer nos idées est la grammaire d'interaction du français FRIGRAM.

La figure 1 montre la *SSyntE* $S_{est}$ ancrant le verbe *est* quand il prend un syntagme nominal comme

3. L'opération COMP n'est pas nécessairement déterministe et il peut y avoir plusieurs façons de composer deux *SSynt*.

4. Le résultat de l'opération COMP doit être un arbre sous-spécifié donc on peut en tenir compte pour résoudre un certain nombre de contraintes comme le fait qu'un nœud doit avoir un père unique.

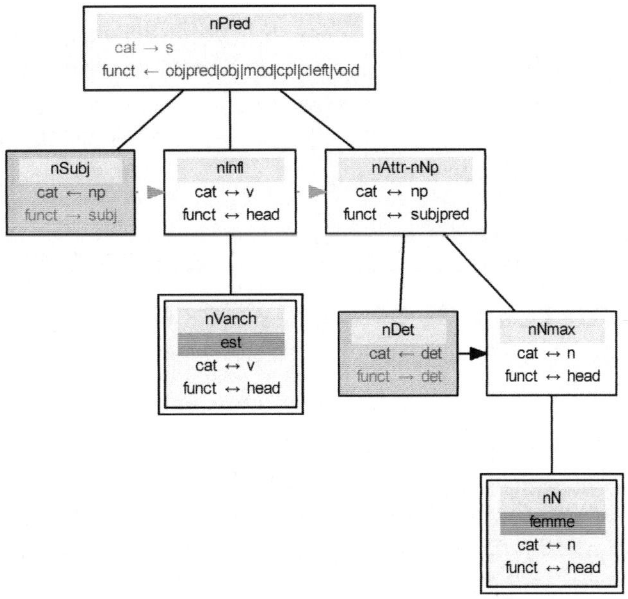


FIGURE 2 – La *SSynt* résultant de la composition syntaxique de la *SSyntE* ancrant *femme* avec la *SSyntE* ancrant *est*

attribut du sujet et un de ses compagnons à droite, la *SSyntE* $S_{femme}$ ancrant le nom *femme* quand il est tête d'un syntagme nominal[5]. La figure 2 en fournit la justification en montrant COMP($S_{est}$, $S_{femme}$) obtenu en fusionnant le nœud *nAttr* de $S_{est}$ avec le nœud *nNp* de $S_{femme}$ de façon à saturer les deux traits polarisés du premier. Le résultat de la fusion des deux nœuds est le nœud *nAttr-nNp*. L'ordre des nœuds dans l'arbre montre bien que le compagnon est à droite.

On peut calculer de façon systématique tous les compagnons à droite et à gauche des *SSyntE* d'une grammaire mais pour éviter d'avoir un nombre trop important de calculs à faire, on le fait sur les *SSyntE* non ancrées. Ainsi par exemple si on considère la *SSyntE* non ancrée correspondant à $S_{est}$, on trouve dans FRIGRAM 129 compagnons permettant de saturer les traits du nœud *nAttr* : 58 à gauche seulement, 59 à droite seulement et 12 qui sont à la fois à gauche et à droite. Pour avoir l'ensemble des compagnons de $S_{est}$, il faut ajouter ceux qui permettent de saturer des traits polarisés de *nSubj* et de *nPred*.

Dans une phrase donnée, le nombre de compagnons possibles pour une *SSyntE* ancrant un mot est réduit et on utilise cette information pour filtrer les sélections lexicales. (Bonfante *et al.*, 2009) ont montré que le principe que toute *SSyntE* d'une sélection lexicale doit y trouver au moins un compagnon permet de filtrer efficacement les sélections lexicales. Ainsi pour la phrase "*Marie est considérée comme une femme intelligente.*", la grammaire FRIGRAM offre 13 047 840 sélections lexicales possibles et le filtrage fondé sur les compagnons permet de réduire ce nombre à 354.

5. Pour plus de lisibilité, tous les traits associés à chaque nœud n'ont pas été marqués. N'apparaissent que les traits *cat* et *funct*.

Le but du travail présenté ici est de montrer qu'il est encore possible d'aller plus loin pour pallier une faiblesse du principe : il est indifférent à la distance entre une *SSyntE* et ses compagnons. Dans notre exemple, comme c'est indiqué plus haut, $S_{est}$ doit aller jusqu'au mot *une* pour trouver son premier compagnon. L'idée de l'algorithme présenté à la section suivante est de prévoir à partir de la grammaire les *SSyntE* qui peuvent être situées dans une sélection lexicale entre une *SSyntE* donnée et ses compagnons, calcul qui servira de base à un nouveau principe de filtrage.

# 3 L'algorithme de détection des structures syntaxiques élémentaires s'intercalant entre deux compagnons

L'algorithme va être appliqué au formalisme des GI mais cette application peut être étendu à tout formalisme manipulant des forêts d'arbres ordonnés avec des structures finales qui sont des arbres et une opération de composition qui est une forme de superposition d'arbres. Il part de l'observation que la plupart du temps, dans FRIGRAM, la composition d'une *SSyntE* avec un de ses compagnons produit une *SSynt* qui définit une zone triangulaire dont la base est délimitée par les deux ancres issues des *SSyntE* qui ont été composées et dont le sommet est le premier ancêtre commun. Désormais, nous appelleront une telle *SSynt* une *structure bi-ancrée*.

Formellement, une structure bi-ancrée $S$ est une *SSynt* qui a deux ancres distinguées $Ag$ et $Ad$, la première, l'ancre gauche, se situant avant la seconde, l'ancre droite, dans l'ordre linéaire de la phrase. En plus, il existe dans $S$ deux suites de nœuds $R, N_1, \ldots, Ag$ et $R, M_1, \ldots, Ad$ ayant un début commun, le nœud $R$, et telles que chaque nœud de la suite est fils de celui qui le précède. La figure 2 montre un exemple de structure bi-ancrée. Les deux suites de nœuds formant les côtés du triangle sont *nPred, nInfl, nVanch* et *nPred, nAttr-nNp, nNmax, nN.*

Ces deux suites permettent de définir une partition sur les nœuds de $S$ entre ceux qui se situent à l'intérieur du triangle défini par les deux chemins et ceux qui se situent à l'extérieur. Un nœud est *interne* s'il se situe après l'ancre gauche et avant l'ancre droite selon l'ordre défini sur la structure bi-ancrée [6]. Un nœud qui n'est pas interne, est un nœud *frontière* s'il fait partie d'une des deux listes de nœuds distinguées, sinon il est *externe*.

Le principe de l'algorithme s'appuie sur la forme particulière d'une structure bi-ancrée qui a la conséquence suivante : toute *SSyntE* dont l'ancre s'insère entre les deux ancres distinguées doit être reliée à un nœud interne ou frontière. Elle peut l'être de façon directe par composition avec la structure bi-ancrée mais elle peut l'être de façon indirecte via une chaîne d'autres *SSyntE*. Ces *SSyntE* doivent toutes avoir la propriété d'étendre vers le bas la structure bi-ancrée avec un nouveau nœud interne. C'est cela qui va être utilisé par l'algorithme qui se présente ainsi :

**fonction** CALCULER_GRAPHE ($S, Ag, Ad, noeuds$)
  initialiser $G$ au graphe vide
  **tantque** *noeuds* est non vide
    choisir un noeud $N$ de *noeuds* et le retirer de cet ensemble
    $Mf =$ CREER_MOTIF ( $N, S$)
    **pourchaque** SSyntE $S_i$ de la grammaire
      **si** SUBSUMER($Mf, S_i$)

6. Si l'ordre est sous-spécifié, un nœud est interne si, en ajoutant la contrainte de le placer après l'ancre gauche et avant l'ancre droite, on ne crée aucune incohérence dans l'ordre entre les nœuds de l'arbre.

$(S'_i, Ag_i, Ad_i, A_i, noeuds_i) =$ SUPERPOSER $(S_i, S, Ag, Ad, Mf)$
$G_i =$ CALCULER_GRAPHE $(S'_i, Ag_i, Ad_i, noeuds_i)$
**si** INTERNE$(A_i, S'_i, Ag_i, Ad_i))$
$G = G \cup$ COMPLETER_GRAPHE$(G_i, S_i))$
**sinon** $G = G \cup G_i$

**retourner** G

La fonction CALCULER_GRAPHE prend en entrée une structure bi-ancrée $S$ avec ses deux ancres distinguées gauche et droite $Ag$ et $Ad$ ainsi qu'un ensemble *noeuds* de $S$ qui vont être le point de départ de l'expansion vers le bas de $S$. Au départ, *noeuds* est initialisés aux nœuds internes et frontière de $S$ à l'exception des ancres $Ag$ et $Ad$.

En sortie, la fonction CALCULER_GRAPHE retourne un graphe dont les nœuds sont étiquetés par des *SSyntE* de la grammaire. Il s'agit en fait d'une forêt d'arbres dont la sémantique est la suivante :

> *Si une phrase est analysée avec succès par la grammaire à partir de la SSynt S et si* $w_1$ *et* $w_2$ *sont les deux mots de la phrase attachés aux ancres distinguées de S, pour tout mot w situé entre* $w_1$ *et* $w_2$ *qui contribue à l'analyse avec la SSyntE* $S_1$ *qu'il ancre, il existe une occurrence de* $S_1$ *dans le graphe dont tous ses prédécesseurs dans le graphe participe à l'analyse en ancrant des mots situés entre* $w_1$ *et* $w_2$.

Expliquons maintenant l'algorithme. Au départ on choisit un nœud $N$ de l'ensemble *noeuds* que l'on retire de l'ensemble. Ce nœud va servir de point de départ à l'expansion vers le bas de $S$. A l'aide de la fonction CREER_MOTIF , on crée un motif $Mf$ qui va permettre de filtrer les *SSyntE* de la grammaire pertinentes pour cette expansion. $Mf$ est formé du nœud $N$ ainsi que de tous ses ancêtres et tous ses frères dans $S$. On ajoute en plus un fils $N'$ de $N$ qui est laissé complètement sous-spécifié quant aux traits dont il est porteur. Il est seulement ordonné par rapport à ses frères éventuels qui sont sur la frontière. Ce nœud est capital car c'est lui qui va permettre l'expansion [7].

Ensuite, on passe en revue toutes les *SSyntE* de la grammaire à l'aide du filtre $Mf$. La fonction booléenne SUBSUMER teste si $Mf$ subsume une *SSyntE* $S_i$ quelconque de la grammaire. Cela veut dire que tout nœud de $Mf$ s'interprète dans $S_i$ et que cette interprétation conserve les relations père-fils ainsi que celles de précédence. En plus, les traits attachés à chaque nœud de $Mf$ doivent aussi s'interpréter par des traits attachés à son nœud image dans $S_i$ en respectant un certain nombre de propriétés qui sont spécifiques au formalisme grammatical utilisé. Par exemple, pour les GI, la polarité du trait image doit être compatible avec celle du trait antécédent.

Ensuite, si le test est positif, à l'aide la fonction SUPERPOSER, on compose la *SSyntE* $S_i$ avec $S$ en suivant le motif $Mf$ et en utilisant l'opération COMP de composition syntaxique propre au formalisme. On obtient une *SSyntE* $S'_i$ et on distingue dans celle-ci les ancres gauche et droite $Ag_i$ et $Ad_i$ qui sont la transposition dans $S'_i$ des ancres $Ag$ et $Ad$ de $S$. En plus, on repère l'ancre $A_i$ apportée par $S_i$ car sa position va jouer un rôle décisif pour la suite. La variable $noeuds_i$ représente l'ensemble des nœuds de $S'_i$ qui vont servir de point de départ aux expansions futures. Ce sont les nœuds internes de $S'_i$ qui n'étaient présents au départ dans *noeuds*.

L'étape suivante consiste à appliquer récursivement la fonction CALCULER_GRAPHE. Elle va permettre de récupérer un graphe $G_i$ et c'est là que l'ancre $A_i$ va jouer un rôle important par le biais de la fonction booléenne INTERNE. Cette fonction teste si l'ancre $A_i$ est un nœud interne à la structure bi-ancrée $S'_i$. Si nous reprenons notre exemple avec la phrase à analyser "*où Marie est-elle considérée comme une femme intelligente ?*", les *SSyntE* associées aux mots *où* et *une*

7. Bien entendu, ce nœud est un minimum et l'expansion peut se faire à l'aide de plusieurs nœuds.

vérifient toutes les deux la condition exprimée par la fonction SUBSUMER. Pour *où*, cela provient du fait que la *SSyntE* modélise une extraction. Pourtant, seule la seconde vérifie la condition exprimée par la fonction INTERNE, le mot *une* se situant entre *est* et *femme*. Dans ce cas, il va falloir ajouter $S_i$ au graphe $G_i$. On l'ajoute comme nouvelle racine en le reliant par un arc à toutes les anciennes racines de $G_i$. C'est le rôle de la fonction COMPLÉTER_GRAPHE. Il ne reste plus qu'à faire l'union du graphe obtenu avec $G$, dans l'état où il est après utilisation d'un certain nombre de nœuds de *noeuds*. Si $A_i$ est un nœud externe, on se contente de faire l'union de $G_i$ avec $G$.

# 4 Application à un exemple

Appliquons l'algorithme à la structure bi-ancrée $S$ de la figure 2. La valeur initiale de *noeuds* est l'ensemble {*nInfl*, *nPred*, *nAttr-nNp*, *nDet*, *nNmax*}. On choisit ensuite un nœud $N$ dans cet ensemble, par exemple *nInfl*. On crée le motif $Mf$ correspondant à l'aide de la fonction CRÉER_MOTIF. C'est le sous arbre de la structure bi-ancrée formé des trois nœuds *nPred*, *nInfl* et *nAttr-nNp*. On y ajoute un nouveau fils $N'$ de *nInfl*.

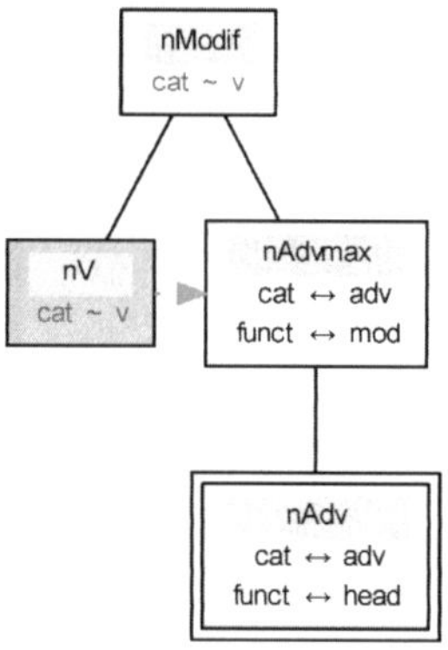


FIGURE 3 – *SSyntE* ancrant les adverbes modificateurs de verbes situés après ces verbes

Ensuite, on essaie de faire coïncider le motif $Mf$ avec un sous-arbre de chaque *SSyntE* de FRIGRAM. Prenons un cas où l'appariement réussit, celui de la *SSyntE* ancrant les adverbes modificateurs de verbes et situés après ces verbes, nommée $ADVmod\_V$ et représentée sur la figure 3. La condition SUBSUMER($Mf$,$ADVmod\_V$) est vraie et on superpose alors $ADVmod\_V$ avec $S$ en suivant le motif $Mf$. Cela revient à étendre $S$ en ajoutant comme frère droit de *nVanch* le nœud *nAdvmax* de $ADVmod\_V$ avec son fils *nAdv*.

On relance la fonction principale CALCULER_GRAPHE sur cette nouvelle structure bi-ancrée $S_i'$ avec comme valeur pour $noeuds_i$ le singleton {*nAdvmax*}. Nous passerons sur le détail de son exécution en en donnant seulement le graphe $G_i$ qu'elle retourne. Ce graphe est formé de deux nœuds isolés $ADVmod\_ADV1$ et $ADVmod\_ADV2$ ancrant les adverbes modificateurs d'adverbes.

Comme l'ancre de $ADVmod\_V$ est un nœud interne, la condition INTERNE est vraie et on complète le graphe $G$ qui est initialement vide à l'aide de la fonction COMPLÉTER_GRAPHE. On obtient un graphe de trois nœuds avec comme racine $ADVmod\_V$ et ses deux successeurs immédiats $ADVmod\_ADV1$ et $ADVmod\_ADV2$.

L'algorithme se poursuit par la sélection d'autre nœud de l'ensemble $noeuds$, *nPred* par exemple. Va s'ensuivre une extension de $S$ vers le bas à partir de ce nœud. Il serait trop long de la décrire en détail mais il est important de noter que cette extension va entraîner la création d'un nœud qui représente un syntagme propositionnel. Ce syntagme peut représenter une proposition relative telle que "*qu'elle a*" dans la phrase "*Marie est avec l'expérience qu'elle a une femme intelligente.*". Compte tenu de la récursivité de la langue liée aux propositions qui peuvent s'imbriquer les unes dans les autres à l'infini, l'exécution de l'algorithme entre ici dans une boucle infinie. Pour éviter la non terminaison de l'algorithme, il suffit de couper l'extension vers le bas de la structure bi-ancrée quand on produit des nœuds source de bouclage ou si l'on atteint une certaine taille [8].

En définitive, nous obtiendrons un graphe $G$ acyclique qui n'est pas forcément complet. Il est éventuellement amputé vers la "fin" mais ce qui est important c'est que toutes les racines peuvent être calculées. Dans notre exemple, le graphe aura quelques dizaines de racines qui sont des *SSyntE* ancrant des adverbes modificateurs de verbes ou de phrases, des adverbes entrant dans des constructions consécutives ou comparatives, des prépositions introduisant des compléments modificateurs de phrases, des pronoms comme *tous* ou *chacun*, des conjonctions de subordination introduisant des propositions circonstancielles, des déterminants et des adjectifs épithètes gauche.

Si $S_{est}$ a un comme compagnon unique $S_{femme}$ [9] dans une sélection lexicale qui produit une analyse, selon la sémantique du graphe exposée plus haut (même si ce graphe est incomplet), pour toute *SSyntE* $S_k$ s'intercalant entre les deux compagnons dans la sélection, il existe un chemin dans le graphe commençant à une racine et terminant à un nœud qui n'a pas de successeur ou est une occurrence de $S_k$.

# 5 Conclusion

Si le calcul des compagnons est implémenté, ce n'est pas le cas pour l'algorithme de détection des *SSyntE* pouvant s'insérer entre deux compagnons. Seule son implémentation permettra de dire dans quelle mesure cet algorithme est utile pour accroître l'efficacité du filtrage.

# Références

BONFANTE, G., GUILLAUME, B. et MOREY, M. (2009). Polarization and abstraction of grammatical formalisms as methods for lexical disambiguation. *In 11th International Conference on Parsing Technology, IWPT'09*, Paris, France.

GUILLAUME, B. et PERRIER, G. (2009). Interaction Grammars. *Research on Language and Computation*, 7:171–208.

8. Chaque appel récursif de la fonction CALCULER_GRAPHE entraîne une augmentation de la taille de la structure bi-ancrée.
9. Les deux *SSyntE* ne sont pas exactement $S_{est}$ et $S_{femme}$ mais les *SSyntE* non ancrées dont elles sont issues.

# Influence des annotations sémantiques sur un système de détection de coréférence à base de perceptron multi-couches

Eric Charton Michel Gagnon Ludovic Jean-Louis
École Polytechnique de Montréal, Montréal, QC, Canada
{eric.charton, michel.gagnon,ludovic.jean-louis}@polymtl.ca

RÉSUMÉ

La série de campagnes d'évaluation CoNLL-2011/2012 a permis de comparer diverses propositions d'architectures de systèmes de détection de co-références. Cet article décrit le système de résolution de coréférence Poly-co développé dans le cadre de la campagne d'évaluation CoNLL-2011 et évalue son potentiel d'amélioration en introduisant des propriétés sémantiques dans son modèle de détection. Notre système s'appuie sur un classifieur perceptron multi-couches. Nous décrivons les heuristiques utilisées pour la sélection des paires de mentions candidates, ainsi que l'approche de sélection des traits caractéristiques que nous avons utilisée lors de la campagne CoNLL-2011. Nous introduisons ensuite un trait sémantique complémentaire et évaluons son influence sur les performances du système.

ABSTRACT

**Semantic annotation influence on coreference detection using perceptron approach**

The ConLL-2011/2012 evaluation campaign was dedicated to coreference detection systems. This paper presents the coreference resolution system Poly-co submitted to the closed track of the CoNLL-2011 Shared Task and evaluate is potential of evolution when it includes a semantic feature. Our system integrates a multilayer perceptron classifier in a pipeline approach. We describe the heuristic used to select the candidate coreference pairs that are fed to the network for training, and our feature selection method. We introduce a complementary semantic feature and evaluate the performances improvement.

MOTS-CLÉS : Coréférence, Perceptron multi-couches.

KEYWORDS: Coreference, Multilayer perceptron.

## 1 Introduction

La résolution de coréférence a pour objet de déterminer si deux séquences textuelles (par exemple une entité nommée, un pronom, un syntagme nominal) font référence à une même entité sémantique (par exemple une personne ou un évènement). Le principe de résolution consiste à détecter au sein d'un texte des séquences intitulées *mentions coréférentes* et à les regrouper au sein de *chaînes de coréférences*. Cette tâche du TAL fait l'objet d'un ensemble de propositions algorithmiques récemment revisitées par deux campagnes d'évaluation CoNLL Shared Tasks proposées en 2011 et 2012. Ces campagnes ont démontré la prédominance des systèmes de résolution de co-référence par apprentissage automatique appliqués sur des paires candidates. Le système présenté dans cet article est une évolution de celui que nous avons présenté dans le cadre de notre participation à l'édition 2011 de cette campagne (Pradhan *et al.*, 2011). Notre approche tente de définir un vecteur de traits d'apprentissage original reposant sur des informations issues d'un processus d'extraction d'information et d'analyse linguistique. Dans cette communication, nous complétons ces travaux antérieurs en intégrant un trait sémantique dans le vecteur d'apprentissage.

Cet article est organisé comme suit. Nous commentons l'état de l'art établi par les campagnes CoNLL en section 2. Puis nous présentons notre système de détection de coréférences en section 3. Nous décrivons comment nous proposons d'enrichir son vecteur en lui adjoignant un trait de nature sémantique, c'est à dire définissant précisément l'identité de certaines des mentions candidates utilisées dans le processus de classification par paires. Cette amélioration induit une progression intéressante du système tel qu'évalué lors de la campagne CoNLL. Nous commentons les résultats de ce système modifié en section 4.1 puis nous concluons.

# 2 Propositions existantes

De nombreux systèmes fondés sur l'apprentissage automatique ont été proposés pour traiter la résolution de coréférences. Les approches les plus récentes à base de réseaux logiques de Markov (MLNs) (Poon et Domingos, 2008), ou fondées sur une approche de partitionnement de graphe (Sapena *et al.*, 2010) sont prometteuses et demeurent peu explorées. Le modèle de classification proposé par Soon (Soon *et al.*, 2001) est prédominant et très largement implémenté. Dans cette approche, les mentions coréférentes potentielles, contenues dans un document d'entraînement, sont localisées via différents modules dits de *détection de mentions*. Les exemples d'entrainements sont ensuite générés sous la forme de vecteurs de traits qui représentent une paire de mentions potentiellement coréférentes.

En mode applicatif toutes les paires de mentions potentiellement coréférentes d'un document sont soumises sous forme d'un vecteur au classifieur, qui valide ou non leur relation en donnant une réponse binaire ou probabilisée. Un processus d'assemblage, postérieur à la classification, regroupe ensuite au sein de chaînes toutes les mentions coréférentes. L'atout principal de la méthode de Soon est sa grande flexibilité : la réduction du problème de construction de chaînes de coréférences à la reconnaissance préalable de paires coréférentes laisse une grande latitude de conception de système. Cette approche rend aussi la méthode de Soon compatible avec des familles de classifieurs très variées : (Versley *et al.*, 2008) a montré qu'un modèle de type SVM permet d'obtenir un système efficace et lors de la campagne CoNLL 2012, (Fernandes *et al.*, 2012) a montré le potentiel d'un perceptron multicouche pour cette tâche.

Le contenu du vecteur de trait utilisé dans l'architecture de Soon offre également un champ de recherche fertile : on a pu ainsi voir dans la proposition de (Stamborg et Medved, 2012) que des dépendances syntaxiques utilisées en tant que traits pouvaient offrir un bon niveau de performance. Certains travaux soulignent la souplesse de l'approche de Soon en ne retenant que le principe de ses paires et vecteurs de traits qu'ils associent non plus à des classifieurs, mais à des méthodes heuristiques. C'est le cas de la proposition de (Lee *et al.*, 2011) qui a obtenu les meilleures performances lors de la campagne CoNLL 2011. Le principe est de remplacer l'apprentissage automatique et la classification par une approche incrémentale à base de règles pré-établies dites *tamis*. Au cours de 13 étapes successives, ces *tamis* trient les différentes paires de coréférences candidates et les assemblent au sein de chaînes. On notera que (Huang *et al.*,

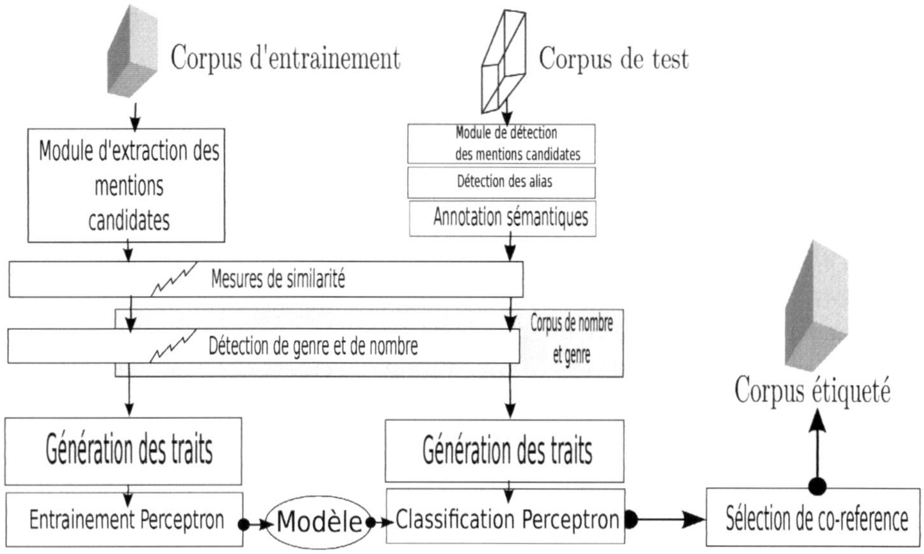


FIGURE 1 – Architecture du système Poly-co.

2009) propose aussi de ne conserver que les paires de vecteurs de traits de l'architecture de Soon, mais utilise un modèle MLN pour assembler les chaînes.

# 3 Système proposé

La qualité des détecteurs de mentions potentielles jouant un rôle essentiel dans le processus de détection de coréférence (Lee *et al.*, 2011), des efforts d'ingénierie importants sont nécessaires pour élaborer les composants d'un système complet. Notre système n'échappe pas a cette contrainte et une part importante de son implémentation concerne la détection des éléments textuels utilisés pour produire les vecteurs de traits. Nous avons choisi ici de conserver l'architecture de (Soon *et al.*, 2001), alimentée par des vecteurs contenant de nombreux traits de degrés supérieurs. Le corpus Ontonotes (Pradhan *et al.*, 2007) proposé pour entrainer et évaluer les systèmes de détection de coréférences contenant déjà de nombreuses informations telles que la relation syntaxique, la nature syntagmatique, les entités nommées (voir figure 2), nos efforts se sont concentrés sur l'ajout de propriétés évoluées (par exemple les similarités lexicales entre mentions ou les genres des mentions). L'architecture globale présentée dans la figure 1 contient deux parties, la première est dédiée à l'entrainement du système, la seconde à la résolution de coréférence avec un système entrainé.

## 3.1 Modules de détection et de construction des traits

Les traits des vecteurs de notre système reprennent directement depuis le corpus Ontonotes les catégories morpho-syntaxiques, les syntagmes nominaux et les types d'entités nommées. Nous complétons ces traits en utilisant des modules supplémentaires pour la détection des genres et des nombres, évaluons la détection des alias entre mentions, les similarités entre mentions et introduisons une annotation sémantique. Cinq modules de préparation de vecteurs d'apprentissage sont intégrés à notre système :

| | | | | | | | | | | | |
|---|---|---|---|---|---|---|---|---|---|---|---|
| An | DT | (TOP(S(NP(NP* | - | - | - | Chris_Matthews | * | (ARG0* | (ARG0* | (21 | |
| Iraq | NNP | (NML* | - | - | - | Chris_Matthews | (GPE) | * | * | (79 | http://dbpedia.org/page/Iraq |
| war | NN | *) | - | - | 1 | Chris_Matthews | * | * | * | 79) | |
| vet | NN | *) | - | - | - | Chris_Matthews | * | *) | * | - | |
| who | WP | (SBAR(WHNP*) | - | - | - | Chris_Matthews | * | (R-ARG0*) | * | - | |
| called | VBD | (S(VP* | call | 01 | 5 | Chris_Matthews | * | (V*) | * | - | |
| President | NNP | (NP* | - | - | - | Chris_Matthews | * | (ARG1* | * | (109 | http://dbpedia.org/page/George_W._Bush |
| Bush | NNP | *) | - | - | - | Chris_Matthews | (PERSON) | *) | * | 109) | |

FIGURE 2 – Exemple de corpus Ontonotes avec en dernière colonne l'annotation sémantique.

1. **Module de détection des mentions candidates**, fondé sur des règles d'extraction utilisant les annotations issues de Ontonotes. Il exploite ces annotations pour remplir certains traits (notamment syntaxiques).
2. **Module de détection des alias** entre entités nommées, qui fait intervenir une version précédente du système Poly-co présentée dans (Charton *et al.*, 2010). L'objectif de ce module est d'identifier les différentes variations lexicales d'une même entité en comparant des formes de surface.
3. **Module de calcul de similarité**, qui sert à mesurer la similarité de deux mentions en comparant les chaînes de caractères qui leur sont associées.
4. **Module de détection en genre et en nombre**, détermine le genre et le nombre pour toutes les mentions candidates à l'aide de la ressource fournie par (Bergsma, 2005).
5. **Module de détection sémantique**, détermine par un identifiant unique l'identité de l'objet annoté. Nous évaluons l'influence de ce paramètre dans cette communication.

Lors de la phase d'entrainement, les modules **de détection des mentions candidates** et **de détection des alias** sont remplacés par un seul **module d'extraction des mentions candidates** qui s'appuie directement sur les mentions coréférentes déjà annotées dans le corpus d'entrainement. On obtient ainsi pour entrainer le classifieur un ensemble de paires de mentions candidates positives dont on est certain de la qualité et que l'on complète par un ensemble de paires négatives sélectionnées aléatoirement (cet aspect est détaillé en section 3.3). On se reportera à (Charton et Gagnon, 2011) pour une définition plus précise des modules 1 à 4. Nous décrivons ci-dessous le paramètre sémantique que nous introduisons dans le système Poly-co.

### 3.1.1 Module de détection sémantique

Nous ajoutons au système Poly-co un trait dit sémantique. Ce trait consiste en une annotation composée d'une URI vers DBPedia. Ce trait vient en complément des annotations fournies sur le corpus Ontonotes[1], tel que présenté dans la figure 2. Le protocole utilisé pour attribuer ces annotations consiste, pour chaque entité nommée candidate, à rechercher son lien correspondant en utilisant un annotateur sémantique[2]. Les corpus d'apprentissage et de test sont traités avec cette méthode. Une correction des erreurs après étiquetage est réalisée visuellement sur le seul corpus d'apprentissage pour limiter l'influence des erreurs d'annotation sur le processus d'entrainement.

Ce lien unique attribué aux entités nommées (GPE, ORG, PERS,LOC, PROD) définit précisément leur identité. Pour l'introduire dans le vecteur de trait sous forme de valeur numérique, nous

1. conll.cemantix.org/2012/data.html
2. Nous utilisons pour cette communication www.wikimeta.org

| Nom | Type–valeur | Valeur de trait prise |
|---|---|---|
| Propriétés de (A,B) | | |
| **IsAlias** | vrai/faux | 1/0 |
| **IsSimilar** | réel | 0,00 /1,00 |
| **Distance** | entier | 0/d |
| **Sent** | entier | 0/x |
| Référence A | | |
| IsNE | vrai/faux | 1/0 |
| IsPRP | vrai/faux | 1/0 |
| IsNP | vrai/faux | 1/0 |
| NE_Semantic type | null / EN | 0 / 1-18 |
| PRP_name | null / PRP | 0 / 1-30 |
| NP_det | null / DT | 0 / 1-15 |
| NP_Type | null / TYPE | 0 / 1-3 |
| Gender | M/F/N/U | 1/2/3/0 |
| Number | S/P/U | 1/2/0 |
| Sémantique | 0/URI | 0 - 1 à n |
| Référence B<br>Identique à la référence A | | |

Table 1 – Paramètres des vecteurs d'apprentissage. Les propriétés communes aux mentions A et B sont détaillées dans la section *Propriétés de (A,B)*. Les traits de la mention A sont détaillés dans la section *Référence A*. Les traits de la mention B sont identiques à ceux de la mention A.

établissons un index de tous les liens sémantiques contenus dans le document dans lequel nous cherchons les chaînes de coréférences et lui attribuons un numéro d'ordre (dans l'exemple de la figure 2, par exemple, le numéro 1 est attribué à *Iraq* et 2 à *Georges Bush*. La valeur 0 est attribuée en l'absence de liens.

## 3.2 Construction des vecteurs de traits

Le vecteur d'entrainement du système Poly-co (voir tableau 1) est constitué de 24 traits qui décrivent, conformément à l'architecture de Soon, une paire de mentions, (A,B), dans laquelle B est l'antécédent potentiel et A est l'anaphore. Les paramètres sont extraits en utilisant les différents modules de détection. Le rôle du classifieur est ici de fournir une réponse binaire ou probabilisée : A et B co-réfèrent ou non. Quatre paramètres définissent la paire (A,B) (section *Propriétés de (A,B)* du tableau 1) :

- **IsAlias** : il s'agit d'une variable binaire retournée par le **module alias**. La variable prend la valeur *vrai* lorsque A et B sont identifiés comme décrivant la même entité.
- **IsSimilar** : il s'agit du score de similarité calculée par le **module de calcul de similarité**.
- **Distance** : cette valeur représente la distance, c'est-à-dire la différence entre les deux rangs occupées par A et B dans la *liste des mentions candidates*.
- **Sent** : indique le nombre de marqueurs de fin de phrases (ex : « . ! ? ») qui séparent les mentions A et B.

Pour chacun des candidats A et B, un ensemble de neuf traits est ajouté au vecteur. Dans un premier temps, trois variables binaires déterminent si la mention est une entité nommée (**IsNE**), s'il s'agit d'un pronom personnel (**IsPRP**) ou d'un syntagme nominal (**IsNP**). Ensuite, les variables ci-dessous définissent les caractéristiques d'une mention :

– NE_SEMANTIC TYPE est un des 18 types d'entité nommée prédéfini (PERSON, ORG, TIME, etc).
– PRP_NAME s'applique aux pronoms et correspond à une valeur numérique attribuée à chacun des 30 pronoms prédéterminés (ex. : *my, she, it, etc*).
– NP_DET est une valeur qui indique quel déterminant accompagne un syntagme nominal (par exemple, *the, this, these*, etc).
– NP_TYPE précise si un syntagme nominal est démonstratif, définitif ou quantificateur.
– GENDER et NUMBER indiquent, lorsque les valeurs sont connues, le genre de la mention parmi ***Masculin, Féminin** ou **Neutre*** et son nombre (***Singulier*** or ***Pluriel***). Lorsque les valeurs sont inconnues les variables prennent la valeur ***U***.
– SÉMANTIQUE : la valeur du trait est définie selon les modalités présentées en section 3.1.1.

Une valeur *null* (ou 0) est utilisée lorsqu'il n'est pas nécessaire de définir une variable : par exemple, la variable PRP_NAME est positionnée sur 0 lorsque la mention est une entité nommée.

## 3.3 Entraînement et application du classifieur

Pour entrainer le classifieur, nous utilisons l'algorithme suivant pour préparer les paires. Supposons que la *liste des mentions candidates* contient $k$ mentions $M_1, M_2, \ldots, M_k$, apparaissant dans cet ordre dans le document. L'algorithme commence par la dernière mention du document, c'est-à-dire $M_k$. Il compare de façon séquentielle $M_k$ avec les mentions précédentes en remontant la liste et s'arrête lorsque (i) une mention en situation de coréférence $M_c$ est trouvée (ii) il a traité un nombre maximum de $n$ mentions (ici $n$ est fixé à 10). Lorsqu'une mention coréférente $M_c$ a été détectée, un vecteur est construit pour toutes les paires de mentions $\langle M_k, M_i \rangle$ où $M_i$ est une mention qui a été traitée. Ces vecteurs sont ajoutés à l'ensemble d'entraînement : $M_c$ est considéré comme exemple positif et tous les autres sont considérés comme négatifs. Le processus est répété avec $M_{k-1}$, et ainsi de suite, jusqu'à ce que chaque mention soit traitée. Si aucune des $n$ mentions précédentes n'a de lien de coréférence avec $M_k$, l'ensemble des $n$ paires est écarté et n'est pas utilisé pour les données d'entraînement.

Pour l'application, le processus de détection de coréférence s'appuie sur un algorithme similaire. La mention $M_k$ est comparée aux $n$ mentions précédentes jusqu'à ce que l'on en trouve une pour laquelle le modèle perceptron multi-couches retourne une probabilité supérieure au seuil de 0,5 (ou une valeur binaire dans le cas du classifieur SVM). Si aucun référent n'est trouvé dans la limite des $n$ mentions, $M_k$ est considérée comme une mention non coréférente. Une fois cette procédure appliquée à toutes les mentions d'un document, les coréférences détectées sont utilisées pour construire les chaînes de coréférences.

# 4 Expériences

Le système complet d'annotation de coréférences Poly-Co [3] est entrainé sur le corpus d'entrainement Ontonotes [4] sur lequel les annotations sémantiques complémentaires ont été apposées. Il est ensuite testé sur le corpus de développement *gold dev-set*. Le tableau 2 présente les résultats obtenus lors de ConLL 2011, sans que le classifieur n'exploite les traits sémantiques, le tableau 3 présente les résultats en intégrant les traits sémantiques. Notre système est entrainé avec

3. Poly-co est téléchargeable sur `https://code.google.com/p/polyco-2/`
4. Le corpus Ontonotes est diffusé par LDC. Un échantillon est téléchargeable sur le site de la conférence ConNLL `http://conll.cemantix.org/2012/data.html`

| Scores Poly-co | Mentions | | | B3 | | | CEAF | | | MUC | | |
|---|---|---|---|---|---|---|---|---|---|---|---|---|
| | R | P | F | R | P | F | R | P | F | R | P | F |
| Perceptron multi-couches (MLP) | 65,91 | 64,84 | 65,37 | 66,61 | 62,09 | 64,27 | 50,18 | 50,18 | 50,18 | 54,47 | 50,86 | **52,60** |
| SVM | 65,06 | 66,11 | **65,58** | 65,28 | 57,68 | 61,24 | 46,31 | 46,31 | 46,31 | 53,30 | 50,00 | 51,60 |
| Arbres de décision (J48) | 66,06 | 64,57 | 65,31 | 66,53 | 62,27 | **64,33** | 50,59 | 50,59 | **50,59** | 54,24 | 50,60 | 52,36 |

TABLE 2 – Résultats du système, obtenus en appliquant différents classifieurs utilisant les mêmes vecteurs de paramètres sur les données « gold dev-set » du corpus Ontonotes.

| Scores Poly-co | Mentions | | | B3 | | | CEAF | | | MUC | | |
|---|---|---|---|---|---|---|---|---|---|---|---|---|
| | R | P | F | R | P | F | R | P | F | R | P | F |
| Perceptron multi-couches (MLP) | 66,50 | 65,81 | **66,15** | 66,70 | 62,18 | 64,36 | 52,31 | 52,31 | **52,31** | 54,97 | 51,86 | **53,36** |
| SVM | 65,46 | 66,60 | 66,02 | 65,37 | 58,79 | 61,90 | 48,03 | 48,03 | 48,03 | 54,35 | 51,00 | 52,61 |
| Arbres de décision (J48) | 66,56 | 64,97 | 65,75 | 67,01 | 62,5 | **64,67** | 52,19 | 52,19 | 52,19 | 54,64 | 51,30 | 52,91 |

TABLE 3 – Résultats du système avec les traits sémantiques, obtenus en appliquant différents classifieurs sur les données « gold dev-set » du corpus Ontonotes.

trois types de classifieurs : perceptron multi-couches (MLP), SVM, arbres de décision (J48). Les métriques d'évaluation retenues sont celles adoptées par la campagne ConLL 2011-12, à savoir une mesure de la capacité des systèmes à détecter des mentions d'une part (une simple F-Mesure est retenue), et une moyenne non pondérée des métriques B3, CEAF, et MUC.

## 4.1 Résultats

Pour la phase d'évaluation de la campagne CoNLL ST 2011, nous avons retenu le modèle MLP qui obtient les meilleures performances sur l'ensemble de données sans annotation sémantique. En raison des faibles différences entre les modèles MLP et J48 il était difficile de définir clairement lequel était le plus adapté avec le modèle de classification retenu. L'introduction de traits sémantiques améliore les performances du modèle Perceptron en regard des deux autres modèles de classification. On observe que l'utilisation d'un identifiant sémantique pour les entités nommées permet d'améliorer d'un point les capacités de détection de mentions du système : ceci s'explique par le fait que l'introduction de cet identifiant améliore la robustesse de classification lorsque les paires sont constituées d'entités nommées. Il en résulte moins de paires mal sélectionnées et donc une augmentation du nombre de mentions correctement détectées. De manière globale, l'introduction de traits sémantiques améliore les performances du classifieur.

# 5 Conclusions

Cet article présente Poly-co, un système de résolution de coréférence pour l'anglais, facile à adapter à d'autres langues. La version initiale de Poly-co a été construite dans le cadre de la campagne d'évaluation CoNLL ST 2011. Le corpus d'évaluation proposé, Ontonotes, d'un haut niveau de complexité, nous a donné l'opportunité d'évaluer nos algorithmes de détection de mentions dans le cadre d'une tâche complète, regroupant des coréférences entre des entités nommées, des syntagmes nominaux et des pronoms. En introduisant de nouveaux traits sémantiques dans les vecteurs d'apprentissage, nous observons un gain global de performance et soulignons que notre approche à base perceptron multi-couches est une solution intéressante pour la reconnaissance de chaînes de coréférence.

# Références

BERGSMA, S. (2005). Automatic acquisition of gender information for anaphora resolution. *Advances in Artificial Intelligence*, pages 342–353.

CHARTON, E. et GAGNON, M. (2011). Poly-co : a multilayer perceptron approach for coreference detection. *In CoNLL : Shared Task*.

CHARTON, E., GAGNON, M. et OZELL, B. (2010). Poly-co : an unsupervised co-reference detection system. *In* BELZ, A. et KOW, E., éditeurs : *INLG 2010-GREC*, Dublin. ACL SIGGEN.

FERNANDES, E., dos SANTOS, C. et MILIDIÚ, R. (2012). Latent structure perceptron with feature induction for unrestricted coreference resolution. *Proceedings of the Joint Conference on EMNLP and CoNLL : Shared Task*, pages 41–48.

HUANG, S., ZHANG, Y., ZHOU, J. et CHEN, J. (2009). Coreference Resolution using Markov Logic Network. *In The 10th International Conference on Intelligent Text Processing and Computational Linguistics*, volume 41, pages 157–168.

LEE, H., PEIRSMAN, Y., CHANG, A., CHAMBERS, N., SURDEANU, M. et JURAFSKY, D. (2011). Stanford's Multi-Pass Sieve Coreference Resolution System at the CoNLL-2011 Shared Task. *In CoNLL Shared Task*, numéro June, page 73.

POON, H. et DOMINGOS, P. (2008). Joint unsupervised coreference resolution with Markov logic. *In Proceedings of the Conference on Empirical Methods in Natural Language Processing - EMNLP '08*, page 650, Morristown, NJ, USA. Association for Computational Linguistics.

PRADHAN, S., RAMSHAW., L., MARCUS, M., PALMER, M., WEISCHEDEL, R. et NIANWEN, X. (2011). CoNLL-2011 Shared Task : Modeling Unrestricted Coreference in OntoNotes. *In Proceedings of the Fifteenth Conference on Computational Natural Language Learning (CoNLL 2011)*, Portland, Oregon.

PRADHAN, S., RAMSHAW, L., WEISCHEDEL, R., MACBRIDE, J. et MICCIULLA, L. (2007). Unrestricted coreference : Identifying entities and events in OntoNotes. *In International Conference on Semantic Computing, 2007. ICSC 2007.*, pages 446–453. IEEE.

SAPENA, E., PADRÓ, L. et TURMO, J. (2010). RelaxCor : A global relaxation labeling approach to coreference resolution. *In Proceedings of the 5th International Workshop on Semantic Evaluation*, numéro July, pages 88–91. Association for Computational Linguistics.

SOON, W. M., NG, H. T. et LIM, D. C. Y. (2001). A Machine Learning Approach to Coreference Resolution of Noun Phrases. *Computational Linguistics*, 27(4):521–544.

STAMBORG, M. et MEDVED, D. (2012). Using syntactic dependencies to solve coreferences. *Proceedings of the Joint Conference on EMNLP and CoNLL : Shared Task*, pages 64–70.

VERSLEY, Y., PONZETTO, S., POESIO, M., EIDELMAN, V., JERN, A., SMITH, J., YANG, X. et MOSCHITTI, A. (2008). BART : A modular toolkit for coreference resolution. *In Proceedings of the Sixth International Language Resources and Evaluation (LREC'08)*, numéro 2006, pages 9–12, Marrakech. European Language Resources Association (ELRA).

# Pre-processing and Language Analysis for Arabic to French Statistical Machine Translation

Fatiha Sadat Emad Mohamed
Université du Québec à Montréal
201 Président Kennedy, Montréal
H2X 3Y7, QC, Canada
Sadat.fatiha@uqam.ca, emohamed@umail.iu.edu

RÉSUMÉ

**(Traduction automatique statistique pour l'arabe-français améliorée par le prétraitement et l'analyse de la langue)**

Dans cet article, nous nous intéressons au prétraitement de la langue arabe comme langue source à des fins de traduction automatique statistique. Nous présentons une étude sur la traduction automatique statistique basée sur les syntagmes, pour la paire de langues arabe-français utilisant le décodeur Moses ainsi que d'autres outils de base.

Les propriétés morphologiques et syntaxiques de la langue arabe sont complexes, ce qui rend cette langue difficile à maîtriser dans le domaine du TALN. Aussi, les performances d'un système de traduction statistique dépendent considérablement de la quantité et de la qualité des corpus d'apprentissage. Dans cette étude, nous montrons qu'un prétraitement basé sur les mots de la langue source (arabe) et l'introduction de quelques règles linguistiques par rapport à la syntaxe de la langue cible (français), permet d'obtenir des améliorations du score BLEU. Cette amélioration est réalisée sans augmenter la quantité des corpus d'apprentissage.

ABSTRACT

Arabic is a morphologically rich and complex language, which presents significant challenges for natural language processing and machine translation. In this paper, we describe an ongoing effort to build a competitive Arabic-French phrase-based machine translation system using the Moses decoder and other tools.

The results show an increase in terms of BLEU score after introducing some pre-processing schemes for Arabic and applying additional language analysis rules in relation to the target language. The proposed approach is completed using pre-processing and language analysis rules without increasing the amount of training data.

MOTS-CLÉS : Traduction automatique statistique, traduction arabe-français, pré-traitement de corpus, morphologie de l'Arabe.
KEYWORDS : Statistical machine translation, Arabic-French translation, Corpus pre-processing, Arabic morphology.

## 1 Introduction

Arabic is a morphologically rich and complex language, in which a word carries not only inflections but also clitics, such as pronouns, conjunctions, and prepositions. This morphological complexity also has consequences for NLP applications, such as machine translation and information retrieval. On the one hand, developing an Arabic-French machine translation system is not an easy task, although there is a vast amount of training data nowadays. On the other hand, dealing with the complexity and ambiguity of the source language plays a major role in boosting the efficiency of the translation system.

In previous research, it was shown that morphological pre-processing of a morphologically rich language, such as Arabic does provide a benefit, especially in the case of limited volume of training data (Goldwater and McClosky, 2005 ; Sadat and Habash, 2006 ; Lee, 2004 ; El Ishibani et al., 2006 ; Hasan et al., 2003).

In Statistical Machine Translation (SMT) context, Habash et Sadat (2006) pre-processed Arabic texts using different segmentation schemes for translation into English and showed that the quality of translation is generally better than the baseline. Similar findings were reported by El Ishibani et al. (2006) on Arabic-English SMT.

In relation to Arabic-French SMT, few research and evaluations were reported, compared to Arabic-English SMT among other pairs of languages. One of the first statistically-driven machine translation systems for Arabic-French was reported by Hasan et al (Hasan et al., 2006) during the second Cesta evaluation campaign[1]. The proposed SMT system used a simple stemming algorithm based on finite-state automata to split Arabic words into prefixes, stem and suffixes. Nevertheless, this simple segmentation method showed a reduced OOV rate from 8.2% to 2.6% for the test data and thus a better quality of translation in terms of BLEU score (Papineni et al., 2001). Another research on Arabic-French SMT was focused on domain adaptation to the news domain and did not consider the pre-processing of the morphologically complex language such as Arabic (Schwenk and Senellart, 2009). An improvement of 3.5 BLEU points on the test set was realized.

In relation to improving an SMT system using some language analysis rules, such as re-ordering with Arabic as a source language, there was no reported research on Arabic-French SMT. However, Carpuat et al. (Carpuat et al., 2010) showed that post-verbal subject (VS) constructions are hard to translate because they have highly ambiguous reordering patterns when translated to English. They proposed to reorder VS construction into SV order for SMT word alignment only. This strategy significantly improves BLEU and TER scores of the SMT using Arabic and English language pair.

In this paper, we report some experiments related to our first participation in the 2012 TRAD evaluation campaign[2], that was coordinated by the *Laboratoire National de métrologie et d'Essais (LNE)* and CASSIDIAN (*the defence and security subsidiary of the EADS group*), and was funded by the French General Directorate for Armament (DGA). Our main interest at this stage is related to the pre-processing of the source language, in order to improve the quality of translation, rather than the radical changes that might improve the translation or training engines or the increase of the amount of training corpora.

This paper is organized as follows. The morphology of Arabic language is described in section 2. In section 3, we discuss the proposed solutions of pre-processing Arabic through

[1] http://www.technolangue.net/article.php3?id_article=199

[2] http://www.trad-campaign.org/

segmentation and language analysis. In section 4, we present the experiments on Arabic-French SMT with different evaluations. Section 5 concludes the present paper with a discussion and some perspectives.

## 2 The Morphology of Arabic Language

Before we delve into the methods, we need to discuss the nature of the Arabic language, which has a bearing on the text preparation stage. Figure 1 shows a white-space delimited word in Arabic.

The Arabic script is complicated in that each white-space-delimited unit may correspond to several syntactic units. The Arabic orthographic unit, a unit delimited by white space, usually carries more than one token. An example is a form like (*wsyktbwnhA*)[3] (Eng. and they will write it, depicted in Figure 1.). This grammatically complete sentence carries a conjunction w, a future particle s, a verbal token *yktbwn*, and a feminine singular third person object pronoun *hA*. The verbal token is made of a verb *ktb*, a masculine present third person inflection *y* and a plural indicative inflection *wn*. This nature entails that the type token ratio is much smaller than it is for a non-morphologically rich language like English for example. This means that the same word does not repeat often enough for the investigator to make valid observations. In order for any linguistic, especially lexical, investigation to be reliable, one needs to perform some sort of morphological analysis capable of reducing the word to its basic form. This has implications on Machine translation as it means that no matter how big the training corpus is; the Arabic side will always suffer from scarcity.

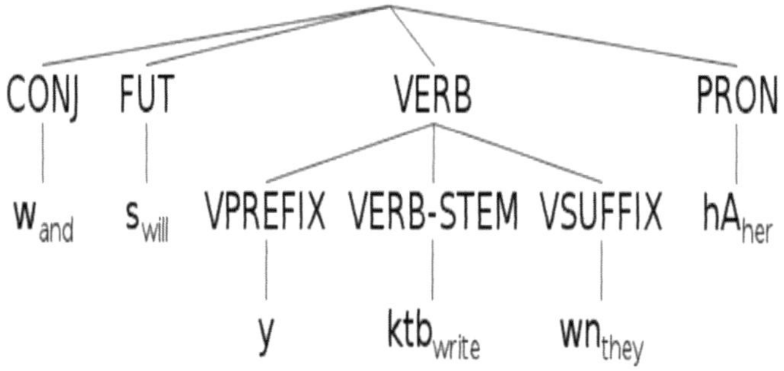


FIGURE 1 – The Morphology of an Arabic word

## 3 Pre-processing Arabic for SMT

With Arabic being morphologically complex and rich, lexical scarcity comes as a natural result. In such cases it helps to reduce this morphological complexity in order to obtain better alignments and decoding for Statistical Machine Translation (Habash et al., 2010).

Our goal at this stage is related to the pre-processing of Arabic as a source language, in order to improve the quality of translation. First, in order to perform Arabic pre-processing, we used a machine learning approach that performs word segmentation and POS tagging at the segment level. We then use rules to derive the different pre-processing schemes

[3] All Arabic transliterations are provided using the Buckwalter transliteration scheme (Buckwalter, 2002)

required for the machine translation experiments. Thus, instead of using MADA (Habash et al., 2010), the well known morphological analyzer for Arabic, we choose our own morphological analyzer that is memory-based learning for both word segmentation and part of speech tagging (Emad and Kübler, 2010).

The segmentation and POS tagging modules above give a rich representation with enough information for almost any further required transformation. Given an input sentence like (a), the system produces (b) as a segmented and annotated sentence, as described in the following example:

(a) وقد ارتبطت الاضطرابات بترحيل السلطات الفرنسية للعديد من المهاجرين غير الشرعيين

(In Buckwalter transliteration): *wqd ArtbTt AlADTrAbAt btrHyl AlslTAt Alfrnsyp llEdyd mn AlmhAjryn gyr Al$rEyyn*

(b) w/**CONJ**+qd/**VERB_PART** ArtbT/**PV**+t/**PVSUFF_SUBJ:3FS**

Al/**DET**+ADTrAb/**NOUN**+At/**NSUFF_FEM_PL** b/**PREP**+trHyl/**NOUN**
Al/**DET**+slT/**NOUN**+At/**NSUFF_FEM_PL** Al/**DET**+frnsy/**ADJ**+p/**NSUFF_FEM_SG**
l/**PREP**+l/**DET**+Edyd/**NOUN** mn/**PREP**
Al/**DET**+mhAjr/**NOUN**+yn/**NSUFF_MASC_PL_GEN** gyr/**NEG_PART**
Al/**DET**+$rEy/**ADJ**+yn/ **NSUFF_MASC_PL_GEN**

We set four different evaluations based on the variations on the output of the above example, as follows:

**Basic.** The Basic experiment is the baseline of all the work we are doing. In this experiment, the Arabic side undergoes minimal pre-processing in which we only separate the punctuation and remove the occasional diacritization (the short vowels). Short vowels do not normally occur in Arabic, but sometimes scattered ones are there mainly for disambiguation purposes; however since their use is not standardized and subjective, their removal usually leads to better agreement between the training and test sets.

**Tokenized.** In this context, tokenization means splitting the prefixes and suffixes that have a syntactic value and that usually stand as independent words in other languages. Examples of these include the possessive pronouns (-hm, -h, -y, -hA), conjunctions (w, f), and prepositions (l-, k-, t-). We have also chosen to split the Arabic definite article ***Al*** due to the perceived similarity in distribution between the Arabic and French definite articles.

The sentence above "wqd ArtbTt AlADTrAbAt btrHyl AlslTAt Alfrnsyp llEdyd mn AlmhAjryn gyr Al$rEyyn "

is thus tokenized as "**w/CONJ** qd/VERB_PART ArtbT/PV+t/PVSUFF_SUBJ:3FS Al/DET ADTrAb/NOUN+At/NSUFF_FEM_PL **b/PREP** trHyl/NOUN Al/DET slT/NOUN+At/NSUFF_FEM_PL Al/DET frnsy/ADJ+p/NSUFF_FEM_SG **l/PREP Al/DET** Edyd/NOUN mn/PREP Al/DET mhAjr/NOUN+yn/NSUFF_MASC_PL_GEN gyr/NEG_PART Al/DET $rEy/ADJ+yn/ NSUFF_MASC_PL_GEN".

Where the conjunction w, the prepositions b and l, and the definite article Al are no longer prefixes, but separate tokens. The process also normalized the definite article from ***l*** to ***Al***, which is the more frequent form.

**MorpReduced.** In the morphologically reduced experiment, we reduce the morphology of

Arabic to a level that makes it closer to that of the French language. An example of this is the dual form, which does not occur in French and has thus been transformed to the plural. The following table (Table 1) lists the most common examples of Arabic morphological reduction.

| Rule | Example before applying the rule | Example after applying the rule |
|---|---|---|
| Regular Plural Nominative → Regular Plural Accusative | mstwTn***wn*** | AlmstwTn**yn** |
| dual Nominative → Regular Plural Accusative | lAEb***An*** | lAEb***yn*** |
| Jussive Mood → Indicative Mood | hn lm ylEb***n***<br>hm lm ylEb***wA***<br>hmA lm ylEbA | hm lm ylEb***wn***<br>hn lm ylEb***wn***<br>hm lm ylEb***wn*** |

TABLE 1 – The most common rules for Arabic morphological reduction

**Swapped.** The swapped experiment tries to introduce some structural matching between the source language (Arabic) and the target language (French). Two structural changes have been attempted, as follows:

(a) While Arabic possessive pronouns follow the nouns, we have made them precede the nouns in order to match the French. For example ktAb -y (book -my) has now become (-y book) to match "mon livre" (in French).

(b) Arabic object pronouns, which follow the verb, have been made to precede it. *>nA >ryd h* (I want it) is now *>nA h >ryd* with the purpose of matching the French structure "*Je le veux*".

# 4 Experiments on SMT

Our SMT system was trained on 3.5 million words of French and their parallel text in Arabic (equivalent to 108 300 sentences) in addition to 9700 parallel sentences that were extracted from the essentially comparable UN corpus of 2009. Thus, the total number of sentences is 118 000 for the training corpora. The development corpus contains 20,000 words, namely 40,000 words with the reference. The evaluation corpus contains 15,000 words with 4 references.

The common practice of extracting bilingual phrases from the parallel data usually consists of three steps: first, words in bilingual sentence pairs are aligned using state-of-the-art automatic word alignment tools, such as GIZA++ (Och and Ney, 2003), in both directions; second, word alignment links are refined using heuristics, such as Grow-Diagonal-Final (GDF) method; third, bilingual phrases are extracted from the parallel data based on the refined word alignments with predefined constraints (Och and Ney, 2003).

The trigram language models are implemented using the SRILM toolkit (Stolcke, 2002).

Moses[4] (Koehn et al., 2007), an open source toolkit for phrase-based SMT system, was used as a decoder.

These steps of building a translation system are considered as a common practice in the state-of-the-art of phrase-based SMT systems. Our research for improving the Arabic-French SMT system was emphasized more on the pre-processing part of the SMT system.

We have measured the effect of the proposed pre-processing steps on data sparseness, based on the percentage of unknown unigrams (OOVs) on a development set (dev set). Table 2 summarizes the findings on the dev set. We give numbers in terms of tokens (the total number of words) and types (the number of unique words in the text, i.e. no-redundant words in the text).

| **Experiment** | **% OOV (Types)** | **% OOV (Tokens)** | **BLEU score** |
|---|---|---|---|
| *Baseline* | 10.74 | 4.81 | 17.69 |
| *Tokenized* | 7.99 | 2.00 | 25.84 |
| *MorphReduced* | 7.87 | 1.98 | 26.33 |
| *Swapped* | 7.87 | 1.98 | 25.48 |

TABLE 2 – Effect of pre-processing on the development set

It can be noticed that the tokenization has a major effect on combatting data sparseness and consequently improving the quality of translation as measured by the BLEU score. Morphological normalization, which is a layer on top of tokenization, improves things even further, and this is reflected in the difference between the baseline BLEU score and the MorphReduced BLUE score which is 8.6 absolute points.

The swapped experiment leads the system output to deteriorate; which leads to a review of the introduced rules for the structural matching between the source Arabic and the target French languages, in the future.

Table 3 compares the results, in term of BLEU scores, of the 4 experimental settings in 3 evaluations schemes, as follows:

(a) ***Standard***, which includes performing re-casing and removing white space before punctuation,

(b) ***Nopunct***, in which punctuation is stripped and evaluation is performed on the lexical text only, and

(c) ***Nopunctcase*** in which, in addition to removing punctuation, all words are lower-cased.

We can see from Table 3 that the Baseline experiment produces the lowest results, and that the tokenization scheme is a big leap with a 7.2 BLEU scores of improvement (25.9 vs. 33.1), which means that performing tokenization is a really a necessary step for translating

[4] Available on http://www.statmt.org/ moses/

from Arabic, an that the morphological complexity of Arabic could be a hindrance to quality automatic translation. While tokenization leads to considerable improvement, morphological reduction fares even better with a 7.4 BLEU score higher than the baseline. This could be due to the fact the morphological reduction reduces the number of unknown words even further than tokenization alone. Swapping elements to match the target language, which is built upon tokenization and morphological reduction, leads to a deterioration of the results a little as it cancels out the effect of the morphological reduction process. It is still an open question whether the positive effect of pre-processing will still carry over with increasing the amount of training data and to what extent this will help.

| | **Base** | **Tokenized** | **MorphReduced** | **Swapped** |
|---|---|---|---|---|
| **Standard** | 25.9 | 33.1 | **33.3** | 33.1 |
| **Nopunct** | 23.8 | 31.5 | **31.7** | 31.4 |
| **Nopunctcase** | 25.8 | **34.1** | **34.1** | 34 |

TABLE 3 – Results in terms of BLEU score

# 5 Conclusion

We have presented an ongoing project on developing a competitive Arabic to French machine translation, using the methods and data of the TRAD 2102 evaluation campaign.

We have introduced pre-processing schemes for the source language (Arabic) and some rules of language analysis related to the target language (French). Our method for POS tagging and segmentation of Arabic texts showed a significant improvement in terms of BLEU score; however it does not assume the best results. The introduced morphological rule that reduces the morphology of Arabic to a level that makes it closer to that of the French language, showed the best results. We have introduces extra swapping rules, that tries to introduce some structural matching between the source language (Arabic) and the target language (French); however there was no improvement in terms of BLEU score. Our future work is focused on the revision of these swapping rules and the introduction of more rule for the recognition and transliteration of named entities; which makes our translation system a hybrid rule-based and statistical SMT system. We will also investigate the integration of more training data such as comparable corpora to make our SMT system more competitive and reliable.

## Références

BUCKWALTER, T. (2002). Buckwalter Arabic Morphological Analyzer Version 1.0. Linguistic Data Consortium, University of Pennsylvania. Catalog: LDC2002L49.

CARPUAT, M., MARTON, Y. et HABASH, N. (2010). Reordering Matrix Post-verbal Subjects for Arabic-to-English SMT. In proceedings of the 17th Conference sur le Traitement des Langues Naturelles (TALN 2010). Montreal, Canada.

DIAB, M., HACIOGLU, K. et JURAFSKY, D. (2004). Automatic Tagging of Arabic Text: From Raw Text to Base Phrase Chunks. In *Proc. of the North American Chapter of the Association for Computational Linguistics (NAACL)*, Boston, MA.

EMAD, M. et KÜBLER, S. (2010). Is Arabic Part of Speech Tagging Feasible Without Word Segmentation? In HLT/ACL 2010, Human Language Technologies: The 2010 Annual Conference of the North American Chapter of the ACL, pages 705–708, Los Angeles, California, June 2010.

EL ISBIHANI, A., KHADIVI, S., BENDER, O., ET NEY, H. (2006). Morpho-syntactic Arabic Preprocessing for Arabic to English Statistical Machine Translation. In Human Language Technology Conf. / North American Chapter of the Assoc. for Computational Linguistics Annual Meeting (HLT-NAACL), Workshop on Statistical Machine Translation, New York City, pages 15-22.

GOLDWATER, S. et MCCLOSKY, D. (2005). Improving Statistical MT through Morphological Analysis. In *Proc. of Empirical Methods in Natural Language Processing (EMNLP)*, Vancouver, Canada.

HABASH, N. et SADAT, F. (2006). *Arabic Preprocessing Schemes for Statistical Machine Translation.* In Proceedings of NAACL 2006, New York (USA). June 5-7.

HABASH, N., RAMBOW, O. et RYAN R. (2010). *The MADA and TOKAN Manual.*

HASAN, S., EL ISBIHANI, A. et NEY, H. (2006). Creating a Large-Scale Arabic to French Statistical Machine Translation System. In International Conference on Language resources and Evaluation (LREC), Genoa, Italy, pages 855-858.

KOEHN, P., SHEN, W., FEDERICO, M,. BERTOLDI, N., CALLISON-BURCH, C., COWAN, B., DYER, C., HOANG, H., BOJAR, O. ZENS, R., CONSTANTIN, A., HERBST, E., MORAN C. et BIRCH, A. (2007). Moses: Open source toolkit for statistical machine translation. In Proceedings of ACL 2007.

LEE, Y. (2004). Morphological Analysis for Statistical Machine Translation. In *Proc. of NAACL*, Boston, MA.

OCH, F., J. et NEY,H. (2003). A Systematic Comparison of Various Statistical Alignment Models. Computational linguistics 29 (1), pages 19-51.

PAPINENI, K., ROUKOS, S., WARD, T. et ZHU, W. (2001). Bleu: a Method for Automatic Evaluation of Machine Translation. Technical Report RC22176(W0109-022), IBM Research Division, Yorktown Heights, NY.

SADAT, F. et HABASH, H. *Arabic Preprocessing for Statistical Machine Translation: Schemes and Techniques.* In Proceedings of COLING-ACL 2006, Sydney, Australia. July 17-21 (2006).

SCHWENK, H. et SENELLART, J. (2009). Translation model adaptation for an Arabic/French news translation system by lightly-supervised training. In *MT Summit.*

STOLCKE, A. (2002). SRILM-An Extensible Language Modeling Toolkit. *In Proc. Of the International Conference on Spoken language Processing.*

# Expériences de formalisation d'un guide d'annotation : vers l'annotation agile assistée

Bruno Guillaume[1,2] Karën Fort[1,3]
(1) LORIA 54500 Vandœuvre-lès-Nancy
(2) Inria Nancy Grand-Est
(3) Université de Lorraine
bruno.guillaume@loria.fr, karen.fort@loria.fr

RÉSUMÉ

Nous proposons dans cet article une méthodologie, qui s'inspire du développement agile et qui permettrait d'assister la préparation d'une campagne d'annotation . Le principe consiste à formaliser au maximum les instructions contenues dans le guide d'annotation afin de vérifier automatiquement si le corpus en construction est cohérent avec le guide en cours d'écriture. Pour exprimer la partie formelle du guide, nous utilisons la réécriture de graphes, qui permet de décrire par des motifs les constructions définies. Cette formalisation permet de repérer les constructions prévues par le guide et, par contraste, celles qui ne sont pas cohérentes avec le guide. En cas d'incohérence, un expert peut soit corriger l'annotation, soit mettre à jour le guide et relancer le processus.

ABSTRACT

**Formalizing an annotation guide : some experiments towards assisted agile annotation**

This article presents a methodology, inspired from the agile development paradigm, that helps preparing an annotation campaign. The idea behind the methodology is to formalize as much as possible the instructions given in the guidelines, in order to automatically check the consistency of the corpus being annotated with the guidelines, as they are being written. To formalize the guidelines, we use a graph rewriting tool, that allows us to use a rich language to describe the instructions. This formalization allows us to spot the rightfully annotated constructions and, by contrast, those that are not consistent with the guidelines. In case of inconsistency, an expert can either correct the annotation or update the guidelines and rerun the process.

MOTS-CLÉS : annotation, guide d'annotation, annotation agile, réécriture de graphes.

KEYWORDS: annotation, annotation guide, agile annotation, graph rewriting.

## 1 Introduction

Il est aujourd'hui un consensus clair, non seulement que les corpus annotés sont indispensables aux outils de traitement automatique des langues (TAL) pour leur entraînement et leur évaluation, mais également que l'annotation doit être consistante pour être profitable (voir, par exemple (Reidsma et Carletta, 2008)). Or, l'obtention d'une annotation manuelle de qualité requiert l'utilisation d'un guide d'annotation suffisamment complet et cohérent (Nédellec *et al.*,

2006). La mise au point d'un tel guide est cependant, comme le soulignent Sampson (2000) et (Scott *et al.*, 2012), loin d'être triviale.

En outre, il est rare, une fois une campagne d'annotation terminée, que le guide d'annotation et le corpus annoté soient complètement cohérents, ce qui n'est pas sans poser problème pour les systèmes ou les linguistes utilisant le corpus (voir par exemple (Candito et Seddah, 2012), en ce qui concerne le corpus arboré du français).

Une solution pour remédier à ces deux difficultés consiste à développer le guide et à annoter le corpus selon des cycles courts de prototypage. Cette méthodologie est appelée *Agile Annotation* (Voormann et Gut, 2008) à l'image de l'*Agile Development* (voir figure 1). Elle n'a, à notre connaissance, été appliquée que dans un seul cas d'annotation réel (Alex *et al.*, 2010).

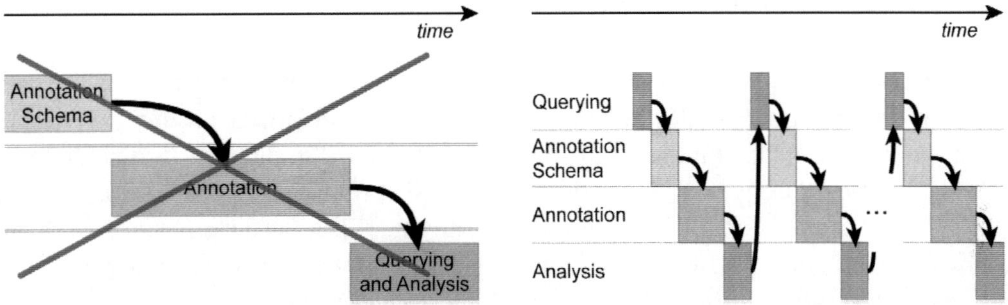


FIGURE 1 – Phases de l'annotation traditionnelle (à gauche) et cycles de l'annotation agile (à droite). Reproduction de la figure 2 de (Voormann et Gut, 2008)

Indépendamment de la notion d'annotation agile, nous avions utilisé la réécriture de graphes pour rechercher des erreurs récurrentes dans le corpus Sequoia [1] (Candito et Seddah, 2012). Cette application directe de la réécriture à la détection d'erreurs a permis d'identifier une centaine d'erreurs d'annotation et a conduit à la publication d'une nouvelle version (3.3) du corpus en juillet 2012.

Nous présentons ici les expériences que nous avons menées plus récemment dans le cadre de la correction d'annotations syntaxiques, pour laquelle nous avons transformé les instructions d'un guide d'annotation existant en règles de réécriture appliquées sur le corpus annoté. Ces expériences ont montré l'intérêt d'une telle formalisation et nous proposons donc son intégration dans le processus d'annotation manuelle, ce qui conduirait à la mise en place d'une annotation agile assistée.

## 2 Formaliser un guide d'annotation

La méthode que nous proposons consiste à travailler de façon systématique à partir du guide d'annotation. En effet, pour chaque type d'annotation (pour chaque relation de dépendance syntaxique dans l'exemple utilisé plus loin) le guide énumère les cas où cette annotation doit être réalisée. On utilise alors la réécriture de graphes pour repérer les occurrences des annotations correspondant à chacun des cas énumérés dans le guide. Dans un deuxième temps, on liste

1. https://www.rocq.inria.fr/alpage-wiki/tiki-index.php?page=CorpusSequoia

les annotations qui n'ont pas été repérées lors de la première phase. En théorie, pour chaque annotation identifiée par cette méthode, se présente l'un des deux cas suivants :
- l'annotation est incorrecte, on doit alors corriger le corpus ;
- l'annotation est correcte et elle correspond à un cas d'usage qui n'a pas été identifié par le rédacteur du guide, on doit alors mettre le guide à jour.

Évidemment, dans le cas où le guide est mis à jour, il faut relancer le processus pour mettre en évidence d'éventuelles nouvelles incohérences entre le guide et le corpus. La principale difficulté dans la mise en place de cette méthode réside dans le passage de la version usuelle du guide à sa version formalisée en terme de réécriture de graphes.

### 2.1 Guide d'annotation et implicite

Un guide d'annotation est rédigé par des humains pour des lecteurs humains. Plus précisément, il est rédigé par des experts pour des lecteurs plus ou moins spécialistes en fonction de la tâche d'annotation. Le guide repose donc souvent sur des informations implicites. L'introduction décrit généralement le cadre théorique dans lequel l'annotation est réalisée. Ce cadre permet de donner les principes généraux qui s'appliquent à l'ensemble du guide. Il faut, dans la suite du document, qui décrit des parties plus spécifiques de l'annotation, connaître ces éléments généraux pour interpréter les informations correctement.

Dans le guide (Candito *et al.*, 2009), il est expliqué, d'une part que la fonction A-OBJ (figure 2) concerne des objets indirects en « *à* » et, d'autre part que cette fonction peut être réalisée par un pronom clitique. Tout lecteur francophone sait que, dans le cas de la réalisation clitique, la préposition n'est pas présente. Cette information n'est pas dans le guide mais elle doit être rendue explicite dans la règle. Dans cet exemple, il est facile de construire la bonne règle, mais en général l'information implicite est plus compliquée à formaliser.

### 2.2 Limites de la formalisation

Il est bien évidemment impossible de formaliser complètement le guide sous forme de règles. En effet, dans le cas contraire, cela signifierait que l'annotation peut-être faite de façon complètement automatique sans avoir recours à un jugement humain. Par exemple, dans le cas de la fonction A-OBJ (cf. figure 2), le guide indique qu'un objet indirect introduit par la préposition « *à* » peut-être annoté par une relation A-OBJ entre le verbe et la préposition, mais peut aussi dans certains cas être annoté comme un locatif (avec la relation P-OBJ_LOC). Le choix entre l'une des deux annotations se fait à l'aide d'un test basé sur la cliticisation ou sur la forme interrogative. On ne peut donc pas automatiquement détecter une erreur d'annotation qui consiste à utiliser la relation A-OBJ au lieu de P-OBJ_LOC ou l'inverse.

## 3 Expériences

Nous décrivons ici une première expérience d'application de notre méthodologie sur un corpus et le guide associé.

### 3.1 Corpus Sequoia

Il existe peu de ressources annotées syntaxiquement pour le français. Le corpus arboré du français (Abeillé *et al.*, 2003), ou French Treebank (FTB), existe depuis une dizaine d'années mais il n'est pas librement accessible et redistribuable. L'an dernier, un corpus comparable au FTB mais librement accessible a été proposé, le corpus Sequoia (Candito et Seddah, 2012). Celui-ci contient environ 3 000 phrases provenant de quatre sources différentes (Wikipédia, Parlement européen, Est Républicain et Emea). Ces phrases ont été annotées en constituants. L'annotation en constituants a ensuite été convertie en une annotation en dépendances. L'annotation en dépendances visée est décrite dans le guide[2] (Candito *et al.*, 2009).

### 3.2 Réécriture de graphes

Pour formaliser les informations du guide, nous utilisons GREW (Guillaume *et al.*, 2012), un outil de réécriture de graphes spécialisé pour les applications en TAL. En effet, GREW propose un langage de description riche qui permet de repérer automatiquement un motif de graphe dans un ensemble de phrases. Dans un motif, on peut exprimer des combinaisons complexes de contraintes sur les nœuds, sur les traits et sur les relations de dépendances. De plus, un motif peut être sous-spécifié et peut également exprimer des contraintes négatives sur le contexte.

La réécriture de graphes permet, une fois qu'un motif est repéré, de modifier la structure du graphe. Ici, on n'utilisera cette fonctionnalité que pour marquer chaque occurrence reconnue (à l'aide de suffixes `ok` ou `fail` sur les étiquettes de dépendances).

GREW dispose également d'un mécanisme de modules qui permet d'appliquer successivement plusieurs ensembles de règles de réécriture. Dans notre application, on utilisera deux modules : le premier pour repérer les occurrences correctes des dépendances et un second pour mettre en évidence les dépendances restantes et donc considérées comme incorrectes.

### 3.3 Un exemple de formalisation : la fonction A-OBJ

La section du guide spécifique à la relation A-OBJ est reproduite dans la figure 2, ci-dessous.

En général, quelques itérations sont nécessaires pour coder correctement les parties implicites ou les parties décrites ailleurs dans le guide.

1. Une traduction naïve des informations du guide nous amène à définir 4 règles : une pour chacune des réalisations possibles de l'objet indirect : un nom, un pronom clitique, un pronom non-clitique ou une proposition infinitive.
2. Si l'objet indirect est un clitique, la préposition n'est pas présente (« *Il lui parle.* ») ; il faut donc modifier la règle correspondante.
3. En cas d'élision « *au* », le lemme reste bien « *à* » mais la catégorie est P+D et non pas P ; il faut généraliser les règles.
4. Par contre, en cas d'élision « *auquel* » ; le lemme n'est « *à* » mais « *auquel* » et la catégorie P+PRO ; il faut une cinquième règle.

2. `http://alpage.inria.fr/statgram/frdep/Publications/FTB-GuideDepSurface.pdf`

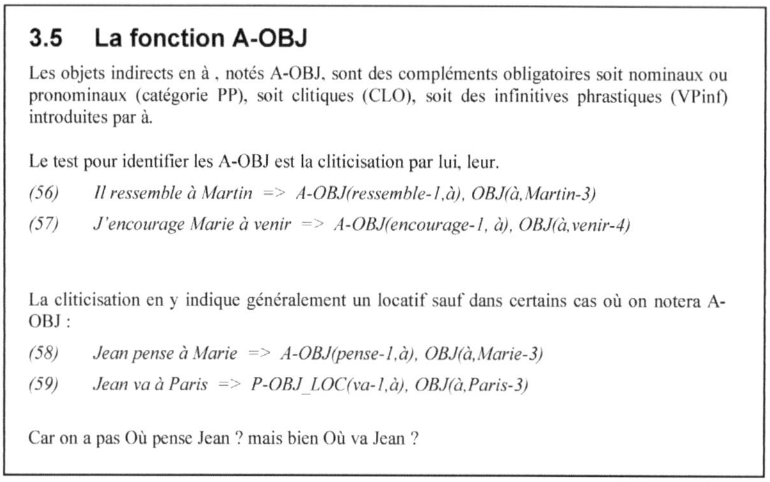

**3.5 La fonction A-OBJ**

Les objets indirects en à , notés A-OBJ, sont des compléments obligatoires soit nominaux ou pronominaux (catégorie PP), soit clitiques (CLO), soit des infinitives phrastiques (VPinf) introduites par à.

Le test pour identifier les A-OBJ est la cliticisation par lui, leur.

(56) *Il ressemble à Martin => A-OBJ(ressemble-1,à), OBJ(à,Martin-3)*

(57) *J'encourage Marie à venir => A-OBJ(encourage-1, à), OBJ(à,venir-4)*

La cliticisation en y indique généralement un locatif sauf dans certains cas où on notera A-OBJ :

(58) *Jean pense à Marie => A-OBJ(pense-1,à), OBJ(à,Marie-3)*

(59) *Jean va à Paris => P-OBJ_LOC(va-1,à), OBJ(à,Paris-3)*

Car on a pas Où pense Jean ? mais bien Où va Jean ?

FIGURE 2 – Extrait du guide d'annotation : la fonction A-OBJ

5. Pour les clitiques, le guide demande la catégorie clitique objet (avec le trait `s=obj`), mais le corpus contient des relations A-OBJ dont le dépendant est un clitique réfléchi (avec le trait `s=refl`) : *« je me pose des questions »* ; cette annotation est correcte ; il faut donc mettre à jour le guide et ajouter une règle pour ce cas.

Au final, on obtient donc les six motifs suivants :

| nominal | pronominal « *à* » ou « *au* » | pronominal « *auquel* » |
|---|---|---|
| A-OBJ, OBJ<br>cat=V cat=P\|P+D lemma=à cat=N | A-OBJ, OBJ<br>cat=V cat=P\|P+D lemma=à cat=PRO | A-OBJ<br>cat=V cat=P+PRO lemma=auquel |
| **clitique objet** | **clitique réflexif** | **infinitif** |
| A-OBJ<br>cat=V cat=CL s=obj | A-OBJ<br>cat=V cat=CL s=refl | A-OBJ, OBJ<br>cat=V cat=P\|P+D lemma=à cat=V m=inf |

L'application de ces motifs sur les 3 203 phrases de Sequoia donne les résultats ci-dessous[3] :

| | nominal | pronominal « *à* » ou « *au* » | pronominal « *auquel* » | clitique objet | clitique réflexif | infinitif |
|---|---|---|---|---|---|---|
| nb d'occurrences | 476 | 17 | 3 | 84 | 16 | 87 |

Il reste alors cinq occurrences de la relation A-OBJ qui ne correspondent à aucune des règles ci-dessus. Trois de ces occurrences correspondent à une erreur d'annotation :
- une erreur de POS : *« [...] on ne condamne pas à mort [...] »* avec *« mort »* adjectif ;
- dans la construction *« répondre à côté de la question »*, le groupe prépositionnel *« à côté de la question »* est un complément circonstanciel de manière, on doit donc avoir la relation MOD ;
- utilisation de la préposition *« auprès du »* dans la construction *« se renseigner auprès du comité »* : l'argument du verbe est un P-OBJ introduit par le préposition *« auprès de »* ;

3. Tous les résultats sont disponibles sur : `http://wikilligramme.loria.fr/doku.php?id=taln_2013`

Les deux autres occurrences sont correctes mais mériteraient de figurer d'une façon ou d'une autre dans le guide :

- le dépendant de la préposition a un POS inattendu : par exemple **ET** (POS pour étiqueter les mots d'origine étrangère) dans « *[...] délivré à The Medecine Company [...]* » ;
- le gouverneur de la relation A-OBJ est une coordination ;

On peut facilement imaginer le type de précisions qu'il est nécessaire d'apporter à cette partie du guide et donc le type de modifications qu'il faudra apporter aux règles à la prochaine étape pour tenir compte des deux derniers points.

# 4 Méthodologie proposée

L'expérience décrite ci-dessus a été réalisée sur un corpus et son guide figé : le guide n'a pas été mis à jour depuis plusieurs années et l'annotation du corpus Sequoia est terminée depuis plus d'un an. Par ailleurs, le guide n'est pas complet et il reste des sections qui ne sont pas complètement rédigées, notamment à propos de la coordination. Le corpus n'est donc pas toujours annoté de manière consistante, notamment en ce qui concerne les phénomènes non finalisés dans le guide. Le corpus Sequoia, auquel nous nous intéressons, est annoté en dépendances syntaxiques, mais l'annotation de départ et celle sur laquelle les développeurs du corpus travaillent est une annotation en constituants, et la conversion des constituants vers les dépendances est réalisée de manière automatique. Cela ajoute une difficulté dans la tâche de corrections du corpus : quand une erreur d'annotation est détectée dans les dépendances, il faut retrouver l'origine de l'erreur dans les constituants ou dans la conversion.

## 4.1 Intégration dans le processus d'annotation manuelle

Les expériences que nous avons menées nous ont convaincus que notre outil de réécriture de graphes peut être un allié précieux dans la recherche de cohérence entre le guide et le corpus. S'il est intéressant de l'utiliser sur des données statiques, nous pensons qu'il a un rôle encore plus important à jouer sur des données en construction. Nous proposons donc d'utiliser ce type d'outil très tôt dans le processus d'annotation, notamment au moment de la création du guide.

Dans l'idéal, chaque application de la réécriture de graphes permet de repérer des erreurs d'annotation et des erreurs, des manques ou des imprécisions dans le guide. On peut donc imaginer un processus comme celui décrit dans le schéma de la figure 3 qui représente un pas du cycle de développement menant de la version $i$ du guide et du corpus à la version $i+1$ de ceux-ci. Par souci de simplicité, le schéma ci-dessous ne fait pas intervenir de façon explicite le travail de conversion du guide en règle de réécriture. Ce travail n'est pour autant pas trivial, comme nous l'avons vu sur notre exemple d'annotation syntaxique.

## 4.2 Mise en œuvre

La méthodologie d'annotation agile décrite ci-dessus coûte cher et ne peut probablement pas être appliquée tout au long d'une campagne de grande envergure. Cependant, il est possible (et souhaitable) de la mettre en œuvre lors de la phase de préparation de la campagne, en particulier

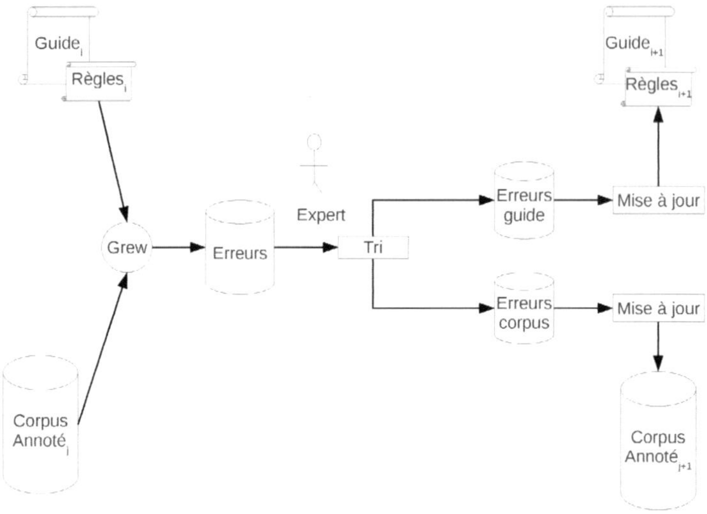


FIGURE 3 – Une itération du processus d'annotation agile

lors de la mise au point du guide, réalisée en parallèle de l'annotation d'une mini-référence (Fort, 2012). Si la mini-référence se doit d'être représentative du corpus, sa taille va largement dépendre des contraintes pratiques de la campagne (coût, disponibilité des experts). Il en va de même pour le nombre d'itérations du cycle d'annotation agile.

Pendant la phase de production, durant laquelle les annotateurs travaillent sur l'ensemble du corpus, cette méthodologie peut sans doute continuer à être utilisée, mais avec une durée de cycle beaucoup plus longue. Le repérage d'erreurs par réécriture de graphes est alors un outil supplémentaire (en complément d'une évaluation régulière, voir, là encore, (Fort, 2012)) pour le gestionnaire de la campagne, qui lui permet d'être alerté au plus tôt en cas de problème dans l'annotation.

# 5 Conclusion et perspectives

Nous avons proposé une méthodologie permettant d'assister l'annotation agile lors d'une campagne d'annotation, à l'aide d'un outil de réécriture de graphes. Si nous avons obtenu des résultats intéressants lors des expériences présentées ici, il reste à vérifier l'utilisabilité du système dans le cadre d'une campagne d'annotation réelle, c'est-à-dire de l'intégrer dans un cycle d'annotation.

Nous comptons donc appliquer cette méthodologie dans les mois qui viennent, pour la création de la mini-référence et la mise au point du guide, dans le cadre d'une campagne d'annotation en dépendances syntaxiques profondes du corpus Sequoia.

Pour d'autres types de campagnes d'annotation (par exemple, sémantique ou discursive), la réécriture de graphes n'est sans doute pas l'outil le plus adapté. Pour autant, une assistance à l'aide d'outils TAL, même frustres, pourrait profiter à l'annotation agile, dont le principal écueil est le coût.

## Remerciements

Nous tenons à remercier Florian Besnard, étudiant à l'École des Mines de Nancy, qui a participé lors de son stage à la conversion d'une partie du guide en règles de réécriture.

## Références

ABEILLÉ, A., CLÉMENT, L. et TOUSSENEL, F. (2003). Building a treebank for French. *In* ABEILLÉ, A., éditeur : *Treebanks*, pages 165 –187. Kluwer, Dordrecht.

ALEX, B., GROVER, C., SHEN, R. et KABADJOV, M. (2010). Agile corpus annotation in practice : An overview of manual and automatic annotation of CVs. *In Proceedings of the Fourth Linguistic Annotation Workshop (LAW)*, pages 29–37, Uppsala, Suède. Association for Computational Linguistics.

CANDITO, M., CRABBÉ, B. et FALCO, M. (2009). Dépendances syntaxiques de surface pour le français. Rapport technique, Université Paris 7.

CANDITO, M. et SEDDAH, D. (2012). Le corpus Sequoia : annotation syntaxique et exploitation pour l'adaptation d'analyseur par pont lexical. *In Actes de Traitement Automatique des Langues Naturelles (TALN)*, Grenoble, France.

FORT, K. (2012). *Les ressources annotées, un enjeu pour l'analyse de contenu : vers une méthodologie de l'annotation manuelle de corpus*. Thèse de doctorat, Université Paris XIII, LIPN, INIST-CNRS.

GUILLAUME, B., BONFANTE, G., MASSON, P., MOREY, M. et PERRIER, G. (2012). Grew : un outil de réécriture de graphes pour le TAL. *In Actes de Conférence annuelle sur le Traitement Automatique des Langues (TALN)*, Grenoble, France.

NÉDELLEC, C., BESSIÈRES, P., BOSSY, R., KOTOUJANSKY, A. et MANINE, A.-P. (2006). Annotation guidelines for machine learning-based named entity recognition in microbiology. *In* et C. NÉDELLEC, M. H., éditeur : *Proceedings of the Data and text mining in integrative biology workshop*, pages 40–54, Berlin, Allemagne.

REIDSMA, D. et CARLETTA, J. (2008). Reliability measurement without limits. *Computational Linguistics*, 34(3):319–326.

SAMPSON, G. (2000). The role of taxonomy in language engineering. *Philosophical Transactions of the Royal Society of London. Series A :Mathematical, Physical and Engineering Sciences*, 358(1769): 1339–1355.

SCOTT, D., BARONE, R. et KOELING, R. (2012). Corpus annotation as a scientific task. *In International Conference on Language Resources and Evaluation*, Istanbul, Turquie.

VOORMANN, H. et GUT, U. (2008). Agile corpus creation. *Corpus Linguistics and Linguistic Theory*, 4(2):235–251.

# Repérer des toponymes dans des titres de cartes topographiques

Catherine Dominguès[1], Iris Eshkol-Taravella[2]
(1) IGN, laboratoire COGIT 73 avenue de Paris 94160 Saint-Mandé
(2) LLL, UMR 7270, 10 Rue de Tours, BP 46527, 45065 ORLEANS cedex 2
catherine.domingues@ign.fr, iris.eshkol@univ-orleans.fr

RÉSUMÉ

Les titres de cartes topographiques personnalisées composent un corpus spécifique caractérisé par des variations orthographiques et un nombre élevé de désignations de lieux. L'article présente le repérage des toponymes dans ces titres. Ce repérage est fondé sur l'utilisation de BDNyme, la base de données de toponymes géoréférencés de l'IGN, et sur une analyse de surface à l'aide de patrons. La méthode proposée élargit la définition du toponyme pour tenir compte de la nature du corpus et des données qu'il contient. Elle se décompose en trois étapes successives qui tirent parti du contexte extralinguistique de géoréférencement des toponymes et du contexte linguistique. Une quatrième étape qui ne retient pas le géoréférencement est aussi étudiée. Le balisage et le typage des toponymes permettent de mettre en avant d'une part la diversité des désignations de lieux et d'autre part leurs variations d'écriture. La méthode est évaluée (rappel, précision, F-mesure) et les erreurs analysées.

ABSTRACT

**Localizing toponyms in topographic map titles**

The titles of customized topographic maps constitute a specific corpus which is characterized by spelling variations and a very significant number of place names. This paper is about identifying toponyms in these titles. The toponym tracking is based on IGN's toponym data base as well as light parsing according to patterns. The method used broadens the definition of the toponym to include the nature of the corpus and the data in it. It consists of three successive stages where both the extralinguistic context - in this case georeferencing toponyms - and the linguistic context are taken into account. The fourth stage which is without georeferencing is examined too. Toponym tagging and typing allow to highlight toponym naming and spelling variations. The method has been assessed (recall, precision, F-measure) and the results analysed.

MOTS-CLÉS : toponyme, information spatiale, écriture des toponymes, BDNyme, ressource lexicale.

KEYWORDS : toponyme, spatial information, toponyme writing, BDNyme, lexical resource.

## 1 Introduction/contexte/observation de la réalité

Dans le contexte d'une demande croissante de produits cartographiques adaptés à leurs utilisateurs, de nombreuses entreprises et agences nationales géographiques offrent des services de cartographie qui permettent de concevoir des produits cartographiques plus ou moins personnalisés. En particulier, l'Institut de l'information géographique et forestière (IGN) offre depuis 2007 un service web de *Carte à la carte* qui permet à tout utilisateur d'Internet de définir, à partir des bases de données géographiques de l'institut, une carte topographique personnalisée sur différents aspects (taille, échelle, centre et titre de la carte). L'ensemble de ces demandes constitue une source de renseignements sur les usages de ce service. Une manière d'étudier ces demandes est d'en baliser l'ensemble des titres afin d'identifier les différents types d'informations qu'ils contiennent. Les toponymes étant majoritairement représentés dans les titres, leur traitement constitue une première étape de cette étude ; cet article est consacré à leur identification automatique.

## 2 Difficultés liées aux noms de lieu[1]

La notion de lieu s'appuie sur des définitions hétérogènes et des règles d'écriture complexes.

### 2.1 Définitions

Dans le domaine du traitement automatique des langues, les toponymes (localisations, lieux, entités spatiales) font partie des entités nommées. Un état de l'art sur les différents systèmes de reconnaissance des entités nommées est présenté dans (Ehrmann, 2008) et (Nadeau et Sekine, 2009). Selon (Ehrman, 2008) « *on appelle entité nommée toute expression linguistique qui réfère à une entité unique du modèle de manière autonome dans le corpus* ». Concernant les toponymes, les conventions de la campagne d'évaluation Quaero (2011)[2] distinguent les lieux administratifs des lieux physiques, les voies, les bâtiments et les adresses. (Lesbegueries, 2007) propose la distinction entre « *entité spatiale absolue* » caractérisant les informations propres à une entité nommée (*la ville de Paris*) et « *entité spatiale relative* » caractérisant des indications spatiales associées aux entités nommées (*près de Paris*).

La Commission Nationale de Toponymie (CNT)[3] indique qu'un toponyme désigne un objet géographique déterminé. Pour l'IGN, « *un toponyme est un nom de lieu, constitué d'un ou plusieurs mots, en rapport étroit avec un détail géographique localisé et avec le groupe humain qui l'utilise* ». La toponymie[4] distingue « *des noms de lieux habités (villes, bourgs, villages, hameaux et écarts) ou non habités (lieux-dits)* [...] *les noms liés au relief (oronymes), aux cours d'eau (hydronymes), aux voies de communication (odonymes, ou hodonymes)* », et des microtoponymes « *comme des noms de villas ou d'hôtels* », par exemple.

La notion de toponyme et par conséquent son identification posent différents types de problèmes. D'après les définitions précédentes, la typologie des toponymes est d'ordre référentiel car elle s'appuie sur la nature du référent désigné par le nom de lieu. Il ne peut alors s'agir de limiter cette définition aux seuls noms propres car les noms communs peuvent aussi permettre de désigner des lieux de manière neutre : *le village*, ou personnalisée : *mon village*, ou de faire référence à un lieu imaginaire *le bout de monde*, *mon paradis*, etc. Pour poursuivre cette typologie référentielle, il faut ajouter les déictiques : *ici*, *là*. En outre, un même lieu peut être désigné par plusieurs toponymes et inversement un même toponyme peut désigner des objets géographiques différents.

### 2.2 Ecriture des toponymes

L'écriture des noms de lieux fait appel à des règles complexes qui s'appuient sur des connaissances linguistiques et extralinguistiques. Le nommage des objets géographiques n'est pas normalisé et provient souvent de la tradition orale. De plus, l'écriture des toponymes diffère selon l'usage ; par exemple, les panneaux indicateurs ou les plaques indicatrices de rue, sont écrits en majuscules. (Bioud, 2006) remarque qu'*« il est de plus en plus courant de trouver des textes où un même mot est orthographié de deux ou trois façons différentes, parfois même plus »*. Sur le Web, l'orthographe change d'un utilisateur à l'autre et les nouvelles formes de communication écrite influencent fortement l'écriture des toponymes.

Cependant, des règles d'écriture existent, mais elles sont compliquées, subtiles et non homogènes d'où des difficultés de mise en application et de compréhension. Deux signes typographiques, en particulier, rendent difficile l'écriture de toponymes composés : la majuscule et le trait d'union.

Pour des règles d'usage de la majuscule (Mathieu-Colas, 1998) souligne que *« chaque auteur présente ses règles sous une forme impérative, on note de l'un à l'autre un certain nombre de divergences qui, dissipant l'illusion d'une norme universelle, ne font que mettre en évidence l'instabilité du système »*.

Les règles concernant le trait d'union sont aussi compliquées, complexes et floues. Les recommandations et observations grammaticales de la CNT, par exemple, juxtaposent des critères sémantiques et syntaxiques : *« Parmi les mots composant en français un toponyme [...] sont joints par des traits d'union les mots ayant perdu dans la composition leur sens ou leur syntaxe habituels »*. L'un des sous-exemples de cette affirmation concerne *« les mots appartenant à un groupe de mots ayant une fonction de complément (avec ou sans préposition) au sein du syntagme toponymique et ne se limitant pas à décrire l'objet géographique »* : *le massif du Mont-Blanc*, *le parc des Buttes-Chaumont*. Cependant lorsque ces mots n'ont pas la fonction de complément, cette règle

---

[1] Dans cet article, les termes *nom de lieu* et *toponyme* seront employés indifféremment.

[2] http://quaero.org/media/files/bibliographie/quaero-guide-annotation-2011.pdf

[3] CNI-CNIG (2010), Recommandations et observations grammaticales. http://www.cnig.gouv.fr/Front/docs/cms/cnt-grammaire-recommandation_126924688421947500.pdf [consulté le 18/12/2012]

[4] Définition d'un toponyme dans Wikipédia : http:///www.wikipedia.fr [consulté le 10/12/2012].

n'est plus valable (*le mont Blanc*) et l'initiale du nom générique reste minuscule. Le *Bon Usage* (Grevisse et Goosse, 1993) parlant des signes typographiques dont le trait d'union fait partie et sans distinguer le cas des toponymes, indique la présence de ce signe *« à la suite d'un changement de signification »* (*la rue Saint-Pierre, la ville de Saint-Etienne*). Comment le scripteur pourrait-il mémoriser toutes ces nuances typographiques qui présupposent des connaissances linguistiques profondes et qui s'appuient sur une analyse syntaxique et sémantique préalable du syntagme écrit ?

Il n'existe donc pas de consensus réel entre les divers auteurs pour trancher de l'usage de la majuscule ou du trait d'union dans la plupart de leurs emplois ; ce constat milite pour l'écriture libre des toponymes : *« Qu'on opte pour une "harmonisation orthographique" [...] ou pour une tolérance bien tempérée, il convient de se libérer des "délires" de l'orthographe [...]. Rien ne serait pire pour le traitement automatique que de vouloir s'accrocher à des normes aussi pointilleuses qu'arbitraires ».* (Mathieu-Colas 1998 :12). En conséquence, le point de vue adopté ici ne se veut pas normatif mais tente de tenir compte de cette liberté orthographique en n'imposant aucune règle d'écriture du toponyme et en acceptant de nombreuses variations.

## 3 Description du corpus d'étude

Le corpus de travail est composé de lignes, chacune contient un titre formé de phrases ou de groupes de mots servant à dénommer la carte[5] et de spécifications techniques permettant de dessiner la carte :

| | | | |
|---|---|---|---|
| *15000;* | *portrait;* | *704074;7059443;* | *LILLE-VILLE - PROMENONS NOUS Carte spéciale pour Victoire.* |
| échelle | orientation | coordonnées du centre | titre |

Le corpus est constitué par des internautes variés utilisant des règles d'écriture disparates. Les internautes sont guidés par des objectifs très différents dans la création et donc dans la dénomination de leur carte : il peut s'agir d'un souvenir des vacances, de la préparation d'un événement partagé par une très petite communauté, ou son rappel, d'un cadeau à un proche... Le langage y est libre, les règles typographiques ne sont pas appliquées ou interprétées de manière individuelle et non homogène. Par conséquent, le texte n'est donc pas normalisé et présente différents types de variations orthographiques :

- l'absence ou la présence des majuscules, séparateurs, signes diacritiques, prépositions, déterminants : *Fontenay sous bois* (au lieu de *Fontenay-sous-Bois*) ;
- l'utilisation d'abréviations plus ou moins normalisées : */* au lieu de *sous* ;
- les erreurs de frappe : *LA MONTAGHE* (au lieu de *LA MONTAGNE*) ;
- la transcription phonétique d'un accent régional : *NOT'BARAQUE ché par ichi* ;
- de nouvelles formes de communication écrite : *LADOUJEVIENS OUPETIGEAITAI* ;
- la création lexicale *: AZZAZ et ses environz, Tamalou-Land.*

Tous les titres ne sont pas rédigés en langue française. Les internautes composent des titres en langues étrangères (anglais, allemand, etc.) ou régionales (corse, basque, provençal, etc.) qu'ils peuvent mélanger au français dans un même titre.

Les internautes peuvent aussi appartenir à des communautés dont les activités s'appuient sur l'utilisation de cartes topographiques et utiliser le langage de ces communautés dans le titre de la carte, comme par exemple dans : *BLEAU TOP30 où Bleau* est *« l'appellation familière de la forêt de Fontainebleau dans les milieux sportifs, notamment le Groupe de Bleau »*[6].

Repérer les toponymes dans un tel corpus est une tâche difficile. Le plus souvent, les systèmes de détection des entités nommées utilisent soit une approche symbolique fondée sur des grammaires locales (Bontcheva *et al.*, 2002), (Friburger, 2002), (Poibeau, 2003), soit une approche statistique à base d'apprentissage automatique, soit des systèmes hybrides comme (Béchet *et al.*, 2011). Notre démarche est guidée par les caractéristiques du corpus décrits ci-dessus : information spatiale, variations orthographiques[7] et d'emploi des toponymes. Elle utilise donc à la fois une ressource lexicale qui associe les noms propres de lieu et leur géoréférencement, et des patrons qui détectent les noms de lieu formés sur des noms communs.

## 4 Ressource pour identifier les toponymes : BDNyme

L'IGN propose une ressource lexicale spécifique recensant les toponymes de France métropolitaine et leur localisation, BDNyme. Le principe du recueil des toponymes est fondé sur une enquête terrain et a pour objectif de demeurer aussi proche que possible de l'usage local actuel. Des critères de qualité sont aussi garantis ; par exemple, tous les toponymes, après avoir été soumis à un représentant de l'usage local, sont validés par le bureau de toponymie de l'IGN. Le nombre de toponymes retenus dans la base répond à des critères cartographiques, ce qui revient généralement à un critère de densité. Enfin sa couverture est de plus de 1,7 million d'entrées. Les toponymes se distinguent par leur type (cette segmentation s'appuie à la fois sur des critères géographiques et administratifs) : chef-lieu, lieu-dit habité, lieu-dit non habité, hydronyme, oronyme, toponyme de communication, toponyme ferré et toponyme divers. D'autres ressources existent, comme GeoNames[8], mais elles ne fournissent pas la même couverture ; par exemple, GeoNames propose 1277 occurrences du terme *Ardèche*, alors que BDNyme retrouve 19 804 toponymes situés dans le département de l'Ardèche et répartis selon leurs catégories.

---

[5] La longueur est limitée à 55 caractères.

[6] Wikipédia : http://fr.wikipedia.org/wiki/Groupe_de_Bleau [consulté le 12/12/2012]

[7] Toutes les variations n'ont pas été résolues dans le travail présenté ici.

[8] GeoNames propose une base de données de toponymes gratuite et accessible par Internet sous une licence Creative Commons. http://www.geonames.org/ [consulté le 22/03/2013]

Les toponymes de BDNyme sont écrits en lettres minuscules accentuées (codage utf-8), simples ou composés et dont le séparateur est, selon le cas, l'espace, le trait d'union ou l'apostrophe. Chaque toponyme est suivi de ses coordonnées géographiques :

| | |
|---|---|
| *lille;* | *705009.20;7059266.70* |
| toponyme | coordonnées du toponyme |

Conformément à ses spécifications, BDNyme contient les noms d'objets dont l'implantation est ponctuelle (le point culminant d'une montagne : *pic carlit*) ou peut être ramenée à un point géographique (une ville dont l'implantation est ramenée à son centroïde : *paris*). En conséquence, les objets dont l'implantation est linéaire (comme un fleuve : *la seine*), ou surfacique (par exemple les entités administratives comme les régions ou les départements) et pour lesquels la notion de centroïde n'est pas pertinente ne sont pas contenus dans BDNyme. Ces entités étant largement présentes dans les titres de cartes, des listes de départements, régions administratives, montagnes, régions naturelles et pays, fleuves et rivières, parcs naturels ont été constituées manuellement et utilisées.

## 5 Méthode employée pour le repérage des toponymes dans les titres

Le repérage des toponymes se décompose en quatre étapes successives. A chaque étape, les toponymes reconnus dans le corpus sont balisés et typés[9]. Le résultat de ces transformations constitue le corpus d'entrée de l'étape suivante. Seules les trois premières étapes s'appuient sur le contexte. Ce recours au contexte recouvre deux aspects : le géoréférencement de la carte (l'emprise exacte : étape 1 et l'emprise élargie : étape 2) et une analyse de surface du corpus (étape 3) à l'aide de grammaires locales en utilisant la plateforme Unitex (Paumier, 2003). La dernière étape (étape 4) recherche les toponymes sans tenir compte du contexte de géolocalisation (cf. figure 1).

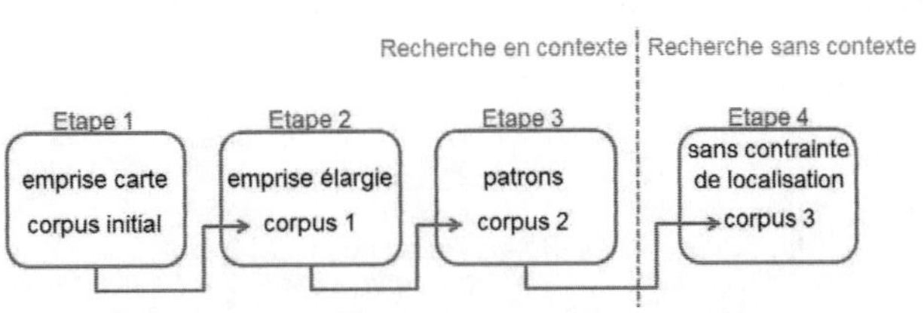


FIGURE 1 – Etapes de traitement du corpus des titres de cartes

L'identification des toponymes repose sur la comparaison des chaînes de caractères de BDNyme et celles contenues dans les titres. L'écriture des toponymes dans les titres présente de nombreuses variations orthographiques. En conséquence, certaines variations ont été prises en compte dans la reconnaissance d'une chaîne de BDNyme dans un titre :

- l'absence ou la présence de majuscules : *LILLE*, *Lille*, *lille* ;
- l'absence ou la présence de signes diacritiques : *FRESNES-LES-MONTAUBAN* et *FRESNES-LÈS-MONTAUBAN* ;
- le séparateur peut être le blanc, le trait d'union ou l'apostrophe ;
- les abréviations *st* et *ste* sont respectivement identifiées à *saint* et *sainte ;*
- les mots vides (déterminants, prépositions) peuvent être omis ;
- un toponyme composé de plusieurs mots peut être abrégé et reconnu sous cette forme à condition que les mots du toponyme ne soient pas un mot vide, l'adjectif *saint(e)* ou ses abréviations, un générique de noms de lieux[10], ni un prénom[11]. Par exemple, dans le titre : *AUTOUR DE BOUC Attention ça grimpe*, *BOUC* est reconnu comme le nom abrégé de *Bouc-Bel-Air*.

### 5.1 Recherche des toponymes à l'aide du contexte

#### 5.1.1 Le contexte de géoréférencement : étapes 1 et 2

L'identification des toponymes dans le corpus des titres est fondée en premier lieu sur le contexte extralinguistique : la géolocalisation. Dans l'étape 1, ne sont examinés que les toponymes qui se situent dans l'emprise de la carte (rectangle $a_1xb_1$ de la figure 2) ; dans l'étape 2, l'emprise considérée est élargie (rectangle $a_2xb_2$). Les zones prises en compte sont représentées dans la figure 2. Dans l'exemple suivant : *{CHOLET,.<ChefLieuE2>} {Forêt de Nuaillé,.<ToponymeDiversE1>}*, *Forêt de Nuaillé* est reconnu comme un toponyme dans l'étape 1 et *Cholet* comme un chef- lieu dans l'étape 2.

Dans les cas d'ambiguïté où des analyses différentes peuvent être avancées pour une même chaîne de caractères, seule la balise correspondant à la chaîne la plus longue est posée. Dans l'exemple : *La Sainte Baume* où *la sainte* et *sainte-baume* sont des lieux-dits non habités, c'est la séquence la plus longue *Sainte-Baume* qui sera balisée : *La {Sainte Baume,.LieuDitNonHabiteE1}*.

[9] Au total, quatorze types de toponymes sont différenciés par les ressources lexicales (neuf avec BDNyme et six avec celles constituées manuellement) et neuf par les grammaires locales.

[10] Une liste de génériques pour les noms de lieux a été constituée et compte 291 entrées.

[11] Une liste de prénoms a été constituée et compte 1 641 entrées.

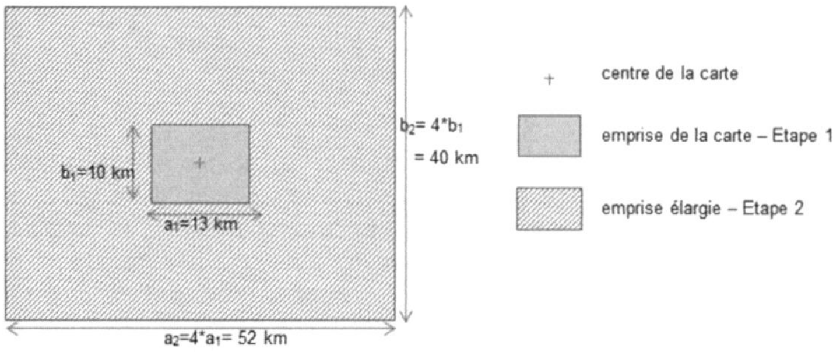


FIGURE 2 – Représentation de l'emprise de la carte (Etape 1) et de l'emprise élargie (Etape 2) pour une carte de format *NORMAL* : 91,5 cm x 69 cm - échelle 1/15 000 - orientation *paysage*)

#### 5.1.2 Le contexte linguistique : étape 3

La troisième étape procède au repérage et au typage des toponymes à l'aide de patrons[12] [13] :

- les patrons repèrent les noms génériques de lieux, seuls[14] : *lac, plaine, hôtel, mont, maison, gîte*, etc. ou accompagnés d'un complément : *forêt de St Cucufa, maison de campagne (*étiquette : *LieuGenerique)* ;
- pour repérer les lieux, les patrons se fondent aussi sur les verbes, noms et prépositions locatifs : *vivre à (étiquette : LieuStatif), partir de, départ de (étiquette : LieuDepart), arrivée à (étiquette : LieuArrivee), à côté de, autour de, alentour de, les environs de (*étiquette : *LieuApproximatif), chez (étiquette : LieuChez) ;*
- l'étiquette *LieuSubj* repère des lieux appropriés et personnalisés par l'utilisateur : *mon paradis, far east* ou des lieux imaginaires comme *: Tamalou-Land ;*
- les déictiques : *ici, là, là où* sont balisés par une étiquette *LieuDeict* ;
- enfin, l'étiquette *LieuAdresse* identifie les adresses : *20 r de la Mollanche*.

La ligne suivante est un exemple de titre balisé à l'issue de l'étape 3 :
*{TILLY,.ChefLieuE1} Les Millerus {Chez Olive et Sand,.LieuChez}*

### 5.2 Identification sans contexte : étape 4

Dans cette dernière étape, le contexte que constitue le géoréférencement de la carte et des toponymes n'est pas pris en compte, c'est-à-dire que les toponymes de BDNymes sont recherchés sans tenir compte de la localisation du toponyme par rapport à l'emprise de la carte ou à l'emprise élargie. Les objets dont l'implantation est surfacique ou linéaire ne peuvent être localisés et donc recherchés dans les étapes précédentes ; ils sont intégrés à la recherche de toponymes dans cette étape.

La ligne suivante donne un exemple de titre balisé à l'issue de l'étape 4 :

*{LE ROURET,.LieuDitHabiteE4} Escapades Jeep 2007.*

## 6 Evaluation

Le corpus a été séparé en deux parties : un corpus de travail qui a permis d'identifier les ressources lexicales complémentaires nécessaires et de construire les patrons, un corpus de test sur lequel la méthode a été évaluée. Le corpus de test annoté manuellement constitue le corpus de référence. L'évaluation repose sur la comparaison des balises obtenues automatiquement dans le corpus de test et celles posées manuellement dans ce même corpus ; des mesures de rappel, précision et F-mesure permettent d'objectiver les résultats obtenus.

### 6.1 Corpus de référence

La constitution du corpus de référence s'est heurtée à des difficultés, liées à ses spécificités :

- l'absence de contexte entraîne de nombreux cas d'ambiguïté, par exemple : *STE AGA*THE peut être un nom de personne, un surnom, un nom de lieu (*Ste Agathe en Donzy*) ou une fête. Ces séquences ont été repérées mais non balisées en tant que lieu ;

[12] Les patrons regroupent onze graphes principaux.

[13] A l'opposé de la nature géographique des étiquettes proposées par BDNyme, la typologie des étiquettes est ici de nature sémantique et rend compte de l'emploi du lieu dans le corpus.

[14] Certains noms génériques étant contenus dans le toponyme de BDNyme, par exemple : *pic carlit*, ils ont été repérés dans les étapes précédentes si la localisation est dans l'emprise prise en compte.

- certains toponymes ne sont pas utilisés pour désigner un lieu et ne doivent donc pas être étiquetés :
  * nom de lieu qui contribue à définir l'auteur ou le destinataire de la carte : *LES COUSINES XXX*[15] *de Pietrosella* ;
  * nom de lieu qui contribue à définir une autre entité, ici un club cycliste : *TEAM U NANTES ATLANTIQUE* ;
  * nom générique ambigu qui peut désigner un lieu mais aussi une activité : *LA MONTAGNE ça vous gagne*.

Finalement, le corpus de référence constitué est composé de 1 457 lignes (soit 6 388 mots) et contient 1 576 désignations de lieux.

## 6.2 Résultats de l'évaluation

Afin de mesurer l'apport de chaque étape, quatre évaluations ont été mises en place. Le tableau 2 présente ces évaluations en termes de rappel, précision et F-mesure.

| | A l'aide du contexte | | | Sans contexte |
|---|---|---|---|---|
| | Etape 1 | Etape 2 | **Etape 3** | Etape 4 |
| Rappel | 0,37 | 0,44 | 0,72 | **0,80** |
| Précision | 0,82 | 0,79 | **0,82** | 0,50 |
| F-mesure | 0,50 | 0,57 | **0,76** | 0,61 |

TABLE 1 – Evaluation des quatre étapes de la recherche des toponymes

Le gain entre les étapes 1 et 2 correspond à l'élargissement de l'emprise. Ceci signifie que les noms de lieux dans les titres ne figurent pas nécessairement dans la carte. Dans l'exemple :

*{CHOLET,.ChefLieuE2} {Forêt de Nuaillé,.ToponymeDiversE1}*

*Forêt de Nuaillé* est reconnu dès la première étape parce qu'il figure dans l'emprise de la carte, ce qui n'est pas le cas de *Cholet*. L'hypothèse correspondante serait que, pour désigner un lieu qu'il considère peu connu, l'utilisateur ajoute le nom d'un lieu plus populaire ou qui a un statut administratif plus important (chef-lieu ou lieu-dit).

L'étape 3 présente les meilleurs résultats en termes de précision et F-mesure ; le gain à cette étape est dû à l'utilisation des patrons qui tiennent compte des différents types de désignations de lieux et exploitent des indices linguistiques, absents dans BDNyme. Dans l'étape 4, le rappel est amélioré parce que la contrainte de géolocalisation n'est pas appliquée. En contrepartie, le relâchement de cette contrainte entraîne de nombreuses erreurs. Dans l'exemple : *{ERSTEIN,.ChefLieuE1} _ VELO {Carte,.LieuDitHabiteE3} des Reibel*, le mot *Carte* a été reconnu en tant que lieu-dit habité *Carté*. Ces cas fréquents d'ambiguïté dégradent la précision de l'étape.

## 6.3 Analyse des erreurs

Les erreurs de balisage ont été analysées. Certaines proviennent des cas mentionnés dans le paragraphe 6.1 et conduisent à identifier des séquences qui ne désignent pas des lieux ou qui sont ambiguës et donc non balisées dans le corpus de référence en tant que lieu (ce qui affecte la précision).

D'autres toponymes ne sont pas reconnus (le rappel est donc moins bon) parce :

- certaines variations orthographiques présentes dans les titres sont difficilement prévisibles :
  * les abréviations peu courantes comme *ch* pour *chemin* (*Ch-St Hilaire* pour *chemin St-Hilaire*, ou *L'* pour *longue* (*Saint-Germain de L'Chaume* pour *Saint-Germain de Longue Chaume*),
  * l'absence de séparateur : *VillardBonnot* au lieu de *Villard-Bonnot* ou *CCBEAUNOIS* au lieu de *CC BEAUNOIS> ;*
  * les erreurs de frappe : *St Aygul* au lieu de *St Aygulf*, *Pointeuils-et-Brésis* au lieu de *Ponteuils-et-Brésis ;*
- certains lieux ne peuvent être repérés automatiquement, par exemple dans : *ARAMOUN Autour de chez Jérôme et Yoann* où *Aramoun*, qui est un village au Liban, est un nom donné métaphoriquement à un lieu en France.

# 7 Perspectives et conclusions

Ce travail ouvre de nombreuses perspectives. Bien que BDNyme soit une base de données pérenne et homogène qui constitue une ressource de référence, d'autres types de lieux, en particulier les microtoponymes et les objets d'implantation surfacique pourraient être trouvées sur le Web. Wikipedia est une des ressources les plus utilisées. Une perspective serait d'ajouter une étape de balisage fondée sur des résultats de repérage automatique de toponymes dans Wikipedia[16].

La méthode développée ici est guidée par le respect et la prise en compte de la nature du corpus de titres. Elle s'appuie sur une

[15] Tous les exemples du corpus sont anonymisés.

[16] Des travaux de thèse de (Brando-Escobar, 2013) ont exploré une méthode d'extraction automatique des relations spatiales à partir des articles de Wikipédia ; ces travaux pourraient être adaptés à notre tâche. Celle-ci serait complémentaire à l'utilisation de BDNyme mais ne pourrait s'y substituer car Wikipedia ne contient pas systématiquement les coordonnées géographiques des toponymes.

définition étendue des toponymes et une typologie[17] adaptée à la fois à la ressource BDNyme et au corpus. Elle élargit la notion de contexte à des informations extralinguistiques de géoréfé-rencement. Enfin, le balisage et le typage des toponymes à l'aide des patrons a permis d'augmenter signi-ficativement le rappel et d'ajouter d'autres types d'information sur la nature des noms désignant des lieux.

Le repérage des toponymes constitue une étape préliminaire et nécessaire pour un étiquetage complet du corpus des titres qui permettrait de mieux cerner la demande de cartes des usagers de ce service : les destinataires (*la carte pour papi*), les encouragements (*en avant*), les éléments temporels (*été 2007*), les événements (*20 ans de mariage*). Un des objectifs serait alors d'adapter les typographies, les légendes de cartes, les illustrations de couverture, etc. aux besoins des usagers des nombreux services cartographiques disponibles sur le Web. Cette perspective s'inscrit dans le cadre plus large de la recherche et l'exploitation d'information spatiale contenue dans du texte, par exemple (Loustau *et al.*, 2008).

## Références

BÉCHET, F., SAGOT, B.et STERN, R. (2011), « Coopération de méthodes statistiques et symboliques pour l'adaptation non supervisée d'un système d'étiquetage en entités nommées ». *TALN 2011*.

BIOUD, M. (2006). *Une normalisation de l'emploi de la majuscule et sa représentation formelle pour un système de vérification automatique des majuscules dans un texte*, Thèse de doctorat, Université de Franche-Comté.

BONTCHEVA, K., DIMITROV, M., MAYNARD, D., TABLAN, V. et CUNNINGHAM, H. (2002), « Shallow Methods for Named Entity Coreference Resolution ». *TALN 2002*.

BRANDO-ESCOBAR, C. (2013). *Coalla : Un modèle pour l'édition collaborative d'un contenu géographique et la gestion de sa cohérence*, Thèse de doctorat, Université de Marne-la-Vallée.

EHRMANN, M. (2008). *Les entités nommées, de la linguistique au TAL : statut théorique et méthodes de désambiguisation*, Thèse de doctorat, Université Paris 7 - Denis Diderot.

FRIBURGER, N. (2002), *Reconnaissance automatique des noms propres ; application à la classification automatique de textes journalistiques*, thèse de doctorat, Université François-Rabelais de Tours.

GREVISSE, M. et GOOSSE, A. (1993). *Le Bon Usage*. Duculot. Paris, Louvain-la-Neuve.

LESBEGUERIES, J. (2007). *Plate-forme pour l'indexation spatiale multi-niveaux d'un corpus territorialisé*, Thèse de doctorat, Université de Pau et des Pays de l'Adour.

LOUSTAU, P., GAIO, M. et NODENOT, T. (2008). Interprétation automatique d'itinéraires à partir d'un corpus de récits de voyages pilotée par un usage pédagogique. RNTI, 2008, E (13), pages 177-206.

MATHIEU-COLAS, M. (1998). La majuscule flottante. Remarques sur l'orthographe des noms propres composés (type *N Adj*). *BULAG* n° 23, Centre Lucien Tesnière, Université de Franche-Comté, Besançon, 1998, pages 123-144.

NADEAU, N. et SEKINE, S. (2009). *A survey of named entity recognition and classification*. Satoshi Sekine and Elisabete Ranchhod, ed. John Benjamins publishing company, pages 3-28.

PAUMIER, S. (2003). *De la reconnaissance de formes linguistiques à l'analyse syntaxique*, Thèse de doctorat, Université de Marne-la-Vallée.

POIBEAU, T. (2003). *Extraction automatique d'information, du texte brut au web sémantique*, Lavoisier.

[17] Cette typologie n'a pas, pour le moment, été exploitée mais permettrait d'affiner le traitement de la commande en proposant une symbologie adaptée aux thèmes géographiques dominants déduits du ou des toponymes figurant dans le titre.

# Extraction des relations temporelles entre événements médicaux dans des comptes rendus hospitaliers

Pierre Zweigenbaum[1] Xavier TANNIER[1,2]
[1] LIMSI–CNRS, Orsay [2]Univ. Paris-Sud, Orsay

RÉSUMÉ

Le défi i2b2/VA 2012 était dédié à la détection de relations temporelles entre événements et expressions temporelles dans des comptes rendus hospitaliers en anglais. Les situations considérées étaient beaucoup plus variées que dans les défis TempEval. Nous avons donc axé notre travail sur un examen systématique de 57 situations différentes et de leur importance dans le corpus d'apprentissage en utilisant un oracle, et avons déterminé empiriquement le classifieur qui se comportait le mieux dans chaque situation, atteignant ainsi une F-mesure globale de 0,623.

ABSTRACT

**Extraction of temporal relations between clinical events in clinical documents**

The 2012 i2b2/VA challenge focused on the detection of temporal relations between events and temporal expressions in English clinical texts. The addressed situations were much more diverse than in the TempEval challenges. We thus focused on the systematic study of 57 distinct situations and their importance in the training corpus by using an oracle, and empirically determined the best performing classifier for each situation, thereby achieving a 0.623 F-measure.

MOTS-CLÉS : extraction d'information, événements médicaux, relations temporelles, médecine.

KEYWORDS: Information Extraction, Clinical Events, Temporal Relations, Medicine.

## 1 Introduction

La détection des relations temporelles entre événements dans un texte fournit des informations précieuses pour l'extraction d'information, la recherche de réponses à des questions, voire la traduction automatique. Les défis TempEval (Verhagen *et al.*, 2010) ont abordé cette problématique en « domaine ouvert », en cherchant à détecter (dans TempEval2) cinq types de relations temporelles (BEFORE, AFTER, OVERLAP, BEFORE-OR-OVERLAP, OVERLAP-OR-AFTER) ou l'absence de relation déterminée (VAGUE). Ces relations étaient à trouver dans quatre situations : entre un événement et une date ou un autre événement qu'il domine syntaxiquement dans une phrase, entre un événement et la date de création du document, ou entre les deux événements principaux de deux phrases consécutives.

Identifier les informations temporelles décrivant la chronologie du séjour hospitalier d'un patient devrait amener une amélioration de la qualité de la prise en charge des patients (Harkema *et al.*, 2005; Zhou *et al.*, 2006; Savova *et al.*, 2009). Une meilleure connaissance de l'enchaînement des problèmes médicaux, des antécédents, des traitements, des rendez-vous, des opérations, permet en effet d'aider les analyses et les décisions des médecins ou des systèmes de surveillance automatique. Les tâches et corpus du défi i2b2/VA 2012 (Sun *et al.*, 2013) ont ainsi été créés dans la perspective d'évaluer les méthodes d'extraction de ce type d'information à partir de textes cliniques. Nous nous intéressons ici à la tâche de détection des relations temporelles de ce défi.

Cette tâche diffère de la tâche TempEval présentée ci-dessus de plusieurs façons. Premièrement, elle ne considère que les trois premières relations (BEFORE, AFTER, OVERLAP) et l'absence de relation (que nous noterons NIL), les autres ayant un trop faible accord interannotateur lors de leur annotation humaine. Deuxièmement, elle ne restreint pas les situations où l'on peut trouver ces relations : dépendance syntaxique ou pas, phrases consécutives ou pas, etc. Troisièmement, les documents analysés, des comptes rendus hospitaliers, ont une structure qui les apparente à la concaténation de deux documents présentés dans deux sections successives clairement marquées : l'histoire de la maladie (*History of Present Illness* – HPI), telle que notée à l'entrée dans l'hôpital, et qui a comme date de référence la date d'entrée dans l'hôpital (*Admission Date* – AD) ; et ce qui s'est passé pendant le séjour hospitalier (*Hospital Course* – HC), tel que noté lors de la sortie de l'hôpital, et qui a comme date de référence la date de sortie de l'hôpital (*Discharge Date* – DD). Un compte rendu typique est présenté partiellement à la figure 1. On y voit les quatre sections toujours présentes ainsi que l'annotation fournie sur les événements et les expressions temporelles, et finalement les relations à trouver. Il peut également arriver qu'une relation relie des événements d'une section (HC) à l'autre (HPI).

```
ADMISSION DATE : <TIMEX3 type="date" id="t1">10/17/95</TIMEX3>
DISCHARGE DATE : <TIMEX3 type="date" id="t2">10/20/95</TIMEX3>
HISTORY OF PRESENT ILLNESS :
  This is a 73-year-old man with <EVENT type="problem" id="e1">squamous
  cell carcinoma of the lung</EVENT>, status post <EVENT type="treatment"
  id="e2">lobectomy</EVENT> and <EVENT type="treatment" id="e3">resection</EVENT> of
  <EVENT type="problem" id="e4">left cervical recurrence</EVENT>, <EVENT type="occurrence"
  id="e5">admitted</EVENT> here with <EVENT type="problem" id="e6">fever</EVENT> and
  <EVENT type="problem" id="e7">neutropenia</EVENT>.
  (...)

HOSPITAL COURSE :
  He was started on <EVENT type="treatment" id="e8">Neupogen</EVENT>, 400 mcg. subq. q.d.
  (...)
  He was <EVENT type="occurrence" id="e9">discharged</EVENT> home on
  <EVENT type="treatment" id="e10">Neupogen</EVENT>.
```

| | | | |
|---|---|---|---|
| e3 OVERLAP e4 | e1 OVERLAP t1 | e2 BEFORE t1 | e3 BEFORE t1 |
| e4 BEFORE t1 | e6 OVERLAP t1 | e7 OVERLAP t1 | e8 BEFORE t2 |
| e9 OVERLAP t2 | e10 OVERLAP t2 | | |

FIGURE 1 – Extrait d'article (anonymisé) du corpus i2b2/VA, montrant les événements (EVENT), les expressions temporelles (TIMEX3) ainsi que quelques relations temporelles. On remarque que la notion d'événement est différente de ce qu'elle est souvent dans le domaine général : par exemple, des verbes d'action peuvent ne pas être des événements mais des noms de médicaments sont des événements, car ils désignent des traitements.

Ces deux dernières différences créent un nombre bien plus grand de situations où l'on peut rencontrer une relation temporelle que les quatre définies dans TempEval. La plupart des participants au défi se sont cependant focalisés sur quelques types de situations : relations à l'intérieur d'une même phrase, relations entre un événement et la date d'entrée ou de sortie, relations entre événements co-référents.

À notre connaissance, la formalisation de chaque situation et l'importance de ces situations sur le processus de détection des relations temporelles n'ont pas jusqu'ici été étudiées de manière systématique. Nous avons poussé cette logique à l'extrême en segmentant l'espace de détection des liens temporels en 57 situations distinctes. Nous avons étudié l'importance de ces situations sur notre corpus d'apprentissage en utilisant un oracle et avons déterminé empiriquement le classifieur qui correspondait le mieux à chaque situation.

Cet article étend celui présenté à l'atelier de clôture du défi i2b2/VA 2012 (Grouin *et al.*, 2012) par l'étude de ces situations oracle, réalisée depuis, et par les résultats complémentaires ainsi obtenus. Pour des raisons d'espace, nous nous y focalisons sur la découverte des relations temporelles entre des événements ou dates supposés déjà identifiés (nous décrivons la détection de ces événements et dates dans (Grouin *et al.*, 2012)). Nous présentons dans la suite notre méthode d'identification et d'étiquetage des relations temporelles (section 2) puis l'évaluation de la pertinence des différentes variantes proposées (section 3).

# 2 Identification des relations temporelles

Comme indiqué ci-dessus, la tâche consiste en premier lieu à choisir les paires sujettes à une relation, puis à typer celle-ci. Les quatre classes existantes sont donc BEFORE, AFTER, OVERLAP et NIL, la dernière signifiant « aucun lien ». Par ailleurs, on note que des relations importantes sont celles liant les dates d'admission (AD) et de sortie (DD) aux événements des sections d'histoire de la maladie (HPI) et de séjour hospitalier (HC).

**Situations.** Pour deux événements ou expressions temporelles données (collectivement notés EVT) qui peuvent faire l'objet d'une relation temporelle, plusieurs situations émergent selon leur section d'appartenance (AD, HPI, HC, AD), leur type (Event ou Timex3), leur présence dans la même phrase, la même section, etc. Nous avons ainsi identifié 56 combinaisons (plus « OTHER » pour les cas restants) des dimensions suivantes (nous utilisons le terme EVT pour désigner indifféremment un EVENT ou Timex3) :

- Section des EVT source et cible : *AD, DD, HPI, HC* ;
- Types d'éléments des EVT source et cible : *Timex3* ou *Event* ;
- Distance entre EVT : *même phrase (SS), phrases adjacentes de la même section (S1), phrases distantes* ;
- Nombre de Timex3 entre deux événements : aucune (NTB) ou au moins une.

Pour chaque combinaison, une méthode appropriée sera appliquée. Ainsi, *TIMEX3-EVENT-DD-HC* formalise une situation avec une expression temporelle (Timex3) dans la section « Discharge Date » *(la date de sortie elle-même)* et un événement (Event) dans la section « Hospital Course » (Figure 2). Ces distinctions sont importantes dans la mesure où, par exemple dans cette situation, la plupart des événements cités dans le séjour (HC) sont antérieurs à la date de sortie.

Pour toutes les paires d'EVT du corpus d'apprentissage correspondant à une situation, nous avons testé plusieurs classifieurs pour assigner à chaque paire l'une des quatre classes. Cette approche peut être comparée à un arbre de décision initial dont les caractéristiques seraient fondées sur ces quatre dimensions et pour lequel un autre classifieur serait appliqué à chaque feuille. Ainsi, une décision par défaut pour *TIMEX3-EVENT-DD-HC* pourrait être que l'événement intervient avant la date de sortie.

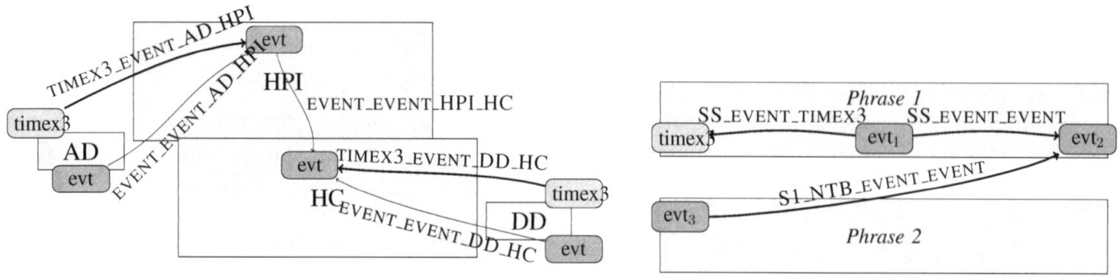


FIGURE 2 – Exemples de situations, liées à la période de la section (gauche : *_AD_HPI, *_DD_HC), dans la phrase courante ou dans la suivante (droite, SS*, S1*)

La question qui se pose alors est d'identifier les situations les plus importantes à traiter et les méthodes à utiliser. À notre connaissance cette question n'a pas été traitée jusqu'ici, y compris par les participants au défi i2b2/VA 2012 — et dans TempEval les situations étaient imposées. Nous avons pour cela calculé un rappel « oracle » pour chaque situation, c'est-à-dire la proportion de relations dans l'ensemble du corpus de référence correspondant à chaque situation. Ceci constitue le rappel idéal qui devrait être atteint par un classifieur entraîné pour cette situation. Des expériences nous ont montré qu'il est impossible d'obtenir un gain pour les situations avec un rappel oracle inférieur à 1 % ; nous nous sommes donc focalisés sur les situations avec rappel oracle supérieur à ce seuil.

**Caractéristiques d'apprentissage.** Les caractéristiques choisies pour l'apprentissage sont à la fois internes et contextuelles :

- Caractéristiques internes :
  - Toutes les annotations de l'EVT (modalité, polarité, sous-types) ;
  - Pour les événements, une sous-catégorisation d'après une étude du lexique dans le jeu d'apprentissage *(chirurgie, état, événement ponctuel, localisation, suivi d'événement, autres)* ;
  - Le texte de l'EVT (si parmi les 50 les plus fréquents) ;
  - Les mots de l'EVT (si présents au moins 10 fois dans le corpus d'apprentissage) ;
  - Nous avons également testé des classes distributionnelles (clusters de Brown) sur les mots des EVT, combinées aux prépositions temporelles, mais cela n'a permis aucune amélioration.
- Caractéristiques contextuelles :
  - La distance entre les deux EVT de la relation ;
  - La présence de prépositions temporelles ou non entre EVT ;
  - Le nombre d'autres EVT entre les deux ;
  - Pour les paires d'événements dans une même phrase, les dépendances syntaxiques obtenues par l'analyseur syntaxique Charniak McClosky converties en dépendances de Stanford ;
  - Des combinaisons de ces traits, par exemple *<type-EVT-source, dépendance-syntaxique, type-EVT-cible>*, où les types associés à *source* et *cible* sont les catégories i2b2 *(clinical department, evidential, occurrence, problem, test, treatment ; date, duration, frequency, time)*.

**Absence de relation et fermeture transitive.** La définition de la tâche implique que les annotations manuelles sont incomplètes : certaines instances positives des relations temporelles peuvent être inférées par une fermeture transitive depuis les annotations fournies par la référence, et ne doivent donc pas être considérées comme des exemples négatifs. Lors de l'apprentissage, nous avons donc appliqué, comme Mani *et al.* (2006), une fermeture transitive de toutes les relations temporelles avec l'outil Sputlink (Verhagen et Pustejovsky, 2008), les liens produits étant alors utilisés comme des instances positives. Le produit croisé des EVT de chaque document a servi à générer un ensemble complet de relations temporelles candidates, duquel les instances positives ont été retirées de manière à générer un ensemble d'instances négatives. La fermeture transitive n'a en revanche pas été appliquée lors de l'application sur les corpus d'apprentissage et de test des modèles ainsi obtenus.

**Différents classifieurs.** Les résultats de Costa et Branco (2013) montrent que les meilleurs résultats dans chaque situation sont obtenus par différents classifieurs (dans leur cas, tables de décision, arbre de décision, JRip, K étoile, classifieur bayésien naïf). Le classifieur à arbres de décision J48, implémenté dans Weka à partir de l'algorithme C4.5, a obtenu dans notre cas les meilleurs résultats. Nous avons également évalué les résultats obtenus par d'autres classifieurs (bayésien naïf, séparateur à vaste marge (LibSVM), k plus proches voisins, régression logistique (MaxEnt), forêt d'abres décisionnels) pour les principales situations [1]. Nous avons retenu le meilleur classifieur pour chaque situation et appliqué ce classifieur dans chaque instance de la situation correspondante. Nous avons également testé une combinaison des classifieurs par un vote, en utilisant la moyenne de leurs confiances respectives comme opérateur de combinaison.

Sachant qu'une relation temporelle prédite par un classifieur (ou inférée par la fermeture transitive) peut entrer en contradiction avec une relation précédemment prédite, nous avons traité les situations par ordre décroissant de leur précision sur le jeu d'apprentissage. En cas d'incohérence, de manière similaire à (Mani *et al.*, 2007), la nouvelle relation prédite est écartée.

**Décisions à base de règles.** Certaines relations peuvent être identifiées à partir de simples règles : l'admission est avant la sortie, la date et les événements liés à l'admission se chevauchent.

# 3 Évaluation et discussion

Le corpus d'apprentissage comprend 190 comptes rendus contre 120 dans le corpus de test. Les objectifs du défi (Sun *et al.*, 2013) concernent l'identification de six types d'événements *(département clinique, preuve, occurrence, problème, examen, traitement)*, les expressions temporelles *(Timex3 : date, durée, fréquence, heure)* et les relations temporelles (*Tlinks* : de type BEFORE, OVERLAP ou AFTER). Nous ne considérons que les relations temporelles dans cet article. Les mesures d'évaluation utilisées sont décrites par Sun *et al.* (2013).

La figure 3 (gauche) [2] représente le rappel oracle (*RO*) dans chaque situation du corpus d'apprentissage, par ordre décroissant, sur une échelle semi-logarithmique. Les situations les plus contributives ($RO > 0,01$) concernent trois situations intra-phrase (SS-*, somme $RO = 0,48$), quatre situations en lien avec les dates d'admission ou de sortie (*-AD-HPI, *-DD-HC, somme $RO = 0,31$), une situation entre deux phrases successives (S1-NTB-EVENT-EVENT, $RO = 0,04$), la co-référence (SAME-TEXT, $RO = 0,02$), et une relation à plus longue distance entre événements durant le séjour hospitalier (NTB-EVENT-EVENT-HC-HC, $RO = 0,01$). Nous nous sommes intéressés aux huit premières, abandonnant ainsi un rappel de 0,17 (dont les situations « autres », $RO = 0,07$). Nous avons par ailleurs constaté que la situation EVENT-TIMEX3-AD-HPI pouvait

1. Nous avons fait face à une limitation technique dans l'usage de la régression logistique de Weka, dont le nombre d'attributs de type « mots de l'EVT » a dépassé les capacités. Nous l'avons donc utilisée sans cet attribut.

2. La lecture de cette figure sur impression papier donne une idée générale de la distribution observée, son examen détaillé est possible lors de sa lecture à l'écran, où un facteur de grandissement peut être appliqué.

obtenir une bonne précision et l'avons ajoutée à l'ensemble des huit situations conservées.

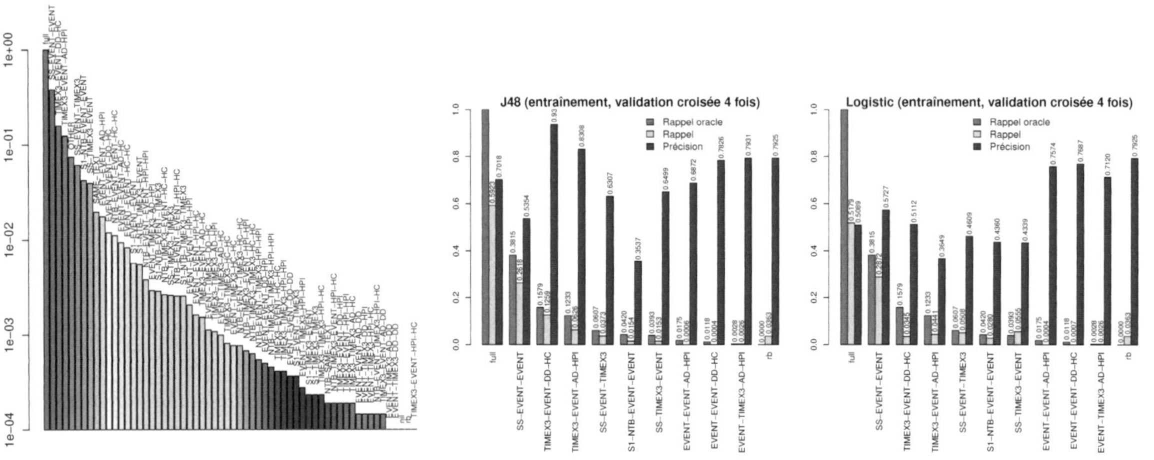


FIGURE 3 – Rappel oracle dans chaque situation du corpus d'apprentissage par ordre décroissant (gauche), performance de J48 sur les 9 meilleures situations (centre), performance de la régression logistique sur les 9 meilleures situations (droite).

La figure 3 montre également les performances des classifieurs par arbres de décision J48 (centre) et par régression logistique (droite) dans chacune de ces neuf situations, auxquelles nous avons ajouté les décisions à base de règles *(rb, rule-based)* et le total *(full)*. La précision de J48 est généralement bonne (moindre dans une même phrase). Grâce au rappel oracle, nous constatons que son rappel est bon sur TIMEX3-EVENT-DD-HC et modéré sur SS-EVENT-EVENT et TIMEX3-EVENT-AD-HPI. La distance avec le rappel oracle étant importante dans ces deux cas (resp. 10 points pour Logistique et 6 points pour J48), une étude complémentaire est indiquée dans ces deux situations. La régression logistique obtient une précision plus basse et un meilleur rappel que J48 pour les situations dans une même phrase, mais est moins bon sur les liens entre date d'admission ou de sortie (AD ou DD) et les événements des autres sections (HPI ou HC).

Une interprétation de la bonne performance des arbres de décision est qu'ils ont la capacité de construire des conjonctions de caractéristiques, utiles pour ces situations, alors que la régression logistique ne permet pas de le faire (elle permet seulement d'ajouter les scores obtenus individuellement par chaque caractéristique, mais pas de produire d'elle-même une conjonction de caractéristiques qui obtiendrait un score plus important que cette somme). La construction a priori de telles caractéristiques combinées a augmenté les scores de ces autres classifieurs. Nous avons également testé un séparateur à vaste marge (LibSVM), mais il n'a pas montré de performances compétitives dans les situations testées. Les forêts d'arbres aléatoires semblent plus robustes pour les situations avec un faible nombre d'instances.

Le tableau 1 contient les résultats obtenus par l'étude systématique de ces situations, examinant initialement 20 situations (avant étude du rappel oracle) puis les 9 plus productives. Toutes nos études ont été réalisées sur le corpus d'apprentissage avec une validation croisée (mais seulement en quatre parties du fait du temps élevé d'apprentissage). Grâce à ces précautions, toutes les améliorations réalisées lors de l'optimisation sur le corpus d'apprentissage ont également été reportées sur le corpus de test.

Utiliser les mots de l'EVT comme caractéristiques (mention « mots » dans le tableau) a géné-

| | | Apprentissage (v-c 4 fois) | | | Corpus de test | | | |
|---|---|---|---|---|---|---|---|---|
| #S | Classifieur | P | R | F | P | R | F | Delta |
| 9 | Sel[P] (mots) | 0.711 | 0.628 | 0.667 | **0.655** | 0.594 | **0.623** | -0.044 |
| 9 | C | 0.652 | 0.663 | 0.658 | 0.602 | 0.631 | 0.616 | -0.042 |
| 9 | j48 | 0.702 | 0.592 | 0.642 | 0.661 | 0.555 | 0.603 | -0.039 |
| 9 | rf (mots) | 0.661 | 0.591 | 0.624 | 0.628 | 0.557 | 0.590 | -0.034 |
| 9 | rf | 0.624 | 0.573 | 0.598 | 0.580 | 0.549 | 0.564 | -0.034 |
| 9 | nb (mots) | 0.569 | 0.581 | 0.575 | 0.390 | 0.520 | 0.445 | -0.129 |
| 9 | logistic | 0.509 | 0.518 | 0.513 | 0.345 | 0.470 | 0.398 | -0.115 |
| 9 | nb | 0.478 | 0.537 | 0.506 | 0.331 | 0.454 | 0.383 | -0.123 |
| 20 | Sel[F] | | | | 0.601 | **0.615** | **0.608** | |
| 20 | vote | | | | 0.654 | 0.549 | 0.597 | |
| 20 | j48 | | | | 0.644 | 0.532 | 0.583 | |
| 20 | LibSVM | | | | **0.659** | 0.511 | 0.576 | |
| 20 | rf | | | | 0.589 | 0.522 | 0.553 | |

Légende : v-c=validation croisée ; #S=nombre de situations, P=précision, R=rappel, F=F-mesure, Delta=différence en F-mesure entre le corpus de test et celui d'apprentissage. Sel=Sélection des différents classifieurs pour chaque section, en optimisant la précision [P] ou la F-mesure [F]. rf=forêt aléatoire, nb=bayésien naïf. Le vote (moyenne des prédictions) combine J48, LibSVM, forêt aléatoire, k plus proches voisins, et bayésien naïf. Mots=incluant les mots de l'EVT comme caractéristiques. Les 9 situations sont ordonnées par précision décroissante, les 20 situations sont ordonnées approximativement. Les cellules vides renvoient à des données non disponibles.

TABLE 1 – Résultats globaux sur les relations temporelles.

ralement amélioré les résultats des classifieurs (sauf pour J48) ; l'impossibilité d'utiliser ces caractéristiques pour la régression logistique dans Weka en a certainement limité les performances. Nous comptons donc tester un autre classifieur à maximum d'entropie.

Nous avons commencé l'étude des situations qui ont un rappel oracle plus faible, mais jusqu'ici les augmentations de rappel n'ont pas compensé les pertes de précision associées. La recherche de nouvelles caractéristiques constitue une piste complémentaire à explorer.

# 4 Conclusion

Dans cet article, nous avons montré comment une étude systématique des situations où l'on peut rencontrer des relations temporelles dans des comptes rendus hospitaliers, incluant le calcul du rappel oracle de ces situations et une comparaison de différents classifieurs, nous a permis d'obtenir des résultats sensiblement meilleurs que ceux obtenus sans effectuer cette étude.

Plusieurs pistes d'amélioration existent. En particulier, formaliser des caractéristiques supplémentaires dédiées à chaque situation et utiliser des implémentations de classifieurs qui passent à l'échelle devraient améliorer nos performances. Au lieu d'une procédure de décision gloutonne, une procédure de décision globale pourrait être implémentée pour étudier le graphe de toutes les relations temporelles prédites, y compris les relations en conflit, en tenant compte de la confiance de leur prédiction, et devrait permettre la sélection d'un sous-graphe cohérent avec un score de prédiction global optimal. En ce sens, Costa et Branco (2013) proposent d'utiliser les informations produites dans les situations déjà traitées pour prédire les relations temporelles dans le reste des situations à traiter. Enfin, la caractérisation du rappel oracle nous a permis de mettre en évidence les directions à améliorer : les relations à l'intérieur d'une phrase et la mise en relation avec la date d'admission des événements de l'histoire de la maladie.

## Remerciements

Ce travail a été partiellement réalisé dans le cadre du programme Quaero, financement Oseo (agence nationale de valorisation de la recherche) et du projet Accordys (ANR-12-CORD-0007-03). Les données médicales proviennent du consortium Informatics for Integrating Biology to the Bedside (i2b2) grâce aux financements 2U54LM008748 du NIH/National Library of Medicine (NLM), National Heart, Lung and Blood Institute (NHLBI), et 1R13LM01141101 du NIH/NLM.

## Références

COSTA, F. et BRANCO, A. (2013). Temporal relation classification based on temporal reasoning. *In Proc International Workshop on Computational Semantics*, Potsdam, Allemagne. ACL SIGSEM.

GROUIN, C., GRABAR, N., HAMON, T., ROSSET, S., TANNIER, X. et ZWEIGENBAUM, P. (2012). A tale of temporal relations between clinical concepts and temporal expressions : towards a representation of the clinical patient's timeline. *In* UZUNER, O., SUN, W. et RUMSHISKY, A., éditeurs : *i2b2/VA Workshop Proc*, Chicago, IL. i2b2. 9 pages.

HARKEMA, H., SETZER, A., GAIZAUSKAS, R. et HEPPLE, M. (2005). Mining and modelling temporal clinical data. *In The UK e-Science All Hands Meeting Proc*, pages 507–514.

MANI, I., VERHAGEN, M., WELLNER, B., LEE, C. M. et PUSTEJOVSKY, J. (2006). Machine learning of temporal relations. *In Proceedings of the 21st International Conference on Computational Linguistics and 44th Annual Meeting of the Association for Computational Linguistics*, pages 753–760, Sydney, Australia. Association for Computational Linguistics.

MANI, I., WELLNER, B., VERHAGEN, M. et PUSTEJOVSKY, J. (2007). Three approaches to learning TLINKs in TimeML. Technical Report CS-07-268, Brandeis University.

SAVOVA, G., BETHARD, S., STYLER, W., MARTIN, J., PALMER, M., MASANZ, J. et WARD, W. (2009). Towards temporal relation discovery from the clinical narrative. *In AMIA Annu Symp Proc*, pages 568–572.

SUN, W., RUMSHISKY, A. et UZUNER, O. (2013). Evaluating temporal relations in clinical text: 2012 i2b2 challenge overview. *J Am Med Inform Assoc*. Soumis.

VERHAGEN, M. et PUSTEJOVSKY, J. (2008). Temporal processing with the TARSQI toolkit. *In Coling Proc*, pages 189–192. Démonstration.

VERHAGEN, M., SAURI, R., CASELLI, T. et PUSTEJOVSKY, J. (2010). Semeval-2010 task 13 : Tempeval-2. *In Proceedings of the 5th International Workshop on Semantic Evaluation*, pages 57–62, Uppsala, Sweden. Association for Computational Linguistics.

ZHOU, L., MELTON, G., PARSONS, S. et HRIPCSAK, G. (2006). A temporal constraint structure for extracting temporal information from clinical narrative. *J Biomed Inform*, 39(4):424–439.

# Similarité de second ordre pour l'exploration de bases textuelles multilingues

Tulechki Nikola[1,2] Tanguy Ludovic[1]
(1) CLLE-ERSS : CNRS et Université de Toulouse 2, 5 allées Antonio Machado, 31058 Toulouse CEDEX 9
(2) Conseil en Facteurs Humains, 4 impasse Montcabrier, 31500 Toulouse
{tanguy,tulechki}@univ-tlse2.fr

RÉSUMÉ

Cet article décrit l'utilisation de la technique de *similarité de second ordre* pour l'identification de textes semblables au sein d'une base de rapports d'incidents aéronautiques mélangeant les langues française et anglaise. L'objectif du système est, pour un document donné, de retrouver des documents au contenu similaire quelle que soit leur langue. Nous utilisons un corpus bilingue aligné de rapports d'accidents aéronautiques pour construire des paires de pivots et indexons les documents avec des vecteurs de similarités, tels que chaque coordonnée correspond au score de similarité entre un document dans une langue donnée et la partie du pivot de la même langue. Nous évaluons les performances du système sur un volumineux corpus de rapports d'incidents aéronautiques pour lesquels nous disposons de traductions. Les résultats sont prometteurs et valident la technique.

ABSTRACT

**Second order similarity for exploring multilingual textual databases**

This paper describes the use of *second order similarities* for identifying similar texts inside a corpus of aviation incident reports written in both French and English. We use a second bilingual corpus to construct pairs of reference documents and map each target document to a vector so each coordinate represents a similarity score between this document and the part of the reference corpus written in the same language. We evaluate the system using a large corpus of translated incident reports. The results are promising and validate the approach.

MOTS-CLÉS : similarité de second ordre, multilingue, ESA.

KEYWORDS: second order similarity, multilingual, ESA.

## 1 Introduction et contexte applicatif

Dans toute industrie à risque, le retour d'expérience (REX) occupe une place capitale dans les mécanismes de gestion de la sûreté. Des politiques de recueil, d'analyse et de stockage sont mises en place afin de garder une trace de tout événement qui s'écarte de la norme, de tout incident ou accident qui survient lors des opérations. Les informations ainsi recueillies servent ensuite de support aux experts de sûreté pour mettre à jour les règles et les procédures d'exploitation en les adaptant à un contexte en perpétuelle évolution.

L'aviation civile est sans doute le secteur dans lequel les politiques de recueil sont les plus avancées et il n'est pas rare que les bases de REX regroupent plusieurs centaines de milliers de rapports.

Les stratégies d'exploitation actuelles, basées sur la codification manuelle de chaque rapport s'avèrent insuffisantes, à cause d'un codage souvent incomplet et hétérogène (Tulechki et Tanguy, 2012). De ce fait, proposer aux experts des outils facilitant l'accès à l'information contenue dans la partie textuelle des rapports est devenu capitale (Tulechki, 2011). Plus précisément encore, l'un des moyens privilégiés d'exploitation de ce type de base par des experts consiste à partir d'un événement particulier et à rechercher des cas similaires afin de faire émerger de nouveaux risques non encore identifiés (et codés).

Cependant, compte tenu du caractère intrinsèquement international de l'activité, les informations dans les bases sont souvent écrites dans des langues différentes, ce qui complique considérablement leur exploitation de manière outillée. Notre objectif est donc de concevoir un système capable de calculer la similarité textuelle entre deux textes, quelle que soit la langue dans laquelle ils sont écrits. Afin que le traitement de plusieurs langues soit possible les textes doivent d'abord être ramenés à une représentation commune. Traditionnellement ceci implique l'utilisation de techniques de traduction automatique (TA). Dans notre cas la TA n'est pas envisageable puisque que les systèmes de TA disponibles ne sont pas adaptés aux particularités stylistiques du langage technique de l'aviation. Pour ces raisons nous nous sommes tournés vers la *similarité de second ordre*, qui pour une implémentation multilingue ne nécessite pas d'autres ressources qu'un corpus aligné servant d'intermédiaire (Claveau, 2012).

Dans un premier temps nous présenterons les principes généraux d'approche par similarité de second ordre monolingue ainsi que son application dans des contextes multilingues. Ensuite nous détaillerons notre expérience sur un corpus spécialisé multilingue.

# 2 Similarité textuelle

## 2.1 Similarité de premier ordre

Calculer la similarité textuelle revient à attribuer un score représentant le degré de ressemblance entre deux textes en se basant sur leur taux de recouvrement lexical. Aujourd'hui encore le modèle vectoriel (Salton *et al.*, 1975) est le plus couramment utilisé. Le score de similarité est obtenu en calculant le recouvrement (généralement par une mesure de type cosinus) entre deux vecteurs dans un espace à $n$ dimensions correspondant aux termes présents dans la collection. Compte tenu du fait que les documents sont rapprochés grâce aux termes qu'il partagent, cette approche est particulièrement sensible à la variation lexicale. Deux documents qui traitent du même sujet, mais y réfèrent avec des synonymes ne seront pas rapprochés par le calcul et les techniques existantes bien connues, visant à en assurer le rapprochement, reposent classiquement sur des ressources lexicales coûteuses à développer et à maintenir dans le cadre d'un domaine très spécialisé. Cette similarité est dite de *premier ordre* dans la suite de cet article.

## 2.2 Similarité de second ordre

### 2.2.1 Principe de base

De multiples techniques cherchant à représenter plus fidèlement les textes en fonction de leur contenu et à maîtriser les incohérences dues à la variation lexicale ont vu le jour. Une en particulier, mise au point par Gabrilovich et Markovitch (2007) consiste à calculer une similarité de premier ordre entre chaque document de la collection et un ensemble de $n$ documents pivots arbitraires extérieures à cette collection. Les scores forment par la suite un vecteur de $n$ dimensions qui est utilisé pour représenter le document. La similarité est ensuite calculée de manière standard en comparant les vecteurs des documents dans ce nouvel espace (voir figure 1).

L'implémentation originelle, appelée ESA [1] a été évaluée sur un corpus de paires de textes sur lesquels un jugement de similarité avait été donné par des annotateurs humains. Le système atteint des performances supérieures à la fois à la similarité de premier ordre et aux techniques de réduction de dimensions comme la LSA/LSI.

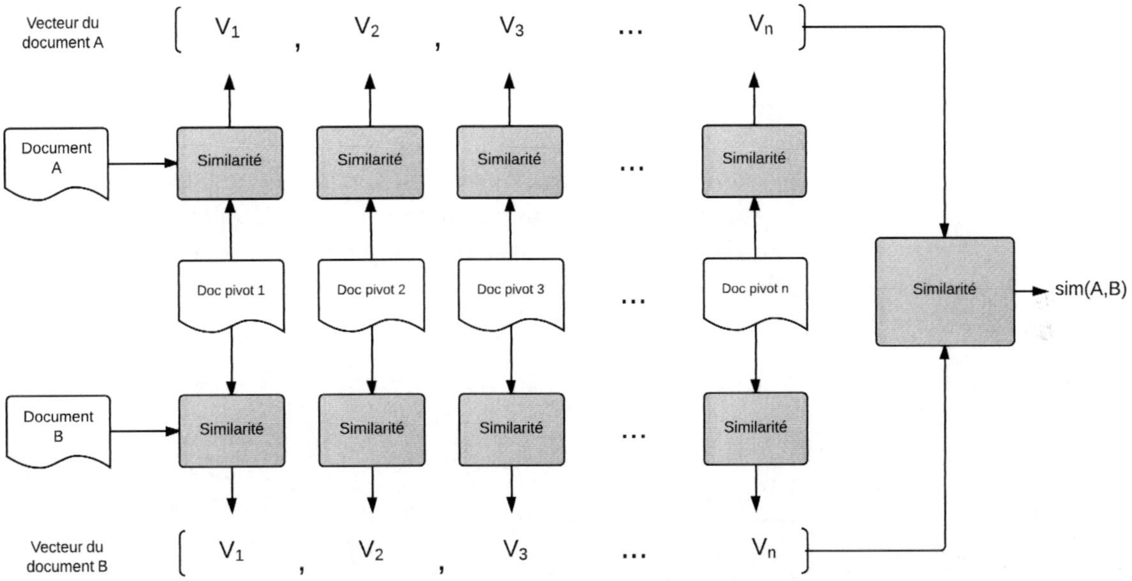


FIGURE 1 – Principe de la similarité de second ordre

On voit bien que le contenu des deux documents n'est pas indexé directement. Cette technique permet donc de traiter des documents en évitant de se baser sur le partage de termes.

### 2.2.2 Le choix des pivots

Originellement l'ESA utilise des articles de Wikipédia comme documents pivots. Ses auteurs insistent sur l'apport en terme de connaissances de leur choix et l'importance du fait que l'espace ainsi construit est déterminé par rapport aux "concepts naturels" définis par les rédacteurs de l'encyclopédie. Le caractère "explicite" [2] permet en effet que chacune des dimensions soit directement interprétable. Il s'en est suivi qu'une partie considérable de la recherche dans ce domaine s'est centrée sur les stratégies d'exploitation de la catégorisation de Wikipédia afin de construire des pivots en concaténant des articles en fonction de leur place dans la hiérarchie.

Cependant Claveau (2012) a démontré que la similarité de second ordre peut être efficace sans obligatoirement se baser sur une ressource structurée. En utilisant des textes tout-venants comme

1. Explicit Semantic Analysis
2. Les auteurs ont sans doute choisi cette dénomination pour se différencier des "concepts implicites" formés par les méthodes de réduction de dimensions.

pivots, il a évalué la technique sur des tâches de RI et de fouille de texte en obtenant à chaque fois des résultats encourageants.

La question du choix des pivots pour le traitement des textes d'un domaine spécialisé ne s'est pas encore posée dans la littérature. Néanmoins, il semble évident que compte tenu du fonctionnement de la similarité de second ordre, utiliser des pivots issus du même domaine est préférable. Des pivots inadaptés aux documents traités peuvent à la fois engendrer du bruit et du silence ; indexer un rapport d'accident aéronautique en utilisant sa similarité (ou plutôt sa différence) avec l'article Wikipédia sur Walt Disney ne semble guère distinctif. Pire encore, un terme spécifique contenu dans les documents mais absent des pivots sera perdu à jamais du point de vue du calcul.

## 2.3 Application inter-langue

L'adaptation de la similarité de second ordre à un contexte multilingue est relativement simple. L'espace dans lequel sont représentés les documents étant indépendant[3] de la langue, tout document peut y être représenté. Pour cela il suffit d'utiliser comme pivots des paires de documents traduits dans plusieurs langues afin de pouvoir calculer les similarités de premier ordre avec la partie de la collection écrite dans la même langue que le document (voir figure 2).

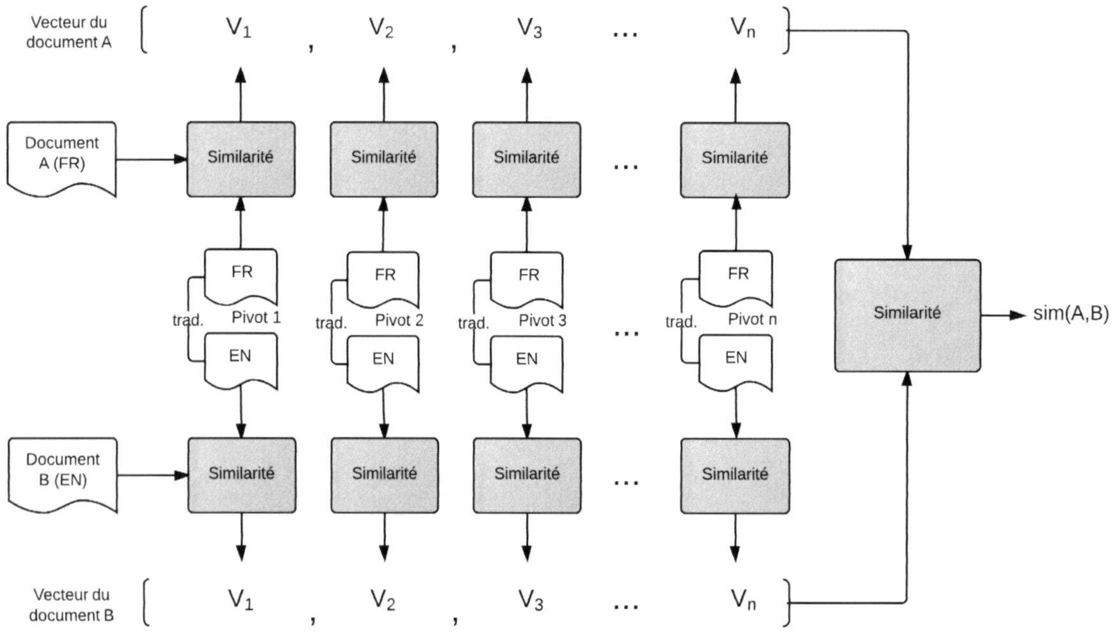


FIGURE 2 – Similarité de second ordre inter-langue

Sorg et Cimiano (2012) ont appliqué l'ESA à plusieurs langues. Pour cela ils construisent des ensembles de pivots en exploitant les liens de traduction présents dans Wikipédia. Si le $n$-ème pivot correspond au concept *Hôpital*, la $n$-ème coordonnée des vecteurs des documents en anglais

3. Par comparaison à l'espace des termes pour la similarité de premier ordre.

correspondra à la similarité entre le document et l'article *Hospital* de la version anglaise de l'encyclopédie ainsi que la même coordonnée d'un document en allemand correspondra à la similarité entre le document et l'article *Krankenhaus* de la version allemande. Les documents sont ainsi représentés dans le même espace et une similarité peut être calculée à la fois entre documents d'une même langue et de langues différentes.

Afin d'évaluer le système les auteurs utilisent un corpus parallèle de documents législatifs traduits dans plusieurs langues et la tâche de *recherche de partenaire* [4]. Étant donné un document dans une langue donnée, la tâche consiste à retrouver ses traductions (partenaires) parmi les documents de la base. Comme mesure, les auteurs utilisent le *rappel au rang k* (R@k), qui consiste à chercher le partenaire parmi les *k* documents les plus similaires retournés par le système. Un R@10 de 1 signifie que pour tout document, sa traduction se trouve dans les 10 premiers documents. Ce score repose sur l'hypothèse qu'un système performant doit maximiser la similarité entre un document et sa traduction. Lors de l'évaluation de leur système, Sorg et Cimiano (2012) atteignent un R@10 variant entre 0,27 et 0,51.

Une méthode similaire à été également utilisée pour la clusterisation de documents multilingues (Kiran Kumar *et al.*, 2011), toujours en utilisant la Wikipédia comme corpus pivot.

# 3 Application à un domaine spécialisé

Notre système s'inspire des travaux cités précédemment afin d'adapter la technique à un corpus de rapports d'incidents aéronautiques écrits en français et en anglais. Nous utilisons deux corpus distincts :

Pour les pivots, nous utilisons un corpus de rapports d'accidents du Bureau de la Sécurité des Transports du Canada [5]. Ces documents longs de plusieurs pages existent systématiquement en anglais et en français et décrivent de façon exhaustive l'analyse d'un accident aéronautique. Afin d'obtenir un nombre suffisant de pivots, nous les découpons en paragraphes [6] que nous alignons entre les deux langues en nous basant sur l'isomorphie de leurs structures HTML. Ce découpage permet d'obtenir 10032 paires de pivots à partir de 390 paires de documents.

A des fins d'évaluation, nous utilisons un second corpus de rapports d'incidents issu de la base CADORS [7] qui contient des rapports volontairement soumis aux autorités de régulation de l'aviation canadienne. Ces documents d'une centaine de mots en moyenne résument un incident aéronautique. Ils sont très semblables aux textes des autorités de contrôle françaises auxquelles notre système est destiné. Compte tenu de la réglementation canadienne, comme pour le corpus des pivots, les rapports québécois sont systématiquement traduits et nous pouvons donc procéder à une évaluation par la tâche de *recherche de partenaire*. Au total le corpus d'évaluation comporte 9217 documents bilingues comme ceux présentés en exemple en table 1.

4. *mate retrieval*
5. `http://www.bst-tsb.gc.ca/fra/rapports-reports/aviation/index.asp`
6. Nous avons choisi ce niveau de grain, afin d'obtenir suffisamment de pivots pour un bon fonctionnement du système.
7. Civil Aviation Daily Occurrence Reporting System. `http://wwwapps.tc.gc.ca/Saf-Sec-Sur/2/cadors-screaq/`

| | |
|---|---|
| CRQ590M, a Beech A100 operated by Air Creebec as flight number CRQ590, was on an IFR MEDEVAC flight from Chibougamau/Chapais (CYMT) to Montréal/Trudeau (CYUL). At 1535Z, the crew was instructed to conduct a missed approach for Runway 06R due to the presence of C FFWJ, an Airbus A-320 operated by Air Canada as flight number ACA407, which was lined up for departure and which had a mechanical problem. CRQ590 eventually landed without incident at 1546Z. | CRQ590M, un Beech A100 exploité par Air Creebec sous l'indicatif de vol CRQ590, effectuait un vol d'évacuation médicale selon les règles de vol aux instruments (IFR) depuis Chibougamau / Chapais (CYMT) à destination de Montréal/Trudeau (CYUL). À 1535Z, l'équipage a reçu l'instruction d'interrompre son approche pour la piste 06 droite en raison de la présence de C-FFWJ, un Airbus A-320 exploité par Air Canada sous l'indicatif de vol ACA407 qui était aligné au départ et qui avait un problème mécanique. CRQ590 a finalement atterri sans encombre à 1546Z. |

TABLE 1 – Exemple de rapport d'incident et sa traduction

# 4 Architecture du système

**Prétraitements et normalisation**

Nous utilisons pour le prétraitement des corpus (documents-pivots et corpus d'évaluation) des outils génériques disponibles pour le langage Perl. La segmentation est ainsi faite par un simple *tokeniseur* [8] basé sur des expressions régulières. Nous appliquons ensuite le raciniseur *Snowball* [9] et un anti-dictionnaire standard. Vu que les corpus sur lesquels nous travaillons sont souvent de mauvaise qualité, comportant de nombreux documents écrits entièrement en majuscules, nous normalisons la casse et supprimons les accents pour le français.

**Pondération et calcul de similarité**

Afin de prendre en compte l'importance relative des termes dans les documents nous utilisons un schéma de pondération proposé par Turney et Pantel (2010) : la *Positive Pointwise Mutual Information* pour la similarité entre les documents et les pivots. Les vecteurs de second ordre ne sont pas pondérés : tous les documents-pivots ont un poids identique pour le calcul de la similarité (basé sur une mesure cosinus).

**Élagage**

Contrairement aux vecteurs de premier ordre, très creux par définition, les vecteurs de second ordre sont systématiquement pleins. Ceci alourdit considérablement le calcul et pour cette raison nous appliquons un seuil minimum arbitraire de 0,05 et ramenons tout score inférieur à ce seuil à zéro. Cette opération laisse des vecteurs de second ordre relativement creux avec en moyenne 45 valeurs non-nulles (sur 10000) par document.

# 5 Évaluation

Afin d'évaluer le système, nous avons appliqué la tâche de *recherche de partenaire* au corpus issu de la base CADORS cité ci-dessus.

8. http://search.cpan.org/~dami/Search-Tokenizer-1.01/lib/Search/Tokenizer.pm
9. http://search.cpan.org/~creamyg/Lingua-Stem-Snowball-0.952/lib/Lingua/Stem/Snowball.pm

Lors de nos premiers tests, nous avons trouvé que pour certains rapports, le partenaire (*i.e.* sa traduction) se trouvait très loin dans la liste des résultats, dans certains cas à un rang supérieur à 500. Nous avons regardé les rapports en question et nous nous sommes aperçus que le corpus contenait des séries de rapports très similaires, au point de poser la question des limites de l'intérêt de l'analyse de similarité pour certains textes. En effet, à cause de la nature réglementaire du signalement d'incidents aéronautiques, certains problèmes courants sont systématiquement rapportés *via* des textes standardisés selon un schéma commun [10]. Il apparaît clairement que les seules différences entre les documents de ces séries sont des codes, des nombres et éventuellement des noms de villes à priori absents des pivots et dont l'impact sur la similarité est nul. Retrouver la traduction au sein de la série repose par contre uniquement sur ces éléments, ce qui explique le problème rencontré. Si notre méthode est inadaptée à ces cas particuliers, ils peuvent être traités par des méthodes de surface simples.

Nous avons décidé de ne pas les prendre en considération en les identifiant en calculant pour chaque document la similarité moyenne des 100 premiers rapports similaires. Si cette moyenne dépassait 0,95, nous considérons que le rapport en question est un texte préformaté et l'excluons du corpus d'évaluation. Au total 823 paires de documents ont été exclues.

Le corpus final d'évaluation comporte donc 16788 documents monolingues, de façon à ce que la traduction de chacun soit aussi présente dans la base. Nous avons procédé à la tâche de recherche du partenaire pour la totalité du corpus et calculé le R@k pour les rangs 1, 10 et 100, séparément pour les documents en français et en anglais en ne prenant en compte que les documents retournés qui ne sont pas de la même langue que le document source. Les résultats sont résumés dans la table 2.

| | FR | EN |
|---|---|---|
| R@1 | 0,43 | 0,45 |
| R@10 | 0,71 | 0,74 |
| R@100 | 0,90 | 0,94 |

TABLE 2 – Résultats de la recherche de partenaire

Comme nous pouvons le voir, les résultats sont encourageants et valident cette approche, au même niveau pour les deux langues. Dans plus de 40% des cas, la traduction est bien le document le plus similaire retourné par le système. Dans plus de 70% des cas, la traduction se situe dans les 10 documents les plus similaires.

# 6 Conclusion et perspectives

Nous avons présenté une approche permettant de calculer la similarité entre documents de langues différentes issues d'un domaine spécialisé que nous avons évaluée sur un grand corpus de documents réels, semblables aux documents auxquels le système est destiné. Cette expérience permet de valider la méthode et nous encourage à nous intéresser davantage aux particularités de ce type de calcul.

10. Les deux courts rapports ci-dessous exemplifient ce fait :
A :"*La station radio d'aéroport communautaire (CARS) de Waskaganish (CYKQ) n'a pas assuré les services de météo et de radio d'aérodrome entre 1300Z et 2100Z.*"
B :"*La station radio d'aéroport communautaire (CARS) d'Inukjuak (CYPH) n'a pas assuré les services de météo et de radio d'aérodrome entre 1130Z et 2130Z.*"

Puisque la méthode est basée sur une similarité classique de premier ordre (entre les documents-cibles et les pivots), il est logique que le paramétrage de cette dernière influence les performances. L'expérience présentée dans cet article utilise une chaîne de similarité basique, mais nous explorerons à l'avenir l'apport de traitements linguistiques plus sophistiqués en amont.

Le côté *explicite* de la méthode nous amènera surtout à nous intéresser de près aux documents pivots et à analyser plus précisément leur rôle dans le calcul final du score de similarité. Le fait que nous y avons facilement accès et que les pivots sont interprétables nous permettra de facilement tracer et comprendre les variations du comportement du système avec différents ensembles de documents pivots. Dans cette logique nous poursuivrons les recherches entamées dans Tulechki et Tanguy (2012) visant à identifier les *dimensions de similarité* entre des documents. Si, comme c'est le cas dans les données utilisées, les documents-pivots disposent d'un codage spécifique (méta-données, catégorisation externe, etc.), nous pourrons l'exploiter à la fois pour identifier ces dimensions, mais aussi pour restreindre les pivots en fonction de leurs caractéristiques, et ainsi orienter de façon interactive l'investigation en fonction des facettes exprimées par l'utilisateur.

## Remerciements

Nous tenons à remercier Assaf Urieli de CLLE-ERSS d'avoir adapté son calculateur de similarité aux exigences particulières de cette expérience.

## Références

CLAVEAU, V. (2012). Vectorisation, Okapi et calcul de similarité pour le TAL : pour oublier enfin le TF-IDF. *In Actes de TALN*, pages 85–98, Grenoble.

GABRILOVICH, E. et MARKOVITCH, S. (2007). Computing semantic relatedness using Wikipedia-based explicit semantic analysis. *In Proceedings of IJCAI*, pages 1606–1611, Hyderabad, India.

KIRAN KUMAR, N., SANTOSH, K. G. S. et VARMA, V. (2011). Multilingual document clustering using wikipedia as external knowledge. *In Proceedings of IRFC*, pages 108–117.

SALTON, G., WONG, A. et YANG, C.-S. (1975). A vector space model for automatic indexing. *Communications of the ACM*, 18(11):613—620.

SORG, P. et CIMIANO, P. (2012). Exploiting wikipedia for cross-lingual and multilingual information retrieval. *Data & Knowledge Engineering*, 74(0):26 – 45.

TULECHKI, N. (2011). Des outils de TAL en support aux experts de sûreté industrielle pour l'exploitation de bases de données de retour d'expérience. *In Actes de RECITAL*, Montpellier.

TULECHKI, N. et TANGUY, L. (2012). Effacement de dimensions de similarité textuelle pour l'exploration de collections de rapports d'incidents aéronautiques. *In Actes de TALN*, Grenoble.

TURNEY, P. D. et PANTEL, P. (2010). From frequency to meaning : Vector space models of semantics. *J. Artif. Intell. Res. (JAIR)*, 37:141–188.

# Apprentissage d'une classification thématique générique et cross-langue à partir des catégories de la Wikipédia

François-Régis Chaumartin[1]
(1) Proxem, 19 boulevard de Magenta, 75010 Paris
frc@proxem.com

RESUME

La catégorisation de textes nécessite généralement un investissement important en amont, avec une adaptation de domaine. L'approche que nous proposons ici permet d'associer finement à un texte tout-venant écrit dans une langue donnée, un graphe de catégories de la Wikipédia dans cette langue. L'utilisation de l'index inter-langues de l'encyclopédie en ligne permet de plus d'obtenir un sous-ensemble de ce graphe dans la plupart des autres langues.

ABSTRACT

**Cross-lingual and generic text categorization**

Text categorization usually requires a significant investment, which must often be associated to a field adaptation. The approach we propose here allows to finely associate a graph of Wikipedia categories to any text written in a given language. Moreover, the inter-lingual index of the online encyclopedia allows to get a subset of this graph in most other languages.

MOTS-CLES : catégorisation, apprentissage, recherche d'information, Wikipédia, graphes
KEYWORDS: categorization, machine learning, information retrieval, Wikipedia, graphs

## 1 Présentation et objectifs

La catégorisation[1] est le processus qui consiste à associer à un document donné une ou plusieurs étiquettes prédéfinies. L'objectif d'une catégorisation automatique de textes est d'apprendre à la machine à effectuer cette classification en analysant son contenu. La nature même des catégories prédéfinies varie en fonction des objectifs ; il peut s'agir d'identifier la langue du texte, les thématiques abordées, mais aussi par exemple la priorisation souhaitée pour le traitement du document, ou encore les sentiments exprimés. La difficulté de la tâche varie selon le type et la longueur du document ; un tweet, un email, un article de presse, un document scientifique ou un avis de consommateur ne s'analysent généralement pas de la même façon.

Les étapes opérationnelle préalables à l'apprentissage d'une classification sont le plus souvent : i) la constitution du plan de classement, ii) l'annotation manuelle du corpus d'apprentissage, iii) la définition de caractéristiques linguistiques utilisées par l'algorithme d'apprentissage. Ces opérations peuvent être chronophages ; leur résultat n'est généralement applicable qu'au domaine particulier concerné par les catégories prédéfinies, et aux types de documents représentatifs du corpus d'apprentissage.

---

[1] On parle aussi de classification ; dans le milieu des sondages, on emploie plutôt le terme de codification.

L'approche que nous présentons ici concerne la **catégorisation thématique** ; notre objectif est d'identifier automatiquement les différents sujets dont parle un texte[2]. Notre ambition est double. D'une part, savoir traiter un document tout-venant (sous réserve d'une taille minimale) d'une façon **générique**, c'est-à-dire sans imposer préalablement une phase manuelle d'apprentissage spécifique au domaine ou à la langue du document. D'autre part, être capable de traduire (au moins certaines) des thématiques du document dans d'autres langues que celle du texte d'origine ; l'intérêt de ce point est d'autoriser alors une recherche **cross-langue** des documents associés à une thématique donnée.

## 2 Etat de l'art succinct

Si l'application de l'apprentissage automatique à la catégorisation de textes n'est pas nouvelle, son importance est grandissante. (Sebastiani, 2002) fournit un tableau comparatif des méthodes et applications possibles. (Dasari, Rao, 2012) complète cet état de l'art avec des approches plus récentes et mesure les progrès accomplis en 10 ans.

Une question se pose à propos des plans de classement, généralement définis pour un domaine particulier. Quel jeu d'étiquettes prédéfini serait suffisamment couvrant pour catégoriser d'une façon raisonnablement générique un texte tout venant ? Les catégories de la Wikipédia sont récemment apparues comme une possibilité de tel plan de classement universel. (Schönhofen, 2009) propose ainsi de les utiliser pour effectuer une catégorisation thématique avec un algorithme simple (dont l'implémentation met en œuvre un moteur de recherche) qui se contente d'exploiter les titres et les catégories des articles. Une idée proche est présentée dans (Yun *et al.*, 2011). Les catégories Wikipédia servent aussi de référence dans l'ontologie YAGO (Suchanek *et al.*, 2007).

## 3 Démarche

### 3.1 Utiliser les Wikipédia pour effectuer un apprentissage à large échelle

Les encyclopédies collaboratives Wikipédia figurent parmi les sources ayant de bonnes propriétés pour nous aider à atteindre notre objectif. En mars 2013, elles comptent 41 langues dotées de plus de 100 000 articles, et 70 autres avec au moins 10 000 articles. Ce volume permet de réaliser des apprentissages dans de nombreuses langues, dont certaines sont faiblement dotées en ressources lexicales.

Wikipédia propose différentes formes de structuration de l'information :

- Un article est classé dans une ou plusieurs catégories (en bas de chaque page) ;
- Les articles et catégories portant sur le même sujet, en différentes langues, sont reliés entre eux par l'intermédiaire d'un index interlingue (affiché à gauche) ;
- Les InfoBox présentent des données structurées sur un sujet sous forme de tables préformatées (encadrés placés en haut à droite ou en fin d'article) ;
- Les articles peuvent être rattachés à des portails, c'est-à-dire des regroupements thématiques offrant des points d'entrée dans l'encyclopédie ;
- Chaque article est organisé en sections et sous-sections.

[2] Par opposition à *ce que l'on en dit* ; nous ne chercherons pas ici à faire d'analyse d'opinions, par exemple.

Nous tirons parti notamment des deux premiers points. Les catégories sont organisées selon un graphe orienté au sein duquel une catégorie est reliée à d'autres, plus générales ou plus spécifiques. Par exemple[3], SCIENCE THEORIQUE et INFORMATIQUE sont les deux catégories mères de INFORMATIQUE THEORIQUE, qui possède 21 sous-catégories (ALGORITHMIQUE, CALCULABILITE ...). Par ailleurs, 91 articles (Perceptron, Codage...) sont directement annotés avec (entre autres) la catégorie INFORMATIQUE THEORIQUE.

L'ensemble de ces graphes forme un plan de classement thématique cross-langue à large échelle. L'idée que présentons ici consiste à effectuer un apprentissage sur le contenu textuel des articles annotés par ces catégories. Nous allons mettre en œuvre pour cela des techniques –classiques et éprouvées– de recherche d'information, en stockant les résultats de cet apprentissage dans un moteur de recherche. La catégorisation d'un document revient alors simplement à effectuer une recherche dans l'index créé ; plus précisément, nous utiliserons le texte du document comme requête, et le moteur de recherche renverra comme résultat les catégories jugées les plus pertinentes.

## 3.2 Simplification des graphes de catégories de la Wikipédia

L'apprentissage est effectué sur chaque langue séparément. Nous commençons par charger en base de données la structure[4] fournie par le classique fichier XML d'import[5], pour en faciliter la manipulation ultérieure. Notre traitement commence par restructurer le graphe des catégories. Dans les versions que nous avons utilisées, celui de la Wikipédia en langue anglaise compte par exemple 438 251 sommets reliés par 949 017 arcs ; celui de la Wikipédia française contient 116 158 sommets et 230 217 arcs.

### 3.2.1 Détection et suppression des cycles

Chaque langue est organisée d'une façon spécifique, selon un graphe orienté de catégories qui possède une racine[6] (ou éventuellement plusieurs). La limite pratique des Wikipédia est la bonne volonté (ou la compétence) des internautes qui éditent les articles ; parfois, ils introduisent involontairement des cycles[7] entre catégories. La phase d'apprentissage devra explorer récursivement le graphe des racines jusqu'aux feuilles. Une opération préliminaire consiste donc à détecter puis supprimer ces cycles, de façon à travailler sur un graphe orienté acyclique (*directed acyclic graph* ou DAG en anglais) et éviter les boucles infinies. Nous appliquons pour cela l'algorithme décrit dans (Tarjan, 1972), qui détecte les zones fortement connexes d'un graphe orienté avec une exploration en profondeur à partir des racines.

---

[3] Nous noterons les catégories en petites majuscules plutôt que sous la forme « Catégorie: Libellé ».

[4] Les contenus textuels (balisés en syntaxe MediaWiki) ne sont pas importés pour des raisons de performance, mais l'empan permettant d'y accéder est créé en base de données lors de la lecture du fichier XML.

[5] Les fichiers XML compressés (« *dumps* ») sont téléchargeables sur http://dumps.wikimedia.org/

[6] C'est-à-dire une catégorie plus générale que toutes les autres. En français, elle est unique et s'appelle ARTICLE. Plusieurs racines coexistent pour l'anglais, proposant des organisations différentes ; nous avons choisi de partir de MAIN TOPIC CLASSIFICATIONS mais nous aurions aussi pu retenir FUNDAMENTAL CATEGORIES.

[7] En pratique, ces cycles existent dans les différentes Wikipédia, mais en nombre relativement faible.

La seconde étape consiste à enlever localement un arc jusqu'à supprimer tous les cycles. Le choix de l'arc à enlever a une dimension arbitraire ; nous privilégions ceux qui relient les sommets les plus bas dans la hiérarchie.

### 3.2.2 Suppression des catégories trop fines

Toutes les catégories ne sont pas pertinentes comme résultat d'un système de classification. En effet, beaucoup semblent avoir été créées pour pallier un déficit de structuration de la Wikipédia : par exemple, NAISSANCE PAR VILLE EN FRANCE compte plus de 1 000 sous-catégories correspondant à autant de villes ; CHRONOLOGIE PAR CONTINENT énumère des événements par année avec plus de 500 sous-catégories. Nous commençons par réduire ce graphe avec différentes heuristiques pour simplifier les manipulations informatiques ultérieures ; nous supprimons récursivement comme catégories trop fines :

- Les feuilles du graphe (les nœuds n'ayant pas de catégorie plus spécifique).
- Les catégories servant à annoter trop peu d'articles (10 dans notre expérience).

Lors de ces opérations, les articles directement reliés aux sommets supprimés sont alors annotés avec leur catégorie mère, de façon à préserver l'information correspondante. Au final, nous obtenons un DAG plus compact que celui d'origine (Cf. la table 1).

| | | En français | En anglais |
|---|---|---|---|
| Volumétrie initiale | Nombre de sommets | 116 158 | 438 251 |
| | Nombre d'arcs | 230 217 | 949 017 |
| Volumétrie après simplification | Nombre de sommets | 59 267 | 229 626 |
| | Nombre d'arcs | 125 635 | 535 089 |

TABLE 1 – Volumétrie du graphe de catégories avant et après simplification.

Des heuristiques supplémentaires pourraient s'appliquer, par exemple à travers l'utilisation de patrons morphosyntaxiques pour détecter des noms de catégories particulières. Une catégorie comme NAISSANCE EN [ANNEE] n'est pas forcément pertinente dans notre problématique. Nous avons toutefois renoncé à cette approche, qui imposerait un paramétrage manuel particulier pour chaque langue, ce que nous souhaitons éviter.

## 3.3 Apprentissage par indexation dans un moteur de recherche

### 3.3.1 Principe général

Une fois le graphe simplifié, nous pouvons en indexer le contenu dans un moteur de recherche. L'objectif ici est d'associer à chaque catégorie un sac de mots (ou plus exactement un vecteur termes-fréquences) représentatif. La classification d'un document revient alors à utiliser ses termes comme critères de recherche ; le moteur renverra comme résultat les catégories les plus pertinentes, correspondant le mieux au document.

Notre implémentation met en œuvre le moteur de recherche *open source* Lucene[8]. Il permet d'indexer des textes selon une séquence d'opérations classique en recherche

[8] http://lucene.apache.org/

d'information : segmentation du texte en mots, normalisation de leur casse, suppression des diacritiques, suppression des mots grammaticaux (*stop words*), racinisation (*stemming*) et comptage des termes ; l'un des intérêts de Lucene est de proposer en standard ces opérations pour une trentaine de langues. Le résultat de ce processus est un vecteur des termes représentatifs des articles d'une catégorie, associés à leurs fréquences.

Le graphe simplifié des catégories est d'abord triée par ordre topologique inversé. L'indexation est effectuée avec une exploration récursive remontant des feuilles du DAG jusqu'à la racine. Le vecteur termes-fréquences d'une catégorie est calculé en fusionnant :

- Celui obtenu par le processus d'indexation décrit plus haut, appliqué au texte des articles directement annotés par la catégorie.
- Ceux déjà calculés sur ses $k$ sous-catégories, pondérés par un facteur $1/(k+1)$.

On donne ainsi une importance prédominante aux termes des articles directement liées à la catégorie, tout en conservant la contribution due aux catégories plus spécifiques.

### 3.3.2 Amélioration du processus

Notre implémentation utilisant Lucene, les techniques classiques d'optimisation de moteur de recherche s'appliquent ici. En ce qui concerne la pertinence, une amélioration du mécanisme consiste à indexer aussi les termes composés ; leur utilisation lors de l'indexation et de la recherche améliore la pertinence des résultats, certes au prix d'une augmentation du temps de calcul. Nous utilisons des $n$-grammes[9] en plus des termes simples, avec $n$ inférieur ou égal à 3 dans notre expérience[10].

Vus les volumes de texte manipulés, la taille de l'index Lucene peut devenir très importante (plusieurs giga-octets pour les langues les mieux dotées) ; elle s'accroît encore quand on indexe des $n$-grammes en plus des termes simples. Ce point a un impact direct sur les temps de recherche. De façon à limiter la taille de l'index et améliorer les performances, on peut choisir de ne pas indexer les hapax d'une encyclopédie en une langue donnée ; un examen manuel de l'index de la Wikipédia française montre par ailleurs que ce sont souvent des fautes d'orthographes, ce qui conforte ce choix. On peut aller plus loin dans cette démarche en enlevant les termes qui n'apparaissent que quelques fois dans le corpus. Nous avons retenu, dans notre expérience, les termes apparaissant 3 fois ou plus ; cela peut toutefois diminuer la qualité de l'apprentissage[11].

### 3.3.3 Stockage de l'information de structure du graphe

Chaque enregistrement indexé dans le moteur de recherche correspond à une catégorie Wikipédia donnée. Il contient son titre ainsi que le vecteur des termes qui lui sont associés directement (issus des articles de la catégorie) ou indirectement (via les sous-catégories). L'enregistrement stocke aussi des éléments de structure du graphe :

---

[9] Dans Lucene, les $n$-grammes sont appelés *shingles* (« bardeaux » en français : petites tuiles qui se recouvrent).

[10] Les termes composés les plus fréquents dans Wikipédia sont *championnat du monde*, *jeux olympiques*, *premier ministre* ou *guerre mondiale* en français (*United States*, *London borough*, *United Kingdom* ou *NHL league* en anglais)

[11] Par exemple, la banque grecque *Emporiki* n'apparaissait que deux fois dans la Wikipédia française avant 2008. Cela induisait de mauvaises catégorisations sur des textes courts récents parlant de la crise financière.

- La liste des catégories mères et des sous-catégories au sein d'une langue donnée. Cette information sera utilisée pour afficher le résultat sous forme graphique et aussi pour effectuer un filtrage améliorant la pertinence de la catégorisation.
- Les liens de l'index inter-langues, correspondant aux « traductions » de la catégorie vers les autres Wikipédia. Cette information servira à afficher les résultats d'une catégorisation d'une façon cross-langue.

La complétude de l'index inter-langues est aléatoire ; elle varie énormément en fonction des catégories[12]. Pour celles jugées importantes aux yeux des wikinautes, des liens sont fournis vers un grand nombre de langues ; en revanche, aucun lien n'existera parfois pour une catégorie trop fine ou d'intérêt secondaire.

## 3.4 Catégorisation d'un document

### 3.4.1 Principe

Une fois l'index Lucene constitué, la catégorisation d'un document devient trivialement simple, et revient à faire une recherche en utilisant le texte du document comme critère. Plus précisément, le texte est analysé avec le même processus qui a servi à l'indexation, y compris l'extraction des termes composés. Le vecteur termes-fréquences obtenu est alors utilisé par le moteur de recherche pour trouver les documents de l'index (correspondant aux catégories Wikipédia) les plus proches du texte, avec une pondération TF-IDF[13].

### 3.4.2 Exemple : catégorisation du présent article

Le résultat brut de la recherche est une liste à plat de catégories associées à un score de pertinence. La figure 1 illustre le résultat de la catégorisation thématique obtenue à partir du texte du présent article. Nous obtenons : RECHERCHE D'INFORMATION = 0,258 ; MOTEUR DE RECHERCHE = 0,203 ; MOT-VALISE = 0,198 ; INTELLIGENCE ARTIFICIELLE = 0,186 ; INFORMATIQUE THEORIQUE = 0,183 ; TRAITEMENT AUTOMATIQUE DU LANGAGE NATUREL = 0,173.

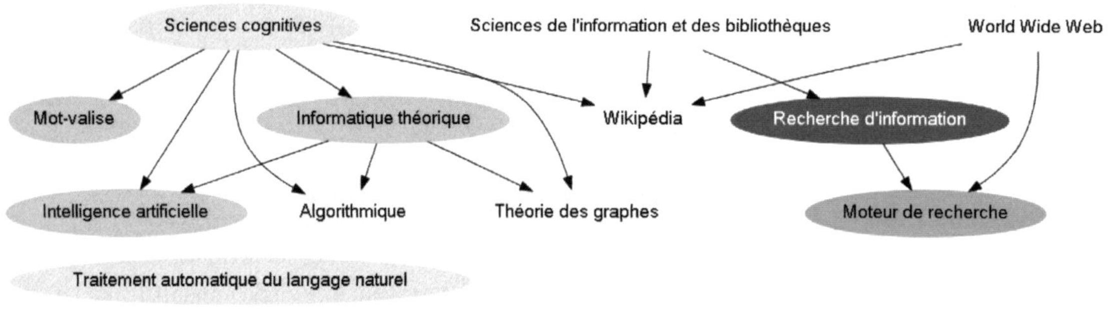


FIGURE 1 – Catégorisation thématique obtenue sur le texte du présent article.

[12] Notons que depuis mars 2013, la Wikipédia en français centralise les liens inter-langues dans Wikidata, une base de données structurée libre. Cela devrait contribuer à élargir et fiabiliser l'index inter-langues.

[13] TF-IDF (*term frequency-inverse document frequency*) est une méthode de pondération classique. Avec cette mesure statistique, le poids d'un terme augmente proportionnellement à son nombre d'occurrences dans le texte à catégoriser. Il varie également en fonction de la fréquence du terme dans l'index des catégories.

Dans les figures présentées ici, ces scores se traduisent visuellement par une couleur de fond d'autant plus sombre que la catégorie est pertinente ; pour les catégories reliées par des arcs, les plus générales s'affichent en haut et les plus spécifiques en bas. La structure locale du graphe (arcs entrants et sortants) est également stockée avec chaque catégorie (Cf. 3.3.3). Nous utilisons cette information pour reconstituer un graphe à partir de la liste à plat produite par le moteur de recherche. Un lecteur humain aura ainsi une visualisation plus riche qu'une simple liste. L'autre intérêt est de tenir compte de la géométrie locale du graphe de catégories pour établir une heuristique de filtrage supplémentaire. Si un sommet isolé ou de degré 1 présente aussi une pertinence trop faible, il est supprimé[14] ; ce filtrage augmente la précision de la catégorisation.

Enfin, les liens de l'index inter-langues permettent de passer sans effort de la figure 1 (en français) aux figures 2 (en anglais) et 3 (en allemand). On remarque que dans les deux cas, on n'obtient qu'un sous-graphe de celui en français. Les catégories MOT-VALISE et ALGORITHMIQUE n'ont pas d'équivalent exact en anglais ; de même, ALGORITHMIQUE manque en allemand, ainsi que TRAITEMENT AUTOMATIQUE DU LANGAGE NATUREL.

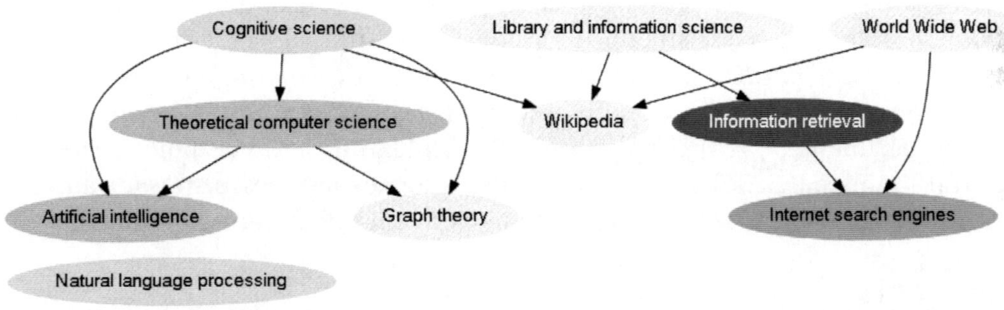


FIGURE 2 – Catégorisation thématique obtenue en anglais sur le texte du présent article.

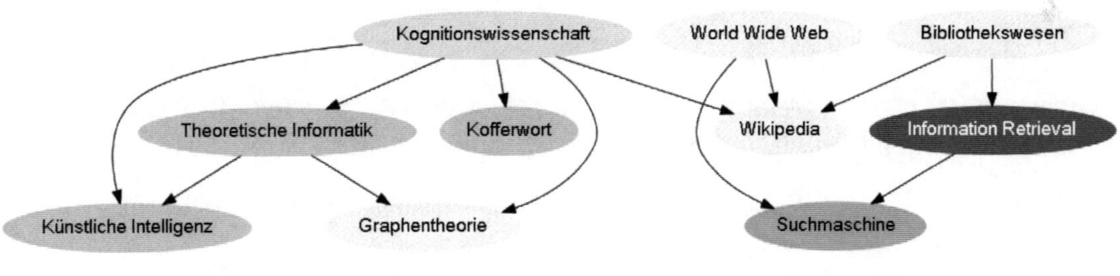


FIGURE 3 – Catégorisation thématique obtenue en allemand sur le texte du présent article.

## 4 Evaluation

Nous avons effectué une mesure préliminaire des résultats de notre algorithme pour prédire les bonnes catégories sur les articles de la Wikipédia française eux-mêmes, en utilisant uniquement leur contenu. Nous avons procédé à une validation croisée en

[14] Le seuil retenu ici est une pertinence inférieure à la moitié de celle de la catégorie la plus pertinente. Dans notre exemple, DEVELOPPEMENT LOGICIEL apparaissait initialement dans le graphe résultat, mais avec une pertinence inférieure au seuil (0,125) et un seul arc (vers ALGORITHMIQUE) ; elle a donc été enlevée.

divisant les articles de l'encyclopédie en 10 échantillons de même taille. Nous effectuons un apprentissage sur 9 d'entre eux, suivi d'un test sur le 10ème échantillon ; ce test est répété 10 fois en changeant à chaque fois l'échantillon de test. Chaque document testé est explicitement annoté par *k* catégories « officielles ». Le test lui-même consiste à prédire 10 catégories, puis à vérifier si on retrouve au moins l'une des catégories prédites dans les catégories officielles ; le résultat de chaque test élémentaire vaut donc 0 ou 1. Avec cette approche, la moyenne sur les 10 échantillons est de 91%. Ce protocole reste simpliste ; nous comptons l'améliorer en nous inspirant de celui utilisé pour le LSHTC challenge (Large Scale Hierarchical Text Classification, http://lshtc.iit.demokritos.gr).

## 5 Bilan et travaux futurs

Nous avons présenté une approche opérationnelle pour classifier du texte tout-venant écrit dans l'une des langues pour lesquelles il existe une encyclopédie Wikipédia. Le composant a été intégré à la plate-forme Antelope (Chaumartin, 2012) et utilisé avec un succès dans des projets de catégorisation de sites Web et de flux RSS en environnement multilingues. Notre démarche présente des similitudes avec (Schönhofen, 2009) ; nos contributions portent sur (i) l'amélioration de la qualité de l'indexation (processus d'exploration récursive partant des feuilles et utilisation des *n*-grammes sur l'intégralité du texte des articles) ; (ii) L'utilisation de la topologie du graphe résultat pour élaguer les catégories peu pertinentes ; (iii) l'exploitation de l'index inter-langue pour présenter une traduction (au moins partielle) du résultat dans les autres langues disposant aussi d'une Wikipédia. Les résultats sont encourageants mais peuvent encore être améliorés.

## Remerciements

Je remercie les ingénieurs de Proxem pour leur soutien, notamment Fanny Parganin.

## Références

CHAUMARTIN, F.-R. (2012). *Antelope, une plate-forme de TAL permettant d'extraire les sens du texte : théorie et applications de l'ISS*. Thèse de doctorat, Université Paris Diderot.

DASARI, D. B., RAO V. G. (2012). Text Categorization and Machine Learning Methods: Current State of the Art. In *GJCST*, Vol. 12, N°11.

SCHÖNHOFEN, P. (2009). Identifying document topics using the Wikipedia category network. In *Web Intelligence and Agent Systems*, Vol. 7, N°2, pages 195-207.

SEBASTIANI, F. (2002). Machine Learning in Automated Text Categorization. In *ACM Computing Surveys*, Vol. 34, N°1, pages 1-47.

SUCHANEK F., KASNECI G., WEIKUM G. (2007). Yago: a core of semantic knowledge. In *WWW 2007*, pp. 697-706.

TARJAN, R. E. (1972). Depth-first search and linear graph algorithms. In *SIAM Journal on Computing*, Vol. 1, N°2, p. 146–160.

YUN, J., JING, L., YU, J., HUANG, H., ZHANG, Y. (2011). Document Topic Extraction Based on Wikipedia Category. Actes de *Computational Sciences and Optimization (CSO)*.

# Apprentissage supervisé sur ressources encyclopédiques pour l'enrichissement d'un lexique de noms propres destiné à la reconnaissance des entités nommées

Nadia Okinina[1], Damien Nouvel[1,2], Nathalie Friburger[1], Jean-Yves Antoine[1]
(1) Université François Rabelais Tours, LI, 3 place Jean Jaurès, 41 000 Blois
(2) ALPAGE, INRIA Roquencourt
Prenom.Nom@univ-tours.fr

RÉSUMÉ

Cet article présente une méthode hybride d'enrichissement d'un lexique de noms propres à partir de la base encyclopédique en ligne Wikipedia. Une des particularités de cette recherche est de viser l'enrichissement d'une ressource existante (Prolexbase) très contrôlée décrivant finement les noms propres. A la différence d'autres travaux destinés à la reconnaissance des entités nommées, notre objectif est donc de réaliser un enrichissement automatique de qualité. Notre approche repose sur l'utilisation en pipe-line de règles déterministes basées sur certaines informations DBpedia et d'une catégorisation supervisée à base de classifieur SVM. Nos résultats montrent qu'il est ainsi possible d'enrichir un lexique de noms propres avec une très bonne précision.

ABSTRACT

**Supervised learning on encyclopaedic resources for the extension of a lexicon of proper names dedicated to the recognition of named entities**

This paper concerns the automatic extension of a lexicon of proper names by means of a hybrid mining of Wikipedia. The specificity of this research is to focus on the quality of the added lexical entries, since the mining process is supposed to extend a controlled existing resource (Prolexbase). Our approach consists in the successive application of deterministic rules based on some specific information of the DBpedia and of a supervised classification with a SVM classifier. Our experiments show that it is possible to extend automatically such a lexicon without adding a perceptible noise to the resource.

MOTS-CLÉS : reconnaissance des entités nommées, lexique de nom propre, enrichissement automatique de lexique, Wikipedia, règles, classification supervisée, machine à vecteurs de support, SVM.
KEYWORDS: named entities recognition, proper names lexicon, automatic extension of lexicon, Wikipedia, rules, supervised classification, support vector machines, SVM

# 1 Introduction

Les systèmes de recherche d'information langagière peuvent faire appel à diverses ressources afin de déterminer quels sont les éléments dignes d'intérêt. En particulier, la Reconnaissance des Entités Nommées (REN) nécessite des lexiques extensifs afin de détecter les noms propres, notamment ceux de personnes, de lieux et d'organisations. Les lexiques utilisés dans le domaine comprennent entre plusieurs centaines de milliers et plusieurs millions d'entrées. Se pose dès lors la question de leur constitution.

Parmi les approches non-supervisées, le bootstrapping permet d'enrichir itérativement un lexique (Riloff, Jones, 1999; Dredze et al., 2010) par utilisation d'un corpus et extraction de motifs. Mais la constitution de corpus suffisamment volumineux peut être laborieuse, pour un résultat incertain. Il est possible d'éviter cette étape par interrogation de moteurs de recherche ou la fouille de pages HTML (Downey et al., 2007; Nadeau, 2007) : le Web constitue alors une ressource de grand taille que l'on peut interroger de manière ciblée. Ces dernières années, de nombreux projets ont conduit à la mise en ligne de données plus ou moins structurées (Open Data) ouvertes et donc accessibles à tous ; ces données pouvant être utilisées pour constituer des ressources. L'encyclopédie Wikipedia constitue un ensemble de données d'un grand intérêt pour la constitution de ressources pour la REN. Les travaux de (Bunescu et Pasca, 2006; Charton et Torres-Moreno, 2009) sur l'extraction de connaissances dans Wikipedia l'ont déjà montré. De notre côté, nous cherchons à alimenter une base de données de noms propres, Prolexbase (Tran et Maurel, 2006). Prolexbase est un dictionnaire relationnel multilingue de noms propres et de leurs dérivés ; les noms propres contenus dans cette base sont classés selon une typologie très fine et leur entrée est contrôlée manuellement. Notre objectif est de créer une méthode semi-supervisée d'enrichissement de Prolexbase : il s'agit de proposer de nouveaux noms propres en grande quantité et avec une grande fiabilité (bruit limité) afin de limiter le travail de supervision manuelle. Cette méthode repose sur la constitution contrôlée de jeux de données, l'implémentation de règles sélectionnant les informations DBpedia utiles et le paramétrage automatique d'un classifieur SVM. En résultat, nous obtenons des listes ordonnées de noms propres candidats à l'ajout dans Prolexbase.

Dans cet article, nous présenterons tout d'abord la base de données à enrichir, Prolexbase, et la source de données Wikipédia. Ensuite, nous décrirons la mise au point des jeux de données et le paramétrage du classifieur utilisé. Enfin, nous nous présenterons une évaluation de notre approche et les résultats obtenus sur chaque type de noms propres de Prolexbase.

# 2 Les ressources utilisées

## 2.1 Prolexbase : une ressource à enrichir

Prolexbase[1] est à la fois une ontologie et une base de données multilingue de noms propres qui décrit des noms propres et leurs dérivés appartenant au langage courant. Cette base ne

[1] Créé au LI (Université François Rabelais Tours), www.cnrtl.fr/lexiques/prolex/

comprend pas de termes de spécialité (médical, juridique etc.). 55000 noms propres (125000 formes fléchies) y sont classés selon 4 types principaux et leurs sous-types :

- **Anthroponymes** – *Anthroponymes individuels* tels que les célébrités, patronymes, prénoms ou pseudo-anthroponymes ; *anthroponymes collectifs* tels que dynasties, ethnonymes, associations, ensembles, entreprises, institutions, organisations
- **Toponymes** – Toponymes territoriaux liés aux sociétés humaines (villes, états, régions, entités supranationales…), édifices, géonymes, voies de communication…
- **Ergonymes** – Objets, produits, pensées, vaisseaux, œuvres
- **Pragmonymes** – catastrophes, manifestations, fêtes, événements historiques, phénomènes météorologiques

Les entités recensées peuvent être liées entre elles par des relations de synonymie, méronymie, accessibilité ou d'expansion classifiante. Si nous ne cherchons à l'alimenter qu'en nouvelles entrées lexicales, il faut cependant tenir compte de la granularité et de la finesse de cette représentation, qui induit une grande qualité et interdit des ajouts approximatifs. Nous souhaitons ainsi enrichir Prolexbase à travers les catégories très classiques d'entités nommées telles que les personnes (Célébrités), les organisations (Ensembles, Entreprises, Institutions), les lieux (Edifices) mais aussi enrichir les catégories moins présentes dans Prolexbase (Œuvres, Marques, Manifestations, Catastrophes, Astronymes, Fêtes).

## 2.2 Wikipedia : une source d'enrichissement

Depuis quelques années, Wikipédia se présente comme la référence grand-public des encyclopédies en ligne. Elle est continuellement mise à jour par des contributeurs bénévoles ce qui fait sa grande richesse. Sa structure permet une exploitation facile par des moyens informatiques.

De cette encyclopédie, nous utilisons les articles, composés des éléments suivants :

- *Titre* – En cas d'homonymie, le titre contient entre parenthèses une précision (catégorisation sémantique) sur chaque entrée correspondant au terme ;
- *Infobox* (facultatif) – L'infobox est une manière concise de donner des informations résumées d'un article. Chaque infobox est créée d'après un template et a un nom unique. Le nombre d'infobox associées à un article est variable et seul un tiers des articles Wikipedia contient une infobox.
- *Texte* – De taille variable, il peut être créé selon un template ou non. Le premier paragraphe contient les informations essentielles sur le sujet de l'article. Il contient également des liens vers d'autres articles de Wikipédia ;
- *Eléments additionnels facultatifs* - Liste de notes ou de références, bibliographie, pointeurs vers des articles connexes et liens externes ;
- *Liste de catégories* – Un article est lié à des catégories, qui sont organisées dans une taxonomie sous forme de hiérarchie qui change très régulièrement. En moyenne, un article appartient à 2.68 catégories (Farina, 2010)

Grâce à la diversité des domaines qu'elle décrit, et son accessibilité par moyens informatiques, Wikipédia est largement utilisée en TAL, y compris dans le but d'enrichissement d'ontologies qui nous intéresse ici.

# 3 Classification supervisée pour l'enrichissement de Prolexbase

Notre approche pour l'enrichissement de l'ontologie Prolexbase est proche de celle de (Charton & Torres-Moreno, 2009). Comme dans cette approche, nous fouillons Wikipédia en utilisant conjointement des classifieurs numériques et des règles. Ce genre d'approche a de bons résultats en termes de description. Nous mettons en œuvre un apprentissage binaire par type.

Pour chaque type Prolexbase, nous avons donc constitué un corpus d'apprentissage qui comprend 2 parties :

- les **exemples positifs** sont sélectionnés manuellement au sein de Wikipédia, ou récupérés grâce à des correspondances existantes et non ambigües entre Prolexbase et Wikipédia.
- les **exemples négatifs** peuvent également être sélectionnés manuellement au sein de Wikipédia (pour les types peu représentés dans Wikipédia), ou par tirage au sort. La sélection manuelle a été inévitable dans deux situations : pour les célébrités, car elles sont très abondantes dans Wikipédia ; pour certaines entrées liées à l'art (manifestations, édifices, œuvres), les types possibles sont difficiles à distinguer, dans ce cas nous avons décidé de prendre comme exemple négatifs des entrées de types proches (par exemple, une manifestation peut faire un bon exemple négatif pour un édifice).

De cette manière, nous avons constitué des corpus d'apprentissages dédiés à chaque type d'entités nommées à classer. Afin que la classification soit efficace sur l'encyclopédie entière, pour un type donné, la proportion d'exemples positifs dans le corpus d'apprentissage doit être corrélée à sa représentativité dans Wikipédia. Ainsi, pour les entrées de Wikipédia dont le type est faiblement représenté, un sur-échantillonnage des exemples négatifs peut être nécessaire.

## 3.1 Choix du classifieur

Le choix d'un classifieur a été fait sur la base de tests préalables effectués avec différentes techniques : classifieurs bayésiens naïf et multinomial[2], régression Logistique, diverses variantes de classifieurs SVM, k plus proches voisins (k-ppv). En première approche, nos tests ont montré la possibilité d'utiliser un classifieur bayésien multimonial. Ceci était attendu pour deux raisons :

- les textes comparés (exemples positifs et négatifs) sont généralement de longueurs différentes, comme souvent sur Wikipedia ;
- la répétition d'un mot dans un texte peut être significative (si le mot « entreprise » se répète dans les catégories et dans le premier paragraphe, il y a plus de chance que l'article concerné traite d'une entreprise).

En élargissant les expériences, nous avons obtenus les meilleurs résultats par utilisation de

[2] Contrairement au classifieur naïf, le classifieur multinomial prend en compte la longueur du document et le nombre d'occurrences d'un mot dans le document

classifieurs SVM. Nous en avons utilisé deux variantes de noyau : linéaire et RBF (Radial Basis Function) (Denil, Trappenberg, 2010). En effet, il semble qu'un classifieur linéaire soit plus performant pour des types homogènes (selon les informations qui les caractérisent), tandis qu'il est nécessaire d'utiliser le modèle RBF lorsqu'il y a disparité dans les attributs qui caractérisent un type donné. Par exemple, un SVM linéaire se révèle insuffisant pour le type *ensemble*, qui comprend d'un côté les groupes de musique et de l'autre côté des équipes sportives (ces deux pôles se caractérisant par des attributs différents). Dans ce cas, les meilleurs résultats sont obtenus par utilisation d'un SVM avec noyau RBF. Ceci a aussi été observé dans d'autres travaux, qui soulignent la supériorité de ces noyaux sur des tâches de classification de textes (Ko et Seo, 2011).

Nous constatons par ailleurs une forte dégradation des performances lorsque les corpus sont bruités. La sélection des éléments pour constituer le corpus d'apprentissage est déterminante et doit être réalisée avec soin. En particulier, il est impossible d'utiliser Prolexbase sans filtrage pour constituer les exemples positifs, notamment par la présence d'homonymie. Voilà pourquoi nous ne sélectionnons que les exemples positifs qui ne sont pas ambigus.

### 3.2 Algorithme d'enrichissement

Notre approche combine règles d'extraction et apprentissage supervisé, étant donné qu'il est possible d'atteindre une bonne précision à l'aide de règles déterministes dans des cas bien identifiés. Plus précisément, nous avons adopté l'algorithme séquentiel suivant :

1. **Règles sur les infoboxes** - Tout d'abord, nous cherchons à détecter l'appartenance d'un article à un type Prolexbase à l'aide de règles sur les infoboxes, qui sont explicitement conçues pour catégoriser les articles. Nos règles présentent une très bonne précision pour tous les types, mais moins d'un tiers des articles Wikipédia contiennent une infobox. Pour les ensembles, on recherche des infoboxes contenant les expressions suivantes : 'equipe de, club de, club sportif, musique, (artiste), charte, groupe'.

2. **SVM** - Si l'article n'a pas été traité à l'aide des règles précédentes, nous passons à une classification par SVM. Cette méthode permet également de récupérer un grand nombre d'entités. Ses performances varient beaucoup suivant le type. Nous procédons donc à une adaptation des classifieurs propre à chaque type suivant les paramètres ci-dessous :

- *SVM linéaire ou RBF* – Le SVM linéaire donne de meilleurs résultats pour les types célébrités et entreprises. Pour les autres types, nous utilisons un noyau RBF.
- *Paramètre gamma* de contrôle de la forme de l'hyperplan séparateur des classes (RBF kernel) – Augmenter gamma, accroît le nombre de vecteurs de support. Nous gagnons en fidélité au corpus, mais perdons en capacité de généralisation.
- *Prise en compte ou non des titres* – Certains types Prolexbase ont des titres très significatifs (institutions, catastrophes, manifestations, astronymes, voies...), d'autres non (célébrités, œuvres, entreprises, produits ...). Nos tests ont montré à l'opposé que les catégories apportaient toujours une information utile à la classification. Elles sont donc considérées par tous les classifieurs.
- *Prise en compte ou non du premier paragraphe des articles* – Pour certains types Prolexbase, les catégories seules donnent assez d'informations pour classer l'article. C'est le cas des célébrités où l'ajout du premier paragraphe diminue les performances. Pour d'autres types, considérer le premier paragraphe améliore au

contraire les performances du SVM. Précisons que les titres, catégories et premiers paragraphes sont regroupés dans un unique attribut 'text' (vecteur de mots).

3. **Règles sur les titres** – Si l'article n'a pas été retenu par le SVM du fait d'un score insuffisant, nous appliquons des règles sur les titres. Ces règles sont moins robustes que celles sur les infoboxes à cause de l'homonymie entre les types (voir l'exemple du roman *Notre Dame de Paris*, par exemple). Il est donc important que ces règles arrivent en fin de chaîne de traitement. Par exemple, le SVM classifie les séries télévisées parmi les œuvres, alors que ce sont des produits dans la classification Prolexbase. L'erreur du classifieur est liée au fait que les films soient classés comme œuvres dans Prolexbase. Nous procédons donc à un post-traitement en regardant les mots-clefs comme *« série télévisée »* parfois précisées entre parenthèses dans le titre.

4. **Règles sur les catégories** – Enfin, si l'article n'a toujours pas été classé, nous appliquons des règles sur les catégories. Nos tests ont montré que celles-ci étaient peu robustes, et les catégories ont déjà été considérées par le SVM pour certains types. Pour ces raisons, ce filtre est employé en dernier recours.

Les entités qui ne sont retenues par aucune de ces étapes ne sont pas proposées pour l'ajout au lexique. Notons que si l'ordre des étapes décrites ci-dessus est imposé par l'algorithme de détection, chaque étape est facultative pour un type donné. Nous avons en effet conduit des expérimentations détaillées qui nous ont permis de déterminer quelles étapes étaient pertinentes pour chaque type considéré. Le paragraphe ci-dessous présente la synthèse de ces expérimentations.

# 4 Résultats et évaluation

Les tables 1 et 2 ci-dessous donnent la liste des entités récupérées par notre algorithme par type Prolexbase. Nous précisons à chaque fois le nombre d'entités, les méthodes utilisées pour chaque type, et la précision des différentes techniques mobilisées. Nous évaluons les résultats par adaptation d'une précision P@100. Dans le cas du SVM, les entrées sont ordonnées selon leur score, et nous évaluons les 100 premières. Pour les autres méthodes, 100 entrées sont tirées aléatoirement. Pour chaque type présenté par cette table, la précision est suffisamment haute pour que ces listes d'entités soient directement utilisables pour la reconnaissance d'entités nommées (au-dessus de 95%). Nous donnons à titre informatif également la précision obtenue avec des méthodes qui n'ont pas été retenues car trop peu performantes sur le type considéré. Les types absents de la table n'ont pas permis d'obtenir de bons résultats. La table montre que la méthode la plus facile à utiliser et la plus robuste est celle de règles sur les infoboxes, ceci grâce à la précision des infoboxes Wikipédia.

L'obtention de résultats peu bruités avec le classifieur SVM est plus difficile à atteindre. Ainsi, seuls 6 types sur les 11 présentés dans la table 1 ont obtenus des résultats à l'aide du classifieur SVM. La qualité des performances du classifieur SVM dépend de plusieurs facteurs :

- *Le nombre d'entités recherchées présentes dans Wikipédia.* L'augmentation de la base d'apprentissage améliore comme attendu les performances du classifieur. A part dans le cas très précis des catastrophes, une base d'apprentissage de plusieurs milliers d'exemples est nécessaire à l'obtention de bonnes performances.
- *La spécificité du vocabulaire employé dans les articles et les catégories de Wikipédia*

*selon les types.* Les célébrités et les entreprises ont été facilement détectées par le SVM linéaire, parce que les articles et les catégories de Wikipédia qui leur correspondent contiennent toujours les mêmes mots-clefs. Les autres types ont demandé l'utilisation du SVM à noyau RBF, dont le paramétrage est plus délicat. Ces types ne sont pas homogènes et contiennent des sous-ensembles dont chacun possède son propre champ lexical. Par exemple, les œuvres se divisent en œuvres littéraires, cinématographiques, picturales etc. ; chacun de ces sous-ensembles est caractérisé par l'emploi d'une terminologie différente.

| Type Prolexbase | Nombre d'entités récupérées à l'aide de règles sur les infoboxes | Nombre d'entités récupérées à l'aide de SVM | Nombre d'entités récupérées à l'aide de règles sur les titres ou bien les catégories |
|---|---|---|---|
| Célébrités | 112 632 | 100 472 | 0 |
| Œuvres | 44 958 | 2 958 | 5 947 |
| Ensembles | 11 148 | 0 | 11 019 |
| Marques | 16331 | 0 | 255 |
| Entreprises | 9 623 | 7 748 | 7 230 |
| Institutions | 1 757 | 265 | 4 373 |
| Edifices | 3 282 | 0 | 0 |
| Manifestations | 16 737 | 2 446 | 370 |
| Catastrophes | 525 | 283 | 0 |
| Astronymes | 461 | 0 | 144 |
| Fêtes | 126 | 0 | 0 |

Table 1 : listes utilisables dans la reconnaissance d'entités nommées

| Type Prolexbase | Nombre d'entités récupérés | Méthodes utilisées | Précision Infobox | Précision SVM | Précision catégorie ou titre |
|---|---|---|---|---|---|
| Célébrités | 213 004 | Infobox, SVM linéaire | 99 % | 100 % | Catégories : 84 % |
| Œuvres | 53 864 | Infobox, SVM RBF, titre | 100 % | 99% | Titres : 100 % |
| Ensembles | 22 157 | Infobox, catégories | 97 % | (50%) | Catégories : 99 % |
| Entreprises | 24 601 | Infobox, SVM linéaire, catégories | 98 % | 100 % | Catégories : 96 % |
| Marques | 16 586 | Infobox, titre | 100 % | | Titres : 100 % |
| Institutions | 6 395 | Infobox, SVM RBF, titre | 100 % | 100 % | Titres : 98 % |
| Edifices | 3 282 | Infobox | 100% | (65%) | (Titres : 92%) |
| Manifestations | 19 183 | Infobox, SVM RBF | 96 % | 95% | |
| Catastrophes | 808 | Infobox, SVM RBF | 100 % | 100% | |
| Astronymes | 605 | Infobox, titres | 100% | (83%) | Titres : 100% |
| Fêtes | 126 | Infobox | 100% | (83%) | (Titres : 70%) |

Table 2 : nombre d'entités trouvées par différents systèmes

La table 2 montre le nombre de résultats utilisables par chacun des filtres développés. Rappelons que si la précision est inférieure à 95%, nous décidons de ne pas retenir la méthode, d'où la valeur nulle du nombre d'entité récupérées. Cette table nous indique qu'il y a de grandes différences dans la manière de traiter les divers types Prolexbase. Nous voyons également que, en nombre d'entités récupérées, les règles sur les infoboxes sont toujours plus productives que le SVM. Dans le cas des célébrités et des entreprises, les deux nombres sont proches : dans ce cas, le SVM apporte beaucoup, puisqu'il permet presque de doubler le nombre d'entités récupérées. Dans le cas des œuvres et des manifestations, la proportion d'entités récupérées à l'aide de SVM est très faible, mais elle permet tout de même de compléter l'extraction d'entrées candidates, ce qui n'est pas à négliger. Enfin, les catastrophes sont peu nombreuses par rapport aux autres types recherchés et le SVM en découvre tout de même 35%.

# 5 Conclusion

Cet article présente une méthode hybride combinant règles déterministes et apprentissage supervisé par machines à vecteurs de support pour l'enrichissement d'un lexique typé de noms propres à partir de Wikipédia. Les résultats montrent qu'il est possible d'atteindre un enrichissement important de Prolexbase avec un bruit limité. Notre objectif est désormais d'étudier l'influence de ces mises à jour du lexique sur les performances de nos systèmes de reconnaissance d'entités nommées.

# Références

BUNESCU, R. C. ET PASCA, M. (2006) Using encyclopedic knowledge for named entity disambiguation, *Conference of the European Chapter of the Association for Computational Linguistics*.

CHARTON E., TORRES-MORENO J. (2009) Classification d'un contenu encyclopédique en vue d'un étiquetage par entités nommées, Actes *TALN 2009*.

DENIL M., TRAPPENBERG T. (2010) Overlap versus Imbalance, Proc. *Canadian AI 2010*.

DOWNEY, D., BROADHEAD, M. ET ETZIONI, O. (2007) Overlap versus Imbalance , Proc.*Canadian AI 2010*. Locating complex named entities in web text, *International Joint Conference on Artifical Intelligence*, pages 2733–2739.

DREDZE, M., MCNAMEE, P., RAO, D., GERBER, A. ET FININ, T. (2010) Entity disambiguation for knowledge base population, *International Conference on Computational Linguistics*, 277–285, Beijing, Chine.

FARINA J. (2010) Assegnamento Automatico Di Macrocategorie Agli Articoli Di Wikipedia, *Tesi di Laurea Triennale*.

KO Y., SEO J., (2011) Issues and Empirical Results for Improving Text Classification , *Journal of Computing Science and Engineering*.

NADEAU, D. (2007) Semi-Supervised Named Entity Recognition: Learning to Recognize 100 Entity Types with Little Supervision, *thèse de doctorat*, University of Ottawa, Canada.

RILOFF, E., JONES, R. (1999) Learning dictionaries for information extraction by multi-level bootstrapping, *National Conference on Artificial Intelligence*, 474-479.TRAN M., MAUREL D. (2006) Prolexbase : Un dictionnaire relationnel multilingue de noms propres, *Traitement Automatique des Langues*, Vol. 47(3), 115-139.

# Convertir des analyses syntaxiques en dépendances vers les relations fonctionnelles PASSAGE

Patrick Paroubek Munshi Asadullah Anne Vilnat
LIMSI-CNRS Bât. 508 Université Paris-Sud
91403 Orsay Cedex France
munshi@limsi.fr, pap@limsi.fr, anne@limsi.fr

RÉSUMÉ

Nous présentons ici les premiers travaux concernant l'établissement d'une passerelle bidirectionnelle entre d'une, part les schémas d'annotation syntaxique en dépendances qui ont été définis pour convertir les annotations du French Treebank en arbres de dépendances de surface pour l'analyseur syntaxique Bonsai, et d'autre part le formalisme d'annotation PASSAGE développé initialement pour servir de support à des campagnes d'évaluation ouvertes en mode objectif quantitatif boîte-noire pour l'analyse syntaxique du français.

ABSTRACT

**Converting dependencies for syntactic analysis of French into PASSAGE functional relations**

We present here a first attempt at building a bidrictionnal converter between, on the one hand the dependency based syntaxtic formalism which has been defined to map the French Treebank annotation onto surface dependency trees used by the Bonsai parser, on the other hand the PASSAGE formalism developped intially for French parsing quantitative black-box objective open evaluation campaigns.

MOTS-CLÉS : Analyse Syntaxique - Corpus arboré - Dependances -DepFTB - ConLL - PASSAGE.

KEYWORDS: Parsing - Treebank - Dependencies - DepFTB -ConLL - PASSAGE.

# 1 Introduction

Le travail que nous présentons ici repose sur deux constats : d'une part, si l'on s'intéresse aux analyseurs syntaxiques du français librement disponibles et prêts à l'emploi, on trouve essentiellement des analyseurs qui produisent une représentation utilisant le format ConLL(Buchholz et Marsi, 2006), et suivant les normes du French TreeBank (FTB) (Abeillé *et al.*, 2000), à l'image des parsers adaptés au français décrits dans (Candito *et al.*, 2010). D'autre part, quand on veut évaluer les performances de ces analyseurs peu de corpus existent avec des annotations du même format, à part Sequoia obtenu par conversion du FTB (Candito et Seddah, 2012) qui compte environ 3200 énoncés, alors qu'il existe le corpus des campagnes PASSAGE (Vilnat *et al.*, 2010; de la Clergerie *et al.*, 2008) qui a donné lieu à l'annotation manuelle d'au moins 14000 énoncés dont 8200 libres de droits [1], dont une partie comprenant divers genres issue de la

1. Ce corpus est accessible sur les serveur d'évaluation http ://passageval.limsi.fr et en cours de déploiement sur http ://www.elda.org, où l'on peut aussi obtenir la partie sous-droits du corpus.

campagne EASY (Paroubek *et al.*, 2006). Cependant, le corpus PASSAGE utilise un formalisme d'annotation comprenant un niveau de groupes syntaxiques et des fonctions grammaticales propres au projet. On voudrait donc pouvoir passer d'un schéma d'annotation à l'autre pour permettre l'usage de ces analyseurs et évaluer leur performances par rapport au corpus PASSAGE, ou bien pour certaines tâches d'analyse du langage, préférer utiliser le formalisme PASSAGE qui relache certaines contraintes des représentations syntaxiques classiques, ou encore disposer d'un convertisseur bidirectionnel pour effectuer des comparaisons entre les formalismes d'annotation. Les analyseurs syntaxiques des dernières années ont très souvent suivi des variantes du modèle de dépendances de l'analyseur de Stanford : SD, décrit dans (M.-C. de Marneffe et C D Manning, 2008), où les auteurs ont établis des comparaisons de formalismes entre SD, GR (*Grammatical Relation*) (Carroll *et al.*, 1999), développé pour faire des évaluations et PARC (Tracy Holloway King *et al.*, 2003), utilisé pour évaluer des analyseurs LFG (Kaplan *et al.*, 2004). Dans (Sagae *et al.*, 2008), les auteurs montrent comment convertir des représentation syntaxiques pour évaluer des analyseurs syntaxiques (fondés sur des formalismes différents) avec le Penn Tree Bank (PTB) et des textes de la littérature biomédicale académique, en utilisant des convertisseurs entre SD, GR, un analyseur syntaxique profond (une implémentation de HPSG (Miyao *et al.*, 2004)) et l'analyse de surface du PTB. Tous ces travaux ont été faits sur l'anglais, en faisant un large usage du PTB. On retrouve dans la majorité des travaux les mêmes familles de formalismes utilisés dans les différentes comparaisons que ceux pris ici comme exemple.

L'article présenté ici va donc d'abord présenter les formats de Bonsai, suivant ConLL, et PASSAGE. Pour vérifier l'hypothèse de compatibilité de ces deux formats, nous présenterons le corpus issu du FTB que nous avons constitué, et son annotation manuelle au format Passage. Les principes que nous avons suivis pour pemettre les conversions dans les deux sens (Passage vers ConLL, ou ConLL vers Passage) feront l'objet de la suite de cette présentation, et nous évaluerons enfin les résultats obtenus par ces deux convertisseurs, avant de conclure sur les suites de ce travail, et en particulier sur son application dans le projet PROJESTIMATE [2].

## 2 Dep-FTB pour le français

Nous nous intéressons aux schémas d'annotation décrits dans (Candito *et al.*, 2011) [3] qui décrivent les annotations produites par les analyseurs syntaxiques Bonsai [4]. Ces analyseur syntaxiques produisent des annotations dans le format de données ConLL, initialement développé pour des campagnes d'évaluation d'analyse syntaxique en dépendances (Buchholz et Marsi, 2006). Cette représentation utilise une représentation matricielle dont la première colonne contient les formes de l'énoncé, puis les autre colonnes suivantes leurs étiquettes morpho-syntaxiques, et ensuite les dépendances syntaxiques. C'est un format extensible, auquel on peut ajouter de nouvelles couches d'analyse par simple ajout de colonnes à la matrice de représentation. Les dépendances sont représentées aux moyen de deux colonnes, l'une pour le type de la dépendance, l'autre pour l'adresse de sa cible, qui référence une ligne de la matrice, la source de la dépendance étant la forme courante. La Table 1 illustre cette représentation.

Notons que nous aurons essentiellement deux types d'information, des étiquettes (morpho-

2. PROJESTIMATE est un projet FUI - CAP DIGITAL (2012-2015) sur l'analyse automatique de spécifications logicielles pour l'estimation de coûts, qui finance ces travaux
3. Guide d'annotation ConLL FTB : http ://alpage.inria.fr/statgram/frdep/Publications/FTB-GuideDepSurface.pdf
4. `http://alpage.inria.fr/statgram/frdep/fr_stat_dep_bky.html`

<table>
<tr><td>1</td><td>Je</td><td>cln</td><td>CL</td><td>CLS</td><td>s=suj</td><td>2</td><td>suj</td><td>2</td><td>suj</td></tr>
<tr><td>2</td><td>remercie</td><td>remercier</td><td>V</td><td>V</td><td>m=ind|n=s|p=3</td><td>0</td><td>root</td><td>0</td><td>root</td></tr>
<tr><td>3</td><td>le</td><td>le</td><td>D</td><td>DET</td><td>g=m|n=s|s=def</td><td>4</td><td>det</td><td>4</td><td>det</td></tr>
<tr><td>4</td><td>président</td><td>président</td><td>N</td><td>NC</td><td>g=m|n=s|s=c</td><td>2</td><td>obj</td><td>2</td><td>obj</td></tr>
<tr><td>5</td><td>en</td><td>en</td><td>P</td><td>P</td><td>p=3</td><td>4</td><td>dep</td><td>4</td><td>dep</td></tr>
<tr><td>6</td><td>exercice</td><td>exercice</td><td>N</td><td>NC</td><td>g=m|n=s|s=c</td><td>5</td><td>obj</td><td>5</td><td>obj</td></tr>
<tr><td>7</td><td>pour</td><td>pour</td><td>P</td><td>P</td><td>_</td><td>2</td><td>mod</td><td>2</td><td>mod</td></tr>
<tr><td>8</td><td>sa</td><td>son</td><td>D</td><td>DET</td><td>g=f|n=s|s=poss</td><td>9</td><td>det</td><td>9</td><td>det</td></tr>
<tr><td>9</td><td>réponse</td><td>réponse</td><td>N</td><td>NC</td><td>g=f|n=s|s=c</td><td>7</td><td>obj</td><td>7</td><td>obj</td></tr>
<tr><td>10</td><td>.</td><td>.</td><td>PONCT</td><td>PONCT</td><td>s=s</td><td>2</td><td>ponct</td><td>2</td><td>ponct</td></tr>
</table>

TABLE 1 – Extrait d'annotation ConLL issu du corpus Sequoia v4.0

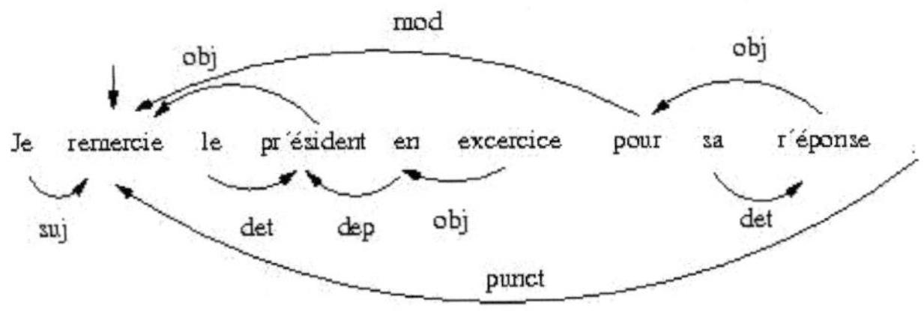


FIGURE 1 – Représentation graphique des dépendances de l'extrait d'annotation ConLL issu du corpus Sequoia v4.0

syntaxique, sémantique, se rapportant à un système de classification particulier, etc.) associées à une forme particulière, et des dépendances étiquetées qui vont relier des formes ensembles, avec la condition qu'une forme ne peut engendrer qu'une dépendance, mais par contre plusieurs dependances peuvent aboutir sur une même forme. Le guide d'annotation Bonsai recense 12 dépendances pour les gouverneurs verbaux : *suj (Sujet), obj (objet), de_obj (SP argumental en de, non locatif), a_obj (SP argumental en à, non locatif), p_obj (autre SP argumental), ats (Attribut du sujet), ato (Attribut de l'objet), mod (Modifieur), aux_tps (auxiliaires de temps), aux_pass (auxiliaires du passif), aux_caus (verbe causatif, en cas de complexe causatif + inf), aff (clitiques figés)* et 8 dépendances pour gouverneurs non verbaux : *mod (Modifieurs repérés structuralement, comme par exemple les adjectifs épithètes, autres que les relatives), mod_rel (Relatives adnominales), coord (Relation portée par un coordonnant, avec comme gouverneur le coordonné immédiatement précédent), arg (utilisé dans le cas de prépositions « liées », ex. « Charybde en Scylla », dep_coord (Relation portée par un coordonné différent du premier, avec comme gouverneur le coordonnant immédiatement précédent), det (Relation portée par les déterminants), ponct (Relation portée par tout dépendant typographique, sauf pour les virgules jouant le rôle de coordonnant), dep (Relation sous-spécifiée, pour les dépendants prépositionnels (pas de gestion de la distinction argument / ajout pour les gouverneurs non verbaux).* Il s'agit là des représentations utilisées pour l'annotations automatique. L'annotation manuelle proposée dans (Candito *et al.*, 2011) ajoute les 8 dépendances suivantes : *mod_loc (Modifieurs sémantiquement locatifs, au propre ou au figuré), mod_cleft (Pour la subordonnée dans le cas d'une clivée), p_obj_agt (Pour les compléments d'agent, passif ou causatif), p_obj_loc (Dépendants argumentaux locatifs, source, destination, ou localisation), suj_impers (Pour le sujet explétif il), aff_moyen (Pour le clitique se en cas de moyen), arg_comp (Utilisé pour relier une comparative et son gouverneur), et finalement arg_cons (Utilisé pour relier une consécutive et son gouverneur adverbial.* La Figure 1 illustre certaines de ces dépendances.

# 3 Le formalisme d'annotation PASSAGE

PASSAGE(Vilnat *et al.*, 2010; de la Clergerie *et al.*, 2008) annote à la fois des groupes et des relations de dépendance [5]. Les groupes sont des constituants minimaux non récursifs. Il y en a 6 : le groupe nominal (GN), prépositionnel (GP), adjectival (GA), adverbial (GR), le noyau verbal (NV) et verbal prépositionnel (PV). Les 14 relations sont établies entre ces groupes ou entre les formes au sein de ces groupes. Il s'agit de lier le sujet au verbe (SUJ-V), le verbe à son auxiliaire (AUX-V), l'objet direct (COD-V), ou le complément [6] (CPL-V) , ou tous les autres modifieurs optionnels (MOD-V) au verbe. On annote aussi tous les autres types de modifieurs : du nom (MOD-N), de l'adjectif (MOD-A), de l'adverbe (MOD-R) ou de la préposition (MOD-P). On identifie aussi l'attribut du sujet ou de l'objet (ATT-SO), ainsi que le lien entre l'introducteur d'une subordonnée et son noyau verbal (COMP). Les trois dernières relations sont la coordiantion (COORD), la juxtaposition (JUXT) et l'apposition (APP). La Figure 2 illustre ce schéma d'annotation.

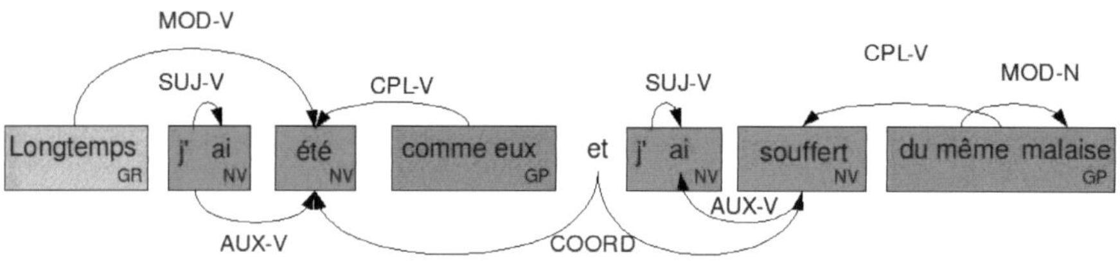


FIGURE 2 – Exemple d'annotation au format PASSAGE

Une comparaison entre les annotations PASSAGE transposées sur l'anglais et celles de SD et de PARC est présentée dans (Paroubek *et al.*, 2009).

# 4 Dep-FTB vers PASSAGE

Par rapport au schéma d'annotation Dep-FTB, les annotations PASSAGE sont moins spécifiques, la conversion vers les annotations PASSAGE ne pose pas de problème majeur et peut-être effectuée avec un système à base de règles hiérarchisées, déclenchées par des patrons mélangeant annotations et formes. L'ordre de déclenchement des règles va du plus spécifique au moins spécifique. Actuellement 45 règles ont été nécessaires pour traiter l'intégralité des phénomènes linguistiques présents. La Figure 3 donne un exemple de règles de projection des annotations.

Les éventuels problèmes que l'on va rencontrer lors de la conversion, vont concerner d'une part les différences de segmentation en mots entre les deux formalismes et d'autre part le positionnement précis des frontières des groupes syntaxiques PASSAGE cibles (pour les règles qui en définissent). Nous avons contourné les différences de segmentation au moyen d'un algorithme de programmation dynamique (Makhoul *et al.*, 1999) pour le réalignement de formes et la détermination précises des frontières de groupes syntaxiques cibles est un problème secondaire,

5. Guide d'annotation en français : http ://www.limsi.fr/Individu/pap/PEAS_reference_annotations_v2.2.html
6. qu'il s'agisse d'un adjoint ou d'un indirect (qu'on ne cherchera pas à distinguer)

```
AUX_TPS(?var1, ?var2) → AUX_V(?var2, ?var1)

Les enfants ont vu le concert
AUX_TPS(vu-3, ont-2) → AUX_V(ont-2, vu-3)
```

```
COORD(?var1, ?var2) + DEP_COORD(?var2, ?var3) → COORD(?var2, ?var1, ?var2)

Jean aime Marie et Paul aime Virginie!
COORD(aime-1, et), DEP_COORD(et, aime-3) → COORD(et, aime-1, aime-3)
```

```
AUX_CAUS(?var1, ?var2) + SUJ(?var1, ?var3) →
                        COD_V(?var2, ?var1) + SUJ_V(?var3, ?var2)

Paul fait entrer Marie
AUX_CAUS(entrer, fait), SUJ(entrer, Paul) →
                        COD_V(entrer, fait) + SUJ_V(Paul, entrer)
```

FIGURE 3 – Trois exemples de règles de projection de Dep-FTB vers PASSAGE : auxiliaire de temps (AUX-TPS), coordination (COORD) et factitif (AUX-CAUS).

car ils sont présents dans peu de règles et les annotations PASSAGE offrent la possibilité de n'avoir qu'une annotation en relations grammaticales. Néanmoins, nous avons considéré, quand cela était possible, la génération des groupes syntaxiques dans nos règles de conversion, avec l'espoir de pouvoir utiliser la couche d'annotations morpho-syntaxiques pour aider au placement correct de leurs frontières. Nous avons évalué les résultats obtenues par l'analyseur Berkeley Parser v1.0 adapté au français [7] et le convertisseur Dep-FTB sur un extrait du corpus PASSAGE (texte du parlement Européeen EP & JRC) de 1584 énoncés [8]. La Figure 4 donne une vue synoptique des différents composants de ce convertisseur, avec en clair le convertisseur Dep-FTB vers PASSAGE. Le texte est extrait de la référence de PASSAGE, analysé par Sequoia, puis converti au format PASSAGE, et aligné pour être ensuite évalué par les outils développés dans PASSAGE.

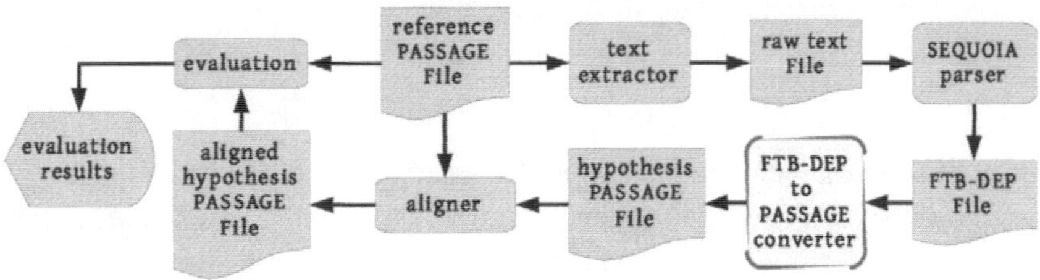


FIGURE 4 – Vue synoptique des convertisseurs DepFTB-PASSAGE.

La Figure 5 donne les mesures de performance pour les relations obtenues avec cet analyseur sur un extrait du corpus PASSAGE (texte du parlement Européeen EP & JRC) de 1584 énoncés.

7. http://alpage.inria.fr/statgram/frdep/fr_stat_dep_bky.html
8. Les corpus et les outils présentés dans cet article sont librement accessibles à l'URL http://www.limsi.fr/Individu/pap/Dep-FTB_PASSAGE.html

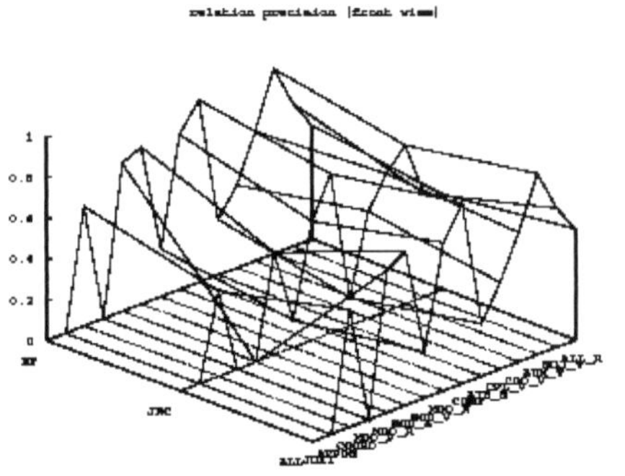

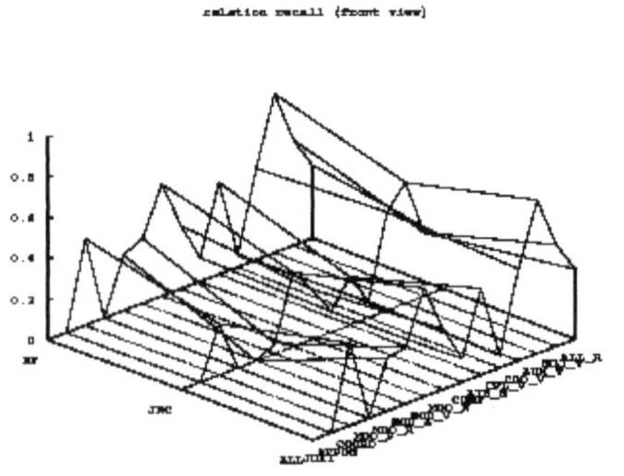

| Relation | p | r | f |
|---|---|---|---|
| ALL | 0.544 | 0.343 | 0.421 |
| SUJ-V | 0.681 | 0.498 | 0.575 |
| AUX-V | 0.885 | 0.752 | 0.813 |
| COD-V | 0.633 | 0.450 | 0.526 |
| CPL-V | 0.421 | 0.060 | 0.106 |
| MOD-V | 0.225 | 0.534 | 0.317 |
| COMP | 0.882 | 0.116 | 0.205 |
| ATB-SO | 0.256 | 0.426 | 0.320 |
| MOD-N | 0.725 | 0.298 | 0.423 |
| MOD-A | 0.756 | 0.277 | 0.406 |
| MOD-R | 0.694 | 0.259 | 0.377 |
| MOD-P | 0 | 0 | 0 |
| COORD | 0.572 | 0.406 | 0.475 |
| APPOS | 0 | 0 | 0 |
| JUXT | 0 | 0 | 0 |

FIGURE 5 – Mesures de précision et rappel pour les relations (comparaison en égalité stricte) obtenues avec l'analyseur Berkeley Parser v1.0 adapté au français et le convertisseur Dep-FTB sur un extrait du corpus PASSAGE (texte du parlement Europééen EP & JRC) de 1584 énoncés.

# 5 De PASSAGE à Dep-FTB

La conversion de PASSAGE vers Dep-FTB est plus problématique, car elle va nécessiter de résoudre des ambiguïtés pour lesquelles il faut disposer d'informations sémantiques afin de passer à des annotations plus spécifiques. L'ancrage des dépendances va aussi être problématique, car sous-spécifié dans PASSAGE au niveau des groupes syntaxiques, il est actuellement réalisé en choisissant la dernière forme du groupe dont les annotations morpho-syntaxiques sont compatibles avec la relation pour laquelle on cherche un ancrage.

Le convertisseur de PASSAGE vers Dep-FTB reprend les règles décrites précédemment ainsi que le contenu de la boîte à outils PASSAGE pour une grande part (C++). Une règle de correspondance est représentée par un ensemble d'énoncés PASSAGE dont les mots sont des formes explicites, des listes de patrons morpho-syntaxiques ou des variables. Si nous prenons comme exemple la traduction de la relation complément du verbe de PASSAGE CPL-V en Dep-FTB, elle peut produire des dépendances A_OBJ, DE_OBJ, POBJ_LOC, MOD et AFF (Candito *et al.*, 2011). Si la traduction peut utiliser les types des groupes relations et des groupes syntaxiques impliqués lorsque la relation relie plusieurs groupes syntaxiques (MOD versus COMP, ou bien la présence d'un groupe PV), dans le cas des relations CPL-V interne à un groupe syntaxique (cas des pronoms clitiques), il faudra distinger les différents cas de traduction en fonction de formes spécifiques ou de la classe sémantique des verbes (encodée dans le système actuel sous forme de listes de patron morpho-syntaxiques[9].) pour distinguer la production d'une dépendance : A_OBJ (*Paul*

9. Dans le cas où les annoations PASSAGE ne contiennent pas d'annotation morpho-syntaxiques, le convertisseur fait

*y pense.*), P_OBJ_LOC (*Paul y va.*), MOD (*Le chomage y est grand*) ou bien encore AFF (*Il y a 3 ans.*). À ce jour le convertisseur de PASSAGE vers Dep-FTB étant encore en phase de test, ses performances ne sont pas évaluables.

# 6 Conclusion

Nous avons présenté la première version d'un convertisseur bidirectionnel pour les formalismes d'annotation Dep-FTB et PASSAGE. Ce convertisseur permet de projeter la part des annotations syntaxiques qui ont un correspondant dans le formalisme cible.

La conversion de PASSAGE vers Dep-FTB est réalisée et les premières évaluations sont données. La conversion dans l'autre sens n'est pas complètement achevée, mais une première implémentation est en cours.

Le code du convertisseur ainsi que les différents corpus ayant servi aux expériences présentées dans cet article sont librement diponibles à l'url `http://www.limsi.fr/Individu/pap/Dep-FTB_PASSAGE.html`

# Références

ABEILLÉ, A., CLÉMENT, L. et KINYON, A. (2000). Building a treebank for french. *In Proceedings of the 2nd International Conference on Language Ressources and Evaluation (LREC)*, pages 1251–1254, Athènes, Grèce.

BENARMARA, F., HATOUT, N., MULLER, P. et OZDOWSKA, S., éditeurs (2007). *Actes de TALN 2007 (Traitement automatique des langues naturelles)*, Toulouse. ATALA, IRIT.

BUCHHOLZ, S. et MARSI, E. (2006). Conll-x shared task on multilingual dependency parsing. *In Proceedings of the 10th Conference on Computational Natural Language Learning (CoNLL-X)*, pages 149–164, New York City. Association for Computational Linguistics. http ://acl.ldc.upenn.edu/W/W06/W06-2920.pdf.

CANDITO, M., CRABBÉ, B. et FALCO, M. (2011). *Dépendances syntaxiques de surface pour le français - Schéma d'annotation pour un corpus en dépendances obtenu par conversion du FrenchTreebank.* http ://alpage.inria.fr/statgram/frdep/fr_stat_dep_parsing.html.

CANDITO, M., NIVRE, J., DENIS, P. et ANGUIANO, E. H. (2010). Benchmarking of statistical dependency parsers for french. *In Proceedings of the 23rd International Conference on Computational Linguistics : Posters*, COLING '10, pages 108–116, Stroudsburg, PA, USA. Association for Computational Linguistics.

CANDITO, M. et SEDDAH, D. (2012). Le corpus sequoia : annotation syntaxique et exploitation pour l'adaptation d'analyseur par pont lexical. *In Actes de TALN'2012*, Grenoble, France.

CARROLL, J., MINNEN, G. et BRISCOE, T. (1999). Corpus annotation for parser evaluation. *In In Proceedings of the EACL workshop on Linguistically Interpreted Corpora (LINC)*.

KAPLAN, R., RIEZLER, S., Tracy Holloway KING, John T MAXWELL, VASSERMAN, A. et CROUCH, R. (2004). Speed and accuracy in shallow and deep stochastic parsing. *In* SUSAN DUMAIS, D. M. et

appel au TreeTagger et au lemmatiseur Flemm

ROUKOS, S., éditeurs : *HLT-NAACL 2004 : Main Proceedings*, pages 97–104, Boston, Massachusetts, USA. Association for Computational Linguistics.

MAKHOUL, J., KUBALA, F., SCHWARTZ, R. et WEISCHEDEL, R. (1999). Performance measures for information extraction. *In Proceedings of DARPA Broadcast News Workshop*, Herndnon VA.

DE LA CLERGERIE, E., HAMON, O., MOSTEFA, D., AYACHE, C., PAROUBEK, P. et VILNAT, A. (2008). PASSAGE : from French Parser Evaluation to Large Sized Treebank. *In* ELRA, éditeur : *In proceedings of the sixth international conference on Language Resources and Evaluation (LREC)*, Marrakech, Morroco.

M.-C. de MARNEFFE et C D MANNING (2008). The stanford typed dependencies representation. *In Proceedings of the Workshop on Cross-Framework and Cross-Domain Parser Evaluation at COLING 2008*, pages 1–8, Manchester. Association for Computational Linguistics.

Tracy Holloway KING, CROUCH, R., RIEZLER, S., DALRYMPLE, M. et Ronald M KAPLAN (2003). The parc 700 dependency bank. *In Proceedings of* $4^{th}$ *International Workshop on Linguistically Interpreted Corpora (LINC-03) at EACL 2003*.

MIYAO, Y., NINOMIYA, T., et TSUJII, J. (2004). Corpus-oriented grammar development for acquiring a head-driven phrase structure grammar from the penn treebank. *In Proceedings of the First International Joint Conference on Natural Language Processing (IJCNLP-04)*, numéro 3248 de Lecture Notes in Computer Science, Hainan Island, China. Asia Federation of Natural Language Processing, Springer.

PAROUBEK, P., DE LA CLERGERIE, E., LOISEAU, S., VILNAT, A. et FRANCOPOULO, G. (2009). The PASSAGE Syntactic Representation. *In Proceedings of the* $7^{th}$ *International Workshop on Treebanks and Linguistic Theories*, pages 91–102, Gröningen. Netherlands Graduate Schools of Linguistics (LOT).

PAROUBEK, P., ROBBA, I., VILNAT, A. et AYACHE, C. (2006). Data, Annotations and Measures in EASY - the Evaluation Campaign for Parsers of French. *In proceedings of the fifth international conference on Language Resources and Evaluation (LREC 2006)*, pages 315–320, Genoa, Italy. ELRA.

SAGAE, K., MIYAO, Y., MATSUZAKI, T., et TSUJII, J. (2008). Challenges in mapping of syntactic representations for framework-independent parser evaluation. *In Proceedings of the Workshop on Automated Syntatic Annotations for Interoperable Language Resources at the First International Conference on Global Interoperability for Language Resources (ICGL'08)*, Hong-Kong.

VILNAT, A., PAROUBEK, P., de la CLERGERIE, E. V., FRANCOPOULO, G. et GUÉNOT, M.-L. (2010). PASSAGE Syntactic Representation : a Minimal Common Ground for Evaluation. *In* CHAIR), N. C. C., CHOUKRI, K., MAEGAARD, B., MARIANI, J., ODIJK, J., PIPERIDIS, S., ROSNER, M. et TAPIAS, D., éditeurs : *Proceedings of the Seventh conference on International Language Resources and Evaluation (LREC'10)*, Valletta, Malta. European Language Resources Association (ELRA).

# Résolution d'anaphores et traitement des pronoms en traduction automatique à base de règles

Sharid Loáiciga
Laboratoire d'Analyse et de Technologie du Langage
CUI - Université de Genève
Battelle - bâtiment A, 7 route de Drize, CH-1227 Carouge
sharid.loaiciga@unige.ch

RÉSUMÉ

La traduction des pronoms est l'un des problèmes actuels majeurs en traduction automatique. Étant donné que les pronoms ne transmettent pas assez de contenu sémantique en eux-mêmes, leur traitement automatique implique la résolution des anaphores. La recherche en résolution des anaphores s'intéresse à établir le lien entre les entités sans contenu lexical (potentiellement des syntagmes nominaux et pronoms) et leurs référents dans le texte. Dans cet article, nous mettons en œuvre un premier prototype d'une méthode inspirée de la théorie du liage chomskyenne pour l'interprétation des pronoms dans le but d'améliorer la traduction des pronoms personnels entre l'espagnol et le français.

ABSTRACT

**Anaphora Resolution for Machine Translation**

Pronoun translation is one of the current problems within Machine Translation. Since pronouns do not convey enough semantic content by themselves, pronoun processing requires anaphora resolution. Research in anaphora resolution is interested in establishing the link between entities (NPs and pronouns) and their antecedents in the text. In this article, we implement a prototype of a linguistic anaphora resolution method inspired from the Chomskyan Binding Theory in order to improve the translation of personal pronouns between Spanish and French.

MOTS-CLÉS : Résolution d'anaphores, traduction automatique à base de règles, sujets nuls.

KEYWORDS: Anaphora Resolution, Rule-based Machine Translation, nul subjects.

## 1 Introduction

Bien que "une utilisation inappropriée ou l'échec dans l'utilisation des pronoms rend la communication moins fluide" (Brennan *et al.*, 1987) [1] en compromettant la cohérence de la traduction d'un texte, la résolution d'anaphores en traduction automatique (TA) n'a été que peu utilisé jusqu'à ces dernières années. Ainsi, dans l'exemple (1), même si la traduction

1. Texte original en anglais.

transmet l'essentiel du texte original, sa lecture peut être trompeuse.[2] En effet, dans un contexte multilingue comme la TA, le problème est exacerbé puisque les caractéristiques des deux langues concernées doivent être considérées en même temps et que les langues n'ont pas toujours une correspondance un-à-un dans leur utilisation du système pronominal.

(1) a. *Source* La compañía, una de las más antiguas de Oriente Próximo, tiene numerosos críticos en su propio país y son muchas e insistentes las voces que reclaman su privatización.

b. *Référence* La société, **une** des plus anciennes du Moyen-Orient, a été très critiquée dans **son** propre pays et nombreuses et insistantes sont les voix qui appellent à **sa** privatisation.

c. *Traduction automatique* La société, l'**un** des plus anciens de Oriente Próximo, a beaucoup de critiques dans **leur** propre pays et **ils** sont nombreux et insistants voix appelant à la privatisation.

## 1.1 La résolution des anaphores et la traduction automatique

L'intérêt pour la tâche de RA a émergé dans la littérature dès les années 1970. La plupart des travaux pionniers ont été développés en utilisant une approche à base de règles, par exemple les algorithmes proposés par Hobbs (1986) et Lappin et Leass (1994) ; en revanche, les propositions les plus récentes utilisent des systèmes statistiques, principalement à la suite de Soon *et al.* (2001), et sont plutôt intéressés par la résolution de la coréférence.

En effet, il est nécessaire de clarifier la distinction entre deux tâches étroitement liés, mais avec des intérêts différents, à savoir la résolution des anaphores (RA) et la résolution de la coréférence. La première s'intéresse à trouver l'antécédent des expressions sans contenu référentiel (en général les pronoms et les expressions de quantification), alors que la deuxième cherche à créer des liens entre toutes les expressions qui pointent sur une même entité discursive (incluant les pronoms mais aussi des syntagmes nominaux (SN) référentiels, p. ex. *Mr. Obama* et *le président des États-Unis*).

Au fil du temps, ces travaux se sont concrétisés dans des systèmes de RA ou bien de résolution de la coréférence. Parmi beaucoup d'autres, on peut citer RAP (Lappin et Leass, 1994), un algorithme qui privilégie les arguments en fonction de la saillance ; MARS (Mitkov *et al.*, 2002), fondé uniquement sur des heuristiques ; BART (Broscheit *et al.*, 2010), fondé sur des contraintes éliminatoires et des préférences de sélection.

La RA pour la TA a été particulièrement dynamisée à partir des études de Le Nagard et Koehn (2010) et Hardmeier et Federico (2010). Ces travaux proposent d'annoter les pronoms dans la langue source avec des informations sur leurs antécédents dans la langue cible. La recherche de l'antécédent a été effectuée à l'aide des algorithmes de Hobbs et de Lappin et Leass dans le premier étude, et à l'aide du système BART dans le second. Dans les deux cas, les améliorations obtenues ne sont que modestes, en raison principalement de la performance peu satisfaisante des systèmes de RA choisis.

2. Traduit de l'espagnol en utilisant *Google Translate* (`http://translate.google.com/\#es/fr/`).

## 1.2 Résolution d'anaphores inspirée de la théorie du liage

La *théorie du liage* (Chomsky, 1981) est le principal instrument linguistique utilisé pour la résolution d'anaphores (tant pour des systèmes à base de règles que pour des systèmes statistiques). Ce n'est pas une méthode de RA en soi, mais elle comprend un ensemble de contraintes hiérarchiques qui permettent d'exclure des antécédents potentiels au sein de la phrase. Pour ce qui est des pronoms, ces contraintes suivent deux principes : le **Principe A** stipule que les pronoms réfléchis et réciproques trouvent leurs antécédents à l'intérieur de leur catégorie gouvernante (la proposition la plus petite qui les inclut) ; le **Principe B** établit que les pronoms personnels de 3ème personne trouvent leurs antécédents à l'extérieur de la proposition qui les inclut.[3] [4]

Dans cet article nous évaluons l'impact de la résolution d'anaphores dans la traduction automatique des pronoms de notre système de traduction à base de règles ITS-2 (Wehrli *et al.*, 2009). Celui-ci est un traducteur automatique avec une architecture de transfert fondé sur l'analyseur syntaxique Fips (Wehrli, 2007). Le processus de traduction se fait en trois étapes principales : l'analyse syntaxique du texte source, le transfert, et la génération dans la langue cible. Nôtre prototype de composant de RA intervient au cours de l'analyse syntaxique, avant le processus de traduction (Nerima et Wehrli, 2013).

Nous avons choisi la paire des langues espagnol-français pour évaluer la performance du composant. À cet égard, une des difficultés pour le traitement de l'espagnol est l'omission du pronom sujet (*pro-drop*). En d'autres termes, on peut ne pas mentionner les pronoms personnels de sujet et s'appuyer presque entièrement sur une morphologie verbale assez distinctive pour différencier les personnes grammaticales. Ainsi, les verbes fléchis en espagnol, ne comportent pas des pronoms, tel qu'il est montré ci-dessous dans l'exemple (2) en utilisant le symbole ∅.

| | | | |
|---|---|---|---|
| (2) | a. | *Espagnol* | ∅ Ha prometido un mejor servicio. |
| | b. | *Français* | Il a promis un meilleur service. |

# 2 Corpus

Pour l'évaluation du composant nous avons utilisé le corpus Ancora (Taulé *et al.*, 2008) et nous avons exploité ses annotations de la coréférence, Ancora-Co (Recasens et Martí, 2010). Il s'agit d'un corpus disponible tant pour l'espagnol que pour le catalan et dont chaque partie est composée d'articles journalistiques. Nous nous sommes servis de la partie espagnole uniquement.

Travailler avec un corpus annoté nous a permis d'avoir une mesure de référence et de comparaison. Ainsi, nous avons fait une sélection de 18 articles, correspondant à un total de

3. Le 3ème principe, le **Principe C**, stipule que les expressions référentielles (syntagmes nominaux pleins) ne peuvent pas être liés (Reinhart, 1983; Büring, 2005). Ce principe n'est pas pertinent dans ce travail.

4. Un autre instrument linguistique pour la RA est la *Théorie des Représentations Discursives Segmentées* (SDRT) de Lascarides et Asher (2007). Celle-ci est un cadre théorique pour l'analyse du discours dans son propre droit, mais il faut noter qu'il trouve ses origines dans la *Théorie de Représentation du Discours* (DRT), initialement proposée par Kamp et Reyle (1993), et dans la *Théorie de la Structure Rhétorique* (RST) formulée par Mann et Thompson (1988). Cette théorie fournit un cadre pour l'interprétation dynamique des pronoms, de l'anaphore temporelle et des présuppositions. Nous reviendrons sur cette théorie ultérieurement dans la section 4.

250 phrases et nous avons gardé la structure de chaque article. [5] Sept catégories de pronoms ont été trouvées sur la base des annotations de Ancora-Co (des pronoms interrogatifs n'ont pas été trouvés).

Nous avons évalué les pronoms qui ont été annotés comme partie d'une chaîne coréférentielle. Pour nos 18 articles, le Tableau 1 indique les chiffres correspondants aux catégories des pronoms trouvés – 229 en total – et leurs distributions.

| Type de pronom | Personnel | | | Relatif | Possessif | Démonstratif | Indéfini |
|---|---|---|---|---|---|---|---|
| | Nul | OD | OI | | | | |
| Total | 78 | 9 | 5 | 83 | 43 | 5 | 6 |
| % | 34.1 | 3.9 | 2.2 | 35.8 | 18.8 | 2.9 | 2.6 |

TABLE 1 – Distribution des pronoms anaphoriques dans 18 articles extraits du corpus Ancora.

# 3 Résolution des pronoms anaphoriques

Notre stratégie de résolution rappelle celle utilisée par Hobbs, mais contrairement à son implémentation, nous n'assumons pas d'arbres parfaitement analysés, et en plus, nous avons limité la recherche de l'antécédent à une seule phrase précédente. L'approche utilisée peut aussi se comparer à celle de Lappin & Leass ; néanmoins, nous avons effectué des analyses approfondies afin d'exploiter les ressources linguistiques de notre analyseur syntaxique. Contrairement à ces travaux, notre composant s'applique au cours de l'analyse syntaxique, dès que l'analyseur rencontre un pronom.

L'algorithme de RA est décrit dans les lignes suivantes :

Pour chaque pronom trouvé :

1. **Vérifier la nature du pronom :**
   (a) **Pronom impersonnel.** À l'aide d'informations lexicales, ainsi que de constructions adjectivales tel que *il est évident que ...*, les pronoms impersonnels sont écartés de toute considération ultérieure dans l'algorithme.

   (b) **Pronom réfléchi ou réciproque.** Nous assumons une interprétation simplifié du **Principe A** dans laquelle ce type de pronom renvoie toujours au sujet de la phrase qui le contient pour son interprétation. Dans les cas des phrases infinitives enchâssées, nous assumons un pronom sujet PRO (non-réalisé lexicalement) dont l'antécedent est detérminé par la *théorie de contrôle*. Par exemple, dans la phrase *Paul$_i$ promised Mary e$_i$to take care of himself$_i$*, *himself* renvoie au pronom sujet PRO (e) qui à son tour indique le SN *Paul* comme antécédent.

   (c) **Pronom personnel de 3ème personne.**

      i. Regarder les SN de la phrase précédente qui constituent des arguments. Nous partons de l'hypothèse que tous les antécédents sont des arguments.

5. Vu que les pronoms touchent à la cohérence du texte, nous n'avons pas voulu modifier l'ordre des phrases. Nous aurions pu choisir de sélectionner seulement les phrases avec les pronoms personnels par exemple.

   ii. Faire une liste hiérarchique des arguments trouvés selon leurs fonctions grammaticales (le sujet, ensuite le complément direct et en dernier le complément indirect).

   iii. Trouver un SN avec des traits d'accord correspondants dans la liste.

2. **Retenir l'antécédent.** Une fois qu'un SN avec les bons traits grammaticaux a été trouvé, l'analyseur le conserve en tant que référent ou antécédent du pronom concerné. Cette information est ensuite conservée lors du transfert et finalement utilisée pour la génération du pronom dans la langue cible, le français.

En résumé, nous assumons une interprétation simplifiée des principes A et B de la Théorie de Liage. Lorsqu'un pronom non impersonnel est trouvé, le système commence la discrimination des antécédents à l'intérieur de la phrase. À ce point là, le **Principe B** bloque le lien entre un SN gouvernant et un pronom qui se trouve à l'intérieur de la phrase. S'il s'agit d'un pronom réfléchi ou réciproque, c'est le **Principe A** qui s'applique et qui intervient. Pour les autres pronoms référentiels de 3ème personne, l'antécédent est recherché dans la phrase précédente à l'aide des traits d'accord et de la hiérarchie des arguments.

En ce qui concerne les pronoms sujet nuls (non réalisés lexicalement) de l'espagnol, nous adoptons le point de vue de la théorie générative qui postule la présence d'un pronom abstrait *pro*. Notre composant de RA s'applique à ce pronom *pro* lors que ce dernier est de 3ème personne, de la même manière qu'un pronom réalisé.

## 3.1 Évaluation de résultats obtenus

L'évaluation ci-dessous prend en considération tous les pronoms, y compris ces qui ne sont pas encore pris en compte par notre procédure de RA. Le Tableau 2 montre les résultats de traduction obtenus avant et après la mise en place du composant de RA. Nous avons considéré la traduction correcte quand le pronom était généré avec les traits grammaticaux correspondants à ceux de son antécédent ; autrement, la traduction était considérée incorrecte.

On peut apprécier une amélioration significative pour les traductions des pronoms personnels nuls ($\chi^2$ (1, N = 156) = 28.59, p<.05), qui passent de 4.0% des traductions correctes à 17.6%. En effet, la correcte identification de l'antécédent des pronoms nuls s'est élevé de 14.1% à 47.4% (11/78 avant et 37/78 après). Pour les autres types de pronoms, les chiffres sont stables, vu que, comme mentionné au début de cette section, notre implémentation ne touche que les pronoms personnels.

Toutefois, on observe aussi que le nombre des traductions correctes des pronoms relatifs a diminué sensiblement ($\chi^2$ (1, N = 86) = 0.32, p<.05). Ces chiffres inattendus sont dus à l'insertion des pronoms lors du transfert – une erreur qui devra être corrigée –, comme l'illustre l'exemple (3). L'introduction d'un pronom personnel additionnel dans la traduction du verbe a empêché la génération du pronom relatif correct. Autrement dit, vu la présence d'un pronom sujet, le système a généré le pronom relatif avec le cas accusatif (*que*) au lieu du pronom avec le cas nominatif (*qui*).

| Pronom | Sans RA | | Avec RA | |
|---|---|---|---|---|
| | Correct | Incorrect | Correct | Incorrect |
| Personnel | | | | |
| Nul | 4.0 | 30.2 | 17.6 | 16.7 |
| OD | 2.6 | 1.3 | 2.6 | 1.3 |
| OI | 1.3 | 0.9 | 1.3 | 0.9 |
| Relatif | 26.8 | 9.2 | 23.3 | 12.8 |
| Possessif | 14.9 | 4.0 | 13.2 | 5.7 |
| Démonstratif | 2.2 | 0.0 | 2.2 | 0.0 |
| Indéfini | 0.9 | 1.8 | 1.4 | 1.3 |

TABLE 2 – Comparaison de résultats de traduction avant et après le composant de RA (%).

(3) a. *Espagnol* Impedían ayer acercarse a la zona a los grupos radicales, **que** intentaban volver a bloquear el acceso a la conferencia de la OMC como el primer día.

b. *Traduction ITS* Empêchait hier s'approcher de la zone aux groupes radicaux, **ils que** tentaient de se remettre à bloquer l'accès à la conférence de l'OMC.

c. *Référence* Hier, ils empêchaient aux groupes radicaux **qui** tentaient de bloquer l'accès à nouveau à la conférence de l'OMC de s'approcher.

Pour ce qui est des pronoms possessifs, malgré une analyse syntaxique toujours correcte, leur traduction ne l'est pas. Effectivement, tant en espagnol comme en français, l'accord grammatical est fait à la fois selon le possesseur et selon ce qui est possédé. Pourtant, le français utilise différentes formes pronominales pour toutes les combinaisons possesseur-possédé, alors qu'en espagnol il n'y pas de différence pour la troisième personne. Dans d'autres mots, c'est la même forme tant pour un possesseur singulier que pluriel (4). À l'heure actuelle, le composant de RA ne prend pas en considération ce problème.

(4) a. *Espagnol* Los grupos satánicos españoles utilizan cada vez más Internet para difundir **sus** ideales.

b. *Traduction ITS* Les groupes sataniques espagnols utilisent de plus en plus internet pour diffuser **ses** idéaux.

c. *Référence* Les groupes sataniques espagnols utilisent de plus en plus Internet pour diffuser **leurs** idéaux.

# 4 Conclusion et perspectives de recherche

Dans ce papier nous avons montré l'état de notre recherche pour le traitement des pronoms avec les système ITS-2. Après avoir implémenté un composant de RA qui reprend partiellement les principes de la théorie de liage, nous avons mené une évaluation pour la paire de langues espagnol-français. En accord avec les principes de la théorie du liage, la traduction des pronoms personnels de sujet s'est améliorée avec le composant.

Pourtant, d'autres pistes de recherche devront être poursuivies pour un traitement adéquat des autres catégories de pronoms. Effectivement, tel qu'il est montré dans le tableau 1, l'ensemble des pronoms relatifs, possessifs, démonstratifs et indéfinis constituent 60.1% des pronoms dans le corpus. Cela représente un nombre non négligeable de pronoms qui ne sont pas pris en considération par la définition stricte d'anaphore selon la théorie du liage.

En ce sens, il existe une autre théorie linguistique pertinente pour l'interprétation anaphorique dans une perspective discursive, la SDRT. Selon cette théorie, la signification transférée par les phrases est le produit de l'interaction de plusieurs relations discursives, par exemple, *Narration, Élaboration, Explication, Contexte, Évidence, Conséquence* et *Contraste*. Des référents de discours sont introduits par les phrases, et donc, sont également soumis à ces relations. De cette façon, les référents introduits par des pronoms peuvent être co-identifiés avec des référents du discours déjà accessibles, en résolvant ainsi les anaphores. L'accessibilité, pour sa part, est limitée par la structure discursive créée par les relations.

Même si cette théorie a été développé activement sur le plan théorique, les propositions pour son implémentation sont rares. À notre connaissance, Asher *et al.* (2004) est le seul travail qui essaie d'implémenter directement la SDRT. Nous pensons que cette théorie est une piste de recherche de grande valeur pour un traitement linguistique approprié et inclusif des pronoms indéfinis, démonstratifs, possessifs et relatifs.

Finalement, des travaux qui utilisent une architecture similaire à la nôtre, comme c'est le cas de Trouilleux (2002), ou qui ont un cadre théorique compatible avec notre chemin de recherche, comme c'est le cas de Bos (2008), seront pris en considération.

## Références


ASHER, N., DENIS, P., KUHN, J., LARSON, E., MCCREADY, E., PALMER, A., REESE, B. et WANG, L. (2004). Extracting and using discourse structure to resolve anaphoric dependencies : Combining logico-semantic and statistical approaches. *In Actes de TALN'04, Workshop SDRT*, Fès.

BOS, J. (2008). Wide-coverage Semantic Analysis with Boxer. *In Proceedings of the 2008 Conference on Semantics in Text Processing*, pages 277–286. Association for Computational Linguistics.

BRENNAN, S. E., FREIDMAN, M. W. et POLLARD, C. J. (1987). A centering approach to pronouns. *In Proceedings of the 25th Annual Meeting on Association for Computational Linguistics*, pages 155–162.

BROSCHEIT, S., POESIO, M., PONZETTO, S. P., RODRÍGUEZ, K. J., ROMANO, L., URYUPINA, O., VERSLEY, Y. et ZANOLI, R. (2010). Bart : A multilingual anaphora resolution system. *In Proceedings of the 5th International Workshop on Semantic Evaluation*.

BÜRING, D. (2005). *Binding Theory*. Cambridge University Press.

CHOMSKY, N. (1981). *Lectures on Government and Binding : The Pisa Lectures*. Mouton de Gruyter.

HARDMEIER, C. et FEDERICO, M. (2010). Modelling pronominal anaphora in statistical machine translation. *In Proceedings of the 7th International Workshop on Spoken Language Translation*, pages 283–289.

HOBBS, J. (1986). *Readings in Natural Language Processing*, chapitre Resolving Pronoun References. Morgan Kaufmann Publishers Inc.

KAMP, H. et REYLE, U. (1993). *From Discourse to Logic. Introduction to Modeltheorectic Semantics of Natrual Language, Formal Logic and Discourse Representation Theory*. Kluwer Academic Publishers.

LAPPIN, S. et LEASS, H. J. (1994). An algorithm for pronominal anaphora resolution. *Computational Linguistics*, 20(4):535–561.

LASCARIDES, A. et ASHER, N. (2007). Segmented discourse representation theory : Dynamic semantics with discourse structure. *In Computing Meaning : Volume 3*, pages 87–124. Kluwer Academic Publishers.

LE NAGARD, R. et KOEHN, P. (2010). Aiding pronoun translation with coreference resolution. *In Proceedings of the Joint 5th Workshop on Statistical Machine Translation*, pages 258–267.

MANN, W. C. et THOMPSON, S. A. (1988). Rhetorical structure theory : Towards a functional theory of text organization. *Text*, 8(3):243–281.

MITKOV, R., EVANS, R. et ORASAN, C. (2002). A new, fully automatic version of Mitkov's knowledge-poor pronoun resolution method. *In Proceedings of the CICLing-2000*.

NERIMA, L. et WEHRLI, E. (2013). Résolution d'anaphores appliquée aux collocations : une évaluation préliminaire. *In Actes de TALN'13*, Les Sables d'Olon.

RECASENS, M. et MARTÍ, M. A. (2010). Ancora-Co : Coreferentially annotated corpora for Spanish and Catalan. *Language Resources and Evaluation*, 44(4):315–345.

REINHART, T. (1983). *Anaphora Resolution and Semantic Interpretation*. Croom Helm.

SOON, W. M., NG, H. T. et LIM, D. C. Y. (2001). A machine learning approach to coreference resolution of noun phrases. *Computational Linguistics*, 27(4):521–544.

TAULÉ, M., MARTÍ, M. A. et RECASENS, M. (2008). Ancora : Multilevel annotated corpora for Catalan and Spanish. *In Proceedings of the Sixth International Conference on Language Resources and Evaluation (LREC'08)*, Marrakech, Morocco. European Language Resources Association (ELRA).

TROUILLEUX, F. (2002). A Rule-based Pronoun Resolution System for French. *In Proceedings of Discourse Anaphora and Anaphor Resolution Colloquium (DAARC 2002)*, Lisbon, Portugal. Benjamins.

WEHRLI, E. (2007). Fips, a "deep" linguistic multilingual parser. *In Proceedings of the Workshop on Deep Linguistic Processing*, pages 120–127. Association for Computational Linguistics.

WEHRLI, E., NERIMA, L. et SCHERRER, Y. (2009). Deep linguistic multilingual translation and bilingual dictionaries. *In Proceedings of the Fourth Workshop on Statistical Machine Translation*, pages 90–94.

# Lexiques de corpus comparables et recherche d'information multilingue

Frederik Cailliau[1] Ariane Cavet[1] Clément de Groc[2,3] Claude de Loupy[2]
(1) Sinequa, 12 rue d'Athènes, 75009 Paris
(2) Syllabs, 53 bis rue Sedaine, 75011 Paris
(3) LIMSI-CNRS, BP 133, 91403 Orsay CEDEX
{cailliau,cavet}@sinequa.com, {cdegroc,loupy}@syllabs.com

RÉSUMÉ

Nous évaluons l'utilité de trois lexiques bilingues dans un cadre de recherche interlingue français vers anglais sur le corpus CLEF. Le premier correspond à un dictionnaire qui couvre le corpus, alors que les deux autres ont été construits automatiquement à partir des sous-ensembles français et anglais de CLEF, en les considérant comme des corpus comparables. L'un contient des mots simples, alors que le deuxième ne contient que des termes complexes. Les lexiques sont intégrés dans des interfaces différentes dont les performances de recherche interlingue sont évaluées par 5 utilisateurs sur 15 thèmes de recherche CLEF. Les meilleurs résultats sont obtenus en intégrant le lexique de mots simples généré à partir des corpus comparables dans une interface proposant les cinq « meilleures » traductions pour chaque mot de la requête.

ABSTRACT

**Lexicons from Comparable Corpora for Multilingual Information Retrieval**

We evaluate the utility of three bilingual lexicons for English-to-French crosslingual search on the CLEF corpus. The first one is a kind of dictionary whose content covers the corpus. The other two have been automatically built on the French and English subparts of the CLEF corpus, by considering them as comparable corpora. One is made of simple words, the other one of complex words. The lexicons are integrated in different interfaces whose crosslingual search performances are evaluated by 5 users on 15 topics of CLEF. The best results are given with the interface having the simple-words lexicon generated on comparable corpora and proposing 5 translations for each query term.

MOTS-CLÉS : recherche d'information multilingue, corpus comparables, lexiques multilingues
KEYWORDS : multilingual information retrieval, comparable corpora, multilingual lexicons

## 1 La recherche multilingue

La recherche d'information multilingue (CLIR, Cross-Language Information Retrieval) consiste à trouver des documents pertinents dans une collection multilingue à partir de requêtes formulées dans une seule langue. Trois approches permettent de faire de la recherche multilingue : la traduction de la requête, la traduction des documents, ou bien la combinaison des deux. Nous nous sommes concentrés sur la traduction de la requête.

Dans cet article nous mettons à l'épreuve trois lexiques bilingues dans un contexte de recherche d'information interlingue : trouver des documents pertinents en anglais à partir de requêtes posées en français en utilisant le corpus CLEF 2000-2002. Deux des lexiques, l'un avec des termes simples, l'autre avec des termes complexes, ont été construits à partir de corpus comparables (Déjean et Gaussier, 2002) prenant comme source les sous-ensembles français et anglais de CLEF. Ce corpus est constitué d'articles journalistiques parus en 1994. Nous indiquons d'abord quelques travaux liés, présentons ensuite le prototype construit pour l'évaluation, les principes de l'évaluation menée et les résultats.

## 2 Lexiques de traduction et mise en correspondance

Trois lexiques de traduction français vers anglais sont utilisés. Le premier lexique, appelé *GT*, a été construit en soumettant tous les mots du corpus CLEF 2003-2004 (qui est une extension des corpus CLEF 2000-2002) au dictionnaire en ligne Google Dictionary. Il contient 27 446 entrées totalisant 73 027 traductions en anglais qui correspondent à 32 298 mots uniques.

Le deuxième lexique, appelé *A*, a été construit selon la méthode décrite dans (Li et Gaussier, 2010). Dans cet article, les auteurs définissent une mesure de comparabilité et une stratégie permettant d'améliorer itérativement la qualité d'un corpus comparable (CLEF 2003-2004, sans la partie CLEF 2000-2002) en intégrant une sélection de documents issus d'un second corpus (Wikipedia). Enfin, une approche standard pour l'extraction de terminologies bilingues (Fung et Yee, 1998) appliquée à ce corpus enrichi permet d'extraire les 1 000 traductions les plus probables pour les 947 mots composant les thèmes de recherche du corpus CLEF[1]. Chaque traduction est alors munie d'un score, ce qui nous permet de présenter les n meilleures traductions à l'utilisateur (dans notre cas les 5 ou 10 premières comme nous verrons plus tard).

Le troisième lexique, appelé *MT*, a été construit avec la méthode détaillée dans (Morin et Daille, 2010). Il résulte d'une extraction terminologique de termes complexes, puis d'un alignement interlingue dans les corpus comparables CLEF 2000-2002, et contient 64 556 entrées totalisant 68 956 traductions anglaises. Les traductions correspondent à 28 795 mots uniques.

Les entrées des lexiques *GT* et *A* sont des lemmes, tandis que les entrées de MT sont des formes, ce qui explique son nombre d'entrées élevé. En ignorant les accents, la casse, en tenant compte de l'existence de termes complexes et en procédant si nécessaire à une lemmatisation, nous maximisons les chances d'obtenir une correspondance entre les mots de la requête et ceux des lexiques.

## 3 Interface d'évaluation

Le prototype a été construit sur le moteur de recherche de Sinequa. L'interface d'évaluation utilise l'interface classique du produit composée d'une case de recherche, d'une liste de résultats ordonnés par pertinence et des « facettes » à gauche de la liste des résultats. Les facettes sont des groupes nominaux et des noms de personnes, de lieux et d'entreprises, qui ont été extraits des documents et servent à la navigation.

---

[1] Pour appliquer cette approche à des thèmes de recherche inconnus, il serait nécessaire de calculer en amont les traductions possibles pour l'ensemble des mots du corpus.

Pour l'évaluation, seuls des documents en anglais ont été indexés. Les utilisateurs ont posé leurs requêtes en français, sauf sur l'interface *baseline*, et la recherche multilingue ne s'active qu'après une première requête. Elle propose des traductions pour chaque mot du lexique de traduction sélectionné. Dans notre expérience, l'utilisateur est obligé de cocher les traductions voulues pour trouver des documents en anglais. Suivant les travaux de Pirkola *et al.* (2003), entre autres, nous avons structuré la requête pour traiter les traductions comme des synonymes pour le calcul de la pertinence.

FIGURE 1 – Interface de requêtage multilingue, exemple anglais vers français.

# 4 Principes d'évaluation

L'expérience présentée ici a pour but d'évaluer l'apport de suggestions de traductions sur le temps de recherche, dans un contexte interlingue. Nous avons pour cela repris les principes des expériences menées par Crestan & Loupy (2004) dans un contexte monolingue. Il a alors été montré que des systèmes d'aide à la recherche peuvent considérablement améliorer l'efficacité des utilisateurs pour une recherche monolingue.

Les 5 interfaces testées sont décrites dans la table 1.

| Nº | Nom | Description |
|---|---|---|
| 1 | B | Baseline : aucun lexique, l'utilisateur formule ses requêtes en langue cible |
| 2 | GT | Lexique de mots simples traduits issus d'un dictionnaire en ligne |
| 3 | A5 | Lexique des 5 meilleures traductions issues des corpus comparables |
| 4 | A10 | Lexique des 10 meilleures traductions issues des corpus comparables |
| 5 | MT | Lexique n'ayant que des termes complexes issus du corpus comparable |

TABLE 1 – Description des interfaces.

Ces 5 interfaces sont testées par 5 utilisateurs devant trouver des documents pertinents dans la langue cible en effectuant des recherches sur 15 thèmes. Nous avons réparti ces thèmes de recherche en 5 groupes de 3, nommés G1 à G5 et les avons distribués sur les couples (interface, utilisateur) comme indiqué dans la table 2.

Les 15 thèmes de recherche sont ainsi testés sur chaque interface, tout en garantissant qu'aucun utilisateur ne traite deux fois un même thème. Chaque utilisateur traite l'ensemble des thèmes et teste toutes les interfaces.

| | **U1** | **U2** | **U3** | **U4** | **U5** |
|---|---|---|---|---|---|
| **B** | G1 | G5 | G4 | G3 | G2 |
| **A5** | G2 | G1 | G5 | G4 | G3 |
| **A10** | G3 | G2 | G1 | G5 | G4 |
| **GT** | G4 | G3 | G2 | G1 | G5 |
| **MT** | G5 | G4 | G3 | G2 | G1 |

TABLE 2 – Répartition des thèmes de recherche sur les couples (interface, utilisateur).

Les éléments évalués sont les suivants :

1. le temps mis par les utilisateurs pour accéder au premier document pertinent ;
2. le nombre de documents pertinents visualisés pendant un temps donné ;
3. le nombre de documents non pertinents visualisés pendant le même temps.

Le premier élément mesure l'impact des interfaces sur le temps d'une recherche informationnelle. Plus ce temps est bas, plus l'interface est performante. Le deuxième mesure l'impact sur le temps d'une recherche documentaire. Plus le nombre de documents est élevé, plus l'interface est performante. Le dernier mesure la perturbation causée par de mauvais résultats. Plus ce nombre de documents est bas, plus l'interface est performante.

Nous avons sélectionné les thèmes de recherche parmi les thèmes CLEF disponibles. Afin de permettre une évaluation de l'apport des termes complexes, nous avons choisi aléatoirement 15 thèmes parmi les 36 qui contenaient des termes présents dans le lexique bilingue de termes complexes. En voici les 5 premiers :

1 emeutes pendant un match de football à dublin
2 victimes d'avalanches
3 nouveau premier ministre portugais
4 nouveaux partis politiques
5 dommages à la couche d'ozone

Aucune autre indication n'était fournie aux utilisateurs qui devaient trouver des documents pertinents en y passant exactement 5 min.

# 5 Résultats

Les résultats bruts donnés dans cette section seront interprétés dans la section suivante. Les meilleurs résultats sont indiqués en gras tandis que l'aide sur laquelle nous orienterons l'argumentation est indiquée en rouge.

## 5.1 Temps pour le premier document pertinent

La table 3 présente les temps d'accès minimum, maximum et moyen au premier document pertinent selon les interfaces, où on voit que la *baseline* offre les temps d'accès minimum et moyen les plus faibles.

| | B | GT | A5 | A10 | MT |
|---|---|---|---|---|---|
| **Min** | **23** | 41 | 32 | 26 | 29 |
| **Max** | 229 | 246 | 234 | 300 | **194** |
| **Moy** | **87,8** | 135,8 | 99,2 | 123,8 | 102,4 |

TABLE 3 – Temps d'accès au premier document pertinent

## 5.2 Nombre de documents pertinents retrouvés

La table 4 donne le nombre moyen de documents pertinents trouvés selon les différentes interfaces. L'interface *A5*, proposant 5 candidats termes simples en traduction à la requête, obtient des résultats nettement supérieurs aux autres interfaces (52% de plus que la *baseline*). On peut également constater cela sur la courbe temporelle. On constate cependant que, si *A5* est effectivement l'interface produisant le plus de documents à terme, elle est largement distancée au début de la recherche par la *baseline*.

| Interface | Pertinents |
|---|---|
| B | 25 |
| GT | 23 |
| A5 | 38 |
| A10 | 26 |
| MT | 27 |

TABLE 4 – Nombre de documents pertinents récupérés par interface.

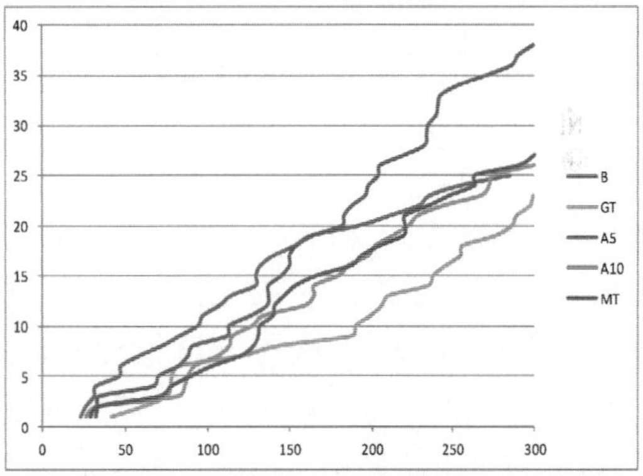


FIGURE 2 - Courbe temporelle (*s*) des documents pertinents retrouvés.

## 5.3 Nombre de documents non pertinents visualisés

La table 5 donne le nombre de documents non pertinents visualisés, à côté du nombre de documents pertinents trouvés.

| Interface | Pertinents | Non pertinents |
|---|---|---|
| B | 25 | 52 |
| GT | 23 | 31 |
| A5 | 38 | 26 |
| A10 | 26 | 33 |
| MT | 27 | 28 |

TABLE 5 - Nombre de documents non pertinents visualisés.

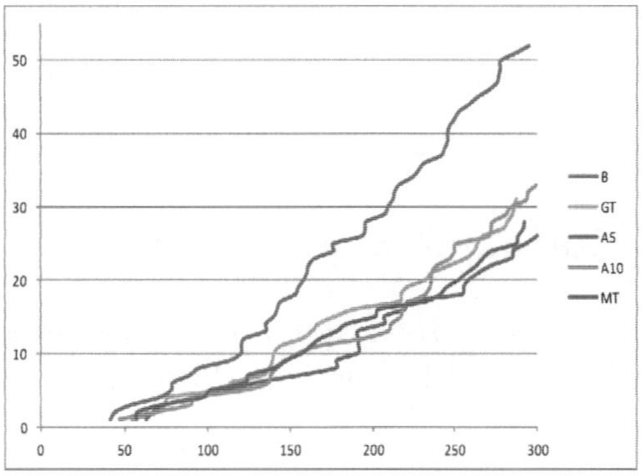


FIGURE 3 – Courbe temporelle (*s*) des documents non pertinents visualisés.

On constate que l'interface *A5* est la meilleure. La *baseline* conduit à visualiser 2 fois plus de documents non pertinents. La courbe temporelle est très marquée par la différence entre la *baseline* et les autres interfaces.

## 5.4 Précision moyenne

La table 6 présente la précision moyenne à 5 min. Sur les courbes, on voit une nette dominance de l'interface *A5* dès le début de la 2ème min. L'interface *MT*, qui ne propose que des termes complexes, arrive en 2ème position au bout des 5 min. On constate aussi que l'aide apportée par *GT* surpasse l'absence d'aide au bout des 5 min.

| Type d'aide | Précision moyenne |
|---|---|
| B | 0,2 |
| GT | 0,21 |
| A5 | 0,42 |
| A10 | 0,27 |
| MT | 0,29 |

TABLE 6 – Précision moyenne à 5 min.

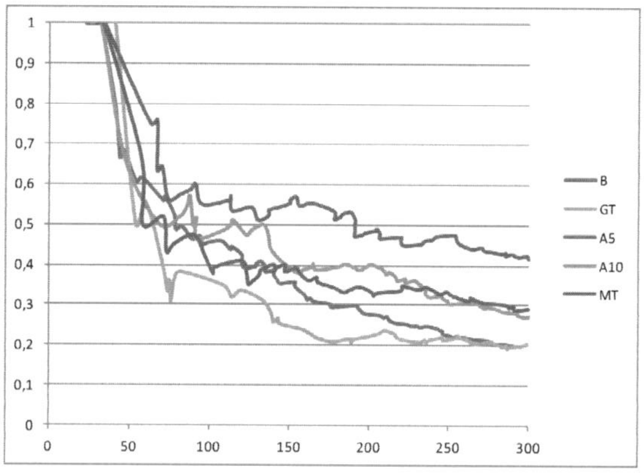


FIGURE 4 – Précision moyenne au cours du temps (*s*).

## 5.5 Nombre d'opérations effectuées

Le nombre d'opérations effectuées est une notion de moindre importance mais qui montre la facilité d'utilisation d'une interface. La table 7 indique le nombre moyen (ainsi que minimal et maximal) de requêtes posées. On y voit que le nombre de recherches minimal correspond à la *baseline B* mais que l'interface *A5* en est proche.

| | **B** | **GT** | **A5** | **A10** | **MT** |
|---|---|---|---|---|---|
| **Min** | **1** | 2 | 2 | **1** | 2 |
| **Max** | **8** | 17 | 8 | 21 | 18 |
| **Moy** | **3,3** | 4,5 | 3,9 | 5,1 | 6,9 |

TABLE 7 – Nombre moyen de requêtes effectuées pour un même thème.

## 5.6 Comparaison des utilisateurs

La table 8 montre le nombre de documents pertinents trouvés en 5 min. va de 0 à 8 documents selon les thèmes. Un même document peut être validé par *n* utilisateurs.

Aucun utilisateur n'a trouvé de document pertinent pour le thème 14 (*démission du secrétaire général de l'otan*). Pour 9 thèmes sur 15, il y a au moins un couple (utilisateur, interface) qui n'a retrouvé aucun document pertinent. Les thèmes sont donc difficiles.

| Req. | 1 | 2 | 3 | 4 | 5 | 6 | 7 | 8 | 9 | 10 | 11 | 12 | 13 | 14 | 15 | Total |
|---|---|---|---|---|---|---|---|---|---|---|---|---|---|---|---|---|
| U1 | 2 | 0 | 1 | 6 | 7 | 0 | 5 | 1 | 0 | 2 | 0 | 3 | 4 | 0 | 0 | 31 |
| U2 | 1 | 3 | 0 | 3 | 6 | 2 | 4 | 2 | 0 | 0 | 0 | 1 | 1 | 0 | 0 | 23 |
| U3 | 0 | 2 | 0 | 1 | 2 | 0 | 3 | 1 | 0 | 0 | 0 | 2 | 1 | 0 | 0 | 12 |
| U4 | 1 | 2 | 2 | 6 | 8 | 2 | 7 | 2 | 0 | 3 | 5 | 4 | 2 | 0 | 1 | 45 |
| U5 | 0 | 2 | 0 | 3 | 6 | 1 | 5 | 2 | 1 | 1 | 0 | 3 | 4 | 0 | 0 | 28 |
| Total | 4 | 9 | 3 | 19 | 29 | 5 | 24 | 8 | 1 | 6 | 5 | 13 | 12 | 0 | 1 | 139 |

TABLE 8 – Nombre de documents pertinents trouvés par thème, par utilisateur.

Dans la table 9 nous présentons le nombre de documents pertinents trouvés selon les utilisateurs et les interfaces. La grande disparité entre les utilisateurs est sans doute due au fait qu'aucune instruction ne leur a été donnée quant à l'évaluation de pertinence.

On peut calculer le rappel si on considère que le nombre maximal de documents pertinents trouvés par un utilisateur pour un thème est la référence de ce qu'il fallait trouver. Le rappel par couple (utilisateur, interface) permet de retrouver les interfaces les plus pertinentes pour chaque utilisateur. Les résultats sont présentés dans la table 10, où on voit que 3 utilisateurs sur 5 ont été plus performants avec l'interface *A5*. 2 utilisateurs sur 5 (dont 1 à égalité avec *A5*) ont été plus performants avec l'interface *MT* alors que celle-ci ne propose que des relations entre termes complexes.

| | U1 | U2 | U3 | U4 | U5 | Total |
|---|---|---|---|---|---|---|
| **B** | 3 | 1 | 2 | 9 | 10 | **25** |
| **GT** | 5 | 6 | 3 | 5 | 4 | **23** |
| **A5** | 13 | 4 | 1 | 12 | 8 | **38** |
| **A10** | 6 | 11 | 2 | 3 | 4 | **26** |
| **MT** | 4 | 1 | 4 | 16 | 2 | **27** |
| **Total** | **31** | **23** | **12** | **45** | **28** | |

TABLE 9 - Documents pertinents par interface et utilisateur.

| | B | A5 | A10 | GT | MT |
|---|---|---|---|---|---|
| **U1** | 50% | **63%** | 40% | 47% | 50% |
| **U2** | 13% | 50% | **75%** | 52% | 8% |
| **U3** | 17% | 13% | 22% | 14% | **31%** |
| **U4** | 67% | **100%** | 75% | 72% | **100%** |
| **U5** | 58% | **90%** | 36% | 50% | 22% |
| | 204% | **315%** | 249% | 236% | 212% |

TABLE 10 - Interface la plus performante par utilisateur.

## 6 Analyse des résultats

Globalement, nous constatons que la présence d'une aide à la traduction ralentit l'accès au premier document pertinent. Cela est parfaitement logique car, dans le cas où une aide est proposée, l'utilisateur commence par regarder les traductions proposées par l'interface et sélectionne celles qui lui paraissent pertinentes avant de lancer la requête. Lorsqu'il n'y a pas d'aide, les utilisateurs lancent directement la requête en anglais.

En revanche, on peut voir sur la figure 2 que l'interface *A5* donne de meilleurs résultats après 2,5 min en moyenne et que les autres interfaces ont une pente qui devrait les amener à dépasser la *baseline* après 5 min. Dès le départ, beaucoup de documents pertinents et non pertinents sont visualisés par l'interface *baseline*. Cela se voit dans les courbes de précision moyenne selon le temps. La dominance d'*A5* est claire dès la 2[e] min.

Parmi toutes les interfaces proposant de l'aide à l'utilisateur pour la traduction des requêtes, l'*A5* semble de loin la meilleure. En particulier, l'aide provenant du dictionnaire en ligne est peu performante en termes de documents pertinents retrouvés. Notons cependant que la pente de la courbe en fin de temps est très fortement croissante et il est possible que de meilleurs résultats soient apparus si l'expérience avait été prolongée au-delà de 5 min. Mais il semble peu probable que cette courbe puisse rejoindre celle d'*A5*. Notons aussi la mauvaise performance de *A10* par rapport à *A5* qui ne peut s'expliquer que par des contraintes ergonomiques, comme un effort de lecture et sélection des traductions trop intensif. Enfin, si l'on considère la performance par utilisateur, on se rend compte que l'interface *A5* est la plus performante pour 3 utilisateurs sur 5. Les résultats obtenus par MT sont étonnamment bons compte tenu du fait qu'il ne propose de traductions que si la requête posée contient des mots composés contenus dans ce lexique.

## 7 Conclusion

Notre évaluation montre que la meilleure interface intègre le lexique généré à partir des corpus comparables et propose 5 traductions pour chaque mot de la requête. Le résultat est surprenant, car ce lexique n'a pas été généré sur les données du corpus d'évaluation et n'avait pas été ressenti comme un lexique de bonne qualité linguistique. Néanmoins, les corpus CLEF 2000-2002 et 2003-2004 étant très semblables, ce lexique correspond mieux au corpus d'évaluation que le lexique générique issu du dictionnaire en ligne. Ce résultat, ainsi que la bonne performance des termes complexes démontrent l'efficacité des lexiques construits à partir de corpus comparables pour la recherche d'information multilingue interactive. Il serait intéressant de confirmer ces résultats à l'aide d'une évaluation de plus grande ampleur.

## Remerciements

Ces travaux ont été exécutés dans le cadre du projet ANR MéTRICC (ANR-08-CONT-013). Nous remercions le LIG et le LINA de nous avoir fourni les lexiques de traduction.

## Références

CRESTAN, E., LOUPY, C. de (2004). Browsing Help for a Faster Retrieval. In *Proceedings of COLING 2004*. Genève, Suisse, pages 576-582.

DÉJEAN H., GAUSSIER, E. (2002). Une nouvelle approche à l'extraction de lexiques bilingues à partir de corpus comparables. In *Lexicometrica*, n° spécial 2002, 22 pages.

FUNG, P., YEE, L.Y. (1998). An IR approach for translating new words from nonparallel, comparable texts. In *Proc. of COLING-ACL 1998*. Montreal, pages 414-420.

LI, B., GAUSSIER, E. (2010). Improving corpus comparability for bilingual lexicon extraction from comparable corpora. In *Proc. of COLING 2010*. ACL, pages 644-652.

MORIN, E., DAILLE, B. (2010). Compositionality and lexical alignment of multi-word terms. In *Language Resources and Evaluation* (LRE). Vol. 44, 1-2. Springer, pages 79-95.

PIRKOLA, A., PUOLAMÄKI, D., JÄRVELIN, K. (2003). Applying query structuring in cross-language retrieval. In *Inf. Process. Manage.* 39, 3 (May 2003), pages 391-402.

# Utilisation de contextes pour la correction automatique ou semi-automatique de réclamations clients

Philippe Suignard[1] Sofiane Kerroua[2]

(1) Electricité de France R&D, 1 avenue du Général de Gaulle, 92141 Clamart
(2) A.I.D., 4 rue Henri Le Sidaner, 78000 Versailles
philippe.suignard@edf.fr, skerroua@aid.fr

RÉSUMÉ

Cet article présente deux méthodes permettant de corriger des réclamations contenant des erreurs rédactionnelles, en s'appuyant sur le graphe des voisins orthographiques et contextuels. Ce graphe est constitué des formes ou mots trouvés dans un corpus d'apprentissage. Un lien entre deux formes traduit le fait que les deux formes se « ressemblent » et partagent des contextes similaires. La première méthode est semi-automatique et consiste à produire un dictionnaire de substitution à partir de ce graphe. La seconde méthode, plus ambitieuse, est entièrement automatisée. Elle s'appuie sur les contextes pour déterminer à quel mot correspond telle forme abrégée ou erronée. Les résultats ainsi obtenus permettent d'améliorer le processus déjà existant de constitution d'un dictionnaire de substitution mis en place au sein d'EDF.

ABSTRACT

**Using contexts for automatic or semi-automatic correction of customer complaints**

This article presents two methods allowing correcting complaints containing spelling errors, by using the spelling and contextual neighbors' graph. This graph is made of forms or words found in a learning corpus. A link between two forms conveys the fact that the two forms "look alike" and share similar contexts. The first method is semi-automatic and consists in producing a substitutional dictionary from this graph. The second method, more ambitious, is fully automatic. It is based on contexts to determine to which word corresponds such abbreviated or erroneous form. The results thus obtained allow us to improve the existing process regarding the creation of a substitutional dictionary at EDF.

MOTS-CLÉS : Correction automatique, analyse distributionnelle, graphe, contexte
KEYWORDS : Spelling correction, distributional analysis, graph, context

## 1 Introduction

Au sein des entreprises, un suivi et une analyse rigoureuse des réclamations, de leurs causes, et de leurs évolutions est une plus-value dans la connaissance du client. Cette problématique est rencontrée chez EDF qui analyse, rigoureusement, les réclamations, orales ou écrites, par le biais d'une chaîne de traitement. Celle-ci, prend sa source au sein des « *Centres de Relation Clientèle* » où sont recueillies, suivies et traitées toutes les demandes ou réclamations par les conseillers clientèles. Ceux-là ont la tâche d'accueillir le client, directement de vive voix ou par téléphone, indirectement par mail ou par courrier, de déterminer les causes de leur requête, d'en apporter une solution, ou à défaut d'en avoir une, de contacter tous les services potentiellement capables de le faire, tout en prenant soin de maintenir le client satisfait des services offerts par leur fournisseur d'énergie et en lui proposant des offres commerciales. Ainsi, en plus de ces tâches, le conseiller doit saisir et décrire la réclamation du client. Dans ce contexte, les réclamations saisies par le conseiller sont sujettes à des erreurs rédactionnelles qu'il convient de corriger et de normaliser pour améliorer la qualité des traitements ultérieurs.

La suite de cet article décrit plus précisément les réclamations et leur analyse au sein d'EDF, ceci permettant de présenter le corpus d'apprentissage utilisé dans les parties suivantes. La partie 3 présente un état de l'art de la correction automatique de texte. La partie 4 présente les deux méthodes proposées pour la correction automatique. Toutes deux ayant pour pré-requis commun, la construction automatique du réseau des voisins orthographiques et contextuels. La partie 5 présente quelques résultats.

## 2 Les réclamations au sein d'EDF et le corpus d'apprentissage

En traitant les appels, les conseillers saisissent les réclamations des clients en y ajoutant des informations complémentaires (si le client avait déjà appelé, état de sa satisfaction, réponse apportée, etc.). Rédigée lors de l'appel, dans un cadre et dans un temps imparti et sans relecture *a posteriori*, la qualité de la réclamation est tributaire du conseiller qui la rédige. Ainsi, certaines réclamations, mal orthographiées et abrégées à outrance sont difficilement compréhensibles. De plus, le vocabulaire utilisé, abondamment abrégé, y est très spécialisé.

En France métropolitaine, on dénombre ainsi environ 200 000 réclamations par mois, exploitées, traitées et analysées par la Direction Commerce d'EDF, permettant ainsi de suivre l'évolution des demandes des clients.

Dans le but d'améliorer et de faciliter leur analyse, ces réclamations lors de leur traitement subissent une phase de normalisation qui consiste à remplacer des formes abrégées ou considérées comme erronées par des formes considérées comme étant canoniques. Formes canoniques, abrégées et erronées sont réunies dans un dictionnaire dit de substitution qui est utilisé lors de la normalisation.

| Formes canoniques | Formes à corriger | | |
|---|---|---|---|
| agence en ligne | ael | a.e.l | a-e-l |
| agent | agt | | |
| alimentation | alim | alimention | |

TABLE 1 - Extrait du dictionnaire de substitution

Ce dictionnaire de substitution est construit manuellement et enrichi au fil du temps par un expert métier ayant une bonne connaissance de la typologie orthographique des réclamations. Comme le montre la Table 1 , il s'agit d'un document texte tabulé où chaque ligne commence par la forme canonique et est suivie par une ou plusieurs formes abrégées ou considérées comme erronées. Cependant, ce dictionnaire, du fait de sa construction manuelle, ne peut pas être complet, la masse très importante des commentaires ne permettant pas d'estimer, même pour un expert, la majorité des fautes ou des abréviations.

Nos travaux s'appuient sur un corpus d'apprentissage, composé de réclamations contenant un total de plus de 7 millions de mots. Les réclamations sont récupérées sans prétraitement, il s'agit donc des textes directement saisis par les conseillers.

Pour les tests qui suivent nous avons constitué un corpus appelé « corpus 100k » comprenant 100 000 réclamations.

## 3 Etat de l'art de la correction de texte

La correction de texte est un sujet qui a fait l'objet de nombreux brevets et travaux et qui continue à progresser du fait de l'évolution des moyens de production des textes (textes scannés, saisis avec des claviers d'ordinateur, puis des claviers de téléphones, etc.) et les contraintes associées (160 caractères pour les SMS ou 140 pour les tweets).

Beaucoup d'auteurs se sont penchés sur la problématique de la correction de texte. La plupart d'entre eux comme (Bouraoui *et al.*, 2009), commence par définir quelles sont ces erreurs et en établit une typologie, typologie que nous partageons largement. Notre corpus comprend :

- des inversions, ajouts ou suppressions de caractères (« cleint », « clint », « cllient » pour « client », suppression des « ç » comme dans « recu » ou des « è » comme dans « cheque ») ;
- des abréviations, formes raccourcies ou non terminées (« logt » pour « logement », « inter » pour « intervention », « pq » pour « pourquoi ») ;
- des sigles et acronymes (« mes » pour « mise en service ») ;
- des textes coupés en deux (« suite a ppel client ») ;
- des textes accolés ou agglutinés (« lavoir » pour « l'avoir », « le clienta » pour « le client a ») ;
- des textes coupés et accolés (« clienta ppel » pour « client appelle », « le client ma pel car... » pour « le client m'appelle car… ») ;
- des écritures phonétiques de type SMS (« ét » pour « été », « koi » pour « quoi », « 1client » pour « un client »)
- et bien sûr des fautes d'accord, de grammaire…

Ensuite, quelle méthode utiliser ? Marion Baranès (Baranès, 2012) en dresse un très large panorama : méthodes basées sur des dictionnaires, sur des règles de grammaires, méthodes utilisant les mots cooccurrents, méthodes utilisant différentes mesures de proximité (lexicale, clavier, phonétique, notamment pour corriger les SMS), classification, utilisation des n-grammes, etc. D'autres méthodes sont des combinaisons de toutes ces méthodes. Dans ce panorama, est également citée l'approche « distributionnelle » (Li, 2006), que nous adapterons par la suite.

Généralement, toutes les méthodes s'accordent pour ne pas sur corriger notamment les dates, montants et plus généralement les chiffres (numéro de téléphone, heure de rendez-vous, etc.), ce qui peut avoir de graves conséquences.

# 4 Présentation des méthodes

Notre approche s'inspire des travaux utilisant l'analyse distributionnelle, généralement mise en œuvre pour détecter des relations sémantiques comme la synonymie à l'aide de corpus textuels (Bourigault, 2002) et (Greffenstette, 1994). Nous reprenons cette approche mais pour détecter les variantes orthographiques des mots en comparant la distribution de leurs contextes. Ensuite, à partir du graphe des voisins orthographiques et contextuels, nous proposons deux méthodes pour corriger les textes bruités : l'une semi-automatique et l'autre complètement automatique.

Pour ce faire, nous nous sommes basés sur le fait qu'une forme bien orthographiée apparaît plus souvent dans le corpus que ses formes mal orthographiées et qu'ainsi, les contextes d'une forme mal orthographiée se retrouvent parmi ceux de la forme bien orthographiée. Par exemple, dans le « corpus 100k », on trouve 292 294 occurrences pour « client » et 220 657 pour « cliente », les formes mal orthographiées associées à ces mots ayant le plus d'occurrence étant « clt » apparaissant 87 257 fois et « clte » qui apparait 63 439 fois, jusqu'à 221 fois pour « clietn ». On peut expliquer ce phénomène parce que les fautes se répartissent sur un grand nombre de formes (une cinquantaine pour « client »).

Néanmoins, ceci n'est pas toujours vrai. En effet, pour certains types d'erreurs, en particulier pour la suppression de caractères accentués, les formes mal orthographiées sont aussi nombreuses voire plus nombreuses que les formes bien orthographiées. Dans le « corpus 100k », « recu » et « reçu » sont presque aussi fréquents (34 853 contre 36 999), et « chèque » compte 11 870 occurrences alors que la forme sans accents « cheque » apparait 15 592 fois.

La suite présente les deux méthodes après la partie préliminaire, commune aux deux méthodes.

## 4.1 Partie préliminaire commune aux deux méthodes

Pour résumer, cette partie cherche à établir un graphe constitué des mots ou formes qui se « ressemblent » et qui partagent des contextes similaires.

**Etape 1** : pour tous les commentaires ou textes du « corpus 100k », la ponctuation est enlevée car elle n'est pas toujours mise à bon escient. Le texte est considéré comme une suite de mots $m_i$. Pour chaque mot $m_i$, les contextes sont calculés à l'aide des mots qui le précèdent et qui lui succèdent. Les formes sont prises de manière brutes sans analyse morpho-syntaxique. Pour chaque mot $m_i$ (sauf pour les premiers et derniers), on obtient :

- 2 contextes simples (bigrammes) : « $m_{i-1}$ _ », « _ $m_{i+1}$ »
- 3 contextes doubles (trigrammes) : « $m_{i-2}$ $m_{i-1}$ _ », « $m_{i-1}$ _ $m_{i+1}$ », « _ $m_{i+1}$ $m_{i+2}$ »

L'association (« mot », « contexte ») est stockée dans une base de données Lucene[1], ce qui permet ensuite de trouver rapidement tous les contextes pour un mot donné ou de trouver les mots associés à un contexte donné.

[1] - Moteur de recherche développé par la fondation Apache (http://lucene.apache.org/)

**Etape 2** : la base de données est parcourue afin d'éliminer les contextes uniques car pouvant amener du bruit. Pour le « corpus 100k », le nombre total de contextes est de 22 millions. La liste des formes présentes dans le corpus est établie et classée par ordre de fréquence décroissante.

**Etape 3** : les formes de la liste précédente vont être comparées deux à deux à l'aide de deux mesures de similarité : $sim_{Damerau}$ et $sim_{Raccourcie}$. La mesure $sim_{Damerau}$ est basée sur la distance de Damerau-Levenstein (Damerau, 1964) qui consiste à calculer le nombre minimum d'opérations nécessaires pour transformer une chaîne de caractères en une autre, où une opération est définie comme l'insertion, la suppression, la substitution d'un simple caractère, ou encore la transposition de deux caractères. La valeur obtenue est divisée par le maximum des longueurs des deux chaînes à comparer. Pour « client » et « cliemnt » on obtient une distance de 0,1428 ou similarité de 0,8571.

Néanmoins cette mesure ne permet pas de trouver les formes raccourcies ou abrégées que l'on rencontre assez fréquemment comme « inter » pour « intervention » ou « cl » pour « client ». On pourrait quand même les trouver avec cette mesure en baissant le seuil limite mais au risque d'introduire du bruit. Ces réflexions nous ont amenés à imaginer la mesure $sim_{Raccourcie}$ qui consiste à compter le nombre de paires de lettres qui se suivent dans la chaîne de caractères la plus courte et qui font partie de la chaîne la plus longue, divisée par le nombre de paires de lettres qui se suivent de la chaîne la plus courte. On obtient ainsi un score de similarité de 1 entre « cl » et « client » ou entre « inter » et « intervention », mais, par exemple, un score de 0,5 entre « tenir » et « intervention ».

A l'aide d'une de ces deux mesures et d'un seuil ($seuil_{mot}$), la méthode permet de sélectionner des paires de mots candidats.

**Etape 4** : les contextes vont ensuite permettre de déterminer si les deux mots candidats seront considérés comme des variations orthographiques ou non. Comme le nombre de contextes des mots peut varier fortement, il faut donc rester prudent sur le mode de comparaison. Nous adaptons une des mesures de (Bourigault, 2002) et calculons le ratio entre le nombre de contextes communs des deux mots et le nombre total de contextes du mot le moins fréquent :

$$ratio = \frac{\left| C_{mot_{+fréquent}} \cap C_{mot_{-fréquent}} \right|}{\left| C_{mot_{-fréquent}} \right|}$$

Si ce ratio est supérieur à un seuil ($seuil_{contexte}$), on considère qu'un lien existe entre $mot_{-fréquent}$ et $mot_{+fréquent}$.

Dans « corpus 100k », le mot « client » possède au total 260 703 contextes (dont 13 974 différents), « cleint » 235 contextes (dont 65 différents). « cleint » partage 224 contextes avec « client » (sur 235 au total), soit un ratio de 0,95, d'où la présence d'un lien entre « client » et « cleint ».

Au final, on obtient :

- Une liste des mots qui n'ont pas de variation orthographique, soit parce qu'ils n'en ont effectivement pas, soit parce que la méthode des contextes n'a pas réussi à leur trouver des mots voisins.

- Un graphe de mots similaires orthographiquement et contextuellement.

A titre d'exemple, voici ce que peut donner une toute petite partie du graphe visualisé avec le logiciel Gephi[2], centré sur le mot « prélèvement » :

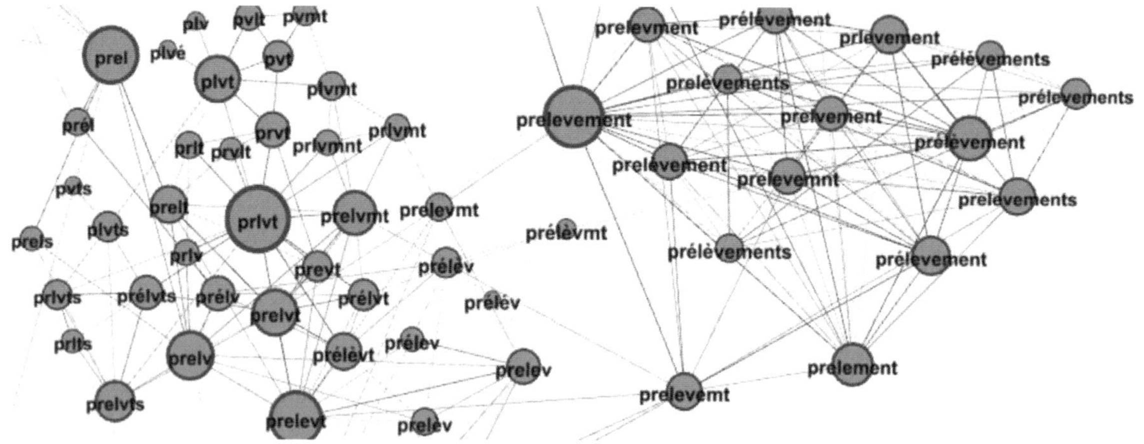


FIGURE 1 – Graphe des mots voisins du mot « prélèvement »

## 4.2 Méthode 1 : semi-automatique et dictionnaire

Cette méthode consiste à utiliser le graphe précédent pour générer un dictionnaire de substitution en détectant les parties connexes du graphe ou en appliquant un algorithme de détection de communauté comme (Blondel, 2008). Au final, on obtient des groupes de mots que l'on présente à l'expert en les classant par ordre de fréquences décroissantes, ce qui va lui permettre de modifier le dictionnaire de substitution de manière experte en fonction des connaissances qu'il a du domaine et des spécificités des données. En faisant varier $\text{seuil}_{\text{mot}}$ et $\text{seuil}_{\text{contexte}}$ de manière experte, il fera apparaître plus ou moins de mots et de relations entre les mots.

Une fois ce dictionnaire de substitution élaboré, les textes à corriger sont parcourus, caractère par caractère, et chaque fois qu'une suite de mots correspond à une entrée du dictionnaire, elle est remplacée par sa forme canonique.

## 4.3 Méthode 2 : vers le tout automatique

Cette autre méthode est beaucoup plus ambitieuse puisqu'elle cherche à corriger, automatiquement, les formes erronées en s'appuyant sur le réseau précédent. Pour corriger une phrase comme : « le cliemnt veut changer d'abonnmnt», elle commence par supprimer la ponctuation puis trouver les mots « candidats » à la substitution pour chaque mot de la phrase :

- « le », « veut », « changer » et « d » font partie de la liste des mots qui n'ont pas de variations ou appartiennent à une « stop liste », ils ne sont donc pas traités.
- « cliemnt » et « abonnment » font partie du réseau. Leurs substituants possibles

[2] - Logiciel de manipulation, d'édition et de visualisation de graphes (http://gephi.org/)

sont calculés à partir du réseau : il s'agit des pères et fils de ces mots.

Au final, on obtient :

| | | | | | |
|---|---|---|---|---|---|
| le | cliemnt | veut | changer | d | abonnment |
| | client | | | | abonnement |
| | cliente | | | | |
| | ... | | | | |

TABLE 2 – Liste des mots candidats à la substitution

L'étape suivante consiste à trouver, parmi les mots candidats, ceux qui vont maximiser la probabilité de rencontrer la phrase M, composée des mots $m_i$, selon la formule suivante (avec un lissage additif encore appelé « ajouter un » pour calculer la probabilité de rencontrer $m_i$ sachant $m_{i-2}$ et $m_{i-1}$(Beaufort, 2002), $|V|$ étant la taille du vocabulaire) :

$$P(M) = \prod_i P(m_i|m_{i-2}m_{i-1}) \quad avec \quad P(m_i|m_{i-2}m_{i-1}) = \frac{1 + nb(m_{i-2}, m_{i-1,} m_i)}{|V| + nb(m_{i-2}, m_{i-1}, *)}$$

Comme le décrit (Cucerzan, 2004), il s'agit d'un problème d'optimisation locale : on calcule si le fait de changer « cliemnt » en « client » augmente la probabilité de l'ensemble. Ainsi, de manière itérative, on corrige la phrase. On peut ensuite lancer récursivement plusieurs corrections de la phrase, puisque le fait de corriger un mot va modifier le contexte de ses mots voisins et peut-être ainsi permettre des corrections lors des itérations suivantes. Nous avons observé ce phénomène, par exemple « recla » est corrigé en « reclamation » lors de la 1$^{ère}$ correction, puis en « réclamation » lors de la 2$^{ème}$ correction.

# 5 Résultats

Tous ces travaux se placent dans un contexte industriel. Il est donc nécessaire que les calculs puissent se faire dans des temps « raisonnables ». Ce point est acquis puisque le calcul du réseau de voisins sur le « corpus 100k » est obtenu en quelques dizaines de minutes sur un PC portable de moyenne gamme.

Pour ce qui est de la génération du dictionnaire de substitution à partir du graphe des voisins (méthode 1), les premiers résultats montrent que le fait de pouvoir générer une première version de ce dictionnaire que l'expert peut ensuite modifier à la main est appréciable, notamment pour assurer une large couverture des mots à corriger. Présenter ces groupes de mots triés par nombre d'occurrences totales permet à l'expert de se concentrer sur les formes erronées les plus importantes. Cette démarche a permis à l'équipe EDF Commerce de détecter des mots, abréviations, formulations ou raccourcis qui n'étaient pas pris en compte dans le processus actuel de correction.

Pour la méthode 2, entièrement automatisée, les résultats doivent être améliorés, notamment sur la manière de fixer les seuils. Cette méthode produit des erreurs :

- Sur les mots qui se ressemblent et qui partagent des contextes voisins comme « peut/veut », « semestrielle/bimestrielle » (employé dans « facture semestielle|bimestrielle ») ou encore « satisfait/insatisfait » (« client

satisfait|insatisfait »).
- Sur les mots dont l'orthographe erronée est aussi fréquente voire plus fréquente que l'orthographe correcte comme pour les mots « recu » ou « cheque ».

# 6 Conclusion et perspectives

Nous avons présenté deux méthodes, l'une semi-automatique, l'autre entièrement automatisée, pour la correction de réclamations rédigées par des conseillers. En construisant pour chaque mot un graphe des voisins orthographiques et contextuels, nous avons montré comment détecter ses formes mal orthographiées afin de construire un dictionnaire de substitution. En utilisant celui-ci dans la première méthode semi-automatique, nous avons amélioré le processus de normalisation des réclamations déjà existant. En outre, la deuxième méthode entièrement automatisée basée elle aussi sur les contextes, semble intéressante mais nécessite, du fait de la sur-correction, une grande vigilance. Néanmoins, ces travaux ne sont pas terminés et constituent le début de développements et de tests notamment par le biais d'un corpus d'évaluation en cours d'élaboration.

# Références

BARANES, M. (2012). Vers la correction automatique de textes bruités : Architecture générale et détermination de la langue d'un mot inconnu. In *RECITAL'2012-Rencontre des Étudiants Chercheurs en Informatique pour le Traitement Automatique des Langues*.

BEAUFORT, R., DUTOIT, T., & PAGEL, V. (2002). Analyse syntaxique du français. Pondération par trigrammes lissés et classes d'ambiguïtés lexicales. Proc. JEP, 133-136.

BLONDEL, V. D., GUILLAUME, J. L., LAMBIOTTE, R., & LEFEBVRE, E. (2008). Fast unfolding of communities in large networks. Journal of Statistical Mechanics: Theory and Experiment, 2008(10), P10008.

BOURAOUI, J. L., BOISSIÈRE, P., MOJAHID, M., VIGOUROUX, N., LAGARRIGUE, A., VELLA, F., & NESPOULOUS, J. L. (2009). Problématique d'analyse et de modélisation des erreurs en production écrite. Approche interdisciplinaire. *Actes de TALNRECITAL 2009*.

BOURIGAULT, D. (2002, June). Upery : un outil d'analyse distributionnelle étendue pour la construction d'ontologies à partir de corpus. In *Actes de la 9ème conférence annuelle sur le Traitement Automatique des Langues (TALN 2002), Nancy* (pp. 75-84).

CUCERZAN, S., & BRILL, E. (2004, July). Spelling correction as an iterative process that exploits the collective knowledge of web users. In *Proceedings of EMNLP* (Vol. 4).

DAMERAU, F. J. (1964). A technique for computer detection and correction of spelling errors. *Communications of the ACM*, *7*(3), 171-176.

GREFENSTETTE, G. (1994). *Explorations in automatic thesaurus discovery*. Springer.

LI, M., ZHANG, Y., ZHU, M., & ZHOU, M. (2006, July). Exploring distributional similarity based models for query spelling correction. In *Proceedings of the 21st International Conference on Computational Linguistics and the 44th annual meeting of the Association for Computational Linguistics* (pp. 1025-1032). Association for Computational Linguistics.

# SegCV : traitement efficace de CV avec analyse et correction d'erreurs

Luis Adrián Cabrera-Diego[1,4] Juan-Manuel Torres-Moreno[1,2,3] Marc El-Bèze[1,3]
(1) LIA, Université d'Avignon et des Pays de Vaucluse, France
(2) École Polytechnique de Montréal, Canada
(3) SFR Agorantic UAPV, France
(4) Flejay Group, France
adrian.cabrera@flejay.com ; {juan-manuel.torres, marc.elbeze}@univ-avignon.fr

RÉSUMÉ

Le marché d'offres d'emploi et des candidatures sur Internet a connu, ces derniers temps, une croissance exponentielle. Ceci implique des volumes d'information (majoritairement sous la forme de textes libres) intraitables manuellement. Les CV sont dans des formats très divers : .pdf, .doc, .dvi, .ps, etc., ce qui peut provoquer des erreurs lors de la conversion en texte plein. Nous proposons SegCV, un système qui a pour but l'analyse automatique des CV des candidats. Dans cet article, nous présentons des algorithmes reposant sur une analyse de surface, afin de segmenter les CV de manière précise. Nous avons évalué la segmentation automatique selon des corpus de référence que nous avons constitués. Les expériences préliminaires réalisées sur une grande collection de CV en français avec correction du bruit montrent de bons résultats en précision, rappel et F-Score.

ABSTRACT

**SegCV : Eficient parsing of résumés with analysis and correction of errors**

Over the last years, the online market of jobs and candidatures offers has reached an exponential growth. This has implied great amounts of information (mainly in a text free style) which cannot be processed manually. The résumés are in several formats : .pdf, .doc, .dvi, .ps, etc., that can provoque errors or noise during the conversion to plain text. We propose SegCV, a system that has as goal the automatic parsing of candidates' résumés. In this article we present the algoritms, which are based over a surface analysis, to segment the résumés in an accurate way. We evaluated the automatic segmentation using a reference corpus that we have created. The preliminary experiments, done over a large collection of résumés in French with noise correction, show good results in precision, recall and F-score.

MOTS-CLÉS : RI, Ressources humaines, traitement de CV, Modèle à base de règles.

KEYWORDS: Information Retrieval, Human Resources, CV Parsing, Rules Model.

## 1 Introduction

L'accès massif d'internet par les personnes, les institutions et les entreprises a changé radicalement la façon dont fonctionne le marché de l'emploi. De nos jours, des milliers de candidats mettent en ligne leur Curriculum Vitæ (CV), et les entreprises ou les institutions publient des profils de postes recherchés. Analyser automatiquement cette quantité d'informations est une tâche difficile à accomplir. Ceci est dû, d'un côté à la masse grandissante de CV reçus par les départements de ressources humaines, et d'un autre à l'énorme diversité de la présentation des CV. En particulier, dans certains sections (identité, formation, expérience et compétences) et leur organisation. Si on ne peut pas parler vraiment de documents « non-structurés », on peut les qualifier de « trop librement structurés », répondant à une structure conceptuelle propre à chaque individu et difficile à modéliser. Nous nous situons dans la double perspective d'emplois académiques et commerciaux. L'employeur est ici une institution (université, grande école, centre de recherche) ou une entreprise, et les candidats présentant des dossiers adaptés pour correspondre au mieux aux profils recherchés. Donc, nous projetons de concevoir un système intégral d'analyse des candidatures académiques ou commerciales, dont la première étape consiste dans le découpage des CV des candidats.

La problématique qui aborde SegCV est plus générale que celle étudiée auparavant [6, 7, 3], car ces travaux analysent seulement des CV commerciaux. SegCV est composé des modules suivants : Extraction d'information à partir des CV en formats PDF, Word, Open Office, PS, DVI et RTF ; analyse des CV pour extraire les sections importantes. Cet article présente un système de découpage automatique des CV ainsi qu'une étude portant sur la correction d'erreurs lors de la transformation en format texte. Nous présentons en section 2 la stratégie mise en œuvre. En Section 3, sont décrits les corpus utilisés. Nous présentons, en Section 4, la méthode pour détecter et corriger les erreurs avec deux modèles basés sur des $n$-grammes. En section 6, sont détaillés les différents résultats obtenus avant de conclure.

## 2 Méthodologie

Nous présentons la première étape d'un analyseur automatique d'offres et de demandes d'emploi : un analyseur des CV basé sur le contexte. En fonction des sections définies comme étant importantes par le recruteur, le système extrait l'information pertinente du CV, puis génère un fichier avec le contexte et la granularité voulue. L'analyseur est essentiellement basé sur un nombre restreint de règles dépendantes de chaque langue. Il transforme l'information des CV en blocs d'information selon des modèles définis par l'utilisateur, faciles à comprendre par les humains et exploitables par les machines.

Les CV originaux sont déclinés en formats divers : .doc, .odt, .pdf, .ps, .txt, etc. Afin de pouvoir les traiter convenablement, les CV sont transformés en texte utf-8. Cependant, cette transformation n'est pas libre d'erreurs, surtout dans les fichiers issus de PDF. Nous considérons le bruit comme la différence entre la forme superficielle d'une représentation textuelle et le texte prévu, correct ou originel [8]. Si la source est PostScript ou PDF du LaTeX, le texte extrait peut comporter un certain nombre d'erreurs. Les caractères accentués, la police utilisée et les petites majuscules sont des sources d'erreurs récurrentes et difficiles à modéliser. Or, les fichiers générés par LaTeX risquent d'être très fréquents dans les CV issus du milieu académique. Cette étape du pré-traitement est souvent négligée alors qu'elle a un fort impact dans des étapes ultérieures. En effet, le découpage des CV (tâche déjà difficile du fait de la variabilité évoquée) peut être un vrai casse-tête si l'on tient compte du bruit introduit par les convertisseurs PDF à texte.

## 3 Corpus

Nous avons constitué un corpus de 100 CV en français issus du domaine commercial. Ce corpus a été découpé à la main par 2 annotateurs. Les annotateurs ont reçu des consignes strictes quant au découpage des sections, selon un manuel fourni :

- Identité (coordonnées du candidat) ; Résumé ; Poste demandé (information qui décrit le poste demandé) ; Situation actuelle du candidat ; Autres (loisirs, les références, etc.).
- Formation (formation universitaire) ; formation additionnelle (diplômes ou certifications).
- Expérience (expérience professionnelle).
- Compétences (compétences ou aptitudes personnelles, les langues étrangères, les outils maîtrisés, etc).

Nous appelons ce corpus étalon CD. Pour les tests de découpage, nous avons constitué le corpus CN, composé des mêmes 100 CV, mais sans le découpage manuel.

Pour étudier le bruit, nous disposons d'un corpus de 750 CV commerciaux, provenant de fichiers .doc, .odt et .rtf, pour lesquels la conversion, en théorie, n'a généré aucune erreur [1]. Ce corpus sera nommé CVcomm. En ce qui concerne les CV académiques, la question est plus délicate : La plupart de CV sont bruités, et les dé-bruiter manuellement serait une tâche pénible et pas exempte d'erreurs. Cependant, nous avons détecté 8 CV sans bruit, qui seront utilisés lors de tests. Ce corpus sera nommé CVac.

# 4 Détection et correction du bruit

La transformation des CV en texte peut générer plusieurs erreurs : l'introduction de caractères composés, de caractères superposés, la séparation des caractères ou l'ajout des espaces entre caractères. En général, tous les cas, à exception du dernier, peuvent être corrigés en utilisant des expressions régulières car ces erreurs suivent des patrons réguliers. Cependant le problème d'ajout d'espaces entre les caractères semble être de nature aléatoire. Parfois, ce type d'erreur est occasionné par l'utilisation de caractères accentués, de majuscules ou par l'utilisation d'un format particulier des documents. Les blancs peuvent être présents plusieurs fois dans le même mot ou dans la même ligne. Ces espaces placés au milieu de mots peuvent empêcher le découpage correct des sections.

Pour bien mener nos tests, à partir du corpus CVcomm, nous construisons à tour de rôle 5 sous-corpus qui seront utilisés comme suit : 4/5 sous-corpus seront employés pour le calcul des $n$-grammes et 1/5 pour la phase de tests. Il faut dire que la génération des $n$-grammes est enrichie d'un ensemble $T$ de textes sans bruit : romans, livres scientifiques et discours composé de 784k mots. Pour les tests, nous avons bruité le 1/5 du corpus avec des espaces en blanc introduits de façon aléatoire. Afin d'injecter chaque espace, nous avons généré 3 numéros aléatoires : le premier fixe la ligne du fichier à bruiter, le deuxième le mot et le troisième la position à l'intérieur du mot (en évitant les extrêmes). Le bruit injecté est donc à pourcentage variable [2]. Nous appellerons ces corpus $CB_{(i=0,5,10,15,...,100)}$. Pour les CV académiques, nous utiliserons le corpus CVac comme référence afin de tester le correcteur. Ainsi nous avons ajouté du bruit à l'ensemble CVac suivant la même procédure qu'auparavant. Les correcteurs utilisent tous les $n$-grammes générés avec les CV commerciaux plus les documents de l'ensemble $T$ afin de debruiter les CV de CVac.

La correction d'erreurs est une tâche généralement abordée dans la reconnaissance optique de caractères (OCR) ou dans le traitement d'information informelle, comme les blogs, les forums, les SMS ou les tchats. Les travaux concernant la correction de bruit [2, 9, 1, 4] traitent la correction

1. Grâce à la codification homogène des éditeurs (Word, Libre/OpenOffice)
2. Nous considérons un mot comme l'ensemble de caractères entre deux espaces

de fautes d'orthographe et grammaticales, la mauvais ponctuation ou l'utilisation d'abréviations. Mais le problème spécifique des blancs a été peu traité à notre connaissance. Pour résoudre ce problème, nous proposons deux stratégies à base de $n$-grammes de caractères : un correcteur binaire et un autre probabiliste.

## 4.1 Correcteur binaire

L'algorithme utilise des $n$-grammes de caractères avec $n = 4, .., 7$. Ces $n$-grammes ont comme caractéristique principale la présence, d'au moins, un espace entre deux caractères ([a-zA-Z], caractères accentués ou l'apostrophe). Pour chaque ligne avec au moins un espace, on génère le $n$-gramme le plus grand possible avec un espace en son centre. Le $n$-gramme original et ses voisins à gauche et à droite du centre, sont recherchés.

Le $n$-gramme père est considéré comme correct (l'espace central doit être conservé), si lui ou ses fils, remplissent au moins une des conditions suivantes : i/ le 7-gramme existe ; ii/ deux 6-grammes existent ; iii/ au moins deux 5-grammes existent ; iv/ Deux 4-grammes existent (zone encadrée en pontillé de la figure 1). Ces conditions se basent sur l'idée qu'un $n$-gramme père avec un espace central engendre deux 6-grammes, trois 5-grammes et deux 4-grammes. Si la majorité de ses fils existent, il est probable que le $n$-gramme père soit correct. Si le père est considéré comme incorrect, il faut analyser la classe à laquelle il appartient. Les cas et les corrections dépendent du nombre d'espaces après ou avant l'espace central, du nombre de caractères à droite et à gauche ou si le $n$-gramme est au début ou à la fin d'une ligne. Les corrections sont des règles permettant l'élimination de blancs gênants. L'algorithme de correction peut être exécuté itératif afin de corriger des erreurs non trouvées lors des corrections précédentes.

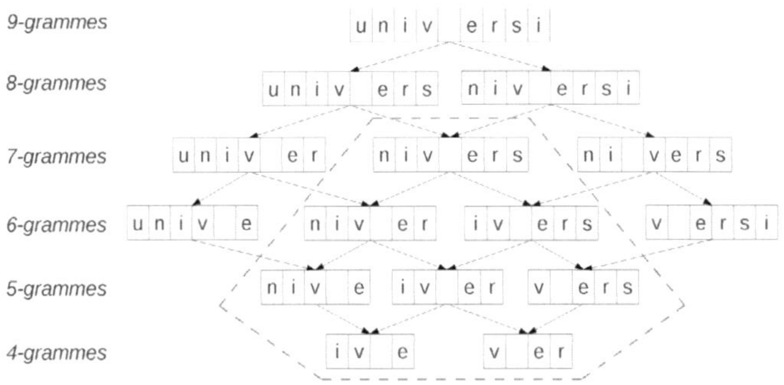


FIGURE 1: Exemple de $n$-grammes pour les correcteurs.

## 4.2 Correcteur probabiliste

Afin d'obtenir des performances plus robustes et de meilleurs résultats, nous avons développé un correcteur probabiliste. Le principe étant proche de celui binaire, sauf que le parcours des branches sera conditionné par la probabilité des $n$-grammes. L'algorithme construit le $n$-gramme le plus grand possible ($n = 4, ..., 9$) ayant un espace central entre deux caractères. Nous énumérons toutes les combinaisons de $n$-grammes en éliminant ou en maintenant les espaces qu'ils contenant. Des caractères à droite peuvent être ajoutés pour maintenir la taille et le contexte du $n$-gramme le plus grand possible. Puis on calcule les probabilités conditionnelles de chaque combinaison en utilisant l'estimation du maximum de vraisemblance :

$$P\left(c_i|n_{i-1}\right) = \frac{C\left(n_{i-1}c_i\right)}{C\left(n_{i-1}\right)} = \frac{C\left(n_i\right)}{C\left(n_{i-1}\right)} \tag{1}$$

où $c_i$ est le dernier caractère du $n$-gramme de taille $i$, $C\left(n_i\right)$ et $C\left(n_{i-1}\right)$ sont leurs fréquences. Si la probabilité de toutes les combinaisons du $n$-gramme sont nulles, la taille du $n$-gramme est diminuée en 1 caractère (figure 1) et le processus itère à nouveau. Autrement on considère comme une correction acceptable la combinaison ayant la probabilité conditionnelle la plus grande.

# 5 Découpage en sections

La tâche principale de SegCV consiste à repérer, découper et regrouper les sections pertinentes des CV. À cette fin, on peut être tenté d'utiliser des méthodes d'apprentissage automatique, car on sait qu'elles donnent de très bons résultats sur les tâches de TALN. Mais l'apprentissage automatique nécessite une grande quantité de documents préalablement étiquetés. Or, nous ne disposons pas d'un grand corpus annoté manuellement. En conséquence, nous avons deux possibilités pour faire face à ce problème. La première consiste à faire un découpage à de tailles fixes (1/3, 2/3, etc.), comme proposé par [5], mais cette approche nous semble trop grossière. L'autre possibilité consiste à établir des règles de découpage. Notre objectif étant de découper les CV de la manière la plus fine possible, nous avons décidé d'utiliser des règles.

À cette fin, nous avons suivi deux approches. La première est basée sur la structure du CV : les titres, les sous-titres ou les débuts des lignes avec un symbole délimitant une section. 94 expressions régulières composent ces règles. La deuxième approche essaie d'améliorer le découpage au moyen de mots-clés qui seront recherchés à l'intérieur des sections. Le découpage fait appel à un prétraitement (élimination ou normalisation de symboles et la normalisation d'espaces), puis, les règles de structure sont appliquées. Après ce premier découpage, nous vérifions la taille des sections trouvées. Si elle est anormalment grande (ou petite) par rapport à la taille du CV nous faisons appel aux mots-clés pour déclancher une procédure de déplacement de l'information. Par exemple, si un fragment de texte dans la section « Compétences » contient les mots *célibataire* ou *situation de famille* ce fragment sera déplacé à la section « Identité ».

# 6 Résultats

Nous avons effectué trois expériences pour évaluer le découpage automatique et la correction du bruit. Nous avons décidé d'utiliser des mesures de similarité et non pas des mesures basées sur les frontières du découpage car l'information dans les sections peut être éparpillée. Puisque les CV sont des fichiers trop librement structurés, les limites exactes des sections sont difficiles à repérer. Si l'on ajoute du bruit, ces frontières sont souvent perdues. Essayer de trouver les frontières exactes est alors un exercice très délicat et imprécis. Nous avons décidé donc de mesurer la pertinence du découpage par le contenu des sections, plutôt que par les frontières. A ce fin, nous avons utilisé deux mesures de similarité entre le découpage manuel et celui automatique : la similarité cosinus et une mesure de divergence de Kullback-Leiber modifiée (issue du domaine du résumé automatique). Une section sera considérée comme correctement découpée si sa similarité dépasse un certain seuil. Le seuil peut être strict (similarité $=1$) ou relaxé ($0,95 <$ similarité $< 0,5$). Ensuite nous avons calculé la précision, le rappel et le F-score.

Pour évaluer la correction du bruit, nous avons comparé le nombre de mots corrects dans le fichier corrigé par rapport au nombre de mots dans le fichier d'origine. Formellement, la précision et le rappel ont été définis de façon classique comme suit :

$$\text{Précision} = \frac{C_C}{T_C} \qquad \text{Rappel} = \frac{C_C}{T_O} \tag{2}$$

où, $C_C$ est le nombre de mots corrects dans le fichier corrigé, $T_C$ le nombre de mots dans le fichier corrigé et $T_O$ le nombre de mots dans le fichier d'origine.

**Découpage automatique.** La première expérience a consisté à découper automatiquement les fichiers du corpus CN. La figure 2 montre le F-score pour les deux mesures de similarité.

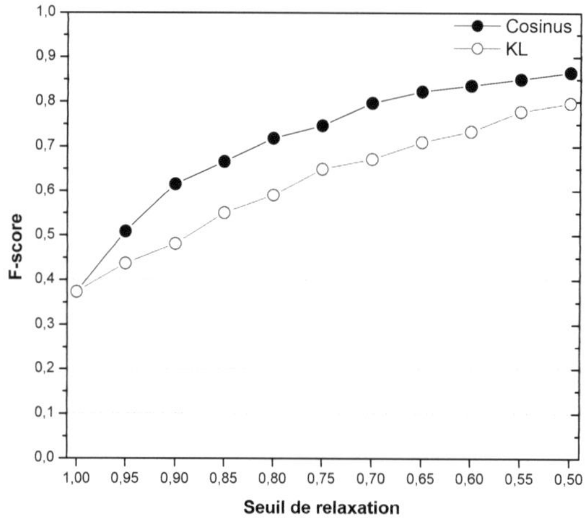


FIGURE 2: Découpage de CV : F-score

Le système ne découpe pas les sections avec une grande précision. Les raisons de ce problème sont variées. D'abord, les annotateurs ont évité les informations inutiles (numéros de page, en-têtes ou les pieds de page), ce qui le système ne fait pas encore. Ensuite, la perte de la structure du CV (comme les tables ou les colonnes) produit une mélange erronée de l'information. Et finalement, les règles de mots-clés peuvent déplacer incorrectement l'information d'une section.

**Correction du bruit.** Nous avons simulé le bruit par ajout aléatoire de blancs au milieu des mots. La quantité d'espaces a été déterminée par la taille du fichier d'origine et par un pourcentage variable (0 %, 5 %, 10 %...100 %). Les correcteurs binaire et probabiliste ont été appliqués itératif trois fois. Au delà de la troisième application, les résultats n'ont guère changé. Pour l'évaluation des corpus bruités $\text{CB}_i$, nous nous sommes servis des corpus de référence. La figure 3 montre le F-score pour cette expérience mesuré sur des CV commerciaux à gauche et académiques à droite. Les résultats montrent que le correcteur binaire fonctionne assez mal, même pour des quantités minimales de bruit. A 50 % de bruit, le correcteur probabiliste obtient un F-score de 0,82 (CV commerciaux) et de 0,75 (CV académiques). Pour un taux de bruit de 100 % le correcteur probabiliste obtient un F-score de 0,80 (commerciaux) et de 0,71 (académiques). Il faut dire que la quantité de bruit dans les cas réels n'est pas si élevée, mais nous voulions tester nos correcteurs dans les cas extrêmes.

**Découpage automatique plus correction de bruit** La dernière expérience a consisté à segmenter automatiquement le corpus CD. Mais cette fois, nous y avons ajouté du bruit de manière

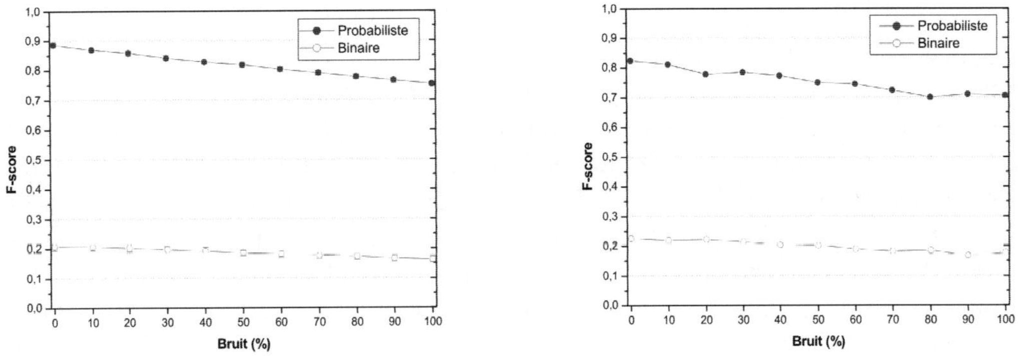


FIGURE 3: Correction de l'injection de bruit : à gauche CV commerciaux, à droite CV académiques

aléatoire (de la même façon que pour le CB), en utilisant le correcteur probabiliste, appliqué 3 fois, pour le diminuer. Nous avons évalué la qualité du découpage avec la mesure de cosinus. La figure 4 montre la surface de F-score en fonction du pourcentage du bruit et du seuil de relaxation. Les résultats obtenus indiquent que l'utilisation du correcteur impacte la qualité

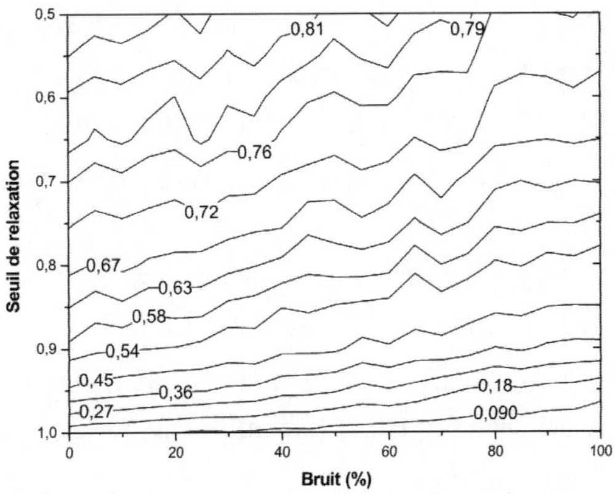


FIGURE 4: Découpage automatique avec correction de bruit : F-score

de découpage. Pour un pourcentage de zéro bruit ajouté et un seuil de relaxation égal à 1,00, c'est-à-dire une similarité exacte, le découpage automatique avec correction probabiliste obtient un F-score = 0,13, contre un F-score = 0,37 du découpage sans correctif. Nonobstant, pour un niveau de bruit nul et un seuil de relaxation égal à 0,50, le F-score pour le premier est de 0,84 et de 0,79 sans correctif. Pour un niveau de bruit égal à 50 % et un seuil de relaxation de 50 %, le découpage automatique avec correction obtient un F-score de 0,796.

# 7 Conclusions et perspectives

L'analyse automatique de CV est une tâche extrêmement difficile. Ceci s'explique par plusieurs raisons, dont la principale est la structure des CV : malgré une structure conventionnelle, l'information présente dans les CV est en format libre. En outre, ils sont produits en plusieurs formats électroniques. Leur transformation peut occasionner des erreurs ou perte d'information. Le vocabulaire utilisé peut varier énormément au niveau des CV ou des profils. Dans ce travail, nous avons présenté la première étape d'un système d'analyse automatique des CV. Nous avons présenté un module pour découper des CV en français et un module pour corriger les erreurs générées à cause de la transformation du fichier d'origine. Les expériences réalisées montrent que le découpage automatique doit être amélioré pour se rapprocher plus du découpage manuel. Par contre, la correction de bruit a montré de très bons résultats. Nous avons vérifié que la méthode probabiliste corrective donne les meilleurs résultats. Cependant, il faut éviter la correction de fichiers non bruités, car, en effet, il semble que la correction de faux positifs génère une diminution de la qualité du découpage. À l'avenir, nous voulons augmenter la qualité de nos modules et les appliquer dans de corpus académiques de taille plus conséquente. Pour le découpage automatique, nous pensons ajouter un module de nettoyage afin d'éliminer les numéros de pages, les en-têtes et les pieds de page. De la même façon, il sera intéressant d'effectuer des expériences avec des CV dans des langues autres que le français.

## Remerciements

Ce travail a été financé par la convention ANRT-CIFRE n° 2012/0293 entre Flejay et l'UAPV.

## Références

[1] Sumeet Agarwal, Shantanu Godbole, Diwakar Punjani, and Shourya Roy. How much noise is too much : A study in automatic text classification. In *Data Mining, 2007. ICDM 2007. Seventh IEEE International Conference on*, pages 3–12. IEEE, 2007.

[2] Alexander Clark. Pre-processing very noisy text. In *Proc. of Workshop on Shallow Processing of Large Corpora*, pages 12–22, 2003.

[3] Jérémy Clech and Djamel A. Zighed. Data mining et analyse des cv : une expérience et des perspectives. In *Extraction et la Gestion des Connaissances, EGC'03*, pages 189–200, 2003.

[4] Lipika Dey and SK Mirajul Haque. Opinion mining from noisy text data. *International Journal on Document Analysis and Recognition (IJDAR)*, 12(3) :205–226, 2009.

[5] Rémy Kessler, Nicolas Béchet, Mathieu Roche, Marc El-Bèze, and Juan-Manuel Torres-Moreno. Automatic profiling system for ranking candidates answers in human resources. In *OTM '08 Monterrey, Mexico*, pages 625–634, 2008.

[6] Rémy Kessler, Juan-Manuel Torres-Moreno, and Marc El-Bèze. E-Gen : Automatic Job Offer Processing system for Human Ressources. In *MICAI*, pages 985–995, 2007.

[7] Rémy Kessler, Juan-Manuel Torres-Moreno, and Marc El-Bèze. E-Gen : Profilage automatique de candidatures. In *TALN'08 Avignon*, 2008.

[8] Craig Knoblock, Daniel Lopresti, Shourya Roy, and L.Venkata Subramaniam. Special issue on noisy text analytics. *IJDAR*, 10(3-4) :127–128, 2007.

[9] Benoît Sagot, Pierre Boullier, et al. Sxpipe 2 : architecture pour le traitement pré-syntaxique de corpus bruts. *Traitement Automatique des Langues*, 49(2) :155–188, 2008.

# Recherche et utilisation d'entités nommées conceptuelles dans une tâche de catégorisation

Jean-Valère Cossu[1] Juan-Manuel Torres-Moreno [1,2,3,4] Marc El-Bèze[1,2,4]
(1) Laboratoire Informatique d'Avignon - Université d'Avignon et des Pays de Vaucluse
339 chemin des Meinajaries, BP91228 84911 Avignon Cedex 9, France
(2) SFR Agorantic Université d'Avignon et des Pays de Vaucluse, 84000 Avignon Cedex
(3) École Polytechnique de Montréal, 2900 Bd Edouard-Montpetit Montréal, QC H3T1J4
(4) Brain & Language Research Institute, 5 avenue Pasteur, 13604 Aix-en-Provence Cedex 1

{jean-valere.cossu,juan-manuel.torres,marc.el-beze}
@univ-avignon.fr

RÉSUMÉ

Les recherches présentées sont directement liées aux travaux menés pour résoudre les problèmes de catégorisation automatique de texte. Les mots porteurs d'opinions jouent un rôle important pour déterminer l'orientation du message. Mais il est essentiel de pouvoir identifier les cibles auxquelles ils se rapportent pour en contextualiser la portée. L'analyse peut également être menée dans l'autre sens, on cherchant dans le contexte d'une cible détectée les termes polarisés. Une première étape d'apprentissage depuis des données permet d'obtenir automatiquement les marqueurs de polarité les plus importants. A partir de cette base, nous cherchons les cibles qui apparaissent le plus fréquemment à proximité de ces marqueurs d'opinions. Ensuite, nous construisons un ensemble de couples (marqueur de polarité, cible) pour montrer qu'en s'appuyant sur ces couples, on arrive à expliquer plus finement les prises de positions tout en maintenant (voire améliorant) le niveau de performance du classifieur.

ABSTRACT

Search and usage of named conceptual entities in a categorisazion task

The researchs presented are part of a text automatic categorization task. Words bearing opinions play an important role in determining the overall direction of the message. But it is essential to identify the elements (targets) which they are intended to relativize the scope. The analysis can also be conducted in the reverse direction. When a target is detected we need to search polarized terms in the context. A first step in an automatic learning from data will allow us to obtain the most important polarity markers. From this basis, we look for targets that appear most frequently in the vicinity of these opinions markers. Then, we construct a set of pairs (polarity marker, target) to show that relying on these couples we can maintain (or improve) the performance of the classifier.

MOTS-CLÉS : Fouille d'opinion, Marqueurs de polarité, Reconnaissance d'entités nommées.
KEYWORDS : Opinion Mining, Named Entity Recognition.

## 1 Introduction

Depuis fort longtemps, la prise de décision se fait toujours après consultation des points de vue d'autres personnes. On prend très souvent connaissance des critiques émises par d'autres consommateurs avant de consommer un produit ou service. Cette interaction entre individus peut être élargie à ce qui se produit durant les campagnes précédant des élections. Depuis le développement d'Internet, de plus en plus de personnes donnent leurs avis et ces derniers étant de plus en plus disponibles, il est facile d'avoir accès à de larges corpus d'opinion. Les applications possibles de la fouille d'opinion sont multiples (Pang et Lee, 2008), systèmes de recommandation, outils de marketing, suivi de tendances etc. . Certains moteurs de recherche proposent d'ailleurs déjà des applications pour résumer les opinions des consommateurs dans des interfaces dédiées (Blair-Goldensohn et al, 2008).

L'analyse d'opinion peut se décomposer en trois sous-tâches :
1. Détection de la présence ou non de l'opinion ;
2. Classification et intensité : (très) positif, (très) négatif ou neutre ;
3. Identification des cibles et sources de l'opinion (sur quoi porte l'opinion et qui l'exprime).

Pour autant, alors qu'il est bon d'avoir un avis « général », extraire ce qui est exprimé sur un point précis est tout aussi voire plus utile. La tâche 3 pouvant être répétée en changeant de granularité, en se situant au niveau du texte entier, du paragraphe, de la phrase ou bien du fragment selon les applications envisagées. L'exemple le plus frappant peut être pris en politique, où l'enjeu n'est pas tant de convaincre ses opposants à l'ensemble à adhérer à ses propositions mais plutôt de pousser ceux qui hésitent encore à basculer de son coté en prenant appui sur un sujet donné. Dans ce cas-là, ce n'est pas sur l'ensemble de l'entité qu'il faut agir mais plutôt sur des points précis. Points qu'il reste à déterminer et que nous appellerons par la suite cibles ou Entités Nommées Conceptuelles (ENC).

# 2 Entités nommées

La reconnaissance des entités nommées (REN) fait partie de l'extraction d'information. Elle consiste à délimiter et catégoriser certaines expressions linguistiques. Ces dernières correspondent à des ensembles de noms (entités, expressions temporelles, géographiques, etc.). Toutefois les entités nommées peuvent être plus spécifiques à un domaine et on parle alors d'entités nommées d'intérêt spécifique. Ici, il s'agira plus véritablement de sous-entités dans la mesure où elles correspondront à des éléments constitutifs d'entités (personnes, entreprises, produits ou services) et représenteront donc des concepts qui seront déterminés en fonction des données d'apprentissage sans connaissance *a priori* de la langue et du domaine. La délimitation d'EN se fait habituellement sous la forme d'annotations en utilisant des listes de connaissances ou avec l'aide d'experts (Dutrey et al, 2012). Les besoins en connaissances linguistiques (et en connaissances du domaine) deviennent vite très importants. Nous proposons de les détecter de façon semi-automatique, puis de les utiliser à des fins de classification tout en gardant à l'esprit que ces dernières peuvent faire un excellent support permettant de produire automatiquement des résumés « polarisés ».

## 2.1 Propositions

L'hypothèse de travail est la suivante : lorsqu'une opinion est exprimée, cette dernière l'est forcément sur un élément de l'entité critiquée ou sur l'entité dans sa globalité. Cet élément sera appelé cible ou sous-cible selon son niveau de granularité. A rebours, si dans un message une cible est citée par une personne, nous supposons que c'est parce qu'elle souhaite en dire ce qu'elle en pense ou à la limite dire qu'elle n'en pense pas grand-chose et le fait de l'exprimer ainsi n'est probablement pas à négliger. *A contrario*, nous pouvons également considérer qu'en l'absence de cible dans la critique (critiques très courtes) le marqueur de polarité doit probablement porter sur l'entité par exemple : « super film ».

Un des objectifs visés est l'extraction de couples (cible, marqueur de polarité) permettant à la fois de catégoriser le message mais également de constituer un résumé de la représentation de l'entité (ou du produit dans le cas d'un système de recommandation). Ces couples ne sont pas limités aux seuls concepts identifiés par des experts du domaine ou par ce qui est communément admis (Pupier, 1998), mais sont censés émerger des avis analysés conformément à la façon dont ils ont été exprimés. Cette façon de procéder tient implicitement compte de la restriction des différents sens d'un mot à ceux qui ont cours dans le domaine abordé par les auteurs des critiques (Riloff et Wiebe, 2003). C'est le cas du terme « navet » qui est un légume plus ou moins apprécié par les gastronomes mais aussi et surtout pour ce qui nous concerne un mauvais film dans le domaine du cinéma. On pourrait se baser sur des listes de marqueurs d'opinion comme le propose (Navigli, 2009) mais s'il nous fallait préétablir leur polarité cela impliquerait une coûteuse désambiguïsation lexicale.

La méthode consiste à extraire dans le corpus les éléments les plus porteurs d'opinions (marqueurs de polarité). Une fois ceux-ci extraits, nous cherchons, à proximité de ces derniers, s'il existe des éléments à pouvoir discriminant modéré, non présents dans un anti-dictionnaire (SL composé principalement de mots-outils). Si la fréquence de ces éléments dépasse un plancher déterminé empiriquement, nous pouvons les considérer comme des « cibles ». Nous pouvons considérer l'ensemble de ces cibles de même que les métadonnées film ou pseudo comme des ENC.

## 3 Données

Des expériences de classification automatique ont été menées sur un corpus de micro-critiques (μC) de cinéma provenant du portail communautaire Vodkaster[1].

Chaque μC étant un tuple[2] : utilisateur, film, note[3], critique correspondant à la définition d'une opinion donnée par (Liu, 2012).

- L'échelle des notes comporte dix barreaux espacés de 0,5 point entre 5 et 0,5 ;
- La critique est dite μ-critique car d'une longueur maximale de 140 caractères.

Le corpus contient 77 000 μC, les 20 000 plus récentes constituent les corpus de développement et test (10 000 chacun), le reste étant considéré comme apprentissage[4]. L'échelle des notes est dans le cadre de nos expériences ramenée de façon volontaire à deux barreaux. Nous avons tablé sur le fait que les positions les plus tranchées feraient ressortir plus de cibles associées à des qualificatifs. Les seuils des deux barreaux ont été déterminés de façon empirique : Positif (note>4) et Négatif (note<2). Les critiques dites neutres (dont la note vaut entre 2 et 4 non inclus) sont pour l'instant exclues des corpus d'apprentissage, développement et test.
Malgré les tailles restreintes des critiques et la liste de cible, les utilisateurs arrivent à exprimer plusieurs opinions (parfois opposées) sur les différents éléments des films.

[1] http://www.vodkaster.com
[2] Nous envisageons d'utiliser par la suite d'autres métadonnées comme : acteurs, réalisateurs, genre.
[3] Note mise par l'utilisateur lorsqu'il a déposé sa critique sur le portail.
[4] Bien évidemment, les 3 intersections de ces corpus pris 2 à 2 sont vides.

Les critiques nuancées ou équilibrées (µC contenant un des « pivots » prédéterminés) sont retirées des différents corpus. Nous avons à cet effet sélectionné uniquement les deux « pivots » les plus fréquents[5] dans le corpus d'apprentissage : « mais » et « malgré ». Ne seront donc présentes dans le corpus de test que les µC *a priori* fortement polarisées contenant au moins une cible et ne contenant aucun de ces « pivots » de langage ce qui réduit à 5 010 critiques sur l'ensemble des 10 000 présentes à l'origine dans le corpus.

Deux systèmes concurrents ont été mis en place : l'un prenant en compte le couple (cible-marqueur de polarité), l'autre se basant sur l'ensemble des termes présents dans la µC. Toutes les expériences présentées tiennent compte de la polarité du pseudo de l'utilisateur ainsi que celle du titre du film, qui ont été intégrés comme des termes à l'intérieur de la µC et deviennent de fait porteurs d'opinions.

## 3.1 Classifieurs

Le premier classifieur utilisé est un CosinusGini (M1) (Torres et al, 2011). Il est basé sur l'ensemble des termes présents dans la critique. Le classifieur Cosinus a été préféré à d'autres méthodes plus classiques et parfois plus performantes comme les SVM (Collobert et al, 2002) du fait que ces méthodes ne permettent pas d'avoir facilement accès aux éléments ayant contribué à la classification.

Le second (M2) est une variante du premier, ne prenant cette fois en compte que les couples (cible, marqueur de polarité) comme mentionné en 2.1 et repris en 3.2 ; les marqueurs de polarité seront recherchés avec un rayon de *R* (variable entre 1 et 9) termes de part et d'autre de la cible. Nous avons fait varier le rayon afin d'évaluer l'impact du contexte sur la catégorisation de la cible.

Les performances sont mesurées en termes de rappel et de précision. Il arrive parfois pour des petits rayons qu'il n'y ait aucun couple présent dans une µC pour cette raison nous comparons M1 et M2 sur la précision à un même niveau de rappel, celui déterminé par M2.

## 3.2 Liste de cibles

Les cibles sont déterminées de manière semi-automatique selon le protocole suivant :

A partir d'un apprentissage, le système détermine les termes ayant la plus forte contribution dans chacune des catégories. Puis il cherche à proximité de ces derniers s'il existe des éléments, non présents dans l'anti-dictionnaire et n'étant potentiellement pas de forts marqueurs de polarité. Le travail de relecture se trouve être ici assez limité, il consiste à contrôler les sorties du système pour valider ce qui est conservé comme cible ou non. Ceci est nettement moins coûteux qu'un travail de *brainstorming* avec des experts du domaine. Cette façon présente un autre avantage de taille : celui de coller à la langue dont on perçoit l'évolution rapide notamment dans les réseaux sociaux. Pour illustrer notre propos nous donnons quelques exemples (extraits à partir d'une première liste d'environ 550 cibles) avec leur nombre d'apparitions sur l'ensemble du corpus : « *acteurs* » (3 000), « *mise en scène* » (2 000), « *réalisation* » (931), « *esthétique* » (630).

[5] On aurait pu en rajouter d'autres comme « bien que » et « et pourtant » (130 et 150 occurrences).

Listons aussi quelques termes porteurs de polarité purement positive[6] auxquels on n'aurait pas forcément pensé en premier lieu[7] : « coup de poing » (42;14), « *norme* » (33;9), « *exaltant* » (32;10). Ce dernier apparaît d'ailleurs une fois en négatif dans le test à propos du film Juno. On en comprend la raison au vu de l'ironie de son contexte : « aussi exaltant qu'un fœtus mort ». En tête des termes à polarité négative, on trouve : « regardable » (17;1), « bidon » (16;5), « beurk » (16;5) ...

Puis, l'enrichissement de la LC se fait selon les deux procédures suivantes :

- Procédure P1 : trouver des cibles permettant de couvrir des µC où aucun terme n'appartient à la liste de cibles. Ne sont alors retenus que les termes présents dans le plus grand nombre de µC résiduelles mais qui permettraient également d'améliorer la couverture des µC déjà sélectionnées. Les termes ayant un pouvoir discriminant proche de celui des mots outils sont filtrés.

- Procédure P2 : dans le cas de µC correctement étiquetées par M1 mais pas par M2. L'objectif est de chercher dans le voisinage du terme de polarité P, qui a le plus contribué à la bonne décision de M1, un terme T répondant au critère : T $\in$ (LC $\cap$ SL). Seront alors proposés les termes se trouvant dans le plus grand nombre de µC résiduelles, avec fréquence élevée et pouvoir discriminant supérieur à celui des mots outils.

Itérer ces deux procédures a permis d'augmenter facilement la couverture de la LC en refrénant l'accroissement de sa taille (550 puis 982 cibles). Parmi les 5 010 critiques restant dans le corpus après retrait de celles contenant un pivot. 4 580 contiennent au moins une des cibles présentes dans la liste. La couverture est d'environ 2,9 cibles par µC traitée.

En s'appuyant sur les marqueurs de polarité se trouvant à proximité des cibles, et donc en filtrant ce que l'on peut considérer comme du bruit, on cherche à éliminer une partie de ce qui pourrait amener à prendre une mauvaise décision.

# 4 Expérimentations

## 4.1 Résultats

Les recherches présentées ici mettent en avant l'utilisation des couples (cible-marqueur de polarité). L'extraction d'un couple peut suffire à catégoriser un tweet. Au lieu d'opter pour un protocole lourd d'évaluation de la pertinence des cibles détectées nous avons choisi d'en faire une estimation certes grossière mais peu coûteuse. Leur extraction peut être considérée comme valide dès que la prise en compte des seuls couples présents permet de faire aussi bien qu'un classifieur utilisant l'intégralité des termes de la µC (Table 1 pour *R*=7).

Une première série d'expériences a été menée (pour une LC comprenant 550 cibles). Avec un rayon égal à 7, on trouvait 4 449 critiques du développement contenant au moins une cible, M1 en classait correctement 3 957 (soit 88,94%) contre 3 975 (89,35%) pour M2. En ramenant le rayon à 1, il ne restait que 3286 µC, M1 retrouve correctement la classe de 2977 µC (90,59%) et 2 827 (86,03%) pour M2.

---

[6] La polarité de ces termes dans le corpus prend parfois le contrepied des usages courants.
[7] Avec leurs fréquences d'apparitions (apprentissage et développement).

Afin de pouvoir intégrer dans le test des critiques ne contenant pas de cibles (c'est le cas des critiques très courtes ne contenant qu'un seul terme très souvent porteur de polarité) nous avons considéré que l'entité (ici le film) pouvait être une cible. LC a donc été enrichie et on arrive à 982 « cibles » potentielles. La couverture passe à environ 3,4 cibles par µC traitée contre 2,9 avec la première liste.

| R | Dev (M1) | Dev (M2) | Corpus | Test (M1) | Test (M2) | Corpus |
|---|---|---|---|---|---|---|
| 1 | 3540 (91.09) | 3399 (87,47) | 3886 | 3453 (90.00) | 3311 (86.36) | 3834 |
| 2 | 4137 (90.00) | 4031 (87.77) | 4593 | 4025 (89.54) | 3892 (86.59) | 4495 |
| 3 | 4288 (89.70) | 4242 (88.84) | 4780 | 4179 (89.39) | 4083 (87.34) | 4675 |
| 4 | 4318 (89.60) | 4278 (88.77) | 4819 | 4216 (89.38) | 4153 (88.04) | 4717 |
| 5 | 4327 (89.51) | 4316 (89.28) | 4834 | 4228 (89.31) | 4182 (88.34) | 4734 |
| 6 | 4337 (89.51) | 4349 (89.76) | 4845 | 4234 (89.25) | 4204 (88.62) | 4744 |
| 7 | 4340 (89.52) | 4366 (90.06) | 4848 | 4237 (89.22) | 4227 (89.01) | 4749 |
| 8 | 4344 (89.51) | 4365 (89.94) | 4853 | 4239 (89.20) | 4231 (89.04) | 4752 |
| 9 | 4346 (89.51) | 4363 (89.87) | 4855 | 4239 (89.20) | 4235 (89.12) | 4752 |

TABLE 1 – Résultats des 2 méthodes en fonction du rayon *R* en termes de précision

En effets les résultats obtenus sur le test confirment la robustesse de la méthode car, compte tenu de l'intervalle de confiance, ils sont du même niveau que ceux obtenus sur le corpus de Développement. L'intervalle de confiance est de 0,8% pour le corpus Dev et 0,9% pour le corpus Test.

## 4.2 Analyse des résultats et exemples

En réduisant le rayon de la fenêtre dans laquelle, autour d'une cible, sont pris en compte des marqueurs de polarité, les résultats de M2 et notamment le rappel chutent logiquement, comme le montre la dernière colonne de la Table 1. Par contre pour la première méthode (M1) le rappel reste stable car M1 prend en compte l'ensemble du contenu de chaque µC. Toutefois, la méthode M2 permet d'identifier les critiques pour lesquelles M1 est bien plus performant que sur l'ensemble du corpus (89,50 sur le Dev et 88,92 sur le Test). Cette mesure permet donc de faire ainsi un premier filtrage des données à tester. Nous constatons également que le passage de 550 à 982cibles a permis d'améliorer les résultats, il ne serait pas improbable que les résultats s'améliorent encore avec une liste de cibles plus grande.

Une des retombées essentielles de la méthode que nous proposons ici réside dans sa capacité à être utilisée pour savoir ce qui a été dit sur une entité particulière. Il suffit pour cela de retenir avec leur orientation les couples (cible, marque de polarité) de fréquence et pouvoir discriminant élevée. Par exemple pour le film « *Skyfall* » nous avons extrait les couples suivants : « *film, d'actions raté* », « *beauté, stupéfiante* », « *mise-en-scène, classique* ». Il en va de même si l'on souhaite savoir précisément quelles sont les expressions les plus employées et les plus marquantes utilisées par un membre donné du réseau. Par exemple, parmi les expressions employées de façon marquante par « IMTHEROOKIE » un des plus gros contributeurs du site Vodkaster, on trouve : « *chef d'œuvre, ultime* », «*mise-en-scène, radicale* ». Quelques exemples avec les genres de film : « *drame, sentimental* », « *comédie, jubilatoire* ».

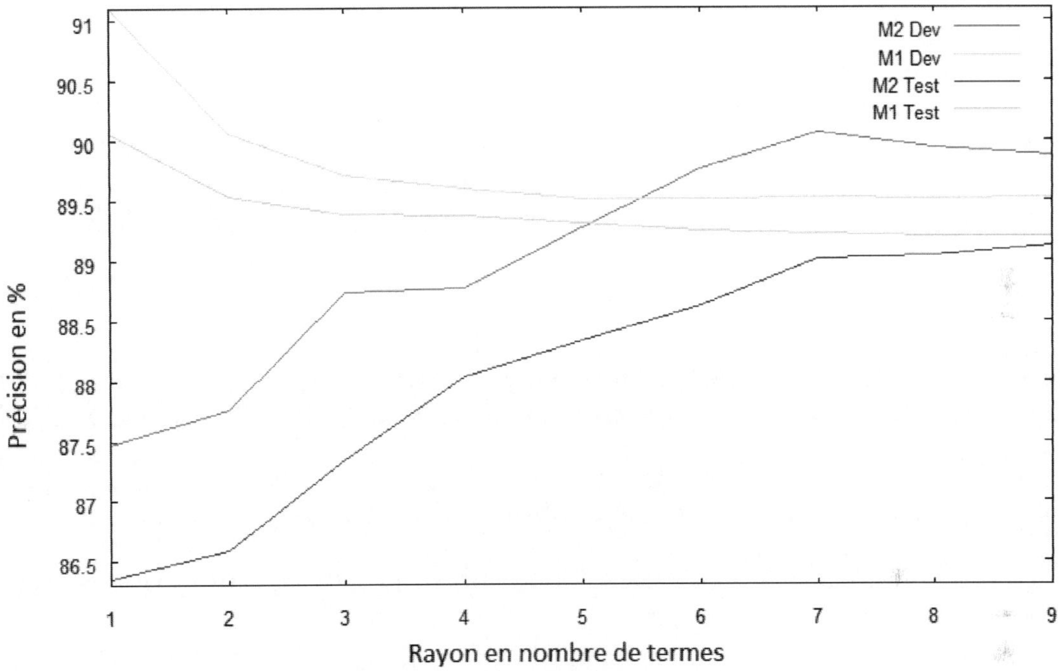


FIGURE 1 – Evolution des résultats en fonction du rayon.

Le corpus pourrait alors devenir une base de données interrogeable en fonction des besoins de chacun. On se donne ainsi la possibilité de répondre aux questions que pourrait se poser un producteur de film ; « *comment est appréciée la mise en scène des James Bond* ?», « *tous les volets de la saga sont-ils critiqués de la même manière ?* », « *quelle opinion ceux qui ont apprécié Casino-Royal ont pu avoir sur Skyfall* ? » ou encore « *alors que la saga Twillight est mal cotée, quels sont les points mis en avant par les gens qui ont aimé ces films ?* ».

## 4.3 Perspectives

Les couples extraits pourront servir pour des tâches d'analyse plus fine ou de « reporting », par exemple dans l'analyse d'un service à besoin relationnel où il apparaît important de connaître les points à améliorer tout autant que les points appréciés. Dans le but de produire des résumés de ce que pensent les consommateurs d'un produit, la procédure présentée en 4.2 est réutilisable pour dresser un tableau de bord résumant l'ensemble des avis émis sur un produit et, à partir de la liste des cibles, il ne reste plus qu'à extraire tous les marqueurs de polarité qui leurs ont été associés.

La méthode proposée permet d'extraire des cibles en fonction d'une liste constituée de manière semi-automatique. La principale perspective d'évolution vise à automatiser totalement le processus d'élaboration et d'enrichissement de la liste afin de faciliter le portage du système à un autre domaine ou à une autre langue.

Il serait possible en appliquant des méthodes de généralisation de remonter jusqu'au concept des cibles extraites. Dans le cadre du projet ImagiWeb, nous disposons à l'inverse de concepts de cibles avec des exemples et il nous faudrait, par annotations manuelles, en rechercher l'ensemble des marqueurs. La méthode présentée deviendrait encore plus intéressante dans la mesure où elle permettrait de pré annoter certains passages et limiter ainsi le travail des annotateurs.

## Remerciements

Ce travail a été subventionné par l'ANR, Projet IMAGIWEB contrat n° 2012-CORD-002-05 et par le Pôle de Compétitivité SCS. Le corpus sur lequel ont porté les expériences a été mis à notre disposition par les fondateurs du Site Vodkaster. Nous tenons à les en remercier.

## Références

BLAIR-GOLDENSOHN, S, HANNAN, K, MCDONALD, R, NEYLON, T, REIS, G, REYNAR, J. (2008) Building a sentiment summarizer for local service reviews. *In WWW Workshop on NLP.*

COLLOBERT R, BENGIO S. et MARIETHOZ J. (2002). *Torch: a modular machine learning software library.* In Technical Report IDIAP-RR02-46, IDIA

DUTREY, C, CLAVEL, C, ROSSET, S, VASILESCU, I, ADDA-DECKER, M, (2012). Quel est l'apport de la détection d'entités nommées pour l'extraction d'information en domaine restreint ? *In Actes de TALN12.*

LIU, B. (2012). Sentiment Analysis and Opinion Mining *A Comprehensive Introduction and Survey* Morgan & Claypool, May 2012, 167 pages.

NAVIGLI, R. (2009). Word sense disambiguation : A survey. *ACM Computing Surveys.*

PANG, B. et LEE, L. (2008). Opinion mining and sentiment analysis. *Foundations and Trends in Information Retrival*, 2:1–2.

PUPIER, P. (1998). Une première systématique des évaluatifs en français. *Revue québécoise de linguistique*, 26(1).

RILOFF, E, WIEBE, J. (2003). Learning extraction patterns for subjective expressions. *In EMNLP.*

TORRES-MORENO, J-M, EL-BEZE, M, BELLOT, P, BECHET F. (2011) Peut-on voir la détection d'opinions comme un problème de classification thématique ? in *Modèles statistiques pour l'accès à l'information textuelle* sous la direction de GAUSSIER, E, YVON, F, Hermes, 2011

# Un corpus d'erreurs de traduction

Guillaume Wisniewski[1,2] Anil Kumar Singh[2] Natalia Segal[3] François Yvon[1,2]
(1) Université Paris Sud 91 403 ORSAY CEDEX
(2) LIMSI–CNRS 91 403 ORSAY CEDEX
(3) Reverso–Softissimo, 5 rue Soyer, 92 500 NEUILLY
{wisniews,anil,yvon}@limsi.fr,nsegal@softissimo.com

RÉSUMÉ

Avec le développement de la post-édition, de plus en plus de corpus contenant des corrections de traductions sont disponibles. Ce travail présente un corpus de corrections d'erreurs de traduction collecté dans le cadre du projet ANR/TRACE et illustre les différents types d'analyses auxquels il peut servir. Nous nous intéresserons notamment à la détection des erreurs fréquentes et à l'analyse de la variabilité des post-éditions.

ABSTRACT

**A corpus of post-edited translations**

More and more datasets of post-edited translations are being collected. These corpora have many applications, such as failure analysis of SMT systems and the development of quality estimation systems for SMT. This work presents a large corpus of post-edited translations that has been gathered during the ANR/TRACE project. Applications to the detection of frequent errors and to the analysis of the inter-rater agreement of hTER are also reported.

MOTS-CLÉS : Traduction automatique,Analyse d'erreur,Post-édiition.

KEYWORDS: Machine Translation, Failure Analysis,Post-edition.

## 1 Introduction

La *post-édition* consiste à corriger les sorties d'un système de traduction automatique (TA) afin de produire une traduction de qualité. Cette pratique se développe de plus en plus, aussi bien dans le cadre de traduction professionnelle (Garcia, 2011), que pour l'évaluation des systèmes de TA : quantifier le nombre d'éditions nécessaires pour la post-édition, comme le fait le score hTER (Snover *et al.*, 2006), fournit une indication pertinente de la qualité d'un système de TA.

Le développement de la post-édition suscite le développent et la diffusion de corpus contenant des corrections de traductions (Potet *et al.*, 2012; Callison-Burch *et al.*, 2012). Le travail présenté dans cet article s'inscrit dans cette lignée et décrit la constitution et l'exploitation d'un nouveau corpus de corrections de traductions collecté dans le cadre du projet ANR-TRACE [1]. Le recueil de ce corpus permet de répondre à un des principaux objectifs de TRACE, à savoir le développement de mesures de confiance pour la TA (Zhuang *et al.*, 2012) et la détection de zones difficiles à

1. anr-trace.limsi.fr

traduire. D'autres usages sont également envisageables : il peut, par exemple, être utilisé pour identifier les limites des systèmes de traduction, ou encore pour étudier la cohérence des scores hTER et, de manière plus qualitative, la variabilité des post-éditions.

C'est sur ces derniers points que porte le travail présenté dans cet article : après avoir détaillé les caractéristiques du corpus et la manière dont les données ont été collectées (Section 2), nous discutons à la Section 3 de deux manières de mettre en évidence certaines limites des systèmes de TA. Nous présentons finalement, à la Section 4, une première analyse de la variabilité des post-éditions.

# 2 Description du corpus

Le corpus TRACE de corrections de traductions comprend 6 693 phrases (soit 109 689 mots) pour la direction français-anglais ; et 5 929 phrases (soit 120 378 mots) pour la direction anglais-français. Ces phrases ont été traduites par deux systèmes de TA : un système commercial à base de règles, SysRule, et un système statistique, NCode (Crego *et al.*, 2011; Le *et al.*, 2012), désigné par SysStat dans la suite du texte. Pour chaque direction de traduction, un traducteur professionnel confirmé [2] a ensuite corrigé une des deux traductions automatiques (choisie aléatoirement) pour produire la référence post-éditée. Conformément à l'usage, les traducteurs traduisaient vers leur langue maternelle. Le corpus TRACE contient, en outre, pour chaque direction de traduction, 1 000 phrases qui ont été corrigées par deux traducteurs différents. Ces corpus sont librement téléchargeables sur le site du projet TRACE. [3]

Ces données proviennent, pour moitié, de demandes de traduction d'utilisateurs « grand public » collectées sur le portail de traduction en ligne de Softissimo (3 434 phrases en français et 2 541 en anglais) ; l'autre moitié est issue d'extrait d'un site journalistique en ligne (2 268 phrases en français), de différents corpus utilisés dans les compagnes d'évaluation de traduction WMT (Callison-Burch *et al.*, 2012) (991 phrases en français et 864 en anglais) et IWLST (Cettolo *et al.*, 2012) (1 524 phrases en anglais) ainsi que d'une campagne d'évaluation de modules de désambiguïsation sémantique (Lefever et Hoste, 2010) (1 000 phrases en anglais). Les exemples de ce dernier sous-corpus sont accompagnés d'informations complémentaires, telles que des traductions de référence ou des annotations sémantiques, qui ont été collectées par les organisateurs de ces différentes campagnes d'évaluation.

Des consignes de correction précises (diffusées avec le corpus) ont été fournies aux traducteurs afin d'assurer que celles-ci soient *minimales* : l'objectif est d'obtenir des traductions jugées correctes (aussi bien au niveau du sens que de la langue) tout en restant le plus proche possible de la traduction automatique. Afin de garantir leur qualité, des échantillons des corrections ont été validées par un expert et, au besoin, des modifications ont été demandées aux traducteurs pour assurer le respect des consignes. Par ailleurs, les traductions corrigées ont été utilisées pour évaluer automatiquement la qualité des systèmes de TA. Comme le montre le Tableau 1, les principales métriques ont des valeurs bien plus élevées que celles généralement observées, montrant clairement que les références produites sont effectivement plus proches des sorties des systèmes que les références utilisées dans les campagnes d'évaluation. Ainsi, lorsque SysStat est évalué par rapport aux références fournies pour la campagne d'évaluation WMT 2012, son score

2. Au total, 10 traducteurs différents (5 pour chaque direction de traduction) ont été sollicités
3. `anr-trace.limsi.fr`

| | SysStat | SysRule |
|---|---|---|
| BLEU↑ | 57,0 | 47,6 |
| hTER↓ | 29,1 | 36,8 |
| Météor↑ | 40,6 | 33,8 |

Table 1 – Évaluation des systèmes de TA quand les hypothèses post-éditées sont prises comme références. Les scores suivis de ↑ (resp. ↓) sont d'autant meilleurs qu'ils sont grands (resp. petits).

TER est de 56,3 (contre 36,8 ici). Notons également que, comme cela a déjà observé par ailleurs, les métriques automatiques défavorisent fortement le système à base de règles.

# 3 Analyse des limites des systèmes de TA

Nous montrons dans cette section comment la comparaison des hypothèses de traduction avec leur post-édition permet d'identifier certaines limites des systèmes de TA. Pour des raisons de place, seuls les résultats obtenus pour les traductions de l'anglais vers le français sont présentés.

## 3.1 Erreurs fréquentes

Le calcul de la distance d'édition entre les hypothèses de traduction et leur post-édition permet de déterminer automatiquement les corrections à effectuer pour rendre « acceptables » les traductions automatiques. L'étude des éditions les plus fréquentes permet de caractériser certaines limites des systèmes de TA actuels.

Une première observation porte sur le type des éditions fréquentes : il s'agit essentiellement de substitutions (Tableau 2), même si le système à base de règles a tendance à produire des traductions trop longues. Une part non négligeable des substitutions (près de 9 %) correspond à la modification de la terminaison d'un mot (par exemple, « penserai » est corrigé en « penserais », « spéciales » en « spécial », ...). Il est toutefois difficile d'évaluer si ces modifications sont des corrections isolées (par exemple, pour corriger une erreur d'accord) ou si bien elles découlent d'autres corrections (accord d'un adjectif suite à la substitution du mot avec lequel il s'accorde).

Une étude statistique des éditions montre que la plupart des modifications (près de 70 %) sont uniques, ce qui rend difficile l'identification de motifs d'erreurs . Les erreurs les plus fréquentes portent presqu'exclusivement sur des mots outils (Table 3) et, comme précédemment, il est difficile de savoir si ces révisions sont dues à des erreurs de la TA, ou bien découlent d'autres corrections. Le filtrage des mots outils permet de faire apparaître certains motifs d'erreurs récurrents. Ainsi, sur les 5 929 traductions du corpus, la traduction de « *order* » par « ordre » a été corrigée 23 fois en « commande » et « maison » 10 fois en « chez ... ». Une centaine de motifs de ce type ont été extraits, même si tous ne sont pas aussi facilement interprétables.

| opération | SysStat | SysRule |
|---|---|---|
| déplacement | 2 861 | 3 473 |
| substitution | 10 065 | 10 991 |
| suppression | 3 572 | 7 371 |
| insertion | 2 502 | 2 263 |

Table 2 – Nombre d'opérations nécessaires pour corriger les sorties des deux systèmes de TA

| Substitution | | Insertion | | Suppression | |
|---|---|---|---|---|---|
| 148 | les → des | 380 | de | 799 | de |
| 93 | des → les | 233 | la | 335 | à |
| 60 | la → le | 204 | le | 329 | la |
| 57 | du → le | 204 | a | 278 | le |
| 55 | des → de | 184 | à | 277 | que |
| 53 | du → de | 141 | dans | 256 | les |
| 51 | de → des | 131 | que | 242 | en |
| 46 | de → pour | 99 | en | 215 | et |
| 43 | cela → il | 97 | un | 212 | des |
| 42 | une → un | 96 | des | 167 | pour |

Table 3 – Corrections les plus fréquentes

## 3.2 Différences entre les traductions automatiques et leur post-édition

Une autre analyse, inspirée des travaux en estimation de confiance pour la traduction (Kulesza et Shieber, 2004), permet d'avoir une vision plus globale des différences entre hypothèses de traduction et traductions post-éditées. Cette analyse repose sur l'apprentissage d'un classifieur capable de distinguer ces deux types de traductions et l'étude des caractéristiques utiles pour faire cette distinction. Le même principe peut être utilisé pour caractériser les différences entre les références obtenues en post-éditant des hypothèses de traduction et les références « libres » utilisées dans les campagnes d'évaluation de la traduction.

Dans les expériences de cette section, chaque traduction est représentée par un ensemble de 336 caractéristiques utilisées dans un système d'estimation de confiance pour la TA (Wisniewski *et al.*, 2013). Ces caractéristiques se répartissent en quatre grandes catégories :
- des mesures de la qualité de l' « association » entre la source et l'hypothèse de traduction, telles des caractéristiques dérivées des modèles d'alignement ;
- des mesures de la fluidité et de la grammaticalité de l'hypothèse de traduction ainsi que de la phrase source, telles des caractéristiques dérivées des modèles de langue ;
- des caractéristiques de surfaces telles le nombre de mots hors vocabulaire, de signes de ponctuation, ... ;
- des caractéristiques syntaxiques simples comme le nombre de noms, de mots outils, ...

Une liste complète des caractéristiques utilisées est donnée dans (Wisniewski *et al.*, 2013).

Pour mener cette analyse, nous avons utilisé comme classifieur une forêt aléatoire (Breiman, 2001), une méthode d'apprentissage ensembliste qui repose sur la combinaison des prédictions de plusieurs arbres de décision. Les forêts aléatoires ont montré leur efficacité dans de nombreuses tâches ; elles sont connues pour être particulièrement robustes au sur-apprentissage et pour permettre la modélisation d'interactions complexes entre les caractéristiques. En plus de la construction d'un classifieur, l'algorithme d'apprentissage permet d'estimer l'*importance* de chaque caractéristique (Breiman, 2001) qui quantifie directement son *pouvoir discriminant* : plus cette importance est élevée, plus la caractéristique est utile à la prédiction de l'étiquette.

Nous avons utilisé, dans nos expériences, l'implémentation des forêts aléatoires fournies par la bibliothèque `scikit-learn` (Pedregosa *et al.*, 2011). Les paramètres de la forêt aléatoire sont appris sur 2/3 des données ; le dernier tiers des données étant utilisé pour évaluer les performances du classifieur. L'ensemble des hyper-paramètres sont choisis par validation croisée.

La première tâche considérée a pour objectif de distinguer les traductions produites par un système de TA de leur post-édition : elle nécessite donc de distinguer automatiquement une bonne traduction d'une mauvaise. C'est une tâche difficile, ces deux traductions étant par construction proches l'une de l'autre. Il n'est donc pas surprenant que la précision du classifieur ne soit que de 63 % en apprentissage et de 59 % en test. Les performances de la seconde tâche, visant à distinguer les références obtenues par post-édition des références « libres » sont sensiblement meilleures : la précision en apprentissage est de 71 % et de 67 % en test.

Les 8 caractéristiques les plus discriminantes et leur importance sont représentées Figure 1. Pour les deux tâches, seules quelques caractéristiques sont discriminantes et celles-ci sont presque uniquement dérivées des scores de modèles de langue. Les modèles de langue neuronaux (Le *et al.*, 2011) (caractéristiques comportant SOUL dans leur nom), appliqués aussi bien à la source qu'à la traduction, jouent un rôle prédominant, surtout pour la distinction entre les hypothèses de traduction et leur post-édition. Ces caractéristiques sont complétées par des modèles de langue « classiques » appris aussi bien sur les étiquettes morpho-syntaxiques (POSLMLOGPROB correspond à la log-probabilité d'une séquences d'étiquettes morpho-syntaxiques) que sur les mots (BIGRAMSFREQQUARTILE1 décrit le pourcentage de bi-grams dont la fréquence est dans le premier quartile). Dans tous les cas, les valeurs des caractéristiques sont plus faibles pour les traductions automatiques que pour les hypothèses post-éditées qui ont elles-mêmes des valeur plus faibles que celles observées dans les références libres. Cette observation indique soit que l'espace de recherche des systèmes de TA n'est pas assez riche puisque le système de TA n'est pas capable de générer des hypothèses suffisamment « fluides », soit le modèle de langue n'a pas un poids suffisant dans la fonction de score qui permet au système de TA d'évaluer la qualité des hypothèses. Des expériences supplémentaires sont toutefois nécessaires pour déterminer laquelle de ces deux hypothèses est correcte.

Parmi les autres caractéristiques importantes, on peut noter la présence de descripteurs de surface simples décrivant les longueurs des phrases (SENLENGTH), le nombre de signes de ponctuation (NUMPUNC) ou la longueur moyenne des tokens (AVGTOKENLENGTH). Finalement, la caractéristique la plus importante pour distinguer les références post-éditées des références libres est fondée sur la probabilité d'alignement de la traduction avec la source, telle qu'estimée par un modèle IBM 1, et quantifie le nombre moyen de mots dont la probabilité d'alignement est plus grande que 0,02.

# 4 Évaluation de la variabilité des post-éditions

Une autre application du corpus TRACE est l'étude de l'accord inter-annotateur de la post-édition, puisque, pour chaque direction de traduction, 1 000 traductions ont été corrigées deux fois indépendamment. À notre connaissance, c'est la première fois que deux annotateurs différents corrigent les mêmes phrases, permettant une comparaison des post-éditions et une estimation de l'accord inter-annoteur du score hTER. Pour des raisons de place, nous décrirons uniquement les résultats obtenus sur le corpus de traductions de l'anglais vers le français. Les résultats pour la direction français vers anglais sont similaires.

De manière quantitative, il est possible de mesurer la similarité entre les post-éditions effectuées par les différents correcteurs en mesurant la corrélation entre les scores hTER obtenus lorsque

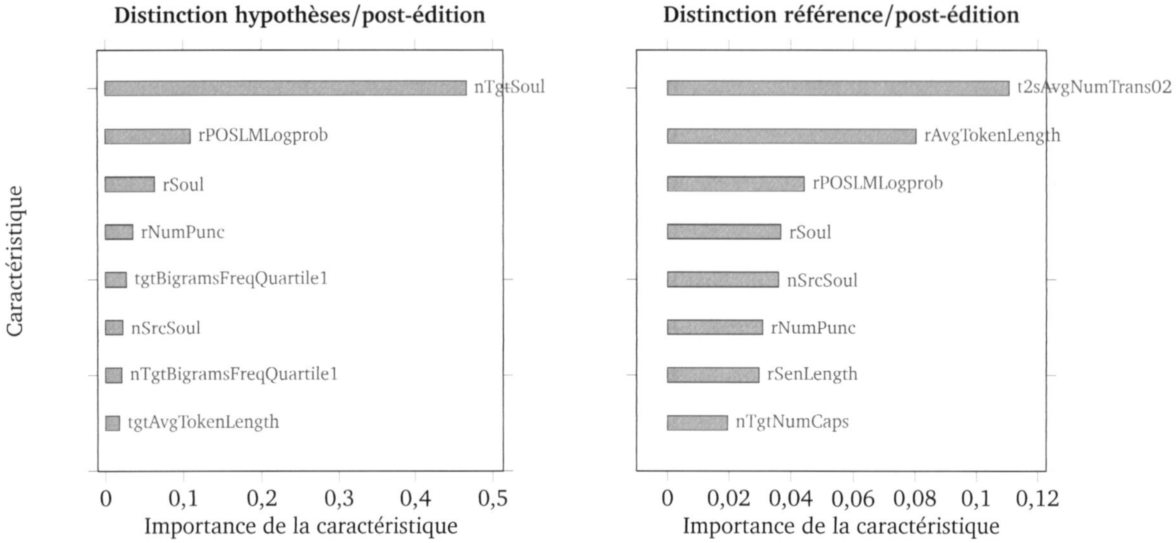


FIGURE 1 – Importance des caractéristiques les plus discriminantes pour les deux tâches considérées. Les caractéristiques dont le nom commence par un N sont normalisées par la longueur de la phrase ; celles dont le nom commence par un R sont constituées par le rapport entre les valeurs de la caractéristique calculée sur la phrase source et sur la traduction.

ces corrections sont utilisées comme référence. Cette corrélation est faible : le coefficient de Pearson entre les deux notes n'est que de 0,642 et le $\tau$ de Kendall de 0,476. L'interprétation est que si les traductions étaient ordonnées suivant leur score hTER, deux traductions quelconques ne seraient dans le même ordre pour les deux références qu'une fois sur deux. De manière globale, les post-éditions produites ne sont identiques que dans 12 % des cas[4]. La distance d'édition normalisée moyenne entre les deux post-éditions est de 24 % : il faut donc, pour passer d'une post-édition à l'autre, changer en moyenne un mot sur quatre. Bien qu'elles ne soient pas directement comparables, puisque dans l'un des cas le score (h)TER n'est pas calculé par rapport à une référence « adaptée », cette valeur est à peine plus petite que celle observée lors de l'évaluation des sorties de SysStat. Ce résultat illustre les limites de l'évaluation de la TA par des score (h)TER. Les opérations les plus fréquentes dans cette transformation sont les substitutions de mots (57 % des modifications) suivi des suppressions et des insertions de mots (16 % dans les deux cas) ; les déplacements de mots n'interviennent que dans 11 % des cas.

Plus qualitativement, le Tableau 4 reprend des exemples des corrections les plus différentes ainsi que des phrases sources et des traductions automatiques. Ces exemples illustrent la variété des différences entre les post-éditions qui peuvent être dues à :
- une sensibilité différente aux traductions littérales : dans de nombreux cas, un correcteur accepte une traduction parfaitement compréhensible et juste d'un point de vue grammatical, même si elle n'aurait jamais été « produite » par un locuteur natif, alors que le second préfère la reformuler (4e exemple) ;
- une reformulation non nécessaire de la traduction automatique (le second correcteur qui corrige « cette réglementation » en « le présent règlement » dans le 1er exemple)
- une utilisation de paraphrases ou de synonymes sans raisons apparentes (« ultramodernes »

4. La comparaison entre les deux corrections ne tient compte ni de la ponctuation, ni de la casse.

| | | |
|---|---|---|
| 1. | source | Each year, the Member States shall send the Commission a report on the evaluation of the execution and effectiveness of this regulation. |
| | trad. autom. | Chaque année, les États membres transmettent à la Commission un rapport sur l'évaluation de l'exécution et l'efficacité de cette réglementation. |
| | correction n° 1 | Chaque année, les États membres **transmettent** à la Commission un rapport **sur l'évaluation de** l'exécution et l'efficacité **de cette réglementation.** |
| | correction n° 2 | Chaque année, les États membres **communiquent** à la Commission un rapport **d'évaluation concernant** l'exécution et l'efficacité **du présent règlement.** |
| 2. | source | I'm thinking this must be an ancient print date, right. |
| | trad. autom. | Je retiens ce doit être une date imprimée antique. |
| | correction n° 1 | Je pense qu'il s'agit une **ancienne édition, c'est évident.** |
| | correction n° 2 | Je pense que ça doit être une **ancienne date d'impression, n'est-ce pas.** |
| 3. | source | So let's take a tour of this state-of-the-art clean coal facility. |
| | trad. autom. | Donc prenons un tour de cet état de l'art nettoient la facilité de charbon. |
| | correction n° 1 | Alors allons voir **ces installations ultramodernes** de charbon propre. |
| | correction n° 2 | Donc faisons une visite de **cette installation** de charbon propre **à la pointe de la technologie.** |
| 4. | source | Dear Valued Customer, please follow the steps below to have a troubleshooting. |
| | trad. autom. | Cher valorisées à la clientèle, veuillez suivre les étapes ci-dessous pour avoir un dépannage. |
| | correction n° 1 | Cher client estimé, veuillez suivre les étapes ci-dessous **pour avoir un dépannage.** |
| | correction n° 2 | Très cher client, veuillez suivre les étapes ci-dessous **pour être dépanné.** |

TABLE 4 – Exemple de différences de post-éditions.

*versus* « à la pointe de la technologie » dans le 3e exemple) ;
- une ambiguïté liée au manque de contexte en source (« cette installation » *versus* « ces installations » dans le 3e exemple).

Remarquons que les corrections sont différentes aussi bien quand la traduction automatique est *plutôt* bonne (1er exemple) que quand elle est complètement fausse (2e et 3e exemples).

Ces observations mettent en évidence les limites inhérentes à l'évaluation des systèmes de TA par un score comme hTER : dans la mesure où la post-édition semble aussi subjective que la traduction elle-même, les scores hTER seront aussi variables et difficiles à interpréter que les autres métriques automatique utilisées pour évaluer la TA.

# 5 Conclusion

Nous avons présenté, dans ce travail, un grand corpus de corrections de traductions et illustré différents types d'analyse que celui-ci rend possible. Bien qu'ils ne soient que préliminaires, les résultats présentés sont déjà riches en enseignements : ils montrent notamment les limites de la métrique hTER et illustrent une manière d'identifier les erreurs fréquentes en traduction. D'autres exploitations sont possibles, notamment en exploitant les annotations complémentaires qui sont disponibles pour diverses sous-parties du corpus TRACE. Nos travaux futurs ont pour objectif d'approfondir ces observations et d'arriver à les intégrer dans les systèmes de TA afin d'améliorer la qualité des hypothèses produites. Une autre piste de recherche consiste à comparer les erreurs faites par les systèmes de TA aux erreurs faites par les humains en utilisant, par exemple, des corpus contenant des corrections de traduction (Abekawa *et al.*, 2010).

## Remerciements

Ce travail a été partiellement financé par l'Agence Nationale de la Recherche au travers du projet ANR/CONTINT-2010/TRACE.

## Références

ABEKAWA, T., UTIYAMA, M., SUMITA, E. et KAGEURA, K. (2010). Community-based construction of draft and final translation corpus through a translation hosting site minna no hon'yaku (mnh). *In Proc. of LREC*. ELRA.

BREIMAN, L. (2001). Random forests. *Mach. Learn.*, 45(1):5–32.

CALLISON-BURCH, C., KOEHN, P., MONZ, C., POST, M., SORICUT, R. et SPECIA, L. (2012). Findings of the 2012 workshop on statistical machine translation. *In Proc. of WMT*, pages 10–51, Montréal, Canada. ACL.

CETTOLO, M., GIRARDI, C. et FEDERICO, M. (2012). $\text{Wit}^3$ : Web inventory of transcribed and translated talks. *In Proc. of EAMT*, pages 261–268, Trento, Italy.

CREGO, J. M., YVON, F. et NO, J. B. M. (2011). N-code : an open-source Bilingual N-gram SMT Toolkit. *Prague Bulletin of Mathematical Linguistics*, 96:49–58.

GARCIA, I. (2011). Translating by post-editing : is it the way forward ? *Machine Translation*, 25:217–237.

KULESZA, A. et SHIEBER, S. M. (2004). A learning approach to improving sentence-level mt evaluation. *In Proc. of TMI*.

LE, H.-S., LAVERGNE, T., ALLAUZEN, A., APIDIANAKI, M., GONG, L., MAX, A., SOKOLOV, A., WISNIEWSKI, G. et YVON, F. (2012). LIMSI @ WMT12. *In Proc. of WMT*, pages 330–337, Montréal, Canada. ACL.

LE, H. S., OPARIN, I., ALLAUZEN, A., GAUVAIN, J.-L. et YVON, F. (2011). Structured Output Layer Neural Network Language Model. *In Proceedings of IEEE International Conference on Acoustic, Speech and Signal Processing*, pages 5524–5527, Prague, Czech Republic.

LEFEVER, E. et HOSTE, V. (2010). Semeval-2010 task 3 : Cross-lingual word sense disambiguation. *In Proceedings of the 5th International Workshop on Semantic Evaluation*, pages 15–20, Uppsala, Sweden. ACL.

PEDREGOSA, F., VAROQUAUX, G., GRAMFORT, A., MICHEL, V., THIRION, B., GRISEL, O., BLONDEL, M., PRETTENHOFER, P., WEISS, R., DUBOURG, V., VANDERPLAS, J., PASSOS, A., COURNAPEAU, D., BRUCHER, M., PERROT, M. et DUCHESNAY, E. (2011). Scikit-learn : Machine Learning in Python . *JMLR*, 12:2825–2830.

POTET, M., ESPERANÇA-RODIER, E., BESACIER, L. et BLANCHON, H. (2012). Collection of a large database of French-English SMT output corrections. *In Proc. of LREC*, Istanbul, Turkey. ELRA.

SNOVER, M., DORR, B., SCHWARTZ, R., MICCIULLA, L. et MAKHOUL, J. (2006). A study of translation edit rate with targeted human annotation. *In Proc. of AMTA*, pages 223–231.

WISNIEWSKI, G., SINGH, A. K. et YVON, F. (2013). Quality estimation for machine translation : Some lessons learned. *Machine Translation*, page accepté pour publication.

ZHUANG, Y., WISNIEWSKI, G. et YVON, F. (2012). Non-linear models for confidence estimation. *In Proc. of WMT*, pages 157–162, Montréal, Canada. ACL.

# Une méthode d'évaluation des résumés basée sur la combinaison de métriques automatiques et de complexité textuelle

Samira Walha Ellouze, Maher Jaoua, Lamia Hadrich Belguith

ANLP Research Group, Laboratoire MIRACL, Route de l'aéroport Km 4, 3018, Sfax, Tunisie

ellouze.samira@gmail.com, Maher.Jaoua@fsegs.rnu.tn, l.belguith@fsegs.rnu.tn

RÉSUMÉ

Cet article présente une méthode automatique d'évaluation du contenu des résumés automatiques. La méthode proposée est basée sur une combinaison de caractéristiques englobant des scores de contenu et d'autres de complexité textuelle et ce en s'appuyant sur une technique d'apprentissage, à savoir la régression linéaire. L'objectif de cette combinaison consiste à prédire le score manuel PYRAMID à partir des caractéristiques utilisées. Afin d'évaluer la méthode présentée, nous nous sommes intéressés à deux niveaux de granularité d'évaluation : la première est qualifiée de Micro-évaluation et propose l'évaluation de chaque résumé, alors que la deuxième est une Macro-évaluation et s'applique au niveau de chaque système.

ABSTRACT

An evaluation summary method based on combination of automatic and textual complexity metrics

This article presents an automatic method for evaluating content summaries. The proposed method is based on a combination of features encompassing scores of content and others of textual complexity. This method relies on a learning technique namely the linear regression. The objective of this combination is to predict the PYRAMID score from used features. In order to evaluate the presented method, we are interested in two levels of granularity evaluation: the first is named Micro-evaluation and proposes an evaluation of each summary, while the second is called Macro-evaluation and it applies at the level of each system.

MOTS-CLÉS : Evaluation intrinsèque, évaluation du contenu, résumé automatique, complexité textuelle, régression linéaire.

KEYWORDS: Intrinsic evaluation, content evaluation, automatic summary, textual complexity, linear regression.

## 1 Introduction

L'évaluation d'un résumé est une tâche importante et nécessaire. Elle permet de quantifier la qualité informationnelle et linguistique d'un résumé et peut être de deux types : extrinsèque ou intrinsèque. L'évaluation extrinsèque permet d'évaluer la qualité du résumé par rapport à une tâche annexe telle que la classification des documents et l'indexation, alors que l'évaluation intrinsèque permet d'évaluer la qualité globale du résumé d'une manière manuelle ou automatique. Il est à noter que l'évaluation manuelle est une tâche difficile et coûteuse vu qu'elle nécessite un temps important et une expertise du domaine du thème du texte source. Pour cette raison, plusieurs mesures d'évaluation automatique ont été développées, telles que ROUGE, BE, AutoSummENG, etc. Afin d'évaluer l'exactitude des mesures automatiques, on effectue généralement une comparaison entre ces mesures et les scores d'évaluation obtenus manuellement. Pour effectuer cette comparaison, la compagnie d'évaluation TAC[1] a proposé diverses mesures de corrélations (i.e. Pearson, Spearman). La plupart des mesures évaluées par la conférence TAC se basent sur l'évaluation de la pertinence du contenu. Toutefois, un résumé avec un contenu pertinent peut être illisible. Afin d'encourager les chercheurs à évaluer la lisibilité d'un résumé, la session TAC 2011(Owczarzak et Dang, 2011) a ajouté un nouvel objectif à la tâche d'évaluation automatique des résumés qui consiste à évaluer la lisibilité des résumés.

Dans ce contexte, nous proposons dans ce travail une méthode d'évaluation basée sur la combinaison de plusieurs mesures d'évaluation, à savoir des mesures de contenu et de lisibilité textuelle. Cet article s'articule autour de trois parties. La première partie présente un panorama des principales méthodes d'évaluation intrinsèques utilisées dans le domaine du résumé automatique. La deuxième partie décrit la méthode proposée qui opère par combinaison linéaire des caractéristiques statistiques et linguistiques des résumés. Quant à la dernière partie, elle présente les résultats de nos expérimentations.

## 2 Panorama des mesures intrinsèques

Les premières évaluations dans le domaine du résumé automatique sont effectuées par des juges humains. Ces juges évaluent un résumé en répondant à des questions sur la cohérence, la couverture, la pertinence, etc. Cette façon d'évaluer nécessite des ressources humaines importantes. De même, l'évaluation humaine est subjective puisqu'elle varie d'un évaluateur à un autre. D'ailleurs, elle peut varier pour un même évaluateur lors de deux évaluations séparées dans le temps. Malgré tous ces inconvénients l'évaluation par des juges humains est utilisée par plusieurs mesures d'évaluation telles que « Overall Responsiveness » qui mesure une combinaison de contenu et de qualité linguistique. Dans ce qui suit, nous donnons un aperçu sur les méthodes les plus utilisées pour l'évaluation manuelle et automatique.

### 2.1 Méthodes manuelles

Afin de remédier aux inconvénients de l'évaluation des jugements humains, la compagnie d'évaluation DUC a utilisé l'interface SEE (Lin, 2001) qui permet aux juges humains d'évaluer manuellement le contenu et la qualité linguistiques (i.e., la grammaticalité, la cohésion, la cohérence, etc.) d'un résumé. A partir de l'année 2005, la compagnie DUC a commencé à utiliser la méthode manuelle PYRAMID (Nenkova et Passonneau, 2004). Cette méthode se base sur l'identification des unités minimales sémantiques appelées SCUs (Summarization Content Units). Afin de construire la pyramide, les annotateurs identifient manuellement les SCUs des résumés de référence. La position d'un SCU dans la pyramide diffère selon son nombre d'occurrences dans les résumés de référence. Il s'agit, ensuite, d'évaluer les résumés candidats en dégageant les SCUs de chaque résumé candidat, puis en les comparants avec les SCUs de la pyramide. La méthode PYRAMID a pu limiter le désaccord entre les annotateurs en leur donnant une flexibilité en matière de définition des SCUs. Mais le guide d'annotation

[1]Text analysis Conference http://www.nist.gov/tac

lui-même peut être soumis à des critères d'évaluation différents selon la tâche visée.

### 2.2 Méthodes automatiques

A cause des difficultés rencontrées lors de l'évaluation manuelle, plusieurs recherches se sont orientées vers l'évaluation automatique. ROUGE, proposée par (Lin, 2004), est l'une des premières mesures automatiques qui ont été conçues pour l'évaluation des résumés. Elle se fonde sur une méthode à base du chevauchement des N-grammes du résumé candidat avec un ou plusieurs résumés de référence. (Hovy et al., 2006) ont introduit la mesure BE (Basic Elements) permettant de faire la correspondance entre des unités syntaxiques courtes appelées BE. Dans un travail plus récent, (Giannakopoulos et al., 2008) ont introduit la mesure AutoSummENG permettant de représenter un résumé sous forme de graphe de n-grammes (de caractères ou de mots) et de faire la comparaison entre deux graphes. D'autres mesures d'évaluation n'utilisant pas des résumés de référence ont aussi été proposées par (Louis and Nenkova, 2009) et (Torres-Moreno et al., 2010). Ces mesures permettent de comparer chaque résumé candidat aux documents sources en utilisant la mesure de divergence de Jensen-Shannon.

Des nouvelles mesures telles que ROSE (Conroy et Dang, 2008) et Nouveau-ROUGE (Conroy et al., 2011) ont mis en jeu la combinaison de plusieurs variantes de ROUGE afin de prédire le score de PYRAMID ou de Overall Responsiveness. D'autres travaux se sont intéressés aux métriques d'évaluation de la qualité linguistique. Dans ce cadre, (Pilter et al., 2010) ont évalué les cinq propriétés linguistiques utilisées dans TAC en combinant différents types de caractéristiques telles que la grille d'entité de (Barzilay et Lapata, 2008), le cosinus similarité entre les représentations vectorielles des phrases adjacentes, etc. Les travaux les plus récents, tel celui de (Conroy et al, 2010), ont évalué le contenu et la qualité grammaticale en utilisant une combinaison de caractéristiques. Concernant les caractéristiques de contenu, (Conroy et al, 2010) utilisent les scores de ROUGE pour les résumés de base et les scores de Nouveau-ROUGE pour les résumés de mise à jour. Dans un travail ultérieur, (Conroy et al., 2011) et (Rankel et al., 2012) ont combiné des caractéristiques de contenu (à base de bi-grammes) et d'autres linguistiques. A l'opposé des travaux de Conroy, (Lin et al., 2012) ont combiné une mesure d'évaluation de la traduction automatique à base de N-grammes ainsi qu'une mesure de cohérence à base de grille d'entité afin de prédire Overall Responsiveness.

## 3 Méthode proposée

En se basant sur les travaux réalisés, nous avons constaté que les méthodes utilisant des techniques d'apprentissage sont les plus adaptées pour obtenir des résultats proches de la méthode manuelle PYRAMID. C'est pour cela que nous avons proposé une méthode à base d'apprentissage, permettant de prédire la mesure PYRAMID. Donc, nous avons développé un modèle de régression linéaire qui combine des mesures de contenu ROUGE, BE et AutoSummENG, des mesures linguistiques telles que la densité des mots fonctionnels ainsi que des mesures de complexité textuelle à base du nombre des phrases, nombre de mots par phrase, etc. Ainsi, l'équation d'estimation du score PYRAMID s'écrit :

$$\hat{y} = w_0 + w_1 x_1 + w_2 x_2 + \cdots + w_n x_n$$

Le problème de régression linéaire est donc exprimé comme un ensemble de caractéristiques et le score PYRAMID qui leur correspond. Par la suite, nous déterminons un vecteur w qui maximise la corrélation tel que : $w = argmax\ \rho(\sum_{j=1}^{n} x_{ij} w_j\ , y_i)$

Avec $x_{ij}$ la valeur de la j[ième] caractéristique pour le système i (respectivement pour un résumé i) lors de la macro-évaluation (respectivement lors de la micro-évaluation) ; $y_i$ le score PYRAMID du système i (respectivement du résumé i) lors de la macro-évaluation (respectivement lors de la micro-évaluation) avec i allant de 1 à m et j allant de 1 à n et ρ la corrélation de Pearson. Nous utilisons la méthode des moindres carrés pour minimiser la somme des écarts au carré entre le score PYRAMID et le score estimé de PYRAMID. Donc l'équation de minimisation s'écrit : $min \sum_{i=1}^{m} (y_i - \hat{y}_i)^2$

# 4 Caractéristiques

Les caractéristiques utilisées par notre méthode sont choisies de sorte que leur combinaison corrèle le maximum avec le score PYRAMID.

## 4.1 Caractéristiques du contenu

A partir des résultats de corrélation obtenus dans TAC 2008 (Dang et Owczarzak, 2008), nous remarquons que les mesures standards ROUGE-2, ROUGE-SU4 et BE-HM[2], ainsi que la mesure AutoSummENG disposent d'une corrélation élevée avec la mesure PYRAMID. Pour cela, nous avons utilisé principalement ces quatre mesures comme caractéristiques d'évaluation du résumé. De plus, nous avons ajouté d'une part les mesures ROUGE-3 et ROUGE-4 vu qu'elles prennent en considération des contextes larges, permettant ainsi de capturer des caractéristiques linguistiques tels certains phénomènes grammaticaux, et d'autre part ROUGE-1 vu qu'elle présente un bon indicateur de la pertinence du contenu d'un résumé.

## 4.2 Caractéristiques linguistiques

PYRAMID est une méthode manuelle basée sur l'extraction des SCUs. Un juge humain ne peut pas identifier les SCUs dans un résumé n'ayant pas une bonne qualité linguistique. Donc, un résumé avec une mauvaise qualité linguistique ne peut pas avoir un bon score PYRAMID. Ainsi, il est intéressant d'inclure des mesures linguistiques pour garantir une meilleure prédiction du score PYRAMID. Nous citerons par la suite des caractéristiques linguistiques permettant d'influencer la qualité du résumé.

### 4.2.1 Densité des mots fonctionnels

La densité de diverses catégories de mots fonctionnels peut nous informer sur la cohésion d'un texte. En fait, selon (Halliday et Hasan, 1976), le concept de cohésion englobe les phénomènes (i.e. les connecteurs de discours, les dispositifs de coréférence, etc.) permettant de relier les phrases entre elles. Par exemple, les connecteurs du discours tels que « but », « and », « while » permettent de relier des événements exprimés par différentes phrases. Vu que plusieurs mots fonctionnels représentent des dispositifs de coréférence ou des connecteurs de discours, nous avons décidé de calculer la densité des catégories suivantes des mots fonctionnels : les déterminants (DET), les conjonctions de coordination (CC), les

[2] BE-HM utilise la tête et le modificateur seulement.

prépositions, les conjonctions de subordination (PCS) et les pronoms personnels (PRP). La densité de chacune des catégories précédentes représente le ratio entre le nombre de mots présentant l'une des catégories et le nombre total des mots dans le résumé. Nous détectons les mots fonctionnels à l'aide de l'étiqueteur morphologique "Stanford Postagger[3]".

#### 4.2.2 Mesures de complexité textuelle

L'analyse de lisibilité nous permet de déterminer si un texte est facile à comprendre ou non ; autrement dit, elle permet d'indiquer la complexité du texte. Les mesures de lisibilité utilisées dans ce travail sont basées sur le nombre de phrases, de mots, de caractères, de syllabes et/ou de mots complexes dans un résumé. Ces mesures sont :

- La mesure Gunning Fog Index (GFI) qui indique la lisibilité d'un texte rédigé en anglais. Plus précisément, c'est un indice permettant d'indiquer les années de scolarité nécessaires pour comprendre le texte lors d'une première lecture. La formule utilisée est la suivante : $score = 0{,}4(\text{LMP} + \text{PMC})$, où LMP représente la longueur moyenne d'une phrase et PMC représente le pourcentage des mots avec trois syllabes ou plus.
- La mesure Flesch Reading Ease (FRE) : elle permet de prédire la difficulté des documents à lire pour l'adulte. Sa formule s'écrit : $score = 206{,}835 - (1{,}015 * \text{LMP}) - (84{,}6 * \text{MSM})$, où MSM représente le nombre moyen de syllabes par mot.
- La mesure Flesch-Kincaid Index (FKI) : elle permet de juger le niveau de lisibilité des textes et des livres anglais, c'est-à-dire qu'elle indique la difficulté de compréhension lors de la lecture de ces textes et de ces livres. Cette mesure est intégrée dans l'outil Word de Microsoft. Sa formule est la suivante : $score = 0{,}39 * \text{LMP} + 11{,}8 * \text{MSM} - 15{,}59$
- Nombre de phrases (NbPh) : nous utilisons l'indice employé par [Rankel et al., 2012] qui est égal à -log(nombre de phrases).

#### 4.2.3 Pénalité de dépassement de longueur

En examinant les résultats des différents systèmes qui ont participé à la conférence TAC, nous remarquons que les résumés ayant subi une troncature à la fin (à cause du dépassement de la taille maximale autorisée par la conférence) ont été pénalisés dans leur score de réactivité globale et dans leur score de qualité linguistique. Pour cela, nous avons ajouté comme caractéristique une mesure de pénalité de dépassement de longueur(PDL). Cette mesure est égale au rapport entre le nombre de mots dans un résumé et la taille maximale des résumés TAC (maximum 100 mots).

## 5 Evaluation

L'évaluation de la nouvelle métrique est basée sur l'étude de sa corrélation avec la métrique PYRAMID. Nous utilisons 3 mesures de corrélation, à savoir la corrélation de Pearson, celle de Spearman et celle de Kendall. Nous utilisons le corpus de TAC 2008 pour évaluer notre métrique. Ce corpus comporte 48 thèmes et 58 systèmes de résumés. Pour chaque thème, il existe 20 documents triés en ordre chronologique. Chaque système produit un résumé de base construit à l'aide des 10 premiers documents seulement et un autre résumé de mise à jour construit à partir des 10 documents suivants. Un résumé de mise à jour décrit les

[3]Cet étiqueteur fournit des inférences bidirectionnelles. (http://www-nlp.stanford.edu/software/tagger.shtml)

événements évolutifs, c'est à dire les nouveaux événements apportés par les 10 derniers documents par rapport aux événements décrits dans les 10 premiers documents. Au total, chaque système a produit 96 résumés (48 résumés de base et 48 résumés de mise à jour). Nous examinons le pouvoir prédictif de nos caractéristiques sur deux niveaux : niveau résumé (Micro-évaluation) et niveau système (Macro-évaluation). Dans les deux niveaux, nous employons la méthode de validation croisée « k-fold cross validation » avec k égal à 10.

## 5.1 Micro-évaluation

Dans cette partie, nous étudions la capacité de prédiction des caractéristiques utilisées au niveau d'une micro-évaluation. Autrement dit, nous effectuons une évaluation niveau résumé dans laquelle nous prenons le score de chaque résumé dans une entrée à part. Nous avons réalisé une expérimentation pour chaque tâche d'évaluation des résumés. Les caractéristiques utilisées dans la Micro-évaluation sont présentées dans la table suivante :

| Évaluation du résumé | Caractéristiques |
|---|---|
| de base | R1, R2, R3, R-SU4, BE, AutoSummENG, NbPh, densité(DET), FKI, GFI |
| de mise à jour | R1, R2, R3, R4, R-SU4, BE, AutoSummENG, NbPh, PDL, Densité(DET), Densité(PCS), GFI |

TABLE 1–Caractéristiques utilisées dans la tâche des résumés de base et de mise à jour au niveau de la Micro-évaluation

A partir de la table 2 et dans les deux niveaux d'évaluation, nous constatons que la corrélation de notre expérimentation avec PYRAMID n'est pas assez élevée, bien qu'elle soit plus grande que celle des standards (ROUGE-SU4, ROUGE-2, BE) avec PYRAMID.

| | Résumé de base | | | Résumé de mise à jour | | |
|---|---|---|---|---|---|---|
| | Pearson | Spearman | Kendall | Pearson | Spearman | Kendall |
| ROUGE-2 | 0,4646 | 0,4855 | 0,3361 | 0,5645 | 0,6033 | 0,4252 |
| ROUGE-SU4 | 0,4942 | 0,5070 | 0,3531 | 0,6013 | 0,6359 | 0,4505 |
| BE | 0,3796 | 0,4122 | 0,2831 | 0,5391 | 0,5968 | 0,4213 |
| Notre expérimentation | 0,5960 | 0,5901 | 0,4185 | 0,6528 | 0,6760 | 0,4873 |

TABLE 2–Corrélation avec PYRAMID dans TAC 2008 tâche d'évaluation des résumés de base et des résumés de mise à jour, micro-évaluation (p-value<2,2e-16)

## 5.2 Macro-évaluation

Dans cette partie, nous effectuons une Macro-évaluation, c'est-à-dire une évaluation au niveau système. Dans ce type d'évaluation, nous calculons la moyenne des scores obtenus par chaque système. Pour chaque tâche d'évaluation, nous avons effectué une expérimentation. La table 3 donne un aperçu sur les caractéristiques utilisées dans chaque tâche.

| Évaluation résumé | Caractéristiques |
|---|---|
| de base | R1, R2, NbPh, PDL, GFI, densité(DET), densité(CC), FKI, GFI, FRE |
| de mise à jour | R1, R3, R4, BE, AutoSummENG, PDL, Densité(CC), Densité(PRP), GFI, FKI |

TABLE 3 –Caractéristiques utilisées dans la tâche des résumés de base et de mise à jour au niveau de la Macro-évaluation

La table 4 donne les coefficients de corrélation du score PYRAMID avec les mesures standards : ROUGE-2, ROUGE-SU4 et BE, les expérimentations décrites dans la table 3 ainsi que les mesures Nouveau-Rouge-2, Nouveau-Rouge-SU4 qui sont réalisées par (Conroy et al., 2011) pour évaluer les résumés de mise à jour au niveau de la macro-évaluation seulement.

| | Résumé de base | | | Résumé de mise à jour | | |
|---|---|---|---|---|---|---|
| | Pearson | Spearman | Kendall | Pearson | Spearman | Kendall |
| ROUGE-2 | 0,8981 | 0,9095 | 0,7611 | 0,9366 | 0,9415 | 0,8000 |
| ROUGE-SU4 | 0,8780 | 0,8859 | 0,7340 | 0,9174 | 0,9310 | 0,7842 |
| BE | 0,9045 | 0,9022 | 0,7319 | 0,9398 | 0,9376 | 0,7951 |
| Nouveau-ROUGE-R2 | - | - | - | 0,9525 | 0,9434 | 0,8085 |
| Nouveau-ROUGE-SU4 | - | - | - | 0,9359 | 0,9339 | 0,7908 |
| Notre expérimentation | 0,9700 | 0,9552 | 0,8253 | 0,9704 | 0,9684 | 0,8582 |

TABLE 4–Corrélation avec PYRAMID dans TAC 2008 tâche d'évaluation des résumés de base et de mise à jour, macro-évaluation (p-value< 4,4 e-16)

En examinant la table 4, nous apercevons que nos expérimentations donnent une bonne corrélation avec PYRAMID. Nous constatons également que notre expérimentation est meilleure que les mesures standard utilisées par TAC ainsi que les deux variantes de la mesure Nouveau-ROUGE qui ont été destinées à l'évaluation des résumés de mise à jour.

## 6 Conclusion

Dans cet article, nous avons présenté une méthode d'évaluation du contenu d'un résumé, en utilisant une combinaison de caractéristiques linguistiques et de contenu. La combinaison de ces caractéristiques est réalisée à l'aide d'une régression linéaire. Nous avons utilisé comme caractéristiques : les mesures automatiques les plus corrélées avec PYRAMID dans TAC 2008, les mesures de lisibilité les plus utilisées par les sites internet et les outils de traitement de texte ainsi que la densité de quelques catégories de mots fonctionnels.

En examinant les résultats obtenus, nous constatons que nous pourrions les améliorer davantage à travers l'intégration de nouvelles mesures à base de ROUGE en utilisant l'ontologie WordNet. Cette ontologie nous permettrait de résoudre le problème de l'emploi des mots synonymes dans les résumés. De même, nous pourrions utiliser d'autres caractéristiques linguistiques telles que la grille d'entités, utilisée par (Barzilay et Lapata, 2008) pour mesurer la cohérence du résumé.

## Références

BARZILAY, R. and LAPATA, M. (2008). Modeling Local Coherence: An Entity-based Approach. *In Computational Linguistics Journal*, Vol: 34 No: 1, pages 1-34.

CONROY, J. M., SCHLESINGER, J. D. and O'LEARY, D. P. (2011). Nouveau-ROUGE: A Novelty Metric for Update Summarization. *In Computational Linguistics journal*, Vol: 37 No: 1, pages 1-8.

CONROY, J. M., SCHLESINGER, J. D., RANKEL, P. A., and O'LEARY, D. P. (2010). Guiding CLASSY toward More Responsive Summaries. *In proceedings of the Text Analysis Conference.*

CONROY, J. M. and TRANG DANG, H. (2008). Mind the Gap: Dangers of Divorcing Evaluations of

Summary Content from Linguistic Quality. *In proceedings of COLING 2008*, pages 145-152.

DANG, H. T. and OWCZARZAK, K. (2009). Overview of TAC 2009 summarization track. *In proceedings of the Text Analysis Conference.*

DANG, H. T. and OWCZARZAK, K. (2008). Overview of the TAC 2008 Update Summarization Task. *In proceedings of the Text Analysis Conference.*

GIANNAKOPOULOS, G. and KARKALETSIS, V. (2010). Summarization system evaluation variations based on n-gram graphs. *In the proceedings of TAC 2010 Workshop.*

GIANNAKOPOULOS, G., KARKALETSIS, V., VOUROS, G. A. and STAMATOPOULOS, P. (2008). Summarization system evaluation revisited: N-gram graphs. *TSLP journal,* Vol: 5 No: 3.

HALLIDAY, M. A. K. and HASAN, R. (1976). *Cohesion in English.* Longman (Londres).

HARNLY, A., NENKOVA, A., PASSONNEAU, R. and RAMBOW, O. (2005). Automation of Summary Evaluation by the Pyramid Method. *In proceedings of RANLP*, pages 226-233.

HOVY, E., LIN, C., ZHOU, L. and FUKUMOTO, J. (2006). Automated Summarization Evaluation with Basic Elements. *In proceedings of the 5th Conference on Language Resources and Evaluation.*

LIN, C. (2001). Summary Evaluation Environment. http://www.isi.edu/~cyl/SEE.

LIN, C. (2004). ROUGE: a package for automatic evaluation of summaries. *In proceedings of the ACL 2004 Workshop on Text Summarization Branches Out (WAS 2004)*, pages 74–81.

LIN, Z., LIU, C., NG, H. T. and KAN, M. (2012). Combining Coherence Models and Machine Translation Evaluation Metrics for Summarization Evaluation. *In proceedings of ACL (1)*, pages 1006-1014.

LIN, Z., NG, H. T. and KAN, M. (2011). Automatically Evaluating Text Coherence Using Discourse Relations. *In proceedings of ACL 2011*, pages 997-1006.

LOUIS, A. and NENKOVA, A. (2009). Automatically Evaluating Content Selection in Summarization without Human Models. *In proceedings of EMNLP 2009*, pages 306-314.

NENKOVA, A. and PASSONNEAU, R. (2004). Evaluating Content Selection in Summarization: The Pyramid Method. *In proceedings of HLT-NAACL 2004*, pages 145-152.

OWCZARZAK, K. and DANG, H. T. (2011). Overview of the TAC 2011 summarization track: Guided task and AESOP task. *In proceedings of the Text Analysis Conference.*

PITLER, E., LOUIS, A. and NENKOVA, A. (2010). Automatic Evaluation of Linguistic Quality in Multi-Document Summarization. *In proceedings of ACL 2010*, pages 544-554.

RANKEL, P. A., CONROY, J. M. and SCHLESINGER, J. D. (2012). Better Metrics to Automatically Predict the Quality of a Text Summary. *Algorithms journal*, No: 4, pages 398-420.

TORRES-MORENO, J. M., SAGGION, H., DA CUNHA, I., San-Juan, E. and VELAZQUEZ-MORALES, P. (2010). Summary Evaluation With and Without References. *Polibits ISSN1870-9044*, pages 13-19.

# Segmentation thématique : processus itératif de pondération intra-contenu

Abdessalam Bouchekif(1,2), Géraldine Damnati(1), Delphine Charlet(1)
(1) Orange Labs , 2, Avenue Pierre Marzin 22307 Lannion Cedex
(2) Laboratoire d'Informatique de l'Universite du Maine, LIUM - France
{abdessalam.bouchekif,geraldine.damnati,delphine.charlet}@orange.com

RÉSUMÉ

Dans cet article, nous nous intéressons à la segmentation thématique d'émissions télévisées exploitant la cohésion lexicale. Le but est d'étudier une approche générique, reposant uniquement sur la transcription automatique sans aucune information externe ni aucune information structurelle sur le contenu traité. L'étude porte plus particulièrement sur le mécanisme de pondération des mots utilisés lors du calcul de la cohésion lexicale. Les poids TF-IDF sont estimés à partir du contenu lui-même, qui est considéré comme une collection de documents mono-thème. Nous proposons une approche itérative, intégrée à un algorithme de segmentation, visant à raffiner la partition du contenu en documents pour l'estimation de la pondération. La segmentation obtenue à une itération donnée fournit un ensemble de documents à partir desquels les poids TF-IDF sont ré-estimés pour la prochaine itération. Des expériences menées sur un corpus couvrant différents formats des journaux télévisés issus de 8 chaînes françaises montrent une amélioration du processus global de segmentation.

ABSTRACT

**An iterative topic segmentation algorithm with intra-content term weighting**

This paper deals with topic segmentation of TV Broadcasts using lexical cohesion. The aim is to propose a generic approach, only relying on the automatic speech transcription with no external nor a priori information on the TV content. The study focuses on a new weighting scheme for lexical cohesion computation. TF-IDF weights are estimated from the content itself which is considered as a collection of mono-thematic documents. We propose an iterative process, integrated to a segmentation algorithm, aiming to refine the partition of a content into documents in order to estimate the weights. Topic segmentation obtained at a given iteration provides a set of documents from which TF-IDF weights are re-estimated for the next iteration. An experiment on a rich corpus covering various formats of Broadcast News shows from 8 French TV channels improves the overall topic segmentation process.

MOTS-CLÉS : Segmentation thématique, pondération TF-IDF, cohésion lexicale, TextTiling
KEYWORDS : Topic segmentation, TF-IDF weighting, lexical cohesion, TextTiling

## 1 Introduction

La segmentation thématique consiste à effectuer un pavage d'un document (texte classique, audio ou vidéo) en segments thématiquement homogènes. Plusieurs programmes de recherche se sont attachés à traiter la segmentation thématique de journaux télévisés (JT) mais le problème demeure d'actualité et doit être considéré avec de nouvelles perspectives pour pouvoir traiter des contenus à la ligne éditoriale de plus en plus variée. En particulier, la structuration traditionnelle d'un JT où le présentateur principal, en plateau, introduit un nouveau sujet suivi d'un reportage ou d'une interview, tend à être substituée ou complétée par des mises en scènes plus modernes. Dans certains JT sont intercalées des brèves lues par le présentateur principal ou par un autre journaliste, sans qu'un reportage ne vienne illustrer le propos (c'est le cas du journal d'Arte par exemple). Au contraire, certains JT contiennent une succession de reportages, sans retours plateaux et sans introduction par le présentateur principal (c'est le cas du journal du soir de France 3 qui inclut en fin de programme une succession de reportages issus des éditions régionales, ainsi que certains JT de M6 ou d'Euronews qui n'ont pas du tout de présentateur principal). La plupart des études dans la littérature ont porté sur des corpus de JT de format traditionnel. Une des particularités du présent travail est d'être mené sur un corpus varié de JT issus de 8 chaînes différentes, de durée et de format divers.

Dans la littérature, trois catégories d'indices ont été exploitées : des indices lexicaux, acoustiques et visuels. La combinaison de ces indices est en règle générale profitable à la tâche de segmentation (Wang et al., 2012). Cependant, les deux derniers sont fortement liés aux règles éditoriales de chaque chaîne télévisée (Xie et al. 2010) : présence ou non d'un présentateur principal, présence ou non de titres incrustés ou de logos.

Notre objectif étant de développer un système de segmentation thématique générique, nous avons fait le choix de privilégier les indices lexicaux qui révèlent des frontières à partir de variations sémantiques dans un contenu, indépendamment de toute sorte d'information structurelle sur l'émission traitée. L'exploitation spécifique d'informations structurelles peut améliorer les performances comme dans (Bouchekif et al., 2013), mais nous cherchons ici à améliorer en amont l'approche générique basée sur la cohésion lexicale.

Plusieurs algorithmes de segmentation thématique basés sur la cohésion lexicale ont été proposés dans la littérature (voir par exemple (Eisenstein et Barzilay, 2008) pour une revue des approches). Les algorithmes varient tant du point de vue de la méthode de détection des frontières que du point de vue de la mesure de similarité (y compris des approches en recrudescence à base de Latent Semantic Analysis). Même si l'approche de TextTiling (Hearst, 1997) initialement conçue pour segmenter du texte s'est avérée peu performante sur des contenus audiovisuels (Claveau et Lefèvre, 2011) (Guinaudeau et al., 2010), nous avons néanmoins choisi d'adopter ce schéma de façon à en explorer deux dimensions. La première est la méthode de sélection des frontières à partir de la courbe de similarité et la seconde est le mécanisme de pondération des mots utilisé pour calculer une valeur pertinente de cohésion lexicale. Ce choix n'est néanmoins pas restrictif et les propositions développées dans cet article peuvent s'appliquer à des algorithmes plus sophistiqués.

L'article est structuré de la façon suivante : la section 2 présente notre algorithme de segmentation thématique, la section 3 présente une évolution vers une approche intégrée itérative qui permet de raffiner la pondération TF-IDF des mots. Les expériences sont présentées dans la section 4.

## 2 Algorithme de segmentation thématique

Comme pour l'algorithme TextTiling, la similarité est calculée entre chaque paire de blocs adjacents. Les segments unitaires considérés sont des groupes de souffle (GS), c'est-à-dire des séquences de mots entre deux pauses dans un tour de parole. Les pauses et les changements de locuteur sont détectés automatiquement par le système de transcription automatique. La similarité est donc calculée tout au long de l'émission à l'aide d'une fenêtre glissante de taille *K*, entre des blocs adjacents de *K* GS de part et d'autre de la frontière potentielle. Il en résulte une courbe de cohésion lexicale à partir de laquelle sont extraites les hypothèses de frontières. Dans les deux premières sous-sections, nous décrivons comment sont réalisés la pondération des termes et le calcul de similarité lexicale. Nous proposons ensuite un algorithme de sélection des frontières à partir de la courbe de cohésion obtenue.

## 2.1 La pondération TF-IDF intra-document

La pondération TF-IDF est largement utilisée en recherche d'information (RI) pour évaluer le pouvoir discriminant d'un terme $t$ dans un document $d$ (via TF : fréquence locale du terme), relativement à une collection de documents (via IDF : fréquence globale inverse du terme). Dans le cadre de la segmentation thématique, la pondération des mots permet d'augmenter la pertinence des mesures de similarité lexicale, en renforçant la contribution de certains mots dans l'estimation de ces mesures. Dans le domaine de la segmentation de contenus du type information (journaux télévisés, journaux radiophoniques, émissions de reportages), les poids sont généralement estimés par un large corpus. Par exemple, (Guinaudeau et Hirschberg, 2011) utilisent l'outil *kiwi* (Lecorvé et al., 2008) qui produit des poids estimés à partir d'une collection de 800000 articles du journal *Le Monde*. Afin de nous affranchir de la contrainte de disposer d'une base d'apprentissage, nous nous proposons de suivre l'approche donnée dans (Malioutov et al., 06) où les auteurs introduisent une pondération intra-document pour le domaine de la segmentation thématique de conférences. Sans aucune information externe, les poids TF-IDF sont estimés uniquement à partir du contenu en question. Le principe est de découper uniformément l'émission en N morceaux (ou *chunk*). Chaque *chunk* est une succession de groupes de souffles et correspond à l'équivalent d'un document en RI. Le terme $t$ dans le groupe de souffle $x$ est associé au poids $w(c(x),t)$ qui dépend du *chunk* $c(x)$ dans lequel se trouve $x$.

$$w(c(x),t) = TF_{c(x),t} \times IDF_t, \text{où } IDF_t = \log\left(\frac{N}{n_t}\right) \quad (1)$$

où $TF_{c(x),t}$ est la fréquence du terme $t$ dans le morceau $c(x)$ et $n_t$ est le nombre de *chunks* dans lequel le terme $t$ apparaît.

Cette approche permet de faire ressortir les mots discriminants dans un passage de l'émission relativement aux autres passages. Des expériences utilisant d'autres pondérations comme Okapi n'ont pas permis d'améliorer les performances de la segmentation.

## 2.2 Calcul de similarité

La mesure cosinus permet de mesurer la proximité entre la représentation vectorielle de deux blocs adjacents $b_j$ et $b_{j+1}$. Le coefficient associé au terme $t$ dans la représentation vectorielle d'un bloc $b$ est une valeur pondérée $v(b,t)$. Dans notre approche, il n'y a pas unicité de la pondération TF-IDF dans un bloc donné car les groupes de souffles du bloc peuvent ne pas appartenir tous au même *chunk*. Ainsi le coefficient associé à t dans le bloc b est obtenu en sommant les fréquences pondérées du terme $t$ dans chaque GS du bloc :

$$v(b,t) = \sum_{x \in b} \left(f_{x,t} \times w(c(x),t)\right) \quad (2)$$

où $f_{x,t}$ est la fréquence du terme $t$ dans le GS $x$.
Pour une frontière potentielle $j$ entre deux blocs $b_j$ et $b_{j+1}$, la similarité est donnée par

$$cohesion(j) = \frac{\sum_t \left(v(b_j,t) \times v(b_{j+1},t)\right)}{\sqrt{\sum_t \left(v(b_j,t)\right)^2} \times \sqrt{\sum_t \left(v(b_{j+1},t)\right)^2}}. \quad (3)$$

Le nombre de chunks $N$ est calculé automatiquement pour chaque émission en fonction de sa durée et de la durée moyenne des thèmes de l'ensemble d'émissions.

## 2.3 Algorithme de division récursive (Splitting)

Plusieurs stratégies ont été introduites pour sélectionner les frontières à partir de la courbe de similarité. L'approche classique (Hearst, 1997) consiste à détecter les vallées (un point entouré par deux pics) et à calculer leur profondeur en faisant la somme des deux différences (entre le point et le pic à gauche d'une part et le point et le pic à droite d'autre part). Les vallées dont la profondeur dépasse un certain seuil (approche dite par *seuillage*) sont considérées comme des points de transition thématique. Il faut noter que les points qui ne correspondent pas à des vallées valent 0. Il peut se produire que plusieurs vallées profondes apparaissent dans un court intervalle de temps, ou bien qu'un changement thématique se traduise par une succession de vallées de profondeur limitée. (Lu et al., 2011) proposent une approche basée sur la programmation dynamique pour optimiser globalement la recherche des frontières dans la courbe. (Claveau et Lefèvre, 2011) ont proposé d'appliquer en plus d'une métrique alternative basée sur la vectorisation, l'algorithme dit Ligne de Partage des Eaux (LPE) issu de la morphologie mathématique pour réaliser un partitionnement de l'émission à partir de la courbe.

Pour améliorer la robustesse de l'extraction des frontières, nous proposons un nouvel algorithme avec deux particularités : premièrement nous proposons d'exploiter conjointement la similarité lexicale et la profondeur des vallées, et deuxièmement nous avons implémenté un algorithme itératif de partitionnement d'une émission à partir de la courbe. Il résulte de la première observation que la recherche directe sur les valeurs de similarité n'est pas optimale (certains changements de thèmes entre deux sujets proches, sur un même pays par exemple, peuvent se traduire par une similarité relativement importante). De façon similaire, travailler uniquement sur la profondeur des vallées n'est pas optimal : (les pics de part et d'autre peuvent ne pas être très hauts si un sujet ne contient que peu de répétitions de termes). Nous proposons ainsi de combiner ces deux mesures complémentaires à l'aide d'une interpolation linéaire. Pour une frontière potentielle $j$, le score suivant doit être maximisé :

$$score(j) = \lambda \left(1 - cohesion(j)\right) + (1 - \lambda)\ depth\ (j)) . \quad (4)$$

La deuxième proposition est un algorithme de division récursive lors duquel est définie une zone d'exclusion autour des frontières trouvées à chaque itération. Le partitionnement consiste à construire un ensemble $S$ de segments :

1. Initialement, $S$ contient un seul segment constitué de l'émission entière.
2. Chaque segment de $S$ est coupé en deux, le point de coupure correspond à la valeur maximale du score, si cette valeur dépasse un seuil donné.
3. Les GS situés autour du point de coupure ne seront pas pris en considération lors de la prochaine itération.
4. Les segments obtenus sont présentés à l'étape 2.

L'étape 3 permet de limiter les phénomènes de maxima locaux et garantit que l'on n'obtiendra pas plusieurs frontières consécutives. La zone de neutralisation est fixée à 3 GS de part et d'autres d'une frontière. L'algorithme s'arrête lorsqu'aucun point de coupure candidat ne dépasse le seuil. Cette approche par zone d'exclusion s'est avérée plus efficace qu'un lissage de la courbe pour limiter l'effet des maxima locaux. La granularité des groupes de souffles est trop grande pour envisager un lissage efficace sans perte d'information.

## 3 Pondération itérative intra-document

Dans cette section, nous introduisons une variation de la pondération TF-IDF intra-document. Le principe initial présenté dans la section 2.1 consistait à découper uniformément le contenu en $N$ *chunks* simulant la notion de document. Au-delà de ce découpage uniforme, nous proposons une approche itérative, utilisant les résultats de notre algorithme de segmentation thématique pour déterminer les chunks. La segmentation obtenue à une itération donnée fournit un ensemble de documents à partir desquels les poids TF-IDF sont ré-estimés pour l'itération suivante.

Initialement, le document est coupé en $N$ morceaux uniformes. Le nombre de chunks N est obtenu automatiquement pour chaque émission en divisant la durée de l'émission par une durée moyenne de segments thématiques estimée sur un corpus de développement. L'indice du premier GS de chaque *chunk* uniforme est considéré comme l'ensemble initial de frontières et est placé dans le vecteur $hyp_0$. A l'itération $i$, les hypothèses de l'itération $i-1$ ($hyp_{i-1}$) sont utilisées pour estimer les pondérations TF-IDF ($i$). La combinaison linéaire entre la cohésion lexicale et la profondeur des vallées est recalculée. Ensuite, l'algorithme de division récursive est appliqué pour déterminer les hypothèses $hyp_i$ .

L'algorithme s'arrête lorsque la segmentation se stabilise (pas de changement significatif entre les hypothèses de deux itérations successives $hyp_i$ et $hyp_{i+1}$). Afin de mesurer objectivement cette stabilisation, nous utilisons la mesure $p_k$ (Beeferman et al., 1999).
La mesure $p_k$ compare une segmentation de référence R et une hypothèse de segmentation $H$. Elle est basée sur le principe d'une fenêtre glissante de taille $k$ parcourant la totalité de l'émission. Dans cette métrique, la tâche de segmentation est vue comme un problème de classification binaire répondant à la question : le groupe de souffle $j$ et le groupe de souffle $j+k$ appartiennent-ils au même segment ? $p_k$ mesure la probabilité que deux GS distants de $k$ soient classés de la même façon par $R$ et par $H$.

$$p_k(R,H) = \frac{1}{n-k}\sum_{j=1}^{n-k} f\left(f\left(r_j, r_{j+k}\right), \left(h_j, h_{j+k}\right)\right) \tag{5}$$

La fonction $f$ vaut 1 si ses deux arguments sont identiques, sinon elle vaut 0. Plusieurs études ont mis en exergue qu'une faible valeur de $k$ favorise la précision de cette mesure. Dans notre implémentation, la valeur de $k$ est fixée à 6. L'algorithme s'arrête lorsque la valeur de $p_k$ entre $hyp_{i-1}$ et $hyp_i$ est proche de 1 $\left(1 - p_k(hyp_{i-1},\ hyp_i)\right) \leq \epsilon$.

Il faut noter que nous n'avons pas encore étudié la preuve de la convergence de l'algorithme. L'algorithme s'arrête au bout de 6 itérations si le critère d'arrêt n'a pas atteint la valeur du seuil ε. En pratique trois à quatre itérations sont suffisantes.

## 4 Expériences et résultats

Les expériences sont menées sur deux corpus d'émissions. Le premier pour le développement ($Dev$) est constitué de 33 JT de 7 chaînes françaises (TF1, France2, France3,

LCI, France24, Arte, M6). Le deuxième pour le test (*Test*) est composé de 6 JT d'une autre chaîne : Euronews. La particularité de ce corpus est qu'il n'y a ni présentateur principal ni plateau, il s'agit uniquement d'une succession de reportages, chacun associé à un reporter différent et de longueur variable. Le tableau 1 résume les caractéristiques de ces deux corpus.

| | *Dev* | *Test* |
|---|---|---|
| Nombre d'émissions | 33 | 6 |
| Durée moyenne | ~ 22 *min* | ~ 26 *min* |
| Nombre de frontières (par JT) | 397 (11,5) | 156 (26,0) |
| Durée moyenne des thèmes | 115 *s* | 79 *s* |

TABLE 1 – Description des corpus

Ces émissions ont été transcrites à l'aide du moteur de reconnaissance automatique de la parole de Vocapia Research basé sur le système du LIMSI (Gauvain et al., 2002). Le taux d'erreurs mots sur le corpus de *Dev* est de 16,1%. Nous ne pouvons donner les performances du corpus *Test* qui n'a pas été transcrit manuellement. Les mots qui ont un score de confiance inférieur à 0.5 sont écartés. Les pré-traitements classiques ont été appliqués : lemmatisation (Lia_tagg : http://pageperso.lif.univ-mrs.fr/~frederic.bechet/download.html), suppression de certains mots non porteurs de sens à partir d'une stop-liste. Par ailleurs, de façon similaire à (Guinaudeau et al., 2010) nous avons écarté la première partie d'un journal lorsqu'elle ne contient que des titres et la dernière partie lorsqu'il s'agit du rappel des titres. La définition d'un segment est plus large que la simple notion de reportage, il s'agit d'un segment thématiquement cohérent. L'annotation manuelle a été validée par deux annotateurs. Pour les cas ambigus (comme un long passage dans un journal relatant diverses conséquences des chutes de neiges ou dela crise économique), nous avons fait le choix de segmenter en sujet pour chaque conséquence.

La taille de la fenêtre pour la détermination de la courbe de cohésion lexicale a été optimisée sur le Dev et a été fixée à 16 groupes de souffles. Le coefficient $\lambda$ d'interpolation pour le calcul du score a été fixé à 0,75. Le seuil $\varepsilon$ sur la mesure $p_k$ pour le critère d'arrêt de l'algorithme itératif vaut 0,09. Les performances sont mesurées en termes de rappel et de précision, en comparant la segmentation de référence avec celle d'hypothèse. De façon similaire à plusieurs travaux dans la littérature, une tolérance de 10 *s* a été autorisée entre les frontières d'hypothèses et de références.

La figure 1 illustre l'importance de l'algorithme de sélection et du score de similarité. Les courbes rappel/précision ont été obtenues en faisant varier le seuil présent dans chacune des approches. Les 6 courbes de la figure 1 représentent la combinaison des trois scores (cohésion, profondeur de vallée et l'interpolation des deux) et des deux algorithmes de sélection (*seuillage* et *splitting*). La pondération TF-IDF est calculée selon une partition uniforme de l'émission en *N* chunks. *Seuillage* (*vallee*) correspond à l'algorithme de TEXTTILING de base. *Splitting* (*cohesion* + *vallee*) correspond à notre proposition. La combinaison linéaire des deux scores associée à l'algorithme de *splitting* augmente la F-max de 12,5 points. On observe plus de fausses alarmes (faible précision) avec l'approche *seuillage* (toutes les hypothèses dépassant le seuil sont prises en compte), contrairement à l'approche *splitting* avec une zone d'exclusion qui permet d'avoir une meilleure précision dans les zones de plus fort rappel. Les trois courbes correspondant à l'approche *splitting* montrent clairement que l'interpolation de la cohésion et la profondeur des vallées est une bonne stratégie, avec une F-max finale de 55,3% sur le Dev.

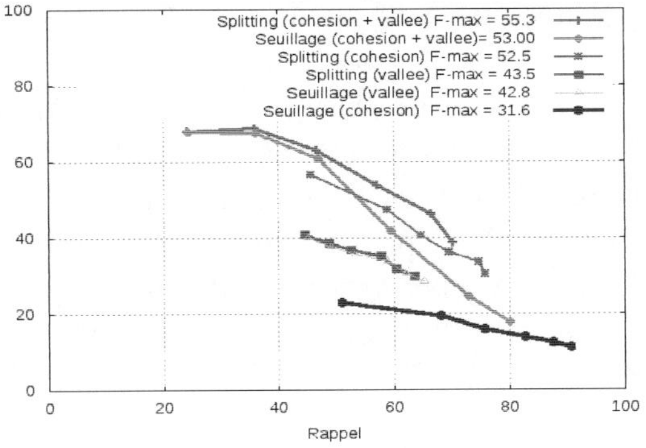


FIGURE 1 – Impact de la stratégie de sélection et de calcul du score

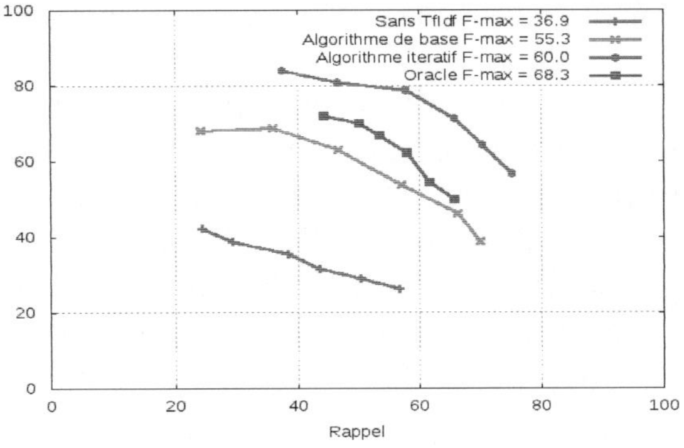


FIGURE 2 – Impact de la stratégie itérative de pondération.

Pour le reste des expériences, $Splitting\ (cohesion + vallee)$ est systématiquement utilisé. Lorsque nous utilisons la pondération TF-IDF avec le découpage uniforme pour les chunks, cette technique sera dénommée *baseline*. Afin de montrer l'intérêt de la pondération itérative, nous comparons notre approche à une version dans laquelle aucune pondération ne serait utilisée (similarité calculée uniquement à partir de la fréquence) et à une version où la pondération TF-IDF serait calculée à partir de la segmentation thématique réelle, obtenue à partir des frontières de référence (condition Oracle). Les résultats de la figure 2 montrent que les meilleures performances sont obtenues dans les conditions Oracle, avec une importante marge de progression par rapport à la baseline (de 55,3% à 68,3% de F-max) confortant ainsi le potentiel de notre proposition. Les performances sont sérieusement dégradées lorsqu'aucune pondération n'est appliquée.

Le système itératif améliore la *baseline*, permettant de passer d'une F-max de 55,3% à une F-max de 60,0%. Près de 30% de l'écart entre la condition *baseline* et la condition Oracle a pu être comblé. Enfin, nous avons validé l'approche sur un nouvel ensemble de JTs issus d'Euronews. Le tableau 2 illustre les résultats obtenus sur ce corpus en choisissant le seuil optimal établi de façon à atteindre la F-max sur le corpus de Dev.

| *Condition de pondération* | *Rappel* | *Précision* | $F - mesure$ |
|---|---|---|---|
| Algorithme de base | 46,8 | 59,3 | 52,3 |
| Itératif | 53,8 | 62,7 | 57,9 |
| Oracle | 57,7 | 69,8 | 63,2 |

TABLE 2 – Résultats sur le Test (Euronews)

Les mêmes tendances peuvent être observées, avec une meilleure couverture de l'écart entre la *baseline* et l'Oracle. En analysant les résultats, il s'avère que l'algorithme itératif permet de retrouver des frontières entre des sujets proches (deux sujets sportifs, deux reportages consécutifs sur un même pays). Une évaluation plus fine de la pondération TF-IDF permet de remonter ce type de frontières difficilement accessibles pour les approches lexicales.

## 5 Conclusion

Cet article propose une approche de segmentation thématique s'appuyant uniquement sur le contenu lexical d'un Journal Télévisé. L'objet de notre approche est de développer une méthode générique pouvant s'appliquer à tout type de JT, indépendamment de sa structure.

A partir d'un algorithme classique de segmentation thématique basé sur la cohésion lexicale locale (TEXTTILING), deux modifications sont proposées : la première portant sur le processus d'extraction des frontières thématiques à partir de la courbe de cohésion et la seconde portant sur l'estimation des poids associés aux mots pour l'estimation de cette cohésion. Les deux propositions se traduisent par une amélioration significative des performances de segmentation sur un corpus diversifié de JT issus de 8 chaînes. L'approche itérative de calcul de la pondération TF-IDF à partir du contenu lui-même n'est pas limitée à notre algorithme mais peut avoir une portée beaucoup plus large dans de nombreux contextes d'utilisation.

## Références


BEEFERMAN, D., BERGER, A., et LAFFERTY, J. D. (1999). Statistical models for text segmentation, *Machine Learning*, pages 177–210.

BOUCHEKIF, A., DAMNATI, G., et CHARLET, D. (2013). Complementarity of Lexical Cohesion and Speaker Role Information for Story Segmentation of French TV Broadcast News. *In Proc. of SLSP.*

CLAVEAU, V., et LEFEVRE, S. (2011). Segmentation thématique : apport de la vectorisation, *Actes de la conférence CORIA.*

EISENSTEIN, J. et BARZILAY, R. (2008). Bayesian Unsupervised Topic Segmentation, *In Proc. EMNLP.*

GAUVAIN, J.L., LAMEL. et ADDA, G. (2002) The LIMSI Broadcast News Transcription System. *Speech Communication*, pages 89-108.

GUINAUDEAU C., GRAVIER G. et SÉBILLOT P. (2010). Utilisation de relations sémantiques pour améliorer la segmentation thématique de documents télévisuels, *In Proc. TALN*

GUINAUDEAU, C., et HIRSCHBERG, J. (2011). Accounting for prosodic information to improve asr-based topic tracking for TV Broadcast. *In Proc. of Interspeech.*

HEARST, M. (1997). TextTiling: segmenting text into multiparagraph subtopic passages, *Computational Linguistics, pages 33–64.*

LECORVE, G., et GRAVIER, G. (2008). An unsupervised web-based topic language model adaptation method". *In Proc. of ICASSP.*

LU, M., LEUNG, C., XIE, L., MA, B., et LI, H. (2011). Probabilistic Latent Semantic Analysis for Broadcast News Story Segmentation, *In Proc. of Interspeech.*

MALIOUTOV, I., et BARZILAY, R. (2006). Minimum cut model for spoken lecture segmentation. *In Proc. ACL,* pages 25–32.

WANG, X., XIE, L., MA, B., CHNG, E.-S. et Li. H. (2012). Broadcast News Story Segmentation Using CRF and Multi-modal Features. *IEICE Transactions on Information and Systems*, pages 1206-1215.

XIE, L., YANG, Y., LIU, Z-Q, FRENG. W. et LIUM, Z. (2010). Integrating Acoustic and Lexical Features In Topic Segmentation of Chinese Broadcast News Using Maximum Entropy Approach. *In Proc. of ICALIP.*

# Recherche et visualisation de mots sémantiquement liés

Alexander Panchenko[1, 2] Hubert Naets[1] Laetitia Brouwers[1]
Pavel Romanov[2] Cédrick Fairon[1]
(1) CENTAL, Université catholique de Louvain, Belgique
{prénom.nom}@uclouvain.be
(2) Bauman Moscow State Technical University, Russie
aromanov@it-claim.ru

RÉSUMÉ

Nous présentons *PatternSim*, une nouvelle mesure de similarité sémantique qui repose d'une part sur des patrons lexico-syntaxiques appliqués à de très vastes corpus et d'autre part sur une formule de réordonnancement des candidats extraits. Le système, initialement développé pour l'anglais, a été adapté au français. Nous rendons compte de cette adaptation, nous en proposons une évaluation et décrivons l'usage de ce nouveau modèle dans la plateforme de consultation en ligne *Serelex*.

ABSTRACT

**Search and Visualization of Semantically Related Words**

We present *PatternSim*, a new semantic similarity measure that relies on morpho-syntactic patterns applied to very large corpora and on a re-ranking formula that reorder extracted candidates. The system, originally developed for English, was adapted to French. We explain this adaptation, propose a first evaluation of it and we describe how this new model was used to build the *Serelex* online search platform.

MOTS-CLÉS : Mesure de similarité sémantique, relations sémantiques.

KEYWORDS: Semantic similarity measure, semantic relations.

## 1 Introduction

Les mesures de similarité sémantique permettent d'identifier des mots entretenant différents types de relations sémantiques entre eux (synonymes, hyper/hyponymes, méronymes, etc.) et d'en calculer le degré de similarité. Elles servent à automatiser la construction de ressources sémantiques utiles pour les applications de TAL telles que l'expansion de requêtes, la classification de documents, la désambiguïsation sémantique, etc.

Trois approches computationnelles principales coexistent :

**Les mesures basées sur WordNet.** Elles obtiennent d'excellents résultats, mais sont limitées par la couverture lexicale de WordNet — voir Wu et Palmer (1994), Leacock et Chodorow (1998) ou encore Resnik (1995).

**Les méthodes basées sur dictionnaires (de type explicatif).** Elles rencontrent les mêmes difficultés dans la mesure où elles dépendent de ressources préexistantes réalisées manuellement — voir *ExtendedLesk* (Banerjee et Pedersen, 2003), *GlossVectors* (Patwardhan et Pedersen, 2006), *WiktionaryOverlap* (Zesch *et al.*, 2008) ou *Q-Ech* (Fairon et Ho, 2004).

**Les approches basées sur corpus.** Elles permettent d'obtenir une couverture plus large, car elles calculent les scores de similarité sur des corpus qui peuvent être facilement étendus. Malheureusement, ces dernières offrent généralement une précision plus faible, car elles reposent souvent sur des modèles relativement simples (du type *vector space models*) [1] — voir *ContextWindow* (Van de Cruys, 2010), *SyntacticContext* (Lin, 1998) ou *LSA* (Landauer *et al.*, 1998).

À côté de ces approches computationnelles, le recours au *crowdsourcing* et la mise en place de « jeux sérieux » ont également démontré leur intérêt pour le développement de ressources pour le TAL (Chamberlain *et al.*, 2013). En français, l'expérience la plus importante dans le domaine de la sémantique lexicale est celle de *JeuxDeMots* [2].

Dans cet article, nous décrirons *PatternSim* [3] , une système d'extraction de relations basé sur l'utilisation de corpus et de patrons lexico-syntaxiques. Bien que des techniques existent pour calculer des relations sémantiques à partir de patrons automatiquement appris sur corpus (Bollegala *et al.*, 2007), nous avons fait le choix d'utiliser une bibliothèque de patrons explicitement définis, nous rapprochant ainsi de la méthode classique de Hearst (1992) que nous étendons. Cette approche nous permet de contrôler les motifs extraits et d'éviter ainsi une partie du bruit inhérent à une méthode par apprentissage automatique.

L'originalité de notre approche réside dans le fait que les patrons lexico-sémantiques sont utilisés pour mesurer les similarités sémantiques et non simplement pour extraire les relations et que ces relations sont réordonnées à l'aide d'une heuristique permettant de les classer par ordre de pertinence. En outre, les données extraites et les logiciels réalisés sont disponibles sous license open source.

Initialement développé pour l'anglais, *PatternSim* a été adapté au français. Nous rendrons compte de ce travail d'adaptation et proposerons deux évaluations. Nous présenterons ensuite *Serelex* [4], un outil de consultation en ligne qui permet de naviguer dans le graphe des relations sémantiques calculées par *PatternSim* (Figure 1) et d'expérimenter les différentes mesures sémantiques implémentées.

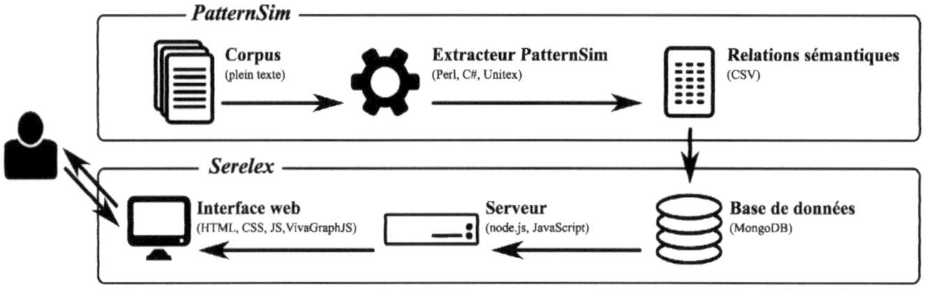


FIGURE 1 – Architecture de *PatternSim* et de *Serelex*

1. Pour un état de l'art plus complet, voir Panchenko (2013).
2. `http://www.jeuxdemots.org`
3. Le code source de *PatternSim* peut être téléchargé sur `https://github.com/cental/patternsim` ; les relations extraites automatiquement sont accessibles sur `http://patternsim.cental.be`.
4. `http://serelex.cental.be`

| *corpus* | *nb de documents* | *nb de tokens* | *nb de lemmes* | *taille* | *concordances extraites* |
|---|---|---|---|---|---|
| **Anglais** | | | | | |
| Wikipedia | 2 694 815 | $2,026 \cdot 10^9$ | 3 368 147 | 5,88 Go | 1 196 468 |
| ukWaC | 2 694 643 | $0,889 \cdot 10^9$ | 5 469 313 | 11,76 Go | 2 227 025 |
| Wikipedia + ukWaC | 5 387 431 | $2,915 \cdot 10^9$ | 7 585 989 | 17,64 Go | 3 423 493 |
| **Français** | | | | | |
| frWaC | 2 268 304 | $1,597 \cdot 10^9$ | 7 047 431 | 8,00 Go | 936 035 |
| Wikipedia long abstracts | 734 848 | $0,053 \cdot 10^9$ | 966 789 | 283 Mo | 22 363 |
| frWaC + Wikipedia | 3 003 152 | $1,65 \cdot 10^9$ | 7 523 201 | 8,28 Go | 958 398 |

TABLE 1 – Corpus utilisés dans *PatternSim* et concordances extraites.

# 2 *PatternSim* : système d'extraction de relations sémantiques

L'approche que nous allons décrire associe un système d'extraction de relations sémantiques (*PatternSim*) opérant sur de vastes corpus et une formule de réordonnancement (*Efreq-Rnum-Cfrq-Pnum*)(Panchenko *et al.*, 2012) qui classe les candidats par ordre de pertinence estimée.

## 2.1 Corpus & patrons d'extraction

L'identification de relations sémantiques dans un corpus repose sur l'exploitation de patrons d'extraction lexico-syntaxiques construits à la main dans le but d'identifier des cooccurrences significatives de mots telles que, pour l'anglais :

- `such NP as NP, NP[,] and/or NP;`
- `NP, including NP, NP [,] and/or NP;`
- `NP, i. e.[,] NP.`

Dans les contextes décrits par ces structures, les relations entre termes (NP) sont clairement établies, comme dans l'exemple suivant qui atteste du lien entre *foods* et *sandwiches* ou *burgers* :

- `such {non-alcoholic [sodas]} as {[root beer]} and {[cream soda]}[PATTERN=1]`
- `{traditional[foods]}, such as {[sandwiches]},{[burgers]}, and {[fries]}[PATTERN=2]`

Ces patrons, ainsi que de nombreuses variantes qu'il n'est pas possible de lister ici (insertions, permutations, variantes lexicales, etc.), sont décrits sous forme de graphes Unitex [5]. Ils sont utilisés pour la recherche et l'étiquetage de ces structures dans les corpus (comme on le voit dans l'exemple qui précède, les noms qui sont liés sémantiquement sont encadrés de crochets durant la phase d'étiquetage).

Pour nos expérimentations sur l'anglais,nous avons utilisé deux grands corpus représentant un volume total de 17,64 Go de données textuelles : Wikipedia et ukWaC [6] (Table 1).

Dans l'état actuel de la méthodologie, les relations extraites sont partiellement typées : on distingue les relations synonymiques des relations hiérarchiques d'hyperonymie et hyponymie en fonction des graphes qui ont permis d'extraire ces relations. Ce typage léger, n'a cependant pas été évalué et n'est pas utilisé à ce stade dans la mesure de similarité qui se veut globale, c'est-à-dire, toutes catégories confondues.

5. http://www-igm.univ-mlv.fr/~unitex/
6. http://wacky.sslmit.unibo.it

## 2.2 Mesure de similarité

(1) Dans un premier temps, les patrons d'extraction lexico-syntaxique sont appliqués sur le corpus. Cette opération permet d'extraire des concordances dans lesquelles les occurrences apparaissent étiquetées. En fonction de la complexité des grammaires d'extraction, cette étape peut être plus ou moins longue (de quelques secondes à plusieurs minutes par Mo). (2) Dans un second temps, les noms entre crochets (`[sodas]` dans `{non-alcoholic [sodas]}`, par exemple) sont lemmatisés à l'aide du dictionnaire DELA[7] ; les entités extraites sont combinées deux par deux. (3) Une matrice de similarité est remplie avec la fréquence des paires similaires. À ce stade, le score de similarité $S_{ij}$ est égal au nombre de fois que les paires entre crochets ou entre accolades apparaissent dans le même contexte de concordance. (4) Pour finir, les paires de mots sont réordonnées à l'aide d'une formule optimisée à cet effet.

Plusieurs formules reposant sur différents paramètres ont été testées (Panchenko *et al.*, 2012). C'est la mesure qui combine l'ensemble de ces paramètres (*Efreq-Rnum-Cfreq-Pnum*) qui s'est révélée être la meilleure : $s_{ij} = \sqrt{p_{ij}} \cdot \frac{2 \cdot \mu_b}{b_{i*} + b_{*j}} \cdot \frac{P(c_i, c_j)}{P(c_i)P(c_j)}$.

Celle-ci prend en compte :
- la fréquence absolue des couples $c_i$, $c_j \in C$ qui apparaissent dans les concordances $K$ (*Efreq*) ;
- le nombre de relations de $c_i$ et $c_j$ : les termes qui sont fortement liés à un grand nombre de mots sont pénalisés (*Rnum*) ;
- la fréquence de $c_i$ et de $c_j$ dans le corpus : les termes génériques (tels que « chose ») sont pénalisés (*Cfreq*) ;
- le nombre de patrons lexico-syntaxiques qui ont permis d'extraire la relation $c_i c_j$ : les paires extraites par plusieurs patrons seront jugées plus robustes (*Pnum*).

## 2.3 Adaptation au français

Initialement développé pour l'anglais, le système a très récemment été adapté au français. Cette opération a nécessité l'utilisation d'un nouveau corpus ainsi que la traduction - et l'adaptation - des grammaires d'extraction. Ce travail de traduction a pris environ 25 heures. Le corpus français est composé de *frWaC*, un vaste corpus de 1,6 milliard de mots, collecté sur le Web dans le cadre du projet *WaCky*[6], et les résumés longs en français des pages de Wikipedia (Table 1).

Voici deux exemples de concordances extraites à l'aide des patrons d'extraction en français :

```
- Cervera collecte aussi de nombreux{[insectes]=HYPER}, particulièrement
  des{[névroptères]=HYPO}.[PATTERN=4]
- L'{[acide] nicotinique=SYNO}, aussi connu sous le nom de{[ niacine]=SYNO},[PATTERN=11] est
  converti en nicotinamide in vivo.
```

## 2.4 Évaluation

L'évaluation d'un système d'extraction de termes liés sémantiquement est une tâche peu aisée, en raison notamment du caractère relativement flou de la notion de « similarité sémantique » qui recouvre tous les types de relations sémantiques (synonymes, antonymes, hyperonymes, etc.). Il en résulte que la liste des termes « similaires » n'est pas une liste fermée, déterminée que l'on

7. http://infolingu.univ-mlv.fr/

pourrait consulter pour vérifier les résultats retournés par la mesure. C'est la raison pour laquelle nous avons choisi d'évaluer le système par rapport à plusieurs tâches.

### 2.4.1 Évaluation pour l'anglais

Une évaluation détaillée du système anglais a été présentée dans Panchenko *et al.* (2012). Celle-ci a montré (1) que la formule *Efreq-Rnum-Cfreq-Pnum* permettait de construire la variante la plus efficace du mécanisme de réordonnancement des relations sémantiques, (2) que la précision moyenne sur l'anglais (c'est-à-dire le nombre de relations jugées correctes) varie entre 0.736 (quand on ne considère que la meilleure relation) et 0.599 (quand on considère les 20 meilleures relations) et (3) que ce système permettait souvent d'égaler ou de dépasser des méthodes reposant sur des ressources linguistiques beaucoup plus complexes.

### 2.4.2 Évaluation pour le français

Deux expériences ont été réalisées : dans la première, nous avons confié à des juges humains une tâche d'évaluation et dans la seconde, nous avons comparé nos résultats aux relations sémantiques disponibles dans *JeuxDeMots*.

Cinquante mots ont été sélectionnés aléatoirement depuis cinq rubriques du journal *Le Monde* du 28 mars 2013. Les 30 meilleures relations sémantiques pour chacun de ces mots ont été sélectionnées en utilisant deux mesures : *Efreq* (c'est-à-dire les relations triées par simple fréquence) et *Efreq-Rnum-Cfreq-Pnum* (c'est-à-dire les relations réordonnées à l'aide de la mesure du même nom). En tout, ce sont deux ensembles de 1348 paires liées à 47 mots [8], que nous avons extraits et que nous avons demandé d'évaluer à respectivement quatre et trois annotateurs humains. La tâche de ceux-ci consistait à indiquer si les mots de chaque paire étaient ou non sémantiquement liés.

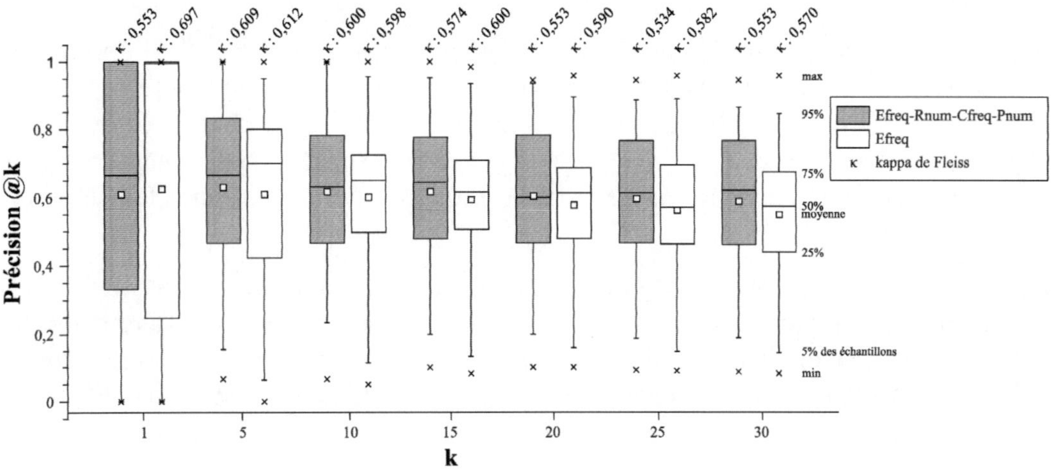


FIGURE 2 – Extraction des relations sémantiques : précision pour les *k* premières relations.

8. 1348 paires et non 1500, car trois mots très techniques ne figurent pas dans la base de données et car certains des 47 mots restants n'ont qu'un petit nombre de relations sémantiques (« kératine », par exemple).

Nous avons calculé pour chacun des 47 mots la précision moyenne pour ses $k$ premières relations. La figure 2 montre le résultat de l'évaluation. Pour la mesure *Efreq*, la précision moyenne, indiquée par le petit carré blanc, varie entre 0,628 (première relation de chacun des 57 mots) et 0,550 (30 premières relations), pour un accord inter-annotateurs (*kappa* de Fleiss) allant de « substantiel » (0,6-0,8) à « modéré » (0,4-0,6). Pour la mesure *Efreq-Rnum-Cfreq-Pnum*, la précision moyenne varie de 0,633 (5 premières relations) à 0,592 (30 premières relations), pour un kappa allant de 0,609 à 0,524. Un test t pour échantillons appariés révèle que la mesure *Efreq-Rnum-Cfreq-Pnum* améliore de façon significative les résultats pour $k = 25$ (t : 2,131 ; P : 0,0192) et pour $k = 30$ (t : 2,9 ; P : 0,0028) ; l'amélioration n'est pas significative pour les autres valeurs de $k$. Parmi les 47 mots issus du Monde, les mots les plus concrets (« baleine », « laboratoire », « kératine ») ont le plus de relations estimées correctes, tandis que les mots les plus abstraits (« ampleur », « conclusion ») n'ont que très peu de relations jugées exactes.

Dans un second temps, nous avons extrait de la dernière version des données lexicales de *JeuxDeMots*[9] 1 318 479 paires de mots liés sémantiquement. Nous avons comparé ces paires aux 5 849 497 paires extraites à l'aide de *PatternSim*. 86 283 paires sont communes aux deux ensembles (ce qui représente 6,54% des paires de *JeuxDeMots* et 12,04% si on ne conserve que les 54% de paires qui possèdent une entrée commune avec *PatternSim*) ; 18 099 paires communes figurent parmi les 20 premières relations réordonnées à l'aide de la formule *Efreq-Rnum-Cfreq-Pnum*. Dans la tâche précédente, si *JeuxDeMots* avait été un juge, il aurait validé 138 relations, soit 10% de celles-ci, pour 38 des 47 mots extraits du *Monde*.

# 3 *Serelex* : consultation en ligne des relations sémantiques

*Serelex* est un moteur de recherche lexical qui, pour un mot donné, propose automatiquement une liste de candidats sémantiquement proches. Pour ce faire, *Serelex* exploite les relations sémantiques extraites à l'aide de *PatternSim* (cf. Figure 1). Ainsi, à la différence des dictionnaires de synonymes et autres thésaurus (Thesaurus.com, VisualSynonyms.com), *Serelex* se base uniquement sur l'information extraite de corpus textuels.

Les requêtes de l'utilisateur sont lemmatisées à l'aide du dictionnaire DELA[10] et une recherche approximative est lancée dans le cas où aucune forme correspondant à la requête de l'utilisateur n'est trouvée. Les résultats de chaque requête sont triés en fonction des scores de similarité enregistrés dans la base de données. Le classement des termes suggérés tient compte notamment de la fréquence des termes dans le corpus et de la fréquence des termes dans les requêtes des utilisateurs.

Le système est accessible au travers d'une interface graphique ou via un web service RESTful. Dans l'interface graphique (cf. Figure 3), un simple champ de texte permet à l'utilisateur d'entrer une requête sous forme de mot-clé (par exemple, un mot simple comme *mathématique*, *Stanford* ou encore une expression polylexicale comme *tour d'ivoire*). La liste de mots proposée affiche les 20 mots les plus liés sémantiquement à la requête. Une représentation sous forme de graphe[11] offre simultanément une représentation visuelle de ces 20 suggestions et de tous les liens sémantiques existant entre ces mots, ce qui permet de grouper visuellement les résultats par sens. Ainsi, dans

9. Version du 24 février 2013 de `http://www.lirmm.fr/~lafourcade/JDM-LEXICALNET-FR/`
10. `http://infolingu.univ-mlv.fr/`
11. Représenté grâce à un algorithme de type Barnes-Hut (Barnes et Hut, 1986) basé sur les forces.

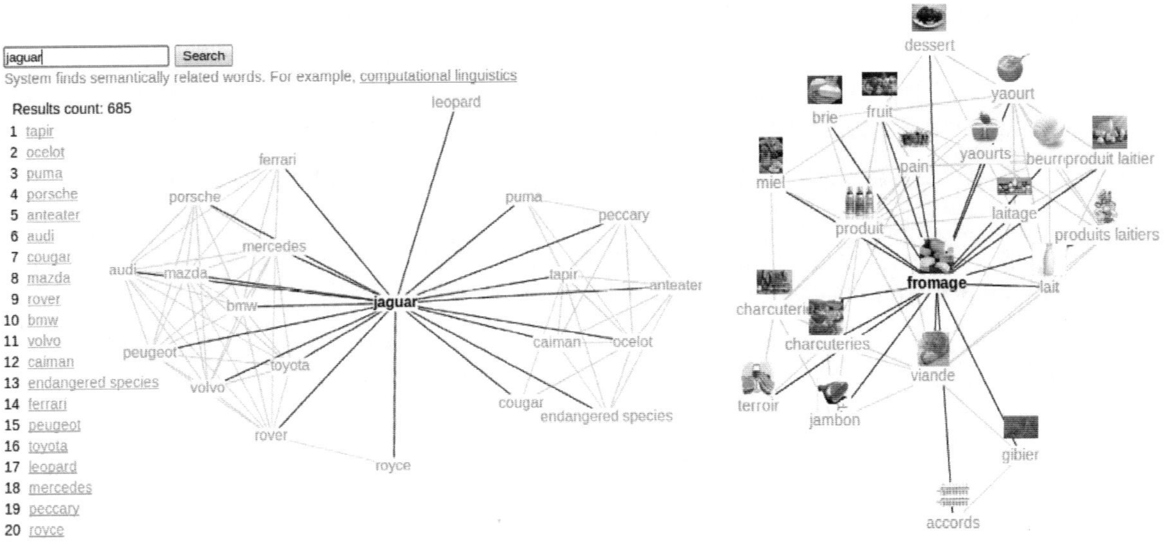


FIGURE 3 – Interface graphique de *Serelex* : résultats de la requête « jaguar » en anglais et de la requête « fromage » en français (affichage avec images).

la Figure 3, on voit clairement apparaître deux clusters correspondant à deux sens de « jaguar » (*voiture* vs *animal*). L'utilisateur peut poursuivre ses recherches en cliquant sur les nœuds du graphe qui permettent de naviguer facilement entre les différents éléments. Il est également possible d'afficher les résultats sous forme d'images, ainsi qu'on peut le voir à propos de l'exemple « fromage ».

# 4 Conclusion et perspectives

Nous avons présenté dans cet article un système d'extraction de relations sémantiques à base de patterns linguistiques (*PatternSim*) et une interface web de visualisation de ces relations (*Serelex*). Ce système d'extraction, initialement développé pour l'anglais, a pu être adapté au français uniquement en remplaçant les grammaires d'extraction et les corpus utilisés et sans aucun usage d'autres ressources. Les évaluations que nous avons menées en anglais montrent que la mesure de réordonnancement que nous utilisons fournit des résultats comparables à ceux obtenus à l'aide de techniques faisant un usage important de dictionnaires ou de ressources telles que WordNet. Les premiers résultats que nous avons obtenus pour le français se révèlent également positifs et réaffirment l'intérêt de la mesure de réordonnancement. Des modifications mineures dans les grammaires d'extraction et un corpus plus étoffé devraient nous permettre d'atteindre rapidement la même qualité que celle obtenue en anglais.

# Remerciements

Cette recherche a été partiellement financée par Wallonie-Bruxelles International (WBI) et par la Région Wallonne (projet ELIS-IT).

# Références

BANERJEE, S. et PEDERSEN, T. (2003). Extended gloss overlaps as a measure of semantic relatedness. *In IJCAI*, volume 18, pages 805–810.

BARNES, J. et HUT, P. (1986). A hierarchical 0 (n log iv) force-calculation algorithm. *nature*, 324:4.

BOLLEGALA, D., MATSUO, Y. et ISHIZUKA, M. (2007). Measuring semantic similarity between words using web search engines. *In WWW*, volume 766.

CHAMBERLAIN, J., FORT, K., KRUSCHWITZ, U., LAFOURCADE, M. et PEOSIO, M. (2013). Using games to create language resources : Successes and limitations of the approach. *Theory and Applications of Natural Language Processing*, page 42.

FAIRON, C. et HO, N.-D. (2004). Quantité d'information échangée : une nouvelle mesure de la similarité des mots. *In Le poids des mots. Actes des 7es journées d'analyse statistique des données textuelles*, pages 423–433.

HEARST, M. A. (1992). Automatic acquisition of hyponyms from large text corpora. *In ACL*, pages 539–545.

LANDAUER, T. K., FOLTZ, P. W. et LAHAM, D. (1998). An introduction to latent semantic analysis. *Discourse processes*, 25(2-3):259–284.

LEACOCK, C. et CHODOROW, M. (1998). Combining Local Context and WordNet Similarity for Word Sense Identification. *WordNet*, pages 265–283.

LIN, D. (1998). Automatic retrieval and clustering of similar words. *In ACL*, pages 768–774.

PANCHENKO, A. (2013). Similarity measures for semantic relation extraction. *Thèse de doctorat en linguistique*.

PANCHENKO, A., MOROZOVA, O. et NAETS, H. (2012). A semantic similarity measure based on lexico-syntactic patterns. *In Proceedings of KONVENS 2012*, pages 174–178.

PATWARDHAN, S. et PEDERSEN, T. (2006). Using WordNet-based context vectors to estimate the semantic relatedness of concepts. *Making Sense of Sense : Bringing Psycholinguistics and Computational Linguistics Together*, pages 1–12.

RESNIK, P. (1995). Using Information Content to Evaluate Semantic Similarity in a Taxonomy. *In IJCAI*, volume 1, pages 448–453.

Van de CRUYS, T. (2010). *Mining for Meaning : The Extraction of Lexico-Semantic Knowledge from Text*. Thèse de doctorat, University of Groningen.

WU, Z. et PALMER, M. (1994). Verbs semantics and lexical selection. *In ACL'1994*, pages 133–138.

ZESCH, T., MÜLLER, C. et GUREVYCH, I. (2008). Extracting lexical semantic knowledge from wikipedia and wiktionary. *In LREC'08*, pages 1646–1652.

# Un analyseur morphologique étendu de l'allemand traitant les formes verbales à particule séparée

Jean-Philippe Guilbaud[1] Christian Boitet[2] Vincent Berment[2]
(1) CNRS, LIG-campus, 38041 Grenoble Cedex 09
(2) UJF, Université de Grenoble, LIG-campus, 38041 Grenoble Cedex 09
{Jean-Philippe.Guilbaud,Christian.Boitet,Vincent.Berment}@imag.fr

RÉSUMÉ

Nous décrivons l'organisation et l'état courant de l'analyseur morphologique de l'allemand AMALD de grande taille couvrant (près de 103000 lemmes et 500000 formes fléchies simples, en croissance) développé dans le cadre du projet ANR-Émergence Traouiero. C'est le premier lemmatiseur de l'allemand capable de traiter non seulement les mots simples et les mots composés, mais aussi les verbes à particules séparables quand elles sont séparées, même par un grand nombre de mots (ex : *Hier schlagen wir eine neue Methode für die morphologische Analyse vor*).

ABSTRACT

**An extended morphological analyzer of German handling verbal forms with separated separable particles**

We describe the organisation and the current state of the large-scale (nearly 103000 lemmas and 500000 simple inflected forms, growing) morphological analyzer AMALD developed in the framework of the ANR-Émergence Traouiero project. It is the first lemmatizer of German able to handle not only simple and compound words, but also verbs with separable particles when they are separated, even by many words (e.g. *Hier schlagen wir eine neue Methode für die morphologische Analyse vor.*).

MOTS-CLÉS : analyse morphologique, lemmatisation, allemand, verbes à particule séparable
KEYWORDS : morphological analysis, lemmatization, German, verbs with separable particles.

## 1 Introduction

En 2008, dans le cadre du projet ANR OMNIA, nous nous sommes réintéressés à l'analyse morphologique (AM) de l'allemand, pour pouvoir faire de la RI (recherche d'information) translingue sur des collections d'images (comme FlickR, Belga News, Picassa ou PanImages) accompagnées chacune d'un petit texte compagnon écrit de façon spontanée dans la langue de l'auteur. Constatant qu'il n'y avait pas d'AM de l'allemand de bonne qualité, libre de droits et assez couvrante, le premier auteur a alors entrepris d'en construire une, en partant du prototype construit pour sa thèse. Le besoin d'une telle AM est apparent dans de nombreuses applications qui exigent plus que de la lemmatisation ou de l'étiquetage morphosyntaxique, et l'allemand est une langue particulièrement importante. De plus, sa morphologie est particulièrement intéressante : système de flexions et de dérivations assez riche et fort ambigu, constructions compositionnelles non bornées, et abondance de formes verbales discontinues (comme *er kommt nach… an,* pour *il arrive après…).*

Nous discutons d'abord des résultats qu'on attend d'une AM, et des méthodes qu'on peut utiliser pour les produire, sachant qu'il n'y a pas consensus sur ces deux points. Nous faisons ensuite le point sur les AM de l'allemand existantes. Nous présentons ensuite très brièvement les LSPL[1] utilisés pour construire les trois phases de notre nouvelle AM de l'allemand (AMALD), puis décrivons les aspects et les composants principaux de cet analyseur, avant de l'évaluer et de conclure.

[1] LSPL = Langage Spécialisé pour la Programmation Linguistique.

## 2 Buts d'une analyse morphologique et méthodes possibles

Un *lemme* est une *forme de citation* dans les dictionnaires, représentant un ensemble de *formes* constituant sa *flexion.* Pour les verbes, c'est l'infinitif dans beaucoup de langues, mais c'est la 3° personne du singulier de la conjugaison subjective en hongrois. La *lemmatisation* est l'opération qui, à chaque *occurrence* (mot typographique simple ou composé) d'un texte, associe le ou les lemmes possibles, éventuellement en utilisant le contexte. Cela suffit pour faire de l'annotation sémantique, mais pas pour traduire ou faire de la correction grammaticale. *L'étiquetage morphosyntaxique* associe à chaque mot (ou partie de mot composé) une ou plusieurs *parties du discours* (POS) dites aussi *catégories morphosyntaxiques* (nom, verbe...), choisies dans un ensemble plus ou moins riche et éventuellement structuré. Une *analyse morphologique* (AM) *complète* doit produire non seulement les lemmes et les parties du discours, mais aussi les autres *variables grammaticales* (genre, nombre, cas, mode, temps, personne, degré, etc.), et souvent, en particulier quand on veut pouvoir traiter la néologie dérivationnelle[2], ou reconnaître des équivalences paraphrastiques[3], une *unité lexicale* (UL) plus abstraite, la *famille dérivationnelle.* Elle doit aussi pouvoir produire toutes les solutions possibles, par un *treillis de possibilités,* comme le font NooJ et Chasen (NAIST, Nara), ou par un *arbre avec disjonctions,* comme le fait notre outil ATEF, de façon à pouvoir représenter les ambiguïtés et à laisser les traitements suivants tenter de les réduire. Un système de *TAO experte* a besoin d'une AM complète.

La toute première AM de l'allemand par règles semble avoir été écrite par Klaus Brockhaus à Heidelberg (Brockhaus 1971, 1976), en utilisant des grammaires hors-contexte. Les AM du système de TA METAL commandité par Siemens à J. Slocum (Austin, Texas) en 1981 utilisent le même LSPL basé sur les grammaires hors-contexte augmentées que celui utilisé pour l'analyse syntaxique (multiple). Le traitement de l'allemand en METAL a progressé depuis 30 ans[4], mais on n'en connait pas les détails (système propriétaire). Le modèle hors-contexte a aussi été utilisé pour l'AM du japonais par Tomita à CMU (GLR, 1986). L'utilisation du modèle de TEF (transducteur d'états finis) remonte à ATEF, créé à Grenoble par Jacques Chauché en 1971-72. D'autres LSPL fondés sur les TEF ont suivi, comme INTEX et son clone UNITEX, NooJ, Kimmo, XFST, etc. Mais il faut des modèles au moins hors-contexte pour analyser de nombreuses langues. C'est le cas de l'allemand, à cause de la composition récursive des mots composés. Pour les langues où le pluriel se marque par la répétition, comme les langues malaises, le modèle hors-contexte n'est pas non plus assez puissant[5]. Notons aussi que toutes les AM cherchent à réduire les ambiguïtés en utilisant le contexte, ce qui les fait inévitablement "déborder vers la syntaxe". Il s'agit bien sûr de syntaxe très "surfacique", mais ça en est. Désambiguïser des parties du discours sur la base de fréquences de n-grammes est bien de la syntaxe[6], même si le résultat est morphologique.

Demander à une AM de reconnaître les verbes à particules séparables même quand leur particule est séparée et à longue distance est bien un des buts souhaitables d'une AM. Il ne s'agit en effet pas de produire en résultat des constituants, même élémentaires (chunks), ni des relations de dépendance syntaxique. Il s'agit seulement de reconnaître que deux mots typographiques distants ne forment qu'un lemme, et de dire lequel. En français, cela revient à identifier *ne... pas* comme un tout. On pourrait même dire que c'est nécessaire en allemand, car la syntaxe et la sémantique des composés Verbe + Particule ne sont la plupart

---

[2] en utilisant des fonctions lexico-sémantiques à la Mel'tchuk, dites *dérivations productives.*

[3] ex. : phase transitoire ≈ phase de transition : l'UL est transiter-V, *tête* de la famille dérivationnelle.

[4] METAL a connu une histoire compliquée et est maintenant l'outil de TA de LucySoftware (Allemagne).

[5] Le langage des mots doublés sur un vocabulaire $\Sigma$, $D = \{ ww \mid w \in \Sigma^* \}$, n'est pas hors-contexte... et donc pas non plus les langages de programmation exigeant que les variables soient déclarés avant d'être utilisées. XML ne l'est pas non plus.

[6] Syntaxe = « [la] mise ensemble ». Ici c'est seulement de la parataxe (coordination), pas de l'hypotaxe (subordination).

du temps pas compositionnelles. Simplement, jusqu'ici, personne n'avait apparemment pensé qu'on pourrait le faire dans une application autonome. Comment le faire ? Assez simplement dans notre cas : on enchaîne trois *phases*, la première en ATEF[7], la seconde en EXPANS (dictionnaires transformant des arbres par expansion de chaque nœud), qui produit pour tout verbe simple un arbre prédisant tous ses composés à particule possibles, et la troisième, en ROBRA (un outil très puissant de grammaires transformationnelles), qui utilise le contexte pour déterminer si une occurrence est une particule verbale (il y a souvent ambiguïté), et si oui avec quelle occurrence verbale simple elle peut ou doit être regroupée.

En 2008, nous n'avions pas trouvé d'AM de l'allemand utilisable dans le cadre du projet OMNIA et avions donc entrepris de développer la nôtre, à partir de la maquette de (Guilbaud 1981). Au moment d'intensifier cet effort et de viser le passage à l'échelle, dans le cadre du projet ANR Traouiero, nous avons réexaminé la situation. Elle n'a apparemment pas progressé[8]. On trouve d'abord des références déjà anciennes à *Morphy* (Lezius & al. 1998, 2000 ; Rapp & Lezius 2001). Morphy est installable sous Windows, et il y a sur le Web un fichier (http://www.danielnaber.de/morphologie/morphy-export-20110722.tar.gz) de 368175 formes (pas 431000 comme écrit sur la page Web), soit environ 76000 lemmes, qui donne les lemmes résultant de l'analyse des formes (et aucun autre attribut). Malheureusement, près de 90% des lemmes proposés sont faux. Voici un exemple.

| FORME | LEMME | FORME | LEMME |
|---|---|---|---|
| zufriedengestelltem | zufriedengestellt | zufriedengestellter | zufriedengestellt |
| zufriedengestellten | zufriedengestellt | zufriedengestelltestem | zufriedengestellt |
| Zufriedengestellten | Zufriedengestellte | zufriedengestelltesten | zufriedengestellt |
| zufriedengestellterem | zufriedengestellt | zufriedengestelltester | zufriedengestellt |
| zufriedengestellteren | zufriedengestellt | zufriedengestelltestes | zufriedengestellt |
| Zufriedengestellteren | Zufriedengestelltere | zufriedengestelltestе | zufriedengestellt |
| zufriedengestellterer | zufriedengestellt | zufriedengestelltes | zufriedengestellt |
| zufriedengestellteres | zufriedengestellt | zufriedengestellte | zufriedengestellt |
| zufriedengestelltere | zufriedengestellt | zufriedengestellt | zufriedenstellen -> seul résultat correct |

Le lemme de toutes ces formes devrait être le verbe *"zufriedenstellen"* (satisfaire), et certainement pas le participe passé passif (*"zufriedengestellt"* et sa flexion). Il faudrait aussi indiquer que la "particule" est ici *"zufrieden-"* et pas "zu-" dans la notation du lemme, faute de quoi on pourrait reconnaître la forme impossible ***zugefriedenstellt***. **Avec *"Zufriedengestellte"*,** c'est comme si on disait en français que *"Comprise"* est un nom[9] et que c'est le lemme de "comprises" (alors que c'est "comprendre-V" ou "compris-Adj"). Enfin, *"Zufriedengestelltere"* donné comme lemme pour la forme *"Zufriedengestellteren"*, est doublement impossible, car (1) ça veut dire "plus satisfait", au féminin singulier, ou, en forme "forte" au nominatif et à l'accusatif pluriel aux 3 genres, alors qu'un lemme adjectival est au nominatif masculin singulier, et surtout, (2) la majuscule à l'initiale est impossible dans la dénotation d'un lemme non nominal. Sans doute ce mot est-il apparu dans le corpus en début de phrase. Il y a une AM écrite en Kimmo (http://www2.lingsoft.fi/doc/gercg/NODALIDA-poster.html). Elle aussi n'est vraiment pas satisfaisante. De plus, il est dit qu'elle traite bien les mots composés, mais c'est inexact. Voici le résultat pour *"*wortformerkennung"* = "reconnaissance de la forme d'un mot". L'étoile '*' est une bascule minuscule↔majuscule, comme dans notre transcription.

| "<*wortformerkennung>" | | | |
|---|---|---|---|
| "*wort#form#er\|kenn~ung" | S FEM SG NOM | "*wort#form~er#kenn~ung" | S FEM SG NOM |
| "*wort#form#er\|kenn~ung" | S FEM SG AKK | "*wort#form~er#kenn~ung" | S FEM SG AKK |
| "*wort#form#er\|kenn~ung" | S FEM SG DAT | "*wort#form~er#kenn~ung" | S FEM SG DAT |
| "*wort#form#er\|kenn~ung" | S FEM SG GEN | "*wort#form~er#kenn~ung" | S FEM SG GEN |

[7] ATEF traite une suite d'occurrences, avec un contexte de 4 occurrences avant et 1 après, et sa sortie est un arbre décoré.
[8] Sauf peut-être avec NooJ, mais nous n'avons pas pu avoir de détails.
[9] En allemand, les noms communs ont une majuscule à l'initiale.

Cette AM ne produit rien sur les parties du mot composé, même pas le lemme du dernier morceau (c'est *"Erkennung" = reconnaissance* ou *"erkennen" = reconnaître*, selon qu'on veut comme UL un lemme ou une famille dérivationnelle). La couverture annoncée de 60000 formes parait très petite (pas plus de 20000 lemmes)[10]. Il y a aussi SMOR, proposé par l'université de Stuttgart et construit sur `Stuttgart fst lib` (www.ims.uni-stuttgart.de/projekte /gramotron/PAPERS/LREC04/smor.pdf). Mais sa limitation à un seul préfixe est rédhibitoire : il faut en permettre plusieurs pour analyser correctement l'allemand. De plus, son traitement des mots composés est présenté par ses auteurs comme non satisfaisant.

Si l'on regarde l'existant « académique », on ne trouve donc rien qui réponde à nos attentes, tant au niveau des résultats produits que des résultats productibles. Il existe certainement de bonnes AM de l'allemand dans les systèmes commerciaux de TA, mais ils ne sont pas utilisables librement comme des modules séparés. On ne peut estimer leur qualité qu'indirectement, par traduction, et seulement sur les mots composés. Ainsi, ProMT traduit *"Hauptbahnhofgepäckaufbewahrung"* par *"Central station checkroom"*, et pour ça il a fallu ne pas segmenter en les plus petits atomes, soit *"Haupt-bahn-hof-gepäck-auf-bewahrung"* (sans séparer les préfixes). Il a fallu considérer des morceaux plus longs, comme *"bahnhof"*, sans considérer le possible *"Hauptbahn" (voie principale)*, et *"gepäckaufbewahrung" (consigne à bagages)*. *"Bahnhofgepäck"* serait aussi possible... Pour bien traiter les mots composés allemands, il faut au moins pouvoir produire plusieurs solutions, et éliminer des sous-découpages, et/ou calculer des scores pour ne produire que les solutions assez bien notées.

## 3 Brève présentation des outils utilisés

Faute de place, il n'est pas possible de décrire précisément le fonctionnement des LSPL utilisés (ATEF, EXPANS, ROBRA). Décrivons seulement ce que sont les *composants* des *linguiciels* qu'ils permettent d'écrire. Les *variables* sont les attributs déclarés par le linguiste. Une combinaison de valeurs des variables déclarées est une *décoration.* Les *formats* sont des décorations constantes, souvent utilisées comme des *classes* morphologiques ou syntaxiques. Les *tournures* sont des suites d'occurrences, le seul séparateur d'occurrences étant le blanc. Un *article* d'un dictionnaire de bases ou de tournures contient 2 formats dits morphologique (FTM) et syntaxique (FTS), ces termes n'étant que mnémoniques), et une UL. Un article d'un dictionnaire d'affixes ne contient pas d'UL. Un article d'un dictionnaire d'expansion lexicale (EXPANS) permet de transformer un nœud de l'arbre en entrée en un sous-arbre de l'arbre produit en sortie. Enfin, les règles transformationnelles de ROBRA permettent de reconnaître des schémas de sous-arbres et de transformer leurs occurrences.

L'AM de l'allemand de départ, écrite en ATEF seul, était parfaite à 100% sur sa couverture. AMALD utilise 3 phases d'Ariane-G5 abrégées en AM (AM1/atef), AX (AM2/expans), et AS (AM3/robra). AM produit des lemmes à partir des formes fléchies, et leur attache les informations morphosyntaxiques. AX produit les UL classiques (familles dérivationnelles), et leur attache les informations syntaxo-sémantiques. En AS, on écrit des règles qui ont accès au contexte de toute la phrase (et même de tout le texte traité comme une unité de traduction), et on peut ainsi regrouper les mots ou expressions composés non connexes.

## 4 Principes linguistiques de l'analyseur morphologique AMALD

Nous convenons que toute *occurrence* (mot typographique) d'un texte est une *forme fléchie* d'un *lemme* (ce qui impose l'existence d'une désinence nulle). Une occurrence est constituée

[10] Mais il y a peut-être une erreur de terminologie dans la description, puisque par ailleurs il est dit qu'il y a "tous les mots du Collins" (das komplette Sprachmaterial des Deutsch-Englischen Wörterbuchs von Collins (The Collins German Dictionary, Neubearbeitung 1991, Copyright HarperCollins Publishers)). Or le Collins a au moins 50000 à 70000 entrées.

d'une suite ordonnée d'affixes ou infixes (*morphes*[11] grammaticaux) et d'une ou, dans le cas des mots composés, de plusieurs *bases lexicales* (ou *radicaux*). Le *moteur* d'ATEF cherche à les reconnaître en consultant des dictionnaires qui contiennent toutes les bases lexicales et tous les morphes grammaticaux de la langue. La consultation des dictionnaires, régie par une grammaire (compilée vers un transducteur fini étendu), permet de découper les mots du texte et de les interpréter en leur affectant des valeurs de classe, cas, genre, nombre, personne, etc. Les *affixes* sont des préfixes, des suffixes de dérivation ou des désinences de flexion ; les *infixes* sont des morphes qui relient l'une à l'autre les bases lexicales d'un mot composé (ex. *Handlungsfreiheit*, *liberté d'action*). Un lemme a un ou plusieurs *radicaux*. S'il en a plusieurs, il s'agit d'allomorphes qui sont en variation libre ou en distribution complémentaire. Chaque radical relève d'un *paradigme flexionnel* (morphème). *L'extension* du paradigme est la liste des désinences possibles pour le radical. Chaque désinence est un morphe qui renvoie à un ou plusieurs *morphèmes*, selon la stratégie d'analyse choisie.

**Exemple :** lemme *"singen", chanter*

| | |
|---|---|
| Radicaux : | *sing-, sang-, säng-, gesungen-* ; |
| Paradigmes flexionnels : | FCPPA (*gesungen-*), WGAEB (*säng-*), WGAB (*sang-*), WSING (*sing-*) |
| Les désinences de WGAEB et leurs morphèmes associés sont : | *-e* (1WAERE), *-en* (1WAEREN), *-est* (1WAERST), *-et* (1WAERET), *-st* (1WAERST) |

| | |
|---|---|
| Morphème 1WAERE : | 1ère ou 3ème personne du singulier du subjonctif II ; |
| Morphème 1WAEREN : | 1ère ou 3ème personne du pluriel du subjonctif II ; |
| Morphème 1WAERET : | 2ème personne du pluriel du subjonctif II ; |
| Morphème 1WAERST : | 2ème personne du singulier du subjonctif II. |

Dans la théorie à la base de ce système, tout lemme appartient à une famille dérivationnelle appelée *UL (unité lexicale),* notée le plus souvent en combinant la chaîne du lemme *source* de cette famille et sa catégorie. Un lemme est ainsi caractérisé par une valeur d'UL, sa classe morphosyntaxique (nom, verbe, etc.), et aussi par une valeur de dérivation s'il est dérivé d'un autre ou considéré comme tel. Une des caractéristiques essentielles de l'allemand est de pouvoir créer très facilement de nouveaux mots par agglutination de lemmes simples ou déjà composés. Chaque locuteur peut ainsi créer librement de nouveaux mots. Dans un mot composé, le déterminant précède toujours le déterminé (ordre centripète des éléments de signification). Il peut y avoir parfois un infixe spécial ('s', 'e', 'en') entre les composants. Dans notre analyseur, un mot composé, quand il n'est pas trouvé dans les dictionnaires comme tel, parce qu'il n'est pas considéré comme un terme ou qu'il n'a pas encore été indexé[12], est découpé en ses éléments constitutifs simples trouvés dans les dictionnaires. AMALD travaille sur une *transcription minimale*[13], utilisant seulement les lettres majuscules, et des *séquences spéciales* pour la mise en majuscule ('*' pour la lettre suivante, '**' pour la suite du mot jusqu'à un autre '**') et pour les diacritiques (!1 : ´, !2 : `, !3 : ^, !4 : ¨, !5 : cédille).

En allemand, comme en français, les verbes peuvent avoir des préfixes inséparables (ex. allemand : *empfangen ≠ fangen (recevoir ≠ attraper)* ; français : *détourner ≠ tourner*). Mais, à la différence du français, ils peuvent aussi avoir des particules séparables. Ces préfixes, dans certains contextes, peuvent être soit séparés de la base par des infixes tout en restant agglutinés, soit être déplacés en fin de proposition ou de phrase (ex: *auffangen, aufgefangen, aufzufangen, fängt....auf, [r]attraper).* On ne peut alors plus identifier correctement en AM le composé verbal, et c'est la phase (pré-syntaxique) AS (AM3/robra) ultérieure qui le fait.

[11] Un morphe est une chaîne de caractères pertinente pour l'analyse de la langue considérée.

[12] Les premiers chercheurs en TA ont utilisé « indexer » pour signifier « inclure dans un dictionnaire d'un module de TALN ».

[13] Cela permet de diviser par 3 ou 4 la taille des dictionnaires de bases et préfixes, et de traiter le *Umlaut* en tant que tel. Un transcripteur permet de partir d'un texte écrit normalement, de façon transparente. Des transcriptions similaires, réversibles et prononçables, ont été définies et utilisées pour le russe, l'arabe, le chinois, le thaï, le vietnamien…, et même pour le japonais.

**Exemple de résultat :**

| mot composé indexé | mot composé non indexé |
|---|---|
| 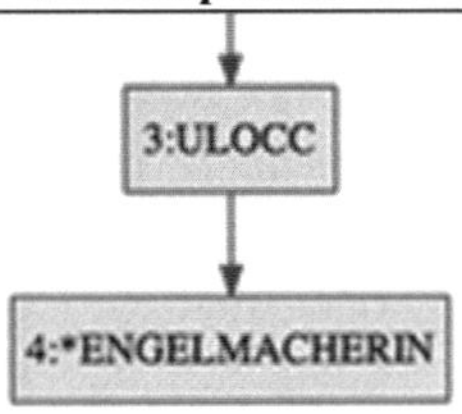 | 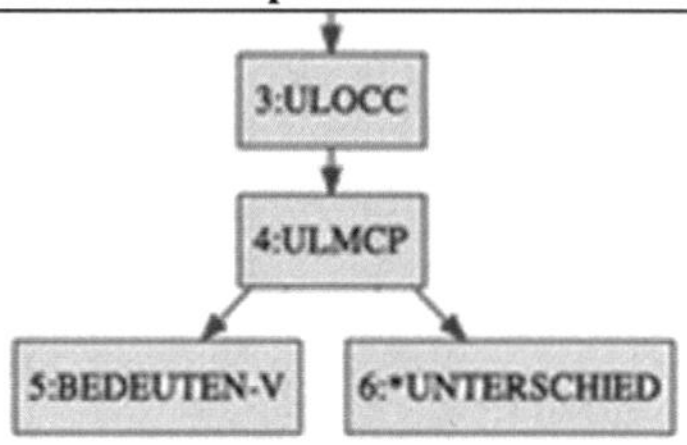 |
| 4 '***ENGELMACHERIN**': UL('*ENGELMACHERIN'), KMS(NM), SUBN(IP), PSG(3), CSFB(NOM,ACC,DAT,GEN), TYPO(MJ1), GNR(F)<br>(faiseuse d'anges) | 5 '***BEDEUTUNGS**': UL('BEDEUTEN-V'), KMS(NM), SUBN(IP), PSG(3), VERB(GE,UN), CSFB(GEN), TYPO(MJ1), GNR(F), DRV (VN2), SUBV (HAB), VAL1(ACC), VAL2A(ACC), VAL2B(FUER)<br>6 '**UNTERSCHIED**': UL('*UNTERSCHIED'), KMS(NM), SUBN(IP), PSG(3), CSMB(NOM,ACC,DAT), TYPO(MJ1), GNR(M) (différence de signification) |

FIGURE 1 : sous-arbres produits pour des mots composés

La particule séparable est toujours agglutinée au verbe lorsqu'il est gouverneur d'une subordonnée, et seulement à l'infinitif, au participe passé ou au participe présent dans les autres cas. Nous traitons toutes les formes verbales agglutinées en leur affectant immédiatement l'UL définitive, celle du composé. Nous indexons donc dans les dictionnaires de bases lexicales toutes les bases préfixées.

**Exemple** *zuträgst* :

| Dictionnaire | | | | Résultat d'analyse |
|---|---|---|---|---|
| **base lexicale** | **FTM** | **FTS** | **UL** | 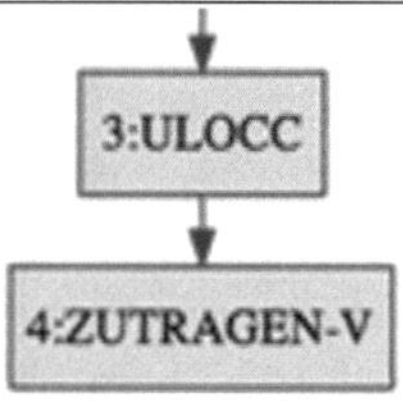 |
| *ZUGETRAGEN* | ==FCPPA | (HA3 | *,ZUTRAGEN-V ).* | |
| *ZUTRA!4G* | ==YGRAEB | (HA3 | *,ZUTRAGEN-V ).* | |
| *ZUTRAG* | ==YGRAB | (HA3 | *,ZUTRAGEN-V ).* | |
| *ZUTRU!4G* | ==YGAEB | (HA3 | *,ZUTRAGEN-V ).* | |
| *ZUTRUG* | ==YGAB | (HA3 | *,ZUTRAGEN-V ).* | |
| *ZUZUTRAG* | ==FCINFZU | (HA3 | *,ZUTRAGEN-V ).* | |

FIGURE 2 : sous-arbre pour un verbe à particule séparable à formes préfixées indexées dans le dictionnaire

Dans les exemples ci-dessus et ci-dessous, les formes préfixées du lemme *zutragen* (***se faire, arriver***) sont indexées, mais pas celles du lemme *emportragen* (***élever, porter en haut***), pour lesquelles l'AM fabrique donc un mot composé.

**Exemple** *emporträgst* :

| Dictionnaire | | | | Résultat d'analyse |
|---|---|---|---|---|
| **base lexicale** | **FTM** | **FTS** | **UL** | 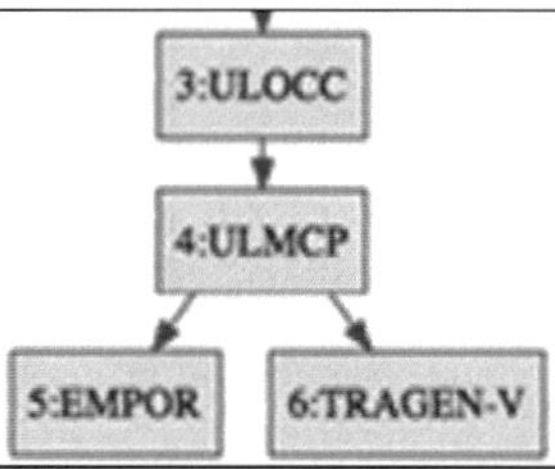 |
| *EMPOR* | ==PARTSEP | (VID | *,EMPOR ).* | |
| *EMPOR* | ==FERD7E | (BNIP | *,*EMPORE ).* | |
| *TRA!4G* | ==WGRAEB | (HABA | *,TRAGEN-V ).* | |
| *TRAG* | ==WGRAB | (HABA | *,TRAGEN-V ).* | |
| *TRU!4G* | ==WGAEB | (HABA | *,TRAGEN-V ).* | |
| *TRUG* | ==WGAB | (HABA | *,TRAGEN-V ).* | |

FIGURE 3 : sous-arbre pour un verbe à particule séparable à formes préfixées non indexées dans le dictionnaire

Lorsque la particule n'est pas agglutinée au verbe (par exemple *"auf"* du verbe "*aufstehen*" dans la phrase *"Er steht jeden Morgen um fünf Uhr auf"*), une règle (écrite en AS=AM3/robra) permet d'aller la chercher en fin de proposition, comme dernier mot de celle-ci, avant une éventuelle subordonnée, ou bien devant un syntagme généralement introduit par les conjonctions *"wie"* ou *"als"* ou encore par une préposition.

Pour la regrouper avec le verbe simple, on passe d'abord par un dictionnaire (écrit en AX=AM2/expans), dans lequel on accumule les UL des verbes simples qui acceptent une particule séparable. À chacune de ces UL, le dictionnaire associe, en partie droite, un sous-arbre ayant autant de feuilles qu'il y a de combinaisons possibles de type *particule + verbe simple.* Chaque feuille a dans sa décoration la valeur d'UL qui correspond à la combinaison, et une valeur de variable codant la particule. En AS, l'exécution d'une règle trouvant une particule séparable met le sous-arbre correspondant à la place du verbe simple et efface les nœuds correspondant aux autres particules candidates.

**Exemple d'entrée de dictionnaire EXPANS** (en AX = AM2/expans) :

```
'TRAGEN-V' ==/0(01,02,03,05,06,07,08,09)/
        01 : 'ABTRAGEN-V', +AB; 02 : 'AUFTRAGEN-V', +AUF;
        03 : 'AUSTRAGEN-V', +AUS; 04 : 'EINTRAGEN-V', +EIN;
        05 : 'EMPORTRAGEN-V', +EMPOR; 06 : 'NACHTRAGEN-V', +NACH;
        07 : 'VORTRAGEN-V', +VOR; 08 : 'ZUTRAGEN-V', +ZU;
        09 : 'ZUSAMMENTRAGEN-V', +ZUSAMMEN.
```

FIGURE 4 : entrée d'un dictionnaire EXPANS (en AX) pour le verbe *'tragen' (porter)* et ses verbes composés

**Exemple de règle ROBRA** (en AS = AM3/robra) :

```
R1PSEP: (FRA,&NIV=1) FRA(VC($L1,PSEP1(NEWVC),$L2),$L,PSEP2,*,PONC,*)
    / FRA: $ULFRA; VC: $VCONJ; PONC: $PONC; PSEP1: $PSEP; PSEP2: $PSEP
    / $IDUL(PSEP1,PSEP2) ** Particule prédite = trouvée: garder le composé.
 == FRA(VC,$L,PONC)  /*<--PSEP1,PSEP2,NEWVC/ VC:NEWVC. ** Effacer le reste.
```

FIGURE 5 : règle ROBRA (en AS) pour la recherche de particule et l'association au verbe

# 5 Couverture et qualité

AMALD a été portée sur Héloïse (version en C/C++ des LSPL d'Ariane-G5 et moniteur Web, créés par Vincent Berment). Elle comprenait (au 17/5/2013) 149155 lignes de composants linguiciels (variables, formats, dictionnaires, grammaires), avec 102243 unités lexicales (des lemmes dans ce système), dont 11147 verbes, 85038 noms, 5368 adjectifs, 156 mots-outils, 235 particules séparables, et 29 tournures figées connexes. Cela correspond à environ 480000 formes fléchies simples[14].

Le traitement des mots simples et composés est presque parfait, par rapport aux objectifs classiques[15]. Notre nouvel objectif, au niveau linguistique, est maintenant de réaliser une analyse syntaxique interne des mots composés, en ajoutant un traitement (en ROBRA) sur les sous-arbres de racine 'ULMCP'. On atteindrait alors la limite d'une AM de l'allemand.

Le traitement des formes à particule séparée des verbes à particules séparables est correct sur les nombreux exemples que nous avons traités, même quand la distance entre le verbe et la particule est grande, et même si la particule est homographe d'une préposition et si la phrase comporte une ou des occurrences de cette préposition, avant et/ou après la particule.

Voici un exemple artificiel *(il arrive avec les cartes collées au mur pour se venger de nous)*, où il y a trois occurrences du mot *an*. La seconde est correctement reconnue comme la particule séparable du verbe *kommen*. Pour cela, on n'a pas dû construire de groupes ni de relations syntaxiques, il a suffi d'examiner le contexte formé par les nœuds frères et leurs fils).

[14] Il y a en moyenne 7 formes par verbe, 4 par nom, 12 par adjectif. L'ensemble des mots composés reconnus est ouvert.

[15] On évalue la qualité sur la couverture courante par échantillonnage pour la mise au point, puis exhaustivement. On l'a aussi testée sur de grandes parties de la liste des formes du dictionnaire Morphy, et on travaille à une évaluation exhaustive.

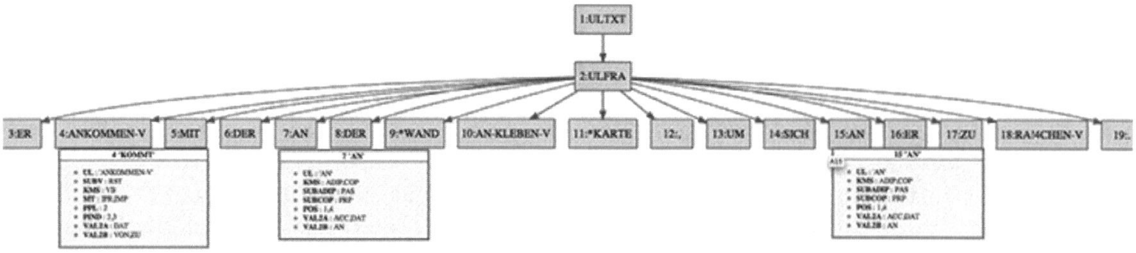


FIGURE *6* : **AS : Er kommt mit den an den Wänden angeklebten Karten an, um sich an uns zu rächen.**

Un service Web utilisable librement a été créé par V. Berment à l'url: http://www.taranis-software.com/Heloise/ALD/Heloise.htm. Un exemple d'écran de ce serveur est donné en annexe. On voit que *kommt…an* a été regroupé dans un nœud, avec le lemme *ANKOMMEN-V*.

## 6 Conclusion et perspectives

Nous avons donc atteint deux des trois buts fixés au départ (qualité, et traitement des particules séparables séparées). Quant à la couverture, il nous reste à passer de près de 103000 à 200000 entrées (celles du Duden, cf. *http://www.duden.de/*). Ce travail devrait être achevé fin 2013. En parallèle, (1) l'amélioration de la grammaire d'AM continue, surtout pour le traitement des substantifs et des verbes, et (2) le service Web AMALD est disponible. Nous espérons qu'il sera utilisé par les chercheurs et par d'autres, comme base d'expérimentation permettant de passer à l'échelle. Nous avons aussi commencé à travailler sur la production d'une structure arborescente interne des mots composés.

## Remerciements

Nos remerciements vont à l'ANR, pour son soutien au projet Émergence Traouiero qui a motivé la reprise et l'opérationnalisation de notre analyseur morphologique de l'allemand.

## Références

BROCKHAUS K. (1971) Automatische Übersetzung. Untersuchungen am Beispiel des Sprachen Englisch und Deutsch. Ed. Braunschweig.

BROCKHAUS K. (1976) *Das Übersetzungssystem SALAT. Teilprojekt A 2 Automatische Übersetzung (Universität Heidelberg).* Forschungsbericht 1. 11.1973—31.3.1976. I. und II. SFB 99 Linguistik, Universität Konstanz, 1976.

DUDEN (2012) *Duden online,* http://www.duden.de/

GUILBAUD J.-P. (1981) *Analyse morphologique de l'allemand en vue de la traduction par ordinateur de textes techniques spécialisés.* Thèse de 3ème cycle, Université de Paris III, juin 1981, 240 p. (recherche menée au GETA, Grenoble).

GUILBAUD J.-P. (1984) *Principles and results of a German-French MT system.* In "Machine Translation today: the state of the art" (Proc. third Lugano Tutorial, 2–7 April 1984), M. King, ed., Edinburgh University Press (1987).

GUILBAUD J.-P. (1986) *Variables et catégories grammaticales dans un modèle ARIANE.* Proc. COLING-86, Bonn, août 1986, IKS, ACL, ed., pp. 405—407.

RAPP, Reinhard; Lezius, Wolfgang (2001) *Statistische Wortartenannotierung für das Deutsche.* Sprache und Datenverarbeitung 25(2):5-21.

LEZIUS, Wolfgang (2000) *Morphy - German Morphology, Part-of-Speech Tagging and Applications,* in Ulrich Heid; Stefan Evert; Egbert Lehmann and Christian Rohrer, editors, Proc. 9th EURALEX International Congress, pp. 619-623, Stuttgart, Germany.

LEZIUS, Wolfgang; Rapp, Reinhard; Wettler, Manfred (1998) *A Freely Available Morphological Analyzer, Disambiguator, and Context Sensitive Lemmatizer for German,* in Proc. COLING-ACL 1998, pp. 743-747.

## ANNEXE : SITE D'EXPÉRIMENTATION http://www.taranis-software.com/Heloise/ALD/Heloise.htm

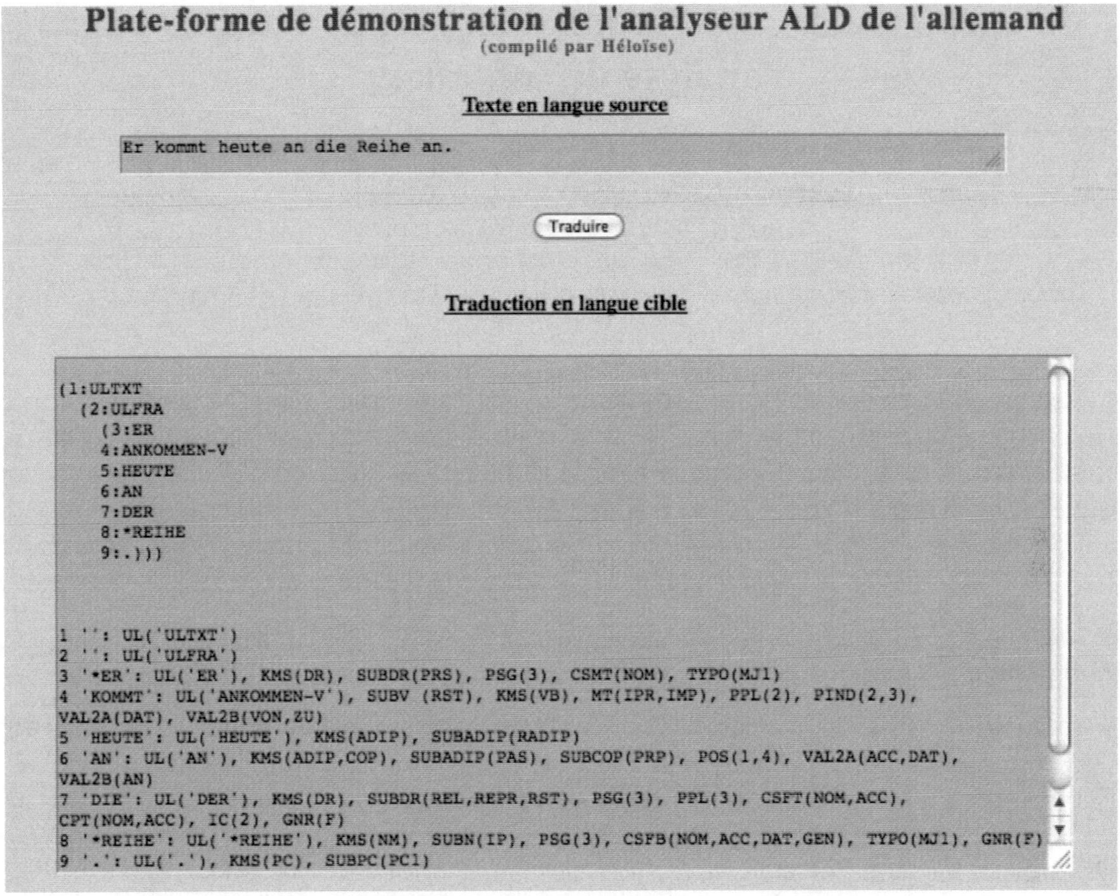


FIGURE 7 : Plate-forme de démonstration de l'analyseur AMALD de l'allemand

| FORME | LEMME | FORME | LEMME |
|---|---|---|---|
| zufriedengestelltem | ZUFRIEDEN-STELLEN-V | zufriedengestellter | ZUFRIEDEN-STELLEN-V |
| zufriedengestellten | ZUFRIEDEN-STELLEN-V | zufriedengestelltestem | ZUFRIEDEN-STELLEN-V |
| Zufriedengestellten | ZUFRIEDEN-STELLEN-V | zufriedengestelltesten | ZUFRIEDEN-STELLEN-V |
| zufriedengestellterem | ZUFRIEDEN-STELLEN-V | zufriedengestelltester | ZUFRIEDEN-STELLEN-V |
| zufriedengestellteren | ZUFRIEDEN-STELLEN-V | zufriedengestelltestes | ZUFRIEDEN-STELLEN-V |
| Zufriedengestellteren | ZUFRIEDEN-STELLEN-V | zufriedengestellteste | ZUFRIEDEN-STELLEN-V |
| zufriedengestellterer | ZUFRIEDEN-STELLEN-V | zufriedengestelltes | ZUFRIEDEN-STELLEN-V |
| zufriedengestellteres | ZUFRIEDEN-STELLEN-V | zufriedengestellte | ZUFRIEDEN-STELLEN-V |
| zufriedengestelltere | ZUFRIEDEN-STELLEN-V | zufriedengestellt | ZUFRIEDEN-STELLEN-V |

FIGURE 8 : lemmes produits par l'analyseur AMALD sur les exemples donnés pour Morphy

| FORME | DÉCORATION |
|---|---|
| zufriedengestelltem | UL('ZUFRIEDEN-STELLEN-V'), DRV (VA3), SUBV (HAB), KMS(VB,ADJ), SUBADJ(RSTA), MT(PPA), CSMT(DAT), CSNT(DAT), IC(2), VAL1(ACC) |
| zufriedengestellten | UL('ZUFRIEDEN-STELLEN-V'), DRV (VA3), SUBV (HAB), KMS(VB,ADJ), SUBADJ(RSTA), MT(PPA), CSMT(ACC,GEN), CSNT(GEN), CPT(DAT), CSMB(ACC,DAT,GEN), CSFB(DAT,GEN), CSNB(DAT,GEN), CPB(NOM,ACC,DAT,GEN), IC(2), VAL1(ACC) |
| Zufriedengestellten | UL('ZUFRIEDEN-STELLEN-V'), DRV (VA3), KMS(ADJ), SUBADJ(NMEX), CSMT(ACC,GEN), CSNT(GEN), CPT(DAT), CSMB(ACC,DAT,GEN), CSFB(DAT,GEN), CSNB(DAT,GEN), CPB(NOM,ACC,DAT,GEN), IC(2), TYPO(MJ1) |
| zufriedengestellter | UL('ZUFRIEDEN-STELLEN-V'), DRV (VA3), SUBV (HAB), KMS(VB,ADJ), SUBADJ(RSTA), MT(PPA), CSMT(NOM), CSFT(DAT,GEN), CPT(GEN), IC(1,2), DEG(CP), VAL1(ACC) |
| zufriedengestelltestes | UL('ZUFRIEDEN-STELLEN-V'), DRV (VA3), SUBV (HAB), KMS(VB,ADJ), SUBADJ(RSTA), MT(PPA), CSNT(NOM,ACC), IC(2), DEG(SP), VAL1(ACC) |

FIGURE 9 : Valeurs de tous les attributs produits par l'analyseur AMALD sur 5 de ces mêmes exemples

# Construction et exploitation d'un corpus français pour l'analyse de sentiment

Marc Vincent[1] Grégoire Winterstein[2]
(1) UMR S-775, Université Paris Descartes
(2) LLF, UMR 7110, Université Sorbonne Nouvelle
marc.r.vincent@gmail.com, gregoire.winterstein@linguist.jussieu.fr

RÉSUMÉ

Ce travail présente un corpus en français dédié à l'analyse de sentiment. Nous y décrivons la construction et l'organisation du corpus. Nous présentons ensuite les résultats de l'application de techniques d'apprentissage automatique pour la tâche de classification d'opinion (positive ou négative) véhiculée par un texte. Deux techniques sont utilisées : la régression logistique et la classification basée sur des *Support Vector Machines* (SVM). Nous mentionnons également l'intérêt d'appliquer une sélection de variables avant la classification (par régularisation par *elastic net*).

ABSTRACT

**Building and exploiting a French corpus for sentiment analysis**

This work introduces a French corpus for sentiment analysis. We describe the construction and organization of the corpus. We then apply machine learning techniques to automatically predict whether a text is positive or negative (the opinion classification task). Two techniques are used : logistic regression and classification based on *Support Vector Machines* (SVM). Finally, we briefly evaluate the merits of applying feature selection algorithms to our models (via elastic net regularization).

MOTS-CLÉS : Analyse de sentiments, Corpus, Classification, Apprentissage automatique, Sélection de variable.

KEYWORDS: Sentiment Analysis, Corpus, Opinion Mining, Classification, Machine Learning, Variable Selection.

## 1 Introduction

Ce travail présente la construction et l'exploitation d'un corpus français destiné à l'analyse de sentiment (*sentiment analysis* ou *opinion mining*). L'analyse de sentiment recouvre l'ensemble des tâches dédiées à la reconnaissance des opinions exprimées au sein d'un texte et connaît de nombreuses applications (pour un panorama voir Pang et Lee (2008)).

Les recherches sur l'analyse de sentiments (ou de subjectivité) sont en majorité centrées sur l'anglais, bien que le sujet ait déjà fait l'objet de plusieurs recherches ayant abouti entre autres à l'établissement de corpus (cf. notamment Grouin et al. (2007); Vernier (2011)). Nous avons cependant jugé utile de construire un nouveau corpus constitué de critiques issues du web. La motivation, la construction et la structure du corpus sont décrites en section 2.

Parmi les tâches relevant de l'analyse de sentiment nous nous sommes focalisés sur la classification d'opinion, c'est-à-dire sur la tâche qui consiste à classer un texte dans une catégorie d'opinion (typiquement *positif* ou *négatif*). Nous rapportons les résultats obtenus pour cette tâche en ayant eu recours aux *Support Vector Machines* (SVM). Nous rapportons également les résultats obtenus en opérant au préalable une sélection des variables par régularisation par *elastic net*. Notre méthodologie est décrite des sections 3.1 à 3.4 et nos résultats en section 3.5.

# 2 Construction et constitution du corpus

Les ressources nécessaires à l'analyse de sentiment doivent fournir en parallèle d'un contenu textuel une forme d'évaluation du sentiment associé au texte. Avec le développement des contenus générés par les utilisateurs sur le web, ce type de ressource peut aujourd'hui facilement s'obtenir sur des sites web permettant aux internautes de partager leur opinion sur divers sujets. Du point de vue qualitatif et méthodologique, un corpus regroupant ce genre de textes se doit d'être le plus général possible afin que les modèles issus de techniques d'apprentissage soient aussi généraux que possible. Cela signifie notamment que chacune des critiques récupérées doit traiter d'un produit différent. Les descriptions des corpus existants (p.ex. celui utilisé dans la campagne DEFT'07 ou celui utilisé par Ghorbel et Jacot (2011)) ne font pas état de la variété d'éléments évalués dans le corpus, et il nous a donc paru pertinent de construire un nouveau corpus en tenant compte de cette dimension.

## 2.1 Construction du corpus

La construction de notre corpus s'appuie sur la collecte de commentaires d'internautes recueillis sur différentes plate-formes web en français et permettant aux utilisateurs d'exprimer leur opinion par le biais d'une note chiffrée. La totalité des informations a été obtenue de manière automatique et non-supervisée en créant des parseurs adaptés aux sites concernés. Le corpus obtenu est disponible sur demande auprès des auteurs.

Afin de varier les thèmes abordés dans les critiques constituant le corpus, nous avons considéré trois domaines différents : des critiques de films tirées du site `allocine.fr`, des avis sur des romans de poche extraits du site `amazon.fr` et des commentaires relatifs à des établissements hôteliers tirés du site `tripadvisor.fr`. Sur chacun de ces sites, les utilisateurs sont invités à rédiger une opinion et à exprimer leur avis par une note située entre 1 et 5 (typiquement représentée à l'écran par un nombre d'étoiles). Le nombre de commentaires par type de produit est résumé dans le tableau ci-dessous :

| Type de produit | Provenance | N. critiques / note |
|---|---|---|
| Hôtels | `tripadvisor.fr` | 1000 |
| Films | `allocine.fr` | 1000 |
| Romans | `amazon.fr` | 800 |

TABLE 1 – Constitution du corpus (nombre total de textes : 14000)

La diversité de provenance des critiques est une première étape pour s'assurer que les modèles produits par les algorithmes d'apprentissage ne se montreront pas trop liés au idiosyncrasies du corpus. Outre la diversité de provenance, nous nous sommes également assurés que :

- Le nombre de produits distincts représentés dans chaque plage de notation soit maximal. Dans le cas des romans et des films, ce nombre est égal au nombre de critiques, c'est-à-dire qu'un produit donné fait l'objet d'au plus une critique pour chacune des 5 notes. Dans le cas des établissements hôteliers cette ventilation ne s'est pas montrée possible, nous avons donc cherché à limiter le nombre de répétitions. Au final, aucun produit ne se trouve mentionné plus de 5 fois par plage de note dans le corpus.
- Les auteurs de critiques soient aussi différents que possible au sein des critiques d'une même plage de notation. S'il n'a pas été possible de s'assurer que chacune des critiques ait un auteur distinct des autres, le nombre de critiques signées d'un même auteur au sein d'une même plage de notation est de 12. [1]

Ces deux précautions permettent d'éviter que des modèles produits par des algorithmes d'apprentissage perdent en généralité en étant trop dépendant des spécificités propres à certains items ou auteurs fréquemment répétés.

Les possibilités de notation offertes par les plates-formes marchandes vont aujourd'hui au-delà de l'appariement d'une note à un texte. C'est pourquoi, outre la note attribuée et le contenu du commentaire utilisateur, nous avons cherché à conserver la totalité des informations disponibles et pertinentes pour différentes tâches d'analyse de sentiment. Chacune des critiques utilisateurs est alors accompagnée des informations suivantes (le corpus est organisé dans un format `XML`) : [2]

- Identifiant de la critique.
- Identifiant du produit (sous forme d'entier).
- Descriptif du produit (type de produit et titre de film, nom de l'hôtel ou titre de roman).
- Note associée à la critique (fournie par l'auteur de la critique).
- Identifiant (anonymisé) de l'auteur de la critique
- Contenu de la critique

Dans les parties relatives à `tripadvisor` et `amazon` on trouve de plus pour chaque critique individuelle :

- Le résumé de la critique (en une phrase) fourni par l'utilisateur.
- Une mesure "d'utilité" de la critique, indiquée par le nombre d'utilisateurs ayant jugé la critique utile.

Enfin, dans la partie des critiques issues de `tripadvisor`, on inclut également des informations de notation sur des critères spécifiques. Par exemple certains utilisateurs notent la propreté des chambres ou le rapport qualité/prix de l'hôtel (toujours sur une note de 1 à 5).

Au final, la longueur totale du corpus, en nombre de termes différents reconnus par segmentation automatique (en utilisant le tokenizer de `MElt`, cf. infra) est de 1 402 867 tokens. La longueur moyenne d'une critique est de 100 tokens, les critiques d'établissements hôteliers se montrant globablement plus longues (123 tokens en moyenne) que celles de films (90 tokens) ou de romans (83 tokens).

---

1. La plage de notation en question est celle correspondant à une note de 2 sur 5 pour les critiques de films. Cette plage de notation s'avère sévèrement sous-représentée de manière générale sur le site `allocine.fr`. En excluant cette plage spécifique, le nombre maximal de répétitions par auteur dans le corpus est de 5.

2. Les informations récupérées n'ont pas fait l'objet de validation subséquente, notamment sur l'adéquation des notes indiquées par les utilisateurs avec le contenu de leur critique. Cependant, nous avons effectué une extraction aléatoire de 150 critiques notées 1 ou 5 que nous avons manuellement annotées en "positif" et "négatif". Sur les 150, une seule erreur a été relevée, montrant que les données utilisées ultérieurement dans la tâche de classification sont fiables.

# 3 Classification d'opinion par apprentissage automatique

En guise d'illustration de l'emploi du corpus construit, nous nous focalisons sur la tâche de classification automatique d'opinion. Cette tâche est une des premières qui ait été abordée dans le domaine de l'*opinion mining* (Pang *et al.*, 2002) et il nous est apparu pertinent de fournir un étalon relatif au corpus que nous utilisons. Il est important de noter que cette tâche ne fait pas appel à la totalité des informations offertes par le corpus : d'autres tâches potentiellement plus complexes peuvent par exemple faire usage des indicateurs d'utilité associés aux critiques. Un de nos buts est avant tout de fournir des mesures de bases associées au corpus. Comme mentionné précédemment, des tâches similaires ont déjà été entreprises, mais sur des corpus dont le caractère général n'est pas assuré. Outre de fournir ces mesures, nous voulons également mesurer l'intérêt d'appliquer des techniques de réduction de variable avant les phases d'apprentissage automatique.

Pour aborder la tâche de classification automatique nous avons utilisé deux types d'approches : une classification basée sur des SVM, et une autre basée sur la régression logistique à l'issue de la sélection de variable. Pour chacune de ces tâches, les critiques ont été au préalable segmentée, étiquetée et lemmatisée. Du fait du marquage morphologique relativement riche du français cette étape est apparue nécessaire pour optimiser les performances des modèles produits. Pour cette étape nous nous sommes basés sur l'étiqueteur et lemmatiseur `MElt` (Denis et Sagot, 2012) dont les performances pour le français sont l'état de l'art et qui emploie un module de gestion de "crappy text" qui permet de corriger un certain nombre des irrégularités typiquement trouvées dans les contenus récupérés sur le web.

## 3.1 Traits

Pang *et al.* (2002) ont observé que pour la tâche de classification d'opinion, la façon la plus efficace de décrire un texte était sous forme de "sac de mots", c'est-à-dire d'un vecteur à valeurs booléennes, indiquant la présence et l'absence d'un élément lexical. Cette méthode s'avère plus efficace que d'encoder le nombre d'occurrences de chaque unigramme et meilleure que d'utiliser une description en termes de combinaisons d'unigrammes et de bigrammes.

Nous avons suivi ici leurs recommandations pour encoder nos données. Suite au processus de lemmatisation précédemment mentionné, nous avons retenu uniquement les lemmes qui avaient été reconnus par `MElt` et nous avons encodé chacune des critiques sous forme d'un vecteur encodant l'absence ou la présence d'un lemme (repéré par une combinaison de forme et de partie du discours, p.ex. `andalou/ADJ`). Nous avons sciemment omis de considérer les éléments non reconnus et ceux catégorisés comme noms propres : la prise en compte de ces éléments aurait fait baisser la généralité des modèles produits et nettement augmenté la taille de l'espace des traits (sur le corpus entier on dénombre 12 300 traits ainsi retenus contre 26 765 si tous les lemmes avaient été pris en compte).

La prise en compte de la présence d'une négation est traditionnellement considérée comme un indicateur pertinent pour la classification d'opinion. Usuellement, cette prise en compte se fait sous la forme d'un dédoublement des lemmes pris en compte : si un lemme se trouve sous la portée d'une négation dans la phrase, il sera encodé sous la forme d'un trait `NEG-LEMME`. Afin de mesurer l'impact de cette prise en compte, nous n'avons pas inclus la négation dans nos expériences de base, et en évaluons séparement l'intérêt. L'algorithme de détection de la présence de négation est basique et en partie inspiré de celui de Das et Chen (2001). Afin d'étiqueter un lemme négativement nous avons :

- utilisé un chunk parser minimal (implémenté en `nltk`) pour identifier des structures négatives (p.ex. des verbes accompagnés d'un marqueur de négation),
- étiqueté tout élément situé à droite de la frontière gauche de ces constituants comme négatif.

On pourrait raffiner cette approche en utilisant un analyseur syntaxique en dépendances ou bien en utilisant un lexique de polarité (sur le modèle de Wilson *et al.* (2005)), mais nous réservons ces manipulations à une recherche future.

## 3.2 La tâche de classification d'opinion

Pour la première exploitation du corpus, nous avons choisi une tâche simple de classification d'opinion dans la lignée de celle entreprise par Pang *et al.* (2002). Le but de la tâche est donc de classer des documents (les critiques de produits) selon la polarité de l'opinion qui y est exprimée : positive ou négative. Pour les besoins de cette tâche, nous n'avons considéré que deux types de critiques : celles ayant reçu une note de 1 que nous avons considérées comme négatives, et celles ayant reçu une note de 5 que nous avons considérées comme positives. Nous n'avons pas chercher à classer individuellement les phrases qui composent chacun des documents selon leur polarité, bien que ce type de traitement permette généralement d'obtenir de meilleurs résultats (Pang et Lee, 2008).

Comme déjà mentionné nous avons utilisé deux techniques d'apprentissage automatique : une classification basée sur la régression logistique (en utilisant le package *R glmnet*) et une classification basée sur les *Support Vector Machines* (*SVM*). Pour cette dernière approche nous avons utilisé le programme SVM$^{light}$ (Joachims, 1999). Le choix de ces méthodes est motivé par l'efficacité reconnue des méthodes SVM d'une part, et la simplicité de la régression logistique d'autre part.

## 3.3 Sélection de modèles et évaluation

Afin de reporter des estimateurs de performances non biaisés et réalistes des classifieurs testés, nous avons eu recours à une procédure de validation croisée imbriquée. Suivant le principe de la validation croisée, l'ensemble des $N$ exemples est divisé aléatoirement en $k$ partitions de test de même taille ($N/k$) et de même stratification (comportant le même nombre d'exemples de chaque classe et de chaque source). Chaque partition de test sert à l'évaluation d'un classifieur construit à partir du reste des exemples du corpus (de taille $N - N/k$) qui forme la partition d'apprentissage.

Comme nous utilisons des algorithmes d'apprentissage paramétrés (SVM et elastic net) nous devons au préalable avoir déterminé les valeurs de ces paramètres par une validation croisée interne qui, à partir de chacune de k partitions d'apprentissage, crée $m$ partitions de test et d'apprentissage. Les paramètres sélectionnés parmi ceux testés sont ceux qui auront permis d'obtenir la meilleure moyenne d'une mesure de performance (déviance pour l'elastic net, F-score pour les SVM) mesurée pour chaque partition de test de la validation croisée interne. Pour nos expériences nous avons choisi $k = 10$ et $m = 5$. En préalable à ces expériences nous avons filtré les variables présentes dans moins de 10 exemples dans le corpus afin de faciliter l'apprentissage et l'interprétation des modèles produits (aboutissant à 2829 variables sans `NEG-LEMME`, 3257 avec).

## 3.4 Sélection de variable

Les techniques de sélection de variables visent à réduire le nombre de traits utilisés dans les modèles produits par les techniques d'apprentissage automatique. La sélection de variable poursuit trois objectifs reliés entre eux (Guyon et Elisseeff, 2003) :
- L'amélioration de la performance des modèles prédicteurs.
- La mise au point de prédicteurs plus rapides et consommant moins de ressources.
- Une meilleure compréhension des processus à l'œuvre dans la génération des données.

Il existe plusieurs méthodes de sélection de variable. Pour nos expériences nous avons utilisé la régularisation par *elastic net* sur un modèle de régression logistique (Zou et Hastie, 2005) (à l'aide de la bibiliothèque `glmnet`) pour deux raisons. D'une part, à l'instar d'autres techniques lomme le LASSO, l'*elastic net* produit des modèles creux en éliminant les variables non essentielles à la prédiction, cependant l'*elastic net* inclut dans le modèle l'ensemble des variables prédictives même lorsque celle-ci sont corrélées entre elles (alors que le LASSO tend à n'en sélectionner qu'une). D'autre part, l'elastic net a à plusieurs reprises obtenu de meilleures performances de prédiction que le LASSO (cf. Zou et Hastie (2005) sur des données issues de la biologie).

Comme d'autre méthodes apparentées la régression logistique pénalisée crée un prédicteur basé sur un modèle linéaire en assignant des poids $\beta_i$ à chaque variable d'entrée $(1, \ldots, i, \ldots, p)$. Pratiquement, pour une pénalsiation elastic net le vecteur $\beta$ est trouvé en résolvant le problème d'optimisation :

$$\hat{\beta} = \underset{\beta}{argmin}\; l(\beta) + \lambda \left( \frac{1-\alpha}{2} ||\beta||_2^2 + \alpha ||\beta||_1 \right)$$

où $l(\beta)$ est une fonction de perte à minimiser et les termes suivant correspondent aux normes 1 et 2 du vecteur de coefficient $\beta$ par lesquelles est pénalisé le problème de minimisation. Le coefficient $\lambda$ détermine l'importance de la pénalisation qui contraint les coefficients $\beta_i$ a àller vers zéro. Le paramètre $\alpha$ détermine l'importance relative des deux normes dans la pénalisation, quand $\alpha = 1$ seule la pénalisation en norme 1 est utilisée (ce qui revient au LASSO), quand $\alpha = 0$ seule la pénalisation en norme 2 est utilisée (ce qui revient à la régression ridge, sans sélection de variable).

## 3.5 Résultats

Six types de modèles ont été considérés, ceux incluant une sélection de variables (SVM et régression logistique) et ceux sans (SVM uniquement), avec ou sans inclusion des attributs qualifiant la négation. L'interprétation de la sélection de variable a été faite à partir de modèles établi sur l'ensemble du corpus en utilisant les paramètres établis au cours de l'évaluation. Les résultats obtenus pour chacune des approches sont résumés dans la table 2.

Un des résultats les plus frappants est l'absence d'impact de la détection des environnement négatifs. Ce résultat est étonnant étant donné que la négation est présente dans 18,5% des critiques négatives contre 10,9% des critiques positives et qu'elle apparaît donc comme un paramètre prédicteur potentiellement pertinent. Par ailleurs, bien que la sélection de variables

| | N. variables | Précision | Rappel | F-value |
|---|---|---|---|---|
| *SVM* | 2829 | 88.18% | 89.54% | 88.84 |
| *SVM* + nég. | 3257 | 86.66 % | 87.54% | 86.77 |
| Rég. logistique + sél. *elastic net* | 1219 | **88.78%** | **91.61%** | **90.16** |
| Rég. logistique + sél. *elastic net* + nég. | 1028.7 | 87.77% | 85.29% | 86.49 |
| *SVM* + sél. *elastic net* | 1219 | 88.22% | 90.32% | 89.25 |
| *SVM* + sél. *elastic net* + nég. | 1028.7 | 86.92% | 84.50% | 85.66 |

TABLE 2 – Classification d'opinion : résultats

n'offre pas un réel gain de performance elle a l'avantage de réduire considérablement l'espace de variable, et donc de permettre une meilleure interprétation des modèles fournis.

Les résultats obtenus ne sont pas directement comparables à ceux rapportés dans la campagne DEFT'07 car nous n'avons ici pas considéré la catégorie "neutre" utilisée dans cette campagne. L'intégration de cette catégorie ferait baisser les performances relevées ici. On peut toutefois noter que nos performances se montrent supérieures à celles relevées par Pang *et al.* (2002) sur une tâche équivalente. Une explication à cette supériorité tient certainement d'une part à la généralité des modèles produits lors de l'apprentissage et à l'effet du pré-traitement des textes.

# 4 Conclusions

Le travail présenté ici a pour vocation de servir de base à l'exploration poussée du domaine de l'analyse de sentiment en français. Nous avons fourni des mesures de base pour une tâche de classification simple et montré l'intérêt d'appliquer des techniques de sélection de variable avant de procéder à un apprentissage automatique. Dans le futur, nous comptons nous appuyer sur ces premières expériences pour essayer d'améliorer les performances des modèles produits. À cet effet, nous prévoyons d'analyser plus en détail le cas de la négation et de son absence d'effet pour la classification par SVM. Plus généralement, un de nos objectifs est de mesurer l'intérêt d'ajouter de l'information sémantique dans les traits retenus, notamment en exploitant le caractère rhétorique de certains éléments linguistiques. Pour cela nous nous basons notamment sur les théories argumentatives du discours (Anscombre et Ducrot, 1983; Winterstein, 2010).

Une autre direction de recherche concerne l'interprétation des modèles produits. Si les modèles issus de l'utilisation de SVM sont généralement trop complexes pour être interprétés, le processus de sélection de variable s'offre mieux à l'interprétation puisqu'il met en avant les traits les plus pertinents pour la classification. Ainsi la sélection de variables présentée ici permet de confirmer l'importance de certaines catégories dans l'analyse d'opinion : les substantifs se retrouvent significativement sous-représentés dans les critiques négatives (45% des traits sélectionnés contre 54,1% avant sélection) au profit des adjectifs, verbes et adverbes (50,1% après sélection contre 44,6% avant). Par ailleurs, la sélection des connecteurs confirme les prédictions de certaines approches : la conjonction *mais* s'avère être un bon prédicteur de critique négative, alors que *et* est un prédicteur positif. En termes de stratégie argumentative (Winterstein, 2010), ces observations valident l'hypothèse qu'une critique positive va avoir tendance à présenter plusieurs arguments positifs indépendants (reliés par *et*) alors qu'un seul argument négatif, même contre-balancé par un positif (avec le connecteur *mais*), suffira à produire une critique négative. Une autre approche dans cette perspective consiste à utiliser des techniques de *bootstrapping* qui permettent également d'évaluer l'importance des différents traits utilisés dans les processus d'apprentissage. Ces recherches sont actuellement en cours.

## Références


ANSCOMBRE, J.-C. et DUCROT, O. (1983). *L'argumentation dans la langue*. Pierre Mardaga, Liège, Bruxelles.

DAS, S. et CHEN, M. (2001). Yahoo ! for amazon : Extracting market sentiment from stock message boards. *In Proceedings of the 8th Asia Pacific Finance Association Annual Conference (APFA 2001)*.

DENIS, P. et SAGOT, B. (2012). Coupling an annotated corpus and a lexicon for state-of-the-art pos tagging. *Language Resources and Evaluation*, 46:721–746.

GHORBEL, H. et JACOT, D. (2011). Further experiments in sentiment analysis of french movie reviews. *In* MUGELLINI, E., SZCZEPANIAK, P. S., PETTENATI, M. C. et SOKHN, M., éditeurs : *Advances in Intelligent and Soft Computing*, volume 86, pages 19–28. Springer, Berlin.

GROUIN, C. et AL. (2007). Présentation de l'édition 2007 du défi fouille de textes (DEFT'07). *In Actes de l'atelier de clôture du 3ème Défi Fouille de Textes (DEFT'07)*, pages 1–8, Grenoble, France.

GUYON, I. et ELISSEEFF, A. (2003). An introduction to variable and feature selection. *Journal of Machine Learning Research*, 3:1157–1182.

JOACHIMS, T. (1999). Making large-scale svm learning practical. *In* SCHÖLKOPF, B., BURGES, C. J. C. B. et SMOLA, A. J., éditeurs : *Advances in Kernel Methods - Support Vector Learning*, pages 41–56. MIT Press.

PANG, B. et LEE, L. (2008). Opinion mining and sentiment analysis. *Foundations and Trends in Information Retrieval*, 2(1–2):1–135.

PANG, B., LEE, L. et VAITHYANATHAN, S. (2002). Thumbs up ? sentiment classification using machine learning techniques. *In Proceedings of the Conference on Empirical Methods in Natural Language Processing (EMNLP)*, pages 79–86. Association for Computational Linguistics.

VERNIER, M. (2011). *Analyse à granularité fine de la subjectivité*. Thèse de doctorat, Université de Nantes.

WILSON, T., WIEBE, J. et HOFFMANN, P. (2005). Recognizing contextual polarity in phrase-level sentiment analysis. *In Proceedings of the Human Language Technology Conference and the Conference on Empirical Methods in Natural Language Processing (HLT/EMNLP)*, pages 347–354.

WINTERSTEIN, G. (2010). *La dimension probabiliste des marqueurs de discours. Nouvelles perspectives sur l'argumentation dans la langue*. Thèse de doctorat, Université Paris Diderot.

ZOU, H. et HASTIE, T. (2005). Regularization and variable selection via the elastic net. *Journal of the Royal Statistical Society*, Series B:301–320.

# Résolution d'anaphores appliquée aux collocations: une évaluation préliminaire

Luka Nerima Eric Wehrli
LATL, Université de Genève, 2 rue de Candolle, 1211 Genève 4
luka.nerima@unige.ch, eric.wehrli@unige.ch

RÉSUMÉ

Le traitement des collocations en analyse et en traduction est depuis de nombreuses années au centre de nos intérêts de recherche. L'analyseur Fips a été récemment enrichi d'un module de résolution d'anaphores. Dans cet article nous décrivons comment la résolution d'anaphores a été appliquée à l'identification des collocations et comment cela permet à l'analyseur de repérer une collocation même si un de ses termes a été pronominalisé. Nous décrivons aussi la méthodologie de l'évaluation, notamment la préparation des données pour le calcul du rappel. Dans la tâche d'identification des collocations pronominalisées, Fips montre des résultats très encourageants : la précision mesurée est de 98% alors que le rappel est proche de 50%. Dans cette évaluation nous nous intéressons aux collocations de type verbe-objet direct en conjonction avec les pronoms anaphoriques à la 3[e] personne. Le corpus utilisé est un corpus anglais d'environ dix millions de mots.

ABSTRACT

Anaphora Resolution Applied to Collocation Identification: A Preliminary Evaluation

Collocation identification and collocation translation have been at the center of our research interests for several years. Recently, the Fips parser has been enriched by an anaphora resolution mechanism. This article discusses how anaphora resolution has been applied to the collocation identification task, and how it enables the parser to identify a collocation when one of its terms is pronominalized. We also describe the evaluation methodology, in particular the preparation of data for the calculation of the recall. In the task of pronominalized collocation identification, Fips shows encouraging results: the measured precision is 98% while recall approaches 50%. In this paper we focus on collocations of the type verb-direct object and on a widespread type of anaphora: the third personal pronouns. The corpus used is a corpus of approximately ten million English words.

MOTS-CLÉS : Analyse, résolution d'anaphores, pronoms personnels, collocations, corpus
KEYWORDS : Parsing, anaphora resolution, personal pronoun, collocations, corpus

## 1 Introduction

Tant le traitement des pronoms anaphoriques que celui des collocations sont considérés comme des problèmes majeurs en traitement automatique des langues en général et en traduction automatique en particulier. De très nombreux travaux ont été consacrés à ces deux thèmes (voir en particulier Mitkov, 2002, ou Poesio et al. 2010, pour la résolution d'anaphores, Seretan, 2011, pour l'identification de collocations), mais à notre connaissance, rares sont les recherches qui ont porté sur l'intersection de ces deux domaines, à savoir le traitement de collocations dans lesquelles un des deux termes de la collocation est un pronom anaphorique. Dans ce papier, nous présentons une recherche en cours sur les collocations de type verbe-objet direct en anglais, où l'objet est un pronom anaphorique, comme dans l'exemple *Paul will break it* lorsque le pronom anaphorique *it* renvoie au mot *record*, ce qui nous donne une occurrence de la collocation *break-record* (*battre-record*). Le processus d'identification des collocations a été décrit à plusieurs reprises (voir en particulier Wehrli & al. 2010) et ne sera pas repris dans cet article.

## 2 Résolution d'anaphores

Comme premier pas en direction d'un traitement des anaphores, nous avons développé une procédure qui permet à l'analyseur Fips (Wehrli, 2007) de traiter les pronoms personnels de 3e personne, de loin le type le plus fréquent d'anaphores. Selon Tutin (2002), les pronoms personnels constituent entre 60 et 80% des expressions anaphoriques relevées dans un large corpus du français. Russo et al. (2011) rapportent des résultats assez semblables pour l'anglais, l'italien, l'allemand et le français.

Notons, par ailleurs, que notre traitement des pronoms anaphorique ne prend en considération que les pronoms de troisième personne dont l'antécédent est dans la phrase ou dans la phrase précédente. Selon Laurent (2001), ces deux cas représentent près de 90% des pronoms anaphoriques. La procédure de résolution d'anaphores (RA) reprend dans les grandes lignes celle présentée par Lappin et Leass (1994), adaptée aux spécificités de notre grammaire et de nos représentations.

La première tâche de la procédure de RA consiste à distinguer parmi tous les pronoms de 3e personne les occurrences anaphoriques des occurrences non-anaphoriques, telles que l'usage impersonnel du pronom *it*, comme dans les exemples suivants :

(1) a. It is raining

b. It turned out that Bill was lying.

c. To put it lightly.

d. It is said that they have been cheated.

C'est essentiellement sur la base des informations lexicales (p. ex. verbes "météorologiques") et des informations grammaticales (p. ex. structure impersonnelle) que l'identification des emplois impersonnels du pronom *it* est réalisée.

L'étape suivante concerne les anaphores au sens strict de la théorie du liage de Chomsky (1981), qui stipule [principe A] que les pronoms réfléchis et réciproques doivent être liés dans leur catégorie gouvernante. Notre interprétation quelque peu simplifiée de ce principe est d'exiger que les pronoms réfléchis et réciproques renvoient au sujet de la proposition minimale qui contient le pronom.

Enfin, dans la 3e étape de notre procédure, nous considérons les pronoms référentiels tels que (*he, him, it, she, her, them,* etc.). Nous fondant à nouveau sur les inspirations de la théorie du liage [principe B], nous considérons qu'un pronom ne peut pas renvoyer à un antécédent à l'intérieur de sa proposition minimale. C'est ainsi que *him* dans l'exemple (2) ci-dessous ne peut pas renvoyer à *Paul*.

(2) *$Paul_i$ likes $him_i$

L'exemple 3 est intéressant car la coréférence de *her* et *Mary* y est impossible, mais pas celle de *him* et *Paul*.

(3) Paul persuaded Mary to talk to her / him

Ce contraste s'explique aisément si l'on se souvient que dans l'analyse chomskyenne, les compléments infinitifs sont des propositions dotés d'un sujet abstrait soumis au processus de contrôle. Dans notre exemple, les propriétés lexicales du verbe *persuade* établissent que le contrôleur du sujet vide de la proposition enchâssée est l'argument objet du verbe *persuade*. Autrement dit, la structure est la suivante :

(4) Paul persuaded Mary [S [NP e ] [VP to talk [PP to [NP her / him]]]]

*Him* et *her* ne peuvent renvoyer au sujet de la proposition infinitive, lui-même lié (contrôlé) par *Mary*. Cela exclut la coréférence entre *her* et *Mary*. Par contre, rien dans cette structure n'empêche une lecture coréférentielle de *him* et *Paul*.

Notons, enfin, que la théorie du liage (ou notre interprétation simplifiée de cette dernière) ne constitue pas une méthode de résolution d'anaphore à proprement parler. En effet, elle ne dit pas quel est l'antécédent d'un pronom, mais uniquement quels sont les candidats potentiels qui doivent être exclus pour violation d'un des principes de la théorie.

Notre procédure de RA, tout comme la procédure de Lappin et Leass, constitue une liste de candidats - dans notre cas, les syntagmes nominaux arguments - et lorsqu'un pronom est rencontré, sélectionne dans cette liste le "meilleur" candidat, sur la base (i) des règles d'accord (nombre, genre), (ii) des principes du liage (qui excluent certains candidats) et (iii) d'une heuristique inspirée de la Centering Theory (cf. Grosz et al. 1995; Kibble, 2001). Selon cette heuristique, la préférence est donnée au premier argument sujet et en second lieu, à l'argument non-sujet le plus proche.

## 3 Evaluation

Dans ce travail, nous nous intéressons à évaluer la performance de l'analyseur Fips à identifier dans un corpus des collocations de type verbe-objet direct dont l'objet a été pronominalisé. Nous nous sommes focalisés sur les deux phénomènes les plus fréquents, illustrés par les phrases suivantes construites à partir de la collocation *dépenser de l'argent* :

(5) a. Je vous ai donné de l'*argent*, vous pouvez *le* dépenser.

b. L'argent est là. Alors pourquoi n'a-t-il pas été dépensé ?

Dans la phrase (5a.) le mot *argent* est repris par le pronom *le* et joue le rôle d'objet de la collocation. Dans l'exemple (5b.), la collocation est au passif et le pronom sujet *il* correspond à l'objet direct « profond » du verbe *dépenser*. A noter que le référent anaphorique ne se trouve pas forcément dans la phrase elle-même mais peut se trouver dans une phrase voisine, la précédente dans la plupart des cas. Pour l'instant, Fips ne traite que les pronoms anaphoriques dont l'antécédent se trouve dans la phrase elle-même ou dans la phrase précédente.

## 3.1 Expérimentation

L'analyseur Fips dispose d'une base de données lexicale comprenant pour chaque langue un lexique de collocations. Pour le français, par exemple, ce lexique contient environ 16'000 entrées et pour l'anglais environ 9'000. Dans cette étude et dans la suite de l'article, nous ne considérons que ces collocations, c'est-à-dire celles qui sont lexicalisées. Dans cette expérience, nous nous intéressons à mesurer la performance (précision et rappel) de Fips dans la tâche d'identification des collocations qui sont à la fois (1) de type verbe-object direct, (2) lexicalisées, et (3) dont l'objet a été pronominalisé. Dans ce travail nous nous sommes limités à l'anglais

## 3.2 Corpus et méthodologie d'évaluation

Le corpus utilisé pour cette évaluation est constitué d'environ 10'000 articles parus dans le journal « The Economist » entre les années 2003 à 2010, totalisant environ 10 Mio de mots. Nous avons utilisé l'outil FipsCoView (Seretan & Wehrli, 2011) basé sur l'analyseur Fips pour extraire les collocations. Trente et une collocations (type) et quarante huit occurrences (token) répondant aux critères décrits dans la section précédente ont été repérées par Fips. Nous avons déterminé manuellement la précision de cette extraction.

Pour le rappel nous avons procédé comme suit : nous avons retenu les 18 collocations les plus fréquentes (parmi les 31) et à l'aide d'expressions régulières assez simples[1] nous avons recherché toutes les occurrences pronominalisées des 18 collocations et extrait les phrases susceptibles de les contenir. Le résultat de cette extraction a ensuite été filtré à la main par un annotateur[2]. Nous avons ainsi obtenu une cinquantaine de phrases constituant le corpus de référence (ou paires de phrases dans le cas où l'antécédent se trouve dans la phrase précédente).

Voici quelques exemples de phrases illustrant les phénomènes de pronominalisation les plus fréquents, tirées du corpus de référence:

(6) *to spend money*:

a. The explosion of the IT business and its offshoots has helped produce a new breed of young professionals with *money* in their pockets and their own ideas on how to *spend it*.
b. Lots of EU *money* is flowing to Poland and the rest. *It* must be *spent* fast.

*to solve a problem* :

c. Africa has, to put it mildly, a lot of *problems*; even a hyperpower cannot *solve them* all.

---

[1] Les expressions régulières (ER) recherchent à l'intérieur d'une phrase ou dans deux phrases contiguës la présence de trois éléments lexicaux : le verbe et l'objet de la collocation ainsi qu'un pronom référentiel. L'ER prend en compte toutes les formes fléchies des ces trois éléments lexicaux. Par exemple pour le verbe *to spend* elle accepte les formes: *spend, spends, spending* et *spent*. L'ER impose aussi que l'antécédent de l'objet direct apparaisse avant le verbe.

[2] Comme nous ne prenons en compte que des collocations lexicalisées, c'est-à-dire validées par un lexicographe au moment de leur insertion dans notre lexique, la tâche de juger une collocation pronominalisée est relativement simple. Il ne nous a dès lors pas paru nécessaire d'effectuer ce filtrage par plusieurs annotateurs et de comparer leurs jugements.

*to make a decision* :

d. But this time, the *decision* seems genuine: even senior party members appeared astonished at the announcement, and Dr Mahathir himself wept as he *made it*.

L'exemple (6a) montre le cas de la pronominalisation de l'objet par *it*, (b) une collocation au passif et dont l'antécédent se trouve dans la phrase précédente, (c) l'objet est un pronom au pluriel, (d) l'antécédent est éloigné du pronom, 20 mots les séparent.

## 3.3 Résultats

A noter que par commodité, nous avons refait une analyse avec Fips sur le corpus de référence pour déterminer le rappel. En terme de précision et de rappel de l'analyseur Fips, nous obtenons les résultats reportés dans la Table 1. Les résultats sont donnés séparément pour chacun des deux types de pronominalisation, objet direct pronominalisé et collocation au passif. Le nombre de phrases du corpus de référence est indiqué entre parenthèse dans la première colonne :

| Pronominalisation | Précision | Rappel |
|---|---|---|
| Objet pronominalisé (40) | 97 | 35 |
| Collocation au passif (12) | 100 | 100 |
| Les deux (52) | 98 | 48 |

TABLE 1 – Précision et rappel de l'identification des collocations pronominalisées (en %)

La précision est excellente. Nous l'expliquons par le fait que les contraintes sont tellement fortes pour résoudre l'anaphore et pour repérer une collocation que le risque d'erreur est très faible. Il faudrait en effet que Fips calcule un antécédent erroné mais, qui combiné avec le verbe, donne une collocation qui existe dans notre lexique. La probabilité est très faible mais notre évaluation a mis en évidence que ce cas s'est produit une fois, avec l'analyse de la phrase (7) ci dessous :

(7) Concerted international **pressure* then forced it to confess to 18 years of lies. Yet there are already troubling signs that, at a meeting of the IAEA's governing board this week, some governments will be tempted, as America's Colin Powell *puts it*, to declare premature victory.

Le nom *pressure* a été choisi comme étant l'antécédent du pronom *it* (*Colin Powell puts it*) et la collocation *to put pressure* a été identifiée erronément.

Le rappel est plus modeste mais il faut se rappeler que la RA est une tâche très difficile : de nombreux phénomènes linguistiques viennent perturber la résolution comme par exemple les conjonctions de coordination. Dans l'exemple (6a), c'est la coordination *and* qui a empêché la remontée jusqu'à l'antécédent *money* et qui a fait échouer l'identification de la collocation *to spend money*.

On remarquera aussi que le nombre de collocations verbe-objet direct pronominalisées semble assez faible dans le corpus. Cela suggère que cette configuration se produit rarement. Nous avons aussi observé que certaines collocations sont moins sujettes à la forme passive. Enfin, il faut aussi se rappeler que seulement 18 collocations (types de collocation) ont été recherchées.

# 4 Conclusions

Dans cet article, nous avons présenté l'application de la résolution d'anaphores à l'identification des collocations par l'analyseur de Fips. Nous nous sommes focalisé sur les collocations de type verbe-objet direct et aux pronoms personnels de la 3e personne. Même si ces deux phénomènes linguistiques réunis ensemble se sont avérés relativement peu fréquents dans le corpus choisi, ils méritent d'être analysés avec soin surtout en situation de traduction : si la collocation n'est pas identifiée, la traduction sera mauvaise voire même incompréhensible. La précision mesurée de l'analyseur Fips dans cet exercice d'identification est très bonne (98%) et le rappel honorable (48%).

La méthodologie pour calculer le rappel s'est avérée très utile : en l'absence de corpus annoté, pouvoir produire un corpus de référence à moindre frais est appréciable. En affinant la méthode nous espérons aussi réduire l'ampleur du nettoyage manuel. Cela nous permettra de mener des évaluations sur le repérage d'un plus grand nombre de collocations. Cela nous aidera aussi à produire, à partir de corpus réels, des données de test pour mettre au point les améliorations de l'analyseur Fips.

Un autre axe pour nos travaux futurs sera de prendre en compte d'autres types de RA et d'appliquer les RA à d'autres types de collocations, par exemple sujet-verbe, verbe-groupe prépositionnel, etc.

# Références

CHOMSKY, N. (1981). Lectures on Government and Binding, Foris Publications.

GROSZ, B., A. JOSHI, A. & WEINSTEIN, S. (1995). Centering: A Framework for Modeling the Local Coherence of Discourse, Computation Linguistics, 21:2, 203-225.

KIBBLE, R. (2001). A Reformulation of Rule 2 of Centering Theory", in *Computational Linguistics*, 27:4, Cambridge, Mass., MIT Press.

LAPIN, S., LEASS, J.L. (1994). An Algorithm for Pronominal Anaphora Resolution, *Computational Linguistics*, 20:4, 535-561.

LAURENT, D. (2001). De la résolution des anaphores. Rapport interne, Synapse Développement. Disponible en ligne sur http://www.synapse-fr.com/descr_technique/Resolution_des_anaphores.pdf

MITKOV, R. (2002). *Anaphora Resolution*, Longman.

POESIO, M., PONZETTO, S. et VERSLEY, Y. (2011). Computational Models Of Anaphora Resolution : A Survey. Disponible en ligne sur http://clic.cimec.unitn.it/massimo/Publications/lilt.pdf

RUSSO, L., Y. SCHERRER, J.-PH. GOLDMAN, S. LOAICIDA, L. NERIMA, E. WEHRLI (2011). Etude inter-langues de la distribution et des ambiguïtés syntaxiques des pronoms. *In Actes de TALN-*

*2011*, Montpellier.

SERETAN, V., WEHRLI, E. (2011). FipsCoView: On-line Visualisation of Collocations Extracted from Multilingual Parallel Corpora, *In Proceedings of the ACL Workshop on Multiword Expressions: from Parsing and Generation to the Real World*, 125-127.

SERETAN, V. (2011). *Syntax-Based Collocation Extraction*, Springer Verlag.

TUTIN, A. (2002). A Corpus-based Study of Pronominal Anaphoric Expressions in French. In *Proceedings of DAARC 2002*, Lisbonne, Portugal.

WEHRLI, E. (2007). Fips, a "deep" linguistic multilingualparser. *In Proceedings of the ACL 2007 Workshop on Deep Linguistic processing*, pp. 120-127, Prague, Czech Republic.

WEHRLI, E., SERETAN, V., et NERIMA, L. (2010). Sentence Analysis and Collocation Identification. *In Proceedings of the Workshop on Multiword Expressions, Coling-2010*, Beijing, pp. 27-35.

# Aide à l'enrichissement d'un référentiel terminologique : propositions et expérimentations

Thibault Mondary[1] Adeline Nazarenko[1]
Haïfa Zargayouna[1] Sabine Barreaux[2]
(1) Université Paris 13, Sorbonne Paris Cité, LIPN (UMR 7030), F-93430 Villetaneuse, France
(2) INIST-CNRS, Vandœuvre-lès-Nancy, France
(1) prenom.nom@lipn.univ-paris13.fr, (2) prenom.nom@inist.fr

RÉSUMÉ

En s'appuyant sur une expérience d'enrichissement terminologique, cet article montre comment assister le travail d'acquisition terminologique et surmonter concrètement les deux difficultés qu'il présente : la masse de candidats-termes à considérer et la subjectivité des jugements terminologiques qui varient notamment en fonction du type de terminologie à produire. Nous proposons des stratégies simples pour filtrer *a priori* une partie du bruit des résultats des extracteurs et rendre ainsi la validation praticable pour des terminologues et nous démontrons leur efficacité sur un échantillon de candidats-termes proposés à la validation de deux spécialistes du domaine. Nous montrons également qu'en appliquant à une campagne de validation terminologique les mêmes principes méthodologiques que pour une campagne d'annotation, on peut contrôler la qualité des jugements de validation posés et de la terminologie qui en résulte.

ABSTRACT

**Help enrich a terminological repository : proposals and experiments**

Based on an experience of terminological enrichment, this paper shows how to support the work of terminological acquisition and overcome practical difficulties it presents, *i.e.* the mass of candidate terms to consider and the subjectivity of terminological judgments which depends on the type of terminology to produce. We propose simple strategies to filter *a priori* part of the noise from the results of term extractors so as to make the validation practicable for terminologists. We demonstrate their effectiveness on a sample of candidate terms proposed for the validation of two experts. We also show that by applying to term validation campaigns the methodological principles that have been proposed for corpus annotation campaigns, we can control the quality of validation judgments and of the resulting terminologies.

MOTS-CLÉS : Acquisition terminologique, validation de candidats-termes, filtrage de termes, distance terminologique, vote, accord inter-juges.

KEYWORDS: Terminology acquisition, term candidate validation, term filtering, terminological distance, vote, inter-judge agreement.

# 1 Introduction

Les ressources terminologiques, qu'elles soient monolingues, bilingues ou autres, sont utilisées dans de nombreux outils de gestion de contenus spécialisés mais leur élaboration présente souvent un coût rédhibitoire. La mise à disposition de ressources [1] ne résout que partiellement le problème car l'évolution des domaines et des besoins applicatifs rend nécessaires de fréquentes mises à jour.

Des outils d'extraction terminologiques ont été développés depuis une vingtaine d'années (Jacquemin et Bourigault, 2003) pour automatiser les processus d'acquisition terminologique mais on sait que les extracteurs de termes ne peuvent fournir au mieux que des « candidats termes », que des mots ou groupes de mots qui, sur la base de propriétés syntaxiques, lexicales et statistiques, semblent avoir un comportement terminologique, c'est-à-dire avoir un sens précis et relativement stable au sein d'un domaine de spécialité.

L'acquisition d'une terminologie pour un domaine particulier à l'aide d'outils d'analyse terminologique se heurte en fait à une double difficulté. La première concerne le filtrage et le retraitement des sorties d'analyseurs qui demandent à être validées par un terminologue si on vise une terminologie de qualité et consultable [2]. Ce travail de validation peut s'avérer très fastidieux quand on utilise de gros corpus d'acquisition et que les extracteurs utilisés sont prolixes. La seconde difficulté est liée à la diversité des styles terminologiques : il existe des terminologies de taille très variable, même pour un même domaine ; la granularité de la description terminologique varie ; certaines terminologies recensent toutes les variantes des termes alors que d'autres ne listent que les termes canoniques ou « recommandés » ; dans une perspective d'annotation sémantique, on privilégie les termes longs, alors qu'on préférera des termes plus courts pour les tâches d'indexation. Le choix d'un style de terminologie n'est généralement pas guidé par les outils d'extraction terminologique mais il faut néanmoins en tenir compte dans le travail de validation.

En s'appuyant sur une expérience d'enrichissement terminologique menée en collaboration entre l'INIST et le LIPN [3], cet article montre comment on peut concrètement surmonter ces deux difficultés et assister le travail d'acquisition terminologique. La section 2 présente le contexte dans lequel cette expérience a été menée puis nous montrons comment on peut filtrer *a priori* une partie du bruit des résultats des extracteurs pour rendre la tâche de validation accessible à des spécialistes du domaine (section 3) tout en contrôlant la qualité, ou du moins l'homogénéité, de ce travail (section 4).

# 2 Contexte expérimental

La question de l'évolution des référentiels d'indexation est une question importante pour tout organisme qui gère et maintient de tels référentiels. C'est en particulier le cas de l'INIST. A partir d'un thésaurus de pharmacologie utilisé comme référentiel d'indexation, deux questions se sont

1. Par exemple par l'Office québécois de la langue française (http ://gdt.oqlf.gouv.qc.ca/) ou la Délégation générale à la langue française et aux langues de France (http ://www.culture.fr/Ressources/FranceTerme).

2. Les sorties des extracteurs peuvent parfois être utilisées telles que quand elles sont directement intégrées dans des systèmes qui sont robustes au bruit, par exemple certaines application de classification de documents.

3. Ce travail s'inscrit dans le prolongement des campagnes d'évaluation des outils d'extraction terminologique menées dans le cadre du programme Quaero (projets CTC et Corpus). Il a été en partie financé par ce programme.

| | | |
|---|---|---|
| 5-HT3 Serotonine receptor<br>5-HT4 Serotonine receptor<br>5S-RNA<br>5s rrna<br>... | Bacillus subtilis ribonuclease<br>Bacterial lipopolysaccharide receptors<br>Connective tissue activating factor<br>... | Recombinant microorganism<br>Recombinant protein<br>Recombinant virus |

FIGURE 1 – Extrait du référentiel terminologique

posées. Est-il possible d'assister la mise à jour de ce référentiel qui se faisait jusque là de manière purement manuelle ? Est-il possible de construire à partir de ce thésaurus une terminologie adaptée à des tâches d'annotation sémantique ? Avec ces objectifs en tête, nous avons cherché à définir un protocole d'enrichissement terminologique qui tire le meilleur parti de l'expertise des terminologues et assure un travail de qualité.

**Le référentiel terminologique** Le référentiel est un thésaurus construit par l'INIST à des fins d'indexation de la partie pharmacologique de la base de données bibliographiques PASCAL [4]. Il contient 76 466 termes en anglais avec certaines variations et certaines relations hiérarchiques, et est accessible *via* TermSciences [5], le portail terminologique multidisciplinaire mis en place par l'INIST. Nous l'utilisons ici comme simple terminologie, sans tenir compte des relations terminologiques qu'il comporte. Un extrait est présenté sur la figure 1. Ce référentiel d'indexation privilégie les termes généraux du domaine de la pharmacologie au détriment des termes très spécifiques.

**Les corpus d'acquisition** Le processus d'extraction de termes repose sur l'existence de corpus d'acquisition. Dans le cadre de cette expérience, deux corpus anglais ont été utilisés. Le premier (corpus CR) est constitué de résumés d'articles de pharmacologie de la base PASCAL, le genre de textes couramment utilisé par l'INIST pour l'indexation des articles scientifiques. Il comporte 1 500 000 mots. Le second corpus (CB) porte aussi sur la pharmacologie mais il est composé de textes différents. Il s'agit de brevets européens qu'il est prévu d'annoter sémantiquement dans le cadre du programme Quaero. Il comporte 2 500 000 mots.

**Les extracteurs de termes** Les extracteurs de termes utilisent différentes stratégies pour extraire des candidats-termes. Certains comme YaTeA (Aubin et Hamon, 2006) ou Acabit (Daille, 2003) utilisent des patrons linguistiques, tandis que d'autres comme Termostat (Drouin, 2006) reposent sur l'analyse des contrastes entre un corpus de domaine général et un corpus de spécialité. Quasiment tous utilisent des filtrages statistiques avec des seuils plus ou moins tolérants afin de filtrer le bruit en fonction de l'objectif visé par l'extracteur (par exemple un petit nombre de candidats-termes potentiellement représentatifs, ou alors une couverture maximale). Nous avons observé une grande hétérogénéité dans le nombre de termes extraits sur un même corpus, certains extracteurs produisant 200 fois plus de termes que d'autres.

Dans cette expérience, nous avons utilisé les sorties des extracteurs testés lors de la campagne Quæro (Mondary *et al.*, 2012) [6]. Les différentes stratégies d'extraction sont représentées. Dans

4. `http://inist.fr/spip.php?article170`
5. `http://www.termsciences.fr`
6. Notamment Acabit, Termostat et YaTeA, ainsi que des prototypes de recherche des partenaires Quæro.

l'ensemble, les extracteurs sont verbeux. Les corpus de résumés (CR) et de brevets (CB) ont permis respectivement d'extraire 321 124 et 303 648 candidats-termes. L'union des sorties des extracteurs sur les deux corpus donne un total de 570 608 candidats-termes différents. Certains de ces candidats-termes existaient déjà dans le référentiel de l'INIST mais un nombre significatif de nouveaux termes ont été proposés : 298 593 et 271 472 candidats-termes resp. pour CR et CB.

**L'interface de validation** L'objectif étant de valider les nouveaux termes extraits, une interface de validation a été fournie aux experts de l'INIST. C'est une application web, qui est disponible sur Sourceforge. ValiTerms[7] permet aux terminologues de visualiser les occurrences des candidats-termes à valider dans leur contexte (les phrases du corpus) et offre la possibilité de choisir pour chaque terme s'il est correct, incorrect ou douteux[8]. Une zone de texte en face de chaque terme permet éventuellement d'indiquer la forme correcte attendue.

# 3 Filtrer *a priori* une partie du bruit

Il n'est pas raisonnable de demander à des experts de valider plusieurs centaines de milliers de candidats-termes. Nous devons trouver des stratégies pour proposer à l'expert les candidats-termes les plus à même de l'intéresser.

## 3.1 Deux hypothèses à valider

**Filtrer par le vote des systèmes** Dans la mesure où nous disposions des sorties de plusieurs extracteurs, nous avons proposé une première stratégie de filtrage consistant à donner en priorité à valider aux terminologues les termes retrouvés par plus de systèmes. C'est une technique de vote classique (Choi, 1999). L'intuition est que les candidats-termes retrouvés par plusieurs systèmes ont plus de chance d'être représentatifs que les candidats-termes retournés par un seul extracteur, même si un biais de cette approche conduit à éliminer les propositions faites par un extracteur qui serait plus original que les autres.

Nous avons récupéré la liste des candidats-termes absents de la référence et retrouvés sur chaque corpus par exactement *n* extracteurs (*n* varie de 2 à 7 pour le corpus de brevets et de 2 à 4 pour le corpus des résumés qui n'a été traité que par quatre extracteurs). La distribution est présentée dans le tableau 1.

**Filtrer par la distance au référentiel** Nous faisons également l'hypothèse que les candidats-termes proposés ont plus de chance d'être valides s'ils sont proches des termes du référentiel source. Nous avons testé cette hypothèse en utilisant la distance terminologique présentée dans (Zargayouna et Nazarenko, 2010) et implémentée dans l'outil Termometer[9]. C'est une distance indépendante de la langue, qui se mesure sans faire appel à une quelconque ressource

7. ValiTerms ne nécessite pas d'installation sur le poste client mais permet d'enregistrer les validations intermédiaires en local (http ://sourceforge.net/projects/valiterms).

8. Le choix « douteux » est un ajout récent qui n'a pas été utilisé dans l'expérience relatée dans cet article.

9. http ://sourceforge.net/projects/termometerxd

| Retrouvés par exactement | CB | CR |
|---|---|---|
| 7 systèmes | 89 | |
| 6 systèmes | 363 | |
| 5 systèmes | 1 700 | |
| 4 systèmes | 12 164 | 3 439 |
| 3 systèmes | 42 296 | 25 445 |
| 2 systèmes | 137 114 | 74 576 |

TABLE 1 – Distribution des candidats termes absents de la référence

linguistique et qui prend en compte la compositionnalité des termes en combinant une distance sur les chaînes de caractères et une distance sur les mots.

## 3.2 Échantillon et résultats

Pour valider ces hypothèses, nous avons constitué un jeu de test de 3 000 candidats-termes à valider (1 500 par corpus), en équilibrant les termes retrouvés par $n$ systèmes exactement (avec $n \geq 2$), en assurant la représentation des différents extracteurs et prenant des termes à la fois proches et éloignés de la référence selon la mesure de distance utilisée.

Nous avons donné ces 3 000 candidats-termes à valider à deux experts de l'INIST [10]. Les résultats globaux sont présentés dans le tableau 2. La première partie de ce tableau présente la proportion de termes jugés pertinents par les experts parmi les termes qu'ils ont eu à valider. La deuxième partie étudie les commentaires. Il a été demandé aux experts d'indiquer en commentaire la forme correcte des termes rejetés comme non pertinents. Les termes rejetés peuvent être mal formés ou mal orthographiés. D'autres sont des termes longs qui coordonnent plusieurs notions, dans ce cas l'expert devait indiquer le ou les sous-termes à retenir. Enfin, certains n'appartiennent pas au domaine. On constate qu'un terme, même s'il est jugé « non-pertinent », peut être intéressant à proposer à la validation parce qu'il suggère d'autres termes aux spécialistes du domaine. La dernière partie du tableau présente les termes à ajouter dans la terminologie destinée à l'annotation sémantique [11], cela correspond à l'union des termes pertinents et des termes des commentaires ne figurant pas dans le référentiel de départ.

## 3.3 Analyse

L'analyse de ces résultats permet de confirmer nos deux hypothèse initiales.

Le vote des systèmes et le jugement des experts sont corrélés. L'histogramme de gauche sur la figure 2 présente la proportion de termes pertinents parmi ceux qui sont retrouvés par exactement $n$ systèmes pour les corpus de brevets (en bleu) et de résumés (en rouge). On observe que cette proportion décroît avec le nombre de systèmes [12].

10. Nous tenons à remercier Anne Busin et Marie-Pierre Verdier, spécialistes du domaine de la pharmacologie et chargées de l'indexation des articles scientifiques, pour leur travail de validation des terminologies.

11. Nous n'avons pas encore le bilan des termes à ajouter au référentiel d'indexation qui a vocation à être plus réduit que la terminologie.

12. L'histogramme bleu comporte une valeur aberrante pour 4 systèmes, qui est probablement due à une irrégularité dans la constitution du jeu de test.

| | CB | CR |
|---|---|---|
| Termes à valider | 1 500 | 1 500 |
| Termes pertinents | 263 (17,5%) | 312 (20,8%) |
| Termes non pertinents | 1 237 (82,5%) | 1 188 (79,2%) |
| Termes avec un commentaire | 664 (53,7%) | 829 (69,8%) |
| Termes proposés dans les commentaires | 706 | 941 |
| *–> qui existent déjà dans la référence* | 422 | 547 |
| *–> qui n'existent pas dans la référence* | 284 | 394 |
| Termes à ajouter au référentiel | 547 (36,5%) | 706 (47,1%) |

TABLE 2 – Résultats de la campagne d'enrichissement

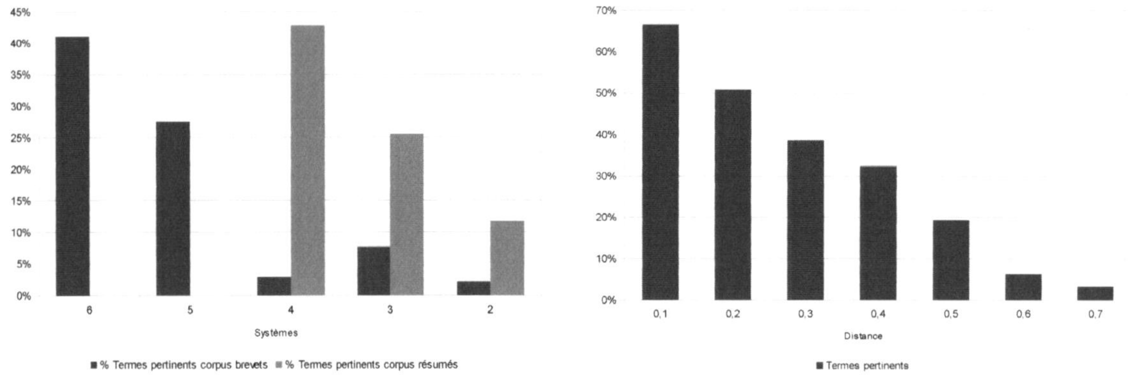


FIGURE 2 – Corrélation du nombre de systèmes (à gauche) ou de la distance (à droite) avec les jugements de pertinence

La distance terminologique et le jugement des experts sont également corrélés. Le graphique de droite sur la figure 2 montre que la proportion de termes pertinents (en ordonnée) décroît également quand la distance des termes avec ceux de la référence (abscisse) augmente. Plus les termes sont proches du référentiel (au sens de la distance terminologique), plus ils tendent à être jugés pertinents par les experts. Sur cet échantillon, si on n'avait retenu que les candidats-termes dont la distance est inférieure à 0,4, nous aurions retrouvé près de 75% de l'ensemble des termes pertinents et les experts auraient retenu près de la moitié des termes à valider comme pertinents.

Les observations faites dans le cadre de cette expérience montrent que l'on peut filtrer efficacement les candidats-termes qui sont donnés à valider à des terminologues en exploitant les sorties de différents extracteurs et/ou en s'appuyant sur une terminologie source. Le but est de donner des listes suffisamment filtrées pour que le travail de validation ne soit pas trop fastidieux et que les termes pertinents ne soient pas noyés sous le bruit. Nous considérons que juger 1 terme pertinent sur 3 constitue une tâche de validation raisonnable, d'autant que les termes rejetés en suggèrent souvent d'autres plus pertinents.

| | Phase 1 | Phase 2 | | Phase 1 | Phase 2 |
|---|---|---|---|---|---|
| Percent Agreement | 80% | 88,4% | N Accords | 200 | 221 |
| Pi de Scott | 0,531 | 0,751 | N Désaccords | 50 | 29 |
| Kappa de Cohen | 0,532 | 0,752 | | | |

TABLE 3 – Évolution des accords inter-annotateurs

# 4 Contrôler la qualité de la validation

Une fois que la liste de candidats-termes à valider par les experts est constituée (à l'aide des stratégies de filtrage présentées dans la section précédente) peut débuter la phase de validation manuelle. La principale difficulté que soulève cette phase tient à la subjectivité des jugements de pertinence des experts du domaine qui est elle-même liée à leur compréhension de l'application visée et du type de terminologie que l'on cherche à construire. Par exemple un terme long comme *aerosol of stable radioactive nanoparticle* semble bien formé mais est-il pertinent pour enrichir le référentiel d'indexation, et si ce n'est pas le cas quel sous-terme privilégier ? *aerosol*, *radioactive nanoparticle* ou *stable nanoparticle* ?

Pour contrôler la subjectivité des jugements, nous proposons, en nous inspirant de la méthodologie proposée par (Fort, 2012) pour l'annotation de corpus, de mettre en place une phase de pré-campagne de validation et de calculer les accords inter-juges tout au long du processus de validation. La phase de pré-campagne permet de mettre à jour un guide de validation qui fixe les consignes de validation et l'esprit dans lequel cette validation doit être faite, jusqu'à ce que les accords deviennent satisfaisants. Une fois le niveau de qualité requis atteint, la validation à grande échelle peut se faire. Pour les campagnes de grande envergure, il est probablement souhaitable de re-mesurer également à intervalle régulier les accords intra et inter-juges pour s'assurer que le processus de validation ne dévie pas.

Nous avons proposé aux deux experts de l'INIST de valider en double aveugle 250 candidats-termes choisis aléatoirement dans notre échantillon de 3 000. Nous avons ensuite calculé les accords entre leurs jugements (première colonne du tableau 3). Comme ces valeurs étaient basses, nous avons analysé en détail les cas de désaccords dans les jugements et les commentaires. Les problèmes rencontrés étaient majoritairement dus à des questions de découpage des termes longs (par exemple *corosolic acid content of banaba extract* doit être découpé en *corosolic acid*, *banaba* et *extract*), mais aussi de généricité des termes (*review paper* est incorrect car trop générique tandis que *retrospective study* est correct car important en épidémiologie) et de termes hors du domaine du référentiel (*hydroxyglitazone*). Certains cas étaient vraiment problématiques comme *streptozotocin* qui est non pertinent (composé chimique servant à induire une pathologie expérimentale), tandis que *streptozotocin induced diabetes* est pertinent (pathologie expérimentale induite par le composé chimique). Cette analyse a permis de spécifier clairement les consignes dans le guide de validation, en dissociant notamment les objectifs d'enrichissement du référentiel d'indexation et de création d'une terminologie pour l'annotation de corpus. Cette clarification a permis d'améliorer les accords sur un nouveau jeu de 250 termes validés en double aveugle (deuxième colonne du tableau 3). A partir de là, les experts ont pu valider des 2 500 candidats termes restants. Cette expérience montre qu'en procédant avec méthode, on peut contrôler la subjectivité des jugements de validation et ainsi obtenir une terminologie de bonne qualité à partir des extracteurs de termes.

# 5 Conclusion et perspectives

Cet article propose une méthodologie permettant d'exploiter les sorties d'extracteurs de termes pour construire ou enrichir des terminologies à un coût et avec une qualité raisonnables. On ne peut pas se contenter de donner des listes de candidats-termes à valider aux terminologues. Cela s'apparente à chercher un terme pertinent un peu à l'aveuglette dans un amas de termes bruités : le travail de validation ne peut être de bonne qualité, l'attention se relâche, les critères deviennent flous, les objectifs sont perdus de vue.

Nous avons montré qu'on peut cependant adopter des stratégies simples pour filtrer *a priori* le gros du bruit dans les listes de candidats-termes en faisant voter plusieurs extracteurs de termes et/ou en mesurant la distance des termes proposés à ceux d'une terminologie de référence prise comme point de départ. Il reste à voir comment ces deux critères peuvent être combinés pour exploiter au mieux l'expertise humaine lors de la validation.

Nous avons montré par ailleurs qu'un protocole de validation clair, avec un guide de validation et le contrôle des accords inter-juges, permet d'atteindre une bonne stabilité de validation, seule garantie de la qualité des jugements humains qui sont ainsi posés.

# Références

AUBIN, S. et HAMON, T. (2006). Improving term extraction with terminological resources. *In* SALAKOSKI, T., GINTER, F., PYYSALO, S. et PAHIKKALA, T., éditeurs : *Advances in Natural Language Processing 5th International Conference on NLP, FinTAL 2006*, pages 380–387, Turku, Finland. Springer.

CHOI, F. Y. Y. (1999). A flexible distributed architecture for nlp system development and use. *In Proceedings of the 37th annual meeting of the Association for Computational Linguistics on Computational Linguistics*, ACL '99, pages 615–618, Stroudsburg, PA, USA. Association for Computational Linguistics.

DAILLE, B. (2003). Conceptual structuring through term variations. *In* BOND, F., KORHONEN, A., MACCARTHY, D. et VILLACICENCIO, A., éditeurs : *Proceedings of ACL 2003 Workshop on Multiword Expressions : Analysis, Acquisition and Treatment*, pages 9–16.

DROUIN, P. (2006). Termhood experiments : quantifying the relevance of candidate terms. *Modern Approaches to Terminological Theories and Applications*, 36:375–391.

FORT, K. (2012). *Les ressources annotées, un enjeu pour l'analyse de contenu : vers une méthodologie de l'annotation manuelle de corpus*. Thèse, Université Paris-Nord – Paris XIII.

JACQUEMIN, C. et BOURIGAULT, D. (2003). Term extraction and automatic indexing. *In* MITKOV, R., éditeur : *Handbook of Computational Linguistics*, chapitre 19, pages 599–615. Oxford University press, Oxford, GB.

MONDARY, T., NAZARENKO, A., ZARGAYOUNA, H. et BARREAUX, S. (2012). The Quaero Evaluation Campaign on Term Extraction. *In The eighth international conference on Language Resources and Evaluation (LREC)*, pages 663–669, Istanbul, Turkey.

ZARGAYOUNA, H. et NAZARENKO, A. (2010). Evaluation of Textual Knowledge Acquisition Tools : a Challenging Task. *In Proceedings of the International Conference on Language Resources and Evaluation (LREC 2010)*, pages 435–440, Valletta, Malte.

# DAnIEL : Veille épidémiologique multilingue parcimonieuse

Gaël Lejeune, Romain Brixtel, Charlotte Lecluze, Antoine Doucet, Nadine Lucas
Normandie Université; UNICAEN, GREYC, CNRS UMR 6072, F-14032 Caen
prénom.nom@unicaen.fr

RÉSUMÉ

DAnIEL est un système multilingue de veille épidémiologique. DAnIEL permet de traiter un grand nombre de langues à faible coût grâce à une approche parcimonieuse en ressources.

ABSTRACT

**DAnIEL, parsimonious yet high-coverage multilingual epidemic surveillance**

DAnIEL is a multilingual epidemic surveillance system. DAnIEL relies on a parsimonious scheme making it possible to process new languages at small cost.

MOTS-CLÉS : extraction d'information, recherche d'information, veille, multilinguisme, genre journalistique, grain caractère.

KEYWORDS: information extraction, information retrieval, news surveillance, multilingualism, news genre, character-level analysis.

DAnIEL (*Data Analysis for Information Extraction in any Language*) est un système multilingue de veille épidémiologique développé au GREYC. Les systèmes de veille peinent à couvrir un grand nombre de langues du fait d'un coût élevé en ressources (Steinberger, 2011) : lemmatiseur, analyseur syntaxique ou encore ontologie du domaine. DAnIEL est au contraire conçu pour pouvoir traiter de nouvelles langues avec un **coût marginal minimal** (Lejeune *et al.*, 2012). Ainsi, il est possible de détecter un évènement dès le premier article publié, indépendamment de la langue dans laquelle celui-ci est rédigé.

DAnIEL se base sur les propriétés du genre journalistique d'une part et sur une analyse au grain caractère d'autre part. Un document décrit un évènement épidémiologique si des **chaînes de caractères** particulières sont répétées à des **positions clefs**. Ces chaînes de caractères sont choisies via un algorithme de détection de chaîne de caractères répétées maximales conjointement à un lexique minimal. Cela permet à DAnIEL d'être indépendant de toute description grammaticale locale. DAnIEL s'affranchit ainsi de l'usage de grammaires et facilite le traitement des langues à morphologie riche ; langues pour lesquelles les ressources sont rares (finnois, grec, polonais, tchèque...).

Le traitement d'une nouvelle langue par DAnIEL nécessite une quantité limitée de lexique de manière à faciliter l'extension du système, que ce soit de manière automatique (aspiré sur *Wikipedia*) ou par le biais d'un utilisateur (épidémiologiste). Ces ressources sont aisément modifiables, ce sont environ 50 mots-clés par langue.

La Figure 1 présente un exemple d'extraction d'évènement en grec. DAnIEL a été évalué sur 17 langues pour mesurer la plus-value offerte vis-à-vis du système manuel de référence *ProMED-mail* (Lejeune *et al.*, 2013). Cette expérience a montré que DAnIEL comble les lacunes de couverture et accélère considérablement le délai de détection des événements épidémiologiques dans des régions du globe mal couvertes : Afrique et Asie du Sud-Est mais aussi Europe centrale. Le coût marginal de traitement d'une nouvelle langue par le système est de deux heures-homme (contre plusieurs mois ordinairement). Toutefois, quelques minutes suffisent pour obtenir des premiers résultats fiables. Les résultats extraits par DAnIEL sont disponibles en ligne [1].

Durant cette démonstration nous aurons l'occasion d'utiliser DAnIEL sur les cas suivants :
- traitement de langues morphologiquement riches ;
- test du système sur des documents proposés par des utilisateurs ;
- détection d'événements sur des fils de presse multilingues.

Nous souhaitons promouvoir l'utilisation de méthodes simples et reproductibles, adaptées au traitement de données multilingues. La combinaison d'un modèle de document, dépendant du genre de texte et non de la langue, et d'une analyse au grain caractère, permet d'envisager d'autres applications.

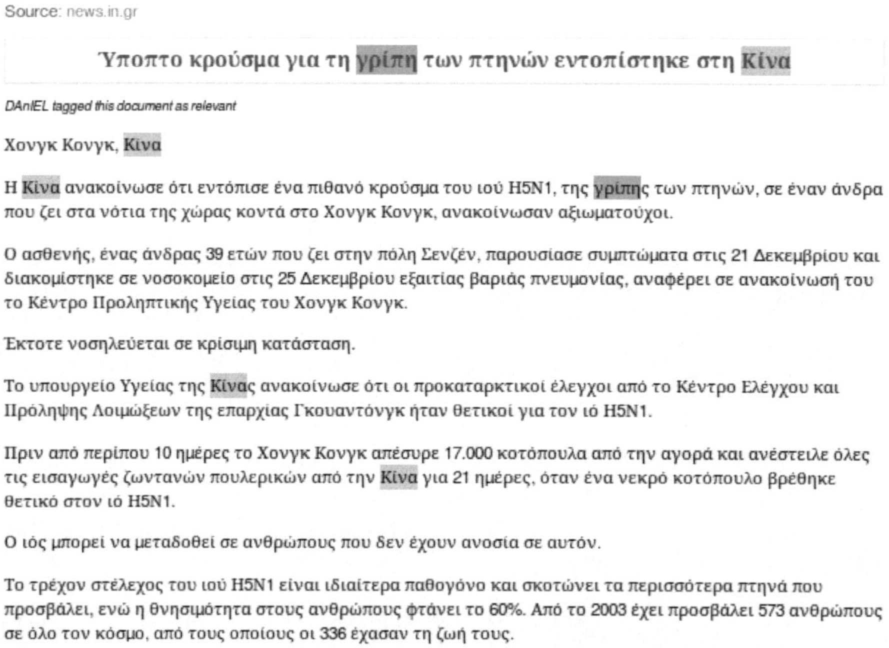
Source: news.in.gr

Ύποπτο κρούσμα για τη γρίπη των πτηνών εντοπίστηκε στη Κίνα

*DAnIEL tagged this document as relevant*

Χονγκ Κονγκ, Κίνα

Η Κίνα ανακοίνωσε ότι εντόπισε ένα πιθανό κρούσμα του ιού H5N1, της γρίπης των πτηνών, σε έναν άνδρα που ζει στα νότια της χώρας κοντά στο Χονγκ Κονγκ, ανακοίνωσαν αξιωματούχοι.

Ο ασθενής, ένας άνδρας 39 ετών που ζει στην πόλη Σενζέν, παρουσίασε συμπτώματα στις 21 Δεκεμβρίου και διακομίστηκε σε νοσοκομείο στις 25 Δεκεμβρίου εξαιτίας βαριάς πνευμονίας, αναφέρει σε ανακοίνωσή του το Κέντρο Προληπτικής Υγείας του Χονγκ Κονγκ.

Έκτοτε νοσηλεύεται σε κρίσιμη κατάσταση.

Το υπουργείο Υγείας της Κίνας ανακοίνωσε ότι οι προκαταρκτικοί έλεγχοι από το Κέντρο Ελέγχου και Πρόληψης Λοιμώξεων της επαρχίας Γκουαντόνγκ ήταν θετικοί για τον ιό H5N1.

Πριν από περίπου 10 ημέρες το Χονγκ Κονγκ απέσυρε 17.000 κοτόπουλα από την αγορά και ανέστειλε όλες τις εισαγωγές ζωντανών πουλερικών από την Κίνα για 21 ημέρες, όταν ένα νεκρό κοτόπουλο βρέθηκε θετικό στον ιό H5N1.

Ο ιός μπορεί να μεταδοθεί σε ανθρώπους που δεν έχουν ανοσία σε αυτόν.

Το τρέχον στέλεχος του ιού H5N1 είναι ιδιαίτερα παθογόνο και σκοτώνει τα περισσότερα πτηνά που προσβάλει, ενώ η θνησιμότητα στους ανθρώπους φτάνει το 60%. Από το 2003 έχει προσβάλει 573 ανθρώπους σε όλο τον κόσμο, από τους οποίους οι 336 έχασαν τη ζωή τους.

FIGURE 1 – Extraction de l'évènement grippe, Chine (γρίπη, Κίνα) dans un article en grec

# Références


LEJEUNE, G., BRIXTEL, R., DOUCET, A. et LUCAS, N. (2012). DAnIEL : Language Independent Character-Based News Surveillance. *In Advances in Natural Language Processing, Springer LNAI 7614*, pages 64–75.

LEJEUNE, G., BRIXTEL, R., LECLUZE, C., DOUCET, A. et LUCAS, N. (2013). Added-value of automatic multilingual text analysis for epidemic surveillance. *14th Conf. Artificial Intelligence in Medicine AIME, Murcia, May*.

STEINBERGER, R. (2011). A survey of methods to ease the development of highly multilingual text mining applications. *Language Resources and Evaluation*, pages 1–22.


1. `https://daniel.greyc.fr`

# Lexique multilingue dans le cadre du modèle linguistique Compreno développé par ABBYY

Elena Kozlova Maria Gontcharova Tatiana Popova
ABBYY, 2B rue Otradnaya, Moscou, Russie
Helen_Koz@abbyy.com maria_go@abbyy.com Tatiana_P@abbyy.com

RÉSUMÉ

Le lexique multilingue basé sur une hiérarchie sémantique universelle fait partie du modèle linguistique Compreno destiné à plusieurs applications du TALN, y compris la traduction automatique et l'analyse sémantique et syntaxique. La ressource est propriétaire et n'est pas librement disponible.

ABSTRACT

Multilingual lexical database in the framework of COMPRENO linguistic model developed by ABBYY

The multilingual lexical database based on the universal semantic hierarchy is part of Compreno linguistic model. This model is meant for various NLP applications dealing with machine translation, semantic and syntactic analysis. The resource is private and is not freely available.

MOTS-CLÉS : Lexique multilingue, hiérarchie sémantique universelle, traduction automatique.
KEYWORDS: Multilingual lexical database, universal semantic hierarchy, machine translation.

Nous présentons le composant sémantique du modèle linguistique Compreno. Ce modèle comprend 4 modules interdépendants : morphologique, sémantique, syntaxique, statistique, et dispose non seulement des mécanismes de désambiguïsation, mais aussi d'un large éventail d'outils pour traiter l'asymétrie translinguistique (Manicheva et al., 2012). Pour le moment la description de l'anglais (99000 classes lexicales) et du russe (87000 classes lexicales) est presque terminée ; la description du français (11500 classes lexicales), de l'allemand (13000 classes lexicales) et du chinois (8500 classes lexicales) est en cours. À présent le système assure la traduction de haute qualité de l'anglais en russe (Anisimovich et al, 2012). Les directions GE<->RU et FR<-> RU ont été également testées en version alpha.

Le pivot du modèle est une hiérarchie sémantique universelle (HS) qui sert de cadre pour des bases de données lexicales de différentes langues naturelles. La HS est organisée comme un arbre dont les nœuds, nommés classes sémantiques (CS), sont liés par des relations d'hypéronymie/hyponymie. Les CS correspondent à la notion de champs sémantique et sont reparties en 5 branches principales : ENTITY_LIKE_CLASSES, AREA_OF_HUMAN_ACTIVITY, CHARACTERISTIC_AND_VALUE, CONDITION et SITUATION. Chaque CS ne peut avoir qu'un seul ascendant direct et hérite les propriétés de son parent. Les CS universelles comportent des classes lexicales (CL), spécifiques à chaque langue. D'une part, les CL sont des éléments de la HS, c'est-à-dire elles sont des sens, d'autre part, elles comportent des lexèmes qui proviennent du module morphologique. Les CL peuvent contenir des lexèmes de différentes parties du discours. Vu la polysémie lexicale, le même lexème peut se trouver dans plusieurs CL et hériter de leurs propriétés. De ce point de vue, il est nommé dérivé grammaticale (DG). Encore un type de descendants des CL est nommé dérivé sémantique (DS) dont le sens se compose du sens du mot principal et d'un ou de plusieurs éléments de sens supplémentaires, comme dans lire-relire (répétitivité).

Les dépendances sémantiques sont décrites dans le modèle Compreno en termes de positions sémantiques. Il y a des positions sémantiques pour les actants verbaux, pour les modificateurs adverbiaux et adjectivaux, pour les compléments circonstanciels et pour beaucoup d'autres relations sémantiques (plus de 300 positions sémantiques au total). L'ensemble des positions sémantiques typiques de chaque CS constitue son modèle sémantique profond. Les sémantèmes sont porteurs des éléments de sens universels. *Les sémantèmes distributionnels* servent à regrouper des CS de différentes branches ayant des propriétés similaires pour mieux décrire la compatibilité (par exemple, <<Place>> dans la CS SPACE_AND_SPATIAL_OBJECTS et la CS ORGANIZATION). *Les sémantèmes différentiels* aident à distinguer de différentes CL au sein d'une CS (par exemple, dans la CS INTENSITY_OF_CONDITIONS_AND_CHARACTERISTICS 'subtil' diffère de 'léger' par <<Very_High_Degree>>). Possédant un jeu de sémantèmes similaires, les CL au sein d'une même CS sont des synonymes. Elles sont des antonymes si elles diffèrent par les sémantèmes de polarité (<<Polarity_Plus>> ou <<Polarity_Minus>>).

Le modèle Compreno prévoit la description des groupes de mots à l'aide des termes, idiomes et collocations. Les termes et les idiomes sont des variétés des CL et prennent part au choix lexical au même titre que les CL. Les collocations sont prévues pour chaque paire de langues concrètes, permettent d'améliorer la traduction et augmentent la possibilité de choix d'une classe correcte.

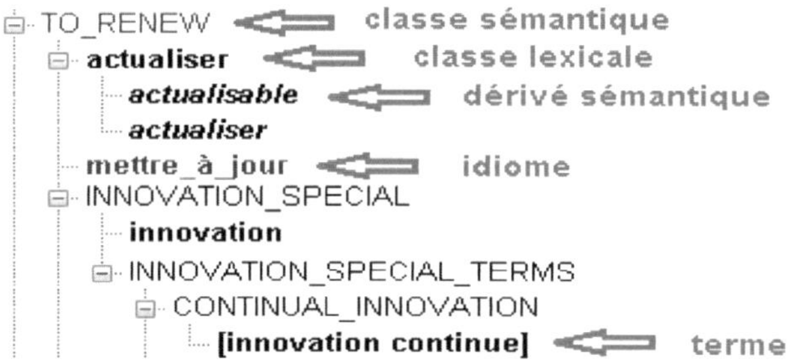


FIGURE 1 – Un fragment de la HS.

La HS a été créée à la base du russe et de l'anglais. Cependant l'ajout de nouvelles langues, même typologiquement différentes, a montré que la structure universelle ne demande pas de modifications profondes. Le mécanisme de représentativité des CS, c'est- à-dire de possibilité ou d'impossibilité pour une CS de chercher un équivalent de traduction dans son parent, permet d'éviter le regroupement infini des CS. L'ajout de nouvelles CS pour des notions uniques d'une langue donnée ne pose pas de problèmes puisque les groupes de mots décrivant de telles notions dans d'autres langues sont ajoutés comme termes ou idiomes.

## Références

ANISIMOVICH, K. V., DRUZHKIN, K. Y., MINLOS, F. R., PETROVA M. A., SELEGEY V. P., ZUEV K.A. (2012). Syntactic and semantic parser based on ABBYY Compreno linguistic technologies, *Komp'juternaja lingvistika i intellektual'nye tehnologii: Trudy mezhdunarodnoj konferencii 'Dialog' 2012* [Computational Linguistics and Intellectual Technologies: Proc. of the Internat. Conf. "Dialog 2012"], Bekasovo.

MANICHEVA E., PETROVA M., KOZLOVA E., POPOVA T. (2012). Compreno Semantic Model as Integral Framework for Multilingual Lexical Database. *In Proc. of the Workshop on Cognitive Aspects of the Lexicon (CogALex 2012),* Mumbai, India.

# Inbenta Semantic Search Engine : un moteur de recherche sémantique inspiré de la Théorie Sens-Texte

Manon Quintana
INBENTA FR 164 route de Revel 31400 Toulouse
mquintana@inbenta.com

RÉSUMÉ

Avec la digitalisation massive de documents apparaît la nécessité de disposer de systèmes de recherche capables de s'adapter aux habitudes de recherche des utilisateurs et de leur permettre d'accéder à l'information rapidement et efficacement.

INBENTA a ainsi créé un moteur de recherche intelligent appellé *Inbenta Semantic Search Engine* (ISSE). Les deux tâches principales de l'ISSE sont d'analyser les questions des utilisateurs et de trouver la réponse appropriée à la requête en effectuant une recherche dans une base de connaissances. Pour cela, la solution logicielle d'INBENTA se base sur la Théorie Sens-Texte qui se concentre sur le lexique et la sémantique.

ABSTRACT

Inbenta Semantic Search Engine: a semantic search engine inspired by the Meaning-Text Theory

The need to have search systems able to adapt themselves to the particular way users pose their questions so that they can get a quick and efficient access to information is increasingly relevant due to the huge digitalization of documents.

To cope with this reality, INBENTA has developed an intelligent search engine, called Inbenta Semantic Search Engine (ISSE). ISSE's main two tasks are analysing users' queries and finding the most appropriate answer to those questions in a knowledge-base. To carry out these tasks, INBENTA's software solution relies upon the Meaning-Text Theory, which focusses on the lexicon and semantics.

MOTS-CLÉS : Moteur de Recherche Sémantique, Théorie Sens-Texte, fonction lexicale
KEYWORDS: Semantic Search Engine, Meaning-Text Theory, lexical function

## 1 Théorie Sens-Texte

Nous considérons que le système idéal d'accès à l'information doit traiter le besoin de l'utilisateur à un niveau sémantique. La sémantique permet en effet d'améliorer la précision des résultats. En se basant sur les études faites par l'Observatoire de Linguistique Sens-texte (OLST) de l'Université de Montréal et le Laboratoire de Phonétique, Lexicologie et Sémantique (Flexsem) de l'Université Autonome de Barcelone, INBENTA a intégré les idées sous-jacentes à la théorie Sens-Texte de I. Mel'čuk en incorporant à ses descriptions linguistiques la notion de fonction lexicale.

Les Fonctions Lexicales sont spécialement désignées pour représenter formellement les relations entre les mots, et, par conséquent, elles nous permettent de formaliser et de décrire de manière simple le complexe réseau des relations lexicales que présente le langage.

# 2 Ressources linguistiques chez INBENTA

INBENTA travaille depuis plus de 8 ans dans le traitement automatique des langues et dispose d'une vaste base de connaissances et de données linguistiques de plus de 11 langues. Pour analyser le langage naturel, l'ISSE comprend une série de ressources linguistiques propres comme un correcteur orthographique, un module de désambiguisation, des dictionnaires électroniques génériques et spécialisés et un moteur de traitement de langage naturel.

## 2.1 Dictionnaires

Les dictionnaires éléctroniques d'INBENTA sont, sans nul doute, un des points clés du fonctionnement du moteur de recherche intelligent ISSE.

Au niveau de la macrostructure, celui-ci est uniquement composé d'unités lexicales. C'est-à-dire que chaque entrée du dictionnaire correspond à un triplet constitué d'une forme (ou un paradigme de formes), d'un sens et d'une combinatoire. Actuellement, le dictionnaire général du français d'INBENTA compte près de 20 481 unités lexicales qui donne lieu à 160 181 formes fléchies.

Au niveau microstructurel, chaque unité lexicale est associée à différents types d'information lexicographiques: le paradigme flexionnel, la catégorie grammaticale et une des informations essentielles et la plus novatrice, les champs d'information dédiés à la combinatoire de l'unité lexicale.

## 2.2 Fonctions lexicales

Actuellement, nos dictionnaires rassemblent des informations de type paradigmatique et syntagmatique sous les fonctions lexicales suivantes :

Syn: décrit les relations synonymiques entre les unités lexicales → *Syn(wifi)=internet*

$N_0$: représente la nominalisation des unités lexicales → *$N_0$(voler)=vol*

$V_0$: représente la verbalisation → *$V_0$(voyage)=voyager*

$A_2$: représente le dérivé sémantique adjectival → *$A_2$(ouvrir)=ouvert*

Oper: verbe support permettant de verbaliser un complément → *Oper(âme)=rendre*

Le moteur de recherche sémantique est capable de regrouper les signifiés équivalents ou proches indépendamment de leur signifiant. L'ISSE reconnaîtra ainsi que « véhicule », « auto », « voiture » sont sémantiquement liés et pourra les regrouper de façon efficace pour l'analyse.

# 3 Perspectives d'évolution de la solution

Il existe environ 70 fonctions lexicales standards dans la théorie Sens-texte. Notre principal objectif est de sélectionner les fonctions lexicales qui enrichiront la description de nos unités lexicales et amélioreront le moteur de recherche sémantique d'INBENTA.

# FMO : un outil d'analyse automatique de l'opinion

Jean-Leon Bouraoui Marc Canitrot
Prometil, 42 Avenue du Général de Croutte, 31100 Toulouse
{jl.bouraoui,m.canitrot}@prometil.fr

RÉSUMÉ

Nous décrivons notre prototype d'analyse automatique d'opinion. Celui-ci est basé sur un moteur d'analyse linguistique. Il permet de détecter finement les segments de texte porteurs d'opinions, de les extraire, et de leur attribuer une note selon la polarité qu'ils expriment. Nous présentons enfin les différentes perspectives que nous envisageons pour ce prototype.

ABSTRACT

**FMO: a tool for automated opinion mining**

We describe our prototype of automatic opinion mining. It is based on a linguistic analysis engine. It allows to subtly identifying the text phrases which bear some opinion, to extract them, and to give them a note according to the polarity that they express. Finally, we present the perspectives that we plan to carry out.

MOTS-CLÉS : Analyse d'opinion, e-reputation, extraction d'information.
KEYWORDS : Opinion mining, e-reputation, information extraction.

## 1 Contexte

Le traitement, manuel ou automatique, des opinions, est en pleine expansion[1], notamment en raison du développement des possibilités données au public d'exprimer son avis sur tous les sujets. Nous proposons un dispositif permettant une analyse linguistique beaucoup plus fine que la plupart des solutions existantes. Nous en décrivons les principes ci-dessous.

## 2 Présentation du prototype

Notre moteur de traitement est fondé sur la constatation que les opinions sont exprimées sous la forme d'expressions évaluatives, dont les principaux composants sont un *attribut* (un critère susceptible de faire l'objet d'un jugement d'opinion) et une *valeur* (l'opinion elle-même) (Garcia Villalba, 2012). Par exemple, dans des textes évaluant la qualité d'un hôtel, la chambre sera considérée comme un attribut, qui peut faire l'objet de différentes valeurs (« confortable », « propre », etc.). Notre système permet d'extraire l'attribut et la

[1] Cf. notamment analyses de BIA/Kelsey de 2010 (www.biakelsey.com/research-and-forecasts)

valeur correspondante ainsi que l'expression où elles apparaissent. Pour ces analyses, le système utilise une grammaire à plusieurs niveaux de règles, décrivant notamment les relations discursives entre attributs et arguments, ainsi que les composants lexico-syntaxiques sous-jacents (noms, adjectifs, mais aussi modifieurs tels que les adverbes, les négations ...). Par rapport à l'état de l'art, cette méthodologie permet d'identifier correctement des expressions évaluatives même lorsqu'elles sont complexes et ambigües. Nous avons adapté à notre contexte industriel les principes de la plate-forme Textcoop (Saint-Dizier, 2012). Celle-ci permet de concevoir et implémenter ces règles sur la base d'un formalisme aisément adaptable quels que soient le domaine de langage ou l'application visée. Son architecture permet notamment de distinguer les règles de haut niveau des ressources linguistiques, et ainsi de paramétrer finement les éléments recherchés. Notre but est de pouvoir ainsi proposer à des clients, particuliers et professionnels, un outil de veille d'opinion détaillée, mais aussi synthétique.

Pour l'instant, notre système est adapté au traitement des opinions portées sur les domaines de l'hôtellerie et de la réservation de voyages, pour lesquels il atteint une performance de correction d'annotation comprise entre 76 et 85% (selon les paramètres calculés). Les règles et les ressources correspondant ont été codées manuellement, sur une durée de près de deux mois par domaine (pour une personne). Une version précédente, adaptée à la thématique de la politique, avait été mise en ligne l'année dernière pendant les élections présidentielles (www.polirama2012.fr).

Le prototype dont nous ferons la démonstration utilise une interface graphique qui permet de choisir le ou les textes à traiter, d'afficher leur contenu avant et après traitement (sous la forme d'annotations), ainsi que la synthèse détaillée des résultats obtenus pour un ensemble de textes.

## 3 Perspectives

Nous envisageons de nombreuses améliorations, à deux principaux niveaux. D'une part, ajouter de nouveaux traitements, dont la prise en compte de l'argumentation et des suggestions éventuelles, à notre connaissance inédit dans l'état de l'art et le marché. D'autre part, semi-automatiser l'acquisition de ressources linguistiques, une caractéristique primordiale pour adapter notre plateforme à un large panel de clients et de domaines.

## Références

GARCIA VILLALBA M., SAINT-DIZIER P., Some Facets of Argument Mining for Opinion Analysis , *COMMA*, IOS PUBLISHING, VIENNE, SEPTEMBRE 2012.

P. SAINT-DIZIER, Processing Natural Language Arguments with the <TextCoop> Platform, *Journal of Argumentation and Computation*, vol 3-1, mars 2012.

# Corriger, analyser et représenter le texte Synapse Développement

Patrick Séguéla et Dominique Laurent
Synapse Développement, 33 rue Maynard, 31000 Toulouse
patrick.seguela@synapse-f.com dlaurent@synapse-fr.com

RÉSUMÉ

Synapse Développement souhaite échanger avec les conférenciers autour des technologies qu'elle commercialise : correction de textes et analyse sémantique.

Plusieurs produits et démonstrateurs seront présentés, notre but étant d'instaurer un dialogue et de confronter notre approche du TAL, à base de méthodes symboliques et statistiques influencées par des contraintes de production, et celles utilisées par les chercheurs, industriels ou passionnés qui viendront à notre rencontre.

ABSTRACT

Checking, analysing and representing texts

Synapse Développement would like to demonstrate its grammar checker and semantic analysis technologies to open exciting discussions with natural language specialists. We are particularly interested in discussing the scientific issues we have to face and solve according to our industrial needs.

MOTS-CLÉS : Correction grammaticale, analyse syntaxique, analyse sémantique, analyse d'opinions.
KEYWORDS : Grammar checker, POS tagging, semantic analysis, opinion mining.

## 1 Correction de texte

Une première démonstration portera sur le moteur de correction grammaticale du français. Le fonctionnement de ce dernier a déjà été présenté aux conférences TALN 2009 (Laurent et al, 2009).

Le moteur met en œuvre 53 000 règles de grammaire basées sur 1 460 000 informations grammaticales et sémantiques. Au-delà de l'aspect fonctionnel, visible sur le produit *Cordial*, nous montrerons comment sont construites ces règles et les outils que nous mettons en place pour toujours les faire évoluer en fonction des opportunités technologiques nouvelles (réseaux sociaux, sites participatifs avec mémoire d'édition, etc.) (Laurent, 2012), (Beaufort et al, 2010), (Wisniewski et al, 2010).

D'un point de vue plus technique, nous présenterons comment nous arrivons à maintenir une vitesse de traitement supérieure à 10 000 mots/seconde sur une machine du commerce en utilisant toujours plus de ressources linguistiques dans notre moteur.

## 2 Analyse de texte

Synapse Développement analyse les textes écrits, non structurés et les représente sous forme d'objets. Ces objets sont ensuite organisés pour proposer des applications à haute valeur ajoutée. L'idée de cette seconde démonstration est de présenter plusieurs applications autour de technologies d'analyse de texte et d'échanger sur la technologie elle-même ainsi que sur les différentes visualisations des résultats issus de ces technologies. Ces démonstrations sont disponibles sur le "lab" de Synapse.

Les technologies présentées seront l'étiquetage morpho-syntaxique (Laurent et al, 2009), l'analyse conceptuelle, l'Extraction d'entités nommées et l'analyse d'opinion (Chardon, 2013).

Les applications seront les suivantes :

1. Anonymisation de textes

2. Création automatique de métadonnées pour l'indexation, la recherche et la mise en relation de contenus proches

3. À partir de commentaires de restaurants : reconnaissance des plats servis, préférés et déconseillés pour un établissement. Évaluation automatique des restaurants sur plusieurs critères reconnus automatiquement : cuisine, ambiance, service, etc.

4. Analyse de la tonalité de commentaires sur une marque à partir des réseaux sociaux et flux RSS.

5. Création de parcours de lecture de textes issus commentaires : orientation (positive/négative), intensité, nature (conseil, jugement, sentiment).

## Références

BEAUFORT R. ROEKHAUT S. COUGNON L. et FAIRON C. (2010). Une approche hybride traduction/correction pour la normalisation des SMS. *Actes de TALN 2010 (Traitement automatique des langues naturelles)*, Montréal. ATALA.

CHARDON B. BENAMARA F. POPESCU V MATHIEU Y. et Asher N. (2013). Measuring the Effect of Discourse Structure on Sentiment Analysis. *In Proceedings of CICLING 2013 (Conference on Intelligent Text Processing and Computational Linguistics)*, Samos.

LAURENT D. (2012). Les vraies difficultés du français. ÉDITIONS SYNAPSE DÉVELOPPEMENT.

LAURENT D. NÈGRE S. et SÉGUÉLA P. (2009). L'analyseur syntaxique Cordial dans Passage. *Actes de TALN 2009 (Traitement automatique des langues naturelles)*, Senlis. ATALA, LIPN.

LAURENT D. NÈGRE S. et SÉGUÉLA P. (2009). Apport des cooccurrences à la correction et à l'analyse syntaxique. *Actes de TALN 2009 (Traitement automatique des langues naturelles)*, Senlis. ATALA, LIPN.

WISNIEWSKI G. MAX A. et YVON F. (2010). Recueil et analyse d'un corpus écologique de corrections orthographiques extraits des révisions Wikipedia. *Actes de TALN 2010 (Traitement automatique des langues naturelles)*, Montréal. ATALA.

# Une interface pour la validation et l'évaluation de chronologies thématiques

Xavier Tannier[1,2] Véronique Moriceau[1,2] Erwan Le Flem[1,3]
(1) LIMSI-CNRS
(2) Université Paris-Sud, 91403 Orsay, France
(3) IUT de Vannes
prenom.nom@limsi.fr

RÉSUMÉ

Cet article décrit une interface graphique de visualisation de chronologies événementielles construites automatiquement à partir de requêtes thématiques en utilisant un corpus de dépêches fourni par l'Agence France Pressse (AFP). Cette interface permet également la validation des chronologies par des journalistes qui peuvent ainsi les éditer et les modifier.

ABSTRACT

**An Interface for Validating and Evaluating Thematic Timelines**

This demo paper presents a graphical interface for the visualization and evaluation of event timelines built automatically from a search query on a newswire article corpus provided by the Agence France Pressse (AFP). This interface also enables journalists to validate chronologies by editing and modifying them.

MOTS-CLÉS : chronologie événementielle, évaluation, validation.

KEYWORDS: event timeline, evaluation, validation.

## 1 Construction des chronologies événementielles

Actuellement, les journalistes de l'Agence France Presse (AFP) construisent manuellement des chronologies événementielles textuelles dans le but de contextualiser des événements médiatiques. Elles sont sous forme d'une liste de dates (généralement entre 10 et 20) associées à un texte décrivant l'événement ayant eu lieu à cette date.

Nous avons développé un système capable de construire ce genre de chronologies événementielles thématiques à partir d'une requête utilisateur en utilisant un corpus de dépêches en français et en anglais fourni par l'AFP[1]. Nous considérons que les événements importants, ceux que nous souhaitons retrouver dans les chronologies, ont lieu à des dates importantes (du point de vue du thème imposé par la requête de l'utilisateur). Pour extraire les dates qui méritent de figurer dans une chronologie événementielle, les expressions temporelles dans les textes sont dans un premier temps reconnues et normalisées. Nous utilisons ensuite une approche par apprentissage pour extraire les dates saillantes pour un thème donné (Kessler *et al.*, 2012). En sortie, notre

1. Ce travail a été partiellement financé par l'ANR dans le cadre du projet Chronolines (ANR-10-CORD-010). Nous remercions l'AFP pour la mise à disposition du corpus et son concours pour la définition de l'interface.

système fournit une liste de dates (entre 20 et 300) classées de la plus à la moins importante par rapport au thème de la requête. Chaque date est accompagnée d'une description d'une phrase ainsi que d'un ensemble de phrases pertinentes pour l'événement décrit.

## 2 Interface de validation des chronologies

L'interface graphique comporte 3 vues (voir figure 1). La partie ① présente la chronologie construite automatiquement en fonction de la requête de l'utilisateur. L'importance de l'événement est indiquée par un code couleur. La partie ② permet à l'utilisateur de valider manuellement la chronologie. Il peut sélectionner dans ①, par glisser-déplacer, les événements qui lui semblent pertinents. Ceux-ci sont modifiables si besoin (date et description textuelle de l'événement). L'utilisateur peut également créer de nouveaux événements qui ne seraient pas présents dans les propositions de la chronologie automatique. Enfin, la partie ③ donne une visualisation de la chronologie validée sous forme de chronologie navigable. Elle est implémentée avec l'outil web SIMILE TimeLine, une API JavaScript permettant de générer des chronologies visuelles sur une page HTML. Cette interface permet non seulement de faciliter le travail des journalistes dans la construction de chronologies mais aussi d'évaluer la qualité des chronologies produites automatiquement en les comparant à celles produites par les journalistes.

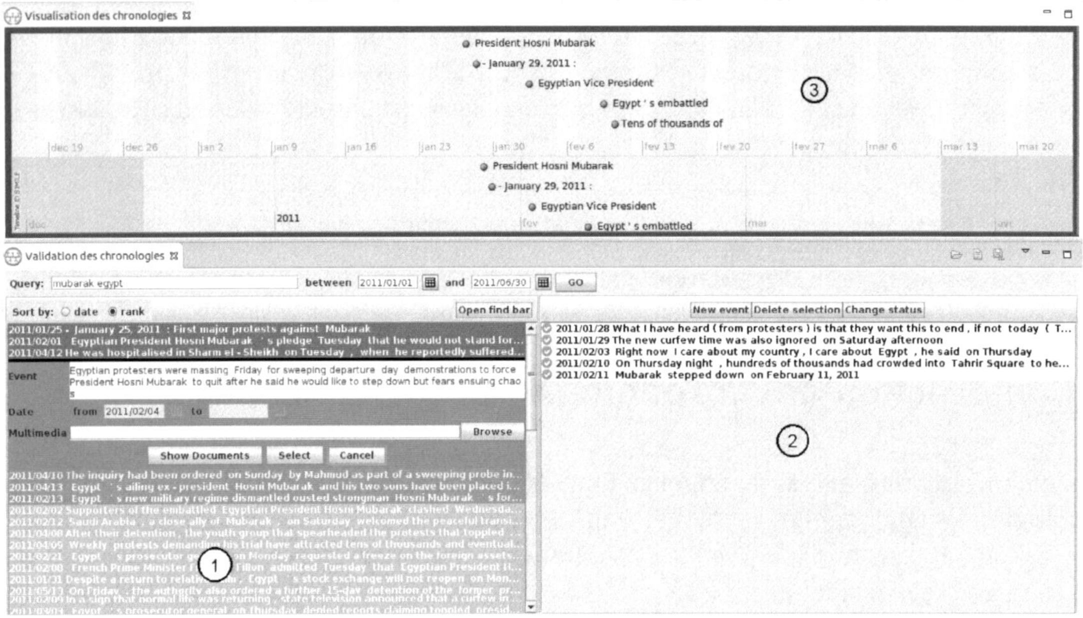


FIGURE 1 – Interface de visualisation et de validation des chronologies.

# Références

KESSLER, R., TANNIER, X., HAGÈGE, C., MORICEAU, V. et BITTAR, A. (2012). Finding Salient Dates for Building Thematic Timelines. *In 50th Annual Meeting of the ACL*, République de Corée.

# CasSys
# Un système libre de cascades de transducteurs

Denis Maurel Nathalie Friburger
Université François Rabelais Tours
denis.maurel@univ-tours.fr nathalie.friburger@univ-tours.fr

RÉSUMÉ

CasSys est un système de création et de mise en œuvre de cascades de transducteurs intégré à la plateforme Unitex. Nous présentons dans cette démonstration la nouvelle version implantée fin 2012. En particulier ont été ajoutées une interface plus conviviale et la possibilité d'itérer un même transducteur jusqu'à ce qu'il n'ait plus d'influence sur le texte. Un premier exemple concernera le traitement de texte avec une gestion complexe de balises XML et un deuxième présentera la cascade CasEN de reconnaissance des entités nommées.

ABSTRACT

**CasSys, a free transducer cascade system.**

CasSys is a free toolkit integrated in the Unitex platform to create and use transducer cascades. We are presenting the new version implemented at the end of 2012. The system interface has been improved and the Kleen star operation has been added: this operation allows applying the same transducer until it no longer produces changes in the text. The first example deals with complex XML text parsing and the second with CasEN, a free cascade for French Named Entity Recognition.

MOTS-CLÉS : cascade de transducteurs, graphes Unitex, texte avec balises XML, reconnaissance d'entités nommées.
KEYWORDS : transducer cascade, Unitex graphs, XML text, French Named Entity Recognition.

## 1 Présentation de CasSys

CasSys est un système de création et de mise en œuvre de cascades de transducteurs (Friburger, Maurel, 2004), aujourd'hui intégré à la plateforme Unitex. Il s'agit donc en fait de cascades de graphes au sens Unitex, plus puissants que de simples transducteurs, puisqu'ils permettent l'utilisation de variables. Une nouvelle version a été implantée en décembre 2012. En particulier une importante fonctionnalité a été ajoutée : la possibilité d'itérer un même transducteur jusqu'à ce qu'il n'ait plus d'influence sur le texte.

Dans cette démonstration, nous proposerons un premier exemple concernant le traitement de texte avec une gestion complexe de balises XML (section 2) et un deuxième présentant la cascade CasEN de reconnaissance des entités nommées (version 1), réalisée en suivant les consignes de la campagne Ester (section 3). Cette cascade est, elle aussi, librement accessible et ses ressources sont ouvertes. La cascade réalisée pour la campagne Etape sera disponible aussi, dès que les résultats officiels seront parus.

# 2 Traitement du balisage XML

Dans le cadre du projet Région Centre Renom pour la recherche d'entités nommées dans des textes de la Renaissance[1], nous avons dû traiter des textes où l'ensemble de la mise en page était indiquée sous un format XML, rendant difficile l'accès à l'analyse du texte lui-même. Le texte final devait comporter à la fois les balises de mise en page et les balises désignant les entités nommées. L'utilisation d'une cascade permet à des non-informaticiens de faire des manipulations complexes sur le texte sans avoir à coder : par exemple, ignorer des balises lorsqu'elles ne sont pas nécessaires à l'analyse (lettrines, début de ligne…), rétablir les mots coupés par un saut de ligne ou bas de page, choisir la forme corrigée et non la forme originale lorsque des corrections sont ajoutées (en général, des apostrophes absentes du texte original). Par exemple :

| | | |
|---|---|---|
| Coupure en fin de ligne | <p><br><hi rend="larger">E</hi>Nceste mesme heure Gargan<br><lb rend="hyphen"/>tua [...]<br><lb/> fut adverty [...] comment Picrocho-<br><lb rend="hyphen"/>le sestoit rempare a la Rocheclermaud [...]<br></p> | Pour la REN, on veut disposer de :<br>Gargantua<br>Picrochole<br>la Rocheclermaud |
| Ajout d'apos-trophe | <p> [...]<br><lb/>[...] sainct<br><lb/>Thomas<br><choice><orig>Langloys</orig><reg>L'angloys</reg></choice><br>voulut bien pour<br><lb/>yceulx mourir, [...]<br></p> | et<br>sainct Thomas L'angloys |

# 3 La cascade CasEN, version 1

La cascade CasEN, réalisée pour la campagne Ester, dans le cadre le cadre du projet ANR Variling et du projet FEDER Région Centre Entités nommées et nommables, est disponible librement et en ressources ouvertes[2]. Elle permet la reconnaissance d'entités nommées. Cette cascade, décrite dans (Maurel et al., 2011), est composée de 56 graphes et sera commentée lors de la démonstration (en particulier l'ordre des graphes qui n'est pas anodin !) . Un exemple de reconnaissance est donné ci-dessous :

« Au pire de la crise, <ENT type="time.date.rel">à l'automne dernier</ENT>, nous avons détenu jusqu'à 20 % de liquidités dans notre portefeuille », indique <ENT type="pers.hum"><ENT type="pers.hum"><forename>Denis </forename> <surname>Remacle</surname>, <ENT type="job">gérant d'<ENT type="org.com">Amplitude Pacifique</ENT></ENT></ENT>, une sicav de <ENT type="org.com">La Poste</ENT>.

## Références

FRIBURGER N., MAUREL D. (2004), Finite-state transducer cascade to extract named entities in texts, *Theoretical Computer Science*, vol. 313, 94-104.

MAUREL D., FRIBURGER N., ANTOINE J.-Y., ESHKOL-TARAVELLA I., NOUVEL D. (2011). Cascades de transducteurs autour de la reconnaissance des entités nommées. *Traitement automatique des langues*, 52(1):69-96.

[1] Ici, *Gargantua* de Rabelais, dans sa version originale
[2] http://tln.li.univ-tours.fr/Tln_CasEN.html

# iMAG : post-édition, évaluation de qualité de TA et production d'un corpus parallèle

Lingxiao WANG Ying ZHANG
GETALP – LIG, 41 rue des Mathématiques, BP 53, 38041 Grenoble Cedex 9
Lingxiao.Wang@imag.fr, Ying.Zhang@imag.fr

RÉSUMÉ

Une passerelle interactive d'accès multilingue (iMAG) dédiée à un site Web S (iMAG-S) est un bon outil pour rendre S accessible dans beaucoup de langues, immédiatement et sans responsabilité éditoriale. Les visiteurs de S ainsi que des post-éditeurs et des modérateurs payés ou non contribuent à l'amélioration continue et incrémentale des segments textuels les plus importants, et éventuellement de tous. Dans cette approche, les pré-traductions sont produites par un ou plusieurs systèmes de Traduction Automatique (TA) gratuits. Il y a deux effets de bord intéressants, obtenables sans coût additionnel : les iMAGs peuvent être utilisées pour produire des corpus parallèles de haute qualité, et pour mettre en place une évaluation permanente et finalisée de multiples systèmes de TA.

ABSTRACT

**iMAG : MT-postediting, translation quality evaluation and parallel corpus production**

An interactive Multilingual Access Gateway (iMAG) dedicated to a web site S (iMAG-S) is a good tool to make S accessible in many languages immediately and without editorial responsibility. Visitors of S as well as paid or unpaid post-editors and moderators contribute to the continuous and incremental improvement of the most important textual segments, and eventually of all. In this approach, pre-translations are produced by one or more free machine translation systems. There are two interesting side effects obtainable without any added cost: iMAGs can be used to produce high-quality parallel corpora and to set up a permanent task-based evaluation of multiple MT systems.

MOTS-CLÉS : post-édition, évaluation de systèmes de TA, production d'un corpus parallèle
KEYWORDS : post-edition, evaluation of MT systems, production of parallel corpora.

Nous proposons 3 démonstrations : (1) l'accès multilingue à un site Web, avec la post-édition de résultats de TA "à la Google" ; (2) la post-édition en mode avancé; (3) la production d'un corpus parallèle.

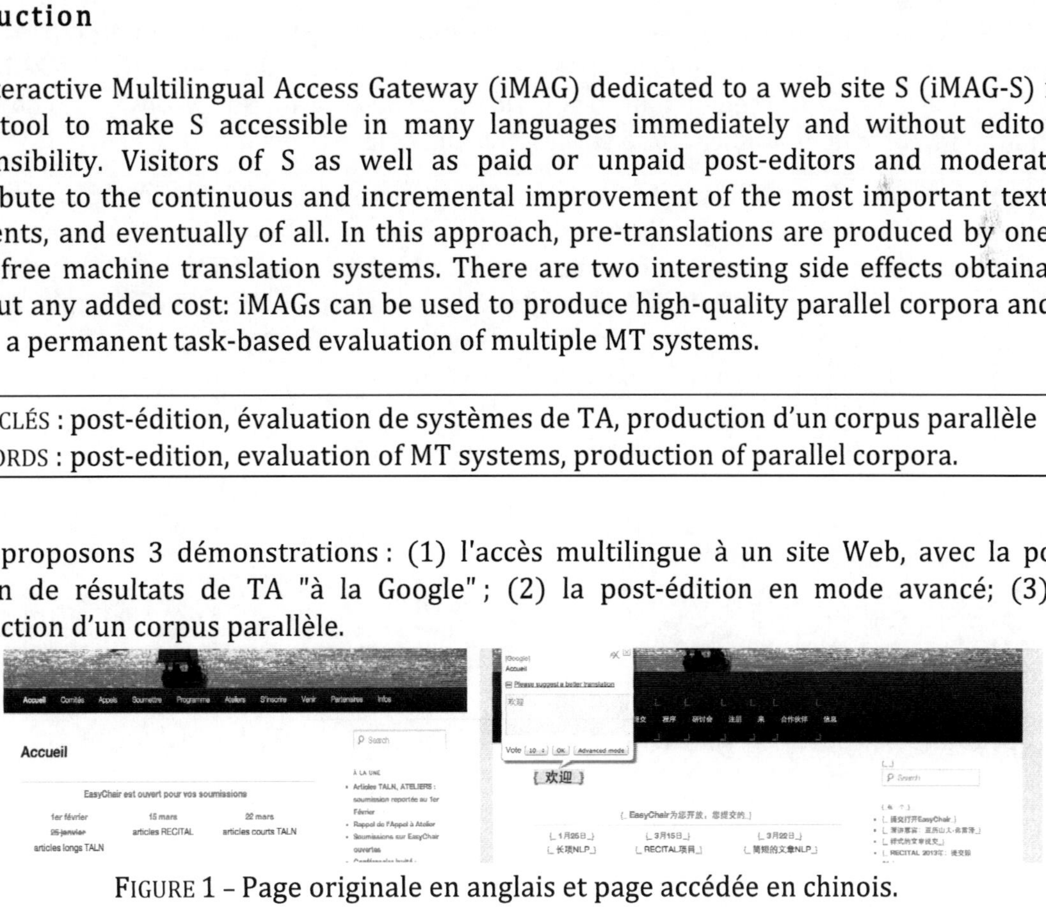


FIGURE 1 – Page originale en anglais et page accédée en chinois.

Voici un exemple d'accès au site Web de TALN 2013 en chinois. L'original est en anglais comme montré en figure 1. Nous choisissons le chinois dans le menu déroulant et cochons la case "Reliability". La page est désormais accessible en chinois, avec des parenthèses spéciales autour des segments. Les traductions initiales sont réalisées par un ou plusieurs serveurs de TA gratuits. Dans ce cas, nous utilisons Google Translate et Systran. Lorsque le curseur passe sur un segment, un tableau apparaît, à travers lequel la post-édition peut être effectuée directement, "sans couture". Le mode avancé de PE consiste à post-éditer un pseudo-document qui est en fait une partie de la mémoire de traductions (MT).

Dans la figure 2, le premier segment a été pré-traduit par Google Translate, et le deuxième segment a été post-édité. Nous pouvons voir la MT (pré-traductions et post-éditions), et voir la « distance d'édition » pour chaque segment, entre chaque pré-traduction ou post-édition différente alternative et le texte source.

FIGURE 2 – Post-édition en mode avancé (capture d'écran de SECTra_w).

Grâce à SECTra_w, qui offre un système d'annotation de chaque traduction ou post-édition d'un segment par un niveau de fiabilité (de * à *****) et un score de qualité (de 0 à 20), il est possible d'extraire de la mémoire de traductions, associée à un site Web S, une sous-MT vérifiant n'importe quel prédicat basé sur les niveaux et les scores.

L'exemple suivant (figure 3) montre une extraction simple, à partir de la partie français-chinois de la MT-Demo2. Le prédicat est [Level = 3 & score> = 13], et ses paramètres peuvent être choisis directement via l'interface graphique. La sélection peut être exportée (comme montré en figure 4), en 2 fichiers parallèles, dans un format XML simple, utilisée plus tard comme corpus supplémentaire d'apprentissage d'un système de TA empirique (comme Moses-LIG) pour être spécialisé à ce site Web.

FIGURE 3 – Extraction d'une « bonne » MT de la MT produite par post-édition « naturelle »

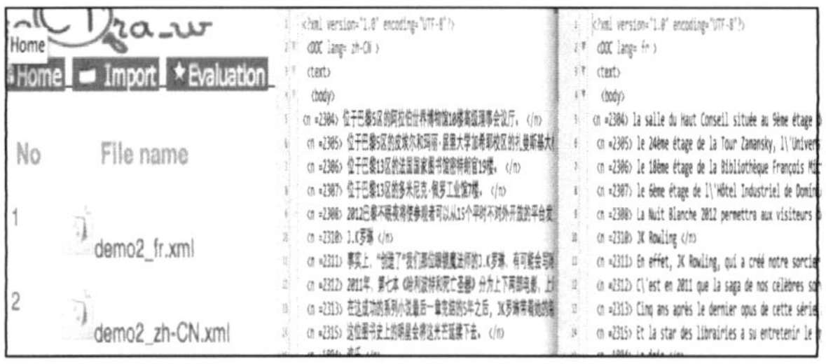


FIGURE 4 – Export d'une « bonne » MT

## Références

HUYNH, C.-P., BOITET, C., BLANCHON, H. & NGUYEN, H.-T. (2009). SECTra_w : an Online Collaborative System for Evaluating, Post-editing and Presenting MT Translation Corpora. *Proc. LREC-08*, Marrakech, 27-31/5/08, ELRA/ELDA, ed., 8 p.

# Technologies du Web Sémantique pour l'exploitation de données lexicales en réseau (*Lexical Linked Data*)

David Rouquet
LIG-GETALP
david.rouquet@imag.fr

RÉSUMÉ

Nous présentons des technologies du Web Sémantique utiles pour la gestion, le développement et l'exploitation de données lexicales en réseau.

ABSTRACT

**Semantic Web technologies for Lexical Linked Data management**

We present Semantic Web technologies for *Lexical Linked Data* management.

MOTS CLÉS : LEXICAL LINKED DATA, LEXIQUE MULTILINGUE, PIVOT, AXIES, SPARQL, SPIN.

KEYWORDS : LEXICAL LINKED DATA, MULTILINGUAL LEXICON, PIVOT, AXIES, SPARQL, SPIN.

## 1 Introduction

Les ressources lexicales multilingues sous forme de données en réseau (*Linked Data*) reçoivent un intérêt croissant en TALN (Chiarcos et al. 2012). Nous imaginons les ressources lexicales en réseau (*Lexical Linked Data, LLD*) comme un nuage de ressources interopérables améliorant la couverture des ressources isolées.

Les LLD offrent des avantages théoriques mais leur utilisation opérationnelle dans des applications de TALN n'est pas triviale. Parmi les avantages, on retient en particulier : l'interopérabilité syntaxique garantie par le standard RDF, l'interopérabilité conceptuelle que l'on peut atteindre à l'aide de schémas partagés (SKOS, Lemon, etc.) ou d'alignements entre ces schémas et enfin la possibilité d'interroger simultanément les dernières versions de ressources distribuées (sorte de *rolling release* pour les ressources).

Nous démontrons des solutions concrètes pour l'exploitation de LLD. Les technologies utilisées sont dérivées de SPARQL[1] et supportées par une API ouverte. La démonstration est réalisée avec l'environnement de développement propriétaire *TopBraid Composer.*

## 2 Problèmes traités dans la démonstration

Le premier problème pour exploiter de façon unifiée des données distribuées est leur référencement. L'enjeu est non seulement d'inventorier les ressources utiles mais également de décrire leurs schémas internes (*microstructures*). De plus les données en réseau sont liées selon un modèle pair à pair, comme illustré par la figure 1. Aussi, les « chemins » possibles pour résoudre une requête de traduction entre deux langues ne sont pas connus *a priori* ce qui augmente la complexité de la requête.

[1]SPIN (*SPARQL Inferencing Notation*) rules, SPIN map et SPARQL motion.

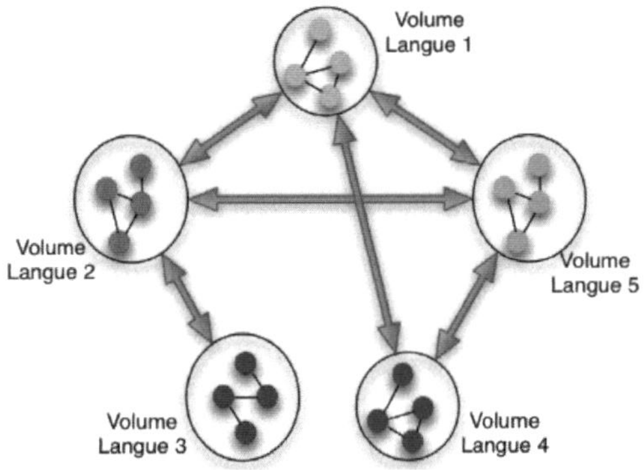


FIGURE 1 – Données en réseau "pair à pair"

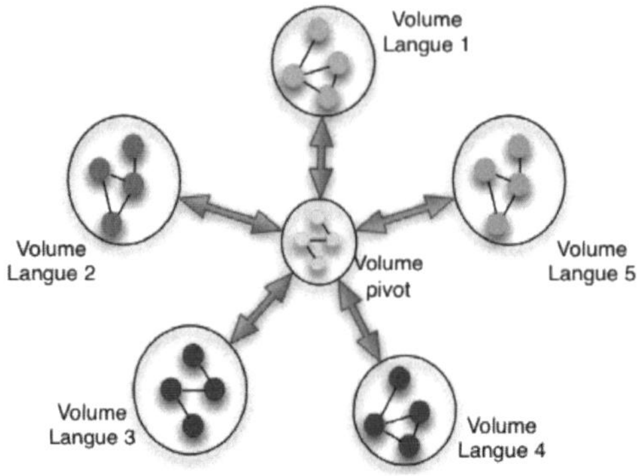


FIGURE 2 – Données en réseau avec pivot

Une solution pour résoudre à la fois le problème du référencement des LLD et leur utilisation efficace comme dictionnaire multilingue est de les organiser dans une architecture à pivot, comme illustré par la figure 2. Nous utilisons un pivot composé d'*axies* comme proposé dans la norme ISO *Lexical Markup Framework* (Francopoulo et al. 2006).

Afin d'intégrer une ressource dans l'architecture à pivot, nous commençons par aligner sa microstructure avec un schéma de référence. Nous proposons dans la démonstration un schéma simple pour des requêtes de traduction entre sens de mots mais ce schéma peut être modifié ou étendu pour des applications spécifiques. L'alignement entre la micro-structure d'une ressource et le schéma de référence joue le rôle de métadonnées qui décrivent les informations disponibles dans la ressource et les chemins pour y accéder. Nos alignements, supportés par la technologie SPINmap, peuvent être créés dans un outil graphique et « exécutés » pour passer effectivement du schéma source au schéma de référence. Ensuite, un ensemble de règles SPIN permettent de construire automatiquement les axies sous forme de nœuds RDF anonymes. Une axie représente un lien n-aire qui existe entre les entrées de différentes ressources dans le graphe multilingue. Les règles peuvent être exécutées pour initialiser la structure à pivot ou la mettre à jour avec de nouvelles ressources (ou de nouvelles versions des ressources).

Ainsi, nous obtenons un ensemble de LLD accessibles de façon unifiée via les alignements avec le modèle de référence et indexées par le volume d'axies. L'architecture à pivot permet une résolution optimisée des requêtes de traduction. Notre prototype inclut divers services pour l'import, l'export, la consultation et l'amélioration incrémentale des données à partir de la structure des ressources. Ces services peuvent être combinés dans un outil graphique et déployés sous forme de services Web à l'aide de la technologie SPARQL motion.

## Références

CHIARCOS, C., NORDOFF, S. et HELLMANN, S. (2012). *Linked Data in Linguistics*. Springer, ISBN 978-3-642-28249-2.

FRANCOPOULO, G., NURIA B., MONTE G., CALZOLARI, N., MONACHINI, M., PET, M., et SORIA, C. (2006). « Lexical Markup Framework (LMF) for NLP multilingual resources ». In *Proc. Workshop on Multilingual Language Resources and Interoperability*, 1–8. MLRI '06. Stroudsburg, PA, USA.

# Adaptation de la plateforme corporale ScienQuest pour l'aide à la rédaction en langue seconde

Achille Falaise
Université Grenoble Alpes, LIG-GETALP, F-38040 Grenoble
achille.falaise@imag.fr

RÉSUMÉ

La plateforme ScienQuest fut initialement créée pour l'étude linguistique du positionnement et du raisonnement dans le corpus Scientext. Cette démonstration présente les modifications apportées à cette plateforme, pour en faire une base phraséologique adaptée à l'aide à la rédaction en langue seconde. Cette adaptation est utilisée dans le cadre de deux expérimentations en cours : l'aide à la rédaction en anglais pour les scientifiques, et l'aide à la rédaction académique en français pour les apprenants.

ABSTRACT

**Adaptation of the corpus platform ScienQuest for assistance to writing in a second language**

The ScienQuest platform was initially created for the linguistic study of positioning and reasoning in the Scientext corpus. This demonstration introduces modifications to this platform, transforming it into a phraseological database adapted for assistance to writing in a second language. This adaptation is used as part of two ongoing experiments: an assistance to writing in English for scientists, and an assistance to academic writing in French for learners.

MOTS-CLÉS : Aide à la rédaction, langue seconde, ScienQuest, Scientext.

KEYWORDS : Writing assistance, second language, ScienQuest, Scientext.

## 1 Introduction

De plus en plus de personnes sont amenées à écrire dans une langue seconde, c'est à dire une langue qu'ils maîtrisent partiellement, mais qui n'est pas leur langue maternelle. Ces personnes, qui disposent déjà d'un bagage lexical, peuvent néanmoins avoir des difficultés à s'en servir, du fait d'une connaissance imparfaite de l'usage de la langue. Un corpus (Boulton et al., 2006), ou une base phraséologique, alimentée d'exemples choisis pour éclairer certaines notions clés (introduire une idée, se positionner, etc.), peut les aider.

## 2 La plateforme corporale ScienQuest

La plateforme ScienQuest (Falaise *et al.*, 2011) fut initialement créée pour l'étude linguistique du positionnement et du raisonnement dans le corpus de textes scientifiques Scientext (Tutin *et al.*, 2009). Cet outil permet de rechercher des concordances dans ce corpus, en fonction de critères linguistiques. Il est destiné à des linguistes : les critères sont formulés en termes linguistiques, les concordances peuvent comporter des erreurs (notamment dues à des erreurs d'annotation dans le corpus) et des résultats peu pertinents (les résultats peuvent être filtrés mais ce filtrage ne peut pas être sauvegardé) ; enfin, certaines fonctionnalités sont superflues pour des utilisateurs non-linguistes (par exemple, les statistiques lexicométriques).

# 3 Adaptation de la plateforme

L'adaptation de ScienQuest a consisté en l'ajout de trois fonctionnalités à la plateforme :

1. la possibilité d'exporter et de sauvegarder sur le serveur des concordances filtrées ;
2. la possibilité d'importer ou de restaurer ces concordances filtrées ;
3. la création d'un nouveau mode de visualisation simplifié, limité à la visualisation des concordances.

# 4 Conclusion

L'adaptation présentée dans cette démonstration sert de base à deux expérimentations en cours, concernant l'aide à la rédaction en anglais pour les scientifiques (Jacques *et al.*, 2013) et l'aide à la rédaction académique en français pour les apprenants (Tutin et Falaise, 2013).

# Références

BOULTON, A., WILHELM, S. (2006). Habeant Corpus-they should have the body. Tools learners have the right to use. In *ASp*, 49-50, pages 155-170.

FALAISE, A., TUTIN, A., KRAIF, O. (2011). Exploitation d'un corpus arboré pour non spécialistes par des requêtes guidées et des requêtes sémantiques. In *Actes de TALN 2011*, Montpellier, pages 187-215.

JACQUES, M.-P., HARTWELL L., FALAISE A. (2013). TAL et linguistique de corpus pour aider la rédaction scientifique en anglais. In *Actes de TALN 2013*, Les Sables d'Olonne.

TUTIN A., FALAISE A. (2013). Multiword expressions in scientific discourse: a corpus-driven database. In *eLex 2013*, Tallinn, Estonie.

TUTIN A., GOSSMANN F., FALAISE A., KRAIF O. (2009). Autour du projet Scientext : étude des marques linguistiques du positionnement de l'auteur dans les écrits scientifiques. In *Journées Linguistique de Corpus*, Lorient.

# Démonstrateur Apopsis pour l'analyse des tweets

Sébastian Peña Saldarriaga  Damien Vintache  Béatrice Daille
LINA, 44322 Nantes Cedex 03

sebastian.pena-saldarriaga@univ-nantes.fr,
damien.vintache@univ-nantes.fr, beatrice.daille @univ-nantes.fr

RÉSUMÉ

Le démonstrateur Apopsis permet de délimiter et de catégoriser les opinions émises sur les tweets en temps réel pour un sujet choisi par l'utilisateur au travers d'une interface web.

ABSTRACT

**Apopsis Demonstrator for Tweet Analysis**

Apopsis web demonstrator detects and categorizes opinion expressions appearing in Twitter in real time through a web interface.

MOTS-CLÉS : fouille d'opinion, polarité, twitter
KEYWORDS: opinion mining, polarity, twitter

Nous avons adapté la version initiale d'Apopsis développé pour l'analyse des blogs (Vernier et al., 2012) à l'analyse des tweets. Nous avons conservé la plateforme UIMA[1] (Unstructured Information Management Architecture). La chaîne de traitement utilisée dans le démonstrateur Apopsis met en œuvre les composants suivants :

- Collecte des tweets

La collecte des tweets s'effectue avec le composant UIMA twitter-collection-reader de type collectionReader[2]. À partir de mots-clés formulés par l'utilisateur représentant une cible d'opinion, le composant interroge le serveur twitter qui retourne un ensemble de tweets où apparaissent les mots-clés recherchés dans un intervalle de temps donné. Nous avons limité le nombre de tweets à 100 publiés dans les dernières 48 heures. Pour chaque tweet, nous renvoyons : l'auteur, son avatar, la date de publication, le corps du tweet.

- Apopsis

Le démonstrateur reprend sans aucune modification Apopsis développé au cours de la thèse de M. Vernier (2011). Apopsis effectue une analyse linguistique à l'aide de TreeTagger[3], puis projette les différences ressources de l'évaluation – lexiques de l'évaluation, de l'intensité, de la négation - pour identifier les passages d'opinion. Il calcule ensuite l'axiologie de l'opinion : positive, négative ou ambigüe, à l'aide de règles généralisant les structures évaluatives.

- Interface

L'interface graphique sous forme de pages web a été créée via les outils Google Tools et par quelques fonctions supplémentaires écrites en javascript.

---

[1] http://uima.apache.org
[2] basé sur la bibliothèque twitter4j
[3] http://www.ims.uni-stuttgart.de/projekte/corplex/TreeTagger

Le démonstrateur Apopsis est en ligne :

`http://taln.lina.univ-nantes.fr/apopsis/`

## Remerciements

Les travaux ayant mené à ces résultats ont reçu le financement de la région Pays-de-Loire, sur le programme Territoires d'innovation, contrat 2011_12414.

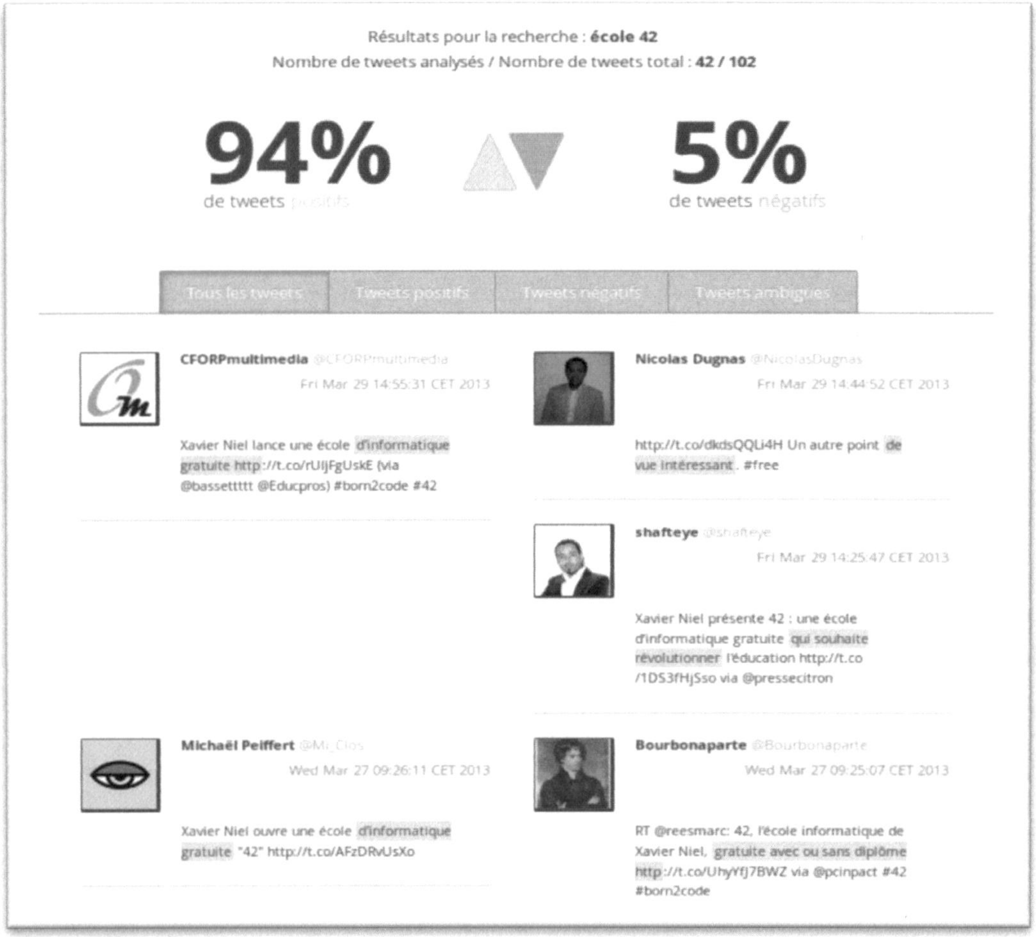


FIGURE 1 – Résultat du démonstrateur Apopsis sur les opinions émis sur twitter le 27 mars 2013 concernant l'*école 42*

## Références

VERNIER, M. (2011). *Analyse à granularité fine de la subjectivité*, Thèse de doctorat de l'Université de Nantes, spécialité informatique.

VERNIER, M., MONCEAUX, L. et DAILLE, B. (2012). Détection de la subjectivité et catégorisation de textes subjectifs par une approche mixte symbolique et statistique, dans *Expérimentation et évaluations en fouille de textes*, Hermès Lavoisier.

# L'analyse des sentiments au service des centres d'appels

Frederik Cailliau Ariane Cavet
Sinequa, 12 rue d'Athènes 75009 Paris
cailliau@sinequa.com, cavet@sinequa.com

RÉSUMÉ

Les conversations téléphoniques qui contiennent du sentiment négatif sont particulièrement intéressantes pour les centres d'appels, aussi bien pour évaluer la perception d'un produit par les clients que pour améliorer la formation des télé-conseillers. Néanmoins, ces conversations sont peu nombreuses et difficiles à trouver dans la masse d'enregistrements. Nous présentons un module d'analyse des sentiments qui permet de visualiser le déroulement émotionnel des conversations. Il se greffe sur un moteur de recherche, ce qui permet de trouver rapidement les conversations problématiques grâce à l'ordonnancement par score de négativité.

ABSTRACT

**Sentiment Analysis for Call-centers**

Phone conversations in which negative sentiment is expressed are particularly interesting for call centers, both to evaluate the clients' perception of a product and for the training of the agents. However, these conversations are scarce and hard to find in the mass of the recorded calls. We present a module for sentiment analysis that allows the user to visualize the emotional course of each conversation. In combination with a search engine, a user can rapidly find the problematic calls using the ranking by negativity score.

MOTS-CLÉS : analyse des sentiments, conversations téléphoniques, recherche d'information, parole spontanée, parole conversationnelle
KEYWORDS: sentiment analysis, information retrieval, spontaneous speech, conversational speech

## 1 Du sentiment dans les centres d'appels

Dans le grand nombre d'appels que traite un centre d'appels par jour, seulement un petit pourcentage véhicule du sentiment négatif. Certains clients expriment leur mécontentement du service ou du produit, ou l'interaction entre le client et le télé-conseiller se passe mal. Notre application permet de trouver les appels problématiques dans le but d'identifier les raisons du mécontentement ainsi que pour faciliter la formation des télé-conseillers en les confrontant à des exemples réels d'interaction difficile.

Les premiers travaux ont donné lieu à la mise en place d'un démonstrateur intégrant des modèles de transcription automatique et d'analyse spécifiques aux conversations téléphoniques (Garnier-Rizet *et al.* 2008 ; Garnier-Rizet *et al.* 2010). Une interface multimodale ouvre simultanément accès au son et aux transcriptions (Cailliau et

Giraudel 2008). Nous présentons ici l'ajout d'un module d'analyse des sentiments qui permet d'ordonner les conversations renvoyées par le moteur par ordre décroissant de « négativité » et de visualiser sur une barre temporelle le déroulement émotionnel d'une conversation. Ces travaux entrent dans le cadre du projet VoxFactory (Clavel *et al.* 2013).

## 2 Trouver les conversations problématiques

Lorsqu'une requête est effectuée, le moteur renvoie toutes les conversations dont les transcriptions contiennent le ou les mots clés cherchés. Elles sont présentées dans l'ordre classique de pertinence et peuvent être réordonnées dans l'ordre de négativité décroissante, ce qui donne accès aux conversations problématiques en premier. Les heuristiques de sélection et d'ordonnancement des conversations problématiques ont été évaluées dans (Cailliau et Cavet, 2013).

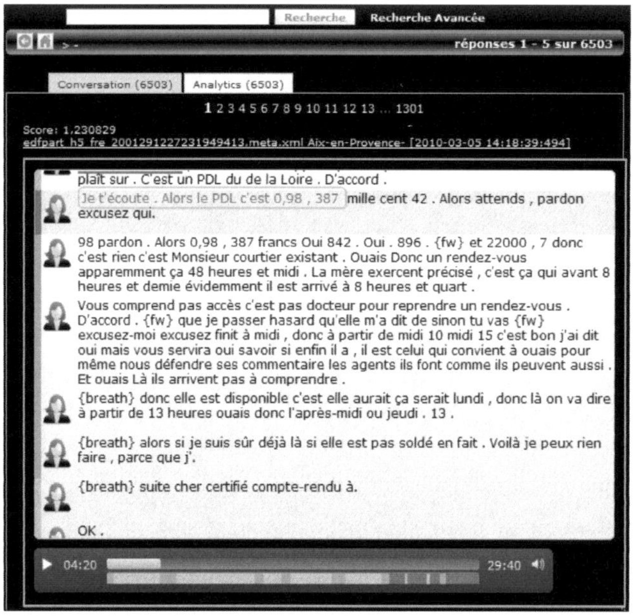


FIGURE 1 – Interface du moteur intégrant l'analyse des sentiments.

Une barre colorée alignée à la barre temporelle du lecteur audio permet de visualiser le déroulement émotionnel de la conversation : une zone verte signifie que des sentiments positifs sont exprimés dans le passage ; une zone orange, des sentiments négatifs ; une zone rouge, des sentiments très négatifs ; et une zone grise l'absence de sentiment.

Notre analyse des sentiments extrait dans les transcriptions automatiques des patrons linguistiques qui ont été construits manuellement et pondérés selon leur orientation et leur intensité (Cailliau et Cavet, 2010). Les poids sont additionnés de façon à obtenir un score positif et négatif pour chaque tour de parole. Représentés sur l'ensemble de la conversation, ces scores forment deux courbes positive et négative qu'on projette sur l'axe temporel. La barre colorée qu'on obtient en appliquant des seuils sur ces courbes (Suignard *et al.*, 2012) est alignée au son. Elle donne un aperçu facilement interprétable du déroulement de la conversation et donne un accès direct aux segments intéressants de la conversation du point de vue du sentiment exprimé.

## Références

CAILLIAU, F., et CAVET, A. (2010). Analyse des sentiments et transcription automatique : modélisation du déroulement de conversations téléphonique. In *Traitement Automatique des Langues. Opinions, sentiments et jugements d'évaluation.* 51-3, pages 131-154. ATALA, Paris.

CAILLIAU, F., et CAVET, A. (2013). Mining Automatic Speech Transcripts for the Retrieval of Problematic Calls. In A. Gelbukh (Ed.): *Proceedings of CICLing 2013, Part II.* LNCS Vol. 7817, pages 83-95. Springer.

CAILLIAU, F. et GIRAUDEL, A. (2008). Enhanced Search and Navigation on Conversational Speech. In *Proceedings of Searching Spontaneous Conversational Speech (SSCS 2008)*. SIGIR 2008 workshop, Singapour.

CLAVEL, C., ADDA, G., CAILLIAU, F., GARNIER-RIZET, M., CAVET, A., CHAPUIS, G., COURCINOUS, S., DANESI, C., DAQUO, A.-L.., DELDOSSI, M., GUILLEMIN-LANNE, S., SEIZOU, M. et SUIGNARD, P. (2013). Spontaneous Speech and Opinion Detection: Mining Call-centre Transcripts. In *Language Resources and Evaluation.* Publié en ligne le 4 avril 2013, 40 pages. Springer.

GARNIER-RIZET, M., ADDA, G., CAILLIAU, F., GUILLEMIN-LANNE, S., et WAAST-RICHARD, C. (2008). CallSurf – Automatic transcription, indexing and structuration of call center conversational speech for knowledge and query by content. In *Proceedings of LREC 2008*, pages 2623-2628. Marrakech.

GARNIER-RIZET, M., GUILLEMIN-LANNE, S., CAILLIAU, F. (2010). CallSurf: search by content, navigation and knowledge extraction on call center conversational speech, for marketing and strategic intelligence. In Actes de *RIAO 2010*, pages 208-210. Paris.

SUIGNARD, P., CAILLIAU, F. et CAVET, A. (2012). La longueur des tours de parole comme critère de sélection de conversations dans un centre d'appels. In *Actes de la conférence conjointe JEP-TALN-RECITAL 2012,* volume 2 : TALN, pages 551-558, Grenoble. ATALA, AFCP.

# TTC TermSuite alignement terminologique à partir de corpus comparables

Béatrice Daille et Rima Harastani
LINA, 44322 Nantes Cedex 03

beatrice.daille@univ-nantes.fr, rima.harastani@univ-nantes.fr

RÉSUMÉ

TermSuite est outil libre multilingue réalisant une extraction terminologique monolingue et une extraction terminologique bilingue à partir de corpus comparables.

ABSTRACT

**TTC TermSuite - Terminological Alignment from Comparable Corpora**

TermSuite is based on a UIMA framework and performs monolingual and bilingual term extraction from comparable corpora for a range of languages.

MOTS-CLÉS : corpus comparable, extraction terminologique, alignement, UIMA
KEYWORDS : comparable corpora, terminology extraction, terminology alignment, UIMA

Le projet européen TTC[1] s'est intéressé à l'exploitation des corpus comparables de domaines techniques pour l'amélioration des outils informatiques de traduction. La plateforme web TTC[2] permet de compiler des corpus comparables à partir du web, d'en extraire et traduire la terminologie, et d'exporter cette terminologie dans EuroTermBank[3]. TermSuite[4] constitue le cœur de la plateforme web TTC : il réalise l'extraction et l'alignement terminologique dans 7 langues : Anglais, Français, Allemand, Espagnol, Letton, Chinois et Russe. TermSuite adopte la plate-forme Apache UIMA[5] conçue pour faciliter l'assemblage de composants, leur intégration au sein d'une chaîne de traitement ainsi que le passage à l'échelle en contexte industriel.

TermSuite effectue les traitements informatiques en 3 phases :

1. **Analyses linguistiques** : découpage du texte en mots, analyse morphosyntaxique et lemmatisation et conversion au format Multext ;
2. **Extraction terminologique monolingue** : détection d'occurrences de termes simples et complexes, normalisation et regroupement des termes en fonction de leurs variations, filtrage statistique ; listes de termes en format tsv et TBX.
3. **Alignement terminologique bilingue** : plusieurs types d'alignement par paires de langues sont proposés qui adoptent différentes approches : distributionnelle (Fung, 1998), compositionnelle (Grefenstette, 1999), ou mixte (Daille et Morin, 2012). Les approches s'appliquent aux termes simples, aux termes complexes et aux composés savants (Harastani et al., 2012)

[1] http://www.ttc-project.eu
[2] http://ttc.syllabs.com/
[3] http://www.eurotermbank.com/
[4] http://code.google.com/p/ttc-project
[5] http://uima.apache.org

## Remerciements

The research leading to these results has received funding from the European Community's Seventh Framework Program (FP7/2007-2013) under grant agreement no 248005.

## Références

FUNG, P. (1998). A Statistical View on Bilingual Lexicon Extraction : From Parallel Corpora to Non-parallel Corpora. *In* FARWELL, D., GERBER, L. et HOVY, E., éditeurs : *Proceedings of the 3rd Conference of the Association for Machine Translation in the Americas (AMTA'98)*, pages 1–16, Langhorne, PA, USA.

GREFENSTETTE, G. (1999). The World Wide Web as a Resource for Example-Based Machine Translation Tasks. *In ASLIB'99 Translating and the Computer 21*, London, UK.

HARASTANI, R., DAILLE, B., MORIN, E. (2012). Neoclassical Compound Alignments from Comparable Corpora. *In Proceedings of 13th International Conference on Intelligent Text Processing and Computational Linguistics (CICLING 2012)*, vol. 2, pages 72-82. New Delhi, India.

MORIN, E. et DAILLE, B. (2012). Compositionalité et contexte pour l'extraction de terminologies bilingues à partir de corpus comparables. *In Actes de TALN 2009 (Traitement automatique des langues naturelles)*, Grenoble. ATALA, LIG.

# Liste des auteurs


**A**

A.Hasan, Sadid ........................ 33
Abeillé, Anne ........................ 174
Aboutajdine, Driss .................... 5
Adda, Gilles ........................ 479
Allauzen, Alexandre ................ 450
Antoine, Jean-Yves .........421, 555, 667
Asadullah, Munshi .................. 675
Aussenac-Gilles, Nathalie ........... 132

**B**

Baguenier-Desormeaux, Jeanne ...... 76
Baranes, Marion ..................... 407
Barreaux, Sabine .................... 779
Beanamara, Farah ................... 435
Bel-Enguix, Gemma ................. 596
Belguith, Lamia Hadrich ....... 435, 731
Berment, Vincent ................... 755
Bernhard, Delphine ................. 493
Besacier, Laurent ................ 90, 531
Besançon, Romaric .................. 353
Blache, Philippe ..................... 229
Boitet, Christian .................... 755
Bouamor, Dhouha ................... 327
Bouchekif, Abdessalam ............. 739
Boudin, Florian ................. 160, 507
Bouillon, Pierrette .................. 539
Boujelbane, Rahma ................. 395
Boulaknadel, Siham ................... 5
Bouraoui, Jean-Leon ................ 793
Bourreau, Pierre ..................... 215
Boustila, Sabah ..................... 547
Braud, Chloé ........................ 104
Brixtel, Romain ................ 381, 787
Brouwers, Laetitia .................. 747

**C**

Cabrera-Diego, Luis Adrián ......... 707
Cailliau, Frederik ............... 691, 809
Calderone, Basilio ................... 285
Canitrot, Marc ...................... 793
Cavet, Ariane ................... 691, 809
Chalendar, Gaël de .................. 76
Chali, Yllias .......................... 33
Charlet, Delphine ................... 739
Charton, Eric ....................... 612
Chaumartin, François-Régis ......... 659
Claveau, Vincent .................... 257
Clouard, Régis ...................... 381
Constant, Patrick .................... 381
Cossu, Jean-Valère ................. 715
Couillault, Alain ...................... 3
Crabbé, Benoit ...................... 174

**D**

Daille, Béatrice ........313, 564, 807, 812
Damnati, Géraldine ................. 739
Danlos, Laurence .................... 76
Denis, Pascal .................. 104, 118
Diwersy, Sascha ..................... 580
Dominguès, Catherine ............... 636
Doucet, Antoine ..................... 787
Dupont, Yoann ....................... 19
Dupuch, Marie ........................ 62

**E**

El-Bèze, Marc .................. 707, 715
Ellouze, Samira Walha .............. 731
Eshkol, Iris ......................... 555
Eshkol-Taravella, Iris ............... 636

**F**

Fairon, Cédrick ..................... 747
Falaise, Achille ................. 146, 805
Fauconnier, Jean-Philippe ........... 132
Ferret, Olivier ................... 48, 353
Flem, Erwan Le ..................... 797
Fort, Karën ...................... 3, 628
Foucault, Nicolas ................... 479
Fraisse, Amel ....................... 588
Francopoulo, Gil .................... 588
Fraser, Alexander ..................... 1
Friburger, Nathalie ........421, 667, 799

**G**

Gagnon, Michel ..................... 612
Gaillat, Thomas ..................... 271

Garcia-Fernandez, Anne ............ 493
Gebre, Binyam Gebrekidan ..........580
Gerlach, Johanna ....................539
Gibet, Sylvie ......................... 547
Giguet, Emmanuel .................. 381
Gontcharova, Maria .................789
Grabar, Natalia ........................62
Grau, Brigitte ........................ 353
Gravier, Guillaume .................. 202
Groc, Clément de .................... 691
Grouin, Cyril ......................... 493
Guilbaud, Jean-Philippe .............755
Guillaume, Bruno ...................628

H
Habash, Nizar ....................... 395
Hamdi, Ahmed ......................395
Hamon, Ludovic .....................547
Hamon, Thierry ......................62
Harastani, Rima ................313, 812
Hartwell, Laura ......................146
Hathout, Nabil .......................285
Hay, Authoul Abdul ................ 299
Hazem, Amir ........................ 243
Hernandez, Nicolas ................. 160

J
Jabaian, Bassam ......................90
Jacques, Marie-Paule ................146
Jaoua, Maher ....................... 731
Jean-Louis, Ludovic .................612
Joubert, Alain ........................339

K
Kamel, Mouna ...................... 132
Kerroua, Sofiane .................... 699
Keskes, Iskandar ....................435
Kozlova, Elena .......................789
Kraif, Olivier .........................299

L
Lafourcade, Mathieu ................ 339
Lassalle, Emmanuel .................118
Laurent, Dominique ................ 795
Lavergne, Thomas .................. 450
Lecluze, Charlotte ..............381, 787
Lecouteux, Benjamin ................531
Lefeuvre, Anaïs ......................555
Lefèvre, Fabrice ......................90
Lehmann, Sabine .................. 539
Lejeune, Gaël ...................381, 787
Lévy, François ...................... 464
Ligozat, Anne-Laure ................493
Loáiciga, Sharid .....................683
Loginova-Clouet, Elizaveta ......... 564
Loupy, Claude de ...................691
Lucas, Nadine ...................... 787

M
Ma, Yue ..............................464
Mangeot, Mathieu ................. 572
Markhoff, Béatrice Bouchou .........523
Marteau, Pierre-Francois ............515
Maurel, Denis ..............523, 555, 799
Ménier, Gildas .......................515
Mohamed, Emad .................. 620
Mojahid, Mustapha ................. 33
Mondary, Thibault ..................779
Moriceau, Véronique ................797
Morin, Emmanuel ..............243, 313
Mothe, Josiane ........................2
Mouilleron, Virginie ............... 407
Muzerelle, Judith .................. 555

N
Naets, Hubert ........................747
Nasr, Alexis ..........................395
Nazarenko, Adeline ...........464, 779
Ncibi, Abir ...........................257
Nejme, Fatima Zahra .................5
Nerima, Luka ........................772
Nouvel, Damien ...........407, 421, 667

O
Okinina, Nadia .................... 667

P
Panchenko, Alexander ............. 747
Paroubek, Patrick ..............588, 675
Perrier, Guy ..........................604
Popova, Tatiana .....................789
Porro, Victoria .......................539

Pradet, Quentin ....................... 76

Q
Quintana, Manon ................... 791

R
Retoré, Christian .................... 367
Rigouste, Loïs ....................... 381
Romanov, Pavel ...................... 747
Rosset, Sophie ...................... 479
Rothenburger, Bernard .............. 132
Rouquet, David ..................... 803

S
Sadat, Fatiha ....................... 620
Sagot, Benoît ........................ 407
Sajous, Franck ...................... 285
Saldarriaga, Sébastian Peña ......... 807
Schang, Emmanuel ................. 555
Sébillot, Pascale ..................... 202
Segal, Natalia ....................... 723
Séguéla, Patrick ..................... 795
Semmar, Nasredine ................. 327
Simon, Anca ........................ 202
Singh, Anil Kumar .................. 723
Soulet, Arnaud ..................... 421
Suignard, Philippe .................. 699

T
Tanguy, Ludovic ............... 188, 651
TANNIER, Xavier ................... 643
Tannier, Xavier ...................... 797
Tellier, Isabelle ....................... 19
Torres-Moreno, Juan-Manuel ... 707, 715
Tulechki, Nikola .................... 651

U
Urieli, Assaf ........................ 188

V
Villaneau, Jeanne ................... 555
Vilnat, Anne ........................ 675
Vincent, Marc ....................... 764
Vintache, Damien ................... 807

W
Wang, Lingxiao ..................... 801
Wang, Wei .......................... 353
Wehrli, Eric ......................... 772
Winterstein, Grégoire ............... 764
Wisniewski, Guillaume ............. 723

Y
Yvon, François ................. 450, 723

Z
Zampieri, Marcos ................... 580
Zargayouna, Haïfa .................. 779
Zarrouk, Manel ..................... 339
Zhang, Ying .................... 572, 801
Zock, Michael ....................... 596
Zweigenbaum, Pierre ........... 327, 643

# Liste des mots clés


**A**

accès lexical . . . . . . . . . . 596
accord inter-juges . . . . . . . . . . 779
acquisition terminologique . . . . . . . . . . 779
act-r . . . . . . . . . . 229
activation . . . . . . . . . . 229
adjectifs relationnels . . . . . . . . . . 313
aide à la rédaction . . . . . . . . . . 805
alias . . . . . . . . . . 523
alignement . . . . . . . . . . 812
allemand . . . . . . . . . . 755
ambiguïtés . . . . . . . . . . 188
analyse . . . . . . . . . . 772
analyse d'opinions . . . . . . . . . . 795
analyse de sentiments . . . . . . . . . . 764
analyse d'erreur . . . . . . . . . . 723
analyse des sentiments . . . . . . . . . . 809
analyse distributionnelle . . . . . . . . . . 699
analyse d'opinion . . . . . . . . . . 793
analyse du discours . . . . . . . . . . 104
analyse linguistique d'erreurs . . . . . . . 271
analyse morphologique . . 5, 395, 407, 755
analyse sémantique . . . . . . . . . . 795
analyse sémantique automatique . . . . 367
analyse sémantique des textes . . . . . . . 464
analyse syntaxique . . . . . . . . . . 675, 795
analyse syntaxique automatique . . . . 174
analyse syntaxique en dépendances . 188
anaphore . . . . . . . . . . 555
anglais . . . . . . . . . . 146
annotation . . . . . . . . . . 555, 628
annotation agile . . . . . . . . . . 628
annotation automatique . . . . . . . . . . 464
annotation sémantique . . . . . . . . . . 464
anomie . . . . . . . . . . 596
appariement de n-grammes de caractères . . . . . . . . . . 381
apprentissage . . . . . . . . . . 588, 659
apprentissage automatique . 19, 104, 118, 764
apprentissage discriminant . . . . . . . . . . 450
apprentissage l2 . . . . . . . . . . 271
apprentissage non-supervisé . . . . . . . . 257
apprentissage supervisé . . . . . . . . . . 132
archive numérique . . . . . . . . . . 507
articles scientifiques . . . . . . . . . . 507
axies . . . . . . . . . . 803

**B**

base de données sémantiques . . . . . . . 547
base lexicale multilingue . . . . . . . 523, 572
bdnyme . . . . . . . . . . 636
beam search . . . . . . . . . . 188
big data . . . . . . . . . . 3

**C**

cascade de transducteurs . . . . . . . . . . 799
catégorisation . . . . . . . . . . 659
chronologie événementielle . . . . . . . . . 797
chunking . . . . . . . . . . 19
chunks . . . . . . . . . . 229
classification . . . . . . . . . . 764
classification automatique . . . . . . . . . . 580
classification supervisée . . . . . . . . . . 667
cliques . . . . . . . . . . 299
clustering . . . . . . . . . . 257, 353, 515
cohésion lexicale . . . . . . . . . . 202, 739
collocations . . . . . . . . . . 772
combinaison de systèmes . . . . . . . . . . 531
common dictionary markup . . . . . . . . 572
complexité textuelle . . . . . . . . . . 731
compositionnalité . . . . . . . . . . 367
compréhension multilingue . . . . . . . . . . 90
conll . . . . . . . . . . 675
connaissances linguistiques . . . . . . . . . . 1
construction de corpus . . . . . . . . . . 160
construction de grammaires . . . . . . . . . 604
construction d'ontologies . . . . . . . . . . 132
contexte . . . . . . . . . . 699
contexte crosslangue . . . . . . . . . . 62
conversations téléphoniques . . . . . . . . 809
coordination . . . . . . . . . . 215
coréférence . . . . . . . . . . 555, 612
corpus . . . . . . . . . . 555, 764, 772
corpus arboré . . . . . . . . . . 160, 174, 675
corpus comparable . . . . . . . . . . 812

corpus comparable spécialisé ....... 327
corpus comparables ........243, 313, 691
corpus d'apprenants ................ 271
corpus de multidocuments ..........381
corpus multilingues alignés ......... 299
corpus oral ........................ 174
corpus spécialisés ..................564
correction automatique ............. 699
correction grammaticale ............ 795
crf ........................ 19, 90, 257

D
décodage guidé .....................531
découverte de connaissances ........257
dependances ........................675
dépendances syntaxiques ........... 243
depftb ............................ 675
désambiguïsation lexicale ............76
désambigüisation sémantique .......299
désambiguïsation sémantique .......327
détection et alignement de zones ....381
dialectes .......................... 395
difficulté des requêtes ................2
distance terminologique ............ 779
documents comparables ............ 515
domaine de spécialité ................ 62

E
e-reputation ....................... 793
écriture des toponymes ............. 636
édition ............................547
ellipse ............................ 215
enrichissement .....................339
enrichissement automatique de lexique 667
entités nommées .............. 421, 588
esa ................................651
espagnol ..........................580
éthique ...............................3
étiquetage automatique ............. 271
étiquetage morpho-syntaxique ...... 160
évaluation ...................188, 797
évaluation de systèmes de ta ........ 801
évaluation du contenu ............. 731
evaluation intrinsèque ............. 731
événements médicaux .............. 643
expansions contextuelles ............523
expérimentation ................... 229
extraction de relations ...............132
extraction d'information ... 643, 787, 793
extraction d'information non supervisée 353
extraction d'informations ........... 257
extraction terminologique ...........812

F
filtrage de termes .................. 779
fonction lexicale .................... 791
forums ............................539
fouille de données ................. 421
fouille d'opinion ............... 715, 807
fouille d'opinions ...................588
français parlé ...................... 174
frenchtreebank ....................... 19
fréquence lexicale ..................493

G
genre journalistique ................787
geste ..............................547
grain caractère .....................787
grammaire d'interaction ............ 604
grammaire lexicalisée ...............604
grammaires catégorielles abstraites ..215
grammaires d'arbres adjoints ....... 215
grammaires io d'arbres ..............215
graphe .............................699
graphe de comparabilité ............ 515
graphes ............................659
graphes d'hypothèses ................90
graphes unitex .....................799
guide d'annotation ..................628

H
hiérarchie sémantique universelle ...789

I
inférence de relations .............. 339
inférence grammaticale .............. 19
information spatiale .................636
interaction .........................547
interface syntaxe-sémantique ....... 215

J
jibiki . . . . . 572
journaux télévisés . . . . . 202

K
k-ri . . . . . 19

L
la langue amazighe . . . . . 5
langage contrôlé . . . . . 539
langages morphologiquement riches . . 1
langue arabe . . . . . 435
langue des signes française . . . . . 547
langue seconde . . . . . 805
langues peu dotées . . . . . 395
lemmatisation . . . . . 755
lexical linked data . . . . . 803
lexique bilingue . . . . . 243, 327
lexique de nom propre . . . . . 667
lexique morpho-phonologique . . . . . 285
lexique multilingue . . . . . 789, 803
lexiques dynamiques . . . . . 407
lexiques multilingues . . . . . 299, 691

M
machine à vecteurs de support . . . . . 667
macrostructure . . . . . 572
marqueurs de polarité . . . . . 715
médecine . . . . . 62, 643
mémoire . . . . . 229
mesure de similarité . . . . . 564
mesure de similarité sémantique . . . . 747
méthode compositionnelle . . . . . 313
méthodes statistiques . . . . . 464
mise en forme matérielle . . . . . 132
modèle à base de règles . . . . . 707
modèle de langue . . . . . 493
morphologie de l'arabe . . . . . 620
morphologie dérivationnelle . . . . . 5
morphologie flexionnelle . . . . . 5
mot sur le bout de la langue . . . . . 596
moteur de recherche sémantique . . . . 791
multilingualisme . . . . . 243
multilingue . . . . . 651
multilinguisme . . . . . 787

N
n-grammes . . . . . 588
néologismes . . . . . 407
ngrammes . . . . . 580
noms propres . . . . . 523
nooj . . . . . 5

O
ontologie de domaine . . . . . 464
opinion minoritaires . . . . . 588
outil multilingue . . . . . 564

P
pages web . . . . . 479
parole conversationnelle . . . . . 555, 809
parole spontanée . . . . . 809
parsing . . . . . 229
passage . . . . . 675
patrons lexico-syntaxiques . . . . . 146
perceptron multi-couches . . . . . 612
peuplonomie . . . . . 339
pivot . . . . . 803
point de vue . . . . . 523
polarité . . . . . 807
pomdp . . . . . 33
pondération . . . . . 588
pondération tf-idf . . . . . 739
post-édiition . . . . . 723
post-édition . . . . . 801
pré-traitement de corpus . . . . . 620
préédition . . . . . 539
proaxie . . . . . 572
production d'un corpus parallèle . . . . 801
prolexbase . . . . . 523
prolèxeme . . . . . 572
pronoms personnels . . . . . 772

Q
quaero . . . . . 479
questions-réponses . . . . . 479

R
recherche d'information . 2, 659, 787, 809
recherche d'information multilingue 691
réconciliation . . . . . 339
reconnaissance d'entités nommées . . 799

reconnaissance d'entités nommées . . 715
reconnaissance des entités nommées 667
réécriture de graphes . . . . . . . . . . . . . . . 628
reformulation de requêtes . . . . . . . . . . . . . 2
règles . . . . . . . . . . . . . . . . . . . . . . . . . . . . . 667
règles d'annotation . . . . . . . . . . . . . . . . 421
règles de transformation des composants 564
régression linéaire . . . . . . . . . . . . . . . . . . 731
relations implicites . . . . . . . . . . . . . . . . . . 104
relations sémantiques . . . . . . . 62, 523, 747
relations temporelles . . . . . . . . . . . . . . . . 643
réseau lexical . . . . . . . . . . . . . . . . . . . . . . . 339
réseaux lexicaux . . . . . . . . . . . . . . . . . . . . 596
réseaux sémantiques . . . . . . . . . . . . . . . . 299
résolution d'anaphores . . . . . . . . . 683, 772
résolution de la coréférence . . . . . . . . . 118
ressource . . . . . . . . . . . . . . . . . . . . . . . . . . . . 76
ressource lexicale . . . . . . . . . . . . . . . . . . . 636
ressource libre . . . . . . . . . . . . . . . . . . . . . . 523
ressources humaines . . . . . . . . . . . . . . . . 707
ressources langagières . . . . . . . . . . . . . . . . 3
ressources lexicales libres . . . . . . . . . . . 285
résumé automatique . . . . . . . . . . . . . . 2, 731
résumé multi-document . . . . . . . . . . . . . . 33
résumé orienté requête . . . . . . . . . . . . . . . 33
ri . . . . . . . . . . . . . . . . . . . . . . . . . . . . . . . . . . 707
ritel . . . . . . . . . . . . . . . . . . . . . . . . . . . . . . . . 479
rupture de cohésion . . . . . . . . . . . . . . . . . 202

S
schémas de contextualisation . . . . . . . 523
scienquest . . . . . . . . . . . . . . . . . . . . . . 146, 805
scientext . . . . . . . . . . . . . . . . . . . . . . 146, 805
segmentation des mots composés . . . 564
segmentation discursive . . . . . . . . . . . 435
segmentation textuelle . . . . . . . . . . . . . . 479
segmentation thématique . . 202, 479, 739
sélection de documents . . . . . . . . . . . . 479
sélection de variable . . . . . . . . . . . . . . . 764
sémantique formelle . . . . . . . . . . . . . . . . 367
sémantique lexicale . . . . . . . . . . . . . . . . . . 48
signeur virtuel . . . . . . . . . . . . . . . . . . . . . 547
similarité de second ordre . . . . . . . . . . . 651
similarité sémantique . . . . . . . . . . . 48, 353
similarités induites . . . . . . . . . . . . . . . . . 515
simplification lexicale . . . . . . . . . . . . . . . 493
sparql . . . . . . . . . . . . . . . . . . . . . . . . . . . . . . 803
spin . . . . . . . . . . . . . . . . . . . . . . . . . . . . . . . . 803
structures énumératives parallèles . . 132
sujets nuls . . . . . . . . . . . . . . . . . . . . . . . . . . 683
svm . . . . . . . . . . . . . . . . . . . . . . . . . . . . . . . . . 667
système de dialogue . . . . . . . . . . . . . . . . . 90

T
taln . . . . . . . . . . . . . . . . . . . . . . . . . . . . . . . . . . 5
taln archives . . . . . . . . . . . . . . . . . . . . . . . 507
termes . . . . . . . . . . . . . . . . . . . . . . . . . . . . . . 62
termes complexes . . . . . . . . . . . . . . . . . . 313
texte avec balises xml . . . . . . . . . . . . . . 799
texttiling . . . . . . . . . . . . . . . . . . . . . . 479, 739
that . . . . . . . . . . . . . . . . . . . . . . . . . . . . . . . . 271
théorie sens-texte . . . . . . . . . . . . . . . . . . . 791
thésaurus . . . . . . . . . . . . . . . . . . . . . . . . . . . 48
this . . . . . . . . . . . . . . . . . . . . . . . . . . . . . . . . 271
toponyme . . . . . . . . . . . . . . . . . . . . . . . . . . 636
traduction . . . . . . . . . . . . . . . . . . . . . . . . . . 76
traduction arabe-français . . . . . . . . . . . 620
traduction automatique 450, 531, 723, 789
traduction automatique à base de règles 683
traduction automatique statistique . . 620
traduction statistique . . . . . . . . . . . . . 1, 539
traitement automatique de l'arabe . . . 395
traitement automatique des langues . . . 2
traitement de cv . . . . . . . . . . . . . . . . . . . 707
traitement de la phrase . . . . . . . . . . . . . 229
traitement de l'arabe . . . . . . . . . . . . . . . 299
twitter . . . . . . . . . . . . . . . . . . . . . . . . . . . . . 807

U
uima . . . . . . . . . . . . . . . . . . . . . . . . . . . . . . . 812
unité discursive minimale . . . . . . . . . . 435

V
validation . . . . . . . . . . . . . . . . . . . . . . . . . 797
validation de candidats-termes . . . . . . 779
variétés nationales . . . . . . . . . . . . . . . . . 580
vecteurs de contexte . . . . . . . . . . . . . . . . 243
veille . . . . . . . . . . . . . . . . . . . . . . . . . . . . . . 787

verbes à particule séparable .........755
vote ................................779

**W**

wikipédia ...........................659
wikipedia ...........................667
wiktionnaire ........................285
wordnet .........................76, 327

# Traitement Automatique des Langues Naturelles et Rencontres des Étudiants Chercheurs en Informatique pour le Traitement Automatique des Langues

# (TALN-RÉCITAL 2013)

## Les Sables d'Olonne, France
## 17-21 June 2013

## Volume 2: RÉCITAL 2013

**Editors:**

**Florian Boudin**
**Loïc Barrault**

**ISBN: 978-1-63266-079-4**

**Printed from e-media with permission by:**

Curran Associates, Inc.
57 Morehouse Lane
Red Hook, NY 12571

**Some format issues inherent in the e-media version may also appear in this print version.**



Printed by Curran Associates, Inc. (2014)



Association for Computational Linguistics
209 N. Eighth Street
Stroudsburg, Pennsylvania 18360

Phone: 1-570-476-8006
Fax: 1-570-476-0860

acl@aclweb.org

**Additional copies of this publication are available from:**

Curran Associates, Inc.
57 Morehouse Lane
Red Hook, NY 12571 USA
Phone: 845-758-0400
Fax: 845-758-2634
Email: curran@proceedings.com
Web: www.proceedings.com

# Avant-propos

Il est maintenant une tradition dans la communauté de l'ATALA de venir fouler tous les dix ans les côtes à l'ouest de la France. Ainsi après la Côte d'Amour en 2003, nous sommes heureux d'accueillir sur la Côte de Lumière la 20$^e$ conférence TALN et la 15$^e$ édition de RÉCITAL.

L'organisation de TALN et RÉCITAL 2013 a été assurée par les équipes TALN du LINA (Laboratoire d'Informatique de Nantes Atlantique) et LST du LIUM (Laboratoire d'Informatique de l'Université du Maine). Cette organisation conjointe est une bonne illustration de la synergie de ces deux équipes mais aussi de la dynamique du TALN dans la région des Pays de la Loire.

Cette année, avec 127 soumissions à TALN (dont 70 articles longs et 57 articles courts), la conférence a confirmé une fois encore son attractivité. Le processus d'évaluation, qui a demandé un travail important, a été réalisé consciencieusement pour arriver à une sélection de 36 articles longs et 35 articles courts. Nous remercions chaleureusement les membres des comités de lecture et de programme de TALN pour le travail réalisé. Outre ces communications, 13 démonstrations et 4 ateliers viennent accompagner la conférence. La conférence sera aussi ponctuée par l'intervention de deux conférenciers invités : Josiane Mothe et Alexander Fraser que nous tenons aussi à remercier de leur présence.

Poursuivant sur la démarche initiée lors de l'édition précédente, la conférence RÉCITAL a ciblé un large spectre de publications (états de l'art, travaux préliminaires, etc.). L'accent a une nouvelle fois été mis sur la pédagogie et l'échange direct en fournissant des relectures explicatives et non anonymes aux auteurs. Cette formule fonctionne bien puisque l'on recense un total de 25 soumissions parmi lesquelles 18 ont été sélectionnées (6 présentations orales et 12 posters). Nous remercions les membres du comité de programme de RÉCITAL pour les précieux retours qui, nous en sommes convaincus, sont très appréciés des jeunes chercheurs en TALN.

Cette conférence sur un site distant, mais presque à mi-chemin entre Le Mans et Nantes, a nécessité un travail d'organisation important. Que les membres du comité d'organisation trouvent ici la reconnaissance du travail réalisé.

Nous n'oublions pas non plus les partenaires institutionnels et privés qui se sont joints à nous pour faire de cette 20$^e$ conférence TALN et de cette 15$^e$ édition de RÉCITAL une véritable réussite.

Comme il est de tradition aux Sables d'Olonne, nous souhaitons à l'ensemble des conférenciers « bon vent ».

Emmanuel Morin
Yannick Estève
*Organisateurs de TALN 2013*

Florian Boudin
Loïc Barrault
*Organisateurs de RÉCITAL 2013*

# Comité d'organisation de TALN-RÉCITAL

**Président de TALN**

| | | |
|---|---|---|
| Emmanuel Morin | LINA | Université de Nantes, France |

**Vice-Président de TALN**

| | | |
|---|---|---|
| Yannick Estève | LIUM | Université du Maine, France |

**Présidents de RÉCITAL**

| | | |
|---|---|---|
| Florian Boudin | LINA | Université de Nantes |
| Loïc Barrault | LIUM | Université du Maine |

**Membres**

| | | |
|---|---|---|
| Denis Béchet | LINA | Université de Nantes |
| Fethi Bougares | LIUM | Université du Maine |
| Adrien Bougouin | LINA | Université de Nantes |
| Nathalie Camelin | LIUM | Université du Maine |
| Béatrice Daille | LINA | Université de Nantes |
| Colin De La Higuera | LINA | Université de Nantes |
| Paul Deléglise | LIUM | Université du Maine |
| Estelle Delpech | LINA | Université de Nantes |
| Alexandre Dikovsky | LINA | Université de Nantes |
| Chantal Enguehard | LINA | Université de Nantes |
| Rima Harastani | LINA | Université de Nantes |
| Mohamed Hatmi | LINA | Université de Nantes |
| Amir Hazem | LINA | Université de Nantes |
| Nicolas Hernandez | LINA | Université de Nantes |
| Firas Hmida | LINA | Université de Nantes |
| Christine Jacquin | LINA | Université de Nantes |
| Ophelie Lacroix | LINA | Université de Nantes |
| Antoine Laurent | LIUM | Université du Maine |
| Elizaveta Loginova | LINA | Université de Nantes |
| Daniel Luzzati | LIUM | Université du Maine |
| Sylvain Meignier | LIUM | Université du Maine |
| Laura Monceaux | LINA | Université de Nantes |
| Simon Petitrenaud | LIUM | Université du Maine |
| Emmanuel Planas | LINA | Université Catholique de l'Ouest |
| Solen Quiniou | LINA | Université de Nantes |
| Anne-Françoise Quin | LINA | Université de Nantes |
| Holger Schwenk | LIUM | Université du Maine |
| James Scicluna | LINA | Université de Nantes |
| Christophe Servan | LIUM | Université du Maine |
| Prajol Shrestha | LINA | Université de Nantes |
| Déborah Sourdillat | LINA | Université de Nantes |
| Annie Tartier | LINA | Université de Nantes |

# Comité de programme RÉCITAL

| | |
|---|---|
| Florian Boudin | LINA, Université de Nantes |
| Loïc Barrault | LIUM, Université du Maine |
| Adrien Lardilleux | Affinity Engine |
| Amir Hazem | LINA, Université de Nantes |
| Anne Vilnat | LIMSI, Université Paris-Sud |
| Antoine Jean-Yves | LI, Université de Tours |
| Aurélien Max | LIMSI, Université Paris-Sud |
| Benoit Favre | LIF, Université d'Aix-Marseille |
| Cécile Fabre | ERSS, Université Toulouse 2 |
| Cédric Lopez | VISEO, Grenoble |
| Charlotte Roze | ALPAGE, INRIA Paris–Rocquencourt & Univ. Paris 7 |
| Christian Raymond | IRISA, Université de Rennes |
| Christine Jacquin | LINA, Université de Nantes |
| Christophe Servan | LIUM, Université du Maine |
| Crabbé Benoît | ALPAGE, INRIA Paris–Rocquencourt & Univ. Paris 7 |
| Denis Maurel | LI, Université de Tours |
| Denis Bechet | LINA, Université de Nantes |
| Didier Schwab | LIG, Universite Grenoble 2 |
| Farah Benamara | IRIT, Université de Toulouse |
| Guy Lapalme | RALI, Université de Montréal, Canada |
| Jorge Mauricio Molina Mejia | LIDILEM, Université Stendhal – Grenoble 3 |
| Juan-Manuel Torres-Moreno | LIA, Université d'Avignon et des Pays de Vaucluse |
| Mathieu Lafourcade | LIRMM, Université de Montpellier 2 |
| Mathieu Roche | LIRMM, Université de Montpellier 2 |
| Nicolas Hernandez | LINA, Université de Nantes |
| Nuria Gala | LIF, Université d'Aix-Marseille |
| Olivier Kraif | LIDILEM, Université Grenoble 3 |
| Philippe Langlais | RALI, Université de Montréal, Canada |
| Raphael Rubino | School of Computing, Dublin City University, Irelande |
| Romain Deveaud | LIA, Université d'Avignon et des Pays de Vaucluse |
| Solen Quiniou | LINA, Université de Nantes |
| Stéphane Huet | LIA, Université d'Avignon et des Pays de Vaucluse |
| Thierry Hamon | LIM&BIO, Université Paris 13 |
| Violaine Prince | LIRMM, Université Montpellier 2 |
| Yayoi Nakamura-Delloye | LCAO, Université Paris 7 |

# Partenaires

## Or

## Argent

## Bronze

## Institutionnels

# Table des matières


## Articles longs ........ 1

*Acquisition de lexique bilingue d'expressions polylexicales : Une application à la traduction automatique statistique*
Dhouha Bouamor ........ 1

*Quelques variations sur les mesures de comparabilité quantitatives et évaluations sur des corpus comparables Français-Anglais synthétiques*
Guiyao Ke ........ 15

*Inférence grammaticale guidée par clustering*
Noémie-Fleur Sandillon-Rezer ........ 28

*Améliorer l'extraction et la description d'expressions polylexicales grâce aux règles transformationnelles*
Aurélie Joseph ........ 42

*Construction de corpus multilingues : état de l'art*
Manuela Yapomo ........ 56

*Développement de ressources pour l'entrainement et l'utilisation de l'étiqueteur morphosyntaxique TreeTagger sur l'arabe*
Dhaou Ghoul ........ 69

*Détection de polarité d'opinions dans les forums en langue arabe par fusion de plusieurs SVM*
Amel Ziani, Nabiha Azizi et Yamina Tlili Guiassa ........ 83

*État de l'art des méthodes d'extraction automatique de termes-clés*
Adrien Bougouin ........ 96

*Influence de l'étiquetage syntaxique des têtes sur l'analyse en dépendances discontinues du français*
Ophélie Lacroix ........ 110

*Une approche linguistique pour l'extraction des connaissances dans un texte arabe*
Houda Saadane ........ 124

*Extraction des mots simples du lexique scientifique transdisciplinaire dans les écrits de sciences humaines : une première expérimentation*
Sylvain Hatier ........ 138

*Vers une identification automatique du chiasme de mots*
Marie Dubremetz ........ 150

*Représentation des connaissances du DEC : Concepts fondamentaux du formalisme des Graphes d'Unités*
Maxime Lefrançois ..... 164

*Vers un système générique de réécriture de graphes pour l'enrichissement de structures syntaxiques*
Corentin Ribeyre ..... 178

*État de l'art de l'induction de sens : une voie vers la désambiguïsation lexicale pour les langues peu dotées*
Mohammad Nasiruddin ..... 192

*Génération des corpus en dialecte tunisien pour la modélisation de langage d'un système de reconnaissance*
Rahma Boujelbane ..... 206

*Détection automatique des sessions de recherche par similarité des résultats provenant d'une collection de documents externe*
Simon Leva et Nicolas Faessel ..... 217

*Une approche mixte morpho-syntaxique et statistique pour la reconnaissance d'entités nommées en langue chinoise*
Zhen Wang ..... 231

**Liste des auteurs** ..... 244

**Liste des mots clés** ..... 245

# Acquisition de lexique bilingue d'expressions polylexicales: une application à la traduction automatique statistique

Dhouha Bouamor
CEA-LIST, LVIC, F91191 Gif sur Yvette Cedex, France
LIMSI-CNRS, F-91403 Orsay, France
Univ. Paris Sud, Orsay, France
dhouha.bouamor@cea.fr

RÉSUMÉ

Cet article décrit une méthode permettant d'acquérir un lexique bilingue d'expressions polylexicales (EPLs) à partir d'un corpus parallèle français-anglais. Nous identifions dans un premier temps les EPLs dans chaque partie du corpus parallèle. Ensuite, nous proposons un algorithme d'alignement assurant la mise en correspondance bilingue d'EPLs. Pour mesurer l'apport du lexique construit, une évaluation basée sur la tâche de Traduction Automatique Statistique (TAS) est menée. Nous étudions les performances de trois stratégies dynamiques et d'une stratégie statique pour intégrer le lexique bilingue d'expressions polylexicales dans un système de TAS. Les expériences menées dans ce cadre montrent que ces unités améliorent significativement la qualité de traduction.

ABSTRACT

**Mining a Bilingual Lexicon of MultiWord Expressions : A Statistical Machine Translation Evaluation Perspective**

This paper describes a method aiming to construct a bilingual lexicon of MultiWord Expressions (MWEs) from a French-English parallel corpus. We first extract monolingual MWEs from each part of the parallel corpus. The second step consists in acquiring bilingual correspondences of MWEs. In order to assess the quality of the mined lexicon, a Statistical Machine Translation (SMT) task-based evaluation is conducted. We investigate the performance of three dynamic strategies and of one static strategy to integrate the mined bilingual MWEs lexicon in a SMT system. Experimental results show that such a lexicon significantly improves the quality of translation.

MOTS-CLÉS : Expression polylexicale, alignement bilingue, traduction automatique statistique.

KEYWORDS: MultiWord expression, bilingual alignment, statistical machine translation.

## 1 Introduction

Une expression polylexicale (EPL, en anglais *multiword expression*) peut être définie comme une combinaison de mots pour lesquels les propriétés syntaxiques ou sémantiques de l'expression entière ne peuvent pas être obtenues à partir de ses parties (Sag *et al.*, 2002). Les EPLs regroupent les expressions figées et semi-figées (ex. *cordon bleu*), les collocations (ex. *chemin de fer*), les entités nommées (ex. *New York*), les verbes à particule (ex. *grow up*), les constructions à verbe support (ex. *faire face à*), etc.(Sag *et al.*, 2002; Constant *et al.*, 2011). Elles sont fréquemment employées dans les textes écrits étant donnée qu'elles constituent une part significative du lexique d'une langue. Jackendoff (1997) estime que la fréquence de leur utilisation est équivalente à celle des mots simples. Bien qu'elles soient facilement employées et reconnues par les humains, leur identification pose un problème majeur pour diverses applications du traitement automatique des langues.

Pour la Traduction Automatique Statistique (TAS), diverses améliorations ont été obtenues avec l'émergence des approches à base de segments (*phrase based approaches* en anglais) (Koehn *et al.*, 2003). Ces segments sont définis comme étant de simples n-grammes systématiquement traduits dans un corpus parallèle sans aucune motivation linguistique. Dans de tels systèmes, le manque d'un traitement adéquat des EPLs pourrait affecter la qualité de la traduction. En effet, la traduction littérale d'une expression non reconnue par le système de traduction comme une EPL constitue une cause principale à une traduction erronée et incompréhensible. Par exemple, un tel système proposera *« way of iron »* comme traduction pour *« chemin de fer »* au lieu de *« railway »*. Il est donc important d'utiliser un lexique dans lequel les EPLs sont prises en compte. Or un des points faibles des lexiques est souvent le manque de couverture pour ces unités (Sagot *et al.*, 2005). Ce point a été abordé dans plusieurs travaux (Fazly et Stevenson, 2007; Caseli *et al.*, 2009).

Cet article porte sur le traitement des EPLs bilingues, allant de l'acquisition automatique à partir de corpus parallèles à leur intégration dans un système de TAS. Nous considérons toute séquence contiguë non compositionnelle, appartenant à l'une des classes définies par (Luka *et al.*, 2006), comme une EPL. Ces unités ont été classées dans trois classes, sur la base de leurs propriétés catégorielles, ainsi que de leur degré de figement syntaxique et sémantique. Les classes sont constituées de *mots composés*, d'*expressions idiomatiques* et de *collocations*. Intuitivement, les EPLs bilingues sont utiles pour améliorer les résultats de la TAS. Cependant, des recherches plus approfondies sont nécessaires pour trouver la meilleure façon d'intégrer ce type d'unités dans ces systèmes. Dans cette étude, nous considérons la TAS comme un mode d'évaluation extrinsèque de l'utilité des EPLs et explorons différentes stratégies d'intégration de ces unités dans un système de TAS. Étant donné un lexique bilingue d'EPLs, nous proposons (1) trois stratégies d'intégration dynamiques où nous cherchons à modifier le modèle de traduction de différentes façons pour une prise en considération des EPLs bilingues et (2) une stratégie d'intégration statique dans laquelle nous incorporons ces unités sans changer le modèle de traduction.

Le reste de l'article est organisé comme suit : dans la section 2, nous passons en revue les principaux travaux en rapport avec la tâche d'extraction de traduction pour les EPLs. Puis, nous décrivons, dans la section 3, l'approche utilisée pour identifier ces unités et présentons, par la suite, l'algorithme d'alignement que nous avons implémenté. Dans la section 4, nous décrivons les stratégies d'intégration proposées. La section 5 est consacrée aux expériences menées ainsi qu'à la présentation des résultats obtenus. Nous concluons notre article par une présentation des principales perspectives en section 6.

## 2 État de l'art

Au cours des dernières années, de nombreux travaux de recherche ont été menés sur la tâche d'extraction bilingue d'EPLs à partir de corpus parallèles. La plupart d'entre eux commencent tout d'abord par identifier les EPLs dans chaque partie du corpus parallèle, ensuite, se basent sur différentes techniques d'alignement pour les apparier. Les techniques d'extraction monolingue d'EPLs tournent autour de trois approches : (1) des méthodes symboliques reposant sur des patrons morphosyntaxiques (Okita *et al.*, 2010; Dagan et Church, 1994) ; (2) des méthodes statistiques utilisant des mesures d'association pour classer les EPLs candidates (Vintar et Fisier, 2008) et (3) des méthodes hybrides combinant (1) et (2) (Seretan et Wehrli, 2007; Daille, 2001). Aucune des approches n'est sans limitations. Il est difficile d'appliquer des méthodes symboliques à des données sans annotations morphosyntaxiques. En ce qui concerne les méthodes statistiques, bien qu'elles soient conçues pour des bigrammes, elles exigent la définition d'un seuil à partir duquel un segment extrait peut être considéré comme une EPL.

Pour identifier des correspondances entre expressions dans différentes langues, quelques travaux font appel à des outils d'alignement de mots simples pour guider l'alignement d'EPLs (Dagan et Church, 1994). D'autres se basent sur des algorithmes d'apprentissage statistique comme par exemple l'algorithme itératif de ré-estimation *Expectation Maximization* (Kupiec, 1993; Okita *et al.*, 2010). Une hypothèse largement suivie pour acquérir des EPLs bilingues est qu'une expression dans une langue source garde la même structure syntaxique que son équivalente dans une langue cible donnée (Seretan et Wehrli, 2007; Tufis et Ion, 2007). Or, les EPLs ne se traduisent pas forcément par des expressions ayant la même catégorie grammaticale (i.e *« insulaire en développement »* et *« small island developing »*) ou la même longueur[1] (i.e *« en ce qui concerne »* et *« as regards »*).

Le but principal de la majorité des travaux de recherche menés sur cet objet linguistique était l'acquisition *a priori* de correspondances entre les paires d'unités textuelles pour l'enrichissement de ressources lexicales. En comparaison, peu de travaux ont été réalisés sur l'exploitation de telles ressources, afin de rendre possible leur intégration dans des applications clés, telles que la désambiguïsation sémantique (Finlayson et Kulkarni, 2011) ou la recherche d'information interlingue (Vechtomova, 2005). En TAS, Lambert et Banchs (2005) introduisent une méthode dans laquelle les EPLs sont considérées comme un élément unique dans le corpus d'apprentissage. En exploitant un corpus de petite taille, ils ont montré que la qualité de l'alignement et la précision de traduction ont été améliorées. Cependant, ils ont obtenu, dans des études plus récentes (Lambert et Banchs, 2006), basées sur un corpus de taille importante, un score BLEU (Papineni *et al.*, 2002) plus bas. Nous citons notamment les travaux de (Ren *et al.*, 2009) qui implémentent une méthode permettant d'intégrer des termes multi-mots issus du domaine médical dans MOSES (Koehn *et al.*, 2007). Leur méthode a permis de gagner 0, 17 points de score BLEU par rapport au système de référence. La présente étude est une extension de l'approche présentée dans (Bouamor *et al.*, 2011). Nous proposons tout d'abord une méthode ayant pour but d'extraire et aligner des EPLs bilingues. Nous étudions ensuite l'impact de l'utilisation de ces unités dans un système de TAS.

# 3 Acquisition de lexique bilingue d'EPLs

Dans cette section, nous décrivons l'approche proposée pour extraire un lexique bilingue d'EPLs à partir d'un corpus parallèle français-anglais aligné au niveau de la phrase. Cette approche est réalisée en deux étapes. Dans la première étape, nous identifions les EPLs dans chaque partie

[1]La longueur d'une EPL est calculée en nombre de mots

du corpus parallèle. La deuxième étape consiste en l'acquisition de correspondances bilingues d'EPLs.

## 3.1 Extraction monolingue d'EPLs

La méthode d'identification monolingue d'EPLs est fondée sur une approche symbolique, très similaire à celle présenté dans (Okita *et al.*, 2010). Là où ils définissent des patrons pour extraire seulement des syntagmes nominaux, notre approche identifie à la fois des syntagmes nominaux, des expressions figées et des entités nommées. La méthode proposée requiert simplement une analyse morphosyntaxique des textes source et cible, comme étape préliminaire à la procédure de construction d'expressions. Nous faisons donc appel à la plate forme d'analyse multilingue LIMA du CEA-LIST (Besançon *et al.*, 2010), qui produit une liste de lemmes étiquetés par leurs catégories grammaticales. Le processus d'identification d'EPLs opère sur des lemmes plutôt que sur des formes de surface.

Comme la plupart des expressions sont constituées de combinaisons de noms,d'adjectifs ou encore de prépositions, nous produisons une liste de n-grammes candidats ($2 \leq n \leq 4$), dont la structure morphosyntaxique respecte une configuration prédéfinie, telle que celles décrites dans le tableau 1. seize configurations ont été manuellement définies. Notons qu'il existe des patrons d'extraction (ou configurations) pour lesquels aucune EPL n'a été produite (c-à-d. Past_Participle-Noun). Un tel type d'analyse permet de ne garder que des n-grammes jugés pertinents et d'écarter ceux constitués de mots vides comme par exemple « *is a, of the, de la* ».

| **Configuration** | **Exemples anglais/français** |
|---|---|
| Adj-Noun | Plenary meeting/Libre circulation |
| Noun-Adj | Oil tanker/Parlement européen |
| Noun-Noun | Member state/Etat membre |
| Past_Participle-Noun | Developped country/... |
| Noun-Past_Participle | Parliament adopted/Pays developpé |
| Adj-Adj-Noun | European public prosecutor/... |
| Adj-Noun-Adj | Social market economy/Bon conduite administratif |
| Adj-Noun-Noun | Renewable energy source/... |
| Noun-Noun-Adj | .../Industrie automobile allemand |
| Noun-Adj-Adj | .../Ministère public européen |
| Adj-Noun-Adj | Social fund assistance/Important débat politique |
| Noun-Prep-Noun | Point of view/Chemin de fer |
| Noun-Prep-Adj-Noun | Court of first instance/Court de premier instance |
| Noun-Prep-Noun-Adj | .../Source d'énergie renouvelable |
| Adj-Noun-Prep-Noun | European court of justice/... |
| Noun-Adj-Prep-Noun | .../Politique européen de concurrence |

TABLE 1 – Configurations morphosyntaxiques permises.

A cette liste de candidats, nous ajoutons des expressions idiomatiques prépositionnelles comme par exemple « *in the light of, with regard to, en ce qui concerne...* » et des entités nommées telles que « *Middle East, South Africa, El-Salvador...* » reconnues par la plate-forme LIMA. Le résultat

| ID.PHRASE | PHRASE |
|---|---|
| 2 | ...*semblerait être **à nouveau** mis en accusation, le ministère public*... |
| 55 | ...*vous demande donc **à nouveau** de faire le nécessaire*... |
| $n-1$ | ...*aussi de promouvoir **à nouveau** l'activité des femmes*... |
| $n$ | ...*que le règlement soit **à nouveau** modifié en collaboration*... |

⇓

| | 1 | 2 | 3 | 4 | ............. | 55 | .................. | $n-1$ | $n$ |
|---|---|---|---|---|---|---|---|---|---|
| *à nouveau* | 0 | 1 | 0 | 0 | .............. | 1 | ................. | 1 | 1 |

FIGURE 1 – Représentation vectorielle de l'expression « *à nouveau* ». ID.PHRASE correspond à un identifiant unique de la phrase contenant l'expression dans notre corpus.

de l'extraction est représenté par une liste de candidats triée par ordre décroissant selon leur fréquence dans le corpus. Plusieurs candidats parmi ceux produits apparaissent dans d'autres candidats. Afin d'éviter un effet de surgénération, nous proposons les heuristiques de nettoyage suivantes :

- Si une expression est imbriquée dans une autre et qu'elles ont la même fréquence, on ne garde que la plus couvrante (plus longue).
- Si une expression apparaît dans un grand nombre d'autres expressions, nous suivons l'approche proposée par (Frantzi *et al.*, 2000) et éliminons toutes les expressions plus longues.

À la différence de beaucoup d'autres systèmes existants (Daille, 2001; Seretan et Wehrli, 2007; Vintar et Fisier, 2008), notre système n'applique pas de filtre fondé sur des mesures d'association ou sur la fréquence. Nous prenons en considération toutes les expressions extraites, aussi bien fréquentes que non fréquentes et celles dont le degré de corrélation entre ses constituants est élevé ou faible. A notre connaissance, aucune approche n'a pris en considération tout l'ensemble.

## 3.2 Méthode d'alignement

Dans cette section, nous présentons une méthode qui tente de trouver, pour chaque expression source, la traduction qui lui est adéquate dans l'ensemble d'expressions cibles. Cette tâche pose de sérieux problèmes en l'absence de ressources externes comme les dictionnaires bilingues ou les outils d'alignement de mots simples. Nous proposons une méthode indépendante de toute ressource externe, qui requiert simplement un corpus parallèle et la liste de candidats source et cible à traduire. Notre approche hérite de la sémantique distributionnelle, où nous associons à chaque expression source et cible une représentation spécifique qui servira par la suite de base pour l'établissement d'une relation de traduction entre chaque paire d'expressions (source, cible). Nous faisons appel au modèle vectoriel (Salton *et al.*, 1975), un modèle algébrique souvent utilisé en recherche d'information. Nous représentons chaque expression par un vecteur de dimension n (nombre de phrases dans le corpus) indiquant si elle apparaît ou non dans chaque phrase du corpus. La figure 1 décrit le vecteur représentant l'EPL française « *à nouveau* ».

Pour extraire des paires de traduction d'EPLs, nous proposons un algorithme itératif d'alignement opérant de la façon suivante :

1. Trouver l'expression la plus fréquente dans chaque phrase source.

| Français | → | Anglais |
|---|---|---|
| parlement européen | → | european parliament |
| état par état | → | amount of state |
| coup d'état | → | military coup |
| zone non fumeur | → | no smoking area |
| insulaire en développement | → | small island developing |
| de bonne foi | → | good faith |
| politique de concurrence | → | competition policy |
| chemin de fer | → | railway sector |
| en ce qui concerne | → | in regard to |
| en ce qui concerne | → | as regards |
| en ce qui concerne | → | with reference to |
| en ce qui concerne | → | with respect to |
| coupe forestier | → | cut in forestation |

TABLE 2 – Exemples d'EPLs bilingues alignées par l'algorithme décrit ci-dessus.

2. Extraire les expressions cibles qui apparaissent dans toutes les phrases parallèles à celles où figure l'expression source.
3. Calculer un score de confiance pour chaque couple (source, cible).
4. Considérer l'expression cible qui maximise ce score comme la meilleure traduction.
5. Supprimer la paire de traductions du processus et retourner vers 1.

Le score de confiance est calculé sur la base de la mesure de l'indice de Jaccard (équation 1).

$$\text{Jaccard} = \frac{I_{st}}{V_s + V_t - I_{st}} \quad (1)$$

Cette mesure est fondée principalement sur le calcul de nombre de phrases partagées par chaque expression source et cible nommé ici $I_{st}$ qu'on normalise par la somme des normes des vecteurs $V_s$ et $V_t$ diminué de l'ensemble d'intersection.

En observant certaines paires d'expressions du tableau 2, nous remarquons que notre méthode présente plusieurs avantages. Premièrement, pour trouver la traduction adéquate pour chaque EPL et contrairement à la plupart des travaux antérieurs (Dagan et Church, 1994; Ren *et al.*, 2009) qui reposent sur la traduction mot à mot des composantes d'une EPL, notre méthode capture l'équivalence sémantique entre les EPLs en n'ayant recours à aucune information préalable sur l'alignement des mots. Elle permet aussi d'aligner des expressions à caractère idiomatique tel que *« à nouveau → once more »* ou encore *« état par état → amount of state »* et trouve toutes les correspondances bilingues possibles pour les EPLs source pour lesquelles plusieurs EPLs cible correctes existent. Par exemple, notre méthode fournit pour l'EPL *« en ce qui concerne »* les traductions suivantes : *« in regard to »*, *« with reference to »*, *« with respect to »*, *« as regards »*.

Nous avons pu aussi identifier une classe d'erreurs dont la cause provient essentiellement du choix de la taille des n-grammes. Comme nous ne prenons en considération que des alignements *m-n* avec m≥2 and n≥2, quelques expressions dont la traduction de référence est constituée d'un seul mot ne sont pas alignées correctement. Par exemple, l'expression française « *chemin de fer* » correspondant normalement au mot simple anglais « *railway* » est traduite par l'expression « *railway sector* ».

# 4 EPLs dans Moses

Dans la section précédente, nous avons décrit l'approche suivie pour acquérir un lexique bilingue d'EPLs. Pour évaluer sa qualité, nous avons mené dans (Bouamor *et al.*, 2011) une évaluation intrinsèque à petite échelle dans laquelle nous comparons les paires d'EPLs bilingues acquises à un alignement de référence créé manuellement. Sur un corpus de test constitué de 100 paires de phrases parallèles issues du corpus Europarl, nous avons obtenu une précision de 63, 93%, un rappel de 62, 46% et une F-mesure de 63, 19%. Comme il n'existe à ce jour aucun protocole commun permettant d'évaluer les résultats d'alignement d'EPLs, nous conduisons une évaluation extrinsèque dans laquelle nous étudions l'impact de l'utilisation de ces unités dans MOSES, un système de TAS à base de segments. Néanmoins, comme mentionné dans la section 1, la difficulté consiste à trouver la meilleure façon d'intégrer les EPLs dans de tels systèmes. À cet effet, nous proposons trois *stratégies d'intégration dynamiques* où le modèle de traduction est modifié de différentes façons et une *stratégie d'intégration statique* dans laquelle nous introduisons les EPLs au décodeur sans changer le modèle de traduction et comparons leurs performances dans la section 5.

## 4.1 MOSES comme système de référence

Le système de traduction de référence (**RÉF**) utilisé est MOSES, un outil sous licence libre. Dans ce système, l'unité de traduction est le segment, qui correspond à un groupe de mots contigus. Le modèle de traduction sert de pont entre les langues source et cible. Son rôle est de guider la construction, pour chaque phrase source, d'un ensemble d'hypothèses de traduction en langue cible. Lors de la phase de décodage, ces hypothèses de traduction sont sélectionnées à partir d'un inventaire constitué d'un ensemble d'appariements entre des segments de longueur variable. Ces associations et les scores qui les accompagnent constituent la table de traduction *(phrase table)*.

## 4.2 Stratégies d'intégration dynamiques

### 4.2.1 Nouveau modèle de traduction

Les tables de traduction constituent la source principale de connaissance pour le décodeur. Le décodeur consulte ces tables pour déterminer comment traduire une phrase source en langue cible. Cependant, en raison d'erreurs d'alignement automatique de certains mots, des segments extraits peuvent être dénués de sens. Pour remédier à ce problème, nous proposons de considérer les EPLs comme des paires de phrases parallèles : nous les ajoutons au corpus d'apprentissage et entraînons un nouveau modèle de traduction. Dans cette méthode (**TRAIN**), nous espérons que par l'augmentation du nombre d'occurrences des paires d'EPLs, considérées comme de bons segments, une modification de l'alignement et de la probabilité de la traduction soit enregistrée.

#### 4.2.2 Extension de la table de traduction

Dans cette méthode, nous étendons la table de traduction du système de référence RÉF en y incorporant les paires d'EPLs bilingues acquises. Nous utilisons la valeur de l'indice de Jaccard proposée pour chaque paire d'EPLs pour définir la probabilité de traduction dans les deux directions et fixons les probabilités lexicales à 1 pour des raisons de simplicité. Ainsi, le décodeur prendra en considération des EPLs bilingues lors de la recherche de segments candidats pour traduire une phrase source. Cette méthode est notée **TABLE** dans le reste de cet article.

#### 4.2.3 Trait additionnel pour les EPLs

(Lopez et Resnik, 2006) ont souligné qu'une meilleure définition des traits utilisés peut conduire à un gain substantiel dans la qualité des traductions. Nous suivons cette hypothèse et étendons la méthode TABLE. Nous définissons un nouveau *trait binaire* indiquant pour chaque entrée de la table de traduction s'il s'agit d'une EPL ou pas. Le but de cette méthode notée **TRAIT** est de guider le système pour choisir les EPLs bilingues plutôt que les hypothèses proposées par RÉF.

### 4.3 Stratégie d'intégration statique

Dans cette méthode, notée **FORCÉ**, nous voulons que le décodeur prenne en considération des EPLs bilingues tout en gardant le modèle de traduction de RÉF. À cet égard, nous utilisons le *mode de décodage forcé* du décodeur de MOSES. Ce dernier comporte un schéma de balisage XML permettant de spécifier des traductions pour des parties des phrases à traduire. Nous pouvons ainsi indiquer au décodeur ce qu'il faut utiliser pour traduire certains mots ou segments dans les phrases à traduire. Dans le cadre de notre étude, nous représentons chaque EPL apparaissant dans le corpus de test par la balise XML adéquate en se basant sur les traductions produites par notre aligneur. Un exemple de représentation de l'EPL « *à nouveau* » est présenté ci-dessous :

...sembler être **à nouveau** mis en accusation, le ministère public ...

⇓

...sembler être < ***mwe* translation="*once more*"** >**à nouveau**< /***mwe***> mis en accusation, le ministère public ...

## 5 Expériences et résultats

### 5.1 Corpus et outils

Les données d'apprentissage et de test proviennent du corpus Europarl pour la paire de langues français-anglais. Ce corpus regroupe un ensemble de phrases parallèles extraites des actes du parlement européen. Pour estimer le modèle de traduction du système de référence RÉF, nous avons construit un corpus d'apprentissage contenant après normalisation 100 000 paires de phrases. La normalisation est établie à travers les traitements suivants : tokenisation, suppression de phrases de plus de 50 mots et lemmatisation à l'aide de l'outil TreeTagger. Nous utilisons

| Method | BLEU | | TER | |
|---|---|---|---|---|
| | *Tous_Test* | EPLs_*Test* | *Tous_Test* | EPLs_*Test* |
| RÉF | 28,85 | 30,83 | 55,44 | 53,59 |
| ***Dynamiques*** | | | | |
| TRAIN | **28,87** | **31,06** | **55,38** | **53,32** |
| TABLE | 28,82 | **30,88** | **55,42** | **53,46** |
| TRAIT | **28,95** | **31,06** | 55,48 | **53,56** |
| ***Statique*** | | | | |
| FORCÉ | 28,20 | 29,19 | 56,01 | 55,05 |

TABLE 3 – Résultats de traduction des corpus de test *Tous_Test* et EPLs_*Test* en termes de scores BLEU et TER

ce même corpus pour construire un lexique bilingue d'EPLs[2]. Comme les entrées de ce lexique sont sous forme de lemmes et que le mode de décodage forcé de MOSES n'est actuellement pas compatible avec les modèles à base de facteurs, le modèle de traduction a été estimé sur des lemmes plutôt que sur des formes de surface. Outre le modèle de traduction, nous avons entraîné un modèle de langue (trigramme) sur une version lemmatisée de la totalité du corpus Europarl (1,8M) en utilisant la boite à outils IRSTLM[3].

Les stratégies dynamiques et statique décrites précédemment sont ensuite appliquées. Dans TRAIN, les EPLs bilingues sont ajoutées au corpus d'apprentissage pour estimer un nouveau modèle de traduction. En ce qui concerne TABLE, la table de traduction de RÉF est enrichie par les EPLs bilingues. Dans TRAIT, un trait additionnel 1/0 est introduit dans la table de traduction de TABLE. Finalement, FORCÉ maintient le modèle de traduction de RÉF. Tous les modèles obtenus sont optimisés par minimisation du taux d'erreur (*MERT : Minimum Error Rate Training*) (Och, 2003) sur un corpus de développement constitué de 4 000 paires de phrases issues du même corpus.

## 5.2 Résultats et discussion

Deux séries d'expériences ont été menées : *Tous_Test* et EPLs_*Test*. Le premier corpus de test *Tous_Test* est constitué de 1 000 paires de phrases parallèles extraites aléatoirement du corpus Europarl. Pour mesurer l'apport réel du lexique bilingue d'EPLs, nous avons constitué un corpus de test noté EPLs_*Test* où nous ne conservons que les phrases du corpus *Tous_Test* contenant au moins une EPL. Ce corpus contient 323 paires de phrases parallèles. La qualité de traduction du système RÉF et des différentes stratégies dynamiques et statique d'intégration est évaluée sur les deux corpus de test sur la base des mesures BLEU et TER (Snover *et al.*, 2006). Nous considérons qu'à chaque phrase source correspond une seule phrase de référence en langue cible. Les résultats de traduction pour les différentes configurations sont rassemblés dans le tableau 3.

À première vue, nous remarquons que le score BLEU varie en fonction du type du jeu de test. Concernant le corpus de test *Tous_test*, la meilleure amélioration est obtenue par la stratégie dynamique TRAIT. Cette méthode rapporte un faible gain de +0,1 points BLEU par rapport au

[2]EPLs bilingues extraites par l'algorithme décrit dans la section 3
[3]`http://hlt.fbk.eu/en/irstlm`

| | |
|---|---|
| SRC | *je entendre en effet lancer un initiative communautaire pour le afrique en étendre le ligne nepad ...* |
| RÉFERENCE | *indeed , i intend to launch a community initiative* **for africa** *, develop the nepad line...* |
| RÉF | *i hear be indeed launch an* initiative **for the eu africa** *by extend the nepad line ...* |
| TRAIT | *i hear in fact launch a community initiative* **for africa** *by extend the nepad line ...* |
| SRC | *le deuxième groupe de problème relever de le aide international et du prochain engagement de johannesburg.* |
| RÉFERENCE | *another series of problem* **mention be a matter of** international aid *and the forthcoming johannesburg summit.* |
| RÉF | *the second group of the problem* **be a matter of** *international aid and the forthcoming johannesburg commitment.* |
| FORCÉ | *the second group of the problem* **relate to the** *international aid and the forthcoming johannesburg commitment.* |

TABLE 4 – Exemples de traduction. Notons que le texte est lemmatisé. Nous soulignons les EPLs et mettons en gras différentes suggestions pour le contexte immédiat gauche ou droite.

système RÉF. Le premier exemple de traduction présenté dans le tableau 4 souligne la contribution du trait introduit à l'amélioration de la qualité de traduction. Contrairement à RÉF, traduisant l'EPL « *initiative communautaire* » par simplement le mot simple « *initiative* », la stratégie TRAIT mène à bien la traduction de l'EPL « *initiative communautaire* » par « *community initiative* » et de son contexte immédiat (« *for africa* »). Des scores BLEU plus faibles que ceux rapportés par RÉF sont obtenus par les stratégies TABLE et FORCÉ.

Pour le corpus de test EPLs_*Test*, qui ne considère que les phrases contenant des EPLs du lexique bilingue, nous constatons que toutes les stratégies d'intégration dynamiques rapportent des scores BLEU plus élevés que ceux obtenus par RÉF et la stratégie statique FORCÉ. Un gain de $+0,23$ points BLEU est obtenu par TRAIT et TRAIN. La stratégie TABLE rapporte un score légèrement amélioré montrant un gain de $+0,05$ points BLEU. Contrairement aux stratégies d'intégration dynamiques, la méthode FORCÉ obtient de faibles scores sur les deux corpus de test. Ceci peut être expliqué de la manière suivante : nous supposons qu'en forçant le décodeur à traduire une EPL par une unité donnée, ce dernier échoue à bien traduire le contexte immédiat gauche ou droit de l'EPL induisant ainsi une diminution de la valeur du score BLEU. Ainsi, dans le second exemple du tableau 4, les deux systèmes produisent une bonne traduction pour l'EPL « *aide international* ». Cependant, FORCÉ échoue dans la traduction du segment « *relever de* ». Il est important de noter que cette traduction pourrait être soutenue dans le cas où nous associons à chaque phrase source de multiples traductions de référence.

Dans une étude antérieure, (Ren *et al.*, 2009) ont proposé une stratégie similaire à la stratégie TRAIT dans laquelle ils indiquent pour chaque entrée de la table de traduction si un segment contient une paire d'EPL bilingue spécialisée. Pour le domaine médical, leur méthode rapporte un gain de $+0,17$ points BLEU par rapport à MOSES, un gain plus faible que celui obtenu par la stratégie TRAIT. La question que l'on peut se poser en observant les différents résultats obtenus est : est-il possible de prétendre que le système ayant les meilleurs scores est vraiment le meilleur système ? En d'autres termes, les résultats obtenus par différentes stratégies sont-ils *statistiquement significatifs* ?

Pour évaluer la significativité statistique des résultats obtenus, nous utilisons la *méthode par ré-échantillonage par amorce* décrite par (Koehn, 2004). Cette méthode estime la probabilité (*p-valeur*) qu'une différence mesurée entre les scores BLEU surgisse par hasard, par la création à plusieurs reprises (10 fois) d'échantillons uniformes avec remise à partir des corpus de tests. Nous nous appuyons sur cette méthode pour comparer les méthodes TRAIN, TABLE et TRAIT apportant des gains dans le score BLEU (Tableau 3) par rapport à RÉF. Les résultats obtenus sont présentés dans le tableau ci-dessous.

| Méthode | *p-valeur* (95 % *IC*) | |
|---|---|---|
| | *Tous_Test* | EPLs_*Test* |
| RÉF | - | - |
| TRAIN | 0,1 | 0,05 |
| TABLE | - | 0,3 |
| TRAIT | 0,01 | 0,01 |

TABLE 5 – Test de significativité statistique des résultats en termes de *p-valeur*

Sur un intervalle de confiance (IC) de 95%, les résultats varient de non significatifs (quand $p > 0,05$) à hautement significatifs. Sur les deux corpus de test, nous remarquons que les améliorations apportées par la stratégie TRAIT ayant une p-valeur de 0,05 sont significatifs. Cependant, le faible gain en score BLEU obtenu par TABLE (0,3 de p-valeur) est non significatif. La cause est que nous utilisons la valeur de l'indice de Jaccard, une mesure utilisée pour comparer la similarité et la diversité entre des échantillons, pour définir la probabilité de traduction. Ceci peut être ajusté par la transformation des valeurs de Jaccard obtenus pour chaque paire d'EPL en une probabilité de traduction assurant ainsi l'uniformité et la cohérence des probabilités dans la table de traduction.

Le score BLEU relève seulement les améliorations globales et ne montre aucune différence pouvant être révélée par une évaluation humaine. Cette observation nous a motivé à mener une évaluation lexicale fine des EPLs du corpus EPLs_*Test*. Nous avons construit un corpus de test constitué uniquement d'EPLs et avons manuellement créé une liste de références à partir du corpus de référence. Ce corpus a été traduit par RÉF,TRAIN, TABLE, TRAIT et FORCÉ. Les résultats obtenus évalués par les mesures du BLEU et TER sont présentés dans la figure 2. Nous constatons qu'un gain de $+9,8$ et de $-0,2$ respectivement de points BLEU et TER est relevé par la stratégie FORCÉ. Cela vient confirmer que l'obtention d'un faible score BLEU avec la stratégie FORCÉ dans les expériences précédentes n'est pas due à une mauvaise qualité du lexique bilingue d'EPLs. Nous remarquons aussi que les stratégies TRAIN et TRAIT obtiennent des scores plus élevés (respectivement 24,67 et 28,06 points BLEU) par rapport à ceux obtenus par RÉF ayant un score BLEU de 21,84.

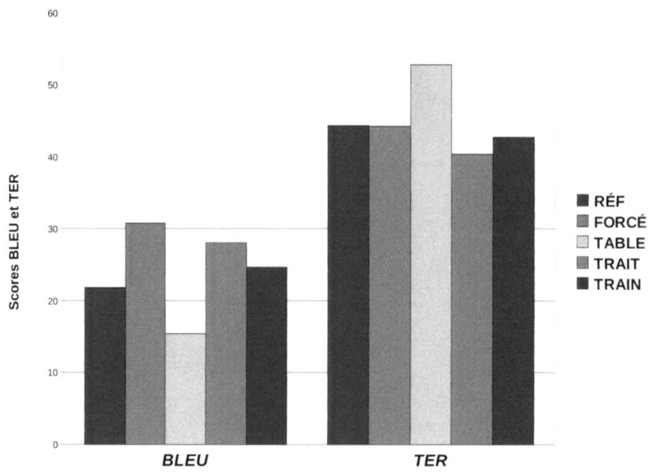


FIGURE 2 – Évaluation lexicale des EPLs en terme de scores BLEU et TER

# 6 Conclusion et travaux futurs

Dans cet article, nous avons décrit une méthode permettant d'extraire et d'aligner des EPLs dans un corpus parallèle français-anglais. L'algorithme d'alignement proposé effectue des alignements de type *m-n* et prend en considération des EPLs quel que soit le degré de corrélation entre leurs constituants. Pour mesurer l'apport de ces unités pour MOSES, nous avons présenté trois stratégies d'intégration dynamiques où nous avons modifié le modèle de traduction de différentes façons pour une prise en considération des EPLs bilingues et une stratégie d'intégration statique dans laquelle nous avons incorporé ces unités sans changer le modèle de traduction. Les expériences menées dans ce cadre montrent que la stratégie dynamique TRAIT, où un trait additionnel indiquant pour chaque entrée de la table de traduction s'il s'agit d'une EPL ou pas, peut améliorer significativement les résultats obtenus par MOSES avec un gain allant jusqu'à $+0,23$ points BLEU.

Nous considérons que nos expériences initiales sont positives et peuvent être améliorées de diverses façons. Dans ce présent travail, le modèle de traduction est estimé sur des lemmes plutôt que sur des formes de surface. Nous avons d'abord l'intention d'utiliser un modèle de génération pour produire les formes de surfaces adéquates à partir des résultats de traduction, présentés ici en lemmes. Nous comptons aussi entrainer notre système de traduction sur un corpus de taille plus importante afin d'évaluer l'impact du volume des données sur les résultats obtenus. En plus de leur application dans un système de TAS, nous tenterons d'étudier l'impact de ces EPLs sur la pertinence des résultats du moteur de recherche interlingue du CEA LIST.

# Références

BESANÇON, R., DE CHALENDAR, G., FERRET, O., GARA, F., LAIB, M., MESNARD, O. et SEMMAR, N. (2010). Lima : A multilingual framework for linguistic analysis and linguistic resources development and evaluation. *In Proceedings of LREC*, Malta.

BOUAMOR, D., SEMMAR, N. et ZWEIGENBAUM, P. (2011). Improved statistical machine translation using multi-word expressions. *In Proceedings of MT-LIHMT*, Barcelona, Spain.

CASELI, H., VILLAVICENCIO, A., MACHADO, A. et FINATTO, M. J. (2009). Statistically-driven alignment-based multiword expression identification for technical domains. *In Proceedings of the Workshop on Multiword Expressions : Identification, Interpretation, Disambiguation and Applications*, Singapore.

CONSTANT, M., TELLIER, I., DUCHIER, D., DUPONT, Y., SIGOGNE, A., BILLOT, S. *et al.* (2011). Intégrer des connaissances linguistiques dans un crf : application à l'apprentissage d'un segmenteur-étiqueteur du français. *In Actes de TALN*, Montpellier, France.

DAGAN, I. et CHURCH, K. (1994). Termight : Identifying and translating technical terminology. *In Proceedings of the 4th Conference on ANLP*, pages 34–40, Stuttgart, Germany.

DAILLE, B. (2001). Extraction de collocation à partir de textes. *In* MAUREL, D., éditeur : *Actes de TALN 2001 (Traitement automatique des langues naturelles)*, Tours. ATALA, Université de Tours.

FAZLY, A. et STEVENSON, S. (2007). Distinguishing subtypes of multiword expressions using linguistically-motivated statistical measures. *In Proceedings of the Workshop on A Broader Perspective on Multiword Expressions*, pages 9–16.

FINLAYSON, M. et KULKARNI, N. (2011). Detecting multi-word expressions improves word sense disambiguation. *In Proceedings of the Workshop on Multiword Expressions : from Parsing and Generation to the Real World*, pages 20–24, Portland, Oregon, USA.

FRANTZI, C., ANANIADOU, S. et MIMA, H. (2000). Automatic recognition of multi-word terms : the c-value/nc-value method. *In Int. J. on Digital Libraries 3(2)*, pages 115–130.

JACKENDOFF, R. (1997). The architecture of the language faculty. *MIT Press*.

KOEHN, P. (2004). Statistical significance tests for machine translation evaluation. *In Proceedings of EMNLP*.

KOEHN, P., HOANG, H., BIRCH, A., CALLISON-BURCH, C., FEDERICO, M., BERTOLDI, N., COWAN, B., SHEN, W., MORAN, C., ZENS, R., DYER, C., BOJAR, O., CONSTANTIN, A. et HERBST, E. (2007). Moses : Open source toolkit for statistical machine translation. *In Proceedings of ACL, demo session*, Prague, Czech Republic.

KOEHN, P., OCH, F. et MARCU, D. (2003). Statistical phrase-based translation. *In Proceedings of the Human Language Technology Conference of the North American Chapter of the Association for Computational Linguistics*, pages 115–124, Edmonton, Canada.

KUPIEC, J. (1993). An algorithm for finding noun phrases correspondences in bilingual corpora. *In Proceedings of the 31st annual Meeting of the Association for Computational Linguistics*, pages 17–22, Columbus, Ohio, USA.

LAMBERT, P. et BANCHS, R. (2005). Data inferred multi-word expressions for statistical machine translation. *In Proceedings of MT SUMMIT*.

LAMBERT, P. et BANCHS, R. (2006). Grouping multi-word expressions according to part-of-speech in statistical machine translation. *In Proceedings of the Workshop on Multi-word Expressions in a multilingual context*.

LOPEZ, A. et RESNIK, P. (2006). Word-based alignment, phrase based translation :what's the link ? *In Proceedings of the association for machine translation in the Americas : visions for the future of machine translation*, pages 90–99.

LUKA, N., SERETAN, V. et WEHRLI, E. (2006). Le problème de collocation en tal. *In Nouveaux cahiers de linguistiques Française*, pages 95–115.

OCH, F. (2003). Minimum error rate training in statistical machine translation. *In Proceedings of ACL*.

OKITA, T., GUERRA, M., ALFREDO GRAHAM, Y. et WAY, A. (2010). Multi-word expression sensitive word alignment. *In Proceedings of the 4th International Workshop on Cross Lingual Information Access at COLING 2010*, pages 26–34, Beijing.

PAPINENI, k., ROUKOS, S., WARD, T. et ZHU, W. J. (2002). Bleu : a method for automatic evaluation of machine translation. *In 40th Annual meeting of the Association for Computational Linguistics*.

REN, Z., LU, Y., LIU, Q. et HUANG, Y. (2009). Improving statistical machine translation using domain bilingual multiword expressions. *In Proceedings of the Workshop on Multiword Expressions : Identification, Interpretation, Disambiguation and Applications*, pages 47–57.

SAG, I., BALDWIN, T., FRANCIS BOND, F., COPESTAKE, A. et FLICKINGER, D. (2002). Multiword expressions :a pain in the neck for nlp. *In CICLing 2002*, Mexico City, Mexico.

SAGOT, B., CLÉMENT, L., DE LA CLERGERIE, É., BOULLIER, P. *et al.* (2005). Vers un méta-lexique pour le français : architecture, acquisition, utilisation. *In Actes de TALN*.

SALTON, G., WONG, A. et YANG, C. (1975). A vector space model for automatic indexing. *In Communications of the ACM*, pages 61–620.

SERETAN, V. et WEHRLI, E. (2007). Collocation translation based on sentence alignment and parsing. *In* BENARMARA, F., HATOUT, N., MULLER, P. et OZDOWSKA, S., éditeurs : *Actes de TALN 2007 (Traitement automatique des langues naturelles)*, Toulouse. ATALA, IRIT.

SNOVER, M., DORR, B., SCHWARTZ, R., MICCIULLA, L. et MAKHOUL, J. (2006). A study of translation edit rate with targeted human annotation. *In Proceedings of Association for Machine Translation in the Americas*.

TUFIS, I. et ION, R. (2007). Parallel corpora, alignment technologies and further prospects in multilingual resources and technology infrastructure. *In Proceedings of the 4th International Conference on Speech and Dialogue Systems*, pages 183–195.

VECHTOMOVA, O. (2005). The role of multi-word units in interactive information retrieval. *In ECIR2005*, pages 403–420, Berlin.

VINTAR, S. et FISIER, D. (2008). Harvesting multi-word expressions from parallel corpora. *In Proceedings of LREC*, Marrakech, Morocco.

# Quelques variations sur les mesures de comparabilité quantitatives et évaluations sur des corpus comparables Français-Anglais synthétiques

Guiyao Ke[1, 2]
(1) IRISA, UMR 6074
(2) Université de Bretagne Sud, 56000 Vannes
guiyao.ke@univ-ubs.fr

RÉSUMÉ

Dans la suite des travaux de (Li et Gaussier, 2010) nous abordons dans cet article l'analyse d'une famille de mesures quantitatives de comparabilité pour la construction ou l'évaluation des corpus comparables. Après avoir rappelé la définition de la mesure de comparabilité proposée par (Li et Gaussier, 2010), nous développons quelques variantes de cette mesure basées principalement sur la prise en compte des fréquences d'occurrences des entrées lexicales et du nombre de leurs traductions. Nous comparons leurs avantages et inconvénients respectifs dans le cadre d'expérimentations basées sur la dégradation progressive du corpus parallèle Europarl par remplacement de blocs selon la méthodologie suivie par (Li et Gaussier, 2010). L'impact sur ces mesures des taux de couverture des dictionnaires bilingues vis-à-vis des blocs considérés est également examiné.

ABSTRACT

**Some variations on quantitative comparability measures and evaluations on synthetic French-English comparable corpora**

Following the pioneering work by (Li et Gaussier, 2010) we address in this paper the analysis of a family of quantitative measures of comparability dedicated to the construction or evaluation of comparable corpora. After recalling the definition of the comparability measure proposed by (Li et Gaussier, 2010), we develop some variants of this measure based primarily on the consideration of the occurrence frequency of lexical entries and the number of their translations. We compare the respective advantages and disadvantages of these variants in the context of an experiments based on the progressive degradation of the Europarl parallel corpus, by replacing blocks according to the methodology followed by (Li et Gaussier, 2010). The impact of the coverage of bilingual dictionaries on these measures is also discussed.

MOTS-CLÉS : Corpus comparables, Mesures de comparabilité, Évaluation.

KEYWORDS: Comparable corpora, Comparability measures, Evaluation.

# 1 Introduction

La notion de comparabilité entre documents est assez délicate à introduire : il est communément admis de considérer que deux documents de langues différentes sont comparables lorsque ces documents traitent de sujets analogues. Par extension, la notion de corpus comparable a été introduite par (Fung et Yee, 1998), (Munteanu *et al.*, 2004) et reste assez subjective. (Déjean et Gaussier, 2002) ont proposé une définition quantitative de cette notion de comparabilité selon laquelle : *Deux corpus de deux langues $\mathscr{L}_1$ et $\mathscr{L}_2$ sont dits comparables s'il existe une sous-partie non négligeable du vocabulaire du corpus de langue $\mathscr{L}_1$, respectivement $\mathscr{L}_2$, dont la traduction se trouve dans le corpus de langue $\mathscr{L}_2$, respectivement $\mathscr{L}_1$.* (Li et Gaussier, 2010) en ont dérivé une mesure qui s'appuie sur un dictionnaire de traduction parallèle. Ces auteurs ont proposé d'évaluer cette mesure en partant de documents parallèles (c'est-à-dire de traduction directe) puis de dégrader cette traduction en observant la variation produite sur leur mesure : l'idée principale étant de vérifier la cohérence de la mesure proposée quand le nombre de traductions directes des entrées lexicales diminue. Cette mesure est principalement basée sur un comptage de présence de traductions des entrées lexicales qui dépend d'une manière non explicitée à la fois du dictionnaire de traduction et de la composition des corpus étudiés. Dans cet article nous proposons d'étudier et de comparer deux variantes autour de cette mesure de comparabilité en introduisant des informations quantitatives supplémentaires concernant le nombre d'occurrences des entrées lexicales et le nombre de traductions associées, en conjecturant que ces deux grandeurs produiront des effets positifs dans certaines situations. Ces nouvelles mesures sont présentées puis évaluées par rapport à la mesure développée par (Li et Gaussier, 2010), en prenant en considération la couverture du dictionnaire de traduction exploité.

# 2 Variations autour d'une mesure quantitative de comparabilité

## 2.1 Mesure de comparabilité de Li et Gaussier ($Cmp_{LG}$)

Cette mesure fait intervenir un comptage du nombre des entrées lexicales *passerelles* permettant de *coupler* deux corpus de langues distinctes via un lexique de traduction. Notons $C_1$ un corpus en langue $\mathscr{L}_1$ et $C_2$ un corpus en langue $\mathscr{L}_2$. La mesure de similarité définie par (Li et Gaussier, 2010) se présente formellement sous la forme :

$$Cmp_{LG}(C_1, C_2) = \frac{\sum\limits_{w_1 \in WC_1 \cap WD_1} \sigma(w_1) + \sum\limits_{w_2 \in WC_2 \cap WD_2} \sigma(w_2)}{|WC_1 \cap WD_1| + |WC_2 \cap WD_2|} \quad (1)$$

où : $WC_i$, $i \in \{1, 2\}$ est le vocabulaire en langue $\mathscr{L}_i$ associé au corpus $C_i$ ; $WD_i$ est l'ensemble des entrées en langue $\mathscr{L}_i$ du dictionnaire bilingue utilisé présentes dans $WC_i$ ; $\sigma(w_i)$ est une fonction indicatrice qui prend la valeur 1 si au moins une traduction de l'entrée lexicale $w_i \in WC_i$ en langue $\mathscr{L}_i$ existe dans le vocabulaire associé au corpus de l'autre langue, 0 sinon.

## 2.2 Enrichissement de la mesure LG

La mesure LG ne prend ni en compte le nombre d'occurrences des entrées lexicales dans les documents ni leurs nombres de traductions. Nous proposons ci-après deux variantes de la mesure LG qui font intervenir explicitement ces deux grandeurs en conjecturant que leur prise en compte produira dans certaines situations un effet positif.

### 2.2.1 Première variante : $Cmp_{VA_1}$

Cette première variante met en exergue de manière symétrique entre langue cible et langue source les trois éléments suivants : le nombre d'occurrences des entrées lexicales $w$ pris dans le vocabulaire du corpus de la langue source, le nombre de leurs traductions dans le dictionnaire bilingue et la présence d'au moins une de leurs traductions dans le vocabulaire du corpus de la langue cible.

$$Cmp_{VA_1} = 1/2 \cdot (Cmp_{1,2}(C_1, C_2) + Cmp_{2,1}(C_1, C_2)) \tag{2}$$

où :

$$\begin{aligned} Cmp_{1,2}(C_1, C_2) &= \frac{\sum_{w_1 \in WC_1 \cap WD_1} \left( \frac{tf(w_1, C_1)}{\tau(w_1, WD_1)} \cdot \sigma(w_1) \right)}{\sum_{w_1 \in WC_1 \cap WD_1} \left( \frac{tf(w_1, C_1)}{\tau(w_1, WD_1)} \right)} \\ Cmp_{2,1}(C_1, C_2) &= \frac{\sum_{w_2 \in WC_2 \cap WD_2} \left( \frac{tf(w_2, C_2)}{\tau(w_2, WD_2)} \cdot \sigma(w_2) \right)}{\sum_{w_2 \in WC_2 \cap WD_2} \left( \frac{tf(w_2, C_2)}{\tau(w_2, WD_2)} \right)} \end{aligned} \tag{3}$$

avec $tf(w_i, C_i)$ le nombre d'occurrences de l'entrée lexicale $w_i$ dans le corpus $C_i$ de la langue $i \in \{1, 2\}$ ; $\tau(w_i, WD_i)$ le nombre de traductions de l'entrée lexicale $w_i$ du corpus $C_i$ dans le dictionnaire $WD_i$. $\sigma(w_i)$ est défini comme précédemment.

#### 2.2.2 Deuxième variante : $Cmp_{VA_2}$

Cette deuxième variante est très proche de la précédente, elle se distingue essentiellement sur la manière de symétriser la mesure.

$$Cmp_{VA_2}(C_1,C_2) = \frac{\sum_{w_1 \in WC_1 \cap WD_1} \left( \frac{tf(w_1,C_1)}{\tau(w_1,WD_1)} \cdot \sigma(w_1) \right) + \sum_{w_2 \in WC_2 \cap WD_2} \left( \frac{tf(w_2,C_2)}{\tau(w_2,WD_2)} \cdot \sigma(w_2) \right)}{\sum_{w_1 \in WC_1 \cap WD_1} \left( \frac{tf(w_1,C_1)}{\tau(w_1,WD_1)} \right) + \sum_{w_2 \in WC_2 \cap WD_2} \left( \frac{tf(w_2,C_2)}{\tau(w_2,WD_2)} \right)} \quad (4)$$

où $tf(w_i,C_i)$, $\tau(w_i,WD_i)$ et $\sigma(w_i)$ ont la même signification que précédemment.

# 3 Protocole d'évaluation

Nos expérimentations se sont focalisées sur les langues Anglaise et Française et suivent globalement le protocole proposé dans (Li et Gaussier, 2010). Ce protocole est construit sur le principe d'une dégradation progressive d'un corpus parallèle par remplacement déterministe par blocs de lignes. Nous avons complété ce protocole en développant une approche non-déterministe pour le remplacement des blocs afin d'évaluer l'impact de la procédure de remplacement des blocs sur la qualité observée des mesures.

## 3.1 Mesure d'évaluation

### 3.1.1 Référence empirique étalon

La référence empirique est construite sur la base du pourcentage de dégradation du corpus Europarl. Par exemple, si nous considérons 100 lignes par bloc, pour chaque bloc et pour chaque test, nous obtenons un vecteur de 101 valeurs (en partant de 0% de remplacement pour aboutir à 100% de remplacements). Nous obtenons ainsi une mesure de référence empirique, dite étalon, caractérisée par un vecteur (0%, 1%, 2%...100%) de $N = 101$ coordonnées.

### 3.1.2 Comparaison d'une mesure de comparabilité à la référence empirique

Pour établir le degré d'adéquation/d'inadéquation d'une mesure à la référence empirique, nous utilisons le coefficient de corrélation de Pearson. Celui-ci estime le degré de corrélation entre une mesure de comparabilité $X$ et la référence empirique $Y$ de la manière suivante :

$$r_p = \frac{\sum_{n=1}^{N}(X_n - \bar{X}) \cdot (Y_n - \bar{Y})}{\sqrt{\sum_{n=1}^{N}(X_n - \bar{X})^2}\sqrt{\sum_{n=1}^{N}(Y_n - \bar{Y})^2}} \tag{5}$$

Parmi d'autres estimateurs de corrélation, le coefficient de corrélation de Pearson est en général utilisé lorsque les variables $X$ et $Y$ sont supposées suivre des lois normales. En l'absence de contre indication particulière ce coefficient nous semble constituer ici un compromis acceptable.

### 3.1.3 Taux de couverture

Les taux de couverture du dictionnaire et des corpus sont des paramètres qui influencent grandement les mesures de comparabilité. Nous les définissons de la manière suivante :

- on définit le taux de couverture d'un dictionnaire $D$ vis à vis du vocabulaire $V$ associé à un corpus (i.e. ici à un bloc) par la quantité $T_D = \frac{|V \cap D|}{|V|}$.
- on définit le taux de couverture d'un vocabulaire $V$ associé à un corpus (i.e. à un bloc) vis à vis d'un dictionnaire $D$ par la quantité $T_V = \frac{|V \cap D|}{|D|}$.

## 3.2 Prétraitements et principes d'évaluation

### 3.2.1 Dictionnaires bilingues utilisés

Nous avons exploité deux dictionnaires bilingues dans le cadre de cette étude pour évaluer l'impact du dictionnaire de sa couverture sur les mesures de comparabilité.

Le premier dictionnaire référencé sous l'intitulé *fullDicText* est un dictionnaire propriétaire qui contient 74921 paires d'entrées lexicales français/anglais, se décomposant en 32767 d'entrées lexicales en langue anglaise, et 27511 d'entrées lexicales en langue française.

Le deuxième dictionnaire référencé sous l'intitulé *dicElra*, et disponible sous la référence ELRA-M0033, contient 243580 paires d'entrées lexicales en langues française et anglaise, se décomposant en 110541 entrées lexicales en langue anglaise et 109196 entrées lexicales en langue française.

### 3.2.2 Prétraitements

Nous disposons de deux corpus : un corpus parallèle «français-anglais Europarl corpus» (Koehn, 2005) et un corpus anglais «Associated Press corpus : AP». Ces corpus sont lemmatisés en exploitant le TreeTagger (Schmid, 1994) (Schmid, 2009) puis segmentés en phrases (une phrase par ligne). A l'issue de ce prétraitement, nous disposons ainsi de trois documents contenant chacun plusieurs millions de lignes : un document parallèle français EPF, un document parallèle anglais EPE et un document anglais AP.

### 3.2.3 Principes d'évaluation

En suivant les travaux de (Li et Gaussier, 2010), nous partitionnons le corpus parallèle Europarl en sélectionnant un nombre variable de lignes : 1000 lignes, 10000 lignes, 100000 lignes et 1428000 lignes (ce qui correspond à l'intégralité du corpus Europarl). Chaque élément de la partition obtenue est ensuite divisée en 10 blocs, chaque bloc contenant le même nombre de lignes (100 lignes, 1000 lignes, 10000 lignes, et 142800 lignes). Nous calculons ensuite les mesures au niveau des blocs alignés.

Nous proposons deux séries d'expérience qui se distinguent par le mode de remplacement : déterministe ou aléatoire. Pour chacune de ces séries, trois tests différents sont effectués selon les principes décrits ci-après. L'évaluation des mesures de comparabilité consiste à quantifier la corrélation entre leur décroissance observée et la décroissance attendue d'une mesure *empirique* quantifiant le degré de dégradation du corpus parallèle initial.

### 3.2.4 Remplacement déterministe

Pour le premier test, nous construisons les corpus référencés par *GAd* en remplaçant par permutation un certain nombre de lignes issues d'un bloc (le nombre de lignes est fonction du pourcentage de dégradation du corpus parallèle 0%, 1% $\cdots$ 100%) par le même nombre de lignes issues d'un autre bloc. La permutation des blocs est prédéfinie, par exemple :le bloc 1 <-> le bloc 6, bloc 2 <-> le bloc 7, etc.

Pour le deuxième test, nous construisons les corpus référencés par *corpus GBd*, en remplaçant certaines lignes issues d'un bloc (le nombre de lignes est fonction du pourcentage de dégradation du corpus parallèle souhaité) par le même nombre de lignes extraites du document *AP*.

Pour le troisième test, nous construisons les corpus référencés par *corpus GCd*, en remplaçant toutes les lignes d'un bloc par toutes les lignes d'un autre bloc, c'est-à-dire par exemple, le bloc 1 devient le bloc 6 et le bloc 2 devient le bloc 7, etc. A ce stade, et dans chaque bloc, un certain nombre de lignes (fonction du pourcentage de dégradation du corpus parallèle souhaité) sont remplacées par un même nombre de lignes extraites du fichier *AP*.

### 3.2.5 Remplacement aléatoire

Pour le premier test, nous construisons les corpus référencés par *corpus GAa* en remplaçant aléatoirement selon une loi uniforme un certain nombre de lignes, en fonction du pourcentage de dégradation du corpus parallèle souhaité, par le même nombre de lignes extraites (sans remise pour garantir que les remplacements concernent systématiquement des lignes différentes) du reste des lignes non exploitées du corpus parallèle.

Pour le deuxième test, nous construisons les corpus référencés par *corpus GBa* en remplaçant aléatoirement selon une loi uniforme un certain nombre de lignes, en fonction du pourcentage de dégradation du corpus parallèle souhaité, par le même nombre de lignes extraites du document *AP*, en supprimant les lignes de remplacement déjà exploitées du document *AP*.

Pour le troisième test, nous construisons le corpus référencé par *corpus GCa*, en remplaçant d'abord toutes les lignes d'un bloc par le même nombre de lignes issues du complément du bloc dans l'ensemble des lignes du corpus Europarl (sans remplacement). Ensuite, au sein de chaque bloc, nous effectuons le remplacement aléatoire selon une loi uniforme d'un nombre de lignes donné (qui dépend du pourcentage de dégradation du corpus Europarl souhaité) par le même nombre de lignes extraites du corpus *AP* sans remplacement.

Ainsi, pour les deux séries de trois tests, le degré de comparabilité moyen décroît, en principe, de $GA_{d|a}$ à $GC_{d|a}$, en passant par $GB_{d|a}$.

# 4 Expérimentations

## 4.1 Influence de la taille des blocs sur les corrélations moyennes

Nous étudions ici les corrélations moyennes et leurs écarts-types entre les mesures de comparabilité et la référence empirique lorsque la taille des blocs exprimée en nombre de lignes varie dans l'ensemble $\{10^2, 10^3, 10^4, 10^5\}$.

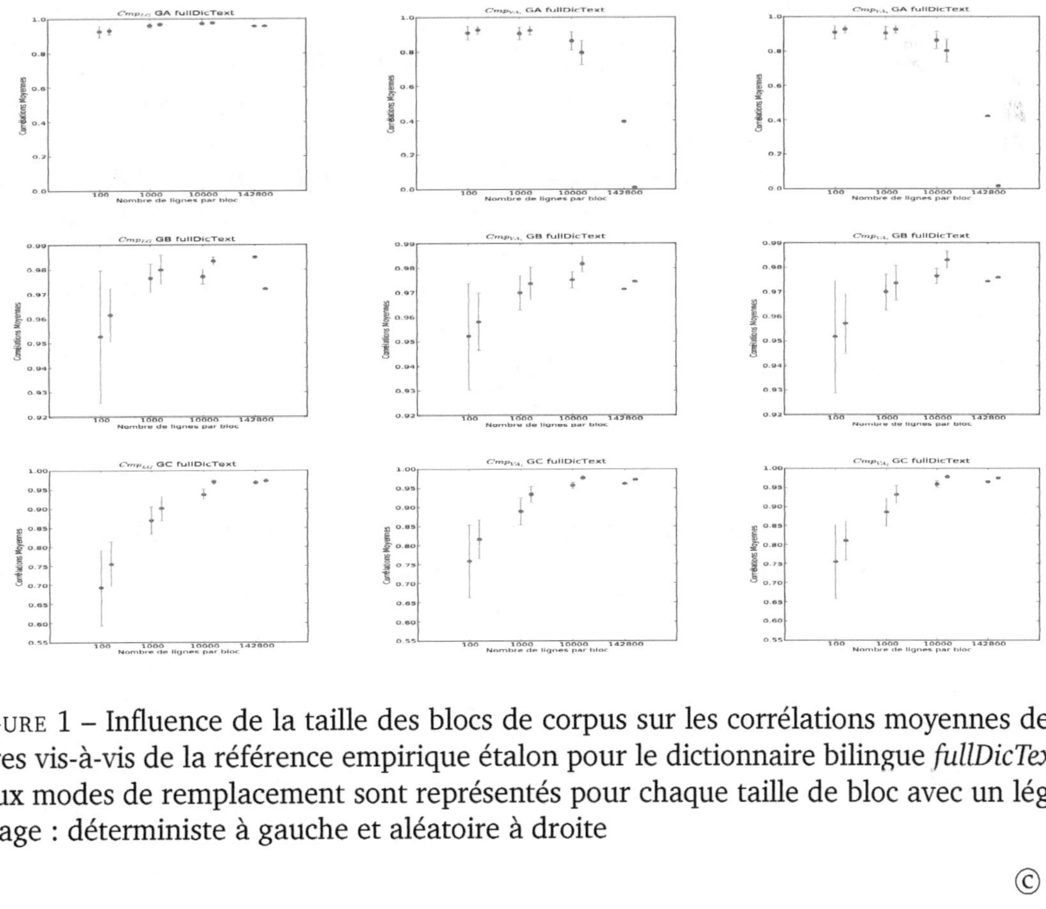


FIGURE 1 – Influence de la taille des blocs de corpus sur les corrélations moyennes des mesures vis-à-vis de la référence empirique étalon pour le dictionnaire bilingue *fullDicText*. Les deux modes de remplacement sont représentés pour chaque taille de bloc avec un léger décalage : déterministe à gauche et aléatoire à droite

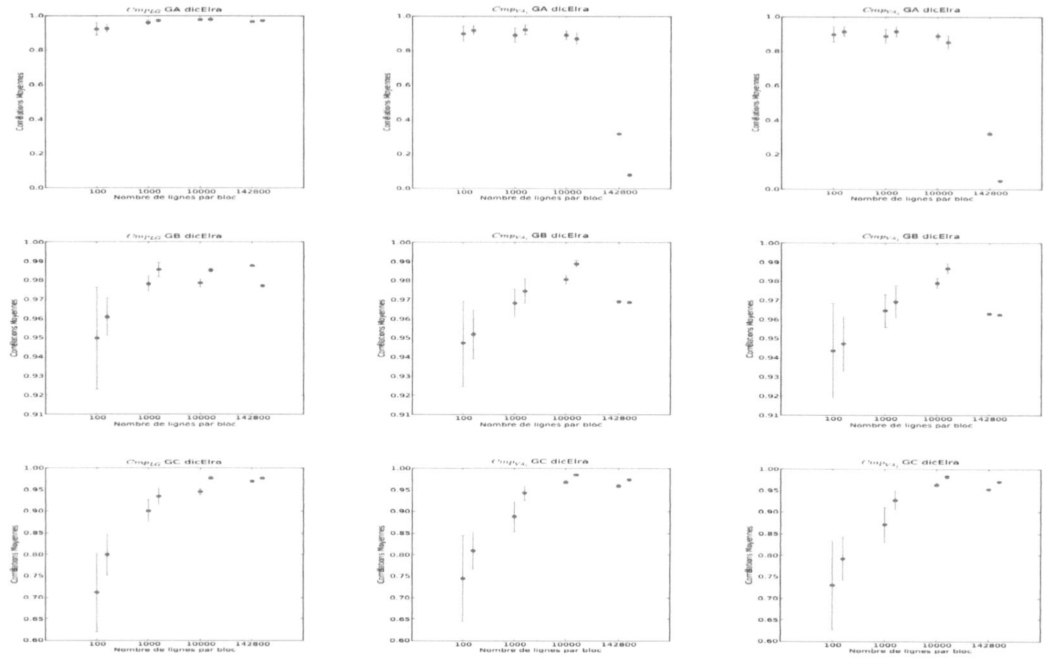


FIGURE 2 – Influence de la taille des blocs de corpus sur les corrélations moyennes des mesures vis-à-vis de la référence empirique étalon pour le dictionnaire bilingue *Elra*. Les deux modes de remplacement sont représentés pour chaque taille de bloc avec un léger décalage : déterministe à gauche et aléatoire à droite

Les figures 1 et 2 montrent, pour les deux modes de remplacement, que la mesure $Cmp_{LG}$ est plus en adéquation avec la référence empirique au sens du coefficient de corrélation de Pearson sur les expériences *GA* que ses variantes $Cmp_{VA_1}$ et $Cmp_{VA_2}$, en particulier pour des tailles de blocs importantes. Pour les expériences *GB*, les trois mesures atteignent quasiment le même niveau de corrélation vis-à-vis de la référence empirique. Enfin, sur les expériences *GC*, les deux variantes $Cmp_{VA_1}$ et $Cmp_{VA_2}$ semblent être légèrement plus robustes que $Cmp_{LG}$, principalement pour des tailles de bloc petites. Les deux dictionnaires bilingues utilisés conduisent à des résultats très voisins. Par contre, la procédure de remplacement aléatoire semble améliorer pour toutes les mesures et pour les deux dictionnaires la corrélation avec la référence empirique étalon, tant en moyenne qu'en écart type.

## 4.2 Influence des taux de couverture sur les corrélations moyennes des mesures avec la référence empirique

Nous étudions ici l'influence des taux de couverture (des dictionnaires et des vocabulaires en faisant varier la taille des blocs) sur les corrélations moyennes vis-à-vis de la référence empirique étalon obtenues sur la base des corpus dégradés par remplacement déterministe ou aléatoire, ceci pour les trois mesures $Cmp_{LG}$, $Cmp_{VA_1}$ et $Cmp_{VA_2}$. Les figures 3 et 4 présentent ces corrélations moyennes pour les deux dictionnaires *fullDicText* et *dicElra* et pour les deux modes de remplacement, aléatoire et déterministe.

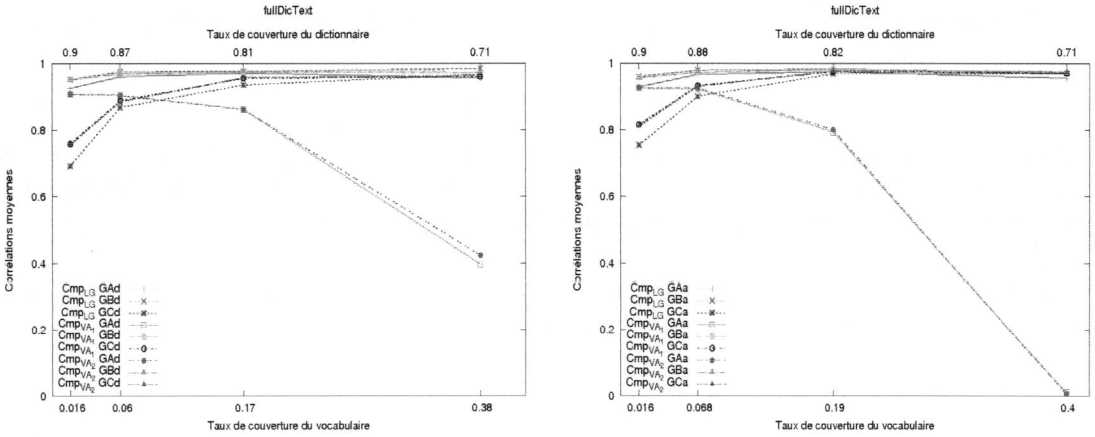


FIGURE 3 – Influence du taux de couverture sur les corrélations moyennes des mesures vis-à-vis de la référence empirique étalon pour le dictionnaire *fullDicText*, à gauche pour les corpus dégradés par remplacement déterministe, à droite pour les corpus dégradés par remplacement aléatoire

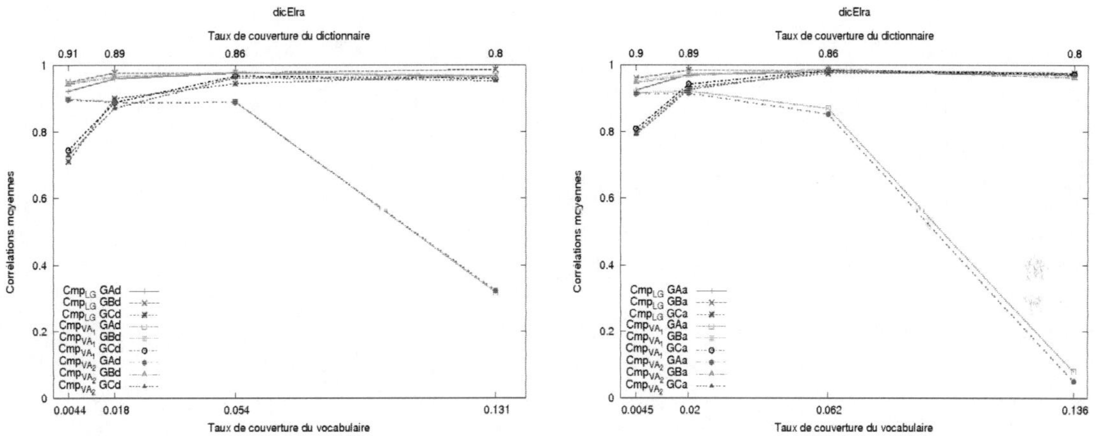


FIGURE 4 – Influence du taux de couverture sur les corrélations moyennes des mesures vis-à-vis de la référence empirique étalon pour le dictionnaire *dicElra*, à gauche pour les corpus dégradés par remplacement déterministe, à droite pour les corpus dégradés par remplacement aléatoire

On constate sur les figures 3 et 4 une meilleure corrélation moyenne pour la mesure $Cmp_{LG}$ sur les corpus *GA*, tandis que les variantes $Cmp_{VA_1}$ et $Cmp_{VA_2}$ voient leurs corrélations s'effondrer sur ce même corpus lorsque le taux de couverture du dictionnaire croit. Sur les corpus *GB*, les trois mesures ont des performances très voisines, tandis que, sur les corpus *GC*, les deux variantes sont un peu mieux corrélées à la référence que la mesure $Cmp_{LG}$. Nous notons également une légère baisse en corrélation moyenne qui s'observe pour les trois mesures lorsque le taux de couverture du vocabulaire est très faible. Ces résultats sont analogues pour les deux dictionnaires *fullDicText* et *Elra* ainsi que pour les deux modes de remplacement déterministe et aléatoire.

## 4.3 Capacités des mesures à discriminer les degrés de dégradation du corpus parallèle Europarl

Afin de quantifier la capacité des mesures à discriminer les différents niveaux de dégradation du corpus parallèle Europarl au fur et à mesure des remplacements, que ceux-ci soient déterministes ou aléatoires, nous utilisons la mesure de discrimination suivante :

$$\Delta(i) = \frac{|\sigma_i + \sigma_{i+1} + 2 \cdot (m_i - \sigma_i/2 - (m_{i+1} + \sigma_{i+1}/2))|}{\sigma_i + \sigma_{i+1}} = \frac{2 \cdot |m_i - m_{i+1}|}{\sigma_i + \sigma_{i+1}} \tag{6}$$

où $m_i$ et $\sigma_i$ sont les moyennes et écarts types des valeurs de comparabilité associées aux niveaux (de 0%, 1%, $\cdots$ 100%) de dégradation du corpus Europarl indexés par $i \in \{1, \cdots, 101\}$. En pratique, on observe que $\forall i, m_i >= m_{i+1}$ et la valeur absolue n'est pas requise. $\Delta(i) \in [0, \infty[$ est d'autant plus grande que l'écart entre les comparabilités moyennes successives est grand et que la somme des écarts types associés est faible. Ainsi, plus la fonction $\Delta(i)$ est élevée, mieux le niveau $i$ de dégradation du corpus est discriminé par la mesure de comparabilité.

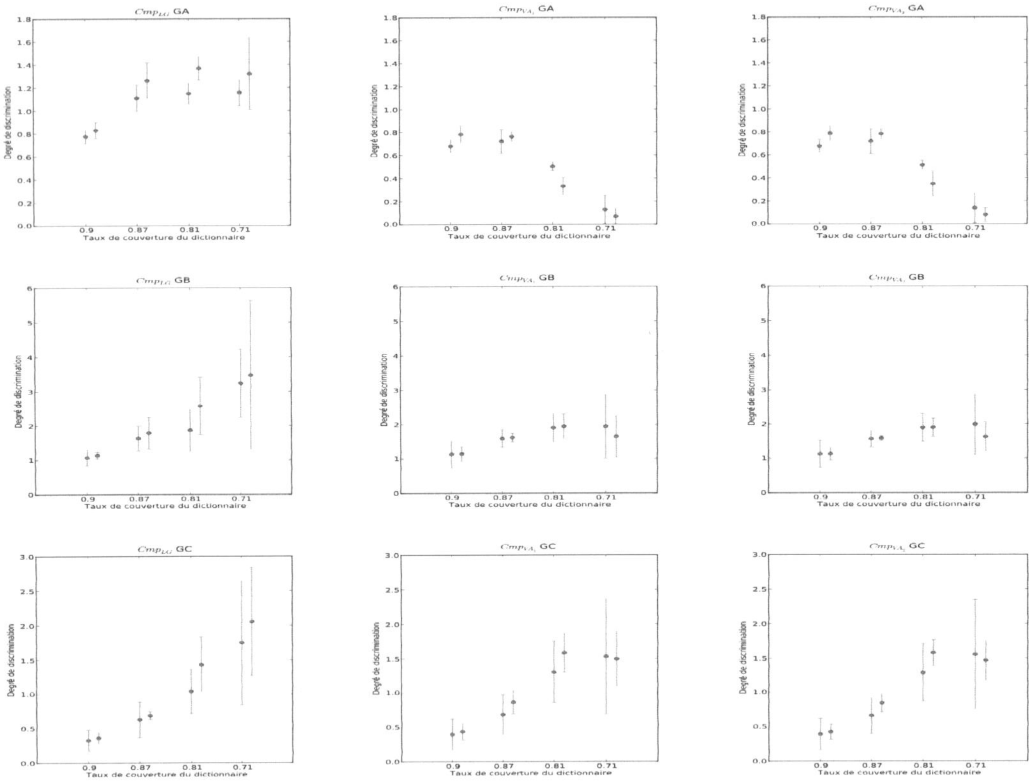


FIGURE 5 – Capacité des mesures de comparabilité à discriminer les degrés de dégradation du corpus Europarl : moyennes et écarts-types de $\Delta(.)$ en fonction des taux de couverture du dictionnaire *fullDicText* exploité sur les corpus produits par remplacements déterministe (décalages à gauche) et aléatoire (décalages à droite).

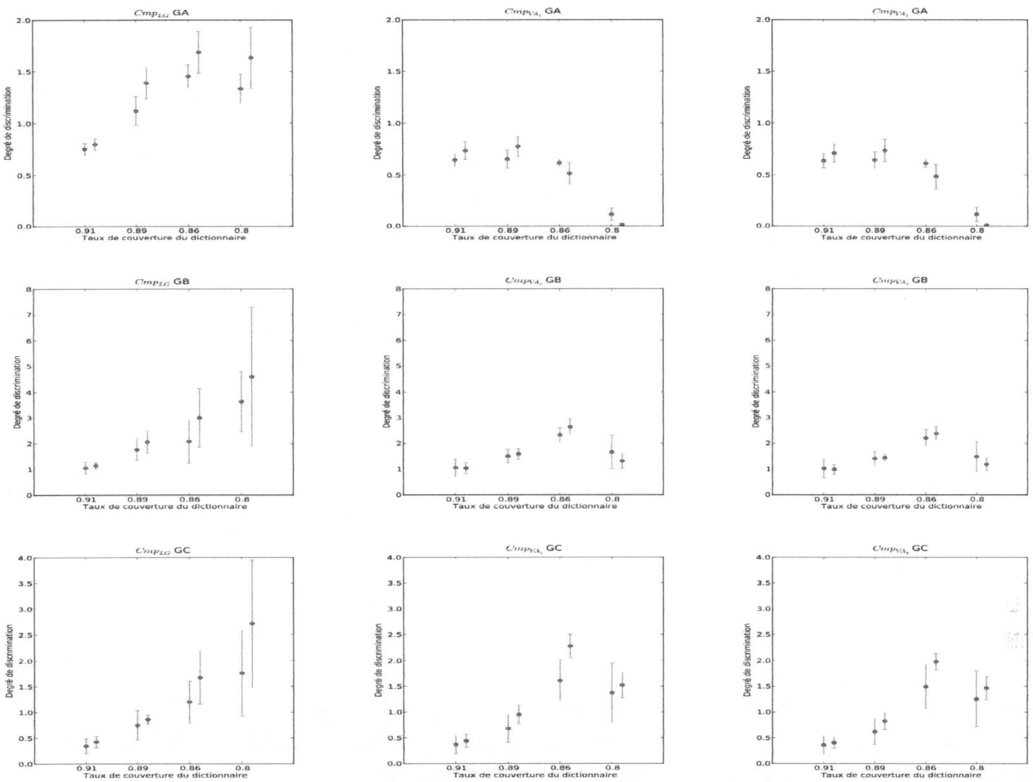


FIGURE 6 – Capacité des mesures de comparabilité à discriminer les degrés de dégradation du corpus Europarl : moyennes et écarts-types de $\Delta(.)$ en fonction des taux de couverture du dictionnaire *dicElra* exploité sur les corpus produits par remplacements déterministe (décalages à gauche) et aléatoire (décalages à droite).

Les figures 5 et 6 présentent pour les trois mesures $Cmp_{LG}$, $Cmp_{VA_1}$ et $Cmp_{VA_2}$, sur les trois types de corpus (*GA*, *GB* et *GC*) la valeur moyenne et l'écart type de la mesure de discrimination $\Delta$ en fonction du taux de couverture des dictionnaire *fullDicText* et *dicElra* respectivement. Ici également, on constate que les variantes $Cmp_{VA_1}$ et $Cmp_{VA_2}$ sont moins discriminantes que la mesure $Cmp_{LG}$ sur les corpus *GA* surtout pour les taux de couverture faible. Sur les corpus *GB* et *GC*, les mesures ont des niveaux de corrélation très voisins, surtout pour les taux de couverture les plus élevés du dictionnaire. Enfin, Sur les corpus *GC*, les variantes semblent légèrement plus robustes, notamment pour les taux de couverture élevés du dictionnaire. A noter que la capacité de discrimination moyenne augmente lorsque le taux de couverture du dictionnaire diminue dans la plupart des cas, mais sa variance augmente également en proportion également dans la plupart des cas.

# 5 Analyse et conclusions

Les résultats obtenus montrent que la mesure $Cmp_{LG}$ et ses variantes $Cmp_{VA_1}$, $Cmp_{VA_2}$ sont relativement voisines du point de vue de leur corrélation vis-à-vis de la mesure empirique étalon définie dans le contexte du protocole d'évaluation mis en œuvre. Il ressort néanmoins que la mesure $Cmp_{LG}$ est bien mieux corrélée à la mesure étalon sur les corpus les plus proches du corpus parallèle initial (Europarl) *GAd* et *GAa*, tandis que les variantes $Cmp_{VA_1}$, $Cmp_{VA_2}$ sont légèrement plus robustes lorsque les mesures sont confrontées aux corpus *GCd* et *GCa*, les plus éloignés du corpus Europarl et sans doute les plus proches des corpus *bruités* tels que ceux constitués à partir de données collectées sur le Web par exemple. Sur les corpus intermédiaires *GBd* et *GBa* les trois mesures atteignent des niveaux de corrélation comparables vis-à-vis de la mesure empirique étalon.

Les dictionnaires ont un léger effet sur la corrélation entre nos deux variantes de comparabilité et la mesure empirique étalon : pour le dictionnaire *fullDicText*, $Cmp_{VA_2}$ est légèrement mieux corrélée à la mesure étalon, tandis que pour le dictionnaire *dicElra*, c'est la variante $Cmp_{VA_1}$ qui semble mieux corrélée.

Les degrés de corrélation de ces mesures augmentent lorsque le nombre de lignes par bloc augmente, en particulier pour le corpus *GC* (augmentation de plus de 20% entre la configuration 100 lignes par bloc et la configuration 142800 lignes par bloc). Par exemple, pour deux documents d'environ 100 lignes chacun, si la valeur de comparabilité est supérieure à 0.7, les deux documents sont probablement très comparables et pour deux documents de plus de 1000 lignes chacun, si la valeur de comparaison est supérieure à 0.8, les deux documents sont probablement comparables au même degré que les précédents. A l'appui de ce résultat, nous pouvons espérer proposer une référence raisonnablement stable pour la comparabilité des documents en fonction de leur nombre de phrases afin de juger si les documents sont suffisamment comparables ou non pour la tâche considérée.

Par ailleurs, les capacités des mesures à discriminer les niveaux successifs de dégradation du corpus parallèle que nous proposons est également un critère de comparaison intéressant nous semble-t-il. Sur ce critère, les tendances précédemment évoquées restent en vigueur. La mesure $Cmp_{LG}$ se comporte mieux sur les corpus *GA* tandis que les variantes $Cmp_{VA_1}$ et $Cmp_{VA_2}$ semblent plus discriminantes sur les corpus *GC* et peut être également *GB* compte tenu des variances plus faibles observées sur ce critère pour les deux variantes.

Les modes de remplacement aléatoire ou déterministe semblent avoir un impact assez significatif au vu des résultats. Sur le corpus Europarl, le protocole déterministe de dégradation du remplacement proposé par (Li et Gaussier, 2010) engendre, en général, une baisse en moyenne des corrélations des trois mesures évaluées ainsi qu'un accroissement des écarts types, surtout sur les corpus s'éloignant du corpus parallèle Europarl (i.e. *GB* et *GC*). Cela amène à privilégier le mode de remplacement aléatoire par rapport au mode déterministe.

En matière de perspective, d'une part, nous allons essayer d'améliorer la précision lorsque le taux de couverture du dictionnaire est faible ; et d'autre part, nous allons exploiter et évaluer ces mesures de comparabilité dans le cadre d'expérimentations portant sur des réelles, en particulier sur des tâches de *bi-classification* et de *bi-clustering* de données thématiques bilingues.

# Remerciements

Ces travaux ont été partiellement financés dans le cadre du projet ANR-08-CORD-009 METRICC.

# Références

DÉJEAN, H. et GAUSSIER, E. (2002). Une nouvelle approche a l'extraction de lexiques bilingues à partir de corpus comparables. *Lexicometrica*, Numéro spécial, corpus alignés:1–22.

FUNG, P. et YEE, L. Y. (1998). An ir approach for translating new words from nonparallel, comparable texts. *In Proceedings of the 36th Annual Meeting of the Association for Computational Linguistics and 17th International Conference on Computational Linguistics - Volume 1*, ACL '98, pages 414–420, Stroudsburg, PA, USA. Association for Computational Linguistics.

KOEHN, P. (2005). Europarl : A Parallel Corpus for Statistical Machine Translation. *In Machine Translation Summit X*, pages 79–86, Phuket, Thailand.

LI, B. et GAUSSIER, E. (2010). Improving corpus comparability for bilingual lexicon extraction from comparable corpora. *In COLING*, pages 644–652.

MUNTEANU, D. S., FRASER, A. et MARCU, D. (2004). Improved machine translation performance via parallel sentence extraction from comparable corpora. *In HLT-NAACL*, pages 265–272.

SCHMID, H. (1994). Probabilistic Part-of-Speech Tagging Using Decision Trees. *In Proceedings of the International Conference on New Methods in Language Processing*, pages 44–49.

SCHMID, H. (2009). TreeTagger, www.ims.uni-stuttgart.de/projekte/corplex/TreeTagger/.

# Inférence grammaticale guidée par clustering

Noémie-Fleur Sandillon-Rezer
CNRS, Esplanade des Arts et Métiers, 33402 Talence
LaBRI, 351 Cours de la Libération, 33405 Talence
nfsr@labri.fr

RÉSUMÉ

Dans cet article, nous nous focalisons sur la manière d'utiliser du clustering hiérarchique pour apprendre une grammaire AB à partir d'arbres de dérivation partiels. Nous décrirons brièvement les grammaires AB ainsi que les arbres de dérivation dont nous nous servons comme entrée pour l'algorithme, puis la manière dont nous extrayons les informations des corpus arborés pour l'étape de clustering. L'algorithme d'unification, dont le pivot est le cluster, sera décrit et les résultats analysés en détails.

ABSTRACT

**Clustering for categorial grammar induction**

In this article, we describe the way we use hierarchical clustering to learn an AB grammar from partial derivation trees. We describe AB grammars and the derivation trees we use as input for the clustering, then the way we extract information from Treebanks for the clustering. The unification algorithm, based on the information extracted from our cluster, will be explained and the results discussed.

MOTS-CLÉS : grammaires catégorielles, clustering hiérarchique, inférence grammaticale.

KEYWORDS: categorial grammars, hierarchical clustering, grammatical inference.

## 1 Introduction

Le but de cet article est de présenter une nouvelle méthode d'inférence grammaticale. En effet, nous utilisons en entrée de notre algorithme des arbres de dérivations d'une grammaire AB partiellement remplis, et l'algorithme est ensuite guidé par le clustering pour savoir quelles variables vont être unifiées. L'idée de base est que les mots qui sont dans des contextes similaires doivent avoir des types similaires.

L'inférence grammaticale appliquée aux grammaires catégorielles peut être classée en trois catégories distinctes, en fonction des méthodes employées et des structures d'entrée.

La méthode décrite par Adriaans (Trautwein *et al.*, 2000; Adriaans, 1999) a pour point de départ des phrases sans structure. Bien qu'elle fonctionne dans la plupart des cas, ce genre de méthode d'inférence rencontre des problèmes avec des phrases permettant plusieurs analyses syntaxiques qu'on ne peut pas distinguer et qui sont fondées seulement sur la chaîne des mots

-par exemple l'attachement des syntagmes prépositionnels. Il semble donc logique, étant donné que cette information est généralement annotée dans des corpus arborés, de l'utiliser lors de l'apprentissage.

Des structures partielles sont utilisées dans les méthodes de Buszkowski et Penn (Buszkowski et Penn, 1990) ou Kanazawa (Kanazawa, 1998). Ces méthodes sont clairement dans la lignée du paradigme de Gold (Gold, 1967). Les structures d'entrée sont décrites ultérieurement, section 3. La sortie de ces algorithmes donne soit une grammaire rigide [1] (algorithme de Buszkowski et Penn) soit une grammaire $k$-valuée [2] (algorithme de Kanazawa). Une grammaire rigide n'est pas représentative d'un langage naturel, et dès $k \geq 2$, l'unification devient un problème NP-dur (Costa-Florêncio, 2001). Outre ce fait, comme $k$ n'est pas connu par avance, il convient de trouver la valeur optimale, ce qui est particulièrement complexe. On doit alors appliquer une recherche dichotomique pour trouver $k$, partant du principe que celui-ci se situe au départ entre 1 et $\infty$. L'idée est de prendre une valeur arbitraire qui semble raisonnable, de tester. Si cela fonctionne, on divise la valeur par deux et on tente à nouveau, sinon on la multiplie par deux en partant du principe que la bonne valeur devra être supérieure ou égale à $k+1$. Il est à noter, cependant, que même une grammaire 2-valuée ne peut pas représenter une langue naturelle : l'expérience avec les grammaires extraites montre que le nombre maximum de types par mot est grand, et de nombreux mots fréquents (déterminants, conjonctions de coordinations) possèdent plus de quarante types (Hockenmaier et Steedman, 2007; Sandillon-Rezer et Moot, 2011).

Enfin, les méthodes utilisent des structures totalement définies, comme celle d'Hockenmaier (Hockenmaier, 2003), qui construit une grammaire catégorielle combinatoire, ou notre méthode (Sandillon-Rezer et Moot, 2011), qui utilise un transducteur d'arbres généralisé pour transformer des arbres syntaxiques en arbres de dérivation d'une grammaire AB (Lambek, 1958). C'est la sortie de notre transducteur qui nous servira de standard d'évaluation ainsi que d'entrée après modification des arbres pour notre algorithme d'inférence grammaticale.

Dans cet article nous combinons les méthodes du second type avec des structures partielles (agrémentées de certaines informations provenant des corpus) et du clustering. Nous évaluons à la fois la complexité du problème et la qualité du lexique obtenu. Le clustering est effectué en utilisant une mesure de similarité fondée sur le contexte local du mot, qui est directement extrait des arbres syntaxiques.

Les arbres de dérivation sont extraits de corpus annotés. Nous utilisons deux corpus différents en guise de base : le corpus de Paris VII (Abeillé *et al.*, 2003) et Sequoia (Candito et Seddah, 2012). Les deux corpus sont annotés de manière syntaxique par les mêmes protocoles d'annotation (Abeillé et Clément, 2003). Les principales différences entre les deux corpus résident dans le nombre de phrases et l'origine de celles-ci. Le corpus de Paris VII est composé de 12351 phrases qui proviennent d'une sélection d'articles du journal *Le Monde*, et Sequoia est composé de 3204 phrases venant de différents horizons, comme Wikipedia, le journal *L'Est Républicain* ou encore des notices médicales. La figure 1 donne un exemple d'arbre syntaxique. Les noeuds pré-terminaux contiennent les POS-tag [3] du mot, les autres noeuds internes contiennent le type syntagmatique du sous-arbre et les feuilles représentent les mots de la phrase.

Etant donné que le format des annotations ne correspond pas aux arbres de dérivation d'une grammaire AB, nous utilisons le transducteur d'arbres généralisé pour transformer les arbres du

1. Une grammaire catégorielle rigide force les mots du lexique à n'avoir qu'un seul type.
2. Une grammaire $k$-valuée permet aux mots d'un lexique d'avoir $k$ types au maximum.
3. les annotations *parties du discours*

corpus de Paris VII et de Sequoia en arbres de dérivation.

Nous commencerons par décrire la grammaire AB générée par le transducteur généralisé, ensuite nous rappellerons le principe général de l'algorithme d'unification pour les grammaires AB et décrirons celui que nous utilisons. Dans la section quatre, nous décrirons le format de vecteurs utilisés pour l'étape de clustering. L'évaluation de notre méthode suivra, ainsi qu'une discussion sur les extensions possible de ce travail.

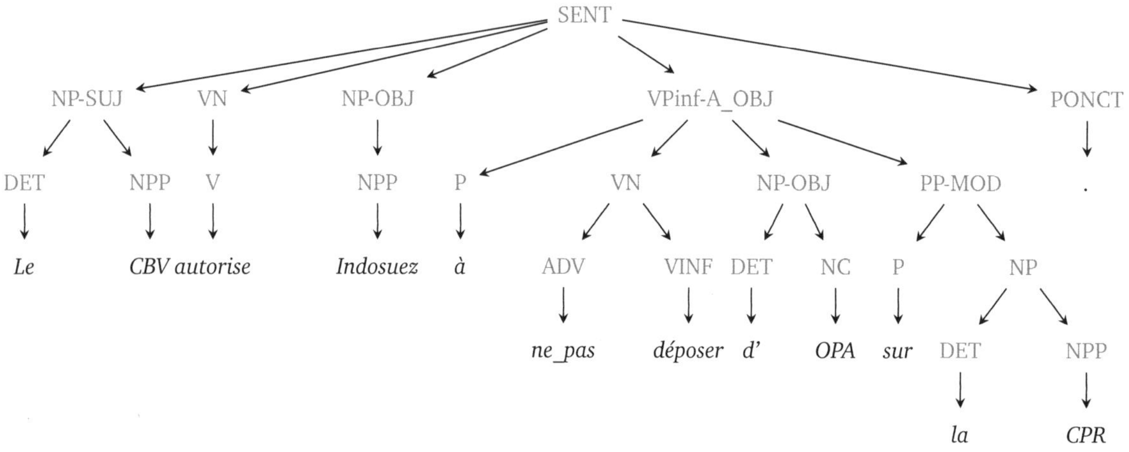


FIGURE 1 – Exemple d'arbre syntaxique du corpus de Paris VII.

## 2 Arbres de dérivation d'une grammaire AB

Les grammaires AB ont été définies séparément par Ajdukiewicz (Ajdukiewicz, 1935) et Bar-Hillel (Bar-Hillel, 1964) à partir du coeur des grammaires catégorielles et sont à présent considérées comme une sous-partie du calcul de Lambek (Lambek, 1958) et des grammaires catégorielles combinatoires [4] (Hockenmaier et Steedman, 2007). Les grammaires AB ont seulement deux règles d'éliminations, comme montré tableau 1.

$$\frac{A/B \quad B}{A}\ [/E] \qquad \frac{B \quad B\backslash A}{A}\ [\backslash E]$$

TABLE 1 – The elimination rules for AB grammar

Les arbres de dérivation d'une grammaire AB représentent l'application successive des règles d'éliminations.

Notre transducteur généralisé, qui correspond à une version modifiée d'un transducteur descendant, transforme les arbres syntaxiques des deux corpus en dérivations d'une grammaire AB. La figure 2 montre un exemple de sortie du transducteur correspondant à l'arbre syntaxique de la

4. Il est à noter cependant que nous suivons la convention déterminée par Lambek d'avoir toujours la catégorie qui sert d'argument sous le slash.

figure 1. Moins de 1.650 règles de transduction sont nécessaires pour convertir 92% du corpus de Paris VII (93% de Sequoia).

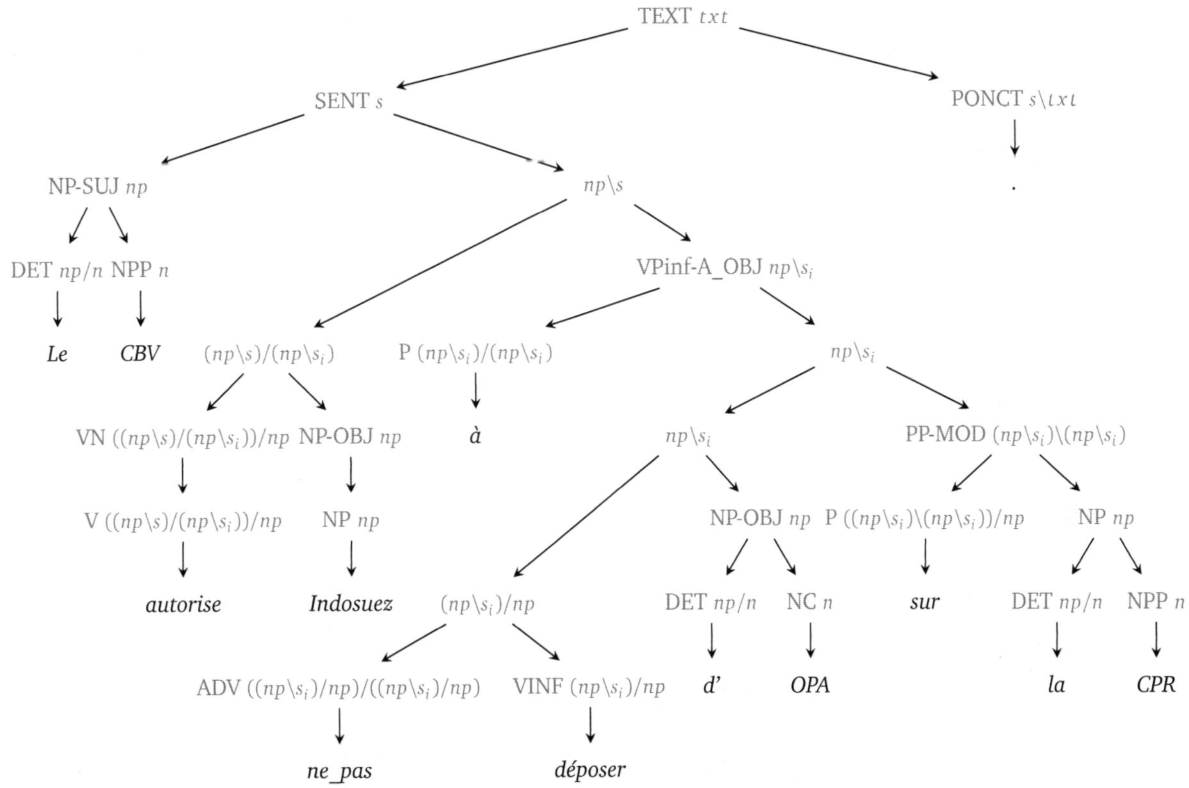


FIGURE 2 – Sortie du transducteur. Les informations provenant de l'arbre syntaxique sont toujours présentes. Il est à noter que sur la sortie réelle, les types sont aussi présents dans les feuilles ; ils sont hérités des noeuds pré-terminaux.

Le transducteur utilise quelques types atomiques pour l'étape de transduction : *np, n, s, txt, pp, cs,* $cl_r$. Cela correspond respectivement, à : un syntagme nominal, un nom commun, une phrase, un "texte" (une phrase avec une ponctuation finale), un syntagme prépositionnel, une clause subordonnée et un clitique réflexif. En plus, nous utilisons les types $np\backslash s_p$ et $np\backslash s_i$ pour les syntagmes participiaux et infinitivaux. Cependant, le transducteur est relativement modulaire. Chacun peut créer un ensemble de règles pour binariser les arbres et le transducteur vérifiera que les arbres sont bien binaires à la sortie et que les types sont cohérents au sens de Ajdukiewicz, c'est à dire qu'on a bien à chaque étape une application d'une des règles d'élimination.

Nous utiliserons ces types pour initialiser nos arbres avant l'étape d'unification ; la description du format d'entrée est effectuée dans la section 3.

# 3 Inférence grammaticale

Un algorithme d'inférence grammaticale bien connu est celui décrit par Buszkowski et Penn (Buszkowski et Penn, 1990). Pour apprendre une grammaire rigide, cela ne pose pas de problème (voir algorithme 1) : soit les types du lexique peuvent être unifiés jusqu'à ce qu'il n'y en ait plus qu'un par mot, soit l'algorithme échoue. Pour apprendre une grammaire $k$-valuée (Kanazawa, 1998) il y a besoin du même format d'entrée, comme montre la figure 3. Le coeur du problème avec les grammaires $k$-valuées est de décider quels types doivent être unifiés, car la meilleure unification possible ne peut être décidée que d'un point de vue global. C'est pour cela que ce problème d'inférence grammaticale est NP-dur (Costa-Florêncio, 2001) dès que $k \geq 2$. Il est également important de noter que $k$ n'est généralement pas connu d'avance, ce qui complique la résolution de l'algorithme.

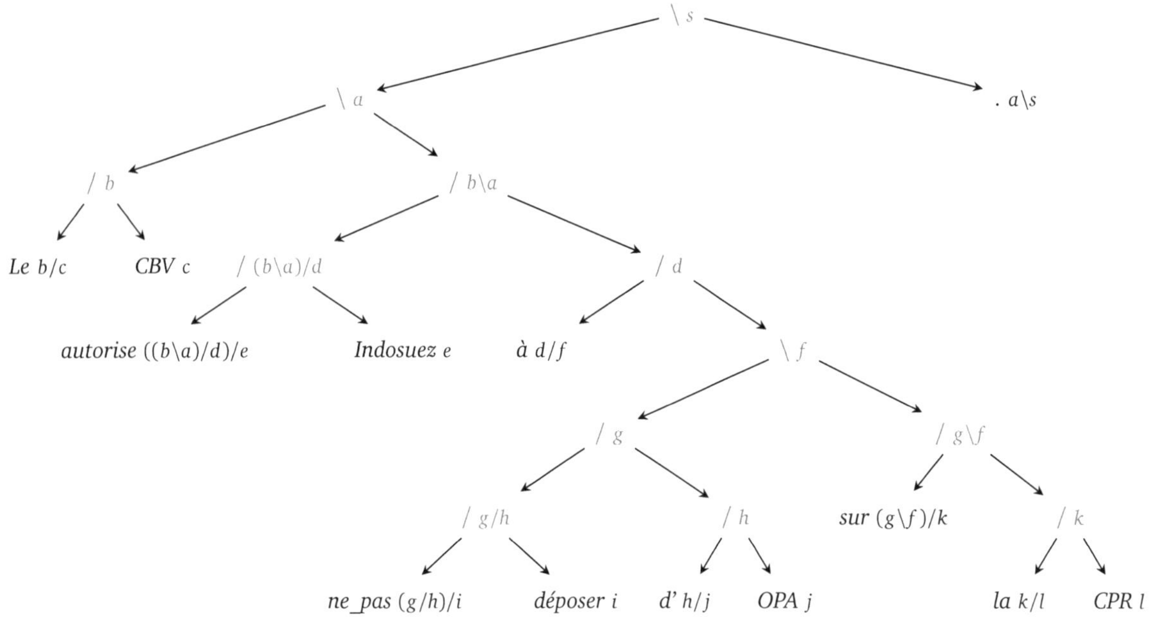


FIGURE 3 – Exemple d'entrée pour les deux algorithmes d'unification.

**Données**: arbres dont la racine est étiquetée $s$, les noeuds internes / ou \, et les feuilles avec des variables
**Résultat**: une grammaire rigide
création d'un lexique de mots contenant toutes les variables qui leurs sont liées ;
**tant que** *chaque mot a plusieurs types qui lui sont liés* **faire**
  rechercher l'unificateur le plus généraliste, de manière à réduire globalement le nombre de variables liées aux mots;
  **si** *l'unification n'est pas possible* **alors** l'algorithme échoue;
**fin**

**Algorithm 1:** Algorithme d'apprentissage d'une grammaire rigide.

Pour illustrer le problème de l'unification, il suffit de prendre deux phrases du corpus de Paris VII : *Nous avons de plus en plus de monde dans les DOM-TOM* et *Le gouvernement n'avait ni écrit ni choisi cet accord dont nous avons hérité*. Le lexique avant unification est décrit tableau 2. En appliquant l'algorithme de Buszkowski et Penn, le verbe *avons* aura deux types qui se ressemblent : $(d\backslash c)/e$ et $(w\backslash v)/x$. En effet, à chaque fois *avons* prend deux arguments, l'un à sa gauche et l'autre à sa droite. Cependant, nous ne pouvons pas unifier ces deux types, parce que dans le premier cas l'argument de droite est un groupe nominal et dans le second cas un participe passé ; en outre nous ne souhaitons pas que les deux aient le même type, pour éviter des phrases agrammaticales. Pour ces deux phrases, nous avons donc besoin au minimum d'une grammaire 2-valuée, et *avons* doit avoir deux types différents : $(np\backslash s)/np$ et $(np\backslash s)/(np\backslash s_p)$.

| | | | | | |
|---|---|---|---|---|---|
| nous | $d, w$ | avons | $(d \backslash c)/e$ , $(w \backslash v)/x$ | de_plus_en_plus | $e/f$ |
| de | $f/g$ | monde | $g$ | dans | $(c\backslash a)/h$ |
| les | $h/i$ | DOM-TOM | $i$ | le | $l/m$ |
| gouvernement | $m$ | n' | $((l \backslash k)/n)/p$ | avait | $(o/p)/q$ |
| ni | $q/r, p/s$ | écrit | $r$ | cet | $n/t$ |
| accord | $u$ | dont | $(u\backslash t)/v$ | hérité | $x$ |
| . | $k\backslash j, a\backslash b$ | | | | |

TABLE 2 – Lexique avant unification

Entre ces algorithmes standards d'inférence grammaticale et le nôtre, il y a deux différences principales.

La première différence réside dans le fait que nous utilisons les informations provenant des annotations du corpus, comme résumé dans la table 3. Les types assignés aux noeuds ont été choisis en fonction de leur fréquence dans le lexique extrait des arbres après transduction. Si le label n'est pas dans la table, le type du noeud sera une variable dans le cas d'un noeud argument. Si le noeud est foncteur, son type sera instancié en même temps que celui de son argument, puisque cette méthode est descendante. Les arbres utilisés en entrée contiennent donc des sous-formules avec des variables libres. L'inférence grammaticale consiste à transformer ces arbres aux types partiellement spécifiés en arbres de dérivation sans variable. Un exemple d'arbre d'entrée est montré figure 4. On remarque que certains mots, même si leur POS-tag n'est pas dans la table 3, ont déjà des types complexes sans variable.

| **label** | **type** | **label** | **type** |
|---|---|---|---|
| TEXT | txt | SENT | s |
| NP | np | NP-ARG | np |
| PP | pp | AP-ARG | n\n |
| CLS | np | CLS-SUJ | np |
| NC | n | NPP | np |
| VPP | $np\backslash s_p$ | VINF | $np \backslash s_i$ |

TABLE 3 – Extrait de la liste des types assignés aux noeuds lorsque ceux-ci ont le bon label, si et seulement s'ils sont arguments et non foncteurs au niveau des dérivations d'une grammaire AB.

La seconde différence est l'utilisation de clusters pour guider l'étape d'unification. Nous avons pris le parti d'utiliser un algorithme de clustering hiérarchique pour ce faire. Un cluster peut aussi bien regrouper un ensemble de cluster que des mots. Chaque cluster est associé à une hauteur qui représente la similarité entre les données qu'il regroupe. Ainsi, les clusters de hauteur zéro regroupent les mots dont les vecteurs sont identiques, et les clusters de hauteur plus importante regroupent aussi bien des mots que d'autres clusters qui leurs sont proches, comme montré figure 5. Nous unifions les clusters par hauteur croissante, ce qui nous permet d'unifier par ordre de

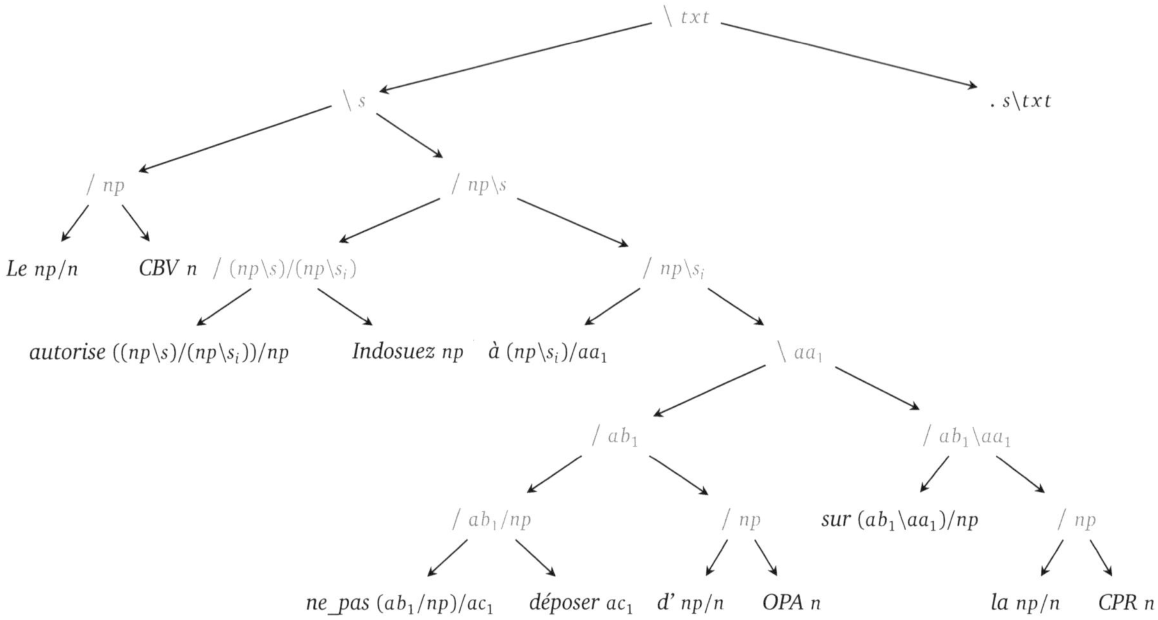


FIGURE 4 – Arbre d'entrée pour notre algorithme d'inférence grammaticale. Certains types sont déjà traités par l'étape de transduction et les autres sont remplacés par des variables.

similarité. Lorsque, pour une hauteur donnée, nous avons plusieurs possibilités d'unification, nous appliquons un ordre de priorité qui peut être résumé par :

1. unifier les plus petits clusters,
2. unifier les clusters pour lesquels il n'y a qu'un seul choix par variable,
3. unifier avec le plus simple candidat (la complexité d'un candidat est calculée en fonction du nombre de \et de / qu'il contient),
4. choisir le premier venu pour les autres variables, avec la possibilité de choisir aléatoirement l'unification.

Il se peut que tous les mots ne soient pas représentés à un niveau donné, par conséquent il peut rester des variables dans les types après une étape de clustering. Dans ce cas, on passe à un nouveau niveau de clustering. Cette manière de procéder nous assure l'unification des variables qui apparaissent en premier lieu dans des contextes les plus similaires possibles.

Il est à noter que même avec des variables, les arbres de dérivation partiels restent des dérivations valides et représentatives d'une grammaire AB : Les deux règles d'élimination sont les seules utilisées pour créer les arbres.

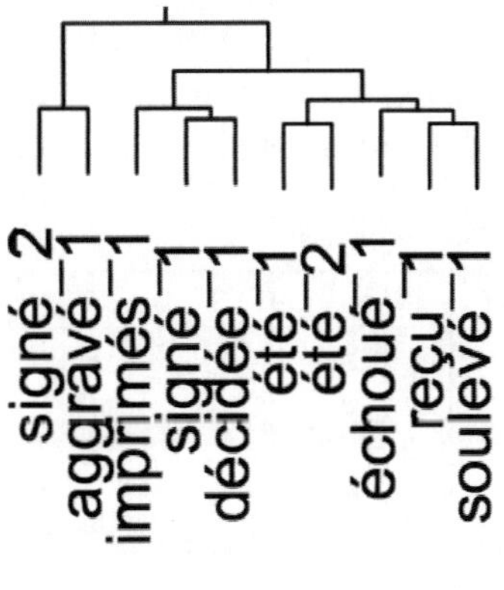


FIGURE 5 – Extrait d'un cluster de 5 phrases. Les participes passés sont regroupés d'abord par contexte puis tous ensemble dans de plus larges clusters jusqu'à n'en former plus qu'un.

# 4 Clustering

## 4.1 Extraction de vecteurs

Nous avons décidé d'assigner des vecteurs aux mots en extrayant les informations des corpus avant transductions.

Les vecteurs ont six dimensions :

**1** POS-tag du mot (père),

**2** information morpho-syntaxique (grand-père),

**3-4** POS-tag du frère à gauche et à droite,

**5-6** distance jusqu'au plus proche ancêtre commun avec le voisin de gauche et de droite.

S'il n'y a pas de voisin de droite ou de gauche (dernier ou premier mot d'une phrase), la valeur correspondant à la coordonnée de ce vecteur sera instanciée à $NIL$ ou $-5$, suivant si c'est un label ou un nombre. Deux exemples de vecteurs sont donnés figure 6.

$$le_1 < \text{DET, NP-SUJ}, NIL, \text{NC}, -5, 2 >$$

$$le_2 < \text{DET, NP-MOD, VPP, ADJ}, 3, 2 >$$

FIGURE 6 – Deux vecteurs correspondant au déterminant "le".

Pour comparer les vecteurs, nous avons besoin de les transformer en vecteurs dans $\mathbb{Z}^n, n \in \mathbb{N}$. Nous avons pris le parti de transformer chaque label en vecteur où seulement une ou deux dimensions possède la valeur 1 et le reste des coordonnées a pour valeur 0. Les POS-tags et les informations syntaxiques sont transformés de cette manière. Les distances numériques restent telles quelles, comme montré figure 6. La transformation est illustrée par la table 4 avec seulement une portion des données. Il y a une "dimension" pour presque chacun des POS-tags (avec cependant quelques exceptions pour des cas que nous souhaitons voir unifiés ensemble, comme *ET* pour les mots étrangers et *NPP* pour les noms propres) ; pour les informations morpho-syntaxiques, en plus d'une dimension pour chaque catégorie de base (*NP*, *PP*...) on fait seulement la différence entre les arguments ( représentés par le *-SUJ*, *-OBJ*, *-ATS*... à la fin des labels) et les modificateurs *-MOD*.

| **POS-tag** | **NC** | **DET** | **P** | **...** |
|---|---|---|---|---|
| NC | 1 | 0 | 0 | 0...0 |
| DET | 0 | 1 | 0 | 0...0 |
| P+D | 0 | 1 | 1 | 0...0 |
| **Other** | **NP** | **...** | **-ARG** | **-MOD** |
| NP | 1 | 0...0 | | |
| NP-SUJ | 1 | 0...0 | 1 | 0 |
| NP-MOD | 1 | 0...0 | 0 | 1 |

TABLE 4 – Exemple de transformation de vecteurs.

## 4.2 Création des clusters

Pour calculer le cluster hiérarchique nous utilisons le logiciel R (Ihaka et Gentleman, 1993), la distance métrique Manhattan et pour le clustering en lui-même la méthode de variance minimum de Ward (Ward, 1963). Pour mieux visualiser le cluster complet nous utilisons Tulip (Auber et Mary, 2007), ce qui permet de créer des graphes comme ceux de la figure 7. Les détails du graphe seront montrés dans la section suivante.

# 5 Evaluation

Nous avons testé notre méthode sur 754 phrase de Sequoia et 553 phrases du corpus de Paris VII. Le tableau 5 montre l'efficacité de la méthode, calculée en fonction du pourcentage de variables restant après unification.

| **Corpus** | Sequoia (754 phrases) | Paris VII (553 phrases) |
|---|---|---|
| **variables restantes** | 3 | 0 |
| **nombre total de variables** | 1.429 | 686 |
| **ratio** | 99,8% | 100% |

TABLE 5 – Pourcentage de variables restantes après unifications sur l'extrait de Sequoia et Paris VII.

Cependant le nombre de variables restantes sont un faible critère de succès. En effet, si les variables sont unifiées mais que les types résultants sont trop complexes, on ne peut pas dire que notre méthode soit un réel succès, même si toutes les phrases ont un arbre de dérivation valide.

Pour le corpus Sequoia, lorsque l'on compare les lexiques extraits après transduction et avec notre nouvel algorithme d'inférence grammaticale, on peut noter que 82,7% des lexiques sont identiques : cela signifie qu'il y a seulement 2967 paires mot-type différentes sur les 17110

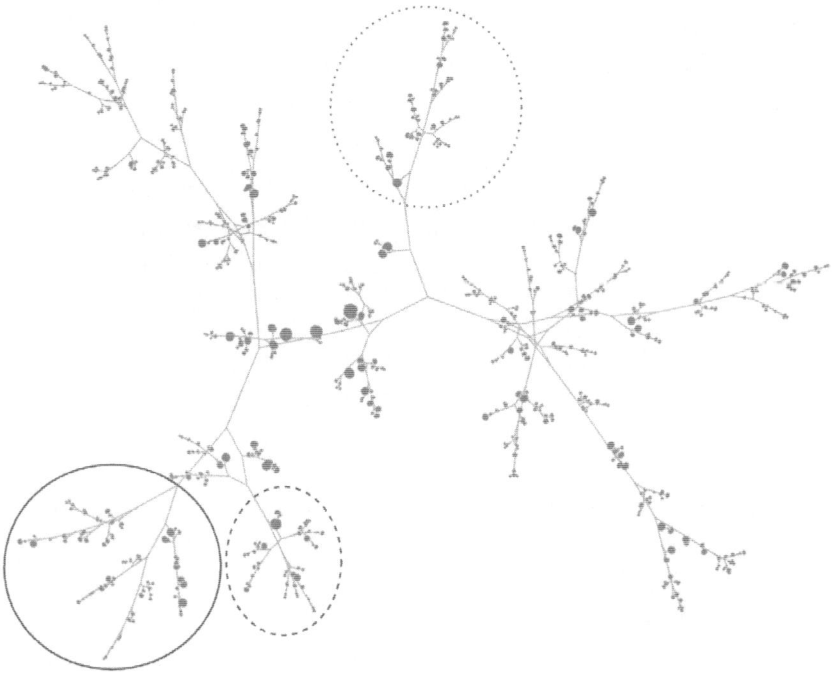

FIGURE 7 – Cluster correspondant à notre ensemble test de phrases. La partie entourée en pointillés correspond à l'endroit où il y a le plus de verbes ; celle entourée par des tirets aux déterminants et la partie simplement cerclée correspond aux adjectifs. On peut noter que les adjectifs et les déterminants sont proches les uns des autres. Cela s'explique parce qu'ils prennent généralement tous les deux un nom commun en argument et qu'ils sont présents dans des groupes nominaux.

paires du lexique. Cela correspond à 1012 entrées dans le lexique qui ont au moins une différence.

Pour les 553 phrases du corpus de Paris VII, nous comparons plus en détail les deux lexiques. Cela correspond à 2076 mots, soit 5731 paires mot-types.

Les différences entre les deux lexiques correspondent à 899 paires qui s'étalent sur 379 mots, soit 14,9% du lexique. Cela signifie que 85,1% des lexiques sont identiques. Dans ces 85,1% il faut noter cependant qu'il y a 2% de modifications mineures, telles qu'un *np* qui devient un *n* (majoritairement dans des cas tels que "Le président Merem") ou qu'une inversion entre les différents types des prépositions, $pp$, $pp_{de}$ ou $pp_a$ (les trois correspondent à des syntagmes prépositionnels, mais les deux derniers ajoutent comme information que la préposition utilisée est un *à* ou un *de*. Il faut noter cependant que certaines prépositions ne sont pas annotées comme ayant un *à* ou un *de* dans le corpus). Nous travaillons actuellement à faire disparaître ces modifications mineures.

Le tableau 6 trie les différences en deux catégories : d'un côté les types qui sont présents dans le lexique provenant du transducteur mais qui n'ont pas la même occurrence, et de l'autre ceux qui n'apparaissent pas dans le lexique de référence. Quelques exemples sont montrés dans le tableau 7. Le participe passé *accumulé* peut être utilisé aussi bien comme un adjectif. Le type donné par l'unification correspond à un noeud VPP utilisé comme un participe passé et non comme un adjectif, ce qui pourtant correspond mieux au contexte, cependant la *CCG Bank* (Hockenmaier et Steedman, 2007) contient une règle spéciale qui permet une translation de $np\backslash s_p$ à $n\backslash n$ ; on peut donc dire que le fait de considérer les deux types comme équivalents pour l'évaluation semble être justifié.

Le type donné à *change* est une vraie erreur : à la place d'être traité comme un verbe transitif qui prendrait donc deux arguments, il est traité comme un verbe intransitif. Cette erreur vient de l'étape de clustering, où *change* est proche d'un autre verbe intransitif.

| | | |
|---|---|---|
| paires erronées | 569 | 8,7% |
| paires équivalentes | 336 | 6,2% |
| paires identiques | 4 832 | 85,1% |
| **paires utilisables** | 5 168 | **91,3**% |

TABLE 6 – Ratio entre les différences des lexiques, comptées en paire mot-type. On note que 91,3% du lexique est sans erreur, donc utilisable en l'état.

| **Mot** | **Unification** | **Transduction** |
|---|---|---|
| *accumulé* | $np\backslash s_p$ | $n\backslash n$ |
| *change* | $np\backslash s$ | $(np\backslash s)/np$ |

TABLE 7 – Un exemple de chaque classe de mots.

La figure 8 montre deux clusters de niveau zéro. Le gauche est un cluster d'adverbes. La variable $ab_{331}$ sera unifiée avec *np*. Le cluster de droite contient uniquement des variables qui seront unifiées en une seule. Il rassemble des adjectifs et des participes passés utilisés en tant qu'adjectifs.

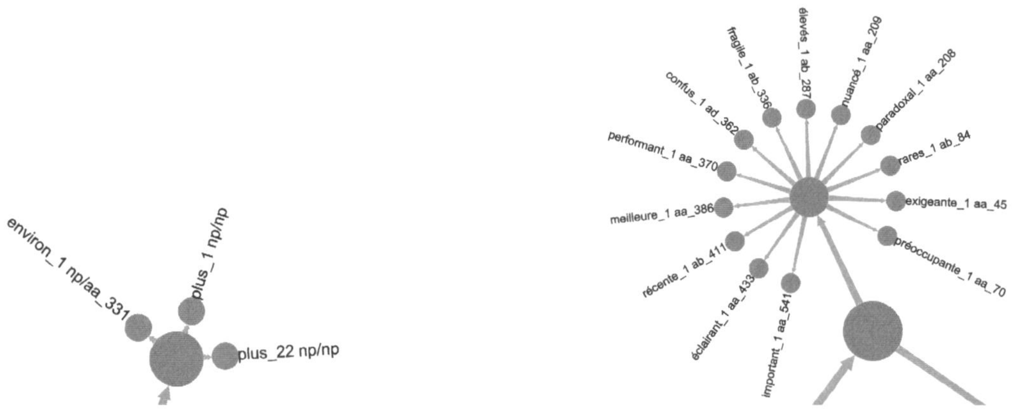


FIGURE 8 – Zoom sur deux clusters de niveau zéro.

# 6 Discussions

La méthode que nous utilisons est faite pour fonctionner avec des arbres de dérivation : il s'agit d'apprentissage non supervisé, mais avec des structures d'entrée contenant beaucoup d'informations dont des informations syntaxiques. Cependant, cela pourrait être étendu à n'importe quel ensemble de phrases qui ne sont pas sous forme d'arbres avec quelques modifications. L'idée serait d'utiliser à la fois des phrases simples et d'autres phrases sous forme d'arbres de dérivation.

Le problème est d'avoir les vecteurs de mots pour les phrases qui n'ont pas d'arbres syntaxiques attachés. On pourrait alors utiliser les vecteurs d'un sous-espace car certaines informations, comme le POS-tag des mots, peuvent être facilement retrouvées avec un tagger (Moot, 2012).

Ensuite, nous pouvons effectuer une étape de clustering avec ces vecteurs partiels et ceux extraits d'arbres syntaxiques en faisant une projection sur les seconds pour diminuer le nombre de dimensions. De cette manière, les mots pourraient avoir le type le plus utilisé par le cluster de niveau zéro leur correspondant. Cela nous permettrait d'avoir une plus grande visibilité sur les mots que si nous leur donnions juste le type le plus utilisé dans un lexique de référence en fonction de leur POS-tag. Etant donné que nos vecteurs ont un grand nombre de dimensions et sont très vides, nous pourrions aussi appliquer la méthode décrite par Kailing et al. (Kailing *et al.*, 2004) pour les manipuler.

## 6.1 Application à de plus grands corpus

Nous souhaitons appliquer notre méthode actuelle à des ensembles plus larges, mais nous aurons alors affaire à des clusters beaucoup plus larges pour le corpus Sequoia complet (plus de 63000 mots) ou encore pour le corpus de Paris VII (environ 300000 mots). L'étape de clustering est, avec la méthode de Ward (Ward, 1963), d'une complexité $O(n^3)$, et cela commence à devenir problématique pour ces grands ensembles. Il faut cependant noter que cela constitue une amélioration par rapport aux autres algorithmes d'apprentissage, étant donné que les grammaires $k$-valuées ont une complexité exponentielle.

## 6.2 Optimisation de l'unification des types

Pour l'instant, nous utilisons le critère "premier trouvé" pour unifier les variables lorsque nous n'avons pas d'autre critère de choix. Une solution plus optimale serait de regarder toutes les variables dans leur globalité, de leur assigner une liste d'unifications possibles et d'utiliser l'algorithme de Kuhn-Munkres (Kuhn, 1955; Munkres, 1957) pour choisir la meilleure unification globale, comme par exemple celle qui donne l'instantiation des variables avec les types les plus simples.

# 7 Conclusion

Dans cet article, nous avons montré une nouvelle méthode pour extraire une grammaire AB par unification en utilisant le clustering pour nous guider. Une implémentation est disponible (Sandillon-Rezer, 2013).

Nous avons décidé d'utiliser un clustering hiérarchique, ce qui nous permettait d'unifier le lexique pas à pas, soit jusqu'à convergence, soit jusqu'à ce qu'un conflit bloque l'unification. Cependant, il serait intéressant de tester notre méthode avec d'autres types de clustering, comme la méthode des *k-means* ou celle appelée *Clustering By Committee* (Pantel, 2003). Cette dernière méthode cherche le meilleur centroïde de chaque cluster qui est sensé être représentatif de chacun ; elle ne peut cependant pas être appliqué en l'état, parce que nous souhaitons faire l'unification après le clustering et que les types des centroïdes ne sont donc pas encore définis.

Les résultats que nous avons sont prometteurs surtout si on garde à l'esprit le fait que le format d'entrée est peu détaillé, ce qui nécessite donc moins d'heures aux annotateurs, mais que nous sommes proches de notre lexique de référence : nous avons 91,3% du lexique qui est similaire et 85,1% qui est identique.

## Références

ABEILLÉ, A. et CLÉMENT, L. (2003). Annotation morpho-syntaxique.

ABEILLÉ, A., CLÉMENT, L. et TOUSSENEL, F. (2003). Building a treebank for french. *Treebanks, Kluwer, Dordrecht.*

ADRIAANS, P. W. (1999). Learning shallow Context-Free languages under simple distributions.

AJDUKIEWICZ, K. (1935). Die syntaktische konnexität. *Stud. Philos.*, 1:1–27.

AUBER, D. et MARY, P. (2007). Tulip : Better visualization through research.

BAR-HILLEL, Y. (1964). *Language and information : selected essays on their theory and application.* Addison-Wesley Pub. Co.

BUSZKOWSKI, W. et PENN, G. (1990). Categorial grammars determined from linguistic data by unification. *Studia Logica.*

CANDITO, M. et SEDDAH, D. (2012). Le corpussequoia : annotation syntaxique et exploitation pour l'adaptation d'analyseur par pont lexical.

COSTA-FLORÊNCIO, C. (2001). Consistent identification in the limit of any of the classes k-valued is np-hard. *Lecture Notes in Artificial Intelligence.*

GOLD, E. (1967). Language identification in the limit. *Information and Control*, 10.

HOCKENMAIER, J. (2003). Data and models for statistical parsing with combinatory categorial grammar.

HOCKENMAIER, J. et STEEDMAN, M. (2007). CCGbank : a corpus of CCG derivations and dependency structures extracted from the penn treebank. *Computational Linguistics*, 33(3):355–396.

IHAKA, R. et GENTLEMAN, R. (1993). R project.

KAILING, K., KRIEGEL, H. et KRÖGER, P. (2004). Density-connected subspace clustering for high-dimensional data. *Proceedings of the Fourth SIAM International Conference on Data Mining.*

KANAZAWA, M. (1998). *Learnable Classes of Categorial Grammars.* Center for the Study of Language and Information, Stanford University.

KUHN, H. (1955). The hungarian method for the assignment problem. *Naval Research Logistics Quarterly.*

LAMBEK, J. (1958). The mathematics of sentence structure. *The American Mathematical Monthly*, 65.

MOOT, R. (2012). Wide-coverage semantics for spatio-temporal reasoning. *Traitement Automatique des Langues 52.*

MUNKRES, J. (1957). Algorithms for the assignment and transportation problems. *Journal of the Society for Industrial and Applied Mathematics*.

PANTEL, P. (2003). Clustering by committee. *PhD thesis*.

SANDILLON-REZER, N.-F. (2013). http ://www.labri.fr/perso/nfsr.

SANDILLON-REZER, N.-F. et MOOT, R. (2011). Using tree tranducers for grammatical inference. *Proceedings of Logical Aspects of Computational Linguistics 2011*.

TRAUTWEIN, H., ADRIAANS, P. et VERVOORT, M. (2000). Towards high speed grammar induction on large text corpora.

WARD, J. (1963). Hierarchical grouping to optimize an objective function. *Journal of the American Statistical Association*.

# Améliorer l'extraction et la description d'expressions polylexicales grâce aux règles transformationnelles

Aurélie JOSEPH[1,2]
(1) LDI, 99 avenue Jean-Baptise Clément F-93430 Villetaneuse
(2) ITESOFT, Parc d'Andron, le Séquoia, 30470 Aimargues
joseph.aurelie@gmail.com

RÉSUMÉ

Cet article présente une méthodologie permettant d'extraire et de décrire des locutions verbales vis-à-vis de leur comportement transformationnel. Plusieurs objectifs sont ciblés : 1) extraire automatiquement les expressions phraséologiques et en particulier les expressions figées, 2) décrire linguistiquement le comportement des phraséologismes 3) comparer les méthodes statistiques et notre approche et enfin 4) montrer l'importance de ces expressions dans un outil de classification de textes.

ABSTRACT

**Enhance Multiword Expressions Extraction and Description with Transformational Rules**

This paper presents a methodology to extract and describe verbal multiword expressions using their transformational behavior. Several objectives are targeted: 1) automatically extracting MWE and especially frozen expression, 2) describing linguistically their MWE behavior, 3) comparing statistical methods and our approach, and finally 4) showing the importance of MWE in a text classification tool.

MOTS-CLÉS : expressions polylexicales, expressions figées, locution verbale, extraction, transformation, classification de textes
KEYWORDS : multiword expression, verbal phrase, extraction, transformation, text classification

# 1 Introduction

Depuis quelques années l'extraction d'expressions phraséologiques (EP) est devenue un problème majeur dans le traitement du langage naturel. Du fait de l'universalité du phénomène à travers les langues, de l'importance des EP dans les corpus et de leur impact dans la compréhension, il devient primordial de décrire et de traiter cet objet linguistique

Notre principal but est de proposer une méthodologie permettant d'extraire ces mots polylexicaux englobant ce qui est connu sous le nom de noms composés (*pomme de terre, lune de miel*), locutions verbales (*prendre en compte, mettre fin*), idiomes (*casser sa pipe, peigner la girafe*), collocations (porter plainte)...

La plupart des méthodologies extraient généralement des expressions qui sont en réalité des éléments terminologiques ou des collocations. Peu d'études utilisent les contraintes transformationnelles qui sont des critères incontournables des EP. Nous voulons démontrer qu'une approche transformationnelle permet de retrouver ces expressions et même de donner des critères permettant de les décrire et ainsi de les catégoriser dans leur degré de figement. De plus, la majorité des approches traitent les expressions nominales (Daille, 1996 ; Watrin, 2007 ; François 2011). Dans cet article, nous nous focalisons sur les EP verbales (Kilgarriff, 2002 ; Smadja, 1993) qui sont plus difficiles à traiter.

# 2 Etat de l'art

Abordons brièvement les typologies liées aux phraséologismes et aux terminologies associées. Pour plus de détails, nous renvoyons à Mejri (2011), Gross (1996 ; 2012) ou Mel'čuk (2011) pour le français ou encore Abu Ssaydeh (2005) pour l'anglais. Dans notre étude nous nous concentrons sur :

- Les expressions totalement figées. Elles n'acceptent aucune variation, leur sens est souvent opaque et elles sont lexicalisées : *au fur et à mesure.*
- Les expressions semi-figées qui acceptent quelques variations. C'est ici que la plupart des séquences verbales se situent : *prendre une veste, casser sa pipe.*
- Les collocations. Ce sont des expressions qui « aiment » être ensemble (intimer l'ordre) mais dont le comportement syntaxique reste assez libre.
- Les routines langagières (*veuillez agréer mes sincères salutations*).

De nombreuses méthodes sont utilisées pour extraire ces éléments.

## 2.1 Les approches statistiques

Les mesures probabilistes telles que le rapport de vraisemblance ou la mesure de Dice, sont très souvent utilisées par les chercheurs pour déterminer les termes apparaissant fréquemment ensemble (Sinclair, 1991). Dias (2003) propose également une méthode sans ressource linguistique, utilisable indépendamment de la langue et sans contrainte dans le nombre de mots possibles dans la séquence. Les méthodes statistiques ont l'avantage d'être facilement implémentables, rapides et efficaces dans leur traitement mais laissent souvent de côté les expressions figées (Ramisch 2012) en faveur des collocations. Elles nécessitent également des corpus volumineux.

## 2.2 Les approches hybrides

Même si certains chercheurs refusent les ressources linguistiques à cause de ses inconvénients (dépendantes de la langue étudiée, souvent longues à construire et à maintenir), les méthodologies les plus performantes et les plus utilisées, combinent statistique et des filtres linguistiques. Ces filtres peuvent être des nettoyages de mots grammaticaux (Manning et Schütze, 1999), des sélections de structures syntaxiques productives (Watrin, 2007). Quelquefois les chercheurs introduisent les transformations pour étendre leur extraction (Daille, 1996) ou pour vérifier la validité des candidats (Al Haj et Wintner, 2010 ; Abeillé et Schabes, 1989). L'outil mwetoolkit (Ramisch 2012) propose de nombreuses possibilités pour extraire ces expressions selon certains filtres.

## 2.3 Les approches multilingues

Très brièvement revenons sur les travaux de Villada Moirón et al. (2006) ou Archer (2006) qui proposent une extraction basée sur la comparaison de corpus parallèles. Ils partent du postulat que certaines EP ne sont pas traduisibles mot à mot. En d'autres termes, la traduction de chaque terme ne peut mener à la traduction de l'expression entière dans la langue cible.

## 2.4 Les approches basées sur des ressources linguistiques

Alors que des listes répertoriant les expressions figées peuvent être utilisées (Grezka et Poudat, 2012), pour reconnaître les expressions semi-figées qui sont les EP les plus fréquentes dans les corpus, la meilleure ressource est celle qui décrit les variations des composants et les transformations possibles. Le lexique-grammaire (initié par M. Gross) et les ressources du LDI (Ben-Henia Ayat, 2006 ; Cartier, 2010 ; Buvet, 2008) décrivent chaque expression de cette manière. Mais la description est très coûteuse en temps de réalisation. C'est pourquoi nous voulons améliorer cette approche en introduisant des descriptions automatiques.

Plus récemment, les méthodes basées sur le Web, ont émergé. Certaines utilisent les moteurs de recherche (Colson, 2010 ; Cartier et Joseph, 2011), d'autres utilisent Google ngrams (François, 2011) ou Wikipédia (Garcia-Fernandez et al., 2011).

# 3 Le corpus

Dans cette étude, nous utilisons un corpus existant dans notre entreprise composé de lettres écrites par des clients (1 533 documents, 273 669 formes). Ces courriers sont dactylographiés et concernent la relation entre un client et une entreprise télévisuelle. Chaque classe représente un sujet particulier (gestion d'abonnement, offres, annulation simple, annulation complexe, réclamation offre, réclamation financière). Le niveau d'orthographe et de grammaire du client entraîne inévitablement des erreurs qui ne sont pas corrigées. Cependant, la reconnaissance optique des caractères liée à la numérisation des courriers et les erreurs d'orthographes ne représentent que 2% des formes. Ce corpus spécialisé nous permet de nous confronter à des données réelles, problématiques et nous permet d'appréhender la phraséologie de ce domaine.

# 4 Approche méthodologique

Notre approche utilise les contraintes transformationnelles liées aux EP (substitutions, insertion de modifieurs, passivation...) afin de les extraire, de les catégoriser automatiquement et de décrire leur comportement. L'extraction et la description sont réalisées à partir d'un corpus.

## 4.1 Architecture du système

Voici les différents processus pour extraire les phraséologismes :

- Un étiquetage morphosyntaxique permettant d'extraire une liste de candidats dans un corpus à partir de structures syntaxiques.
- La création d'un programme générant pour chaque candidat, les transformations possibles.
- La création d'un programme qui recherche les transformations dans les textes.

## 4.2 L'extraction par structures syntaxiques

Il a été prouvé depuis quelques années que les EP et en particulier les expressions verbales ne sont pas syntaxiquement déviantes de la langue comme avait pu le postuler Björkman (1978). Au contraire, la plupart des EP correspondent à des structures de la syntaxe libre. Les structures les plus productives (appelées moules syntaxiques) peuvent être listées. Par exemple, pour les noms : Mathieu-Colas (1988) ; pour les verbes : Gross (1982), Schmid (1991), Cartier et Joseph (2011) ; pour les adverbes : Grezka et Poudat (2012).

Dans cet article nous nous limitons aux EP verbales composées d'un seul nom car ce sont les structures les plus productives. Nous étudions donc les structures suivantes : VERBE NOM ; VERBE DETERMINANT NOM ; VERBE PREPOSITION NOM ; VERBE PREPOSITION DETERMINANT NOM. Après avoir taggué et lemmatisé notre corpus avec Treetagger, nous extrayons les EP candidats à partir de ces structures.

## 4.3 Transformations morphologiques, syntagmatiques et paradigmatiques

Les règles transformationnelles testées sont celles expliquées dans la littérature (Gross 1996, Lamiroy 2008...). Cependant, certaines sont supprimées car trop vagues pour être traitées automatiquement. Parmi elles, mentionnons la pronominalisation.

*Contacter votre service → le contacter ; Faire un geste → *en faire un*

Nous ne testons pas non plus l'insertion d'adverbes entre le verbe et le complément car la majorité des séquences verbales acceptent ce modifieur faisant d'elles des séquences semi-figées. Finalement trois grands types de transformations sont testés.

### 4.3.1 Les transformations morphologiques

Elles correspondent aux variations des composants, comme :

- La flexion nominale : le nombre du nom (*une étude, des études*)
- La nominalisation

G. Gross (2010) argue que ce critère se limite aux verbes prédicatifs (*résilier un contrat → une résiliation de contrat*). Mais selon M. Gross (1986), certaines expressions figées acceptent la nominalisation (*Mettre en scène → une mise en scène).*

Ce critère peut toutefois permettre de catégoriser un grand nombre de prédicats. Notons également que la nominalisation peut entraîner des modifications syntagmatiques.

### 4.3.2 Les transformations syntagmatiques

Elles correspondent à des modifications sur l'axe syntagmatique, liées aux règles d'ordre des mots.

- Clivage : **C'est une fin que je mets à mon contrat*
- Passivation : *?Une fin est mise à mon contrat*
- Relativation : **La fin que je mets à mon contrat*

Les variations syntagmatiques peuvent également être dues à :

- La suppression ou l'insertion de déterminant : *Je mets une fin à mon contrat ; *Je fais point sur cette situation*
- L'insertion de modifieurs : *??se renvoyer la petite balle*
- L'insertion de syntagme entre le verbe et le complément : *?Faire sur la situation le point*

### 4.3.3 Les transformations paradigmatiques

Ces transformations concernent les substitutions des composants de la séquence avec un composant de même nature (un verbe avec un verbe, un nom avec un nom…). Contrairement aux méthodes statistiques, nous évaluons les substitutions possibles ayant la même structure syntaxique. Par exemple, pour la séquence *mettre fin,* 13 verbes de notre corpus sont substituables avec *mettre* (*avoir en fin, arrêter à la fin, attendre la fin…*). Cependant, en ajoutant une contrainte structurelle (*mettre fin* correspond à la structure VER NOM), seulement 4 sont conservées (*prendre fin, donner fin, arrêter fin* et *prévenir fin).*

De plus, nous ne gardons que les substitutions possédant une catégorie grammaticale du contexte droit identique à celles possibles dans la séquence source. *Mettre fin* possède 3 contextes possibles : a) une préposition : mettre fin **à** mon contrat, b) une ponctuation (point, virgule…) : j'y mets fin**.**, c) un adverbe : je mets fin **immédiatement** à mon contrat. Parmi les substitutions précédemment sélectionnées, seules 2 séquences (*prendre fin* et *donner fin*) ont un contexte en commun avec *mettre fin* (ici une préposition : *prendre fin* ***en*** *septembre, donner fin* ***à*** *mon abonnement*). Ici, nous remarquons que la préposition à elle seule ne suffit pas pour montrer que nous avons deux contextes identiques (l'un complément d'objet indirect, l'autre complément circonstanciel de temps). Il faudrait améliorer l'analyse. Mais nous réduisons déjà un certain nombre de possibilités substitutionnelles.

Enfin, nous ne comptons pas le nombre d'occurrences de chaque substitution dans le corpus, mais le nombre de substitutions différentes. En d'autres termes peu importe le nombre de fois où *prendre fin* ou *donner fin* apparaissent dans le corpus seule compte le nombre de formes différentes substituables (ici 2).

#### 4.3.4 Implémentation

Les transformations sont implémentées en utilisant de simples expressions régulières. Nous n'utilisons pas actuellement de ressources externes comme un parseur. Toutefois, nous sommes conscients de l'utilité de ces outils pour améliorer les traitements et résultats (Wehrli et al. 2010).

### 4.4 Seuil de fréquence, de la "règle de trois" à la "règle de deux"

Nous appelons règle de trois la méthode utilisée pour déterminer que les séquences sont utilisées assez fréquemment et possèdent une dispersion assez significatives pour être appelées collocations (Dubreil et Daille 2005). Pour cela, 3 règles doivent être vérifiées

- « - la cooccurrence de deux termes apparaissant au moins trois fois dans le corpus ;
- la cooccurrence de deux termes issus de trois articles différents;
- la cooccurrence de deux termes employés par trois auteurs différents. » (Dubreil et Daille, 2005)

Dans notre cas, ces trois critères peuvent être réduits à seulement deux. Chaque courrier est écrit par un client unique, donc « trois auteurs différents » et redondant avec « trois articles différents ». De plus, notre corpus n'étant pas très volumineux, nous réduisons l'apparition des termes au moins trois fois dans le corpus par seulement deux fois. De plus, n'oublions pas que nous voulons extraire également des séquences figées qui dans un corpus réduit ne sont pas très fréquentes. Ce seuil mis à « deux » est un bon compromis entre la non significativité d'une apparition unique et un seuil trop haut.

### 4.5 Score de figement

Le score de fixité permet de décider si une séquence candidate est une expression phraséologique. Pour comprendre ce score précisons son calcul. Tout d'abord, nous calculons un score pour chaque type de transformation (syntagmatique, morphologique et paradigmatique). Le calcul du score pour les transformations syntagmatiques et morphologiques est identique. C'est un simple ratio entre le nombre d'occurrences de la séquence candidate et la somme des différents tests et de la séquence candidate.

$$F_{synt}^{Si} = \frac{S_n}{(S_n + \sum T_n)}$$

Le calcul du score du figement paradigmatique est un ensemble d'heuristiques. Il dépend à la fois du nombre de déterminants substituables de la structure syntaxique et des substitutions verbales et nominales. Une différence entre les « upward collocations » et les « downward collocations » est également faite (Sinclair 1991). Les « upward collocations » sont dans notre cas des substitutions verbales, tandis que les « downward collocations » sont des substitutions nominales. Disons brièvement que les « downward collocations » peuvent être très productives surtout avec des auxiliaires. Par exemple, dans notre corpus, *avoir* accepte 99 noms différents. Mais *fin*, nous l'avons vu, n'accepte que 2 substitutions dans une structure VER NOM. Donc, nous mettons en valeur les « upward collocations » c'est-à-dire les substitutions verbales possibles à partir d'un nom. C'est toutefois un choix risqué lorsque l'on sait que les collocations se réalisent majoritairement à partir du prédicat.

Enfin, nous fixons plusieurs seuils permettant de déduire qu'un candidat est une expression phraséologique : le score de figement morphologique (F-M) doit être supérieur à 0.8 ; le score de figement syntagmatique (F-S) doit être supérieur à 0.7 ; le score de figement paradigmatique (F-P) doit être supérieur à 0.6. Ces choix de seuils sont pour le moment pris de manière subjective, respectant tout de même une certaine probabilité dans les différentes transformations.

En prenant trois scores différents nous pouvons contrôler les seuils. L'application d'une moyenne entre les scores ou du calcul d'un score plus général entraîne plus de bruit.

## 4.6 Constitution d'une base de référence

Afin de comparer notre approche avec une base de référence, nous devons constituer cette base. Actuellement elle est réalisée grâce à différentes sources répertoriant des expressions figées (Lexique-Grammaire[1], expressio[2], DEL[3], Wiktionary[4]). Nous faisons remarquer immédiatement que le terme expression figée est pris de manière assez large selon les ressources. Des verbes supports peuvent même apparaître (*mettre fin*). Toutefois ils sont considérés comme des combinaisons avec une forte attraction et devenir des locutions comme en témoignent certains dictionnaires (notamment le TLFI). Nous les considérons de manière assez naïve sans remettre en considération leur présence. Finalement, 110 séquences évaluées comme étant figées par ces ressources ont été trouvées parmi nos candidats.

# 5 Résultats

L'extraction à partir de structures syntaxiques abouti à 5 148 candidats représentant 15 794 formes différentes (incluant les transformations morphologiques et syntagmatiques). 1 133 séquences peuvent prétendre au titre d'expressions phraséologiques après l'application de la règle de 2. Parmi elles 302 séquences sont assez figées pour être considérées comme des EP par notre approche, c'est-à-dire en appliquant les scores de figement.

---

[1] Revu et corrigé par Tolone 2011

[2] Georges Planelles 2011

[3] *Dictionnaire des expressions et des locutions* Rey et Chatreau 2006

[4] http://fr.wiktionary.org/wiki/Catégorie:Locutions_verbales_en_français

## 5.1 Distribution des transformations

Les transformations représentent 44% des formes. Certaines transformations sont beaucoup plus utilisées que d'autres. Certaines sont même pratiquement inutiles. Par exemple, le clivage n'est utilisé que 3 fois dans notre corpus. Selon Riegel et al. (1994), le clivage est plus utilisé dans le langage parlé qu'écrit. Nous le vérifions ici également.

| Règles transformationnelles | Occurrences |
|---|---|
| Insertion syntagme | 8,09% |
| Insertion déterminant | 2,42% |
| Inversion | 4,66% |
| Clivage | 0,06% |
| Relativation | 3,68% |
| Passivation | 9,05% |
| Nominalisation | 5,75% |
| Insertion Modifieurs | 3,72% |
| Flexion | 4,33% |
| Suppression déterminant | 0,95% |

TABLE 1 – Distribution des transformations

La nominalisation est une transformation productive et intéressante. Les verbes impliqués sont des prédicats de premier ou de second-ordre.

*Résilier = résiliation ; restituer = restitution ; rembourser= remboursement*
*Demander (résiliation)= demande ; attendre (confirmation) = attente*

La passivation quant à elle, est une des transformations les plus utilisés. Autant les prédicats verbaux que les prédicats nominaux sont touchés par cette transformation.

*Prélever la somme = la somme prélevée*
*Effectuer un prélèvement = un prélèvement est effectué*

## 5.2 Extraction de phraséologismes

Avant de comparer les résultats avec des méthodes statistiques, regardons combien nous retrouvons de phraséologismes répertoriés par les ressources. 110 EP répertoriées par nos ressources externes sont présentes dans notre corpus. En appliquant la règle de 2, 57 sont conservées. Notre approche en retrouve 47 (soit 80%).

| Séquences | F-S | F-P | F-M |
|---|---|---|---|
| mettre fin | 1 | 0,97 | 1 |
| prendre acte | 1 | 0,96 | 1 |
| mettre un terme | 1 | 0,97 | 1 |
| prendre fin | 0,87 | 0,92 | 1 |
| tenir compte | 1 | 0,88 | 1 |
| faire l'objet | 1 | 1 | 1 |
| tomber en panne | 1 | 0,88 | 1 |
| rentrer dans l'ordre | 1 | 0,81 | 1 |
| faire le point | 1 | 1 | 1 |
| faire foi | 1 | 1 | 1 |
| renvoyer la balle | 1 | 1 | 1 |
| porter plainte | 1 | 1 | 1 |
| mener en bateau | 1 | 1 | 1 |
| couronner le tout | 1 | 1 | 1 |

TABLE 2 – Phraséologismes extraits avec la méthode linguistique grâce aux différents scores de figement syntagmatique (F-S) paradigmatique (F-P) et morphologique (F-M).

Ces résultats montrent un échantillon des expressions classifiées comme étant figées à la fois par les ressources externes et l'approche linguistique. Pour chaque séquence, les scores de figement sont spécifiés. Nous pouvons voir que certaines ne sont pas totalement figées. Toutes les séquences extraites n'ont pas le même degré de figement. Nous avons : a) des séquences figées avec un sens opaque : *Mener en bateau, renvoyer la balle ;* b) des collocations ou des verbes supports: *mettre un terme, mettre fin, porter plainte.* Par conséquent, la plupart des séquences non catégorisées comme figées sont à juste titre, des collocations libres ou des prédicats. Par exemple, *souscrire un abonnement* est un prédicat approprié pourtant catégorisé comme une séquence figée. Notre approche confirme bien qu'au vu du comportement transformationnel, nous n'avons en aucun cas une séquence figée (F-S : 0.29, F-P : 0.36).

| Séquences | F-S | F-P | F-M |
|---|---|---|---|
| souscrire un abonnement | 0,29 | 0,36 | 1 |
| avoir droit | 0,55 | 1 | 1 |
| faire appel | 0,63 | 1 | 1 |
| souscrire un contrat | 0,14 | 0,5 | 1 |
| faire un plaisir | 0,67 | 1 | 1 |
| donner l'ordre | 0,33 | 1 | 1 |
| avoir le minimum | 0,5 | 0,5 | 1 |

TABLE 3 – Phraséologismes non extraits par la méthode linguistique

## 5.3 Comparaison avec les approches statistiques

Nous comparons ces résultats avec les catégorisations proposées par les méthodes statistiques. Afin de ne pas valoriser une mesure plus qu'une autre, nous prenons en considération plusieurs algorithmes de l'état de l'art : l'information mutuelle spécifique (PMI) ; le rapport de vraisemblance (LL), le chi carré ($X^2$) et la mesure Dice. Pour chaque mesure statistique, le rang du candidat est trié par son score. Son rang final est déterminé par la médiane de tous les rangs.

| Séquences | Rang | PMI Rang | LL Rang | $X^2$ Rang | Dice Rang |
|---|---|---|---|---|---|
| mener en bateau | 1 | 1 | 125 | 1 | 1 |
| calculer au prorata | 1 | 1 | 125 | 1 | 1 |
| adhérer à la convention | 3 | 2 | 135 | 3 | 3 |
| remercier par avance | 4 | 298 | 1 | 5 | 2 |
| raccrocher au nez | 7 | 11 | 40 | 2 | 1 |
| couronner le tout | 7 | 3 | 144 | 6 | 7 |

TABLE 4 – Rang des séquences candidates selon les différentes mesures statistiques

Toutes les mesures donnent plus ou moins les mêmes résultats, même si le LL dévie étrangement des autres mesures. Mais, mise à part l'attraction entre les termes, nous ne connaissons pas le comportement indiquant si nous avons tous les éléments propres aux phraséologismes. Nous remarquons également que la structure VER PRP (DET) NOM est la plus fréquente dans l'extraction. Afin de comparer ces résultats aux nôtres, nous décidons de montrer combien de candidats doivent être extraits pour trouver un maximum d'EP répertoriées.

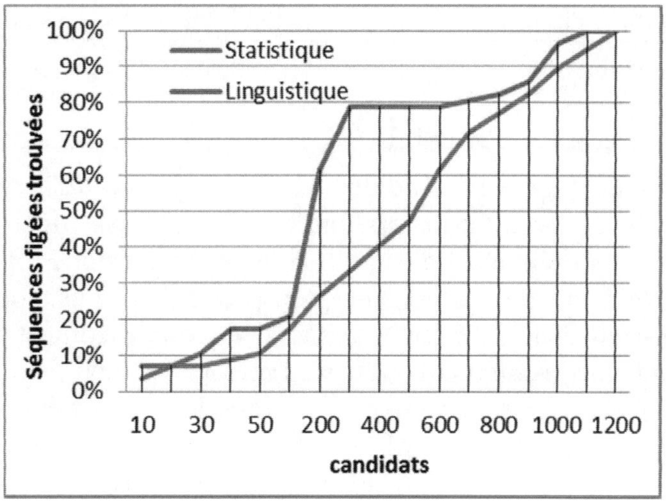


Figure 1 – comparaisons entre les approches linguistiques et statistiques pour extraire des phraséologismes parmi les candidats

Notre méthode extrait 80% des phraséologismes dès 300 séquences extraites tandis que les statistiques ont besoin de 900 séquences candidates pour atteindre le même score. L'approche linguistique est donc plus précise et trouve les séquences figées plus rapidement que les statistiques dans un corpus non volumineux et spécialisé. Cependant plus de séquences ont besoin d'être annotées et cela de façon précise, afin de mieux comparer ces résultats et pouvoir faire un réel calcul rappel/précision.

## 6 Les expressions phraséologiques dans un outil de classification de textes

L'extraction des EP n'a pas d'intérêt si elle n'est pas intégrée dans une application fonctionnelle. Nous connaissons son importance dans le domaine de la traduction. Nous le supposons alors dans d'autres outils mais souvent sans preuve. C'est pourquoi, nous voulons connaître l'impact des EP dans la classification de textes. Nous avons alors procédé à une étude expérimentale. Pour effectuer cette tâche nous utilisons un classifieur propriétaire. Il utilise le corpus présenté précédemment. Celui-ci contient 6 classes. 2/3 des données sont utilisées par classe pour l'apprentissage et 1/3 pour le test. Après une phase d'apprentissage où les mots sont pondérés selon leur fréquence d'apparition, le classifieur utilise les K-plus proches voisins et une distance cosinus pour déterminer la classe la plus appropriée. Notre outil utilise également des conditions de rejets permettant de minimiser les confusions. Néanmoins cela implique un rappel plus faible. Nous voulons prouver que les phraséologismes aident à la classification. Nous voulons démontrer également que les séquences les plus figées ne sont pas les plus pertinentes pour cette tâche car elles correspondraient à des expressions linguistiques générales non spécifiques à une classe alors que les moins figées seraient plus proches de la terminologie et donc du sens de la classe.

| **Test** | **Rappel** | **Précision** |
|---|---|---|
| Baseline | 36% | 82% |
| EP figée | 44,9% | 85.3% |
| EP moins figée | 47,4% | 87.7% |
| Toutes les EP | 50,8% | 87.6% |

Table 5 – Rappel et précision dans la classification

Dans le tableau ci-dessus, l'hypothèse de départ semble être validée. Nous améliorons les résultats, que cela soit au niveau du rappel qu'au niveau de la précision. Cependant, les séquences les moins figées améliorent de 4% le rappel donné par les EP figées en augmentant la précision de 2,5% supplémentaires. Nous pouvons interpréter l'amélioration de la classification même avec des séquences complètement figées par le fait qu'elles ne sont pas seulement des séquences linguistiques générales (*accuser réception, faire part...*). Elles peuvent être des phraséologismes liées au sens de la classe (*mettre fin, tomber en panne*). Finalement les EP moins figées sont plus appropriées dans la classification car elles ressemblent à des collocations terminologiques (*renouveler un abonnement, résilier une option*). Notons toutefois que combinaison des deux listes améliore les résultats pour atteindre les 50% de classification. Par conséquent les premiers résultats laissent penser que les phraséologismes jouent un rôle dans l'appréhension du sens et donc dans la classification de textes. Mais ceci nécessite une analyse plus approfondie.

# 7 Conclusions et perspectives

En résumé, nous proposons une méthode, appliquée aux expressions phraséologiques verbales, basée sur des critères linguistiques et en particulier sur leur comportement transformationnel. Ceci est effectué dans le but de les repérer et de les décrire automatiquement. Nous ne remettons pas en question l'intérêt des méthodes statistiques mais nous prouvons qu'elles ne sont pas assez précises et oublient souvent les expressions les plus figées notamment dans un corpus peu volumineux. Nous avons implémenté un système pour décrire semi automatiquement les variations des EP dans le but d'enrichir automatiquement une ressource composée d'expressions semi-figées. De cette manière, nous pouvons trouver de nouvelles entrées et ne sommes pas limités à une ressource finie.

Il serait prétentieux, à l'heure actuelle, de prétendre pouvoir catégoriser les EP sans aucun doute. D'une part, notre corpus est spécifique à un domaine et notre système doit être éprouvé avec un corpus plus générique et plus volumineux. D'autre part, notre base de validation mériterait une attention particulière pour séparer les réels phraséologismes des séquences libres. De plus, nous nous focalisons sur certaines structures syntaxiques, certes les plus productives, mais qui doivent être étendues à d'autres. Enfin, un réel critère sémantique est absent de notre étude. Les séquences pouvant avoir selon leur emploi, un sens littéral ou opaque ne sont pas distinguées, (par exemple *renvoyer la balle* → *se jeter les responsabilités les uns sur les autres*[5] ou *renvoyer une balle à quelqu'un* (dans le sport)). Pour améliorer la richesse du corpus et par conséquent l'identification des EP et de leur description nous intègrerons un module permettant d'utiliser le Web comme un corpus. Nous voulons utiliser les moteurs de recherche pour savoir si une transformation liée à une séquence existe (Joseph, 2012). Avec ce corpus nous pouvons extraire et faire une première description qui sera améliorée par l'utilisation du Web.

Enfin, dans cet article nous voulons prouver que les EP sont utiles pour la classification de textes. Les résultats préliminaires qui nécessitent plus de tests sont toutefois encourageants. Ils montrent que les séquences les plus figées sont moins significatives que celles possédant plus de variations mais permettent toutefois d'améliorer les résultats.

# Références

ABEILLE, A. et SCHABES, Y. (1989). Parsing idioms in lexicalized tags. *In Actes de EACL (European Chapter of the Association for Computational Linguistics*, Manchester.

ABU-SSAYDEH, A.-F. (2005). Variation in multi-word units : the absent dimension. *Studia Anglica Posnaniensia : international review of English Studies.*

---

[5] Définition trouvée dans linternaute.com

AL-HAJ, H. et WINTNER, S. (2010). Identifying multi-words expressions by leveraging morphological and syntactic idiosyncrasy. *In Actes de COLING 2010 (Computational Linguistics)*, Beijing.

ARCHER, V. (2006). Acquisition semi-automatique de collocations à partir de corpus monolingues et multilingues comparables. *In Actes de TALN 2006 (RECITAL)*, Leuven.

BEN-HENIA AYAT, I. (2006). *Degrés de figement et double structuration des séquences verbales figées*. Thèse de doctorat, Paris 13, Villetaneuse.

BJÖRKMAN, S. (1978). *Le type avoir besoin. Étude sur la coalescence verbo-nominale en français*. Thèse de doctorat, Uppsala : Acta Universitatis Upsaliensis.

BUVET, P.-A. (2008). Quelle description lexicographique du figement pour le TAL ? le cas des adjectifs prédicatifs à forme complexe. In L*es séquences figées : entre langue et discours*, pages 43–54.

CARTIER, E. (2008). Repérage automatique des expressions figées : état des lieux, perspectives. In *les séquences figées: entre langue et discours,* pages 55–70.

CARTIER, E. et JOSEPH, A. (2011). Repérage automatique des séquences figées pour la classification des documents. *In La notion d'unité en sciences du langage*, Villetaneuse.

COLSON, J.-P. (2010). Automatic extraction of collocations : a new Web-based method. *In JADT 2010 (journées internationales d'analyse statistique des données textuelles)*, Sapienza.

DAILLE, B. (1996). Study and implementation of combined techniques for automatic extraction of terminology. *In.(Klavans et Resnik 1996)*, pages 49-66

DIAS, G. (2003). Multiword unit hybrid extraction. *In MWE (Workshop on multiword expressions)*, Sapporo.

DUBREIL, E. et DAILLE, B. (2005). Analyse sémantico-discursive des collocations lexicales en corpus spécialisé : la base « connaissance-s ». *In Actes de LTT 2005 (Lexicologie, Terminologie, Traduction)*, Bruxelles.

FRANÇOIS, T. (2011). *Les apports du traitement automatique du langage à la lisibilité du français langue étrangère*. Thèse de doctorat, Université Catholique de Louvain, Belgique.

GARCI-FERNANDEZ, A., LIGOZAT, A.-L., DINARELLI, M. et BERNHARD, D. (2011). Méthode pour l'archéologie linguistique : datation par combinaison d'indices temporels. *In TALN 2011 (Traitement automatique des langues naturelles)*, Montpellier.

GREZKA, A. et POUDAT, C. (2012). Building a database of french frozen adverbial phrases. *In LREC* 2012 *(Conference on Language Resources and Evaluation).*

GROSS, G. (1996). *Les expressions figées en français noms composés et autres locutions.* Ophrys édition.

GROSS, G. (2010). Les verbes supports et l'actualisation des prédicats nominaux. *In Supports et prédicats non verbaux dans les langues du monde*, Cellule de Recherche en linguistique. Paris.

GROSS, G. (2012). *Manuel d'analyse linguistique.* Sens et Structure. Presses Universitaires du Septentrion.

GROSS, M. (1982). Une classification des phrases « figées » du français. pages 151–185.

GROSS, M. (1986). Les nominalisations d'expressions figées. *Langue française*, 69, 64–84.

JOSEPH, A. (2012). Pour un étiquetage automatique des séquences verbales figées : état de l'art et approche transformationnelle. *In RECITAL 2012 (Rencontre des étudiants Chercheurs en Informatique pour le Traitement Automatique des Langues)*, Grenoble.

KILGARRIFF, A. (2002). Sketching words. *In (Corréard 2002)*, pages 125–137.

MANNING, C. et SCHÜTZE, H. (1999). Collocations. *In Foundations of Statistical Natural Language Processing*, MIT Press, Cambridge, Massachusetts, pages 141–177.

MATHIEU-COLAS, M. (1988). *Typologie des noms composés*. Technique 7, Paris 13, Paris.

MEJRI, S. (2011). Les dictionnaires électroniques sémantico-syntaxiques. *In (*Cardoso, Mejri, Mota), pages 159-187.

MEL'CUK, I. (2011). Tout ce que nous voulions savoir sur les phrasèmes, mais... *In Cahiers de lexicologie, revue internationale de lexicologie et de lexicographie.*

PLANELLES, G. (2012). *Les 1001 expressions préférées des français*. Editions de l'Opportu.

RAMISCH, C, (2012). Une plate-forme générique et ouverte pour l'acquisition des expressions polylexicales. *In RECITAL 2012 (Rencontre des étudiants Chercheurs en Informatique pour le Traitement Automatique des Langues)*, Grenoble.

REY, A. et CHATREAU, S. (2006). *Dictionnaire d'expressions et locutions*. Le Robert. Paris.

RIEGEL, M., PELLAT, J.-C. et RIOUL, R. (1994). *Grammaire méthodique du français*. Quadrige Manuels. Paris, PUF édition.

SINCLAIR, J. (1991). *Corpus, concordance, collocation*. Oxford, oxford university press édition.

TOLONE, E. (2011). *Analyse syntaxique à l'aide des tables du Lexique-Grammaire du français*. Thèse de doctorat.

VILLADA MOIRON, B. et TIEDEMANN, J. (2006). Identifying idiomatic expressions using automatic word-alignment. *In MWE 2006 (Workshop on Multiword Expressions)*, Italy.

WATRIN, P. (2007). Collocations et traitement automatique des langues. *In Actes de Lexis and Grammar*, pages 1530–1536, Bonifacio (France).

WEHRLI, E., SERETAN, V. et NERIMA, L. (2010). Sentence analysis and collocation identication. *In MWE 2010 (Workshop on Multiword Expressions)*, Pékin.

# Construction de corpus multilingues : état de l'art

Manuela Yapomo [1, 2]
(1) LiLPa (Linguistique, Langues, Parole), EA 1339
(2) ICube - Laboratoire des sciences de l'Ingénieur, de l'Informatique et de l'Imagerie, UMR 7357
Université de Strasbourg
yapomodomkem@etu.unistra.fr

RÉSUMÉ

Les corpus multilingues sont extensivement exploités dans plusieurs branches du traitement automatique des langues. Cet article présente une vue d'ensemble des travaux en construction automatique de ces corpus. Nous traitons ce sujet en donnant premièrement un aperçu de différentes perceptions de la comparabilité. Nous examinons ensuite les principales approches de calcul de similarité, de construction et d'évaluation développées dans le domaine. Nous observons que Le calcul de la similarité textuelle se fait généralement sur la base de statistiques de corpus, de la structure de ressources ontologiques ou de la combinaison de ces deux approches. Dans un cadre multilingue avec l'utilisation d'un dictionnaire multilingue ou d'un traducteur automatique, de nombreux problèmes apparaissent. L'exploitation d'une ressource ontologique multilingue semble être une solution. En classification, la problématique de l'ajout de documents à la base initiale sans affecter la qualité des clusters demeure ouverte.

ABSTRACT

**Multilingual document clustering : state of the art**

Multilingual corpora are extensively exploited in several branches of natural language processing. This paper presents an overview of works in the automatic construction of such corpora. We address this topic by first providing an overview of different perceptions of comparability. We then examine the main approaches to similarity computation, construction and evaluation developed in the field. We notice that the measurement of the textual similarity is usually based on corpus statistics or the structure of ontological resources or on a combination of these two approaches. In a multilingual framework, with the use of a multilingual dictionary or a machine translator, many problems arise. The exploitation of a multilingual ontological ressource seems to be a worthy option. In clustering, the problem of adding documents to the initial base without affecting the quality of clusters remains open.

MOTS-CLÉS : corpus multilingues, comparabilité, similarité textuelle translingue, classification.

KEYWORDS: multilingual corpora, comparability, crosslingual textual similarity, classification.

## 1 Introduction

La tendance actuelle en Traitement Automatique des Langues (TAL) est au développement de méthodes translingues pour la conception et l'amélioration d'outils multilingues. De telles applications dépendent de la disponibilité de corpus multilingues en quantités considérables.

Ces corpus sont principalement de deux sortes : parallèles et comparables. Un corpus est dit parallèle s'il est constitué de textes sources et leurs traductions (McEnery et Xiao, 2007). Les corpus comparables quant à eux regroupent des documents ayant des caractéristiques communes. La difficulté qu'est l'acquisition de corpus exclusivement parallèles et l'importance des corpus comparables (démontrée empiriquement) ont favorisé le développement de méthodes de collecte de corpus comparables à grande échelle. Cependant, peu de travaux sur les standards de comparabilité de telles données ont été menés, les recherches se focalisant sur leur exploitation. Il y a donc une nécessité de développer des méthodes performantes fondées sur une définition précise de la comparabilité pour leur collecte (Su et Babych, 2012).

Cet article qui a pour objectif de présenter l'état de la recherche en acquisition et structuration de textes multilingues s'articule en 4 parties principales. Les corpus multilingues sont présentés en section 2. Nous abordons principalement la notion de comparabilité et les applications de ces corpus. La section 3 traite de leur construction en abordant les sources de collecte, les méthodes de calcul de la similarité et de construction de ces corpus. Nous examinons ensuite en section 4 les différentes approches intrinsèques et extrinsèques d'évaluation des données résultantes. Ces éléments nous permettrons de mieux identifier les limites du domaine et déterminer notre apport à la fois théorique et pratique en section 5. Enfin, nous concluons ce travail en section 6.

# 2 Corpus multilingues

## 2.1 La comparabilité en corpus multilingues

La capacité des corpus multilingues à améliorer la performance des systèmes qui y ont recours serait fortement liée à leur degré de comparabilité.

### 2.1.1 Définition de la comparabilité de documents multilingues

Plusieurs travaux mentionnent le besoin d'une définition de la comparabilité et formulent leur compréhension de celle-ci. Su et Babych (2012) mesurent la comparabilité de textes à leur potentiel d'extraction de segments parallèles et d'amélioration de la performance de systèmes de traduction automatique. Li *et al.* (2011) quant à eux considèrent deux textes ou corpus comme comparables s'ils ont une partie non négligeable de vocabulaire en commun, la principale application étant l'extraction de lexiques bilingues. Leturia *et al.* (2009) soutiennent que la définition de la comparabilité ne peut être dissociée de l'application ciblée et du type de corpus souhaité. La conception de la similarité varierait donc d'un objectif à l'autre. Elle serait également influencée par le type de corpus qui peut être général ou de spécialité. Nous pensons qu'il en est de même pour la source de collecte de documents. Les critères de comparabilité de documents obtenus de Wikipédia (Paramita *et al.*, 2012) par exemple peuvent différer de ceux de documents venant d'un domaine d'articles de presse. Cette mesure de comparabilité est définie par les critères qui la composent.

### 2.1.2 Choix et association de critères de comparabilité

Dans le cadre d'une application particulière, les paramètres de comparabilité n'ont pas la même préséance. Certains travaux ne prennent en compte que des critères linguistiques, d'autres des critères purement extralinguistiques et d'autres encore font usage de paramètres des deux types.

- En se focalisant principalement sur le contenu, Steinberger *et al.* (2002) mesurent la similarité de documents en comparant les représentations des contenus de documents obtenues au moyen des descripteurs d'un thesaurus. Pour l'extraction de terminologies, Goeuriot *et al.* (2009) ajoutent au thème et au domaine, le type de discours comme critère d'homogénéité. Le type de discours (science ou science populaire) est identifié à travers la structure et les aspects modaux et lexicaux des textes. Pour la même application, Leturia *et al.* (2009) se basent sur la similarité de domaine.
- Pour ce qui est de l'exploitation de critères extralinguistiques, Resnik (1999) identifie des documents parallèles sur le Web à l'aide de la structure de leurs pages. Utsuro *et al.* (2002) quant à eux déterminent la comparabilité d'articles de presse en fonction de leurs dates de publications.
- La majorité des travaux combine à la fois des critères des deux types. Ainsi, les travaux de Baradaran Hashemi *et al.* (2010) se basent sur le sujet et la date de publication pour l'obtention de documents comparables pour la traduction de requêtes en recherche d'information interlingue (RII). Aker *et al.* (2012) exploitent d'une part le sujet et d'autre part, les entités nommées et dates de publication pour une application de traduction automatique. Ils mettent l'accent sur l'importance des métadonnées dans cet exercice.

Nous observons que la tendance, indépendamment de l'application, est de prendre en compte comme critères de similarité soit le thème seul qui peut être modélisé de diverses manières soit le thème accompagné d'un ou de plusieurs autres paramètres. L'utilisation exclusive de critères extralinguistiques fournit des résultats moins bons. Pour rendre compte de la comparabilité, plusieurs échelles de comparabilité ont été développées dans la littérature. Nous établissons dans le tableau 1 une correspondance entre les différents niveaux de ces échelles.

Seuls Skadiņa *et al.* (2010) traitent de la collecte de corpus multilingues avec la mention de textes parallèles. Les autres travaux se limitent aux corpus comparables. Les échelles les plus et moins granulaires sont respectivement celles de Braschler et Schäuble (1998) à 5 niveaux et Bekavac *et al.* (2004) à 2 niveaux. Excepté cette dernière échelle, aucune autre ne considère les critères extralinguistiques comme seules composantes de la comparabilité même la plus légère. Nous remarquons qu'il n'y a pas de consensus quant aux différents degrés de comparabilité en corpus multilingues, sachant qu'à l'exception de Skadiņa *et al.* (2010), ces travaux se basent uniquement sur des articles de presse. Ces échelles de comparabilité étant établies pour le jugement humain, il se pose également le problème de leur adaption à la similarité automatique.

Le degré de comparabilité de documents multilingues jouerait un rôle crucial dans leurs applications.

## 2.2 Applications des corpus multilingues

L'importance des corpus en général et notamment des corpus multilingues s'observe dans plusieurs domaines du TAL. De nombreux travaux portent sur l'extraction de segments parallèles

<table>
<tr><th></th><th>Bekavac et al. (2004)</th><th>Skadiņa et al. (2010b)</th><th>Braschler & Schäuble (1998)</th><th>Pouliquen et al. (2004)</th></tr>
<tr><td rowspan="5">Critères linguistiques & extra-linguistiques</td><td></td><td>(1) parallélisme</td><td></td><td></td></tr>
<tr><td rowspan="4">(1) forte comparabilité</td><td rowspan="2">(2) forte comparabilité</td><td>(1) histoire identique</td><td>(1) article identique</td></tr>
<tr><td>(2) histoire liée</td><td>(2) article lié</td></tr>
<tr><td rowspan="2">(3) faible comparabilité</td><td>(3) aspects communs</td><td rowspan="2">(3) article vaguement lié</td></tr>
<tr><td>(4) terminologie commune</td></tr>
<tr><td>Critères extra-linguistiques (uniquement)</td><td>(2) faible comparabilité</td><td>(4) aucune comparabilité</td><td>(5) sans lien</td><td>(4) sans lien</td></tr>
</table>

TABLE 1 – Niveaux de comparabilité en corpus multilingues

à partir de corpus multilingues. Concernant l'extraction de terminologies ou de lexiques multilingues des textes, l'approche générale (Fung et Yee, 1998) consiste en la représentation des mots des textes en vecteurs de contextes. La traduction d'un mot source dans la langue cible est identifiée par le repérage de vecteurs similaires ou équivalents dans les données cibles. Le projet TTC[1] (Blancafort *et al.*, 2010) a abouti à la création d'un outil de génération automatique de terminologies bilingues à partir de corpus comparables dans plusieurs langues pour la traduction automatique. Pour cette même application, Bin *et al.* (2010) agrandissent un corpus parallèle anglais-chinois avec des phrases parallèles extraites de corpus comparables de brevets d'invention. Des résultats encourageants sont obtenus par le système de traduction automatique entraîné et testé avec le corpus parallèle obtenu. Ion (2012) propose un outil d'extraction de segments parallèles des corpus comparables pour enrichir des modèles de traduction statistique.

Réaliser ces applications nécessite d'avoir une quantité considérable de documents multilingues et donc des méthodes performantes pour leur collecte automatique.

# 3 Construction automatique de corpus multilingues

La procédure de construction de corpus multilingues présente 3 aspects principaux.
- les sources à partir desquelles les documents sont initialement extraits (section 3.1).
- la mesure de similarité permettant d'évaluer la comparabilité entre deux textes ou entre des textes et des groupes de textes (section 3.2).
- et enfin la méthode de construction de corpus elle-même pouvant prendre la forme de crawling, de RII ou de classification (section 3.3).

1. TTC : *Terminology Extraction, Translation Tools and Comparable Corpora*. `http://ttc.syllabs.com/`

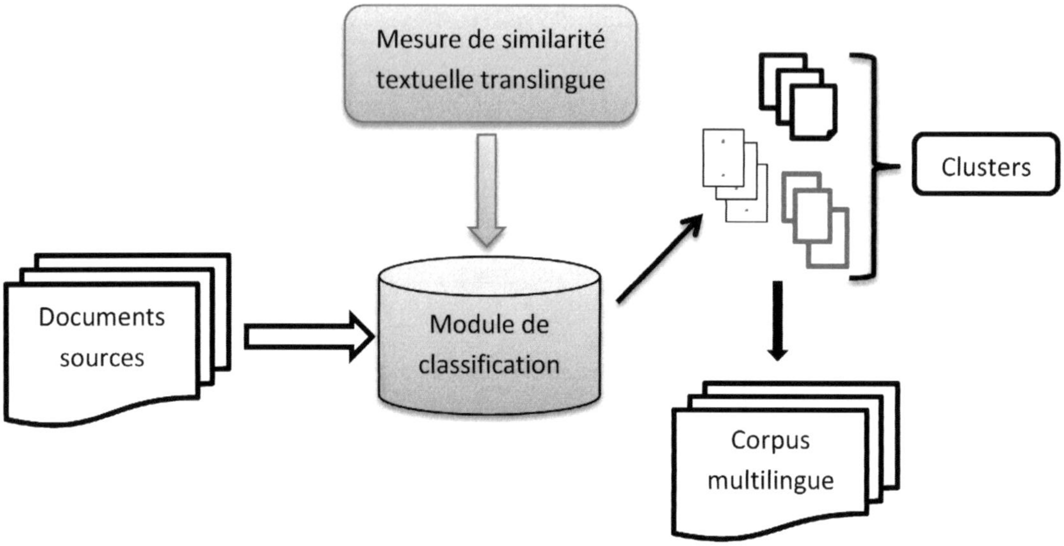


FIGURE 1 – Architecture générale d'un système de classification de documents

La méthode de construction se sert de la mesure de similarité développée pour obtenir des documents hautement comparables et/ou parallèles de la source. Cette procédure développée sous la présente section est illustrée par la figure 1. Dans cette article, nous nous orientons vers la méthode de classification, également illustrée dans la figure 1, pour la construction d'un corpus multilingue.

## 3.1 Sources d'acquisition

### 3.1.1 Collections existantes

Les recherches antérieures en compilation de corpus multilingues ont été principalement faites sur la base de corpus de recherche existants. Dans leur objectif de produire un corpus comparable, Bekavac *et al.* (2004) exploitent des sous-corpus monolingues d'un corpus de référence bulgare et croate dont ils alignent les documents comparables. Talvensaari *et al.* (2007) utilisent deux collections de documents monolingues, pour créer un corpus comparable suédois-anglais. Ces données ont l'avantage d'être prêtes pour l'utilisation puisqu'il n'est pas nécessaire de développer des méthodes supplémentaires pour la collecte comme c'est le cas avec le Web. Cependant, la variété des données reste un problème auquel le Web apporte un début de solution.

### 3.1.2 Le Web

Le Web est une source de plus en plus sollicitée pour la collecte de corpus en tous genres. De nombreux travaux en acquisition de corpus multilingues sur le Web se focalisent sur les articles de presse. Aker *et al.* (2012) tirent profit de la représentation des documents en clusters et de la disponibilité des titres à travers les flux RSS qu'offre *Google News* pour extraire des articles comparables pour les paires de langues anglais-allemand et anglais-grec. Wikipédia aussi est utilisé pour cette application grâce à sa structure ou à ses liens inter-langues qui mettent en relation les articles de différentes langues sur des thèmes identiques ou liés. Ion *et al.* (2010) compilent un corpus comparable roumain-anglais par l'identification d'articles ayant les mêmes titres. Paramita *et al.* (2012) identifient les articles comparables à l'aide des *dumps* [2] et des liens inter-langues sous Wikipedia. Certaines études ne restreignent pas leur collecte à des domaines spécifiques. C'est le cas des travaux de Talvensaari *et al.* (2008) et Leturia *et al.* (2009) qui conçoivent respectivement un crawler thématique et un moteur de recherche pour obtenir des corpus de spécialité de l'Internet.

L'extraction de documents comparables et parallèles des sources exposées ci-dessus requiert une mesure de similarité.

## 3.2 Mesures de similarité translingue

L'acquisition de documents multilingues est actuellement réalisée au moyen de mesures de similarité. Ces mesures peuvent être de trois sortes : statistiques, sémantiques et éventuellement hybrides.

### 3.2.1 Mesures statistiques

Des méthodes basées sur le vocabulaire commun et la recherche d'information peuvent être utilisées pour calculer la similarité de textes.

- Selon la méthode basée sur le vocabulaire commun, la similarité de deux textes se mesure à la quantité de mots qu'ils ont en communs. Dans un contexte multilingue, cette mesure repose sur la quantité d'équivalents de traduction que partagent deux textes, obtenue par l'utilisation d'un dictionnaire bilingue ou d'un traducteur automatique. Li et Gaussier (2010) et Su et Babych (2012) développent des mesures de comparabilité en corpus ou textes multilingues à travers l'utilisation de dictionnaires bilingues. Su et Babych (2012) va plus loin dans le prétraitement de données pour contourner les problèmes d'ambiguïté et des différentes formes d'un mot par l'annotation en parties du discours et la stemmatisation.
- Une seconde approche consiste dans la conversion de documents sources en requêtes au moyen de techniques d'extraction de mots clés. Yapomo *et al.* (2012) et Talvensaari *et al.* (2007) utilisent respectivement les mesures TF-IDF [3] et [4] pour obtenir des listes de mots clés représentatives de textes sources. Les documents pertinents sont ceux dont les vecteurs se rapprochent des vecteurs de requêtes. Les requêtes sont traduites dans la langue des documents cibles pour une similarité translingue.

Ces techniques sont certes les moins coûteuses par l'utilisation principale de statistiques de corpus mais l'exclusion d'informations sémantiques soulève plusieurs problèmes. Puisque la similarité est calculée principalement sur la base de mots identiques, synonymie et paraphrase ne sont généralement pas prises en compte. Les limites de cette méthode sont exacerbées dans un contexte multilingue avec la traduction de textes ou de requêtes. Le calcul de la similarité translingue

2. `http://dumps.wikimedia.org/`
3. Term frequency-inverse document frequency (Ramos, 2003)
4. Relative Average Term Frequency (Pirkola *et al.*, 2002)

peut être affecté par le mauvais choix de traductions candidates dans un dictionnaire. De plus, la couverture limitée des dictionnaires/systèmes de traduction en termes de mots nouveaux, de spécialité, ou encore d'unités polylexicales représente aussi un inconvénient considérable. Les mesures sémantiques sont une alternative à cette méthode.

### 3.2.2 Mesures sémantiques

Plusieurs études exploitent la structure de ressources sémantiques (Leacock et Chodorow, 1998; Jiang et Conrath, 1997) pour calculer la similarité de mots. Corley et Mihalcea (2005) proposent une adaptation de ces méthodes de mesure de la similarité lexicale monolingue à partir de WordNet à la similarité de segments textuels. Les segments textuels sont représentés par leurs mots pleins groupés en catégories grammaticales dont la similarité est mesurée par WordNet. La valeur de similarité entre deux phrases est obtenue par la moyenne des scores de similarité des paires de mots de même catégorie. La spécificité de mots est aussi prise en compte.

A notre connaissance, Il existe peu ou pas d'études utilisant cette approche pour une similarité translingue. Dans cet objectif, une ressource multilingue, à l'exemple de global wordNet[5] ou BabelNet[6] peut être utilisée. L'efficacité de cette méthode est étroitement liée à la qualité de la ressource sémantique utilisée. La structure de WordNet en hiérarchies différentes pour chaque partie du discours limite la portée des similarités qui ne peuvent être qu'intracatégorielles. De plus, la faible composition des hiérarchies autres que celle des noms remet en cause la fiabilité des valeurs de similarité obtenues pour des mots appartenant aux autres catégories grammaticales (verbes, adjectifs et adverbes). Aussi, dans une ressource multilingue, le problème du déséquilibre entre les sous-réseaux sémantiques des différentes langues impliquées se pose. L'absence d'informations sur le contexte pourrait également fausser la liaison des mots de documents aux concepts d'une ressource sémantique : d'où l'introduction de l'approche hybride.

### 3.2.3 Mesures hybrides

Les recherches s'orientent également vers des mesures de similarité hybrides qui par l'utilisation d'informations en corpus et d'une ressource sémantique, tirent avantage de chacune des approches ci-dessus.

Partant de l'hypothèse selon laquelle le sens d'un mot se détermine en contexte, Mohammad *et al.* (2007) proposent une méthode de calcul de la distance sémantique translingue des mots à travers la comparaison de leurs *profils distributionnels de concepts*. Les profils distributionnels de concepts sont composés des sens de mots non-ambigüs environnants qui permettent d'inférer le sens du mot cible. Pour calculer la similarité de paires de mots allemands, des profils distributionnels de concepts sont construits pour ces paires à partir de leur contextes d'occurrence et d'un thesaurus anglais. Le corpus allemand est mis en correspondance avec le thesaurus anglais à travers un lexique bilingue. Nous pensons que l'adaptation de cette méthode à la similarité de segments plus larges que le mot fournirait de bon résultats. L'utilisation unique d'un thesaurus multilingue sans un recours à des lexiques multilingues est aussi envisageable. Ainsi, Steinberger *et al.* (2002) exploitent les descripteurs du thesaurus multilingue EUROVOC[7]. Ils calculent par ce moyen la

5. `http://www.globalwordnet.org`
6. `http://lcl.uniroma1.it/babelnet/`
7. `http://eurovoc.europa.eu/`

similarité de documents de différentes langues à partir de leurs représentations conceptuelles. Un inconvénient de cette approche est l'effort considérable consacré à l'annotation manuelle d'une collection d'apprentissage en concepts du thesaurus pour l'annotation automatique de nouveaux documents à comparer.

Dans notre but de classifier des documents multilingues, nous nous orientons vers cette approche. Sa nature hybride réside dans le fait qu'elle permette de comparer des documents à l'aide d'une ressource sémantique et d'informations en corpus sur les mots dans les documents à comparer. La mesure de similarité ainsi définie est le principal élément pris en compte par les techniques de construction de corpus multilingues.

## 3.3 Méthodes de construction de corpus multilingues

Nous abordons dans cette section les principales approches d'acquisition et de structuration de documents multilingues. L'approche Web que nous aborderons est le crawling thématique. Celles pouvant être réalisées indépendamment du Web sont la RII et le clustering.

### 3.3.1 Le crawling thématique

Une méthode d'extraction de corpus du Web est le crawling qui consiste à utiliser les liens entre les pages pour collecter les documents. Les crawlers thématiques ont été développés pour identifier les sections du Web pertinentes par rapport à un thème donné . Talvensaari *et al.* (2008) utilisent cette méthode pour compiler un corpus comparable de spécialité anglais-espagnol-allemand. Les données de départ sont un ensemble d'URLs reflétant un sujet donné. Les pages correspondantes sont extraites et celles dont les liens figurent dans ces pages initiales sont également visités et prises en compte si le lien thématique avec les pages initiales peut être établi. L'identification du domaine dans les pages candidates se fait sur la base de terminologies collectées séparément pour chaque langue.

Puisque nous n'envisageons pas de développer des techniques d'extraction de documents de l'Internet nous nous intéressons aux approches indépendantes du Web ci-dessous.

### 3.3.2 Recherche d'information interlingue

Partant de collections de différentes langues, l'approche de RII est aussi utilisée pour collecter des textes comparables. Elle consiste en l'obtention à partir d'une collection source, de mots clés qui sont ensuite traduits et utilisés comme des requêtes exécutées sur la collection cible pour obtenir les documents souhaités. Talvensaari *et al.* (2007) proposent une approche de RII pour la construction d'un corpus comparable suédois-anglais. Les mots clés sont extraits des documents sources par la RATF. Leurs traductions sont exécutées comme requêtes sur la collection cible par le système de recherche d'information Indri qui fait partie du projet Lemur[8]. Les documents obtenus avec cette technique sont appariés ou classés en fonction de leurs scores de similarité avec un document source alors que la méthode de clustering dans la section suivante permet d'obtenir des *clusters* ou groupes de documents.

8. www.lemurproject.org

### 3.3.3 Clustering de documents

Le clustering de documents se définit comme la répartition d'un ensemble de textes dans des groupes selon leurs traits de similarité sans connaissances a priori. Les documents ayant des caractéristiques communes devraient apparaître dans le même *cluster* (Montalvo *et al.*, 2006). Réciproquement, les documents non- ou peu similaires devraient appartenir à des clusters distincts.

Pour créer des clusters de documents, Li *et al.* (2011) utilisent l'approche agglomérative ascendante. Ils obtiennent des clusters bilingues à partir d'une partie d'un corpus initial. Cette partie regroupe des textes au-dessus d'un seuil minimum de similarité qui serviront à former le corpus comparable. La même procédure est reproduite sur la partie restante du corpus initial par l'intégration de données externes et la création éventuelle de nouveaux clusters. Ertöz *et al.* (2003) utilisent quant à eux l'algorithme de clustering *Shared Nearest Neighbour (SNN)*. Selon cette méthode, deux documents ont plus de chance d'appartenir au même cluster s'ils ont en commun un nombre élevé de voisins. Ils la comparent à la méthode de *K-means* selon laquelle un document appartient à un cluster s'il est proche d'un nombre moyen de documents dans ce cluster (Ertöz *et al.*, 2003).

Nous privilégions le clustering qui va plus loin qu'un simple appariement ou alignement de documents similaires en organisant les documents en groupes.

# 4 Évaluation

## 4.1 Évaluation intrinsèque

La valeur d'une méthode de compilation de corpus multilingues peut être estimée à la qualité des données qui en résultent. Il s'agit d'une évaluation intrinsèque. La méthode courante est la comparaison des scores de similarité attribués automatiquement à ceux attribués manuellement. Une échelle de similarité est alors utilisée pour le jugement humain (voir section 2.1.2). Une corrélation faible entre ces deux types de résultats signifie généralement une mauvaise performance du système automatique étant donné que le jugement humain tient lieu de référence.

Pour évaluer leur méthode de calcul de la similarité prenant uniquement en compte les titres des articles, Aker *et al.* (2012) comparent la qualité des alignements obtenus avec celle des alignements produits lorsque le contenu entier de l'article est utilisé. Ils examinent en outre la correspondance entre les résultats de ces méthodes automatiques et la norme que sont les résultats humains. Li et Gaussier (2010) réalisent l'ensemble de l'évaluation automatiquement contournant ainsi l'effort d'annotation manuelle. Le corpus de référence est constitué par des corpus dont la comparabilité est graduellement réduite par l'import de données externes. La corrélation entre les scores de similarité des documents du corpus de référence ainsi construit et ceux obtenus automatiquement est calculée par le coefficent de Pearson. Steinberger *et al.* (2002) utilisent comme critère d'évaluation la capacité de leur méthode à identifier des documents parallèles en leur attribuant les scores de similarité les plus élevés.

## 4.2 Évaluation extrinsèque

Nous avons vu en section 2.2, les applications des corpus multilingues en TAL. La qualité des données multilingues obtenues est déterminée par leur apport dans ces applications. C'est le cas de l'étude de Talvensaari *et al.* (2007) dans laquelle le corpus comparable obtenu est utilisé comme un thésaurus de similarité accompagné d'un outil de traduction pour améliorer la traduction des requêtes et par ricochet la performance d'un système de RII. Bin *et al.* (2010) entraînent et testent un système de traduction automatique avec un corpus de phrases parallèles obtenu à partir d'un corpus comparable. Li *et al.* (2011) évaluent la qualité du corpus comparable obtenu dans l'application d'extraction de lexiques bilingues. Ils examinent en outre l'apport des lexiques bilingues obtenus en RII.

Des variantes de ces méthodes d'évaluation sont dans un cadre intrinsèque, la comparaison des résultats de plusieurs méthodes automatiques au jugement humain sur les mêmes données (Mihalcea *et al.*, 2006). Pour une évaluation extrinsèque, cela reviendrait à utiliser les données multilingues obtenues d'une même source par différentes techniques de similarité dans une même application et à comparer leurs apports.

Nous avons abordé le sujet de la construction de corpus multilingues en passant en revue quelques principes théoriques et les principales méthodes développées dans ce domaine. Il convient à présent de situer l'apport envisagé dans cette état de l'art.

# 5 Contributions envisagées

Dans cette partie, nous présentons les limites de la littérature et soulignons quelques perspectives futures notamment celles que nous envisageons de réaliser.

Comme nous l'avons observé en section 2.1.1, la comparabilité se définit dans les limites d'une application. En extraction de lexiques bilingues, elle se mesure généralement à la quantité de vocabulaire que des documents ont en commun (Li *et al.*, 2011). La comparabilité en termes de vocabulaire est-elle suffisante ? Dans un cadre de spécialité où terminologie et vocabulaire n'ont pas la même préséance, l'injection de connaissances du domaine ne serait-elle pas nécessaire à la comparabilité ? Nous prévoyons d'évaluer cette hypothèse de la comparabilité et éventuellement de l'affiner dans notre objectif de concevoir une mesure de similarité permettant d'obtenir des données hautement homogènes. Les mesures de similarité textuelle ont été largement explorées dans un cadre monolingue avec des méthodes basées sur des statistiques de corpus ou sur la structure de ressources ontologiques. Afin d'élaborer une mesure de similarité textuelle translingue et hautement sémantique, nous partirons de corpus multilingues faiblement comparables pour en extraire des sous corpus de meilleure qualité. Notre approche consistera dans la représentation conceptuelle de documents par des descripteurs d'un thesaurus en s'aidant des contextes d'occurrences des mots dans ces documents. Ceci permettra une meilleure attribution des concepts aux documents. Le calcul de la similarité textuelle se fera entre ces représentations. La prise en compte de critères supplémentaires permettra de parfaire la mesure de similarité pour une meilleure classification de documents. Nous adoptons comme approche de construction de corpus multilingues, le clustering qui nous permettra de former des sous corpus ou clusters à partir de notre collection de départ. Les techniques existantes de clustering ne traitent généralement pas de la mise à jour des clusters. Comment permettre l'intégration continuelle de nouveaux textes à la base ? Le problème de clustering du flux de données restant ouvert, nous pensons que le clustering incrémental (Kurtz, 2012) serait une solution appropriée. Le corpus multilingue obtenu par cette méthode sera évalué en extraction de lexiques, plus précisément de néologismes multilingues. A notre connaissance, aucune étude dans le domaine n'a été entreprise dans cet objectif.

# 6 Conclusion

Dans cet article, nous avons abordé la construction de corpus multilingues sous plusieurs aspects. Nous avons pu constater que la notion de comparabilité et les applications de corpus multilingues en traitement automatique des langues sont étroitement liées. En effet, la définition de la comparabilité devrait se limiter dans un cadre applicatif donné. Les mesures de similarité textuelles ont généralement suivies les approches statistiques et sémantiques utilisées en majorité dans un contexte monolingue. Les approches hybrides multilingues sont un domaine de la similarité textuelle peu exploré. Pour ce qui est des techniques de clustering de documents existantes, entre autres les méthodes agglomérative hiérarchique, k-means et SNN, elles effectuent une classification ponctuelle et ne résolvent pas le problème de l'ajout permanent de textes à une base. Au vu des limites identifiées, nous prévoyons de fournir une description plus fine de la comparabilité pour l'extraction de lexiques multilingues. Nous envisageons également d'adapter une/plusieurs des méthodes de classification existante(s) au clustering incrémental. La mesure hybride développée déterminera la similarité de textes à travers leurs représentations conceptuelles pour l'application d'extraction de néologismes multilingues.

# Références

AKER, A., KANOULAS, E. et GAIZAUSKAS, R. (2012). A Light Way to Collect Comparable Corpora from the Web. *In Proceedings of LREC 2012*, pages 21–27, Istanbul, Turquie.

BARADARAN HASHEMI, H., SHAKERY, A. et FAILI, H. (2010). Creating a Persian-English Comparable Corpus. *In Proceedings of the 2010 international conference on Multilingual and multimodal information access evaluation*, pages 27–39, Padoue, Italie.

BEKAVAC, B., OSENOVA, P., SIMOV, K. et TADIC, M. (2004). Making Monolingual Corpora Comparable : a Case Study of Bulgarian and Croatian. *In Proceedings of the 4th Language Resources and Evaluation Conference*, pages 1187–1190, Lisbonne, Portugal.

BIN, L., JIANG, T., CHOW, K. et BENJAMIN K., T. (2010). Building a Large English-Chinese Parallel Corpus from Comparable Patents and its Experimental Application to SMT. *In Proceedings of the 3rd Workshop on Building and Using Comparable Corpora*, pages 42–49, La Valette, Malte.

BLANCAFORT, H., DAILLE, B., GORNOSTAY, T., HEID, U., SHAROFF, S. et MÉCHOULAM, C. (2010). TTC : Terminology Extraction, Translation Tools and Comparable Corpora. *In Proceedings of EURALEX 2010*, pages 263–268, Leeuwarden/Ljouwert, Pays-Bas.

BRASCHLER, M. et SCHÄUBLE, P. (1998). Multilingual Information Retrieval Based on Document Alignment Techniques. *In Proceedings of the 2nd European Conference on Research and Advanced Technology for Digital Libraries*, pages 183–197, Heraklion, Crète, Grèce.

CORLEY, C. et MIHALCEA, R. (2005). Measuring the Semantic Similarity of Texts. *In Proceedings of the ACL Workshop on Empirical Modeling of Semantic Equivalence and Entailment*, pages 13–18, Ann Arbor, Michigan, USA.

ERTÖZ, L., STEINBACH, M. et KUMAR, V. (2003). Finding Topics in Collections of Documents : A Shared Nearest Neighbor Approach. *Clustering and Information Retrieval*, 11:83–103.

FUNG, P. et YEE, L. Y. (1998). An IR approach for Translating New Words from Nonparallel, Comparable Texts. *In Proceedings of the 17th International Conference on Computational linguistics-Volume 1*, pages 414–420.

GOEURIOT, L., MORIN, E. et DAILLE, B. (2009). Compilation of Specialized Comparable Corpora in French and Japanese. *In Proceedings of the 2nd Workshop on Building and Using Comparable Corpora : from Parallel to Non-parallel Corpora*, pages 55–63, Suntec, Singapore.

ION, R. (2012). PEXACC : A Parallel Sentence Mining Algorithm from Comparable Corpora. *In Proceedings of the Eight International Conference on Language Resources and Evaluation*, pages 2181–2188, Istanbul, Tuquie.

ION, R., TUFIS, D., BOROS, T., CEAUSU, A. et STEFANESCU, D. (2010). On-Line Compilation of Comparable Corpora and their Evaluation. *In FASSBL7*, pages 29–33, Dubrovnik, Crotia.

JIANG, J. J. et CONRATH, D. W. (1997). Semantic Similarity Based on Corpus Statistics and Lexical Taxonomy. *In Proceedings of International Conference Research on Computational Linguistics (ROCLING X), 1997*, Taipei, Taiwan.

KURTZ, C. (2012). Une distance hiérarchique basée sur la sémantique pour la comparaison d'histogrammes nominaux. *In Actes de Conférence Internationale Francophone sur l'Extraction et la Gestion de Connaissance*, pages 77–88, Bordeaux, France.

LEACOCK, C. et CHODOROW, M. (1998). Combining Local Context and WordNet Similarity for Word Wense Identification. *In WordNet : An electronic lexical database*, page 265–283. Fellbaum, C., Cambridge, MA, MIT Press édition.

LETURIA, I., SAN VICENTE, I. et SARALEGI, X. (2009). Search Engine Based Approaches for Collecting Domain-specific Basque-English Comparable Corpora from the Internet. *In Proceedings of the Fifth Web as Corpus Workshop*, pages 53–61, Donostia-San Sebastian, Basque Country, Spain.

LI, B. et GAUSSIER, E. (2010). Improving Corpus Comparability for Bilingual Lexicon Extraction from Comparable Corpora. *In Proceedings of the 23rd International Conference on Computational Linguistics*, pages 644–652, Beijing, China.

LI, B., GAUSSIER, E., MORIN, E. et HAZEM, A. (2011). Degré de comparabilité, extraction lexicale bilingue et recherche d'information interlingue. *In 18ème conférence sur le Traitement Automatique des Langues Naturelles*, Montpellier, France.

MCENERY, A. M. et XIAO, R. Z. (2007). Parallel and Comparable Corpora : what are they up to ? *In Incorporating Corpora : Translation and the Linguist*. Anderman, G. & Rogers, M., Clevedon, UK, Multilingual Matters édition.

MIHALCEA, R., CORLEY, C. et STRAPPARAVA, C. (2006). Corpus-based and Knowledge-based Measures of Text Semantic Similarity. *In Proceedings of the 21st national conference on Artificial intelligence*, volume 1, pages 775–780, Boston, MA, USA.

MOHAMMAD, S., GUREVYCH, I., HIRST, G. et ZESCH, T. (2007). Cross-lingual Distributional Profiles of Concepts for Measuring Semantic Distance. *In Proceedings of the 2007 Joint Conference on Empirical Methods in Natural Language Processing and Computational Natural Language Learning*, pages 571–580, Prague, République tchèque.

MONTALVO, S., MARTINEZ, R., CASILLAS, A. et FRESNO, V. (2006). Multilingual Document Clustering : an Heuristic Approach Based on Cognate Named Entities. *In Proceedings of the 21st International Conference on Computational Linguistics*, volume 44, pages 1145–1152, Sydney, Australie.

PARAMITA, M., CLOUGH, P., AKER, A. et GAIZAUSKAS, R. (2012). Correlation between Similarity Measures for Inter-Language Linked Wikipedia Articles. *In Proceedings of the Eighth International Conference on Language Resources and Evaluation*, pages 790–797, Istanbul, Tuquie.

PIRKOLA, A., LEPPÄNEN, E. et JÄRVELIN, K. (2002). The RATF Formula (Kwok's formula) : Exploiting Average Term Frequency in Cross-language Retrieval. *Information Research*, 7(2):7–2.

RAMOS, J. (2003). Using TF-IDF to Determine Word Relevance in Document Queries. *In Proceedings of the First Instructional Conference on Machine Learning*, Piscataway, NJ USA.

RESNIK, P. (1999). Mining the Web for Bilingual Text. *In Proceedings of the 37th annual meeting of the Association for Computational Linguistics*, pages 527–534, College Park, Maryland, USA.

SKADIŅA, I., AKER, A., GIOULI, V., TUFIŞ, D., GAIZAUSKAS, R., MIERIA, M. et MASTROPAVLOS, N. (2010). A Collection of Comparable Corpora for Under-resourced Languages. *In Proceedings of the Fourth International Conference Baltic HLT*, pages 161–168, Riga, Latvia.

STEINBERGER, R., POULIQUEN, B. et HAGMAN, J. (2002). Cross-lingual Document Similarity Calculation Using the Multilingual Thesaurus Eurovoc. *In Proceedings of the 3rd International Conference on Intelligent Text Processing and Computational Linguistics*, pages 415–424, Mexico, Mexique.

SU, F. et BABYCH, B. (2012). Measuring Comparability of Documents in Non-parallel Corpora for Efficient Extraction of (Semi-)Parallel Translation Equivalents. *In Proceedings of the 13th Conference of the European Chapter of the Association for Computational Linguistics*, pages 10–19, Avignon, France.

TALVENSAARI, T., LAURIKKALA, J., JÄRVELIN, K., JUHOLA, M. et KESKUSTALO, H. (2007). Creating and Exploiting a Comparable Corpus in Cross-language Information Retrieval. *ACM TOIS*, 25(1):4.

TALVENSAARI, T., PIRKOLA, A., JÄRVELIN, K., JUHOLA, M. et LAURIKKALA, J. (2008). Focused Web Crawling in the Acquisition of Comparable Corpora. *IR*, 11(5):427–445.

UTSURO, T., HORIUCHI, T., CHIBA, Y. et HAMAMOTO, T. (2002). Semi-automatic Compilation of Bilingual Lexicon Entries from Cross-lingually Relevant News Articles onWWW News Sites. *In Proccedings of the 5th Conference of the Association for Machine Translation in the Americas (AMTA) : From Research to Real Users*, pages 165–176, Tiburon, CA, USA.

YAPOMO, M., CORPAS, G. et MITKOV, R. (2012). CLIR- and Ontology-based Approach for Bilingual Extraction of Comparable Documents. *In Proceedings of the 5th Workshop on Building and Using Comparable Corpora*, pages 121–125, Istanbul, Turquie.

# Développement de ressources pour l'entraînement et l'utilisation de l'étiqueteur morphosyntaxique TreeTagger sur l'arabe

Dhaou Ghoul[1]
(1) STIH, 1, rue Victor Cousin 75005 Paris
Dhaou.Ghoul@gmail.com

RÉSUMÉ

Dans cet article, nous présentons les étapes du développement de ressources pour l'entraînement et l'utilisation d'un nouvel outil de l'étiquetage morphosyntaxique de la langue arabe. Nous avons mis en œuvre un système basé sur l'étiqueteur stochastique *TreeTagger*, réputé pour son efficacité et la généricité de son architecture. Pour ce faire, nous avons commencé par la constitution de notre corpus de travail. Celui-ci nous a d'abord servi à réaliser l'étape de segmentation lexicale. Dans un second temps, ce corpus a permis d'effectuer l'entrainement de *TreeTagger*, grâce à un premier étiquetage réalisé avec l'étiqueteur ASVM 1.0, suivi d'une phase de correction manuelle. Nous détaillons ainsi les prétraitements requis, et les différentes étapes de la phase d'apprentissage avec cet outil. Nous terminons par une évaluation sommaire des résultats, à la fois qualitative et quantitative. Cette évaluation, bien que réalisée sur un corpus de test de taille modeste, montre que nos premiers résultats sont encourageants.

ABSTRACT

Development of resources for training and the use of the tagger TreeTagger on Arabic

In this paper, we present the steps of the development of resources for training and the use of a new tool for the part-of-speech tagging of Arabic. We implemented a tagging system based on *TreeTagger*, a generic stochastic tagging tool, very popular for its efficiency. First of all, we began by gathering a working corpus, large enough to ensure a general linguistic coverage. This corpus has been used to implement the tokenization process, as well as to train *TreeTagger*. We first present our method of tokenization, then we describe all the steps of the preprocessing and training process, using ASVM 1.0 to yield a raw POS tagging that was subsequently manually corrected. Finally, we implemented a straightforward evaluation of the outputs, both in a quantitative and qualitative way, on a small test corpus. Though restricted, this evaluation showed really encouraging results.

MOTS-CLÉS : TALN, langue arabe, corpus d'apprentissage, étiquetage morphosyntaxique, segmentation de l'arabe, arbre de décision, lexique, jeux d'étiquette, TreeTagger, ASVM 1.0.
KEYWORDS: NLP, Arabic language, training corpus, POS tagging, tokenization, decision tree, lexicon, tagsets, *TreeTagger*, ASVM1.0.

# 1 Introduction

De nos jours, la langue arabe est de plus en plus utilisée sur le Web. On peut y trouver de nombreux ouvrages que les auteurs ont décidé de rendre publics. Par ailleurs, il existe de nombreux logiciels traitant la langue naturelle qui facilitent la recherche et la consultation des documents électroniques. La réalisation de nouvelles applications en traitement automatique de la langue (TAL) pour l'arabe nécessite en premier lieu de développer un système d'étiquetage performant et robuste.

L'étiquetage morphosyntaxique d'une langue est un processus qui consiste à ajouter aux mots des informations morphologiques concernant leurs catégories morphosyntaxiques ou parties du discours - cette opération étant parfois accompagnée d'une lemmatisation lorsque les formes fléchies sont ramenées à leur forme canonique (lemme). Selon (Laporte , 2000) : « *l'analyse morphosyntaxique est l'ensemble des techniques qui concourent à passer d'un texte brut, exempt d'informations linguistique, à une séquence des mots étiquetés par des informations linguistiques* ». Pour la langue arabe, l'étiquetage reste toujours une étape complexe à aborder à cause des ambiguïtés lexicales des unités. L'étiquetage d'une langue donnée est principalement basé sur deux types d'approche : étiquetage à base de règles et étiquetage statistique basé sur des corpus. L'outil *TreeTagger* que nous avons utilisé dans notre travail concerne cette dernière catégorie de système, et a recours à des modèles probabilistes (modèles de chaine de Markov cachées HMM et arbres de décision).

*TreeTagger* a déjà été mis en œuvre sur plusieurs langues (anglais, français, allemand, italien, néerlandais, espagnol, bulgare, russe, grec, portugais, chinois, swahili), mais pas sur l'arabe à notre connaissance. L'objectif de ce travail est d'adapter *TreeTagger* à la langue arabe afin de disposer d'un système d'étiquetage morphosyntaxique générique et gratuit.

Cet article est organisé comme suit : la section 2 présente quelques étiqueteurs existants en arabe, la section 3 décrit le principe de segmentation de notre système ainsi que les données utilisées, la section 4 présente le processus de l'étiquetage en se basant sur *TreeTagger*. Les résultats obtenus et les perspectives de ce travail feront l'objet de la section 5.

# 2 Etat de l'art

Reconnaître la catégorie morphosyntaxique d'un mot dans un contexte est une tâche non triviale du traitement automatique de la langue écrite. En effet rendre une machine capable d'identifier la catégorie d'un mot exige de mettre en œuvre des méthodes sophistiquées, en particulier pour les mots ambigus, c'est-à-dire susceptibles d'appartenir à plusieurs catégories différentes. Les systèmes automatiques dédiés à cette tâche sont appelés des *étiqueteurs* morphosyntaxiques (*part-of-speech tagger*, en anglais). Au contraire de langues comme l'anglais ou le français, l'analyse morphosyntaxique de l'arabe est une étape particulièrement difficile à cause d'importantes ambiguïtés graphiques et de la présence d'agglutinations. De nombreux travaux ont été effectués dans ce domaine en se basant sur des approches différentes. Nous en mentionnons ici quelques uns :

Aramorph est un analyseur distribué par le *Linguistic Data Consortium* (LDC), qui permet de segmenter les mots en trois parties (préfixe racine suffixe). Il utilise un lexique et des règles orthographiques sont encodées directement dans le lexique, spécifiées en termes de règles générales qui interagissent pour réaliser la sortie. Ce système est réalisé à partir d'une base de données qui contient 598 préfixes, 906 suffixes et 78 839 racines (Buckwalter, 2002). Cette base est complétée par trois tables de comptabilité utilisées pour faire la combinaison entre préfixe et racine (2 435 entrées), suffixe et racine (1 612 entrées) et préfixe et suffixe (1 138 entrées). L'algorithme d'analyse est assez simple puisque toutes les décisions difficiles sont codées directement dans le lexique et les tableaux de compatibilités, c'est-à-dire que le lexique contient toutes les segmentations possibles des mots sous la forme « préfixe racine suffixe » (N.Habash, 2004). Cependant, pour la forme agglutinée d'un mot, les segmentations ne sont valables que si les différents composants existent dans le lexique.

Les points faibles de cet analyseur se résument ainsi (M.Attia, 2006) : tous les lemmes sont listés manuellement et tous les lexèmes des formes fléchies associées sont énumérés, ce qui finit par augmenter le coût de maintenance du lexique ; il y a un problème au niveau du traitement des proclitiques interrogatifs qui se localisent au début des verbes et des noms (exemples : « أأقول », «أمحمد ») ; seulement 22 verbes sur un total de 9 198, soit 0,002 % ont des formes impératives ; seulement 1 404 verbes sur un total de 9 198, soit 15 % sont conjugués à la voix passive au présent et 110 verbes au passé.

(Diab, Hacioglu et Jurafsky, 2004) ont développé un analyseur syntaxique baptisé ASVM 1.0. Ils ont entrainé leurs modèles d'étiquetage sur le corpus arabe annoté TreeBank en se basant sur 24 étiquettes et en utilisant l'outil « Yamcha » qui utilise les machines à vecteurs de support. Le corpus TreeBank utilisé pour évaluer la première version d'ASVM est composé de 4 519 phrases. Le corpus est distribué comme suit : 4 000 phrases pour l'apprentissage, 119 phrases pour le développement et 400 phrases pour le test. Les résultats obtenus sont de 95,49 % de mots correctement étiquetés. Nous avons analysé les résultats de cet étiqueteur (nous les avons utilisés pour notre application), et nous avons remarqué que la majorité des erreurs sont liées à la mauvaise segmentation de l'article « Al » et à la confusion des noms avec les adjectifs et inversement. L'évaluation de la segmentation (tokens bien segmentées) de cet étiqueteur sur notre corpus a donné un taux très faible de segmentation correcte (46 %).

(Diab, 2009) a réalisé une deuxième version améliorée de cet étiqueteur. L'amélioration se résume dans la phase de segmentation concernant les mots composés (par exemple la séparation de l'article « Al (ال)» et la préposition « b (بـ) »). Les résultats obtenus de la nouvelle version sur les mêmes données d'ASVM1.0 sont plus performants au niveau de la segmentation (99,2 %), et avec une précision de plus de 96 % au niveau de l'étiquetage.

(Bahou, Hadrich Belguith, Ben Hamadou, 2005) ont présenté l'analyseur syntaxique SYNTAXE qui modélise des textes arabes non voyellés (non vocalisés) en se basant sur une grammaire HPSG (*Head-driven Phrase Structure Grammar*) et un lexique sous forme XML. Cet analyseur repose sur trois principales étapes. La première étape permet la génération des matrices attribut/valeur HPSG nécessaires pour l'identification des structures syntaxiques des phrases en cours d'analyse. La deuxième et la troisième étape représentent les étapes de l'algorithme « Chart Parsing HPSG » (Popowich, Vogel, 1990). L'évaluation de cet analyseur a été faite sur un corpus de textes tirés d'un manuel de la 8e année de base de l'enseignement tunisien. Ce corpus, saisi au sein du laboratoire LARIS, contient 650 phrases non voyellées (soit 4050 mots). Parmi ces phrases, 96 contiennent des mots non reconnus par l'analyseur et ont été analysé partiellement. Sur un total de 554 phrases, SYNTAXE est parvenu à analyser correctement 448 phrases (2820 mots) soit 81 %.

MorphArab est un analyseur morphosyntaxique de la langue arabe développé par (Abbes,

2004). D'abord, cet analyseur découpe le mot en pré-base, racine et post-base. Ensuite, il utilise le lexique Dinar (Dictionnaire Informatisé de l'Arabe)[1] pour l'attribution de chaque composant du mot et l'extraction des traits morphosyntaxique correspondants. Ce lexique est composé de 19 457 verbes, 70 702 déverbaux (substantif verbaux « مَصدر », participes actifs et passifs « إسم المَفعول والفاعل », adjectifs et noms de temps et de lieu), 39 099 noms, 445 mots outils et 1 384 noms propres (Anizi, Dichy, 2009). Il identifie en outre les traits morphosyntaxiques des mots. (Abbes, 2004) a trouvé que le moins ambigu des marqueurs est la racine. L'ajout de nouveaux traits augmente la discrimination dans l'analyse et offre plus de solutions.

La société XEROX a également développé un étiqueteur. La phase de segmentation pour cet analyseur est faite par un transducteur à états finis (Farghaly, Dichy, 2003) en découpant la chaîne d'entrée en unités lexicales qui correspondent à une forme fléchie ou une ponctuation, et en donnant à chaque segment des étiquettes qui représentent le comportement morphologique des unités lexicales et leurs catégories. Cet étiqueteur regroupe 4 930 racines et 400 modèles qui permettent de produire 90 000 lexèmes. Il utilise des règles à large couverture, par contre il génère un taux assez élevé d'ambiguïtés lexicales, et ne traite pas bien la phase de désambiguïsation.

TAGGAR est un analyseur morphosyntaxique spécialement développé pour la synthèse vocale arabe des textes voyellés. Il prend en considération l'ordre de traitement des mots pour minimiser les erreurs d'étiquetage. Le traitement se fait dans l'ordre suivant : analyse des mots outils et des mots spécifiques, analyse des formes verbales et enfin, analyse des formes nominales. Cet analyseur utilise 35 étiquettes grammaticales qui se répartissent en trois grandes familles de catégories : 4 étiquettes pour les particules, 16 étiquettes pour les verbes, et 15 étiquettes pour les noms.

L'évaluation a été faite sur un corpus de 5 563 mots ; TAGGAR a obtenu un taux d'erreur de 2 % sur les étiquettes ce qui a entraîné seulement 1 % d'erreurs sur les frontières de groupes syntaxiques. Près de 98 % des pauses insérées automatiquement sont correctement placées (Zemirli, Khabet, 2004).

MORPH2 est un analyseur morphologique basé sur un lexique réduit sous forme XML qui contient 5 754 racines trilittères et quadrilittères (Chaâbaen Kammoun, Hadrich Belguith, Ben Hamadou, 2010) qui correspond à des schémas verbaux et nominaux et un ensemble de règles linguistiques. L'évaluation de cet analyseur a été faite sur un corpus non voyellé qui contient environ 51 404 mots (23 121 différents). Les résultats obtenus en termes de rappel et de précision sont respectivement de 89,77 % et 82,51 %. Cet analyseur prend en entrée un texte en arabe ou une phrase ou un mot pour fournir en sortie toutes les caractéristiques morphosyntaxiques possibles pour chaque mot sans prendre en compte le contexte dans lequel il se présente.

## 3 Segmentation et données utilisées

Le problème de la segmentation ne se pose pas de la même manière pour toutes les langues. Pour les langues comme l'anglais ou le français, les unités lexicales (tokens) sont dans la plupart des cas reconnaissables par une simple analyse graphique en s'appuyant sur les

---

[1] http://diinar.univlyon2.fr

caractères séparateurs (espaces, ponctuations, apostrophe, etc.) présents dans les textes.

L'arabe, quant à lui, est en principe monosyllabique, ce qui signifie que chaque syllabe peut être une unité lexicale. Il est possible de former des mots complexes à partir de plusieurs syllabes, ce qui rend difficile le problème de segmentation. La majorité des travaux de segmentation se basent sur des règles qui s'appuient sur des listes de clitiques, préfixes, suffixes et racines (Mars, Zrigui, Belgacem, Zouaghi, Antoniadis, 2008). Ces règles s'appuient sur les principes de constitution d'un mot complexe et son contexte dans la phrase. C'est pourquoi il est difficile d'identifier la racine (unité lexicale) pour les mots qui contiennent des flexions (exemple : les terminaisons des verbes conjugués).

Au cours de notre recherche, nous avons essayé d'élaborer un algorithme de segmentation en nous basant sur des règles qui traitent dans la majorité des cas la forme correcte d'un mot en arabe. Le succès de notre méthode repose essentiellement sur un grand corpus de mots non voyellés segmentés manuellement. Notre algorithme de segmentation est composé de trois modules organisés de manière séquentielle. D'abord, on effectue une segmentation grossière au niveau des espaces et des signes de ponctuations. Ensuite, on examine les tokens[2] ainsi obtenus, et on les compare avec les formes déjà segmentées d'un corpus traité de façon semi-automatique (*cf.* section suivante pour une description du corpus). La segmentation est considérée valide si le token est trouvé dans le corpus. Sinon (*c.-à-d.* si le token est absent du corpus), on recherche, grâce à une expression régulière qui représente la forme complète d'un mot arabe (pré-bases racine post-bases), les éventuelles pré-bases et post-bases attachées à la racine. Cette expression est construite à partir de listes définies à l'avance. Pour chaque pré-base ou post-base identifiée, nous vérifions le statut de la partie restante du mot découpé. Avec cette méthode, nous avons noté qu'il reste des ambiguïtés de découpage pour certains mots qui peuvent se découper de plusieurs façons différentes. Le Erreur ! Source du renvoi introuvable.Tableau 1 représente les trois différentes segmentations du mot arabe (أَلَمهم) en fonction de son contexte dans la phrase :

| Segmentation | Traduction en français |
|---|---|
| أ + لَم+ هُم | les a-t-il ramassés ? |
| ألم+ هُم | leurs douleurs |
| أل+ مُهم | l'important |

TABLE 1 – Les différents découpages du mot أَلَمهم

Ce problème reste difficile à résoudre puisque le découpage de ces types de mots dépend obligatoirement du contexte et de sa position dans la phrase. La résolution des cas d'ambiguïté au niveau du découpage reste une tâche non triviale. La qualité de la segmentation dépend de la taille du corpus qui est censé couvrir les mots les plus fréquents en arabe avec leur segmentation correcte.

[2] Ensembles des unités morphosyntaxiques minimales (mot, une partie de mot, clitique...).

# 4 Adaptation de *TreeTagger* pour l'arabe

## 4.1 Principe de *TreeTagger*:

*TreeTagger* est un outil permettant l'étiquetage morphosyntaxique et la lemmatisation. Il a été développé par Helmut Schmid[3] (1994) dans le cadre du projet TC[4]. Il a été utilisé avec succès pour de nombreuses langues (anglais, français, allemand, italien, néerlandais, espagnol, bulgare, russe, grec, portugais, chinois, swahili). Il est adaptable sur toutes les langues en utilisant un lexique et un corpus d'apprentissage manuellement étiquetés. Pour la langue française, (Stein, 2007) a entrainé cet analyseur sur un corpus d'apprentissage contenant 2 685 146 mots et l'a évalué en utilisant un corpus contenant 500 000 mots. Il rapporte un taux de précision de 92,7 % pour l'étiquetage et 97,8 % pour la lemmatisation. *TreeTagger* peut en effet présenter la lemmatisation des mots en plus des étiquettes.

### 4.1.1 Apprentissage

En général, la phase d'apprentissage des modèles d'étiquetage pour une langue donnée nécessite un corpus d'apprentissage, un lexique de formes fléchies et la liste des étiquettes les plus utilisées pour identifier la catégorie des mots absents du corpus d'apprentissage (classe ouverte). *TreeTagger* utilise des arbres de décision pour l'estimation des paramètres. L'apprentissage effectué par cet outil permet d'évaluer la probabilité d'une transition entre un couple « mot/catégorie» et un autre couple afin de produire un arbre de décision binaire à partir de ces probabilités.

### 4.1.2 Lexique

En général, l'analyse morphosyntaxique repose sur un lexique contenant les informations sur l'usage grammatical de chaque unité lexicale. Ces informations varient d'un lexique à l'autre. Le lexique joue un rôle important pour l'identification des catégories et du lemme de chaque mot en entrée. Nous avons construit un lexique assez vaste en utilisant la liste de mots proposés par (Buckwalter, 2002) qui était utilisée pour la réalisation de l'étiqueteur *AraMorph*. Nous avons nettoyé cette liste contenant 82 158 racines représentant 38 600 lemmes. Ce nettoyage consiste à éliminer la redondance des mots sur des lignes différentes pour obtenir une forme adaptée à *TreeTagger*. Nous avons ajouté les listes de pré-bases et post-bases à l'entête de notre lexique pour le compléter.

Notons bien que le lexique ne contient pas de chiffres. Par ailleurs, il nous a été difficile de générer automatiquement les lemmes des entrées de notre lexique. Nous avons gardé, pour la plupart des cas, la forme voyellée du mot, et nous avons ignoré les lemmes des pré-bases et post-bases ajoutés manuellement.

### 4.1.3 Jeux d'étiquettes

Pour gagner de temps, nous avons décidé de prendre le jeu des étiquètes proposés par (Diab, Hacioglu & Jurafsky, 2004) car nous avons utilisé au début ASVM 1.0 pour la préparation de notre corpus de travail, malgré que dont très réduits au niveau de leur nombre en ajoutant une étiquette qui désigne la fin de phrase (étiquette spécifique pour TreeTagger). Ces jeux des étiquettes contiennent 23 étiquettes qui permettent d'identifier les principaux tokens en

[3] http://www.ims.uni-stuttgart.de/~schmid/
[4] http://www.ims.uni-stuttgart.de/projekte/tc/

arabes. Le tableau suivant donne une idée précise sur ces étiquettes :

| Tag | Explication | Tag | Explication | Tag | Explication |
|---|---|---|---|---|---|
| JJ | Adjective | NNP | Nom propre | PRP$ | Pronom possessive |
| RB | Adverbe | NNPS | Nom propre pluriel | CD | nombre |
| CC | Coordination | VBP | Verbe à l'imparfait | IN | Subordination |
| DT | Déterminant | VBN | Verbe passive | UH | Interjection |
| FW | Mot étranger | VBD | Verbe parfait | PREP | Préposition |
| NN | Nom singulier | RP | Particule | WP | Pronom relatif |
| NNS | Nom pluriel | PRP | Pronom personnel | WRB | Wh-adverbe |
| PUNC | Ponctuation | SENT | Le point de fin de phrase | | |

TABLE 2 – Listes des étiquettes (Tag).

## 4.2 Etiquetage

Préalablement le texte à analyser doit être translittéré avec le codage de *Buckwalter* et tokenizé avec notre script de segmentation. TreeTagger a beaucoup de points communs avec les étiqueteurs « n-grammes ». Dans ce type d'approche, on modélise la probabilité d'une séquence de mots en fonction des étiquettes des mots précédents/suivants en se basant sur l'équation suivante :

$$P(w_1 w_2 \ldots w_n, t_1 t_2 \ldots t_n) = P(t_n | t_{n-2} t_{n-1}) P(w_n | t_n) P(w_1 w_2 \ldots w_{n-1}, t_1 t_2 t_{n-1}) \quad (1)$$

Où $w_i$ représente un *mot et* $t_i$ représente une étiquette.

A la différence d'un étiqueteur « n-gramme », *TreeTagger* estime la probabilité de transition à partir d'un arbre de décision binaire généré pendant la phase d'apprentissage. Les nœuds de l'arbre représentent des indices contextuels, et la probabilité d'un trigramme est déterminée par le chemin (de longueur variable) correspondant à travers l'arbre. Par exemple, considérons la séquence trigramme des mots qui ont les étiquettes suivantes « *DT JJ NN* » (avec DT : déterminant, JJ : adjectif et NN : nom). Pour estimer P(NN/DT, JJ), la probabilité d'un nom précédé par un déterminant et un adjectif, on suit le chemin valide en commençant de la racine qui contient l'étiquette *JJ* jusqu'à la feuille qui contient l'étiquette *NN, en passant* par *Tag-2=DT*, et l'on retient la probabilité P=0,8.

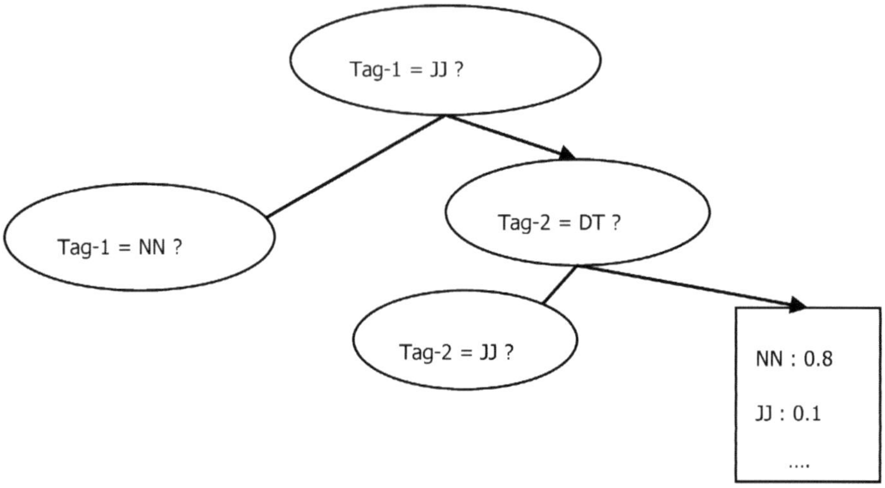


FIGURE 1 – Exemple d'arbre de décision binaire.

Par défaut, pour un texte en arabe segmenté, *TreeTagger* donne une liste de tous les mots avec leurs catégories et leur lemme s'il existe. Un paramétrage de *TreeTagger* permet soit d'attribuer le lemme « unknown » à toutes les formes inconnues, soit de donner la forme elle-même sans lemmatisation. Ici, la phase de segmentation est effectuée par notre propre script et non par les tokenizers génériques de *TreeTagger*. En résumé, ce processus d'étiquetage nécessite un enchaînement de plusieurs phases, comme le montre la figure suivante :

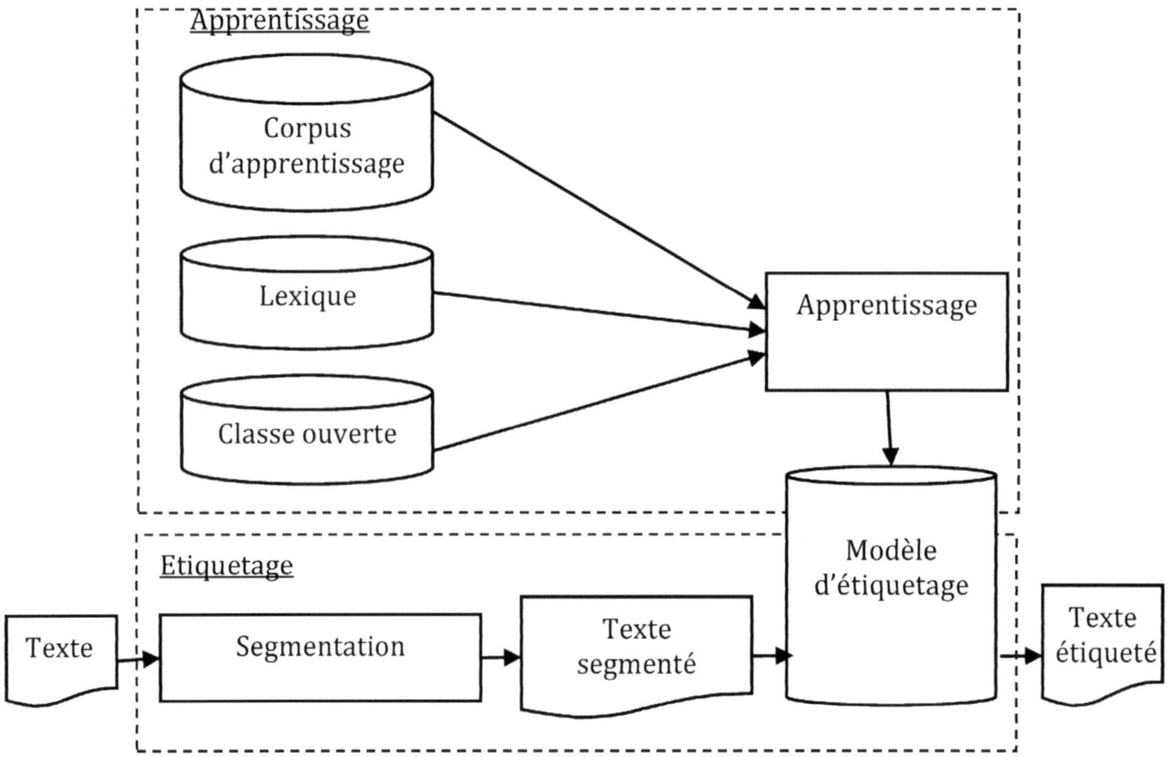


FIGURE 2 – Les différents processus d'étiquetage.

# 5 Evaluation

## 5.1 Corpus de travail

Malgré les différentes recherches effectuées sur le traitement automatique de la langue arabe, il nous a été difficile de trouver des ressources toutes faites. C'est pourquoi, nous avons décidé de constituer notre propre corpus de travail. Pour avoir un vocabulaire suffisamment étendu, nous avons utilisé le corpus EASC proposé par (El-Haj , Kruschwitz, Fox., 2010 ) qui comporte 153 articles répartis sur une dizaine de domaines différents. Notre corpus contient 58 233 mots (21 238 mots différents) repartis sur 2 238 phrases. Comme on l'a dit précédemment, le principe de notre segmentation dépend essentiellement de la comparaison de chaque mot avec les mots pré-segmentés de notre corpus de référence. Pour réaliser cette tâche de pré-segmentation, nous avons suivi les étapes suivantes:

- D'abord, pour éviter tous les problèmes de codage de la langue arabe, et pour faciliter le traitement automatique, nous avons translittéré nos textes selon la table de Buckwalter[5]. Cette translittération, souvent appliquée en TAL, présente l'intérêt de n'utiliser que des caractères ASCII et d'être totalement réversible (c'est-à-dire qu'il est aisé de retrouver le texte original en appliquant la translittération inverse).
- Ensuite, nous avons appliqué l'étiqueteur ASVM 1.0 (étiqueteur gratuit et n'est pas le cas pour ASVM 2.0) réalisé par (Diab, Hacioglu, Jurafsky, 2004) afin d'obtenir une première segmentation selon cet étiqueteur. Comme cet étiqueteur fait beaucoup d'erreurs (segmentation et étiquetage) à ce niveau, il a été nécessaire d'en corriger manuellement les sorties. Nous avons corrigé les 400 premières phrases (soit environ 13 000 mots), en définissant, pour chaque correction, des transformations sous forme d'expressions régulières, que nous avons appliquées à l'ensemble du corpus. A l'issue de ces corrections, la présence de mots mal segmentés ou mal étiquetés devenait de plus en plus rare (pour donner une estimation; après la correction de 400 phrases, une erreur apparaît tous les 200 à 300 mots). Notons bien que, avant la phase de correction et selon la sortie qu'on a obtenue, le taux d'erreur est assez élevé (une erreur apparaît à-peu-près tous les 50 mots).
- Enfin pour compléter notre corpus nous avons ajouté la liste de pré-bases et post-bases les plus utilisées en arabe, donnée par (Abbes, 2004).

## 5.2 Corpus d'apprentissage et d'évaluation

Pour créer les corpus d'apprentissage et d'évaluation, nous avons pris le corpus de travail déjà utilisé pour la segmentation et nous en avons extrait 234 phrases pour constituer le corpus de test, le reste étant réservé au corpus d'apprentissage. Le tableau 3 illustre la taille des corpus utilisés. Le corpus d'apprentissage contient 52 171 mots non segmentés dont 19 086 mots différents regroupés dans 2 096 phrases. Notons que l'ensemble des mots du corpus est non voyellé. La distribution des 23 étiquettes en question dans le corpus d'apprentissage donne une valeur minimale pour l'étiquette « FW (mot étranger)» (192 fois) et une valeur maximale pour l'étiquette « DT (déterminant) » (11 264 fois) sur une totalité de 78 650 mots étiquetés.

[5] http://www.qamus.org/transliteration.htm

| Corpus | Nb. phrases | Nb. mots différents | Nb. mots non-segmentés | Nb. mots segmentés |
|---|---|---|---|---|
| Apprentissage | 2 096 | 19 086 | 52 171 | 78 650 |
| Test | 234 | 3 407 | 6 029 | 9 560 |

TABLE 3 – Statistiques de distribution du corpus pour l'apprentissage et le test.

## 5.3 Evaluation quantitative

Le corpus de test est constitué d'articles concernant la thématique de l'art. Pour mettre en œuvre l'évaluation, nous avons besoin de réaliser un étiquetage de référence qui contient les phrases de test bien segmentées et avec des étiquettes vérifiées manuellement.

Nous nous sommes limités au problème de l'évaluation de la précision de l'étiquetage réalisé par *TreeTagger*, c'est-à-dire le taux d'étiquetage correct. Cependant, il faut être conscient que ce seul taux ne signifie que peu de chose dans la comparaison entre les systèmes, car la précision de chaque système dépend du mode de segmentation et du jeu d'étiquettes utilisés, ainsi que des données de test utilisées.

Une démarche d'évaluation simple consiste à comparer le résultat de notre étiqueteur avec le corpus de référence. Pour faire cette comparaison, nous avons décidé d'utiliser *Sclite*[6], un outil générique pour l'évaluation des étiqueteurs morphosyntaxiques. Ce logiciel nous a permis de faire l'alignement entre le texte étiqueté et la référence, les segmentations pouvant être différentes.

Pour l'évaluation d'un système d'étiquetage, on peut considérer les éléments suivants :

- Une évaluation des types d'ambiguïté pour apprécier la difficulté de l'étiquetage : le nombre moyen d'étiquettes possibles à assigner à chaque mot, et les types (ou classes) d'ambiguïté, en précisant notamment la fréquence relative dans le corpus test de chacune de ces classes.
- Une évaluation des types d'erreurs : les types d'ambiguïté conduisant le plus fréquemment à des erreurs d'étiquetage, ainsi qu'au mauvais découpage des mots.
- Une évaluation quantitative de la précision de l'étiquetage.

Par ailleurs, nous avons comparé les résultats obtenus avec ceux d'ASVM1.0 (également appelé AMIRA1.0), pris comme baseline. Les deux mesures communément utilisées pour évaluer un système d'étiquetage sont le taux de précision *P* et celui du rappel *R*. Tous les mots étant étiquetés, nous avons limité l'évaluation au calcul de la précision en comparant les couples mot/catégorie des phrases étiquetées à ceux des phrases de référence. Nous avons d'abord calculé la précision au niveau de chaque phrase. Pour calculer la précision globale, on calcule ensuite la précision moyenne sur l'ensemble des phrases de test :

$$P_i = \frac{\textit{nombre des couples corrects obtenus}}{\textit{nombre total des mots bien segmentés}} \times 100 \qquad (2) \qquad P_{moy} = \frac{\sum_{i=1}^{n} P_i}{n} \qquad (3)$$

[6] http://www.itl.nist.gov/iad/mig/tools/

Où *n* est le nombre de phrases (n=234), et $P_i$ : la précision de la phrase *i*.

Ce mode de calcul a pour effet de minimiser l'impact des erreurs qui apparaissent dans les phrases très longues, car il donne une pondération plus importante aux étiquettes des phrases courtes.

Pour obtenir une évaluation comparative précise, nous avons évalué les deux systèmes sur le même corpus de test. Nous avons obtenu un taux de précision moyen égal à 86.5 % contre 60 % pour ASVM1.0. Nous avons également évalué la tâche de segmentation sur le même corpus de test, et obtenu un taux de précision de 93 %. Le tableau ci-dessous résume bien cette évaluation.

| | Notre système | ASVM1.0 |
|---|---|---|
| Étiquetage | 86,5 % | 60 % |
| Segmentation | 93 % | 85 % |

TABLE 4 – Evaluation quantitative de notre système et ASVM 1.0.

## 5.4 Evaluation qualitative

Afin d'avoir une idée plus précise des types d'erreur rencontrés, nous avons procédé à une évaluation qualitative. Nous avons examiné seulement les 50 premières phrases. Ces phrases contiennent 869 mots étiquetés parmi lesquels nous avons trouvé 24 étiquettes fausses c'est-à-dire 2,75 % d'étiquettes erronées.

Nous avons constaté que les erreurs sont dues, en général, à la mauvaise segmentation des mots, à l'absence des mots dans le lexique, ainsi qu'aux cas d'ambiguïté. Le tableau suivant illustre les différents cas de figure pour ces 24 étiquettes erronées :

| Phrases | Mots | Etiquettes erronés | Mots mal segmentés | Mots absent du lexique | Mots ambigus aux niveaux lexical et grammatical |
|---|---|---|---|---|---|
| 50 | 869 | 24 | 11 | 9 | 4 |
| pourcentage | | 2,75 % | 1,26 % | 1,03 % | 0,46 % |

TABLE 5 – Les différents cas d'étiquettes erronées sur 50 phrases examinées manuellement.

Pour comparer les résultats de notre étiqueteur et ceux d'ASVM1.0, nous avons choisi, à titre d'illustration, quelques phrases étiquetées par les deux systèmes :

| Phrases | Notre étiqueteur | ASVM1.0 |
|---|---|---|
| لوديفج فان بيتهوفن مؤلف موسيقي ألماني ولد عام | lwdfYj / NNP fAn / NNP bYthwfn / NNP m&lf / NN mwsYqY / JJ >lmAnY / JJ wld / VBN EAm / NN 1770 / CD m / NN fY / IN mdYnp / NN bwn / | *lwdfYj / NN* fAn / NNP bYthwfn / NNP m&lf / NN *mwsYqY / NN >lmAnY / NNP* wld / VBN EAm / |

| | | |
|---|---|---|
| 1770 م في مدينة بون. | NNP . / SENT | NN 1770 / CD m / NN fY / IN mdYnp / NN bwn / NNP . / PUNC |
| يعتبر من أبرز عباقرة الموسيقى في جميع العصور، و أبدع أعمال موسيقية خالدة. | YEtbr / VBN mn / IN >brz / JJ EbAqrp / NN Al / DT mwsYqy / NN fY / IN jmYE / JJ Al / DT Eswr / NNS , / PUNC w / CC >bdE / VBN >EmAlAF / NN mwsYqYp / JJ xAldp /JJ . / SENT | YEtbr / VBN mn / IN >brz / JJ EbAqrp / NN _AlmwsYqy / NN_fY / IN jmYE / JJ _AlEswr, / NN_ w / CC >bdE / VBN >EmAlAF / NN mwsYqYp / JJ xAldp /JJ . / PUNC |
| لذلك ينصح عادة بأن يتمرن ممن يريد التعلم بالتدريب على إخراج الصوت أولا ومن ثم عندما يستطيع ذلك يبدأ بالتعلم على إخراج الدرجات الصوتية (تمرين الأصابع ). | l/IN *lk/WP YnSH/VBD EAdp/NN b/PREP >n/RP Ytmrn/VBN mn/IN YrYd /VBN Al/DT _tElm/VBN_ b/PREP Al/DT tdrYb/NN Ely/RP <xrAj /NN Al/DT Swt/NN >wlA /JJ w/CC mn/IN vm/RB EndmA/IN YstTYE/VBD *lk/WP Ybd>/VBP b/PREP Al/DT _tElm/VBN_ Ely/RP <xrAj /NN Al/DT drjAt/NNS Al/DT SwtYp/NN (/PUNC tmrYn /NN Al/DT >SAbE /NNS )/PUNC ./SENT | _l*lk/IN_ YnSH/VBD EAdp/NN b/IN _>n/IN_ Ytmrn/VBN mn/IN _YrYd /NN AltElm/NN_ b/IN _AltdrYb/NN_ Ely/IN <xrAj /NN _AlSwt/NN_ >wlA /JJ w/CC mn/IN vm/RB EndmA/IN YstTYE/VBD _*lk/DT Ybd>/NN_ b/IN _AltElm/NN_ Ely/IN <xrAj /NN _AldrjAt/NNS AlSwtYp/JJ_ (/PUNC tmrYn /NN _Al>SAbE /NNS_ )/PUNC ./PUNC |
| قدم أول عمل موسيقي و عمره 8 سنوات. | _qdm / NN_ >wl / JJ Eml / NN mwsYqY / JJ w / CC Emr / NN h / PRP 8 / CD snwAt / NNS . / SENT | qdm / VBD >wl / JJ Eml / NN mwsYqY / JJ w / CC Emr / NN h / PRP$ 8 / CD snwAt / NNS . / PUNC |

TABLE 6 – Exemples de phrases étiquetées par notre étiqueteur et ASVM1.0.

Si on observe les résultats obtenus par notre étiqueteur sur ces 4 phrases, on remarque bien qu'il analyse les deux premières phrases correctement, par contre, il génère des erreurs au niveau de la troisième et de la quatrième phrase. En général, les erreurs d'étiquetage de notre système viennent soit de la mauvaise segmentation du mot ou de l'absence du mot dans le corpus d'apprentissage, soit de l'ambiguïté graphique du mot liée à l'absence des voyelles (p.ex. qdm *(قدم )/ NN*).

# 6 Conclusion et perspectives

Dans ce travail, nous avons essayé d'adapter l'outil *TreeTagger* sur la langue arabe. Pour ce faire, nous avons organisé notre travail en trois étapes principales. D'abord, nous avons récolté et préparé toutes les données nécessaires : lexique, jeux d'étiquettes et corpus d'apprentissage. Ensuite, nous avons développé une méthode de segmentation des textes arabes basée sur corpus pré-segmenté manuellement. Enfin nous avons terminé par une évaluation qualitative et quantitative de notre système. L'évaluation sommaire que nous avons menée indique que notre étiqueteur arabe donne 86 % de précision. Les résultats de l'évaluation quantitative montrent un gain de notre méthode par rapport à l'étiqueteur ASVM1.0. Malgré un corpus d'apprentissage très restreint, ces résultats sont donc encourageants.

Pour le moment notre système ne permet pas de lemmatiser, car notre lexique, encore incomplet, ne contient pas de lemmes : dans nos prochains travaux, nous comptons remédier à cette lacune en ajoutant cette information. De plus, pour obtenir un étiqueteur générique à large couverture, nous envisageons d'augmenter notre corpus d'apprentissage, sur le plan quantitatif, mais aussi de l'enrichir en termes de variété typologique (littéraire, journalistique, scientifique, etc.).

## 7 Références

ABBES, R. (2004). La conception et la réalistion d'un concordancier. Lyon,ENSSIB/INSA: Thèse de doctorat en sciences de l'information.

ANIZI, M. et DICHY, J. (2009). Assessing Word-form based Search for Information in Arabic: Towards a New. *MEDAR 2and International conference on Arabic Language Ressources & Tools*, Cairo Egypt, pages 12-19 .

ATTIA, M. (2006). An Ambihuity controlled Morphological Analyser for Modern Standard Arabic Modelling Finite State networks. *: Acte de la conférence internationale 'the challenge of arabic for NLP/MT, the Britsh computer society.* London.

BUCKWALTER, T. (2002). Arabic Morphological Analyser version 1.0. Linguistic Data Consortium Catalogue numéro LDC L 49.

BAHOU, Y., HADRICH BELGUITH, L., et BEN HAMADOU, A. (2005). SYNTAXE: Analyseur syntaxique de l'arabe utilisant XML comme outil de stokage . Souuse,Tunisie: *Cinquièmes journés scientifique des jeunes chercheurs en génie électrique et informatique*.

CHAÂBAEN KAMMOUN, N., HADRICH BELGUITH, et BEN HAMADOU, A. (2010). The MORPH2 new version: A Robust morphological analyser for arabic text. MIRACL Laboratory Tunisia .

DIAB, M. (2009). Second Generation AMIRA for Arabic Processing: Fast and Robust Tokinisation, Pos Tagging and Base Phrase Chunking. MEDAR 2nd International conference on Arabic Language Processing & Tools, Cairo Egypt, pages 285-288.

DIAB, M., HACIOGLU, K.,et JURAFSKY, D. (2004). Automatic Tagging of Arabic Text: From Raw Text to Base Phrase Chunks. . *HLT-NAACL*, pages 149-152.

EL-HAJ, M ,KRUSCHWITZ, U. et FOX, C. (2010). Using Mechanical Turk to Create a Corpus of Arabic Summaries in the Language Resources (LRs) and Human Language Technologies (HLT) for Semitic Languages. *workshop held in conjunction with the 7th International Language Resources and Evaluation Conference (LREC 2010)*, Valletta, Malta, pages 36-39.

FARGHALY, A.et DICHY, J. (2003). Roots & Patterns VS Stems plus Grammair-Lexis specification :On what basis should a multilingual lexical database centred on arabic be built? *Acte de la 9ème MT conference, Workshop on Machine translation for semitic language :issues and approaches.* New Orleans, Louisiana, USA.

LAPORTE, E . (2000). Mot et niveau lexical . *jean-marie pierre: Ingenierie de langues* , pages 25-46.

MARS, M., ZRIGUI, M., BELGACEM, M., ZOUAGHI, A. et ANTONIADIS, G. (2008). A Semantic Analyzer for the Comprehension of the Spontaneous Arabic Speech. *International Conference on Computing CORE08, Journal Research in Computing Science (Journal RCS)* , ISSN: 1870-4069, Vol 34, pages 129-140.

POPOWICH, F. et VOGEL, C. (1990). Chart parsing head-driver phrase structure grammar. *Technical Report CSS-IS TR 90-01, CMPT TR 90-01, Simon Fraser University, Burnaby, BC.*

SCHMID, H. (1994). Probabilistic Part-of-Speech Tagging Using Decision Trees. *Proceedings of International Conference on New Methods in Language Processing,* Manchester, UK, pages 88-96.

STEIN, A. (2007). Part of speech tagging and lemmatisation of Old French. `http://www.uni-stuttgart.de/lingrom/stein/forschung/resource.html.` [consulté le 10/02/2011].

ZEMIRLI, Z. et KHABET, S. (2004). Un analyseur morphosyntaxique destiné à la synthèse vocale de textes arabes voyellés. *JEP-TALN,* Fès.

# Détection de polarité d'opinion dans les forums en langues arabe par fusion de plusieurs SVMs

Ziani Amel[1], Tlili Guiassa Yamina[2], Azizi Nabiha[3]
[1] Département d'informatique, Université Badji Mokhtar Annaba (Algérie)
[2]Lri laboratory : laboratoire de recherche en informatique
[3]Labged laboratory : Laboratoire de gestion électronique des documents
Z_amel1911@live.fr, yamina.tlili@univ-annaba.org, nabiha.azizi@univ-annaba.org

RÉSUMÉ

Cet article décrit notre contribution sur la détection de polarité d'opinions en langue arabe par apprentissage supervisé. En effet le système proposé comprend trois phases: le prétraitement du corpus, l'extraction des caractéristiques et la classification. Pour la deuxième phase, nous utilisons vingt caractéristiques dont les principales sont l'émotivité, la réflexivité, l'adressage et la polarité. La phase de classification représente dans notre travail la combinaison des plusieurs classifieurs SVMs (Machine à Vecteur de Support) pour résoudre le problème multi classes. Nous avons donc analysés les deux stratégies de SVM multi classes qui sont : « un contre tous » et « un contre un » afin de comparer les résultats et améliorer la performance du système global.

ABSTRACT

**Polarity Opinion Detection in Arabic Forums by Fusing Multiple SVMs**

This article describes our contribution on the polarity's detection of opinions in Arabian language by supervised training. Indeed the proposed system consists of three phases: the pretreatment of the corpus, the extraction of the features and the classification. For the second phase, we use twenty features of which the main are emotionalism, the reflexivity, the adressage and the polarity. The phase of classification represents in our work the combination of the several SVMs (Support Vector Machine),to solve the multi class problem. We analyzed the two strategies of the SVMs multi class that are: "one against all" and "one against one" in order to compare the results and to improve the performance of the global system.

MOTS-CLÉS : Fouille d'opinions, apprentissage supervisé, Machine à Vecteur de Support (SVM), combinaison des classifieurs.

KEYWORDS : Opinion Mining, supervised training, Support Vector Machine (SVM), classifiers combination.

## 1 Introduction

De nos jours plusieurs applications et plateformes sur le web nous permettent de déposer des avis, de partager des sentiments et des opinions sur une variété de sujets. Vue l'importance de ces informations dans plusieurs domaines (politique, commercial ou individuel), il serait important de déterminer l'information subjective contenue dans les textes.

Mais la détection automatique d'opinions et l'analyse des sentiments sont confrontées à des problèmes qui la distinguent de la recherche thématique traditionnelle, car le sentiment est exprimé de manière très variée et très subtile. La nécessité de traiter automatiquement les opinions se fait donc fortement ressentir.

La détection d'opinions est une tâche qui permet d'extraire les opinions d'un ensemble de documents pertinents pour un sujet donné. Elle est confrontée à des problèmes qui la distinguent de la recherche traditionnelle thématique dont les sujets sont souvent identifiés par des mots clés seulement. La classification du sentiment (polarité) est une sous-tâche de la détection d'opinions. Elle consiste de façon générale à déterminer si l'opinion du document sur le sujet est positive ou négative. Puisque nous avons besoin d'associer des notes à des textes, nous nous intéressons ici uniquement à la classification d'opinions. Deux grands types de méthodes sont utilisés pour cette tâche. Il y a tout d'abord les approches plutôt linguistiques qui consistent à répertorier le vocabulaire porteur d'opinions, puis à établir des règles de classification selon la présence ou l'absence des mots appartenant à ce vocabulaire. Il existe également les approches mettant en œuvre des outils issus du domaine de l'apprentissage automatique. Nous nous intéressons ici uniquement à celles de la deuxième famille, qui sur nos données se sont avérées nettement plus efficaces. Les méthodes utilisées dans ce cadre sont issues de la classification dite supervisée, où un classifieur est appris à l'aide d'exemples de données dont on connaît déjà la classe.

Ainsi, si aucune méthode de classification ne peut satisfaire entièrement aux exigences d'une application envisagée, l'utilisation simultanée de plusieurs méthodes en même temps peut éventuellement permettre d'en cumuler les avantages sans en cumuler les inconvénients. En effet, le comportement de chaque classifieur vis-à-vis de commentaire à classifier, est déterminé à partir des informations différentes représentants les caractéristiques extraites. L'exploitation des différents résultats générer par les classifieurs utilisant une des méthodes de combinaison de classifieurs, aboutir généralement à un commentaire bien classifié. Même si le classifieur est moins performant, la connaissance de son comportement apporte une certaine information utilisable à propos de la vraie classe pendant la combinaison. Donc, le but de la combinaison de classifieurs vise à réduire l'erreur et augmenter la fiabilité de la classification.

En effet, nous avons conçu et implémenté toutes les phases du processus de classification allant de la construction de la base de corpus jusqu'à la classification par combinaison d'expert, tout en passant par la phase d'extraction des caractéristiques. Concernant ces derniers, les caractéristiques que nous avons jugées importantes sont l'émotivité, la subjectivité, la réflexivité et l'adressage. Nous nous intéressons ensuite à la détection de polarité en déterminant si l'opinion est fortement positive, positive, fortement négative, négative ou neutre utilisant une des méthodes de classification. Toutefois, les méthodes les plus présentes dans la littérature, et qui semblent également être les plus performantes dans le domaine de fouille d'opinion sont les machines à vecteurs de supports. Comme notre système doit générer 5 classes, il est considéré comme un problème de classification multi classe, pour cela nous avons adopté les deux stratégies « un-contre-tous » et « un contre un » pour décider laquelle entre ces deux est meilleure dans le domaine de fouille d'opinions. Les SVMs sont jugés être très sensibles au paramètres internes tels que la fonction noyau ; nous avons donc décidé d'analyser le changement de la fonction noyau en générant plusieurs classifieurs SVMs multi-classes associé chacun avec une fonction noyau différente.

Le résultat final sera la combinaison de ces classifieurs afin d'assurer la complémentarité existante entre les différentes fonctions. Pour cela on a utilisé les deux méthodes de fusion : Vote Majoritaire et Vote Pondéré pour générer les résultats finals.

Nous proposons dans cet article une approche de classification d'opinions dans les journaux arabes fondée sur la combinaison parallèle des classifieurs SVM (Support à Vecteur Machine) en utilisant les quatre fonctions (linéaire, polynomiale, gaussienne et tangente) afin de comparer les résultats. Dans un premier temps, nous introduisons le domaine de la fouille d'opinions avec un état de l'art relatif à notre problème. Ensuite, nous présentons les difficultés de la langue arabe et le processus général de la classification d'opinions. Puis, nous décrivons les différentes phases de l'approche proposée, incluant l'ensemble des caractéristiques adoptées. Après nous présentons et discutons les résultats obtenus à travers les expérimentations que nous avons menés. Nous achevons cet article par une conclusion et un ensemble de perspectives.

## 2 Etat de l'art

Le terme « fouille d'opinions » est utilisé pour évoquer le traitement automatique des opinions, des sentiments et de la subjectivité dans les textes. Ce domaine est connu sous les noms de : opinion mining (Pang et Lee, 2008), sentiment analysis (Liu, 2010), ou encore subjectivity analysis et est souvent associé à un problème de classification sur des textes évaluatifs comme ceux disponibles sur Amazon ou Epinions. Afin de décider de l'orientation d'un document (Turney, 2002), (Wilson et al., 2004) ou de la valeur positive/négative/neutre d'une opinion dans un document (Hatzivassiloglou et McKeown, 1997), (Yu et Hatzivassiloglou, 2003), (Kim et Hovy, 2004).

Le travail de Maurel et Dini en 2009 été caractérisé par une utilisation mixte d'une technologie symbolique fondée sur des règles et d'une technologie statistique reposant sur l'extraction d'une ontologie du domaine, approche dans laquelle la méthode symbolique a un poids plus important (Dini, 2002), (Dini et Mazzini, 2002), (Maurel et al., 2007), (Maurel et al., 2008), (Bosca et Dini, 2009).

Des travaux allant au-delà ont mis l'accent sur la force d'une opinion exprimée où chaque proposition dans une phrase peut avoir un fond neutre, faible, moyen ou élevé (Wilson et al., 2004). Des catégories grammaticales ont été utilisées pour l'analyse de sentiments dans (Bethard et al., 2004) où des syntagmes adjectivaux comme trop riche ont été utilisés afin d'extraire des opinions véhiculant des sentiments. (Bethard et al., 2004) utilisent une évaluation basée sur la somme des scores des adjectifs et des adverbes classés manuellement, tandis que (Chklovski, 2006) utilise des méthodes fondées sur un modèle pour représenter des expressions adverbiales de degré telles que parfois, beaucoup, assez ou très fort.

En 2002, Turney, Pang et coll. encouragent la recherche dans le domaine de sentiment analysis en classant des critiques de cinéma. (Ding et al., 2007) analysent les cooccurrences de mots à l'intérieur d'une phrase puis les cooccurrences entre les phrases. Ils combinent des règles issues des deux échelles pour obtenir un meilleur taux de bonne classification en classification de sentiments. Dans le même genre. (Wilson et al., 2004) ajoutent à la classification selon la polarité, la force de l'opinion exprimée.

En ce qui concerne les études sur la fouille d'opinions en langue arabe, elles n'en sont qu'à leur début, présentons ici quelques travaux : (Almas et Ahmed, 2007), (Abbasi et al., 2008), (Elhawary et Elfeky, 2010), (El halees, 2010), (Rushdi et al., 2011) et(Montassir et al., 2012).

## 3 La langue arabe

Par ses propriétés morphologiques et syntaxiques la langue arabe est considérée comme une langue difficile à maîtriser dans le domaine du traitement automatique de la langue. L'arabe doit sa formidable expansion à partir du 7eme siècle grâce à la propagation de l'islam et la diffusion du Coran. Les recherches pour le traitement automatique de l'arabe ont débuté vers les années 1970. Les premiers travaux concernaient notamment les lexiques et la morphologie.
Avec la diffusion de la langue arabe sur le Web et la disponibilité des moyens de manipulation de textes arabes, les travaux de recherche ont abordé des problématiques plus variées comme la syntaxe, la traduction automatique, l'indexation automatique des documents, la recherche d'information, le résumé automatique, la fouille d'opinions etc.
Un des aspects complexes de la langue arabe est l'absence des voyelles dans le texte, qui risque de générer une certaine ambiguïté à deux niveaux :

- Sens du mot
- Difficulté à identifier sa fonction dans la phrase, (différencier entre le sujet et le complément).

Ceci peut influencer les fréquences des mots étant donné qu'elles sont calculées après la détection de la racine ou la lemmatisation des mots qui est basée sur la suppression de préfixes et suffixes.
Bien que la lemmatisation soit difficile pour les langues avec des morphologies complexes comme l'arabe, elle est particulièrement importante et utile en particulier dans les systèmes de recherche d'information. Il est suffisant de regrouper les mots qui se ressemblent le plus sans pour autant connaître la racine exacte.
Contrairement à l'anglais, la langue arabe possède un système dérivationnel très riche, et c'est dans cette caractéristique que réside la difficulté de traiter cette dernière.

## 4 Processus général de la classification d'opinions

Puisque nous avons besoin d'associer des notes à des textes, nous nous intéressons ici uniquement à la classification d'opinions. Deux grands types de méthodes sont utilisés pour cette tâche. Il y a tout d'abord les approches plutôt linguistiques qui consistent à répertorier le vocabulaire porteur d'opinions, puis à établir des règles de classification selon la présence ou l'absence des mots appartenant à ce vocabulaire.

Il existe également les approches mettant en œuvre des outils issus du domaine de l'apprentissage automatique. Dans notre cas, un ou plusieurs classifieurs sont utilisés pour apprendre la polarité des opinions traités, puis ils seront responsables de classifier les opinions inconnues.

Nous nous intéressons dans ce travail à l'application de la deuxième approche avec un module d'extraction des caractéristiques pertinentes. Les méthodes utilisées dans ce cadre sont issues de la classification dite supervisée (ou apprentissage supervisé), où un classifieur est appris à l'aide d'exemples de données (ici de textes de commentaires) dont on connaît déjà la classe (ici la polarité). Les mots des textes sont alors généralement considérés comme des données indépendantes et équivalentes les unes aux autres, leur sémantique n'étant pas explicitement prise en compte. On peut donner une définition un peu plus formelle du problème de la classification supervisée comme suit :

***Définition :*** soit X un ensemble de données, Y un ensemble d'étiquettes (ou classes) et D un ensemble des représentations des données. Soit d : X → D, une fonction connue qui associe à chaque donnée x ∈ X une représentation d(x) ∈ D et S ⊂ D × Y un ensemble de données étiquetées (d(x), y). La classification supervisée consiste à construire en s'appuyant sur l'ensemble S un classifieur, c'est-à-dire une fonction de D → Y qui permette de prédire la classe de toute nouvelle donnée x ∈ X, représentée par d(x) ∈ D.

D'après cette définition, trois éléments distincts entrent en jeu dans la classification supervisée :

- Les étiquettes ou classes de prédiction (l'ensemble Y) ;
- Les exemples de données étiquetées, qui constituent le corpus d'apprentissage (l'ensemble S) ;
- Le classifieur ou prédicteur.

De plus, des prétraitements peuvent être appliqués sur les données avant la tâche de classification dans le but d'améliorer ses performances, que ce soit en termes de résultats ou de temps de calcul. (Poirier et al, 2011)

# 5 Structure générale du système AROPOL (ARabic Opinions POLarity) basée sur la classification supervisée

Nous pouvons résumer notre approche de classification d'opinions par combinaison des SVM dans les journaux en langue arabe par le schéma suivant :

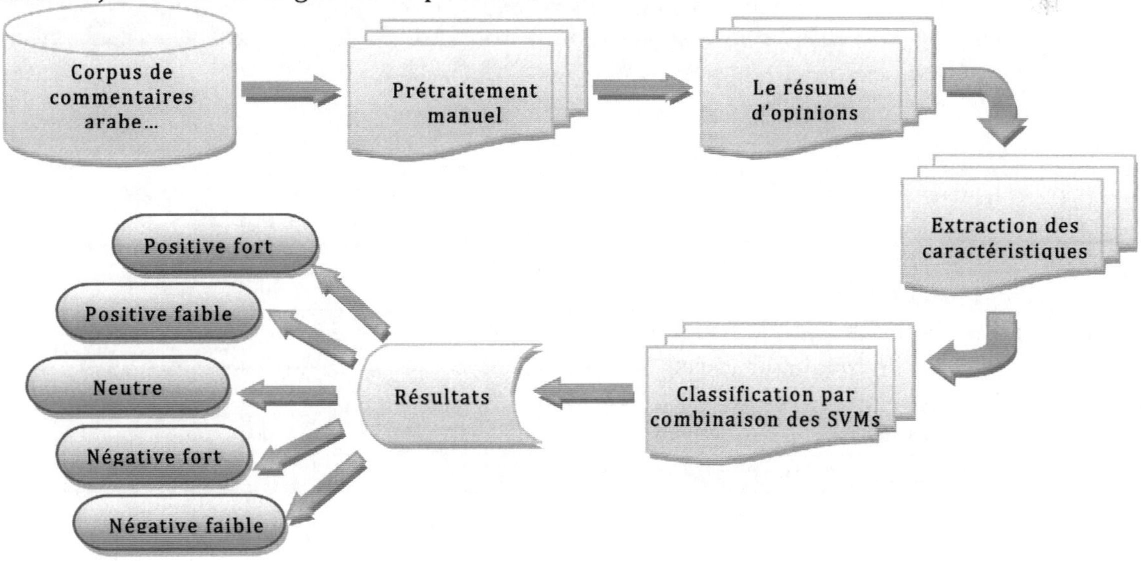


FIGURE 1 – Le Processus de classification d'opinions par l'approche AROPOL

## 5.1 Le corpus d'apprentissage

La classification supervisée nécessite des exemples (données étiquetées) afin de construire le «corpus d'apprentissage». Ce corpus ayant un impact direct sur l'apprentissage des règles, et par conséquent sur la classification, il est nécessaire que les exemples soient représentatifs de l'ensemble des données.

Cette hypothèse est généralement difficile à vérifier. En classification d'opinions, ou plus généralement en classification de textes, les corpus étudiés sont assez restreints car l'étiquetage des exemples est souvent effectué à la main. Ceci entraîne un coût élevé et ne permet donc pas l'obtention d'un gros corpus d'apprentissage. (Poirier et al, 2011)

Pendant notre travail, nous avons utilisés un corpus de cent cinquante commentaires sur des articles, recueillis à partir des journaux arabes algériens disponibles sur le net (Eshorouk الشروق, Akher saa آخرساعةetc.). L'ensemble touchait plusieurs thèmes différents (économiques, politiques, etc.). Notre but était d'effectuer une classification supervisée pour pouvoir déterminer la polarité des commentaires: positive fort, positive faible, neutre, négative fort ou négative faible. C'est pour cela on a appliqué un ensemble des prétraitements manuels sur ce corpus.

### Exemple de commentaire :

Nous présentons un exemple de chaque type d'opinion que nous devons classifier.

| | Polarité | Les commentaires en français | Les commentaires en arabe |
|---|---|---|---|
| 1 | Positif faible | Merci pour ce que tu as écris Mr amine zaoui celui qui dirige ministère de la culture en Algérie est celui que le dépense sans dignité. | شكراعلىماكتبت سيد الأمين الزاوي إن وزارة الثقافة بالجزائر يستلمها من يصر فالمال العام بغير وجه حق. |
| 2 | Positif fort | Félicitation à nous tous, vous avez fait le bon choix. La journaliste leila bouzidi est réellement compétente et d'une personnalité professionnelle lui permettant de bien gérer sa carrière que dieu soit avec elle. | مبروك علينا وعليكم لقد أحسنت الاختيار . الصحفية القديرة ليلى بوزيدي حقا هي متمكنة وذات شخصية مهنية متحكمة في إدارة مهنتها أعانها الله و وفقها. |
| 4 | Négatif faible | Franchement, c'est Article non professionnel de la part d'un expert connu voulant la réussite de l'équipe national. | مقال غير احترافي صراحة من إعلامي كبير يحرص على نجاح المنتخب و قاسي كذلك. |
| 6 | Négatif fort | Franchement, je n'ai pas aimé le style de l'écrivain, et aussi son point de vus envers ce sujet et j'ai haï ses moqueries pour l'art. | صراحة لم أحب أبدا أسلوب الكاتب و لا رأيه في ا لموضوع و كرهت استهزاءه بالفن. |
| 8 | Neutre | Non, c'est son point de vue personnel | كلا انه رأيه الشخصي. |

TABLE 1 – Exemple de commentaires

## 5.2 Extraction des caractéristiques

Nous commençons la phase d'extraction de caractéristiques par la construction manuelle des tables des marqueurs d'opinions du corpus utilisé définies comme suit :

- **Marqueur :**
  La table marqueur contient tous les prédicats, les adjectifs et les adverbes construisent à partir du corpus avec leurs polarités et intensités.
  **Exemples:**
  - **Prédicat:** أحبaimer, كره détester, ظن penser.
  - **Adjectif:** جميلة bien fait, رائعة magnifique, ركيكة lâche.
  - **Adverbe:** غنية riche, مضجرة fatigante, مفيدة intéressante.
- **Intensité:** كثيرا beaucoup, جدا très, مئة بالمئة cent pour cent.
- **Négation:** لا (non, ni, pas), لن لم ليس pas.
- **Adressage:** أنت tu, يا سيدي الكاتب Mr l'écrivain.
- **Réflexivité:** أنا moi, رأيي mon opinion.

## 5.3 Les caractéristiques de représentation d'opinion

Nous avons aussi adoptés un ensemble des caractéristiques inspirées de celle des travaux de (Boughanem et al, 2010) et qui ont montrés leur efficacité dans la représentation d'un commentaire.

- **Adverbe**

*Total-adverbes :* tot(adv) = Nombre total des adverbes du document

*Moy-adverbes* = tot(adv)/(tot(adj) + tot(adv) + tot(pred)(1)

- **Adjectif**

*Total-adjectives : tot(adj)* = Nombre total des adjectifs du document

*Moy-adjectives*= tot(adj)/(tot(adj) + tot(adv) + tot(pred)(2)

- **Émotivité**

Les chercheurs ont exploité la présence des adverbes et des adjectifs dans un document comme un indicateur qui permet de déterminer les opinions. Nous calculons l'émotivité d'un document en comptant le nombre des adverbes et des adjectifs dans ce document.

$$Emot(d) = \frac{|\{\omega \in d \setminus type(\omega) \in \{adjectif, adverbe\}\}|}{|\{\omega \in d \setminus type(\omega) \in \{predicat\}\}|} \quad (3)$$

- **Adressage**

La plupart des phrases trouvées dans les blogs et les forums contiennent des mots comme suit «أنت toi, vousانتم, toi-mêmeنفسك, vous-mêmeأنفسكم, ilهو, elleهي, ilsهم, lui-mêmeنفسه, elle-mêmeنفسها» car les utilisateurs écrivent des commentaires sur un sujet, en s'adressant aux autres. De ce fait l'utilisation de ces pronoms d'adressage est très fréquente. Par conséquent, nous considérons que la composante d'adressage dans le cadre de notre détection d'opinions, est comme suit :

$$Add(d) = \frac{|\{\omega \cap \omega' \setminus \omega \in d, \omega' \in A\}|}{|A|+|R|} \quad (4)$$

- $|\{\omega \cap \omega'\backslash \omega \epsilon d, \omega' \epsilon A\}|$ Représente le nombre d'occurrences des termes d'adressages dans le document *d* qui appartiennent à la liste d'adressage |A| que nous avons préparé.
- |A| est égal au nombre total de pronoms dans la liste d'adressage A.
- |R| est le nombre total de pronoms dans la liste de réflexivité.

➢ **Réflexivité**

Les blogueurs utilisent beaucoup de pronoms réflexifs comme « أنا, أنا شخصيا » « moi, moi-même» lors de l'écriture. Par exemple, l'utilisation de «ي» dans « رأيي »« Je pense que », « من وجهة نظري », « mon point de vu est que », etc. Toutes ces phrases font référence àune opinion d'opinion, et par conséquent, nous incluons la mesure de la réflexivité. L'idée est que tout document avec un plus grand nombre de ces mots sera plus subjectif par rapport à celui qui a moins de nombre de ces mots. Cette mesure est exprimée par la réflexivité *Ref (d).*

$$Ref(d) = \frac{|\{\omega \cap \omega'\backslash \omega \in d, \omega' \in R\}|}{|R|+|A|} \qquad (5)$$

- $|\{\omega \cap \omega'\backslash \omega \epsilon d, \omega' \epsilon R\}|$ est le nombre de pronoms réfléchis dans le document *d* qui appartiennent à la liste de réflexivité R que nous avons construit.
- | R | est le nombre total de pronoms dans la liste de réflexivité R.
- |A| est l'ensemble de nombre total de pronoms dans la liste d'adressage.

En plus il y a un ensemble de caractéristiques que nous avons proposées qui sont décrites dans le tableau suivant :

| | | |
|---|---|---|
| Phrase | Nombre de phrases | ∑ phrases |
| Positif fort | Nombre des mots positifs forts | ∑ mot (posFo) |
| Positif faible | Nombre des mots positifs faibles | ∑ mot (posFa) |
| Négatif fort | Nombre de mots négatifs forts | ∑ mot (negFo) |
| Négatif faible | Nombre de mots négatifs faibles | ∑ mot (negFa) |
| Neutre | Nombre de mots neutres | ∑ mot (ntr) |
| Prédicat | Total-prédicats | Nbr(pred)=Nombre total des prédicats du document |
| | Moy- prédicats | Nbr(pred)/(tot(adj) + tot(adv) + tot(pred) |
| Polarité | Somme polarité | SomPolarite= ∑mot(posFo) + ∑mot(posFa) + ∑ mot (negFo) + ∑ mot(negFa) + ∑ mot (ntr) |
| | Mots positifs forts | ∑ mot(posFo)/SomPolarite |
| | Mots positifs faibles | ∑ mot(posFa)/SomPolarite |
| | Mots négatifs forts | ∑ mot(negFo)/SomPolarite |
| | Mots négatifs faibles | ∑ mot(negFa)/SomPolarite |
| | Mots neutres | ∑ mot(ntr)/SomPolarite |

TABLE 2 – Les mesures proposées

## 5.4 La classification

Ils existent plusieurs méthodes de classification supervisée et beaucoup d'entre elles ont été testées pour la classification d'opinions. On peut citer les arbres de décision, les réseaux de neurones, la régression logistique, les règles de décision ainsi que des méthodes combinant différents classifieurs comme les systèmes de votes ou les algorithmes de Boosting. Toutefois, les méthodes les plus présentes dans la littérature, et qui semblent également être les plus performantes sur les textes, sont les machines à support de vecteurs (Pang et Lee, 2004),(Wilson et al, 2004),(Nigam et Hurst, 2006),(Généreux et Santini, 2007), (Trinh, 2007),(Crestan et al, 2007),(Plantié et al, 2008),(Kaiser et al, 2010), (Poirier et al, 2011),(Abbasi et al, 2008),(Montassir et al, 2012).

Au premier temps, les SVM sont conçus pour traiter le problème de classification binaire. Leur extension aux problèmes de classification multi- classes demeure un sujet de recherche très actif. En général, les méthodes multi-classes proposées dans littérature suivent l'une des deux approches suivantes :

- ✓ La combinaison de plusieurs classifieurs binaires classiques.
- ✓ La conception d'un seul classifieur SVM en résolvant un seul problème d'optimisation.

Dans notre travail nous avons adopté ici les deux stratégies de la première approche « un-contre-tous » et « un contre un » pour décider laquelle entre ces deux est meilleure pour la classification d'opinions multi classes.

## 5.5 La combinaison des classifieurs

Plutôt que de chercher à optimiser un seul classifieur en choisissant les meilleures caractéristiques pour un problème donné, les chercheurs ont trouvé plus intéressant de combiner plusieurs méthodes de classification.

La multiplication des travaux sur la combinaison de classifieurs a entraîné la mise au point de nombreux schémas traitant les données de manières différentes. Nous utilisons dans cette partie la combinaison parallèle. L'approche parallèle laisse les différents classifieurs opérer indépendamment les uns des autres puis fusionne leurs réponses respectives.

Notre objectif est d'analyser le comportement d'un système combinant plusieurs classifieurs afin d'augmenter les performances de classification. Donc, pour construire un système multi classifieurs, il y a une méthode qui se base sur l'utilisation d'un même classifieur en modifiant à chaque fois ses paramètres internes ; ce qui va générer des classifieurs différents. Cette différence sera traduite par une complémentarité durant le processus de classification d'un commentaire inconnu.

En effet, Vu que chaque classifieurs SVM selon la fonction noyau génère un résultat différent, et vu que dans la littérature, on n'a pas pu prouver la supériorité d'une fonction par rapport aux autres dans le cas général, on a utilisé quatre classifieurs, chacun d'eux à une fonction noyau différente qui sont les suivantes (linéaire, polynomiale, gaussienne et tangente). En combinant ces classifieurs, chacun d'eux va assurer un certain niveau de complémentarité au système global.

Le système généré est construit de 4 classifieurs, où chacun d'eux offre 5 sorties. Afin de fusionner les résultats des 4 classifieurs, nous avons appliqué deux méthodes de combinaison les plus connus (le vote majoritaire et le vote pondéré).

# 6 L'évaluation du système

Au niveau du test on applique notre système de classification sur un nouvel ensemble différent de celui de l'apprentissage, contient 30 commentaires étiquetés manuellement.

Pour évaluer les résultats obtenus il faut calculer le taux de chaque classe pour chaque stratégie (un contre tous et un contre un) et pour chaque méthode de fusion (le vote et le vote pondéré).

## 6.1 La stratégie un contre tous

| | Linéaire | Polynomiale | Gaussienne | Tangente | Vote | Vote pondéré |
|---|---|---|---|---|---|---|
| Neutre | 0.19 | 0.27 | 0.31 | 0.09 | 0.30 | 0.39 |
| Positif fort | 0.69 | 0.75 | **0.82** | 0.20 | **0.81** | **0.91** |
| Positif faible | 0.40 | 0.49 | 0.55 | 0.11 | 0.55 | 0.59 |
| Négatif fort | **0.89** | **0.90** | **1.00** | 0.31 | **1.00** | **1.00** |
| Négatif faible | 0.45 | 0.51 | 0.59 | 0.20 | 0.59 | 0.60 |

TABLE 3 – Variation du taux de classification de chaque classe pour les quatre fonctions noyaux et avec les deux méthodes de fusion

A partir du tableau ci-dessus on peut constater que les classifieurs SVMs conçus avec les fonctions noyaux polynomiale et gaussienne donne le meilleur taux de classification par comparaison aux autres SVMs.

On constate notamment que la classe de type « négatif fort » offre le meilleur taux de classification ; en revanche la classe neutre est celle ayant le taux le plus faible. Cela est dû à notre avis aux poids des marqueurs représentant ces deux classes.

On remarque que les résultats de la combinaison (soit pour la méthode de vote ou de vote pondéré) sont meilleurs qu'en utilisant un seul classifieur; en effet, malgré que la fonction tangente génère un taux de reconnaissance très faible mais sa présence dans le processus de combinaison enrichie la classification; d'où l'intérêt majeur de la combinaison de classifieurs.

Concernant les méthodes de combinaison, on a testé les deux méthodes les plus utilisées pour les classifieurs de type classe qui sont « vote majoritaire et vote pondéré» afin de maintenir celle qui offre le taux de classification le plus fort. Dans notre application, on constate que le taux du vote pondéré est supérieur de celui de vote majoritaire.

## 6.2 La stratégie un contre un

| | Linéaire | Polynomiale | Gaussienne | Tangente | Vote | Vote pondéré |
|---|---|---|---|---|---|---|
| Neutre | 0.50 | 0.57 | 0.61 | 0.29 | 0.62 | 0.65 |
| Positif fort | **0.81** | **0.91** | **1.00** | 0.31 | **1.00** | **1.00** |
| Positif faible | **0.88** | **0.88** | **0.88** | **1.00** | **0.88** | **0.95** |
| Négatif fort | **0.88** | **0.98** | **1.00** | 0.23 | **1.00** | **1.00** |
| Négatif faible | 0.49 | 0.50 | 0.62 | 0.12 | 0.62 | 0.68 |

TABLE 4 – Variation du taux de classification de chaque classe pour les quatre fonctions noyaux et avec les deux méthodes de fusion

D'après le tableau ci dessus on constate que la fonction gaussienne donne de bon taux de classification pour les quatre classes (neutre, positif faible, négatif fort et négatif faible), par contre la fonction tangente donne le meilleur taux pour la classe positif faible.

En générale les deux méthodes de fusion produisent des bons résultats, mais c'est la méthode de vote pondéré qui a le meilleur taux pour toutes les classes.

Nous concluons alors, que pour améliorer le taux de classification, il est préférable d'utiliser la méthode de vote pondéré.

Après la mise en œuvre des stratégies, il s'avère que les résultats obtenus par la stratégie « un contre un » sont meilleurs que ceux de la stratégie « un contre tous ». En effet comme le montre le tableau précédant (Table 4), le taux de toutes les classes est augmenté pour tous les fonctions, ce qui signifie que la classification est excellente.

## 7 Conclusion

Au terme de ce travail, nous procédons dans les lignes qui se suivent à un récapitulatif du travail effectué. Rappelons que notre travail consistait essentiellement à développer une application qui permet la détection de polarité d'opinions dans les forums en langue arabe par combinaison de plusieurs SVM. Ce système a pour rôle d'extraire les caractéristiques représentant les commentaires du corpus et de les classifier en catégories par la coopération de plusieurs classifieurs SVMs.

Donc notre système opère en trois phases, la première consiste à la construction et le prétraitement manuel du corpus recueillis à partir des journaux arabes algériens. La seconde phase est une extraction des caractéristiques afin de détecter et représenter les commentaires. Le choix de ces caractéristiques est fait par une recherche approfondie sur les plus importantes caractéristiques pouvant représenter de mieux le commentaire tout en évitant la redondance et la confusion des données d'entrée, et nous avons conclu qu'il est difficile de faire le choix des bons caractéristiques. Enfin la troisième phase est la réalisation du module de classification et dans le but de bénéficier des avantages des systèmes multi-classifieurs, on a proposé un système combinant 04 classifieurs SVMs multi-classes représentant chacun par une fonction noyau différente pour les deux stratégies (un contre tous et un contre un). Les résultats issus de la combinaison sont très encourageants et nous ont permis de mieux s'investir dans cet axe tout en analysant le rôle que peut jouer chaque paramètre des caractéristiques.

Les tests sur les commentaires en langue arabe avec les deux stratégies « un contre tous » et « un contre un », nous ont permis de prouver que la stratégie un contre un donne de meilleurs résultats avec les commentaires des journaux en langue arabe.

Cette expérience, nous a permis de faire une première exploration du vaste domaine qui est l'opinion mining, et nous incite à aller plus loin dans ce domaine dans le cadre de travaux futurs, car l'opinion mining représente un axe de recherche très prometteur et très passionnant, ce qui explique l'intérêt recrudescent que portent les chercheurs pour ce domaine.

Comme perspective par rapport à ce travail, il serait intéressant de généraliser notre système avec n'importe quelle base de commentaires.

Une autre perspective consiste à utiliser d'autres caractéristiques afin d'enrichir le vecteur des caractéristiques pour une meilleure représentation des commentaires, et optez pour l'ajout d'un module de sélection de caractéristiques.

Il serait aussi intéressant de combiner plusieurs algorithmes de classification tels que les SVM (machine à vecteur de support) et les réseaux bayesiens, pour pouvoir évaluer et améliorer les performances.

## Références

ABBASI, A., CHEN, H. et SALEM, A. (2008). Sentiment analysis in multiple languages: Feature selection for opinion classification in Web forums.*ACM Transactions on Information Systems Volume 26 Issue 3, Jun. 2008.*

ALMAS, Y. et AHMAD, K. (2007). A Note on Extracting 'Sentiments' in Financial News in English, Arabic & Urdu.*In Proceedings of the 2nd Workshop on Computational Approaches to Arabic Script-based Languages Linguistic Institute, Stanford, California, USA.*July 21-22, 2007.

Bethard, S., Yu, H., Thornton, A., Hatzivassiloglou, V. et Jurafsky, D. (2004).Automatic extraction of opinion propositions and their holders. *Actes d' AAAI'04, 2004.*

BOSCA, A. et DINI, L. (2009).User Logs as a Means to Enrich and Refine Translation Dictionaries.Workshop of Cross-Language Evaluation Forum.*CLEF (1) 2009.*

BOUGHANEM, M. et BELBACHIR, F. (2010).Expérimentation de fonctions pour la détection d'opinions dans les blogs (mémoire de Master).

CHKLOVSKI, T. (2006). Deriving quantitative overviews of free text assessments on the web.*Actes d' IUI'06.*

CRESTAN, E. et ACUNA-AGOST,R. (2007).Quel modèle pour détecter une opinion ? Trois propositions pour généraliser l'extraction d'une idée dans un corpus. *In Actes de l'atelier de clôture du 3ème défi fouille de textes , Grenoble, France.*

DINI, L. (2002).Compréhension multilingue et extraction de l'information. *In , F. Segond (ed.), Multilinguisme et traitement de l'information (Traité des sciences et techniques de l'information), Editions Hermes Science, 2002.*

DINI, L. etMAZZINI, G. (2002).Opinion classification through information extraction.*In A. Zanasi, C. A. Brebbia, N. F. F. Ebecken, P. Melli (Eds), Data Mining III, WIT Press, 2002.*

EL-HALEES, A. (2011). Arabic Opinion Mining Using Combined Classification Approach.*In Proceeding The International Arab Conference On Information Technology, Azrqa, Jordan 2011.*

ELHAWARY, M. et ELFEKY, M. (2010).Mining Arabic Business Reviews. *IEEE International Conference on Data Mining Workshops. 2010.*

GÉNÉREUX, M. et SANTINI, M.(2007).Défi : Classification de textes français subjectifs. *Actes de l'atelier de clôture du 3e DÉfi Fouille de Textes, AFIA, Grenoble, France, 2007.*

HATZIVASSILOGLOU, V. et MCKEOWN, K. R. (1997).Predicting the semantic orientation of adjectives. *Actes d' ACL'97, 1997.*

KIM, S.-M. et HOVY, E. (2004).Determining the sentiment of opinions. *Actes de COLING'04, 2004.*

KAISER, C., KROCKEL, J. et BODENDORF, F. (2010). Swarm Intelligence for Analyzing Opinions in Online Communities.

LIU, B. (2010).Sentiment Analysis. *Invited talk at the 5th Annual Text Analytics Summit.*

MAUREL, S., CURTONI, P. et DINI, L.(2007). L'analyse des sentiments dans les forums.

MAUREL, S., CURTONI, P.et DINI, L. (2008).L'analyse des sentiments dans les forums.*Actes de l'atelier FOuille des Données d'OPinions, 2008.*

MILGRAM, J. (2007).Contribution à l'intégration des machines à vecteurs de support au sein des systèmes de reconnaissance de formes: application à la lecture automatique de l'écriture manuscri.

Mountassir, A., Benbrahim, H. et Berrada, I. (2012). A cross-study of Sentiment Classification on Arabic corpora.*In Research and Development in Intelligent Systems XXIX. Springer London, 2012.*

NIGAM, K. ET HURST, M. (2006). Towards a Robust Metric of Polarity, Computing Attitude and Affect in Text: Theory and Applications. *Springer, Dordrecht, The Netherlands, 2006.*

PANGB, et Lee L. (2004). A Sentimental Education: Sentiment Analysis Using Subjectivity Summarization Based on Minimum Cuts.

PANG, B.etLEE, L. (2008).Opinion Mining and Sentiment Analysis.

PLANTIÉ, M., ROCHE, M., DRAY, G. et PONCELET, P. (2008).Is a Voting Approach Accurate for Opinion Mining ?.

POIRIER, D., FESSANT, F. et TELLIER, I. (2011).De la classification d'opinions à la recommandation : l'apport des textes communautaires.*In TALN 2011 (Traitement automatique des langues naturelles).*

RUSHDI, S., MOHAMMED, M., MARTÍN-VALDIVIA, T., UREÑA-LÓPEZ, A. L., et JOSÉ M. (2011).OCA: Opinion corpus for Arabic. *Journal of the American Society for Information Science and Technology 62, no. 10 (2011): 2045-2054.*

TRINH, A.-P. (2007). Classification de texte et estimation probabiliste par machine à vecteur de support. *In Actes de l'atelier de clôture du 3ème défi fouille de textes , Grenoble, France.*

TURNEY, P. (2002).Thumbs Up or Thumbs Down? Semantic Orientation Applied to Unsupervised Classification of Reviews. *Proceedings of the Association for Computational Linguistics, ACL'02, 2002.*

WILSON, T. WIEBE, J. et HWA, R. (2004). Just How Mad Are You? Finding Strong and Weak Opinion Clauses.

YU, H. et HATZIVASSILOGLOU, V. (2003).Towards answering opinion questions: Separating facts from opinions and identifying the polarity of opinion sentences. *Actes d' EMNLP'03, 2003.*

# État de l'art des méthodes d'extraction automatique de termes-clés

Adrien Bougouin
LINA - UMR CNRS 6241, Université de Nantes, France
adrien.bougouin@univ-nantes.fr

RÉSUMÉ

Cet article présente les principales méthodes d'extraction automatique de termes-clés. La tâche d'extraction automatique de termes-clés consiste à analyser un document pour en extraire les expressions (phrasèmes) les plus représentatives de celui-ci. Les méthodes d'extraction automatique de termes-clés sont réparties en deux catégories : les méthodes supervisées et les méthodes non supervisées. Les méthodes supervisées réduisent la tâche d'extraction de termes-clés à une tâche de classification binaire (tous les phrasèmes sont classés parmi les termes-clés ou les non termes-clés). Cette classification est possible grâce à une phase préliminaire d'apprentissage, phase qui n'est pas requise par les méthodes non-supervisées. Ces dernières utilisent des caractéristiques (traits) extraites du document analysé (et parfois d'une collection de documents de références) pour vérifier des propriétés permettant d'identifier ses termes-clés.

ABSTRACT

**State of the Art of Automatic Keyphrase Extraction Methods**

This article presents the state of the art of the automatic keyphrase extraction methods. The aim of the automatic keyphrase extraction task is to extract the most representative terms of a document. Automatic keyphrase extraction methods can be divided into two categories : supervised methods and unsupervised methods. For supervised methods, the task is reduced to a binary classification where terms are classified as keyphrases or non keyphrases. This classification requires a learning step which is not required by unsupervised methods. The unsupervised methods use features extracted from the analysed document (sometimes a document collection) to check properties which allow keyphrase identification.

MOTS-CLÉS : extraction de termes-clés ; méthodes supervisées ; méthodes non-supervisées ; état de l'art .

KEYWORDS: keyphrase extraction ; supervised methods ; unsupervised methods ; state of the art .

# 1 Introduction

Les termes-clés sont des mots ou des expressions (multi-mots) représentant les aspects principaux qui sont abordés dans un document. De ce fait, ils sont utilisés dans de nombreux domaines du Traitement Automatique des Langues (TAL). Turney (1999) émet l'hypothèse qu'ils peuvent faciliter la lecture d'un utilisateur en lui permettant de surfer d'un point clé à un autre lorsqu'ils sont mis en évidence dans un texte. D'autres chercheurs utilisent leurs vertus synthétiques dans des méthodes de construction automatique de résumés (Wan *et al.*, 2007; Litvak et Last, 2008; Boudin et Morin, 2013), mais ils s'avèrent surtout de plus en plus utiles avec l'essor de l'Internet et la disponibilité de nombreux documents numériques qu'il faut pouvoir indexer de manière pertinente pour faciliter leur recherche par des utilisateurs (Medelyan et Witten, 2008). Dans ce contexte de recherche d'information, les termes-clés peuvent aussi être directement bénéfiques aux utilisateurs en servant de suggestions à une requête qu'ils essaient de formuler (Jones et Stavcley, 1999).

Bien que les termes-clés soient utiles pour de multiples tâches, très peu de documents en sont pourvus, du fait du coût important de production de ceux-ci, en termes de temps et de ressources humaines. Pour y remédier de nombreux chercheurs s'intéressent à l'extraction automatique de ceux-ci et certaines campagnes d'évaluations, telles que DEFT (Paroubek *et al.*, 2012) et SemEval (Kim *et al.*, 2010), proposent des tâches d'extraction automatique de termes-clés dans le but de confronter les différents systèmes existants. Pour ce faire, les données et la méthode d'évaluation sont les mêmes pour tous les systèmes.

Il existe aussi une autre tâche nommée assignation automatique de termes-clés. Cette tâche est très proche de l'extraction automatique de termes-clés, mais elle est plus contrôlée. Elle consiste aussi à donner un ensemble de termes-clés pour un document, mais certains de ces termes peuvent ne pas être présents dans celui-ci. Ceci est dû au fait que les méthodes d'assignation de termes-clés utilisent des ressources supplémentaires telles que des référentiels terminologiques. Ceux-ci contiennent des termes spécifiques au(x) domaine(s) traité(s) et l'assignation de ces termes peut être déclenchée par la présence de certains autres dans le document analysé.

Dans cet article, seules les méthodes d'extraction automatique de termes-clés sont présentées. Celles-ci appartiennent à deux catégories distinctes : les méthodes supervisées et les méthodes non-supervisées. Dans le cas supervisé, l'extraction des termes-clés est effectuée grâce à un apprentissage préalable servant à calibrer la méthode avec un corpus dont les documents sont annotés en termes-clés. Les méthodes non-supervisées ne requièrent pas de phase d'apprentissage. Elles exploitent des représentations efficaces des documents ainsi que des propriétés définies à partir de traits statistiques pour extraire les termes-clés parmi des termes candidats.

Dans la section 2 de cet article, nous présentons les méthodes existantes d'extraction automatique de termes-clés, en commençant par les méthodes non-supervisées, puis les méthodes supervisées. Dans la section 3 nous terminons par un bilan de l'état de l'art et nous discutons des perspectives de travaux futurs.

# 2 Les méthodes d'extraction automatique de termes-clés

L'extraction de termes-clés est une tâche qui consiste à analyser un document et à en extraire les aspects importants. Alors que les méthodes de résumé automatique utilisent des phrases pour construire une vision synthétique du document, l'extraction de termes-clés se focalise sur les unités textuelles qui composent ces phrases. Un ensemble de termes-clés peut donc être perçu comme un résumé dont les points clés sont exprimés sans liaisons entre eux. Les unités textuelles sur lesquelles travaillent les systèmes d'extraction automatique de termes-clés sont appelées termes candidats. Ces derniers sont des mots ou des multi-mots (phrasèmes) pouvant être promus au statut de terme-clé.

L'extraction de termes candidats est une étape préliminaire de l'extraction de termes-clés, que ce soit pour les méthodes non-supervisées ou supervisées. Cette étape est importante, car si certains termes-clés du document analysé ne sont pas présents dans l'ensemble des termes candidats, alors ceux-ci ne pourront pas être extrait. Hulth (2003) étudie trois méthodes d'extraction des termes candidats. L'une consiste à extraire les chunks nominaux [1], tandis que les deux autres extraient tous les n-grammes et les filtrent, soit pour retirer les termes contenant des mots outils dans le premier cas, soit pour ne retenir que les termes respectant certains patrons syntaxiques dans le second cas (usage des parties du discours). Dans ses expériences Hulth (2003) montre que l'extraction de termes-clés à partir de n-grammes filtrés avec les mots outils donne les meilleurs résultats parmi les trois méthodes qu'elle propose.

Les travaux de Hulth (2003) sont évalués avec un corpus dont les documents sont des résumés d'articles scientifiques. Cependant, dans d'autres domaines tels que la bio-médecine, la nature des termes à extraire n'est pas la même. En effet, ce sont les acronymes et les entités nommées (noms de protéines par exemple) qu'il est nécessaire d'extraire en tant que termes-clés (Nobata *et al.*, 2008). Pour cela, l'extraction de termes candidats est spécifique au domaine d'application. Les méthodes d'extraction de termes-clés présentées dans cet article traitent des documents supposés sans spécificités particulières, les méthodes d'extraction de termes candidats sont donc les mêmes que celles expérimentées par Hulth (2003), mais il est envisageable de les adapter à des domaines présentant des spécificités particulières.

Utilisés avec les méthodes non-supervisées, les termes candidats sont ordonnés selon un score d'importance obtenu soit à partir d'eux-mêmes, soit à partir de l'importance des mots qui les composent. Si une méthode s'appuie uniquement sur les mots, alors le score d'un terme candidat est généralement calculé en faisant la somme des mots qui le composent. Cependant, ceci n'est pas toujours juste, c'est donc un inconvénient important des méthodes travaillant sur les mots pour extraire les termes-clés. En effet, la sommation peut privilégier des termes qui contiennent beaucoup de mots non-importants vis-à-vis de termes contenant très peu de mots, mais importants.

Utilisés dans les méthodes supervisées, les termes candidats sont classés en tant que termes-clés ou non termes-clés grâce à des méthodes de classification.

## 2.1 Méthodes non-supervisées

Les méthodes non-supervisées d'extraction de termes-clés ont la particularité de s'abstraire du domaine et de la langue des documents à analyser [2]. Cette abstraction est due au fait que les termes candidats sont analysés avec des règles simples déduites à partir de traits statistiques issus seulement du texte analysé, ou bien d'un corpus de référence non annoté.

De nombreuses approches sont proposées. Certaines se fondent uniquement sur des statistiques alors que d'autres les combinent avec des représentations plus complexes des documents. Ces

1. Un chunk est une unité minimale de sens constituée d'un ou de plusieurs mots. Un chunk nominal est un chunk dont la tête est un nom ou un pronom. Par exemple, dans « Nous avons une bonne politique qualitative. », « Nous » et « une bonne politique qualitative » sont des chunks nominaux.

2. L'abstraction de la langue est vraie pour ce qui est de la méthodologie, cependant les pré-traitements tels que la segmentation en phrases, en mots et l'étiquetage en parties du discours sont eux spécifiques à la langue.

représentations peuvent aller de groupes de mots sémantiquement similaires à des graphes dont les nœuds sont des unités textuelles (mots, expressions, phrases, etc.) liées par des relations de recommandation [3].

### 2.1.1 Approches statistiques

Plusieurs approches cherchent à définir ce qu'est un terme-clé en s'appuyant sur certains traits statistiques et en étudiant leur rapport avec la notion d'importance d'un terme candidat. Plus un terme candidat est jugé important vis-à-vis du document analysé, plus celui-ci est pertinent en tant que terme-clé.

TF-IDF (cf. équation 1) de Jones (1972) et Likey (cf. équation 2) de Paukkeri et Honkela (2010) sont deux méthodes qui comparent le comportement d'un terme candidat dans le document analysé avec son comportement dans une collection de documents (corpus de référence). L'objectif est de trouver les termes candidats dont le comportement dans le document varie positivement comparé à leur comportement global dans la collection. Dans les deux méthodes ceci s'exprime par le fait qu'un terme a une forte importance vis-à-vis du document analysé s'il y est très présent, alors qu'il ne l'est pas dans le reste de la collection.

$$\text{TF-IDF}(\text{terme}) = TF(\text{terme}) \times \log\left(\frac{N}{DF(\text{terme})}\right) \tag{1}$$

$$Likey(\text{terme}) = \frac{\text{rang}_{\text{document}}(\text{terme})}{\text{rang}_{\text{corpus}}(\text{terme})} \tag{2}$$

Dans TF-IDF, $TF$ représente le nombre d'occurrences d'un terme dans le document analysé et $DF$ représente le nombre de documents dans lequel il est présent, $N$ étant le nombre total de documents. Plus le score TF-IDF d'un terme candidat est élevé, plus celui-ci est important dans le document analysé. Dans Likey, le rang d'un terme candidat dans le document et dans le corpus est obtenu à partir de son nombre d'occurrences, respectivement dans le document et dans le corpus de référence. Plus le rapport entre ces deux rangs est faible, plus le terme candidat évalué est important dans le document analysé.

Okapi (ou BM25) (Robertson *et al.*, 1999) est une mesure alternative à TF-IDF. En Recherche d'Information (RI), celle-ci est plus utilisée que le TF-IDF. Bien que l'extraction automatique de termes-clés soit une discipline à la frontière entre le TAL et la RI, la méthode de pondération Okapi n'a, à notre connaissance, pas été appliquée pour l'extraction de termes-clés. Dans l'article de Claveau (2012), Okapi est décrit comme un TF-IDF prenant mieux en compte la longueur des documents. Cette dernière est utilisée pour normaliser le $TF$ (qui devient $TF_{BM25}$) :

$$\text{Okapi}(\text{terme}) = TF_{BM25}(\text{terme}) \times \log\left(\frac{N - DF(\text{terme}) + 0,5}{DF(\text{terme}) + 0,5}\right) \tag{3}$$

$$TF_{BM25} = \frac{TF(\text{terme}) \times (k_1 + 1)}{TF(\text{terme}) + k_1 \times \left(1 - b + b \times \frac{DL}{DL_{\text{moyenne}}}\right)} \tag{4}$$

3. Pour une étude comparative de certaines des méthodes par regroupement (Liu *et al.*, 2009) et à base de graphe (Mihalcea et Tarau, 2004; Wan et Xiao, 2008b), voir l'article de Hasan et Ng (2010).

Dans la formule (4), $k_1$ et $b$ sont des constantes fixées à 2 et $0,75$ respectivement. $DL$ représente la longueur du document analysé et $DL_{moyenne}$ la longueur moyenne des documents de la collection utilisée.

Barker et Cornacchia (2000) estiment que les grands phrasèmes sont plus informatifs et qu'ils doivent être privilégiés. Pour cela, leur approche est très simple : plus un groupe nominal est long et fréquent dans le document analysé, plus il est jugé pertinent en tant que terme-clé de ce document. Cependant, pour éviter la répétition dans le texte, les auteurs des documents utilisent les même expression sous des formes alternatives (plus courtes, par exemple). La fréquence d'une expression ne reflète donc pas forcément sa fréquence réelle d'utilisation, car celle-ci est répartie dans les différentes alternatives. De ce fait, Barker et Cornacchia (2000) repèrent dans les groupes nominaux la tête nominale et utilisent en plus la fréquence de celle-ci.

Tomokiyo et Hurst (2003) tentent de vérifier deux propriétés, en utilisant des modèles de langue uni-grammes et n-grammes et en calculant leur divergence (Kullback-Leibler). Les deux propriétés qu'ils tentent de vérifier sont les suivantes :

- La grammaticalité : un terme-clé doit être bien formé syntaxiquement.
- L'informativité : un terme-clé doit capturer au moins une des idées essentielles exprimées dans le document analysé.

Pour un terme candidat donné, plus sa probabilité en passant du modèle uni-gramme généré à partir du document vers le modèle n-gramme généré à partir du même document augmente, plus il respecte la propriété de grammaticalité. De même, plus sa probabilité en passant du modèle n-gramme généré à partir d'un corpus de référence vers le modèle n-gramme généré à partir du document analysé augmente, plus le terme candidat est informatif.

La méthode que propose Ding *et al.* (2011) utilise TF-IDF comme indicateur de l'importance d'un terme-clé. Dans un ensemble, cette importance doit être maximisée pour chaque terme-clé, mais les auteurs estiment que ceci n'est pas suffisant. Comme Tomokiyo et Hurst (2003), ils définissent deux propriétés qui doivent être respectées :

- La couverture : un ensemble de termes-clés doit couvrir l'intégralité des sujets abordés dans le document représenté.
- La cohérence : les termes-clés doivent être cohérents entre eux.

La propriété de couverture est évaluée avec le modèle *Latent Dirichlet Allocation* (LDA) qui donne la probabilité d'un terme candidat sachant un sujet. La cohérence est évaluée pour chaque paire de termes-clés de l'ensemble avec la mesure d'information mutuelle. Ces deux propriétés sont définies comme contraintes que les auteurs utilisent avec une méthode de programmation par les entiers (technique d'optimisation), la maximisation de la pertinence de chaque terme-clé étant l'objectif à atteindre.

Les traits statistiques utilisés dans les méthodes précédentes sont uniquement utilisés pour déterminer un score de pertinence des termes candidats en tant que termes-clés. Une donnée statistique non citée précédemment, mais pourtant récurrente dans les méthodes d'extraction de termes-clés, est la fréquence de co-occurrences entre deux phrasèmes (termes). Deux phrasèmes co-occurrent s'ils apparaissent ensemble dans le même contexte. La co-occurrence peut être calculée de manière stricte (les phrasèmes doivent être côte-à-côte) ou bien dans une fenêtre de mots. Compter le nombre de co-occurrences entre deux termes permet d'estimer s'ils sont sémantiquement liés ou non. Ce lien sémantique à lui seul ne peut pas servir à extraire des termes-clés, mais il permet de mieux organiser les termes d'un document pour affiner l'extraction (Matsuo et Ishizuka, 2004; Liu *et al.*, 2009; Mihalcea et Tarau, 2004).

### 2.1.2 Approches par regroupement

L'objectif des approches par regroupement est de définir des groupes dont les unités textuelles partagent une ou plusieurs caractéristiques communes. Ainsi, lorsque des termes-clés sont extraits à partir de chaque groupe, cela permet de mieux couvrir le document analysé selon les caractéristiques utilisées.

Dans la méthode de Matsuo et Ishizuka (2004), ce sont les termes (phrasèmes) qui sont regroupés. Parmi ceux-ci, seuls les plus fréquents sont concernés par le regroupement. Celui-ci s'effectue en fonction du lien sémantique [4] entre les termes. Après le regroupement, la méthode consiste à comparer les termes candidats du document analysé avec les groupes de termes fréquents, en faisant l'hypothèse qu'un terme candidat qui co-occurre plus que selon toute probabilité avec les termes fréquents d'un ou plusieurs groupes est plus vraisemblablement un terme-clé.

Dans l'algorithme KeyCluster, Liu *et al.* (2009) utilisent aussi un regroupement sémantique, mais dans leur cas ils considèrent les mots du document analysé et ils excluent les mots outils. Dans chaque groupe sémantique, le mot qui est le plus proche du centroïde est sélectionné comme mot de référence. L'ensemble des mots de référence est ensuite utilisé pour filtrer les termes candidats en ne considérant comme termes-clés que ceux qui contiennent au moins un mot de référence (tous les mots de référence devant être utilisés dans au moins un terme-clé).

### 2.1.3 Approches à base de graphe

Les approches à base de graphe consistent à représenter le contenu d'un document sous la forme d'un graphe. La méthodologie appliquée est issue de PageRank (Brin et Page, 1998), un algorithme d'ordonnancement de pages Web (nœuds du graphe) grâce aux liens de recommandation qui existent entre elles (arcs du graphe). TextRank (Mihalcea et Tarau, 2004) et SingleRank (Wan et Xiao, 2008b) sont les deux adaptations de base de PageRank pour l'extraction automatique de termes-clés [5]. Dans celles-ci, les pages Web sont remplacées par des unités textuelles dont la granularité est le mot et un arc est créé entre deux nœuds si les mots qu'ils représentent co-occurrent dans une fenêtre de mots donnée.

Le graphe est noté $G = (N, A)$, où $N$ est l'ensemble des nœuds du graphe et où $A$ est l'ensemble de ses arcs entrants et sortant : $A_{entrant} \cup A_{sortant}$ [6]. Pour chaque nœud du graphe, un score est calculé par un processus itératif destiné à simuler la notion de recommandation d'une unité textuelle par d'autres [7] (cf. équation 5). Ce score à chaque nœud $n_i$ permet d'ordonner les mots par degré d'importance dans le document analysé. La liste ordonnée des mots peut ensuite être

4. Deux phrasèmes qui co-occurrent fréquemment ensemble sont jugés sémantiquement liés.
5. TextRank a aussi été utilisé pour faire du résumé automatique.
6. Dans le cas de TextRank et de SingleRank $A_{entrant} = A_{sortant}$, car le graphe n'est pas orienté.
7. Plus le score d'une unité textuelle est élevé, plus celle-ci est importante dans le document analysé.

utilisée pour extraire les termes-clés.

$$S(n_i) = (1 - \lambda) + \lambda \times \sum_{n_j \in A_{\text{entrant}}(n_i)} \frac{p_{j,i} \times S(n_j)}{\sum_{n_k \in A_{\text{sortant}}(n_j)} p_{j,k}} \qquad (5)$$

$\lambda$ est un facteur d'atténuation qui peut être considéré ici comme la probabilité pour que le nœud $n_i$ soit atteint par recommandation. $p_{j,i}$ représente le poids de l'arc allant du nœud $n_j$ vers le nœud $n_i$, soit le nombre de co-occurrences entre les deux mots $i$ et $j$ [8].

Dans leurs travaux, Wan et Xiao (2008b) s'intéressent à l'ajout d'informations dans le graphe grâce à des documents similaires (voisins) et aux relations de co-occurrences qu'ils possèdent (ExpandRank). L'objectif est de faire mieux ressortir les mots importants du graphe en ajoutant de nouveaux liens de recommandation ou bien en renforçant ceux qui existent déjà. L'usage de documents similaires peut cependant ajouter ou renforcer des liens qui ne devraient pas l'être. Pour éviter cela, les auteurs réduisent l'impact des documents voisins en utilisant leur degré de similarité avec le document analysé. Une alternative à ExpandRank, CollabRank, également proposée par Wan et Xiao (2008a), fonctionne de la même manière, mais certains choix des auteurs rendent impossible l'usage du degré de similarité pour réduire l'impact des documents voisins. Les résultats moins concluants de CollabRank tendent à confirmer l'importance de l'usage du degré de similarité.

Dans l'optique d'améliorer encore TextRank/SingleRank, Liu *et al.* (2010) proposent une méthode qui cherche cette fois-ci à augmenter la couverture de l'ensemble des termes-clés extraits dans le document analysé (TopicalPageRank). Pour ce faire, ils tentent d'affiner le rang d'importance des mots dans le document en tenant compte de leur rang dans chaque sujet abordé. Le rang d'un mot pour un sujet est obtenu en intégrant à son score PageRank la probabilité qu'il appartienne au sujet (cf. équation 6). Le rang global d'un terme candidat est ensuite obtenu en fusionnant ses rangs pour chaque sujet.

$$S_{\text{sujet}}(N_i) = (1 - \lambda) \times p(\text{sujet}|i) + \lambda \times \sum_{N_j \in A_{\text{entrant}}(N_i)} \frac{p_{j,i} \times S(N_j)}{\sum_{N_k \in A_{\text{sortant}}(N_j)} p_{j,k}} \qquad (6)$$

Les approches à bases de graphe présentées ci-dessus effectuent toutes un ordonnancement des mots du document analysé selon leur importance dans celui-ci. Pour extraire les termes-clés il est donc nécessaire d'effectuer du travail supplémentaire à partir de la liste ordonnée de mots. Dans la méthode TextRank, les $k$ mots les plus importants sont sélectionnés et retournés (après que ceux apparaissant en collocation dans le document aient été concaténés). La technique utilisée dans les autres méthodes consiste à ordonner les termes candidats en fonction de la somme du score des mots qui les composent. Cependant, puisque l'un des avantages du graphe est que les nœuds peuvent avoir une granularité contrôlée, Liang *et al.* (2009) décident d'utiliser des mots et des multi-mots au lieu de simples mots et de tirer profit de traits supplémentaires, la taille du terme ou encore sa première position dans le document analysé.

8. TextRank utilise un graphe non-pondéré. Dans ce cas, $p_{j,i}$ vaut toujours 1.

## 2.2 Méthodes supervisées

Les méthodes supervisées sont des méthodes capables d'apprendre à réaliser une tâche particulière, soit ici l'extraction de termes-clés. L'apprentissage se fait grâce à un corpus dont les documents sont annotés en termes-clés. L'annotation permet d'extraire les exemples et les contres-exemples dont les traits statistiques et/ou linguistiques servent à apprendre une classification binaire. La classification binaire consiste à indiquer si un terme candidat est un terme-clé ou non.

De nombreux algorithmes d'apprentissage sont utilisés dans divers domaines. Ils peuvent potentiellement s'adapter à n'importe quelle tâche, dont celle de l'extraction automatique de termes-clés. Les algorithmes utilisés pour celle-ci construisent des modèles probabilistes, des arbres de décision, des Séparateurs à Large Marge (SVM) ou encore des réseaux de neurones [9].

KEA (Witten *et al.*, 1999) est une méthode qui utilise une classification naïve bayésienne pour attribuer un score de vraisemblance à chaque terme candidat, le but étant d'indiquer s'ils sont des termes-clés ou non [10]. Witten *et al.* (1999) utilisent trois distributions conditionnelles apprises à partir du corpus d'apprentissage. La première correspond à la probabilité pour que chaque terme candidat soit étiqueté *oui* (terme-clé) ou *non* (non terme-clé). Les deux autres correspondent à deux différents traits qui sont le poids TF-IDF du terme candidat et sa première position dans le document :

$$P(\text{terme}) = \frac{P_{\text{oui}}(\text{terme})}{P_{\text{oui}}(\text{terme}) + P_{\text{non}}(\text{terme})} \tag{7}$$

$$P_{\text{oui}}(\text{terme}) = P(\text{terme}|\text{oui}) \times \prod_{\text{trait} \in \{\text{TF-IDF}, \text{position}\}} P_{\text{trait}}(\text{trait}(\text{terme})|\text{oui})$$

$$P_{\text{non}}(\text{terme}) = P(\text{terme}|\text{non}) \times \prod_{\text{trait} \in \{\text{TF-IDF}, \text{position}\}} P_{\text{trait}}(\text{trait}(\text{terme})|\text{non})$$

L'un des avantages de la classification naïve bayésienne est que chaque distribution est supposée indépendante. L'ajout de nouveaux traits dans la méthode KEA est donc très aisé.

Parmi les variantes de KEA proposées, Frank *et al.* (1999) ajoutent un troisième trait : le nombre de fois que le terme candidat est un terme-clé dans le corpus d'apprentissage. L'ajout de ce trait permet d'améliorer les performances de la version originale de KEA, mais uniquement lorsque la quantité de données d'apprentissage est très importante. Une autre amélioration de KEA, proposée par Turney (2003), tente d'augmenter la cohérence entre les termes candidats les mieux classés. Pour ce faire, une première étape de classification est effectuée avec la méthode originale. Cette première étape permet d'obtenir un premier classement des termes candidats selon leur score de vraisemblance. Ensuite, de nouveaux traits sont ajoutés et une nouvelle étape de classification est lancée. Les nouveaux traits ont pour but d'augmenter le score de vraisemblance des termes candidats ayant un fort lien sémantique avec certains des termes les mieux classés après la première étape. Enfin, Nguyen et Kan (2007) proposent l'ajout des

9. Sarkar *et al.* (2012) proposent une étude comparative de l'usage des arbres de décision, de la classification naïve bayésienne et des réseaux de neurones pour l'extraction automatique de termes-clés.

10. Il est important de noter que le score de vraisemblance pour chaque terme candidat permet aussi de les ordonner entre eux.

informations concernant la structure des documents. En effet, certaines sections telles que l'introduction et la conclusion dans les articles scientifiques sont plus susceptibles de contenir des termes-clés qu'une section présentant des résultats expérimentaux, par exemple. Dans leur version modifiée de KEA, ils proposent aussi l'usage de traits linguistiques tels que les parties du discours qui ont prouvées jouer un rôle non-négligeable pour l'extraction de termes-clés (Hulth, 2003).

En même temps que KEA (Witten *et al.*, 1999), Turney (1999) met au point l'algorithme génétique GenEx. GenEx est constitué de deux composants. Le premier composant, le géniteur, sert à apprendre des paramètres lors de la phase d'apprentissage. Ces paramètres sont utilisés par le second composant, l'extracteur, pour donner un score d'importance à chaque terme candidat. Plus les paramètres sont optimaux, meilleure est la classification des termes. Pour ce faire, les paramètres sont représentés sous la forme de bits qui constituent une population d'individus que le géniteur fait évoluer jusqu'à obtenir un état stable correspondant aux paramètres optimaux.

Dans son article présentant GenEx, Turney (1999) discute une autre méthode pour l'extraction de termes-clés. Cette méthode utilise de nombreux traits qui servent à entraîner 50 arbres de décision C4.5 (technique de *Random Forest*). Dans un arbre de décision, chaque branche représente un test sur l'un des traits d'un terme candidat. Les tests permettent un routage du terme candidat vers la feuille de l'arbre qui détermine sa classe. Grâce à la technique de *Random Forest*, soit l'usage de plusieurs arbres entraînés sur un échantillon différent du corpus d'apprentissage, l'extraction automatique de termes-clés est réduite à un vote de chaque arbre pour chaque terme candidat. Cela permet un classement des termes candidats en fonction de leur nombre de votes positifs. Les termes-clés extraits correspondent aux termes candidats les mieux classés.

La même année que les travaux de Hulth (2003) sur le bien fondé d'utiliser des traits linguistiques pour l'extraction automatique de termes-clés, Sujian *et al.* (2003) proposent une méthode utilisant un modèle d'entropie maximale (cf. équation 8) dont l'un des traits repose sur les parties du discours des mots qui composent les termes candidats. Un modèle de maximum d'entropie consiste à trouver parmi plusieurs distributions, une pour chaque trait, laquelle a la plus forte entropie. La distribution ayant la plus forte entropie est par définition celle qui contient le moins d'informations, ce qui la rend de ce fait moins arbitraire pour l'extraction des termes-clés.

$$\text{Score}(\text{terme}) = \frac{P(\text{oui}|\text{terme})}{P(\text{non}|\text{terme})} \tag{8}$$

$$P(\text{classe}|\text{terme}) = \frac{\exp\left(\sum_{\text{trait}} \alpha_{\text{trait}} \times \text{trait}(\text{terme}, \text{classe})\right)}{\sum_{c \in \{\text{oui},\text{non}\}} \exp\left(\sum_{\text{trait}} \alpha_{\text{trait}} \times \text{trait}(\text{terme}, c)\right)}$$

Le paramètre $\alpha_{\text{trait}}$ définit l'importance du trait auquel il est associé.

Les Séparateurs à Large Marge sont aussi des classifieurs utilisés par les méthodes d'extraction automatique de termes-clés. Ils exploitent divers traits afin de projeter des exemples et des contres-exemples sur un plan, puis ils cherchent l'hyperplan qui les sépare. Cet hyperplan sert ensuite dans l'analyse de nouvelles données. Dans le contexte de l'extraction de termes-clés, les exemples sont les termes-clés et les contres-exemples sont les termes candidats qui ne sont pas des termes-clés. Ce mode de fonctionnement des SVM est utilisé par Zhang *et al.* (2006), mais un autre type de SVM est plus largement utilisé dans les méthodes supervisées d'extraction de termes-clés. Il s'agit de SVM qui utilisent de multiples marges représentant des rangs. Ces classifieurs permettent donc d'ordonnancer les termes-clés lors de leur extraction (Herbrich *et al.*, 1999; Joachims, 2006; Jiang *et al.*, 2009). La méthode KeyWE de Eichler et Neumann (2010) utilise ce type de SVM avec le trait TF-IDF ainsi qu'un trait booléen ayant la valeur vraie si le terme candidat apparaît dans un titre d'un article Wikipedia (un terme candidat apparaissant dans le titre d'un article de Wikipedia a une plus forte probabilité d'être un terme-clé). L'ordonnancement des termes candidats par le SVM permet ensuite de contrôler le nombre de termes-clés à extraire (choix des *k* termes candidats les mieux classés).

Tout comme Turney (1999), Ercan et Cicekli (2007) utilisent eux aussi une forêt d'arbres C4.5 dans leur méthode d'extraction de termes-clés. Ils utilisent des traits classiques et leur contribution se situe au niveau de l'utilisation d'un trait calculé à partir de chaînes lexicales. Une chaîne lexicale lie les mots d'un document selon certaines relations telles que la synonymie, l'hyponymie ou la méronymie. Ces relations permettent de calculer un score qui sert de trait. Cette approche est intéressante, mais du fait de limitations des chaînes lexicales actuellement disponibles elle présente l'inconvénient de ne retourner que des mots (aucun multi-mot). Cependant, l'usage d'une forêt d'arbre C4.5 permet un classement des mots à partir de leur nombre de votes positifs. Il est donc envisageable de déduire les termes-clés à partir de la liste ordonnée et pondérée des mots clés (voir les méthodes non-supervisées à bases de graphe – section 2.1).

Une autre méthode pour l'extraction automatique de termes-clés consiste à utiliser un perceptron multi-couches (Sarkar *et al.*, 2010). Un perceptron multi-couches est un réseau de neurones constitué d'au moins trois couches, chaque couche étant composée de neurones. Dans les deux couches extrêmes les neurones représentent respectivement les entrées et les sorties. Les couches centrales sont des couches cachées qui permettent d'acheminer les valeurs des entrées vers les sorties, où de nouvelles valeurs sont obtenues grâce à la pondération des transitions d'un neurone d'une couche vers un neurone de la couche suivante. Les entrées correspondent aux traits d'un terme candidat (ici TF-IDF, la position, la taille, etc.) et les sorties représentent les classes qu'il peut prendre (terme-clé ou non terme-clé). La valeur obtenue pour chaque sortie (classe) permet d'obtenir une probabilité pour que le terme candidat analysé soit un terme-clé ou non. Dans leur méthode, Sarkar *et al.* (2010) utilisent cette probabilité pour ordonner les termes candidats afin de mieux contrôler le nombre de termes-clés à extraire.

Dans leurs travaux, Liu *et al.* (2011) proposent une méthode d'extraction de termes-clés basée sur un modèle génératif. Leur méthode est très différente de celle de Witten *et al.* (1999) puisqu'ils décident d'utiliser une approche de traduction automatique. L'usage original de cette approche est justifié par le fait qu'un ensemble de termes-clés doit décrire de manière synthétique le document. Leur hypothèse est donc qu'un ensemble de termes-clés est une traduction d'un document dans un autre langage. Le modèle est appris à partir de paires de traductions dont l'un des termes est issu des titres ou des résumés des documents du corpus d'apprentissage et dont l'autre terme est issu des corps de ces mêmes documents. Les titres et les résumés sont utilisés comme langage synthétique et les corps des documents comme le langage naturel de ceux-ci.

# 3 Conclusion et perspectives

L'extraction automatique de termes-clés est une tâche importante qui permet la valorisation d'un document (représentation synthétique, mise en évidence des points clés dans le document, etc.) et qui facilite l'accès aux documents pertinents pour une requête utilisateur (indexation pour la recherche d'information).

Les méthodes existantes pour la tâche d'extraction automatique de termes-clés sont soit supervisées, soit non-supervisées. Les méthodes non-supervisées sont des méthodes émergentes ayant la particularité de s'abstraire de la spécificité des données traitées. Cette abstraction s'explique par des approches basées sur des constatations à propos de ce qu'est un terme-clé au sens général : importance sémantique, degré d'information, structure syntaxique, etc. Contrairement aux méthodes non-supervisées, les méthodes supervisées n'utilisent pas de propriétés définies à partir des traits statistiques et linguistiques, mais elles utilisent des modèles de décision appris à partir de ces traits, calculés sur les termes-clés d'un corpus d'apprentissage. L'usage d'un corpus d'apprentissage implique que les modèles appris soient spécifiques au domaine disciplinaire et à la langue de celui-ci. Cette spécificité peut s'avérer avantageuse lorsque le domaine et la langue que représente le corpus sont les mêmes pour les documents qui sont ensuite analysés, mais si tel n'est pas le cas les résultats de l'extraction peuvent en pâtir.

De futurs travaux peuvent se focaliser sur une hybridation des méthodes non-supervisées et supervisées. Dans un premier temps, il peut être intéressant de tenter d'améliorer les méthodes à base de graphe existantes. En effet, le graphe possède plusieurs points de variabilité sur lesquels il est possible d'agir pour affiner l'extraction : la granularité des nœuds, le type de relations permettant la création des arcs ou encore le facteur d'atténuation $\lambda$ utilisé dans le calcul du score des nœuds. La granularité peut être étendue à des groupes de phrasèmes similaires (des variantes dont le sens est sensiblement le même). Cette nouvelle granularité peut impliquer la définition d'une nouvelle relation pour la création des arcs entre les nœuds. Enfin, des traits peuvent être appris, pondérés grâce à de l'apprentissage préalable, puis utilisés avec le facteur $(1 - \lambda)$ dans le calcul du score pour chaque nœud (voir la modification du score dans TopicalPageRank (Liu *et al.*, 2010)). Il est possible que ce dernier point demande de modifier la formule du score PageRank afin d'utiliser le score de recommandation et de nouveaux traits de manière cohérente (sans que la valeur d'un trait ne puisse annihiler le score de recommandation).

# Remerciements

Ce travail a bénéficié d'une aide de l'Agence Nationale de la Recherche portant la référence (ANR-12-CORD-0029).

# Références

BARKER, K. et CORNACCHIA, N. (2000). Using Noun Phrase Heads to Extract Document Keyphrases. *In Proceedings of the 13th Biennial Conference of the Canadian Society on Computational Studies of Intelligence : Advances in Artificial Intelligence.*

BOUDIN, F. et MORIN, E. (2013). Keyphrase Extraction for N-best Reranking in Multi-Sentence Compression. *In Proceedings of the North American Chapter of the Association for Computational Linguistics (NAACL)*.

BRIN, S. et PAGE, L. (1998). The Anatomy of a Large-Scale hypertextual Web Search Engine. *In Proceedings of the 7th International Conference on World Wide Web*.

CLAVEAU, V. (2012). Vectorisation, Okapi et Calcul de Similarité pour le TAL : pour Oublier Enfin le TF-IDF. *In Proceedings of the Joint Conference JEP-TALN-RECITAL 2012, volume 2 : TALN*.

DING, Z., ZHANG, Q. et HUANG, X. (2011). Keyphrase Extraction from Online News Using Binary Integer Programming. *In Proceedings of 5th International Joint Conference on Natural Language Processing*.

EICHLER, K. et NEUMANN, G. (2010). DFKI KeyWE : Ranking Keyphrases Extracted from Scientific Articles. *In Proceedings of the 5th International Workshop on Semantic Evaluation*.

ERCAN, G. et CICEKLI, I. (2007). Using Lexical Chains for Keyword Extraction.

FRANK, E., PAYNTER, G., WITTEN, I., GUTWIN, C. et NEVILL-MANNING, C. (1999). Domain-Specific Keyphrase Extraction.

HASAN, K. et NG, V. (2010). Conundrums in Unsupervised Keyphrase Extraction : Making Sense of the State-of-the-Art. *In Proceedings of the 23rd International Conference on Computational Linguistics : Posters*.

HERBRICH, R., GRAEPEL, T. et OBERMAYER, K. (1999). Support Vector Learning for Ordinal Regression. *In Artificial Neural Networks, 1999*.

HULTH, A. (2003). Improved Automatic Keyword Extraction Given More Linguistic Knowledge. *In Proceedings of the 2003 Conference on Empirical Methods in Natural Language Processing*.

JIANG, X., HU, Y. et LI, H. (2009). A Ranking Approach to Keyphrase Extraction. *In Proceedings of the 32nd international ACM SIGIR conference on Research and development in information retrieval*.

JOACHIMS, T. (2006). Training Linear SVMs in Linear Time. *In Proceedings of the 12th ACM SIGKDD international conference on Knowledge discovery and data mining*.

JONES, K. (1972). A Statistical Interpretation of Term Specificity and its Application in Retrieval.

JONES, S. et STAVELEY, M. (1999). Phrasier : a System for Interactive Document Retrieval Using Keyphrases. *In Proceedings of the 22nd annual international ACM SIGIR conference on Research and development in information retrieval*.

KIM, S. N., MEDELYAN, O., KAN, M. et BALDWIN, T. (2010). Semeval-2010 Task 5 : Automatic Keyphrase Extraction from Scientific Articles. *In Proceedings of the 5th International Workshop on Semantic Evaluation*.

LIANG, W., HUANG, C., LI, M. et LU, B. (2009). Extracting Keyphrases from Chinese News Articles Using Textrank and Query Log Knowledge. *In Proceedings of the 23rd Pacific Asia Conference on Language, Information and Computation*.

LITVAK, M. et LAST, M. (2008). Graph-Based Keyword Extraction for Single-Document Summarization. *In Proceedings of the workshop on Multi-source Multilingual Information Extraction and Summarization*.

LIU, Z., CHEN, X., ZHENG, Y. et SUN, M. (2011). Automatic Keyphrase Extraction by Bridging Vocabulary Gap. *In Proceedings of the 15th Conference on Computational Natural Language Learning*.

LIU, Z., HUANG, W., ZHENG, Y. et SUN, M. (2010). Automatic Keyphrase Extraction via Topic Decomposition. *In Proceedings of the 2010 Conference on Empirical Methods in Natural Language Processing.*

LIU, Z., LI, P., ZHENG, Y. et SUN, M. (2009). Clustering to Find Exemplar Terms for Keyphrase Extraction. *In Proceedings of the 2009 Conference on Empirical Methods in Natural Language Processing : Volume 1.*

MATSUO, Y. et ISHIZUKA, M. (2004). Keyword Extraction from a Single Document Using Word Co-occurrence Statistical Information.

MEDELYAN, O. et WITTEN, I. (2008). Domain-Independent Automatic Keyphrase Indexing with Small Training Sets.

MIHALCEA, R. et TARAU, P. (2004). Textrank : Bringing Order Into Texts. *In Proceedings of the 2004 Conference on Empirical Methods in Natural Language Processing.*

NGUYEN, T. et KAN, M. (2007). Keyphrase Extraction in Scientific Publications. *In Proceedings of the 10th international conference on Asian digital libraries : looking back 10 years and forging new frontiers.*

NOBATA, C., COTTER, P., OKAZAKI, N., REA, B., SASAKI, Y., TSURUOKA, Y., TSUJII, J. et ANANIADOU, S. (2008). Kleio : a Knowledge-enriched Information Retrieval System for Biology. *In Proceedings of the 31st annual international ACM SIGIR conference on Research and development in information retrieval.*

PAROUBEK, P., ZWEIGENBAUM, P., FOREST, D. et GROUIN, C. (2012). Indexation Libre et Contrôlée d'Articles Scientifiques Présentation et Résultats du Défi Fouille de Textes DEFT2012.

PAUKKERI, M. et HONKELA, T. (2010). Likey : Unsupervised Language-Independent Keyphrase Extraction. *In Proceedings of the 5th International Workshop on Semantic Evaluation.*

ROBERTSON, S. E., WALKER, S., BEAULIEU, M. et WILLETT, P. (1999). Okapi at TREC-7 : Automatic Ad Hoc, Filtering, VLC and Interactive Track.

SARKAR, K., NASIPURI, M. et GHOSE, S. (2010). A New Approach to Keyphrase Extraction Using Neural Networks.

SARKAR, K., NASIPURI, M. et GHOSE, S. (2012). Machine Learning Based Keyphrase Extraction : Comparing Decision Trees, Naïve Bayes, and Artificial Neural Networks.

SUJIAN, L., HOUFENG, W., SHIWEN, Y. et CHENGSHENG, X. (2003). News-Oriented Keyword Indexing with Maximum Entropy Principle.

TOMOKIYO, T. et HURST, M. (2003). A Language Model Approach to Keyphrase Extraction. *In Proceedings of the ACL 2003 workshop on Multiword expressions : analysis, acquisition and treatment-Volume 18.*

TURNEY, P. (1999). Learning Algorithms for Keyphrase Extraction.

TURNEY, P. (2003). Coherent Keyphrase Extraction via Web Mining.

WAN, X. et XIAO, J. (2008a). Collabrank : Towards a Collaborative Approach to Single-Document Keyphrase Extraction. *In Proceedings of the 22nd International Conference on Computational Linguistics-Volume 1.*

WAN, X. et XIAO, J. (2008b). Single Document Keyphrase Extraction Using Neighborhood Knowledge. *In Proceedings of Association for the Advancement of Artificial Intelligence.*

WAN, X., YANG, J. et XIAO, J. (2007). Towards an Iterative Reinforcement Approach for Simultaneous Document Summarization and Keyword Extraction. *In Annual Meeting-association For Computational Linguistics*.

WITTEN, I., PAYNTER, G., FRANK, E., GUTWIN, C. et NEVILL-MANNING, C. (1999). KEA : Practical Automatic Keyphrase Extraction. *In Proceedings of the 4th ACM conference on Digital libraries*.

ZHANG, K., XU, H., TANG, J. et LI, J. (2006). Keyword Extraction Using Support Vector Machine.

# Influence de l'étiquetage syntaxique des têtes sur l'analyse en dépendances discontinues du français

Ophélie Lacroix[1]
(1) LINA - Université de Nantes, 2 Rue de la Houssinière, 44322 Nantes Cedex 3
ophelie.lacroix@univ-nantes.fr

RÉSUMÉ

Dans cet article nous souhaitons mettre en évidence l'utilité d'un étiquetage syntaxique appliqué en amont d'une analyse syntaxique en dépendances. Les règles de la grammaire catégorielle de dépendances du français utilisées pour l'analyse gèrent les dépendances discontinues et les relations syntaxiques à longue distance. Une telle méthode d'analyse génère un nombre conséquent de structures de dépendances et emploie un temps d'analyse trop important. Nous voulons alors montrer qu'une méthode locale d'étiquetage peut diminuer l'ampleur de ces difficultés et par la suite aider à résoudre le problème global de désambiguïsation d'analyse en dépendances. Nous adaptons alors une méthode d'étiquetage aux catégories de la grammaire catégorielle de dépendance. Nous obtenons ainsi une pré-sélection des têtes des dépendances permettant de réduire l'ambiguïté de l'analyse et de voir que les résultats locaux d'une telle méthode permettent de trouver des relations distantes de dépendances.

ABSTRACT

**On the Effect of Head Tagging on Parsing Discontinuous Dependencies in French**

In this paper we want to show the strong impact of syntactic tagging on syntactic dependency parsing. The rules of categorial dependency grammar used to parse French deal with discontinuous dependencies and long distance syntactic relations. Such parsing method produces a substantial number of dependency structures and takes too much parsing time. We want to show that a local tagging method can reduce these problems and help to solve the global problem of dependency parsing disambiguation. Then we adapt a tagging method to types of the categorial dependency grammar. We obtain a dependency-head pre-selection allowing to reduce parsing ambiguity and to see that we can find distant relation of dependencies through local results of such method.

MOTS-CLÉS : Analyse syntaxique en dépendances discontinues, Étiquetage syntaxique.

KEYWORDS: Discontinuous Dependency Parsing, Syntactic Tagging.

# 1 Introduction

L'analyse syntaxique est une tâche bien connue dans le domaine du traitement automatique du langage naturel, permettant d'obtenir des structures syntaxiques à partir de phrases du langage naturel. On oppose couramment les représentations syntaxiques des structures par consituants et des structures en dépendances. Ici, nous nous intéressons particulièrement à la représentation en dépendances de ces structures (Tesnière, 1959; Mel'cuk, 1988). En utilisant cette représentation, nous souhaitons exprimer correctement les relations syntaxiques existantes entre les mots d'une phrase. Ces relations sont des relations binaires (dépendances) entre un gouverneur $g$ et un subordonné $s$ où le type de dépendance $d$ est la fonction syntaxique existante entre $g$ et $s$ ($g \xrightarrow{d} s$). Une telle dépendance est projective si chaque mot dans l'intervalle [g,s] dépend de $g$ (sinon elle est discontinue). Le type de dépendance $d$ est aussi la dépendance-tête[1] du subordonné $s$. Notre travail se situe au niveau de l'analyse syntaxique en dépendances pour le français. Or cette langue admet des cas de discontinuité à travers des relations de longue distance comme la coréférence (voir figure 1) ou la comparaison ou des relations locales fréquentes, par exemple de négation ou de clitique. Nous avons choisi une méthode d'analyse guidée par les règles d'une

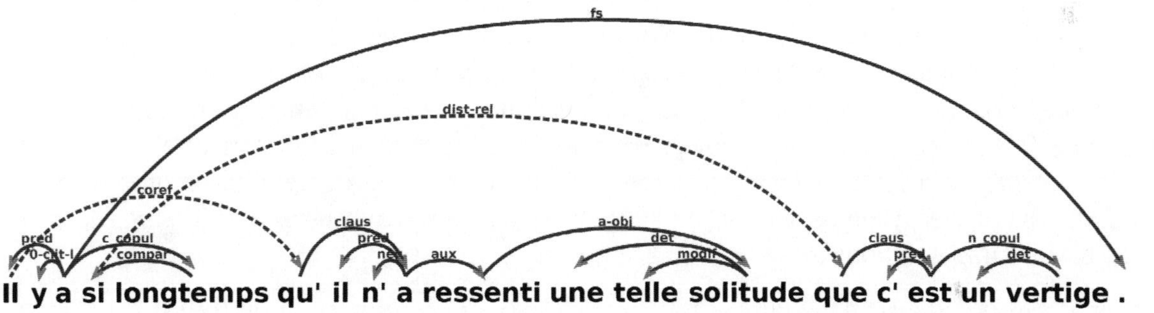


FIGURE 1 – *Structure de dépendances pour la phrase* "Il y a si longtemps qu'il n'a ressenti une telle solitude que c'est un vertige.". *Les dépendances projectives sont représentées par des lignes plaines tandis que les dépendances discontinues sont représentées par des lignes pointillées. Les types des dépendances sont les types utilisés par une grammaire catégorielle de dépendances du français.*

grammaire permettant d'obtenir des structures de dépendances projectives et des structures de dépendances discontinues[2]. Le modèle de grammaire catégorielle de dépendances (Dikovsky, 2004; Béchet *et al.*, 2005; Dekhtyar et Dikovsky, 2008; Dekhtyar *et al.*, 2012) étend la gestion des dépendances aux dépendances discontinues et est donc tout à fait adaptée à la représentation syntaxique en dépendances de phrases du français. Le CDG Lab (Alfared *et al.*, 2011) est un outil, destiné à l'analyse syntaxique avec des grammaires catégorielles de dépendances et au développement de corpus arborés en dépendances. Il propose trois modes d'analyses différents que nous redéfinirons par la suite. Le mode nous intéressant ici est le mode semi-automatique de *sélection des têtes*. Dans ce mode, un utilisateur souhaitant procéder à une analyse syntaxique en

1. La dépendance-tête est le type de la dépendance arrivant sur le subordonné.

2. Une structure de dépendances discontinue est une structure dans laquelle on trouve au moins une dépendance discontinue. Dans ces structures les dépendances peuvent se croiser. Par exemple, les clitiques engendrent des dépendances discontinues dès lors qu'une forme composée verbale est employée, séparant le verbe et son objet cliticisé. La négation produit fréquemment une discontinuité puisqu'elle est communément composé de deux particules, parfois distantes ("Ne ... que"), parfois inversés ("Jamais ... ne"). Par ailleurs, la relation de coréférence (figure 1) est intraphrasale, elle correspond à la co-prédication définie par (Mel'cuk, 1988).

dépendances pourra sélectionner manuellement les dépendances-têtes. Cette sélection des têtes en amont de l'analyse syntaxique améliore grandement la vitesse d'analyse par rapport à une analyse automatique à partir des phrases brutes du français. Nous souhaitons donc remplacer, pour notre travail, cette sélection des têtes manuelles par une sélection automatique. Cette tâche est similaire à celle d'étiquetage grammaticale ou d'étiquetage morphosyntaxique. L'idée d'utiliser un pré-étiquetage pour réduire l'ambiguïté et améliorer une analyse syntaxique en dépendances à déjà été exploitée dans ce cadre (Nasr, 2006; Candito *et al.*, 2010). Ici, nous souhaitons mettre en place un procédé de type *supertagging* (Bangalore et Joshi, 2010b). La sélection des têtes est en fait un étiquetage syntaxique des unités lexicales des phrases du français adapté à la grammaire catégorielle de dépendance du français utilisée pour l'analyse en dépendance. Il ne s'agit donc pas d'apporter des informations grammaticales ou morphosyntaxiques (propres aux unités lexicales) à l'analyseur mais bien d'apporter des informations syntaxiques qui définissent des fonctions binaires entre unités lexicales. La difficulté est alors de trouver les bonnes étiquettes syntaxiques de manière locale, avec des informations locales, bien que la fonction syntaxique auquelle l'étiquette réfère concerne deux unités lexicales potentiellement distantes. Nous procéderons alors dans un premier temps à cet étiquetage syntaxique en utilisant la méthode des CRF[3] adaptée aux types de dépendances de la grammaire catégorielle de dépendances du français. Nous essayons ici d'utiliser une méthode locale pour résoudre un problème global. Il s'agit de la principale difficulté de cette méthode. Nous souhaitons donc voir si elle permettra d'obtenir les bonnes dépendances-têtes. Puis nous exécuterons l'analyse en dépendances sur les phrases ainsi étiquetées pour constater l'effet positif de cet étiquetage sur le temps d'analyse et sur la production (les structures de dépendances sortantes) de l'analyseur. Pour conclure, nous nous questionnerons sur la place de cette méthode dans une analyse totalement autonome. Est-elle suffisante vis-à-vis des résultats obtenus ou peut-elle être associée à d'autres procédés permettant de combler les imperfections de celle-ci ?

Ce travail s'inscrit dans un travail de plus grande envergure qui comprendra un travail de découpage des phrases en unités lexicales, ainsi que leur étiquetage grammaticale, un travail d'étiquetage syntaxique précédant celui d'analyse syntaxique en dépendances, puis finira par un travail concernant le tri des structures de dépendances en sortie de l'analyseur. Ici nous nous intéressons en particulier à l'étiquetage syntaxique. Nous supposons donc avoir en entrée un bon découpage des phrases en unités lexicales composées ainsi qu'un bon étiquetage grammatical de ces unités.

# 2 Grammaires catégorielles de dépendances

Le modèle de grammaires catégorielles de dépendances est un modèle de grammaires similaire aux grammaires catégorielles classiques (Bar-Hillel *et al.*, 1964) auxquelles est ajoutée la notion de valence polarisée permettant d'introduire les dépendances discontinues. Dans ce modèle, les catégories sont des types de dépendances et permettent de représenter les dépendances projectives tandis que les valences polarisées sont des types de dépendances associées à des polarités duales ($\nearrow\searrow$et $\swarrow\nwarrow$) permettant de représenter les dépendances discontinues (voir (Dekhtyar et Dikovsky, 2008)). Les règles utilisées par cette classe de grammaires sont présentées dans la figure 1. Les structures de dépendances produites à l'aide de ces grammaires sont alors des graphes orientés acycliques.

3. *Conditional Random Fields* en anglais ou champs markovien conditionnels en français.

| | |
|---|---|
| $\mathbf{L}^1$ | $C^{P_1}\left[C\backslash\beta\right]^{P_2} \vdash \left[\beta\right]^{P_1P_2}$ |
| $\mathbf{I}^1$ | $C^{P_1}\left[C^*\backslash\beta\right]^{P_2} \vdash \left[C^*\backslash\beta\right]^{P_1P_2}$ |
| $\Omega^1$ | $\left[C^*\backslash\beta\right]^{P} \vdash \left[\beta\right]^{P}$ |
| $\mathbf{D}^1$ | $\alpha^{P_1(\swarrow C)P(\nwarrow C)P_2} \vdash \alpha^{P_1PP_2}$, si $(\swarrow C)(\nwarrow C)$ satisfait le principe **FA** |

TABLE 1 – *Règles gauches des grammaires catégorielles de dépendances. Des règles symétriques sont utilisées dans le cas des dérivations à droite. Les règles **L**, **I** et Ω permettent d'éliminer les catégories classiques et les catégories itérables (i.e. dérivables infiniement), et de concaténer ou conserver les valences polarisées en une chaîne que l'on appelle* potentiel. *L'élimination des valences dans la dérivation (règle **D**) se fait sur le principe **FA** (First Available) : les valences duales les plus proches dans un potentiel sont éliminées en premier.*

## 2.1 Données de la grammaire catégorielle de dépendances du français

Pour notre travail, nous utiliserons une grammaire catégorielle de dépendances du français (Dikovsky, 2011). Elle est constituée d'un ensemble conséquent de règles elles-mêmes composées de types de dépendances (les catégories de la grammaire). Ces types de dépendances, 117 au total, représentent un vaste champ de fonctions syntaxiques exprimant les particularités du français. Ces nombreux types de dépendances sont rassemblés en 39 groupes de dépendances selon leurs fonctions syntaxiques. Par exemple, les dépendances de type objet accusatif (*a-obj*), objet datif (*d-obj*), objet génitif (*g-obj*) sont réunies dans le groupe des objets : *OBJ*. Par ailleurs, les types de dépendances peuvent être associés à des dépendances discontinues, on en compte 27. Parmi les types associés aux dépendances discontinues on trouve ceux appartenant aux groupes des clitiques (*CLIT*), des modifieurs (*MODIF*), des réflexifs (*REFLEX*), des coréférences (*COREF*) et appositions (*APPOS*), des éléments de négation (*NEG*), des aggrégations (*AGRR*), etc.

En outre, les règles de la grammaire sont associées à des classes grammaticales. Lors d'une analyse, avec le choix des règles se fait le choix de ces classes grammaticales et des traits morphologiques des unités lexicales établies en fonction des valeurs des traits employés par le Lefff[4] (Sagot, 2010). On dénombre 185 classes grammaticales.

## 2.2 CDG Lab : Analyseur en dépendances

Le CDG Lab (Alfared *et al.*, 2011) est un outil de travail dédié à l'analyse en dépendances guidée par les règles de grammaires catégorielles de dépendances. L'analyseur en dépendances du CDG Lab propose 3 modes d'analyse différents mais complémentaires :

- *l'analyse autonome* est un mode permettant de lancer l'analyse à partir d'une phrase du français sans indiquer manuellement d'informations complémentaires. La phrase est donc découpée en mots qui sont eux-mêmes réassociés en unités lexicales possibles[5]. L'analyse (basée sur un algorithme CYK modifié) est alors exécutée à partir de ce découpage.
- *l'analyse par sélection des têtes* est un mode semi-automatique. Avant de procéder à l'analyse, l'utilisateur à la possibilité de choisir les bonnes unités lexicales, leurs classes grammaticales et leurs dépendances-têtes. L'analyse peut ensuite être lancée en tenant compte de ces choix.

4. Lexique des formes fléchies du français.
5. Basées sur Lefff (Sagot, 2010).

– *l'analyse par approximation* s'effectue à la suite d'une analyse automatique ou d'une analyse par sélection des têtes. Elle permet d'annoter positivement ou négativement les attributions des classes grammaticales et/ou des types de dépendances. Appliqué autant de fois que nécessaire, ce mode permet de raffiner la production de l'analyse : la(les) structure(s) de dépendances résultante(s).

Le mode qui nous intéresse ici est celui de la sélection des têtes en amont de l'analyse syntaxique en dépendances. Nous savons que choisir manuellement les dépendances-têtes d'une phrase avant analyse permet de réduire l'ambiguïté en faisant converger l'analyse vers un ensemble de solutions plus restreint. Les avantages se remarquent au niveau du temps de calcul de l'analyse et au niveau de la production de l'analyseur, celui-ci produisant moins de structures de dépendances en sortie. Notons que la sélection des têtes peut se faire au niveau des types de dépendances ou des groupes de dépendances. On appellera alors respectivement : **dépendance-tête** ou **groupe-tête**, le type ou le groupe de dépendances sélectionné pour une unité lexicale. Nous souhaitons donc remplacer la sélection manuelle des têtes par une sélection automatique et comprendre l'apport réel de cette tâche avec un algorithme standard d'apprentissage.

## 2.3 Corpus en dépendances, données grammaticales et syntaxiques

Le corpus que nous utiliserons pour nos expérimentations a été annoté en dépendances semi-automatiquement grâce à l'outil CDG Lab. Il est composé de 2778 structures de dépendances associées à des phrases du français provenant de registres variés et comprenant au total 35203 unités lexicales composées. Les dépendances discontinues représentent 4% du nombre total de dépendances du corpus et elles sont présentes (au moins une fois) dans 41% des structures de dépendances.

Les types de dépendances utilisés dans la représentation de ces structures correspondent aux types de la grammaire catégorielle de dépendances du français. De plus, chaque unité lexicale dans le corpus est annotée correctement par une classe grammaticale. Pour procéder à l'étiquetage syntaxique les données utilisées seront :

– les unités lexicales composées
– les dépendances-têtes (ou groupes-têtes)
– les classes grammaticales

Le nombre de classes grammaticales étant important, nous décidons de sous-catégoriser ces classes pour arriver à deux formes de sous-classification : les classes grammaticales simples (28 classes) et les classes grammaticales étendues (86 classes). Une classe grammaticale simple indique la classe grammaticale d'une unité lexicale sans autre information tandis qu'une classe grammaticale étendue ajoute des informations (parfois sémantiques) potentiellement utiles syntaxiquement. Les classes grammaticales étendues, plus précises, permettent de mieux cibler les types et groupes de dépendances comme exposé dans la table 2.

| Nombre moyen de | | types | (max.) | groupes | (max.) |
|---|---|---|---|---|---|
| Par classe | simple | 13 | (43) | 7 | (18) |
| grammaticale | étendue | 6 | (31) | 4 | (16) |

TABLE 2 – *Nombre moyen (et maximum) de types et groupes de dépendances possibles par classe grammaticale simple ou étendue.*

Un exemple, regroupant les données par groupe/type de dépendances et par classe grammaticale simple et étendue, est donné par la figure 2.

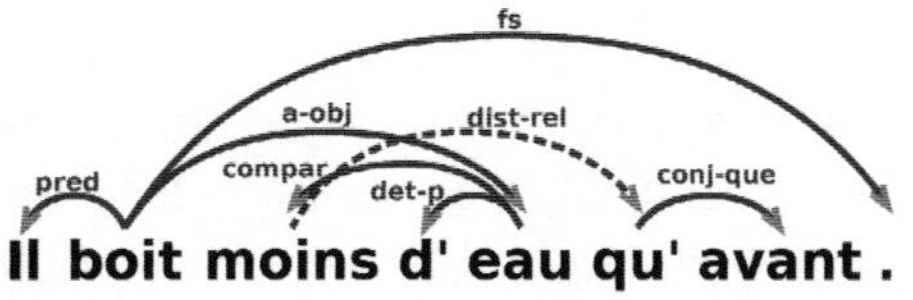


| Unité lexicale | Dépendance-tête type | groupe | Classe grammaticale simple | étendue |
|---|---|---|---|---|
| **Il** | pred | PRED | PN | PN-pers-n |
| **boit** | S | SENT | Vt | Vt-fin |
| **moins** | compar | COMPAR | Adv | Adv-degr-compar |
| **d'** | det-p | DET | Det | Det |
| **eau** | a-obj | OBJ | N | N |
| **qu'** | dist-rel | REL | Conj | Conj-comp |
| **avant** | conj-que | CONJ | Adv | Adv |
| **.** | fs | PUNCT | FullStop | FullStop |

FIGURE 2 – *Structure de dépendances et tableau rapportant les dépendances-têtes, les groupes-têtes, les classes grammaticales simples et les classes grammaticales étendues de chaque unité lexicale de la phrase* "Il boit moins d'eau qu'avant." *Les classes grammaticales étendues ajoutent des informations en plus de la classe. Par exemple,* Adv-degr-compar *et* Conj-comp *indique un adverbe et une conjonction qui sont tous deux impliqués dans une comparaison. Pour ce travail, nous n'avons pas utilisé les traits de Lefff.*

# 3 Étiquetage syntaxique

Le problème de l'étiquetage est un problème largement étudié dans le domaine du traitement automatique de la langue naturelle. Les tâches d'étiquetage grammatical ou morphosyntaxique sont les plus répandues mais diffèrent de l'étiquetage syntaxique. Néanmoins les outils restent les mêmes. Parmi les méthodes existantes pour accomplir la tâche d'étiquetage syntaxique on trouvera, les modèles graphiques probabilistes tels que les modèles de Markov cachés (HMM) (Rabiner, 1989), les modèles d'entropie maximale (MEMM) (Ratnaparkhi, 1996) et les champs markoviens conditionnels (CRF) (Sutton et McCallum, 2006; Lafferty *et al.*, 2001). Pour notre travail, nous avons choisi d'utiliser ces derniers car ils permettent de prendre en compte plus d'informations que les HMM et qu'ils sont bien adaptés à l'attribution de séquences d'étiquettes alors que les MEMM sont plus performants pour la classification.

## 3.1 Logiciel et patrons de traits

Nous avons choisi le logiciel Wapiti (Lavergne *et al.*, 2010) pour entraîner un modèle et étiqueter syntaxiquement notre corpus car il est capable de travailler avec un grand nombre d'étiquettes . Il utilise les CRF pour cet entraînement et attribue donc des poids à des traits choisis. Ces traits peuvent être extraits à partir de patrons de traits définis à l'avance. Le logiciel nous laisse la

possibilité de lui fournir des patrons de traits modifiables que nous avons testés.
Comme indiqué dans la partie 2.3, chaque phrase du corpus est décomposée en unités lexicales elles-mêmes étiquetées grammaticalement (par des classes grammaticales simples ou étendues selon le choix d'expérimentation). Nous disposons donc de ces informations. Nous pouvons choisir une largeur de fenêtre (appliquée autour d'une unité lexicale) pour indiquer si l'on tient compte des unités lexicales et des classes grammaticales précédentes et suivantes lors de l'assignation d'une étiquette syntaxique. Nous constatons qu'une fenêtre de 5 (2 mots avant, 2 mots après) donne de bons résultats, qu'élargir la fenêtre à 7 pour les unités lexicales génère beaucoup de traits pour peu d'améliorations mais qu'élargir la fenêtre à 7 autour des classes grammaticales est beaucoup plus efficace. Il est aussi intéressant d'associer unité lexicale et classe grammaticale dans un même trait. Les premiers patrons de traits choisis sont les suivants :

| |
|---|
| Unité lexicale courante |
| Unité lexicale précedente de 1 |
| Unité lexicale précedente de 2 |
| Unité lexicale suivante de 1 |
| Unité lexicale suivante de 2 |
| Classe grammaticale de l'unité lexicale courante |
| Classe grammaticale de l'unité lexicale précedente de 1 |
| Classe grammaticale de l'unité lexicale précedente de 2 |
| Classe grammaticale de l'unité lexicale précedente de 3 |
| Classe grammaticale de l'unité lexicale suivante de 1 |
| Classe grammaticale de l'unité lexicale suivante de 2 |
| Classe grammaticale de l'unité lexicale suivante de 3 |
| Unité lexicale courante et sa classe grammaticale |

Nous testons aussi quelques traits comme l'extraction du suffixe des unités lexicales (testé pour 2, 3 ou 4 lettres) et le fait de savoir si une unité lexicale commence par une majuscule et retenons les suivants :

| |
|---|
| Suffixe de 3 lettres de l'unité lexicale courante |
| L'unité lexicale précédente commence-t-elle par une majuscule ? |

Notons ici que les traits choisis sont toujours des traits unigrammes, les traits bigrammes générant trop de traits non pertinants. Cependant, pour chaque trait unigramme, la probabilité qu'il apparaîsse avec chacune des étiquettes possibles est calculée lors de l'apprentissage. L'ensemble de ces patrons de traits génère alors plus d'un million [6] de traits pour chaque modèle d'apprentissage et permet d'obtenir de bons résultats d'étiquetage précisés dans la section suivante.

## 3.2 Expérimentations et Évaluation

Pour procéder à l'étiquetage syntaxique nous avons divisé le corpus (voir section 2.3) en 10 parties égales. Chaque partie est étiquetée selon un modèle entraîné sur les 9 autres parties. L'entraînement se fait sur des données parfaitement étiquetées grammaticalement et syntaxiquement. La possibilité de choisir des données plus ou moins informatives (classe grammaticale simple ou étendue ; dépendance-tête ou groupe-tête) permet de réaliser 4 expérimentations

6. L'ensemble des patrons de traits génère, au pire, plus de 32000 traits unigrammes différents qui associés aux différentes possibilités d'étiquettes (au maximum 117 pour les types) produit jusqu'à 3,7 millions de traits.

différentes. De plus, l'outil Wapiti nous permet d'engendrer les n meilleurs étiquetages pour une séquence donnée. Nous avons donc choisi de produire les 10 meilleurs étiquetages syntaxiques pour chaque phrase d'entrée. Ainsi à chaque expérimentation, nous récupérons 10 séquences d'étiquettes pour chaque phrase du corpus. Ces séquences sont potentiellement assez similaires. Souvent, seulement quelques étiquettes varient d'une séquence à une autre. Pour évaluer la qualité de l'étiquetage syntaxique nous considérons les 1, 2, 5 ou 10 meilleures étiquettes de chaque unité lexicale de chaque phrase du corpus. Les résultats de l'évaluation sont présentés dans la table 3.

Étiquetage des dépendances-têtes

| | Classes Grammaticales simples | | | | Classes Grammaticales étendues | | | |
|---|---|---|---|---|---|---|---|---|
| | Pré. | (Moy.) | Rap. | (Moy.) | Pré. | (Moy.) | Rap. | (Moy.) |
| Top 1 | 87.8 | (70.7) | 87.8 | (62.9) | 91.1 | (77.8) | 91.1 | (70.1) |
| Top 2 | 83.4 | (66.0) | 90.0 | (67.5) | 86.5 | (72.5) | 93.2 | (74.1) |
| Top 5 | 73.0 | (56.2) | 92.9 | (73.4) | 75.1 | (61.3) | 95.5 | (79.6) |
| Top 10 | 62.9 | (46.6) | 94.6 | (77.2) | 63.6 | (51.0) | 96.6 | (82.4) |

Étiquetage des groupes-têtes

| | Classes Grammaticales simples | | | | Classes Grammaticales étendues | | | |
|---|---|---|---|---|---|---|---|---|
| | Pré. | (Moy.) | Rap. | (Moy.) | Pré. | (Moy.) | Rap. | (Moy.) |
| Top 1 | 90.4 | (86.5) | 90.4 | (80.1) | 91.6 | (89.5) | 91.6 | (85.6) |
| Top 2 | 85.6 | (81.0) | 92.5 | (83.6) | 86.8 | (83.8) | 93.7 | (87.9) |
| Top 5 | 74.3 | (67.7) | 95.1 | (87.9) | 75.0 | (71.8) | 96.0 | (91.2) |
| Top 10 | 63.3 | (55.2) | 96.4 | (90.6) | 63.4 | (57.8) | 97.1 | (93.1) |

TABLE 3 – *Évaluation de l'étiquetage syntaxique produit par Wapiti. D'une part, la précision et le rappel sont calculés globalement sur toutes les étiquettes. La précision est le nombre d'étiquettes correctes sur le nombre d'étiquettes différentes attribuées. Le nombre d'étiquettes différentes attribuées varie selon le top, il peut y en avoir 1, de 1 à 2, de 1 à 5 ou de 1 à 10 (on ne compte pas deux fois la même étiquette). Le rappel est le nombre d'unités lexicales pour lesquelles on a trouvé la bonne étiquette (parmi les 1, 2, 5 ou 10 étiquettes attribuées) sur le nombre d'étiquettes du corpus d'entrée (i.e. le nombre d'unités lexicales). D'autre part, une moyenne de la précision et du rappel sur les types/groupes de dépendances est aussi calculée (entre parenthèses). Dans ce cas, pour chaque type/groupe, la précision est le nombre d'étiquettes correctement attribuées sur le nombre d'étiquettes différentes attribuées pour ce type/groupe. Le rappel pour un type/groupe est le nombre d'unités lexicales y appartenant pour lesquelles on a trouvé la bonne étiquette sur le nombre d'étiquettes de ce type/groupe existantes dans le corpus d'entrée.*

Un permier constat face aux résultats d'étiquetage est de voir l'utilité des informations apportées par les classes grammaticales étendues. De ce côté les résultats sont meilleurs en précision et en rappel. De manière plus approfondie, on peut voir que plus on considère d'étiquettes plus la précision diminue tandis que le rappel augmente. En effet plus on a d'étiquettes différentes pour une unité lexicale plus on a de chance d'avoir la bonne étiquette parmi celles-ci mais on ne sait pas de laquelle il s'agit, on perd donc en précision. En fait, les résultats par étiquette varient grandement. Parmi les 2, 5 ou 10 séquences d'étiquettes pour une même phrase, seulement quelques étiquettes varient. Les étiquettes qui ne changent pas (ou peu) à chaque séquence sont globalement "sûres" et perdent peu en précision (comme les déterminants *DET*, la ponctuation

*PUNCT*, la négation *NEG* dans le cas des groupes). Celles qui gagnent fortement en rappel sont celles qui sont souvent mal attribuées dans la première séquence mais que l'on finit par trouver dans les suivantes (comme les relations souvent distantes de coréférence *COREF* ou d'apposition *APPOS*). Nous souhaitons voir quel impact a ce gain en rappel sur l'analyse syntaxique en dépendance. Dans la section suivante nous verrons dans quelle mesure l'étiquetage syntaxique réduit le temps d'analyse en dépendance et permet d'obtenir une meilleure structure de dépendances selon les différents critères d'étiquetage que nous avons établis auparavant.

# 4 Analyse syntaxique en dépendances et évaluation

## 4.1 Procédure d'analyse et d'évaluation

Pour procéder à l'analyse syntaxique en dépendances nous souhaitons adapter l'outil d'analyse par sélection des têtes du CDG Lab pour assigner automatiquement les étiquettes syntaxiques, trouvées par Wapiti, en tant que dépendances-têtes (ou groupes-têtes). Nous attribuons donc 1, 1 à 2, 1 à 5 ou 1 à 10 types (ou groupes) de dépendances différents à chaque unité lexicale composée selon les résultats des top 1, 2, 5 et 10 de l'étiquetage syntaxique. Nous utilisons ici les meilleurs résultats, c'est à dire ceux trouvés avec les classes grammaticales étendues. L'analyse syntaxique en dépendances guidée par les règles de la grammaire catégorielle de dépendances du français s'éxecute en tenant compte des différentes dépendances-têtes (ou groupes-têtes) possibles. Le CDG Lab est conçu pour produire une liste des structures de dépendances possibles pour chaque analyse [7]. La sélection des têtes permet de réduire l'ambiguïté en contraignant l'analyseur à chercher des structures de dépendances dont les types sont en accord avec cette sélection. Vis-à-vis d'une analyse autonome, ici, le nombre de structures de dépendances en sortie est moindre. Nous observons donc des temps d'analyse également réduits. Les structures de dépendances en sortie de l'analyseur ne sont pas triées. Or nous souhaitons avant tout savoir si parmi les structures de dépendances produites pour une phrase donnée se trouve la bonne structure de dépendances (i.e. la structure de dépendances associée à cette phrase dans le corpus en dépendances de référence, 2.3). L'idée est donc de trier ces structures de la plus proche à la plus éloignée de la structure originale. La plus proche étant celle ayant le plus de dépendances en commun [8] avec la structure de référence. Les différentes étapes de ce traitement sont illustrées dans la figure 3.

Nous nous intéressons alors seulement à la première structure de dépendances de chaque liste (la plus proche de la structure originale). Néanmoins, parfois, il n'existe aucune structure de dépendances produite. Deux raisons sont possibles :
- les dépendances-têtes (ou groupes-têtes) assignées sont en contradiction avec les règles de la grammaire, cela entraîne alors un échec de l'analyse ;
- le temps d'analyse est trop élevé (communément due à la longueur de la phrase), l'analyse s'interrompt donc avant d'aboutir.

Nous souhaitons donc connaître le nombre de structures de dépendances obtenues en sortie. Les résultats de ses expérimentations sont présentés dans la section suivante.

7. En accord avec les dépendances-têtes (ou groupes-têtes) sélectionnées ainsi qu'avec la grammaire.
8. Une dépendance est commune aux deux structures de dépendances si elle possède dans les deux structures le même gouverneur, le même subordonné et le même type de dépendance.

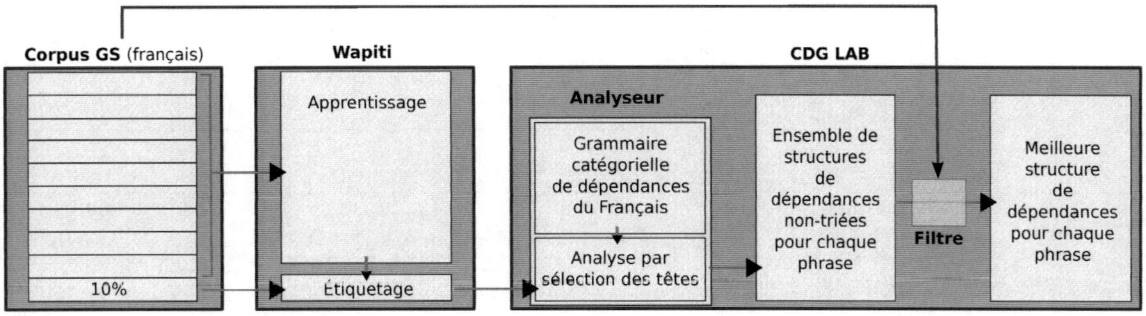


FIGURE 3 – *Schéma expliquatif du traitement complet. Wapiti est utilisé pour procéder à l'apprentissage sur 90% du corpus et à l'étiquetage sur 10%. La partie étiquetée est analysée par l'analyseur du CDG Lab en tenant compte des dépendances-têtes (ou groupes-têtes). On obtient plusieurs structures de dépendances pour chaque phrase qui sont ensuite triées selon leur conformité avec la structure originale du corpus de référence (filtre). Le traitement est opéré sur chaque partie du corpus.*

## 4.2 Résultats et discussions

Les premiers résultats exposés dans la table 4 présente les taux d'analyses abouties ainsi que le nombre d'unités lexicales par phrase et le temps de calcul.

Nous rapportions dans la section 3.2 qu'en ayant plus de choix de têtes pour chaque unité lexicale nous avions plus de chance d'obtenir la bonne tête parmi ceux-ci. Il en est de même pour les dépendances lorsqu'on laisse entre 1 à 10 choix de têtes pour chaque unité lexicale : ayant plus de chance d'avoir les bonnes dépendances-têtes (ou groupes-têtes) nous avons aussi plus de chance d'obtenir une structure de dépendances proche de la structure de dépendances de référence parmi toutes celles produites. Pour la même raison, on obtient de meilleurs taux d'analyses ayant abouti. Dans le meilleur des cas (sélection de 10 étiquettes), nous avons 2548 analyses sur 2778 (91.7%) ayant abouti dont 2088 ayant trouvé, parmi les structures de dépendances produites, une structure de dépendances entièrement correcte. Les temps d'analyse augmentent relativement à l'ambiguïté (en obtenant plus de structures de dépendances en sortie) ainsi qu'à la longueur des phrases. Effectivement les phrases qui sont analysées avec un choix de dix étiquettes alors qu'elles ne l'étaient pas avec un choix inférieur sont souvent plus longues car plus difficiles à étiqueter correctement et exploitent plus de temps d'analyse. Par ailleurs, on constate que le nombre moyen d'unités lexicales par phrase augmente légèrement dans le cas des analyses ayant abouti quand le choix d'étiquettes est plus large. Ce qui montre que des phrases plutôt longues qui n'ont pas été analysées avec un seul choix d'étiquettes l'ont été avec plus de choix. Cependant un nombre d'étiquettes plus important en entrée augmente l'ambiguïté de l'analyse et donc le temps d'analyse. On obtient donc un peu plus de phrases non-analysées par manque de temps lorsqu'on augmente le choix d'étiquettes.

Lorsque l'on compare les résultats des expérimentations faites avec les dépendances-têtes et les groupes-têtes, on constate plusieurs points intéressants. Les taux d'analyses abouties sont meilleurs lorsqu'on utilise les groupes-têtes car on laisse un plus large choix à l'analyseur (les groupes comprennent parfois plusieurs types de dépendances). Néanmoins on note une différence au niveau du temps d'analyse qui est inférieur lorsqu'on utilise les dépendances-têtes. En effet, l'analyseur converge plus vite. On peut donc voir qu'il y a moins d'analyses n'ayant pas abouti par manque de temps mais que le nombre d'analyses n'ayant pas abouti car étant non-conforme

Analyse autonome

| Nb de têtes | Nombre de phrases AA (%) | NA-C (%) | NA-T (%) | UL/phrase AA | NA-C | NA-T | Temps d'analyse AA | NA |
|---|---|---|---|---|---|---|---|---|
| 0 | 1150 (41.4) | 3 (00.1) | 1625 (58.5) | 7.2 | 7.3 | 17.6 | 42min24 | 4h30 |

Analyse avec sélection des dépendances-têtes

| Nb de têtes | Nombre de phrases AA (%) | NA-C (%) | NA-T (%) | UL/phrase AA | NA-C | NA-T | Temps d'analyse AA | NA |
|---|---|---|---|---|---|---|---|---|
| 1 | 1805 (65.0) | 969 (34.9) | 4 (00.1) | 11.5 | 16.5 | 52.5 | 3min03 | 1min35 |
| 1 à 2 | 2054 (73.9) | 718 (25.8) | 6 (00.2) | 11.6 | 17.7 | 56.1 | 4min16 | 1min53 |
| 1 à 5 | 2335 (84.1) | 438 (15.8) | 5 (00.2) | 12.0 | 20.0 | 49.4 | 6min02 | 1min29 |
| 1 à 10 | 2505 (90.2) | 262 (09.4) | 11 (00.4) | 12.2 | 22.5 | 42.8 | 8min01 | 2min23 |

Analyse avec sélection des groupes-têtes

| Nb de têtes | Nombre de phrases AA (%) | NA-C (%) | NA-T (%) | UL/phrase AA | NA-C | NA-T | Temps d'analyse AA | NA |
|---|---|---|---|---|---|---|---|---|
| 1 | 1931 (69.5) | 832 (29.9) | 15 (00.5) | 11.5 | 16.9 | 45.8 | 6min41 | 3min31 |
| 1 à 2 | 2172 (78.2) | 586 (21.1) | 20 (00.7) | 11.6 | 18.6 | 45.0 | 8min52 | 4min15 |
| 1 à 5 | 2439 (87.8) | 302 (10.9) | 37 (01.3) | 11.8 | 21.6 | 43.6 | 12min05 | 6min47 |
| 1 à 10 | 2548 (91.7) | 179 (06.4) | 51 (01.8) | 12.0 | 24.4 | 41.6 | 16min43 | 9min03 |

TABLE 4 – *Calcul du nombre de phrases dont l'analyse a abouti (AA), du nombre de phrases dont l'analyse n'a pas abouti car elle est non-conforme à la grammaire (NA-C), du nombre de phrases dont l'analyse n'a pas abouti par manque de temps (NA-T). Le temps d'analyse est limité à 10s maximum. Calcul du nombre moyen d'unités lexicales (UL) par phrase dont l'analyse a abouti et dont l'analyse n'a pas abouti (car non-conforme ou par manque de temps). Calcul du temps total d'analyse pour celles ayant abouti et celles n'ayant pas abouti.*

à la grammaire est plus élevé. En fait, l'étiquetage est plus précis donc plus rapide mais conduit plus facilement à une analyse non-conforme à la grammaire s'il y a une ou plusieurs étiquettes fausses. On obtient plus facilement une incohérence vis-à-vis de la grammaire.

D'autre part, nous présentons dans la table 5 en tant que score de précision, les scores d'attachement obtenus sur les analyses abouties. On y trouve le pourcentage d'unités lexicales pour lesquelles le bon gouverneur et la bonne étiquette ont été trouvés (LAS) et le taux d'unités lexicales pour lesquelles le bon gouverneur a été trouvé (UAS). Encore une fois, nous pouvons voir que plus large est le choix d'étiquettes en entrée plus les scores sont meilleurs. Ils atteignent globalement des taux élevés et sont quelques peu meilleurs dans le cas où l'on considère seulement l'exactitude du gouverneur. Lorsqu'on s'intéresse aux dépendances discontinues, on remarque que la précision sur ces dépendances est légèrement moins bonne que sur l'ensemble des dépendances.
La différence de précision entre les analyses ayant reçu des dépendances-têtes ou des groupes-têtes est négligeable sur l'ensemble des dépendances mais moins bonne sur les dépendances discontinues dans le cas de la sélection des groupes-têtes. Cela peut s'expliquer par le fait que le taux de dépendances discontinues est moins élevé parmi les dépendances des analyses abouties dans le cas de la sélection des dépendances-têtes[9]. Les cas difficiles de dépendances discontinues distantes sont écartés du calcul de la précision si la pré-sélection des têtes est non-conforme à la

9. On obtient de 4,3% à 4,6% de dépendances discontinues parmis les dépendances des analyses abouties avec sélection des dépendances-têtes pour 4,8% à 4,9% avec la sélection des groupes-têtes.

grammaire et engendre une mauvaise analyse. Nous avons vu que cette non-conformité est plus facile à atteindre avec la sélection des dépendances-têtes. Les scores sont donc moins bons avec la sélection des groupes-têtes car plus d'analyse aboutissent sans forcement avoir résolu les cas discontinus difficiles.

Analyse autonome

| Nb de têtes | Toutes dépendances LAS | Toutes dépendances UAS | Dépendances discontinues LAS | Dépendances discontinues UAS |
|---|---|---|---|---|
| 0 | 98.3 | 99.0 | 92.7 | 93.2 |

Analyse avec sélection des dépendances-têtes

| Nb de têtes | Toutes dépendances LAS | Toutes dépendances UAS | Dépendances discontinues LAS | Dépendances discontinues UAS |
|---|---|---|---|---|
| 1 | 93.7 | 96.7 | 92.4 | 93.7 |
| 1 à 2 | 95.1 | 97.3 | 94.3 | 95.5 |
| 1 à 5 | 96.2 | 97.8 | 94.4 | 95.5 |
| 1 à 10 | 96.4 | 97.9 | 94.5 | 95.4 |

Analyse avec sélection des groupes-têtes

| Nb de têtes | Toutes dépendances LAS | Toutes dépendances UAS | Dépendances discontinues LAS | Dépendances discontinues UAS |
|---|---|---|---|---|
| 1 | 93.9 | 96.7 | 88.8 | 93.3 |
| 1 à 2 | 95.1 | 97.2 | 90.0 | 93.7 |
| 1 à 5 | 96.3 | 97.9 | 90.5 | 93.8 |
| 1 à 10 | 96.7 | 98.0 | 91.1 | 94.3 |

TABLE 5 – *Évaluation de l'analyse autonome (sans pré-sélection des têtes) et de l'analyse avec pré-sélection des dépendances-têtes et des groupes-têtes. Cette évaluation est réalisée sur la meilleure structure de dépendances produite par l'analyseur (i.e. la plus proche de la structure de dépendances de référence) pour chaque analyse aboutie. Les scores d'attachement LAS et UAS correspondent respectivement au score d'attachement avec dépendances étiquetées* (Labeled Attachment Score) *et au score d'attachement avec dépendances non-étiquetées* (Unlabeled Attachment Score). *Ils sont calculés sur toutes les dépendances d'une part et sur les seules dépendances discontinues d'autre part, en excluant les dépendances liées à des signes de ponctuations dans les deux cas.*

## 4.3 Travaux reliés

Plusieurs travaux ont déjà mis en évidence l'utilité des méthodes de type *supertagging* sur l'analyse syntaxique (Clark et Curran, 2004; Sarkar, 2010). Les résultats de ces travaux sont difficiles à comparer avec d'autres pour plusieurs raisons. D'une part les fonctions syntaxiques utilisées ici pour l'analyse en dépendances diffèrent et sont plus nombreuses que dans les travaux où les dépendances proviennent des têtes de constituants. De plus les dépendances discontinues ne sont pas toujours prises en compte. D'autres part, l'analyse en dépendances n'est ici pas totalement autonome en s'appuyant sur certains pré-requis. Nous pouvons tout de même tenter de rapprocher ces travaux d'autres tâches de *supertagging* pour l'anglais (Nasr et Rambow, 2004) ou pour l'allemand (Foth *et al.*, 2006). Les travaux les plus proches sont sans doute ceux de (Nasr et Rambow, 2010) obtenant une précision de 85,7% pour l'anglais.

## 5 Conclusion et travaux à venir

Les résultats de l'analyse syntaxique en dépendances contrainte par la sélection des têtes reflète d'une réelle utilité de cette sélection automatique. Dans un premier temps, la sélection des dépendances-têtes ou des groupes-têtes en amont de l'analyse en dépendances permet de réduire de manière significative le temps d'analyse. De nombreuses phrases, d'une longueur conséquente, ne permettant pas d'aboutir à une analyse autonome peuvent être finalement analysées grâce à la sélection des têtes. Ce facteur est très important pour atteindre des taux de réussite (analyses abouties) intéressant et donc des résultats réellement exploitables. Par ailleurs, en étiquetant syntaxiquement les unités lexicales des phrases de 1 à 10 étiquettes différentes, on obtient un bon score en précision. Il nous indique que parmi les structures de dépendances produites par l'analyseur du CDG Lab, on obtient très souvent la bonne structure de dépendances pour une phrase donnée.

Cependant, nous supposons ici avoir un bon découpage des phrases en unités lexicales et un bon étiquetage en entrée ainsi qu'un tri des structures de dépendances en sortie qui s'appuie sur la structure de dépendances de référence. Dans l'idée de mettre en place un analyseur totalement autonome, nous souhaitons, par la suite, faire de ces étapes des tâches automatiques. Nous avons donc l'intention d'ajouter une étape de découpage des unités lexicales et d'étiquetage grammatical de ces unités en amont de l'étiquetage syntaxique présenté dans cet article. Puis nous appliquerons une méthode de tri automatique des structures de dépendances en sortie de l'analyseur permettant de trouver la structure de dépendances la plus proche de la structure de référence sans s'y être référé.

En outre, notons que le taux d'analyse non abouties car l'étiquetage était non-conforme avec la grammaire varie de 6 à 35% du meilleur au pire des cas. Un mauvais étiquetage local peut être la cause de cette non-conformité. Cependant le score général d'étiquetage étant bon (le meilleur est de 97.1 en rappel pour 10 choix d'étiquettes), il est évident que la majorité des étiquettes pour une phrase donnée sont correctes et permettraient d'obtenir une (ou plusieurs) sous-structure(s) de dépendances correcte(s) pour cette phrase. L'évolution de l'analyseur du CDG Lab ira dans ce sens : permettre à l'analyseur de produire des structures de dépendances partielles lorsque la sélection des têtes n'est pas totalement conforme avec la grammaire. La solution partielle pourra ensuite être complétée en appliquant une analyse par approximation. Le nombre de structures de dépendances analysées augmentera et cela permettra d'obtenir de meilleurs taux d'analyses abouties.

## Références

ALFARED, R., BÉCHET, D. et DIKOVSKY, A. (2011). "CDG Lab" : a Toolbox for Dependency Grammars and Dependency Treebanks Development. *In Proceedings of DEPLING 2011*, pages 272–281.

BANGALORE, S. et JOSHI, A., éditeurs (2010a). *Complexity of Lexical Descriptions and its Relevance to Natural Language Processing : A Supertagging Approach*. MIT Press.

BANGALORE, S. et JOSHI, A. K. (2010b). *Supertagging : Using Complex Lexical Descriptions in Natural Language Processing*. Mit Press.

BAR-HILLEL, Y., GAIFMAN, C. et SHAMIR, E. (1964). On Categorial and Phrase Structure Grammars. *In Language and information*, pages 99–115. Addison-Wesley.

BÉCHET, D., DIKOVSKY, A. et FORET, A. (2005). Dependency structure grammar. *In Proceedings of LACL 2005*, pages 18–34.

CANDITO, M., CRABBÉ, B. et DENIS, P. (2010). Statistical french dependency parsing : treebank conversion and first results. *In Proceedings of LREC 2010*, pages 1840–1847.

CLARK, S. et CURRAN, J. R. (2004). The importance of supertagging for wide-coverage ccg parsing. *In Proceedings of COLING 2004*, pages 282–288.

DEKIITYAR, M. et DIKOVSKY, A. (2004). Categorial dependency grammars. *In Proceedings of Intern. Conf. on Categorial Grammars*, pages 76–91.

DEKHTYAR, M. et DIKOVSKY, A. (2008). Generalized categorial dependency grammars. *In Trakhtenbrot/Festschrift*, LNCS 4800, pages 230–255. Springer.

DEKHTYAR, M., DIKOVSKY, A. et KARLOV, B. (2012). Iterated dependencies and kleene iteration. *In Formal Grammar 2010/2011*, LNCS 7395, pages 66–81.

DIKOVSKY, A. (2004). Dependencies as categories. *In Proceedings of COLING 2004 Workshop, "Recent Advances in Dependency Grammars"*, pages 90–97.

DIKOVSKY, A. (2011). Categorial dependency grammars : from theory to large scale grammars. *In DEPLING 2011*.

FOTH, K., BY, T. et MENZEL, W. (2006). Guiding a constraint dependency parser with supertags. *In Proceedings of COLING 2006*, pages 289–296.

LAFFERTY, J., MCCALLUM, A. et PEREIRA, F. (2001). Conditional random fields : Probabilistic models for segmenting and labeling sequence data. *In Proceedings of ICML 2001*.

LAVERGNE, T., CAPPÉ, O. et YVON, F. (2010). Practical very large scale CRFs. *In ACL 2010*.

MEL'CUK, I. (1988). *Dependency syntax : Theory and Practice*. State University of New York Press.

NASR, A. (2006). Grammaires de dépendances génératives probabilistes. modèle théorique et application à un corpus arboré du français. *Traitement Automatique des Langues*, 46(1):115–153.

NASR, A. et RAMBOW, O. (2004). Supertagging and full parsing. *In Proceedings of TAG+7*.

NASR, A. et RAMBOW, O. (2010). Non-lexical chart parsing for tag. *In* (Bangalore et Joshi, 2010a).

RABINER, L. R. (1989). A tutorial on hidden markov models and selected applications in speech recognition. *In Proceedings of IEEE 1989*.

RATNAPARKHI, A. (1996). A maximum entropy model for part-of-speech tagging. *In Proceedings of EMNLP 1996*.

SAGOT, B. (2010). The Lefff, a freely available and large-coverage morphological and syntactic lexicon for French. *In Proceedings of LREC 2010*.

SARKAR, A. (2010). Combining supertagging and lexicalized tree-adjoining grammar parsing. *In* (Bangalore et Joshi, 2010a).

SUTTON, C. et MCCALLUM, A. (2006). An introduction to conditional random fields for relational learning. *In Introduction to Statistical Relational Learning*. MIT Press.

TESNIÈRE, L. (1959). *Éléments de syntaxe structurale*. Klincksieck.

# Une approche linguistique pour l'extraction des connaissances dans un texte arabe

Houda Saadane
LIDILEM, Université Stendhal – Grenoble III, 1180, avenue central, F-38400 Saint Martin d'Hères
houda.saadane@e.u-grenoble3.fr

RÉSUMÉ

Nous présentons dans cet article un système d'extraction de connaissances en arabe, fondé sur une analyse morphosyntaxique profonde. Ce système reconnaît les mots simples, les expressions idiomatiques, les mots composés et les entités nommées. L'analyse identifie aussi les relations syntaxiques de dépendance et traite les formes passives et actives. L'extraction des connaissances est propre à l'application et utilise des règles d'extraction sémantiques qui s'appuient sur le résultat de l'analyse morphosyntaxique. A ce niveau, le type de certaines entités nommées peut être révisé. L'extraction se base, dans nos expérimentations, sur une ontologie dans le domaine de la sécurité. Le RDF (Resource Description Framework) produit est ensuite traité pour regrouper les informations qui concernent un même événement ou une même entité nommée. Les informations ainsi extraites peuvent alors aider à appréhender les informations contenues dans un ensemble de textes, alimenter une base de connaissances, ou bien servir à des outils de veille.

ABSTRACT

**A linguistic approach for knowledge extraction from an Arabic text**

We present in this paper a knowledge extraction system for Arabic. The information extraction is based on a deep morphosyntactic analysis. It also recognizes single words, idiomatic expressions, compounds and named entities. The analysis also identifies dependency relations, verb tenses and passive/active forms. Information extraction is application-independent and uses extraction rules that rely on the result of the morphosyntactic analysis. At this level, some named entity categories can be reconsidered. This extraction is based in our experimentations on the security ontology. The Resource Description Framework (RDF) obtained is then processed to gather information concerning a single event or named entity. The information extracted can help to understand the information contained in a set of texts, to infer knowledge into a knowledge base, or be used for monitoring tools.

MOTS-CLÉS : Analyse linguistique, fouille de textes, arabe, entités nommées, extraction d'informations, règles d'extraction, ontologie.

KEYWORDS : Linguistic analysis, Text Mining, Arabic, named entities, information extraction, extraction rules, ontology.

## 1 Introduction

Les évolutions rapides des nouvelles technologies sont accompagnées d'un essor important de la quantité d'information disponible sur le Web, et nécessitent le développement d'outils pour analyser et structurer les documents textuels. Ainsi, les documents en arabe sur le Web, à l'instar des auteurs langues, se multiplient en nombre, en contenus et en quantité. Pour traiter cette grande masse de textes, une possibilité est de recourir à des outils de fouille de textes ou d'extraction de connaissances. Pourtant, dans ce domaine en pleine émergence, les outils qui permettent d'analyser les documents arabes se limitent en général à l'extraction d'entités nommées.

L'objectif de cet article est de présenter un système d'extraction des connaissances pour l'arabe qui, après avoir effectué une analyse linguistique profonde du texte, extrait les entités nommées, et les relie à des événements, en se basant sur une ontologie métier. Le développement d'un tel système exige l'étude des propriétés des données textuelles en soulevant essentiellement les problèmes concernant l'analyse et la représentation des contenus des textes (Cherfi., 2002).

Dans cet article, nous commençons par présenter dans la section 2 un état de l'art du domaine de l'extraction de connaissances, suivi dans la section 3 d'une description des étapes de l'analyse linguistique profonde. La section 4 décrit le processus d'extraction sémantique qui se base sur les résultats de l'analyse syntaxique et sur des concepts et des règles d'extraction spécifiques au domaine traité. Dans la section 5, nous présentons le traitement qui consiste à aligner les informations recueillies au niveau du document pour regrouper les occurrences qui désignent une même entité nommée, ou un même événement. Nous exposons dans la section 6 les premiers résultats que nous avons obtenus. Nous terminons par une ouverture sur les perspectives d'amélioration de notre système.

## 2 Etat de l'art

De nombreux travaux de recherche ont abordé la question de l'extraction de connaissances, citons TEMIS (TExt MIning Solutions) qui est un éditeur de logiciels d'enrichissement sémantique des contenus. Sa plateforme Luxid (Kuznik et al., 2010) propose des fonctionnalités d'extraction d'information qui sont réalisées par le moteur Insight Discoverer Extractor. Ce serveur d'extraction d'information pour l'analyse des textes enchaine trois étapes : l'analyse de corpus (identification de la langue), l'analyse linguistique réalisée par Xelda et l'extraction des connaissances (identification des entités nommées, reconnaissance des relations entre les entités). Cette étape repose sur la technologie Skill Cartridge (Brun et al., 2009) qui propose un ensemble de règles et de composants linguistiques définissant l'information à extraire. La cartouche va permettre de réaliser une analyse sémantique pour fournir les relations sémantiques. Ces relations sémantiques font référence par la suite à des entités nommées et à des patrons spécifiques au domaine de l'intelligence économique. Un rôle est assigné à chaque entité, afin de définir sa position dans la relation sémantique. Les langues analysées par IDE, sont le français, l'anglais, l'espagnol, l'italien et l'allemand.

Le projet SAMAR[1] (Station d'Analyse Multimédia en langue Arabe) est, quant à lui, destiné aux journalistes travaillant en langue arabe. Son objectif est le développement d'une plateforme de traitement multimédia à destination de la presse et des médias arabes. Parmi les principales composantes de ce projet, il y a l'analyse sémantique et l'extraction des

[1] http://www.samar.fr/

entités nommées, qui constituent les sujets des informations à analyser. Ces entités sont par la suite stockées dans une base de connaissances.

Concernant plus particulièrement l'extraction des connaissances en langue arabe, les travaux se sont focalisés sur la reconnaissance et l'extraction des entités nommées. Parmi ces travaux, nous pouvons mentionner les travaux de (Zitouni et al., 2005) qui utilisent des techniques d'apprentissage automatique (Modèles de Markov à Entropie Maximale) en considérant des jeux de descripteurs idoines. L'utilisation d'un corpus parallèle pour l'extraction des entités nommées en arabe a été adoptée par (Samy et al., 2005). Cette méthode est aussi basée sur des règles, mais avec en plus l'utilisation d'un lexique monolingue de langue espagnole pour permettre l'extraction des entités nommées en espagnol. Une fois que ces entités sont extraites, un processus de transcription en arabe est appliqué sur ces entités.

Enfin, le travail de thèse de Mesfar (2008) avait pour objectif une analyse morpho-syntaxique et une extraction des entités nommées en arabe standard. Son système est basé sur une combinaison des résultats obtenus par le biais d'un analyseur morphologique et de grammaires locales représentant des règles d'identification écrites à la main. D'autres travaux récents se basent sur des méthodes à base de règles Shaalan et al., 2009 ; Zaghouani et al., 2010.

Les études que nous avons décrites ci-dessus proposent une solution à la problématique de l'extraction des entités nommées, mais n'abordent pas, ou peu, le sujet de l'extraction de connaissances relatives à ces entités. Notre objectif est de proposer un système d'extraction de connaissances pour l'arabe, qui sera capable de repérer les entités nommées, mais aussi les relations sémantiques qui les relient, pour un domaine particulier modélisé dans une ontologie. Notre analyse est fondée sur la technologie des automates d'états finis.

## 3 Analyse linguistique profonde

L'analyse linguistique profonde est nécessaire pour assurer une extraction d'informations sûre, pertinente et complète, par exemple en reliant des éléments qui peuvent être éloignés dans la phrase initiale.
L'analyse que nous avons mise au point se divise en plusieurs étapes allant du découpage en mots jusqu'aux relations que ceux-ci entretiennent au sein d'une phrase. Les principales étapes de cette analyse sont décrites dans les sous-sections suivantes :

### 3.1 Découpage en mots

La tokenisation permet le découpage du texte en mots, les « tokens », séparés par des ponctuations ou par des espaces. Elle prend aussi en compte les balises, les dates abrégées, etc. Citons l'exemple de la tokenisation en mots de la phrase باريس مدينة الجن والملائكة. » (Paris la ville des diables et des anges) donnera : باريس | مدينة | الجن | و | الملائكة. C'est une étape qui va permettre d'attribuer ensuite à chaque token des catégories et des propriétés sur lesquelles portera l'analyse profonde.

### 3.2 Analyse morphologique

Le travail de l'analyseur morphologique consiste à retrouver la forme de surface d'un mot stocké dans le lexique à partir de la forme canonique de ce dernier (infinitif du verbe, masculin singulier d'un adjectif, etc...). Cette étape est primordiale lors de l'analyse linguistique. Elle se divise à son tour en plusieurs étapes : la consultation du dictionnaire des formes fléchies d'une part pour récupérer la normalisation du mot et d'autre part, pour permettre de récupérer les informations linguistiques (genre, nombre, catégorie grammaticale, etc.) de ce mot. L'une des particularités de la langue arabe est la présence des formes agglutinées (formes avec des proclitiques et des enclitiques). Ces formes ne sont pas présentes dans le dictionnaire des formes fléchies. Pour identifier ces formes et les traiter correctement, nous avons ajouté un segmenteur de clitiques (proclitiques et enclitiques) à l'analyse morphologique. Cette segmentation des formes agglutinées se déroule de la manière suivante (Semmar et al., 2005) :

1. Recherche de toutes les compositions possibles entre les clitiques (proclitique, enclitique) et le radical en utilisant les dictionnaires des proclitiques, enclitiques et formes fléchies.

2. Chaque radical est ensuite recherché dans le dictionnaire des formes fléchies. Si ce radical n'existe pas dans le dictionnaire, des transformations morphologiques sont appliquées avant leur suffixation en se basant sur des règles de réécriture, enfin le radical résultat est de nouveau recherché dans le dictionnaire des formes fléchies. Par exemple, considérons la forme agglutinée «بسيارته» (avec sa voiture) et les clitiques inclus dans cette forme (ب, ه). Le radical récupéré «سيارت» n'existe pas dans le dictionnaire des formes fléchies. Mais après l'application de la règle de réécriture transformant la lettre «ت» en «ة» en fin de mot, le radical modifié «سيارة» (voiture) est trouvé dans le dictionnaire des formes fléchies et la forme agglutinée «بسيارته» est découpée en proclitique + radical + enclitique comme suit : بسيارته = ب + سيارة + ه (avec sa voiture).

3. Une étape supplémentaire permet de vérifier la relation d'ordre au sein d'une représentation des formants du mot sur un vecteur ordonné (Zmantar et al., 2009). La principale propriété de celui-ci est que chaque proclitique est incompatible avec un proclitique de même position, en raison de la relation d'ordre strict qui régit les formants du mot graphique. Exemples : wa et fa coordonnants (واو العطف et فاء), qui occupent tous les deux la même position sur le vecteur d'ordre, sont incompatibles entre eux (ils ne peuvent pas apparaître dans un même mot). Cette étape doit aussi vérifier les règles, syntaxiques mais aussi sémantiques, de compatibilité et d'incompatibilité entre les proclitiques et les enclitiques.

Cette analyse reconnaît aussi des expressions idiomatiques afin de grouper certains mots pour les considérer comme une seule unité (سكة الحديد : Chemin de fer). Cette reconnaissance se fait à l'aide de règles et de dictionnaires.

Si, après ces étapes, un mot reste inconnu, le système lui attribue une (des) catégorie(s) par défaut, en s'appuyant sur des informations révélées par sa forme de surface. Par exemple, s'il s'agit d'un mot en caractères latins majuscules, comme ONU, il sera étiqueté comme un nom propre.

Après cette analyse morphologique, et particulièrement pour le traitement de la langue arabe, la majorité des mots restent ambigus à cause de l'absence des voyelles courtes arabes dans les textes (Debili et al., 1998), ce qui est moins prononcé pour les autres langues. Le problème majeur rencontré dans cette phase est celui de l'ambiguïté lexicale et grammaticale, qui découle du fait que lorsqu'un mot est reconnu, l'analyseur morphologique peut fournir plusieurs interprétations qui renvoient à plusieurs catégories syntaxiques ou à plusieurs sens. Le rôle du désambiguïseur morpho-syntaxique qui intervient par la suite, est de réduire le nombre des ambiguïtés grammaticales en utilisant des matrices de désambiguïsation. Ce sont des matrices de bi-grammes et tri-grammes de catégories obtenues à partir d'un corpus étiqueté du LDC (Arabic Treebank), et désambiguïsé manuellement. Le résultat de l'application des n-grammes nous permet d'obtenir la suite de couples mot-catégories la plus probable. L'ambiguïté lexicale est conservée à ce niveau, pour être traitée plus tard, au niveau de l'extraction sémantique.

## 3.3 Repérage des dates

Lors de l'analyse morphologique, un traitement spécifique intervient pour le repérage des dates. Ceci permet ensuite à la désambiguïsation d'être plus efficace, étant donné que les dates ne sont plus constituées d'une suite de catégories, mais sont associées à une catégorie « date ».

Les dates et heures se composent de l'indication normalisée du temps qu'elles représentent. Nous nous sommes basés sur la norme ISO 8601 avec le format AAAAMMJJ où AAAA représente l'année sur 4 chiffres, MM représente le numéro du mois, sur 2 chiffres et JJ représente le quantième dans le mois, sur 2 chiffres. Par exemple, «أفريل 1984 (Avril) 01» est normalisé de la manière suivante : «19840401 », «أفريل (Avril) 1984 » est normalisé par «198404XX», «غداً : demain» est normalisé par «XXXXXX+1».

## 3.4 Mots composés

Une étude linguistique spécifique de la langue arabe nous a permis de définir et d'écrire un certain nombre de règles dans le but d'établir des relations de dépendance (contiguës et non contiguës) entre les mots au sein du syntagme nominal. Ces relations permettent ensuite de reconnaître les mots composés présents dans une phrase.

Citons l'exemple de «أرملة الشهيد» (la veuve de martyr), nous avons une relation entre deux mots associés par annexion (معرف بالإضافة), qui relie le mot indéfini )veuve( أرملة et le mot défini الشهيد (martyr) pour donner une relation de type "NomRelNom".

## 3.5 Relations sujet-verbe-complément

Nous avons défini un certain nombre de règles, issues d'une étude expérimentale pour l'identification et le repérage des relations syntaxiques dans une phrase. Notons que certains verbes demandent un complément, contrairement à d'autres. Ces verbes sont appelés des verbes transitifs. Il faut définir la liste des verbes transitifs et des verbes intransitifs, étant donné que, en arabe, la position des mots ne suffit pas à en déduire la fonction syntaxique du mot. Les voyelles courtes l'indiquent, mais elles ne sont généralement pas indiquées dans les textes écrits. C'est pour cela qu'il faut se baser sur la transitivité ou sur la non transitivité du verbe pour déterminer quelles sont les relations qui existent entre un nom et un verbe.

Voici les relations que nous détectons :

- Les relations agent-verbe, qui permettent d'identifier l'agent de l'action (pour répondre à la question : qui a fait l'action?)
- Les relations verbe-complément, qui permettent d'identifier qui a subi l'action, ou encore les circonstanciels qui nous renseignent sur le moyen (comment? Avec quoi?), la date (quand?), le lieu (où ?), ... de l'action.

## 3.6 Passif

Afin de rendre l'étape de construction des règles d'extraction des connaissances plus efficace, l'analyse linguistique profonde adopte en interne la même représentation pour une phrase passive, et pour son équivalent à la forme active. Cette phase consiste donc à identifier les formes passives et à les transformer en formes actives. Voici quelques structures syntaxiques exprimant un passif (Ziad, 2010) :

- Passif avec un verbe doublement transitif. مُنِح الشاعرُ جائزةً : On a accordé un prix à l'écrivain
- Passif avec un verbe transitif indirect, précédé par une préposition, حُكِمَ عليه بالاعدام : Il a été condamné à mort.
- Emploi de tournures modernes du passif, qui expriment le complément d'agent : مِنْ قِبَل ، مِنْ طَرَفِ ، مِنْ جَانِب ، عَلَى يَد (par).

Dans l'exemple suivant : إعتقلت الفتاة على يد الشرطة (la fille a été arrêtée par la police), pour ne pas confondre entre la personne qui fait l'action et la personne qui la subit, il est important de savoir si la forme est active ou passive. Ici, la forme est active mais emploie une tournure moderne du passif qui exprime le complément d'agent (عَلَى يَد), donc le sujet est la police et le complément est la fille. Nous obtenons donc les relations suivantes :

- relation agent-verbe entre إِعْتَقَل (arrêter) et شُرْطَةٌ (Police) reliés par le mot عَلَى يَد (par)
- relation verbe-complément entre إِعْتَقَل (arrêter) et فَتَاة (fille).

```
<relation reltype="SV">
 <head>
  <posBeg>112</posBeg>
  <lemma>إِعْتَقَل </lemma>
  <catPos index="no">+verbe</catPos>
  <prop
index="no">+vbpassif+acc+3fs</prop>
  <posEnd>118</posEnd>
 </head>
 <dept>
  <posBeg>133</posBeg>
  <lemma>شُرْطَةٌ</lemma>
  <catPos index="no">+nom</catPos>
  <prop index="no">+fs</prop>
  <posEnd>139</posEnd>
 </dept>
 <lingIndication index="no">
  <posBeg>126</posBeg>
```

```
<relation reltype="VC">
 <head>
  <posBeg>112</posBeg>
  <lemma>إِعْتَقَل </lemma>
  <catPos index="no">+verbe</catPos>
  <prop
index="no">+vbpassif+acc+3fs</prop>
  <posEnd>118</posEnd>
 </head>
 <dept>
  <posBeg>119</posBeg>
  <lemma>فَتَاة</lemma>
  <catPos
index="no">+annppers</catPos>
  <prop index="no">+pers+fs</prop>
  <posEnd>125</posEnd>
 </dept>
</relation>
```

```
  <lemma>عَلَى يَد</lemma>
  <catPos index="no">+prepN</catPos>
  <prop index="no">+passif</prop>
  <posEnd>132</posEnd>
 </lingIndication>
</relation>
```

TABLE 1 – Exemple d'extraction des relations syntaxiques dans une phrase passive.

**Head** : unité qui constitue la tête de la relation
**Dept** : unité qui constitue le dépendant de la relation
**LingIndication** : balise qui contient des indications sur les unités qui permettent de relier les termes d'une relation, et qui serviront lors de l'extraction sémantique.

## 3.7 Reconnaissance des entités nommées

Cette phase consiste à mettre en œuvre un système de reconnaissance et de typage des entités nommées. Dans notre approche, nous avons opté pour un système à base de règles linguistiques qui exploitent l'étiquetage syntaxique, des marqueurs lexicaux (déclencheurs) et des dictionnaires de noms propres. La mise en place de règles de reconnaissance d'entités nommées a nécessité une recherche profonde sur certains traits linguistiques propres aux entités nommées en arabe.

**Exemple** : " الأخ مُعز غرسلاوي " (le frère Moez Garsallaoui) Dans cet exemple, nous avons le titre de civilité "الأخ : frère" suivi d'un prénom et d'un nom propre. Voici la représentation que nous obtenons :

```
<en entype="pers">
 <relation reltype="AnnpNP">
  <head>
   <posBeg>1104</posBeg>
   <lemma>غرسلاوي </lemma>
   <catPos index="no">+np</catPos>
   <posEnd>1111</posEnd>
  </head>
  <dept>
   <posBeg>1092</posBeg>
   <lemma>أَخٌ</lemma>
   <catPos ndex="no">+annppers</catPos>
   <prop index="no">+pers+ms</prop>
   <posEnd>1097</posEnd>
  </dept>
 </relation>
```

```
<relation reltype="PrenomNP">
  <head>
   <posBeg>1104</posBeg>
   <lemma>غرسلاوي </lemma>
  <catPos index="no">+np</catPos>
  <posEnd>1111</posEnd>
  </head>
  <dept>
   <posBeg>1098</posBeg>
  <lemma>مُعِز</lemma>
  <catPos
index="no">+prenom</catPos>
   <prop index="no">+m</prop>
   <posEnd>1103</posEnd>
  </dept>
 </relation>
</en>
```

TABLE 2 – Exemple de reconnaissance des entités nommées de type Personne.

# 4 Extraction sémantique

L'entrée de cette étape est constituée de la sortie de l'analyse morpho-syntaxique décrite précédemment. Cette analyse fournit les informations suivantes :

- les lemmes des mots ainsi que leur position dans le texte, et leur catégorie grammaticale
- les relations de dépendance syntaxique entre les mots,
- les entités nommées typées.

Nous avons choisi une représentation interlingue en anglais de toutes les informations, dans le but de faciliter la lecture des informations extraites par les non arabophones et de faciliter la fusion d'informations provenant de documents en plusieurs langues. Nous avons eu recours à deux types d'opérations : l'utilisation de dictionnaires de traduction existants et l'ajout d'un système de translittération pour les entités nommées qui n'existent pas dans les dictionnaires (Saadane et al., 2012).

L'extraction de connaissances permet de mettre en évidence des entités nommées et des relations relatives à un concept particulier, par exemple : « arrestation », « attentat », « condamnation », « construction ». Le déroulement de cette étape s'effectue en trois temps : la sélection des concepts potentiellement présents, la sélection des règles à appliquer, puis l'application des règles.

## 4.1 Sélection des concepts probables

Une étape primordiale lors de l'extraction des connaissances consiste à repérer les déclencheurs. Ces déclencheurs peuvent être des mots, des expressions ou des relations, et indiquent qu'une relation relative à un concept peut être présente dans le texte. Les déclencheurs sont présentés sous forme de deux colonnes :

- la première colonne contient les mots, les expressions ou encore les relations qui indiquent la présence du concept dans le texte traité.
- la deuxième colonne définit le concept (arrestation, transfert, émission, union,...) associé à l'élément de la première colonne.

| | |
|---|---|
| إعْتَقَل | Arrest |
| VC#نَقَل#رِسَالَة# | Emission |

Comme nous l'avons mentionné et comme le montre l'exemple précédent, les déclencheurs peuvent être des mots (إعتقل, زواج.) :(mariage, interpeller...), des expressions ou bien des relations (VC# نَقَل # رِسَالَة #) : (VC#transmettre#message#).

Il est nécessaire qu'un déclencheur soit présent dans l'entrée afin d'être en mesure d'extraire l'information présente. A partir d'un déclencheur, un concept est obtenu ce qui nous permet ensuite de sélectionner les règles à appliquer.

## 4.2 Sélection des règles à appliquer

Les déclencheurs nous ont permis d'obtenir la liste des concepts présents dans le texte. Ces concepts nous amènent alors vers une liste de règles qui vont être confrontées aux relations issues de l'analyse syntaxique. Si les relations syntaxiques correspondent aux règles définies, elles pourront alors être extraites. La définition des règles à appliquer comporte aussi deux colonnes :

- La première colonne indique les concepts. Ils sont ensuite comparés aux concepts probables sélectionnés à la phase précédente par le biais des déclencheurs
- La deuxième colonne liste les règles spécifiques à un concept pouvant être appliquées. Ces règles contiennent des relations syntaxiques (SV, VC) entre un verbe et une liste de catégories, avec d'éventuelles prépositions.

Arrest SV#إِعْتَقَل#<en># عَلَى يَد (Arrest SV#arrêter#<en># par)
Arrest SV#إِعْتَقَل#<en># (Arrest SV#arrêter#<en>#)
Arrest VC#إِعْتَقَل|#<en># (Arrest VC#arrêter#<en>#)

Pour illustrer notre propos, prenons l'exemple suivant : إعتقلت العروض على يد الشرطة (Elaroud a été arrêtée par la police). Lors de la première étape, le mot «إعتقل» (arrêter) a été repéré comme déclencheur du concept « Arrest» (arrestation). Ce concept est associé aux règles présentées ci-dessus. Afin de pouvoir être sélectionnées, les règles doivent correspondre à une relation syntaxique présente dans la phrase. Or, dans la phrase « Elaroud a été arrêtée par la police », « arrêter » a un complément « Elaroud » de type entité nommée, et « arrêter » a un sujet « police », étant donné que la phrase est au passif. Donc, ce sont les règles SV#إِعْتَقَل#<en># عَلَى يَد et VC#إِعْتَقَل #<en># qui seront sélectionnées.
A ce stade intervient un traitement qui permet l'application des règles sélectionnées lors de la phase précédente aux relations syntaxiques effectivement présentes, afin d'extraire l'information en question.

### 4.2.1 L'application des règles sélectionnées

Les règles sélectionnées à l'étape précédente sont appliquées aux relations syntaxiques afin d'en extraire les connaissances présentes. Les connaissances sont extraites à partir de la sortie de l'analyse linguistique profonde. La règle d'extraction indique ensuite quels sont les éléments qui doivent être extraits, et quelle est leur sémantique. Si nous reprenons l'exemple « إعتقلت العروض على يد الشرطة: Elaroud a été arrêtée par la police», l'une des règles sélectionnée est la relation verbe-complément entre «arrêter» et une entité nommée. Cette règle indique que le concept extrait sera «Arrest» (Arrestation), dont le patient est l'objet de «arrêter», c'est-à-dire «Elaroud». Le résultat obtenu sera alors de la forme suivante : *<gs:Arrest rdf:nodeID="id17Arrest"><wn:undergoer rdf:nodeID="id1Elaroud"/></gs:Arrest>*

### 4.2.2 L'extraction des entités nommées et son contrôle

Toutes les entités nommées détectées au niveau de l'analyse linguistique sont extraites en conservant leur type : « Personne », « Lieu », « Organisme », « Mesure », « Date », « Produit » ou encore « Inconnu ». Mais l'analyse linguistique a pu se tromper sur le type d'une entité nommée. Cette étape effectue un contrôle sur le type des entités nommées extraites.

Le contrôle consiste à vérifier l'adéquation entre le type de l'entité nommée issu de l'analyse linguistique, et le type de l'entité nommée proposé par la règle. Les types des entités nommées peuvent être modifiés si la règle d'extraction considère que le type de l'entité nommée est incompatible avec le type de l'entité nommée issu de l'analyse linguistique.

L'exemple suivant illustre ce phénomène d'incompatibilité : « اعلنت باريس ان الجزأير : *Paris déclare que l'Algérie* ...». Au niveau morpho-syntaxique, Paris est considéré comme une entité nommée de type «lieu», mais dans le cadre de l'action d'émission d'un message, l'agent ne peut pas être un lieu. En fait, l'émission ne peut être réalisée que par une personne ou une organisation et si à l'origine elle a été considérée comme la capitale de la France, la nouvelle catégorie est une organisation, et nous pouvons en déduire que c'est le gouvernement français.

### 4.2.3 La création d'entités

Il peut arriver qu'une règle fasse référence à une entité sans que celle-ci existe. C'est le cas lorsque l'entité nommée n'a pas pu être repérée au niveau de l'analyse syntaxique, ou bien lorsqu'il ne s'agit pas d'une entité nommée comme dans l'exemple «أدين : il a été condamné». Pour faire apparaître le patient de l'action, la règle d'extraction va créer l'entité manquante :

*VC#*أَدَانَ #**<$pers>**# → *<en entype="pers">***<$pers>**</en>

Notons que l'extraction et/ou la création d'entités peuvent introduire des ambiguïtés. Une relation peut demander comme objet ou sujet une entité de type lieu ou organisation. Ces ambiguïtés sont alors générées, pour être résolues plus tard, grâce à un contrôle manuel par exemple, ou bien grâce à la mise en cohérence. Cependant, lorsque l'ambiguïté se situe entre les types personne ou organisation, le type « agent », qui est générique, sera indiqué.

## 5 Mise en cohérence

Précisons pour commencer que les résultats de l'extraction de connaissances est un graphe **RDF** faisant référence aux concepts et propriétés issus de l'ontologie intégrée dans le système. Cette étape va permettre de rassembler les informations concernant une même entité nommée, ou une même action. Elle permet aussi d'exploiter les métadonnées attachées au document. La construction de notre système d'extraction a nécessité la définition des informations d'intérêt dans le domaine de sécurité.

Nous avons choisi, pour cela, de développer une ontologie du domaine qui servira de guide aux différentes étapes d'extraction. La diversité des documents exploités nécessite que l'ontologie soit assez générale tout en contenant des concepts et des propriétés spécifiques au domaine de la sécurité.

Nous avons développé une ontologie interne, en nous basant sur des ontologies existantes telles que ***foaf*** pour les agents (Person et Organization) et en ajoutant d'autres concepts décrivant les connaissances que nous souhaitons extraire tels que les actes de violences, les déplacements, les transferts d'argent… La construction de cette ontologie a été réalisée manuellement à base de corpus. A l'heure actuelle, notre ontologie compte 106 classes et 200 propriétés d'objets.

### 5.1 Regroupement des entités nommées

L'un des problèmes des différentes étapes d'extractions réside dans le fait que les graphes obtenus peuvent contenir des duplications inutiles de nœuds. Ce phénomène est particulièrement visible pour les entités nommées que l'on retrouve à plusieurs reprises dans un même document. L'objectif de cette étape consiste à regrouper les différentes occurrences d'une même entité nommée sous un même et unique URI. Ce problème est généralement connu sous le nom de 'Record linkage' ou 'Entity resolution' et a été abordé par différentes approches (Elmagarmid et al., 2007).

Dans le contexte d'un graphe RDF, et dans le domaine de l'extraction sémantique, nous adoptons une méthode basée sur un ensemble de règles. Ces règles ont été définies pour identifier les entités nommées dupliquées et permettre leur regroupement. Citons un exemple de ces règles : deux personnes sont identiques dans un même document, si elles ont le même nom et prénom, et qu'il n'y a pas d'autres informations contradictoires, par exemple «junior» et «senior».

## 5.2 Résolution des dates relatives

Parmi les problèmes que l'analyse linguistique ne résout pas il y a les dates relatives. Ces dates ne sont pas toujours exprimées d'une manière explicite dans les textes. Pour résoudre ce phénomène, nous nous appuyons sur les trois aspects suivants :

1. La représentation adoptée par l'ontologie : l'ontologie décrit chaque date comme un intervalle. Elle contient donc les attributs suivant : (1) **dtstart :** date de début, (2) **dtend :** date de fin, (3) **type :** le type de calendrier utilisé, qui correspond à des constantes prédéfinies dans l'ontologie (grégorien, arabe, chinois ...), (4) **authorValidation :** donne une indication sur quand a eu lieu l'action, si cette dernière se situe dans le passé ou le futur, grâce notamment aux temps des verbes liés à la date, (5) **day :** le jour de la semaine, lorsqu'il est précisé.
2. la sortie de l'analyse linguistique
3. les métadonnées du document analysé (notamment la date d'édition du document).

La sortie de l'analyse linguistique nous permet d'identifier les occurrences où la date extraite est incertaine. Dans le contexte de la presse écrite, il est fréquent d'extraire des dates relatives à un jour de la semaine ou à une indication dans le temps. Par exemple un événement devant se dérouler «نهاية الأسبوع المقبل : le week-end prochain » pour un article paru le lundi 01 avril 2013 (une métadonnée du document). Les métadonnées sont alors exploitées pour définir une date incertaine se situant entre le samedi 06/4/2013 et le dimanche 07/4/2013.

# 6 Premiers résultats

Pour estimer l'efficacité de notre système, nous avons mené deux types d'évaluation : une évaluation quantitative concernant la phase de segmentation et la phase d'extraction d'entités nommées et une évaluation qualitative (intrinsèque) de l'extraction de connaissances.

Nous avons comparé nos performances de segmentation avec l'outil de Stanford[2] en apportant quelques modifications aux résultats pour pouvoir les comparer avec ceux de notre outil. Par exemple, dans l'outil de Stanford, l'article défini fait partie du mot, contrairement à notre segmenteur qui considère que l'article défini est un token indépendant.

Nous avons calculé la précision sur un ensemble de documents (articles de presse Aljazeera) segmentés par l'outil de Stanford et corrigés manuellement. Nous avons eu une précision de 0,98% avec notre segmenteur contre 0,96% avec l'outil de Stanford.

[2] http://nlp.stanford.edu/projects/arabic.shtml

Pour évaluer notre approche d'extraction d'entités nommées nous avons réalisé nos expériences sur le corpus ANER[3] (Benajiba et al., 2007) qui est composé de 150 000 occurrences de mots. Ce corpus distingue les types d'entité nommée suivantes : lieu (**LOC**ation qui représente 30.4% des EN observées), personne (**PERS**on : 39%), organisation (**ORG**anization : 20.6%) et une classe qui regroupe toutes les autres EN, de type « divers » (**MISC**ellaneous : 10%). Nous nous sommes intéressés à la reconnaissance des trois premiers types des entités nommées et avons obtenu une précision de 89,05% pour la détection des entités nommées de type personne, 91% pour les lieux et 83.41% pour les organisations.

Nos systèmes de segmentation et d'extraction des entités nommées obtiennent de bons résultats. Par ailleurs, notre système présente encore quelques faiblesses comme le montre la précision pour les entités de types «organisation».

L'absence ou la non disponibilité des outils et des travaux de référence dans le domaine de l'extraction des connaissances pour le traitement de l'arabe a été un vrai obstacle pour mesurer la performance de notre système, et ne nous permet pas de comparer notre approche avec les autres travaux. C'est la raison pour laquelle nous avons lancé des phases de tests afin d'améliorer et de compléter l'extraction d'informations.

Une question engendrée par cette phase est : sur quel corpus peut-on tester notre module ? Nous avons opté pour les corpus suivants :

- Corpus de textes sur Malika El-Aroud. Ce corpus est assez général et regroupe une grande partie des concepts présents dans notre ontologie.
- Ensemble de corpus propres à chaque concept, composés d'articles journalistiques. Ces corpus ne sont pas généraux mais peuvent permettre d'étudier et d'améliorer en profondeur un type de concept. Les corpus spécifiques sont les suivants : « arrestation », « attentat », « condamnation », « construction », « décès », « divorce », « émission », « mariage », « paiement », « rencontre » et « transfert ».

Afin de recouvrir un maximum de cas tout en améliorant la reconnaissance et l'extraction d'information, l'utilisation conjointe de ces deux types de corpus paraît être la meilleure solution.

Citons l'exemple suivant : وفي مرحلة لاحقة إقترنت أم عٌبيدة بالأخ مٌعز غرسلاوي من أصول تونسية وانتقلت معة لسويسرا. (À un stade ultérieur Umm Obeyda s'est mariée avec le frère Moez Garsallaoui d'origine tunisienne et elle s'est installée (partie) avec lui en Suisse. )

Pour cet exemple, notre système extrait les connaissances suivantes:

- entités nommées de type Personne : Umm Obeyda et frère Moez Garsallaoui.
- entités nommée de type Lieu : Suisse
- concept «Union» extrait grâce au verbe «إقترن» «se marier», avec deux bénéficiaires : «Umm Obeyda » et « Moez Garsalloui».

- concept « Transfert » est extrait grâce au verbe «انتقل».

Voici la représentation des connaissances extraites, dans notre outil de visualisation :

[3] http://users.dsic.upv.es/~ybenajiba/downloads.html

FIGURE 1 – Représentation des connaissances extraites, dans notre outil de visualisation.

## Conclusion

Nous avons décrit dans cet article un système d'extraction des connaissances dans des textes arabes, basé d'une part sur une analyse linguistique profonde, et d'autre part sur une extraction sémantique utilisant une ontologie du domaine. L'évaluation effectuée sur ces premiers travaux nous a permis de déceler globalement la qualité de notre extraction mais aussi de donner naissances à d'autres problématiques à étudier.

Notre approche à base de règles contextuelles atteint l'état de l'art pour l'extraction d'entités nommées en arabe. Notre méthode d'extraction de connaissance montre le caractère indispensable d'une analyse syntaxique profonde dans le repérage de telles informations.

Pour rendre notre système d'extraction plus complet, nous allons étendre l'analyse syntaxique, en y ajoutant la recherche des antécédents des anaphores présentes dans les textes. En effet, si les pronoms, utilisés fréquemment dans les textes pour éviter les répétitions, ne sont pas liés à l'entité à laquelle ils font référence, nous risquons de perdre beaucoup des informations présentes dans les textes. Il faut noter que les limites des systèmes linguistiques et statistiques actuels nous orientent vers une future combinaison de ces approches pour une meilleure extraction. Nos travaux futurs s'orientent vers une extension de notre système à d'autres domaines.

## Remerciements

Je tiens à remercier l'Agence Nationale de la Recherche portant la référence ANR-09-CSOSG-08-01, pour son aide qu'elle nous a apportée pour mener à bien ce travail, ainsi que Mme Aurélie Pradelles-Rossi et M Christian Fluhr.

## Références

BENAJIBA, Y., et ROSSO, P. (2007). ANERsys 2.0 : Conquering the NER Task for the Arabic Language by Combining the Maximum Entropy with POS-tag Information. *In Proc. Workshop on Natural Language-Independent Engineering, 3rd Indian Int. Conf. on Artificial Intelligence, IICAI-2007,* Pune, India, December 17-19.

BRUN, C., DESSAIGNE, N., EHRMANN, M., GAILLARD, B., GUILLEMIN-LANNE, S., JACQUET, G., KAPLAN, A., KUCHARSKI, M., MIGEOTTE, A., NAKAMURA, T. et VOYATZI, S. (2007). Une expérience de fusion pour l'annotation d'entités nommées. *Actes de TALN 2009 (Traitement automatique des langues naturelles)*, Senlis.

CHERFI, H. (2004). Etude et réalisation d'un système d'extraction de connaissances à partir de textes. *Thèse de doctorat*, novembre 2004, LORIA, Nancy.

DEBILI, F. et ACHOUR, H. (1998). Voyellation automatique de l'arabe. *In Proceedings of the Workshop on Computational Approaches to Semitic Languagues.* Montreal. Canada, pages 42–49.

DEBILI, F. et SOUISSI, E. (1998). Étiquetage grammatical de l'arabe voyellé ou non. *Correspondance de l'IRMC, N°71.* Tunis.

ELMAGARMID, A.K., Ipeirotis, P.G. et VERYKIOS, V.S. (2007). Duplicate record detection: A survey. *IEEE Transactions on Knowledge and data Engineering (TKDE).* 19(1) pages 1–16.

KUZNIK, L., GUÉNET, A-L., PERADOTTO, A., et CLAVEL, C. (2010). L'apport des concepts métiers pour la classification des questions ouvertes d'enquête. *Actes de TALN 2010 (Traitement automatique des langues naturelles)*, Montréal, Canada .

MESFAR, S. (2008). Analyse morpho-syntaxique automatique et reconnaissance des entités nommées en arabe standard. *Thèse de doctorat*, novembre 2008.

MIKATI, Z. (2010). Du Data Mining au Sense mining : modèle pour une analyse de la langue arabe, et ses représentations formelles en vue d'une application à des données demandant une haute sécurité. *Thèse de doctorat se*, mai 2010.

SÂADANE, H., ROSSI, A., FLUHR, C. et GUIDÈRE, M. (2012). Transcription of Arabic Names into Latin. *Actes the 6th international conference SETIT 2012 (Sciences of Electronic, technologies of Information and Telecommunications).* March 2012. Sousse, Tunisia.

SAMY, D., MORENO, A. et MA GUIRAO, J. (2005). A proposal for an Arabic named entity tagger leveraging a parrallel corpus. *In Proceedings of International Conference on Recent Advances on Natural Language Processing* RANLP '05. Borovets.

SEMMAR, N., GARA, F. et FLUHR, C. (2005). Linguistic resources and analysis for unvowelled Arabic text processing in information retrieval. In *Actes de 2nd International Conference on Machine Intelligence, ACIDCA-ICMI-2005, Tozur (Tunisia)*, 5-7 Novembre 2005.

SHAALAN, K. et RAZA, H. (2009). NERA : Named entity recognition for arabic. *Journal of the American Society for Information Science and Technology,* 60(9) : pages 1652–1663.

ZAGHOUANI, W., POULIQUEN, B., EBRAHIM, M. et STEINBERGER, R. (2010). Adapting a resource-light highly multilingual named entity recognition system to arabic. *Proceedings of the Seventh conference on International Language ressources and Evaluation (LREC'10),* pages 563–567.

ZITOUNI, I., SORENSEN, J., LUO, X. et FLORIAN, R. (2005). The impact of morphological stemming on Arabic mention detection and coreference resolution. *In Proceedings of Workshop on Computational Approaches to Semitic Languages,* pages 63–70, Ann Arbor, Michigan.

ZMANTAR, Y. et DICHY, J. (2009). L'analyse automatique des mots-outils en arabe.*2ème conférence Internationale - Systèmes d'information et Intelligence Economique 2009.* Hammamet,Tunisia.

# Extraction des mots simples du lexique scientifique transdisciplinaire dans les écrits de sciences humaines : une première expérimentation

Sylvain Hatier
LIDILEM, BP 25, 38040 Grenoble Cedex 09
sylvain.hatier@u-grenoble3.fr

RÉSUMÉ

Nous présentons dans cet article les premiers résultats de nos travaux sur l'extraction de mots simples appartenant au lexique scientifique transdisciplinaire sur un corpus analysé morpho-syntaxiquement composé d'articles de recherche en sciences humaines et sociales. La ressource générée sera utilisée lors de l'indexation automatique de textes comme filtre d'exclusion afin d'isoler ce lexique de la terminologie. Nous comparons plusieurs méthodes d'extraction et montrons qu'un premier lexique de mots simples peut être dégagé et que la prise en compte des unités polylexicales ainsi que de la distribution seront nécessaires par la suite afin d'extraire l'ensemble de la phraséologie transdisciplinaire.

ABSTRACT

**EXTRACTION OF ACADEMIC LEXICON'S SIMPLE WORDS IN HUMANITIES WRITINGS**

This paper presents a first extraction of academic lexicon's simple words in french academic writings in the fields of humanities and social sciences through a corpus study of research articles using morpho-syntactic analysis. This academic lexicon resource will be used for automatic indexing as a stoplist in order to exclude this lexicon from the terminology. We try various extraction methods and show that a first simple words lexicon can be generated but that multiwords expressions and words distribution should be taken into consideration to extract academic phraseology.

MOTS-CLÉS : corpus – écrits scientifiques – lexique - phraséologie

KEYWORDS : corpus – scientific writings – lexicon - phraseology

# 1 Introduction

Notre but est la constitution d'une ressource lexicale du lexique scientifique transdisciplinaire en procédant à son extraction automatique. Ce travail s'inscrit dans le cadre du projet ANR Contint Termith (Terminologie et Indexation de Textes en sciences Humaines), dont le but principal est l'indexation automatique d'écrits scientifiques en sciences humaines. Cette indexation requiert l'identification de la terminologie afin de lister les termes les plus significatifs pour un document donné, terminologie dont un des principaux critères de reconnaissance est la spécificité (propriété des mots statistiquement sur-représenté dans un corpus en comparaison d'une référence). Or, les écrits scientifiques font une large part à un autre lexique spécifique, le lexique scientifique transdisciplinaire, que l'on peut définir comme le lexique servant à la description et la présentation de l'activité scientifique (Tutin, 2007c). Cela nous amène à identifier ce lexique, afin de diminuer le bruit qu'il provoque lors de l'indexation automatique en l'utilisant comme filtre d'exclusion.

Nous nous limiterons ici à l'extraction des mots simples, en nous restreignant aux catégories syntaxiques des noms et des verbes. Nous testons, à l'instar de (Paquot, 2010), différentes méthodes statistiques et procédons à une évaluation humaine des extractions résultantes pour identifier la plus performante. À terme, ces lexiques constitueront une ressource couvrant l'ensemble de la phraséologie de l'écrit scientifique telles les expressions polylexicales (collocations, expressions figées, etc.), et devront être structurés selon une typologie restant à déterminer (syntaxique, notionnelle, fonctionnelle, rhétorique) afin de permettre des applications telles que la caractérisation automatique de documents, l'aide à la rédaction scientifique (pour natifs ou apprenants), l'identification des segments introducteurs de définition ou dénomination.

Notre travail est ciblé sur les écrits dans les sciences humaines et sociales, ceci pour plusieurs raisons. Le projet Termith, auquel nous sommes associé, a comme objet d'étude les écrits en sciences humaines. La distinction entre lexique scientifique transdisciplinaire et terminologie est plus complexe pour les sciences humaines que pour les sciences exactes, dans la mesure où la frontière inter-lexiques y est davantage indéterminée. Enfin, dans une optique de développement de ressource à but pédagogique, un tel travail s'avère particulièrement utile en sciences humaines et sociales où l'écriture académique se révèle plus complexe.

Après avoir présenté dans un premier temps les caractéristiques de l'écrit scientifique et des lexiques le composant, nous reviendrons sur les travaux traitant de notre objet de recherche. Nous détaillerons par la suite la méthodologie d'extraction avant d'analyser les résultats puis nous conclurons sur les apports et limites de notre procédure.

## 1.1 Écrits scientifiques et lexiques associés:

### 1.1.1 L'écrit scientifique

Le genre de l'écrit scientifique est particulièrement normé, homogénéisé. Il est fonction de la communauté de discours dans laquelle s'inscrit le scripteur et à laquelle est adressé le discours (Swales, 1990). Dans l'écrit scientifique sont combinés plusieurs types de lexique : lexique scientifique transdisciplinaire, lexique « abstrait » général (non spécifique aux écrits scientifiques mais très fréquent en rapport de la langue générale), lexique terminologique (lié à la discipline, non traversant), lexique de la langue générale (défini par exclusion des lexiques précédents). Le lexique scientifique transdisciplinaire fait donc partie d'un continuum de lexiques aux frontières floues, lexiques de langue spécialisée dont l'univocité et la monosémie ne sont qu'apparentes (Bertels, 2007). L'extraction d'un lexique commun aux écrits en sciences humaines et sociales, dont la langue, comme le note (Blumenthal, 2007), est différente de celle des sciences exactes, nous permet de mieux caractériser la production des savoirs. De plus, cette extraction participe à concrétiser l'existence d'une communauté de discours qui donne sens à la notion de « transdisciplinarité ».

### 1.1.2 Définition du lexique scientifique transdisciplinaire

A la suite de (Tutin, 2007a), nous définissons le lexique scientifique transdisciplinaire (désormais LST) comme le lexique renvoyant au discours sur les objets et les procédures scientifiques. Il est par nature non terminologique, et a pour fonction la désignation des procédures et outils de l'activité scientifique. (Da Sylva, 2010) le décrit comme abstrait et largement transdisciplinaire. Pour (Drouin, 2007), le LST se situe au cœur de l'argumentation et de la structuration du discours et de la pensée scientifique. C'est donc un lexique méta-scientifique et méta-discursif (c'est-à-dire qui prend pour objet le discours lui-même).

Le LST a pour principales propriétés d'être :

- transversal aux différentes disciplines, donc réparti dans différents corpus disciplinaires. Ce critère exclut la terminologie, intra-disciplinaire et thématique.
- spécifique à l'écrit scientifique étudié ici, donc absent ou moins fréquent dans la « langue générale » qui sera représentée dans cette étude par un lexique général du français.

Nous présentons ci-dessous un extrait d'article de recherche en psychologie, pour illustrer les différents lexiques présents dans ce genre d'écrit.

Les segments en **gras** appartiennent au LST ou au lexique abstrait général, les segments <u>soulignés</u> à la terminologie.

> [...] <u>l'organisation</u> <u>matricielle</u> a **renforcé** et **multiplié** les <u>situations</u> de <u>coopération directe</u> tout au long du **processus.** Zarifian (1996) **estime** qu'on a assisté à un **changement** de **paradigme** et **identifie** une « <u>version faible</u> » de la <u>coopération</u> qui **prévaut** dans les <u>organisations traditionnelles</u> de la <u>conception</u>. **L'objectif** est d'assurer une bonne <u>coordination du travail</u>.[1]

[1]Françoise Darses « Résolution collective des problèmes de conception », *Le travail humain* 1/2009 (Vol. 72), p. 43-59.

## 2 Travaux sur le lexique de l'écrit scientifique

Plusieurs travaux ont porté sur un lexique spécifique aux écrits scientifiques, majoritairement en anglais. (Coxhead, 2002), par exemple, dans un but didactique, a extrait, en se basant sur les fréquences, une liste de mots anglais. Pour le français, (Phal, 1971) a analysé ce vocabulaire général d'orientation scientifique sur un corpus de manuels scolaires et d'ouvrages non universitaires concernant les sciences dures. Peu d'études se sont donc intéressées à l'écrit scientifique en français dans le domaine des sciences humaines et sociales.

Les différences de procédure, de méthodologie, entre sciences expérimentales et sciences humaines se retrouvent dans les lexiques. Or, la majorité des travaux ont porté sur les sciences expérimentales, ou sur un mélange de sciences exactes et sciences humaines (Paquot, 2010).

Nous nous situons dans la continuité des travaux de (Tutin, 2007c), (Drouin, 2007) et (Da Sylva, 2010), mais en nous appuyant sur un corpus analysé morpho-syntaxiquement uniquement composé d'articles de recherche et ce, seulement en sciences humaines et sociales.

Plusieurs types de statistiques sont utilisés dans les travaux cités. Nous reprenons en partie la méthodologie de (Drouin, 2007) qui combine au critère de fréquence (fréquence relative dans le corpus d'analyse en comparaison avec un corpus de référence) le critère de répartition par tranche. Ce critère permet de s'assurer de la répartition d'un mot dans l'ensemble du corpus et évite ainsi d'extraire des mots certes fréquents mais limités à une sous-partie du corpus. Contrairement à ces travaux ciblés sur les sciences dures, notre corpus d'analyse se restreint aux sciences humaines et sociales. De plus, nous avons pour but la constitution d'un corpus de référence intégrant des textes littéraires, journalistiques ainsi que des transcriptions de l'oral afin de disposer d'un corpus de référence le plus large possible.

En plus de ces critères statistiques de fréquence et de répartition, nous ajoutons un filtrage des segments répétés (afin de ne pas traiter isolément les mots les constituant), et nous nous basons sur un corpus analysé morpho-syntaxiquement. Nous utilisons les méthodes lexicométriques basées sur les spécificités du lexique examiné par comparaison de fréquences, ce qui mène à l'identification de particularités lexicales, subdivisées en spécificités positives (sur-représentation), négatives (sous-représentation) et banales (scores comparables) à partir desquelles nous pouvons décomposer, contrastivement, les différents lexiques constituant notre corpus.

Ces travaux préliminaires devront être poursuivis en se basant sur un corpus de référence du français à large échelle. Le traitement des éléments polylexicaux du LST sera intégré et une typologie des éléments de notre ressource lexicale devra être effectuée afin de la structurer et de permettre des applications didactiques d'aide à la rédaction d'écrits scientifiques.

# 3 Méthodologie

## 3.1 Corpus

Pour garantir une homogénéité maximum, le corpus d'analyse est composé d'articles de revues préalablement sélectionnées, dont la qualité est vérifiée par la notation ERIH et/ou AERES et dont le(s) auteur(s) sont francophones natifs. Nous utilisons une sous-partie (ultérieurement augmentée) du corpus du projet Scientext[2].

Notre corpus d'analyse comporte plus de 3,5 millions de mots et sera étendu pour atteindre les 5 millions. Les textes ont été formatés au format TEI Lite (Burnard, 1995) et analysé avec le logiciel Syntex (Bourigault, 2000). Nous utilisons, comme lexique de comparaison de fréquences, la base de données lexicales *lexique3* (New, 2006) qui intègre des informations de fréquence.

Notre corpus d'analyse est précisément composé de 339 articles et de 3 511 716 mots provenant de dix disciplines des sciences humaines et sociales : anthropologie, économie, géographie, histoire, linguistique, sciences de l'éducation, sciences politiques, sciences de l'information, sociologie, psychologie.

## 3.2 Extraction automatique

Nous avons précédemment défini le LST comme un lexique fréquent, traversant (donc réparti dans les diverses disciplines) et spécifique aux écrits scientifiques (donc plus fréquent dans ces écrits que dans un corpus de référence). Ces hypothèses sur les propriétés linguistiques du LST peuvent se traduire sous forme de critères statistiques que nous appliquons à notre corpus afin d'extraire les éléments qui nous intéressent. Nous combinons les critères suivants :

1. Répartition : le corpus est découpé en 100 tranches de tailles égales. Les mots extraits doivent apparaître dans un minimum de 50 tranches, et un minimum de 5 disciplines sur les 10 composant le corpus d'analyse.
2. Fréquence et Spécifité : les éléments doivent être sur-représenté par rapport au corpus de référence (spécificité positive + seuil du nombre d'occurrences minimal dans l'ensemble du corpus fixé à 100)
3. non-présence systématique dans un segment répété : nous ôtons à la fréquence d'un mot simple le nombre d'occurrences des segments répétés dans lesquels il intervient pour ne pas intégrer des composantes d'unités lexicales qui n'ont pas d'appartenance autonome au LST (par exemple, *point* apparaît une fois sur deux au sein du polylexical *point de vue* et a donc sa fréquence divisée par 2).
4. non-appartenance à une stop-liste ad hoc permettant d'amoindrir le bruit généré par exemple par les segments en langue étrangère (par exemple l'article anglais *the* lemmatisé en nom français *thé*)

Nous calculons le critère de spécificité selon trois formules (ratio de fréquence, chi-carré, rapport de vraisemblance) afin d'identifier, à l'instar de (Paquot, 2009), la plus adaptée,

---

[2] http://scientext.msh-alpes.fr

en confrontant les différentes listes de mots extraits. Plusieurs calculs peuvent être envisageables, certains offrent de meilleurs résultats sur les événements rares lorsque d'autres fonctionnent mieux sur les événements fréquents : (Labbé, 2001) pointe par exemple la faible efficacité du calcul de spécificité sur les fréquences basses.

Pour les trois calculs statistiques, nous reprenons les formules décrites par Drouin sur le site de son logiciel *TermoStat*[3].

Le fait de travailler sur un corpus analysé morpho-syntaxiquement nous permet d'une part d'effectuer un regroupement flexionnel et ainsi d'amoindrir la dispersion de fréquence, et d'autre part d'utiliser les relations de dépendances récurrentes afin d'ajouter aux lemmes extraits des informations d'ordre lexico-syntaxique. Ces relations, utilisées à ce jour seulement pour contextualiser les mots lors de l'évaluation, devront être intégrées à terme dans le processus d'extraction pour la désambiguïsation.

La fréquence est utilisée de manière absolue, par le biais de seuils, pour valider la présence minimale d'un candidat-LST à l'intérieur d'une discipline et d'une tranche de corpus dans le corpus d'analyse, et de manière relative lors de la comparaison à la base de données qui fait office de corpus contrastif.

Comme il n'existe pas à ce jour de lexique de référence pour vérifier la validité des mots extraits comme éléments du LST, cette appartenance est jugée dans le cadre d'une évaluation effectuée par trois juges experts (chercheurs en linguistique travaillant sur les écrits scientifiques), dont la tâche est présentée dans la section suivante.

## 3.3 Évaluation

Nous avons créé deux listes, une de 100 verbes et une de 100 noms, compilant les résultats d'extraction des trois différents calculs, en prenant soin de représenter les tranches hautes, moyennes et basses pour chacun d'eux.

Les juges avaient pour consigne de classer ces 200 candidats-LST monolexicaux dans 3 lexiques :

- LST : lexique scientifique transdisciplinaire et lexique abstrait général
- LT : lexique terminologique
- LG : lexique de la langue générale

Ils devaient classer chaque mot dans un lexique au minimum et dans tous au maximum : ceci pour tenir compte de la difficulté à circonscrire ces lexiques comme le note (Tutin, 2007b).

[3]Université de Montréal. Patrick Drouin
http://olst.ling.umontreal.ca/~drouinp/termostat_web/doc_termostat/doc_termostat.html
[consulté le 22/03/2013]

| Candidat | LST | LT | LG | Rel() | Contexte |
|---|---|---|---|---|---|
| illustrer_V | + | - | - | exemple_N_SUJ<br>cas_N_SUJ | Cet exemple paradigmatique illustre le choix que nous faisons [...] |
| synthèse_N | + | - | - | proposer_V_OBJ<br>réaliser_V_OBJ | [...] la seconde propose une synthèse des principales interventions [...] |

Tableau 1 – Exemple de grille d'évaluation

Dans cet extrait de grille d'évaluation, la première colonne présente le candidat-LST sous sa forme lemmatisée suivie de son étiquette de catégorie syntaxique (*N* pour nom et *V* pour verbe).

Les deux dernières colonnes, *rel()* et *contexte,* ont pour fonction d'aider à la décision en apportant une recontextualisation des candidats-LST.

La colonne *rel()* indique les deux associations lexico-syntactiques les plus fréquentes, c'est à dire les couples mot-relation syntaxique les plus fréquemment reliés au candidat-LST (après filtrage des relations peu informatives sur le contexte, telles celles impliquant un verbe auxiliaire ou un pronom). Y sont détaillés le cooccurrent syntaxique, par son lemme et sa catégorie, suivi du type de la relation *(objet* ou *sujet* par exemple).

La dernière colonne *contexte* permet la visualisation d'une phrase contenant l'association lexico-syntaxique la plus fréquente impliquant le candidat-LST.

# 4 Résultats

## 4.1 Analyse des évaluations

Pour les verbes, les 3 juges sont en accord sur 68 des 100 candidats (55 sont validés, 13 sont invalidés comme élément du LST). De plus, 27 verbes sont validés par 2 des 3 juges.

Pour les noms, les 3 juges sont en accord sur 79 des 100 candidats-LST (55 sont validés, 24 sont invalidés). 21 noms sont validés par 2 des 3 juges. Dans le tableau ci-dessous, un + représente la validation d'un juge sur l'appartenance au LST, un - représente la non-validation en tant qu'élément du LST.

| Appartenance au LST | + + + | + + - | - - - | - - + | Accord à 3 |
|---|---|---|---|---|---|
| Verbes | 55 | 27 | 13 | 5 | 68 |
| Noms | 55 | 21 | 24 | 0 | 79 |

Tableau 2 – Résultats d'évaluation

Ces faibles pourcentages d'accord s'expliquent par deux principaux facteurs :

- L'objet d'étude, le LST, est un lexique à frontière floue, inscrit dans un continuum de lexiques. Il existe ainsi une grande variabilité quant à sa perception selon le juge.
- Les mots s'étudient en contexte. L'apport des associations lexico-syntaxiques récurrentes et la mise en contexte phrastique ne permettent pas une désambiguïsation systématique des différentes acceptions des candidats-LST.

Cette première observation sur l'évaluation met en lumière la difficulté de circonscrire notre objet d'étude, partie d'un continuum qu'il nous faut discrétiser en vue de l'extraction. L'évaluation doit être complétée par une tâche d''annotation en contexte, ce qui permettrait une évaluation précise du silence occasionné par notre méthode d'extraction.

De plus, les cas problématiques d'évaluation sont le plus souvent liés à des mots au sens vague entrant dans des collocations tel *formuler* dans *formuler une hypothèse*. L'ajout futur d'une phase de traitement des expressions polylexicales permettra d'éviter cet écueil.

La difficulté majeure se situe au niveau de la frontière entre LST et lexique de la langue générale : dans tous les cas où les juges ont validé l'appartenance d'un mot à plusieurs lexiques, les lexiques concernés étaient le LST et le lexique de la langue générale.

## 4.2 Analyse par méthodes statistiques

Nous comparons ci-dessous les 3 formules statistiques utilisées étudiant plus particulièrement les cas où les trois juges sont en accord sur l'appartenance ou non d'un élément au LST.

Nous observons les rangs d'extraction, parmi les trois calculs utilisés, des différents mots de nos listes (validés ou non), le mot de rang 1 étant considéré comme l'élément le plus caractéristique du LST selon le critère de spécificité positive. Les trois calculs que nous utilisons ne donnent pas d'indice certain sur l'appartenance ou non au LST pour un candidat-LST extrait d'après les critères détaillés dans la partie précédente (fréquence haute et répartition large). Par exemple *revenu* est un candidat-LST invalidé par les 3 juges, et classé 82$^{ème}$ selon le ratio, 87$^{ème}$ selon le rapport de vraisemblance et 79$^{ème}$ selon le chi-carré. Nous ne pouvons cependant pas conclure sur l'appartenance au LST des candidats-LST ayant un rang inférieur ou supérieur à celui de *revenu* : *coût*, candidat-LST invalidé, a un rang entre 7 et 13 selon les calculs, alors que *argument*, candidat-LST validé, a un rang entre 214 et 235.

Des mots à spécificité positive, traversant les disciplines, peuvent donc être éléments du LST (*argument, méthode, expliquer*) ou du lexique de la langue générale ou du lexique terminologique *(coût, mobilisation, multiplier)*. Même si 158 des 200 mots sont validés par au moins 2 juges sur 3, le critère de spécificité ne suffit pas à confirmer ou infirmer l'hypothèse d'appartenance au LST. La prise en compte de la fréquence des segments répétés permet d'éliminer certains composants de ces segments mais ne peut gérer les cas d'expressions polylexicales acceptant des modifieurs et donc sujettes à des variations.

En examinant la répartition des occurrences par discipline, nous pouvons dégager un problème récurrent lié aux acceptions variées que peut recouvrir un mot. Par exemple, le nom *coût* a une fréquence totale (dans les 10 disciplines combinées de notre corpus d'analyse) de 976 occurrences, dont 688 dans le seul sous-corpus d'économie, et entre 10 et 80 dans les 9 autres disciplines. En calculant l'écart-type, ce phénomène de sur-présence dans une discipline serait identifié et nous pourrions alors différencier la fréquence du mot dans son acception générale de sa fréquence dans son acception disciplinaire. D'autres exemples plus complexes peuvent être rencontrés, par exemple le cas de *sujet :* il peut avoir plusieurs sens disciplinaires (*Le sujet de la phrase* en linguistique, *Le sujet de l'expérience* en psychologie) ou un sens transdisciplinaire (*Le sujet de l'article*).

Nous pouvons donc observer qu'aucun calcul n'est suffisant pour valider ou invalider de façon certaine un candidat-LST. La fixation d'un seuil ou d'un rang engendre un silence et un bruit trop importants pour ne tenir compte que de ce critère. Nous privilégierons donc la méthode la plus simple, à savoir le ratio de fréquence, et ajouterons le calcul de l'écart-type afin de diminuer le bruit occasionné par les mots à multiples acceptions dont l'une est sur-représentée dans une discipline.

Malgré les apports certains des techniques lexicométriques, celles-ci ne sont pas suffisantes pour extraire automatiquement les mots simples du LST. Une prise en compte de la distribution est nécessaire, que ce soit en vue de la gestion des éléments polylexicaux ou pour la discrimination des diverses acceptions que peut recouvrir un candidat-LST.

Enfin, l'absence d'un lexique de référence du LST, à grande échelle, nous impose une évaluation humaine et ne permet pas de confronter les résultats d'extractions dans leur totalité (nous avons sélectionné 200 mots parmi plus de 1000 composant nos différentes listes) pour quantifier précisément le bruit et le silence générés.

## 5 Conclusion et perspectives

Nous avons pu, en combinant méthodes statistiques et informations morpho-syntaxiques, procéder à une première extraction des mots simples du lexique scientifique transdisciplinaire dans les articles de recherche en sciences humaines et sociales.

Ces premiers résultats, intéressants du strict point de vue des mots simples, soulignent l'importance de la prise en compte de leur contexte d'apparition, afin de gérer le cas des expressions polylexicales (pour filtrer les mots simples non autonomes), et pour identifier les cas de polysémie et ainsi discriminer les différentes acceptions, transdisciplinaires ou non. La prise en compte de l'écart-type au niveau de la répartition des fréquences intra-disciplinaires est une piste d'identification de ces phénomènes, la distribution en étant une autre, par exemple à l'aide des cooccurrents de deuxième ordre (Bertels 2012).

Le traitement automatique des expressions polylexicales devra être la prochaine étape, étant donné leur part importante dans le LST (Pecman, 2007).

Les travaux de (Kister, 2012) sur le lien syntaxique récurrent entre lexème scientifique transdisciplinaire et terme sont également une piste pour identifier l'acception transdisciplinaire d'un élément ambigu.

L'étape d'évaluation (que nous effectuerons avec plus de juges) devra être remaniée sur deux principaux points :

- Une plus grande recontextualisation des candidats-LST via un plus grand nombre d'exemples phrastiques et d'associations lexico-syntaxiques récurrentes.
- Un travail d'annotation manuelle sur corpus pour évaluer précisément le silence.

Dans l'optique d'affiner les calculs de spécificité, la constitution d'un corpus contrastif « hybride » de grande échelle, intégrant une partie orale, journalistique, et littéraire, sera nécessaire. Le travail ici présenté utilise pour l'étude contrastive une base de donnée ne permettant pas les comparaisons distributionnelles ou la recherche de segments répétés.

Notre corpus d'analyse suivant le format TEI Lite, les informations de structure textuelle pourront être croisées avec les fréquences pour caractériser les parties textuelles d'un article : quel est le lexique le plus présent dans les résumés, conclusions, en regard par exemple des observations sur la prédominance de la terminologie dans les introductions (Rinck, 2010).

Au niveau théorique, l'extraction aura pour but une analyse fine de la phraséologie (au sens large des combinaisons récurrentes et stabilisées) des écrits en sciences humaines et sociales menant à une description de ce type d'écrit. Par ailleurs, compte tenu de la difficile acquisition du métadiscours propre à la production scientifique, une application didactique d'aide à la rédaction pourrait profiter d'une ressource lexicale structurée du LST.

## Remerciement

Nous remercions la région Rhône-Alpes qui finance nos travaux de recherche, le projet ANR-Contint Termith, Olivier Kraif pour son aide précieuse sur les aspects lexicométriques ainsi que les relecteurs pour leurs nombreux conseils.

## 6 Références

BERTELS, A. et GEERAERTS, D. (2012). L'importance du recoupement des cooccurrents de deuxième ordre pour étudier la corrélation entre la spécificité et la monosémie. *Actes de JADT 2012*, 135-147.

BLUMENTHAL, P. (2007). Sciences de l'Homme vs sciences exactes: combinatoire des mots dans la vulgarisation scientifique. *Revue française de linguistique appliquée*, *12*(2), 15-28.

BOURIGAULT, D., FABRE, C., FRÉROT, C., JACQUES, M. P., et OZDOWSKA, S. (2005). Syntex, analyseur syntaxique de corpus. In *Actes des 12èmes journées sur le Traitement Automatique des Langues Naturelles*.

BURNARD, L., et SPERBERG-MCQUEEN, C. M. (1995). TEI lite: An introduction to text encoding for interchange (*pp. 23-152*). SURFnet.

Coxhead, A. (2002), The academic word list : a corpus-based Word List for Academic Purposes *in Teaching and Language Corpora (TALC) 2000 Conference Proceedings. Atlanta : Rodopi.*

Da Sylva, L. (2010), Extraction semi-automatique d'un vocabulaire savant de base pour l'indexation automatique , *Actes de TALN 2010, 2010.*

Drouin, P. (2007). Identification automatique du lexique scientifique transdisciplinaire. Revue française de linguistique appliquée, 12(2), 45-64.

Evert, S. (2008). Corpora and collocations. Corpus Linguistics. An International Handbook, 2.

Kister, L., et Jacquey, E. (2012). Relation syntaxiques entre lexique terminologique et transdisciplinaire: analyse en texte intégral. *CMLF 2012.*

Labbé C. et Labbé D. (2001). Que mesure la spécificité du vocabulaire?, *Lexicometria, no 3, 23 p.*

New, B., Pallier C., Ferrand L. et Matos R. (2001) Une base de données lexicales du français contemporain sur internet: LEXIQUE, *L'Année Psychologique, 101, 447-462. http://www.lexique.org* [consulté le 22/03/2013]

Paquot, M. et Bestgen, Y. (2009). Distinctive words in academic writing: A comparison of three statistical tests for keyword extraction. *Language and Computers*, *68*(1), 247-269.

Paquot, M. (2010). Academic vocabulary in learner writing: From extraction to analysis. *Continuum.*

Pecman M. (2004), Phraséologie contrastive anglais-français : analyse et traitement en vue de l'aide à la rédaction scientifique. *Thèse de doctorat. 9 déc. 2004. Dir. Henri Zinglé. Université de Nice-Sophia Antipolis. 467 p.*

Pecman, M. (2007). Approche onomasiologique de la langue scientifique générale. *Revue française de linguistique appliquée, 12(2), 79-96.*

Phal, A. (1971), Vocabulaire général d'orientation scientifique (V.G.O.S) – Part du lexique commun dans l'expression scientifique ». *Paris : Didier, Crédif*

Rinck, F. (2010), L'analyse linguistique des enjeux de connaissance dans le discours scientifique, *Revue d'anthropologie des connaissances* 3/2010 (Vol 4, n° 3), p. 427-450.

Swales, J. (1990). Genre Analysis: English in Academic and Research Settings: *Cambridge Applied Linguistics. Cambridge University Press.*

Tutin, A. (2007a). Modélisation linguistique et annotation des collocations: une application au lexique transdisciplinaire des écrits scientifiques. *Formaliser les langues avec l'ordinateur: actes des sixièmes, Sofia 2003, et septièmes, Tours 2004, journées Intex-Nooj*, *3*, 189.

Tutin, A. (2007b). Autour du lexique et de la phraséologie des écrits scientifiques. *Revue française de linguistique appliquée, 12(2),* pages 5-14.

Tutin, A. (2007c). Traitement sémantique par analyse distributionnelle des noms transdisciplinaires des écrits scientifiques. *Actes de Traitement Automatique des Langues Naturelles (TALN)*, pages 283-292.

Tutin, A., Grossmann, F., Falaise, A. et Kraif, O. (2009). Autour du projet Scientext: étude des marques linguistiques du positionnement de l'auteur dans les écrits scientifiques. *Actes des 6es journées de linguistique de corpus*.

# Vers une identification automatique du chiasme de mots

Marie Dubremetz
Uppsala universitet, Institutionen för lingvistik och filologi - Box 635 - 751 26 Uppsala, Suède
Université Paris Ouest La Défense - 200, Avenue de la République - 92001 Nanterre, France
marie.dubremetz@lingfil.uu.se

RÉSUMÉ

Cette recherche porte sur le chiasme de mots : figure de style jouant sur la réversion (ex. « Bonnet blanc, blanc bonnet »). Elle place le chiasme dans la problématique de sa reconnaissance automatique : qu'est-ce qui le définit et comment un ordinateur peut le trouver ? Nous apportons une description formelle du phénomène. Puis nous procédons à la constitution d'une liste d'exemples contextualisés qui nous sert au test des hypothèses. Nous montrons ainsi que l'ajout de contraintes formelles (contrôle de la ponctuation et omission des mots vides) pénalise très peu le rappel et augmente significativement la précision de la détection. Nous montrons aussi que la lemmatisation occasionne peu d'erreurs pour le travail d'extraction mais qu'il n'en est pas de même pour la racinisation. Enfin nous mettons en évidence que l'utilisation d'un thésaurus apporte quelques résultats pertinents.

ABSTRACT

**Towards an automatic identification of chiasmus of words**

This article summarises the study of the rhetorical figure "chiasmus" (e.g : "Quitters never win and winners never quit."). We address the problem of its computational identification. How can a computer identify this automatically ? For this purpose this article will provide a formal description of the phenomenon. First, we put together an annotated text for testing our hypothesis. At the end we demonstrate that the use of stopword lists and the identification of the punctuation improve the precision of the results with very little impact on the recall. We discover also that using lemmatization improves the results but stemming doesn't. Finally we see that a French thesaurus provided us with good results on the most elaborate form of chiasmus.

MOTS-CLÉS : chiasme, rhétorique, antimétabole, figure de style.

KEYWORDS: chiasmus, rhetoric, antimetabole, stylistic device.

# 1 Introduction

## 1.1 Situation de la recherche

Élevée au rang de science dans l'antiquité, la rhétorique, ou l'étude des techniques de persuasion au moyen du language, a, peu à peu, été délaissée par les recherches linguistiques modernes (Harris et DiMarco, 2009). Parmi les moyens disponibles en rhétorique pour convaincre, on dispose de ce qu'on appelle les figures de style ou figures de rhétorique. Selon Harris et DiMarco (2009) on peut les diviser en deux catégories : les figures de style reposant sur la sémantique (métaphore, métonymie, comparaison...), et les autres qui jouent sur la syntaxe, les phonèmes ou tout autre constituant de la langue (rime, paronomase...). Si les premières sont relativement populaires, les autres restent un sujet de recherche très rare dans l'horizon académique du TAL. Cet article contribue à combler ce vide en proposant une méthode de détection d'une de ces figures de style : le chiasme de mots. Grâce à des observations empiriques et à l'ajout de contraintes simples (« StopWords » , analyse des ponctuations) nous pensons pouvoir améliorer la qualité des algorithmes existants. Enfin grâce aux outils que nous fournit le TAL (lemmatiseur, raciniseur, thésaurus) nous pourrons envisager de détecter une plus grande variété de chiasmes.

Après avoir présenté les applications liées à notre objet d'étude nous présenterons une définition et le corpus utilisé. De là nous ferons l'état de l'art des recherches existantes avant de soumettre, comparer et enfin discuter notre méthode de détection.

### 1.2 Applications : pourquoi la question du chiasme en TAL ?

L'application la plus évidente de ce type de recherche semble, à première vue, l'analyse de discours. Ainsi Gawryjolek (2009) avait déjà mis en pratique son outil de détection des figures portant sur la répétition pour analyser un discours de Barack Obama.

On peut aussi imaginer qu'un outil de détection contribuera, à terme, non pas à analyser le style mais à le générer via l'assistance à la rédaction. En effet les logiciels de traitement de textes nous assistent déjà en suggérant les synonymes. À terme le relevé d'un très grand nombre de chiasmes pourrait permettre la constitution de bases de données des figures de style indexées par mots clefs. Pourquoi alors ne pas imaginer un jour que l'utilisateur pourra écrire tout en se voyant suggérer une figure de style appropriée ? Contrairement à ce qu'on pourrait penser, le chiasme n'est pas qu'une coquetterie de style destinée aux seuls poètes. Il est, au contraire, un procédé rhétorique utilisé dans tout texte argumentatif et ce, même s'il est de nature scientifique. [1]

Enfin, il convient d'évoquer une autre application possible, celle de l'extraction automatique de citations (Bendersky et Smith, 2012). Le chiasme en effet génère souvent d'excellents jeux de mots ce qui valorise le texte d'où il est extrait. Étant donnée la nécessité, aujourd'hui, de traiter un grand nombre d'œuvres écrites, repérer non plus juste les mots clefs mais aussi les parties les plus travaillées d'un texte devient de plus en plus important. L'observation du style apporte une nouvelle dimension qui n'existe pas ou peu dans le traitement automatisé.

À présent que nous avons entr'aperçu l'enjeu comment définir notre objet d'étude ?

## 2 Définition

Le mot chiasme tire son nom de la lettre $\chi$ en référence à la croix qu'elle symbolise. On le définit en effet comme la reprise d'un couple d'éléments en sens inverse :

1. « Très répandu dans les années 70, [le chiasme] a été dénoncé vertement pour la violence qu'il fait à la fonction communicative du langage : « [...]. La recherche du sens c'est le sens de la recherche, etc. Vous pouvez paraître profond avec n'importe quelle banalité». Mais en donnant à penser au lecteur naïf, ce chiasme propositionnel [...], est souvent approprié pour des titres, à la fois par son économie lexicale et par la profondeur apparemment inépuisable des discussions qu'il annonce. Dans *La trouble-fête*, Bernard Andrès épingle le procédé comme typique du jargon universitaire, susceptible d'entraîner considération et subventions. »(Vandendorpe, 1991, p.4)

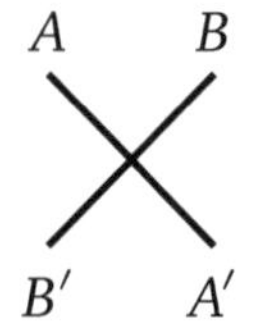


FIGURE 1 – Schéma définitoire du chiasme

On citera ainsi l'exemple le plus classique : « Bonnet blanc, blanc bonnet »

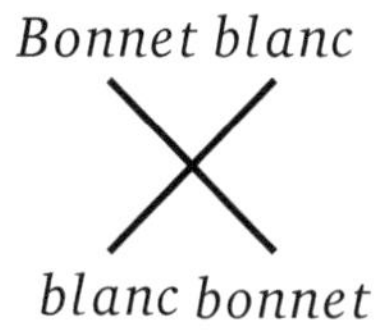


FIGURE 2 – Exemple de chiasme

Il existe toute sorte de chiasmes, ils peuvent porter sur le croisement de phonèmes, de lettres, d'éléments syntaxiques... Nous nous restreindrons à l'étude des chiasmes de mots. Cependant on constate dans cette sous-classe de chiasmes encore beaucoup de variantes qu'il faut définir pour le traitement automatique (Gawryjolek, 2009, p.67). Voici donc, à l'issue des lectures des linguistes[2] et de l'observation des exemples qu'ils donnent, les types de chiasmes de mots que nous avons recensés :

2. Diderot et D'Alembert (1789); Dupriez (2003); García-Page (1991); Greene (2012); Nordahl (1971); Pougeoise (2001); Rabatel (2008); Vandendorpe (1991); Van Gorp *et al.* (2001)

| | **Nom** | **Répétition porte sur :** | **Exemple** |
|---|---|---|---|
| **Les chiasmes de mots** *A B* ✕ *B′ A′* | Antimétabole ou Antimétabole stricte | mots identiques [3] | *Ceux qui ont l'opinion que l'argent peut tout faire pourraient bien être suspectés de tout faire pour de l'argent.* (George Savile) |
| | Chiasme flexionnel ou Antimétabole flexionnelle | mots fléchis | *Lui, veut une alliance des contraires, c'est-à-dire le contraire d'une alliance.* (Le Monde, 13-3-2007) |
| | Chiasme dérivationnel | mots dérivés | *Moderniser l'Islam plutôt qu'islamiser la modernité.* (Jean Daniel) |
| | Antimétalepse | idée ou notion sans forcément de reprise morphologique [4] | *dernière averse [. . . ] neiges d'antan* (Georges Brassens, *Le temps ne fait rien à l'affaire*) |

TABLE 1 – Typologie des chiasmes de mots

Les figures décrites par ce tableau sont très anciennes et connues depuis longtemps. Ainsi, on observe déjà à l'époque de Quintilien (Greene, 2012, Art. « Antimétabole ») l'existence des antimétaboles comportant des mots identiques mais aux flexions différentes. Cependant jamais un nom spécifique n'a été donné à ce phénomène pour le différencier de l'antimétabole « stricte ». Il en va de même pour le chiasme portant sur des mots dérivés. Ce tableau n'est sans doute pas exhaustif puisqu'il est tributaire d'observations empiriques à partir des exemples donnés par les ouvrages de stylistique de référence. Il va cependant permettre à cette recherche d'aller plus loin et de ne pas se heurter au « flottement »(Rabatel, 2008, p.21) qui règne autour de la définition de cette figure : car sans définition formelle, il s'avère difficile d'élaborer un système de détection (Gawryjolek, 2009, p.67).

3. (Dupriez, 2003; Pougeoise, 2001, Art."Chiasme")
4. (Diderot et D'Alembert, 1789, Art. "Antimétabole, Antimétalepse, Antimétathèse")

# 3 Corpus

## 3.1 Mode de constitution

Pour évaluer une méthode de détection des chiasmes, l'idéal serait l'obtention d'un corpus déjà annoté. Cependant le chiasme reste un phénomène linguistique relativement rare ce qui rend la constitution d'un corpus difficile et explique en partie l'absence de ressources pour traiter le phénomène. C'est donc grâce aux relevés précis des exemples donnés par les dictionnaires spécialisés (Pougeoise, 2001; Dupriez, 2003), par la base de donnée JULIBEL[5] (Bradfer *et al.*, 1995) par les quelques linguistes ayant traité spécialement de cette figure (García-Page, 1991; Rabatel, 2008; Nordahl, 1971) ou parfois par la lecture d'extraits de textes d'auteurs célèbres tombés dans le domaine public (Hugo, Musset etc.) que nous avons réussi à constituer ce corpus[6]. Le corpus est en langue française si possible non traduite, il est constitué de 43 chiasmes (22 antimétaboles strictes, 8 chiasmes flexionnels, 6 chiasmes dérivationels, 7 antimétalepses). Lorsque nous en avions la possibilité, nous avons ajouté plusieurs pages du contexte d'origine où est apparu le chiasme et vérifié soigneusement que ce contexte ne contenait pas d'autres chiasmes. Concaténés ces chiasmes avec contextes constituent un texte d'entraînement de 16000 mots. Cette taille est déjà assez grande, nous le verrons, pour donner des comparatifs clairs sur l'efficacité des méthodes de détection. Elle reste toutefois assez réduite pour que nous ayons pu vérifier manuellement le nombre précis de chiasmes dans le texte et leur position. Avec toutes ces données des calculs de rappel et de précision seront praticables.

## 3.2 Contenu

Le corpus sur lequel nous testons est extrêmement varié, à l'image des contextes dans lesquels on peut retrouver cette figure de style. On peut y relever ainsi :
– des textes de littéraires :

> « - Que tu es heureux d'être fou !
> - Que tu es fou de ne pas être heureux ! », (Alfred de Musset, *Les caprices de Marianne*)

– des textes journalistiques :

> « L'économie du discours ne peut se réduire au discours de l'économie. » (*Libération*, paroles rapportées de Michel Debray)

– des textes publicitaires :

> « [A la fin du clip, message au bas de l'écran] "Ne vivez pas pour nettoyer Nettoyez pour vivre " » (RTBF, octobre 2001, clip publicitaire pour *Monsieur Propre*)

Nous mettons à disposition ce corpus sous la forme d'un tableau afin de fournir les métadonnées indispensables à une étude complète. Un chiasme se présentera dans notre tableau sous la forme présentée en table 2.

---

5. Ressource linguistique destinée à l'enseignement du français `http://home.scarlet.be/lmdp/julibelmoded'emploi.html`, consulté le 08/05/2013

6. Le corpus est mis à libre disposition sur `http://stp.lingfil.uu.se/~marie/chiasme.htm`, consulté le 08/05/2013

| Auteur | Citation | Contexte | Source | Chiasme de catégorie : |
|---|---|---|---|---|
| Cédric Flament | Festival de prix, prix de festival | 58e Festival de Cannes * Festival de prix, prix de festival La Face "cachet" de la Croisette | L'Avenir du Luxembourg 20.05.2005 p.14 | 1 |

TABLE 2 – Présentation d'un chiasme dans notre tableau

La dernière case est particulière à notre étude. À chaque chiasme nous attribuons sa typologie grâce à un numéro qui correspond aussi au degré de difficulté d'identification en TAL. Voici la légende de cette typologie numérotée (Figure 3).

| | |
|---|---|
| Catégorie 1 : | Mots strictement identiques, simple repérage de chaînes de caractères identiques |
| Catégorie 2 : | Mots fléchis, lemmatisation nécessaire |
| Catégorie 3 : | Mots dérivés d'une même racine, racinisation nécessaire |
| Catégorie 4 : | Rapprochement sémantique uniquement |

FIGURE 3 – Typologie des chiasmes : légende

Nous obtenons ainsi un texte d'entraînement dont les chiasmes sont classés selon le type de traitement nécessaire. Cette classification permet de pratiquer des évaluations spécifiques des algorithmes sur un type de chiasme en particulier.

# 4 Les méthodes existantes pour la détection des antimétaboles et leur application sur notre corpus

À ce jour il n'existe que deux recherches en TAL qui traitent du phénomène du chiasme, cependant elles ne traitent que de l'antimétabole et s'inspirent du formalisme de Harris et DiMarco (2009) pour définir la figure recherchée (cf. Table 3).

| Élément | Signification |
|---|---|
| w | Mot |
| ... | Suite de caractères |
| <...> | Frontière de phrase ou de proposition |
| Indice $_{abc}$ | Indique la même identité ou non entre les éléments |

TABLE 3 – Formalisme des figures de style [traduit de Harris et DiMarco (2009, p.3)]

Ce formalisme permet à Harris et DiMarco (2009) de définir les antimétaboles ainsi :

<$W_A \ldots W_B \ldots W_B \ldots W_A$> (Harris et DiMarco, 2009, p.4)

Cette formule signifie qu'une antimétabole est un ensemble de deux couples de mots identiques disposés en inclusion et séparés éventuellement par n'importe quels autres éléments de la langue (autres mots, ponctuations. . .).

## 4.1 Algorithme d'identification des doubles paires en inclusion (Gawryjolek, 2009)

En suivant la définition de Harris et DiMarco (2009), Gawryjolek (2009) a mis au point un logiciel qui repère les antimétaboles strictes. Il sélectionne pour cela toutes les doubles paires de mots en inclusion sur une plage spécifiée du texte. Il précise que cette méthode obtient cent pour cent de rappel sur les antimétaboles ce qui, sans surprise, est vérifié sur notre corpus. Il précise aussi qu'il ne filtre aucune paire de mots, même les plus fréquentes, et que la précision est basse sans donner de chiffre ou d'estimation. Nous ne disposons pas du code source de Gawryjolek (2009) ni de la définition de ce qu'il appelle une « plage spécifiée ». Nous avons donc reproduit l'algorithme proposé en limitant la fenêtre de détection à 30 tokens (le plus grand chiasme que nous ayons observé en comportait 23). Concrètement cela signifie que si un chiasme <$W_A \ldots W_B \ldots W'_B \ldots W'_A$> comporte plus de 30 tokens entre les éléments « $W_A$ » et « $W'_A$ » il est éliminé : c'est une réversion due au hasard sans volonté de provoquer une figure de style, nous appellerons ce phénomène « pseudochiasme ». Dans les conditions que nous avons décrites et sur notre corpus de 16000 mots nous avons obtenu une précision inférieure à 2 % (0.017). Ce manque de précision montre la complexité du problème : une détection efficace des antimétaboles ne peut pas se limiter au repérage de deux couples de mots identiques sans autre forme de sélection.

## 4.2 Méthode par identification de patrons de trois paires de mots (Hromada, 2011)

Hromada (2011) avec le formalisme de Harris et DiMarco (2009) retient une autre définition de l'antimétabole :

<$W_A\ W_B\ W_C \ldots W_C\ W_B\ W_A$>

Cette formulation signifie qu'une antimétabole est une réversion de trois couples de mots successifs (exemple : « Le <u>pouvoir</u> <u>du</u> <u>discours</u> et le <u>discours</u> <u>du</u> <u>pouvoir</u>) séparés au centre par plusieurs caractères symbolisés par « . . . ». Grâce à une expression régulière, il va sélectionner les répétitions non pas de deux mais de trois couples de mots successifs en réversion. Les chiasmes que cette expression régulière sélectionne ont aussi pour contrainte de ne jamais comporter de ponctuation forte. Hromada (2011) ne disposait malheureusement pas d'un corpus manuellement annoté pour évaluer ses résultats. Nous avons donc testé aussi son expression régulière sur notre corpus. Les résultats obtenus sont à l'opposé de ceux de l'algorithme de Gawryjolek (2009) puisque, certes, une antimétabole sur deux n'est pas identifiée (11 sur 22) mais la précision en revanche est parfaite. L'expression recherchée présente donc tant de contraintes qu'elle arrive à ne générer, sur notre corpus, aucun faux positif. Nous n'allons pas reprendre l'idée des trois paires de mots à identifier au lieu de deux car cette mise en œuvre est très restrictive. Cependant cette méthode se fonde sur une bonne observation : celle que le chiasme en plus des deux paires de mots principaux (comme dans notre exemple les termes « pouvoir » et « discours ») entraîne souvent avec lui la réversion d'autres couples de mots secondaires dans la proposition comme les adverbes ou les déterminants (ainsi le mot « du » dans l'exemple).

# 5 Méthode proposée

Les algorithmes que nous venons d'étudier et évaluer sont encore assez limités. Grâce aux évaluations précédentes, nous savons que pour détecter les antimétaboles nous avons à notre disposition le choix entre un algorithme exhaustif mais très peu précis (Gawryjolek, 2009) et un algorithme précis mais au rappel beaucoup moins important (Hromada, 2011). L'équilibre entre rappel et précision est en effet difficile à trouver. De plus, dans ces méthodes, la moindre flexion telle qu'un pluriel suffit à ne plus détecter les chiasmes. Nous allons donc tout d'abord mettre au point un algorithme qui concilie rappel et précision avant d'appliquer des outils de TAL pour couvrir d'autres types de chiasmes.

## 5.1 Les antimétaboles

### 5.1.1 Méthode

Notre algorithme de détection des antimétaboles s'inspire directement de celui de Gawryjolek (2009). Cependant contrairement à ce dernier, nous prenons en compte les données situées entre les mots répétés. Cela nous permet d'ajouter plusieurs contraintes. Le problème en effet de l'algorithme ne repérant que deux paires de mots en inclusion est qu'il repère bien trop de répétitions de mots non pertinentes (par exemple : « Les chats des villes attrapent des souris mais ne les mangent pas »). Voici donc comment nous procédons pour éliminer ces pseudochiasmes :

1. Nous rejetons les répétitions portant sur les mots les plus courants grâce à une liste de « mots vides » (ou « StopWords »). Nous avons introduit une liste de mots à exclure incluant les déterminants et les mots outils les plus courants (articles, auxiliaires, pronoms et quelques adverbes).
2. Nous éliminons les chiasmes en cas de ponctuation forte à l'intérieur des membre gauche ou droit du chiasme. Nous avons prolongé la réflexion de Hromada (2011) sur les ponctuations. Nous pensons que la ponctuation doit être prise en compte mais contrairement à son expression régulière nous allons tolérer la ponctuation forte dans certains cas. Dans nos exemples en effet on observe que la ponctuation si elle est présente à l'intérieur du chiasme, se trouve le plus souvent, dans la partie centrale (exemple : « Le Parti socialiste est un parti sans leader. François Bayrou est un leader sans parti »). Cela signifie que dans un chiasme $<W_A \ldots W_B \ldots W'_B \ldots W'_A>$ il pourra se trouver un signe de ponctuation forte mais seulement entre les mots $W_B$ et $W'_B$. Dans le cas contraire, nous considérerons que le chiasme n'est qu'un pseudochiasme. Cette disposition de la ponctuation se justifie par le fait que le chiasme joue souvent sur un effet de symétrie. Ainsi la position centrale du signe de fin de phrase renforce cet effet.
3. Enfin nous conservons la plage de 30 tokens que nous avions utilisée pour l'algorithme de Gawryjolek (2009) (cf. 4.1).

### 5.1.2 Résultat

Certes cet ajout de contraintes a baissé le rappel par rapport à l'algorithme de Gawryjolek (2009) : sur 22 antimétaboles à retrouver 21 ont été détectées. Le filtre par « StopWords » en effet est une méthode encore trop rudimentaire pour repérer la phrase de Dumas :

> « Tous pour un, un pour tous. »

Cependant le bénéfice sur la précision est très significatif puisque nous passons de 2 à 72 % de précision. Pour trouver 21 chiasmes notre programme ne relève que 36 extraits au lieu de 1235 extraits pour celui de Gawryjolek (2009).

## 5.2 Les autres types de chiasmes

### 5.2.1 Les antimétaboles flexionnelles

Pour détecter les chiasmes flexionnels nous avons repris l'algorithme 5.1.1 à la seule différence que nous avons préalablement lemmatisé le texte et les « StopWords » grâce au programme *Tree-tagger* (Schmid, 1994) associé au lemmatiseur pour le français *Flemm*(Namer, 2000). Nous avons pratiqué le test sur non seulement les antimétaboles flexionnelles mais aussi sur les antimétaboles strictes. Les résultats s'avèrent excellents. 27 antimétaboles sur 30 (22 strictes 8 flexionnelles) ont été trouvées soit un rappel de 90 % et une précision de 46 %. Dans les chiasmes non reconnus on relève :

> « celui qui a le sens de la formule qui ne formule pas beaucoup de sens »

Cette erreur est due non pas à une sous performance du lemmatiseur mais à la nature homonymique du lien entre les deux occurrences du mot « formule ». Ainsi « formule » dans les deux cas a été lemmatisé correctement tantôt sous la forme « formule » (nom) tantôt sous la forme « formuler » (verbe) ce qui empêche l'identification. Dans ce cas précis, la détection avec lemmatisation préalable ne remplace pas la détection sans lemmatisation. À noter, à l'inverse, que les erreurs du lemmatiseur ne gênent pas forcément la détection, ainsi le chiasme :

> « Trop honnête pour être poli que trop poli pour être honnête ! »

lemmatisé par *Flemm* en « Trop honnête pour être **polir** que trop **polir** pour être honnête ! » sera toujours repéré puisque l'erreur provoquée sur « poli » ne change pas l'identité entre les deux occurrences du mot. Ainsi une contre-performance du lemmatiseur n'est pas forcément nuisible à la tâche de détection des chiasmes.

La deuxième erreur de rappel est due à notre filtre par position des ponctuations, l'extrait suivant en effet n'a pas pu être repéré :

> « Faut-il te parler franchement ? ne te riras-tu pas de moi ?
> - Laisse-moi rire de toi, et parle franchement. » Musset, *Les caprices de Marianne*

C'est ici le premier point d'interrogation qui a suscité l'erreur.

Enfin le troisième chiasme non repéré est toujours la devise *des Trois Mousquetaires* (cf. 5.1.2).

### 5.2.2 Les chiasmes dérivationnels

Pour ce type de chiasme la méthode a été la même que pour son homologue flexionnel à la différence que nous avons ajouté un traitement sur les « StopWords » et sur l'ensemble du texte : la racinisation via le programme *Snowball*[7] (Agichtein et Gravano, 2000). Le résultat pour cet outil est défavorable puisque aucun des six chiasmes nécessitant une racinisation n'a été trouvé. Il y a sur ou sous-racinisation de sorte que les termes du chiasme n'obtiennent jamais la même racine. Est-ce qu'un lemmatiseur à base de dictionnaire et non de règles comme snowball serait plus efficace ? A-t-on vraiment en français les ressources suffisantes pour trouver des chiasmes comme « la régification des stars, la starification des rois » ? On est en présence de jeux morphologiques et étymologiques nécessitant parfois une connaissance académique, ce qu'un raciniseur à base de règle n'a pas.

### 5.2.3 Les chiasmes jouant sur les liens sémantiques ou antimétalepses

Théoriquement n'importe quel lien sémantique suffit à relier les quatre mots d'un chiasme. En pratique nous avons observé des liens de co-hyponymie :

> « un bâillon pour la bouche et pour la main le clou », Odon Vallet, *L'évangile des païens*

des liens de synonymie ou synonymie partielle

> « Les désespoirs sont morts, et mortes les douleurs », Albert Samain, *Printemps*

et des relations d'antonymie :

> « Ajoutez quelquefois, et souvent effacez. », Nicolas Boileau, *Art poétique*

Nous n'avons pas trouvé de wordnet français couvrant assez de vocabulaire pour travailler sur nos exemples de chiasmes liant des co-hyponymes ou des antonymes. Nous avons toutefois testé une ressource rarement utilisée en TAL (Rao et Ravichandran, 2009, p.677) : le dictionnaire des synonymes *OpenOffice* (OpenOffice-community, 2011).Ce thésaurus, à l'origine utilisé comme dictionnaire de synonymes dans le célèbre traitement de texte présente l'avantage d'être simple (on le trouve sous la forme d'un fichier texte où est inscrit chaque mot associé à une liste de synonymes) traduit dans de nombreuses langues, gratuit et à libre disposition des chercheurs. Comment ce thésaurus permet-il d'identifier des chiasmes sémantiques ? Voici sur un exemple le procédé algorithmique utilisé pour trouver la synonymie. Considérons l'extrait suivant :

> « Dur avec les faibles, et faible avec les forts. »

1. Tout le texte est préalablement lemmatisé. L'extrait devient ainsi : « dur avec le faible , et faible avec le fort . »
2. « dur » est comparé à tous les mots suivants mais il est procédé à chaque fois à deux comparaisons. La première porte sur la morphologie. En effet, lorsque « dur » est comparé au mot « fort » il y a d'abord vérification des deux chaînes de caractères. « dur » n'est pas la même chaîne de caractère que « fort », il faut donc procéder à la seconde comparaison.
3. La seconde comparaison est la comparaison sémantique. Le thésaurus *OpenOffice* est alors mis à contribution. L'ordinateur vérifie l'entrée « dur » du thésaurus, voici un court extrait de ce

7. `http://snowball.tartarus.org/algorithms/french/stemmer.html`, consulté le 08/05/2013

qui y est écrit (cf. Figure 4).

dur|1
(Adverbe Adjectif Nom) | acerbe | acide | consistant | ferme |[...]
| filandreux | nerveux | **fort** | fortin | forteresse | vigoureux |
robuste [...]

FIGURE 4 – Extrait du thésaurus d' *Open Office* à l'entrée du mot "dur"

Le mot « fort » est contenu dans la liste de synonymes du thésaurus donc « dur » et « fort » sont considérés comme les candidats potentiels d'un chiasme sémantique. Si « fort » n'avait pas été contenu dans l'entrée de « dur » la machine aurait aussi vérifié que « dur » n'est pas compris dans l'entrée de « fort » avant d'éliminer les deux candidats.

Nous ne fournirons pas de calcul de précision sur la détection des antimétalepses car le nombre de chiasmes de ce type à trouver étant très réduit (sept) les résultats n'auraient pas de très grande signification. Cependant nous pouvons établir les problèmes rencontrés. Nous avons pu observer une importante baisse de la précision due à des mots outils de sens proches (tant, comme, alors, tel...) ces mots outils étant considérés comme des synonymes par le thésaurus et étant assez fréquents, il nous a fallu les inclure dans les « StopWords » afin d'obtenir des résultats plus clairs. Au final deux antimétalepses ont été repérées avec succès :

« Les désespoirs sont morts et mortes les douleurs »
« Dur avec les faibles, et faible avec les forts »

Nous observons que ces deux chiasmes sont les seuls repérés sur les sept antimétalepses présentes. Cela dit, ce sont aussi les deux seuls reposant sur un lien de synonymie partielle (« Dur/fort », « désespoir/douleur ») nous n'avons donc pas été victime de lacunes en terme de richesse de vocabulaire du thésaurus. Cette ressource n'étant qu'un dictionnaire de synonymes elle ne pouvait pas, par définition, établir un lien entre des antonymes ou des co-hyponymes. En établissant tous les liens synonymiques nécessaires à notre détection, cette ressource a tenu ses promesses.

# 6 Bilan

Nous avons proposé une méthode permettant d'identifier les chiasmes. Pour ce faire nous avons émis l'hypothèse que par l'ajout de contraintes simples comme le filtrage des mots les plus courants ou la limitation des signes de ponctuation nous pouvions obtenir une meilleure précision. Cette hyothèse est vérifiée. Nous avons ensuite supposé que les outils mis à disposition du TAL français nous aideraient à couvrir une plus grande variété de chiasmes. Cette hypothèse se vérifie largement pour ce qui est du chiasme flexionnel. En revanche, en ce qui concerne le chiasme dérivationnel nous ne sommes pas parvenue avec l'outil de racinisation testé à obtenir de résultats satisfaisants. Enfin l'antimétalepse peut être identifiée automatiquement en français grâce à un thésaurus mais uniquement quand il s'agit de liens de synonymie. Concrétement nous pouvons synthétiser l'apport de notre recherche grâce au tableau ci-dessous (table4).

| | Recherche doubles inclusions (Gawryjolek, 2009) | Recherche triples inclusions (Hromada, 2011) | Notre recherche double inclusion avec filtrage + outils TAL |
|---|---|---|---|
| **Précision**[8] **(extraits justes / extraits relevés)** | <2 % (22 / 1235) | 100 % (11/11) | 58 % (21/36) |
| **Rappel (chiasmes relevés / chiasmes à trouver)** | 100 % (22/22) | 50 % (11/22) | 95 % (21/22) |
| **F-mesure**[9] | 4 % (0.035) | 66 % | 72 %(0.724) |
| **Détecte-t-il les antimétaboles ?** | Oui | Oui (en partie) | Oui |
| **Les chiasmes flexionnels ?** | Non | Non | Oui |
| **Les chiasmes dérivationnels ?** | Non | Non | Non |
| **Les antimétalepses ?** | Non | Non | Oui (sur liens de synonymie) |
| **Multilingue** | Non testé | Oui | Non |
| **Avantages** | – Relevé exhaustif sur les antimétaboles strictes | – Tri manuel des faux positifs quasi-non nécessaire.<br>– Idéal pour fouiller de très grands corpus (>100 000 de mots) | – Relevé des chiasmes jouant sur les mots fléchis<br>– Rappel important<br>– Assez précis pour des analyses semi-manuelles sur corpus de taille moyenne (<100 000 de mots) |
| **Inconvénients** | – Peu précis vérification manuelle nécessaire<br>– Sur les corpus >1000 mots tri manuel très long | – Omission de trop d'antimétaboles pour l'analyse de discours | – Tri manuel encore long si corpus très grand (>100 000 de mots).<br>– Exhaustivité non garantie. |

TABLE 4 – Synthèse des résultats et comparatif des recherches

8. Tous les chiffres donnés dans ce tableau portent sur la détection d'antimétaboles strictes uniquement : les résultats sur antimétaboles flexionnelles et antimétalepses ne pouvant pas être comparés avec d'autres.

9. On émettra cependant une réserve sur les chiffres au regard de notre corpus (cf. commentaire 7.1).

# 7 Discussion

## 7.1 Commentaire sur les résultats

Les résultats du tableau 4 sont à considérer de manière relative. Il est important en effet de rappeler que notre « corpus », utilisé à la fois pour la mise au point et pour l'évaluation de la méthode, même s'il est constitué d'exemples et de contextes réels, ne représente pas la rareté du phénomène du chiasme. Il reste un texte artificiel fondé sur des extraits réels ni plus ni moins. Ainsi, lancé sur un roman d'un 100 000 de mots la précision de notre algorithme comme celle de Gawryjolek (2009) et celle de Hromada (2011) chutera parce qu'il y aura moins de chiasmes à trouver et plus de contexte pour générer des faux positifs.

## 7.2 Perspectives

À notre connaissance cette recherche est la seule, toutes langues confondues, à proposer une ressource avec des chiasmes classés et dont on connaît précisément l'origine ainsi que le contexte. Cette ressource nécessite bien entendu d'être enrichie surtout en ce qui concerne les antimétalepses et les chiasmes dérivationnels trop rarement illustrés dans les ouvrages de référence. Compte tenu des difficultés de collecte évoquées partie 3.1 et des problèmes de définitions auxquels le chercheur en TAL doit préalablement faire face, une liste d'exemples, même modeste, constitue un vrai tremplin vers l'élaboration d'outils automatiques ou semi-automatiques.

À l'amélioration du corpus, il serait intéressant d'ajouter l'amélioration des algorithmes. Cette recherche nous a déjà permis de faire le pas vers la détection des chiasmes flexionnels : compte tenu des résultats encourageants obtenus avec Flemm, il n'y a plus désormais de raison sur un corpus en français de se contenter de la détection d'antimétaboles strictes comme cela était fait auparavant. Notre recherche introduit aussi la détection des chiasmes ne reposant pas sur le rapprochement morphologique. Enfin les erreurs que nous avons relevées ouvrent la voie vers d'autres réflexions : peut-être que sélectionner manuellement les « stopwords » comme nous l'avons fait n'est pas la manière la plus efficace de procéder. En exploitant d'autres informations comme l'étiquetage grammatical nous espérons lors d'une prochaine étude augmenter la précision voire le rappel. Une analyse linguistique plus poussée non seulement des termes principaux (adjectifs, verbes, noms) mais aussi concernant la disposition des termes secondaires (articles, adverbes, autres mots outils) permettrait peut-être une détection plus pertinente (cf. 4.2).

# Remerciements

Merci à mon ancien directeur de recherche le Pr. Marcel Cori de l'université Paris Ouest pour ses conseils avisés lors de la direction de ce travail.

# Références

AGICHTEIN, E. et GRAVANO, L. (2000). Snowball : Extracting Relations from Large Plain-Text

Collections. *In Proceedings of the 5th ACM International Conference on Digital Libraries*, pages 85–94, Texas, USA.

BENDERSKY, M. et SMITH, D. (2012). A Dictionary of Wisdom and Wit : Learning to Extract Quotable Phrases. *In Proceedings of the NAACL-HLT 2012 Workshop on Computational Linguistics for Literature*, pages 69–77, Montréal, Canada.

BRADFER, J., FRANCARD, M. et FAIRON, C. (1995). Base de données Julibel. Centres VALIBEL et CENTAL, `http://julibel.fltr.ucl.ac.be/index.php`, consulté le 08/05/2013.

DIDEROT, D. et D'ALEMBERT, J. l. R. (1789). *Encyclopédie méthodique : ou par ordre de matières, volume 66*. Livre numérique Google `http://books.google.fr/books?id=NchCAAAAYAAJ&lpg=PA198&ots=UEkdoAOE-g&dq=antimetabole%20diderot&pg=PA198#v=onepage&q=antimetabole%20diderot&f=false`, consulté le 08/05/2013.

DUPRIEZ, B. (2003). *Gradus, les procédés littéraires*. Union Générale d'Éditions 10/18.

GARCÍA-PAGE, M. (1991). El "retruécano léxico" y sus límites. *Archivum : Revista de la Facultad de Filología de Oviedo*, 41-42:173–203.

GAWRYJOLEK, J. J. (2009). *Automated Annotation and Visualization of Rhetorical Figures*. Master thesis, Universty of Waterloo.

GREENE, R. (2012). *The Princeton Encyclopedia of Poetry and Poetics : Fourth Edition*. Princeton University Press.

HARRIS, R. et DIMARCO, C. (2009). Constructing a Rhetorical Figuration Ontology. *In Persuasive Technology and Digital Behaviour Intervention Symposium*, pages 47–52, Edinburgh, Scotland.

HROMADA, D. D. (2011). Initial Experiments with Multilingual Extraction of Rhetoric Figures by means of PERL-compatible Regular Expressions. *In Proceedings of the Second Student Research Workshop associated with RANLP 2011*, pages 85–90, Hissar, Bulgaria.

NAMER, F. (2000). Un analyseur flexionnel du français à base de règles. *Traitement Automatique des Langues*, 41:1–23.

NORDAHL, H. (1971). Variantes chiasmiques. Essai de description formelle. *Revue Romane*, 6:219–232.

OPENOFFICE-COMMUNITY (2011). Open Office dictionaries. Thésaurus en français disponible sur : `http://extensions.openoffice.org/en/project/french-dictionary-modern` `http://www.dicollecte.org/download/fr/thesaurus-v2.3.zip`, consultés le 08/05/2013.

POUGEOISE, M. (2001). *Dictionnaire de Rhétorique*. Armand Colin.

RABATEL, A. (2008). Points de vue en confrontation dans les antimétaboles PLUS et MOINS. *Langue française*, 160(4):21–36.

RAO, D. et RAVICHANDRAN, D. (2009). Semi-Supervised Polarity Lexicon Induction. *In Proceedings of the 12th Conference of the European Chapter of the ACL (EACL 2009)*, pages 675–682, Athens, Greece.

SCHMID, H. (1994). Probabilistic Part-of-Speech Tagging Using Decision Trees. *In Proceedings of International Conference on New Methods in Language Processing*, pages 44–49, Manchester, Great Britain.

VAN GORP, H., DELABASTITA, D. et D'HULST, L. (2001). *Dictionnaire des termes littéraires*. Honoré Champion.

VANDENDORPE, C. (1991). Lecture et quête de sens. *Protée*, 19:95–101.

# Représentation des connaissances du DEC: Concepts fondamentaux du formalisme des Graphes d'Unités

Maxime Lefrançois
WIMMICS, Inria, 2004, route des Lucioles, BP 93, 06902 Sophia Antipolis Cedex
maxime.lefrancois@inria.fr

RÉSUMÉ

Dans cet article nous nous intéressons au choix d'un formalisme de représentation des connaissances qui nous permette de représenter, manipuler, interroger et raisonner sur des connaissances linguistiques du Dictionnaire Explicatif et Combinatoire (DEC) de la Théorie Sens-Texte. Nous montrons que ni les formalismes du web sémantique ni le formalisme des Graphes conceptuels n'est adapté pour cela, et justifions l'introduction d'un nouveau formalisme dit des Graphes d'Unités. Nous introduisons la hiérarchie des Types d'Unités au cœur du formalisme, et présentons les Graphes d'Unités ainsi que la manière dont on peut les utiliser pour représenter certains aspects du DEC.

ABSTRACT

**ECD Knowledge Representation : Fundamental Concepts of the Unit Graphs Framework**

In this paper we are interested in the choice of a knowledge representation formalism that enables the representation, manipulation, query, and reasoning over linguistic knowledge of the Explanatory and Combinatorial Dictionary (ECD) of the Meaning-Text Theory. We show that neither the semantic web formalisms nor the Conceptual Graphs Formalism suit our needs, and justify the introduction of a new formalism denoted Unit Graphs. We introduce the core of this formalism which is the Unit Types hierarchy, and present Unit Graphs and how one may use them to represent aspects of the ECD.

MOTS-CLÉS : Représentation de Connaissances Linguistiques, Théorie Sens-Texte, Graphes d'Unités, Dictionnaire Explicatif et Combinatoire.

KEYWORDS: Linguistic Knowledge Representation, Meaning-Text Theory, Unit Graphs, Explanatory and Combinatorial Dictionary.

# 1 Introduction

Dans cet article nous nous intéressons au choix d'un formalisme de représentation des connaissances qui nous permette de représenter, manipuler, interroger et raisonner sur des connaissances linguistiques du Dictionnaire Explicatif et Combinatoire (DEC), qui est le lexique au cœur du sujet d'étude de la Théorie Sens-Texte (TST) (c.f. par exemple Mel'čuk et Arbatchewsky-Jumarie, 1999; Mel'čuk, 2006). Nous envisageons deux scénarios de valorisation d'une telle formalisation :

- Dans un projet orienté vers l'édition lexicographique du DEC, il serait possible de semi-automatiser le travail des lexicographes par exemple en vérifiant qu'un ensemble de contraintes est satisfait, ou en leur suggérant des ébauches d'articles (e.g., liens de fonctions lexicales, ébauche de définition lexicographique, tableaux de régime).
- En proposant une syntaxe basée sur les standards de l'ingénierie des connaissances, les connaissances linguistiques ainsi représentées de manière structurée pourraient être publiées sur le web de données [1] comme l'est aujourd'hui WordNet. Ceci encouragerait leur utilisation comme ressource lexicale hautement structurée par les consommateurs de données du nuage du web de données.

La plupart des projets passés ou présents qui ont consisté en l'informatisation du DEC sont orientés vers l'édition lexicographique. Nous citerons en exemple le projet RELIEF (Lux-Pogodalla et Polguère, 2011) qui vise à représenter un graphe de type système lexical dénommé Réseau Lexical du Français (RLF) (Polguère, 2009) tissé par les liens paradigmatiques et syntagmatiques de fonctions lexicales (e.g., Mel'čuk, 1996). Des travaux de formalisation de certains aspects du DEC ont précédé le projet RELIEF. Citons les travaux de Kahane et Polguère (2001) pour les fonctions lexicales, ainsi que le projet Definiens (Barque et Polguère, 2008) de formalisation des définitions lexicographiques avec genre prochain et différences spécifiques pour le TLFi [2].

En complément de ces travaux de formalisation, notre objectif est de proposer une formalisation au sens de l'ingénierie des connaissances, compatible avec des formalismes standards. Le terme *formalisation* signifie ici non seulement *rendre non-ambigu*, mais également *rendre opérationnel*, i.e., *rendre adapté aux opérations logiques ou rationnelles* (e.g., la manipulation, l'interrogation, et le raisonnement des connaissances). Nous adoptons donc une approche d'ingénierie des connaissances appliquée au domaine de la TST, et la question de recherche de cet article est : *Quel formalisme de représentation des connaissances serait adapté pour représenter les connaissances du DEC ?*

Nous nous intéressons à deux familles de formalismes de représentation des connaissances existant :

- les formalismes du web sémantique, car le web de données est construit dessus ;
- le formalisme des Graphes Conceptuels (GC) (Sowa, 1984; Chein et Mugnier, 2008), puisqu'on sera amenés à faire des raisonnements logiques sur des graphes.

Notre question de recherche se décompose alors en deux sous-questions que nous abordons dans cet article :

- Ces deux formalismes de représentation des connaissances sont-ils adaptés pour représenter les connaissances du DEC ?
- Le cas échéant, comment devons-nous en revoir les bases afin d'en dériver un nouveau formalisme de représentation des connaissances qui soit adapté ?

1. Le web de données est une initiative du W3C en pleine effervescence actuellement, `http://linkeddata.org`
2. Trésor de la Langue Française informatisé, `http://atilf.atilf.fr`

La suite de l'article est organisée de la manière suivante. Nous verrons dans un premier temps que ni les formalismes du web sémantique ni les GC ne sont adaptés pour représenter les connaissances du DEC, et nous étayerons le choix suivant : *Nous modifions les bases du formalisme des GC, tout en gardant en tête l'idée d'utiliser les formalismes du web sémantique comme syntaxe pour l'échange des connaissances et pour la publication sur le web de données* (§2). Puisque nous représenterons des unités linguistiques de différentes natures (e.g., sémantème, lexie, grammème, mot-forme), nous choisissons d'utiliser le terme *unité* d'une manière générique et nommons le résultat de cette adaptation *formalisme mathématique des Graphes d'Unités (GU)*. Nous introduirons donc les types unités (§3) puis les graphes d'unités *per se* et leur utilité pour représenter des concepts plus avancés de la TST (§4).

Nous attirons l'attention du lecteur sur le fait que cet article introduit l'élaboration du formalisme mathématique des GU qui fait l'objet d'un rapport de recherche (Lefrançois, 2013). Nous l'invitons à s'y référer pour toute précision définitoire et mathématique.

# 2 Motivations pour introduire un nouveau formalisme de représentation des connaissances

Les formalismes de représentation de connaissances utilisent abondamment la notion de typage. Les objets du domaine représenté sont nommés instances (ou objets ou individus), et sont typés (ou classifiés). Ils sont liés entre eux par des relations qui sont elles-mêmes typées. Dans cette section nous répondons à la question suivante : *En quoi les formalismes du web sémantique et le formalisme des GC ne sont-ils pas directement adaptés pour représenter les connaissances du DEC ?*

## 2.1 Les formalismes du web sémantique

On observe un engouement mondial pour les formalismes du web sémantique, et la syntaxe RDF[3] est le standard d'échange de données structurées sur le web de données. L'expressivité de RDF serait suffisante pour représenter les connaissances du DEC. Cependant, la sémantique de RDF, au sens logique, se limite à celle des graphes orientés et étiquetés, et nous souhaitons permettre également de manipuler et de raisonner avec les connaissances linguistiques du DEC. Nous devons donc envisager d'introduire plus de sémantique à l'aide de RDFS[4] ou OWL[5], tout en limitant au maximum le niveau d'expressivité pour conserver de bonnes propriétés computationnelles. OWL introduit de la sémantique à l'aide d'axiomes[6] et de constructeurs de classes et de relations[7]. Justement le projet ULiS (Lefrançois et Gandon, 2011) envisageait une architecture de base de connaissances multilingue compatible avec la TST et basée sur OWL. Dans le projet ULiS, les axiomes et constructeurs de classe de OWL sont utilisés pour que chaque lexie supporte la projection de sa définition lexicographique sur elle-même. Nous avons identifié trois problèmes majeurs avec l'utilisation de OWL pour ce faire :

3. RDF - Resource Description Framework, `http://w3.org/RDF/`
4. RDFS - RDF Schema, `http://www.w3.org/TR/rdf-schema/`
5. OWL - Web Ontology Language, `http://www.w3.org/TR/owl2-overview/`
6. e.g., Sous-classe `SubClassOf(` $CE_1$ $CE_2$ `)` ; Relation fonctionnelle : `FunctionalObjectProperty( OPE)`
7. e.g., Cardinalité exacte `ObjectExactCardinality( n OPE)` ; Relation inverse `ObjectInverseOf( OPE)`

- Pour chaque définition de lexie on doit introduire autant de nouvelles relations sémantiques qu'il existe de nœuds dans le graphe de définition de la lexie. Cela impose une surcharge de relations superflues ;
- Ces relations doivent être combinées à l'aide de l'axiome de sous-relation d'une relation chaînée `SubObjectPropertyOf( ObjectPropertyChain(` $OPE_1$ ...$OPE_n$ `) OPE)`, afin de projeter petit à petit le graphe de définition de la lexie sur elle même. Or dans OWL, l'ensemble des relations doit être *régulier* [8] pour garantir la décidabilité des problèmes de raisonnement basiques, et nous avons montré (Lefrançois, 2013) que cette régularité n'est pas assurée dans la petite ontologie donnée en exemple par Lefrançois et Gandon (2011). Cette restriction est donc trop importante pour représenter les définitions du DEC.
- Enfin, la sémantique de l'axiome de sous-relation d'une relation chaînée fait que l'inférence n'est de toute façon possible que dans une direction seulement (sous-relation, et non pas équivalence). C'est à dire que lorsqu'on est en présence du graphe de définition de la lexie, on peut inférer la présence de la lexie, mais pas le contraire.

Une alternative pour représenter les définitions d'unités lexicales serait de les représenter à l'aide de deux règles SPARQL [9] CONSTRUCT réciproques. On se rapporte alors au problème des langages de règles et de leur réconciliation avec OWL (c.f., Krisnadhi *et al.*, 2011), qui ne fait aujourd'hui l'œuvre d'aucun consensus ni standard.

Ces différents problèmes nous poussent à considérer un autre formalisme pour représenter les connaissances du DEC. Nous souhaitons néanmoins un export en RDF pour échanger les connaissances linguistiques sur le web de données.

## 2.2 Les Graphes Conceptuels

Le formalisme des Graphes Conceptuels (GC) (Sowa, 1984; Chein et Mugnier, 2008) présente de grandes ressemblances avec la TST. Dans leur version basique, les GC représentent des instances typées interconnectées par des relations *n*-aires également typées. D'ailleurs, l'objectif premier de Sowa était le traitement du langage naturel, et il s'est originellement inspiré des mêmes travaux que les fondateurs de la TST pour mettre au point le modèle des GC : les travaux de Tesnière (1959). Deux des ressemblances les plus marquantes entre les GC et la TST sont les suivantes :

- Dans les GC il est possible de définir des types de concepts et de relations à partir d'un graphe conceptuel, ce qui est très similaire aux définitions des lexies dans la TST ;
- La TST utilise intensivement des règles, en particulier pour les correspondances entre niveaux de représentation d'énoncés. Les règles et leur sémantique, au sens logique, ont été très étudiées dans la littérature des GC.

Un autre atout des GC est le fait qu'il existe des transformations entre les GC et RDF/S (c.f., Corby *et al.*, 2000; Baget *et al.*, 2010). On pourrait donc utiliser ces transformations pour réécrire les GC en RDF pour publication sur le web de données. De plus, pour en revenir au projet ULiS, on pourrait adapter l'architecture du projet ULiS aux GC.

Cependant il n'est pas non plus naturel de représenter les connaissances du DEC à l'aide des GC. Voici deux raisons à cela :

- Un sémantème est modélisable à priori comme un type de concept puisqu'il est instancié dans des représentations sémantiques d'énoncés. D'un autre côté, si la lexie associée est prédicative

8. c.f. par exemple, `http://www.w3.org/TR/owl2-syntax#The_Restrictions_on_the_Axiom_Closure`
9. SPARQL, `http://www.w3.org/TR/sparql11-overview/`

et possède des positions actancielles sémantiques, le sémantème peut de manière duale être modélisé par une relation *n*-aire de sorte que ses instances lient d'autres sémantèmes. Les GC ne permettent pas de représenter naturellement cette dualité. En effet, dans les GC on doit respecter une alternance concept/relation, et une représentation sémantique d'énoncé comme celle de la figure 1 ne peut pas être directement représentée par un GC.

- Les positions actancielles sémantiques d'une lexie peuvent différer de celles de la lexie dont son sens dérive [10] (c.f., Mel'čuk, 2004a,b). Or dans les GC, le mécanisme d'héritage des types de relations, qui modélise le fait que *un type de relation est plus spécifique qu'un autre*, est contraint de sorte que deux relations d'arité différente doivent être incomparables. On ne peut donc pas utiliser ce mécanisme naturel d'héritage pour modéliser la spécialisation des sémantèmes.

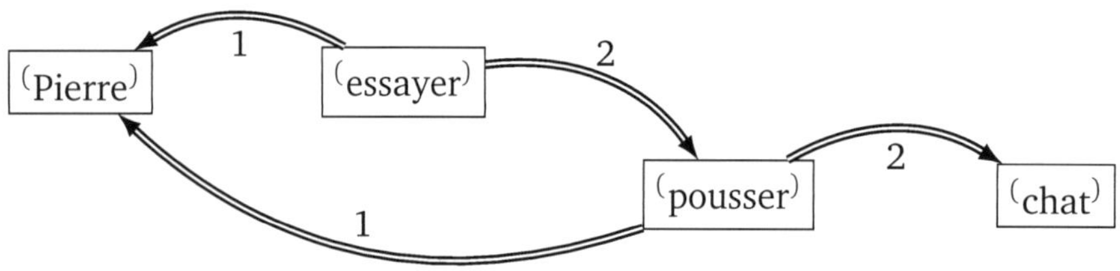


FIGURE 1 – Illustration du rôle dual concept/relation des sémantèmes dans la TST, par la représentation sémantique de *Pierre essaie de pousser le chat*.

## 2.3 Le nouveau formalisme des Graphes d'Unités

Pour résumer, ni les formalismes du web sémantique ni les GC ne permettent la représentation naturelle des connaissances du DEC. Le formalisme des GC étant le plus proche de la TST, nous décidons donc d'en revisiter les bases afin de le rendre compatible avec la TST.

Puisque nous représenterons des unités linguistiques de différentes nature (e.g., sémantème, lexie, grammème, mot-forme), nous choisissons d'utiliser le terme *unité* d'une manière générique et nommons le résultat de cette adaptation *formalisme mathématique des Graphes d'Unités (GU)*.

Dans un autre travail en cours, nous adaptons les transformations existantes entre les GC et RDF/S (c.f., Corby *et al.*, 2000; Baget *et al.*, 2010) afin d'utiliser les formalismes du web sémantique comme format d'échange des connaissances linguistiques sur le web de données.

Dans la suite de cet article nous apportons une réponse à la question de recherche suivante : *Comment devons-nous revoir les bases du formalisme des GC afin de le rendre adapté à la représentation des connaissances du DEC ?* Cette question se décompose en deux sous-questions :

- Quelle structure mathématique pour une hiérarchie de types d'unités pouvant avoir des positions actancielles (§3) ?
- Quel est l'équivalent des graphes conceptuels pour le formalisme des GU, et comment les utiliser pour formaliser des concepts plus avancés de la TST (§4) ?

10. Par exemple le sémantème ‘pluie’ est plus spécifique que ‘tomber’ mais le sens de *ce qui tombe* et *d'où ça tombe* est figé à ‘gouttes d'eau’ et ‘ciel/nuage’ (Mel'čuk, 2004a).

# 3 La Hiérarchie des Types d'Unités

Dans cette section nous abordons la question suivante : *Comment devrions-nous revoir les bases du formalisme des GC afin de le rendre adapté à la représentation d'une hiérarchie des types d'unités avec une structure actancielle ?* Tout d'abord, dans le formalisme des Graphes d'Unités (GU), les objets du domaine représenté sont nommés *unités*, et sont typés. A l'instar des formalismes de représentation de connaissances existants et de Mel'čuk (2004a), nous établissons une distinction claire entre :

- Les types d'unités (e.g., type d'unité sémantique, type d'unité lexicale), décrits dans le DEC ;
- Les unités (e.g., unité sémantique, unité lexicale), représentées dans les Graphes d'Unités (GU).

Les types d'unités vont spécifier à travers leurs positions actancielles et signatures comment leurs instances (i.e., unités) devraient être liées entre elles dans un GU. Les types d'unités et leur structure actancielle sont décrites dans une structure dénommée *hiérarchie* et notée $\mathcal{T}$.

## 3.1 Types d'Unités Primitifs (TPU) et Positions Actancielles

Tout d'abord, $\mathcal{T}$ contient un ensemble fini de Types Primitifs d'Unités (TPU) déclarés noté $T_D$. Cet ensemble contient des TPU linguistiques de différente nature (e.g., sémantique, lexicale, grammaticale). Afin de nommer les positions actancielles, on introduit un ensemble de relations binaires dénommées *Symboles d'Actants (SymbolA)*, noté $\boldsymbol{S}_{\mathcal{T}}$. $\boldsymbol{S}_{\mathcal{T}}$ contient des numéros pour la structure actancielle des types d'unités sémantiques, et d'autres symboles habituels pour les autres niveaux de représentations considérés (e.g, chiffres romains I à VI pour le niveau syntaxique profond de la TST).

Peut importe qu'il soit sémantique, lexical ou grammatical, un TPU $t$ a un ensemble (qui peut être vide) de *Positions Actancielles (PosA)* dont les symboles sont choisis dans l'ensemble des SymbolA. Certaines PosA peuvent être obligatoires, d'autres optionnelles (Mel'čuk, 2004a), et nous postulons également que certaines PosA peuvent être interdites (i.e., désactivées en quelque sorte). Par exemple le type de lexie TO EAT (⌜manger⌝) a au moins une PosA sémantiques obligatoire qui est l'animal qui mange, et une PosA optionnelle qui est le récipient dans lequel l'animal mange. Si l'on cherche maintenant à affiner le sens de TO EAT pour définir une nouvelle lexie, nous identifions trois cas basiques qui peuvent arriver :

- Une PosA optionnelle peut devenir obligatoire.
- Une PosA optionnelle peut devenir interdite, e.g., le récipient dans TO GRAZE (⌜brouter⌝) ;
- Une nouvelle PosA (à priori optionnelle) peut être introduite ;

Pour représenter ces différents types de PosA et pour que leur présence dans la hiérarchie des types d'unités soit cohérente, on introduit trois fonctions sur l'ensemble des SymbolA :

- $\gamma$ associe à chaque SymbolA $s \in \boldsymbol{S}_{\mathcal{T}}$ son *radix* [11] $\gamma(s)$ qui introduit une PosA de symbole $s$. On note $\boldsymbol{\Gamma}$ l'ensemble d'arrivée de la fonction $\gamma$, i.e., l'ensemble des *radices* [12].
- $\gamma_1$ associe à chaque SymbolA $s$ son *obligat* [13] $\gamma_1(s)$ qui rend la PosA de symbole $s$ obligatoire. On note $\boldsymbol{\Gamma}_1$ l'ensemble d'arrivée de la fonction $\gamma$, i.e., l'ensemble des *obligant* [14].

11. radix est un mot latin qui signifie ⌜racine⌝.
12. radices est le pluriel de radix.
13. obligat est la forme conjuguée du verbe latin obligo, 3p sing. pres. ind., ⌜il oblige⌝.
14. obligant est la forme conjuguée du verbe latin obligo, 3p plur. pres. ind., ⌜ils obligent⌝.

– $\gamma_0$ associe à chaque SymbolA $s$ son *prohibet* [15] $\gamma_0(s)$ qui rend la PosA de symbole $s$ interdite. On note $\boldsymbol{\Gamma_0}$ l'ensemble d'arrivée de la fonction $\gamma_0$, i.e., l'ensemble des *prohibent* [16].

L'ensemble des *Types Primitifs d'Unités (TPU)* est donc noté $\boldsymbol{T}$ et est égal à l'union disjointe de l'ensemble des TPU déclarés, des radices, des obligant et des prohibent, plus le *TPU universel principal* $\top$ et le *TPU absurde principal* $\bot$.

$$\boldsymbol{T} \stackrel{\text{def}}{=} T_D \uplus \boldsymbol{\Gamma} \uplus \boldsymbol{\Gamma_1} \uplus \boldsymbol{\Gamma_0} \uplus \{\bot\} \uplus \{\top\} \tag{1}$$

On peut alors introduire une relation de spécialisation sur l'ensemble $\boldsymbol{T}$ des TPU sous la forme d'un pré-ordre $\lesssim$. $t_1 \lesssim t_2$ modélise le fait que le TPU $t_1$ est plus spécifique que le TPU $t_2$. La relation $\lesssim$ est calculée à partir d'un ensemble de comparaisons déclarées $C_A \subseteq \boldsymbol{T}^2$, et de sorte que :

– $\top$ (resp. $\bot$) soit l'élément maximal (resp. minimal) ;
– pour chaque SymbolA l'obligat et le prohibet soit plus spécifique que le radix.

Chaque PosA ayant un symbole, l'ensemble des PosA d'un TPU $t \in \boldsymbol{T}$ est défini par l'ensemble de leurs symboles $\boldsymbol{\alpha}(t) \subseteq \boldsymbol{S}_{\mathscr{T}}$. Formellement, l'ensemble $\boldsymbol{\alpha}(t)$ est défini comme l'ensemble des SymbolA dont le radix est plus général ou équivalent à $t$, et donc tout TPU plus spécifique qu'un SymbolA $s \in \boldsymbol{S}_{\mathscr{T}}$ hérite d'une PosA de symbole $s$.

$$\boldsymbol{\alpha}(t) \stackrel{\text{def}}{=} \{s \in \boldsymbol{S}_{\mathscr{T}} \mid t \lesssim \boldsymbol{\gamma}(s)\} \tag{2}$$

De la même manière, l'ensemble des PosA obligatoires (resp. interdites) d'un TPU $t$ est noté $\boldsymbol{\alpha}_1(t)$ (resp. $\boldsymbol{\alpha}_0(t)$) et est défini comme l'ensemble des SymbolA dont l'obligat (resp. le prohibet) est plus général ou équivalent à $t$.

$$\boldsymbol{\alpha}_1(t) \stackrel{\text{def}}{=} \{s \in \boldsymbol{S}_{\mathscr{T}} \mid t \lesssim \boldsymbol{\gamma}_1(s)\} \tag{3}$$

$$\boldsymbol{\alpha}_0(t) \stackrel{\text{def}}{=} \{s \in \boldsymbol{S}_{\mathscr{T}} \mid t \lesssim \boldsymbol{\gamma}_0(s)\} \tag{4}$$

Finalement, l'ensemble des PosA optionnelles d'un TPU $t$ est noté $\boldsymbol{\alpha}_?(t)$ et est l'ensemble des PosA qui ne sont ni obligatoires ni interdites :

$$\boldsymbol{\alpha}_?(t) \stackrel{\text{def}}{=} \boldsymbol{\alpha}(t) - \boldsymbol{\alpha}_1(t) - \boldsymbol{\alpha}_0(t) \tag{5}$$

Ainsi en descendant la hiérarchie des types d'unités, une PosA de symbole $s$ est introduite par le radix $\boldsymbol{\gamma}(s)$ et définit d'abord une PosA optionnelle pour tout TPU $t$ plus spécifique que $\boldsymbol{\gamma}(s)$, tant que $t$ n'est pas plus spécifique que l'obligat $\boldsymbol{\gamma}_1(s)$ (resp. le prohibet $\boldsymbol{\gamma}_0(s)$) de $s$ auquel cas la PosA devient obligatoire (resp. interdite). La structure actancielle des types d'unités ainsi définie spécifie comment les unités pourront, devront, ou ne devront pas être liées entre elles dans un GU.

15. prohibet est la forme conjuguée du verbe latin prohibeo, 3p sing. pres. ind., ⸢il interdit⸣.
16. prohibent est la forme conjuguée du verbe latin prohibeo, 3p plur. pres. ind., ⸢ils interdisent⸣.

## 3.2 Signature d'un TPU

Dans les définitions lexicographiques de la TST, le type des unités qui prennent une PosA sémantique est parfois écrit devant le nom de la variable en question. Dans la hiérarchie des types d'unités, les *signatures* des TPU nous permettent de représenter cette information de manière explicite. Plus généralement, les unités qui prennent une certaine PosA d'un TPU doivent avoir un certain type. Par exemple, seules les unités sémantiques peuvent prendre une PosA d'une unité sémantique, et seules les unités de type ⁽animal⁾ peuvent prendre la PosA 1 d'une unité de type ⁽to eat⁾.

Formellement, l'ensemble des signatures des TPU est noté $\{\varsigma_t\}_{t \in T}$. Pour tout TPU $t$, $\varsigma_t$ est une fonction qui associe à chaque PosA $s$ de $t$ un ensemble de TPU $\varsigma_t(s)$ qui caractérisent le type des unités qui peuvent prendre cette position. Par exemple la signature de ⁽to eat⁾ pour sa PosA 1 est notée $\varsigma_{(\text{to eat})}(1) = \{(\text{animal})\}$.

Les signatures participent à la spécialisation de la structure actancielle des TPU, ce qui signifie que si $t_1 \lesssim t_2$ et $s$ est une PosA commune à $t_1$ et $t_2$, alors la signature de $t_1$ pour $s$ doit être plus spécifique que la signature de $t_2$ pour $s$. Par exemple, la signature de ⁽to sup⁾ pour 1, i.e., {⁽personne⁾}, est plus spécifique que cette de ⁽to eat⁾ qui est {⁽animal⁾}.

## 3.3 Hiérarchie des Types d'Unités

Une unité peut en réalité avoir une conjonction, au sens logique, de plusieurs types. En particulier, il peut s'agir d'un type de lexie et de plusieurs types d'unités grammaticales, comme $\{def, plur, \text{CHAT}\}$ pour ⁽les chats⁾. Pour représenter ce phénomène, nous introduisons l'ensemble $\boldsymbol{T}^\cap$ des *Types Conjonctifs d'Unités (TCU)* possibles sur $\boldsymbol{T}$ comme étant l'ensemble des parties de $\boldsymbol{T}$ :

$$\boldsymbol{T}^\cap \stackrel{\text{def}}{=} 2^{\boldsymbol{T}} \tag{6}$$

La conjonction des types donne un premier aperçu d'un type d'inférence. En effet, pour une unité de type {⁽personne⁾}, on peut augmenter son type à {⁽personne⁾, ⁽animal⁾} qui est équivalent mais plus "explicite". Plus généralement, un TCU $t^\cap \in \boldsymbol{T}^\cap$ peut être fermé en y ajoutant tout TPU plus générique qu'au moins un de ses éléments.

Enfin, certains TCU comme $\{def, indef\}$ sont déclarés absurdes, ce qui signifie qu'aucune unité ne peut être à la fois des types $def$ et $indef$. On notera l'ensemble des TCU déclarés absurdes $\bot_A^\sqcap$, avec $\bot_A^\sqcap \subseteq \boldsymbol{T}^\cap$. Par définition, tout type plus spécifique que le TCU absurde principal $\{\bot\}$ est absurde, et pour tout SymbolA $s \in \boldsymbol{S}_{\mathcal{T}}$, le TCU formé de son obligat et son prohibet (i.e., $\{\gamma_1(s), \gamma_0(s)\}$) est absurde.

Nous pouvons maintenant introduire la hiérarchie des types d'unités qui forme le cœur du formalisme des GU. Une hiérarchie de TCU est un $n$-uplet
$\mathcal{T} \stackrel{\text{def}}{=} (T_D, \boldsymbol{S}_{\mathcal{T}}, \gamma, \gamma_1, \gamma_0, C_A, \{\varsigma_t\}_{t \in T}, \bot_A^\sqcap)$ qui est composé d'un ensemble de Types Primitifs d'Unités déclarés $T_D$, d'un ensemble de Symboles d'Actants $\boldsymbol{S}_{\mathcal{T}}$, de trois applications $\gamma$, $\gamma_1$ et $\gamma_0$ qui associent à chaque SymbolA ses TPU radix, obligat et prohibet, d'un ensemble de comparaisons déclarées entre TPU $C_A$, de l'ensemble $\{\varsigma_t\}_{t \in T}$ des signatures des TPU, et d'un ensemble de Types Conjonctifs d'Unités déclarés absurdes $\bot_A^\sqcap$,

Les définitions des positions sont étendues aux TCU. L'ensemble des PosA (resp1. PosA obligatoires, resp2. PosA interdites) d'un TCU $t^{\cap}$ est noté $\boldsymbol{\alpha}^{\cap}(t^{\cap})$ (resp1. $\boldsymbol{\alpha}_1^{\cap}(t^{\cap})$, resp2. $\boldsymbol{\alpha}_0^{\cap}(t^{\cap})$) et est l'union des PosA (resp1. PosA obligatoires, resp2. PosA interdites) des TPU qui le composent. L'ensemble des PosA optionnelles d'un TCU $t^{\cap}$ est noté $\boldsymbol{\alpha}_?^{\cap}(t^{\cap})$ et est également les PosA qui ne sont ni obligatoires ni interdites. Les signatures sont également naturellement adaptées aux TCU. L'ensemble des signatures des TCU $\{\boldsymbol{\varsigma}^{\cap}_{t^{\cap}}\}_{t^{\cap}\in\boldsymbol{T}^{\cap}}$ est un ensemble de fonctions de $\boldsymbol{S}_{\mathcal{T}}$ vers $\boldsymbol{T}^{\cap}$. Pour chaque TCU $t^{\cap}$, $\boldsymbol{\varsigma}^{\cap}_{t^{\cap}}$ est une fonction avec $domain(\boldsymbol{\varsigma}^{\cap}_{t^{\cap}}) = \boldsymbol{\alpha}^{\cap}(t^{\cap})$ qui associe à chaque PosA $s$ de $t^{\cap}$ l'union des signatures $\boldsymbol{\varsigma}_t(s)$ des TPU $t$ qui composent $t^{\cap}$.

$$\boldsymbol{\alpha}^{\cap}(t^{\cap}) \overset{\text{def}}{=} \bigcup_{t\in t^{\cap}} \boldsymbol{\alpha}(t) \tag{7}$$

$$\boldsymbol{\alpha}_1^{\cap}(t^{\cap}) \overset{\text{def}}{=} \bigcup_{t\in t^{\cap}} \boldsymbol{\alpha}_1(t) \tag{8}$$

$$\boldsymbol{\alpha}_0^{\cap}(t^{\cap}) \overset{\text{def}}{=} \bigcup_{t\in t^{\cap}} \boldsymbol{\alpha}_0(t) \tag{9}$$

$$\boldsymbol{\alpha}_?^{\cap}(t^{\cap}) \overset{\text{def}}{=} \boldsymbol{\alpha}^{\cap}(t^{\cap}) - \boldsymbol{\alpha}_1^{\cap}(t^{\cap}) - \boldsymbol{\alpha}_0^{\cap}(t^{\cap}) \tag{10}$$

$$\boldsymbol{\varsigma}^{\cap}_{t^{\cap}}(s) \overset{\text{def}}{=} \bigcup_{t\in t^{\cap} | s\in\boldsymbol{\alpha}(t)} \boldsymbol{\varsigma}_t(s) \tag{11}$$

Nous avons également introduit une relation de spécialisation sous la forme d'un pré-ordonnancement $\overset{\cap}{\lesssim}$ de l'ensemble des TCU $\boldsymbol{T}^{\cap}$ tel que (c.f., Lefrançois, 2013) : $\overset{\cap}{\lesssim}$ contient l'extension naturelle d'un pré-ordre sur un ensemble à un pré-ordre sur l'ensemble de ses sous-ensembles ; le bas de $\boldsymbol{T}^{\cap}$ est aplati de sorte que chaque TCU déclaré absurde soit inférieur à $\{\bot\}$ ; si la signature d'un TCU pour une PosA est inférieure à $\{\bot\}$, alors ce TCU est inférieur à $\{\bot\}$. Le bas de l'ensemble pré-ordonné $(\boldsymbol{T}^{\cap}, \overset{\cap}{\lesssim})$ correspond à l'ensemble des TCU équivalents à $\{\bot\}$ et est aplati : il contient $\{\bot\}$, chacun des TCU déclarés absurdes, et plus généralement l'ensemble des TCU qui ne peuvent pas être instanciés. On le nomme ensemble des TCU absurdes.

Nous montrons que les bonnes propriétés des TPU sont préservées par passage aux TCU, à part pour certains cas dégénérés (i.e., type vide et types absurdes).

# 4 Graphes d'Unités (GU)

Les TCU ainsi définis typeront les unités qui seront représentées par des nœuds unités dans les Graphes d'Unités. Nous allons clore cet article par la définition des GU *per se* et leur utilité pour formaliser des concepts plus avancés de la TST.

## 4.1 Hiérarchie des Symboles de Circonstants (SymbolC)

Les types d'unités spécifient comment les nœuds unités *sont* liés à d'autres nœuds unités dans un GU. Comme pour tout argument d'un prédicat, une PosA d'une unité ne peut être occupée que par une seule unité à la fois. Cependant on peut également rencontrer des dépendances d'un autre type dans certaines représentations d'énoncé : des circonstants (Mel'čuk, 2004a). Les relations circonstancielles sont des relations instance-instance contrairement aux relations actancielles qui sont des relations prédicat-argument. C'est le cas des relations syntaxiques profondes non actancielles **ATTR**, **COORD**, **APPEND** par exemple, mais nous pourrons également utiliser ces relations pour représenter le lien entre une lexie et son sémantème par exemple.

Nous introduisons donc un ensemble fini de *Symboles de Circonstants (SymbolC)* noté $\boldsymbol{S}_{\mathscr{C}}$. Pour catégoriser et hiérarchiser l'ensemble des SymbolC, nous introduisons également un pré-ordre $\overset{\mathscr{C}}{\lesssim}$ sur $\boldsymbol{S}_{\mathscr{C}}$ construit par fermeture reflexo-transitive d'un ensemble de comparaisons déclarées $\boldsymbol{C}_{\boldsymbol{S}_{\mathscr{C}}} \subseteq \boldsymbol{S}_{\mathscr{C}}{}^2$. Enfin, à chaque SymbolC est associé une signature qui spécifie de quel type doivent être les unités liées par une relation avec ce symbole. L'ensemble des signatures des SymbolC $\{\boldsymbol{\sigma}_s\}_{s\in \boldsymbol{S}_{\mathscr{C}}}$ est un ensemble de couples de TCU : $\{(domain(s), range(s))\}_{s\in \boldsymbol{S}_{\mathscr{C}}}$. En descendant la hiérarchie des SymbolC et à l'instar des signatures des TCU, nous imposons que la signature d'un SymbolC ne peut que devenir de plus en plus spécifique.

On peut donc introduire la hiérarchie des SymbolC notée $\mathscr{C} \overset{\text{def}}{=} (\boldsymbol{S}_{\mathscr{C}}, \boldsymbol{C}_{\boldsymbol{S}_{\mathscr{C}}}, \mathscr{T}, \{\boldsymbol{\sigma}_s\}_{s\in \boldsymbol{S}_{\mathscr{C}}})$ et composée d'un ensemble fini de Symboles de Circonstants $\boldsymbol{S}_{\mathscr{C}}$, d'un ensemble de comparaisons déclarées de SymbolC $\boldsymbol{C}_{\boldsymbol{S}_{\mathscr{C}}}$, d'une hiérarchie de types d'unités $\mathscr{T}$, et de l'ensemble des signatures des SymbolC $\{\boldsymbol{\sigma}_s\}_{s\in \boldsymbol{S}_{\mathscr{C}}}$.

## 4.2 Définition des Graphes d'Unités

Les Graphes d'Unités permettent la description d'énoncés à différents niveaux de représentation. A l'instar des GC, les GU sont définis sur un *support* $\mathscr{S} \overset{\text{def}}{=} (\mathscr{T}, \mathscr{C}, \boldsymbol{M})$ qui est composé d'une hiérarchie de types d'unités $\mathscr{T}$, d'une hiérarchie de SymbolC $\mathscr{C}$, et d'un ensemble de marqueurs d'unités $\boldsymbol{M}$. Précisons ce que nous entendons par marqueurs d'unités. Nous établissons une distinction entre :

- les unités, qui sont les objets du domaine représenté ;
- les marqueurs d'unités, qui sont choisis dans l'ensemble $\boldsymbol{M}$, et qui identifient chacun une unité spécifique ;
- les nœuds unité, qui sont interconnectés dans des GU et qui représentent chacun une unité ;
- les marqueurs de nœuds unité, qui sont choisis dans l'ensemble noté $\boldsymbol{M}^{\cap}$ des parties de $\boldsymbol{M}$ : $\boldsymbol{M}^{\cap} \overset{\text{def}}{=} 2^{\boldsymbol{M}}$, et qui étiquettent les nœuds unité afin de spécifier quelle unité chaque nœud unité représente.

Ceci peut paraitre complexe au premier abord, mais il s'agit en réalité d'une extension pour la TST qui nous permet d'être proche des GC, et une articulation simple avec les formalismes du web sémantique. En effet, chaque marqueur d'unité correspondra à une URI. Si un nœud unité est étiqueté par le marqueur de nœud unité $\varnothing$ (on dira que c'est un nœud générique d'unité), alors l'unité représentée est inconnue, il sera traduit par un blank-node en RDF. Dans la littérature de la TST, on considère que tous les nœuds des représentations d'énoncés sont génériques. Par contre, si un nœud unité est marqué $\{m_1, m_2\}$, alors les marqueurs d'unité $m_1$ et $m_2$ identifient en réalité la même unité, leurs ressources RDF correspondantes seront liées par une relation `owl:sameas`.

Dans leur version simple, les GC possèdent une relation d'équivalence de nœuds concepts nommée *coréférence*. Puisque cette relation ne correspond pas au terme linguistique et que nous représenterons la coréférence linguistique autrement, nous désactivons l'ambiguïté en parlant plutôt de *relation d'équivalences déclarées de nœuds unités*, notée $Eq$. Deux nœuds unité déclarés équivalents représentent la même unité. De plus, contrairement à la relation $coref$ des GC, la relation $Eq$ n'est pas une relation d'équivalence sur les nœuds unités [17]. Cela nous permet de distinguer connaissances explicites et connaissances implicites, et facilite l'articulation avec les formalismes du web sémantique.

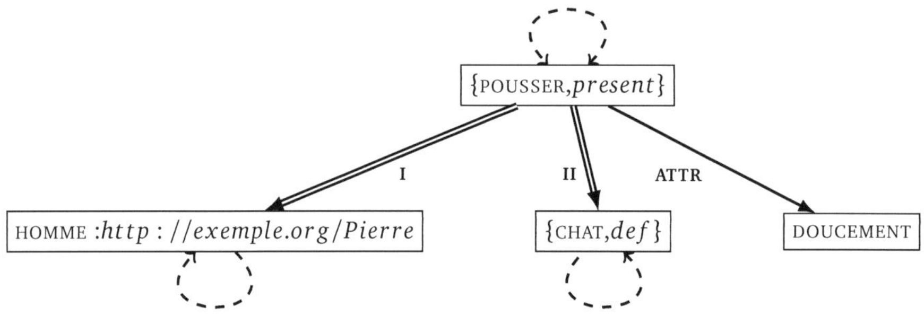


FIGURE 2 – Exemple de Graphe d'Unité : représentation syntaxique profonde de la phrase *Pierre pousse doucement le chat.*

Les GU permettent de représenter des énoncés à différents niveaux de représentation. Nous en avons déjà rencontré un sémantique sur la figure 1, et la figure 2 en représente un syntaxique profond. L'ensemble des GU définis sur un GU-support $\mathcal{S} = (\mathcal{T}, \mathcal{C}, \boldsymbol{M})$ est noté $\mathcal{G}(\mathcal{S})$ et chaque GU $G \in \mathcal{G}(\mathcal{S})$ est un $n$-uplet $G \stackrel{\text{def}}{=} (U, \boldsymbol{l}, A, C, Eq)$ avec :

– $U$ est l'ensemble des *nœuds unités*. Ils sont illustrés par des rectangles comme sur la figure 2.
– $\boldsymbol{l}$ est une fonction d'étiquetage des noeuds unité. Pour un noeud unité $u$, $\boldsymbol{l}(u) = (t^\cap, m^\cap)$ est composé d'un TCU $t^\cap \in \boldsymbol{T}^\cap$ qui spécifie la nature de l'unité représentée, et d'un marqueur de nœud unité $m^\cap \in \boldsymbol{M}^\cap$ qui permet d'identifier l'unité représentée le cas échéant. Sur l'exemple de la figure 2, les nœuds unité sont tous typés par des singletons sauf un qui est typé {TOMBE,$present$}. De plus, les nœuds unité sont tous génériques sauf pour un marqué $\{http : //exemple.org/Pierre\}$.
– $A$ est l'ensemble des *triplets actanciels* $(u, r, v) \in U \times \boldsymbol{S}_{\mathcal{T}} \times U$. Pour tout triplet actanciel $(u, r, v)$, l'unité représentée par $v$ remplit la PosA $r$ de l'unité représentée par $u$. Ce sont les flèches doubles sur la figure 2.
– $C$ est l'ensemble des *triplets circonstanciels* $(u, r, v) \in U \times \boldsymbol{S}_{\mathcal{C}} \times U$. Pour tout $c = (u, r, v) \in C$, l'unité représentée par $u$ est liée à l'unité représentée par $v$ par une relation circonstancielle de symbole $r$. Ce sont les flèches simples sur la figure 2.
– $Eq \subseteq U^2$ est l'ensemble d'*équivalences déclarées de nœuds unité*. $(u_1, u_2) \in Eq$ signifie que $u_1$ et $u_2$ représentent la même unité. Ce sont les arcs en pointillé sur la figure 2.

## 4.3 Concepts avancés du formalisme des GU

Les GU sont les briques de base qui vont nous permettre de représenter les connaissance du DEC. Nous allons présenter grossièrement quelques concepts avancés du formalisme des GU.

17. Une relation d'équivalence est une relation réflexive, symétrique et transitive.

Tout d'abord, la définition des GU est permissive et permet par exemple pour un triplet actanciel $(u, r, v)$ d'un GU $G$, que le type de $u$ n'ait pas de PosA $r$. A l'instar des formalismes du web sémantique, nous faisons l'hypothèse d'un monde ouvert et considérons que le GU, tout comme la hiérarchie des TCU, représente des connaissances explicites. Nous pouvons donc expliciter dans $G$ le fait que le type de $u$ doive contenir le radix de $r$. Nous nous inspirons de OWL-RL pour définir l'ensemble des opérations d'explicitation des connaissances, et définissons ainsi la sémantique, au sens logique, des GU. Puisque nous avons dérivé les GC pour définir les GU, nous adapterons les résultats de raisonnement à base de graphes des GC, et définirons la notion d'implication d'un GU par un autre à l'aide d'homomorphismes de graphes. Ces raisonnements logiques seront utiles en particulier pour les représentations sémantiques.

Ensuite, en nous inspirant encore des GC, nous pouvons définir la notion de règles comme un triplet formé d'un GU hypothèse $H$, d'un GU conclusion $C$, et d'une bijection $\kappa$ entre un sous-ensemble de nœuds unités génériques de $H$ et un sous-ensemble de nœuds unités génériques de $C$. Les règles permettront de représenter les associations sémantème-lexie, et les correspondances entre différents niveaux de représentation (tableaux de régime). Les règles ont été très étudiées pour les GC et nous pourrons adapter aux GU les résultats les concernant.

Nous pouvons également représenter certaines connaissances de la hiérarchie des TCU qui concernent un TPU $t$ dans un GU que l'on nomme *empreinte* de $t$. L'empreinte de $t$ est un GU avec un nœud central $u$ ayant pour étiquette $\boldsymbol{l}(u) = (\{t\}, \varnothing)$, et pour chaque PosA $s$ de $t$, un autre nœud unité $v$ avec $\boldsymbol{l}(v) = (\varsigma_t(s), \varnothing)$ et un triplet actanciel $(u, s, v)$. Une définition d'une lexie L est alors formée de deux règles réciproques, dont un GU est l'empreinte d'un sémantème $t$, l'autre GU est la représentation sémantique de la définition lexicographique de la lexie L, et la bijection permet entre autre de repérer le sens du genre prochain de L. A chaque définition correspond donc deux règles d'explicitation des connaissances.

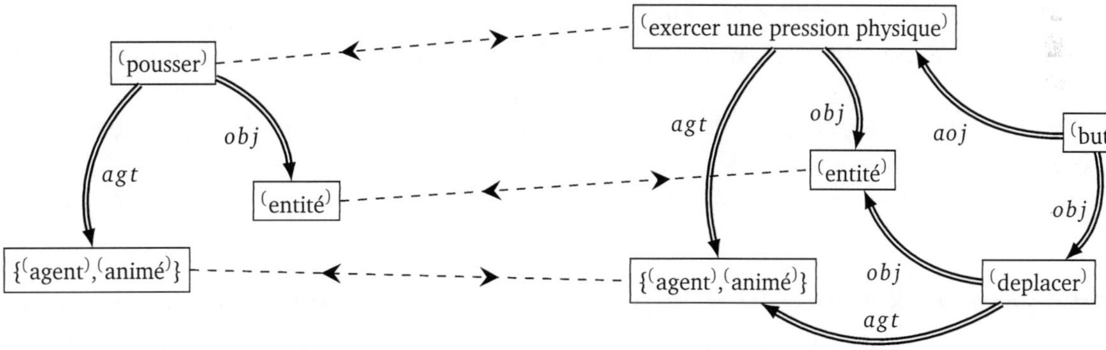


FIGURE 3 – Définition de POUSSER. A gauche, l'empreinte de ⁽pousser⁾.

# 5 Conclusion

Nous avons donc étudié comment formaliser, au sens de l'ingénierie des connaissances, le Dictionnaire Explicatif et Combinatoire (DEC), et ce afin de pouvoir représenter, manipuler, interroger et raisonner sur des connaissances linguistiques. Nous pouvons maintenant répondre aux questions que nous avons posées.

En quoi les formalismes du web sémantique et le formalisme des Graphes Conceptuels (GC) ne sont-ils pas directement adaptés pour représenter les connaissances du DEC ? La sémantique, au sens logique, de RDF est insuffisante pour représenter les connaissances du DEC, et nous avons montré que l'utilisation de OWL présente des problèmes majeurs. Le formalisme des GC présente des ressemblances avec la Théorie Sens-Texte mais ne permet pas de représenter la dualité concept/relation de la modélisation d'un sémantème. Nous avons proposé de revisiter les bases des GC afin d'en dériver le nouveau formalisme des Graphes d'Unités.

Quelle structure mathématique pour une hiérarchie de types d'unités pouvant avoir des positions actancielles ? Pour prendre en compte la dualité concept/relation des sémantèmes, les relations prédicat-argument sont symbolisées par des Symboles d'Actants (SymbolA), et nous associons à chaque SymbolA trois Types Primitifs d'Unités (TPU) : un radix $\boldsymbol{\gamma}(s)$ qui introduit une Position Actancielle (PosA) de symbol $s$, un obligat $\boldsymbol{\gamma}_1(s)$ qui rend cette PosA obligatoire, et un prohibet $\boldsymbol{\gamma}_0(s)$ qui rend cette PosA interdite. Ainsi dans l'ensemble pré-ordonné des TPU, une PosA ayant pour SymbolA $s$ est introduite par $\boldsymbol{\gamma}(s)$, et est d'abord optionnelle pour tout TPU plus spécifique que $\boldsymbol{\gamma}(s)$ tant que ce TPU n'est pas plus spécifique que $\boldsymbol{\gamma}_1(s)$ ou $\boldsymbol{\gamma}_0(s)$ auquel cas la PosA devient obligatoire ou interdite. Chaque TPU qui possède des PosA représente donc également un type de relation, qui peut, doit, ou ne doit pas lier une instance de ce type à l'ensemble de ses actants. Enfin, à chaque TPU est associé une signature qui spécifie le type des actants de ses unités. Nous avons étendu les définitions des types d'unités à leur version conjonctive et avons donc introduit la hiérarchie des types d'unités.

Quel est l'équivalent des graphes conceptuels pour le formalisme des Graphes d'Unités (GU), et comment les utiliser pour formaliser des concepts plus avancés de la TST ? Nous avons introduit une hiérarchie des symboles de circonstants. Nous avons ensuite illustré la définition des GU, qui représentent des nœuds unités interconnectés par des relations de dépendance, et des relations d'équivalences déclarée. Nous avons brièvement présenté les concepts plus avancés de la TST que les GU permettent de représenter, et sur lesquels nous travaillons actuellement :

- Nous pouvons définir la sémantique des GU, et donc raisonner avec des représentations d'énoncés.
- Les règles nous permettent de représenter les associations sémantème-lexie, et les correspondances entre différents niveaux de représentation (tableaux de régime).
- Nous pouvons représenter les définitions lexicographiques du DEC à l'aide de deux règles réciproques.

Nous travaillons également sur la factorisation des règles qui nous permettra de représenter des liens de fonctions lexicales, ainsi que sur une syntaxe basée sur les standards du web sémantique pour permettre l'échange standardisé de connaissances du DEC, en particulier sur le web de données.

## Remerciements

Je tiens à remercier chaleureusement S. Kahane ainsi que les relecteurs des différentes versions de cet article. Un grand merci également à F. Gandon pour son encadrement, ses précieux conseils et sa disponibilité.

# Références

BAGET, J. F., CROITORU, M., GUTIERREZ, A., LECLERE, M. et MUGNIER, M. L. (2010). Translations between RDF (S) and conceptual graphs. *Conceptual Structures : From Information to Intelligence*, page 28–41.

BARQUE, L. et POLGUÈRE, A. (2008). Enrichissement formel des définitions du Trésor de la Langue Française informatisé (TLFi) dans une perspective lexicographique. 22.

CHEIN, M. et MUGNIER, M. L. (2008). *Graph-based Knowledge Representation : Computational Foundations of Conceptual Graphs*. Springer.

CORBY, O., DIENG, R. et HÉBERT, C. (2000). A conceptual graph model for W3C resource description framework. *In* GANTER, B. et MINEAU, G. W., éditeurs : *Conceptual Structures : Logical, Linguistic, and Computational Issues*, numéro 1867 de Lecture Notes in Computer Science, pages 468–482. Springer Berlin Heidelberg.

KAHANE, S. et POLGUÈRE, A. (2001). Formal foundation of lexical functions. *In Proceedings of ACL/EACL 2001 Workshop on Collocation*, page 8–15.

KRISNADHI, A., MAIER, F. et HITZLER, P. (2011). OWL and Rules. *Reasoning Web. Semantic Technologies for the Web of Data*, page 382–415.

LEFRANÇOIS, M. (2013). The Unit Graphs Mathematical Framework. Rapport de recherche RR-8212, INRIA.

LEFRANÇOIS, M. et GANDON, F. (2011). ILexicOn : Toward an ECD-Compliant Interlingual Lexical Ontology Described with Semantic Web Formalisms. *In Proc. of the 5th International Conference on Meaning-Text Theory (MTT 2011)*, page 155–164, Barcelona, Spain. INALCO.

LUX-POGODALLA, V. et POLGUÈRE, A. (2011). Construction of a French Lexical Network : Methodological Issues. *In Proceedings of the International Workshop on Lexical Resources*, Ljubljana.

MEL'ČUK, I. A. (1996). Lexical functions : a tool for the description of lexical relations in a lexicon. *Lexical functions in lexicography and natural language processing*, 31:37–102.

MEL'ČUK, I. A. (2004a). Actants in Semantics and Syntax I : Actants in Semantics. *Linguistics*, 42(1):1–66.

MEL'ČUK, I. A. (2004b). Actants in Semantics and Syntax II : Actants in Syntax. *Linguistics*, 42(2):247–291.

MEL'ČUK, I. A. et ARBATCHEWSKY-JUMARIE, N. (1999). *Dictionnaire explicatif et combinatoire du français contemporain : recherches lexico-sémantiques*, volume 4. PU Montréal.

MEL'ČUK, I. A. (2006). Explanatory Combinatorial Dictionary. *Open problems in linguistics and lexicography*, page 225.

POLGUÈRE, A. (2009). Lexical systems : graph models of natural language lexicons. *Language resources and evaluation*, 43(1):41–55.

SOWA, J. F. (1984). *Conceptual structures : information processing in mind and machine*. System programming series. Addison-Wesley.

TESNIÈRE, L. (1959). *Éléments de syntaxe structurale*. C. Klincksieck (Colombes, Impr. ITE).

# Vers un système générique de réécriture de graphes pour l'enrichissement de structures syntaxiques.

Corentin Ribeyre[1, 2]
(1) Université Paris 7 Diderot, 75013 PARIS
(2) INRIA Paris-Rocquencourt, Rocquencourt BP 105 78153 LE CHESNAY
corentin.ribeyre@inria.fr

RÉSUMÉ

Ce travail présente une nouvelle approche pour injecter des dépendances profondes (sujet des verbes à contrôle, partage du sujet en cas d'ellipses, ...) dans un corpus arboré présentant un schéma d'annotation surfacique et projectif. Nous nous appuyons sur un système de réécriture de graphes utilisant des techniques de programmation par contraintes pour produire des règles génériques qui s'appliquent aux phrases du corpus. Par ailleurs, nous testons la généricité des règles en utilisant des sorties de trois analyseurs syntaxiques différents, afin d'évaluer la dégradation exacte de l'application des règles sur des analyses syntaxiques prédites.

ABSTRACT

**Towards a generic graph rewriting system to enrich syntactic structures**

This work aims to present a new approach for injecting deep dependencies (subject of control verbs, subject sharing in case of ellipsis, ...) into a surfacic and projective treebank. We use a graph rewriting system with constraint programming techniques for producing generic rules which can be easily applied to a treebank. Moreover, we are testing the genericity of our rules by using output of three different parsers to evaluate how the rules behave on predicted parse trees.

MOTS-CLÉS : réécriture de graphes, évaluation de shéma d'annotations, parsing, analyse en syntaxe profonde.

KEYWORDS: graph rewriting system, annotation schemes evaluation, deep syntax parsing.

# Introduction

Le French Treebank (FTB) est un corpus arboré du français, qui, comme bien d'autres, se veut neutre d'un point de vue théorique. De fait son schéma d'annotation est à mi-chemin entre les constituants et les dépendances. Le treebank est non configurationnel [1]. C'est pourquoi le schéma d'annotation choisi est assez plat et essentiellement surfacique (Abeillé *et al.*, 2003). On cherche alors à obtenir des représentations plus profondes, telles que le sujet des infinitives, l'antécédent des relatifs, ou encore les sujets elliptiques et le véritable sujet des verbes à contrôle.

Pour ce faire, nous utilisons la réécriture de graphes (Löwe *et al.*, 1993; Geiss *et al.*, 2006) – domaine selon lequel on modifie des graphes au moyen de règles. On recherche une sous-

1. Les structures arborescentes ne sont pas suffisantes pour distinguer un syntagme nominal objet d'un ajout, par exemple.

structure dans le graphe que l'on veut transformer et on applique des modifications à cette structure : ajout d'arcs, de nœuds, modifications des structures de traits sur les nœuds et les arcs, etc. C'est une discipline émergente en traitement automatique des langues, que l'on utilise, par exemple, pour transformer des dépendances surfaciques en graphes sémantiques (Bonfante *et al.*, 2011a). Enfin, la réécriture de graphes peut être mise au profit du passage d'un schéma d'annotation à un autre.

Cependant, lorsque l'on souhaite transformer des structures linguistiques complexes, on se retrouve confronté à deux problèmes : d'une part, la diversité des configurations syntaxiques entraîne une augmentation importante du nombre de règles et, d'autre part, la présence de phénomènes syntaxiques dits « non locaux » demandent des règles complexes, voire récursives, dont l'application est régie par un ordre strict, comme c'est le cas dans le système de réécriture de graphes *Grew* de Bonfante *et al.* (2011b). Par exemple, pour retrouver les antécédents des pronoms relatifs dans le FTB, il faut suivre une chaîne de dépendances plus ou moins longue, afin de remonter du pronom relatif vers l'antécédent. On a aussi les cas de coordinations et notamment de coordinations elliptiques, tels que l'ellipse du sujet où il y a partage du sujet entre les deux conjoints coordonnés. Ajouté à cela le fait qu'il puisse y avoir des constructions elliptiques avec plusieurs modaux entraînant un contrôle, et le partage du sujet devient plus complexe ; c'est notamment le cas dans *Jean pense partir aujourd'hui et rentrer demain*, où la configuration initiale donne *Jean*, sujet de *pense*, or il est aussi le sujet de *partir* et de fait, celui de *rentrer*. En somme, l'écriture de règles pour transformer des graphes peut se révéler longue et difficile, et leur nombre croître rapidement, rendant un tel système difficile à maintenir.

L'approche que nous présentons ici est issue de travaux antérieurs (Ribeyre, 2012; Ribeyre *et al.*, 2012). Nous avons mis en place un système de réécriture qui procède en deux temps : la première technique est fondée sur une approche qui, étant donné un motif de graphe et un graphe de remplacement, tente de retrouver le motif dans un graphe donné et de le remplacer par le graphe de remplacement. Cette approche est largement documentée dans la littérature sur les graphes (Löwe *et al.*, 1993; Geiss *et al.*, 2006). Mais nous apportons une seconde approche, fondée sur la programmation par contrainte (Fruewirth et Abdennadher, 2003), et dite de « propagation de contraintes » sur les arcs. Nous attachons des contraintes sur les arcs du graphe à réécrire et en fonction de celles-ci, des modifications sont effectuées.

Pour valider notre approche, nous avons appliqué une série de règles à deux phénomènes de la syntaxe : (i) le contrôle obligatoire ; (ii) la coordination à ellipse du sujet. Nous cherchons à ajouter les informations manquantes sur un treebank et à tester ensuite leur généricité sur les arbres syntaxiques produits par un analyseur syntaxique (parser) symbolique et deux parseurs statistiques entraînés sur le French Treebank. En effet, les parseurs ne produisant pas toujours d'analyses exactes, nous voulions pouvoir mesurer l'impact des mêmes règles sur des structures syntaxiques plus bruitées. L'idée sous-jacente permet d'ouvrir la voie à la correction d'analyses syntaxiques avec des règles simples.

Nous faisons tout d'abord un rapide état de l'art en matière de réécriture de graphes appliquée à l'enrichissement de corpus, puis présentons notre système de réécriture et plus particulièrement le système de propagation de contraintes, pour ensuite appliquer ce système à la réécriture de phrases issues du FTB (Abeillé *et al.*, 2003) et du SequoiaBank (Candito et Seddah, 2012), phrases qui présentent des phénomènes de contrôle et de coordination à ellipses sujet. Enfin, nous appliquons nos règles aux analyses syntaxiques produites par un parseur symbolique, FrMG (Villemonte de La Clergerie, 2005), et deux parseurs statistiques : le Malt parseur (Nivre *et al.*, 2006) et le MST parser (McDonald *et al.*, 2005b,a), afin de tester leur généricité. Enfin, nous conclurons sur les perspectives et les autres applications possibles de ce genre de système.

# 1 Etat de l'art

La réécriture de graphes appliquée à la syntaxe profonde et à l'interface syntaxe-sémantique est un domaine assez jeune. A notre connaissance, seul le système de réécriture *Grew* (Marchand *et al.*, 2010; Bonfante *et al.*, 2010, 2011b) a été utilisé dans ce but.

*Grew* est un système de réécriture qui s'appuie sur une hiérarchisation en modules pour traiter des phénomènes syntaxiques. Chaque module représente un phénomène bien particulier. De plus, les modules assurent la terminaison du système et une forme de confluence. Cependant, la hiérarchisation des phénomènes syntaxiques en modules est complexe, car les phénomènes interagissent et il devient souvent compliqué de gérer ces interactions, notamment avec les cas de coordinations elliptiques du sujet et de contrôle, mais aussi lors de la recherche de l'antécédent du pronom relatif, comme nous le précisions en introduction. De fait, certaines règles peuvent être présentes dans plusieurs modules, rendant la gestion d'un phénomène parfois éclaté au sein des différents modules.

L'article Bonfante *et al.* (2011b) traite un grand nombre de phénomènes syntaxiques :
- Sujet des participiales, des infinitives et des adjectifs
- Tough movement
- Verbes à contrôle
- Coordinations elliptiques du sujet
- Antécédent des pronoms relatifs

Le système est particulièrement couvrant et le corpus arboré ainsi enrichi se rapproche de la syntaxe profonde. Cependant l'article ne présente aucune évaluation quant à la précision du système et à sa capacité à rendre des analyses correctes.

Nous avons opté pour une évaluation sur des cas complexes et présentant souvent des interactions intéressantes sans pour autant essayer de couvrir un nombre aussi important de phénomènes. Par ailleurs, il nous a semblé tout aussi important de voir à quel point les règles mises au point sur un corpus donné pouvaient encore s'appliquer sur des analyses prédites par des parseurs divers.

# 2 Présentation du système de réécriture de graphes

OGRE, pour *Optimized Graph Rewriting Engine*, est un système de réécriture de graphes orienté TAL qui permet d'assurer un nombre réduit de règles faciles à maintenir sur des exemples qui peuvent être complexes en terme de réécriture de structures linguistiques. Une description formelle du système peut être trouvée dans (Ribeyre, 2012; Ribeyre *et al.*, 2012), nous rappelons ici les différents types de contraintes et les illustrons sur des exemples linguistiques afin de montrer leurs applications et leurs avantages.

On définit $e = (x \xrightarrow{l} y, C, H)$ un arc étendu qui peut porter un ensemble $C$ potentiellement vide de contraintes et une liste $H$ potentiellement vide représentant un historique formé par des pairs de nœuds $(x', y')$. Cet historique nous permet de retracer les changements effectués entre $x'$ et $y'$. D'autre part, on définit aussi $\mathscr{L}$ qui est l'ensemble des étiquettes possibles sur un arc. On considère alors trois types de contraintes :

- Une contrainte **move up** $m\uparrow$ sur un arc $e$ qui peut être utilisée pour déplacer l'arc $e$ en direction des têtes, comme illustré par la figure 1 [2]. Le déplacement est contrôlé par une paire d'arguments $(\mathscr{A}, q)$ où $\mathscr{A}$ est un automate à états finis et $q$ est un état de $\mathscr{A}$. L'automate représente toutes les transitions possibles à travers lesquelles l'arc peut se déplacer.

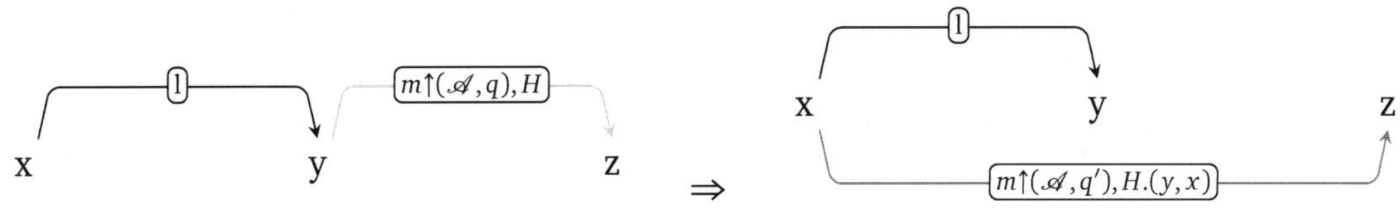


FIGURE 1: Contrainte **move up**

Prenons l'exemple de la figure 2, où l'antécédent du relatif *dont* est *Jean*. Ici, pour retrouver l'antécédent, il faut partir du pronom relatif, et remonter la série d'arcs : *de_obj* → *obj* → *obj* → *obj*, jusqu'à la source de l'arc *mod_rel*. De fait, le nombre d'arcs à remonter n'est pas borné. Il devient donc difficile d'écrire une règle simple pour ce cas de réécriture et il nous faut alors utiliser la contrainte *move up* pour assurer la remontée jusqu'à la source d'un *mod_rel*, assurant que l'on a retrouvé l'antécédent du relatif (l'arc rouge marque la transformation finale).

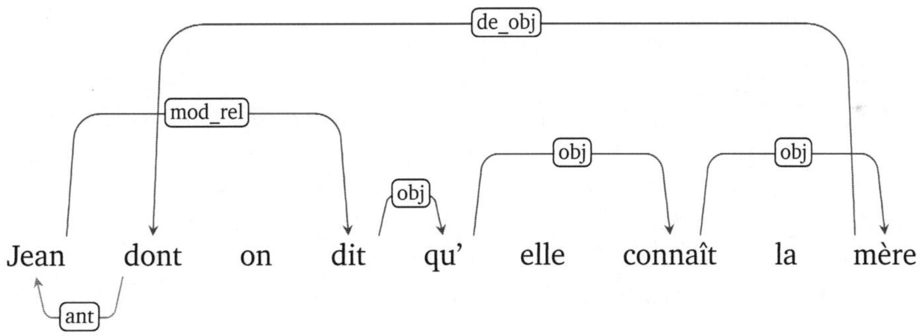


FIGURE 2: Arbre de dépendances pour *Jean dont on dit qu'elle connaît la mère.* En bleu, les arcs à suivre pour retrouver l'antécédent.

- Une contrainte **share up** $s\uparrow$ sur un arc $e = y \xrightarrow{l_e} z$ qui peut être utilisée pour dupliquer tous les arcs entrants $e' = x \xrightarrow{l} y$ de $y$ comme arcs entrants de $z$ (voir figure 3). Comme la contrainte $r\uparrow$, cette contrainte accepte un argument **L** qui restreint la duplication des arcs $e'$ aux seuls arcs avec une étiquette $l \in \mathbf{L}$.
- Une contrainte **share down** $s\downarrow$ sur un arc $e = y \xrightarrow{l_e} z$ peut être utilisée pour dupliquer tous les arcs sortants de $y$ comme arcs sortants de $z$, (voir figure 4). Cette contrainte accepte un argument **L** qui restreint la duplication des arcs $e'$ avec une étiquette $l \in \mathbf{L}$. A noter, les arcs résultants ont une étiquette $l^+$, qui indique qu'ils ont été clonés.
  Dans la figure 5, on remarque la présence de deux modaux, *vouloir* et *pouvoir*.

2. Où les arcs verts sont supprimés du graphe et les arcs rouges correspondent à la transformation finale.

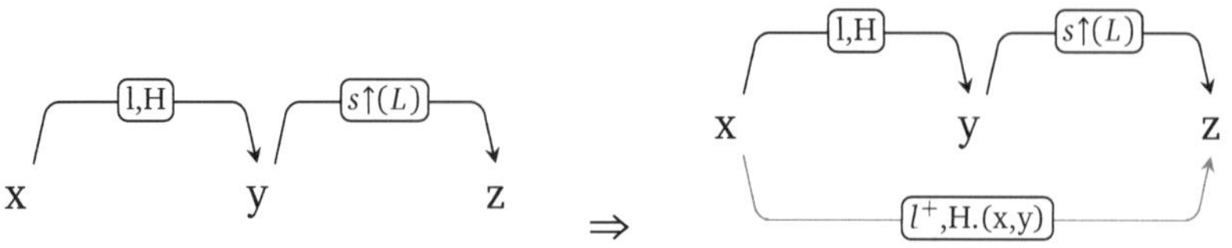


FIGURE 3: Contrainte **share up**

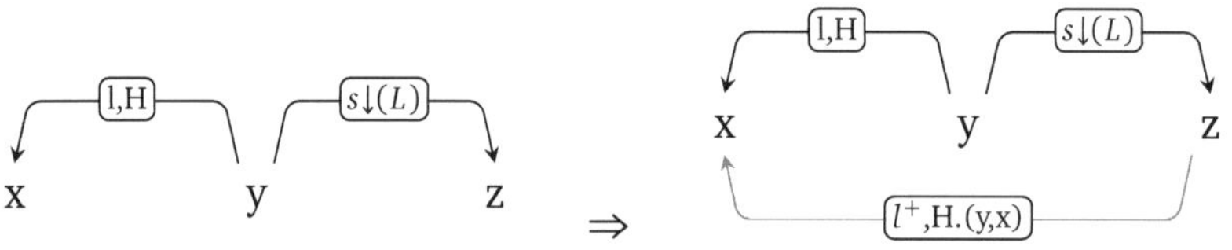


FIGURE 4: Contrainte **share down**

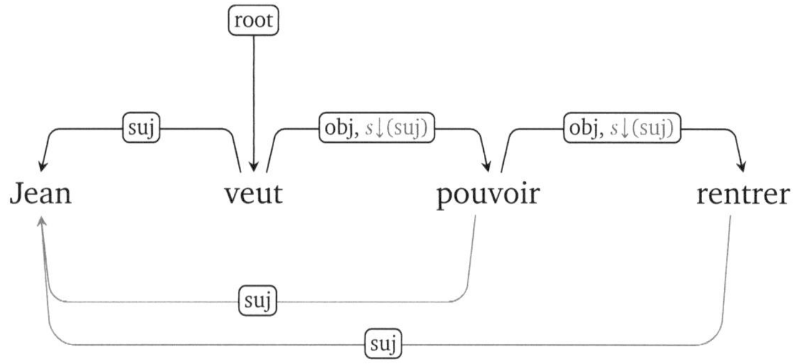


FIGURE 5: Arbre de dépendances pour *Jean veut pouvoir rentrer.*

Poser une contrainte de type *share_down* sur les deux arcs d'étiquette **obj**, conduit au partage du sujet, permettant ainsi de retrouver le sujet des verbes dans des phrases où il y en a plusieurs d'affilés.

Par ailleurs, les contraintes sont conçues pour permettre une interaction qui favorise la confluence et la terminaison du système. Prenons l'exemple *Jean qui m'aperçoit et m'appelle veut me parler*. On donne une représentation de cette phrase à la figure 6. Les arcs rouges décrivent les arcs finaux (après réécriture), l'arc portant la contrainte **move up**, qui est en vert foncé, est susceptible de bouger lors de la transformation et l'arc bleu est un arc temporaire détruit après transformation.

On voit qu'on utilise les trois contraintes précédemment explicitées. Deux contraintes **share down** permettent d'ajouter le sujet de *parler* et celui d'*appelle*. La contrainte **move up** ajoute l'antécédent du relatif « *qui* » ainsi qu'une contrainte **share up** qui permet d'ajouter le véritable sujet des verbes *aperçoit* et *appelle*.

La confluence est assurée par le fait que **move up** ne peut pas utiliser les arcs créés par **share down** ou **share up** et par le fait que les contraintes s'appliquent tant qu'elles le peuvent. Ainsi, on pourrait appliquer **move up**, puis **share down** et **share up** ou inverser **move up** et **share down** sans problème, le résultat serait toujours le même. Enfin, on voit que le nombre d'informations ajoutées est important au regard du nombre de contraintes posées sur les arcs.

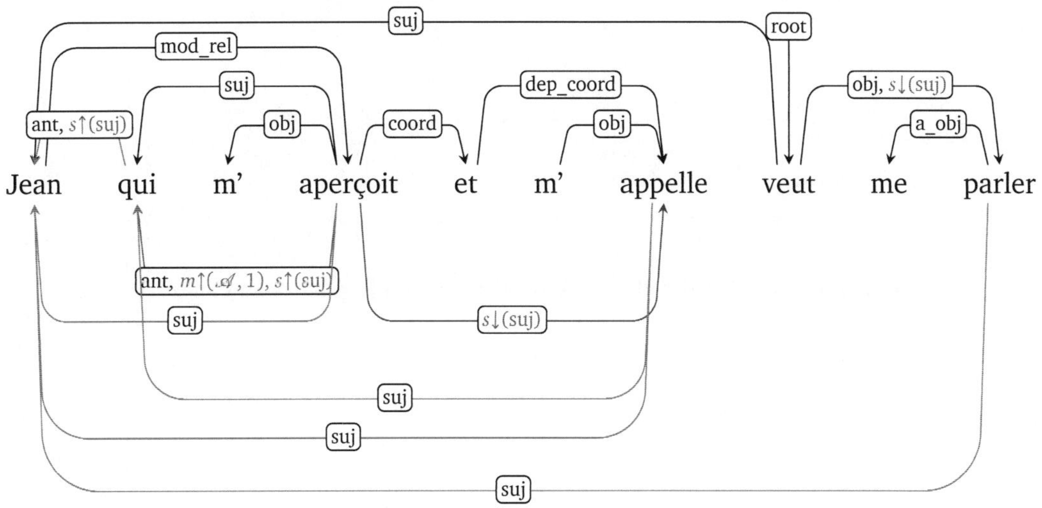


FIGURE 6: Exemple d'interaction entre contraintes

# 3 Illustration sur le contrôle du sujet et l'ellipse du sujet

Comme expliqué plus haut, nous avons utilisé notre système de réécriture pour ajouter des informations sur les cas de contrôles et d'ellipses du sujet.

## 3.1 Contrôle du sujet

Le contrôle du sujet est un problème lexical. En effet, la liste des verbes à contrôle est connue et peut être récupérée via un lexique tel que le LEFFF (Sagot, 2010). Cependant, il existe des exemples où le nombre de verbes à contrôle mis en relation peut être important, nous citerons le cas suivant issu du French Treebank : *Le Brésil veut pouvoir continuer à défricher l'Amazonie pour y installer ses colons affamés de terres cultivables* (phrase **5444** dans le FTB, section 1).

Nous sommes en présence d'un exemple qui demande de propager le sujet *Brésil* tout au long de la chaîne de modaux, jusqu'au verbe *défricher*. Ainsi, *Brésil* est sujet de *veut*, mais aussi de *pouvoir* et de *continuer à* et enfin de *défricher*.

## 3.2 Ellipse du sujet

Nous donnons à la figure 7 un exemple de représentation de l'ellipse sujet dans le French Treebank en dépendances.

Dans cet exemple, il faut partager le sujet *Jean* entre les deux conjoints de la coordination. Placer une contrainte *share down* entre *mange* et *boit* permet ce partage.

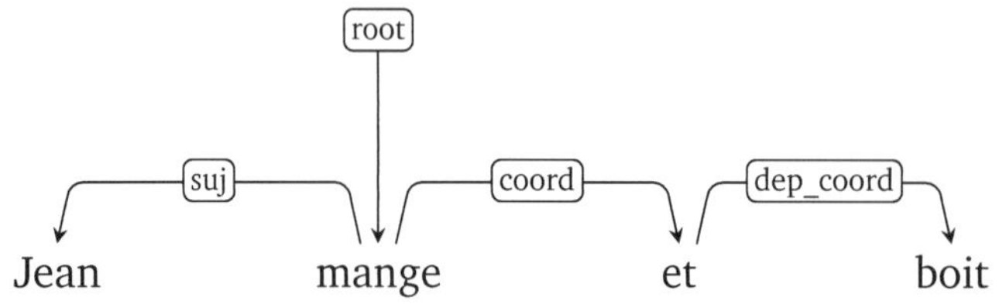


FIGURE 7: Représentation en dépendances de l'ellipse sujet selon le schéma d'annotation du FTB

# 4 Validation sur corpus

Pour valider notre travail, nous avons mis au point deux corpus, que nous décrivons en détail ci-dessous.

## 4.1 Les corpus

Pour nous permettre de nous évaluer, nous avons mis en place un sous-corpus par phénomène considéré. Ils sont tirés d'un ensemble de phrases du French Treebank (FTB) et du Sequoia-Bank (Candito et Seddah, 2012).

Ainsi, nous avons sélectionné un corpus de 405 phrases pour le contrôle obligatoire issues du SequoiaBank et du French Treebank que nous avons annotées à la main. En ce qui concerne la coordination à ellipse sujet, nous avons utilisé le corpus annoté de Bouchesèche (2009), auquel nous avons ajouté de nouvelles phrases pour un total de 120 phrases prises sur le French Treebank (section 2 et section 3 uniquement).

La répartition des phrases et du nombre total de dépendances pour chaque corpus est récapitulée dans le tableau 1.

| PHÉNOMÈNE | DEV | TEST | TOTAL |
|---|---|---|---|
| Contrôle | 155 (4223) | 250 (6572) | 405 (10795) |
| Ellipse du sujet | 55 (1920) | 65 (2423) | 120 (4343) |

TABLE 1: Nombre total de phrases (et de dépendances) dans les sous-corpus par phénomène étudié

Nos règles ont été mises au point sur les deux corpus de développement pour ensuite être testées sur les corpus de test. L'idée est de ne pas biaiser l'évaluation en les testant sur des phrases déjà connues.

Dans le tableau 2, nous indiquons le nombre de dépendances ajoutées lors de l'annotation manuelle.

Par ailleurs, on tient à attirer l'attention sur le fait que les deux phénomènes ne peuvent être comparés. En effet, la difficulté de la tâche est différente et le nombre de phrases dans chaque

| Phénomène | Dev | Test | Total |
|---|---|---|---|
| Contrôle | 345 | 578 | 923 |
| Ellipse du sujet | 116 | 129 | 145 |

Table 2: Nombre de dépendances ajoutées dans chaque sous-corpus

corpus n'est pas le même.

## 4.2 Protocole expérimental

**Parseurs** Pour tester la généricité de nos règles, nous avons analysé les corpus avec trois parseurs différents : le MaltParser (Nivre *et al.*, 2006), le MSTParser (McDonald *et al.*, 2005b) [3], et FrMG (Villemonte de La Clergerie, 2005). Les deux premiers sont des parseurs statistiques entraînés sur le French Treebank, le dernier est un parseur symbolique fondé sur une extension du formalisme des grammaires d'arbres adjoints (Joshi *et al.*, 1975; Joshi et Schabes, 1997). Nous comparons les sorties de FrMG préalablement transformées pour respecter le schéma d'annotation du FTB. En effet, les sorties natives de FrMG présentent un schéma d'annotation beaucoup plus profond que celui du FTB.

**Corpus** Le corpus qui contient les cas de contrôle a été constitué sur le French Treebank et le SequoiaBank en utilisant des phrases issues du corpus d'entraînement. Or, ce corpus a servi à générer les modèles des deux parseurs statistiques. De fait, nous les avons réentraînés avec les mêmes paramètres que Candito *et al.* (2010), en enlevant les phrases concernées du corpus d'entraînement. Par ailleurs, le corpus d'entraînement utilise des parties du discours prédites par un tagger, grâce à une méthode de rééchantillonnage (jackknifing [4]). Pour des questions de commodité, nous avons utilisé les prédictions de Morfette (Chrupala *et al.*, 2008).

**Métriques utilisées** Nous utilisons les métriques standards d'évaluation d'analyses syntaxiques en dépendances, à savoir le *Labeled Attachment Score* (LAS) qui correspond au pourcentage de dépendances correctes, étiquette incluse et le *Unlabeled Attachment Score* (UAS), qui correspond au pourcentage de dépendances correctes, sans tenir compte des étiquettes sur les arcs. Comme il est d'usage, les évaluations sont faites sans tenir compte des ponctuations. De plus, nous donnons les métriques de référence que sont le rappel, la précision et le $F_1$-score pour évaluer notre système. On a alors une bonne représentation de ce que le système est capable d'ajouter comme dépendances et on peut aussi mesurer sa capacité à ne pas surgénérer (ajouter plus de dépendances qu'il ne faudrait).

3. L'architecture utilisée pour le parsing de nos corpus est l'architecture du projet Bonsai (Candito *et al.*, 2010), qui a adapté les deux parseurs statistiques au Français.

4. L'objectif du jackknifing est d'obtenir un treebank avec des parties du discours prédites par un tagger qui n'a pas été entraîné sur les données qu'il étiquette. En d'autres termes, on souhaite que le treebank possède autant d'erreurs que ce que prédirait le tagger sur un corpus arboré non modifié. On fait donc de la validation croisée dix fois, i.e. le corpus d'entraînement est divisé en dix parties, on entraîne le tagger sur neuf parties et on étiquette la dixième.

## 4.3 Mise au point des règles

Comme nous le mentionnions ci-dessus, les règles ont été mises au point sur les corpus de développement afin de ne pas biaiser leur application sur les corpus de test. En effet, il est important de les appliquer sur des phrases inconnues.

Les règles ont été écrites en utilisant au maximum le mécanisme de propagation par contraintes, afin d'en tester la robustesse et la généricité. Nous avons regardé divers exemples dans le corpus de développement et essayé d'en retirer les caractéristiques générales. A chaque fois qu'une règle était créée, nous l'appliquions à notre corpus de développement pour voir ce qu'elle couvrait. Nous regardions alors les divergences et mettions au point une nouvelle règle ou modifions celles existantes. Le tableau 3 récapitule le nombre de règles sur chaque corpus.

| CORPUS | NOMBRE DE RÈGLES |
|---|---|
| Contrôle | 3 |
| Ellipse du sujet | 1 |
| **Total** | **4** |

TABLE 3: Nombre de règles pour chaque corpus

**Règles pour le contrôle sujet** Nous avons une règle qui gère le contrôle sujet avec des verbes transitifs, par exemple : *Il veut venir* où *vouloir* est le verbe à contrôle et *venir* le verbe contrôlé.

Nous produisons une représentation graphique de notre règle à la figure 8. On cherche un verbe de catégorie **V** (et qui par ailleurs est connu pour être un verbe à contrôle) qui gouverne n'importe quel verbe à l'infinitif (de catégorie **VINF**) avec une étiquette de type *obj* ou *ats* ou *dep* ou *aux_caus*. Si une telle configuration est trouvée, alors nous attachons une contrainte **share_down** sujet sur l'arc.

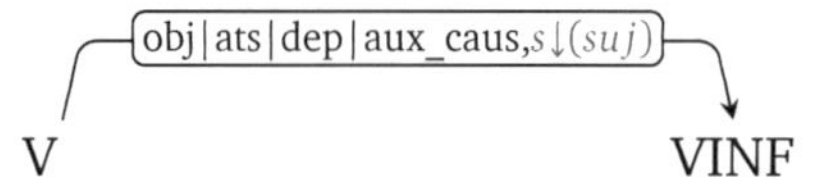


FIGURE 8: Règle pour le contrôle sujet avec des verbes transitifs

La deuxième règle gère le contrôle sujet des verbes intransitifs (*Il promet à Marie de venir*). La règle est illustrée à la figure 9. La configuration est sensiblement la même que pour 8, mais il faut prendre en compte l'ajout de la préposition. Si une telle configuration est trouvée, on ajoute un arc qui porte la contrainte **share_down** entre le verbe à contrôle et le verbe contrôlé.

Enfin, la troisième règle est particulière au verbe **venir** qui présente souvent une dépendance de type *mod* dans le FTB. Intégrer une telle dépendance à la première règle ferait baisser la précision du système.

**Règle pour l'ellipse sujet** La règle qui gère l'ellipse sujet est illustrée à la figure 10. Nous cherchons une configuration telle qu'un verbe possède un sujet et gouverne une conjonction

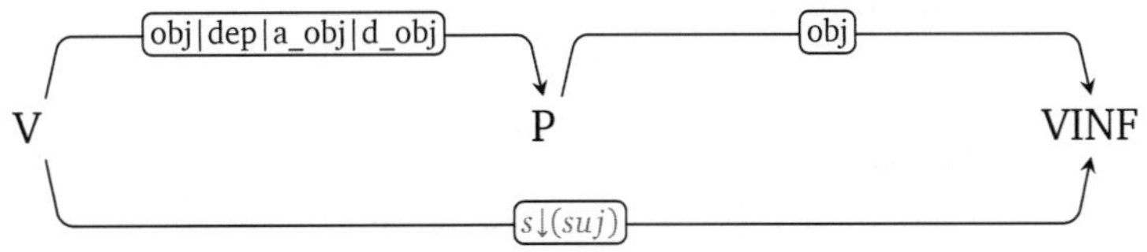


FIGURE 9: Règle pour le contrôle sujet avec des verbes intransitifs

de coordination qui elle-même gouverne un verbe (qui par ailleurs n'a pas de sujet). Si cette configuration existe, alors on crée un arc qui porte une contrainte **share_down** sujet entre les deux verbes. Les arcs gouvernés par le premier verbe seront partagés avec l'autre.

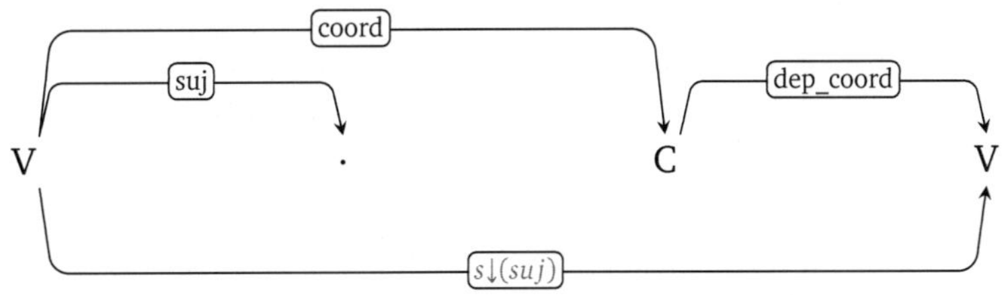


FIGURE 10: Règle pour l'ellipse sujet

L'idée qui se dessine avec la propagation de contraintes est que l'ordre d'application des règles est flexible donnant ainsi une plus grande liberté au système et à l'utilisateur qui écrit les règles. D'ailleurs, pour traiter les cas d'ellipse du sujet, il ne faudra que cette règle.

## 4.4 Résultats

Nous avons évalué deux choses différentes : la performance de nos règles et de notre système sur un corpus manuellement annoté et la généricité de nos règles sur des sorties d'analyseurs syntaxiques qui présentent, la plupart du temps, des erreurs par rapport à un corpus de référence.

Pour ce faire, nous avons appliqué nos règles sur notre corpus de référence sans les nouvelles annotations pour, ensuite, en évaluer l'impact. Les résultats sont reportés dans le tableau 4.

| PHÉNOMÈNE | RAPPEL | PRÉCISION | F-SCORE |
|---|---|---|---|
| Contrôle | 93,77 | 99,83 | 96,70 |
| Ellipse du sujet | 93,02 | 99,72 | 96,25 |

TABLE 4: Evaluation sur les corpus de test après applications des règles sur la référence (corpus gold)

Ensuite, pour mesurer la généricité de nos règles, il nous a paru intéressant de voir leur impact sur des sorties d'analyseurs syntaxiques. Nos deux corpus ont été parsés avec FrMG, mais aussi avec le MaltParser et le MSTParser. Nous avons évalué la performance des trois parseurs par rapport à notre corpus de référence. Les résultats sont donnés dans les tableaux 5 et 6.

| | DEV | | TEST | |
|---|---|---|---|---|
| PARSEUR | *LAS* | *UAS* | *LAS* | *UAS* |
| FrMG | 83,01 | 85,70 | 84,51 | 87,14 |
| Malt | **86,50** | **89,41** | **87,55** | **90,05** |
| MST | 84.34 | 87,48 | 85,82 | 88.65 |

TABLE 5: CONTRÔLE : Evaluation des analyses de FrMG, de Malt et du MSTParser

| | DEV | | TEST | |
|---|---|---|---|---|
| PARSEUR | *LAS* | *UAS* | *LAS* | *UAS* |
| FrMG | 81,77 | 85,31 | 85,22 | 87,12 |
| Malt | **85,31** | **87,35** | **86,05** | **88,07** |
| MST | 83,54 | 86,77 | 83,45 | 85,89 |

TABLE 6: ELLIPSES : Evaluation des analyses de FrMG, de Malt et du MSTParser

Ensuite, nous avons appliqué notre système sur ces nouvelles analyses. Les résultats sont présentés dans les tableaux 7 et 8.

| PARSEUR | LAS | UAS | RAPPEL | PRÉCISION | F-SCORE |
|---|---|---|---|---|---|
| FrMG | 84,24 | 86,77 | 85,81 | 99,64 | 92,21 |
| Malt | 87,07 | 89,50 | 83,91 | 99,71 | 91,13 |
| MST | 81,77 | 84,49 | 82,18 | 99,72 | 90,11 |
| MST (Tagset réduit) | 81,77 | 84,49 | 39,45 | 100,00 | 56,58 |

TABLE 7: CONTRÔLE : Evaluation sur les sorties des trois parseurs après application des règles

| PARSEUR | LAS | UAS | RAPPEL | PRÉCISION | F-SCORE |
|---|---|---|---|---|---|
| FrMG | 84,65 | 86,50 | 78,29 | 99,52 | 87,64 |
| Malt | 85,21 | 87,18 | 72,87 | 99,36 | 84,07 |
| MST | 82,56 | 84,97 | 68,21 | 99,39 | 80,91 |

TABLE 8: ELLIPSE : Evaluation sur les sorties des trois parseurs après application des règles

# 5 Discussion

Le tableau 4 donne les résultats lors de l'application des règles sur le corpus de référence. Les résultats montrent deux choses intéressantes :

1. La précision du système est excellente, ce qui signifie qu'il ne surgénère que très peu, n'ajoutant pas d'informations erronées au corpus.
2. Le rappel est certes moins bon, mais il reste tout de même haut : le système est capable d'ajouter un maximum de dépendances correctes.

En somme, sur le corpus de référence, les règles s'appliquent bien et ajoutent des dépendances qui nous permettent de nous approcher de la syntaxe profonde. De plus, on peut constater que pour des cas difficiles comme certaines coordinations elliptiques, le nombre d'erreurs n'est pas élevé.

Nous nous intéressons ensuite aux résultats sur les corpus analysés par les différents parseurs (tableaux 7 et 8) :

1. Nous obtenons de bons scores sur les analyses de FrMG, sans doute dû au fait que FrMG est un parseur produisant des analyses profondes, il est donc possible que les rattachements d'ellipses et de contrôle soient meilleurs.
2. Nous avons aussi de bons résultats sur les analyses de MaltParser pour les cas de contrôle. Cependant, les cas d'ellipses ne sont pas aussi concluants. En effet, Malt a des difficultés à retrouver les structures coordonnées, ce qui fait que les règles sont plus difficiles à appliquer ;
3. Concernant le MSTParser, dans une version préliminaire de ce papier, nous avions indiqué des résultats assez faibles concernant le rappel, indiquant que le parseur n'utilisait pas le même ensemble des parties du discours que les autres parseurs. En effet, suite à une erreur de paramétrage de notre part, le MSTParser a utilisé un ensemble plus restreint de parties du discours (V pour V, VINF, VPP, etc.). Les résultats présentés dans le tableau 7 corrigent ce problème. Néanmoins, par soucis d'exhaustivité nous rappelons à la ligne MSTParser (Tagset réduit) les anciens résultats obtenus.

L'utilisation du tagset réduit pour le MSTParser nous avait conduit à modifier nos règles dans ce sens, les rendant encore plus génériques. En effet, plus l'ensemble de parties du discours est réduit plus nous avons des chances d'appliquer nos règles sur un nombre plus important de structures, réduisant ainsi la précision du système. Nous avons donc évalué cet impact sur les différents corpus. Les résultats sont présentés dans le tableau 9.

Il est intéressant de constater que le fait de rendre les règles plus génériques entraîne une perte minime sur la référence, alors que nous avons un gain intéressant sur les analyses du MSTParser.

Au vue des résultats précédents, nous pouvons avancer que le système de propagation de contraintes fonctionne bien. Avec quelques contraintes, agissant sur des configurations simples, nous pouvons couvrir des phénomènes souvent difficiles à traiter, présentant des interactions. De plus, nous constatons que peu de règles suffisent à couvrir un phénomène et que les règles couvrant les cas particuliers sont évitées au maximum. En cela, le système reste générique. Par ailleurs, comme tout système à base de règles, il était important de voir à quel point les règles mises au point sur un corpus peuvent s'appliquer sur une version altérée de ce même corpus.

| | LAS | UAS | RAPPEL | PRÉCISION | F-SCORE |
|---|---|---|---|---|---|
| FrMG | 84,24 | 86,77 | 85,81 | 99,59 | 92,19 |
| Malt | 87,05 | 89.48 | 83,74 | 99,65 | 91,00 |
| MST (Tagset réduit) | 85,36 | 88,11 | 82,18 | 99,68 | 90,09 |
| Référence | 99,49 | 99,53 | 93,43 | 99,74 | 96,48 |

TABLE 9: CONTRÔLE : Evaluation après utilisation de règles plus génériques

# Conclusion

A travers l'enrichissement d'un corpus arboré et de sortie d'analyseurs syntaxiques, nous avons montré qu'avec une approche générique de propagation par contraintes, il était possible d'avoir un système de réécriture de graphes plus facile à maintenir avec un nombre de règles restreint. Par ailleurs, grâce aux contraintes, il est possible d'exprimer des règles suffisamment génériques pour qu'elles puissent être utilisées sans modifications importantes sur des sorties prédites d'analyseurs syntaxiques.

Cela ouvre le champ à d'autres applications, parmi lesquelles nous pouvons citer la correction d'analyses syntaxiques afin d'améliorer les résultats d'un parseur. Dans la même mouvance, on peut tout autant essayer de réécrire des sorties d'analyseurs différents avec le même jeu de règles, pour ensuite comparer les graphes obtenus, afin de déduire le meilleur graphe à partir des différentes structures proposées. On pourrait améliorer les analyses syntaxiques au moyen de plusieurs parseurs et du système de réécriture qui guiderait les analyses.

Enfin, une autre piste à explorer, serait la transformation de schémas d'annotation dans le but d'évaluer les schémas entre eux. On sait que la comparaison de deux schémas d'annotations n'est pas chose aisée, ainsi utiliser un ensemble de règles, pour tenter de transformer un schéma en un autre permettrait une comparaison plus aisée des analyseurs syntaxiques entre eux.

# Remerciements

Je souhaitais remercier Djamé Seddah et Éric de la Clergerie pour leurs conseils, leurs relectures attentives et leurs remarques lors de l'écriture de cet article.

# Références

ABEILLÉ, A., CLÉMENT, L. et TOUSSENEL, F. (2003). Building a Treebank for French. *In Treebanks : Building and Using Parsed Corpora*, pages 165–188. Springer.

BONFANTE, G., GUILLAUME, B. et MOREY, M. (2011a). Modular graph rewriting to compute semantics. *In International Workshop on Computional Semantics 2011.*

BONFANTE, G., GUILLAUME, B., MOREY, M. et PERRIER, G. (2010). Réécriture de graphes de dépendances pour l'interface syntaxe-sémantique. *In TALN 2010.*

BONFANTE, G., GUILLAUME, B., MOREY, M. et PERRIER, G. (2011b). Enrichissement de structures en dépendances par réécriture de graphes. *In TALN 2011*.

BOUCHESÈCHE, L. (2009). Annotation semi-automatique des coordinations à ellipse sur corpus arboré. Mémoire de maîtrise, Univ. Paris Sorbonne 4.

CANDITO, M., NIVRE, J., DENIS, P. et HENESTROZA ANGUIANO, E. (2010). Benchmarking of Statistical Dependency Parsers for French. *In Proceedings of the 23rd International Conference on Computational Linguistics (COLING 2010)*, Beijing, Chine. Coling 2010.

CANDITO, M. et SEDDAH, D. (2012). Le corpus Sequoia : annotation syntaxique et exploitation pour l'adaptation d'analyseur par pont lexical. *In TALN 2012 - 19e conférence sur le Traitement Automatique des Langues Naturelles*, Grenoble, France.

CHRUPALA, G., DINU, G. et van GENABITH, J. (2008). Learning Morphology with Morfette. *In Proceedings of LREC 2008*.

FRUEWIRTH, T. et ABDENNADHER, S. (2003). *Essentials of Constraint Programming*. Springer-Verlag New York, Inc.

GEISS, R., BATZ, G. V., GRUND, D., HACK, S. et SZALKOWSKI, A. (2006). GrGen : A fast SPO-Based graph rewriting tool. *In International Conference on Graph Transformation*.

JOSHI, A. K., LEVY, L. et TAKAHASHI, M. (1975). Tree Adjunct Grammars. *Journal of Computer and System Science 10*, 10(1).

JOSHI, A. K. et SCHABES, Y. (1997). Tree-adjoining grammars. *Handbook of formal languages*, 3:69–124.

LÖWE, M., EHRIG, H., HECKEL, R., RIBEIRO, L., WAGNER, A. et CORRADINI, A. (1993). Algebraic approches to graph transformations. *Theoritical Computer Science*.

MARCHAND, J., GUILLAUME, B. et PERRIER, G. (2010). Motifs de graphe pour le calcul de dépendances syntaxiques complètes. *In TALN 2010*.

MCDONALD, R., CRAMMER, K. et PEREIRA, F. (2005a). Online large-margin training of dependency parsers. *In Proceedings of the 43rd Annual Meeting on Association for Computational Linguistics*. Association for Computational Linguistics.

MCDONALD, R., PEREIRA, F., RIBAROV, K. et HAJIČ, J. (2005b). Non-projective dependency parsing using spanning tree algorithms. *In Proceedings of the conference on Human Language Technology and Empirical Methods in Natural Language Processing*. Association for Computational Linguistics.

NIVRE, J., HALL, J. et NILSSON, J. (2006). MaltParser : A data-driven parser-generator for dependency parsing. *In Proc. of LREC-2006*.

RIBEYRE, C. (2012). Mise en place d'un systéme de réécriture de graphes appliqués á l'interface syntaxe-sémantique. Mémoire de master, Univ. Paris Diderot 7.

RIBEYRE, C., SEDDAH, D. et VILLEMONTE DE LA CLERGERIE, É. (2012). A Linguistically-motivated 2-stage Tree to Graph Transformation. *In* HAN, C.-H. et SATTA, G., éditeurs : *TAG+11 - The 11th International Workshop on Tree Adjoining Grammars and Related Formalisms - 2012*, Paris, France. INRIA.

SAGOT, B. (2010). The LEFFF, a freely available and large-coverage morphological and syntactic lexicon for french. *In Proceedings of LREC'10*, Valetta, Malta.

VILLEMONTE DE LA CLERGERIE, E. (2005). From metagrammars to factorized TAG/TIG parsers. *In Proceedings of IWPT'05 (poster)*, Vancouver, Canada.

# A State of the Art of Word Sense Induction: A Way Towards Word Sense Disambiguation for Under-Resourced Languages

Mohammad Nasiruddin
Laboratoire d'Informatique de Grenoble-Groupe d'Étude pour la Traduction Automatique/Traitement Automatisé des Langues et de la Parole
Univ. Grenoble Alpes
mohammad.nasiruddin@imag.fr

ABSTRACT

Word Sense Disambiguation (WSD), the process of automatically identifying the meaning of a polysemous word in a sentence, is a fundamental task in Natural Language Processing (NLP). Progress in this approach to WSD opens up many promising developments in the field of NLP and its applications. Indeed, improvement over current performance levels could allow us to take a first step towards natural language understanding. Due to the lack of lexical resources it is sometimes difficult to perform WSD for under-resourced languages. This paper is an investigation on how to initiate research in WSD for under-resourced languages by applying Word Sense Induction (WSI) and suggests some interesting topics to focus on.

RÉSUMÉ

État de l'art de l'induction de sens: une voie vers la désambiguïsation lexicale pour les langues peu dotées

La désambiguïsation lexicale, le processus qui consiste à automatiquement identifier le ou les sens possible d'un mot polysémique dans un contexte donné, est une tâche fondamentale pour le Traitement Automatique des Langues (TAL). Le développement et l'amélioration des techniques de désambiguïsation lexicale ouvrent de nombreuses perspectives prometteuses pour le TAL. En effet, cela pourrait conduire à un changement paradigmatique en permettant de réaliser un premier pas vers la compréhension des langues naturelles. En raison du manque de ressources langagières, il est parfois difficile d'appliquer des techniques de désambiguïsation à des langues peu dotées. C'est pourquoi, nous nous intéressons ici, à enquêter sur comment avoir un début de recherche sur la désambiguïsation lexicale pour les langues peu dotées, en particulier en exploitant des techniques d'induction des sens de mots, ainsi que quelques suggestions de pistes intéressantes à explorer.

KEYWORDS: Word Sense Disambiguation, Word Sense Induction, under-resourced languages, lexical resources.
MOTS-CLÉS : désambiguïsation lexicale, induction de sens, langues peu dotées, ressources langagières.

## 1 Introduction

Word Sense Disambiguation (WSD) is a core and open research problem in Computational Linguistics and Natural Language Processing (NLP), which was recognized at the beginning of the scientific interest in Machine Translation (MT) and Artificial Intelligence (AI). On a variety of word types and ambiguities research has progressed steadily to the point where WSD systems achieve relatively high levels of accuracy.

The goal of a WSD is to computationally assign the correct sense of a word (i.e. meaning) in context (phrase, sentence, paragraph, text) from a predefined sense inventory, when the word has multiple meanings. It is a pervasive characteristic of natural language. The problem is that words often have more than one meaning, sometimes fairly similar and sometimes completely different. For example, the word *bank* has several senses and may refer to the edge of a river, a building, or a financial institution. The specific sense intended is determined by the textual context in which an instance of the ambiguous word appears. In "*The boy leapt from the bank into the cold water.*" the edge of a river is intended, whereas in "*The van pulled up outside the bank and three masked men got out.*" the building sense is meant, while in "*The bank sent me a letter.*" implies the financial institution sense.

Human readers have the capability to understand the meaning of a word from its context, but machines need to process textual information and transform it into data structures, which must then be analyzed in order to determine the underlying meaning. To perform WSD, a sense inventory must be available, which lists possible senses for the word of a text. A sense inventory is a lexical resource, which contains list of senses of a given word like the traditional dictionaries – knowledge resources. Manually annotated corpora with either word senses or information from knowledge sources is also an important resource for WSD.

Initially, WSD was mainly applied and developed on English texts, because of the broad availability and the prevalence of lexical resources compared to other languages. Due to the lack of lexical resources i.e. sense inventories (dictionaries, lexical databases, wordnets, etc.) and sense-tagged corpora it is difficult to start working on WSD for under-resourced languages (Bangla, Assamese, Oriya, Kannada, etc.). To account for under-resourced languages, one can easily adopt techniques aimed at the automatic discovery of word senses from text, a task called Word Sense Induction (WSI).

Languages with large amounts of data, or funding, or political interests can be interpreted as '*well-resourced*' languages, whereas, a lot of languages in the world do not enjoy this status, which is referred to in this article as '*under-resourced*' languages. This paper presents the state of the art of WSD and WSI in an under-resourced language perspective. In the following sections the paper is organized as follows: firstly, Sections 2 and 3 illustrate the main topics of interest in WSD and WSI respectively; then, Section 4 briefly describes WSI from an under-resourced language view; and finally, Section 5 concludes the article and discusses some perspectives for future work.

## 2 Word Sense Disambiguation

Depending on the degree of polysemy, there can be many different senses for a word and WSD algorithms aim at choosing the most appropriate sense combination among all possible senses for all words in a text unit (sentence, paragraph, etc.). It is essentially a task of classification for word of a text: word senses are the possible classes, the context provides evidence (features), and each occurrence of a word is assigned to one or more of its possible classes based on the evidence. There are many methods to perform WSD. In this section, various types of approaches and algorithms for WSD will be briefly presented.

The reader can refer to (Ide and Véronis, 1998) for works before 1998 and (Agirre and Edmonds, 2006), (Navigli, 2009) or (McCarthy, 2009) for a complete and current state of the art of WSD.

## 2.1 Approaches

WSD approaches can be categorized into supervised WSD and unsupervised WSD, and a further distinction can be made between knowledge-rich and knowledge-poor approaches (Navigli, 2009). Knowledge-rich methods involve the use of external knowledge sources whereas knowledge-poor methods do not. Based on machine learning techniques, researchers distinguish between supervised methods and unsupervised methods. There are three mainstream approaches to WSD, namely: Supervised WSD, Minimally-supervised WSD, and Unsupervised WSD. Figure 1 presents various WSD methods according to two axis: the quantity of annotated corpora required vertically and the amount of static knowledge horizontally.

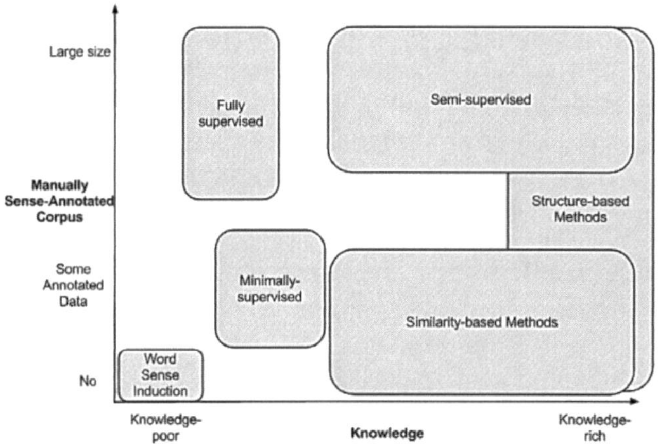


FIGURE 1 – Word Sense Disambiguation systems – Data versus Knowledge (Schwab, 2013 [personal notes]).

### 2.1.1 Supervised WSD

Supervised WSD uses supervised machine learning techniques. These approaches use a set of manually labeled training examples (i.e., sets of examples encoded as vectors whose elements represent features) to train a classifier for each target word. Support Vector Machines (SVMs), and memory-based learning have been shown to be the most successful approaches (Hoste *et al.*, 2002; Decadt *et al.*, 2004; Mihalcea *et al.*, 2004; Grozea, 2004; Chan *et al.*, 2007; Zhong and Ng, 2010), to date, probably because they can cope with the high-dimensionality of the feature space.

Supervised algorithms are progressively losing ground to the other methods. Moreover, they cannot easily be adapted to other languages without retraining (requires annotated data from that particular language). Furthermore, reusing models from one language for another leads at best to a poor classification performance (Khapra *et al.*, 2009).

### 2.1.2 Minimally-supervised WSD

Minimally supervised methods use a sense inventory, a few sense-annotated example instances, and raw corpora. From the sense-annotated examples, the system induces the senses or categories of senses for the non-annotated data, and then it functions exactly as an unsupervised clustering approach. The most prominent Minimally supervised method (Yarowsky, 1995), however, to our knowledge, has not been evaluated on SemEval WSD tasks.

#### *2.1.2.1 Knowledge-based WSD*

Knowledge-based WSD algorithms are similar to Minimally-supervised WSD approaches. The objective of Knowledge-based methods is to exploit static knowledge resources, such as dictionaries, thesauri, glossaries, ontologies, collocation etc., to infer the senses of words in context. Degree (Navigli and Lapata, 2010; Ponzetto and Navigli, 2010) or Personalized PageRank (Agirre and Soroa, 2009) are among the latest knowledge-based systems in the literature that exploits WordNet (Fellbaum, 1998) or other resources like BabelNet (Navigli and Ponzetto, 2010) to build a semantic graph and use the structural properties of the graph. In order to choose the appropriate senses of words knowledge-based systems use the structural properties of the graph in context either locally to the input sentence or globally.

### 2.1.3 Unsupervised WSD

Unsupervised learning is the greatest challenge for WSD researchers. Unsupervised WSD approaches are composed of Word Sense Induction or discrimination techniques aimed at discovering senses automatically based on unlabeled corpora and then applying them for WSD. By opposition to Supervised WSD, these approaches use machine learning techniques on non-sense-tagged corpora with no *a priori* knowledge about the task at all (see Section 4).

## 2.2 Evaluation

The evaluation of previous WSD algorithms is expressed in terms of the number of "correctly" disambiguated words as evaluated through a *Gold Standard (GS)*. Since 1998, there have been several follow-up evaluation campaigns (Senseval-1 (Kilgarriff, 1998), Senseval-2 (Edmonds and Cotton, 2001), Senseval-3 (Mihalcea and Edmonds, 2004), SemEval-2007 (Navigli et al., 2007), SemEval-2010 (Agirre et al., 2010), SemEval-2012 (Manandhar and Yuret, 2012), and recently SemEval-2013 (Navigli et al., 2013)) with various disambiguation and semantic analysis tasks, which have been very successful and beneficial to the progress of the field.

In the evaluation task, a reference corpus is given with the lemmatized and part of speech (PoS) tagged instances (i.e. words), which will have to be disambiguated. The results are matched with the *GS* through *Precision (P)*, *Recall (R)*, and $F_1$ *score*, which are the standard-measures for evaluating WSD algorithms (Navigli, 2009). The evaluation tools provided calculate:

- *P*, the number of correct answers provided over the total number of answers provided;
- *R*, the number of correct answers provided over the total number of expected answers;
- $F_1$ *measure*, the harmonic mean between the two: $(2.P.R)/(P+R)$.

When all words are annotated by a WSD algorithm, then $P=R=F_1$.

# 3 Word Sense Induction

Word sense induction (WSI) is the task of automatically identifying the senses of words in texts, without the need of handcrafted resources or manually annotated data. It is an unsupervised WSD technique use machine learning methods on raw corpora without relying on any external resources such as dictionaries or sense-tagged data. During the learning phase, algorithms induce words senses from raw text by clustering word occurrences following the *Distributional Hypothesis* (Harris, 1954; Curran, 2004). This hypothesis was popularized with the phrase "*a word is characterized by the company it keeps*" (Firth, 1957). Two words are considered semantically close if they co-occur with the same neighboring words. As a result, shifting the focus away from how to select the most suitable senses from an inventory towards how to automatically discover senses from a text. By applying WSI it is possible to mitigate the *Knowledge Acquisition Bottleneck* (Wagner, 2008) problem. The single common thread to WSI methods is the reliance on clustering algorithms used on the words in the unannotated corpus. Although the role of WSI, in a disambiguation context is to build a sense inventory that can be used subsequently for WSD, therefore WSI can be considered as part of WSD. Of course, WSI can have many more applications than building sense inventories and thus WSD.

## 3.1 Approaches

WSI algorithms extract the different senses of word following two approaches – locally and globally. Local algorithms discover senses of a word per-word basis i.e. by clustering its instances in contexts according to their semantic similarity, whereas global algorithms discovers senses in a global manner i.e. by comparing and determining them from the senses of other words in a full-blown word space model (Apidianaki and Van de Cruys, 2011). Based on the type of clustering algorithms used, will be reviewed various WSI proposed in the literature in the following subsections.

### 3.1.1 Clustering Approaches

Returning to the idea of (Harris, 1954; Curran, 2004) that word meaning can be derived from context, (Pantel and Lin, 2002) discover word senses from text. The underlying hypothesis of this approach is that words are semantically similar if they appear in similar documents, within similar context windows, or in similar syntactic contexts (Van de Cruys, 2010). *Lin's algorithm* (Lin, 1998) is a prototypical example of word clustering, which is based on *syntactic dependency statistics* between words that occur in a corpus to produce sets for each discovered sense of a target word (Van de Cruys and Apidianaki, 2011). By using a similarity function, the following clustering algorithms are applied to a test set of word feature vectors (Pantel and Lin, 2002): *K-means*, *Bisecting K-means* (Steinbatch *et al.*, 2000), *Average-link*, *Buckshot*, and *UNICON* (Lin and Pantel, 2001). *Clustering By Committee (CBC)* (Pantel and Lin, 2002) also uses syntactic contexts intended for the task of sense induction, but exploits a similarity matrix to encode the similarities between words. It relies on the notion of committees to output the different senses of the word of interest. However, These approaches are hard to apply on a large scale for many domains and languages.

### 3.1.2 Extended-clustering Approaches

Considering the observation that words tend to manifest one sense per collocation (Yarowsky, 1995), (Bordag, 2006) uses *word triplets* instead of word pairs. A well-known approach to extended-clustering is the *Context-group Discrimination* algorithm (Schütze, 1998) based on large matrix computation methods. Another approach, presented by (Pinto *et al.*, 2007), attempts to improve the usability of small, narrow-domain corpora through self-term expansion. (Brody and Lapata, 2009) shows that the task of word sense induction can also be framed in a *Bayesian* context by considering contexts of ambiguous words to be samples from a multinomial distribution. There are other extended-clustering approaches, that include the *bi-gram* clustering technique proposed by (Schütze, 1998), the clustering technique using phrasal *co-occurrences* presented by (Dorow and Widdows, 2003), the technique for word clustering using a *context window* presented by (Ferret, 2004) and the method applying the *Information Bottleneck* algorithm for sense induction proposed by (Niu *et al.*, 2007). These additional clustering techniques can be broadly categorized as either improving feature selection and enriching features or introducing more effective and efficient clustering algorithms.

### 3.1.3 Graph-based Approaches

The main hypothesis of co-occurrence graphs is assuming that the semantic of a word is represented by means of co-occurrence graph, whose vertices are co-occurrences and edges are co-occurrence relations. These approaches are related to word clustering methods, where co-occurrences between words can be obtained on the basis of *grammatical* (Widdows and Dorow, 2002) or *collocational relations* (Véronis, 2004). (Klapaftis and Manandhar, 2007) propose the idea of the *Hypergraph* model for such WSI approaches. HyperLex (Véronis, 2004) is a successful graph based algorithm, based on the identification of hubs in co-occurrence graphs that have to cope with the need to tune a large number of parameters (Agirre *et al.*, 2006b). To deal with this issue several graph-based algorithms have been proposed, which are based on simple graph patterns, namely *Curvature Clustering* (Dorow *et al.*, 2005), *Squares, Triangles and Diamonds (SquaT++)* (Navigli, 2010), and *Balanced Maximum Spanning Tree Clustering (B-MST)* (Di Marco *et al.*, 2011). The patterns aim at identifying word meanings using the local structural properties of the co-occurrence graph. A randomized algorithm which partitions the graph vertices by iteratively transferring the mainstream message (i.e. word sense) to neighboring vertices proposed by (Biemann, 2006) is *Chinese Whispers*. By applying co-occurrence graph approaches, (Agirre *et al.*, 2006a; Agirre and Soroa, 2007; Korkontzelos and Manandhar, 2010) have been able to achieve state of the art performance in standard evaluation tasks. (Jurgens, 2011) reinterpret the challenge of identifying sense specific information in a co-occurrence graph as one of community detection, where a community is defined as a group of connected nodes that are more interconnected than to the rest of the graph (Fortunato, 2010). Recently, (Hope and Keller, 2013) introduced a linear time graph-based soft clustering algorithm for WSI named *MaxMax*, which obtains comparable results with those of systems based on existing, state of the art methods.

| | Basic Word Co-occurrence | Additional Features |
|---|---|---|
| Classical Clustering Algorithms | Classical Clustering | Triplet Clustering<br>Self-term Expansion<br>Context Clustering<br>Translation Features |
| Novel Algorithms for WSI | Clustering by Committee (CBC)<br>Information Bottleneck | Hypergraph<br>Collocation Graph<br>Bayesian Model |

TABLE 1 – Overview of Techniques for Word Sense Induction (Denkowski, 2009).

*Latent Semantic Analysis (LSA)* (Landauer and Dumais, 1997; Landauer *et al.*, 1998) is currently a very popular approach to WSI that operates on word spaces (Van de Cruys and Apidianaki, 2011). *LAS* aims at finding and extract latent dimensions of meaning using *NMF (Non-negative Matrix Factorization)*, *PCA (Principal Component Analysis)* or *SVD (Singular Value Decomposition)*. The extracted latent dimensions are then used to distinguish between different senses of a target word that are in turn used to disambiguate each given instance of that word.

#### 3.1.4 Translation-oriented Approaches

WSI approaches described above cover only monolingual data; in the context of Machine Translation (MT), recent work has been done to incorporate bilingual data into the sense induction task. Translation-oriented WSI approaches involve augmenting the source language context with target language equivalents. (Apidianaki, 2008) describes this process by using a bilingual corpus that has been word aligned by type and token to construct two bilingual dictionaries, where each word type is associated with its translation equivalent. The lexicon is filtered such a way that words and their translation equivalents have matching PoS tags and words appear in the translation lexicons for both directions.

### 3.2 Evaluation

The evaluation of WSI approaches is one of the key challenges for researchers. As the sense clusters derived by these algorithms may not match the actual senses defined in lexical resources like dictionaries, lexical databases, wordnets, etc., the evaluation of these algorithms needs to be carried out manually, by asking language experts to corroborate the results. However, it is hard to evaluate the results of WSI, as the resulting clustered senses can vary from algorithm to algorithm or even for various parameter values for a single algorithm, as even determining the number of clusters a difficult matter. From the very beginning of WSI, depending on different approaches researchers have developed various evaluation methodologies that can be separated into three main categories.

#### 3.2.1 Supervised Evaluation

In this evaluation method, the target word corpus is divided into two parts – a testing and a training part. Firstly, the training part is used to map the automatically induced clusters to *Gold Standard (GS)* senses. In the next step, the test corpus is used to evaluate WSI approaches in a WSD (Agirre and Soroa, 2007) setting. Finally, the usual *Precision (P)* and *Recall (R)* are used to determine the quality of the resulting WSD.

#### 3.2.2 Unsupervised Evaluation

In this evaluation setting, the induced senses are evaluated as clusters of examples, and compared to sets of examples that have been tagged with *sense labels from a Gold Standard*. The *V-measure* (Rosenberg and Hirschberg, 2007) is used to determine the quality of clusters by combining metrics such as the *Paired F-Score* (Manandhar *et al.*, 2010), the *RandIndex* (Rand, 1971; Navigli, 2010) and others. They measure both the coverage and the homogeneity of a clustering output as opposed to the traditional clustering measure of *F-Score* (Zhao *et al.*, 2005) that is most commonly used to assess the performance of WSI systems.

#### 3.2.3 Evaluation as an Application

Recently, (Navigli and Crisafulli, 2010; Di Marco and Navigli, 2013) proposed to evaluate WSI approaches as part of a specific application, where WSI techniques have been shown to consistently surpass symbolic state of the art systems (See section 4.3). The evaluation of WSI and WSD systems was performed in the context of *Web search result clustering*.

## 3.3 SemEval WSI Evaluation Tasks

This section briefly describes the different SemEval workshops (from 2007 to 2013) with WSI evaluation tasks that focus on the evaluation of semantic analysis systems.

### 3.3.1 SemEval-2007 Task 2

The goal of SemEval-2007 Task 2 (Agirre and Soroa, 2007) is to allow for the comparison across sense-induction and discrimination systems, and also to compare these systems to other supervised and knowledge-based systems. This task evaluates WSI systems on 33 nouns and 65 verbs (lexical sample), where the corpus consists of texts of the *Wall Street Journal (WSJ)* corpus, and is hand-tagged with *OntoNotes* senses (Hovy *et al.*, 2006). For each tagged-word, the task consists of first identifying the senses of target words (e.g. as clusters of target word instances, co-occurring words, etc.), and secondly tagging the instances of the target word using the automatically induced clusters. This double evaluation methodology (i.e. supervised evaluation and unsupervised evaluation) has been attempted by (Agirre *et al.*, 2006a).

### 3.3.2 SemEval-2010 Task 14

SemEval-2010 Task 14 is a continuation of the WSI SemEval-2007 Task 2 with some significant changes to the evaluation setting. The main difference in this task compared to the SemEval-2007 WSI task, is that the training and testing data are treated separately, which allows for a more realistic evaluation of the clustering models. Readers may refer to (Klapaftis and Manandhar, 2013) for a detailed analysis of the SemEval-2010 WSI task evaluation result and new evaluation settings.

### 3.3.3 SemEval-2013 Task 11

For the evaluation in SemEval-2013: Task 11, WSI and WSD systems are applied to web search result clustering, where the test data consists of 100 topics (all nouns), each with a list of 64 top-ranking documents. The topics were selected from the list of ambiguous *Wikipedia* entries (i.e., those with "*disambiguation*" in the title) among queries of lengths ranging between 1 and 4 words. The 64 snippets associated with each topic were collected from the results provided by the *Google* search engine. Three annotators tagged each snippet with the most appropriate meaning from *Wikipedia*, with adjudication in the case of disagreement. For a detailed description of the SemEval-2013: Task 11 evaluations please refer to (Di Marco and Navigli, 2013; Navigli and Vannella, 2013).

# 4 WSI for Under-Resourced Languages

Given the above-mentioned difficulties, WSI is an attractive alternative to WSD, especially for under-resourced languages.

The Figure 2 shows an overview of the state of freely available resources for a certain number of representative languages and the aim of the diagram is to give the reader an idea of the current situation. Making a highly precise diagram would be prohibitively complex and furthermore, the position of the various languages must be interpreted relatively to each other rather than in an absolute manner (except for English that we placed in the top right-hand corner as a reference).

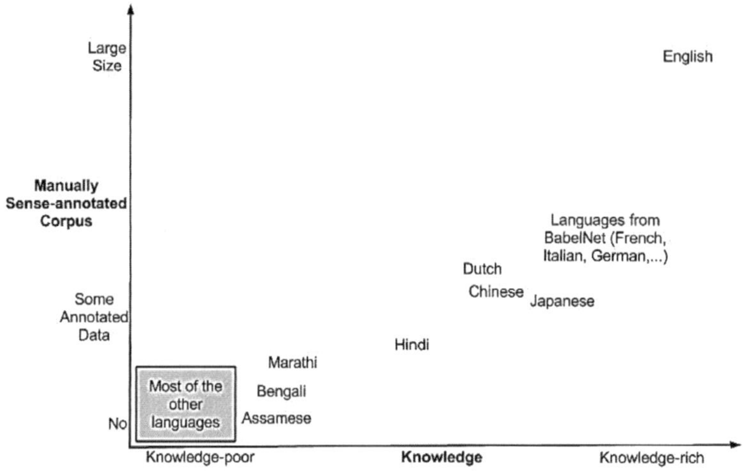


FIGURE 2 – Computationally language richness – Data versus Knowledge (Schwab, 2013 [personal notes]).

As described previously, two kinds of resources are difficult/expensive to build: annotated corpora and lexical databases (static versus dynamic knowledge). While lexical databases can be used directly in many applications or by humans, sense-annotated corpora have less applications and are much more expensive to build. An automatic procedure can extract the senses that are objectively present in a particular corpus and allows for the sense inventory to be straightforwardly adapted to a new domain. By applying WSI, it is practical to disambiguate particular word instances using the automatically extracted sense inventory. Words and contexts are mapped to a limited number of topic dimensions (depending on the topic of the words and contexts) in a latent semantic word space. A particular sense is associated with a particular topic and different senses can be discriminated through their association with particular topic dimensions. (Van de Cruys and Apidianaki, 2011) describe the induction step and disambiguation step as being based on the same principle.

Currently, *Wikipedia* contains 285 languages, anyone can generate corpus from a *Wikipedia dump*, or blogs, forums, newspaper articles in any language. As WSI is a kind of clustering problem, the evaluation of the clusters is normally difficult, however if the evaluation process is followed, it becomes rather straightforward. Though semantic evaluation campaigns are based on some dominant languages, progress for under-resourced languages is still ongoing. In this regard, Crowdsourcing (Sabou et al., 2012), especially *Games With A Purpose* (von Ahn, 2006) are considered as an attractive alternative for collecting annotated data (Wang et al., 2010), which can be subsequently used as a *GS* for evaluating the systems.

## 5 Conclusion and Discussions

The state of the art of Word Sense Disambiguation followed by Word Sense Induction techniques for under-resourced languages are provided in this article, and also tries to provide a basic idea of the essentials of the field. Here, the authors show a way to work on WSD by using WSI approaches in an unsupervised way, where very few resources (like corpora) are available. Basically, the performance of WSD systems depends heavily on which sense inventory is chosen, here WSI overcomes this issue by allowing unrestrained sets of senses. Besides, its evaluation is particularly hard because there is no easy way of comparing and ranking different representations of senses.

## Acknowledgements

The work presented in this paper was conducted in the context of the VideoSense project, funded by the French National Research Agency (ANR) under its CONTINT 2009 program (grant ANR-09-CORD-026).

## References

AGIRRE, E., LOPEZ DE LACALLE, O., AND SOROA, A. (2009). Knowledge-Based WSD on Specific Domains: Performing Better than Generic Supervised WSD. *In Proceedings of the 21st Int'l Joint Conference on Artificial Intelligence (IJCAI)*, pp. 1501– 1506. California.

AGIRRE, E., MARTINEZ, D., LOPEZ DE LACALLE, O., AND SOROA, A. (2006a). Two Graph-Based Algorithms for State of the Art WSD. *In Proceedings of the Conference on EMNLP*, pp. 585-593.

AGIRRE, E., MARTÍNEZ, D., LÓPEZ DE LACALLE, O. AND SOROA, A. (2006b). Evaluating and Optimizing the Parameters of an Unsupervised Graph-Based WSD Algorithm. *In Proceedings of TextGraphs: the 2nd Workshop on Graph Based Methods for NLP*, pp. 89–96. New York, USA.

AGIRRE, E. AND SOROA, A. (2007). SemEval-2007 Task 2: Evaluating Word Sense Induction and Discrimination Systems. *In Proceedings of the 4th Int'l Workshop on SemEval-2007*, pp. 7–12.

AGIRRE, E. AND SOROA, A. (2009). Personalizing PageRank for Word Sense Disambiguation. *In Proceedings of the 12th Conference of the EACL 2009*, pp. 33–41. Athens, Greece.

AGIRRE, E., LOPEZ DE LACALLE, O., FELLBAUM, C., HSIEH, S.K., TESCONI, M., MONACHINI, M., VOSSEN, P. AND SEGERS, R. (2010). SemEval-2010 Task 17: All-Words Word Sense Disambiguation on a Specific Domain. *In Proceedings of the 5th Int'l Workshop on Semantic Evaluation*, pp. 75–80.

APIDIANAKI, M. (2008). Translation-Oriented Word Sense Induction Based on Parallel Corpora. *In Proceedings of the 6th Int'l Conference on Language Resources and Evaluation*. Morocco.

APIDIANAKI, M. AND VAN DE CRUYS, T. (2011). A Quantitative Evaluation of Global Word Sense Induction. *In Proceedings of the 12th Int'l Conference on Intelligent Text Processing and Computational Linguistics (CICLing-2011)*, pp. 253–264. Tokyo, Japan.

BALDWIN, T., KIM, S., BOND, F., FUJITA, S., MARTINEZ, D. AND TANAKA, T. (2010). A Reexamination of MRD-Based Word Sense Disambiguation. *In ACM Transactions on Asian Language Information Processing (TALIP) 9*, pp. 4:1–4:21. ACM.

BIEMANN, C. (2006). Chinese Whispers – An Efficient Graph Clustering Algorithm and Its Application to Natural Language Processing Problems. *In Proceedings of the TextGraphs: the First Workshop on Graph Based Methods for Natural Language Processing*, pp. 73–80, USA.

BORDAG, S. (2006). Word Sense Induction: Triplet-Based Clustering and Automatic Evaluation. *In Proceedings of the 11th Conference of the EACL 2006*, pp. 137–144. Trento, Italy.

BRODY, S. AND LAPATA, M. (2009). Bayesian Word Sense Induction. *In Proceedings of the 12th Conference of the EACL 2009*, pp. 103–111. Athens, Greece.

CHAN, Y.S., NG, H.T. AND ZHONG, Z. (2007). NUS-PT: Exploiting Parallel Texts for Word Sense Disambiguation in the English All-Words Tasks. *In Proceedings of the 4th Int'l Workshop on Semantic Evaluations (SemEval-2007)*, pp. 253–256. Prague, Czech Republic.

CURRAN, J. R. (2004). PhD Thesis: From distributional to semantic similarity. *University of Edinburgh*. Edinburg, UK.

DECADT, B., HOSTE, V., DAELEMANS, W. AND VAN DEN BOSCH, A. (2004). GAMBL, Genetic Algorithm Optimization of Memory-Based WSD. *In Proceedings of the 3rd Int'l Workshop on the Evaluation of Systems for the Semantic Analysis of Text*, pp. 108–112. Barcelona, Spain.

DENKOWSKI, M. (2009). A Survey of Techniques for Unsupervised Word Sense Induction. *In Language & Statistics II Literature Review*.

DI MARCO, A. AND NAVIGLI, R. (2011). Clustering Web Search Results With Maximum Spanning Trees. *In Proceedings of the 12th Int'l Conference of the Italian Association for AI*, pp.201–212.

DI MARCO, A. AND NAVIGLI, R. (2013). Clustering and Diversifying Web Search Results with Graph-Based Word Sense Induction. *In Computational Linguistics 39(4)*, pp. 201–212. MIT.

DOROW, B. AND WIDDOWS, D. (2003). Discovering Corpus-Specific Word Senses. *In Proceedings of the 10th Conference of the European Chapter of the Association for Computational Linguistics (EACL 2003)*, pp. 79–82. Budapest, Hungary.

DOROW, B., WIDDOWS, D., LING, K., ECKMANN, J., SERGI, D. AND MOSES, E. (2005). Using Curvature and Markov Clustering in Graphs for Lexical Acquisition and Word Sense Discrimination. *In Proceedings of the MEANING-2005 Workshop*.

EDMONDS, P. AND COTTON, S. (2001). SENSEVAL-2: Overview. *In Proceedings of the 2nd Int'l Workshop on Evaluating Word Sense Disambiguation Systems, pp. 1-5*. France.

FELLBAUM, C. (ED.) (1998). WordNet: An Electronic Database. *MIT Press*. Cambridge, M.A, USA.

FERRET, O. (2004). Discovering Word Senses from a Network of Lexical Cooccurrences. *In Proceedings of the 20th Int'l Conference on Computational Linguistics*, pp. 1326–1332.

FIRTH, J.R. (1957). A synopsis of linguistic theory 1930-1955. *In Studies in Linguistic Analysis (Oxford: Philological Society)*, pp. 1–32. Reprinted in Palmer, F.R., (ed.) (1968). Selected Papers of J.R. Firth 1952-1959. London: Longman.

FORTUNATO, S. (2010). Community Detection in Graphs. *In Physics Reports 486*, pp. 75–174.

GROZEA, C. (2004). Finding Optimal Parameter Settings for High Performance Word Sense Disambiguation. *In Proceedings of the 3rd Int'l Workshop on the Senseval-3*, pp. 125–128.

HARRIS, Z. (1954). Distributional Structure. *In Papers in Structural and Transformational Linguistics*, pp. 775–794.

HOPE, D. AND KELLER, B. (2013). MaxMax: A Graph-Based Soft Clustering Algorithm Applied to Word Sense Induction. *In Proceedings of the Int'l Conference on Intelligent Text Processing and Computational Linguistics (CICLing-2013)*, pp. 368–381. Samos, Greece.

HOSTE, V., HENDRICKX, I., DAELEMANS, W. AND VAN DEN BOSCH, A. (2002). Parameter Optimization for Machine-Learning of Word Sense Disambiguation. *In Natural Language Engineering 8(04)*, pp. 311–325. Cambridge University Press.

HOVY, E., MARCUS, M., PALMER, M., RAMSHAW, L. AND WEISCHEDEL, R. (2006). OntoNotes: The 90% Solution. *In Proceedings of the Human Language Technology Conference of the North American Chapter of the Association for Computational Linguistics*, pp. 57–60. USA.

IDE, N. AND VÉRONIS, J. (1998). Introduction to the special issue on word sense disambiguation: the state of the art. *In Computational Linguistics 24(1)*, pp. 02–40. Cambridge, MA, USA.

IDE, N., ERJAVEC, T. AND TUFIS, D. (2002). Sense Discrimination with Parallel Corpora. *In Proceedings of ACL-02 Workshop on Word Sense Disambiguation*, pp. 61–66. USA.

JABBARI, S., HEPPLE, M. AND GUTHRIE, L. (2010). Evaluation Metrics for the Lexical Substitution Task. *In Proceedings of the Human Language Technology Conference of the North American Chapter of the Association for Computational Linguistics*, pp. 289–292. California, USA.

JIN, P., WU, Y. AND YU, S. (2007). SemEval-2007 Task 05: Multilingual Chinese-English Lexical Sample. *In Proceedings of the 4th Int'l Workshop on Semantic Evaluations (SemEval-2007)*, pp. 19–23. Prague, Czech Republic.

JURGENS, D. (2011). Word Sense Induction by Community Detection. *In Proceedings of the 49th Annual Meeting of the Association for Computational Linguistics Human Language Technologies (ACL HLT 2011)*, pp. 24–28. Portland, Oregon, USA.

KHAPRA, M.M., SHAH, S., KEDIA, P., AND BHATTACHARYYA, P. (2009). Projecting Parameters for Multilingual Word Sense Disambiguation. *In Proceedings of the Conference on Empirical Methods in Natural Language Processing (EMNLP-09)*, pp. 459—467. Singapore.

KHAPRA, M.M., KULKARNI, A., SOHONEY, S. AND BHATTACHARYYA, P. (2010). All Words Domain Adapted WSD: Finding a Middle Ground Between Supervision and Supervision. *In Proceedings of the 48th Annual Meeting of the Association for Computational Linguistics*, pp. 1532–1541.

KILGARRIFF, A. (1998). SENSEVAL: An Exercise in Evaluating Word Sense Disambiguation Programs. *In Proceeding of the 1st Int'l Conference on Language Resources and Evaluation (LREC 1998)*, pp. 581—588. Granada, Spain.

KLAPAFTIS, I.P. AND MANANDHAR, S. (2007). UoY: A Hypergraph Model for Word Sense Induction and Disambiguation. *In Proceedings of the 4th Int'l Workshop on Semantic Evaluations (SemEval-2007)*, pp. 414–417. Prague, Czech Republic.

KLAPAFTIS, I.P. AND MANANDHAR, S. (2013). Evaluating Word Sense Induction and Disambiguation Methods. *In Language Resources and Evaluation*, pp. 1–27. Springer.

KOELING, R., MCCARTHY, D. AND CARROLL, J. (2005). Domain-Specific Sense Distributions and Predominant Sense Acquisition. *In Proceedings of the Human Language Technology Conference and the Conference on Empirical Methods in NLP*, pp. 419–426. B.C., Canada.

KORKONTZELOS, I. AND MANANDHAR, S. (2010). UoY: Graphs of Unambiguous Vertices for Word Sense Induction and Disambiguation. *In Proceedings of the 5th Int'l Workshop on Semantic Evaluation (SemEval-2010)*, pp. 355–358, Uppsala, Sweden.

LANDAUER, T.K. AND DUMAIS, S.T. (1997). A Solution to Plato's Problem: The Latent Semantic Analysis Theory of Acquisition, Induction, and Representation of Knowledge. *In Psychology Review (104)*, pp. 211–240.

LANDAUER, T., FOLTZ, P. AND LAHAM, D. (1998). An Introduction to Latent Semantic Analysis. *In Discourse Processes*, pp. 25: 284–295.

LIN, D. (1998). Automatic Retrieval and Clustering of Similar Words. *In Proceedings of the 17th Int'l Conference on Computational Linguistics*, pp. 768–774. Quebec, Canada.

LIN, D. AND PANTEL, P. (2001). DIRT–Discovery of Inference Rules from Text. *In Proceedings of the 7th ACM SIGKDD Int'l Conference on Knowledge Discovery and Data Mining*, pp. 323–328.

MANANDHAR, S., KLAPAFTIS, I.P., DLIGACH, D. AND PRADHAN, S.S. (2010). SemEval-2010 Task 14: Word Sense Induction & Disambiguation. *In Proceedings of the 5th Int'l Workshop on Semantic Evaluation (SemEval-2010)*, pp. 63–68. Uppsala, Sweden.

MANANDHAR, S. AND YURET, D. (2012). SemEval-2012: Semantic Evaluation Exercises. *In Proceedings of the SemEval-2012: Semantic Evaluation Exercises*. Montreal, Canada.

MCCARTHY, D. AND NAVIGLI, R. (2009). The English Lexical Substitution Task. *In Language Resources and Evaluation 43(2)*, pp. 139–159. Springer.

MIHALCEA, R. AND EDMONDS, P. (2004). Senseval-3: The Third Int'l Workshop on the Evaluation of Systems for the Semantic Analysis of Text. *In Proceedings of Senseval-3: The 3rd Int'l Workshop on the Evaluation of Systems for the Semantic Analysis of Text*.

MIHALCEA, R. AND FARUQUE, E. (2004). Senselearner: Minimally Supervised Word Sense Disambiguation for All Words in Open Text. *In Proceedings of ACL/SIGLEX*, pp. 155–158.

NAVIGLI, R. (2009). Word Sense Disambiguation: A Survey. *In ACM Computing Surveys (CSUR) 41(2)*, pp. 1–69. ACM.

NAVIGLI, R. AND CRISAFULLI, G. (2010). Inducing Word Senses to Improve Web Search Result Clustering. *In Proceedings of the Conference on Empirical Methods in Natural Language Processing (EMNLP-10)*, pp. 116–126. Boston, USA.

NAVIGLI R., JURGENS, D. AND VANNELLA, D. (2013). SemEval-2013 Task 12: Multilingual Word Sense Disambiguation. *In Proceedings of the 7th Int'l Workshop on Semantic Evaluation, the 2nd Joint Conference on Lexical and Computational Semantics*, pp. 116–126. Atlanta, GA, USA.

NAVIGLI, R. AND LAPATA, M. (2010). An Experimental Study on Graph Connectivity for Unsupervised Word Sense Disambiguation. *In IEEE Transactions on Pattern Analysis and Machine Intelligence 32(4)*, pp. 678–692. IEEE.

NAVIGLI, R., LITKOWSKI, K.C. AND HARGRAVES, O. (2007). SemEval-2007 Task 07: Coarse-Grained English All-Words Task. *In Proceedings of 4th Int'l Workshop on SemEval-2007*, pp. 30–35.

NAVIGLI, R. AND PONZETTO, S.P. (2010). BabelNet: Building a Very Large Multilingual Semantic Network. *In Proceedings of the 48th Annual Meeting of the Association for Computational Linguistics (ACL 2010)*, pp. 216–225. Uppsala, Sweden.

NAVIGLI, R. AND VANNELLA, D. (2013). SemEval-2013 Task 11: Word Sense Induction & Disambiguation within an End-User Application. *In Proceedings of the 7th Int'l Workshop on Semantic Evaluations (SemEval-2013)*. Atlanta, GA, USA.

NIU, Z., JI, D. AND TAN, C. (2007). I2R: Three Systems for Word Sense Discrimination Chinese Word Sense Disambiguation and English Word Sense Disambiguation. *In Proceedings of the 4th Int'l Workshop on Semantic Evaluations*, pp. 177–182. Prague, Czech Republic.

PANTEL, P. AND LIN, D. (2002). Discovering Word Senses from Text. *In Proceedings of the 8th Int'l Conference on Knowledge Discovery and Data Mining*, pp. 613–619. Canada.

PINTO, D., ROSSO, P. AND JIMENEZ-SALAZAR, H. (2007). UPV-SI: Word Sense Induction Using Self-Term Expansion. *In Proceedings of 4th Int'l Workshop on Semantic Evaluations*, pp. 430–433.

PONZETTO, S.P. AND NAVIGLI, R. (2010). Knowledge-Rich Word Sense Disambiguation Rivaling Supervised System. *In Proceedings of the 48th Annual Meeting of the Association for Computational Linguistics (ACL 2010)*, pp. 1522–1531. Uppsala, Sweden.

RAND, W. M. (1971). Objective Criteria for the Evaluation of Clustering Methods. *In Journal of the American Statistical Association 66(336)*, pp. 846–850. Taylor & Francis.

ROSENBERG, A. AND HIRSCHBERG, J. (2007). V-Measure: A Conditional Entropy-Based External Cluster Evaluation Measure. *In Proceedings of the Conference on Empirical Methods in Natural Language Processing and Computational Natural Language Learning*, pp. 410–420.

SABOU, M., BONTCHEVA, K. AND SCHARL, A. (2012). Crowdsourcing Research Opportunities: Lessons from Natural Language Processing. *In Proceedings of the 12th Int'l Conference on Knowledge Management and Knowledge Technologies*, pp. 17:1–17:8.

SCHÜTZE, H. (1998). Automatic Word Sense Discrimination. *In Computational Linguistics 24(1)*, pp. 97–124. MIT Press.

STEINBACH, M., KARYPIS, G., AND KUMAR, V. (2000). A Comparison of Document Clustering Techniques. *In Proceedings of the 6th ACM SIGKDD Int'l Conference on Knowledge Discovery and Data Mining*, pp. 525–526. Boston, USA.

VAN DE CRUYS, T. AND APIDIANAKI, M. (2011). Latent Semantic Word Sense Induction and Disambiguation. *In Proceedings of the 49th Annual Meeting of the Association for Computational Linguistics: Human Language Technologies*, pp. 1476– 1485. Oregon, USA.

VAN DE CRUYS, T. (2010). PhD Thesis: Mining for Meaning – the Extraction of Lexico-Semantic Knowledge from Text. *University of Groningen*, pp. 12–18. The Netherlands.

VÉRONIS, J. (2004). Hyperlex: Lexical Cartography for Information Retrieval. *In Computer Speech and Language 18(3)*, pp. 223–252.

VON AHN, L. (2006). Games With A Purpose. *In Computer 6(39)*, pp. 92–94. IEEE Computer Society Press.

WAGNER, C. (2006). Breaking the knowledge acquisition bottleneck through conversational knowledge management. *In Information Resources Management Journal (IRMJ) 19(1)*, pp. 70–83. IGI Global.

WANG, A., HOANG, C.D.V. AND KAN, M.Y. (2004). Perspectives on Crowdsourcing Annotations for Natural Language Processing. *In Language Resources and Evaluation*, pp. 1–23. Springer.

WIDDOWS, D. AND DOROW, B. (2002). A Graph Model for Unsupervised Lexical Acquisition. *In Proceedings of the 19th Int'l Conference on Computational Linguistics*, pp. 1–7.

YAROWSKY, D. (1995). Unsupervised Word Sense Disambiguation Rivaling Supervised Methods. *In Proceedings of the 33rd Annual Meeting of the Association for Computational Linguistics (ACL 1995)*, pp. 189–196. Cambridge, Massachusetts, USA.

ZHAO, Y., KARYPIS, G., AND FAYYAD, U. (2005). Hierarchical Clustering Algorithms for Document Datasets. *In Data Mining and Knowledge Discovery, 10(2)*, pp. 141–168. The Netherlands.

ZHONG, Z. AND NG, H.T. (2010). It Makes Sense: A Wide-Coverage Word Sense Disambiguation System for Free Text. *In Proceedings of the 48th Annual Meeting of the Association for Computational Linguistics (ACL 2010)*, pp. 78–83. Uppsala, Sweden.

# Génération de corpus en dialecte tunisien pour l'adaptation de modèles de langage

Rahma Boujelbane[1,2]
(1) ANLP_MIRACL, Sfax, Tunisie
(2) LIF, UMR7279, 13288, Marseille, France
Rahma.boujelbane@gmail.com

RÉSUMÉ

Ces derniers temps, vu la situation préoccupante du monde arabe, les dialectes arabes et notamment le dialecte tunisien est devenu de plus en plus utilisé dans les interviews, les journaux télévisés et les émissions de débats. Cependant, cette situation présente des conséquences négatives importantes pour le Traitement Automatique du Langage Naturel (TALN): depuis que les dialectes parlés ne sont pas officiellement écrits et n'ont pas d'orthographe standard, il est très coûteux d'obtenir des corpus adéquats à utiliser pour des outils de TALN. Par conséquent, il n'existe pas des corpus parallèles entre l'Arabe Standard Moderne(ASM) et le Dialecte Tunisien (DT). Dans ce travail, nous proposons une méthode pour la création d'un lexique bilingue ASM–DT et un processus pour la génération automatique de corpus dialectaux. Ces ressources vont servir à la construction d'un modèle de langage pour les journaux télévisés tunisiens, afin de l'intégrer dans un Système de Reconnaissance Automatique de Parole (SRAP).

ABSTRACT

**Generation of tunisian dialect corpora for adapting language models.**

Lately, given the serious situation in the Arab world, the Arab dialects such as Tunisian dialect became increasingly used and represented in the interviews, news and debate programs. However, this situation presents negative consequences for Natural Language Processing (NLP): Since dialects are not officially written and have no orthographic standard, it is very costly to obtain adequate corpora to train NLP tools. Therefore, it does not even exist parallel corpora between Standard Arabic (MSA) and Tunisian Dialect (TD). In this work, we propose a method for the creation of a bilingual lexicon MSA-TD and an automatic process for generating dialectal corpora. These resources will be used to build a language model for Tunisian news, in order to integrate it into an Automatic Speech Recognition (ASR).

MOTS-CLÉS : Dialecte Tunisien, lexique ASM-DT, TDT: Tunisian Dialect Translator.
KEYWORDS : Tunisian Dialect, MSA-TD lexicon, TDT: Tunisian Dialect Translator.

## 1 Introduction

L'utilisation de corpus constitue un problème crucial pour les langues disposant peu de ressources électroniques et peu informatisées comme de nombreux dialectes arabes. En effet, la construction de corpus est une étape capitale pour une bonne réalisation d'outils de traitement automatique de la langue tels que les systèmes de reconnaissance de parole qui nécessitent des données textuelles en grande quantité pour apprendre le vocabulaire d'une langue. Récemment en Tunisie, la révolution a touché non seulement le peuple mais aussi les médias. Par conséquent, en un an tout le paysage médiatique a été bouleversé: les chaines, les émissions de débats et les journaux télévisés se sont multipliés. Ceci a donné naissance à un nouveau type de discours médiatique. En effet, la majorité des discours ne sont plus en ASM mais ils présentent une alternance entre le ASM et le dialecte. En effet, nous pourrons distinguer dans un même discours des mots en ASM, des mots en DT et des mots ASM «dialectalisés» tel qu'un mot avec une racine ASM et des affixes dialectales. Face à cette situation un SRAP conçu pour le ASM serait incapable de transcrire cette nouvelle langue. Pour cela, nous focalisons dans le présent travail à construire des ressources représentatives de ce mélange entre le ASM et le DT. Pour ce faire, nous proposons une approche basée sur deux étapes principales: La première consiste à construire une base lexicale, dans laquelle nous introduisons des règles de correspondance entre des structures en arabe standard et des structures dialectales. La deuxième étape se repose sur l'exploitation de cette base lexicale afin de générer des corpus dialectaux.

## 2 Travaux connexes

Les langues orales qui n'ont pas de forme écrite répandue peuvent être classées comme des langues peu dotées. De ce fait, plusieurs travaux ont tenté de pallier les problèmes liés à l'informatisation des langues peu dotées. **(Y. Scherrer, 2008),** dont le but d'informatiser le dialecte existant en Suisse, a développé un système de traduction allemand standard-suisse allemand. Le système développé traduit en se basant, sur un lexique bilingue, l'allemand standard vers n'importe quelle variété du continuum dialectal de la Suisse alémanique. Par ailleurs, les auteurs dans (**Shaalan et al., 2007**) se sont intéressés à l'informatisation du dialecte égyptien, l'une des variantes de l'arabe standard. Les auteurs ont proposé un système de traduction dialecte EGYptien EGY-ASM. A cette fin, ils ont essayé de construire un corpus parallèle EGY-ASM, ceci en se basant sur des règles de correspondance EGY- ASM. A part les dialectes, il existe plusieurs langues parmi la famille des langues peu dotées qui n'ont pas de relation avec une langue bien dotée comme le somalien et le khmer, etc. Ainsi, l'approche proposée pour constituer des corpus en somalien dans **(Nimaan et al., 2006)** se repose sur plusieurs scénarios: collecte de corpus à partir du Web, synthèse automatique de textes et traduction automatique français-somali. Et pour solliciter le manque de ressources en khmer **(Seng, 2010)** a choisi les sites de nouvelles en khmer au fort contenu rédactionnel pour collecter les corpus textuels. La revue de la littérature nous a montré qu'il n'y a pas assez de travaux qui ont traité l'arabe tunisien, la langue cible de ce travail. Le travail de **(Graja et al, 2011)** par exemple traite le dialecte tunisien pour la compréhension de parole. Cependant, ce travail utilise un domaine limité à savoir le transport ferroviaire où le vocabulaire est assez limité. Pour disposer des données, les chercheurs ne se sont basés que sur des transcriptions manuelles de conversations entre l'agent du guichet et les voyageurs. Or, un vocabulaire limité pose un problème si nous souhaitons modéliser un modèle de langage pour un système de reconnaissance des émissions de la télévision ayant un vocabulaire large et varié.

## 3 Ressources pour le dialecte tunisien

Le dialecte tunisien est une langue arabe rattachée à l'arabe maghrébin parlée par douze millions de personnes vivant principalement en Tunisie. Bien que la langue officielle soit l'arabe littéral, il est généralement connu de ses locuteurs sous le nom de 'Darija' ou 'Tounsi' ce qui signifie tout simplement «tunisien», afin de le distinguer de l'arabe littéral (Baccouche, 1994). Dans les deux dernières années, ce dialecte est devenu la langue parlée dans la plupart des médias au lieu de l'arabe standard. Mais, cette forme dialectale a une forme sophistiquée: elle présente des formes mixtes ASM-DT et elle est en même temps un dialecte et une langue proche du ASM. Ainsi, étant donné l'écart faible entre cette forme dialectale et le ASM, les ressources disponibles pour le ASM peuvent être avantageusement utilisées pour créer des ressources dialectales.

## 3.1 L'Arabic TreeBank pour la création d'un lexique bilingue ASM-DT

Au début de cette étude et lors d'une convention avec le LDC (Linguistic Data Consortium), nous avons eu l'opportunité de travailler sur le corpus Arabic TreeBank ATB (Maamouri, 2004). Il s'agit d'un corpus contenant 120 transcriptions d'émissions d'actualité en arabe standard diffusées par différentes chaines arabes. Le corpus transcrit contient 51 080 mots annotés morpho-syntaxiquement et syntaxiquement. Pour créer un lexique en dialecte tunisien, nous avons essayé de construire en partant de l'ATB un lexique de traduction ASM-DT. Pour ce faire, nous avons adopté une méthode de transformation, du ASM vers le dialecte, basée sur les parties du discours des mots de l'ATB. Ceci permettra d'obtenir non seulement des dictionnaires bilingues mais aussi un ATB en tunisien utile pour des applications TALN (Figure 1). Nous expliquons dans ce travail les modèles de transformation ainsi que les structures des dictionnaires que nous avons définis pour les verbes et les différents outils syntaxiques de l'ATB.

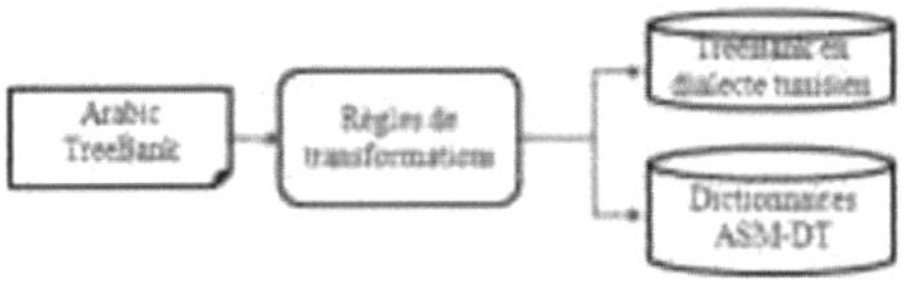


FIGURE 1 – Méthode pour la création de ressources en dialecte tunisien

## 3.2 Construction d'un lexique pour les verbes

Comme nous visons à adapter les outils ASM au dialecte tunisien, nous avons essayé de construire pour les verbes en DT les mêmes concepts que ceux d'ASM. En arabe, les principaux concepts verbaux sont:

1-Lemme: Il s'agit d'un concept fondamental dans l'analyse des textes. Les mots arabes peuvent être analysés comme étant une racine insérée dans un modèle constituant ainsi les lemmes de mots. Les verbes dans l'ATB sont présentés sous leur formes fléchies, nous avons extrait leurs lemmes et leurs racines en utilisant l'analyseur morphologique ELEXIR FM développé par (Smrž, 2007). Étant donné que nous sommes des locuteurs natifs du dialecte tunisien, nous avons construit manuellement à chacun des lemmes ASM des lemmes en dialecte. En résultat, nous avons constaté que 60% des verbes se comportent différemment en passant vers le dialecte ce qui prouve la différence entre le couple ASM-DT. Ainsi, ayant 1500 lemmes en DT et partant du fait que les verbes en ASM possèdent des schèmes décrivant leurs comportements morphologiques lors de la conjugaison, nous avons cherché à attribuer des schèmes aux verbes en DT.

2-Pattern: Les patterns ou les schèmes en ASM sont des modèles avec différentes structures qui sont appliquées à la racine pour créer un lemme. Pour chaque racine, nous pouvons appliquer différents modèles pour avoir des lemmes avec des significations différentes. Le challenge dans la construction des schèmes pour les verbes dialectaux consiste à trouver des modèles similaires à ceux en ASM. Ainsi, en étudiant la morphologie des lemmes dialectaux, nous avons remarqué qu'il est possible d'attribuer aux lemmes en DT les mêmes modèles que ceux en ASM mais en définissant en plus d'autres modèles qui seront des schèmes fils pour les schèmes de base. En fait, ce processus a permis de distinguer 32 schèmes pour les verbes en DT, alors qu'il y avait 15 en ASM. Cela est dû à la richesse morphologique des lemmes dialectaux. Par exemple:

En ASM: le verbe $Arak/ شارك(forme au passé) yu$Arik/participerيشارك(forme au présent) ; et دافع/dAfaE (forme au passé) يدافع/yudAFiE/défendre(forme au présent) appartiennent au ASM-pattern-II: CvACvC (forme au passé)/yvCvACvC (forme au présent). Notons que les voyelles sont les mêmes pour les deux verbes. En passant vers le dialecte, les racines ainsi que les modèles de ces verbes restent les mêmes CvACvC/yvCACvC mais la voyelle de la seconde consonne n'est plus la même pour les deux verbes. Or en ASM, la marque de cette voyelle est un critère fondamental pour classer un verbe sous un pattern (Ouerhani, 2009) c'est pourquoi nous avons proposé de définir des sous-patterns pour le pattern II, et ce en divisant le pattern-II en pattern-II-i: CACiC/yvCACiC et pattern-II-a:Cacac/yvCACaC. Par conséquent, $Arak/yu$Arik qui devient en DT $Arik/yi$Arik/ va appartenir au pattern-II-i: CACIC/yiCACiC et dAfaE/yudAFiE qui devient en DT dAfaE/yidAFaE va appartenir au pattern-II-a: CACAC / yiCACaC. Donc, en adoptant ce raisonnement, nous avons réussi avec les verbes de l'ATB à définir des schèmes pour les verbes en DT.

3-Racine: Elle est la source fondamentale de toutes les formes des verbes arabes. La racine n'est pas un vrai mot, il s'agit plutôt d'une séquence de trois consonnes qui peut être trouvée dans tous les mots qui lui sont liés. La plupart des racines sont composées de trois lettres, très peu sont de quatre ou cinq consonnes. En dialecte tunisien, il n'existe pas encore de standard pour la définition de la racine. Pour cela, la construction de racine en dialecte n'est pas évidente, surtout quand le verbe change complètement de racine en passant du ASM vers le dialecte. En fait, pour définir une racine pour les verbes TUN, nous avons adopté une méthode déductive. En effet, la règle en ASM dit que racine + schème = lemme (1). Dans notre cas, nous avons déjà défini le lemme TUN et le schème TUN. En suivant la règle (1), l'extraction de la racine est rendue alors facile. Par exemple, nous avons classé le lemme إِسْتَنَّى /Aistan~aY/Attendre dans le schème AistaCCaC

Racine ( ?) + AistaCCaC = إِسْتَنَّى /Aistan~Y

En suivant (1), la racine est alors « نني » [nnY]. En fait, nous pouvons dire que la définition des racines est une question problématique et qui pourrait admettre plus de discussion. D'après la démarche adoptée, c'est comme si, nous avons forcé la racine à être [nnY]. En effet, si nous classons إِسْتَنَّى /Aistann~aY sous le schème AiCtaCaC, la racine dans ce cas doit être سنن /snn. La racine peut être aussi quadrilatère سنني /snnY si nous classons إِسْتَنَّى /Aistann~aY sous le schème AiCCaCaC. Mais comme il n y'a pas de standard, nous avons fait de notre mieux pour être le plus logique possible en définissant la racine dialectale.

## 3.3 Modélisation des concepts verbaux dialectaux dans le lexique ASM-DT

Les différentes transformations verbales décrites ci-dessus, sont modélisées et stockées dans un dictionnaire de verbes de la manière suivante: chaque bloc verbal ASM, contenant le lemme-ASM, schème-ASM et la racine-ASM, lui correspond respectivement un bloc DT contenant le lemme-TUN, la racine-TUN et le schème-TUN. La connaissance du bloc TUN nous permet de définir automatiquement les différentes formes fléchies du verbe TUN. La Figure 2 décrit la structure que nous avons définie pour stocker une unité verbale ASM-DT.

```
<DIC_TUN_VERBS_FORM>
 <LEXICAL-ENTRY POS="VERB">
<VERB ID-VERB="48">
    <ASM-LEMMA>
      <Headword-ASM>عَايَنَ</Headword-ASM>
      <Pattern>فاعل</Pattern>
      <Root-ASM>عين</Root-ASM>
      <Gloss lang= "fr" > Observer</Gloss>
    </ASM-LEMMA>
<TUN-VERB Sense= "1" >
   <Cat-Tun-Verb Category= "TUN--VERB--I--au--yi" />
<Root-Tun-Verb>شوف</Root-Tun-Verb>
<Conjug-Tun-Verb>
<TENSE>
<FORM Type= "IV" >
<VOICE Label="Active">
<Features Val_Number_Gender="1S">
<Verb_Conj>نشُوفْ</Verb_Conj>
<Struct-Deriv>Ø+شوف+ن</Struct-Deriv>
</Features>
</VOICE>
<VOICE Label="Passive">
      :::
</VOICE>
</Form >
<FORM Type= "PV" >
  <VOICE Label="Active">
          ::
</VOICE>
 <VOICE Label="Passive">
::::
</VOICE>
</Form >
<FORM Type= "CV" >
 <FeaturesVal_ Number _Gender="2S">

<Verb_Conj>شُوفْ</Verb_Conj>
          <Struct-Deriv>Ø+شوف+Ø</Struct-Deriv>
        </Features>
    </FORM>
  </TENSE>
 </Conjug-Tun-Verb
</TUN-VERB>
 </LEXICAL-ENTRY>
</DIC_TUN_VERBS_FORM>
```

FIGURE 2 – Structure de stockage d'une unité verbale

## 3.4 Règles de transformation pour la traduction des mots outils:

### 3.4.1 Transformation dépendante du contexte

Pour ce type de transformation, nous avons proposé de décrire les différents contextes dont peut dépendre un mot outil sous forme de règles. Nous désignons par une règle basée-contexte, le passage ASM-DT qui s'appuie sur des règles de transformation. En effet étant donnée un mot MK, on dit que la transformation de MK se base sur le contexte s'il donne une nouvelle traduction à chaque fois qu'on lui change le contexte. $RT_k$: $X+M+Y=TD_k$

$X = \sum_{i=1}^{m} Mj:POSj$ ; $Y = \sum_{i=1}^{n} Mi:POSi$ ; k varie de 1 à z ;

$RT_k$: Règle de transformation n°$_k$; POS : Partie de discours ; M: Mot outil ; TDk: Traduction n°$_{k.}$

Pour chaque mot outil, plusieurs configurations peuvent se présenter donnant à chaque fois une nouvelle traduction. La transformation d'un mot outil peut dépendre soit des mots qui le précèdent (X), soit qui le suivent (Y), soit des deux. Si aucun contexte ne se présente alors une traduction par défaut sera affectée au mot outil. Prenons l'exemple de la particule « حَتَّى »/HatY /pour que/ qui possède la POS: sub-conj dans l'ATB. Pour cette particule nous avons développé des règles conformément à trois contextes différents vus dans l'ATB.

1- HatY/حَتَّى +verb= باش/bA$ (TUN-particle) + TUN_verb (DIC-TUN-Verb)

2–HatY/حَتَّى + NEG_PART = bA$/باش(TUN-particle) + TUN_NEG_PART(DIC-TUN-NEG_PART).

Sinon

3- HatY/حَتَّى = HatY/حَتَّى (dans tous les autres contextes)

Le tableau 1 montre la manière dont on représente une règle dans le lexique. En effet, pour chaque mot outil nous avons défini un ensemble de contextes, chaque contexte contient une ou plusieurs configurations. La configuration décrit la position et la partie de discours du mot par rapport au mot outil. Chaque contexte lui correspond une traduction en tunisien. La traduction peut être soit directe soit indirecte c.à.d. elle fait appel à un autre dictionnaire de notre base lexicale (autre que celui du mot outil concerné).

| | |
|---|---|
| Règle de transformation | HatY/حَتَّى + verbe = باش (TUN-particle) + TUN_verbe |
| Représentation de la règle dans le dictionnaire | <SUB_Conj ID="10"><br><ASM-LEMMA>حَتَّى</ASM-LEMMA><br><GLOSS lang="fr">Jusqu'à ce que / à</GLOSS><br><CONTEXT ID="1"><br><CONFIG ID= "1" Position="Après" POS="Verb" /><br><TOKEN><br><TUN ID="1">باش </TUN><br><TUN ID="2"> </TUN><br><TUN ID="3" DIC= « verbs » POS="verb" /><br></TOKEN><br></CONTEXT><br>……<br><CONTEXT ID="3"><br>…..<br></Sub_Conj> |

TABLE 1 – Structure de stockage d'une transformation dépendante du contexte

### 3.4.2 Transformation syntaxique

Les transformations qui requièrent le changement de l'ordre syntaxique est une catégorie de transformation qui est aussi dépendante de contexte. Il s'agit de changer l'ordre des mots pour qu'ils aient un sens en dialecte. Dans notre travail, nous avons traité le niveau syntaxique au niveau de quelques groupes nominaux tels que:

ASM: كُتُب كَثِيرَة /kutubun kavirap/ Noun + ADJ

DT: برشا كتُب/ bar$A ktub/ ADJ + Noun

L'intérêt ici, consiste à montrer la faisabilité de ce type de transformation et qu'on pourra intégrer dans notre base lexicale d'autres règles de ce type. Nous pourrons penser par exemple à changer les structures VSO (Verbe Sujet Object) en des structures SVO (Sujet Verbe Objet) puisqu'elles sont fréquemment utilisés en dialecte (Baccouche, 2003). Le tableau 2 illustre le stockage d'une règle contenant une transformation d'ordre syntaxique.

| Transformation syntaxique | ASM: Noun+ ADJ -> DT: ADJ+Noun |
|---|---|
| Représentation de la règle dans le dictionnaire | <Noun-ASM ID="5"><br><ASM-LEMMA> كُتُب </ASM-LEMMA><br><GLOSS lang="fr">livres</GLOSS><br><CONTEXT ID="1"><br><CONFIGID="1"Position="Après"POS="ADJ" /><br><TOKEN><br><TUNID="1"DIC="ADJECTIVES" POS="ADJ" /><br><TUN ID="2" /><br><TUN ID="3">كُتُب </TUN><br></TOKEN><br></CONTEXT> |

TABLE 2 – Structure de stockage d'une transformation syntaxique

L'étude des différents contextes de mot outils nous a permis de développer 316 règles. Le tableau 3 montre le nombre de règles développés pour chaque mot outils.

| | Préposition | Conjonction | Pseudo-verbe | Adverbe | Pronom | Particule | Interjection |
|---|---|---|---|---|---|---|---|
| Occurrence_ ASM | 49924 | 36498 | 1505 | 1662 | 1642 | 6245 | 38 |
| Mot différent_ASM | 13 | 23 | 7 | 36 | 44 | 23 | 6 |
| Nbre de règles | 141 | 42 | 24 | 45 | 53 | 51 | 6 |

TABLE 3 – Statistique des règles de transformation développées

# 4 Génération automatique des corpus en dialecte tunisien

A fin d'assurer le recueil du maximum possible de ressources, nous avons développé un outil baptisé Tunisian Dialect Translator (TDT). Ce dernier est capable de générer automatiquement des textes en tunisien en exploitant le lexique bilingue développé et de l'enrichir. Le TDT fonctionne selon la démarche suivante :

1-Etiqueter morphosyntaxiquement un texte ASM: Chaque corpus textuel en ASM est analysé morphosyntaxiquement à l'aide de l'analyseur MADA (Morphological Analyser and disambiguisator of Arabic Dialect) (Habash, 2010). Il s'agit d'un outil multitâche: Il effectue à la fois la segmentation, la discrétisation, la lemmatisation, l'analyse morphologique et l'étiquetage morphosyntaxique. L'apport principal de cet outil est la désambigüisation.

2- Exploiter la base-lexicale ASM-DT: En se basant sur chaque partie du discours résultant de l'étiquetage de MADA, nous exploitons la base lexicale ASM-dialecte que nous avons développée et ce en créant pour chaque structure ASM sa traduction correspondante en DT.

3-Enrichir le lexique: le texte obtenu de l'étape précédente n'est pas toujours traduit parfaitement, vu que la base lexicale ne couvre pas tous les mots. Pour cela, dans le but d'améliorer la qualité de la traduction et d'enrichir davantage notre lexique, nous avons développé un module d'enrichissement semi automatique. Il permet de filtrer tous les mots ASM pour lesquels une traduction n'a pas été fournie. Ces mots sont intégrés d'une manière semi-automatique dans le lexique après avoir proposé les traductions correspondantes. La figure 3 illustre la démarche décrite.

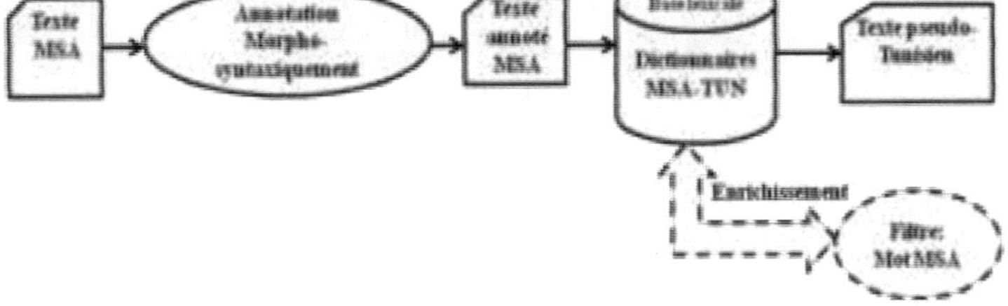


FIGURE 3 – Méthode pour la génération automatique de corpus en dialecte tunisien

# 5 Évaluation

Dans cette section, nous présentons une évaluation pour le lexique développé. En effet, nous avons demandé à des juges, qui sont des locuteurs natifs du dialecte tunisien, de proposer des traductions à des unités lexicales prises de notre dictionnaire.

## 5.1 Évaluation du lexique des verbes

Pour évaluer les verbes, nous avons proposé dans un premier temps à des juges de nous traduire un échantillon de verbes. En effet, parmi les 1500 verbes, nous avons pris aléatoirement un échantillon contenant 150 verbes. L'échantillon comporte 52 verbes qui ne changent pas du ASM vers le dialecte et 98 verbes qui changent complètement. Nous avons demandé par la suite à 47 juges de proposer des traductions à ces verbes. Les pourcentages calculés traduisent le pourcentage d'accord pour chaque verbe entre les traductions des juges et la traduction proposée dans notre lexique. Le tableau 4 représente les résultats obtenus.

| Verbes | Inchangés | Changés | Total |
|---|---|---|---|
| Nombre de verbes | 52 | 98 | 150 |
| Accord | 97,17% | 63,21% | 74,97% |

TABLE 4 – Évaluation des verbes

La baisse de l'accord au niveau des verbes inchangés est due au fait que nous n'avons pas pris en compte l'aspect sémantique en faisant la traduction des verbes. En effet, un verbe peut avoir plusieurs sens selon la phrase où il se trouve.

## 5.2 Évaluation du lexique des mots outils

Puisque la traduction de la majorité des mots outils dépend du contexte, nous avons donné à 5 juges 89 phrases contenant 133 mots outils. Les mots outils se répètent parfois dans les phrases mais diffèrent du contexte. Nous avons demandé aux juges de traduire seulement les mots outils.

| | 2 juges | 3 juges | 4 juges | 5 juges |
|---|---|---|---|---|
| Accord | 72,69% | 74,53% | 71,34% | 71,23% |
| Désaccord Total | 18,79% | 15,03% | 14,28%. | 12,03% |

TABLE 5 – Évaluation des mots outils

Le tableau (5) donne les pourcentages d'accord entre les traductions des juges et celles de notre outil. La variation des pourcentages est due au fait que pour quelques mots outils, les juges ne s'accordent pas entre eux-mêmes. Le tableau présente aussi les pourcentages de désaccord total entre les juges et le système. Le désaccord total se présente lorsqu'aucun juge ne donne une traduction similaire à celle donnée par le système. En augmentant le nombre de juges, le désaccord diminue ce qui prouve que notre base lexicale est capable de générer des traductions acceptables par plusieurs juges.

## 6 Conclusion

Dans cet article, nous avons décrit un processus de création de lexique et de génération de texte en dialecte tunisien dans le but de créer des corpus textuels pour entrainer un modèle de langage d'un système de reconnaissance. Ce processus s'est déroulé en deux phases. Dans la première, nous nous sommes focalisés sur la création d'une base bilingue ASM-DT en partant de l'Arabic TreeBank. Cette base a été exploitée aussi dans un travail d'adaptation de MAGEAD [Habash et al 2006] (Morphological Analyser and Generator of Arabic Dialect) au dialecte tunisien. Ceci est bien expliqué dans (Hamdi et al., 2013). Dans la deuxième phase, nous avons exploité cette base pour automatiser la tâche de la génération des textes en dialecte tunisien. L'orientation future de ce travail consiste à enrichir la base lexicale afin d'élargir la couverture lexicale dialectale. Nous envisageons aussi à proposer un modèle de langage pour les corpus dialectaux qu'on a obtenus et les évaluer par rapport à des transcriptions réelles. Des expériences en cours de réalisation sur le modèle de langage pour ces types de corpus ont montré que l'intégration de ces nouveaux corpus peut influer avantageusement sur le modèle de langage.

## Remerciements

Je tiens à témoigner ma sincère reconnaissance à l'étudiante de master Mlle.Siwar benAyed qui m'a aidée à réaliser ce travail. Je remercie également M .Fréderic Bechet, Mme Mariem Ellouze, et Mme Lamia Belguith pour leurs remarques précieuses et leur participation au cheminement de ce travail au sein du laboratoire ANLP MIRACL et LIF Marseille .

## Références

BACCOUCHE, T. (1994). L'emprunt En Arabe Moderne, Beit Elhikma Et Iblv, Tunis.

BACCOUCHE, T. (2003). La langue arabe: spécificités et évolution.

DIKI-KIDIRI, M. (2007). Comment assurer la présence d'une langue dans le cyberespace, UNESCO, Paris.

GRAJA, M., JAOUA, M. ET HADRICH BELGUITH, L. (2011). Building ontologies to understand spoken Tunisian dialect, *International Journal of Computer Science, Engineering and Applications (IJCSEA)*, pp.23-32.

HABASH, N., RAMBOW, O., ROTH, R. (2009). MADA+TOKAN: A Toolkit for Arabic Tokenization, Diacritization, Morphological Disambiguation, POS Tagging, Stemming and Lemmatization. *Proceedings of the 2nd International Conference on Arabic Language Resources and Tools (MEDAR),* Cairo, Egypt.

HAMDI, A., BOUJELBANE, R., HABASH, N., NASR, A., Un système de traduction de verbes entre arabe standard et arabe dialectal par analyse morphologique profonde, *Actes de TALN2013 (Traitement automatique des langues naturelles)*, Nante, France.

NIMAAN, A., NOCERA, P. ET TPRRES-MORENO, JM. (2006). Boîte à outils TAL pour des langues peu informatisées : le cas du somali. *JADT* 2006 (*Journées internationales d'Analyse statistique des Données Textuelles)*. France, pp.694-701.

MAAMOURI,M. ET BIES, A. (2004). Developing an Arabic Treebank: Methods, Guidelines, Procedures, and Tools, *Workshop on Computational Approaches to Arabic Script-based Languages*, COLING, Genève, Suisse.

SENG, S. (2010). Vers une modélisation statistique multi-niveau du langage, application aux langues peu dotées, thèse de doctorat, université de Grenoble, France.

SCHERRER,Y. (2008), Transducteurs à fenêtre glissante pour l'induction lexicale, *RECITAL*, Avignon, France.

SHAALAN, K., ABOUBAKR, HM., ET ZIEDAN,I. (2007). Transferring Egyptian Colloquial Dialect into Modern Standard Arabic. *RANLP (International Conference on Recent Advances in Natural Language Processing)*, pp.525-529.Brovets, Bulgarie.

SMRŽ, O. (2007). Computational Approaches to Semitic Languages, ACL, Prague.

OUERHANI,B., (2009), Interférence entre le dialectal et le littéral en Tunisie: Le cas de la morphologie verbale, Synergies Tunisie n° 1, pp. 75-84, Tunisie.

# Détection automatique des sessions de recherche par similarité des résultats provenant d'une collection de documents externe

Simon Leva[1] Nicolas Faessel[2]
(1) CLLE–ERSS : CNRS et Université de Toulouse (UMR 5263),
5 allées Antonio Machado, 31058 Toulouse Cedex 9
(2) IRIT : CNRS et Université de Toulouse (UMR 5505),
118 route de Narbonne, 31062 Toulouse Cedex 9
sleva@univ-tlse2.fr, nicolas.faessel@irit.fr

RÉSUMÉ

Les utilisateurs d'un système de recherche d'information mettent en œuvre des comportements de recherche complexes tels que la reformulation de requête et la recherche multitâche afin de satisfaire leurs besoins d'information. Ces comportements de recherche peuvent être observés à travers des journaux de requêtes, et constituent des indices permettant une meilleure compréhension des besoins des utilisateurs. Dans cette perspective, il est nécessaire de regrouper au sein d'une même session de recherche les requêtes reliées à un même besoin d'information. Nous proposons une méthode de détection automatique des sessions exploitant la collection de documents WIKIPÉDIA, basée sur la similarité des résultats renvoyés par l'interrogation de cette collection afin d'évaluer la similarité entre les requêtes. Cette méthode obtient de meilleures performances que les approches temporelle et lexicale traditionnellement employées pour la détection de sessions séquentielles, et peut être appliquée à la détection de sessions imbriquées. Ces expérimentations ont été réalisées sur des données provenant du portail *OpenEdition*.

ABSTRACT

**Automatic search session detection exploiting results similarity from an external document collection**

Search engines users apply complex search behaviours such as query reformulation and multitasking search to satisfy their information needs. These search behaviours may be observed through query logs, and constitute clues allowing a better understanding of users' needs. In this perspective, it is decisive to group queries related to the same information need into a unique search session. We propose an automatic session detection method exploiting the WIKIPEDIA documents collection, based on the similarity between the results returned for each query pair to estimate the similarity between queries. This method shows better performance than both temporal and lexical approaches traditionally used for successive session detection, and can be applied as well to multitasking search session detection. These experiments were conducted on a dataset originating from the *OpenEdition* Web portal.

MOTS-CLÉS : Recherche d'information, détection automatique de sessions de recherche, analyse de journal de requêtes.

KEYWORDS: Information retrieval, automatic search session detection, query log analysis.

# 1 Introduction

De plus en plus d'utilisateurs effectuent des recherches d'information sur le Web. Ils utilisent pour cela des moteurs de recherche, leur permettant d'exprimer leur besoin d'information sous la forme de requêtes constituées de mots-clés. Ces systèmes atteignent cependant leurs limites face à des requêtes comportant en moyenne deux ou trois mots-clés, n'exprimant pas un besoin d'information suffisamment explicite par rapport à l'ensemble des documents disponibles (Silverstein *et al.*, 1999). En particulier, les requêtes soumises par les utilisateurs tendent à être trop génériques ou trop spécifiques, nécessitant un certain nombre de reformulations avant d'obtenir un ensemble de documents pertinents (Downey *et al.*, 2007). Les requêtes d'un utilisateur sont donc rarement isolées, mais font essentiellement partie d'une session de recherche. Les sessions fournissent de nombreux indices sur l'objectif de l'utilisateur ou son expertise dans le domaine considéré, et constituent ainsi une unité qu'il peut être utile d'identifier en vue d'améliorer les performances d'un moteur de recherche.

Nous avons montré dans une précédente étude (Leva, 2013) que la segmentation d'un journal de requêtes en sessions de recherche n'est pas une tâche triviale pour des annotateurs humains, aboutissant à un taux d'accord modéré. Nous avons également observé que la réalisation de cette tâche a nécessité de la part des annotateurs une consultation de plusieurs ressources externes afin de pallier un manque de connaissances encyclopédiques, et ainsi permettre une prise de décision. Nous faisons donc l'hypothèse qu'il serait possible de développer une méthode de détection automatique des sessions basée sur la similarité entre les requêtes à partir de leur croisement avec une collection de documents.

Nous présentons dans cet article l'élaboration d'une méthode de détection de sessions exploitant les documents de la partie française de *Wikipédia*[1]. Cette méthode est évaluée sur une collection de référence construite à partir d'un journal de requêtes issu du portail *OpenEdition*[2], et les résultats obtenus sont comparés à deux méthodes de référence.

Dans une première section, nous présentons la notion de session à travers ses définitions et les différentes approches de détection automatique. Puis, nous présentons les données que nous avons utilisées en vue de nos expérimentations. Nous détaillons enfin les différentes méthodes de détection que nous avons mises en œuvre, avant d'en faire une évaluation.

# 2 État de l'art

Les journaux de requêtes *(query logs)* conservent une trace d'un certain nombre d'interactions entre des utilisateurs et un moteur de recherche (soumission et reformulation de requête, navigation sur les pages de résultats, consultation de documents...). Ces données permettent ainsi d'étudier les comportements de recherche des utilisateurs et fournissent des indices sur leurs besoins d'information. Dans cette perspective, la notion de *session de recherche* est centrale, entraînant le développement de diverses méthodes de détection automatique.

1. `http://fr.wikipedia.org`
2. `http://www.openedition.org/`

## 2.1 Définitions de la notion de session

Une session de recherche regroupe l'ensemble des requêtes soumises par un même utilisateur afin de satisfaire un même besoin d'information. Si cette idée de regrouper les différentes formulations d'un même besoin informationnel au sein d'une même unité est partagée dans les définitions de la notion de session, celles-ci font cependant l'objet de nombreuses variations. En effet, selon que leur structure soit envisagée de manière séquentielle ou imbriquée, les sessions vont comporter des caractéristiques différentes.

### 2.1.1 Structure séquentielle des sessions

L'une des premières définitions de la notion de session dans le cadre de l'étude d'un journal de requêtes a été proposée par (Silverstein *et al.*, 1999) :

> *A session is a series of queries by a single user made within a small range of time. A session is meant to capture a single user's attempt to fill a single information need.*

Ainsi, les requêtes appartenant à une même session se succèderaient dans l'ordre chronologique de leur soumission, aboutissant à une organisation des requêtes successives en séquences. L'une des implications de cette conception est que les sessions sont marquées par une longueur, que celle-ci soit exprimée en termes de nombre de requêtes ou d'unité de temps. D'une part, une session peut contenir une seule ou plusieurs requêtes (Gayo Avello, 2009). Dans ce dernier cas, la requête initiale est suivie d'une ou plusieurs reformulations (He *et al.*, 2002). D'autre part, au niveau temporel, la durée d'une session peut varier de moins d'une minute (Spink *et al.*, 2006), quelques minutes (He et Göker, 2000), à quelques heures (Spink *et al.*, 2006). Dans ces différents cas, la durée d'une session reste courte et inférieure à une journée. En effet, l'identification des utilisateurs dans un journal de requête se basant sur l'adresse IP, et celle-ci pouvant changer toutes les 24 heures, il est difficile de retrouver un utilisateur unique au-delà de cette période (Gayo Avello, 2009). Certains auteurs fixent ainsi une fenêtre temporelle de 24 heures sur les requêtes provenant d'une même adresse IP (Jansen *et al.*, 2007; Gayo Avello, 2009), correspondant à la notion d'*épisode de recherche*. Un épisode peut donc comporter une ou plusieurs sessions de recherche.

### 2.1.2 Structure imbriquée des sessions

Si la vision des sessions en tant que séquences de requêtes successives coïncide avec les enregistrements temporellement ordonnés constitués par les journaux de requêtes, elle ne reflète pas la complexité des parcours de recherche des utilisateurs. En effet, ces derniers peuvent mener une recherche simultanément sur plusieurs thèmes (par exemple à travers l'utilisation de plusieurs onglets dans leur navigateur), ou interrompre momentanément leur recherche en cours pour s'intéresser à un nouveau besoin d'information. Ce comportement, correspondant à une recherche multitâche *multitasking search*, peut se traduire par une alternance entre des requêtes visant chacune un besoin d'information distinct, et donc par des sessions imbriquées entre elles. Comme le montre l'étude de (Spink *et al.*, 2006), les recherches multitâches peuvent être très fréquentes dans certains environnements : dans un journal de requêtes du moteur *AltaVista*, respectivement 81 % et 91 % des séquences de 2 et 3 requêtes portent sur plusieurs thèmes à la fois. (Jones et Klinkner, 2008) envisagent ainsi que les requêtes liées à un même besoin d'information ne sont pas nécessairement contiguës, mais peuvent s'intercaler avec des requêtes liées à un autre besoin d'information, donnant lieu à une imbrication entre sessions. Malgré cette autre manière d'envisager la structure des sessions, la notion d'épisode et son implication temporelle reste applicable, car liée à la problématique d'identification des utilisateurs.

## 2.2 Méthodes de détection automatique des sessions

Selon la structure des sessions adoptée, les méthodes de détection automatique font appel à des caractéristiques des sessions et des ressources différentes. Ces méthodes peuvent ainsi exploiter la durée des sessions, le contenu lexical des requêtes, et des sources de connaissance externes.

### 2.2.1 Méthode basée sur la durée des sessions

La première méthode de détection automatique des sessions à avoir été développée s'appuie sur la dimension temporelle des sessions, et envisage donc leur structure comme séquentielle. Cette méthode repose sur l'observation que plus la durée entre deux requêtes consécutives est longue, moins il est probable que ces requêtes renvoient à un même besoin d'information, et donc qu'elles appartiennent à une même session. Tout l'enjeu réside alors dans le choix d'un seuil temporel approprié fixant la durée maximale entre deux requêtes successives appartenant à la même session : 5 minutes (Silverstein *et al.*, 1999), 15 minutes (He et Göker, 2000), ou encore 30 minutes (Jansen *et al.*, 2007). Malgré sa forte utilisation due à sa simplicité de mise en œuvre, cette approche ne détecte ni les sessions très courtes résultant d'un changement soudain du besoin d'information, ni à l'inverse les sessions très longues au cours desquelles l'utilisateur peut effectuer des pauses importantes entre chaque requête. La prise en compte de ces cas nécessite en effet de s'appuyer sur d'autres indices de lien entre les requêtes.

### 2.2.2 Méthode basée sur le contenu lexical des requêtes

Afin de dépasser les limites de l'approche temporelle, une méthode de détection automatique exploitant le lien lexical entre les requêtes visant un même besoin d'information a été élaborée. L'hypothèse est alors que plus les requêtes ont un contenu lexical en commun, plus il est probable qu'elles appartiennent à une même session. La détection de ces liens lexicaux a principalement été envisagée à travers la tâche de détection des reformulations entre des requêtes successives. Plusieurs types de reformulation ont ainsi été définis (He *et al.*, 2002; Ozmutlu et Çavdur, 2005; Jansen *et al.*, 2007) : spécialisation (ajout d'un ou de plusieurs termes), généralisation (suppression d'un ou de plusieurs termes), reformulation (ajout et suppression d'un ou de plusieurs termes), etc. Si aucun de ces types de reformulation n'est identifié entre des requêtes successives, il est alors considéré que celles-ci ne sont pas lexicalement reliées, et appartiennent donc à des sessions différentes. Cette méthode a également été combinée avec la méthode temporelle, que ce soit à travers l'apprentissage automatique (He *et al.*, 2002; Ozmutlu et Çavdur, 2005) ou une interprétation géométrique (Gayo Avello, 2009). Néanmoins, l'approche lexicale possède deux principaux inconvénients : elle nécessite la présence d'au moins un mot commun entre les requêtes, et se heurte aux phénomènes de changement sémantique (synonymie, hyperonymie, hyponymie...). Le lien entre les requêtes visant un même besoin d'information n'étant pas toujours lexicalement explicite mais pouvant être d'ordre sémantique, de nouvelles approches envisagent ainsi d'autres façons de détecter la similarité existant entre ces requêtes.

### 2.2.3 Méthode basée sur des sources de connaissance externes

Les approches temporelle et lexicale de détection automatique se basent sur une vision séquentielle des sessions, ne prenant une décision qu'à partir de la comparaison entre les requêtes successives d'un même utilisateur. De plus, ces approches ne permettent pas d'exploiter le lien de similarité souvent implicite entre les requêtes d'une même session. Plusieurs méthodes exploitent ainsi des sources de connaissance externes au journal de requête afin d'évaluer la similarité entre requêtes non plus de manière directe, mais à travers une représentation plus riche du contenu de ces requêtes. Ce niveau de représentation permet donc d'une part d'envisager la détection des sessions imbriquées, et d'autre part de prendre en compte toute la complexité de la tâche de détection des sessions.

(Jones et Klinkner, 2008) développent une approche basée sur un apprentissage supervisé exploitant des traits temporels, lexicaux, de cooccurrence des requêtes dans un journal plus étendu, et de similarité des requêtes avec les 50 premiers documents retournés en résultats. (Lucchese *et al.*, 2011) combinent deux mesures de similarité entre les requêtes : une similarité lexicale associant mesure de Jaccard et distance de Levenstein, ainsi qu'une similarité sémantique utilisant la mesure du cosinus sur une expansion des requêtes à l'aide des corpus WIKIPÉDIA et WIKTIONARY. Enfin, (Kramár et Bieliková, 2012) exploitent la similarité entre les métadonnées des documents pertinents cliqués pour chaque requête afin d'estimer la similarité entre chaque paire de requêtes. La pertinence des documents est ici estimée à l'aide d'un retour implicite, effectué par le système, des actions de l'utilisateur *(implicit feedback)*. Que ce soit au travers des documents constituant les résultats de la requête ou d'une collection de documents externe, ces approches présentent de meilleures performances que les approches lexicale et temporelle. En effet, elles permettent de prendre en considération la variété des comportements de recherche des utilisateurs, tant au niveau de la soumission de requêtes non contiguës qu'au niveau de la nature implicite du thème des requêtes. Cela pose également la question de l'évaluation des sessions imbriquées obtenues, présentant une perspective différente de celle des sessions séquentielles.

# 3 Données

Nous avons appliqué et évalué nos méthodes de détection automatique sur une collection de référence manuellement annotée en sessions provenant d'un journal de requêtes du portail *OpenEdition*. Nous présentons cet environnement de recherche ainsi que le journal de requêtes original avant de détailler la collection de référence utilisée.

## 3.1 Le portail *OpenEdition*

Le portail *OpenEdition* propose un libre accès à un ensemble de ressources électroniques dans le domaine des sciences humaines et sociales. Développé et dirigé par le Centre pour l'édition électronique ouverte (Cléo), il se compose de trois plateformes dont chacune est dédiée à une ressource électronique spécifique : *Revues.org* diffuse 363 revues et 16 collections de livres, *Calenda* recense plus de 21 000 évènements scientifiques en lettres et en sciences humaines et sociales, tandis qu'*Hypotheses.org* héberge 613 blogs et carnets de recherche.

Plusieurs points d'entrée permettent d'effectuer une recherche dans cet environnement varié. D'une part, un moteur de recherche principal est accessible sur la page d'accueil du portail *OpenEdition* et de la plateforme *Revues.org*. D'autre part, une recherche peut également se faire directement à partir du moteur de recherche situé sur le site d'une revue associée à *Revues.org*. Dans ces deux situations, les résultats sont présentés dans une interface commune.

## 3.2 Journal de requêtes initial

Nous avons exploité un journal de requêtes provenant du portail *OpenEdition* contenant une collection de 1 057 471 requêtes soumises par 227 302 utilisateurs durant la période du 07 avril 2010 au 1er février 2012. La langue principale des requêtes est le français, mais certaines sont également en anglais ou en espagnol. À la différence des requêtes soumises à un moteur de recherche généraliste, l'environnement d'*OpenEdition* se distingue par le fait que les requêtes proviennent essentiellement d'acteurs du monde académique et ciblent des revues, des évènements ou des blogs dans le domaine des sciences humaines et sociales.

La construction de ce journal de requêtes a nécessité la mise en œuvre de plusieurs traitements afin de ne conserver que les informations les plus fiables à partir du journal d'accès *(access log)* original. En particulier, les données ont subi plusieurs opérations de nettoyage et de filtrage visant à éliminer les informations inexploitables (requêtes soumises par des robots d'indexation, suites de signes de ponctuation, etc.). Les requêtes ont ensuite été regroupées par adresse IP et classées par ordre chronologique. Le journal de requêtes finalement obtenu comporte un identifiant pour chaque utilisateur – correspondant à l'adresse IP anonymisée –, la date et l'heure de soumission de chaque requête, ainsi que les requêtes soumises.

## 3.3 Collection de référence

Dans une précédente étude (Leva, 2013), nous avons constitué une collection de référence à partir d'un échantillon du journal de requêtes *OpenEdition* comportant 947 requêtes soumises par 216 utilisateurs. Cette collection a été manuellement annotée en sessions afin de servir de référence à la fois pour l'évaluation de méthodes de détection automatique des sessions et pour des études sur les types de reformulations effectuées par les utilisateurs. L'ensemble des requêtes a été automatiquement segmenté en 349 épisodes de recherche, correspondant pour chaque utilisateur à l'ensemble de ses requêtes soumises en une journée au plus. La durée entre chaque requête successive est connue, mais cette information n'est pas présentée aux annotateurs. Trois annotateurs non spécialistes dans les domaines représentés par les documents ont été chargés de regrouper les requêtes de chaque épisode de recherche en une ou plusieurs sessions.

La tâche d'annotation des sessions a fait l'objet d'un guide d'annotation. Pour chaque épisode de recherche d'un utilisateur, les annotateurs devaient observer l'ensemble des requêtes soumises avant de prendre une décision et d'attribuer une session à chaque requête à travers un identifiant numérique unique. La collection de référence contient ainsi des sessions imbriquées. Afin d'identifier les requêtes visant un même besoin d'information, les annotateurs pouvaient s'appuyer sur plusieurs indices, à la fois textuels, sémantiques, et de proximité thématique, ou s'appuyer à défaut sur des ressources externes permettant de pallier un manque de connaissances encyclopédiques. Un accord inter-annotateur a été évalué à l'aide du coefficient Kappa, le taux d'accord variant de modéré $(0,47$ et $0,57)$ à bon $(0,61)$. La collection de référence finale contient ainsi 406 sessions pour les 947 requêtes initiales, résultant des annotations faisant l'objet d'un accord entre au moins deux annotateurs.

# 4 Méthodes de détection automatique de sessions

Nous proposons d'utiliser différentes méthodes de détection automatiques de sessions : une méthode temporelle, une méthode lexicale se basant sur les indices lexicaux des requêtes pour identifier si une requête est une reformulation de la requête précédente, et enfin une méthode exploitant la collection de documents WIKIPÉDIA. Les deux premières méthodes, qui sont des méthodes provenant de la littérature, nous serviront de références pour la détection de ruptures de sessions dans le contexte d'identification de sessions de recherche séquentielles, que nous proposons dans la section 5.1.

## 4.1 Exploitation d'un seuil temporel

À partir d'un seuil fixant la durée maximale entre deux requêtes successives pouvant appartenir à la même session, la méthode temporelle détecte les ruptures (durée entre les requêtes supérieure au seuil) et les continuités (durée entre les requêtes inférieure au seuil) de session au sein de chaque épisode de recherche d'un même utilisateur. Chaque requête se voit ainsi attribuer un identifiant de session unique au sein d'un même épisode. Ce type d'approche n'envisageant les requêtes que d'un point de vue séquentiel, les sessions imbriquées ne sont pas repérées, et les identifiants de session sont constamment incrémentés pour chaque nouvelle session d'un épisode.

## 4.2 Exploitation des liens lexicaux pour la détection de reformulation

Dans leur étude, (Jansen *et al.*, 2007) proposent de détecter différents types de reformulation en utilisant les liens lexicaux entre deux requêtes. L'idée est de compter le nombre de mots communs à deux requêtes, et de déterminer ensuite, grâce à la longueur de chacune, si l'utilisateur a spécifié sa requête, ou bien l'a généralisée, etc. Dans le cas de sessions séquentielles, sans imbrications, on peut faire l'hypothèse que si une reformulation est détectée entre deux requêtes consécutives, c'est que celles-ci font partie d'une même session. Sinon, la dernière requête représente une nouvelle session : il y a eu une rupture de la session de recherche précédente. Dans le cadre de sessions imbriquées, la seule exploitation des liens sémantiques est plus délicate : la temporalité est implicitement utilisée dans la reformulation, car une requête ne peut être une reformulation que d'une requête antérieure. Ainsi, pour détecter les sessions imbriquées, il faut comparer toutes les requêtes entre elles en préservant leur ordre temporel.

### 4.3 Exploitation de la similarité des requêtes à l'aide de *Wikipédia*

Comme nous l'avons mentionné dans la section 2, l'utilisation de la temporalité et la détection des différents types de reformulation ne sont pas suffisantes pour la détection de sessions séquentielles, et encore moins dans le cadre des sessions imbriquées. Ainsi, nous proposons l'utilisation d'une source d'information externe qui est une version locale de *Wikipédia* en français, datant du 28 octobre 2012 [3]. Ce corpus a été indexé dans un moteur de recherche (*Terrier* [4]), permettant ainsi son interrogation avec les requêtes des épisodes de recherche.

Contrairement aux approches exploitant la sémantique des documents provenant d'une source externe (comme par exemple la *wikification* proposée par (Lucchese *et al.*, 2011; Kramár et Bieliková, 2012)), nous exploitons la liste des documents, ainsi que leur score, renvoyés par le système de recherche. Ainsi, les listes de résultats obtenus pour chaque requête d'un même épisode sont comparées, afin d'estimer si les requêtes forment une session de recherche.

Soit $E$ un épisode de recherche. Soit $Q_E$ l'ensemble des requêtes de l'épisode de recherche. Soit $R_{q_a}$ l'ensemble des résultats de la requête $q_a \in Q_E$. $R_{q_a}$ est constitué d'un ensemble de documents pondérés. Le poids des documents correspond aux scores obtenus par ces documents lors de l'interrogation dans un moteur de recherche. Le nombre de documents renvoyés par le moteur de recherche est fixé à un maximum de 1 000. Ce paramètre n'a pas été étudié dans le présent article, bien que le nombre de documents réellement pertinent dans *Wikipédia* pour une requête donnée est probablement plus faible. $R_{q_a}$ peut être représenté comme un vecteur de dimension $M$, où $M$ correspond à l'espace des documents du corpus, et dont les coordonnées sont données par le score des documents appartenant à $M$, obtenus pour la requête $q_a$. On peut représenter l'ensemble des documents renvoyés pour une requête comme un vecteur $\overrightarrow{v}_a = (s_{1,q_a}, s_{2,q_a}, \ldots, s_{i,q_a}, \ldots, s_{M,q_a})$, où $s_{i,q_a}$ correspond au score du document $i$ pour la requête $q_a$.

La similarité entre deux requêtes $q_a$ et $q_b$ est donnée par le cosinus de l'angle des vecteurs de documents répondant à ces deux requêtes :

$$sim(v_a, v_b) = \frac{\overrightarrow{v}_a \bullet \overrightarrow{v}_b}{|\overrightarrow{v}_a| \times |\overrightarrow{v}_b|} \tag{1}$$

Un épisode peut être représenté comme un graphe valué non orienté complet $\mathcal{G}_{\mathcal{E}}(N,A)$, dont les nœuds $N$ correspondent aux requêtes, et les arêtes $A$ correspondent à la similarité entre deux requêtes (figure 1a). On peut définir le graphe de sessions $\mathcal{G}_{\mathcal{S}}(N,A')$, comme le sous graphe partiel potentiellement non connexe de $\mathcal{G}_{\mathcal{E}}$ dont l'ensemble des arêtes $A'$ ont une valeur supérieure à un seuil $t$, dont chaque composante connexe forme une session de recherche.

Les figure 1b et 1c représentent deux graphes de sessions, déterminés respectivement pour un seuil de similarité $t = 0,7$ et $t = 0,8$.

## 5 Analyse des résultats

Nous proposons une analyse des résultats de notre méthode de détection automatique (cf. section 4.3) en prenant en compte à la fois une perspective séquentielle et imbriquée sur les

3. `http://dumps.wikimedia.org/frwiki/20121028/frwiki-20121028-pages-articles.xml.bz2`
4. `http://terrier.org`

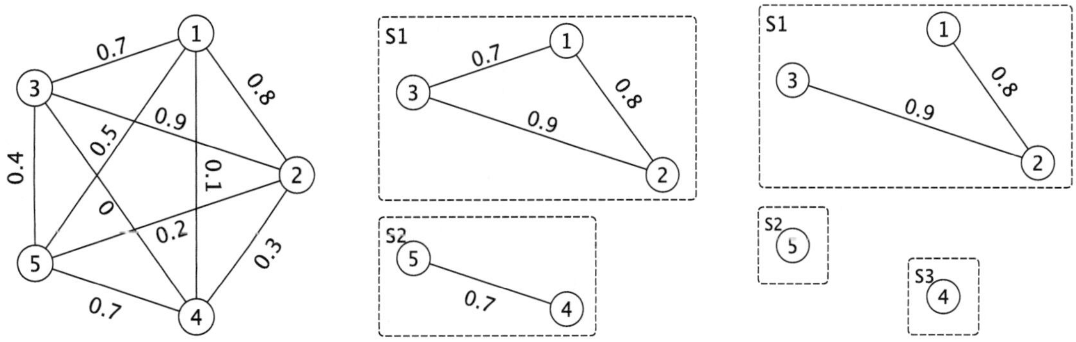


(a) Graphe de l'épisode $\mathcal{G}_{\mathcal{E}}$ (b) Graphe de sessions pour le seuil 0.7 (c) Graphe de sessions pour le seuil 0.8

FIGURE 1 – Représentation en graphe des épisodes et sessions de recherche

sessions détectées. Au niveau de l'évaluation des sessions séquentielles, nous effectuons une comparaison entre notre méthode et celles basées sur une approche temporelle et lexicale.

## 5.1 Évaluation des sessions séquentielles

Nous avons exploité la collection de référence OPENEDITION pour l'évaluation des trois méthodes de détection automatique des sessions ainsi que pour le réglage des paramètres internes de chacune de ces méthodes. Dans le cadre de sessions séquentielles, cette évaluation peut être réalisée à l'aide des mesures de précision, rappel et F-mesure, appliquées au nombre de ruptures et de continuations de sessions détectées par chaque système. Une rupture peut être détectée entre deux requêtes consécutives si, dans la méthode temporelle, le temps entre les deux requête est supérieur à un délai donné, et dans le cas de la méthode lexicale, aucun cas de reformulation n'est identifié. Ce type d'évaluation ne permet donc pas de refléter entièrement les performances d'un système dans le cadre de la détection de sessions imbriquées.

### 5.1.1 Mesures d'évaluation

Les équations suivantes présentent les mesures d'évaluation proposées par (Gayo Avello, 2009) dans le cadre d'une comparaison avec une référence manuelle. La précision $P$ correspond au nombre de ruptures de session présentant un accord entre le système et la référence par rapport au nombre de ruptures de session détectées par le système. Le rappel $R$ correspond au nombre de ruptures de session présentant un accord entre le système et la référence par rapport au nombre de ruptures de session de la référence. La F-mesure $F$ permet de pondérer rappel et précision. Nous avons automatiquement annoté notre collection de référence en ruptures et continuations de session, les cas où deux requêtes successives d'un même épisode possèdent un même identifiant de session correspondant à une continuation, les cas contraires à une rupture. Nous avons également supprimé les cas triviaux pour lesquels les systèmes n'ont aucune décision à prendre (la première requête de chaque épisode et un épisode ne contenant qu'une seule requête constituent toujours une rupture de session) afin d'évaluer leurs performances réelles, réduisant à 598 le nombre de requêtes de la collection de référence initiale.

$$P = \frac{N_{RuptureCorrecte}}{N_{RuptureSysteme}} \qquad R = \frac{N_{RuptureCorrecte}}{N_{RuptureReference}} \qquad F = \frac{2PR}{P+R} \tag{2}$$

### 5.1.2 Méthode temporelle

| | |
|---|---|
| Précision | 0,31 |
| Rappel | 0,31 |
| F-mesure | 0,31 |

(a) Mesures d'évaluation

| | | Rupt. | Cont. | |
|---|---|---|---|---|
| Réf. | Rupt. | 22 | 48 | 70 |
| | Cont. | 49 | 479 | 528 |
| | | 71 | 527 | 598 |

(b) Matrice de confusion

TABLE 1 – Résultats de l'évaluation de la méthode temporelle.

Le tableau 1a présente les performances de la méthode temporelle pour une durée maximale des sessions de 640 secondes. Après avoir testé cette méthode avec des valeurs de seuil allant de 10 à 5 120 secondes, ce seuil offre en effet les meilleurs résultats sur notre collection.

Le tableau 1b présente la matrice de confusion des résultats de la méthode temporelle. Cette méthode possède une efficacité de 84 %, correspondant à la proportion des vrais positifs (22) et des vrais négatifs (479) par rapport à l'ensemble des cas traités (598). Nous observons que la méthode temporelle entraîne autant de faux positifs (tableau 2, utilisateur 18) que de faux négatifs (tableau 2, utilisateur 32). Cela est directement lié à l'incapacité de cette méthode de s'adapter à la durée propre à chaque session. Ainsi, il s'est écoulé 4 436 secondes entre les requêtes de l'utilisateur 18 qui sont explicitement liées au niveau lexical, et 315 secondes entre les requêtes de l'utilisateur 32 qui portent sur des thèmes distincts.

| Util. | Requête | Réf. | Syst. |
|---|---|---|---|
| 18 | `loup` | 1 | 1 |
| | `Le monde agricole confronté au loup` | 1 | 2 |
| 32 | `Après la catastrophe` | 1 | 1 |
| | `Recherches sociologiques et anthropologiques` | 2 | 1 |

TABLE 2 – Exemple de faux positif et de faux négatif induits par la méthode temporelle.

### 5.1.3 Méthode lexicale

Le tableau 3a présente les performances de la méthode lexicale sur notre collection de référence.

Le tableau 3b présente la matrice de confusion des résultats de la méthode lexicale, montrant une efficacité de 62 %. La méthode lexicale n'entraîne aucun faux négatif. En effet, de par son fonctionnement, cette méthode considère par défaut qu'il existe une rupture de session entre les requêtes si aucun type de reformulation n'est détecté, ce qui explique le taux de rappel de 1

| | |
|---|---|
| Précision | 0,24 |
| Rappel | 1 |
| F-mesure | 0,38 |

(a) Mesures d'évaluation

| | | Rupt. | Cont. | |
|---|---|---|---|---|
| Réf. | Rupt. | 70 | 0 | 70 |
| | Cont. | 225 | 303 | 528 |
| | | 295 | 303 | 598 |

(b) Matrice de confusion

TABLE 3 – Résultats de l'évaluation de la méthode lexicale.

observé. Cette méthode est donc sensible au contenu lexical des requêtes, et les faux positifs proviennent de l'absence de mots communs entre les requêtes, des fautes de frappe non palliées par la distance d'édition, ainsi que de la non détection des liens sémantiques entre les requêtes. C'est le cas dans le tableau 4 pour l'utilisateur 35, dont l'ensemble des requêtes renvoie au thème des produits éclaircissants pour la peau.

| Util. | Requête | Réf. | Syst. |
|---|---|---|---|
| 35 | `éclaircissants` | 1 | 1 |
| | `peau claire` | 1 | 2 |
| | `tshoko` | 1 | 3 |
| | `maquillage afrique` | 1 | 4 |
| | `dépigmentation` | 1 | 5 |

TABLE 4 – Exemple de faux positif induit par la méthode lexicale.

### 5.1.4 Méthode basée sur *Wikipédia*

| | |
|---|---|
| Précision | 0,31 |
| Rappel | 0,8 |
| F-mesure | 0,45 |

(a) Mesures d'évaluation

| | | Rupt. | Cont. | |
|---|---|---|---|---|
| Réf. | Rupt. | 56 | 14 | 70 |
| | Cont. | 124 | 404 | 528 |
| | | 180 | 418 | 598 |

(b) Matrice de confusion

TABLE 5 – Résultats de l'évaluation de la méthode basée sur *Wikipédia*.

Le tableau 5a présente les performances de la méthode basée sur *Wikipédia* pour un seuil de similarité entre requêtes fixé à $0,005$. Après avoir testé cette méthode avec des valeurs de seuil allant de $1 \cdot 10^{-5}$ à $0,5$, ce seuil offre en effet les meilleurs résultats sur notre collection.

Le tableau 5b présente la matrice de confusion des résultats de la méthode basée sur *Wikipédia*, montrant une efficacité de 77 %. Cette méthode génère presque neuf fois plus de faux positifs que de faux négatifs. Le cas de l'utilisateur 7 dans le tableau 6 est un exemple de faux négatif. Ces cas correspondent à des requêtes contenant peu de termes ou des termes génériques, facilitant la découverte de liens thématiques entre elles, et constituent également des cas ambigus pour les annotateurs. Il aurait ainsi été possible de regrouper l'ensemble des requêtes de l'utilisateur 7 au sein d'une même session ayant pour thème la finance. Les perspectives d'améliorations sont donc faibles pour ce type d'erreurs. En revanche, les faux positifs sont dûs à des fautes de frappe et pour l'essentiel aux limites de la collection de documents de *Wikipédia*, qui contiennent peu ou pas d'information concernant certaines requêtes très caractéristiques de l'environnement de recherche *OpenEdition*. C'est le cas de l'utilisateur 71, qui effectue une recherche portant sur un auteur de revue spécifique de la plateforme *Revues.org*. Une solution serait alors d'exploiter la collection de documents d'*OpenEdition* conjointement à ceux de *Wikipédia* de manière à avoir une couverture à la fois spécifique et générique sur les sujets introduis par les requêtes.

Nous pouvons néanmoins observer qu'au niveau de la détection des ruptures de sessions, la méthode basée sur *Wikipédia* donne une précision égale à celle de la méthode temporelle (0, 31) tout en améliorant le rappel (0, 8). Les performances globales de cette approche, représentées par une F-mesure de 0, 45, sont meilleures que celles des approches temporelle et lexicale implémentées.

| Util. | Requête | Réf. | Syst. |
|---|---|---|---|
| 71 | `philippe dasseto` | 2 | 2 |
| | `dasseto` | 2 | 3 |
| | `Dasseto` | 2 | 4 |
| 7 | `bank` | 1 | 1 |
| | `bank crisis` | 1 | 1 |
| | `China party` | 2 | 1 |
| | `china financial` | 2 | 1 |
| | `bank` | 1 | 1 |

TABLE 6 – Exemple de faux positif et de faux négatif induits par la méthode basée sur *Wikipédia*.

## 5.2 Évaluation des sessions imbriquées

Les données sur lesquelles nous avons effectué nos expérimentations contiennent des sessions de recherche imbriquées. Cette expérimentation permet de valider, non plus la détection des points de rupture, mais bien les sessions renvoyées par notre système par rapport aux sessions de référence annotées manuellement.

Nous utilisons ici certaines des métriques définies par (Lucchese *et al.*, 2011). Ces mesures sont l'index de Rand (Rand, 1971) et l'index de Jaccard (Jaccard, 1901), qui considèrent des paires de requêtes et permettent de vérifier la cohérence de répartition de ces paires entre les sessions système et les sessions de référence d'un même épisode de recherche.

On considère $f_{11}$ le nombre de paires qui sont dans une même session calculée et dans une même session de référence, $f_{00}$ le nombre de paires reparties dans des sessions calculées différentes, ainsi que dans des sessions de référence, $f_{01}$ le nombre de paires qui sont dans une même session calculée mais dans des sessions de références différentes, $f_{10}$ le nombre de paires qui sont des sessions calculées différentes, mais dans une même session de référence.

L'index de Rand est défini comme suit :

$$R = \frac{f_{00} + f_{11}}{f_{00} + f_{01} + f_{10} + f_{11}}$$

et l'index de Jaccard :

$$J = \frac{f_{11}}{f_{01} + f_{10} + f_{11}}$$

| Seuil | 0,00001 | 0,00005 | 0,0001 | 0,0005 | 0,001 | 0,005 | 0,01 |
|---|---|---|---|---|---|---|---|
| Rand | 0,78556 | 0,78556 | 0,78556 | **0,78796** | 0,78646 | 0,75840 | 0,72841 |
| Jaccard | 0,72588 | 0,72588 | 0,72588 | **0,72829** | 0,72228 | 0,66834 | 0,62587 |

TABLE 7 – Similarité des sessions système par rapport aux sessions de référence.

Les résultats du tableau 7 montrent que le meilleur seuil de similarité pour la génération automatique des sessions est égal à 0,0005. Ce seuil, très bas, s'explique par le fait que la liste des résultats obtenus pour chaque requête est très sensible aux différents types de reformulation. En effet, l'ajout ou la suppression d'un mot dans la requête peut changer totalement les résultats renvoyés par le moteur de recherche utilisé. Ainsi, bien que l'utilisation de la similarité entre les résultats des requêtes puisse aider à détecter des sessions imbriquées, il semble évident que le seuil de détection optimal de ces sessions est dépendant de notre jeu de données.

# 6 Conclusion

Nous avons proposé une méthode de détection des sessions de recherche basée sur l'utilisation d'une ressource externe. Cette méthode, exploitant les résultats d'un moteur de recherche sur la collection de documents de *Wikipédia*, a été validée dans le cas de sessions de recherche séquentielles. Nous avons également proposé une extension dans le cadre de la recherche de sessions imbriquées. Une perspective à court terme est de valider la détection de sessions imbriquées par rapport aux autres approches de la littérature utilisées dans ce cadre.

Les résultats préliminaires obtenus sont encourageants, et nous envisageons d'étudier la combinaison des trois approches, à savoir temporelle, lexicale, et basée sur l'utilisation de *Wikipédia*. En effet, il nous semble que ces approches sont complémentaires : l'approche utilisant la similarité des requêtes calculée au moyen d'une ressource externe est très sensible aux reformulations identifiées dans l'approche lexicale. Une idée serait que lorsque la reformulation est identifiée de manière triviale, celle-ci prédomine dans la détection de session. Si ce n'est pas le cas, le système peut utiliser la similarité pour détecter les sessions. Une autre piste que nous envisageons concerne l'exploitation de la collection de documents de la plateforme *OpenEdition*, sans doute mieux adaptée au contenu des requêtes de notre journal.

# Remerciements

Ce travail s'inscrit dans le projet ANR CAAS (*Contextual Analysis and Adaptive Search*, programme Contint) coordonné par Josiane Mothe (IRIT), faisant l'objet d'un partenariat entre l'Institut de Recherche en Informatique de Toulouse (IRIT), le Laboratoire Informatique d'Avignon (LIA) et l'Équipe de Recherche en Syntaxe et Sémantique du laboratoire Cognition, Langue, Langage, Ergonomie (CLLE–ERSS). Nous adressons également nos plus vifs remerciements à Marin Dacos et l'équipe du Centre pour l'édition électronique ouverte (Cléo) pour leur collaboration et la mise à disposition des données du portail *OpenEdition*.

## Références

DOWNEY, D., DUMAIS, S. et HORVITZ, E. (2007). Models of searching and browsing : Languages, studies, and applications. *In Proc. IJCAI*, pages 2740–2747.

Gayo AVELLO, D. (2009). A Survey on Session Detection Methods in Query Logs and a Proposal for Future Evaluation. *Information Sciences*, 179(12):1822–1843.

HE, D. et GÖKER, A. (2000). Detecting Session Boundaries from Web User Logs. *In Proceedings of the BCS-IRSG 22nd Annual Colloquium on Information Retrieval Research*, pages 57–66.

HE, D., GÖKER, A. et HARPER, D. J. (2002). Combining Evidence for Automatic Web Session Identification. *Information Processing and Management*, 38(5):727–742.

JACCARD, P. (1901). Étude comparative de la distribution florale dans une portion des alpes et des jura. *Bulletin del la Société Vaudoise des Sciences Naturelles*, 37:547–579.

JANSEN, B. J., SPINK, A., BLAKELY, C. et KOSHMAN, S. (2007). Defining a Session on Web Search Engines. *Journal of the American Society for Information Science and Technology*, 58(6):862–871.

JONES, R. et KLINKNER, K. L. (2008). Beyond the Session Timeout : Automatic Hierarchical Segmentation of Search Topics in Query Logs. *In Proceedings of the 17th ACM Conference on Information and Knowledge Management*, pages 699–708.

KRAMÁR, T. et BIELIKOVÁ, M. (2012). Detecting Search Sessions Using Document Metadata and Implicit Feedback. *In Proceedings of the WSCD 2012 Workshop on Web Search Click Data.*

LEVA, S. (2013). Les sessions de recherche comme contexte des requêtes. *In Actes de l'atelier Contextualisation de Messages Courts – 13e Conférence Francophone sur l'Extraction et la Gestion des Connaissances (EGC'13)*, pages 1–12.

LUCCHESE, C., ORLANDO, S., PEREGO, R., SILVESTRI, F. et TOLOMEI, G. (2011). Identifying Task-Based Sessions in Search Engine Query Logs. *In Proceedings of the 4th ACM International Conference on Web Search and Data Mining*, pages 277–286.

OZMUTLU, H. C. et ÇAVDUR, F. (2005). Application of Automatic Topic Identification on Excite Web Search Engine Data Logs. *Information Processing and Management*, 41(5):1243–1262.

RAND, W. M. (1971). Objective criteria for the evaluation of clustering methods. *Journal of the American Statistical Association*, 66(336):pp. 846–850.

SILVERSTEIN, C., MARAIS, H., HENZINGER, M. et MORICZ, M. (1999). Analysis of a Very Large Web Search Engine Query Log. *SIGIR Forum*, 33(1):6–12.

SPINK, A., PARK, M., JANSEN, B. J. et PEDERSEN, J. (2006). Multitasking During Web Search Sessions. *Information Processing and Management*, 42(1):264–275.

# Une approche mixte morpho-syntaxique et statistique pour la reconnaissance d'entités nommées en langue chinoise

Zhen Wang[1,2]
(1) GEOLSemantics, 32, rue Brancion, 75015, Paris
(2) INALCO, ERTIM, 2 rue de Lille, 75343, Paris
zhen.wang@geolsemantics.com

RÉSUMÉ

Cet article présente une approche mixte, morpho-syntaxique et statistique, pour la reconnaissance d'entités nommées en langue chinoise dans un système d'extraction automatique d'information. Le processus se divise principalement en trois étapes : la première génère des noms propres potentiels à l'aide de règles morphologiques ; la deuxième utilise un modèle de langue afin de sélectionner le meilleur résultat ; la troisième effectue la reconnaissance d'entités nommées grâce à une analyse syntaxique locale. Cette dernière permet une reconnaissance automatique d'entités nommées plus pertinente et plus complète.

ABSTRACT

**A Mixed Morpho-Syntactic and Statistical Approach to Chinese Named Entity Recognition**

This paper presents a morpho-syntactic and statistical approach for Chinese named entity recognition which is a part of an automatic system for information extraction. The process is divided into three steps : first, the generation of possible proper nouns is based on morphological rules; second a language model is used to select the best result, and last, a local syntactic parsing performs the named entity recognition. Syntactic parsing makes named entity recognition more relevant and more complete.

MOTS-CLÉS : Reconnaissance de noms propres, Reconnaissance d'entités nommées, Traitement automatique du chinois, Extraction d'information, Analyse syntaxique

KEYWORDS : Propre noun recogition, Named entity recognition (NER), Chinese Natural Language Processing, Information extraction, Syntactic parsing.

## 1 Introduction

La reconnaissance d'entités nommées (EN) joue un rôle crucial dans l'extraction de connaissances, les systèmes de question/réponse, la traduction et les résumés automatiques, ainsi que dans l'indexation inter-lingue. Cette tâche a pour objectif de déterminer les frontières d'une entité nommée, et de lui attribuer un type.

La définition d'une « entité nommée » varie selon les systèmes et l'utilisation qui en est faite. La campagne d'évaluation *Automatic Content Extraction* (ACE) en 2007 a étendu la définition traditionnelle des entités (ACE 2007) en ajoutant aux types habituels (personne, organisme, lieu, expressions numériques) les types véhicule et arme. Dans le programme Quaero (Rosset et al., 2011), la définition des entités nommées a également été étendue en prenant en compte de nouveaux types (tels que les civilisations et les fonctions), et des expressions ne contenant pas de nom propre.

La définition des entités nommées que nous allons employer ici s'approche de celles d'ACE et de Quaero. Nous traitons donc les entités nommées de type : personne, organisme, lieu, expressions numériques (dates, heures, quantités, mesures, nombres), avec ou sans nom propre. Dans cet article, nous nous concentrons sur la présentation du traitement des entités nommées des type personne, organisme et lieu, en chinois, qui contiennent au moins un nom propre.

Cet article propose une approche mixte morpho-syntaxique et statistique pour la reconnaissance d'entités nommées en langue chinoise. Les méthodes existantes utilisées pour la reconnaissance d'EN en langue chinoise seront résumées dans la section 2. Les composants de notre approche seront exposés en section 3. Puis, nous présenterons dans la section 4 l'évaluation de notre système sur un corpus. Enfin, nous énoncerons des perspectives d'amélioration dans la section 5.

## 2 État de l'art

Les particularités de la langue chinoise rendent la reconnaissance d'EN plus difficile que pour les langues occidentales. En effet, l'un des premiers problèmes rencontrés est l'absence de séparateurs de mots. Par exemple, la phrase « Je vais à Paris. » se traduit ainsi en chinois « 我去巴黎。 ». Une étape de segmentation en mots est effectuée avant la reconnaissance d'EN. Cependant, la segmentation est très souvent ambiguë, ce qui multiplie les hypothèses de découpage. Par exemple, une suite de caractères comme « 的确切 » peut être découpée en « 的确/切 » (sûrement / couper) ou « 的/确切 ». (de / exactitude). Ceci rend difficile la détermination des frontières des mots, notamment dans le cas de mots inconnus, qui sont le plus souvent des noms propres (Sun et al., 2009). À cela, on peut ajouter le manque d'information typographique. Par exemple, il n'existe pas de différenciation entre majuscule et minuscule, qui constitue un critère de reconnaissance efficace pour les noms propres en français.

Les premiers travaux sur la reconnaissance d'EN en langue chinoise ont débuté au début des années 1990 (Sun et al., 2010). Les méthodes basées sur des règles (Wang et al., 1992) ont autant été employées que les méthodes statistiques (Sproat et al., 1990), telles que le modèle de Markov Caché (Liu et al., 2005, Wang et al., 2012) et les champs aléatoires conditionnels (*Conditional Random Fields*) (Chen et al., 2006, Mao et al., 2008). Les deux types de méthode ont chacun des avantages ainsi que des inconvénients. En effet, les méthodes basées sur des règles s'appuient sur des dictionnaires ou/et des règles linguistiques élaborés par des experts de la langue. Elles permettent d'obtenir une bonne précision pour certains cas, mais le processus de construction est long. De plus, il est difficile d'inclure tous les cas linguistiques existants. De ce fait, la portabilité de ces méthodes est faible. Les méthodes statistiques, quant à elles, s'appuient sur un corpus d'apprentissage. La construction d'un système est rapide mais la pertinence de ces méthodes dépend de la taille et du contenu du corpus d'apprentissage. D'autres recherches (Chen et al., 2000, Cao et al., 2002) se fondent sur une approche qui combine les deux types de méthodes afin de profiter des avantages et de pallier les inconvénients de chaque approche. Nous nous plaçons dans cette dernière catégorie.

# 3 Notre approche

Notre module de reconnaissance d'entités nommées est basé sur un système d'automates à états finis pondérés. Ces automates effectuent l'analyse morphologique et l'analyse syntaxique des textes. Un automate particulier sert à la désambiguïsation. Il utilise un corpus étiqueté afin de créer un modèle de langue.

Nous utilisons les notions d'annonceur (McDonald, 1993) et de déclencheur , très importantes pour la reconnaissance des noms propres et des EN. En effet, le déclencheur peut être un mot ou une catégorie, qui permet de provoquer la détection d'un nom propre. Les déclencheurs doivent pouvoir être définis par une liste finie de mots ou catégories afin de pouvoir être intégrés dans les règles. Par exemple, nous avons désigné les noms de famille, qui représentent environ 131 mots pour les noms de personne chinois, comme mots déclencheurs pour la détection de prénoms potentiels. Quant aux annonceurs de nom propre, ce sont des mots qui sont suivis ou précédés par un nom propre faisant partie d'une entité nommée. Ces annonceurs de nom propre sont souvent utilisés comme annonceurs d'entité nommée. Il peut s'agir de mots qui désignent un métier, le titre d'une personne, un type de lieu, d'organisation ou de produit. Par exemple, le nom de famille «WANG» est le mot déclencheur permettant la reconnaissance du prénom «Zhen», et «Mademoiselle» peut être un annonceur de nom propre qui se situe au début d'une entité nommée de type personne comme «Mademoiselle Wang Zhen». Que ce soit le nom de famille «WANG» ou l'annonceur «Mademoiselle», l'un ou l'autre peut être utilisé comme mot déclencheur pour la reconnaissance de l'entité nommée «Mademoiselle Wang Zhen».

Dans notre corpus d'apprentissage, seuls les annonceurs immédiatement suivis ou précédés d'un nom propre ont été étiquetés avec la catégorie « annp », afin de faciliter la désambiguïsation de la phrase. Nous attribuons éventuellement une propriété à la catégorie « annp » afin de distinguer sa position par rapport au nom propre, il s'agit d' « antérieur » ou « postérieur ». Ceci permet aussi de mieux repérer les noms propres potentiels. Les autres potentiels annonceurs sont étiquetés comme tels juste avant l'analyse syntaxique, une fois que la désambiguïsation a été effectuée grâce aux catégories positionnelles. Ils vont permettre de détecter des structures syntaxiques particulières, de reconnaître des EN aux structures plus complexes et éventuellement de déterminer les types des EN. Par exemple, dans l'entité nommée « 胡主席 » (le président Hu), « 胡 » (hu) est étiqueté comme nom propre et « 主 席 » (président) comme annonceur postérieur. En revanche, dans l'entité nommée « 中国石油大学 » (L'Université du pétrole de Chine) , puisque le nom propre « 中国 » (Chine) est suivi immédiatement par le nom « 石油 » (pétrole) mais pas par l'annonceur « 大学 » (Université), celui-ci n'est pas étiqueté comme annonceur dans la meilleure hypothèse de catégorisation après désambiguïsation (voir plus bas), mais le sera lors de l'analyse syntaxique.

## 3.1 Architecture

Notre procédure (figure 1) débute par une étape de tokenization qui permet de reconnaître les caractères latins, et de les étiqueter de façon simple (seulement deux catégories sont utilisées). Ensuite, une segmentation en mots est effectuée à l'aide de dictionnaires. Elle est suivie par une étape de reconnaissance et de normalisation d'expressions numériques. Plusieurs hypothèses de segmentation du texte sont produites à l'issue de cette étape. Dans le texte, chaque mot est associé à une ou plusieurs catégories.

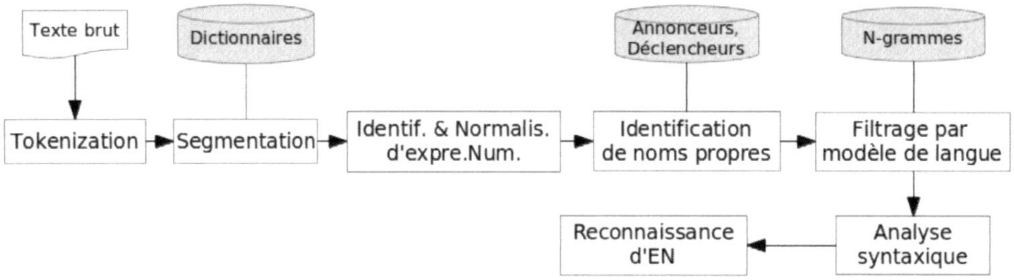


FIGURE 1: Procédure de reconnaissance d'entités nommées

Puis, l'identification de noms propres potentiels à l'aide de règles linguistiques et de ressources linguistiques (liste d'annonceurs, etc.) est réalisée. Celle-ci génère plusieurs hypothèses de segmentation et de catégorisation supplémentaires. Ensuite, un modèle de langue permet de désambiguïser et de sélectionner la meilleure segmentation. Enfin, la reconnaissance et le typage d'entités nommées est réalisée juste après l'analyse syntaxique.

## 3.2 Automates morphologiques

La construction morpho-syntaxique des noms propres en chinois est très variée. En effet, un nom propre peut être composé de n'importe quels caractères et a une longueur variable. Afin de tenir compte de ces phénomènes, lors du découpage et de la consultation des dictionnaires, nous ajoutons aux hypothèses d'interprétation des mots, des noms propres potentiels, obtenus grâce à des règles linguistiques.

La langue chinoise a peu de formes fléchies. Mais certaines catégories peuvent aider à exclure des mots qui ne peuvent pas entrer dans la composition des noms propres, tels que certaines dates, les interjections, etc. De ce fait, nous avons choisi de procéder à la reconnaissance des noms propres après l'étape de segmentation et de reconnaissance d'expressions numériques.

Les automates morphologiques (Eilenberg, 1974) sont des transducteurs qui contiennent des opérations telles que la composition et la concaténation. Ils permettent de traiter à la fois les caractéristiques communes à tous les noms propres, mais aussi leurs différences. Par exemple, en chinois, les noms propres de personnes chinois ont des particularités par rapport aux noms propres étrangers. C'est pour cette raison que nous avons décidé de traiter les noms propres de personnes chinois différemment. Par ailleurs, les noms propres transcrits de type personne, organisation ou produit ont des caractéristiques communes. À ce stade, nous les traitons ensemble sans différencier leur type. De plus, nous avons pris en compte la relation entre un nom propre et son annonceur. C'est un autre critère sur lequel les automates morphologiques se basent pour identifier les noms propres.

Par conséquent, nous avons divisé la reconnaissance de noms propres en deux phases : l'identification des noms propres de personnes chinois, et l'identification des noms propres étrangers (personnes, lieux, organismes ou de type inconnu).

Notons que, dans cet article, nous n'avons pas décrit l'identification de noms propres en écriture latine, puisque les expressions en écriture latine sont traitées avec une méthode relativement simple, basée sur la reconnaissance typographique. Par exemple, une suite de caractères en écriture latine contenant une arobase « @ » est identifiée comme un nom propre, ainsi que celles commençant par un majuscule.

### 3.2.1 Noms de personne chinois

Les noms de personne chinois ont des particularités morphologiques. Tout d'abord, un nom de personne chinois ne possède qu'entre 2 et 4 caractères : il peut contenir un nom de famille de 1 à 2 caractères et un prénom de 1 à 2 caractères. Ensuite, le nom de famille précède toujours le prénom. Enfin, le nombre de noms de famille en chinois est limité, et les cent noms de famille les plus fréquents concernent 87% de la population chinoise (De La Robertie, 2005). Cependant, l'ambiguïté de segmentation entraîne souvent la confusion entre nom de famille et prénom.

Après avoir analysé les noms de personne chinois mal reconnus, nous pouvons lister les causes suivantes : 1) un caractère du prénom est inconnu ; 2) le deuxième caractère du prénom est ambigu avec un autre mot : « 薄/熙来/自 » (Bo / Xilai / à partir de) ou « 薄/熙/来自 » (Bo / Xi / vient de); 3) le premier caractère du prénom est un annonceur spécial : « 刘/庄 » (Liu / Zhuang) est le nom d'une personne ou « 刘/庄 » (Liu / Village) est le nom d'un village dont le nom est Liu, ce qui pose aussi une difficulté pour le typage des entités nommées; 4) le prénom ou le nom de famille font partie d'un nom commun, comme par exemple dans 2) ; 5) le prénom est un nom commun : « 李/建国 » (Li / Jiangguo ou Li / fonder le pays) ; 6) le nom de personne est un nom commun : « 汪/洋 » (Wan / Yang) ou « 汪洋 » (Océan). Par conséquent, la reconnaissance de noms de personne chinois revient le plus souvent à une résolution des ambiguïtés de segmentation.

Notre automate utilise les noms de famille comme déclencheurs pour détecter des prénoms potentiels. Ces prénoms sont sélectionnés par leur catégorie et par leur nombre de caractères. Par exemple, nous pouvons exclure des prénoms potentiels les expressions numériques, notamment les dates ainsi que les expressions quantitatives, et les mots qui ont plus de 2 caractères.

La détection de noms propres potentiels s'effectue après la consultation du dictionnaire, lorsque la phrase a déjà plusieurs hypothèses de segmentation et d'étiquetage. Les noms propres potentiels sont identifiés à l'aide des règles de construction de noms propres. Par exemple, pour la phrase « 王珍去北京 » (Wang Zhen va à Beijing), nous obtenons plusieurs hypothèses de catégorisation après la consultation de dictionnaire(voir figure 2). En utilisant le nom de famille « 王» (Wang) comme déclencheur, des possibilités ont été ajoutées après la détection de noms propres (voir figure 3).

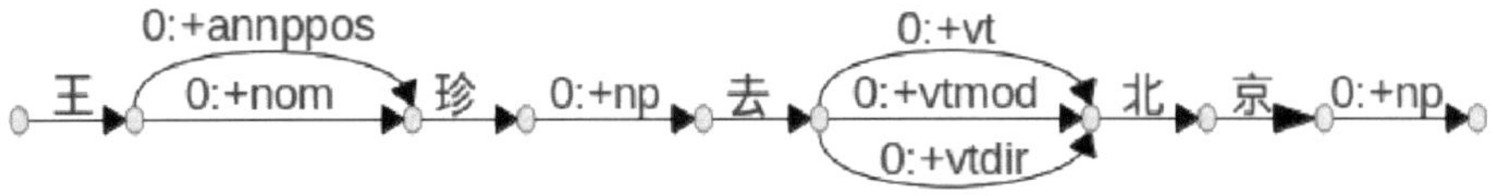


FIGURE 2: Transducteur de l'exemple "Wang Zhen va à Beijing" après la consultation de dictionnaire

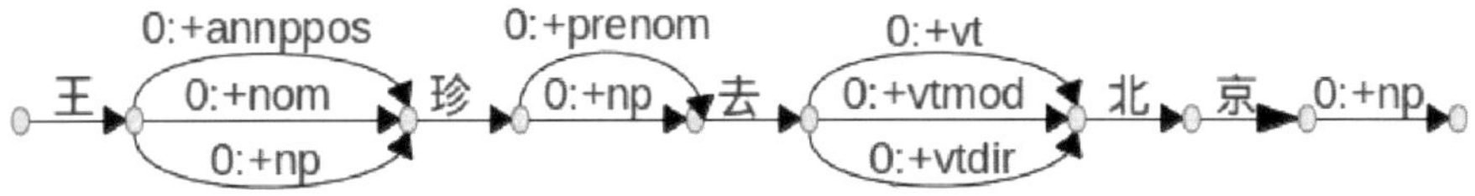


FIGURE 3:Transducteur de l'exemple "Wang Zhen va à Beijing" après la détection de nom de personne

Les exemples montrent que les automates morphologiques génèrent d'avantage d'hypothèses de segmentation et de catégorisation pour une phrase donnée. Ces hypothèses sont par ailleurs pondérées grâce aux règles linguistiques ce qui permettra d'effectuer une désambiguïsation à l'aide d'un modèle de langue, comme présenté dans la section 3.3.

### 3.2.2 Noms propres transcrits

À l'inverse des noms de personne chinois, les noms propres étrangers, notamment européens, sont transcrits en écriture chinoise d'après la phonétique du nom d'origine. Des caractères spécifiques sont utilisés pour la composition de ces noms propres. Les caractères utilisés sont peu présents dans la composition de mots communs par rapport aux autres caractères de même prononciation. Ceci réduit la possibilité de former un mot commun à l'intérieur d'un nom propre transcrit. Autrement dit, après notre segmentation, un nom propre étranger est séparé en plusieurs caractères individuels. Par exemple, la transcription du nom de personne « Nicolas Sarkozy » en écriture chinoise est « 尼古拉·萨科齐 », et le résultat de sa segmentation est « 尼/古/拉/·/萨/科/齐 », sans ambiguïté. La reconnaissance de ces noms propres transcrits consiste donc à regrouper les caractères qui les composent. De plus, les caractères utilisés dans la transcription appartiennent généralement à un ensemble limité.

Notre automate utilise une liste de caractères de transcription comme déclencheur afin de détecter des noms propres étrangers potentiels. Prenons l'exemple de « Nicolas Sarkozy », les caractères de sa translittération en écriture chinoise sont dans la liste. Notre automate les repère, puis les regroupe en deux noms propres potentiels, « 尼古拉 » et « 萨科齐 ». Grâce à la fonction conventionnelle du point de séparation « · », le prénom et le nom de famille seront identifiés.

Dans le cas où un nom propre transcrit ne contient que des caractères hors liste qui ont été étiquetés en +unk[1], nous avons mis en place un automate qui permet de prendre en compte ces caractères, le nombre de caractères, ainsi que le contexte de ce nom propre potentiel. Quand une chaîne de caractères n'est composée que de caractères transcrits, ceux-ci sont regroupés en un mot et nous considérons que c'est un nom propre. En observant dans un dictionnaire de noms de personnes du monde (Xinhua News Agency, 1993, 650 milles noms propres transcrits), nous avons constaté que le nombre de caractères du nom propre transcrit dépasse rarement 8. Cette caractéristique a été appliquée dans les règles. Le nom propre peut être précédé ou suivi par un annonceur. Le déclencheur de ce type de nom propre est souvent un caractère inconnu non latin du dictionnaire utilisé. Par exemple, l'un des résultats de l'analyse de «巴拉圭» (Paraguay) est «巴+unk/ 拉+vt /圭+unk». Puisque «拉» est un caractère qui peut entrer dans la composition d'un nom propre transcrit, et que les caractères à sa gauche ainsi qu'à sa droite sont des mots inconnus, nous pouvons les regrouper pour former un nom propre potentiel.

## 3.3 Automates statistiques

Les automates statistiques se composent de dictionnaires pondérés, de règles linguistiques pondérées, et d'un modèle de langue. Ils permettent d'attribuer et de calculer la probabilité d'une suite de catégories pour une phrase entrée. L'attribution de la pondération est effectuée au moment de l'application des automates de segmentation, de reconnaissance de noms propres et de lissage. Quant aux noms propres, les pondérations sont attribuées à l'aide de la fréquence du nom de famille dans le corpus d'apprentissage, et à l'aide de règles linguistiques. Par exemple, le caractère « 王 » individuel a plus de chances d'être un nom de famille (Wang) qu'un nom commun (roi).

Le dictionnaire utilisé pour la segmentation (voir un extrait figure 4) contient 119 859 couples (mot, catégorie), dont 4 526 mots de catégorie « nom propre ». Un couple (mot, catégorie) peut être associé à un poids. Les couples non présents ou présents une seule fois dans le corpus sont sans pondération. Comme montré sur la figure 4, la première colonne est un mot en écriture chinoise, la deuxième colonne est la catégorie grammaticale du mot, la troisième colonne est le poids associé à ce couple (mot, catégorie). Ce poids représente le nombre d'occurrences du couple (mot, catégorie) dans le corpus d'apprentissage. Il est calculé par la formule suivante : $poids(w_i, cat_j) = -\log(\Sigma(w_i, cat_j))$, où $\Sigma(w_i, cat_j)$ désigne le nombre d'occurrences du mot $w_i$ avec la catégorie $cat_j$ dans le corpus d'apprentissage.

[1]+unk : caractère/mot inconnu

```
1 躺 +vt-2.19722457733622
2 制陶者 +nom -0
3 决赛权 +nom -0
4 叫停 +vt     -0.693147180559945
5 直属 +adjdet-2.19722457733622
6 免税 +adv    -0.693147180559945
7 音乐界 +nom -0
8 李枝盈 +np   -0
```

FIGURE 4: – Exemples de couples (mot, catégorie) pondérés.

Le modèle de langue utilise des trigrammes de catégories morphosyntaxiques. Par exemple, « annppos » est la catégorie d'annonceur de nom propre postérieur. Ils sont établis à partir du corpus étiqueté du LDC (Chinese Treebank 6.0, 2007), et permettent d'attribuer une pondération aux séquences de catégories (figure 5), afin de calculer la catégorie la plus probable d'un mot en contexte. Par exemple, un nom propre est plus probable après un verbe qu'après un adverbe, après un annonceur qu'après un adjectif. Nous avons modifié le corpus LDC avec un jeu de catégories morphosyntaxiques défini par notre équipe afin d'optimiser la désambiguïsation. Par exemple, la catégorie « +vtmod » qui désigne le verbe de modalité a été ajoutée afin de mieux désambiguïser le nom et le verbe.

```
2 `+1pronpers'      `+vtmod'    `+1pronpers'      -1.79175946922805
3 `+nom'      `+num'      `+virgule'  -3.09104245335832
4 `+np' `+etc'      `+virgule'  -1.79175946922805
5 `+<#>'      `+adj'      `+specifnom'      -1.38629436111989
6 `+nomdir'   `+vt' `+pointfin' -5.04985600724954
7 `+nom'      `+pard'     `+parg'     -1.94591014905531
8 `+vtmod'    `+nom'      `+virgule'  -2.63905732961526
9 `+parg'     `+date'     `+conjcoord'      -1.38629436111989
```

FIGURE 5 – Exemples des trigrammes de catégories.

Le modèle de langue est appliqué sur les textes étiquetés. Les probabilités des différents chemins possibles sont alors calculées afin de résoudre les ambiguïtés de segmentation et de catégorisation. Après l'application du modèle de langue, nous ne conservons que la solution la plus probable.

## 3.4 Automates syntaxiques et reconnaissance d'EN

Les automates syntaxiques établissent des relations de dépendance typées entre les mots, en s'appuyant surtout sur leur catégorie et sur leurs propriétés. Ils mettent en évidence les liens (attribut, appositif ou quantitatif) entre les mots au sein des groupes nominaux, permettant ensuite d'identifier une entité nommée, même lorsque son annonceur est éloigné du nom propre. Nous avons spécifié quelque types de relations afin de mieux repérer les entités nommées. Par exemple, ENpers désigne les relations entre un nom de famille et un prénom, ENrel entre un annonceur et un nom propre, ATT désigne les relations de type attribut entre un annonceur et un nom ou un adjectif, QUN désigne les relations de type quantitatif entre un chiffre et un nom comme 3人(3 personnes).

Une fois que les relations syntaxiques au sein des groupes nominaux ont été repérées, la dernière phase de la reconnaissance des entités nommées commence. Elle consiste à regrouper les relations syntaxiques (ENrel, ENpers, ATT, etc) qui composent l'entité nommée, et à typer celle-ci. Un automate repère dans un premier temps, un nom propre ou un annonceur dans la phrase donnée. Un autre automate parcourt toutes les relations qui ont comme tête ce nom propre ou cet annonceur en prenant en compte les types des relations et la position du nom propre ou de l'annonceur dans celles-ci. Nous les récupérons jusqu'à rencontrer un nom propre, un annonceur, ou bien une frontière de groupe nominal. Certains types de relations ne peuvent pas faire partie d'une entité nommée, comme les relations entre un sujet et un verbe, mais aussi les relations entre un prénom et une date, ce qui est aussi une condition d'arrêt du parcours.

La figure 6 présente un exemple d'analyse syntaxique de la phrase « 国家主席习近平同志访问法国。 » (Le président de l'État, le camarade Xi Jinping, visite la France). L'entité nommée reconnue dans cette phrase est « le président de l'État, le camarade Xi Jinping » qui inclut tous les composants liés par les relations de type ENpers et ceux liés par la relation ATT, liée au mot « Président ».

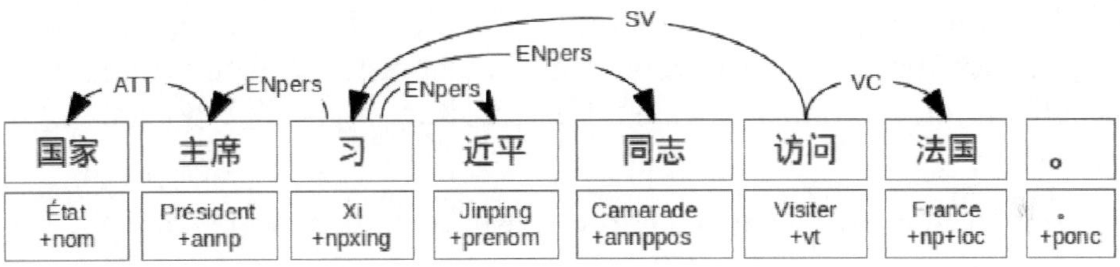


FIGURE 6 – Analyse syntaxique (exemple 1)

En revanche, dans la phrase « 摄影师拍摄阿拉伯海美景。 » (Le photographe photographie le beau paysage de la Mer d'Arabie)(voir la figure 7) , l'entité nommée reconnue est « Mer d'Arabie », mais n'inclut pas la relation entre l'annonceur postérieur « Mer » et le nom « beau paysage », car le nom « beau paysage » gouverne « Mer », mais n'est pas un annonceur.

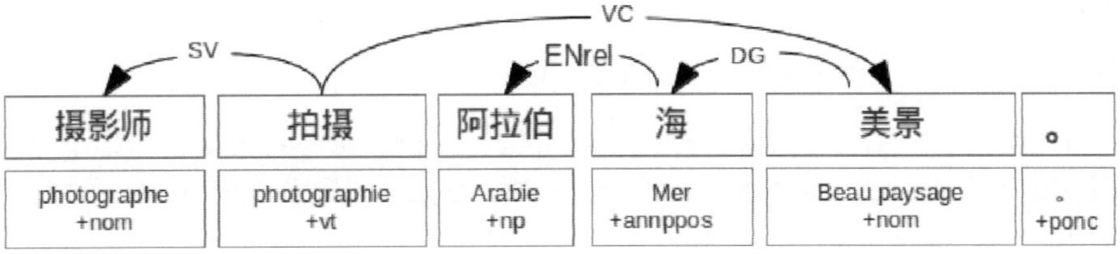


FIGURE 7 – Analyse syntaxique (exemple 2)

Le typage des entités nommées s'effectue après le regroupement de leurs composants. Le type de l'entité nommée est déterminé grâce au type de l'annonceur, qui est lui-même déjà déterminé dans les dictionnaires. Par ailleurs, le type des entités nommées sans annonceur est déterminé grâce à la présence d'un nom de famille, et le type des entités nommées sans annonceur, ni nom de famille reçoit un type spécial « unk » (inconnu). Lorsque l'entité nommée contient plusieurs annonceurs, c'est le type du dernier qui détermine le type de cette entité nommée. Par exemple, l'entité nommée « 北京(Beijing +np+loc)市(Ville +annppos+loc[2])人民(peuple +nom)政府(gouvernement +annppos+org[3]) 网(net +annppos+prod[4]) » (le site web du gouvernement populaire de la ville de Beijing), est typée comme « produit », comme nous l'indique le type du dernier annonceur, 网(net +annppos +prod). Dans le cas d'entités nommées composées d'une seule unité comme « 北京 »(Beijing), le type peut être indiqué directement dans le dictionnaire. Enfin, certaines entités nommées peuvent ne pas être typées à ce niveau, faute d'informations sémantiques. Nous utilisons alors le type spécial, « unk »(inconnu).

# 4 Évaluation

## 4.1 Corpus et calcul des scores

Pendant la deuxième campagne internationale SIGHAN[5] (*Second International Chinese Word Segmentation Bakeoff*), un corpus élaboré par l'Université de Pékin a été utilisé pour l'évaluation de la segmentation en chinois simplifié. Ce corpus est composé d'articles variés issus de journaux d'information, et est en chinois simplifié, la langue visée par notre traitement. Nous avons décidé d'annoter manuellement les entités nommées au sein d'un extrait[6] segmenté de ce corpus pour une première évaluation. 3 215 entités nommées ont été annotées, dont 1 055 de type personne, 1 565 de type lieu et 595 de type organisme.

Pour évaluer notre système, nous avons choisi d'utiliser le *slot error rate (SER)* (Makhoul et al., 1999) qui permet de mieux identifier les types d'erreurs. La formule est : SER = (I + D + TF + 0.5 * (T + F))/R ; un nombre plus petit indique une performance meilleure. La formule prend en compte :

- Insertion (I) : EN dans le test mais pas dans la référence ;
- Suppression (D) : EN dans la référence mais pas dans le test ;
- Type et frontière (TF) : EN dans le test avec erreurs de type et de frontière ;
- Type (T) : EN dans le test avec erreur de type ;
- Frontière (F): EN dans le test avec erreur de frontière ;
- Référence (R) : EN présentes dans la référence.

Par exemple, pour «国家主席习近平同志访问法国。 » (Le président de l'État, le camarade Xi Jinping, visite la France), la référence est <pers>国家主席习近平同志</pers> 访问 <loc>法国</loc> où deux entités nommées ont été annotées. Supposons que nous ayons

[2]+loc : une propriété d'un mot qui signifie que le mot a un trait sémantique «lieu»

[3]+org : une propriété d'un mot qui signifie que le mot a un trait sémantique « organisme »

[4]+prod : une propriété d'un mot qui signifie que le mot a un trait sémantique « produit »

[5]Site web du SIGHAN : http://sighan.cs.uchicago.edu/

[6]Cet extrait du corpus annoté est disponible sous conditions d'utilisation.

les deux hypothèses suivantes :

1. 国家主席 <pers>习近平同志</pers> 访问 <loc>法国</loc>.
2. 国家主席 <pers>习近平同志</pers> 访问 <org>法国</org>.

L'hypothèse 1 contient une erreur de frontière pour l'EN de personne, donc le SER est 0.5*1/2=0,25. L'hypothèse 2 contient une erreur de frontière pour l'EN de personne et une erreur de type pour l'EN de lieu, donc le SER est (0.5*(1+1))/2=0,50.

## 4.2 Résultats et observations

Nous avons appliqué notre système sur cet extrait de corpus et obtenu un SER de 0,2589, 2 633 sur 3 215 entités nommées ont été correctement identifiées et typées. Le nombre d'erreurs par type est présenté dans le tableau ci-dessous (Table 1). ENpers désigne une entité nommée de type personne, ENloc est de type lieu, ENorg de type organisme et ENunk est le type inconnu.

| | ENpers | ENloc | ENorg | ENunk | Total |
|---|---|---|---|---|---|
| Suppression | 141 | 88 | 56 | ----- | 285 |
| Insertion | 125 | 88 | 19 | 104 | 336 |
| Type | 5 | 35 | 3 | 0 | 43 |
| Frontière | 85 | 39 | 4 | ----- | 128 |
| Type + Frontière | 25 | 39 | 62 | 0 | 126 |
| Total | 381 | 289 | 144 | 104 | 918 |
| Total d'EN correctes | 799 | 1 364 | 470 | ----- | 2 633 |

TABLE 1 – Évaluation SER en chiffres

Certaines entités nommées de type personne (ENpers) ne sont par repérées à cause de l'absence de certains noms de famille qu'elles contiennent dans la liste des déclencheurs. Ces noms de famille ne sont pas intégrés dans la liste des déclencheurs à cause de leur faible présence dans le corpus, et de leur faible usage dans la vie courante. L'intégration de ces noms de famille doit être effectuée avec beaucoup de précautions. Elle nécessite plus de temps. Certaines autres entités nommées, telles que les surnoms, les noms de personne japonais, les abréviations d'organisme et des noms propres de lieux n'ont pas été identifiés à cause de leur structure morphosyntaxique très particulière.

Les entités nommées inconnues contiennent principalement des chiffres et des expressions en écriture latine. Ces chiffres sont écrits de manière inhabituelle. Par exemple : dans « 19·1% » (normalement écrit 19.1%), le point de séparation « · » est considéré dans nos règles comme un composant important pour identifier des entités nommées. Dans notre système, une chaîne de caractères en écriture latine commençant par une majuscule est identifiée comme un nom propre. Certains de ces noms propres sont cependant des entités nommées de produit qui ne sont pas annotées dans le corpus de référence actuel.

Les entités nommées incorrectes détectées montrent des détections erronées de noms propres. Nous allons affiner l'utilisation de listes de déclencheurs en vue d'éviter cette détection erronée. Pour ce faire, la structure phonétique des noms propres transcrits ainsi que la structure interne des noms propres seront étudiées, afin d'intégrer nos nouvelles observations aux règles. Les erreurs de frontières et de type+frontière soulignent le problème de segmentation. Les entités nommées effacées et les erreurs de typage et de type+frontière révèlent des problèmes de catégorisation. Les entités nommées supprimées sont celles qui ne contiennent pas de nom propre ni d'annonceur, et qui ne sont pas repérables par un déclencheur, telles que des noms d'organisations ainsi que des produits.

## 5 Perspectives

Le résultat de l'évaluation est encourageant, 82 % des entités nommées ont été bien identifiées. Par la suite, nous allons également affiner la reconnaissance des entités nommées afin de traiter les entités nommées imbriquées les unes dans les autres. En effet, pour une exploitation d'entités nommées en vue de l'extraction d'information, nous souhaitons, pour certains cas, extraire plusieurs entités nommées à partir d'une même chaîne de caractères, afin de conserver des informations importantes. Par exemple, pour « 比利时(Belgique +np +loc)使馆(Ambassade +annppos +org) », l'entité nommée doit être l'Ambassade de Belgique, mais dans « 巴黎(Paris +np +loc)歌剧院(Opéra +annppos +org) », il est préférable d'extraire à la fois « Opéra de Paris » et « Paris », étant donné que « Paris » est le lieu où se trouve l'Opéra, contrairement à « Belgique » qui n'est pas le lieu où se trouve l'ambassade, et devrait être extrait et typé de manière différente, car « Belgique » dans « l'ambassade de Belgique » a davantage le sens d'organisation que de lieu.

## Remerciements

Nous tenons à remercier l'Agence Nationale de la Recherche, projet portant la référence ANR-09-CSOSG-08-01, pour l'aide qu'elle nous a apportée pour mener à bien ce travail.

## Références

ACE 2007. *The Automatic Content Extraction 2007 Evaluation Plan, Evaluation of the Detection and Recognition of ACE Entities, Value, Temporal Expressions, Relations, and Events*

CAO Wenjie, ZONG Chengqing. *Chinese person name identification based on rules and statistics*. In : The 3th International Symposium on chinese spoken language processing, 2002

CHEN Keh-Jiann and CHERT Chao-jan. Knowledge Extraction for Identification of Chinese

Organization Names. In : *Second Chinese Language Processing Workshop, Association for Computational Linguistics,* 2000, pages 15-21

Chen W., Zhang Y., & Isahara H.. Chinese Named Entity Recognition with Conditional Random Fields. In : *Proceedings of the Fifth SIGHAN Workshop on Chinese Language Processing, Association for Computational Linguistics,* 2006, pages 118-121

De La Robertie Pierre. *Le nom propre en chinois. Essai de morphosyntaxe*. In : CORELA – Numéros thématiques le traitement lexicographique des noms propres. *Publié en ligne le 02 décembre 2005*

Eilenberg Samuel. 1974 *Automata, Languages, and Machines.* Volume A. Academic Press, San Diego.

Liu, F., Zhao, J., Lv, B., Bo, X., & Yu, H. Product Named Entity Recognition Based on Hierarchical Hidden Morkov Model. In : *Proceedings of the Forth SIGHAN Workshop on Chinese Language Processing*, 2005

Makhoul J., Kubala F., Schwartz, R. et Weischedel R. (1999). Performance measures for information extraction. In *Darpa broadcast news workshop.*

Mao Xinnian, Dong Yuan, He Saike, Wang Haila, Bao Sencheng. Chinese Word Segmentation and Named Entity Recognition Based on Conditional Random Fields. In *Sixth SIGHAN Workshop of Chinese Language Processing, 2008*

McDonald David D. Internal and External Evidence in the Identification and Semantic Categorization of Proper Names. In *Corpus Processing for Lexical Acquisition, 1993, pages 61-67*

Rosset Sophie, Grouin Cyril, Zweigenbaum Pierre. *Entités nommées structurées : guide d'annotation Quaero.* Notes et Documents LIMSI N° : 2011-04, Septembre, 2011

Sproat, Richard. and Shih, Chilin. A statistic method for finding word boundaries in Chinese text. In : *Computer Processing of Chinese & Oriental Languages,* 1990*, Vol 4,* pages 336-351

Sun Tieli, Liu Yanji, 中文分词技术的研究现状与困难 [The State of the art and difficulties in Automatic Chinese word segmentation]. In 信息技术 *[Information Technology], 2009, Vol.7* [en chinois]

Sun Zhen, Wang Huilin, 命名实体识别研究进展综述 [Overview on the advance of the research on named entity recognition]. In 现代图书情报技术 *[New technology of library and information service],* 2010, No.7, pages 42-47 [en chinois]

Propre Names And Translation Service, Xinhua News Agency. *Names of the world's peoples – A comprehensive dictionary of names in roman-chinese.* Published by Chian Translation & Publishing Corporation, 1993

Wang, L.-J.; Li, W.-C. & Chang, C.-H.. Recognizing Unregistered Names for Mandarin Word Identification. In : *Proceedings of 14th COLING,* 1992, pages 1239-1243

Wang Longyue, Li Shuoo, Wong Derek F., Chao Lidia, A Joint Chinese Named Entity Recognition and Disambiguation System. In *The second CIPS-SIGHAN joint Conference on Chinese Language Processing, 2012*

# Liste des auteurs


**A**

Azizi, Nabiha ........................ 83

**B**

Bouamor, Dhouha .................... 1
Bougouin, Adrien .................... 96
Boujelbane, Rahma ................ 206

**D**

Dubremetz, Marie ................. 150

**F**

Faessel, Nicolas ..................... 217

**G**

Ghoul, Dhaou ........................ 69
Guiassa, Yamina Tlili ................ 83

**H**

Hatier, Sylvain ...................... 138

**J**

Joseph, Aurélie ....................... 42

**K**

Ke, Guiyao ........................... 15

**L**

Lacroix, Ophélie .................... 110
Lefrançois, Maxime ................ 164
Leva, Simon ......................... 217

**N**

Nasiruddin, Mohammad ............ 192

**R**

Ribeyre, Corentin ................... 178

**S**

Saadane, Houda .................... 124
Sandillon-Rezer, Noémie-Fleur ....... 28

**W**

Wang, Zhen ......................... 231

**Y**

Yapomo, Manuela .................... 56

**Z**

Ziani, Amel ........................... 83

# Liste des mots clés

**A**
alignement bilingue .................. 1
analyse de journal de requêtes ...... 217
analyse en syntaxe profonde ........ 178
analyse linguistique ................. 124
analyse syntaxique .................. 231
analyse syntaxique en dépendances discontinues ............... 110
antimétabole ......................... 150
apprentissage supervisé .............. 83
arabe ............................... 124
arbre de décision ..................... 69
asvm 1.0 ............................ 69

**C**
chiasme ............................. 150
classification ........................ 56
classification de textes ................ 42
clustering hiérarchique ............... 28
combinaison des classifieurs ......... 83
comparabilité ........................ 56
corpus .............................. 138
corpus comparables ................... 15
corpus d'apprentissage ............... 69
corpus multilingues .................. 56

**D**
désambiguïsation lexicale ........... 192
détection automatique de sessions de recherche .................. 217
dialecte tunisien .................... 206
dictionnaire explicatif et combinatoire 164

**E**
écrits scientifiques .................. 138
entités nommées ..................... 124
état de l'art .......................... 96
étiquetage morphosyntaxique ........ 69
étiquetage syntaxique ............... 110
évaluation ........................... 15
évaluation de shéma d'annotations .. 178
expression polylexicale ................ 1
expressions figées .................... 42
expressions polylexicales ............. 42
extraction ............................ 42
extraction d'information ............ 231
extraction de termes-clés ............. 96
extraction d'informations ........... 124

**F**
figure de style ....................... 150
fouille de textes ..................... 124
fouille d'opinions .................... 83

**G**
grammaires catégorielles ............. 28
graphes d'unités .................... 164

**I**
induction de sens ................... 192
inférence grammaticale .............. 28

**J**
jeux d'étiquette ...................... 69

**L**
langue arabe ......................... 69
langues peu dotées .................. 192
lexique ......................... 69, 138
lexique asm-dt ...................... 206
locution verbale ..................... 42

**M**
machine à vecteur de support (svm) .. 83
mesures de comparabilité ............ 15
méthodes non-supervisées ........... 96
méthodes supervisées ................ 96

**O**
ontologie ........................... 124

**P**
parsing ............................. 178
phraséologie ........................ 138

**R**
recherche d'information ............ 217

reconnaissance d'entités nommées .. 231
reconnaissance de noms propres .... 231
réécriture de graphes ............... 178
règles d'extraction .................. 124
représentation de connaissances
linguistiques ............... 164
ressources langagières .............. 192
rhétorique .......................... 150

**S**

segmentation de l'arabe .............. 69
similarité textuelle translingue ....... 56

**T**

taln .................................. 69
tdt : tunisian dialect translator ...... 206
théorie sens-texte ................... 164
traduction automatique statistique .... 1
traitement automatique du chinois .. 231
transformation ....................... 42
treetagger ........................... 69